RÉPERTOIRE

DU

DROIT ADMINISTRATIF

FONDÉ EN 1882

Par M. Léon BÉQUET, Conseiller d'État

Avec le concours de M. PAUL DUPRÉ, Conseiller à la Cour de Cassation

DIRIGÉ DE 1892 A 1901

Par M. LAFERRIÈRE

Président honoraire du Conseil d'État
Ancien gouverneur général de l'Algérie
Procureur général près la Cour de Cassation

PUBLIÉ DEPUIS 1901

SOUS LA DIRECTION DE

M. PAUL DISLERE, Président de Section au Conseil d'État

TOME VINGT-SIXIÈME

TRÉSOR PUBLIC — TRIBUNAUX DE COMMERCE — TRIBUNAUX EXCEPTIONNELS
TRIBUNAUX MILITAIRES — TROUPES COLONIALES — TUNISIE — USINES
USINES HYDRAULIQUES

PARIS

LIBRAIRIE ADMINISTRATIVE PAUL DUPONT

4, RUE DU BOULOI (1ᵉʳ Arrᵗ)

—

1909

RÉPERTOIRE DU DROIT ADMINISTRATIF

LIBRAIRIE ADMINISTRATIVE PAUL DUPONT

PARIS — 4, Rue du Bouloi (1er Arrᵗ)

PRINCIPAUX ARTICLES A PARAITRE

dans les deux derniers volumes du Répertoire (1910 à 1911)

UTILITÉ PUBLIQUE (Reconnaissance d'), par M. IMBART DE LA TOUR, Maître des Requêtes au Conseil d'État.

VAGABONDAGE, par M. ROUSSEL, Auditeur au Conseil d'État.

VALEURS MOBILIÈRES, par M. RIBOULET, Maître des Requêtes au Conseil d'État.

VAPEUR ou GAZ (Appareils à pression de), par M. WALCKENAER, Ingénieur en chef au corps des Mines, Professeur à l'École des Ponts et Chaussées.

VENTE de SUBSTANCES FALSIFIÉES, par M. BLANC, Conseiller d'État.

VIEILLARDS (Assistance aux), par M. de VILLENEUVE, Conseiller d'État, président de la Commission centrale d'Assistance aux Vieillards, avec le concours de MM. DELAITRE, de LAVERGNE, ROUSSEL et BOUCHARD, Auditeurs au Conseil d'État.

VOIES FERRÉES, par M. LETHIER, Inspecteur général des Ponts et Chaussées, Ancien Directeur des Chemins de fer, avec le concours de MM. MAZERAT et VERGNAUD, Auditeurs au Conseil d'État, et R. GODFERNAUX, Ingénieur Civil.

VOIRIE, par M. TARDIEU, Maître des Requêtes honoraire, avec le concours de MM. FERNET et PINOT, Auditeurs au Conseil d'État.

VOITURES PUBLIQUES, par M. TIRMAN, Maître des Requêtes au Conseil d'État.

Le **Répertoire du droit administratif** est publié par fascicules de 80 à 96 pages. Chaque fascicule contient la matière d'un fort volume in-8°.

UN FASCICULE TOUS LES DEUX MOIS

Prix : **30** francs par an.

RÉPERTOIRE

DU

DROIT ADMINISTRATIF

Imp. Paul Dupont, 4, rue du Bouloi. — Paris, 1er Arrt. — 1.1.1909 (Cl.)

RÉPERTOIRE

DU

DROIT ADMINISTRATIF

FONDÉ EN 1882

Par M. Léon BÉQUET, Conseiller d'État

Avec le concours de M. PAUL DUPRÉ, Conseiller à la Cour de Cassation

PUBLIÉ DE 1892 A 1901

SOUS LA DIRECTION DE

M. E. LAFERRIÈRE

PRÉSIDENT HONORAIRE DU CONSEIL D'ÉTAT

Ancien Gouverneur général de l'Algérie

Procureur général près la Cour de Cassation

PUBLIÉ DEPUIS 1901

SOUS LA DIRECTION DE

M. PAUL DISLERE, PRÉSIDENT DE SECTION AU CONSEIL D'ETAT

TOME XXVI

PARIS

PAUL DUPONT, ÉDITEUR

4, Rue du Bouloi (1er Arrt)

1909

RÉPERTOIRE

DU

DROIT ADMINISTRATIF

TOME XXVI

T

TRÉSOR PUBLIC (*Suite*).

TITRE III.

SERVICES FINANCIERS (*Suite*).

CHAPITRE PREMIER.

PERSONNEL (*Suite*).

§ 1er. — *Personnel administratif* (Suite).

183. La direction du mouvement des fonds a, en second lieu, dans ses attributions de veiller à ce que les recettes réalisées soient localisées selon les besoins du service; un des moyens principaux à sa disposition pour obtenir ce résultat est de recourir à son compte-courant avec la Banque de France et d'y faire, selon les nécessités, des versements ou des retraits de fonds soit à Paris, soit en province dans les succursales de cet établissement; elle peut enfin émettre des mandats sur la Banque; la direction peut ainsi autoriser les mouvements de fonds entre les comptables, prescrire les versements aux caisses intéressées, autoriser les fonds de subvention, les envois et remises entre la caisse centrale et les trésoriers généraux, les émissions de mandats sur le Trésor, les traites de la caisse centrale sur elle-même, etc.

Toutes ces opérations sont enregistrées dans les écritures centrales de la direction où un compte est ouvert

au caissier central, aux trésoriers généraux, à tous les correspondants du Trésor (1).

184. La direction du mouvement général des fonds exerce en outre un certain nombre d'attributions, que nous ne faisons qu'énumérer ici, nous réservant de revenir ultérieurement sur ce sujet important : 1° elle intervient, avec l'assistance d'une commission spéciale, pour arrêter la liste des valeurs étrangères à admettre à la cote officielle de la Bourse et fixe les conditions de cette admission; 2° elle surveille le parquet des agents de change; 3° fait exécuter des achats et ventes de rentes françaises pour le compte des établissements dont elle a la surveillance; 4° surveille certains établissements financiers : banque de France, Crédit foncier, sous-comptoir des entrepreneurs; 5° contrôle la circulation monétaire, règle la quotité des monnaies divisionnaires en circulation, le retrait des monnaies françaises et étrangères; approvisionne les colonies de numéraire; 6° assure les services de la trésorerie d'Afrique, de Cochinchine, aux armées; 7° assure, dans les conditions fixées par les conventions, les relations financières entre l'État et les compagnies subventionnées, surveille le service des garanties d'intérêt, autorise, s'il y a lieu, les émissions desdites compagnies.

185. *Direction générale de la comptabilité publique.* — Les divers services de cette importante direction peuvent

(1) Elles sont partagées entre les trois bureaux dont se compose la direction : le bureau central (distribution mensuelle des fonds, visa des ordonnances, émission des valeurs, trésorerie et poste aux armées, contrôle des garanties d'intérêt); le bureau des services extérieurs (surveillance des comptables au point de vue de l'exécution des règlements sur la trésorerie, approvisionnement des caisses, visa des engagements du Trésor); le bureau des écritures (comptabilité des opérations de trésorerie, extraits des comptes courants, compte des frais de trésorerie).]

être classés dans les trois catégories suivantes : 1° comptabilité proprement dite; 2° direction du service de la perception des contributions directes et du service des receveurs des communes et établissements publics; 3° préparation des projets de lois de finances.

1° Comptabilité proprement dite. — Ce service a pour mission de tracer les règles de toutes les comptabilités de deniers publics, de maintenir l'uniformité dans les écritures. Il reçoit périodiquement des comptables principaux la copie de leur journal, la balance de leurs comptes, des bordereaux et états de développement, les pièces justificatives des recettes et des dépenses et tous documents nécessaires pour le contrôle et la surveillance à exercer sur la gestion des comptables et pour tenir les écritures centrales et former les comptes généraux. Les pièces ainsi envoyées par les comptables vont à des bureaux spéciaux qui les vérifient, résument leur vérification dans des bordereaux transmis au bureau central et établis par classes de comptables. Ce bureau central tient le journal et le grand-livre où n'apparaissent que des totaux par classes de comptables, il prépare en fin d'année les résumés généraux, qui sont adressés à la Cour des comptes. — Le service, de concert avec la direction du mouvement des fonds, surveille ainsi la gestion de chaque comptable du Trésor, réclame les vérifications nécessaires, rend compte au ministre des irrégularités relevées, applique enfin les règlements sur les responsabilités encourues par les comptables, soit pour leur propre gestion, soit pour celle de leurs subordonnés.

En fin d'année, les comptes de gestion, avant d'être envoyés à la Cour des comptes, sont vérifiés à la comptabilité publique; après cette vérification, la direction les adresse à la Cour avec les pièces justificatives et y joint les résumés généraux par classes de comptables et le résumé général des virements de comptes.

186. Le même service connaît des questions relatives à l'installation des comptables, aux gestions intérimaires, aux versements et remboursements de cautionnements; il exerce ces attributions de concert avec les autres directions intéressées; les questions que peuvent soulever les émoluments des trésoriers payeurs généraux et des receveurs particuliers sont aussi de son ressort (1).

187. Service de la perception et des recettes spéciales. — Le directeur de la comptabilité publique suit, par ce service spécial, la perception et les poursuites en matière de contributions directes et de taxes assimilées, fait vérifier les commissions que les percepteurs prélèvent pour leurs remises et transmet les états de liquidations ainsi vérifiés à la direction de l'ordonnancement. Il exerce également sa surveillance sur les comptables des communes et établissements publics;

188. La direction générale de la comptabilité publique

est également chargée de la préparation de tous les projets de lois de finances et, en particulier, du budget. Elle contrôle les demandes de crédits sur les fonds de concours versés au Trésor. Elle établit le projet de loi de règlement. Elle est enfin chargée de la préparation et de la publication de documents importants, tels que le compte des recettes de l'exercice, le compte général des finances; elle centralise enfin les réponses envoyées par les ministères aux observations présentées par la Cour des comptes dans son rapport public.

189. *Direction de la dette inscrite.* — Cette direction a dans ses attributions l'administration générale des rentes perpétuelles et amortissables, des cautionnements et des pensions, la liquidation des annuités pour rachat de concessions de canaux et pour subventions et avances aux compagnies de chemins de fer. Toutes les opérations concernant les titres de la dette inscrite sont préparées dans ses bureaux, établissement des titres nouveaux, et modifications de diverses natures provenant de transferts et mutations pour les titres nominatifs, de reconversions et renouvellements pour les titres au porteur, liquidation, revision, inscription des pensions, application de la législation spéciale aux cautionnements, immatricule des cautionnements nouveaux, opérations préparatoires concernant les arrérages et intérêts pour les cautionnements, rentes et pensions, états de remboursement des capitaux pour les cautionnements, etc. A la direction de la dette inscrite ressort également la préparation des comptes à rendre à la Cour des comptes : compte des accroissements et réductions, compte des transferts et mutations, compte des reconversions et renouvellements, compte des pensions (1).

190. *Administrations financières.* — Chacune des régies comporte une administration centrale à Paris et un service local.

A la tête des Administrations centrales sont placés des directeurs généraux assistés d'au moins deux administrateurs. Ces chefs de service forment avec le directeur général un Conseil d'administration qui délibère sur le budget de l'Administration, les questions de personnel, les affaires contentieuses et toutes celles pour lesquelles le ministre des Finances demande son avis.

Les administrations locales comprennent l'ensemble des agents du service sédentaire ou du service actif qui, dans chaque circonscription territoriale, — ordinairement le département — concourent sous l'autorité d'un directeur et sous la surveillance des inspecteurs à l'exécution du service.

Des cinq régies financières qui ont été énumérées ci-dessus, il convient de rapprocher l'administration des

---

(1) La direction de la comptabilité publique reçoit de la comptabilité centrale de chaque ministère tous les éléments lui permettant de centraliser et de suivre la comptabilité des ordonnateurs, enfin elle soumet à la commission de vérification des comptes des ministres les documents nécessaires à son contrôle après que les écritures centrales ont été arrêtées par elle.

(1) Cinq bureaux concourent à l'exécution de ces services : le bureau central, du double du grand livre et des cautionnements, le bureau du grand livre, le bureau des transferts et mutations, le bureau des reconversions et renouvellements des titres de rentes au porteur et le bureau des pensions. Les chefs de ces quatre derniers bureaux sont agents comptables et rendent à la Cour des comptes les comptes d'ordre dont nous aurons à nous occuper ultérieurement.

postes et télégraphes bien qu'elle ne relève plus du ministère des Finances et qu'elle forme aujourd'hui un sous-secrétariat rattaché au ministère des Travaux publics. Ce service comporte en effet un grand nombre de comptables dont nous aurons à nous occuper.

§ 2. — Personnel comptable.

191. A. Définitions, caractères, incompatibilité. — On peut définir le comptable public celui qui, à raison du caractère des deniers ou des matières dont il a eu le maniement, doit rendre un compte de sa gestion soumis à l'examen d'une juridiction financière ou rattacher les opérations de cette gestion à un compte soumis à la même juridiction. — Le comptable public, pour mériter cette qualification, doit, en effet, réunir les quatre conditions suivantes :

1° Un maniement de deniers ou de matières. Ce maniement peut être, soit prévu et autorisé par les règlements, le comptable est alors dit régulier, soit simplement de fait, le comptable est alors dit occulte;

2° Les deniers doivent avoir le caractère de deniers publics. Aux termes de l'article 1 du décret du 31 mai 1862, les deniers publics sont ceux de l'État, des départements, des communes et des établissements publics ou de bienfaisance. Quant aux matières elles doivent appartenir à l'État;

3° Les diverses opérations auxquelles donne lieu le maniement des deniers ou des matières doivent être décrites dans un compte spécial ou rattachées à un compte plus général. Dans le premier cas le comptable est direct, il est subordonné dans le second;

4° Le compte est soumis à l'examen d'une juridiction financière, Cour des comptes ou conseil de préfecture pour la métropole, Cour des comptes ou conseil privé pour les colonies. La juridiction consigne les résultats de son examen soit dans un arrêt (comptes-deniers et certains comptes-matières) soit dans une déclaration adressée au ministre compétent (comptes-matières proprement dits).

Tels sont les quatre caractères que revêt la gestion des comptables publics. Il y a lieu, toutefois, d'observer que le maniement matériel des deniers n'est pas toujours exigé et nous verrons qu'un certain nombre d'agents, qui ne manient pas de fonds, sont néanmoins comptables publics en raison du caractère public des deniers auxquels se rapportent les opérations qu'ils effectuent, ce sont les comptables d'ordre.

192. Conditions à remplir. — Pour obtenir la qualité de comptable public, qui vient d'être ainsi définie, il faut, en outre, remplir certaines conditions personnelles. Ces conditions peuvent être divisées en deux catégories, savoir : conditions qui président à la nomination, conditions qui président à l'exercice de l'emploi.

Les conditions qui président à la nomination se subdivisent elles-mêmes en conditions de statut personnel, conditions de capacité, acte de nomination.

Statut personnel. — Doivent être examinées sous ce titre les conditions de nationalité, de sexe, d'âge et les incompatibilités.

193. Nationalité. — Tout candidat aux fonctions de comptable public doit être de nationalité française. Ce principe, sans être posé d'une façon précise et générale, ne paraît pas faire de difficulté; il résulte, d'ailleurs, pour la plupart des candidats, de l'obligation qui leur est imposée d'avoir satisfait aux obligations de la loi militaire.

Sexe. — Les femmes peuvent-elles tenir les fonctions de comptable public? En principe les règlements ne le prohibent pas. mais comme pour un grand nombre d'emplois on exige chez les titulaires la jouissance des droits civils et l'obligation d'avoir satisfait à la loi militaire, les femmes sont en fait exclues des fonctions de comptables; il y a cependant des services comptables pour lesquels l'aptitude des femmes est formellement reconnue par des règlements, nous citerons le service des postes et celui des établissements d'instruction primaire et secondaire.

Aux termes des arrêtés ministériels des 17 mars 1893 et 8 mars 1898, les recettes des postes de début (recettes simples de 3e classe) au traitement de 1000 francs (aujourd'hui 1100) peuvent être attribuées aux dames employées âgées de 25 ans au moins, aux femmes ou filles d'agents ou sous-agents décédés ou activité de service, ou que des infirmités ou blessures survenues en service ont empêché de le continuer, aux femmes ou filles d'agents ou sous agents après mise à la retraite, aux veuves d'anciens serviteurs de l'État, morts à l'occasion de l'exercice de leurs fonctions ou après cinq années de service.

Dans les écoles normales primaires et écoles normales supérieures d'institutrices, de même que dans les lycées de jeunes filles, les fonctions d'économe sont exercées réglementairement par des femmes.

En ce qui concerne les comptables des communes et établissements, nous pouvons dire en passant, bien qu'ils ne fassent pas l'objet de notre étude, qu'aucun règlement n'interdit aux femmes l'accès à ces fonctions. Il est juste d'observer qu'en fait ce n'est que très exceptionnellement (1) qu'elles en ont profité.

194. Age. — Des conditions d'âge minimum et maximum sont généralement imposées par les règlements. D'une manière générale on peut dire que le surnumérariat aux grandes administrations n'est ouvert qu'aux candidats ayant au moins 21 ans. Quant aux nominations aux emplois. effectués en dehors de la voie du concours, elles n'ont jamais lieu qu'au profit de titulaires majeurs encore que la plupart des textes ne contiennent sur ce point aucune restriction au droit de l'autorité qui nomme. D'autre part, les conditions d'application de la loi sur les retraites exigent que l'on fixe, la plupart des cas, un âge après lequel un candidat ne saurait être nommé. C'est ainsi que l'article 1 du décret du 14 janvier 1905, que nous ne citons qu'à titre d'exemple, décide que « nul ne peut être nommé percepteur ou receveur des finances s'il a dépassé l'âge de 50 ans. La limite d'âge de 50 ans est portée à 55 pour les officiers retraités et pour les can-

_____

(1) Par ex. hospice de Lamballe.

didats justifiant de dix ans au moins de services publics valables pour la retraite et à 57 ans pour les agents de l'administration des finances justifiant de vingt ans au moins de services publics valables pour la retraite. »

195. *Incompatibilités.* — Trois chefs d'incompatibilités générales, c'est-à-dire d'une application commune à tous les comptables, sont édictés par les art. 17, 18 et 19 du décret du 31 mai 1862; ledit art. 18 ajoute que « les incompatibilités spéciales propres à chaque nature de fonctions sont déterminées par les règlements particuliers des différents services. »Nous n'avons à étudier ici que les *incompatibilités générales.*

a). *Ordonnateur et comptable.* — Les fonctions d'administrateur et d'ordonnateur sont incompatibles avec celles de comptable. » (art. 17 décret du 31 mai 1862). La séparation des fonctions d'administrateur et d'ordonnateur et de celles de comptable forme une des bases de notre droit financier. Il y a là deux catégories d'agents qui, dans la comptabilité publique, jouent, avec des responsabilités spéciales, un rôle essentiellement différent. Nous verrons qu'en matière de recettes, la perception de l'impôt ou du produit est précédée d'une liquidation et que les dépenses donnent lieu à trois formalités distinctes, la liquidation, l'ordonnancement et le paiement.

En matière de recettes, la séparation des fonctions d'administrateur et de comptable n'est pas toujours absolue, en ce sens que la liquidation, l'établissement du chiffre de la somme à percevoir est quelquefois confiée au comptable lui-même, par exemple, en matière de droits d'enregistrement. Mais en ce qui concerne les dépenses la division des rôles est toujours observée, le comptable n'intervenant jamais pour le paiement que lorsque la somme à payer a été liquidée et qu'elle a fait l'objet d'un titre établi par un ordonnateur.

196. La raison d'être de cette séparation des fonctions de l'ordonnateur et de celles du comptable ne tient pas à un principe de division du travail; elle repose sur une idée de sage économie financière: on n'a pas voulu laisser à celui qui a la disposition matérielle des fonds l'initiative de la dépense, le droit de délivrer des titres sur sa propre caisse. Et cette raison, qui s'explique d'elle-même sans autres développements, suffit pour établir entre les deux fonctions une incompatibilité absolue.

Dès lors, si un comptable faisait acte d'ordonnateur, le titre qu'il délivrerait ainsi serait entaché de nullité, mais l'hypothèse est peu vraisemblable. Il arrive fréquemment, au contraire, qu'un ordonnateur s'ingère à tort dans le maniement des deniers publics; il devient alors comptable, mais comptable irrégulier, comptable de fait et sa gestion est dite occulte, entraînant pour lui des responsabilités dans le détail desquelles nous ne pouvons entrer ici (1).

197. Sont inéligibles au conseil général et au conseil d'arrondissement les comptables de tout ordre employés à la perception et au recouvrement des contributions directes et au paiement des dépenses publiques de toute

nature dans le département où ils exercent leurs fonctions, — et conformément à l'article 33 5° de la loi municipale de 1884 inéligibles au conseil municipal dans le ressort où ils exercent leurs fonctions les comptables de deniers communaux (1).

198. b). *Professions, commerce et industrie.* — « L'emploi de comptable est incompatible avec l'exercice d'une profession, d'un commerce ou d'une industrie quelconque. » (2). En effet, d'une part, le comptable ne doit pas être distrait de ses occupations par l'exercice d'une autre profession, et d'autre part, le commerce et l'industrie offrent des risques et peuvent entraîner pour le crédit particulier des vicissitudes en dehors desquels le comptable public doit être tenu à l'écart dans l'intérêt de l'Etat, comme dans l'intérêt des tiers.

C'est en vertu du même principe que l'article 1273 de l'instruction générale de 1859 a fait application de l'incompatibilité aux fonctions de juge et de greffier des tribunaux et des justices de paix, de suppléant de juge, d'officier ministériel, d'avocat, d'agent de change, de courtier, de secrétaire de mairie et de commission administrative, d'employé de préfecture, sous-préfecture, de trésorerie générale ou de recette des finances, de receveur buraliste et de débitant de tabac.

199. L'administration des finances et la Cour des comptes ont, d'ailleurs, une tendance très marquée à interpréter d'une façon stricte la disposition de l'article 18 du décret de 1862. C'est ainsi que tout emploi, même ne constituant pas une profession, mais comportant maniement de deniers privés est considéré comme incompatible avec la fonction de comptable public, par exemple l'emploi de trésorier d'une société privée, d'un comice agricole, d'agent d'une compagnie d'assurance, de caissier d'une caisse d'épargne. Dans le même ordre d'idées, une circulaire des Finances du 9 février 1877, visant spécialement les trésoriers payeurs généraux mais applicable pour identité de motifs à tous les comptables publics, interdit l'acceptation des fonctions de membre des conseils d'administration ou de censeur des sociétés financières, industrielles ou commerciales.

Au surplus, toutes les questions d'incompatibilité de cette nature doivent, aux termes de l'article 1273 de l'instruction générale de 1859, être déférées à la direction du personnel au ministère des Finances.

L'interdiction de l'exercice d'un commerce ou d'une industrie est-elle absolue, mais doit-elle être étendue à la femme du comptable? Les textes ne le disent pas, mais on peut le soutenir en se basant sur la communauté d'intérêts qui existe entre mari et femme. Toutefois, si le mari et la femme avaient un domicile séparé et si la femme exerçait son commerce et son industrie dans une localité différente, la même raison de décider n'existerait pas.

200. c). *Adjudications et marchés.* — « Il est interdit aux comptables de prendre intérêt dans les adjudications, mar-

---

(1) D. 31 mai 1862, Art. 25.

(1) Il convient de rapprocher également la disposition de la loi du 21 juin 1865 aux termes de laquelle l'emploi de conseiller de préfecture est incompatible avec tout autre emploi. (

(2) D. 31 mai 1862, Art. 18.

chés, fournitures et travaux concernant les services de recette ou de dépense qu'ils effectuent. » (1). Il y a donc incompatibilité entre la qualité de comptable public et celle de fournisseur ou adjudicataire des services publics. Cette disposition découle, du reste, de la prohibition de faire le commerce établie par l'article précédent; elle la précise dans un cas où l'intérêt privé et l'intérêt public peuvent se trouver en conflit, mais elle n'a nullement pour effet de la restreindre. Aussi convient-il d'étendre la prohibition non seulement aux marchés et adjudications « concernant les services de recette ou de dépense » effectués par le comptable, mais à toute opération de ce genre dans laquelle le comptable, par son intervention, ferait acte de commerçant ou d'industriel.

201. d). *Parenté, alliance.* — A ces incompatibilités d'ordre général, il convient d'ajouter la prohibition qui résulte de la disposition de l'article 1273 de l'instruction générale de 1859. « Les parents ou alliés, jusqu'au degré de cousins germains inclusivement, ne peuvent être chargés de fonctions dans lesquelles ils exerceraient ou concourraient à exercer l'un sur l'autre une surveillance médiate ou immédiate. » L'interdiction est générale et s'applique au cas où, des deux parents, l'un est administrateur et l'autre comptable, comme à celui où tous les deux seraient comptables, dès l'instant que l'un est placé sous la surveillance de l'autre. Un père et un fils, un oncle et un neveu, deux cousins germains ne pourront donc être l'un maire, l'autre percepteur receveur municipal dans la même commune, ou bien encore l'un percepteur, l'autre receveur des finances ou trésorier général dans les mêmes arrondissement ou département.

202. B. *Conditions d'exercice.* — Les conditions de capacité dont les candidats aux emplois de comptable doivent justifier varient selon les services intéressés. Tantôt il est nécessaire de subir avec succès les épreuves à un examen ou à un concours dont le programme est ordinairement fixé par arrêté ministériel (Enregistrement, douanes, etc.); tantôt les emplois sont réservés à diverses catégories de fonctionnaires ou d'agents desquels on exige parfois des épreuves spéciales ou un stage destiné à établir leurs aptitudes professionnelles : sous-officiers candidats aux perceptions, femmes, filles ou sœurs d'anciens serviteurs de l'Etat, candidates aux recettes des postes de début; tantôt enfin la nomination peut être faite sans qu'il soit justifié de conditions de capacité.

203. *Acte de nomination.* — Les comptables de l'Etat sont nommés soit par décret, soit par arrêté du ministre, soit par arrêtés des directeurs généraux, soit, enfin, par arrêté préfectoral.

Sont nommés par décret, sur la proposition du ministre compétent; le caissier payeur central, le receveur central de la Seine, les trésoriers payeurs généraux, les receveurs des finances, ainsi que la plupart des comptables spéciaux. — Sont nommés par arrêté ministériel : les percepteurs (sauf 1/3 des percepteurs de 4e classe), les con-

servateurs des hypothèques, les receveurs principaux des douanes de 1re, 2e, 3e et 4e classe, les receveurs principaux entreposeurs, les entreposeurs et les receveurs particuliers entreposeurs des contributions indirectes, les receveurs principaux des postes et receveurs des bureaux composés de 1re, 2e et 3e classe. — Sont nommés par leurs directeurs généraux respectifs : les receveurs de l'enregistrement, les comptables des douanes, des contributions indirectes et des postes qui ne sont pas à la nomination du ministre, sauf, pour les postes, les receveurs des bureaux de début. — Sont enfin nommés par arrêté préfectoral les receveurs des bureaux de poste de début et, dans la proportion d'un tiers, les percepteurs de 4e classe.

Lorsque les comptables ont reçu notification de l'acte de leur nomination, ils ne peuvent néanmoins exercer leurs nouvelles fonctions avant d'avoir rempli les conditions suivantes qu'il nous reste à examiner et qui sont : la réalisation de leur cautionnement, la prestation du serment, l'installation.

204. *Réalisation du cautionnement.* — « Aucun titulaire d'un emploi de comptable de deniers publics ne peut être installé, ni entrer en exercice qu'après avoir justifié, dans les formes et devant les autorités déterminées par les lois et règlements de la réalisation de son cautionnement » (1). La matière des cautionnements sera traitée plus loin avec tous les détails qu'elle comporte; nous nous bornons à dire ici que le versement du cautionnement donne lieu à la délivrance d'un titre qui doit être produit à l'autorité chargée de procéder à l'installation du comptable. Ce titre varie suivant la nature des cautionnements. Pour les cautionnements en numéraire, il est remis aux parties un récépissé et une déclaration de versement (2), elles conservent la déclaration et remettent le récépissé à l'autorité qui les installe. Pour les cautionnements en rentes, il est, aux termes des articles 4 et 5 du décret du 2 juillet 1898, remis aux intéressés par la direction de la dette inscrite : 1° un extrait des inscriptions de rentes affectées au cautionnement, ledit extrait mentionnant l'affectation, le nom du fonctionnaire et la fonction qui donne lieu à l'affectation; 2° un certificat de cautionnement, visé au contrôle, relatant les fonds, séries, numéros et montant des diverses rentes affectées à leur cautionnement. La production de ce certificat à l'autorité qui doit procéder à l'installation établit que le cautionnement a été réalisé. — Enfin en ce qui concerne les cautionnements en immeubles, un acte notarié est généralement dressé et un bordereau de l'inscription prise au profit du Trésor sur les immeubles est délivré par le conservateur des hypothèques; ce bordereau sert de justification de la réalisation du cautionnement.

205. *Prestation de serment.* — Aux termes de l'article 20 précité du décret du 31 mai 1862, le comptable doit, en outre, justifier de sa prestation de serment. Le décret du 11 septembre 1870, qui a aboli le serment politique a, au contraire, expressément maintenu le serment pro-

---

(1) D. 31 mai 1862, Art. 19.

(1) D. 31 mai 1862, Art. 20.
(2) Inst. gén. 20 juin 1859, art. 795.

fessionnel. — Quelle que soit la formule imposée, ce serment n'est autre chose que l'engagement de bien et fidèlement remplir les fonctions. Le serment est très généralement prêté devant le préfet ou le sous-préfet; toutefois un certain nombre de comptables doivent ou peuvent prêter serment devant la Cour des comptes.

Doivent prêter serment devant cette Cour : le caissier-payeur central, le receveur central de la Seine et tous les comptables spéciaux qui exercent leurs fonctions dans le département de la Seine, savoir : les agents comptables des monnaies et médailles, de l'Imprimerie nationale, de la Légion d'honneur, des Invalides de la marine, de l'École centrale des arts et manufactures, de la caisse nationale d'Épargne, le caissier des chemins de fer de l'État, etc.; il en est de même des comptables d'ordre tels que les agents comptables des traites de la marine, des virements de compte, les quatre agents comptables de la Dette, l'agent judiciaire du Trésor, le comptable des opérations relatives aux conventions de 1883. — D'autre part, aux termes de l'article 1391 de l'instruction de 1859 « après que le nouveau titulaire d'une recette générale a versé son cautionnement, il prête serment devant la Cour des comptes, s'il se trouve à Paris, ou, dans le cas contraire, entre les mains du préfet du département, sauf à le renouveler devant la Cour des comptes ». Les trésoriers-payeurs généraux peuvent donc prêter serment devant la Cour des comptes, mais la disposition qui précède n'est considérée comme impérative ni pour la prestation, en cas de présence à Paris, ni pour le renouvellement devant la Cour, et, en fait, tous les trésoriers-payeurs généraux prêtent serment devant leur préfet respectif. — Ajoutons que la même faculté de prêter serment devant la Cour des comptes est étendue aux trésoriers coloniaux.

Enfin il convient de noter que les économes des lycées prêtent serment devant le recteur de l'académie ou l'inspecteur délégué (1).

206. Le serment prêté est valable pour la fonction pour laquelle il a été prêté; en conséquence, le comptable qui change de poste sans changer de fonction n'a pas à prêter de nouveau serment, il lui suffit de faire enregistrer à la préfecture ou à la sous-préfecture compétente son acte de prestation de serment.

Il est, en effet, dressé, après l'accomplissement de la formalité du serment, un acte administratif destiné à l'établir et qui doit être enregistré.

Le comptable qui, après avoir quitté la fonction pour laquelle il avait prêté serment, est réintégré ultérieurement dans cette même fonction est considéré comme un nouveau comptable et doit prêter un nouveau serment.

Il en est de même, bien entendu, du comptable qui, tout en restant comptable, change de fonction, tels le percepteur nommé receveur des finances ou le receveur des finances nommé trésorier-payeur général; le serment n'est, en effet, valable que pour la fonction pour laquelle il a été prêté.

207. Qu'adviendrait-il si le comptable est entré en exer-

cice de ses fonctions sans avoir prêté le serment professionnel? — Il pourrait être poursuivi et puni d'une amende de 16 à 250 francs, conformément à l'article 196 du Code pénal; mais la jurisprudence constante de la Cour de cassation a décidé que l'absence de serment ne devait pas préjudicier aux tiers. Il est donc certain que le paiement fait à un comptable qui n'a pas prêté serment est libératoire pour le débiteur.

208. *Remise de service et installation.* — Lorsque le comptable a rempli toutes les formalités qui précèdent il reçoit sa commission, c'est-à-dire son acte de nomination, et il est alors procédé à la remise du service et à l'installation. — La remise de service est effectuée savoir : aux percepteurs par le receveur des finances de leur arrondissement, aux receveurs des finances par le trésorier-payeur général du département, aux trésoriers généraux par leur préfet (1), aux comptables des régies et aux comptables spéciaux par les agents et fonctionnaires administratifs délégués à cet effet.

La remise de service est constatée par un procès-verbal établi en deux parties et dressé en triple expédition dont l'une est remise au comptable entrant, l'autre au comptable sortant ou à ses ayants cause et la troisième reste entre les mains de l'agent préposé à la remise du service, qui doit en envoyer un extrait à la comptabilité publique.

La remise de service est immédiatement suivie de l'installation du nouveau comptable qui devient alors régulièrement investi de l'exercice de ses fonctions.

209. c. *Rémunération.* — L'exposition du système de rémunération adopté pour les divers comptables de l'État appelle une distinction. Ces comptables peuvent être, à ce point de vue divisés en trois catégories :

1º Comptables des administrations financières ou « régies »;

2º Comptables spéciaux;

3º Comptables du Trésor.

Comptables des administrations financières.

Le traitement fixe constitue la règle. Toutefois, un certain nombre de comptables sont rétribués par voie de remises, soit exclusivement, soit combinées avec le système du traitement fixe.

210. *Enregistrement.* — Les receveurs et receveurs-conservateurs sont payés au moyen de remises sur la recette, calculées suivant un tarif décroissant. Le minimum des remises est fixé à 2,000 francs et le maximum ne dépasse guère 15,000 francs pour quelques bureaux de Paris. Ces comptables sont au nombre de 2,822. Les remises sont calculées sur la recette, comme il vient d'être dit, mais seulement sur la recette en principal, les décimes n'entrant pas en ligne de comptes pour ce calcul.

Quant aux conservateurs des hypothèques, ils touchaient autrefois des remises payées sur les fonds de l'État, mais leurs émoluments étaient surtout constitués par des

---

(1) Ord. 29 juillet et 7 octobre 1814 et arr. 24 mai 1866.

(1) Instruction 20 juin 1859, Art. 1236, 1384 et 1818.

salaires, payés par les particuliers qui requéraient les formalités, suivant des tarifs fixés par la loi du 21 ventôse an VII, le décret du 21 septembre 1810 et quelques autres dispositions réglementaires. Les remises ont été supprimées depuis 1888 (circulaire Enregistrement n° 2757); l'État n'a donc plus aucune charge de ce chef et les salaires constituent aujourd'hui le seul mode de rémunération des conservateurs des hypothèques. Toutefois, il est fait exception pour les conservations les moins importantes qui sont gérées par les receveurs de l'enregistrement dits receveurs-conservateurs; la circulaire du 10 avril 1888 ne leur est pas applicable et ces comptables continuent à recevoir à la fois des remises et des salaires dont le minimum a été fixé à 4,000 francs par un décret du 29 décembre 1877.

211. *Douanes.* — Le système du traitement fixe est la règle : 46 receveurs principaux reçoivent un traitement qui varie entre 4,500 et 6,000 francs et 476 receveurs particuliers touchent des émoluments variant entre 1,700 et 4,500 francs suivant la classe.

La loi du 10 décembre 1874, modifiée par celle du 10 juillet 1885, qui a créé l'hypothèque maritime, en a confié le service aux receveurs des douanes (art. 6 des deux lois). Un décret du 15 juin 1880 leur a attribué pour ce service des remises et des salaires.

D'autre part, les receveurs des douanes sont chargés du recouvrement de diverses taxes de péage pour lesquelles les municipalités et les chambres de commerce leur accordent des remises proportionnelles. Conformément à la circulaire de la comptabilité publique du 24 décembre 1901 § 5, le produit de ces remises est encaissé au profit du Trésor et les indemnités accordées aux receveurs, en remplacement de ces remises, sont payées sur les crédits du chapitre du personnel, article 7, indemnités diverses.

212. *Contributions indirectes.* — Ici encore le système du traitement fixe est la règle. Les receveurs principaux, les entreposeurs de vente directe, les receveurs particuliers entreposeurs ou sédentaires et les receveurs ambulants reçoivent des traitements qui varient entre 2,400 et 12,000 fr., suivant le grade et la classe. Quant aux receveurs buralistes, ils sont payés au moyen de remises sur leurs opérations.

213. *Postes.* — Les receveurs principaux et les receveurs ordinaires sont payés par voie de traitements fixes dont le minimum est de 1,100 francs et qui peuvent s'élever jusqu'à 10,000 francs; pour les facteurs-receveurs le traitement de début a été abaissé à 1,000 francs. Au traitement fixe viennent se joindre des remises pour frais de perception des recettes télégraphiques et téléphoniques, des indemnités pour service de nuit et service supplémentaire de jour aux receveurs de bureaux simples et aux facteurs-receveurs et des remises pour le service de la caisse nationale d'épargne.

Comptables spéciaux et comptables d'ordre.

214. Les comptables spéciaux dont le nombre, restreint à l'origine, tend à s'accroître au fur et à mesure que se

révèlent les besoins des services, sont rétribués par voie de traitements fixes auxquels s'ajoute en général une indemnité de responsabilité dont le montant est très variable.

Quant aux comptables d'ordre qui ressortissent au ministère des finances, ce sont des chefs de bureau ou sous-directeurs, investis de la fonction de comptables et dont trois joignent de ce chef à leur traitement de chef ou de sous-directeur une indemnité de responsabilité.

Agent comptable du Grand-Livre.......... 3,000 fr.
Agent comptable des transferts et mutations.. 3,000 fr.
Agent comptable des reconversions et renouvellements........................... 2,000 fr.

Comptables du Trésor.

215. *Caissier-payeur central.* — Le caissier-payeur central du Trésor reçoit un traitement fixe de 20,000 francs et une indemnité de responsabilité de 12,000 francs, mais il n'a point à sa charge la rétribution du personnel de ses bureaux; celui-ci est payé par l'État, sur les crédits des chapitres 3, 4 et 5 du ministère des Finances.

Receveur central de la Seine. — La rétribution de ce comptable est soumise aux mêmes règles que celles appliquées aux trésoriers-payeurs généraux.

Trésoriers-payeurs généraux. — Antérieurement au décret du 31 décembre 1889, ces comptables recevaient, en outre d'un traitement fixe de 6,000 francs quelle que fût leur classe, des *commissions* décroissantes sur les recettes et les dépenses payées sur le budget général de l'État et sur le budget annexe de la Légion d'honneur, et des *remises* sur les produits des coupes et aliénations de bois de l'État. — Le décret du 31 décembre 1889 a supprimé les commissions et élevé les traitements fixes à 12,000, 14,000, 16,000, 20,000 et 25,000 francs suivant les classes, maintenu les remises sur les coupes de bois et institué un fonds d'abonnement à forfait pour frais de personnel et de matériel des bureaux, fixé dans les limites des crédits des lois de finances.

Aujourd'hui les émoluments des trésoriers-payeurs généraux sont réglés par le décret du 31 mai 1899, qui a modifié celui de 1889 et fixé ces émoluments comme suit : les traitements fixes sont arrêtés aux chiffres de :

18,000 francs pour 5 trésoreries générales,
16,000 francs   —   22   —   —
14,000 francs   —   20   —   —
12,000 francs   —   40   —   —

suivant un tableau annexé à la lettre commune de la comptabilité publique du 22 juin 1899.

216. Quant au fonds d'abonnement, la répartition en est réglée par une décision ministérielle du 9 mars 1899 (1). Les trésoriers-payeurs généraux sont tenus de justifier à l'inspection des finances de l'emploi intégral du fonds d'abonnement; mais alors que l'allocation afférente aux frais de matériel conserve le caractère d'un forfait, la

---

(1) Lettre commune de la comptabilité publique 8 avril 1899.

partie destinée au personnel qui n'a pas été employée doit être reversée au Trésor avant la fin de chaque exercice. Sont portés au compte du fonds d'abonnement les versements pour la caisse des retraites que les trésoriers-payeurs généraux sont tenus de faire en chiffre égal à celui versé par leurs employés. — Enfin, les trésoriers-payeurs généraux doivent payer de leurs deniers personnels les traitements des employés chargés du service des fonds particuliers, ainsi que la partie du traitement des fondés de pouvoirs et employés principaux qui excèdent un maximum donné.

Telles sont les seules allocations payées sur le budget de l'État, mais il convient d'y ajouter : les taxations accordées par la Caisse des dépôts et consignations, conformément au tarif annexé à l'arrêté du 20 février 1892; des remises sur les coupes extraordinaires de bois des communes; des commissions payées par le Crédit foncier et la ville de Paris pour le service de leurs titres. En cas de suppression de recettes particulières de leur ressort, les trésoriers généraux ont droit à une indemnité compensative des frais que cette suppression leur imposerait.

217. *Receveurs des finances.* — Ces comptables reçoivent un traitement fixe uniforme de 2,400 francs, des commissions sur les recettes et sur les achats de rentes et diverses indemnités pour la surveillance des caisses d'épargne et de certains services exceptionnels. Ces émoluments ont été fixés par une décision ministérielle du 31 décembre 1886 et un arrêté du 18 février 1887 a réparti les recettes en 3 classes, d'après le chiffre du cautionnement.

Les receveurs des finances reçoivent, en outre, comme les trésoriers-payeurs généraux, des taxations de la Caisse des dépôts et consignations et des commissions payées par le Crédit foncier et la ville de Paris.

Un décret du 24 mars 1896 a prescrit la suppression, par voie d'extinction, des perceptions dans les chefs-lieux d'arrondissement et confié le service aux receveurs des finances. Trois décisions ministérielles portant les dates des 14 septembre 1896, 23 décembre 1901 et 4 juin 1903, dont les dispositions sont analysées dans la circulaire de la comptabilité publique du 26 janvier 1904, I, ont fixé comme suit la rétribution des receveurs des finances chargés du service de la perception de ville : 1° Une allocation fixe pour chaque article des rôles généraux et supplémentaires, s'élevant à 20 centimes dans les départements autres que celui de la Corse et à 25 centimes en Corse; 2° des remises calculées à raison de 0 fr. 50 0/0 (départements) et de 1 0/0 (Corse) sur le montant des rôles des contributions directes. Ces émoluments sont imputés sur les frais de perception des centimes communaux qui sont intégralement abandonnés aux receveurs des finances. Si les frais de perception sont inférieurs aux émoluments déterminés comme il est dit ci-dessus, la différence en moins, arrondie de façon à parfaire un multiple de 50 francs, est allouée sous forme d'indemnité complémentaire. Cette indemnité, fixée une fois pour toutes, n'est pas revisable.; 3° des remises sur amendes, sur taxes assimilées et sur produits universitaires.

A ces allocations, payées par l'État, viennent se joindre celles qui sont versées aux percepteurs pour différents services comme ceux des caisses d'épargne, de la caisse des retraites, des caisses d'assurances en cas de décès ou d'accident, des caisses des ouvriers mineurs, etc.

218. *Percepteurs.* — Les percepteurs sont rémunérés au moyen de remises et allocations par article de rôle. Il convient de distinguer, d'une part, les allocations qui leur sont payées sur le budget de l'État et, d'autre part, les allocations diverses qu'ils reçoivent en raison des services spéciaux qui rentrent dans leurs attributions.

1° *Allocations budgétaires.* — Une nouvelle distinction doit être faite entre le service des contributions directes et les autres services.

Pour le service des *contributions directes*, les percepteurs reçoivent des remises proportionnelles au montant des rôles mis en recouvrement et une allocation fixe par article desdits rôles (1).

219. L'allocation fixe est de 20 centimes par article de rôle; elle est de 22 centimes pour les perceptions d'un produit inférieur à 2,400 francs et de 25 centimes pour les perceptions de Corse (2). Les articles des rôles de redevances de mines et de la taxe des biens de mainmorte ne donnent pas lieu à cette allocation.

Pour les *autres services*, les remises proportionnelles sont : de 3 0/0 sur le montant des rôles des taxes assimilées, de 1 0/0 sur les recouvrements effectués à titre de produits universitaires revenant au Trésor, de 3 0/0 sur le montant des impositions communales et des impositions pour frais de bourses et de chambres de commerce et de 3 0/0 sur le recouvrement des amendes et condamnations pécuniaires. La remise est portée à 6 0/0 pour les amendes qui, ayant été, à la suite d'admission en non-valeur, portées au sommier des surséances, ont pu être recouvrées grâce aux diligences du comptable.

A Paris, toutefois, les centimes communaux et les taxes assimilées ne donnent pas lieu à une remise spéciale; ils font corps avec les rôles des contributions directes et entrent en ligne de compte pour le calcul des remises de 2 0/0, 1 0/0, 0,50 0/0 et 0,20 0/0 dont il vient d'être question. Quant aux amendes, elles sont recouvrées par un receveur spécial rémunéré d'après un tarif particulier.

220. Les règles relatives à la *liquidation* et au *paiement*

---

(1) Les remises proportionnelles ont été fixées par arrêtés ministériels du 20 novembre 1874 suivant un tarif décroissant. Elles s'élèvent à 2 0/0 sur les premiers 20,000 francs puis s'abaissent successivement à 1,50, 0,50, 0,10 0/0 jusqu'au taux de 0,05 0/0 au-dessus de 900,000 francs. Ce tarif est applicable à tous les départements, sauf la Corse, où il est uniformément de 5 0/0 et la Seine. Les percepteurs de la Seine, banlieue, reçoivent 1,50 0/0, 0,50 0/0 et 0,10 0/0 calculés sur les chiffres respectifs des rôles de 350,000, à 1 million de francs et au-dessus de 1 million. Les receveurs-percepteurs de Paris touchent 2 0/0, 1 0/0, 0,50 0/0 et 0,20 0/0 calculés sur les chiffres respectifs de 500,000 francs, 500,000 à 1 million, 1 à 3 millions, et au-dessus de 3 millions. On déduit du montant des rôles les centimes communaux, sauf à Paris où ils entrent en ligne de compte pour le calcul des remises.

Les arrêtés ministériels des 21 mai 1901 et 19 mai 1903 ont assimilé aux contributions directes pour le tarif des remises les rôles de redevance des mines et de la taxe des biens de mainmorte, sur le montant desquels, d'après les anciens tarifs, les remises étaient de 3 0/0; il est fait exception en faveur des percepteurs de Paris et de Corse qui continuent à jouir du tarif de 3 0/0.

(2) Circ. 16 mars 1887.

des remises budgétaires ont été récemment posées par un arrêté du 4 juin 1904, dont la circulaire de la comptabilité publique du 25 mars 1905 présente le commentaire (1).

221. Prélèvement sur les remises. — Les percepteurs de 1re et de 2e classe ne touchent pas l'intégralité des remises, calculées conformément aux règles qui ont été posées plus haut. En effet, lorsqu'en 1879 une loi rétablit les perceptions de ville qui avaient été supprimées sept ans auparavant, cette loi, qui porte la date du 25 juillet, décida (art. 2) que les tarifs des remises payées aux percepteurs par le Trésor devaient être remaniés de telle sorte que l'augmentation de dépense occasionnée par le rétablissement des perceptions de ville fût compensée par une diminution égale sur les remises des perceptions qui deviendraient vacantes à partir de sa promulgation. Par application de cette disposition, un arrêté ministériel du 6 août 1879 « considérant que l'économie à réaliser pouvait être obtenue au moyen d'un prélèvement proportionnel sur les émoluments résultant de l'application du tarif actuel, qu'il convient de maintenir comme première base d'évaluation » et qu'il « était équitable d'exercer ce prélèvement à l'égard des perceptions de 1re et de 2e classe, à l'exclusion des 3e, 4e et 5e classes, où la rémunération est plus limitée », décida qu'à l'avenir à chaque vacance de perception, et dans les départements autres que ceux de la Corse et de la Seine, il serait opéré sur les remises calculées d'après les tarifs existants, un prélèvement :

De 20 0/0 à l'égard des perceptions d'un produit supérieur à 12,000 francs ;

De 15 0/0 à l'égard des perceptions d'un produit de 8,001 à 12,000 francs ;

De 10 0/0 à l'égard des perceptions d'un produit de 5,001 à 8,000 francs (2).

Les perceptions de ville ont été de nouveau supprimées par un décret du 24 mars 1896, mais le système du prélèvement es t resté (3).

---

(1) Les remises proportionnelles et les frais de perception sont alloués par douzième, le dernier jour de chaque mois, d'après une liquidation provisoire basée sur les décomptes définitifs de l'avant-dernier exercice. Par exception, il n'est pas mandaté d'allocation à la fin du mois de décembre. La dernière allocation est faite après l'établissement des décomptes définitifs de remises; elle comprend le solde des remises et le solde des frais de perception calculés sur le montant des rôles de l'année écoulée (art. 1er de l'arrêté). Les articles 2, 3 et 4 édictent des règles nouvelles pour le cas de mutation de comptable : le principe est que lorsqu'un percepteur cesse ses fonctions ou change de poste, les remises et les frais de perception lui sont alloués au prorata de son temps de service pendant l'année courante et d'après une liquidation définitive basée sur le montant des rôles émis au jour de sa sortie de fonctions. En ce qui concerne le comptable entrant, les remises et les frais de perception sont calculés comme il est dit au début de l'article 1er; ils font ensuite l'objet d'une liquidation définitive qui est également établi au prorata du temps de service et d'après le montant des rôles émis. Quant aux remises sur produits universitaires et sur amendes, elles sont allouées au prorata des recouvrements (art. 5).

(2) Les émoluments soumis au prélèvement sont :
1° La rétribution de 20 centimes par article de rôle;
2° Les remises proportionnelles sur le montant des rôles des contributions directes;
3° La remise de 3 0/0 sur le montant des rôles des taxes assimilées;
4° Les frais de perception des centimes communaux.
Les perceptions de Corse ont été exonérées du prélèvement par arrêté du 10 février 1880; quant à celles de Paris un tarif de faveur leur a été appliqué par le même arrêté.

(3) Au sujet des diverses questions que soulève l'exercice du pré-

---

222. Services spéciaux exécutés par les percepteurs. — Aux allocations précédentes, payées sur les fonds de l'État, les percepteurs joignent un assez grand nombre d'autres remises et indemnités qui leur sont allouées à raison de certaines de leurs attributions (1).

§ 3. — Diverses catégories de comptables.

223. Division. — Les comptables de l'État se divisent d'abord en comptables-deniers et en comptables-matières, suivant leurs opérations supposent des mouvements de fonds ou seulement des entrées et sorties de matériel. Parmi les comptables-deniers, il importe de distinguer ceux qui ont une caisse et les comptables sans caisse ou d'ordre. — Les comptables qui ont une caisse sont de beaucoup les plus nombreux; nous les diviserons en comptables du Trésor, comptables des régies, comptables spéciaux et comptables des établissements d'instruction, en distinguant, pour les deux premières catégories, les comptables principaux et les comptables subordonnés. — Quant aux comptables d'ordre, nous les examinerons successivement en caractérisant leur rôle et leurs attributions.

A. — Comptables en deniers.

224. Comptables du Trésor. — A la tête du service des comptables du Trésor, à Paris, se trouve le caissier payeur central. Dans chaque département fonctionnent : un trésorier-payeur général, comptable principal, et plusieurs receveurs particuliers des finances et percepteurs, comptables subordonnés. En outre, dans le département de la Seine, le service se complète par un receveur central; les percepteurs y prennent le nom de percepteurs receveurs, avec des attributions spéciales. — Le caissier-payeur central fait partie de l'administration centrale des finances, les autres comptables sont les comptables proprement dits du Trésor.

ARTICLE PREMIER. — Caissier payeur central.

225. Antérieurement au décret du 25 novembre 1862, le caissier-payeur central avait le titre de directeur

---

lèvement, consulter une décision ministérielle du 6 mars 1898 et une circulaire de la comptabilité publique du 20 mars 1899.

(1) Voici l'énumération des opérations qui donnent lieu à ces allocations spéciales :
Opérations de la Caisse nationale des retraites pour la vieillesse, de la caisse des Invalides de la marine, des caisses d'assurances en cas de décès et d'accidents, des caisses de secours et de retraites des ouvriers mineurs;
Opérations des caisses d'épargne auxquelles ils ont été autorisés à prêter leur concours (Circ. 25 avril 1875). Service des locations verbales (0 fr. 05 par déclaration);
Service des mutations (2 c. 1/2 par parcelle pour les propriétés non bâties et 3 c. 1/2 pour les propriétés bâties);
Distribution des avertissements (2 centimes l'un);
Délivrance d'extraits de rôles (25 centimes par extrait);
Recouvrements en vertu de contraintes extérieures (1,50 0/0);
Recouvrements, pour le compte du département, des travaux de curage exécutés d'office en vertu de la loi de floréal an XI (3 0/0 du montant des rôles et 5 centimes par article); Circ. 31 décembre 1896, le recouvrement des mêmes taxes au profit d'une association syndicale ne donne pas lieu à remises :
Enfin remise de 1 0/0 sur les recouvrements effectués à titre de produits universitaires revenant aux villes. Ces remises qui étaient auparavant payées par l'État ont été, depuis la circulaire du 31 décembre 1897 § 6, laissées à la charge des villes.

comptable des caisses centrales du Trésor et, même aujourd'hui, il prend rang, dans l'administration centrale des finances, à côté des directeurs du ministère, auxquels il est assimilé pour le chiffre du traitement. La caisse centrale est, en effet, un des services de l'administration centrale des finances et les nombreux employés qu'elle occupe sont, comme les autres employés du ministère, choisis par le ministre et rétribués sur les fonds de l'État, bien que placés sous les ordres du caissier-payeur central.

226. Le caissier-payeur central centralise toutes les recettes et paie toutes les dépenses effectuées à Paris pour le compte du Trésor; son service est considérable, car il est comme la clef de voûte de tout l'édifice de la trésorerie et centralise, à titre de recettes et de dépenses de trésorerie, des opérations de toute sorte effectuées en dehors de Paris, tant dans la métropole que dans les colonies. Mais le caissier-payeur central ne diffère pas seulement des trésoriers-payeurs généraux par l'importance de ses opérations, par le mode de nomination et de rétribution de son personnel, par son caractère de membre de l'administration centrale; il en diffère encore par les deux points suivants : il n'a pas comme eux de compte courant avec le Trésor et n'est pas assujetti, comme nos comptables, à l'obligation de remettre tous les mois ses pièces de dépense à la direction générale de la comptabilité publique; cette obligation est remplacée par la vérification quotidienne exercée pour chaque opération par le service du contrôle central du Trésor. — Le caissier payeur central doit verser un cautionnement de 300,000 francs. Il est comptable vis-à-vis de la Cour des Comptes de toutes les opérations effectuées dans ses divers services.

Le caissier-payeur central est assisté dans sa tâche par un sous-caissier-payeur central et tout un personnel de chefs, sous-chefs, rédacteurs, commis et garçons de caisse réparti entre 5 bureaux.

227. Le *sous-caissier-payeur central*, qui a le rang de sous-directeur et est nommé par décret sur la proposition du ministre des Finances, a été créé par un décret du 12 août 1896. Il n'a pas de fonction spécialement déterminée; son rôle est d'assister le caissier-payeur central pour la direction de l'ensemble des services. Dans ce but, il a la signature générale.

Le caissier-payeur central peut accréditer auprès des correspondants du Trésor, par l'intermédiaire de la direction du mouvement des fonds, la signature d'un certain nombre de membres du personnel de ses bureaux, suivant les exigences du service.

228. Le texte fondamental qui régit l'organisation de la caisse centrale est le décret du 25 mai 1875; ce décret a été complété par un arrêté ministériel du 29 décembre 1896 et un décret du 1er décembre 1900. Aux termes de ces règlements, le service est réparti entre 5 bureaux : le bureau central, le bureau de vérification et du contentieux des dépenses, le bureau des opérations en numé-

raire, le bureau du portefeuille et le bureau de la comptabilité.

229. *Attributions du caissier-payeur central.* — Nous verrons bientôt que les trésoriers-payeurs généraux ont ou peuvent avoir un triple rôle : celui de comptables du Trésor, celui d'agents des transferts et mutations et celui de comptables du département. Le caissier-payeur central n'a pas à s'occuper des transferts et mutations qui sont, à Paris, du ressort d'un comptable spécial. Ses opérations comme comptable du département de la Seine sont de même nature que celles effectuées par les trésoriers généraux et qui seront exposées à l'occasion de ces comptables : on doit observer, toutefois, que ses attributions à ce titre se restreignent à la dépense, le receveur central de la Seine ayant la charge du recouvrement des recettes et de la conservation des droits du département. Nous n'avons donc à envisager ici que les attributions qui appartiennent au caissier-payeur central en qualité de comptable du Trésor.

Lesdites attributions comportent le recouvrement et la centralisation de recettes, le paiement de dépenses au titre budgétaire, au titre des services spéciaux et au titre des opérations de trésorerie.

230. *Contributions et revenus publics.* — Les recettes budgétaires effectuées directement par le caissier-payeur central ne comprennent guère que des recettes accidentelles, produits divers ou recettes d'ordre. En effet, le comptable ne reçoit par lui-même aucun paiement d'impôts. Les impôts indirects sont encaissés par les comptables des administrations chargées de ce soin (enregistrement, douanes, contributions indirectes, postes); les receveurs-percepteurs encaissent les impôts directs et les taxes assimilées et le receveur central de la Seine divers produits dont il sera parlé à leur occasion. Tous ces divers comptables versent bien le montant de leurs recouvrements à la caisse centrale, mais la recette est faite par le caissier-payeur central à titre d'opération de trésorerie. — Les recettes budgétaires constituent ainsi la partie de beaucoup la moins importante des versements opérés à la caisse centrale.

231. *Dépenses publiques.* — Toutes les dépenses payables à Paris sur les crédits des ministères soit par ordonnances directes, soit par mandats des ordonnateurs secondaires sont payées par la caisse centrale. — Jusqu'en 1896 le paiement des arrérages de la dette publique était confié à un comptable spécial, le payeur central de la dette publique. Ce comptable, dont les attributions étaient réglées par les décrets des 27 mars et 25 mai 1875, acquittait directement ou par l'entremise des percepteurs de la Seine les arrérages des rentes nominatives et des pensions ordonnancées à Paris et centralisait les paiements faits partout ailleurs sur rentes mixtes et au porteur et sur rentes nominatives 4 1/2 0/0 et 3 0/0 amortissables. Il a été supprimé par le décret du 12 août 1896 portant règlement sur l'organisation de l'Administration centrale du ministère des Finances et son service réuni à celui du caissier-payeur central à dater du 1er octobre 1896. Le caissier-payeur central paie donc aujourd'hui soit direc-

tement, soit par l'intermédiaire des percepteurs de Paris les arrérages des rentes et centralise tout le service de la dette. Il effectue, en outre, comme auparavant, le remboursement du capital des rentes amortissables et des valeurs du Trésor sorties aux tirages, mais ce sont là des dépenses de trésorerie.

232. Les dépenses assignées payables dans les départements peuvent également être payées à la caisse centrale, mais là encore nous sommes en présence d'une opération de trésorerie et les paiements de cette nature sont classés par le comptable au compte valeurs à recouvrer.

233. *Services spéciaux.* — Les recettes et les dépenses faites à titre de services spéciaux par le caissier-payeur central sont de même nature que celles effectuées par les trésoriers généraux et nous nous bornons à renvoyer aux explications qui seront données plus loin.

234. *Opérations de trésorerie.* — Ce sont de beaucoup les plus importantes. Au compte de 1906, rendu par le comptable, elles se sont chiffrées en recettes par 9,863,709,668 fr. 49 et en dépenses par 8,849,903,262 fr. 64 ce qui donne une idée du mouvement considérable des fonds et valeurs et du nombre des comptes et des opérations.

235. Les recettes se composent: 1° des versements directs des comptables chargés du recouvrement des impôts indirects dans la Seine; — 2° des versements des percepteurs de Paris. Il y a lieu d'observer sur ce point que le versement des percepteurs n'est direct qu'au point de vue de la remise matérielle du numéraire, car ces comptables ne versent en réalité que pour le compte du receveur central de la Seine, chargé de surveiller le recouvrement et d'en centraliser les pièces comptables; — 3° des versements par les trésoriers-payeurs généraux des départements des excédents disponibles de leur encaisse. Ces versements se font par l'intermédiaire de la Banque de France dans les succursales de laquelle les trésoriers-payeurs généraux versent à l'actif du compte courant du Trésor, le caissier-payeur central opérant à Paris sur ce compte courant les versements ou les retraits nécessités par les besoins du jour; — des mêmes versements effectués par les trésoriers-payeurs d'Algérie et des colonies; — 4° des versements en compte chez les divers établissements publics correspondants du Trésor; — 5° des sommes versées par les particuliers pour achats d'engagements du Trésor: bons, obligations, titres de rentes, mandats sur les comptables, traites du caissier-payeur central sur lui-même pour le service des colonies, des armées, etc... — Ces diverses recettes donnent lieu, suivant leur nature, à la remise à la partie versante de récépissés à talon ou de valeurs du Trésor.

236. Quant aux dépenses elles sont principalement constituées par le remboursement des valeurs du Trésor amorties ou à échéance fixe, des traites, des mandats émis par les trésoriers-payeurs généraux sur la Caisse centrale, par les retraits de fonds effectués sur leur compte courant par les divers correspondants. Il faut y joindre tous les paiements faits pour le compte des trésoriers-payeurs

généraux de la métropole et des colonies, de l'agent des traites de la marine et de divers autres comptables.

237. *Contrôle central du Trésor public.* — Nous avons déjà nommé ce contrôle à l'occasion de l'organisation administrative du ministère des Finances, nous réservant de caractériser ici le rôle que joue le contrôleur central auprès de la caisse centrale du Trésor. Son intervention se justifie, d'une part, par le chiffre considérable des opérations journalières de la caisse centrale, et, d'autre part, par cette raison que le caissier-payeur central ne soumet pas à l'examen préalable de la comptabilité publique les pièces justificatives de ses écritures et de son compte de gestion.

238. Son rôle a été ainsi défini par les décrets des 16 décembre 1869 et 23 décembre 1887: prévenir toute dissimulation de recette et toute fausse déclaration de dépense et veiller à la conservation des encaisses du Trésor. Spécialement en ce qui concerne la dette inscrite, reconnaître et constater que tout certificat d'inscription sur les livres de la dette publique, rentes, pensions, cautionnements, etc. résulte soit de la concession d'un droit à cette inscription, soit de l'échange d'un titre équivalent préalablement frappé d'annulation. Enfin, le contrôle central donne aux effets publics, par son visa, le caractère d'authenticité qui leur est nécessaire pour former titre contre le Trésor.

239. A cet effet, des agents délégués par le contrôleur central sont placés près chacune des caisses et des sous-caisses ressortissant au service du caissier-payeur central, pour y constater le fait matériel de la recette et de la dépense au moment même où il se produit, pour en tenir une comptabilité contradictoire, et pour s'assurer, à la fin de la journée, de l'accord des opérations effectuées avec la comptabilité qui en est tenue dans chacune des caisses ou sous-caisses. Le contrôleur central vérifie tous les jours le solde matériel des valeurs en numéraire, après en avoir reconnu la conformité avec celui des écritures centrales, et la situation journalière de la caisse et du portefeuille qui est remise au ministre est dressée contradictoirement par le caissier-payeur central et par le contrôleur central (1).

240. Le contrôleur central appose son visa sur les inscriptions de rentes, sur les certificats d'inscriptions de pensions, les certificats d'inscriptions de cautionnements, les récépissés, bons, traites et valeurs délivrés ou émis par la caisse centrale (2), vise également tous les récépissés dont il détache et conserve les talons et tient des feuilles contradictoires de toutes les opérations. Ces talons et feuilles contradictoires sont transmis à la Cour des comptes et constituent pour la vérification du compte du caissier-payeur central un très utile élément de comparaison.

ARTICLE 2. — *Trésoriers-payeurs généraux.*

241. Les trésoriers-payeurs généraux sont chargés de la direction et de la centralisation dans le ressort

(1) D. 31 mai 1862, art. 340, 341 et 346.
(2) *Ibid*, art. 203, 242, 263, 288, 312 à 314, 343.

de leur département du service de la trésorerie. A cet effet, ils opèrent directement ou centralisent les diverses recettes effectuées pour le compte de l'État et doivent assurer le paiement des dépenses assignées payables dans leur département. Ils sont donc à la fois agents de recettes et agents de dépenses et leur titre même indique que leur rôle s'étend à la généralité des services financiers de l'État.

242. *Recrutement.* — Il existe actuellement un trésorier général par département pour la France et pour l'Algérie et un trésorier-payeur par colonie. — Le décret du 21 novembre 1865, qui divisait dans son article 4 les trésoreries générales en 3 classes, ajoutait dans son article 5 : « Nul ne peut être nommé trésorier-payeur général de 3ᵉ classe s'il ne compte dix années de services publics, dont cinq au moins dans l'Administration des finances... » C'était une sage mesure, car, ainsi que le disait Foud, les fonctions de payeurs réunies à celles de trésoriers des finances nécessitent, de la part de ceux qui en seront chargés, une connaissance approfondie de toutes les règles de la comptabilité publique et il paraît indispensable de réclamer de ces comptables des conditions d'aptitude spéciale. Mais cette disposition a été abrogée par un décret du 23 septembre 1872 qu'aucun texte n'a depuis modifié sur ce point. Il en résulte qu'aujourd'hui le Gouvernement peut nommer un trésorier général sans aucune condition de services antérieurs.

Toutefois, ce droit du Gouvernement ne peut s'exercer que pour le tiers des trésoreries générales. En effet, aux termes du décret du 22 juillet 1882, deux tiers des emplois de trésoriers généraux sont réservés aux receveurs particuliers et aux autres candidats appartenant ou ayant appartenu à un service du ressort du ministère des Finances.

243. Les trésoreries générales se divisent en 4 classes suivant le chiffre des traitements fixes précédemment indiqués (1).

Lorsque le nouveau trésorier général a rempli toutes les conditions réglementaires, il est procédé, ainsi qu'il a été dit, à son installation par le préfet ou son délégué. Cette installation est précédée de la remise des valeurs de caisse et de portefeuille et des registres, pièces, documents et instructions de l'ex-comptable. Dès qu'il est installé il procède, de concert avec son prédécesseur ou ses représentants, à la vérification de toutes les pièces établissant l'exactitude des services qui lui sont remis et il doit faire toutes les diligences nécessaires pour l'établissement du compte de son prédécesseur.

244. *Personnel des bureaux.* — Le personnel des bureaux des trésoriers généraux vient d'être complètement réorganisé par un décret du 6 novembre 1907 dont les dispositions ont été commentées par une circulaire de la comptabilité publique, en date du 23 janvier 1908. — Ce personnel comprend 3 grades : premiers fondés de pouvoirs, commis principaux et commis; chacun de ces grades

comporte 7 classes. Quant aux emplois tenus par ces agents, ce sont ceux de fondés de pouvoirs, chefs de service, caissiers et autres employés. — Le nombre d'agents attribués à chaque trésorerie générale est déterminé d'après les besoins du service et revisé en cas de besoin. — Les traitements de chaque grade et de chaque classe sont fixés par l'article 1ᵉʳ du décret; ils varient entre 7,000 francs pour les premiers fondés de pouvoirs de 1ʳᵉ classe et 1,200 francs pour les commis de 7ᵉ classe. Les fondés de pouvoirs et caissiers reçoivent, en outre, une indemnité de fonctions. Les traitements sont personnels et indépendants de la trésorerie générale.

Les premiers fondés de pouvoirs sont choisis par les trésoriers généraux parmi les titulaires du grade ou les commis principaux comptant un an d'ancienneté dans la 4ᵉ classe de ce grade. Les chefs de service sont au nombre de 6, 4 ou 3, suivant la classe de la trésorerie générale (un seul pour Belfort), ils sont placés à la tête des services de la comptabilité, de la perception, de la dépense, de la caisse des dépôts, des fonds particuliers et des rentes, pensions, transferts. — Un ou deux chefs de service peuvent être désignés comme seconds fondés de pouvoirs. — Les chefs de service et caissiers sont choisis par les trésoriers généraux; une fois désignés, ils ne peuvent être privés de leur fonction, même dans le cas de mutation du comptable, qu'après autorisation de la direction de la comptabilité publique.

245. Le personnel des bureaux des trésoreries générales se recrute au concours. Les agents restent en activité jusqu'à 60 ans, sauf les fondés de pouvoirs et chefs de service, qui peuvent être maintenus jusqu'à 65 ans.

Les articles 20 à 27 du décret de 1907 fixent les conditions dans lesquelles fonctionne pour ces agents le service des retraites. Chaque agent est tenu de verser trimestriellement à la caisse des retraites pour la vieillesse une somme égale à 5 0/0 de la totalité de ses émoluments; l'État verse trimestriellement au nom personnel de chaque agent une somme égale à cette retenue de 5 0/0; cette bonification reste fixée à 5 0/0 quand bien même l'agent s'imposerait une retenue supérieure.

Tout ce qui vient d'être dit concerne le personnel *titulaire*. Mais en dehors de ce personnel, les comptables restent libres d'employer des agents *auxiliaires* qu'ils choisissent et rétribuent directement sur leurs fonds d'abonnement.

246. *Cessation de fonctions; intérim.* — Les trésoriers généraux quittent leurs fonctions soit par suite de mise à la retraite, démission, révocation, décès, soit pour passer à un autre emploi. Dans l'une et l'autre hypothèse ils participent, soit en personne, soit par leurs mandataires ou ayants cause à la remise de service et un compte distinct doit être rendu de la gestion scindée. En outre, ceux qui quittent définitivement le service des trésoreries générales peuvent obtenir, avant l'apurement de ce compte, le remboursement des deux tiers de leur cautionnement dans des conditions que nous aurons à examiner (1).

---

(1) V. supra, nᵒ 215.

(1) V. infra, nᵒ 443.

Quant à ceux qui ne font que passer d'un département dans un autre, ils doivent, aux termes de l'article 1391 de l'instruction générale de 1859, pour être installés dans leur nouveau poste, produire : le certificat d'inscription du cautionnement de leur ancienne gestion, accompagné du récépissé établissant le versement du cautionnement complémentaire qui leur avait été imposé; un certificat de l'agent judiciaire du Trésor établissant l'absence de privilège de second ordre ou, s'il en existe, le consentement du bailleur de fonds à la nouvelle affectation de l'ancien cautionnement et un certificat de non-opposition du greffier du tribunal civil du lieu de leur dernier emploi.

247. Lorsque le successeur du comptable n'est pas immédiatement désigné et installé, ce qui a lieu notamment en cas de cessation de fonctions par suite de décès, de suspension ou de démission, le préfet désigne un gérant intérimaire (1). Ce gérant doit, aux termes de la circulaire du 20 février 1886, § 9, être soumis à l'agrément préalable de l'Administration supérieure. Une circulaire du 29 janvier 1898, § 2, prévoit le cas où ce gérant aurait été antérieurement investi des pouvoirs du trésorier général sorti de fonctions ou de ses héritiers; dans ce cas, le gérant ne doit pas, à moins d'une autorisation expresse de la direction de la comptabilité publique, conserver les pouvoirs qu'il tenait de son ancien chef de service, ni accepter le mandat qui pourrait lui être offert par les héritiers ou ayants cause du comptable qu'il remplace. — La remise du service à l'intérimaire donne lieu à un procès-verbal dont expédition est envoyée au ministre des Finances. Le gérant intérimaire gère sous sa propre responsabilité et rend, en principe, un compte distinct. Il a droit à une indemnité pour frais de gestion. Elle est fixée par le ministre.

248. *Attributions.* — Les trésoriers-payeurs généraux sont ou peuvent être appelés à jouer un triple rôle dans la comptabilité publique : comme comptables du Trésor, comme agents des transferts dans quelques départements et comme comptables départementaux.

Opérations faites en qualité d'agents du Trésor. — Les recettes qu'ils opèrent ou centralisent et les paiements qu'ils effectuent en cette qualité sont classés par les trésoriers généraux sous trois rubriques différentes dans leurs comptes : recettes et dépenses publiques ou opérations budgétaires, services spéciaux, opérations de trésorerie.

249. *Contributions et revenus publics.* — Les trésoriers-payeurs généraux centralisent toutes les recettes effectuées dans leur département par les receveurs des finances et les percepteurs à titre de contributions directes et taxes assimilées, de produits d'exploitations diverses et de coupes de bois de l'État, de produits divers et de recettes d'ordre. Ils effectuent directement un certain nombre de ces recettes, spécialement en ce qui concerne les produits divers et les recettes d'ordre. — Ils rattachent à leur propre comptabilité toutes les pièces justificatives concernant

(1) Instr. gén. Art. 1407.

lesdites recettes. — Quant aux recettes effectuées par les régies financières, ils en opèrent bien la centralisation, mais à titre d'opérations de trésorerie, les divers comptables qui les ont faites en conservant la justification et la responsabilité.

250. *Dépenses publiques.* — Les trésoriers-payeurs généraux sont chargés d'effectuer soit par eux-mêmes, soit par leurs subordonnés tous les paiements assignés dans leur département. Ils assurent ainsi le service des arrérages de la dette publique, des dépenses du service général des divers ministères, des frais de régie, de perception et d'exploitation des impôts et revenus publics, des remboursements et restitutions, non-valeurs et primes. En ce qui concerne le paiement des frais de régie, de perception et d'exploitation des impôts et revenus publics, il convient d'observer qu'ils interviennent surtout en matière de contributions directes, de taxes assimilées et d'amendes, ainsi que pour certaines dépenses de l'exploitation postale et pour les frais de régie des eaux et forêts; les frais de régie des administrations de l'enregistrement, des douanes, des contributions indirectes, des manufactures de l'État et des postes sont payés, en principe, par les agents de ces diverses Administrations. Si le trésorier général concourt au paiement de ces dernières dépenses, c'est généralement sous forme de fonds de subvention versés aux comptables et à titre d'opérations de trésorerie.

251. *Services spéciaux.* — Il est difficile de donner une définition exacte des services spéciaux, vu la diversité d'objet de ces services. Ils ont ce point commun qu'à la différence des opérations de trésorerie proprement dites ils ne supposent ni mouvements de fonds entre comptables ni émissions de valeurs et ne constituent à aucun point de vue un moyen de trésorerie. On peut dire qu'on a classé dans cette catégorie certains services qui avaient besoin d'être individualisés soit parce qu'ils ne concernaient pas l'État, soit parce que leurs deniers avaient un caractère de spécialisation qui ne permettait pas de les confondre avec les opérations ordinaires.

Cinq comptes sont actuellement ouverts, à titre de services spéciaux, dans les écritures des trésoriers généraux. Ce sont : les fonds de concours pour dépenses d'intérêt public, les produits du prélèvement fait sur le pari mutuel en faveur de l'élevage, les versements et remboursements de cautionnement, le perfectionnement du matériel d'armement et les contributions directes et taxes assimilées recouvrées pour le compte du département et des communes et pour le fonds de garantie. Les deux premiers comptes ne donnent lieu à des opérations qu'à la recette, les trois derniers comportent des recettes et des dépenses.

252. Les *fonds de concours* sont des fonds versés par les départements, les communes ou les particuliers pour concourir avec ceux de l'État à des dépenses d'intérêt public. Ces fonds ont ainsi une affectation spéciale qui doit être respectée. Pour en suivre l'emploi deux modes de comptabilité ont été successivement adoptés. D'après l'article 52 du décret du 31 mai 1862 ces fonds devaient être portés en recettes aux produits divers du budget; un crédit de pareille somme était alors ouvert par décret

au ministre compétent, additionnellement à ceux déjà accordés pour les mêmes travaux; la portion des fonds de concours non employée pendant le cours d'un exercice pouvait être réimputée avec la même affectation aux budgets des exercices subséquents, en vertu de décrets qui prononçaient en même temps l'annulation des sommes restées sans emploi sur l'exercice expiré. Ce système présentait l'inconvénient de fausser les résultats des budgets de tout l'excédent des recettes à titre de fonds de concours qui, à la clôture de l'exercice, n'avaient pas encore été converties en crédits; en outre les nombreux crédits reportés d'exercices en exercices jusqu'à l'achèvement des divers travaux, quelquefois fort longs, entraînaient un chevauchement d'exercices entre eux et une confusion au milieu de laquelle il était bien difficile de suivre une opération depuis son origine et de s'assurer que les fonds de concours avaient bien intégralement reçu la destination pour laquelle ils avaient été versés.

253. Ces inconvénients devinrent tels avec l'accroissement considérable du chiffre des fonds de concours que l'on dut abandonner le système. Un arrêté du 6 juin 1863 prescrivit aux comptables de cesser de classer parmi les recettes diverses des budgets les versements de fonds de concours et ordonna d'en faire à l'avenir l'objet d'un compte ouvert aux services spéciaux. Les fonds de concours figurent à ce compte sans distinction d'exercice, mais avec tous les renseignements concernant leur origine et leur destination; ils y restent en charge jusqu'au moment où ils sont transformés en crédits pour être employés aux dépenses qu'ils concernent, sans qu'il y ait lieu à des reports successifs; quant à leur versement au budget de l'Etat, ce versement a lieu par l'entremise de l'agent des virements au moment de l'affectation à la dépense et de l'ouverture du crédit. Ainsi disparaissent les causes de troubles budgétaires et de confusion que nous avons signalées et le contrôle de l'emploi devient facile.

Les trésoriers-payeurs généraux n'ont à prendre charge dans leurs comptes que des engagements de fonds de concours mis en recouvrement, c'est-à-dire des sommes promises devenues exigibles. Mais toutes les conventions portant engagement de concours doivent être enregistrées par ordre de date dans les ministères respectifs qui doivent établir une situation annuelle de ces divers engagements avec tous les renseignements qu'ils comportent (1).

254. Les produits du *prélèvement sur le pari mutuel* en faveur de l'élevage ont, d'abord, été compris parmi les fonds de concours, conformément à la circulaire de la comptabilité publique du 1er septembre 1891, § 1; depuis 1894 ils font l'objet d'un compte distinct aux services spéciaux (2). Le système de comptabilité est le même que pour les fonds de concours.

Les *capitaux de cautionnements* ne forment ni recette, ni dépense au budget de l'Etat, tandis que le paiement des intérêts constitue une charge pour le Trésor. Les opéra-

tions font l'objet d'un compte aux services spéciaux, elles seront étudiées ultérieurement.

255. La loi du 17 février 1898 a autorisé le ministre des Finances à ouvrir parmi les services spéciaux du Trésor un compte intitulé « *Perfectionnement du matériel d'armement* et réinstallation de services militaires ». Les trésoriers généraux ont été appelés à effectuer directement les opérations de recette et de dépense intéressant ce compte spécial et pour lesquelles une circulaire du 14 mars 1898 a tracé les règles à suivre. — Sont portés en recette les produits d'aliénations d'immeubles militaires désaffectés ou de fortifications déclassées et spécialement le produit des ventes des terrains provenant du déclassement des parties ouest et nord de l'enceinte de Paris. On impute en dépense : à une 1re section les dépenses de perfectionnement du matériel d'armement; à une 2e section les dépenses nécessitées par la réinstallation des services et par les frais de construction de la nouvelle enceinte de Paris; à une 3e section les intérêts d'obligations à court terme que le ministre a été autorisé, par l'article 3 de la loi de 1898, à émettre pour subvenir provisoirement aux dépenses. — Des crédits sont ouverts chaque année par la loi au titre du compte spécial; les crédits ou portions de crédits restés disponibles en fin d'année, peuvent être reportés par décrets à l'année suivante.

256. La loi de finances du 18 juillet 1892 ayant supprimé le budget sur ressources spéciales à partir du 1er janvier 1893, les *centimes* additionnels et taxes assimilées *recouvrés pour le compte des départements et des communes* sont centralisés depuis cette époque et en vertu de la circulaire du 29 janvier 1893 à un compte de services spéciaux. On y porte en recettes le produit des centimes, le vingtième attribué aux communes sur le principal de la contribution sur les voitures, chevaux, mules et mulets, le quart attribué également aux communes sur le principal de la taxe sur les vélocipèdes; en outre, conformément à la circulaire du 14 février 1900, § 4, et par identité de motifs, le produit des centimes additionnels à la patente pour *fonds de garantie* et la taxe sur les mines, perçus en exécution de la loi du 9 avril 1898 sur les accidents du travail. L'attribution aux départements, communes et caisse des dépôts des sommes qui leur reviennent constitue la dépense.

Tels sont les seuls comptes actuellement ouverts dans les écritures des trésoriers généraux au titre des services spéciaux, mais de nouveaux comptes peuvent être régulièrement autorisés, de même que beaucoup d'anciens comptes qui avaient le caractère de services spéciaux ont aujourd'hui disparu.

257. *Opérations de trésorerie.* — Nous ne pouvons entrer ici dans le détail des opérations de trésorerie effectuées par les trésoriers généraux et dont les diverses catégories (correspondants du Trésor, divers correspondants, avances pour divers services, mouvements de fonds, correspondants administratifs) seront examinées ultérieurement. Mais il faut constater que ces opérations constituent la partie de beaucoup la plus considérable du service de ces comptables.

---

(1) L. 26 janvier 1892, art. 77.
(2) Circ. 10 mai 1894, IV, faisant application de l'article 4 du décret du 7 juillet 1891.

La grande variété des comptes ouverts au titre des opérations de trésorerie dénonce la multiplicité des attributions des trésoriers généraux.

Ces comptables sont tout d'abord les agents du service de la trésorerie proprement dite. A ce titre ils doivent, d'une part, coopérer à l'encaissement des diverses ressources de trésorerie prévues par les lois et règlements, d'autre part, assurer en temps et lieu le paiement des dépenses publiques et pour cela centraliser et distribuer ensuite aux caisses qui en ont besoin les sommes destinées à y faire face. C'est à ce double titre qu'ils émettent des mandats sur le caissier-payeur central, qu'ils encaissent les fonds placés obligatoirement au Trésor par les communes et établissements publics, par les corps de troupes et divers autres services et qu'ils sont préposés aux mouvements de fonds. Les receveurs de l'enregistrement, des douanes, des contributions indirectes, des postes et télégraphes versent à leur caisse leurs fonds disponibles et en reçoivent les fonds de subvention dont ils peuvent avoir besoin; remises du caissier-payeur central, envois à ce comptable, fonds reçus des autres trésoriers généraux, des comptables du Trésor en Afrique, des trésoriers-payeurs des colonies, des payeurs d'armées, fonds envoyés à ces divers agents entretiennent entre le trésorier-payeur général et tous les comptables de France un perpétuel mouvement de valeurs que rend nécessaire le bon fonctionnement des services financiers de l'État. — Toutes ces opérations du service de la trésorerie proprement dite dépassent annuellement 30 milliards.

258. Le trésorier général opère des recouvrements et fait des paiements pour un certain nombre de comptables qui sont ses correspondants. Nous citerons le trésorier général de la marine, l'agent comptable de la Légion d'honneur, le service considérable de la caisse des dépôts et consignations. Toutes ces opérations qui ont le caractère d'opérations budgétaires au regard des comptables pour le compte desquels elles sont faites ou qui rentrent dans leur service normal, ont à l'égard du trésorier général le caractère de simples opérations de trésorerie. Ce dernier les centralise en recette et en dépense et n'en justifie que par de simples récépissés, avis de crédit ou de débit des comptables qui sont chargés d'en présenter leurs propres comptes les justifications par les pièces prescrites par les règlements.

259. Un grand nombre de comptes de trésorerie, d'autre part, sont ouverts pour individualiser des services dont la nature particulière réclame une description et une liquidation à part. Ces services ont généralement le caractère de comptes d'attente, les sommes qui leur sont versées ne l'étant qu'à titre provisoire et jusqu'à ce qu'une liquidation ait déterminé le créancier auquel elles doivent faire définitivement retour. On peut citer, à titre d'exemples, le compte excédents de versements sur contributions dont seuls les excédents non réclamés sont versés au Trésor en fin d'exercice; le compte droits d'examen, qui donne lieu à paiements au receveur du timbre, aux particuliers pour remboursements de droits ou à versement au Trésor des consignations de droits non réclamés en fin d'exercice; le compte reliquats provenant de divers

services; le compte consignations de droits d'examen; le compte droits universitaires acquis aux villes et aux universités; le compte dépôts en numéraire des soumissionnaires de fournitures et travaux; le compte consignations en matière de police de roulage et de navigation, etc.

260. Dans cette dernière catégorie on doit faire une place à part aux divers comptes de frais de poursuites, dans lesquels l'État, qui a fait aux agents de poursuites l'avance des frais et honoraires qui leur sont dus, suit le recouvrement de sa créance en remboursement contre les débiteurs poursuivis.

261. Le service des cotisations municipales et particulières, dont le trésorier général est également chargé, appelle quelques explications. On entend par cotisations municipales ou particulières les quote-parts dont sont redevables les communes d'un département, ou un groupe de communes, certains établissements ou même certains particuliers, pour le paiement au Trésor public des dépenses engagées par lui, en vue d'assurer l'exécution de divers services intéressant leur collectivité. Il a paru, en effet, que si des travaux, des fournitures, des salaires et frais divers présentaient un intérêt collectif, il y avait lieu, par mesure d'économie et de bon ordre financier, d'en laisser l'exécution ou le paiement à l'État, lequel, après avoir réglé la dépense globale et mesuré l'intérêt de chacun des membres de la collectivité dans l'affaire, réclamerait à ces derniers leur cotisation pour le service rendu.

262. La circulaire du 15 novembre 1864 § 21 a donné la nomenclature des services administrés sous forme de cotisations municipales (1).

L'ouverture de paragraphes nouveaux au compte des cotisations municipales et particulières ne peut résulter que d'un accord intervenu entre les ministres de l'Intérieur et des Finances (2).

Le service des cotisations municipales est confié aux trésoriers-payeurs généraux, chargés du recouvrement des contingents fixés par arrêtés préfectoraux et du paiement des dépenses, engagées dans la limite des ressources à réaliser et soldées après la réalisation desdites ressources.

(1) Voici les principaux :
Les frais de registres de l'état civil et tables décennales;
Les frais de confection de matrices, rôles et avertissements à la charge des communes et des particuliers;
Les frais d'impression et du timbre à la charge des communes et établissements publics;
Les pensions des malades, vieillards et incurables indigents placés par les communes dans les hospices;
Les travaux d'intérêt commun;
Divers salaires, tels que les traitements des gardes forestiers communaux, les salaires des concierges, des maisons de dépôt;
Les traitements et frais concernant le service de la police;
Les frais d'abonnement à diverses publications (*Journal officiel*, *Bulletin des lois*, *Bulletin de l'Intérieur et de l'Instruction publique*, etc.);
Les frais des conseils de prud'hommes à la charge des communes, qui constituent pour elles une dépense obligatoire;
Enfin le fonds commun des amendes de police correctionnelle dont le boni est réparti entre les communes, après que les prélèvements ordonnés par l'article 11 de la loi du 26 décembre 1890 modifié par l'article 45 de la loi du 28 avril 1893 ont été opérés.
(2) Inst. gén. 20 juin 1859, Art. 804. Circ. 8 janvier 1890, § 2.

263. Au titre des opérations de trésorerie figurent encore dans les écritures des trésoriers généraux toute une série de comptes, dont le nombre dépasse cent et qui sont dits « comptes des correspondants administratifs de la trésorerie générale ». Ces comptes, au sujet desquels il est impossible d'indiquer un caractère commun, comprennent des opérations de natures très diverses. Les uns ont pour objet le règlement entre le comptable et ses subordonnés de droits perçus par eux (percepteurs, comptes courants de droits de passeports à l'étranger, comptes courants de restes à recouvrer sur les contributions des exercices expirés, perceptions de ville, comptes-courants de recouvrements); les autres, le règlement de diverses opérations spéciales concernant les communes, les hospices, la caisse des retraites, les caisses d'épargne, les écoles du Gouvernement. D'autres comptes sont même ouverts pour les particuliers au service desquels le comptable met son intermédiaire. Tel est le compte très important intitulé : « divers comptes courants de valeurs remises à l'encaissement », compte grâce auquel la plus grande facilité est donnée au public pour recevoir dans le département même le paiement de valeurs, titres, mandats, payables dans un autre département.

264. Tels surtout les deux comptes d'*achats* et *ventes de rentes sur l'État.* En vertu d'une ordonnance du 14 avril 1819, les trésoriers généraux doivent faire effectuer pour le compte des particuliers, des communes et des établissements publics qui le demandent les achats et les ventes de rentes sur l'État. Ces opérations sont faites sans autres frais que ceux de courtage et dans les conditions indiquées par une circulaire du 6 mai 1896. Elles n'entraînent pour le Trésor aucune responsabilité et la Cour de Cassation (14 avril 1875) a reconnu qu'aucun recours ne pouvait être élevé contre l'État à raison des titres ou valeurs déposés pour ces opérations dans les caisses du trésorier général. Aussi n'est-il délivré aux déposants qu'une quittance détachée d'un registre à souche spécial et non un récépissé à talon qui pourrait constituer un titre contre le Trésor. — Le service des achats et ventes de rentes, qui appartenait, en outre, également aux receveurs particuliers, a été étendu aux percepteurs dans certaines conditions fixées par une circulaire du 27 avril 1900.

265. *Fonds particuliers.* — On appelle fonds particuliers des trésoriers-payeurs généraux les fonds qui leur appartiennent en propre, et les fonds déposés chez eux par leurs correspondants particuliers et qui, dans les conditions prescrites par les règlements, constituent pour le service du Trésor un fonds de roulement important. Ces correspondants sont le Crédit foncier, la Ville de Paris, les particuliers qui leur déposent des fonds en compte courant ou pour achats de rentes sur l'État. — Une décision ministérielle du 18 décembre 1865, art. 29, prescrivit aux trésoriers généraux de constituer, pour toute la durée de leur gestion, une avance au Trésor au moins égale à leur cautionnement, et cela au moyen de leurs fonds particuliers. Mais, lorsque furent réduits, comme on l'a vu, les émoluments de ces comptables, l'obligation de l'avance équivalente au cautionnement fut supprimée. Les trésoriers payeurs généraux doivent toutefois continuer à faire une avance personnelle des fonds de roulement nécessaires au service de la trésorerie, quel que soit le chiffre des capitaux qui, dans leurs fonds particuliers, appartiennent à des tiers. Le chiffre des dépôts effectués par les particuliers aux trésoreries générales a, d'ailleurs, beaucoup baissé et tend à diminuer de plus en plus. En voici la raison : les avances des trésoriers-payeurs généraux figurent au compte de la dette flottante et reçoivent un intérêt basé sur celui des bons du Trésor et peu élevé comme lui. Dans ces conditions, les comptables ne peuvent eux-mêmes donner qu'un intérêt minime à leurs déposants, qui, trouvant dans les grandes sociétés de crédit des conditions plus rémunératrices, désertent les trésoreries générales.

L'instruction générale de 1859 a soumis les fonds particuliers à des règles spéciales de comptabilité. Quant à leur contrôle, il est effectué sur place par l'inspection des finances, et des documents envoyés périodiquement à la direction du mouvement des fonds permettent à ce service de se rendre un compte exact de la situation des fonds particuliers dans chaque trésorerie générale.

266. *Rôle du trésorier-payeur général comme comptable supérieur.* — Un grand nombre des opérations effectuées par le trésorier général comme comptable du Trésor le sont, soit directement par lui, soit par les comptables qui lui sont subordonnés. Le trésorier général est, en effet, un comptable supérieur, seul responsable et rendant seul compte pour tout son département; il a sous ses ordres immédiats les receveurs des finances et les percepteurs. Il rattache à sa propre gestion toutes les opérations de ces agents qui n'opèrent jamais que pour son compte et sous sa responsabilité.

267. Le rattachement des opérations et pièces de comptabilité s'opère dans les conditions suivantes. Tous les dix jours, les receveurs des finances sont tenus de transmettre au trésorier général la copie de leur journal et, tous les mois, la balance de leur grand-livre accompagnée de tous les documents prescrits par les règlements (1). Les trésoriers généraux connaissant ainsi la situation des receveurs des finances peuvent disposer des fonds dont ces derniers sont détenteurs, soit qu'ils les fassent verser à la recette générale, soit qu'ils les emploient sur les lieux, soit qu'ils en autorisent la réserve en leurs mains, ou qu'ils leur donnent toutes autres directions commandées par les besoins du service (2). Inversement, ils peuvent leur faire parvenir les fonds destinés à effectuer les paiements, au cas où la caisse des receveurs des finances ne serait pas suffisamment approvisionnée. — Ces opérations se font par débit et crédit du compte courant que les receveurs particuliers ont à la trésorerie générale.

268. De leur côté, les receveurs des finances, qui ont la surveillance directe et la responsabilité de ces derniers, sont mis au courant de la situation de ces derniers par les versements qu'ils leur prescrivent. Ils peuvent exiger que ces versements leur soient faits tous les dix jours et

_____

(1) D. 31 mai 1862, art. 333.
(2) *Ibid.*, art. 336.

même, pour les perceptions de villes, à des époques plus rapprochées. Les versements comprennent le numéraire en caisse, ainsi que les pièces de dépense acquittées représentant les paiements faits pour le compte du trésorier général. Les receveurs des finances prennent connaissance des services sur lesquels ont porté les recettes et les dépenses par l'examen du livre récapitulatif que les percepteurs doivent joindre à chacun de leurs versements.
— Ils puisent enfin un élément quotidien d'observation dans l'envoi de la situation sommaire de caisse que la circulaire du 24 août 1878 prescrit aux percepteurs de leur faire à la fin de chaque journée ou le lendemain matin au plus tard. Cette situation leur fait connaître le montant des recettes et dépenses de la journée, l'excédent de recette, le numéraire en caisse et les pièces de dépenses acquittées pour le compte du trésorier-payeur général.

269. Les articles 321 et 323 du décret du 31 mai 1862 donnent, en outre, aux trésoriers généraux la plus grande latitude pour exercer leur contrôle sur leurs subordonnés. Leur contrôle s'exerce par le visa des registres, la vérification de la caisse, l'appel des valeurs, des pièces justificatives et des divers éléments de comptabilité et par tous les autres moyens indiqués par les règlements. Lorsque des irrégularités sont constatées dans le service d'un comptable subordonné, le comptable supérieur prend ou provoque envers lui les mesures prescrites par les règlements ; il est même autorisé à le suspendre immédiatement de ses fonctions et à le faire remplacer par un gérant provisoire à sa nomination, en donnant avis de ces dispositions à l'autorité administrative.

270. *Opérations effectuées comme agents comptables des transferts.* — Le rôle des trésoriers généraux, en matière de transferts de rentes sur l'État a été défini par deux circulaires de la Dette inscrite en date du 26 décembre 1896 dont voici l'économie (1).

271. *Transferts dans les départements ayant des bourses pourvues d'un parquet.* — Un décret du 24 décembre 1896 a étendu les facilités accordées par les textes antérieurs pour les transferts de rentes certifiés dans les départements. A partir du 1er janvier 1897, les agents de change exerçant près les bourses départementales pourvues d'un parquet ont été admis à certifier les transferts de rentes nominatives de tous les fonds de l'État français, sans qu'il y ait à distinguer si les inscriptions présentées par les

agents de change sont ou non assignées payables à la trésorerie générale de leur département. Le même décret leur reconnaît le droit de transférer des inscriptions mixtes. Il spécifie que les transferts doivent avoir pour objet la délivrance d'inscriptions nominatives. — L'agent de change établit une déclaration et un certificat de transfert qui doivent être signés par le vendeur ou son fondé de pouvoir spécial, avec certification de la signature par l'agent. — Après vérification, les transferts sont signés par le trésorier général, agissant en qualité d'agent comptable des transferts. A ce titre, le comptable doit justifier de sa gestion à la Cour des Comptes par la production d'un compte spécial appuyé des déclarations de transfert, pièces justificatives et titres annulés. — Les articles 4 et 5 du décret décident que les opérations qui motiveront les transferts seront effectuées par les soins de l'agent comptable du grand-livre à Paris et que les inscriptions nouvelles seront certifiées par le trésorier général et visées par l'agent comptable du grand-livre et par le contrôle central.

272. La circulaire du 26 décembre 1896, en rappelant aux trésoriers généraux qu'ils agissent en qualité d'agents comptables des transferts, attire leur attention sur la responsabilité distincte de celle de l'agent de change qu'ils encourent. Ses prescriptions comme celles du décret s'appliquent aux trésoriers payeurs généraux des départements des Bouches-du-Rhône, de la Haute-Garonne, de la Gironde, de la Loire-Inférieure, du Nord et du Rhône.

La circulaire ajoute qu'il pourra être ouvert aux agents de change des départements qui en feront la demande des comptes courants en rentes. Les formules employées constitueront de véritables titres nominatifs, dont l'agent titulaire pourra se dessaisir au moyen d'un transfert préparé dans la forme ordinaire. Les arrérages des rentes représentées par ces coupures à l'époque du détachement d'un coupon seront ordonnancés sur la caisse centrale du Trésor.

273. *Opérations effectuées comme comptables départementaux.* — Les trésoriers-payeurs généraux sont comptables du département dans lequel ils exercent leurs fonctions. Sans doute, à première vue, l'examen de leurs attributions à raison de ce service semble ne pas devoir trouver sa place dans une étude sur le Trésor public, mais, d'une part, le fait que la comptabilité départementale a, pendant de longues années, fait partie des finances de l'État, d'autre part, les modifications profondes apportées à ce service depuis la publication au *Répertoire* de l'article sur le département, nous obligent à une exposition ou moins sommaire du sujet.

Avant d'obtenir l'autonomie actuelle que lui a donné la loi du 18 juillet 1892, le budget départemental a passé par deux phases distinctes. Pendant longtemps, il fit partie du budget ordinaire de l'État ; les dépenses du département n'étaient, en réalité, que des dépenses de l'État payées par un service local. La loi du 2 juillet 1862, fit disparaître du budget ordinaire les dépenses des départements et créa une division spéciale sur ressources spéciales où elle classa lesdites dépenses. Pour avoir disparu du budget ordinaire de l'État, le budget du département n'en restait pas moins soumis au vote

(1) La loi du 14 avril 1819 avait prescrit l'ouverture dans chaque département d'un livre auxiliaire du grand-livre de la dette publique. Sur ce livre étaient portés les propriétaires de rentes nominatives qui demandaient cette forme d'inscription et dont les inscriptions réunies formaient l'inscription départementale. Le trésorier général, chargé du service, jouait à cet égard le rôle d'agent du grand-livre et d'agent des transferts et rendait à la Cour des Comptes un compte spécial de ses opérations. — Les inscriptions départementales ont été supprimées par l'article 10 de la loi de finances du 24 décembre 1896. Cette suppression n'était pas immédiate, elle ne devait se faire que successivement, au fur et à mesure que toutes les rentes inscrites aux livres auxiliaires auraient été reportées au grand-livre à Paris et cette transformation devait se produire par le seul effet des renouvellements et autres opérations courantes. — Or, comme la durée maxima des titres nominatifs est de dix ans, la fermeture définitive des livres auxiliaires est aujourd'hui un fait accompli.

du Parlement, compris aux comptes ministériels et dans la loi de règlement, avec, comme ordonnateur, le ministre de l'Intérieur. Les conseils généraux ayant reçu de la loi de 1871 le droit de faire définitivement le chiffre des crédits, les pouvoirs du ministre comme ordonnateur se bornaient à déléguer des crédits aux préfets qui étaient tenus de respecter les décisions du conseil général; les Chambres votaient bien le règlement, mais n'avaient, en fait, aucun contrôle sérieux sur les dépenses; enfin l'unité budgétaire, si désirable pour la clarté des finances publiques, avait reçu dans la création du budget sur ressources spéciales une atteinte sérieuse. Néanmoins le système dura trente ans.

274. La loi du 18 juillet 1892 y mit fin. Elle a eu pour conséquence de faire complètement disparaître du budget et des comptes de l'État le budget départemental, de soustraire ce budget et son règlement au vote des Chambres et d'obliger les trésoriers généraux à présenter dorénavant dans un compte spécial et entièrement distinct de leur compte du Trésor les opérations concernant le département (1).

275. Le trésorier général est chargé du recouvrement de toutes les recettes et du paiement de toutes les dépenses concernant le service du département. Les recettes départementales se composent pour partie de centimes additionnels et pour partie de produits dits éventuels. Alors que les produits éventuels sont directement recouvrés par le trésorier général, les centimes additionnels ne sont que centralisés par lui, leur recouvrement étant effectué par les percepteurs. Les dépenses sont payées par le trésorier général soit directement, soit par la voie des divers comptables du ressort de son département (2).

276. L'encaissement des recettes, et le paiement des dépenses sont faits sous la responsabilité exclusive du trésorier général. La responsabilité du comptable en matière de dépenses est de même nature que pour les dépenses de l'État, mais pour les recettes du département le rôle et la responsabilité sont plus étendus et demandent à être précisés. Aux termes de l'article 24 de la loi du 18 juillet 1892, le trésorier général est tenu de faire sous sa responsabilité personnelle toutes les diligences nécessaires pour la perception des revenus, legs et donations et autres ressources départementales, de faire contre les débiteurs en retard et sur l'ordre du préfet toutes les poursuites, de veiller à la conservation des domaines, droits, privilèges et hypothèques et de requérir l'inscription hypothécaire de tous les titres qui en sont susceptibles, d'avertir le préfet de l'expiration des baux, d'empêcher les prescriptions, etc. Ces dispositions, empruntées aux règles analogues posées en matière municipale par l'arrêté du 29 vendémiaire an XII, ont donné au trésorier

général un rôle tout à fait nouveau et essentiellement différent de celui qu'il joue à l'égard des recettes de l'État. En ce qui concerne l'État, le comptable se borne à faire recouvrer les titres qu'on lui remet; en cas d'absence de titres, de contestations sur leur régularité, il n'a point à intervenir; il n'intervient pas comme agent de poursuites; les mesures conservatoires, oppositions, inscriptions hypothécaires sont prises par l'Administration et ce service centralisé par un agent spécial, l'agent judiciaire. On voit que pour le département son rôle est bien plus étendu et que la loi lui confère en réalité la qualité de conservateur des droits et créances du département puisqu'il doit empêcher les prescriptions, poursuivre les débiteurs en retard, requérir les inscriptions hypothécaires, les renouveler, faire les oppositions, provoquer le renouvellement des baux. Il faut, d'ailleurs, observer que ces fonctions le comptable ne les exerce que sous le contrôle du préfet, qui doit délivrer les titres exécutoires, sans lesquels toute poursuite ne peut être engagée, et qui peut également faire surseoir par un ordre écrit aux poursuites engagées; le trésorier général doit l'aviser de toute poursuite commencée.

277. D'une manière générale la comptabilité départementale est tenue par le trésorier général conformément aux règles de la comptabilité du Trésor; spécialement les principes de l'unité de caisse et de comptabilité sont observés. Conséquemment, les opérations qu'il fait pour le département figurent dans sa comptabilité générale, journal et grand livre; l'inscription y est faite en bloc et sans détails, comme sans justification; ces détails ainsi que les pièces justificatives, font l'objet de livres et de comptes spéciaux au département dont les résultats sont résumés dans la comptabilité générale, au compte courant du département.

278. Le compte spécial que doit présenter le trésorier général pour le département diffère dans sa forme du compte du Trésor. Alors que ce dernier est divisé en deux comptes distincts, présentés séparément, l'un comprenant les opérations de l'année, l'autre celles de la période complémentaire de l'exercice, le compte départemental, compte unique, est présenté par exercice avec distinction des gestions. Il comprend ainsi la situation du comptable au début de l'année, le rappel en bloc des opérations complémentaires de l'exercice précédent, les opérations faites pendant l'année, les opérations effectuées pendant la période complémentaire de l'exercice (1er au 31 janvier de la seconde année pour la liquidation et le mandatement des dépenses, 1er janvier à fin février pour la liquidation et le recouvrement des recettes et pour le paiement des dépenses) et la situation du comptable vis-à-vis du département en fin d'année et du compte en fin d'exercice. Ce système permet un rapprochement facile entre le compte du trésorier général et le compte d'administration du préfet qui, comme tout compte d'administration, est un compte d'exercice.

279. Le compte départemental présente encore une autre particularité, c'est qu'il comprend des opérations dites hors budget. Ces opérations, comme les opérations de trésorerie du compte du Trésor, n'affectent pas la situation budgé-

(1) La loi a été suivie d'un règlement, portant la date du 12 juillet 1893, destiné à en assurer l'exécution et qui, lui-même, a été modifié ou complété dans un certain nombre de ses dispositions par un décret du 20 janvier 1900 et par un certain nombre de circulaires ou d'instructions du ministère de l'Intérieur, dont les plus importantes portent les dates des 27 juillet et 17 août 1895, 10 et 20 août 1898, 12 décembre 1903 et 29 juillet 1904.
(2) Règlement 12 juillet 1893, Art 153.

taire, mais elles influent sur la caisse et doivent, par suite, être décrites au compte. L'article 207 du règlement de 1893 donne l'énumération de ces opérations.

Le compte, après avoir été soumis à l'examen du conseil général, est présenté à la Cour des comptes accompagné des pièces justificatives et, en outre, de pièces générales parmi lesquelles figure la délibération où le conseil général consigne le résultat de son examen (1).

280. *Surveillance des comptables des communes et établissements.* — Aux termes de l'article 1285 de l'instruction générale de 1859, la gestion des percepteurs pour tous les services dont ils sont cumulativement chargés, est placée sous la surveillance et la responsabilité des trésoriers généraux et des receveurs des finances. Quant aux receveurs spéciaux des communes et des établissements de bienfaisance l'article 1317, même instruction, leur en confère la surveillance. Nous nous trouvons ainsi en face de deux hypothèses bien distinctes : ou bien les services municipaux et hospitaliers sont gérés par le percepteur et alors les trésoriers généraux et receveurs des finances ont la surveillance et la responsabilité de cette gestion, dans les mêmes conditions que de celle afférente aux opérations pour le compte de l'État ; ou bien ces mêmes services sont confiés à un comptable spécial, celui-ci gère alors sous la surveillance mais non sous la responsabilité des receveurs des finances. Il convient d'ajouter que le devoir de surveillance appartient de droit commun au receveur des finances et s'il incombe au trésorier-payeur général, c'est en tant que receveur des finances de son arrondissement.

281. Cette surveillance s'exerce par les moyens suivants : 1° Tous les titres de recettes, budgets, rôles, états, baux, sont remis aux comptables par le receveur des finances, qui, étant ainsi informé des titres de recettes et des autorisations de dépenses, peut prendre les mesures nécessaires pour assurer le bon fonctionnement du service. — 2° Des envois périodiques sont faits au receveur des finances par les receveurs des communes et établissements, savoir : par les percepteurs, remise tous les dix jours de leur livre récapitulatif, tous les mois d'un bordereau de situation sommaire, tous les trois mois d'un bordereau détaillé des recettes et des dépenses ; par les receveurs spéciaux, envoi tous les dix jours de la situation sommaire des recettes et dépenses et du bordereau des valeurs en caisse, tous les mois de la copie de la balance de leur grand livre, tous les trois mois d'un bordereau détaillé des opérations. — 3° Vérification trimestrielle de la caisse et de la comptabilité des receveurs spéciaux, ou plus rapprochée si elle est jugée nécessaire ; pour les percepteurs, dont la surveillance effective et continue est plus facile, aucune obligation précise de vérification sur place n'est imposée. — 4° Double vérification des comptes : les comptes sont vérifiés une première fois par le receveur des finances avant leur envoi à l'autorité budgétaire au point de vue de l'exactitude des chiffres et de la régularité de la forme ; ils sont ensuite l'objet d'une seconde vérification beaucoup plus approfondie et sur pièces.

(1) Règlement 12 juillet 1893, Art. 224.

282. Quant aux moyens d'action du receveur des finances vis-à-vis du comptable en faute, ils diffèrent suivant qu'il s'agit d'un percepteur ou d'un receveur spécial. Pour le percepteur, il peut lui infliger une retenue disciplinaire de deux mois de traitement en cas d'inconduite ou négligence ; placer près de lui et à ses frais, en cas d'incapacité, un agent spécial chargé de remettre de l'ordre dans son service ; enfin, dans les cas graves, lui retirer immédiatement le service et nommer un agent intérimaire. Pour les receveurs municipaux il ne peut leur infliger de retenues disciplinaires, mais il a le droit de placer près d'eux un agent spécial et de provoquer auprès du maire leur suspension et leur remplacement par un gérant provisoire ; en cas d'urgence, il doit pourvoir d'office, sous sa responsabilité, au remplacement.

ARTICLE 3. — *Comptables subordonnés.*

I. — *Receveurs particuliers des finances.*

283. *Recrutement.* — En vertu de l'article 4 de la loi du 25 juillet 1879, les receveurs particuliers sont choisis moitié parmi les percepteurs comptant au moins cinq années d'exercice et moitié parmi les candidats ayant au moins cinq années de services publics civils ou militaires. — Seuls les percepteurs titulaires d'un emploi de 1re classe peuvent être nommés receveurs particuliers de 2e classe ; pour être nommés receveurs particuliers de 1re classe ils doivent être titulaires d'une perception hors classe (1). — Pour les autres candidats ils sont choisis librement par l'Administration pourvu qu'ils comptent les cinq années de services réglementaires ; toutefois le décret du 1er décembre 1900, art. 16, a réservé aux agents de l'Administration centrale des finances un vingtième des vacances.

Lorsque le nouveau comptable a rempli toutes les conditions qui ont été précédemment exposées (2) il se présente devant le trésorier-payeur général du département qui procède à la remise du service et à l'installation. Le ministre des Finances fixe le jour de l'installation après en avoir avisé le préfet, qui, à son tour en avise le sous-préfet. Le trésorier général remet au nouveau receveur des finances les valeurs de caisse, les registres de comptabilité ainsi que les règlements et instructions qui font partie des archives de la recette. Il est dressé un procès-verbal de cette remise.

284. Les recettes particulières sont divisées en 3 classes déterminées par le chiffre du cautionnement : les emplois dont le cautionnement est de 70,000 francs et au-dessus appartiennent à la 1re classe ; ceux dont le cautionnement est compris entre 55,000 et 69,000 francs appartiennent à la 2e classe ; ceux dont le cautionnement est inférieur à 55,000 francs appartiennent à la 3e classe (3). L'état de répartition joint à cet arrêté compte 71 recettes de 1re classe, 102 de 2e classe et 100 de 3e classe, mais la

(1) D. 21 juin 1901, art. 2.
(2) V. *Supra*, nos 264, 265 et suiv.
(3) Arr. 10 novembre 1896.

classification est revisée chaque année en raison du chiffre des émoluments de l'année précédente. Si, par suite de cette revision une recette venait à descendre de classe, son titulaire n'en conserverait pas moins ses droits à la classe antérieure tant qu'il ne change pas d'arrondissement; dans le cas contraire, le comptable peut être promu sur place à la classe supérieure s'il compte au moins trois ans d'exercice dans la classe antérieure. La loi du 25 juillet 1879, art. 4, a décidé, en effet, qu'aucune promotion de classe ne serait accordée aux receveurs des finances qui compteraient moins de trois années d'exercice dans la classe précédente.

285. *Cessation de fonctions; intérim.* — Les règles données à ce sujet pour les trésoriers généraux reçoivent également ici leur application. Il convient toutefois, lorsqu'il y a lieu à un intérim d'ajouter les explications suivantes. L'intérimaire est nommé par le préfet sur la proposition du trésorier général; c'est à ce comptable qu'il incombe, d'ailleurs, de prévenir le ministre des finances des vacances qui peuvent donner lieu à intérim, telles que décès ou démission. Le trésorier général fait la remise du service à l'intérimaire mais il ne charge ce dernier que du numéraire en caisse et conserve par devers lui les effets et les pièces de dépense qui se trouvent dans le portefeuille de l'ex-receveur. La remise donne lieu à un procès-verbal établi en quatre expéditions dont l'une doit être transmise sans délai par le trésorier général au ministère des Finances (1).

En dehors des cas de décès, démission, révocation, il y a lieu à gérance intérimaire si le nouveau receveur des finances ou son fondé de pouvoirs régulièrement constitué ne se présente pas au jour fixé pour la remise de service ou si le nouveau titulaire ne peut justifier de la réalisation de son cautionnement.

286. *Attributions.* — Les receveurs particuliers sont chargés de centraliser les recouvrements effectués par les percepteurs de leur arrondissement; ils effectuent, en outre, directement un certain nombre de recettes, sont préposés au paiement des dépenses publiques dans leur ressort et participent également aux recettes et dépenses faites à titres de services spéciaux et d'opérations de trésorerie ainsi qu'au service départemental. Leurs attributions sont donc à peu près identiques à celles des trésoriers-payeurs généraux, mais avec cette différence essentielle qu'ils n'agissent jamais que comme préposés de ces derniers comptables à la comptabilité desquels sont rattachées toutes leurs opérations. Ils n'ont pas de compte à établir; les fonds et valeurs, les pièces de recette et de dépense sont envoyées par eux au trésorier général qui les en crédite ou débite suivant le cas. Nous avons déjà dit qu'ils doivent transmettre à ce dernier tous les dix jours la copie de leur journal et, à la fin du mois, la balance de leur grand livre; pareille communication doit être faite à la direction générale de la comptabilité publique.

Conformément au décret du 24 décembre 1896, les rece-

veurs particuliers peuvent être appelés à prendre, au fur et à mesure des vacances, le service de la perception dans leur chef-lieu d'arrondissement; ils cumulent alors l'emploi de receveur des finances et de percepteur. La circulaire de la comptabilité publique du 26 janvier 1904 leur prescrit, dans le cas de vacance d'une perception de ville dans un chef-lieu de sous-préfecture de moins de 20,000 habitants, de prendre immédiatement et sans autre avis le service de cette perception et de remettre le service des communes rurales qui pourraient en dépendre soit au titulaire nommé par le ministre ou le préfet, soit, à défaut, à un intérimaire.

287. *Surveillance des percepteurs.* — Tous les percepteurs de l'arrondissement sont placés sous la surveillance du receveur particulier qui est responsable de leur gestion. — Nous avons dit précédemment que ces comptables devaient lui envoyer une situation journalière et; tous les dix jours opérer chez lui un versement du numéraire en caisse et des pièces de dépense. Le contrôle du receveur des finances s'exerce ainsi d'une manière continue et il peut prendre en connaissance de cause les mesures que commande chaque situation; apurer ainsi successivement et sans observations leurs gestions, si elles sont régulières, prescrire le redressement des irrégularités s'il s'en présente. Les pièces de comptabilité des percepteurs sont transmises par le receveur des finances au trésorier général.

Nous avons dit également que la surveillance du receveur particulier s'étend, en outre, aux comptables des communes et établissements et énuméré les moyens d'action qui lui appartiennent aussi bien contre ces comptables que contre les percepteurs. Leur surveillance porte également sur les comptables des associations syndicales autorisées (1) et sur les comptables des universités et facultés (2); la loi du 1er avril 1898 leur a donné le contrôle des opérations des caisses de sociétés de secours mutuels.

II. — *Percepteurs.*

288. *Recrutement.* — Le choix des percepteurs s'exerce sur trois catégories différentes de candidats.

1° Les percepteurs *surnuméraires.* Les surnuméraires sont nommés au concours et, après un stage de deux ans, subissent un examen de classement. Leur recrutement a été réglé par le décret du 14 avril 1894, complété par un arrêté du 24 avril suivant. Les candidats doivent être âgés de 21 ans au moins et 27 ans au plus au 1er janvier qui précède l'ouverture du concours. Le ministre fixe tous les ans suivant les besoins du service la date du concours, le nombre des places et les centres d'examens. Les candidats sont nommés surnuméraires d'après leur classement. Ils sont placés sous les ordres des trésoriers-payeurs généraux, font un stage de six mois à la trésorerie générale ou dans une recette particulière, puis sont adjoints à un percepteur receveur municipal. Ils peuvent être

(1) Circ. 10 mai 1894, VII.

(1) D. 9 mars 1894, art. 63.
(2) D. 22 juillet 1897, art. 14.

chargés d'intérims, de missions spéciales, être placés près d'un percepteur dont le service est exceptionnellement chargé. Tous les trimestres, l'agent près duquel ils sont placés doit adresser un rapport à leur sujet au trésorier général.

Après dix-huit mois d'exercice, les surnuméraires subissent un examen professionnel de classement dont les conditions et le programme sont fixés par arrêté ministériel. L'ordre du classement est suivi pour la nomination à une perception de 4ᵉ classe. Cette nomination ne peut avoir lieu qu'après deux ans au moins de surnumérariat. Le surnuméraire ajourné deux fois pour insuffisance, mauvaises notes ou inconduite est rayé des cadres.

Les surnuméraires prêtent serment avant d'entrer en fonctions. Ils ne sont pas rétribués, mais les 50 plus anciens touchent une indemnité mensuelle de 50 francs.

289. 2º *Les sous-officiers rengagés.* — La loi du 21 mars 1905 énumère en un tableau E un certain nombre de places réservées aux sous-officiers et sur ce tableau figurent les perceptions de 4ᵉ classe. Les conditions requises sont les suivantes : *a* avoir dix ans de services ; *b* avoir formulé une demande écrite au chef de corps ; *c* avoir l'avis favorable du conseil de régiment ; *d* justifier d'un certificat d'aptitude professionnelle.

290. 3º *Divers agents* qui, à raison de leur situation administrative sont *dispensés de surnumérariat.* — *a* Ceux que des blessures reçues en service commandé empêchent de continuer leur carrière. — *b* Les agents des administrations publiques dont les emplois sont supprimés. — *c* Ceux qui ont sept ans au moins de services administratifs rétribués directement par l'État ou de services militaires. La durée est réduite à cinq ans pour les services de l'Algérie et à six pour ceux de la Cochinchine. — *d* Certains employés des trésoreries générales et des recettes particulières, suivant les conditions prévues au décret du 15 octobre 1906. — Sont assimilés aux agents rétribués par l'État les maires, les employés des préfectures, sous-préfectures et recettes des finances (ne sont comptés comme services que ceux rétribués après l'âge de 21 ans) et les receveurs municipaux.

Ces divers candidats ne doivent pas avoir plus de 50 ans (55 ans pour les anciens militaires pensionnés et les agents des contributions directes) et doivent fournir un extrait de leur acte de naissance et des états de services militaires ou civils en faisant ressortir la nature et la durée, les appointements, les causes de réforme, etc…

Ajoutons qu'un certain nombre de perceptions de 1ʳᵉ, 2ᵉ et 3ᵉ classe sont réservées chaque année aux agents de l'administration des contributions directes (1) et aux agents de l'Administration centrale des finances (2). Enfin les victimes du Coup d'État du 2 décembre 1851 peuvent obtenir des perceptions sans limite d'âge (3).

291. *Classes.* — *Avancement.* — Les percepteurs ont été divisés comme suit par le décret du 14 avril 1894, art. 12 :

(1) D. 18 juillet 1892.
(2) D. 12 août 1896, art. 16.
(3) D. 30 juillet 1881.

Hors classe, ceux dont le total des émoluments (remises diverses au titre de la perception, de la gestion des communes et établissements quand elle est de droit et des syndicats) excède 13,000 francs ;

1ʳᵉ classe, émoluments de 8,001 à 13,000 francs ;
2ᵉ classe, émoluments de 5,001 à 8,000 francs ;
3ᵉ classe, émoluments de 3,001 à 5,000 francs ;
4ᵉ classe, émoluments de 3,000 francs et au-dessous.

Il faut avoir trois années de 4ᵉ classe pour passer à la 3ᵉ, cinq années de 3ᵉ pour passer à la 2ᵉ, six années de 2ᵉ pour passer à la 1ʳᵉ et également six années de 1ʳᵉ classe pour obtenir une perception hors classe. De plus, les percepteurs de 4ᵉ classe qui comptent neuf années de service dans cette classe peuvent être promus directement à la 2ᵉ classe et ceux qui comptent douze ans de service dans la 3ᵉ classe peuvent passer à la 1ʳᵉ classe. Le percepteur dont l'emploi a dépassé pendant trois ans de suite le maximum afférent à sa classe peut être promu sur place à la classe supérieure, pourvu qu'il ait rempli les conditions de minimum de stage dans sadite classe.

292. *Installation.* — *Intérim.* — Lorsque le nouveau percepteur a versé son cautionnement et prêté serment, le receveur des finances procède à son installation et à la remise du service.

La remise du service donne lieu à deux formalités très différentes, constatées chacune par un procès-verbal qui, à cet effet, comporte deux parties. L'article 1329 de l'instruction générale de 1859 prescrit au receveur des finances, dans tous les cas de mutation d'un percepteur, de se faire faire personnellement la remise du service du percepteur sortant, de telle sorte qu'aucune confusion n'existe entre les deux gestions et que le successeur commence une gestion absolument nouvelle. Lorsque la remise des valeurs, titres, pièces et registres lui est effectuée, le receveur des finances établit la première partie du procès-verbal de remise de service et convoque le nouveau comptable, qui doit se rendre en personne à cette convocation ; s'il était déjà titulaire d'un emploi de percepteur, il peut cependant constituer un fondé de pouvoirs chargé de recevoir le service sous sa responsabilité. La remise du service au nouveau comptable est suivie de la rédaction de la seconde partie du procès-verbal et de l'établissement d'une feuille d'installation dont une expédition est envoyée à la direction du personnel au ministère des Finances et la seconde à la comptabilité publique avec un extrait du procès-verbal de remise de service. — Le nouveau percepteur doit, aussitôt après son installation, notifier ladite installation aux maires des communes de son ressort auxquels il représente à cet effet le procès-verbal de remise de service. Ce procès-verbal a été établi en trois expéditions dont une est remise au comptable sortant, l'autre au comptable entrant et la troisième au receveur des finances.

293. En cas de démission, décès, révocation ou même simple suspension d'un percepteur il y a lieu à intérim ; il en est de même dans le cas où le nouveau comptable ou son fondé de pouvoirs ne se présente pas au jour fixé pour son installation. Le gérant intérimaire est nommé par le préfet, sur la proposition du trésorier général ou par le sous-préfet, sur la proposition du receveur des finances ;

dans le cas où le receveur des finances a prononcé, comme il en a le droit, la suspension d'un comptable, il nomme lui-même l'intérimaire, mais doit en aviser le préfet ou le sous-préfet. Le gérant intérimaire a toutes les attributions d'un percepteur titulaire et gère, comme ce dernier, sous la responsabilité du receveur des finances. Son installation est faite en la même forme que celle d'un titulaire, mais il ne verse pas de cautionnement et n'a pas à prêter serment. Il est rémunéré par une indemnité fixée par le ministre des Finances et dont le montant est prélevé sur le produit de la perception.

294. *Attributions.* — Les percepteurs sont des comptables du Trésor placés sous les ordres et la responsabilité des receveurs des finances et des trésoriers généraux; à ce titre ils effectuent des recettes et soldent des paiements pour le compte de leurs chefs de service. Ils sont, en outre dans certains cas, comptables chargés de divers services locaux.

Comme comptables du Trésor les percepteurs effectuent les recettes ci-après :

Recouvrement et poursuite des contributions directes et des taxes assimilées, c'est la plus importante de leurs attributions;

Recouvrement des prélèvements et centimes additionnels opérés sur lesdites contributions ou certaines d'entre elles, au profit des communes ou des départements;

Recouvrement des amendes et condamnations pécuniaires;

Recouvrement des droits sur les permis de chasse et les passeports;

Réception des locations verbales dans les communes qui n'ont pas de receveur de l'enregistrement;

Recettes au titre des produits divers du budget.

295. Les dépenses qu'ils effectuent en cette même qualité sont toutes celles pour lesquelles le trésorier général réclame leur concours. A cet effet le trésorier général appose sur les divers mandats un visa, ou vu bon à payer, qui, en principe, devrait désigner le comptable sur la caisse duquel le paiement est assigné. Mais, en fait, cette désignation n'a pas lieu et le mandat, revêtu du vu bon à payer, est payable à toutes les caisses du département. En cas d'insuffisance de fonds, le percepteur doit réclamer au receveur des finances des fonds de subvention; ces fonds lui sont envoyés sans frais. Le percepteur peut même, en cas de besoin, s'approvisionner auprès des comptables des régies financières de sa résidence; en échange du numéraire, il leur remet des pièces de dépense précédemment payées par lui.

Parmi les attributions des percepteurs, il convient de mentionner, en outre, le service des mutations, le service départemental des enfants assistés, les opérations de la Caisse nationale des retraites pour la vieillesse, des caisses d'assurance en cas de décès et d'accident, des caisses d'épargne privées. Pour ce dernier service une autorisation spéciale du ministère des Finances leur est nécessaire.

296. D'autre part, en vertu de l'article 50 de la loi du 25 février 1901, les percepteurs sont de droit chargés du service de la recette et de la dépense des communes, hospices et établissements de bienfaisance dont les recettes

ne dépassent pas 60,000 francs ou qui n'ont pas de receveur spécial. C'est là un côté particulièrement important de leurs attributions et cette partie de leur service n'est pas la moins compliquée. Nous ne saurions décrire même brièvement ce service sans sortir de notre sujet, mais une observation doit cependant être faite. Les percepteurs qui, en ce qui concerne le Trésor, sont les simples agents subordonnés du trésorier général et du receveur des finances et ne rendent compte qu'à ces derniers de leurs opérations, sont, au contraire, en ce qui concerne le service communal ou hospitalier, des comptables directs, ayant à individualiser leur gestion et à la justifier sous leur responsabilité dans un compte jugé par la Cour des comptes ou le conseil de préfecture. Ce compte, ou plutôt ces comptes, car il est établi autant de comptes distincts qu'il existe de communes ou d'établissements gérés par le percepteur, sont soumis, nous l'avons déjà dit, à la vérification préalable du receveur des finances.

ARTICLE 4. — *Organisation spéciale à la Seine.*

297. *Organisation spéciale à la Seine.* — La réunion entre les mains d'un comptable unique des services de la recette et de la dépense, qui a été réalisée dans les départements par le décret du 21 novembre 1865, n'a pas été étendue au département de la Seine. Le caissier-payeur central y est préposé principalement à l'acquittement des dépenses, quant à la recette le recouvrement et la justification en sont confiés à un comptable spécial, le receveur central de la Seine. Cet agent a des fonctions analogues à celles des anciens receveurs généraux; depuis 1832 il a réuni à son service celui des receveurs particuliers de Saint-Denis et de Sceaux, dont une ordonnance du 5 mai 1832 a prononcé la suppression. Il a sous ses ordres les receveurs-percepteurs et percepteurs spéciaux.

298. *Receveur central de la Seine. — Attributions.* — Les opérations qui relèvent du service de la recette centrale peuvent être classées comme suit :

En recette : 1° Contributions directes et taxes assimilées. Le recouvrement est effectué par les receveurs-percepteurs de Paris et les percepteurs de la Seine pour le compte de la recette centrale qui doit en solder le montant au 30 juin de la 3e année de l'exercice. Le receveur central centralise les opérations des percepteurs, réunit et vérifie leurs pièces justificatives et, en sa qualité de comptable principal, rend seul compte de ces opérations. — 2° Amendes et condamnations pécuniaires. — 3° Produits universitaires. — 4° Produits divers du budget. Le receveur central fait, ce titre, un assez grand nombre de recettes parmi lesquelles tiennent une place à part les versements des retenues pour pensions civiles.

299. Le receveur central de la Seine a été spécialement chargé par deux circulaires de la comptabilité publique, en date des 17 juillet 1897 et 31 mars 1890, de la perception et de la centralisation dans ses écritures des retenues pour pensions civiles à verser, d'une part, par les fonctionnaires en congé, en non-activité ou en disponibilité et d'autre part, par les agents et fonctionnaires en service détaché. — En ce qui concerne les premiers, on doit faire une distinc-

tion. Les retenues normales de 5 0/0 afférentes au traitement d'inactivité, qui figurent sur chacun des mandats émis au nom du fonctionnaire sont, par suite, précomptées au moment du paiement, conformément à l'article 5 du décret du 9 novembre 1853, et elles sont directement appliquées au compte des retenues pour le service des pensions civiles par le trésorier général sur la caisse duquel les mandats ont été émis. Au contraire, les retenues correspondant à la différence entre le traitement d'inactivité, et le dernier traitement d'activité, sont centralisées dans les écritures du receveur central de la Seine; elles font l'objet de titres de perception émis annuellement par les ministères intéressés et les encaissements matériels peuvent être effectués par tous les receveurs des finances. Il est fait exception pour les fonctionnaires des affaires étrangères en congé, en non-activité ou en disponibilité; les retenues qui les concernent sont uniformément recouvrées par voie de précompte sur les mandats du traitement d'inactivité et imputées directement par le comptable qui effectue le paiement.

300. En ce qui concerne les agents et fonctionnaires en service détaché les départements ministériels intéressés doivent établir au commencement de chaque année un état nominatif de tous leurs agents qui bénéficient de l'article 4 § 3 de la loi du 9 juin 1853 et qui résident soit en France, soit dans une contrée non pourvue d'un comptable du Trésor. Ces états, destinés à remplacer les titres de perception individuels émis antérieurement, présentent le montant des rétributions soumises à retenues pour l'année entière et sont transmis dans la première quinzaine de mars au plus tard à la comptabilité publique qui les envoie au receveur central de la Seine : ce dernier en prend charge au compte des retenues pour pensions civiles. Des états modificatifs trimestriels peuvent être établis; ils sont transmis en même forme au receveur central, qui modifie ses prises en charge en conséquence. Quant au versement matériel des retenues il peut être effectué pour le compte du receveur central dans toutes les recettes des finances.

301. En *dépense* le receveur central n'est chargé que des paiements qui concernent son propre service. Il les solde avec ses fonds en caisse, mais en cas de besoin, peut les faire payer par la caisse centrale; en tout cas les pièces de dépense doivent figurer dans sa comptabilité en justification de la régularité des dépenses et paiements.

Antérieurement à l'ordonnance du 29 juin 1842, le receveur central de la Seine n'avait pas de caisse, il fonctionnait à côté de la caisse centrale qui mettait à sa disposition ses comptoirs et avec laquelle il était en relations continuelles d'échange de récépissés. Depuis 1842 il reçoit matériellement un certain nombre de produits divers, mais l'ancien système continue à être appliqué aux versements des percepteurs et des comptables des facultés. Ces agents, bien que leurs opérations soient rattachées à la comptabilité de la recette centrale et justifiées dans son compte, versent leurs fonds à la caisse centrale et en retirent des récépissés qu'ils doivent échanger, dans les dix jours ou à époques plus rapprochées, contre des récépissés délivrés par le receveur central. La même règle

s'applique aux versements des receveurs des communes et établissements publics dont le receveur central a, comme les receveurs des finances, la surveillance. Tous ces récépissés sont à talon, mais la loi du 24 décembre 1896 a supprimé l'agent spécial du contrôle, qui fonctionnait antérieurement près de la recette centrale et devait viser les récépissés.

Le receveur central est soumis, quant au surplus, à toutes les obligations imposées par les règlements aux trésoriers payeurs généraux.

Il remplit les fonctions de comptable départemental pour le département de la Seine, mais seulement en ce qui concerne les recettes budgétaires et les opérations hors budget. Il est responsable de la conservation des droits du département dans les termes de l'article 72 du règlement de 1893 et est soumis à ce point de vue à toutes les obligations des trésoriers-payeurs généraux.

302. *Receveurs-percepteurs.* — Le service de la perception, dans le département de la Seine, est confié à des percepteurs de banlieue, qui ont les mêmes attributions que leurs collègues des départements et aux percepteurs de Paris, qui portent la dénomination spéciale de receveurs-percepteurs.

Les receveurs-percepteurs au nombre de 36 relèvent à la fois du receveur central de la Seine et du caissier-payeur central, suivant qu'ils interviennent comme agents de recettes ou comme agents de dépenses. En qualité d'agents de recettes ils sont chargés de percevoir les contributions directes, les taxes assimilées et les taxes municipales de la ville de Paris; nous venons de voir comment s'opère le versement de leurs recettes à la caisse centrale et comment le versement de leurs pièces justificatives à la recette centrale. — Leur rôle comme agents de dépense se réduit au paiement des rentes et des pensions qu'ils effectuent pour le compte du caissier payeur central.

Le recouvrement du produit des amendes et condamnations pécuniaires qui, depuis 1874, est effectué par les percepteurs est confié à Paris, en raison de l'importance exceptionnelle du service, à un percepteur spécial, dont la comptabilité est tenue conformément aux règles tracées par le règlement du 5 juillet 1895. Le receveur des amendes, comme les percepteurs, rattache sa comptabilité à celle du receveur central.

ARTICLE 5. — *Comptables des administrations financières.*

303. Les comptables des administrations financières souvent désignées sous le nom de régies sont principalement agents de recettes, chargés soit de l'assiette et du recouvrement, soit du recouvrement seulement de l'impôt et n'effectuant en principe, comme dépenses que celles qui concernent leur propre administration. Ces agents sont tous comptables, mais tous ne rendent pas directement de comptes. Il faut distinguer, à ce point de vue, l'enregistrement d'une part, et, d'autre part, les administrations des douanes et des contributions indirectes. Tous les comptables de l'enregistrement sont comptables directs et justiciables de la Cour des comptes. Dans les douanes et les contributions indirectes la comptabilité des rece-

veurs secondaires est rattachée à celle des receveurs principaux, comptables centralisateurs et directs, seuls justiciables de la Cour des comptes. Celle-ci, quel que soit le nombre des comptables d'une régie dans un département ou dans une direction qui ressortent à sa juridiction, ne rend sur chaque partie des comptes de la gestion annuelle qu'un arrêt collectif pour la circonscription; mais cet arrêt reproduit la distinction des comptes individuels et adresse nominativement à chacun des comptables les injonctions qui le concernent.

304. Enregistrement, domaines et timbre. — On y distingue deux catégories de comptables : les receveurs et les conservateurs des hypothèques.

1º *Receveurs* : Il existe un receveur de l'enregistrement dans chaque chef-lieu de canton. — Ces comptables, qui se recrutent au concours perçoivent les droits d'enregistrement (actes civils, successions, actes judiciaires) et de timbre, les receveurs de l'enregistrement sont également chargés de percevoir les taxes d'accroissement, les taxes sur les compagnies d'assurances contre l'incendie, l'impôt sur les opérations de bourse et la taxe sur le revenu des valeurs mobilières.

305. 2º *Conservateurs des hypothèques.* — Il existe un conservateur dans chaque chef-lieu d'arrondissement, préposé au service des hypothèques. Les recettes effectuées par ces comptables pour le compte de l'État comprennent des droits proportionnels d'inscription et des droits fixes de transcription.

Bien qu'ils ne soient pas agents de dépense, les comptables de l'enregistrement sont appelés à faire les paiements des dépenses de personnel et de matériel qui concernent leur propre administration. Les principales dépenses dont ils sont ainsi chargés comprennent : les traitements des agents de tous grades, les remises des receveurs, les frais de tournée des inspecteurs, l'entretien et les réparations des bâtiments et domaines de l'État et des biens sous séquestre, les achats de papier à timbrer, les frais de bureau, d'emballage, de transport, les menues dépenses concernant le timbre, les frais judiciaires, les frais d'administration des biens vacants, épaves, successions en déshérence, les secours et dépenses diverses.

En ce qui concerne les domaines, c'est à l'administration de l'enregistrement qu'appartient la charge d'administrer et de surveiller le domaine national, de faire les recouvrements, d'appréhender les successions en déshérence, de procéder aux aliénations. A Paris même la direction des domaines est distincte de la direction de l'enregistrement et comprend un service administratif indépendant.

306. Douanes. — On y compte deux catégories de comptables; les receveurs principaux, seuls justiciables de la Cour des comptes, et les receveurs particuliers.

Les receveurs principaux ont spécialement pour mission la suite des affaires contentieuses. Ils perçoivent, de concert avec les receveurs particuliers, les droits de douane, de statistique, de navigation, les droits divers et recettes accessoires, les amendes et confiscations, la taxe de consommation des sels de douanes, la taxe de fabrication

sur les huiles minérales brutes. — Les dépenses auxquelles ils coopèrent sont : les dépenses du personnel des douanes (traitements, remises, indemnités, secours), les dépenses de construction, d'entretien, de réparation des bureaux, achats de poids, balances, ustensiles, frais de transport et dépenses diverses (loyers, condamnations et frais judiciaires à la charge de l'État, etc...)

Rappelons que c'est aux receveurs des douanes qu'a été confié le service des hypothèques maritimes et qu'ils remplissent à ce sujet les mêmes fonctions que les conservateurs des hypothèques terrestres.

307. Contributions indirectes. — Sont seuls comptables centralisateurs et justiciables de la Cour des comptes, en ce qui concerne la comptabilité-deniers, les receveurs principaux. En dehors de ces comptables, les agents chargés de la recette sont : les entreposeurs de vente directe des tabacs et poudres, les receveurs particuliers entreposeurs, les receveurs particuliers sédentaires, les receveurs ambulants à pied et à cheval et les receveurs buralistes.

308. Les *receveurs principaux* centralisent les recettes et les dépenses des receveurs particuliers, des receveurs particuliers entreposeurs et des entreposeurs spéciaux de leur circonscription. Ils remplissent, en outre, sauf dans les très grandes villes, les fonctions de receveur particulier de leur ville; ils gèrent les entrepôts de tabacs et de poudres, sauf dans les grandes villes où il y a des entreposeurs spéciaux. Tous les receveurs principaux sont, en outre, comptables en matières des formules de timbres, estampilles, bandes de contrôle, papiers filigranés, moulages de cartes et instruments.

309. Quant aux dépenses dont ils effectuent le paiement elles sont, en ce qui concerne l'administration des contributions indirectes, de même nature que celles que nous avons énumérées au sujet des douanes. Les receveurs principaux et les receveurs sédentaires en sont seuls chargés.

ARTICLE 6. — *Comptables spéciaux.* — *Comptables des établissements publics d'instruction*

310. Des comptables spéciaux sont préposés à la gestion financière des établissements publics d'instruction. Ces établissements, en ce qui concerne l'État, sont : pour l'enseignement supérieur les universités et les facultés; pour l'enseignement secondaire les lycées; pour l'enseignement primaire les écoles normales primaires, destinées à former des instituteurs et des institutrices, et les écoles primaires proprement dites. Plusieurs communes ont également des établissements d'enseignement secondaire : les collèges communaux. Nous n'avons pas à nous occuper de ces derniers et, d'autre part, les écoles primaires n'ont pas d'organisation financière spéciale, leurs dépenses sont réparties entre l'État et les communes et payées par les soins des comptables ordinaires. Nous traiterons donc seulement ici des comptables des universités, des facultés, des lycées et des écoles normales primaires.

311. *Agents comptables des universités.* — Antérieurement à la loi du 28 avril 1893, l'unité comptable dans le service de l'enseignement supérieur était la faculté. Cette loi organisa une nouvelle personnalité civile, le corps des facultés, formé de la réunion de plusieurs facultés d'un même ressort académique, doté d'un budget à part et d'un comptable spécial, dont un décret du 10 août 1893 régla les attributions. Les corps de facultés ont été remplacés par les universités depuis la loi du 10 juillet 1896. Quant au régime financier et à la comptabilité desdites universités, leur réglementation a fait l'objet d'un décret en date du 22 juillet 1897, suivi d'un règlement arrêté le 29 décembre 1897 et complété par une instruction ministérielle du 28 janvier 1898.

312. Les recettes et les dépenses des universités s'effectuent par un comptable chargé, seul et sous sa responsabilité, de faire toutes diligences pour assurer la rentrée des revenus et créances, ainsi que d'acquitter les dépenses mandatées par le recteur qui est ordonnateur jusqu'à concurrence des crédits régulièrement ouverts (1). — Les fonctions de comptable sont remplies par un agent désigné par le ministre des Finances; ce comptable peut être un percepteur. — La gestion du comptable est placée sous la surveillance et la responsabilité du receveur des finances de l'arrondissement. — Le comptable est soumis aux mêmes obligations que les receveurs des deniers des communes. Les dispositions des lois et règlements concernant les obligations de ces receveurs et les responsabilités corrélatives lui sont applicables; il est soumis à l'obligation de verser un cautionnement spécial pour la garantie de sa gestion.

313. L'époque de la clôture de l'exercice est fixée au 31 mars de la seconde année pour la liquidation et l'ordonnancement des dépenses et du 30 avril pour le recouvrement des produits et le paiement des dépenses.

314. *Agents comptables des facultés.* — Les facultés ont un budget et une comptabilité distincte de ceux des universités. Leur régime financier et leur comptabilité avaient été réglementés par un décret du 10 août 1893. Ce décret a été remplacé par celui du 22 juillet 1897. Les dispositions du règlement du 29 décembre 1897 et de l'instruction du 28 janvier 1898, dont nous avons parlé au sujet des universités, sont applicables aux facultés.

315. *Économes des lycées.* — Le décret du 16 octobre 1867 qui réglementait la comptabilité des lycées de garçons a été remplacé par un décret en date du 1er août 1898, dont les dispositions, applicables aux lycées de jeunes filles (art. 46), ont été commentées par deux instructions ministérielles, l'une du 1er août 1898 pour les lycées de garçons, l'autre du 24 octobre suivant, reproduisant exactement les dispositions de la première, pour les lycées de jeunes filles.

316. Dans chaque lycée, un économe, agent comptable, est chargé seul, sous sa responsabilité, de poursuivre la rentrée de tous les revenus et de toutes les sommes qui seraient dues, ainsi que d'acquitter les dépenses ordonnancées, jusqu'à concurrence des crédits régulièrement accordés. Toutes les commandes engageant une dépense

doivent être faites par l'économe ou par son intermédiaire. Le mobilier usuel, les magasins et les approvisionnements de toute nature sont entièrement à sa garde (1). L'économe est donc à la fois comptable en deniers et comptable en matières, ce dernier compte étant produit sous forme d'annexe au compte deniers. Il est, comme les comptables des universités et facultés, justiciable de la Cour des comptes et tenu de verser un cautionnement.

317. L'économe est soumis en ce qui concerne la perception des recettes et le paiement des dépenses aux mêmes obligations et responsabilités qu'un receveur municipal; il est notamment tenu en ce qui concerne les diligences et formalités exigées pour la conservation des biens, la poursuite des créances, l'interruption des prescriptions, le renouvellement des hypothèques, aux prescriptions imposées à ce comptable. — Mais l'économe n'est pas soumis à la surveillance du receveur des finances. Le contrôle de sa gestion (en dehors de son apurement par la Cour des comptes) est exercé sur place par le proviseur au moyen de vérifications de caisse et d'écritures et d'inventaires trimestriels pour les matières; par une commission désignée par le recteur et qui assiste à l'inventaire et compare ses résultats avec la balance des comptes; par le recteur, qui vérifie tous les trois mois la caisse et les écritures.

318. L'économe est, nous l'avons dit, à la fois comptable en deniers et comptable en matières. Son compte-deniers présente, en outre, une particularité, qui tient à ce que les lycées comprennent en général deux catégories d'élèves, les internes et les externes. Aux termes d'un décret du 20 juillet 1901 et d'une instruction du même jour, il doit être établi pour l'externat et l'internat de chaque lycée des budgets spéciaux et des comptes distincts et tenu des livres séparés, sauf le quittancier à souche qui reste unique. Ces textes ont précisé les recettes et les dépenses qui devaient appartenir à chaque service. Les comptes de l'externat et de l'internat afférents au même exercice quoique rendus séparément font l'objet d'un seul et même arrêt de la Cour des comptes, mais avec double ligne de compte et reliquats distincts.

319. *Économes des écoles normales primaires.* — Le régime administratif et financier de ces écoles est réglé par un décret du 29 mars 1890, chaque école est administrée par un directeur, nommé par le ministre, assisté d'un conseil d'administration. — Le directeur remplit les fonctions d'ordonnateur. — Les fonctions de comptable sont remplies par un économe, nommé par le ministre : il est assujetti aux obligations imposées aux comptables des lycées et est, comme eux, chargé de faire les actes nécessaires pour assurer la conservation des biens appartenant à l'école. Comme eux il est à la fois comptable en deniers et comptable en matières; comme eux il échappe à la surveillance du receveur des finances, mais il est soumis au contrôle du directeur, d'une commission et de l'inspecteur d'académie. — Les économes des écoles normales primaires sont justiciables de la Cour des Comptes.

---

(1) Règl. 29 décembre 1897, art. 13.

(1) Instr. 1er août 1898, art. 30.

320. *Caissier agent comptable à la direction des monnaies.* — Le régime de l'exploitation directe a été substitué, pour la fabrication des monnaies et médailles, au système de l'entreprise par la loi du 31 juillet 1879. Un décret du 20 novembre 1879 a défini les conditions du nouveau service de la fabrication des monnaies et institué un comptable qui a le titre de caissier agent comptable de la monnaie. — Le caissier rend compte chaque année de toutes les opérations de la régie à la Cour des comptes (1).

321. *Agent comptable de l'Imprimerie nationale.* — L'Imprimerie nationale est une institution très ancienne et qui remonte au XVIIe siècle. Divers textes lui ont concédé le monopole des impressions administratives faites aux frais du Trésor et lui ont interdit, en principe, de travailler pour les particuliers (2). — L'organisation du service a été fixée par un règlement du 28 novembre 1857. L'agent comptable, justiciable de la Cour des comptes est chargé, sous sa responsabilité du matériel et des deniers de l'Imprimerie.

322. *Agent comptable de la grande chancellerie de la Légion d'honneur.* — Ce comptable a été créé par la loi de finances du 29 juillet 1881 ; un décret du 1er décembre suivant a déterminé ses attributions. Antérieurement les recettes et les dépenses étaient effectuées par la Caisse des dépôts et consignations. Mais le caissier de cette administration n'étant pas soumis à la responsabilité ordinaire des comptables et surtout n'étant pas contrôleur de la régularité des dépenses, on lui a substitué en 1881 un agent comptable spécial, responsable, et soumis à toutes les obligations des comptables publics. Il convient d'observer toutefois que ce comptable n'a pas de caisse. Les opérations matérielles de la recette et de la dépense sont effectuées pour son compte par les agents du Trésor, caissier payeur central et receveur central à Paris, trésoriers payeurs généraux et receveurs particuliers dans les départements. L'agent comptable réunit dans sa comptabilité toutes les pièces justificatives de ces opérations à l'appui du compte qu'il présente à la Cour des comptes.

323. *Trésorier général des Invalides de la marine.* — L'organisation et le fonctionnement de la caisse des Invalides de la marine ont fait l'objet de très nombreuses dispositions réglementaires (3).

324. L'organisation comptable comporte : à Paris un trésorier général spécial et dans les ports des trésoriers particuliers avec des préposés qui opèrent sous leurs ordres, leur responsabilité et pour leur compte, les recettes et les dépenses. En outre, les trésoriers payeurs généraux de France et d'Algérie, les trésoriers payeurs aux colonies et les consuls à l'étranger coopèrent au service.

Le trésorier général des Invalides est seul comptable vis-à-vis de la Cour des comptes et centralise toutes les opérations avec leurs pièces justificatives. A cet effet les trésoriers particuliers lui envoient mensuellement la balance de leur grand livre accompagnée des pièces justificatives des recettes et des dépenses. Le trésorier général, de son côté, remet tous les jours au ministre de la Marine une copie de son journal général et tous les mois la balance de son grand livre avec deux états des opérations, l'un pour Paris, l'autre pour les départements.

325. En dehors de la Cour des comptes, le contrôle et la surveillance de la comptabilité sont exercés par une commission spéciale, qui établit tous les ans un rapport envoyé au chef de l'Etat et aux Chambres.

326. *Agent comptable de l'École centrale des arts et manufactures.* — Ce comptable, justiciable de la Cour des comptes, remplit vis-à-vis de l'école les mêmes fonctions que le receveur municipal vis-à-vis de la commune ; il est non seulement chargé d'effectuer les recouvrements et les paiements, mais il a la charge de la conservation des biens, droits et créances de l'établissement avec les responsabilités corrélatives. Le directeur de l'école vérifie sa caisse tous les quinze jours et tous les mois constate la concordance des écritures. Le comptable fait parvenir tous les trois mois au ministre du Commerce par son intermédiaire la copie de son journal, la situation des crédits, l'état des dettes et créances et les pièces justificatives des opérations. Le service est régi par le règlement du 5 janvier 1863.

327. *Agent comptable de la caisse nationale d'épargne.* — La caisse d'épargne postale a été instituée, sous la garantie de l'État, par la loi du 9 avril 1881. Tous les bureaux de poste français désignés par un arrêté ministériel sont appelés à participer, en qualité de correspondants de la caisse d'épargne postale, à l'encaissement des sommes versées par les déposants, et au remboursement, en capital et intérêts, des sommes déposées. Les opérations effectuées par les receveurs des postes et des télégraphes sont centralisées par un agent justiciable de la Cour des comptes et astreint au versement d'un cautionnement. Cet agent a le titre d'agent comptable de la caisse d'épargne postale. La centralisation des opérations s'effectue de la manière suivante : chaque mois les directeurs des postes des départements dressent, au moyen des documents journaliers et mensuels qui leur sont envoyés par les receveurs des postes, deux états récapitulatifs par bureau de poste, l'un des dépôts reçus, l'autre des remboursements effectués pendant le mois pour l'ensemble du département et il les fait parvenir, accompagnés des pièces justificatives, à l'agent comptable, par l'intermédiaire de la direction centrale. — Des règles spéciales sont édictées pour la centralisation des opérations des caisses navales et des caisses d'épargne

---

(1) Il est assisté dans ses fonctions par un préposé à la vente des médailles : cet agent établit les factures et les met en recouvrement ; il délivre à chaque partie versante une quittance à souche ; il verse, jour par jour, le produit de ses recouvrements au caissier.

(2) D. 24 mars 1809, Ord. 23 juillet 1823, D. 28 août 1889.

(3) Les derniers textes sur la matière sont les suivants : décret de réorganisation du 17 novembre 1885 ; nouveau décret de réorganisation du 30 novembre 1887, qui régit aujourd'hui l'ensemble du service, mais dont certaines dispositions ont été modifiées par les textes suivants : décret du 6 août 1888 abrogé lui-même par un décret du 24 septembre 1897, loi du 21 avril 1898 suivie du décret du 20 décembre 1898 sur la caisse de prévoyance entre les marins français, décret de réorganisation du personnel du 31 mai 1899, décret du 28 mai 1902, décret du 9 septembre 1902, art. 82, et décret du 30 juin 1905.

à l'étranger. — De son côté, dans le courant de chaque mois l'agent comptable adresse à la direction générale de la comptabilité publique la copie de la balance de son grand livre à la fin du mois précédent, un bordereau des opérations de recette et de dépense de toute nature effectuées ou centralisées par lui et les pièces justificatives desdites opérations.

328. *Agent comptable du chemin de fer et du port de la Réunion.* — Le décret du 22 octobre 1889 sur le fonctionnement du service a été remplacé par deux décrets, en date des 5 mai et 5 décembre 1897, ce dernier réglementant le service financier. Le comptable a le caractère de comptable centralisateur. Dans les diverses stations, des receveurs encaissent les recettes et effectuent les paiements, soit directement pour les moins importants, soit sur mandats visés « bon à payer » par le caissier. L'agent comptable rend seul compte de tout le service. Aux termes de l'article 5 du décret du 5 décembre 1897, il doit joindre à son compte annuel une situation générale des droits constatés. C'est le seul comptable des colonies qui soit, avec les trésoriers-payeurs et son collègue du chemin de fer de Kayes au Niger, directement comptable devant la Cour des comptes.

329. *Caissier du chemin de fer de Kayes au Niger.* — Le service du chemin de fer du Soudan a été érigé en budget annexe par l'article 23 de la loi de finances du 29 mars 1897. Un décret du 29 avril 1898 a réglementé son organisation administrative, quant à l'organisation de la comptabilité elle a fait l'objet d'un décret du 27 mars 1900. Les recettes et les dépenses sont centralisées par le chef du service du Trésor à Kayes, qui remplit ainsi les fonctions de caissier du chemin de fer et rend pour ce service un compte spécial. Les recettes du trafic sont recouvrées dans les stations par des receveurs, ces recouvrements n'entraînent pas la responsabilité du caissier; il en est différemment de toutes autres recettes faites directement par lui ou pour son compte par les gares et stations.

330. *Caissier général des chemins de fer de l'État.* — Ce comptable est chargé de centraliser les recettes. et les dépenses effectuées dans les gares et stations du réseau de l'État, d'opérer directement un certain nombre de recettes et d'acquitter ou de faire acquitter sur son visa par les receveurs des gares et stations les dépenses ressortant au service. Les receveurs lui adressent à des époques périodiques une situation de leurs recettes et de leurs dépenses accompagnée des pièces justificatives. Le caissier général rend seul compte pour tout le service. Il est responsable des sommes dont il doit opérer le recouvrement sur les receveurs des gares et stations, d'après les titres de perception qui lui sont transmis par les chefs de service compétents; il est également responsable des dépenses acquittées sur son visa ainsi que de celles qu'il aurait rattachées à sa gestion personnelle (1).

---

(1) V. D. 25 mai 1878, art. 12.

331. *Autres comptables spéciaux.* — Nous nous bornerons pour ces comptables à indiquer à la suite de chacun d'eux les textes qui régissent leurs attributions et la forme de leur comptabilité :

1° Agent comptable du conservatoire national des arts et métiers. Loi du 13 avril 1900; décret du 31 juillet 1901; arrêtés ministériels du 20 décembre 1901;

2° Caissier des chemins de fer algériens de l'État. Décret du 24 mars 1905;

3° Agent comptable de l'École forestière de Nancy. Règlement du 18 mars 1897 portant abrogation des textes précédents;

4° Caissier de l'École coloniale. Décrets des 23 novembre 1889 et 30 juillet 1898;

5° Agent comptable de la direction des musées nationaux. Loi du 16 avril 1895, art. 52 à 56. Règlement du 14 janvier 1896;

6° Comptable de l'École nationale des mines. Loi du 25 février 1901, art. 58. Décrets des 4 et 12 mars 1902;

7° Trésorier comptable de la Caisse des recherches scientifiques. Loi du 14 juillet 1901. Décret du 3 juillet 1902;

8° Trésorier. du Musée national Gustave Moreau. Loi du 30 mars 1902, art. 72;

9° Agent comptable des timbres-poste coloniaux. Décret du 23 mars 1901;

10° Agent comptable de l'Institut d'archéologie orientale du Caire. Loi du 13 avril 1898, art. 74. Décret du 17 mai 1898;

11° Agent comptable des chancelleries diplomatiques et consulaires.

332. L'importance particulière de cette dernière comptabilité appelle quelques détails. Le service est réglementé par un décret du 20 décembre 1890. Les chanceliers et vice-consuls, dans leurs postes respectifs, effectuent des recettes budgétaires (droits de chancellerie, bénéfices de change, loyers et ventes de biens domaniaux) et de trésorerie (recettes pour le compte de divers correspondants dépôts en numéraire, bris et naufrages) et soldent des dépenses de trésorerie (envoi des fonds en caisse, paiement des traites des affaires étrangères, des traites de la marine, etc...). Ces opérations sont réunies dans des comptes trimestriels qui sont envoyés par eux avec pièces à l'appui au ministère des Affaires étrangères. L'agent comptable des chancelleries centralise toutes les opérations dans un compte unique et en est seul justiciable devant la Cour des comptes à laquelle sont produits comme pièces justificatives les comptes trimestriels des chanceliers et vice-consuls. L'agent comptable fait, d'ailleurs, directement un certain nombre d'opérations; il est, en outre, assujetti à l'envoi trimestriel à la direction de la comptabilité publique d'un bordereau général des opérations accompagné des pièces justificatives. Il n'est responsable de la gestion des chanceliers et vice-consuls que dans les limites ci-après tracées par l'article 43 du décret de 1890 : il doit provoquer les mesures nécessaires pour obtenir les justifications ou compléments de justifications réclamées par la Cour; dans le cas de forcement en recettes ou de rejet de dépenses, il doit fournir soit la preuve du versement ou du reversement au Trésor des sommes critiquées, soit un arrêté de débet pris par le ministre contre les agents percepteurs, soit un arrêté d'exonération rendu par celui-ci à son profit ou au profit des agents percepteurs.

Article 7. — *Comptable d'ordre.*

333. Les comptables d'ordre, qui sont, d'ailleurs, assujettis à toutes les règles concernant les comptables publics, sont des agents qui n'ont pas la manutention matérielle des deniers; ils sont préposés à la centralisation des opérations d'un service, dont ils rendent, sous leur responsabilité, un compte dans les mêmes formes que les autres comptables. On distingue les comptables d'ordre proprement dits, préposés à des opérations qui ne supposent aucune entrée ni sortie matérielle de fonds, et les comptables sans caisse dont les opérations ont, au contraire, donné lieu à des recettes et des dépenses réelles en numéraire, ce numéraire ayant été reçu ou versé pour leur compte par les comptables ordinaires. Dans la première catégorie rentrent les quatre agents comptables de la dette (Grand-Livre, transferts et mutations, reconversions et renouvellements, pensions), l'agent comptable des virements de comptes et le comptable des opérations relatives aux conventions de 1883. Dans la seconde, il n'y a plus guère aujourd'hui que l'agent comptable des traites de la marine, auquel il faut joindre l'agent comptable de la Légion d'honneur dont nous venons de parler à propos des comptables spéciaux des budgets annexes.

334. *Agent comptable du Grand-Livre.* — L'agent comptable du grand-livre opère sur le grand-livre l'inscription des rentes de toute nature, en expédie les extraits, débite les comptes qui doivent être annulés, tient les registres et forme tous les bordereaux et états ayant pour objet l'ordonnancement et le paiement des arrérages de rentes. Il rend à la Cour des comptes le compte des opérations relatives à l'accroissement ou à la diminution de la dette en rentes sur l'État (1).

335. L'agent comptable du Grand-Livre est personnellement responsable vis-à-vis du Trésor et est assujetti à un cautionnement en numéraire. La Cour des comptes ne prononce sa libération, en ce qui concerne les accroissements résultant des nouvelles inscriptions de rentes qu'après avoir reconnu qu'elles n'excèdent pas les autorisations législatives en vertu desquelles elles ont été inscrites et que lesdites inscriptions ont eu lieu sur pièces régulières (2).

Toutes les opérations qui affectent le Grand-Livre de la Dette publique demandent l'intervention de deux comptables, agent des transferts ou agent des reconversions, d'une part, agent du Grand-Livre, d'autre part.

Ces deux comptables doivent signer l'extrait d'inscription remis au propriétaire de la rente.

En somme, le rôle de l'agent du Grand-Livre comme comptable se borne à assurer la compensation entre les nouvelles inscriptions et les radiations d'anciennes, les extinctions par suite d'amortissement, le maintien des accroissements dans les limites des crédits législatifs. La constatation des droits des particuliers qui demandent des modifications dans leurs inscriptions (vente, mutation, division, réunion, renouvellement) incombe aux deux agents qui suivent.

336. *Agent comptable des transferts et mutations.* — Aucune inscription ne peut être effectuée sur le Grand-Livre pour transferts et mutations de rentes nominatives et mixtes ou pour conversion de rentes nominatives et mixtes en rentes au porteur, sans le concours de l'agent comptable des transferts et mutations (1). Le transfert n'est autre chose que la vente du titre; la conversion en rentes au porteur est toujours précédée d'un transfert; quant à la mutation c'est une sorte de transfert d'ordre intervenant après donation, succession ou réunion de titres. La mutation diffère du transfert en ce que ce dernier nécessite l'intervention d'un agent de change.

La déclaration de transfert établie par les soins de l'agent de change, conformément à la loi du 20 juin 1885, ou les certificats de propriété, s'il s'agit de mutation, sont envoyés avec pièces à l'appui à l'agent comptable des transferts. Celui-ci, après examen de la régularité de la demande et des pièces, établit un certificat indiquant le compte de rentes à annuler et les nom, prénoms et qualité du nouveau propriétaire. Les pièces sont transmises au contrôle puis à l'agent du Grand-Livre, qui délivre le nouveau certificat d'inscription à l'agent des transferts chargé de le remettre aux parties. L'agent des transferts, qui n'a pas à vérifier les droits des parties, n'est responsable que de l'exactitude des écritures qu'il passe. Il est justiciable de la Cour des comptes.

337. *Agent comptable des reconversions et renouvellements.* — Toute inscription au Grand-Livre résultant de transferts d'ordre pour réunions, divisions, renouvellements de rentes au porteur et pour conversions de rentes au porteur en rentes nominatives ou mixtes, ne peut être effectuée sans le concours de l'agent comptable des reconversions et renouvellements. Cette disposition résulte du décret du 14 décembre 1876, qui a créé cet agent comptable. L'agent des reconversions reçoit les titres qui sont l'objet de l'une des modifications ci-dessus, vérifie l'existence des coupons non échus, puis annule les titres et délivre les certificats au vu desquels l'opération est enregistrée au Grand-Livre; il est chargé de remettre aux intéressés les nouvelles inscriptions. — Ce comptable est justiciable de la Cour des comptes et sa responsabilité est assez sérieuse eu égard aux risques entraînés par la nature des titres au porteur; si les anciennes inscrip-

---

(1) D. 31 mai 1862, art. 201.
(2) *Ibid* Art. 202 et 204.

(1) D. 31 mai 1862, art. 200 § 1.

tions n'étaient pas régulièrement annulées (corps et coupons) le Trésor serait exposé, en cas de perte ou de vol de ces inscriptions, à un dommage évident. — Le compte présente en recette toutes les entrées de titres et en dépense toutes les sorties; le solde est justifié par un procès-verbal auquel interviennent l'agent du contrôle et un inspecteur des finances.

338. *Agent comptable des pensions.* — Lorsque les nouvelles pensions ont été liquidées, elles sont inscrites sur le Grand-Livre par les soins d'un agent spécial, créé par ordonnance du 12 novembre 1826, l'agent comptable des pensions. Cet agent, dont les attributions rappellent celles de l'agent comptable du Grand-Livre, inscrit les pensions par nature et ordre numérique; l'inscription mentionne les nom, prénoms, qualité du pensionnaire, le décret de concession; un extrait, signé de l'agent des pensions, est remis au titulaire pour lui permettre de toucher les arrérages. — L'agent comptable rend à la Cour des comptes un compte annuel des accroissements et diminutions opérés pendant l'année dans les pensions et la Cour constate si les nouvelles inscriptions n'excèdent pas les crédits législatifs et si elles sont conformes aux titres de concession.

339. *Agent comptable des virements de comptes.* — Les écritures enregistrées aux comptes des comptables ne donnent pas toujours à l'opération la physionomie définitive qu'elle doit avoir. Il arrive fréquemment, par exemple, qu'une dépense a été imputée à tort sur un crédit qui ne la concernait pas; cette erreur d'imputation ne peut plus être corrigée dans la comptabilité où elle s'est produite lorsque les délais de clôture de l'exercice sont expirés. D'autres fois c'est une dépense qui a été faite par un ministère pour un autre ministère, mais à titre d'avance remboursable, une fourniture faite par un service à un autre; c'est une avance faite à un régisseur et non complètement employée bien que portée pour le tout en dépense. Dans ces divers cas où il y a lieu à changement d'imputation ou à compensation d'opérations, la modification destinée à rétablir sous son vrai jour et avec sa vraie valeur l'opération ne se traduit pas par un versement matériel, elle s'opère en écritures par annulation ou augmentation de recette ou de dépense; ce jeu d'écritures est un virement. Or, comme les opérations ont dû et pu être décrites sous leur forme et avec leur importance définitives aux comptes ministériels tandis qu'elles ne l'ont pas été aux comptes des comptables, il s'ensuit que le rapprochement entre ces deux catégories de comptes opéré par la Cour des comptes pour arriver à ses déclarations générales donnerait des résultats discordants, si les opérations rectifiées par voie de virement n'apparaissaient pas dans un tableau ou compte spécial servant d'élément de comparaison entre les comptes des comptables et ceux des ministres (1). Ce tableau, sorte de résumé général, arrêté par le ministre des Finances, est établi par un agent comptable,

qui le présente à la Cour, sous sa responsabilité, dans la forme et avec les mêmes divisions que les autres comptes des deniers de l'État, et qui est tenu de justifier chacun des articles de recettes et de dépenses par les pièces que les lois et règlements ont exigées de tous les préposés comptables.

340. L'agent comptable des virements est généralement le sous-directeur de la comptabilité publique. On pourrait croire, d'après ce qui précède, que son compte est établi en mêmes formes que celles des comptes de deniers. Il n'en est pas ainsi. Il comporte, il est vrai, deux parties, la première comprenant les opérations complémentaires de l'exercice expiré, la seconde les opérations budgétaires des douze premiers mois de l'exercice et les opérations de trésorerie, mais il présente avec les comptes ordinaires les différences suivantes : 1° Dans un compte ordinaire il n'y a que deux colonnes, recettes, dépenses; dans le compte des virements, qui comprend à la fois des opérations positives et des opérations négatives, il y a quatre colonnes : recettes, annulations de recettes, dépenses, annulations de dépenses. — 2° Dans un compte de deniers chaque opération a un caractère isolé, indépendant; ici, au contraire, chaque opération a sa contre-partie et donne lieu à deux chiffres. — 3° Un compte ordinaire a généralement un solde débiteur ou créditeur; le compte des virements doit toujours présenter une balance parfaite en fin de gestion.

341. Quant à la responsabilité de l'agent comptable elle consiste dans l'obligation de faire le virement d'une façon régulière; les injonctions qui lui sont adressées n'aboutissent pas à des forcements de recettes ou à des rejets de dépenses, elles ont seulement pour effet de le contraindre à rectifier par un virement supplémentaire les opérations irrégulières qu'il a pu exécuter, à moins qu'il se produise de nouvelles pièces justificatives ou des explications plus précises motivant la description de ses écritures.

342. *Agents comptables des traites de la marine.* — Les dépenses faites à l'extérieur au compte du service marine pour les besoins des bâtiments de guerre, pour la solde et l'entretien des troupes détachées dans les colonies et pour le rapatriement des marins naufragés sont acquittées, lorsqu'il y a lieu, en traites sur le Trésor public (1). — Les dépenses payées au moyen des traites de la marine présentent cette particularité que le paiement, s'il doit être précédé d'une liquidation, a lieu sans ordonnancement préalable, c'est-à-dire, sans crédit; l'ordonnancement sur un crédit régulier n'a lieu qu'après coup et à titre de régularisation. On conçoit, en effet, que loin de France les besoins des bâtiments de guerre peuvent présenter un caractère d'urgence et d'imprévu rendant impossible l'attente des crédits délégués.

343. Les traites tirées sur le Trésor public pour faire face à l'extérieur aux besoins des bâtiments de guerre sont de trois sortes : 1° les traites émises dans les colonies par

---

(1) D. 31 mai 1862, Art. 366 et 367.

(1) D. 31 mai 1862, art. 95, 1er alinéa.

les payeurs du Trésor auxquels s'adresse le bâtiment pour solder ses dépenses. Le payeur solde sur les fonds de sa caisse, mais il se couvre par l'émission sur le caissier payeur central d'une traite non négociable qu'il envoie à Paris avec les pièces de la dépense. Il est crédité de son montant par le caissier central et tout se passe en opérations d'écritures. — 2° les traites émises à l'étranger. Ici il n'y a pas de comptable du Trésor et il faut se procurer des fonds. Après liquidation de la dépense, l'état-major du bâtiment émet sur le Trésor une traite, dite traite de bord, négociable et qui sert à se procurer des fonds ou est remise en paiement au créancier. Les pièces de dépenses sont envoyées à Paris et la traite, après acceptation, est payée par le caissier payeur central lorsqu'elle lui est présentée par le dernier porteur. — 3° les traites émises par les consuls. Ces agents, en cas de brusque départ du bâtiment avant que la dépense ait pu être liquidée, procèdent eux-mêmes à cette liquidation; quant au paiement ils le font sur les ressources de leur caisse, en rattachant l'opération à leur propre comptabilité, sauf régularisation ultérieure; que s'ils n'ont pas de fonds disponibles, ils sont autorisés à émettre des traites négociables sur la caisse centrale; dans tous les cas les pièces justificatives de la dépense sont adressées à Paris.

344. Un agent comptable, institué auprès du ministère de la marine, est spécialement chargé du service des traites tirées pour les dépenses de ce département. Cet agent, justiciable de la Cour des comptes, n'a aucun maniement de fonds. Il revêt du vu bon à payer les traites acceptées par le ministre de la Marine. Ces traites sont payées pour son compte par le caissier payeur central qui les lui remet quittancées contre récépissé. L'agent comptable prend charge dans ses écritures du montant des traites; il en débite les tireurs, qui sont ensuite crédités au fur et à mesure de la remise des pièces justificatives de la dépense. Il doit poursuivre la liquidation définitive desdites dépenses ainsi que la délivrance des ordonnances ministérielles nécessaires pour en assurer la régulière imputation sur les crédits législatifs et les rendre admissibles par la Cour des comptes. Il tient un carnet justificatif de ses diligences. Il remet tous les trois mois au ministre des Finances un état explicatif des traites restant à régulariser à la fin de chaque trimestre. Quant au surplus, il est assujetti aux règlements concernant les comptables du Trésor.

345. *Comptable des opérations relatives aux conventions de 1883.* — Aux termes des articles 37 à 40 de la loi du 30 mai 1899, le ministre des travaux publics doit, avant le 1er novembre de chaque année, présenter au Parlement, pour les compagnies de chemins de fer et de tramways ayant passé avec l'Etat des conventions financières : 1° le compte général des dépenses d'établissement, divisé par nature de dépenses; 2° le compte de l'exploitation de l'année précédente, par chapitre et article; 3° la situation du compte de la garantie. — Un comptable d'ordre présente à la Cour des comptes un résumé annuel en forme de compte faisant ressortir les opérations effectuées par les compagnies de chemins de fer pour la construction des lignes dont l'Etat a pris à sa charge les dépenses d'éta-

blissement. Ce compte décrit les avances remboursables par annuités faites en argent ou en travaux, les contributions fixes et kilométriques effectuées en argent ou en travaux, les versements à titre de remboursement de garantie d'intérêts et, s'il y a lieu, l'emploi des fonds versés par le Trésor pour être affectés à des travaux. Le mode de comptabilité à suivre par le comptable a été réglé par un décret du 20 juin 1899.

Article 8. — *Comptables de l'Algérie.*

346. Le régime financier de l'Algérie a été complètement réorganisé par un décret du 16 janvier 1902, intervenu à la suite de la loi du 19 décembre 1900, portant création d'un budget spécial pour l'Algérie. Antérieurement à cette loi le budget de l'Algérie était compris dans celui de l'Etat. L'Algérie a dorénavant la personnalité civile et son budget spécial, établi par le gouverneur général, est délibéré et voté par l'assemblée plénière des délégations financières, organe créé par décret du 23 août 1898. Il est ensuite soumis au conseil supérieur du Gouvernement et réglé par décret. — Le budget de l'Etat continue, d'autre part, à comprendre divers services de recettes et de dépenses en Algérie. — Il s'ensuit que, pour étudier les services financiers de l'Algérie, il importe de distinguer tout d'abord les opérations concernant le budget de l'Etat, de celles concernant le budget de l'Algérie.

347. *Budget de l'Etat.* — Les services sont relativement peu importants. Les recettes se bornent à la taxe militaire, à la vente des produits des manufactures de l'Etat, au produit de la vente des poudres à feu, au produit du travail des détenus dans les ateliers et pénitenciers militaires, aux retenues perçues en vertu de la loi du 9 juin 1853 pour le service des pensions civiles et aux autres recettes dont la perception pour le compte de l'Etat aurait été autorisée en Algérie. — Les dépenses sont : les dépenses militaires; la subvention pour garantie d'intérêts dans les conditions déterminées par la loi du 23 juillet 1904, les services des poudres et des tabacs et autres dépenses qui seraient mises à la charge de l'Etat par les lois de finances.

348. *Budget de l'Algérie.* — Les recettes comprennent les impôts de toute nature, redevances, fonds de concours et autres produits, qui étaient perçus par le Trésor avant 1901 à quelque titre que ce soit, sauf celles qui sont restées, comme il vient d'être dit, dans le budget de l'Etat; elles comprendront, en outre, tous les nouveaux impôts qui seraient nouvellement créés. — Les dépenses embrassent : toutes les dépenses civiles (dettes, administration générale, services publics, traitements ou dépenses de matériel, etc.), les dépenses de la gendarmerie, les pensions des fonctionnaires et agents coloniaux liquidées depuis le 1er janvier 1901... — Ainsi qu'on peut s'en convaincre par cette seule énumération la partie de beaucoup la plus considérable des recettes et des paiements effectués en Algérie ressort au budget spécial. — Le gouverneur général dispose seul des crédits, il mandate les dépenses ou délègue le mandatement aux chefs de services. — La

clôture de l'exercice, pour le budget spécial de l'Algérie est fixée : au 31 janvier de la 2e année pour achever les services du matériel dont l'exécution a été retardée pour causes de force majeure ou d'intérêt public; au 10 février pour la liquidation et le mandatement des dépenses; à la fin de février pour la liquidation et le recouvrement des recettes et pour le paiement des dépenses par les comptables principaux sur la caisse desquels les ordonnances ou mandats ont été délivrés; au 20 février pour le paiement des dépenses si ce paiement doit être fait par des comptables subordonnés ou pour le compte des comptables principaux.

349. *Comptables du Trésor.* — Le personnel de la trésorerie d'Algérie a été réorganisé par un décret du 16 janvier 1902. Aux termes de l'article 1er de ce décret, il se compose : d'un trésorier général à Alger; de 3 payeurs principaux à Oran, Constantine et Bône; de payeurs particuliers, de payeurs adjoints et de commis de trésorerie.

350. *Trésorier général.* — Le trésorier général est nommé par décret, sur la proposition du ministre des Finances et après avis du gouverneur général. — Ses attributions sont les suivantes : 1º *Recette et dépense des services du budget de l'Etat.* La compétence n'est pas, ici, exclusive; cette attribution est partagée avec les 3 payeurs principaux, chargés de ces services chacun dans leur circonscription et directement comptables. — 2º *Service direct ou centralisation de toutes les recettes et de toutes les dépenses du budget de l'Algérie.* Le trésorier général est donc le comptable de la colonie. Les art. 88, 89, 90 et 91 du décret du 16 janvier 1902 expliquent dans quelles conditions sont effectuées les recettes et les dépenses en question. — *Recettes* : le trésorier général recouvre directement ou centralise les produits divers et les recettes d'ordre. En ce qui concerne les autres recettes, les receveurs des contributions diverses, les receveurs de l'enregistrement, des douanes, des postes et des télégraphes les effectuent directement et sous leur responsabilité, mais pour le compte du trésorier général. — *Dépenses* : a) celles qui concernent les régies financières sont effectuées par les receveurs de chaque régie; b) celles qui concernent les autres services de la colonie sont effectuées : 1º par le trésorier général; 2º directement, c'est-à-dire sans apposition sur les mandats du « vu bon à payer » du trésorier général et sous leur responsabilité par les payeurs principaux; 3º par les préposés payeurs, mais sur le visa du trésorier général ou du payeur principal dont ils dépendent. — *Pièces justificatives* : les payeurs principaux transmettent au trésorier général, aux dates fixées par le ministre des Finances, les justifications des recettes et des dépenses qu'ils ont effectuées pour le compte du budget de l'Algérie. Les agents centralisateurs des régies financières transmettent mensuellement au trésorier général des bordereaux des dépenses qu'ils ont effectuées pour le compte du budget de l'Algérie. — Il résulte de ces explications que le seul compte *budgétaire* des services du budget de l'Algérie est rendu par le trésorier général. Les payeurs principaux les rattachent comme opérations de trésorerie à leur compte du Trésor; les comptables des régies en dressent également un compte, mais ce compte

ne les retient que comme opérations de trésorerie (art. 168 *in fine* du décret). Seulement les comptes des régies sont soutenus par les pièces justificatives des opérations, tandis que les payeurs principaux envoient leurs pièces au trésorier général qui les produit à l'appui de son propre compte. — 3º *Service départemental.* — Le trésorier général est chargé de la réalisation des paiements et de la centralisation des recettes de son département, le service des départements d'Oran et de Constantine ne le concerne pas. Le compte rendu par le trésorier général est appuyé des pièces justificatives. Le décret du 12 juillet 1893 est applicable à l'Algérie.

351. Le trésorier général a donc trois comptes différents à rendre à la Cour des comptes : le compte du Trésor, en deux parties comme pour les trésoriers généraux de France; le compte des opérations du budget de l'Algérie, dans lequel les opérations de tout l'exercice (douze premiers mois et période complémentaire), quoique présentées distinctement, font l'objet d'un seul et même document (art. 166 du décret); le compte départemental d'Alger rendu en même forme que les comptes départementaux de France. — On doit ajouter que les deux premiers comptes renferment à la fois des opérations budgétaires et des opérations de trésorerie (mouvements de fonds, services spéciaux, correspondants du Trésor, correspondants administratifs).

352. Le trésorier général a la surveillance et la responsabilité des préposés payeurs placés sous ses ordres tant en ce qui concerne les opérations du budget de l'Etat, que celles du budget de l'Algérie. Il a la surveillance et la responsabilité des payeurs principaux, mais seulement en ce qui concerne les opérations effectuées pour le compte de l'Algérie.

353. *Payeurs principaux.* — Les payeurs principaux sont nommés dans les mêmes conditions que le trésorier général. Ils sont au nombre de trois : Oran, Constantine et Bône.

Leurs attributions sont les suivantes : 1º *Recette et dépense des services du budget de l'Etat.* Chacun d'eux, dans sa circonscription, est chargé des recouvrements et des paiements dont il présente directement le compte à la Cour et sous sa responsabilité. — 2º *Recette et dépense des services du budget de l'Algérie.* — Nous venons de voir qu'ils les effectuent pour le compte du trésorier général auquel ils en envoient les pièces justificatives; si ces opérations figurent dans leur compte du Trésor, c'est comme ligne d'opérations de trésorerie. — 3º *Service départemental.* — Chacun d'eux en est chargé dans son département dans les mêmes conditions que le trésorier général.

Les payeurs principaux ne rendent donc que deux comptes : le compte du Trésor et le compte départemental. — Leur compte du Trésor renferme, comme celui du trésorier général, des opérations budgétaires et des opérations de trésorerie. Ils sont responsables des préposés payeurs placés sous leurs ordres et doivent couvrir de leurs débets le Trésor ou la colonie.

354. *Préposés payeurs.* — Ce sont les payeurs particuliers, et les payeurs adjoints, dont le nombre et la désigna-

tion des places sont déterminés par arrêté du ministre des finances sur la proposition du gouverneur général de l'Algérie. — Il y a 3 classes dans chacun des deux grades.

— Les payeurs particuliers sont nommés par arrêté du ministre des Finances, après avis du gouverneur général; les payeurs adjoints sont nommés par arrêté du ministre des finances sur la présentation du gouverneur général (art. 2, 3 et 5 décret du 16 janvvier 1902).

Les préposés payeurs ne sont pas comptables vis-à-vis de la Cour des comptes; ils participent aux divers services de recettes et de dépenses, mais sous la responsabilité et pour le compte du trésorier général ou des payeurs principaux.

355. *Comptables des régies financières.* — Ce sont les receveurs de l'enregistrement, des domaines et du timbre, les receveurs des douanes et les receveurs des postes et télégraphes.

Recettes : ces comptables effectuent des recettes pour le budget de l'Etat, mais dans les conditions prévues à l'article 2 du décret du 16 janvier 1902, c'est-à-dire pour le compte du trésorier général ou du payeur principal de leur département. Ils effectuent, en outre, et c'est la partie vraiment importante de leur tâche, le recouvrement des produits et revenus du budget de l'Algérie, sous leur responsabilité. Ces recouvrements sont centralisés, nous l'avons dit, par le trésorier général et ne figurent dans les comptes des régies que comme opérations de trésorerie.

Dépenses : Les receveurs de l'enregistrement ne payent que les dépenses relatives aux frais de justice criminelle ; dans les autres régies les receveurs principaux acquittent les dépenses assignées payables sur leurs caisses, directement et sous leur propre responsabilité. Ces opérations, comme les recettes, ont le caractère d'opérations de trésorerie et n'apparaissent au titre budgétaire que dans le compte du trésorier général, qui les centralise. — Les dépenses payées par les comptables des régies concernent exclusivement le budget de l'Algérie.

Comptes : Les receveurs principaux des douanes, les receveurs principaux des postes et tous les receveurs de l'enregistrement dressent en fin d'année un compte de gestion et sont justiciables de la Cour des comptes. — Rappelons que dans ces comptes, les opérations, quoique dites de trésorerie, doivent être soutenues par leurs pièces justificatives.

356. *Receveurs des contributions diverses :* — En Algérie il n'y a pas de percepteurs. Tous les impôts directs, les taxes assimilées, les impôts arabes sont recouvrés par des comptables dépendant d'une administration, dite des contributions diverses. Les agents de cette Administration qui ont reçu du gouverneur général une commission de comptable prennent le titre de receveurs des contributions diverses. Tous ces receveurs sont comptables directement de la Cour des comptes.

Les receveurs des contributions diverses n'effectuent pas de dépenses; s'ils interviennent dans leur paiement c'est exclusivement pour le compte du trésorier général ou du payeur principal et ils ne le font que sur mandats portant leur visa. — Ils sont chargés, sous leur propre responsabilité, de recouvrer pour le compte du trésorier

général : 1° les contributions, impôts et taxes dus à l'État sous le titre de vente des produits des manufactures de l'État, vente des poudres à feu; 2° les contributions, impôts, taxes et revenus dus à l'Algérie, sous le titre de contributions directes et taxes assimilées, contributions arabes, produits et revenus indirects, produits directs, recettes d'ordre; 3° les contributions, impôts, taxes et revenus dus aux départements (1).

Leurs comptes de gestion ne comprennent dès lors que des opérations de trésorerie.

ARTICLE 9. — *Comptables des colonies.*

357. Les recettes et les dépenses effectuées dans les colonies se divisent en deux catégories : celles qui concernent le service métropolitain, celles, beaucoup plus importantes, qui concernent le service local de la colonie.

358. — *Service métropolitain :* — Alors qu'en France l'État a la charge de la plupart des services généraux, la règle inverse est suivie aux colonies. L'État n'y assure guère, sur les fonds de son budget, que les dépenses de souveraineté et de police générale, comme celles qui concernent l'entretien des effectifs militaires et du personnel de la magistrature; il contribue, en outre, sous forme de subventions, à l'exécution des services confiés à la colonie. En revanche les recettes dont il bénéficie sont très peu importantes et consistent presque exclusivement, aux termes du décret du 15 septembre 1882, en contingents à fournir, s'il y a lieu, au Trésor public par les colonies dans les limites fixées par les lois annuelles de finances, en retenues exercées, en vertu de la loi de 1853, sur le service des pensions civiles et en produits divers tels que ventes et cessions d'objets appartenant à l'État, restitutions de sommes indûment payées, etc... L'État ne perçoit donc aucune taxe proprement dite et le produit des impôts appartient au service local. — Le paiement des dépenses s'effectue, en principe, suivant les règles ordinaires, c'est-à-dire qu'elles supposent un crédit régulièrement ouvert, sur ordonnances de délégation transmises aux gouverneurs. Ces derniers, cependant, peuvent, en cas d'urgence et dans les conditions tracées par le décret du 16 mai 1891, ouvrir des crédits provisoires, qui sont régularisés aussitôt l'arrivée des ordonnances ministérielles. — Nous avons vu, d'autre part, que certaines dépenses métropolitaines exécutées accidentellement aux colonies échappaient à la règle de l'ordonnancement préalable; ce sont celles du service marine payées au moyen de traites. — Le comptable chargé du service des recettes et des dépenses métropolitaines aux colonies est le trésorier-payeur colonial.

359. *Service local :* — L'autorité budgétaire est le conseil général de la colonie. Le budget, préparé et voté conformément aux règlements, comprend des recettes ordinaires et extraordinaires, des dépenses obligatoires et facultatives. — Les recettes ordinaires comprennent les

(1) D. 16 janvier 1902, Art. 150 et 151.

taxes et contributions de toute nature, soit directes (impôts sur les terres, maisons, voitures, portes et fenêtres, patentes), soit indirectes (enregistrement, timbre, postes...); les droits de douane; les revenus de propriétés; les subventions de l'État et les produits divers. Les recettes extraordinaires se composent de contributions extraordinaires, prélèvements sur le fonds de réserve, emprunts, dons et legs, etc... — Les dépenses obligatoires sont principalement : les dettes exigibles; le loyer, le mobilier et l'entretien de l'hôtel du gouverneur; le casernement de la gendarmerie; certains frais de personnel et de matériel concernant les administrations; le rapatriement des immigrants; les contingents ordonnés par la métropole. La dépense obligatoire peut être inscrite d'office au budget local soit par le ministre, soit par le gouverneur. — Les fonctions d'ordonnateur sont aujourd'hui remplies par le gouverneur. Antérieurement au décret du 21 mai 1898 un fonctionnaire spécial, le directeur de l'intérieur, disposait seul et sous sa responsabilité des crédits ouverts par le budget local ou par des autorisations supplémentaires; le texte précité, en supprimant les directeurs de l'intérieur, a rattaché leurs attributions à celles des gouverneurs.

360. *Durée de l'exercice :* — La durée de l'exercice colonial a été fixée, savoir : 1° Pour le service métropolitain : au 28 février de la seconde année, pour achever, dans la limite des crédits ouverts, les services du matériel dont l'exécution commencée n'aurait pu être terminée avant le 31 décembre pour des causes de force majeure et d'intérêt public; au 20 mars de la seconde année, pour compléter les opérations relatives à la liquidation et au mandatement des dépenses; au 31 mars de la seconde année, pour compléter les opérations relatives au recouvrement des produits et au paiement des dépenses. — Pour le service local la date du 28 février a été maintenue pour l'exécution des services de matériel; quant aux dates des 20 mars et 31 mars, elles sont augmentées de trois mois et la date de clôture, pour les opérations qu'elles concernent, reportée aux 20 et 30 juin de la seconde année.

361. *Personnel comptable :* — *Trésoriers-payeurs coloniaux.* — Il existe dans chaque colonie un trésorier-payeur nommé par décret, dont les fonctions, sous réserve de quelques différences secondaires, sont analogues à celles des trésoriers-payeurs généraux de France. Le trésorier-payeur colonial est chargé : 1° de tout le service métropolitain, recette et dépense; 2° du service de la dépense pour le budget local; 3° de la perception directe d'un certain nombre de taxes et produits locaux (impôts directs et produits divers) et de la centralisation de toutes les autres recettes du budget local. Il a, en outre, dans ses attributions le service de la trésorerie et fait à ce titre les mêmes opérations que les trésoriers généraux de la métropole.

Le trésorier-payeur colonial a sous ses ordres, pour le seconder dans son service et opérer pour son compte et sous sa responsabilité, dans les grandes colonies des trésoriers particuliers et dans toutes des percepteurs. Ces comptables effectuent le recouvrement des impôts directs

et des produits divers, comme en France, et acquittent les dépenses dont ils ont été chargés par le trésorier-payeur.

362. Le trésorier-payeur colonial est soumis, pour l'ensemble de son service, aux prescriptions qui régissent la comptabilité des trésoriers généraux. Spécialement en ce qui concerne le service de la trésorerie, qui a une importance particulière aux colonies dont l'approvisionnement en numéraire doit, en raison de la distance, être suivi de plus près, il doit adresser chaque mois à la direction du mouvement des fonds la situation de sa caisse et un aperçu de ses besoins pour les trois mois suivants. Les fonds dont il a besoin lui sont envoyés soit en numéraire, soit en traites tirées par le caissier-payeur central sur lui-même, avec l'autorisation du ministre des Finances. Ces traites sont négociées dans la colonie et retournent après endossements successifs à la caisse centrale qui rembourse le dernier porteur.

363. Les comptes annuels des trésoriers-payeurs coloniaux présentent avec ceux de leurs collègues de France les deux différences suivantes : 1° Le point de départ de la *gestion* n'est pas le même. Par dérogation aux règles générales, leur gestion annuelle part du 1er juillet d'une année pour finir au 30 juin de l'année suivante; le point de départ de l'exercice reste fixé comme en France au 1er janvier. 2° Le service local de la colonie fait partie intégrante du compte et n'est pas, comme en France le service départemental, l'objet d'un compte à part. — Les comptes des trésoriers-payeurs coloniaux sont présentés séparément en deux parties comme ceux des trésoriers-payeurs généraux, mais alors qu'en France les comptes dits de deuxième partie renferment les opérations des douze premiers mois d'un exercice et les comptes de première partie renferment les opérations de la période complémentaire, aux colonies, en raison du point de départ de la gestion et de la réunion en un seul compte des services métropolitain et local, la chose est différente. La première partie du compte comprend toutes les opérations faites pour l'État du 1er juillet au 31 mars et la seconde partie ne renferme que les opérations complémentaires ou plus exactement les six premiers mois (1er janvier au 30 juin) de l'exercice métropolitain. Quant au service local, la première partie ne comporte aucune opération et la seconde comprend le service local en entier (du 1er juillet au 30 juin). Ce service local se rapporte à deux exercices locaux différents : douze mois de l'un et six mois (janvier-juin) de l'autre.

364. *Trésoriers particuliers ; Percepteurs :* — Dans les grandes colonies, il peut exister un ou plusieurs trésoriers particuliers, selon l'importance et la division du territoire de la colonie. Ces comptables sont placés sous les ordres des trésoriers-payeurs, qui répondent de leur gestion. Les trésoriers particuliers sont nommés par arrêté du ministre des Finances. Leurs fonctions et celles de percepteur de l'arrondissement de perception où ils ont leur résidence peuvent être réunies par des arrêtés du gouverneur (1).

(1) D. 31 mai 1862, Art. 644, 645 et 648.

3

Les percepteurs sont chargés, sous la surveillance et la responsabilité des trésoriers-payeurs et des trésoriers particuliers, de la perception des contributions directes. Ils peuvent être chargés, en outre, du recouvrement de divers autres produits locaux. Les percepteurs sont nommés par les gouverneurs, sur la proposition des trésoriers-payeurs; ils doivent être agréés par les trésoriers particuliers de l'arrondissement auquel ils sont rattachés. Ils sont de droit receveurs des communes, hospices et établissements de leur circonscription (1).

Les trésoriers particuliers et les percepteurs ne rendent pas de comptes; leur comptabilité est rattachée à celle du trésorier-payeur.

365. *Autres comptables :* — En dehors de l'impôt direct et des produits divers, le budget local des colonies comprend, en général, comme sources principales de revenus : le produit des douanes, le produit de l'enregistrement, des domaines et du timbre et le produit des postes. La recette des droits de douanes est faite par le trésorier-payeur ou ses préposés; mais les autres produits sont recouvrés par des comptables spéciaux.

Les receveurs de l'enregistrement aux colonies sont chargés de toutes les recettes qui sont faites en France par les receveurs de l'enregistrement et des domaines; ils sont, en outre, chargés du recouvrement des amendes et condamnations pécuniaires. Ils font leurs versements entre les mains du trésorier-payeur ou de ses préposés. Comme en France, ils ont le caractère de comptables directs.

Les receveurs des postes opèrent toutes les perceptions concernant ce service. Leur comptabilité est centralisée par un comptable supérieur qui fait ses versements entre les mains du trésorier-payeur ou de ses préposés et rend seul compte.

366. *Juridiction comptable :* — Les trésoriers-payeurs sont les seuls comptables coloniaux qui soient directement justiciables de la Cour des comptes. Les autres comptables sont justiciables du conseil privé et la Cour des comptes ne peut intervenir à leur égard que comme juridiction d'appel.

B. — Comptables en matières.

367. Les matières appartenant à l'État se divisent en deux catégories : les valeurs mobilières ou permanentes de toute espèce et les matières de consommation et de transformation.

Les valeurs mobilières ou permanentes comprennent : les mobiliers de l'État garnissant les hôtels, pavillons, casernes, quartiers, hôpitaux et autres établissements; les machines, engins, outils et ustensiles d'exploitation; les gabarits, modèles, types et étalons; les bibliothèques, archives, musées, cabinets et laboratoires; les dépôts de cartes et d'imprimés; les objets d'art et de science. Sauf en ce qui concerne le ministère de la Guerre, pour lequel le matériel des valeurs mobilières et permanentes est

soumis aux mêmes règles de comptabilité que les matières de consommation et de transformation (1), la comptabilité des valeurs mobilières ou permanentes n'est point soumise au contrôle de la Cour des comptes (2). C'est donc une comptabilité purement administrative dont les mouvements sont suivis au moyen de vérifications sur place et d'inventaires et que nous n'avons pas à étudier ici.

368. En ce qui concerne les matières de consommation et de transformation appartenant à l'État, dans chaque magasin, chantier, usine, arsenal et autre établissement existe un agent spécial, préposé responsable des matières y déposées, comptable de la quantité desdites matières et soumis aux dispositions générales concernant les comptables des deniers publics. Chaque comptable est tenu d'inscrire sur les livres élémentaires l'entrée, la sortie, les transformations, les détériorations, les pertes, déchets et manquants, ainsi que les excédents de toutes les matières confiées à sa garde. Il forme des relevés résumant toutes ses opérations à charge ou à décharge et les adresse, avec les pièces justificatives, au ministre ordonnateur du service. Dans les trois premiers mois de l'année, chaque comptable établit, en outre, et fait parvenir au ministre le compte général de sa gestion de l'année précédente avec les pièces justificatives à l'appui de chaque opération. Le ministre, après vérification, transmet comptes et pièces à la Cour des comptes (3). En dehors de ces comptables spéciaux, un certain nombre de comptables en deniers doivent présenter en un compte distinct le mouvement des matières dépendant de leur service.

Les comptables en matières doivent être divisés en deux catégories : 1° ceux qui sont soumis au *contrôle* de la Cour des comptes; 2° ceux qui sont soumis à son *jugement.*

ARTICLE PREMIER. — *Comptables contrôlés par la Cour des Comptes.*

369. — La Cour n'a pas de juridiction directe sur les comptables en matières proprement dits; elle examine leurs comptes, mais ne leur adresse pas personnellement d'observations. Les résultats de son examen sont consignés, sous forme de mentions, dans des déclarations adressées au ministre compétent, qui seul a qualité pour ordonner les redressements et aviser la Cour de la suite donnée à ses observations. Nous verrons avec plus de détails la forme de cette vérification lorsque nous étudierons la Cour des comptes. — Ce contrôle de la Cour existe depuis la loi du 6 juin 1843. Une ordonnance du 26 avril 1844 a posé les principes généraux de la comptabilité-matières; quant aux règles applicables à chaque catégorie de comptes, elles ont été tracées par des règlements spéciaux.

Dans cette première catégorie rentrent les comptables suivants :

____

(1) D. 31 mai 1862, art. 647 et 649.

(1) Règlement 19 novembre 1871.
(2) D. 31 mai 1862, Art. 877 et 878.
(3) V. D. 31 mai 1862, art. 863 et suiv.

370. *Comptables-matières du ministère de la Guerre.* — Les textes qui régissent leur comptabilité sont : le règlement du 9 septembre 1888 et l'instruction ministérielle du 23 décembre suivant, auxquels il faut joindre une note ministérielle du 16 octobre 1889, des instructions des 27 octobre 1889 sur le service des subsistances et 11 décembre 1889 sur le service des lits militaires, du 2 janvier 1890 sur le matériel des établissements ressortissant au service de la justice militaire (conseils de guerre ou de révision, prisons, pénitenciers, ateliers de travaux publics), du 25 janvier 1891 pour les matières et effets du service de l'habillement et du campement. Pour les poudres et salpêtres, l'instruction est du 10 février 1877. — En dehors des services ci-dessus, il y a des comptables pour les services suivants : vivres et approvisionnements de siège, hôpitaux, équipages militaires, remonte générale, harnachement de la cavalerie, fourrages, artillerie, génie, écoles de maréchalerie, invalides de la guerre. — La comptabilité est basée sur la quantité et est décrite en unités simples. Les agents comptables sont assujettis au cautionnement, sauf dans les services de l'artillerie, du génie et de la remonte. — Rappelons que les valeurs mobilières ou permanentes sont, comme les matières de consommation et de transformation, soumises à la tenue de la comptabilité produite à la Cour.

371. *Comptables-matières du ministère de la Marine.* — Leur service a été réorganisé par le décret du 23 novembre 1887 que de nombreuses dispositions sont venues modifier ou compléter (1).

Les comptes sont présentés en valeurs et par unités collectives; il en est de même, depuis un décret du 5 février 1901, pour le compte général du matériel du ministère de la marine. Les écritures élémentaires, les pièces justificatives et les inventaires sont établis par unités simples, quantité et valeur. Depuis le 1er octobre 1898, conformément à la loi du 13 août 1898, la comptabilité est suivie au prix réel. Ce prix réel est soit le prix d'achat ou de revient primitif, et varie pour chaque objet avec la date des stocks. On désigne cette méthode, employée dans certains arsenaux, sous le nom de méthode des prix réels successifs; — soit le résultante de la moyenne faite entre les prix successifs d'achat des objets de même catégorie. C'est la méthode des prix réels moyens et le prix moyen varie sans cesse puisque chaque fois qu'une entrée a lieu à un prix nouveau la moyenne est changée. La première méthode est suivie à Cherbourg, Lorient, Toulon, Dunkerque, le Havre, Nantes, Marseille, Indret et au laboratoire central; la seconde à Brest, Rochefort, Saint-Servan, Bordeaux, Alger, Guérigny, Ruelle, en Corse, au magasin central et au service hydrographique.

---

(1) Nous renvoyons aux textes suivants : Instruction générale du 8 novembre 1889; circulaire du 25 juillet 1891; décret du 16 mai 1893 (inventaires de fin d'année); décret du 8 juillet 1893 (compte général du matériel de la marine); circulaires des 27 mai, 8 et 15 juin, 6, 25, 30 novembre et 9 décembre 1893, 9 et 14 février, 21 mars, 12 novembre 1894, 25 juillet, 5 septembre, 30 novembre 1895, 13 août, 4 décembre 1896; décret du 14 août 1897 et circulaire du 16 août suivant (création d'un groupe comptable de la flotte); instructions des 13 juillet et 13 août 1898; décrets des 25 août et 20 décembre 1900; circulaire du 22 août 1904.

372. *Comptables-matières du ministère de l'Intérieur.* — Les textes qui leur sont applicables sont : le règlement du 26 décembre 1853, modifié par l'instruction ministérielle du 18 décembre 1878; l'arrêté du 5 avril 1895 qui détermine les règles applicables aux valeurs mobilières permanentes des cours d'appel; la circulaire du 1er février 1897 qui rappelle les règles applicables à la comptabilité matières des maisons centrales ou établissements assimilés et des maisons d'arrêt et à la corrélation entre les comptes-matières et les comptes-deniers. Cette circulaire introduit dans la nomenclature quelques modifications et prescrit aux divers gestionnaires l'uniformité dans le mode d'établissement du compte général de gestion.

La comptabilité-matière de l'intérieur est tenue par unité simple et par quantité. Les comptables sont assujettis au cautionnement. — Leurs comptes, qui ne s'étendaient d'abord qu'aux objets de consommation et de fabrication, doivent depuis 1883 comprendre les opérations concernant les valeurs mobilières permanentes.

373. *Comptables-matières des ministères de l'Agriculture et du Commerce.* — Leur comptabilité est régie par un règlement du 29 avril 1854 et un décret du 17 juillet 1899. — Les services ressortant à la comptabilité-matières de ces ministères comprennent : les écoles d'arts et métiers, l'école d'horlogerie de Cluses, le Conservatoire national des arts et métiers, les bureaux de vérification des poids et mesures, les écoles vétérinaires, les écoles d'agriculture, bergeries et vacheries, les établissements thermaux, les haras et dépôts d'étalons. — Les comptes sont présentés par quantités et unités simples ou collectives. Pour certaines opérations la valeur est indiquée, mais à titre de simple renseignement. — Les agents comptables doivent verser un cautionnement. Dans les établissements où il n'y a pas d'agent comptable, le directeur ou régisseur rend le compte. — Dans les écoles d'arts et métiers l'agent comptable est responsable des matières et objets confectionnés, l'ingénieur des matières livrées pour le service des ateliers; ce dernier rend un compte spécial de ses opérations. — La comptabilité-matière de l'Agriculture et du Commerce ne comprend que les matières de consommation et de transformation ainsi que les animaux. Quant aux valeurs mobilières et permanentes, elles échappent au contrôle de la Cour des comptes, qui reçoit cependant, à titre de renseignement, des inventaires quinquennaux les concernant.

374. *Comptables-matières du ministère des Colonies.* — L'article 879 du décret du 31 mai 1862 restreignait la comptabilité-matières au matériel existant en France. Le décret du 6 octobre 1898 soumet au contrôle de la Cour des comptes, à partir de 1899, les comptes-matières du département des Colonies pour les approvisionnements en magasins dans les possessions d'outre-mer. Du reste, depuis 1884 (1) l'administration des colonies publiait et distribuait aux Chambres le compte des mouvements du matériel, tant dans la métropole qu'aux colonies. — Un

---

(1) Arr. 29 décembre 1882.

décret du 6 décembre 1898 réorganisa le personnel comptable et une circulaire du 30 novembre 1898 a donné les instructions pour l'application du décret du 6 octobre précédent. — Le service a été réglementé à nouveau par un décret du 22 décembre 1904, suivi d'une circulaire et d'une instruction générale du 16 janvier 1905.

ARTICLE 2. — *Comptables jugés par la Cour des Comptes.*

375. Les comptes se présentent en deux formes différentes : les uns sont annexés aux comptes deniers des régies financières et administrations et soumis aux règlements concernant ces services, tels les comptes-matières du timbre, des contributions indirectes, des postes, des lycées, de l'école forestière de Nancy, de l'école centrale des arts et manufactures, de l'Imprimerie nationale, des monnaies; les autres sont rendus comme comptes spéciaux, tels les comptes-matières des tabacs, des poudres et salpêtres, de la fabrication des timbres-poste, du garde-magasin des timbres-poste coloniaux. — Ici la cour exerce directement sa juridiction sur les comptables, elle procède par arrêts et a seule qualité pour suivre ses observations et décharger les comptables.

376. *Lycées.* — Les règles sont posées par le règlement du 16 octobre 1867 et l'instruction du 30 décembre 1868. L'état des matières entrées par acquisition est dressé de façon à permettre son rapprochement avec les mandats de paiement.

École forestière de Nancy. — Le règlement porte la date du 3 juin 1858.

École centrale des arts et manufactures. — Le jugement de la comptabilité-matières a été attribué à la Cour des comptes par la loi de finances du 13 mai 1863.

Imprimerie nationale; Monnaies. — La comptabilité-matières de l'Imprimerie nationale est régie par le règlement du 28 novembre 1855; celle des monnaies a fait l'objet d'un arrêté en date du 25 juin 1871. Les comptes sont rapprochés, après vérification, de résumés généraux et des comptes, insérés pour l'Imprimerie au compte du ministère de la Justice et pour les monnaies au compte général des finances.

Poudres et salpêtres. — Les établissements sont, en vertu du décret du 17 juin 1865, répartis entre le ministère de la Guerre et le ministère des Finances. Les établissements attribués à la guerre suivent les règles de la comptabilité-matières de la guerre; ils sont régis par une instruction du 10 février 1877. Les établissements attribués aux finances suivent les règles de l'instruction du 9 août 1852 sur les manufactures de l'État. — Les comptes sont récapitulés dans un résumé dressé par la direction des manufactures, mais chaque comptable est l'objet d'un arrêt distinct.

Tabacs. — Dans chaque département de culture il y a des entrepôts où les cultivateurs livrent leurs tabacs en feuilles; ces feuilles sont ensuite versées soit dans les magasins de transit, soit dans les magasins des manufactures (1). Le compte est rendu par un entreposeur de

tabacs en feuilles. — En outre, à chaque manufacture est attaché un garde magasins qui reçoit et emmagasine les tabacs en feuilles, les tabacs fabriqués et les approvisionnements divers (1). — Les comptes de ces deux catégories d'agents sont résumés dans un bordereau général, mais jugés individuellement.

Fabrication des timbres-poste. — Le directeur de la fabrication en présente la comptabilité et est assujetti à un cautionnement (2). La Cour des comptes alloue les sorties et fixe les entrées et les restes en magasins en fin d'année; elle rapproche les résultats de ceux ressortant du résumé général des receveurs des postes. — Un garde magasins, agent comptable des timbres coloniaux a été créé par un arrêté du 20 novembre 1894. — Le comptable de la fabrication des timbres-poste a été chargé par un décret du 23 mars 1901 de l'approvisionnement et de la remise des timbres-poste spéciaux destinés aux troupes.

§ 4. — *Responsabilité des comptables.*

377. Si l'on met à part les comptables en matières et les comptables d'ordre, dont la responsabilité sera, d'ailleurs, étudiée ci-après, on peut dire que toutes les obligations des comptables du Trésor, se résument comme suit : tenir une caisse publique, recouvrer des recettes, payer des dépenses. A chacune de ces obligations correspond une responsabilité que nous allons définir et à laquelle, pour un certain nombre de comptables supérieurs, vient s'ajouter la responsabilité des comptables subordonnés ressortant à leur service.

ARTICLE PREMIER. — *Responsabilité des fonds en caisse.*

378. Aux termes de l'article 21 du décret du 31 mai 1862, chaque comptable ne doit avoir qu'une seule caisse, dans laquelle sont réunis tous les fonds appartenant à ses divers services. Il est responsable des deniers publics qui y sont déposés. — La caisse doit être à tout instant d'accord avec les écritures, c'est-à-dire qu'on doit toujours trouver dans la caisse, représentée par des espèces ou valeurs, une somme égale à l'excédent des recettes sur les dépenses ou si l'on préfère, que le débit du compte caisse, lequel est égal à l'excédent des soldes débiteurs sur les soldes créditeurs des divers comptes, doit toujours correspondre à une encaisse effective. Lorsque cet accord n'existe pas, il y a déficit. Le déficit doit donc être soigneusement distingué du débet : c'est un manquant matériel, tandis que le débet est une décision de justice; le déficit peut, au surplus, s'il n'est pas soldé, conduire à une déclaration de débet.

379. Le déficit provient soit d'erreurs matérielles ayant une négligence à la base, soit de malversations ou détournements commis par le comptable ou ses préposés directs, caissiers, fondés de pouvoirs, etc., soit de circonstances de force majeure, par exemple, le vol commis par un tiers. Dans tous les cas, le comptable est responsable du

(1) D. 12 janvier 1811, art. 6.

(1) D. 12 janvier 1811, art. 32.
(2) Règlement 20 mars 1868, arrêté 25 juin 1871, art. 5.

déficit, mais si tel est le principe, il y est apporté un tempérament en ce qui concerne le déficit résultant de force majeure. Dans le cas de vol, lorsque le comptable a pris toutes les précautions possibles et réglementaires (coffres-forts, salles grillées, gardiens sûrs) il peut demander la décharge de sa responsabilité. Cette décharge ne peut être accordée que s'il fait la preuve que toutes les précautions ci-dessus ont été prises et que s'il a, comme le lui prescrit l'article 1271 de l'instruction générale, fait sa déposition à l'autorité locale dans les vingt-quatre heures du vol; les circulaires de la comptabilité publique et la jurisprudence du Conseil d'Etat sont formelles sur ce point (1). C'est au ministre qu'il appartient de statuer sur cette demande, sauf recours au Conseil d'Etat (2). Nous supposons, comme il a été dit, qu'un vol a été commis par un tiers, car le comptable serait pleinement responsable du détournement commis par un de ses propres employés (caissier, préposé ou gardien de caisse). Comme on le voit, l'appréciation de la responsabilité des fonds en caisse, dans les cas de force majeure, échappe au juge du compte, qui, par contre, prononcera sur ladite responsabilité dans les cas de négligence et de malversations.

ARTICLE 2. — *Responsabilité en matière du recouvrement des recettes.*

380. Tous les comptables ressortissant au ministère des Finances sont responsables du recouvrement des droits liquidés dont la perception leur est confiée; en conséquence, ils sont et demeurent chargés, dans leurs écritures et dans leurs comptes annuels, de la totalité des rôles ou des états de produits qui constatent le montant de ces droits, et ils doivent justifier de leur entière réalisation avant l'expiration de l'année qui suit celle à laquelle les droits se rapportent (3). Les comptables du Trésor ne sont donc pas seulement responsables des recouvrements effectués, responsabilité qui, d'ailleurs, se confondrait avec la responsabilité des fonds en caisse, mais leur responsabilité en matière de recettes porte sur le montant des droits constatés au profit du Trésor, c'est-à-dire sur la prise en charge (4).

Le principe absolu est que tout article inscrit en droits constatés à un compte de recettes doit être apuré. Cet apurement consiste soit dans une recette effective, soit dans la justification régulière d'admission totale ou partielle en non-valeur ou en reprise. Il importe de distinguer sur ce point entre les contributions directes et les autres branches de revenus publics.

381. En ce qui concerne les contributions directes le montant intégral des rôles, déduction faite des décharges

(1) Circ. 17 septembre 1838, § 11; 25 août 1864, § 6; 2 mars 1887, § 7; C. d'E. cont. 16 juin 1831 et 22 juillet 1896.
(2) Ord. 31 mai 1838, art. 320.
(3) D. 31 mai 1862, art. 320.
(4) Rappelons que les droits dits au comptant se distinguent des autres recettes en ce qu'ils ne supposent pas de constatation préalable, l'inscription du droit se confond avec son recouvrement, il n'y a donc pour eux, en principe, ni restes à recouvrer, ni responsabilité corrélative; les comptables sont responsables des fonds encaissés et de l'exacte application des tarifs, c'est-à-dire de la liquidation du droit.

et réductions prononcées par le conseil de préfecture et des remises et modérations accordées par le préfet, doit être encaissé par les comptables préposés à leur recouvrement. L'article 324 du décret de 1862 fait une obligation aux receveurs généraux et particuliers des finances de verser au Trésor, de leurs deniers personnels, le 30 novembre de chaque année, les sommes qui n'auraient pas été recouvrées sur les rôles de l'année précédente. D'autre part, les percepteurs sont astreints par les règles rappelées par les art. 93 et 1124 de l'instruction générale, à verser, de leurs propres deniers, le montant des cotes ou portions de cotes restant à recouvrer à l'expiration du délai de trois ans accordé pour apurer les rôles de chaque exercice. Ce versement doit avoir lieu dès le 30 décembre de la 3e année de l'exercice. — Toutefois, si après que le chiffre du rôle a été définitivement arrêté, les décharges et remises fixées, la part de chaque contribuable déterminée à bon droit, il s'est produit dans la suite certains événements qui, sans mettre en jeu le bien fondé de l'imposition, viennent mettre obstacle, en fait, à son recouvrement, — tels, par exemple, le décès du contribuable, son insolvabilité reconnue, son absence, — dans ces cas, disons-nous, une série de cotes peut tomber en non-valeur, devient irrécouvrable. Le comptable est alors admis à établir que cette situation ne peut être imputée à sa négligence et obtenir du préfet une décision qui entraînera décharge de sa responsabilité à leur égard. Tel est l'objet de l'état des cotes irrécouvrables que les percepteurs sont admis à présenter, accompagné de toutes pièces justificatives, dans les deux mois qui suivent l'expiration de l'année du rôle.

382. A l'égard des autres receveurs de revenus publics la règle n'est pas la même. Il est dressé, dit l'art. 325 du décret de 1862, avant l'expiration de la seconde année de chaque exercice, des états par branche de revenus et par comptable, présentant les droits et produits restant à recouvrer, avec la distinction des créances qui doivent demeurer à la charge des comptables, de celles qu'il y a lieu d'admettre en reprise à l'exercice suivant et de celles dont les receveurs sont dans le cas d'obtenir la décharge.

383. Et l'article 328 ajoute « les comptables à la charge desquels ont été mis, en conformité de l'article 325, des droits et produits restant à recouvrer, peuvent obtenir la décharge de leur responsabilité s'ils justifient qu'ils ont pris toutes les mesures et fait, en temps utile, toutes poursuites et diligences nécessaires contre les débiteurs ». La responsabilité des comptables est donc ici moins nette qu'en matière de contributions directes, puisque chaque article de recette peut donner lieu à discussion, à une enquête administrative, à appréciation sur la manière dont le service a été tenu, sur la diligence dont le comptable a fait preuve. En dernier lieu le ministre décide, sauf recours au Conseil d'Etat.

384. Dans les limites qui viennent d'être tracées, la responsabilité des comptables publics en matière d'impôts directs et de produits indirects fonde son principe sur le fait que l'exercice des poursuites à fin de recou-

vrement appartient aux comptables. Pour les produits divers du budget. il en va différemment : ici les poursuites sont exercées par un agent spécial, l'agent judiciaire, le comptable n'intervient que comme agent de recouvrement, aussi sa responsabilité est-elle très atténuée et se confond-elle à peu près, à moins de faute professionnelle précise, avec celle des fonds en caisse. Lorsqu'il y a des restes à recouvrer ils font l'objet d'états dressés en fin d'exercice et transmis à toutes fins utiles à l'agent judiciaire, par l'intermédiaire de la comptabilité publique.

ARTICLE 3. — *Responsabilité en matière de dépenses.*

§ 385. Le paiement des dépenses publiques suppose pour sa parfaite régularité l'existence de trois conditions générales : un crédit régulier, une dette de l'État, une quittance valable et libératoire. Les comptables publics, envisagés comme payeurs, ne se verront allouer une dépense que s'ils rapportent à la Cour des comptes la preuve qu'il a été satisfait pour ladite dépense à ces trois conditions dont chacune entraîne pour eux une responsabilité particulière.

§ 386. *Crédit régulier.* — Le comptable ne peut payer que si la dépense doit être imputée sur un crédit régulier. Son rôle doit s'assurer sur ce point. Il doit d'abord s'assurer qu'il reste, sur les extraits d'ordonnances portant ouverture de crédits par ministères et chapitres, qui lui sont envoyés par la direction du mouvement général des fonds, un disponible suffisant pour permettre l'imputation de la dépense : ce contrôle est assez simple puisque le montant du crédit périodiquement délégué est indiqué par l'extrait ci-dessus et qu'il suffit d'en rapprocher le total des paiements déjà imputés sur le crédit L'article 91 du décret de 1862 donne au comptable le droit de refuser le paiement dans le cas où il n'y aurait pas disponibilité de crédit et si, malgré ce refus, l'ordonnateur requiert le paiement, il doit en être référé au ministre des Finances, qui, d'accord avec le ministre intéressé, prendra les mesures nécessaires, sans toutefois, semble-t-il, pouvoir forcer la main du comptable. Le comptable doit, en outre, exercer sa surveillance sur la régularité des imputations : ici sa responsabilité est plus délicate à définir. On doit, semble-t-il, mettre à part les paiements sur ordonnances directes. Le contrôle de la régularité des imputations en cette matière appartient, ainsi qu'il sera expliqué plus loin, à la direction du mouvement des fonds, qui reçoit les ordonnances avec les pièces justificatives de la dépense et qui, après avoir exercé son contrôle, les revêt de son vu bon à payer. Il semble donc que la présentation au comptable chargé du paiement d'une ordonnance directe visée par ladite direction, dispense ce dernier de tout contrôle sur l'imputation régulière de la dépense. Il y a là évidemment une lacune, car un contrôle exercé par un administrateur irresponsable pécuniairement offre moins de garanties que s'il était confié à un comptable responsable; on a même essayé d'y remédier en 1817 par la création éphémère d'un *directeur des dépenses* assujetti à un cautionnement et chargé, avec responsabilité effective, dès

la mission confiée aujourd'hui au mouvement des fonds; mais dès 1823 cet agent était supprimé.

387. En ce qui concerne les paiements sur ordonnances de délégation les mêmes raisons de décider n'existent pas. Ce sont les comptables eux-mêmes qui, au vu des justifications qui leur sont envoyées par les ordonnateurs secondaires et après contrôle de la régularité des pièces, revêtent les mandats du *vu bon à payer*. On peut donc admettre et, dans une circulaire de la comptabilité publique du 20 septembre 1842, l'administration a admis que l'apposition du *vu bon à payer* malgré une erreur d'imputation entraînerait leur responsabilité. Toutefois ce principe, qui semble incontestable en cas d'irrégularités flagrantes, est d'une application bien délicate dans la plupart des cas; l'appréciation de la légitimité des imputations est souvent chose difficile à raison des précautions qui peuvent être prises pour dissimuler les imputations irrégulières, de l'absence de recours du comptable contre un créancier dûment payé ou contre un ordonnateur irresponsable, de la difficulté que peut éprouver le comptable à faire valoir ses observations en présence des termes restrictifs de l'article 91 du décret de 1862 qui ne semblent pas admettre son droit de refus de paiement pour imputation irrégulière. En fait, sauf de rares exceptions, les erreurs d'imputation n'entraînent pour le comptable aucune responsabilité.

388. 2° *Pièces justificatives d'une dette de l'État.* — Aucun paiement ne peut être effectué qu'au véritable créancier justifiant de ses droits et pour l'acquittement d'un *service fait* (1). Avant de procéder au paiement des ordonnances et mandats délivrés sur leur caisse, ou de les viser pour être payés par d'autres comptables, les payeurs doivent s'assurer, sous leur responsabilité, que toutes les formalités et justifications déterminées par les règlements ont été observées ou produites (2). Les formalités et justifications dont il est parlé dans la disposition qui précède ont pour but d'établir le service fait et par conséquent la dette de l'État. Ces justifications sont extrêmement variables et souvent très compliquées; en pareille matière le comptable doit se conformer aux règlements et nomenclatures ministérielles qui contiennent l'énumération des pièces justificatives à rapporter au soutien des divers paiements. Que si les nomenclatures sont muettes sur tel cas déterminé, les pièces à produire sont généralement indiquées par l'ordonnateur sur le mandat; le comptable restant, d'ailleurs, libre en présence des justifications lui paraissant insuffisantes, d'attirer l'attention de l'Administration sur ce point. En tout état de cause, le rejet de paiement pour insuffisance de justifications du service fait entraîne la responsabilité du comptable qui s'exposerait, faute de production complémentaire, à être constitué débiteur des sommes irrégulièrement payées.

_____

(1) D. 31 mai 1862, Art. 10, 1er alinéa.
(2) *Ibid.*, Art. 363, 1er alinéa.

389. 3° Caractère libératoire de la quittance. — L'article 10 préci·é du décret de 1862 rappelle qu'aucun paiement ne peut être effectué qu'au *véritable créancier*. La première condition pour qu'une quittance soit libératoire envers le Trésor est qu'elle soit donnée par le créancier, c'est-à-dire, en général, par la partie prenante désignée à l'ordonnance ou au mandat. Toutefois le titulaire du mandat n'est pas toujours celui qui a le droit de donner quittance; ce dernier peut être notamment un cessionnaire de créance ou un créancier saisissant. La question des oppositions sera traitée avec les développements qu'elle comporte; il nous suffit de dire ici que le paiement fait au mépris d'une opposition engage directement la responsabilité du comptable. Cette responsabilité varie, d'ailleurs, suivant que l'opposition a été faite à Paris ou dans les départements. A Paris les oppositions sont reçues par un agent administratif spécial et lorsque cet agent a délivré, même à tort, un certificat de non-opposition ou que le titre de paiement a été revêtu inexactement du visa de non-opposition, le comptable qui paie au mépris d'une opposition qu'il ignore n'engage pas sa responsabilité. Dans les départements il en va différemment : c'est le comptable lui-même qui reçoit les oppositions, il ne saurait donc les ignorer et s'il paye sans en tenir compte il est responsable de la non-libération du Trésor.

Pour être libératoire, la quittance doit, en outre, être donnée suivant les formes légales à l'observation desquelles doivent, sous leur responsabilité, veiller les comptables : absence de réserves, date, déclaration testimoniale ou quittance authentique suivant les cas pour les illettrés, etc. (1).

390. Tels sont les divers points sur lesquels, en matière de dépenses, peut se trouver engagée la responsabilité des comptables. Il convient d'observer que pour certains d'entre eux la quittance régulière de la partie prenante suffit pour dégager leur responsabilité, sans qu'ils aient à se préoccuper des crédits et des pièces justifiant le service fait. C'est le cas des comptables qui payent pour le compte d'un comptable supérieur à la comptabilité duquel est rattachée l'opération, par exemple des receveurs des finances et des percepteurs, qui doivent faire sur les fonds de leurs recettes tous les payements pour lesquels leur concours est jugé nécessaire par le trésorier général. Ces payements sont valablement effectués sur la présentation, soit d'extraits d'ordonnances, de lettres d'avis ou de mandats, délivrés au nom des créanciers, soit de toute autre pièce en tenant lieu, et revêtus du *vu bon à payer* apposé par le payeur. L'accomplissement de ces conditions et la quittance régulière de chaque partie prenante suffisent pour dégager la responsabilité du comptable qui a effectué des payements de cette nature (2).

(1) D. 31 mai 1862, art. 363.
(2) *Ibid.*, art. 354, 355 et 356.

Article 4. — Responsabilité des comptables principaux à l'égard des comptables subordonnés.

391. Tous les comptables sont responsables de leurs agents directs, commis, caissiers, fondés de pouvoirs; les actes de ces préposés sont considérés comme émanant du comptable lui-même, qui ne saurait, dès lors, être admis à invoquer des circonstances de force majeure ou autres pour solliciter une décharge de responsabilité. — Mais à côté de ces agents directs un certain nombre de comptables ont sous leurs ordres ou dans leur ressort des comptables dits subordonnés dont ils rattachent, avec une responsabilité que nous allons définir, les opérations à leur propre gestion. Tel est le cas des trésoriers-payeurs généraux vis-à-vis des receveurs particuliers des finances et des percepteurs, des comptables principaux des régies à l'égard des comptables inférieurs dont ils centralisent les opérations.

392. 1° Trésoriers généraux et receveurs particuliers des finances. — Les articles 336 à 338 du décret de 1862 posent les principes de la responsabilité qui incombe à ces comptables du chef de leurs subordonnés. Les receveurs généraux des finances sont responsables de la gestion des receveurs particuliers de leur département; ils disposent, sous leur responsabilité, des fonds reçus par les receveurs particuliers. En cas de déficit ou de débet d'un receveur particulier, le receveur général du département est tenu d'en couvrir immédiatement le Trésor. D'autre part, les receveurs généraux et particuliers des finances demeurent responsables de la gestion des percepteurs des contributions directes et ils sont tenus de couvrir immédiatement le Trésor des déficits ou des débets constatés à la charge de ces préposés. — Ce qui caractérise cette responsabilité des trésoriers généraux relativement aux débets et déficits des receveurs particuliers et celle des trésoriers généraux et des receveurs particuliers relativement aux débets et déficits des percepteurs, c'est qu'elle entraîne une obligation *immédiate*, celle de verser sans aucun délai, ni discussion au Trésor le montant du déficit ou du débet. Même au cas où le cautionnement du comptable débiteur ou déficitaire est plus que suffisant pour combler le déficit ou le débet, son supérieur responsable ne saurait se dispenser de faire l'avance des fonds; ce dernier n'est donc pas admis, comme la caution de droit commun, à discuter les biens du débiteur avant de désintéresser le créancier. — Toutefois le Conseil d'État a admis, dans plusieurs avis, que dans le cas où, à raison des circonstances, la décharge ultérieure de responsabilité ne ferait aucun doute, le ministre des Finances peut autoriser le comptable à surseoir au versement du déficit ou du débet jusqu'au jour où il est statué par l'autorité compétente sur les responsabilités engagées.

393. En cas de mutation de comptables (trésoriers généraux et receveurs particuliers) se pose la question de savoir comment sont partagées les responsabilités. On doit suivre les règles ci-après : le nouveau comptable a un délai de trois mois à partir de la remise de service pour vérifier à domicile les comptables placés sous ses ordres. S'il effectue ces vérifications dans le délai imparti, les débets ou déficits qu'elles révèlent sont à la charge de son prédécesseur à moins qu'ils n'aient pris naissance postérieurement à la cessation des fonctions de ce dernier; en cas de doute sur l'époque où ils se sont produits la responsabilité, sauf discussion ultérieure, incombe au nouveau comptable. Que si ce nouveau comptable n'a pas effectué les vérifications dans le délai de trois mois, la responsabilité des débets et déficits qui se révèlent lui incombe, à moins qu'il n'établisse leur antériorité aux dernières vérifications annuelles faites par son prédécesseur ou, à défaut de ces vérifications, à l'installation de son prédécesseur. — Quant aux déficits et débets que révèleront les vérifications qui suivront la première vérification effectuée par le nouveau comptable, ils seront à la charge des comptables à la gestion desquels ils se rattacheront. — En tout état de cause le Trésor doit être désintéressé sans délai du montant des déficits ou débets; le trésorier-payeur général en fonctions lorsqu'ils se révèlent doit donc, à défaut de paiement immédiat par les comptables responsables auxquels il les aura notifiés, en faire de suite l'avance de ses deniers personnels.

394. 2° *Comptables centralisateurs.* — Aux termes de l'article 322 du décret de 1862, chaque comptable principal est responsable des recettes et des dépenses de ses subordonnés qu'il a rattachées à sa gestion-personnelle. Toutefois cette responsabilité ne s'étend pas à la portion des recettes des comptables inférieurs dont il n'a pas dépendu du comptable principal de faire effectuer le versement ou l'emploi. — La responsabilité spéciale des comptables centralisateurs résulte du fait seul de la centralisation, du rattachement à leur propre compte d'opérations de recettes et de dépenses faites par d'autres comptables. Le juge du compte, n'ayant devant lui qu'un comptable, ne peut s'adresser qu'à celui-ci pour toutes les observations et justifications complémentaires auxquelles a donné lieu l'examen de son compte; le comptable principal et centralisateur a ainsi une responsabilité de ligne de compte dont connaît la Cour des comptes, mais, conformément aux règles générales sur la compétence respective de la Cour des comptes et du ministère des Finances, ce sera à ce dernier qu'il appartiendra de statuer sur la responsabilité encourue par chacun des comptables qui ont concouru à l'opération. Ces règles s'appliquent aux comptables simplement centralisateurs qui n'encourent aucune responsabilité à raison des débets et déficits des comptables inférieurs.

395. Le premier alinéa de l'article 323 du décret de 1862 pose en principe que lorsque des irrégularités sont constatées dans le service d'un comptable subordonné, le comptable supérieur prend ou provoque envers lui les mesures prescrites par les règlements; qu'il est même autorisé à le suspendre immédiatement de ses fonctions et à le faire remplacer par un gérant provisoire à sa nomination, en donnant avis de ces dispositions à l'autorité administrative. Mais le second alinéa du même article, parlant des préposés des douanes, des contributions indirectes et des postes, c'est-à-dire des

services dans lesquels existent des comptables principaux simples centralisateurs, déclare que l'application de ces mesures à ces préposés appartient exclusivement aux agents administratifs chargés de la surveillance du service. Par conséquent les comptables centralisateurs n'ayant aucun moyen d'action, aucune autorité directe sur les comptables subordonnés, ne sauraient encourir la responsabilité des débets ou déficits constatés dans leur service.

396. 3° *Demandes en décharge de responsabilité.* — Tout comptable supérieur qui a soldé de ses deniers le déficit ou le débet de l'un de ses préposés peut, s'il se croit fondé à en réclamer la décharge, provoquer une enquête administrative pour faire constater les circonstances qui ont précédé ou accompagné le déficit ou le débet, et s'il doit être attribué à des circonstances indépendantes de la surveillance du comptable. Le ministre des Finances statue sur les demandes en décharge de responsabilité après avis pris, s'il y a lieu, l'avis de la section des finances du Conseil d'État, et sauf l'appel au même Conseil statuant au contentieux (1). Ainsi que nous l'avons déjà exposé, le premier devoir d'un comptable supérieur responsable est de couvrir immédiatement le Trésor du montant des débets ou déficits de ses subordonnés; ce n'est qu'après avoir accompli ce versement de ses deniers qu'il pourra se pourvoir auprès de l'autorité administrative, le préfet en l'espèce, pour demander à ce qu'il soit procédé à une enquête afin d'établir dans quelle mesure sa responsabilité peut être définitivement engagée. Il ne s'agit pas ici de remise gracieuse, le ministre des Finances statue sur les droits, et sa décision peut être l'objet d'un recours au Conseil d'État.

ARTICLE 8. — *Comptables en matières et comptables d'ordre.*

397. La responsabilité, telle qu'elle vient d'être définie, ne s'applique qu'aux comptables en deniers chargés d'opérations réelles de recettes et de dépenses. — En ce qui concerne les comptables en *matières*, leur responsabilité est déterminée par les art. 864 et 869 du décret de 1862. Ces articles, reprenant les dispositions des articles 2 et 6 de l'ordonnance du 26 août 1844, déclarent que dans chaque magasin, chantier, usine, arsenal et autre établissement appartenant à l'État et géré pour son compte est placé un agent ou préposé responsable des matières y déposées. Cet agent est comptable de la quantité desdites matières suivant l'unité applicable à chacune d'elles. Les entrées et les sorties doivent être justifiées conformément aux règlements; des inventaires annuels ou certificats en tenant lieu doivent faire ressortir des existants en nombre et quantités égaux aux excédents des entrées sur les sorties et le comptable est responsable des manquants. Toutefois, si le comptable peut invoquer des circonstances de force majeure, il sera admis à se pourvoir auprès du ministre ordonnateur du service, pour obtenir, s'il y a lieu, la décharge de sa responsabilité.

398. Quant aux comptables d'*ordre*, la question de leur

(1) D. 31 mai 1862, art. 329.

responsabilité est particulièrement délicate et il est impossible de la définir d'une façon générale, car il ne suffit pas de poser le principe de leur responsabilité au sujet des opérations qu'ils décrivent, il faut préciser comment, en fait, cette responsabilité se résoud; or la règle n'est pas la même pour tous.

L'agent du grand livre et l'agent des pensions, par exemple, sont personnellement responsables des accroissements résultant de nouvelles inscriptions de rentes ou pensions qui excéderaient les autorisations législatives ou ne seraient pas justifiées par des pièces régulières (1) et la Cour des comptes pourrait les constituer débiteurs à leur sujet.

399. L'agent comptable des transferts n'est responsable que de l'exactitude des écritures qu'il passe, car l'identité, les qualités, les droits des parties sont certifiés sous leur responsabilité par les agents de change (2); l'agent des reconversions a, en outre, la responsabilité des annulations de titres au porteur, le dommage qu'éprouverait le Trésor par suite du paiement des coupons d'inscriptions au porteur non régulièrement annulées après conversion lui serait imputable. — L'agent comptable des virements de comptes, est, aux termes de l'article 367 du décret de 1862, responsable de la régularité des opérations qu'il décrit dans son compte; pratiquement on ne voit guère à quoi aboutirait cette responsabilité au cas où il ne satisferait pas aux injonctions de régularisation provoquées par la Cour des comptes; en outre, au cas où par suite de l'irrégularité du virement une dépense aurait été faite sans crédit, elle devrait théoriquement être laissée à la charge de l'agent comptable.

400. Pour l'agent comptable des traites de la marine, la responsabilité est difficile à établir; il est même à remarquer que les articles 101 et suivants du décret de 1862 ne parlent pas de cette responsabilité, et on en trouve seulement le principe dans l'article 106 qui soumet cet agent aux règlements et instructions concernant le service de la comptabilité des payeurs du Trésor. En somme cet agent qui est soumis à l'autorité du juge des comptes doit obtempérer à ses injonctions et est responsable de tout préjudice causé au Trésor par son fait, il serait également responsable au cas où il aurait visé une traite avant d'en avoir reçu l'avis d'émission et où cette traite, par la suite, aurait, après paiement, été reconnue fausse; il y aurait ici une faute professionnelle précise ayant entraîné un préjudice pour le Trésor et dont l'agent comptable pourrait, en vertu des principes généraux, être déclaré responsable. — Enfin en ce qui concerne l'agent comptable des opérations relatives aux Conventions de 1883, il faudrait pour qu'une question de responsabilité pût se poser à son égard qu'une erreur dans le résumé des opérations qu'il présente chaque année en forme de compte eût entraîné un préjudice pour le Trésor, et vu la nature de ce compte, il faudrait supposer un tel concours de circonstances qu'en fait la responsabilité ne sera sans doute jamais mise en jeu.

_____

(1) D. 31 mai 1862, Art. 202, 204 et 262.
(2) *Ibid.*, art. 205.

ARTICLE 6. — *Recours des comptables contre leurs subordonnés et contre les tiers.*

401. Aux termes de l'article 327 du décret de 1862, lorsque les comptables ont soldé de leurs deniers personnels, conformément aux art. 320, 325 et 326, les droits dus par les redevables ou débiteurs, ils demeurent subrogés à tous les droits du Trésor public, conformément aux dispositions du Code civil. — Les comptables supérieurs qui, en exécution des art. 322, 337 et 338, ont payé les déficits ou débets de leurs subordonnés, sont également subrogés à tous les droits du Trésor sur le cautionnement, la personne et les biens du comptable débiteur. — Il résulte de cette disposition que les comptables des régies, comme les trésoriers généraux, les receveurs particuliers et les percepteurs, comme aussi tous les comptables spéciaux qui, chargés de l'encaissement d'une recette, ont dû, par suite de la mise en jeu de leur responsabilité, faire l'avance de cette recette ou la solder de leurs deniers personnels, ont contre le redevable les mêmes droits et actions que possédait le Trésor. Il en résulte également que les trésoriers généraux, receveurs particuliers des finances et receveurs principaux ou comptables centralisateurs des régies qui ont été obligés de faire de leurs deniers personnels des versements au Trésor comme responsables des actes de leurs subordonnés ont un recours contre ces derniers, garanti par tous les droits et privilèges qui appartiennent au Trésor au regard de ses débiteurs et de ses comptables, droits et privilèges qui seront étudiés plus loin (1).

402. La disposition de l'article 327 du décret de 1862 ne fait que rappeler un droit qui aurait, en l'absence même de disposition spéciale, appartenu aux comptables en vertu de l'article 1251 3° du Code civil qui accorde la subrogation légale « au profit de celui qui, étant tenu avec d'autres ou pour d'autres au paiement de la dette, avait intérêt de l'acquitter ».

403. En ce qui concerne les sommes dont les comptables ont été constitués débiteurs par suite d'erreurs, faux ou double emploi, absence ou insuffisance de justifications à la dépense, le décret de 1862 est muet sur le recours que ces comptables peuvent exercer contre les tiers. C'est qu'ici les comptables deviennent créanciers de droit commun pour paiement de l'indu. Si donc un tiers a reçu, par suite d'une faute ou négligence imputable au comptable, une somme dont il n'était pas créancier ou supérieure à celle qui lui était réellement due, le comptable n'a, en principe, pour la répétition de cette somme que les moyens d'action du droit civil. Il convient cependant d'observer que sa situation de comptable le mettra, en fait, dans bien des cas, dans une situation privilégiée, en ce sens que si, par la suite, des sommes sont dues par l'État à ce tiers, celui-ci pourra se voir opposer par le comptable les retenues compensatrices des sommes indûment payées. En outre, dans tous les cas où le tiers pourrait être cons-

_____

(1) V. *infra*, nos 425 et suiv.

titué administrativement en débet le comptable bénéficierait des moyens de procédure qui président au recouvrement des créances de cette nature.

404. Nous venons d'exposer les divers cas dans lesquels peut être mise en cause la responsabilité pécuniaire des comptables du Trésor. Trois questions nous restent à traiter : 1° Quelle est l'autorité chargée de statuer sur cette responsabilité? 2° Comment la responsabilité une fois déclarée, est-elle mise en œuvre? Quelles sont les voies d'exécution? 3° Quelle en est la sanction, en d'autres termes quelles sont les garanties spéciales que possède le Trésor sur les biens de ses comptables pour assurer le recouvrement des sommes dont ils ont été déclarés redevables par suite de la mise en jeu de leur responsabilité professionnelle?

ARTICLE 7. — *Autorité chargée de statuer sur la responsabilité des comptables du Trésor.*

405. L'article 13 de la loi du 16 septembre 1807 contient la disposition suivante : « La Cour (des comptes) réglera et apurera les comptes qui lui sont présentés; elle établira par ses arrêts définitifs si les comptables sont quittes, en avance ou en débet. Dans les deux premiers cas, elle prononcera leur décharge définitive et ordonnera mainlevée et radiation des oppositions et inscriptions hypothécaires mises sur leurs biens à raison de la gestion dont le compte est jugé. Dans le troisième cas elle les condamnera à solder leur débet au Trésor dans le délai prescrit par la loi. » De cette disposition découlent les principes suivants : la gestion de chaque comptable est décrite dans un compte; ce compte est soumis à l'examen d'un tribunal financier, la Cour des comptes, qui statue dans un arrêt le résultat de sa vérification; lorsque l'examen du compte n'a donné lieu à la constatation d'aucun fait irrégulier et de nature à mettre en jeu la responsabilité pécuniaire du comptable, la Cour le décharge de sa gestion; quand, au contraire, des faits de cette nature ont été relevés, la Cour des comptes condamne le comptable à solder au Trésor le montant du débet auquel ils ont donné naissance.

406. Nous aurons à examiner, en étudiant l'organisation et le fonctionnement de la Cour des comptes, les conditions qui président à la vérification et au jugement des comptes et les limites dans lesquelles ce tribunal financier est appelé à statuer sur les responsabilités. Nous verrons que la Cour est une juridiction souveraine, que ses arrêts ne sont pas susceptibles d'appel et que les seules voies de recours ouvertes sont le pourvoi en cassation au Conseil d'État pour violation des formes ou de la loi et le pourvoi en revision devant la Cour elle-même, au cas où des pièces justificatives ont été recouvrées depuis l'arrêt ou encore dans le cas d'erreur, omission, faux ou double emploi reconnus par la vérification d'autres comptes (1).

407. La Cour des comptes ainsi que le reste son nom l'indique est donc le juge souverain des comptes présentés

----

(1) L. 6 septembre 1807, Art. 17 et 14.

----

par les comptables. Mais est-elle juge et seule juge de la responsabilité de ces derniers? Dépend-il, au contraire, de l'autorité ministérielle de modifier après coup le chiffre arrêté par la Cour, d'apprécier, après que celle-ci a rendu son arrêt, le degré de responsabilité d'un comptable et de décharger le comptable de tout ou partie de cette responsabilité? La solution de cette question présente un intérêt de premier ordre. Le droit du ministre de statuer par voie de décharge de responsabilité aurait, en effet, pour résultat incontestable d'enlever toute sanction aux arrêts de la Cour, puisque, en fait, ces arrêts ne pourraient être exécutés, que dans la mesure où le ministre aurait jugé qu'ils doivent l'être.

Cette question, sur laquelle la Cour des Comptes et le ministre des Finances ont nettement pris parti, mérite donc d'être étudiée avec quelques détails.

408. Il convient, tout d'abord, de mettre en dehors du débat, deux cas dans lesquels le droit du ministre n'a jamais été discuté : 1° En cas de vol ou de perte de fonds résultant de force majeure, l'arrêté consulaire du 8 floréal au X, dont la disposition a été reproduite à l'article 21 du décret du 31 mai 1862, permet aux comptables de se pourvoir en décharge de responsabilité devant le ministre, qui statue sauf recours au Conseil d'État; 2° dans le cas où un comptable supérieur a soldé de ses deniers le déficit ou le débet d'un de ses préposés. Les art. 329 et 351 du même décret autorisent le ministre des Finances à décharger le comptable supérieur de sa responsabilité si le déficit ou le débet proviennent de circonstances indépendantes de sa surveillance.

Dans ces deux hypothèses il ne s'agit pas de faits comptables, mais d'événements étrangers à la ligne de compte. Il y a lieu de procéder à des enquêtes administratives, d'examiner des questions de fait et le ministre, supérieur hiérarchique du comptable, est mieux placé que quiconque pour apprécier et pour conclure. Du reste, il n'entre pas dans les attributions de la Cour de surveiller les encaisses et de statuer sur les relations de comptable à comptable. Si le ministre a statué avant la reddition du compte embrassant la gestion pendant lequel s'est produit le fait, la Cour n'a même pas à en connaître autrement que pour réclamer la décision ministérielle; dans le cas contraire, si la Cour prononce un débet, c'est un débet d'une nature toute spéciale, que réclamait l'ordre de la comptabilité, mais qui laisse intacte l'appréciation du ministre.

409. En dehors de ces deux cas, le ministre des Finances, ou plus exactement le ministre duquel ressort le comptable mis en débet par la Cour des comptes a-t-il le droit de décharger ce comptable de tout ou partie de sa responsabilité et, comme corollaire, de lui accorder remise de tout ou partie du débet?

Cette question est une des plus controversées du droit financier, nous allons successivement indiquer les arguments invoqués dans le sens de la compétence ministérielle et dans celui de la compétence de la Cour des comptes.

Dans le sens de la compétence du ministre pour statuer sur les responsabilités des comptables même après arrêt de la Cour des comptes on invoque les arguments suivants (1) : La Cour des comptes n'a été investie en matière de dépenses par l'article 13 de la loi du 16 septembre 1807 que du droit de se prononcer « sur le fait de l'emploi régulier des deniers publics. Si les pièces justificatives présentées par les comptables n'établissent pas que le Trésor est libéré d'une dette qui lui incombe, la Cour rejette la dépense, et le comptable se trouve débiteur des sommes qui avaient été employées à l'effectuer. Quant à la question de savoir si le comptable doit demeurer définitivement responsable du payement, elle échappe à la juridiction de la Cour...» En d'autres termes, lorsque la Cour des comptes juge un compte, son arrêt a pour effet de fixer la ligne de compte, de relever les irrégularités constatées, mais ne préjuge en rien la question de savoir quel est le comptable responsable et quelle est la responsabilité de chacun. Autrement dit, la Cour juge le compte et non le comptable.

410. Ce droit de statuer sur la responsabilité des comptables appartient au ministre seul « d'abord comme juge hiérarchique des actes de son subordonné, ensuite, comme administrateur, car il s'agit bien d'un acte d'administration, puisqu'il y a examen des faits et des droits respectifs des parties intéressées et qu'il peut en résulter la reconnaissance et la liquidation d'une dette de l'Etat. » C'est en vertu de ce droit que le ministre peut prescrire à un comptable des reversements et faire ainsi disparaître d'un compte une opération de dépenses soit avant, soit après le dépôt à la Cour dudit compte et de ses pièces.

Ce droit, au surplus, « découle des attributions ministérielles dont aucun texte de loi ne restreint l'étendue » et si les art. 21, 329 et 351 du décret du 31 mai 1862 en font également mention pour deux hypothèses déterminées (1) il ne faut voir là que le simple rappel d'un principe général.

411. Enfin, s'il est nécessaire d'appuyer cette théorie sur un texte, on en doit voir formulée la consécration par les dispositions de l'article 364 du décret du 31 mai 1862 ainsi conçu : « En cas de rejet, par la Cour des comptes, de payements faits sur des pièces qui ne constatent pas régulièrement la dette ou la libération de l'Etat, l'Administration statue sur les recours à exercer contre la partie prenante ou le signataire du mandat et sur les mesures à prendre à l'égard du comptable. » Aussi lorsqu'un arrêt de la Cour a mis en débet un comptable et que ce comptable, pour obtenir son quitus, a effectué le reversement pur et simple, reste-t-il au ministre à statuer, le cas échéant, sur sa responsabilité, à la déclarer nulle ou atténuée, et à lui faire rembourser tout ou partie du reversement.

412. D'ailleurs, on ne saurait nier que dans un certain nombre d'irrégularités la faute peut incomber à un administrateur ; la Cour n'ayant pas à apprécier les actes des administrateurs devra faire supporter au comptable les conséquences d'une faute qu'il n'a pas commise ou du moins qu'il n'a pas été seul à commettre ; au ministre appartient alors de faire le départ des responsabilités et de déclarer atténuée ou nulle celle du comptable.

On doit ajouter que le comptable mis en débet a deux partis à prendre : effectuer le versement du montant du débet pour obtenir son quitus, mais dans ce cas il se ferme toute voie de recours au chef de l'Etat à fin d'obtention de remise gracieuse; ne pas satisfaire à l'arrêt de la Cour et, par conséquent, voir différer son quitus, mais alors « il pourrait toujours invoquer des circonstances de nature à attirer sur lui la bienveillance du chef de l'Etat et obtenir la remise gracieuse de son débet quoique sa responsabilité fût pleinement et certainement engagée ». Si le ministre n'est pas le juge des responsabilités, le premier comptable, qui a satisfait à l'arrêt, sera plus maltraité que le second.

En résumé, d'après la théorie du ministère des Finances, la juridiction financière se prononce sur la validité des justifications produites par les comptables, le ministre seul est juge de la responsabilité desdits comptables.

413. La théorie qui dénie au ministre des Finances le droit de connaître d'une façon générale de la responsabilité des comptables invoque à son tour les arguments suivants (1). — La Cour des comptes est juge et seule juge (sauf dans les cas expressément réservés au ministre) de la responsabilité des comptables du Trésor. Ce pouvoir elle le puise dans les termes très clairs et très précis de la loi du 16 septembre 1807, dont l'article 13 est ainsi conçu : « La Cour réglera et apurera les comptes qui lui sont présentés; elle établira par ses arrêts définitifs si les comptables sont quittes ou en avance ou en débet. Dans les deux premiers cas, elle prononcera leur décharge définitive et ordonnera mainlevée et radiation des oppositions et inscriptions hypothécaires mises sur leurs biens à raison de la gestion dont le compte est jugé. Dans le troisième cas, elle les condamnera à solder leur débet au Trésor dans le délai prescrit par la loi. Dans tous les cas, une expédition de ses arrêts sera adressée au ministre du Trésor, pour en faire suivre l'exécution par l'agent établi près de lui. » — Les articles 14 et 17 de la loi, confirmant le caractère souverain de ses arrêts, n'ouvrent contre eux que les deux voies de recours dont sont généralement susceptibles les décisions judiciaires offrant ce caractère, savoir : la revision et la cassation.

414. Si l'article 13 précité ne paraît pas suffisamment explicite, tout doute doit cesser sur sa portée quand on se reporte à la législation qui a précédé immédiatement la loi de 1807. « Sous l'empire de la loi du 28 pluviôse an III et de l'arrêté consulaire du 29 frimaire an IX les arrêtés de débet du bureau de comptabilité, puis de la commission de comptabilité nationale, étaient exécutoires par eux-mêmes » par l'intermédiaire d'un agent spécial, puis du Trésor public. L'article 4 de l'arrêté du 29 frimaire an IX

_____

(1) Cette théorie a été exposée avec détails par le ministre des Finances dans ses réponses aux observations des rapports publics de la Cour des comptes de 1894 et 1896. Les phrases citées par nous sont empruntées à ces documents.

(2) V. supra, n° 408.

_____

(1) Voir les rapports publics de 1894, p. 49 à 51 et de 1896, p. 53 à 62.

ne saurait laisser subsister aucune incertitude à cet égard.

« Dans le cas où les comptables refuseraient ou différeraient soit de rendre leurs comptes à la comptabilité nationale, soit d'en solder les débets et de lui en justifier aux époques prescrites par les lois et règlements, la commission, y est-il dit, décernera des actes déclaratifs et les adressera au ministre spécialement chargé de l'administration du Trésor public, *auquel il est ordonné de faire poursuivre sans délai ni surséance*, par l'agent du Trésor public, lesdits comptables, leurs héritiers et ayants cause, de la manière déterminée par la loi. »

« La Cour des comptes n'a été, sous une autre dénomination, que la commission de comptabilité nationale fortifiée et mieux armée pour le contrôle des finances publiques. Peut-on supposer un seul instant que les rédacteurs de la loi de 1807 aient entendu accorder moins de force à ses arrêts qu'aux arrêtés de comptes rendus sous la législation intérieure? »

415. Alors qu'un texte précis pose le principe général de la souveraineté des arrêts de la Cour des comptes, aucun texte n'érige le ministre en juge hiérarchique financier. Les décrets du 18 décembre 1869 et du 5 août 1882 relatifs aux conditions qui président à la poursuite du recouvrement des débets « gardent un silence assez significatif sur le rôle du ministre en tant qu'arbitre définitif de la responsabilité pécuniaire des comptables mis en débet par arrêt de justice ». L'article 13 de la loi du 29 juin 1852, reproduit dans l'article 370 du décret du 31 mai 1862, a eu pour objet, ainsi qu'en font foi les travaux préparatoires, de mettre fin à l'abus du pouvoir ministériel en réservant exclusivement au chef de l'Etat le droit de remise gracieuse des débets prononcés par la Cour; encore celui-ci ne peut-il statuer que par décrets insérés à l'*Officiel* et après avis du ministre des Finances et du Conseil d'Etat. La loi a ainsi expressément dénié au ministre le droit de remise gracieuse; elle serait vraiment aisée à tourner si celui-ci pouvait arriver au même résultat sous forme de décharge de responsabilité. Les deux choses sont différentes, répond le ministère, la remise est une grâce, la décharge est la reconnaissance d'un droit. Mais alors le pouvoir de reconnaître ce droit ne saurait être fondé que sur une loi et « si le ministre a le pouvoir d'en reconnaître l'existence en dehors de toute prévision légale, chaque fois que la responsabilité d'un comptable déclaré débiteur lui paraît atténuée par les circonstances, on retombe fatalement dans l'arbitraire qu'a voulu supprimer la loi de 1852 ».

416. On objecte que le droit exclusif du ministre d'apprécier la responsabilité des comptables « découle des attributions ministérielles dont aucun texte de loi ne restreint l'étendue », mais ce n'est là qu'une assertion d'autant plus difficile à discuter qu'elle est plus vague. La Cour attribue aux art. 21, 329 et 351 du décret du 31 mai 1862 une portée et un sens tout à fait différents de ceux que leur donne le ministre. Loin de constituer une simple application d'un principe général, ces dispositions ont, au contraire, pour but d'attribuer compétence au ministre et par dérogation à la règle générale posée par l'article 13 de la loi de 1807, dans les cas spéciaux qu'ils visent, parce

que dans ces cas (ainsi que nous l'avons précédemment expliqué), la compétence naturelle de la Cour n'est pas en jeu et le ministre des Finances est mieux placé que quiconque pour apprécier et juger les responsabilités. Il s'agit, on s'en souvient, du vol ou de la perte des fonds résultant de force majeure et du cas où un comptable supérieur a soldé de ses deniers le déficit ou le débet d'un de ses préposés. La Cour n'a pas dans ses attributions la surveillance des encaisses et ne statue pas sur les relations de comptable à comptable. Le ministre des Finances appréciera donc dans ce cas. Il était inutile de le dire si le ministre était le juge exclusif et de droit commun de toutes les responsabilités comptables, il devenait indispensable de le spécifier du moment où la Cour des comptes seule avait qualité pour statuer sur ces responsabilités. Les articles 21, 329 et 351 du décret de 1862 n'ont pas eu d'autre but.

417. Quant à l'argument tiré de l'article 364 du même décret, on ne saurait, d'après la Cour, y voir ni la confirmation, ni l'origine du droit primordial revendiqué par le ministre d'apprécier la responsabilité des justiciables de cette juridiction et de les décharger, le cas échéant, des condamnations prononcées contre eux. Cet article ne fait pas autre chose que compléter l'article 13 déjà cité dudit décret et dont la disposition finale porte que « dans tous les cas, une expédition des arrêts (de la Cour) sera adressée au ministre du Trésor, *pour en faire suivre l'exécution* par l'agent établi près de lui ». Nous reproduisons les termes mêmes de l'argumentation de la Cour des comptes (1), mieux que tout commentaire ils en font ressortir la valeur : « Cet article (l'article 364) parle du recours à exercer contre la partie prenante ou le signataire d'un mandat rejeté de la dépense en même temps que des mesures à prendre à l'égard du comptable. Il confie ces soins *non au ministre*, mais à l'Administration, c'est-à-dire aux divers services publics intéressés. Les ordonnances et les décrets sur la comptabilité publique ont un tout autre langage lorsqu'ils consacrent la juridiction ministérielle à l'effet de statuer sur les décharges de responsabilité. Dans les articles 21, 329 et 351, ce n'est pas l'Administration, collectivité i   minée, mais bien le ministre qui e t personnellement désigné comme l'autorité à laquelle les comptables doivent soumettre *leur demande* en décharge. Dans l'article 364, il n'est pas question de demandes en décharge, mais simplement de mesures à prendre, sur l'initiative de l'Administration elle-même, mesures qui, dès lors, ne peuvent être que des mesures d'exécution. Enfin, les art. 21, 329 et 351 mentionnent le recours contentieux au Conseil d'Etat contre la décision ministérielle. L'article 364 n'en dit mot. Ces rapprochements sont caractéristiques et ne peuvent laisser aucune incertitude sur la portée d'un article de décret qui serait d'ailleurs sans force, ne se rattachant à aucun texte de loi, pour modifier les compétences qui sont d'ordre public et pour abroger partiellement la loi organique de 1807. »

---

(1) Rapport public de 1896, p. 61.

418. Les partisans de la compétence du ministre font valoir que la faculté pour celui-ci de décharger la responsabilité du comptable apporte un tempérament à la rigueur de condamnations qui viendraient frapper un comptable pour une faute dont, souvent, il n'a pas été le seul coupable. Mais la Cour répond que les législateurs de l'an III, de l'an IX et de 1807 avaient leurs raisons pour se montrer particulièrement rigoureux vis-à-vis des comptables de deniers publics. Ce qu'ils ont fait, ils l'ont fait à bon escient; ils ont considéré que la caisse du Trésor public devait être plus inviolable encore que celle des particuliers. Ils ont voulu que la responsabilité des comptables « fût égale à toute diminution irrégulière des encaisses et que la réparation correspondît toujours exactement à la perte indûment subie par le Trésor. Une telle sévérité se justifie par les précautions multiples dont la comptabilité publique environne le maniement des deniers de l'Etat, précautions dont la combinaison est si forte, qu'en se conformant aux règlements les comptables assurent leurs opérations de recette et de dépense contre toute chance d'insécurité. D'ailleurs, la loi et la jurisprudence y ont apporté un double tempérament : la loi, en donnant au chef de l'Etat le droit de remise gracieuse des débets; la jurisprudence, en faisant une large application de l'arrêté consulaire du 8 floréal an X, qui prévoit le vol résultant de force majeure ».

419. Enfin contre le système de la compétence ministérielle on fait valoir qu'il a « pour incontestable résultat d'enlever toute sanction au contrôle judiciaire. Il lui fait échec, puisqu'il subordonne le versement des débets résultant d'arrêts passés en force de chose jugée à l'assentiment d'une Administration qui, par ce fait, deviendrait en quelque sorte juge et partie. Dans l'état actuel de notre droit public, la responsabilité des comptables est le plus puissant correctif de l'irresponsabilité pécuniaire des ordonnateurs. Cette garantie, que beaucoup estiment déjà trop faible, disparaîtrait, elle-même si l'ordonnateur pouvait à son gré soustraire le comptable à toute action effective du juge des comptes. Ce serait véritablement si l'on va au fond des choses, la confusion des fonctions d'ordonnateur et de comptable, justement proscrite de la comptabilité publique. »

420. *Jurisprudence du Conseil d'Etat.* — Par trois avis en date des 31 décembre 1893, 31 juillet 1894 et 19 décembre 1895, qui, en réalité, n'en forment qu'un, en raison de la connexité des affaires à l'occasion desquelles ils sont intervenus, connexité exigeant une mesure identique dans les trois cas, la section des finances s'est prononcée en faveur de la théorie ministérielle. Elle a reconnu qu'il appartient au ministre de « statuer par voie de décharge de responsabilité en vertu des dispositions de l'article 36 du décret du 31 mai 1862 ».

Mais deux arrêts rendus par le Conseil d'Etat statuant au contentieux doivent être invoqués en faveur de la thèse soutenue par la Cour des comptes. Le premier, en date du 24 février 1888 (affaire Chavassieu) pose en principe que seule la remise gracieuse, accordée conformément à l'article 13 de la loi du 29 juin 1852, peut faire échec aux arrêts de la Cour. Le commissaire du gouver-

nement avait dit expressément « les arrêts de la Cour des comptes ne sont pas simplement exécutoires, ils *doivent* être exécutés » et le Conseil, dans l'arrêt rendu sur ses conclusions, introduisit un considérant ainsi conçu : « Considérant que, aux termes de la loi du 16 septembre 1807, les arrêts de la Cour sont par eux-mêmes exécutoires et que, d'autre part, à raison du caractère de ces décisions il ne peut être satisfait à la loi et les comptables ne peuvent se libérer de la condamnation prononcée contre eux que par le payement du débet mis à leur charge, *sauf application*, le cas échéant, de *l'article* 13 *de la loi du 29 juin* 1852... » — Le second arrêt porte la date du 26 décembre 1891 (affaire Lefas). Le Conseil d'Etat y fixe l'étendue des pouvoirs conférés au ministre par l'article 364 du décret du 31 mai 1862 et déclare implicitement que le ministre ne peut prendre d'autres mesures que celles qui ont pour but d'assurer l'exécution des arrêts de la Cour. « Considérant, dit-il, qu'il appartient au ministre, en présence du rejet par la Cour de paiements faits sur pièces ne constatant pas régulièrement la dette ou la libération de l'Etat, *de statuer en vertu de l'article* 364 du décret du 31 mai 1862 sur les mesures à prendre à l'égard des comptables *pour le reversement des sommes indûment payées...* »

421. Le ministre des finances, dans sa réponse au rapport public de 1896, invoque en faveur de sa thèse l'autorité de trois arrêts du Conseil d'Etat statuant au contentieux, qui portent les dates des 4 avril 1840, 7 février 1848 et 10 novembre 1876. Mais, en dehors de l'ancienneté des deux premières décisions, il y a lieu d'observer que l'arrêté de 1876 ne parle que du droit du ministre dans le cas de vol ou perte de fonds (art. 21 du décret du 31 mai 1862); il n'a donc nullement trait à la controverse. Quant aux deux autres arrêts, ils sont antérieurs à la loi du 29 juin 1852, c'est-à-dire qu'ils datent d'une époque où régnait au sujet des droits du ministre en la matière une certaine confusion que l'article 13 de la loi de 1852 a eu précisément pour but, ainsi qu'on l'a vu plus haut, de faire cesser. De plus, ces deux arrêts concernent des questions de responsabilité en matière de restes à recouvrer sur produits indirects et sur ce point, ainsi qu'on le verra plus loin, la compétence de la Cour des comptes reste assez mal définie.

422. Le Conseil d'Etat statuant au contentieux, a été récemment appelé à aborder, au moins incidemment, la question dans un de ses arrêts. Cette décision, rendue sur un pourvoi en cassation contre un arrêt de la Cour des comptes (affaire Nicolle, trésorier-payeur général de Corse), porte la date du 12 juillet 1907. Le Conseil y affirme que « le rejet par la Cour de dépenses du compte d'un comptable ne fait pas obstacle au droit de ce dernier de former devant le ministre, sauf recours devant le Conseil d'État, *conformément à l'article* 21 du décret du 31 mai 1862, une demande en décharge de responsabilité, à raison des faits (de la cause) qu'il n'aurait pu prévoir ou empêcher ». Il est clair que cette disposition ne donne pas gain de cause à la théorie de la compétence générale du ministre en matière de responsabilité de comptable. Elle constate que cette compétence existe *dans le cas*

de l'article 21 du décret de 1862, c'est-à-dire au cas de vol ou de perte de fonds résultant de force majeure, ce que personne ne conteste, mais elle ne pose nullement le principe de la compétence générale qui, dans la théorie ministérielle, découlerait de l'article 364 du décret de 1862.

423. On peut donc dire que la jurisprudence du Conseil d'Etat n'est pas absolument fixée sur la question : d'un côté le contentieux, sans s'être prononcé formellement, paraît plutôt incliner dans le sens de la compétence de la Cour; d'autre part, la section des Finances a nettement adopté le principe de la compétence générale du ministre.

424. *Mise en œuvre de la responsabilité des comptables. Voies d'exécution.* — Pour le recouvrement des sommes dont le versement incombe aux comptables par suite de la mise en jeu de leur responsabilité, il convient de distinguer entre les comptables en exercice et les comptables sortis de fonctions. Les comptables en exercice doivent en verser immédiatement le montant dans leur caisse et ils s'exécuteront dans la plupart des cas; s'ils ne satisfaisaient pas aux injonctions qui leur sont faites, ils s'exposeraient, en effet, à des peines disciplinaires en même temps qu'à une constitution régulière en débet par arrêt définitif de la Cour des comptes ou par décision ministérielle suivant les cas. — Lorsque le comptable a été constitué en débet, soit qu'il n'ait pas obtempéré à l'ordre de versement immédiat, soit qu'il ne soit plus en fonctions, le recouvrement du débet est poursuivi contre lui à la diligence de l'agent judiciaire du Trésor public. Nous renvoyons aux explications qui seront données plus loin sur cette matière des débets de comptables et de leur recouvrement.

§ 5 — *Garanties du Trésor à l'égard des comptables.*

425. Pour garantir le Trésor contre les risques de gestion mauvaise ou infidèle de ses comptables, les lois et règlements ont pris un certain nombre de précautions et lui ont conféré sur leurs biens des droits qu'il nous reste à définir. Tout d'abord aucun titulaire d'un emploi de comptable de deniers publics ne peut entrer en exercice qu'après avoir justifié de la réalisation d'un cautionnement. D'autre part, les articles 2098 et 2121 du Code civil confèrent au Trésor sur les biens meubles et immeubles des comptables un privilège et une hypothèque légale. Cautionnement, privilège et hypothèque légale constituent un ensemble de garanties dont nous allons étudier les détails.

ARTICLE PREMIER. — *Cautionnements.*

426. Le cautionnement en droit administratif diffère du cautionnement du droit civil en ce qu'il est antérieur à la naissance de la créance; il garantit une créance éventuelle, tandis que le second suppose une créance préalable ou prenant naissance en même temps que lui; de plus il constitue une garantie réelle et à ce point de vue présente bien plus d'analogie avec le contrat civil de gage qu'avec celui du cautionnement qui est une sûreté personnelle. — Le cautionnement est exigé de tous les comptables de deniers publics.

427. *Fixation du chiffre des cautionnements.* — Le chiffre des cautionnements afférents aux divers emplois ou les bases servant à établir ce chiffre sont ordinairement fixés par la loi, souvent aussi par décret; exceptionnellement les ministres peuvent recevoir délégation de l'autorité chargée de fixer le chiffre d'un cautionnement. On peut citer comme exemple de ce dernier mode de fixation la disposition de l'article 649 du décret de 1862 aux termes de laquelle le montant des cautionnements des percepteurs dans les colonies est fixé, sur la proposition du trésorier-payeur, par arrêté du gouverneur revêtu de l'approbation du ministre des colonies, qui statue après avoir pris l'avis du ministre des finances. — L'arrêté de nomination mentionne le chiffre du cautionnement afférent à la fonction; le résultat du dernier exercice connu, tel qu'il est établi par l'état des remises et traitements, sert dans la plupart des cas à fixer le chiffre du cautionnement.

En principe, le cautionnement une fois fixé reste tel aussi longtemps que le comptable conserve sa fonction, sa revision restant subordonnée à la mutation du comptable. Toutefois, dans des cas exceptionnels, cette revision peut être ordonnée, même s'il n'y a pas eu changement de poste : tel est le cas pour les percepteurs dont la perception est réorganisée ou dont le service reçoit l'annexion ou subit la distraction d'une recette municipale ou hospitalière et pour ceux dont le cautionnement a été, pendant trois ans de suite, reconnu inférieur d'un cinquième au chiffre réglementaire par suite de l'augmentation ou de la diminution des remises. Dans le cas où la revision aboutirait à une diminution du cautionnement antérieur en conséquence du retrait de l'un des services confiés au comptable, il va de soi que le reliquat ne lui serait remboursé que lorsque la gestion de ce service aurait été complètement apurée.

428. *Constitution des cautionnements.* — Avant 1816 les cautionnements étaient, en général, versés en rentes ou en immeubles, mais les besoins du Trésor firent créer le cautionnement en numéraire, que la loi du 28 avril 1816 (art. 92) rendit obligatoire pour tous les comptables nommés postérieurement à sa promulgation. Le cautionnement en numéraire demeura la règle jusqu'à la loi de finances du 13 avril 1898. L'article 55 de cette loi ayant abaissé de 3 0/0 (1) à 2,50 0/0 à partir du 1er avril 1898 le taux de l'intérêt des cautionnements, l'article 56 accorda aux comptables la faculté de constituer dorénavant ou de transformer leur cautionnement en rentes sur l'Etat.

429. *Cautionnements en numéraire.* — Les comptables qui préfèrent constituer leur cautionnement en numéraire doivent accomplir pour le versement les formalités

_____

(1) Ce taux avait été fixé par l'art. 7 de la loi du 4 août 1844.

ci-après. D'après les articles 800 et 801 de l'Instruction générale, les trésoriers-payeurs généraux et les receveurs particuliers des finances devaient effectuer le versement à Paris, les autres comptables pouvant verser immédiatement à la caisse centrale du Trésor ou aux caisses des receveurs des finances. Un arrêté ministériel du 8 janvier 1898, commenté par une circulaire de la comptabilité publique du 12 février suivant, a rapporté ces articles 800 et 801; désormais les cautionnements des trésoriers généraux et des receveurs des finances peuvent, comme tous les autres cautionnements, être versés indistinctement dans toutes les trésoreries générales et recettes particulières. Quant aux trésoriers-payeurs, payeurs particuliers et trésoriers particuliers en Algérie et aux colonies, qui pouvaient verser à leur gré soit dans les colonies, soit en France, ils doivent, en principe, effectuer leur versement en France à la caisse centrale ou aux caisses des trésoriers généraux et receveurs des finances; par exception, sur demande adressée à la direction du mouvement des fonds, le ministre des Finances pourra autoriser les versements aux caisses du Trésor dans les colonies.

Lors du versement, il est remis à la partie versante un récépissé à talon timbré et une déclaration de versement exempte du timbre. La partie garde par devers elle la déclaration de versement et transmet à la direction de la dette inscrite le récépissé pour y être échangé contre le certificat d'inscription. En cas de perte du récépissé, une circulaire de la Dette du 30 mai 1895 décide que la déclaration de versement peut être envoyée en son lieu et place, mais à la condition qu'elle soit accompagnée d'une déclaration de perte établie sur timbre par le maire de la résidence du comptable et légalisée par le préfet ou le sous-préfet. En ce qui concerne les percepteurs, le récépissé est remis au receveur des finances, qui l'adresse au trésorier général chargé d'en faire l'envoi à la direction de la Dette (1). — Au reçu du récépissé, la direction de la Dette inscrit le cautionnement sur les livres du Trésor et établit le titre au vu duquel les intéressés pourront toucher les intérêts de leur cautionnement.

430. *Cautionnements en rentes.* — Aux termes de l'article 56 de la loi du 13 avril 1898, les comptables de deniers publics et les autres fonctionnaires assujettis à un cautionnement versé dans les caisses du Trésor sont admis à le constituer, pour la totalité, soit en numéraire, soit en rentes sur l'État. La loi a accordé le droit d'option pour la transformation de leur cautionnement en numéraire en cautionnement en rentes aux titulaires de cautionnements en fonctions à l'époque de sa promulgation. — Un règlement d'administration publique, rendu à la date du 2 juillet 1898, a fixé les conditions d'application de la loi du 13 avril 1898; un arrêté ministériel du 6 juillet, une circulaire de la comptabilité publique du 15 juillet suivant et une circulaire de la Dette inscrite du 20 décembre 1899 ont complété sur un certain nombre de points les dispositions de ce décret. Nous laisserons de côté dans ces textes tout ce qui a trait à la réglementation des con-

ditions d'exercice du droit d'option donné par la loi aux comptables en exercice au 13 avril 1898, ces dispositions ne présentent plus, en effet, aucun intérêt car un décret du 5 juillet 1898 a fixé à tous les comptables résidant en France, dans les pays d'Europe ou hors d'Europe un délai pour l'exercice de leur droit d'option et le plus long de ces délais est expiré depuis le 1er avril 1899.

431. D'après les textes ci-dessus la constitution des cautionnements en rentes est soumise aux conditions suivantes. Les inscriptions de rentes, appartenant indifféremment aux divers fonds de la dette publique, doivent être directes et nominatives, les inscriptions pourvues de coupons créés par le décret du 18 juin 1864 ne sont pas admises. La valeur des rentes est calculée d'après le cours moyen officiel de la Bourse de Paris du jour de la nomination, sans toutefois que cette valeur puisse dépasser le pair. Les extraits d'inscription à affecter au cautionnement sont envoyés quinze jours au moins avant la date d'installation du comptable au ministre des Finances accompagnés d'une déclaration d'affectation sur timbre rédigée suivant un des modèles fixés par l'arrêté du 5 juillet 1898. Après vérification de la régularité et de la disponibilité du titre, mention est faite tant sur le Grand Livre et sur son double que sur les extraits d'inscription : 1o de l'affectation à un cautionnement; 2o du nom du fonctionnaire et de la fonction qui donne lieu à l'affectation; 3o du lieu où cette fonction est exercée, mais dans le cas seulement où le cautionnement ne répond de la gestion que pour un poste déterminé. Il n'est plus établi de bordereau annuel et l'inscription, frappée des mentions ci-dessus, est remise dans tous les cas au propriétaire de la rente (comptable lui-même ou tiers qui a fourni le cautionnement). En outre, le comptable reçoit de la direction de la dette un certificat de cautionnement, visé au contrôle, relatant les fonds, séries, numéros et montant des diverses rentes affectées à leur cautionnement. — Si le cautionnement a été constitué en rente amortissable, les extraits appartenant à une série appelée au remboursement sont déposés à la direction de la dette inscrite par les titulaires, qui font connaître en quels fonds ils désirent que la portion de cautionnement remboursée soit reconstituée; après consignation de la somme nécessaire, ils produisent une déclaration d'affectation pour la rente à provenir de l'achat par le Trésor et les rentes nouvelles ainsi acquises sont grevées de la mention d'affectation. — Tous les envois de pièces (titres, déclarations d'affectations, etc.) doivent être faits, non par les comptables eux-mêmes, mais par l'entremise des trésoreries générales qui auront à procéder à un premier examen du dossier.

Les cautionnements spéciaux en rente des conservateurs des hypothèques demeurent soumis aux dispositions des lois des 8 juin 1864 et 22 mars 1873 (1).

432. *Cautionnements en immeubles.* — La faculté de constituer un cautionnement en immeubles n'existe pour les comptables qu'à titre tout à fait exceptionnel; cette nature de cautionnement expose, en effet, le Trésor à

---

(1) Inst. gén. art. 796.

(1) D. 2 juillet 1898, art. 16.

des difficultés sérieuses pour la réalisation du gage, à des mécomptes même tant la valeur de ce gage peut subir de variations. — Seuls les conservateurs des hypothèques ont été autorisés par la loi du 21 ventôse an VII à constituer en immeubles le cautionnement auquel ils sont assujettis envers les tiers; les lois du 8 juin 1864 et du 16 septembre 1871 leur permettent, au surplus, de constituer ce cautionnement spécial en rentes sur l'État. Les receveurs des douanes peuvent également constituer en immeubles ou en rentes le cautionnement auquel ils sont assujettis comme conservateurs des hypothèques maritimes (1). — Mais, en dehors de ces deux comptables, la loi a accordé d'une manière générale aux comptables de deniers publics qui auraient obtenu le remboursement des deux tiers de leur cautionnement en numéraire (ou en rentes) (2) la faculté de constituer en immeubles le dernier tiers de leur cautionnement ou plus exactement de remplacer par une affectation hypothécaire le dernier tiers de ce cautionnement. Cette faculté, qui leur a été donnée par les ordonnances du 22 mai 1826 et du 24 août 1841, ne paraît pas devoir être étendue aux percepteurs-receveurs municipaux, car le décret du 23 juin 1897 qui les autorise à demander comme les autres comptables, en cas de cessation définitive de leurs fonctions, le remboursement des deux premiers tiers de leur cautionnement, stipule que « le dernier tiers du cautionnement pourra être remboursé également, s'il est fourni, en remplacement de ce reliquat, un cautionnement équivalent en rentes sur l'État » et ne parle pas d'immeubles. La circulaire de la comptabilité publique du 7 août 1897 est conçue dans les mêmes termes.

433. La loi n'a pas fixé de règles particulières pour la constitution du cautionnement en immeubles; on suit, en pareille occurrence, les règles tracées par une instruction ministérielle du 6 juillet 1833 dont il suffira de rappeler les termes. « Lorsque le Trésor public se trouve dans le cas de recevoir un cautionnement en immeubles, les avoués agrégés à l'agence judiciaire sont appelés à en discuter la valeur et les titres. A cet effet ils se font remettre par les parties et examinent avec soin : 1° les titres de propriété qui doivent remonter jusqu'à trente années, avec les quittances des prix; 2° les certificats de transcription et de purge des hypothèques légales; 3° l'état des inscriptions existantes; 4° les contrats de mariage et autres titres desquels résulteraient des hypothèques légales non inscrites; 5° un certificat de notoriété constatant que le propriétaire n'a été chargé d'aucune tutelle ou curatelle et qu'il n'a pas été comptable de deniers publics; 6° l'extrait de la matrice des rôles des contributions; 7° enfin tous les titres nécessaires pour constater la propriété, la valeur et les charges. Si, de l'examen de ces titres, il résulte que la valeur libre de l'immeuble, calculée sur 20 fois le revenu dégagé des centimes additionnels et constaté par la matrice des rôles, est suffisante pour répondre au cautionnement offert, l'avoué agrégé en rend compte à l'agent judiciaire avec son avis motivé et

(1) D. 23 avril 1875.
(2) V. infra, n° 443.

s'il y a lieu, l'agent judiciaire lui transmet l'autorisation nécessaire pour recevoir et accepter le cautionnement qui sera réalisé par acte notarié et qui ne sera définitif qu'après que l'inscription hypothécaire aura été requise au profit du Trésor et qu'il aura été constaté qu'il n'est point survenu avant cette inscription, de nouvelles charges sur l'immeuble affecté. » En ce qui concerne le cautionnement des conservateurs des hypothèques, ces dispositions se complètent par celles de la loi du 21 ventôse an VII, à laquelle on pourra se reporter.

434. *Changements de fonctions.* — Au point de vue des gestions qu'ils ont pour objet de garantir, les cautionnements se divisent en cautionnements inscrits sans affectation de résidence et cautionnements avec affectation de résidence. Les premiers sont ceux des comptables de régies (contributions indirectes, manufactures de l'État, enregistrement, douanes, postes), des comptables de la guerre, des comptables des chemins de fer de l'État et des chanceliers et vice-consuls. Les seconds sont ceux des comptables du Trésor proprement dits : trésoriers-payeurs généraux, trésoriers payeurs de l'Algérie et des colonies, receveurs des finances, payeurs particuliers, percepteurs.

Les cautionnements inscrits sans affectation de résidence, en cas de mutation du comptable, sont toujours applicables à la nouvelle fonction; il y a simplement lieu au versement d'un supplément si l'ancien cautionnement est insuffisant. En outre, le comptable doit rapporter la preuve que son précédent cautionnement n'est frappé d'aucune opposition; pour les comptables des manufactures, de l'enregistrement, des douanes et des postes, cette preuve résultera de la production d'un certificat de non-opposition délivré par le greffier du tribunal civil, dans le ressort duquel ils ont exercé en dernier lieu; pour les autres comptables, comme il ne peut être formé d'oppositions sur leurs cautionnements qu'entre les mains de l'agent judiciaire à Paris, ils n'ont aucun certificat à produire, l'Administration étant renseignée sur place.

435. Les cautionnements inscrits avec affectation de résidence peuvent, en cas de mutation du comptable, être appliqués à la nouvelle gestion; mais, pour obtenir cette affectation, qui est prononcée par décision ministérielle, les comptables doivent, en plus des justifications relatives au versement du supplément, s'il y a lieu, et à l'absence d'oppositions sur le cautionnement précédent, justifier de leur complète libération dans leur précédent service. Cette dernière justification est fournie : pour les comptables justiciables de la Cour des comptes, par un certificat du directeur de la comptabilité publique ou du ministre constatant qu'aucun débet n'est actuellement relevé contre eux; pour les comptables subordonnés (receveurs particuliers et percepteurs), par un certificat de quitus définitif du comptable supérieur; pour les comptables des divers ministères non justiciables de la Cour des comptes, par le consentement de leur ministre. Les comptables doivent joindre à ces diverses pièces une demande d'application établie sur timbre.

436. Lorsque les cautionnements ont été constitués en rentes ou en immeubles, l'application à une nouvelle

gestion entraine des formalités spéciales. S'il s'agit d'un cautionnement en immeubles, mainlevée de la première hypothèque doit être donnée et une nouvelle hypothèque est alors prise. S'il s'agit d'un cautionnement en rentes, la circulaire de la dette du 20 décembre 1899 dans son § 3 donne la marche à suivre : les comptables assujettis à un supplément de cautionnement établissent une déclaration spéciale dans la forme des modèles annexés à la circulaire et font parvenir au ministère, par l'intermédiaire de la trésorerie générale, cette déclaration accompagnée des inscriptions nominatives complémentaires à affecter. Au vu de ces pièces il est délivré un certificat provisoire du supplément fourni. L'ancien certificat et l'inscription affectée au précédent cautionnement sont envoyés au moment de l'application et la direction de la dette inscrite procède, par voie de réunion, à la délivrance du nouveau certificat de cautionnement en rentes.

437. Conversion de cautionnements. — Aux termes de l'article 6 du décret du 2 juillet 1898, la nature des cautionnements ne peut être modifiée que si, le fonctionnaire changeant de poste, son cautionnement doit recevoir l'affectation à sa nouvelle gestion. Il suit de là : 1º que tant qu'un comptable reste dans le même poste il n'est pas admis à convertir un cautionnement en numéraire en cautionnement en rentes; 2º que le bénéfice de la conversion ne peut être invoqué que par les comptables dont le cautionnement est affecté à une gestion déterminée; ainsi les trésoriers-payeurs généraux, receveurs des finances, payeurs particuliers, percepteurs appelés à un nouveau poste pourront convertir leur cautionnement, les comptables des régies se verront, au contraire, refuser ce droit.

D'après les termes de la circulaire du 15 juillet 1898, ceux qui pouvaient user de la faculté ci-dessus devaient réaliser intégralement en rentes leur cautionnement nouveau, tout en laissant momentanément dans les caisses du Trésor, jusqu'à l'apurement de leur précédente gestion, le cautionnement en numéraire fourni pour cette gestion, car la conversion proprement dite, la transformation administrative du cautionnement n'était autorisée que pour les comptables alors en fonctions et dans un certain délai (1). Pour donner plus de facilités aux comptables et ne pas les obliger à avoir ainsi pendant un certain temps deux cautionnements simultanés, un arrêté du ministre des Finances du 6 décembre 1899 a décidé que les comptables qui se trouvent dans les conditions voulues peuvent demander que la conversion en rentes de leur cautionnement soit faite par le Trésor lui-même et le § 4 de la circulaire de la dette du 20 décembre 1899 règle les conditions dans lesquelles est effectuée cette conversion.

Ces deux textes donnent les mêmes facilités aux comptables sortis de fonctions qui, après le remboursement des deux premiers tiers de leur cautionnement, veulent remplacer par des rentes le dernier tiers conservé jusqu'à l'apurement de leur gestion.

_____

(1) D. 2 juillet 1898. Art. 13 et 14 et § V de la circulaire.

XXVI

438. Bailleur de fonds; privilège de second ordre. — Aux termes du décret du 16 septembre 1867, les trésoriers-payeurs généraux et les receveurs particuliers des finances doivent posséder en propre la moitié de leurs cautionnements. Sauf cette restriction le cautionnement des comptables peut être et est souvent, en fait, fourni par un ou plusieurs tiers. Lorsque le cautionnement est en rentes ou en immeubles ce fait n'entraîne d'autre complication que la nécessité, en cas de changement de fonction et d'affectation nouvelle, de l'intervention du bailleur de fonds; en effet, les rentes restent immatriculées au nom de leur propriétaire, qu'elles soient ou non affectées à un cautionnement; quant aux immeubles, aucun trouble n'est apporté dans la propriété autre que l'inscription hypothécaire du Trésor. Que si le cautionnement a été constitué en numéraire, il en va différemment, car le bailleur de fonds doit être mis en garde contre un remboursement éventuel des espèces au comptable non-propriétaire. Les lois des 25 nivôse et 6 ventôse an XIII ont donc accordé aux bailleurs de fonds sur les cautionnements dont les espèces ont été fournies par eux un privilège, dit de second ordre parce qu'il est primé par celui du Trésor et par celui des créanciers pour faits de charge, et les décrets des 28 août 1808 et 22 décembre 1812 ont tracé les règles à suivre pour l'obtention de ce privilège. Le bailleur de fonds doit faire la déclaration au Trésor qu'il a fourni les fonds et cette déclaration peut être faite soit au moment du versement des fonds ou dans la huitaine, soit plus tard. Dans tous les cas il y a privilège de second ordre, mais la déclaration faite après la huitaine ne fait pas obstacle aux oppositions qui auraient pu être faites entre l'expiration de cette huitaine et sa date par tous créanciers du comptable. Si la déclaration n'est pas faite au moment du versement des fonds, elle doit avoir lieu par acte notarié et légalisé par le président du tribunal. L'inscription de la déclaration du bailleur de fonds est faite sur le registre des oppositions tenu au Trésor par le service du contentieux et il est délivré par ce service un certificat de privilège de second ordre. — Si le comptable rembourse au bailleur de fonds la somme prêtée, le privilège de ce dernier est éteint et ne peut plus être rétabli, mais rien ne s'oppose à ce que le bailleur de fonds primitif transporte son privilège à son second prêteur; il doit alors signifier le transport au Trésor; cette signification doit être renouvelée tous les cinq ans, tandis que pour le bailleur de fonds originaire la signification au Trésor conserverait ses effets, sans nouvel acte, jusqu'au remboursement du cautionnement ou à son affectation nouvelle.

439. Intérêts des cautionnements. — Les cautionnements en numéraire portent intérêt au profit des titulaires ou de leurs ayants cause. Cet intérêt, fixé à 3 0/0 par la loi du 4 août 1844 et à 2 1/2 0/0 pour la partie du cautionnement des trésoriers généraux excédant 200,000 francs par la circulaire du 24 juin 1893, a été uniformément réduit à 2 1/2 0/0 par l'article 55 de la loi de finances du 13 avril 1898. L'intérêt est payé, au propriétaire du cautionnement (comptable lui-même ou bailleur de fonds) sur présentation du titre ou du privilège de second ordre,

4

au mois de janvier pour l'année écoulée. Il s'ensuit que la dépense figure dans les comptes de la première partie de l'exercice; il en serait différemment au cas où les intérêts seraient payés en même temps que le remboursement du capital, le paiement peut alors avoir lieu en cours d'exercice et figurer dans la deuxième partie des comptes. Les intérêts non acquittés pendant l'exercice ne sont point portés sur les états nominatifs de restes à payer que dresse chaque ministre à la clôture de l'exercice; il est établi pour eux, comme pour les arrérages de rentes perpétuelles, des bordereaux sommaires. Les intérêts de cautionnements sont soumis à la déchéance quinquennale, conformément à la loi du 29 janvier 1831, la prescription ne court que du jour de l'échéance, elle ne court pas contre un titulaire sorti de fonctions, tant que le certificat de quitus ne lui a pas été délivré.

Les ordonnances relatives au paiement des intérêts sont exclusivement délivrées sur les caisses du trésorier général dans le département duquel le titulaire exerce ses fonctions. Par application de cette règle, quand un cautionnement est affecté à la garantie d'une gestion déterminée, les intérêts du cautionnement non affecté à la gestion courante sont ordonnancées dans le département où ont été exercées les fonctions garanties par le cautionnement (1). Le paiement est justifié : 1° par des états nominatifs dressés par la direction de la dette inscrite, visés au bureau des oppositions (2) et transmis avant la fin de l'année aux comptables; 2° par des quittances individuelles.

Lorsque le comptable est sorti de fonctions, le paiement des intérêts est suspendu jusqu'à ce que le remboursement du capital soit ordonnancé; il en va de même des intérêts afférents au supplément de cautionnement versé pour une nouvelle gestion, le paiement en est suspendu jusqu'à ce que l'application définitive du cautionnement à la nouvelle gestion ait eu lieu. Lorsque le comptable sorti de fonctions est justiciable de la Cour des comptes et que sa comptabilité n'a fait ressortir aucun débet, une décision ministérielle du 7 février 1872 a autorisé la continuation du paiement des intérêts sans attendre le remboursement du capital.

440. *Remboursement des cautionnements.* — Quand la fonction cesse, le cautionnement est, en général, remboursé au comptable. Néanmoins diverses causes peuvent, soit en cours de gestion, soit à l'expiration de la gestion, mettre obstacle à ce remboursement.

I. — Tout d'abord, le cautionnement peut être exécuté totalement ou partiellement au profit du Trésor pour faits de charge (3) entraînant un débet. La notification des débets à l'agence judiciaire et la procédure d'exécution des cautionnements en numéraire devant être étudiées ci-après nous ne parlerons ici que de l'exécution des cautionnements en rentes et en immeubles. — En ce qui

concerne les cautionnements en rentes, les règles d'exécution sont tracées par les articles 8, 9 et 10 du décret du 2 juillet 1898. Lorsqu'il y a lieu, et en vertu d'une décision ministérielle, les cautionnements, ainsi que les arrérages non perçus, sont exécutés jusqu'à due concurrence, aux poursuites et diligences de l'agent judiciaire, qui fait en temps utile opposition au paiement des arrérages. En cas d'exécution, si l'agent judiciaire n'est pas mis en possession des extraits des inscriptions affectées au cautionnement, il est établi par la direction de la dette inscrite, et en vertu d'une autorisation spéciale du ministre des finances, des copies figurées des extraits d'inscription, lesquelles sont remises à l'agent judiciaire pour parvenir à l'aliénation. L'agent judiciaire signe les transferts nécessaires à l'exécution des cautionnements. — Lorsqu'un cautionnement constitué en rentes doit être exécuté et qu'il appartient partie au débiteur et partie à des tiers, il est procédé d'abord à la vente totale ou partielle des rentes appartenant au débiteur et subsidiairement à celles des rentes fournies par des tiers. Si ces dernières rentes sont la propriété de plusieurs intéressés, la vente est faite, à défaut d'accord entre ces derniers, proportionnellement à l'importance de la somme garantie par chacun d'eux. — Le produit de la négociation, jusqu'à due concurrence, est versé au Trésor public qui en assure la remise à qui de droit. Le surplus des inscriptions demeure grevé de l'affectation du cautionnement. Lorsque, après prélèvement partiel, il existe un reliquat trop faible pour être employé en rentes, le surplus reste provisoirement déposé au Trésor, sans être productif d'intérêts.

L'exécution d'un cautionnement en immeubles pour cause de débet est faite par voie de saisie immobilière, conformément aux règles tracées par le Code de procédure civile.

441. II. — Le remboursement peut être effectué entre les mains de créanciers pour faits de charge, autres que le Trésor; entre les mains du bailleur de fonds, par suite de l'exercice du privilège de second ordre; aux créanciers opposants du comptable. Les créanciers pour faits de charge sont subrogés aux droits du Trésor, ils ont donc un privilège de premier ordre comme lui et, à la différence du bailleur de fonds et des créanciers opposants, ils peuvent obtenir paiement sur le cautionnement pendant la durée des fonctions du comptable, qui devra rapporter, alors, un cautionnement supplémentaire. — Le bailleur de fonds est remboursé à la fin de la fonction et sur production de son certificat de privilège et, en outre, des mêmes pièces et justifications que pour le remboursement au comptable lui-même. — Quant aux créanciers opposants, la question des oppositions sur cautionnements et de leurs effets sera traitée ultérieurement.

442. III. — *Remboursement au comptable.* — Quand la fonction cesse et qu'aucune des circonstances qui précèdent ne s'est produite, le cautionnement est remboursé au comptable. Il est adressé au ministre une demande de remboursement sur papier timbré appuyée de diverses pièces dans le détail desquelles nous ne saurions entrer. Voici celles généralement exigées : 1° le certificat d'inscription; 2° un certificat du greffier du tribunal, visé

---

(1) D. 23 juin 1897.
(2) Les oppositions faites au Trésor par les créanciers d'un comptable arrêtent, en effet, le paiement des intérêts.
(3) Les faits de charge sont ceux qui résultent d'un acte de l'exercice légal et obligatoire de la fonction, ils sont limitativement déterminés.

par le président, constatant qu'il n'y a pas d'oppositions (1). Cette pièce n'est pas exigée pour les comptables des contributions indirectes et des manufactures de l'État, car les oppositions sur leurs cautionnements ne peuvent être faites qu'entre les mains du conservateur des oppositions à Paris; 3° le consentement de l'administration ou du ministre. Cette pièce est exigée pour les comptables des contributions indirectes, des postes, pour les comptables en matière et pour ceux qui ressortent à un ministère autre que celui des finances; 4° une pièce établissant la libération du comptable. Les agents justiciables de la Cour des comptes et placés sous le contrôle de la direction de la comptabilité publique produisent un certificat de libération définitive délivré par cette direction et relatant la date de l'arrêt de quitus. Les trésoriers généraux doivent, en tant que comptables départementaux, produire un certificat de quitus délivré par le préfet et qui doit être visé dans le certificat de libération de la comptabilité publique. — Les comptables subordonnés, au lieu du certificat de la comptabilité publique, fournissent un certificat de quitus délivré par le comptable supérieur et visé par les fonctionnaires chargés de surveiller leur gestion, ainsi que par le directeur de la comptabilité publique. Les percepteurs rapportent un certificat de quitus du receveur des finances de l'arrondissement visé par le trésorier général, constatant que leur libération pour tous les services à eux confiés résulte des justifications produites et des vérifications faites. — Les comptables justiciables de la Cour des comptes, mais non placés sous le contrôle de la comptabilité publique (agent du Grand Livre, caissier de la Caisse des dépôts, etc.) produisent leur arrêt de quitus; il en est de même pour les receveurs spéciaux des communes et établissements.

Aux termes du décret du 16 janvier 1902, articles 123, 147 et 154, les remboursements des cautionnements des payeurs principaux, préposés payeurs, receveurs des contributions diverses et receveurs des régies financières en Algérie sont subordonnés au visa du trésorier général et au consentement du gouverneur général.

443. Les comptables du Trésor, justiciables de la Cour des comptes, peuvent, sans attendre leur libération définitive, obtenir le remboursement des deux premiers tiers de leur cautionnement. Les pièces à fournir sont, en principe, les mêmes, seulement le certificat de libération est un certificat de libération provisoire. Le remboursement du dernier tiers peut être obtenu en même temps sur la production d'un certificat du directeur du contentieux constatant que des immeubles ou rentes sur l'État sont affectés à la garantie de la gestion du titulaire jusqu'au quitus définitif (2). — Aux termes de l'article 2 du

décret du 23 juin 1897, les percepteurs-receveurs municipaux, justiciables de la Cour des comptes ou des conseils de préfecture, sont admis, en cas de cessation définitive de leurs fonctions, à réclamer, comme les comptables du Trésor, le remboursement des deux premiers tiers de leur cautionnement sur production des pièces désignées au tableau annexé audit décret. Le dernier tiers pourra être remboursé également, s'il est fourni, en remplacement de ce reliquat, un cautionnement équivalent en rentes sur l'État. La mesure est applicable aux percepteurs-receveurs d'établissements de bienfaisance, mais non aux receveurs spéciaux des communes et établissements (1).

Le remboursement des cautionnements ne constitue pas une dépense budgétaire, pas plus que leur versement ne constitue une recette pour le budget. Ces opérations sont comprises dans les comptes des trésoriers-payeurs généraux, chargés exclusivement de les effectuer, parmi les services spéciaux. Les capitaux de cautionnement constituent un des éléments de la dette flottante.

444. Les remboursements ne sont autorisés que dans le département où le titulaire a exercé en dernier lieu (2); pour les trésoriers-payeurs, payeurs particuliers et trésoriers particuliers en Algérie et aux colonies ils sont effectués par la caisse centrale, à moins d'autorisation spéciale du ministre des Finances (3).

Les cautionnements qui n'ont pas été réclamés dans l'année après la cessation des fonctions sont versés à la Caisse des dépôts et consignations. Il en est de même au cas où le remboursement n'a pas été, dans le même délai, effectué par le Trésor faute de productions ou de justifications suffisantes. Ce versement, qui n'est qu'une faculté pour le Trésor, le libère définitivement au regard des divers ayants droit.

445. En ce qui concerne les cautionnements constitués en rentes, la modification à l'immatricule des titres rendue nécessaire par le remboursement du cautionnement est faite par les soins du Trésor. L'article 11 du décret du 2 juillet 1898 est ainsi conçu : « Sur la production des pièces exigées pour le remboursement des cautionnements en numéraire, et à la suite d'une décision ministérielle, il est délivré aux titulaires, en échange des inscriptions grevées, des inscriptions nouvelles libres de toute affectation. »

Quant aux cautionnements en immeubles, le remboursement équivaut à la radiation de l'hypothèque inscrite au nom du Trésor; cette radiation est opérée au vu d'un arrêté préfectoral l'autorisant, ledit arrêté rendu en vertu de décision ministérielle. Il y a lieu d'observer que pour les conservateurs des hypothèques c'est le tribunal qui prononce la mainlevée de l'inscription; cette mainlevée ne peut, aux termes de l'article 8 de la loi du 21 ventôse an VII, être prononcée que dix ans après la cessation des fonctions. Même observation pour les receveurs des douanes en tant que conservateurs des hypothèques

---

(1) Sous prétexte que des oppositions pouvaient avoir été faites entre le dépôt du certificat de non-opposition produit à fin d'obtention du remboursement et le paiement du cautionnement, certains trésoriers généraux exigeaient un nouveau certificat du greffe plus rapproché de la date du paiement. Par une circulaire en date du 12 décembre 1904 § 4, l'administration a prescrit de ne s'en tenir qu'au premier, le service du contentieux ayant émis l'avis que l'ordonnancement du remboursement avait pour effet de suspendre le droit de former opposition au greffe.
(2) Règlement des finances du 26 décembre 1866, p. 138, § 41, n° 20.

---

(1) V. Circ. compt. publ. 7 août 1897, § 3.
(2) D. 31 mai 1862, art. 201.
(3) Arr. 8 janvier 1898.

maritimes; mais l'article 5 du décret du 23 avril 1875 a réduit de dix à trois ans le délai après lequel la mainlevée peut être prononcée.

ARTICLE 2. — *Privilèges du Trésor.*

446. L'article 2098 du Code civil, en rappelant que le Trésor public a un privilège pour le recouvrement des droits qui lui appartiennent, ajoute que ce privilège et l'ordre dans lequel il s'exerce sont réglés par les lois qui les concernent. En réalité, ce n'est pas un seul mais divers privilèges spéciaux qui, en raison de la nature de ses créances, appartiennent au Trésor pour le recouvrement desdites créances : il a un privilège pour le recouvrement des contributions directes et indirectes, des droits de douane et des droits de mutation pour décès, un privilège pour le recouvrement des frais de justice, un privilège sur les biens des comptables pour le recouvrement des débets dont ils seraient éventuellement redevables. En ce qui concerne ce dernier privilège qui seul doit nous occuper ici, son étendue et ses conditions d'exercice ont été réglées par la loi du 5 septembre 1807.

447. Le privilège atteint d'une manière générale tous les comptables de l'Etat, c'est-à-dire « tous ceux chargés de la recette ou du paiement de ses deniers », qu'ils soient ou non justiciables de la Cour des comptes, comptables réguliers ou occultes. Les termes de l'article 1er de la loi de 1807 sont, en effet, très généraux. L'article 7 de la même loi contient bien, il est vrai, une énumération des comptables qui doivent, dans leurs titres de vente, d'acquisition, de partage, d'échange mentionner leur titre et on serait tenté d'en conclure que seuls les comptables nommés dans cet article sont soumis au privilège du Trésor; mais si certains comptables sont atteints par des prescriptions particulières, qui sont autant de garanties spéciales, cela ne veut pas dire que les autres non dénommés dans l'article 7 ne sont pas assujettis dans leurs biens au privilège du Trésor (1). Toutefois pour que le privilège ait lieu il faut, car ici les termes de l'article 1er de la loi doivent être interprétés strictement : 1o être comptable de l'Etat; 2o être comptable en deniers. Ainsi les communes et établissements publics ne sauraient revendiquer sur les biens de leurs comptables le privilège de la loi de 1807; il en était de même des colonies françaises, jusqu'au décret du 15 mai 1897 qui leur a étendu le bénéfice de cette loi. — Et, d'autre part, la Cour de cassation a reconnu que le privilège n'atteint pas les comptables en matières (2).

Quant aux percepteurs des contributions directes, une décision du ministre des Finances du 21 mars 1809 (3) les a déclarés non visés par la loi de 1807, comme n'étant que de simples collecteurs ou préposés des receveurs généraux et n'ayant point de compte avec le Trésor. Mais cette doctrine paraît abandonnée aujourd'hui; les percepteurs

sont considérés comme comptables des deniers de l'Etat et frappés, dès lors, par le privilège du Trésor.

Le privilège de la loi du 5 septembre 1907 frappe à la fois les meubles et les immeubles des comptables, mais son caractère diffère suivant qu'il frappe les uns ou les autres : il est général sur les meubles, spécial sur les immeubles.

448. *Privilège sur les meubles.* — Aux termes de l'article 2 de la loi de 1807 le privilège du Trésor public a lieu sur tous les meubles des comptables, même à l'égard des femmes séparées de biens, pour les meubles trouvés dans les maisons d'habitation du mari, à moins qu'elles ne justifient légalement que lesdits meubles leur sont échus de leur chef, ou que les deniers employés à l'acquisition leur appartenaient. Le principe ainsi formulé est très général : tous les meubles (corporels, par nature ou détermination de la loi, conformément aux articles 527, 528, 529 et suivants du Code civil) trouvés dans les maisons d'habitation du comptable sont grevés du privilège. Il faudrait même décider que la maison d'habitation appartenant à la femme du comptable ou louée pour son compte et où celle-ci résiderait seule rentre dans les termes de l'article 2 et que les meubles qui s'y trouveraient seraient frappés du privilège. Toutefois, si la femme était séparée de corps la même raison de décider n'existerait pas. — Le privilège du Trésor a pour raison d'être la présomption que les meubles sur lesquels il porte sont la propriété du comptable; s'il était établi que ces meubles ou quelques-uns d'entre eux sont la propriété exclusive de la femme, ils échapperaient au privilège. La femme du comptable, et non seulement la femme séparée de biens, mais sous quelque régime qu'elle soit mariée, est donc admise à faire cette preuve par tous les moyens admis à l'égard des tiers.

449. *Privilège sur les immeubles.* — Le privilège du Trésor public a lieu : 1o sur les immeubles acquis à titre onéreux par les comptables, postérieurement à leur nomination; — 2o sur ceux acquis au même titre, et depuis cette nomination, par leurs femmes même séparées de biens. — Sont exceptées néanmoins les acquisitions à titre onéreux faites par les femmes, lorsqu'il sera légalement justifié que les deniers employés à l'acquisition leur appartenaient (1).

Le privilège spécial du Trésor repose sur une présomption que les immeubles qu'ils frappent ont été payés avec les deniers de l'Etat et cette idée doit servir de base à l'interprétation à donner à la disposition qui précède. D'abord l'immeuble doit avoir été acquis à titre onéreux, c'est-à-dire que son acquisition doit avoir entraîné pour le comptable le paiement d'un prix. Nous en concluons que les immeubles acquis par voie d'échange, sans soulte, échappent au privilège et qu'à l'inverse, les immeubles acquis à titre gratuit, mais sous des charges qui, par leur nature et leur importance, constitueraient un véritable prix, sont frappés du privilège (2). — Il

---

(1) Cass. req. rej. 5 mars 1855.
(2) Cass. civ. rej. 19 février 1856.
(3) Sirey, 1809-2-302.

(1) L. 5 septembre 1807, art. 4.
(2) Cass. req. rej. 5 mars 1855.

faut, d'autre part, que l'acquisition ait eu lieu postérieurement à la nomination du comptable. Par conséquent les immeubles acquis avant la nomination, encore que payés depuis, ne seront pas grevés du privilège; on peut dire, il est vrai, que la présomption de paiement avec les deniers de l'État pourrait s'appliquer à ces acquisitions, mais le texte est formel, la loi ne s'est placée qu'à la date de l'acquisition et non à celle du paiement, et en matière de privilèges on ne saurait étendre les dispositions de la loi, même en s'appuyant sur les motifs qui les ont fait prendre.

Quant aux femmes des comptables, même séparées de biens, elles sont réputées personnes interposées dans les acquisitions de cette nature. Si donc le contrat d'acquisition est passé en leur nom, l'immeuble n'en sera pas moins grevé du privilège à moins qu'elles ne prouvent que le prix a bien été payé de leurs deniers personnels. La présomption de personne interposée ne s'étend qu'à la femme du comptable, mais le Trésor serait, bien entendu, admis à faire la preuve que les immeubles, acquis dans les conditions qui précèdent par les ascendants ou descendants du comptable, ont été en réalité payés par le comptable et doivent, par suite, être soumis au privilège.

450. Le privilège sur les meubles n'a pas à être inscrit. En cas de débet du comptable lorsqu'il y a lieu de mettre en jeu le privilège, le Trésor doit procéder par voie de saisie; la Cour de cassation a décidé (1) qu'une simple contrainte notifiée au comptable ne mettrait pas obstacle à l'aliénation. Le privilège garantit tous les faits de gestion, même ceux qui ne se seraient révélés qu'après que le comptable aurait obtenu son quitus.

Le privilège sur les immeubles doit être inscrit dans les deux mois de l'enregistrement de l'acte translatif de propriété. A défaut d'inscription dans ce délai il dégénère en simple hypothèque, conformément à l'article 2113, et cette hypothèque n'a d'effet à l'égard des tiers que de l'époque de son inscription. Pour permettre l'inscription du privilège dans les délais légaux, l'article 7 de la loi de 1807 a imposé aux comptables les prescriptions suivantes : « A compter de la publication de la présente loi, tous receveurs généraux de département, tous receveurs particuliers d'arrondissement, tous payeurs généraux et divisionnaires, ainsi que les payeurs des départements, des ports et des armées, seront tenus d'énoncer leurs titres et qualités dans les actes de vente, d'acquisition, de partage, d'échange et autres translatifs de propriété, qu'ils passeront; et ce à peine de destitution et, en cas d'insolvabilité envers le Trésor public, d'être poursuivis comme banqueroutiers frauduleux. — Les receveurs de l'enregistrement et les conservateurs des hypothèques seront tenus, aussi à peine de destitution, et en outre de tous dommages et intérêts, de requérir, au cas de faire, au vu desdits actes, l'inscription au nom du Trésor public, pour la conservation de ses droits, et d'envoyer, tant au procureur du tribunal de première instance de l'arrondissement des biens qu'à l'agent du Trésor public à Paris, le bordereau

(1) Cass. req. 18 mai 1819.

prescrit par les art. 2148 et suivants du Code civil. — Demeurent néanmoins exceptés les cas où, lorsqu'il s'agira d'une aliénation à faire, le comptable aura obtenu un certificat du Trésor public portant que cette aliénation n'est pas sujette à l'inscription de la part du Trésor. Ce certificat sera énoncé et daté dans l'acte d'aliénation. »

451. On peut conclure des précautions prises par la loi au regard des trésoriers généraux, des receveurs particuliers et des payeurs d'armées que le privilège que possède le Trésor sur les immeubles de ces comptables est généralement inscrit dans les délais légaux et, par conséquent, sauvegardé; mais, pour les autres comptables, ce privilège n'est que très exceptionnellement inscrit dans les deux mois et dégénère ainsi en simple hypothèque. Cette hypothèque est générale, mais, pour éviter les contestations, l'inscription devra désigner les immeubles connus. — Le privilège du Trésor sur les immeubles des comptables est donc, en fait, très limité; en dehors des trésoriers généraux, receveurs particuliers et payeurs d'armées, la loi n'impose aucune obligation d'inscription d'office aux agents de l'enregistrement vis-à-vis des comptables; pour que le privilège fût inscrit sur les immeubles d'un comptable autre que les premiers il faudrait supposer qu'un déficit ou débet survînt contre lui dans les deux mois de l'acquisition d'un immeuble, ce qui sera toujours un cas exceptionnel.

452. L'inscription prise par le Trésor doit l'être pour droits indéterminés; la créance ne sera, en réalité, liquide qu'au moment du règlement du compte. Elle dure dix ans et doit être renouvelée. La prescription des droits du Trésor court au profit des comptables du jour où leur gestion a cessé. En ce qui concerne les tiers acquéreurs, elle commence du jour de la transcription des actes de mutation. L'inscription sort son effet jusqu'au quitus du comptable; en prononçant ce quitus, la Cour des comptes ordonne mainlevée de l'inscription du privilège; sur autorisation du ministre des Finances, cette mainlevée est ensuite donnée par le préfet.

453. En cas d'aliénation, par tout comptable, de biens affectés aux droits du Trésor public par privilège ou par hypothèque, les agents du Gouvernement poursuivront, par voie de droit, le recouvrement des sommes dont le comptable aura été constitué redevable (1). — Tout acquéreur d'un immeuble du comptable frappé de privilège ou d'hypothèque au profit du Trésor doit notifier à ce dernier son contrat d'acquisition dans les conditions prescrites par l'article 2183 du Code civil. Dans les trois mois de cette notification le Trésor est tenu de déposer au greffe du Tribunal de l'arrondissement des biens vendus un certificat constatant la situation du comptable. Si ce dernier est débiteur, le Trésor poursuit la réalisation du gage; dans le cas où, au contraire, le certificat constate que le comptable n'est pas débiteur envers le Trésor public, mainlevée du privilège ou de l'hypothèque a lieu de droit. Mainlevée aurait également lieu de droit et sans qu'il fût besoin de jugement, si le Trésor avait négligé de pro-

(1) L. 5 septembre 1807, art. 8.

duire le certificat de situation dans les trois mois de la notification do la vente.

454. Quant au rang qui appartient au privilège du Trésor sur les biens des comptables, il convient de distinguer entre le privilège sur les meubles et le privilège sur les immeubles. Aux termes de l'article 2 *in fine* de la loi de 1807, le privilège sur les meubles ne s'exerce qu'après les privilèges généraux et particuliers énoncés aux articles 2101 et 2102 du Code civil; il est donc primé par les frais de justice, les frais funéraires et de dernière maladie, les salaires des gens de service et les fournitures de subsistances dans les conditions fixées à l'article 2101, le privilège du bailleur, du gagiste, ou gérant d'affaires, du vendeur, de l'aubergiste et du voiturier, dans les termes définis par l'article 2102. — Quant au privilège sur les immeubles, l'article 5 de la loi de 1807 décide qu'en aucun cas il ne peut préjudicier : 1° aux créanciers privilégiés désignés dans l'article 2103 du Code civil (vendeurs, cohéritiers, architectes, etc., et leurs bailleurs de fonds) lorsqu'ils ont rempli les conditions prescrites pour obtenir le privilège; — 2° aux créanciers désignés aux articles 2101 (1), 2104 et 2105 du Code civil dans le cas prévu par le dernier de ces articles; — 3° aux créanciers du précédent propriétaire qui auraient, sur le bien acquis, des hypothèques légales existantes indépendamment de l'inscription, ou toute autre hypothèque valablement inscrite. — Le ministre des finances ne peut renoncer au rang que la loi confère au privilège du Trésor.

455. En définitive, le privilège du Trésor sur les immeubles des comptables passe après tous les privilèges établis par la loi et même après toutes les hypothèques qui pouvaient être opposées aux tiers lors de l'acquisition de l'immeuble par le comptable; on peut dire qu'il ne prime réellement que l'hypothèque légale de la femme du comptable, l'hypothèque judiciaire née du chef du comptable et l'hypothèque des mineurs et des interdits dont celui-ci aurait la tutelle et il ressemble ainsi plus à une hypothèque légale qu'à un privilège.

Toutes les difficultés auxquelles peut donner lieu l'application de la loi de 1807 sont du ressort des tribunaux judiciaires.

ARTICLE 3. — *Hypothèque légale du Trésor.*

456. Comme les femmes mariées, les mineurs et les interdits, l'État a une hypothèque sur les biens de ceux qui sont chargés de gérer son patrimoine. Cette hypothèque est établie par l'article 2121 du Code civil : les droits et créances auxquels l'hypothèque légale est attribuée sont... ceux de l'État, des communes et des établissements publics sur les biens des receveurs et administrateurs comptables. D'après MM. Aubry et Rau (2), les expressions receveurs ou administrateurs comptables dont se sert l'article 2121 comprennent tous les fonctionnaires qui, chargés à titre de rece-

veur, de caissier, de payeur, ou sous toute autre dénomination, d'une gestion de deniers, sont directement comptables envers la personne morale à laquelle ces deniers appartiennent. On ne doit y comprendre ni les fonctionnaires ou administrateurs qui n'ont aucun maniement de fonds, tels que les ordonnateurs, inspecteurs, vérificateurs ou contrôleurs, ni les comptables en matières, ni même les percepteurs des contributions directes qui, simples préposés des trésoriers payeurs généraux, ne rendent pas directement compte au Trésor. Cette interprétation de l'article 2121 est très généralement suivie; sur un point cependant elle donne matière à discussion : on admet, en effet, aujourd'hui que les percepteurs sont, comme les autres comptables, soumis à l'hypothèque légale du Trésor. Pendant longtemps l'administration des finances a suivi la doctrine contraire (1) en se fondant sur ce que l'article 7 de la loi du 5 septembre 1807, dont nous avons parlé à l'occasion du privilège, ne comprenait pas les percepteurs dans son énumération. Mais nous avons déjà dit, en nous appuyant sur la doctrine de la Cour de cassation, que cet article avait eu pour but d'établir, à l'égard de certains comptables, des garanties particulières et nullement de restreindre la généralité des textes qui accordent à l'État un privilège sur les biens de tous les comptables sans distinction. Ce raisonnement exact pour le privilège l'est, pour des motifs identiques, à l'égard de l'hypothèque légale. Or les percepteurs ne sont pas seulement des subordonnés, ils sont de vrais comptables, maniant les deniers de l'État et assujettis à toutes les règles de la comptabilité publique; ils ne sont pas, il est vrai, justiciables de la Cour des comptes, mais les receveurs particuliers des finances ne le sont pas davantage et pourtant leurs biens sont incontestablement frappés par l'hypothèque légale du Trésor. — Tous les comptables publics, comptables de droit ou comptables de fait, sont donc soumis à l'hypothèque légale.

457. Cette hypothèque est une hypothèque générale; elle frappe tous les biens présents et à venir des comptables. A cette règle une exception est cependant apportée par l'article 4 de la loi du 5 septembre 1807 en ce qui concerne les biens acquis à titre onéreux par les comptables postérieurement à leur nomination : ces biens sont grevés, nous l'avons vu, d'un privilège spécial, qui ne saurait faire double emploi avec l'hypothèque légale. Cette dernière frappera donc les immeubles que possédait le comptable avant sa nomination, ceux qu'il aurait acquis autrement qu'à titre onéreux postérieurement à cette nomination (2), enfin ceux dont l'acquisition à un titre quelconque serait postérieure à la cessation de leurs fonctions.

Mais, à la différence du privilège, l'hypothèque légale n'atteint jamais les immeubles acquis par la femme du comptable, à moins que celle-ci, dans l'acte d'acquisition, n'ait été qu'un prête-nom.

---

(1) V. *supra*, n° 449.
(2) Tome III, p. 249.

L'hypothèque légale du Trésor sur les biens des comptables doit être inscrite. Cette inscription a lieu sur la présentation de deux bordereaux contenant seulement : 1° les nom, prénom, profession et domicile réel du créancier et le domicile qui sera pour lui, ou par lui, élu dans l'arrondissement; 2° les nom, prénom, profession, domicile ou désignation précise du débiteur; 3° la nature des droits à conserver et le montant de leur valeur quant aux objets déterminés, sans être tenu de le faire quant à ceux qui sont conditionnels, éventuels ou indéterminés. — D'autre part, en raison du caractère de généralité de cette hypothèque, une seule inscription suffit pour frapper tous les immeubles compris dans l'arrondissement du bureau (1).

Le délai pour l'inscription de l'hypothèque est indéterminé; cette inscription peut être prise tant que les immeubles du comptable ne sont pas devenus la propriété d'un tiers acquéreur, conformément à la loi de 1855. Mais, comme il est dit à l'article 2134 du Code civil, l'hypothèque n'a de rang que du jour de l'inscription.

458. En ce qui concerne les précautions spéciales prises par la loi à l'égard des trésoriers généraux, receveurs particuliers et payeurs d'armées, les obligations imposées aux receveurs de l'enregistrement et conservateurs des hypothèques de faire d'office au profit du Trésor toutes inscriptions sur les biens de ces comptables pour la sauvegarde de ses droits, les formalités imposées tant à l'acquéreur qu'au Trésor lors de la vente des immeubles des comptables, les règles ont été tracées par les articles 7, 8 et 9 de la loi du 5 septembre 1807; elles sont les mêmes pour l'hypothèque légale que pour le privilège et nous nous référons à l'étude qui vient d'en être faite.

459. Le rôle du juge des comptes au regard de l'hypothèque légale du Trésor est défini comme suit par les lois et règlements. Il peut d'abord, en tout état de cause, requérir l'inscription; il désigne alors la personne à la diligence de laquelle l'inscription doit être prise. Il prononce sur les demandes en réduction, en translation d'hypothèques, formées par les comptables encore en exercice, ou par ceux hors d'exercice dont les comptes ne sont pas définitivement apurés, en exigeant les sûretés suffisantes pour la conservation des droits du Trésor (2).

Dans le cas où il constate qu'un comptable est quitte ou en avance, il prononce sa décharge définitive et ordonne mainlevée et radiation des inscriptions hypothécaires mises sur ses biens à raison de la gestion dont le compte est jugé (3). Toutefois, le Trésor pouvant avoir des reprises à exercer contre le comptable postérieurement au jugement des comptes, la radiation n'est opérée que du consentement (4); l'arrêt de la juridiction financière réserve, d'ailleurs, l'assentiment du service intéressé en n'ordonnant la radiation que « sauf l'accomplissement des formalités prescrites par les règlements administratifs ».

CHAPITRE II.

SERVICE DE LA RECETTE.

§ 1er. — *Observations générales.*

460. La perception des deniers de l'État ne peut être effectuée que par un comptable du Trésor, et en vertu d'un titre légalement établi (1).

Les lois et règlements ont déterminé le mode de liquidation, de recouvrement et de poursuites relatif à chaque nature de perception. Aucun impôt ne peut être mis en recouvrement sans avoir été préalablement autorisé par les lois annuelles de finances. Enfin toutes contributions directes ou indirectes, autres que celles qui sont autorisées par les lois de finances, à quelque titre et sous quelque dénomination qu'elles se perçoivent, sont formellement interdites, à peine, contre les autorités qui les ordonneraient, contre les employés qui confectionneraient les rôles et tarifs, et ceux qui en feraient le recouvrement, d'être poursuivis comme concussionnaires, sans préjudice de l'action en répétition, pendant trois années, contre tous receveurs, percepteurs ou individus qui auraient fait la perception (2).

461. Chaque fait de recette comporte en principe la double intervention d'un administrateur chargé de l'établissement du titre et d'un comptable chargé de l'encaissement de la recette (3); mais cette distinction est plus ou moins nettement accusée suivant la nature des divers produits à recouvrer. L'administration intervient tantôt au préalable pour autoriser la recette; tantôt après l'encaissement pour contrôler la perception et en constater la régularité.

Pour les impôts directs, la distinction entre l'assiette de l'impôt et son recouvrement est très nette; des agents spéciaux concourent à l'établissement du rôle c'est-à-dire de l'acte exécutoire qui détermine le montant de la dette du redevable; d'autres agents, auxquels la qualité de comptable est exclusivement attribuée, sont préposés à la réalisation de la recette.

La distinction entre les deux services est moins nette pour les impôts indirects, dont la tarification peut seule être établie à l'avance. La matière imposable n'étant révélée qu'à l'occasion de certains faits qui seront en matière de douane, l'introduction des produits soumis aux droits dans le lieu sujet; en matière d'enregistrement, l'ouverture des successions ou la date des contrats qui donnent lieu au payement des droits, etc. Dans ces hypothèses, la liquidation de l'impôt et son exigibilité se produisent en quelque sorte simultanément et il est naturel de conférer aux mêmes agents le soin de liquider et de percevoir les sommes dues.

---

(1) C. civ. art. 2153 et 2148 *in fine.*
(2) L. 16 septembre 1807, art. 15.
(3) L. 16 septembre 1807, art. 13. D. 31 mai 1862, art. 410.
(4) Instr. contentieux 6 juillet 1833, art. 55.

(1) D. 31 mai 1862, art. 36.
(2) *Ibid.*, art. 35, 37, 38.
(3) *Ibid.*, art. 14.

Dans ces divers cas, des garanties spéciales sont établies et le service administratif intervient *a posteriori* par des vérifications, des inspections, des contrôles portant sur les recettes et sur les déclarations. En résumé, dans tous les cas, les administrateurs doivent certifier les produits, reconnaître leur exactitude et en dresser un état qui sert de base à la justification des opérations de recette comprises dans les comptes des comptables.

462. Quel que soit le mode de liquidation, de recouvrement et de poursuites relatif à chaque nature de recette, de grands services administratifs, qui dépendent pour la plupart du ministère des Finances (1) et portent en général le nom de Régies, sont chargés de diriger la perception des impôts. Ce terme de « Régies », impropre aujourd'hui, était exact lorsque, avant 1818, les diverses administrations percevaient, suivant des règles particulières à chacune d'elles, les impôts dont elles reversaient seulement le produit net au Trésor. Actuellement, il doit être fait recette du montant intégral des produits; les frais de perception et de régie, ainsi que les autres frais accessoires, sont portés en dépense. (2).

Les régies financières, ou administrations financières, dépendant du ministère des Finances, sont au nombre de cinq :

Contributions directes;
Contributions indirectes;
Douanes;
Enregistrement, domaine et timbre;
Manufactures de l'État.

Leur organisation a été étudiée précédemment (3).

§ 2. — *Titre de perception.*

463. L'établissement du titre de la recette, c'est-à-dire la détermination du montant de la créance de l'État, doit toujours précéder le recouvrement : c'est, en effet, après l'établissement de ce titre que les agents des recettes peuvent réclamer aux contribuables l'acquittement de leur dette, par toutes voies et moyens de droit.

464. Le titre de créance consiste suivant les cas dans un rôle, une décision judiciaire, une déclaration, un avertissement, un contrat, un arrêté de débet, une contrainte; à chaque catégorie de recette répond un mode différent d'assiette des droits.

ARTICLE PREMIER. — *Rôles.*

465. Le rôle sert à l'établissement des contributions directes et des taxes assimilées. Il est dressé, nous l'avons dit, par l'Administration des contributions directes.

466. A. *Contributions directes.* — Les rôles des contri-

butions directes sont basés sur les matrices ou états généraux de la matière imposable, établis par commune.

Une matrice générale est dressée pour les contributions foncière, personnelle-mobilière, et des portes et fenêtres. Elle fait connaître, pour chaque contribuable, tous les éléments servant de base à l'impôt : revenu net des propriétés bâties, revenu cadastral des propriétés non bâties, nombre et nature des ouvertures imposables, taxe personnelle et loyer matriciel. Il y a une matrice spéciale pour la contribution des patentes.

Ces différentes matrices sont tenues chaque année au courant des modifications survenues dans la situation des contribuables, par suite de décès, ventes, locations, constructions nouvelles, création de commerce ou d'industrie patentables, et autres événements : c'est le travail des mutations.

467. Les rôles sont établis, par les soins du directeur des contributions directes, dès que la loi du budget autorise la perception des contributions, d'après les données des matrices. On dresse des rôles généraux comprenant les contributions foncière, personnelle-mobilière, et des portes et fenêtres. L'impôt des patentes fait l'objet d'un rôle spécial. Il peut y avoir aussi des rôles supplémentaires pour les patentes et la contribution foncière des propriétés non bâties; et des rôles supplétifs des contributions personnelle-mobilière ou des portes et fenêtres.

468. B. *Taxes assimilées.* — Chacune des taxes assimilées par une loi aux contributions directes donne lieu à la confection d'un rôle spécial. Ce rôle est basé sur des éléments fournis par divers services. Ainsi, les ingénieurs des mines dressent des états-matrices pour les redevances des mines, les redevances pour la rétribution des délégués mineurs et les droits d'épreuve des appareils à vapeur; les vérificateurs des poids et mesures dressent ceux qui concernent les droits de vérification des poids et mesures; les conseils départementaux d'hygiène et de salubrité publiques dressent ceux qui concernent les droits de visite des pharmacies et drogueries, et d'inspection des dépôts d'eaux minérales; les bases des rôles de la contribution sur les chevaux et voitures, des taxes sur les billards et les cercles sont recueillies par les contrôleurs dans une tournée spéciale; les éléments de la taxe des biens de mainmorte sont fournis par les matrices cadastrale et générale.

469. Le rôle fait connaître, pour chaque contribuable nominativement, la somme due pour chaque contribution.

470. Lorsque chaque rôle est établi, la direction des contributions directes en fait dresser des extraits ou avertissements individuels destinés à être envoyés par les percepteurs à chacun des contribuables, et mentionnant, pour chaque article du rôle, le principal de l'impôt, les centimes additionnels généraux, départementaux et communaux, et le montant du douzième exigible en fin de mois.

Les rôles sont transmis au préfet qui, après les avoir vérifiés, les revêt de la formule exécutoire, contenant injonction à tous les redevables d'acquitter leurs contributions sous peine d'y être contraints par toutes voies de droit.

Les rôles revêtus de la formule exécutoire sont retournés au directeur des contributions directes, chargé d'en opérer la remise au trésorier-payeur général. Ce comptable, responsable de l'apurement des rôles, en prend charge dans sa comptabilité, pour le montant des sommes mises en recouvrement, et adresse les rôles et les avertissements au percepteur, soit directement, soit par l'intermédiaire du receveur des finances, pour les arrondissements de sous-préfectures, ce receveur étant d'ailleurs lui-même responsable de l'apurement des rôles à recouvrer dans son arrondissement (1).

471. Le percepteur est débité du montant des rôles dans les écritures du receveur des finances et du trésorier général; il est ultérieurement crédité des recouvrements opérés : le débit et le crédit doivent se balancer lorsque les rôles sont entièrement apurés.

472. Le percepteur étant en possession des rôles et des avertissements individuels doit immédiatement faire publier les premiers. A cet effet, il présente les rôles aux maires chargés de la publication. Celle-ci a lieu le dimanche qui suit la réception des rôles (2) et consiste dans l'apposition, à la porte de la mairie, d'un tableau-affiche faisant connaître les renseignements portés sur les rôles; avisant les contribuables que ces rôles sont aux mains du percepteur et que chacun d'eux doit acquitter ses contributions. La publication constitue une mise en demeure collective. Elle fait, d'autre, courir le délai de réclamation accordé aux contribuables (3). Sa date doit être mentionnée sur les avertissements individuels.

Ces avertissements sont expédiés par la poste à chaque contribuable, immédiatement après la publication des rôles. Ils constituent une mise en demeure individuelle (4).

473. C. *Réclamations.* — Les rôles sont susceptibles de diverses modifications, après leur mise en recouvrement, soit à la requête du percepteur, soit sur la demande des contribuables.

474. Le percepteur est responsable de l'entier apurement du rôle, mais à la condition que les cotes portées sur ce rôle soient régulières et correspondent à la réalité des faits. Il lui appartient donc de rechercher s'il n'y a pas,

dans les rôles, des erreurs matérielles (d'addition par exemple), des baux ou des doubles emplois. Pour les erreurs matérielles, le percepteur dresse un état de rectification soumis, par l'intermédiaire du directeur des contributions directes, à l'approbation du préfet, et annexé ensuite au rôle qu'il concerne. Pour les faux ou doubles emplois, par exemple par suite de décès ou de disparition d'un contribuable antérieurement au 1er janvier, ou de mutation de cote, et seulement lorsqu'il s'agit de contribuables qui ne pourraient réclamer eux-mêmes (1), le percepteur doit dresser, dans les trois mois de la publication des rôles, l'état des cotes indûment imposées, pour chaque commune de la perception (2). Transmis par l'intermédiaire du receveur des finances et du trésorier-payeur général au sous-préfet ou au préfet, cet état est soumis à la juridiction du conseil de préfecture auquel il appartient seul de prononcer, en premier ressort, les dégrèvements ou les rejets (3). Le percepteur peut se pourvoir, en son nom personnel, devant le Conseil d'État, contre les arrêtés du conseil de préfecture statuant sur l'état des cotes indûment imposées (4). L'article 3 de la loi du 21 juillet 1887 autorise les directeurs des contributions directes à inscrire d'office, à toute époque, sur des états particuliers de cotes indûment imposées, les cotes ou portions de cotes qui sont reconnues former double emploi ou avoir été mal établies par suite d'erreurs matérielles d'écritures ou de taxation (5). L'article 13 de la loi du 6 décembre 1897 décide que, dans ce cas, le dégrèvement sera, sans autre formalité, prononcé par le directeur des contributions directes.

475. Les contribuables qui se croient imposés à tort, pour tout ou partie de leur cote, ont un délai de trois mois à partir de la publication du rôle pour présenter leur réclamation, sous forme de demande en décharge ou en réduction (6). Ces réclamations sont portées devant le conseil de préfecture. Ces demandes étant extrêmement nombreuses, une loi du 27 juillet 1887 a créé une sorte de préliminaire de conciliation dans le but de décharger la juridiction administrative. Elle a prescrit, à cet effet, de déposer dans toutes les mairies, pendant le mois qui suit la publication des rôles, un registre sur lequel sont consi-

---

(1) Une décision ministérielle du 23 octobre 1897 autorise les directeurs des contributions directes à transmettre directement aux percepteurs : 1° les rôles généraux des contributions foncière, personnelle-mobilière et des portes et fenêtres; 2° les rôles des contributions foncière et des portes et fenêtres; 3° les rôles des contributions personnelle-mobilière et des patentes. Les feuilles de tête de ces rôles, qui sont nécessaires aux receveurs des finances pour la prise en charge des sommes à recouvrer par les percepteurs, continueront à parvenir à ces comptables par la voie hiérarchique. V. Circ. compt. publ., n° 1718 du 15 décembre 1897, § 11.
(2) Circ. compt. publ., n° 1636 du 1er décembre 1892.
(3) L. 4 messidor an VII, art. 5.
(4) Il est nécessaire que cette expédition ait lieu dans le plus bref délai, afin de permettre aux intéressés d'exercer, s'il y a lieu, le droit de réclamation qui leur est accordé par les lois. Les percepteurs doivent adresser aux receveurs des finances, aussitôt les opérations de distribution terminées, les avis mentionnant, par commune, les dates de réception et de publication des rôles et de remise des avertissements aux redevables. Les receveurs des finances doivent signaler à la Comptabilité publique les communes dans lesquelles la distribution des avertissements n'aura pas été achevée dans un délai de quinze jours à partir de la réception des rôles. (Circ. compt. publ., n° 1636 du 1er décembre 1892.)

(1) Instr. gén. 21 mai 1859, art. 128.
(2) Les cotes indûment imposées qui ne seraient découvertes par le percepteur qu'après l'expiration du délai de trois mois, par exemple, à l'occasion des poursuites exercées par lui, doivent figurer sur l'état des cotes irrécouvrables dont il sera parlé ultérieurement.
(3) Instr. contrib. dir. 30 janvier 1892, art. 152.
(4) C. d'Et. Cont., 7 mai 1880 (Echolard) et 12 mai 1882 (Pelte).
(5) Circ. contrib. dir. 19 novembre 1887.
(6) L. 13 juillet 1903, art. 17 : « L'article 28 § 1er de la loi du 21 avril 1832 est modifié ainsi qu'il suit : Tout contribuable qui se croira imposé à tort adressera sa demande en décharge ou réduction au préfet ou au sous-préfet dans les trois mois de la publication du rôle, mais sans préjudice des lois accordés par les lois pour des cas spéciaux. Cette demande mentionnera, à peine de non-recevabilité, la contribution à laquelle elle s'applique et, à défaut de réception de l'avertissement, le numéro de l'article du rôle sous lequel figure cette contribution; elle contiendra, indépendamment de l'indication de son objet, l'exposé sommaire des moyens par lesquels son auteur prétend la justifier. Il sera formé une demande distincte pour chaque commune... Nul n'est admis à introduire ou à soutenir une réclamation pour autrui s'il ne justifie d'un mandat régulier... »

gnées les réclamations des contribuables. Le mois expiré, le contrôleur examine les réclamations, et en fait l'analyse sur un état qui mentionne son avis personnel, celui du maire et celui des répartiteurs sur la suite que comporte chaque demande. L'état est transmis à la direction des contributions directes. D'après l'article 13 de la loi du 6 décembre 1897, lorsque le maire et les répartiteurs, d'une part, et le directeur des contributions directes de l'autre, sont d'avis d'accueillir intégralement une demande en décharge ou réduction relative aux contributions directes ou aux taxes assimilées, le dégrèvement est, sans autre formalité, prononcé par le directeur des contributions directes. En dehors de ce cas, les demandes (1) sont portées devant le conseil de préfecture qui doit statuer dans les six mois (2), et dont la décision est portée à la connaissance des intéressés par lettre d'avis du directeur des contributions directes (3). Cette décision peut faire l'objet d'un pourvoi devant le Conseil d'État.

476. Lorsqu'une réclamation n'a pas été jugée dans les six mois qui suivront sa présentation, le contribuable a la faculté, dans la limite du dégrèvement sollicité par lui, de différer le payement des termes qui viennent à échoir sur la contribution contestée, à la condition d'avoir préalablement, dans sa demande, manifesté cette intention, et fixé le montant ou les bases du dégrèvement auquel il prétend (4). Les termes échus doivent être acquittés dans tous les cas dans le délai de six mois, et c'est seulement si le dégrèvement est supérieur à la somme restant due après versement des termes échus que le contribuable peut surseoir au payement après les six mois écoulés (5). Le percepteur doit alors suspendre les poursuites; à cet effet, des mesures administratives sont prises afin qu'il soit informé de l'existence des réclamations et des décisions auxquelles elles donnent lieu (6).

477. L'article 1er de la loi du 21 juillet 1897 a accordé certaines remises spéciales sur la contribution foncière des propriétés non bâties. Un décret du 4 septembre 1897 a réglé les conditions dans lesquelles les demandes de dégrèvement doivent dans ce cas être formulées, remises au maire ou au percepteur, instruites par l'Administration des contributions directes, accueillies ou refusées par le préfet sauf recours dans le délai d'un mois au ministre des Finances qui statue définitivement. Ce dégrèvement a été appliqué pendant les années postérieures à 1898, notamment en vertu de la loi du 11 juillet 1899 pour l'année 1900, et de la loi du 13 juillet 1900 pour l'année 1901 (7).

479. Les contribuables peuvent encore s'adresser à la juridiction gracieuse du préfet pour obtenir un dégrèvement sous forme de remise ou modération de cote. Dans ce cas, les cotes ont été régulièrement imposées, mais le contribuable victime d'événements malheureux, grêle, gelée, inondation, incendie, ayant occasionné la perte totale ou partielle de ses propriétés ou de leur revenu, demande au préfet la décharge totale ou partielle de sa contribution. Les arrêtés préfectoraux rejetant une demande de cette nature peuvent faire l'objet d'un pourvoi devant le ministre des Finances (1).

480. Dans tous les cas où il y a lieu d'opérer la réduction d'une cote, cette réduction doit être constatée par une ordonnance de dégrèvement délivrée, depuis 1894, par le directeur des contributions directes, en qualité d'ordonnateur secondaire, aux lieu et place du préfet. L'article 74 de la loi du 26 juillet 1893 porte, en effet, qu'à partir du 1er janvier 1894 les ordonnances de dégrèvements et non-valeurs sur contributions directes et taxes y assimilées seront délivrées par le directeur des contributions directes et envoyées par lui au trésorier-payeur général qui les transmettra au percepteur. Le directeur préviendra de cet envoi, par une lettre d'avis, la partie intéressée, en l'invitant à se présenter au bureau du percepteur pour émarger l'ordonnance après en avoir reçu le montant (2). La nécessité de la signature des ordonnances de dégrèvement par les contribuables a été supprimée en 1896 (3). Au reçu des ordonnances, le percepteur doit les inscrire à l'article de chaque contribuable sur le rôle de l'exercice pour lequel elles ont été émises. Il en fait emploi au payement des cotes restant dues par le contribuable dégrevé, et l'excédent, s'il y en a, est remboursé à ce dernier. Le percepteur doit, en outre, souscrire, pour chaque ordonnance, une quittance constatant sa prise en charge dans les écritures (4). Le montant du dégrèvement est porté en recette sur le rôle à l'article du contribuable intéressé, et en dépense à un chapitre spécial du budget.

481. Sour réserve des modifications résultant des circonstances que nous avons décrites, le rôle est mis en recouvrement par le percepteur aussitôt sa publication et la distribution des avertissements individuels est effectuée.

482. D. *Amendes non fiscales.* — Les percepteurs sont, depuis 1874, chargés du recouvrement des amendes non fiscales. D'après l'article 25 de la loi du 29 décembre 1873 : « A partir du 1er janvier 1874, les percepteurs des contributions directes seront substitués aux receveurs de l'enregistrement pour le recouvrement des amendes et des condamnations pécuniaires autres que celles concernant les droits d'enregistrement, de timbre, de greffe, d'hypothèque, le notariat et la procédure civile. » Toutes les amendes fiscales, c'est-à-dire prononcées à la requête des régies financières pour contraventions aux lois fiscales sont recouvrées par ces régies.

(1) La demande est rédigée sur papier timbré si la cote est supérieure à 30 francs. (L. 21 avril 1832, art. 28.)
(2) L. 11 décembre 1902, art. 6, § 5.
(3) L. 26 juillet 1893, art. 74.
(4) L. 13 juillet 1903, art. 17 § 7.
(5) V. Circ. compt. publ., n° 1865 du 10 septembre 1905, § 1.
(6) V. Circ. compt. publ., n° 1670 du 31 mai 1895, § 7.
(7) V. sur ce point la Circulaire de la comptabilité publique n° 1719, du 18 décembre 1897, et les Circulaires n°s 1724, 1728, 1729 1760, 1780 et 1845.

(1) Instr. contr. dir., 30 janvier 1892.
(2) Circ. compt. publ., n° 1662 du 12 mai 1894, § 3.
(3) Circ. compt. publ., n° 1693 du 28 octobre 1896, § 1er.
(4) Circ. compt. publ., n° 1865 du 10 septembre 1905, § 2.

483. Le titre de perception, en matière d'amendes, est l'extrait, délivré par le greffier, du jugement ou de l'arrêt rendu par les tribunaux (1). L'extrait des jugements ou arrêts, même non revêtu de la formule exécutoire, constitue un titre complet emportant exécution parée et permettant toutes les poursuites, y compris la saisie immobilière (2). Les extraits, visés par les magistrats du parquet, le secrétaire général de la préfecture ou le commissaire du Gouvernement, sont adressés au receveur des finances, accompagnés de bordereaux d'envoi, dans les délais déterminés par les articles 52 et 53 de l'instruction du 5 juillet 1895. Ils sont pris en charge par les receveurs des finances sur le carnet d'enregistrement et sur le sommier des droits et produits constatés, et transmis aux percepteurs avec une lettre d'envoi. Les percepteurs en prennent charge sur un carnet d'enregistrement et sur un carnet de prise en charge. Ils font parvenir de suite aux condamnés un avertissement gratuit, dûment affranchi, leur donnant avis des condamnations prononcées contre eux et les invitant à en payer le montant. L'avertissement doit être remis huit jours au moins avant tout acte de poursuites. En cas d'absence du condamné, il peut être remis au maire (3). Les extraits rendus contre des individus sans domicile, ou contre des débiteurs nés ou domiciliés en dehors de l'arrondissement ou ayant changé de résidence, ou appelés à recueillir de leurs parents un héritage situé dans un autre département, donnent lieu de la part du percepteur à l'envoi, soit de certificats d'indigence ou de solvabilité, soit de commissions extérieures. La commission extérieure est adressée au percepteur soit du lieu de la naissance ou de celui du domicile des père et mère du condamné, soit du domicile du débiteur lui-même; elle est accompagnée de l'original de l'extrait de jugement. Le percepteur qui la reçoit est tenu d'adresser immédiatement l'avertissement réglementaire au débiteur (4). Enfin, les titres de perception sont soumis au contrôle des agents de l'enregistrement, qui reçoivent à cet effet des receveurs des finances des bordereaux récapitulatifs mensuels des extraits, les rapprochent des feuilles d'audience et des états de liquidation déposés aux greffes, et consignent les erreurs constatées qui donnent lieu à des compléments de prise en charge ou à des réductions de titre (5).

ART. 2. — *Impôts indirects.*

484. La séparation absolue qui existe, en matière d'impôts directs, entre l'établissement du titre de perception et le recouvrement des taxes, ne se retrouve pas à l'occasion des recettes comprises sous la dénomination générale d'impôts indirects. Dans ce cas, la perception n'est pas faite en vertu d'un rôle établi à l'avance. Elle est basée, soit sur la déclaration même du redevable, soit sur les constatations faites par les agents de l'Administration;

(1) Instr. 5 juillet 1895, art. 38.
(2) Cass. 28 janvier 1825.S.1825.I.30 et Avis du Contentieux du 19 juin 1893.
(3) Instr. 5 juillet 1895, art. 66 à 78, 142 et 143.
(4) *Id.*, art. 146 et 147.
(5) *Id.*, art. 118, 120, 125.

d'où la distinction des droits au comptant perçus en vertu de déclarations, et des droits constatés perçus en vertu d'avertissements dressés par les régies financières et contenant liquidation de la taxe. Des contrôles multipliés et incessants ont été établis pour assurer la sincérité des déclarations et l'exactitude des liquidations. Ils permettent d'établir, *a posteriori*, des états de produits au moyen desquels sont vérifiées l'exactitude et l'intégralité des recettes.

485. Quelle que soit la nature du droit, au comptant ou constaté, la quotité de l'impôt indirect est toujours calculée d'après un tarif. Ce tarif est généralement fixé par les lois mêmes qui ont créé les contributions indirectes: très exceptionnellement, il est établi par le Gouvernement sur délégation du pouvoir législatif (1). Au droit fixé par le tarif ou droit principal il y a lieu, dans la plupart des cas, d'ajouter 2 décimes et demi, soit 25 0/0, résultant notamment des lois du 28 avril 1816 (art. 232); du 14 juillet 1855 (art. 5); du 30 décembre 1873 (art. 2); du 2 juin 1875 (art. 6) (2).

486. Les tarifs, augmentés des décimes, sont appliqués, suivant les cas, aux déclarations des redevables ou aux constatations de l'Administration.

487. Les droits au comptant sont les plus considérables et les plus usuels. Ici, l'initiative appartient au contribuable, le comptable n'a qu'à attendre à son bureau, à prendre note de sa déclaration et à liquider le droit en conformité de cette déclaration. Il y a, dans ce cas, simultanéité entre la déclaration, la liquidation et le recouvrement. C'est ce qui a lieu, par exemple, pour toutes les expéditions ou congés délivrés par la régie des contributions indirectes, pour le payement des droits de douane à la frontière, ou d'entrée à la porte des villes (3); des droits d'enregistrement quand on produit la pièce à enregistrer. Dans certains cas, le payement du droit au comptant correspond à un véritable achat par le redevable; ainsi, l'achat du tabac et de la poudre par les débitants, l'achat du papier timbré et des timbres divers aux agents de l'enregistrement. On peut donc dire que les droits sont au comptant lorsqu'ils représentent le payement d'une formalité, le prix d'un service rendu ou d'un achat effectif.

488. Les régies financières disposent d'ailleurs de nombreux moyens de coercition pour obliger les redevables à faire les déclarations nécessaires, et constater la sincérité de ces déclarations. L'absence ou l'inexactitude de ces

(1) Par exemple : le droit de fabrication sur la dynamite (L. 8 mars 1875; D. 5 juillet 1875, 12 juin 1890 et 14 janvier 1899); le droit de poinçonnage des marques de commerce ou de fabrique (L. 26 novembre 1873); les droits de bacs et de passage d'eau (L. 14 floréal an X).
(2) Ne sont pas assujettis aux décimes : le droit d'estampille des voitures publiques (L. 25 mars 1817, art. 117); les droits sur les sels (L. 26 décembre 1876, art. 2); les droits de timbre spécial des expéditions et quittances (L. 28 avril 1816, art. 243); les droits de bacs et passages d'eau (L. 25 mars 1817, art. 123); les prélèvements sur les revenus des communes pour frais de casernement (L. 15 mai 1818, art. 46 et L. 29 décembre 1897, art. 9); le droit de 0 fr. 40 par expédition (L. 31 décembre 1873, art. 1er).
(3) Droit d'entrée sur les huiles autres que les huiles minérales (L. 31 décembre 1873 et 22 décembre 1878).

déclarations entraîne des pénalités diverses consistant en droits en sus, doubles, triples, quadruples droits, amendes, etc. Le contrôle de l'Administration s'exerce à tout moment sur la matière imposable. Les agents vérifient notamment si les transports de boissons sont accompagnés du congé ou de l'acquit-à caution; si les denrées importées sont munies des quittances des droits de douanes; si les divers actes sont revêtus du timbre et de la mention de l'enregistrement. A ce dernier point de vue, la loi du 22 frimaire an VII oblige à peine d'amende les notaires, huissiers, greffiers, secrétaires des administrations, à tenir des répertoires cotés et paraphés, sans blancs, ratures ni interlignes, sur lesquels ils mentionnent tous les actes de leur ministère qui sont assujettis à la formalité de l'enregistrement. Les répertoires sont soumis tous les trois mois au visa du receveur de l'enregistrement qui indique le nombre d'actes inscrits; ils doivent être présentés à toute réquisition des préposés de l'enregistrement.

489. Le Trésor possède ainsi des garanties sérieuses contre les redevables. Comme la liquidation et le recouvrement des droits sont confiés aux mêmes agents, il est nécessaire de s'assurer, en outre, de la régularité et de l'intégralité des recettes. A cet effet, les comptables sont, en général, astreints à la tenue : 1° de registres sur lesquels ils mentionnent les déclarations des redevables, et les liquidations de droits auxquels elles donnent lieu; 2° de registres de perception, dont sont détachées les quittances à souche et qui mentionnent, par ordre d'opération, chacune des recettes effectuées. Ces livres élémentaires sont la base de la comptabilité des recettes et servent à la fois de justification des opérations du comptable et de moyen de contrôle pour la régie.

490. La perception des droits constatés est laissée à l'initiative des agents des régies financières. Le contribuable joue, dans ce cas, un rôle purement passif et n'a qu'à attendre les avertissements que lui envoie l'Administration. Il n'y a pas alors simultanéité dans la constatation, la liquidation et le recouvrement du droit. D'ailleurs, toutes les fois que l'importance du service nécessite sa division, faite pour la régie de l'enregistrement qui ne possède qu'une catégorie d'agents : les receveurs, la constatation et la liquidation des droits ne sont pas faites par les agents de perception. Il y a dans la régie des contributions indirectes des agents du service actif « qui vont trouver le contribuable sur son propre terrain, pénètrent dans son domicile, recherchent l'impôt dans ses caves, dans ses magasins, dans ses ateliers, le poursuivent sur les grandes routes, l'arrêtent aux portes des villes, en un mot, se portent incessamment partout où l'impôt indirect a besoin d'être sauvegardé ou saisi par eux (1) ». Ces investigations, qui prennent le nom d'exercice, ont pour but de constater la matière imposable. Les résultats en sont inscrits sur le registre portatif où les redevables ont des comptes ouverts qui retracent les mouvements des valeurs ou des matières sur lesquelles les droits sont calculés. Les receveurs ambulants, contrôleurs et chefs de poste sont donc chargés de la constatation des

droits. Ils en opèrent également la liquidation. Les receveurs ambulants poursuivent, en outre, l'encaissement des droits. Les contrôleurs et chefs de poste délivrent, au fur et à mesure de l'exigibilité des droits des avertissements qui indiquent au contribuable le décompte de la somme à payer. La perception est faite, dans ce cas, par les receveurs sédentaires, en se basant sur les avertissements adressés aux redevables. En fin de trimestre sont dressés des états ou relevés de produits ou de recouvrements, qui constituent le véritable titre de recette (1). Dans les recettes ambulantes, le receveur qui coopère à la fois aux exercices et aux recouvrements est en mesure d'établir seul le registre des comptes ouverts et les relevés trimestriels. Dans les recettes sédentaires, les contrôleurs fournissent au receveur les éléments nécessaires à la tenue de ces comptes : à cet effet, les avertissements remis aux contribuables sont extraits d'un registre à souche, ce registre est présenté au receveur qui le dépouille sur le registre des comptes ouverts. Les comptables ne doivent d'ailleurs pas attendre la rédaction des états trimestriels pour réclamer le payement; ils ne doivent laisser aucune somme en souffrance et, en cas de difficultés, font décerner une contrainte contre les redevables récalcitrants.

491. La perception des droits de douane est faite dans des conditions analogues. L'exercice est ici remplacé par la visite qui donne lieu à la découverte de la matière imposable. La liquidation des droits est ensuite opérée d'après la déclaration contrôlée du redevable, suivie elle-même de la perception. La constatation et la liquidation sont confiées, dans les bureaux importants, aux inspecteurs, sous-inspecteurs et vérificateurs; l'encaissement est fait par le receveur principal ou subordonné. Dans les bureaux de moindre importance, le receveur opère à la fois la constatation, la liquidation et le recouvrement des droits. Les états trimestriels de produits, établis d'après les déclarations et le registre des comptes ouverts, servent de titre de recette.

492. Dans la régie de l'enregistrement, le receveur est tout à la fois agent de constatation, de liquidation et de perception. Le receveur recherche dans les documents qu'il a à sa disposition les éléments de recette. Il contrôle les déclarations des redevables, notamment au moyen du répertoire, tenu dans chaque bureau, sur lequel est ouvert à tous les contribuables un compte mentionnant tous les faits de nature à donner de suite, ou dans l'avenir, lieu à la perception d'un droit : ventes, baux, successions, décisions judiciaires. Les divers receveurs se transmettent les renseignements variés qui leur sont utiles. La liquidation des droits est vérifiée périodiquement par les inspecteurs et les sous-inspecteurs qui se transportent également dans les études des notaires et autres officiers publics, dans le but de découvrir, par une sorte d'exercice, les actes qui n'auraient pas été soumis aux droits et les éléments de nature à permettre la vérification de la sincérité des déclarations.

493. Par ces rapides explications, on voit qu'en matière

---

(1) Stourm, *Le Budget*, p. 386.

(1) Circ. contrib. ind., n° 445 du 5 février 1857.

d'impôts indirects, si la liquidation et la perception ne sont pas toujours nettement séparées; si le comptable n'a pas à sa disposition un rôle arrêté à l'avance et en dehors de son intervention, la sincérité et la régularité des recettes n'en est pas moins assurée par une comptabilité et un contrôle dont le but est de parvenir à l'établissement du titre de la recette.

Art. 3. — Contrats.

494. En dehors des impôts directs et indirects, le titre peut consister dans un contrat passé entre l'État et les particuliers. Ces contrats interviennent, d'ordinaire, à l'occasion de l'administration du domaine de l'État qui peut nécessiter des baux, des ventes mobilières ou immobilières, des échanges, des concessions.

495. Les biens immobiliers de l'État, non affectés à un service public, doivent être affermés (1). Le bail doit être passé par adjudication, avec publicité et concurrence; le sous-préfet préside l'adjudication, assisté des agents du domaine. Le procès-verbal d'adjudication, qui forme le titre de perception au profit de l'État, équivaut à un acte notarié : il est authentique et exécutoire (2). La loi des 28 octobre-5 novembre 1790 ajoutait que le bail emporte hypothèque sur les biens du preneur, mais cet effet a cessé depuis que la loi de brumaire an VII a fait résulter l'hypothèque des seuls conventions et jugements. Le preneur doit fournir une caution sous peine de réadjudication à sa folle enchère. La loi de 1790 semblait exiger une adjudication dans tous les cas, mais la loi du 6 décembre 1897 (art. 7) a décidé que des baux amiables des biens de l'État peuvent être consentis, pour une durée maxima de dix-huit ans, en une ou plusieurs périodes : par les directeurs des domaines s'ils n'excèdent pas neuf ans de durée et 1,000 francs de prix annuel; par le directeur s'ils n'excèdent pas neuf ans et si le prix annuel est de 1,000 à 5,000 francs; par le ministre des Finances s'ils excèdent neuf ans ou 5,000 francs de prix annuel. Les biens affectés à un service public peuvent être loués pour la partie qui serait susceptible de revenus. L'autorité militaire doit intervenir aux baux de biens du domaine militaire, mais les revenus sont encaissés par les agents des domaines. Les établissements de l'État productifs de revenus sont en principe administrés en régie et les agents des domaines encaissent directement les revenus. Cependant, quelques établissements sont affermés suivant des lois particulières (établissements thermaux de Vichy et de Plombières). Certains droits incorporels se rattachant aux biens du domaine de l'État font aussi l'objet de baux, par exemple le droit de chasse dans les bois domaniaux (3), et le droit de pêche dans les cours d'eau navigables ou flottables (4).

496. Les biens domaniaux sont aliénables. La loi du 12 juin 1864 a posé en principe que l'aliénation a lieu en vertu d'une loi, mais que, par exception, un décret peut ordonner l'aliénation des immeubles dont la valeur intégrale ne dépasse pas un million. L'aliénation peut résulter d'une vente, d'un échange ou d'une concession.

497. La vente immobilière est faite, suivant les formes des lois des 15 et 16 floréal an X (biens ruraux et biens urbains), par adjudication avec publicité et concurrence; le procès-verbal est authentique et exécutoire. Les biens du domaine sont généralement vendus « francs et libres de toutes charges et dettes hypothécaires » : la conséquence est que l'acheteur doit payer le prix de suite et sans procéder à la purge. Le cahier des charges détermine les époques de payement du prix. En fait, les prix inférieurs à 100 francs sont payés en une seule fois. Au-dessus de 100 francs, le premier cinquième est payé dans le mois de l'adjudication; les quatre cinquièmes restant sont payés de six mois en six mois depuis le jour de l'adjudication, de manière que le règlement intégral ait lieu dans les deux ans. L'intérêt court au profit du Trésor à partir de l'échéance du premier cinquième. Si le payement n'a pas lieu à l'échéance, on peut maintenir la vente et poursuivre l'adjudicataire, ou déclarer sa déchéance de plein droit. A l'échéance, le receveur de l'enregistrement fait décerner une contrainte; quinze jours après cette contrainte, le préfet prend un arrêté de déchéance; l'adjudicataire doit payer, à titre de clause pénale, un vingtième du prix, s'il a déjà versé des acomptes, et un dixième s'il n'en a pas versé.

498. Il y a lieu, parfois, de procéder à des ventes mobilières domaniales, par exemple pour les objets mobiliers hors d'usage (1) ou les meubles faisant partie d'une succession en déshérence. D'après des arrêtés du Directoire des 22 brumaire et 23 nivôse an VI, la vente est faite, au jour fixé par le préfet, par les agents du domaine, en présence du maire, par adjudication avec publicité et concurrence; si le prix n'est pas satisfaisant, il peut être sursis à l'adjudication. La vente peut aussi, dans certains cas, être faite à l'amiable.

499. Il y a quelques règles particulières pour les ventes d'objets mobiliers appartenant au ministère de la Guerre. En principe, la vente est faite par les agents du domaine, sans arrêté préfectoral et sur simple réquisition des sous-intendants militaires; ces derniers peuvent assister à la vente et en demander l'ajournement (2). Les armes de guerre ne sont remises entre les mains de l'administration des domaines qu'avec le consentement du directeur général de cette administration; elles sont vendues dans des formes concertées entre les administrations des domaines et de la guerre (3). Les fumiers des régiments, les dépouilles des chevaux morts ou abattus (4),

---

(1) L. 28 octobre-5 novembre 1790, tit. II, art. 1er; D. 9-15 mars 1791; D. 19 août-12 septembre 1791.
(2) L. 28 octobre-5 novembre 1790, tit. II, art. 14.
(3) Ord. 20 juin 1845, art. 1er.
(4) L. 15 avril 1829, tit. III, art. 10.

(1) D. 31 mai 1862. art. 43.
(2) Régl. 1er décembre 1838, art. 193.
(3) Déc. min. fin. et guerre 10 septembre 1874 et instr. 28 novembre 1874.
(4) D. 4 novembre 1850.

sont vendus, en dehors de l'intervention des domaines, par les conseils d'administration des corps intéressés, et au profit de la masse d'entretien du corps. La vente des chevaux réformés est soumise à des prescriptions spéciales (1).

500. L'échange, en principe autorisé par une loi (2), a lieu dans les formes déterminées par une ordonnance du 12 septembre 1827; l'acte d'échange forme le titre de perception, par exemple si le contrat stipule le payement d'une soulte en argent au profit de l'État. Cet acte est enregistré gratis (3). Le préfet a le droit d'opérer seul l'échange d'une portion de route nationale déclassée contre les terrains nécessaires pour la construction de la route nouvelle (4). Enfin, aux termes de l'article 6 de la loi du 6 décembre 1897, quand la valeur d'un immeuble domanial cédé à titre d'échange n'excède pas 50,000 fr., l'autorisation de passer acte est donnée par le ministre des Finances, et l'acte est ratifié par décret en Conseil d'État (5).

501. La concession est un contrat par lequel l'État cède à un établissement public ou à un particulier un bien domanial. En principe, la concession doit être autorisée par une loi (6) : ainsi, un décret-loi du 9 avril 1811 a cédé aux départements et aux communes la propriété des édifices et bâtiments nationaux occupés pour le service de l'Administration, des cours et tribunaux, et de l'instruction publique (art. 1er); à la suite de la loi du 27 mai 1889 portant classement et déclassement de travaux militaires, diverses lois ont autorisé la cession à des communes des travaux déclassés. Plusieurs lois ont déterminé les cas où les concessions faites par suite d'une aliénation forcée, ou pour donner un droit de préférence à certains acquéreurs, ou pour faciliter des transactions, sont exemptes de l'approbation législative. D'après l'article 13 de la loi du 3 mai 1841, si un département ou une commune poursuit une expropriation et s'il se trouve parmi les parcelles à céder un bien domanial, le ministre des Finances est autorisé à concéder ces parcelles à l'amiable sans attendre l'expropriation. L'article 60 de la même loi autorise, dans les mêmes conditions, la rétrocession de parcelles de biens expropriés non utilisés au profit des propriétaires expropriés. La cession à l'amiable aux riverains des portions de terrains provenant des routes nationales déclassées est autorisé par l'article 53 de la loi du 16 septembre 1807 dont l'article 41 permet encore de procéder, par décret en Conseil d'État, à la concession des lais et relais de la mer, du droit d'endiguage, du droit d'atterrissement (7).

502. Le domaine forestier est une source de très importants revenus pour l'État. Les produits forestiers com-

prennent les coupes ordinaires et extraordinaires et la vente du bois façonné (produits principaux), et un grand nombre de produits accessoires (bois de recépages, essartements, élagages; menus produits; location de la chasse; bois cédés à la guerre et à la marine).

Les coupes de bois sont vendues par adjudication aux enchères, au rabais ou sur soumissions cachetées (1). L'adjudicataire doit fournir une caution et un certificateur de caution, ou déposer un cautionnement à la Caisse des dépôts et consignations (2). Le procès-verbal d'adjudication est authentique et exécutoire : il forme titre de recette au profit de l'État. Nous verrons que le payement du prix principal donne lieu à l'émission par l'adjudicataire, au profit du trésorier-payeur général chargé du recouvrement, de traites ou de billets à ordre.

ART. 4. — Débets.

503. Le titre de perception consiste parfois dans un arrêt ou un arrêté de débet. Le débet est le reliquat passif d'un compte : il ne peut être déclaré que contre une personne qui est ou a été en compte avec l'État. Le débet est prononcé judiciairement ou administrativement.

504. En ce qui concerne spécialement les comptables de deniers publics, d'après l'article 13 de la loi du 16 septembre 1807, la Cour des comptes règle et apure les comptes qui lui sont présentés, elle déclare si les comptables sont quittes, en avance ou en débet; dans les deux premiers cas, elle prononce leur décharge; dans le troisième, elle les condamne à rembourser au Trésor dans les délais légaux le montant des débets reconnus. Les arrêts définitifs de débet, qui forment titre exécutoire, sont transmis par la direction de la comptabilité publique à celle du contentieux, et l'agent judiciaire est chargé d'en opérer le recouvrement.

505. A côté du débet judiciaire, on trouve le débet administratif. Il remonte à la loi du 13 frimaire an VIII, dont l'article premier autorise les commissaires de la trésorerie nationale chargés par les lois d'arrêter provisoirement les comptes des receveurs et payeurs généraux des départements et des diverses régies financières à prendre, pour le recouvrement des débets, tous arrêtés nécessaires, lesquels seront exécutoires par provision par les mêmes voies que ceux des agents de la comptabilité intermédiaire pour les comptes qui leur sont soumis (3). L'article 2 de la loi du 13 frimaire an VIII ajoute qu'en cas de décès, démission, faillite, destitution, infidélité des comptables, les commissaires de la trésorerie sont pareillement autorisés à prendre, pour le recouvrement des débets constatés par le procès-verbal de situation des caisses, tous arrêtés nécessaires, exécutoires provisoirement. Enfin, l'article 4 est allé plus loin en autorisant les commissaires à prendre

---

(1) Déc. min. guerre 15 décembre 1878. — Instr. 5 juin 1879.
(2) L. 22 novembre-1er décembre 1790.
(3) L. 22 frimaire an VII.
(4) L. 20 mai 1836, art. 4; D. 25 mars 1852. Tableau C, n° 5.
(5) La loi de 1897 ajoute qu'il n'est rien innové en ce qui concerne le domaine forestier.
(6) L. 22 novembre-1er décembre 1790.
(7) Pour les atterrissements non définitifs (créments), la concession est faite à charge pour le cessionnaire de faire certains travaux de nature à les rendre définitifs.

(1) Ord. 26 novembre 1836.
(2) Art. 8 du cahier des charges approuvé le 3 août 1903.
(3) Le ministre des Finances a depuis remplacé les commissaires de la trésorerie, et la Cour des comptes les agents de la comptabilité intermédiaire. La démarcation des deux compétences judiciaire et administrative en matière de débet sera étudiée ultérieurement.

des arrêtés de débet contre les entrepreneurs, fournisseurs, soumissionnaires et agents quelconques chargés de services publics pour le règlement des acomptes et le recouvrement des débets (1).

506. On peut donc dire que l'arrêté de débet s'applique à tout rétentionnaire de deniers publics. Le Conseil d'État a toujours exigé cette condition; il considère la législation des débets comme applicable à toute personne ayant eu le dépôt, la garde, le maniement de deniers publics, ou la disposition d'avances dont le Trésor a le droit de demander compte.

Ainsi, un administrateur ou ordonnateur dont la mauvaise gestion a causé des pertes au Trésor ne peut être atteint par un arrêté de débet, et le Conseil d'État a annulé un arrêté de débet pris en 1885 contre un administrateur, dans l'affaire dite des charbons du Tonkin (2).

Le Conseil d'État a décidé, encore, qu'il ne peut y avoir d'arrêté de débet pour le recouvrement des pensions des élèves des écoles du Gouvernement, notamment de l'École spéciale militaire (3). De même, le recouvrement des sommes payées par l'État pour le rapatriement des marins du commerce naufragés ne peut être poursuivi par voie de débets, car les armateurs n'ont reçu aucune avance de l'État en vue d'acquitter les dépenses occasionnées par le naufrage (4). La restitution de sommes payées indûment par l'État ne pourrait pas être poursuivie par arrêté de débet, à moins que le débiteur n'ait été en compte avec le Trésor, par exemple, un entrepreneur de travaux publics.

507. Dans tous les cas où il peut être procédé par voie d'arrêtés ministériels de débet, ces arrêtés deviennent exécutoires en vertu d'une contrainte délivrée par le ministre des Finances, et le recouvrement est confié à l'agent judiciaire du Trésor dont le service sera exposé ultérieurement.

508. En l'absence d'un titre exécutoire contre ses débiteurs, le Trésor doit, en principe, s'adresser à l'autorité judiciaire, pour obtenir leur condamnation. Mais la loi

(1) V. aussi L. 12 vendémiaire an VIII; arr. 18 ventôse an VIII; arr. 28 floréal an XI et D. 12 janvier 1811.
(2) C. d'Ét. cont. 20 février 1885 (Hubert); V. aussi C. d'Ét. avis 21 juillet 1885.
(3) C. d'Ét. avis 24 avril et 3 octobre 1833; C. d'Ét. cont. 18 août 1856 (Mauprivez).
(4) C. d'Ét. cont. 30 novembre 1883 (Benst). Dans un arrêt du 23 mars 1877 (Sadoul), le Conseil d'État a décidé qu'un arrêté de débet ne peut être pris contre un particulier pour le remboursement d'une indemnité qui lui avait été indûment attribuée à raison du pillage de ses magasins pendant la guerre de 1870. — Id. au sujet du recouvrement d'une créance de l'État contre un évêque à raison de la vente de diverses denrées faite par l'État à son prédécesseur (24 juin 1881, évêque de Coutances). — Id. pour le recouvrement d'une créance de l'État contre un armateur pour le remboursement des dépenses occasionnées par la mise à sa disposition de bâtiments destinés à concourir au sauvetage d'un navire dans une rade (15 juillet 1887, Languet). — Id. pour le recouvrement d'une créance de l'État contre un fonctionnaire colonial (magasinier-comptable), pour remboursement de fournitures de lait à lui faites (28 juin 1895, Meulien). — Id. pour le remboursement par une ville d'indemnités que l'État a été condamné à payer à des victimes d'accidents de tir alors même que la ville aurait pris à sa charge, en créant le polygone, toutes les indemnités pour dommages pouvant en résulter (23 juin 1899, ville de Romans). — Id. pour le remboursement par un armateur d'une prime à la navigation irrégulièrement attribuée (22 décembre 1899, Sâtre).

du 14 avril 1898 a considérablement facilité le recouvrement des diverses créances pour lesquelles il n'existe pas de titre spécial de perception. Aux termes de l'article 54 de cette loi « les états arrêtés par les ministres, formant titres de perception des recettes de l'État qui ne comportent pas, en vertu de la législation existante, un mode spécial de recouvrement ou de poursuites, ont force exécutoire jusqu'à opposition de la partie intéressée devant la juridiction compétente. Les oppositions, lorsque la matière est de la compétence des tribunaux ordinaires, sont jugées comme en matière sommaire. » L'exposé des motifs remarque que la force exécutoire donnée au titre de perception fait disparaître les difficultés rencontrées par les comptables pour la réalisation des produits budgétaires qu'ils souscrivent les différentes écoles du Trésor l'avantage de pouvoir poursuivre jusqu'à opposition de leur part ses débiteurs, sans leur enlever aucune des garanties antérieurement existantes, puisque les compétences ne sont pas modifiées.

Dans cette hypothèse, les titres de perception constitués par les états ministériels sont transmis aux trésoriers-payeurs généraux chargés d'en assurer le recouvrement. Ils sont pris en charge par ces comptables, dès leur réception, et doivent figurer aux diverses parties des recettes budgétaires qu'ils concernent : produits divers du budget, recettes en atténuation de dépenses, services spéciaux du Trésor. Les trésoriers-payeurs généraux notifient immédiatement au redevable intéressé l'objet du titre de perception, et l'invitent à se libérer de suite. Si le redevable paye volontairement, il n'y a pas de difficulté. S'il oppose un refus formel de payement, ou s'il résulte des renseignements recueillis par la trésorerie générale qu'il y a lieu de prendre contre lui des mesures conservatoires dans l'intérêt du Trésor, le soin des poursuites ou des actes conservatoires n'est pas confié aux comptables du Trésor. Il a été, en effet, reconnu que l'agent judiciaire du Trésor, qui est chargé spécialement de représenter le Trésor dans toutes ses actions actives et passives devant les tribunaux, avait seul qualité pour diriger les poursuites auxquelles peut donner lieu le recouvrement des titres de perception émis par les ministres dans les conditions déterminées par l'article 54 de la loi du 14 avril 1898.

En cas d'opposition, de poursuites ou de nécessité de prendre des mesures conservatoires, les trésoriers-payeurs généraux doivent donc adresser, avec leur rapport sommaire, le dossier de l'affaire à l'agent judiciaire du Trésor.

Par exception, le mode de recouvrement des pensions et trousseaux des élèves des différentes écoles du Gouvernement est maintenu tel qu'il a été réglé par les articles 272 à 300 de l'instruction générale du 20 juin 1859 (1).

509. Quelle que soit la nature du débet, il doit être porté à la connaissance de l'agent judiciaire du Trésor public chargé d'en poursuivre le recouvrement. Cette transmission est opérée dans les conditions suivantes.

510. Lorsqu'un comptable dépendant du ministère des Finances est remplacé pour cause de débet, le compte de

(1) Circ. compt. publ., n° 1746 du 31 janvier 1899, § 1er.

sa gestion courante est clos, et le montant du débet est transporté, dans les écritures de la comptabilité publique, au compte général des comptables en débet, et, en outre, à un compte individuel, état nominatif spécial prévu par l'article 3 du décret du 5 août 1882. En même temps, la direction générale de la comptabilité publique remet à celle du contentieux, avec les pièces à l'appui, un état dûment certifié présentant la situation du comptable débiteur et énonçant tous les renseignements qui auraient été recueillis, tant sur les causes pouvant accroître ou atténuer le débet, que sur les diverses parties de l'actif du comptable.

Dans la notification faite au contentieux, le débet ne figure qu'en principal seulement, mais l'état de situation indique les dates à partir desquelles l'intérêt est exigible, afin que la liquidation puisse en être faite ultérieurement par qui de droit lors du payement intégral du débet.

511. A cet égard, l'article 368 du décret du 31 mai 1862 dispose que les débets avoués par les comptables lors de la présentation de leurs comptes, ou constatés soit administrativement, soit judiciairement, produisent intérêt à 5 0/0 l'an, au profit de l'État, à partir du jour où le versement aurait dû être effectué (1).

Cette disposition s'exécute ainsi qu'il suit :

Si les débets proviennent de soustractions de valeurs ou d'omissions de recettes, ou d'un déficit quelconque dans la caisse, les intérêts courent à dater du jour où les fonds ont été détournés de leur destination par les comptables (2).

S'ils proviennent d'erreurs de calcul qui peuvent être considérées comme des infidélités, les intérêts ne courent qu'à dater du jour de la notification de l'acte qui en a constaté le montant (3).

S'ils ont pour cause l'inadmission ou la non-production de pièces justificatives dont l'irrégularité ou l'omission engage la responsabilité des comptables, les intérêts ne commencent à courir que du jour où ces comptables ont été mis en demeure d'y pourvoir.

Pour les débets constatés à la suite de circonstances de force majeure, les intérêts ne courent que du moment où le montant en a été mis par l'Administration à la décharge des comptables (4).

---

(1) L. 28 pluviôse an III, ch. III, art. 3. Cette disposition a donné lieu à des interprétations diverses quant à la date exacte à partir de laquelle les intérêts doivent être décomptés. C'est ainsi que, dans l'administration de l'enregistrement, le terme « à partir du jour où le versement aurait dû être effectué », avait toujours été compris comme se rapportant au jour du versement dans la recette du des finances, et non à celui où la recette devait entrer réellement dans la caisse du comptable et être constatée dans ses écritures. Pour faire cesser les divergences d'application qui existaient dans les différentes administrations, le ministre a décidé, le 15 novembre 1909, que le calcul des intérêts des débets serait effectué, selon le cas, de la manière suivante : En cas de déficit matériel, à partir du jour où ce déficit s'est produit. En cas de manœuvres frauduleuses, et pour chaque détournement, à partir de la date où les fonds ont été détournés de leur affectation par le comptable. En cas de dissimulation momentanée de recettes, à partir de la date réelle du recouvrement jusqu'à la date de la constatation de la recette dans les écritures du comptable. (Circ. compt. publ., n° 1781 du 30 décembre 1900, § 5.)

(2) C. civ., art. 1996. C. d'Et. avis 8 juillet 1808, approuvé le 20 du même mois.

(3) Même avis et déc. min fin. rendue le 20 mars 1818 sur l'avis du comité des finances.

(4) Ibid.

512. L'article 1er de la loi du 7 avril 1900 a décidé que le taux de l'intérêt légal serait, en matière civile, de 4 0/0, et, en matière de commerce, de 5 0/0.

Il n'est pas possible de donner une énumération limitative des débets non productifs d'intérêts ; mais, par application de l'article 368 ci-dessus, il convient de ranger dans cette catégorie les débets excluant toute idée d'infidélité et ayant pour cause une simple erreur de calcul ou l'obligation réglementaire de solder les rôles, de payer les indemnités de commis d'office, de verser les retenues de fin de gestion pour pensions civiles, de rembourser les remises allouées en trop, etc... (1). Le Conseil d'État, consulté par le ministre des Finances sur divers cas d'application de cette disposition légale, a émis l'avis que le taux de 4 0/0 devait être appliqué pour les intérêts, postérieurs à la date à laquelle la loi du 7 avril 1900 est devenue exécutoire, résultant des débets liquidés à la charge des comptables publics ; des contrats passés par l'État ou les autres administrations publiques et condamnations prononcées à leur profit ou à leur charge ; des contraintes décernées à la requête de l'agent judiciaire du Trésor public (2).

Ces règles ont été formulées dans une circulaire du ministre des Finances du 20 mars 1901, et les conditions d'application du nouveau taux légal de l'intérêt ont été déterminées par la circulaire de la comptabilité publique du 18 avril 1901 (3). La loi du 28 pluviôse an III qui fixait à 5 0/0 le taux de l'intérêt des débets des comptables publics a été ainsi abrogée, en ce qui concerne ce taux, par la loi du 7 avril 1900. Les intérêts sont décomptés d'après l'article 368 du décret du 31 mai 1862. Pour leur calcul, l'année est comptée de 365 jours et les mois pour leur nombre exact de jours, sauf février qui est toujours considéré comme ayant 28 jours. D'autre part, les intérêts courent jusqu'au jour non compris du versement ; ainsi, pour un déficit matériel qui aura pris naissance le 1er mars et aura été comblé le 3 mars, on calculera deux jours d'intérêts (4). Quand le contentieux établit le compte en intérêts, il notifie le résultat de sa liquidation à l'administration intéressée pour que le montant du débet soit porté en augmentation du débet, et qu'il y ait toujours concordance entre les états tenus par l'agent judiciaire et ceux qui existent dans chaque ministère. Il en est ainsi des frais de poursuite exposés par l'intérêt du Trésor pour le recouvrement des débets : ces frais sont imputés sur le budget de l'État où ils forment un article spécial intitulé : frais judiciaires pour le recouvrement des créances du Trésor (5).

513. La direction générale de la comptabilité publique donne connaissance à celle du contentieux des débets résultant des arrêts de la Cour des comptes. Elle lui transmet aussi, conformément au décret du 18 décembre 1869, les arrêts constatant la libération définitive des comptables et autorisant la mainlevée des inscriptions hypothécaires prises sur leurs biens.

---

(1) Circ. compt. publ., n° 1780 du 29 décembre 1900, § 4.
(2) C. d'Et. Avis 16 février 1901.
(3) Circ. compt. publ., n° 1789 du 18 avril 1901, § 2.
(4) Circ. compt. publ., n° 1780 du 29 décembre 1900, § 4.
(5) D. 5 août 1882, art. 6.

Le contentieux est avisé, dans des conditions analogues, par les divers ministères et administrations publiques, des débets de leur ressort relevés à la charge des comptables ou d'autres personnes, et des modifications qu'ils peuvent éprouver.

§ 3. — Modes de recouvrement.

Article premier. — Recouvrement au comptant.

514. En principe, les recettes pour le compte du Trésor sont opérées au comptant, sans escompte et pour la totalité (1). Certains tempéraments concernent le recouvrement des impôts directs et indirects, et des produits du domaine forestier.

515. Les contributions directes et les taxes assimilées ne sont exigibles que par douzièmes, à terme échu ; en sorte que le payement de chaque douzième est dû le premier jour du mois, pour le mois précédent (2). Il s'agit ici d'une faculté reconnue au redevable, mais non d'une obligation. En fait, on comprend que la nécessité de se présenter chaque mois au bureau du percepteur est souvent une gêne pour le contribuable qui préfère se libérer en un ou plusieurs termes. Le mode de libération, qui consiste à s'acquitter en un, deux, trois ou quatre termes, ne peut résulter que d'une entente expresse ou tacite entre les contribuables et le percepteur. Il est à remarquer cependant que le payement unique, fait en général après l'échéance de plusieurs douzièmes, présente l'inconvénient de retarder la rentrée de l'impôt, et d'obliger le Trésor à faire appel, au début de l'année, dans une large mesure, aux ressources de la dette flottante. Aussi l'Administration, dans une circulaire du 5 février 1891, recommande-t-elle aux comptables de chercher à obtenir le payement en deux ou plusieurs versements.

516. L'exigibilité par douzièmes comporte des exceptions : les marchands forains, les colporteurs, les directeurs de troupes ambulantes, et tous autres patentables dont la profession n'est pas exercée à demeure fixe, sont tenus d'acquitter le montant de leur cote au moment où la formule de patente leur est délivrée (3).

Le déménagement hors du ressort de la perception rend exigibles, pour la totalité de l'année courante, la contribution personnelle-mobilière et celle des patentes (4), et la taxe sur les billards (5).

La vente volontaire ou forcée, le décès, la faillite ou la liquidation judiciaire ont le même effet pour la contribution personnelle-mobilière et la taxe sur les billards (6). Dans les mêmes cas, s'il y a fermeture des établissements, magasins, boutiques et ateliers, la patente est exigible pour les mois échus et le mois courant (7).

Pour la contribution des patentes, si la publication du rôle est postérieure au 1er mars, les cotes sont divisées en autant de termes qu'il reste de mois à courir après la publication ; et cette règle s'applique à la contribution personnelle-mobilière quand elle est comprise dans le même rôle que celle des patentes (1).

Certaines taxes assimilées sont payables en une seule fois : vérification des poids et mesures ; visite des pharmacies et magasins de drogueries ; taxe sur les cercles, sociétés et lieux de réunion ; inspection des fabriques et dépôts d'eaux minérales ; droits d'épreuve des appareils à vapeur ; redevances pour la rétribution des délégués mineurs.

517. Les amendes et condamnations pécuniaires dont le recouvrement est confié aux percepteurs sont exigibles en totalité aussitôt que la décision judiciaire qui les a prononcées a acquis l'autorité de la chose jugée. Toutefois, comme les percepteurs sont personnellement responsables de la rentrée de ces produits, une certaine latitude leur est laissée pour la concession d'un ou plusieurs termes aux condamnés qui ne peuvent se libérer immédiatement. L'Administration recommande aux comptables d'accorder aux redevables la faculté de payer par acomptes, dont les quotités, déterminées à préalable, sont successivement payables à des époques convenues (2).

518. Les droits d'enregistrement sont, en général, perçus au comptant. Cependant, certains actes sont enregistrés en débet, c'est-à-dire sauf recouvrement ultérieur des droits sur les parties intéressées. Cette exception s'applique notamment : aux actes et procès-verbaux des juges de paix pour faits de police ; à ceux faits à la requête du ministère public près les tribunaux ; à ceux des commissaires de police ou des gardes établis par l'autorité publique pour délits ruraux et forestiers ; aux jugements qui interviennent sur ces actes et ces procès-verbaux (3) ; aux procès-verbaux d'injures ou de rébellion dressés par les porteurs de contraintes (4) ; aux actes de procédure et jugements devant les prud'hommes (5) ; aux actes de procédure faits, en matière d'assistance judiciaire, à la requête de l'assisté, aux pièces qu'il produit pour justifier de ses droits et aux jugements rendus en sa faveur (6). Dans ces différents cas, le jugement de condamnation comprend les droits en débet parmi les dépens dont il prononce la liquidation.

Art. 2. — Crédits de droits.

519. A. Obligations cautionnées. — Tous les droits recouvrés par l'Administration des contributions indirectes et par celle des douanes doivent être payés au comptant et sans escompte (7).

Cependant des facilités, pour l'acquittement des taxes,

---

(1) L. 15 février 1875, art. 1er.
(2) Régl. gén. 24 décembre 1839, art. 1er.
(3) L. 15 juillet 1880, art. 29, et 28 avril 1893, art. 6.
(4) L. 21 avril 1832, art. 22, et 15 juillet 1880, art. 30.
(5) D. 27 décembre 1871, art. 2.
(6) L. 15 juillet 1880, art. 28 ; L. 5 mars 1891, art. 5.
(7) L. 15 juillet 1880, art. 28 ; L. 8 août 1890, art. 30.

(1) L. 3 frimaire an VII ; L. 25 avril 1884 ; L. 25 juillet 1880, art. 29.
(2) V. Dictionnaire des Percepteurs, au mot Amendes, n° 151.
(3) L. 22 frimaire an VII, art. 70, § 1er.
(4) L. 25 mars 1817, art. 74.
(5) L. 7 août 1850, art. 1er.
(6) L. 22 janvier 1851, art. 14.
(7) L. 15 février 1875, art. 1er.

ont été de tout temps concédées au commerce. Jusqu'en 1875, le payement au comptant donnait même lieu à l'attribution d'une bonification d'escompte au profit du redevable qui n'usait pas du crédit accordé pour l'acquittement des droits. Cet escompte, fixé à 3 0/0 à partir du 1er octobre 1860 (1), représentait l'intérêt des sommes versées au comptant à la régie, pendant la période de concession de crédit. Il a été supprimé par la loi du 15 février 1875, dont l'article 2 autorise seulement les redevables à présenter, pour certaines taxes, des obligations cautionnées à quatre mois d'échéance, lorsque la somme à payer, d'après chaque décompte, s'élève à 300 francs au moins.

Le crédit concédé par l'article 2 s'applique notamment aux droits d'importation et aux taxes de fabrication et de consommation sur les sels, les sucres, les bières, les huiles, les savons, les dynamites, les cartes à jouer, le prix de vente des tabacs achetés pour l'exportation (2).

520. Comme conséquence de la suppression de l'escompte en cas de payement au comptant, l'article 3 de la loi de 1875 a imposé à tous les contribuables qui demanderaient à jouir du crédit, un intérêt de retard; indépendamment d'une remise spéciale limitée à un tiers de franc pour cent, calculée sur le principal des droits compris dans les obligations et payable au moment même de la souscription des traites (3).

Pour tous les redevables mentionnés dans la loi, le crédit est uniformément porté à quatre mois; l'intérêt a été fixé à 3 0/0 par an par arrêté du ministre des Finances du 17 février 1875.

521. Les obligations sont souscrites solidairement par le redevable et par la caution qui doivent être l'un et l'autre notoirement solvables à la date de la souscription pour le crédit total accordé; et domiciliés dans le ressort de la cour d'appel où la caution est donnée (4). Le receveur principal est juge de la solvabilité des cautions et de celle de l'obligé principal; il peut refuser le crédit lorsque le débiteur ne présente pas par lui-même ou par ses cautions des garanties suffisantes. Pour faciliter le service, les Administrations des douanes et des contributions indirectes dressent des états trimestriels indiquant le maximum de crédit qui sera accordé à chacun des commerçants contribuables; ces états sont arrêtés par la direction locale. Lorsqu'au cours d'un trimestre, un commerçant qui ne figure pas sur les états fait une demande de crédit, il est statué, sur la proposition du receveur principal, par la direction locale.

Les obligations cautionnées sont souscrites à l'ordre du receveur principal, puis endossées à l'ordre du caissier-payeur central auquel elles sont envoyées.

Il est à remarquer que les obligations cautionnées sont payables au chef-lieu de l'arrondissement dans lequel elles ont été souscrites, non pas entre les mains des comptables de la régie à laquelle les droits étaient dus; mais à

la caisse du trésorier-payeur général ou du receveur des finances, ou du caissier-payeur central lorsqu'elles sont payables à Paris; sur la demande du souscripteur, elles peuvent être acquittées soit à son domicile lorsqu'il habite au chef-lieu d'arrondissement, soit à celui de toute autre personne qu'il délègue à cet effet et qui remplit la même condition (1).

522. B. *Traites de coupes de bois.* — Un crédit de même nature est concédé aux adjudicataires des coupes de bois de l'État. Les produits accessoires du domaine forestier sont recouvrés au comptant par les agents de l'Administration des domaines : receveurs de l'enregistrement. Le recouvrement des produits principaux : coupes vendues par unités de marchandises, coupes vendues après façonnage, exploitations accidentelles (chablis, bois de délit, abatages sur tracés de route, etc...) vendues sur pied en bloc sans précomptage sur la possibilité (2), est opéré par les soins des trésoriers-payeurs généraux.

523. Les adjudicataires de coupes de bois doivent payer, en outre du prix principal, comprenant le montant de l'adjudication augmenté de la valeur des charges (travaux, fournitures) imposées sur la coupe; 1° 2 décimes 1/2 par franc du prix principal, augmentation normale de tous les droits perçus par l'enregistrement et les domaines; 2° 1 fr. 60 0/0 du montant de l'adjudication, droit perçu à forfait pour frais de timbre et d'enregistrement des procès-verbaux et autres actes relatifs à l'adjudication (3); 3° le droit proportionnel d'enregistrement dû à l'occasion de toute vente mobilière : soit 2 0/0 du montant de l'adjudication et des charges accessoires, augmenté de 2 décimes 1/2 par franc (4); 4° 0 fr. 50 0/0 sur les mêmes sommes pour la caution (5); 5° 1 fr. 50, droit fixe pour la certification de la caution (6). Ces différents droits sont perçus au comptant par les receveurs de l'enregistrement. Un crédit est accordé à l'adjudicataire pour le payement du prix principal.

524. L'adjudicataire doit, tout d'abord, fournir dans les cinq jours de l'adjudication, sous peine de déchéance et de réadjudication à sa folle enchère, une caution et un certificateur de caution qui sont solidairement responsables avec lui du payement du prix principal, de tous les accessoires et frais, de tous les dommages, de toutes les restitutions et amendes qui pourront être encourues (7).

525. L'adjudicataire a la faculté de se libérer au comptant du prix de vente, immédiatement après l'acceptation de la caution et du certificateur. Il bénéficie, dans ce cas, d'un escompte dont le taux est fixé chaque année par le ministre des Finances : une décision ministérielle du 12 décembre 1905 a fixé à 2 1/2 0/0 le taux de l'escompte pour 1906. L'escompte est calculé sur le montant et d'après l'échéance des traites que l'adjudicataire aurait

---

(1) Circ. contrib. ind., n° 671 du 29 décembre 1860.
(2) L. 28 avril 1816, 8 août 1847, 15 février 1875.
(3) Circ. compt. publ., 20 mars 1875, § 3.
(4) C. civ., art. 2018.

(1) L. 29 décembre 1873, art. 21.
(2) Circ. compt. publ., n° 1745 du 2 janvier 1899, § 9-3°.
(3) Instr. gén. fin., art. 325.
(4) L. 22 frimaire an VII, art. 69, § 5-1°.
(5) *Ibid.*, art. 69, § 2-8°.
(6) *Ibid.*, art. 68, § 1er-16° et L. 22 février 1872, art. 4.
(7) Code forestier, art. 28.

souscrites s'il ne s'était pas libéré par anticipation (1). Dans les dix jours qui suivent la vente, l'adjudicataire qui n'a pas payé comptant doit remettre au trésorier-payeur général les traites garantissant le payement du prix principal. Ces traites sont d'ordinaire au nombre de quatre, payables de trois mois en trois mois à partir du 31 mars de l'année qui suit la vente (2), échéance de la première. La traite est tirée par la caution sur l'adjudicataire, puis elle est passée à l'ordre du certificateur de caution, lequel l'endosse au profit du trésorier-payeur général (3); enfin, elle est acceptée par l'adjudicataire qui se trouve ainsi être tiré accepteur, en sorte qu'il y a trois obligés en vertu de la traite : la caution, à titre de souscripteur; le certificateur, à titre d'endosseur; l'adjudicataire, à titre de tiré accepteur. Les uns et les autres sont tenus solidairement au payement comme tous les signataires d'une lettre de change : cette solidarité est, d'ailleurs, imposée à l'adjudicataire et à ses garants par l'article 329 de l'Instruction générale des Finances. Les traites sont de sommes égales, cependant les fractions de franc sont reportées sur la dernière. Elles doivent être souscrites sur papier timbré, sauf la faculté de les faire timbrer à l'extraordinaire après souscription : le trésorier-payeur général les remet alors au receveur du timbre du chef-lieu de son département et acquitte les droits; le receveur lui donne un récépissé qu'il garde en portefeuille jusqu'au retour des traites (4). A défaut de remise des traites au trésorier-payeur général dans les dix jours de l'adjudication, il est dû une indemnité de retard fixée au vingtième du prix total de l'adjudication (5).

526. Les traites souscrites sont transmises par le trésorier-payeur général au caissier-payeur central qui les classe parmi les valeurs actives du Trésor, les négocie ou les conserve, et les renvoie, dans ce dernier cas, quinze jours avant l'échéance au trésorier général dans le département duquel le paiement doit avoir lieu. Les traites appartiennent à l'exercice de l'époque de la souscription, et non de l'échéance ou du paiement (6).

En cas de faillite ou de déconfiture d'un adjudicataire de coupe de bois ou d'une caution, les trésoriers généraux doivent, avant d'exercer des poursuites contre les autres obligés, pour le payement des sommes non échues, les mettre en demeure de donner caution. Le paiement fait à la suite de cette mise en demeure donne droit au bénéfice de l'escompte comme s'il s'agissait d'un paiement volontaire offert par anticipation (7).

527. A défaut de paiement à l'échéance, les traites

portent de plein droit intérêt à 5 0/0 (1) à compter du jour de l'exigibilité. Cet intérêt profite au trésorier général, ce dernier étant personnellement obligé de fournir au Trésor les bons représentés par les traites, au jour de l'échéance. Les poursuites sont opérées dans les conditions que nous déterminerons ultérieurement (2).

528. Lorsqu'il s'agit non plus d'adjudications de coupes sur pied; mais de ventes de bois façonné à la suite de coupes invendues, ou de coupes exploitées par économie (3); le prix de chaque lot est versé au comptant à la caisse du receveur des domaines, s'il n'excède pas 500 francs. Au delà de cette somme, le prix peut être réglé en une ou plusieurs traites à six mois ou plus d'échéance; sans toutefois que l'échéance la plus éloignée puisse dépasser celle à laquelle serait souscrite la dernière traite pour une adjudication ordinaire (4).

529. L'article 8 du nouveau cahier des charges des adjudications de coupes de bois, approuvé par le ministre des Finances le 3 août 1903, sans rien modifier au système antérieur des traites, a tenu compte du désir manifesté en plusieurs circonstances par les adjudicataires d'être dispensés de fournir des cautions et des certificateurs de cautions en déposant à la Caisse des dépôts et consignations des valeurs de premier ordre représentant largement le prix de l'adjudication augmenté du montant des charges nécessaires.

Les adjudicataires peuvent en conséquence opter pour la caution, le certificateur et les traites, dans les conditions qui ont été étudiées ci-dessus; ou pour le dépôt d'un cautionnement et la souscription de billets à ordre garantissant le prix et les charges (5).

530. Les billets à ordre, dont un modèle est annexé à la Circulaire de la comptabilité publique du 19 septembre 1903 (6), sont souscrits, comme les traites, aux

---

(1) Circ. compt. publ. 21 août 1875, § 6; 27 mars 1906, § 3.
(2) Les adjudications de coupes de bois ont lieu en général en septembre ou en octobre chaque année.
(3) Le trésorier-payeur général est domiciliataire, la traite est payable à ses bureaux.
(4) Inst. gén. fin., art. 331.
(5) Id., art. 339. Cette indemnité est recouvrée par le receveur des domaines du canton de la situation des bois, comme produit accessoire des forêts, en vertu du procès-verbal d'adjudication, et du certificat du trésorier général attestant la non-souscription des traites dans les délais réglementaires.
(6) Id., art. 325.
(7) Circ. compt. publ., 10 décembre 1864, § 1er et 13 novembre 1900, § 4.

(1) L'article 1er de la loi du 7 avril 1900 a abaissé de 5 0/0 à 4 0/0 le taux de l'intérêt légal en matière civile. C'est donc ce taux qui doit être appliqué pour les retards postérieurs à la date à laquelle la loi est devenue exécutoire. V. Circ. compt. publ., n° 1789 du 15 avril 1901, § 2, et avis C. d'Et. 16 février 1901 y annexé.
(2) V° infra, n°s 620 et suiv.
(3) Coupes d'éclaircie, de nettoiement.
(4) Instr. gén. fin., art. 325.
(5) Cahier des charges, art. 8. « Les adjudicataires des coupes de bois qui ne se libéreront pas au comptant pourront se dispenser de donner une caution et un certificateur de caution en déposant à la Caisse des dépôts et consignations un dépôt en rentes sur l'État au porteur, nominatives ou mixtes, en valeurs du Trésor au porteur, en obligations au porteur du Crédit foncier et de la Ville de Paris, ou en actions ou obligations au porteur des grandes compagnies des chemins de fer français. Les trésoriers-payeurs généraux pourront encore, sous leur responsabilité personnelle, accepter telles autres valeurs qu'ils jugeront à propos. Le cautionnement sera d'une valeur au moins égale au prix principal d'adjudication augmenté d'un vingtième, de plus, en raison des fluctuations que sont susceptibles de subir les cours des valeurs, les trésoriers-payeurs généraux pourront exiger que ledit cautionnement soit majoré de 10 0/0... Ce cautionnement sera affranchi de tout droit d'enregistrement s'il est fourni par l'adjudicataire lui-même et si l'acte qui le constate fait corps avec le procès-verbal d'adjudication. Ledit cautionnement sera affecté comme nantissement spécial aussi bien à l'exécution des charges accessoires qu'au payement des billets à ordre souscrits aux échéances prévues à l'article 13 ».
(6) V. cette circulaire n° 1839, p. 2 et 11, et la circulaire de la Caisse des dépôts et consignations, n° 125, du 30 novembre 1903, p. 3.

échéances habituelles les 31 mars, 30 juin, 30 septembre et 31 décembre de l'année qui suit l'adjudication.

Au fur et à mesure du payement des billets à ordre trimestriels, le trésorier général autorisera la Caisse des dépôts et consignations, si l'adjudicataire le demande, à restituer une partie du cautionnement en valeurs, de façon toutefois que les titres restant en dépôt représentent toujours une valeur au moins égale au montant des billets restant à échoir, augmenté du vingtième du prix et, s'il y a lieu, de la majoration de 10 0/0. Les valeurs formant la garantie du vingtième ne pourront être restituées que sur un certificat de l'inspection des Eaux et Forêts attestant l'exécution des charges accessoires. Si le cautionnement a été constitué par une inscription de rente nominative ou mixte, il ne pourra pas être restitué par fractions.

Les billets à ordre sont transmis par le trésorier général au caissier-payeur central du Trésor, et renvoyées aux échéances, dans les mêmes conditions que les traites de coupes de bois.

Art. 3. — Abonnements.

531. Les diverses exceptions à la règle du payement au comptant que nous avons étudiées ont toutes pour but la concession d'un terme aux débiteurs. Dans d'autres cas, les contribuables ont la faculté de se libérer à l'avance des taxes auxquelles ils seront assujettis pendant un délai donné, moyennant le paiement à forfait de sommes déterminées d'accord avec les Administrations financières : c'est le système de l'abonnement. Son but est de supprimer, dans l'intérêt de la régie, ou dans celui des redevables, certaines formalités de surveillance administrative et notamment l'exercice en matière de contributions indirectes.

L'abonnement consiste dans l'engagement ou la soumission pris ou souscrite par les communes ou par les particuliers, de payer pendant un délai convenu, et à des époques déterminées, une somme arrêtée d'avance et à forfait, en remplacement des impôts ou des redevances éventuelles auxquelles l'abonné est assujetti.

532. En matière de contributions directes, l'abonnement est admis pour la redevance proportionnelle établie sur le produit net des mines (1). Les soumissions sont souscrites pour cinq ans, d'après le produit net moyen des cinq dernières années (2). Elles sont approuvées par le préfet sur l'avis de l'ingénieur des mines, du directeur des contributions directes et du comité d'évaluation, quand le taux d'abonnement est inférieur à 1,000 francs; par le ministre des Travaux publics d'accord avec le ministre des Finances, de 1,001 à 3,000 francs; par décret en Conseil d'État au delà de 3,000 francs en cas de désaccord entre les ministres (3). L'abonnement est toujours facultatif pour l'Administration, mais son refus ne peut être prononcé que par décision ministérielle, sur avis du conseil général des mines et des sections des Travaux publics et des Finances du Conseil d'État (1).

533. En matière de contributions indirectes, l'abonnement existe pour la perception du droit d'entrée sur les huiles non minérales, des prélèvements sur les revenus des communes pour frais de casernement, des droits sur les voitures publiques, des droits de bacs et passages d'eau (2).

L'abonnement pour la perception du droit d'entrée sur les huiles végétales et animales peut être conclu avec les communes dans lesquelles ce droit existe. La commune abonnée s'engage à verser dans les caisses de la régie, par 24e, de quinzaine en quinzaine, la somme convenue, qui doit représenter aussi exactement que possible l'équivalent de la taxe qui serait perçue dans les conditions ordinaires. Les traités, conclus entre le maire et le directeur des contributions indirectes, pour un an, sont soumis à l'approbation du ministre des Finances, après avis du préfet et du directeur général des contributions indirectes. Cet abonnement est obligatoire pour la Régie (3).

534. Le Gouvernement a la faculté d'accorder, par décret rendu sur la proposition du ministre de l'Intérieur, après avis de ses collègues de la Guerre et des Finances, des abonnements aux communes sur les revenus desquelles sont opérés des prélèvements pour les frais de casernement. L'abonnement, contracté pour une durée uniforme de cinq ans, a pour base l'importance de la garnison, et la quantité des objets consommés par les troupes et le tarif des droits établis sur ces objets (4). Les Départements de la Guerre et des Finances ont cessé l'emploi de cet abonnement.

535. Les entrepreneurs de voitures publiques de terre ou d'eau, à service régulier (5), peuvent être admis par la Régie à payer les droits sous forme d'abonnement basé sur les recettes présumées de l'entreprise pour le prix des places et le transport des marchandises (abonnement à forfait) ou sur les recettes réelles de l'année courante (abonnement à l'effectif). Les traités, conclus pour un an, et approuvés par la direction générale des contributions indirectes, peuvent être résiliés en cas de cessation du roulage. Les entrepreneurs soumissionnent le montant de l'abonnement qu'ils s'engagent à payer par trimestre et d'avance.

536. Lorsque l'adjudication des droits sur les bacs et passages d'eau n'a pas donné de résultats, le préfet peut recourir au mode d'abonnement par soumission directe, approuvé par le ministre des Finances après avis de son collègue des Travaux publics.

(1) L. 21 avril 1810, art. 35.
(2) D. 27 juin 1866, art. 1er.
(1) D. 11 février 1874, art. 2.

(1) D. 11 février 1874, art. 2.
(2) La loi du 30 mai 1899, art. 17, a supprimé l'abonnement des brasseurs pour le droit de fabrication de la bière. Le droit de détail sur les vins, cidres, poirés et hydromels, et le droit d'entrée ou de taxe unique sur les vendanges ont été supprimés par l'article premier de la loi du 29 décembre 1900; et par suite, les facultés d'abonnement individuel ou collectif général ou par corporation, qui existaient pour la perception de ces droits, sont désormais sans objet.
(3) L. 31 décembre 1873, art. 5 et 22 décembre 1878, art. 5.
(4) O. 5 août 1818, art. 10.
(5) L. 25 mars 1817, art. 119.

537. Le système de l'abonnement existe encore pour le payement des droits de timbre auxquels sont assujettis : les actions et obligations françaises (1) et étrangères (2); les billets de la Banque de France (3), et de la Banque d'Algérie (4); les obligations du Crédit Foncier (5); les contrats, polices d'assurances et avenants (6).

§ 4. — Modes de paiement.

ARTICLE PREMIER. — Paiement à la caisse.

538. Les recettes pour le compte du Trésor sont opérées, en principe, à la caisse du comptable qui en est chargé. Le redevable doit donc se transporter dans les bureaux dans lesquels les comptables se tiennent à sa disposition. C'est en ce sens qu'on dit des recettes qu'elles sont « portables ». Les heures d'ouverture des bureaux sont fixées par les règlements administratifs. Il est notamment de règle que le public est admis aux bureaux des receveurs des finances et des percepteurs aux heures adoptées pour l'ouverture des bureaux des préfectures et des sous-préfectures; c'est en général de 9 heures du matin à 4 heures de relevée, mais la caisse est d'ordinaire fermée à 3 heures pour permettre d'arrêter les écritures de la journée (7). D'après l'article 234 de la loi du 28 avril 1816, les receveurs-buralistes doivent tenir leur bureau ouvert au public depuis le lever jusqu'au coucher du soleil, les jours ouvrables seulement (8).

539. L'impôt direct qui est « portable » est en même temps « quérable », en ce sens que le percepteur est tenu de se rendre à des jours déterminés dans la commune des contribuables (9). La quérabilité de l'impôt est une mesure administrative, prise dans l'intérêt des redevables, mais aucune loi ne l'a rendue obligatoire. L'article 73 de l'Instruction générale des Finances décide que les sous-préfets déterminent à l'avance sur l'avis du receveur des finances, les jours du mois ou de la semaine où auront lieu les tournées de recouvrement dans les diverses communes dépendant du ressort de chaque perception. Le tableau des tournées est affiché dans les bureaux du percepteur et du receveur des finances. D'ordinaire chaque commune ou la réunion d'un percepteur doit être visitée une fois par mois. Mais des dispenses partielles ou temporaires peuvent être accordées par le sous-préfet, soit pour les communes très rapprochées du siège de la perception, soit lorsque la périodicité des tournées est reconnue inutile. Le Conseil d'État a annulé pour excès de pouvoirs une dispense de tournées accordée sans réserves par un sous-préfet (10). Une décision ministé-

riello du 21 mars 1883 porte qu'un percepteur pourra être dispensé par le préfet, sur la proposition des chefs de service et après avis favorable des maires et des conseils municipaux, de faire tous les mois une tournée de perception dans chaque commune, sous réserve qu'aucune poursuite ne pourra être exercée contre un contribuable si le percepteur ne s'est pas rendu au préalable dans sa commune après avoir fait porter par le maire à la connaissance des habitants, le jour et l'heure de la tournée (1).

540. L'heure de l'arrivée du percepteur dans chaque localité est généralement annoncée, sur l'ordre du maire, par le tambour communal. Si ce publicateur est requis directement par le percepteur, les frais de publication sont à la charge de ce dernier (2). Un local, dépendant de la mairie, est d'ordinaire mis à la disposition du percepteur sans qu'il existe un droit absolu à cet égard. Une solution des Finances du 29 avril 1891 recommande au comptable de ne pas donner accès aux contribuables dans les cafés et cabarets, pour des motifs de convenance et pour la sécurité des fonds (3). La tournée étant consacrée uniquement aux redevables de la commune dans laquelle elle a lieu, le percepteur n'est pas tenu d'encaisser les contributions dues dans d'autres communes (4). Il ne transporte d'ailleurs en pratique avec lui que les rôles de la commune qu'il visite.

541. En dehors des contributions directes, la « portabilité » des recettes est la règle à peu près absolue. Notons cependant que les receveurs ambulants de l'Administration des contributions indirectes opèrent le recouvrement des droits constatés au domicile même des contribuables soumis à leur exercice et à leur surveillance.

542. Les Administrations recommandent, néanmoins, aux comptables d'accorder aux redevables toutes les facilités de paiement compatibles avec les intérêts du recouvrement. Il arrive fréquemment que des contribuables résidant en dehors du lieu de l'imposition envoient à l'agent des recettes le montant de leurs contributions sous forme de valeurs postales : mandats ou bons de poste (5). L'acceptation de ces valeurs, dont l'encaissement nécessite le déplacement du comptable, n'est pas strictement obligatoire pour ce dernier. Des solutions des Finances du 5 avril 1894 et du 5 février 1897 ont admis qu'un envoi de fonds par mandat-poste adressé par un contribuable à un percepteur pris comme fonctionnaire public et non comme simple particulier pour le règlement d'intérêts privés, et encaissé par ce comp-

---

(1) L. 5 juin 1850, art. 22 et 31.
(2) L. 23 juin 1857, art. 9.
(3) L. 30 juillet 1840, art. 9.
(4) L. 4 août 1851, art. 14.
(5) L. 8 juillet 1852, art. 29.
(6) L. 5 juin 1850, art. 37.
(7) Circ. 5 mai 1862. Mémorial des Percepteurs, 1862, p. 182; et 4 juillet 1872, Mémorial, 1872, p. 346.
(8) Circ. contrib. ind., n° 311, du 6 décembre 1898.
(9) Régl. poursuites, art. 26.
(10) C. d'Et. cont. 18 juin 1868. Mémorial, 1869, p. 325 et 369.

(1) V. Sol. fin. 18 janvier 1890. Dictionnaire des Percepteurs, au mot TOURNÉES, p. 718, 719.
(2) Sol. fin. 10 avril 1855. V. Mémorial, 1834, p. 258 et 1868, p. 281.
(3) D'après la circ. compt. publ. 19 novembre 1893, VII, p. 6, les percepteurs doivent, autant que possible, s'installer dans une salle de la mairie; les municipalités récalcitrantes devraient être signalées au trésorier général et au préfet, lequel interviendrait pour assurer une installation convenable au percepteur.
(4) Mémorial, 1886, p. 244.
(5) Les contribuables peuvent demander à verser à la trésorerie générale les contributions directes qu'ils doivent soit dans le département de leur domicile, soit dans un autre département. (Circ. 20 novembre 1867, § 2, et 30 décembre 1867, § 11.)

table, est présumé destiné à l'acquittement des contributions : le contribuable est dans ce cas considéré comme valablement libéré, même si le percepteur n'a pas fait recette dans ses écritures du montant des fonds envoyés; sauf la preuve contraire. Il en est de même pour les lettres envoyées avec valeur déclarée et reçues par le percepteur.

543. A quelle caisse le paiement doit-il avoir lieu? En principe, à la caisse du comptable qui a entre les mains les titres de perception ou auquel sont faites les déclarations des contribuables. Il existe une double exception à cette règle pour le recouvrement des contributions directes et des amendes non fiscales, qui peut être opéré par voies de contraintes ou de commissions extérieures.

Lorsqu'un contribuable retardataire, non représenté dans la commune de l'imposition par un locataire, un fermier ou un régisseur, est domicilié en dehors de cette commune, soit dans l'arrondissement (1), soit dans un autre arrondissement ou département (2), le percepteur porteur des rôles peut adresser à son collègue de la résidence du contribuable une délégation ou « contrainte extérieure », pour le charger de recouvrer sur ce débiteur les sommes dont il est redevable au lieu de l'imposition. Ce mode exceptionnel de recouvrement, qui ne doit être usité qu'en cas de nécessité réelle, s'exerce sous la surveillance des receveurs des finances, et sous la responsabilité des comptables intéressés.

Si le contribuable est domicilié dans l'arrondissement, mais hors de la commune d'imposition, la contrainte est transmise au percepteur du domicile par l'entremise du receveur des finances (3). S'il est domicilié hors de l'arrondissement, mais dans le même département, la contrainte, visée par le sous-préfet, parvient au percepteur du domicile par l'intermédiaire du trésorier général et du receveur des finances de son ressort (4). S'il est domicilié dans un autre département, la contrainte est, en outre, revêtue du visa du préfet du département dans lequel le recouvrement est demandé (5).

Lorsqu'il s'agit d'une contribution à recouvrer dans une perception contiguë à celle du lieu de l'imposition, le percepteur peut être autorisé par le receveur des finances à demander le concours de son collègue par voie de contrainte extérieure.

544. En matière d'amendes non fiscales, le recouvrement est opéré par le percepteur entre les mains duquel se trouve l'extrait, délivré par le greffier, du jugement ou de l'arrêt rendu par les tribunaux : ce percepteur est celui du siège du tribunal qui a prononcé la condamnation (6). Si le condamné est sans domicile, s'il est né ou domicilié en dehors de l'arrondissement du tribunal qui l'a jugé, s'il a changé de résidence après l'inscription de l'article, ou s'il est appelé à recueillir de ses parents un

héritage situé dans un autre département, le recouvrement peut être opéré par voie de commission extérieure (1). Cette commission est adressée au percepteur du lieu de la naissance ou du domicile du débiteur, de sa nouvelle résidence, ou du domicile de ses père et mère, avec l'original de l'extrait de jugement. Ce percepteur doit opérer le recouvrement dans le délai d'un mois, ou, en cas de non recouvrement, effectuer, dans le même délai, le renvoi de l'extrait de jugement au percepteur consignataire.

545. Les contributions sont payables en argent (2). Le débiteur doit se munir du numéraire nécessaire pour solder exactement le montant de sa dette : l'appoint est à sa charge (3). Cependant les comptables ne doivent pas se prévaloir d'une manière absolue du droit qui résulte pour eux de cette disposition. Il leur est recommandé d'accorder au public toutes les facilités compatibles avec la situation de leur caisse, sans toutefois favoriser des échanges de monnaies (4). L'appoint de la pièce de 5 francs peut être fait en monnaie française de cuivre ou de billon, y compris les centimes (5). Les monnaies françaises d'argent doivent être reçues dans les caisses publiques sans limitation de quantité (6).

546. D'après les circulaires du mouvement des fonds des 4 juillet 1884 et 27 mars 1895, dans toute ville pourvue d'une succursale de la Banque de France, les récépissés délivrés par celle-ci, quelle que soit leur couleur, sont admis comme numéraire dans les caisses des trésoriers généraux, des receveurs particuliers, des percepteurs et des receveurs des régies financières. Il en est de même des mandats de virement sur la Banque de France, à condition que le récépissé ou la quittance du comptable fassent mention de ce mode de payement.

547. L'article 6 de la loi du 14 avril 1819 décide que tout propriétaire de rentes sur l'État qui veut en compenser les arrérages avec ses contributions directes ou celles d'un tiers à ce consentant peut en faire la déclaration au trésorier général qui se charge de la recette desdits arrérages et de l'application de leur montant au payement de ces contributions.

Art. 2. — *Émargement.*

548. Aux termes de l'article 310 du décret du 31 mai 1862, tout préposé à la perception des revenus publics est tenu de procéder : 1° à l'enregistrement, en toutes lettres, au rôle, état de produit ou autre titre légal, quelle que soit sa dénomination ou sa forme, de la somme reçue et de la date du recouvrement; 2° à son inscription immédiate, en chiffres, sur son journal; 3° à la délivrance d'une quittance à souche. L'article 312 ajoute que tout versement ou envoi de numéraire et autres valeurs fait aux caisses

---

(1) Instr. gén., art. 1130.
(2) Régl. des poursuites, art. 59 et 60.
(3) Instr. gén., art. 1130.
(4) Régl. des poursuites, art. 60.
(5) Id., art. 59 et Instr. gén., art. 1130.
(6) Instr. 5 juillet 1895 sur les amendes, art. 85.

(1) Inst. 3 juillet 1875, art. 86.
(2) V. L. 3 frimaire an VII, art. 1er, pour la contribution foncière.
(3) Instr. 3 juillet 1875, art. 97.
(4) Mémorial, 1872, p. 458 et Circ. mouv. des fonds, 1879, p. 361.
(5) D. 18 août 1810; Cass. 13 juillet 1860. Mémorial, 1893, p. 408.
(6) Mémorial, 1893, p. 469.

des receveurs généraux et particuliers des finances, aux payeurs et aux trésoriers, pour un service public, donne lieu à la délivrance immédiate d'un récépissé à talon.

549. L'enregistrement de la recette sur le titre légal de perception constitue la formalité de l'émargement. Cet émargement doit avoir lieu au moment même où la recette est opérée, et en présence de la partie versante (1). Les articles 141 et 142 de la loi du frimaire an VII qui obligeaient les percepteurs à émarger, en toutes lettres, sur le rôle, les payements effectués, ont été abrogés par l'article 35 de la loi de finances du 29 mars 1897. L'émargement peut donc être fait en chiffres, et même à l'aide d'un timbre ou composteur à date, pourvu que l'empreinte apparaisse avec la plus grande netteté. Mais les comptables restent toujours tenus d'opérer l'émargement au moment même où le payement a lieu, et en présence de la partie versante (2).

Les recouvrements d'amendes non fiscales doivent être émargés, en présence du débiteur, sur le carnet de prise en charge du percepteur (3).

550. D'après l'article 1382 du Code civil, l'écriture mise par le créancier à la suite, en marge ou au dos d'un titre qui est toujours resté en sa possession, fait foi, quoique non signée par lui, lorsqu'elle tend à établir la libération du débiteur. La preuve de la libération du contribuable, même s'il ne peut représenter une quittance à souche, résulte donc de l'émargement de sa contribution sur le rôle. Mais la validité de l'émargement peut être contestée. Ainsi, un conseil de préfecture est fondé à refuser de reconnaître à un émargement la force libératoire vis-à-vis du Trésor si les faits donnent à supposer qu'il n'a été opéré par le comptable que pour dissimuler sa situation (4). D'autre part, la preuve qu'un émargement est le résultat d'une erreur peut être faite par le comptable, en son nom personnel, devant les tribunaux judiciaires, contre le contribuable auquel pourrait être déféré le serment décisoire, sur le point de savoir s'il a ou non réellement payé le montant de l'émargement (5).

551. L'inscription immédiate de la recette en chiffres sur le journal du comptable assure la régularité de la constatation des recouvrements, et facilite le contrôle de chacune des opérations. C'est une mesure de comptabilité, prise dans l'intérêt du Trésor. Le journal doit, en effet, retracer, dans l'ordre chronologique, toute opération de quelque nature qu'elle soit, au moment même où elle a lieu et avec toutes ses circonstances. D'après l'article 1440 de l'Instruction générale le comptable doit décrire tout ce qui se fait et rien que ce qui se fait : constater les opérations telles qu'elles ont lieu sans lacune, sans surcharge ni rature ; conséquemment, les écritures faites ne peuvent jamais éprouver d'altération, et si des erreurs ont été commises, elles doivent être rectifiées par de nouvelles écritures.

---

(1) Instr. gén., art. 74.
(2) Circ. compt. publ., 31 mars 1897 et 21 juin 1898, IX, p. 8.
(3) Instr. 5 juillet 1895, art. 522.
(4) Mémorial, 1835, p. 193 et 1838, p. 333.
(5) Mémorial, 1845, p. 90 et 1851, p. 10.

Art. 3. — Quittance à souche.

552. Le comptable doit, enfin, délivrer à la partie versante, suivant les cas, une quittance à souche ou un récépissé à talon. Cette dernière formalité a le double but de fournir la preuve de la libération du redevable, et de permettre le contrôle de la régularité et de l'intégralité des recettes.

553. La quittance est extraite d'un registre à souche. La souche doit contenir les mêmes mentions que la quittance. L'enregistrement de la recette au journal à souche doit toujours être fait en présence de la partie versante : la souche constate distinctement le numéro d'ordre de l'enregistrement, le nom de la commune, la date de la recette, le nom du redevable, l'article du rôle ou du budget auquel la recette se rapporte, la désignation du produit recouvré et l'exercice sur lequel le recouvrement est opéré (1). Le comptable remplit immédiatement la quittance attachée à la souche, qui doit porter le même numéro d'enregistrement, les mêmes noms et mentions ; il la signe, la détache de la souche et la remet à la partie versante. Le redevable peut exiger du comptable autant de quittances distinctes qu'il est porteur d'avertissements (2).

Comme toutes les souches et les quittances se suivent par numéro d'ordre et sans lacune, le total du ou des registres à souche doit représenter le total du recouvrement : d'où facilité de contrôle. L'erreur par omission n'est pas vraisemblable, puisqu'elle supposerait la non-délivrance d'une quittance. Quant à la non-concordance des souches et des quittances, elle sera pratiquement très rare, car elle supposerait soit une falsification après coup des écritures de la souche, soit l'inscription sur la souche d'une somme différente de celle portée sur la quittance, fait extrêmement grave et dont la découverte exposerait le comptable à des répressions sévères.

554. La production d'une quittance à souche n'est pas une condition essentielle de la libération du contribuable, qui existe, nous l'avons dit, en l'absence de cette quittance, au cas d'émargement de la recette sur le titre légal de perception. Lors de la discussion de l'ordonnance du 8 décembre 1832 relative à la réglementation des quittances à souche, on avait proposé de faire de cette quittance la condition sine quâ non de la libération des parties versantes. Cette proposition a été repoussée pour le motif que dans des cas les contribuables se trouveraient, soit dans une certaine dépendance vis-à-vis des comptables, soit dans l'incapacité de reconnaître d'eux-mêmes la valeur du titre qui leur serait délivré : il eût donc été très rigoureux de les considérer uniquement comme responsables au cas où ils n'exigent pas la délivrance d'une quittance à souche.

555. Les contestations relatives à la libération du redevable sont en principe du ressort des tribunaux compé-

---

(1) Instr. gén., art. 1445.
(2) Sol. fin. 26 mai, 27 novembre 1894, et 30 août 1895.

tents pour juger le contentieux des différents impôts. Ainsi, le Conseil d'État a admis la compétence du conseil de préfecture pour les questions de régularité et de force libératoire des quittances délivrées en matière de contributions directes et de taxes assimilées (1). On peut cependant soutenir qu'à cet égard la compétence est administrative ou judiciaire selon que le mode de preuve invoqué se réfère à un acte administratif (émargement au rôle ou quittance à souche) ou aux principes du droit civil (délation de serment ou preuve testimoniale) (2). La nécessité d'une preuve écrite de la libération paraît même résulter d'un arrêt dans lequel le Conseil d'État, considérant que le contribuable n'établissait ni par la production d'une quittance réglementaire, ni par tout autre acte, le payement dont il se prévalait, a refusé d'admettre l'aveu d'un commis infidèle du percepteur, comme preuve de la libération (3).

556. La quittance doit être signée par le comptable lui-même et non par un commis ou fondé de pouvoirs ; il est interdit au comptable de signer en blanc et de laisser à ses commis les quittances du journal à souche (4). Cependant, des avis du comité des Finances du Conseil d'État des 19 avril et 18 octobre 1816 ont admis qu'un contribuable est valablement libéré du payement de ses contributions s'il produit la quittance d'un commis reconnu pour être autorisé à percevoir au lieu et place du percepteur (5).

557. Une ordonnance du 8 décembre 1832 a réglementé l'obligation de délivrer une quittance à souche, et imposé cette formalité aux percepteurs, aux receveurs des communes, aux receveurs des contributions indirectes et des régies en général.

558. Au principe que la délivrance d'une quittance à souche est obligatoire pour tout préposé à la perception des revenus publics, l'article 311 du décret du 31 mai 1852 apporte certaines dérogations.

Sont néanmoins exceptés de la formalité d'une quittance à souche : 1° les recettes opérées par les receveurs de l'enregistrement et des domaines (6); 2° le produit de la taxe des lettres; 3° les produits divers et accidentels recouvrés par les receveurs des finances.

559. Ainsi formulée l'exception est trop large. On peut dire que la quittance à souche doit toujours être délivrée, à moins que la quittance ne soit donnée sur l'acte qui est présenté par la partie versante, qu'il y ait un simple échange de valeurs, ou qu'on doive recourir aux formalités spéciales du récépissé à talon.

Il n'est donc pas exact de dire que les recettes opérées par les agents de l'enregistrement et des domaines ne donnent pas lieu à la délivrance d'une quittance à souche.

Lorsqu'il s'agit de recouvrement de droits d'acte, enregistrement d'un bail, d'un acte de vente, d'un procès-verbal d'adjudication, d'actes judiciaires, d'actes extra-judiciaires des notaires, avoués, huissiers et autres officiers ministériels, l'acte lui-même doit être présenté au comptable, et la mention des droits perçus sur le registre de perception et en marge de l'acte soumis aux droits, dispense de la délivrance d'une quittance à souche. De même, la débite des divers papiers timbrés (1) représente un simple échange de valeurs, la partie versante se borne alors à payer la valeur en argent des timbres qui lui sont remis au comptable : il n'y a pas lieu dans ce cas de délivrer une quittance à souche qui ne serait utile ni à la partie versante, puisqu'elle reçoit une valeur équivalente à l'argent versé, ni au contrôle de la recette, puisque les timbres et papiers timbrés sont pris en charge par les comptables et suivis distinctement dans tous leurs mouvements dans la comptabilité des matières. Mais en dehors de ces catégories de recettes, les receveurs de l'enregistrement, du domaine et du timbre doivent fournir aux redevables une quittance à souche : il en est ainsi, notamment, pour toutes les recettes des droits de mutation par décès, celles qui sont faites aux divers sommiers de droits et produits constatés, celles de droits d'enregistrement des locations verbales, les produits de la taxe de 4 0/0 sur le revenu des valeurs mobilières, ceux du domaine : en un mot de tous les droits constatés, par opposition aux droits d'actes (2).

560. Le produit de la taxe des lettres, représentée par l'apposition de timbres-poste, ne donne pas lieu à la délivrance d'une quittance à souche : toute vente de timbres est un échange de valeur. Mais cette quittance est remise à la partie versante à l'occasion de l'émission des diverses valeurs postales, mandats ou bons de poste, mandats-cartes, mandats télégraphiques; de même que pour l'expédition des articles d'argent, lettres et valeurs chargées ou recommandées et le payement du prix d'abonnement à diverses publications. L'expédition de lettres, cartes ou imprimés, qui a lieu parfois sans apposition de timbres, donne également lieu à la délivrance d'une quittance à souche lors du payement de la taxe.

561. Il est également des cas où les recettes opérées par les comptables de la régie des contributions indirectes ne donnent pas lieu à la délivrance de quittances à souche : notamment pour la vente des formules timbrées, estampilles, bandes de contrôle, papiers filigranés, etc..., et la vente aux débitants de tabacs par les entreposeurs : dans ces hypothèses, il n'y a encore qu'un échange de valeurs.

562. Les comptables spéciaux sont également astreints par les règlements qui les régissent, à la délivrance de quittances à souche. Citons notamment parmi les principaux : le trésorier général, les trésoriers et les préposés des trésoriers de l'établissement des invalides de la marine (3);

---

(1) C. d'Et. cont. 24 mars 1820, 15 juin 1825 et 21 juillet 1876. Ducatel. (Voir la note : Lobon, 1876, p. 701.)
(2) V. Durieu, t. I, p. 135, et Trib. des confl. 15 décembre 1888. Mémorial, 1889, p. 31.
(3) C. d'Et. cont. 21 juillet 1876. Ducatel.
(4) Instr. gén., art. 1268, 1269 et 1446.
(5) Mémorial, 1829, p. 13; 1837, p. 28; 1838, p. 327.
(6) O. 8 décembre 1832 art. 9.

(1) Papiers timbrés, timbres mobiles, formules de passeports et de permis de chasse.
(2) Circ. dir. gén. enregistrement 24 novembre 1863, 15 juillet 1869, 13 septembre 1871.
(3) D. 17 décembre 1880.

le caissier général des chemins de fer de l'État et les chefs de gare et de station dans certains cas (1); l'agent comptable de l'Imprimerie nationale; le caissier agent comptable des journaux officiels; l'agent comptable de la grande chancellerie de la Légion d'honneur; le caissier agent comptable des monnaies; les comptables des universités et facultés; l'agent comptable des chancelleries diplomatiques et consulaires.

563. Les quittances à souche supérieures à 10 francs, y compris les quittances d'acomptes et les quittances finales sur une somme excédant 10 francs, délivrées par des comptables de deniers publics sont assujetties au droit de timbre. Avant 1865, ces quittances devaient être timbrées de dimension. La loi du 8 juillet 1865, art. 4, a fixé le timbre à 0 fr. 20, et ce droit a été élevé à 0 fr. 25 par l'article 2 de la loi du 23 août 1871 (2).

La loi du 8 juillet 1865 parle des quittances de « produits et revenus de toute nature »; cette expression doit être entendue dans le sens de « recettes »; en sorte qu'une quittance émanant d'un comptable de deniers publics et ayant pour objet la constatation d'une recette dont il est chargé, doit, lorsqu'elle est assujettie au timbre, supporter le timbre spécial de 0 fr. 25 (3). Le timbre est à la charge du débiteur (4); il s'ajoute de plein droit au montant en principal de la somme due et est soumis au même mode de recouvrement (5). Le payement du droit est constaté soit par l'apposition d'un timbre mobile (6), annulé immédiatement par le comptable au moyen d'une griffe; soit par l'emploi de quittances timbrées à l'extraordinaire (7).

La délivrance d'une quittance non timbrée expose le comptable à une amende de 30 francs en principal (8). La quittance revêtue d'un timbre de 0 fr. 10 au lieu d'un timbre de 0 fr. 25 est considérée comme non timbrée : le comptable doit alors payer, outre l'amende de 50 francs, un timbre de 0 fr. 25 sans déduction du timbre de 0 fr. 10 apposé à tort (9).

564. Certaines quittances à souche bénéficient de l'exemption du timbre :

D'après l'article 16 de la loi du 13 brumaire an VII, ne sont pas soumises au timbre les quittances de contributions directes et de taxes assimilées perçues au profit de l'État. Les quittances d'amendes ne sont pas comprises dans cette exception.

Sont également exemptes les quittances d'impôts indirects qui sont données sur les actes mêmes (10); les bons de sommes fixes et les mandats émis par l'Administration des postes (11); les quittances délivrées par les comptables

de l'Administration des postes et des télégraphes à une administration publique (1), si la somme versée concerne directement le service de cette administration (2).

565. Les quittances des Administrations des contributions indirectes et des douanes sont régies, au point de vue du timbre, par des dispositions spéciales (3).

ART. 4. — *Récépissé à talon.*

566. Tout versement ou envoi de numéraire et autres valeurs fait aux caisses des receveurs généraux et particuliers des finances, a donné lieu jusqu'en 1896 à la délivrance immédiate d'un récépissé à talon. Ce récépissé était libératoire et formait titre envers le Trésor public, à la charge toutefois, par la partie versante, de le faire viser et séparer de son talon, à Paris immédiatement, et dans les départements dans les vingt-quatre heures de sa date, par les fonctionnaires et agents administratifs désignés à cet effet (4). Aucun récépissé délivré par le caissier-payeur central n'était libératoire et ne formait titre envers le Trésor qu'autant qu'il était délivré sur une formule à talon et revêtu du visa du contrôle (5).

Le récépissé à talon, créé par la loi du 24 avril 1833 dans le double but d'opérer la libération de la partie versante tout en permettant le contrôle administratif de la recette, a été usité sans modifications, jusqu'à la loi du 24 décembre 1896 pour les recettes quelconques opérées à Paris par le caissier-payeur central et le receveur central; et, dans les départements, par les trésoriers-payeurs généraux et les receveurs particuliers des finances.

567. Ce récépissé comprenait deux parties, la quittance ou volant et le talon; ces deux parties, remises lors de l'encaissement à la personne qui avait payé, devaient être présentées aux agents chargés du contrôle, c'est-à-dire à Paris aux contrôleurs spéciaux et dans les départements aux préfets et sous-préfets, sans délai pour les opérations faites à Paris, et dans les vingt-quatre heures pour les opérations faites dans les départements. Les agents du contrôle détachaient le talon pour le conserver, et visaient le volant qui était remis par eux à la partie versante pour former alors titre libératoire envers le Trésor public. Le contrôle de la recette était facile : les comptables dressaient chaque mois le bordereau des récépissés qu'ils avaient délivrés, l'envoyaient à l'agent du contrôle de leur ressort, qui le rapprochait des talons conservés par lui, et en certifiait la régularité. Les bordereaux et les talons étaient ensuite transmis à la comptabilité publique. Pour donner toute sa force au contrôle, la loi du 24 avril 1833 avait décidé que la délivrance d'un récépissé à talon par les comptables désignés, et le visa de ces récépissés par les agents du contrôle adminis-

---

(1) Régl. 26 décembre 1891, art. 138. Circ. compt. publ. 21 mars 1892, § 8.
(2) Art. 2. « Il est ajouté 2 décimes au principal des droits de timbre de toute nature. »
(3) Circ. 6 décembre 1865, § 5.
(4) *Mémorial*, 1895, p. 190.
(5) L. 8 juillet 1865, art. 4.
(6) D. 21 juillet 1865, art. 1.
(7) D. 5 février 1889.
(8) L. 2 juillet 1862, art. 22.
(9) L. 23 août 1871, art. 18 et 24. Sol. enregistrem. 22 octobre 1877.
(10) L. 13 brumaire an VII, art. 16.
(11) L. 18 mars 1870 et 29 juillet 1882, art. 8.

---

(1) Par administrations publiques, il faut entendre uniquement les services de l'État proprement dits et les établissements publics appartenant à l'État, mais non les administrations départementales, communales ou hospitalières. (Sol. Enregistr. 8 août 1890.)
(2) Instr. des postes et télégr., n° 430. *Bulletin* de 1892, n° 1250.
(3) L. 8 juillet 1865, art. 4. L. 23 avril 1816, art. 19 et 243.
(4) D. 31 mai 1862, art. 312.
(5) *Ibid.*, art. 343.

tratif, seraient une condition essentielle de la libération de la partie versante.

568. Le récépissé à talon n'était obligatoire que s'il se rapportait à une opération concernant un service public, il s'appliquait à la délivrance de tout titre engageant le Trésor : recettes accidentelles et diverses; versements par les différents comptables ; bons du Trésor, traites du caissier-payeur central, extraits d'inscriptions de rentes, certificats d'inscription de pensions ou de cautionnements. La loi du 24 avril 1833 avait exempté de cette formalité certaines opérations faites dans un intérêt privé, par exemple les versements pour achats ou ventes de rentes. Si le comptable ne délivrait pas de récépissé à talon, il encourrait la révocation. Si la partie versante, par légèreté ou par ignorance, ne présentait pas les récépissés aux agents administratifs chargés de les viser; le comptable du Trésor délivrait au service du contrôle une déclaration de versement, soumise au visa et destinée à tenir la place du talon dans les pièces justificatives de la recette.

Le timbre de 0 fr. 25 perçu en vertu des lois du 15 brumaire an VII, articles 1er et 12, du 8 juillet 1865, article 4, et du 23 août 1871, article 2, pour les quittances de produits et revenus de toute nature délivrées par les comptables de deniers publics, s'applique aux récépissés à talon, pourvu toutefois que ces récépissés aient pour objet la constatation d'une recette réelle, concernant exclusivement des extraits privés (1), par exemple le versement des pensions et trousseaux des élèves des écoles du Gouvernement (exception faite pour les élèves des écoles militaires de Saint-Cyr et de la Flèche) (2).

569. La loi du 24 avril 1833 a été abrogée par l'article 11 de la loi du 24 décembre 1896, et remplacée par les dispositions suivantes :

Tout versement en numéraire ou autres valeurs fait aux caisses du caissier-payeur central du Trésor public à Paris et à celles des trésoriers-payeurs généraux et des receveurs particuliers des finances pour un service public donnera lieu à la délivrance immédiate d'un récépissé. Ce récépissé, pour être libératoire et former titre contre le Trésor, devra être détaché d'une formule à talon.

Les bons du Trésor, traites, mandats, récépissés et valeurs de toute nature émis par le caissier-payeur central, n'engageront le Trésor qu'autant qu'ils seront délivrés sur des formules à talon et revêtus du visa du contrôle.

Les dispositions légales nouvelles seront constamment affichées dans les bureaux et caisses où elles devront recevoir leur exécution. Il en sera de même des modèles réglementaires adoptés par l'Administration. Les formules de chacun des titres y énoncés contiendront le texte du paragraphe spécialement applicable à ce titre (3).

570. Sauf pour la caisse centrale du Trésor dont la réglementation n'est pas modifiée, la loi du 24 décembre 1896 a eu pour objet la suppression du visa du contrôle administratif des récépissés à talon. La circu-

laire de la comptabilité publique n° 1695, du 26 décembre 1896, partant du principe nouveau que les récépissés délivrés par (le receveur central de la Seine), les trésoriers-payeurs généraux, les receveurs particuliers et les percepteurs de chefs-lieux d'arrondissement (recettes supprimées), ne seront plus soumis à partir du 1er janvier 1897 à la formalité du visa, et seront libératoires et formeront titre contre le Trésor à la seule condition d'être détachés d'une formule à talon, a institué, pour remplacer le mode de contrôle et les garanties de la loi du 24 avril 1833, un ensemble de mesures que nous allons examiner.

Le texte de l'article 11 de la loi du 24 décembre 1896, ainsi que les modèles réglementaires de récépissés adoptés par l'Administration doivent être affichés par les comptables dans le lieu le plus apparent du bureau où ils reçoivent les versements : il importe que cette prescription soit rigoureusement observée.

571. De nouvelles formules de récépissés à talon sont mises en usage depuis le 1er janvier 1897; elles sont préparées exclusivement par l'Imprimerie nationale, réunies en carnets de séries contenant chacun 250 formules numérotées par la voie de l'impression, et fournies par les soins de la direction générale de la comptabilité publique aux comptables qui doivent s'en approvisionner à l'avance en quantités suffisantes pour éviter toute interruption dans les recouvrements faute de formules de récépissés (1). Les demandes sont transmises à la comptabilité publique par l'intermédiaire des trésoriers généraux, soit avant le commencement de l'année, soit en cours d'année, au cas d'insuffisance des carnets de réserve. Cette fourniture est faite aux frais des comptables (2).

572. Les récépissés comportent quatre types distincts correspondant chacun à une catégorie de recettes déterminées, avec une série propre de numéros d'ordre (3).

Ces dernières formules sont particulièrement importantes et établies en vue d'en faciliter le contrôle. A cet effet, les récépissés de ce modèle sont munis latéralement de chiffres-contrôle suivant un système analogue à celui qui est employé pour les mandats-poste.

573. Le récépissé proprement dit, ou volant, est séparé

---

(1) Instr. gén., art. 1526.
(2) Ils en sont débités au compte : Divers 1/c de fournitures de l'Imprimerie nationale (§ 20 de la Circulaire, et Circ. compt. publ. 30 juin 1862, § 3).
(3) Catégorie A. Récépissés pour versements des percepteurs, numérotés à partir du n° 1 (papier bleu clair).
Catégorie B. Récépissés pour versements des receveurs des régies financières, numérotés à partir du n° 10,001 (papier rose). Ces récépissés comprennent l'énumération des régies (enregistrements et domaines, douanes, contributions indirectes, postes et télégraphes), et les receveurs des finances, lors de leur délivrance, effacent à la main, dans le corps de la formule, celles des mentions imprimées qui ne se rapportent pas au versement effectué.
Catégorie C. Récépissés concernant les divers comptes de la Caisse des dépôts et consignations, numérotés à partir du n° 20,001 (papier jaune-clair).
Catégorie D. Récépissés dits passe-partout relatifs aux autres services de la Trésorerie générale (qui, avant 1897, donnaient lieu à la délivrance de récépissés à talon visés au contrôle), numérotés à partir du n° 30,001 (papier blanc). Les divers modèles de récépissés sont annexés à la Circulaire du 26 décembre 1896. — V. aussi Circ. compt. publ., n° 1705, du 13 mars 1897, § 1er.

---

(1) Circ. compt. publ, n° 634, du 20 février 1858, § 1er.
(2) Circ. compt. publ., n° 639, du 2 octobre 1858, § 1er.
(3) L. 24 décembre 1896, art. 11, §§ 1, 2 et 6.

du talon par une souche comprenant sur un fond de sûreté sept tranches horizontales de chiffres disposés en colonne et répétés deux fois, savoir : 1re tranche, millions; 2e tranche, centaines de mille; 3e tranche, dizaines de mille; 4e tranche, unités de mille; 5e tranche, centaines, 6e tranche, dizaines; 7e tranche, unités. Chacune de ces tranches horizontales se compose des chiffres 1, 2, 4 et 5, lesquels suffisent pour former, par leurs combinaisons, tous les chiffres de 1 à 9. L'indication de la valeur attribuée à chaque tranche est, d'ailleurs, imprimée en toutes lettres, tant à droite qu'à gauche des deux colonnes de chiffres, et elle doit, dans tous les cas, rester adhérente, d'une part, au talon, et, d'autre part, au récépissé.

574. Pour détacher un récépissé, l'employé chargé de ce service découpe la colonne de droite de telle sorte que le total des chiffres latéraux adhérents au récépissé représente, dans chaque tranche, le chiffre correspondant de la somme (en francs) qui est inscrite en lettres et en chiffres dans le corps du récépissé.

La colonne de gauche, qui est destinée à faire partie intégrante du talon, et qui reste toujours intacte, sert de repère pour reconstituer la somme pour laquelle a été délivré le récépissé correspondant, en tenant compte exclusivement des chiffres qui se trouvent en regard des vides laissés dans la colonne de droite.

Quant aux centimes, ils sont ajoutés à la main, en chiffres seulement, dans deux petits cadres qui ont été ménagés, à cet effet, sur le volant (en haut et à gauche), ainsi que sur le talon (en bas et à droite).

Comme la nomenclature des différents comptes de recettes figure à la fois sur le récépissé et sur le talon, les comptables n'ont pour déterminer l'imputation donnée à un versement dans leurs écritures, qu'à inscrire le montant de ce versement en regard du compte intéressé.

575. La circulaire recommande aux receveurs des finances d'apporter le plus grand soin à la rédaction des récépissés qui doivent porter toutes les indications indispensables notamment aux secrétaires des facultés, aux comptables des écoles du Gouvernement, à la Direction de la Dette inscrite (bureau des cautionnements), et à la Direction générale de la comptabilité publique elle-même, pour contrôler l'application des recettes effectuées à tel ou tel compte, à tel ou tel exercice, etc...

Il est absolument interdit aux comptables d'autoriser leur caissier à signer, pour quelque motif que ce soit, les récépissés en leur lieu et place. En conséquence, les dispositions de la circulaire en date du 30 juin 1890 autorisant les trésoriers généraux à permettre, sous leur responsabilité, le cumul des fonctions de fondé de pouvoirs et de caissier dans les recettes particulières, sont rapportées.

Les receveurs des finances ou leurs fondés de pouvoirs devront avoir soin, en signant les récépissés munis de chiffres contrôle, de s'assurer que les chiffres latéraux adhérents bien avec la somme inscrite dans le corps desdits récépissés.

576. Les talons des récépissés sont conservés, dans chaque recette des finances, avec les carnets dont ils font partie intégrante. Les carnets doivent être représentés à toute époque à l'inspection générale des finances. Ils sont classés avec le plus grand soin pour pouvoir être consultés toutes les fois qu'il sera nécessaire.

Toutes les fois qu'un récépissé, détaché de son carnet, devra être rebuté par suite d'une erreur de découpage ou pour tout autre motif, les comptables inscriront en travers dudit récépissé et de son talon la mention F. M. (formule manquée). Les formules manquées seront conservées dans la caisse du trésorier général, pour chaque département, et transmises au ministère des Finances après la clôture définitive des opérations de chaque gestion.

577. La suppression du visa des récépissés entraîne comme conséquence la suppression du visa du contrôle donné jusqu'en 1897 par les préfets et sous-préfets sur les déclarations de versement. D'autre part, ces déclarations, libellées sur des feuilles volantes, ne présentent pas les mêmes garanties matérielles d'authenticité que le récépissé original. Aussi les comptables doivent-ils veiller à ce que ces déclarations ne soient délivrées que dans les cas prévus expressément par les instructions. Ils doivent, en outre, mentionner la délivrance de chaque déclaration au verso du talon du récépissé correspondant. Enfin, pour éviter la production de déclarations revêtues de fausses signatures, ces pièces doivent être frappées d'un timbre sec dont l'empreinte en relief présente des garanties plus sérieuses d'authenticité que l'empreinte plus ou moins nette des timbres humides autrefois en usage.

§ 5. — Garanties du Trésor.

578. Nous venons d'examiner les règles relatives à l'exigibilité et à la constatation des recettes. Leur recouvrement est assuré par des garanties qui ont été établies au profit du Trésor. «Le privilège, à raison des droits du Trésor royal (public), et l'ordre dans lequel il s'exerce, sont réglés par les lois qui les concernent. Le Trésor royal (public) ne peut cependant obtenir de privilège au préjudice des droits antérieurement acquis à des tiers (1). »

579. Les privilèges attribués au Trésor par diverses lois et règlements, s'exercent sur les biens des comptables ou sur ceux des redevables. Les premiers nous sont déjà connus. C'est donc uniquement à l'encontre des débiteurs que nous étudierons les privilèges dont le Trésor bénéficie pour le recouvrement des recettes. Ces privilèges concernent les contributions directes, les frais de justice, les contributions indirectes, les douanes, l'enregistrement et le timbre, et certains recouvrements d'une nature particulière (en matière de drainage et de desséchement des marais).

580. Le privilège du Trésor public pour le recouvrement des contributions directes est déterminé par la loi du 12 novembre 1808 (2). Cette loi établit une distinction

(1) C. civ. art. 2098.
(2) Un décret du 7 août 1903 a étendu aux colonies, pour le recouvrement des contributions directes et des taxes assimilées le privilège

entre la contribution foncière et les autres contributions directes :

1° Pour la contribution foncière de l'année échue et de l'année courante le privilège s'exerce sur les récoltes, fruits, loyers et revenus des biens immeubles sujets à la contribution;

2° Pour les contributions mobilières, des portes et fenêtres, des patentes, et toute autre contribution directe et personnelle, le privilège s'exerce, pour l'année échue et l'année courante, sur tous les meubles et autres effets mobiliers appartenant aux redevables en quelque lieu qu'ils se trouvent (1).

Quelle que soit la nature de la contribution à recouvrer, la loi de 1808 décide que le privilège s'exerce avant tout autre, qu'il est limité à l'année échue et à l'année courante, qu'il est opposable soit au contribuable, soit à certains tiers détenteurs pour son compte, enfin qu'il ne préjudicie point aux autres droits appartenant au Trésor comme créancier.

581. *Contribution foncière.* — Le privilège s'étend aux récoltes, fruits, loyers et revenus des biens immeubles sujets à la contribution. C'est un privilège spécial. D'après l'article 582 du Code civil, les fruits sont naturels, industriels ou civils. Les fruits naturels sont le produit spontané de la terre, le produit et le croît des animaux; les fruits industriels d'un fonds sont ceux qu'on obtient par la culture; les fruits civils sont les loyers des maisons, les intérêts des sommes exigibles, les arrérages des rentes et les prix des baux à ferme (2). Ces diverses catégories de fruits sont grevées du privilège. La loi du 19 février 1889 permet au Trésor d'exercer son privilège sur les indemnités d'assurance dues en cas de sinistre des récoltes assurées, pourvu que le paiement n'ait pas été fait de bonne foi par l'assureur avant opposition. La garantie n'existe que pour le recouvrement des contributions foncières (principal, centimes additionnels et frais de poursuite s'il y a lieu) afférentes à l'immeuble même dont proviennent les fruits ou autres revenus, et non pas de toutes les cotes foncières imposées au même contribuable. Mais le privilège comporte un véritable droit de suite, en ce sens qu'il est opposable aux tiers acquéreurs des immeubles dont les revenus en sont grevés (3); pourvu toutefois que ces acquéreurs ne puissent pas opposer un acte de vente régulier des fruits et revenus; les questions de fait soulevées à ce sujet relèvent de l'appréciation des tribunaux judiciaires, notamment les difficultés qui surgiraient au cas où les récoltes privilégiées auraient été engrangées dans

des bâtiments appartenant à un tiers. Le Trésor pourrait d'ailleurs poursuivre la nullité de la vente de fruits faite en fraude de ses droits, à charge de fournir la preuve. Remarquons que cette vente est nulle si elle est faite à une époque où la saisie brandon n'est pas permise, c'est-à-dire plus de six semaines avant la maturité (1).

L'acquéreur d'un immeuble doit s'assurer que la contribution foncière a été payée jusqu'au jour de la vente; et cette obligation existe pour tous les adjudicataires de biens vendus par autorité de justice (2).

Le privilège ne frappe ni sur les immeubles mêmes des redevables, ni sur leur prix de vente. La question de son application aux intérêts de ce prix est discutée (3).

582. *Autres contributions directes.* — Le privilège pour le recouvrement des autres contributions directes : personnelle-mobilière, des portes et fenêtres, des patentes, est général et affecte tous les meubles et effets mobiliers appartenant aux redevables, en quelque lieu qu'ils se trouvent. Mais il ne comporte pas le droit de suite : le Trésor ne serait pas autorisé à porter son exécution sur des meubles qui auraient cessé d'appartenir au débiteur (4); pourvu que l'aliénation ait été faite régulièrement de bonne foi, sans fraude et avant toute poursuite; et que le prix ait été payé à l'acquéreur. Les meubles et objets mobiliers sont déterminés par les articles 517 et suivants du Code civil : récoltes coupées (art. 520), arbres abattus (art. 521), cheptels (art. 522), obligations, actions, créances, intérêts, relatifs à des objets mobiliers, rentes (art. 529), bateaux, bacs, navires, moulins, bains sur bateaux (art. 530). Le privilège du Trésor sur les biens du failli ne peut être opposé à la masse des créanciers s'il n'a pris naissance qu'après la déclaration de faillite (5). Il ne peut s'exercer sur les objets mobiliers insaisissables. Ces objets sont déterminés par l'article 77 du règlement sur les frais de poursuites (6) : les lits et vêtements nécessaires au contribuable et à sa famille. Les outils et métiers à travailler. Les chevaux, bœufs, mulets et autres bêtes de somme ou de trait, servant au labour. Les charrues, charrettes, ustensiles et instruments aratoires, harnais de bêtes de labourage. Les livres relatifs à la profession du saisi, jusqu'à la somme de 300 francs à son choix. Les machines et instruments servant à l'enseignement pratique ou exercice des sciences et des arts, jusqu'à concurrence de la même somme et au choix du saisi. Les équipements des militaires, suivant l'ordonnance et le grade. Il est laissé au contribuable saisi une vache à lait, ou deux chèvres, ou trois brebis, à son choix, avec les pailles, fourrages et grains nécessaires pour la nourriture et la litière de ces animaux pendant un mois; plus la quantité de grains ou de graines

---

de la loi du 12 novembre 1808, en ce qui concerne la perception des taxes de même nature. Le privilège de la colonie ne prend rang qu'après celui de l'État.
(1) L. 12 novembre 1808, art. 1er.
(2) C. civ., art. 583 et 584. Les produits des mines et des carrières ne sont pas des fruits (Cass. 22 août 1842. D. P. 42, I, p. 348, et 28 janvier 1857. D. P. 57, I, p. 391.) — Dans les lois, on considère comme fruits les arbres en pépinière en état de maturité, et les taillis ou futaies en coupes réglées, à l'époque de l'abatage. (Sol. fin. 11 mars 1889. *Mémorial*, 1889, p. 175.)
(3) Aubry et Rau, *Droit civil français*, t. III, p. 186, et Cass. req. rej. 6 juillet 1852.S.52, I, 534, et 26 mai 1886. *Mémorial*, 1886, p. 539. *Contra* Rouen, 1er février 1893. *Mémorial* 1893,, p. 268.

(1) Alençon, 26 novembre 1883. *Dictionnaire des Percepteurs*, au mot PRIVILÈGE, p. 459.
(2) Instr. gén., art. 78; art. 11 du règl. des poursuites.
(3) Pour l'affirmative. Circul. justice 16 janvier 1889. *Mémorial*, 1889, p. 87. Cass., 4 décembre 1895. *Mémorial*, 1896, p. 197. *Contra* : Sol. fin. 2 décembre 1890. *Mémorial*, 1891, p. 240. Les Andelys, 30 juillet 1889. *Mémorial*, 1891, p. 160, et 1896, p. 513.
(4) Cass. Civ. 17 août 1847.S.48.1.45.
(5) Cass. 30 avril 1889. *Mémorial*, 1891, p. 362.
(6) V. C. proc. civ., art. 592.

nécessaires à l'ensemencement ordinaire des terres. Les abeilles, les vers à soie, les feuilles de mûrier, ne sont saisissables que dans les temps déterminés par les lois et usages ruraux (1).

583. *Taxes assimilées* (2). — Le privilège du Trésor pour le recouvrement des taxes assimilées s'exerce dans des conditions analogues à celles des contributions directes, suivant que la taxe à recouvrer a été assimilée soit à l'impôt foncier, soit aux autres contributions. La taxe des biens de mainmorte et la redevance proportionnelle sur les mines sont assimilées à la contribution foncière (3). La redevance fixe sur les mines et les autres taxes sont assimilées à l'impôt personnel mobilier.

584. *Exercice du privilège.* — D'après l'article 12 de la loi du 12 novembre 1808, le privilège spécial pour le recouvrement de la contribution foncière, et le privilège général pour le recouvrement des autres contributions directes « s'exercent avant tout autre ». Cette formule doit être restreinte dans certains cas.

Ainsi, le privilège qui nous occupe prime les autres privilèges du Trésor en matière de contributions indirectes, de douanes, de frais de justice criminelle, correctionnelle ou de police, d'enregistrement (4), et celui qui grève les biens des comptables. Mais il vient en concours, soit avec lui-même pour les diverses cotes non foncières imposées au nom d'un seul contribuable, soit avec le privilège des droits de timbre (5). Dans ces cas, la répartition se fait au prorata de chaque créance privilégiée.

D'autre part, le privilège est primé par celui de l'article 2101 du Code civil relatif aux frais de justice. Il faut entendre ici par frais de justice les frais exposés en vue de la réalisation du gage, et dont l'effet est utile pour le Trésor : commandement, saisie, garde, vente de l'objet privilégié, et frais accessoires ; frais exposés dans l'intérêt de la masse des créanciers et justifiés par les états taxés dressés par les officiers ministériels (6) ; mais non ceux exposés par un créancier isolé à l'occasion d'une action particulière (7) ; ni les frais d'administration d'une faillite (8) ou de distribution par contribution.

Le privilège général pour le recouvrement des contributions non foncières ne doit pas s'exercer sur les sommes affectées à titre de cautionnement ; ni sur les créances résultant d'abus et de prévarications commis par un fonctionnaire ou un comptable dans l'exercice de ses fonctions.

585. D'après l'article 2 de la loi du 12 novembre 1808, tous fermiers, locataires, receveurs, économes, notaires, commissaires-priseurs et autres dépositaires et débiteurs de deniers provenant du chef des redevables et affectés au privilège du Trésor public, sont tenus, sur la demande qui leur en sera faite, de payer, en l'acquit des redevables et sur le montant des fonds qu'ils doivent, ou qui sont en leurs mains, jusqu'à concurrence de tout ou partie des contributions dues par ces derniers. Les quittances des percepteurs pour les sommes légitimement dues leur sont allouées en compte.

Cette règle constitue, au profit du Trésor, un véritable droit de suite des deniers affectés à son privilège entre les mains de tous les tiers détenteurs à titre privé ou à titre public (1). Une simple demande du percepteur suffit pour obliger les tiers détenteurs au paiement des contributions, pourvu toutefois que ce comptable soit en mesure de prouver que les deniers détenus sont bien frappés du privilège au profit du Trésor.

Il y a lieu, d'ailleurs, d'observer que ce privilège est restreint, par la loi du 12 novembre 1808, au recouvrement des contributions de l'année échue et de l'année courante.

Enfin, le privilège ne préjudicie point aux autres droits que le Trésor pourrait exercer sur les biens des redevables comme tout autre créancier : c'est alors le droit commun qui est applicable (2).

586. La loi du 5 septembre 1807 (art. 1er) a réglé le privilège attribué au Trésor pour « le remboursement des frais dont la condamnation est prononcée à son profit, en matière criminelle, correctionnelle, et de police ». La loi ne parlant que des frais, le privilège ne peut être invoqué pour le recouvrement des amendes (3), à raison desquelles le Trésor ne jouit que du bénéfice de l'hypothèque judiciaire. Il ne s'applique pas non plus aux frais d'instance en déclaration de banqueroute simple ou frauduleuse : les articles 587 et 592 du Code de commerce ont, en effet, décidé que les frais de poursuite en banqueroute simple ou frauduleuse intentée par le ministère public ne pourront en aucun cas être mis à la charge de la masse. Mais lorsque les poursuites intentées contre un commerçant en état de faillite ont porté en même temps sur des faits de banqueroute et sur d'autres crimes ou délits, le Trésor est privilégié, à l'encontre de la masse, pour les frais de la dernière espèce antérieurs à la déclaration de faillite (4).

587. Le privilège pour frais de justice criminelle, correctionnelle et de police, frappe sur la généralité des meubles et des immeubles des condamnés. Mais il ne peut s'exercer

---

(1) L. 4 avril 1889, art. 10 et 11.
(2) D'après l'article 58 de la loi de finances du 30 mars 1902 : « Les dispositions de la loi du 12 novembre 1808 sont applicables aux taxes communales assimilées aux contributions directes. Toutefois, le privilège ainsi créé prendra rang immédiatement après celui du Trésor public. »
(3) L. 28 février 1849 ; L. 21 avril 1810. *Mémorial*, 1896, p. 205.
(4) V. *infra* nos 586 et suiv.
(5) V. *Infra* n° 597.
(6) Toulouse, 31 décembre 1891. *Mémorial*, 1892, p. 309.
(7) Paris, 26 septembre 1856. *Dictionnaire des Percepteurs*, au mot PRIVILÈGE, p. 465.
(8) Trib. Pamiers, 14 février 1890. *Mémorial*, 1892, p. 152. Le syndic détenteur de deniers privilégiés pour le Trésor doit les employer au payement des contributions, et ne peut répartir les fonds de la faillite sans s'assurer du payement préalable des contributions privilégiées. (Cass. 21 mai 1883. *Mémorial*, 1891, p. 281.)

(1) Le décret-loi des 5-13 août 1791 oblige les dépositaires publics à acquitter les contributions avant de procéder à la délivrance des deniers aux ayants droit.
(2) L. 12 novembre 1808, art. 3.
(3) Les amendes constituent des peines et non des frais de justice ; et il en est ainsi des indemnités accordées aux parties civiles.
(4) Paris, 4 mars 1839, D. 39.2.108 ; Besançon, 30 août 1856 S. 56.2.698 et Cass. 11 août 1857, D. 57.1.342.

sur la masse immobilière qu'à défaut de mobilier ou, en cas d'insuffisance, après discussion de la fortune mobilière du débiteur (1). Il en résulte que si le Trésor ne se présentait pas à la distribution du mobilier, il serait déchu de son privilège sur les immeubles dans la mesure de la collocation qu'il aurait pu obtenir sur le prix du mobilier (2). Si la distribution du prix des immeubles précède celle du mobilier, le Trésor peut faire valoir son privilège; mais la collocation dans ce cas sera éventuelle et sauf réduction lors de la discussion du mobilier; et les créanciers en concours avec le Trésor peuvent demander au juge d'impartir à ce dernier un délai pour procéder à cette discussion (3).

588. Le privilège sur les meubles n'est soumis à aucune formalité de conservation; mais l'article 2 de la loi du 5 septembre 1807 énumère les divers autres privilèges et droits qui lui sont préférés : 1° les privilèges désignés aux articles 2101 et 2102 du Code civil (4); 2° les sommes dues pour la défense personnelle du condamné, lesquelles, en cas de contestation de la part de l'Administration des domaines, seront réglées d'après la nature de l'affaire par le tribunal qui aura prononcé la condamnation. Le privilège du Trésor se trouve ainsi primé, en vertu de l'article 2101-7° du Code civil, par le privilège établi sur les cautionnements des comptables publics et des officiers ministériels pour faits de charge; et par le privilège de second ordre du bailleur de fonds qui en a fait la déclaration au Trésor. L'Administration considère que les frais de justice exposés pour la poursuite d'un crime ou d'un délit commis par un officier ministériel dans l'exercice de ses fonctions ne constituent pas une créance pour faits de charge (5).

589. Aux termes de l'article 4 de la loi du 5 septembre 1807, le privilège sur les immeubles ne s'exerce qu'après les autres privilèges et droits suivants : 1° les privilèges désignés dans l'article 2101 du Code civil dans le cas prévu par l'article 2105 (6); 2° les privilèges désignés en l'article 2103 du Code civil, pourvu que les conditions prescrites pour leur conservation aient été accomplies; 3° les hypothèques légales existantes indépendamment de l'inscription, pourvu toutefois qu'elles soient antérieures au mandat d'arrêt, dans le cas où il en aurait été décerné contre le condamné, et, dans les autres cas, au jugement de condamnation; 4° les autres hypothèques, pourvu que les créances aient été inscrites au bureau des hypothèques avant le privilège du Trésor public, et qu'elles résultent d'actes ayant acquis une date certaine antérieure auxdits mandats d'arrêt ou jugements de condamnation; 5° les sommes dues pour la défense personnelle du condamné, sauf le règlement, ainsi qu'il est dit en l'article 2 ci-dessus.

590. Pour conserver son effet utile à l'égard des immeubles, le privilège doit être inscrit dans les deux mois à dater du jour du jugement de condamnation; passé ce délai, les droits du Trésor ne peuvent s'exercer qu'en conformité de l'article 2113 du Code civil (1). La faillite du condamné ne dispense pas le Trésor de prendre inscription dans le délai de deux mois. La Cour de cassation a admis qu'en cas de condamnation postérieure à la déclaration de faillite, mais pour des faits antérieurs à cette faillite, le Trésor peut valablement prendre une inscription qui prime l'hypothèque légale de la masse des créanciers du failli (2). En cas d'aliénation des immeubles soumis au privilège, l'inscription peut être faite jusqu'à la transcription de l'acte d'aliénation (3). L'inscription postérieure à la transcription n'aurait d'effet ni pour le droit de suite, ni pour le droit de préférence, et le Trésor ne serait pas fondé à réclamer une collocation sur le prix de vente, au préjudice des créanciers hypothécaires régulièrement inscrits (4).

591. La Régie des douanes possède, pour le recouvrement des droits dus au Trésor, un privilège sur la généralité des meubles et effets mobiliers des redevables (5).

Le privilège de l'Administration des douanes frappe donc tous les meubles et effets mobiliers des redevables; et aussi de leurs cautions solidaires. La Régie se trouve ainsi préférée à tous autres créanciers à l'exception : 1° de ceux auxquels sont dus des frais de justice; 2° de ceux auxquels sont dus d'autres frais privilégiés; il faut entendre par ces mots les créances que l'ancienne jurisprudence considérait comme privilégiées sur la généralité des meubles, c'est-à-dire les frais funéraires et de dernière maladie, les gages des gens de service et les fournitures de subsistances; 3° du locataire pour six mois de loyer.

Encore faut-il que les redevables soient demeurés propriétaires des meubles frappés du privilège, ou que le prix de ces meubles leur soit encore dû. En ce qui concerne les marchandises déposées ou entreposées dans les magasins de la douane, et qui sont le gage de la Régie, il faut remarquer d'une part que la loi de 1791 réserve à leur propriétaire le droit de les revendiquer tant qu'elles sont demeurées sous balle et sous corde (6); d'autre part, que la Régie perd son droit de gage lorsqu'elle consent à la prise de possession par les acheteurs (7).

---

(1) C. civ., art. 2105.
(2) Lyon, 14 décembre 1832, S. 32.2.169 et Limoges, 9 juin 1842, S. 43.2.10.
(3) Vᵒ Aubry et Rau, Droit civil, t. III, p. 166.
(4) Ce sont les privilèges généraux sur les meubles, et les privilèges spéciaux sur certains meubles.
(5) Cass. 26 juillet 1858, D. 58.1.409 et Sol. fin. 29 décembre 1896.
(6) C'est-à-dire à défaut ou en cas d'insuffisance du mobilier.

(1) L. 5 septembre 1807, art. 3. — Le privilège se transforme alors en hypothèque qui ne date, à l'égard des tiers, que de son inscription.
(2) Cass. 13 janvier 1874, D. 74.1.169.
(3) L. 23 mars 1855, art. 3 et 6.
(4) Cass. Civ. rej. 12 juillet 1852, S. 52.1.529.
(5) L. 6-22 août 1791, tit. XIII, art. 22. — « La Régie aura privilège et préférence à tous créanciers sur les meubles et effets mobiliers... des redevables pour les droits, à l'exception des frais de justice et autres privilèges, de ce qui sera dû pour six mois de loyer seulement, et sauf aussi la revendication dûment formée de leur part des marchandises en nature qui seront encore sous balle et sous corde. » Ce privilège a été étendu aux confiscations, amendes et restitutions, par l'article 4 du titre VI de la loi du 4 germinal an II.
(6) Le propriétaire peut revendiquer, soit en vertu de l'article 2102 nᵒ 4 du Code civil (marchandises en la possession du débiteur), soit en vertu de l'article 576 du Code de commerce (marchandises expédiées au failli). Cass. civ. 12 février 1845, S. 45.1.205.
(7) Cass. rej. 19 décembre 1859, D. 60.1.110.

592. En outre du privilège sur les meubles des redevables, l'Administration des douanes possède encore sur leurs immeubles, « pour le payement du montant des soumissions faites sur le registre et signées par eux ou par leurs facteurs, pourvu que les extraits de ces registres aient été enregistrés dans les délais fixés pour les actes des notaires », une hypothèque légale conférée par l'article 23, titre XIII, de la loi des 6-22 août 1791. Cette hypothèque doit être inscrite, conformément à l'article 2153 du Code civil, et à défaut de cette formalité, aucune préférence ne serait accordée à la Régie sur les créanciers chirographaires en cas de faillite du redevable.

593. L'article 47 du décret du 1er germinal an XIII (1) confère à la régie des contributions indirectes, pour le recouvrement des droits qui lui sont dus, un privilège sur tous les meubles et effets mobiliers des redevables, qui s'exerce dans des conditions analogues à celui de l'Administration des douanes, et avec le même rang.

Le privilège s'applique aux meubles des cautions solidaires des redevables (2).

La Cour de cassation a admis que le privilège du propriétaire pour six mois de loyer, lequel prime le privilège de la Régie, peut être exercé même dans le cas où, au commencement du bail, le locataire a payé d'avance un loyer de six mois ; ce payement anticipé doit s'imputer sur les six derniers mois de jouissance (3).

Mais le privilège du Trésor n'assure le droit de préférence que par voie de saisie, et une simple contrainte ne suffirait pas à lui donner son effet. Au cas de faillite du redevable, la vente du mobilier saisi doit être opérée par les agents du Trésor et non par le syndic, et la régie peut exiger que les débiteurs du failli se libèrent entre ses mains (4). Du reste, la faillite et le vote d'un concordat ne modifient en rien la nature du privilège du Trésor ni son mode d'exercice (5). Ce privilège, cependant, ne pourrait être opposé à la masse des créanciers de la faillite si le failli avait entrepris un nouveau métier sans l'autorisation du syndic ni du juge-commissaire (6).

Enfin, la souscription d'obligations cautionnées équivalant au payement, et libérant les marchandises de l'impôt, la Régie ne pourrait, au cas de non-apurement de ces obligations à l'échéance, opposer son privilège aux tiers acquéreurs ou créanciers gagistes de ces marchandises (7).

594. L'Administration de l'Enregistrement ne possède aucun privilège général sur les redevables pour la garantie des divers droits dont la perception lui est confiée.

Cependant, l'article 33 de la loi du 25 ventôse an XI et l'article 1er de la loi du 25 nivôse an XIII décident que les

---

(1) D. 1er germinal, an XIII, art. 47 « La régie des droits réunis aura privilège et préférence à tous les créanciers sur les meubles et effets mobiliers... des redevables pour les droits, à l'exception des frais de justice, ce qui sera dû pour six mois de loyer seulement, et sauf aussi la revendication dûment formée par les propriétaires des marchandises en nature qui seront encore sous balle et sous corde. »
(2) Cass. civ. 18 janvier 1841, S. 41.1.324, et Paris, 29 novembre 1864, S. 65.2.108.
(3) Cass. civ. rej. 26 janvier 1852, S. 52.1.122.
(4) Paris, 29 novembre 1864, S. 65.2.108.
(5) Ibid.
(6) Cass. req. 30 avril 1889, S. 90.1.289.
(7) Cass. req. 3 avril 1889, S. 90.1.209.

notaires, avoués, greffiers, huissiers et autres officiers ministériels sont assujettis à un cautionnement affecté spécialement à la garantie des condamnations prononcées contre eux par suite de l'exercice de leurs fonctions. Lors donc que ces officiers ministériels auront été condamnés au payement d'amendes ou de droits d'enregistrement à l'occasion des actes de leur ministère, le Trésor aura, pour le recouvrement de ces amendes et droits, un privilège spécial sur le cautionnement, qu'il exercera soit seul, soit en concours avec les tiers au profit desquels auraient été prononcées des condamnations pour faits de charge.

595. En outre, et à côté de ce privilège qui n'est pas spécial au Trésor, l'Enregistrement possède un droit de préférence pour le recouvrement des droits de mutation par décès. Dans cette hypothèse, l'article 32 de la loi du 22 frimaire an VII décide que « la nation aura action sur les revenus des biens à déclarer, en quelques mains qu'ils se trouvent, pour le payement des droits dont il faudrait poursuivre le recouvrement ».

Ce privilège a pour objet la garantie du payement des seuls droits de mutation par décès ; mais de tous ces droits, en quelques mains que soient les biens, et quelle que soit la part de chacun des héritiers. Par suite, les revenus des biens de la succession répondent tous indistinctement, et chacun pour le tout, du payement des droits successoraux : ceux qui sont entre les mains des légataires répondent des droits dus par les héritiers et réciproquement. La question de l'application du privilège aux droits et demi-droits en sus des droits simples, exigibles dans certains cas, est douteuse, et l'Administration s'est, à diverses reprises, prononcée tantôt pour l'affirmative, et tantôt pour la négative.

596. L'action privilégiée du Trésor porte sur « les revenus des biens à déclarer » ; mais elle ne comporte pas un droit de préférence sur les meubles ou immeubles mêmes de la succession ; ni un droit de copropriété permettant de prélever les droits de mutation sur la valeur de ces biens. La jurisprudence qui, pendant longtemps, avait attribué à la Régie un privilège sur toutes les valeurs mobilières et immobilières de la succession, paraît définitivement abandonnée par la Cour de cassation (1).

Le privilège de la Régie, sur les revenus des biens à déclarer, ne peut s'exercer au préjudice des tiers acquéreurs. Le Conseil d'État, dans un avis des 4-21 septembre 1810 a décidé que les termes « en quelques mains qu'ils se trouvent » de la loi du 22 frimaire an VII, ne s'appliquent qu'aux personnes qui tiennent directement leurs droits du défunt, par exemple les héritiers et les légataires à titre universel ou particulier. Mais, en cas d'aliénation des biens successoraux, le droit de préférence serait admissible sur les intérêts du prix dû par l'acquéreur aux ayants droit du défunt. La Régie perd également ses droits vis-à-vis des créanciers hypothécaires lorsque les fruits naturels et civils ont été immobilisés à leur profit : ces fruits forment alors un accessoire qui doit être distribué

---

(1) Cass. civ. 23 juin 1857, S. 57.1.401 et civ. rej. 24 juin 1857, S. 57.1.438.

à ces créanciers avec le prix principal par voie d'ordre et comme valeur immobilière (1).

597. En matière de timbre, l'article 76 de la loi de finances du 28 avril 1816 décide qu' « en cas de décès des contrevenants, les droits de timbre et amendes de contraventions y relatives seront dus par leurs successeurs, et jouiront, soit dans les successions, soit dans les faillites ou tous autres cas du privilège des contributions directes ». Ce texte a donc eu pour objet l'extension au recouvrement des droits de timbre, des amendes et des contraventions y relatives, des dispositions de la loi du 12 novembre 1808 qui nous sont connues.

598. La loi du 16 septembre 1807, relative au desséchement des marais, a décidé que le montant de la plus-value obtenue par le desséchement se diviserait entre le propriétaire et le concessionnaire dans les proportions fixées par l'acte de concession; et que, si le desséchement est opéré par l'État, sa portion dans la plus-value sera fixée de manière à le rembourser de toutes ses dépenses (2). L'article 23 ajoute que les indemnités dues au concessionnaire ou au Gouvernement à raison de la plus-value résultant des desséchements, auront privilège sur toute ladite plus-value, à la charge seulement de faire transcrire l'acte de concession, ou le décret qui ordonnera le desséchement au compte de l'État, dans le bureau ou dans les bureaux des hypothèques de l'arrondissement ou des arrondissements des marais desséchés. L'hypothèque de tout individu inscrit avant le desséchement sera restreinte, au moyen de cette transcription, sur une portion de propriété égale en valeur à la première valeur estimative des terrains desséchés.

Pour conserver son privilège, après la transcription, l'État n'est pas tenu de prendre, avant l'expiration de dix ans, des inscriptions en renouvellement. La transcription prescrite par l'article 23 de la loi du 16 septembre 1807 est, en effet, collective, et se fait sans aucune désignation de propriétaires intéressés : le conservateur des hypothèques qui l'opère n'a pas à prendre des inscriptions d'office, et, par suite, les dispositions de l'article 2154 du Code civil sur le renouvellement des inscriptions, ne sont pas applicables en l'espèce (3).

599. La loi du 17 juillet 1856 sur le drainage accordait au Trésor public, pour le recouvrement de l'annuité échue et de l'année courante sur les récoltes ou revenus des terrains drainés, un privilège prenant rang immédiatement après celui des contributions publiques. Mais le Crédit foncier a été substitué à l'État, pour la réalisation de ces prêts, par la loi du 28 mai 1858.

600. Une restriction est apportée à l'exercice des différents privilèges attribués au Trésor public, quelle qu'en soit la nature, par le second alinéa de l'article 2098 du Code civil, aux termes duquel « le Trésor royal (public) ne peut cependant obtenir de privilège au préjudice des droits antérieurement acquis à des tiers ». La portée de cette disposition a été autrefois discutée. Certains ont voulu n'y voir qu'une application du principe de la non-rétroactivité des lois, que la consécration de l'inviolabilité des droits acquis à des tiers au moment des lois nouvelles qui devaient organiser les privilèges du Trésor. Mais cette interprétation paraît avoir été définitivement écartée. En effet, cette disposition a été insérée dans le Code à la suite d'une discussion née au sein du Conseil d'État et de laquelle il résulta que ce Conseil, à l'occasion de l'exercice du privilège sur les biens des comptables, avait bien réellement entendu maintenir, au regard du Trésor, l'efficacité des privilèges acquis à des tiers antérieurement à la naissance des créances et des droits privilégiés du Trésor. « Il est nécessaire, disait à ce propos le consul Cambacérès, d'exprimer cette limitation, et de dire que les privilèges du Trésor public ne pourront détruire ceux qui existeraient antérieurement à la gestion du comptable. » Cette solution doit être appliquée aux privilèges sur les biens des redevables, et, dès lors, le second alinéa de l'article 2098 doit être entendu en ce sens que dans le cas de concours du Trésor avec des tiers acquéreurs ou des créanciers qui, avant l'époque où les créances de l'État ont pris naissance, avaient acquis des droits de propriété ou de préférence sur les biens des redevables, ces droits l'emporteraient sur le privilège du Trésor public. Par suite, le privilège de l'enregistrement pour les droits de mutation par décès ne serait pas opposable aux créanciers ayant à faire valoir un privilège du chef du défunt (1). Le privilège des contributions directes n'aurait pas d'effet contre un créancier nanti d'un gage antérieurement à la naissance de la créance du T.ésor (2). La loi du 5 septembre 1807 a fait une application de ce principe en disposant que le privilège des frais de justice criminelle, correctionnelle ou de police, n'aurait d'effet, sur les immeubles des condamnés, qu'après les hypothèques, légales ou autres, antérieures au mandat d'arrêt ou au jugement de condamnation. C'est donc uniquement au jour où la créance privilégiée au profit du Trésor a pris naissance, qu'il faut faire remonter l'effet utile des privilèges.

Ajoutons que cet effet utile, du moins en ce qui concerne les privilèges immobiliers et les hypothèques, ne peut être conservé que moyennant l'accomplissement de la formalité de l'inscription; aucune dispense ne résultant, à cet égard, des lois qui ont réglementé ces garanties.

601. En dehors des privilèges proprement dits, le Trésor possède, dans certains cas, des garanties particulières sur les biens des redevables.

602. L'article 14 de la loi des 28 octobre-5 novembre 1790 relative à la location par l'État des biens domaniaux immobiliers non affectés à un service public, décide que le bail consenti à la suite d'une adjudication avec publicité et concurrence est notarié; qu'il est authentique et exécutoire; et qu'il emporte hypothèque sur les immeubles du preneur. Cette dernière disposition

---

(1) Cass. 24 juin 1857, déjà cité.
(2) L. 16 septembre 1807, art. 20.
(3) Cass. civ. 28 mars 1854. S. 54.1.334.

(1) Amiens, 18 novembre 1854, S. 55.2.47.
(2) Cass. req. rej. 7 mai 1816, cité par Aubry et Rau, t. III, p. 188, note 40.

n'était alors que l'application du droit commun : tout acte exécutoire emportait hypothèque sur les biens du débiteur, et les actes notariés avaient cet effet. Mais, depuis la loi du 11 brumaire an VII, cette hypothèque est devenue judiciaire et ne peut plus résulter que des jugements et de certains actes judiciaires (1). Le procès-verbal d'adjudication n'emporte donc plus hypothèque de plein droit; mais, comme il équivaut à un acte notarié, l'État pourrait y stipuler une hypothèque spéciale sur les biens du preneur.

603. D'après des avis du Conseil d'État des 16-25 thermidor an XII, 29 octobre-12 novembre 1811 et 24 mars 1812, insérés au *Bulletin des Lois*, les contraintes décernées par les administrations, dans les cas et pour les matières de leur compétence, ont la même force qu'un jugement de condamnation, et entraînent à ce titre, comme conséquence, une hypothèque judiciaire. Ces avis, et spécialement celui de l'an XI, établissent une règle commune à toutes les contraintes émanées des administrateurs auxquels la loi accorde le pouvoir d'en décerner. Cependant, la Cour de cassation n'a pas voulu reconnaître d'une façon absolue l'effet hypothécaire à toute contrainte; elle a semblé vouloir faire une distinction d'après le caractère des autorités administratives qui ont à intervenir; en fait, c'est une question d'espèce (2). Il est généralement admis que la contrainte décernée par le receveur des finances pour le recouvrement des contributions directes n'emporte pas hypothèque, car elle n'est pas dirigée contre le contribuable lui-même, et contient seulement injonction aux agents chargés de la poursuite (3).

604. Un décret du 4 mars 1793 a décidé que les marchés passés par la nation, même par des actes sous seing privé, emporteraient hypothèque sur les immeubles des fournisseurs et de leurs cautions (art. 3).

605. Un arrêté du 24 messidor an XI déclare qu'il sera sursis au paiement de l'annuel des inscriptions de rentes appartenant aux comptables, aux fournisseurs auxquels il a été fait des avances non employées, et aux autres reliquataires de deniers publics, jusqu'à ce qu'ils soient libérés de leurs débets, ou qu'ils aient transféré au Trésor, jusqu'à due concurrence, la propriété de leurs inscriptions au grand-livre de la dette.

606. Dans certains cas, il y a solidarité entre les redevables.

En matière de contributions directes, on peut poursuivre personnellement et au même titre que le contribuable inscrit au rôle :

1º Les héritiers et légataires (4).

2º Les fermiers, soit en vertu des délégations faites

par les propriétaires (1); soit, à la décharge du propriétaire, pour la contribution foncière de l'année courante des biens qu'ils ont pris à ferme, lorsque le bail ne met pas cet impôt à leur charge (2).

3º Les propriétaires et les locataires principaux, pour le paiement des contributions personnelle-mobilière et des patentes, dues par les locataires et sous-locataires; lorsqu'ils n'ont pas averti un mois à l'avance le percepteur du déménagement de ces derniers hors du ressort de la perception; ou, en cas de déménagement furtif, s'ils n'en ont pas donné avis au percepteur dans les huit jours à dater du jour même du déménagement (3).

La responsabilité est limitée, pour la patente, aux douzièmes échus et au douzième courant; et, en cas de déménagement furtif, aux termes échus de l'impôt personnel-mobilier (4). Dans tous les cas, les propriétaires ou principaux locataires demeurent responsables de la contribution des personnes logées par eux en garni (5).

607. Une circulaire de la Comptabilité publique du 6 juin 1903 a déterminé la marche à suivre pour assurer la rentrée des contributions dues par des congrégations religieuses dont la liquidation a été ordonnée par application de la loi du 1er juillet 1901 (6).

Après entente avec l'Administration des finances, le Ministre de la Justice a transmis aux procureurs généraux, le 16 mai 1903, une circulaire portant que les contributions restant dues par les congrégations dissoutes doivent être soldées par les liquidateurs de ces congrégations, au besoin, au moyen d'une avance que leur fera le receveur de l'enregistrement (7).

608. La solidarité a été déclarée par diverses lois pour l'exécution des condamnations prononcées contre plusieurs personnes pour même fait de fraude (8). Elle s'étend aux propriétaires des marchandises saisies, à ceux qui seraient chargés de les introduire, aux ane-

---

(1) L. 11 brumaire an VII, art. 4; C. civ., art. 2123.
(2) Cass. civ. rej. 28 janvier 1828, S. 28.1.126. — V. Lyon, 7 août 1829, S. 29.2.339 et Sérigny, *Revue critique*, 1856, IX, p. 554.
(3) Vº Duriou, *Des poursuites en matière de contributions directes*, I, p. 466, et Sérigny, *op. cit.*, p. 559.
(4) « Les héritiers ou légataires peuvent être poursuivis solidairement, et un pour tous, à raison des contributions de ceux dont ils ont hérité ou auxquels ils ont succédé, tant que la mutation n'a pas été opérée sur le rôle. » (Règl. poursuites, art. 4.)

XXVI

(1) L. 4 août 1844, art. 6. Règl. poursuites, art. 13 *bis*.
(2) Dans ce cas, les fermiers précomptent les sommes qu'ils ont payées, sur le montant de leurs fermages (art. 147 de la loi du 3 frimaire an VII). Règl. poursuites, art. 13.
(3) L. 19 juillet 1906, art. 4. C. d'Ét. Cont. 7 novembre 1900. Ausset. Circ. compt. publ. 30 juillet 1906, § 2.
(4) L. 21 avril 1832, art. 22 et 23; L. 15 juillet 1880, art. 30. Règl. poursuites, art. 15 et 16.
(5) Règl. poursuites, art. 16 *bis*; L. 21 avril 1832, art. 23.
(6) Circ. compt. publ., nº 1835, 6 juin 1903, § 9.
(7) Les relevés de contributions établis par les percepteurs et accompagnés des extraits de rôles sont centralisés à la Trésorerie générale, récapitulés, et transmis aux liquidateurs intéressés, soit directement, soit par l'intermédiaire des trésoriers généraux du département dans lequel ils sont domiciliés. Dans chaque département, les extraits de rôles et relevés de contributions doivent faire l'objet d'un envoi unique à chaque liquidateur.
La circulaire de la Comptabilité publique fait, en outre, remarquer aux percepteurs que la patente imposée au nom d'établissements congréganistes dissous en cours d'année est exigible en totalité. En effet, d'après la jurisprudence du Conseil d'État, les dispositions exceptionnelles de l'article 28, § 3, de la loi du 15 juillet 1880 (Fermeture de magasins, boutiques et ateliers, par suite de décès ou de faillite déclarée. Les droits ne sont dus alors que pour le passé et le mois courant) doivent être strictement limitées aux cas prévus par le législateur, et, dès lors, il n'est pas possible de les étendre aux congrégations dissoutes par application de la loi du 1er juillet 1901 (Déc. min. fin., 9 mai 1903).
(8) C. pén., art. 55; L. 22 août 1791, tit. XII.

neurs, à leurs complices et adhérents (1); à tous ceux qui auront participé à un fait de contrebande, comme assureurs, assurés ou intéressés (2). Ces diverses personnes sont tenues solidairement de l'amende, des confiscations, des dépens et de la restitution des marchandises confisquées dont la remise provisoire aurait été faite. Ces dispositions sont applicables aux condamnations prononcées en matière de contributions indirectes et de douanes.

609. L'Administration de l'enregistrement a, dans certains cas, le droit de réclamer le paiement des droits d'actes à des personnes qui n'en sont pas les débiteurs réels. L'article 29 de la loi du 22 frimaire an VII décide que les droits des actes à enregistrer seront acquittés : par les notaires pour les actes passés devant eux; par les huissiers et autres ayant pouvoir de faire des exploits et procès-verbaux, pour ceux de leur ministère; par les greffiers pour les actes et jugements qui doivent être enregistrés sur les minutes, et ceux passés et reçus aux greffes, et pour les extraits, copies et expéditions qu'ils délivrent des jugements qui ne sont pas soumis à l'enregistrement sur les minutes; par les secrétaires des administrations centrales et municipales pour les actes de ces administrations qui sont soumis à la formalité de l'enregistrement. Les officiers publics qui auraient fait, pour les parties, l'avance des droits d'enregistrement, pourront prendre exécutoire du juge de paix de leur canton pour leur remboursement (3). Enfin, l'article 32 de la même loi, après avoir énoncé que les droits des déclarations des mutations par décès seront payés par les héritiers, donataires ou légataires, ajoute que le paiement de ces droits pourra être poursuivi solidairement contre tous les cohéritiers; mais non pas contre tous les légataires ou donataires.

610. L'affranchissement des correspondances postales est d'ordinaire facultatif pour l'expéditeur, en ce sens que les correspondances non affranchies ou insuffisamment affranchies sont transmises au destinataire auquel on réclame le paiement d'un double droit représenté par l'apposition de chiffres-taxes. L'affranchissement est obligatoire pour les objets admis au tarif réduit (cartes postales, journaux, imprimés, papiers d'affaires, échantillons). Les objets de cette nature déposés aux bureaux de poste sans affranchissement sont néanmoins transmis, et taxés au tarif des lettres non affranchies. Lorsque, dans ce dernier cas, les destinataires refusent d'acquitter la taxe, celle-ci peut être répétée, par voie de contrainte, contre les expéditeurs (4).

§ 6. — *Prescription libératoire.*

611. Le Trésor n'est pas recevable à réclamer indéfiniment le paiement des divers droits qui lui sont dus; les débiteurs peuvent après un certain temps lui opposer la prescription libératoire. La prescription contre le

Trésor avait été d'abord fixée par l'article 36 de la loi du 1er décembre 1790 à quarante ans, dépassant ainsi de dix ans la prescription la plus longue du droit commun. L'article 2227 du Code civil déclare que l'État est soumis aux mêmes prescriptions que les particuliers; et même, dans la plupart des cas, des prescriptions spéciales, de courte durée, ont été établies par les lois au profit des redevables.

612. *Contributions directes et taxes assimilées.* — Lorsque le percepteur a laissé s'écouler, sans faire de poursuites, trois années à partir du jour où les rôles lui ont été remis; ou si, ayant commencé des poursuites, il les a interrompues ou abandonnées, sans les reprendre pendant trois ans, la prescription des contributions directes et des taxes assimilées non recouvrées est acquise au redevable (1). A la vérité, dans cette hypothèse, la prescription ne s'exerce pas au détriment du Trésor, mais au détriment du comptable, puisque ce dernier est tenu de solder de ses deniers personnels les cotes non recouvrées au 31 décembre de la troisième année, sauf son recours contre les contribuables (2). C'est donc le percepteur personnellement qui est déchu, au bout de trois ans, de tous ses droits contre les redevables et de toutes poursuites en recouvrement. En effet, le percepteur qui a soldé les rôles est subrogé aux droits du Trésor et à ses actions, mais il reste soumis aux mêmes exceptions et la prescription triennale peut lui être opposée (3). Par suite, le comptable n'aurait aucun droit à reprendre par un rôle nouveau le contribuable en situation de bénéficier de la prescription, dans le but d'obtenir le paiement de la cote prescrite (4). Si l'avance des contributions a été faite non par le percepteur, mais par un tiers, en l'acquit du contribuable, ce dernier est soumis pendant trente ans à l'action en remboursement du tiers qui a payé pour lui : tel est le cas du propriétaire qui a soldé l'impôt des portes et fenêtres pour le locataire; de la personne qui a payé, par erreur, l'impôt d'une parcelle dont elle n'était pas propriétaire; du locataire qui a payé plus que sa quote-part dans l'impôt des portes et fenêtres (5).

La prescription triennale peut être opposée pour toutes les contributions directes, et toutes les taxes assimilées; elle s'applique à chaque cote, divisément, et non à toutes les contributions d'une même année; elle s'étend aux frais de poursuite qui sont un accessoire de l'impôt. Le percepteur ne serait pas admis à déférer le serment décisoire au redevable, sur le fait de savoir s'il a ou non réellement payé la cote prescrite. L'article 2275 du Code civil relatif à la délation de ce serment ne s'applique, en effet, qu'aux prescriptions particulières établies par les articles 2271 et suivants.

613. *Amendes et condamnations pécuniaires.* — Les délais de la prescription varient suivant qu'il s'agit de condamnations civiles (frais de justice, restitutions et dom-

(1) D. 8 mars 1811, art. 2.
(2) L. 28 avril 1816, art. 53.
(3) L. 22 frimaire an VII, art. 30.
(4) L. 20 mai 1854, art. 2; L. 25 juin 1856, art. 8.

(1) L. 3 frimaire an VII, art. 149 et 150. Arr. 26 thermidor an VIII, art. 17. Règl. des poursuites, art. 18.
(2) Instr. gén. 20 juin 1859.
(3) Trib. Saint-Nazaire, 19 mai 1894. *Mémorial*, 1894, p. 451.
(4) C. d'Ét. cont., 26 février 1892. *Mémorial*, 1892, p. 501.
(5) V. *Mémorial*, 1886, p. 111 et 1894, p. 453.

mages-intérêts), ou de condamnations pénales (amendes et confiscations). En matière de condamnations civiles, la prescription est de trente ans, quelles que soient la gravité de l'acte incriminé et la juridiction qui ait prononcé le jugement; mais le débiteur peut toujours renoncer au bénéfice de la prescription (1).

Toutes les condamnations pénales, la prison aussi bien que l'amende et la confiscation, sont soumises aux mêmes règles, quant à la prescription : cette dernière est de vingt ans en matière criminelle; de cinq ans en matière correctionnelle; de deux ans en matière de simple police (2). La nature de la condamnation est déterminée, non par la juridiction qui a prononcé la peine, mais par la qualification donnée par le Code pénal à l'acte sur lequel la condamnation est motivée; par suite, une cour d'assises ou un tribunal de simple police peuvent prononcer des peines correctionnelles se prescrivant par cinq ans (3). Quant aux amendes de cassation, après avoir admis qu'elles se prescrivent à des époques différentes selon qu'elles se rapportent à une condamnation criminelle, correctionnelle ou de simple police (4), il a été reconnu qu'elles ne présentent aucun caractère pénal; en conséquence, les « amendes de cassation participent de la nature des frais de justice et se prescrivent par trente ans, quelle que soit la juridiction qui ait prononcé la condamnation primitive (5). » En matière de roulage, la prescription est d'un an, quand la condamnation a été prononcée par un conseil de préfecture, et de deux ans si l'affaire a été portée devant un juge de paix; mais elle est de cinq ans pour les condamnations résultant de fausses indications sur la plaque ou de fausses déclarations de nom et de domicile (6).

614. La prescription court, non de la date du jugement, mais du jour où la condamnation a acquis force de chose jugée en devenant définitive (*dies a quo*). En matière pénale, la prescription est une exception d'ordre public, qui doit être suppléée d'office par le juge; il en résulte que le condamné ne peut y renoncer ni directement, ni indirectement : le débiteur ne pourrait s'engager, même par acte notarié, à renoncer à ce principe absolu (7).

Il est de jurisprudence qu'une amende, irrévocablement prononcée, lorsqu'elle n'est pas acquittée par le condamné avant son décès, devient une dette de sa succession, payable par ses héritiers ou ayants cause. On s'est demandé si l'héritier prescrit cette peine pécuniaire par deux, cinq ou vingt ans, suivant les cas, comme le ferait son auteur, ou s'il est, au contraire, soumis aux règles de la prescription en matière civile. Une lettre de la Justice du 23 août 1886 estime qu'en l'absence de

toute fixation de délai, l'amende est, dans ce cas, prescriptible, comme toute autre dette civile, par trente ans à dater du jour de la mort du condamné (1).

615. *Frais de justice*. — Le remboursement des frais dont la condamnation est prononcée au profit du Trésor en matière criminelle, correctionnelle ou de police se prescrit par trente ans, en conformité des dispositions de l'article 642 du Code d'instruction criminelle et de l'article 2262 du Code civil. L'article 25 de la loi du 22 janvier 1851 sur l'assistance judiciaire décide que « l'action tendant au recouvrement de l'exécutoire délivré à la régie de l'enregistrement et des domaines soit contre l'assisté (s'il est déchu du bénéfice de l'assistance judiciaire), soit contre la partie adverse (si elle est condamnée aux dépens), se prescrit par dix ans.

616. *Contributions indirectes*. — « La prescription est acquise aux redevables contre la régie pour les droits que ses préposés n'auraient pas réclamés dans l'espace d'un an à compter de l'époque où ils étaient exigibles (2). » Lorsque, par l'emploi de manœuvres frauduleuses, la matière ou le fait imposables ont été dissimulés par le redevable, la prescription ne commence à courir que du jour où l'Administration a été mise à même de constater les droits (3). Les amendes fiscales ont le double caractère de réparations civiles et de peines : à ce dernier titre, elles sont soumises à la prescription de cinq ans (4) et ne peuvent être infligées aux héritiers des contrevenants décédés avant la condamnation à l'amende (5). Les droits garantis par des acquits-à-caution sont soumis à une prescription spéciale : l'article 8 de la loi du 21 juin 1873 a décidé que « si le certificat de décharge d'un acquit-à-caution n'est pas représenté, l'action de la régie contre l'expéditeur devra être intentée, sous peine de déchéance, dans le délai de quatre mois à partir de l'expiration du délai assigné pour le transport »; et ce délai a été réduit à quarante jours pour les acquits-à-caution accompagnant les spiritueux, par l'article 3 de la loi du 29 décembre 1900.

617. *Douanes*. — D'après l'article 25 du titre XIII de la loi des 6-22 août 1791 « la régie sera non recevable à former aucune demande en paiement de droits, un an après que lesdits droits auront dû être payés ».

618. *Enregistrement et timbre*. — En matière d'enregistrement, la prescription court aux redevables deux ans à dater du jour de l'enregistrement pour les droits non perçus sur une disposition particulière dans un acte, les suppléments de droits et les fausses évaluations; cinq ans à partir de la même date pour les omissions de biens dans les déclarations après décès; dix ans à partir du décès pour les successions non déclarées (6); trente ans, dans ce dernier cas, pour le paiement des droits simples

---

(1) C. civ., art. 2262; C. d'instr. crim., art. 642; Instr. 30 septembre 1875, art. 249 et 426.
(2) C. instr. crim., art. 635, 636, 639; Instr. 30 septembre 1875, art. 248.
(3) Circ. compt. publ., 27 octobre 1885, § 9.
(4) Circ. compt. publ., 20 décembre 1887, § 10, p. 15.
(5) Lettre justice, 12 mars 1904; art. 207 modifié de l'instruction du 5 juillet 1895 et circ. compt. publ., 25 avril 1904, § 5.
(6) L. 31 mai 1851, art. 27.
(7) Cass., 7 avril 1854 et 1er mars 1855. Lettre justice, 14 septembre 1885. Circ. compt. publ., 20 décembre 1887, § 10, p. 15.

(1) C. civ., art. 2262. Circ. compt. publ., 20 décembre 1887, § 10, p. 19.
(2) D. 1er germinal an XIII, art. 50.
(3) Cass. req., 29 décembre 1897; D. 99.1.233.
(4) C. instr. crim., art. 636.
(5) Cass. crim., 16 décembre 1898, S. 99.1.529.
(6) L. 22 frimaire an VII, art. 61; L. 18 mai 1850, art. 11.

et en sus afférents aux rentes sur l'État dépendant de la succession et non déclarées (1).

Les droits d'hypothèque sont soumis aux mêmes prescriptions que les droits d'enregistrement (2).

Les droits de timbre se prescrivent par trente ans (3).

619. Dans les divers cas que nous avons énumérés, la prescription peut être interrompue au profit du Trésor par les poursuites intentées contre les redevables en conformité des lois et règlements.

§ 7. — *Poursuites contre les redevables.*

620. Lorsque les redevables se refusent au paiement amiable des sommes qu'ils doivent au Trésor, ce dernier possède certains moyens de coercition pour mettre les débiteurs en demeure de payer, et, le cas échéant, saisir et réaliser le gage qui garantit le recouvrement des créances de l'État.

Les poursuites sont intentées dans des conditions et par des agents différents, suivant qu'elles ont trait au recouvrement des impôts directs, amendes et condamnations pécuniaires; des revenus indirects; ou des débets et créances litigieuses. Dans les deux premiers cas, les services mêmes qui sont chargés de la recette exercent les poursuites; dans le troisième, ce soin est confié aux agents judiciaires du Trésor.

Quelle que soit la nature du recouvrement à opérer, les poursuites ne peuvent être intentées qu'en vertu d'une contrainte (4), laquelle constitue, suivant les cas, soit un ordre de procéder aux mesures d'exécution forcée contre les débiteurs (contributions directes); soit un titre exécutoire donnant le droit d'intenter une action en justice (régies financières, débets et créances litigieuses).

ARTICLE PREMIER. — *Impôts directs et taxes assimilées.*

621. Un règlement type, du 24 décembre 1839, qui a été reproduit en général par des arrêtés préfectoraux pour les poursuites à intenter dans chaque département, contient les diverses prescriptions légales et administratives à observer en l'espèce par les administrations et agents de poursuites. Il détermine successivement : les obligations des redevables et les droits des percepteurs antérieurement aux poursuites; les poursuites, les agents des poursuites, les moyens et degrés de poursuites (garnison, commandement, saisie, vente); enfin, la justification, le règlement et le recouvrement des frais de poursuites.

622. A. *Poursuites.* — Le contribuable qui n'a pas acquitté, au 1er du mois, le douzième échu pour le mois précédent, est dans le cas d'être poursuivi. Mais le percep-

teur ne peut commencer les poursuites avec frais qu'après avoir prévenu le contribuable par une sommation gratis (sommation sans frais sur papier vert) donnée au domicile du redevable s'il réside dans la commune; sinon, remise au principal fermier, locataire ou régisseur; à leur défaut, à la personne qui le représente, et, s'il n'a pas de représentant, au maire (1). La sommation doit s'appliquer à toutes les sommes dues par le même contribuable, sans division d'exercices; et précéder de huit jours le premier acte de poursuites donnant lieu à des frais. La date de remise est constatée sur le rôle. La loi n'ayant déterminé aucune forme particulière pour la rédaction et l'envoi de la sommation sans frais, celle-ci pourrait être adressée au contribuable par la poste (2), affranchie au tarif des imprimés (3), et sans que la partie extérieure de la lettre d'avis présente aucune autre indication que l'adresse du destinataire (4).

623. En outre de l'envoi de la sommation gratis, aucune poursuite donnant lieu à des frais ne peut être exercée dans une commune qu'en vertu d'une contrainte décernée par le receveur particulier de l'arrondissement, visée par le sous-préfet et désignant nominativement les contribuables à poursuivre. La contrainte est décernée par le receveur des finances, soit à la requête du percepteur, soit d'office; en cas de difficultés sur la délivrance des contraintes, les percepteurs doivent en référer au trésorier général (5). La contrainte est exempte de timbre et d'enregistrement; elle est décernée collectivement pour celles des communes de l'arrondissement de perception où le recouvrement est arriéré, et ne peut être spéciale que dans le cas où une commune seule est en retard de paiement. Elle est dressée en double expédition, dont l'une reste entre les mains du percepteur, et l'autre est remise par lui à l'agent de poursuites. Comme les percepteurs sont tenus de se rendre, à des jours déterminés, dans les diverses communes de leur circonscription, les poursuites doivent coïncider, autant que possible, avec les époques où la présence du comptable facilitera la libération des redevables (6). Les contraintes doivent être présentées fréquemment à l'examen du percepteur pour qu'il puisse supprimer les noms des contribuables qui se seraient libérés (7).

La sommation sans frais et la contrainte constituent des poursuites administratives confiées aux percepteurs et aux receveurs des finances. Les actes suivants nécessitent l'intervention d'agents spéciaux : les porteurs de contraintes.

624. A. *Agents de poursuites.* — Avant la loi du 1er février 1877 les poursuites étaient exercées par les porteurs de contraintes agissant dans tous les degrés, et par les garnisaires employés pour la garnison collective ou indi-

---

(1) L. 8 juillet 1852, art. 26.
(2) D. 12 juillet 1808, art. 6.
(3) Instr. enregistrem., 1er novembre 1844.
(4) Sauf les amendes et condamnations pécuniaires pour lesquelles les poursuites sont intentées sans contrainte, en vertu de la force exécutoire des décisions judiciaires. (Circ. compt. publ., 8 mars 1893, § 1er.)

(1) Règl. poursuites, art. 20, 21 et 47.
(2) Cass., 19 mars 1873. *Mémorial*, 1874, p. 183.
(3) Circ. compt. publ., 10 juillet 1865, § 6.
(4) Circ. compt. publ., 10 mai 1894, § 9, p. 6.
(5) Instr. gén., art. 1367. *Mémorial*, 1870, p. 459.
(6) Règl. poursuites, art. 26.
(7) Instr. gén., art. 100.

viduelle (1). La garnison a été supprimée en 1877 et les porteurs de contraintes sont restés les seuls agents de poursuites, sauf le droit pour les percepteurs d'employer le concours de l'Administration des postes, ou des huissiers, pour la transmission ou la signification des actes de poursuites (2).

Le nombre des porteurs de contraintes est réglé, pour chaque arrondissement, par le préfet, sur la proposition du trésorier général; chacun d'eux est commissionné par le préfet et prête serment devant le sous-préfet, qui désigne, sur la proposition du receveur particulier, ceux qui doivent être employés dans chaque arrondissement. Sont exclus de cette fonction les individus attachés au service des autorités administratives, des percepteurs et des receveurs particuliers. Les porteurs de contraintes doivent, sauf exception autorisée par le préfet, résider au chef-lieu d'arrondissement et se tenir à la disposition des receveurs des finances d'après les ordres desquels ils sont employés par les percepteurs. Dans l'exercice de leurs fonctions, ils sont munis de leur commission qu'ils mentionnent dans leurs actes et présentent quand ils en sont requis. Ils remplissent, pour les contributions directes, le rôle des huissiers et font, en cette qualité, les sommations avec frais, les commandements, les saisies et les ventes, à moins qu'il n'existe un commissaire-priseur dans le lieu de la poursuite. Ils ne sont pas assujettis à la patente (3); et les vélocipèdes qu'ils emploient habituellement dans l'intérêt de leur service sont exempts de la taxe (4).

625. Une décision ministérielle du 27 novembre 1897 a dispensé les porteurs de contraintes de faire constater, en arrivant dans une commune, par le maire ou l'adjoint, et à défaut par un conseiller municipal, leur contrainte ou l'ordre dont ils sont munis, le jour et l'heure de leur arrivée, et, en se retirant, le jour et l'heure de leur départ (5). Les agents de poursuites ne peuvent en aucun cas, ni sous aucun prétexte, recevoir aucune somme des percepteurs ni des contribuables pour leur salaire ou pour les contributions, à peine de destitution; les percepteurs qui leur remettraient des fonds en resteraient responsables, et les contribuables qui payeraient entre leurs mains s'exposeraient à payer deux fois.

626. Les porteurs de contraintes sont assujettis à tenir un répertoire coté et paraphé par le juge de paix du chef-lieu d'arrondissement et visé gratuitement pour timbre par le receveur de l'enregistrement. Ils y portent tous leurs actes sujets ou à l'enregistrement, soit gratis, soit payés (à peine de 5 francs d'amende par chaque omission); et, en outre, le coût de chaque acte, d'après les fixations arrêtées par le préfet. Le répertoire est présenté au visa du receveur de l'enregistrement dans les dix premiers jours de chaque trimestre (à peine de 10 francs d'amende

pour chaque dizaine de retard); et communiqué à toute réquisition des préposés de l'enregistrement (à peine de 50 francs d'amende), du percepteur, du maire, du sous-préfet, du receveur des finances et des inspecteurs des finances en tournée (1). En cas d'injure ou de rébellion contre les agents de poursuites, ils se retirent auprès du maire pour en dresser procès-verbal, lequel, visé par le maire, est enregistré et envoyé au sous-préfet qui dénonce le fait aux tribunaux, s'il y a lieu (2).

627. Les porteurs de contraintes ne jouissent d'aucun traitement fixe et ne sont payés qu'autant qu'ils sont employés. Il ne leur est rien dû pour frais d'aller et de retour (3). Leur salaire et le prix de leurs actes leur sont payés par le receveur particulier, sur leur quittance mise au pied d'une des expéditions des états de frais définitivement arrêtés par le sous-préfet (4). Cependant, pour compenser la modicité de leurs salaires, il est accordé aux porteurs de contraintes, dans les départements autres que celui de la Seine, des indemnités annuelles. Un arrêté du ministre des Finances du 14 mars 1884 a élevé de 300 fr. à 400 francs par an le chiffre minimum de ces indemnités, et porté leur maximum à 500 francs et même à 600 francs pour les agents les plus méritants comptant dix années de service et ayant été admis pendant un an au moins à l'indemnité de 500 francs. Des secours, dont le maximum est fixé à 150 francs, peuvent être alloués aux anciens porteurs de contraintes, à leurs veuves et à leurs orphelins. Les anciens militaires ne peuvent pas cumuler le supplément de pension accordé par la loi du 18 août 1881 avec l'indemnité de porteurs de contraintes (5).

628. En Algérie, les porteurs de contraintes jouissent d'un traitement fixe qui est déterminé par le Gouverneur général. Toutefois, lorsque pour l'exercice de leurs fonctions ils doivent se rendre dans des localités distantes de six kilomètres au moins du lieu de leur résidence, ils ont droit, indépendamment de leur traitement fixe, à une indemnité journalière réglée à raison de 3 francs au moins et de 6 francs au plus (6). Le traitement et les indemnités sont à la charge des communes qui encaissent le produit des frais de poursuites.

629. Les indemnités allouées par le Trésor aux porteurs de contraintes sont soumises à une retenue annuelle de 20 francs, quelle que soit l'indemnité, pour la caisse des retraites pour la vieillesse. La retenue est opérée par le percepteur au moment des payements trimestriels, et à raison de 5 francs; les placements sont faits avec aliénation du capital et entrée en jouissance à 60 ans (7).

630. Dans les arrondissements où il ne se trouve pas de porteur de contraintes ayant les qualités et les connaissances nécessaires, les sous-préfets autorisent les rece-

(1) L. 17 brumaire an V, art. 3.
(2) V. infra nᵒˢ 643 et suivants.
(3) Règl. poursuites, art. 34.
(4) Circ. compt. publ., 12 mai 1894, § 2, p. 3 et Règl., 28 février 1894, art. 1ᵉʳ.
(5) Circ. compt. publ., 15 décembre 1897, XIV, p. 16.

(1) Règl. poursuites, art. 39.
(2) Id., art. 40.
(3) Id., art. 36.
(4) Id., art. 107.
(5) Circ. compt. publ., 14 mars 1884, I.
(6) Arr. Gouv. gén. de l'Algérie, 5 mars 1879, B. O. Algérie, 1879, p. 141.
(7) Circ. compt. publ., 29 septembre 1861, § 5.

veurs des finances à se servir des huissiers près les tribunaux pour l'exécution des actes de poursuites. Les huissiers sont, dans ce cas, munis d'une commission de porteurs de contraintes; ils ont le droit de refuser cette commission, mais peuvent alors être requis d'exercer contre les redevables les actes de leur ministère, qui leur sont payés d'après le tarif judiciaire (1).

631. Dans les communes où il existe des commissaires-priseurs, ceux-ci sont chargés des ventes après saisie, de préférence aux porteurs de contraintes, conformément à l'article 31 de la loi de finances du 23 juillet 1820; et ils sont tenus de se soumettre, pour le payement de leurs frais, aux fixations déterminées par les préfets (2).

632. Les lois de finances des 13 avril 1898 et 25 février 1901 ont autorisé la notification par la poste de certains actes de poursuites dans des conditions qui ont été arrêtées par un décret du 24 avril 1902. L'emploi des huissiers a été recommandé par diverses circulaires de la comptabilité publique. Ces textes n'ont cependant pas supprimé les porteurs de contraintes. Nous allons donc étudier les divers moyens de poursuites employés par l'intermédiaire de ces derniers agents, et nous examinerons ensuite les règles spéciales applicables aux poursuites exercées par l'entremise des agents des postes ou des huissiers.

633. B. *Moyens de poursuites.* — D'après l'article 27 du règlement des poursuites, aujourd'hui abrogé sur ce point, à l'arrivée d'un agent de poursuites dans une commune, le maire ou l'adjoint, ou à défaut un conseiller municipal, devait faire décerner la contrainte décernée par le receveur particulier et constater par un visa la date de la publication. Cette double obligation a été supprimée par un décret du 18 novembre 1897 (3).

La contrainte constitue une mise en demeure collective des contribuables en retard. Les poursuites qui vont suivre sont exercées individuellement contre chacun des redevables. Elles comprennent la sommation avec frais, le commandement, la saisie et la vente.

634. *Sommation avec frais.* — Avant 1877, le premier degré de poursuites consistait dans la garnison collective ou individuelle, c'est-à-dire dans l'envoi d'un garnisaire soit dans la commune, soit même au domicile des contribuables retardataires. La garnison individuelle, qui présentait un caractère vexatoire en contradiction avec la modération des autres poursuites (4), a été supprimée par la loi du 1er février 1877, dont l'article 2 décide, en outre, que la « garnison collective prendra désormais le nom de sommation avec frais ». Le règlement des poursuites a été, en conséquence, modifié de la manière suivante. Les poursuites par voie de sommation avec frais sont employées contre les contribuables retardataires qui ne se sont pas libérés huit jours après la sommation gratis. La sommation est notifiée à chaque redevable par un acte ou bulletin imprimé sur papier jaune, et rédigé d'après un état nominatif dressé par le percepteur, remis à l'agent de poursuites et au pied duquel la contrainte est décernée (1). Le Conseil d'État admet la validité d'une sommation sans frais ne mentionnant ni le nom du redevable auquel elle est remise, ni la somme due (2), et d'une sommation avec frais indiquant seulement le chiffre global de la cote au lieu de celui des douzièmes échus, alors qu'en fait l'Administration n'a jamais exigé que le payement de ces douzièmes (3). Les bulletins de sommation avec frais, dont le prix est déterminé par un tarif établi par le préfet, ne sont sujets ni au timbre ni à l'enregistrement (4). La sommation avec frais est une poursuite administrative.

635. *Commandement.* — Le commandement commence la série des poursuites judiciaires; il n'a lieu que trois jours après la sommation avec frais, et en vertu d'une contrainte spéciale, désignant nominativement le contribuable, et comprenant l'ordre de procéder à la saisie en cas de non-payement dans les trois jours à compter de la signification du commandement (papier bleu) (5). L'original du commandement est collectif pour tous les contribuables poursuivis le même jour dans la même commune; l'acte est rédigé et délivré par le porteur de contraintes qui doit observer, dans la rédaction, l'exécution et la signification (de même que pour toutes les poursuites subséquentes), les formalités prescrites par le Code de procédure civile (6); cependant, le défaut d'élection de domicile dans la commune où doit se faire l'exécution ne serait pas une cause de nullité (7). Le commandement est toujours soumis au timbre et, dans certains cas, à l'enregistrement : le prix en est fixé par le tarif préfectoral (8). Les articles 59 à 62 du règlement des poursuites déterminent la procédure à suivre contre les redevables domiciliés hors de l'arrondissement ou du département dans lequel ils sont imposés.

---

(1) Règl. poursuites, art. 35, 35 bis, 35 ter.
(2) *Id.*, art. 34.
(3) « La formalité de la publication est depuis longtemps tombée en désuétude, mais le maire ou l'adjoint n'en continuent pas moins à viser les contraintes. La certification donnée en la circonstance est, dès lors, sans objet, et ne peut que retarder l'exécution des poursuites. » (Circ. compt. publ., 15 décembre 1897, XIV, p. 16.)
(4) Circ. compt. publ., 19 février 1877, p. 1.

(1) Règl. poursuites, art. 42 et 46.
(2) C. d'Ét., cont., 3 décembre 1886, Léchelle.
(3) C. d'Ét. cont., 6 août 1886. Giraud.
(4) Règl. poursuites, art. 94.
(5) *Ibid.*, art. 55 et 56.
(6) *Ibid.*, art. 57 et la note. D'après l'article 68 du Code de procédure civile modifié par la loi du 15 février 1899, lorsque la copie d'un exploit d'huissier est remise à toute autre indication que la partie elle-même ou le procureur de la République, elle est délivrée sous enveloppe fermée, ne portant d'autre indication, d'un côté, que les nom et demeure de la partie, et, de l'autre, que le cachet de l'étude de l'huissier apposé sur la fermeture du pli. — Cette disposition a été appliquée aux porteurs de contraintes pour les actes de poursuites prévus par le Code de procédure civile, c'est-à-dire à la sommation avec frais exclue. Le pli doit être revêtu d'un cachet portant l'indication de la recette des finances. (V. Circ. compt. publ., n° 1754, du 15 juillet 1899, § 10.)
(7) Lyon, 20 juin 1884. *Mémorial*, 1884, p. 588; Trib. Béthune, 24 décembre 1891. *Mémorial*, 1893, p. 83.
(8) Règl. poursuites, art. 58. Sont enregistrés gratis les actes de poursuites relatifs à des cotes dont le total, pour un même exercice et pour une même commune, n'excède pas 100 francs; et à des cotes plus importantes, si le contribuable s'est intégralement libéré dans un délai de quatre jours. (Règl., art. 97 et 98 et, en note, Instr. Enregist., 25 mars 1850 et circ. 7 août 1850 et 12 juillet 1853.) Il faut entendre par cote, non pas le montant de l'article au rôle, mais la part de chaque impôt afférente à un immeuble déterminé, à une profession spéciale, à un commerce distinct. (Circ. compt. publ., 31 mars 1898, § 7 et 10 mars 1905, § 1er).

636. *Saisie.* — La saisie ne peut avoir lieu que trois jours après la signification du commandement : elle est effectuée en exécution de la même contrainte. La saisie (papier rouge) s'exécute, nonobstant opposition (sauf pourvoi de l'opposant devant le sous-préfet), dans les formes des saisies judiciaires (1). Elle est faite pour les termes échus et ceux qui seront exigibles au jour de la vente. Elle s'applique aux meubles et effets, et aux fruits pendants par racines (dans les six semaines qui précèdent l'époque ordinaire de leur maturité) (2). L'article 77 du règlement énumère les objets insaisissables. En cas de revendication des meubles et effets saisis, l'opposition n'est portée devant les tribunaux qu'après avoir été déférée, par le percepteur, au préfet, par l'intermédiaire du receveur particulier et du sous-préfet. Si une saisie a déjà été opérée par un tiers, le porteur de contraintes procède au récolement des meubles et effets saisis, et provoque la vente, s'il y a lieu (3). A la suite du procès-verbal de saisie, le porteur de contraintes constitue un gardien volontaire ou d'office qui est responsable, de même que le saisi, de toute destruction ou soustraction frauduleuses (4). L'article 68 du règlement détermine la procédure de sursis à la saisie lorsque le contribuable demande à se libérer chez le percepteur, et les frais qui, dans ce cas, s'ajoutent au montant de la contribution. A défaut d'objets saisissables, et lorsqu'il est constant qu'il n'existe aucun moyen d'obtenir le payement de la cote d'un contribuable, le porteur de contraintes dresse, en présence de deux témoins, en double original et sur papier libre, un procès-verbal de carence certifié par le maire (5). Les actes de saisie-exécution et de saisie-brandon sont passibles des droits de timbre et d'enregistrement; les procès-verbaux de carence sont exempts de ces droits. Les salaires des porteurs de contraintes, des gardiens et des témoins, s'il y a lieu, sont fixés par le tarif préfectoral.

637. *Vente.* — Il n'est procédé à la vente des meubles et effets saisis, et des fruits pendant par racines, que huit jours après la clôture du procès-verbal de saisie ; sauf le droit pour le sous-préfet d'abréger ce délai s'il y a lieu de craindre le dépérissement des objets saisis (6). Une autorisation spéciale délivrée par le sous-préfet, sur la demande expresse du percepteur mentionnant l'avis du receveur des finances, doit toujours précéder la vente (7). Dans les villes où sont établis des commissaires-priseurs, les ventes sont faites par leur ministère (8). Toutes autres ventes sont faites par les porteurs de contraintes dans les formes usitées pour celles qui ont lieu par autorité de justice. Sauf autorisation du tribunal (9) et du maire, la vente a lieu dans la commune où s'est opérée la saisie. Le percepteur y assiste ou y est représenté pour en recevoir le produit, dont il est responsable. Il ne peut, de même que le porteur de contraintes, se rendre acquéreur des objets saisis et vendus, sous peine de destitution. La vente est arrêtée aussitôt que son produit est suffisant pour solder le montant des contributions, augmenté des frais de poursuite, et, s'il y a lieu, du montant des créances pour lesquelles des oppositions auraient été formées sur le produit de la vente (1). Immédiatement après avoir reçu le produit de la vente, le percepteur émarge les rôles jusqu'à concurrence des sommes dues par le saisi, et lui en délivre quittance à souche. Il conserve en ses mains le surplus du produit de la vente jusqu'après la taxe des frais, et délivre au contribuable une reconnaissance portant obligation de lui en rendre compte et de lui restituer l'excédent, s'il y a lieu. Ce compte est rendu à la réception de l'état des frais, régulièrement taxés, inscrit à la suite du procès-verbal de vente, et signé contradictoirement par le contribuable et le percepteur (2). Les contestations sur la légalité de la vente, et les oppositions sur son produit sont soumises à la décision du préfet, sur avis du sous-préfet et du receveur particulier, avant d'être déférées aux tribunaux. L'inobservation des formalités légales donne lieu à des poursuites contre ceux qui ont procédé à la vente, et les frais exposés restent à leur charge (3). Les actes relatifs à la vente sont soumis au timbre et à l'enregistrement.

638. En dehors des divers actes de poursuites que nous avons étudiés, le percepteur doit prendre certaines mesures conservatoires, dans le but de sauvegarder le gage du Trésor.

Une saisie-arrêt ou opposition est opérée, à la requête du percepteur, par le ministère d'un huissier ou d'un porteur de contraintes, sans autre diligence, et sans autorisation préalable, en se conformant aux prescriptions du Code de procédure civile (4), entre les mains des receveurs, agents, économes, notaires, commissaires-priseurs, ou autres dépositaires et débiteurs de deniers provenant d'un redevable, à défaut de payement des contributions. La saisie-arrêt n'est pas nécessaire si le percepteur a fait constater sa demande ou sa saisie-arrêt dans un procès-verbal de vente de récoltes ou d'effets mobiliers dressé par un officier ministériel. Lorsque la saisie-arrêt est faite entre les mains d'un dépositaire de deniers publics, le porteur de contraintes doit observer les formalités du décret du 18 août 1807 (5).

Lorsque le percepteur est informé d'un commencement d'enlèvement furtif de meubles ou de fruits, et qu'il y a lieu de craindre la disparition du gage de la contribution, il en avise le maire de la commune du contribuable, et le

---

(1) C. proc. civ., liv. V, tit. VIII.
(2) Régl. poursuites, art. 63 à 67.
(3) C. proc. civ., art. 611 et 612.
(4) Régl. poursuites, art. 71 à 76 *bis.*
(5) *Ibid.*, art. 78 et 78 *bis.*
(6) Le délai de huit jours au moins étant fixé par l'article 613 du Code de procédure civile, il convient de ne l'abréger qu'avec l'autorisation du tribunal, outre celle du sous-préfet. (Note sous l'article 80, § 2, du règlement.)
(7) Régl. poursuites, art. 79 et 80.
(8) L. 23 juillet 1820, art. 31.
(9) C. proc. civ., art. 617 et régl., art. 82, note.

---

(1) C. proc. civ., art. 622 et règl., art. 81, note.
(2) Régl. poursuites, art. 85. Lorsque le percepteur a en mains le montant des créances pour lesquelles des oppositions ont été faites, la somme excédant ce qui était dû au Trésor et les frais taxés est remise, sur le consentement écrit du saisi, aux créanciers opposants. En cas de contestation, cet excédant est versé à la Caisse des dépôts et consignations (note sous l'article 85).
(3) Régl. poursuites, art. 86 et 87.
(4) Liv. V, tit. VII.
(5) Régl. poursuites, art. 88 à 90.

receveur particulier en lui demandant ses instructions. Il a ensuite le droit, s'il y a déjà eu un commandement, de faire procéder immédiatement, et sans autre ordre ni autorisation, à la saisie-exécution par un porteur de contraintes, et à son défaut par un huissier des tribunaux. Si le commandement n'a pas été fait, le percepteur établit d'office, soit au domicile du contribuable, soit dans le lieu où existe le gage de l'impôt, un gardien chargé de veiller à sa conservation, en attendant qu'il puisse être procédé aux poursuites ultérieures, qui commenceront sous trois jours au plus tard. Dans tous les cas, la vente ne peut être faite que dans la forme ordinaire (1).

639. C. *Frais de poursuites.* — Le règlement de 1839 a déterminé les modes de liquidation des frais de poursuite, de payement de ces frais aux agents de poursuites et de leur recouvrement sur les contribuables qui les ont occasionnés. Le Trésor fait l'avance de ces frais qui constituent une dépense couverte ultérieurement par une recette correspondante lors du payement par les redevables.

640. *Liquidation.* — Les agents de poursuites doivent dresser, en double expédition, les listes nominatives constatant les poursuites exercées par voie de sommation avec frais, l'état des commandements signifiés et le bordereau des frais résultant de tous autres actes. Ces documents ne comprennent que les frais résultant de la contrainte qui a prescrit les poursuites et indiquent les noms des retardataires, la somme pour laquelle chacun d'eux a été poursuivi, la date des actes et leur prix d'après le tarif préfectoral. Certifiés par les agents de poursuites, signés par le percepteur, vérifiés et arrêtés provisoirement par le receveur particulier, ils sont transmis au sous-préfet avec les originaux des divers actes et la contrainte. Le sous-préfet les vérifie et, après rejet, s'il y a lieu — des frais abusifs — sur les propositions du receveur particulier ou d'office (2), les arrête et les rend exécutoires (3).

641. *Payement aux agents de poursuites.* — Le sous-préfet adresse deux expéditions des états de frais rendus exécutoires au receveur particulier qui est chargé, seul et à l'exclusion des percepteurs, de payer le salaire et le prix des actes dus aux porteurs de contraintes, sur la quittance de ces agents mise au pied de l'état de frais. Le receveur particulier est tenu de constater dans ses écritures, à un compte spécial, la totalité des sommes payées pour frais de poursuites. Il envoie l'état de frais acquitté par les agents de poursuites au trésorier général qui produit cette pièce à la Cour des Comptes, à l'appui de son compte annuel (4).

642. *Recouvrement sur les contribuables.* — Le receveur particulier envoie une expédition des états de frais rendus

exécutoires par le sous-préfet au percepteur qui en devient comptable, et est chargé d'en poursuivre le recouvrement (1). Tout remboursement de frais de poursuites donne lieu à l'émargement sur les états et à la délivrance d'une quittance, comme pour les contributions directes. Le contribuable peut, dans le but de se libérer, avant l'arrivée de la taxe, consigner le montant des frais entre les mains du percepteur qui en donne quittance à souche et émarge le payement sur le double de la contrainte resté entre ses mains : il émarge ensuite la même somme sur l'état taxé, à la réception de cet état. Tout contribuable taxé est en droit d'exiger du percepteur la communication de l'état de frais sur lequel il est porté (2). Le percepteur tient compte des remboursements au receveur particulier qui en constate le montant dans ses écritures à un compte spécial. Le percepteur prévenu d'avoir frauduleusement, soit avant, soit après la taxe, exigé des frais pour une somme plus forte que celle qui est fixée par le tarif, ou arrêtée dans l'état des frais, sera traduit devant les tribunaux comme concussionnaire (3).

643. D. *Modification des poursuites. Emploi de la poste et des huissiers.* — Les percepteurs ont été autorisés à faire notifier les actes de poursuites par la poste et par les huissiers, dans le but de permettre la suppression des porteurs de contraintes, sauf dans les grandes villes. Une circulaire de la Comptabilité publique, en date du 28 août 1902, a décidé qu'à l'avenir la substitution de ces huissiers aux porteurs de contraintes serait faite dans toutes les régions indiquées par lettre spéciale de l'Administration aux trésoriers-payeurs généraux. Elle ajoute que, dans toutes les autres régions, chaque fois qu'un porteur de contraintes viendra à cesser ses fonctions pour un motif quelconque, il ne sera pas remplacé, sauf s'il s'agit d'un agent chargé d'instrumenter au chef-lieu d'un département ou dans une ville d'une population supérieure à 20,000 habitants. Il ne devra, en principe, être maintenu dans ces villes qu'un seul agent de poursuites; et, même au cas de maintien, l'intermédiaire de la poste pourra être employé, à condition de ne pas trop diminuer les émoluments du porteur de contraintes. Les vacances se produisant dans les villes de plus de 20,000 âmes ne seront comblées qu'avec l'autorisation expresse de l'Administration; et lorsque le porteur de contraintes n'est pas remplacé, son service ne doit pas être réparti entre ses collègues encore en fonctions, ce qui aurait l'inconvénient d'augmenter leur importance, alors que l'Administration poursuit leur suppression (4).

Le service sera donc désormais confié, là où il n'y a plus de porteurs de contraintes, à la poste ou aux huissiers, suivant la nature des actes de poursuites. La poste sera

---

(1) Règl. poursuites, art. 91 à 93.
(2) Sont rejetés, notamment : 1° les frais sujets à l'enregistrement non constatés par la production des originaux; 2° les frais à l'appui desquels la contrainte n'est pas rapportée; 3° les frais faits contre des redevables notoirement insolvables ou pour des taxes résultant d'erreurs évidentes sur les rôles; 4° les poursuites arbitraires ou contraires à l'ordre déterminé par le règlement (art. 105 du règlement).
(3) Règl. poursuites, art. 102 à 104.
(4) *Ibid.*, art. 106 à 108.

(1) Le percepteur doit annoter sur les rôles, à l'article de chaque contribuable, et dans les colonnes réservées pour cet objet, le montant des frais taxés, ainsi que les recouvrements, à mesure qu'ils sont effectués. (Instr. gén. de 1859, art. 583.)
(2) Les fixations déterminées pour les divers actes de poursuites seront affichées dans chaque bureau de perception et à la mairie de chaque commune. (Règl., art. 100.)
(3) Règl. poursuites, art. 109 à 112.
(4) V° circ. compt. publ., 28 août 1902, §§ 1er et 43; et 10 octobre 1904, § 16; et lettre collective, n° 6095, du 17 novembre 1903.

chargée des sommations avec frais et des commandements. Les huissiers procéderont aux saisies et aux ventes.

a) *Agents des postes.* — Aux termes de l'article 53 de la loi de finances du 13 avril 1898 : « A l'avenir, pour la notification des sommations avec frais concernant les contributions directes, l'Administration aura la faculté d'employer le concours des agents des postes, dans les conditions à déterminer par un règlement d'administration publique. » L'article 49 de la loi du 25 février 1901 ajoute : « Les commandements concernant les contributions directes, les taxes y assimilées, ainsi que les amendes et condamnations pécuniaires, pourront être notifiés par la poste, dans des formes et conditions à déterminer par un règlement d'administration publique. » D'après l'article 48 de la loi du 30 mars 1902 : « Les sommations avec frais à distribuer par le service des postes, ... peuvent être expédiées sous pli fermé, sans perdre le bénéfice du tarif édicté par l'article 34 de la loi du 26 juillet 1893 pour les avis en partie imprimés, expédiés sous forme de lettre ouverte aux deux extrémités et concernant le recouvrement de sommes dues à l'État, aux départements, aux communes et aux associations syndicales autorisées. Les sommations avec frais et les commandements remis, pour notification, aux agents des postes, et rendus aux percepteurs comme non distribuables pour un motif quelconque, peuvent être réintégrés, sans nouvel affranchissement, dans le service des postes, pour être présentés de nouveau aux destinataires. Sont également exonérés de toute taxe postale les avis remis recommandés d'office au moyen desquels les receveurs des postes informent les redevables du dépôt à la mairie des commandements qui n'ont pu leur être notifiés par les facteurs des postes. » Un décret réglementaire du 24 avril 1902, rendu en exécution de ces prescriptions légales, a été suivi d'un arrêté du ministre des Finances du 16 juillet 1902, et d'une circulaire de la Comptabilité publique du 28 août 1902 complétée par une circulaire de la même direction générale du 10 octobre 1904.

644. Les percepteurs peuvent expédier par la poste les actes de poursuites destinés à être notifiés dans les limites de leur perception, ou dans les communes des perceptions voisines situées dans le même arrondissement (1). Les sommations avec frais et les commandements sont groupés par circonscription de distribution postale, c'est-à-dire par tournée de facteurs, et donnent lieu à autant d'états de poursuites qu'il y aura de facteurs chargés de la distribution. Le même facteur ne doit pas, en principe, avoir à distribuer plus de quinze actes (1). Pour faciliter le travail des percepteurs, on doit mentionner d'une manière précise sur les rôles les adresses des contribuables (2).

645. *Sommations avec frais.* — Le percepteur établit, en simple exemplaire, des états de poursuites distincts par circonscription de distribution postale; les transmet au receveur des finances qui les vérifie, décerne la contrainte à fin de sommation, la fait viser par le préfet ou le sous-préfet, et renvoie les états exécutoires au comptable. Ce

(1) Circ. 10 octobre 1904, § 1er.
(2) Circ. contrib. dir., n° 1020, du 28 janvier 1903.

dernier rédige alors la sommation avec frais conformément au modèle administratif (1), la signe, l'affranchit (2), inscrit au rôle les frais de notification, et la remet avec la contrainte au guichet de la poste, contre reçu. Le bureau de poste met les sommations en distribution, ou, s'il y a lieu, les fait parvenir au bureau destinataire en y annexant la contrainte comme bordereau d'envoi (3).

Le facteur chargé de la distribution reçoit les sommations accompagnées de la contrainte et frappées par le service des postes du timbre portant la date de la distribution. Il remet les sommations soit aux destinataires eux-mêmes, soit aux parents ou serviteurs qu'il trouve dans la demeure des destinataires. La personne qui reçoit la sommation en donne reçu sur la contrainte : si elle ne peut ou ne veut signer, le facteur certifie le fait sur la contrainte et remet la sommation contre décharge à la mairie. En cas d'absence de la partie, de ses parents ou serviteurs, le facteur remet de suite la sommation à un voisin qu'il requiert de la signer; si ce voisin ne peut ou ne veut signer, le facteur certifie le fait sur la contrainte et remet la sommation contre décharge à la mairie, soit dans la même tournée, soit dans une tournée subséquente. Préalablement au dépôt à la mairie, un avis de ce dépôt est laissé à la demeure du destinataire.

Lorsque le débiteur poursuivi par voie de sommation ne demeure pas dans la circonscription de distribution du facteur, ce dernier mentionne sur la contrainte le motif de la non-distribution et l'adresse du contribuable si elle lui est connue. En cas d'erreur d'adresse, si le destinataire demeure dans la circonscription, le facteur rétablit l'adresse exacte, si la distribution peut être faite le jour même; sinon, la sommation est renvoyée au percepteur.

Le receveur des postes du bureau de distribution, après s'être assuré que les mentions relatives aux circonstances de la remise sont portées sur la contrainte, renvoie cette pièce au percepteur, sous pli chargé d'office, avec les sommations non distribuées; ce renvoi doit avoir lieu au plus tard le surlendemain du jour où la distribution a commencé. Dans les huit jours qui suivent la réception des sommations non distribuées, le percepteur peut les remettre, sans nouvel affranchissement, au service des postes, pour tenter à nouveau de les faire distribuer. A cet effet, il y joint un bordereau spécial qui tient lieu de contrainte (4).

646. *Commandements.* — Le percepteur prépare, sur papier non timbré et par circonscription de distribution postale, les originaux collectifs des commandements conformes aux modèles de l'Administration (5). Un tableau placé en tête fait ressortir les noms et domiciles des retardataires à poursuivre, le montant des contributions, taxes ou condamnations dont ils sont débiteurs en vertu de titres exécutoires, ainsi que les acomptes payés. En matière de contributions directes et de taxes

(1) Modèle n° 2 annexé à la circ. de la compt. publ. du 28 août 1902.
(2) Affranchissement de 0 fr. 01, plus le droit de recommandation de 0 fr. 10.
(3) D. 24 avril 1902, art. 1er.
(4) *Ibid.*, art. 2 à 5.
(5) Modèles nos 7 et 8, annexés à la circ. du 28 août 1902.

assimilées, le receveur des finances décerne au bas de ce tableau la contrainte à fin de commandement, et le sous-préfet la rend exécutoire. En matière d'amendes et de condamnations pécuniaires, le receveur appose au bas du tableau l'autorisation de faire notifier les commandements. La préparation et la remise à la poste des commandements se fait comme pour les sommations. La notification aux intéressés a lieu dans les mêmes conditions. Cependant, en l'absence du destinataire, le commandement ne peut être notifié qu'à la mairie, contre décharge, et au plus tard dans la journée qui suit la présentation à domicile. Dans ce dernier cas, le facteur ne laisse pas d'avis au destinataire, qui est avisé, par lettre recommandée du receveur des postes, du dépôt du commandement à la mairie. Tout commandement remis à une autre personne que la partie elle-même ou le procureur de la République doit être délivré sous enveloppe fermée sans autre indication que le nom et le domicile du destinataire. La signature, sur l'original collectif, du destinataire, ou la décharge de la mairie est exigée à peine de nullité. Il est procédé, comme pour les sommations, au renvoi de l'original collectif et des commandements non distribués au percepteur, qui peut les remettre dans les huit jours à la poste avec un nouvel original.

Dès le retour de l'original notifié, le percepteur y appose le nombre nécessaire de timbres mobiles de dimension et de timbres copies. Le comptable doit, en outre, faire enregistrer l'original de l'exploit dans les quatre jours de sa réception, conformément à la loi du 22 frimaire an VII. La tenue d'un répertoire n'est obligatoire ni pour les facteurs, ni pour les percepteurs (1).

Un arrêté du ministre des Finances, en date du 16 juillet 1902, a fixé le coût des actes de poursuites notifiés par la poste, et les indemnités revenant aux agents des postes pour ces notifications; ce tarif ne comprend pas les droits d'enregistrement. Le sous-préfet taxe les actes de poursuites et signe les états destinés à justifier, dans la comptabilité du trésorier général, tant la prise en charge des frais de poursuites à rembourser par les contribuables que les paiements faits pour l'affranchissement, l'enregistrement et la rémunération des agents des postes (2).

647. b. *Huissiers*. — Les sommations et les commandements devant être, en principe, notifiés par la poste, les huissiers n'ont en général à intervenir que pour les actes ultérieurs; et même, pour ces actes, les comptables doivent faire appel de préférence aux porteurs de contraintes maintenus dans les grandes villes : ces agents ont, en effet, qualité pour instrumenter dans toutes les communes des arrondissements pour lesquels ils sont commissionnés, et, à l'occasion, ils doivent y être envoyés à moins que leur service ne s'y oppose ou que le déplacement ne soit trop coûteux (3). Les huissiers cependant peuvent être requis dans tous les cas, sans avoir besoin d'être commissionnés porteurs de contraintes et sans être admis à motiver un

refus sur la présence d'un porteur de contraintes. Les huissiers ont le droit d'exploiter dans toute l'étendue du ressort du tribunal civil d'arrondissement de leur résidence (1). Le comptable doit faire choix de l'huissier dont le concours sera le moins onéreux; à ce point de vue, il y a lieu de considérer d'une part les frais de transport qui devront être alloués, et de l'autre le tarif des frais de poursuites qui varie suivant les classes d'huissiers, c'est-à-dire suivant la population ou l'importance judiciaire de leur résidence (2).

L'huissier chargé d'opérer une saisie reçoit du percepteur une réquisition signée du receveur des finances et rappelant le titre exécutoire et les poursuites déjà faites (3). Pour les actes ultérieurs, il reçoit les originaux des saisies. S'il est exceptionnellement requis de notifier un commandement, il reçoit un état de poursuites par commandement sur lequel sont modifiées les mentions spéciales aux porteurs de contraintes et qui est appuyé d'un tableau conforme à celui qui doit être reproduit en tête de l'exploit (4).

648. Les huissiers sont autorisés à recevoir des redevables, indépendamment des frais, le montant total des sommes réclamées par les actes de poursuites, mais à la condition expresse de reverser ces dernières sommes, dans le moindre délai possible, au percepteur qui leur aura remis les pièces. Dans ce cas, l'huissier délivre reçu au redevable en le prévenant qu'il aura à échanger ce reçu contre la quittance à souche du percepteur. Sous aucun prétexte, les huissiers chargés d'exercer des poursuites pour le recouvrement de l'impôt ou des amendes n'ont qualité pour accorder des sursis aux redevables, même lorsque ceux-ci offrent de verser un acompte. C'est au percepteur seul qu'il appartient d'apprécier s'il peut, sous sa responsabilité, accorder des délais de paiement (5).

649. Un décret du 25 avril 1902 a modifié le tarif des huissiers et des frais de garde en matière de contributions directes, de taxes assimilées et d'amendes. L'huissier reçoit, comme émolument de tout exploit, 0 fr. 50 pour l'original et 0 fr. 50 pour la copie; il n'a droit à aucune allocation pour les copies de titres placées en tête ou à la fin des exploits. Il lui est alloué, en dehors de sa résidence, une indemnité de frais de transport de 0 fr. 15 par kilomètre parcouru, à l'aller et au retour, sans que cette indemnité puisse jamais dépasser 12 francs. Les frais de garde, dont le total ne doit jamais dépasser 18 francs, sont tarifés à 0 fr. 50 pour chacun des huit premiers jours, et à 0 fr. 25 pour chacun des jours suivants : si c'est un garde champêtre qui est constitué garde, il touchera 0 fr. 25 par jour (6).

650. L'article 4 du décret du 25 avril 1902 décide que la taxe des frais, par le juge, à la requête de l'Adminis-

---

(1) D. 24 avril 1902, art. 6 à 9.
(2) *Id.*, art. 10.
(3) Circ. compt. publ., 28 août 1902, § 39, p. 37.

---

(1) D. 14 juin 1813, art. 2.
(2) D. 16 février 1807, 22 juin 1856, 30 avril 1862, 13-16 décembre 1862.
(3) Modèles n°s 20 et 21 annexés à la circ. du 28 août 1902.
(4) Modèle n° 6 du règlement du 21 décembre 1839.
(5) Circ. compt. publ., 28 août 1902, § 31, p. 40 et 41.
(6) D. 25 avril 1902, art. 1 à 3.

tration, sera faite à la diligence du receveur des finances; et qu'aucune vacation ne sera due pour la taxe que l'huissier croirait devoir requérir. La procédure à suivre en matière de taxe est tracée par la loi du 24 décembre 1897 (1). Il n'est pas nécessaire de rédiger un état de frais sur timbre. Le receveur des finances, après avoir contrôlé lui-même chacun des actes d'huissier, enverra les originaux au président du tribunal, après les avoir revêtus de la mention « bon pour réquisition de taxe », datée et signée. La circulaire de la comptabilité publique du 28 août 1902 (2) donne, à l'usage des receveurs des finances, les règles générales de la taxe et le coût des actes les plus usités (commandement, saisie-exécution, procès-verbaux de récolement et de carence, frais de garde, signification de vente, vente, saisie-brandon, saisie-arrêt).

Les frais régulièrement taxés sont récapitulés par le receveur des finances sur un état sur papier libre (3). Cet état, visé par le sous-préfet, est payé directement par le receveur des finances ou par l'intermédiaire du percepteur à l'huissier qui le quittance. L'état acquitté est produit à la Cour des Comptes par le trésorier général pour justifier la dépense des frais de poursuites.

651. E. *Contentieux des poursuites.* — Les contestations qui peuvent surgir au sujet des poursuites en matière de contributions directes doivent être portées, suivant les cas, devant les tribunaux administratifs ou devant les tribunaux judiciaires.

La compétence est, en principe, déterminée à cet égard, par la nature administrative ou judiciaire de l'acte qui est mis en discussion. Ainsi les questions de validité de la sommation sans frais, de la contrainte et de la sommation avec frais, qui sont des actes de poursuites administratives, sont du ressort du conseil de préfecture; au contraire, les actes ultérieurs, commandement, saisie, vente, doivent être contestés devant les tribunaux judiciaires. Il faut cependant considérer les poursuites dans leur dernier état pour déterminer la compétence; le Conseil d'État, sur une demande en annulation de sommation avec frais qui n'avait été formée que postérieurement à la saisie, a admis la compétence de l'autorité judiciaire, sauf renvoi devant les tribunaux administratifs pour trancher la question de validité des actes administratifs de poursuite (4).

652. D'autre part, la discussion des actes de poursuites peut soulever des questions contentieuses, étrangères à ces actes, et qui sont, suivant les cas, du ressort des tribunaux soit administratifs, soit judiciaires. Le conseil de préfecture est seul compétent sur l'établissement de l'obligation même du redevable et sur la régularité du titre (quand le comptable ne soit attaqué comme concussionnaire). Au contraire, les tribunaux judiciaires ont qualité pour trancher notamment les questions d'hé-

rédité, en ce qui touche les obligations des héritiers du redevable; de solidarité entre propriétaires indivis, d'ordre et de privilège à l'égard des tiers créanciers et des tiers acquéreurs, de propriété, de revendication des meubles saisis (1), de distraction des objets insaisissables. Lorsque des contestations de cette nature surgissent incidemment, le juge de l'action principale doit surseoir à statuer et renvoyer les parties à se pourvoir devant la juridiction compétente pour juger l'action incidente (2).

Le Conseil d'État a décidé qu'un contribuable qui prétend avoir payé une contribution non émargée sur le rôle n'est pas fondé à demander l'annulation des poursuites exercées contre lui, s'il ne rapporte ni la quittance réglementaire, ni aucun autre acte justificatif du paiement (3).

ART. 2. — Amendes et condamnations pécuniaires.

653. Les modes de poursuites employés pour le recouvrement des amendes pénales et des condamnations pécuniaires sont déterminés par le chapitre IV du titre III de l'Instruction du 5 juillet 1895 pour le service des amendes. En dehors des dispositions communes aux contributions directes et aux amendes, cette instruction contient les particularités ci-après.

Les poursuites sont exercées au nom du procureur de la République, du procureur général ou du préfet, à la requête des percepteurs, en vertu de la force exécutoire des sentences de la justice, et sans contrainte préalable, par les agents des postes, les porteurs de contraintes ou par les huissiers (4). Il n'existe pas de sommations sans frais et avec frais; et l'avertissement peut être suivi, au bout de huit jours, d'un commandement dressé par l'agent de poursuites au vu de l'état des condamnés retardataires remis par l'intermédiaire du receveur des finances. Lorsqu'il est fait opposition au commandement, le percepteur en réfère à son chef hiérarchique qui, s'il y a lieu, soumet le cas à la direction générale de la comptabilité publique par rapport détaillé (5).

654. Le commandement resté infructueux est suivi de la saisie, mobilière ou immobilière, et, s'il y a lieu, de la vente. L'instruction de 1895 indique les règles à suivre pour la saisie-arrêt des pensions militaires ou autres; pour la saisie des navires, pour celle des rentes constituées sur particuliers; enfin, pour la saisie immobilière (6).

---

(1) Art. 3 et 4.
(2) Nos 33 et suiv., p. 45 et suiv.
(3) Modèle n° 26 de la circulaire du 28 août 1902.
(4) C. d'Ét. cont. 3 décembre 1886. Léchelle. V. Laferrière, *Traité de la juridiction administrative*, t. II, p. 289.

---

(1) Sauf, dans ce cas, l'application des lois des 5 novembre 1790 et 12 novembre 1808. (Art. 69 du règlement des poursuites.)
(2) V. Laferrière, *Traité de la juridiction administrative*, t. II, p. 291.
(3) C. d'Ét. cont., 6 août 1875. Normand et 21 juillet 1876. Ducatel et C. Véron.
(4) Instr. 5 juillet 1895, art. 249, 251, 252 et circ. compt. publ., 8 mars 1893, § 1er. Les comptables doivent, de préférence, employer les porteurs de contraintes qui sont moins onéreux pour le redevable; cependant, à Paris et à Bordeaux, les huissiers sont exclusivement chargés des poursuites.
(5) Même instr., art. 259 à 264. En matière forestière, les poursuites sont suspendues s'il se produit une demande de transaction, jusqu'à ce qu'il soit statué sur cette demande. La transaction consentie est notifiée par l'inspecteur des forêts au percepteur à qui est remis un bulletin destiné à remplacer, comme titre de perception, l'extrait de jugement. (Instr., 5 juillet 1895, art. 174 et suiv.)
(6) Art. 265, 283 à 289.

Ce dernier mode de poursuites, d'une gravité extrême, ne doit être employé que s'il constitue le seul moyen de recouvrer la créance du Trésor. L'Administration doit l'autoriser spécialement au vu d'une note de renseignements du conservateur des hypothèques indiquant la situation hypothécaire des immeubles, et d'un rapport du comptable indiquant la valeur vénale de ces immeubles et le montant des frais de poursuite. En outre de cette autorisation, l'agent de poursuites est muni, par le receveur des finances, du pouvoir spécial exigé par l'article 556 du Code de procédure civile. Le redevable est avisé des conséquences de son refus de payer, et, huit jours après cet avis, un commandement lui est signifié. La saisie immobilière peut être pratiquée trente jours après ce commandement, lequel doit être renouvelé si la saisie n'est pas faite dans un délai de quatre-vingt-dix jours. Si les immeubles sont indivis, le partage ou la licitation est poursuivi préalablement à la saisie (1).

655. La saisie est suivie de la vente mobilière ou immobilière. Le prix provenant de la vente immobilière est distribué par voie d'ordre amiable ou judiciaire. Pour produire à un ordre amiable ou judiciaire, le comptable doit se faire assister ou représenter par l'avoué du Trésor auquel les pièces justificatives de la créance sont remises et dont les frais s'ajoutent au principal de la condamnation. Le bordereau de collocation du Trésor doit comprendre ce principal et, en outre, les frais d'inscription hypothécaire et les autres frais accessoires ; il peut aussi comprendre les intérêts alloués par le tribunal qui sont encaissés à titre de recettes accidentelles et justifiés dans les comptes par l'ampliation du bordereau de collocation et le décompte des intérêts établi par le trésorier général. Si le Trésor n'arrive pas en ordre utile, les frais de production sont payés à l'avoué sur mémoire timbré et taxé (2).

656. Tous les imprimés de formules d'actes de poursuites, assujettis au timbre, doivent être revêtus du timbre spécial établi pour le papier copie. Le droit fixe d'enregistrement des actes de poursuites (commandement, saisie-arrêt, saisie-exécution, etc...), lorsqu'il s'agit de sommes supérieures à 100 francs (sommes restant à recouvrer sur le principal de la condamnation) (3), est de 1 fr. 25 décimes compris. L'exemption du droit d'enregistrement prévue, en matière de contributions directes, quand le contribuable s'est libéré dans les quatre jours de la signification, n'est pas applicable aux actes de poursuites qui ont pour objet le recouvrement de condamnations pécuniaires (4).

657. Indépendamment des moyens de poursuites ordinaires, le Trésor peut encore employer la contrainte par corps que la loi du 22 juillet 1867 a conservée pour le recouvrement des amendes, restitutions et dommages-

intérêts en matière criminelle, correctionnelle et de police (1) ; et que la loi du 19 décembre 1871 a rétablie pour les frais dus à l'État en vertu de condamnations judiciaires (2). Les conditions d'exercice de la contrainte par corps sont réglées par l'instruction de 1895, articles 313 à 401. Sans entrer dans le détail de ces prescriptions, notons que là contrainte est exercée contre les condamnés personnellement, en vertu d'une condamnation ayant force de chose jugée, pour la durée fixée par le jugement dans les limites d'un minimum et d'un maximum déterminés suivant l'importance des condamnations pécuniaires (3). Elle consiste dans l'incarcération, précédée d'un commandement, signifié à la requête du percepteur, et d'une réquisition d'incarcération adressée par le procureur de la République, au bas de laquelle le percepteur appose l'ordre de transfèrement. La contrainte par corps interrompt la prescription. L'incarcération ne libère pas le condamné de sa dette, sauf en matière forestière et pour les délinquants insolvables (4). L'élargissement a lieu de plein droit : 1° à l'expiration des délais fixés ; 2° lorsque le condamné a fourni et fait agréer une caution ; 3° par l'extinction de la dette au sujet de laquelle il a été emprisonné (5) ; 4° s'il vient à être déclaré en faillite ; 5° s'il est sexagénaire, et a subi la moitié de la peine restant à courir à partir du jour de sa 60° année ; 6° pour des raisons d'humanité, après accord entre le Parquet et l'Administration des finances. L'élargissement peut, en outre, être ordonné pour cause de maladie grave et avec le consentement du trésorier général (6). La contrainte peut être reprise cas, après l'élargissement. Enfin, les percepteurs peuvent, par acte de recommandation, soumis aux mêmes formalités que la contrainte par corps, s'opposer à ce qu'un individu poursuivi pour le recouvrement de condamnations pécuniaires, et déjà détenu pour une autre cause, soit élargi tant qu'il n'aura pas subi, en sus de sa détention actuelle, la contrainte par corps que comportent lesdites condamnations pécuniaires (7).

ART. 3. — Traites et obligations cautionnées.

658. Traites de coupes de bois. — Lorsque les traites de coupes de bois ne sont pas acquittées à l'échéance (8), le trésorier-payeur général ne doit pas les faire protester. Le protêt, en effet, d'après le Code de commerce, est un

---

(1) Instr. 5 juillet 1895, art. 285 à 289.
(2) Ibid. art. 300 à 312.
(3) C'est le chiffre de condamnation porté au jugement qui sert à déterminer si le droit est dû ou non. Circ. compt. publ., 31 mars 1898, § 7.
(4) Instr., art. 253, 256, 258.

(1) L. 22 juillet 1867, art. 2 et 3.
(2) L. 19 décembre 1871, art. 1er et 2.
(3) Instr. poursuites, art. 321.
(4) Ibid., art. 393 et 394.
(5) La créance s'éteint : par le payement du montant de la condamnation et des frais de capture ; par la compensation légale ; par une transaction administrative ; par la remise totale ou partielle de l'amende ; par l'amnistie, si elle s'étend à la fois à l'amende et aux frais de justice. (Instr., art. 388.)
(6) Instr. poursuites, art. 384.
(7) Ibid., art. 400 et 401.
(8) La loi du 28 mars 1904 a modifié comme suit l'article 134 du Code de commerce : « Si l'échéance d'une lettre de change est au jour férié légal, elle est payable le premier jour ouvrable qui suit. Il en est de même des billets à ordre et de tous autres effets de commerce. » Cette modification est applicable aux traites et billets à ordre souscrite à l'occasion des ventes de coupes de bois. (Circ. compt. publ., 30 juin 1904, § 2.)

moyen de réserver les droits contre les endosseurs, et le préliminaire d'une action intentée devant le tribunal de commerce en vue d'obtenir un titre exécutoire. Or, dans l'espèce, la caution et le certificateur sont, comme l'adjudicataire, tenus personnellement et solidairement, indépendamment de la lettre de change. De plus, le procès-verbal d'adjudication est exécutoire contre eux tous. Le protêt et l'obtention d'un jugement seraient donc des formalités inutiles; et c'est en vertu du procès-verbal d'adjudication que le trésorier général peut faire signifier un commandement et procéder à la saisie et à la vente des meubles et des immeubles des débiteurs des traites. Cependant, comme le procès-verbal n'emporte pas hypothèque judiciaire, au cas où l'inscription d'une hypothèque serait nécessaire, le trésorier général devrait intenter une action en paiement devant le tribunal de commerce. D'après l'article 1188 du Code civil, le débiteur ne peut plus réclamer le bénéfice du terme lorsqu'il a fait faillite. Les traites deviennent donc immédiatement exigibles au cas de faillite ou de déconfiture de l'adjudicataire, de la caution ou du certificateur; et le trésorier général doit intenter immédiatement les poursuites, en vertu du procès-verbal d'adjudication.

659. L'article 8 du nouveau cahier des charges des ventes de coupes de bois, en date du 3 août 1903, permet aux adjudicataires de se dispenser de fournir une caution et un certificateur, en déposant à la Caisse des dépôts et consignations un cautionnement d'une valeur au moins égale au prix d'adjudication augmenté d'un vingtième. L'adjudicataire souscrit alors, pour le paiement, des billets à ordre trimestriels. En cas de retard dans le paiement d'un seul billet, ou d'inexécution des charges, le trésorier général pourra, cinq jours après un commandement demeuré sans résultat, faire vendre par la Caisse des dépôts et consignations, nonobstant l'existence d'une opposition quelconque, tout ou partie des valeurs déposées, pour en appliquer le produit à la somme due, en principal, intérêts et frais. La demande de vente sera appuyée de l'original du commandement et d'un certificat du comptable intéressé, délivré à l'échéance du délai de cinq jours, et constatant que l'adjudicataire ne s'est pas libéré. Le reliquat du prix de vente, s'il en existe, sera conservé à la Caisse des dépôts et consignations, à la disposition de qui de droit (1).

Les obligations cautionnées souscrites au nom des receveurs principaux des contributions indirectes et des douanes sont présentées au paiement à l'échéance par le caissier payeur central ou le receveur des finances. A la différence des traites de coupes de bois, les obligations dont le paiement est refusé doivent être protestées. Elles sont renvoyées après protêt au receveur principal intéressé, qui, après en avoir versé le montant et les frais, est chargé d'en poursuivre le recouvrement par voie de contrainte, suivant les formes que nous allons étudier.

(1) Circ. compt. publ., 19 septembre 1903, § 2, p. 3, et circ. Caisse des dépôts, 30 novembre 1903, § 2, p. 4 et 5.

ART. 4. — *Impôts indirects.*

660. *Impôts indirects.* — Les diverses régies financières exercent elles-mêmes les poursuites concernant les produits fiscaux dont le recouvrement leur est confié. Les poursuites sont civiles lorsqu'elles ont uniquement pour but d'obtenir le paiement des droits; elles sont correctionnelles, parfois même criminelles, lorsqu'elles tendent à la répression des contraventions, des délits ou des crimes, reprochés aux redevables à l'occasion de l'impôt. Quelle que soit leur nature, la compétence appartient aux tribunaux de l'ordre judiciaire : les juridictions administratives n'ont jamais à intervenir.

661. A. *Poursuites civiles.* — A défaut de paiement des droits (1), les régies financières peuvent, avant toute poursuite judiciaire, signifier au redevable une contrainte qui constitue un titre exécutoire donnant à l'Administration le droit d'exercer les poursuites subséquentes, et d'intenter une action en justice (2). La contrainte est décernée par le directeur ou le receveur ou préposé de la régie; elle doit être visée et déclarée exécutoire par le juge de paix du canton où le bureau de perception est établi (3); et signifiée à l'intéressé par ministère d'huissier ou par les agents de la régie. Elle est assujettie à l'enregistrement dans les quatre jours de sa date.

662. Décernée en forme régulière, la contrainte permet d'opérer une saisie-exécution, une saisie-brandon, une saisie-arrêt, une saisie immobilière. Mais elle ne permet pas l'inscription d'une hypothèque, et ce dernier avantage ne pourrait résulter pour la régie que d'une décision judiciaire (4).

La contrainte est parfois exécutoire nonobstant opposition. L'article 239 de la loi du 28 avril 1816 énonce formellement qu'en matière de contributions indirectes, les « contraintes seront exécutoires nonobstant opposition et sans y préjudicier ». D'après l'article 33 de la loi des 6-22 août 1791, l'exécution des contraintes décernées par l'Administration des douanes, pour non apurement d'un acquit-à-caution, ne peut être suspendue par une opposition que dans le cas où le redevable a consigné au moins le droit simple; cette exception a été étendue par l'article 230 de la loi du 28 avril 1816 au service des contributions indirectes. Aux termes de l'article 64 § 2 de la loi du 22 frimaire an VII « l'exécution de la contrainte, en matière d'enregistrement, ne pourra être interrompue que par une opposition formée par le redevable et motivée, avec assignation à jour fixe devant

(1) Sauf les cas d'urgence ou de nécessité d'interrompre une prescription, l'Administration adresse, avant toute poursuite, au redevable, un avis préalable faisant connaître l'objet et le montant de la réclamation.
(2) L. 28 avril 1816, art. 239 (contributions indirectes); L. 6 22 août 1791, art. 33 (douanes); L. 22 frimaire an VII, art. 64 (enregistrement); L. 28 avril 1816, art. 76 (timbre); L. 19 août-19 septembre 1791 (revenus domaniaux).
(3) Le président du tribunal civil vise les contraintes relatives au recouvrement des revenus domaniaux. (L. 19 août-12 septembre 1791, art. 4.)
(4) Cass. Req., 9 novembre 1880, S. 81.1.304.

le tribunal civil du département (1); dans ce cas, l'opposant sera tenu d'élire domicile dans la commune où siège le tribunal. » Une disposition analogue existe en ce qui concerne le timbre (2).

Qu'elle soit ou non suspensive de l'exécution de la contrainte, l'opposition doit être formée comme il vient d'être dit. L'introduction et l'instruction des instances ont lieu devant les tribunaux civils d'arrondissement; « la connaissance et la décision en sont interdites à toutes autres autorités constituées ou administratives (3).» L'assignation doit être donnée à échéance de huit jours au maximum (4).

663. L'émission d'une contrainte n'est qu'une faculté pour les régies financières, qui peuvent toujours poursuivre les redevables par voie d'action directe (5). Les instances seront donc engagées, soit sur assignation de la régie, sans contrainte préalable, ou pour obtenir une hypothèque judiciaire en faisant valider la contrainte; soit sur assignation du redevable opposant à la contrainte. L'instruction se fera par simples mémoires respectivement signifiés. Les tribunaux accorderont, soit aux parties, soit aux préposés de la régie qui suivront les instances, le délai qu'ils demanderont pour produire leurs défenses : il ne pourra néanmoins être de plus de trois décades (30 jours) (6). Les jugements sont rendus dans trois mois, au plus tard, à compter de l'introduction de l'instance, sur le rapport d'un juge fait en audience publique, et sur les conclusions orales du Ministère public (7). Les parties sont dispensées des plaidoiries et du ministère des avoués (8); mais elles sont libres de les employer (9), avec cette restriction toutefois que la partie perdante ne pourra jamais être condamnée au paiement des émoluments de l'avoué adverse, dont le concours est facultatif (10). Il peut être fait opposition aux jugements rendus par défaut. Les jugements contradictoires « sont sans appel et ne peuvent être attaqués que par voie de cassation » (11). Il n'y a d'autres frais à supporter, pour la partie qui succombe, que ceux du papier timbré, des significations et du droit d'enregistrement des jugements (12). Les régies ne doivent faire aucun paiement en vertu d'un jugement frappé de pourvoi en cassation avant

que la partie qui bénéficie du jugement n'ait donné « bonne et suffisante caution pour sûreté des sommes à elle adjugées » (1).

664. Les instances domaniales sont suivies par l'Administration des domaines, au nom des préfets représentant l'État. Elles sont précédées d'un mémoire qui énonce la demande et expose les moyens. Le mémoire est communiqué aux intéressés qui doivent y répondre dans le mois; le préfet donne son avis, et, s'il est défavorable, le ministre des Finances statue sur la suite à donner. A la différence des instances de l'enregistrement, les instances domaniales sont suivies d'après le droit commun, c'est-à-dire par le ministère d'avoués et d'avocats, et les jugements de première instance sont susceptibles d'appel (2).

665. B. *Poursuites répressives.* — Les fraudes commises par les redevables dans le but de se soustraire à l'impôt sont l'objet de poursuites répressives de la part des régies financières. Les instances de cette nature ont pour but les condamnations aux droits en sus, doubles ou quadruples droits, amendes, confiscations, et parfois à l'emprisonnement. Sur ce point l'Administration de l'enregistrement est nettement séparée de celles des douanes, et des contributions indirectes. Tandis que ces dernières régies exercent des poursuites devant les tribunaux correctionnels ou même criminels, les instances en matière d'enregistrement sont toujours portées devant les tribunaux civils. Les condamnations à obtenir : droits en sus et amendes, sont, en effet, considérées comme des dommages-intérêts et non comme des peines.

Les principales fraudes sur les droits d'enregistrement proviennent de dissimulations ou d'insuffisances d'évaluation.

666. Il y a dissimulation lorsque dans une vente, une soulte de partage ou d'échange, les parties contractantes déclarent un prix inférieur au prix réel. L'article 40 de la loi du 22 frimaire an VII décidait que « toute contre-lettre faite sous signature privée, qui aurait pour objet une augmentation du prix stipulé dans un acte public ou dans un acte sous signature privée précédemment enregistré, serait nulle et de nul effet; néanmoins, lorsque l'existence en serait constatée, il y aurait lieu d'exiger, à titre d'amende, une somme triple du droit qui aurait eu lieu sur les sommes et valeurs ainsi stipulées. » La première partie de cette disposition fut abrogée par l'article 1321 du Code civil qui admet la validité des contre-lettres entre les parties contractantes. Aux termes de l'article 12 de la loi du 23 août 1871 « toute dissimulation dans le prix d'une vente et dans la soulte d'un échange ou d'un partage sera punie d'une amende égale au quart de la somme dissimulée, et payée solidairement par les parties, sauf à la répartir entre elles par parts égales ». Indépendamment de cette amende, les droits d'enregistrement sont exigibles sur la somme dissimulée.

La procédure à suivre pour la répression des dissimu-

---

(1) Lorsqu'un contribuable conteste l'exigibilité d'un droit réclamé par une contrainte de l'enregistrement, il peut, sans recourir à l'instance sur opposition, soumettre sa réclamation à l'Administration elle-même par voie de pétition sur papier timbré. Cette pétition n'a pas pour effet d'arrêter l'exécution de la contrainte, mais, en pratique, l'Administration suspend, dans ce cas, les poursuites.
(2) L. 28 avril 1816, art. 76.
(3) L. 22 frimaire an VII, art. 65. Cependant les juges de paix sont compétents pour connaître des contraintes de douane, sauf appel au tribunal civil.
(4) Cass., civ. 19 octobre 1885, S. 86.1.119.
(5) Cass., 20 mars 1839, S. 39.1.346 et 11 mai 1839, S. 39.1.953.
(6) L. 22 frimaire an VII, art. 65.
(7) *Ibid.*
(8) L. 27 ventôse an IX, art. 17. D'après l'article 18, titre XIII, de la loi du 22 août 1791, les préposés des douanes peuvent faire, pour raison des droits de douanes, tous exploits et autres actes de justice du ministère des huissiers.
(9) Cass., 16 février 1892, S. 93.1.245.
(10) V. L. 22 frimaire an VII, art. 65 et Cass. 26 mars 1827. D. 27.1.183.
(11) L. 22 frimaire an VII, art. 65.
(12) *Ibid.*

(1) D. 19-24 juillet 1793.
(2) L. 12 septembre 1791, art. 12; C. proc. civ., art. 69; Régl. 3 juillet 1834.

lations est réglée par l'article 14 de la loi du 23 août 1871. L'exploit d'ajournement est donné, soit devant le juge du domicile de l'un des défendeurs, soit devant celui de la situation des biens, au choix de l'Administration. Suivant l'importance de la réclamation, la cause est portée devant le juge de paix ou devant le tribunal civil. Le ministère des avoués n'est pas obligatoire; mais les parties qui n'auraient pas constitué avoué, ou qui ne seraient pas domiciliées au siège du tribunal sont tenues d'y faire élection de domicile, à défaut de quoi toutes les significations sont valablement faites au greffe.

La dissimulation peut être établie par tous les genres de preuves admises par le droit commun. Toutefois, l'Administration ne peut déférer le serment décisoire et ne peut user de la preuve testimoniale que pendant dix ans, à partir de l'enregistrement de l'acte. La cause est instruite et jugée comme en matière sommaire; elle est sujette à appel, s'il y a lieu. Enfin, la loi ajoute que le notaire qui reçoit un acte de vente, d'échange ou de partage, est tenu de donner lecture aux parties des dispositions ci-dessus, et de mentionner cette lecture dans l'acte, à peine de 10 francs d'amende. D'après l'article 8 de la loi du 28 février 1872, sont applicables aux mutations de propriété des fonds de commerce ou des clientèles les dispositions des articles 12 et 13 de la loi du 23 août 1871 concernant les dissimulations dans les prix de vente.

667. Lorsque l'Enregistrement estime qu'il y a insuffisance d'évaluation ou fausse évaluation dans les déclarations des parties, encore qu'il n'y ait pas toujours fraude à proprement parler dans l'espèce, il est autorisé à rétablir, au moyen de l'expertise, la valeur réelle servant de base au calcul des droits. Les lois du 22 frimaire an VII, du 23 août 1871 et du 28 février 1872 autorisent le fisc à provoquer l'expertise pour l'évaluation des immeubles transmis à titre onéreux ou à titre gratuit; des locations d'immeubles et des cessions de fonds de commerce ou de clientèles. Il est fait exception à cette règle lorsque l'adjudication a lieu, par autorité de justice, à la barre du tribunal ou par un notaire commis à cet effet. Le contribuable peut éviter les frais de l'expertise en souscrivant une soumission, c'est-à-dire une reconnaissance de l'insuffisance d'évaluation, et un engagement de payer les droits simples et en sus qui en résultent. L'expertise est demandée, dans l'année, à compter du jour de l'enregistrement de l'acte contesté (1), sous forme de pétition au tribunal civil de la situation des biens, qui doit l'ordonner dans les dix jours. Le fisc et la partie désignent chacun leur expert, faute de quoi le tribunal les nomme d'office; un tiers expert est appelé en cas de partage.

Lorsque le prix exprimé ou la valeur déclarée n'excède pas 2,000 francs, l'expertise est confiée à un seul expert nommé par toutes les parties, ou, en cas de désaccord, par le président du tribunal civil, sur simple requête (2). Le

procès-verbal d'expertise doit être rapporté dans le délai d'un mois. Les frais sont à la charge du déclarant seulement lorsque l'estimation excédera d'un huitième au moins le prix énoncé à la déclaration. Dans tous les cas, il y aura lieu d'acquitter le droit sur le supplément d'estimation constaté au rapport d'experts (1).

668. Les contraventions en matière de timbre sont constatées par les procès-verbaux qui peuvent être dressés, suivant la nature des infractions, par les préposés de l'enregistrement, des domaines, des contributions indirectes, des octrois, des postes, par les agents de la force publique, les officiers de police judiciaire, les commissaires de surveillance administrative des chemins de fer. L'article 31 de la loi du 13 brumaire an VII autorise les préposés à retenir les actes, registres ou effets en contravention à la loi du timbre qui leur sont présentés, pour les joindre aux procès-verbaux qu'ils en rapportent, à moins que les contrevenants ne consentent à signer les procès-verbaux, ou à acquitter sur-le-champ l'amende encourue et le droit de timbre. En cas de refus des contrevenants, les préposés leur font signifier les procès-verbaux dans les trois jours, avec assignation devant le tribunal civil. L'instruction se fait sur simples mémoires respectivement signifiés; les jugements définitifs qui interviennent sont sans appel (2). Il est à remarquer que la compétence est civile sur les contraventions aux lois du timbre, bien que la poursuite soit basée sur des procès-verbaux. Une seule exception existe à cette règle : il résulte de l'article 7 du décret du 25 août 1852 rendu en exécution de la loi du 8 juillet 1852 (art. 30) assujettissant les affiches peintes à un droit de timbre, que la poursuite des contraventions constatées en l'espèce doit être dirigée à la requête du Ministère public et portée devant la juridiction correctionnelle.

669. C'est également devant cette juridiction que se déroulent les instances en répression des contraventions commises par les contribuables des douanes et des contributions indirectes. Il y a même parfois, en ces matières, des instances criminelles, dont l'instruction est suivie par le Ministère public; notamment, à la suite de crimes de rébellion et de contrebande avec attroupement et port d'armes; de voies de fait graves exercées par ou contre les préposés; d'inscription de faux contre les procès-verbaux de ces préposés. La cour d'assises saisie d'un de ces crimes ne peut statuer sur la confiscation des marchandises et sur l'amende de contrebande (3).

670. Les contraventions sont constatées par les procès-verbaux dressés par les agents de la régie, ou par les divers autres agents auxquels les lois donnent le droit de verbaliser suivant les espèces. Les procès-verbaux font, en général, foi jusqu'à inscription de faux, ou seulement jusqu'à preuve contraire, selon qu'ils ont été dressés par deux préposés ou par un seul, et à condition d'être rédigés

---

(1) L. 22 frimaire an VII, art. 17. Le délai est de deux ans pour les transmissions à titre gratuit, et de trois mois pour les cessions de fonds de commerce.
(2) L. 23 août 1871, art. 15.

(1) L. 22 frimaire an VII, art. 18.
(2) L. 13 brumaire an VII, art. 32.
(3) Cass. crim., 4 novembre 1831 et 17 décembre 1831. Devilleneuve, 32.1.272.

dans les formes légales (1). Ils doivent être affirmés, dans les trois jours de leur clôture, devant le juge de paix ou son suppléant, et enregistrés dans les quatre jours (2). Sauf de rares exceptions, les instances correctionnelles ne peuvent être engagées que sur des faits constatés par des procès-verbaux, tout autre mode de preuve demeurant interdit. L'assignation est donnée devant le tribunal de l'arrondissement dans lequel a été commise l'infraction, dans le délai de trois mois à dater du procès-verbal (3). La poursuite appartient soit à la régie seule, soit aussi au Ministère public, suivant que la condamnation à intervenir peut être uniquement pécuniaire, ou comprendre l'emprisonnement (4). Le défendeur comparaissant peut opposer des fins de non-recevoir : prescription, chose jugée, nullité du procès-verbal, défaut de capacité, de qualité, d'intérêt; ou des exceptions : appel en garantie, renvoi, nullité des actes de procédure. S'il accepte les débats sur le fond, il peut s'inscrire en faux contre le procès-verbal, ou faire la preuve contraire (5), suivant la foi donnée à ce document. Le juge n'a pas ici la même liberté d'appréciation que dans les affaires de droit commun. Il est lié notamment par les procès-verbaux non argués de faux, et ne peut, dans ce cas, ni modérer les peines portées par des lois spéciales, sous sa responsabilité personnelle (6), ni admettre la bonne foi comme excuse (7), ni prescrire une enquête pour établir l'intention du contrevenant (8).

Si une question préjudicielle de nature administrative est soulevée, les juges doivent surseoir à statuer jusqu'à ce qu'elle ait été tranchée par l'autorité compétente (9). Les jugements correctionnels sont susceptibles d'opposition et d'appel, et les arrêts sur appel, de pourvoi en cassation. Les condamnations encourues sont, suivant les cas, l'amende, la confiscation, l'emprisonnement. A la différence des amendes d'enregistrement, les amendes de douanes et de contributions indirectes présentent le double caractère de dommages-intérêts et de pénalités. L'article 463 du Code pénal, relatif aux circonstances atténuantes, modifié, en ce qui concerne les contributions indirectes, par l'article 23 de la loi du 6 août 1905, permet, sauf le cas de récidive dans l'année, et si la bonne foi du contrevenant est établie, d'abaisser l'amende et de supprimer la confiscation des objets non prohibés, moyennant le payement d'une somme arbitrée et jamais inférieure aux droits fraudés. En cas de condamnation pour infractions aux lois et règlements de contributions indi-

rectes, si l'inculpé n'a jamais été l'objet de procès-verbal suivi de condamnation ou de transaction pour une infraction punie par la loi d'une amende supérieure à 600 francs, les tribunaux pourront, dans les conditions établies par la loi du 26 mars 1891 (loi sur l'atténuation et l'aggravation des peines), décider qu'il sera sursis à l'exécution de la peine (1). Le principal de l'amende est augmenté de deux décimes et demi (2). Le contrevenant est, en outre, condamné aux dépens, sauf les honoraires de l'avoué dont le ministère est facultatif (3).

671. Le produit des amendes et confiscations ne constitue pas une recette nette pour le Trésor. Le produit net, c'est-à-dire après déduction des droits, des frais taxables ou non taxables, des décimes et de la part de l'indicateur, s'il y a lieu, est réparti conformément aux lois et règlements. L'article 16 de la loi de finances du 17 avril 1906, notamment, a décidé que le produit des amendes et confiscations en matière de contributions indirectes est attribué pour 35 0/0 au Trésor; pour 25 0/0 aux pensions civiles; et pour 40 0/0 au fonds commun créé en vue de pourvoir au payement de diverses indemnités et gratifications (4); cette répartition ne s'applique que lorsque les procès-verbaux ont été dressés par les agents de la régie des contributions indirectes, lesquels n'ont pas, en principe, droit à un prélèvement personnel en qualité de saisissants. Si les agents verbalisateurs sont étrangers à cette régie, ils ont droit à une part comme saisissants. Avant la loi de 1906, cette part était de 42 0/0 [les 58 0/0 restant appartenaient au Trésor (25 0/0), aux pensions civiles (25 0/0), au fonds commun (8 0/0)]. La loi de 1906 a porté la part du Trésor de 25 à 35 0/0; mais elle a supprimé le prélèvement de 8 0/0 attribué jusqu'alors au fonds commun. En sorte que, sur les procès-verbaux dressés par les agents étrangers, la répartition est actuellement la suivante : Trésor, 35 0/0; pensions civiles, 25 0/0; part des saisissants, 40 0/0 (5).

672. D'après l'article 11 de la loi de finances du 17 juillet 1889, la part affectée au service des pensions civiles dans les produits d'amendes et confiscations résultant d'affaires suivies à la requête de l'administration des douanes, est de 40 0/0 du montant net de ces produits. Un décret du 31 décembre 1889 a fixé, dans les conditions suivantes, la répartition de ces amendes : 40 0/0 pour les pensions civiles; 40 0/0 pour les saisissants (par tête); 12 0/0 pour les agents qui sont chefs, mais d'un grade

---

(1) D. 1er germinal an XIII, art. 26.
(2) L. 22 frimaire an VII, art. 20, § 1er.
(3) L. 15 juin 1835, article unique.
(4) L. 5 ventôse an XII; Arr. 5 germinal an XII, art. 19 et 23. L. 21 juin 1873, art. 15.
(5) L. 4 germinal an II, tit. VI, art. 7. « Dans toute action sur saisie, les preuves de non-contravention sont à la charge du saisi. »
(6) L. 4 germinal an II, tit. VI, art. 23 : « Aucun juge ne modérera ni les droits, ni la confiscation, ni l'amende, sous peine d'en répondre personnellement. »
(7) L. 9 floréal an VII, tit. IV, art. 16, et Cass. crim., 8 mai 1879, S. 80.1.483.
(8) Cass., 14 avril 1841. Devilleneuve. 41.1.424.
(9) L. 24 août 1790, tit. II, art. 13 : « Les juges ne pourront, à peine de forfaiture, troubler, de quelque manière que ce soit, les opérations des corps administratifs. »

(1) L. 6 août 1905, art. 24.
(2) L. 6 prairial an VII, art. 1er. Déc. min., 16 avril et 20 juin 1895. Circ. contrib. ind., n° 131, du 10 septembre 1895. Cependant, un jugement du tribunal civil de Perpignan du 5 novembre 1896 a décidé que les amendes prononcées pour infractions à la législation des contributions indirectes ne donnent pas lieu à la perception de décimes. (Note n° 73 de la Cour des Comptes, p. 33.)
(3) Les jugements peuvent être exécutés par la contrainte par corps. (L. 22 juillet 1867; art. 3. L. 19 décembre 1871, art. 1er.) Il y a solidarité entre les condamnés pour un même fait de fraude. (D. 1er germinal an XIII, art. 37.)
(4) La loi du 6 août 1905, art. 20 attribuait 25 0/0 au Trésor; 25 0/0 aux pensions civiles et 50 0/0 au fonds commun.
(5) Ce régime nouveau ne s'applique qu'aux procès-verbaux déclarés depuis la promulgation de la loi de finances de 1906; les anciennes règles sont suivies pour les affaires ayant pris naissance avant cette loi. L. 17 avril 1906, art. 16.

inférieur à celui de sous-inspecteur ou de receveur principal, c'est-à-dire pour les receveurs particuliers, contrôleurs et chefs de section (par tête); 8 0/0 pour le fonds commun qui, après retenues pour pensions civiles, est réparti entre les employés de grades inférieurs, par le ministre des Finances, sur les propositions du directeur général.

673. En matière d'enregistrement et de timbre, les amendes qui sont considérées comme réparations civiles, appartiennent intégralement au Trésor. Une seule exception a été faite à cette règle, pour les amendes concernant les infractions à la législation sur les affiches peintes : un décret du 25 août 1852 attribue 1/4 aux agents qui ont constaté les infractions, et 3/4 au fonds commun des amendes de police correctionnelle; le tout, sous déduction de 5 0/0 pour frais d'administration et de perception (1).

674. Conformément à l'article 636 du Code d'instruction criminelle, les amendes et confiscations prononcées par les arrêts ou jugements rendus en matière correctionnelle se prescrivent par cinq années révolues à compter de la date de l'arrêt ou du jugement rendu en dernier ressort; et, pour les décisions susceptibles d'appel, à compter de l'expiration des délais d'appel.

675. C. *Transactions*. — Les tribunaux appelés à statuer sur les infractions en matière fiscale n'ont pas le pouvoir de modérer la peine prononcée par les lois spéciales (2). Mais les régies financières elles-mêmes sont autorisées à transiger sur le montant des condamnations pécuniaires, réserve devant toujours être faite des droits dus au Trésor (3). La transaction est basée sur l'ignorance et la bonne foi des contrevenants, et a pour but de tempérer la rigueur des pénalités légales. Elle peut d'ailleurs intervenir soit avant, soit après le jugement, sauf exceptions. Les demandes en transaction, adressées au directeur départemental ou local, sont instruites par l'administration, et ne peuvent être définitivement admises qu'en vertu d'autorisations qui varient avec l'importance des pénalités encourues, ou la nature des infractions.

676. D'après le décret du 5 germinal an XII, art. 23, les transactions intervenues en matière de contributions indirectes doivent être approuvées : par le directeur départemental lorsque, sur les procès-verbaux de contravention et saisie, les condamnations de confiscations et amendes à obtenir ne s'élèveront pas à plus de 500 francs (4); par le directeur général, lorsque lesdites condamnations s'élèveront de 500 francs à 3,000 francs; par le ministre des Finances dans les autres cas.

677. Les conditions d'approbation des transactions en matière de douanes ont été réglées par un décret du 8 août 1890. La compétence appartient suivant les cas, soit au directeur local, soit au directeur général, soit au ministre des Finances.

Le directeur local statue, quel que soit le montant des condamnations encourues, pour :

1º Les infractions constatées à la charge des voyageurs;

2º Les infractions résultant des visites et contre-visites opérées à bord des navires et imputables aux équipages;

3º Les faits de contrebande par pacotilleurs;

4º Les faits d'opposition simple aux fonctions des préposés;

5º Les omissions aux manifestes et les déficits reconnus sur les mêmes documents;

6º Les excédents sur le poids, le nombre, la mesure déclarés des marchandises;

7º L'absence, ou la non-exhibition par les capitaines, de connaissements, de manifestes;

8º Le défaut de déclaration sommaire dans les vingt-quatre heures de l'entrée d'un navire en relâche forcée ou volontaire;

9º Le défaut de levée annuelle d'un congé ou d'un passeport de navigation;

10º Les embarquements, débarquements ou transbordements irréguliers dans les ports ou rades;

11º Les suites des soumissions de transit international toutes les fois qu'il s'agira de contraventions dégagées de soupçons d'abus et ne donnant lieu, en conséquence, qu'à des amendes de principe;

12º Les contraventions pour la répression desquelles la loi a édicté comme seule pénalité des amendes égales ou inférieures à 200 francs en principal.

Il statue encore lorsque le chiffre des condamnations encourues est inférieur à 1,000 francs, dans les affaires suivantes : fausses déclarations d'espèce, de qualité ou d'origine; infractions au régime des sels, des primes, du cabotage, du transit, des mutations d'entrepôt, des réexportations, des transbordements, des admissions temporaires. Pour celles de ces contraventions qui sont punies d'une amende variant entre un minimum et un maximum, ladite limite de 1,000 francs est calculée en prenant pour base, et en ce qui concerne l'amende, le maximum déterminé par la loi (1).

Le directeur général statue, après délibération en conseil d'administration :

1º Sur toutes affaires autres que celles réservées au directeur local, lorsque le chiffre des condamnations encourues n'excède pas 3,000 francs;

2º Sur celles dont la connaissance est réservée au directeur local, lorsqu'il y a désaccord entre ce chef de service et la majorité des fonctionnaires appelés à donner leur avis (2).

Les transactions deviennent définitives par l'approbation du ministre lorsque le montant des pénalités encourues excède 3,000 francs; ou, en cas de désaccord entre le

---

(1) V. aussi L. de finances du 26 décembre 1890, art. 5 à 10 et D. 18 février 1891.
(2) Sauf ce qui a été dit au sujet des circonstances atténuantes et du sursis (*supra* nº 670). Une circulaire des contributions indirectes du 12 avril 1888 déclare qu'il n'y aura plus lieu à transaction sur les condamnations pour lesquelles le bénéfice des circonstances atténuantes a été admis.
(3) Arr. 5 germinal an XII, art. 23; L. 22 août 1791; Arr. 14 fructidor an X. Pour l'enregistrement, v° *infra* nº 678.
(4) Cette compétence, portée à 1,000 francs par un décret du 1er novembre 1895, a été ramenée à 500 francs par un décret du 16 mars 1901 rapportant le précédent.

(1) D. 8 août 1890, art. 2 et 3.
(2) *Id.*, art. 4.

XXVI

conseil d'administration et le directeur général, sur les transactions qui sont de la compétence de ce dernier (1).

678. Il n'existe pas, à proprement parler, de transactions en matière d'enregistrement et de timbre. Aux termes de l'article 59 de la loi du 22 frimaire an VII « aucune autorité publique, ni la régie, ni ses préposés, ne peuvent accorder de remise ou modération des droits établis par la présente et des peines encourues, ni en suspendre ou faire suspendre le payement, sans en devenir personnellement responsables ». Si l'on s'en tenait rigoureusement à ce texte, aucune remise, même pour les droits en sus et amendes, ne pourrait être accordée. Toutefois, le Conseil d'État a déclaré, en 1807, que l'article 59 de la loi de frimaire an VII ne faisait pas obstacle à l'exercice du droit de grâce du souverain rétabli par le sénatus-consulte du 16 thermidor an X. C'est donc à ce dernier titre que des remises et modérations sont accordées. Dans la pratique, le ministre des Finances, ou le ministre de la Justice (pour les amendes de procédure civile) exerce, par délégation du pouvoir souverain, cette juridiction gracieuse. Les demandes de remise lui sont adressées par l'intermédiaire et avec l'avis favorable du directeur général de l'enregistrement. Lorsque les droits en sus et amendes ont été acquittés, ils ne peuvent plus faire l'objet d'une remise gracieuse.

679. Tous les produits d'amendes et condamnations pécuniaires provenant des infractions aux lois et règlements des régies financières sont perçus par les comptables de ces régies. La loi du 29 décembre 1873, en confiant aux percepteurs le recouvrement des amendes, a réservé expressément les amendes fiscales, qui continuent à être recouvrées par les administrations qu'elles concernent.

ARTICLE 3. — *Débets et créances litigieuses.*

680. Outre les différents impôts dont nous avons étudié le recouvrement et la poursuite, l'État, comme tout propriétaire, peut avoir de nombreuses créances à faire valoir; ces créances peuvent donner lieu à des contestations, nécessiter des poursuites, des mesures conservatoires, des instances judiciaires. L'obligation de prendre toutes les mesures nécessaires à la sauvegarde des droits du Trésor n'incombe pas aux comptables. D'après l'article 1er de l'ordonnance du 8 décembre 1832 (2), les comptables sont responsables du recouvrement des droits liquidés sur les redevables et dont la perception leur est confiée, ils sont chargés de la totalité des rôles ou des états de produits qui constatent le montant de ces droits. Mais ils n'ont pas mission d'assurer la conservation des créances du Trésor lorsque ces créances n'ont pas donné lieu à l'établissement d'un rôle ou d'un état de produits. On comprend qu'en confiant ce soin à ses comptables ordinaires, l'État s'exposerait à voir engager à la légère des instances pour des actions douteuses, par des comptables sans compétence spéciale; et ces derniers, d'ailleurs, ignoreraient souvent

les diverses créances du Trésor. Lorsqu'un comptable est seul chargé de l'ensemble d'un service, il doit naturellement en assumer la responsabilité entière : c'est le cas, par exemple, du receveur municipal, dont les opérations embrassent la généralité des services communaux et qui, par suite, répond de la conservation et du recouvrement de tous les droits et créances de la commune (1). Pour un service aussi important que celui de l'État, la multiplicité des comptables dont chacun est spécialisé dans le recouvrement et la poursuite de certaines catégories de recettes, rend l'application d'une responsabilité générale impossible. Il est nécessaire, dans ce cas, d'opérer une centralisation des créances de l'État, de les décrire dans une comptabilité à part, qui permette de les suivre et d'en assurer la conservation. Le ministre des Finances est le gardien naturel des droits du Trésor, mais il n'intervient pas lui-même pour les sauvegarder. La défense de ces intérêts exige une série d'actes conservatoires, de mesures particulières, confiées à un agent spécial qui représente le Trésor dans ses actions actives et passives : c'est l'agent judiciaire du Trésor.

681. L'agent judiciaire a été créé par un décret des 20 juillet-15 août 1790, en remplacement du contrôleur des bons d'État et du contrôleur des restes de la Chambre des comptes : il reçut la mission d'assurer le recouvrement des créances actives du Trésor, et de poursuivre les comptables constitués en débet. Ses attributions ont été déterminées par un décret des 27-31 août 1791, encore en vigueur aujourd'hui, et qui est considéré comme le règlement organique du service du contentieux. Ce décret a été complété par ceux du 18 décembre 1869 et du 5 août 1882.

L'agent judiciaire du Trésor a le titre de Chef du service du contentieux (2).

La loi du 29 décembre 1904, qui autorise la perception des recettes applicables au budget spécial de l'Algérie pour l'exercice 1905, porte création en Algérie d'un agent judiciaire chargé, sous l'autorité du Gouverneur général, de suivre le recouvrement des débets de comptables et des créances actives de la colonie et de défendre aux instances dirigées contre le Trésor algérien (3).

682. A. *Agent judiciaire du Trésor en France.* — Ce service comprend d'une part la poursuite des débets et créances litigieuses, d'autre part, un certain nombre d'attributions administratives. Dans le premier cas, c'est à proprement parler l'agent judiciaire qui intervient; dans le second, c'est plutôt le directeur du contentieux des finances.

683. a. *Attributions comme agent de poursuites.* — L'agent judiciaire est chargé d'assurer le recouvrement des créances actives du Trésor. Il est assez difficile de définir limitativement ces droits et créances; c'est surtout par voie d'exclusion qu'on peut les déterminer. Ce sont tous les droits autres que ceux qui constituent les droits

---

(1) D. 8 août 1890, art. 5.
(2) D. 31 mai 1862, art. 320.

(1) Arrêté 19 vendémiaire an XII.
(2) D. 12 décembre 1900, art. 3. et D. 22 décembre 1904, art. 2.
(3) L. 29 décembre 1904, art. 16.

domaniaux, perçus et poursuivis par les agents du domaine; que les contributions directes, que tout ce qu'on peut ranger sous la dénomination de contributions indirectes, c'est-à-dire les droits perçus et poursuivis par les agents des contributions indirectes, des douanes, de l'enregistrement, du timbre, des hypothèques, des postes, télégraphes et téléphones (1). On peut citer comme exemples des créances dont l'agent judiciaire doit assurer la rentrée : les débets de comptables à la suite de forcement en recette par le juge des comptes, de déficits constatés, de mises à la charge par voie administrative; les débets divers, créances contre les tireurs de traites de la marine, contre les entrepreneurs ou les fournisseurs de l'État, les répétitions contre les officiers en cas de trop payés sur la solde; le remboursement des avances faites à certaines personnes : aux armateurs pour le sauvetage des navires, au commerce et à l'industrie en 1830 et en 1860, aux associations ouvrières en 1848; enfin, les poursuites en vue du recouvrement des titres de perception émis par les ministres en vertu de l'article 54 de la loi du 14 avril 1898.

684. Chargé d'assurer le recouvrement de ces créances, l'agent judiciaire n'opère pas l'encaissement matériel des fonds, mais il exerce les poursuites. Sous l'autorité du ministre des Finances, il représente le Trésor dans les instances actives et passives (2). D'après l'article 69 du Code de procédure civile, « seront assignés : ...2° le Trésor public en la personne ou au bureau de l'agent,... l'original sera visé de celui à qui copie de l'exploit sera laissée; en cas d'absence ou de refus, le visa sera donné, soit par le juge de paix, soit par le procureur de la République... auquel, en ce cas, la copie sera laissée ». Pour assurer la défense des intérêts du Trésor sur les lieux mêmes où sont intentées les actions, un décret du 7 août 1808 a décidé qu'un avoué serait désigné par le ministre des Finances près de chaque cour d'appel et de chaque tribunal avec mission d'occuper dans les instances où le Trésor est engagé, sous la surveillance et la direction de l'agent judiciaire.

685. Les pouvoirs de cet agent, et même ceux du ministre des Finances, pour la solution des affaires contentieuses, sont limités. L'agent judiciaire a le droit de prendre seul et sans autorisation préalable toutes les mesures conservatoires. L'autorisation du ministre des Finances lui est nécessaire pour engager une instance; se désister d'une instance engagée; renoncer à un appel;

consentir l'exécution de toute décision judiciaire (1). Il résulte de l'article 8 du décret du 5 août 1882 que l'agent judiciaire ne peut adhérer à des concordats amiables qu'avec l'autorisation ministérielle donnée après avis de la section des finances du Conseil d'État, et sous réserve du transport aux caducités des portions de créances qui seraient stipulées devoir être recouvrées sur les redevables au cas où ils reviendraient à meilleure fortune. D'après l'article 5 du décret des 27-31 août 1791, la transaction ne peut avoir lieu qu'avec l'autorisation des commissaires de la trésorerie (actuellement du ministre des Finances) et l'approbation du pouvoir législatif; en général, le ministre des Finances prend l'avis de la section des finances du Conseil d'État et fait approuver la transaction par le chef de l'État. L'article 8 du décret du 5 août 1882 admet que les transactions sont régulièrement justifiées par des lois ou des décrets en Conseil d'État. Le Président de la République peut accorder des remises à titre gracieux par décrets publiés au *Journal officiel*, sur le rapport du ministre liquidateur et sur l'avis du ministre des Finances et du Conseil d'État (2). Le ministre des Finances prononce les caducités, sur avis de la section des finances du Conseil d'État, et les créances déclarées caduques doivent être inscrites au sommier des reprises indéfinies (3). La compensation est opposable au Trésor dans les conditions déterminées par le Code civil (4).

686. La procédure à suivre pour les instances engagées par l'agent judiciaire est, en principe, soumise aux règles du droit commun. Cependant il n'y a pas de préliminaire de conciliation (5); le ministère public doit être entendu (6). La remise préalable d'un mémoire expositif de la demande à l'autorité administrative n'est pas exigée dans les procès intentés contre l'agent judiciaire (7).

687. Afin de pouvoir exercer utilement les poursuites et prendre les mesures conservatoires dans l'intérêt du Trésor, l'agent judiciaire doit être informé de l'existence des débets et créances litigieuses dont le recouvrement lui est confié; il décrit, en outre, dans une comptabilité spéciale les mouvements de ces débets et créances; un contrôle d'une nature particulière est exercé sur ses opérations.

Il est tenu par ministère, et, s'il y a lieu, par section et budgets annexes, des états nominatifs spéciaux où sont immédiatement mentionnés, lors de leur notification à l'agence judiciaire, les créances constatées et les débets liquidés au profit du Trésor public. Ces états sont clos, arrêtés, totalisés et signés le 31 décembre de chaque année par les chefs de service compétents (8).

---

(1) Les personnes qui peuvent représenter l'État dans une instance judiciaire sont : 1° le préfet pour le capital domanial; 2° le directeur des domaines pour les revenus domaniaux; 3° les diverses régies financières pour les questions de poursuites relatives aux recouvrements dont elles sont chargées; 4° le percepteur pour les contributions directes et taxes assimilées, et pour les amendes non fiscales; 5° dans les autres cas, l'agent judiciaire.

(2) Il ne s'agit ici que des instances judiciaires; il est admis que l'agent judiciaire n'a pas qualité pour représenter le Trésor dans les instances administratives. Il résulte notamment de l'article 16 du décret du 22 juillet 1806 que les ministres ont seuls qualité pour agir devant le Conseil d'État à l'exclusion des directeurs généraux et autres agents administratifs : cette disposition a été formellement maintenue par l'article 24 de la loi du 24 mai 1872 portant réorganisation du Conseil d'État.

---

(1) V. C. d'Ét. cont., 14 août 1832.
(2) D. 5 août 1882, art. 8.
(3) *Ibid.*
(4) C. civ., art. 1289 et suiv.
(5) C. proc. civ., art. 49-1°.
(6) *Ibid.*, art. 83-1°.
(7) V. L. 28 octobre-5 novembre 1790, art. 15, tit. III.
(8) De pareils états sont tenus :
1° A la direction générale de la comptabilité publique en ce qui concerne les arrêts de la Cour des Comptes ou les décisions diverses constituant en débets des comptables du Trésor;
2° A la direction du mouvement général des fonds en ce qui

Les débets définitivement constatés au profit du Trésor par les divers ministères sont notifiés au ministre des Finances (direction du contentieux) dans le délai de quinze jours qui suit la liquidation. Il ne peut être procédé à aucune revision de la liquidation lorsque les débets résultent des comptes acceptés par la partie ou définitivement réglés par des décisions administratives ayant acquis l'autorité de la chose jugée (1). Pareille notification est faite à l'agent judiciaire de tous les actes et décisions comportant modification des débets par suite de transaction, remise gracieuse, caducité, etc.

Ces prescriptions ont été édictées par la loi du 29 juin 1852 à la suite des observations de la commission de vérification des comptes des ministres, chargée, ainsi que nous le verrons, du contrôle des opérations de l'agent judiciaire. Cette commission a attiré l'attention des pouvoirs publics sur les difficultés pratiques qu'elle rencontrait pour s'assurer de la notification régulière à l'agence judiciaire de tous les débets. Elle s'est aperçue que ces notifications étaient souvent tardives, irrégulières et arbitraires, ne comprenant pas la totalité des débets, ce qui était contraire aux principes généraux d'après lesquels on ne peut apporter de modifications aux débets que dans les conditions réglementaires. A ce dernier point de vue, la loi de 1852 a décidé que « aucune remise totale ou partielle de débet ne peut être accordée que par l'empereur, en vertu d'un décret publié au *Moniteur*, sur le rapport du ministre liquidateur et sur l'avis du ministre des Finances et du Conseil d'État ».

688. Pour mettre l'agent judiciaire à même d'exercer les poursuites auxquelles peut donner lieu le recouvrement des titres de perception émis par les ministres dans les conditions de l'article 54 de la loi de finances du 13 avril 1898, des mesures ont été arrêtées, de concert entre les services intéressés et celui du contentieux (2).

concerne les effets souscrits au profit du Trésor qui se trouvaient en souffrance;

3° A la direction générale de la comptabilité publique en ce qui concerne les restes à recouvrer sur les produits divers du budget non assimilés aux contributions directes. A cet effet, cette direction reçoit, enregistre et transmet à l'agent judiciaire les états de restes arrêtés par les comptables (D. 5 août 1882, art. 3).

(1) L. 29 juin 1852, art. 13; D. 31 mai 1862, art. 369.

(2) Les trésoriers généraux continueront à prendre charge, dès leur réception, de tous les titres qui leur seront transmis (produits divers, recettes et autres produits divers, services spéciaux); ils en notifieront l'objet aux intéressés en les invitant à se libérer immédiatement. Si le débiteur oppose un refus formel de paiement, ou bien encore s'il résulte des renseignements recueillis par la trésorerie générale qu'il y a urgence à prendre des mesures conservatoires à l'effet d'assurer le recouvrement de la créance du Trésor, les comptables adresseront à la direction de la comptabilité publique un rapport sommaire sur l'affaire, en exposant les démarches qu'ils auront faites en vue du recouvrement. Lorsque le dossier aura été examiné, s'il y a lieu, l'autorisation de réduire leurs prises en charge du montant du titre de perception, et ils renverront ce titre, après en avoir pris copie, à l'agent judiciaire du Trésor, en y joignant une copie certifiée de la lettre d'autorisation de réduction de prise en charge; ils fourniront en même temps toutes indications utiles sur l'état et la solvabilité du débiteur. L'agent judiciaire fera ensuite parvenir directement son accusé de réception aux trésoriers généraux, et il poursuivra les redevables par les voies de droit. Les recouvrements opérés à la diligence du service du contentieux seront dès lors appliqués au compte « Recouvrements poursuivis pour le compte de l'agent judiciaire du Trésor ». A l'appui de l'état récapitulatif du compte de gestion concernant le compte

689. Lorsque l'agent judiciaire reçoit notification d'un débet, dans les conditions qui viennent d'être expliquées, il ouvre, dans ses écritures, un compte individuel au débiteur du Trésor, et consigne également la créance nouvelle dont il prend charge dans des documents nominatifs annuels dits états de section dont la nomenclature est arrêtée par le ministre des Finances de manière à correspondre aux divers états nominatifs tenus dans chaque ministère en conformité de l'article 3 du décret du 5 août 1882 (1). Des états particuliers correspondent aux créances dont la connaissance est parvenue à l'agence judiciaire par suite de découvertes, révélations, condamnations, recherches au sommier des reprises indéfinies, versements volontaires, et en général par tout autre moyen que ceux prévus au même article 3 (2). Dans certains cas, en effet, l'agence judiciaire ne reçoit aucune notification de débet, et c'est elle-même qui arrive, par ses propres moyens, à établir la créance du Trésor : c'est ainsi qu'à la suite des prêts faits à l'industrie et au commerce en 1830 et en 1860, aucun débet n'a été officiellement notifié à l'agent judiciaire, qui est parvenu, par ses recherches personnelles, à reconstituer les débets envers l'État.

Les comptes individuels et les états de section sont tenus en principal, intérêts et frais de poursuites. Ils mentionnent tous les renseignements de nature à faciliter le recouvrement des débets, dont ils retracent tous les mouvements, soit en augmentation, soit en réduction.

690. L'agent judiciaire doit prendre d'abord toutes les mesures conservatoires nécessaires à la sauvegarde de la créance du Trésor : il n'a besoin, dans ce cas, d'aucune autorisation spéciale, et agit de sa propre autorité : ces mesures consistent notamment dans l'inscription et le renouvellement des hypothèques, les oppositions et saisies-arrêts, les interruptions de prescriptions.

691. Les poursuites en vue du recouvrement s'exercent en premier lieu sur le cautionnement, s'il en existe un : c'est ce qui a lieu quand il s'agit d'un débet de comptable à moins que ce dernier ne soit sorti de fonction et que son cautionnement ne lui ait été remboursé. Remarquons que les poursuites peuvent être parfois exercées contre un comptable autre que celui qui a été mis en débet. On sait que dans certains cas les comptables supé-

auquel la recette devait originairement être appliquée, les trésoriers généraux produiront la copie certifiée conforme du titre de perception, ainsi que l'accusé de réception de l'agent judiciaire, formant annulation de ce titre. L'Administration des Finances fait, en outre, remarquer, aux comptables que si désormais le soin d'exercer dans les conditions ci-dessus des poursuites contre les débiteurs de l'État appartient exclusivement à l'agent judiciaire du Trésor, dans tous les cas où la législation en vigueur n'a pas prévu un mode spécial de recouvrement, ils n'en doivent pas moins apporter leur plus actif concours à la rentrée de tous les produits qu'ils ont à encaisser au profit du Trésor, et que, conformément au principe général posé par les articles 14 et 320 du décret du 31 mai 1862, leur responsabilité pourrait être engagée, même après que le titre a été déduit du montant de leurs prises en charge, s'il était démontré qu'ils n'ont pas fait en temps utile les diligences nécessaires pour arriver au recouvrement.

Circ. compt. publ., n° 1746, du 31 janvier 1899, § 1er.

(1) D. 5 août 1882, art. 5.

(2) *Id.*

rieurs sont responsables des opérations des comptables qui leur sont subordonnés, c'est le cas, par exemple, d'un trésorier général vis-à-vis d'un receveur des finances ou d'un percepteur. Lorsqu'un comptable subordonné ne peut solder le déficit ou le débet constaté à sa charge, et qu'en conformité des réglements, l'avance du déficit ou débet incombe au trésorier général ou au receveur particulier, ce comptable forme une demande en prélèvement sur le cautionnement du comptable déficitaire. Cette demande doit être accompagnée d'un état indiquant : 1° le montant de chaque déficit ou débet; 2° la date à partir de laquelle doivent courir les intérêts, en conformité de l'article 368 du décret du 31 mai 1862; 3° la date à laquelle le déficit a été comblé; 4° le nombre de jours d'intérêts exigibles; 5° le montant des intérêts dont le versement sera justifié par un récépissé à talon (1).

Les poursuites sont également exercées sur les cautionnements des adjudicataires et fournisseurs de l'État conformément au décret du 18 novembre 1882 (2). D'après l'article 73 modifié du décret du 31 mai 1862, dernier alinéa « l'application des cautionnements définitifs (des soumissionnaires et adjudicataires de l'État) à l'extinction des débets liquidés par les ministres compétents a lieu aux poursuites et diligences de l'agent judiciaire du Trésor public, en vertu d'une contrainte délivrée par le ministre des Finances ». En outre « les cahiers des charges déterminent les autres garanties, telles que cautions personnelles et solidaires, affectations hypothécaires, dépôts de matières dans les magasins de l'État qui peuvent être demandées, à titre exceptionnel, aux fournisseurs et entrepreneurs, pour assurer l'exécution de leurs engagements : ils déterminent l'action que l'Administration peut exercer sur ces garanties ». (Art. 73, modifié, 5e alinéa.)

692. A défaut de cautionnement, les poursuites s'étendent à l'actif du débiteur qui est révélé à l'agent judiciaire soit par les notifications ministérielles des débets, soit par ses recherches personnelles. En l'absence d'un titre exécutoire, l'action sur les biens est exercée en vertu d'une contrainte décernée par le ministre des Finances, exécutoire par provision (3). La prescription des débets est de trente ans, elle ne court au profit des comptables que du jour où leur gestion a cessé (4). Lorsque le débet mis à la charge d'un comptable résulte d'un délit ou d'un crime qui le rendrait passible de poursuites correctionnelles ou criminelles, la règle que l'action civile se prescrit par le même délai que l'action publique ne s'applique pas, et la prescription est de trente ans.

693. Les versements sur débets ne sont pas faits entre les mains de l'agent judiciaire, qui n'est pas un comptable, et n'a pas de caisse. Ces versements sont opérés soit à la Caisse centrale du Trésor, soit aux caisses des receveurs généraux et particuliers des finances dans les

départements (1), soit aux caisses des trésoriers payeurs d'Algérie, des colonies, des payeurs d'armées. Ces comptables s'en chargent au compte « Recettes accidentelles », avec la distinction spéciale de recettes sur débets, et la comptabilité publique en fait l'application dans ses écritures au crédit de chaque débiteur.

Dans le cas où un comptable déficitaire a comblé en partie seulement son déficit, il convient d'appliquer la règle posée par l'article 1254 du Code civil en vertu de laquelle le paiement fait sur le capital et intérêts mais qui n'est point intégral s'impute d'abord sur les intérêts. « Si, par exemple, sur un déficit dissimulé de 1.000 francs remontant à la date du 1er mars, un percepteur rembourse le 1er avril suivant une somme de 400 francs, les intérêts du 1er mars au 1er avril, soit 4 fr. 10, devront être prélevés sur le montant du remboursement partiel, de telle sorte que le capital effectivement remboursé sera de 395 fr. 90, et le déficit produisant à nouveau intérêt à partir du 1er avril, de 604 fr. 10 (2). »

694. Des difficultés se sont parfois produites à l'occasion de l'imputation immédiate qui avait été faite par les receveurs des finances au compte : Recouvrements poursuivis par l'agent judiciaire du Trésor, de sommes offertes à leur caisse, soit en payement, soit en atténuation de débets qui ne correspondaient à aucune prise en charge dans la comptabilité de l'agent judiciaire. En effet, le contentieux se trouve alors dans l'obligation de prescrire aux comptables des changements d'imputation qui peuvent entraîner de nombreuses rectifications d'écritures. Des mesures ont été prises pour parer à ces difficultés (3).

695. Le comptable entre les mains duquel a lieu un versement sur débet délivre un récépissé à talon à la partie versante, et transmet sur-le-champ une déclaration de versement à la direction du contentieux qui en fait état dans ses écritures, et la conserve à titre de justification de ses opérations.

La direction générale de la comptabilité publique remet, en fin de trimestre, à la direction du contentieux un état certifié de tous les versements effectués tant à Paris que dans les départements, en Algérie, aux colonies, aux armées, à valoir sur les débets de chaque nature poursuivis à la requête de l'agent judiciaire. La direction du contentieux, au reçu de ces états et documents, fait enregistrer les versements au compte des débets et

_____

(1) Circ. compt. publ., n° 1780, du 29 décembre 1900, § 4.
(2) V. D. 31 mai 1862 art. 73 modifié.
(3) Arr. 18 ventôse an VIII.
(4) L. 5 septembre 1807, art. 10.

_____

(1) Arr. min. fin. 9 octobre 1832, art. 13. Circ. compt. publ., n° 32 du 30 mai 1833.
(2) Lorsque la partie versante n'est pas en mesure de représenter une lettre d'avis émanant du contentieux, ou une pièce administrative déterminant d'une manière précise l'imputation à un versement effectué à valoir sur débet, telle que l'ampliation d'une décision ministérielle (ou bien lorsque le comptable n'a pas reçu d'instructions spéciales, les sommes offertes dans les conditions ci-dessus, au lieu d'être appliquées de suite aux produits divers du budget sous le titre : Recouvrements poursuivis par l'agent judiciaire du Trésor, sont portées tout d'abord au compte divers 1/e de recettes à classer. Les trésoriers payeurs généraux sont chargés, dans ce cas, de demander des instructions au service du contentieux pour prescrire, lorsqu'il y aura lieu, la réimputation de la recette au compte : Recouvrements poursuivis par l'agent judiciaire du Trésor (Circ. compt. publ., n° 1632 du 30 mai 1892, § 1er).
(3) Circ. compt publ., n° 1780, du 29 décembre 1900, § 4.

créances qui ont été ouverts sur ses livres, et elle informe successivement les ministères et administrations de la situation des recouvrements opérés sur l'actif des personnes dont ces ministères et administrations lui ont notifié les débets. Tous les trois mois, la direction du contentieux remet à celle de la comptabilité publique un état présentant par nature de débets le mouvement des accroissements et diminutions pendant le trimestre précédent (1).

696. A l'aide de ces divers documents et de ses registres et écritures personnels, l'agent judiciaire peut mettre à jour les états de section nominatifs dont la tenue est prescrite par l'article 5 du décret du 5 août 1882.

Ces états de section constatent la situation au 1er janvier et au 31 décembre des créances du Trésor, avec la distinction du capital, des intérêts et des frais. Ils sont divisés en colonnes faisant ressortir, tant en capital qu'en intérêts et frais, les motifs d'accroissement ou de diminution prévus aux articles 7 et 8 du décret du 5 août 1882. Ils distinguent les créances comprises dans l'actif de l'administration des finances de celles qui n'y sont pas comprises. Ces états servent de base au contrôle des opérations de l'agence judiciaire, exercé dans les conditions ci-après.

697. L'agent judiciaire n'étant pas un comptable, ses opérations ne sont pas soumises à la juridiction financière. Il n'a pas de responsabilité pécuniaire, et le ministre des Finances ne pourrait pas le mettre en débet. Il est seulement l'objet d'un contrôle administratif confié à la commission de vérification des comptes des ministres.

Cette commission, composée de neuf membres nommés chaque année par décret et choisis dans le sein du Sénat, de la Chambre des députés, du Conseil d'État et de la Cour des Comptes (3), est chargée principalement de constater la concordance des comptes des ministres avec les résultats des écritures centrales des finances ; elle « vérifie également les états sommaires des débets et créances dont le recouvrement est confié à l'agent judiciaire du Trésor » (4). Les attributions définitives de la commission, en ce qui concerne l'agent judiciaire, et les moyens de contrôle dont elle dispose, ont été déterminées par le décret du 5 août 1882.

698. Le contrôle de l'agence judiciaire du Trésor, par la commission de vérification des comptes des ministres de l'année 1875, avait permis de constater que les dispositions prescrites par les règlements, relativement à ce service, n'étaient que très irrégulièrement observées.

---

(1) Une copie certifiée des états prévus par le paragraphe premier de l'article 3 du décret du 5 août 1882 (états nominatifs par ministère et administration, des débets et créances litigieuses), est adressée au ministère des Finances (direction du contentieux), dans le premier mois de chaque année. Dans le cas où aucune créance n'a été constatée, ni aucun débet liquidé dans le courant de l'année précédente, il est dressé un état négatif (D. 5 août 1882, art. 4).

(2) Les motifs de diminution sont le payement, la décharge, la remise gracieuse et la caducité.

(3) Ord. 10 décembre 1823, art. 7 et 8 décembre 1830, art. 1er.

(4) V. D. 31 mai 1862, art. 195.

Le rapporteur de la commission faisait remarquer, en effet, que les ministères s'abstenaient, le plus souvent, de notifier en temps utile des débets au ministère des Finances, se réservant pour eux-mêmes le soin d'exercer des poursuites contre les débiteurs ou le droit d'accorder des remises à titre gracieux ; que des déclarations de caducité, relatives à des créances importantes, avaient été prononcées sans que l'Administration eût épuisé tous les recours qu'il est en son pouvoir d'exercer.

La commission ajoutait que l'action de l'agence judiciaire ne lui paraissait pas suffisante au point de vue du recouvrement des débets et créances litigieuses, et que ce service, qui disposait d'une partie importante de l'actif du Trésor, n'était soumis depuis longtemps à aucun contrôle permanent intérieur. En effet, le contrôle attribué à la comptabilité générale sur l'agence judiciaire par l'arrêté ministériel du 9 octobre 1832, avait été supprimé par une décision du ministre des Finances du 1er septembre 1848, et pour la première fois seulement, en 1881, le service de l'agence judiciaire du Trésor avait été l'objet d'une vérification approfondie de la part de l'inspection générale des finances. Jusque-là, il n'avait été assujetti qu'à la seule vérification de la commission des comptes des ministres, dont l'action ne pouvait être exercée dans des conditions d'exactitude suffisante pour donner une complète satisfaction aux principes de la comptabilité (1).

La commission pensait qu'il lui était difficile d'exercer son contrôle, en raison du nombre considérable d'affaires ressortissant à l'agence judiciaire, la vérification par simple épreuve étant inefficace, et la vérification complète impossible. Elle faisait observer qu'il est de principe que toute partie de l'actif du Trésor doit être soumise à la vérification de la Cour des Comptes. Elle émettait donc l'avis qu'il conviendrait de changer les formes du contrôle, et de faire de l'agent judiciaire un comptable responsable et justiciable de la Cour des Comptes, comme l'agent du grand-livre, par exemple, dont le compte a une certaine analogie avec le sien.

Le rapporteur terminait en demandant que l'on confiât à la commission chargée de la revision du décret du 31 mai 1862, le soin d'examiner cet état de choses et de rechercher les mesures qui pourraient être prises sur ces divers points, dans le but de sauvegarder les intérêts du Trésor.

699. A la suite de ces observations, l'agence judiciaire a été réorganisée par le décret du 5 août 1882.

Ce décret n'a cependant pas modifié le caractère même de l'agent judiciaire qui est resté un agent administratif sans responsabilité comptable, et soumis à un contrôle purement administratif, confié, comme précédemment, à la commission de vérification des comptes des ministres. Mais il a déterminé avec précision les formes et l'étendue de ce contrôle, énuméré les points sur lesquels la commission devait faire porter ses investigations, et imposé à l'Administration certaines formalités nouvelles destinées à assurer l'efficacité du contrôle.

---

(1) V. Recueil des modifications au décret du 31 mai 1862, par Lanjalley et Renaux, p. 62.

Les innovations ont consisté principalement, nous allons le voir dans la détermination des éléments à fournir au contrôle par les services liquidateurs des débets, et dans les formalités à observer pour la radiation ou la réduction des créances actives de l'État.

Notons, avant de les étudier, que ces réformes ont laissé subsister certaines lacunes dont la commission de vérification s'est faite l'écho. Elle a, notamment, signalé, en 1892, que les états nominatifs fournis par les ministres n'indiquent pas toujours les dates des décisions qui ont constitué les débets, et de la notification de ces décisions à l'agent judiciaire; il est, dès lors, difficile de s'assurer que cette notification a été faite dans le délai réglementaire de quinze jours.

700. La commission de vérification se fait représenter les registres, états, journaux, décisions et autres documents propres à l'éclairer. Elle opère, notamment, un rapprochement des états annuels adressés par chaque ministère ou administration intéressée à l'agent judiciaire, avec les états de section dressés par ce dernier. La commission vérifie l'exactitude des états de section clos et arrêtés annuellement, au point de vue de l'accroissement des créances (1).

701. La commission vérifie l'exactitude des mêmes états, au point de vue de la diminution des créances, au moyen des pièces indiquées par le décret du 5 août 1882 article 8 (2).

La commission constate, dans son procès-verbal, les résultats de sa vérification et leur concordance avec les comptes des recettes et des dépenses et avec les divers documents publiés au Compte général de l'Administration des finances (1).

702. Le décret du 5 août 1882 (art. 10) a décidé qu'il serait publié chaque année, au Compte général de l'Administration des finances, un tableau certifié exact par l'agent judiciaire, et résumant, en capital, intérêts et frais, pour chacun des états de section, la situation des créances du Trésor au 1er janvier et au 31 décembre. Ce tableau fait ressortir les motifs d'accroissement et de réduction prévus aux articles 7 et 8 du même décret. Il distingue les créances comprises dans l'actif de l'administration des finances de celles qui n'y sont pas comprises. Le tableau est divisé, pour chaque débet, en deux parties : 1° accroissements et diminutions; 2° appréciation de l'agent judiciaire.

703. Une créance comprise dans l'actif du Trésor provient d'une sortie de fonds des caisses du Trésor; elle répond au mot déficit. Le compte de trésorerie est toujours créancier de cette somme sur le compte des budgets. Une créance non comprise dans l'actif du Trésor n'a pas donné lieu à un déficit de caisse, c'est, par exemple, une somme non recouvrée. Les recouvrements sur les créances prises en charge par l'agent judiciaire et non comprises dans l'actif de l'administration des finances figurent, avec les subdivisions habituelles, aux produits divers du budget, sous la dénomination collective de « Recouvrements poursuivis par l'agent judiciaire du Trésor » (2).

L'intérêt de la distinction des créances suivant qu'elles sont comprises ou non dans l'actif de l'administration des finances est relatif aux déclarations de caducité. Lorsqu'aucune somme n'est sortie des caisses du Trésor, et que ce dernier n'a pas de droits à faire valoir contre les comptes des budgets, un simple arrêté de caducité suffit pour faire disparaître la créance. Si, au contraire, le Trésor a fait au budget une avance de fonds, après être entrés dans la caisse du Trésor en sont sortis irrégulièrement, par suite d'un déficit, cette situation doit être régularisée : les fonds sont alors remis à la disposition du Trésor par une ordonnance de payement, ou plutôt de virement de comptes rendue à son profit.

L'application de ce principe a été faite aux prêts à l'industrie et au commerce réalisés en 1830, en 1848 et en 1860. Aucun de ces prêts n'a été remboursé au Trésor. Pour les prêts de 1830 et de 1848, il y avait eu des crédits votés, la dépense était régulière, les fonds étaient sortis des caisses dans les conditions réglementaires : les emprunteurs étaient des débiteurs ordinaires. Cette créance du Trésor ne correspondait à aucun déficit de caisse, et les sommes non recouvrées n'ont pas figuré dans l'actif de l'administration des finances. En conséquence, la radiation pure et simple de ce débet a pu être opérée en vertu d'un arrêté de caducité. Au contraire, lorsque certains prêts à l'industrie et au commerce réalisés, en 1860, de nouveaux prêts à l'industrie et au commerce, aucun crédit spécial n'avait été ouvert à cet effet;

---

(1) Cette vérification se fait :

En ce qui concerne les capitaux : par le rapprochement desdits états et des documents spécifiés aux articles 3 et 4 du décret du 5 août 1882 (états nominatifs spéciaux par ministère, section et budgets annexes).

En ce qui concerne les frais : par l'examen d'une liste certifiée par le service de l'ordonnancement des dépenses du ministère des Finances, et relatant, avec la distinction des exercices, les ordonnances et mandats délivrés pendant l'année pour le payement desdits frais.

En ce qui concerne les intérêts : par l'examen des liquidations d'intérêts, par les arrêts, jugements, décisions contentieuses, actes de procédure, conventions et autres pièces d'où résultent le taux et le point de départ desdits intérêts, ainsi que le temps pendant lequel ils ont couru (D. 5 août 1882, art. 7).

(2) En ce qui concerne les versements par les redevables : déclarations de versements des comptables du Trésor ou déclaration de l'agent comptable des virements constatant que le montant des débets repris par voie de compensation, sur des créances liquidées au profit des créances a été ordonnancé au profit du Trésor.

En ce qui concerne les décharges totales ou partielles : arrêts, jugements et décisions diverses comportant la réduction des droits de l'État, radiation pour ordre en cas de doubles emplois; cas ou décrets en Conseil d'État homologuant des transactions; décisions du ministre, après avis de la section des finances du Conseil d'État, autorisant l'agent judiciaire à adhérer à des concordats amiables, sous la réserve, dans ces deux derniers cas, du transport aux caducités des portions de créances qui seraient stipulées devoir être recouvrées sur les redevables, au cas où ils reviendraient à meilleure fortune.

En ce qui concerne les remises à titre gracieux : décrets du Président de la République, publiés au Journal officiel, accordant les remises sur le rapport du ministre liquidateur et sur l'avis du ministre des Finances et du Conseil d'État.

En ce qui concerne les déclarations de caducité : décisions du ministre des Finances prononçant lesdites caducités après avis de la section des finances du Conseil d'État; bulletins indiquant les numéros d'inscription au sommier des reprises indéfinies des créances déclarées caduques.

---

(1) D. 5 août 1882, art. 10.
(2) Ibid., art. 9.

le Gouvernement avança les fonds en vertu d'un simple décret. Il y eut donc une sortie irrégulière des caisses du Trésor, et la créance qui en résulta, à son profit, fut comprise dans l'actif de l'administration des finances. Aussi, ne pouvant en obtenir le recouvrement, pour régulariser cette situation, on dut, en 1888, voter un crédit spécial de 8 millions, représentant le montant de la créance active du Trésor, et ce déficit disparut à la suite d'une ordonnance de virement de comptes rendue au profit du Trésor.

704. La loi du 29 juin 1852 a, enfin, édicté une mesure de publicité concernant les remises de débets accordées à titre gracieux : un état des remises de cette nature accordées dans le cours de l'exercice est annexé à la loi de règlement définitif dudit exercice (1).

705. b) *Attributions administratives.* — Nous avons dit qu'en dehors de son rôle d'agent de poursuites du Trésor, l'agent judiciaire, en sa qualité de directeur du service du contentieux du ministère des Finances, possède diverses attributions d'ordre administratif.

Il est notamment chargé, sous l'autorité du ministre des Finances, de diriger, de surveiller et de reviser les travaux et la correspondance relatifs aux diverses questions contentieuses qui lui sont soumises par les différents ministères, les administrations publiques de l'État et tous les comptables en général, ou qui peuvent donner lieu à une action administrative ou judiciaire au profit du Trésor ou contre lui (2).

706. B. *Agent judiciaire du Trésor en Algérie.* — Créé par la loi du 29 décembre 1904, qui autorise la perception des recettes applicables au budget spécial de l'Algérie pour l'exercice 1905, cet agent est chargé, sous l'autorité du Gouverneur général, de suivre le recouvrement des débets de comptables et des créances actives de la colonie et de défendre aux instances dirigées contre le Trésor algérien (3). L'apurement des débets est poursuivi sur contraintes décernées par le Gouverneur général de l'Algérie dans les mêmes conditions d'établissement et d'exécution que les contraintes décernées par le ministre des Finances pour l'apurement des débets de la métropole (4).

707. La loi du 29 décembre 1904 confie au Gouverneur général le soin de réglementer par des arrêtés le mode de

fonctionnement du service, les écritures et le contrôle (1) Cette réglementation est intervenue à la date du 21 juillet 1905 (2). L'organisation est calquée sur celle de l'agent judiciaire de la métropole (3).

708. Il est important de remarquer que, par une disposition analogue à l'article 54 de la loi du 14 avril 1898 relatif au recouvrement en France des diverses créances pour lesquelles il n'existe pas de titre spécial de perception, l'article 20 de la loi du 29 décembre 1904 décide que les états arrêtés par le Gouverneur général de l'Algérie formant titres de perception des recettes du budget de l'Algérie et du budget des territoires du Sud qui ne comportent pas, en vertu de la législation existante, un mode spécial de recouvrements ou de poursuites, ont force exécutoire jusqu'à opposition de la partie intéressée devant la juridiction compétente. Les oppositions, lorsque la matière est de la compétence des tribunaux ordinaires, sont jugées comme en matière sommaire.

709. Il est bien entendu que les fonctions de l'agent judiciaire de l'Algérie ne concernent que les débets et créances litigieuses intéressant le budget local de l'Algérie ; ce budget comprend, il est vrai, la plus grosse partie des opérations de la colonie. Mais l'agent judiciaire de France conserve ses fonctions pour tout ce qui regarde les opérations métropolitaines, parmi lesquelles les principales ont trait à la dette publique et aux services de la guerre et de la marine.

_____

(1) D. 31 mai 1862, art. 371.

(2) Il donne son avis sur les affaires contentieuses de tous les ministères, qui lui sont déférées par les administrations des finances et concernent les procédures et poursuites en recouvrement de droits et créances, les transactions à intervenir sur ces mêmes procédures, les remises, modérations et délais qui peuvent en être la suite.

Il examine et solutionne les questions ou difficultés qui peuvent s'élever sur l'application et l'interprétation des lois ou règlements en matière contentieuse dont la direction du contentieux est saisie au moyen d'un renvoi par le ministre.

Il intervient, dans les conditions qui ont été précédemment déterminées (2), dans la réception et l'annulation des cautionnements en rentes et en immeubles, et dans l'inscription et la radiation du privilège du Trésor sur les cautionnements en numéraire.

V. *supra*, CAUTIONNEMENTS.

Enfin, il surveille l'application des lois et règlements qui concernent les oppositions, saisies-arrêts et significations de transport faites sur les comptables sur des sommes dues par l'État : son rôle à cet égard sera précisé lors de l'étude de ces oppositions.

(3) L. 29 décembre 1904, art. 16.

(4) *Id.*, art. 17.

_____

(1) L. 29 décembre 1904, art. 18.

(2) Arr. gouv. gén. Algérie. 21 juillet 1905, *Bull. off. Algérie*, 1905, p. 1188.

(3) Chaque direction et chaque service du Gouvernement général tient des états des créances et débets, dont chacun est notifié lors de sa constatation à l'agent judiciaire. Les états sont clos le 31 décembre de chaque année; une copie ou un état négatif est adressé en janvier par chaque service à l'agent judiciaire. En outre, chaque débet constaté à la charge des comptables, des entrepreneurs, des fournisseurs, des soumissionnaires et de toute autre personne, est notifié dans les quinze jours par le service intéressé à l'agent judiciaire. Ce dernier ouvre à chaque débiteur un compte individuel, et les comptes individuels sont récapitulés dans des états de section. Il est aussi ouvert un compte spécial pour les débets découverts par les recherches personnelles de l'agent. Ces divers comptes sont tenus dans les mêmes conditions qu'en France. L'agent judiciaire prend, avec l'assentiment du Gouverneur général, toutes les mesures nécessaires pour sauvegarder les intérêts du budget local de l'Algérie ; il représente le Trésor public algérien devant toutes les juridictions, comme demandeur ou comme défenseur. Les recouvrements sur débets sont opérés par les receveurs de l'enregistrement pour le compte du trésorier général de l'Algérie, et sont justifiés par les récépissés à talon délivrés par le trésorier général lors des versements qui lui sont faits par les comptables de l'enregistrement. Le trésorier général remet tous les trimestres, ou plus souvent s'il y a lieu, à l'agent judiciaire, un état des versements. Au reçu de cet état, l'agent enregistre les versements sur ses registres et avise les services intéressés. Les opérations de l'agent judiciaire sont soumises au contrôle de la commission instituée par le décret du 16 juin 1905 pour vérifier le compte administratif rendu pour la colonie par le Gouverneur général. Le contrôle des accroissements et des diminutions s'exerce dans des conditions analogues au service métropolitain. Les mêmes justifications qu'en France doivent être produites au soutien des décharges, remises ou caducités. Il résulte, en effet, de l'article 19 de la loi du 29 décembre 1904, qu'aucune remise totale ou partielle sur débet ne peut être accordée à titre gracieux que par le Président de la République, en vertu d'un décret publié au *Journal officiel* et au *Bulletin officiel de l'Algérie* sur le rapport du ministre de l'Intérieur et sur l'avis du ministre des Finances et du Conseil d'État.

§ 8. — Justification des recouvrements.

710. Tous les comptables ressortissant au ministère des Finances sont responsables du recouvrement des droits liquidés sur les redevables et dont la perception leur est confiée; en conséquence, ils sont et demeurent chargés, dans leurs écritures, et dans leurs comptes annuels de la totalité des rôles ou des états de produits qui constatent le montant de ces droits, et ils doivent justifier de leur entière réalisation avant l'expiration de l'année qui suit celle à laquelle ces droits se rapportent (1).

Cette disposition, qui a pour but d'assurer l'apurement intégral des recettes constatées, s'exécute dans des conditions différentes suivant la nature des revenus publics dont le recouvrement doit être justifié. Spécialement le mode de justification est différent pour l'apurement des impôts directs et celui des impôts indirects.

Article premier. — Impôts directs.

711. Les receveurs généraux et particuliers des finances, responsables des recouvrements confiés aux percepteurs, sont tenus de verser au Trésor, de leurs deniers personnels, le 30 novembre de chaque année, les sommes qui n'auraient pas été recouvrées sur les rôles des contributions directes de l'année précédente (2). Les percepteurs sont astreints à verser, de leurs propres deniers, le montant des cotes ou portions de cotes restant à recouvrer à l'expiration du délai de trois ans accordé pour apurer les rôles de chaque exercice (3) : ce versement doit avoir lieu dès le 20 décembre de la troisième année de l'exercice (4).

La justification de l'apurement des recettes par ces divers comptables a lieu, soit en numéraire, c'est-à-dire par la preuve de l'encaissement des sommes versées par les redevables, soit en ordonnances de dégrèvement.

Nous avons vu, en effet, qu'à la suite, soit de la reconnaissance des cotes indûment imposées, soit de l'admission des demandes en décharge ou réduction, et en remise et modération, le directeur des contributions directes délivre des ordonnances de dégrèvement qu'il transmet aux percepteurs. Ces ordonnances sont portées en recette par les percepteurs comme versements des contribuables, et comprises dans les versements aux receveurs des finances pour leur montant intégral. Elles constituent les pièces justificatives des recettes auxquelles elles s'appliquent.

712. En dehors de ces cas, les comptables peuvent se soustraire à l'obligation de verser de leurs deniers les cotes non recouvrées, en justifiant de leurs poursuites et diligences infructueuses, et en faisant déclarer les cotes irrecouvrables.

A cet effet, le percepteur dresse, dans les deux premiers

---

(1) Ord. 8 décembre 1832, art. 1er; D. 31 mai 1862, art. 320.
(2) Ord. 8 décembre 1832, art. 3; D. 31 mai 1862, art. 324.
(3) Instr. gén., 20 juin 1859, art. 95 et 1124.
(4) Circ. compt. publ., n° 1674, du 29 novembre 1895, § 1er.

---

mois de la seconde année de l'exercice, des états des cotes irrecouvrables auxquels il joint les pièces établissant ses diligences et l'insolvabilité du contribuable .: procès-verbaux de carence, de saisie, de vente, etc... (1). Les contrôleurs des contributions directes sont chargés de constater, au vu des rôles, la situation du recouvrement des sommes portées sur les états des cotes irrecouvrables et de certifier, par une mention inscrite sur lesdits états, que les rôles ont été consultés (2) : les comptables doivent, en conséquence, communiquer sur place leurs rôles aux contrôleurs (3). Les états sont ensuite transmis aux receveurs des finances qui les examinent (4), les visent et les font parvenir au sous-préfet ou au préfet, par l'intermédiaire et avec l'avis du directeur des contributions directes. Le préfet statue sur l'admission en non valeurs des cotes présentées comme irrecouvrables; le percepteur est avisé des rejets, et peut alors se pourvoir, sans délai limité, devant le ministre des Finances, contre les arrêtés préfectoraux de rejet (5). Les cotes dont l'irrecouvrabilité est admise donnent lieu à la délivrance d'ordonnances de dégrèvement par la direction des contributions directes.

713. Il peut se faire qu'aux époques où les agents de recettes doivent verser de leurs deniers personnels les cotes non recouvrées, le recouvrement de certaines de ces cotes soit suspendu par suite d'une instance en réclamation par le contribuable. Une décision présidentielle du 30 novembre 1894 a interprété l'article 3 de l'ordonnance du 8 décembre 1832 en ce sens que les comptables responsables des restes à recouvrer sur contributions directes et taxes y assimilées n'auront désormais à en faire l'avance, de leurs deniers personnels, aux époques déterminées par les règlements, que sous déduction des cotes dont le recouvrement est provisoirement suspendu par application de l'article 28 de la loi du 21 avril 1832 (6), et que les versements différés en vertu de cet article devront être effectués dans un délai à déterminer par des instructions ministérielles, sans pouvoir, en aucun cas, dépasser six mois à dater du jour de la décision intervenue sur la réclamation (7).

La Cour des Comptes, dans son Rapport public sur l'exercice 1894 (8), a fait observer qu'une décision prési-

---

(1) Instr. gén. 20 juin 1859, art. 129 et 136. Le modèle de ces états est annexé à la circ. compt. publ., n° 1881 du 30 juillet 1906.
(2) Instr. min., 29 février 1898, art. 82.
(3) Circ. compt. publ., n° 1741, du 19 novembre 1898, § 8. Cette vérification a pour but d'éviter de faire prononcer l'admission en non-valeurs de sommes que les percepteurs auraient considérées comme irrecouvrables lors de la présentation des états et qui auraient été déjà recouvrées au moment de l'instruction.
(4) V. Circ. compt. publ., n° 1881 du 30 juillet 1906, § 3.
(5) Instr. gén., art. 135. Circ. contrib. dir., 18 avril 1889.
(6) Une décision ministérielle du 28 novembre 1895 a déterminé les mesures à prendre pour l'exécution de la décision présidentielle ci-dessus; elles consistent notamment dans la rédaction, au 30 novembre de la seconde année de l'exercice, d'états des sommes restant à recouvrer à cette date sur des cotes ayant fait l'objet de réclamations au sujet desquelles il n'aurait pas encore été statué par les conseils de préfecture.
Circ. compt. publ., n° 1674, du 29 novembre 1895.
(7) Cet article est relatif aux demandes en décharge ou réduction; il a été modifié par la loi du 13 juillet 1903, art. 17.
(8) Pages 535 et suiv.

dentielle ne paraissait pas pouvoir modifier l'ordonnance de 1832 en vertu de laquelle le versement doit être effectué le 30 novembre de la seconde année de l'exercice. Le ministre des Finances a répondu qu'il ne s'agissait pas d'une modification, mais d'une interprétation de cette ordonnance. Celle-ci décide, d'une part, qu'en cas de réclamation du contribuable, le percepteur ne peut exiger que les termes échéant dans les trois mois qui suivent la réclamation, le paiement des termes postérieurs étant suspendu (1). Or, les réclamations qui, en 1832, devaient être jugées dans les trois mois, ne le sont aujourd'hui que très tardivement, notamment à cause des expertises; souvent, les décisions ne sont pas intervenues à la fin de la seconde, et même de la troisième année de l'exercice. D'autre part, l'ordonnance de 1832 oblige les receveurs des finances à verser au 30 novembre de la seconde année les sommes non recouvrées; mais cela ne peut s'entendre que des sommes dont ils ont le droit de poursuivre le recouvrement, et non de celles dont le recouvrement est légalement suspendu par une réclamation. C'est là le sens de la décision critiquée, sens conforme d'ailleurs au droit commun d'après lequel la prescription ne court pas contre celui qui est dans l'impossibilité d'agir.

En résumé, les receveurs des finances versent de leurs deniers, le 30 novembre de la seconde année, les sommes non recouvrées, ou non admises en non valeurs, sauf celles dont le recouvrement est suspendu par une réclamation.

714. Lorsque le receveur des finances a fait un versement de cette nature, il est subrogé aux droits du Trésor contre le percepteur, responsable de l'apurement des rôles. Mais ce recours ne peut être exercé qu'à l'expiration de la troisième année de l'exercice. Le percepteur conserve, en effet, les rôles pendant trois ans, et doit, dans ce délai, justifier de leur apurement intégral. Après trois ans, les contributions sont prescrites au profit du contribuable, à moins que le percepteur n'ait pris soin d'interrompre la prescription par les actes de poursuites réglementaires (2).

Enfin, il est bien entendu que lorsque les comptables ont soldé de leurs deniers personnels les droits dus par les redevables, ils demeurent subrogés à tous les droits du Trésor public, conformément aux dispositions du Code civil (3).

715. En matière d'amendes et condamnations pécuniaires, les receveurs des finances sont responsables du recouvrement des droits et produits constatés sur leur sommier. Mais ils peuvent obtenir décharge de cette responsabilité en justifiant qu'il a été pris toutes les mesures

et fait, en temps utile, toutes les poursuites et diligences nécessaires contre les redevables et débiteurs. Cette justification a lieu tous les ans, pour l'exercice expiré, par la production d'un état des sommes restant à recouvrer. Les sommes susceptibles d'être recouvrées à bref délai sont reportées à l'exercice suivant; les sommes dont le recouvrement paraît impossible sont admises en non valeurs sur la production des pièces justificatives (1). L'état récapitulatif des restes à recouvrer est dressé en deux expéditions, l'une pour les archives de la trésorerie générale, l'autre pour la direction générale de la comptabilité publique qui, après l'achèvement du travail de vérification, la joint au compte de gestion (2).

ARTICLE 2. — Impôts indirects.

716. L'ordonnance du 4 décembre 1832 et le décret du 31 mai 1862 déterminent les règles à suivre en matière d'impôts indirects (3).

717. Lorsqu'il existe, en fin d'exercice, des restes à recouvrer en matière d'impôts indirects, les agents de la recette (receveurs principaux des contributions indirectes et des douanes, receveurs de l'enregistrement) adressent à leur administration des états de propositions comprenant toutes les sommes non recouvrées, accompagnés des pièces justificatives des poursuites intentées contre les débiteurs, et, s'il y a lieu, de l'indigence de ces derniers (4).

Au vu de ces états et pièces, les administrations intéressées statuent : 1º sur les sommes qui doivent être laissées à la charge du comptable; 2º sur les sommes à porter en décharge définitive, par exemple, pour les réductions effectives des titres de perception par suite de remises de droits ou de remises à un autre bureau; 3º sur les sommes à admettre en surséance indéfinie, c'est-à-dire sur les créances présumées irrecouvrables.

Lorsque des sommes sont mises à la charge du comptable, celui-ci doit en opérer immédiatement le versement, et, s'il n'est plus en fonction, le recouvrement en est poursuivi par les soins de l'agent judiciaire. Le comptable peut alors obtenir du ministre des Finances la décharge de sa responsabilité, s'il justifie qu'il a pris

---

(1) Depuis la loi du 13 juillet 1903, art. 17, § 7, le contribuable ne peut différer le payement des termes à échoir que si la réclamation n'est pas jugée dans les six mois de sa présentation, et seulement dans la limite du dégrèvement sollicité.
(2) L. 23 novembre-1er décembre 1790; L. 3 frimaire an VII, art. 149 et 150; Arr. 26 thermidor an VIII, art. 17. Règl. poursuites, art. 18.
(3) Ord. 8 décembre 1832, art. 6; D. 31 mai 1862, art. 327; C. civ., art. 1251.

---

(1) Instr., 5 juillet 1895, art. 433, 434, 540 et 547.
(2) Circ. compt. publ., nº 1865 du 10 septembre 1905, § 4.
(3) « À l'égard des autres receveurs de revenus publics (autres que les receveurs généraux et particuliers des finances), il est dressé, avant l'expiration de la seconde année de chaque exercice, des états par branches de revenus et par comptable, présentant les droits et produits restant à recouvrer, avec la distinction des créances qui doivent demeurer à la charge des comptables, de celles qu'il y a lieu d'admettre en reprise à l'exercice suivant, et de celles dont les recouvrements sont dans le cas d'obtenir la décharge. Le montant des droits et produits tombés en non valeurs ou à porter en reprise figure distinctement dans les comptes des receveurs, et il en est justifié à la Cour des Comptes. Les comptables en exercice versent immédiatement dans leur caisse le montant des droits dont ils ont été déclarés responsables; s'ils ne sont plus en fonctions, le recouvrement en est poursuivi contre eux à la diligence de l'agent judiciaire du Trésor public. (Ord. 8 décembre 1832, art. 4 et 5; D. 31 mai 1862, art. 325 et 326.)
(4) Voir, en ce qui concerne les états des restes à recouvrer sur contributions indirectes, la Circ. compt. publ., nº 1608 du 4 décembre 1890, § 1er.

toutes les mesures, et fait, en temps utile, toutes poursuites et diligences contre les débiteurs (1).

Les sommes allouées en décharge définitive font l'objet d'une réduction du titre de recette.

Les sommes allouées en surséance indéfinie doivent être inscrites au registre des surséances dont la tenue est prescrite à tous les comptables, afin d'être ultérieurement recouvrées s'il y a lieu. Les surséances indéfinies sont poursuivies par les receveurs principaux des contributions indirectes et des douanes.

718. C'est donc l'Administration qui apprécie la responsabilité des comptables. Une enquête est opérée afin de déterminer la régularité du service et les précautions prises en vue du recouvrement. En cas de contestation, la décision administrative peut être déférée au ministre des Finances qui statue sur la responsabilité du comptable, sauf recours au Conseil d'État (2).

Le rôle de la Cour des Comptes, en ce qui concerne la décision à prendre sur les restes à recouvrer, sera étudié ultérieurement.

Enfin, le comptable qui a soldé de ses deniers personnels les droits dus par les redevables ou débiteurs, demeure subrogé, contre eux, à tous les droits du Trésor public (3).

719. Il y a donc, en ce qui concerne les non-valeurs, une différence considérable entre les impôts directs et les impôts indirects. En matière d'impôts directs, la non-valeur est portée en dépense. La recette brute doit être justifiée intégralement soit par l'encaissement matériel, soit par la production des ordonnances de dégrève-

ment. Le montant de ces dernières est porté en recette, puis en dépense sur les fonds de non-valeurs. En matière d'impôts indirects, on opère par voie de réduction du titre de recette, et la non-valeur est déduite des états de produits (1).

720. En examinant le service de l'agence judiciaire du Trésor, nous avons déterminé les conditions dans lesquelles sont constatés les recouvrements par ses soins, et le contrôle qui est exercé par la Commission de vérification des comptes des ministres sur les augmentations et les réductions des créances du Trésor.

§ 9. — Centralisation des recettes dans les écritures.

721. Quel que soit le mode de recouvrement des recettes, il est nécessaire que leur ensemble soit récapitulé dans une comptabilité et des écritures générales qui permettent d'en contrôler le produit et l'exacte perception. La Direction générale de la Comptabilité publique au ministère des Finances est chargée de cette centralisation. Au moyen des documents qui lui sont transmis périodiquement par les comptables, elle résume la comptabilité de toutes les recettes dans des écritures centrales, et se trouve ainsi en mesure d'établir le Compte général des recettes de l'exercice.

La transmission des éléments de la comptabilité des agents des recettes est faite soit directement par eux, soit par l'intermédiaire des comptables supérieurs ou principaux.

722. Les trésoriers-payeurs généraux sont chargés de transmettre à la Comptabilité publique les renseignements relatifs à leurs recouvrements personnels, à ceux des receveurs particuliers et à ceux des percepteurs (2).

Le décret du 31 mai 1862 prescrit aux receveurs des finances et aux trésoriers-payeurs généraux d'adresser au ministère des Finances, direction générale de la Comptabilité publique, à la fin de chaque mois, la balance de leur grand-livre et tous autres documents déterminés par les instructions (3). En outre, les trésoriers-payeurs généraux doivent produire à la Comptabilité publique un compte mensuel de leurs recettes et de leurs dépenses

---

(1) Ord. 8 décembre 1832, art. 2; D. 31 mai 1862, art. 328.

(2) Des états d'apurement, dressés en fin d'exercice, certifiés par les directeurs, sont joints aux comptes de gestion. Ils mentionnent les décisions de l'Administration pour chacune des créances non recouvrées. Ils font connaître, en conséquence : 1° les reports à l'exercice suivant, qui ne nécessitent aucune justification particulière, sauf la preuve du versement de celles qui ont été mises à la charge du comptable; 2° les décharges ou annulations; 3° les surséances indéfinies : celles-ci doivent être appuyées des certificats d'indigence des débiteurs, de la preuve de l'inscription au registre des surséances et, s'il y a lieu, de la preuve des mesures conservatoires prises dans l'intérêt du Trésor, par exemple l'inscription d'une hypothèque sur les biens présents ou à venir du redevable.

Il est important de remarquer que l'administration des contributions indirectes, dans le but d'obtenir le recouvrement rapide et intégral des produits constatés, accorde des primes dites d'apurement aux comptables qui soldent sans reprise ni débet, au plus tard le 31 mars de la seconde année de l'exercice, la totalité des droits constatés de l'année précédente. Ces primes, qui remontent à 1807, figurent parmi les dépenses diverses des contributions indirectes. Elles ne sont allouées qu'aux comptables chargés du recouvrement immédiat des produits. La fixation en est faite par l'Administration supérieure sur un état de fixation dressé par le receveur principal et transmis par le directeur local. La justification de la dépense consiste dans l'état de fixation arrêté par l'Administration, le certificat du directeur constatant que les produits ont été soldés dans les délais, et la quittance des ayants droit.

En outre, pour encourager le recouvrement des sommes admises en reprise indéfinie, l'administration des contributions indirectes a décidé qu'une prime de 10 0/0 sera accordée aux receveurs qui obtiendront des rentrées sur les créances de ce genre, qu'il s'agisse de droits ou d'amendes. Ce taux est applicable à toute perception inférieure à 1,000 francs sur une même créance. Pour les perceptions supérieures à 1,000 francs, la prime accordée au comptable est fixée par une décision spéciale. Aucune allocation de l'espèce ne doit d'ailleurs être payée aux ayants droit sans l'autorisation de l'administration. (Circ. contrib. indir., n° 189, du 7 décembre 1896.)

(3) Ord. 8 décembre 1832, art. 6; D. 31 mai 1862, art. 327; C. civ., art. 1251.

---

(1) Il y a, sur ce dernier point, une exception pour les obligations cautionnées des redevables titulaires de crédits de droits. En cas de non recouvrement, ces obligations sont portées en dépense sur un crédit spécial, et les poursuites sont faites par l'agent judiciaire.

(2) Les recettes opérées par les percepteurs sont immédiatement enregistrées au journal à souche et au livre des comptes divers; elles sont transportées, en fin de journée, au livre récapitulatif. Le percepteur doit adresser au receveur des finances, tous les dix jours, une situation sommaire des recettes, et chaque mois un bordereau sommaire destiné à présenter le tableau complet de ses opérations.

Au vu de ces pièces, le receveur des finances prend charge, dans ses écritures, des recouvrements opérés par les percepteurs de son arrondissement. Il constate sur son livre-journal et sur son grand-livre les recouvrements qu'il opère directement.

Le receveur des finances transmet au trésorier-payeur général tous les dix jours la copie de son livre-journal, et tous les mois la balance de son grand-livre et les documents déterminés par les instructions. (D. 31 mai 1862, art. 333.)

(3) D'après les articles 1736 et 1738 de l'Instruction générale du 20 juin 1859, les receveurs des finances adressent tous les mois à la comptabilité publique la copie de leur livre-journal. Les articles 2183 à 2185 de la même instruction prescrivent aux trésoriers

appuyé des pièces justificatives et d'états de développements (1).

723. Les comptables principaux des régies financières chargés de la perception des revenus publics sont tenus d'adresser chaque mois, à la comptabilité générale des finances, un bordereau de leurs recettes et de leurs dépenses, accompagné des pièces justificatives qui s'y rapportent et revêtu des certifications prescrites par les règlements (2). Ces comptables principaux sont seuls chargés de rendre les comptes de tous les comptables de leur principalité (3).

Remarquons que la régie de l'enregistrement n'a pas de comptables principaux et subordonnés. Tous les receveurs de l'enregistrement rendent un compte direct. Dans ces cas la transmission mensuelle des bordereaux et des pièces est opérée par chaque receveur à la direction locale, puis à la Comptabilité publique.

724. En ce qui concerne les recouvrements poursuivis par les agents judiciaires, la direction du contentieux remet tous les trois mois à celle de la comptabilité publique un état présentant par nature de débets le mouvement des accroissements et diminutions survenus pendant le trimestre précédent.

725. Les divers bureaux chargés de centraliser le service par classes de comptables opèrent une première vérification à l'aide des pièces justificatives, et résument cette vérification dans des bordereaux mensuels, par classes de comptables, envoyés au bureau central chargé de la tenue du livre-journal et du grand-livre.

726. La vérification opérée à la comptabilité publique n'est que provisoire, le jugement définitif des comptes est réservé à la Cour des Comptes. Les divers bureaux examinent les relevés d'écritures, se renseignent auprès des directions intéressées, s'assurent de la concordance des renseignements recueillis, vérifient les pièces envoyées à l'appui des bordereaux des comptables. Ils peuvent exiger des justifications complémentaires, faire des observations au comptable, mais non le forcer en recette ou rejeter une dépense. Les pièces justificatives sont classées

par nature d'opérations, et conservées pour être envoyées à la Cour des Comptes à l'appui des comptes de gestion.

727. Le bureau central, au reçu des bordereaux mensuels des divers bureaux, établit les écritures centrales de la comptabilité publique. Il inscrit tous les totaux des bordereaux sur son journal général et sur son grand-livre qui résument ainsi toutes les opérations. Ces livres sont soumis chaque année au contrôle de la Commission de vérification des comptes des ministres qui les arrête et compare leurs résultats avec les écritures de chaque ministère.

728. La centralisation des opérations par la comptabilité publique a pour but de lui permettre d'exercer une surveillance effective sur les comptables; de connaître à toute époque la situation des recouvrements et des dépenses; enfin d'établir chaque année les différents documents destinés au Parlement, à la Cour des Comptes, aux Commissions de vérification, sur lesquels est basé le contrôle de l'exécution du budget. Ces documents consistent notamment dans les Résumés généraux par classes de comptables; le Compte général des recettes, le Compte général de l'Administration des Finances (1).

CHAPITRE III.

SERVICE DE LA DÉPENSE.

§ 1er. — Engagement de la dépense.

729. L'acquittement des dépenses publiques est le principal objectif, on pourrait dire la raison d'être, du budget de l'État. Car, à l'inverse d'un particulier qui, d'ordinaire, évalue le quantum de ses revenus avant de décider l'emploi qu'il en fera, l'État détermine le chiffre de ses dépenses avant de fixer les recettes qui y feront face. Cette règle peut se justifier d'abord par cette raison que certaines dépenses sont obligatoires et que l'État ne saurait s'y soustraire; et aussi par cette considération que les recettes publiques, basées en grande partie sur l'impôt, sont extensibles dans les limites des possibilités pécuniaires des contribuables.

730. Dépenser est une opération complexe dont chaque phase a été l'objet d'une réglementation précise.

Avant qu'une caisse publique se dessaisisse des fonds au profit d'un créancier de l'État, il faut que la dépense ait été engagée, liquidée et ordonnancée. Deux mandataires de l'autorité publique interviennent successivement dans l'engagement, la liquidation, l'ordonnancement et le paiement : l'administrateur ou ordonnateur, et le comptable.

731. L'article 14 du décret du 31 mai 1862 précise leurs fonctions respectives : « Les administrateurs et les ordonnateurs sont chargés... de la liquidation et de l'ordonnancement des dépenses. Des comptables responsables

---

généraux la transmission mensuelle de la copie de leur livre de détail pour les recettes de l'arrondissement chef-lieu. Dans le but d'alléger les travaux matériels des receveurs des finances, il a été décidé que les trésoriers généraux et les receveurs particuliers sont dispensés de la production de ces documents. (Circ. compt. publ., n° 1688, du 24 juin 1896, § 3.)

(1) D. 31 mai 1862, art. 333 et 334; D. 4 janvier 1808; Instr. gén. du 20 juin 1859, art. 1736 à 1740 et 2183 à 2215.

(2) D. 31 mai 1862, art. 315; Arr. 9 novembre 1820, art. 5.

(3) Les recettes opérées par ces derniers comptables sont constatées au livre-journal, aux livres auxiliaires et au sommier ou livre récapitulatif. Ces livres servent à établir un bordereau mensuel mentionnant le rappel en bloc des opérations des mois antérieurs, les opérations effectuées pendant le mois, et la situation du comptable au jour de sa rédaction.

Le receveur principal reçoit chaque mois les bordereaux des opérations de ses subordonnés. Ces bordereaux et ses livres de comptabilité, plus les opérations qu'il a faites personnellement, lui servent à établir le bordereau mensuel des recettes et des dépenses de toute la principalité auquel il joint les pièces justificatives. Le bordereau mensuel est adressé à la direction départementale qui en opère une première vérification, et transmis par elle à la Direction générale de la Comptabilité publique.

sont préposés à la réalisation... des paiements. » Les premiers délivrent son titre au créancier; les autres, après constatation de la régularité de ce titre, acquittent les dépenses. Les ordonnateurs et les comptables doivent faire des dépenses et des paiements réguliers, c'est-à-dire conformes aux lois et libératoires pour le Trésor. Ils doivent aussi les faire en temps utile, c'est-à-dire ne pas faire attendre le créancier qui a un droit acquis, pour ne pas nuire au crédit de l'État. Pour assurer la régularité de ces importantes opérations, l'État a dû soumettre ses mandataires à des règles de comptabilité, à des contrôles, à des garanties, à des responsabilités.

732. De ces garanties, la première, qui est aussi le principe fondamental de la matière, est l'incompatibilité absolue entre les fonctions d'ordonnateur et celles de comptable (1). Cette incompatibilité ne souffre pas d'exceptions lorsqu'il s'agit de dépense. On sait qu'au contraire, dans certains services de recette, la liquidation et le recouvrement des droits sont parfois confiés au seul comptable, sauf contrôle ultérieur et établissement *a posteriori* d'un titre de perception.

ARTICLE PREMIER. — *Étendue des droits des ordonnateurs.*

733. L'engagement des dépenses est la première attribution des ordonnateurs, à la tête desquels apparaissent les ministres. Bien qu'ils ne soient pas responsables pécuniairement des conséquences de leurs actes d'administration, les ministres ne jouissent pas d'une liberté absolue de prendre des engagements au nom du Trésor.

Une première restriction à cette liberté consiste dans la nécessité de l'ouverture d'un crédit préalablement à la dépense. « Les ministres ne peuvent, sous leur responsabilité, dépenser au delà des crédits ouverts à chacun d'eux, ni engager aucune dépense nouvelle avant qu'il ait été pourvu au moyen de la payer par un supplément de crédit (2). » « Le ministre des finances ne peut, sous sa responsabilité, autoriser les paiements excédant les crédits ouverts à chaque ministère (3). »

734. Les crédits sont ouverts par chapitre c'est cette division qui lie le ministre qui est libre de disposer des crédits comme il l'entend dans les limites du chapitre. Lorsque le décret du 31 mai 1862 décide (art. 60) qu'avant de faire aucune disposition sur les crédits ouverts pour chaque exercice, les ministres répartissent, entre les divers articles de leur budget, les crédits qui leur ont été alloués par chapitre, il n'amoindrit pas le droit des ordonnateurs; ceux-ci sont libres de déterminer les articles comme ils l'entendent, et cette répartition n'a que la valeur d'une indication du sous-détail de la dépense.

735. La nécessité d'un crédit préalable interdit au ministre tout engagement de dépense avant l'ouverture et

après la clôture de l'exercice. Sont seuls considérés comme appartenant à un exercice les services faits du 1er janvier au 31 décembre de l'année qui lui donne son nom (1).

736. Exceptionnellement certaines dépenses sont autorisées par anticipation. Des approvisionnements pour certains services doivent être effectués avant le début de chaque année. A cet effet, les ministres de la guerre et de la marine sont autorisés à comprendre dans leurs demandes mensuelles de fonds, et d'une manière distincte, les sommes destinées au paiement, par anticipation sur les crédits de l'exercice suivant, de tout ou partie des achats effectués pour le service des subsistances des administrations militaires et maritimes. Les demandes de crédits par anticipation ne sont adressées au ministère des Finances que dans les quatre mois qui précèdent l'ouverture de l'exercice, et le montant total de ces crédits ne doit pas dépasser le quart du crédit total ouvert au chapitre correspondant du budget (2). On peut citer encore comme dépense par anticipation le paiement de prorata d'arrérages des diverses pensions fait aux héritiers d'un pensionnaire décédé en décembre qui ont pu justifier de leurs droits dans le courant du même mois : ces arrérages sont payés de suite, à la charge de l'exercice suivant, car leur échéance n'a lieu qu'au 1er mars de cet exercice (3).

737. Inversement, certaines dépenses peuvent être faites après l'expiration de l'année. Ce sont celles dont parle l'article 33, § 1er, du décret du 31 mai 1862, d'après lequel on peut, jusqu'au 1er février de la seconde année de l'exercice, achever, dans la limite des crédits ouverts, les services du matériel dont l'exécution commencée n'aurait pu être terminée avant le 31 décembre précédent, pour des causes de force majeure ou d'intérêt public, qui doivent être énoncées dans une déclaration de l'ordonnateur jointe à l'ordonnance ou au mandat.

738. Enfermé dans les limites de l'exercice et du crédit ouvert par chapitre, le ministre ne doit pas en sortir par une augmentation indirecte de ce crédit. Cette augmentation pourrait résulter de la consommation en nature de certaines denrées, de la vente de vieux matériaux, de l'emploi de denrées cédées par d'autres ministères. Pour éviter les accroissements irréguliers de crédits, les règles suivantes ont été adoptées. Les produits à consommer en nature sont évalués en argent avant l'ouverture de chaque exercice; cette évaluation donne lieu à l'ouverture d'un crédit sur lequel sont délivrées, au profit du Trésor, des ordonnances dont le montant est porté en recette

---

(1) « Les fonctions d'administrateur et d'ordonnateur sont incompatibles avec celles de comptables. » (Ord. 14 septembre 1822, art. 17; D. 31 mai 1862, art. 17.)
(2) D. 31 mai 1862, art. 41; L. 25 mars 1817, art. 151.
(3) D. 31 mai 1862, art. 42; L. 25 mars 1817, art. 152.

---

(1) D. 31 mai 1862, art. 6; Ord. 14 septembre 1822, art. 1er, § 2.
(2) D. 3 avril 1876. « L'administration des colonies, qui relevait de la Marine en 1876, bénéficiait des dispositions de ce décret. A la suite de la séparation des deux services en 1889, on s'est demandé si le service colonial pouvait continuer à user de la faculté concédée nominativement aux départements de la Guerre et de la Marine. Un décret du 28 mai 1898 autorise le payement, pendant les quatre mois qui précèdent l'ouverture de l'exercice, des achats effectués par anticipation sur les crédits de cet exercice, pour le service des subsistances des administrations militaires et maritimes des colonies. » (Circ. compt. publ., 21 juin 1898, § 5.)
(3) Régl. Fin., 26 décembre 1866, § 109, p. 150.

à titre de produits consommés en nature (1). Lorsque des objets mobiliers ou immobiliers à la disposition des ministres ne peuvent être réemployés et sont susceptibles d'être vendus, la vente doit en être faite avec le concours des préposés des domaines et dans les formes prescrites : le produit de ces ventes est porté en recette au budget de l'exercice courant (2). Les ministres ordonnancent au profit du Trésor, sur leurs crédits, les prix d'achat ou de loyer de tous les objets qui sont mis à leur disposition pour le service de leur département respectif par les autres ministères (3).

739. Si un ministre ne peut accroître irrégulièrement ses crédits, du moins a-t-il le droit de les employer entièrement au profit des services de son département. Aussi le remboursement des avances que les ministères se font réciproquement est-il l'objet d'ordonnances délivrées par les ministères auxquels les avances ont été faites, au profit de ceux qui les ont effectuées et qui doivent en obtenir le rétablissement à leur crédit (4). Ce rétablissement est opéré au moyen d'ordonnances de virements de comptes. Lorsqu'il n'est plus possible, vu l'époque tardive, c'est-à-dire après le 31 juillet de la seconde année de l'exercice, les ordonnances sont délivrées au profit du Trésor, et il est fait recette de leur montant aux produits divers du budget de l'exercice courant.

ARTICLE 2. — *Ordonnateurs et ordonnateurs secondaires.*

740. En règle générale aucun service à la charge du budget de l'État ne peut être fait ou consenti que sous la responsabilité du ministre et d'après son autorisation, soit que cette autorisation ait lieu spécialement, soit qu'elle résulte de l'exécution des lois et décrets ou de l'application des règlements (5). Le ministre peut exécuter personnellement les dépenses; ou en confier l'exécution à certains agents administratifs, auxquels il délègue tout ou partie des crédits mis à sa disposition par les chapitres budgétaires, et qui ont la qualité d'ordonnateurs secondaires (6).

741. Sans entreprendre de donner une liste complète de tous les ordonnateurs secondaires, on peut citer, parmi les plus importants de ces délégués : les préfets dans les départements; les directeurs généraux et départemen-

taux des diverses régies financières; le président de la commission des monnaies; le directeur général des manufactures, les directeurs des tabacs et des manufactures, le directeur de l'École forestière, les conservateurs des forêts, les ingénieurs en chef des ponts et chaussées et des mines, les directeurs de forges et fonderies, les intendants militaires, les directeurs de l'artillerie et des fortifications, les commandants des écoles régimentaires et d'application, les commissaires généraux de la marine, le commissaire de la marine chef du service administratif à Alger, etc...

742. D'une manière générale, ces ordonnateurs secondaires sont déterminés par les différents règlements ministériels (1). Parfois aussi ils sont désignés par des lois et décrets spéciaux. Ainsi, l'article 4 de la loi du 16 mars 1882 a décidé qu'en matière militaire la délégation des crédits est faite par le ministre aux directeurs des services qui sont chargés de l'ordonnancement des dépenses; l'article 5 de la même loi ajoute qu'en cas de formation d'armée cette délégation est faite pour tous les services à l'intendant de l'armée; l'article 18 de la même loi, modifié par la loi du 1er juillet 1889 constitue ordonnateurs secondaires dans les corps d'armée les directeurs du service de santé. Un décret du 29 décembre 1898 modifiant l'article 7 du règlement du 28 septembre 1849, sur le service des ponts et chaussées, décide que les ingénieurs en chef des ponts et chaussées et les ingénieurs des mines seront, à partir de l'exercice 1899, ordonnateurs secondaires du département des travaux publics au lieu et place des préfets (2).

743. Les ordonnateurs secondaires peuvent eux-mêmes sous-déléguer dans certains cas les crédits mis à leur disposition par le ministre. Ainsi les sous-préfets en Algérie sont sous-ordonnateurs secondaires par rapport soit aux préfets, soit au Gouverneur général de l'Algérie. Les directeurs du service de l'intendance ont, en vertu de l'article 4 de la loi du 16 mars 1882, la faculté de sous-déléguer tout ou partie des crédits aux fonctionnaires de l'intendance soumis à leur direction; et, d'après l'article 5 de la même loi, en cas de formation d'armée, l'intendant de l'armée sous délègue les crédits, sur l'ordre du général en chef, et au fur et à mesure des besoins, aux directeurs des services de l'armée ou des corps d'armée. Enfin, en cas d'absence, les ordonnateurs peuvent déléguer leurs pouvoirs à des agents intérimaires (3).

La signature des ordonnateurs secondaires, des sous-ordonnateurs et des intérimaires est accréditée, lors de leur entrée en fonctions, près des comptables sur les caisses desquels ils doivent délivrer des mandats (4).

---

(1) D. 31 mai 1862, art. 51.
(2) *Ibid.*, art. 43.
(3) *Ibid.*, art. 49.
(4) *Ibid.*, art. 50.
(5) V. notamment art. 59 du Règlement du 26 décembre 1866, ministère des Finances.
(6) Tout mandat de payement dérive d'une ordonnance ministérielle de délégation de crédit. Il est procédé par voie de délégation pour décentraliser, dans l'intérêt du service des dépenses, diverses opérations dont l'accélération importe aux créanciers du Trésor public, telles que l'instruction des réclamations, la réception ou la régularisation des pièces justificatives, et la liquidation des droits acquis. Ce mode facilite le contact ou les relations par correspondance des créanciers de l'État avec les fonctionnaires qui le représentent. Il prévient des retards et des frais de transport. Il permet enfin que la remise des mandats de payement soit faite aux ayants droit par des agents administratifs généralement à portée de connaître les titulaires des créances qui se présentent pour retirer les mandats, et, au besoin, de faire facilement constater leur individualité. (Régl. Fin., 26 décembre 1866, p. 97, note.)

---

(1) V. notamment Régl. des Finances, 20 décembre 1866, art. 85; Instr. publ., 16 octobre 1867, art. 88; Beaux-Arts, 18 décembre 1867, art. 75; Guerre, 3 avril 1869; Marine, 14 janvier 1869; Affaires étrangères, 1er octobre 1867; Postes et Télégraphes, 15 octobre 1880.
(2) V. Circ. compt. publ., n° 1746, du 31 janvier 1899, § 3.
(3) V. Circ. compt. publ., n° 1593, du 8 janvier 1890, § 8.
(4) V. D. 25 mars 1885; Circ. compt. publ., n° 1501, du 4 mai 1885, § 4, et n° 1593, du 8 janvier 1890, § 8.

ARTICLE 3. — *Restrictions aux droits des ordonnateurs.*

744. Outre la restriction qui résulte de la détermination des crédits par chapitres du budget, les pouvoirs des ordonnateurs sont, dans certains cas, limités par des lois et règlements particuliers.

Quelle que soit l'autorité compétente pour autoriser les travaux publics, routes, canaux, chemins de fer, etc. (1), ils ne peuvent être mis à exécution lorsque la dépense doit être supportée en tout ou en partie par le Trésor, qu'en vertu de la loi qui crée les voies et moyens ou d'un crédit préalablement inscrit à l'un des chapitres du budget.

745. Tout marché de gré à gré passé au nom de l'État. pour exploitation de manufactures d'armes ou pour fabrication d'armes neuves, dont la durée embrasse plusieurs années, n'a d'effet qu'après le vote du premier crédit destiné à en assurer l'exécution (2).

Les lois annuelles des finances déterminent les limites dans lesquelles le Ministre de la Marine est autorisé à entreprendre ou à continuer des constructions navales (3).

Les mêmes lois de finances déterminent encore la répartition des subventions que l'État donne chaque année aux départements.

Enfin, pour un grand nombre de services, les pouvoirs des ordonnateurs sont limités par des dispositions législatives et réglementaires auxquelles ils doivent se conformer. On peut citer, à cet égard, les lois fixant les traitements des instituteurs, et les règlements relatifs au personnel et aux émoluments.

746. Les dépenses peuvent être divisées en deux grandes catégories, suivant qu'elles concernent le personnel et le matériel. Les dépenses du matériel doivent être exécutées en conformité de certaines règles spéciales. Les ordonnateurs font les commandes, approuvent les plans et devis, choisissent les emplacements, etc... Mais la loi du 31 janvier 1833 (art. 12), l'ordonnance du 4 décembre 1836 (art. 2) et le décret du 18 novembre 1882 leur font une obligation stricte de passer avec concurrence et publicité les marchés de travaux, fournitures, ou transports au compte de l'État, sauf 15 cas limitativement déterminés dans lesquels les marchés de gré à gré sont autorisés, et sauf l'autorisation de régler sur mémoire ou sur facture les travaux ou transports dont la valeur présumée n'excède pas 1,500 francs, et les achats n'excédent pas 1,500 francs d'objets qui doivent être livrés immédiatement (4).

747. Sous ces différentes restrictions, les ministres sont libres, et engagent les dépenses au mieux des intérêts de l'État. Pendant longtemps, aucun contrôle spécial n'a été organisé sur l'engagement des dépenses publiques. Il en est résulté de grands inconvénients.

---

(1) L. 27 juillet 1870.
(2) L. 19 juillet 1845, art. 7; D. 31 mai 1862, art. 70.
(3) V. L. 17 avril 1906, art. 79.
(4) V. pour le détail, le décret du 18 novembre 1882, relatif aux adjudications et marchés de travaux, fournitures, transports.

ARTICLE 4. — *Comptabilité des dépenses engagées.*

748. Sans remonter à la Charte de 1830 et à la Constitution de 1848, on sait que les articles 41 et 42 du décret du 31 mai 1862, reproduisant des lois antérieures, déclarent les ministres responsables des dépenses engagées sans crédit ou en excédant des crédits ouverts. On peut ajouter que la Constitution de 1875 établit la responsabilité des ministres, et que la loi du 16 juillet 1875 admet qu'en cas de crimes commis dans l'exercice des fonctions ministérielles la Chambre des députés peut déférer le ministre à une Haute Cour de justice; mais ces textes ne parlent que d'une responsabilité morale, et, aucune loi n'a réglé les formes, les conditions de poursuite et de responsabilité, la compétence, à l'occasion d'un délit civil. En sorte que, dans la pratique, aucune poursuite ne fut exercée pour rendre les ministres pécuniairement responsables des engagements irréguliers de dépenses.

749. Or une dépense engagée par un ministre, au nom de l'État, peut être considérée comme faite, et le plus souvent les caisses publiques devront s'ouvrir devant les réclamations des créanciers. Aussi a-t-on voulu, à diverses reprises, assurer le contrôle des dépenses engagées. On a proposé de le confier, soit à une Commission législative, soit au ministre des Finances dont on faisait ainsi une sorte de surintendant général des finances, soit à la Cour des Comptes exerçant préventivement, comme dans certains pays, sa surveillance sur les dépenses publiques. La loi de finances du 26 décembre 1890 s'est arrêtée à un système différent, et un décret du 14 mars 1893 a mis en pratique l'organisation dans chaque ministère d'un contrôle spécial chargé d'examiner les engagements de dépenses et d'en tenir comptabilité.

750. D'après l'article 59 de la loi du 26 décembre 1890 : « Dans chaque ministère, il sera tenu une comptabilité des dépenses engagées. Les résultats de cette comptabilité seront fournis mensuellement à la direction générale de la comptabilité publique. Un décret rendu sur la proposition du ministre des Finances déterminera les formes de cette comptabilité. » Ce décret est intervenu à la date du 14 mars 1893; il concerne l'institution du contrôleur des dépenses engagées, la distinction des dépenses permanentes ou éventuelles, le contrôle préalable aux engagements, la comptabilité des dépenses engagées, et la transmission périodique de documents au ministère des Finances.

751. D'après l'article 3, dans chaque ministère, un agent désigné par le ministre et placé sous son autorité directe est chargé de contrôler l'emploi des crédits. Les conditions de nomination de cet agent ont été modifiées par l'article 78 de la loi du 30 mars 1902 d'après lequel elle doit être faite conjointement par le ministre intéressé et par le ministre des Finances; puis par l'article 53 de la loi du 31 mars 1903, d'après lequel « le contrôleur des dépenses engagées dans chaque ministère est nommé par décret contresigné par le ministre des Finances et par le ministre intéressé ».

752. Les dépenses de chaque ministère sont permanentes ou éventuelles. Les dépenses permanentes se reproduisent indéfiniment chaque année tant qu'une nouvelle décision ne vient pas modifier les décisions antérieures qui les ont autorisées. Les dépenses éventuelles sont celles dont la durée et l'imputation sur un ou plusieurs exercices déterminés sont prévues par l'acte même qui les autorise. Avant d'être engagée, c'est-à-dire de recevoir un commencement d'exécution, toute dépense éventuelle doit faire l'objet d'une autorisation. Des instructions concertées entre les ministres intéressés et le ministre des Finances déterminent les règles à appliquer pour la classification et le mode d'évaluation des dépenses permanentes et des dépenses éventuelles (1).

753. L'article 4 du décret du 14 mars 1893 décide que les propositions ayant pour conséquence d'engager des dépenses nouvelles ne sont soumises à l'approbation du ministre qu'après avoir été visées par le chef du service du contrôle. En cas d'objections, le contrôleur présente au ministre son avis qui ne peut être motivé que sur l'imputation demandée, sur la disponibilité du crédit et sur l'exactitude matérielle des calculs d'évaluation. D'après l'article 53 de la loi du 31 mars 1903, les avis du contrôleur sont adressés directement et en double exemplaire au ministre des Finances en même temps qu'au ministre dans le service duquel il exerce son contrôle. En outre, les états de nouvelles créances constatées en addition des restes à payer d'un exercice doivent, préalablement à toute demande de crédits spéciaux, être visés par le contrôleur des dépenses engagées, qui vérifie notamment l'exactitude de l'imputation de la dépense.

754. Toute proposition entraînant une dépense doit, après avoir été approuvée par le ministre ou son délégué, être immédiatement communiquée au contrôleur qui en prend note sur un registre spécial, tenu pour chaque exercice, par chapitre et article du budget. Le contrôleur suit sur le carnet des dépenses engagées l'emploi et la disponibilité des crédits ouverts par le budget, par des lois spéciales et par des décrets. Ce carnet est tenu par exercice au moyen des états et relevés fournis par les divers services qui administrent les crédits (2), ainsi que des renseignements consignés sur le registre spécial (3).

755. Le ministre des Finances est tenu périodiquement au courant de la situation des engagements de dépenses de chaque ministère. A cet effet, les ministres adressent le 25 de chaque mois, à la Direction générale de la comptabilité publique, un état présentant, par chapitre du budget, la situation au dernier jour du mois précédent : d'une part, des crédits ouverts par la loi de finances de l'exercice, par des lois spéciales et par des décrets ; d'autre part, des dépenses engagées, avec les distinctions ci-après : dépenses permanentes ; dépenses éventuelles ; dépenses dont le montant, déjà compris dans les précédentes, doit être remboursé par d'autres services, avec la distinction par service débiteur. Le 25 janvier et le 25 juillet de chaque année, il est fourni au ministère des Finances un relevé, par exercice et par chapitre, des dépenses engagées sur les exercices à venir (1).

756. L'article 10 du décret du 14 mars 1893 organise, auprès du Gouverneur général de l'Algérie, un service du contrôle des dépenses engagées, dans les conditions qui ont été décrites. Le contrôleur tient un registre et un carnet des dépenses engagées. Le 20 de chaque mois, des états de situation sont adressés aux divers départements ministériels.

757. La difficulté du classement des dépenses permanentes et éventuelles, le défaut de responsabilité pécuniaire du contrôleur des dépenses engagées, dont, au surplus, les observations n'obligent pas le ministre et n'ont que le caractère d'un simple avis, nuisent à l'efficacité du contrôle. Son principal avantage est, en somme, de tenir constamment le ministre intéressé et le ministre des Finances au courant des disponibilités de crédits, et de rendre par là même les dépassements de crédits encore plus inexcusables.

§ 2. — Liquidation de la dépense.

758. Une dépense ayant été engagée et le créancier de l'État ayant rempli tout ou partie de ses obligations, il demande la liquidation de sa créance et présente, à cet effet, ses titres à l'ordonnateur. La liquidation consiste dans la reconnaissance des droits du créancier et dans la fixation du chiffre de sa créance. Elle a pour résultat la déclaration d'une dette de l'État.

ARTICLE PREMIER. — *Autorité chargée de la liquidation.*

759. L'article 62 du décret du 31 mai 1862 dispose : « Aucune créance ne peut être liquidée à la charge du Trésor que par l'un des ministres ou par ses délégués. » Déjà, dans l'ancien droit, il était de principe qu'une somme ne devait être mise à la charge de l'État que par arrêt du conseil du roi ; ce droit avait été enlevé à la Cour

_____

(1) D. 14 mars 1893, art. 1,2 et 11.
(2) Des instructions concertées entre les ministres intéressés et le ministre des Finances déterminent la forme des états et relevés fournis au service du contrôle pour la formation du carnet des dépenses engagées. (D. 14 mars 1893, art. 11.)
(3) Il indique, par chapitre et article, le montant du crédit primitif et les modifications successives qui peuvent y être introduites. Le compte ouvert à chaque crédit présente, dans des colonnes distinctes, les dépenses permanentes, les dépenses éventuelles résultant d'autorisations antérieures au 1er janvier, les dépenses éventuelles autorisées dans le cours de l'année. Le carnet comprend pour mémoire, dans des colonnes spéciales, le montant des remboursements ou reversements qui viendront ultérieurement atténuer les dépenses inscrites comme engagées sur certains articles ou chapitres du budget. En principe, et sauf les exceptions déterminées par les instructions ministérielles, les dépenses permanentes sont inscrites comme engagées dès le commencement du mois de janvier. Quant aux dépenses éventuelles, elles ne le sont qu'au fur et à mesure des

actes qui les autorisent. Les augmentations ou les diminutions, tant sur les dépenses permanentes que sur les dépenses éventuelles, qui modifient les évaluations primitives, donnent lieu, dès qu'elles sont reconnues, à des inscriptions complémentaires ou rectificatives, dans la comptabilité des dépenses engagées. Les autorisations de dépenses qui doivent avoir leur effet sur plusieurs exercices consécutifs sont enregistrées, dans chaque ministère, sur un carnet spécial .(D. 14 mars 1893, art. 5, 6, 7 et 9.)
(1) D. 14 mars 1893, art. 8 et 9.

des aides qui ne devait pas opérer la liquidation des marchés de fournitures, et aux Chambres des comptes auxquelles il était interdit de passer en compte une avance d'où résulterait une créance contre le Trésor. L'Assemblée nationale se réserva le droit de déclarer l'État débiteur : « L'Assemblée nationale décrète comme principe constitutionnel que nulle créance sur le Trésor public ne peut être admise parmi les dettes de l'État qu'en vertu d'un décret de l'Assemblée nationale sanctionné par le roi (1). » Un décret de la Convention, du 26 septembre 1793, décida que toutes les créances sur l'État seraient réglées administrativement. Depuis, la jurisprudence a constamment admis que le ministre seul liquide les dettes de l'État, sauf recours au Conseil d'État.

760. Ce n'est qu'exceptionnellement et en vertu de lois spéciales qu'une autorité autre que le ministre aurait compétence pour liquider une dette de l'État. Ainsi, l'article 2 de la loi des 17 juillet-8 août 1790 décidait qu'aucune créance arriérée ne serait présentée à l'Assemblée nationale, pour être définitivement reconnue ou rejetée, qu'après avoir été soumise à l'examen du Comité de liquidation dont les délibérations ne pouvaient être valablement prises que par les deux tiers au moins de ses membres. Le comité de liquidation fonctionna jusqu'en 1814 ; et l'article 23 de la loi du 23 septembre 1814 admit que les créances pour dépenses antérieures au 1er avril 1814 seraient liquidées et ordonnancées par les ministres dans la forme ordinaire. La loi du 28 pluviôse an VIII a encore attribué compétence aux conseils de préfecture pour statuer sur les questions de dommages causés par l'exécution de travaux publics. En .cas d'expropriation pour cause d'utilité publique, lorsqu'il n'y a pas entente amiable entre l'exproprié et l'Administration sur la fixation de l'indemnité, la loi du 3 mai 1841 confie cette fixation au jury d'expropriation. Enfin, les tribunaux judiciaires ont parfois à intervenir dans des questions préjudicielles, qui doivent être tranchées préalablement à la liquidation, par exemple les questions relatives à la détermination du véritable propriétaire d'un titre de rente, les questions d'hérédité, etc.

761. Quelles que soient la nature de la créance et l'autorité chargée de déclarer la dette de l'État, le créancier devra toujours s'adresser au ministre ou à ses délégués pour obtenir la délivrance de son titre, ordonnance ou mandat.

La liquidation est opérée administrativement, sauf pourvoi au Conseil d'État. Si le ministre ne répond pas à une demande de liquidation, il existe actuellement le recours ouvert pour l'article 3 de la loi du 17 juillet 1900. L'article 7 du décret du 2 novembre 1864 décidait bien que, lorsque les ministres statuaient sur des recours contre les décisions d'autorités qui leur sont subordonnées, leur décision devait intervenir dans le délai de quatre mois à dater de la réception de la réclamation au ministre ; et qu'après l'expiration de ce délai, s'il n'était intervenu aucune décision, les parties pourraient consi-

dérer leur réclamation comme rejetée et se pourvoir devant le Conseil d'État. Mais ce texte n'était pas applicable à la liquidation ministérielle d'une créance. La loi de 1900 a comblé cette lacune et l'absence de liquidation aussi bien que le refus ou l'irrégularité d'une liquidation sont susceptibles d'être déférés au Conseil d'État statuant au contentieux. Ce tribunal devrait d'ailleurs surseoir à statuer et renvoyer devant les juridictions de droit commun pour les questions d'interprétation d'une décision judiciaire, ou les questions préjudicielles sur la validité des payements faits par le Trésor (1).

ARTICLE 2. — Formalités de la liquidation.

762. Le créancier de l'État qui dépose à l'Administration une demande de liquidation de sa créance doit y annexer les titres et pièces de nature à permettre la fixation de ses droits. Tout créancier a le droit de se faire délivrer, par le ministre compétent, un bulletin énonçant la date de sa demande et les pièces produites à l'appui. Ce bulletin est dressé d'après les registres et documents authentiques qui doivent constater, dans chaque ministère ou administration, la production des titres de créances (2). La délivrance de ce bulletin a pour objet non pas d'obliger le ministre à statuer dans un délai déterminé, mais de soustraire les créanciers aux conséquences du silence du ministre, notamment au point de vue de la déchéance quinquennale (3).

Les titres de chaque liquidation doivent offrir les preuves des droits acquis aux créanciers de l'État et être rédigés dans la forme déterminée par les règlements spéciaux de chaque service (4).

763. Il résulte de la première de ces règles que le créancier doit justifier d'un « service fait ». Aucune avance ne peut être, en principe, consentie au profit d'un fournisseur, d'un entrepreneur, d'un créancier quelconque de l'État. Il y a cependant diverses exceptions que nous allons énumérer rapidement, devant les étudier ultérieurement, en détail.

764. La solde de la guerre et de la marine est payée par quinzaine et d'avance pour les corps de troupes en temps de paix, mais par mois et à termes échus, mais sur liquidation provisoire, pour les officiers avec ou sans troupes.

765. La dotation des pouvoirs publics leur est remise dès le début de l'exercice sans aucune liquidation. Les dépenses sur fonds secrets sont justifiées, sans liquidation, par un décret du chef de l'État.

766. La dette publique est également soumise à des règles spéciales de liquidation, d'ordonnancement et de payement. Les traites de la marine sont émises et payées sans liquidation ni ordonnancement préalables. Le service de la garantie d'intérêts aux compagnies de chemins de

(1) L. 17 juillet-8 août 1790, art. 1er.

(1) V. Laferrière, Traité de la juridiction administrative, t. II, p. 343.
(2) D. 31 mai 1862, art. 137 et 138 ; L. 29 janvier 1831, art. 10 ; Ord. 10 février 1838, art. 1er.
(3) L. 29 janvier 1831, art. 9.
(4) D. 31 mai 1862, art. 63 ; Ord. 31 mai 1838, art. 10.

fer est fait sur liquidation provisoire chaque année, sauf la fixation définitive ultérieure des droits.

767. Dans certains services régis « par économie » et déterminés par des décisions ministérielles, il est fait des avances, dans certaines limites, à un régisseur qui doit rapporter, dans un délai fixé, les justifications des dépenses effectuées. Des avances sont également consenties aux officiers chargés du service de la remonte; aux fonctionnaires chargés des achats à commission; aux constructeurs d'instruments d'art et de précision; aux inspecteurs des finances et aux agents diplomatiques pour frais de tournées et voyages, etc. Des justifications ultérieures doivent être rapportées dans tous les cas.

768. Le principe est donc qu'il n'y a de liquidation que pour un service fait. D'ailleurs ce service peut n'être pas complètement terminé, et nous verrons notamment que des payements d'acomptes sont opérés au profit des fournisseurs et entrepreneurs de travaux publics.

769. Les pièces justificatives à produire à l'appui des demandes de liquidation sont déterminées par les diverses nomenclatures ministérielles dont l'établissement a été prescrit par l'article 881 du décret du 31 mai 1862 (1).

Il est, dans certains cas, procédé d'office, et en dehors de toute intervention des créanciers, à la liquidation des créances dont les titres sont entre les mains des administrations ou à l'égard desquelles il existe des bases et des éléments d'évaluation déterminés à l'avance : tel est le cas notamment de la plupart des traitements du personnel.

770. Certaines prescriptions particulières régissent la liquidation de ces dernières dépenses. C'est ainsi qu'aucune somme ne peut être allouée aux ministres, à titre de frais de premier établissement, que par exception et en vertu d'un décret nominatif et motivé, rendu conformément à la loi du 25 mars 1817 (2). De même, certaines règles doivent être observées, dans le détail desquelles nous entrerons en étudiant les payements, concernant les cumuls de traitements, indemnités ou pensions et les diverses retenues à opérer suivant les circonstances.

771. En ce qui concerne les dépenses de matériel, les ordonnateurs doivent faire état des acomptes antérieurs, des débets qui peuvent exister à la charge des entrepreneurs et fournisseurs, des forclusions et déchéances qu'ils ont pu encourir, des retards apportés dans l'exécution des services, etc.

772. Lorsqu'une créance est liquidée, son chiffre doit être immédiatement porté sur les registres du ministère. Le service de la comptabilité, dans chaque ministère, fait figurer, dans ses écritures, les crédits ouverts au budget, les droits acquis aux créanciers tels qu'ils résultent de la liquidation; ensuite, les ordonnances délivrées et les paye-

ments effectués. Cette comptabilité, qui est reprise dans les écritures centrales du ministère des Finances, sert de base à l'établissement des comptes d'exercice des ministres, rendus au pouvoir législatif. Ce que nous avons dit des ordonnateurs principaux est vrai des ordonnateurs secondaires qui tiennent une comptabilité en partie simple comprenant les crédits délégués, les créances liquidées, les mandats émis et les payements; et dont les éléments sont périodiquement rattachés à la comptabilité du ministère intéressé (1).

ARTICLE 3. — *Intérêts.*

773. La liquidation doit comprendre non seulement le capital de la créance, mais aussi les intérêts auxquels le créancier peut avoir droit dans certains cas. Ces intérêts ne sont, en principe, soumis à aucune règle particulière, et leur allocation est faite suivant le droit commun. Or, d'après l'article 1153 du Code civil, dans les obligations qui se bornent au payement d'une certaine somme, les dommages et intérêts résultant d'un retard dans l'exécution ne consistent jamais que dans la condamnation aux intérêts fixés par la loi, sauf les règles particulières au commerce et au cautionnement; ces dommages et intérêts sont dus sans que le créancier soit tenu de justifier d'aucune perte; ils ne sont dus que du jour de la demande, excepté dans les cas où la loi les fait courir de plein droit.

774. Nous examinerons, en nous guidant spécialement sur la jurisprudence du Conseil d'État en la matière, les cas dans lesquels les intérêts peuvent ou ne peuvent pas être alloués, leur point de départ, leur interruption, leur capitalisation, les dérogations réglementaires aux principes du droit commun, le taux des intérêts.

775. Les intérêts sont alloués à l'occasion de la restitution d'une somme indûment payée à l'État. Ainsi, une partie qui, en exécution d'un arrêté du conseil de préfecture a payé une somme supérieure à celle que le Conseil d'État met à sa charge, est fondée à demander le remboursement avec les intérêts et les intérêts des intérêts, de la différence entre la somme payée par elle et celle dont elle est débitrice en vertu de la décision du Conseil d'État (2). Il en est de même des sommes payées par l'État en vertu d'un arrêt du Conseil d'État, après rejet total ou partiel de la demande des parties par le conseil de préfecture (3); des sommes retenues par une décision ministérielle annulée, à compter du jour des retenues ou des payements; des sommes versées par un particulier à l'État en vertu d'un arrêté de débet annulé, à compter du jour où la somme a été payée (5).

776. Les intérêts et les intérêts des intérêts des frais d'expertise avancés par la partie qui obtient gain de cause

(1) Règlements des divers ministères : Finances, 26 décembre 1866; Justice, 31 décembre 1841; Affaires étrangères, 1er octobre 1867; Intérieur, 30 novembre 1840; Guerre, 3 avril 1869; Marine, 14 janvier 1869; Instruction publique, 16 octobre 1867; Beaux-Arts, 18 décembre 1867; Colonies, 14 janvier 1869; Travaux publics, 10 août 1878; Postes et Télégraphes, 15 octobre 1880.
(2) D. 31 mai 1862, art. 64.

(1) D. 31 mai 1862, art. 296 à 302.
(2) C. d'Ét. Cont. 3 février 1905, ville de Paris; 17 mars 1905, Fontrouge.
(3) Id., 8 juillet 1904, Pinchon; 8 mars 1895, syndicat de Sénestis; 10 janvier 1890, Fortier.
(4) Id., 13 mars 1903, Cie générale Transatlantique.
(5) Id., 29 mars 1901, Gautier.

lui sont alloués (1), de même que les intérêts des droits d'enregistrement avancés par un entrepreneur (2).

Le retard du payement doit provenir du fait de l'Administration. Ainsi, lorsqu'un entrepreneur de travaux publics n'a pas satisfait aux obligations du marché, l'État ne lui doit ni le remboursement du dixième de garantie, ni les intérêts sur la retenue de ce dixième (3); il ne les doit pas non plus quand le retard de la liquidation provient du fait du créancier (4); ni quand le mandat a été délivré mais non touché par l'entrepreneur (5). Mais lorsque le créancier refuse de toucher une indemnité reconnue insuffisante, les intérêts lui sont alloués pour la totalité de l'indemnité (6). Si, la somme ayant été mandatée, le créancier refuse de la toucher et de signer le mandat, il appartient à l'État de consigner la somme, et s'il ne l'a pas fait, il y a lieu d'allouer les intérêts au créancier, à partir du jour où il s'est dessaisi du mandat (7).

777. Les intérêts ne sont alloués qu'à titre d'accessoires d'une somme principale. Lorsque aucune somme n'est accordée à un entrepreneur, il ne peut, en l'état, lui être alloué d'intérêts (8). Lorsque ni le conseil de préfecture, ni le Conseil d'État n'allouent une somme, mais rejettent seulement certaines réclamations et ordonnent une expertise sur d'autres, il n'y a pas lieu de statuer sur les conclusions de demande d'intérêts ou de capitalisation (9).

Les intérêts ne peuvent être alloués du jour de la privation de jouissance en même temps qu'une indemnité pour cette privation : il y aurait double emploi (10). Il n'y a pas lieu d'allouer les intérêts d'une somme qui n'est que le total d'intérêts compensatoires accordés à titre d'indemnité (11).

778. Certaines créances contre l'État ne sont pas susceptibles d'intérêts : ce sont celles qui sont nées au regard de l'État agissant comme puissance publique ou comme partie dans les contrats d'essence purement administrative. C'est ainsi qu'aucun intérêt ne sera accordé ni en cas de restitution pour impôts indûment perçus, ni aux fonctionnaires pour retard de payement de leur traitement (12), ni aux pensionnaires pour retard de payement des arrérages échus (13), ni à un expert pour le payement de ses honoraires (14). Aucune disposition ne permet d'allouer à un entrepreneur les intérêts des sommes par lui avancées pour le payement de frais d'expertise mis à la charge du maître de l'ouvrage (15).

779. Antérieurement à la loi du 7 avril 1900, modificative de l'article 1153 du Code civil, le Conseil d'État a toujours admis, conformément à cet article, que le point de départ des intérêts à la charge de l'État était le jour de la demande en justice. Il faut une demande formelle, et une demande implicite a été rejetée (1). En l'absence de conclusions écrites, une demande orale à l'audience du conseil de préfecture n'est pas suffisante (2). Une demande de dommages et intérêts présentée comme condition d'une transaction à intervenir ne fait pas courir les intérêts (3); mais il en est autrement d'une demande de dommages et intérêts pour retard dans le règlement d'un décompte (4). Lorsque la demande est présentée par conclusions non datées, l'allocation des intérêts a lieu du jour de la décision du conseil de préfecture (5). Les intérêts sont alloués à compter du jour de la demande introductive d'instance devant le conseil de préfecture qui contenait des conclusions à fin d'allocation d'intérêts (6). En matière de travaux publics, les intérêts des sommes dues pour approvisionnements ne peuvent être alloués du jour de la résiliation de l'entreprise, mais seulement du jour de la demande (7). Enfin, les intérêts d'une dépense non encore effectuée lors de la demande peuvent être alloués à compter du jour futur où la dépense sera faite (8).

780. L'article 2 de la loi du 7 avril 1900 a modifié le paragraphe 3 de l'article 1153 du Code civil et décidé que les intérêts sont dus « du jour de la sommation de payer » et non du jour de la demande. Cette disposition n'empêche pas les intérêts de courir du jour de la demande en justice (9). Mais le Conseil d'État a décidé qu'une demande d'indemnité adressée au ministre équivaut à une sommation de payer dans le sens de l'article 1153 nouveau du Code civil, et fait courir les intérêts (10); qu'à défaut de justification d'une sommation de payer antérieure à la requête introductive d'instance devant le conseil de préfecture, c'est à cette dernière date que doit être fixé le point de départ des intérêts (11); que des conclusions tendant au payement d'une somme font courir les intérêts de cette somme à partir du jour où elles ont été présentées, pourvu que les intérêts aient été demandés en cours d'instance, et non pas seulement à partir du jour où la demande d'intérêts a été formée (12). Enfin, des intérêts ont été accordés à compter de la date de l'enregistrement de la requête introductive d'instance devant le conseil de préfecture, bien qu'ils n'eussent été demandés que devant le Conseil d'État (13).

(1) C. d'Ét. Cont. 4 mai 1906, Le Becq.
(2) Id., 19 juillet 1901, Blondel.
(3) Id., 14 décembre 1900, Marty.
(4) Id., 19 mai 1893, Parly.
(5) Id., 24 décembre 1876, Langlade.
(6) Id., 7 avril 1876, Rodarie.
(7) Id., 29 avril 1904, min. Trav. publ., contre Paugaud.
(8) Id., 6 avril 1904, Révérand; 6 février 1885, Lavie.
(9) Id., 5 août 1904, Rouyer.
(10) Id., 20 mars 1896, Redon.
(11) Id., 27 mars 1896, Cⁱᵉ du Midi.
(12) Id., 27 novembre 1891, Morton; 19 novembre 1886, Gorgeu; 26 janvier 1877, de Bastard; 29 décembre 1876, Dablanc; 18 novembre 1869, Lafage.
(13) Id., 17 décembre 1897, Aubinel; 26 février 1897, Esnault.
(14) Id., 3 mars 1882, Bourguignon; 2 juin 1869, Trône.
(15) Id., 22 mars 1902, syndicat de la Vallée des Jardins.

(1) C. d'Ét. Cont. 23 janvier 1862, Oliva.
(2) Id., 9 juin 1876, Cⁱᵉ du Midi.
(3) Id., 31 mars 1876, Michau.
(4) Id., 4 août 1876, fabrique de Coussa.
(5) Id., 30 mai 1873, commune de Cadillac.
(6) Id., 16 décembre 1904, commune de Saint-Cyprien.
(7) Id., 28 mai 1897, Abougit.
(8) Id., 18 mai 1888, Raoul.
(9) Id., 7 août 1905, Soc. des Voiliers dunkerquois.
(10) Id., 6 avril 1906, Guyat.
(11) Id., 20 juillet 1906, Ville de Paris; 25 mai 1906, Estienne; 18 mai 1906, Lacaze; 4 mai 1906, Levavasseur-Boullenois.
(12) Id., 16 mars 1906, Martin; 16 mars 1906, de Ségur-Lamoignon.
(13) Id., 25 mai 1906, Dupré de Saint-Maur.

781. Le cours des intérêts alloués à un créancier de l'État peut être interrompu. Ainsi, lorsqu'une somme formant le solde dû à un entrepreneur a été consignée à la suite d'une faillite, la consignation libère l'État des intérêts (1); les offres réelles suivies de consignation arrêtent le cours des intérêts, à la condition d'être suffisantes (2). Mais la notification à un entrepreneur qu'une ordonnance de payement, ayant pour objet le montant des condamnations prononcées à son profit, est à sa disposition à la préfecture, n'arrête pas le cours des intérêts s'il n'a pas été présenté de mandat à l'entrepreneur qui avait déclaré être prêt à l'accepter (3).

782. Les intérêts des intérêts peuvent être alloués dans les conditions de l'article 1154 du Code civil, c'est-à-dire pourvu qu'il s'agisse d'intérêts dus au moins pour une année entière (4). La capitalisation des intérêts nécessite une demande spéciale (5); les intérêts des intérêts ne sont pas dus de plein droit à l'expiration de chaque année d'intérêts (6), et ne peuvent être alloués en l'absence de demande (7). La demande doit être présentée en forme régulière; présentée par requête non timbrée, elle est irrecevable (8). Elle doit être adressée à l'autorité compétente, et le Conseil d'État est incompétent pour connaître d'une demande en capitalisation d'intérêts d'une indemnité d'expropriation : cette demande est de la compétence des tribunaux judiciaires (9). A défaut de justification d'une demande d'intérêts antérieure à la demande de capitalisation, cette dernière vaut seulement comme demande d'intérêts (10); et il en est de même d'une demande de capitalisation formée avant l'année échue (11). La capitalisation demandée dans les termes de l'article 1154 du Code civil ne peut être refusée par le seul motif que le retard de la solution du litige est imputable au demandeur qui aurait soulevé une exception d'incompétence suivie de ce serait postérieurement désisté (12). Les intérêts, et les intérêts des intérêts dus à chacune des dates où la capitalisation est ordonnée, doivent être ajoutés au capital primitif pour porter eux-mêmes intérêts à ces dates (13).

783. Par dérogation aux règles du droit commun en matière de conventions relatives au payement des intérêts, l'article 12 du décret du 31 mai 1862 a décidé qu'aucune stipulation d'intérêts ou de commissions de banque ne peut être consentie au profit d'un entrepreneur, fournisseur ou régisseur, en raison d'emprunts ou

d'avances de fonds pour l'exécution et le payement des services publics. Cette disposition n'exclut pas toutefois les allocations de frais et indemnités qui ne peuvent être prévus dans les devis et ne sont pas susceptibles d'être supportés par les entrepreneurs ou autres créanciers des services (1). Il existe à ce principe une exception concernant le ministère des Affaires étrangères : les agents de cette administration ne pouvant recevoir le remboursement des avances faites pour le service qu'au moyen d'une opération de banque qui entraîne un droit de commission, il leur est alloué pour cet objet une bonification de 2 0/0 sur toutes les sommes portées dans leurs états de frais de service (2).

784. Dans certains cas, la loi alloue de plein droit les intérêts aux créanciers de l'État.

D'après l'article 55 de la loi du 3 mai 1841 sur l'expropriation pour cause d'utilité publique, si dans les trois mois du jugement d'expropriation l'Administration ne poursuit pas la fixation de l'indemnité, les parties pourront exiger qu'il soit procédé à la fixation. Quand l'indemnité aura été réglée, si elle n'est ni acquittée, ni consignée dans les six mois de la décision du jury, les intérêts courront de plein droit à l'expiration de ce délai. Une circulaire du ministre de la Guerre du 28 juin 1870 rappelle que les ordonnateurs doivent, lors de la liquidation du prix d'un immeuble acquis ou exproprié, calculer les intérêts afférents au capital, savoir : ceux à consigner, jusques et y compris le jour où la consignation doit être effectuée; et ceux à payer directement, jusques et y compris le cinquième jour après l'émission du mandat du principal (3). En outre, la circulaire des Travaux publics n° 16, du 20 août 1888, après avoir constaté qu'un mode de procéder défectueux était souvent employé pour le calcul des intérêts produits par les indemnités accordées en matière d'expropriation, que les frais devant rester à la charge de l'exproprié, qui constituent une avance par l'État et un acompte sur le prix principal, sont déduits du total formé par le principal de l'indemnité et les intérêts, a décidé que, pour établir le décompte des sommes dues, on devra déduire d'abord, du montant des indemnités attribuées aux propriétaires dépossédés, celui des frais avancés par l'État, et calculer ensuite, sur la somme nette, les intérêts qui seraient acquis en vertu de l'article 55 de la loi du 3 mai 1841 (4).

785. Aux termes de l'article 49 du cahier des charges applicable aux travaux des ponts et chaussées du 16 février 1892 (5), les payements ne pouvant être faits qu'au fur et à mesure des fonds disponibles, il ne sera jamais alloué d'indemnité sous aucune dénomination pour retard de payements pendant l'exécution des travaux; toutefois, si l'entrepreneur ne peut être entièrement soldé dans les trois mois qui suivent la réception définitive

---

(1) C. d'Ét. Cont., 8 juillet 1904, Pinchon.
(2) Id., 21 mai 1897, Paume.
(3) Id., 6 mars 1903, Molés.
(4) Id., 4 mai 1906, Le Bocq; 9 juin 1905, Bessineton; 18 mars 1904, min. Trav. publ. contre Rodiès; 27 juin 1902, Amiens.
(5) Id., 28 février 1873, Daumer; 19 mai 1864, Bacquey.
(6) Id., 7 août 1897, Adoué.
(7) Id., 22 février 1901; min. Marine contre Person; 6 mai 1898, Hérisson.
(8) Id., 29 juin 1888, Delpuch.
(9) Id., 28 décembre 1900, Lions.
(10) Id., 20 mai 1904, Cⁱᵉ marseillaise de Navigation.
(11) Id., 25 juillet 1902, commune de La Turballe; 14 juin 1901, commune de Saint-Pol-de-Léon.
(12) Id., 22 mai 1896, Cⁱᵉ de Lyon.
(13) Id., 9 juin 1905, Bessineton.

(1) Régl. Fin., 26 décembre 1866, art. 52, et Régl. des divers ministères.
(2) Régl. Affaires étrangères, 1ᵉʳ octobre 1867, nomenclature p. 126, art. 17, § 219.
(3) Note de la Cour des Comptes n° 56, p. 21.
(4) Note de la Cour des Comptes n° 63, p. 24.
(5) Circ. Trav. publ., 16 février 1892.

régulièrement constatée, il a droit à partir de l'expiration de ce délai à des intérêts calculés d'après le taux légal pour la somme qui lui reste due. Cette disposition, renouvelée de l'article 49 du cahier des charges du 16 novembre 1866, a attiré l'attention de la Cour des Comptes qui a souvent critiqué dans ses Rapports publics l'application exagérée de l'allocation de ces intérêts de retard. Ainsi, un entrepreneur de la ligne d'Echauffour à Bernay a touché les intérêts du 1/10ᵉ de garantie de 1882 à 1889; un entrepreneur de la ligne d'Avron à Nogent-le-Rotrou, ayant obtenu son procès-verbal de réception définitive le 31 décembre 1886, n'a touché le solde que le 31 juillet 1888, d'où payement d'intérêts de retard pendant dix-sept mois (1); un entrepreneur de la ligne de Saint-Nazaire à Châteaubriant a touché, en dehors de toute contestation, à l'expiration des trois mois réglementaires, des intérêts de retard montant à 33,879 fr. 56 sur une somme totale de 155,732 fr. 71 (2). La Cour constatait que l'article 49 du cahier des charges devrait être d'une application exceptionnelle, car il augmente dans de très sensibles proportions le coût des travaux publics; il est vrai que quelquefois le retard provient d'une contestation portée devant le conseil de préfecture et qui se termine par la condamnation de l'État au payement d'intérêts et même d'intérêts des intérêts; mais au moins serait-il désirable, surtout dans ce dernier cas, que la somme due aux entrepreneurs fût immédiatement acquittée (3). L'Administration répondit que les règlements de comptes donnent souvent lieu soit à des contestations portées devant les tribunaux administratifs; soit à des discussions amiables mais laborieuses sur des points litigieux qui nécessitent des expertises contradictoires, d'où le retard du payement (4). Les critiques de la Cour eurent leur écho au Parlement. Le rapport présenté par M. Burdeau au nom de la Commission du budget, le 10 décembre 1890 (5), constate que le mode de liquidation des dépenses de travaux publics est très onéreux pour le Trésor, et invite les ministres intéressés à proposer au Parlement le plus tôt possible les moyens nécessaires pour hâter et faciliter le règlement des entreprises de cette nature.

786. Une circulaire de la Comptabilité publique du 21 juin 1898, § 4, prévoyant l'exécution des conventions d'après lesquelles des termes sont pris pour le payement du prix d'acquisition d'un immeuble, sauf à payer périodiquement les intérêts de ce prix au vendeur, détermine les justifications à produire à l'appui des payements d'intérêts antérieurs au payement du capital (6).

787. Les intérêts dus par l'État sont toujours calculés au taux légal en matière civile; et, quelle que soit la qualité du créancier, il n'est pas fait application du taux légal en matière commerciale (7).

L'article 1er de la loi du 7 avril 1900 a fixé à 4 0/0 l'intérêt légal en matière civile.

788. L'article 61 de la loi du 13 avril 1898 a fixé à 5 0/0 l'intérêt légal en Algérie.

L'article 55 de la loi de finances du 13 avril 1898 a abaissé de 3 0/0 à 2,50 0/0 le taux de l'intérêt servi par le Trésor pour les capitaux des cautionnements en numéraire.

Un arrêté du ministre des Finances du 24 décembre 1896 a abaissé de 2 0/0 à 1,50 0/0 le taux de l'intérêt alloué aux communes et établissements publics autorisés à déposer leurs fonds libres au Trésor (1).

Les questions concernant les intérêts sur débets et déficits sont traitées à l'occasion de l'étude de l'agence judiciaire du Trésor (2).

§ 3. — Ordonnancement de la dépense.

789. Lorsque les droits du créancier ont été reconnus, et que leur chiffre a été fixé, il reste à lui délivrer le titre sur la présentation duquel les caisses publiques s'ouvriront pour le payement.

Ce titre porte le nom d'ordonnance ou de mandat, suivant qu'il émane d'un ordonnateur principal ou secondaire.

L'ordonnancement est une assignation de payement sur une caisse publique; c'est l'acte par lequel le ministre ou son délégué donne l'ordre à un comptable de payer la somme résultant de la liquidation. L'ordonnancement est ainsi le fait de l'Administration, et il nécessite l'intervention obligatoire et exclusive d'un ordonnateur principal ou secondaire (3).

790. L'État ne peut être obligé à un ordonnancement; si le ministre s'y refuse, il n'existe aucun moyen de l'y contraindre; la saisie ou l'exécution forcée ne peuvent être employées; lors même que l'État aurait été condamné par un tribunal, il faudra toujours s'adresser au ministre pour obtenir l'ordonnancement de la créance. Si le créancier croit ses intérêts lésés par l'ordonnancement qu'il a obtenu du ministre, s'il prétend, par exemple avoir droit à une ordonnance d'acompte quand on lui a délivré une ordonnance pour solde, le Conseil d'État pourrait être saisi et déclarer l'ordonnance irrégulière, car, dans l'acte du ministre il y a eu à la fois liquidation et ordonnancement; mais la décision du Conseil d'État ne pourrait avoir pour effet d'obliger le ministre à un ordonnancement nouveau.

791. Une limitation spéciale vient restreindre le droit d'ordonnancement : la distribution mensuelle des fonds.

Les dépenses ne peuvent être ordonnancées, on le

---

(1) Rapport public sur l'exercice 1889, p. 91.
(2) Id., 1890, p. 104.
(3) Rapport public sur l'exercice 1888, p. 109.
(4) Id., p. 746.
(5) Journal officiel, annexe 1076, p. 36 et 37.
(6) V. aussi Règl. Fin., 26 décembre 1866, p. 124, note 3.
(7) C. d'Ét.\Cont., 28 mai 1897, Abougit. En matière de fourni-

tures et marchés, il n'y a pas lieu d'allouer des intérêts compensatoires supérieurs aux intérêts légaux. (C. d'Ét., 19 février 1897, Lauvin.)
(1) Circ. compt. publ., 31 décembre 1896, § 1er.
(2) V. supra, n° 511.
(3) D. 31 mai 1862, art. 82. « Aucune dépense faite pour le compte de l'État ne peut être acquittée si elle n'a été préalablement ordonnancée directement par un ministre, ou mandatée par les ordonnateurs secondaires, en vertu de délégations ministérielles. »

conçoit, que dans la mesure où les fonds entrent au Trésor. Si un ministre, et surtout si tous les ministres liquidaient et ordonnançaient la plus grande partie des dépenses de leurs départements respectifs dans les premiers mois de l'année, le Trésor pourrait manquer de fonds pour payer. Il faut donc que les dépenses soient faites peu à peu, régulièrement, et dans la limite des disponibilités du Trésor. Cette règle a été posée par l'ordonnance du 14 septembre 1822 dont l'article 7 décide que « toute ordonnance, pour être admise par le ministre des Finances, doit porter sur un crédit régulièrement ouvert et se renfermer dans les limites des distributions mensuelles de fonds (1) ».

792. Chaque mois les divers ministères font parvenir au ministère des Finances un aperçu de leurs besoins pour le mois suivant, dressé au moyen des renseignements fournis par les différents chefs des services de dépense. Ces aperçus sont centralisés à la direction du mouvement général des fonds et servent à la préparation d'un décret collectif que le ministre doit proposer mensuellement à la signature du chef de l'État et qui répartit pour le mois suivant les sommes disponibles entre les différents ministères : c'est ce qu'on appelle la distribution mensuelle des fonds (2).

ARTICLE PREMIER. — *Forme et imputation des ordonnances.*

793. Les ordonnances des ministres se divisent en ordonnances de payement (ou directes) et en ordonnances de délégation. Les ordonnances de payement sont celles qui sont délivrées directement par les ministres, au profit et au nom d'un ou de plusieurs créanciers de l'État. Les ordonnances de délégation sont celles par lesquelles les ministres autorisent les ordonnateurs secondaires à disposer d'une partie de leur crédit, par des mandats de payement, au nom d'un ou de plusieurs créanciers (3). Les unes et les autres donnent lieu à une série unique de numéros.

794. Chaque ordonnance énonce l'exercice, le crédit, les chapitres, et, s'il y a lieu, les articles auxquels la dépense s'applique (4). La détermination de l'exercice est parfois délicate. L'article 6 du décret du 31 mai 1862 déclare que sont seuls considérés comme appartenant à un exercice les services faits et les droits acquis du 1er janvier au 31 décembre de l'année qui lui donne son nom. Les nomenclatures annexées aux divers règlements ministériels déterminent en général l'exercice auquel appartient la dépense. Nous citons, à titre d'exemple, un certain nombre de dépenses pour lesquelles la détermination de l'exercice présente quelques difficultés.

795. Pour les arrérages de rentes et pensions, les indemnités de réforme et les secours annuels, l'exercice est déterminé par les époques d'échéance. Les secours accidentels et temporaires s'imputent d'après la date des décisions qui les accordent. Les indemnités diverses se rapportent à l'année du service qui donne lieu à leur allocation; ou à l'année de la décision qui autorise la dépense si le service embrasse plusieurs années sans qu'on puisse préciser les charges afférentes à chacune. Les frais de tournées, voyages, missions, grèvent le budget de chaque année pendant laquelle les services ont été exécutés (1).

796. Les intérêts à la charge du Trésor sur les fonds dont il est dépositaire, sont applicables à l'exercice de l'année pendant laquelle ils ont couru. Ceux que pourrait comporter le payement ou la restitution de sommes dues par le Trésor sont imputés sur le même exercice que le remboursement du capital. Les restitutions de droits indûment perçus par le Trésor et les répartitions de produits attribués à divers sont rattachés au budget de l'année pendant laquelle elles sont ordonnancées ou mandatées (2).

797. Les frais de poursuites et d'instances et autres frais judiciaires appartiennent à l'année pendant laquelle le payement en est ordonnancé ou mandaté. A l'égard des condamnations prononcées contre l'État, dont le paiement n'a pas été compris dans celui des frais judiciaires, l'exercice est déterminé par la date des décisions judiciaires définitives, de l'acte d'acquiescement ou de la transaction.

798. Les retenues de garantie faites aux entrepreneurs de travaux se rapportent à l'année pendant laquelle leur payement devient exigible par la délivrance du certificat de réception définitive.

799. Les prix d'acquisitions d'immeubles s'imputent suivant les distinctions ci-après : S'il y a eu adjudication publique, d'après la date du jugement ou du procès-verbal d'adjudication. S'il y a eu acquisition amiable ou cession amiable après expropriation, d'après la date de l'approbation donnée au contrat, ou d'après celle du contrat, en cas d'autorisation préalable. S'il y a eu expropriation non suivie de convention amiable, d'après la date de l'ordonnance du magistrat directeur du jury dont la délibération a réglé l'indemnité. Toutefois, lorsque les titres d'acquisition stipulent des termes de payement, l'imputation est déterminée par l'époque des échéances (3).

800. Les souscriptions et abonnements à des ouvrages s'imputent sur l'exercice qui prend nom de l'année pendant laquelle le dépôt a été effectué; les frais de concours sur l'exercice pendant lequel ils ont été ouverts; les frais de prix sur celui pendant lequel ils ont été décernés; les subventions à divers établissements sur celui auquel se rattachent les besoins du service subventionné (4).

801. Les dépenses pour transport de troupes par chemins de fer, ou pour transport de matériel par toute voie,

---

(1) On sait qu'une exception existe pour les dépenses par anticipations de la Guerre et de la Marine (D. 3 avril 1876. V. *supra*, n° 736).
(2) Ord. 14 septembre 1822, art. 6.
(3) D. 31 mai 1862, art. 84; Ord. 14 septembre 1822, art. 9.
(4) D. 31 mai 1862, art. 11; Ord. 14 septembre 1822, art. 11.

(1) Régl. Finances, 26 décembre 1866, art. 13.
(2) *Ibid.*
(3) Régl. Finances, 26 décembre 1866, art. 13.
(4) Régl. Instr. publ., 16 octobre 1867, art. 13.

sont imputées sur l'exercice de l'année pendant laquelle a lieu l'arrivée à destination. En matière d'affrètement de navires de commerce, les acomptes payés avant le départ ou en route s'imputent sur l'année où ils sont effectués; les parfaits paiements sur l'année où le déchargement du navire est terminé (1). L'exercice auquel appartiennent les dépenses de loyer est déterminé par la date du jour qui précède l'échéance de chaque terme (2).

802. Les frais de justice criminelle, correctionnelle et de simple police appartiennent à l'exercice qui prend son nom de l'année pendant laquelle ils ont été payés (3).

803. La dépense des tableaux, peintures, statues, bas-reliefs, médailles et autres ouvrages d'art commandés, s'impute sur le crédit de l'année pendant laquelle a eu lieu le travail d'avancement ou l'achèvement et la livraison. L'achat d'un objet d'art achevé s'effectue sur l'exercice portant la dénomination de l'année de la décision. Les frais de transport des mêmes objets sont ordonnancés sur l'exercice de l'année d'arrivée ou de livraison (4).

804. Les frais de passage des Français rapatriés sont remboursés sur l'exercice de l'année pendant laquelle ils arrivent en France (5).

805. Les indemnités pour dommages ou pour occupation temporaire de terrains se rattachent à l'exercice de l'année pendant laquelle le dommage ou l'occupation a eu lieu (6).

806. Les secours accordés individuellement ou collectivement par suite de pertes résultant d'incendie, grêle, gelée, inondations, épizooties ou autres sinistres et événements malheureux sont imputables sur l'exercice pendant lequel ces sinistres et événements sont survenus (7).

807. L'imputation des primes allouées aux armateurs pour la pêche de la baleine, du cachalot et de la morue est faite suivant les règles tracées par le paragraphe 7 de l'article 2 du règlement du 3 décembre 1844 sur l'agriculture et le commerce.

808. Les ordonnances doivent porter la date du jour de leur signature par le ministre. Les ordonnances de payement sont délivrées distinctement par chapitre; elles peuvent être collectives pour les départements. Une même ordonnance de payement ou de délégation ne peut comprendre des créances payables par le caissier-payeur central à Paris et des créances payables par les autres comptables du Trésor. Une ordonnance de délégation payable dans les départements peut embrasser plusieurs chapitres, sauf division des sommes par chapitre (8).

809. L'ordonnance de payement porte le nom du créancier, au besoin ses prénoms, et indique les caisses du

Trésor auxquelles la dépense sera payée. A moins de circonstances particulières dont les ministres se réservent l'appréciation, les payements doivent toujours être assignés, lorsqu'il s'agit de dépenses du matériel, sur une caisse du département où le service a été exécuté. Dans le cas d'une entreprise, ils peuvent être effectués sur le point où est établi le siège principal de cette entreprise (1). D'après l'article 133 du règlement des Finances du 26 décembre 1866, les remboursements de capitaux de cautionnements ne peuvent être autorisés que dans le département où les titulaires ont exercé en dernier lieu. Les ordonnances de payement d'intérêts de cautionnements sont exclusivement délivrées sur la caisse du trésorier-payeur général du département dans lequel les titulaires exercent leurs fonctions. Le remboursement des capitaux et le payement des intérêts des cautionnements des comptables en Algérie peuvent, sur leur demande et par exception, être effectués par le caissier-payeur central. Ce comptable a seul qualité pour rembourser et payer les capitaux et les intérêts des cautionnements des comptables des colonies.

810. Les ordonnances doivent encore indiquer le délai avant l'expiration duquel les créanciers ne peuvent se présenter. Ce délai, fixé originairement par un arrêté du Gouvernement du 16 fructidor an XI à trente jours à partir de la date des ordonnances ou mandats, peut selon les circonstances et dans l'intérêt du service, être réduit par le ministre et, sur son autorisation, par l'ordonnateur secondaire. Mais en aucun cas le trésorier-payeur général ne peut être tenu d'acquitter les ordonnances de payement qui n'auraient pas au moins dix jours de date, ni les mandats délivrés depuis moins de cinq jours. Cette disposition n'est applicable ni au service de la dette publique inscrite, ni aux dépenses qui ont un caractère d'urgence évident (2).

811. Les ordonnances de payement sont soit individuelles, soit collectives, c'est-à-dire au nom de plusieurs créanciers. Dans ce dernier cas, si le nombre des créanciers ne permet pas l'inscription des noms sur l'ordonnance, il y est suppléé par un bordereau récapitulatif dûment arrêté par le liquidateur, et dont la date et le montant sont énoncés dans l'ordonnance.

ARTICLE 2. — *Intervention du ministre des Finances.*

812. Les ordonnances de payement ou de délégation doivent toujours être visées par le ministre des Finances (3). La direction du mouvement général des fonds, chargée d'assurer en temps utile, la réalisation des payements assignés sur les diverses caisses publiques, appose son visa sur ces ordonnances, après en avoir

---

(1) Régl. Guerre, 3 avril 1869, art. 13.
(2) D. 11 août 1890.
(3) Régl. Justice, 28 décembre 1838, art. 2.
(4) Régl. Intérieur, 30 novembre 1840, art. 2.
(5) *Ibid.*
(6) Régl. Trav. publ., 16 septembre 1843, art. 2.
(7) Régl. Agric. et Comm., 3 décembre 1844, art. 2.
(8) Régl. Fin., 26 décembre 1866, art. 81.

(1) Régl. Fin., 26 décembre 1866, art. 131 et D. 31 mai 1862, art. 90. En cas de changement d'assignation de caisse, le créancier doit produire l'extrait d'ordonnance, le mandat ou, en cas de perte, le certificat de non-payement; et un certificat de non-opposition à la caisse primitivement assignée. (Régl. Fin., art. 132.)
(2) Régl. Fin., 26 décembre 1866, art. 130.
(3) D. 31 mai 1862, art. 83.

contrôlé la régularité. Il y a seulement une lacune résultant de ce que, pas plus que le ministre, le directeur du mouvement général des fonds n'a de responsabilité pécuniaire.

813. Cette situation n'a pas toujours existé. Sous la Restauration, une ordonnance du 18 novembre 1817 avait créé un directeur des dépenses publiques, fonctionnaire responsable pécuniairement et soumis à un cautionnement en numéraire de 200,000 francs, chargé de recevoir toutes les ordonnances de payement émises par les ministres, de les examiner et de les revêtir de son visa. L'expérience a sans doute montré qu'une telle responsabilité était trop lourde pour un fonctionnaire unique : le service de ce directeur a été supprimé par l'ordonnance du 26 décembre 1823 et on ne l'a jamais rétabli depuis.

814. La direction du mouvement général des fonds reste donc seule chargée du contrôle. Pour l'exercer, elle reçoit communication de chaque ordonnance directe ou de délégation. Son contrôle porte sur les points suivants : L'ordonnance excède-t-elle les crédits ouverts au budget? Se maintient-elle dans la limite des fonds disponibles, c'est-à-dire des fonds mis à la disposition de chaque ministre par le décret de distribution mensuelle des fonds? Est-elle imputée sur un crédit régulier, c'est-à-dire sur le chapitre correspondant à la dépense qu'elle a en vue? S'il est répondu négativement à l'une de ces trois questions, l'ordonnance est retournée au ministre ordonnateur qui devra soit obtenir un crédit supplémentaire, soit attendre le mois suivant, soit faire une réimputation régulière.

815. La direction du mouvement général des fonds reçoit, en même temps que les ordonnances de payement, les pièces justificatives qui y sont rattachées (1). Ces pièces constatent que l'effet de l'ordonnance est d'acquitter, en tout ou en partie, une dette de l'État régulièrement justifiée. Elles sont déterminées, par nature de service, dans les nomenclatures arrêtées de concert entre le ministre des Finances et les ministres ordonnateurs. L'article 88 du décret du 31 mai 1862 indique les bases de ces nomenclatures (2).

816. Remarquons qu'une ordonnance de payement est établie pour le montant brut de la créance, et fait connaître les retenues à opérer au profit du Trésor; qu'en outre, elle doit permettre au comptable d'apprécier la situation des parties prenantes relativement à l'application des règlements sur le cumul, et qu'à cet effet, tout fonctionnaire qui jouit de plusieurs traitements doit en faire la déclaration aux ordonnateurs.

817. Lorsque aucune irrégularité n'a été relevée, la direction du mouvement général des fonds revêt de son visa les ordonnances ministérielles. En ce qui concerne les ordonnances directes, elle envoie tous les jours au caissier-payeur central celles qui sont payables à Paris, et tous les dix jours aux trésoriers-payeurs généraux des extraits de celles qui sont payables dans les départements. Ces envois sont accompagnés des pièces justificatives et d'avis ou autorisations de payer. Les ordonnances de délégations visées sont renvoyées aux ministères chargés de les faire parvenir aux ordonnateurs secondaires. Pour ces ordonnances, les comptables aux caisses desquelles elles sont payables reçoivent de la direction du mouvement des fonds, des extraits ou avis, avec l'autorisation de payer.

818. Des lettres d'avis contenant des extraits des ordonnances de payement sont adressées, par les ministres et sous leur responsabilité (1), aux titulaires des créances pour les accréditer auprès des comptables du Trésor sur les caisses desquels les payements sont assignés. Il en est retiré un récépissé.

En cas de perte d'un extrait d'ordonnance de payement ou d'un mandat, il en est délivré un duplicata sur la déclaration motivée de la partie intéressée, et d'après l'attestation écrite du comptable chargé du payement, portant que l'ordonnance ou le mandat n'a été acquitté ni par lui, ni pour son compte et sur son visa par aucun autre comptable concourant au service des payements. Des copies certifiées de la déclaration de perte et de l'attestation de non-payement sont remises par le trésorier-payeur général à l'ordonnateur qui les garde pour sa justification. Les originaux sont joints au payement (2).

819. Des lettres d'avis contenant des extraits des ordonnances de délégation sont adressées aux ordonnateurs secondaires dont elles forment le titre. L'extrait fait connaître le montant et l'objet du crédit délégué. L'ordonnateur secondaire ne peut changer l'affectation des crédits qui lui sont délégués; il ne peut pas non plus les outrepasser; mais il a droit au cumul des crédits, c'est-à-dire à l'adjonction à un crédit nouvellement délégué de la portion restant disponible sur les crédits antérieurement délégués pour le même objet. La délégation se maintient jusqu'à la fin de l'exercice, c'est-à-dire jusqu'à l'expiration du délai pendant lequel il est permis de liquider les dépenses de cet exercice.

820. En possession des crédits de délégation, l'ordonnateur secondaire liquide les dépenses qui y sont afférentes, et délivre au créancier un titre qui porte le nom de mandat. Toutes les dispositions relatives aux ordonnances de payement sont applicables aux mandats des ordonnateurs secondaires (3). Les comptables chargés du paye-

---

(1) D. 31 mai 1862, art. 85.
(2) Pour les dépenses du personnel (solde, traitements, salaires, indemnités, vacations et secours) :
États d'effectifs ou états nominatifs énonçant :
Le grade ou l'emploi;
La position de présence ou d'absence;
Le service fait;
La durée du service;
La somme due en vertu des lois, règlements et décisions.
Pour les dépenses du matériel (achats et loyers d'immeubles et d'effets mobiliers; achats de denrées et matières; travaux de construction, d'entretien et de réparation de bâtiments, de fortifications, de routes, de ponts et canaux; travaux de confection, d'entretien et de réparation d'effets mobiliers) :
1° Copies ou extraits dûment certifiés des décrets ou décisions ministérielles, des contrats de vente, soumissions et procès-verbaux d'adjudication, des baux, conventions ou marchés;
2° Décomptes de livraisons, de règlement et de liquidation, énonçant le service fait et la somme due pour acompte ou pour solde.

---

(1) D. 31 mai 1862, art. 86; Ord. 31 mai 1838, art. 62.
(2) Régl. Fin., 26 décembre 1866, art. 97.
(3) D. 31 mai 1862, art. 89; Ord. 14 septembre 1822, art. 13.

ment, d'ordinaire les trésoriers-payeurs généraux, exercent sur les mandats un contrôle analogue à celui de la direction du mouvement général des fonds sur les ordonnances de payement. L'ordonnateur secondaire envoie chaque jour au comptable un bordereau d'émission récapitulant tous les mandats émis dans la journée. A ce bordereau sont annexés les mandats et les pièces justificatives(1). Le comptable doit procéder immédiatement à leur vérification et en suivre, s'il y a lieu, la régularisation près des ordonnateurs, auxquels les mandats et pièces entachés d'irrégularités sont retournés à cet effet. La vérification étant faite, le comptable conserve les pièces justificatives, revêt les mandats de son « vu, bon à payer » et les renvoie, ainsi que le bordereau d'émission, à l'ordonnateur. Ce dernier, ayant constaté que toutes les opérations ont été régulières, adresse le bordereau d'émission au comptable qui le conserve définitivement, et fait parvenir, sous sa responsabilité (2), les mandats eux-mêmes aux créanciers qui n'auront plus qu'à se présenter à la caisse du payeur (3).

821. Dans la législation antérieure à 1867, les mandats payables hors de la résidence du payeur étaient seuls soumis à son visa. Cette distinction n'existe plus depuis le décret du 1er mai 1867, et le visa du payeur doit être apposé sur tous les mandats. Le comptable peut apposer son « vu, bon à payer » purement et simplement, auquel cas le payement aura lieu à sa propre caisse. Mais souvent, dans l'intérêt du créancier qui habite en dehors du chef-lieu du département, le payement sera assigné sur une caisse autre que celle du trésorier-payeur général. Dans cette hypothèse, l'article 661 de l'Instruction générale des Finances du 20 juin 1859 indique comme formule : « Vu, bon à payer par le receveur particulier, à...; par le percepteur de la commune de...; à défaut de celui-ci, par le percepteur ayant la même résidence ou par un des receveurs des revenus indirects de la localité » (4).

ARTICLE 3. — Diverses catégories d'ordonnances.

822. Au point de vue de la nature du payement, on distingue en plusieurs catégories les ordonnances directes et les mandats.

Il existe des ordonnances ou mandats pour payements uniques ou intégraux; pour payements d'avances (notamment pour les services régis par économie); pour payements d'acomptes ou de solde.

---

(1) D. 31 mai 1862, art. 85; D. 1er mai 1867.
(2) Id., art. 86.
(3) Nous étudierons certaines exceptions à cette règle, notamment pour la solde, et la dette publique, infra, nos 1120 et 1129.
(4) Il est interdit au trésorier général d'apposer un visa conditionnel, par ce motif qu'il ne peut faire retomber sur les agents subordonnés la responsabilité du payement qu'il concourt seul. Il y a exception à cette règle quand il s'agit d'une simple formalité matérielle à faire ajouter aux pièces (timbre manquant ou quittance à souche), le visa est alors annoté en conséquence. — Le trésorier général ne doit pas revêtir les mandats de son « vu, bon à payer » avant d'avoir reçu les pièces destinées à justifier de la qualité des ayants droit, attendu que l'indication et l'examen de ces pièces rentrent exclusivement dans ses attributions. (Circ. compt. publ., 13 décembre 1877, § 2.)

823. En cas de payements fractionnés, lorsqu'un acompte ou un solde doit être payé sur une caisse autre que celle qui a payé les acomptes antérieurs, l'ordonnateur adresse aux comptables qui ont fait les premiers payements un bulletin indiquant le lieu où doit être fait le payement ultérieur, ainsi que le numéro et la date de l'ordonnance ou du mandat à l'appui duquel se trouvent annexées les pièces justificatives de la dépense : ce bulletin est destiné à être joint à la dernière ordonnance ou au dernier mandat d'acompte payé à chaque caisse. Le comptable chargé des payements subséquents reçoit pour le même emploi, avec la première ordonnance ou le premier mandat assigné sur sa caisse, un bulletin contenant les indications relatives aux payements antérieurs, et, en outre, pour sa garantie, un certificat de non-opposition sur le titulaire de la créance, délivré par chacun des comptables qui ont participé à ces payements (1).

824. Toutes les dépenses d'un exercice doivent être liquidées et ordonnancées dans les trois mois qui suivent l'expiration de l'exercice. Faute par les créanciers de réclamer le payement avant le 30 avril de la deuxième année, les ordonnances et mandats délivrés à leur profit sont annulés, sans préjudice de leurs droits et sauf réordonnancement ultérieur jusqu'au terme de déchéance. Les crédits ou portions de crédits qui n'ont pas été employés le 30 avril de la deuxième année pour des payements effectifs sont annulés dans la comptabilité des divers ministères (2).

825. Cependant, des ordonnancements peuvent avoir lieu sur des exercices clos. Aussitôt que le compte définitif d'un exercice est arrêté, les ministres ordonnateurs font dresser l'état nominatif des créances non payées à la clôture de cet exercice. Ils font former de semblables états pour les nouvelles créances qui seraient successivement ajoutées à ce reste à payer, en vertu de crédits spéciaux ouverts, conformément à l'article 9 de la loi du 23 mai 1834, par un décret ou par une loi, suivant que les dépenses se renferment dans les limites des crédits annulés en fin d'exercice ou excèdent ces crédits. Les ordonnances relatives aux payements d'exercices clos sont délivrées, au titre de l'exercice courant, sur un chapitre spécial ouvert pour mémoire et pour ordre au budget de chaque ministère, sans allocation spéciale de fonds. Les dépenses de l'espèce sont ordonnancées nominativement. Les ordonnances ne sont mises en payement qu'après que le ministre des Finances en a reconnu la régularité, par rapprochement avec les états nominatifs ministériels. Les ordonnances ne sont valables que jusqu'à la fin de l'année pendant laquelle elles ont été émises; l'annulation a lieu d'office par les agents du Trésor, et les ministres ne réordonnancent ces rappels que sur une nouvelle réclamation des créanciers (3). A l'expiration de la période quinquennale fixée par l'article 9 de la loi

---

(1) V. Régl. Fin., 26 décembre 1866, art. 132.
(2) D. 31 mai 1862, art. 116, 118 et 119, modifiés par la loi du 25 janvier 1889.
(3) Nous verrons les règles spéciales relatives à l'ordonnancement sur exercices clos des dépenses de la dette et des pensions, infra, no 1052.

du 29 juillet 1831 pour l'entier apurement des exercices clos, les crédits applicables aux créances restant encore à solder demeurent définitivement annulés (1).

826. Les dépenses que les ministres ont à solder postérieurement à cette période quinquennale, provenant soit de créances d'individus résidant hors du territoire européen pour lesquelles une année de plus est accordée par la loi du 29 janvier 1831, soit de créances affranchies de la déchéance, dans les cas prévus par l'article 10 de la même loi, ou qui sont soumises à des prescriptions spéciales, ne sont ordonnancées qu'après que des crédits extraordinaires, spéciaux par articles, ont été ouverts par une loi, sauf ceux relatifs aux arrérages des rentes perpétuelles et viagères. Ces créances sont imputées sur le budget courant, à un chapitre spécial intitulé : dépenses des exercices périmés. Si elles n'ont pas été payées à l'époque de la clôture de l'exercice sur lequel le crédit spécial a été ouvert, ce crédit est annulé, et le réordonnancement des mêmes créances ne doit avoir lieu qu'en vertu d'un nouveau crédit, également applicable au chapitre des dépenses des exercices périmés. Des états nominatifs par ministère sont formés pour les créances d'exercices périmés, et le contrôle du ministère des Finances s'exerce comme en matière d'exercices clos (2).

827. On sait que, dans certains cas, des cessions de matières sont faites de ministère à ministère, ou que des dépenses sont avancées par un ministère pour le compte d'un autre. Le remboursement de ces cessions et de ces avances donne lieu à l'émission d'ordonnances de virement délivrées par le ministre cessionnaire ou débiteur de l'avance au profit du ministre cédant ou créancier de l'avance. Ces ordonnances n'ont pas pour but de préparer le payement réel d'une dépense, mais seulement d'opérer un rétablissement de crédit. Ce rétablissement ne peut être effectué que jusqu'au 31 juillet de la seconde année de l'exercice (3). Passé ce délai, les ordonnances de virement sont rendues au profit du Trésor.

828. Enfin, dans certains cas, il peut y avoir lieu à l'émission d'ordonnances de régularisation. Dans des circonstances exceptionnelles, des dépenses peuvent être faites avant l'ordonnancement, celles, par exemple, relatives au service des traites de la marine (4), de la dette flottante, de la trésorerie, et certaines dépenses urgentes des régies financières. Dans ces hypothèses, les dépenses seront ultérieurement régularisées par la délivrance d'une ordonnance ou d'un mandat dits de régularisation.

§ 4. — Payement de la dépense.

829. Le rôle de l'ordonnateur étant épuisé, le créancier de l'État étant en possession soit d'un extrait d'ordonnance directe, soit d'un mandat, n'aura plus qu'à se présenter à une caisse du Trésor pour obtenir le payement.

Quelles caisses publiques, quels comptables sont chargés des payements? Et quelles formalités devront précéder ou accompagner le fait matériel du payement? Telles sont les questions qui vont retenir notre attention.

Article premier. — Comptables chargés des paiements.

830. D'après l'article 352 du décret du 31 mai 1862, le payement des ordonnances et mandats délivrés sur les caisses des payeurs est effectué par un payeur unique dans chaque département, par le directeur comptable des caisses centrales à Paris, par des trésoriers-payeurs en Algérie et dans les colonies, et, lorsqu'il y a lieu, par les payeurs d'armées. Ces payements concernent la dette publique, les pouvoirs publics et les services généraux des ministères. Nous verrons d'autres payeurs intervenir pour les dépenses de frais de régie et de perception, les remboursements, restitutions et non-valeurs.

Le service varie suivant que le payement a lieu à Paris, dans les départements, en Algérie ou aux colonies, aux armées.

831. Paris. — Le caissier-payeur central du Trésor et le receveur central de la Seine sont chargés d'effectuer les payements à Paris. Le service du payeur central de la dette a été rattaché à la caisse centrale du Trésor à partir du 1er octobre 1896, en exécution du décret du 12 août 1896 (1). Le receveur central de la Seine paye directement ou par l'intermédiaire des receveurs-percepteurs les dépenses de la dette publique, des contributions directes, et les traitements des instituteurs.

832. Départements. — Les dépenses sont effectuées par le trésorier-payeur général directement, ou par l'intermédiaire des receveurs particuliers des finances et des percepteurs des contributions directes. Il résulte des circulaires de la comptabilité publique des 22 mars 1867, § 2-1° et 27 avril 1867, § 3, que les percepteurs sont exclusivement chargés d'effectuer tous les payements pour le compte de la trésorerie générale : l'intervention des receveurs des régies financières se trouve ainsi supprimée, sauf dans les localités où il n'existerait pas de percepteur, ou lorsque le percepteur de leur résidence est absent pour une cause réglementaire (tournées dans les communes ou versements à la recette des finances) (2). Dans les chefs-lieux d'arrondissement de sous-préfecture, c'est aux receveurs des finances et non pas aux percepteurs qu'il appartient d'acquitter les mandats visés payables à leur caisse (3).

833. Algérie et colonies. — En Algérie, les payements sont effectués par le trésorier général à Alger et les payeurs principaux à Oran, Constantine et Bône, soit directement, soit par l'intermédiaire des payeurs particuliers et des payeurs adjoints dans les places désignées par le ministre des Finances (4). Dans les colonies, le service de la dépense

---

(1) D. 31 mai 1862, art. 123 à 134.
(2) Ibid., art. 139 et 140.
(3) Ibid., art. 46, modifié par la loi du 25 janvier 1889.
(4) Ibid., art. 97 et 104.

(1) Circ. compt. publ., 26 septembre 1896, § 1er.
(2) Circ. compt. publ., 25 juin 1884, § 6.
(3) Circ. compt. publ., 27 avril 1867, § 3-3°.
(4) D. 16 janvier 1902.

est assuré par les trésoriers-payeurs coloniaux, les trésoriers particuliers et les préposés du Trésor. En Tunisie, toutes les opérations financières concernant le budget de l'État et les services de trésorerie métropolitains sont effectuées par l'agent comptable du Trésor à Tunis (1).

834. *Aux armées*, les agents de dépense sont les payeurs généraux et les payeurs de tout grade chargés de la direction d'un service de la trésorerie dans un corps d'armée ou fraction de corps d'armée (2).

835. Les receveurs des diverses régies financières interviennent, chacun en ce qui concerne les dépenses afférentes à la régie dont il fait partie, pour le payement des frais de régie, de perception et d'exploitation des impôts et revenus publics, et des remboursements, restitutions et non-valeurs (3).

Les remboursements de cessions et d'avances ordonnancées au profit des divers ministères; les réimputations pour changements de chapitre ou d'exercice; les annulations de payements par suite de reversements d'avances par les ministères, sont constatés par l'agent spécial des virements de comptes (4).

836. Un grand nombre d'autres agents sont chargés d'assurer les payements des dépenses spéciales exclusivement relatives au service auquel ils appartiennent. Parmi ces payeurs divers rentrent, notamment : l'agent comptable des traites de la marine; l'agent comptable des chancelleries diplomatiques et consulaires; le caissier agent comptable de la monnaie; l'agent comptable de l'imprimerie nationale; le caissier général des chemins de fer de l'État; l'agent comptable de l'École centrale des arts et manufactures; l'agent comptable de la Légion d'honneur; le trésorier général et les trésoriers des invalides de la marine; les agents comptables de la Caisse d'épargne postale; le caissier général de la Caisse des dépôts et consignations et ses préposés dans les départements.

837. Pour assurer l'exécution régulière des payements en temps voulu, pour les comptables dont nous avons parlé, il est nécessaire d'approvisionner leurs caisses de fonds. Le ministre des Finances est chargé de pourvoir à ce que toute ordonnance et tout mandat de payement qui n'excède pas la limite du crédit sur lequel ils doivent être imputés, soient acquittés dans les délais et dans les lieux déterminés par l'ordonnateur (5). Sous l'autorité du ministre, la Direction du mouvement général des fonds doit veiller à l'approvisionnement des caisses publiques. Nous savons comment elle est avisée des payements à faire, par la communication des ordonnances directes et de délégation. Mise au courant, d'autre part, par les agents de la recette, des recouvrements effectués et des disponibilités, elle répartit les fonds entre les comptables dans la mesure des besoins de chacun d'eux, crée, s'il y a lieu, des ressources spéciales de trésorerie, prend, en un mot, les

mesures nécessaires pour que les caisses publiques puissent acquitter les mandats à présentation. Ce service nécessite une vaste circulation de fonds, et nous étudierons en détail, à l'occasion des opérations de trésorerie, les conditions dans lesquelles il s'accomplit.

ARTICLE 2. — *Formalités des paiements.*

838. Comme agent d'exécution des payements, le comptable joue à la fois le rôle de contrôleur et de caissier; de contrôleur, en ce sens qu'il doit s'assurer de la régularité de la dépense et de la qualité de la partie prenante; de caissier, en ce sens que cette première vérification faite, et aucune irrégularité n'apparaissant, il doit se dessaisir matériellement des fonds au profit du créancier de l'État.

839. La dépense n'est régulière que si elle porte sur un crédit ouvert, et a pour objet d'acquitter un service fait. En ce qui concerne la régularité de l'ouverture du crédit et de l'imputation de la dépense, nous savons que, pour les ordonnances directes, le contrôle est opéré par la Direction du mouvement général des fonds, qui donne son visa, et adresse au comptable des avis ou autorisations de payer; il semble qu'ici la responsabilité du comptable soit couverte par l'autorisation du mouvement des fonds. Lorsqu'il s'agit de mandats des ordonnateurs secondaires, le comptable, avisé de l'émission des ordonnances de délégation par la Direction du mouvement de Fonds, exerce un contrôle analogue à celui qui est confié à cette direction pour les ordonnances directes. Le comptable reçoit à cet effet, nous l'avons vu, communication des mandats avant leur remise aux créanciers. Seulement, la détermination de sa responsabilité à cet égard est délicate. Sans insister sur ce point qui sera ultérieurement discuté, remarquons que, malgré une circulaire de la Comptabilité publique du 20 septembre 1842 qui admet le principe de cette responsabilité, il est fort rare qu'elle soit mise en pratique, à moins d'irrégularité flagrante dans l'imputation, ou d'inexistence certaine du crédit.

840. Mais le comptable doit s'assurer que l'ordonnance ou le mandat est délivré dans des conditions de régularité matérielle, et a pour effet d'acquitter, en tout ou en partie, une dette de l'État régulièrement justifiée (1).

841. Nous devons insister sur l'examen des pièces justificatives. D'après l'article 91 du décret du 31 mai 1862, les payeurs doivent suspendre un payement assigné sur leur caisse, lorsqu'il n'y a pas disponibilité de crédit, justification du service fait, mais encore s'il y a omission ou irrégularité dans les pièces produites, ou discussion sur la validité de la quittance. Il y a irrégularité matérielle toutes les fois que les indications de noms, de service ou de somme, portées dans l'ordonnance ou le mandat, ne sont pas d'accord avec celles qui résultent des pièces justificatives et annexées, ou lorsque ces pièces ne sont pas conformes aux règlements. Le comptable ne doit d'ailleurs pas se contenter d'une concordance apparente

---

(1) D. 29 décembre 1897 et 22 mai 1902.
(2) D. 24 mars 1877, art. 29 et D. 15 mars 1902.
(3) Régl. Fin., 26 décembre 1866, art. 128.
(4) *Ibid.*, art. 129.
(5) D. 31 mai 1862, art 90; Ord. 14 septembre 1822, art. 11.

(1) D. 31 mai 1862, art. 87; Ord. 14 septembre 1822, art. 10.

entre le mandat et les pièces; il est tenu de vérifier ces pièces dans tous leurs détails, par exemple de refaire les décomptes, les opérations, de s'assurer qu'il n'y a pas d'erreurs de chiffres, etc.

842. Les pièces justificatives sont déterminées par les nomenclatures ministérielles; leur nombre et leur nature doivent être indiqués sur l'ordonnance ou le mandat. L'ordonnateur peut exiger, s'il le croit nécessaire, des justifications plus complètes que celles des nomenclatures, et le comptable devrait alors les réclamer (1). Lorsque plusieurs pièces justificatives sont produites à l'appui d'une ordonnance ou d'un mandat, elles doivent être accompagnées d'un bordereau énumératif, ou être énumérées dans l'ordonnance ou dans le mandat même (2). Ces pièces sont, en général, jointes aux mandats communiqués au comptable par l'ordonnateur. Mais certaines sont produites directement par les créanciers au moment du payement; par exemple, les titres de rentes nominatives, de pensions, de cautionnements, et les coupons de rentes mixtes ou au porteur.

843. L'Administration a prévu les cas où une ordonnance ou un mandat serait présenté à une caisse autre que celle sur laquelle il est assigné.

Lorsque le payement d'un mandat assigné sur la caisse centrale du Trésor à Paris est demandé dans un département, il n'y a pas lieu d'exiger qu'il soit revêtu du « vu, bon à payer » du caissier-payeur central. Le trésorier général à qui il est présenté doit le recevoir en dépôt contre récépissé, puis l'envoyer sans retard, préalablement acquitté, au caissier-payeur central avec, s'il y a lieu, les pièces justificatives de la quittance, procurations, actes de société, etc...; et enfin, après réception du récépissé souscrit en contre-valeur à son nom par la caisse centrale, en payer le montant aux ayants droit (3).

844. Les trésoriers généraux sont tenus de recevoir à l'encaissement les mandats assignés à la caisse de leurs collègues des autres départements qui leur sont présentés, à moins qu'ils n'aient des motifs sérieux de refuser ce dépôt (4). Lorsqu'ils ne veulent pas assumer la responsabilité du payement immédiat à présentation (5), ils ne procèdent à la remise des fonds que lorsqu'ils ont reçu en contre-valeur de leur collègue un mandat sur le Trésor (6).

845. Il semble utile de rappeler ici les prescriptions spéciales relatives au payement des traitements et de la solde le dernier jour du mois. — Aux termes des règlements de comptabilité des différents ministères (7), les traitements et les émoluments assimilés aux traitements se liquident par mois et sont payables à terme échu. Il en est de même de la solde des officiers et em-

ployés militaires. L'expression à terme échu a longtemps été entendue en ce sens que le payement devait être fait non pas le dernier jour de chaque mois, mais le premier jour du mois suivant (1); interprétation basée sur le principe qu'aucun payement ne peut être effectué que pour l'acquittement d'un service fait (2). Cependant, pour les traitements ou émoluments payables mensuellement, le droit est acquis en réalité le dernier jour du mois, puisque les droits d'un titulaire d'emploi ne s'éteignent que le lendemain du jour de la cessation du service (3), et qu'en cas de décès il est tenu compte aux héritiers du prorata de traitement afférent au jour du décès. En outre, le traitement mensuel est réglementairement divisé par trentièmes, dont chacun est indivisible; chaque journée commencée, y compris la dernière journée du mois, est donc réputée accomplie. Se basant sur ces considérations, le ministre des Finances, par une décision du 20 septembre 1897, a autorisé les comptables à payer le dernier jour du mois les traitements et émoluments des fonctionnaires civils, et la solde des officiers et assimilés.

846. Mais si le dernier jour du mois est un dimanche ou un jour férié, le payement est reporté au lendemain, même pour la solde des officiers. Car l'article 168 du règlement de la Guerre du 3 avril 1869 qui autorise le payement de la solde due aux corps de troupes en station lorsque cette solde est exigible un dimanche ou un jour férié et que les caisses de ces corps n'offrent pas de ressources suffisantes pour l'assurer, ne s'applique pas à la solde des officiers (4). Il en est de même de la solde des officiers de gendarmerie, bien que cette solde soit habituellement ordonnancée avec celle des sous-officiers, brigadiers et gendarmes, qui peut être acquittée au besoin un jour férié (5).

Pour assurer l'exécution de la décision susvisée, les mandats concernant les dépenses de l'espèce sont adressés le 25 de chaque mois au plus tard aux trésoriers-payeurs généraux qui les renvoient aux ordonnateurs l'antépénultième jour du mois, revêtus de leur visa. Il appartient à l'ordonnateur de poursuivre, le cas échéant, le reversement ou l'annulation des sommes qui auraient été indûment liquidées au profit des ayants droit par suite d'événements postérieurs à la date de délivrance des mandats (6).

Les comptables ne doivent d'ailleurs admettre aucune demande de payement de mandats concernant les traitements de fonctionnaires ou la solde des officiers qui leur seraient présentés avant le dernier jour du mois (7).

ARTICLE 3. — *Retenues sur traitements.*

847. Le comptable doit s'assurer, avant le payement, de l'exacte application des prescriptions légales et régle-

---

(1) D. 31 mai 1862, art. 358; Règl. Fin., 26 décembre 1866, art. 100.
(2) Règl. Fin., 26 décembre 1866, art. 101.
(3) Circ. compt. publ., 15 juillet 1899, § 2.
(4) Circ. compt. publ., 30 juin 1890, § 3.
(5) Circ. compt. publ., 25 juillet 1868, § 4.
(6) Circ. compt. publ., 31 janvier 1901, § 5.
(7) V. notamment Règl. Fin., 26 décembre 1866, art. 63.

(1) Circ. compt. publ., 31 juillet 1850, § 6; 30 décembre 1867, § 2 et 3 avril 1885, § 5.
(2) D. 31 mai 1862, art. 10.
(3) Règl. Fin., 26 décembre 1866, art. 45.
(4) Circ. compt. publ., 30 décembre 1867, § 2.
(5) Règl. 30 décembre 1892, art. 27.
(6) Circ. compt. publ., 13 mars 1897, § 2.
(7) Circ. compt. publ., 26 septembre 1896, § 3.

mentaires relatives aux diverses retenues à exercer sur les traitements. D'après l'article 115 du règlement des finances du 26 décembre 1866, les ordonnances et mandats délivrés pour les dépenses du personnel comprennent le montant brut des traitements, remises, salaires et autres émoluments payables aux fonctionnaires et agents administratifs ou comptables. Les diverses retenues dévolues au Trésor public sur ces allocations y sont présentées distinctement, et elles entrent dans le montant de la dépense ordonnancée ou mandatée (1). A cette règle de l'ordonnancement pour le brut existe une exception concernant la solde du personnel militaire de la Guerre et de la Marine, et les traitements des fonctionnaires civils de ces ministères payables sur revues : dans ce cas, l'ordonnancement est fait pour le net, et le montant des retenues sur la solde ou le traitement est ordonnancé au profit du Trésor par les soins de l'Administration centrale d'après les résultats des revues de liquidation (2). En outre, le receveur central de la Seine est seul chargé de la centralisation et de l'imputation définitive des retenues afférentes aux émoluments des fonctionnaires et employés qui se trouvent dans la situation prévue par l'article 4, § 3, de la loi du 9 juin 1853, c'est-à-dire des agents qui, sans cesser d'appartenir au cadre permanent d'une administration publique et en conservant leurs droits à l'avancement hiérarchique, sont rétribués en tout ou en partie sur les fonds départementaux ou communaux, sur les fonds des compagnies concessionnaires et même sur les remises ou salaires payés par les particuliers : ces dispositions ne s'appliquent qu'aux agents en service détaché en France ou dans une contrée étrangère; dans les colonies ou pays de protectorat pourvus d'un comptable du Trésor, ce dernier continue à recouvrer les retenues (3). Enfin, d'après la circulaire de la comptabilité publique du 17 juillet 1897, les retenues à percevoir par application de l'article 40 de la loi du 28 décembre 1895, sur la différence entre le traitement d'activité et le traitement réduit attribué aux fonctionnaires en congé, en non-activité ou en disponibilité, sont encaissés sur titre de perception pour le compte du receveur central de la Seine.

848. En dehors des retenues pour pensions civiles ou militaires dont une étude détaillée ne peut être faite ici, et des retenues pour cumul, opposition, aliments, compensation, délégation, dont il sera ultérieurement question, nous croyons utile de donner une énumération rapide des diverses retenues à prélever, soit sur les traitements et autres dépenses du personnel, soit même sur certaines dépenses de matériel.

849. *Retenues d'hôpital. Retenues sur les dépenses du personnel.* — Des retenues pour remboursement des frais de séjour dans les hôpitaux sont effectuées sur la solde des officiers de l'armée de terre (1); des officiers, aspirants, employés, agents et ouvriers du département de la marine (2); sur les traitements des agents des douanes admis dans les hôpitaux militaires ou dans les hospices civils en compte du ministère de la Guerre (3), sauf remboursement par l'État lorsque les blessures ou maladies ont été contractées en service commandé (4); sur la solde des officiers, fonctionnaires ou agents appartenant au personnel du service colonial ou local (5). Des retenues de même nature sont effectuées sur la pension des militaires retraités des corps de troupes de la marine (6); cette disposition a été généralisée par le ministre des Finances en vue de faciliter aux établissements hospitaliers le recouvrement des frais de séjour, traitement et inhumation des pensionnaires de l'État décédés dans ces établissements : en conséquence, lorsqu'un pensionnaire de l'État décède dans un établissement public hospitalier sans laisser d'autre gage, pour le recouvrement des frais susénoncés, que les arrérages de sa pension, cet établissement pourra adresser au ministre des Finances, par l'intermédiaire du trésorier général, une demande de payement à son profit des arrérages restant dus sur cette pension (7).

850. *Retenues pour logement.* — Les officiers du service colonial sont soumis, dans certains cas, à une retenue pour logement en nature (8). Lorsque des immeubles loués par l'État sont mis à la disposition des agents des douanes, le montant des loyers est remboursé par ses agents au moyen de retenues mensuelles sur leurs appointements (9). Les retenues pour logement sur la solde des sous-officiers et employés militaires logés dans les bâtiments militaires, et sur la solde des officiers de troupe embarqués, ont été supprimées (10).

851. *Retenues diverses.* — Le payement du montant de l'abonnement mensuel des officiers généraux, supérieurs et assimilés remontés à titre personnel, est effectué par voie de retenue ou précompte sur les mandats de solde (11).

Les agents et préposés forestiers remboursent, de la même manière, les frais d'uniforme, de deniers, vivres, armes, plaques, etc., perçus à titre remboursable (12).

La Grande Chancellerie perçoit, au moyen de retenues sur les premiers arrérages d'un traitement de légionnaire ou de médaillé militaire, le prix des brevets et insignes de la Légion d'honneur et de la médaille militaire (13).

---

(1) V. Circ. compt. publ., 19 février 1897, § 1ᵉʳ, pour les retenues sur traitements des commissaires de police communaux : ces traitements sont, depuis le 1ᵉʳ janvier 1897, ordonnancés pour la somme brute.

(2) V. Règl. Guerre, 3 avril 1869, art. 89 et 149 et, en ce qui concerne le personnel civil d'exploitation de la Guerre régi par la loi du 9 juin 1853, instr. Guerre, 17 mars et 9 décembre 1904 et circ. compt. publ. 17 mars 1905, § 1ᵉʳ.

(3) Circ. compt. publ., n° 1601 du 31 mars 1890.

(1) Déc. min. 12 janvier 1872; Circ. compt. publ., 9 novembre 1872, § 2 et 16 juillet 1874, § 5.

(2) Circ. Marine, 12 février 1873, 24 janvier 1874, 21 mars 1891 et 25 novembre 1897.

(3) Circ. compt. publ., 28 janvier 1880.

(4) Circ. compt. publ., 18 juin 1904, § 3.

(5) Circ. Colonies, 20 janvier 1891; Circ. compt. publ., 1ᵉʳ juillet 1898, § 7; Circ. Colonies, 31 décembre 1900.

(6) Circ. Marine, 2 août 1883.

(7) Circ. compt. publ. du 14 janvier 1887, § 1ᵉʳ.

(8) V. note de la Cour des Comptes, n° 80, p. 25.

(9) Circ. compt. publ., 23 janvier 1891, § 1ᵉʳ.

(10) Déc. min. Guerre, 25 juin 1902; Déc. min. Marine, 7 novembre 1894.

(11) V. Circ. compt. publ., 31 mai 1895, § 1ᵉʳ.

(12) Arr. min., 28 octobre 1892.

(13) Circ. compt. publ., 31 décembre 1892, § 4; D. 16 mars 1872. art. 33; D. 29 décembre 1892.

852. *Retenues versées à la Caisse nationale des retraites pour la vieillesse.* — Les retenues suivantes sont versées à cette caisse :

Cantonniers. — Un décret du 22 février 1896 a déterminé la quotité et le mode de prélèvement des retenues effectuées sur les salaires des cantonniers et versées à la Caisse des retraites pour la vieillesse. Le dixième de la retenue fixée pour l'année est prélevé sur le salaire des cinq premiers mois de chaque semestre, le salaire du sixième mois en est par suite affranchi (1).

Personnel civil de la guerre. — Des versements à la Caisse de la vieillesse sont effectués au profit des commis, ouvriers et ouvrières des magasins administratifs de la guerre n'acquérant aucun droit à une pension civile en vertu de la loi du 9 juin 1853. Les versements prélevés par moitié sur les salaires, l'autre moitié étant à la charge de l'État, sont calculés d'après les bases fixées par un arrêté du ministre de la Guerre du 30 juillet 1889; et les justifications à produire sont déterminées par des instructions du même ministre des 1er octobre 1889 et 23 août 1890 (2).

Agents des postes. — Les ouvriers commissionnés de l'Administration des postes et télégraphes subissent sur leurs salaires, conformément à un arrêté ministériel du 1er juin 1875, pour être versées à la Caisse de la vieillesse, des retenues s'élevant à 72 francs par an, dans les conditions déterminées par un arrêté ministériel du 22 juin 1893. Ces retenues sont versées dans les caisses des receveurs des postes (3). Un système de versements à la Caisse de la vieillesse a été institué par un arrêté ministériel du 9 mai 1902 en faveur des employés auxiliaires des postes et télégraphes en fonctions (dames, commis, expéditionnaires, mécaniciens et dessinateurs) qui n'avaient pu, en raison de leur âge, être admis au bénéfice de la loi du 9 juin 1853; les versements se composent d'un prélèvement de 4 0/0 sur les rétributions et d'une part contributive de l'État fixée également à 4 0/0 de ces rétributions; les versements sont facultatifs pour les auxiliaires âgés de plus de 50 ans à la date du 1er juillet 1902 (4).

Agents des travaux publics. — Depuis le 1er janvier 1899, les salaires fixes des agents temporaires employés par l'administration des travaux publics sont assujettis à des retenues dont le montant est versé à la Caisse de la vieillesse dans les mêmes conditions que pour les cantonniers (5).

Manufactures de l'État. — Les gages et salaires des préposés et ouvriers des manufactures de l'État sont majorés de certaines sommes destinées à être versées à la Caisse de la vieillesse (6).

Personnel des journaux officiels. — Depuis le 1er avril 1903, les ouvriers, les agents du service intérieur et employés auxiliaires de l'administration des journaux officiels rétribués au moyen d'un salaire fixe, qui veulent se constituer une retraite conformément à la loi du 20 juillet 1886, ont droit à une bonification allouée par l'État, qui ne peut dépasser 4 0/0 du montant de leur salaire fixe, à charge pour eux de verser à la Caisse de la vieillesse une retenue de même importance (1).

Personnel des musées nationaux. — Les dispositions qui précèdent ont été appliquées par l'article 56 de la loi de finances du 17 avril 1906 aux ouvriers et gagistes des ateliers des musées nationaux rétribués au moyen d'un salaire fixe.

Auxiliaires médicaux indigènes en Algérie. — Un arrêté du Gouverneur général de l'Algérie du 29 juin 1906 porte création d'un corps d'auxiliaires médicaux indigènes destinés au service de l'assistance musulmane, et détermine les traitements de ces agents, qui, après un an de stage subissent une retenue de 5 0/0 pour la Caisse de la vieillesse (2).

853. *Retenues versées aux caisses d'épargne.* — Les cantonniers subissent sur leurs salaires certaines retenues destinées à être versées à la Caisse nationale d'épargne ou aux caisses d'épargne privées (3). Il en est de même des agents temporaires employés par l'administration des travaux publics (4).

Article 4. — *Retenue sur des dépenses de matériel.*

854. *Retenues de garantie.* — Les acomptes payés aux entrepreneurs de travaux publics subissent une retenue de 10 0/0 à titre de garantie de la bonne exécution des travaux; et une retenue de 1 0/0 pour secours aux ouvriers blessés. Le remboursement de ces retenues aux entrepreneurs est effectué après la réception définitive des travaux. Les entrepreneurs de cylindrage à vapeur des routes nationales dans tous les départements sont exonérés de la retenue de garantie (5).

855. *Retenues pour retards.* — Les amendes et retenues pour inexécution des clauses d'un marché ou pour retard dans les livraisons doivent être imputées par voie de précompte sur chaque facture, et versées au compte des recettes accidentelles à différents titres (6). Une circulaire du ministre de la Marine du 15 mai 1903 dispose que l'exonération des retenues encourues pour retard de livraisons ne peut être autorisée que par le ministre, lorsque le montant des pénalités s'élève à plus de 100 francs (7).

856. *Retenues au profit des asiles de Vincennes et du Vésinet.* — Le décret du 8 mars 1855 relatif à l'établissement, à Vincennes et au Vésinet, de deux asiles pour les ouvriers convalescents ou qui auraient été mutilés dans le cours de leurs travaux, a affecté à la dotation de ces

---

(1) Circ. Trav. publ., 5 mars et 1er mai 1896.
(2) V. aussi note de la Cour des Comptes, n° 70, p. 16.
(3) *Bull. Postes et Télégr.*, 1888, p. 333.
(4) *Bull. Postes et Télégr.*, 1902, p. 278.
(5) Circ. compt. publ., 31 janvier 1899, § 7.
(6) Circ. compt. publ., 2 septembre 1885, § 1er.

(1) L. 31 mars 1903, art. 64.
(2) *Bull. off. Algérie*, 1906, p. 723.
(3) Circ. compt. publ., 29 juillet 1885, § 1er.
(4) Circ. compt. publ., 31 janvier 1899, § 7.
(5) Circ. Trav. publ., 31 juillet 1900.
(6) Circ. compt. publ., 21 avril 1893, § 3; Circ. Postes et Télégr., 8 novembre 1899; Circ. Colonies, 21 juin 1900; Lettre commune, Manuf. État, 25 octobre 1905.
(7) *Bull. off. Marine*, 1903, p. 544.

asiles un prélèvement de 1 0/0 sur le montant des travaux publics adjugés dans la ville de Paris et sa banlieue. Une note du ministère de la Guerre du 4 février 1899 rappelle que ce prélèvement doit s'appliquer, quel que soit le mode de passation des marchés, et même en cas de travaux exécutés à la suite d'une simple convention verbale (1).

857. Caisse de prévoyance des marins français. — L'article 2 de la loi du 29 décembre 1905, relative à la Caisse de prévoyance des marins français, prévoit parmi les recettes destinées à alimenter cette caisse, une retenue, qui ne peut en aucun cas dépasser 0 fr. 50 0/0, sur les marchés à passer pour les dépenses du matériel de la marine.

858. Filature de la soie. — D'après l'article 7 de la loi du 13 juillet 1900, les frais de surveillance et de contrôle des primes à la filature de la soie sont recouvrés au moyen d'une retenue exercée sur le montant de chaque liquidation de primes; la somme retenue est versée au Trésor public au titre des produits divers du budget.

Article 5. — Cumul.

859. Certaines retenues pour cumul doivent être faites sur les traitements ou pensions. Nous nous occuperons seulement du cumul de plusieurs traitements ou indemnités.

Il est interdit de cumuler en entier le traitement de plusieurs places, emplois ou commissions; en cas de cumul de deux traitements, le moindre est réduit à moitié; en cas de cumul de trois traitements, le troisième est, en outre, réduit au quart, et ainsi de suite en observant cette proportion. Cette réduction n'a pas lieu pour les traitements cumulés qui sont au-dessous de 3,000 francs, ni pour les traitements plus élevés qui en ont été exceptés par les lois (2).

860. Les professeurs, les gens de lettres, les savants et les artistes peuvent, sans qu'il leur soit fait application de la règle ci-dessus, remplir plusieurs fonctions et occuper plusieurs chaires rétribuées sur les fonds du Trésor public. Néanmoins, le montant des traitements ne peut dépasser 20,000 francs (3).

861. Les fonctionnaires de tout ordre élus députés et les membres de la Chambre des députés auxquels des fonctions publiques rétribuées ont été conférées depuis leur élection, touchent, comme les autres représentants, l'indemnité législative. Si le chiffre de l'indemnité est supérieur à celui du traitement du fonctionnaire, ce traitement est ordonnancé en totalité au profit du Trésor pendant la durée du mandat législatif. Si le chiffre du traitement est supérieur à celui de l'indemnité, le fonctionnaire ne touche, pendant la même période, que la portion de son traitement net excédant ladite indemnité (4). Les professeurs du Collège de France, des facultés et des écoles supérieures de pharmacie peuvent être autorisés par le ministre de l'Instruction publique à se faire suppléer ou remplacer, ou obtenir la dispense des examens. S'ils sont députés et si leur traitement doit être ordonnancé en tout ou en partie au profit du Trésor, en exécution des articles 2 et 3 de la loi du 16 février 1872, cet ordonnancement n'a lieu que pour la somme qui excède le montant du prélèvement afférent à la rémunération du suppléant, du remplaçant ou du chargé de l'enseignement (1).

862. Aux termes de l'article 103 de la loi de finances du 31 mars 1903, l'indemnité que reçoivent les sénateurs est réglée par les articles 95 et 97 de la loi du 15 mars 1849 et par les dispositions de la loi du 16 février 1872. Les sénateurs se trouvent donc désormais complètement assimilés aux députés au point de vue des règles prohibitives du cumul de leur indemnité législative avec un traitement de fonctionnaire (2).

Les traitements de disponibilité que les préfets et sous-préfets peuvent recevoir pendant une durée qui ne peut excéder six années ni la moitié de la durée de leurs services civils rendus à l'État, ne peuvent se cumuler avec un autre traitement payé sur les fonds du Trésor (3).

863. Le cumul est interdit :

Entre une gratification de réforme, renouvelable, permanente ou majorée, et le traitement d'un emploi conduisant à pension dans les conditions des lois des 11 et 18 avril 1831 (4).

Entre les secours aux anciens militaires ayant accompli quatorze ans de service antérieurement à la loi du 23 juillet 1881, et un emploi conduisant à pension (5).

864. Le cumul est autorisé :

Entre les différents emplois occupés par un chargé de cours ou un suppléant dans une faculté, à condition que l'ensemble des traitements cumulés ne dépasse pas le traitement minimum d'un professeur titulaire (6).

Dans la même limite, entre le traitement d'un agrégé et les rétributions que comportent les différents services qu'il remplit (7).

Entre le supplément de traitement attribué aux directeurs et directrices d'écoles primaires supérieures ou aux instituteurs chargés de la direction d'une école comprenant plus de deux classes, et le supplément alloué aux maîtres chargés d'un cours complémentaire (8). Ces suppléments de traitement ne doivent pas entrer dans les

---

les évêques sont des fonctionnaires publics et comme tels astreints à la prohibition de cumul édictée par la loi du 16 février 1872. Cette décision est sans objet depuis la loi du 9 décembre 1905, relative à la séparation des Églises et de l'État.
(1) L. 26 février 1887, art. 42.
(2) La loi du 23 novembre 1906, qui fixe l'indemnité législative à 15,000 francs par an, ajoute que cette indemnité est réglée par les articles 96 et 97 de la loi du 15 mars 1849 et par la loi du 16 février 1872.
(3) L. 25 février 1901, art. 42.
(4) Déc. présid., 30 septembre 1897, Bull. off. Guerre, 2e sem. 1897, p. 322.
(5) Note min., 13 mars 1896, Bull. off. Guerre, 1er sem. 1896, p. 346.
(6) D. 20 août 1881, art. 3.
(7) V. note de la Cour des Comptes, n° 58, p. 17.
(8) L. 19 juillet 1889, art.8 et 9; Circ. Instr. publ., 7 décembre 1891.

---

(1) Bull. off. Guerre, 2e sem. 1899, p. 197.
(2) D. 31 mai 1862, art. 65; L. 28 avril 1816, art. 78.
(3) D. 31 mai 1862, art. 66; L. 8 juillet 1852, art. 28.
(4) L. 16 février 1872, art. 2 et 3. Une décision du Conseil d'État du 23 novembre 1883 (Bull. Intérieur, 1883, p. 353) a admis que

traitements garantis dont le chiffre ne serait pas supérieur à 1,200 francs. Les indemnités de résidence prévues par l'article 12 de la loi du 19 juillet 1889 ne viennent en aucun cas en déduction des traitements garantis dus aux instituteurs (1).

Entre un traitement civil et la solde et les prestations attribuées aux militaires de la réserve et de la territoriale pendant les exercices ou manœuvres auxquels ils sont convoqués en temps de paix (2). Cette disposition est applicable aux agents du cadre auxiliaire des travaux de l'État et aux agents temporaires (3).

Entre la solde des officiers en réforme et un traitement civil d'activité, sans qu'il y ait lieu d'appliquer la limitation au montant de la dernière solde d'activité établie par l'article 31 de la loi du 26 décembre 1890 (4).

Entre les indemnités pour frais de bureau ou de service affectées aux diverses fonctions remplies par un officier dans le même corps de troupe (5).

865. Afin d'assurer l'exacte application des règles qui précèdent relatives au cumul, le règlement du ministre des Finances a décidé : 1º que tout fonctionnaire ou employé qui jouit de plusieurs traitements à la charge de différents services est tenu d'en faire la déclaration aux ordonnateurs respectifs; 2º que les ordonnances et mandats expédiés au nom d'un titulaire de plusieurs emplois sont libellés de manière à donner au trésorier-payeur et à la Cour des Comptes les moyens d'apprécier, sous tous les rapports, la position de la partie prenante, en ce qui concerne les dispositions des lois et règlements sur le cumul (6).

ARTICLE 6. — *Dépenses de matériel.*

866. Le règlement du ministère des Finances contient, relativement au paiement des dépenses de matériel, certaines dispositions que nous résumerons brièvement.

Il ne peut être fait aucun paiement aux entrepreneurs ou fournisseurs assujettis à un cautionnement matériel, avant qu'ils aient justifié de la réalisation de ce cautionnement (7).

Les retenues à exercer envers des entrepreneurs, fournisseurs, etc..., pour cause de perte, moins-value ou débet, et pour retard dans l'exécution de travaux ou dans la livraison de fournitures, peuvent être opérées par voie d'imputation à leur débit; mais des ordonnances simultanées de pareilles sommes sont alors délivrées au profit du Trésor (8).

Les articles 105 et suivants du règlement indiquent dans quelles conditions sont faits et justifiés les paiements pour dépense intégrale, pour avance, acompte ou solde.

Enfin, l'article 72 rappelle qu'aucune pièce produite pour la justification des dépenses ne doit être grattée ni surchargée; que s'il y a lieu d'y opérer une rectification dans la somme ou dans le texte, la partie à corriger est biffée au moyen d'un trait de plume et remplacée par l'énonciation exacte qui doit lui être substituée; que la substitution en interligne ou par renvoi est approuvée et signée ou parafée par le liquidateur.

§ 5. — *Parties prenantes.*

867. On désigne sous le nom de partie prenante le créancier au profit duquel une ordonnance directe ou un mandat de paiement ont été délivrés. La partie prenante dénommée dans une ordonnance ou dans un mandat de paiement doit toujours être le créancier réel, c'est-à-dire la personne qui a fait le service, effectué les fournitures ou travaux, et qui a un droit à exercer contre le Trésor public (1). Le comptable, après avoir reconnu que la dépense porte sur un crédit régulièrement ouvert, que la liquidation est exacte et qu'elle est appuyée des pièces justificatives prévues par les nomenclatures ou prescrites par les instructions ministérielles, doit, en outre, s'assurer de l'identité entre la partie prenante ou ses ayants droit et la personne qui se présente pour quittancer l'ordonnance ou le mandat. Ici les pièces ne sont pas déterminées à l'avance, le comptable doit, sous sa responsabilité, prendre les mesures nécessaires pour que le paiement soit fait entre les mains du véritable créancier, et, par conséquent, libératoire pour le Trésor (2). Cette certitude sera apportée, soit par la signature donnée par la partie prenante connue du comptable, en présence de ce dernier; soit, si la partie prenante n'est pas suffisamment connue du payeur, par la production de tous documents de nature à justifier son identité et sa signature (3). Lorsque le créancier réel donne personnellement quittance, il doit y avoir identité absolue entre la signature apposée sur l'ordonnance ou le mandat, et le nom du créancier inscrit sur les pièces justificatives de la dépense. Il arrive fréquemment que le créancier réel ne donne pas quittance lui-même, mais est remplacé par un mandataire, un syndic, un héritier, un représentant légal, un cessionnaire, un créancier opposant, etc. Dans ces divers cas, la qualité et les droits de la personne qui se présente pour acquitter le mandat doivent être justifiés par la production de pièces dont la nature varie suivant les hypothèses que nous allons examiner.

ARTICLE PREMIER. — *Mandataires.*

868. Le mandat ou procuration est un acte par lequel une personne donne à une autre le pouvoir de faire

---

(1) L. 26 janvier 1892, art. 71.
(2) L. 1er juin 1878, art. 1er.
(3) Circ. Trav. publ., 29 juin 1880.
(4) Circ. Marine, 27 mai 1895, *Bull. off. Marine*, 1er sem. 1895, p. 920.
(5) Déc. présid., 6 juin 1891, *Bull. off. Guerre*, 1er sem. 1891, p. 727.
(6) Règl. Fin. 26 décembre 1866, art. 116.
(7) *Id.*, art. 139.
(8) *Id.*, art. 70.

(1) Règl. Fin., 26 décembre 1866. Justifications, dispositions générales, art. 9, p. 90.
(2) Le comptable s'en réfère dans l'espèce aux justifications de droit commun, et se conforme aux dispositions de l'article 1239 du Code civil, d'après lequel le payement doit être fait au créancier, ou à quelqu'un ayant pouvoir de lui, ou qui soit autorisé par justice ou par la loi à recevoir pour lui.
(3) V. instr. gén., 20 juin 1859, art. 661 et 1006.

quelque chose pour le mandant et en son nom. Le contrat ne se forme que par l'acceptation du mandataire. Les femmes et les mineurs émancipés peuvent être choisis comme mandataires, mais le mandant n'a d'action contre le mandataire mineur que d'après les règles relatives aux obligations des mineurs, et contre la femme mariée et qui a accepté le mandat sans autorisation de son mari, que d'après les règles du contrat de mariage (1).

869. Le mandat est spécial pour une affaire ou certaines affaires seulement, ou général et pour toutes les affaires du mandant. Le mandat conçu en termes généraux n'embrasse que les actes d'administration. S'il s'agit d'aliéner ou d'hypothéquer, ou de quelque autre acte de propriété, le mandat doit être exprès (2). Il résulte de ce principe que la procuration de vendre n'emporte pas le droit de toucher le prix; mais le mandat de recouvrer une créance comporte le pouvoir de donner quittance. Pour être valable, la procuration donnée à l'effet de suivre la liquidation et le recouvrement d'une créance sur le Trésor, doit contenir expressément le pouvoir de recevoir la somme à payer par l'État (3).

870. La procuration est révoquée soit expressément, soit tacitement par la mort du mandant ou la constitution d'un mandataire nouveau. La révocation n'est opposable au comptable que si elle lui a été notifiée en temps utile. En présence d'une procuration permanente, le payeur doit se libérer entre les mains du mandataire tant qu'il n'a pas reçu notification de la révocation du mandat, ou qu'il n'en a pas connaissance (4). Quand la substitution n'est pas interdite par le mandat, le mandataire peut charger une tierce personne de le remplacer (5). Le mandataire peut encore renoncer au mandat en notifiant sa renonciation au mandant (6).

871. Une procuration doit toujours être donnée par acte écrit, un mandat verbal ne peut, en principe, être admis par un comptable. L'acte de procuration est notarié ou sous seing privé. Il est généralement admis que le mandat est valable par acte sous seing privé, sauf en matière de transfert de rentes (7); ou à moins qu'il concerne le paiement des arrérages de rentes nominatives ou de pensions de l'État (8); que le mandant soit dans l'impossibilité de signer la procuration; ou que, pour des opérations importantes, l'identité des parties ne soit pas connue du payeur. La procuration notariée est délivrée soit en brevet, soit en minute, elle est en principe soumise au timbre et à l'enregistrement; elle doit porter l'empreinte du sceau du notaire rédacteur, dont la signature est soumise à la légalisation quand il doit en être fait usage en dehors du département de sa résidence (9).

872. La procuration sous seing privé doit, en règle générale, être timbrée de dimension. Les pouvoirs d'émarger que donnent, en cas d'éloignement de leur résidence, et par forme de lettre, les préposés et employés des administrations financières, sont dispensés du timbre (1). Une décision ministérielle du 8 novembre 1826 portait que toute procuration serait enregistrée (2). Mais il résulte de plusieurs avis de la Direction générale de l'enregistrement et des domaines, confirmés par une décision du ministre des Finances du 28 avril 1884, que les procurations sous seing privé ne sont pas assujetties à la formalité de l'enregistrement, par le motif que la simple remise aux payeurs d'un acte de cette nature n'a pas le caractère de production de pièces devant une autorité constituée, dans le sens de l'article 23 de la loi du 22 frimaire an VII (3).

873. En ce qui concerne le paiement des sommes revenant à des sociétés ou associations, la justification de la qualité de la partie prenante résulte de la production de l'expédition ou de l'extrait certifié des statuts ou de l'assemblée générale, faisant connaître quelle personne a la signature sociale, c'est-à-dire le pouvoir d'acquitter le mandat au nom et pour le compte de la société.

874. Une loi du 8 juin 1893 désigne les fonctionnaires et officiers qui ont qualité pour dresser et légaliser les actes de procuration, les déclarations d'autorisation maritale, etc..., soit aux armées en temps de guerre, soit dans le cours d'un voyage maritime. Hors de la France, la compétence de ces fonctionnaires et officiers est absolue; en France, elle est limitée au cas où les intéressés ne pourront s'adresser à un notaire, et mention de cette impossibilité sera consignée dans l'acte. Les actes dressés dans ces conditions peuvent être rédigés sur papier libre et ne sont pas assujettis à l'enregistrement dans un délai déterminé (4).

875. En cas de naufrage, pour des travaux de sauvetage, l'Administration fait souvent appel, par voie de réquisition, ou de proposition amiable, aux hommes qu'elle trouve sous la main et qui n'appartiennent pas toujours à l'inscription maritime. Ces individus, cultivateurs habitant à une certaine distance de la trésorerie ou ouvriers de passage, sont parfois obligés de donner mandat à un tiers pour toucher leur minime créance, et, d'après les règlements, le texte de ce mandat doit être légalisé, s'il est sous seing privé et notarié s'il le commettant ne sait pas signer. Il résulte d'une circulaire de la Marine du 15 juillet 1880 que, pour les paiements de salaires de sauvetage n'excédant pas 150 francs, les comptables de la marine sont autorisés à accepter les déclarations administratives tenant lieu de procuration, rédigées, à la demande des personnes étrangères à la marine, par les commissaires de l'inscription maritime, les syndics ou les maires à défaut de syndics.

---

(1) C. civ., art. 1984 et 1990.
(2) *Ibid.*, art. 1987 et 1988.
(3) Déc. min., 5 juin 1821.
(4) C. civil, art. 2003 et suiv.
(5) *Ibid.*, art. 1994.
(6) *Ibid.*, art. 2007.
(7) Ord. 5 mars 1823.
(8) Ord. 1ᵉʳ mai 1816 et 9 janvier 1818.
(9) Régl. Fin., 26 décembre 1866; disp. gén., art. 25, p. 102.

---

(1) Régl. Fin., 26 décembre 1866; disp. gén., art. 13, p. 101.
(2) Circ. compt. publ., 30 décembre 1826.
(3) Circ. compt. publ., 6 février 1892, § 5.
(4) Instr. Enregistr., nº 2843, du 3 juillet 1893.

876. Lorsque les gens de mer veulent retirer de l'une des caisses de l'établissement des invalides des sommes inférieures à 150 francs, les consuls peuvent délivrer des déclarations, tenant lieu de procurations, dans tous les cas où les administrateurs de la marine qu'ils suppléent à l'étranger sont autorisés à le faire par les règlements. Ce n'est que lorsqu'il s'agit d'affaires pour le règlement desquelles de simples déclarations administratives ne sont pas admises, que des procurations données en forme d'actes notariés doivent être délivrées aux marins dans les consulats (1).

877. A la suite d'un avis du Conseil d'État du 3 avril 1900, il a été reconnu que toutes les procurations notariées ou sous seing privé produites en vue des remboursements à faire par la Caisse nationale des retraites pour la vieillesse, sont exemptes des droits de timbre et d'enregistrement (2).

878. Les majorations de pensions et allocations attribuées aux ouvriers mineurs par les articles 84 à 98 de la loi du 31 mars 1903 sont payables sur l'acquit du titulaire ou de son mandataire dûment autorisé. Un pouvoir permanent peut être donné à un tiers par une procuration sous seing privé. Si le titulaire est illettré, cette pièce peut être remplacée par un certificat du maire, dressé en présence de deux témoins et revêtu de la signature du mandataire (3).

879. La procuration doit être remise au payeur et laissée entre ses mains pour être jointe comme pièce justificative du paiement. Cette obligation résulte de l'article 3 des dispositions générales de la nomenclature annexée au règlement des Finances (4) d'après lequel les comptables doivent exiger les pièces constatant les qualités et droits des parties prenantes. Les notaires, avoués, ou autres officiers publics constitués mandataires, ne peuvent obtenir le paiement sans opérer la remise au comptable de leur procuration (5). Toutefois, les payeurs sont autorisés, dans certains cas déterminés, à se contenter de justifications sommaires lorsque la production des pièces normalement obligatoires eût entraîné des frais considérables par rapport à la somme à toucher. Une exception de cette nature a été admise en faveur des sociétés commerciales ou industrielles, des syndicats agricoles ou d'ouvriers, et généralement des associations quelconques. Le nombre de ces sociétés ou associations s'étant considérablement accru, le maintien rigoureux à leur égard des dispositions administratives relatives à la justification de la qualité de la partie prenante aurait risqué de devenir une entrave pour l'Administration elle-même, qui est appelée journellement à conclure, au nom de l'État, des marchés avec lesdites associations. Pour ces motifs, une décision du ministre des Finances du 4 mai 1898 a admis que les sociétés ou associations au profit desquelles auront été émis, sur les fonds de l'État, des mandats n'excédant pas 500 francs, auront la faculté de communiquer au payeur les actes constatant leur existence légale et la qualité de leurs agents, sans être astreintes à se dessaisir desdites pièces. Les payeurs doivent, dans ce cas, certifier sur le mandat que l'associé ou le gérant intervenant au paiement a droit à la signature sociale (1).

880. Si le mandat est permanent, c'est-à-dire donné pour toucher plusieurs ou toutes les sommes revenant à un même créancier, la procuration n'a pas besoin d'être renouvelée à chaque paiement; il en fait deux extraits certifiés portant l'indication du mandat auquel l'original est annexé, et signés par le mandataire; conserve l'un et remet le second au mandataire. Ce second extrait sera représenté lors des paiements subséquents, rapproché de celui qui est entre les mains du comptable, et ce dernier devra mentionner sur chaque mandat une référence au mandat auquel est annexé l'original de la procuration.

881. Le payeur peut également se référer, pour justifier un paiement, à une procuration qui aurait été antérieurement produite à la Cour des Comptes par l'un de ses collègues (2).

ARTICLE 2. — *Héritiers.*

882. En cas de décès du créancier de l'État, le payement est fait entre les mains de ses ayants droit qui, outre les pièces justificatives du service fait, doivent rapporter la preuve de leurs qualités héréditaires (3).

En principe, cette preuve résultera de l'acte de décès du créancier, et d'un certificat de propriété.

883. L'*acte de décès* a pour but, non seulement de prouver le fait même du décès; mais surtout d'en établir la date, dans les cas très nombreux où la somme à payer est précisément basée sur cette date. On sait, en effet, que la jouissance d'un traitement d'activité ou d'une pension est acquise jusqu'au jour du décès du titulaire inclusivement. L'expédition de l'acte de décès est, en règle générale, soumise au timbre de dimension; mais l'exemption de timbre existe dans certains cas.

884. L'article 16, 1º, de la loi du 13 brumaire an VII a excepté du droit et de la formalité du timbre les pièces et écritures concernant les gens de guerre; par application de cette disposition, une décision ministérielle du 15 janvier 1823 a admis que l'acte de décès fourni à l'appui d'un décompte d'arrérages de pension militaire est exempté du timbre, mais sous la condition d'exprimer

---

(1) Circ. Marine, 26 mai 1885.
(2) Circ. Caisse des dépôts, 1er août 1902, § 2; Instr. Enregistr., nº 3080, du 26 février 1902, § 5.
(3) Circ. compt. publ., 24 décembre 1903.
(4) Règl. Fin., 26 décembre 1866, p. 93.
(5) Instr. 1er janvier 1810, art. 28.

---

(1) Circ. compt. publ., 21 juin 1898, § 3 et 2 janvier 1899, § 1er.
(2) Circ. compt. publ., 19 septembre 1903, § 5.
(3) Les ordonnances ou mandats délivrés, après le décès d'un créancier de l'État, au profit de ses héritiers, ne désignent pas chacun d'eux, mais portent seulement cette indication générale : « les héritiers ». C'est au comptable chargé de la dépense qu'il appartient, avant de procéder au payement, d'exiger les titres justificatifs de la qualité des ayants droit. (Règl. Fin., 26 décembre 1866; disp. gén., art. 10, p. 99.)

l'indication de cet emploi. La même exemption a lieu pour les arrérages de pensions à titre de récompense nationale (1).

885. Les agents des douanes et des poudres et salpêtres sont considérés comme gens de guerre en conformité des décisions ministérielles des 27 janvier et 20 mars 1827 et de l'instruction de la direction de la dette inscrite du 11 février 1854 (2). Les brigadiers et gardes forestiers domaniaux, en activité ou en retraite sont également considérés comme gens de guerre en vertu des décisions ministérielles du 3 avril 1894 (3) et du 28 février 1895 (4). En conséquence, pour ces diverses catégories d'agents, pour leurs veuves et leurs orphelins, les actes de décès ne sont pas soumis à la formalité du timbre de dimension (5).

886. Sont encore exempts de timbre, en vertu de l'article 97 de la loi du 31 mars 1903, les actes de décès produits au soutien du payement d'un prorata d'arrérages après décès d'une majoration de pension ou d'une allocation à un ouvrier mineur.

Les expéditions des actes de décès ne sont pas soumises à l'enregistrement.

887. Le *certificat de propriété* a pour but d'établir la qualité des ayants droit, veuves, héritiers, légataires ou autres, à réclamer le payement aux lieu et place du créancier réel décédé (6). Il est délivré, en France, par un notaire, un juge de paix ou un greffier ; à l'étranger par les magistrats locaux ou les agents consulaires.

888. Le certificat de propriété est délivré par le notaire détenteur d'un inventaire, d'un acte de partage, d'un acte de donation ou d'un testament (7); ou d'un acte translatif de propriété au profit de l'ayant droit (transport, contrat de mariage, délivrance de legs, etc...). Si le notaire n'est détenteur que d'une partie des actes translatifs de propriété, il doit viser, dans le certificat, les expéditions qu'il se sera fait déposer pour minute, des actes reçus par d'autres notaires de sa résidence ou d'un ressort différent (8). Lorsqu'un notaire est détenteur d'un acte translatif de propriété, l'un de ses confrères ne puiserait pas dans la réception de la minute d'un acte de notoriété à défaut d'inventaire le droit de délivrer, à sa place, le certificat de propriété (9). Le certificat notarié doit être délivré en brevet, et revêtu du sceau du notaire ; il est rédigé sans l'assistance de témoins et sans le concours de l'intéressé.

889. En l'absence de tout acte translatif ou attributif de propriété, et lorsque les droits des nouveaux proprié-

taires résultent uniquement des dispositions de la loi sans être modifiés ou constatés par aucun acte antérieur ou postérieur au décès du créancier, le certificat de propriété est dressé par le juge de paix du domicile du défunt (1). Il peut en être de même s'il n'existe ou un acte de notoriété notarié constatant les qualités héréditaires à défaut d'inventaire; on un contrat de mariage stipulant le régime de la communauté légale (2). Le certificat est délivré par le juge de paix avec l'attestation de deux témoins, et dans la forme des certificats notariés. Malgré les dispositions de la loi du 7 décembre 1897 sur le témoignage des femmes, ces dernières ne peuvent être admises comme témoins par le juge de paix dont les certificats de propriété sont soumis à l'article 6 de la loi du 28 floréal an VII et doivent être établis sur l'attestation de deux citoyens (3).

890. Lorsque les droits des parties résultent uniquement d'un jugement ou d'un arrêt, le certificat est délivré par le greffier du tribunal civil ou de la cour d'appel, au vu de la minute de la décision judiciaire, et sans l'assistance de témoins (4).

En principe, les certificats de propriété doivent être légalisés ; mais en pratique cette formalité n'est exigée que s'il doit en être fait usage hors du département ou du ressort de la Cour d'appel.

891. D'après l'article 6 de la loi du 28 floréal an VII « quant aux successions ouvertes à l'étranger, les certificats délivrés par les magistrats autorisés par les lois du pays seront admis lorsqu'ils seront rapportés dûment légalisés par l'agent de la République française ». Dans ce cas, il est, en outre, exigé un certificat de coutume établi par deux jurisconsultes du pays où résident les rédacteurs du certificat de propriété, à l'effet d'attester leur compétence (5). Les consuls français à l'étranger peuvent aussi délivrer des certificats de propriété : leur signature est alors légalisée par le ministre des Affaires étrangères (6). Les consuls de certains pays en France délivrent les certificats nécessaires à leurs nationaux.

892. Les pièces visées dans les certificats notariés n'y sont pas annexées, ce qui dispense le Trésor de en examiner la validité (7); et les notaires n'ont pas à faire mention de l'enregistrement de ces pièces (8). Les erreurs contenues soit dans ces certificats, soit dans les actes de l'état civil sont rectifiées au moyen d'un acte de notoriété dressé par le rédacteur du certificat de propriété (9).

893. D'après la circulaire de la Comptabilité publique du 24 février 1877, § 3, les certificats de propriété tombent sous l'application de l'article 12 de la loi du 13 brumaire an VII et sont sujets au timbre alors même que les ayants droit seraient des veuves et orphelins de pensionnaires

---

(1) Règl. Fin., 26 décembre 1866. Nomenclature des pièces à produire en cas de payement aux héritiers, p. 151.
(2) Circ. compt. publ., 10 avril 1867, § 3.
(3) Circ. compt. publ., 10 mai 1894, § 5.
(4) Circ. compt. publ., 1er août 1896, § 3.
(5) Circ. compt. publ., 15 décembre 1897, § 6.
(6) L. 28 floréal an VII, art. 6; D. 18 septembre 1806.
(7) L. 28 floréal an VII, art. 6.
(8) Statuts de la Chambre des notaires, 9 ventôse an XIII et 1er mai 1870, art. 30.
(9) Cour des Comptes, arr. 24 juin 1835, 30 mars 1837 et 8 juin 1839.

(1) D. 18 septembre 1806, note à la suite.
(2) Circ. compt. publ., 17 décembre 1834.
(3) Circ. compt. publ., 27 novembre 1899, § 4.
(4) L. 28 floréal an VII.
(5) L. 14 avril 1819.
(6) Circ. compt. publ., 10 octobre 1876, § 8.
(7) L. 28 floréal an VII.
(8) Règl. Fin., 26 décembre 1866, p. 151.
(9) Circ. compt. publ., 17 décembre 1834.

militaires. Mais l'article 97 de la loi du 31 mars 1903 exempte de timbre les certificats nécessaires au payement d'un prorata de majoration de pensions ou d'allocations attribuées aux ouvriers mineurs.

894. Les certificats de propriété dressés par les notaires, les juges de paix ou les greffiers doivent être enregistrés avant d'être produits aux comptables de l'État, excepté lorsqu'ils ont pour objet le payement de sommes dues par l'État à titre de pension, de rémunération, de secours, de prorata de traitement ou de solde d'activité (1).

Les ayants droit pourraient produire, au lieu du certificat de propriété, les titres mêmes d'où résulte leur qualité : testaments, actes de notoriété, ordonnances d'envoi en possession, inventaires, délivrances de legs, etc...; mais cette pratique est peu suivie.

895. Les sommes dues par l'État à une succession vacante sont encaissées par le receveur des domaines sur la production de l'extrait du jugement qui a déclaré la vacance de la succession (2).

Il n'est dû qu'un seul droit de timbre à l'occasion des acquits donnés sur un même mandat par plusieurs cohéritiers restés indivis (3).

896. Ces principes généraux en matière de payements entre les mains d'héritiers comportent un certain nombre de tempéraments, en ce qui concerne : le porte-fort; les payements égaux ou inférieurs à 150 francs; la dispense de production de l'acte de décès; les payements à des veuves.

897. *Porte-fort.* — Les frais auxquels sont assujettis les héritiers d'un titulaire décédé pour obtenir le payement de leurs créances, en fournissant la justification de leurs droits, ne sont pas toujours en rapport avec l'importance de la somme à toucher. La disproportion peut être telle, dans certains cas, que les héritiers aient intérêt à faire abandon de la somme qui leur revient. Une décision ministérielle du 17 juin 1851 a admis qu'en matière d'arrérages de rentes viagères et de pensions, lorsque la somme à payer n'excède pas 50 francs, l'acquit peut être donné par un seul des ayants droit, à la condition qu'il se porte fort pour ses cohéritiers. Cette disposition bienveillante a été appliquée aux dépenses de toute nature payées pour le compte de l'État, en France et aux

colonies, par une décision du ministre des Finances du 30 décembre 1896 (1).

898. *Payements égaux ou inférieurs à 150 francs.* — D'après le paragraphe 10 des dispositions générales du règlement des Finances du 26 décembre 1866, les sommes de 50 francs et au-dessous dues aux créanciers des créanciers de l'État peuvent être payées sur la production d'un certificat du maire énonçant que les parties y dénommées ont seules droit de toucher le montant de la créance en qualité d'héritiers. Cette dérogation aux règles du droit commun tire son origine d'une décision ministérielle du 17 août 1809 qui admettait la production d'un certificat du maire pour les payements à effectuer entre les mains d'héritiers de militaires. Les conditions dans lesquelles a été fixée, au commencement du XIXᵉ siècle, la limite de 50 francs ont été modifiées par la diminution de la valeur de l'argent corrélative à l'augmentation de la richesse publique. Aussi a-t-il paru nécessaire de relever à 150 francs, c'est-à-dire au chiffre admis par l'article 1341 du Code civil pour l'admission de la preuve testimoniale, la limite au-dessous de laquelle les héritiers d'un créancier pourront être admis à justifier de leurs droits au moyen d'un simple certificat délivré par le maire de la résidence du défunt. Tel a été l'objet d'une décision ministérielle des finances du 30 décembre 1896 (2). Le certificat du maire porte le nom de certificat d'hérédité.

899. Il doit être établi sur papier timbré (3); mais la direction générale de l'enregistrement, des domaines et du timbre a reconnu qu'il n'était pas soumis à la formalité de l'enregistrement (4). En outre l'article 97 de la loi du 31 mars 1903 dispense de timbre et d'enregistrement les certificats délivrés au soutien du payement d'un prorata de majorations de pensions ou d'allocations attribuées aux ouvriers mineurs.

900. *Dispense de production de l'acte de décès.* — Trois exceptions ont été apportées à l'obligation imposée aux héritiers de produire un extrait de l'acte de décès du titulaire.

901. La première s'applique aux cas où la date précise du décès n'est pas nécessaire pour déterminer le montant de la somme à payer (5). Les héritiers sont alors dispensés de fournir un extrait de l'acte de décès s'ils produisent un certificat de propriété notarié où cet acte est expressément visé. Lorsque le certificat de propriété est délivré par un juge de paix, l'acte de décès est toujours indispensable, car le certificat repose, dans ce cas, sur l'attestation des témoins.

902. La seconde exception, admise par la circulaire de la Comptabilité publique du 1ᵉʳ mai 1876, § 6, concernait alors uniquement les payements de décomptes d'arrérages de pensions militaires. L'acte de décès n'était pas exi-

---

(1) Circ. compt. publ., 27 mars 1830, § 2 et 4 mars 1881, § 4.
(2) Circ. compt. publ., 10 janvier 1859, § 7.
(3) Circ. compt. publ., 6 mai 1874, § 2. On ne saurait conclure que les cohéritiers sont sortis de l'indivision de ce seul fait que, dans le certificat de propriété produit par eux, les mots conjointement et indivisément ont été omis, ou que ce document désigne la part (telle que moitié, tiers ou quart) à laquelle chacun des héritiers peut prétendre dans la succession. Mais l'indivision doit être considérée comme ayant pris fin, et par conséquent il doit être apposé autant de timbres à 0 fr. 10 qu'il est donné de quittances supérieures à 10 francs : 1° lorsque les sommes revenant à chacun des cohéritiers sur la somme totale se trouvent nettement déterminées dans le certificat de propriété; 2° lorsque le certificat de propriété, qui doit alors être délivré par un notaire vise un partage effectué antérieurement entre les cohéritiers. (Circ. compt. publ., 1ᵉʳ septembre 1891, § 4.) Dans ces cas, un seul des ayants droit peut toucher séparément et sans le concours des autres héritiers la somme qui lui revient. (Circ. compt. publ., 30 décembre 1854 et 27 avril 1887, § 3.)

(1) Circ. compt. publ., 31 décembre 1896, § 2, 5 janvier 1897 et 19 novembre 1898, § 3.
(2) Mêmes textes.
(3) Circ. compt. publ., 24 décembre 1884, § 4.
(4) Circ. compt. publ., 17 juillet 1897, § 2, et Circ. Intérieur, 16 octobre 1897.
(5) Circ. compt. publ., 25 octobre 1830, § 3.

gible, à condition de produire un certificat de propriété notarié contenant en tête une copie de l'extrait de l'acte d'état civil, avec une déclaration du notaire certificateur attestant que ledit document est conservé au rang de ses minutes. Le bénéfice de cette disposition a été étendu au payement des décomptes d'arrérages de pensions de toute nature, et des prorata de traitement dus au décès des fonctionnaires (1).

903. Enfin, une décision du ministre des Finances du 6 mai 1901 a dispensé les héritiers d'un pensionnaire ou d'un fonctionnaire de l'État de la production de l'acte de décès, lorsque le décompte ne dépasse pas 150 francs, et que le certificat d'hérédité est délivré par le maire de la commune où l'acte de décès a été dressé : le décès revêt dans ce cas un caractère suffisant d'authenticité (2).

904 *Payements à des veuves.* — Aux termes de l'article 31 de la loi de finances du 17 avril 1906 :

Sont valablement payés entre les mains de leurs veuves, à moins d'oppositions de la part des héritiers, légataires ou créanciers :

1° Les prorata de traitements, solde ou salaires, y compris les indemnités accessoires de toute nature, prime, fonds de masse, etc., qui restent dus au décès des fonctionnaires, militaires, ouvriers ou agents quelconques, rétribués soit sur les fonds de l'État, des départements, des communes ou établissements publics, soit sur les fonds des budgets annexés à celui de l'État, des établissements de l'État dotés de la personnalité financière ou des budgets locaux des colonies;

2° Les décomptes d'arrérages restant dus au décès des titulaires de toutes pensions servies par l'État, les départements, les communes, les budgets locaux des colonies, la Caisse des dépôts et consignations ou la Caisse nationale des retraites pour la vieillesse.

905. Les veuves sont en pareil cas dispensées de caution et d'emploi, sauf à elles à répondre, s'il y a lieu, des sommes ainsi touchées vis-à-vis des héritiers ou légataires, au même titre que de toutes autres valeurs dépendant de la succession ou de la communauté.

Ces dispositions ne sont pas applicables aux veuves séparées de corps.

906. Une circulaire de la Comptabilité publique du 22 mai 1906, § 1er, a eu pour objet de réglementer l'application de cet article (3).

907. La modification introduite dans la législation n'ayant eu en vue que d'offrir aux veuves de plus grandes

facilités pour obtenir le payement des sommes dues au décès de leur mari, il s'ensuit que lorsqu'elles agissent comme héritières, elles peuvent toujours se prévaloir des dispositions des circulaires des 31 décembre 1896 § 2, et 30 mai 1901, § 4, qui autorisent le payement des prorata de traitements ou d'arrérages de pension sur la simple production d'un certificat d'hérédité du maire pour les sommes ne dépassant pas 150 francs.

908. Les veuves peuvent également obtenir en la même qualité le payement de sommes inférieures à 50 francs en se portant fort pour leurs cohéritiers.

909. En dehors des justifications qui ont été étudiées ci-dessus, les héritiers ou ayants cause doivent produire la déclaration spéciale de non-cumul prescrite par l'article 14 de la loi du 15 mai 1818. Cette déclaration peut être faite sur le certificat de propriété qui est, dans ce cas, signé par les déclarants. Elle ne doit être timbrée que quand le certificat de vie est lui-même assujetti au timbre (1).

910. Remarquons enfin que, d'après la circulaire de la Comptabilité publique du 28 avril 1869, § 1er, les héritiers ou ayants cause d'un pensionnaire militaire, qui ont à réclamer à la fois le décompte des arrérages de la pension à la charge de l'État et celui du traitement de la Légion d'honneur ou de la médaille militaire acquis au jour de son décès, peuvent en obtenir le payement sur la production d'une seule expédition des pièces justificatives de leurs droits. En conséquence, les trésoriers généraux doivent alors établir un certificat indiquant à l'appui de quel payement sont jointes les pièces.

911. Cette faculté a été étendue aux héritiers ou ayants cause d'un pensionnaire civil titulaire d'un traitement de la Légion d'honneur ou de la médaille militaire, par la circulaire de la Comptabilité publique du 28 juillet 1876, § 6.

Art. 3. — *Incapables.*

912. Le créancier réel de l'État peut être un incapable, c'est-à-dire une personne n'ayant pas qualité pour donner quittance elle-même, ou ayant besoin, pour

---

(1) Déc. min. Fin., 6 mai 1901.
(2) Circ. compt. publ., 30 mai 1901, § 4.
(3) Nous y relevons les prescriptions suivantes :
Les trésoriers généraux devront acquitter intégralement entre les mains des veuves de fonctionnaires, de militaires, de pensionnaires, les sommes dues au jour du décès de ces derniers sur les créances énumérées ci-dessus.
Les pièces justificatives ci-après seront produites :
1° Extrait de l'acte de décès du titulaire, s'il n'a pas été déjà fourni à l'ordonnateur pour obtenir le mandatement du traitement, des salaires, etc...;
2° Extrait de l'acte de mariage;
3° Certificat de non-séparation de corps et de non-divorce, délivré par le maire du domicile du défunt, sur la déclaration de la

veuve, corroborée par l'attestation de deux témoins; la signature du maire devra être légalisée par le préfet ou le sous-préfet, lorsqu'il sera fait usage du certificat hors du département.
Ces différentes justifications sont en principe assujetties au timbre, de dimension.
Exception est faite toutefois à cette règle, sur l'avis conforme de la Direction générale de l'enregistrement, des domaines et du timbre, en ce qui concerne :
1° L'extrait de l'acte de décès d'un pensionnaire militaire, cette pièce bénéficiant de l'exonération admise par l'article 16 de la loi du 13 brumaire an VII en faveur des pièces et écritures concernant les gens de guerre;
2° Les actes ou certificats produits pour obtenir le payement d'arrérages dus par la Caisse nationale des retraites pour la vieillesse.
Il est bien entendu que lorsqu'il s'agira d'un décompte de pension, la veuve devra, comme tout héritier, fournir la déclaration réglementaire de non-cumul.
Toutefois, avant d'effectuer un payement dans les conditions qui précèdent, les comptables auront soin de s'assurer qu'aucune opposition ne leur a été signifiée de la part des héritiers, légataires ou créanciers du décédé, l'article 31 de la loi du 17 avril 1906 contenant à cet égard une réserve formelle.

(1) Régl. Fin., 26 décembre 1866, p. 151.

recevoir le paiement, de l'assistance d'autrui. Les femmes mariées, les mineurs, les interdits, les prodigues, les aliénés sont frappés d'incapacité dans des conditions généralement déterminées par les dispositions du Code civil auxquelles les comptables sont tenus de se conformer pour assurer la régularité du paiement.

913. *Femme mariée.* — La femme majeure et célibataire n'a besoin d'aucune assistance pour donner valable quittance. Il n'en est pas de même de la femme mariée, dont la situation, à cet égard, dépend du régime matrimonial : communauté, exclusion de communauté, séparation de biens, régime.dotal.

914. *Communauté.* — La communauté est légale, régime de droit commun en France, soit à défaut de contrat de mariage, soit lorsque ce contrat porte la simple déclaration qu'on se marie sous le régime de la communauté (1). La communauté conventionnelle suppose l'existence d'un contrat de mariage qui apporte au régime légal l'une des modifications prévues par l'article 1497 du Code civil. D'une manière générale « le mari administre seul les biens de la communauté; il peut les vendre, aliéner et hypothéquer sans le concours de la femme » (2). En conséquence, si la communauté est créancière de l'État, la quittance sera valablement donnée par le mari seul. Il en est ainsi, bien entendu, lorsque la créance se réfère à un bien propre du mari. Si, au contraire, elle concerne un bien propre de la femme, diverses hypothèses doivent être envisagées.

915. Sous le régime de communauté légale « le mari a l'administration de tous les biens personnels de la femme; il peut exercer seul toutes les actions mobilières et possessoires qui appartiennent à la femme; il ne peut aliéner les immeubles personnels de sa femme sans son consentement (3) ». Le mari joue ici le rôle d'un administrateur. Il fait notamment seul les baux concernant les biens de sa femme (4). Il a le droit de donner seul quittance des créances mobilières appartenant en propre à sa femme; même si ces créances se rapportent à la vente d'un immeuble aliéné du consentement de celle-ci, car ce prix de vente constitue une créance mobilière. Sous le régime de communauté conventionnelle, le mari reste, en principe, administrateur des biens propres de la femme, mais rien ne s'oppose à ce que celle-ci se réserve, par une clause du contrat de mariage, l'administration de ses biens propres (5), auquel cas elle intervient elle-même au payement des créances concernant ces propres. Enfin, le contrat de mariage peut contenir une clause de remploi des biens propres de la femme. Cette clause ne rend pas ces biens inaliénables, mais subordonne le payement de leur prix à la justification du remploi (6); insérée dans le contrat de mariage, elle oblige les parties, et la femme ne peut y renoncer

au cours du mariage (1). Il appartient à l'autorité judiciaire de décider, d'après l'intention des parties, si la clause de remploi est opposable aux tiers contractants, c'est-à-dire si ces tiers sont obligés, pour se libérer valablement, de s'assurer de la réalité du remploi (2). Si cette obligation existe, le comptable devrait, avant de payer entre les mains du mari, réclamer la preuve du remploi, par exemple de l'acquisition d'un immeuble aux lieu et place du bien propre aliéné de la femme (3) : dans ce cas, le prix est d'ordinaire versé entre les mains du vendeur de l'immeuble acquis en remploi, et ce vendeur signe la quittance avec le mari. La justification de remploi n'est pas exigée lorsque la valeur en capital de l'immeuble n'excède pas 500 francs (4).

916. *Régime sans communauté.* — Lorsque le contrat de mariage porte que les époux se marient sans communauté, le mari conserve l'administration des biens meubles et immeubles de la femme, et, par suite, le droit de percevoir tout le mobilier qu'elle apporte en dot ou qui lui échoit pendant le mariage. Mais il peut être convenu que la femme touchera annuellement, sur ses seules quittances, certaines portions de ses revenus pour son entretien et ses besoins personnels (5). Les formalités relatives aux payements concernant les propres de la femme sont les mêmes que sous le régime de communauté.

917. *Séparation de biens.* — Sous le régime de séparation de biens, la femme conserve l'entière administration de ses biens meubles et immeubles et la jouissance libre de ses revenus. Elle ne peut cependant aliéner ses immeubles sans le consentement du mari ou l'autorisation de justice (6). Dans cette hypothèse les paiements relatifs aux biens de la femme sont valables sur sa seule quittance; même en ce qui concerne le prix d'un immeuble aliéné avec l'autorisation du mari ou de justice.

918. *Régime dotal.* — Tous les biens de la femme qui n'ont pas été constitués en dot sont paraphernaux : la femme en a l'administration et la jouissance dans les mêmes conditions que sous le régime de séparation de biens (7). Le mari a seul l'administration des biens dotaux pendant le mariage; il en poursuit les débiteurs et détenteurs, en perçoit les fruits et intérêts, et reçoit les remboursements de capitaux. Il peut cependant être convenu que la femme touchera sur ses seules quittances une partie de ses revenus (8). Mais les immeubles dotaux ne peuvent être aliénés ou hypothéqués durant le mariage ni par le mari, ni par la femme, ni par les deux conjointement, sauf dans les cas prévus par les articles 1555 à 1559 du Code civil (9). Lorsque cette aliénation est permise, le comptable devrait se préoccuper, avant le

---

(1) C. civ., art. 1400.
(2) *Ibid.*, art. 1421.
(3) *Ibid.*, art. 1428.
(4) *Ibid.*, art. 1429 et 1430.
(5) *Ibid.*, art. 1525.
(6) Cass., 19 juillet 1865.

(1) Limoges, 11 décembre 1863.
(2) Cass., 7 avril 1879.
(3) C. civ., art. 1435.
(4) Règl. Fin., 26 décembre 1866, p. 125. *Nota.*
(5) C. civ., art. 1530 à 1535.
(6) *Ibid.*, art. 1536 et 1538.
(7) *Ibid.*, art. 1574 à 1576.
(8) *Ibid.*, art. 1549.
(9) *Ibid.*, art. 1554.

payement du prix, de la question du remploi conventionnel ou légal (1).

Lorsqu'une femme française est mariée à un étranger, si le mariage a lieu en France et avec un contrat français, ce contrat détermine la capacité des parties. Si le mariage a lieu en France sans contrat, ou à l'étranger, le comptable devra exiger, à l'effet de déterminer la capacité de la femme, un certificat de coutume légalisé par le consul français et par le ministère des Affaires étrangères, et traduit, s'il y a lieu, par un traducteur assermenté.

919. Le régime matrimonial peut être modifié, au cours du mariage, par une décision judiciaire prononçant soit la séparation de biens, soit la séparation de corps qui emporte séparation de biens par voie de conséquence. La séparation de biens judiciaire a les mêmes effets que la séparation contractuelle. La séparation de corps rend en outre à la femme sa pleine capacité (2), notamment en ce qui concerne l'aliénation des immeubles; mais, comme elle ne dissout pas le mariage, elle laisse subsister l'inaliénabilité des immeubles dotaux. La séparation de biens judiciaire, principale ou accessoire à la séparation de corps, peut cesser, du consentement des époux constaté par acte notarié affiché au tribunal de première instance, ou par la reprise de la vie commune constatée de la même manière et, en outre, mentionnée en marge de l'acte de mariage et du jugement ou de l'arrêt de séparation de corps.

920. Avant de faire un payement à une femme séparée judiciairement de biens ou de corps, le comptable doit se faire représenter une expédition de la décision de séparation; s'assurer que cette décision est devenue définitive, qu'elle a été affichée sur le tableau des tribunaux civil et de commerce (3), que la décision ayant prononcé la séparation de corps n'est pas frappée d'un pourvoi en cassation suspensif de son exécution (4); qu'enfin la séparation n'a pas cessé dans les conditions qui ont été déterminées.

921. Par les explications précédentes, on voit qu'en général, avant de procéder à un payement concernant une femme mariée, le comptable devra connaître le régime matrimonial; savoir notamment s'il existe ou non un contrat ayant fixé ce régime. La production de l'acte de mariage le renseignera à cet égard, grâce aux mesures qui ont été prises par la loi du 10 juillet 1850 (5).

922. Si l'acte de mariage énonce l'existence d'un contrat, le comptable devrait se faire représenter l'extrait de ce contrat, à l'effet de déterminer la capacité de la femme mariée.

923. On comprend maintenant les prescriptions du réglement du ministère des Finances du 26 décembre 1866 (6)

qui, pour le payement du prix d'immeubles appartenant à des femmes mariées, exige la production, en dehors des pièces justificatives ordinaires, de l'acte de mariage; d'un extrait du contrat de mariage à l'effet de faire connaître le régime sous lequel les époux sont mariés et les dispositions relatives au remploi; les acquits de la femme et du mari (1), ou, à défaut de l'acquit du mari, l'autorisation du tribunal; le jugement du tribunal autorisant la vente, s'il y a lieu; la justification du remploi dans le cas où il est prescrit par le contrat de mariage ou par un jugement et où l'acquéreur en est responsable. Le règlement ajoute que, pour les immeubles dont la valeur en capital n'excède pas 500 francs, la production du contrat de mariage n'est pas exigée, et, lors même que les femmes sont mariées sous le régime dotal, le payement peut être fait sans justification de remploi.

924. La femme mariée qui, avec l'autorisation de son mari, exerce un commerce séparé de celui de ce dernier, peut, quel que soit son régime matrimonial, donner sans l'assistance du mari quittance d'un mandat de fournitures qu'elle a effectuées au titre de son commerce (2). D'après l'article 7 du Code de commerce, elle peut aussi engager, hypothéquer et aliéner ses biens immeubles à l'exception des biens stipulés dotaux sous le régime dotal. L'article 1er de la loi du 13 juillet 1907 relative au libre salaire de la femme mariée dispose que, sous tous les régimes, la femme a, sur les produits de son travail permanent et les économies en provenant, les mêmes droits d'administration que l'article 1449 du Code civil donne à la femme séparée de biens (3).

925. En cas d'absence du mari, et après la déclaration d'absence, la femme commune en biens qui opte pour la continuation de la communauté peut empêcher l'envoi en possession provisoire des héritiers et prendre par préférence l'administration des biens de l'absent. Elle joue alors le rôle d'administrateur des biens communs, de ses biens propres et des propres du mari absent. Si la femme demande la dissolution provisoire de la communauté, elle exerce ses reprises et ses droits légaux ou conventionnels, à charge de donner caution. Elle administre tous les biens qui lui font retour (4). L'option pour la continuation ou la dissolution de la communauté n'est possible que pour la femme commune en biens; et, sous les autres régimes matrimoniaux, l'envoi en possession provisoire est un droit pour les héritiers.

L'envoi en possession définitif équivaut à la dissolution du mariage, et la femme recouvre alors son entière capacité.

---

(1) C. civ., art. 1557 à 1559.
(2) L. 6 février 1893.
(3) C. civ., art. 1445; C. proc. civ., art. 872.
(4) L. 6 février 1893.
(5) Pour un mariage antérieur à cette loi, hypothèse de plus en plus rare, le comptable ne pourrait que s'en référer aux déclarations des intéressés relativement au régime matrimonial.
(6) Page 125, § 3.

(1) La quittance du mari est suffisante si la femme est mariée sous le régime de communauté. (V. régl. 12 juillet 1893, sur la comptabilité départementale; nomenclature, p. 112, note 1.)
(2) C. com. art. 4 et 5. Mémorial des Percepteurs, 1872, p. 309.
(3) La femme peut en faire emploi en acquisitions de valeurs mobilières ou immobilières et peut, sans l'autorisation de son mari, aliéner à titre onéreux les biens ainsi acquis. La validité des actes faits par la femme est subordonnée à la seule justification, faite par un acte de notoriété ou par tout autre moyen mentionné dans la convention, qu'elle exerce personnellement une profession distincte de celle de son mari; la responsabilité des tiers, avec lesquels elle a traité en fournissant cette justification n'est pas engagée.
(4) C. civ., art 124.

925 bis. Cette dissolution se produit également par le divorce. La femme divorcée est considérée comme non mariée, elle doit seulement justifier le divorce, par la production d'un extrait de l'acte de divorce, s'il est antérieur à la loi du 18 avril 1886; ou de l'acte de l'état civil contenant la mention marginale de la décision judiciaire qui a prononcé le divorce (1).

926. *Mineurs.* — Le père est, durant le mariage, administrateur des biens personnels de ses enfants mineurs (2). Le rôle d'administrateur confère au père le droit d'aliéner, sans autorisation de justice, les biens de son enfant mineur (3). Un employé mineur peut toucher, sur sa seule quittance, en vertu de l'autorisation de son père (ou de son tuteur) son traitement ou son salaire : cette autorisation est considérée comme valable tant qu'elle n'a pas été révoquée (4). Le père (ou le tuteur) peut aussi donner au mineur le mandat tacite de toucher les sommes peu importantes (5). En dehors de ces cas, l'administrateur légal doit intervenir au payement, même pour le prix d'objets provenant de l'art ou de l'industrie du mineur.

927. Après la dissolution du mariage, l'administration des biens du mineur est confiée au tuteur légal, datif ou testamentaire (6). Dans toute tutelle, le conseil de famille désigne un subrogé-tuteur qui doit agir pour les intérêts du mineur lorsqu'ils sont en opposition avec ceux du tuteur (7).

928. Le tuteur est administrateur des biens du mineur. Suivant l'importance des divers actes, il peut les faire, soit seul, soit avec l'autorisation du conseil de famille, soit avec l'homologation du tribunal.

929. Lorsque le tuteur se présente pour donner quittance au nom du mineur, le comptable doit s'assurer, tout d'abord, de la qualité du tuteur. Cette qualité résulte d'ordinaire d'un certificat de propriété ou d'un intitulé d'inventaire. Elle pourrait aussi être établie par une délibération du conseil de famille (tutelle dative), par un certificat de notoriété (tutelle légitime), par une déclaration d'acceptation devant notaire ou devant le juge de paix (tutelle testamentaire). Le comptable doit, en outre, suivant les cas, exiger la production de l'autorisation du conseil de famille ou du jugement d'homologation. Il a également à se préoccuper de la question du remploi (8). En ce qui concerne notamment le payement du capital de rentes remboursées pour le compte d'un mineur, ce paiement est fait entre les mains du père, administrateur légal, ou du tuteur, à charge par eux de justifier de leur qualité; il n'y a lieu d'exiger, en cas de tutelle et quelle que soit la somme à rembourser, ni l'assistance du subrogé-tuteur, ni aucune délibération du conseil de famille ou jugement d'homologation pris spécialement à l'effet d'habiliter le tuteur à toucher la somme provenant du remboursement (1). En ce qui concerne le remploi, une décision du ministre des Finances du 23 décembre 1854 a admis qu'« en matière de cession amiable de biens de mineurs, interdits ou incapables, comme en matière d'expropriation par jugement pour cause d'utilité publique, le Trésor peut se libérer entre les mains du tuteur sans exiger la justification préalable d'un remploi ou d'une collocation, lorsque cette condition n'a été imposée ni par une délibération du conseil de famille, ni par le jugement qui a autorisé la cession amiable, ni par celui qui a prononcé l'expropriation ». Enfin, le règlement du ministère des Finances du 26 décembre 1866 (2) exige, à l'appui du payement de prix d'immeubles appartenant à des mineurs, interdits, absents ou incapables, le jugement autorisant la vente, et la justification du remploi dans le cas où cette mesure serait prescrite par le jugement et où l'acquéreur en serait responsable.

930. L'incapacité du mineur cesse en partie par l'émancipation, tacite résultant du mariage, ou expresse résultant de la déclaration du père ou de la mère reçue par le juge de paix, ou de la délibération du conseil de famille suivie de la déclaration du juge de paix (3). La capacité du mineur émancipé est déterminée par les articles 481 à 487 du Code civil. Il peut faire seul tous les actes de pure administration et donner décharge de ses revenus. Il a besoin de l'assistance de son curateur, notamment pour recevoir un capital mobilier et en donner décharge (4). L'emprunt et l'aliénation des immeubles nécessitent une délibération du conseil de famille et l'homologation du tribunal. Le comptable devra donc exiger suivant les cas la quittance du mineur émancipé seul; ou en outre celle du curateur, ainsi que la production des autorisations requises, et la preuve du remploi s'il y a lieu. Enfin, le mineur émancipé qui fait un commerce est réputé majeur pour les faits relatifs à ce commerce (5).

931. *Interdit.* — L'interdiction est légale, résultant de certaines peines criminelles; ou judiciaire, prononcée contre les personnes en état habituel d'imbécillité, de démence ou de fureur, par jugement du tribunal de première instance ou par arrêt de la Cour d'appel qui doit être affiché dans l'auditoire et dans les études de notaires de l'arrondissement (6). L'interdit est assimilé au mineur pour sa personne et pour ses biens, les lois sur la tutelle des mineurs s'appliquent à la tutelle des interdits (7). Lorsqu'au cours de l'instance en interdiction, un administrateur provisoire a été nommé, il représente l'aliéné et donne quittance en son nom sur la production d'un extrait du jugement qui l'a nommé.

---

(1) C. civ., art. 251; L. 18 avril 1886, art. 1er.
(2) C. civ., art. 389.
(3) Trib. Seine, 17 décembre 1876; *Ibid.*, 27 avril 1882; Amiens, 11 juin 1890; Circ. Dette inscrite, 10 mars 1880, § 4.
(4) V. *Dictionnaire des percepteurs*; V. *Mineurs*, p. 222.
(5) Cette autorisation tacite résulterait notamment du fait que le mineur vit en dehors de sa famille, et suffit seul à ses besoins.
(6) C. civ., art. 390, 395, 396, 397, 402 et 405.
(7) C. civ., art. 420.
(8) V. notamment C. civ., art. 457 et 458.

(1) Circ. compt. publ., 31 mars 1890, § 2.
(2) Nomenclature, p. 125, § 2.
(3) C. civ., art. 476, 477 et 478.
(4) Cette disposition ne s'applique pas au mineur émancipé du vivant de son père et mère, ni au mineur émancipé par le mariage. (L. 27 février 1880, art. 4.)
(5) C. civ., art. 487; C. commerce, art. 2, 3 et 6.
(6) C. civ., art. 489 et suiv.
(7) C. civ., art. 509.

932. *Autres incapables.* — Le prodigue ou le faible d'esprit peuvent être pourvus d'un conseil judiciaire par jugement ou arrêt. Ils ne peuvent, sans l'assistance de ce conseil, plaider, transiger, recevoir un capital mobilier et en donner décharge, aliéner, hypothéquer leurs biens (1). Dans ce cas, le payement doit être fait sur la double quittance du prodigue et du conseil judiciaire, ce dernier justifiant de sa qualité par l'extrait du jugement qui l'a nommé.

933. Lorsqu'un aliéné non interdit est placé dans un établissement privé d'aliénés, un administrateur provisoire lui est nommé par le tribunal. S'il est placé dans un établissement public d'aliénés (2), la commission administrative lui fait nommer un administrateur provisoire par le tribunal, ou désigne un de ses membres pour remplir cette fonction : les sommes recouvrées par cet administrateur sont versées dans la caisse de l'établissement, et la quittance à souche du receveur doit être exigée.

934. Les enfants assistés admis dans les hospices sont placés sous la tutelle d'un des membres de la commission administrative. La gestion des deniers pupillaires, c'est-à-dire des sommes appartenant aux enfants assistés, confiée antérieurement au receveur de l'hospice, appartient depuis la loi du 18 décembre 1906 au trésorier-payeur général, et, pour le département de la Seine, au receveur de l'assistance publique de Paris (3).

935. L'assistance publique, représentée par les inspecteurs départementaux, et, à Paris, par le directeur, a la tutelle des enfants maltraités ou moralement abandonnés dont les parents sont déchus de la puissance paternelle et qui n'ont pas un tuteur de droit commun (4).

936. En cas d'absence présumée, s'il n'y a pas de mandataire, le tribunal peut désigner un curateur chargé notamment d'encaisser les créances de l'absent (5). L'absence déclarée par jugement est suivie de l'envoi en possession provisoire des biens de l'absent au profit des héritiers, à charge de donner caution, et de faire emploi en cas de vente (6). Nous avons déterminé les droits du conjoint en cas de déclaration d'absence (7). Si l'absence a continué pendant trente ans depuis l'envoi en possession provisoire, ou s'il s'est écoulé cent ans révolus depuis la naissance de l'absent, les cautions sont déchargées, les ayants droit peuvent demander le partage des biens de l'absent et faire prononcer l'envoi en possession définitif par le tribunal de première instance (8).

937. Le failli perd l'administration de ses biens, et c'est le syndic définitif qui a qualité pour donner quittance des sommes revenant à la faillite (9). Il doit remettre au payeur un extrait en due forme du jugement qui l'a nommé. Pour les sommes peu importantes, la Caisse centrale du Trésor (et les autres payeurs) réclament seulement une autorisation de toucher par le juge commissaire, timbrée et légalisée. S'il y a plusieurs syndics, ils doivent en principe agir collectivement, mais le juge commissaire peut autoriser spécialement l'un d'eux à donner quittance (1).

Le commerçant admis au bénéfice de la liquidation judiciaire n'est pas dessaisi de l'administration de ses biens; mais il ne peut agir qu'avec l'assistance du liquidateur, ce dernier justifiant de sa qualité : leur double intervention est nécessaire à la validité du payement. Le concordat replace le failli ou la personne en état de liquidation judiciaire à la tête de ses affaires : sa quittance est alors seule requise, appuyée d'une expédition du jugement d'homologation du concordat et d'un extrait du procès-verbal du juge-commissaire constatant que ce jugement a acquis l'autorité de la chose jugée.

§ 6. — *Intervention des tiers.*

ARTICLE PREMIER. — *Oppositions. Saisissabilité.*

938. Les articles 557 et 558 du Code de procédure civile autorisent les créanciers à saisir, arrêter entre les mains d'un tiers, en vertu de titres authentiques ou privés, les sommes ou deniers appartenant à leurs débiteurs, et à s'opposer à leur remise. La saisie-arrêt peut aussi être autorisée sur requête, et, en l'absence de titres, par le juge du domicile du débiteur ou du tiers saisi. Ces règles du droit commun sont applicables, sous certaines conditions particulières, aux sommes dues par l'État. Nous devons examiner dans quelle mesure ces sommes peuvent être frappées d'oppositions, dans quelles conditions les oppositions doivent être faites, et quels en sont les effets; nous verrons aussi la législation spéciale relative aux cautionnements en numéraire et aux salaires et petits traitements.

939. *Règles de saisissabilité* — Les sommes dues par l'État peuvent être, en principe, frappées d'opposition pour la totalité de la créance. Le droit des créanciers opposants est primé par certains privilèges; et, d'autre part, certaines créances bénéficient d'une insaisissabilité totale ou partielle.

940. *Privilège du Trésor.* — Le privilège du Trésor pour le recouvrement des contributions directes s'exerce avant tout autre : 1º pour la contribution foncière de l'année échue et de l'année courante, sur les récoltes, fruits, loyers et revenus des biens immeubles sujets à la contribution; 2º pour l'année échue et l'année courante des contributions mobilière, des portes et fenêtres, des patentes et de toute autre contribution directe et personnelle, sur tous les meubles et effets mobiliers appartenant aux redevables en quelque lieu qu'ils se trouvent (2).

Ces dispositions sont applicables aux taxes commu-

---

(1) C. civ., art. 513.
(2) L. 30 juin 1838, art. 31 et 32.
(3) L. 18 décembre 1906, sur le service des enfants assistés, art. 1ᵉʳ, modifiant l'article 15 de la loi du 27 juin 1904.
(4) L. 24 juillet 1889.
(5) C. civ., art. 112 et 113.
(6) *Ibid.*, art. 120 et 126.
(7) V. *Supra* nº 925.
(8) C. civ., art. 129.
(9) C. comm., art. 471 et 489.

---

(1) C. comm., art. 465.
(2) L. 12 novembre 1808, art. 1ᵉʳ.

nales assimilées aux contributions directes, et le privilège des communes prend rang après celui du Trésor (1).

941. Le recouvrement des droits et amendes de timbre jouit du même privilège que les contributions directes (2).

Les dépositaires et débiteurs de deniers appartenant aux redevables et affectés au privilège doivent payer, sur demande, et en l'acquit des redevables, les contributions dues par ces derniers, à concurrence des fonds qu'ils ont entre les mains ou qu'ils doivent (3).

942. Les comptables sont obligés à payer les taxes, soumises au privilège, d'abord à l'État, ensuite aux communes, sur les fonds dont les redevables sont créanciers, nonobstant toute opposition à l'encontre des contribuables; à moins que ceux-ci ne soient déjà dessaisis par l'effet d'un transport ou d'un jugement attributif au profit d'un tiers.

943. *Privilège des sous-traitants de la guerre.* — Les sous-traitants des fournisseurs de la guerre qui ne sont pas payés de leurs fournitures par l'entrepreneur principal doivent déposer les pièces justificatives de leur créance au ministère de la guerre. Il leur est délivré un bordereau détaillé qui forme titre et leur donne un privilège spécial, sauf les droits du Gouvernement et nonobstant toute cession ou transport par l'entrepreneur, sur le cautionnement de ce dernier et sur les fonds qui lui seraient dus par le Gouvernement pour ses fournitures (4). Ces bordereaux sont signifiés en tête des exploits d'oppositions. Ce privilège s'étend à toutes les sommes dues à l'entrepreneur principal pour l'exécution de son marché et à titre de cautionnement (5).

944. *Travaux publics.* — La loi du 26 pluviôse an II a interdit aux créanciers particuliers de faire des saisies-arrêts sur les fonds destinés aux entrepreneurs de travaux pour le compte de l'État, dans le but de conserver à ces fonds leur affectation spéciale et immédiate à l'exécution de ces travaux. Cette interdiction étendue par la loi du 25 juillet 1891 à tous les travaux ayant le caractère de travaux publics — et par l'article 18 de la loi du 29 décembre 1892 aux occupations et fouilles de terrains pour les travaux publics — s'exécute de la manière suivante.

945. La loi distingue les paiements d'acomptes et ceux de solde.

Les acomptes sont exclusivement applicables aux dépenses nécessitées par l'exécution des travaux; les ouvriers, les fournisseurs de matériaux, les propriétaires de terrains occupés ou fouillés, peuvent seuls former sur ces acomptes des saisies-arrêts ou oppositions. Les créances des ouvriers, à raison de salaires, jouissent d'un droit de préférence sur celles des fournisseurs.

946. Les sommes qui forment la retenue de garantie et qui restent dues après la réception des travaux sont,

au contraire, considérées comme le bénéfice de l'entrepreneur et sont saisissables, non seulement par les ouvriers, fournisseurs et propriétaires de terrains, mais encore par les créanciers particuliers. La retenue de garantie ne peut être réduite par l'ordonnateur que sur la production d'un certificat délivré par le payeur, constatant que le montant de ladite retenue n'est grevé d'aucune opposition ou signification de transport.

947. Le privilège est spécial à chaque entreprise. Si le même entrepreneur a plusieurs entreprises distinctes, les créanciers privilégiés sur l'une sont des créanciers ordinaires sur les autres. Si plusieurs lots sont adjugés, par adjudications distinctes, au même entrepreneur, on considère qu'il y a autant d'entreprises que d'adjudications (1).

948. Si de deux entrepreneurs solidaires l'un tombe en faillite, il n'est rien modifié au privilège des ouvriers, fournisseurs et propriétaires de terrains sur les mandats d'acomptes. Le gérant institué à la place de l'entrepreneur failli, par le syndic, est considéré comme le continuateur de l'entrepreneur. Si un régisseur est institué par l'Administration aux risques et périls de l'entrepreneur défaillant, les travaux étant exécutés directement par les agents de l'Administration, les créanciers de l'entrepreneur, privilégiés ou non, n'ont aucun droit sur les sommes qui ne lui ont jamais appartenu (2).

949. Si l'Administration n'a contracté qu'avec un seul adjudicataire, elle n'a pas à se préoccuper des associés de celui-ci; ces associés n'auraient pas qualité pour toucher les mandats délivrés au nom de l'entrepreneur; sauf leur droit d'opposition s'ils se prétendent créanciers privilégiés.

950. Les délégations consenties par un entrepreneur à des tiers ne leur confèrent aucun droit de préférence sur les ouvriers, fournisseurs et propriétaires, alors même qu'elles auraient pour objet le remboursement de fonds spécialement avancés pour payer ces créanciers; car l'article 3 de la loi du 26 pluviôse an II n'a pas compris dans les causes d'oppositions privilégiées l'argent prêté aux entrepreneurs, même pour la confection des ouvrages (3). Les transports ne doivent donc être reçus par les payeurs que sous réserve expresse des droits des créanciers privilégiés (4).

Une décision du ministre des Finances du 13 janvier 1858 assimile les géomètres du cadastre aux entrepreneurs de travaux publics : les règles qui précèdent leur sont applicables.

951. *Traitements civils.* — Il y a lieu de distinguer suivant qu'ils sont ou ne sont pas supérieurs à 2,000 fr. (5).

---

(1) L. 30 mars 1902, art. 58.
(2) L. 28 avril 1816, art. 76.
(3) L. 12 novembre 1808, art. 2.
(4) D. 12 décembre 1806, art. 1er et 2.
(5) Cass. 18 mars 1818; 20 février 1828; 4 mars 1889; V. Instr. de 1906 sur les oppositions, p. 113, 114 et 125.

(1) Lettre min. Trav. publ., 16 mars 1845.
(2) Déc. min. Fin., 2 novembre 1841.
(2) Déc. min. Fin., 6 mai 1836.
(4) Le créancier qui a fait une avance de fonds peut se prétendre privilégié, s'il est porteur d'une quittance subrogative (Cour de Colmar, 21 décembre 1844), ou de l'état des journées ou des comptes des fournisseurs payés directement, de ses deniers, par lui ou ses agents. (C. État., 22 mars 1813.)
(5) Pour les traitements ne dépassant pas 2,000 francs. V. *infra* nos 1007 et suiv.

Les traitements civils dépassant 2,000 francs par an, ne sont saisissables qu'à concurrence de 1/5e sur les premiers 1,000 francs; 1/4 sur les 5,000 francs suivants; 1/3 sur la portion excédant 6,000 francs, à quelque somme qu'elle s'élève, et ce jusqu'à l'entier acquittement des créances (1). Le montant de la retenue doit être calculé sur le traitement brut, sans déduction du prélèvement pour retraite ou congé. La portion insaisissable peut être saisie pour cause d'aliments, dans la proportion déterminée par le juge (2). Les indemnités, gratifications et autres allocations, sont assimilées aux traitements, et la portion saisissable est déterminée par l'indemnité et le traitement cumulés.

952. La portion insaisissable doit rester libre pour le titulaire. Un transport ou une délégation de traitement ne peut être reçue que pour valoir sur la portion saisissable seulement (3). Si la délégation est faite pour aliments, elle est reçue purement et simplement, peut porter sur tout le traitement, mais est primée par l'opposition faite sur la portion saisissable.

953. Les traitements des ambassadeurs, ministres et agents diplomatiques sont insaisissables (4).

Il en est de même des sommes allouées à titre de remboursement d'avances ou de payement de frais relatifs à l'exécution d'un service public : frais fixes, frais de bureau, de tournées, de déplacements, de découchers, etc. Cette règle s'applique aux sommes allouées aux directeurs des contributions directes pour frais de bureau, confection des matrices cadastrales (5) et des rôles; et aux sommes allouées aux contrôleurs des contributions directes pour frais de tournées et mutations cadastrales (6). Si une opposition porte à la fois sur le traitement et sur ces allocations, elle n'est reçue que pour valoir sur la portion saisissable du traitement (7).

Nous examinerons plus loin les conditions de saisissabilité des salaires des ouvriers et gens de service (8).

954. *Traitements militaires. — Dettes envers l'État. —* Les officiers, employés militaires et assimilés, des troupes métropolitaines et coloniales, en activité, en disponibilité, en non-activité, en jouissance d'une solde de réforme et les officiers généraux du cadre de réserve, sont passibles de retenues sur leur solde pour dettes envers l'État. Les ministres de la Guerre ou des Colonies ont seuls le droit de prescrire ces retenues quand les intéressés contestent leur qualité de débiteur ou la somme à mettre à leur charge. Les retenues ne peuvent excéder 1/5e de la solde nette pour les traitements supérieurs à 2,000 fr., sauf décision contraire du ministre; et 1/10e pour les traitements ne dépassant pas 2,000 francs (9). Les retenues sont toujours limitées au 1/10e pour le recouvrement des prix de pensions d'enfants de troupe dans les écoles militaires préparatoires (1). Les retenues sur la solde des officiers et assimilés des troupes coloniales débiteurs d'une partie de leur pension dans les écoles militaires sont fixées au 1/5e pour les officiers supérieurs, au 1/10e pour les capitaines, au 1/20e pour les lieutenants. Toute retenue est ajournée pour les sous-lieutenants et assimilés jusqu'à leur promotion au grade supérieur (2).

Les retenues sur la solde des officiers de gendarmerie, sous-officiers, brigadiers et gendarmes en activité de service s'exercent dans les mêmes conditions, sur la solde nette, déduction faite pour les sous-officiers, brigadiers et gendarmes, du prélèvement de la portion qui doit être versée à la masse individuelle, sauf décision contraire du ministre (3).

955. L'autorité maritime peut prescrire sur la solde des officiers, aspirants, fonctionnaires et agents de la marine des retenues de 1/5e ou même, sur décision du ministre, de 1/3 de la solde nette. En cas de débarquement, après avances reçues et non acquises, la retenue est de 1/3 sauf décision contraire du ministre. Les retenues pour dettes envers l'État sont indépendantes de celles déjà subies, mais l'ensemble des retenues ne peut excéder les 2/3 ou la moitié suivant que l'officier ou assimilé est embarqué, ou qu'il est à terre ou en non-activité (4).

956. *Dettes alimentaires.* — Les ministres peuvent prescrire sur la solde des retenues pour aliments dans les cas prévus par les articles 203 à 205 et 214 du Code civil (5); à concurrence du 1/3 de la solde nette, et indépendamment de toute retenue pour autre cause. Pour les sous-officiers et brigadiers de gendarmerie et les gendarmes, ce 1/3 est calculé, déduction faite du prélèvement au profit de la masse. Dans la marine l'ensemble des retenues ne peut excéder les 2/3 ou la moitié suivant les distinctions établies plus haut. La retenue est opérée par déduction sur les mandats ou états de solde et le montant en est ordonnancé et payé aux personnes au profit desquelles la retenue est prescrite, sur la production d'un certificat de retenue et suivant le mode fixé par les délégations. Si des oppositions étaient formées, en vertu d'un jugement ou d'une permission du juge, pour les causes susénoncées, les payeurs les recevraient, ou informeraient l'intendant militaire ou l'Administration de la marine, et retiendraient la somme fixée par le juge. En cas de décès de la personne secourue, sa succession a droit aux sommes retenues jusqu'au jour du décès. Le surplus fait retour à celui qui subissait la retenue (6).

(1) L. 21 ventôse an IX.
(2) C. civ., art. 203 et suiv. et 349; C. proc. civ., art. 582; C. Paris, 28 août 1842.
(3) Déc. min. Trésor, 12 mars 1808.
(4) D. 25 novembre 1810.
(5) Déc. min. Fin., 22 janvier 1838.
(6) Déc. min. Fin., 19 octobre 1839.
(7) Déc. min. Fin., 22 janvier 1838.
(8) V. *infra*, nos 1607 et suiv.
(9) L. 12 janvier 1895, art. 1er; D. 29 mai 1890, art. 80; D. 29 décembre 1903, art. 24.

(1) L. 19 juillet 1884, art. 5.
(2) D. 29 décembre 1903, art. 24.
(3) L. 12 janvier 1895, art. 1er; D. 3 janvier 1903, art. 58.
(4) D. 24 septembre 1896, art. 117 et 124.
(5) Des retenues sur la solde coloniale peuvent aussi être faites pour aliments dans les cas des articles 206 (gendres et belles-filles) et 349 (adopté et adoptant) du Code civil. (D. 29 décembre 1903, art. 26.)
(6) D. 29 mai 1890, art. 82; D. 29 décembre 1903, art. 26.; Règl. 3 janvier 1903, art. 60; D. 24 septembre 1896, art. 120 et 124.

957. *Dettes ordinaires.* — Des retenues peuvent avoir lieu sur la solde nette, en vertu d'oppositions juridiques ou de saisies-arrêts, ou, à leur défaut, de l'autorisation du ministre, ou des commandants en chef à la mer hors de France, à concurrence de 1/5ᵉ pour les traitements supérieurs à 2,000 francs et de 1/10ᵉ pour les traitements ne dépassant pas 2,000 francs (1). Les soldes supérieures à 2,000 francs ne peuvent faire l'objet de cessions que dans la limite de la portion saisissable; celles de 2,000 fr. et au-dessous ne peuvent être cédées que pour 1/10ᵉ toutes réserves faites en ce qui concerne les délégations pour la subsistance et l'entretien de la famille (2). Pour la solde des troupes métropolitaines et de la gendarmerie, les chefs de corps peuvent prescrire les retenues prévues par les règlements sur le service intérieur des corps de troupes (3).

958. *Solde de réforme.* — La solde de réforme ne peut être saisie ni cédée sauf pour débet envers l'État ou les corps, et pour aliments (4).

L'indemnité, la première mise d'entretien et la prime de rengagement des sous-officiers, des quartiers-maîtres et des marins sont saisissables en totalité par voie d'oppositions ou saisies-arrêts (5).

L'indemnité de gestion des services administratifs est assimilée à la solde. Il en est de même des indemnités de service allouées aux officiers retraités rapporteurs des conseils de guerre, ou employés dans les établissements pénitentiaires, les bureaux de recrutement, ou occupant tout autre emploi militaire rétribué sur les fonds de la solde.

959. Sont insaisissables les indemnités pour frais de service, pour frais de bureau, en rassemblement, de vivres, allouées au titre du service de routes, aux troupes en marche, aux officiers employés comme vaguemestres aux armées, de première mise d'équipement, d'entrée en campagne, pour perte de chevaux et d'effets (6).

960. Les dispositions sur les retenues de la marine sont applicables, en dehors des officiers et aspirants, aux agents divers à la nomination des vice-amiraux commandant en chef, préfets maritimes, chefs de service dans les ports secondaires et directeurs des établissements hors des ports. Mais elles ne concernent pas les agents de l'Administration centrale, ni les fonctionnaires et employés civils, ni les ouvriers, qui restent soumis aux lois du 21 ventôse an IX et du 12 janvier 1895 (7).

961. Les parts de prises des marins des bâtiments de l'État sont insaisissables. La solde et accessoires des officiers mariniers, marins ou autres, faisant partie du personnel des équipages de la flotte, en activité ou en dispo-

nibilité, sont incessibles, excepté dans le cas de délégations de famille, et insaisissables, excepté dans les cas de dettes envers l'État, ou pour aliments, d'après les articles 203, 205 et 214 du Code civil (1).

962. *Pensions.* — Les pensions civiles et ecclésiastiques payées par l'État sont incessibles. Aucune saisie ou retenue ne peut être opérée du vivant du pensionnaire que jusqu'à concurrence d'un cinquième pour débet envers l'État ou pour créances privilégiées aux termes de l'article 2101 du Code civil, et d'un tiers pour aliments dans les circonstances prévues par les articles 203, 205, 206, 207 et 214 du même Code (2).

963. Les pensions militaires de retraite des armées de terre et de mer et leurs arrérages sont incessibles et insaisissables excepté pour débet envers l'État à concurrence d'un cinquième; et pour aliments, dans les circonstances prévues par les articles 203, 205 et 214 du Code civil, à concurrence d'un tiers (3). Toutefois, les débets pour prix de pensions d'enfants de troupe dans les écoles militaires préparatoires ne peuvent donner lieu qu'à une retenue d'un dixième (4). Les pensions de réforme, les gratifications de réforme permanentes ou renouvelables sont passibles de retenues dans les mêmes conditions (5). La jurisprudence a admis la saisissabilité, dans la mesure déterminée par les décisions judiciaires, en faveur des créanciers pour fournitures d'aliments aux pensionnaires ou à des personnes à leur charge. Les traitements de la Légion d'honneur et de la Médaille militaire peuvent, en vertu d'instructions de l'agent comptable de la grande Chancellerie, être l'objet de retenues pour débet ou pour aliments (6).

964. Les deux quotités saisissables ne peuvent être cumulées, les deux tiers des pensions devant rester à la disposition du titulaire. S'il existe à la fois sur une pension deux oppositions pour le cinquième et pour le tiers, la retenue ne peut excéder le tiers, et, à défaut d'entente amiable, les droits des opposants sont réglés judiciairement.

Il ne peut être reçu aucune signification de transport, cession ou délégation de pension, hors les cas où l'opposition est autorisée, et pour la portion saisissable.

965. *Décès du titulaire.* — La mort du titulaire fait cesser l'insaisissabilité des traitements civils et militaires et des arrérages de pensions. Tous les créanciers peuvent saisir intégralement les sommes restant dues à la succession (7).

966. *Secours.* — Les secours accordés par les ministères sont considérés comme provisions alimentaires et insai-

---

(1) Le ministre de la Marine peut autoriser des retenues excédant ce taux.
(2) D. 19 pluviôse an III; D. 19 mai 1890, art. 83; L. 12 janvier 1895, art. 1ᵉʳ, 2 et 3; D. 29 décembre 1903, art. 27; D. 3 janvier 1903, art. 61; D. 24 septembre 1896, art. 121 et 123.
(3) D. 29 mai 1890, art. 84; D. 3 janvier 1903, art. 62.
(4) D. 29 mai 1890, art. 133; D. 24 septembre 1896, art. 126.
(5) D. 29 mai 1890, art. 83; D. 29 décembre 1903, art. 27.
(6) Règl. 3 avril 1869 modifié, art. 190; Règl., 14 janvier 1869, art. 164.
(7) D. 24 septembre 1896, art. 179.

(1) D. 10 juillet 1895, art. 351 et 352.
(2) L. 9 juin 1853, art. 26.
(3) L. 11 avril 1831, art. 28; L. 18 avril 1831, art. 30; D. 31 mai 1862, art. 268; Règl. Guerre, 3 avril 1869, art. 192; Toulouse, 18 janvier 1840; Cass., 24 décembre 1883; Trib. Caen, 27 juillet 1891; Trib. Seine, 18 mai 1898.
(4) L. 19 juillet 1884, art. 5.
(5) L. 19 mai 1834, art. 20.
(6) Instr. Légion d'honneur, 1ᵉʳ décembre 1881, art. 39, 102 et 106; Cass., 10 juillet 1883.
(7) L. 19 février 1792, art. 7; Arr. 7 thermidor an X.

sissables sauf pour aliments, ou pour débet envers l'État dans les proportions déterminées par les décisions ministérielles (1).

Les indemnités, pensions et secours alloués en vertu de la loi du 27 juillet 1904 sur le service des enfants assistés, sont incessibles et insaisissables. Il en est de même des allocations faites aux nourriciers des colonies familiales pour l'entretien des aliénés (2), et du pécule de réserve remis aux détenus à leur sortie de prison (3).

Les secours accordés par l'État pour grêle, inondations, incendies, naufrages ou autres désastres sont insaisissables à titre de provisions alimentaires, sauf au profit des créanciers porteurs d'un titre postérieur à la décision d'allocation, et dans la portion dont la saisie est autorisée par les tribunaux (4).

967. *Dotations.* — Les dotations du mont de Milan sont insaisissables ; elles ne peuvent être déléguées que pour le payement de créances privilégiées, aux termes de l'article 2101 du Code civil, et jusqu'à concurrence de moitié (5). Les dotations sur les canaux d'Orléans et du Loing sont incessibles et insaisissables (6).

968. *Rentes sur l'État.* — Les rentes sur l'État sont insaisissables. Seuls, les propriétaires de rentes nominatives peuvent faire opposition au transfert ou au payement des arrérages (7). Les rentes au porteur et autres valeurs de même nature ne sont susceptibles d'aucune opposition, car le Trésor ne peut ni empêcher leur transmission, ni arrêter le payement de leurs arrérages (8).

969. *Réception des oppositions.* — D'après l'article 13 de la loi du 9 juillet 1836, toutes saisies-arrêts ou oppositions sur des sommes dues par l'État, toutes significations de cession ou transport desdites sommes, et toutes autres ayant pour objet d'en arrêter le payement, doivent être faites entre les mains des payeurs, agents ou préposés sur les caisses desquels les ordonnances ou mandats sont délivrés. Néanmoins, à Paris, pour les payements à effectuer à la caisse du payeur central du Trésor public, elles doivent être exclusivement faites entre les mains du conservateur des oppositions au ministère des Finances. Sont considérées comme nulles et non avenues toutes oppositions ou significations faites à toutes autres personnes que celles ci-dessus indiquées. Il n'est pas dérogé aux lois relatives aux oppositions à faire sur les capitaux et intérêts des cautionnements.

Ces prescriptions ont été déclarées applicables aux oppositions à faire en France sur les payements à effectuer au titre des services locaux des colonies (1).

970. Le payeur à qui est présentée une opposition concernant une dépense qui ne doit pas être acquittée par lui, avertit l'opposant que la saisie-arrêt doit être faite entre les mains du comptable sur la caisse duquel sont délivrés les ordonnances ou mandats. Si l'opposant persiste dans le dépôt de son opposition, le payeur la reçoit à tout événement.

971. En cas de réassignation de payement, c'est-à-dire de changement de caisse, s'il s'agit d'une pension, le nouveau payeur doit tenir compte des oppositions antérieures transmises par les comptables qui les ont précédemment reçues (2) ; s'il s'agit d'une autre dépense, le payeur doit exiger un bulletin délivré par l'ordonnateur relatant les payements antérieurs, et un certificat de non-opposition délivré par chaque comptable ayant participé aux précédents payements (3).

972. Les oppositions au transfert des rentes nominatives directes et les actes de nantissement affectant ces rentes sont signifiés au conservateur des oppositions au Trésor. Les oppositions au payement des arrérages peuvent être signifiées pour le 3 0/0 amortissable au conservateur des oppositions ; elles sont signifiées pour le 3 0/0 perpétuel au trésorier général du département dans lequel les arrérages sont payables, et au conservateur des oppositions pour le département de la Seine. Il est tenu compte des oppositions par lettres sur papier timbré adressées au directeur de la dette inscrite. Les significations concernant les rentes départementales sont notifiées au trésorier général qui tient le livre auxiliaire où ces rentes sont inscrites.

973. *Forme des oppositions.* — Les exploits d'oppositions doivent, en outre des formalités de droit commun, donner les noms, qualités et demeures du saisissant et du saisi ; l'élection de domicile dans le lieu où demeure le tiers saisi, si le saisissant n'y demeure pas ; la somme pour laquelle l'opposition est faite ; la désignation de la créance saisie (4) ; la copie ou l'extrait de l'ordonnance du juge ou du titre du saisissant, dont le payeur ne peut d'ailleurs pas examiner la validité (5).

974. Toute opposition ou cession signifiée au conservateur des oppositions au ministère des Finances, ou à un comptable de deniers publics doit rester déposée jusqu'au lendemain au bureau ou à la caisse où elle aura été faite. Le visa est daté de ce dernier jour (6). Ce visa consiste dans la mention : vu et reçue copie, datée en toutes lettres

---

(1) C. proc. civ., art. 581. — Il est rappelé aux percepteurs que le montant des secours accordés aux cultivateurs pour perte de récoltes ou de bestiaux ne peut être imputé d'office à l'acquittement des contributions et que le consentement formel des bénéficiaires est nécessaire, à moins qu'il ne s'agisse de cotisations comprises dans des rôles publiés postérieurement à l'allocation du secours. (Circ. compt. publ., n° 1752, du 24 avril 1899, § 2.)
(2) Déc. min. Fin., 17 mars 1904.
(3) D. 22 octobre 1880.
(4) C. proc. civ., art. 582.
(5) D. 1er mars 1808, art. 51 et 52.
(6) D. 12 mars 1864, art. 4.
(7) L. 8 nivôse an VI, art. 4 ; L. 22-24 floréal an VII, art. 7.
(8) L. 15 juin 1872, art. 16.

(1) D. 31 mai 1862, art. 148 ; D. 20 novembre 1882, art. 79 ; Circ. compt. publ., n° 1790, du 24 mai 1901, § 3.
(2) Arr. min. Fin., 26 janvier 1854 ; Circ. compt. publ., 27 mars 1854 et 27 juin 1868.
(3) Régl. Finances. 26 décembre 1866, art. 111 ; Guerre, 3 avril 1869, art. 145 et 166 ; Marine, 14 janvier 1869, art. 225.
(4) D. 18 août 1807, art. 1er et 2 ; C. proc. civ., art. 559, § 3.
(5) D. 18 août 1807 ; arr. min. Fin., 24 octobre 1837. Les exploits d'oppositions faites en vertu du privilège des sous-traitants de la Guerre doivent porter en tête copie des bordereaux arrêtés par les ordonnateurs. (V. *supra*, n° 943.)
(6) L. 12 juillet 1905, article unique.

et signée par le conservateur des oppositions ou le comptable, ou, en cas de refus, par le procureur de la République (1).

975. La saisie-arrêt ou opposition n'a d'effet que jusqu'à concurrence de la somme portée en l'exploit (2). Si cet exploit contient des réserves que l'huissier se refuse à évaluer en sommes, par exemple pour les intérêts et les frais, le visa est donné « pour le capital seulement », les accessoires n'étant pas déterminés. Si l'exploit mentionnait toutes sommes dues par l'État, le visa ne serait donné que relativement à la créance spéciale pour laquelle l'opposition est formée.

976. Le comptable refuse, avec motifs (3), les exploits irréguliers, par exemple ceux qui ne donnent pas copie ou extrait du titre ou de l'ordonnance du juge, qui ne désignent pas suffisamment la somme saisie, ou qui sont étrangères au service du payeur. Si l'exploit refusé est remis au procureur de la République, et que ce magistrat transmette la copie au payeur, celui-ci doit informer de suite le ministre et lui demander des instructions.

977. La règle d'après laquelle le payeur n'est pas juge des oppositions subit une exception en matière de travaux publics. Si une opposition est signifiée sur un entrepreneur de travaux publics, le payeur examine si le titre emporte privilège, c'est-à-dire si elle est faite pour salaires d'ouvriers, prix de matériaux ou indemnité à raison de terrains pris ou fouillés : dans ce cas, il reçoit et vise purement et simplement l'opposition. Si elle est faite pour créances ordinaires et particulières, il ne la vise qu'avec la mention : « pour valoir seulement sur la somme qui pourra rester due après la réception des travaux (4). »

978. Les oppositions sur les pensions de retraite sont soumises, en principe, à toutes les dispositions concernant la forme des oppositions ordinaires, leur renouvellement et leur péremption (5).

Cependant, les oppositions sur pensions pour débet envers l'État ou les corps se font par voie administrative; les payeurs ne doivent exercer sur les pensions aucun prélèvement tant que l'ordre ne leur en a pas été donné par le service du contentieux, en ce qui touche les débets dont la poursuite est attribuée à l'agence judiciaire du Trésor, ou par la direction de la dette inscrite pour le recouvrement des amendes et frais de justice, contributions arriérées, etc. (6).

979. Les oppositions sur pensions, pour créances privilégiées ou pour aliments peuvent être faites soit avec permission du juge, soit en vertu d'un titre ou d'un jugement constatant la nature privilégiée de la créance. Les oppositions faites par le propriétaire du brevet de pension sont notifiées au payeur par déclaration écrite par le propriétaire ou son fondé de pouvoirs (1).

Lorsque des délégations sur les dotations du mont de Milan sont signifiées au payeur, il sursoit provisoirement au payement des sommes déléguées, et transmet à la direction de la dette inscrite les actes signifiés, pour que les droits des délégataires soient examinés (2).

980. Les payeurs portent sur un registre, par ordre de date et de numéro, toutes les saisies-arrêts, oppositions, significations de cession ou transport, et tous autres actes ayant pour objet le payement des sommes dues par l'État (3). Un registre spécial est tenu pour les sommes dues par le département.

981. Les oppositions sont dispensées de la formalité de la contre-dénonciation (4). Les payeurs ne sont pas assignés en déclaration affirmative, et devraient refuser un exploit qui contiendrait cette assignation (5).

982. Sur demande du saisissant, le payeur doit délivrer, pour tenir lieu de tous actes et formalités prescrits à l'égard des tiers saisis, un certificat des sommes dues (6). Le certificat ne peut mentionner que les sommes portées sur l'ordonnance ou le mandat que le payeur a entre les mains. S'il n'a pas cette pièce, le saisissant se pourvoit devant qui a droit pour obtenir le certificat des sommes dues. Le certificat mentionne aussi les saisies-arrêts et autres significations s'il en existe (7).

983. Le saisi, un créancier inscrit, leurs représentants ou ayants cause, un mandataire muni d'un pouvoir spécial (sauf les avoués constitués, les notaires rapporteurs des actes signifiés, et les huissiers instrumentaires), peuvent, par demande sur timbre accompagnée d'une feuille de papier pour l'expédition à délivrer (8), réclamer au payeur un extrait ou état des oppositions ou significations (9), et un extrait supplémentaire à la suite du précédent pour les oppositions survenues depuis la délivrance d'un état (10).

Les extraits ou états délivrés sur la demande et dans l'intérêt de l'Administration, et portant mention de leur destination, sont dispensés du timbre (11).

984. Avant d'exécuter un jugement contradictoire ou par défaut profit joint, le payeur se fait remettre : 1° la grosse du jugement; 2° un certificat de l'avoué poursuivant, légalisé s'il y a lieu, et contenant la date de la signification à avoué et à partie, à personne ou à domicile; 3° l'attestation du greffier, légalisée s'il y a lieu, et postérieure à l'expiration des délais d'appel (12), constatant qu'il n'y a pas appel. Cette dernière pièce est exigée même pour les jugements non susceptibles d'appel, ou exécutoires par

---

(1) D. 18 août 1807, art. 5; C. proc. civ., art. 561.
(2) D. 18 août 1807, art. 4.
(3) C. proc. civ., art. 1039.
(4) Règl., 31 août 1905, sur les oppositions, n° 87, p. 30.
(5) La loi du 12 janvier 1895 ne leur est pas applicable. Angers, 21 décembre 1897; Rennes, 15 avril 1902.
(6) Circ. Dette inscrite, 28 août 1844.

(1) L. 22 floréal an VII, art. 7.
(2) Circ. Dette inscrite, 20 septembre 1862.
(3) Arr. min. Fin., 24 octobre 1837.
(4) Cass. 12 novembre 1877.
(5) C. d'Ét., avis 12 mai 1807.
(6) D. 18 août 1807, art. 6; C. proc. civ., art. 569.
(7) D. 18 août 1807, art. 7.
(8) L. 13 brumaire an VII, art. 12.
(9) D. 18 août 1807, art. 7 et 8.
(10) Ibid., art. 8.
(11) L. 13 brumaire an VII, art. 16, § 2.
(12) Cass., 9 juin 1858; Bordeaux, 9 décembre 1858.

provision (1), et pour les ordonnances de référé et les jugements des tribunaux de commerce ou des juges de paix (2).

985. Avant d'exécuter un jugement par défaut contre la partie seule, le payeur se fait remettre : 1° l'original de la signification, par huissier commis, à personne ou à domicile réel, ou au procureur de la République; 2° un certificat de l'avoué constatant la date de la signification; 3° un acte d'exécution contre la partie condamnée ou un procès-verbal de carence; 4° un certificat du greffier de non-opposition ni appel. Pour un jugement par défaut contre avoué, on doit produire les certificats de signification à avoué et à partie, et de non-opposition ni appel (3).

986. L'exécution des arrêts d'appel est soumise aux mêmes formalités que celle des jugements. Le pourvoi en cassation n'est pas suspensif; mais si le demandeur faisait notifier son pourvoi au payeur avec défense d'exécuter, il en serait référé au ministre des Finances (service du contentieux) (4).

Si un ouvrier, un fournisseur ou un propriétaire de terrains obtient un jugement d'attribution contre un entrepreneur de travaux publics, et si la somme à payer est insuffisante pour satisfaire à ce jugement et aux causes des oppositions de même nature non jugées, le payeur ne doit exécuter le jugement que s'il a été rendu avec tous les opposants privilégiés, ou eux dûment appelés (5).

987. *Payements sur oppositions.* — D'après l'article 9 du décret du 18 août 1807, tout receveur dépositaire ou administrateur de caisse ou de deniers publics, entre les mains duquel il existera une saisie-arrêt ou opposition sur une partie prenante, ne pourra vider ses mains sans le consentement des parties intéressées ou sans y être autorisé par justice.

988. La partie de la créance qui excède le montant des oppositions peut être cédée ou transportée à un tiers, ou réclamée par le créancier. Le payement a lieu, en cas de transport, entre les mains du cessionnaire, à moins qu'il n'y ait opposition à l'exécution du transport, auquel cas la somme est retenue jusqu'à mainlevée amiable ou judiciaire de l'opposition; que le transport n'ait été donné qu'à titre de garantie, auquel cas il est assimilé au nantissement et n'autorise pas le cessionnaire à donner seul quittance; que la somme cédée ne soit le gage de créanciers privilégiés (cautionnement, acomptes sur travaux publics).

989. On peut supposer qu'il existe, sur la créance seulement, des oppositions; ou à la fois des oppositions et des transports; ou seulement des transports.

S'il n'existe que des oppositions inférieures au chiffre de l'ordonnance, le comptable retient la somme frappée d'opposition et paye le surplus au titulaire de la créance; si certains opposants ont fait juger leurs droits et se sont mis en mesure de recevoir, le comptable les paye et réserve seulement le montant des oppositions non jugées. Si les oppositions excèdent le montant de la créance, celle-ci est entièrement réservée pour être payée aux opposants quand ils seront en mesure de recevoir.

990. S'il existe à la fois des oppositions et des transports et si leur montant est inférieur au chiffre de l'ordonnance, le comptable retient le montant des oppositions, paye les transports et remet l'excédent au créancier; si les transports sont antérieurs aux oppositions, ils sont payés d'après la date de leurs significations (1). Si les oppositions et les transports excèdent le montant de l'ordonnance, le comptable retient le montant des oppositions antérieures aux transports et paye ces derniers dans l'ordre des dates de leurs significations.

991. S'il existe seulement des transports, le payement est fait entre les mains des tiers subrogés, dès que les actes signifiés sont reconnus translatifs de propriété; le comptable ne doit pas exiger des cessionnaires un désistement préalable au payement; mais les tiers subrogés doivent, après avoir été désintéressés, se désister définitivement dans la quittance de la signification des transports qui sont rayés des registres, et de tous leurs droits contre le Trésor (2).

992. Les sommes retenues sur pensions pour débets envers l'État ou les Corps sont versés par les payeurs au compte du Trésor public, sur l'ordre administratif qui leur est transmis. Les payeurs ne peuvent se dessaisir des sommes retenues pour aliments que du consentement des intéressés, sur mainlevée des oppositions, ou en vertu de jugements attributifs.

993. Les états de payement concernant la solde des sous-officiers et brigadiers de gendarmerie et des gendarmes étant collectifs et non nominatifs, le trésorier de la compagnie doit, à la fin de chaque mois et avant le payement du mandat, présenter au payeur un état nominatif sur lequel celui-ci vérifie les oppositions, mentionne les militaires grevés et le montant des sommes leur revenant, sur lesquelles il fait la remise. Ces dispositions s'appliquent à la gendarmerie maritime (3).

994. Les payeurs doivent verser d'office à la Caisse des dépôts et consignations les retenues effectuées sur les appointements ou traitements civils et militaires en vertu d'oppositions consécutives à une saisie-arrêt, mais non les sommes attribuées par jugement, transport ou délégation à des tiers (4). Cette prescription ne s'applique pas aux retenues sur pensions, qui ne doivent être consignées que sur décisions judiciaires (5).

En dehors de ces cas, et des cautionnements en numéraire, les sommes grevées d'opposition ne peuvent être consignées que si la consignation est autorisée par une

(1) Cass., 25 mai 1841, 9 juin 1858.
(2) Cass. 13 janvier 1859; Paris, 11 juin 1861.
(3) C. proc. civ., art. 155 à 158.
(4) Régl. 31 août 1905, n° 41 et 42, p. 16.
(5) *Ibid.*, n° 90, p. 31.

(1) Cass. 25 mars 1885; 17 février 1896.
(2) Régl. 31 août 1905, n° 45 à 51, et, pour les payements sur travaux publics, n° 88, 89 et 91.
(3) Circ. min. Marine, 19 décembre 1903.
(4) Ord. 16 septembre 1837, art. 1er.
(5) *Ibid.*, et arr. min. 24 octobre 1837; Cass., 10 juillet 1883.

loi; par un jugement ou une ordonnance du président du tribunal; par un acte passé entre l'Administration et ses créanciers (1).

995. La consignation est accompagnée d'un extrait certifié de chacune des oppositions et significations, contenant les noms, qualités et demeures du saisissant et du saisi, l'indication du domicile élu par le saisissant, le nom et la demeure de l'huissier, la date de l'exploit et le titre en vertu duquel la saisie a été faite, la désignation de l'objet saisi et la somme pour laquelle la saisie a été formée (2). Les pièces mêmes, qui peuvent concerner des payements ultérieurs,.sont conservées par le payeur.

996. Le renouvellement des oppositions et significations, afin d'éviter la péremption, doit être effectué, pour les sommes consignées, entre les mains du préposé de la caisse chargé de recevoir et viser les oppositions et significations. Il est fait également entre les mains des payeurs quand les oppositions et significations continuent à subsister à raison des payements à effectuer ultérieurement (3).

997. *Radiation des oppositions.* — Les oppositions sont rayées par suite d'une mainlevée ou de la péremption.

998. La mainlevée judiciaire résulte d'un jugement ou d'une ordonnance de référé. La mainlevée amiable résulte d'un acte notarié, enregistré, et, s'il y a lieu, légalisé, dont expédition est produite au payeur; ou même, dans les affaires peu importantes, d'un acte sous seing privé, enregistré, légalisé et accompagné de l'original de la signification.

999. La péremption a lieu après cinq années. Les saisies-arrêts, oppositions et significations n'auront d'effet que pendant cinq années à compter de leur date, si elles n'ont pas été renouvelées dans ledit délai, quels que soient d'ailleurs les actes, traités ou jugements intervenus sur lesdites oppositions et significations. En conséquence, elles seront rayées d'office des registres dans lesquels elles auraient été inscrites, et ne seront pas comprises dans les certificats délivrés par les payeurs (4). La péremption n'est pas interrompue par la contre-dénonciation, mais la signification du jugement de validité conserve l'effet de l'opposition, et sert de point de départ à un nouveau délai de cinq ans. En cas d'opposition dans l'intérêt de l'Administration, le payeur doit donner avis au fonctionnaire à la requête duquel elle a été faite, de l'imminence de la péremption, dans le mois qui précède l'expiration de la période quinquennale, afin que l'opposition puisse être renouvelée.

1000. *Oppositions soumises à des règles spéciales.* — *Cautionnements en numéraire.* — L'ordonnance du 8 mai 1816 a chargé le Trésor public, à la place de la caisse d'amortissement, du service des cautionnements en numéraire affectés par premier privilège à la garantie de la gestion ou des faits de charge, par second privilège au remboursement des sommes prêtées par les bailleurs de fonds (1), et subsidiairement au payement dans l'ordre ordinaire des créanciers particuliers (2).

1001. Les oppositions sur cautionnements doivent être formées, soit au Trésor public, bureau des oppositions, soit aux greffes des tribunaux civils pour les comptables et les officiers ministériels, et des tribunaux de commerce pour les agents de change et les courtiers (3). Les oppositions aux greffes n'ont d'effet que pour le capital; pour arrêter le payement des intérêts l'opposition doit être notifiée à Paris au bureau des oppositions (4). Ne peuvent être faites qu'à Paris les oppositions concernant les cautionnements : des préposés des contributions directes et des tabacs et manufactures (5); des comptables de la guerre (6); des vice-consuls et chanceliers diplomatiques ou consulaires (7); des préposés des chemins de fer de l'État (8).

1002. Les payeurs ne doivent donc pas recevoir les oppositions sur les cautionnements en numéraire, mais renvoyer ceux qui les présentent à se pourvoir au Trésor public. Cependant, bien que le Trésor soit libéré par l'émission des mandats (9), les payeurs doivent recevoir, dans l'intérêt de leur responsabilité, les oppositions précises portant formellement sur une ordonnance qu'ils ont entre les mains (10).

Le conservateur des oppositions au Trésor public tient un registre spécial pour les significations sur cautionnements en numéraire (11).

1003. Les états de payement des capitaux et intérêts de cautionnements sont visés par le conservateur qui indique les oppositions concernant chaque article; si les oppositions excèdent la somme ordonnancée, le conservateur indique par le mot « empêchement » qu'aucun payement ne doit être fait. Si un payement est réclamé en vertu d'un acte visé par le conservateur mais non mentionné sur l'état de payement, le payeur en réfère au service du contentieux.

Malgré leur privilège de second ordre, les bailleurs de fonds ne peuvent toucher les intérêts ou le capital au mépris d'une opposition, quelle qu'en soit la cause (12). Les cessionnaires ne peuvent être payés que si les oppositions ne reposent pas sur des faits de charge.

1004. Lorsqu'un payement est fait en exécution d'un jugement, d'un privilège de second ordre, d'un transport

---

(1) Ord. 16 septembre 1837, art. 1er. V. Circ. compt. publ·, 29 mai 1891, § 5.
(2) Ord. 16 septembre 1837, art. 2.
(3) *Ibid.*, art. 3.
(4) L. 9 juillet 1836, art. 14.

---

(1) Les trésoriers généraux et les receveurs des finances doivent être propriétaires de la moitié de leur cautionnement; cette moitié ne peut donc pas être grevée d'un privilège de second ordre. (D. 16 septembre 1867 et 20 juin 1893.)
(2) L. 25 nivôse an XIII, art. 1er; L. 6 ventôse an XIII, art. 1er.
(3) L. 25 nivôse an XIII, art. 2; L. 6 ventôse an XIII, art. 1er; L. 9 juillet 1836, art. 13.
(4) Avis C. d'Ét., 12 août 1807.
(5) D. 25 septembre 1816 et 23 novembre 1825.
(6) D. 4 septembre 1874.
(7) D. 13 décembre 1877 et 20 décembre 1890.
(8) D. 1er avril 1879.
(9) Avis C. d'Ét., 12 août 1807.
(10) Règl. 31 août 1905, nos 68 et 69, p. 25.
(11) Arr. min. Fin., 2 novembre 1823.
(12) Avis Com. des Finances, 28 septembre 1824.

ou de tout acte signifié au conservateur des oppositions, le payeur adresse au contentieux un certificat attestant l'exécution de cet acte, et relatant le désistement définitif soit total, soit à concurrence de la somme reçue donné par les ayants droit, ainsi que la somme payée à chaque créancier. En outre, en cas de remboursement par privilège de second ordre, le titre du bailleur de fonds lui est retiré. Si le remboursement est partiel un nouveau titre est délivré pour la somme restant due. Le dernier tiers est payé sur référence aux pièces antérieurement produites.

1005. Les cautionnements non remboursés faute de justifications dans le délai d'un an à dater de la cessation des fonctions peuvent être versés à la Caisse des dépôts et consignations (1), en y joignant, s'il y a lieu, un état des oppositions délivré par le conservateur, auquel un certificat de consignation est alors transmis. La consignation est faite sans autorisation aux époques réglementaires des 30 avril et 31 décembre; ou, en dehors de ces époques, en vertu d'une décision judiciaire ou administrative; elle libère définitivement le Trésor (2).

1006. Les mainlevées amiables ou judiciaires et les désistements d'oppositions sont notifiés au conservateur, et, pour les cautionnements consignés, au préposé de la Caisse des dépôts. Les greffiers ont seuls qualité pour opérer et constater la radiation des oppositions et significations faites aux greffes.

1007. *Saisie-arrêt des salaires et petits traitements.* — Les salaires des ouvriers et gens de service, quel que soit leur montant; les appointements ou traitements des employés ou commis et des fonctionnaires ne dépassant pas 2,000 francs par an sont saisissables à concurrence de 1/10e et cessibles à concurrence d'un autre 1/10e (3). Ces restrictions ne sont pas applicables aux cessions et saisies faites pour aliments (art. 203, 205, 206, 207, 214 et 349 du Code civil) (4), ni aux pensions civiles ou militaires (5).

1008. La loi du 12 janvier 1895 organise une procédure spéciale en matière de saisie ou cession des salaires et petits traitements; et l'article 8 de la loi de finances du 22 avril 1905 décide que tous les actes, décisions ou formalités, auxquels donnera lieu l'exécution de la loi du 12 janvier 1895 seront, quelle qu'en soit la nature, rédigés sur papier non timbré et enregistrés gratis.

Cette procédure n'est applicable qu'aux traitements ne dépassant pas 2,000 francs et, d'autre part, la procédure de droit commun n'est plus applicable à ces traitements. Il est donc nécessaire de déterminer le chiffre des traitements. Au chiffre brut il faut réunir les accessoires saisissables permanents et fixes (résidence, logement), mais non pas les allocations insaisissables, ni les allocations saisissables variables ou éventuelles (heures supplé-

mentaires, gratifications). L'exploit d'opposition doit faire connaître si le traitement est supérieur ou inférieur à 2,000 francs et les greffiers et huissiers peuvent se renseigner, pour cette détermination, auprès des chefs de services ou des ordonnateurs, et des payeurs. Si un traitement frappé d'opposition vient à excéder 2,000 fr., les oppositions antérieures continuent à valoir à concurrence du 1/10e; une nouvelle opposition formée avec la procédure de droit commun pourrait élever la retenue à la quotité fixée par la loi du 21 ventôse an IX.

1009. L'opposition est pratiquée, s'il y a lieu, après visa du greffier de la justice de paix du domicile du débiteur saisi; s'il n'y a pas de titre, sur autorisation du juge de paix de ce domicile (1). La première opposition est signifiée par huissier suivant les règles du décret du 18 août 1807; les oppositions ultérieures sont notifiées par lettres recommandées du greffe (2). Des oppositions peuvent être faites dans diverses justices de paix par suite de changement de domicile du saisi : le payeur tient compte de toutes les notifications qui lui en sont faites par les greffiers. Les significations de cessions sont faites conformément au droit commun, mais sans visa préalable du greffier de justice de paix (3).

1010. En ce qui concerne les oppositions ou cessions sur les salaires d'ouvriers civils de la guerre et de la marine, ou d'employés permanents rémunérés suivant le même mode, les payeurs adressent des extraits des actes qui leur sont notifiés au directeur de l'établissement auquel le débiteur est attaché. Le directeur produit à l'appui du mandat de payement délivré au nom du conseil d'administration un état nominatif des ouvriers visés par les oppositions ou cessions indiquant leur salaire. Au vu de cette pièce, certifiée par l'ordonnateur, le payeur opère la retenue ainsi que de droit (4).

1011. La mainlevée amiable peut résulter d'un acte sous seing privé; elle est déposée au greffier qui avise le payeur par lettre recommandée au vu de laquelle la radiation est opérée (5).

Les lois et décrets antérieurs sont applicables en tout ce qui n'est pas contraire à la loi du 12 janvier 1895, notamment en ce qui concerne l'insaisissabilité absolue de certains traitements et soldes et le mode spécial de recouvrement des contributions et taxes privilégiées. De même pour la détermination des caisses auxquelles l'opposition doit être signifiée, la dispense de déclaration affirmative, la délivrance par le payeur des certificats des sommes dues, la péremption quinquennale et la radiation qui en est la conséquence.

1012. Conformément à l'article 1er de l'ordonnance du 16 septembre 1837 les sommes retenues en vertu de la loi du 12 janvier 1895 sur les appointements et salaires, autres que celles attribuées à un tiers par jugement,

---

(1) L. 9 juillet 1836, art. 16.
(2) Circ. compt. publ., 7 décembre 1866, § 12, et 14 août 1867, § 1er-4e.
(3) L. 12 janvier 1895, art. 1er et 2.
(4) *Ibid.*, art. 3.
(5) Angers, 21 décembre 1897; Rennes, 15 avril 1902.

(1) L. 12 janvier 1895, art. 6.
(2) *Ibid.*, art. 7.
(3) Cass., 27 décembre 1898.
(4) Circ. Guerre, 15 novembre 1875; Circ. compt. publ., 15 décembre 1875.
(5) Circ. garde des sceaux, 5 novembre 1896.

transport ou délégation, doivent être versées d'office à la Caisse des dépôts et consignations, avec un extrait certifié des oppositions.

ARTICLE 2. — *Délégations.*

1013. Nous avons étudié, à propos des oppositions, les cas dans lesquels les créances de diverses natures contre le Trésor peuvent faire l'objet d'un transport-cession pour aliments ou dettes quelconques, en général dans la limite de la portion saisissable de la créance; la procédure des significations faites en vertu d'un transport-cession; les payements au cessionnaire. Nous devons ajouter quelques observations relatives aux délégations de traitements ou de solde faites par certains fonctionnaires en faveur de leur famille ou des tiers.

Ces délégations concernent la solde de la guerre et de la marine et les traitements et soldes aux colonies.

1014. Le décret du 29 mai 1890 sur la solde de la guerre et les revues autorise les officiers et employés militaires ayant rang d'officier ou de sous-officier, qui font partie d'une armée mobilisée ou d'un corps expéditionnaire opérant à l'extérieur à déléguer au maximum la moitié de leur solde en faveur de leur femme, de leurs descendants et de leurs ascendants; et le quart en faveur des autres membres de leur famille ou des tiers. Une décision présidentielle du 4 juin 1898 a étendu cette faculté aux officiers, sous-officiers et assimilés qui se trouvent dans une place investie.

1015. La déclaration de délégation faite par le déléguant détermine la durée de la délégation. L'effet de cette dernière ne peut se prolonger au delà d'un mois après la cessation de l'état de guerre. La délégation cesse encore de plein droit, lorsqu'elle concerne la femme, les descendants et les ascendants, du jour où le sous-intendant militaire chargé du payement est avisé du décès du déléguant, et du jour même de ce décès lorsqu'elle concerne les autres délégataires (1).

Lorsque les officiers, sous-officiers et assimilés sont faits prisonniers de guerre, le ministre peut autoriser le payement à leur famille de moitié de la solde d'absence, à titre d'avance, récupérée ultérieurement au moyen de retenues sur la solde lors du retour en France. En cas de décès du prisonnier, les avances dépassant le montant de la solde d'absence qui auraient été perçues par la famille ne donnent lieu à aucune restitution au profit du Trésor (2).

1016. Le décret du 24 septembre 1896 (3) sur la solde de la marine attribue la faculté de délégation uniquement aux officiers et autres embarqués ou en service à terre hors du territoire continental. Les appointements peuvent être délégués à la famille ou aux tiers. Le maximum est le suivant : pour les officiers et aspirants embarqués, les trois quarts de la solde à la mer propre-

ment dite, en faveur de la femme, des descendants et des ascendants, la moitié en faveur des autres délégataires; pour les officiers et autres en service à terre hors du territoire continental, la moitié du traitement dégagé de ses accessoires, ou le quart suivant la même distinction. Il ne peut y avoir plus de deux délégations simultanées, l'une pour la famille, l'autre pour les tiers, et leur total ne doit pas dépasser les trois quarts ou la moitié suivant que le déléguant est embarqué ou à terre.

1017. La déclaration de délégation est faite, soit avant le départ de France, soit à bord ou à l'arrivée à destination, dans la forme administrative, et mentionnée sur le rôle d'équipage et sur le livret individuel de solde. Le ministre de la marine peut seul autoriser les délégations de solde dans des conditions non conformes à celles qui viennent d'être décrites. La délégation ne produit son effet qu'à l'expiration du temps pour lequel une avance de solde aurait été faite au déléguant.

La délégation peut être révoquée par une déclaration remise à l'autorité administrative; la révocation ne produit aucun effet rétroactif, et elle doit faire connaître la date à partir de laquelle la cessation est demandée.

1018. La délégation cesse de plein droit : du jour du débarquement en France du déléguant, du jour du décès du délégataire, avec retour au déléguant des arrérages de délégation non payés à cette date, enfin, du jour du décès du déléguant, et les arrérages perçus postérieurement à ce décès donnent lieu au profit du Trésor à une reprise dont le montant ne peut excéder la somme due par l'État au déléguant au jour du décès.

1019. Le payement des délégations d'officiers et autres embarqués est régi par les dispositions des décrets sur la solde et par les instructions spéciales sur le service de l'établissement des invalides de la marine. Le payement des délégations à terre est effectué trimestriellement par les soins des commissaires aux revues du port d'attache du déléguant, constatation faite qu'une retenue correspondante a été opérée sur la solde : cette dernière condition n'est pas applicable aux retenues imposées d'office par le ministre de la Marine, ni aux délégations consenties en faveur des femmes, des descendants et des ascendants.

1020. En ce qui concerne les soldes et traitements aux colonies, les conditions de la délégation, qui présente une importance particulière vu le nombre des agents qui peuvent la consentir, sont déterminées par les décrets du 23 décembre 1897 et du 29 octobre 1898.

La faculté de délégation est reconnue aux officiers, fonctionnaires, employés, agents, sous-officiers rengagés ou commissionnés, employés militaires ayant rang d'officier ou de sous-officier, militaires de tout grade de la gendarmerie, détachés dans les colonies françaises ou dans les pays de protectorat (1).

1021. Les délégations peuvent être souscrites soit au nom de la femme, des descendants ou des ascendants, soit au nom des tiers, mais uniquement dans le but de

(1) D. 29 mai 1890, art. 19.
(2) *Ibid.*, art. 21.
(3) Art. 127 à 134.

(1) D. 29 octobre 1898, art. 1er.

pourvoir à l'entretien de la femme, des descendants ou des ascendants. Elles ne doivent pas excéder la moitié de la solde coloniale dégagée de tous ses accessoires, sauf la faculté pour les sous-officiers rengagés ou commissionnés, les brigadiers de gendarmerie et les gendarmes de déléguer en outre l'intégralité de leur gratification annuelle, de leur indemnité de logement et de leur indemnité de haute paye; sauf encore la faculté pour les officiers des corps de la guerre et de la marine de déléguer à des tiers dans la proportion d'un quart de leur solde (1).

1022. Les déclarations de délégation sont reçues par les fonctionnaires administratifs désignés dans l'article 3 du décret du 29 octobre 1898; elles déterminent le déléguant, le montant de la solde et la portion déléguée, le point de départ, le délégataire, sa résidence et son degré de parenté. Visées administrativement, elles sont transmises immédiatement au trésorier-payeur.

1023. La délégation faite avant le départ ne commence à courir qu'à compter de l'époque présumée de l'arrivée dans la colonie (2). A moins de mention spéciale dans la déclaration, elle produit son effet pendant tout le séjour colonial du déléguant dans la même colonie. Elle cesse : 1° du jour de l'embarquement du déléguant dans la colonie pour revenir en France ou dans sa colonie d'origine; 2° du jour du décès du déléguant; 3° du jour du décès du délégataire, auquel cas les arrérages non perçus par lui au moment du décès font retour au déléguant (3); 4° par la révocation, celle-ci ne peut remonter à une date antérieure au premier jour du mois pendant lequel elle est reçue (4).

1024. Le décret du 29 octobre 1898 combiné avec la circulaire de la comptabilité publique du 19 novembre 1898, § 1er, et la circulaire des colonies du 20 juillet 1899, règlent le mode de paiement des délégations (5).

1025. En cas de décès, de départ pour la France ou de changement de colonie, le compte des retenues supportées par l'officier, le fonctionnaire ou l'agent ayant souscrit une délégation est arrêté pour être liquidé, comme ci-dessus, au jour où, suivant les règlements, il a cessé de recevoir sa solde coloniale.

---

(1) D. 29 octobre 1898, art. 2 ; D. 29 mai 1890 et 24 septembre 1896, V. supra; nos 1024-1914-1016.
(2) D. 23 décembre 1897, art. 134.
(3) Ils lui sont remboursés sur sa simple quittance. V. Circ. compt. publ., 6 juin 1903, § 4.
(4) D. 29 octobre 1898, art. 6.
(5) Les mandats mensuels émis pour la solde des déléguants ne sont pas délivrés pour le brut, mais sont diminués de la quotité de leurs délégations. Un mandat global est établi, par service, à la fin de chaque trimestre, et appuyé de l'état détaillé nominatif des versements correspondant à la totalité des délégations retenues pendant le trimestre. Le mandat acquitté par le trésorier-payeur est constaté en recette au compte de correspondants administratifs ouvert sous le titre : « Divers L/C de délégations à payer hors de la colonie. » Puis il est fait dépense au même compte au moyen de l'émission d'un mandat sur le Trésor, au nom délégataire, assigné payable dans le département ou la colonie où il a son domicile. Cette valeur est remise au service intéressé chargé de la faire parvenir au destinataire. La dépense au compte de trésorerie « Divers L/C de délégations à payer hors de la colonie » est justifiée par une déclaration d'émission du mandat correspondant sur le Trésor.

1026. Il existe, dans les services de l'administration pénitentiaire, une sorte de délégation d'une nature spéciale, sur le pécule des détenus, autorisée par l'article 77 du règlement du 4 août 1864 sur les maisons centrales de force et de correction. Les détenus qui ont l'intention de donner des secours à leur famille en font la demande au directeur à l'audience des réclamations. Le directeur, après s'être fait rendre compte de la situation du pécule, et s'être assuré que les personnes que le détenu se propose de soulager sont bien de sa famille, qu'elles sont dans le besoin et qu'il y a présomption suffisante qu'elles feront bon usage du secours qui leur est destiné, fixe la somme à prélever sur le pécule. Cette somme ne peut être inférieure à 10 francs, et aucun détenu ne peut faire plus d'un envoi par mois.

§ 7. — Modalités spéciales du payement.

ARTICLE PREMIER. — Consignation.

1027. Dans un grand nombre de cas, soit qu'il y ait doute sur la détermination du créancier véritable de l'État, soit que ce créancier refuse de recevoir le payement, les sommes dues par l'État doivent être versées à la Caisse des dépôts et consignations, à titre de consignations administratives ou judiciaires, et à la conservation des droits de qui il appartiendra.

1028. L'instruction générale du 1er décembre 1877 sur le service des consignations (art. 2) énumère la plupart des cas dans lesquels l'État ou ses représentants doivent consigner (1).

---

(1) Rentrent, notamment, dans la nomenclature des versements à effectuer à titre de consignation :
Les deniers, titres ou valeurs offerts réellement conformément aux articles 1257 et suivants du Code civil. (Ord. 3 juillet 1816, art. 2, § 1er.)
Les sommes, titres ou valeurs mobilières dont les autorités judiciaires ou administratives auraient ordonné la consignation faite par les ayants droit de les recevoir ou réclamer. (Ibid., art. 2, § 5.)
Les sommes trouvées dans une succession vacante ou provenant du prix des biens qui en dépendent, les titres et valeurs dépendant des successions vacantes quand la consignation est ordonnée par une décision judiciaire ou administrative. (Ibid., art. 2, § 13; Instr. enregistr., 12 août 1876.)
Les deniers comptants, le produit des ventes d'effets mobiliers, de titres ou valeurs déposés dans les greffes des cours et tribunaux et non confisqués. (Ord. 22 février 1829 et 9 juin 1831.)
Les deniers non réclamés par les ouvriers ou sous-agents ayant quitté les manufactures de l'État et qui ne peuvent être versés à la Caisse de retraites pour la vieillesse, soit à cause de leur insuffisance, soit par défaut de pièces régulières. (Lettres Dir. gén. manuf. État, 3 et 24 novembre 1866.)
Les deniers laissés par les détenus décédés entre les mains des comptables des prisons, quand ils ne sont pas réclamés par les héritiers. (Circ. Int., 20 mars 1868.)
Les titres de rentes résultant de l'emploi des sommes provenant des livrets de caisse d'épargne atteints par la prescription trentenaire. (L. 7 mai 1853.)
Les produits de ventes de marchandises non retirées des entrepôts des douanes dans les délais déterminés, et des marchandises abandonnées. (L. 17 mai 1826.)
Les sommes versées pour passe-debout, laissez-passer, acquits-à-caution, etc., et non réclamées; les parts d'appointements, amendes, etc. non réclamées ayant à cause de leur insuffisance été données. (Circ. contrib. ind., 29 décembre 1851.)
Les cautionnements en numéraire dus par le Trésor public et dont le remboursement n'a pas été effectué dans les délais déterminés par les lois et règlements. (Instr. gén., 20 juin 1859, art. 521.)
Les retenues exercées par suite de saisies-arrêts ou oppositions sur

1029. Toute consignation donne lieu à la délivrance d'un récépissé à talon contenant le nom, les prénoms, la qualité et le domicile du consignateur, le montant de la somme versée, les motifs de la consignation et les conditions du remboursement. Il doit être délivré autant de récépissés qu'il y a de consignations de nature différente opérées par le même consignateur. Mais lorsqu'il s'agit de versements collectifs, par exemple de retenues sur traitements par suite d'oppositions, un seul récépissé doit être délivré (1).

1030. Dans les comptes des comptables du Trésor, la justification de la dépense effectuée par suite de consignation résulte du récépissé délivré par la Caisse des dépôts et consignations, et, s'il y a lieu, de la production de la décision administrative ou judiciaire ayant ordonné la consignation.

ARTICLE 2. — *Compensation.*

1031. Le comptable doit opposer au créancier de l'État, qui se trouve être en même temps son débiteur, la compensation, dans les termes du droit commun (2).

1032. La compensation, en ce qui concerne le Trésor, n'a lieu qu'entre deux dettes qui ont également pour objet une somme d'argent : dès lors que ces deux dettes coexistent, elles s'éteignent réciproquement jusqu'à concurrence de leur quotité réciproque, par la seule force de la loi et même à l'insu des débiteurs. Le cas le plus fréquent dans lequel pratiquement la compensation est opposée à un créancier de l'État est celui où ce créancier se trouve lui-même débiteur du Trésor pour le montant total ou partiel de ses contributions exigibles.

1033. Cependant, la compensation ne peut être invoquée pour toute nature de dette de l'État. Il résulte de l'article 1293, § 3 du Code civil qu'elle est sans objet à l'égard d'une dette insaisissable. Or, nous connaissons les règles d'insaisissabilité relatives aux traitements, pensions, etc.

En outre, les biens de l'État étant considérés comme insaisissables, la compensation ne pourrait être invoquée contre lui par son débiteur qui se prétendrait en même temps son créancier. Telle est la théorie du Conseil d'État, applicable non seulement en matière de contributions, mais à toute créance du Trésor (1).

1034. D'autre part, la compensation ne peut être invoquée par les comptables publics au mépris des droits acquis à des tiers (2). Ainsi, lorsqu'un créancier de l'État a régulièrement cédé sa créance, que le cessionnaire a notifié par son transport-cession, et opéré une saisie-arrêt valable, la compensation ne peut lui être opposée.

1035. Lorsque deux dettes ne sont pas payables au même lieu, on n'en peut opposer la compensation qu'en faisant raison des frais de la remise; et s'il y a plusieurs dettes compensables dues par le même créancier de l'État, on suit pour la compensation les règles établies par l'article 1256 du Code civil pour l'imputation des payements (3). En conséquence, la compensation s'applique d'abord à la dette que le débiteur avait le plus d'intérêt d'acquitter entre celles qui sont pareillement échues; sinon, à la dette échue, quoique moins onéreuse que celles qui ne le sont point; si les dettes sont de même nature, la compensation s'applique à la plus ancienne; toutes choses égales, elle se fait proportionnellement.

1036. Bien qu'en principe la compensation s'opère de plein droit, les parties peuvent y renoncer, et il y aurait renonciation tacite de la part du comptable qui payerait sans l'invoquer une dette compensable. Or, d'après l'article 1299 du Code civil, celui qui a payé une dette qui était, de droit, éteinte par la compensation, ne peut plus, en exerçant la créance dont il n'a point opposé la compensation, se prévaloir, au préjudice des tiers, des privilèges ou hypothèques qui y étaient attachés, à moins qu'il n'ait eu une juste cause d'ignorer la créance qui devait compenser la dette. Il résulte de cette disposition que le payeur qui, en connaissance de cause, négligerait d'opposer la compensation à un créancier de l'État se trouvant en même temps débiteur de contributions, se verrait déchu pour le recouvrement de ces contributions de l'exercice des privilèges du Trésor en la matière.

Encore faut-il, pour que la compensation soit opposable, que la dette et la créance concernent l'État, ainsi une dette de l'État ne serait pas compensable avec une créance départementale ou communale.

1037. Il ressort de ces observations que l'État peut invoquer la compensation contre son créancier, mais qu'il n'y a pas réciprocité au profit de ce dernier.

1038. Le règlement des Finances du 26 décembre 1866 fait une application des règles de la compensation lorsqu'il décide :

1° Que les reprises à opérer pour traitements ou émoluments indûment payés peuvent être précomptées sur les liquidations de droits ultérieurement acquis, lorsque la

---

les appointements ou traitements civils et militaires. (Arr. min. Fin., 24 octobre 1837. Pour les sommes ordonnancées par le ministère de la Guerre et frappées d'oppositions, voir Circ. compt. publ., 29 mai 1891, § 5.)

Les loyers ou fermages, le prix de la vente des coupes de bois, de bâtiments ou terrains dont la propriété est contestée entre des communes, hospices ou particuliers et l'État. (C. forestier, art. 169 et 189; Déc. min. Fin., 4 mai 1865.)

Le montant des amendes pour délits de presse, ou délits commis dans les bois en litige, qui sont versées aux mains du percepteur chargé de les consigner. (D. 5 janvier 1853; L. 29 décembre 1873; art. 25; C. forestier, art. 182.)

Les prix d'immeubles cédés ou expropriés pour cause d'utilité publique, lorsqu'il existe des inscriptions hypothécaires ou d'autres obstacles au payement aux ayants droit. (L. 3 mai 1841, art. 54.)

L'indemnité réglée par le jury et offerte réellement aux ayants droit qui refusent de la recevoir. (*Ibid.*, art. 53.)

Les indemnités approximatives et provisionnelles de dépossession de terrains, en matière d'expropriation et d'occupation temporaire, en cas d'urgence, de propriétés privées nécessaires aux travaux de fortifications. (L. 30 mars 1831.)

Les indemnités provisionnelles de dépossession de terrains, en matière d'expropriation, lorsque l'urgence a été déclarée. (L. 3 mai 1841, art. 67, 68 et 69.)

Toutes les sommes dont la consignation est ordonnée par des lois, ordonnances, décrets, décisions administratives. (Ord. 3 juillet 1816, art. 2, § 14.)

(1) Instr. gén. 1er décembre 1877, art. 33 et 34.
(2) C. civ., art. 1289 et suiv.

(1) C. d'Ét. Cont., 5 avril 1895. *Mémorial*, 1895, p. 274.
(2) C. civ., art. 1298 et 1295.
(3) *Ibid.*, art. 1296 et 1297.

dépense à annuler et la dépense à acquitter sont homogènes et concernent le même exercice et le même article du budget; il suffit alors d'expliquer l'opération dans le nouveau décompte, sur lequel il est fait déduction de la somme à répéter aux titulaires. Ce mode de reprise par compensation s'applique également aux retenues (1);

2° Que les retenues à exercer envers les entrepreneurs, fournisseurs, comptables ou autres créanciers, pour cause de perte, moins-value ou débet, ainsi que pour retard dans l'exécution de travaux ou dans la livraison de fournitures, peuvent être opérés par voie d'imputation à leur débit; mais des ordonnances simultanées de pareilles sommes sont alors délivrées au profit du Trésor (2).

Les divers règlements ministériels contiennent des dispositions analogues au sujet des précomptes (3).

Dans ces cas, la compensation est effectuée au moment de la liquidation et par les soins de l'ordonnateur.

ARTICLE 3. — *Prescription.*

1039. Un créancier n'est pas admis à réclamer indéfiniment à l'État le payement des sommes qui lui sont dues. De même que le droit civil (4) admet la libération d'un débiteur par l'écoulement d'un certain laps de temps, de même le Trésor est protégé par une courte prescription contre les réclamations tardives des créanciers.

Avant 1789, le Trésor payait les dettes courantes, et les sommes non payées allaient grossir l'arriéré. Sous le Directoire, diverses lois formèrent l'arriéré en donnant un délai aux créanciers pour se présenter; ainsi furent fermés les arriérés de l'an V, de l'an VII, de l'an IX; en 1816, l'arriéré de l'Empire. Ces mesures exceptionnelles sont devenues inutiles avec la loi du 29 janvier 1831 (5).

1040. D'après l'article 9 de cette loi : sont prescrites et définitivement éteintes au profit de l'État, sans préjudice des déchéances prononcées par les lois ou consenties par les marchés ou conventions, toutes créances qui, n'ayant pas été acquittées avant la clôture des crédits de l'exercice auquel elles appartenaient, n'auraient pu, à défaut de justifications suffisantes, être liquidées, ordonnancées et payées dans un délai de cinq années, à partir de l'ouverture de l'exercice, pour les créanciers domiciliés en Europe, et de six années pour les créanciers résidant hors du territoire européen.

1041. La prescription spéciale dont bénéficie le Trésor porte le nom de déchéance quinquennale. Elle se compte non par jour *de die ad diem* comme les prescriptions du droit civil, mais par exercice financier. Son point de départ est le premier jour de l'exercice auquel appartient la créance (6) : il s'ensuit que si la dette a pris naissance

le 25 décembre, la prescription sera, en réalité de quatre ans. A titre d'exemple et d'après la jurisprudence du Conseil d'État, le point de départ de la déchéance quinquennale se compte : Pour le payement des dépens à la charge de l'État, de l'exercice au cours duquel a été prononcé l'arrêt définitif de condamnation (1). Pour les dettes d'une succession en déshérence, de l'exercice au cours duquel l'État a été envoyé en possession (2). Pour la réparation du dommage causé par un incendie dont l'État est responsable, de l'exercice au cours duquel l'incendie s'est produit (3). Pour la réparation du dommage causé par l'occupation temporaire d'une propriété privée (4), par l'exécution de travaux publics (5), par l'établissement d'une prise d'eau au détriment d'une usine (6), de l'exercice au cours duquel le dommage s'est produit.

La prescription se compte de l'ouverture de l'exercice au cours duquel la créance a pris naissance, alors même que cette créance n'aurait été révélée à son titulaire qu'à une époque postérieure à la naissance du droit (7).

1042. Il résulte de l'observation qui précède que la déchéance quinquennale ne s'applique qu'aux créances payables sur les crédits d'un exercice déterminé (8). Mais elle s'applique, dans cette limite, à toutes réclamations quelconques, payements de fournitures, remboursements de taxes irrégulièrement établies, restitutions de sommes indûment perçues (9); et aux créances de l'État ayant pris naissance en Algérie (10). Un étranger ne pourrait, pour se soustraire à la prescription, se prévaloir de ce que la loi de 1831 n'a pas été promulguée dans son pays (11).

1043. La prescription de cinq ans est applicable à une demande en délivrance de récompense nationale (12); à la restitution d'une somme due à un officier (13); à la demande de répartition d'une somme provenant de prise maritime et déposée dans un consulat (14); à la demande en indemnité contre l'État pour contrefaçon de

---

(1) Règl. Fin., art. 69.
(2) *Ibid.*, art. 70.
(3) V. notamment Règl. Guerre, 3 avril 1869, art. 92 et 93.
(4) C. Civ., art. 2219 et suiv.
(5) Voir *supra*, n° 38.
(6) C. d'Ét. Cont., 25 février 1881, Raveaud; *Ibid.*, 13 janvier 1888, veuve Arbinet. D'après un avis de la section des Finances du Conseil d'État du 5 avril 1892, en matière de remboursements et de restitutions, l'exercice auquel appartient une créance est celui pendant lequel elle a été reconnue, soit par l'autorité ministérielle, soit par la juridiction compétente pour déclarer l'État débiteur.

(1) C. d'État Cont., 2 juillet 1875, Bornot.
(2) *Ibid.*, 12 avril 1843, Salloutin.
(3) *Ibid.*, 13 mai 1881, Brissy.
(4) *Ibid.*, 17 mai 1895, Lauret.
(5) *Ibid.*, 20 décembre 1889, Bellanger, et 11 février 1902, min. Trav. publ. contre Wothy-Dupont.
(6) *Ibid.*, 7 février 1896, Cornaille. Cependant, si la diminution de force motrice d'une usine n'est pas la conséquence directe de l'établissement d'une prise d'eau, mais résulte de son fonctionnement et de la quantité d'eau prise, il y a dommage intermittent et variable, et le ministre ne peut opposer la déchéance par le motif que la demande est formée plus de cinq ans après l'établissement de la prise d'eau. (C. d'Ét., 29 avril 1904, société Déchambenoît.)
(7) *Ibid.*, 17 mai 1895, Lauret.
(8) Si la créance à terme ou conditionnelle, la prescription court à partir du premier jour de l'exercice au cours duquel le terme est arrivé, ou la condition réalisée.
(9) C. d'Ét. Cont., 13 avril 1842, de Dietrich; *Ibid.*, 19 mai 1899, soc. gén. des Téléphones.
(10) *Ibid.*, 25 février 1881, Raveaud.
(11) *Ibid.*, 14 novembre 1884, Szaniawski.
(12) *Ibid.*, 1er mars 1860, Vernède de Corneillan.
(13) *Ibid.*, 13 mai 1881, Brissy.
(14) *Ibid.*, 25 février 1881, Raveaud.

brevet d'invention (1); ou pour résiliation de marché (2); aux dettes constituant une charge réelle des immeubles appartenant à l'État (3); à la demande en payement d'intérêts arriérés dus par l'État (4); ou en restitution d'une somme perçue en trop pour droit de timbre ou impôt sur le revenu des valeurs mobilières (5); à une demande d'indemnité à la suite d'un accident du travail (6).

1044. Lorsque l'État s'empare d'une succession en déshérence, il faut distinguer, pour l'application de la déchéance quinquennale, les héritiers et les créanciers de la succession. Les héritiers peuvent réclamer en cette qualité, pendant trente ans, toute somme faisant partie de la succession réputée en déshérence par voie de pétition d'hérédité, action réelle (7). Les créanciers de la succession n'ont qu'une action personnelle contre l'État qui, jouissant sans distinction de la faveur d'une courte prescription, peut leur opposer la déchéance quinquennale (8). On pourrait objecter que l'État héritier est l'ayant cause du *de cujus*, et que succédant à tous ses droits, il devrait également succéder à toutes ses obligations. La prescription de cinq ans est encore opposable à la demande de restitution de loyers perçus par l'Administration des domaines au nom de l'État légataire (9).

L'État a occupé un terrain ne peut opposer la déchéance à la personne qui fait valoir sur ce terrain un droit de propriété reconnu par les tribunaux judiciaires, à moins que, le terrain ayant été incorporé depuis plus de cinq ans dans un ouvrage public, il y ait eu transformation forcée du droit de propriété en une créance (10). Si le terrain est occupé par l'État sans une cession régulière, le propriétaire conserve son droit réel jusqu'à la cession, et celle-ci n'a lieu que quand le prix est fixé par les parties ou par justice (11).

1045. La déchéance ne s'applique pas aux sommes dont l'État est simplement dépositaire (12) : Par exemple à une somme versée par l'État à la Caisse des dépôts et consignations pour le compte de qui de droit (13); ni à la restitution des capitaux de cautionnement versés au Trésor, soit par un bailleur de fonds, soit par la personne même qui doit fournir le cautionnement (14). En ce qui concerne les cautionnements, et dans le but de soustraire le Trésor aux réclamations des ayants droit pendant trente ans à compter du jour de l'exigibilité du remboursement, l'article 16 de la loi du 9 juillet 1836 a décidé que le montant des cautionnements dont le remboursement n'a pas été effectué par le Trésor public faute de productions ou de justifications suffisantes dans le délai d'un an à compter de la cessation des fonctions du titulaire ou de la réception des fournitures et travaux, peut être versé en capital et intérêts à la Caisse des dépôts et consignations à la conservation des droits de qui il appartiendra; ce versement libère définitivement le Trésor public (1). Le versement est facultatif pour le Trésor; lorsqu'il a été opéré, l'ayant droit a trente années pour présenter sa réclamation à la Caisse des dépôts.

1046. Il ne suffit pas, pour que la déchéance soit évitée, que la liquidation et l'ordonnancement aient eu lieu dans les cinq ou les six années; il faut encore que le payement ait été matériellement effectué dans ce délai (2).

D'ailleurs la prescription peut être suspendue ou interrompue.

Elle n'est pas suspendue par l'état de minorité du créancier (3). C'est d'ailleurs l'application du droit commun d'après lequel les courtes prescriptions courent contre les mineurs et interdits, sauf leur recours contre leurs tuteurs (4).

1047. L'interruption ou la suspension proviennent, soit du fait de l'Administration (5), soit d'une instance judiciaire. Ainsi la prescription n'est pas opposable si la liquidation est retardée par le fait de l'Administration (6); mais c'est au créancier à établir que le retard provient d'un fait d'administration (7). Une réclamation régulière suspend la prescription tant que le ministre n'a pas statué (8). Il en est de même d'une demande en dommages-intérêts contre l'État portée devant l'autorité judiciaire (9); et du pourvoi devant le Conseil d'État formé contre la liquidation d'une créance par le ministre (10). Encore faut-il que la demande ou la réclamation du créancier soit formulée devant l'autorité compétente pour en connaître. Dès lors, une demande en payement adressée à une autorité autre que le ministre ne suspend pas la prescription (11). Une réserve insérée

---

(1) C. d'Ét. Cont., 27 décembre 1889, Gabriel Barthe.
(2) *Ibid.*, 6 mai 1898, Galinier.
(3) *Ibid.*, 13 mars 1896, ville de Paris.
(4) *Ibid.*, 23 juin 1843, Fleurot.
(5) *Ibid.*, 5 février 1892, chem. de fer de l'Est.
(6) *Ibid.*, 17 mars 1905, Deschamps. Cependant, si après un accident du travail, un ouvrier d'une manufacture d'armes a continué à être employé, et si plusieurs années après se déclare une maladie qui est la conséquence de l'accident, la déchéance ne court que du 1er janvier de l'année de la maladie. (C. d'Ét., 12 février 1904, Saurin.)
(7) *Ibid.*, 26 juillet 1844, Pellegrini.
(8) *Ibid.*, 12 avril 1843, Sallentin.
(9) *Ibid.*, 12 mars 1846, veuve d'Esclans.
(10) *Ibid.*, 5 décembre 1902, Sandrique.
(11) *Ibid.*, 21 mars 1902, Cie de Port-Saint-Louis-du-Rhône.
(12) Elle ne s'applique pas davantage aux fonds de concours qui n'aboutissent jamais à l'ordonnancement de sommes payables par l'État, et une compagnie de chemins de fer qui demande l'imputation d'une dépense sur le fonds de concours mis par elle à la disposition de l'État ne peut se voir opposer la déchéance. (C. d'Ét., Cont., 28 juin 1901, Cie du Nord.)
(13) C. d'Ét. Cont., 19 mai 1853, commune de Monneron.
(14) *Ibid.*, 4 mai 1854, Largey. Mais le payement des intérêts de cautionnements se prescrit par cinq ans.

(1) D. 31 mai 1862, art. 144.
(2) C. d'Ét. Cont., 15 juillet 1842, Corbie.
(3) *Ibid.*, 13 janvier 1888, veuve Arbinet.
(4) C. civ., art. 2278.
(5) Si le ministre, après liquidation, avertit le créancier qu'il sera payé aussitôt les formalités administratives remplies, la déchéance est interrompue. (C. d'Ét., 4 mars 1904, Lehideux.)
(6) C. d'Ét. Cont., 4 juillet 1838, min. Trav. publ. contre Galletet; 13 juillet 1900; 3 juillet 1903, Cie d'Orléans, dép. de la Seine; 9 décembre 1904, Cie P.-L.-M.
(7) *Ibid.*, 28 novembre 1879, Gallo.
(8) *Ibid.*, 8 juillet 1892, Hugot. Mais elle doit être adressée au ministre lui-même et non à l'un de ses subordonnés. (C. d'Ét., 15 février 1901, Kaszelick.)
(9) *Ibid.*, 23 novembre 1894, société la Panclastite.
(10) Nous rappelons que l'article 137, § 2, du décret du 31 mai 1862 prescrit la remise d'un bulletin constatant la demande en payement et la production des pièces par un créancier de l'État.
(11) C. d'Ét. Cont., 19 mai 1853, Touillet; 12 mars 1880, de Plazanet; 15 février 1901, Kaszelick; 1er août 1902, Serma,

dans la quittance n'est pas considérée comme une demande en payement (1), et ne peut suspendre la prescription qu'autant qu'elle est suivie d'une réclamation régulière (2).

1048. C'est aux ministres seuls (3), sauf pourvoi au Conseil d'État (4), qu'il appartient de prononcer la déchéance quinquennale contre un créancier de l'État. Les tribunaux administratifs ou civils ne pourraient s'immiscer dans ces questions (5). Malgré une décision judiciaire devenue définitive, le ministre peut opposer la prescription sans porter atteinte à l'autorité de la chose jugée; car il use d'un moyen différent et c'est en réalité comme s'il opposait une compensation (6).

1049. C'est le ministre qui doit opposer la prescription (7), et lui seul en a le droit : un sous-secrétaire d'État n'aurait pas compétence à cet égard (8); ni un directeur d'un ministère « pour le ministre et par ordre » (9).

La déchéance est d'ordre public et peut être opposée au créancier en tout état de cause (10); même après l'ordonnancement de la dépense, et à l'occasion du refus du comptable de procéder au payement (11). Il paraît en résulter que le ministre ne pourrait pas renoncer à la prescription, car ce serait aliéner les droits du Trésor : s'il le faisait, sa décision ne lierait pas son successeur. Il existe cependant un moyen indirect de renoncer à la prescription, c'est de faire procéder au payement, et le payement fait dans ces conditions ne pourrait être l'objet d'un recours au Conseil d'État (12). On objecte que, dans ce cas, les comptables refuseront sans doute d'effectuer le payement, en se basant sur l'inexistence de crédit; mais on peut répondre que le ministre a pu demander un crédit supplémentaire spécial; et qu'à défaut de crédit le refus du comptable sera basé sur cette circonstance, mais non sur la renonciation du ministre à la prescription : ce sont deux questions absolument différentes.

1050. Mais la déchéance doit être opposée formellement; des observations non signées du ministre présentées au cours d'une instance en réparation de dommages devant le Conseil d'État ne suffiraient pas pour le rejet de la demande du créancier (13). En outre, si le ministre n'a pas opposé la déchéance au début de l'instance et a

défendu au fond devant le conseil de préfecture, l'État devrait être condamné au payement des frais de première instance qui sont devenus frustratoires par son fait (1).

1051. À côté de la déchéance quinquennale, il existe au profit du Trésor diverses prescriptions que nous nous bornerons à énumérer :

Pour les restitutions de droits indûment perçus, la prescription est :

En matière d'enregistrement, de deux ans (2).

En matière de timbre, de cinq ans pour les droits (3); de deux ans pour les amendes (4), de cinq ans pour les taxes sur le revenu des valeurs mobilières (5).

En matière de contributions indirectes, de six mois (6).

En matière de douanes, de deux ans (7).

Des prescriptions spéciales peuvent être convenues dans les marchés ou adjudications : les marchés, traités ou conventions à passer pour les services du matériel de la guerre doivent toujours rappeler la disposition de l'article 3 du décret du 13 juin 1806 portant que toutes réclamations relatives au service de la guerre dont les pièces n'ont pas été présentées dans les six mois qui suivent le trimestre pendant lequel la dépense a été faite, ne peuvent plus être admises en liquidation (8).

Les titres de rentes sont imprescriptibles; mais les arrérages de rentes perpétuelles et viagères, les traitements de la Légion d'honneur et de la Médaille militaire, les intérêts sur les capitaux de cautionnements, se prescrivent par cinq ans (9), à dater de l'échéance des arrérages ou intérêts (10).

1052. Les titres de pension sont imprescriptibles; mais les pensions et secours annuels sont rayés des livres du Trésor après trois ans de non-réclamation, sans que leur rétablissement donne lieu à aucun rappel d'arrérages antérieurs à la réclamation. La même déchéance est applicable aux héritiers ou ayants cause des pensionnaires qui n'ont pas produit la justification de leur droit dans les trois ans qui suivent la date du décès de leur auteur (11). Il résulte d'un avis du Conseil d'État du 14 mars 1834 qu'on ce qui concerne les pensions nouvellement concédées et pour lesquelles aucun payement n'a encore été effectué, le délai de trois ans imparti aux titulaires pour réclamer utilement les arrérages échus ne court que du jour de l'insertion du décret de concession au Bulletin des lois (12). Le droit à la jouissance d'une pension militaire est suspendu par la résidence hors d'Europe sans autorisation, quand l'absence se sera

---

(1) C. d'Ét. Cont., 8 juillet 1892, Hugot.
(2) Ibid., 10 décembre 1886, Breton.
(3) Ibid., 11 juillet 1894, dép. de la Seine; 7 février 1896, Cornaille.
(4) Ibid., 7 février 1896, Cornaille; 20 mars 1896, Favreau; 22 avril 1904, Grégoire.
(5) Trib. Seine, 18 juillet 1896, S.92.2.25; C. d'Ét., 11 février 1902, min. Trav. publ. contre Wothy-Dupont; 19 juin 1903, Lacoste; 10 juin 1904, Chaguat.
(6) Conflits, 21 mars 1891, Patureau-Piectat.
(7) Une compagnie de chemins de fer ayant traité avec le ministre des Travaux publics pour l'exécution de travaux militaires, le ministre de la Guerre n'a pas eu qualité pour lui opposer la déchéance. (C. d'Ét. Cont., 24 novembre 1905, Cie de Lyon.)
(8) C. d'Ét. Cont., 11 juillet 1894, dép. de la Seine.
(9) Ibid., 8 juillet 1892, Hugot; 13 janvier 1899, Lepreux; 20 juillet 1904, Henry de Maupas.
(10) Ibid., 27 décembre 1889, Gabriel Barthe.
(11) Ibid., 16 février 1870, Dolaubier; 27 février 1903, Egger.
(12) V. C. d'Ét. Cont., 19 août 1879, Esquino.
(13) C. d'Ét. Cont., 26 avril 1901, Seyve.

(1) C. d'Ét. Cont., 7 décembre 1900, min. Trav. publ. contre Madelain; 11 février 1902, min. Trav. publ. contre Wothy-Dupont.
(2) L. 22 frimaire an VII, art. 61.
(3) L. 29 avril 1831.
(4) L. 16 juin 1824, art. 14; Instr. Régie, n° 1721, du 12 novembre 1844.
(5) L. 26 juillet 1893, art. 28.
(6) L. 28 avril 1816, art. 247.
(7) L. 6-22 août 1792, art. 26.
(8) D. 31 mai 1862, art. 115.
(9) D. 9 décembre 1862, et D. 31 mai 1862, art. 141.
(10) Instr. gén. 20 juin 1859, art. 686.
(11) L. 9 juin 1853, art. 30; D. 31 mai 1862, art. 142.
(12) Note de la Cour des Comptes, n° 68, p. 10.

prolongée au delà d'un an : les titulaires de pensions sur l'État autres que les pensions militaires ne sont pas tenus de se pourvoir d'une autorisation de résidence à l'étranger (1). Les sommes non payées sur les majorations de pensions et allocations attribuées aux ouvriers mineurs sont prescrites, au profit du Trésor, trois ans après leur échéance (2). Lorsque pendant trois années consécutives, les arrérages d'une pension viagère à la charge de l'État concédée à un ministre du culte par l'article 11 de la loi du 9 décembre 1905 ne sont pas réclamés, la pension est rayée des registres du Trésor, sans que son rétablissement donne lieu à aucun rappel d'arrérages antérieurs à la réclamation. Au contraire, les allocations temporaires de quatre et huit années accordées par la même loi ne sont passibles que de la déchéance quinquennale (3).

1053. Est réduit de huit à cinq ans le délai à partir duquel sont définitivement acquises à l'État, lorsque le remboursement ou la remise n'a pas été réclamé par les ayants droit dans ce délai : les sommes versées aux caisses des agents de postes et télégraphes ou déposées aux guichets de leurs bureaux pour être remises à destination sous forme de mandat ou autrement; les valeurs quelconques trouvées dans le service, insérées ou non dans les boîtes ou dans les lettres et qui n'ont pu être remises au destinataire. Le délai de cinq ans court pour les sommes versées à partir du jour de leur versement; et, pour les autres valeurs, à partir du jour où elles ont été déposées ou trouvées dans le service. Ces dispositions doivent être insérées au verso des récépissés délivrés par la poste (4). La prescription a été réduite de cinq à trois ans pour les mandats et valeurs de toute nature confiés à la poste ou trouvés dans le service (5).

1054. Les saisies-arrêts, oppositions ou significations n'ont d'effet que pendant cinq ans à compter de leur date si elles n'ont pas été renouvelées dans ledit délai, quels que soient d'ailleurs les actes, traités ou jugements intervenus sur lesdites saisies-arrêts, oppositions ou significations. En conséquence, elles sont rayées d'office des registres dans lesquels elles auraient été inscrites et ne sont pas comprises dans les certificats prescrits par l'article 14 de la loi du 19 février 1792 et par les articles 7 et 8 du décret du 18 août 1807 (6).

Les arrérages des rentes servies par la Caisse nationale des retraites pour la vieillesse sont prescrits par cinq ans à dater de leur échéance (7).

Les sommes versées à la Caisse des dépôts et consignations ne se prescrivent que par trente ans, suivant le droit commun (8).

L'État peut invoquer toutes les courtes prescriptions édictées par le Code civil ou les lois postérieures, lorsqu'elles lui sont plus favorables que les prescriptions spéciales dont il jouit (1).

Toute créance contre l'État qui échappe à la prescription quinquennale est payée au titre des dépenses sur exercices périmés dans les conditions qui ont été précédemment examinées.

§ 8. — Refus de payement.

1055. Lorsque toutes les conditions nécessaires à l'établissement de la régularité de la dépense et de la validité de la quittance ont été remplies, le comptable est dans l'obligation de procéder au payement. Un refus de payement non justifié exposerait le comptable aux réclamations de la partie prenante. Quelle autorité serait compétente pour statuer sur cette responsabilité? Si le refus est motivé sur une insuffisance de crédits ou sur la régularité des pièces de dépenses proprement dites, c'est-à-dire sur un motif ayant trait à la constatation ou à la liquidation de la dépense, la compétence appartient au ministre intéressé et au Conseil d'État. C'est, en effet, aux ministres liquidateurs qu'il appartient, en l'absence de nomenclatures, de déterminer, d'accord avec le ministre des Finances, les justifications à produire, et leur décision couvre la responsabilité du comptable. L'autorité judiciaire n'a pas à s'immiscer dans un pareil débat; les questions de crédit, de pièces et de nomenclatures sont essentiellement des questions d'administration dont elle ne saurait connaître sans violer le principe de la séparation des pouvoirs (2). Si le refus est basé sur l'irrégularité de la quittance, la compétence revient à l'autorité judiciaire, seule juge des questions d'hérédité, de procuration, de transports, d'opposition, etc. Le refus ou le retard de payement non justifiés peuvent motiver l'allocation de dommages-intérêts contre le comptable. Il paraît être admis en jurisprudence que l'autorité judiciaire a qualité, dans tous les cas, pour fixer le quantum de ces dommages-intérêts, sauf renvoi devant le ministre compétent pour trancher les questions préjudicielles concernant le crédit ou les pièces justificatives de la dépense (3).

1056. Le comptable doit suspendre le payement s'il reconnaît qu'il y a omission ou irrégularité matérielle dans les pièces produites, absence de crédit, non-justification de service fait, ou pour des motifs concernant la validité de la quittance.

1057. L'Administration recommande aux comptables d'user avec ménagement et réserve du droit de refuser le payement. En abusant de ce droit, ils pourraient arrêter le service ou compromettre les intérêts des créanciers de

---

(1) L. 11 avril 1831, art. 26; Ord. 24 février 1832, art. 1er; D. 31 mai 1862, art. 143.
(2) L. 31 mars 1903, art. 84 à 98; Circ. compt. publ., 24 décembre 1903.
(3) Circ. compt. publ., 24 et 26 mars 1906; Instr. Enregistr., n° 3182, du 24 février 1906.
(4) L. 15 juillet 1882.
(5) L. 4-27 avril 1898.
(6) L. 9 juillet 1836, art. 14; D. 31 mai 1862, art. 149.
(7) L. 15 janvier 1882.
(8) L. 16 avril 1895, art. 43.

(1) C. civ., art. 2271 et suiv.
(2) Sartène, 31 mars 1890. Mémorial des percepteurs, 1890, p. 181 et 425.
(3) Argument analogie, Trib. conflits, 2 avril 1881. Mémorial, 1881, p. 311; C. d'État., 21 janvier 1887, Bonnier; 22 juin 1888, Fabry; Annecy, 7 août 1885. Mémorial, 1886, p. 508; Trib. Château-Thierry, 16 janvier 1895. Mémorial, 1895, p. 466.

l'État pour des motifs qui ne seraient pas rigoureusement fondés, ce qui aurait pour résultat d'affaiblir vis-à-vis des tiers, l'autorité de leur contrôle.

1058. Il y a irrégularité matérielle des pièces toutes les fois que les indications de noms, de service ou de sommes portées dans l'ordonnance ou le mandat ne sont pas d'accord avec celles qui résultent des pièces justificatives y annexées, ou lorsque ces pièces ne sont pas conformes aux règlements (1). L'omission de pièces n'a pas besoin d'être définie. On sait comment le comptable peut exercer son contrôle sur l'existence du crédit et la régularité de l'imputation. La justification du service fait résulte de l'examen des pièces de dépense (2). En ce qui concerne la validité de la quittance, rappelons ce qui a été dit notamment au sujet du remploi des sommes provenant de l'aliénation des biens des femmes mariées, des mineurs, des interdits, des absents.

1059. Pour éviter qu'un refus de payement, basé sur l'inobservation de formalités administratives, n'arrivât à empêcher un payement d'un caractère urgent, l'ordonnance du 14 décembre 1822 a attribué, dans certains cas, à l'ordonnateur, le droit de réquisition, c'est-à-dire la faculté de vaincre la résistance du comptable (3). Pour permettre l'exercice de ce droit, le payeur qui surseoit au payement doit remettre immédiatement une déclaration écrite et motivée de son refus au porteur de l'ordonnance ou du mandat, et adresser le jour même, copie de cette déclaration au ministre des Finances. Si, malgré cette déclaration, l'ordonnateur requiert par écrit, et sous sa responsabilité, qu'il soit passé outre au payement, le payeur y procède sans autre délai, et il annexe à l'ordonnance ou au mandat, avec une copie de sa déclaration, l'original de l'acte de réquisition qu'il a reçu. Il est tenu d'en rendre compte immédiatement au ministre des Finances (4). La production de l'acte de réquisition au juge des comptes a pour effet de dégager la responsabilité du payeur, et de lui substituer celle de l'ordonnateur.

1060. Cette dernière responsabilité est, nous le savons, simplement morale et mal définie. Aussi, le droit de réquisition ne peut pas s'exercer dans tous les cas. Il faut, en effet, éviter que, par des réquisitions abusives, l'ordonnateur empiète sur les attributions de l'autorité législative en matière budgétaire. Dans ce but, la réquisition n'est pas valable en l'absence de crédit, de service fait, ou de quittance valable. Si cependant, dans ces hypothèses, il se produisait des réquisitions qui eussent pour effet soit de faire acquitter une dépense sans qu'il y ait disponibilité de crédit chez le payeur, ou justification de service fait, soit de faire effectuer un payement suspendu pour des motifs touchant à la validité de la quittance, le comp-

table, avant d'y obtempérer, devrait en référer au ministre des Finances, qui se concerterait immédiatement avec le ministre du département auquel appartient la dépense (1).

1061. Le décret du 31 mai 1862, dans lequel cette dernière disposition a été insérée pour la première fois, ne fait pas connaître quelles mesures pourront être prises dans l'espèce par le ministre des Finances et le ministre intéressé. Si le payement est refusé pour défaut de crédit, l'intervention des ministres consistera sans doute à provoquer l'ouverture d'un crédit supplémentaire. Mais il ne paraît pas admissible que le droit de réquisition puisse s'exercer en l'absence de service fait ou de quittance valable. Car l'ordonnance du 14 septembre 1822, à laquelle se réfère l'article 91 du décret du 31 mai 1862, n'autorise nullement la réquisition dans ces cas, et elle se borne à permettre aux ordonnateurs de requérir par écrit qu'il soit passé outre aux payements qui seraient refusés pour omission ou irrégularité matérielle dans les pièces justificatives (art. 15).

Cette restriction au droit de réquisition de l'ordonnateur subit une double exception en ce qui concerne le payement de la solde et les dépenses aux armées.

1062. Dans le cas d'urgence ou d'insuffisance des crédits ouverts aux ordonnateurs secondaires par les ministres de la Guerre et de la Marine, les mandats délivrés pour le payement de la solde peuvent être acquittés immédiatement sur une réquisition écrite de l'ordonnateur, et sauf imputation sur le premier crédit. Ces mandats sont accompagnés de l'acte de réquisition, lequel doit être produit à la Cour des Comptes (2). Cette exception est justifiée par le caractère d'urgence absolue de la dépense, et l'impossibilité de retarder le service et l'alimentation des troupes. D'après une circulaire de la comptabilité publique du 7 décembre 1866 § 2, cette exception était applicable seulement au payement de la solde d'activité : cette mesure n'était pas considérée comme susceptible d'être étendue à la solde de non-activité ou de réforme, ni à la solde des officiers généraux du cadre de réserve. Le Conseil d'État, appelé à se prononcer sur l'interprétation restrictive donnée à l'article 92 du décret du 31 mai 1862 a émis l'avis que cet article a une portée générale, et s'applique au payement des diverses soldes auxquelles ont droit les militaires, sans qu'il y ait à distinguer d'après les positions dans lesquelles ils se trouvent (3).

1063. Le payement des dépenses des armées en campagnes présente plusieurs particularités (4). Les crédits sont ouverts par le général en chef lui-même, sans ordonnances de délégations. Les ordonnances que le général en chef envoie aux ordonnateurs secondaires et aux comptables n'indiquent que les exercices et non les chapitres, sauf régularisation ultérieure : c'est une ouverture en masse de crédits. Les mandats urgents peuvent être payés le jour même de leur émission, sur la demande des ordon-

(1) D. 31 mai 1862, art. 91, § 2.
(2) Il y a, par exemple, irrégularité, si, pour des dépenses de travaux, le procès-verbal de réception n'est pas produit ; ou si, pour des dépenses de fournitures, la réception et la prise en charge ne sont pas justifiées.
(3) Les directeurs-ordonnateurs des établissements généraux de bienfaisance ne peuvent pas exercer le droit de réquisition. *Mémorial*, 1890, p. 151.
(4) D. 31 mai 1862, art. 91, § 3.

(1) D. 31 mai 1862, art. 91, § 4.
(2) *Ibid.*, art. 92.
(3) Circ. compt. publ., 31 janvier 1899, § 2.
(4) V. D. 24 mars 1877.

nateurs, qui, dans ce cas, sont tenus de faire parvenir préalablement aux payeurs un avis spécial d'émission de ces mandats. Les payeurs, lorsque les pièces produites ne leur paraissent pas suffisantes pour justifier valablement les dépenses, peuvent surseoir au payement des mandats; ils remettent alors à l'ordonnateur secondaire une déclaration motivée de leur refus de payer. Si, malgré cette déclaration, l'ordonnateur requiert par écrit et sous sa responsabilité qu'il soit passé outre au payement, le payeur y procède sans autre délai, et il annexe au mandat, avec une copie de son refus, l'original de la réquisition. Le payeur général doit être immédiatement informé des payements faits dans ces conditions (1). De son côté, l'ordonnateur secondaire informe sur-le-champ le commandant en chef des faits qui ont motivé sa réquisition. S'il se produisait des réquisitions ayant pour objet de faire acquitter une dépense sans qu'il y eût justification d'un service fait, ou de faire effectuer un payement suspendu pour des motifs touchant à la validité de la quittance, les payeurs ne devraient y obtempérer qu'après avoir rendu compte de la difficulté au commandant en chef, et que si celui-ci leur donnait, sous sa responsabilité, l'ordre écrit de procéder au payement. Le ministre de la Guerre (Direction du contrôle) et celui des Finances (Direction générale de la comptabilité publique) sont respectivement informés de ces faits par le général commandant en chef et par le payeur général (2).

§ 9. — Enregistrement.

1064. Certaines pièces justificatives de la dépense sont soumises à la formalité de l'enregistrement, et les originaux, expéditions ou extraits de ces pièces, produits au payeur, doivent porter la mention de l'accomplissement de cette formalité.

1065. Les actes sous seing privé qui ne contiennent pas une transmission de propriété, d'usufruit ou de jouissance ne sont, en principe, susceptibles d'enregistrement que s'il en est fait usage en justice ou devant une autorité constituée, ou mention dans un acte public. Les comptables du Trésor ne sont pas considérés au point de vue de l'enregistrement comme une autorité constituée.

1066. Les actes judiciaires, extrajudiciaires et notariés doivent être enregistrés, sauf exceptions formellement prévues par les lois et règlements.

1067. Les actes des autorités administratives sont, en général, exempts d'enregistrement (3), exception étant faite pour ceux qui portent transmission de propriété, d'usufruit ou de jouissance; pour les adjudications ou marchés de toute nature, aux enchères, au rabais ou sur

soumission, pour les cautionnements relatifs à ces actes (1). Rentrent, notamment, dans cette exception : Les adjudications et marchés de toute nature passés en France par une autorité administrative pour le compte des colonies ou des pays de protectorat et dont le prix doit être payé par les budgets locaux (2); les marchés sur correspondance, car lorsque l'offre écrite d'un fournisseur a été acceptée par une dépêche ministérielle ou par une lettre de l'administration locale, ces deux documents constituent, par leur réunion, un contrat synallagmatique dressé en la forme administrative (3); les arrêtés préfectoraux qui accordent, à titre de tolérances précaires et révocables à volonté, les concessions de passage dans les forêts domaniales (4); les soumissions relatives aux travaux d'art à exécuter pour l'aménagement des forêts (5); les soumissions souscrites par les personnes autorisées à occuper temporairement une partie du domaine public fluvial ou terrestre (6), ainsi que les autorisations de prises d'eau et permissions d'usines (7); les actes de cession et de substitution relatifs aux entreprises de transport de dépêches (8).

1068. L'enregistrement a lieu au comptant, règle générale, en débet, ou gratis.

1069. Sont admis à la gratuité de l'enregistrement :

Les actes relatifs aux acquisitions, échanges, partages entre l'État et les particuliers (9);

Les actes concernant les expropriations pour cause d'utilité publique (10);

Les actes faits en vertu de la loi du 15 juillet 1893 et exclusivement relatifs au service de l'assistance médicale gratuite (11);

Tous les actes relatifs à l'exécution de la loi du 9 avril 1898, concernant les accidents dont les ouvriers sont victimes dans leur travail (12);

Les actes exclusivement relatifs au service des enfants assistés, maltraités ou moralement abandonnés, faits en vertu des lois du 24 juillet 1889 et du 27 juin 1904;

Les actes ayant exclusivement pour objet le service de l'assistance aux vieillards, aux infirmes et aux incurables (13);

Les actes relatifs à la procédure de saisie-arrêt des salaires et traitements inférieurs à 2,000 francs (14);

Les actes concernant le remboursement ou la conversion des rentes 3 1/2 0/0, pourvu que cette destination y soit indiquée (15);

---

(1) Art. 182 du Règl. de la Guerre, modifié par l'article 57 de l'instruction des Finances du 1ᵉʳ octobre 1877, revisée le 1ᵉʳ mars 1891.
(2) D. 21 mars 1877, art. 44; Instr. des Fin., 1ᵉʳ octobre 1877, revisée le 1ᵉʳ mars 1891, art. 57.
(3) Les procès-verbaux dressés en forme administrative constatant la prestation de serment des économes des écoles normales doivent être soumis à l'enregistrement. (Instr. Enregistr., n° 2817; du 6 juin 1892, § 8.)

(1) L. 15 mai 1818, art. 78.
(2) L. 13 mars 1903.
(3) Circ. Marine, 28 décembre 1886.
(4) Déc. min. 6 mai 1902; Instr. Enregistr., n° 3095, du 1ᵉʳ septembre 1902, § 22.
(5) Note de la Cour des Comptes, n° 58, p. 21.
(6) Circ. compt. publ., 19 juillet 1881, § 2.
(7) Circ. compt. publ., 24 décembre 1884, § 6.
(8) Bull. Postes et Télégr., mars 1890, p. 435.
(9) C. d'Ét. Avis, 12 février 1811.
(10) L. 3 mai 1841, art. 58.
(11) L. 15 juillet 1893, art. 31; Instr. min. Int., 18 mai 1894.
(12) L. 9 avril 1898, art. 29.
(13) L. 14 juillet 1905, art. 38.
(14) L. 12 janvier 1895, art. 15.
(15) L. 9 juillet 1902, art. 12.

Les actes relatifs à l'acquisition de terrains poursuivie en exécution d'un plan d'alignement régulièrement approuvé (1). ;

Les traités passés par le département de la Guerre avec les hospices civils, en exécution de la loi du 7 juillet 1877, sur l'organisation des services hospitaliers de l'armée (2);

Les actes faits en vertu de la loi du 3 juillet 1877 sur les réquisitions militaires, et exclusivement relatifs au règlement de l'indemnité (3);

Les plans, procès-verbaux, certificats, significations, jugements, contrats, quittances et autres actes relatifs à la fixation des dommages causés à la propriété privée par l'exécution des travaux publics (4).

1070. Parmi les actes qui sont exempts de la formalité de l'enregistrement, nous croyons utile de mentionner notamment les suivants :

Les certificats, actes de notoriété et autres pièces exclusivement relatives à l'exécution des articles 84 à 96 de la loi du 31 mars 1903 concernant les majorations de pensions et allocations attribuées aux ouvriers mineurs (5);

Les jugements, significations, actes de notoriété, procurations, certificats, et, en général, tous actes concernant le service des pensions et secours aux victimes de l'expédition de Chine (6);

Les imprimés, écrits et actes de toute espèce, nécessaires pour le service de la Caisse nationale d'épargne (7);

Les actes relatifs à l'exécution de la loi du 21 avril 1898, concernant la création d'une Caisse nationale de prévoyance contre les risques et accidents de leur profession, au profit des marins français (8);

Les certificats de propriété produits aux comptables du Trésor par les héritiers qui veulent obtenir le payement du prorata dû par l'État d'un traitement ou d'une solde d'activité, et des sommes dues à titre de pension, de rémunération ou de secours (9), et les certificats d'hérédité délivrés dans les mêmes cas par les maires pour le payement des sommes de 150 francs et au-dessous (10);

Les certificats de propriété et actes de notoriété produits en vue du payement de sommes dues par l'établissement des Invalides de la marine (11);

Les certificats, actes de notoriété et autres pièces exclusivement relatives à l'exécution de la loi du 11 juillet 1868, concernant la création de caisses d'assurances en cas de décès et d'accidents (12);

Les certificats de propriété produits à la Caisse des dépôts et consignations pour le remboursement du reliquat de solde et de toutes sommes dues ou appartenant à des officiers et soldats décédés à leurs corps, aux armées ou dans les hôpitaux (1);

Les certificats de propriété relatifs aux pensions ecclésiastiques et aux pensions de l'Imprimerie nationale qui sont assimilables aux pensions de l'État (2);

Les certificats de vie délivrés aux rentiers et pensionnaires de l'État (3);

Les mainlevées d'oppositions, procurations, consentements à payement donnés par acte sous signatures privées et produits à l'appui des remboursements de consignations (4);

Les procurations sous seing privé produites à l'appui des payements, et dont la simple remise aux payeurs n'est pas considérée comme production de pièces devant une autorité constituée (5);

Les procurations notariées ou sous seing privé concernant le service des caisses d'épargne, ou de la Caisse nationale des retraites pour la vieillesse (6);

L'adjudication préparatoire, lorsqu'elle doit être suivie nécessairement d'une adjudication définitive qui seule emporte transmission (7);

Les cahiers des charges rédigés administrativement (8);

Les marchés passés directement par les corps de troupes de la guerre et de la marine, ayant le caractère d'actes sous seing privé, c'est-à-dire définitifs par le seul consentement des parties (9). Le caractère d'acte sous seing privé ne disparaît pas si, dans un simple but d'ordre intérieur de comptabilité, de surveillance et de contrôle, le sous-intendant militaire revêt de sa signature un traité d'ores et déjà formé. Mais, par contre, tout marché dont la validité est subordonnée à l'approbation d'un fonctionnaire de l'intendance ou de toute autre autorité administrative, constitue un acte administratif, et est dès lors soumis à la formalité de l'enregistrement (10);

Les permis de délivrance des produits accessoires des forêts, lorsque le prix a été payé d'avance (11);

Les procès-verbaux sommaires des ventes de poteaux télégraphiques hors d'usage, dont les lots inférieurs à 30 francs, faites d'office par l'Administration des postes et télégraphes, pour le compte de l'Administration des domaines (12);

Les conventions passées par acte administratif entre

---

(1) L. 13 avril 1900, art. 3.
(2) Circ. compt. publ., 10 février 1883, § 5.
(3) L. 13 décembre 1878, et D. 5 juillet 1893, rendant cette loi exécutoire en Algérie.
(4) L. 29 décembre 1892, art. 19.
(5) Circ. compt. publ., 24 décembre 1903.
(6) L. 31 mars 1903, art. 62; Arr. min. Fin., 22 juillet 1903; Circ. C. dépôts, 25 août 1903.
(7) L. 9 avril 1881; D. 31 août et 3 décembre 1881. Note de la Cour des Comptes n° 56, p. 6.
(8) Instr. Enregistr., n° 2947, du 9 mai 1898.
(9) Circ. compt. publ., 27 mars 1880, § 2.
(10) Circ. compt. publ., 17 juillet 1897, § 2.
(11) Circ. Marine, 20 avril 1893.
(12) Instr. Enregistr. du 17 janvier 1882.

(1) Sol. Enregistr., 12 septembre 1873. Note de la Cour des Comptes, n° 67, p. 29.
(2) Circ. C. dépôts, 31 décembre 1888, § 13. Note de la Cour, n° 63, p. 24.
(3) D. 21 août 1806, art. 10.
(4) Instr. gén. sur les consignations, 1er décembre 1877, art. 94; Circ. C. dépôts, 21 janvier 1892, § 6.
(5) Circ. compt. publ., 6 février 1892, § 5.
(6) C. d'Ét. Avis, 3 avril 1900; Circ. C. dépôts, 1er août 1902, § 2; Instr. Enregistr., n° 3080, du 26 février 1902, § 5.
(7) L. 15 mai 1818, art. 78 et 80.
(8) Déc. min. Fin., 30 septembre 1831.
(9) Note min. Guerre, 13 octobre 1894. Bull. off. Guerre, 2e semestre 1894, p. 391; Circ. Marine, 29 décembre 1894.
(10) Note min. Guerre, 18 septembre 1896, Bull. off. Guerre, 2e semestre 1896, p. 117.
(11) Instr. Enregistr., 24 novembre 1857; Arr. min. Fin., 25 septembre 1857.
(12) Circ. compt. publ., 25 juin 1901, § 3.

l'État et les communes, relativement aux avances faites pour l'installation de réseaux téléphoniques (1);

Les conventions par lesquelles les municipalités s'engagent à verser à l'Administration une somme destinée à faire face à la dépense de location d'un bureau télégraphique (2);

Les déclarations d'abonnement au téléphone souscrites par les Administrations publiques (3);

Les polices d'assurances contractées en vue des risques relatifs aux accidents du travail (4);

Les actes de prestation de serment des médecins désignés pour constater les infirmités des employés admis à la retraite, attendu qu'ils ne sont pas faits dans un intérêt professionnel ou particulier, mais simplement pour obéir à une prescription d'intérêt général et d'ordre intérieur (5).

1071. L'enregistrement est établi en Algérie (6), et dans certaines colonies, notamment la Martinique (7), la Guadeloupe (7), le Sénégal (7), la Guyane (8), la Réunion (9), la Nouvelle-Calédonie (10), Tahiti (11), l'Inde (12), la Cochinchine (13), Mayotte (14), l'Indo-Chine (15), Madagascar (16).

§ 10. — Timbre de dimension.

1072. Aux termes de l'article 12 de la loi du 13 brumaire an VII : « Sont assujettis au droit de timbre établi en raison de la dimension, tous les papiers à employer pour les actes et écritures, soit publics, soit privés, savoir... Les actes des autorités constituées administratives qui sont assujettis à l'enregistrement ou qui se délivrent aux citoyens, et toutes les expéditions et extraits des actes, arrêtés et délibérations desdites autorités qui sont délivrés aux citoyens... Et généralement tous actes et écritures, extraits, copies et expéditions, soit publics, soit privés, devant ou pouvant faire titre, ou être produits pour obligation, décharge, justification, demande ou défense (17). »

1073. Les nomenclatures ministérielles indiquent les pièces justificatives qui doivent être timbrées de dimension : Toute pièce à produire à l'appui d'une ordonnance ou d'un mandat de payement pour justification des droits

du créancier, et dont la désignation est suivie de la lettre (T) dans la nomenclature, est assujettie au droit du timbre établi en raison de la dimension des papiers (1).

1074. Le droit de timbre de dimension, réglé, en dernier lieu, par la loi du 25 août 1871 (2), est acquitté par l'emploi du papier timbré, par l'apposition de timbres mobiles, ou par le timbrage à l'extraordinaire des actes qui y sont soumis.

1075. Certains actes, bien que soumis au timbre, sont exempts de l'impôt : ils sont alors visés pour timbre gratuitement. Il en est ainsi pour tous titres ou expéditions à produire pour le remboursement ou la conversion des rentes 3 1/2 0/0, pourvu que cette destination y soit indiquée (3); pour les procès-verbaux, certificats, actes de notoriété, significations, jugements et autres actes faits ou rendus en vertu et pour l'exécution de la loi du 9 avril 1889 concernant les accidents dont les ouvriers sont victimes dans leur travail (4); pour les actes faits en vertu de la loi du 29 décembre 1892 sur les dommages causés à la propriété privée par l'exécution de travaux publics (5); les procès-verbaux relatifs au recouvrement du prix des produits accessoires des forêts dont le montant n'a pas été réglé d'avance (6).

1076. Parmi les très nombreux actes exempts de la formalité du timbre de dimension, et sans prétendre donner une énumération limitative, il nous paraît important de mentionner les suivants dont la production est fréquente pour la justification des payements.

Les minutes de tous les actes, arrêtés, décisions et délibérations de l'administration publique en général, et de tous établissements publics, dans tous les cas où aucun de ces actes n'est sujet à l'enregistrement sur la minute, et les extraits, copies et expéditions qui s'expédient ou se délivrent par une administration ou un fonctionnaire public, à une autre administration publique ou à un fonctionnaire public, lorsqu'il y est fait mention de cette destination (7).

Les bordereaux produits par les agents administratifs à l'effet, soit d'obtenir le remboursement de dépenses ou d'avances, soit de justifier de l'emploi des fonds qui avaient été mis à leur disposition pour un service public (8).

Les pouvoirs d'émarger que donnent, en cas d'éloignement de leur résidence et par forme de lettre, conformément à l'article 1985 du Code civil, les employés et préposés des administrations financières (9).

Les certificats, jugements, contrats, quittances et autres actes exclusivement relatifs au service des enfants

---

(1) Instr. Enregistr., n° 2882, du 9 juin 1893, § 14.
(2) Avis du Directeur général de l'Enregistrement, 17 mars 1879. Note de la Cour des Comptes, n° 58, p. 33.
(3) Instr. Enregistr., n° 2817, du 5 juin 1892, § 6.
(4) Instr. Enregistr., n° 3073, du 31 décembre 1901.
(5) Lettre min. Fin., 8 février 1854; L. 23 frimaire an VII, art. 70. Note de la Cour des Comptes, n° 40, p. 192.
(6) V. notamment D. 10 décembre 1904 et D. 9 janvier 1905.
(7) Ord. 31 décembre 1828.
(8) Ord. 14 juin 1829.
(9) Ord. 10 juillet 1829.
(10) Arr. local, 1er février 1877.
(11) Arr. 15 novembre 1873.
(12) Arr. 19 avril 1856, 18 août, 11 et 28 novembre 1865.
(13) Arr. 2 septembre 1865 et 6 avril 1871.
(14) Arr. 11 novembre 1869 et 16 décembre 1872.
(15) Arr. 13 novembre 1900.
(16) D. 6 juillet 1902.
(17) « Le timbre des quittances fournies à l'État ou délivrées en son nom est à la charge des particuliers qui les donnent ou les reçoivent; il en est de même pour tous autres actes entre l'État et les citoyens. » (L. 13 brumaire an VII, art. 29.)

(1) Régl. Fin. 26 décembre 1866. Nomenclature. Disp. gén., art. 12, p. 100.
(2) Art. 1er et 2.
(3) L. 9 juillet 1902, art. 12.
(4) Instr. Enregistr., n° 3115, du 20 avril 1903, § 1er.
(5) L. 29 décembre 1892, art. 19; Circ. compt. publ., 29 août 1898, § 5.
(6) Instr. Enregistr., 24 novembre 1857; Arr. min. Fin., 25 septembre 1857. Note de la Cour, n° 81, p. 6.
(7) L. 13 brumaire an VII, art. 16.
(8) Régl. Fin., 26 décembre 1866; Disp. gén., art 17, p. 101.
(9) Ibid., art. 19, p. 101.

assistés (1); mais l'exemption ne s'applique pas aux pièces concernant la rémunération des agents chargés de l'organisation générale de l'assistance (2).

Les actes faits en exécution de la loi du 14 juillet 1905 et ayant exclusivement pour objet le service de l'assistance aux vieillards, aux infirmes et aux incurables (3).

Les actes faits en vertu de la loi du 15 juillet 1893 et exclusivement relatifs au service de l'assistance médicale gratuite (4); y compris les mémoires produits dans la comptabilité de l'assistance médicale par les médecins, chirurgiens, sages-femmes, pharmaciens, hôpitaux et divers fournisseurs (5); et quel que soit le mode d'organisation du service d'assistance (6).

Les imprimés, écrits et actes de toute espèce nécessaires pour le service de la caisse d'épargne postale (7).

Tous les actes relatifs à l'exécution de la loi du 21 avril 1898 créant, au profit des marins français, une caisse nationale de prévoyance contre les risques et accidents de leur profession (8).

Tous les exploits, autorisations, jugements, décisions, procès-verbaux et états de répartition intervenus en exécution de la loi du 12 janvier 1895 relative à la saisie-arrêt des salaires et petits traitements (9).

Les pièces exclusivement relatives à l'exécution des articles 84 à 96 de la loi du 31 mars 1903 concernant les majorations de pensions et allocations attribuées aux ouvriers mineurs (10).

Les actes ou certificats produits pour obtenir le payement des pensions et secours aux victimes de l'expédition de Chine (11); des arrérages de rentes ou pensions de la Caisse nationale des retraites pour la vieillesse, et de la série J. M. des ouvriers civils des établissements militaires (12).

Les certificats de vie produits pour le payement des arrérages des pensions militaires de la guerre et de la marine (13); des pensions civiles en cas d'indigence constatée (14); des pensions des agents de l'Administration des douanes, et des agents forestiers (15) y compris les inspecteurs des eaux et forêts, leurs veuves et orphelins (16); des indemnités viagères aux victimes du coup d'État de 1851, des pensions à titre de récompense natio-

nale, et des rentes et pensions viagères aux survivants des blessés de 1848 (1); des pensions ecclésiastiques (2).

Les pièces produites par les intéressés pour le payement des allocations temporaires de quatre ou de huit ans accordées aux ministres du culte par l'article 11 de la loi du 9 décembre 1905, exception faite pour les procurations et les pièces d'hérédité (3). L'exemption ne s'étend pas aux certificats de vie produits pour le payement des arrérages des pensions viagères concédées par la même loi aux ministres du culte : ces certificats sont assujettis au timbre de dimension ainsi que toutes pièces ayant pour objet d'établir les droits des parties prenantes (4).

Les certificats de propriété délivrés à l'étranger (5).

Les actes de décès des pensionnaires militaires (6).

Les états récapitulatifs des frais taxés au profit des huissiers pour poursuites en matière de contributions directes, taxes assimilées et amendes (7).

Les certificats d'origine concernant les marchandises françaises destinées à l'exportation (8).

Les états de salaires dressés par les conservateurs des hypothèques (9).

Les bordereaux d'inscription d'hypothèques, les pièces produites par les requérants pour l'accomplissement des formalités hypothécaires, les reconnaissances de dépôts remises aux requérants, les états, certificats, extraits et copies dressés par les conservateurs des hypothèques (10).

Sauf certaines exceptions, les minutes, originaux et expéditions des actes ou procès-verbaux de vente, licitation ou échanges d'immeubles appartenant à l'État, ainsi que les cahiers des charges relatifs à ces mutations (11).

Les lettres de voiture émanant des agents des divers départements ministériels; les récépissés délivrés par les entrepreneurs de transport, les connaissements concernant les transports maritimes, toutes les fois qu'il s'agit de transports effectués pour le compte de l'État (12).

Les originaux, copies ou duplicata de polices d'assurance (13).

Les mémoires dressés par les greffiers des justices de paix en matière d'accidents du travail (14).

Les certificats de vérification de décompte et les procès-verbaux de réception définitive de travaux délivrés par l'architecte de l'Administration des beaux-arts à

(1) L. 27 juin 1904; Instr. min. Int., 15 juillet 1904.
(2) Note de la Cour des Comptes, n° 80, p. 44.
(3) L. 14 juillet 1905, art. 38.
(4) L. 15 juillet 1893, art. 32.
(5) Instr. Enregistr., n° 2387, du 8 juillet 1895, § 5; Circ. compt. publ, 15 décembre 1896, § 9.
(6) Sol. Enregistr., 29 novembre 1899; Rép. Enregistr., 1900, n° 9717.
(7) L. 9 avril 1881; D. 31 août et 3 décembre 1881. Note de la Cour, n° 56, p. 6.
(8) Instr. Enregistr., n° 2947, du 9 mai 1898.
(9) L. 12 janvier 1895, art. 15.
(10) Circ. compt. publ., 24 décembre 1903.
(11) L. 31 mars 1903, art. 62; Arr. min. Fin., 23 juillet 1903; Circ. C. dépôts, 25 août 1903.
(12) Circ. compt. publ., 22 mai 1906, § 1er; Circ. C. dépôts, 27 juin 1906, § 1er.
(13) L. 22 mars 1885, art. 10.
(14) Circ. compt. publ., 14 décembre 1885, § 9.
(15) Déc. min. Fin., 28 février 1895; Instr. Enregistr., n° 2387, du 8 juillet 1895, § 6.
(16) Déc. min. Fin., 11 mai 1901; Circ. compt. publ., 25 septembre 1901, § 8.

(1) Circ. compt. publ., 21 décembre 1888, § 5.
(2) Instr. gén. C. dépôts, 30 novembre 1877, art. 28.
(3) Circ. compt. publ., 24 et 26 mars 1906.
(4) Instr. Enregistr., n° 3182, du 24 février 1906.
(5) Déc. min. 17 avril 1893. Note de la Cour, n° 70, p. 10.
(6) Circ. compt. publ., 22 mai 1906, § 1er.
(7) Circ. compt. publ., 28 août 1902, §§ 29 à 42.
(8) L. 25 février 1901, art. 23.
(9) Instr. Enregistr., n° 2073, du 23 juin 1856, § 4. Note de la Cour, n° 65, p. 4.
(10) L. 27 juillet 1900; Instr. Enregistr., n° 3018, 1er août 1900.
(11) L. 22 avril 1905, art. 6; Instr. Enregistr., n° 3166, 23 avril 1905.
(12) Instr. Enregistr., n° 2687, du 10 octobre 1883, § 9.
(13) Circ. compt. publ., 9 août 1901, § 2.
(14) Déc. min. Fin., 31 juillet 1903; Instr. Enregistr., n° 3118, du 9 mai 1903.

l'occasion de la restauration des monuments historiques (1).

Les états de payement des indemnités allouées aux vétérinaires pour visites d'animaux atteints de maladies contagieuses (2).

Les états de salaires dressés sur feuilles séparées et annexés aux mémoires des entreprises du service du génie (3).

Les factures globales présentant le montant de toutes les fournitures de médicaments et d'appareils faites pendant le trimestre par un même fournisseur en raison de l'assistance médicale accordée aux ouvriers des manufactures d'armes de l'État (4).

Les procès-verbaux, certificats, significations, jugements, contrats et autres actes faits en vertu de la loi du 3 juillet 1877 sur les réquisitions militaires, et exclusivement relatifs au règlement de l'indemnité (5).

Les états ou mémoires concernant les frais d'instances en matière de recrutement (6).

Les mémoires de primes revenant aux gendarmes pour les délits qu'ils ont constatés (7).

Les actes relatifs aux acquisitions de terrains à conserver ou à restaurer, faites par l'État en exécution de la loi du 4 avril 1882 sur la restauration et la conservation des terrains en montagne (8).

Les mémoires fournis par les directeurs des contributions directes pour le payement des extraits de la matrice cadastrale et des états de section qu'ils délivrent à l'Administration des forêts (9).

Les permis de délivrance des produits accessoires des forêts dont le prix a été payé à l'avance (10).

Les copies d'engagements de remboursement souscrits par les conseils d'administration des caisses régionales de crédit agricole mutuel, et produits à l'appui des mandats d'avances à ces caisses (11).

Les pièces justificatives relatives aux prix des travaux faits à la journée ou à la tâche par des ouvriers employés en régie au compte de l'État; mais l'exemption ne s'étend pas aux journées des voituriers qui, indépendamment de leur travail personnel, mettent au service de l'État des chariots et des attelages (12).

Les pièces justificatives émanées des compagnies de chemins de fer et produites par elles à l'appui des dépenses nécessitées par les travaux qu'elles exécutent au compte de l'État dans un intérêt de défense nationale : ces pièces

sont considérées comme documents de comptabilité ou d'ordre intérieur produites de comptable à comptable (1).

Les procès-verbaux sommaires des ventes de poteaux télégraphiques hors d'usage, faites d'office par l'Administration des postes et des télégraphes pour le compte de l'Administration des domaines lorsque les lots à vendre ont une valeur inférieure à 30 francs (2).

Les déclarations d'abonnement au téléphone souscrites par les administrations publiques (3).

Les conventions passées par acte administratif entre l'État et les communes relativement aux avances faites pour l'installation de réseaux téléphoniques (4).

Les conventions passées entre l'Administration et les municipalités au sujet des dépenses de location des bureaux télégraphiques (5).

En Algérie : Les états portant décompte des indemnités de déplacement allouées aux porteurs de contraintes (6). Les états portant décompte des frais de traitement de malades dans les hôpitaux militaires; mais non dans les hôpitaux civils (7).

1077. Remarquons enfin que lorsque plusieurs fournisseurs se réunissent pour présenter un mémoire collectif, les acquits dont ils le revêtent ne sauraient constituer autant d'actes distincts : il n'y a qu'un mémoire acquitté pas plusieurs parties prenantes, passible d'un seul droit de timbre, suivant la dimension du papier (8).

1078. Le timbre est établi en Algérie et dans un certain nombre de colonies (9).

§ 11. — Quittance.

1079. Lorsqu'il a été justifié de l'accomplissement de toutes les formalités relatives à la constatation de la régularité de la créance, de l'identité et de la qualité de la personne apte à en toucher le montant, le comptable, au moment de se dessaisir matériellement des fonds, doit obtenir de la partie prenante la souscription d'une quittance dont l'effet est de constater le payement d'une somme.

1080. Les agents préposés au payement des dépenses doivent se conformer aux dispositions suivantes, en ce qui concerne les quittances à fournir par les parties prenantes (10).

1081. 1° La quittance est apposée sur l'extrait d'ordonnance ou le mandat; elle ne doit contenir ni restrictions,

---

(1) Instr. Enregistr., n° 3095, du 1er septembre 1902, § 16.
(2) Dép. min., 27 août 1894. Note de la Cour, n° 76, p. 39.
(3) L. 13 brumaire an VII, art. 16; Instr. 23 juin 1856. Note de la Cour, n° 57, p. 25.
(4) Circ. compt. publ., 31 janvier 1899, § 4.
(5) L. 18 décembre 1878.
(6) L. 21 mars 1905, art. 28; Instr. Enregistr., n° 3186, du 9 avril 1906.
(7) Règl. Fin., 26 décembre 1866, p. 222.
(8) Instr. Enregistr., n° 3000, du 20 novembre 1899.
(9) Lettre min. Fin., 8 février 1886. Note de la Cour, n° 62, p. 24.
(10) Instr. Enregistr., 24 novembre 1857; Arr. min. Fin., 25 septembre 1857. Note de la Cour, n° 81, p. 6.
(11) Circ. Compt. publ., 13 novembre 1909, § 1er, et 29 décembre 1909, § 1er.
(12) Circ. compt. publ., 30 juin 1890, § 22. Circ. Trav. publ., n° 9 31 mars 1890.

(1) Lettre du ministre des Travaux publics, 30 septembre 1876. Note de la Cour, n° 65, p. 67.
(2) Circ. compt. publ., 25 juin 1901, § 3.
(3) Instr. Enregistr., n° 2817, du 5 juin 1892, § 6.
(4) Instr. Enregistr., n° 2882, du 9 juin 1893, § 14.
(5) Avis Dir. gén. Enregistr., 17 mars 1879. Note de la Cour, n° 58, p. 33.
(6) Note de la Cour des Comptes, n° 75, p. 58.
(7) Sol. Enregistr., 20 novembre 1890. Note de la Cour, n° 67, p. 44.
(8) Règl. Fin., 26 décembre 1866, Nomenclature. Disp. gén., art. 13, p. 100.
(9) V. supra, v° TIMBRE, n° 283 et suiv.
(10) D. 31 mai 1862, art. 363; Règl. Fin., décembre 1866; Disp. gén., art. 11, p. 99.

ni réserves. Quand l'extrait d'ordonnance ou le mandat est quittancé par le créancier, il n'est pas nécessaire qu'il soit fourni une quittance isolée et distincte. Les payeurs doivent veiller à ce qu'il y ait conformité entre les quittances des parties prenantes et les déclarations relatives à la signature de ces parties, consignées dans les actes produits comme justifications (1).

1082. 2° Lorsque la quittance est produite séparément, l'extrait d'ordonnance ou le mandat n'en doit pas moins être quittancé pour ordre et par duplicata, la décharge du Trésor ne pouvant être séparée de l'ordonnancement qui a ouvert le droit.

Cette prescription s'applique dans les cas où la quittance se trouve au bas des factures, mémoires ou contrats; et aussi dans les hypothèses très nombreuses où la quittance doit être extraite d'un registre à souche ou à talon. La délivrance d'une quittance à souche ou d'un récépissé à talon est obligatoire pour tous les comptables de deniers publics (2).

1083. 3° Toute quittance doit être datée et signée par la partie prenante, devant l'agent de la dépense, au moment même du payement (3).

1084. 4° Lorsqu'il s'agit de paiements collectifs, il peut être suppléé aux quittances individuelles par des états d'émargements dûment certifiés (3). Les états d'émargements sont produits, notamment au soutien du payement des traitements, préciput, indemnités, gratifications et salaires du personnel de diverses administrations publiques : Conseil d'État, Cour des Comptes, magistrature, fonctionnaires des Administrations centrales, etc...; et des frais de salaire des ouvriers civils employés par les Administrations de la guerre ou de la marine. Les états nominatifs de liquidation, quand chaque titulaire ne reçoit pas personnellement du payeur

la somme qui lui revient, doivent porter, outre l'émargement des ayants droit, l'acquit de la personne autorisée à recevoir en leur nom le montant de l'ordonnance ou du mandat (1). L'ordonnance ou le mandat est, en outre, quittancé par l'intermédiaire qui reçoit le payement. Les états de paiement ordonnancés ou mandatés au profit de corps ou de portions de corps de troupes dotés d'un conseil d'administration doivent être acquittés par tous les membres de ce conseil. Pour les fractions de corps détachés sans ce conseil, l'acquit est donné par l'officier ou le sous-officier commandant (2).

1085. Il doit être donné autant de quittances qu'il y a de paiements se rapportant à des créances distinctes. Ainsi, les trésoriers-payeurs qui ont à acquitter au même pensionnaire des arrérages de pensions se rapportant à plusieurs exercices doivent établir et faire signer des quittances distinctes par exercice (3).

1086. Parfois la quittance ne peut être souscrite personnellement par la partie prenante. Lorsque cette dernière est illettrée ou dans l'impossibilité de signer, la déclaration en est faite au comptable chargé du payement, qui la transcrit sur l'ordonnance ou le mandat, la signe et la fait signer par deux témoins présents au payement, pour toutes les créances qui n'excèdent pas 150 francs. Pour les payements au-dessus de cette somme, il doit être exigé une quittance authentique, enregistrée gratis (4).

Lorsqu'un créancier est réputé illettré, par exemple mentionné comme tel dans les pièces justificatives, il peut acquitter le mandat lui-même en prouvant qu'il sait signer. Dans ce cas le comptable devrait exiger la production d'un certificat d'identité établissant la capacité de la partie prenante, ou la légalisation de sa signature par le maire, à l'effet d'expliquer la contradiction entre l'opposition de cette signature et la mention d'incapacité résultant des pièces (5).

Une quittance notariée serait nécessaire à la validité du payement entre les mains d'un créancier illettré d'un mandat d'acompte inférieur à 150 francs, mais imputable sur le prix d'une entreprise ou d'une fourniture dont le montant excède ce chiffre (6).

Le comptable qui acquitte la dépense doit remplir, sur le mandat ou l'ordonnance, la date du payement, quand la partie prenante sait signer (7).

1087. Depuis la loi du 7 décembre 1897 modificative des articles 37 et 980 du Code civil, et des articles 9 et 11 de la loi du 25 ventôse an XI sur le notariat, les femmes sont admises comme témoins, au même titre que les hommes, dans les actes de l'état civil et les actes instrumentaires en général. D'après un avis du contentieux

---

(1) Circ. compt. publ., 25 mai 1852, § 5, et 20 septembre 1879, § 3.
(2) On peut citer, par exemple, comme soumis à cette formalité, le payement des contributions dues pour les biens appartenant à l'État, le versement des subventions accordées par l'État à un département, à une commune, à un établissement public d'enseignement ou de bienfaisance. Il en est de même : Pour le payement du traitement d'un employé absent pour cause d'altération de facultés mentales et soigné dans un établissement public, qui est opéré sur l'acquit de recouvrer de cet établissement, appuyé d'une quittance à souche. (Régl. Fin., 26 décembre 1866; Disp. gén., art. 28, p. 102.) Pour les payements faits entre les mains du trésorier général, des trésoriers et des préposés de trésoriers de l'établissement des Invalides de la marine. (D. 17 décembre 1880.) Pour les payements faits au profit de l'Administration des chemins de fer de l'État, notamment en ce qui concerne les redevances dues par les ministères de la Guerre et de la Marine en vertu des traités relatifs à l'exploitation d'embranchements concédés, entre les mains du caissier général ou des chefs de gare et station. (Régl. 26 décembre 1891, art. 138; Circ. compt. publ., 21 mars 1892, § 8.) Pour le payement des mandats émis au nom des gardiens-chefs des prisons pour les salaires ou autres allocations revenant aux détenus. (Note de la Cour des Comptes, n° 79, p.14.) Pour la justification des ordonnances de dégrèvement ou de non-valeur en matière de contributions directes et de taxes assimilées, dont chacune doit être appuyée d'une quittance à souche distincte délivrée par le percepteur. (Circ. compt. publ., 10 septembre 1905, § 2.) Pour le payement du prix de carnets de récépissés fournis par l'Imprimerie nationale aux trésoriers-payeurs généraux, qui donne lieu à l'établissement d'une quittance à souche unique délivrée par l'agent comptable de l'Imprimerie nationale à la caisse centrale et relative à toutes les livraisons faites aux divers comptables. (Note de la Cour des Comptes, n° 81, p. 28.)
(3) D. 31 mai 1862, art. 363.

(1) Régl. Fin., 26 décembre 1866; Disp. gén., art. 11-6°, p. 100.
(2) Ibid., 7°, p. 100.
(3) Circ. compt. publ., 26 janvier 1892, § 5.
(4) D. 31 mai 1862, art. 363-4°.
(5) V. Mémorial des percepteurs, 1887, p. 476.
(6) Ibid., 1889, p. 570.
(7) Instr. gén., 20 juin 1859, art. 661. Note de la Cour des Comptes, n° 46, p. 28; Circ. compt. publ., 21 janvier 1897, § 4.

du ministère des Finances, cette capacité ne s'applique qu'aux actes expressément visés par la loi de 1897, c'est-à-dire aux actes de l'état civil et aux actes notariés. On s'est demandé si deux femmes, ou un homme et une femme, seraient aptes à remplir le rôle de témoins à l'occasion d'un paiement fait à un illettré. L'article 3 du décret du 18 messidor an II a décidé que les parties prenantes qui reçoivent, en vertu d'un mandat, ordre ou facture, et qui ne savent pas signer, en feront la déclaration au payeur, caissier ou trésorier, qui sera obligé de la transcrire de suite, en leur présence, sur la pièce justifiant la dépense, de la signer et faire signer par deux témoins présents à ladite déclaration. On peut conclure de ce texte que la présence des témoins et leur signature suppléent *ipso facto* à l'absence de l'acquit de l'intéressé, au point de mettre le Trésor à l'abri de toute revendication ultérieure, et que, par suite, les parties qui prêtent leur concours au payeur doivent remplir les conditions exigées pour être témoins instrumentaires; leur rôle ne paraît donc pas susceptible d'être rempli par une femme, puisque l'exception prévue par la loi du 7 décembre 1897 n'est applicable qu'aux actes de l'état civil et aux actes notariés (1). Cependant, la circulaire de la comptabilité publique du 27 novembre 1899, § 4, fait observer aux comptables qu'en fait l'intervention d'une femme dans la circonstance ne saurait tirer à grave conséquence. Car, si le payeur a accepté la signature d'une femme à l'occasion d'un paiement ne dépassant pas 150 francs et qu'une contestation vienne à surgir au sujet de la réalité de ce paiement, il pourra produire en justice le témoignage de cette femme qui peut, incontestablement, remplir le rôle judiciaire. Il est, en outre, recommandé aux comptables d'éviter de choisir des témoins susceptibles d'être reprochés d'après l'article 283 du Code de procédure civile, comme par exemple leur femme, une de leurs proches parentes, ou une personne à leur service (2).

1088. Les règles posées par l'article 363 du décret du 31 mai 1862 relativement aux parties prenantes illettrées, souffrent plusieurs exceptions.

La formalité de la présence de deux témoins n'est pas exigée pour le paiement d'une taxe à témoin à un illettré. La mention du juge indiquant que le titulaire de la taxe ne sait pas signer suffit pour autoriser le paiement; la remise de la taxe équivaut à la quittance (3).

D'autre part, la preuve testimoniale est autorisée pour des sommes supérieures à 150 francs, et par suite la signature de deux témoins valable, lorsqu'il s'agit de paiements de secours accordés à titre gratuit; de paiements de prix d'achat de chevaux pour le service de la remonte; et de paiements faits à des condamnés libérés; mais l'exemption ne s'étend pas aux héritiers de ces derniers (4). La preuve testimoniale est également admise pour le

paiement des secours sur la Caisse des invalides de la marine supérieurs à 150 francs (1).

Pendant la période des manœuvres ou en temps de guerre, le paiement au comptant des achats de vivres et de fourrages, effectués par les officiers d'approvisionnement et les officiers d'administration des subsistances militaires, est fait, lorsque le fournisseur déclare ne savoir ou ne pouvoir signer, et alors même que le montant de la dépense excéderait 150 francs, en présence de deux témoins qui signent cette déclaration sur la facture avec l'officier chargé du paiement (2).

1089. En principe, tout paiement supérieur à 150 fr. doit être justifié par une quittance authentique si la partie prenante ne sait ou ne peut signer. Cette quittance est, en général, notariée et peut être rédigée en brevet (3). C'est ainsi qu'une note du directeur général des manufactures de l'État, en date du 16 mars 1899, rappelle aux receveurs principaux des contributions indirectes l'obligation d'exiger la production d'une quittance notariée pour les sommes supérieures à 150 francs payées aux planteurs de tabac illettrés ou dans l'impossibilité de signer (4). Suivant une décision ministérielle du 27 avril 1858, ces quittances notariées sont affranchies du droit d'enregistrement, pour ce motif que, d'après l'article 31 de la loi du 22 frimaire an VII, les droits des actes important libération sont à la charge des débiteurs, et que, quand l'État est débiteur, comme il ne se paye pas d'impôt à lui-même, la quittance consentie à son profit doit être exempte du droit d'enregistrement (5).

1090. Dans certains cas, la quittance notariée peut être remplacée par une quittance donnée dans la forme des actes administratifs. Il en est ainsi en matière de payement du prix des terrains cédés à la suite d'une expropriation pour cause d'utilité publique (6). La quittance administrative est alors dressée par le préfet, le sous-préfet ou le maire. Les ingénieurs des ponts et chaussées n'ont pas qualité pour faire les actes de vente, et, par conséquent, pour recevoir les quittances d'un vendeur qui déclare ne pas savoir signer; ce droit appartient au préfet. Une quittance administrative reçue par un fonctionnaire qui n'aurait pas qualité pourrait être contestée comme dénuée de l'authenticité nécessaire pour faire foi, à défaut de la signature de la partie prenante (7). La quittance administrative peut être rédigée en brevet; elle mentionne qu'elle est destinée à former quittance et que sa remise entre les mains du comptable vaudra libération; il n'est pas nécessaire que le payement ait lieu en présence du rédacteur de la quittance (8). Cette quittance est soumise au timbre et à l'enregistrement, mais ces formalités sont gratuites (9); elle ne tombe

---

(1) V. Circ. compt. publ., 27 novembre 1899, § 4.
(2) *Ibid.*
(3) Circ. compt. publ., 26 juin 1905, § 2.
(4) Instr. gén. 20 juin 1859, art. 709.

---

(1) Circ. Marine, 8 avril 1893.
(2) D. 2 novembre 1892.
(3) Circ. compt. publ., 30 décembre 1839, § 2.
(4) Note de la Cour des Comptes, n° 73, p. 33.
(5) Circ. compt. publ., 15 mai 1858, et 24 août 1883, § 6.
(6) D. 31 mai 1862, art. 363-8°; Instr. gén., 20 mai 1859, art. 1005.
(7) Note de la Cour des Comptes, n° 86, p. 191; Circ. compt. publ., 18 février 1853.
(8) Circ. compt. publ., 30 décembre 1839, § 2.
(9) L. 3 mai 1841, art. 58.

pas sous l'application de l'article 18 de la loi du 23 août 1871 relative au timbre de quittance; et le mandat ne portant pas un acquit ou un signe tenant lieu d'acquit, la base de l'impôt fait complètement défaut et toute apposition de timbre à 0 fr. 10 ne serait pas légalement justifiée (1).

1091. En Algérie, les payements aux illettrés sont faits dans des conditions particulières. D'après l'article 108 de l'ordonnance du 2 janvier 1846, dans le cas où le titulaire d'une ordonnance ou d'un mandat de payement serait reconnu hors d'état de quittancer ladite ordonnance ou ledit mandat, faute de savoir ou de pouvoir écrire, le comptable est autorisé à effectuer le payement sur quittance administrative... A défaut de quittance administrative, le payement a lieu en présence de deux témoins notoirement connus, qui signent avec le comptable sur l'ordonnance ou le mandat la déclaration faite par la partie prenante qu'elle ne sait ou ne peut signer. L'article 109 ajoute que dans les payements faits aux indigènes, leur signature ou l'apposition de leur cachet est certifiée par la déclaration écrite d'un interprète dûment assermenté ou commissionné... A défaut d'interprète... on doit exiger la quittance administrative mentionnée à l'article précédent, ou l'attestation de deux témoins français notoirement connus. Dans ce dernier cas, le comptable signe avec les témoins. Il résulte de ces textes que tout payement opéré à un créancier européen ou indigène qui ne pourrait signer l'acquit en français ou dont la signature en arabe ou le cachet, en ce qui touche spécialement l'indigène, ne pourrait être avéré par un interprète, sera toujours justifié, s'il s'agit d'une somme supérieure à 150 francs, par quittance administrative, à moins d'impossibilité absolue et régulièrement constatée de fournir cette quittance. L'acquit testimonial ne sera admis que dans cette dernière hypothèse, ou pour des payements n'excédant pas 150 fr. (2). La quittance administrative doit être établie sur timbre, mais elle n'est pas soumise à la formalité de l'enregistrement, car sa remise au comptable n'est pas une production devant une autorité constituée (3). Les payements de prix de chevaux achetés pour le service de la remonte en Algérie et en Tunisie sont faits directement aux vendeurs par les comités d'achat sur factures quittancées, revêtues du timbre de dimension, et énonçant le prix de vente. Pour chaque quittance, deux témoins déclarent que la somme qui y est portée a été réellement payée au vendeur en leur présence. Si le vendeur ne peut signer, l'un des témoins inscrit, en toutes lettres, sur la quittance et en présence du vendeur, la somme reçue par ce dernier. Dans les tribus et les marchés tenus en pleine campagne et en l'absence de témoins européens, la signature d'un seul officier des bureaux arabes valide

la quittance établie dans les formes de celle dite administrative (1).

1092. Aux colonies, aux termes d'un décret du 19 octobre 1903 modifiant l'article 160 du décret du 20 novembre 1882 relatif aux payements à faire aux illettrés, les payements pour toutes les sommes de 150 francs et au-dessus peuvent être faits devant témoins. Au-dessus de 150 francs, et dans le cas où, par suite de difficultés de communication, une quittance notariée ne pourrait être produite, elle devra être remplacée par une quittance administrative.

§ 12. — *Timbre de quittance.*

1093. Sont soumis à un droit de timbre de 0 fr. 10 : les quittances ou acquits donnés au pied des factures et mémoires, les quittances pures et simples, reçus ou décharges de sommes, titres, valeurs ou objets et généralement tous les titres de quelque nature qu'ils soient, signés ou non signés, qui emporteraient libération, reçu ou décharge ou quittance (2). Le droit est dû pour chaque acte, reçu, décharge ou quittance (2).

1094. Cette disposition s'applique notamment :

Aux factures acquittées délivrées par les négociants et le commerce en détail.

Aux quittances et bordereaux concernant le payement des pensions, des ordonnances, des exécutoires, des taxes à témoins et autres, des mandats de toute nature payables sur les caisses publiques.

Aux reçus des objets transportés et livrés dont il est donné décharge.

Aux émargements donnés, pour acquit de leur solde ou salaire, par les fonctionnaires, officiers de terre et de mer, et employés salariés par l'État, les départements, les communes, les établissements publics (3). Ces émargements étaient exempts du timbre avant 1871 (4).

Aux quittances de loyer, d'honoraires, de bordereaux de négociation d'agents de change, courtiers, etc...

Aux reçus de titres, valeurs ou objets négociés, livrés ou vendus.

1095. Le droit de 0 fr. 10 est acquitté au moyen de l'apposition d'un timbre mobile (5) qui est oblitéré soit du payement soit par l'apposition à l'encre noire, en travers du timbre, de la signature du créancier ou de celui qui donne reçu ou décharge ainsi que de la date de l'oblitération (6); soit au moyen d'une griffe, apposée à l'encre grasse faisant connaître la résidence du créancier et la date de l'oblitération (7). Les mandats de toute nature

---

(1) Circ. compt. publ., 25 juillet 1883, § 3.
(2) Lettre commune n° 127 des Contributions diverses d'Oran. V° MŒVUS, CODE DES CONTRIBUTIONS DIVERSES, p. 206, n° 37, au mot : QUITTANCE ADMINISTRATIVE, édition de 1898.
(3) Déc. min. Fin., 24 octobre 1892.

(1) Régl. Guerre, 3 avril 1869, Édition méthodique. Nomenclature, p. 190 et 193.
(2) L. 25 août 1871, art. 18. — « Le timbre des quittances fournies à l'État ou délivrées en son nom est à la charge des particuliers qui les donnent ou les reçoivent. » (L. 13 brumaire an VII, art. 29.)
(3) Circ. compt. publ., 1ᵉʳ décembre 1871, § 2.
(4) Id., 30 août 1871, § 5.
(5) L. 25 août 1871, art. 18.
(6) D. 27 novembre 1871, art. 2.
(7) Circ. compt. publ., 1ᵉʳ décembre 1871, § 3.

payables sur les caisses publiques peuvent être revêtus du timbre mobile par les agents chargés du payement; ces agents oblitèrent le timbre au moyen de la griffe qui leur est fournie par l'administration pour l'oblitération des timbres de dimension : la griffe doit être appliquée de manière qu'une partie de l'empreinte soit imprimée sur la feuille de papier de chaque côté du timbre (1). Sont considérés comme non timbrés les actes, pièces et écrits sur lesquels le timbre mobile aurait été apposé sans l'accomplissement des conditions prescrites par le décret du 27 novembre 1871, ou sur lesquels aurait été apposé un timbre ayant déjà servi (2).

1096. Les mandats, quittances, etc., peuvent également être timbrés à l'extraordinaire. Les états d'émargements ne peuvent être timbrés à l'extraordinaire qu'autant que le droit à percevoir par chaque page correspond à l'une des quotités des timbres de dimension en usage (3).

1097. Toute contravention à l'article 18 de la loi du 25 août 1871 est punie d'une amende de 50 francs par chaque acte, écrit, quittance, reçu ou décharge pour lequel le droit de timbre n'aurait pas été acquitté (4). Les comptables sont responsables des contraventions commises à raison des pièces acquittées à leur caisse (5).

1098. Les quittances de produits et revenus délivrés par les comptables de deniers publics conformément à l'article 4 de la loi du 8 juillet 1865 sont assujetties à un droit de timbre de 0 fr. 25 (6). Si le comptable appose un timbre de 0 fr. 10 au lieu de 0 fr. 25, la quittance est considérée comme non timbrée (7).

1099. Il est recommandé aux comptables de contrôler la régularité des perceptions de droit de timbre et d'enregistrement qui se trouvent constatées sur les actes produits à l'appui des payements (8). En cas de dissentiment avec l'ordonnateur ils doivent en référer au directeur de l'enregistrement de leur département, et déférer à son avis, sauf, en cas de dissentiment sérieux, à saisir de la question le ministère des Finances (direction de la comptabilité publique) (9).

1100. Lorsque les titres, factures ou mémoires portant quittance sont timbrés à 0 fr. 10, l'acquit donné pour ordre sur l'extrait d'ordonnance ou le mandat n'entraîne pas l'apposition d'un nouveau timbre de quittance (10). Si le titulaire d'une ordonnance ou d'un mandat n'est qu'un intermédiaire administratif entre l'État et ses créanciers, la quittance qu'il donne en touchant les fonds est une formalité d'ordre qui ne nécessite pas le timbre; mais

il est exigé, lorsqu'il y a lieu, sur les quittances des créanciers réels que l'intermédiaire est tenu de rapporter et de produire au comptable (1).

1101. Aux termes de l'article 20 de la loi du 25 août 1871 sont seuls exceptés du droit de timbre de 0 fr. 10 :

1° Les acquits inscrits sur les chèques, lettres de change, billets à ordre et autres effets de commerce assujettis au droit proportionnel;

2° Les quittances de 10 francs et au-dessous quand il ne s'agit pas d'un acompte ou d'une quittance finale sur une plus forte somme;

3° Les quittances énumérées à l'article 16 de la loi du 13 brumaire an VII à l'exception de celles relatives aux traitements et émoluments des fonctionnaires, officiers des armées de terre et de mer, et employés salariés par l'État, les départements, les communes et tous les établissements publics;

4° Les quittances délivrées par les comptables de deniers publics, celles des douanes, des contributions indirectes et des postes, qui restent soumises à la législation qui leur est propre.

1102. Une circulaire de la comptabilité publique du 14 avril 1872 a donné l'énumération des quittances affranchies à ce titre de l'impôt du timbre (2).

1103. Un grand nombre d'exemptions du timbre de quittance ont été établies postérieurement à la loi du 25 août 1871, et nous croyons important d'en donner ci-dessous l'énumération que nous ne prétendons d'ailleurs pas limitative.

En présence des difficultés que présenterait un classement méthodique des exemptions, vu la diversité des espèces, nous suivrons, autant que possible, l'ordre des divers ministères et services, et dans chacun d'eux

---

(1) Circ. compt. publ., 27 septembre 1863, § 2.
(2) L. 25 août 1871, art. 24; Circ. compt. publ., 1er décembre 1871, § 5.
(3) Circ. compt. publ., 1er décembre 1871, § 4.
(4) L. 25 août 1871, art. 23.
(5) Circ. compt. publ., 1er décembre 1871, § 3.
(6) L. 25 août 1871, art. 2. Un décret du 5 février 1889 donne la faculté de faire timbrer à l'extraordinaire le papier destiné à recevoir ces quittances.
(7) Sol. Enregistr. 22 octobre 1877.
(8) Circ. compt. publ., 30 mars 1844, § 4.
(9) Ibid., 14 avril 1872, § 1er.
(10) Régl. Fin., 26 décembre 1866; Disp. gén., art. 14, p. 100.

(1) Régl. fin., art. 16, p. 100.
(2) Parmi les exemptions soit du timbre de 0 fr. 10, soit du timbre de 0 fr. 25, nous relevons les suivantes :
Quittances à souche et récépissés en matière de contributions directes et taxes assimilées.
Quittances de retenues pour pensions civiles qui sont prélevées sur les traitements et ne constituent pas un versement effectif.
Récépissés de payement de pensions et trousseaux des élèves de l'école militaire de Saint-Cyr et de l'école navale de Brest qui sont considérés comme gens de guerre.
Quittances de retenues sur la solde des officiers de terre et de mer.
Quittances de retenues pour cumul des fonctionnaires députés.
Récépissés pour versements faits par des corps de troupes, et en général, pour les gens de guerre.
Récépissés effectués par les comptables à titre de virements de fonds ou d'opérations de trésorerie.
Récépissés pour reversements de trop payé.
Quittances d'arrérages de rentes sur l'État et d'obligations trentenaires.
Quittances de solde et indemnité de route aux sous-officiers et soldats.
Quittances concernant les restitutions de centimes communaux et les dégrèvements et non-valeurs sur les contributions directes et les taxes assimilées.
Quittances de frais de distribution des premiers avertissements.
Quittances de secours payés aux indigents; d'indemnités pour incendies, inondations, épizooties et autres cas fortuits.
Quittances de souscriptions et de versements ultérieurs aux emprunts de l'État.
Quittances de dédommagements aux victimes de la guerre.
Quittances des mandats sur le caissier central du Trésor.
Récépissés de placements ou retraits de fonds au Trésor par les

l'ordre chronologique des dispositions réglementaires ou interprétatives qui les ont établies.

Sont exempts des droits du timbre de quittance :

1104. *Finances.* — Les quittances rédigées sur timbre de dimension (1).

Les quittances délivrées aux receveurs de l'enregistrement par les receveurs des contributions indirectes pour le montant des remises revenant aux débitants de tabac pour vente de timbres à 0 fr. 10 (2).

Les quittances des sommes versées aux receveurs de l'enregistrement pour le prix du papier timbré des registres du l'état civil et des timbres mobiles achetés par les receveurs municipaux (3).

Les quittances pour les payements partiels n'excédant pas 10 francs, relatifs aux traitements ou remises des employés et fonctionnaires des administrations, communes et établissements publics : ces payements ne sont pas considérés comme acompte sur une somme supérieure à 10 francs (4).

Les quittances données par les capitaines des douanes pour frais de bois et de lumière des corps de garde : le capitaine est l'intermédiaire des agents inférieurs dont les acquits sont exonérés du timbre comme émanant de gens de guerre (5).

Les quittances de secours remis aux indigents eux-mêmes ou de sommes versées à des tiers pour être remises aux indigents (6) : les mandats doivent porter la mention I (indigent) exemption de timbre, loi du 13 brumaire an VII art. 6, signés par l'ordonnateur (7).

Les quittances d'arrérages d'indemnités viagères aux victimes du coup d'État du 2 décembre 1851 et de la loi de sûreté générale du 27 février 1858 (8).

. . .

communes et établissements publics et divers, et par les corps de troupe.

Récépissés délivrés par les receveurs des finances aux trésoriers des invalides de la marine, ou à eux-mêmes comme pièces d'actes.

Quittances de recettes et dépenses en matière de recouvrements sur contraintes.

Quittances d'excédents de versements sur contributions publiques.

Quittances de payement des droits de permis de chasse.

Quittances de versements des communes et établissements publics au compte des cotisations municipales et particulières.

Quittances de versements ou retraits de fonds au Trésor par les comptables des établissements d'enseignement supérieur.

Récépissés de recouvrements sur poursuites en matière de contributions.

Quittances de restes à recouvrer sur contributions.

Quittances de dégrèvements sur pensions des élèves du Gouvernement.

Récépissés de remboursements d'excédents de souscriptions aux emprunts de l'État.

Récépissés et quittances de versements de comptable à comptable pour les besoins du service.

Quittances de versements des comptables des communes et des établissements publics pour fournitures de l'Imprimerie nationale.

(1) Sol. Enregistr., 10 décembre 1881. *Mémorial des percepteurs*, 1882, p. 228.

(2) Lettre commune Dir. contrib. ind., n° 6366, du 12 décembre 1872.

(3) Circ. compt. publ., 6 décembre 1876, § 4.

(4) Instr. Enregistr., 6 mars 1883.

(5) Lettre Dir. gén. Douanes, 20 janvier 1885. Note de la Cour des Comptes, n° 62, p. 28.

(6) Lettre Dir. gén. Enregistr., 29 août 1887.

(7) Circ. compt. publ., 18 juin 1889, § 4.

(8) L. 7 août 1882, art. 7.

Les quittances d'arrérages des pensions viagères aux survivants des blessés de 1848 (1).

Les quittances délivrées aux administrations financières pour payement des frais et dépens mis à leur charge dans les affaires criminelles ou correctionnelles (2).

Les quittances de remboursements faits à des condamnés par suite d'erreurs reconnues dans les extraits de jugements (3) : à la condition que les restitutions de droits indûment perçus aient lieu par suite d'erreurs de l'administration et non imputables aux parties (4).

Les reconnaissances des dépôts de promesses de rentes 3 1/2 0/0 destinées à être vendues, et les quittances de remise des fonds provenant de leur vente (5).

Les bordereaux quittancés justifiant les remboursements des excédents de versements provenant de la réduction des souscriptions à l'emprunt de 80 millions autorisé par la loi du 10 février 1896 pour le protectorat de l'Annam-Tonkin (6).

Les récépissés délivrés par les receveurs des finances pour les sommes versées à titre de retenues par suite d'oppositions sur les traitements (7).

Les récépissés qui constatent le versement aux receveurs des finances par les receveurs des postes et télégraphes des sommes prélevées pour prix des travaux exécutés sur le montant des provisions consignées par les sociétés de transport d'énergie électrique (8).

Les récépissés délivrés pour prix d'abonnement au *Journal officiel* servi d'office aux directeurs des manufactures de l'État qui ne reçoivent pas d'indemnité pour frais de bureau (9).

Les quittances à souche délivrées aux agents de l'Administration des contributions indirectes, lors des versements dans les caisses municipales du produit des licences municipales recouvrées par eux sur les commerçants de boissons (10).

Les reçus donné par le comptable d'une commune ou d'un établissement de bienfaisance sur la reconnaissance de dépôts de fonds pour achats de rentes : par exception à la circulaire de la comptabilité publique du 14 avril 1872, les reconnaissances de dépôts de fonds ne sont alors passibles que d'un seul timbre à 0 fr. 10 (11).

Les acquits donnés sur les mandats de remboursement aux receveurs des finances au prix du timbre des formules timbrées inutilisées par suite de la substitution des facteurs des postes et des huissiers aux porteurs de contraintes pour la notification des actes de poursuites en matière de contributions directes (12).

Les quittances délivrées par les receveurs des hospices,

(1) Circ. compt. publ., 24 décembre 1888, § 5.

(2) *Ibid.*, 18 avril 1889, § 6.

(3) *Ibid.*, 31 janvier 1890, § 4; Instr. Enregistr., 6 juillet 1892, § 9.

(4) *Ibid.*, 30 décembre 1897, § 4-4° et 22 octobre 1900, § 6.

(5) Circ. mouv. des fonds, n° 384, du 29 mars 1894.

(6) Circ. compt. publ., 24 février et 13 mars 1896, § 5.

(7) Déc. min. Fin., 19 février 1898. Note de la Cour, n° 72, p. 9

(8) L. 25 juin 1895; Circ. compt. publ., 21 juin 1898, § 1er.

(9) Circ. compt. publ., 15 juillet 1899, § 7.

(10) *Ibid.*, 30 avril 1900, § 3.

(11) C. des Comptes, Ch. du Conseil, 3 novembre 1899. Note n° 74, p. 26.

(12) Circ. compt. publ., 14 février 1903, § 2.

hôpitaux et asiles, contre remises de sommes d'argent, objets précieux et autres valeurs en la possession des malades lors de leur admission (1).

Les quittances à souche des receveurs d'asiles d'aliénés jointes aux mandats de payement d'appointements de fonctionnaires ou d'agents internés dans ces établissements (2).

Les quittances d'arrérages d'allocations temporaires de quatre ou huit ans accordées aux ministres du culte par l'article 11 de la loi du 9 décembre 1905; mais non les quittances d'arrérages de pensions viagères aux mêmes ministres du culte (3).

1105. *Intérieur.* — Les quittances du payement des secours viagers accordés aux aveugles de l'hospice des Quinze-Vingts (4);

Les quittances d'indemnités de déplacement allouées aux délégués sénatoriaux (5);

Les bordereaux quittances des agents de change justifiant l'achat de rentes sur l'État par les communes ou les établissements publics (6);

Les quittances à souche constatant le pavement aux communes des subventions de l'État pour traitement des commissaires de police cantonaux (7);

Les récépissés constatant le versement aux produits éventuels départementaux des subventions accordées par l'État pour le service de l'assistance médicale gratuite (8);

Les quittances d'arrérages des pensions constituées en vertu de l'article 43 de la loi du 29 mars 1897 en faveur des vieillards, infirmes et incurables (9);

Les quittances des subventions allouées par l'État, les départements ou les communes aux sociétés de secours mutuels approuvées qui ne se trouvent dans aucun des cas prévus par l'article 28 de la loi du 1er avril 1898 comme emportant exclusion des avantages accordés au point de vue fiscal (10);

Les quittances à souche qui constatent l'encaissement par les receveurs municipaux des subventions allouées par l'État aux communes pour secours aux familles nécessiteuses des soldats de la réserve ou de l'armée territoriale (11);

Les quittances de secours ou de subventions payés à des établissements de bienfaisance avec affectation spéciale au profit des indigents (12);

Les quittances exclusivement relatives au service des enfants assistés et ayant pour objet l'intérêt direct et immédiat des pupilles, mais non la rémunération des

agents chargés de l'organisation générale de l'assistance (1).

1106. *Guerre et marine.* — Sont exemptes du droit de timbre les quittances pour prêts et fournitures, billets d'étapes, de subsistance et de logement, et autres pièces concernant les gens de guerre (à l'exemption des officiers), tant pour le service de terre que pour le service de mer (2). Cette immunité s'applique aux quittances de dépenses de la guerre ou de la marine énumérées dans la circulaire de la comptabilité publique du 17 juin 1872, § 4 (3).

1107. Bénéficient de l'exemption, à titre de sous-officiers et soldats de l'armée de mer :

1° A terre : les officiers mariniers et marins des équipages de la flotte; les sous-officiers et soldats appartenant aux divers corps de troupes de la marine, soit en France, soit aux colonies; les armuriers militaires; les infirmiers maritimes; les marins vétérans; les surveillants des établissements pénitentiaires aux colonies;

2° A la mer : tout le personnel embarqué qui, en dehors de l'état-major, constitue l'équipage du bâtiment, y compris les surnuméraires et les divers agents (commis aux vivres, magasiniers, etc...) qui jouissent, pendant la durée de leur embarquement, de la plupart des avantages militaires attachés aux catégories du personnel des équipages de la flotte auxquelles ils sont assimilés (4).

1108. Ne sont pas soumises au timbre :

1° Les quittances que délivrent aux trésoriers des invalides de la marine par l'intermédiaire des receveurs principaux des douanes les sous-officiers et préposés des

---

(1) Instr. Enregistr., n° 3128, du 18 août 1903, § 5.
(2) Circ. compt. publ., 19 avril 1905, § 2.
(3) Ibid., 24 et 28 mars 1906; Instr. Enregistr., n° 3182, du 24 février 1906.
(4) Déc. min. 27 avril 1872; Circ. compt. publ., 5 avril 73, § 3.
(5) Circ. compt. publ., 10 janvier 1876, § 1er.
(6) Sol. Enregistr., 21 juillet 1876. Note de la Cour des comptes, n° 53, p. 16.
(7) Circ. compt. publ., 14 janvier 1885, § 2.
(8) L. 15 juillet 1893. Note de la Cour, n° 74, p. 16.
(9) Instr. Enregistr., n° 2989, du 3 juillet 1899, § 4; Circ. compt. publ., 25 septembre 1901, § 11.
(10) Circ. compt. publ., 27 janvier 1903, § 3.
(11) Ibid.
(12) Ibid., 31 juillet 1903, § 2.

(1) L. 27 juin 1904 et note de la Cour, n° 80, p. 44.
(2) L. 13 brumaire an VII, art. 16.
(3) 1° États hebdomadaires de blanchissage du linge de la troupe;
2° États de pertes et dégradations à la literie à supporter par les soldats ou sous-officiers;
3° Fournitures des ordinaires de la troupe;
4° Solde des hommes de troupe détachés de leurs corps;
5° États d'abonnement des maîtres ouvriers pour les travaux dont le prix est à la charge des hommes de troupe;
6° Feuilles de prêt pour la solde de la troupe;
7° États de hautes payes, traitements de la Légion d'honneur et de la médaille militaire concernant les non-officiers en activité de service;
8° Mandats de secours à la masse d'entretien;
9° Remboursement des dépenses des écoles régimentaires;
10° États décomptés des primes de travail ou de gratifications allouées par les règlements aux militaires des sections d'infirmiers et aux ouvriers militaires d'administration;
11° Mandats d'indemnité de route et de transport délivrés à des militaires non-officiers voyageant isolément;
12° Factures des dépenses intérieures des corps et frais d'impression pour le service des corps à supporter par les soldats ou sous-officiers;
13° Quittances des allocations journalières à payer à titre de subsides aux sous-officiers et soldats blessés, en expectative de pension ou à titre de gratifications de réforme renouvelables. (V. Circ. Marine, 7 décembre 1893; Instr. min. Guerre, 27 août 1886, art. 33. Mais le timbre est exigible pour les gratifications de réforme permanentes, sauf indigence constatée. Circ. compt. publ., 15 décembre 1897, § 5);
14° Quittances de mouvements de fonds, tels que la transmission d'un corps à un autre de la masse individuelle pour les hommes changeant de régiment. (V. pour l'application des exemptions aux officiers mariniers, marins et agents naviguant ou par leurs mandataires aux agents des Finances. Circ. compt. publ., 27 septembre 1881, § 6.)
(4) Circ. compt. publ., 2 novembre 1877, § 2.

douanes lors du paiement des indemnités de sauvetage allouées par le service de la marine;

2° Les quittances données aux mêmes trésoriers par les receveurs principaux des douanes chargés de la répartition effective de ces indemnités (1).

Il en est ainsi pour :

Les quittances de secours périodiques accordés par le ministère de la Guerre, lesquels ne sont concédés qu'après constatation de l'indigence des titulaires (2);

Les quittances de versement à la caisse des gens de mer des sommes acquises aux officiers et assimilés des corps de la marine (3);

Les mandats de trésorerie dits : mandats du service de la remonte émis au nom des vendeurs de chevaux par les officiers présidents des comités d'achats (4);

Les mandats de délégation de solde souscrites par les officiers mariniers et les marins (5);

Les acquits donnés par les guetteurs sémaphoriques (6);

Les acquits donnés sur les états d'émargements par les ouvriers d'État et les gardiens de batterie ayant le rang de sous-officiers (7), et par les portiers-consignes (8);

Les quittances de payement des frais d'instances en matière de recrutement (9).

1109. *Commerce*. — Les quittances de payements d'indemnités accordées pour perte de matériel de pêche (10);

Les quittances d'indemnités, de secours, ou d'arrérages de pensions viagères de la Caisse nationale de prévoyance contre les risques et accidents de leur profession, créée au profit des marins français par la loi du 21 avril 1898 (11);

Les quittances de secours de route accordés à des marins du commerce qui se trouvent momentanément sans ressources, soit après un accident de mer, soit après leur débarquement d'un navire de commerce pour rejoindre leurs quartiers d'inscription (12);

Les quittances remises aux receveurs des douanes par les trésoriers des chambres de commerce ou par les receveurs municipaux, lors des versements périodiques du produit des taxes de tonnage et de péage perçues pour le compte des chambres de commerce ou des villes (13).

1110. *Travail et prévoyance sociale*. — Les quittances de primes se rapportant à des assurances contractées en vue de risques relatifs aux accidents du travail (14);

Les quittances souscrites par les officiers ministériels lors du payement par les receveurs de l'enregistrement de la part leur revenant dans le montant des frais recouvrés en matière d'accidents du travail (1).

1111. *Colonies*. — Les trésoriers-payeurs des colonies dans lesquelles l'impôt du timbre de quittance n'est pas établi doivent mettre sur les mandats qu'ils sont appelés à payer pour le compte soit des trésoriers généraux de la métropole, soit des trésoriers payeurs d'Algérie, soit enfin de leurs collègues des autres colonies, une mention signée par eux, constatant que le timbre de 0 fr. 10 n'est pas exigible dans la colonie où le paiement a été matériellement effectué (2).

Les quittances à l'appui des mandats budgétaires délivrés en France sur la caisse des trésoriers généraux, sont exemptes du timbre à 0 fr. 10 lorsque le titulaire réside en Tunisie et que la quittance est effectivement donnée sur le territoire de la Régence (3).

Les agents subalternes du service des douanes aux colonies sont considérés comme gens de guerre, et leurs acquits sont exempts de l'impôt du timbre de quittance, à l'exception de ceux qui appartiennent à la colonie de l'Indo-Chine (4).

Le droit de timbre a été supprimé à Diégo-Suarez et à Nossi-Bé (5), et au Congo français (6).

1112. *Agriculture*. Sont exempts de timbre :

Les reçus d'objets d'habillement, d'équipement et d'armement délivrés par les brigadiers et gardes forestiers, et les sous-officiers et préposés des douanes (7);

Les acquits donnés par les brigadiers et gardes forestiers domaniaux, qui sont considérés comme gens de guerre de même que les préposés des douanes (8);

Les récépissés relatifs au versement des retenues pour la masse d'entretien opérées sur les traitements des préposés forestiers (9);

Les quittances relatives aux acquisitions de terrains à conserver ou à restaurer, faites par l'État en exécution de la loi du 4 avril 1882 sur la restauration et la conservation des terrains en montagne (10);

Les quittances données par les brigadiers et gardes communaux des eaux et forêts pour les indemnités ou allocations diverses qui leur sont payées par le Trésor (déplacements, significations de poursuites, gratifications de surveillance de pêche, primes de capture, etc...); mais non pour les sommes payées par les communes, les établissements publics ou le fonds des cotisations municipales ou particulières (11).

---

(1) Instr. Enregistr., n° 2577, du 23 juin 1877, § 5.
(2) Lettre Dir. gén. compt. publ., 24 juillet 1880. Note de la Cour, n° 56, p. 22.
(3) *Bull. off. Marine*, 1er sem. 1889, p. 46.
(4) Circ. compt. publ., 29 juin 1889.
(5) *Ibid.*, 30 juin 1890, § 15.
(6) L. 12 février 1897. Note de la Cour, n° 74, p. 20.
(7) Circ. comp. publ., 21 juillet 1893, § 7.
(8) *Ibid.*, 17 février 1884, § 3.
(9) Instr. Enregistr., n° 3186, du 9 avril 1906.
(10) Circ. Marine, 8 novembre 1882.
(11) Instr. Enregistr., n° 2947, du 9 mai 1898.
(12) *Bull. off. Marine*, 1904, p. 561.
(13) Circ. compt. publ., 18 juin 1904, § 1er.
(14) Instr. Enregistr., n° 3073, du 31 décembre 1901.

(1) Instr. Enregistr., n° 3080, du 26 février 1902. § 1er.
(2) Circ. compt. publ., 3 décembre 1884, § 5.
(3) *Ibid.*, 8 avril 1886, § 2.
(4) *Ibid.*, 25 septembre 1901, § 9.
(5) Arr. Gouv. gén. Madagascar, 31 décembre 1897. Note de la Cour, n° 74, p. 31.
(6) Arr. 15 septembre 1900. *Bull. off. Congo*, 1900, p. 316.
(7) Instr. Enregistr., 12 juin 1876, n° 2548, § 2.
(8) Circ. compt. publ., 10 mai 1894, § 5. L'exemption n'existe pas pour les sommes payées par les communes, les établissements publics, les fonds des cotisations municipales et particulières. (Circ. compt. publ., 19 septembre 1903, § 6.)
(9) Lettre Dir. gén. Enregistr., 13 novembre 1895. Note de la Cour. n° 70, p. 21.
(10) Instr. Enregistr., n° 3000, du 20 novembre 1899.
(11) Circ. compt. publ., 19 septembre 1903, § 6.

1113. *Travaux publics.* — Les quittances relatives au paiement d'indemnités pour dommages causés à la propriété privée par les occupations temporaires de terrains (1).

Postes et télégraphes. — Les quittances de redevances téléphoniques à la charge des lycées (2);

Les quittances de remboursement de taxes indûment perçues (3);

Les quittances délivrées par l'Administration des postes à une administration publique lorsque la somme versée concerne directement cette administration (4).

1114. *Caisse des dépôts et consignations.* — Les récépissés de prix de vente d'objets mobiliers provenant des greffes, délivrés par la caisse aux receveurs des domaines (5);

Les récépissés des versements faits à la Caisse par les agents comptables des maisons d'aliénés des sommes trouvées sur les pensionnaires de la maison (6);

Les quittances produites au soutien du payement des rentes concédées aux victimes d'accidents du travail (7);

Les quittances énumérées dans la circulaire de la Caisse des dépôts du 21 juin 1905 (8).

§ 13. — *Payements soumis à des règles spéciales.*

1115. Parmi les dépenses budgétaires il en est un certain nombre dont la nature ne se prête pas à l'accom-

---

(1) L. 29 décembre 1892, art. 19; Circ. compt. publ., 20 août 1898, § 5.
(2) Instr. Enregistr., n° 2823, du 6 juillet 1892, § 2.
(3) Circ. Postes, 17 mars 1896.
(4) Note de la Cour, n° 77, p. 10.
(5) Circ. Caisse, 25 janvier 1872.
(6) *Ibid.*, 17 mai 1876, § 1er.
(7) Lettre commune, Caisse, 15 mars 1900, § 2.
(8) Quittances données par les gardiens chefs des maisons d'arrêt pour le retrait des sommes provenant de détenus;
Quittances souscrites par les économes des lycées de l'État pour le retrait des fonds appartenant à ces établissements;
Quittances données par les bénéficiaires de secours éventuels accordés sur les fonds de la caisse des offrandes nationales;
Quittances données par les conseils d'administration de corps de troupes de sommes devant être réparties entre des militaires à titre de secours ou de prix;
Quittances données par les trésoriers de sociétés indigènes de prévoyance, de secours et de prêts mutuels d'Algérie, pour le retrait des fonds appartenant à ces associations;
Quittances délivrées pour le Service de la Caisse nationale des retraites pour la vieillesse, à l'exception de celles relatives aux frais de visa payés aux préfets et aux sous-préfets pour contrôle des versements;
Quittances relatives aux payements faits pour le compte des caisses d'assurance en cas de décès et d'accidents, sauf celles concernant les frais de tournées dus à des ingénieurs;
Quittances délivrées en acquit de payements effectués sur le fonds spécial de garantie institué par la loi du 9 avril 1898, à l'exception de celles auxquelles donne lieu le règlement des frais d'assiette des taxes additionnelles à la contribution des patentes;
Quittances souscrites par les caissiers des caisses d'épargne pour le compte de ces établissements;
Quittances relatives au payement d'arrérages des pensions et secours de l'indemnité de Chine;
Quittances données par les trésoriers des sociétés de secours mutuels approuvées, à l'exclusion des sociétés qui, accordant certains avantages à leurs membres ou à quelques-uns seulement, sont, aux termes de l'article 28 de la loi du 1er avril 1908, privées des avantages financiers accordés par ladite loi;
Quittances souscrites à l'occasion des pensions complémentaires ou temporaires concédées aux ouvriers civils des établissements militaires, en vertu du décret du 26 février 1897 : 1° lorsqu'il s'agit d'indigents; 2° pour toutes les pensions de la série J. M. (justice militaire).

---

plissement de toutes les conditions qui sont ordinairement nécessaires à la validité des payements.

Les principales sont :

Les dépenses des pouvoirs publics;

Les fonds secrets;

La dette publique;

La solde de la guerre et de la marine;

Les payements par traites;

Les payements d'avances;

Les payements d'acomptes;

Les garanties d'intérêts aux compagnies de chemin de fer.

Il paraît nécessaire d'indiquer très brièvement les conditions particulières dans lesquelles ces dépenses sont effectuées.

Article premier. — *Pouvoirs publics.*

1116. Les dépenses inscrites au budget au titre des pouvoirs publics concernent le Président de la République et le Parlement.

1117. Le Président de la République reçoit une dotation annuelle de 600,000 francs; des frais de maison de 300,000 francs; des frais de voyage, de déplacement et de représentation de 300,000 francs. Ces dépenses sont ordonnancées par le ministre des Finances, la dotation est payée mensuellement par douzièmes et d'avance; les frais divers sont payés trimestriellement et d'avance. Le Président ne présente aucun compte d'emploi et l'acquit des parties prenantes est la seule justification produite.

1118. Les dépenses administratives des Chambres et les indemnités des sénateurs et des députés sont inscrites pour leur total au budget général, et font l'objet de budgets spéciaux pour chacune des Chambres.

Ces budgets sont préparés par les questeurs, examinés par une commission parlementaire et votés par la Chambre intéressée. Dans la limite des crédits ouverts au budget de l'État, les fonds sont versés par douzièmes au trésorier de chaque assemblée sur demande des questeurs et en vertu d'une ordonnance ministérielle. Ceux-ci délivrent ensuite les mandats individuels qui sont payés par le trésorier. Les opérations relatives à ces dépenses n'apparaissent pas dans les comptes des comptables du Trésor, et la Cour des Comptes n'est pas appelée à se prononcer sur leur régularité. Chaque assemblée joue le rôle de Cour des Comptes pour ses propres dépenses. Une commission de vérification nommée par la Chambre elle-même et choisie parmi ses membres examine les comptes des questeurs et du trésorier et fait un rapport soumis à la sanction de la Chambre (1). La question de savoir si l'assemblée pourrait condamner son comptable en cas de débet ne paraît pas avoir été tranchée en pratique.

Article 2. — *Fonds secrets.*

1119. Des crédits pour dépenses secrètes sont actuellement ouverts dans les budgets des ministères des Affaires

---

(1) Voir Règl. 23 mars 1878, art. 102.

étrangères, de l'Intérieur (sûreté générale), de la Guerre et de la Marine. Le caractère de ces dépenses et l'emploi des fonds ne se prêtent évidemment pas aux règles ordinaires de comptabilité et de contrôle. Aussi les fonds secrets sont-ils mis à la disposition du ministre intéressé; et il n'est produit d'autre justification d'emploi que l'ordonnance ministérielle prescrivant leur payement. Cet ordonnancement est d'ailleurs généralement fait au nom d'un intermédiaire chargé de remettre les fonds à leur véritable destinataire qui doit demeurer inconnu. Chaque ministre doit cependant, en fin d'exercice ou lorsqu'il quitte le pouvoir, présenter un rapport sur l'emploi des fonds secrets au Président de la République qui lui donne décharge. Le contrôle du Président de la République se traduit en outre par un décret approbatif des dépenses secrètes qui est communiqué à la Cour des Comptes. Diverses tentatives de soumettre le contrôle des fonds secrets, soit au conseil des ministres, soit à une commission interparlementaire, n'ont pas abouti.

ARTICLE 3. — *Dette publique.*

1120. Les créanciers de l'État pour le payement de la dette publique ont un titre spécial qui dispense d'une liquidation et d'un ordonnancement individuels à chaque échéance; la présentation de ce titre leur suffit pour obtenir le paiement.

1121. En ce qui concerne la dette perpétuelle, le payement des arrérages est fait à Paris par le caissier-payeur central à la caisse duquel a été rattaché le service du payeur central de la dette (1); et dans les départements, par les trésoriers généraux et leurs préposés. Ceux-ci paient pour leur propre compte et comme opération budgétaire les rentes nominatives; ils payent les rentes au porteur ou mixtes comme opération de trésorerie et pour le compte du caissier-payeur central qui seul présente le compte de ces payements et les pièces justificatives.

1122. Les arrérages sont payables par trimestre, dans les conditions suivantes :

La direction de la dette inscrite établit, pour les rentes nominatives, des états matrices contenant pour chaque inscription le numéro et le montant du titre, le nom du rentier et le lieu du payement et, en outre, des bulletins individuels sur lesquels on mentionne par estampille les arrérages payés. Ces documents sont permanents et des états particuliers sont établis pour chaque échéance, pour les rentes à déduire ou à ajouter par suite de transferts, mutations ou changement du lieu de payement. Ces diverses pièces sont adressées par la direction de la dette inscrite au caissier-payeur central et aux trésoriers généraux. Ces derniers dressent des extraits d'états d'arrérages pour les rentes payables aux caisses de leurs préposés. A l'époque de chaque échéance, le ministre des Finances émet une ordonnance de paiement spéciale et collective transmise au caissier-payeur central. L'agent comptable du Grand-Livre dresse des bordereaux récapi-

(1) D. 12 août 1896; Circ. compt. publ., 26 septembre 1896, § 1er.

tulatifs soumis au visa du mouvement des fonds pour autorisation de payement et envoyés aux trésoriers généraux pour leur tenir lieu de l'extrait de l'ordonnance. Le payement est effectué au porteur de l'extrait d'inscription, sur présentation du titre et sans aucune justification d'identité (1). Le payement est estampillé au dos du titre et sur les bulletins mobiles, et la partie laissée une quittance (2). Lorsque pour un motif quelconque le titre ne peut être représenté, les arrérages sont payés sur présentation d'une « quittance visée » délivrée par la direction de la dette et servant de décharge au comptable.

1123. Le payement des rentes au porteur et mixtes donne lieu, à chaque échéance, à l'émission d'une ordonnance sur la caisse du caissier-payeur central; ce comptable reçoit également de la dette inscrite un état par ordre de numéros, et paye à présentation des coupons. Les trésoriers généraux et leurs préposés payent également à présentation des coupons, pour le compte du caissier-payeur central auquel les coupons sont adressés ultérieurement (3).

1124. La Cour des Comptes reçoit, comme pièces justificatives, pour les rentes nominatives, un état des restes à payer et les quittances des parties; pour les rentes au porteur et mixtes un état par ordre de numéros et les coupons.

1125. Les arrérages des pensions sont payables par trimestres, par les payeurs du Trésor (4). Ces comptables tiennent des registres permanents des pensionnaires dont les arrérages doivent être payés dans leur département. A chaque échéance une ordonnance collective est émise par le ministre des Finances et adressée au caissier-payeur central. Des extraits résumés de cette ordonnance sont envoyés aux trésoriers généraux. Les arrérages sont payés au porteur du titre d'inscription qui en donne son acquit. Il est rapporté à l'appui de ce titre un certificat de vie du pensionnaire (mentionnant les renseignements nécessaires à l'application des lois sur le cumul) et, en cas de décès, les pièces justificatives des droits des héritiers. Chaque payement est indiqué au dos du certificat d'inscription de pension par une estampille (5).

1126. La Cour des Comptes reçoit, pour les payements faits à Paris, les états d'arrérages et les certificats de vie acquittés; pour les payements faits dans les départements, des bordereaux de détail et les certificats de vie acquittés; et en outre, s'il y a lieu, les pièces d'hérédité.

1127. Les intérêts des capitaux de cautionnements sont ordonnancés collectivement par le ministre des Finances sur les crédits législatifs. Les ordonnances sont exclusivement délivrées sur la caisse du payeur du département dans lequel les titulaires exercent leurs fonctions. Le payement est fait annuellement sur la représentation des

(1) L. 22 floréal an VII, art. 5; D. 31 mai 1862, art. 211.
(2) L. 2 juillet 1862, art. 14; D. 31 mai 1862, art. 215.
(3) Ord. 29 avril 1831; D. 31 mai 1862, art. 216.
(4) L. 9 juin 1853, art. 30; D. 9 novembre 1853, art. 4; D. 31 mai 1862, art. 264.
(5) D. 31 mai 1862, art. 265 et 266.

certificats d'inscription, ou, quand il y a privilège de second ordre, au vu du certificat délivré en exécution des décrets des 28 août 1808 et 22 décembre 1812 (1). L'acquit doit être donné, suivant les cas, soit par le titulaire lui-même, soit par le bailleur de fonds. Le certificat d'inscription est estampillé.

1128. Les pièces de dépense consistent dans des états nominatifs dressés par la direction de la dette inscrite et visés par le bureau des oppositions et dans les quittances individuelles.

Article 4. — *Solde de la guerre et de la marine.*

1129. Le caractère d'urgence des dépenses de solde ne permet pas l'accomplissement des formalités ordinaires de la liquidation préalable ; le nombre des parties prenantes est tel qu'on ne peut procéder à un ordonnancement et à un payement individuels. Aussi la solde est-elle payable, en principe, sur liquidation provisoire, sur ordonnancement collectif, et entre les mains d'intermédiaires qui représentent les créanciers réels. Les ordonnateurs secondaires sont ici les intendants militaires et les officiers du commissariat de la marine.

1130. *Solde de la guerre* (2). — La solde des officiers avec troupe est payable par mois, à terme échu, sur état provisoire collectif et nominatif, et sur l'acquit du conseil d'administration du corps.

La solde des hommes de troupes est payable par quinzaine et d'avance (et en manœuvres tous les cinq jours), sur états d'effectifs collectifs par grade indiquant le décompte provisoire d'après les journées de présence de la quinzaine précédente, et sur l'acquit du conseil d'administration. Les écoles militaires sont assimilées aux corps de troupes.

La solde des officiers sans troupe et des employés militaires est payable par mois, à terme échu, sur liquidation provisoire, mais par mandat individuel acquitté par le créancier réel.

Le payeur est libéré par la production des états ou mandats de solde acquittés par les conseils d'administration ou les officiers sans troupe.

1131. La vérification de la dette et sa fixation définitive n'ont lieu que postérieurement au payement. Ces opérations administratives aboutissent à l'établissement des revues trimestrielles de liquidation qui fixent tous les trois mois le montant exact de la dette de l'État, et présentent un décompte de libération dressé par l'intendance, donnant le détail de ce qui a été perçu, la balance du crédit et du débit du corps de troupes, et sa situation réelle vis-à-vis du Trésor. Ces revues trimestrielles sont vérifiées successivement par l'intendance, le ministère de la Guerre et la Cour des Comptes qui consigne ses observations dans un Référé adressé au ministre de la Guerre chargé de prendre les mesures

nécessaires à la rectification des irrégularités et au reversement des sommes indûment payées.

1132. La conséquence du mode spécial de payement de la solde est la suppression du contrôle du comptable sur les dépenses qu'il paye : les mandats de solde ne sont pas soumis au visa du trésorier général (1), l'ordonnancement n'intervient en définitive que postérieurement au payement. Le comptable n'est responsable que de la matérialité du paiement fait sur états de liquidation provisoire.

En outre, nous avons vu (2) que le droit de réquisition de l'ordonnateur s'exerce sans restrictions en cas de refus par le comptable de payement des dépenses de solde (3).

1133. *Solde de la marine.* — La solde de la marine, troupes et équipages de la flotte, est payée dans des conditions analogues à celle de la guerre (4). Les revues de liquidation sont annuelles et non trimestrielles.

Article 5. — *Payements par traites* (5).

1134. Les dépenses occasionnées hors de France par le service de la marine ne peuvent pas toujours être acquittées suivant les règles ordinaires de comptabilité. Pour faire face aux dépenses survenant en cours de route, les escadres ou navires reçoivent parfois avant leur départ des fonds d'avances ou de prévoyance, ordonnancés au nom du conseil d'administration et dont la justification d'emploi par pièces doit être ultérieurement produite et rattachée au mandat d'avance à titre de régularisation. Ces fonds de prévoyance peuvent être insuffisants. Or les navires ne rencontrent pas toujours, dans les escales où des dépenses deviennent nécessaires, des ordonnateurs ou des comptables du Trésor. Il était donc nécessaire d'autoriser les conseils d'administration ou les commandants des navires à effectuer des dépenses sans ordonnancement préalable et à se procurer des fonds par l'émission de traites sur le Trésor, payables sauf régularisation ultérieure par la production des pièces justificatives. Le danger que présente pour le Trésor ce mode de payement en a fait restreindre l'emploi à certains cas strictement limités.

1135. Les cas dans lesquels l'emploi de traites est autorisé sont déterminés par le décret du 31 mai 1862 et par le décret du 8 février 1902.

1136. On distingue, d'après les tireurs, les traites des colonies, les traites de bord et les traites des consuls; au point de vue du but poursuivi, on distingue encore les traites négociables et les traites non négociables. Les règlements précisent les conditions d'émission de ces diverses traites.

---

(1) D. 31 mai 1862, art. 290 et 291.
(2) V. D. 29 mai 1890 portant règlement sur la solde et les revues.

(1) D. 1er mai 1867.
(2) V. *supra*, n° 1062.
(3) D. 31 mai 1862, art. 92.
(4) Décis. Présid., 4 septembre 1889 ; D. 10 juillet 1895 sur la solde des équipages.
(5) V. *supra*, v° TRAITES.

1137. *Traites coloniales*. — Dans les colonies, il existe des comptables et des caisses publiques alimentées par la caisse centrale de la métropole. Mais si ces comptables possèdent des fonds, ils n'ont pas de crédits ouverts pour les dépenses du service marine. Dans ce cas, les conseils d'administration liquident eux-mêmes et sous leur responsabilité la dépense; car, s'il n'y a pas dans l'espèce ordonnancement préalable, c'est un principe absolu qu'il ne doit être émis de traites qu'après la liquidation des dépenses, et que toute traite qui serait reconnue avoir été tirée par anticipation, ou dont le chiffre aurait excédé le montant de la dépense, motive contre le tireur une action en remboursement avec dommages et intérêts (1). La liquidation faite, le service du contrôle local doit s'assurer de la régularité des pièces justificatives qui lui sont remises; puis, après cette vérification, délivrer un ordre de payer sur la caisse du comptable: c'est un ordre de payement à titre d'avance au service marine. Le comptable paye, et, pour se couvrir de la dépense, il tire une traite à l'ordre du caissier-payeur central. La traite est tirée par le trésorier colonial, avec l'attache du gouverneur, du commissaire de la marine remplissant les fonctions d'ordonnateur, et du fonctionnaire chargé du contrôle (2).

On remarque dans ce cas que la traite n'est pas tirée à l'ordre d'un fournisseur, qu'elle n'a pas pour but de se procurer des fonds, qu'en un mot elle n'est pas un effet négociable. Elle constitue un procédé de comptabilité ayant pour résultat de ne pas faire apparaître le payement dans le compte du trésorier colonial, et de le renvoyer au compte de l'agent comptable des traites de la marine dans les conditions qui seront déterminées ultérieurement.

1138. *Traites de bord*. — Les conditions dans lesquelles sont émises les traites par les bâtiments de guerre en pays étranger ont déjà été exposées (3).

Les traites de bord sont négociables et constituent de véritables effets de commerce. Elles sont tirées sur le caissier-payeur central, à l'ordre des créanciers réels, des bailleurs de fonds ou des comptables du ministère des Finances. Lorsque les créanciers réels, c'est-à-dire les conseils d'administration pour le payement de la solde, les chefs de table pour le payement des dépenses de table, les fournisseurs pour le payement des fournitures et achats des denrées acceptent le payement par traites, celles-ci sont émises à leur ordre, et leur sont remises sans qu'il y ait lieu de leur en demander reçu : l'acquit des fournisseurs apposé sur les états de payement est la justification de la remise des traites. Si les créanciers réels exigent du numéraire au lieu d'effets négociables, les traites sont émises à l'ordre de bailleurs de fonds, banquiers ou négociants : les tireurs doivent alors s'en faire remettre un reçu en double expédition, l'une conservée à l'appui de la comptabilité de bord, l'autre transmise au ministère avec l'avis d'émission; on a ainsi la preuve que le bailleur de fonds a été désin-

téressé, et, d'autre part, l'acquit des créanciers réels apposé sur les états de payement constitue la justification d'emploi des fonds. Enfin, lorsqu'en raison des circonstances le ministre des Finances entretient des comptables sur les points où la marine a des dépenses à acquitter en traites, ces traites peuvent leur être remises en contre-valeur du numéraire par eux fourni; elles sont délivrées dans ce cas, soit à leur ordre, soit à celui du caissier-payeur central du Trésor public (1).

1139. *Traites des consuls*. — Lorsque, dans des circonstances exceptionnelles, le départ subit des bâtiments a mis les officiers chargés de tirer les traites dans l'impossibilité absolue de liquider la totalité des dépenses faites, les consuls comprennent les reliquats dans leur propre comptabilité, avec les dépenses de rapatriement et les autres paiements qu'ils sont appelés à faire pour le Département de la marine (2).

1140. Le rôle du tireur des traites est terminé après l'émission et l'envoi au ministère de la Marine de l'avis d'émission. La traite est payable à Paris, à la caisse centrale du Trésor; mais elle doit être présentée un mois avant payement au visa d'acceptation du ministre de la Marine (3). Ce visa a un double but : vérification de la régularité de l'émission, c'est-à-dire certification que le tireur se trouvait bien dans l'un des cas où le payement peut avoir lieu au moyen de traites; réserve du crédit sur lequel la traite a été émise. La traite n'est, en effet, qu'un procédé de paiement, et la dépense qu'elle a servi à solder doit être imputée sur les crédits budgétaires. Aussi le ministre de la Marine doit-il, après avoir revêtu la traite de son visa, réserver les crédits nécessaires pour l'imputation des ordonnances de régularisation à délivrer lorsque les pièces de dépenses sont vérifiées et reconnues valables (4). Dans le cas où les crédits législatifs ne seraient pas suffisants pour couvrir les dépenses pour lesquelles des traites seraient présentées à l'acceptation, le ministre de la Marine fait la demande d'un crédit supplémentaire dans la forme voulue par l'article 57 du décret du 31 mai 1862 (5). Le visa des traites consiste dans la mention « vu bon à payer » certifiée par l'agent comptable des traites de la marine. En outre, le ministre de la Marine doit aviser périodiquement le ministère des Finances de l'acceptation des traites. A cet effet, il transmet tous les dix jours au ministère des Finances, en double expédition, un bordereau des traites acceptées, avec le cadre récapitulatif l'imputation de ces traites par chapitre du budget. Cet avis a le double objet de prévenir la caisse centrale des payements de traites à effectuer, et de permettre à la direction du mouvement général des fonds de contrôler les crédits engagés par le payement des traites. L'une des expéditions est conservée par le Trésor pour servir de contrôle des crédits réservés. L'autre est renvoyée au

---

(1) Ord. 13 mai 1838, art. 2; D. 31 mai 1862, art. 99.
(2) D. 31 mai 1862, art. 95.
(3) V. *supra*, v° TRAITES, n°s 13 et suiv.

(1) Rég. min. Marine, 14 janvier 1869.
(2) V. *supra*, v° TRAITES, n°s 36 et suiv.
(3) D. 31 mai 1862, art. 96.
(4) Ord. 7 novembre 1845, art. 2; D. 31 mai 1862, art. 97.
(5) Ord. 7 novembre 1845, art. 3; D. 31 mai 1862, art. 98.

ministère de la Marine revêtue du visa du ministère des Finances (1).

1141. Les traites visées sont acquittées par le caissier-payeur central en numéraire ou en écritures suivant leur caractère négociable ou non.

1142. La régularisation de la dépense est confiée à l'agent comptable des Traites de la marine (2).

1143. Les régularisations sont produites de la manière suivante : à l'expiration de chaque mois, les trésoriers coloniaux et les consuls adressent au ministre de la Marine les pièces justificatives des dépenses pour lesquelles ils ont tiré des traites. Les officiers commandants, quel que soit le chiffre des traites de bord émises par eux, ont soin de saisir les plus prochaines occasions pour transmettre au ministre les pièces justificatives destinées à dégager leur responsabilité envers le Trésor public (3). Les justifications sont déterminées par une instruction du ministre de la Marine du 12 août 1880 (4), complétée par une circulaire du 4 octobre 1898 (5) et par une décision du 9 mars 1904 (6).

1144. L'agent comptable des traites de la marine est soumis aux règlements et instructions concernant le service et la comptabilité des payeurs du Trésor (7). Il présente à la Cour des Comptes un compte annuel établi dans la forme de celui des comptables ordinaires. La Cour examine : 1° Si le débit de son compte est égal au montant des traites payées ; 2° si les ordonnances de régularisation sont imputées sur les crédits réservés ; 3° si les pièces justificatives sont régulièrement produites. La responsabilité de l'agent peut être mise en jeu si les pièces justificatives manquent ou sont insuffisantes ; la dépense pourrait même être rejetée s'il ne justifiait pas des diligences par lui faites en vue de sa régularisation. Mais pratiquement la mise en jeu de cette responsabilité, garantie par un cautionnement, est délicate, car l'agent comptable ne fait aucun payement personnellement, et lorsqu'il revêt les traites de son « bon à payer » il n'a aucun moyen de contrôler la régularité de la dépense, puisque les pièces justificatives ne lui seront produites qu'ultérieurement.

ARTICLE 6. — Payements d'avances.

1145. D'après l'article 10 du décret du 31 mai 1862, aucun payement ne peut être effectué qu'au véritable créancier justifiant de ses droits et pour l'acquittement d'un service fait. Des exceptions à cette règle, d'ailleurs strictement limitées, ont été nécessitées soit par la difficulté de s'adresser directement au créancier réel, soit par l'impossibilité d'attendre pour la liquidation et le paye-

ment l'accomplissement du service. Il a donc été admis que, dans certains cas, des avances seraient faites, sauf justification ultérieure, soit à des intermédiaires, soit aux créanciers réels, avant service fait. L'exception au principe que le payement doit être fait au créancier réel concerne les services régis par économie, les services de la remonte, les achats à commission. L'exception au principe de la justification du service fait concerne les achats d'instruments astronomiques et de précision, et les frais de tournées alloués à divers agents administratifs.

1146. *Services régis par économie.* — Pour les services régis par économie, c'est-à-dire confiés à des agents intermédiaires, des avances peuvent être faites exceptionnellement aux agents de ces services, aux conditions et dans les limites prévues par l'article 94 du décret du 31 mai 1862. Les règlements ministériels déterminent les services et les établissements régis par économie qui exigent qu'il soit fait des avances à des agents spéciaux. Un ordonnateur ne peut donc pas créer arbitrairement un service de cette nature ; pour qu'il fonctionne régulièrement, une autorisation spéciale doit intervenir, et un règlement ministériel en détermine l'organisation. De plus, les règlements déterminent la nature des dépenses que les régisseurs peuvent acquitter : ce sont en général les menues dépenses, ou dépenses courantes, et il ne serait pas légitime de payer suivant ce mode des dépenses importantes pour lesquelles les règles ordinaires de liquidation et de payement peuvent être suivies. Les régies par économie fonctionnent notamment dans les ateliers de la guerre et de la marine, pour le payement des salaires du personnel ouvrier ; dans les magasins militaires, dans ceux de l'artillerie, dans les hôpitaux militaires ; il en est de même pour les menues dépenses intérieures du service des ministères, des hôpitaux, des palais nationaux, de l'entretien des forêts.

1147. Des intermédiaires ou régisseurs, agents spéciaux désignés administrativement et, en général, astreints au versement d'un cautionnement, reçoivent, sur les ordonnances des ministres ou sur les mandats des ordonnateurs secondaires, des avances dont le total ne doit pas, en principe, excéder 20,000 francs, à la charge par eux de produire à un payeur, dans le délai d'un mois, les pièces justificatives (1). Ces pièces sont annexées ultérieurement aux mandats d'avances.

Aucune nouvelle avance ne peut, dans cette limite de 20,000 francs, être faite par un payeur, pour un service régi par économie, qu'autant que toutes les pièces justificatives de l'avance précédente lui auraient été fournies, ou que la portion de cette avance restant à justifier aurait moins d'un mois de date (2).

---

(1) Ord. 7 novembre 1845, art. 1er; Déc. 22 et 27 janvier 1846; D. 31 mai 1862, art. 96.
(2) V. *supra*, v° TRAITES nos 40 et suiv.
(3) Ord. 13 mai 1838, art. 3; D. 31 mai 1862, art. 100.
(4) *Bull. off. Marine*, 1880, 2e sem., p. 354.
(5) *Ibid.*, 2e sem., 1898, p. 480.
(6) *Ibid.*, 1e sem., 1904, p. 249.
(7) Ord. 13 mai 1838, art. 10; D. 31 mai 1862, art. 106.

(1) Ord. 14 septembre 1822, art. 17.
(2) Ord. 31 mai 1838, art. 72.
Des avances plus importantes peuvent être autorisées par décret, dans des circonstances exceptionnelles; elles peuvent s'élever notamment à 100,000 francs pour les principaux établissements d'artillerie et de pyrotechnie (Vincennes, Bourges, Besançon, Douai, Lyon, Rennes, Toulouse, Tarbes) et le délai de régularisation est de quarante jours. Déc. Présid. 24 janvier et 5 août 1876. — V. aussi

Pour les services qui s'exécutent en Algérie, à l'étranger ou aux armées, le chiffre des avances et le délai de régularisation peuvent excéder la limite réglementaire en vertu de dispositions concertées entre les ministres compétents, sans que, pour l'Algérie et les armées actives, l'avance puisse excéder 35,000 francs et le délai quarante-cinq jours (1). Un décret du 20 mars 1893 porte à quatre-vingt-dix jours le délai de régularisation des avances aux agents des services régis par économie dans les postes de l'extrême sud de l'Algérie et de la régence de Tunis (2). Trois décrets des 30 mars, 6 mai et 11 octobre 1900, ont élevé à 70,000 francs le maximum des avances à faire aux comptables de la guerre dans l'extrême sud Algérien.

1148. L'avance faite a pour conséquence l'épuisement immédiat du crédit budgétaire sur lequel elle est imputée, sauf rétablissement ultérieur par virement de compte, si elle n'est pas entièrement employée. Le comptable est, en outre, libéré par le payement du mandat d'avance entre les mains du régisseur. Mais les justifications d'emploi doivent être ensuite rapportées par ce dernier dans les délais réglementaires. Un bordereau d'emploi, auquel sont jointes les pièces justificatives, est dressé en double expédition par le régisseur, soumis à l'approbation de l'ordonnateur de la dépense, et remis au comptable qui constate la remise des pièces sur l'une des expéditions, conservée comme décharge par le régisseur (3). Le comptable doit faire toutes diligences pour obtenir les justifications d'emploi, et avertir l'ordonnateur en cas de retard dans leur production. Le payeur est responsable vis-à-vis de la Cour des Comptes : 1º de toute avance excédant la limite de 20,000 francs, ou les limites réglementaires plus élevées; 2º de toute avance ayant plus d'un mois de date, sauf à prouver qu'il a réclamé les pièces avant la fin du mois, et que depuis il n'a fait aucune nouvelle avance (4). Pratiquement, cette responsabilité sera rarement mise en jeu; mais celle des régisseurs eux-mêmes donne certaines garanties au Trésor, car la loi du 13 frimaire an VIII autorise le ministre des

Finances à prendre des arrêtés de débet exécutoires et donnant lieu aux poursuites de l'agence judiciaire contre les agents quelconques chargés des services et qui sont rétentionnaires de deniers publics. Ce droit peut entraîner certaines difficultés, dans l'examen desquelles nous n'avons pas à entrer, concernant la conciliation de la compétence de la Cour des Comptes qui statue sur la régularité même des justifications produites, avec celle du ministre qui statue sur la responsabilité pécuniaire du régisseur.

1149. *Services de la remonte.* — Les achats de chevaux pour le service de la remonte ne donnent plus lieu, depuis un décret du 23 septembre 1888, à la délivrance de mandats émis directement au nom des vendeurs. Les payements qui s'y rapportent sont tous effectués en régie, au moyen d'avances spéciales faites aux commissions de remonte. Les officiers présidents des comités d'achat reçoivent des avances dont le montant est fixé, en principe, à 50,000 francs; en ce qui concerne les achats à effectuer par les dépôts de remonte de Caen et de Saint-Lô, ces avances peuvent s'élever à 100,000 (1); ce même chiffre de 100,000 francs a été fixé pour les avances aux comités d'achat des dépôts de remonte de Tarbes et de Saint-Jean-d'Angély, par un décret du 7 octobre 1897; un décret du 12 février 1906 a élevé à 80,000 francs le chiffre des avances pour le dépôt de remonte de Constantine.

1150. Les avances de cette nature ne sont pas faites en numéraire. Un compte spécial est ouvert, parmi les correspondants administratifs, sous la rubrique : « Service de la remonte s/c d'avances déposées en compte-courant », et les avances sont inscrites au crédit de ce compte. L'officier régisseur reçoit un récépissé justificatif de cette recette; puis, au moyen de mandats spéciaux de trésorerie dits : Mandats du service de la remonte, et détachés d'un carnet à souche, il use du crédit qui lui est ainsi ouvert pour faire payer à chaque vendeur le prix qui lui est dû. La dépense des mandats de trésorerie est portée au débit du compte spécial et justifiée par la production même des mandats. Les factures et quittances fournies par les vendeurs sont récapitulées dans un bordereau général dressé par les comités d'achat et produites à la Cour des Comptes en justification de l'avance dont il a été fait dépense budgétaire. Les mandats de trésorerie du service de la remonte ne sont pas transmissibles par voie d'endossement, et doivent être payés au titulaire lui-même. Ils ne sont assujettis ni au timbre proportionnel, ni au timbre quittance de 10 centimes (2).

1151. *Achats à commission.* — Les achats à commission sont employés, notamment par le ministre de la Guerre, pour certaines dépenses spéciales (3). Les fonds sont

---

Déc. Présid. 1er mars 1889, ateliers de construction de Puteaux, 150,000 francs; 19 mars 1887, direction de l'artillerie de Grenoble, 70,000 francs; 19 mars 1887, poudrerie du Bouchet, 30,000 francs; 10 décembre 1888, manufacture d'armes de Tulle, 160,000 francs. Un décret du 9 juillet 1896 autorise les comptables des subsistances militaires à recevoir des avances de 50,000 francs pour le transport par mer du matériel et des denrées provenant de l'étranger; un décret du 11 juillet 1896 autorise le ministère de la Guerre à recevoir des avances de 50,000 francs pour le payement des salaires des ouvriers des établissements militaires, la régularisation doit être produite dans un délai de quinze jours; un décret du 3 juin 1901 porte à 50,000 francs, pour les achats de grains et fourrages en régie, le maximum des avances à faire aux gestionnaires et aux officiers d'administration chargés des achats directs, à Paris, le total des avances peut s'élever à 100,000 francs.

(1) D. 31 mai 1894, art. 94; D. 24 mars 1877.
(2) Ces postes sont désignés dans un arrêté des ministres de la Guerre et des Finances du 20 mai 1893.
(3) Les trésoriers généraux doivent produire, à la Cour des Comptes, des bordereaux par ministère, présentant par chapitre, service et agent, le relevé détaillé des avances aux régisseurs avec indication du montant des justifications produites et de la situation finale. (Circ. compt. publ., 31 janvier 1901, § 7.) — V. aussi Circ. compt. publ., 17 décembre 1906, § 3, relative à la forme des bordereaux.
(4) Note de la Cour des Comptes, nº 37, p. 54.

(1) D. 23 septembre 1888.
(2) Circ. compt. publ., 29 juin 1889.
(3) Achats de denrées nécessaires au service des subsistances militaires; transports par terre et par eau aux armées actives seulement; affrètements de navires du commerce en France et à l'étranger; transports à dos de chameau dans l'extrême sud de l'Algérie et de la régence de Tunis. (Régl. Guerre, 3 avril 1869, art. 141.)

remis, à titre d'avance, à un intermédiaire ou commissionnaire, chargé d'effectuer les acquisitions et de les payer. Le commissionnaire doit rapporter, dans le plus bref délai et au plus tard dans l'espace d'un mois, les pièces justificatives de la dépense (1).

1152. *Achats d'instruments astronomiques.* — Certains constructeurs d'instruments astronomiques sont dans l'usage de demander, avant le commencement des travaux, une avance de fonds égale au tiers du marché. Comme l'intérêt de la science exige que la construction de ces instruments soit confiée à des personnes éprouvées, et que le ministre peut s'assurer de leur capacité et de leur honorabilité, il a paru nécessaire d'apporter en leur faveur une exception à la règle qu'aucun payement ne peut être fait que pour l'acquittement d'un service fait. D'après un décret du 23 septembre 1876, les marchés de gré à gré passés par le ministre de l'Instruction publique pour la construction des instruments astronomiques et de précision peuvent stipuler, en faveur des constructeurs, des avances de fonds qui ne doivent jamais excéder le tiers du total de la dépense. Les marchés contenant des stipulations de ce genre doivent préalablement être soumis au ministre des Finances, et la date de l'autorisation de ce dernier doit être expressément mentionnée dans lesdits marchés.

1153. *Frais de tournées.* — Les officiers généraux, membres militaires et civils des commissions, officiers chargés de missions (2), et certains agents du ministère des Affaires étrangères et du ministère des Finances reçoivent, dans certains cas, des avances pour frais de tournées, indemnités et frais de voyages; sous réserve de la production ultérieure des pièces justificatives et du décompte des frais réels qui doit être fourni par eux. De même, les chefs des postes diplomatiques ou consulaires ont droit, en cas de changement de résidence, à une indemnité pour frais d'établissement; cette indemnité est ordonnancée à l'époque où l'agent fait ses préparatifs de départ, et ne s'acquiert que par un certain nombre d'années de jouissance de tout ou partie du traitement du poste; lorsque le délai réglementaire de résidence n'est pas justifié, il y a lieu au reversement au Trésor de tout ou partie de l'indemnité pour frais d'établissement (3).

Article 7. — *Payements d'acomptes.*

1154. Les entrepreneurs et fournisseurs de l'État, qui passent souvent des marchés de longue durée, ne peuvent pas, en général, attendre pour recevoir le payement l'achèvement total des entreprises ou des fournitures. Aussi a-t-on admis que des payements partiels pourraient leur être faits en cours d'exécution des marchés. L'exception à la règle de la nécessité du service fait est ici moins importante que dans les payements d'avances. Dans le cas d'un acompte il doit toujours y avoir service

fait au moins partiellement, et le montant de l'acompte est toujours inférieur au droit constaté. L'article 13 du décret du 31 mai 1862 porte qu'aucun marché, aucune convention pour travaux et fournitures ne doit stipuler d'acompte que pour un service fait; qu'en outre, les acomptes ne doivent pas excéder les 5/6:s des droits constatés par pièces régulières présentant le décompte du service fait, à moins que des règlements spéciaux n'aient exceptionnellement déterminé une autre limite. Ainsi le règlement de comptabilité des travaux publics a posé comme règle générale que les acomptes ne devaient pas dépasser la proportion des 9/10es des travaux exécutés (1); l'article 143 du règlement de la guerre du 3 avril 1869 décide que la proportion des acomptes peut être modifiée en Algérie et aux armées actives sur le pied de guerre, par une décision du ministre de la Guerre ou par un arrêté du général commandant en chef, sans pouvoir excéder les 11/12 s des droits constatés; et que, pour les travaux extraordinaires du génie qui présentent un caractère d'urgence, il peut être délivré aux entrepreneurs de ces travaux des acomptes jusqu'à concurrence des 11/12 s des droits constatés (2); un décret du 13 novembre 1893 sur la comptabilité des bâtiments civils porte que pour l'exécution, la restauration ou la réparation des objets d'art et de précision, ou pour les travaux quelconques exécutés par des sociétés d'ouvriers français dans les conditions du décret du 4 juin 1888, le payement, avant production d'un mémoire, d'un nombre quelconque d'acomptes peut être autorisé, sous la réserve expresse que leur total ne dépasse pas la moitié du montant des travaux exécutés et non payés lors du dernier acompte.

Les règlements ministériels déterminent la nature des pièces justificatives à produire au soutien des mandats de payements d'acomptes (3).

Article 8. — *Garanties d'intérêts aux compagnies de chemins de fer.*

1155. Sans entrer dans le détail des rapports entre l'État et les compagnies de chemins de fer, nous dirons seulement un mot des conditions spéciales dans lesquelles sont payées les garanties d'intérêt assurées par l'État aux diverses compagnies, en conformité des conventions de 1883.

Ces garanties ne sont définitivement acquises aux compagnies, et leur chiffre exact ne peut être fixé qu'après établissement des comptes de chaque exercice et contrôle de ces comptes sur place et par une commission spéciale, travail délicat et de longue durée.

1156. Pour éviter aux compagnies les retards entraînés par la difficulté et la longueur de ce contrôle spécial, des avances à titre de garantie d'intérêt leur sont faites par provision, et sauf règlement définitif ultérieur. A

---

(1) Règl. Guerre, 3 avril 1869, art. 141 et 142.
(2) *Ibid.,* art. 141-5°.
(3) Note de la Cour des Comptes, n° 65, p. 18.

(1) V. note de la Cour des Comptes, n° 23, p. 143.
(2) V. aussi Instr. 1er octobre 1877, sur le service des payeurs d'armée, art. 60.
(3) V. notamment Règl. Fin., 26 décembre 1866, art. 108, et Règl. Guerre, 3 avril 1869, art. 144.

cet effet, la compagnie intéressée présente son compte de chaque exercice dans les quatre premiers mois de l'exercice suivant. Au vu de ce compte, une certaine somme est ordonnancée par provision, comme garantie d'intérêt. Lorsqu'après la vérification du contrôle spécial le compte de chaque compagnie est arrêté, la somme due par l'État est fixée définitivement. Si cette somme excède la provision versée, l'État paye la différence. Si, au contraire, la provision était supérieure à cette somme, la compagnie reverse immédiatement à l'État l'excédent, avec intérêts à 4 0/0. L'exception aux principes généraux en matière de dépenses publiques consiste en ce que le paiement est fait sur liquidation provisoire et avant la détermination exacte du montant du service fait.

TITRE IV.

COMPTABILITÉ DU TRÉSOR.

CHAPITRE PREMIER.

SERVICES DE TRÉSORERIE.

§ 1er. — *Définitions.* — *Rôle de la Trésorerie.*

1157. Les recettes et les dépenses budgétaires ont été déterminées. Mais l'application des premières aux secondes est une opération complexe. Souvent il n'y a ni unité de lieu, ni unité de temps, entre les recouvrements et les payements. Il n'y a pas unité de lieu en ce sens qu'aucune concordance n'existe dans une caisse, entre l'importance de la recette et celle de la dépense, tel comptable dont les recouvrements sont infimes devant, par exemple, acquitter des dépenses considérables. Il n'y a pas unité de temps, car la recette ne précède pas toujours la dépense, et les ressources budgétaires réalisées sont souvent inférieures aux payements exigibles. De là cette conséquence que toutes les recettes budgétaires doivent être centralisées aux mains d'un service unique chargé d'en faire la répartition en temps voulu entre toutes les caisses publiques où des créanciers de l'État pourront se présenter; et que, d'autre part, il est nécessaire de créer par des moyens de trésorerie, avant l'encaissement des recettes du budget, des ressources nécessaires pour parer aux dépenses urgentes.

Ce double service est confié au Trésor qui apparaît ainsi à la fois comme le caissier et comme le banquier de l'État. Comme caissier, il centralise la recette et approvisionne les caisses en vue des payements. Comme banquier, il avance au budget, par ses moyens personnels, les fonds destinés à attendre la rentrée des recettes budgétaires. La direction du mouvement général des fonds, au ministère des Finances exécute l'ensemble des services de trésorerie, dont les opérations ont pour but l'application de l'article 90 du décret du 31 mai 1862 aux termes duquel « le ministre des Finances pourvoit à ce que toute ordonnance et tout mandat de paiement qui n'excèdent pas la limite du crédit sur lequel ils doivent

être imputés soient acquittés dans les délais et dans les lieux déterminés par l'ordonnateur (1). »

§ 2. — *Approvisionnement des caisses publiques.*

1158. Pour approvisionner en temps voulu les caisses publiques du numéraire qui leur est nécessaire, le Trésor, représenté par la direction du mouvement général des fonds, doit être renseigné sur l'importance des payements à effectuer, et sur les ressources dont disposent les divers payeurs.

1159. Nous avons dit que, chaque mois, le ministre des Finances propose au Chef de l'État, d'après les demandes des autres ministres, la distribution des fonds dont ils peuvent disposer dans le mois suivant (2). Les divers départements ministériels fournissent chaque mois un relevé des dépenses probables à ordonnancer dans le courant du mois suivant et une demande de crédits. Ces demandes, centralisées au bureau de l'ordonnancement au ministère des Finances, sont résumées en un document transmis à la direction du mouvement général des fonds. Cette direction, après avoir rapproché les demandes des disponibilités probables du mois suivant, prépare le décret collectif de distribution mensuelle des fonds. Ce décret signé engage le ministre des Finances à pourvoir aux dépenses dont il a autorisé la distribution; et, d'autre part, les ministres doivent limiter leurs ordonnances aux crédits ouverts par ce décret. L'envoi des ordonnances à la direction du mouvement des fonds lui permet de s'assurer que cette limite a été respectée, de connaître l'importance et les lieux des payements et de prendre les dispositions nécessaires à l'approvisionnement des caisses.

1160. Quant aux disponibilités existant chez les payeurs, elles sont connues au moyen de la centralisation des recettes dans les écritures du mouvement des fonds. Une première centralisation des fonds est effectuée à Paris par le caissier payeur central, et dans chaque département par le trésorier payeur général. Le Trésor ne peut être tenu au courant des recouvrements individuellement par chacun des agents de la recette. D'ailleurs le caissier payeur central et les trésoriers payeurs généraux, ces derniers depuis 1865, sont chargés d'acquitter la presque totalité des dépenses publiques. Les comptables des régies financières participent bien au payement des dépenses de personnel et de matériel concernant leur régie, souvenir de l'époque où chaque régie ne versait au Trésor que le produit net de ses recettes; mais ces dépenses, qui ne dépassent pas 250 millions par an, sont de peu d'importance en comparaison de l'ensemble du budget. Il est donc logique de centraliser les ressources entre les mains des trésoriers généraux et du caissier payeur central.

1161. Périodiquement, à des intervalles variables suivant les régies, mais qui ne peuvent excéder un mois,

---

(1) Ord. 14 septembre 1822, art. 14.
(2) D. 31 mai 1862, art. 61. Ord. 14 septembre 1822, art. 6.

les percepteurs placés sous les ordres directs du trésorier général, et les agents de recettes de l'enregistrement, des contributions indirectes, des douanes, des postes et télégraphes, opèrent à la caisse du receveur particulier des finances ou du trésorier général le versement des fonds qu'ils ont recouvrés. Les trésoriers généraux disposent, sous leur responsabilité, des fonds reçus par les receveurs particuliers, soit qu'ils les fassent verser à la recette générale, soit qu'ils les emploient sur les lieux, soit qu'ils en autorisent la réserve en leurs mains, ou qu'ils leur donnent toutes autres directions commandées par les besoins du service (1). Le trésorier général devient ainsi le collecteur de toutes les recettes perçues dans son département.

Cette première centralisation est suivie d'une seconde qui s'opère à Paris. Les fonds réunis entre les mains du trésorier général sont tout d'abord employés à l'acquittement des dépenses payables dans le département. Si les ressources excèdent les besoins, le surplus est envoyé au Trésor, et la direction du mouvement des fonds lui donne sa destination utile. Le caissier payeur central sert généralement d'intermédiaire pour la transmission des fonds des trésoriers généraux. Cette transmission s'opère soit par envoi matériel, mode de moins en moins usité; soit au moyen d'effets de commerce sur les banquiers de Paris; soit par valeurs représentatives; soit enfin par l'intermédiaire de la Banque de France. Nous verrons que la Banque fait d'importantes avances au Trésor avec lequel elle a un compte courant; les versements faits par le trésorier général sont portés au crédit du compte courant du Trésor.

Le caissier payeur central joue, pour le département de la Seine, le même rôle de centralisateur des recettes, et met chaque jour à la disposition du Trésor, généralement par versement à la Banque de France, les fonds dont il n'a pas l'emploi immédiat.

1162. Pour donner aux fonds disponibles une destination utile, la direction du mouvement des fonds doit être exactement renseignée sur l'encaisse et les besoins des payeurs. La Caisse centrale lui remet chaque jour une situation de caisse et de portefeuille. Les trésoriers généraux transmettent au mouvement des fonds des bordereaux décadaires de recettes et de dépenses (2), contrôlés à la direction générale de la comptabilité publique; ils lui envoient aussi périodiquement des états des mandats émis sur le Trésor et une situation des prélèvements et des versements opérés aux succursales de la Banque de France; enfin ils doivent lui faire connaître mensuellement leurs ressources et leurs besoins pour le mois suivant (3).

1163. Le Trésor apparaît ainsi comme le réservoir des ressources de l'État : « Il représente la caisse et le portefeuille de l'État, ou, plus exactement, il contrôle toutes les caisses, tous les portefeuilles disséminés sur la surface du pays chez les différents comptables. L'unité du Trésor ne se réalise que sur le papier, dans les écritures récapitulatives de la direction du mouvement général des fonds (1). »

1164. Nous avons dit que la transmission des fonds aux diverses caisses publiques se fait souvent au moyen de valeurs représentatives de numéraire. Ces valeurs sont des traites ou des mandats.

Les principales traites usitées sont celles du caissier payeur central sur lui-même, et celles du ministère des Affaires étrangères.

1165. Les traites du caissier payeur central du Trésor sur lui-même sont les valeurs employées par l'Administration des Finances pour faciliter la transmission de fonds entre nos colonies et la métropole et pour permettre aux agents du Trésor aux colonies de se procurer sur place le numéraire qui leur est nécessaire. Elles sont créées par la caisse centrale, avec l'autorisation du mouvement des fonds et adressées aux trésoriers coloniaux qui les négocient sur place (2). Lorsque ces comptables reçoivent les traites de la caisse centrale, ils les conservent comme numéraire dans leur caisse, puis ils les émettent, en cas de besoin, par première et seconde, à dix ou vingt jours de vue après visa du caissier payeur central. D'après l'article 1er du décret du 11 janvier 1808, ces traites, transmissibles à un tiers en payement par un agent du Trésor public spécialement autorisé à cet effet, sont assimilées aux lettres de change tant pour le délai après lequel elles sont frappées de péremption que pour la durée du cautionnement qui pourrait être exigé du propriétaire, lequel aurait, en vertu du jugement, obtenu le payement sans la présentation des originaux desdites traites, en cas que ces originaux fussent adirés; elles sont, en outre, prescrites par cinq ans à dater de la transmission faite par le payeur du Trésor à la partie prenante. Les traites, souvent recherchées par les commerçants ou banquiers des colonies qui ont des envois de fonds à faire à Paris, se négocient généralement avec une prime et sont une source de bénéfice pour le Trésor.

1166. Les traites du ministère des Affaires étrangères sont les valeurs employées par ce ministère pour faire parvenir aux agents diplomatiques qui en font la demande, le montant de leurs émoluments touché à Paris, en leur nom, et sur leur procuration par l'agent comptable des chancelleries diplomatiques et consulaires (3). Lorsque cet agent émarge à la caisse centrale les émoluments de ses mandants, il présente une traite d'égale somme à l'acceptation du caissier payeur central et au visa du contrôle, puis l'expédie par première et seconde

---

(1) D. 31 mai 1862, art. 336. Ord. 19 novembre 1826, art. 1er.
(2) Les trésoriers généraux ont un *compte courant du Trésor* au débit et au crédit duquel sont inscrites les recettes et les dépenses journalières; les situations périodiques adressées au mouvement des fonds sont extraites de ce compte courant.
(3) Les trésoriers payeurs coloniaux, qui sont, pour chaque colonie, agents centralisateurs de la recette et agents de la dépense, transmettent chaque mois à la direction du mouvement des fonds une situation de caisse et un aperçu des besoins probables pour les trois mois suivants (D. 20 novembre 1882, art. 132 à 134).

(1) Stourm. Le budget, p. 231.
(2) D. 20 novembre 1882, art. 132 à 134.
(3) D. 20 décembre 1890. Instr. min. 10 mai 1891.

aux agents intéressés qui s'en feront rembourser le montant sur l'encaisse de la chancellerie. Les traites payées par le chancelier sont conservées par lui comme valeurs représentatives de numéraire, puis envoyées périodiquement, comme pièces de dépenses, à l'agent comptable des chancelleries diplomatiques et consulaires chargé de présenter un compte d'ensemble. Un procédé analogue est employé par le ministère des Affaires étrangères pour assurer le payement par traites aux créanciers de l'État résidant à l'étranger des sommes qui leur sont dues par les divers départements ministériels. Enfin, les chefs de mission, les consuls et les vice-consuls envoient à l'agent comptable des chancelleries diplomatiques et consulaires, sous forme de traites, les sommes représentant l'excédent des recettes sur les dépenses. Les traites sont remises au caissier payeur central contre récépissés qui sont produits par l'agent comptable comme pièces de dépenses à la Cour des Comptes.

1167. Il importe de ne pas confondre avec les traites dont il vient d'être question les traites de la marine et les traites des consuls, qui ont été étudiées à propos des dépenses budgétaires (1), et qui constituent un moyen réel de se procurer des fonds, et non pas seulement d'en éviter la transmission matérielle.

1168. L'émission de mandats par les comptables du Trésor est un moyen de trésorerie employé, d'une part, pour régulariser les opérations faites par les comptables pour le compte de leurs collègues; d'autre part, pour *transmettre les fonds versés* soit par les services publics, soit même par des particuliers *pour être payés à une caisse autre que celle qui a reçu le versement* : c'est à ce dernier point de vue que nous devons les considérer. Pour éviter une transmission matérielle de numéraire, le comptable qui a encaissé les fonds émet un mandat de trésorerie sur le comptable qui doit faire le payement. C'est ainsi que des mandats peuvent être tirés, soit par le caissier payeur central sur les trésoriers payeurs généraux (mandats du Trésor) (2); soit par les trésoriers payeurs généraux, les trésoriers payeurs d'Algérie et des colonies, sur le caissier payeur central (mandats sur le Trésor) (3). Il existe aussi des mandats tirés par les trésoriers payeurs d'Algérie et des colonies et par le receveur général des finances tunisiennes sur leurs préposés, et réciproquement. L'émission des mandats est faite conformément aux instructions de la direction du mouvement des fonds. Le comptable qui émet le mandat envoie à cette direction un talon-avis, un bordereau journalier d'émission et un bordereau récapitulatif de dizaine. Le mouvement des fonds vise le talon et le transmet au comptable qui doit payer. En même temps, il débite le compte courant du comptable tireur. Les mandats du Trésor ou sur le Trésor sont payables pendant cinq ans à partir de la date d'émission s'ils sont à vue, ou de la date d'échéance.

1169. Les conseils d'administration des corps de troupes stationnés dans l'intérieur de la Tunisie sont autorisés à émettre des bons pour effectuer des transmissions de fonds intéressant le service militaire (1).

1170. Les opérations relatives aux émissions et payements des traites, des mandats et des bons sont retracées au compte général de l'Administration des Finances sous la rubrique : « Effets à payer. »

1171. Les échanges de fonds effectués par les comptables sont retracés, au même compte, sous la rubrique : « Mouvements de fonds.» En principe, le solde général en fin d'année devrait donc être nul, puisque toute dépense pour envoi de fonds chez le comptable expéditeur correspond à une recette d'égale somme chez le comptable réceptionnaire. Dans la pratique, il ne peut pas en être ainsi; en effet, les fonds envoyés sont passés en dépense au moment de l'expédition, et ils ne sont décrits en recette qu'au moment où ils parviennent; dans l'intervalle, ils constituent ce qu'on appelle « les fonds en route ».

§ 3. — *Moyens de trésorerie.*

1172. Il arrive fréquemment que les recettes centralisées dans les écritures de la direction du mouvement général des fonds sont insuffisantes pour couvrir les payements exigibles. De même qu'un particulier a, dans cette hypothèse, recours à une maison de banque pour en obtenir des avances de fonds qui lui sont nécessaires; ainsi, le budget s'adresse au Trésor, qui met à sa disposition le numéraire dont il a besoin. Il y a ici une séparation absolue entre le budget et le Trésor, le second étant chargé de procurer au premier, sauf remboursement ultérieur, les ressources de nature à couvrir les insuffisances de recettes. Ces ressources seront constituées, soit par les excédents des recettes budgétaires des précédents exercices, soit par la création de moyens de trésorerie consistant en emprunts, émissions de valeurs, fonds mis à la disposition du Trésor par divers correspondants déposants, avances des Banques de France et d'Algérie. On comprend que le Trésor, banquier de l'État, ne peut pas mettre gratuitement à la disposition du budget les ressources de la trésorerie; ces ressources viennent augmenter la dette de l'État et entraînent des dépenses budgétaires, soit pour le payement des intérêts, soit pour le remboursement ou l'amortissement du capital.

Nous examinerons successivement la composition actuelle de la dette publique et de la dette flottante; et la situation de l'État vis-à-vis des Banques de France et d'Algérie.

ARTICLE PREMIER. — *Dette publique.*

1173. A la différence de la dette flottante qui est la dette du Trésor et constitue la principale ressource de la

---

(1) V. *supra*, nos 1134 et suiv.
(2) Circ. mouv. des fonds 11 et 15 janvier 1886.
(3) Instr. gén. 20 juin 1859, art. 737, 738 et 1820. Circ. mouv. des fonds 6 décembre 1866, 30 décembre 1868, 8 janvier 1875.

(1) V. Résumé du compte général des Finances, année 1906, p. 19.

trésorerie, la dette publique est la dette de l'État et constitue un service budgétaire. Les caractères principaux de la dette publique vont être rapidement énumérés.

La dette publique comprend la dette consolidée et la dette remboursable à terme ou par annuités.

Elle est réalisée par l'emprunt.

1174. Aucun emprunt ne peut être fait qu'en vertu d'une loi (1). Diverses combinaisons se prêtent à la réalisation même de l'emprunt : rentes perpétuelles, rentes viagères, obligations amortissables, obligations remboursables, annuités remboursables. Avec la rente perpétuelle, le capital est remboursable quoique jamais exigible, mais l'amortissement de la dette présente de grandes difficultés. L'emprunt en rentes viagères, usité principalement sous l'ancien régime, est tombé en désuétude. L'emprunt en rentes ou obligations amortissables assure l'extinction de la dette dans un délai déterminé, sans trop grever les dépenses budgétaires de chaque année. Il en est de même des obligations ou bons remboursables, mais l'échéance étant fixée à l'avance, on risque de ne pas trouver au moment du remboursement les disponibilités budgétaires suffisantes. On peut encore émettre des emprunts en annuités remboursables, le remboursement étant alors échelonné sur un certain nombre d'années et chaque annuité comprenant à la fois l'intérêt et l'amortissement. Ces divers modes, à l'exception de la rente viagère, ont tous été pratiqués pour la constitution de notre dette actuelle.

1175. Quant au mode de réalisation de l'emprunt il a consisté parfois dans la négociation des titres, avec ou sans adjudication, avec des maisons de banque; la Restauration a pratiqué, pour l'emprunt 4 0/0 de 1830, ce système, également employé en 1870 lors de l'emprunt Morgan. On lui préfère généralement la souscription publique, surtout depuis l'accroissement du nombre des petits capitalistes qui peuvent ainsi avoir des titres de première main; l'État évite le payement des commissions aux banquiers, ainsi il doit faire des frais considérables de publicité et d'émission; de plus, le classement de l'emprunt est assez laborieux, car le montant de l'émission étant d'ordinaire couvert un grand nombre de fois, on doit faire subir à chaque souscripteur une réduction proportionnelle : pour obvier à cet inconvénient et attirer les petits rentiers, on a parfois institué des souscriptions irréductibles, pour des chiffres de rente peu considérables. Un autre mode de réalisation, inauguré en 1878 par M. Léon Say pour l'emprunt en 3 0/0 amortissable, a consisté dans l'émission directe, à un jour déterminé, et au cours du jour de la rente, à la Bourse et dans les bureaux des agents du Trésor; ce système, suivi pour l'émission des obligations des compagnies de chemins de fer, présente de sérieuses difficultés pour mettre le Trésor au courant des rentes vendues chaque jour par chaque agent, et du taux de la vente.

1176. On distingue encore la rente perpétuelle au point de vue de sa nature même : 5 0/0, 4 1/2, 4 0/0, 3 1/2, 3 0/0,

et au point de vue de la forme du titre : nominatif, au porteur, mixte.

1177. Quel que soit le mode de réalisation de la dette perpétuelle, il est nécessaire d'en prévoir la diminution, soit par la réduction du taux de l'intérêt ou conversion, légitimée par l'article 1911 du Code civil; soit par l'amortissement du capital au moyen d'une caisse alimentée spécialement à cet effet, ou de crédits ouverts annuellement au budget.

1178. La dette publique, résultant d'emprunts, ne comprend aujourd'hui, comme dette consolidée, qu'une seule nature de rente, le 3 0/0. C'est la partie de beaucoup la plus importante, elle nécessite une dépense annuelle de plus de 650 millions pour le payement des intérêts, et représente un capital de plus de 22 milliards.

La dette à terme comprend des rentes, des obligations et des annuités remboursables.

Les rentes 3 0/0 amortissables par annuités ont été créées par la loi du 11 juin 1878 (1), et émises de 1878 à 1891; elles sont divisées en séries remboursables annuellement par voie de tirage au sort, conformément à un tableau d'amortissement établi pour chaque emprunt.

1179. Le ministre des Finances a été autorisé, à différentes reprises, à émettre des obligations du Trésor à court terme, c'est-à-dire à une échéance maxima de six ans. Les obligations sexennaires non encore remboursées sont : 1° Les obligations émises en vertu de la loi du 17 février 1898, destinées à subvenir provisoirement aux dépenses de perfectionnement du matériel d'armement et de la réinstallation des services militaires dans la limite des crédits ouverts chaque année en attendant que les ressources prévues par la loi aient été réalisées : les obligations arrivées à échéance ont été renouvelées en vertu d'autorisations des lois de finances, les ressources prévues n'ayant pas été réalisées; 2° les obligations émises en vertu de la loi du 26 février 1903 dont l'article 9 a autorisé le ministre des Finances à émettre des obligations du Trésor jusqu'à concurrence du montant des insuffisances de recette des exercices 1901 et 1902 et dans la limite d'un chiffre maximum de 250 millions (2).

1180. Les annuités remboursables suivantes sont inscrites au budget de l'exercice 1908 :

Annuité versée à la Caisse des dépôts et consignations pour amortir une somme de rentes équivalente à celle émise en 1901; l'amortissement est assuré au moyen des annuités versées par le gouvernement chinois, d'une rente 3 0/0 représentant un capital de 265 millions, cédée par la Caisse des dépôts et consignations;

Annuités aux compagnies de chemins de fer pour garanties d'intérêts de 1871 et 1872 (3);

Annuité à la compagnie des chemins de fer de l'Est (4), en représentation de la somme de 325 millions défalquée

---

(1) D. 31 mai 1862, art. 196.

(1) V. aussi D. 16 juillet 1878.
(2) La faculté d'émission a été prorogée jusqu'au 31 décembre 1904 par l'article 37 de la loi du 30 décembre 1903.
(3) L. 20 novembre 1883.
(4) L. 17 juin 1873.

de l'indemnité de guerre pour cession des droits de la compagnie sur les lignes des territoires cédés à l'Allemagne.

Annuité à la compagnie des chemins de fer de Paris-Lyon-Méditerranée (1);

Annuité à la compagnie des chemins de fer d'Orléans pour les lignes échangées entre elle et l'État;

Remboursement de la dette du Trésor vis-à-vis de la Caisse des dépôts et consignations au 1er janvier 1902;

Redevance annuelle envers l'Espagne pour droit de dépaissance sur les deux versants de la frontière des Pyrénées (2);

Annuités aux compagnies de chemins de fer;

Rachat de concessions de canaux (3).

1181. Enfin, on trouve encore parmi les dettes remboursables à terme ou par annuités les intérêts de capitaux de cautionnements, et les intérêts de la dette flottante du Trésor.

Article 2. — Dette flottante.

1182. Par opposition avec les dettes de l'État, dette perpétuelle dont le remboursement ne peut être exigé, et dette amortissable dont les échéances sont expressément déterminées et échelonnées sur un certain nombre d'années, on appelle dette flottante les sommes dues par le Trésor et qui proviennent, d'une part, des versements effectués en compte courant, obligatoirement ou non, et remboursables généralement à vue ou, dans certains cas, à très brève échéance; d'autre part, les bons du Trésor remis à des particuliers et remboursables à des échéances qui ne peuvent dépasser un an (4). La dette flottante est donc à proprement parler la dette du Trésor, banquier de l'État; elle a pour but de permettre au Trésor de se procurer un fonds de roulement à l'aide duquel il peut faire aux budget les avances qui lui sont nécessaires. L'utilité de la dette flottante est évidente puisque, d'un côté, elle fournit des moyens de trésorerie, c'est-à-dire permet au Trésor d'attendre la rentrée des impôts et de faire face à tous les paiements budgétaires exigibles; et que, de l'autre, elle sert à couvrir, en fin d'exercice, l'insuffisance des recettes. Si les recettes de l'exercice ont été, en réalité, inférieures aux dépenses, c'est avec les fonds de la dette flottante qu'on couvrira le déficit. Cet écart entre la recette et la dépense, en fin d'exercice, s'appelle un découvert du Trésor; les fonds de la dette flottante servent à faire face aux découverts du Trésor dont l'importance est déterminée par la loi de règlement des exercices soldés en déficit.

1183. Théoriquement le déficit d'un budget devrait être comblé par l'excédent du budget suivant, mais, en pratique, il arrive souvent que les découverts du Trésor s'accumulent, et que la dette flottante prend par suite des proportions considérables. Or l'extension du chiffre de la dette flottante présente de nombreux inconvénients : elle accumule au Trésor des fonds qui pour-

raient être employés plus utilement ailleurs; elle charge les dépenses budgétaires par le payement élevé des intérêts; elle entraîne le Parlement à faire des dépenses extraordinaires avec les fonds de la dette flottante qui sont, en réalité, des fonds d'emprunt. En outre, lorsque les découverts du Trésor sont très élevés, il est à craindre que, les créanciers de la dette flottante redemandant à un moment donné le remboursement de leurs prêts ou de leurs dépôts, le Trésor ne soit pas en mesure de les restituer. Le danger vient particulièrement des caisses d'épargne dont les déposants peuvent redemander en masse leurs fonds, particulièrement en temps de crise, c'est-à-dire précisément à un moment où le Trésor est le moins en mesure de les rembourser. C'est ce qui arriva en 1848, à cette époque le Trésor remboursa 80 francs par livret, et paya le surplus en rente 5 0/0 sur l'État au taux de 80 francs; or, comme le cours de 5 0/0 était alors de 73 francs, les porteurs de livrets perdirent la différence : une loi du 21 novembre 1848 leur accorda des livrets de compensation. En 1870, on décida de ne rembourser que 50 francs par livret et par huitaine, et la régularité de l'observation de cette mesure parvint à éviter la panique.

1184. Le remède employé d'ordinaire pour obvier au danger de l'accroissement de la dette flottante consiste à consolider cette dette. La consolidation est la conversion de la dette flottante, exigible, en dette non exigible, par l'émission d'emprunts, en rentes perpétuelles ou amortissables, de la somme nécessaire pour ramener à sa limite normale l'importance de la dette flottante. Ces emprunts réalisés, il est nécessaire de provoquer le retrait par les déposants d'une partie de leurs dépôts, correspondant à la consolidation; autrement le budget payerait à la fois des intérêts aux créanciers de la dette non exigible et à ceux de la dette exigible. Le Trésor trouve un moyen facile de provoquer ces retraits, dans la diminution du taux de l'intérêt servi aux déposants.

1185. Le Trésor, représenté par la direction du mouvement général des fonds, est donc juge, sous l'autorité du ministre des Finances et dans la limite des autorisations législatives, de l'importance à donner à la dette flottante; et c'est précisément par la diminution ou le relèvement du taux de l'intérêt qu'il fera baisser ou monter le niveau de cette dette; il en résulte que cette importance suivra les fluctuations des besoins du Trésor, d'où la dénomination de dette flottante.

1186. Les dépenses faites sur les crédits affectés aux intérêts de la dette flottante sont vérifiées chaque année par une commission spéciale dont la composition et les attributions, déterminées par un décret du 31 décembre 1881, seront étudiées ultérieurement.

1187. D'après le compte général de l'Administration des Finances, la dette flottante se compose des effets à payer, des comptes courants et fonds de dépôt, des fonds particuliers; on peut y ajouter le fonds flottant des cautionnements.

1188. A. Effets à payer. — Avant la loi du 4 août 1824, les lois de finances autorisaient le ministre des Finances

---

(1) L. 18 février 1893.
(2) Traité du 2 décembre 1856.
(3) L. 28 juillet, 1er août 1860 et 20 mai 1863.
(4) D. 31 mai 1862, art. 193.

à émettre la somme de rentes perpétuelles nécessaire pour faire face aux besoins courants du Trésor. D'après l'article 6 de la loi du 4 août 1824, « le ministre des Finances est autorisé à créer, pour le service de la Trésorerie et les négociations avec la Banque de France, des bons royaux portant intérêt et payables à échéance fixe. Les bons royaux en circulation ne pourront excéder 140 millions ». Les bons royaux sont devenus les bons du Trésor, et les autorisations d'émissions sont renouvelées chaque année par les lois de finances.

1189. Les bons du Trésor sont des obligations souscrites par le ministre des Finances, produisant un intérêt variable suivant la situation du marché des capitaux, et remboursables, à échéances fixes, augmentées des intérêts. Ils sont au porteur ou à ordre. Leur durée n'excède pas un an. Par exception, les Bons du Trésor remis à la Banque de France et à la Banque d'Algérie, comme couverture de leurs avances, ne produisent pas d'intérêt, et ne sont remboursables qu'à l'expiration des concessions accordées à ces deux établissements (1).

Le maximum des Bons du Trésor en circulation, non compris les bons déposés à la Banque de France et à la Banque d'Algérie en garantie de leur avance permanente, et les bons émis en vertu de la loi du 1er août 1860 pour prêts à l'industrie, a été pendant longtemps fixé à 400 millions. Il a été porté à 500 millions par la loi du 9 juillet 1902, et c'est cette limite qui a été maintenue par l'article 68 de la loi de finances du 31 décembre 1907.

1190. Les bons sont émis soit par négociation avec des sociétés financières, soit au profit de banques ou de sociétés qui les retiennent à l'avance, soit par souscription publique, après avis inséré au *Journal officiel* (2). Ils sont au porteur ou à ordre ; et divisés en coupures de 500 francs au minimum, toujours par multiples de 100 fr. Des décisions spéciales du ministre des Finances déterminent les époques d'échéances et le taux de l'intérêt. Les échéances sont toujours à 3, 6, 9 ou 12 mois. L'intérêt varie suivant la valeur de l'argent ; il est ajouté au bon, c'est-à-dire que le titre remis au souscripteur en échange de la somme versée porte la somme en capital et intérêts qui sera payée à l'échéance. On comprend qu'en raison de la variabilité des échéances et du taux de l'intérêt, le Bon du Trésor est un instrument de crédit extrêmement souple entre les mains du Trésor. Le taux moyen des bons du Trésor remis à divers pendant l'année 1906 a été de 2 0/0, alors que le taux moyen de l'année 1905 avait été de 1,674 0/0 (3).

1191. Le Bon du Trésor est un effet de commerce négociable ; il n'est pas insaisissable comme les titres de rente ; il est soumis à la prescription trentenaire et non à la prescription quinquennale. A l'échéance, il est remboursé, soit par le caissier central, soit, pour son compte, par les trésoriers-payeurs généraux.

1192. B. *Comptes courants et fonds de dépôt.* — Les départements, les communes, les colonies, divers établissements publics et collectivités dont les opérations ont le caractère d'un véritable service public, et certains établissements particuliers, sont autorisés à utiliser, pour le placement de leurs fonds libres, le concours des agents du Trésor, et ont un compte courant avec ce dernier.

Le Trésor joue, vis-à-vis de ces déposants, le rôle d'un banquier, et, par contre, les dépôts qu'il reçoit alimentent en grande partie le fonds de roulement qui lui est nécessaire pour faire des avances au budget.

1193. Parmi les déposants, certains placent directement leurs fonds au Trésor, à la caisse centrale ; d'autres les versent aux trésoriers généraux ou aux receveurs des finances. Certains dépôts sont faits avec intérêts, d'autres sans intérêts. Le placement sans intérêts peut être autorisé par le ministre des Finances. Le placement avec intérêts nécessite toujours une autorisation législative, car il affecte les dépenses budgétaires, et il faut toujours une ouverture de crédit au budget pour assurer le payement des intérêts. On peut dire, en principe, et sauf exception, que les établissements publics placent avec intérêts, et les particuliers sans intérêts. Le taux des intérêts, lorsqu'il en est alloué, est fixé par des décisions du ministre des Finances suivant la valeur de l'argent et les fluctuations des nécessités financières du Trésor. On comprend que l'abaissement ou le relèvement de ce taux, le Trésor peut, dans une large mesure, diminuer ou accroître, suivant ses besoins, l'importance des dépôts. Mais il n'y a pas là une règle absolue, car, pour certains déposants, le dépôt est obligatoire et le Trésor obligé de recevoir les fonds sans limite.

Le taux de l'intérêt des comptes courants et fonds en dépôt, dont le versement au Trésor est dans la plupart des cas obligatoire, est fixé par le ministre des Finances, il varie de 1,50 à 3,50 0/0 (1).

1194. Tout déposant autorisé à verser ses fonds libres au Trésor doit être muni d'un carnet de compte courant sur lequel les comptables du Trésor sont tenus d'inscrire les dépôts et les retraits de fonds et de mentionner en toutes lettres le nouveau solde du compte après chaque opération ; cette mention est signée par le comptable. Une situation du compte courant est établie semestriellement par le comptable qui la transmet au déposant. Ce dernier doit la retourner, dans le délai de quinze jours, revêtue d'un visa de conformité (2).

Le compte courant représente le déposant. En conséquence, il est crédité de chaque versement, et aux échéances, des intérêts, s'il y a lieu ; il est débité des remboursements. Lorsque des intérêts sont alloués, on fixe, pour leur calcul, des époques de valeur, c'est-à-dire les dates à partir desquelles l'intérêt doit courir. Ainsi, pour les communes et les établissements de bienfaisance, le mois est divisé en trois dizaines, et l'époque de valeur est le cinquième jour de chaque dizaine. Les comptes

---

(1) Résumé du compte général des Finances, 1906, p. 19.
(2) Ils sont émis à la caisse centrale et dans les bureaux des trésoriers-payeurs généraux. La Banque de France et ses succursales doivent prêter gratuitement leur concours aux émissions (L. 17 novembre 1897, art. 9).
(3) Résumé du compte général des finances, 1906, p. 45.

(1) Résumé du compte général des Finances, 1906, p. 117.
(2) D. 4 janvier 1897.

courants sont réglés périodiquement, soit par année, soit par trimestre, soit à des époques variables suivant les déposants.

En raison de la qualité des déposants, on peut classer les comptes courants en trois catégories : 1° ceux des services publics autonomes, ayant une personnalité distincte de celle de l'État, et qui sont de véritables correspondants plaçant au Trésor des fonds leur appartenant en propre; 2° les services publics qui ne sont pas des établissements distincts de l'État, et ne sont pas de véritables correspondants du Trésor, car les fonds qu'ils placent appartiennent à l'État; 3° les établissements particuliers ou correspondants particuliers autorisés.

1195. *Services publics autonomes.* — Les principaux déposants de cette catégorie sont les départements, les communes, les divers établissements et la Caisse des dépôts et consignations.

Pendant longtemps, le compte courant des communes a été divisé en deux parties : les fonds libres portant intérêts et les fonds provenant d'emprunts non encore employés, qui ne portaient pas intérêt. Un arrêté du ministre des Finances du 24 décembre 1896 a abaissé de 2 0/0 à 1 1/2 0/0, à partir du 1er janvier 1897, le taux de l'intérêt alloué aux communes, aux établissements publics et à divers correspondants autorisés à déposer leurs fonds libres au Trésor (1). Le même arrêté a rapporté la décision du 25 novembre 1879 qui disposait qu'à partir du 1er janvier 1880 les fonds des communes provenant d'emprunts ne seraient plus productifs d'intérêts (2). Les fonds libres de toute provenance appartenant aux communes sont donc actuellement placés avec intérêts.

1196. Parmi les autres établissements publics autorisés à déposer leurs fonds avec intérêts en compte courant au Trésor, on trouve, au compte général de l'Administration des Finances : les hospices, asiles d'aliénés, dépôts de mendicité, bureaux de bienfaisance et d'assistance médicale, associations syndicales, monts de piété, sociétés de maternité, crèches approuvées, caisses des écoles, orphelinats, facultés, chambres de commerce; et certains établissements de bienfaisance de Paris ou de la Seine : l'assistance publique, l'institution des jeunes aveugles, l'hospice des Quinze-Vingts, l'institution des sourds-muets, l'asile de la Providence, les asiles nationaux de Vincennes et du Vésinet, l'asile Vacassy.

Les départements et divers autres établissements autorisés placent leurs fonds libres avec intérêts; en retour, le Trésor assure gratuitement le service de la Trésorerie du budget départemental.

1197. La Caisse des dépôts et consignations a quatre comptes courants différents avec le Trésor : le compte de ses fonds disponibles, le compte des fonds non employés de la Caisse nationale d'épargne, le compte des fonds non employés des caisses d'épargne privées, le compte des fonds non employés de la Caisse nationale des retraites

pour la vieillesse. Tous ces fonds sont placés avec intérêts dont le taux est fixé soit par des lois, soit par des décisions du ministre des Finances.

1198. *Services publics d'État.* — Les principaux services publics autorisés à placer leurs fonds disponibles en compte courant sans intérêts au Trésor sont : l'Imprimerie nationale; la Caisse des invalides de la marine; les divers corps de troupe de la guerre et de la marine; l'Algérie : budget général, services départementaux, budget de la colonisation, caisse de réserve du budget de la colonisation, budgets des territoires du Sud, le service local des colonies; la caisse de réserve du service local des colonies; la caisse de réserve du budget général de l'Indo-Chine; le budget général de l'Afrique occidentale française; les correspondants du Trésor : trésoriers-payeurs et caissier-payeur central.

1199. Parmi les établissements particuliers, on peut citer la Banque de France, le Crédit Foncier, les fondations anglaises, écossaises et irlandaises pour l'instruction publique; ces deux derniers comptes courants sont productifs d'intérêts. Aucun établissement ne peut jouir de cette faculté de dépôt s'il n'a été autorisé par une décision spéciale du ministre des Finances; les demandes d'autorisation doivent parvenir au ministère par l'entremise du préfet du département qui y joint son avis (1).

1200. C. *Fonds particuliers.* — Les fonds particuliers qui constituent un moyen de trésorerie pour alimenter le fonds de roulement du Trésor sont uniquement ceux mis à la disposition du Trésor par les trésoriers-payeurs généraux (2).

Les trésoriers-payeurs généraux ont avec le Trésor un premier compte courant qui est débité de tous les recouvrements opérés et crédité de tous les payements faits; ce compte, qui a été longtemps productif d'intérêts réciproques, est aujourd'hui tenu en capitaux seulement.

1201. Il existe un autre compte courant, appelé compte courant des trésoriers-payeurs généraux, qui a pour but de retracer les opérations relatives aux avances faites par les trésoriers généraux au Trésor au moyen de leurs fonds particuliers. Ces fonds sont soit les fonds personnels des trésoriers généraux, soit les fonds qui sont déposés dans leurs caisses par les particuliers. Les trésoriers généraux jouent ainsi vis-à-vis des particuliers le rôle de banquiers, ils reçoivent leurs fonds en dépôt; mais, tandis que le banquier est juge de l'emploi à faire des fonds qui lui sont confiés, les trésoriers généraux doivent placer ces fonds en compte courant au Trésor; leur bénéfice résulte de la différence entre le taux de l'intérêt qu'ils touchent du Trésor, et de celui qu'ils servent à leurs déposants. Ils peuvent aussi faire pour ces derniers certaines opérations de banque, notamment les achats et ventes de rentes sur l'État et de valeurs du Trésor.

---

(1) Circ. Cie publ., 31 décembre 1896, § I.
(2) Circ. Cie publ. 9 décembre 1879, § II.

(1) Inst. gén. 20 juin 1859, art. 775.
(2) Il n'y faut pas comprendre les sommes portées au compte général des finances comme fonds particuliers des receveurs des régies et des trésoriers-payeurs des colonies.

1202. Pendant longtemps, les avances des trésoriers généraux au Trésor ont été obligatoires, et le crédit de leur compte courant devait être au moins égal au montant de leur cautionnement. Depuis la réforme des émoluments des trésoriers généraux, et par suite de la diminution du taux de l'intérêt alloué par le Trésor à leurs avances, et par eux-mêmes à leurs déposants, l'importance des fonds particuliers a beaucoup diminué. C'est ainsi que ces fonds qui s'élevaient à 91 millions au 1er janvier 1886, n'étaient plus que de 24 millions au 31 décembre 1903. A la suite du relèvement du taux de l'intérêt de 1 fr. 25 à 1 fr. 75 0/0, les fonds particuliers ont atteint, au 31 décembre 1906, le chiffre de 50 millions, en augmentation de 8 millions sur le solde au 31 décembre 1905 (1).

1203. Les intérêts du compte courant des trésoriers-payeurs généraux sont liquidés et réglés par trimestre sur le montant moyen de l'avance du trimestre. Le règlement se fait au moyen d'une somme représentative des intérêts dus, portée au crédit du compte courant. Le ministre des Finances émet ensuite une ordonnance de régularisation dont extrait est envoyé au comptable pour sa décharge.

Les dépenses nécessitées par le payement de ces intérêts sont comprises dans celles de la dette flottante, et les opérations qui s'y rapportent sont soumises à l'examen de la commission spéciale des frais de service et de négociation du Trésor.

1204. D. *Fonds flottant des cautionnements.* — A la différence du service des intérêts de cautionnements en numéraire, qui comportent une dépense budgétaire, les versements et remboursements de cautionnements en numéraire ne constituent que des opérations de trésorerie. Ces cautionnements sont, en effet, versés au Trésor où ils sont réunis en un compte spécial. Ils font ainsi partie de la dette flottante et entrent dans la composition du fonds de roulement du Trésor. Il résulte, en effet, des prescriptions du décret du 31 mai 1862 que les cautionnements en numéraire, applicables à la garantie de fonctions publiques qui y sont assujetties par les lois et règlements, doivent être versés dans les caisses du Trésor (2); et que le remboursement des capitaux de cautionnements est effectué par les payeurs, en vertu des ordres de payement du ministre des Finances, et imputé sur le fonds flottant des cautionnements (3).

L'importance de ce fonds flottant a beaucoup diminué depuis qu'un grand nombre de comptables ou de fonctionnaires ont été autorisés à remplacer les cautionnements en numéraire par des cautionnements en rentes (4). Cependant, au 31 décembre 1906, le solde créditeur du service spécial des capitaux de cautionnements en numéraire dépassait 237 millions, représentant le montant total des cautionnements inscrits à cette date sur les livres du Trésor (5).

§ 4. — *Concours des Banques de France et d'Algérie aux services de la Trésorerie.*

1205. La Banque de France est en relations étroites avec le Trésor, et astreinte vis-à-vis de lui à de nombreuses obligations, en compensation de son privilège. Sans rappeler l'origine et l'historique de ces relations, nous les énumérerons telles qu'elles résultent de la loi des 7-17 novembre 1897 qui a renouvelé le privilège de la Banque.

1206. En vertu d'une convention du 31 octobre 1896, la Banque s'est engagée à mettre à la disposition de l'État sans intérêt et pour toute la durée de son privilège, une avance spéciale de 40 millions (1). En outre, à partir du 1er janvier 1897 et jusques et y compris l'année 1920, la Banque verse à l'État chaque année et par semestre une redevance égale au produit du huitième du taux de l'escompte par le chiffre de la circulation productive, sans qu'elle puisse jamais être inférieure à 2 millions par an (2). Cette avance et cette redevance ont une destination spéciale pour les caisses de crédit agricole (3).

1207. L'avance de 60 millions consentie par la Banque à l'État en vertu du traité du 10 juin 1857 moyennant intérêt à 3 0/0 et l'avance de 80 millions consentie par la Banque à l'État en vertu du traité du 29 mars 1878 approuvé par la loi du 13 juin 1878 moyennant un intérêt de 1 0/0, ont cessé de produire intérêt à partir du 1er janvier 1896; la Banque ne peut réclamer le remboursement de tout ou partie de ces avances pendant toute la durée de son privilège (4). Cette avance totale de 140 millions, garantie par des bons du Trésor remis à la Banque, constitue une partie importante du fonds de roulement du Trésor qui peut, dans cette limite, et sans payer d'intérêts, prendre des dispositions sur la Banque au moyen de son compte courant.

1208. Le Trésor a, en effet, depuis 1857, un compte courant à la Banque de France, compte courant avec escompte, car il a le droit de faire escompter ses bons et ses effets (traites, mandats...) et d'en faire porter le montant à son crédit. Ce compte courant est alimenté surtout, en outre de l'avance de 140 millions, par les fonds disponibles du Trésor. Les comptables versent leurs fonds libres au crédit du compte courant, ces versements peuvent être faits non seulement au siège social de la Banque à Paris, mais aussi dans toutes les succursales, et, depuis la loi de 1897, dans tous les bureaux auxiliaires (5). Le compte courant est centralisé à Paris; la direction du mouvement général des fonds fait ouvrir des crédits spéciaux à la caisse centrale et aux trésoriers-payeurs généraux, dans la limite des soldes créditeurs. Les comptables font alors, dans la limite des crédits ouverts, des prélèvements à la Banque, aux succursales, et aux bureaux auxiliaires. Ces prélèvements

---

(1) Résumé du compte général des Finances, 1906, p. 37.
(2) Régl. min. Fin. 9 octobre 1832, chap. III, art. 1er.
(3) D. 31 mai 1862, art. 290.
(4) L. 13 avril 1898, art. 5.
(5) Résumé du compte général des Finances, 1906, p. 129.

(1) L. 17 novembre, 1897 art. 7.
(2) *Ibid.*, art. 5.
(3) V° *Infra.* Services spéciaux n°s 1216 et suiv.
(4) L. 17 novembre 1897, art. 6.
(5) *Ibid.*, art. 10.

sont portés au débit du compte courant. Il en résulte, pour le Trésor, un procédé très avantageux pour approvisionner les caisses publiques en évitant le transport matériel des fonds. Les mouvements de fonds ainsi opérés s'élèvent à 7 ou 8 milliards par an.

1209. Le caissier-payeur central est en relations incessantes avec la Banque, y dépose chaque jour au crédit du compte courant les fonds dont il n'a pas besoin; il prélève au contraire, par le débit du compte courant, les fonds qui lui sont nécessaires, soit au moyen de mandats directs sur la Banque, soit au moyen de mandats remis aux créanciers de l'État qui ont eux-mêmes un compte courant à la Banque, ce qui permet, dans ce dernier cas de régler l'opération sans mouvement matériel de fonds et par un simple virement de comptes : débit du compte du Trésor et crédit du compte du créancier de l'État.

1210. Dans les succursales et les bureaux auxiliaires, les versements et prélèvements s'exécutent de la manière suivante (1) : Dans les villes où existent à la fois une recette des finances et une succursale ou un bureau auxiliaire, les percepteurs et les receveurs des régies font leurs versements soit au receveur des finances, soit, avec l'autorisation de l'Administration, à la Banque (2). Dans les villes pourvues d'une succursale ou d'un bureau auxiliaire mais non d'une recette des finances les comptables versent à la Banque aux époques fixées par les instructions de chaque administration, et les percepteurs spécialement désignés par le trésorier général sont seuls admis à effectuer des prélèvements. Lors des versements, les comptables retirent un reçu par primata et duplicata, échangé ultérieurement contre un récépissé du receveur des finances qui vaut décharge. Les prélèvements effectués par les receveurs des finances et par les percepteurs ont lieu dans la limite des ouvertures de crédit de la direction du mouvement général des fonds, au moyen de reçus provisoires de virement délivrés par les trésoriers payeurs généraux (3). Le mouvement des fonds est immédiatement avisé des versements et prélèvements de manière à connaître toujours la situation du compte courant.

1211. En outre, dans les villes qui ne sont pourvues ni de succursales, ni de bureaux auxiliaires, mais où la Banque est appelée à effectuer des recouvrements quotidiens (villes rattachées), la centralisation des fonds disponibles des comptables peut être opérée au moyen de mandats tirés par les trésoriers généraux ou par les receveurs particuliers et encaissés matériellement par la Banque; afin de permettre l'émission de ces mandats, les percepteurs et les receveurs des régies doivent aviser de leurs disponibilités le receveur des finances ou le trésorier général; dès que cet avis est transmis, le comptable considère la somme comme n'étant plus disponible et la met en réserve pour solder le mandat à présentation (4).

Les agents encaisseurs de la Banque remettent au comptable qui paye le montant du mandat un reçu échangé ultérieurement contre un récépissé définitif du receveur des finances.

1212. La Banque se charge encore d'effectuer à ses frais entre le siège central et les succursales et bureaux auxiliaires les transports de monnaies divisionnaires demandées pour l'alimentation des caisses des comptables du Trésor. Elle opère aussi, dans les succursales, les bureaux auxiliaires et les villes rattachées, le recouvrement des traites et obligations des redevables des douanes et des contributions indirectes qui sont recouvrables, sur la demande des souscripteurs, à leur domicile dans les conditions de l'article 21 de la loi du 29 décembre 1873 (1).

1213. Enfin, la Banque prête gratuitement son concours aux émissions de rentes françaises et de valeurs du Trésor, et aux payements des coupons de rentes et des coupons de valeurs du Trésor (2).

1214. La Banque d'Algérie a pris, vis-à-vis du Trésor, certains engagements corrélatifs à la prorogation de son privilège par la loi du 5 juillet 1900.

Elle verse à l'État des redevances annuelles s'élevant à 200,000 francs de 1900 à 1905, à 250,000 francs de 1906 à 1912, et à 300,000 francs de 1913 à 1920 (art. 5).

Elle met à la disposition du Trésor, sans intérêt et pour la durée de son privilège, une avance de 3 millions à porter à un compte spécial jusqu'à l'organisation du crédit agricole en Algérie (art. 6).

Elle participe gratuitement aux émissions de rentes et valeurs du Trésor, et aux payements des coupons (art. 7 et 8).

1215. Enfin, les comptables directs du Trésor et les comptables des administrations financières peuvent opérer des versements et des prélèvements dans les succursales et les bureaux auxiliaires. Dans les villes pourvues d'une succursale ou d'un bureau auxiliaire et où il n'existe pas d'agent de l'État chargé du service des dépenses publiques, la Banque paye sans frais les mandats revêtus d'un : vu bon à payer, du trésorier payeur (art. 9). Ces opérations s'effectuent de la manière suivante : dans les places où existent à la fois un préposé payeur et une succursale ou un bureau auxiliaire, les comptables des régies financières continuent à faire leurs versements au préposé payeur qui opère seul les versements et prélèvements à la Banque; dans les places pourvues d'une succursale ou d'un bureau auxiliaire et où il n'existe pas de préposé payeur, les receveurs des régies financières peuvent faire leurs versements à la Banque aux époques fixées par l'Administration (3).

§ 5. — Services spéciaux du Trésor.

1216. En dehors des opérations de trésorerie proprement dites, consistant dans l'ensemble des mesures néces-

---

(1) Circ. Cie Publ. 31 décembre 1897, § 3.
(2) *Ibid.*, 30 juin 1900, § 2.
(3) *Ibid.* 3 avril 1885, § 2.
(4) *Ibid.* 31 décembre 1897, § 4, 15 juillet 1899, § 5 et 31 janvier 1900, § 3.

(1) Circ. Cie Publ. 31 décembre 1897, § 5.
(2) *Ibid.*, § 1er et 2.
(3) *Ibid.* 30 décembre 1900, § 6.

saires à l'exécution du double service de la recette et de la dépense budgétaire, le Trésor, banquier de l'État, a été chargé d'assurer un grand nombre de services qui doivent demeurer étrangers au budget et dont les dépenses seront, à un moment donné, exactement balancées par des recettes spéciales. « Les services spéciaux du Trésor puisent directement au Trésor, en dehors des budgets, les ressources dont ils ont provisoirement besoin, jusqu'à ce que leurs recettes équilibrent leurs dépenses (1). »

1217. Dans le service spécial, la dépense précède en principe la recette ; elle est faite au moyen d'avances, de prêts, de subventions, et la compensation doit s'opérer ultérieurement par l'application des recettes produites spécialement par chaque opération entreprise. L'incorporation des services spéciaux au budget aurait pour effet de fausser les résultats de ce document, car aucune simultanéité n'existant entre la recette et la dépense, l'une et l'autre apparaîtraient généralement à des exercices différents sans aucun rapprochement possible, de nature à permettre de suivre l'ensemble de l'opération. D'autre part, le budget ne présente pas d'ordinaire de disponibilités suffisantes pour faire des avances de fonds qui ne seront récupérées qu'à une époque plus ou moins lointaine (2). Il est plus facile au Trésor de se procurer les ressources nécessaires à l'alimentation des services spéciaux et d'attendre le recouvrement des produits correspondant à l'exécution des opérations qu'ils concernent. En outre, la spécialisation de ces services permet d'en suivre très exactement la réalisation, de comparer à tout moment la dépense et la recette, de s'assurer qu'en fin de compte la première est balancée par la seconde. Car la légitimité de l'ouverture d'un service spécial exige que cette compensation soit assurée à une époque donnée, que le Trésor ait la certitude de rentrer dans ses avances, au moyen des ressources du service lui-même. Ce serait donc un procédé financier critiquable que celui qui consisterait à créer, dans le but d'alléger le budget ou de dissimuler des mouvements de fonds, des services spéciaux pour l'exécution desquels aucune concordance n'est assurée entre la dépense et la recette, et qui doivent finalement aboutir à un déficit ou découvert du Trésor et par suite retomber à la charge du budget au moyen d'ouvertures de crédits supplémentaires (3).

1218. Il semble nécessaire de donner une énumération

rapide des services spéciaux compris au dernier compte public par l'Administration des Finances.

1219. **Capitaux de cautionnements en numéraire.** Le payement des intérêts des capitaux de cautionnements est une dépense budgétaire. Mais le capital lui-même est versé au Trésor chargé d'en assurer le remboursement aux titulaires.

1220. Avance au budget local de la colonie de la Guadeloupe pour réparer les dégâts causés par le tremblement de terre du 29 avril 1897. Cette avance de un million (1) doit être remboursée, sans intérêts, en dix annuités égales à partir de 1903.

1221. Avance au budget local de la colonie de Mayotte pour réparer les dégâts causés par le cyclone des 27 et 28 février 1898. Cette avance de 500,000 francs doit être remboursée au moyen de vingt annuités égales, sans intérêts, à partir de 1905 (2).

1222. Service local des colonies, compte de dépenses antérieures au 1er janvier 1893 à régulariser (3).

1223. **Fonds de concours pour dépenses d'intérêt public.** Les fonds versés par les départements, les communes ou les particuliers, pour concourir à des dépenses d'intérêt public sont portés en recette aux recettes d'ordre du budget ; un crédit de pareille somme est ouvert par décret au ministre compétent, additionnellement à ceux qui ont été accordés par la loi pour la même dépense, et la portion non employée au cours de l'exercice peut être réimputée, avec la même affectation, aux budgets des exercices subséquents (4). Les recettes provenant de fonds de concours sont centralisées aux services spéciaux, et l'agent comptable des virements est chargé de transporter aux budgets qui supportent la dépense, par prélèvement sur le compte du service spécial, une ressource égale aux crédits ouverts par décret pour payer les dépenses correspondantes (5).

1224. **Prêts faits à l'industrie.** Ce compte concerne les avances faites par la dette flottante pour subvenir aux prêts faits à l'industrie en exécution de la loi du 1er août 1860.

1225. **Avances aux Compagnies de chemins de fer français pour garantie d'intérêts.** Ce service spécial a été créé par l'article 14 de la loi du 8 août 1885 (6) ; il comprend en dépense, le montant en capital et intérêts à 4 0/0 des sommes avancées par l'État conformément aux conventions de 1883 et antérieures ; et en recette les sommes remboursées par les Compagnies. Diverses lois ont prescrit : 1° de pourvoir aux avances de garanties d'intérêts par des primes d'émission réalisées sur des obligations

(1) Stourm. Le Budget, p. 231.
(2) « Il est de principe que, dans l'établissement d'un budget, il ne doit y avoir aucune spécialisation de recette, c'est-à-dire qu'aucune recette ne doit être affectée à une dépense déterminée, l'ensemble des recettes budgétaires devant couvrir l'ensemble des dépenses. Néanmoins, le législateur autorise parfois certaines dépenses en spécifiant expressément que certaines recettes y seront affectées, recettes dont le recouvrement suivra plus ou moins rapidement la dépense ; de même, il autorise la perception ou la réalisation de recettes dont l'emploi, bien que déterminé à l'avance, sera échelonné sur une période indéterminée au fur et à mesure des besoins. » (Résumé du compte général des Finances, année 1906, p. 13.)
(3) « Depuis une dizaine d'années, les ministres qui se sont succédé au ministère des Finances ont cherché à liquider successivement toute une série de comptes spéciaux du Trésor qui ne représentent plus une valeur réelle. » (Discours de Léon Say au Sénat, 29 mars 1888.)

(1) L. 15 juillet 1897. La situation financière de la colonie ne lui a pas permis de tenir ses engagements.
(2) L. 5 avril 1898.
(3) Arrêté interministériel 6 août 1892, art. 9.
(4) L. 6 juin 1843, art. 13. D. 31 mai 1862, art. 52. L. 27 février 1887.
(5) Arr. min. 6 juin 1863.
(6) Cette loi prescrivait l'ouverture d'un compte d'avances aux compagnies de chemins de fer algériens pour garantie d'intérêts ; ce compte a été soldé en 1893.

du Trésor à court terme ou au moyen des versements effectués par les Compagnies (1); 2º de rembourser des obligations du Trésor à court terme en circulation au moyen de prélèvements sur les excédents de recettes de divers exercices (2).

1226. Produit de l'aliénation d'immeubles militaires affecté à divers travaux exécutés par le ministère de la Guerre. La recette est constituée par le produit réalisé par l'Administration des domaines de l'aliénation d'immeubles dépendant de certaines places en France et en Algérie (3).

1227. Produit de l'aliénation de terrains provenant des fortifications des places déclassées. Les travaux de démantèlement des places doivent rester à la charge de l'État; la dépense, évaluée au montant du prix d'adjudication, est couverte au moyen des versements des villes ou des particuliers cessionnaires des terrains.

1228. Liquidation des anciennes caisses des chemins vicinaux et des constructions scolaires. La loi du 26 juillet 1893, qui a supprimé ces caisses, a substitué aux comptes destinés antérieurement à centraliser leurs opérations un compte unique de liquidation, retraçant au débit le montant des avances du Trésor restant à amortir, et au crédit les sommes inscrites au budget pour le remboursement de ces avances. Les lois des 7 et 27 décembre 1894 ont, en outre, prescrit l'application au crédit de ce service spécial du produit des obligations remboursables par annuités terminables en 1923 destinées à pourvoir au remboursement des avances faites par la dette flottante aux caisses vicinale et scolaire.

1229. Contributions directes et taxes assimilées, recouvrées pour le compte des départements et des communes. Ce compte a pour objet la centralisation des opérations de recouvrement des centimes départementaux et communaux et de restitution de ces centimes aux collectivités intéressées (4).

1230. Produit du prélèvement fait sur le pari mutuel en faveur de l'élevage. Les versements opérés par les sociétés de courses figurent au crédit de ce compte, qui est débité des prélèvements mis à la disposition des ministres de l'Agriculture et de la Guerre (5).

1231. Avances de la Banque de France à titre de fonds de concours, exposition de 1900. En vertu de la loi du 13 juin 1896, la Banque a fait une avance de 30 millions au taux de 1,1 0/0, remboursable par prélèvements opérés sur les budgets de l'exposition (6).

1232. Fonds de concours pour l'Exposition universelle de 1900. Ce compte a centralisé le produit de la subvention de la Ville de Paris (20 millions), des émissions de bons (32 millions) et des recettes diverses de l'exposi-

tion; il est débité des prélèvements faits pour couvrir les dépenses de l'exposition et le remboursement en capital et intérêts des avances de la Banque (1).

1233. Avance de 40 millions faite au Trésor par la Banque de France. Ce compte spécial a pour but de retracer les opérations de comptabilité relatives à la constatation et à l'emploi de l'avance de 40 millions garantie par les bons du Trésor, et consentie, sans intérêts, par la Banque, par convention du 31 octobre 1896 approuvée par la loi du 17 novembre 1897.

1234. Redevances annuelles versées par la Banque de France. La redevance annuelle égale au produit du huitième du taux de l'escompte par le chiffre de la circulation productive, avec minimum de 2 millions, versée par la Banque à l'État d'après la loi du 17 novembre 1897 jusqu'au 31 décembre 1920, est portée au crédit de ce compte, qui est débité du montant des sommes attribuées, à titre d'avances sans intérêt, aux caisses régionales de crédit agricole mutuel, constituées en conformité de la loi du 5 novembre 1894 (2).

1235. Produit de l'émission de rentes 3 0/0. Les souscriptions versées pour la réalisation de l'emprunt de Chine de 265 millions ont été portées au crédit de ce compte, débité des prélèvements faits pour acquitter les dépenses résultant de l'expédition de Chine (3).

1236. Perfectionnement du matériel d'armement et réinstallation de services militaires. La recette comprend les produits d'aliénations d'immeubles militaires désaffectés ou de fortifications déclassées à partir de la loi du 17 février 1898, et spécialement le produit des aliénations provenant du déclassement des fronts Ouest et Nord de l'enceinte de Paris. La dépense comprend le perfectionnement du matériel d'armement, la réinstallation des services et les frais de construction de la nouvelle enceinte de Paris, les intérêts des obligations émises en exécution de la loi du 17 février 1898 (4).

1237. Avances pour la construction du chemin de fer du Soudan. La loi du 4 mars 1902 a autorisé le Trésor à faire au budget annexe du chemin de fer du Soudan (Kayes au Niger) des avances remboursables au moyen d'annuités versées par l'État et la colonie du Haut Sénégal et Moyen Niger.

1238. Avance au Gouvernement crétois. Le Trésor a été autorisé, par la loi du 6 avril 1902, à faire au Gouvernement crétois une avance de 1 million, productive d'intérêts à 3 0/0 et remboursable au moyen d'annuités égales de 50,000 francs, intérêts compris.

1239. Trésor public, compte de bons remis à la Banque de l'Algérie. D'après la loi du 5 juillet 1900, approbative de la convention du 30 janvier 1900, la Banque de l'Algérie met à la disposition du Trésor, sans intérêts, et pour la durée de son privilège, une

---

(1) L. 26 décembre 1890, art. 24. L. 26 janvier 1892, art. 43.
(2) L. 26 décembre 1890, art. 61. L. 13 avril 1898, art. 108. L. 30 mai 1899, art. 61.
(3) L. 2 et 14 janvier 1890. Décis. min. 19 mars 1891.
(4) L. 18 juillet 1892. Décis. min. 21 avril 1894.
(5) L. 2 juin 1891. D. 7 juillet 1891. D. 11 novembre 1896.
(6) Décis. min. 14 décembre 1896.

---

(1) L. 13 juin 1896. Décis. min. 14 décembre 1896.
(2) L. 31 mars 1899, art. 1er. L. 13 avril 1900, art. 10, et 28 décembre 1904, art. 9.
(3) L. 6 décembre 1901. D. 8 décembre 1901.
(4) V. L. 30 décembre 1900, art. 7.

avance de 3 millions garantie par des bons du Trésor. Le service spécial est débité du capital au pair des bons émis, et sera crédité du remboursement de l'avance.

1240. Trésor public, compte de rentes 3 0/0 amortissables. Ce service est débité du montant du capital des emprunts émis en rentes 3 0/0 amortissables (1), et crédité du montant des ordonnances délivrées pour le service de l'amortissement sur les crédits du ministère des Finances.

1241. Trésor public, compte d'obligations à court termes. Deux services spéciaux sont ouverts à ce titre. Le premier concerne l'émission des obligations dont l'échéance ne peut dépasser six ans, destinées aux dépenses de perfectionnement du matériel d'armement et réinstallation de services militaires; les obligations négociées figurent au débit, et l'on porte au crédit les prélèvements opérés sur les ressources prévues par la loi pour rembourser les obligations arrivées à échéance (2). Le second concerne l'émission des obligations destinées, dans une limite maximum de 250 millions de capital, à compenser les insuffisances de recettes des exercices 1901 et 1902 (3). Le débit comprend le montant des obligations négociées et le crédit les ressources égales au chiffre des échéances successives de remboursement.

1242. Trésor public, compte d'obligations amortissables par annuités terminables en 1923 remises à la Caisse des dépôts et consignations en contre-valeur de la dette du Trésor. La loi du 30 mars 1902, art. 41, a disposé qu'en payement des capitaux dus par le Trésor à diverses caisses (4) gérées par la Caisse des dépôts et consignations, cette dernière recevrait des obligations amortissables à 3 0/0 l'an, remboursables au moyen de 44 demi-annuités, la dernière échéant le 16 novembre 1923. Le service spécial retrace au débit l'ensemble de la dette du Trésor, et au crédit les sommes ordonnancées chaque année à titre d'amortissement sur les crédits ouverts au ministère des Finances.

1243. Toutes les opérations de trésorerie, qu'elles concernent les services de trésorerie proprement dits ou les services spéciaux, affectent activement ou passivement la situation du Trésor vis-à-vis de l'État. Le rapprochement de l'actif et du passif permet de dresser le bilan du Trésor. Ce bilan est le résumé des opérations du Trésor public considéré comme banquier de l'État et *negotiorum gestor* des opérations actives et passives qu'il accomplit pour son compte. Le bilan du Trésor, établi annuellement, sera étudié ultérieurement lors de l'examen du compte général de l'Administration des Finances dont il fait partie.

(1) L. 11 juin 1878, titre Ier.
(2) L. 17 février 1898, art. 3.
(3) L. 26 février 1903, art. 9.
(4) Conversion de l'emprunt Morgan. Suppléments de pensions militaires. Liquidation des caisses vicinale et scolaire. Expéditions de Madagascar et du Siam. Indemnités de rachat à la Cie du canal du Midi.

CHAPITRE II.

COMPTABILITÉ.

§ 1er. — *Notions générales.*

1244. Les opérations de recettes et de dépenses qui sont effectuées par les comptables du Trésor sont décrites dans une série de livres dont le nombre et le nom diffèrent souvent avec chaque Administration, mais sous cette apparente variété se retrouvent toujours les deux règles suivantes qui s'appliquent à toute comptabilité financière: 1° Toutes les opérations doivent être décrites dans l'ordre où elles sont effectuées; 2° L'enregistrement initial est suivi d'un classement, d'un groupement des opérations par nature de service. Aussi à la base de toute comptabilité trouve-t-on, d'abord, un premier livre, sur lequel sont portées jour par jour et dans l'ordre où elles se présentent toutes les opérations : c'est le livre journal, tenu d'une façon essentiellement sommaire et donnant une situation d'ensemble où sont confondus tous les services. Mais pour permettre de suivre chaque catégorie d'opérations prise isolément, de comparer, par exemple, les dépenses d'un chapitre avec celles d'un autre chapitre, il faut un second livre où les opérations se trouvent classées par nature de service. Que la comptabilité soit tenue en partie simple ou en partie double, on y trouvera toujours deux livres présentant ces caractères : un livre d'enregistrement et un livre de classification des opérations.

1245. *Partie simple et partie double.* — Suivant l'importance des services les comptables du Trésor tiennent leurs écritures en partie simple ou en partie double. — Le système de la partie simple est élémentaire; chaque opération ne donne lieu qu'à une seule écriture; après avoir été portée au livre d'enregistrement, elle est inscrite isolément au livre de classification où elle doit prendre place; nulle contre-partie n'existe; il y a une série de recettes, une série de dépenses, leur différence doit représenter l'encaisse. Mais si le système présente des avantages au point de vue de la simplification des écritures, il n'est pas sans présenter des inconvénients au point de vue du contrôle de leur exactitude : on ne peut, en effet, s'assurer de cette exactitude que par une vérification de la caisse et s'il y a désaccord entre la caisse et les écritures la source de l'erreur reste toujours difficile à trouver puisque rien n'indique *a priori* si elle doit être imputée à un manquant en caisse plutôt qu'à une omission d'écritures. Aussi a-t-on réservé le système de la partie simple aux services les moins importants, les moins compliqués, comme ceux des percepteurs et des comptables des régies financières. Les trésoriers généraux et les receveurs des finances, au contraire, tiennent leurs écritures en partie double; leur comptabilité embrasse, en effet, une variété très grande d'opérations pour lesquelles, par suite, les causes d'erreur sont plus fréquentes et appellent un système de vérification plus instantané.

1246. On sait en quoi consiste la partie double : on emploie pour la description de chaque opération deux agents ou comptes, dont l'un est débité et l'autre crédité; en effet, chaque opération de comptabilité met nécessairement en opposition deux intérêts, le fait qui dégage l'un oblige l'autre et dès lors il existe toujours pour une même opération un agent créditeur et un agent débiteur, celui qui doit, qui reçoit ou a reçu, celui à qui il est dû, qui paye ou a payé. Ces deux agents sont toujours représentés par des comptes et chaque opération qui affecte un compte doit avoir sa contre-partie dans un autre compte. Nous retrouvons dans ce système la même division entre les livres d'enregistrement et de classification. Les articles en vertu desquels les comptes sont crédités ou débités sont inscrits au journal dans l'ordre chronologique des opérations. Dans ce journal les deux comptes ne sont pas établis, ils ne sont pas distincts, il n'y a qu'une indication, qu'une ligne, qu'un chiffre, mais dans cette ligne se trouvent les deux éléments, les noms des comptes en opposition. Par exemple lors d'un versement d'impôts directs on inscrira au journal : « caisse doit à contributions directes » et la somme; le journal comporte, d'ailleurs, une colonne de doit et une colonne d'avoir, où l'on porte, avec indication des folios du grand livre, les comptes crédités et débités. Chaque article passé au journal a un numéro d'ordre à l'aide duquel on peut retrouver instantanément aux comptes du grand livre le détail de l'opération.

Le montant des articles enregistrés au journal est reporté jour par jour sur un grand livre où les comptes sont ouverts par nature d'opérations. Les comptes du grand livre sont additionnés chaque fois qu'il s'agit de connaître la situation des services; les totaux en sont portés sur un relevé appelé balance où tous les comptes se trouvent indiqués et classés. Les opérations constatées au débit d'un ou de plusieurs comptes étant portées en même temps et pour une pareille somme au crédit d'autres comptes, il doit toujours exister une équation parfaite entre les totaux des débits des divers comptes réunis et les totaux des crédits; cette équation prouve l'exactitude de la balance. Les soldes débiteurs ou créditeurs, c'est-à-dire les excédents des débits sur les crédits, ou vice versa, que les comptes peuvent présenter sont portés dans des colonnes spéciales de la balance. Ces soldes, qui doivent également se balancer exactement entre eux, font connaître la situation du comptable. On voit, de suite, les avantages de la partie double, c'est d'abord que les écritures portent en elles-mêmes la preuve de leur exactitude sans qu'il soit nécessaire de faire la caisse; la vérification est facile, car si l'on omet un de ses termes de l'opération on s'en apercevra rapidement, il faudrait donc, pour qu'une erreur restât cachée, que l'on eût omis à la fois les deux termes de la même opération, ce qui sera nécessairement plus rare; enfin, si tous les autres comptes concordent entre eux et que le compte caisse n'est pas d'accord avec l'encaisse, on saura de suite que la cause ne provient pas d'une erreur d'écritures mais bien d'un détournement ou d'une perte de fonds. Les garanties données par le système de la partie double sont donc des plus sérieuses et si les règlements n'en ont pas étendu l'application à un plus grand nombre de comptables, c'est qu'il entraîne de nombreuses écritures, occasion-

nant un travail et nécessitant un personnel qui seraient hors de proportion avec les exigences des services de moindre importance.

§ 2. — Livres et écritures.

1247. Nous ne saurions, sans sortir des limites de notre cadre, décrire même sommairement les livres de comptabilité en usage dans les divers comptables de l'Etat, il nous suffira de poser quelques règles et divisions générales.

1248. *Comptables tenant leurs écritures en partie simple* (régies, percepteurs). — Ces comptables étant chargés d'opérations de recettes et d'opérations de dépenses ont des livres spéciaux pour la recette, des livres spéciaux pour la dépense et un registre général, sommier ou livre récapitulatif, retraçant sommairement toutes les opérations; en outre, des livres auxiliaires, plus ou moins nombreux, permettant de suivre dans leurs détails les opérations et comptes qui exigent des développements particuliers. — Les livres de recette sont des registres à souche ou à talon; il y en a généralement un pour chaque nature de perception. Le registre à souche constitue la base de la comptabilité; le produit perçu y est porté immédiatement au moment de sa perception; le chiffre de la recette inscrit à la quittance est reporté au talon ou à la souche; l'addition des souches ou talons à la fin de la journée donne le total des perceptions du jour, à la fin de la journée porte en une seule ligne au livre journal le total des recettes du registre à souche; le numéro d'enregistrement au journal est indiqué sur les souches ou talons; en sens inverse on rappelle sur le journal les numéros des registres de recettes. Donc, pour les recettes, l'inscription au journal est collective et postérieure à l'inscription au quittancier. Il en va tout différemment pour les dépenses; celles-ci sont portées instantanément sur le journal, à mesure que le comptable se dessaisit des deniers; elles ne sont portées qu'ensuite aux livres des comptes divers. La comparaison des recettes et des dépenses inscrites au journal fait ressortir un solde en fin de journée. Tous les comptables doivent inscrire journellement ce solde au livre journal et le signer; ce solde forme le premier article de recettes de la journée suivante, article qui est porté au registre à souche. Un inspecteur n'a donc qu'à consulter le registre à souche pour se rendre immédiatement compte de la situation du comptable.

1249. *Trésoriers-payeurs généraux et receveurs des finances.* — Leurs comptes, qui sont extrêmement nombreux, peuvent être ramenés à six catégories : 1° comptes de valeurs de caisse et de portefeuille; 2° comptes de produits et revenus publics; 3° comptes de dépenses publiques; 4° comptes des opérations de trésorerie; 5° comptes d'ordre; 6° compte courant du Trésor. Quelques exemples pourront montrer comment se fait la description des opérations à ces divers comptes suivant la méthode de la partie double (1).

_____

(1) Supposons une recette sur contributions directes, le compte caisse qui reçoit sera débité, le compte contributions directes sera

1250. Mais il est une opération, effectuée tous les dix jours dans la comptabilité des trésoriers généraux, qu'il importe de signaler, car elle constitue une véritable novation dans les dettes et créances. Nous voulons parler du transport des soldes des divers comptes au compte courant du Trésor. Tous les comptes ouverts dans les écritures de la trésorerie générale, sauf les comptes caisse et portefeuille qui conservent leur individualité, viennent se fondre ainsi périodiquement dans le compte courant du Trésor, qui devient à leur place débiteur ou créditeur et par suite de ce transport ces comptes sont soldés. Prenons pour exemple un compte de recettes et un compte de dépenses. Si, à la fin de la dizaine, le compte contributions et revenus publics présente un solde créditeur de 100,000 francs, qui correspond nécessairement à un débit de pareille somme au compte caisse, on solde ledit compte contributions en portant à son débit pareille somme de 100,000 francs et on inscrit cette somme au crédit du c/c avec le Trésor qui devient ainsi créancier en ses lieu et place parce qu'il l'a fictivement remboursé. En sens inverse si à la fin de la même dizaine un compte de dépenses publiques présente un solde débiteur de 100,000 francs payés par la caisse, on solde ce compte par un crédit de même somme et l'on débite pareillement le c/c avec le Trésor qui lui est ainsi substitué puisqu'il a reçu cession de sa créance sur la caisse. Il s'opère donc pendant une novation tous les dix jours par suite de ces transports ; le Trésor devient, aux lieu et place des autres comptes, créancier ou débiteur de la caisse ou du portefeuille, les autres comptes disparaissent ils sont soldés ; on ne trouve plus en présence que les comptes caisse et portefeuille et le compte du Trésor.

§ 3. — Comptabilité des opérations de trésorerie.

1251. Il semble superflu d'insister sur la comptabilité des opérations budgétaires. D'après les explications qui précèdent les formalités d'écritures auxquelles doit donner

lieu le classement d'une recette ou d'une dépense budgétaire sont assez simples ; la nature de la recette le chapitre de la dépense et le ministère qu'elle concerne indiqueront d'eux-mêmes les comptes à débiter ou à créditer, s'il s'agit de partie double, les écritures à passer aux livres des comptes divers et aux livres auxiliaires, s'il s'agit de partie simple. Mais il est toute une catégorie d'opérations qui par leur importance et leur infinie variété tiennent un rang considérable dans les écritures des comptables et particulièrement des trésoriers-payeurs généraux : nous avons nommé les opérations de trésorerie. Sans entrer dans le détail, nous devons donner quelques définitions, rappeler quelques caractères qui permettront de reconnaître au premier abord dans quelle catégorie d'opérations de trésorerie doit être rangée une recette ou une dépense extra-budgétaire.

Les comptes des trésoriers généraux, que nous prendrons pour exemple en raison de l'importance et de la généralité du service de ces comptables, présentent tant à la recette qu'à la dépense trois divisions : recettes ou dépenses publiques, services spéciaux, opérations de trésorerie. Les recettes et dépenses publiques sont celles qui affectent le budget ; les services spéciaux ont été définis et énumérés précédemment ; restent les opérations de trésorerie.

Elles sont réparties dans les comptes sous les classifications suivantes : émission d'effets, correspondants du Trésor, divers correspondants, avances pour divers services des ministères, correspondants administratifs, mouvements de fonds.

1252. Les comptes d'émission d'effets enregistrent les émissions (recette) et le remboursement (dépense) de valeurs (bons, obligations, traites et mandats) ayant pour objet soit de procurer de l'argent au service de trésorerie, soit de permettre un règlement d'opérations sans transport effectif de fonds. Au compte du caissier-payeur central, les comptes d'effets à payer sont nombreux et figurent à la recette et à la dépense, mais aux comptes des trésoriers généraux on trouve seulement à la recette et sous le titre d'émission de mandats, l'inscription du montant des mandats émis sur le caissier-payeur central. Cette émission de valeur est très employée par les trésoriers généraux, car elle leur permet de régler une quantité d'opérations en évitant de se démunir des fonds ou d'en effectuer l'envoi matériel.

1253. Aux comptes correspondants du Trésor sont classées les opérations de dépôts ou de retraits de fonds concernant certains établissements publics, services publics et établissements ou clients particuliers autorisés ou obligés à faire des placements de fonds au Trésor, avec ou sans intérêts. On y trouve d'abord des établissements publics, pour lesquels le Trésor joue véritablement le rôle d'un banquier qui leur ouvre un compte courant : départements, communes, établissements de bienfaisance, caisse des dépôts. Ce compte courant ne donne pas lieu, en principe, à l'allocation d'intérêts. Le placement au Trésor avec intérêts ne peut être autorisé que par une loi, puisqu'il faut nécessairement un crédit budgétaire pour faire face à la dépense. Les communes et

---

crédité. Le caissier central envoie au trésorier général une traite d'adjudicataire de coupe de bois pour être présentée au débiteur : l'un des comptes de portefeuille, qui reçoit la traite, sera débité en même temps qu'on créditera le compte caissier central, ses remises ; puis, quand la traite sera payée, le compte caisse sera débité puisqu'il aura reçu les espèces et le compte de portefeuille sera crédité. Prenons un service spécial, le versement d'un cautionnement, un service de trésorerie, un versement sur produits indirects ou un versement par un correspondant du Trésor. Dans les trois cas la caisse sera débitée et on créditera le compte capitaux de cautionnement, le compte sur produits indirects ou le compte du correspondant qui a versé. Un exemple un peu plus compliqué fera comprendre le jeu des comptes indépendamment de toute opération affectant la caisse : le receveur particulier, correspondant administratif de la trésorerie générale, envoie, nous le savons la copie de son livre journal tous les dix jours au trésorier général. En procédant au dépouillement de ce document pour les recettes, par exemple, le trésorier général débite le compte du receveur particulier des recouvrements et crédite les comptes auxquels les recouvrements se rapportent. Puis, quand, plus tard, sera fait l'envoi du numéraire, des effets à recouvrer, de pièces de dépenses, le trésorier général débitera : pour l'envoi du numéraire la caisse, pour l'envoi d'effets les comptes valeurs de portefeuille, pour l'envoi des pièces de dépenses les divers comptes auxquels ces pièces se rapportent et dans les trois cas il créditera le compte du receveur particulier.

établissements de bienfaisance placent avec intérêts. On y trouve des services publics, qui ne sont pas des établissements distincts de l'État, qui n'ont pas à proprement parler de personnalité civile, mais auxquels on donne la qualité de correspondants par une sorte de fiction : ce sont les invalides de la marine, la Légion d'honneur, l'Imprimerie nationale, les corps de troupe; ils ont un compte ouvert au Trésor sans intérêts, bien entendu. On y trouve enfin des établissements particuliers (Crédit Foncier, Banque de France, fondations spéciales) voire même des particuliers autorisés par le ministre et qui, comme les établissements publics, se servent du Trésor comme d'un banquier; clients dont certains, comme la Banque de France lui procurent dans l'occurrence d'incontestables avantages.

1254. Il est d'autres correspondants tout à fait différents pour lesquels l'ouverture de comptes spéciaux avec le Trésor est exclusivement faite dans un but de comptabilité : utilité d'individualiser fictivement des services n'ayant ni personnalité, ni caisse, ni maniement spécial de fonds, soit pour en mieux exprimer la comptabilité, soit pour en assurer la gestion plus économique. Ces correspondants sont classés à part sous le titre de divers correspondants. On peut citer, à titre d'exemples, les recouvrements en vertu de contraintes, les recouvrements de contributions extérieures, les excédents de versements sur contributions, les droits de permis de chasse, les dépôts en numéraire de soumissionnaires de travaux, les consignations diverses, les frais d'assistance judiciaire dus à divers, les reliquats provenant de divers services, les droits universitaires acquis aux villes et universités.

Le plus important de ces comptes est le compte des cotisations municipales et particulières. Pour faciliter l'exécution d'un certain nombre de services d'un intérêt commun concernant les communes et divers établissements en même temps que pour en assurer une gestion plus économique, on a imaginé de créer un compte permettant de centraliser tous les recouvrements et toutes les dépenses afférents à ces services; ce compte est le compte des cotisations municipales et particulières. Il sert à assurer dans des conditions uniformes et avantageuses : aux communes, la fourniture des registres de l'état civil, la confection des tables décennales ainsi que des matrices, rôles, avertissements; aux communes et établissements, la fourniture de divers imprimés d'usage commun, le service de l'abonnement à diverses publications. Il permet de centraliser les fonds destinés à divers salaires, notamment d'assurer d'une manière uniforme et régulière le payement des traitements concernant le service de la police. Il réunit en un fonds commun le produit des amendes de répression et en assure la répartition régulière. Les recouvrements des sommes dues pour ces divers services par les communes et les autres intéressés se font sur titres de perception établis par le préfet; les payements, au vu de mandats également délivrés par le préfet au profit des créanciers pour fournitures ou salaires.

1255. Il est une autre catégorie de comptes dans lesquels la dépense précède généralement la recette et qui figurent

dans les écritures sous le titre d'avances pour divers services des ministères. Il s'agit principalement de dépenses dont le règlement ne souffre pas de retard; elles ne doivent pas rester à la charge du Trésor, mais, comme la date à laquelle seront réalisés sur les redevables les deniers destinés à y faire face est souvent éloignée et incertaine, le Trésor fait l'avance, règle la dépense, sauf recouvrement ultérieur sur les contribuables ou remboursement sur les fonds de non-valeurs. Tel est le cas des comptes suivants : poursuites pour le recouvrement des contributions directes, poursuites pour le recouvrement des amendes, poursuites par la poste en matière de contributions directes, en matière d'amendes, frais de procédure dans l'intérêt des communes et établissements publics. Ces comptes commencent par être débités du montant des frais de poursuites et de procédure avancés; ils sont ensuite crédités au fur et à mesure des recouvrements opérés sur les contribuables, condamnés, communes qui ont bénéficié de l'avance.

1256. Sous le titre de correspondants administratifs, un très grand nombre de comptes, dont la plupart ne sont que des comptes d'ordre ouverts dans un pur intérêt de comptabilité, décrivent des opérations intéressant plus spécialement le comptable que le Trésor. Les correspondants administratifs désignent divers services dont les opérations ne sont pas transportées au compte courant du Trésor et dont le comptable reste chargé en recette et en dépense. Il en est ainsi soit qu'il s'agisse de services locaux qui rentrent plus spécialement dans les opérations du comptable, soit que les ressources fournies par ces services soient de trop peu d'importance pour être mises immédiatement à la disposition du Trésor, soit que, malgré l'importance des ressources, les services dont elles proviennent (comme les achats et ventes de rentes), doivent toujours rester exclusivement dans la responsabilité du comptable sans engager le Trésor, soit enfin, qu'il s'agisse de comptes ordinairement débiteurs dont la charge incombe par sa nature même au comptable. Le nombre des comptes de correspondants administratifs n'est pas rigoureusement limité, il peut en être ouvert de nouveaux suivant les exigences du service (1).

1257. Quant aux mouvements de fonds on classe dans cette catégorie les comptes de trésorerie qui ont pour but d'enregistrer toutes les opérations de transmission de valeurs d'un comptable à un autre : versements de fonds

---

(1) On conçoit dès lors, qu'il soit impossible d'en donner la liste, qui comprendrait plus de 120 comptes. Bornons-nous à citer les plus importants : divers comptes avec les percepteurs (perceptions l c d'envois de fonds, perceptions de ville l c de recouvrements, etc...); divers l/c de valeurs remises à l'encaissement; divers l c de recettes à classer; divers l c d'achats et de ventes de rentes; caissier du Trésor. 8 c de paiements à divers correspondants; le même, 8 c d'envois à vérifier; receveurs particuliers, leurs c/c ; les mêmes, l c d'envois de fonds aux percepteurs· Banque de France, 8 c de prélèvements autorisés, etc... Dans les écritures des comptables du Trésor les comptes des correspondants administratifs sont répartis en trois catégories : comptes dont les recettes et les dépenses sont justifiées à la Cour des comptes par des pièces; comptes donnant lieu à la délivrance de récépissés à talon sans justification pour les dépenses; comptes d'ordre dont les recettes et les dépenses ne sont pas susceptibles de justifications.

des receveurs de l'enregistrement, des douanes, des contributions indirectes, des postes et des télégraphes au trésorier général ou envoi de fonds de subvention des trésoriers généraux à ces mêmes comptables; remises du caissier-payeur central et envois à ce comptable; trésoriers-payeurs généraux, comptables du Trésor en Afrique, trésoriers-payeurs des colonies, fonds reçus et fonds envoyés; payeurs d'armées, remises et envois. C'est au moyen d'un compte de mouvements de fonds qu'est effectuée la remise de service en cas de mutation de trésoriers généraux, le comptable sortant faisant dépense de son encaisse comme fonds envoyés aux trésoriers généraux et le comptable entrant faisant recette de cette encaisse à titre de remises des trésoriers généraux : un compte spécial intitulé : « virements pour remise de service » enregistre ces opérations.

§ 4. — Compte général de l'Administration des Finances.

1258. Dans les chapitres qui précèdent, nous avons étudié successivement les recettes, les dépenses et les opérations de trésorerie, c'est-à-dire l'ensemble des opérations effectuées par le Trésor. Nous avons vu, d'autre part, à l'occasion de l'étude du règlement définitif des budgets que les ministres, administrateurs de la fortune publique, rendaient chaque année au Parlement un compte de leur administration : compte des recettes budgétaires rendu par le ministre des Finances, comptes des dépenses budgétaires, présentés par chacun des ministres pour son département respectif. Mais ces divers comptes ne donnent pas une idée d'ensemble de la situation financière du Trésor, puisqu'ils n'embrassent qu'une période relativement courte des finances publiques, le budget d'un exercice, et qu'ils laissent de côté toutes les opérations de trésorerie, tous les engagements du Trésor qui tiennent, cependant, une place considérable dans le bilan financier de la France.

Le compte général de l'Administration des finances vient compléter ces divers documents en résumant les opérations de toute nature effectuées par les comptables du Trésor et en présentant ainsi chaque année la situation d'ensemble des finances du pays.

1259. Compte général de l'Administration des finances. — Le compte général des finances, document extrait du journal général et du grand livre tenus à la direction générale de la comptabilité publique, est publié annuellement par le ministre des Finances; il renferme sur la situation exacte du Trésor les renseignements les plus complets et les plus précis. A la différence des comptes ministériels proprement dits, il n'est pas soumis au vote du Parlement, mais il lui apporte dans l'exercice de sa tâche un élément d'information très précieux. L'exactitude des résultats qu'il indique ne saurait être contestée, car elle est assurée, d'une part, par le contrôle de la commission de vérification des comptes des ministres (1) et, d'autre part, par la déclaration générale de conformité

(1) Ord. 10 décembre 1823.

que la Cour des comptes est appelée à prononcer (1) entre ce document et les comptabilités qu'elle a vérifiées sur pièces.

Les formes de présentation du compte général des finances ont été réglées par les ordonnances du 10 décembre 1823 et du 1er septembre 1827, mais, bien antérieurement, la loi du 19 nivôse an IX en avait posé le principe en décrivant, dans son article 3, que le compte général des recettes et des dépenses de l'État serait rendu chaque année par le ministre des Finances et présenté au corps législatif dans le quatrième mois au plus tard de l'année suivante. Quant aux prescriptions des ordonnances de 1823 et de 1827, elles ont été résumées et complétées par l'ordonnance du 31 mai 1838, et par l'article 158 du décret du 31 mai 1862, dont les dispositions seront expliquées ci-après.

Le compte général des finances constitue une énorme publication de plus de 1.000 pages, divisée, depuis 1898, en deux volumes, dont le second est spécialement consacré aux divers comptes de la dette publique. Aussi conçoit-on que la consultation en soit particulièrement délicate et qu'il faille être déjà familiarisé avec les questions de finance pour savoir y puiser les renseignements très intéressants qu'il renferme. Dans le but de faciliter les recherches et de permettre de dégager de la multiplicité des tableaux et des chiffres les documents de consultation courante, l'Administration des finances publie depuis quelques années un résumé du compte général où sont présentés dans un petit nombre de tableaux, précédés d'explications destinées à en préciser le sens, les chiffres essentiels du document. Nous prendrons cette dernière publication pour base de l'étude qui va suivre, nous bornant à énumérer brièvement les divisions générales du document principal.

Aux termes de l'article 16 de la loi du 23 novembre 1902, le compte général de l'Administration des finances doit être publié pour chaque exercice avant le 31 juillet de l'année suivante.

1260. Les documents dont se compose le compte général se divisent en trois catégories principales : comptes généraux, comptes de la dette publique, comptes de divers services publics.

1° Les comptes généraux retracent les opérations qui concernent les budgets, le service de trésorerie et la situation générale des finances : ils sont au nombre de six (2).

(1) Ord. 9 juillet 1826.
(2) a) Compte des opérations de l'année. Ce compte est un véritable compte de gestion qui présente la récapitulation de toutes les opérations budgétaires et de trésorerie effectuées pendant l'année; les énonciations sommaires de ce compte sont développées dans les comptes b, c et d. Le compte débute par la constatation de l'encaisse et du portefeuille existant chez tous les comptables au début de l'année, suivent les recettes et les dépenses effectuées au cours de l'année et enfin le solde au 31 décembre. Il est établi par branches de revenus et par ministères (opérations budgétaires) et par nature de service (services spéciaux et opérations de trésorerie). Un développement établi par classes de comptables permet à la Cour des comptes de faire les rapprochements qui doivent la conduire à la déclaration générale d'année.
b) Compte des contributions et revenus publics. Il présente en une série de tableaux, tenus en droits constatés, recouvrements

2° *Les comptes de la dette publique* au nombre de sept, sont destinés à établir la situation de la dette consolidée (3 0/0 perpétuel et 3 0/0 amortissable), des annuités aux compagnies de chemins de fer, des annuités de rachat des canaux, des cautionnements en numéraire et en rentes, des rentes viagères et des pensions.

3° *Les comptes de divers services publics* sont les suivants : comptes de la garantie d'intérêt aux compagnies de chemins de fer et aux entreprises d'hydraulique agricole; compte des avances pour achèvement du canal du Forez; compte d'apurement des dépenses des exercices clos; comptes du service local des colonies et caisse de réserve de ce service; compte de l'ancien domaine extraordinaire; compte des opérations relatives à la portion de l'emprunt grec garantie par la France; compte des débets et créances litigieuses et compte des fonds de concours pour dépenses d'intérêt public.

1261. Le résumé du compte général des finances condense tous les renseignements compris aux divers comptes que nous venons d'énumérer, il les présente sous un certain nombre de divisions qui permettent une étude plus rationnelle, plus méthodique et, par suite, des recherches plus rapides et plus aisées. On doit ainsi envisager le compte général aux quatre points de vue suivants :

1° Il représente le compte de la dernière gestion écoulée;

2° C'est un document qui renferme tous les renseignements nécessaires pour l'étude des budgets;

3° Il donne la situation exacte de l'actif et du passif du Trésor;

4° Il renferme une série de documents statistiques sur les comptes de services spéciaux.

Nous étudierons donc successivement : le compte de gestion ou compte des opérations de l'année, le compte des budgets, le bilan du Trésor et les documents statistiques.

1262. *Compte de gestion.* — Ainsi qu'il a été expliqué plus haut, ce compte, en forme de compte de gestion de comptable (situation au 1ᵉʳ janvier, recettes, dépenses, situation au 1ᵉʳ janvier suivant) retrace toutes les opérations effectuées pendant l'année par les comptables du Trésor. Un état général fort court présente le mouvement de ces opérations sous une seule ligne pour chaque grande catégorie d'opérations : service des budgets, services spéciaux, découverts et avances du Trésor, effets à payer, correspondants du Trésor, correspondants des comptables, fonds particuliers des comptables, avances pour divers services, débets de comptables, mouvements de fonds entre les comptables. L'état général est suivi d'une série d'états de développement, à raison d'un par chaque catégorie d'opérations, où les soldes afférents à cette catégorie sont développés et expliqués.

1263. Le compte des budgets fait ressortir : 1° Les excédents en recette ou dépense, à affecter aux découverts du Trésor, des budgets dont les opérations, closes antérieurement à l'année pour laquelle il est rendu, n'ont pas encore été réglées législativement. 2° La situation des budgets en cours d'exécution pendant l'année, c'est-à-dire du budget du dernier exercice, clos pendant l'année, et du budget de l'exercice en cours.

1264. Le compte des services spéciaux concerne : 1° Les services spéciaux proprement dits, dont il trace les recettes réalisées et les dépenses effectuées et dont il fait ressortir le solde créditeur ou débiteur. Rentrent dans cette catégorie les services aux dépenses desquels certaines recettes ont été affectées ou dont les recettes doivent servir, pendant une période indéterminée et au fur et à mesure des besoins, à couvrir des dépenses déterminées (cautionnements, prêts à l'industrie, avances à divers budgets et services, émission de valeurs ayant une affectation spéciale, rachat des majorats, etc...). 2° Divers comptes de valeurs, dettes en capital du Trésor dont il importe de suivre les fluctuations depuis leur origine jusqu'à leur complet remboursement (rentes, obligations et bons émis par le Trésor sans affectation spéciale à une dépense déterminée).

1265. Le compte des découverts et avances du Trésor décrit les opérations auxquelles ont donné lieu le règlement déficitaire des budgets, les pertes subies par le Trésor (débets, créances irrécouvrables), et toutes dépenses faites par l'État sans ressources correspondantes. Le solde débiteur du compte est atténué, d'une part, par les excédents de recette des budgets, d'autre part, par les remboursements de débets et créances ou par l'encaissement de ressources d'emprunts, émis après coup pour cet objet.

1266. Le compte des effets à payer comprend : les valeurs émises par le Trésor pour assurer son service de trésorerie et remboursables à certaines échéances (bons du Trésor, annuités à la caisse des dépôts, obligations à court terme; les valeurs remises par les comptables soit pour se procurer le numéraire qui leur est momentanément nécessaire, soit comme mode de transmission de fonds (traites du caissier-payeur central sur lui-même, traites du ministère des Affaires étrangères, mandats tirés sur le Trésor par les comptables, mandats du Trésor sur les mêmes, mandats de comptables sur leurs préposés et vice versa...).

---

effectués et restes à recouvrer, les recettes applicables tant à l'exercice dont la clôture a lieu dans l'année qu'à l'exercice courant.

c) Compte des dépenses publiques. Les tableaux tenus en droits constatés au profit des créanciers de l'État, par dépenses effectuées, restes à payer, présentent les développements par chapitre du budget des dépenses de chaque ministère afférentes aux mêmes exercices.

d) Compte de la trésorerie. Il expose avec détails les émissions et les remboursements d'effets à payer, la situation des comptes courants du Trésor, les mouvements de fonds, la situation de chaque service y est décrite, faisant ressortir les excédents de recette et de dépense au 1ᵉʳ janvier et les soldes au 31 décembre.

e) Compte des budgets. Une série de tableaux établissent la situation définitive du dernier exercice dont la clôture a lieu dans l'année et la situation provisoire du budget en cours. Suivent des renseignements statistiques sur les budgets antérieurs réglés ou non réglés législativement.

f) Situation générale de l'Administration des finances. Ce compte présente par branche de services le résultat des opérations de l'Administration, sa situation réelle vis-à-vis des créanciers et des débiteurs du Trésor, dégageant des résultats souvent trompeurs des encaisses un bilan net et précis.

1267. Le compte des correspondants du Trésor retrace les opérations faites pour le compte de certaines personnes morales, ayant ou non le caractère de services publics, et possédant un compte ouvert au Trésor dont ils sont autorisés à utiliser le concours ; on range dans cette catégorie de correspondants : divers services publics (départements, communes, colonies et divers établissements publics) ; divers établissements particuliers et les fonds à rembourser à divers. Les correspondants du Trésor embrassent aussi les opérations d'un certain nombre de services tenus pour le compte du Trésor (comptes de divers avec les receveurs des régies, comptes des trésoriers généraux, du caissier-payeur central, de l'agent comptable de la caisse nationale d'épargne...). — Les soldes créditeurs ou débiteurs qui résultent de tous ces comptes sont repris en deux tableaux faisant ressortir le solde des comptes influant sur la dette flottante et celui des comptes n'influant pas sur cette dette.

1268. Les correspondants des comptables, dont le compte est présenté ensuite, sont divisés en six groupes : trésoriers-payeurs généraux, caissier-payeur central, agents comptables du Trésor, payeurs d'armées, trésorier général et payeurs principaux en Algérie et en Tunisie, trésoriers-payeurs des colonies. Les soldes de ces comptes, dont la plupart ont un caractère transitoire ou d'ordre, ne sont pas versés au Trésor.

1269. Le compte fonds particuliers des comptables des finances décrit les avances momentanément faites de leurs deniers personnels par les comptables des régies, les avances permanentes faites au Trésor avec leurs fonds personnels par les trésoriers généraux et certaines opérations en instance de régularisation, mises provisoirement à la charge des trésoriers-payeurs des colonies. Y trouvent également place les opérations effectuées par les trésoriers généraux pour achats et ventes de valeurs françaises et à titre de correspondants de la ville de Paris et du Crédit foncier.

1270. Il est une autre catégorie d'avances que les comptables sont autorisés à effectuer soit en vertu de décisions spéciales (payements à régulariser), soit à raison de l'urgence des payements auxquels elles sont destinées à faire face (frais de poursuites et d'instances...) ; le compte avances pour divers services en présente le mouvement.

1271. Les débets de comptables font l'objet d'un neuvième compte qui comprend les déficits de caisse relevés contre eux et provisoirement couverts par le Trésor. Ces déficits sont soldés soit par les comptables de leurs deniers personnels, soit, en cas d'insolvabilité, par un prélèvement sur les crédits ouverts au budget du ministère des finances, remboursements et restitutions.

1272. Enfin le compte mouvements de fonds retrace tous les échanges de fonds effectués entre les divers comptables ; la dépense est inscrite au moment de l'expédition des fonds et la recette est décrite lors de leur arrivée à destination ; on s'explique ainsi qu'au 31 décembre d'une année ce compte puisse présenter un solde débiteur ou créditeur bien qu'en fin de compte les opé-

rations de cette nature doivent toujours aboutir à deux écritures en sens contraire qui se balancent exactement.

1273. *Compte des budgets.* — Est d'abord exposée la situation définitive du budget de l'exercice dont la clôture a eu lieu dans l'année, puis la situation provisoire du budget en cours, avec quelques variantes dans la nature des résultats indiqués, qui tiennent précisément à ce que de ces deux budgets l'un est clos, l'autre est en cours d'exécution (1).

1274. Le compte des finances précise ensuite, dans une série de tableaux qui sont du plus réel intérêt pour ceux qui veulent se rendre compte du développement de nos finances publiques, les résultats généraux des budgets des dix derniers exercices. Un premier tableau présente en une seule ligne pour les recettes et les dépenses le résultat d'ensemble de chacun des budgets ; on constate ainsi d'un coup d'œil quels exercices ont donné un excédent, quels un déficit ; un second tableau est spécialement consacré aux ressources exceptionnelles attribuées aux budgets. Mais, pour le statisticien auquel ne suffit pas un chiffre global, et qui veut suivre par nature d'impôt et de revenu le développement ou les fluctuations des recettes, par ministère les variations annuelles des dépenses, les tableaux 3 (recettes) et 4 (dépenses) sont d'une consultation précieuse et permettent une rapide documentation.

1275. *Bilan du Trésor.* — Ce bilan est présenté dans la partie du compte général intitulée « situation générale de l'Administration des finances ». Le résumé du compte général donne à ce sujet les explications suivantes que nous ne saurions mieux faire que de reproduire, car elles exposent avec une grande netteté le caractère du document. — Le bilan établi annuellement par un négociant présente sa situation sincère et complète telle qu'elle résulte de la balance de ses écritures ; d'un côté l'actif qui embrasse tout l'avoir et les créances à recouvrer, de l'autre le passif qui comprend toutes

(1) Pour prendre un exemple, dans le compte général de 1907 on expose la situation du budget de 1906 et celle du budget de 1907 : les recettes et les dépenses sont successivement passées en revue.

Pour les recettes de 1906 (exercice clos) on indique par branches de revenus le montant des évaluations budgétaires, le chiffre des recouvrements effectués sur les droits constatés et l'excédent des recouvrements sur les évaluations ou vice versa. Pour les recettes de 1907 (exercice en cours) on indique également le montant des évaluations budgétaires, mais, comme seuls les droits constatés sont connus tandis que le total des recouvrements ne le sera qu'à la clôture de l'exercice, ce que l'on compare aux évaluations ce ne sont plus les recouvrements, mais les droits constatés à la charge des redevables de l'État.

Pour les dépenses, qu'il s'agisse de l'un ou de l'autre exercice, on suit la même méthode pour l'exposé de la situation des payements ; indication par division du budget et par ministère du chiffre total des crédits (crédits ouverts par le budget primitif et modifications qu'ont fait subir à ces crédits les fonds de concours et les crédits additionnels) ; droits constatés au profit des créanciers de l'État ; payements effectués. Les payements sont ensuite comparés aux crédits et cette comparaison aboutit pour l'exercice clos à l'indication du chiffre des crédits non consommés et à annuler définitivement, c'est-à-dire à une constatation définitive, tandis que pour l'exercice en cours elle ne peut aboutir qu'à un état de situation provisoire dont les résultats seront modifiés par les crédits supplémentaires votés et les dépenses payées pendant la période complémentaire de l'exercice.

les dettes et les engagements. Pour établir ainsi le bilan de l'Etat, il faudrait faire figurer, à son passif, toutes ses dettes calculées en capitaux et, à son actif, la valeur des immeubles domaniaux et les industries monopolisées. Il n'a pas paru possible de donner à ces diverses propriétés de l'Etat une valeur suffisamment précise pour établir d'une manière indiscutable le bilan de l'Etat et l'Administration des finances s'est contentée depuis 1821 de dresser chaque année, au 31 décembre, le bilan du Trésor qui n'est que le résumé des opérations du Trésor public considéré comme *banquier de l'Etat* et *negotiorum gestor* des opérations actives et passives qu'il accomplit pour son compte (1).

L'actif du Trésor comprend les valeurs de caisse et de portefeuille, ses créances sur divers, ses avances à l'Etat, notamment celles qui se rapportent aux budgets soldés en déficit. Il se divise en quatre catégories : 1° Les découverts et avances, dont la réalisation est ajournée à une date indéterminée; 2° les avances à rembourser sur les budgets ultérieurs; 3° les autres services débiteurs (services spéciaux, débets de comptables, effets à payer, correspondants, fonds particuliers, mouvements de fonds); 4° les valeurs de caisse et de portefeuille.

Le passif se compose de la dette flottante, des sommes dues à divers correspondants, enfin de celles que le Trésor a reçues au titre des budgets réglés en excédent de recette (2).

1276. *Documents statistiques.* — Sous le titre de notices sur les comptes de services spéciaux sont établis, avec des renseignements expliquant leur nature et leurs opérations respectives, 32 comptes dans l'énumération desquels nous ne saurions entrer et parmi lesquels nous nous bornerons à citer : les capitaux de cautionnement en numéraire, les prêts à l'industrie, les fonds de concours, les avances aux compagnies de chemins de fer, les avances de la Banque de France et les comptes d'obligations à court terme de diverses origines.

CHAPITRE III.
CONTROLE.

1277. L'ensemble des mesures prises pour assurer un contrôle efficace des opérations confiées aux comptables

---

(1) Le bilan du Trésor est exposé en une série de tableaux qui présentent au 31 décembre :
A. — L'actif et le passif du Trésor : écritures des comptables, modifications, situation réelle.
B. — Le développement de l'actif et du passif réels du Trésor.
C. — La situation des valeurs de caisse et de portefeuille.
D. — L'actif et le passif réels du Trésor pour les dix dernières années.
E. — Le développement de l'actif réel du Trésor pour les mêmes années.
F. — Le développement de la dette flottante pour les mêmes années.
G. — Les causes et la composition de cette dette.
H. — La comparaison du solde des services débiteurs et des services créanciers du Trésor (mêmes années).
Ces documents sont suivis d'un tableau récapitulatif de la dette perpétuelle et à terme présentant en capital le chiffre du passif de l'Etat et d'un second tableau donnant la situation des charges de la dette viagère.
(2) Les déficits des budgets constituent, au contraire, un passif

du Trésor ont abouti à la superposition de deux catégories de contrôles : un contrôle administratif et un contrôle judiciaire. Le contrôle administratif est exercé à la fois : 1° sur place par les agents spéciaux des régies ou par les comptables supérieurs d'une part, par les vérifications de l'inspection des finances, d'autre part; 2° au ministère des Finances, sur pièces, par la direction générale de comptabilité publique. Ce contrôle est donc local et central. — Le contrôle judiciaire est confié en principe à une magistrature spéciale, la Cour des comptes, qui juge sur pièces et à laquelle seule il appartient de libérer les comptables de leur gestion.

§ 1. — *Contrôle administratif.*

ARTICLE PREMIER. — *Contrôle local sur place.*

1278. *Inspecteurs, sous-inspecteurs, contrôleurs des régies.* — Chacune des administrations financières comprend dans ses cadres un personnel spécialement chargé d'inspecter le service et de surveiller les caisses des comptables. Ces agents ont pour mission commune de faire à domicile des visites périodiques ou improvistes; au cours de ces inspections ils examinent les écritures, dépouillent les sommiers, vérifient les encaisses. Naturellement leur attention se porte principalement sur les recettes, puisque les comptables de régies sont avant tout agents de recettes, ils refont donc les liquidations de droits et forcent le comptable en recettes, s'il y a lieu; les résultats de leur vérification sont consignés dans des rapports et sur des registres spéciaux pour recevoir la suite qu'ils comportent. Tels sont les caractères généraux de l'inspection locale dans les diverses régies; son organisation subit quelques variantes avec chaque administration (1).

1279. *Directeurs.* — En dehors du contrôle exercé au domicile des comptables par les agents d'inspection, la direction locale est chargée d'une première vérification des pièces comptables, avant leur envoi à la comptabilité publique. A cet effet les comptables de son ressort envoient mensuellement leurs pièces à la direction. Celle-ci s'assure d'abord de l'exactitude du rappel des opérations antérieures, puis elle vérifie sur pièces chaque article, examine la régularité matérielle des pièces, prescrit le cas

---

pour l'Etat et les excédents un actif; la situation est, on le conçoit, inverse pour le Trésor dont l'Etat n'est en quelque sorte qu'un client.

(1) Dans les contributions indirectes, il y a deux catégories d'agents de contrôle : les inspecteurs, placés immédiatement au-dessus des directeurs, qui seuls ont qualité pour vérifier la comptabilité des receveurs principaux et des receveurs entreposeurs; les contrôleurs, en assez grand nombre, qui vérifient la comptabilité des receveurs particuliers sédentaires, des receveurs spéciaux, des buralistes.

Dans les douanes, il faut distinguer avec soin les inspecteurs sédentaires, chefs de service dans la principalité, surveillant l'organisation de ce service et l'application des lois et règlements de douane, mais sans rôle sur la perception des droits, sans action sur la gestion des comptables, et les inspecteurs divisionnaires, placés près des directeurs au chef-lieu de la direction et chargés de vérifier dans leurs tournées toutes les écritures et spécialement celles des receveurs principaux.

Dans l'administration de l'enregistrement le service de l'inspection est confié à des sous-inspecteurs et à des inspecteurs. Les sous-

échéant les régularisations nécessaires et renvoie, à cet effet, les pièces aux comptables, refait toutes les additions, en un mot se livre à un travail approfondi destiné à faciliter et à abréger d'autant la tâche de la direction générale de la comptabilité publique. Lorsque ce travail de vérification est terminé, le directeur envoie à chaque comptable un accusé de réception accompagné du double de l'inventaire des pièces; il adresse, d'autre part, à la comptabilité publique les pièces justicatives des comptes pour y l'être l'objet, avant leur envoi annuel à la Cour des comptes, d'une nouvelle et dernière vérification.

1280. *Contrôle des comptables supérieurs sur leurs subordonnés.* — En ce qui concerne les receveurs particuliers des finances et les percepteurs leurs opérations et leurs écritures sont soumises à la vérification et au contrôle du trésorier général, qui les détient dans son propre compte. Nous avons déjà décrit ce contrôle et les conditions dans lesquelles il s'exerce; nous nous bornons donc à le rappeler ici, car il tient une place importante dans la série des contrôles locaux (1).

1281. *Inspection générale des finances.* — Le contrôle supérieur sur place de tous les services financiers et comptables publics a été confié à un corps spécial : l'inspection générale des finances. Un arrêté des consuls du 19 fructidor an IX avait créé des inspecteurs généraux du Trésor public; mais ces fonctionnaires, qui, sous la Restauration, prirent le nom d'inspecteurs des finances, n'étaient pas seuls chargés du contrôle; près d'eux fonctionnaient d'autres corps d'inspections générales; les contributions directes avaient leurs inspecteurs spéciaux en état de même pour chaque régie. Cette diversité d'organisme ne pouvait qu'être préjudiciable au contrôle. Les diverses inspections générales disparurent l'une après l'autre sous la Restauration et, en 1831, leur fusion complète dans l'inspection générale des finances était un fait accompli.

Le personnel de l'inspection des finances se compose de 92 agents, savoir : 14 inspecteurs généraux au traitement de 17,000 francs; 16 inspecteurs de 1re classe au traitement de 12,000 et 10,000 fr.; 18 inspecteurs de 2e classe au traitement de 6,000 fr.; 18 inspecteurs de 3e classe au traitement de 4,000 fr.; 16 inspecteurs de

4e classe au traitement de 3,000 fr. et 10 adjoints au traitement de 1900 fr. (1).

Les inspecteurs des finances se recrutent exclusivement au concours. Les conditions d'admission ont été fixées en dernier lieu par le décret du 13 décembre 1906 et l'arrêté ministériel du 26 décembre suivant. Les concours de l'inspection sont de deux sortes : concours pour l'emploi d'adjoint à l'inspection, concours pour l'emploi d'inspecteur de 4e classe.

Les candidats doivent justifier du diplôme de licencié en droit, ès sciences ou ès lettres, ou du titre d'ancien élève de l'École Polytechnique ayant subi avec succès les examens de sortie. Ils doivent avoir satisfait aux obligations du service militaire et être âgés de 22 ans au moins et de 28 ans au plus au 1er janvier de l'année où s'ouvre le concours. Les épreuves, dont le programme a été tracé par l'arrêté du 26 décembre 1906, sont subies devant un comité composé d'un inspecteur général, de l'inspecteur chef du service de l'inspection ou de l'inspecteur qui lui est adjoint et de 3 inspecteurs de 1re ou de 2e classe. Les candidats qui n'ont pas été admis sont autorisés à se présenter une deuxième fois au concours.

Conformément à l'article 23 du décret du 1er décembre 1900, les adjoints ne peuvent être admis au grade d'inspecteur de 4e classe qu'après deux années d'inspection au moins et après avoir subi un examen de capacité.

Peuvent, en outre, concourir directement pour l'emploi d'inspecteur de 4e classe, en vertu de l'article 25 du même décret, pourvu qu'ils soient âgés de 25 ans au moins et de 30 ans au plus : 1° les employés comptant sept ans de service dans les administrations ci-après et y occupant au moins les fonctions suivantes : Administration centrale (rédacteur ordinaire), Contributions directes (contrôleur), Douanes et Contributions indirectes (commis de 1re classe), Enregistrement (receveur, receveur rédacteur ou receveur contrôleur), Manufactures de l'État (sous-ingénieur ou vérificateur), Monnaies et Médailles (commis ordinaire), Caisse des dépôts et consignations (commis ordinaire), Postes et Télégraphes (commis ordinaire à l'Administration centrale ou commis de 4e classe dans les services extérieurs); 2° les auditeurs de 2e classe au Conseil d'État et à la Cour des comptes ayant au moins trois ans de services en cette qualité. Les candidats qui n'ont pas été admis peuvent être ajournés à l'année suivante pour subir une seconde épreuve.

1282. Les membres de l'inspection des finances accomplissent, en principe, chaque année une tournée d'une durée ordinaire de six mois (mai-novembre) dont le ministre des Finances fixe le point de départ et le terme; le reste de l'année ils sont à la disposition du ministre (2).

---

inspecteurs, en résidence dans les chefs-lieux de département et d'arrondissement, sont chargés, sous le contrôle des inspecteurs et sous la surveillance du directeur, de vérifier dans tous ses détails la comptabilité des receveurs; cette vérification est complétée par l'examen des registres, minutes et répertoires des notaires, greffiers, huissiers et autres officiers publics et des écritures tenues au siège des sociétés, entreprises et établissements publics soumis à l'impôt. Les inspecteurs (en général un seul par département, sauf dans les plus importants) résident au chef-lieu du département; ils ont pour mission de contrôler les opérations de vérification des sous-inspecteurs, mais ils examinent aussi directement et sur place les écritures des comptables.

La vérification des caisses et l'examen des écritures des receveurs sont également confiés, dans l'Administration des postes et télégraphes, à un personnel d'inspecteurs et de sous-inspecteurs de l'exploitation postale, qu'il ne faut pas confondre avec les agents de grade similaire chargés de la surveillance du service technique.

(1) V. *supra*, nos 266 et suiv.

(1) D. 30 novembre 1908. — Ces traitements sont complétés par des allocations journalières pour frais de tournées ordinaires et extraordinaires, fixées par arrêtés ministériels pour les inspecteurs généraux, inspecteurs et adjoints.

(2) Pour la tournée annuelle d'inspection, la France est partagée en dix divisions : Paris, Est, Lyon, Marseille, Bourbonnais, Toulouse, Bordeaux, Loire, Bretagne et Nord. A la tête de chaque division est un inspecteur général, sous la direction duquel les vérifications sont effectuées par 5, 6 ou 7 inspecteurs et adjoints. L'inspecteur géné-

1283. La vérification de l'inspection des finances est extrêmement étendue. Elle s'exerce spécialement sur tous les comptables publics (État, départements, communes, établissements) et se traduit par le contrôle des encaisses et l'examen des opérations comptables. Les déficits de caisse, les infractions aux lois et règlements financiers sont relevés dans les rapports des inspecteurs, qui peuvent prendre ou provoquer les mesures urgentes que commandent les circonstances et même, dans les cas graves, requérir la suspension des comptables. Leur examen ne se limite pas aux écritures des comptables; dans la poursuite des enquêtes et des investigations auxquelles ils sont préposés, ils ont action sur les agents d'exécution et de contrôle et recherchent près des administrations et des autorités locales tous les documents qui peuvent les éclairer.

1284. Le résultat de chaque inspection d'un service est consigné dans un rapport. L'inspecteur communique au comptable ou au service en cause les observations qu'il a formulées afin de lui permettre de consigner ses réponses au rapport; il ajoute alors de nouvelles observations, s'il y a lieu, et remet le document à l'inspecteur général. Celui-ci centralise ainsi tous les rapports de sa circonscription et rédige un rapport d'ensemble par département où sont exposés les résultats des diverses vérifications effectuées. Ce rapport d'ensemble est remis au ministre des finances et communiqué par lui aux administrations centrales intéressées.

Le service central de l'inspection des finances au ministère organise chaque année les tournées et les missions spéciales en France et à l'étranger; il assure la suite à donner aux rapports et fait procéder à l'étude des questions qu'ils soulèvent.

Article 2. — *Contrôle central sur pièces.*

1285. Ce contrôle administratif, qui précède immédiatement le contrôle judiciaire de la Cour des comptes, est exercé au ministère des finances par la direction générale de la comptabilité publique. Nous avons déjà parlé des attributions de cette direction (1); nous nous bornons à rappeler ici que la direction générale de la comptabilité publique reçoit périodiquement des comptables la copie de leur journal, la balance de leurs comptes, des bordereaux et états de développement, les pièces justificatives des recettes et des dépenses, enfin tous les autres documents nécessaires soit pour le contrôle et la surveillance à exercer sur la gestion de ces comptables, soit pour tenir les écritures centrales et former les comptes généraux. Au fur et à mesure des envois, la direction par les soins de ses bureaux, vérifie sur pièces toutes les

opérations, à la recette et à la dépense, prescrit les rectifications reconnues nécessaires, réclame les justifications qui font défaut, tient, en un mot, la main à ce que toutes les pièces soient régulières. En fin d'année les comptes de gestion, accompagnés des pièces qu'elle a vérifiées, sont adressés par elle à la Cour des comptes.

Article 3. — *Contrôle des dépenses de la dette flottante et des frais de trésorerie. Commission de vérification des frais de service.*

1286. Il est toute une catégorie de recettes et de dépenses effectuées par le Trésor en conséquence de son rôle de banquier de l'État, qui, à raison de la nature des opérations, de la nécessité d'un contrôle sur place des livres et écritures, de l'impossibilité de faire un mandatement préalable à la dépense, échappent aux règles ordinaires de l'ordonnancement et du jugement des comptes. Ces opérations sont vérifiées au ministère des finances par une commission spéciale, qui en recherche la régularité dans le but de permettre l'émission des ordonnances de régularisation qui doivent intervenir à leur sujet. Il s'agit du paiement des intérêts de la dette flottante, des frais de trésorerie, transports de fonds, négociations d'emprunts et des recettes en atténuation de ces frais.

Déjà les ordonnances des 18 janvier 1817, 20 mai 1818, 16 septembre 1818, 4 février 1820, 15 janvier 1823, avaient confié la vérification des frais de service et de négociation du Trésor public à une commission qui devait examiner ces comptes et dresser un procès-verbal de sa vérification, véritable rapport contenant le détail des opérations et les critiques qu'elles avaient soulevées. Dans le but de fortifier la commission, de lui assurer l'indépendance, d'étendre ses moyens d'action et de préciser en même temps plus nettement que par le passé l'exercice du contrôle de la Cour, un décret du 31 décembre 1881 a réorganisé la commission de vérification des frais de service et délimité ses attributions.

1287. *Composition.* — La commission, nommée par décret du Président de la République, comprend : le président de la section des finances du Conseil d'État, président; deux conseillers d'État et trois conseillers maîtres à la Cour des comptes, élus par les corps auxquels ils appartiennent; un inspecteur général des finances désigné par le ministre des finances; des maîtres des requêtes au Conseil d'État et des conseillers référendaires à la Cour des comptes désignés par le ministre des finances, avec voix consultative. Des auditeurs au Conseil d'État, des auditeurs à la Cour des comptes et des inspecteurs des finances sont appelés par le ministre à concourir aux travaux de vérification de la commission. La commission est nommée dans les trois premiers mois de l'année qui suit celle de l'exercice dont elle doit vérifier les opérations. Les travaux doivent être terminés avant le 15 juillet de la même année.

1288. *Opérations dont l'examen lui est confié.* — Aux termes de l'article 1er du décret du 31 décembre 1881, la commission des frais de service vérifie chaque année : les dépenses faites sur les crédits affectés aux intérêts de

rol organise l'itinéraire, fixe les services à vérifier et en établit la répartition entre le personnel qui lui est adjoint. Des missions particulières, également présidées par un inspecteur général, sont chargées de l'inspection des caisses d'épargne, de l'Algérie et des chemins de fer comprend deux divisions et deux inspecteurs généraux. Au ministère des finances fonctionne un service central de l'inspection des finances dirigé par deux inspecteurs, dont l'un est chef du service et le second adjoint.

(1) V. *supra*, n° 182.

la dette flottante, aux frais de service, de négociation et d'émission du Trésor public et les décomptes d'émoluments des trésoriers payeurs généraux et receveurs particuliers des finances; elle vérifie également les recettes en atténuation des mêmes dépenses et les recettes accessoires classées à un article spécial des produits divers du budget, sous le titre : « produits accessoires du service de trésorerie. »

Si l'on met à part la vérification des décomptes d'émoluments, point sur lequel le rôle de la commission a été considérablement amoindri depuis la substitution des traitements fixes aux remises des trésoriers généraux, on voit qu'en matière de dépenses le contrôle de la commission a deux objets différents : le service de la dette flottante et les frais de trésorerie. En ce qui concerne la dette flottante la commission examine et contrôle les dépenses occasionnées par le paiement des intérêts de cette dette; sa vérification porte donc sur les bons du Trésor, les comptes courants et fonds déposés par les correspondants du Trésor, les avances constituées par les fonds particuliers des trésoriers payeurs généraux. Elle examine également les recettes en atténuation des dépenses de la dette flottante (intérêts dus par la Banque d'Algérie, remboursements par les communes et départements des avances pour les chemins et les constructions scolaires...). — Les frais de trésorerie comprennent surtout les frais de transport de fonds, d'achats de monnaies étrangères et aussi les frais de négociation et d'émission des emprunts, remises, commissions, frais de publicité, etc... Les frais de transport des fonds en France même se trouvent limités par suite du développement du nombre des succursales de la Banque de France, mais ils prennent une certaine importance quand il s'agit de pourvoir aux services hors de France, aux colonies, spécialement en Cochinchine et en Tunisie. En dehors des frais de transport proprement dits, réglés soit par abonnement, soit en vertu de marchés avec divers entrepreneurs, il y a l'obligation de se procurer des monnaies étrangères auprès des changeurs et banquiers, et qui est, pour le Trésor, la source de dépenses importantes. Enfin, le service de la trésorerie et des postes aux armées entraîne un certain nombre de dépenses, imputées comme celles qui précédent, sur le chapitre 51 du budget du ministère des finances. Toutes ces opérations sont examinées et vérifiées par la commission, qui fait ensuite porter son contrôle sur les recettes en atténuation des frais de trésorerie : primes sur traites du caissier payeur central négociées aux colonies, taxes de change sur les mandats poste délivrés aux colonies, etc... Dans le principe, la direction du mouvement des fonds déduisait des frais de trésorerie ces diverses recettes et augmentait, par voie de conséquence, le montant des crédits affectés au paiement desdits frais. A la suite des réclamations réitérées des commissions budgétaires, les recettes en atténuation des frais de trésorerie et les recettes en atténuation des intérêts de la dette flottante ont été inscrites au budget parmi les produits divers.

1289. Les dépenses de la dette flottante et de la trésorerie et les recettes en atténuation sont décrites dans un compte établi par le directeur du mouvement général des fonds et remis au président de la commission. Ce compte est accompagné d'un état sommaire des dépenses et des recettes se rattachant aux opérations en cours qui ont été portées transitoirement, jusqu'à liquidation, à des comptes de trésorerie. C'est ce compte qui est vérifié sur pièces par les membres de la commission, lesquels se font représenter les registres, états, journaux, décisions, pièces et autres documents propres à les éclairer.

Les observations auxquelles a donné lieu cette vérification sont examinées et débattues en commission; un rapporteur, désigné par le président, recueille les observations retenues pour être transmises au ministre des finances et prépare le procès-verbal des opérations de la commission. Ce procès-verbal établit le chiffre auquel la commission est d'avis de fixer le montant des dépenses et des recettes de l'exercice; il présente, par comptable et avec les divisions adoptées par les comptes publiés du ministre des finances, le relevé des opérations qui se rattachent à chacun des comptes individuels. Après avoir été arrêté en séance générale, le procès-verbal, signé par les membres de la commission, est remis au ministre des finances, qui peut alors, au vu de ce document, arrêter définitivement le compte du mouvement de fonds, émettre les ordonnances de régularisation pour les dépenses et fixer, pour les recettes, les sommes à porter aux produits divers du budget.

Ce sont ces ordonnances de régularisation et les décisions spéciales fixant ce chiffre des recettes qui emportent, vis-à-vis de la Cour des comptes, libération des comptables.

1290. La Cour reçoit le procès-verbal de la commission des frais de service avec tous les autres documents qui doivent lui être transmis, aux termes de l'ordonnance du 9 juillet 1826, pour servir de base à la déclaration générale sur les comptes des ministres et sur la situation définitive de l'exercice expiré (1).

§ 2. — Contrôle judiciaire.
Cour des comptes.

ARTICLE PREMIER — *Historique et notions générales.*

1291. *Historique.* — Sous l'ancien régime la gestion des agents du domaine royal et des contributions publiques était vérifiée et jugée par des corps de magistrats désignés sous le nom de *chambres des comptes*. Au début de

---

(1) Dans sa déclaration d'exercice, la Cour, après avoir introduit un considérant spécial relatif au rôle de la commission des frais de service et à la conformité entre le montant des recettes et dépenses portées aux comptes individuels des comptables et aux comptes du ministre des finances d'une part, et les fixations budgétaires établies par le procès-verbal de la commission, d'autre part, déclare : « que le montant des dépenses et des recettes portées tant aux comptes individuels des comptables, en vertu des ordonnances et décisions spéciales délivrées conformément à l'article 10 du décret du 31 décembre 1881, qu'au compte publié par le ministre des finances pour les dépenses et les recettes de l'exercice, est d'accord avec les fixations des dépenses et des recettes budgétaires établies par le procès-verbal de la commission. »

la Révolution il existait 13 chambres des comptes (1) jouissant, chacune dans leur ressort respectif, des mêmes attributions, sauf la chambre des comptes de Paris dont la juridiction était particulièrement étendue à raison du nombre et de l'importance des comptabilités qui lui étaient soumises. Comme la Cour des comptes actuelle, les chambres des comptes vérifiaient les comptes, les arrêtaient et donnaient décharge aux comptables; elles étaient, en outre, de véritables corps judiciaires chargés de statuer sur les questions de propriété intéressant le domaine et sur les contestations de féodalité. Les chambres des comptes furent supprimées par un décret des 17-29 septembre 1790.

Un *bureau central de comptabilité*, institué par décret des 8-12 février 1792, les remplaça. Mais l'Assemblée constituante, partant de ce principe que les contributions publiques étant payées par l'ensemble des citoyens leurs représentants avaient seuls qualité pour en connaître la destination et l'emploi, l'Assemblée constituante, disons-nous, établit une distinction dans les opérations d'apurement des comptes : la vérification proprement dite fut confiée au bureau central de comptabilité; l'apurement desdits comptes, l'arrêté de leurs chiffres et la décharge des comptables furent réservés à l'Assemblée nationale. Ce système dura jusqu'à la loi du 28 pluviôse an III qui étendit aux arrêtés de comptes la compétence du bureau de comptabilité ne réservant à l'Assemblée que le droit de décharger les comptables. Enfin, l'année suivante, la loi du 18 frimaire an IV, abandonnant la division des attributions créée par la Constituante, compléta les pouvoirs du bureau de comptabilité en lui laissant le soin de prononcer lui-même la décharge définitive des comptables.

En 1801 le bureau central de comptabilité fit place à la *commission de comptabilité nationale*; mais sous un nom différent c'était le même organe dont les membres, un peu plus nombreux, avaient les mêmes attributions, savoir : la centralisation, la vérification et l'apurement de toutes les comptabilités de l'État.

L'Empire dota la France de la Cour des comptes par la loi du 16 septembre 1807. Les travaux préparatoires de la loi établissent qu'après avoir étudié l'organisation et les attributions des anciennes chambres des comptes, on reconnut : 1° que l'organe nouveau devait avoir le caractère d'autorité administrative et non plus de corps judiciaire, le jugement des questions de propriété intéressant le domaine devant être laissé aux tribunaux ordinaires; 2° que la question sur l'unité ou la multiplicité des Cours des comptes devait être résolue en faveur de l'unité, la dévolution de tous les comptes à un seul et même organe pouvant seule permettre les rapprochements et les examens d'ensemble nécessaires pour la vérification complète de l'exécution des budgets.

L'article 1er de la loi décide donc que « les fonctions de la comptabilité nationale seront exercées par une Cour des comptes ».

(1) Paris, Dijon, Rouen, Grenoble, Nantes, Nancy, Pau, Metz, Besançon, Bar-le-Duc, Montpellier, Aix et Lille.

ARTICLE 2. — *Composition.*

1292. La Cour des comptes est un tribunal administratif investi par la loi de la mission de veiller à la gestion fidèle et au bon ordre des finances publiques, à la régulière exécution des budgets. Ces hautes attributions, la Cour les exerce de façons différentes.

La gestion des finances publiques nécessite l'intervention de deux catégories d'agents nettement séparées par les textes : les administrateurs ou ordonnateurs, chargés d'établir et de mettre en recouvrement les titres de recettes, d'engager, de liquider et d'ordonnancer les dépenses; les comptables, préposés à l'encaissement des recettes, au paiement des dépenses.

La Cour des comptes a un droit de juridiction étendu : elle examine les comptes des comptables et consigne ses observations dans des arrêts exécutoires et souverains. Elle ne saurait s'attribuer aucune juridiction sur les administrateurs, mais les textes lui confèrent, dans des limites que nous aurons à définir, l'obligation d'examiner et le droit de critiquer leurs actes.

Enfin la Cour tire de ses attributions de contrôle des finances publiques la mission d'auxiliaire de l'autorité budgétaire, du Parlement. A ce titre elle lui dénonce les irrégularités qui viennent altérer la fidèle exécution du budget (dépassements de crédits et virements), elle lui certifie la concordance des comptes annuels rendus par les ministres avec les comptes des comptables, dont elle a vérifié sur pièces l'exactitude et la sincérité, elle lui signale les faits particulièrement graves que ses vérifications ont permis de relever et lui expose les vues de réforme et d'amélioration qui lui sont suggérées par l'examen des comptabilités et des services soumis à sa juridiction et à son examen.

1293. La Cour des comptes se compose : 1° d'un premier président, 3 présidents de chambre, 18 conseillers-maîtres, 86 conseillers référendaires et 25 auditeurs; 2° d'un procureur général assisté d'un conseiller référendaire de 1re classe, délégué aux fonctions d'avocat général. Ces deux magistrats forment le ministère public; 3° d'un greffier en chef, ayant sous ses ordres trois commis-greffiers et tout un personnel de commis et d'agents chargés d'assurer les services du greffe et des archives.

Les membres de la Cour des comptes sont nommés à vie par décret du Chef de l'État.

Cette inamovibilité, conférée à des magistrats de l'ordre administratif, en raison des attributions de contrôle des ministres données à la Cour, s'étend au premier président, aux présidents, aux conseillers-maîtres, aux référendaires et aux auditeurs-rapporteurs (1).

1294. *Premier président.* — Le premier président à la nomination duquel aucune condition restrictive n'est apportée par les textes, dirige les travaux de la Cour; il en a la police et la surveillance générale.

Comme directeur des travaux de la Cour, il a la pré-

(1) L. 16 sept. 1807, art. 2 et 6 et D. 12 déc. 1860, art. 2.

sidence des assemblées générales et des réunions en chambre du conseil; il peut présider chaque chambre toutes les fois qu'il le juge convenable. Il fait la répartition des travaux : 1° entre chacune des trois chambres par arrêtés; 2° entre les rapporteurs, conseillers référendaires et auditeurs, par distribution individuelle des divers comptes.

En vertu de ses attributions de police et de haute surveillance le premier président assigne à chaque conseiller-maître la chambre dont il doit faire partie et établit le roulement annuel entre les chambres. A cet effet, chaque année, il prend un arrêté en vertu duquel deux membres de chaque chambre quittent ladite chambre pour passer dans une autre ou être répartis entre les deux autres. — Il veille à ce que les vérifications soient effectuées sans retards; il peut appeler ceux des rapporteurs qui ne rempliraient pas leur devoir et leur donner les avertissements nécessaires. L'exercice de cette surveillance lui est facilité par la disposition de l'article 34 du décret du 28 septembre 1807 aux termes de laquelle « il sera dressé le dernier jour de chaque mois, par le greffier en chef, un relevé de tous les comptes qui avaient été distribués avant le mois aux référendaires et dont ils n'ont pas fait le rapport. Cet état sera présenté au premier président et communiqué au procureur général, pour être pourvu suivant l'exigence des cas. »

Le premier président adresse trimestriellement au ministre des Finances l'état des travaux de la Cour pour être portés par lui à la connaissance du Président de la République.

Le premier président jouit du droit de présentation pour les nominations aux emplois dont les vacances ont été réservées à la Cour; il va de soi que ce droit ne s'exerce que dans les cas où la nomination n'appartient pas au tour de l'ancienneté (1).

Le premier président a la surveillance des magistrats au point de vue de l'assiduité et de la résidence obligatoire; il peut leur accorder des congés dans les conditions déterminées. Les règles concernant la résidence obligatoire et les congés des membres de la Cour des comptes ont été posées par les articles 67 à 71 du décret du 28 septembre 1807 (2).

Quant à la discipline, l'article 35 du décret précité conférait au premier président le droit de censurer les référendaires et de provoquer, le cas échéant, auprès du ministre des Finances, la privation temporaire de traitement ou la suspension des fonctions. Mais le décret du 19 mars 1852 a remis à la Cour elle-même le droit de prononcer, contre ceux de ses membres qui auraient manqué aux devoirs de leur état ou compromis la dignité de leur caractère, des peines disciplinaires. Ces peines sont : 1° la censure; 2° la suspension des fonctions; 3° la déchéance. Les délibérations de la Cour en matière disciplinaire ont lieu soit d'office, soit à la réquisition du procureur général; la délibération prononçant la déchéance n'est exécutoire qu'en vertu d'un décret du Président de la République, sur rapport du ministre des Finances.

Le premier président signe tous les arrêts de la Cour; il correspond directement avec les divers ministres auxquels il adresse sous forme de référés les communications critiques ou demandes d'explications auxquelles peuvent donner lieu les constatations de faits n'entraînant pas la responsabilité des comptables.

Il nomme aux divers emplois de son secrétariat, du greffe et des archives.

Le premier président, avant son entrée en fonctions, prête le serment professionnel devant la Cour réunie en assemblée générale. Il jouit d'un traitement de 30,000 fr. La limite d'âge, pour la retraite de plein droit, est fixée pour lui, ainsi que pour les présidents de chambre et les conseillers-maîtres à 75 ans, en vertu de l'article 1er du décret du 19 mars 1852 qui a assimilé sur ce point ces magistrats aux membres de la Cour de cassation.

Auprès de la première présidence fonctionne un secrétariat pour l'expédition des affaires courantes.

1295. *Présidents de chambre.* — Dans chacune des trois chambres dont se compose la Cour, le président établit le rôle d'audience et dirige les délibérations. Il désigne, dans chaque affaire, le conseiller-maître chargé du contre-rapport, et fixe l'ordre dans lequel chaque rapporteur est appelé. L'ouverture des séances doit toujours être faite à l'heure prescrite; si alors le nombre des conseillers-maîtres est incomplet, le président doit immédiatement pourvoir à leur remplacement. Après la délibération, dans laquelle nul ne peut prendre la parole sans avoir obtenue de lui, il recueille les voix et prononce l'arrêt. En cas de partage, sa voix est prépondérante. L'arrêt, rédigé par le rapporteur, est revu par le président et signé par lui.

Aux termes de l'article 6 de la loi du 16 septembre 1807, les présidents peuvent être changés chaque année. Cette disposition paraît n'avoir jamais reçu d'application et il en est de même de l'article 28 *in fine* du décret du 28 septembre 1807, aux termes duquel « le président de la chambre nommera, en même temps que le maître-rapporteur, deux ou un plus grand nombre de référendaires, s'il est nécessaire, lesquels seront chargés de vérifier et les cahiers établis par le référendaire rapporteur l'ont été exactement, et d'en rendre compte au maître-rapporteur».

---

(1) En vertu de la loi du 13 avril 1900, art. 18, la moitié des places de conseillers-maîtres sont réservées aux conseillers référendaires de 1re classe et, en vertu du décret du 25 décembre 1869, article 3, les auditeurs de 1re classe ont droit à la moitié des places vacantes dans l'ordre des conseillers référendaires de 2e classe quant aux conseillers référendaires de 1re classe ils sont tous pris parmi leurs collègues de 2e classe. Parmi les places ainsi réservées aux membres de la Cour, les nominations à la maîtrise sont toujours faites au choix, celles au référendariat de 1re classe ont lieu 2/3 au choix et 1 3 à l'ancienneté et celles au référendariat de 2e classe 1 2 au choix et 1/2 à l'ancienneté.

(2) « Les membres de la Cour seront tenus de résider à Paris; le défaut de résidence sera considéré comme absence. — Celui qui aurait été nommé membre de la Cour et qui ne s'y rendra pas dans le délai de deux mois, après la date de sa nomination, et celui qui s'absentera de la Cour pendant plus de deux mois, seront considérés comme démissionnaires, à moins qu'ils n'aient obtenu une permission ou congé. — Le premier président n'accordera pas de congés de plus de huitaine; les demandes de congés plus longs seront faites au ministre des Finances. — ... Dans le cas où le congé doit être demandé au ministre, on devra attacher à la demande la conclusion du procureur général et l'avis du premier président que le service ne souffrira point de l'absence. — Les congés ne pourront être accordés s'il n'y a plus de 2.3 des membres de la Cour présents. »

En cas d'empêchement, les présidents sont remplacés, pour le service des séances, par le doyen de la chambre.

Les présidents doivent avoir 30 ans révolus. Avant leur entrée en fonctions ils prêtent serment devant la Cour. Leur traitement a été fixé à 25,000 francs et leur limite d'âge à 75 ans.

1296. *Conseillers-maîtres.* — Si les magistrats de la Cour sont, en principe, égaux au point de vue du privilège de l'inamovibilité, il y a lieu d'établir entre eux une distinction fondamentale au point de vue de la juridiction. Les uns, présidents et conseillers-maîtres sont juges, en ce sens qu'ils ont voix délibérative dans toutes les affaires soumises à la Chambre dont ils font partie, les autres, référendaires et auditeurs-rapporteurs, sont rapporteurs avec voix simplement consultative dans les affaires dont l'instruction et le rapport leur ont été confiés.

A cette qualité de juge, le conseiller-maître joint celle de rapporteur. Tout arrêt intervenant sur une comptabilité est précédé d'un double rapport, l'un présenté par le référendaire ou l'auditeur qui a fait la vérification, l'autre par un conseiller-maître. Le rôle du maître est ainsi défini par l'article 28, du décret du 28 septembre 1807 : « Le rapport du référendaire terminé, le président de la chambre en fera la distribution à un maître qui sera tenu : 1° de vérifier si le référendaire a fait lui-même le travail auquel il était tenu; 2° si les difficultés élevées par les référendaires sont fondées; 3° enfin, d'examiner par lui-même les pièces au soutien de quelques chapitres du compte, pour s'assurer que le référendaire en a soigneusement vérifié toutes les parties. » Le maître fait à la chambre un rapport motivé sur l'affaire qui lui a été distribuée et opine le premier au délibéré; il ne signe pas l'arrêt.

Il ne peut pas être nommé deux fois de suite rapporteur de comptes du même comptable.

Les conseillers-maîtres sont, ainsi qu'il a été dit, répartis par le premier président, entre les trois chambres, à raison de six par chambre. Chaque chambre ne peut juger que si elle est composée de cinq membres au moins. En cas d'empêchement d'un maître des comptes, il est, pour compléter le nombre indispensable, remplacé par un maître d'une autre chambre qui ne tiendrait pas séance, ou qui se trouverait avoir plus que le nombre nécessaire (1).

Les conseillers-maîtres doivent avoir 30 ans révolus. Avant leur entrée en fonctions ils prêtent serment devant la Cour. Leur traitement a été fixé à 18,000 francs et leur limite d'âge à 75 ans.

Le décret du 2 mai 1848 exigeait que ceux de ces magistrats nommés en dehors de la Cour justifiassent avoir exercé des fonctions publiques pendant quinze ans au moins. Le décret — loi du 15 janvier 1852 a abrogé le décret de 1848. Bien qu'on puisse soutenir que le décret de 1852 n'avait pour but que de rétablir le nombre des magistrats de la Cour, réduit par le décret de 1848, qu'il était ainsi favorable aux intérêts de ce corps et qu'il n'a pu vouloir supprimer les garanties données à la Cour pour la nomination des conseillers-maîtres, l'abrogation por-

téo par son article 1er ne nous en paraît pas moins générale et le minimum d'âge reste la seule condition restrictive imposée à la nomination de ces magistrats. Telle a toujours été la doctrine admise par le Gouvernement; la preuve en est que le décret de 1848 réservait aux référendaires de 1re classe la moitié des vacances de maîtres et qu'il a fallu un nouveau texte législatif (1), pour leur rendre cette garantie d'avancement, que le décret de 1852 était considéré avoir supprimée, par suite de l'abrogation du décret de 1848 dans son ensemble.

1297. *Conseillers référendaires.* — Les 86 conseillers référendaires, dont se compose la Cour depuis le décret du 17 juillet 1880, se divisent en deux classes : 60 conseillers de 2e classe et 26 de 1re classe : l'un de ces 26 magistrats est délégué aux fonctions d'avocat général. Entre les deux classes de référendaires il n'y a d'autre différence que le traitement dont la moyenne est de 8,000 fr. pour la 2e classe et de 12,000 francs pour la 1re classe. Les attributions sont les mêmes; les uns et les autres reçoivent du premier président la distribution de comptabilités; ils doivent en effectuer personnellement la vérification et consigner les observations auxquelles a donné lieu leur examen dans un rapport présenté à la chambre compétente. Toutefois, conformément à l'article 22 du décret du 28 septembre 1807, lorsqu'un compte exige que plusieurs rapporteurs concourent à sa vérification, le premier président désigne un référendaire de 1re classe, chargé de présider à ce travail, de recueillir les cahiers d'observations de chaque rapporteur et de faire le rapport à la chambre : tel est spécialement le cas pour la vérification des comptes du payeur central et de la ville de Paris.

Les référendaires doivent être âgés de 25 ans accomplis. Le gouvernement n'est donc lié dans le choix des référendaires de seconde classe pris en dehors de la Cour que par cette condition. Le décret précité du 2 mai 1848 exigeait, pour la moitié au moins des candidats nommés par le gouvernement, la justification de six années de services publics; mais nous avons vu que ce décret avait été abrogé dans son ensemble par le décret-loi du 15 janvier 1852.

Avant leur entrée en fonctions les conseillers référendaires prêtent serment devant la Cour. L'âge de la retraite obligatoire a été fixée pour eux à 70 ans par le décret du 19 mars 1852 qui leur a déclaré applicables les dispositions à cet égard du décret du 1er mars 1852, concernant les membres des cours d'appel.

Le mot « moyenne » dont nous nous sommes servi en parlant de leur traitement appelle une explication. Ce traitement se compose, en réalité, de trois parties distinctes : le traitement fixe (3,000 francs pour la 2e classe et 7,000 francs pour la 1re), le préciput (3,000 francs pour chaque classe) et les récompenses ou parts semestrielles dont la moyenne est de 10 à 100 francs l'une et par semestre, soit 2,000 francs par an. Les récompenses sont allouées par une commission spéciale.

1298. *Auditeurs.* — Les auditeurs à la Cour des comptes

_____

(1) D. 28 sept. 1807, art. 11.

(1) L. 13 avril 1900, art. 18.

ont été créés par le décret du 23 octobre 1856. Ils sont au nombre de 25 dont 10 de 2e classe et 15 de 1re classe. Mais la véritable distinction entre les auditeurs n'est pas la classe, c'est le droit donné à certains d'entre eux de faire directement des rapports aux chambres de la Cour et de signer les arrêts rendus sur ces rapports. En effet, qu'ils soient de 1re ou de 2e classe, s'ils ne sont pas rapporteurs, les auditeurs reçoivent le même traitement (2,000 francs) et participent aux mêmes travaux; ils sont adjoints par le premier président aux conseillers référendaires pour prendre part à certains travaux d'instruction et de vérification. S'ils assistent à la discussion des rapports et au jugement des comptabilités à l'examen desquelles ils ont coopéré, c'est pour pouvoir donner, le cas échéant, les explications jugées utiles, mais ils n'ont ni conclusions à soutenir, ni voix délibérative à donner.

Les auditeurs-rapporteurs sont désignés par décret; ils doivent avoir quatre années d'exercice et ne pas dépasser le nombre de 15. En pratique ce décret intervient toujours en faveur des auditeurs de 1re classe comptant les années de service réglementaires; mais un auditeur de 2e classe, eût-il plus de quatre années d'exercice, n'est jamais rapporteur. Les auditeurs-rapporteurs remplissent exactement les mêmes fonctions et jouissent des mêmes prérogatives que les référendaires (décret 25 décembre 1869, art. 2); ils sont donc inamovibles. A leur traitement fixe de 2,000 francs ils ajoutent des récompenses ou parts semestrielles dont la moyenne est de 10 à 60 francs l'une, par semestre : leur traitement moyen est ainsi porté à 3,200 francs.

L'auditorat se recrute au concours, subi devant une commission d'examens de 5 membres (dont 3 appartiennent à la Cour) et suivant un programme établi par un arrêté ministériel du 29 décembre 1904, entre les jeunes gens, âgés de 21 ans au moins et de moins de 28 ans au 1er janvier de l'année du concours, titulaires du diplôme de licencié en droit et figurant sur la liste des candidats admis à subir l'examen, arrêtée par le ministre des Finances (1).

Avant leur entrée en fonctions les auditeurs prêtent serment devant la Cour; un nouveau serment est exigé d'eux lorsqu'ils sont nommés rapporteurs indépendamment d'une promotion de classe.

1299. *Parquet.* — Le parquet de la Cour des comptes se compose d'un procureur général et d'un avocat général; ce dernier est pris parmi les conseillers référendaires de 1re classe et conserve son rang parmi ses collègues de ladite classe (2); il assiste le procureur général dans ses travaux, conclusions, réquisitions et le remplace en cas d'absence ou d'empêchement.

Les attributions du ministère public ont été fixées par les articles 36 à 44 du décret du 28 septembre 1807, complétés par le décret du 20 octobre 1884. Le procureur général a :

---

(1) D. 29 décembre 1904, art. 1er.
(2) L. 16 sept. 1807, art. 2; D. 17 juillet 1880. D. 7 mai 1888.

1° Un droit de police envers les comptables. Il fait dresser un état général de tous ceux qui doivent présenter leurs comptes à la Cour; il s'assure s'ils sont exacts à les présenter dans les délais fixés par les lois et règlements et requiert, contre ceux en retard, l'application des peines. Il réclame les pièces dont la production est nécessaire pour la mise en état d'examen desdits comptes;

2° La surveillance des services et des magistrats de la Cour. Il s'assure si les Chambres tiennent régulièrement leurs séances; si les magistrats font exactement leur service, et, en cas de négligence, il adresse au premier président les réquisitions nécessaires pour y pourvoir;

3° Il peut intervenir sous forme de conclusions écrites dans toutes les affaires dans l'examen desquelles il croit son ministère nécessaire. A cet effet, il peut prendre communication de tous comptes et pièces;

4° Il doit présenter ses conclusions dans certains cas spécifiés par les règlements : pourvois, comptabilités occultes ou exceptionnelles, questions de revision, compétence, débet, quitus, amende et toutes autres renvoyées d'office par les chambres; demandes en main-levée, réduction et translation d'hypothèques; préventions de faux ou de concussions élevées par un rapporteur contre un comptable.

Le procureur général exerce son ministère par voie de réquisition et de conclusions écrites ou mentions aux rapports. Il peut toutefois demander à être, en outre, entendu devant les chambres. Il en informe alors le président de la chambre, qui l'avise du jour fixé pour la discussion. Lorsque le rapporteur et le conseiller-maître chargé du contre-rapport ayant été entendus en leurs explications, le ministère public a développé oralement ses conclusions, il dépose ses conclusions écrites, quitte la séance et la chambre passe alors à la délibération. Cette délibération peut ne pas trancher définitivement la question soulevée et conduire à la décision d'un rapport supplémentaire à établir. Ce rapport supplémentaire est alors communiqué au parquet, et il n'est statué définitivement par la Cour qu'après que le ministère public a donné ses conclusions et a été entendu de nouveau, s'il en exprime le désir;

5° Il assiste aux séances de la chambre du conseil. S'il s'agit d'une question disciplinaire, son intervention a lieu suivant la procédure qui vient d'être indiquée; si la chambre est réunie pour prononcer une déclaration générale, il prend part aux débats et aux délibérations; si elle délibère sur le rapport public, ou sur des questions de jurisprudence ou d'ordre intérieur, il participe, en outre, au vote;

6° Il adresse au ministre des finances les expéditions des arrêts de la cour et il est tenu de correspondre avec les ministères, sur les demandes qu'ils peuvent lui faire de renseignements pour l'exécution des arrêts, les main-levées, radiations ou restrictions des séquestres, saisies, oppositions et inscriptions hypothécaires et remboursements d'avances des comptables.

Le procureur général, avant son entrée en fonctions, prête serment devant la Cour des comptes. Il jouit d'un traitement de 30,000 francs; il doit être âgé de 30 ans accomplis, mais aucune limite d'âge ne lui est imposée pour la retraite obligatoire.

Bien que les articles 2 et 6 de la loi de 1807 étendent l'inamovibilité à tous les membres de la Cour des comptes, il y a lieu, semble-t-il, de décider, par application des règles générales qui concernent les représentants du ministère public près des cours et tribunaux, que le procureur général est révocable par décret. La même solution devrait être étendue à l'avocat général, car, s'il a le titre de conseiller référendaire, il n'en exerce plus la fonction et c'est à raison de la fonction que le privilège de l'inamovibilité a été conféré à ces magistrats.

Auprès du procureur général fonctionne un secrétariat chargé de l'expédition des affaires courantes et dont le personnel est nommé par lui.

1300. *Greffe et archives.* — Sous la direction d'un greffier en chef, fonctionnent les divers services du greffe et des archives. Le greffier en chef doit être âgé de 30 ans accomplis. Il a pour mission propre d'assister aux assemblées générales de la Cour et d'y tenir la plume; il est chargé de tenir les différents registres dont celui des délibérations de la Cour, de veiller à la garde et à la conservation des minutes des arrêts, d'en faire dresser les expéditions, et de conserver les pièces qui lui sont confiées et tous les papiers du greffe (1).

Les services du greffe peuvent être divisés en services du greffe proprement dit, service des expéditions, service des archives. Le greffe proprement dit reçoit les comptes, les enregistre par ordre de date et de numéros, les présente à la distribution. Près de chaque chambre un commis greffier tient le rôle de séance, assure la transmission des rapports aux maîtres-rapporteurs et des arrêts aux expéditions. Le second service est chargé de l'expédition des arrêts de la Cour. Le service des archives reçoit, garde et détruit aux époques fixées par les règlements les pièces justificatives produites par les comptables à l'appui de leurs comptes.

Le greffier en chef reçoit un traitement de 12,000 frs; il ne paraît pas être inamovible, bien que la question puisse être discutée en présence des termes généraux de l'article 6 de la loi du 16 septembre 1907, qui confère l'inamovibilité à tous les membres de la Cour.

ARTICLE 3. — *Attributions.*

1301. Ainsi que nous l'avons indiqué plus haut, la Cour des comptes a tout d'abord mission de juger et de contrôler les comptes présentés par les comptables publics, sans pouvoir en aucun cas s'attribuer de juridiction sur les ordonnateurs; elle rend chaque année des déclarations générales de conformité qui sont communiquées aux Chambres; enfin dans son rapport annuel au Président de la République elle fait connaître le résultat général de ses travaux et ses vues de réforme ou d'amélioration dans les différentes parties de la comptabilité.

1302. I. — *Jugement et contrôle des comptables publics.*

(1) D. 28 sept. 1807, art. 46 à 48.

Parmi les comptables dont les opérations sont soumises à l'examen de la Cour des comptes une distinction doit être faite au point de vue de la nature de cet examen. Pour le plus grand nombre la Cour constitue une juridiction; leurs comptes ne sont pas seulement vérifiés: à l'occasion de chacun d'eux une véritable instance s'ouvre contre le comptable, la Cour juge le compte, elle rend des arrêts où elle statue, provisoirement d'abord, définitivement ensuite, après qu'elle a mis en demeure son justiciable de s'expliquer, sur les opérations dudit compte. Mais il existe quelques comptables, qui, à raison de la nature particulière des opérations qu'ils effectuent, échappent à la juridiction de la Cour des comptes pour ne relever que de son contrôle, par exemple la plupart des comptables en matières et les conseils d'administration des corps de troupes chargés d'établir les revues de solde de la guerre et de la marine.

En ce qui concerne les comptes-matières, nous avons étudié ailleurs (1) les comptes jugés par voie d'arrêt et les comptes dont la vérification donne lieu à des déclarations; nous avons parlé des déclarations spéciales et générales de conformité qui concernent ces derniers et ainsi défini la nature du contrôle de la Cour. Il nous reste donc, avant d'étudier les conditions dans lesquelles la Cour des comptes juge les comptables publics, à dire quelques mots de la façon dont elle contrôle les revues de solde.

Le paiement de la solde des troupes de la guerre et de la marine aux conseils d'administration ou aux officiers chargés de gérer les fonds des corps est effectué par les trésoriers généraux. La Cour saisit donc l'opération sur les comptes de ces comptables, mais son examen ne porte alors que sur la justification du fait matériel du paiement; le contrôle de la liquidation des droits des créanciers réels ne saurait être effectué alors, car cette liquidation n'est que provisoire. Les conseils d'administration des corps ou les commandants de détachement, lorsqu'ils ont reçu les fonds, sont chargés d'établir la liquidation définitive des sommes dues; cette liquidation est faite trimestriellement et les états, dits revues de solde, qui la concernent sont soumis au contrôle de la Cour. Celle-ci examine alors si les décomptes sont réguliers, si les tarifs ont été appliqués exactement, si les indemnités allouées l'ont été à bon droit; mais au lieu d'être résumée dans un arrêt, avec fixation d'une ligne de compte, admission ou rejet des opérations, cette vérification n'aboutit qu'à une communication, ou un référé, au ministre compétent. La Cour lui signale les irrégularités relevées et le ministre, après avoir ordonné les régularisations et les reversements que comportent les opérations critiquées, l'avise simplement de la suite qu'il a donnée à ses observations.

1303. 1° *Comptables soumis à la juridiction de la Cour.* — D'une manière générale tous les comptables publics, réguliers ou occultes, c'est-à-dire tous ceux qui ont en fait manié les deniers, valeurs de caisse ou effets publics sont justiciables de la Cour des comptes. Nous avons déjà dit ce qu'il fallait entendre par « deniers publics. »

(1) V. supra n°⁸ 369 et suiv.

En ce qui concerne les comptables de l'Etat et des départements, la compétence de la Cour des comptes est exclusive et générale; il n'en va pas de même pour les comptables des communes et des établissements publics (hôpitaux, hospices, bureaux de bienfaisance, dépôts de mendicité, asiles d'aliénés, monts de piété, syndicats…). Aux termes des lois et règlements (1) les comptes des communes et établissements dont les revenus ordinaires des trois dernières années excèdent 30,000 francs sont seuls justiciables de la Cour des comptes; les conseils de préfecture sont compétents dans les autres cas (2). 1° Par revenus ordinaires il faut entendre ceux qui sont qualifiés tels par les lois et règlements et sont généralement revêtus du caractère de ressources permanentes et annuelles. L'appréciation du caractère de la ressource est particulièrement délicate au sujet des centimes pour insuffisance de revenus. Le ministère des finances estime que ces centimes participent du caractère de la dépense qu'ils ont pour objet de couvrir et la Cour des comptes a jugé que devaient seuls entrer en ligne de compte pour fixer sa compétence les centimes pour insuffisance de revenus employés à l'acquittement de dépenses obligatoires ou de dépenses facultatives annuelles (3). 2° Par ces mots « revenus… des trois dernières années, » il faut entendre les droits constatés (et non pas seulement les recouvrements) qui ressortent des comptes des trois derniers exercices jugés. Donc lorsque pendant trois ans les revenus ordinaires d'une commune antérieurement inférieurs à 30,000 francs, auront atteint ce chiffre et que les comptes auront été jugés par le conseil de préfecture, la Cour des comptes devra juger l'exercice suivant. La nouvelle compétence s'exercera quel que soit le chiffre des revenus ordinaires de ce quatrième exercice. Vice versa la compétence de la Cour des comptes ne cesse que lorsqu'elle a jugé trois exercices d'un compte pendant lesquels les revenus ordinaires sont tombés à 30,000 francs ou au-dessous; le conseil de préfecture devient alors compétent quel que soit le chiffre des revenus ordinaires du 4ᵉ exercice. Un exemple fera mieux saisir le principe des changements de compétence : la commune de A avait, en 1900, 29,000 francs de revenus ordinaires; 31,000 en 1901, 1902 et 1903; 29,500 en 1904, 1905 et 1906 et 31,000 francs en 1907. Le conseil de préfecture jugera les comptes de 1900 à 1903 inclus, la Cour devra juger ceux de 1904, 1905 et 1906 et le conseil de préfecture redeviendra compétent pour 1907.

1304. Les comptabilités soumises à la juridiction de la Cour ont été réparties entre les trois chambres dont elle est composée par arrêtés du premier président

des 27 janvier 1877, 1ᵉʳ janvier 1890, 4 décembre 1895, 18 octobre 1901 et 26 juillet 1904 (1).

Pendant les vacances la chambre des vacations, désignée par décret, juge indifféremment les comptabilités ressortant aux trois chambres, sauf les cas réservés par la conférence des présidents.

1305. Les questions particulièrement délicates dont la solution réclame une jurisprudence uniforme entre les trois chambres sont délibérées en chambre du conseil. Il en est de même pour les déclarations générales et le rapport public. La Chambre du conseil, présidée par le premier président, se compose des trois chambres réunies; le procureur général assiste aux délibérations et y prend part comme il a été dit plus haut (2).

1306. 2° *Étendue des pouvoirs de juridiction de la Cour.* — Nous avons défini ailleurs les limites de la responsabilité des comptables du Trésor et nous donnerons plus loin quelques détails sur la responsabilité des autres comptables publics. Nous avons fait, d'autre part, le départ des compétences en ce qui concerne l'appréciation définitive de cette responsabilité. La question qui se pose ici n'est pas exactement la même : il s'agit de savoir quelles sont les critiques que la Cour peut élever par voie d'arrêt contre les comptables soumis à sa juridiction. Sans doute elle ne saurait les charger pour des faits qui échappent à priori et d'une manière certaine à leur responsabilité, mais elle peut les déclarer débiteurs de sommes qui, par suite de l'exercice de la compétence ministérielle, ne resteront pas définitivement à leur charge.

Le principe est que la Cour juge des comptes, plutôt que des comptables; ses arrêts statuent sur une ligne de compte, elle admet des recettes, elle alloue des dépenses, avec ou sans réserves, elle fixe un reliquat.

1307. A. — *Admission des recettes.* — *Comptables du Trésor.* — Les titres de perception sont établis par les administrateurs, sous forme de rôles ou d'états de produits; les comptables reçoivent ces titres, en prennent charge dans leurs comptes et doivent justifier à la Cour de leur recouvrement. La Cour s'assure, en premier lieu, que les titres de perception sont réguliers, elle en poursuit, le cas échéant, la régularisation par injonction au comptable, qui ne doit, en effet, mettre en recouvrement que des titres régulièrement établis. Tout article d'un compte inscrit en droits constatés en vertu de titres réguliers doit être intégralement apuré, soit par une recette effective, soit par la justification d'une admission en non-valeur. La Cour poursuit cet apurement, elle suit le sort des restes à recouvrer et ne décharge le comptable que lorsqu'il lui est justifié par les pièces réglementaires que le montant intégral des titres de perception a été soldé ou admis en non-valeur. Mais a-t-elle compétence pour se prononcer sur la légitimité des admissions en non-valeurs?

1308. En matière de *contributions directes* la production des décisions du préfet ou du conseil de préfecture, comportant décharge ou réduction, remise ou modération,

---

(1) Voy. notamment pour les communes la loi du 5 avril 1884, art. 157.
(2) Une étude complète des juridictions financières aurait dû comprendre, en outre de la Cour des comptes, les conseils de préfecture et les conseils privés des colonies; mais ces juridictions n'ayant aucun rapport avec les comptabilités de l'État, il nous a paru que, dans une étude sur le Trésor public, seule la juridiction de la Cour des comptes pouvait trouver place.
(3) V. Note présid. 53 p. 17 et les arrêts cités.

(1) L. 16 sept. 1807, art. 3.
(2) V. n° 1299.

admission en non-valeurs des cotes indûment imposées ou irrécouvrables, emporte vis-à-vis de la Cour pleine décharge de la responsabilité du comptable.

En matière d'*amendes* et *condamnations pécuniaires* les non-valeurs sont allouées par le préfet, sauf recours au ministre des Finances; mais cette allocation n'est que provisoire et il appartient à la Cour des comptes de statuer définitivement sur les non-valeurs; elle peut donc constituer en débet un comptable, quelle que soit la décision administrative prise, si elle estime que la non-valeur est due à des poursuites tardives, à une négligence de service (1).

Dans un arrêt, en date du 7 février 1848 (2) le Conseil d'État a reconnu au ministre des Finances le droit de constituer débiteur un comptable à raison de négligences apportées dans l'exercice des poursuites à fin de rentrée de produits domaniaux et d'amendes et cela alors même que la Cour aurait, au vu de certificats d'indigence, admis la créance de l'État en non-valeurs et donné quitus à ce comptable. Il faut en conclure que la Cour des comptes, du moins en ces matières spéciales n'allouerait pas définitivement les non-valeurs et qu'il appartiendrait au ministre des Finances de statuer sur la responsabilité des comptables du chef des diligences à fin de recouvrement. Ce système s'appuyait sur l'article 4 de l'ordonnance du 8 décembre 1832 qui, parlant de la justification à la Cour des droits et produits indirects tombés en non-valeurs ajoute « le ministre des Finances statue sur les questions de responsabilité, sauf recours au Conseil d'État ». On peut objecter que l'article 325 du décret du 31 mai 1862, qui reproduit les dispositions de l'ordonnance de 1832, a fait disparaître le paragraphe final de l'article 4 de ladite ordonnance, et que le ministre n'aura plus dès lors à statuer que dans les cas prévus à l'article 329 même décret, c'est-à-dire sur les questions de responsabilité entre comptables. On peut ajouter que la dénégation de compétence de la Cour s'allie mal avec l'obligation imposée aux comptables de lui produire les pièces justificatives des non-valeurs. En pratique, la Cour ne constitue pas débiteur un comptable de régie à l'occasion d'un produit indirect tombé en non-valeur, elle lui enjoint simplement d'en reprendre le montant au sommier de l'exercice suivant, ouvrant ainsi la porte à de nouvelles poursuites.

Quant aux *produits divers* du budget, les restes à recouvrer en fin d'exercice sont l'objet d'un état, transmis à l'agent judiciaire du Trésor, auquel incombent les poursuites; la Cour des comptes n'a pas à en connaître.

1309. *Autres comptables publics (départements, communes et établissements publics).* — Ici, la compétence de la Cour est plus étendue. En effet, les comptables des départements, communes, établissements, n'ont pas seulement pour mission de poursuivre l'entier recouvrement de rôles et états de produits établis par l'Administration, ils sont préposés par l'arrêté de vendémiaire an XII et les textes qui leur ont rendu applicables ses dispositions (1), à la conservation des biens et créances de l'Administration pour laquelle ils comptent. La disposition de l'arrêté de l'an XII a passé dans l'article 518 du décret du 31 mai 1862, elle est ainsi conçue : « Les receveurs... sont tenus de faire, sous leur responsabilité personnelle, toutes les diligences nécessaires pour la perception des revenus, legs et donations et autres ressources affectées au service...; de faire faire contre les débiteurs en retard de payer... les exploits, significations, poursuites et commandements nécessaires; d'avertir les administrateurs de l'expiration des baux; d'empêcher les prescriptions; de veiller à la conservation des droits, privilèges et hypothèques; de requérir, à cet effet, l'inscription au bureau des hypothèques de tous les titres qui en sont susceptibles; enfin de tenir registre de ces inscriptions et autres poursuites et diligences. »

La Cour des comptes connaît donc de tous les faits qui ont pu mettre en jeu la responsabilité ainsi élargie des comptables : poursuites tardives, inscriptions périmées pour non-renouvellement, prescriptions acquises contre l'établissement, créances compromises etc., etc...

En un mot, elle apprécie définitivement les poursuites et diligences faites par le comptable pour la perception des revenus ou la conservation des biens et ce principe reçoit, en matière de non-valeurs, une application très nette : l'autorité budgétaire (conseils général et municipal, commissions hospitalières) délibère sur les admissions en non-valeurs et les prononce, mais sa décision n'est que provisoire; au juge financier seul il appartient de rayer définitivement de l'actif une recette tombée en non-valeur; seul il appréciera si le comptable a vraiment fait toutes les diligences, n'a aucune faute à se reprocher, et il pourra refuser d'allouer une non-valeur admise par l'autorité budgétaire, comme il pourra décharger le comptable de toute responsabilité contrairement à une décision de ladite autorité rejetant la demande d'allocation en non-valeur. Ces principes, qui, pour les communes et établissements, reposent sur l'article 1537 de l'instruction générale de 1859, résultent, pour les départements, des articles 74, 75 et 229 combinés du décret du 12 juillet 1893. Il convient, toutefois, de faire une réserve en ce qui concerne les restes à recouvrer sur produits communaux assimilés aux contributions directes, comme la taxe sur les chiens et les prestations. On applique ici les mêmes principes de compétence que pour les recettes sur contributions directes dans les comptabilités du Trésor.

1310. B. *Allocation des dépenses.* — *Comptables du Trésor.* — Le rejet d'une dépense par la Cour des comptes (ou la demande d'explications ou justifications complémentaires) peut être motivé par l'une des trois causes suivantes : absence de crédit, absence ou insuffisance des justifications du service fait, quittance non libératoire.

En pratique, la Cour n'a que rarement l'occasion de rejeter une dépense pour absence de crédit. Le payeur

---

(1) Instr. 5 juillet 1895, art. 534, 535, 544, 546.
(2) V. C. d'Et. cont. 7 février 1848. Duffo.

(1) D. 12 juillet 1893 pour les départements, L, 18 juillet 1837 pour les établissements de bienfaisance, etc...

reçoit de la direction du mouvement général des fonds pour les dépenses concernant chaque ministère et chaque chapitre de ce ministère des avis constatant et fixant le chiffre de la disponibilité du crédit; dans cette limite il paie les ordonnances et mandats qui lui sont présentés et si quelque erreur s'est glissée dans la répartition ainsi faite, il ne saurait en être déclaré responsable. Sans doute, les erreurs d'imputation sont fréquentes, elles sont, d'ailleurs, souvent d'une appréciation délicate, mais si la Cour, comme nous le verrons plus loin, les juge critiquables par la voie des déclarations générales et du rapport public, elle n'en allouera pas moins la dépense au comptable qui se sera tenu dans la limite des autorisations de paiement ministérielles. Il en serait autrement au cas où le comptable aurait effectué sans objections un paiement appartenant à un exercice périmé sur les crédits de l'exercice courant; ici les difficultés d'appréciation n'existent guère, le fait de la péremption d'un exercice est d'une constatation assez matérielle et facile pour permettre au payeur de refuser le paiement; il engagerait donc, en passant outre, sa responsabilité et s'exposerait à ce que la Cour refuse d'allouer la dépense.

Nombreuses, au contraire, sont les observations relevées par le juge des comptes pour défaut de justification du service fait. Les pièces qui doivent justifier de ce service sont énumérées par les nomenclatures (1) des différents ministères et le comptable qui néglige de s'y conformer tombe sous le coup des injonctions de la Cour. Il en va de même des irrégularités concernant le caractère libératoire de la quittance.

L'inobservation des règlements sur ces divers points entraîne, à défaut de régularisation, le rejet de la dépense.

1311. *Autres comptables publics (départements, communes et établissements publics).* — Les obligations des comptables et leur sanction, qui est le rejet de la dépense, sont les mêmes en ce qui concerne la justification du service fait et la validité de la quittance, mais elles ont un caractère plus strict quant à la régularité et à la disponibilité des crédits. Ici point d'avis préalable fixant pour le paiement à effectuer le reliquat disponible du crédit : le comptable est lié par le chiffre global du crédit ouvert sous chaque article du budget de l'établissement dont il a la gestion, il est chargé du contrôle préalable de l'imputation de chaque dépense, il n'a même pas à s'abriter derrière un droit de réquisition que la loi a refusé aux administrateurs des finances locales; s'il paie sans crédit ou au delà du crédit ouvert, il engage directement sa responsabilité et verra sa dépense rejetée.

1312. C. *Fixation du reliquat.* — Après avoir admis les recettes et alloué les dépenses, la Cour fixe le reliquat soit au 31 décembre de la dernière année du compte qu'elle juge, soit en fin de gestion du comptable, s'il s'agit d'une

sortie de fonctions. C'est là une opération très importante qui, seule, permet d'enchaîner entre eux les arrêts rendus successivement sur une même comptabilité. Le reliquat fixé doit être pris en charge par le comptable à son compte suivant ou versé au successeur du comptable; il sert de point de départ aux nouvelles lignes de compte que la Cour sera appelée à fixer lors du jugement des comptes subséquents.

Article 4. — *Procédure et arrêts.*

1313. *Procédure.* — Les comptes des justiciables de la Cour doivent être remis au greffe dans les délais prescrits par les règlements. En ce qui concerne les *comptables du Trésor*, l'article 318 du décret du 31 mai 1862 décide que « les comptes de gestion doivent être adressés au ministre des Finances dans le premier trimestre qui suit la période pour laquelle ils sont rendus, et transmis à la Cour des comptes, dûment vérifiés, avant l'expiration des trois mois suivants ». Ces comptes sont rendus par gestion annuelle, mais formés et présentés en deux parties distinctes, envoyées séparément à la Cour, chacune à une époque différente et avec ses pièces justificatives : l'une comprend les opérations complémentaires de l'exercice expiré, l'autre celles de la première année de l'exercice courant; celle-ci rappelle les opérations de la première partie, afin de résumer l'ensemble de la gestion annuelle (art. 317 du décret de 1862). — C'est donc le ministre des Finances et non le justiciable qui adresse les comptes à la Cour; il suit de là qu'en cas de retard apporté dans la production de ces comptes, c'est au ministère que seront adressées les réclamations ou observations de la Cour, qui ne possède contre le justiciable aucun moyen pénal de coercition.

Pour les comptables des *départements*, des *communes* et des *établissements assimilés*, la règle est différente. Ici les comptes sont adressés à l'autorité chargée de les juger par les comptables directement et dans les délais suivants, savoir : pour les départements, dans les huit jours qui suivent la clôture de la session d'août des conseils généraux (art. 221 décret 12 juillet 1893); pour les communes et établissements assimilés, avant le 1er septembre de l'année qui suit celle pour laquelle ils sont rendus et deux mois au plus tard après l'examen des conseils municipaux (1). — Le comptable qui négligerait de produire son compte dans le délai voulu s'exposerait à se voir condamner par la Cour à une amende de 50 à 500 fr. par mois de retard, attribuée à l'établissement pour lequel il compte et assimilée, quant au recouvrement, aux poursuites et à la remise de peine aux débets de comptables (2). — Aux termes de l'article 28 du décret de 1862, « les mêmes peines sont applicables aux retards apportés dans la production des justifications complémentaires exigées par l'autorité chargée du jugement des comptes ». Cette disposition ne pourrait pratiquement

---

(1) Il est incontestable que si la Cour est liée par les nomenclatures, elle peut toujours réclamer par injonction la production de certificats explicatifs.

(1) D. 31 mai 1862, modifié par D. 27 janvier 1866. Art. 526, 502 et 569.
(2) D. 12 juillet 1893. Art. 222, art. 527, 561, 569, D. 31 mai 1862; V. aussi L. 16 sept. 1807, art. 12.

recevoir d'application que si les justifications complémentaires réclamées n'étaient pas de nature à entraîner, en cas d'inexécution, la mise en débet du comptable; dans le cas contraire, la Cour, en présence du refus de satisfaire du comptable, n'aurait pas d'amende à prononcer, puisqu'elle pourrait constituer le comptable en débet. — A la différence des comptes du Trésor, les comptes des départements, communes et établissements sont présentés par exercice et sous un seul document qui comprend dans des cadres distincts les opérations des douze premiers mois et les opérations complémentaires de chaque exercice.

Les comptes sont distribués par le premier président aux rapporteurs chargés de la vérification. Lorsque ces derniers, nantis des comptes et pièces qui leur sont remis par les services du greffe et des archives, ont terminé leur travail et établi leur rapport (1), ils en effectuent le dépôt avec pièces à l'appui au greffe de la chambre à laquelle ressortit le compte. L'affaire est inscrite au rôle. Lorsqu'elle est appelée, la Chambre, après avoir pris connaissance du rapport du conseiller et de l'auditeur chargé de la vérification et du contre-rapport du conseiller maître, statue sur chacune des propositions qui lui sont soumises; le rapporteur donne son avis qui n'est que consultatif, le maître rapporteur opine et chaque maître successivement, dans l'ordre de sa nomination; le président consigne sur le rapport, en regard de chaque observation, la décision prise (2).

Le jugement du compte aboutit à un arrêt, prononcé par le président. Cet arrêt ne renferme, au surplus, que celles des observations qui constituent une charge contre le comptable; la vérification a pu donner lieu, en dehors des injonctions qui s'adressent au justiciable, à une série d'observations qui, suivant leur nature et leur importance, sont adressées aux ministres seuls ou communiquées au Parlement et au chef de l'État (référés, renvois à la déclaration générale ou au rapport public), nous aurons à examiner le rôle de la Cour sur ce point. La séance est à huis clos, le comptable ne peut y faire valoir ses moyens de justification que par mémoires écrits.

1314. *Arrêts.* — « La minute des arrêts est rédigée par le rapporteur et signée de lui et du président de la Chambre; elle est remise, avec les pièces, au greffier en chef; celui-ci la présente à la signature du premier président, et ensuite en fait et signe les expéditions » (3).

Les arrêts rendus par la Cour des comptes ont un double caractère qui leur est tout à fait spécial: ils sont rendus à l'égard du comptable seul; ils sont, tout d'abord, provisoires, en ce sens que la Cour ne prononce jamais *de plano* une charge définitive contre ses justiciables.

---

(1) Aux termes de l'article 20 du décret du 28 septembre 1807, il doit être établi sur chaque compte deux cahiers d'observations, l'un relatif à la ligne de compte seulement, l'autre comprenant les observations qui peuvent résulter de la comparaison de la nature des recettes avec les lois et de la nature des dépenses avec les crédits. Pratiquement, il n'est rédigé qu'un seul rapport où se suivent, dans l'ordre des articles de la ligne du compte, les critiques de toute nature.

(2) D. 31 mai 1862, art. 415.

(3) *Ibid.* art. 416.

A la différence des procès ordinaires, judiciaires ou administratifs, où deux parties sont généralement en cause l'une pour demander, l'autre pour se défendre, la Cour, n'a en face d'elle qu'un seul justiciable, le comptable. L'administration, quel que soit l'intérêt que peut présenter pour elle le jugement du compte, n'est point en cause; il en va de même des tiers, dont la Cour ignore, en droit, les rapports avec le comptable. Les conséquences de cette règle sont les suivantes : aucun arrêt de condamnation ne saurait intervenir contre l'administration; si donc un comptable est en avance, la Cour se borne à indiquer le chiffre de cette avance mais ne condamne pas l'administration à en rembourser le montant. D'autre part, en cas de rejet de payement, le tiers auquel le comptable a payé une somme à laquelle il n'avait pas droit ne pourra être poursuivi en vertu de l'arrêt de la Cour des comptes et si le comptable veut exercer son recours contre lui, il devra le faire par les voies de droit commun.

1315. La procédure devant le juge financier ne comportant ni publicité, ni débats oraux en présence du justiciable, il a fallu, pour sauvegarder le droit de réponse de ce dernier, donner un caractère provisoire à tout arrêt comportant une charge nouvelle contre lui; en d'autres termes, une condamnation définitive n'intervient jamais contre un comptable qu'après avoir été précédée d'un premier arrêt provisoire, qui n'est, en quelque sorte, qu'une mise en demeure de fournir des justifications complémentaires. La loi du 28 pluviôse an III donnait deux mois aux comptables, à partir du jour de l'avertissement à eux donné par le bureau de comptabilité, pour contester l'arrêté de leur situation ou pour apurer leurs débets; passé ce délai, l'arrêté devenait définitif *de plano* et exécutoire. L'arrêté du 29 frimaire an IX a substitué à cette règle un système moins rigoureux et qui est toujours en vigueur : le délai de réponse reste fixé à deux mois, mais à son expiration la condamnation ne devient plus définitive *de plano*, une deuxième décision, définitive celle-là, doit la confirmer. Tel est le principe qui a passé dans l'article 1560 de l'instruction générale du 20 juin 1859 : « les charges ou injonctions que les arrêts imposent aux comptables doivent être exécutées dans le délai de deux mois à partir de la notification... S'il n'a pas été exécuté dans le délai de deux mois, l'autorité dont il émane peut rendre, à l'expiration de ce délai, un arrêt définitif qui met à la charge du comptable... les sommes ou une partie des sommes qui ont fait l'objet des charges ou injonctions contenues dans le premier arrêt. »

Cette règle souffre dans la pratique quelques tempéraments. D'abord, chaque gestion ne donne généralement pas lieu à deux arrêts, car c'est l'arrêt qui intervient sur une gestion qui statue le plus souvent sur les réponses aux injonctions de la gestion précédente; on voit dès lors que le délai de deux mois n'est pas toujours considéré par la Cour comme un terme rigoureux pour répondre. Pour les comptables sortis de fonctions la règle est plus strictement observée. — D'autre part, le caractère provisoire du premier arrêt ayant été établi dans l'intérêt des comptables, il n'y a pas lieu de le lui conserver dès lors que cet intérêt n'est plus en jeu : la nécessité de deux arrêts disparaît alors, un seul arrêt définitif interviendra. Seront donc définitifs *de plano* : les arrêts de compétence ou d'incompétence, les arrêts d'admission de pourvois, les arrêts refusant de déclarer une comptabilité occulte, les arrêts ne prononçant aucune charge lorsque le comptable est sorti de fonctions. Mais l'arrêt rendu sur l'une des gestions d'un comptable toujours en fonctions conserverait son caractère provisoire, même s'il ne prononçait aucune charge, car il renferme toujours implicitement l'injonction de reprendre au compte suivant le reliquat fixé par la Cour ce qui suffit pour mettre obstacle au caractère définitif dudit arrêt. Et cela n'est point une distinction oiseuse, car seuls les arrêts définitifs sont, comme nous le verrons plus loin, susceptibles de recours.

1316. La Cour peut rendre sur un même compte plusieurs arrêts provisoires; c'est même une règle assez généralement suivie qu'avant de mettre un comptable en débet et à moins du refus positif de la part de ce dernier de satisfaire aux injonctions, elle procède par second et même par troisième arrêt provisoire. L'apurement complet d'une gestion n'est ainsi fréquemment obtenu qu'après un certain nombre d'arrêts modifiant ou confirmant le premier provisoire.

Après la sortie de fonctions d'un comptable sont définitifs les arrêts qui prononcent sa décharge (1), son *quitus* ou qui le déclarent en débet.

1317. *Notification et exécution des arrêts.* — Les arrêts sont notifiés aux comptables en cause et à l'administration des finances ou aux administrations locales intéressés.

Les comptables reçoivent la notification directement du greffier en chef de la Cour et par lettre chargée, s'ils sont comptables du Trésor; les trésoriers généraux reçoivent dans la même forme notification des arrêts sur leur compte départemental (2); quant aux receveurs des communes et établissements assimilés, la notification leur est faite par les receveurs des finances auxquels les arrêts sont adressés par le greffe de la Cour et qui doivent, dans le délai de quinze jours, transmettre au greffier en chef le récépissé constatant qu'ils ont fait la notification (3).

Pour les comptables du Trésor, le ministre des Finances reçoit du procureur général une expédition des arrêts de la Cour; les maires et autres administrateurs des établissements publics reçoivent notification des arrêts qui les intéressent dans la forme prescrite par un décret du 12 juillet 1887, dont les dispositions ont été interprétées par une circulaire de l'Intérieur du 28 décembre suivant. Le procureur général adresse une expédition des arrêts au ministre des Finances et celui-ci, dans la quinzaine de la réception des arrêts, les communique aux préfets; dans un délai de huit jours les préfets doivent alors les notifier par lettres recommandées avec demande d'avis de réception aux maires et administrateurs, dresser un procès-verbal de cet envoi et adresser à la Cour, par l'intermédiaire du ministère des Finances, ce procès-verbal accompagné de bulletins de dépôt et des avis de réception. La règle est simplifiée pour les arrêts concernant la comptabilité départementale; les préfets reçoivent la notification par le ministre des Finances auquel ils renvoient l'avis de réception pour être transmis à la Cour (1).

1318. Les arrêts de la Cour des comptes sont exécutoires; seuls les arrêts définitifs sont revêtus de la formule d'exécution, dans les termes prescrits par l'article 403 modifié du décret du 31 mai 1862. Ces mêmes arrêts emportent hypothèque judiciaire sur les immeubles des comptables en débet. Mais la Cour n'a pas la suite de ses arrêts; c'est le ministre des Finances qui est chargé de leur exécution pour les comptables du Trésor, le préfet pour les receveurs des communes et établissements assimilés; les débets sont recouvrés à la diligence de l'agence judiciaire. — Rappelons qu'aux termes de l'article 364 du décret du 31 mai 1862, en cas de rejet, par la Cour des comptes, de payements faits sur des pièces qui ne constatent pas régulièrement la dette ou la libération de l'État, l'Administration statue sur le recours à exercer contre la partie prenante ou le signataire du mandat et sur les mesures à prendre à l'égard du comptable. Nous avons dit ailleurs quel parti le ministère des Finances prétendait tirer de cet article au point de vue de la théorie des compétences en matière de responsabilité des comptables.

ARTICLE 5. — *Voies de recours.*

1319. Les décisions de la Cour sont souveraines et ne peuvent être frappées d'appel; les seules voies de recours ouvertes sont la révision et la cassation. Seuls les arrêts définitifs peuvent être l'objet d'un recours, puisque les arrêts provisoires peuvent toujours être modifiés par le juge du compte.

1320. *Révision.* — La Cour, nonobstant l'arrêt qui aurait jugé définitivement un compte, peut procéder à sa révision, soit sur la demande du comptable, appuyée de pièces justificatives recouvrées depuis l'arrêt, soit d'office, soit à la réquisition du procureur général, pour erreurs, omissions, doubles ou faux emplois reconnus par la vérification d'autres comptes (2). La révision se porte devant la Cour elle-même; elle porte bien plutôt sur le compte que sur le premier arrêt, car elle ne repose pas sur une idée de fausse appréciation ou de mauvaise application de la loi, mais sur l'insuffisance, l'inexactitude des documents ayant servi de base à la première décision.

---

(1) L'arrêt définitif intervenu sur une gestion terminée ne prononce que la décharge lorsque le comptable reste tenu pour un autre service à l'occasion duquel il doit rendre un compte distinct dont il doit rendre n'a pas encore été apuré. Ainsi, le trésorier payeur général, quoique déchargé, en qualité de comptable départemental, n'obtiendra son quitus que lorsqu'il aura été déchargé comme comptable du Trésor.
(2) D. 12 juillet 1893, art. 230.
(3) D. 27 janvier 1866, art. 5.

(1) D. 12 juillet 1893, art. 232.
(2) D. 31 mai 1862, art. 420.

1321. Qui peut formuler la demande en révision et dans quels cas peut être formulée cette demande? Les deux questions sont liées, les cas de révision différant avec la qualité du demandeur. L'article 20 du décret de 1862 a déjà répondu; il doit être complété par l'article 540 du même décret.

a). Peut d'abord demander la révision le comptable; son droit est très étendu : il peut appuyer sa demande sur la production de toutes pièces justificatives recouvrées depuis l'arrêt (1); par la production de ces pièces, qui doivent, bien entendu, avoir eu une existence antérieure (2) à l'arrêt, on peut redresser toutes les erreurs dont elles amènent la découverte et non seulement des erreurs matérielles ou des erreurs de calcul (3).

b). La révision peut être ordonnée par la Cour des comptes elle-même, soit d'office, soit sur la réquisition du procureur général. Elle ne peut alors, aux termes de l'article 14 de la loi du 16 septembre 1807, être basée que sur un cas d'erreur, d'omission, de faux ou de double emploi reconnus par la vérification d'autres comptes. L'article 420 du décret de 1862 a substitué aux mots faux ou double emploi les mots doubles ou faux emplois qui paraissent ainsi écarter l'idée de faux proprement dit, mais comme si telle était l'intention des rédacteurs de l'article 420, cette rédaction ne saurait prévaloir contre celle de la loi de 1807, ce sont les termes de cette dernière qu'il faut seuls retenir : erreur, omission, faux, double emploi. Mais ces faits, de nature à vicier le compte jugé, ne peut-il en être fait état que s'ils sont connus par la vérification d'autres comptes? La révision ne sera-t-elle pas admise, au contraire, dans tous les cas où les faits n'ont pu être connus par les premiers juges, quelle que soit la circonstance qui les ait ultérieurement révélés? Plusieurs arrêts de la Cour (3e Chambre, 16 janvier et 22 décembre 1888, 1re Chambre, 24 mai 1894), ont admis cette dernière manière de voir et décidé que la restriction finale de l'article 14 de la loi du 16 septembre 1807 devait être prise non dans un sens limitatif, mais dans un sens énonciatif, qu'ainsi la Cour des comptes peut reviser un compte pour erreur matérielle, omission, double emploi, sans qu'il soit nécessaire que ces causes de révision aient été reconnues par la vérification d'autres comptes.

c). L'article 540 du décret de 1862 donne également aux administrations locales et aux ministres de l'Intérieur et des Finances le droit de demander la révision; du reste l'article 432 du même décret avait donné ce droit aux représentants des communes et établissements et à tous les ministres pour leurs départements respectifs à l'encontre des arrêtés rendus par les conseils de préfecture. Il est donc admis, bien que l'article 14 de la loi du 16 septembre 1807 ne fasse pas mention de cette faculté, que les ministres et les Administrations locales peuvent formuler une demande en révision. Mais les termes des articles 432

et 540 du décret de 1862 renferment des dispositions qui paraissent contradictoires et qui ont entraîné dans la jurisprudence des décisions opposées, laissant planer sur la matière une véritable incertitude. Tandis que l'article 432 limite la révision aux cas prévus par l'article 420 (erreurs, omissions, faux et doubles emplois), l'article 540 étend le recours au cas où des pièces justificatives ont été recouvrées depuis l'arrêt définitif, conférant ainsi aux ministres et Administrations locales les mêmes droits qu'aux comptables. Aussi la Cour des comptes a-t-elle pu décider par arrêt du 27 juin 1877 que, si des pièces nouvelles ont été recouvrées depuis la date du jugement, la révision ne peut être faite que sur la demande du comptable, et par arrêt du 19 mars 1888 que la révision ne peut être admise contre un comptable que dans les cas limitativement prévus par l'article 14 de la loi du 16 septembre 1807, tandis que, dans un arrêt du 12 avril 1892 (1), elle a reconnu implicitement l'admissibilité de la révision contre le comptable si une pièce recouvrée lui dénonçait un fait nouveau, ignoré lors du jugement et entraînant une erreur matérielle.

En somme, la règle générale, applicable aux demandes de révision formulées par le comptable ou contre lui, paraît avoir été posée dans un arrêt de la Cour du 12 décembre 1888 (2) duquel il résulte que le redressement des comptes déjà jugés peut avoir lieu toutes les fois que la production de pièces nouvelles, le rapprochement de comptes nouveaux révèlent des faits matériels existant lors du premier jugement, mais qui, étant restés ignorés ou celés à cette époque, sont de nature à vicier le jugement (3).

1322. Quant à la procédure en révision elle est soumise aux mêmes règles que les pourvois, en ce qui concerne la notification de la demande à la partie adverse et la reddition de deux arrêts statuant, l'un sur l'admission de cette demande, l'autre sur le fond (4). La partie qui demande la révision doit rédiger une requête en double original; l'un des doubles est adressé à la partie adverse qui en donne récépissé et l'autre double est envoyé à la Cour avec la preuve de la notification. La Cour rend alors un 1er arrêt statuant à titre définitif sur l'admissibilité de la demande. Si le recours est admis il est procédé à la révision par un jugement sur le fond au vu des pièces justificatives présentées par les intéressés; cet arrêt est d'abord provisoire, puis définitif comme les arrêts ordinaires de la Cour. Lorsque la révision a lieu d'office ou sur la requête du procureur général, la Cour rend un 1er arrêt mettant le comptable en demeure de produire les justifications à sa décharge; il est ensuite statué sur le fond, comme ci-devant, par deux arrêts, l'un provisoire, l'autre définitif.

La révision n'est soumise qu'à la prescription trentenaire. Elle n'est pas suspensive, mais la Cour peut accorder un sursis.

---

(1) Si le comptable avait eu toute facilité de faire usage des pièces antérieurement à la décision attaquée, il n'y aurait pas lieu à revision (C. des comptes, 2e Chambre, 13 mai 1889).

(2) C. des comptes, 1re Chambre, 10 avril 1877 (Leb. 1878, 4e sup., p. 14).

(3) V. C. d'Et. Cont. 13 avril 1870. Note présidentielle n° 49 p. 103.

(1) Lebon 1892, p. 1035.
(2) Lebon 1888, p. 1063.
(3) Note présidentielle n° 70 bis, p. 103 n° 7.
(4) D. 31 mai 1862, art. 420, 2e alinéa.

1323. *Cassation.* — Dans le cas où un comptable se croirait fondé à attaquer un arrêt pour violation des formes ou de la loi (et ajoutons pour incompétence ou excès de pouvoirs) il doit se pourvoir dans les deux mois (1), pour tout délai, à compter de la notification de l'arrêt, au Conseil d'Etat. Le ministre des Finances, et tout autre ministre pour ce qui concerne son département, les représentants des Administrations locales, peuvent, dans le même délai, se pourvoir au Conseil d'Etat contre les mêmes arrêts (2). Le pourvoi ne peut être élevé que contre un arrêt définitif; le Conseil d'Etat statue comme tribunal de cassation.

1324. Qui peut se pourvoir en cassation? Nous venons de le voir : le comptable, les ministres, les représentants légaux des Administrations locales intéressées. Il faut y ajouter les contribuables d'une commune, dans les conditions déterminées à l'article 123 de la loi du 5 avril 1884. Contre quels arrêts? Contre les arrêts définitifs de la Cour des comptes entachés de l'une des irrégularités suivantes : violation des formes ou de la loi (absence de rapport d'un conseiller référendaire, nombre de maîtres insuffisant...); incompétence (jugement de comptabilités échappant à sa juridiction); excès de pouvoirs (révision admise en dehors des cas légaux, condamnations contre des ordonnateurs...). Dans quel délai? Le délai primitivement de 3 mois à partir de la notification de l'arrêt se trouve réduit à 2 mois par application du § 4, article 24 de la loi du 13 avril 1900, suivant un avis du Conseil d'Etat du 12 juin 1907. Ce délai court de la date du récépissé donné par le comptable sur les registres de la poste, pour les comptables du Trésor; pour les autres comptables de la date à laquelle la notification les a touchés par l'intermédiaire du receveur des finances. Il a été jugé (3) que la notification ne fait courir les délais du pourvoi que lorsqu'elle a eu lieu par exploit signifié à personne ou à domicile. Cette opinion a été discutée par les auteurs; les uns ont déclaré la notification administrative suffisante dans tous les cas, les autres exigent une notification par huissier lorsque la décision attaquée a été rendue contre le Trésor. Quoi qu'il en soit de cette discussion, dans la pratique les notifications sont faites en la forme administrative et sont généralement considérées comme suffisantes pour faire courir en cette forme le délai de deux mois.

1325. En sa qualité de tribunal de cassation au regard des arrêts de la Cour, le Conseil d'Etat peut mettre l'arrêt à néant, mais il ne peut rendre, par évocation de l'affaire, un nouvel arrêt venant se substituer au premier. Il lui est fait application de l'article 3 de la loi des 27 novembre-1er décembre 1790 sur l'organisation du tribunal de cassation, ainsi conçu : « il annulera toutes procédures dans lesquelles les formes auront été violées et tout jugement qui contiendra une contravention expresse au texte de la loi. Sous aucun prétexte et en aucun cas le tribunal ne pourra connaître du fond des affaires; après avoir cassé les procédures ou les jugements, il renverra le fond des affaires aux tribunaux qui devront en connaître. » Par application de cette disposition, le Conseil d'Etat, lorsqu'il a cassé un arrêt de la Cour des comptes, renvoie de nouveau devant cette juridiction. Les articles 424 et 425 du décret du 31 mai 1862, qui ne font que reproduire les termes d'une ordonnance du 1er septembre 1819 tracent la procédure à suivre : lors qu'après cassation d'un arrêt de la Cour des comptes le jugement du fond a été renvoyé à ladite Cour, l'affaire est portée devant l'une des Chambres qui n'en ont pas connu. Dans le cas où un ou plusieurs membres de la Chambre qui a rendu le premier arrêt sont passés à la Chambre nouvellement saisie de l'affaire, ils s'abstiennent d'en connaître, et ils sont, si besoin est, remplacés par d'autres conseillers-maîtres, en suivant l'ordre de leur nomination. En 1840, à la Chambre des députés s'est fait jour une opinion qui se basant sur les termes de l'ordonnance de 1819 «lorsque le jugement du fond a été renvoyé à la Cour, » prétendait donner au Conseil d'Etat la faculté d'évoquer le fond de l'affaire; mais cette interprétation n'a pas été admise et on est d'accord aujourd'hui pour reconnaître que le Conseil d'Etat n'a pas compétence pour statuer au fond, après cassation d'un arrêt de la Cour des comptes.

Le renvoi a lieu de plein droit et l'arrêt du Conseil d'Etat n'a pas besoin de le prononcer. Dans un arrêt du 8 juillet 1904 (1) le Conseil d'Etat a déclaré que la Cour des comptes est placée sous son autorité souveraine lorsqu'il statue au contentieux pour l'interprétation de la loi et qu'elle est tenue de faire application de sa décision au jugement de l'affaire à l'occasion de laquelle les questions de légalité ont été définitivement résolues par le Conseil. La nouvelle Chambre de la Cour à laquelle l'affaire est renvoyée après cassation est donc, d'après l'arrêt du 8 juillet 1904, liée en droit par l'interprétation donnée par le Conseil.

Le recours au Conseil d'Etat n'a pas d'effet suspensif s'il n'en est autrement ordonné (2).

ARTICLE 6. — *La Cour des comptes juge d'appel.*

1326. Bien que la présente étude n'ait pour objet que le Trésor public et semble, par conséquent, devoir laisser à l'écart les comptabilités communales et hospitalières, ou assimilées, dont le jugement appartient aux conseils de préfecture et, sur appel, à la Cour des comptes, il paraît nécessaire de dire quelques mots du rôle de cette dernière juridiction en tant que juge d'appel.

Le principe de l'appel devant la Cour des comptes contre les arrêts de comptes des conseils de préfecture a été posé par l'ordonnance du 28 janvier 1815, confirmée par celle du 23 avril 1823 et par les lois municipales de 1837 et de 1884. L'article 530 du décret du 31 mai 1862 décide que les communes et les comptables peuvent se pourvoir par appel devant la Cour des comptes contre tout arrêté de compte définitif rendu par les conseils de

---

(1) V. *infra*, n° 1324.
(2) L. 16 septembre 1807, art. 17; D. 31 mai 1862, art. 423 et 539.
(3) C. d'Ét. cont. 28 juillet 1819.

(1) V. Panhard 1904 p. 557.
(2) D. 22 juillet 1806, art. 3.

préfecture. La même faculté existe pour les établissements de bienfaisance et établissements assimilés (1), ainsi que pour les comptabilités jugées par les conseils privés des colonies (2).

1327. Qui peut appeler? 1° Le comptable, d'abord; il est, en effet, directement mis en cause par l'arrêté. 2° La commune ou l'établissement. Bien qu'ils ne soient pas juridiquement parties en cause à l'instance, ils sont intéressés dans l'affaire et admis à faire valoir leurs griefs par voie d'appel. Les maires et commissions administratives introduisent l'appel; en matière communale, le maire ne peut interjeter appel s'il n'y est autorisé par le conseil municipal. Mais la commune ou l'établissement doivent-ils en outre, être autorisés par le conseil de préfecture pour élever l'appel? La négative paraît certaine; la question s'est posée devant le Sénat lors de la discussion de la loi de 1884 et a été résolue en ce sens; d'autre part, il serait assez anormal de demander au conseil de préfecture l'autorisation d'élever appel contre un arrêté de ce même conseil; enfin les frais des instances administratives étant insignifiants, on n'a pas cru devoir les entourer des mêmes garanties de tutelle que les instances judiciaires. 3° Les contribuables d'une commune dans les conditions de l'article 123 de la loi de 1884, c'est-à-dire après mise en demeure au conseil municipal d'interjeter appel, ou après désistement de l'appel interjeté, peuvent appeler eux-mêmes à leurs risques et périls des arrêtés concernant les comptes de cette commune; mais ici plusieurs arrêts du Conseil d'Etat ont décidé que l'autorisation du conseil de préfecture leur était nécessaire (3). Le droit des contribuables a été limité par la loi aux actions communales; ils ne pourraient donc former appel contre un arrêté sur les comptes d'un bureau de bienfaisance (4). 4° Les ministres de l'Intérieur et des Finances (5).

1328. Quels arrêtés sont susceptibles d'appel? Seuls les arrêtés définitifs sont susceptibles d'appel; tant que le conseil de préfecture ou le conseil privé des colonies n'aura pas épuisé sa juridiction, l'appel sera irrecevable; telle est la jurisprudence constante de la Cour des comptes appuyée, du reste, sur les termes de la loi (6). Il faut donc, en principe, que la première juridiction ait rendu sur le même compte deux arrêtés, l'un provisoire, l'autre définitif; toutefois nous avons dit précédemmment que le caractère provisoire des arrêts de la Cour ayant été établi dans l'intérêt du comptable, une première décision devenait définitive dès que cet intérêt n'était plus en jeu, et nous en avons donné des exemples. Le même principe s'applique aux arrêtés des conseils de préfecture et des conseils privés des colonies entraînant pour conséquence la recevabilité de l'appel contre tout arrêté ayant le caractère définitif.

1329. *Dans quel délai* l'appel doit-il être formé? L'article 5 de l'ordonnance du 28 décembre 1830 (art. 535 du décret du 31 mai 1862) a fixé à trois mois le délai donné pour interjeter appel. Ce délai court à dater de la notification de l'arrêté faite au comptable et à l'établissement dans les conditions prescrites par les décrets des 27 janvier 1866 et 12 juillet 1887, et la circulaire interprétative de l'Intérieur du 18 décembre 1887. Est applicable aux appels devant la Cour des comptes la disposition de l'article 1033 du Code de procédure civile, modifié par la loi du 3 mai 1862, aux termes duquel le jour de la signification et celui de l'échéance ne sont point compris dans le délai général fixé pour les ajournements, les citations, sommations et autres actes faits à personne ou à domicile (1). Le délai ne court que du jour indiqué par le récépissé de notification de l'arrêt attaqué à l'appelant ou par un acte authentique constatant la signification de ce même arrêté; un certificat délivré par un fonctionnaire administratif n'établit pas suffisamment la notification. D'autre part, la notification à l'intimé de l'arrêt attaqué ne fait pas courir le délai contre l'appelant (2).

1330. *Requête en appel; sa forme et sa notification.* — Dans le délai qui vient d'être indiqué, l'appelant rédige une requête en double original; l'un est remis à la partie adverse contre récépissé ou notifié par huissier, si elle refuse de le recevoir, l'autre est adressé au juge d'appel auquel il doit parvenir, accompagné d'une expédition de l'arrêté dont appel, au plus tard dans le mois qui suit l'expiration du délai d'appel. La requête n'a pas été soumise à une forme précise; il faut, mais il suffit, qu'elle informe exactement les juges des causes de l'appel; il faut qu'elle émane d'une personne ayant qualité pour appeler, ainsi une délibération du conseil municipal autorisant le maire à appeler ne constitue une requête, même si elle est notifiée à l'adversaire (3). Il faut, d'autre part, qu'elle ait été notifiée à l'adversaire; cette notification sera établie soit par un récépissé de ce dernier, soit par un procès-verbal d'huissier constatant la signification. La requête du comptable appelant contre une commune doit être signifiée au maire, ou à l'adjoint, ou, en leur absence à un conseiller municipal dans l'ordre du tableau; mais l'appel serait irrecevable si la requête avait été signifiée au préfet et non au maire (4).

1331. *Procédure devant la Cour.* — Une fois saisie de la requête, la Cour statue en premier lieu sur la *recevabilité* de l'appel (cas d'appel, accomplissement des formalités, compétence). L'arrêt spécial qui est rendu sur cette question a le caractère d'arrêt définitif : au cas où l'arrêt déclare l'appel irrecevable, l'affaire est rayée du rôle, à moins que le rejet provienne de l'absence de productions suffisantes dans le mois qui a suivi l'expiration du délai du pourvoi, auquel cas la Cour peut accorder un nouveau délai et surseoir à la radiation. Toute requête rejetée

---

(1) D. 31 mai 1862, art. 561 et 569.
(2) *Ibid.*, art. 664.
(3) C. d'Ét. cont. 15 janvier 1868, 1er juin 1870.
(4) C. des comptes 4 juin 1872.
(5) Instruction générale de 1859, art. 1566.
(6) Note présidentielle 49, p. 97. Cour des comptes, 21 mars 1872, 5 décembre 1881, 26 janvier 1891, 15 novembre 1887, etc.

(1) C. des comptes, 18 juin 1894.
(2) C. des comptes, 7 juillet 1887, 20 février 1891, 11 mai 1882.
(3) C. des comptes, 12 février 1872, 15 novembre 1880.
(4) C. des comptes, 28 juin 1868, 11 mai 1882, 29 avril 1884, 26 janvier 1891.

pour défaut d'accomplissement des formalités prescrites ne peut être reproduite que si le délai de trois mois accordé pour l'appel n'est pas expiré (1). Si l'arrêt prononce l'admission de la requête, il y a lieu d'entamer la procédure *au fond*. A partir de la notification de l'arrêt d'admission, appelant et intimé ont un délai de deux mois pour produire les pièces justificatives; ce délai peut, d'ailleurs, être prolongé par la Cour. L'article 536 du décret de 1862 ne parle que de l'appelant, mais il y a lieu de le compléter par l'article 1568 de l'Instruction générale de 1859 qui accorde aux deux parties en cause la faculté de produire. Faute de produire dans le délai imparti, l'appelant est considéré comme s'étant désisté et la requête est rayée du rôle, à moins que le délai primitif de trois mois ne soit pas expiré et qu'une nouvelle instance complète puisse alors être engagée. Les préfets reçoivent notification des arrêts d'admission, car ils peuvent être requis de produire des pièces déposées au greffe du conseil de préfecture.

Au reçu des justifications, la Cour examine l'appel au fond. Elle rend alors un arrêt, qui est définitif, en principe, car les parties ont eu tous les moyens et délais de faire valoir leurs explications et défenses. Il en serait autrement si l'arrêt sur le fond ne se bornait pas à infirmer ou à confirmer purement et simplement la décision attaquée, c'est-à-dire au cas où la Cour, usant du droit d'évocation qui lui appartient de droit commun (2), statuerait sur des points non en discussion dans l'instance d'appel. Ici la Cour devrait prononcer deux arrêts, suivant la règle générale, dont le premier serait provisoire.

Les pourvois par appel devant la Cour des comptes n'ont pas d'effet suspensif. C'est ce qui résulte d'un avis du Conseil d'État du 9 février 1808, rappelé par la circulaire du ministre de l'Intérieur du 15 décembre 1837 et par l'article 1574 de l'instruction générale du 20 juin 1859, Toutefois, la juridiction saisie de l'appel peut, si elle le juge convenable, accorder un sursis (3).

L'introduction devant le conseil de préfecture de la demande en revision d'un compte jugé par un arrêt définitif n'empêche pas le pourvoi en appel contre ce même arrêté d'être recevable devant la Cour des comptes (4).

ARTICLE 7. — *Contrôle des ordonnateurs. — Référés.*

1332. Si la Cour n'a pas à juger les administrateurs et ordonnateurs, elle n'en exerce pas moins un véritable contrôle sur les actes et procédés de caractère administratif que la vérification des comptabilités a révélés contraires aux règlements financiers. Elle possède le droit de demander toutes explications à leur égard et, si ces explications ne sont pas données ou sont insuffisantes, le droit de les critiquer publiquement : la demande d'explications s'appelle référé; la critique publique a lieu par la voie du rapport annuel au chef de l'État.

Aux termes de l'article 5 du décret du 28 septembre

1807, s'il survient, au jugement d'un compte, des difficultés qui présentent une question générale, le président de la Chambre en informera le premier président, qui en référera au ministre des Finances, pour y être pourvu s'il y a lieu. La procédure de référé puise son origine dans ce texte. Seulement, dans la pratique, si le référé est toujours signé par le premier président, l'initiative ne lui en appartient pas seul; la plupart des référés sont même prononcés directement par les Chambres et ne sont transmis à la première présidence qu'après décision prise.

Les référés sont adressés indistinctement à tous les ministres. Pour les comptabilités du Trésor, le ministre saisi par cette voie est généralement celui dont les crédits ont supporté la dépense à l'occasion de laquelle a été constatée l'irrégularité administrative; pour les comptabilités locales, c'est le ministre de l'Intérieur qui reçoit, en principe, le référé; du reste, un même référé est souvent adressé cumulativement à plusieurs ministres qu'il intéresse également.

Dans la forme, le référé est une lettre adressée au ministre par le premier président de la Cour. Cette lettre renferme, suivant la nature des faits, soit une critique précise (procédés contraires aux règlements de comptabilité, taxes illégalement perçues), soit une demande d'explication; souvent même c'est une consultation sur l'opportunité d'une réforme.

Par sa réponse, le ministre fait connaître les mesures prises pour empêcher le retour des faits critiqués ou discute la critique. Si la Cour ne reçoit pas de réponse ou n'obtient pas satisfaction, elle a toujours le droit, et elle en use toutes les fois que la question est importante, de soumettre au Parlement par la voie du rapport public, les observations qu'elle a formulées.

ARTICLE 8. — *Déclarations générales et rapport public. La Cour des comptes auxiliaire du Parlement.*

1333. Aux termes de l'article 102 de la loi du 15 mai 1818 (1), le règlement définitif des budgets est l'objet d'une loi particulière et les comptes des ministres sont joints à la proposition de cette loi.

Afin de faciliter au Parlement sa tâche et de lui permettre de statuer sur le règlement définitif des budgets en s'appuyant sur des documents qui lui apportent la preuve de l'exactitude des comptes ministériels et qui lui signalent les irrégularités graves commises au cours de l'exercice, les ordonnances du 14 septembre 1822 et 9 juillet 1826 ont institué le contrôle de la Cour sur les comptes des ministres et les déclarations générales de conformité. La loi du 16 septembre 1807 avait, d'autre part, dans son article 22, prescrit l'élaboration et la présentation au chef de l'État du rapport annuel, dont la loi du 22 avril 1832, art. 15, a ordonné l'impression et la distribution aux Chambres.

1334. *Déclarations générales de conformité.* — Les comptes des ministres dont le contrôle a été attribué à la Cour

---

(1) D. 31 mai 1862, art. 537 et 538.
(2) C. pr. civ. Art. 473. C. des comptes, 28 novembre 1878.
(3) Note présidentielle 49, p. 106; C. des comptes, 13 juillet 1893.
(4) C. des comptes, 12 février 1878.

---

(1) D. 31 mai 1862, art. 107.

sont de deux natures essentiellement différentes : l'un, le compte général de l'Administration des finances, n'est pas l'objet d'un règlement législatif, ce n'est pas un compte budgétaire, mais un compte présentant chaque année la situation de tous les services financiers de l'État, où les opérations de trésorerie trouvent une large place, un véritable compte de gestion avec encaisse d'entrée, recettes et dépenses, encaisse de sortie ; les autres, comptes budgétaires spéciaux au budget qu'ils concernent, retracent toutes les opérations de ce budget en recettes (ministère des Finances) comme en dépenses (autant de comptes que de ministères et de budgets annexes). La Cour est ainsi amenée à rendre une double déclaration générale de conformité entre ces comptes et les comptes des comptables qu'elle a vérifiés sur pièces : déclaration d'*année* concernant le compte général des finances, déclaration d'*exercice* concernant les comptes budgétaires ministériels.

Dans les deux cas, l'un des termes de comparaison reste le même, ce sont les comptes des comptables. Quant au mécanisme qui permet, par une série de généralisations successives, de faire ce rapprochement entre un document unique, le compte ministériel et les nombreux comptes des comptables, nous ne pouvons entrer dans le détail et nous devons nous borner à analyser les dispositions des articles 437 et suivants du décret du 31 mai 1862.

1335. La Cour reçoit du ministre des Finances des résumés généraux, établis par classes de comptables (trésoriers-payeurs généraux, enregistrement, douanes, contributions indirectes, postes, etc...) avec les divisions adoptées dans le compte général des finances ; l'ensemble des résumés présente toutes les opérations faites par les diverses classes de comptables et par chapitre du budget. Un document spécial dit résumé général des virements de comptes permet de ramener à leur vrai jour les opérations nombreuses qui ont été l'objet de virements en cours ou en fin d'exercice. Le premier groupement donne lieu à une première comparaison laquelle aboutit à une série de *déclarations spéciales* de conformité, prononcées par chaque Chambre compétente après rapprochement entre les résumés et les comptes individuels. Le ministre des Finances envoie à la Cour, en outre des résumés, un tableau général comparatif, sorte de résumé des résumés, établi non par classes de comptables, mais par totaux de chaque classe et dont l'exactitude est établie par la comparaison avec les déclarations spéciales. Quand ce second rapprochement est fait, il ne reste plus qu'à rapprocher le tableau comparatif des comptes ministériels et à constater l'accord par une *déclaration générale* de conformité. Les déclarations générales sont rendues par la Chambre du conseil, sur le rapport d'un conseiller référendaire et le contre-rapport d'un conseiller-maître ; elles sont prononcées en séance publique.

Qu'il s'agisse de la déclaration d'année ou de celle d'exercice, le même procédé de généralisations est employé et la même procédure suivie ; il y a seulement entre ces deux déclarations des différences qui tiennent à ce que les comptes ministériels dont la conformité est déclarée, ne sont pas les mêmes. Ainsi, la déclaration d'année embrassera toutes les opérations effectuées dans l'année, tant

XXVI

budgétaires que de trésorerie ; la déclaration d'exercice se restreindra aux opérations budgétaires, mais s'étendra même aux budgets annexes que ne vise pas la déclaration d'année.

La Cour mentionne spécialement dans ses déclarations : que les opérations comprises au compte d'apurement des dépenses des exercices clos ont été faites conformément aux règles tracées par la loi du 23 mai 1834 (déclaration d'année) ; que les mesures prescrites par l'article 13 de la loi du 3 mai 1842, pour l'ordonnancement et le paiement des créances portées au titre des exercices périmés et non frappées de déchéance, ont été régulièrement exécutées (déclaration d'exercice).

1336. Les déclarations générales, imprimées et distribuées aux Chambres en même temps que le rapport public, sont accompagnées d'un état des irrégularités et infractions aux lois et règlements sur la comptabilité publique n'engageant pas la responsabilité des comptables : omissions de recettes et de dépenses par voie de compensation (infractions aux articles 16, 34 et 44 du décret du 31 mai 1862) ; interversions de recettes d'un exercice à un autre (infractions à l'article 6 du même décret) ; dépenses sans crédits réguliers (infractions aux articles 11 et 43 du même décret) ; interversions de dépenses d'un exercice à un autre (infractions aux articles 6 et 8 du même décret) ; interversions de dépenses d'un ministère à un autre (infractions à l'article 12 de la loi du 25 janvier 1831 et à l'article 30 de la loi du 16 septembre 1871) ; interversions de dépenses d'un chapitre à un autre dans le même ministère (infractions à l'article 30 de la loi du 16 septembre 1871) ; irrégularités diverses. Le document se termine par les éclaircissements donnés par les divers ministres en réponse aux observations de la Cour ; la distribution aux Chambres n'a lieu, en effet, qu'après la publication de ces réponses, ce qui met le Parlement mieux à même d'en apprécier la portée et d'élever, lors du règlement de chaque exercice, les critiques auxquelles a donné lieu la gestion ministérielle.

1337. *Rapport annuel au Chef de l'État.* — Par les déclarations générales, le Parlement reçoit de la Cour des Comptes l'assurance que sont exacts et sincères les résultats présentés par les comptes ministériels, déposés sur le bureau des Chambres à l'appui de chaque projet de loi de règlement et à la date fixée par l'article 6 de la loi du 25 janvier 1889.

Mais les lois (1) ont conféré à la Cour une autre mission qui puise dans le caractère de la haute assemblée une importance toute particulière, celle de réunir dans un rapport annuel et pour toutes les comptabilités, les irrégularités administratives d'ordre général qui présentent un caractère grave, de signaler ainsi les abus qu'elle a constatés et d'exposer les vues de réforme et d'améliorations qui lui ont été suggérées par ses travaux.

Toute observation présentant les caractères ci-dessus, qui est relevée à l'occasion du jugement d'une comptabi-

(1) L. 29 septembre 1791, 28 pluviôse an III, S. C., 26 mai 1804. L. 16 septembre 1807, art. 22.

lité, est renvoyée par la Chambre auquel ressortit le compte au comité dit du rapport public. Ce comité, formé chaque année par le premier président, se compose des trois présidents de Chambre, du procureur général et de trois conseillers-maîtres élus par leurs collègues à raison d'un par Chambre; il est présidé par le premier président. Un président de Chambre est spécialement chargé de diriger l'instruction des dossiers qui sont répartis entre les trois conseillers-maîtres et examinés, sur le rapport de ceux-ci, dans les séances du comité. Les observations retenues sont réunies dans un rapport dont la rédaction est discutée, délibérée et arrêtée en Chambre du conseil, en présence du procureur général (1).

Le rapport public est remis par le premier président au Président de la République; il est imprimé et distribué aux Chambres en même temps que les éclaircissements fournis en réponse par les divers ministères et dans un délai que la loi du 14 avril 1896, article 21, portant règlement du budget de l'exercice 1887, a fixé au 1er novembre de l'année qui suit la clôture de l'exercice expiré.

MICHEL TARDIT,

Maître des Requêtes au Conseil d'État.

L. DE FOUCHIER,

Conseiller Référendaire à la Cour des Comptes.

CH. DE FOUCHIER,

Auditeur à la Cour des Comptes.

ANDRÉ RIPERT,

Auditeur au Conseil d'État.

MAZERAT,

Auditeur au Conseil d'État.

TABLE ALPHABÉTIQUE.

(1) D. 31 mai 1862, art. 447.

TRÉSORERIE. [Voy. ALGÉRIE, COLONIES, ORGANISATION FINANCIÈRE, RETRAITE (PENSIONS DE), TRÉSOR PUBLIC.]

TRÉSORIERS DES FABRIQUES ET DES CONSISTOIRES. (Voy. CULTES, DONS ET LEGS, ÉLECTIONS, SÉPARATION DES ÉGLISES ET DE L'ÉTAT)

TRÉSORIERS DES INVALIDES DE LA MARINE. [Voy. ORGANISATION MARITIME COMMERCIALE, RETRAITE (PENSIONS DE).]

TRÉSORIERS PAYEURS COLONIAUX. (Voy. COLONIES, TRAITES DU TRÉSOR, TRÉSOR PUBLIC.)

TRÉSORIERS PAYEURS GÉNÉRAUX. [Voy. ALGÉRIE, BANQUES, BIBLIOTHÈQUES, CAISSE DES DÉPÔTS, COLONIES, COMMUNE, DÉPARTEMENT, LÉGALISATION, PÊCHE FLUVIALE, RETRAITE (PENSIONS DE), TRÉSOR PUBLIC.]

TRIAGE (DROIT DE). (Voy. FORÊTS.)

TRIBUNAL DE LA CHAUDERIE. (Voy. COLONIES.)

TRIBUNAL DES CONFLITS. (Voy. CONTENTIEUX, SÉPARATION DES POUVOIRS.)

TRIBUNAL CONSULAIRE. [Voy. AGENTS DIPLOMATIQUES, LEVANT (ECHELLES DU).]

TRIBUNAL TERRIER. (Voy. COLONIES.)

TRIBUNAUX ADMINISTRATIFS. (Voy. CONTENTIEUX, DÉPARTEMENT, ENREGISTREMENT, SÉPARATION DES POUVOIRS.)

TRIBUNAUX DE L'AMIRAUTÉ. (Voy. ORGANISATION MARITIME COMMERCIALE, PÊCHES MARITIMES.)

TRIBUNAUX CIVILS. [Voy. DONS ET LEGS, ETAT DE GUERRE, FONCTIONNAIRES, FORÊTS, GARDES CHAMPÊTRES, IMPÔTS INDIRECTS, OCTROI, ORGANISATION JUDICIAIRE, PRUD'HOMMES, RURAL (DROIT), SCEAU.]

TRIBUNAUX DE COMMERCE

SOMMAIRE :

INTRODUCTION.

PRINCIPES GÉNÉRAUX.

1. Les procès commerciaux ne sont pas portés devant les tribunaux civils, mais devant des tribunaux d'exception, dont les magistrats, élus et temporaires, composent le *tribunal de commerce*.

2. L'existence de cette juridiction et son maintien dans notre organisation judiciaire s'expliquent par la tradition historique. Au moyen âge, les commerçants constituaient, dans toute l'Europe, des corporations autonomes, pourvues d'une véritable souveraineté. Ces corporations avaient des chefs, les consuls, choisis par leurs membres, qui tranchaient tous les différends entre les marchands, et tous ceux qui leur étaient portés volontairement, quand l'une des parties appartenait à la cor-

poration. Ces consuls étaient des arbitres, bien plus que de véritables juges.

Les auteurs discutent sur le point de savoir à quelle époque apparut pour la première fois en France l'institution des juges de commerce. La plupart admettent que les « conservateurs » des grandes foires de Champagne, de Lyon et de Brie, ont constitué les premiers juges de commerce dans notre ancien droit français.

Les forains élisaient ce conservateur. Ses décisions étaient limitées aux procès de foire ; il était chargé en même temps de la police de la foire, et jouissait d'un pouvoir plus étendu que celui des juges consulaires modernes.

En 1563, un écrit de Charles IX institua à Paris un tribunal consulaire, composé de cinq juges, élus par les notables commerçants de la place et renouvelé chaque année par ses électeurs, dont la liste était dressée par le tribunal lui-même. Ce tribunal ne jugeait que sauf appel au Parlement de Paris, dans les affaires dépassant 500 livres.

Cette juridiction, ayant donné toute satisfaction à ses justiciables, fut étendue successivement par divers édits à toutes les grandes places commerciales du royaume. Il en existait environ 80 à la fin de l'ancien régime. La compétence des tribunaux consulaires était limitée aux contestations commerciales terrestres. Les procès de droit maritime étaient jugés par les cours d'amirauté ; en outre, les faillites restaient soumises aux tribunaux ordinaires.

3. Les tribunaux de commerce ont survécu à la Révolution. Ils ont conservé une assez grande popularité dans le monde des affaires, malgré la difficulté qu'il y a à recruter leurs membres dans les petits centres, malgré l'ignorance fréquemment constatée de leur personnel.

Le succès de cette juridiction s'explique sans peine :
1° Les juges commerçants disposent d'une autorité plus grande que n'en auraient les juges ordinaires sur les plaideurs qui sont, le plus souvent, commerçants eux-mêmes. Ils font plutôt office d'arbitres que de juges. C'est ainsi que dans un tiers des cas, les procès portés devant les tribunaux de commerce aboutissent à une transaction ;
2° Dans tous les cas graves, la Cour d'appel réforme les jugements des tribunaux de commerce — ce qui évite les erreurs juridiques possibles de ces juridictions ;
3° La juridiction commerciale jouit d'une procédure particulièrement rapide et économique, bienfait inappréciable pour tous les justiciables en général, mais plus encore pour les commerçants.

CHAPITRE PREMIER.

ORGANISATION ET COMPOSITION DES TRIBUNAUX DE COMMERCE.

ARTICLE PREMIER. — *Création, répartition et ressort des tribunaux de commerce.*

4. Les tribunaux de commerce n'existent pas uniformément sur tout le territoire. Le Chef de l'Etat, par décret en Conseil d'Etat, en détermine le nombre et en fixe la répartition entre les villes qui, aux termes de l'article 615, C. comm., sont susceptibles d'en recevoir par l'importance de leur commerce et de leur industrie. En principe le ressort du tribunal consulaire coïncide avec celui du tribunal civil, avec l'arrondissement. Toutefois, un arrondissement peut être divisé en plusieurs ressorts si son importance le comporte. Le décret organique fixe dans ce cas le ressort de chaque tribunal.

Dans les arrondissements trop peu importants pour qu'il y soit créé un tribunal de commerce le tribunal civil en tient lieu. Il suit alors les règles de compétence et de procédure commerciales.

La création ou la suppression d'un tribunal de commerce soulève des difficultés pour les règlements de compétence. Des opinions diverses ont été soutenues sur ce point. Dans un premier système, on prétend que le seul fait d'avoir lancé une assignation devant un tribunal donne le droit au demandeur d'être jugé par ce tribunal en vertu de la vieille règle romaine : *ubi acceptum est semel judicium ibi et finem accipere debet* (1).

Un second système dit qu'il n'y a droit acquis que pour les affaires en état au moment où intervient le décret qui modifie les compétences, mais ces affaires doivent être tranchées par le tribunal saisi.

Les deux systèmes ci-dessus exposés exagèrent la portée du principe de la non-rétroactivité des lois. Il ne peut y avoir en matière de compétence de droit acquis et les lois nouvelles de compétence doivent être rétroactives puisqu'elles ont pour but une meilleure administration de la justice. Il est vrai que la modification des juridictions pourra être pour les plaideurs une cause de retard et de frais supplémentaires ; c'est le décret organique qui doit prévoir ces difficultés et y parer par des dispositions transitoires (2).

D'après la statistique officielle, il existe (1908) 226 tribunaux de commerce en France et 4 en Algérie ; 166 tribunaux civils en France, 14 en Algérie jugeant commercialement.

5. Les juridictions consulaires sont des tribunaux de première instance. Le 24 décembre 1895, M. Félix Faure déposa à la Chambre un projet de loi tendant à la création des cours d'appel commerciales. Ce projet bouleversait complètement notre organisation judiciaire. Il soumettait pour les arrondissements où il n'existait pas de tribunaux de commerce les jugements des tribunaux civils à l'examen d'une juridiction commerciale. Ce ne fut jamais discuté. Aucun pays étranger ne possède d'ailleurs une juridiction commerciale du second degré.

6. Le recrutement et l'élection des membres des tribunaux de commerce ont déjà été examinés (3). Aucune modification n'a été introduite dans les règles qui s'y appliquent.

---

(1) Aubry et Rau, *Dr. civ.* t. 1, 30 ; § Garsonnet, *Proc. civ.* t. 1, § 418.
(2) Lyon-Caen et Renault, *Dr. comm.* t. 1, n° 512.
(3) *V. supra* v° ÉLECTIONS.

7. Les tribunaux de commerce sont placés sous la surveillance du garde des sceaux qui peut réprimander les juges consulaires ou les faire appeler pour recevoir leurs explications sur les faits qui leur sont reprochés. Mais les magistrats consulaires ne sont pas soumis au contrôle de la Cour de Cassation statuant comme conseil supérieur de la magistrature.

Les fonctions de membre du tribunal de commerce sont honorifiques, c'est-à-dire non rétribuées (1). Comme ces fonctions sont temporaires, elles ne peuvent comporter l'honorariat (2).

8. Les magistrats consulaires, à la différence des magistrats civils, peuvent remplir toutes les charges électives; ils ne sont pas dispensés de la tutelle et des charges publiques analogues; ils ne jouissent pas d'un privilège de juridiction quand ils commettent des crimes et délits étrangers à leurs fonctions. Les règles spéciales du privilège de juridiction s'appliquent toutefois aux crimes et délits commis dans l'exercice de leur fonction soit par un juge, soit par le tribunal de commerce tout entier (3). Dans les cérémonies publiques, les tribunaux de commerce sont placés immédiatement après les tribunaux civils de première instance.

ARTICLE 2. — Composition du tribunal.

9. Chaque tribunal de commerce comprend au moins un président, deux juges et deux juges suppléants. Il ne se divise pas en chambres comme les tribunaux civils et n'a pas de vice-présidents. Les tribunaux importants se divisent toutefois en sections.

Le tribunal de commerce de la Seine est divisé en deux sections. L'une expédie le grand rôle, chargé des affaires importantes, l'autre le petit rôle qui ne comprend que les affaires simples et courantes. Ce sectionnement se combine avec un roulement fixé par le président.

Les diverses sections du tribunal de commerce de la Seine ne peuvent siéger en même temps parce que les parties doivent être à même de comparaître en personne et cette comparution serait impossible pour une partie qui devrait comparaître à deux sections le même jour à la même heure.

La composition de chaque tribunal est arrêtée par un décret en Conseil d'État, suivant les besoins du service (4). Le nombre des juges du tribunal est au minimum de deux; il n'y a pas de maximum. A Paris, depuis le décret du 23 août 1889, le tribunal se compose d'un président, de 21 juges et d'autant de suppléants.

10. Il n'est pas nécessaire, pour que les jugements du tribunal de commerce soient valablement rendus, que les magistrats délibèrent en nombre impair. Les tribunaux de commerce sont régis par la loi spéciale du 8 décembre 1883 dont l'article 15, § 2, exige seulement que leurs jugements soient rendus par trois juges au moins. La disposition de l'article 4 de la loi du 30 août 1883 ne leur est pas applicable (1).

11. Les juges et les juges suppléants sont inscrits sur un tableau. Leur rang est fixé dans chaque catégorie par l'ancienneté. L'ancienneté se détermine par les années de judicature. Entre magistrats élus pour la première fois et par le même scrutin la priorité se détermine d'après le nombre des suffrages obtenus : à égalité de suffrages le plus âgé l'emporte (2).

12. Le droit de remplacer le président et de présider les sections se détermine d'après l'ancienneté.

13. Les fonctions de juge au tribunal de commerce sont soumises aux mêmes incompatibilités que celles des juges ordinaires, sauf bien entendu l'incompatibilité résultant du négoce.

La jurisprudence applique aux tribunaux de commerce la disposition de l'article 63 de la loi du 20 avril 1810 qui décide que les parents ou alliés jusqu'au degré d'oncle et neveu inclusivement ne peuvent être membres simultanément d'un même tribunal, à moins que le dernier élu ait obtenu du Chef de l'État les dispenses que la loi de 1810 permet d'accorder aux parents membres de cours ou de tribunaux civils. Ces dispenses ne sont possibles que dans les tribunaux de huit membres au moins.

14. Avant que les magistrats consulaires puissent siéger, il doit être procédé à leur réception publique; et ils doivent prêter serment.

Le procureur général, dans la quinzaine de la réception du procès-verbal des élections ou dans la huitaine du prononcé de l'arrêt en cas de contestation, invite les élus à se présenter devant la Cour d'appel qui procède à leur réception et en dresse procès-verbal. La Cour peut déléguer le tribunal d'arrondissement, sur la demande des élus, quand elle ne siège pas dans l'arrondissement où est établi le tribunal de commerce. Les nouveaux élus, prêtent serment devant la Cour ou devant le tribunal. Cette formalité est absolument indispensable. Les magistrats ne pourraient, sans avoir prêté serment, remplir leurs fonctions et les jugements qu'ils rendraient dans ces conditions seraient radicalement nuls.

Après la prestation du serment, les nouveaux magistrats sont installés dans leurs fonctions par les magistrats en fonctions. Il est interdit dans les tribunaux civils de prononcer des discours lors de l'installation des magistrats. Cette prohibition ne s'étend pas aux tribunaux de commerce. A Paris il est même d'usage que le président prononce une allocution dans laquelle il donne des renseignements sur la marche des affaires au tribunal.

15. La règle d'après laquelle le fonctionnaire arrivé en fin d'exercice continue à exercer sa fonction jusqu'à l'installation de son successeur s'applique aux magistrats

---

(1) V. C. comm., art. 628.
(2) Décis. Chancellerie, 11 janvier 1877, Bull. off. 77130.
(3) D. 6 octobre 1809.
(4) C. comm., art. 617, modifié par L. 18 juillet 1889.

(1) Cass. 24 février 1904, S. 1904 1.268, Garsonnet, op. cit. t. 3, n° 1050 et 1068; Lyon-Caen et Renault, op. cit. t. 1, n° 345.
(2) D. 8 décembre 1883, art. 15.

consulaires, d'après le texte formel de la loi de 1883 (art. 19).

16. Le Gouvernement n'a pas qualité pour refuser ou accepter la démission d'un juge consulaire ; il ne peut qu'en donner acte et faire procéder à l'élection d'un nouveau magistrat pour le remplacer. Tout membre du tribunal de commerce élu en remplacement d'un autre, pour une cause quelconque, ne demeure en exercice que pour la durée du mandat confié à son prédécesseur (1).

Les magistrats consulaires sont inamovibles ; ils doivent rester en fonctions jusqu'à l'expiration de leur mandat. Si cependant il survenait en leur personne une cause d'incompatibilité, ils seraient réputés démissionnaires.

Il en est de même pour les commerçants qui se trouvent mis en état de liquidation judiciaire ou en état de faillite (2).

17. *Ministère public.* — Il n'y a pas de ministère public devant les tribunaux consulaires. On a songé à l'instituer, mais l'idée est aujourd'hui complètement abandonnée.

18. *Greffier.* — Le tribunal de commerce est complété par la présence d'un greffier. Cet officier ministériel est nommé par le Gouvernement comme les greffiers des tribunaux civils ; il n'a pas besoin d'être agréé par le tribunal.

Il doit être âgé de 25 ans et n'a pas à justifier d'un stage quelconque. Il peut se faire assister de commis-greffiers nommés sur sa présentation par le tribunal.

ARTICLE 3. — *Auxiliaires du tribunal de commerce.*

19. *Avocats.* — *Avoués.* — *Huissiers.* — Le législateur s'est toujours efforcé d'écarter du prétoire de la juridiction commerciale les hommes de loi professionnels. Il a pensé qu'il fallait simplifier le plus possible la procédure commerciale, en diminuer les frais, et il a estimé que les affaires, le plus souvent simples, qui y sont portées ne comportaient en général que des explications de fait que les parties pourraient donner elles-mêmes. Sous l'ancien régime, il était interdit d'avoir recours au ministère des procureurs ou des avocats devant les juges consuls. Aujourd'hui, il n'en est plus de même. Il n'y a ni avoué, ni barreau auprès des tribunaux de commerce, mais les parties peuvent faire appel à un avoué qui agira alors comme un mandataire quelconque et non comme un officier ministériel. Elles peuvent également recourir à un avocat, mais son ministère n'est pas obligatoire. L'huissier fait le service de l'audience. Le tribunal de commerce choisit ses huissiers-audienciers, mais son choix ne peut se faire qu'après que le tribunal civil aura effectué le sien.

Malgré le désir du législateur, les tribunaux de commerce se sont entourés de très nombreux auxiliaires ;

soit pour les suppléer dans une partie de leur tâche, soit pour remédier aux inconvénients provenant de la liberté de la représentation devant la juridiction consulaire. Ce sont les *agréés*, les syndics de faillite, les liquidateurs judiciaires, les arbitres rapporteurs, les liquidateurs, administrateurs, les interprètes. Aucune de ces professions n'est organisée légalement : les règles varient suivant les tribunaux.

20. *Agréés.* — Les agréés sont des mandataires dont le tribunal dresse une liste et qui sont spécialement recommandés aux plaideurs. Ils ne sont pas ministériels et leur ministère n'est pas obligatoire : ils ont toutefois une organisation analogue à celle des officiers ministériels et leurs fonctions sont en définitive à la fois celles d'avoués et d'avocats.

21. *Syndics de faillite et liquidateurs judiciaires.* — Dans certains tribunaux, les syndics de faillite forment une corporation officieuse et le tribunal ne confie qu'à ses membres le règlement des faillites et des liquidations judiciaires. Ils sont astreints à certaines obligations et donnent ainsi au public certaines garanties.

22. *Arbitres rapporteurs.* — Les tribunaux de commerce peuvent renvoyer certaines affaires devant des arbitres. A Paris et dans quelques villes, un véritable monopole de fait s'est constitué, le tribunal ne renvoyant ses affaires que devant un certain nombre de personnes dont il dresse la liste chaque année. Cette pratique est manifestement contraire à la loi puisqu'elle a pour effet de restreindre le choix des parties qui, lorsqu'elles sont d'accord, peuvent désigner l'arbitre qui leur convient (1). En outre il peut se trouver certains cas où les arbitres désignés par le tribunal n'aient pas la compétence suffisante pour examiner une affaire un peu spéciale.

Les arbitres rapporteurs sont soumis à la surveillance du tribunal qui peut radier de sa liste l'arbitre qui négligerait ses fonctions.

23. *Autres fonctions.* — Peuvent être constitués en compagnies auprès des tribunaux de commerce : des liquidateurs administrateurs de société qui ont pour fonctions de liquider les sociétés dissoutes par justice et celles dont les membres ne peuvent s'accorder sur un partage après dissolution amiable ; des traducteurs interprètes assermentés ; des courtiers interprètes et conducteurs de navires dans les ports de mer.

A l'exception de ces derniers, les différentes compagnies dont nous venons de parler n'ont qu'une existence précaire et qu'une organisation de fait. Les syndics, les arbitres, les agréés ne sont pas titulaires d'offices qu'ils puissent céder. Toute délibération prise par un tribunal de commerce pour créer une compagnie d'auxiliaires, déterminer le nombre de ses membres, leurs attributions, leur discipline, le tarif de leurs émoluments est nulle comme entachée d'excès de pouvoir.

---

(1) C. comm., art. 623.
(2) L. 4 mars 1889, art. 21.

(1) C. proc., art. 479.

CHAPITRE II.

COMPÉTENCE.

ARTICLE PREMIER. — *Compétence* ratione materiæ
du tribunal de commerce.

§ 1er. — *Juridiction contentieuse.*

24. Les tribunaux de commerce étant une juridiction
d'exception, leur compétence est strictement limitée aux
matières que la loi leur attribue spécialement. Ils ont
pour rôle de trancher les litiges qui ont un caractère
commercial. Ils connaissent :

1° Des actes de commerce entre toutes personnes,
même lorsqu'elles ne sont pas commerçantes de profession (1);

2° Des contestations relatives aux engagements et
transactions entre commerçants (2), ou plus exactement
des contestations dans lesquelles un commerçant joue le
rôle de défendeur et est recherché à raison d'un acte
de commerce;

3° Des contestations entre associés pour raison d'une
société de commerce (3);

4° Des actions entre commerçants et leurs commis pour
fait du trafic auquel ceux-ci sont attachés. Les procès
entre patrons et ouvriers sont étrangers à ce chef de
compétence et sont du ressort soit du conseil des prud-
'hommes, soit, à défaut, du juge de paix;

25. 5° Des billets faits par les comptables de deniers
publics (4). Il s'agit d'un cas de compétence exceptionnelle qui a perdu son application pratique. Les trésoriers
payeurs généraux, pour couvrir les recettes d'impôts dont
ils sont responsables envers le Trésor, souscrivaient
autrefois et faisaient escompter des effets : ils étaient
tenus de leurs engagements non pas devant les tribunaux
administratifs mais devant les tribunaux de commerce.
Avant l'abolition de la contrainte par corps, cela présentait pour l'Etat un certain intérêt, parce que la
dette contractée par le trésorier payeur général était
plus énergiquement sanctionnée. Au commencement du
XIXe siècle, le Gouvernement se procurait ainsi une
partie de ses ressources nécessaires au service des administrations publiques et des guerres au moyen « d'anticipations sur les receveurs généraux ». Il fallait donc
donner à leurs signatures toute la solidité possible;

26. 6° Des procès concernant soit des lettres de change
réputées simples promesses, soit des billets à ordre lorsque
ces lettres de change et ces billets à ordre portent
en même temps des signatures de commerçants et de
non commerçants. Si ces effets ne portaient que la signature de non commerçants, le tribunal de commerce

(1) C. comm., art. 631.
(2) *Ibid.* Art. 631-1°.
(3) *Ibid.* Art. 631-2°.
(4) *Ibid.* Art. 636-2°.

serait incompétent, mais son incompétence serait *ratione
personæ* et devrait être soulevée *in limine litis* (1);

27. 7° De toutes les questions qui concernent les faillites (art. 635, C. comm.). La jurisprudence a fait en cette
matière une distinction ingénieuse et a établi une démarcation entre les affaires qui ressortissent par leur nature au tribunal de la faillite et celles qui continuent à
suivre le droit commun de la compétence, de manière
à être portées s'il y a lieu devant une autre juridiction.
Ainsi, il y a des procès qui s'engagent dans une faillite, sans puiser leurs éléments de solution dans le droit
propre à l'institution. La faillite sert de cadre à l'action,
mais n'en est pas la source. Le même litige pourrait
s'élever si le débiteur étant *in bonis*, les mêmes moyens
y seraient soulevés. Un pareil procès ne concerne pas la
faillite; le tribunal du litige sera déterminé d'après les
règles générales de la compétence ordinaire soit *ratione
materiæ*, soit *ratione personæ*.

Si par exemple dans le passif de la faillite se trouvent
des créances civiles : un prix de vente d'immeuble, des
fournitures du ménage, etc., et que ces créances soient
contredites au moment de la vérification, c'est le tribunal
civil qu'il faudra saisir du litige et en principe celui
du domicile du débiteur, conformément à la règle *actor
sequitur forum rei* (2).

28. La loi veut au contraire que toutes les actions
qui ont une corrélation directe avec la faillite soient
soumises au tribunal qui a prononcé la faillite à l'exclusion de tout autre.

Il en est ainsi de l'action en nullité intentée par le
syndic en vertu des art. 446 et 447 C. comm., de l'action en réduction de l'hypothèque légale de la femme
du failli en vertu de l'article 563 C. comm.

Le tribunal de commerce est également compétent
pour statuer sur une question de procédure lorsque la
marche de la liquidation nécessite son intervention (3).

29. Tous les litiges dont les tribunaux de commerce
connaissent *ratione materiæ* rentrent dans leurs attributions même lorsque l'intérêt du litige ne dépasse pas
600 francs. C'est en quoi la juridiction commerciale diffère de la juridiction civile. En matière civile, un procès
roulant sur une somme de 600 francs ou sur une somme
plus faible serait de la compétence du juge de paix (4).

30. La loi du 25 mai 1838 avait écarté les matières
commerciales de la justice de paix. Quand des projets de

(1) C. comm., art. 636 et 637.
(2) *Ibid.*, art. 500.
(3) Il connaîtra ainsi du remplacement du juge commissaire ou
du syndic (art. 54 et 464), de la demande d'un sauf-conduit faite
par le failli (art. 473), de la demande d'attribution de secours provisoires si l'ordonnance du juge commissaire a donné lieu à un
refus est frappée d'appel (art. 474), de l'attribution de secours définitifs en cas d'union après un vote de principe favorable des créanciers (art. 530), de l'homologation d'une transaction (art. 487),
du sursis ou du passé-outre au concordat en cas de créances contestées (art. 499 et 505), de l'homologation du concordat (art. 513),
de la clôture des opérations en cas d'insuffisance d'actif ou de la ré-
ouverture de ces opérations (art. 527 et 528), de l'excusabilité du
failli après clôture de l'union (art. 538).
(4) L. 25 mai 1838 et L. 12 juillet 1905.

réforme furent déposés au Parlement, la question de la compétence commerciale des juges de paix se posa de nouveau. Lors de la discussion de la loi du 12 juillet 1905 à la Chambre, des députés voulurent faire attribuer une certaine compétence commerciale au juge de paix. La Chambre repoussa l'amendement déposé à ce sujet par M. Lepelletier et décida que les matières commerciales seraient exclusivement réservées aux tribunaux de commerce (1).

31. La loi détermine limitativement la compétence des tribunaux de commerce. En toutes autres matières que celles qui sont énumérées ci-dessus. le tribunal de commerce ne peut en connaître. Son incompétence est absolue : elle pourrait être soulevée en tout état de cause, et les juges devraient se dessaisir d'office à peine de cassation (2). Il est cependant de jurisprudence constante que si l'incompétence n'a été proposée ni en première instance ni en appel, l'arrêt prononcé sur le fond par la cour qui est juge de deuxième degré à l'égard des tribunaux civils et de commerce tout à la fois, purge la décision de ce vice de compétence : le moyen est ainsi exclu en cassation. Le pourvoi ne peut aboutir qu'autant que l'incompétence a fait l'objet de conclusions devant les premiers ou au moins les seconds juges.

L'incompétence du tribunal de commerce subsiste alors même que la question étrangère à son ressort ne se présenterait dans le litige que sous forme incidente. Les juges consulaires ne pourront connaître de l'incident : comme au fond l'affaire relève de leur juridiction, ils surseoiront à statuer jusqu'à ce que l'incident ait été tranché par le tribunal compétent.

32. Les tribunaux civils sont-ils absolument incompétents en matière commerciale ? L'affirmative paraîtrait s'imposer ; pourtant cette solution n'est généralement pas acceptée. Comme les tribunaux civils sont les tribunaux de droit commun, ils disposent de la plénitude de juridiction et par suite possèdent un germe de compétence même sur les matières de commerce.

Un commerçant qui serait assigné par un autre commerçant devant le tribunal civil, pourrait décliner la compétence du tribunal et demander son renvoi devant les juges consulaires. Mais il ne sera recevable à le faire qu'à la condition de proposer ce moyen *in limine litis* avant toutes conclusions au fond. La jurisprudence décide qu'il cesse de pouvoir opposer l'incompétence dès qu'il a conclu au fond. Le tribunal civil ne peut pas non plus prononcer d'office le renvoi. L'incompétence du tribunal civil n'étant que relative, deux commerçants peuvent valablement introduire dans leur marché une clause donnant juridiction aux tribunaux civils à l'exclusion des tribunaux de commerce.

Cette interprétation faite par la jurisprudence est très critiquable. Elle crée entre les deux ordres de juridiction une inégalité choquante lorsqu'ils sortent de leur compétence normale. Elle oublie également qu'à l'institution des tribunaux de commerce se lie la pensée vraie ou fausse que les juges civils sont peu versés dans les affaires commerciales et mal préparés à trancher des débats que les juges consulaires sont plus à même de solutionner. Cette considération est d'ordre public. Elle devrait exclure le droit pour les plaideurs d'étendre arbitrairement la compétence des juges civils sur des matières qui en réalité ont été soustraites à leur ressort (1).

33. La règle d'après laquelle le jugement sur la compétence ne doit être réservé ni joint au principal s'applique devant les tribunaux de commerce. Un tribunal de commerce appelé à trancher une question de compétence ne peut passer outre avant de s'être déclaré compétent (2). S'il n'appliquait cette règle, le tribunal exercerait la juridiction avant même d'avoir même proclamé son existence. Cela n'est permis que dans le cas où le jugement sur déclinatoire est forcément subordonné à celui sur le fond, le tribunal ne pouvant statuer sur sa compétence sans apprécier la convention dont on poursuit devant lui l'exécution.

34. Les tribunaux de commerce statuent en premier ou en dernier ressort : ils sont soumis aux mêmes règles que les tribunaux civils en ce qui concerne le ressort. Ils jugent en dernier ressort : 1° sur toutes les demandes dans lesquelles les parties auront déclaré vouloir être jugées définitivement ; 2° toutes celles dans lesquelles le principal n'excède pas 1500 fr ; 3° Les demandes reconventionnelles ou en compensation lors même que réunies à la demande principale elles excéderaient 1500 francs ; 4° Les demandes en dommages-intérêts, à quelque chiffre qu'elles puissent monter, lorsqu'elles sont exclusivement basées sur la demande principale (3).

35. Sous le régime de la loi du 3 juin 1853, les tribunaux de commerce fonctionnaient comme juridiction d'appel vis-à-vis des jugements des conseils de prud'hommes. La loi du 15 juillet 1905 remplacée par la loi du 27 mars 1907 a eu pour effet de transférer cette compétence aux tribunaux civils d'arrondissement.

§ 2. — *Juridiction gracieuse.*
Attributions spéciales du Présiden'.

36. Le tribunal de commerce a une juridiction gracieuse des plus minimes. Cette juridiction est d'ailleurs le plus généralement exercée par le président seul et non par le tribunal entier. Cependant, en matière maritime, le tribunal peut autoriser un capitaine à emprunter « sur corps et quille » ou à mettre en gage ou vendre au besoin des marchandises pour besoin de radoub ou de victuailles en cours de voyage (4). Il lui appartient aussi de désigner des experts à l'effet de fixer l'état des pertes et dommages subis par un navire qui s'est trouvé dans la

---

(1) L. 12 juillet 1905, art. 1er.
(2) Avis du Conseil d'Etat, 4 décembre 1810.

(1) L. 16-24 août 1790, titre IV, art. 4.
(2) V. Garsonnet, *op. cit.* 2e éd., t. 3, § 1032.
(3) C. comm., art. 639.
(4) *Ibid.*, art. 234.

nécessité du jet de la cargaison (1); d'homologuer la répartition des pertes effectuée par ces experts (2).

37. Rentrent encore dans les attributions de la juridiction gracieuse du tribunal : la nomination des agréés, l'établissement des listes de syndics de faillites, de liquidateurs, d'arbitres rapporteurs, d'experts, de traducteurs et interprètes, l'avis sur le choix du greffier, le choix des huissiers audenciers, la désignation des journaux qui pourront recevoir et publier les extraits d'actes de société en nom collectif ou en commandite, la fixation du tarif d'impression de ces extraits.

38. D'après certains auteurs, le tribunal de commerce aurait le pouvoir d'autoriser le paiement d'une lettre de change, d'un billet à ordre ou d'une dette garantie quand la lettre, le billet à ordre, le récépissé ou le warrant ont été égarés; ou d'ordonner la délivrance d'un duplicata du titre perdu (3). D'autres auteurs au contraire estiment que les mots « *ordonnance du juge* » employés par le législateur signifient *décision du président* et l'intervention d'un magistrat unique paraît bien répondre à l'esprit du droit commercial qui tend à la célérité et s'embarrasse peu de la forme (4).

30. Le président du tribunal de commerce a tous les pouvoirs habituels d'un chef de compagnie judiciaire tant au point de vue de la police des audiences que de l'ordre intérieur du tribunal. Le Code de commerce énumère les nombreuses attributions que la loi lui confère (5).

Comme le président du tribunal civil, le président du tribunal de commerce peut autoriser dans toutes les affaires qui requièrent célérité l'assignation du défendeur avec abréviation des délais imposés par la loi (6).

En vertu de l'article 417 C. proc., il a le droit d'autoriser le demandeur à saisir les objets mobiliers du défendeur à condition toutefois que cette saisie soit justifiée par l'urgence et qu'elle n'ait pour fin que d'empêcher la disparition et le détournement de ces objets.

Le président du tribunal de commerce peut-il autoriser une saisie-arrêt en matière commerciale? La question est controversée, cependant la majorité des auteurs lui reconnaît ce droit. Cette compétence n'est pas exclusive : le président du tribunal civil, à raison de la plénitude de

juridiction de ce tribunal, peut aussi accorder la permission de saisir-arrêter en vertu de créances commerciales.

40. Le président du tribunal de commerce a-t-il le droit de statuer en référé dans les cas qui présentent un caractère d'urgence? La Cour de cassation s'est prononcée dans le sens de la négative (1) et de nombreux auteurs partagent cette opinion (2).

La procédure commerciale étant très rapide, le référé n'a pas en cette matière l'utilité qu'il a en matière civile. En cas d'urgence, les articles 417, 418 et 439 du Code de proc. civ., ont organisé d'ailleurs une procédure extrèmement rapide devant les tribunaux consulaires qui supplée aux référés.

§ 3. — *Délibérations interdites.*

41. Les tribunaux de commerce sont à ce point de vue soumis aux mêmes règles que les tribunaux civils. Ils ne peuvent prendre ni délibérations politiques ni des décisions tendant à approuver ou à blâmer les actes du pouvoir législatif ou des autorités administratives. Ont été annulées pour excès de pouvoir : la délibération d'un tribunal protestant contre les procédés de l'autorité qui avait négligé de l'inviter en corps à une cérémonie publique (3), celle par laquelle un tribunal, ayant demandé des mesures de répression contre un ex-greffier, décidait qu'il s'abstiendrait de siéger jusqu'à ce qu'il ait obtenu satisfaction (4), et avant la loi de 1883, un assez grand nombre de décisions par lesquelles le tribunal critiquait la manière dont les listes électorales avaient été dressées.

Il est également interdit aux tribunaux de commerce de procéder par voie de dispositions règlementaires et générales, — et notamment d'édicter un tarif général pour les agréés au lieu de statuer sur chaque réclamation de frais d'après les circonstances même de la cause. Par contre, les tribunaux de commerce peuvent parfaitement édicter des réglements d'administration intérieure.

§ 4. — *Des dépôts au greffe.*

42. Dans un intérêt de publicité, plusieurs lois prescrivent d'effectuer des dépôts au greffe du tribunal de commerce. Il en est ainsi de l'extrait du contrat de mariage destiné à rendre public le régime matrimonial des commerçants (5), des actes constitutifs de sociétés et toutes modifications apportées aux statuts sociaux (6), des marques de fabriques et de commerce (7).

ARTICLE 2. — *Compétence* ratione personæ.

43. La compétence *ratione personæ* des tribunaux de commerce est tranchée par l'article 420 du Code de procé-

(1) C. com., art. 414, § 2.
(2) C. com., art. 416, § 2.
(3) C. comm., art. 148-152. L. 28 mai 1858, art. 12. Pardessus, t. 1, n° 408, Alauzet, t. 4, 1425. Nouguier, lettres de change, t. 1, n° 939.
(4) Bravard, Veyrières et Demangeat, A. 3 P. 380, Boistel, n° 808. Lyon-Caen et Renault, t. 1, n° 410 bis.
(5) Les principales sont dans l'ordre du Code : désigner à la requête des parties un officier public autre qu'un courtier pour la réalisation d'un gage commercial (art. 193); désigner des experts pour examiner l'état d'objets transportés par un voiturier et dont le destinataire conteste le bon état; ordonner le dépôt, le séquestre ou la vente de ces objets (art. 106); recevoir les rapports de mer des capitaines de navires (art. 243, 245, 246); autoriser les capitaines de navires à déposer entre les mains de tierces personnes ou à vendre en partie les marchandises transportées qu'un consignataire ne voudrait pas recevoir (art. 305-306); nommer ou remplacer par voie d'ordonnance les commissaires de surveillance d'une société anonyme quand l'assemblée générale des actionnaires ne les a pas désignés, ou quand les commissaires nommés sont empêchés ou refusent d'exercer leurs fonctions. (L. 24 juillet 1867, art. 32.)
(6) C. proc. civ., art. 417.

(1) Cass. 1895. S. 1895. I. 333. D. 1896 (I. 180).
(2) Lyon-Caen et Renault, t. 1, n° 419 bis). Glasson, op. cit., t. 1, p. 323.
(3) Cass. 17 janvier 1842. D. 42, 1, 16.
(4) Cass. 9 avril 1884 Trib. comm. Moulins. S. 84. I. 280. P. 84. I. 681. D. 86. I. 283.
(5) C. comm., art. 67 et 69.
(6) L juillet 1867, art. 55 et 61.
(7) L. 3 mai 1890, article unique.

dure civile. Le demandeur n'est pas, comme en matière civile, obligé de porter son action personnelle et mobilière devant le tribunal du domicile ou de la résidence du défenseur conformément à la règle *actor sequitur forum rei* (1). Il a en matière commerciale le choix entre trois tribunaux : 1° Le tribunal du domicile du défendeur; 2° Le tribunal de l'arrondissement où la promesse a été faite et la marchandise livrée; 3° Le tribunal du lieu du paiement.

L'article 420 se limite à toute contestation qui a sa cause dans une promesse, c'est-à-dire dans un contrat commercial. Dans cette mesure, l'article 420 s'applique à tous les contrats tels notamment que la vente, l'ouverture du crédit faite par un banquier à un commerçant, le mandat, le transport, la commission, l'assurance, le louage de service ou d'ouvrage. Toutefois, dans le cas où l'existence même du contrat serait contestée, le tribunal du domicile du défendeur serait seul compétent. La loi est muette sur ce point, mais l'exception préjugeant dans ce cas spécial le fond même du litige, un seul tribunal doit en connaître : celui qui très certainement aurait connaissance sur ce point. La jurisprudence est constante (2). Mais il faut dans ce cas que la contestation soit sérieuse et qu'elle n'ait pas pour unique but d'éviter l'application de l'article 420. Quelques difficultés se sont élevées à propos de l'application de l'article 420 du Code de procédure civile. Il est quelquefois difficile de déterminer le lieu où se forme un contrat : la question s'est posée notamment pour le contrat par correspondance. On décide aujourd'hui avec la jurisprudence que le contrat se forme au moment et au lieu où les offres sont acceptées; il n'est pas juridique d'exiger en outre que l'auteur des offres sache qu'on y a acquiescé. Lorsque le législateur a voulu déroger au principe de la formation des contrats par l'échange des consentements, il l'a décidé explicitement, comme en matière de donation. Comme la loi a gardé le silence pour le contrat par correspondance, le droit commun reprend son empire. Le contrat passé par un mandataire ayant qualité à cet effet est considéré comme fait par le mandant lui-même et au lieu où il est conclu. Il en est de même pour le contrat passé par le commis d'une maison de commerce qui traite sous condition de ratification du patron.

44. La question de savoir en quel lieu s'effectue le paiement a aussi soulevé une controverse pour le cas du contrat de transport. Il se produit, en effet, deux livraisons : la première de l'expéditeur au voiturier, l'autre du voiturier au destinataire. Certains arrêts se sont prononcés pour le tribunal du lieu où les moyens de transport ont été fournis, d'autres pour le tribunal du lieu de la destination. Il faut s'attacher à la livraison qui se fait en exécution du contrat et donner compétence au tribunal du lieu de la destination. La première livraison qui a lieu de l'expéditeur au voiturier n'a aucune importance puisqu'elle a pour objet de préparer le contrat et non de l'exécuter.

45. En troisième lieu, l'article 420 attribue aussi compétence au tribunal du lieu où le paiement a été ou doit être fait. Le mot paiement s'applique non seulement au cas de vente mais à tout contrat commercial et doit s'entendre d'une manière assez large. Il doit s'appliquer à tout ce qui peut être considéré comme un prix sans toutefois aller jusqu'à y comprendre l'exécution d'une obligation quelconque, car alors on y ferait rentrer la livraison de la marchandise et la troisième disposition de l'article 420 rendrait inutile la seconde. Si le lieu du paiement n'a pas été fixé dans le contrat, les prescriptions de l'article 1247 du Code civil s'appliquent et le paiement devra être effectué au domicile du débiteur. Quoique le lieu du paiement attribue juridiction, il ne vaut pas élection de domicile et il en résulte que l'assignation ne peut être donnée à ce lieu de paiement.

46. L'article 420 du Code de procédure civile tout en écartant la règle générale ordinaire de compétence n'a pas dérogé aux règles spéciales de compétence de l'article 69 du Code de procédure civile. En cas de pluralité de défendeurs, de domicile élu, de sociétés, de garantie, de faillites on appliquera les règles contenues dans cet article 69. En matière de faillite, le tribunal compétent est celui du lieu où la faillite s'est ouverte la faillite s'ouvre au lieu du domicile du failli (1). Cette compétence ne s'applique qu'aux faits qui prennent naissance dans la faillite. Dans la mesure où elle s'applique, elle concerne toutes les opérations, même les ventes d'immeubles. Ainsi la demande en nullité d'une vente d'immeubles fondée sur ce que le failli l'a faite depuis la cessation des paiements ou dans les 10 jours qui précèdent ou depuis le jugement déclaratif de la faillite est une action mixte immobilière qui sera portée cependant au tribunal du lieu où la faillite aura été déclarée. Les mêmes règles s'appliquent au cas de liquidation judiciaire.

CHAPITRE III.

PROCÉDURE.

47. La procédure commerciale est extrêmement rapide. Elle est plus simple, moins coûteuse que n'est la procédure civile, même sommaire. — Les principales sont exposées au titre XXV, livre II, du Code de procédure civile, article 414 à 442. — Procédure devant les tribunaux de commerce, et aux articles 642 à 648 Code de commerce. Ces dispositions ne forment pas un ensemble complet et suffisant : on admet qu'il faut en outre appliquer toutes les règles de procédure des tribunaux ordinaires qui ne sont pas exclues par une disposition formelle. Sont également inapplicables devant les tribunaux consulaires les règles qui sont incompatibles avec l'organisation même de ces juridictions, comme par exemple celles qui nécessitent l'intervention des avoués qui n'ont pas l'accès du tribunal de commerce, ou avec le caractère économique et rapide que la loi a voulu imposer à la juridiction commerciale (2). Les règles spéciales de la procédure commerciale sont

---

(1) C. proc. civ., art. 59.
(2) Cass., 17 décembre 1889. D. 1890. V. 112. Cass., 5 juillet 1898. D. 1898. I. 432. Cass., 22 novembre 1898. D. 1898. I. 544.

(1) C. pr. civ., art. 59.
(2) Locré. Exposé des motifs du livre IV. du C. comm. p. 222. Lyon Caen et Renault, t. 1. n° 411. Garsonnet, t. 3, n° 1015.

applicables à raison même de la nature des affaires et non à raison de la nature des juridictions saisies. Ainsi, devant les tribunaux civils d'arrondissement jugeant commercialement, la procédure commerciale seule devra être suivie (C. com. art. 641). Il y aura toutefois une différence avec la juridiction consulaire par suite de la présence du ministère public. Les règles fondamentales de notre organisation judiciaire exigent sa présence même aux audiences commerciales. Les conclusions sont obligatoires ou facultatives suivant les distinctions faites pour les matières civiles.

Si au cours d'une affaire commerciale un incident est soulevé qui doit être tranché par les tribunaux civils commepar exemple : les vérifications au cas de dénégation d'écriture, les questions d'état et de capacité des personnes, etc., la juridiction consulaire doit surseoir à statuer et renvoyer l'examen de l'incident au tribunal compétent. Les tribunaux civils jugeant commercialement ne pourront pas examiner cette question si elle se présente dans un des litiges qui leur est soumis. Ils devront également ordonner le sursis et envoyer l'affaire à l'audience civile (1).

ARTICLE PREMIER. — Demande.

48. En matière commerciale, le préliminaire de conciliation n'existe pas (2). Au cours de l'instance seulement une tentative de conciliation peut avoir lieu si le tribunal renvoie le procès devant des arbitres.

Le tribunal de commerce de la Seine a cependant établi une sorte de préliminaire de conciliation officieux. Au début de l'instance les parties peuvent demander le délibéré immédiat, c'est-à-dire le renvoi devant le président du tribunal de commerce qui entend leurs explications et s'efforce de les concilier. Il faut d'ailleurs, pour que cette tentative de conciliation puisse avoir lieu, que toutes les parties en cause réclament cette mesure. Cette tentative n'a pas d'ailleurs beaucoup de succès.

ARTICLE 2. — Introduction de la demande.

49. Les demandes, conformément aux dispositions de l'article 415 du Code de procédure, doivent être formées par un exploit d'ajournement suivant les règles formulées au titre des ajournements.

Cette règle s'applique aux demandes principales introductives d'instance. Mais doit-on l'étendre aux demandes qui devant les tribunaux civils sont formées par acte d'avoué à avoué; c'est-à-dire aux demandes incidentes, formées par le demandeur, aux demandes reconventionnelles ou en compensation, aux demandes en intervention ou en garantie? Certains auteurs ont soutenu que les dispositions de l'article 415 du Code de procédure civile étaient générales et formelles et que par suite, toute demande formée devant le tribunal de commerce, de quelque na-

ture qu'elle soit devait être introduite par voie d'exploit d'ajournement à un jour au moins de délai (1). D'autres au contraire admettent qu'elles peuvent être formées par de simples conclusions formulées à l'audience par écrit ou même oralement; exiger un exploit d'ajournement rendrait la procédure commerciale plus compliquée et plus coûteuse que la procédure civile; un pareil résultat serait manifestement contraire aux intentions du législateur (2). La jurisprudence fait une distinction : elle admet que les demandes reconventionnelles et en compensation peuvent être formulées à la barre par voie de simples conclusions (3).

Mais elle exige l'exploit d'ajournement pour les demandes en intervention, les demandes en garantie et les demandes en reprise d'instance (4). Pour qu'une demande formée par voie de conclusion devant le tribunal de commerce soit admise, il faut que l'adversaire soit présent à l'audience. Certains auteurs exigent même le consentement de l'adversaire. C'est une exagération : il faut seulement éviter toute surprise. Les règles générales de l'ajournement sont exactement les mêmes en matière civile et en matière commerciale.

50. Tandis que le délai d'ajournement est en principe de huit jours francs devant les juridictions civiles, il est en matière commerciale de un jour franc (5). Ce délai s'augmente d'un jour par cinq myriamètres de distance entre le siège du tribunal et le domicile du défendeur, s'il habite la France; s'il est en Algérie, aux colonies ou à l'étranger, il a droit aux délais spéciaux de l'article 73 du Code de procédure civile.

Il faut assigner à jour fixe avec indication de l'heure de la comparution. Assigner à un jour franc serait une indication gênante pour le défendeur qui n'est pas obligé de s'adresser à un officier ministériel pour se défendre comme en matière civile (6).

51. Dans certains tribunaux, particulièrement occupés et à Paris spécialement, l'usage s'est établi d'assigner suivant la nature des affaires pour tel ou tel jour déterminé de la semaine fixé par le président. En cas de célérité, le président peut autoriser à assigner sans délai, de jour à jour et même d'heure à heure (7). Dans ce cas, l'assignation peut être délivrée pour une audience spéciale même en dehors des jours habituels, même pour un jour fixé.

Est-il possible d'abréger les délais de distance et les délais accordés aux défendeurs résidant aux colonies ou à l'étranger? Nous ne le croyons pas. Cette question qui se pose également en matière civile est très généralement résolue par la négative. Certains auteurs sont cependant d'un avis contraire pour la procédure commerciale : ils prétendent que, puisque le délai habituel et l'ajournement

---

(1) Pardessus, t. 4, n° 1373; Boitard, Colmet d'Aage et Glasson, t. II, n° 655.
(2) C. pr. civ., art. 49-4°.

(1) Bioche, V. Intervention, n° 59.
(2) Lyon Caen et Renault, t. 1, n° 415.
(3) Cass., 2 juillet 1884. S. 85. I. 246, p. 85. I. 618. D. 85. I. 148.
(4) Amiens, 21 mai 1872, S. 72. 11. 35. p. 72. 207. D. 73. V. 291. Nîmes, 21 janvier 1881. D. 81. 11. 126. Tr. de comm. Bordeaux, 11 avril, 1888, Gaz. Pal 90. 1. Suppl. 120.
(5) C. pr. civ., art. 416-20.
(6) Garsonnet, t. 3, n° 1016.
(7) C. pr. civ., art. 417.

sont d'un jour franc, le président n'aurait qu'un droit absolument illusoire s'il ne pouvait réduire également les délais de distance (1).

52. Dans certains cas, spécialement énumérés par la loi, le demandeur peut assigner de jour à jour et même d'heure à heure sans avoir besoin de requérir l'autorisation du président. Il s'agit de cas d'une urgence extrême : c'est ce qui a lieu dans les affaires maritimes où il existe des parties non domiciliées (2). La disposition de l'article 418 est générale et s'applique même dans le cas où le demandeur seul est non domicilié. En effet, si le débiteur est non domicilié on peut craindre qu'il ne lève l'ancre en emportant le gage de son créancier. Si c'est au contraire le créancier, il a un intérêt à ce que le litige soit solutionné rapidement pour ne pas interrompre son voyage. Cette interprétation est traditionnelle depuis l'ordonnance de 1681.

L'article 418 prévoit également le cas « où il s'agit d'agrès, victuailles, équipages et radoubs de vaisseaux prêts à mettre à la voile et autres matières provisoires et urgentes. » On range dans cette catégorie d'affaires les demandes en paiement de fret ou de salaires des gens de mer, en contribution aux avaries, en chargement ou délivrance de marchandises en exécution de chartes-parties (3).

53. Les dispositions exceptionnelles de l'article 418 sont limitatives et ne s'appliquent qu'aux matières maritimes. On ne saurait donc l'étendre par analogie à d'autres affaires quel que soit leur caractère d'extrême urgence (4). L'article 418 dispense d'observer les délais de distance et les délais supplémentaires. Admettre le contraire détruirait tout l'avantage que l'on pourrait en tirer. Cette question est d'ailleurs indépendante de celle de savoir si le président possède le droit quand son intervention est sollicitée, de réduire ces mêmes délais. Lorsque la loi permet d'assigner de jour à jour et d'heure à heure, elle supprime implicitement les délais de distance et les délais supplémentaires par la seule raison qu'elle ne les réserve pas (5).

L'ajournement délivré dans les conditions fixées par l'article 418 est signifié conformément aux règles ordinaires du Code de procédure civile. L'article 419 contient toutefois une règle spéciale quand le défendeur est embarqué à bord comme capitaine, comme mousse ou comme passager. Le navire est considéré comme son domicile : l'assignation est remise à bord où le premier venu la reçoit valablement pour le défendeur comme ferait à terre un parent, un domestique ou un voisin.

Au point de vue de l'application de l'article 419, il n'y a pas lieu de distinguer entre les navires français et étrangers.

ARTICLE 3. — Comparution.

54. Le défendeur doit comparaître dans le délai qui lui est imparti par l'ajournement. La comparution ne peut

consister dans la constitution d'un avoué comme devant les tribunaux civils, puisque le ministère des officiers ministériels est interdit devant les tribunaux de commerce. Le défendeur doit comparaître en personne à l'audience; il peut se faire représenter par un mandataire porteur d'une procuration spéciale (1).

Il est interdit de se faire représenter devant la juridiction consulaire par un huissier. Le législateur, qui a pour ces officiers ministériels une certaine défiance, leur a, par une disposition formelle, fermé l'accès de la juridiction consulaire (2). L'huissier qui enfreindrait cette disposition encourrait une amende de 25 à 50 francs que le tribunal doit prononcer sans appel, sans préjudice des peines disciplinaires. Cette disposition n'est plus applicable aux huissiers qui se trouvent dans un des cas prévus par l'article 86 du Code de procédure civile, c'est-à-dire dans une affaire qui concerne leurs femmes, leurs parents et alliés en ligne directe et leurs pupilles. A part cette exception, le choix du mandataire est absolument libre. L'interdiction pour les avocats de représenter les parties n'a été établie que par les règlements disciplinaires de leur ordre qui leur défend d'accepter un mandat quelconque. Un plaideur serait donc valablement représenté par un avocat-mandataire : ce dernier s'exposerait seulement à des sanctions disciplinaires pour avoir enfreint les règles professionnelles du barreau.

Les magistrats qui se trouvent en activité de service ne peuvent plaider que leur cause personnelle et les causes prévues par l'article 86 du Code de procédure civile. Aucune disposition légale ne leur défend d'accepter un mandat ad litem ; ils peuvent donc représenter une personne quelconque devant la juridiction consulaire.

55. Le mandat ad litem n'est soumis à aucune forme sacramentelle. Il peut être donné par écrit au bas de l'assignation délivrée au défendeur. Il peut même être donné verbalement à condition que la partie soit présente à l'audience.

Si le mandat a été donné par écrit, il doit avoir été présenté au greffier avant l'appel de la cause et visé par lui sans frais (3). Le mandat doit être rédigé sur timbre, il est soumis à l'enregistrement. Dans la minute du jugement, il doit être fait une mention expresse de l'autorisation donnée à l'audience ou du pouvoir remis au mandataire.

Les tribunaux de commerce sont libres d'exiger ou non la légalisation de la signature des mandats dans les affaires qui leur sont soumises selon qu'ils connaîtront ou non la personne des mandataires. C'est ainsi qu'ils dispenseront les agréés de produire des pouvoirs légalisés. Cette pratique cependant doit être condamnée parce qu'elle porte atteinte au droit de la liberté des parties, elle est aussi contraire à l'esprit même de la législation des tribunaux de commerce qui croit que les mandataires seront tous sur le pied de l'égalité (4).

56. Que doit-on décider dans le cas où le mandataire

(1) Garsonnet, t. 3, n° 1016, n. 6.
(2) C. pr. civ., art. 418.
(3) Garsonnet, t. 3, n° 1018. Lyon-Caen et Renault, t. 1, n° 417, IV.
(4) Garsonnet, t. 3, n° 1018. Rodière, 11 p. 6 Glasson. Boitard et Colmet d'Aage, t. 1, n° 646.
(5) Lyon Caen et Renault, t 1, n° 417, Garsonnet, t. 3, n° 1016. Contrat Ruben de Couder, V°. Assignation, n° 46, Rouen, 5 juillet 1886.

(1) C. proc. civ., article 421.
(2) C. com., art. 627.
(3) C. comm., art. 627.
(4) Lyon Caen et Renault, t 1, n° 430.

ad litem dépasse les limites de son mandat ? La disparition du mandataire, ou sa révocation ne produit pas les effets que produit devant la juridiction civile la mort ou la destitution d'un avoué : l'adversaire du mandant continue valablement l'instance contre lui. Cette solution est justifiée puisque le mandant peut toujours comparaître en personne. L'instance commerciale ne peut être interrompue que par la mort d'une des parties en cause. Il faut pour que l'interruption se produise que l'affaire ne soit pas en état au moment du décès de la partie. En matière commerciale, d'après une tradition constante qui remonte à l'ordonnance de 1667, l'affaire n'est en état que quand les plaidoiries ont eu lieu (1).

57. Dans les affaires commerciales, l'élection de domicile n'est pas obligatoire en principe. Elle ne le devient pour les parties qui ne sont pas domiciliées au lieu où siège le tribunal qu'après la première audience s'il n'est pas intervenu de jugement définitif. L'article 422 du Code de procédure civile exige que cette élection de domicile ait lieu à l'audience et qu'elle soit mentionnée sur le plumitif de l'audience. A défaut de cette formalité, les seules significations même celle du jugement définitif seront valablement faites au greffe du tribunal de commerce. Quand l'élection de domicile est régulière, toutes les significations que comporte la suite de l'instance doivent être faites au domicile élu.

Si des conclusions ont été prises à l'audience et qu'elles contiennent l'élection du domicile, il n'est pas nécessaire qu'une mention expresse soit portée au plumitif pourvu que les conclusions soient annexées à la feuille d'audience.

L'élection du domicile serait même valable si elle avait eu lieu à l'audience et si c'est à la suite d'un oubli ou d'une négligence du greffier qu'elle ne figure pas au plumitif. Si l'élection de domicile a été faite antérieurement à l'instance ou si elle a été faite dans l'exploit d'ajournement, sans avoir été portée sur le plumitif d'audience, elle n'est pas valable et en conséquence la partie adverse pourra l'ignorer et faire valablement ses significations au greffe.

De même, la signification d'actes antérieurs à la déclaration d'élection de domicile qui doit être inscrite au plumitif de l'audience. A plus forte raison doit-on décider qu'il n'y a jamais d'élection de domicile de plein droit dans l'étude de l'agréé.

58. L'article 422 sur l'élection de domicile est purement facultatif, ses dispositions ne sont pas impératives et la partie intéressée à s'en prévaloir peut y renoncer et notifier ses actes de procédure à personne où à domicile réel.

Si l'élection de domicile a été irrégulière elle est inopposable à celui qui l'a faite. Par exemple, un plaideur fait une élection de domicile en dehors de l'audience dans l'étude d'un agréé, la signification qui serait faite au domicile élu serait impuissante, alors même qu'il s'agirait d'un jugement et qu'il serait démontré qu'il en a eu connaissance, et qu'il serait en possession de la grosse qui lui aurait été remise d'une manière extra légale.

Quand la signification du jugement a eu lieu au domicile élu régulièrement ou à défaut au greffe du tribunal, elle est opérante et fait même courir les délais d'appel (1). L'article 422 interdit de signifier l'acte d'appel au domicile élu. Il doit à peine de nullité, être signifié à personne ou à domicile. L'acte d'appel est le commencement d'une instance nouvelle et distincte de celle qui a terminé le jugement.

Or l'élection de domicile prévue par l'article 422 ne s'applique qu'à la signification des actes de procédure devant le tribunal jusqu'au jugement définitif.

ARTICLE 4. — Instruction.

59. La procédure en matière commerciale est entièrement simple et rapide. Le demandeur fait mettre l'affaire au rôle, elle prend un numéro et est appelée au jour fixé par l'assignation soit par l'huissier audiencier, soit par toute autre personne. Les parties peuvent prendre leurs conclusions oralement ou par écrit. Elles peuvent les dicter au greffier. Si les conclusions sont rédigées, elles doivent être visées par le greffier qui les joint à l'original de l'exploit d'ajournement. Le tribunal peut rendre son jugement immédiatement ou en renvoyer le prononcé à une audience ultérieure.

En général les mêmes mesures d'instruction que devant les tribunaux civils peuvent être ordonnées par les tribunaux de commerce.

Le tribunal peut prescrire un interrogatoire sur faits et articles, ordonner la comparution personnelle des parties, ordonner une expertise, ordonner une enquête. Cette mesure est la plus fréquente devant la juridiction consulaire, puisque la preuve par témoins est admise au commerce au-dessus de 150 francs.

60. Le tribunal peut aussi renvoyer la cause devant un ou plusieurs arbitres, appelés arbitres rapporteurs (2). L'article 429 du Code de procédure civile détermine les attributions de ces arbitres rapporteurs; il autorise le renvoi devant eux pour examen des pièces, comptes et registres, ils doivent : « entendre les parties, les concilier si faire se peut, sinon donner leur avis. » Les arbitres n'ont pas le caractère d'officiers publics. Par conséquent s'ils arrivent, au cours de leur mission, à concilier les parties, ils n'ont pas qualité pour dresser un procès-verbal de l'arrangement intervenu entre les parties en cause. L'acte qui pourra en être dressé par les intéressés n'aurait donc que la valeur d'un acte sous seing privé, à moins qu'il ait été passé devant notaire ou transformé par le tribunal en jugement convenu. Les juges peuvent toujours nier l'existence d'une convention simplement visée dans un rapport d'arbitre.

En fait, le tribunal de commerce adopte généralement les conclusions des rapports d'arbitres : elles n'ont pour

---

(1) Lyon Caen et Renault, t. n° 500, Garsonnet, t. 3, n° 427.

(1) Paris, 19 janvier 1901, S. 1904. 2. 265. D. 1901. 2. 233.
(2) En ce qui concerne leur recrutement et leur nomination V. *supra* n° 22.

lui. comme les conclusions des rapports d'experts, d'ailleurs, aucune force obligatoire. Elles ne sont qu'un avis que le tribunal est libre d'adopter ou de repousser.

61. L'énumération de l'article 429 est-elle limitative et le tribunal ne peut-il renvoyer une cause devant un arbitre rapporteur que pour examen des pièces, comptes et registres? Il est admis d'une manière générale que cette énumération n'est ni limitative, ni énumérative. Elle peut être étendue aux cas analogues à ceux qu'elle prévoit. Le législateur a voulu seulement déterminer d'une manière générale et par voie d'exemple la mission des arbitres et la nature des affaires qui pourraient être renvoyées à leur examen.

En pratique, la disposition de l'article 429 du Code de procédure civile est entendue de la façon la plus large. Dans certains tribunaux et surtout au tribunal de commerce de la Seine, on renvoie devant arbitres toutes les affaires qui présentent la moindre difficulté. Cette pratique est contraire à la loi et a pour résultat de compliquer la procédure commerciale, de lui ôter son caractère de célérité et d'augmenter très notablement les frais (1).

On s'est efforcé de justifier cette interprétation controuvée de l'article 429 du Code de procédure civile par les travaux préparatoires du Code de procédure. Au Corps législatif dans le rapport présenté on relève les expressions suivantes. « L'utilité de cette espèce de tribunal de famille se fait mieux sentir qu'elle ne peut s'expliquer »; « l'avis des arbitres aura l'avantage de réduire les débats à leurs véritables termes et d'en faciliter la décision. » On y parle également d'une forme nouvelle d'arbitrage inconnue jusqu'alors. Ces expressions aussi vagues que générales, donneraient toute latitude aux tribunaux consulaires (2).

Le rapporteur de 1806 a commis une erreur. L'article 429 n'est pas une disposition nouvelle introduite dans la législation. Il procède de l'article 3 titre 16 de l'ordonnance de 1667, lequel restreint les dispositions beaucoup plus générales des ordonnances de 1560 et 1563 et se réfère exclusivement au cas où il faut procéder à l'examen des pièces. L'article 429 s'est borné à consacrer l'usage qui s'était établi d'étendre la mission de l'arbitre qui pouvait concilier, alors que d'après l'ordonnance il ne pouvait que donner son avis; et d'autoriser les juges consuls à choisir les arbitres parmi toutes les personnes qu'ils estiment capables de remplir ces délicates fonctions, alors que l'ordonnance restreignait leur choix aux « anciens consuls ou marchands non suspects. » Par conséquent l'interprétation large donnée à l'article 429 a pour fondement une erreur manifeste.

62. Il y a un véritable abus à confier aux arbitres rapporteurs une mission d'experts telles qu'une estimation de marchandise, une estimation d'ouvrages, visite de travaux, visite de lieux. Les § 1 et 3 de l'article 429 établissent une distinction formelle entre ces deux fonctions et la pratique absolument contraire du tribunal de com-

merce de la Seine constitue une violation formelle de la loi (1).

63. Le tribunal consulaire ne peut donner à l'arbitre une mission de jurisconsulte, c'est-à-dire le charger d'examiner une question de droit pur, comme par exemple l'extinction d'un droit par prescription, la formation d'un contrat par novation, la validité d'un acte constitutif de société dont le tribunal homologuerait les conclusions. Un pareil procédé aurait pour résultat de déléguer à un particulier le droit de juger, ce qui est formellement interdit par la loi. Il y a aussi un abus à confier à l'arbitre mission de magistrat ce qui a lieu fréquemment en pratique.

64. Les arbitres convoquent les parties, reçoivent leurs déclarations, entendent des témoins. Or la loi a établi une procédure spéciale pour les interrogatoires et les enquêtes qui ne peuvent avoir lieu légalement que devant un tribunal ou tout au moins devant un juge commis. Les témoins doivent déposer sous la foi du serment et un arbitre ne peut le leur faire prêter.

Peut-on envoyer une cause devant arbitre en lui donnant une mission générale de conciliation en dehors de sa mission spéciale ? La plupart des auteurs estiment qu'une pareille pratique est abusive parce qu'elle a pour effet de rétablir le préliminaire de conciliation que l'article 49 du Code de procédure civile a supprimée en matière commerciale.

Les rapports d'arbitre ne sont soumis à l'enregistrement que si l'on se propose d'en faire usage. Le droit est de 1 fr. 20 (2).

65. A Paris le tribunal de commerce renvoie souvent les causes qui lui sont soumises non devant un arbitre, mais devant la Chambre syndicale de la spécialité à laquelle elles se rattachent. Une lettre du garde des Sceaux du 6 janvier 1874 critique cette manière d'agir, parce que l'article 429 exige le renvoi devant un ou trois arbitres personnellement désignés et non devant une collectivité, et que la désignation d'une collectivité supprime en fait le droit de récusation des parties. La loi du 21 mars 1884 qui a conféré la personnalité civile aux syndicats professionnels n'a pas changé la situation. Un syndicat ne pourrait être désigné comme arbitre. Ce point a d'ailleurs été discuté au Sénat, et appelé à prendre la parole sur cette question spéciale, M. Tirard, ministre du Commerce, a affirmé que « les tribunaux de commerce ne pourront pas prendre les syndicats professionnels comme arbitres, ni comme experts (3). » Mais les syndicats professionnels pourront être utilement consultés sur une question technique, donner un avis éclairé, qui évitera souvent de recourir à l'expertise ou à l'arbitrage (4).

66. La procédure du renvoi devant arbitres a causé des abus intolérables : souvent devant certains tribunaux

---

(1) Lyon Caen et Renault, t. 1, n° 41465 et suiv. Garsonnet, t. 3, n° 1041.
(2) V. Locré, t. 21, p. 368.

(1) Cass., 10 juillet 1876, S. 77. I. 309. p. 77. 787. D. 77. 1. 217.
(2) Inst. gén., 4 juillet 1909. L. 22 frim. An. VII, art. 68, 23 août 1871, 30 décembre 1873.
(3) Séance du 11 juillet 1882.
(4) L. 21 mars 1884, art. 6 et lettre du garde des Sceaux, 7 juillet 1885.

elle constitue une véritable abdication de la part des magistrats, en tous cas elle occasionne des lenteurs et des frais énormes qui sont d'autant plus sensibles que les arbitres ne déposent leurs rapports qu'après la fixation de leurs honoraires. Dès 1866 la commission de réforme du Code de procédure civile se prononçait pour l'interdiction et le projet déposé par M. Antonin Dubost garde des Sceaux en 1894 supprimait cette procédure.

Certains tribunaux de commerce ont l'habitude de renvoyer leurs affaires au rapport d'un juge qui remplit les mêmes fonctions qu'un arbitre. Il convoque les parties en son cabinet, entend leurs explications, fait citer des témoins s'il le juge nécessaire, tente une conciliation et en cas d'échec dépose son rapport que le tribunal généralement transforme en jugement. Cette pratique est irrégulière et illégale; néanmoins elle a des avantages certains sur l'arbitrage : parce que les magistrats offrent des garanties beaucoup plus sérieuses que les arbitres, et que ce renvoi n'a pas pour effet d'entraîner des frais frustratoires. Enfin elle n'a pas pour résultat de décharger les magistrats de leurs fonctions essentielles sur des auxiliaires souvent mal préparés à la tâche qu'on leur confie.

67. *Communication des pièces.* — Les parties peuvent en matière commerciale, comme en matière civile réclamer la communication des pièces qui leur sont opposées. Il n'y a pas de dispositions spéciales relatives à la communication des pièces et l'on doit appliquer les règles de l'article 188 du Code de procédure civile. Une des formes de communication indiquée par l'article 188 ne pourra jamais être usitée devant la juridiction consulaire, c'est le mode de communication sur récépissé qui nécessite l'intervention d'un avoué dont le ministère est interdit en matière commerciale. La communication par dépôt au greffe sera seule possible.

Ce mode de communication n'est pas obligatoire et les parties peuvent convenir entre elles d'un mode tout différent que le tribunal ne pourra modifier. A défaut d'entente entre les parties, le tribunal aura même le droit de déterminer le mode de communication qui lui paraîtra le meilleur.

La communication doit être demandée par acte d'huissier ou par voie de conclusions prises à l'audience. Le délai est de trois jours (1) à moins que le tribunal n'ait fixé dans son jugement un autre délai.

68. Quand une des pièces soumises au tribunal de commerce est déniée ou arguée de faux, le tribunal doit surseoir à statuer et renvoyer pour l'examen de cet incident devant les juges civils. Le sursis s'impose même alors que l'incident ne vaut pas mieux et ne semble qu'être un moyen dilatoire. Sans cela le tribunal de commerce pourrait étendre indéfiniment sa compétence et connaître d'une question qui relève d'autres juridictions (2).

Le tribunal peut-il en prononçant le sursis, impartir au demandeur en vérification d'écritures un délai pour intenter son action devant la juridiction civile? Quelqu'intérêt qu'il puisse y avoir à se prononcer pour

l'affirmative, nous estimons que la négative s'impose. Si l'on reconnaissait à la juridiction consulaire le droit de fixer un délai dans ce cas, on lui reconnaîtrait par cela même le droit de régler l'exécution d'un jugement. En outre l'inobservation du délai par le demandeur en vérification d'écritures ne pourrait avoir pour effet de rendre le tribunal de commerce compétent ou lui permettre de passer outre et de statuer sur la demande principale : cette prescription serait donc illégale et inutile.

Le tribunal de commerce en prononçant le sursis peut prescrire le dépôt de la pièce attaquée au greffe. Il est certain que si la méconnaissance ou la désignation n'est pas contredite, le tribunal ne doit pas prononcer le sursis alors même que le défendeur persisterait dans son exception. Le tribunal de commerce se borne à constater que la signature n'émane pas de la personne assignée en paiement.

ARTICLE 5. — *Jugement, voies de recours, exécution.*

69. Les jugements du tribunal de commerce doivent être rendus au moins par trois juges. A peine de nullité, le tribunal doit comprendre au moins un juge titulaire.

Devant un tribunal de première instance ou une cour d'appel, quand une affaire appelle à la barre un avoué ou un avocat parent ou allié d'un magistrat du siège jusqu'au troisième degré inclusivement, ce magistrat doit se retirer à peine de nullité; cette disposition, prescrite par l'article 10 de la loi du 20 août 1883 n'est pas applicable à la juridiction consulaire. Des propositions de loi ont été autrefois déposées, qui avaient pour but d'étendre cette disposition aux tribunaux de commerce. Elles n'ont pas encore abouti.

Quand le tribunal ne peut se composer à raison de l'absence des magistrats titulaires ou suppléants, il peut se compléter en faisant appel à des commerçants. Il doit les choisir sur une liste spéciale dite liste des juges complémentaires. Cette liste est dressée chaque année par le tribunal de commerce, et ne peut comprendre que des éligibles et à défaut des électeurs domiciliés dans le lieu où siège le tribunal de commerce. Elle est composée à Paris de 50 noms, dans les tribunaux de 9 membres de 25, dans les autres tribunaux de 15 (1). Quand il est nécessaire de faire appel aux juges complémentaire le président du tribunal tire au sort, en audience publique, ceux qui doivent composer le tribunal.

Les juges complémentaires n'ont pas à prêter serment pour de multiples raisons. 1° Le serment n'est exigé en principe que pour des fonctions permanentes; 2° il n'est pas exigé des hommes de loi appelés à compléter le tribunal civil et en matière commerciale on est moins formaliste qu'en matière civile; 3° il faudrait envoyer les juges complémentaires devant la cour d'appel pour prêter serment, la juridiction consulaire n'ayant pas qualité pour le recevoir; cette formalité retarderait la solution des affaires (2).

---

(1) C. pr. civ., art. 190.
(2) Cass., 14 juin 1904. S. 1904. 1. 396.

(1) L. 8 décembre 1883 article 16.
(2) Lyon Caen et Renault T. I. N° 346. Boitard Colmet d'Aage et Glasson. T. I. 38 et 39.

Certains auteurs estiment au contraire, que les juges complémentaires doivent prêter un serment professionnel. Le tribunal de commerce pourrait recevoir le serment des juges complémentaires comme il reçoit celui des experts et des arbitres qu'il connaît.

70. Est-il nécessaire que des mentions formelles du jugement justifient de la régularité de la composition du tribunal? Que faut-il décider dans le cas où l'empêchement de tous les juges titulaires mettra le tribunal dans l'impossibilité de se constituer? La plupart des auteurs estiment qu'il y a lieu de faire comme s'il n'y avait pas de tribunal de commerce dans l'arrondissement et de s'adresser au tribunal civil qui a pleine juridiction.

La jurisprudence, ancienne d'ailleurs, est d'avis contraire et décide qu'il y a lieu de s'adresser à la Cour d'appel qui par un règlement de juges renverra devant un autre tribunal du ressort.

71. Les jugements des tribunaux consulaires sont soumis aux mêmes voies de recours, de réformation ou de rétractation que les tribunaux civils.

72. En règle générale les jugements des tribunaux de commerce sont exécutoires par provision à raison du caractère d'urgence que présentent toutes les affaires commerciales. L'exécution provisoire est de droit dans le silence du jugement. Il en résulte que l'exécution du jugement n'implique jamais acquiescement de la part de la partie condamnée.

L'exécution est ordonnée avec ou sans caution. La Cour d'appel a le droit de vérifier si l'exécution provisoire avec dispense de caution a été ordonnée dans les conditions fixées par l'article 438 Code de procédure civile et d'accueillir la demande de la partie condamnée tendant, soit à la dation d'une caution, soit à la justification de solvabilité. Elle ne pourrait accorder des dispenses et surseoir à l'exécution des jugements même mal à propos déclarés exécutoires (1).

73 En aucun cas les tribunaux de commerce ne peuvent connaître des difficultés auxquelles donne lieu l'exécution de leurs jugements. Le tribunal civil est juge de ces questions,

J. M. BOUCHARD

Auditeur au Conseil d'État.

TRIBUNAUX CORRECTIONNELS. [Voy. FORÊTS, IMPÔTS INDIRECTS, OCTROI, ORGANISATION JUDICIAIRE, PÊCHES MARITIMES, PRESSE, RURAL (DROIT).]

TRIBUNAUX ÉTRANGERS. (Voy. ÉTAT DE GUERRE.)

TRIBUNAUX ÉGYPTIENS. [Voy. LEVANT (ÉCHELLES DU).]

(1) Cass., 18 juin 1900. S. 1900. 1. 492. D. 1900. 1. 415.

TRIBUNAUX EXCEPTIONNELS

1. L'expression de tribunaux ou de juridictions exceptionnelles peut être prise dans deux acceptions différentes. Elle sert le plus souvent à désigner les juridictions dont la compétence est limitée à un certain nombre de procès et est déterminée soit par la nature du litige, soit par la personnalité des parties en cause. Dans ce cas, les juridictions exceptionnelles sont opposées aux tribunaux de droit commun qui ont qualité pour statuer sur toutes les instances dont la connaissance ne leur a pas été enlevée par un texte formel. Toutefois, ces deux sortes de juridictions ont un caractère commun : elles sont permanentes et fonctionnent en vertu de lois générales qui ont déterminé leur organisation et leur compétence.

Les mots : tribunaux exceptionnels sont, dans une seconde acception, considérés comme synonymes de tribunaux extraordinaires. Ils comprennent alors toutes les juridictions que des circonstances politiques ou autres ont conduit à créer en vue d'un procès ou de procès déterminés.

A la différence des tribunaux ordinaires, représentés par les juridictions de droit commun et d'exception, les tribunaux extraordinaires n'ont qu'une compétence temporaire; ils sont, en général, institués lorsque le litige qu'ils doivent trancher, est né et leur composition est fixée par l'acte qui les organise. Au contraire, les tribunaux ordinaires préexistent aux contestations civiles ou pénales qu'ils sont ultérieurement appelés à juger.

2. Sous l'Ancien Régime, les deux catégories de tribunaux exceptionnels ont existé.

A côté des prévôtés, baillages et sénéchaussées, des présidiaux, des Parlements ou des conseils souverains, du Conseil du roi, juridictions de droit commun, de nombreux tribunaux d'exception existaient soit dans l'ordre administratif, soit dans l'ordre judiciaire. Les chambres des comptes, les cours des aides, les bureaux de finances, les élections, les greniers à sel, les traites, la juridiction des eaux et forêts, la connétablie et la maréchaussée de France, la Cour des monnaies et, à partir de Louis XIV, les intendants étaient investis d'attributions contentieuses spéciales en matière financière et administrative. Certaines affaires civiles, commerciales ou criminelles étaient également réservées à des tribunaux particuliers : telles étaient les officialités pour les questions ecclésiastiques, les amirautés pour la police et l'administration des ports ainsi que pour le commerce maritime, les prévôts des maréchaux de France pour les attentats contre la sécurité publique sur les routes et pour les crimes et délits des vagabonds ou gens sans aveu, les juges consulaires pour le commerce terrestre. A cette énumération pouvaient être encore ajoutées la juridiction des prévôts des marchands et des échevins et celle des jurandes.

3. Tous ces tribunaux n'exerçaient leur pouvoir que par délégation du roi qui était considéré comme la source de toute justice. Mais cette maxime de droit public, formulée au XVIe siècle par les légistes et employée, depuis

lors, par la royauté pour étendre son pouvoir, provoqua une perturbation profonde dans l'organisation judiciaire de l'Ancien Régime. En vertu du principe de la justice retenue, le roi conservait le droit de révoquer, pour des procès déterminés, les délégations données aux tribunaux ordinaires et d'exercer, soit par lui-même, soit par l'intermédiaire d'autres juges, ses attributions. Ces interventions arbitraires revêtirent diverses formes. Les lettres de grâce, de justice ou de cachet avaient pour but de soustraire les parties aux conséquences des jugements prononcés contre eux ou aux poursuites dont ils pourraient être l'objet. L'évocation, les jugements par commissaires et les lettres de *committimus* modifiaient seulement l'ordre des compétences et enlevaient la connaissance de procès aux juges qui auraient dû en être saisis en vertu de la législation générale. Ces dernières mesures sont les seules qui doivent être étudiées ici.

4. L'évocation était un acte du pouvoir royal par lequel un litige était enlevé à la juridiction compétente pour être soumis au Conseil du roi qui fonctionnait alors comme tribunal extraordinaire. L'origine de cette pratique remonte au XIVe siècle et son application continua jusqu'à la fin de l'Ancien Régime, malgré les véhémentes protestations des Parlements. L'évocation pouvait avoir lieu à toute période d'une instance.

5. Une autre manifestation de la justice retenue consistait dans la nomination par le roi de commissaires chargés de statuer en premier et dernier ressort sur un procès déterminé (1). Les tribunaux ordinaires se trouvaient dessaisis par les commissions extraordinaires. Les décisions de l'autorité royale fixaient, pour chaque affaire, les pouvoirs des juges qui ne conservaient aucune attribution une fois la sentence rendue. Ainsi que des auteurs les ont appelées, ces commissions extraordinaires étaient des « tribunaux d'occasion ». Cet emploi fait par la royauté de ses prérogatives judiciaires provoqua, presque dès l'origine, de nombreuses réclamations et le roi dut, par l'article 98 de l'ordonnance de Blois de 1579, donner satisfaction aux États généraux en révoquant toutes les lettres de commissions extraordinaires qu'il avait accordées et en promettant de ne plus user de cette faculté. Il est vrai que l'interprétation donnée dans la suite à cette disposition en limita singulièrement la portée. On soutint qu'elle ne visait que les causes d'ordre privé et que l'autorité royale conservait le droit d'instituer des commissions extraordinaires lorsque l'intérêt public était en jeu.

Les plus célèbres commissions extraordinaires furent, sous Louis XIII, celles qui jugèrent Châlais, le maréchal de Marillac, le duc de La Valette, Cinq-Mars et de Thou; sous Louis XIV, celle qui condamna Fouquet au bannissement, peine aggravée par le roi et transformée en détention perpétuelle.

6 L'intervention du pouvoir royal dans l'administration de la justice se manifestait enfin par les lettres de *committimus*. Ces actes créaient en faveur de certaines personnes des privilèges de juridiction. Tous les procès

(1) Esmein, *Histoire de la procédure criminelle*, p. 254 et suiv.

qui les concernaient devaient être jugés par les requêtes de l'hôtel (section du Conseil du roi), ou par les requêtes du Palais (section du Parlement), au lieu d'être tranchés par les tribunaux ordinaires. Un privilège analogue pouvait être accordé aux personnes morales ecclésiastiques, placées sous le contrôle du pouvoir royal, par les lettres de *garde-gardienne*. Celles-ci autorisaient les personnes morales ecclésiastiques à porter tous les procès où elles étaient engagées devant un tribunal spécial.

7. L'organisation judiciaire, telle qu'elle vient d'être brièvement décrite, fut l'objet de très vives critiques sous l'Ancien Régime. D'une part, la multiplicité des juridictions entraînait des conflits qui retardaient et parfois même suspendaient le cours des instances. De l'autre, la maxime d'après laquelle toute justice émane du roi et ses conséquences, les évocations, les commissions extraordinaires et les lettres de *committimus*, avaient occasionné de graves abus et soustrait des inculpés à leurs juges naturels toutes les fois que des passions politiques ou, même seulement, les intérêts de privilégiés étaient en jeu. Aussi, dans presque tous les cahiers des États généraux de 1789, la disparition de tous les tribunaux d'exception et la suppression de la justice retenue furent-elles demandées.

8. La Constituante donna satisfaction à cette double revendication. Le décret du 7 septembre 1790 supprima tous les tribunaux permanents existant antérieurement soit dans l'ordre judiciaire, soit dans l'ordre administratif. Par le décret du 16-24 août 1790 et une série de textes postérieurs, l'Assemblée leur substitua une organisation judiciaire fort simple, ne comprenant, en dehors des juridictions civiles ou criminelles ordinaires, que quelques tribunaux d'exception : en matière civile, les tribunaux de commerce, et en matière criminelle, les tribunaux des armées de terre et de mer. Depuis lors, les principes généraux de l'organisation judiciaire sont demeurés, sous réserve de quelques modifications, les mêmes que ceux établis par la Constituante. Mais le nombre des tribunaux d'exception, sans atteindre celui des juridictions d'attribution de l'Ancien Régime, s'est sensiblement accru. En effet, le législateur s'est aperçu que certaines instances ne pouvaient être bien instruites que par des personnes remplissant des conditions de capacité technique ou ayant des connaissances pratiques. Comme celles-ci ne peuvent être demandées à des magistrats, de nouvelles juridictions, formées de juges possédant des aptitudes spéciales ont été créées. Ce furent d'abord, sous le premier Empire, les conseils de prud'hommes pour les litiges entre patrons et ouvriers; puis les tribunaux maritimes permanents pour les crimes ou délits commis dans l'intérieur des ports ou des arsenaux, les tribunaux maritimes commerciaux pour les délits maritimes prévus par le décret-loi du 24 mars 1852 sur la marine marchande, enfin les tribunaux maritimes spéciaux institués par la loi du 10 mars 1891.

De nouvelles tendances se sont d'ailleurs manifestées depuis quelques années et leur réalisation aboutira à une simplification de l'organisation judiciaire. Un projet en discussion devant la Chambre tend à supprimer, en temps de paix, les conseils de guerre des armées de terre et de mer. L'adoption de cette mesure entraînerait sans doute, à bref délai, la disparition des tribunaux maritimes commerciaux.

9. L'organisation des tribunaux administratifs n'était qu'embryonnaire dans les décrets de la Constituante, et en particulier dans celui du 7 septembre 1790. Ce fut seulement sous le Consulat et le Premier Empire qu'elle devint véritable. En face du Conseil d'État, juge de droit commun, furent institués les conseils de préfecture et la Cour des Comptes, juges d'attribution. Depuis lors de nouveaux tribunaux d'exception ont été créés : ce sont les conseils de revision pour le recrutement de l'armée et les divers conseils de l'instruction publique. Certains auteurs soutiennent que les commissions d'appel, instituées par la loi du 15 juillet 1893 sur l'assistance médicale gratuite, et que les commissions cantonales et la commission centrale, organisées par la loi du 14 juillet 1905, sur l'assistance aux vieillards sont, non pas de véritables juridictions, mais plutôt des autorités administratives. Par leur rôle, leur composition et leur procédure, elles semblent cependant devoir être aussi considérées comme des tribunaux d'exception, chargés de concourir à l'application de textes déterminés.

10. Si les tribunaux d'exception sont encore assez nombreux dans l'organisation judiciaire française, leur fonctionnement ne provoque plus les retards et les inconvénients qui avaient conduit à demander la suppression des juridictions de même nature existant sous l'Ancien Régime. Plusieurs raisons expliquent cette appréciation différente de l'opinion publique. Sous la royauté, l'organisation judiciaire avait été constituée peu à peu. Lorsque le pouvoir royal trouvait intérêt à enlever à certains tribunaux la connaissance de litiges déterminés, il créait de nouvelles cours pour les juger. Mais souvent, par crainte de trop vives réclamations, il négligeait de déposséder par un texte formel des mêmes attributions les anciennes juridictions. Aussi, cette incertitude favorisait les conflits de compétence si regrettables pour les justiciables. Au contraire, le droit moderne fixe d'une façon précise le champ d'activité de chacun des tribunaux et ne laisse que peu de place à des contestations. En outre, alors que les tribunaux de l'ancien régime n'étaient pas strictement hiérarchisés et comprenaient de nombreuses cours souveraines, ayant longtemps résisté au contrôle du Conseil du roi, les juridictions actuelles, même lorsqu'elles statuent en dernier ressort, sont soumises à un juge souverain, Conseil d'État ou Cour de Cassation, imposant aux magistrats qui relèvent de lui une interprétation unique de la loi. Enfin, la gratuité de la justice n'a pas été sans exercer une bienfaisante influence. Le juge de l'Ancien Régime, payé par les parties, prétendait attirer à lui le plus grand nombre de procès possible. Les tribunaux modernes, composés de juges rétribués par l'État ou remplissant gratuitement leurs fonctions, ne cherchent à exercer leurs attributions que dans les limites fixées par le législateur.

11. Nous avons vu qu'à côté des tribunaux d'exception proprement dits fonctionnaient, avant 1789, des tribunaux extraordinaires ou exceptionnels et que de nombreuses protestations avaient été formulées contre cet exercice de la justice retenue. L'Assemblée nationale, par le décret des 3 septembre-3 novembre 1789, concernant les bases fondamentales de la Constitution, entendit interdire à l'avenir de semblables pratiques.

L'article 19 stipule que le pouvoir judiciaire ne pourra, en aucun cas, être exercé par le roi ou par le Corps législatif et que la justice sera administrée au nom du roi par les seuls tribunaux établis par la loi suivant les principes de la Constitution et selon les formes déterminées par les textes organiques. Dans le décret du 7 septembre 1790, qui supprimait tous les corps judiciaires de l'ancien régime, la Constituante abolit également les *committimus*, au grand et au petit sceau, les lettres de garde-gardienne, et en général tous les tribunaux de privilège ou d'attribution (1). Enfin, la Constitution des 3-14 septembre 1791 renouvela la défense adressée au Corps législatif et au roi d'exercer le pouvoir judiciaire et interdit de distraire les citoyens des juges que la loi leur assigne par aucune commission ni par d'autres attributions et évocations que celles qui sont déterminées par des textes (2).

12. Si ces principes ont été, depuis lors, respectés en matière civile, d'assez nombreuses dérogations y ont été apportées en matière pénale, au cours du XIXᵉ siècle, sous l'empire de considérations politiques. Dès la Convention, le décret du 10-12 mars 1793 créa le tribunal criminel extraordinaire qui, quelques mois plus tard, devait prendre le titre de tribunal révolutionnaire (3). Cette juridiction, dont la compétence empiétait sur les tribunaux criminels ordinaires, l'instruction et le jugement des procès qui lui étaient soumis étaient contrôlés par des représentants de la Convention nationale. La Constitution du 24 juin 1793 généralisa d'ailleurs l'intervention de l'Assemblée dans le fonctionnement de la justice en prévoyant, dans son article 94, que des citoyens pourraient être jugés sur une accusation décrétée par le Corps législatif. Ce régime dura jusqu'à la fin de la Terreur, époque à laquelle une loi du 12 prairial an III décida la suppression du tribunal révolutionnaire. Pour marquer sa volonté de ne plus instituer de juridictions d'exception, les articles 202 et 204 de la Constitution du 5 fructidor an III reproduisirent les dispositions de la Constitution de 1791 et stipulèrent notamment que nul ne pouvait être distrait des juges que la loi lui assigne « par d'autres attributions que celles qui sont déterminées par une loi antérieure ».

13. Ces dispositions ne furent pas reproduites dans la Constitution du 22 frimaire an VIII. Aussi le Gouvernement consulaire, puis le Gouvernement impérial portèrent, à plusieurs reprises, atteinte à l'ordre des juridictions. Trouvant insuffisantes les commissions militaires qui jugeaient les brigands royalistes portant la perturbation dans les campagnes, Bonaparte profita de l'attentat de la rue Saint-Nicaise, dirigé le 3 nivôse an IX contre sa personne, pour se faire autoriser, par la loi du 18 pluviôse

---

(1) Art. 13. V. aussi D. 12 octobre 1790, art. 6 et 7.
(2) Art. 1ᵉʳ et 4, chap. v, tit. III.
(3) D. 27 germinal-5 floréal an II.

an IX, à établir, dans les départements où le Gouvernement le jugerait nécessaire, un tribunal spécial. Ce tribunal, composé de magistrats, de militaires et de civils, jugeait, sans appel et sans recours en cassation, tous les crimes ou délits commis par les gens sans aveu, ainsi que toutes les infractions ayant de près ou de loin un caractère politique. A ce dernier point de vue, la loi de l'an IX était dirigée contre tous les opposants au nouveau régime, royalistes ou républicains. Ces tribunaux répressifs spéciaux furent maintenus par le Code d'instruction criminelle de 1808 et devinrent permanents.

14. D'autres juridictions exceptionnelles fonctionnèrent sous le Premier Empire. On peut signaler les cours prévôtales des douanes chargées de réprimer la contrebande, les commissions militaires qui jugèrent en 1804 le duc d'Enghien, et en 1808 le général Dupont, coupable d'avoir capitulé à Baylen.

15. La Charte de 1814 (4 juin) renouvela la promesse, contenue dans la Constitution de l'an V, de ne distraire personne de ses juges naturels et de ne pas créer des commissions ou des tribunaux extraordinaires. Mais elle réserva formellement le droit de rétablir les juridictions criminelles spéciales ou prévôtales, si cette mesure était jugée nécessaire. Après les Cent Jours, le Gouvernement de Louis XVIII obtint des Chambres le vote de la loi du 20 décembre 1815, prescrivant l'institution de nouvelles cours prévôtales dans chaque département. Ces juridictions, qui statuaient sans appel et qui pouvaient connaître de faits même antérieurs à la promulgation de la loi, montrèrent une telle rigueur dans l'exercice de leurs pouvoirs contre les citoyens, soupçonnés d'être défavorables au nouveau régime, que l'opinion publique s'alarma. Le Gouvernement royal ne crut pas opportun de maintenir ces tribunaux et lorsque, en 1817, il aurait dû demander le renouvellement de leurs pouvoirs, il préféra les voir disparaître.

16. Le terrible souvenir des méfaits des cours prévôtales était resté tellement vivace qu'en 1830, au moment du vote de la Charte, la Chambre des députés n'estima pas suffisante la condamnation générale portée contre les tribunaux extraordinaires par les Constitutions de 1791, de l'an III et de 1814. Elle compléta, sur la proposition de Dupin, ces textes constitutionnels par la défense de créer des commissions ou des tribunaux extraordinaires « à quelque titre que ce soit et sous quelque dénomination que ce puisse être ». Ces termes furent textuellement reproduits par l'article 4 de la Constitution républicaine du 4 novembre 1848.

17. Trois années après, le second Empire ne recula pas cependant devant l'institution de commissions extraordinaires chargées de juger les individus prévenus d'avoir pris part aux mouvements insurrectionnels qui avaient suivi le coup d'État du 2 décembre 1851. Créées par une simple circulaire ministérielle du 3 février 1852 (1), ces commissions furent composées d'un général, du préfet du département et d'un procureur général ou d'un procureur de la République. Leur organisation eut pour effet de dessaisir immédiatement les autorités judiciaires, administra-

tives ou militaires qui, jusque-là, avaient été chargées d'informer sur les événements. Les pouvoirs discrétionnaires accordés à ces commissions étaient exorbitants. Suivant le degré de culpabilité, les antécédents politiques et privés, la position de famille, le renvoi devant les conseils de guerre, la transportation à Cayenne ou en Algérie, l'expulsion de France, l'éloignement momentané du territoire, l'internement, le renvoi devant les tribunaux correctionnels ou la mise sous la surveillance de la haute police pouvaient être prononcés contre les prévenus dont la culpabilité paraîtrait établie. Les jugements ne pouvaient être frappés d'appel.

18. Depuis cette époque, soit pendant la fin du second Empire, soit depuis le commencement de la troisième République, aucun tribunal extraordinaire n'a été institué : le progrès des notions de justice ne permettrait plus à une assemblée ou à un gouvernement de renouveler les procédés judiciaires dont se sont servis les régimes disparus. Dans la législation actuelle, trois juridictions présentent, dans une certaine mesure, un caractère exceptionnel peuvent seulement être signalées.

19. Lorsque l'état de siège est proclamé dans les conditions prévues par la loi du 9 août 1849, les pouvoirs dont l'autorité civile était revêtue pour le maintien de l'ordre et de la police sont transférés tout entiers à l'autorité militaire. Comme conséquence du dessaisissement du pouvoir civil, les conseils de guerre peuvent être substitués aux juridictions ordinaires pour le jugement des crimes et délits contre la sûreté de la République, contre la Constitution, contre l'ordre et la paix publique, quelle que soit la qualité des auteurs principaux et des complices. L'autorité militaire reste d'ailleurs maîtresse de laisser à l'autorité civile certaines de ses attributions antérieures. Le dessaisissement n'a donc pas nécessairement un caractère général et ne résulte pas de la proclamation de l'état de siège elle-même. Il peut être spécial à certaines affaires et n'intervenir que quelque temps après cette proclamation. Mais, une fois prise, la décision de l'autorité militaire a des effets très étendus. Elle entraîne par exemple le jugement, par les conseils de guerre, d'individus déjà renvoyés par la chambre des mises en accusation devant une cour d'assises (1). D'autre part, la définition des infractions relevant des tribunaux militaires est très générale et permet de leur déférer la plupart des faits délictueux qui peuvent être commis. Il a été fait usage des pouvoirs exceptionnels que confère la loi de 1849 en 1871, contre les personnes compromises dans le mouvement insurrectionnel de la Commune.

20. La seconde juridiction pouvant être considérée comme de nature exceptionnelle est la Haute-Cour de justice, instituée par l'article 9 de la loi constitutionnelle du 24 février 1875 pour juger le Président de la République ou les ministres et pour connaître des attentats commis contre la sûreté de l'État. Toutes les Constitutions françaises depuis 1789 avaient prévu un semblable organe et celles de 1814 et de 1830 avaient, comme la Constitution de 1875, choisi la Chambre Haute pour exercer ces attributions judiciaires.

---

(1) D. P, 52.3.24.

(1) Cass. 15 mars 1851.

D'après la loi constitutionnelle du 16 juillet 1875, sur les rapports des pouvoirs publics, le Président de la République et les ministres peuvent être mis en accusation par la Chambre des députés et jugés par le Sénat. Lorsqu'il s'agit seulement de déférer une personne prévenue d'attentat contre la sûreté de l'État, la Haute-Cour est saisie par un décret du Président de la République, rendu en conseil des ministres. Cet acte gouvernemental dessaisit les magistrats qui auraient déjà commencé l'instruction de l'affaire et peut intervenir tant que l'arrêt de renvoi devant la cour d'assises n'a pas été rendu par la chambre des mises en accusation. La procédure devant la Haute-Cour, constituée par décret, a été déterminée par la loi du 10 avril 1889. Les arrêts sont sans appel.

21. Les conseils de guerre fonctionnant pendant l'état de siège et la Haute-Cour de justice ont plusieurs caractères communs. Leur compétence n'est créée que par l'acte qui déclare l'état de siège ou par celui qui défère les prévenus à la Haute-Cour. Ces juridictions se substituent aux tribunaux ordinaires qui, sans une décision du pouvoir législatif, parlementaire ou exécutif, auraient été chargés de statuer sur le procès. Même si des magistrats de l'ordre judiciaire ont déjà commencé l'instruction, ils sont dessaisis des affaires et doivent transmettre leurs pouvoirs aux nouvelles juridictions. Enfin, alors que les tribunaux préexistent normalement aux procès qu'ils sont appelés à examiner, les conseils de guerre, pour les crimes ou délits antérieurs à la déclaration de l'état de siège, la Haute-Cour, dans tous les cas, ne sont saisis qu'après la constatation des faits incriminés. Il faut, d'ailleurs, signaler que, comme les cours prévôtales et à la différence des commissions créées sous le premier et le second Empire, ces deux juridictions exceptionnelles ont une existence permanente et régulière, puisqu'elles ont été prévues et instituées par le législateur.

22. Enfin, à Paris, il existe à la préfecture de police une juridiction d'un ordre tout spécial, statuant sur la situation des filles publiques et sur les contraventions qu'elles peuvent commettre aux règlements de police. En première instance, le préfet de police juge seul sur la proposition du commissaire chargé du bureau des mœurs qui a interrogé l'inculpée. En appel, le tribunal est composé du préfet de police et de deux commissaires et prononce en dernier ressort. Les peines qui peuvent être infligées sont l'internement à Saint-Lazare pendant une durée variant de quatre jours à deux mois. La légalité de cette juridiction a été souvent contestée. La préfecture de police se fonde, pour en justifier le maintien sur l'ordonnance royale du 20 avril 1684. Ce texte affecte la maison de la Salpêtrière à la réclusion des femmes de mauvaise vie et ordonne que les sentences rendues en cette matière par le lieutenant de police seront exécutées comme celles prononcées par un juge de dernier ressort.

Alexandre DE LAVERGNE.
Auditeur au Conseil d'État.

TRIBUNAUX MARITIMES COMMERCIAUX. (Voy. ORGANISATION MARITIME COMMERCIALE.)

TRIBUNAUX MILITAIRES

1. L'organisation et la compétence des tribunaux militaires de l'armée de terre et de l'armée de mer ainsi que la procédure qu'ils doivent suivre ont été exposées dans des volumes précédents (1).

Depuis que cette étude a été publiée des modifications importantes ont été apportées par le législateur, sinon dans l'organisation même et dans la compétence, tout au moins dans le régime des voies de recours constituées et dans celui des peines à appliquer. Nous allons prendre séparément chacun de ces régimes et faire connaître les changements qu'ils ont eu à subir.

§ 1er. — *Voies de recours.*

2. La loi du 9 juin 1857 reconnaissait deux voies de recours contre une décision rendue par les conseils de guerre siégeant en temps de paix.

1° Recours devant les conseils de revision;
2° Pourvoi devant la Cour de cassation.

3. *A. Recours devant les conseils de revision.* — Les conseils de revision dont le siège était fixé conformément aux prescriptions de l'article 26 de la loi du 9 juin 1857, l'organisation réglée par les dispositions des articles 27, 28, 29, 30, 31 et 32 de la même loi, prononçaient sur les recours formés contre les jugements des conseils de guerre établis dans leur ressort.

Ils ne connaissaient jamais du fond des affaires (2), ils n'avaient à se prononcer que sur les violations de la loi qui avaient pu être commises par le Conseil de guerre. Sur ce point encore leur compétence n'était pas absolue : la loi du 9 juin 1857 énumérait restrictivement les cas de violation de la loi qui seuls pouvaient entraîner de la part d'un conseil de revision l'annulation d'un jugement (3).

Ces cas étaient les suivants :

1° Composition irrégulière d'un conseil de guerre;
2° Compétence;
3° Circonstances que la peine prononcée par la loi n'a pas été appliquée aux faits déclarés constants par le Conseil de guerre ou que la peine a été prononcée en dehors des cas prévus par la loi;
4° Violation ou omission des formes prescrites à peine de nullité;
5° Omission de statuer sur une demande de l'accusé ou une réquisition du commissaire du Gouvernement tendant à user d'une faculté ou d'un droit accordé par la loi.

(1). V. Armée de terre t. 11, n° 427 et s. Armée de mer t. 30, p. 244 et s.
(2). L. 9 juin 1857, art. 73.
(3). *Ibid.,* art. 74.

4. B. *Pourvoi devant la Cour de cassation.* — Un pourvoi devant la Cour de cassation pouvait être formé exceptionnellement et pour un cas seulement, celui d'incompétence. Il était expressément interdit :

1° Aux militaires et aux assimilés ;

2° Aux individus soumis, à raison de leur position, aux lois et règlements militaires ;

3° Aux justiciables des conseils de guerre aux armées ;

4° Aux individus enfermés dans une place de guerre en état de siège (1).

Ce régime a disparu : l'article 44 de la loi de finances du 17 avril 1906 a substitué la Cour de cassation aux conseils de revision pour prononcer sur les recours formés en temps de paix contre les jugements des conseils de guerre. Cette disposition aboutit, en réalité, à la suppression des conseils de revision permanents. Elle soumet les conseils de guerre au contrôle de la Cour de cassation pour toutes les décisions qu'ils ont rendues, alors que la Cour suprême n'avait auparavant pour mission que de régler la compétence et d'en fixer les limites. Les militaires peuvent recourir à elle au même titre que les civils.

5. Le contrôle des juridictions militaires se trouve par là même donné à la juridiction civile du plus haut degré. Cela peut au premier abord paraître assez singulier et cela le serait, en réalité, si la Cour de cassation n'avait pas à connaître seulement des questions de droit soulevées par les jugements des conseils de guerre. L'appréciation juridique de ces jugements ne peut être faite sérieusement que par des hommes dont l'esprit s'est depuis de longues années consacré à l'étude du droit ou à la pratique judiciaire. Certes pour les juges du fond, cette science et cette pratique ont leur valeur, mais il est légitime de reconnaître qu'elles ne sont pas les seuls éléments permettant de rendre des décisions éclairées et justes.

6. Les fautes commises par les militaires sont de deux natures : elles constituent soit des crimes ou des délits de droit commun, soit des infractions à la discipline militaire. Les crimes ou les délits de droit commun, tels que les meurtres, les escroqueries, peuvent être jugés sans inconvénient par des juges civils. Il n'en est pas de même des infractions disciplinaires. Pour apprécier l'importance de ces infractions, et le degré de culpabilité des auteurs, il faut appartenir à l'armée, connaître les exigences de la discipline militaire, se rendre compte des nécessités de la répression ou des possibilités de l'indulgence. Un juge militaire est dans ce cas indispensable. La loi du 17 avril 1906 consacre en partie cette manière de voir, puisqu'elle réserve à une autorité civile le soin de vérifier si dans les jugements rendus l'autorité militaire a fidèlement observé toutes les prescriptions de la loi relatives à la compétence, à la procédure et à l'application des peines (2).

7. Avant la loi de 1906 et en vertu de l'article 123 du Code de justice militaire, si l'accusé avait des moyens d'incompétence à faire valoir, il ne pouvait les proposer devant le Conseil de guerre qu'avant l'audition des témoins et l'exception était jugée sur-le-champ (1). Si l'exception était rejetée, le conseil passait au jugement de l'affaire, sauf à l'accusé à se pourvoir contre le jugement sur la compétence en même temps que contre la décision rendue sur le fond (2). Il en était de même pour tout autre incident soulevé dans le cours des débats (3). Cette règle relative aux pourvois contre les décisions sur incidents a été maintenue par la loi du 17 avril 1906 qui a stipulé expressément que les jugements rendus sur la compétence et autres exceptions ou incidents soulevés au cours des débats devant un conseil de guerre ne pourront être déférés à la Cour de cassation que dans les conditions déterminées par l'article 123 du Code de justice militaire (4). Cette procédure particulière se justifie par la nécessité de ne pas perpétuer les instances devant les conseils de guerre. Les juges militaires appartiennent tous à des services dont ils sont détachés momentanément pour assister aux audiences ; il importe que l'instance depuis l'ouverture des débats jusqu'au prononcé des jugements ne subisse aucune de ces interruptions plus ou moins longues auxquelles elles seraient exposées si on pouvait se pourvoir immédiatement contre chaque jugement vidant un incident.

8. Les condamnés ont trois jours francs pour se pourvoir en cassation et il n'y a pas lieu à consignation d'amende (5).

9. Le Code de justice militaire énumérait ainsi que nous l'avons dit plus haut, expressément les cas dans lesquels les conseils de revision pouvaient annuler les jugements des conseils de guerre. En disposant que la Cour de cassation prononcera aux lieu et place des conseils de revision sur les recours formés en temps de paix contre les jugements des conseils de guerre, l'article 44 de la loi du 17 avril 1906 a-t-il maintenu les restrictions prescrites insérées dans l'article 74 du Code de justice militaire et n'a-t-il permis les recours en cassation que pour les cas énumérés dans ledit article ? L'interprétation littérale du texte de l'article 74 conduit nécessairement à une réponse affirmative. Le législateur de 1906 n'a pas entendu modifier l'économie générale des juridictions appelées à statuer sur les crimes ou délits commis par des militaires ; il a voulu uniquement substituer une autre juridiction à celle qu'avait établie la législation de 1857.

(1). L. du 9 juin 1857, art. 80 et 81.
(2). Au moment où ces lignes sont écrites, la Chambre des députés commence l'examen d'un projet de loi transformant les conseils de guerre des armées de terre et de mer. Dans ce projet, la distinction entre les fautes de droit commun et celles d'ordre disciplinaire est faite avec netteté et précision. Elle entraîne une différence dans la juridiction appelée à statuer. Pour les premières, les tribunaux de droit commun retrouvent toute l'étendue de leur compétence. Les tribunaux correctionnels ou les cours d'assises auront, si ce projet devient définitif, à en connaître dans les mêmes conditions et suivant les mêmes règles de compétence et de procédure que si elles avaient été commises par des individus restés dans la vie civile. Pour les secondes, elles resteront soumises à une juridiction spéciale où l'élément militaire sera représenté dans une proportion à déterminer.

(1). L. 9 juin 1857, art. 123, § 1ᵉʳ.
(2). *Ibid.*, art. 123, § 2.
(3). *Ibid.*, art. 123, § 3.
(4). L. 17 avril 1906, art. 44, § 3.
(5). *Ibid.*, art. 44, § 4.

10. Toutes les fois qu'un pourvoi en cassation est formé, les commissaires du Gouvernement près les conseils de guerre transmettent directement au procureur général près la Cour de cassation, après les dix jours que suivent la déclaration du pourvoi, les dossiers de procédure et aux expéditions des décisions frappées de pourvoi (1).

Chaque procédure envoyée à la Cour est accompagnée de l'inventaire des pièces prescrit par l'article 423 du Code d'instruction criminelle (2).

11. Depuis la mise en vigueur de la loi du 17 avril 1906, dès qu'un arrêt de la Cour de cassation intervient dans une affaire, le parquet du procureur général près ladite cour donne avis de la décision au commissaire du Gouvernement près le conseil de guerre qui a statué. Cet avis indique que le dossier sera renvoyé ultérieurement avec l'expédition de l'arrêt. Or, il a été constaté que les condamnations maintenues par le rejet du pourvoi du condamné étaient mises parfois à exécution dès la réception de cet avis, qui n'a pour but que de faire connaître sans délai la solution de l'affaire aux intéressés et de permettre aux autorités compétentes de signaler l'intérêt qui peut s'attacher au renvoi immédiat du dossier. Cette procédure a été considérée comme incorrecte et une circulaire du ministre de la guerre en date du 9 janvier 1907 a prescrit de ne commencer l'exécution des condamnations qu'après que l'arrêt de rejet a été reçu par le commissaire du Gouvernement.

12. L'intervention de la Cour de cassation dans la jurisprudence des conseils de guerre a jusqu'ici produit des effets salutaires en ce sens qu'elle a fixé et précisé certains points sur lesquels les tribunaux militaires avaient toujours montré quelque hésitation. Sans entrer dans l'examen de tous ces points dont la plupart intéresse le droit criminel en général, nous croyons devoir en signaler un à raison de son caractère exclusivement militaire. Dans un arrêt en date du 21 décembre 1907 la Cour de cassation a décidé que la prescription contre l'action publique résultant du délit d'insoumission est régie par l'article 638 du Code d'instruction criminelle, c'est-à-dire qu'elle est acquise par l'expiration du délai de trois ans à partir du jour où l'intéressé a été déclaré insoumis, si, dans cet intervalle, il n'a été fait aucun acte d'instruction ou de poursuite : « Attendu, est-il dit dans cet arrêt, que le délit d'insoumission n'est pas un délit successif, qu'il ne faut pas confondre le délit d'insoumission avec l'état d'insoumission, lequel peut continuer pendant un temps plus ou moins long, mais ne saurait exercer d'influence sur la solution du délit ni sur ses caractères légaux. » La question ne présentait aucun intérêt sous l'empire de la loi du 15 juillet 1889, parce que l'article 73 de cette loi disposait que la prescription contre

l'action publique résultant de l'insoumission ne commençait à courir que du jour où l'insoumis avait atteint cinquante ans. La loi du 21 mars 1905, qui a abrogé celle du 15 juillet 1889, ne contient aucune disposition spéciale visant la prescription du délit d'insoumission. La Cour de cassation a cru devoir conclure de ce silence que la prescription contre l'action publique résultant de l'insoumission est régie par l'article 638 du Code d'instruction criminelle et acquis à l'expiration du délit de trois ans.

13. Cette jurisprudence peut prêter à contestation : on peut soutenir sans trop d'invraisemblance que l'insoumission est un fait qui se continue, tant que le citoyen ne s'est pas rendu aux convocations qui lui sont adressées par l'autorité militaire. La distinction faite entre le délit d'insoumission et l'état d'insoumission est sans doute ingénieuse, mais il est permis de se demander si elle est très rationnelle. Quoiqu'il en soit, dans la pratique, la jurisprudence de la Cour de cassation était de nature à produire des résultats graves, auxquels on ne pouvait remédier qu'en surveillant avec le plus grand soin les états sur lesquels étaient inscrits les insoumissions. L'autorité militaire avait dû, à l'égard de tous ceux qui avaient commis le délit depuis moins de trois ans, interrompre la prescription au moyen de mandats de comparution ou d'amener établis par les rapporteurs près les conseils de guerre conformément à l'article 165 du Code de justice militaire. En ce qui touchait les insoumis qui avaient prescrit, elle s'était vue dans la nécessité de les toucher par un nouvel ordre d'appel ou un nouvel ordre de route. Si dans le cas de force majeure les individus ainsi touchés ne rejoignaient pas leur corps dans les délais légaux, ils commettaient à nouveau le délit d'insoumission et un second délai de trois ans recommençait à courir.

Grâce à cet artifice, les conséquences et la jurisprudence de la Cour de cassation avaient pu être évitées, mais les difficultés d'administration étaient nombreuses et les complications pour les ordres de route ou d'appel souvent inextricables. L'attention du législateur a été attirée sur ce point et la lacune de la loi de 1905, a été comblée par une loi du 25 mars 1909 qui reproduisant la loi de 1887, a disposé que la prescription contre l'action publique résultant de l'insoumission ne commence à courir que du jour où l'insoumis a atteint l'âge de cinquante ans.

§ 2. *Instruction devant les conseils de guerre.*

14. Une loi du 8 décembre 1897 a modifié certaines règles de l'instruction préalable en matière de crimes et de délits. Les dispositions de cette loi n'ont été partiellement appliquées à la procédure suivie devant les conseils de guerre que par une loi du 15 juin 1899 (1). Désormais les inculpés en cas de mandat d'amener devront être interrogés dans les vingt-quatre heures au plus tard de leur entrée dans la maison de dépôt ou d'arrêt (2).

---

(1). D. 6 juin 1906, art. 1 et 2.
(2). Instr. crim. art. 423 modifié par L. 13 avril 1900 : « Après les dix jours qui suivront la déclaration, le magistrat transmettra au procureur général près la Cour de cassation les pièces du procès et les requêtes des parties si elles en ont déposé.
Le greffier de la Cour ou du tribunal qui aura rendu l'arrêt ou le jugement attaqué rédigera sans frais et joindra un inventaire des pièces, sous peine de 100 francs d'amende, laquelle sera prononcée par la Cour de cassation.

---

(1) L. 15 juin 1899; art. unique.
(2) C. Inst. Crim., art. 193 modifié L. 8 décembre 1897.

Lors de la première comparution, le rapporteur chargé de l'instruction constate l'identité de l'inculpé, lui fait connaître les faits qui lui sont imputés et reçoit ses déclarations après l'avoir averti qu'il est libre de n'en pas faire. Mention de cet avertissement est faite au procès-verbal. Si l'inculpation est maintenue, le rapporteur donne avis à l'inculpé de son droit de choisir un conseil pour les avocats inscrits au tableau et admis au stage ou parmi les avoués, et, à défaut de choix, il lui en fait désigner un d'office, si l'inculpé le demande. La désignation est faite par le bâtonnier de l'ordre des avocats s'il existe un conseil de discipline, et, dans le cas contraire, par le président du tribunal. Mention de cette formalité est faite au procès-verbal (1).

Nonobstant les prescriptions précédentes, le rapporteur peut procéder à un interrogatoire immédiat et à des confrontations si l'urgence résulte de l'état d'un témoin en danger de mort (2).

L'inculpé peut aussitôt après la première comparution communiquer librement avec son conseil. Le rapporteur a le droit de prescrire l'interdiction de communiquer pour une période de dix jours; il peut la renouveler, mais pour une nouvelle période de dix jours seulement. En aucun cas, l'interdiction de communiquer ne s'applique au conseil de l'inculpé (3).

L'inculpé doit faire connaître le nom du conseil par lui choisi : il ne peut être interrogé ou confronté, à moins qu'il n'y renonce expressément, qu'en présence de son conseil qui lui dûment appelé. Le conseil ne peut prendre la parole qu'après y avoir été autorisé par le magistrat. En cas de refus, mention de l'incident est faite au procès-verbal. Le conseil est convoqué par lettre missive au moins vingt-quatre heures à l'avance (4).

La procédure doit être mise à la disposition du conseil la veille de chacun des interrogatoires que l'inculpé doit subir. Il doit lui être donné immédiatement connaissance de toute ordonnance du rapporteur par l'intermédiaire du greffier (5).

§ 3. — Atténuation et aggravation des peines.

15. Une loi du 26 mars 1891 a apporté dans la législation pénale une modification très importante : elle a créé ce qu'on a appelé le sursis.

D'après cette loi, en cas de condamnation à l'emprisonnement ou à l'amende, si l'inculpé n'a pas subi de condamnation antérieure à la prison pour crime et délit de droit commun, les cours et tribunaux peuvent ordonner, par le même jugement et par décision motivée qu'il sera sursis à l'exécution de la peine. Si pendant le délai de cinq ans à dater du jugement ou de l'arrêt, le condamné n'a encouru aucune poursuite suivie de condamnation à l'emprisonnement ou à une peine plus grave pour crime ou délit de droit commun, la condamnation est comme

(1) L. 8 décembre 1897, art. 3.
(2) Ibid, art. 7.
(3) Ibid. art. 8.
(4) Ibid, art. 9.
(5) Ibid, art. 10.

non avenue. Dans le cas contraire, la première peine est d'abord exécutée, sans qu'elle puisse se confondre avec la seconde (1).

La suspension de la peine ne comprend pas le payement des frais de procès et des dommages-intérêts : elle ne comprend pas non plus les peines accessoires et les incapacités résultant de la condamnation. Toutefois ces peines et ces incapacités cessent d'avoir effet du jour, où, par application des dispositions précédentes, la condamnation a été réputée non avenue (2).

Le président de la cour ou du tribunal doit, après avoir prononcé la suspension, avertir le condamné qu'en cas de nouvelles condamnations, la première peine sera exécutée sans confusion possible avec la seconde et que les peines de la récidive sont encourues dans les termes des articles 57 et 58 du Code pénal (3).

La condamnation est inscrite au casier judiciaire, mais avec la mention expresse de la suspension accordée. Si aucune poursuite suivie de condamnation n'est intervenue dans le délai de cinq ans, elle ne doit plus être inscrite dans les extraits délivrés aux parties (4).

16. Ce régime de bienveillance devait avoir sa contre-partie dans une modification des articles 57 et 58 du Code pénal consacrés aux peines de la récidive, crimes et délits. Cette modification a été faite et s'est, comme cela était logique, traduite par une aggravation des peines en cas de récidive. C'est ainsi que dorénavant quiconque, ayant été condamné pour crime à une peine supérieure à une année d'emprisonnement, a, dans un délai de cinq années après l'expiration de cette peine ou sa prescription, commis un délit ou un crime qui doit être puni de la peine de l'emprisonnement, est condamné au maximum de la peine portée par la loi et cette peine peut être élevée jusqu'au double (5). Il en est de même pour les condamnés à un emprisonnement de plus d'un an pour délit qui, dans le même délai, sont reconnus coupables du même délit ou d'un même crime et devront être punis de l'emprisonnement (6).

Ceux qui ayant été condamnés antérieurement à une peine d'emprisonnement, commettraient le même délit dans les mêmes conditions de temps sont condamnés à une peine d'emprisonnement qui ne peut être inférieure au double de celle précédemment prononcée, sans toutefois qu'elle puisse dépasser le double du maximum de la même peine (7).

17. Le régime de la loi du 26 mars 1891 n'était pas applicable aux soldats condamnés par un conseil de guerre et qui, dès lors, ne bénéficiaient jamais du sursis (8). Une loi du 28 juin 1904 a réparé l'injustice résultant pour les condamnés militaires de cette exclusion de la loi du 26 mars 1891.

(1) L. 26 mars 1891; art. 1er.
(2) Ibid. art. 2.
(3) Ibid. art. 3.
(4) Ibid. art. 4.
(5) C. Pén.; art. 57.
(6) Ibid. art. 57.
(7) Ibid. art. 58.
(8) L. 26 mars 1891; art. 7.

D'après la loi de 1904 lorsqu'une condamnation prononcée pour un crime ou un délit de droit commun a fait l'objet d'un sursis, la condamnation encourue dans le délai de cinq ans pour un crime ou délit militaire ne fera perdre au condamné le bénéfice du sursis que si le crime ou le délit est punissable par les lois pénales ordinaires (1).

La condamnation antérieure prononcée pour un crime ou un délit militaire non punissable, d'après les lois pénales ordinaires ne fait pas obstacle à l'obtention du sursis, si l'individu qui l'a encourue est condamné pour un crime ou un délit de droit commun (2).

Les crimes et délits prévus par le code de justice militaire pour l'armée de terre et l'armée de mer ne constituent l'inculpé en état de récidive que s'ils sont punis par les lois pénales ordinaires (3).

Si pour l'application des dispositions de la loi du 28 juin 1904, un condamné doit, après libération définitive du service, purger une condamnation aux travaux publics, la peine restant à courir est remplacée par un emprisonnement d'une durée moitié moindre dans une prison civile (4).

18. Les dispositions combinées de la loi du 2 avril 1901 au sujet de l'imputation de la détention préventive sur la durée de la peine et de la loi du 28 juin 1904 ont fait naître la question de savoir si lorsqu'une nouvelle condamnation a fait perdre à un militaire le bénéfice du sursis précédemment accordé et a fait ainsi revivre la première peine, la détention préventive subie avant le premier jugement doit être imputée sur la durée de cette peine. La question a été résolue par l'affirmative, sous cette réserve que le temps passé en détention préventive ne compte pas comme service militaire, puisqu'en raison même de cette imputation le militaire est réputé avoir subi pendant ce temps la peine de l'emprisonnement en vertu d'un jugement (5).

19. On s'est demandé également si un individu qui encourt comme militaire une condamnation tombant sous l'application de l'article 5 de la loi du 21 mars 1905, doit être dirigé sur un bataillon d'infanterie légère, même quand il bénéficie du sursis. Il convient de répondre négativement ; l'envoi dans un bataillon d'infanterie légère d'Afrique ne pouvant avoir lieu qu'à l'expiration de la peine, il a été décidé qu'il y avait lieu de surseoir aussi à l'exécution de cette mesure (6). Il est permis de se demander si cette solution est en conformité complète avec l'article 2 de la loi du 26 mars 1891, qui dispose que la suspension de la peine ne comprend pas les peines accessoires. Il n'est pas douteux que l'incorporation dans un bataillon d'Afrique prescrite par la loi doit être considérée comme une des peines accessoires prévues par la loi de 1891. Toutefois si juridiquement le sursis à

l'incorporation peut être critiqué, il est juste de reconnaître qu'il se justifie par des raisons sérieuses, notamment par celle de prémunir contre le contact d'individus déjà pervertis des hommes qui ont commis une première faute et dont le relèvement moral doit surtout être recherché.

20. Le sursis est prononcé par le jugement même de condamnation : le président doit, d'après la loi de 1891, avertir le condamné en faveur duquel le sursis a été admis que si, dans le délai de cinq ans, il est de nouveau poursuivi, la première peine sera exécutée. L'accomplissement de la formalité d'avertissement ne saurait être prescrit à peine de nullité devant les conseils de guerre, car aux termes de l'article 131 et 141 combinés du Code de justice militaire, le jugement n'est jamais prononcé en présence de l'accusé, à qui il est lu par le greffier en présence du commissaire du gouvernement et devant la garde rassemblée sous les armes.

Il nous reste une dernière remarque à faire, le sursis pour les militaires ne peut être accordé qu'aux deux conditions suivantes : 1° que la condamnation qui vient d'être prononcée soit une peine d'amende, d'emprisonnement ou de travaux publics ; 2° que le condamné n'ait pas subi de condamnation antérieure à l'emprisonnement ou à une peine plus grave à raison de certains crimes dont la nature est spécifiée par la loi.

§ 4. — Circonstances atténuantes.

21. Le Code de justice militaire n'admettait pas le bénéfice des circonstances atténuantes suivant les mêmes règles que le Code pénal. Il faisait une distinction. Lorsque les individus traduits devant un conseil de guerre n'étaient ni militaires, ni assimilés aux militaires, le conseil pouvait faire application de l'article 463 du Code pénal dans les conditions prévues par ce code (1). S'ils étaient militaires, l'application de l'article 463 n'était possible que pour les crimes ou délits non prévus par le Code de justice militaire et frappés de peines par les lois pénales ordinaires (2).

Ce régime a subsisté intégralement jusqu'à la loi du 15 juillet 1889 sur le recrutement, dont les articles 32, 35 final et 79 ont permis d'accorder dans tous les cas, sauf en temps de guerre, des circonstances atténuantes aux hommes de la réserve et de l'armée territoriale quand ils n'ont pas trois mois de présence sous les drapeaux.

22. Une loi du 19 juillet 1901 a laissé en vigueur les dispositions du Code de justice militaire en temps de guerre, mais pour le temps de paix elle a introduit un système entièrement nouveau. L'article 1er de cette loi permet l'admission des circonstances atténuantes en faveur des inculpés de crimes ou délits punis par le Code de justice militaire (3). De plus, la même loi a, dans son article 2,

---

(1) L. 28 juin 1904 ; art. 2.
(2) *Ibid*, art. 3.
(3) *Ibid*, art. 4.
(4) *Ibid*, art. 5.
(5) Circ. min. 5 août 1904.
(6) Circ. min. 27 juin 1907.

(1) C. just. milit. ; art. 198.
(2) *Ibid*, art. 207.
(3) L. 9 juillet 1901 ; art. 1er.

abrogé toutes les dispositions contraires : il faut en conclure :

1° Que doit être considéré comme abrogé pour le temps de paix l'article 243 du Code de justice militaire portant que si un militaire reconnu coupable de désertion est condamné par le même jugement pour un fait entraînant une peine plus grave, cette peine ne peut être réduite par l'admission de circonstances atténuantes, et que, par suite, des circonstances atténuantes peuvent être accordées même dans cette hypothèse (1);

2° Que les circonstances atténuantes sont désormais applicables en temps de paix dans le cas où le Code de justice militaire prescrit que le maximum de la peine doit être prononcé ou que la peine ne peut pas avoir une durée inférieure à un chiffre déterminé (2).

R. DE MOÜY.
Conseiller d'État.

TRIPERIE. (Voy. Bêtes, Subsistances.)

TRIPOLITAINE. [Voy. Levant (Echelles du).]

TROLLEY. (Voy. Travaux publics, Voirie.)

TRONC. (Voy. Assistance publique, Cultes, Dons et Legs.)

TROTTOIRS. [Voy. Commune, Département, Paris (Ville de), Travaux publics, Voirie.]

---

(1) *Traité théorique et pratique de droit pénal militaire* par MM. Augier et Le Poittevin; p. 87.
(2) *Ibid.*, p. 89.

TROUPES COLONIALES

(POINTS D'APPUI DE LA FLOTTE)

SOMMAIRE :

PREMIÈRE PARTIE.

PRINCIPES GÉNÉRAUX ET NOTIONS HISTORIQUES.

CHAPITRE PREMIER.

DÉFENSE DES COLONIES.

1. La question de la conservation et de la défense de nos immenses possessions, que la République a si laborieusement reconstituées à la fin du dernier siècle, touche aux intérêts primordiaux du pays, puisqu'il s'agit de la préparation des moyens de maintenir ce qui a été acquis au prix de sacrifices considérables. Elle intéresse également la sécurité de notre marine, qui, si elle était privée de certains points d'appui de la flotte, pourrait courir un jour, dans les mers lointaines, vers les plus redoutables aventures.

Aussi l'organisation et la direction de la défense du domaine colonial de la France, si étendu, disséminé dans toutes les parties du monde, nécessitent-elles, à l'heure actuelle, une véritable armée de plus de soixante mille hommes (infanterie, artillerie coloniales, légion étrangère, troupes indigènes, etc.) et un budget de plus de quatre-vingt-dix millions.

§ 1. — *Considérations tirées de la politique extérieure.*

2. L'organisation générale et l'utilisation de l'armée coloniale en France et aux colonies ont varié, et varieront encore suivant les époques et suivant les circonstances. Selon que les préoccupations de la politique extérieure de la France dans le monde entier se portent sur tels ou tels points, c'est vers ces points particuliers que l'effort militaire doit être dirigé. — En 1901, l'ensemble de l'effectif budgétaire total des troupes coloniales, s'élevait à 55,889 hommes. En 1907, il atteignait 58,609 hommes, après être passé à 60,000 en 1906. En 1901, l'effectif dans les petites colonies des Antilles et du Pacifique s'élevait à 3,887 hommes; en 1907, il tombait à 1,225 hommes environ. La cause en est qu'en 1901, l'on était encore sous le coup des préoccupations qu'avait fait naître, trois ans auparavant, la guerre hispano-américaine : c'est pourquoi l'on avait maintenu au complet une partie des garnisons qu'on avait jugé nécessaire d'établir à Fort-de-France et ailleurs.

En Indo-Chine, les variations d'effectifs correspondent aussi à la diversité des préoccupations issues des événements extérieurs de 1901 à 1907. — En 1900, les événements de Chine obligent à augmenter considérablement l'effectif des troupes coloniales proprement dites, c'est-à-dire européennes, et même à constituer une brigade de réserve, destinée à soutenir les troupes qui occupaient la Chine. Il en est de même en 1904 et en 1905, au moment de la guerre russo-japonaise. — En 1907, au contraire, le traité franco-siamois et l'accord franco-japonais semblent permettre une réduction des troupes en Indo-Chine; mais des incidents indigènes d'une certaine gravité en Annam et sur la frontière chinoise, obligent en 1908 à augmenter rapidement l'effectif du corps d'occupation.

Madagascar doit être fortifié considérablement en 1904 et 1905, à la suite de la guerre sud-africaine.

3. Si l'on envisage les points d'appui de la flotte, qui sont également des moyens de défense des colonies, les mêmes considérations s'imposent : c'est ainsi que Dakar, chef-lieu de l'Afrique occidentale française, qui commande les routes maritimes allant d'Europe en Amérique et en Afrique du Sud, présente, pour la métropole, plus encore que pour la colonie elle-même, une importance de premier ordre. Ce port de guerre et de commerce, à la fois

colonial et européen, ce point d'appui de la flotte, aurait dans toute guerre maritime, ayant l'Atlantique pour théâtre d'opérations, un rôle stratégique considérable. — Dakar est aussi important que Bizerte et plus important que Saïgon, car rien n'est plus problématique, en cas de guerre, que l'envoi d'une force navale en Extrême-Orient.

L'organisation militaire de l'Afrique occidentale doit en conséquence avoir pour objet d'assurer principalement la défense de Dakar, point d'appui de la flotte, place de guerre et chef-lieu de cette immense colonie.

Ainsi donc, suivant que les préoccupations de la politique extérieure se sont portées sur telle ou telle colonie, ou sur l'ensemble des colonies, les efforts qui ont été demandés au Parlement et à la nation ont été plus ou moins considérables et ont subi des répartitions diverses.

§ 2. — Considérations tirées de la situation intérieure des colonies.

4. La situation intérieure elle-même des colonies est encore, avons-nous dit, un élément capital d'appréciation pour l'organisation de leur défense.

Il faut tenir compte, en effet, pour la répartition des effectifs des troupes, des diverses périodes que comprennent la prise de possession et la fondation d'une colonie. — Il faut aussi, en ce qui concerne le recrutement et l'administration des troupes indigènes, employer des moyens d'action adaptés aux circonstances locales.

La fondation d'une colonie comprend, en général, quatre périodes : l'exploration, la conquête, la pacification et l'organisation. Ces quatre périodes peuvent avoir une importance ou une durée variables; elles peuvent aussi se confondre en partie. L'explorateur peut être en même temps conquérant, le conquérant peut être simultanément pacificateur et le pacificateur peut aussi organiser la nouvelle colonie; mais aucune de ces tâches ne doit être négligée. — La simple exploration d'un pays, accompagnée ou suivie d'actes diplomatiques, ne peut suppléer à une prise de possession effective, laquelle ne s'opère que par la force des armes.

C'est ainsi que tous les travaux de nos voyageurs, de nos chargés de mission et de nos résidents à Madagascar ont dû aboutir à la conquête militaire de la grande île par le général Duchêne, suivie de l'œuvre de pacification et d'organisation du général Gallieni.

Il en a été de même au Dahomey, après la mission Bayol et les deux expéditions du général Dodds.

En Mauritanie, la mission pacifique de Coppolani nous a conduits à une occupation militaire qui est encore à ses débuts aujourd'hui.

5. Pour le recrutement indigène local, il ne faut pas oublier que, volontaire ou obligatoire, le service militaire est toujours un impôt, un prélèvement fait sur les facultés productrices des peuples. — Il est donc indispensable que, comme tous les impôts, celui-là soit sagement proportionné aux facultés du contribuable.

Le respect du statut personnel et de la liberté de conscience ne fait nullement obstacle au droit pour la métropole de demander à tous ses sujets, aussi bien sous forme de service personnel que sous forme de contribution pécuniaire, le concours qu'exige la nécessité de sa défense et de sa sécurité. Ce droit ne peut faire doute; il s'agit seulement de savoir quand la mesure est opportune, si elle ne comporte pas plus de dangers que d'avantages et si, quand elle est prise, elle ne doit pas exposer à certains mécomptes.

La tendance générale est que chaque colonie à population indigène doit pouvoir trouver autant que possible sur son propre sol tous les éléments de sa sécurité intérieure. Cependant le recrutement, l'organisation et l'emploi des troupes indigènes exigent beaucoup de prudence, de sagesse et de méthode. Qu'il s'agisse de milices, c'est-à-dire de troupes de police, ou de troupes de défense, il faut qu'elles soient d'abord et avant tout pourvues de cadres solides, de façon à être bien tenues en mains.

Un régime propre doit être donné à chaque colonie et à chaque population : au Congo comme en Afrique occidentale, les milices sont tout à fait différentes de ce qu'elles sont en Indo-Chine. En Extrême-Orient, nous avons affaire à des populations qui ont une civilisation déjà avancée, tandis que les populations du Congo et même d'une certaine partie de l'Afrique occidentale sont encore dans un état tel, que l'encadrement à donner aux milices doit être beaucoup plus fort qu'en Indo-Chine.

CHAPITRE II.

ORGANISATION ET EMPLOI DE L'ARMÉE COLONIALE.

§ 1. — Troupes de la marine (1).

6. L'organisation générale des troupes coloniales résulte de la loi du 7 juillet 1900, dont la promulgation a marqué le terme d'une longue série de travaux, puisque depuis 1880, cette question avait motivé le dépôt de 17 projets de loi, de 14 propositions émanant de l'initiative parlementaire et d'un nombre à peu près égal de rapports de la commission de l'armée. Ce simple énoncé confirme ce que nous avons déjà dit de la complexité du problème.

La loi de 1900 n'a d'ailleurs fait elle-même que prévoir l'organisation rationnelle d'éléments déjà existants; infanterie, artillerie, corps administratifs et de santé, troupes indigènes, etc. Elle n'a pas fait la création d'une armée coloniale proprement dite et l'on doit aujourd'hui, comme jadis, emprunter aux troupes métropolitaines les éléments qui lui font défaut : génie, cavalerie, train des équipages, sans compter plusieurs bataillons de légion étrangère.

7. Jusqu'en 1900, c'est la marine qui a assuré, en principe, la défense des colonies avec les troupes d'infanterie et d'artillerie dont elle disposait et dont l'importance s'é-

---

(1) V. supra, v° COLONIES, n°s 283 et suiv.

tait progressivement accrue. L'infanterie de marine créée en 1831 ne comprenait en effet à l'origine que deux régiments, qui n'étaient qu'une simple fraction détachée de l'armée de terre et mise à la disposition de la marine. Le nombre des régiments fut porté à 3 en 1838, à 4 en 1854 et à 8 en 1890.

L'artillerie de la marine, créée en 1795 et réorganisée en 1814, ne se composait que d'un seul régiment stationné à Lorient; le décret du 8 juillet 1893 créa deux régiments de cette arme.

§ 2. — Disjonction des troupes de terre et de mer.

8. En 1880, divers projets de loi furent déposés devant les Chambres, pour soumettre à la sanction législative la constitution des troupes de la marine.

Mais ce furent les événements accomplis en Indo-Chine et à Madagascar et qui devaient en amener plus tard la conquête définitive, qui révélèrent l'insuffisance numérique de ces troupes. — En effet, le concours de l'armée de terre avait été rendu souvent indispensable dans une forte proportion; et les opérations, poussées loin des côtes, avaient perdu le caractère spécial qu'elles avaient eu jusqu'alors. L'idée vint donc tout naturellement de placer ces éléments divers sous un même commandement et d'attribuer ce commandement au ministre de la Guerre, déjà chargé de recruter et d'armer les troupes de la marine.

C'est en 1881, pour la première fois, que le cabinet J. Ferry déposa un projet de loi, rattachant nettement les troupes de la Marine au ministère de la Guerre. Le projet ne fut pas discuté. La question fut reprise dans le même sens en 1891 et en 1896, mais, par suite de circonstances particulières, tous ces projets ne purent aboutir. Il en fut de même de nombreuses propositions dues à l'initiative parlementaire, jusqu'en 1899, époque à laquelle le Gouvernement déposa un nouveau projet sur la matière, projet qui est devenu la loi actuellement en vigueur du 7 juillet 1900.

9. Pour justifier la disjonction définitive des troupes de terre et de mer, on faisait remarquer, que la mission des troupes envoyées outre-mer, n'était plus de conquérir ou de pacifier de petites îles ou des groupes d'îles, ni de pourvoir à la défense de littoraux plus ou moins restreints. — En ce sens, le rôle de la marine, en matière de colonies, n'avait plus qu'un intérêt historique et la grandeur maritime du pays n'était plus intimement liée au développement des colonies.

Nos possessions coloniales étaient continentales : l'Indo-Chine, l'Afrique occidentale française, Madagascar même, présentaient d'immenses étendues. Il en résulta que les troupes coloniales étaient des troupes de terre, comme celles de la métropole. Elles n'avaient plus seulement pour objet de défendre les colonies contre l'ennemi extérieur éventuel, mais elles devaient surtout assurer la pacification, tenir les indigènes en respect et garantir la sécurité, en vue de favoriser le développement politique, économique et social de nos possessions.

Les troupes d'occupation des colonies n'avaient plus que des points de contact très réduits avec la marine, elles avaient besoin d'ailleurs des mêmes procédés d'éducation, d'instruction et d'administration que les troupes métropolitaines.

L'armée coloniale n'était plus obligée d'avoir recours, comme autrefois, aux services de transport et d'approvisionnement de la flotte. Les compagnies de navigation pouvaient se charger de ces divers services et s'en acquitter plus rapidement. Les câbles télégraphiques avaient devancé la marine pour le transport des dépêches. En un mot, la mer seule et les missions exclusivement maritimes offraient à l'activité et au dévouement de nos marins un champ suffisamment vaste, pour qu'ils renonçassent à l'administration et à la défense des colonies.

10. Cette renonciation était réclamée d'ailleurs dans l'intérêt même des troupes coloniales. En effet, la marine, ajoutait-on, n'appréciait pas à sa juste valeur les services rendus par les troupes sur lesquelles elle avait la haute main : les relations entre ces troupes et les équipages de la flotte étaient difficiles et tendues.

La situation était la même en ce qui concerne les officiers; ils étaient en général subordonnés aux officiers de vaisseau, pour l'instruction, le maniement et la direction de leurs troupes.

La conséquence de cet état de choses se faisait naturellement sentir dans l'avancement et dans la distribution des récompenses; et c'est ainsi que, disait-on, pour la répartition des grades, comme pour les nominations dans la Légion d'honneur, les officiers de l'infanterie et de l'artillerie de la marine étaient loin d'être aussi bien traités que les officiers de vaisseau.

11. Telles sont les raisons qui ont été invoquées pour opérer la disjonction définitive des troupes de terre et de mer, comme conséquence de la séparation de la Marine et des Colonies et qui ont décidé le rattachement des troupes coloniales au ministère de la Guerre. Mais si la défense coloniale n'est plus avant tout une défense maritime, les arguments qui précèdent ne doivent cependant pas faire négliger de régler la participation de la Marine à la défense de nos possessions (1) par un choix judicieux et par une organisation sérieuse des points d'appui de la flotte.

§ 3. — Rattachement à la Guerre avec autonomie.

12. Le rattachement des troupes coloniales au ministère de la Guerre opéré par les articles 1er, 22 et 23 de la loi de 1900 se justifie surtout par des considérations d'ordre technique : le recrutement de l'armée doit être un et le ministre de la Guerre a seul le moyen de l'assurer. De même, le ministère de la Guerre possède tous les moyens d'instruction des cadres, écoles militaires, écoles d'application, etc., les moyens de fabrication du matériel, établissements de l'artillerie et du génie, manufactures, arsenaux, poudreries, etc.

---

(1) Voir sur ce point in fine, v° 5e Partie : POINTS D'APPUI DE LA FLOTTE.

13. En fait, quant au matériel, armement, munitions, etc., le ministère de la Guerre n'est pas le fournisseur exclusif des troupes coloniales. Il y a, pour la fourniture du matériel, collaboration étroite de l'industrie privée et des établissements militaires de la Guerre et de la Marine. — Il est d'ailleurs nécessaire que le matériel soit approprié aux nécessités coloniales; et, à ce point de vue, le ministre des Colonies qui paye sur son budget le matériel de guerre colonial, adresse évidemment de nombreuses demandes de cession à son collègue de la Guerre, mais il a très souvent recours aussi à l'industrie privée. Il en a été ainsi pour la construction du modèle spécial de fusil pour les troupes indigènes de l'Indo-Chine et de l'Afrique occidentale, ainsi que pour la construction des mitrailleuses, dont la mise en service était réclamée avec insistance par tous les chefs militaires aux colonies.

14. Le rattachement des troupes coloniales au ministère de la Guerre ne comporte pas leur fusion avec les troupes métropolitaines. Les troupes coloniales, ainsi rattachées, conservent leur autonomie (1). Cela veut dire qu'elles restent séparées de l'armée métropolitaine à laquelle elles sont en quelque sorte juxtaposées, avec un régime propre et un budget distinct (2). Il a paru nécessaire, en effet, de laisser aux troupes des colonies une existence et un régime particuliers, pour conserver leurs traditions, leur esprit de corps, leurs qualités et leur éducation spéciale.

Il ne faut pas que les officiers puissent perdre, à leur retour, en se confondant dans la masse énorme que forme l'armée continentale, les fruits d'une expérience laborieusement acquise aux colonies. Il ne faut pas non plus que ces officiers, placés dans des conditions différentes et inégales, soient soumis aux mêmes règles d'avancement que les officiers métropolitains.

Enfin, un budget spécial des troupes coloniales a pour but d'éviter les difficultés et même les impossibilités de se procurer des dépenses militaires aux colonies, si ces dépenses étaient dispersées entre les différents chapitres du budget de la Guerre.

Le ministre, qui disposerait de la totalité de l'armée unifiée, pourrait être tenté, ou bien de se laisser absorber par les intérêts de la défense de la métropole, ou bien de se laisser engager inopportunément dans des expéditions lointaines.

15. Cependant, cette autonomie des troupes coloniales ne s'est pas faite sans provoquer certaines critiques; on lui reproche de faire peser toujours sur les mêmes officiers l'obligation de faire campagne outre-mer. Beaucoup d'officiers coloniaux, usés avant l'âge, doivent être mis en non-activité, meurent ou quittent prématurément l'armée, ce qui, en dehors de la question humanitaire, impose des charges sérieuses au budget, notamment au budget des retraites. Par contre, les officiers des troupes métropolitaines, en dehors de la légion étrangère, n'ont plus occasion de faire campagne et cela, au détriment de la formation de leur caractère, de leur initiative, de leur prestige et de leur autorité morale.

L'autonomie oblige aussi d'entretenir à la suite des régiments un certain nombre d'officiers, pour permettre aux cadres d'avoir en France un temps de repos suffisant entre deux séjours coloniaux et cet entretien est fort dispendieux. Cependant, d'une manière générale, on s'accorde à reconnaître que les nécessités de la défense coloniale rendent indispensable le principe d'autonomie établi par la loi de 1900, pour les troupes chargées de cette défense. Si le statut légal, dont ce principe d'autonomie fait partie, est à préciser et à perfectionner (1), il doit être conservé en principe.

§ 4. — *Troupes coloniales en France et aux colonies.*

16. Les troupes coloniales autonomes ne sont pas spécialisées aux termes des articles 1er et 2 de la loi du 7 juillet 1900; elles sont bien, en principe, destinées à servir aux colonies, mais elles peuvent aussi coopérer, au cas échéant, à la défense de la métropole, ou prendre part à des expéditions militaires hors du territoire français.

C'est l'application du principe énoncé plus haut : selon que les préoccupations de la politique extérieure de la France dans le monde entier se portent sur tels ou tels points, c'est vers ces points particuliers que l'effort militaire doit être dirigé. La défense des colonies est envisagée comme faisant partie ici de la défense nationale et l'armée coloniale autonome, avec tous ses caractères d'armée de métier, lui permettant mieux d'affronter tous les climats, constitue une réserve toute prête pour porter immédiatement des forces là où cela peut devenir subitement nécessaire.

17. En ce qui concerne la défense de la métropole, l'organisation actuelle des troupes coloniales en France ne paraît pas avoir été faite en vue des prévisions de mobilisation et de concentration, qui comportent la fixité et la permanence. Les effectifs des troupes coloniales sont en effet constamment modifiés par le jeu de la relève, par les congés de convalescence, par les mouvements perpétuels des hommes et des cadres; et les changements apportés chaque année dans l'organisation de ces troupes aux colonies entraînent dans les régiments coloniaux de France, tantôt des excédents, tantôt des réductions qui en font des éléments fuyants et instables.

D'autre part, les 3 divisions d'infanterie et la brigade d'artillerie coloniale sont dispersées en France dans 14 garnisons, sur les territoires de 4 régions de corps d'armée. — Ces troupes coloniales n'ont pas dans la métropole de région spéciale; elles ne possèdent ni établissements, ni services autonomes. Leur matériel de mobilisation, leurs animaux de complément leur sont fournis par des services ou par des corps de l'armée métropolitaine.

---

(1) L'armée coloniale autonome est une base essentielle de notre défense générale, étant donnée notre situation continentale et coloniale (Amiral Bienaimé. — Chambre des députés — 1re séance du 16 novembre 1908).

(2) L. 7 juillet 1900. Art. 2.

(1) Notamment en ce qui concerne les permutations.

Les médecins coloniaux n'ont en France qu'un service régimentaire et les pharmaciens n'en ont pas du tout.

Les divers rapporteurs de la commission du budget qui se sont occupés des troupes coloniales, ont tous été d'accord pour demander que ces troupes en France soient groupées et non disséminées, de façon à pouvoir plus facilement et plus économiquement constituer un ou deux corps d'armée en cas de mobilisation.

18. Le même article 2 de la loi de 1900 prévoit, avons-nous dit, que les troupes des colonies peuvent également prendre part aux expéditions militaires hors du territoire français. En fait, au Petchili, en Crète, au Maroc, etc., les corps expéditionnaires ont été composés d'éléments divers, empruntés à l'armée métropolitaine et à l'armée coloniale.

19. Le législateur de 1900 a pensé que si le ministre de la Guerre doit avoir le soin et la responsabilité de former, d'organiser, de recruter et d'instruire les troupes coloniales, par contre, le ministre des Colonies, seul responsable depuis sa création à la date du 20 mars 1894, de la garde et de la défense de nos possessions d'outre-mer, doit avoir, pour mener cette œuvre à bien, la part d'initiative qui lui revient et la liberté d'action dont il a besoin. — Le ministre des Colonies doit donc, pour que sa responsabilité soit effective, pouvoir disposer des moyens nécessaires et régler notamment l'emploi des troupes coloniales aux colonies et dans les pays de protectorat. On s'est ainsi trouvé conduit à mettre à la disposition du ministre des Colonies et de ses représentants immédiats, les gouverneurs, les fractions de troupes coloniales stationnées sur les territoires soumis à leur administration. Il ne peut guère, d'ailleurs, en être autrement, car ce n'est que sur place que l'on peut juger de l'opportunité et du degré d'urgence d'une action militaire, dont un retard quelconque peut souvent faire manquer l'effet.

20. Il en résulte que les troupes coloniales se trouvent, par la force des choses, divisées en deux parties distinctes : celles employées en France et celles en service aux colonies.

La direction des troupes coloniales (8e direction) au ministère de la Guerre, est bien chargée de tout ce qui concerne le personnel, l'instruction et le commandement de l'ensemble des troupes coloniales, tant en France qu'aux colonies; mais elle n'a dans ses attributions que l'emploi et l'administration de la partie de ces troupes entretenues sur le budget de la Guerre, c'est-à-dire stationnées en France; tandis que la direction des services militaires au ministère des Colonies est chargée entièrement de l'administration et de l'emploi des troupes en service aux colonies, qui, du jour où elles quittent la France, passent sous ses ordres.

Au point de vue budgétaire, la séparation des troupes coloniales en deux parties, l'une administrée par la Guerre, l'autre par les Colonies, a entraîné parfois des dépenses inutiles.

De plus, le fonctionnement de la relève qui exigerait la collaboration étroite des deux ministères, a quelquefois été difficile à réaliser dans de bonnes conditions.

Enfin la spécialisation, qui est nécessaire dans les cadres de l'artillerie, est également difficile à réaliser avec le personnel restreint de l'artillerie coloniale, qui ne compte guère que 700 officiers. Ces officiers passent à chaque instant d'un emploi à un autre tout différent, auquel ils ne sont pas préparés : états-majors, établissements, batteries montées, services du génie, entretien des bâtiments, batteries de côte et de place, etc., etc. Il en résulte une certaine gêne dans le service.

§ 5. — *Projets de réorganisation de l'armée coloniale.*

21. On a conclu de ces mécomptes qu'une direction unique, placée à la tête de notre armée coloniale, était indispensable. Seulement, on n'est pas d'accord sur l'attribution de cette direction unique.

Les uns, comme MM. Waddington et Humbert, rapporteurs au Sénat et à la Chambre des députés, pour l'exercice 1908, du budget de la Guerre, pensent que l'armée coloniale doit être fusionnée avec l'armée métropolitaine et placée sous la direction unique du ministre de la Guerre. Leur thèse paraît soutenue par le Gouvernement (1).

Les autres, comme MM. Le Hérissé et Monis, rapporteurs au même budget, pour l'exercice 1909, considèrent comme absolument nécessaire l'autonomie des troupes coloniales.

M. Le Hérissé préconise notamment le rattachement pur et simple de l'armée coloniale au ministère des Colonies, ainsi que le rattachement à l'armée coloniale de la légion étrangère et des corps indigènes, qui ne peuvent être employés qu'en dehors du territoire métropolitain et qui constituent une troupe exclusivement coloniale.

Leur rapport demande, pour compléter cette mesure, que la plus grande partie de l'armée coloniale soit placée en Algérie, où elle trouverait les éléments : services administratifs, techniques et hospitaliers, qui, en France, lui font défaut. Il demande aussi que le système d'autonomie soit tempéré par des échanges possibles, sous certaines conditions, entre les cadres coloniaux et les cadres de l'armée métropolitaine.

22. Sans entrer dans le détail de tous les arguments fournis à l'appui de l'une et de l'autre de ces deux thèses, rappelons seulement les principaux de ces arguments :

Pour les partisans d'un ministère militaire des Colonies :

La véritable armée coloniale doit être spécialisée pour la garde de nos possessions, en temps de paix; et pour leur défense, en temps de guerre. Le ministère des Colonies deviendrait un troisième ministère militaire, ayant son armée à lui, l'armée coloniale, stationnée tout entière aux colonies et n'ayant aucune attache en France.

Alors la tâche serait nettement divisée : d'une part, on aurait l'armée nationale gardant, défendant seule la métropole; d'autre part, l'armée d'outre-mer, pour la garde et la défense de nos possessions. Chacune de ces

(1) V. J. O. Compte rendu de la Chambre des députés, 1re séance du lundi 16 novembre 1908, p. 2305, 2e colonne. Réponse du ministre de la Guerre à l'amiral Bienaimé.

deux armées aurait à suffire seule, en principe, à la tâche distincte qui lui serait assignée, sans avoir le droit d'escompter le concours de l'autre.

Le ministère des Colonies est le seul qui soit résolu à faire le nécessaire pour la défense de nos possessions d'outre-mer. C'est le seul qui soit susceptible d'apprécier à leur juste valeur les services rendus par les troupes coloniales et qui soit disposé à faire aux officiers qui les commandent la situation morale et matérielle qu'ils méritent.

— Le ministre des Colonies, étant seul responsable de la garde de nos possessions, doit disposer seul des moyens nécessaires pour arriver à ce résultat.

La sécurité de nos colonies dépend du principe bien entendu et bien appliqué de l'unité d'autorité.

L'érection du ministère des Colonies en ministère militaire n'est pas, comme on l'a dit, une mesure inconstitutionnelle, puisqu'en 1875 le ministère des Colonies n'existait pas et que la Constitution ne pouvait prévoir que les deux ministères militaires existant à cette époque. — En Angleterre, les diverses forces coloniales relèvent, soit de la Guerre, soit des Colonies, soit des Affaires étrangères, ce qui, avec la Marine, fait 4 départements militaires, sans que la Constitution britannique en paraisse compromise.

23. Mais les partisans de la fusion des troupes coloniales dans l'armée métropolitaine répondent par les arguments qui ont déjà servi au rattachement de ces troupes au ministère de la Guerre (1). Ils ajoutent qu'il s'agit, à l'heure actuelle, d'unifier, de fortifier le commandement et non de favoriser, par la création d'un troisième ministère militaire, le désaccord des vues et la dispersion des efforts. Ils opposent enfin le principe déjà invoqué plus haut, qu'il ne faut pas envisager la défense des colonies en elle-même, qu'il ne faut pas la considérer comme un compartiment étanche et en quelque sorte, comme une faisceau séparé de l'ensemble de la défense nationale. La défense des colonies fait partie de la défense nationale au même titre que dans la métropole la défense des côtes, la défense de telle ou telle frontière au nord, à l'est, au sud-ouest ou au sud. La France est à la fois une puissance continentale et coloniale et suivant que nous devons porter notre effort du côté de la frontière, ou du côté de nos possessions lointaines, l'effectif des troupes coloniales doit varier en France ou aux colonies. La partie de ces troupes stationnée en France, peut être, au cas échéant, un précieux renfort de l'armée métropolitaine, quand les préoccupations militaires sont à la frontière.

24. Tels sont les divers aspects du problème de la défense coloniale.

D'une manière générale, il est reconnu que la loi du 7 juillet 1900 présente des imperfections et des lacunes. Ses dispositions sont à préciser; les bases de l'organisation qu'elle a établies sont à déterminer plus nettement. En somme, elle n'a fait que changer l'étiquette d'un vieil instrument, régler provisoirement l'organisation plus ou moins rationnelle d'éléments déjà existants. De nombreux projets sont à l'étude, en vue de résoudre la question de l'organisation définitive de notre armée coloniale.

(1) V. supra nº 8.

DEUXIÈME PARTIE.

ORGANISATION ACTUELLE DES TROUPES COLONIALES.

CHAPITRE PREMIER.

ORGANISATION GÉNÉRALE.

25. L'armée coloniale forme un corps d'armée composé de trois divisions d'infanterie et d'une brigade d'artillerie.

La 8e direction des troupes coloniales au ministère de la Guerre est chargée du personnel et de l'instruction de l'ensemble de l'armée coloniale en France et aux colonies.

La partie des troupes en service aux colonies est administrée par la direction des services militaires créée à l'Administration centrale du ministère des Colonies, par le décret du 28 décembre 1908.

La direction et la gestion sont assurées par le personnel des services administratifs et de santé des troupes coloniales.

Le contrôle est exercé en France, par le corps du contrôle de l'administration de l'armée; aux colonies, par le corps de l'inspection des colonies. Les règlements d'administration et les règles de comptabilité mis en vigueur par les deux départements sont souvent différents.

Les matières premières, ainsi que tous les objets qui sont en usage dans les troupes métropolitaines, sont délivrés par celles-ci à titre de cession aux troupes coloniales.

Les objets, dont les troupes coloniales ont besoin et qui n'ont pas leurs similaires dans les troupes métropolitaines, sont directement achetés par les troupes coloniales à l'aide de marchés particuliers.

Tous les objets nécessaires pour les troupes en service outre-mer sont achetés dans le commerce par le ministère des Colonies soit en France, soit aux colonies, ou demandés en cession aux départements de la Guerre et de la Marine. Le matériel d'armement et les munitions sont toujours ainsi demandés par voie de cession. Il en est de même pour la plus grande partie des effets d'habillement et des chaussures.

26. Le corps d'armée colonial a ses éléments dispersés dans 14 garnisons : Paris, Cherbourg, Brest, Lorient, Rochefort, Marennes, Château d'Oléron, Perpignan, Cette, Nîmes, Toulon, La Seyne, Hyères et Brignoles et dans deux dépôts isolés : Bordeaux et Marseille, soit sur les territoires de la 10e, de la 11e, de la 15e et de la 18e région de corps d'armée et du Gouvernement militaire de Paris.

34 bataillons d'infanterie et 28 batteries d'artillerie sont ainsi répartis en régiments de force inégale, groupés en brigades, divisions, corps d'armée, de telle façon que les officiers supérieurs et généraux, les états-majors exercent effectivement, dès le temps de paix, les fonctions qui leur seraient dévolues en cas de guerre. Mais les troupes n'ayant pu être groupées ne sont placées sous les ordres des officiers généraux des troupes coloniales, qu'au point de vue de l'instruction, de la discipline générale et de la

mobilisation. Pour toutes les autres parties du service, qui dépendent normalement des autorités territoriales, elles relèvent des préfets maritimes ou des commandants de corps d'armée des troupes métropolitaines sur le territoire duquel elles sont stationnées.

27. L'artillerie coloniale assure en France le service régimentaire et les services techniques de l'artillerie navale. Aux colonies elle assure le service des batteries et celui des directions d'artillerie. Elle est, en outre, chargée du service du génie pour tout ce qui concerne la construction et l'entretien des bâtiments et fortifications. Quand il y a de grands travaux de fortifications à exécuter comme, par exemple, la mise en état de défense d'un point d'appui de la flotte, il est créé des chefferies du génie provisoires, qui disparaissent aussitôt les travaux terminés.

Les régiments de France comprennent des batteries montées, des batteries de montagne et des batteries à pied (batteries de côte). Les batteries montées sont en petit nombre, en raison du peu de batteries similaires en service aux colonies.

28. Depuis 1900, l'artillerie coloniale a continué d'assurer les services techniques de l'artillerie navale, mais le ministre de la Marine poursuit la création d'un corps d'ingénieurs, qui seraient désormais chargés de ces services.

29. Les chefs armuriers et contrôleurs d'armes dont les troupes coloniales ont besoin, sont prélevés sur le corps des armuriers de la flotte.

30. Il est prévu dans la réserve expéditionnaire une section de mitrailleuses par bataillon. En outre, une section de mitrailleuses a été créée dans chaque régiment d'infanterie coloniale en France pour permettre de donner l'instruction au personnel appelé à les servir outre-mer.

31. Le décret du 21 juin 1906, rendu en Conseil d'État, a réorganisé les services administratifs et de santé des troupes coloniales; le commissariat a été transformé en intendance coloniale, dont l'organisation a été calquée sur celle de l'intendance métropolitaine. Au corps des agents, commis et magasiniers civils du commissariat a été substituée une section de commis et ouvriers d'administration.

32. Le décret de 1906 a facilité le recrutement du corps de santé colonial, en autorisant des docteurs en médecine à entrer directement à l'école d'application de Marseille, ouverte depuis le commencement de l'année 1907. Les médecins des troupes coloniales sortent de l'école de Bordeaux. Ces médecins n'assurent en France que les services régimentaires, les malades des troupes coloniales étant soignés dans les hôpitaux de la marine ou des troupes métropolitaines.

Aux colonies ils assurent non seulement le service des régiments, mais celui des hôpitaux. En outre, beaucoup d'entre eux sont placés hors cadres et employés à des services civils, soit dans nos colonies, soit à l'étranger, dans nos consulats, particulièrement en Chine.

33. A ces éléments : infanterie, artillerie, intendance coloniale, service de santé, qui composent l'armée coloniale proprement dite, il faut ajouter les autres éléments, empruntés aux troupes métropolitaines : génie, cavalerie, train des équipages, plusieurs bataillons de légion étrangère, des disciplinaires et des services divers (gendarmerie, service vétérinaire, etc.).

Enfin, les moyens de défense des colonies se composent encore des points d'appui de la flotte et des troupes indigènes.

CHAPITRE II.

RECRUTEMENT.

§ 1. — *Recrutement des troupes coloniales.* — *Élément français.*

34. L'armée coloniale est une armée de métier, une armée de carrière. L'ensemble des mesures prises pour le recrutement des troupes qui la composent doit donc assurer des avantages suffisants pour attirer dans ses cadres des officiers et des sous-officiers solides et dans ses unités des hommes relativement forts, d'un âge leur permettant mieux d'affronter tous les climats.

Il faut, en outre, retenir ces éléments, pour conserver dans les troupes coloniales les traditions, l'esprit de corps, l'expérience acquise, les qualités et l'éducation spéciales nécessaires.

La loi du 21 mars 1905 — la loi de deux ans — aurait pu créer à cet égard certaines difficultés. Il était à craindre, en effet, que les hommes du contingent, n'ayant plus que deux ans de service à faire au lieu de trois, ne pussent plus guère aller aux colonies sans se rengager. On pouvait craindre encore de perdre la ressource des jeunes gens assez nombreux qui, entre 20 et 21 ans, s'engageaient précédemment pour trois ans, afin de profiter de leur temps de service militaire pour voir du pays. D'autre part, la loi réservant de nombreux emplois civils aux militaires ayant quatre ans de services accomplis, beaucoup de bons sujets, au lieu de se rengager et de poursuivre la carrière militaire, pouvaient préférer se tourner de ce côté. Cependant, ces craintes ne se réalisèrent pas et, comme on le verra plus loin, le nouveau régime n'a pas donné de déception.

35. Sont affectés aux troupes coloniales, dit l'article 37 de la loi du 21 mars 1905 :

1° Les jeunes gens provenant des contingents des colonies de la Guadeloupe, la Martinique, la Guyane et la Réunion, ou les Français astreints au service militaire dans les colonies et pays de protectorats;

2° Les hommes qui ont été admis à s'engager ou à contracter un rengagement dans lesdites troupes, suivant les conditions spéciales déterminées par la loi;

3° Les jeunes gens qui, au moment des opérations du conseil de revision, demandent à entrer dans les troupes coloniales et qui sont reconnus propres à ce service;

4° Les omis;

5° A défaut d'un nombre suffisant d'hommes compris dans les catégories précédentes, les jeunes gens du contingent métropolitain, qui sont affectés par le recrutement aux troupes coloniales, mais sans que ces jeunes gens puissent être envoyés aux colonies sans leur consentement.

Il ressort clairement de ces dispositions que les appelés sont l'exception et qu'ils doivent demander à servir aux colonies. L'armée coloniale se recrute en principe par engagements; c'est une armée de volontaires, et ce n'est qu'à défaut de volontaires, qu'on pourra prendre, avec leur consentement, pour les envoyer outre-mer, les jeunes gens affectés par le recrutement aux troupes coloniales en service en France.

36. Les omis visés par l'article 16 de la loi du 21 mars 1905 sont les jeunes gens appelés, qui, par suite d'un concert frauduleux, se sont abstenus de comparaître devant le conseil de revision; on considère également comme tels ceux qui, à l'aide de fraudes ou manœuvres, se font exempter par un conseil de revision. Ces jeunes gens sont incorporés dans les troupes coloniales et peuvent être envoyés aux colonies.

37. Les exclus, c'est-à-dire certaines catégories de condamnés de droit commun et les relégés collectifs et individuels, sont mis, soit pour leur temps de service actif, soit en cas de mobilisation, à la disposition des départements de la Guerre et des Colonies, suivant une répartition arrêtée par décret rendu sur la proposition des ministres intéressés (1).

Ces individus sont exclus de l'armée, mais ils ne sont pas libérés du service militaire : ils sont même assujettis à des services spéciaux, qui les privent de tous les avantages et de tout l'honneur militaires, mais qui leur en laissent toutes les charges. Les exclus coloniaux ne sont pas armés; ils sont groupés en sections dites d'activité, réparties suivant les besoins en divers points et placées sous la surveillance d'un personnel militaire (2).

38. Le titre III de la loi du 7 juillet 1900, portant organisation des troupes coloniales, le titre IV de la loi du 21 mars 1905, sur le recrutement de l'armée, règlent les conditions des engagements volontaires, des rengagements et des commissions. Il faut ajouter à ces prescriptions celles des dispositions contenues dans la loi du 15 juillet 1889, que la loi du 21 mars 1905 a laissées subsister, ainsi que les dispositions contenues dans les décrets des 1er mars 1904, 25 août 1905 et 21 juin 1905, spéciaux aux troupes coloniales.

D'une manière générale, les conditions des engagements sont les mêmes dans les troupes métropolitaines et dans les troupes coloniales; toutefois ces conditions sont un peu plus rigoureuses, en ce qui concerne l'âge et la durée des engagements, pour les colonies. En même temps des avantages plus importants sont consentis aux engagés et rengagés coloniaux dans le but d'augmenter le nombre des candidats.

39. Sont admis à l'engagement dans les troupes coloniales les jeunes gens âgés de 18 ans accomplis, à la condition de contracter un engagement de durée telle qu'ils puissent séjourner deux années aux colonies à partir du moment où ils auront atteint 21 ans, décret du 21 juin 1906. Cette dernière condition ne s'applique pas aux jeunes gens résidant aux colonies et dans les pays de protectorat, si les troupes coloniales où ils s'engagent sont stationnées dans leur colonie ou pays de protectorat (1).

40. Les engagements pour les troupes coloniales, sous la réserve qui précède, peuvent être de trois, quatre ou cinq ans (art. 51). Les formalités nécessaires pour conclure les engagements sont à peu près les mêmes dans les troupes coloniales et dans les troupes métropolitaines.

Les contrats sont passés dans les formes prescrites par les art. 34 à 40 et par les articles 42 et 44 du Code civil. Ils sont reçus devant les officiers de l'Etat civil désignés par arrêtés des Gouverneurs dans les colonies ou des Résidents supérieurs dans les pays de protectorat.

Un décret du 19 mars 1904 autorise le rengagement par procuration des militaires français des troupes coloniales et des militaires des régiments étrangers en garnison dans les colonies.

41. Les engagements et rengagements sont à terme fixe ou résiliable : les contrats résiliables ne doivent être imposés qu'aux hommes et aux militaires non gradés, qui ne peuvent être acceptés que sous réserve et la promotion à un grade entraîne de plein droit la transformation immédiate de l'acte résiliable en acte à terme fixe pour le laps de temps restant à accomplir (2).

Les troupes coloniales à destination des colonies ne doivent comprendre que des hommes ayant au moins six mois de présence sous les drapeaux et 21 ans révolus (3).

Le nombre des engagements volontaires et rengagements est fixé chaque année pour chaque corps par le ministre de la Guerre, qui détermine également les conditions d'aptitude physique et militaire nécessaires (art. 75). Cependant (4), dans les troupes coloniales, le nombre des sous-officiers et des caporaux, brigadiers et soldats rengagés ou commissionnés peut atteindre la totalité de l'effectif.

42. En cas d'expédition coloniale, le ministre peut autoriser les sous-officiers, caporaux ou brigadiers et soldats des différentes réserves, à contracter, dans les troupes désignées pour en faire partie, un engagement volontaire pour la durée de l'expédition.

43. Des engagements et rengagements pour une colonie déterminée ou pour un groupe déterminé de colonies, ont été institués par le décret du 1er mars 1904 rendu en Conseil d'Etat, sur le rapport du ministre de la Guerre, après entente avec le ministre des Colonies (5).

Cette disposition a pour principal objet d'encourager

---

(1) L. 21 mars 1905. Art. 4.
(2) D. 20 juillet 1905.

(1) L. 21 mars 1905. Art. 50. Il est aussi prévu, par l'article 8 du décret du 25 août 1905 et par l'Instruction du 13 août 1906, des engagements de trois ans dits de devancement d'appel, avec faculté d'être envoyés en congé, en faveur de jeunes Français domiciliés ou en résidence aux colonies, au titre de l'un des corps de la colonie où ils résident, ou, à défaut, de la colonie la plus voisine. Les jeunes gens qui désirent contracter ces engagements doivent obtenir le certificat d'aptitude militaire prévu, et effectuer, pendant les trois années de leur engagement, les périodes d'instruction.
(2) D. 21 juin 1905.
(3) L. 7 juillet 1900. Art. 14.
(4) D. 15 août 1905. Art. 14.
(5) Congo, Guyane, Tahiti, Nouvelle-Calédonie, Indo-Chine, Afrique occidentale, Madagascar et Réunion, Antilles. Voir aussi les instructions des 30 avril 1904, 18 mars 1905.

la colonisation, en permettant aux hommes d'accomplir leur service militaire dans une colonie où ils pourront, après leur libération, se créer une situation.

44. Les militaires des troupes coloniales peuvent contracter des rengagements d'un an, dix-huit mois, deux ans, deux ans et demi, trois ans, quatre ans et cinq ans. La faculté de contracter un rengagement est accordée à tout militaire en activité, qui compte au moins six mois de service dans les troupes coloniales. — Ce rengagement date du jour de l'expiration légale du service dans l'armée active. La même faculté est accordée à tous les militaires libérés, comptant moins de 36 ans d'âge, s'ils désirent entrer dans les troupes coloniales. Toutefois le militaire libéré ne peut contracter qu'un rengagement de trois ans au minimum dans les troupes coloniales.

Les rengagements sont renouvelables jusqu'à une durée totale de quinze années de service pour les sous-officiers ou anciens sous-officiers et pour les militaires de tous grades de l'armée coloniale (1).

45. Tout militaire des troupes métropolitaines peut demander son passage dans les troupes coloniales, à condition d'avoir au moins deux ans et trois mois de service à accomplir. S'il est lié au service pour une durée moindre, il peut demander à la porter à deux ans et trois mois pour passer dans les troupes coloniales. Le militaire gradé des troupes métropolitaines qui passe dans les troupes coloniales ne conserve son grade qu'en cas d'insuffisance du nombre des gradés dans le corps de troupe où il entre. Ces dispositions sont applicables aux militaires de la légion étrangère naturalisés français.

Les militaires des troupes coloniales ne sont pas autorisés à demander leur passage aux troupes métropolitaines; toutefois les demandes de permutation entre sous-officiers peuvent être admises dans les conditions déterminées par le ministre (2).

Les rengagements sont contractés dans la forme des engagements devant les Intendants des troupes coloniales, ou à défaut, devant l'officier qui est leur suppléant légal (3).

46. Peuvent être maintenus sous les drapeaux en qualité de commissionnés :

1° Les sous-officiers de toutes armes qui ont accompli au moins dix ans de services effectifs et qui sont arrivés à l'expiration du rengagement les liant au service;

2° Les caporaux et les soldats des troupes coloniales.

Les avantages sont de trois sortes :

1° Des avantages pécuniaires : retraites, hautes payes journalières, primes d'engagement ou de rengagement, soldes spéciales des sous-officiers qui comptent plus de cinq années de service, indemnités, gratifications, premières mises d'entretien. Dans l'armée coloniale, les tarifs et les allocations sont plus élevés que dans l'armée de la métropole;

2° L'accession à de nombreux emplois civils est ou-

verte aux engagés et rengagés après qu'ils ont quitté le service militaire;

3° Des concessions de terres peuvent leur être gratuitement faites dans les colonies.

47. Aux termes des articles 60 et suivants de la loi du 21 mars 1905 :

I. Les militaires des troupes coloniales, qui contractent un engagement ou un rengagement, ont droit à une prime proportionnelle au temps qu'ils s'engagent à passer sous les drapeaux en sus des trois premières années. Ils bénéficient de l'allocation de cette prime à partir du commencement de leur troisième année de service et jusqu'à la dixième exclusivement. — La prime est acquise à l'engagé du jour où il a rejoint son corps, et au rengagé, du jour où son rengagement commence à courir;

II. Tout militaire, lié au service pour une durée supérieure à la durée légale, a droit, à partir du commencement de la troisième année de présence sous les drapeaux, à une haute paye journalière dont le tarif est fixé pour chaque grade et spécialement pour les troupes et services de l'armée coloniale, par les décrets des 25 janvier et 20 septembre 1906 pour les troupes coloniales stationnées en France, en Algérie ou en Tunisie et par le décret du 28 janvier 1908 pour les troupes en service dans nos possessions d'outre-mer et relevant du département des Colonies.

48. Les dispositions et les tarifs concernant le personnel officier sont contenus dans le décret du 29 décembre 1903.

Les décrets de 1906 et de 1908 distinguent les militaires européens et assimilés servant aux colonies, qui appartiennent aux troupes métropolitaines (légion étrangère, génie, etc.) et les militaires qui appartiennent aux troupes coloniales (infanterie, artillerie, etc.). Les tarifs sont spéciaux à chacune de ces deux catégories de troupes. Mais les tarifs, qui diffèrent pour les hautes payes, sont les mêmes pour tous, en ce qui concerne l'allocation des primes.

Il en est de même pour les allocations autres que celles se rapportant spécialement aux engagements et rengagements : indemnités diverses, retenues, etc., etc....

Le décret du 28 janvier 1908 faisant application de la loi du 21 mars 1905, qui dispose qu'il y aura une solde par grade, a réalisé l'unification complète d'allocation par grade, unification déjà ébauchée par le décret du 29 décembre 1903, sauf quelques exceptions sans importance.

49. Nous renvoyons, pour le détail des tarifs et allocations, aux tableaux annexés au décret du 28 janvier 1908. Une loi du 10 juillet 1907 a modifié par son article 4, le paragraphe 4 de l'article 61 de la loi du 21 mars 1905 relativement au mode de payement des primes revenant aux engagés volontaires et aux rengagés. Deux décrets des 30 mai et 30 octobre 1908 ont fait application de ces nouvelles dispositions, l'un aux troupes coloniales stationnées en France, l'autre aux troupes en garnison dans nos possessions d'outre-mer.

Les militaires de toutes armes qui quittent les drapeaux après quinze ans de service effectif ont droit à une pension proportionnelle à la durée de leur service.

(1) L. 21 mars 1905. Art. 54.
(2) L. 21 mars 1905. Art. 56 (V. aussi Circ. des 25 avril 1906 et 6 juin 1907).
(3) L. 21 mars 1905. Art. 57.

Après vingt-cinq ans de service ils ont droit à une pension de retraite.

50. L'article 69 paragraphe 2 de la loi du 21 mars 1905 dispose qu'un certain nombre des emplois désignés au tableau F, annexé à ladite loi, sont réservés aux militaires de tous grades de l'armée coloniale ayant accompli quinze années de service, dont dix au moins dans l'armée coloniale. — La pension de retraite s'ajoute toujours au traitement afférent à l'emploi civil dont le pensionnaire peut être pourvu.

51. Aux termes de l'article 77, les sous-officiers des troupes coloniales qui se retirent après huit ans de service dans ces troupes et les caporaux, brigadiers ou soldats de ces mêmes troupes, qui se retirent après quinze ans de service, dont dix dans l'armée coloniale, peuvent, s'ils sont mariés ou veufs avec enfants et s'ils en font la demande, recevoir dans l'année qui suit leur libération un titre de concession sur les terres disponibles en Algérie et aux colonies. Cette concession leur sera accordée dans les mêmes conditions que celles qui sont faites aux autres colons.

52. L'ensemble de ces dispositions a donné de bons résultats : les effectifs sont au complet : ceux des troupes coloniales stationnées en France permettent d'assurer actuellement leur instruction militaire dans de bonnes conditions; et les charges de la relève sont très facilement supportées.

A la date du 1er juin 1907, l'effectif des troupes coloniales en France et aux colonies, s'élevait à 43,870 sous-officiers, caporaux, brigadiers et soldats européens, dont 7,010 appelés du contingent, 10,581 engagés volontaires de trois, quatre et cinq ans et 26,279 rengagés et commissionnés.

§ 2. — Recrutement des Français aux colonies.

53. C'est le titre 6 de la loi du 21 mars 1905 qui contient les dispositions relatives au recrutement en Algérie et aux colonies. L'article 89 rend la loi applicable dans les colonies de la Guadeloupe, de la Martinique, de la Guyane et de la Réunion.

L'article 90 dispose que la loi est également applicable dans les autres colonies, mais sous certaines réserves. — Ces réserves consistent en réductions du temps de présence sous les drapeaux et même en dispense complète de présence accordées à des Français et naturalisés résidant en l'une de ces colonies ou au pays de protectorat. C'est une dérogation au principe du service militaire égal pour tous et cette dérogation a été consentie pour encourager l'œuvre de la colonisation; mais l'exécution est conditionnelle et subordonnée à un établissement réel et durable de l'intéressé dans la colonie où il doit résider jusqu'à l'âge de 30 ans révolus.

Pour l'Indo-Chine, l'Afrique occidentale et Madagascar, la loi du 21 mars 1905 y a été promulguée (Indo-Chine et Afrique occidentale française), ou est sur le point de l'être (Madagascar). Dans ces colonies, le contingent européen annuel est fort peu nombreux; il peut être incorporé sans difficulté dans les corps de troupes locaux et bénéficier au bout d'un an du renvoi conditionnel dans les foyers (1). D'ailleurs, ces trois grandes colonies sont pourvues d'une organisation militaire complète; il est naturel que le contingent européen y contribue, le cas échéant, à la défense.

54. La situation est bien loin d'être la même pour nos quatre anciennes colonies : Martinique, Guadeloupe, Guyane et Réunion. L'application de la loi du 21 mars 1905 y soulève des difficultés telles que jusqu'à présent, le département des Colonies s'est refusé à en ordonner ou à en autoriser la promulgation et qu'au Parlement aucune difficulté ne s'est soulevée à ce sujet malgré les termes formels de l'article 89 (2). C'est que l'application intégrale à ces colonies de la loi de recrutement, constituerait pour elles comme pour la métropole une charge considérable sans aucun profit, ni pour leur propre sécurité, ni pour l'ensemble de la défense nationale. Et cela résulte tout autant de considérations d'ordre général que de la situation particulière de chacune de nos anciennes colonies.

En vertu de l'article 37 de la loi du 21 mars 1905, les jeunes gens de la Martinique, de la Guadeloupe, de la Guyane et de la Réunion devraient être incorporés dans les troupes coloniales. Le contingent annuel, en tenant compte des déchets probables, atteindrait de 800 à 1,000 hommes à la Martinique, à peu près autant à la Guadeloupe et à la Réunion et environ 120 à la Guyane. En supposant la loi appliquée intégralement à ces colonies, nous aurions donc à entretenir à la Martinique une garnison équivalente à un régiment, autant à la Guadeloupe, autant à la Réunion et un demi-bataillon à la Guyane. Il faudrait en outre y construire les casernements nécessaires, organiser les services administratifs et hospitaliers correspondants, enfin, constituer et entretenir les approvisionnements d'armes, munitions, effets, vivres, matériel de guerre, etc., pour la mobilisation éventuelle de 25 classes de réserves.

D'après les évaluations du ministère des Colonies, ces mesures comporteraient une dépense d'environ 1 million 200,000 francs pour frais de premier établissement et ensuite une dépense annuelle supplémentaire d'environ 8 millions de francs pour l'entretien des unités à créer.

Il est vraisemblable que cette conséquence budgétaire avait échappé au législateur de 1905 et le département des Colonies a tourné la difficulté en ne faisant pas promulguer la loi dans nos anciennes possessions.

55. L'application du service militaire aux Antilles et à la Réunion ne saurait d'ailleurs avoir aucun but pratique, car nous ne pouvons songer à défendre isolément et intégralement toutes nos colonies et la loi du 20 juillet 1900, qui a sanctionné le programme d'organisation dé-

(1) V. Circ. 26 juin 1907.
(2) Rapport fait au nom de la Commission du budget chargée d'examiner le projet de loi portant fixation du budget général de l'exercice 1909 (ministère de la Guerre, 2e section, troupes coloniales). Ministère des Colonies, titre II, Dépenses militaires par M. Le Hérissé, député. J. O. Annexe n° 2019. Documents parlementaires, p. 971, séance du 13 juillet 1908, Chambre.

fensive de nos possessions, n'a fait figurer dans ce programme ni la Guadeloupe, ni la Guyane, ni la Réunion.

Quant au principe de l'égalité des citoyens français devant l'impôt du sang, il est certain que le régime spécial qui existe en fait dans nos vieilles colonies lui porte une atteinte certaine, mais il ne convient pas non plus d'imposer à la métropole une lourde charge financière dans un but qui, dans l'espèce, serait purement théorique.

56. En dehors de ces considérations d'ordre général, reste à examiner la situation particulière de chacune de ces colonies.

La Guyane et la Nouvelle-Calédonie, colonies de transportation, auxquelles la métropole impose la présence d'une forte population pénale, ne peuvent se passer d'une garnison. Faire appel au contingent local dans chacune de ces deux colonies pour constituer cette garnison, serait aggraver la charge qu'elles supportent du fait de la présence des bagnes. Ces garnisons paraissent donc devoir être fournies par la métropole, leur rôle étant d'ailleurs limité à la surveillance des établissements pénitentiaires et au maintien de la sécurité intérieure.

À la Martinique, il est simplement nécessaire, au point de vue de la défense extérieure, de conserver le point d'appui de Fort-de-France en bon état d'entretien, pour le jour où il acquerra sa véritable importance du fait du percement du Panama. Il est indispensable, tant pour la conservation des défenses de Fort-de-France que pour le maintien de l'ordre public à la Martinique et à la Guadeloupe de conserver dans ces deux colonies les détachements qui y tiennent actuellement garnison.

Quant à la Réunion, elle peut se passer d'une garnison permanente : si les circonstances venaient à l'exiger, il serait toujours facile d'y envoyer momentanément un détachement prélevé sur les troupes de Diego-Suarez.

57. Quoi qu'il en soit des motifs qui ont empêché la promulgation, dans nos vieilles colonies, de la loi de deux ans sur le recrutement, il n'en est pas moins vrai que cette situation extra-légale présente des inconvénients et qu'il y a lieu de prendre des mesures en conséquence. La loi du recrutement a, en effet, d'autres résultats que l'appel du contingent sous les drapeaux et l'instruction des réserves. L'article 7 de la loi du 21 mars 1905 exclut des fonctions publiques, même électives, tout citoyen qui n'a pas satisfait aux obligations de la loi militaire. Or, personne ne sait, à l'heure actuelle, quelle est, au point de vue des possibilités d'accession aux emplois publics, la situation des jeunes gens originaires des vieilles colonies où cette loi est applicable, mais où elle n'a pas été promulguée.

58. D'autre part, le titre IV de la loi a modifié complètement la législation antérieure concernant les engagements, rengagements et commissions, ainsi que la situation des militaires engagés, rengagés et commissionnés. Personne ne sait non plus, à l'heure actuelle, quelle est la situation des militaires français qui ont contracté des engagements et rengagements pendant leur service dans ces colonies, où la loi n'a pas été promulguée.

Une nouvelle étude s'impose des modifications à apporter aux articles de la loi du 21 mars 1905.

§ 3. — Effectifs et relève.

59. Nous avons vu que les effectifs des deux parties de l'armée coloniale (troupes en France et troupes en service aux colonies) sont appelés à être modifiés suivant la situation européenne ou mondiale et suivant la situation intérieure elle-même de nos colonies.

Les effectifs réglementaires ont bien été déterminés par les décrets du 19 septembre 1903 portant réorganisation de l'infanterie et de l'artillerie coloniale; mais, dès l'année 1904, et en vertu des considérations qui précèdent, les lois de finances ont modifié ces effectifs, dans des conditions telles que les départements de la Guerre et des Colonies ont renoncé depuis cette époque à provoquer de nouveaux décrets pour consacrer ces modifications incessantes.

Les rapports au Président de la République accompagnant les décrets de 1903 faisaient connaître qu'ils avaient été élaborés à la suite d'études très complètes sur un plan d'ensemble de la défense de nos possessions d'outre-mer. — L'organisation de l'infanterie et de l'artillerie assise sur une base rationnelle, avait comme point de départ les besoins réels des colonies appréciés à cette époque. Elle tenait compte des propositions nécessaires dans les divers grades pour assurer la relève dans de bonnes conditions et déduisait de ces propositions le personnel des troupes coloniales à entretenir en France, tout en évitant d'augmenter les charges budgétaires. — Le décret de 1903, préparé pour l'infanterie coloniale française et indigène, faisait une répartition de ces troupes entre les diverses colonies, répartition appropriée à l'importance de la défense de ces colonies. Il comportait une diminution de l'élément français compensée par l'augmentation de l'élément indigène dans ces troupes. Cette réorganisation, combinée avec l'emploi méthodique des réserves françaises et indigènes dans nos colonies, devait avoir pour résultat une augmentation très appréciable de la force défensive de nos possessions.

60. Les modifications apportées à la même date dans l'organisation de l'artillerie coloniale portaient principalement sur les points suivants :

Nouvelle répartition des unités d'artillerie coloniale entre les diverses colonies;

Renforcement aux colonies des directions d'artillerie qui ont à faire face à des besoins croissants et notamment à entretenir un armement de plus en plus considérable;

Création d'un cadre complémentaire destiné à améliorer les conditions de la relève et du service de cette arme en France.

61. De 1903 à 1907, la courbe des effectifs européens entretenus aux colonies accuse les chiffres suivants :

1903	26.799
1904	26.703
1905	26.924
1906	23.701
1907	22.600

62. La relève du personnel militaire européen en service aux colonies s'opère d'après des règlements arrêtés d'accord par les ministres de la Guerre et des Colonies (1).

Pour les officiers, cette relève est dite automatique : l'officier arrivé au terme de son séjour colonial réglementaire est remplacé par un autre officier désigné par le ministre de la Guerre, sans demande spéciale de l'autorité militaire locale. Les officiers décédés, rapatriés par anticipation, ou rayés des effectifs normaux pour toute autre cause, sont de même remplacés dès que la mutation les concernant est parvenue au ministère de la Guerre. Cette relève étant individuelle s'opère à toute époque de l'année.

Pour les hommes de troupes, la relève est numérique ; les commandants supérieurs signalent chaque mois, par des états spéciaux, la situation et les mouvements des effectifs et le ministre de la Guerre détermine au moyen de ces états les effectifs de remplacement à envoyer outremer. Le ministre des Colonies n'intervient que pour assurer le transport des détachements, ou pour provoquer, le cas échéant, les mesures résultant des modifications budgétaires à prévoir. La mise en route des détachements de relève a lieu à des dates déterminées, correspondant aux périodes de bonne saison particulières à chaque colonie.

63. Théoriquement, ce système a une allure de précision mathématique ; mais, en fait, tant pour les officiers que pour les troupes, de nombreuses circonstances viennent modifier cette allure. Ce sont les rapatriements anticipés pour raisons de santé, les prolongations de séjour colonial, les promotions sur place aux colonies, les mises hors cadres, les réintégrations, les décès, les passages d'une colonie à une autre, etc.

Il en résulte pour les troupes, notamment, que les prévisions qui figurent aux états de besoins signalés par les commandants supérieurs, se trouvent parfois faussées, erronées aussi par suite des modifications que les fixations budgétaires apportent chaque année dans la composition des corps de troupes.

§ 4. — Recrutement des troupes indigènes.

64. Le recrutement des troupes indigènes, ainsi que l'organisation des réserves, sont réglés par des décrets spéciaux à chaque colonie, complétés par des arrêtés locaux (2).

ARTICLE PREMIER. — Milices et troupes régulières.

Il y a lieu de distinguer dans les troupes indigènes : les milices et les troupes indigènes régulières.

65. Les milices indigènes sont entretenues par les budgets locaux des colonies ; elles sont organisées par décrets rendus sur le rapport du ministre des Colonies après avis du ministre de la Guerre.

(1) D. 30 décembre 1903 et instruction 30 mai 1904.
(2) L. 7 juillet 1900. Art. 6.

Elles sont placées sous l'autorité des gouverneurs et elles sont utilisées par eux pour les opérations de police intérieure.

66. Les milices peuvent participer à des opérations militaires, mais, en ce cas, elles passent sous le commandement de l'autorité militaire et bénéficient alors des dispositions de l'article 8 de la loi du 15 juillet 1889 (1).

Cette disposition légale indique assez clairement que les milices indigènes, bien que ne faisant pas partie de l'armée coloniale, doivent néanmoins avoir avec elle certains points communs et que notamment leur organisation doit les rendre utilisables pour les services généraux de la défense coloniale, soit comme appoint des troupes régulières, soit comme force territoriale.

67. Le recrutement du personnel indigène des brigades de milice est analogue à celui des militaires indigènes réguliers, de même que la constitution des cadres indigènes. Quant au personnel européen, il se recrute exclusivement parmi les anciens officiers et sous-officiers de l'armée ; le grade le plus élevé de sa hiérarchie (inspecteur de 1re classe en Indo-Chine et inspecteur principal à Madagascar) comportant l'assimilation d'une brigade, correspond à peu près à l'assimilation de capitaine.

Le recrutement indigène de la milice se juxtapose nécessairement à celui de nos troupes indigènes régulières.

ARTICLE 2. — Afrique occidentale française (Sénégal, Guinée, Côte-d'Ivoire, Dahomey, Haut-Sénégal et Niger, territoire civil de la Mauritanie, territoire militaire du Niger).

68. Les remarquables aptitudes militaires de populations robustes d'une bravoure légendaire font de l'Afrique occidentale un vaste réservoir d'admirables soldats indigènes utilisables pour sa défense, mais aussi pour agir au dehors, comme la preuve en a été faite au Congo, à Madagascar et au Maroc (2). Le décret qui organise le recrutement et les réserves indigènes dans l'Afrique occidentale française porte la date du 14 novembre 1904, modifié le 21 juin 1906.

Le recrutement des corps de troupe et services dans lesquels entrent des indigènes du groupe de l'Afrique occidentale française, est assuré :

1° par des engagements volontaires de deux ans ou quatre ans ;

(1) L. 7 juillet 1900. Art. 10.
(2) L'Afrique c'est le grand réservoir de la France de demain, réservoir pour son commerce, pour son industrie, mais surtout pour sa défense militaire. Nous nous désolons à bon droit lorsque nous constatons que la natalité est stationnaire ou même décroissante en France. Nous nous désolons surtout lorsque nous opposons cette infériorité numérique au débordement toujours croissant de la population chez les peuples voisins et rivaux. Or si la France est à la fois le pays le plus riche en biens et le plus pauvre en habitants, il est inévitable qu'elle soit un jour dévorée et asservie si elle ne peut opposer aux convoitises qui la guettent des ressources d'emprunt, c'est-à-dire des ressources autres que celles qu'elle peut tirer de son propre fonds. Eh bien, ces ressources, l'Afrique les contient, elle peut, elle doit nous les fournir. L'Afrique aux jours de péril peut mettre à notre disposition des contingents énormes de soldats incomparables qui rétabliront l'équilibre des forces et qui assureront notre salut. (Interpellation J. Delafosse sur le Maroc. Chambre des députés. Séance du 15 janvier 1909, J. O. du 16 janvier 1909, p. 18 et suiv.)

2° par des rengagements de un, deux ou trois ans.

Les engagements volontaires donnent droit à une prime, les rengagements donnent droit à une prime et à une haute paye journalière d'ancienneté. Les tarifs sont fixés par les règlements ministériels en vigueur. — Les corps et services se recrutent principalement par des engagements volontaires de quatre ans.

69. Les sous-officiers indigènes peuvent être commissionnés après quinze ans et jusqu'à vingt-cinq ans de services. Les caporaux, brigadiers et soldats indigènes ne sont pas admis à rester sous les drapeaux après quinze ans de services, sauf pour les spécialistes des corps et services (tailleurs, cordonniers, armuriers, etc.), qui peuvent être commissionnés dans les mêmes conditions que les sous-officiers.

Les circonscriptions de recrutement où les engagements peuvent être reçus sont créées par arrêtés locaux.

70. Les engagés volontaires et les rengagés peuvent, en toutes circonstances, être désignés pour continuer leurs services en dehors de l'Afrique occidentale.

71. Les militaires indigènes obtiennent des pensions proportionnelles ou des pensions de retraite à quinze ou vingt-cinq ans de services.

72. Le territoire de l'Afrique occidentale est divisé en un certain nombre de circonscriptions de réserve par le même décret du 14 novembre 1904.

Les troupes indigènes de l'Afrique occidentale française, outre leur caractère de corps de défense, doivent être encore le soutien et fournir le recrutement des corps indigènes de la garnison de Dakar et des troupes sahariennes; elles doivent enfin fournir les éléments de relève des corps sénégalais de l'extérieur : Congo, Madagascar, etc.

Les régions de Saint-Louis, Kayes, Bammako, sont celles où la nature des populations avoisinantes assure particulièrement un bon recrutement indigène, en même temps que la mobilisation facile des réserves. Pour la constitution soit des détachements de relève pour les troupes sénégalaises de l'extérieur, soit des unités appelées à agir temporairement hors de l'Afrique occidentale française, il est nécessaire de recourir aux ressources du recrutement indigène sur toute l'étendue de la colonie, afin que la charge qui en résulte soit répartie sur le plus grand nombre possible de populations. Cette charge est d'ailleurs considérable.

Article 3. — Madagascar.

73. En ce qui concerne Madagascar, il paraît prudent d'y maintenir encore pendant quelques années trois bataillons sénégalais. Il ne s'agit là d'ailleurs que d'une relève régulière, qui nécessite l'envoi dans la grande île d'environ 250 à 300 Sénégalais par an.

Il est, du reste, permis d'espérer qu'avec l'amélioration du recrutement malgache et les progrès de notre administration à Madagascar, cette colonie pourra bientôt trouver sur son propre sol tous les éléments de sa sécurité intérieure et renoncer au concours naturellement plus onéreux des Sénégalais. Le remplacement progressif des tirailleurs sénégalais par des Malgaches a déjà été commencé et n'a été interrompu que par l'insurrection de 1905-1906.

Le recrutement indigène est réglé par un décret du 19 mai 1908.

Les réserves avaient été organisées par le décret du 24 septembre 1903.

Article 4. — Congo.

74. Jusqu'à présent, il n'a été fait au Congo que de timides essais de recrutement indigène local et sans grand succès, parce que le faible effectif des troupes et leur rôle excessivement actif ne permettaient pas de distraire des cadres pour le choix, le dressage et l'instruction des recrues. Il ne paraît cependant pas y avoir de raison pour que les populations congolaises, dont la plupart sont belliqueuses et robustes, ne puissent fournir les éléments d'un bon recrutement militaire.

En attendant, les éléments indigènes qui composent le corps de défense du Congo proviennent du Sénégal.

Article 5. — Indo-Chine française.

75. La question du recrutement en Indo-Chine a été longuement débattue depuis plusieurs années. Les règles admises jusqu'à ce jour pour le Tonkin et la Cochinchine, ont été très différentes et tandis que les résultats étaient satisfaisants au Tonkin, ils l'ont été moins en Cochinchine (1).

En Cochinchine, la durée du temps de service est de 2 ans dans l'armée active, 13 ans dans la réserve et 5 ans dans le service de la garde sédentaire des provinces. Afin d'alléger la charge du service militaire, des congés de longue durée permettent aux hommes de participer aux travaux des rizières.

La désignation des jeunes gens appelés au service se fait par le tirage au sort; certaines catégories de jeunes gens peuvent être dispensés, comme possesseurs de diplôme ou comme soutiens et chefs de famille, d'après la constitution de la famille annamite (2).

76. C'est le décret du 1er novembre 1904, modifié par le décret du 14 mai 1905, qui a organisé au Tonkin et en Annam le recrutement des indigènes de race annamite. Ce décret consacre le système fonctionnant depuis le 12 mai 1884, date de la formation des deux régiments de tirailleurs tonkinois, et d'après lequel le recrutement est organisé suivant la coutume annamite et en vertu d'arrêtés locaux (3).

---

(1) Rapport fait au nom de la Commission du budget chargée d'examiner le projet de loi portant fixation du budget général de l'exercice 1908 par M. Ch. Humbert, député (Ministère de la Guerre, 2° section, troupes coloniales. Ministère des Colonies, titre II, Dépenses militaires). J. O. n° 1234. Chambre des députés, annexe à la séance du 11 juillet 1907.

(2) Un système de recrutement analogue fonctionne au Cambodge. Il a permis de créer en 1902 le corps des tirailleurs cambodgiens.

(3) Nous n'avons, jusqu'ici, sous les drapeaux, que des gens du peuple, dont la mentalité échappe à notre empreinte et reste sou-

Le recrutement, pour les régiments de tirailleurs ou pour les auxiliaires d'artillerie, des militaires indigènes de race annamite au Tonkin et en Annam s'opère :

1° par voie d'appel;

2° par engagements volontaires;

3° par rengagements.

La durée du service actif est fixée à 5 ans. Toutefois, les militaires indigènes peuvent être admis, par rengagements successifs, à accomplir au maximum 20 années de service actif. Les circonscriptions de recrutement et de réserve sont déterminées par arrêtés du Gouverneur général.

Le recrutement par voie d'appel se fait suivant la coutume annamite. La répartition entre les villages des provinces est opérée par le Résident chef de province au prorata du nombre des inscrits. Le contingent assigné à chaque village est prélevé parmi les jeunes gens inscrits dans le village et âgés de 22 ans au moins et de 28 ans au plus.

77. Les indigènes remplissant les conditions nécessaires, peuvent être autorisés à contracter un engagement volontaire de 5 ans, s'ils ont au moins 22 ans et au plus 28 ans. Ils doivent être sains et bien constitués, n'avoir subi aucune condamnation, être de bonnes vie et mœurs.

Les autorités civiles et militaires s'accordent pour faciliter les engagements volontaires des indigènes, qui peuvent s'adresser soit directement au chef de corps dans lequel ils désirent servir, soit au commandant du poste militaire le plus voisin de la localité, soit au Résident de la province, soit à la Commission de recrutement.

78. Après avoir accompli 5 ans de service actif, les militaires indigènes peuvent être admis à se rengager pour 1, 2 ou 3 ans; ils peuvent se rengager successivement jusqu'à concurrence de 20 années de service actif.

L'autorisation du chef de corps suffit pour être admis au rengagement. Tous les militaires indigènes en service actif ont droit à des avantages, qu'ils soient engagés volontaires, rengagés ou appelés. La nature, l'importance, la distribution de ces avantages, le mode de prélèvement et de répartition des charges qui en résultent sont fixés par arrêtés du Gouverneur général.

Les engagés volontaires et les rengagés doivent venir en déduction du contingent normal fixé pour leur village par l'Administration, de façon que ce contingent ne soit pas dépassé.

79. Un décret, également du 1er novembre 1904, complété par le décret du 26 juin 1906, porte constitution des réserves indigènes en Indo-Chine, en exécution de l'article 18 de la loi du 7 juillet 1900.

Les réserves militaires indigènes, en Indo-Chine, comprennent deux catégories:

1° La réserve de l'armée active;

2° La garde sédentaire, chargée éventuellement de la garde des places et des services de l'arrière.

Tous les militaires indigènes font partie de la réserve de l'armée active pendant un temps égal à la différence entre 15 ans et la durée de leur service effectif; ils font partie de la garde sédentaire pendant 5 ans, à l'expiration de leur service dans la réserve de l'armée active.

80. Les tirailleurs, miliciens, Linh Tram, Linh Co', Linh Lé, appartiennent tous à la catégorie des "Linh". Ils sont pris sur le contingent fourni par chaque village à raison de 1 recrue par x inscrits (actuellement 7) — les contribuables annamites étant divisés, au point de vue de l'impôt personnel, en "inscrits" et "non inscrits". L'appel ne s'adresse pas à tel homme, en particulier, mais au village qui fournit la recrue et qui en est responsable.

Les gardes indigènes (ou miliciens) servent, en principe, s'ils sont appelés, dans leur province d'origine. Leur temps de service est, comme pour les "linh" des catégories ci-après, celui déterminé par les lois et coutumes indigènes — (actuellement six années). — Placés sous l'autorité des résidents, chefs de province, commandés par des gradés européens, ils relèvent de l'autorité militaire, groupés en unités spéciales, en cas de mobilisation, de déclaration d'état de siège, de troubles insurrectionnels. Les hommes de la garde indigène peuvent, individuellement et en qualité d'anciens tirailleurs, appartenir à la réserve; ils serviraient avec la garde indigène en cas de mobilisation. Il n'a pas encore été organisé de réserve de la garde indigène.

Comme les tirailleurs, ils ont droit à une pension de retraite pour ancienneté de services ou pour blessures ou infirmités.

Les Linh Co' proviennent des milices provinciales de l'ancienne armée annamite. C'est une force armée mise, en principe, à la disposition des mandarins, commandée par des chefs indigènes, relevant de l'autorité du chef de province et placée sous le contrôle technique des cadres européens de la garde indigène, au point de vue de l'instruction militaire, de l'armement et de l'habillement. Les Linh Co' qui concourent, avec la garde indigène, à la police intérieure, servent seulement dans la province où ils sont recrutés. Ils touchent une solde mais n'ont pas droit à la retraite.

Les Linh Tram (1) sont chargés du transport des correspondances postales et mis à la disposition de l'administration des postes. Ils relèvent, au point de vue disciplinaire, de l'autorité résidentielle. Ils touchent une solde et n'ont pas droit à une pension de retraite.

Les Linh Lé (1) sont les satellites des mandarins. Ils sont recrutés spécialement dans la commune où se trouve la résidence du mandarin auprès duquel ils sont en service. Ils ont droit à une solde et n'ont pas de pension de retraite.

---

mise à toutes les influences comme à toutes les excitations du dehors.

Cependant, depuis plusieurs années, des efforts ont été faits pour modifier cette situation. On a créé des écoles d'enfants de troupe et des écoles de sous-officiers indigènes; on a cherché à y attirer des élèves des familles bourgeoises, dans l'intention de relever le niveau intellectuel de nos gradés indigènes.

---

(1) Les Linh Tram et les Linh Lé sont en réalité des auxiliaires civils; nous ne les mentionnons qu'en raison de leur mode de recrutement.

Des avantages accessoires (parls de rizière ou indemnité) sont en outre accordés aux Linh.

ARTICLE 6. — *Réformes et retraites.*

81. En vertu de la loi du 7 juillet 1900, article 20, toutes les questions concernant les pensions pour les militaires indigènes des troupes coloniales ont été réglées par un décret du 25 septembre 1905, complété par les dispositions du décret du 17 mars 1907, portant suppression du corps des Cipahis de l'Inde.

Les lois et règlements en vigueur pour les troupes coloniales sont applicables en principe aux militaires indigènes des troupes de l'Afrique occidentale, du Congo, de Madagascar et de l'Indo-Chine, en ce qui concerne : 1º les pensions de retraite des militaires de tous grades pour ancienneté ou à titre de blessures ou d'infirmités; 2º les pensions et soldes de réforme des officiers; 3º les soldes de réforme des sous-officiers; 4º les pensions proportionnelles des sous-officiers, caporaux, brigadiers, et soldats.

82. Mais le décret du 25 septembre 1906 prévoit certaines modifications à ce régime : c'est ainsi que les dispositions constitutives de droits à pension au profit des veuves et des orphelins ne sont pas applicables aux veuves et orphelins des militaires indigènes.

C'est ainsi encore que le taux des pensions des sous-officiers, caporaux, brigadiers et soldats, est fixé d'après un tarif spécial annexé au décret. Le décompte des bénéfices de campagne est également spécial. Les pensions et soldes de réforme des sous-officiers, caporaux, brigadiers et soldats sont à la charge des colonies, en proportion de la durée des services accomplis dans chacune d'elles, et à la charge de la métropole en proportion de la durée des services accomplis hors des dites colonies.

CHAPITRE III.

OFFICIERS.

§ 1. — *Officiers européens. Différence avec les officiers des troupes métropolitaines.*

83. Les officiers des troupes coloniales ont l'autonomie pour l'avancement. Ils ont droit à la pension de retraite de leur grade à 25 ans de services, dont 6 ans de séjour effectif dans les colonies autres que l'Algérie et la Tunisie. Sous réserve de ces différences, ils sont soumis aux lois et règlements en vigueur pour les officiers de l'armée métropolitaine.

§ 2. — *Officiers indigènes.*

84. Conformément aux dispositions des décrets du 19 septembre 1903, il n'existe plus actuellement d'officiers indigènes, que dans les unités sénégalaises, où leur situation est réglée par le décret du 14 novembre 1904, portant organisation du recrutement et des réserves indigènes en Afrique occidentale française. Leur effectif est fixé par les décrets précités, modifiés le 29 mai 1906. En Indo-Chine, il n'est plus prévu d'officiers indigènes; ceux qui existaient dans les corps de tirailleurs ont disparu par extinction.

TROISIÈME PARTIE.

85. En fait et à l'heure actuelle, la fonction principale des troupes coloniales en France est d'assurer la relève des troupes coloniales en service aux colonies. Elles peuvent aussi coopérer, le cas échéant, à la défense de la métropole, ou prendre part aux expéditions militaires

CHAPITRE PREMIER.

ADMINISTRATION CENTRALE.

86. La direction des troupes coloniales au ministère de la Guerre est chargée du personnel et de l'instruction de l'ensemble de l'armée coloniale en France et aux colonies; mais elle n'a dans ses attributions que l'emploi et l'administration de la partie de ces troupes entretenues sur le budget de la Guerre, c'est-à-dire stationnées en France (1). Les prévisions de dépenses qui figurent à cet effet à la 2e section du budget du ministère de la Guerre pour l'exercice 1909 s'élèvent à 37.371.242 francs se décomposant comme suit :

Personnel de l'Administration centrale.....	290.604
Matériel de l'Administration centrale.......	82.893
États-majors	1.367.956
Service de l'Intendance...................	563.274
Service de santé........................	716.360
Infanterie coloniale......................	13.592.710
Artillerie coloniale......................	2.899.596
Cadre de réserve — Solde de non-activité et de réforme........................	133.647
Écoles, justice militaire et recrutement.....	302.883
Frais de déplacements et de transports......	1.042.043
Artillerie. — Matériel et munitions........	1.293.976
Casernement des troupes coloniales........	585.580
Subsistances. — Chauffage et éclairage.....	6.512.920
Remonte.............................	197.253
Habillement, campement, couchage et harnachement........................	3.499.617
Hôpitaux. — Matériel...................	671.560
Allocations diverses et secours............	568.370
Approvisionnements de réserve. (Défense des colonies).......................	150.000
Corps d'occupation de Chine.............	2.900.000
Dépenses des exercices périmés non frappées de déchéance........................	Mémoire.
Dépenses des exercices clos...............	Mémoire.
Rappel de dépenses payables sur revues antérieures à 1909 et non frappées de déchéance............................	Mémoire.
Total pour la 2e section...........	37.371.242

87. Il n'a pas été créé de sous-chef d'État-major spécial pour les troupes coloniales.

Le décret du 1er février 1909 a réorganisé l'administration centrale du ministère de la Guerre, et modifié les

_____

(1) L. 7 juillet 1900, art. 2.

précédents décrets des 26 janvier 1901, 30 avril 1907 et 7 septembre 1908.

A l'heure actuelle, la direction des troupes coloniales au ministère de la Guerre comprend 4 bureaux :

1° Bureau technique ;

2° Personnel de l'infanterie coloniale ;

3° Personnel de l'artillerie coloniale, de l'intendance et du service de santé ;

4° Matériel et comptabilité (1).

Les décrets du 28 octobre 1882 (modifié le 4 septembre 1883), du 15 novembre 1895 et du 13 janvier 1899 s'appliquent à la direction des troupes coloniales comme aux autres directions d'armes.

Le directeur des troupes coloniales est choisi parmi les officiers de ces troupes. La 8e direction est soumise à l'action des chefs d'État-major, du contrôle et du contentieux, organes directs dont dispose le ministre pour le commandement et pour l'administration de l'armée.

L'instruction du 10 août 1901 règle les attributions et les rapports de la 8e direction des troupes coloniales avec les autres directions du ministère de la Guerre.

Les questions d'administration et de personnel sont du ressort des directions et les questions de haute stratégie sont de la compétence du conseil supérieur de défense.

88. Un comité technique des troupes coloniales, dont la composition et le fonctionnement sont déterminés par décret spécial, est institué auprès de la direction des troupes coloniales.

Ce comité technique a été créé par le décret du 21 janvier 1901. Sa composition et son fonctionnement ont été réglés par le décret du 22 mars 1901. Il comprend des représentants des troupes métropolitaines, un représentant de l'intendance coloniale et un représentant du service de santé colonial.

Une section technique est attachée à ce comité sous les ordres de son secrétaire. Cette section est composée d'un personnel d'études.

89. Les troupes coloniales en France dépendent du commandant du corps d'armée des troupes coloniales résidant à Paris.

CHAPITRE II.

CORPS DE TROUPES.

§ 1er. — Infanterie (2).

90. Les corps de troupe d'infanterie coloniale française comprennent en France :

12 régiments d'infanterie coloniale, ayant chacun la composition suivante : 3 bataillons à 4 compagnies, un état-major, un petit état-major, une section hors rang et un cadre complémentaire. (1)

En outre, il est affecté à la suite des divers régiments : 7 colonels, 11 lieutenants-colonels, 43 chefs de bataillon, 106 capitaines, 145 lieutenants ou sous-lieutenants, 114 adjudants, 86 sergents-majors, 321 sergents, 225 caporaux.

91. Les corps de troupe de l'infanterie coloniale française comprennent encore en France :

Une section de secrétaires d'état-major coloniaux, employés dans les états-majors des troupes coloniales en France et aux colonies, ainsi que dans les bureaux de recrutement aux colonies.

Une section de télégraphistes coloniaux (décret du 24 juillet 1906) ;

Un dépôt des isolés des troupes coloniales ;

Une section de secrétaires et ouvriers militaires d'administration ;

Une section d'infirmiers coloniaux (2).

92. L'infanterie coloniale a un état-major particulier, composé en France de 2 colonels, 5 lieutenants-colonels, 6 chefs de bataillon et 45 capitaines.

§ 2. — Artillerie coloniale (3).

93. Les troupes d'artillerie coloniale métropolitaine comprennent :

1° 3 régiments d'artillerie coloniale ayant chacun un nombre variable de batteries et comprenant ensemble 36 batteries (12 batteries montées, 6 batteries de montagne, et 18 batteries à pied) — le tout donnant un total de plus de 4,500 hommes de troupe en France. La

---

(1) La compagnie comprend environ 105 soldats (chiffre variable) 2 clairons, 8 caporaux, 1 caporal-fourrier, 6 sergents, 1 sergent-fourrier, 1 sergent-major, 1 adjudant, 2 lieutenants ou sous-lieutenants, 1 capitaine.

L'état-major comprend le colonel du régiment, le lieutenant-colonel, 3 chefs de bataillon, 1 major, 1 médecin major de 1re classe, 3 capitaines adjudants majors, 1 capitaine de tir, 1 capitaine trésorier, 1 capitaine d'habillement, 1 lieutenant adjoint au capitaine d'habillement, 1 lieutenant d'armement, 1 lieutenant adjoint au trésorier, 1 lieutenant porte-drapeau (officier de casernement), 1 lieutenant d'approvisionnement, 3 médecins majors de 2e classe ou médecins aide majors.

Le petit état-major comprend : 1 chef de fanfare, 3 adjudants de bataillon, 1 sous-chef de fanfare, 1 sergent major clairon au sergent clairon, 3 caporaux clairons, 1 caporal sapeur, 1 sapeur ouvrier d'art, 19 musiciens.

La section hors rang comprend : 1 chef armurier, 1 adjudant vaguemestre, 1 adjudant, 1 secrétaire du trésorier, 1 sergent major (2e secrétaire du trésorier, chargé de tenir la matricule des corps stationnés aux colonies), 10 sergents, 9 caporaux, 54 soldats (tous secrétaires et spécialistes ; tailleurs, armuriers, cordonniers, etc.).

Il faut ajouter les chevaux de trait nécessaires aux sections de mitrailleurs et ceux nécessités le cas échéant par la disposition des unités du régiment.

Le cadre complémentaire du régiment comprend : 1 chef de bataillon, 5 capitaines, 8 lieutenants ou sous-lieutenants, 2 adjudants, 1 sergent-major, 16 sergents.

(2) Les effectifs sont indiqués dans des tableaux spéciaux annexés aux décrets précités. V. infra « intendance coloniale et service de santé », en ce qui concerne la section de secrétaires et ouvriers militaires d'administration et en ce qui concerne la section d'infirmiers coloniaux.

(3) D. 19 septembre 1903, 29 mai et 25 août 1906, 23 mars 1907.

---

(1) Les trois premiers bureaux existaient déjà lorsque les troupes coloniales étaient rattachées au ministère de la Marine. Le 4e bureau, matériel et comptabilité, est une création nouvelle, justifiée pour la préparation du budget des troupes coloniales formant section spéciale du budget du ministère de la Guerre.

Nous avons vu que les services généraux du ministère de la Guerre assurent les services des troupes coloniales aux Colonies sous forme de cessions remboursables par le budget des troupes coloniales, titre II du budget du ministère des colonies. C'est encore le 4e bureau qui tient cette comptabilité, ainsi que le service des soldes régi par les tarifs spéciaux aux colonies.

(2) D. 19 septembre 1903, 13 et 20 mai 1905, 29 mai et 25 avril 1906.

répartition de l'effectif des hommes de troupe et des éléments qui suivent figure aux tableaux annexés aux décrets précités;

2° 2 compagnies d'ouvriers d'artillerie coloniale;

3° 1 détachement d'artificiers d'artillerie coloniale.

L'état-major particulier de l'artillerie coloniale comprend des officiers, des officiers d'administration et des employés militaires.

94. Les régiments d'artillerie, comme ceux de l'infanterie coloniale, comportent un état-major, un petit état-major, un peloton hors rang et des cadres à la suite (1).

§ 3. — Etat-major général et états-majors particuliers.

95. Conformément aux dispositions de la loi du 7 juillet 1900, l'état-major général des troupes coloniales comprend des généraux de division et de brigade, dont le nombre n'est pas fixé et qui ne sont pas spécialisés dans leur arme d'origine.

Ils peuvent être pourvus d'emplois dans l'armée métropolitaine et réciproquement les officiers généraux de l'armée métropolitaine peuvent être pourvus d'emplois dans les troupes coloniales.

96. Les états-majors particuliers de l'infanterie et de l'artillerie coloniales comprennent les officiers de ces deux armes affectés au service d'état-major ou détachés dans les divers services particuliers en France ou aux colonies dans les conditions fixées par les décrets du 19 septembre 1903.

CHAPITRE III.

ADMINISTRATION ET SERVICES ADMINISTRATIFS DES TROUPES COLONIALES.

§ 1. — Principes généraux.

97. La loi militaire en liant le soldat au drapeau, en lui défendant de jamais s'en écarter, lui enlève la possibilité de pourvoir lui-même à ses besoins; elle a, comme conséquence, créé pour les administrations militaires de la Guerre, des Colonies, de la Marine, l'obligation d'y pourvoir à ses lieu et place; par suite, elle a créé pour ces administrations l'obligation de loger le militaire, de l'habiller, de l'armer, de le remonter, de le transporter.

L'administration militaire a donc dû créer des services chargés de pourvoir à chacun de ces besoins dans toutes les situations de paix ou de guerre.

98. Ainsi, les divers besoins des militaires comprennent : le logement, auquel on peut rattacher l'ameublement et le couchage; les subsistances, auxquelles on peut rattacher le chauffage, l'éclairage et les fourrages pour les chevaux; l'habillement et l'équipement, auxquels on peut rattacher le harnachement et le campement; les soins médicamentaux; la remonte; les transports de personnel et de matériel; enfin la solde.

A chacun de ces besoins a été appliqué un système particulier de satisfactions formant un ensemble auquel on a donné le nom de service administratif.

Chaque service administratif a son personnel spécial, ses locaux appropriés, ses règles particulières d'exécution subordonnées aux règles générales du département et de la comptabilité publique.

Mais l'État ne pourvoit pas toujours par des prestations en nature directes à tous les besoins des militaires; souvent il leur laisse le soin d'y pourvoir eux-mêmes et il leur donne à cet effet des prestations en deniers, individuelles ou collectives, c'est-à-dire la solde, ou certaines masses. Cela constitue un nouveau service, celui de la solde, qui n'est, à proprement parler, que le complément des autres services.

99. En se plaçant au point de vue des personnels chargés des services, l'administration de l'armée, d'après la loi du 16 mars 1882 comprend 5 services :

Service de l'artillerie; service du génie; service de l'intendance; service de santé; service des poudres et salpêtres, plus l'administration intérieure des corps de troupe.

L'administration des troupes coloniales ne comprend que 3 services :

Le service de l'artillerie cumulant aux colonies le service du génie; l'ancien commissariat colonial, transformé par les lois du 7 juillet 1900 et du 14 avril 1906, en intendance coloniale, dont l'organisation a été calquée sur celle de l'intendance métropolitaine et le service de santé.

100. Aux colonies, le service des poudres et salpêtres n'existe pas; il n'a encore été envoyé que des missions d'études, notamment en Afrique occidentale et en Indo-Chine, et le décret du 21 juin 1906 dispose (art. 2) que des ingénieurs des poudres et salpêtres peuvent être mis, avec les employés, agents et ouvriers du personnel d'exploitation des poudreries et raffineries, à la disposition du ministre des colonies, pour assurer dans nos possessions la fabrication et la conservation des poudres et autres substances explosives.

101. En France, malgré le principe de l'autonomie consacré par la loi du 7 juillet 1900, les troupes coloniales n'ont pas tous leurs services indépendants; la direction des troupes coloniales doit donc s'adresser aux autres directions du ministère de la Guerre et, dans les garnisons, aux services administratifs de la Guerre, afin d'assurer quelques-uns des besoins des troupes coloniales, sauf remboursement, comme il a été dit plus haut, des cessions faites ainsi.

Au contraire, les troupes coloniales, quand elles sont stationnées aux colonies et administrées par le ministère des Colonies, ont tous leurs services indépendants, mais parfois ils y sont régis par des règles spéciales au département des Colonies et différentes des règles qui, empruntées à l'administration des troupes métropolitaines, régissent aussi les troupes coloniales stationnées

---

(1) Nous avons envisagé dans ce paragraphe l'artillerie coloniale comme chargée des opérations militaires coopérant le cas échéant à la défense de la métropole et pouvant prendre part aux opérations militaires hors du territoire français. Nous l'examinerons un peu plus loin en tant que service administratif de la marine et des troupes coloniales.

en France. De là résulte encore la nécessité de distinguer pour certains services, le régime des troupes coloniales stationnées aux colonies, et le régime des troupes coloniales stationnées en France.

102. L'administration des troupes coloniales en France ne comporte qu'un seul service administratif général : le service de l'intendance coloniale, qui n'assure d'ailleurs que les services de l'habillement, du couchage, de l'ameublement, le service de la solde et des revues, le service de l'indemnité de route, la surveillance administrative de l'administration intérieure des corps de troupe, le service des fonds. — Pour le reste, il est fait appel aux services de la Guerre.

103. Le service de l'artillerie coloniale, en tant que service administratif, ne dispose pas d'établissements analogues à ceux dont disposent les services de l'artillerie et du génie dans la Guerre.

104. Le service de santé colonial créé par la loi du 7 juillet 1900 a été organisé par les décrets du 11 juin 1901 et du 4 novembre 1903. Il est assuré par le corps de santé des troupes coloniales qui a été réorganisé par le décret du 21 juin 1906.

Il comprend des médecins, des pharmaciens, des officiers d'administration, une section d'infirmiers européens et, aux colonies, des infirmiers indigènes. Ce personnel, à la première formation, a été constitué par le corps de santé des Colonies, par des officiers empruntés au corps de santé de la Marine et, en ce qui concerne les officiers d'administration, par des agents civils du commissariat des colonies, optant pour le statut militaire après concours.

105. Jusqu'en 1890, les officiers du corps de santé de la Marine assuraient indifféremment les services médicaux de la flotte, des troupes de la marine, des colonies. Cette organisation a donné de bons résultats tant que notre domaine colonial fut peu important, administré par le département de la Marine et composé surtout des anciennes colonies dans lesquelles il suffisait de compléter et de centraliser les services médicaux.

106. Mais, depuis, notre domaine colonial s'est accru considérablement. Le protectorat de l'Annam-Tonkin, en Asie; l'expansion de l'Afrique occidentale, qui, de nos comptoirs du Sénégal, s'étend jusqu'au Tchad et s'adjoint la Guinée, la Côte-d'Ivoire, le Dahomey; l'ancien et modeste Gabon devenant l'immense Congo; la constitution avec Madagascar de l'Afrique orientale, ont singulièrement agrandi le champ d'activité des médecins et des pharmaciens coloniaux.

Pays neufs pour la plupart, décimés par les endémies et les épidémies les plus meurtrières, habités par des populations qui attendent de nous comme premier bienfait l'assistance médicale et la prophylaxie, ces colonies avaient, au point de vue de la santé publique, des besoins tels, que, malgré les efforts et les bonnes volontés, on peut dire qu'ils n'ont pas encore pu recevoir une suffisante satisfaction.

Ces besoins nouveaux ont fait décider la création d'un corps de santé militaire spécial aux colonies. Ce corps,

séparé en 1890 du corps de santé de la Marine, a vécu dix ans. La loi du 7 juillet 1900 a rattaché ce corps à la Guerre et lui a donné une vie nouvelle sous le nom de corps de santé des troupes coloniales en élargissant ses cadres, en étendant son champ d'action, en complétant l'organisation de ses services annexes, en lui donnant, enfin, un statut légal mieux défini.

107. Les services de santé coloniaux organisés par le décret du 4 novembre 1903 comprennent en France : 1° le service de l'Administration centrale du département des colonies; 2° le service des établissements relevant du département des colonies. Le personnel des médecins, pharmaciens, officiers d'administration, est divisé en deux portions inégales : l'une, ressortissant au ministère des Colonies et comprenant plus des deux tiers des effectifs; l'autre, ressortissant au ministère de la Guerre et constituant la relève, tout en assurant les services de la métropole.

Les services de santé coloniaux dans la métropole comprennent le service des établissements organisés éventuellement et le service des ports. Ce dernier comporte la visite et l'assistance médicale du personnel colonial civil et militaire à l'arrivée et au départ ou en service dans les ports, la réception des vivres, denrées ou matériel.

108. Il est de plus institué au ministère des Colonies, une inspection générale des services de santé coloniaux chargée de l'étude technique de toutes les affaires sanitaires et de l'hygiène aux colonies. Cette fonction est exercée par un médecin inspecteur des troupes coloniales nommé par décision ministérielle concertée entre le ministre des Colonies et le ministre de la Guerre.

De même, un conseil supérieur de santé est institué à l'Administration centrale du département des Colonies. Ce conseil constitue un organe consultatif dont la composition et les attributions sont déterminées par décision du ministre des Colonies.

109. Le principe général de l'administration des troupes coloniales comme de l'armée de terre est la séparation en direction — gestion ou exécution — et contrôle. La direction ne participe pas aux actes de la gestion qui lui est soumise. Les directeurs exercent une surveillance permanente sur toutes les opérations du personnel de leur service. Le contrôle ne prend part ni à la direction ni à la gestion; il est exercé en France par le corps du contrôle de l'administration de l'armée sous l'autorité du ministre des Colonies.

Les règlements et instructions concernant le fonctionnement des services administratifs des troupes coloniales sont concertés entre le ministre de la Guerre et le ministre des Colonies.

Les instructions du ministre de la Guerre règlent les rapports entre l'intendance et le corps de santé des troupes métropolitaines d'une part, et l'intendance et le corps de santé des troupes coloniales d'autre part, en ce qui concerne les services communs.

110. Les établissements et services spéciaux, organisés en France, en Algérie et en Tunisie par le département des Colonies, en vue des besoins des troupes aux colonies, sont

placés sous l'autorité immédiate du ministre des Colonies qui dispose seul de leur matériel et de leurs approvisionnements. Les directeurs de ces services et établissements sont, en ce qui concerne ce service spécial, sous les ordres exclusifs du ministre des Colonies et correspondent directement avec lui.

§ 2. — *Corps de l'intendance militaire des troupes coloniales.*

111. Le corps de l'intendance militaire des troupes coloniales a les attributions de l'intendance des troupes métropolitaines; il est chargé de la direction des services administratifs.

Un personnel d'officiers d'administration de l'intendance des troupes coloniales concourt à l'exécution du service.

Le corps de l'intendance militaire des troupes coloniales a une hiérarchie propre, dont les grades correspondent à ceux de la hiérarchie militaire, comme il est indiqué dans le tableau incorporé à l'article 2 du décret du 21 juin 1906.

Adjoint à l'intend. milit. des troupes coloniales.	Capitaine.
Sous - intendant militaire de 3e classe......	Chef de bataillon.
Sous - intendant militaire de 2e classe......	Lieutenant-colonel.
Sous-intendant militaire de 1re classe........	Colonel.
Intendant militaire......................	Général de brigade.
Intendant général......................	Général de division.

Les fonctionnaires de l'intendance militaire des troupes coloniales jouissent du bénéfice de la loi du 19 mai 1834 sur l'état des officiers.

Les adjoints à l'intendance militaire se recrutent au concours dans les conditions fixées à l'article 10 parmi les capitaines des troupes coloniales et parmi les officiers d'administration de 1re classe des services de l'intendance et de santé des troupes coloniales et de l'artillerie coloniale comptant au moins un an de grade au 1er janvier de l'année pendant laquelle commence le concours. I's sont appelés à suivre des cours spéciaux à l'École Coloniale.

112. Le personnel d'officiers d'administration, qui concourt à l'exécution du service, jouit du bénéfice de la loi du 19 mai 1834, sur l'état des officiers. Il est réparti en deux catégories : les officiers d'administration des bureaux et les officiers d'administration des magasins.

Les officiers d'administration ont une hiérarchie propre dont les grades correspondent à ceux de la hiérarchie militaire :

Officier d'administration de 3e classe..........	Sous-lieutenant.
Officier d'administration de 2e classe..........	Lieutenant.
Officier d'administration de 1re classe..........	Capitaine.
Officier d'administration principal.............	Chef de bataillon.

Les officiers d'administration de 3e classe se recrutent parmi les sous-officiers des troupes coloniales ayant satisfait aux examens de sortie de l'école d'administration militaire.

113. Un décret du 8 septembre 1906 fixe les effectifs du corps de l'intendance des troupes coloniales ainsi que les effectifs des officiers d'administration.

GRADES.	TOTAUX.
Intendants généraux.............................	»
Intendants militaires............................	»
Sous-intendants militaires de 1re classe...........	12
— — 2e —	13
— — 3e —	45
Adjoints à l'intendance..........................	20
1° *Service des bureaux.*	
Officiers d'administration principaux.............	4
— — de 1re classe..........	16
— — 2e —	
— — 3e —	61
2° *Service des magasins.*	
Officiers d'administration principaux.............	3
— — de 1re classe..........	13
— — 2e —	
— — 3e —	59

114. Un décret du 16 janvier 1907 porte organisation de la section de commis et ouvriers militaires d'administration des troupes coloniales.

Cette section, créée par l'article 12 du décret du 11 juin 1901, est destinée à fournir au service de l'intendance des troupes coloniales deux catégories distinctes de personnel :

1° Des secrétaires employés aux écritures dans les différents bureaux du service (service des bureaux);

2° Des ouvriers de professions diverses, employés aux travaux de tous genres dans les magasins du service (service de l'exploitation).

115. La section de secrétaires et d'ouvriers de l'intendance comprend un cadre métropolitain et un cadre colonial (1).

Le personnel disponible du cadre métropolitain est affecté, selon les besoins, au service de l'intendance des troupes coloniales stationnées en France, par le général commandant le corps d'armée des troupes coloniales, sur la proposition du directeur du service de l'intendance de ce corps d'armée.

En principe, les secrétaires de la section, disponibles, sont affectés aux services administratifs des troupes coloniales et répartis entre ces services proportionnellement aux effectifs des troupes coloniales administrées par chacun d'eux; les ouvriers de la section, disponibles, peuvent, d'après leur profession et en vue d'entretenir et de perfectionner la pratique de leur métier, être affectés à un ou plusieurs établissements de l'intendance des troupes coloniales ou du service de l'intendance militaire, après entente, dans ce dernier cas, avec les commandants de corps d'armée intéressés; il en est rendu compte au ministre.

En cas d'insuffisance numérique des effectifs disponibles du dépôt de la section, des hommes de troupes de tous grades des troupes coloniales peuvent être temporairement détachés, comme secrétaires et ouvriers, dans les services administratifs des troupes coloniales. Les désignations de cette nature sont faites par le général com-

---

(1) Les militaires de la section, indisponibles par suite de congés de convalescence ou de fin de campagne, sont placés à la suite du dépôt de la section.

mandant le corps d'armée des troupes coloniales, qui en rend compte au ministre.

116. Les militaires français de la section des secrétaires et d'ouvriers de l'intendance se recrutent dans les conditions prévues pour les troupes d'infanterie coloniale :

1° par des rengagements et engagements volontaires;

2° par voie d'appel sur les contingents coloniaux;

3° par des prélèvements faits soit sur la demande des intéressés, soit d'office tant en France qu'aux colonies sur les corps des troupes coloniales qui y sont stationnées.

Le dépôt en France de la section de commis et ouvriers militaires d'administration des troupes coloniales est commandé et administré par un officier d'administration de leur service, sous l'autorité supérieure d'un sous-intendant militaire des troupes coloniales (1).

§ 3. — Service de l'artillerie (2).

117. Le personnel de l'artillerie coloniale affecté aux services administratifs de cette arme comprend des officiers d'administration divisés en deux sections : les comptables et les conducteurs de travaux. De plus, le personnel comprend des employés et ouvriers militaires.

Les officiers d'administration, stagiaires de l'artillerie coloniale, n'ont pas d'attributions spéciales dans la métropole. Ils sont mis, pendant leur séjour en France, à la disposition des directions du génie ayant un port militaire sur leur territoire, pour concourir à l'exécution du service du génie.

118. En France, une partie du personnel de l'artillerie coloniale est détachée à la Marine, pour assurer les services techniques de l'artillerie navale.

De plus l'état-major particulier de l'artillerie coloniale comprend : Les officiers de l'arme affectés au service d'état-major, détachés à l'école supérieure de guerre ou stagiaires d'état-major; ceux détachés à l'administration des ministères de la Guerre et des Colonies et aux sections techniques des troupes coloniales; ceux affectés aux cadres des écoles militaires ou des cours d'instruction, au service de la justice militaire et au service du recrutement.

Un décret du 3 février 1906 porte organisation du personnel des stagiaires officiers d'administration d'artillerie coloniale, destinés à seconder les officiers d'administration comptables et conducteurs de travaux et à assurer leur recrutement.

---

(1) La section de secrétaires et d'ouvriers de l'intendance est rattachée pour l'Administration au 4° régiment d'infanterie coloniale, qui est aussi chargé de la tenue des contrôles et de la matricule du personnel français en service aux colonies. L'Administration des détachements de la section est centralisée dans la métropole par le dépôt de la section.

En France et aux colonies, les hommes de la section stationnés dans une autre garnison que celle où se trouve leur centre administratif, sont placés en subsistance dans un corps de troupe de cette garnison par les soins du commandant d'armes.

Ces corps sont désignés par l'autorité militaire locale qui rend compte au ministre de ses désignations.

Le dépôt de la section en France comprend un effectif de 10 adjudants, 8 sergents-majors, 30 sergents, 50 caporaux, 60 soldats pour le service des bureaux, 3 adjudants et sergents-majors, 8 sergents, 26 caporaux, 42 soldats pour le service de l'exploitation.

(2) D. 28 décembre 1900 et 19 septembre 1903.

---

§ 4. — Service de santé.

119. Le service de santé colonial est organisé par le décret du 4 novembre 1903 et assuré par le corps de santé des troupes coloniales, réorganisé par le décret du 21 juin 1906.

Le corps de santé des troupes coloniales comprend des médecins et des pharmaciens. Ce personnel dirige ou assure le fonctionnement du service de santé : en France, en Algérie et en Tunisie, dans les corps de troupe coloniaux, dans les établissements affectés à ces troupes dans les services et établissements organisés par le département des colonies en vue des besoins des troupes aux colonies, et, éventuellement, dans les services médicaux des troupes métropolitaines, suivant les ordres du commandement ; aux colonies, dans les corps de troupe coloniaux, dans les établissements affectés à ces troupes, dans les établissements hospitaliers où sont admis des militaires et dans les différents services médicaux de garnison suivant les ordres du commandement.

La fonction donne aux médecins, quel que soit leur grade, toute autorité pour l'exercice des attributions qui leur sont conférées.

Les officiers d'administration du service de santé et les infirmiers militaires des troupes coloniales concourent à l'exécution du service (1).

120. Il n'est pas dérogé aux dispositions légalement prises en vertu desquelles des fonctions autres que celles ci-dessus spécifiées peuvent, à défaut d'un personnel médical civil suffisant, être confiées aux officiers du corps de santé des troupes coloniales

121. Les médecins et pharmaciens ont une hiérarchie propre dont les grades correspondent à ceux de la hiérarchie militaire :

Médecin ou pharmacien aide-major de 2° cl..	Sous-lieutenant.
Médecin ou pharmacien aide-major de 1re cl..	Lieutenant.
Médecin ou pharmacien aide-major de 2e cl..	Capitaine.
Médecin ou pharmacien aide-major de 1re cl..	Chef de bataillon.
Médecin ou pharmacien principal 1re cl...	Lieutenant-colonel.
Médecin ou pharmacien principal de 1re cl...	Colonel.
Médecin inspecteur.................	Général de brigade.
Médecin inspecteur général..............	Général de division.

122. Les médecins et pharmaciens se recrutent : 1° parmi les élèves des écoles militaires du service de santé ayant obtenu à la sortie desdites écoles le diplôme de docteur en médecine, ou le diplôme de pharmacien; 2° parmi les docteurs en médecine ou pharmaciens admis à la suite d'un concours, dont les conditions sont arrêtées de concert entre les ministres de la Guerre et des Colonies.

Les uns et les autres sont nommés aides-majors de 2° classe; ils suivent pendant un an les cours d'une école d'application. A la sortie de cette école, ils subissent des

---

(1) Le travail de statistique médicale prévu à l'article 24 de la loi du 7 juillet 1900 est établi par le ministre des Colonies et transmis au ministre de la Guerre, pour lui permettre la publication du compte rendu prescrit au premier alinéa du même article.

examens de fin d'études et prennent rang entre eux dans l'ordre de leur classement à ces examens.

123. Les lois sur l'avancement sont applicables aux officiers du corps de santé des troupes coloniales d'après la correspondance de grade indiquée plus haut.

Toutefois, nul ne peut être promu au choix médecin ou pharmacien-major de 2e classe ou de 1re classe, ou médecin ou pharmacien principal de 2e classe ou de 1re classe s'il n'a accompli dans son grade ou dans le grade immédiatement inférieur une période régulière de séjour aux colonies.

124. Les officiers d'administration du service de santé des troupes coloniales jouissent du bénéfice de la loi du 19 mai 1834 sur l'état des officiers et ont une hiérarchie propre dont les grades correspondent à ceux de la hiérarchie militaire :

Officier d'administration de 3e classe..........	Sous-lieutenant.
Officier d'administration de 2e classe..........	Lieutenant.
Officier d'administration de 1re classe..........	Capitaine.
Officier d'administration principal.............	Chef de bataillon.

Les officiers d'administration de 3e classe se recrutent parmi les sous-officiers des troupes coloniales ayant satisfait aux examens de sortie de l'école d'administration militaire. Ils prennent rang entre eux dans l'ordre de leur classement à ces examens.

125. Les effectifs des médecins et pharmaciens des troupes coloniales sont donnés par le tableau ci-après :

GRADES.	TOTAUX.
Médecins inspecteurs généraux	»
Médecins inspecteurs	»
Médecins principaux de 1re classe	12
Médecins principaux de 2e classe	48
Médecins-majors de 1re classe	88
Médecins-majors de 2e classe	175
Médecins aides-majors de 1re classe.......... }	
Médecins aides-majors de 2e classe..........	141
Pharmaciens principaux de 1re classe...........	1
Pharmaciens principaux de 2e classe...........	2
Pharmaciens-majors de 1re classe.............	5
Pharmaciens-majors de 2e classe.............	19
Aides-majors de 1re classe .... }	
Aides-majors de 2e classe	19

Les effectifs des officiers d'administration du service de santé des troupes coloniales sont donnés par le tableau ci-après :

GRADES.	TOTAUX.
Officiers d'administration principaux	2
Officiers d'administration de 1re classe.............	9
Officiers d'administration de 2e classe............. }	
Officiers d'administration de 3e classe.............	27

126. La section d'infirmiers militaires des troupes coloniales se recrute en France et aux colonies dans les mêmes conditions que les troupes de l'infanterie coloniale.

Nul n'est admis dans le cadre français de la section s'il n'a, au préalable, satisfait à des épreuves professionnelles dont le programme est fixé après entente entre le ministre de la Guerre et le ministre des Colonies.

Toutefois, les infirmiers militaires des troupes métropolitaines et les infirmiers de la marine qui demandent à se rengager dans la section d'infirmiers militaires des troupes coloniales sont dispensés des épreuves professionnelles.

La répartition du personnel entre les services qui dépendent du ministère de la Guerre et ceux qui dépendent du ministère des Colonies est arrêtée de concert entre les deux ministres. Les feuillets des personnels des officiers sont communiqués au ministre des Colonies, sur sa demande, par le ministre de la Guerre.

127. L'admission dans la section est prononcée en France par le colonel commandant le 22e régiment d'infanterie coloniale. Le consentement nécessaire au rengagement des infirmiers coloniaux de tous grades est donné par le colonel du régiment de France auquel est rattachée la section d'infirmiers des troupes coloniales. La section est rattachée pour l'administration au 22e régiment d'infanterie coloniale.

128. La section des infirmiers militaires des troupes coloniales créée par l'article 18 du décret du 11 juin 1901 est destinée à fournir au service de santé des troupes coloniales deux catégories distinctes de personnel :

1° Des infirmiers commis aux écritures;

2° Des infirmiers de visite et d'exploitation du service général.

Les premiers sont employés aux écritures dans les différents détails du service médical.

Les seconds sont affectés, soit aux salles de malades, soit à la pharmacie, soit aux autres services intérieurs des hôpitaux, les militaires indigènes de cette seconde catégorie sont plus spécialement employés à l'exploitation.

Toutefois, s'il y a lieu, les infirmiers des deux catégories peuvent être appelés à concourir aux divers services, mais en aucun cas les infirmiers français ne pourront être employés à des services personnels, excepté comme ordonnances dans les colonies ne possédant pas d'infirmiers indigènes.

129. La section des infirmiers des troupes coloniales comprend un cadre métropolitain et un cadre colonial, qui sont déterminés d'après les fixations du tableau F annexé au décret du 11 juin 1901, portant règlement sur l'administration des troupes coloniales.

Le personnel disponible du cadre métropolitain est affecté, selon les besoins, au service de santé des troupes coloniales, par le général commandant le corps d'armée des troupes coloniales, sur la proposition du directeur du service de santé de ce corps d'armée.

Le personnel en excédent de ces besoins est affecté aux services hospitaliers dans les garnisons où se trouvent stationnées les troupes coloniales.

Le personnel du cadre métropolitain indisponible par suite de congés de convalescence ou de fin de campagne, est placé à la suite du dépôt de la section.

130. La relève des détachements d'infirmiers se fait dans les mêmes conditions que celles des troupes d'in-

fanterie et d'artillerie coloniales. La section comprend en France un dépôt.

Le dépôt en France de la section d'infirmiers militaires des troupes coloniales et les sections ou détachements mixtes des colonies sont commandés et administrés par un officier d'administration de leur service, sous l'autorité supérieure d'un médecin principal ou d'un médecin-major de 1re classe des troupes coloniales. Ce médecin remplit, au point de vue de la police et de la discipline, toutes attributions conférées aux chefs de corps par le règlement sur le service intérieur (décret du 16 juin 1907).

§ 5. — Services divers.

131. Les services divers comprennent :
1o Le service du recrutement;
2o Le service de la justice militaire;
3o Le service vétérinaire;
4o Le service de la gendarmerie.

ARTICLE PREMIER. — Service du recrutement.

132. Le recrutement ne fonctionne pas actuellement en ce qui concerne les Français aux colonies (1). — Nous avons indiqué plus haut les diverses questions relatives au recrutement indigène (2).

ARTICLE 2. — Service de la justice militaire.

133. D'après l'article 11 de la loi du 7 juillet 1900, portant organisation des troupes coloniales, le service de la justice militaire dans ces troupes doit être organisé par décret rendu sur le rapport du ministre de la Guerre après entente avec le ministre des Colonies.

Au moment du passage des troupes coloniales au ministère de la Guerre, ce service a été provisoirement réglé par un décret du 6 janvier 1901, se bornant à laisser, sous certaines réserves, les troupes stationnées aux colonies continuer à relever des juridictions organisées dans ce pays par le décret du 4 octobre 1889. Mais, en même temps, les ministères de la Guerre, des Colonies et de la Marine constituaient une commission interministérielle chargée de procéder à l'étude approfondie, nécessaire pour asseoir sur des bases définitives, la réorganisation des deux services de la justice militaire et de la justice maritime dans les colonies. Cette commission ayant conclu à la séparation des deux juridictions, d'un côté, le ministère de la Marine a préparé un décret portant règlement d'administration publique, destiné à être substitué au décret du 4 octobre 1889 sur l'application du Code de justice maritime aux colonies; d'un autre côté, les ministères de la Guerre et des Colonies se sont entendus pour la rédaction d'un décret organisant, à l'usage des troupes coloniales et des autres justiciables du Code de l'armée de terre aux colonies, des conseils de guerre et des conseils de revision permanents, analogues

à ceux qui fonctionnent dans les circonscriptions territoriales de la métropole.

Lorsque les militaires indigènes se trouvent en congé ou en permission et qu'ils ne sont plus par suite justiciables des conseils de guerre, les crimes et délits commis par eux sont toujours déférés aux tribunaux français, à l'exclusion des tribunaux indigènes (1). Ce décret a été rendu le 23 octobre 1903.

134. Le Code de justice militaire pour l'armée de terre est applicable à toutes les troupes coloniales européennes et indigènes, ainsi qu'à la gendarmerie coloniale et aux auxiliaires indigènes de ce corps.

Ce code est également applicable aux milices indigènes.

135. Les troupes coloniales tenant garnison en France et en Algérie sont justiciables des conseils de guerre et des conseils de revision permanents établis dans les circonscriptions territoriales où elles sont stationnées.

Au contraire, les troupes coloniales et les troupes de l'armée de terre stationnées aux colonies et dans les pays de protectorat autres que la Tunisie relèvent des conseils de guerre et des conseils de revision spéciaux organisés par le décret du 23 octobre 1903.

Il y a donc encore lieu, au point de vue de la justice militaire, de séparer les troupes coloniales en deux catégories : les troupes stationnées en France, les troupes en service aux colonies et les troupes indigènes.

Il faut ajouter que des arrêtés des 25 juin 1904, 26 avril 1905 et 24 août 1906 ont créé des conseils de guerre aux armées pour les détachements des troupes occupant les territoires du Tchad, du Gabon et du Moyen-Congo et du Niger.

136. Les troupes coloniales en garnison dans la métropole, sont, sous le rapport de la justice militaire, placées sous le même régime que les autres troupes de la circonscription. Leurs officiers et sous-officiers concourent à la formation des conseils de guerre et de revision permanents, et c'est au général commandant la région de corps d'armée (ou au général commandant la division en Algérie et en Tunisie), qu'il appartient de donner l'ordre d'informer, ainsi que l'ordre de mise en jugement et de nommer les juges des conseils de guerre, dans les cas où ces attributions ne sont pas réservées au ministre de la Guerre.

Conformément à l'instruction du 3 août 1901, les plaintes concernant les militaires placés sous les ordres du commandant du corps d'armée des troupes coloniales doivent d'abord être transmises à cet officier général qui les adresse, avec son avis, au commandant de la circonscription territoriale intéressée et qui est tenu par ce dernier officier général au courant des suites intervenues. Lorsque le commandant de la circonscription territoriale a rendu un refus d'informer ou une ordonnance de non-lieu, il appartient au commandant du corps d'armée des

---

(1) V. supra, nos 53-58.
(2) V. supra, no 64.

(1) D. 31 janvier 1898 pour les tirailleurs tonkinois. D. 9 mars 1909 pour les autres corps.

roupes coloniales d'infliger, s'il y a lieu, telle punition disciplinaire qu'il juge convenable.

137. Les militaires des troupes coloniales détachés au service de la Marine, autres que ceux visés par le paragraphe 2 de l'article 108 du Code de justice maritime, relèvent également des conseils de guerre et des conseils de revi ion permanents établis dans les circonscriptions territoriales où ils sont stationnés, sous réserve de l'application, en cas de complicité, des articles 105 du Code de justice maritime et 78 du Code de l'armée de terre. Les plaintes en conseil de guerre concernant ces militaires sont adressées par les autorités maritimes au général commandant la circonscription territoriale correspondante, qui avise le ministre de la Marine des solutions intervenues.

ARTICLE 3. — *Service vétérinaire.*

138. Le service vétérinaire est assuré en France et aux colonies par un personnel détaché de l'armée métropolitaine.

ARTICLE 4. — *Service de la gendarmerie.*

139. Le service de la gendarmerie est assuré en vertu de la loi du 7 juillet 1900 par le personnel de l'armée métropolitaine, complété au besoin par des auxiliaires indigènes. Il fonctionne conformément aux décrets en vigueur sur ce service dans l'armée métropolitaine.

QUATRIÈME PARTIE

TROUPES COLONIALES EN SERVICE AUX COLONIES.

CHAPITRE PREMIER.

PRINCIPES GÉNÉRAUX.

140. Le ministre des Colonies est seul responsable de la défense et de la sécurité de nos possessions d'outre-mer. Il est chargé de l'emploi et de l'administration des troupes aux colonies.

Les moyens de défense des colonies se composent des forces de terre et de mer qui y sont stationnées. Elles sont mises à la disposition des gouverneurs généraux et gouverneurs, pour assurer la défense extérieure et intérieure de leurs colonies, dont ils sont responsables en vertu du décret du 9 novembre 1901 réglant les relations entre les gouverneurs et les commandants supérieurs des troupes.

141. L'armée coloniale en service aux colonies se compose, en vertu de la loi d'organisation du 7 juillet 1900 :

1º Des régiments ou unités d'artillerie et d'infanterie; des compagnies d'ouvriers d'artillerie ou d'artificiers; des régiments ou unités recrutés à l'aide d'éléments indigènes; des unités de discipline.

Le nombre de ces régiments et unités est fixé par décret, suivant les besoins du service et les crédits budgétaires. ;

2º Pour les armes autres que l'infanterie et l'artillerie, de personnel européen fourni par l'armée métropolitaine et placé hors cadres, complété par des indigènes recrutés sur place;

3º D'unités de la légion étrangère;

142. Pour se conformer à l'esprit du décret du 28 mai 1895, sur le service des armées en campagne, et aux termes de la loi du 7 juillet 1900, et en vue d'éviter les inconvénients pouvant résulter de dénominations différentes données à des officiers relevant du même ministère, on a adopté pour tous les commandants de troupes aux colonies, la dénomination unique de « commandant supérieur des troupes ».

Dans chaque colonie, le gouverneur a sous sa haute autorité le commandant supérieur des troupes, qui est responsable, vis-à-vis de lui, de la préparation des opérations militaires, de leur conduite et de tout ce qui est relatif à la défense de la colonie.

Le commandant supérieur des troupes correspond avec le ministre de la Guerre par l'intermédiaire du gouverneur et du ministre des Colonies.

143. Le décret du 11 juin 1901, relatif à l'organisation des services administratifs et de santé des troupes coloniales, dispose que ces services sont placés sous l'autorité du commandant des troupes de la colonie.

A maintes reprises, en effet, on a pu constater les inconvénients graves qui résultaient, aux colonies, du fait de la non-subordination des services militaires au commandement; d'autre part, la loi du 7 juillet 1900 (art. 3) ayant décidé que le commandant des troupes était responsable, vis-à-vis du gouverneur, de tout ce qui est relatif à la défense de la colonie, il était nécessaire de mettre à la main de cet officier tous les moyens d'action indispensables pour préparer et assurer cette défense.

C'est ainsi qu'on a été conduit à inscrire dans le décret du 11 juin 1901 le principe de la subordination des services militaires au commandement principal, principe qui avait été déjà posé, en ce qui concerne l'armée métropolitaine, par la loi du 16 mars 1882.

144. Mais si on a été amené ainsi à grouper tous les éléments militaires de la colonie sous l'autorité du commandant des troupes, il en est résulté logiquement la nécessité de placer entièrement cet officier sous l'autorité du gouverneur. Il ne doit exister, en effet, dans chaque colonie, qu'un seul chef suprême, représentant du Gouvernement de la République, à l'égard du ministre des Colonies, de tout ce qui concerne cette colonie.

La nouvelle situation créée par la loi du 7 juillet 1900 et par le décret du 11 juin 1901 doit donc avoir pour résultat, non pas de diminuer, mais de renforcer l'autorité du gouverneur. Toutes les forces et tous les services militaires se trouvent désormais groupés sous les ordres directs du commandant des troupes, en vue d'obtenir une meilleure concentration des efforts; mais, en même temps, afin d'assurer l'unité d'action dans la colonie, il est bien entendu que ce commandant des troupes est placé sous l'entière autorité du gouverneur.

Ces considérations ont reçu leur application pratique dans les dispositions du décret du 9 novembre 1901, qui règle les relations des gouverneurs des colonies avec les commandants supérieurs des troupes aux colonies.

CHAPITRE II.

ADMINISTRATION CENTRALE.

145. Jusqu'au 28 décembre 1908, un simple bureau, à la tête duquel se trouvait placé un colonel, était chargé de la défense coloniale au ministère des Colonies. — L'article 60 de la loi de finances du 26 décembre 1908 a autorisé la création à l'Administration centrale du ministère des Colonies d'une direction des services militaires et de deux emplois correspondants de directeur et de sous-directeur. Le décret du 28 décembre 1908 a réalisé cette création. (1).

146. Les dépenses militaires aux colonies figurent au titre II du budget de 1909 du ministère des Colonies pour une somme de 80,972,531 francs, se décomposant comme suit :

Titre II. — Dépenses militaires.

35. Solde des troupes aux colonies (groupe des Antilles et du Pacifique)......	802.696
36. Soldes des troupes aux colonies (groupe de l'Afrique occidentale, sauf le Congo français).....................	6.145.096
37. Solde des troupes aux colonies (groupe Indo-chinois)....................	17.716.169
38. Solde des troupes aux colonies (groupe de l'Afrique orientale............	7.161.237
39. Personnel de l'intendance des troupes coloniales.....................	1.739.877
40. Inscription maritime..............	96.147
41. Personnel du service hospitalier......	1.896.100
42. Frais de route et de passage du personnel militaire..................	3.058.215
43. Remonte et harnachement.........	811.333
44. Vivres et fourrages (groupe des Antilles et du Pacifique).................	459.072
45. Vivres et fourrages (groupe de l'Afrique occidentale, sauf le Congo français).	3.013.957
46. Vivres et fourrage (groupe Indo-chinois)........................	5.401.010
A reporter	48.300.909

(1) D. 28 décembre 1908.
Art. 1er. Il est créé une direction des services militaires à l'Administration centrale du ministère des Colonies.
Les attributions de cette direction sont fixées ainsi qu'il suit :
Organisation militaire des colonies, effectifs, matériel, travaux se rapportant à cette organisation.
Administration du personnel militaire.
Administration des corps et services militaires entretenus par le département des colonies : solde, vivres et matériel.
Prévision des dépenses des services militaires en vue de l'établissement du budget gestion des crédits correspondants.

Report............	48.300.909
47. Vivres et fourrages (groupe de l'Afrique orientale)...................	2.584.231
48. Matériel des hôpitaux..............	3.404.480
49. Habillement, campement et couchage.	4.350.000
50. Loyers, ameublement et services divers..........................	814.152
51. Service de l'artillerie et des constructions militaires (groupe des Antilles et du Pacifique).................	251.000
52. Service de l'artillerie et des constructions militaires (groupe de l'Afrique occidentale, sauf le Congo français).	1.753.175
53. Service de l'artillerie et des constructions militaires (groupe Indo-chinois).	4.737.525
54. Service de l'artillerie et des constructions militaires (groupe de l'Afrique orientale)......................	1.374.746
55. Défense des colonies..............	5.500.000
56. Dépenses militaires des territoires du Congo français..................	4.902.313
Total............	80.972.531

Si nous rapprochons ces chiffres de ceux que nous avons donnés plus haut pour les troupes coloniales en service en France (2e section du budget du ministère de la Guerre), nous obtenons un total pour les dépenses militaires des colonies, crédits accordés en 1909, de 118 millions 343,773 francs, chiffre supérieur de plus de 8 millions au chiffre le plus élevé constaté en 1900 pour une période allant de 1897 à 1909.

§ 1er. — *Comité consultatif de la défense des colonies.*

147. Outre la direction des services militaires et les bureaux de cette direction, le ministre des Colonies a auprès de lui un comité consultatif de la défense des colonies. Ce comité, créé par le décret du 29 juillet 1902, est chargé d'étudier toutes les questions intéressant l'organisation militaire et défensive des colonies. Il est composé de :

3 généraux de division des troupes coloniales, dont un provenant de l'artillerie coloniale; 4 généraux de brigade des troupes coloniales, dont 2 de l'artillerie coloniale; un général, sous-chef d'état-major général de la marine; le directeur des troupes coloniales au ministère de la Guerre; le directeur des services militaires à l'Administration centrale des colonies.

148. Le comité consultatif de la défense des colonies est obligatoirement assisté, pour les questions d'ordre spécial et suivant les cas : par les directeurs du ministère des Colonies, par les inspecteurs généraux permanents des travaux de l'artillerie et du génie pour la défense des côtes en France; par l'officier général de la marine chargé au ministère de la Marine des questions ressortissant aux points d'appui de la flotte; par un médecin inspecteur du corps de santé des troupes coloniales; par un commissaire général des troupes coloniales, qui ont voix délibérative au sein du comité.

Les officiers généraux et supérieurs ayant exercé antérieurement avec leur grade les fonctions de commandant supérieur des troupes aux colonies, ou de commandant d'une force navale dans les mers lointaines; les gouverneurs des colonies en fonction, et présents dans la métropole, peuvent être également appelés à prendre part momentanément aux travaux du comité avec voix délibérative.

Une section d'études, sous les ordres du secrétaire du comité, prépare les éléments de ses délibérations.

Le comité se réunit sur la convocation de son président.

§ 2. — Conseils de défense aux colonies

149. Par analogie, le décret du 31 octobre 1902 a institué auprès du gouverneur de chacune de nos colonies un conseil de défense, qui examine au premier degré et sur place les questions du même ordre.

Ce conseil est un appui et un guide pour le haut commandement de la colonie. Les procès-verbaux de ses délibérations constituent les éléments indispensables de tradition qui corrigent, dans une certaine mesure, les inconvénients inhérents aux changements inévitables dans le personnel de ce haut commandement.

Le conseil de défense est chargé :

D'une part, d'étudier les questions d'organisation militaire et défensive de la colonie, qui lui sont transmises pour examen par le ministre des Colonies ou sur lesquelles le gouverneur demande à être éclairé; d'autre part, d'émettre un avis, lorsque le gouverneur le lui demande, sur les mesures que celui-ci juge utile de prendre d'urgence et sans attendre l'assentiment du ministre.

150. Le conseil de défense est composé comme suit :

Le gouverneur général, le gouverneur ou son intérimaire, président;

Le commandant supérieur des troupes, vice-président;

L'officier général ou supérieur le plus élevé en grade après le commandant supérieur, commandant les troupes d'infanterie, membre;

L'officier général ou supérieur commandant l'artillerie, membre;

Le chef d'état-major ou l'officier supérieur adjoint au commandant supérieur, membre;

Les fonctions de secrétaire sont remplies par le chef d'état-major ou, à défaut, par l'un ou l'autre des deux autres membres.

Dans les colonies où l'officier adjoint au commandement supérieur est un officier subalterne, celui-ci est secrétaire du comité, mais n'a pas voix délibérative.

151. Le conseil est obligatoirement assisté pour les questions d'ordre spécial et suivant les cas :

Du représentant civil ou militaire du gouverneur sur le territoire duquel portent les délibérations du conseil.

Du commandant de la défense du point d'appui de la flotte.

Du commandant de la Marine.

Du directeur du service administratif.

Du directeur du service de santé.

Du directeur des Travaux publics.

Du trésorier payeur qui ont voix délibérative au sein du comité.

Peuvent être appelés à prendre part aux travaux du conseil avec voix délibérative l'officier général des troupes coloniales en tournée d'inspection générale et l'amiral commandant la force navale évoluant dans les parages de la colonie.

152. Le conseil se réunit sur la convocation de son président. Le décret du 31 octobre 1902 n'est pas applicable aux colonies de Tahiti, la Réunion, la Guadeloupe, la Guyane, l'Inde, Saint-Pierre et Miquelon.

§ 3 — Groupement des forces militaires stationnées aux colonies.

153. Pour tirer le meilleur parti de toutes les forces militaires disséminées sur toute l'étendue de notre domaine colonial; pour pouvoir les concentrer rapidement, s'il est nécessaire, sur les points les plus importants de nos possessions, que leur situation stratégique, économique ou politique expose plus particulièrement aux tentatives de l'ennemi, il a semblé qu'il y eût le plus grand intérêt à grouper dans une même organisation militaire et à placer sous un seul commandement celles de ces forces stationnées dans des colonies qui, par leur voisinage, ou par la facilité de leurs communications, peuvent, en cas de guerre, se prêter un mutuel appui et coopérer à la défense du point le plus menacé.

En conséquence, des décrets des 26 mai 1903 et 17 février 1909 ont réparti en six groupes les forces militaires stationnées dans les colonies ou pays de protectorat, autres que l'Algérie ou la Tunisie. Dans chaque groupe, les troupes sont réunies sous un même commandement supérieur.

154. Ces groupes sont déterminés ainsi qu'il suit :

1er groupe. — Groupe de l'Indo-Chine.
Indo-Chine.
2e groupe. — Groupe de l'Afrique occidentale.
Afrique occidentale, colonie française.
    Sénégal.
    Territoire de la Sénégambie et du Niger.
    Territoires militaires de l'Afrique occidentale française.
    Guinée française.
    Côte d'Ivoire.
    Dahomey.
3e groupe. — Groupe de l'Afrique orientale.
Madagascar (colonie principale).
Réunion.
Les Comores.
4e groupe. — Groupe des Antilles.
Martinique (colonie principale).
Guadeloupe et dépendances.
Guyane.
5e groupe. — Groupe de Pacifique.
Nouvelle-Calédonie (colonie principale).
Tahiti.
6e groupe. — Groupe du Congo français.
Congo.
Territoires du Tchad.

155. Dans chaque groupe, le commandement supérieur de l'ensemble des forces militaires, ainsi que des services ou établissements qui leur sont affectés, est exercé sous la haute autorité du gouverneur général au gouverneur de la colonie principale, par un officier général ou supérieur,

qui prend le titre de commandant supérieur des troupes du groupe.

Les commandants supérieurs des troupes, dans les groupes de colonies, sont nommés par décret du Président de la République, sur la proposition des ministres de la Guerre et des Colonies.

Leurs attributions, et leurs relations avec le gouverneur général, ou le gouverneur de la colonie principale dans laquelle ils résident, restent telles qu'elles ont été déterminées par le décret du 9 novembre 1901.

CHAPITRE III.

CORPS DE TROUPES. — TROUPES EUROPÉENNES.

§ 1. — Infanterie coloniale.

156. L'infanterie coloniale française devait comprendre aux colonies, conformément aux dispositions du décret du 19 septembre 1903 et de la loi de finances du 22 avril 1903 :

Indo-Chine. — Les 9e, 10e, 11e régiments d'infanterie coloniale à trois bataillons de quatre compagnies, et le 12e régiment à deux bataillons de quatre compagnies.

Chaque régiment pouvant, en outre, comporter éventuellement une compagnie de dépôt.

Afrique orientale. — Le 13e régiment à trois bataillons de quatre compagnies.

Un bataillon à deux compagnies à la Réunion.

Afrique occidentale. — Un bataillon à quatre compagnies.

Antilles et Guyane. — Un bataillon à cinq compagnies.

Pacifique. — Un bataillon à trois compagnies.

Nous avons vu que ces effectifs peuvent être modifiés suivant la situation européenne ou mondiale et suivant la situation intérieure elle-même des colonies.

§ 2. — Artillerie coloniale.

157. Un autre décret de la même date, 19 septembre 1903, modifié par les décrets des 9 septembre 1905 et 29 mai 1906, a fixé de la manière suivante la composition des troupes d'artillerie coloniale aux colonies :

Indo-Chine. — Deux régiments : le premier, au Tonkin, composé de dix batteries mixtes (quatre montées, quatre de montagne et deux à pied); le second, en Cochinchine, composé de douze batteries mixtes (quatre montées, trois de montagne et cinq à pied);

Deux compagnies mixtes d'ouvriers, l'une au Tonkin, l'autre en Cochinchine.

Afrique orientale. — Un régiment composé de huit batteries mixtes (une montée, trois de montagne et quatre à pied);

Deux compagnies mixtes d'ouvriers, l'une en Emyrne, l'autre à Diégo-Suarez.

Afrique occidentale. — Un régiment composé de huit batteries mixtes (trois batteries à pied et deux batteries montées, affectées à la défense de Dakar, trois batteries

montées ou de montagne, affectées au corps de défense du Sénégal);

Une section mixte de montagne (dans le territoire du Tchad);

Une compagnie mixte d'ouvriers dans le Bas-Sénégal, et un détachement du même type dans les territoires du Haut-Sénégal et du Moyen-Niger.

Antilles. — Un groupe à trois batteries à pied ;

Un détachement d'ouvriers.

Pacifique. — Une batterie à pied;

Un détachement d'ouvriers.

§ 3. — Troupes détachées de l'armée métropolitaine.

158. Des unités de la légion étrangère sont détachées de l'armée métropolitaine en Indo-Chine et organisées dans cette colonie par décret du 24 mars 1905. Ce décret forme deux groupes de quatre bataillons étrangers, détachés normalement en Indo-Chine et qui formaient auparavant un régiment de marche, placé sur les ordres d'un lieutenant-colonel.

Les deux bataillons du 1er régiment étranger forment un régiment de marche et les deux bataillons du 2e régiment étranger sont des bataillons de marche formant corps. Un tableau annexé au décret donne la composition des effectifs de ces bataillons.

§ 4. — Réserves.

159. Les réserves européennes sont organisées et fonctionnent conformément aux règles en usage dans la métropole. Elles se composent des Français appartenant à la réserve de l'armée territoriale et résidant dans les colonies.

CHAPITRE IV.

TROUPES INDIGÈNES.

§ 1. — Infanterie.

160. Aux termes du décret du 19 septembre 1903, les corps d'infanterie indigène comprenaient :

Indo-Chine. — Quatre régiments de tirailleurs tonkinois, dont trois (1er, 3e et 4e) à quatre bataillons et un (2e) à cinq bataillons de quatre compagnies;

1er et 2e régiments de tirailleurs annamites à trois bataillons de quatre compagnies;

Un bataillon de tirailleurs de frontière à deux compagnies (1);

Un bataillon de tirailleurs cambodgiens à deux compagnies.

Il peut être créé en Indo-Chine, suivant les ressources de la population, d'autres bataillons indigènes formant corps, recrutés dans les régions frontières, mais leur

---

(1) D. 12 juillet 1905. Ce corps portait primitivement le nom de tirailleurs chinois.

création devrait être compensée par la suppression d'un même nombre de bataillons de tirailleurs tonkinois.

Afrique orientale. — 3ᵉ régiment de tirailleurs sénégalais à quatre bataillons de quatre compagnies;

Un bataillon de tirailleurs sénégalais de quatre compagnies à Diégo-Suarez;

Trois régiments de tirailleurs malgaches à trois bataillons de quatre compagnies.

Afrique occidentale. — 1ᵉʳ régiment de tirailleurs sénégalais à sept compagnies dont une montée (deux bataillons);

2ᵉ régiment de tirailleurs sénégalais à douze compagnies dont une montée (trois bataillons);

4ᵉ régiment de tirailleurs sénégalais à neuf compagnies dont une montée (trois bataillons);

Un bataillon de tirailleurs sénégalais de Tombouctou à trois compagnies;

Un bataillon de tirailleurs sénégalais de Zinder à quatre compagnies;

Un bataillon de tirailleurs sénégalais de la Guinée française à quatre compagnies;

Un bataillon de tirailleurs sénégalais de la Côte d'Ivoire à cinq compagnies;

Un régiment d'infanterie indigène à deux bataillons au Congo et au Tchad.

Les corps de troupe, français et indigènes, sont groupés dans les différentes colonies, suivant leur nombre, en brigades, divisions ou corps d'armée.

§ 2. — *Artillerie.*

161. L'artillerie comprend des batteries mixtes (européens et indigènes), faisant partie des régiments stationnés aux colonies, ainsi que des compagnies d'ouvriers mixtes organisées par le décret du 19 septembre 1903.

§ 3. — *Génie.*

162. Le génie comprend des compagnies et sections dont les cadres et le personnel européen sont fournis par l'armée métropolitaine, conformément aux dispositions de la loi de 1900 et dont le personnel indigène est recruté sur place.

Ces unités ont été créées par décret du 5 novembre 1904 en Indo-Chine et du 29 mai 1906 en Afrique occidentale française.

§ 4. — *Cavalerie.*

163. La cavalerie indigène comprend :

Un régiment de spahis sénégalais, organisé par décret du 15 août 1902, modifié le 29 mai 1906.

Un escadron de cavalerie indigène du Congo réorganisé par décret du 6 décembre 1903.

Un escadron de cavalerie indigène de l'Indo-Chine et un peloton de cavaliers de remonte en Indo-Chine, créés par décrets du 10 décembre 1903.

§ 5. — *Réserves.*

164. Nous avons vu plus haut que la constitution et le fonctionnement des réserves indigènes ont été, confor-

mément aux dispositions de la loi du 7 juillet 1900, déterminés par décret pour chacun des trois grands groupes de colonies : Afrique occidentale, Indo-Chine et Madagascar.

Pour l'Indo-Chine, c'est le décret du 1ᵉʳ novembre 1904 modifié par le décret du 21 juin 1906.

Pour l'Afrique occidentale française, c'est le décret du 14 novembre 1904 modifié par le décret du 21 juin 1906.

Pour Madagascar c'est le décret du 24 septembre 1903.

165. La courbe des effectifs des troupes indigènes entretenues aux colonies de 1903 à 1907 pour les diverses armes, donne les chiffres suivants :

1903	30,140
1904	30,149
1905	33,821
1906	36,635
1907	35,998

Pendant la même période, les effectifs totaux européens et indigènes ont donné les chiffres suivants :

1903	56,939
1904	56,852
1905	60,745
1906	60,336
1907	58,598

CHAPITRE V.

ADMINISTRATION ET SERVICES ADMINISTRATIFS DES TROUPES COLONIALES STATIONNÉES AUX COLONIES.

166. Aux colonies, les troupes coloniales ont des personnels spéciaux pour diriger et assurer :

Le service de l'artillerie;

Le service de l'intendance;

Le service de santé.

Les directeurs des services de l'artillerie, de l'intendance et de santé des troupes coloniales possèdent, en ce qui concerne les troupes et les établissements militaires aux colonies, les mêmes attributions que celles qui sont conférées en France par la loi du 16 mars 1882, aux directeurs des services correspondants des troupes métropolitaines. Les attributions dévolues au directeur du génie en France sont exercées aux colonies par le directeur de l'artillerie, sauf les cas exceptionnels où des nécessités spéciales motiveraient l'organisation temporaire d'une direction du génie.

Dans chaque colonie, en tout temps et en toutes circonstances, le commandant supérieur des troupes a sous son commandement le territoire, les forces de l'armée active, de sa réserve, de l'armée territoriale et de sa réserve, ainsi que tous les services et établissements affectés aux forces.

Il est, sous l'autorité supérieure du gouverneur, le chef responsable de l'administration militaire dans l'étendue de son commandement; il ne peut correspondre avec le ministre de la Guerre et avec le ministre des Colonies que par l'intermédiaire du gouverneur.

167. Les directeurs des services sont sous les ordres immédiats du commandant supérieur; ils ne peuvent correspondre avec le ministre de la Guerre et le ministre des Colonies que par l'intermédiaire du commandant supérieur des troupes et du gouverneur qui accompagnent s'il y a lieu la correspondance d'instructions et d'observations.

168. Le commandant supérieur des troupes a le devoir :

De prévoir et exposer au ministre des Colonies en temps opportun les besoins des troupes sous ses ordres; de donner quand il y a lieu l'ordre de pourvoir et de distribuer suivant les besoins et les ressources, conformément aux règlements et dans les limites des allocations budgétaires; de veiller à ce que les troupes sous ses ordres soient pourvues de tout ce qui leur est alloué par les règlements et par les décisions ministérielles; de visiter et d'inspecter les magasins et de s'assurer que les approvisionnements sont au complet, en bon état d'entretien et disponibles pour l'entrée en service.

169. Les officiers généraux ou supérieurs, commandants de division ou de brigade, ou investis d'un commandement territorial, exercent, à l'égard des troupes placées sous leurs ordres ou des établissements situés sur leur territoire et en ce qui concerne la surveillance, les mêmes attributions que le commandant supérieur des troupes. Ils doivent lui exposer, en temps opportun, les besoins de ces troupes ou établissements.

§ 1. — Service de l'intendance (1).

170. Le directeur de l'intendance est chargé de l'ordonnancement des dépenses de tous les services. Il reçoit du ministre des Colonies la délégation des crédits par l'intermédiaire du gouverneur et du commandant supérieur des troupes : il sous-délègue tout ou partie de ces crédits aux fonctionnaires de l'intendance placés sous ses ordres.

Lorsque, dans une localité où la présence d'un sous-ordonnateur serait reconnue nécessaire, il n'existe pas de fonctionnaires de l'intendance, les fonctions de sous-ordonnateur sont confiées à un chef de corps ou de service militaire, ayant rang d'officier et, à défaut, à un fonctionnaire civil en service dans la localité, désigné par le ministre des Colonies.

L'ordonnateur s'assure de la régularité des dépenses qu'il est chargé d'ordonnancer; il procède ou fait procéder, à cet effet, aux revues d'effectif, recensements de matériel, inventaires et autres moyens de vérification prévus par les règlements ou prescrits, soit par le gouverneur, soit par le commandant supérieur des troupes.

§ 2. — Service de l'artillerie. —
Établissements du service de l'artillerie.

171. Les établissements du service de l'artillerie consistent dans les directions d'artillerie, qui comprennent

(1) D. 21 juin 1906.

elles-mêmes des sous-directions permanentes, des sous-directions temporaires créées selon les besoins et des annexes.

172. *Directions.* — Les directions d'artillerie sont organisées et fonctionnent conformément à l'instruction ministérielle du 16 octobre 1903 et en vertu du décret du 21 juin 1906, portant règlement sur l'administration des troupes coloniales. Leurs attributions sont les travaux de fortification du territoire, de constructions militaires et le service de l'armement des troupes.

En France, le ministre des Colonies s'adresse au ministère de la Guerre pour avoir en partie le matériel d'armement nécessaire aux troupes coloniales, ou à la défense des Colonies.

Aux colonies, le ministre des Colonies dispose des directions d'artillerie coloniale, qui y cumulent le rôle des directions d'artillerie et des directions du génie de la guerre.

L'état-major particulier de l'artillerie coloniale est affecté au service des directions. Toutefois la loi du 7 juillet 1900, puis le décret du 28 décembre 1900, remplacé depuis par celui du 19 septembre 1903, ont prévu, qu'il assurerait, concurremment avec le personnel du génie de la guerre, le service des constructions militaires et des fortifications.

173. Au point de vue technique, les programmes d'ensemble de toute la défense aux colonies sont étudiés par le comité consultatif de la défense des colonies créé par le décret du 29 juillet 1902.

L'exécution de détail est confiée au bureau militaire du ministère et par lui aux directions d'artillerie locales.

Le contrôle des travaux de défense et des services techniques de l'artillerie aux colonies est confié par le décret du 31 octobre 1902 au général de division inspecteur général permanent.

174. Au point de vue administratif, les directions d'artillerie relèvent au ministère de la direction des services militaires. Dans les colonies, autrefois, les directeurs relevaient du gouverneur par l'intermédiaire du chef de service administratif; ils ne relevaient du commandant supérieur des troupes, qu'en leur seule qualité de commandants des troupes d'artillerie.

La loi du 7 juillet 1900 et le décret du 11 juin 1901, appliquant à l'administration des troupes coloniales les principes de la loi du 16 mars 1882 sur l'administration de l'armée, ont placé désormais sous tous les rapports les directeurs de l'artillerie sous la subordination du commandant supérieur des troupes.

Toutefois, contrairement à ce qui a lieu dans la guerre, où les directeurs sont ordonnateurs de leurs dépenses, le décret du 11 juin 1901 a maintenu au directeur de l'intendance coloniale l'ordonnancement et la vérification des dépenses de l'artillerie.

175. Dans chaque groupe de colonies, sous les ordres du commandant supérieur des troupes, un commandant d'artillerie a le commandement des troupes d'artillerie et, en outre, exerce la haute surveillance du service de l'artillerie. Pour ce dernier point, il est chargé

surtout du contrôle technique et de la surveillance générale de l'emploi des ressources de toute nature des établissements d'artillerie sous ses ordres.

176. Chaque colonie, selon son importance et ses divisions territoriales, comprend une ou plusieurs directions d'artillerie.

Ces directions sont chargées :

1° Du service qui incombe en France aux directions d'artillerie de l'armée métropolitaine, en ce qui concerne la défense du territoire et l'armement des troupes;

2° Du service qui incombe aux directions d'artillerie de la marine dans les ports militaires en ce qui concerne le matériel de la flotte.

3° Du service qui incombe en France aux directions du génie, en ce qui concerne les fortifications et les bâtiments militaires.

Ainsi, le service de l'artillerie coloniale s'étend d'une façon générale à tout ce qui concerne le service des directions d'artillerie en France : confection, réparations et entretien des affûts, voitures et attirails du matériel d'artillerie servant à la défense des colonies, à l'armement et à l'instruction des troupes, même métropolitaines; réparations des bouches à feu, des armes portatives, confection ou réfection des munitions ou artifices; armement des ouvrages; constitution et conservation des approvisionnements en armes, munitions et matériel de guerre, armes portatives, harnachement, munitions et artifices, matériel d'artillerie coloniale, ponts militaires, parcs de génie, outillage de mobilisation.

177. Le service de l'artillerie navale comprend tout ce qui concerne l'artillerie navale dans les ports coloniaux pourvus d'un arsenal maritime, et d'une façon générale les travaux de toute nature exécutés pour le service de la flotte dans les ports coloniaux ne possédant pas d'arsenal maritime; surveillance technique ou gestion des dépôts de la flotte.

178. Le service des constructions militaires comprend tout ce qui se rattache au service du génie en France; construction et entretien des bâtiments militaires, des ouvrages de fortification permanente, conservation du domaine militaire, mobilier des casernes.

179. En outre, les gouverneurs, sous réserve de l'approbation du ministre, pourraient confier aux directions d'artillerie des services spéciaux; ils peuvent leur faire exécuter des travaux pour le compte des différents services de la colonie, et même pour le compte de l'industrie ou des particuliers à défaut d'ateliers civils convenables.

180. Dans chaque colonie ou fraction de colonie dont l'importance militaire comporte l'établissement d'un service autonome, tous ces services sont réunis sous les ordres d'un officier d'artillerie coloniale, directeur d'artillerie.

Le directeur d'artillerie dirige l'ensemble du service de la direction au point de vue technique; il est responsable de l'administration générale.

Chaque direction comprend : un service centralisateur, au chef-lieu, sous les ordres immédiats du directeur; une ou plusieurs sous-directions et leurs annexes. En général

la sous-direction du chef-lieu est placée sous les ordres immédiats du directeur, qui, dans ce cas, cumule les fonctions de directeur et celles de sous-directeur (1).

Le directeur conserve la direction personnelle de l'administration générale. Pour sa correspondance générale et pour son service de centralisation, il est aidé par des officiers adjoints.

181. *Sous-directions.* — Les sous-directions d'artillerie sont instituées par décision ministérielle. Elles comprennent tous les organes nécessaires à l'exécution des travaux ou service de l'artillerie, à la gestion des crédits et des approvisionnements qui sont attribués à chacune d'elle. La sous-direction du chef-lieu placée sous les ordres immédiats du directeur comporte en outre la centralisation de tous les renseignements nécessaires au directeur pour exercer ses attributions vis-à-vis des autres sous-directions.

Les sous-directions sont placées sous les ordres d'un sous-directeur.

Le sous-directeur d'artillerie a la gestion des crédits qui lui sont impartis par le directeur et des approvisionnements confiés aux dépositaires comptables sous ses ordres. Il est l'agent responsable de la préparation, de l'exécution et de la comptabilité des travaux.

Le sous-directeur conserve la direction personnelle de l'administration; il doit signer toutes les pièces comptables.

182. Les services de l'artillerie et des constructions militaires sont, en principe, confiés à deux officiers différents ayant le titre de : chef des détails de l'artillerie et chef des détails des constructions militaires, ayant la surveillance et la responsabilité technique du matériel, des ate-

---

(1) Le directeur est chargé de la direction générale des divers établissements placés sous ses ordres. Il répartit entre eux les crédits attribués à la direction par le ministre. Il surveille leur emploi et la gestion des diverses sous-directions. Il répartit le personnel de la direction, a les attributions d'un chef de corps, a le commandement des compagnies ou des détachements d'ouvriers ou artificiers de l'artillerie coloniale, et éventuellement du génie. Il dispose du personnel suivant :

Officiers de l'état-major particulier de l'artillerie coloniale;
Officiers des troupes de l'artillerie coloniale qui peuvent être mis à sa disposition;
Officiers d'administration de l'artillerie coloniale des diverses sections;
Comptables;
Artificiers;
Ouvriers d'état;
Conducteurs des travaux;
Officiers d'administration;
Contrôleurs d'armes de l'artillerie navale;
Officiers du génie éventuellement détachés dans la colonie, notamment pour le service de sous-directions temporaires
Gardes auxiliaires de l'Administration centrale;
Comptables et conducteurs de travaux supprimés par extinction;
Stagiaires de l'Administration centrale supprimés par extinction;
Adjudants gardiens de batterie coloniaux;
Armuriers de l'artillerie navale;
Personnel des compagnies et ouvriers et artificiers de l'Administration centrale ou des détachements du génie;
Personnel des corps de troupe de l'Administration centrale, constituant des sections à la suite de ces corps et mis en permanence à la disposition de la direction.
Ouvriers des divers corps de troupe de la garnison;
Corvées de soldats de la garnison;
Détachements de conducteurs qui peuvent, en cas de nécessité, être mis temporairement à la disposition de la direction.

liers, chantiers, magasins, rédigeant tous les projets techniques.

183. *Annexes.* — Les sous-directions peuvent avoir une ou plusieurs annexes, créées ou supprimées, en principe, par le gouverneur, par la proposition du commandant supérieur des troupes, ou par décision ministérielle pour les annexes des colonies autres que les colonies principales des groupes.

Les services et le personnel des annexes sont placés sous les ordres d'un officier qui prend le titre de chef d'annexe placé sous les ordres du sous-directeur, et qui n'a d'autres attributions administratives que celles conférées aux officiers chargés d'ateliers. Toutefois, il peut procéder à des délivrances provisoires de matériel prélevé sur les approvisionnements qu'il a en dépôt et à des dépenses sur place dans des conditions déterminées et dans les limites fixées par les directeurs.

§ 4. — *Service de santé.* — *Hôpitaux militaires.*

184. C'est le décret du 4 novembre 1903 qui règle le fonctionnement du service de santé aux colonies. Ce décret confie au corps de santé : la direction du service dans chaque colonie, les établissements hospitaliers du service général, c'est-à-dire les hôpitaux et ambulances, où sont soignés indistinctement tous les malades des groupements civils et militaires ; les services de l'hygiène, de prophylaxie, de protection de la santé publique, de police sanitaire ; enfin la collaboration aux services d'assistance médicale dans les établissements locaux provinciaux et municipaux, partout où les médecins civils compétents ne sont pas en nombre suffisant.

Les hôpitaux du service général, les ambulances et les pharmacies principales sont organisés conformément au décret du 4 novembre 1903. Ils sont administrés dans les conditions prévues par l'instruction provisoire sur le

----

(1) Au 1er janvier 1904 les directions et sous-directions dans les groupes des colonies étaient ;

Indo-Chine, Direction de l'Annam, Tonkin.	Sous-direction d'Hanoï. Sous-direction d'Haïphong.	Annexes déterminées dans la colonie.
Direction de Cochinchine.	Sous-direction permanente de Saïgon. Sous-direction temporaire de Saïgon.	Annexes déterminées dans la colonie.
Afrique occidentale, Direction de Dakar.	Sous-direction permanente de Dakar. Sous-direction temporaire de Dakar. Sous-direction de Saint-Louis.	Annexes déterminées dans la colonie.
Afrique occidentale. Direction de Madagascar. Direction de Diégo-Suarez.	Sous-direction de Tananarive. Sous-direction permanente à Diégo-Suarez. Sous-direction temporaire à Diégo.	Annexes déterminées dans la colonie.
Groupe des Antilles. Direction de la Martinique.	Sous-direction de Fort-de-France.	Annexes à la Guadeloupe et à la Guyane.
Groupe du Pacifique. Direction de Nouvelle-Calédonie.	Sous-direction de Nouméa.	Annexe à Tahiti.

fonctionnement du service de santé colonial du 8 juillet 1905.

185. Dans chaque colonie, le service de santé est dirigé par un médecin du corps de santé des troupes coloniales, qui prend le titre de directeur du service de santé de la colonie.

Cet officier est désigné par le ministre de la Guerre, après entente avec le ministre des Colonies, conformément aux prescriptions de l'article 1er du décret du 28 décembre 1900, réglant le tour de service colonial.

Il a sous son autorité les services de trois catégories énumérées ci-dessus.

Toutefois, dans les groupes de colonies constitués au point de vue militaire, par application du décret du 26 mai 1903, les services sanitaires exclusivement militaires sont placés, pour toutes les colonies d'un même groupe, sous l'autorité du directeur du service de santé dans la colonie principale du groupe.

186. Le directeur du service de santé, dans chaque colonie, peut, en outre, être chargé d'exercer soit la direction, soit un droit d'inspection et de contrôle, selon les ordres du ministre des colonies ou les arrêtés du gouverneur, pour ce qui concerne les services ou établissements de la quatrième catégorie.

Le directeur du service de santé relève du commandant supérieur des troupes pour les services exclusivement militaires : il est placé sous l'autorité immédiate du gouverneur pour ce qui concerne ses autres attributions.

187. Le directeur du service de santé, dans chaque colonie, est assisté, dans l'exercice de ses fonctions, d'un conseil de santé, constitué sous sa présidence par le médecin et le pharmacien les plus élevés en grade présents au chef-lieu.

Les questions sur lesquelles ce conseil doit être obligatoirement consulté seront déterminées par le ministre des colonies. Il est chargé, en particulier, de constater l'état de santé des personnel militaires en instance de rapatriement pour raison de santé et de donner son avis relativement aux instances de congés de convalescence ou de congés pour les eaux thermales et les sanatoriums.

188. Dans les ports où sont installés des hôpitaux secondaires, fonctionnent des commissions de rapatriement, chargées d'examiner les demandes de congés et les propositions de rapatriement ; elles sont composées de deux médecins et un pharmacien, les plus élevés en grade présents dans la place ; la présidence appartient à un médecin.

189. Les services médicaux militaires proprement dits comprennent aux colonies :

1° Le service médical des corps de troupe ;

2° Le service des formations sanitaires permanentes et temporaires, exclusivement affectées aux troupes, savoir :

Les infirmeries de garnison et postes médicaux, les infirmeries-ambulances et, exceptionnellement, les hôpitaux militaires ;

3° Le service des approvisionnements dans les conditions et les limites spécifiées par le décret du 11 juin 1901.

Le service médical dans les corps de troupe s'exerce,

en ce qui concerne le fonctionnement du service, sous l'autorité du chef de corps et, en ce qui se rapporte à la partie technique, sous le contrôle et la surveillance du directeur du service de santé.

190. *Infirmeries de garnison et postes médicaux.* — Les infirmeries de garnison sont destinées à assurer le traitement des hommes de troupe dont l'état n'exige pas l'envoi dans une formation hospitalière. Elles sont installées dans les places ou postes comprenant plusieurs détachements dont l'importance ne motive pas d'infirmeries spéciales.

Elles fonctionnent selon les mêmes principes que les infirmeries des corps de troupe et sont rattachées, au point de vue administratif, à un des corps de la garnison; au point de vue du fonctionnement du service, elles relèvent du commandant d'armes et, au point de vue technique, du directeur du service de santé.

191. Les postes médicaux fonctionnent d'après les mêmes principes que les infirmeries de garnison, mais les malades n'y sont ni logés ni nourris.

Les infirmeries de garnison et les postes médicaux sont créés ou supprimés par décision du commandant supérieur des troupes.

192. *Infirmeries-ambulances.* — Les infirmeries-ambulances sont installées dans les places ou postes dépourvus de services hospitaliers et situés à une trop grande distance d'un établissement des services généraux. Elles constituent des hôpitaux simplifiés, fonctionnant sous l'autorité immédiate du directeur du service de santé.

Elles sont créées ou supprimées par décision du gouverneur, sur la proposition du commandant supérieur des troupes.

193. *Hôpitaux militaires.* — Dans les cas exceptionnels où l'importance des garnisons et la répartition géographique des établissements du service général motiveraient cette création, des hôpitaux militaires proprement dits peuvent être installés outre-mer par décision spéciale du ministre des Colonies.

194. *Établissements hospitaliers du service général.* — Les établissements hospitaliers du service général sont destinés à assurer les soins nécessaires à tout le personnel militaire et civil des colonies, dans des conditions à déterminer par des règlements particuliers.

Ces établissements sont administrés, construits, entretenus, etc., selon les mêmes règles que les établissements militaires.

Le directeur de l'intendance coloniale est ordonnateur des dépenses qui s'y rapportent. Il exerce, en cette qualité, à l'égard de ces établissements, la même surveillance administrative que celle qui lui incombe relativement aux services militaires, d'après les prescriptions du décret du 11 juin 1901.

195. Les règles relatives aux personnels militaires en traitement, en ce qui concerne la subordination et la discipline, et leur situation vis-à-vis des autorités militaires sont les mêmes que dans les formations exclusivement militaires.

Le commandant supérieur des troupes ou les autorités militaires sous ses ordres (officiers généraux, commandants

d'armes, chefs de corps ou d'unités, médecins des corps de troupe, etc.), ont le droit de visiter les personnels militaires sous leurs ordres, en traitement dans les établissements hospitaliers du service général et de s'assurer des soins qui leur sont donnés; mais ils ne peuvent s'immiscer dans le traitement ni donner aucun ordre dans le service.

Les consignes locales concernant la sûreté et la police extérieures des établissements hospitaliers du service général sont établies, s'il y a lieu, par le commandant d'armes, après avis du médecin-chef de l'établissement.

Les consignes relatives aux détails de police intérieure concernant les militaires en traitement dans ces établissements sont établies par le médecin-chef et soumises à l'approbation du commandant d'armes.

Le commandant supérieur des troupes fait connaître au directeur du service de santé les observations qu'il peut avoir à formuler en vertu des dispositions ci-dessus et en réfère, s'il y a lieu, au gouverneur (1).

§ 5. — *Service de la remonte.*

196. Pour les troupes coloniales stationnées en France, les chevaux nécessaires sont achetés par le service de la remonte de la Guerre. A cet effet, la direction des troupes coloniales fait connaître, en temps utile, à la 2e direction (de la cavalerie), les crédits dont elle dispose, le nombre de chevaux de chaque catégorie dont elle aura besoin dans le courant de l'année et les corps destinataires, afin que ces animaux puissent être compris dans la répartition par dépôt.

Pour éviter d'établir pour le service de la remonte de la Guerre des mandats d'avances au titre de plusieurs chapitres, ces chevaux sont payés au titre de la 1re section du budget et remboursés par la direction des troupes coloniales.

Ils sont cédés au prix d'achat; les frais de transport de l'établissement livrancier au corps destinataire sont à la charge du budget des troupes coloniales; il en est de même de la nourriture dans les dépôts de remonte et établissements de transition, et de la part contributive des frais accessoires.

197. Les dispositions du décret du 14 août 1896 relatives à la remonte par abonnement ou à titre onéreux sont applicables aux officiers généraux, supérieurs ou assimilés des troupes coloniales stationnées à l'intérieur.

En ce qui concerne les officiers détachés à la marine et aux colonies en France, ces dispositions ne sont appliquées que si ces deux départements ministériels s'engagent à rembourser au service de la remonte les dépenses d'achat des chevaux destinés à la remonte par abonnement des officiers mis à leur entière disposition.

La remonte à titre gratuit des officiers subalternes et médecins d'infanterie coloniale s'effectue conformément aux dispositions prévues dans l'instruction sur le service courant.

La remonte des officiers des troupes coloniales est assu-

(1) D. 4 novembre 1903.

rée par les corps de troupes métropolitains désignés à cet effet.

Les généraux commandant les corps d'armée statuent sur tout ce qui concerne, dans les corps de troupes à cheval, cette remonte et les décomptes des chevaux livrés ou réintégrés.

198. En général, les corps de troupes stationnés aux colonies ont une masse de remonte; il leur appartient dès lors de prévoir leurs besoins et de faire des demandes en France au ministère des Colonies, qui prend les mesures nécessaires pour obtenir des cessions de la Guerre, à charge de remboursement par la masse, y compris les frais de transport.

Dans certaines colonies, les corps peuvent acheter sur place les chevaux, au moyen de commissions de remonte, ou même d'un seul officier acheteur.

Exceptionnellement, il peut être passé des marchés avec des fournisseurs.

Les corps de cavalerie ou d'artillerie peuvent être chargés d'acheter et d'entretenir les chevaux ou mulets nécessaires aux corps d'infanterie et à la remonte des officiers de la colonie.

Il est alors fait application des règlements de la Guerre.

199. Des dépôts de remonte sont organisés aux colonies et fonctionnent conformément aux dispositions du décret du 3 août 1904, et d'une instruction ministérielle de la même date portant règlement sur le même service, complétés par une circulaire d'envoi du 10 septembre 1904.

CINQUIÈME PARTIE.

POINTS D'APPUI DE LA FLOTTE.

CHAPITRE PREMIER.

OBSERVATIONS GÉNÉRALES.

200. Les points d'appui de la flotte sont des points stratégiques, permettant aux navires de guerre de se ravitailler en cours de route ou de se retrancher le cas échéant dans un port, où ils puissent être à l'abri des surprises et des coups d'un ennemi plus fort en nombre. Une loi du 31 mars 1901 a déterminé les travaux à faire dans les cinq points d'appui de la flotte actuellement existants. Ces points stratégiques ont pour but d'assurer à la flotte la mobilité, l'indépendance et la liberté d'action dont elle a besoin.

201. La détermination des points d'appui de la flotte n'est pas plus immuable que la fixation des effectifs des troupes coloniales chargées de les défendre : un mauvais point d'appui serait plus un danger qu'une sécurité. — Il faut tenir compte ici, avant tout, de la situation internationale mondiale. Ces points stratégiques sont organisés par le décret du 3 novembre 1905, qui a abrogé celui du 3 juin 1902. Les attributions des commandants de la marine aux colonies ont été fixées par un décret de la même date. — Ce sont les mêmes décrets qui répartissent

les services des points d'appui de la flotte entre les départements de la Marine et des Colonies.

Aux termes du décret du 3 novembre 1905, sont déclarés points d'appui de la flotte aux colonies et classés places de guerre :

Saïgon-cap Saint-Jacques, en Cochinchine;
Diego-Suarez, à Madagascar;
Dakar, au Sénégal;
Fort-de-France, à la Martinique;
Nouméa, en Nouvelle-Calédonie.

CHAPITRE II.

RÉPARTITION DES SERVICES DES POINTS D'APPUI DE LA FLOTTE ENTRE LES MINISTÈRES DE LA MARINE ET DES COLONIES.

202. Une controverse a été engagée au sujet du rôle de la Marine dans la défense des points d'appui de la flotte.

Les uns (1) estiment, comme nous l'avons dit, que ces points stratégiques n'ont pas d'autre but que d'assurer à la flotte la liberté d'action dont elle a besoin.

Si la flotte devait être liée à eux, ou si seulement leur conservation devait entrer, pour si peu que ce fut, dans les préoccupations de la Marine, alors ces points en viendraient à jouer tôt ou tard vis-à-vis d'elle le rôle néfaste que certaines places fortes ont joué dans diverses guerres, en raison de l'attraction exercée par elles sur les armées opérant dans leur voisinage.

C'est dire que, loin de confier à la Marine le soin de défendre les points d'appui de la flotte, il faut, bien au contraire, la débarrasser absolument de ce soin.

203. Au contraire (2), on a soutenu que l'on ne doit pas négliger de régler la question de la participation de la Marine à la défense de nos colonies. Il n'est pas admissible, suivant cette opinion, que, comme l'avait prévu la circulaire du 3 juin 1902, notifiant le décret de même date, relatif aux points d'appui de la flotte, le personnel et le matériel de la défense fixe (ligne de torpilles, estacades, etc.), plus les torpilleurs de 3e classe et les canots armés de torpilles soient seuls affectés exclusivement à la défense des points, tous les autres éléments flottants (bâtiments et torpilleurs autres que ceux de la 3e classe), pouvant être appelés sur l'ordre du commandant de la division navale à concourir à des opérations en dehors du point d'appui.

Pour d'autres enfin, la défense des colonies demeure avant tout une question de défense maritime.

204. Deux décrets du 3 novembre 1905 ont organisé la répartition des services des points d'appui de la flotte entre les ministères de la Marine et des Colonies. — Cette organisation n'ayant, à notre connaissance, donné lieu,

---

(1) Launes de Montebello. Rapport à la Chambre, travaux préparatoires de la loi du 7 juillet 1900.
(2) Humbert. Rapport sur les troupes coloniales, 1907.

jusqu'à présent, à aucune question spéciale, nous nous contentons d'exposer cette organisation.

205. L'officier général ou supérieur chargé, en temps de paix, du commandement d'une place coloniale, point d'appui de la flotte, assure la préparation de la défense, dont la direction et la responsabilité lui incombent en temps de guerre. Il prend le titre de commandant de la défense. — Il est nommé par décret du Président de la République, rendu sur la proposition des ministres de la Guerre et des Colonies.

Il relève du commandant supérieur des troupes de la colonie; il a sous ses ordres la totalité des forces et services militaires stationnés dans le rayon d'action de la place.

206. Dans chaque place coloniale point d'appui de la flotte, où les moyens de défense maritime et d'information spécialement affectés à la défense de la place par une décision du ministre de la Marine et figurant comme tels aux rôles de combat ont été prévus, un officier de marine exerce, en temps de guerre, le commandement sous les ordres du commandant de la défense.

Cet officier porte, en temps de paix, le titre d'adjoint désigné au commandant de la défense. Nommé par le ministre de la Marine, il demeure jusqu'à la mobilisation sous les ordres du commandant de la défense, chaque fois que sa présence est réclamée par celui-ci et notamment pour exercer, lors des exercices combinés approuvés par le gouverneur de la colonie, les fonctions qui lui sont dévolues en temps de guerre.

En tout temps, il est membre des commissions, conseils et comités, dont font partie les chefs des divers services militaires de la place.

En temps de guerre, il concourt, suivant son grade et son rang d'ancienneté, avec les autres officiers de la garnison pour remplacer le commandant de la défense, absent ou empêché.

Chaque année, et en outre au moment où il cesse d'exercer ses fonctions, le commandant de la défense adresse au ministre de la Marine, par l'entremise du gouverneur et du ministre des Colonies, une note indiquant son appréciation sur la manière dont l'officier de marine, remplissant près de lui les fonctions d'adjoint désigné, s'est acquitté de ses obligations.

207. Le commandant de la défense est informé, par les soins du commandant de la marine, des mutations des officiers désignés pour être détachés auprès de lui en temps de guerre, ainsi que de toute modification temporaire ou définitive survenant dans l'état ou la composition des moyens de défense maritime et d'information affectés à la place; il a qualité pour adresser au gouverneur, par la voie hiérarchique, les observations que lui suggèrent ces modifications ou ses propositions se rapportant au même objet.

Ces observations ou propositions sont transmises au ministre des Colonies, après avoir été, au préalable, communiquées pour avis au commandant de la marine.

208. Le commandant de la défense et le commandant de la marine doivent se concerter pour la meilleure utilisation, en vue de la défense de la place, des moyens de défense dont ils disposent en propre (1).

Les éléments mobiles de la défense maritime affectés à la place ne peuvent être employés en dehors de son rayon d'action contre le gré du commandant de la défense que sur l'ordre du gouverneur de la colonie.

En tout temps, le plus large concours est dû par le commandant de la défense aux commandants de forces navales ou de bâtiments de guerre isolés faisant appel aux ressources du point d'appui.

En temps de guerre, le commandant d'une force navale, qui se trouve momentanément dans un point d'appui, est tenu de se concerter avec le commandant de la défense pour le concours qu'il peut et doit, dans la limite de ses instructions générales, apporter à la défense de la place, en cas d'attaque de vive force.

209 (2). Dans les colonies où l'importance des moyens d'action maritime, ou celle des moyens prévus pour le ravitaillement ou les réparations des forces navales l'exigent, un officier général ou supérieur de la marine, est nommé par décret du Président de la République, sur la proposition du ministre de la Marine.

210. Le commandant de la marine exerce en tout temps, sous les réserves énoncées plus loin, son autorité sur tout le personnel et le matériel appartenant au département de la Marine, en service dans la colonie.

En temps de guerre, le personnel et le matériel affectés spécialement par le ministre de la Marine à la défense des places points d'appui de la flotte, passent sous l'autorité des commandants de la défense de ces places.

Le personnel qui se trouve à terre hors des établissements maritimes ou de l'enceinte de l'arsenal est soumis aux consignes qui intéressent l'ordre, la police et la discipline de la place.

211. Les navires affectés à la défense fluviale, tout en demeurant en principe sous l'autorité du commandant de la marine, peuvent, sur l'ordre du gouverneur, en être détachés temporairement pour concourir, d'après les ordres du commandant supérieur des troupes, à des opérations combinées avec les troupes.

Les navires des catégories ci-après indiquées, non affectés à la défense des places et nommément désignés par le ministre de la Marine après entente avec le ministre des Colonies, peuvent, mais seulement sur réquisition du gouverneur, être détournés temporairement de leur mission, même contre le gré du commandant de la marine excipant de ses instructions générales ou des

_____

(1) Une instruction en date du 3 décembre 1908, concertée entre les ministres des Colonies et de la Marine, a réglé le fonctionnement des commissions mixtes chargées d'étudier les questions relatives à l'organisation défensive des ports de mer, points d'appui de la flotte.

(2) Les dispositions suivantes résultent du second décret du 3 novembre 1905 : elles visent uniquement le rôle du commandant de la Marine et sa situation vis-à-vis du gouverneur, dépositaire des pouvoirs du gouvernement de la République et responsable de la défense de sa colonie.

ordres du commandant en chef d'une force navale réclamant son concours. Ces catégories comprennent :

1° Les navires appartenant aux flottilles de torpilleurs et sous-marins ayant leur centre principal dans la colonie;

2° Les gardes-côtes et canonnières en station dans la colonie.

Les navires qui font l'objet de ces réquisitions temporaires du gouverneur n'en demeurent pas moins sous les ordres du commandant de la marine.

212. Le commandant de la marine relève exclusivement du ministre de la Marine et correspond directement avec lui pour tout ce qui concerne la direction et l'administration du personnel, des approvisionnements et des établissements des arsenaux maritimes, ainsi qu'en ce qui concerne le concours qu'il peut être appelé à donner aux forces navales opérant dans la région, ou la préparation des unités destinées à agir de concert avec elles. Toutefois, il doit, en se conformant aux instructions qu'il a reçues du gouverneur, tenir celui-ci au courant des décisions prises sur ces sujets qui peuvent l'intéresser.

Le commandant de la marine relève du gouverneur de la colonie pour tout ce qui concerne la défense de la colonie ou sa préparation.

213. Le commandant de la marine, officier général ou supérieur, est membre de droit du conseil de défense de la colonie; il peut faire partie du conseil supérieur ou, selon le cas, du conseil privé ou d'administration.

DEMORGNY,
ancien résident de France en Indo-Chine.

TABLE ALPHABÉTIQUE.

TROUPE DE THÉATRE. (Voy. THÉATRE.)

TROUPEAU COMMUN. [Voy. FORÊTS, RURAL (DROIT).]

TUBERCULOSE. (Voy. INDUSTRIE I, SALUBRITÉ, SANTÉ PUBLIQUE.)

TUERIE D'ANIMAUX. (Voy. BÊTES, ÉTABLISSEMENTS DANGEREUX ET INSALUBRES, SUBSISTANCES.)

TUMULTE. (Voy. COMMUNE.)

---

(1) Par M. Gaudiani, chef de bureau à la Résidence Générale et
M. Thiaucourt, docteur en droit, avocat au barreau de Tunis.

TITRE PRÉLIMINAIRE

NOTIONS GÉNÉRALES.

CHAPITRE PREMIER.

RENSEIGNEMENTS GÉOGRAPHIQUES ET STATISTIQUES.

SECTION PREMIÈRE.

DESCRIPTION DE LA TUNISIE.

1. *Limites et étendue.* — La Tunisie ou régence de Tunis — l'ancienne Africa des Romains, l'Ifrikia des auteurs arabes, ou encore *Maghreb el Adna* — est bornée au nord et à l'est par la mer Méditerranée, à l'ouest par l'Algérie, au sud par les régions sahariennes. Elle se trouve ainsi comprise entre le 32°20′ et le 37°20′ de latitude nord, entre le 5°10′ et le 9°12′ de longitude orientale. La superficie totale de la Tunisie peut être évaluée approximativement à 150,000 kilomètres carrés.

2. *Côtes et golfes.* — Dominant le détroit qui unit les deux bassins de la Méditerranée, la Tunisie possède sur cette mer intérieure 1,100 kilomètres de côtes qui commencent à l'est du cap Roux pour finir à la frontière tripolitaine.

3. De la frontière algérienne au cap Bon, le littoral septentrional mesure environ 350 kilomètres. Les sinuosités de cette partie du littoral sont : la rade de Tabarka, abritée par l'îlot du même nom ; le golfe de Bizerte, au fond duquel se trouve le lac du même nom qui communique avec la mer par un chenal de 240 mètres de large et 10 mètres de profondeur (1) ; — au large de Bizerte se dresse l'île de la Galite ; — le golfe de Tunis dont le pourtour mesure 160 kilomètres.

4. Le littoral oriental de la Tunisie se développe du Cap Bon à la frontière tripolitaine sur une longueur de 750 kilomètres. Il comprend le golfe de Hammamet, le golfe de Gabès — Petite Syrte — et la mer intérieure

de Bou Grara. En face de Sfax se trouvent les îles Kerkennah et, à l'est du golfe de Gabès, Djerba, l'ancienne île des Lotophages.

5. *Relief du sol.* — On distingue généralement en Tunisie trois régions formant trois zones successives : la région du nord qui est la suite du Tell algérien ; la région du centre ou des steppes ; la région méridionale ou saharienne.

6. « La région tellienne du Nord est surtout remarquable par le grand nombre de chaînons montagneux, généralement de faible longueur, leur discontinuité et leur orientation obéissant sensiblement à une direction N.-E. S.-O., sauf dans la partie orientale où elle se rapproche de la ligne N.-S., la fréquence des petits massifs à base circulaire ou elliptique, c'est-à-dire de dômes. »

7. A l'Est et au Sud des chaînes de Zeugitane et de Byzacène le Tell passe à la Steppe. En même temps le relief s'abaisse au levant sur les vastes plaines en partie salées de la région de Kairouan. La Steppe se termine par la petite bordure du Sahel, couverte d'oliviers sur une profondeur moyenne de 18 kilomètres.

8. La région saharienne ou méridionale commence au delà de la grande dépression des chotts qui s'étend sur plus de 400 kilomètres de l'E. à l'O. et n'est séparée de la mer que par le seuil de Gabès, large d'une vingtaine de kilomètres et haut de 47 mètres. Dans cette zone on remarque les chotts El Fedjedj, Faraoun et Djerid ; les oasis célèbres du Djerid qui ont nom El Oudiane, El Hamma, Tozeur, Nefta et plus au S.-E. le Nefzaoua.

9. *Cours d'eau.* — La rivière la plus considérable de Tunisie est la Medjerdah qui, prenant sa source en Algérie, pénètre, en Tunisie, non loin de Ghardimaou et se jette dans le golfe de Tunis, à Porto-Farina. Elle traverse la région montagneuse du nord sur un parcours de 275 kilomètres et reçoit sur ce parcours : 1° sur la rive droite, l'oued Mellègue grossi du Serrat, l'oued Tessa et l'oued Siliane ; 2° sur la rive gauche, l'oued Zerga.

10. Il convient également de citer dans la Tunisie centrale, l'oued Zeroud, l'oued Merguelil qui se perdent dans la plaine de Kairouan qu'ils irriguent ; dans la Tunisie méridionale, l'oued Leben qui se perd vers Graiba sans atteindre la mer — et l'oued Melah ou Baiech qui est le principal tributaire du bassin des chotts.

11. Ces rivières, désignées sous le nom générique d'*oueds*, sont toutes le caractère de torrents. Leur lit est habituellement desséché. Mais, après une violente averse, on voit s'y former en quelques minutes un fleuve torrentiel qui passe emportant tout sur son passage.

12. *Climat.* — La Tunisie peut être, au point de vue du climat, divisée en trois zones : 1° la zone méditerranéenne ou du littoral ; 2° la zone montagneuse ; 3° la zone saharienne.

13. Dans la première de ces zones, la température moyenne est de 17° à 19° et va en croissant du nord au sud. La saison chaude commence en juin pour finir en septembre. Le régime des pluies y est caractérisé par ce

---

(1) La marine française a construit au fond du lac l'arsenal de Sidi Abdallah.

fait que les quantités d'eau tombée vont en décroissant du nord au sud. C'est ainsi que du 1er octobre 1905 au 31 mai 1906 le pluviomètre a enregistré 760 millimètres à Bizerte, 550 millimètres à Tunis, 300 millimètres à Sousse, 200 millimètres à Sfax, 150 millimètres à Gabès.

14. La deuxième zone est à courbes thermométriques régulières, mais à minima très bas. La température moyenne y est de + 15° (1), la hauteur de la pluie atteint 1.754 mm.

15. La température moyenne remonte à 21° dans la région saharienne; dans cette zone la saison chaude dure de mai à octobre. Les écarts de température sont considérables et vont de 49° à 4°. Des pluies très rares donnent une moyenne annuelle de 70 à 100 mm. d'eau.

SECTION II.

STATISTIQUE.

16. *Population.* — D'après le rapport annuel au Président de la République, la population de la Tunisie s'élèverait à environ 1,900,000 habitants se répartissant par nationalités et circonscriptions administratives, ainsi qu'il suit (voir le tableau ci-dessous).

En ce qui concerne la population indigène, on n'a jamais procédé à des recensements méthodiques. On est donc amené à considérer comme très approximatifs les chiffres figurant dans ce tableau, et il est permis de croire, surtout pour la population israélite, qu'ils sont inférieurs à la réalité.

La population européenne, au contraire, a fait l'objet, à la fin de 1906, du recensement dont les résultats sont consignés ci-dessous. Une statistique montre que

de 1881 à 1906 la population française a passé de 708 à 34,610 âmes, et que la colonie italienne a passé de 11,000 à 81,156 âmes (1).

La population indigène n'est pas, comme on serait tenté de le croire, entièrement homogène. Les aborigènes, qui auraient appartenu à la race ibère, ont été pénétrés par des populations diverses qui se sont infiltrées peu à peu dans le pays. Ce sont, deux mille ans avant notre ère, les celto-liguces qui émigrant d'Europe s'implantent dans l'Afrique du Nord. Plus tard, de nombreux juifs de Palestine furent transportés en masse dans la province d'Afrique. La seconde invasion arabe (1048) amena, dit-on, en Tunisie 200,000 hommes environ appartenant aux Beni Hillal et aux Beni Soleim dont le berceau se trouvait en Arabie. Un grand nombre de maures et de juifs, chassés d'Espagne, s'établirent dans les villes. La conquête de la Tunisie par les Turcs eut enfin pour conséquence d'introduire dans le pays un élément ethnique nouveau.

Pour le docteur Bertholon, toutes les populations d'apport antérieur à l'occupation française ont, de gré et plus souvent de force, adopté une même civilisation : celle de l'Islam. Seuls les juifs ont conservé leur religion. Sous ce rapport l'unité est faite (2). Mais les différentes populations ont conservé des habitudes et des mœurs spéciales qui permettent encore de reconnaître leur origine.

17. *Finances.* — *Budget de l'État.* — Le budget de l'État se divise en trois parties : budget sur ressources ordinaires; budget sur ressources exceptionnelles ou spéciales; budget des exercices clos et périmés.

Les recouvrements prévus et les dépenses à payer au

---

(1) A Aïn-Draham, la température moyenne est de 14° : hiver 6°; printemps 11°,5, été 20°,5, automne 16°.

(1) Ministère des Affaires étrangères. Rapport présenté au Président de la République sur la situation de la Tunisie. Année 1907, p. 4 et 5.
(2) *La Tunisie*, publiée sous la direction de Louis Olivier. Paris, p. 57.

RÉGIONS.	INDIGÈNES.		Français.	Italiens.	Maltais.	Espagnols.	Grecs.	Autres Européens	TOTAUX.
	Musulmans.	Israélites.							
Beja	38.902	822	773	1.883	41	9	2	49	42.541
Medjez-el-Bab	30.488	244	476	404	26	13	3	4	31.628
Bizerte	78.730	1.424	4.611	9.109	507	92	29	70	94.600
Gabès	52.000	1.371	335	365	166	10	4	2	54.180
Djerba	28.803	3.685	187	85	345	»	41	28	34.175
Gafsa	87.088	308	664	1.213	49	21	8	3	90.011
Tozeur	37.410	363	74	46	»	2	»	1	37.896
Groumbalia	100.000	1.804	1.031	2.020	167	28	14	33	105.097
Kairouan	93.000	483	432	680	31	18	25	49	94.730
Le Kef	112.000	848	784	1.990	55	22	5	26	115. 665
Teboursouk	35.000	63	431	440	14	3	2	34	35.966
Mactar	47.000	»	75	16	2	3	»	1	47.097
Sfax	155.000	2.781	1.804	3.267	1.310	15	234	84	161.192
Souk-el-Arba	74.500	311	1.004	1.407	43	13	6	15	77.389
Tabarca	22.765	41	810	1.107	27	30	»	1	24.890
Sousse	246.000	4.023	2.194	4.561	1.277	24	13	62	239.064
Thala	85.000	4	136	270	4	»	»	»	85.420
Tunis	276.733	44.760	18.626	52.075	6.171	289	203	1.064	400.024
Territoires du Sud	102.000	2	133	120	59	8	8	14	102.344
TOTAUX	1.703.142	64.470	34.040	81.156	10.330	600	683	1.516	1.896.297

titre de ces trois budgets sont répartis, dans le projet de budget de 1909, de la façon suivante :

Recettes :

Recettes sur ressources ordinaires.......	42.097.540 »
— sur ressources exceptionnelles ou spéciales	49.827.733 »
Recettes affectées aux dépenses d'exercices clos et périmés................	mémoire.
Total...............	91.925.273 »

Dépenses :

Dépenses sur ressources ordinaires......	42.090.415.39
Dépenses sur ressources exceptionnelles ou spéciales........................	49.827.733 »
Dépenses des exercices clos et périmés....	mémoire.
Total...............	91.918.148.39

Le montant des recettes réalisées par les budgets antérieurs est le suivant :

Année 1884, 85 moyennes annuelles.	19,807,036 fr. 89
— 1889, 90 — .	20,331,423 67
— 1895, — .	24,711,878 22
— 1900, — .	28,106,203 21
— 1905, — .	36,972,211 61

18. *Budgets communaux.* — Au 31 décembre 1907 la Tunisie comprenait 32 groupements communaux. Les recettes réalisées et les dépenses payées au cours de l'exercice 1907 sont réparties comme suit :

Recettes réalisées sur ressources ordinaires............................	4,335,954 fr. 24
Recettes réalisées sur ressources exceptionnelles ou spéciales.............	1,734,883 59
Recettes affectées aux dépenses d'exercices clos et périmés...............	123,477 14
Total...............	6,194,314 fr. 97

Dépenses sur ressources ordinaires.....	3,790,120 fr. 41
Dépenses sur ressources exceptionnelles ou spéciales......................	819,527 87
Dépenses des exercices clos et périmés..	113,843 88
Total...............	4,723,492 fr. 16

19. *Commerce général.* — Les résultats du commerce de la Tunisie sont résumés pour la période allant du 1er janvier 1886 au 31 décembre 1905 dans le tableau suivant :

ANNÉES.	MOYENNES ANNUELLES.		TOTAL.
	Importations.	Exportations.	
1886-1890............	29.890.602	28.898.205	58.788.807
1891-1895............	40.407.898	38.748.894	79.196.752
1896-1900............	54.215.770	41.485.798	95.701.508
1901-1905............	79.121.347	41.262.937	120.384.274

L'examen de ce tableau montre la progression considérable des importations et exportations. Cette progression est encore plus remarquable pour les années 1906 et 1907, qui accusent les résultats suivants :

1906	Importations...	89,349,456 fr.
	Exportations...	80,595,211 fr.
		169,944,667 fr.

1907	Importations...	102,860,220 fr.
	Exportations...	103,361,060 fr.
		206,221,280 fr.

En 1907, il faut noter que, pour la première fois, la valeur des exportations est supérieure à celle des importations de 500,840 francs.

20. *Navires.* — Le nombre des bâtiments et bateaux entrés dans les ports tunisiens a subi une progression parallèle au mouvement commercial. Le tonnage des navires entrés et sortis des ports tunisiens s'est élevé :

	Tonnes moyenne annuelle.
1° Pour la période de 1886-1890 à...	3,316,079
— 1891-1895 à...	3,886,031
— 1896-1900 à...	4,390,095
— 1901-1905 à...	6,036,555
2° Pour l'année 1906 à...........	7,121,999
— 1907 à...........	7,371,088

Pour l'année 1907, la part réservée au pavillon français a été de 3,933 vapeurs et 132 voiliers jaugeant 3,272,215 tonnes ; l'Italie vient ensuite avec 5,198 bâtiments représentant 2,656,125 tonnes de jauge. La marine anglaise arrive au troisième rang avec 556,844 tonnes de jauge.

Dans un classement établi pour l'année 1907 entre tous les ports français, algériens et tunisiens, Tunis-Goulette vient au 9e rang avec un mouvement de 3,919 navires jaugeant 2,197,623 tonnes et Sfax au 14e avec 6,232 navires jaugeant 1,483,573 tonnes.

21. *Productions.* — L'introduction de méthodes culturales nouvelles, la mise en valeur par nos compatriotes de surfaces considérables ont augmenté dans des proportions appréciables la production agricole annuelle de la Tunisie.

Dans cette production, les céréales tiennent la première place et le tableau suivant montre que la culture de l'avoine et de l'orge s'est plus particulièrement développée au cours des dernières années.

Les blés cultivés sont presque exclusivement des blés durs ; ils sont très estimés. Les orges sont fort appréciées et les qualités de choix sont demandées en Angleterre.

L'avoine est particulièrement recherchée en raison de sa maturité précoce qui lui permet d'arriver sur le marché européen un mois au moins avant l'époque de la moisson dans les pays tempérés.

ANNÉES.	BLÉ.		ORGE.		AVOINE.	
	Hectares plantés.	Production.	Hectares plantés.	Production.	Hectares plantés.	Production.
		hectolitres		hectolitres		hectolitres
1891-1895 (moyenne annuelle)	401.400	1.820.920	390.200	1.540.940	3.884	29.380
1896-1900 —	354.220	1.313.080	350.080	1.320.000	7.480	79.790
1901-1905 —	438.400	2.002.060	440.280	2.204.000	32.100	435.380
1906..................................	407.000	1.728.720	417.000	3.033.533	31.000	750.000
1907..................................	445.000	2.225.000	488.000	3.350.000	37.000	1.110.000
1908.........	440.000	1.000.000	441.000	1.500.000	38.000	400.000

Le maïs et le sorgho sont cultivés sur une superficie de 20,000 hectares environ. Les surfaces ensemencées en fèves augmentent tous les ans dans de notables proportions. Elles atteignent aujourd'hui près de 30,000 hectares.

22. Vignoble. — Le vignoble tunisien a été créé par les colons français. Il couvre actuellement une superficie de plus de 16,000 hectares et la production totale des vins, en 1907, s'est élevée à 357,321 hectolitres. 51,121 hectolitres ont été exportés.

23. Huile d'olive. — Le protectorat a développé, dans de grandes proportions, la culture de l'olivier. Elle occupe une superficie de plus de 220,000 hectares correspondant à un peuplement total de près de 12 millions d'arbres dont 10 millions sont déjà en production.

La production de l'huile d'olive a été évaluée, pour 1907, à 37 millions de kilos sur lesquels il en a été exporté 16,041,000 valant 9,945,682 francs.

24. Forêts. — Le domaine forestier tunisien couvre une superficie de 5,000 kilomètres carrés environ. Il se divise en deux groupes : 1° le groupe du Nord qui comprend les massifs de la Khroumirie, des Nefzas et des Mogods; 2° le groupe du sud de la Medjerdah. Le premier groupe, qui se compose principalement de chênes-liège et de chênes-zéen s'étend sur plus de 100,000 hectares. Le deuxième groupe comprend surtout des peuplements de chênes verts et de pins d'Alep.

L'exploitation des forêts de la Régence porte sur les chênes-liège et les chênes-zéen.

La Tunisie possède aussi dans le Sud (Gabès, Tozeur, El Oudiane, El Hamma) un million et demi de palmiers-dattiers produisant annuellement 20 millions de kilos de dattes.

25. Alfa. — L'alfa couvre environ 1,500,000 hectares. Cette plante, qui est utilisée pour la fabrication du papier, est de plus en plus recherchée et les exportations, susceptibles d'atteindre le chiffre annuel de 300,000 tonnes, se sont élevées au cours de 1907 à 300,739 quin'aux, représentant une valeur de 3,007,390 francs.

26. Cheptel. — En 1907, le cheptel tunisien comprenait :

Chevaux,.....................	31,500
Mulets	17,500
Anes.....................	85,000
Chameaux.....................	118,000

Race bovine...................	193,000
Race ovine...................	901,000
Race caprine...................	390,000
Race porcine...................	16,000

27. Industrie minière. — La richesse du sous-sol tunisien, qui est apparue depuis quelques années seulement, a provoqué de nombreuses demandes de permis de recherches. Le nombre de permis accordés au cours de ces dernières années est allé en augmentant dans des proportions considérables.

Il s'élevait en 1900 à.....	240 permis de recherches.
Il est passé en 1905 à....	560 —
Et il a été en 1908 de....	634 —

Les ressources métallifères actuellement exploitées comprennent :

1° Des minerais de zinc et de plomb;

2° Des minerais de fer;

3° Des minerais de cuivre et divers.

Dans le premier de ces groupes, nous citerons, parmi les plus importants, les concessions du Djebel Ressas.

production annuelle.............. '...	18,000 tonnes.
Du Khanguet...................	10,000 —
De Sidi Ahmed...................	5,000 —
De Sidi Youcef...................	5,000 —
Du Bazina...................	6,000 —

Les gisements de fer concédés à ce jour sont au nombre de sept. Ces gisements, situés en Khroumirie et dans les Nefzas, dans les régions du Kef et de la Kalaat Sénane n'étant pas reliés, par une voie ferrée, à un port de mer étaient restés inexploités jusqu'à ce jour. Le Gouvernement tunisien s'est préoccupé de cette situation et déjà le gisement du Djerissa a été soudé à la ligne de Tunis à Kalaat Senane par un embranchement de 25 kilomètres.

La production du Djerissa, pour 1909, est évaluée à...............................	400,000 tonnes.
Celle du Slata et de l'Hameima, non loin de Djerissa, à...................	150,000 —

Les mines de fer de Khroumirie et des Nefzas, dès l'achèvement de la voie ferré en construction, dirigeront annuellement sur Bizerte, environ......

300,000 —

Enfin, la concession des mines de fer de Nebeur, située au nord du Kef, fournira par an environ 200,000 tonnes.

A partir de 1911, la Tunisie sera donc en mesure d'exporter un million de tonnes de minerai de fer.

La seule mine de cuivre concédée en Tunisie est située

dans la région de Souk el Arba. Cette mine possède des fours de fusion produisant annuellement 800 tonnes de mattes ou de speiss à une teneur moyenne de 44 0/0.

Un gisement de sel gemme d'au moins 20 millions de tonnes a été prospecté au Djebel Hadifa (Gabès).

28. *Phosphates*. — Les phosphates de chaux qui ont permis à la Tunisie de construire rapidement son réseau de voies ferrées ont été découverts entre Gafsa et Tamerza, en 1885, par Philippe Thomas. Ce fut seulement douze ans après (avril 1897) que la Direction des travaux publics de la Régence put se mettre d'accord avec la compagnie des phosphates et du chemin de fer de Gafsa, pour mettre en valeur le gisement découvert. Le succès obtenu par cette compagnie, dont la constitution fut si laborieuse, provoqua de nouvelles prospections et successivement les gisements de Kalaa-Djerda, Kalaat Es Senan, Aïn Moularès, Redeyef, etc., furent mis en exploitation.

Nous croyons devoir donner ci-après le tonnage et la valeur des phosphates de chaux exportés de Tunisie :

Années	Tonnage (milliers de tonnes).	Valeur (milliers de francs).
1899.....	63,5	1,936
1900.....	171,2	3,748
1901.....	178,0	4,074
1902.....	263,5	5,359
1903.....	352,0	6,529
1904.....	455,7	8,194
1905.....	524,1	9,465
1906.....	795,0	17,399
1907.....	1.005,3	26,800

La part revenant à la Compagnie de Gafsa, pour 1907, est de 750,000 tonnes. La production mondiale des phosphates, en 1907, a été de 4,256,000 tonnes, dont 25 0/0, de provenance tunisienne, ce qui place la Régence au second rang parmi les grands pays producteurs.

29. *Chemins de fer*. — La longueur des lignes exploitées au 31 décembre 1907 atteignait 1,187 kilomètres, dont 327 kilomètres à voie normale et 860 kilomètres à voie d'un mètre. A la même date, 596 kilomètres, dont 76 kilomètres à voie normale, étaient en construction. D'autre part, la construction de 465 kilomètres qui compléteront le réseau tunisien était décidée. L'ensemble du réseau s'élèvera à 2,000 kilomètres environ. Les recettes des lignes exploitées ont atteint, en 1907, la somme de 16,287,091 francs.

30. *Travaux publics*. — Les sommes consacrées aux travaux publics, depuis l'établissement du protectorat jusqu'au 31 décembre 1907, sont évaluées à 220,554,000 fr. se répartissant ainsi :

Chemins de fer......................	110,000,000 fr.
Routes.............................	30,000,000
Ponts..............................	3,207,000
Alimentation en eau potable des centres habités et aménagements agricoles.	22,947,000
Bâtiments civils.....................	22,000,000
Ports..............................	30,400,000
Phares et feux......................	2,000,000
Total..............	220,554,000 fr.

31. *Balance des comptes et du commerce*. — Comme on l'a vu, en moins d'un quart de siècle, la Tunisie a été dotée d'un outillage économique important. L'agriculture s'est développée, l'industrie minière est devenue florissante. Cependant, en ne tenant compte que de la balance commerciale, les importations ont largement dépassé les exportations et, à ne considérer que la période 1897-1906, le montant des achats effectués à l'étranger, par la Tunisie, dépasse de 165 millions de francs celui des produits exportés. Une différence aussi considérable entre les importations et les exportations a amené M. Cochery, député, à examiner si la balance commerciale — jusqu'en 1906 tout au moins, car en 1907 l'équilibre entre les importations et les exportations a été réalisé — se faisait au détriment de la Tunisie. M. Cochery répond par la négative et il donne à ce sujet des explications qu'il nous a paru utile de reproduire (1).

(1) La Tunisie possède trois sources principales de revenus : les exportations, les dépenses faites sur son territoire avec des capitaux inscrits au budget de la métropole et constituant de véritables subventions ou avec des capitaux métropolitains ou étrangers, — les revenus tirés par ses habitants de propriétés situées en France ou de valeurs européennes.

Le chiffre de 103,361,060 francs donné par les statistiques officielles pour 1907 ne représente pas la totalité de l'exportation réelle de la Tunisie. Il existe, en effet, une exportation occulte dont il convient de tenir compte.

Le nombre des touristes français ou étrangers venant excursionner en Tunisie est chaque année plus élevé. Le fléchissement de 1907, dû aux épidémies, est passager. Ces touristes dépensent en moyenne, annuellement, 1,500,000 francs à 2 millions de francs, qui restent dans le pays.

Les navires qui viennent relâcher en Tunisie, se ravitailler ou effectuer des opérations commerciales, et surout chercher des phosphates, donnent également lieu à une exportation occulte. On évalue à plus d'un million de francs les approvisionnements en vivres, vins, tabacs, pour la consommation des équipages. Bien que les courriers réguliers ne fassent pas leur charbon en Tunisie, le bénéfice réalisé sur la vente du charbon pour le commerce tunisien s'élève à 200,000 fr. environ.

Les sommes annuellement payées par la métropole pour l'entretien de la Division d'occupation (16,241,244 fr.) et les pensions aux fonctionnaires retraités, légionnaires et aux évalués, donnent lieu à une troisième forme d'exportation occulte, la plus importante. Elles correspondent soit à des dépenses faites au bénéfice de la Tunisie avec l'argent métropolitain, soit à des dépenses faites par des habitants de la Tunisie avec des ressources tirées de la métropole.

Enfin, la garantie d'intérêt versée annuellement par la France pour le réseau de la Medjerdah, qui s'est élevée à 1,473,299 francs et encore un profit pour la Tunisie, soit qu'elle revienne à des actionnaires ou obligataires tunisiens, soit qu'elle empêche la sortie d'une somme équivalente à ce qu'aurait dû verser la Tunisie aux actionnaires et obligataires français ou étrangers.

Quant aux revenus tirés de propriétés situées en France ou de valeurs européennes, il est très difficile de les évaluer ; la valeur des titres français ou étrangers possédés soit par des particuliers, soit par le Gouvernement tunisien, est estimée approximativement à 25 millions de francs.

La Tunisie reçoit donc des autres pays : en exportations, subventions, revenus divers, une somme totale annuelle d'environ 195 millions.

D'autre part, les dépenses de la Tunisie consistent principalement dans l'achat des objets manufacturés ou alimentaires qu'elle ne produit pas et dans le service de ses emprunts.

Les importations sont passées de 61,514, 242 francs en 1900, à 102,860,220 francs en 1907.

Mais toutes ces marchandises importées ne sont pas destinées à une consommation immédiate. Beaucoup sont conservées pour accroître la valeur du patrimoine tunisien. Ainsi, les métaux bruts ou travaillés (9,884,572 francs en 1907), les machines et mécaniques (7,012,211 francs en 1907), les bois de construction (2,571,174 francs en 1907).

L'augmentation de la clientèle européenne a provoqué l'augmen-

CHAPITRE II.

HISTOIRE.

32. L'histoire de la Tunisie n'est pas celle d'une nation. C'est le récit tourmenté des conquêtes successives du pays par les divers peuples qui ont dominé, depuis trois mille ans, dans le bassin de la Méditerranée. Cette contrée a tenté tour à tour, par sa situation géographique privilégiée, les Phéniciens, Rome, les Barbares, les Arabes, enfin la France.

Chacune de ces occupations n'a pas ou la même durée. Celle des Phéniciens s'est prolongée pendant près de huit siècles ; celle des Romains pendant six siècles ; les Arabes y sont implantés depuis plus de douze cents ans, et s'y maintiennent encore, sous l'égide de la France. Ils forment le fonds de la population, soit nomade, soit sédentaire. Ils détiennent la plus grande partie du sol. Mais

tation des stocks ou dépôt chez les divers commerçants. Le montant des importations pendant ces dernières années est donc supérieur à la consommation réelle.

Les titres de la Dette tunisienne sont presque tous dans les mains de porteurs étrangers auxquels la Régence verse annuellement 7,500,000 francs environ. C'est là une charge particulièrement lourde pour le pays.

La plupart des sociétés financières, industrielles, commerciales ont été constituées à l'aide de capitaux français et étrangers évalués à 110 millions de francs, soit un revenu moyen de 4 0/0, une sortie annuelle de 4,400,000 francs.

Enfin, de nombreux Tunisiens vont chaque année séjourner en France et à l'étranger, et leurs dépenses représentent une sortie de fonds de plus de 4 millions de francs.

Dans l'ensemble, les sorties de fonds de la Tunisie doivent s'élever annuellement à environ 125 millions de francs, chiffre encore inférieur aux 125 millions de francs qu'elle reçoit des autres pays. Et si l'on tient compte de ce qu'un grand nombre de marchandises importées sont conservées pour accroître la valeur du patrimoine tunisien, il apparaît qu'actuellement au moins le pays ne s'appauvrit pas, bien au contraire.

Il reste à examiner si la Tunisie profite de cette situation pour épargner et quel emploi font ses habitants des capitaux créés par leur industrie.

La fortune mobilière de la Tunisie ne peut être évaluée qu'approximativement. Au 31 décembre 1907, elle se décomposait ainsi :

Titres en dépôt dans les coffres loués ou entre les mains des particuliers et de l'État tunisien.................. 50,000,000 fr.
Dépôts de fonds dans les établissements financiers................................ 11,750,613
Caisse nationale d'épargne............... 5,597,006
Sociétés de prévoyance indigènes.......... 685,325

Total...................... 68,033,961 fr.

Le portefeuille « titres » comprenait une quinzaine de millions de rente française, environ 8 millions de rente tunisienne, le surplus en titres divers français, étrangers et tunisiens. Ce portefeuille s'est surtout développé ces dernières années par suite de la constitution de sociétés pour l'exploitation de différents gisements miniers et phosphatiers.

Les dépôts de fonds dans les diverses banques (Non compris : la Compagnie algérienne, le Crédit foncier et le Comptoir national d'escompte) s'élevaient à :

Banque d'Algérie................. 2,358,560 fr. »
Crédit foncier de Tunisie........ 144,995 35
Banque de Tunisie............. 5,927,051 20
Banque commerciale tunisienne.... 2,651,956 00
Coopérative italienne............ 668,081 90

Total............ 11,750,645 fr. 10

Mais c'est surtout la fortune immobilière qui s'est développée en Tunisie.

Pour la propriété bâtie, la valeur locative dans les 32 localités érigées en communes et dans les centres administrés directement par le Gouvernement tunisien peut être évaluée, d'après les taxes dites « caroube », perçue en 1907, à la somme globale de 15,739,626 fr. En capitalisant à 5 0/0 net après déduction de 20 0/0 de la valeur locative pour charges diverses et non location, l'on obtient une valeur immobilière urbaine globale de 251,834,020 francs.

Il n'est pas possible d'établir la progression de celle-ci, il n'existe pas de recensement général ni de base conforme d'appréciation. Mais nous pouvons établir cette progression pour Tunis, Sousse et Sfax

qui, à elles trois, possèdent les 7 dixièmes du capital immobilier urbain.

Dans le périmètre communal de Tunis, les quatre derniers recensements ont donné, comme valeur locative globale :

En 1893.............. 6,051,700 fr.
1898.............. 7,867,700
1903.............. 9,242,000
1908.............. 11,631,900 fr.

L'importance des immeubles urbains a donc doublé pendant les quinze dernières années.

Au taux de capitalisation de 6 0/0 pour les immeubles du quartier européen et de 6,25 0/0 pour les immeubles du quartier indigène et déduction faite de 25 ou de 15 0/0 sur le revenu brut, pour taxes charges diverses, non-valeurs, la propriété immobilière urbaine de Tunis ressort à 105,109,000 francs, non compris les immeubles non taxés tels que contrôle, directions diverses, écoles, mosquées, caseries et constructions élevées depuis moins de deux ans.

Dans le périmètre communal de Sousse, la valeur locative s'est élevée de 872,014 francs en 1904, à 1,074,366 francs en 1908, soit une augmentation de 20 0/0 environ au taux moyen de 7 1/2 0/0 ; déduction faite de 20 0/0 de charges, elle représente un capital immobilier de 11,500,000 francs non compris les immeubles non taxés.

Dans le périmètre communal de Sfax, la valeur locative s'est élevée de 1,050,242 fr. 90 en 1908, à 1,219,163 francs en 1909, soit une augmentation de 16 0/0 environ. Capitalisée à 8 0/0, déduction faite de 20 0/0 de charges, elle représente un capital immobilier de 12,191,637 francs.

L'évaluation de la propriété foncière rurale est particulièrement difficile.

Sur une superficie totale de 12 millions d'hectares, 842,067 hectares seulement, répartis en 8,067 titres, étaient immatriculés au 31 décembre 1907, leur valeur atteignait 400 millions de francs dont il faut déduire :

1° Des inscriptions hypothécaires pour une somme de.............................. 77,000,000 fr.
2° 1,580,000 francs de rentes d'enzel qui, au denier 20 représentent un capital de....... 31,600,000

Total.................. 108,600,000 fr.

La valeur du domaine immatriculé se trouve donc encore de 300 millions.

D'autre part, la culture des céréales occupait, en 1897, une superficie de 700,008 hectares et, en 1907, de 987,000 hectares valant ensemble près de 200 millions de francs.

La même année, le vignoble couvrait 14,759 hectares, dont 13,093 hectares appartenant à des Européens et atteignait une valeur totale de 41 millions de francs, dont plus de 39 millions de francs pour la propriété européenne.

Le nombre des oliviers cultivés s'élevait à 10,609,791, dont 3,188,524 jeunes et 7,421,266 imposés, à 20 francs l'arbre en moyenne, la valeur totale des oliviettes est de 212,195,820 francs.

Enfin, la valeur du bétail était évaluée à 40,990,000 francs se décomposant ainsi :

Bœufs 135,000, à 150 francs par tête, soit...... 20,250,000 fr.
Bouvillons 58,000, à 50 francs par tête, soit....... 2,900,000
Moutons 900,000, à 15 francs par tête, soit....... 13,500,000
Porcs 11,000, à 40 francs par tête, soit........... 440,000
Chèvres 390,000, à 10 francs par tête, soit........ 3,900,000

Total.................. 40,990,000 fr.

L'ensemble des quatre grandes richesses agricoles de la Tunisie

des ruines grandioses attestent encore, sur toute l'étendue du territoire, l'empreinte vigoureuse dont Rome avait marqué sa conquête, après avoir, par une impitoyable politique, extirpé jusqu'aux derniers vestiges de l'œuvre carthaginoise.

33. Les Phéniciens. — Les plus anciens habitants connus de la Tunisie sont les Libyens et les Numides, de race berbère. Les Phéniciens, venus des pentes du Liban qu'ils occupent depuis l'an 2500 avant J.-C., fondent Utique vers le XIe siècle, Carthage vers le VIIIe, couvrent le golfe des Syrtes de comptoirs.

Carthage fait le commerce avec l'intérieur de l'Afrique, les îles de la Méditerranée, l'Espagne; elle pousse même

représente donc un capital immobilier de près de 500 millions de francs, auxquels il faudrait ajouter la valeur des prairies, terres de parcours, terres à alfas, bois, etc., et la valeur des constructions agricoles, pour lesquelles nous ne possédons aucun moyen d'évaluation.

Sauf pour le vignoble, il est difficile d'évaluer la part prise par les Européens et les indigènes dans chaque genre de culture. En son ensemble, la propriété foncière européenne occupe actuellement le dixième de la superficie de Tunisie, et les Français possèdent les 4 cinquièmes de cette propriété.

Comme l'Algérie, la Tunisie n'a guère d'industrie en dehors de l'industrie minière et phosphatière.

A côté des petites industries indigènes prospèrent un certain nombre de minoteries et d'huileries européennes, dont une centaine actionnées par la vapeur.

L'extension de la pêche maritime a déterminé l'établissement de madragues actuellement au nombre de sept.

Deux sociétés, la société de constructions mécaniques, au capital de 1,200,000 francs, et la Société franco-tunisienne d'entreprise de travaux métalliques, au capital de 750,000 francs ont fondé des établissements pour le travail des métaux.

L'industrie minière a pris depuis quelques années une rapide extension. Elle comptait, en 1907, 41 exploitations et occupait 9,000 ouvriers. Le produit net imposable est passé de 38,220 francs en 1900, à 196,801 francs en 1907. D'importants gisements de minerais de fer vont seulement entrer en exploitation.

Enfin, l'industrie phosphatière s'est extraordinairement développée depuis quelques années. L'exportation des phosphates, de 171,720 tonnes en 1900, est passée à 1,065,300 tonnes en 1907, et la Tunisie vient au second rang parmi les pays producteurs. Le nombre des exploitations en activité est actuellement de quatre et l'exploitation de nouveaux gisements va entrer en activité.

La production des minerais et des phosphates, d'une valeur de 16 millions de francs en 1905, s'est élevée à 32 millions de francs en 1907 et atteindra sans doute 40 millions de francs en 1908.

Le développement de l'industrie minière et phosphatière assure à la Tunisie un revenu échappant à l'influence des variations climatériques. La Régence ne sera plus à la merci d'une bonne ou d'une mauvaise récolte.

Toutefois, actuellement, la plus grande part des bénéfices réalisés va aux actionnaires de l'extérieur, en majorité français.

Les différents apports de capitaux effectués depuis le commencement de notre protectorat peuvent se décomposer ainsi :

Sommes dépensées en Tunisie sur les frais de l'expédition de 1881 environ..................	100,000,000 fr.
Reliquat disponible des 241 millions d'emprunts tunisiens réalisés, défalcation faite de l'ancienne dette s'élevant à 143 millions.....	98,000,000
Achats d'immeubles par les Européens, valeur d'après l'immatriculation foncière...........	141,000,000
Impenses sur ces immeubles, environ........	160,000,000
Apports à diverses sociétés tunisiennes par la France et l'étranger..................	110,000,000
Payements faits en Tunisie depuis l'occupation sur le budget métropolitain, environ 20 millions par an pendant vingt ans..............	400,000,000
Soit en chiffres ronds, au minimum..........	1,009,000,000 fr.

En regard, nous constatons l'existence d'un portefeuille de valeurs mobilières, de fonds déposés, d'exploitations agricoles, d'immeubles

une pointe jusqu'à la côte occidentale d'Afrique (périple d'Hannon). Elle finit par supplanter sa métropole, Tyr, et atteint son apogée vers le IIIe siècle avant J.-C.

Mais, juste en face d'elle, se dresse Rome qui devient bientôt sa rivale. Un long duel de plus d'un siècle, un des plus importants dans l'histoire du monde, s'engage entre les deux nations. Amollie par ses richesses, sans vertus civiques, sans armée nationale, entourée de toutes parts d'indigènes qu'elle pressurait et qui la détestaient, déchirée à l'intérieur par les luttes de deux familles rivales, les Hannon et les Barca, Carthage ne pouvait l'emporter contre Rome.

La première guerre se termine par la prise de la Sicile que les Romains conquièrent sur Amilcar. Elle est suivie par la lutte de Carthage contre ses propres soldats révoltés, des mercenaires, qu'Amilcar écrase et décime dans le défilé de la Hache.

Dans la deuxième guerre, Annibal met Rome à deux doigts de sa perte, mais Scipion l'Africain l'attire en Afrique et le bat à Zama.

La troisième guerre amène enfin la destruction com-

urbains, d'industrie, etc., etc., créés depuis l'établissement du protectorat et qui proviennent de la transformation des capitaux ci-dessus.

Valeurs mobilières possédées par les Tunisiens, environ.....................	50,000,000 fr.
Sociétés tunisiennes, à l'exclusion des sociétés ayant trait à des affaires immobilières............	105,000,000
Fonds déposés dans divers établissements.......	18,000,000
Evaluation, à leur valeur vénale actuelle, des immeubles immatriculés urbains et ruraux......	400,000,000
Le troupeau tunisien évalué d'après l'importance que lui donne la statistique de 1907 vaudrait 30 millions, soit le dixième aux Européens.....	3,000,000
Industries diverses, non constituées en sociétés : minoteries, savonneries, briqueteries, chaux et ciments, pêcherie, distillerie, thonaires et salines.	18,000,000
Mines appartenant à des particuliers, impenses évaluées approximativement..................	5,000,000
Outillage économique....................	220,554,000
Total...................	819,554,000 fr.

Il ressort une différence de 190 millions en chiffres ronds entre ces existences et le total des capitaux venus de l'extérieur.

Mais, si partiellement des sommes importées ont pu servir à combler l'écart entre les importations et les exportations, une partie aussi en est passée aux mains des indigènes, dont nous ne pouvons évaluer le développement du patrimoine depuis l'occupation; la somme de 100 millions dépensée au moment de l'expédition de 1881 a certainement profité à la masse des indigènes, qui étaient alors les seuls fournisseurs; il doit en être de même pour une bonne moitié, des 400 millions environ payés depuis le protectorat sur le budget métropolitain pour la solde, les subsistances militaires et les fonctionnaires.

Si donc, l'on ajoute 300 millions au total des valeurs tangibles constatées, on obtient au lieu de 1,101,554,000 francs, supérieur de 100 millions, en chiffres ronds, au total des apports. Les capitaux importés bénéficieraient donc actuellement d'une plus-value de 100 millions, mais aucune statistique complète d'ensemble n'ayant encore été faite, cette évaluation ne peut être contrôlée.

Nous n'avons pu, faute d'évaluations précises, tenir compte des sommes considérables dépensées dans leurs domaines tunisiens par des particuliers ou des sociétés résidant en Europe, surtout en France, en vue de la colonisation. Les sacrifices accomplis ont constitué d'ailleurs une richesse latente que l'on ne pourra elle-même évaluer que dans les plantations d'oliviers, de vignes, etc., entreront dans la période de rapport.

G. Cochery. Rapport sur le protectorat de la Tunisie. Ch. des députés, annexe n° 2037 au procès-verbal de la séance du 13 juillet 1908.

plète de Carthage par Scipion Émilien : le territoire carthaginois (Zeugitane au Nord et Bizzacène au Sud) devient la province d'Ifrikia (146 av. J.-C.).

Cette province ne tarda pas à s'agrandir de toute la Numidie, conquise par Metellus et Marius contre Jugurtha, par César contre Juba (46 av. J.-C.).

34. *Les Romains.* — L'Afrique romaine jouit, pendant deux cents ans, de la plus grande tranquillité.

Les Romains la sillonnèrent de routes dont la plus importante reliait Hippone à Tripoli. Ils firent de grands travaux d'irrigation. L'agriculture, l'industrie, le commerce surtout se développèrent rapidement. La richesse de l'Ifrikia devint proverbiale, et Carthage, où résidait le proconsul romain, retrouva son ancienne splendeur.

La religion chrétienne y pénétra, comme dans tout l'empire romain. Trois grands noms dominent l'histoire de l'Église d'Afrique : ceux de saint Cyprien, de Tertullien, et surtout de saint Augustin, évêque d'Hippone.

35. *Les Vandales.* — Les invasions des Barbares mirent fin à la domination romaine. Les Vandales de Genséric pénétrèrent dans la province vers 420 et s'emparèrent de tout le pays. Genséric, maître de l'empire d'Occident, gouverna avec habileté.

36. *Les Byzantins.* — L'occupation des Vandales dura à peine un siècle. Vers 530, le général byzantin Bélisaire, envoyé par Justinien contre Gélimer, bat ce prince près de Carthage, soumet en trois mois tout le nord de l'Afrique jusqu'à Ceuta.

Les gouverneurs Salomon et Jean Troglita, après avoir réduit les Berbères soulevés, continuèrent l'œuvre des Romains. La Tunisie jouit, sous la domination byzantine, de la plus grande prospérité.

37. *Les Arabes.* — Mais les Arabes, venus de l'Orient, ne tardèrent pas, dans leur marche envahissante, à pousser leurs conquêtes jusqu'à la Berbérie. Othman bat le patrice Grégoire (647); Kairouan, fondée en 669, devient la capitale des conquérants. La résistance héroïque des Berbères soulevés par une femme, la prophétesse Kahena, ne put venir à bout de l'opiniâtreté et du fanatisme des Musulmans. La Kahena cernée de toutes parts, avec ses troupes, dans l'immense amphithéâtre d'El Djem, succomba glorieusement.

L'Ifrikia fut arabe en moins d'un demi-siècle, malgré plusieurs révoltes berbères (révoltes des Kharéjits). Mais les Khalifes n'exercèrent bientôt qu'une autorité nominale. Aroun-el-Rachid finit même par reconnaître l'indépendance presque absolue de l'Ifrikia (800) qui lui paye cependant tribut.

38. De 800 à 1600 environ, cinq dynasties se succédèrent : celles des Aghlébites, des Fatémides, des Zirides, des Almohades et des Hafsides.

Dynastie aghlébite. — La dynastie aghlébite régna jusqu'en 909. Elle fut fondée par Ibrahim Ben Aghleb, dont les successeurs s'emparèrent de la Sicile.

Dynastie fatémide. — Le fondateur de la dynastie fatémide, Obeïd-Allah, et son lieutenant Abou-Abdallah con-

quirent toute l'Afrique du Nord (Maghreb) et poussèrent même jusqu'en Égypte.

C'est à cette époque (xᵉ siècle) que se place l'invasion de la Tunisie par des tribus nomades venues d'Orient, de l'Égypte et de la Tripolitaine. Cette invasion, connue sous le nom d'*invasion hilalienne*, fut un désastre pour le pays. L'œuvre séculaire des Byzantins et des Arabes fut détruite en quelques années par ces barbares, au nombre de 200 ou 300,000. L'immense forêt d'oliviers et d'arbres fruitiers qui couvrait presque toute l'ancienne Byzacène (1), allant de Sousse à Sfax et jusqu'à Gafsa, disparut complètement; les tribus n'épargnèrent que la côte.

Dynasties des Zirides et des Almohades. — Sous les Zirides, les Normands de Sicile débarquent en Tunisie, s'emparent de Mahdia et s'établissent dans le Sahel (1120). Les Almohades les repoussent.

Dynastie des Hafsides. — L'empire des Almohades, qui comprenait tout le Maghreb et une partie de l'Espagne, ne tarda pas à se désagréger. Abou Zakaria, lieutenant du Mahdi en Tunisie, fonda la dynastie des Hafsides vers 1230. Sous son fils, Mostancer, eut lieu l'expédition de saint Louis, qui se termina par la mort du roi des *Francs*, à Carthage (1270).

Mostancer, Abou-Abbas, Abou-Farès régnèrent paisiblement; mais, sous leurs successeurs, la Tunisie fut tour à tour la proie de Charles-Quint et des Turcs. Le premier s'étant emparé du Maroc et de l'Algérie, les Turcs se jettent sur la Tunisie. Le corsaire Kheroddine renverse les Hafsides. Tunis, prise et reprise par ces deux ennemis, est mise à sac (1535-1570). La Tunisie resta enfin aux mains des Turcs.

39. *Les Turcs.* — Le sultan était représenté en Tunisie par un pacha ou par un dey. Mais l'autorité était partagée en fait entre le dey et le chef de l'armée (agha ou bey), dont le pouvoir devint de plus en plus grand. L'agha Hussein Ben Ali profita d'une guerre malheureuse avec l'Algérie (bataille du Kef, prise de Tunis, 1694) pour s'emparer du pouvoir (1705).

Sans rompre le lien de vassalité qui l'unissait à la Turquie, il se proclama souverain sous le nom de Bey.

C'est pendant la période de domination turque qu'eut lieu la création du consulat de France à Tunis (1577). Notre consul obtint même, en 1665, la prééminence sur les représentants des autres puissances.

Dynastie husseïnite. — Le fondateur de la dynastie qui règne encore sur la Tunisie fut un prince habile et énergique. Il périt en 1740, décapité par son propre neveu révolté, Ali Pacha.

Les règnes d'Ali (1740-1755), de Mohammed (1755-1759), d'Ali Bey (1759-1782) et d'Hamouda (1782-1814) sont troublés par plusieurs guerres avec les Algériens. Sous le dernier, l'affaire dite des *prisonniers corses* amène le bombardement, par la France, des ports tunisiens (1770).

Mahmoud Bey (1815-1824) dut, après une démonstra-

(1) Vᵉ Paul Bourde, Rapport sur la culture de l'olivier.

tion de la flotte anglaise envoyée par le Congrès de Vienne, s'engager à supprimer la course.

Husseïn Bey (1824-1835) refusa de s'allier avec les Algériens contre la France et signa même un traité avec cette dernière, représentée par le consul Mathieu de Lesseps (8 août 1830).

40. *La Tunisie depuis la conquête de l'Algérie, jusqu'en 1881.* — L'occupation de l'Algérie avait fait de la France le plus proche et le plus puissant voisin des beys de Tunis. L'influence de ce voisinage ne devait pas tarder à se faire sentir.

La France était nécessairement amenée à surveiller attentivement un pays dont chaque secousse avait une répercussion dans sa jeune colonie ; le bey de Tunis, de son côté, au contact de notre civilisation, devait être entraîné à des réformes, à des dépenses excessives.

Désorganisation de la vie politique et financière du beylik, emprunts désastreux qui provoquent et justifient cette ingérence : voilà les deux facteurs étroitement liés de la ruine de la Tunisie. Un homme, par l'influence néfaste qu'il a exercée pendant près de quarante ans (1837 à 1873) sur les beys, par sa cupidité sans égale, devait précipiter la chute : c'est le ministre Mustapha Khaznadar.

Le bey Ahmed (1837-1855) jeta des millions dans des constructions gigantesques (Porto-Farina, La Mohammedia). Il rendit visite à Louis-Philippe, qui le reçut comme un souverain. Il voulut avoir une armée, et dès la première occasion en fit parade : il envoya 10,000 hommes en Crimée, sur l'invitation de Napoléon III.

41. Mohammed Bey (1855-1859) eut l'honneur de donner une Constitution à la Tunisie (1857). Cet acte important, connu sous le nom de *pacte fondamental*, lui fut arraché par notre consul Léon Roches et par le consul anglais Richard Wood, secondés par un ministre éclairé, Khéreddine ; il se produisit à la suite de l'exécution sommaire d'un Italien et d'un juif. Le *pacte fondamental* proclamait l'égalité de tous devant la loi.

Mohammed Sadok (1859-1882), son successeur, établit un Parlement sous le nom de *Conseil Suprême.* Mais cette institution, surtout destinée à faciliter la création ou l'augmentation des impôts, devint vite impopulaire et ne tarda pas à disparaître. Khaznadar, plus puissant que jamais, négocie à Paris avec des banquiers étrangers un premier emprunt de 35 millions destinés à payer les dettes du bey (1863), puis un deuxième emprunt de 25 millions garanti par les douanes. Le montant de ces emprunts reste presque en entier entre les mains des intermédiaires et de Khaznadar.

Le pays, écrasé d'impôts (la medjba venait d'être doublée), en proie à la plus horrible famine, au typhus, au choléra (1865-1867), se soulève à différentes reprises ; mais ces révoltes sont noyées dans le sang. Le plus jeune frère du bey, Sidi Adel, se met à la tête de l'insurrection des Kroumirs en 1865 : fait prisonnier, il meurt dans son cachot (1867).

42. Cependant, indépendamment des emprunts d'État, le gouvernement beylical avait contracté, à Tunis même,

une foule de dettes criardes. Ses créanciers, presque tous anglais et italiens, réclamèrent des garanties ; Mohammed Sadok leur en accorda aux dépens des créanciers de Paris : après quatre conversions (1867-1868), les créanciers locaux se trouvèrent porteurs d'un type unique d'obligation amortissable, gagé par les douanes (déjà concédées cependant) et l'impôt medjba.

Les protestations violentes des obligataires de Paris obligèrent le bey à instituer une commission chargée de réorganiser ses finances et de percevoir les impôts (avril 1868). Cette commission, d'abord uniquement composée de Français et de Tunisiens, devint bientôt internationale : elle est connue sous le nom de *commission financière*. Elle comprenait deux organes : un *comité exécutif* de trois membres (le général Kheredine, un ministre et l'inspecteur français des finances, M. Villet), et un *comité de contrôle* de six membres, deux Italiens, deux Anglais et deux Français ; son rôle a été considérable.

Au point de vue financier, elle a liquidé le passif de la faillite du bey, converti la dette, rétabli la précision et l'ordre dans la gestion des finances. Le chiffre total de la dette, de 160 millions de francs, productifs d'un intérêt annuel de 20 millions, fut ramené à 125 millions de francs, au taux unique d'intérêt de 5 0/0. Les revenus les plus sûrs du pays, destinés à la garantir, furent administrés sous le contrôle de la commission, par une administration spéciale dite des *revenus concédés* (arrangement du 23 mars 1870).

43. *Au point de vue politique*, la commission se trouvait à la fois paralysée par la discorde qui régnait entre ses deux comités, par ses conflits incessants avec les divers consuls (1), enfin par l'hostilité du bey et de Mohammed Khaznadar. Cette institution ne put sauver le Gouvernement du pays mais elle en retarda la chute.

L'Italie, fière de son indépendance reconquise et de son unité réalisée, avait des vues sur la Tunisie. Cette contrée s'offrait à elle comme un prolongement de son propre territoire, comme un débouché illimité ouvert à l'émigration des populations du Sud ; elle eut fondé sa suprématie sur le bassin occidental de la Méditerranée. Les efforts de ses consuls tendirent de plus en plus, jusqu'en 1881, à combattre l'influence séculaire de nos représentants. Notre consul à Tunis, M. Roustan, et nos gouvernants furent assez habiles pour éviter tous les écueils et pour nous conserver la prépondérance.

Mustapha Khaznadar, convaincu enfin de concussion, venait de tomber (1873). Le bey le remplaça par son nouveau favori, Mustapha Ben Ismaïl, et par le général Kheredine, un ami de la France. M. Roustan en profita pour faire concéder à une compagnie française le chemin de fer de Tunis à l'Algérie (1875).

44. Trois ans après, au congrès de Berlin, M. Waddington, notre ministre des Affaires étrangères, lors du règlement de la question d'Orient, obtenait du ministre anglais, lord Salisbury, une déclaration nettement favo-

---

(1) Affaire de la concession de Sidi Tabet à M. de Saucy, qui amène le rappel de M. Quellié, inspecteur des finances (1879).

rable au développement de notre influence en Tunisie (1878).

L'effet de cette manifestation fut énorme en Italie. Le ministère Caïroli, violemment attaqué, eut bientôt l'occasion de nous mettre en échec dans une affaire retentissante, celle du chemin de fer de Tunis à la Goulette. La compagnie anglaise qui exploitait à perte ce tronçon de voie, l'avait vendu à la compagnie française Bône-Guelma. La compagnie Rubattino fit annuler le contrat et l'emporta aux enchères en achetant 4 millions ce qui n'en valait qu'un (1880). L'opinion publique italienne fit grand bruit autour de cette *victoire*.

Presque à la même époque, alliée cette fois à la presse anglaise, elle se soulevait contre nous à propos de l'affaire de l'Enfida. Le général Khereddine, tombé du pouvoir en 1877 et retiré à Constantinople, avait vendu pour 2 millions tous ses biens, dont l'immense domaine de l'Enfida, à une société française marseillaise. Le gouvernement du bey suscita toutes sortes d'obstacles à l'acquéreur. Un soi-disant voisin, protégé anglais, Lévy, invoqua même le droit de préemption (chefaa). Il se posa en victime de la France; ce procès qui se termina plus tard (1882) par la défaite de Lévy, troubla la Tunisie et l'Europe.

45. *Intervention française* (1). — La cause immédiate de l'intervention française en Tunisie réside dans les incursions incessantes, sur le territoire algérien, de tribus kabyles de la frontière, les Khroumirs. Depuis plus de dix ans, les réclamations des gouverneurs de l'Algérie à ce sujet se multipliaient; en 1881, la situation devient intolérable. Au mois de février, quelques centaines de Khroumirs pénètrent en Algérie et livrent bataille aux habitants, puis le mouvement grandit, se propage.

Notre gouverneur général, M. Albert Grévy, envoie des troupes pour défendre la sécurité de la colonie. Les ministres Jules Ferry et Farre, décidés à une action énergique, font voter par le Parlement les crédits nécessaires à une expédition.

Pendant que nos diplomates s'attachaient à obtenir à cet effet, sinon l'approbation des puissances européennes, tout au moins leur neutralité; pendant qu'ils parvenaient, non sans difficulté, à s'assurer *le silence* des gouvernements anglais, italien et turc, malgré le déchaînement de l'opinion publique de ces trois pays contre nous, le général Farre réunissait les éléments du corps expéditionnaire.

Pour éviter de compromettre l'organisation de notre armée et de troubler la France à la veille des élections législatives, on procéda par prélèvements dans chaque corps d'armée, en France et en Algérie. Le corps expéditionnaire, fort d'environ 32,000 hommes, fut placé sous le commandement du général Forgemol de Bostquénard. Il comprenait deux divisions de trois brigades chacune, la première chargée d'opérer dans le Nord (Général Delebecque), l'autre dans le Sud (Général Logerot).

(1) Pour plus de renseignements, consulter la remarquable étude de M. d'Estournelles de Constant : *La Politique française en Tunisie*, Paris, 1891.

46. *Première campagne* (avril-mai 1881). — Pendant que le bey, malgré les représentations de notre consul Roustan, faisait appel aux puissances, à la Porte Ottomane, les troupes françaises pénétraient en Tunisie, entraient au Kef, canonnaient le fort de Tabarka.

Logerot occupait la vallée de la Medjerdah, Souk el Arba, faisait reculer l'armée beylicale commandée par le propre frère du bey, le prince Ali. Le général Bréart débarquait à Bizerte, se portait sur La Manouba (près Tunis) avec une colonne de 8,000 hommes et, le 12 mai, présentait au bey un ultimatum préparé par les ministres J. Ferry et Barthélemy Saint-Hilaire.

Le bey apposa, non sans hésitation, sa signature au bas du traité, comprenant 10 articles, par lequel la France se portait garante de l'exécution des traités liant la régence et les autres États, promettait son appui au bey contre tout danger, fixait les bases d'une organisation financière. Le bey s'engageait à ne conclure aucun acte international, sans notre assentiment, et nous permettait d'occuper temporairement quelques points du territoire (Traité du Bardo ou de Kassar Saïd).

47. Le traité répondait bien à ce que l'on attendait de notre intervention, soit en France, soit à l'étranger : nul ne pensait à l'annexion, ni même au protectorat pur et simple. Cette solution rapide fut donc accueillie favorablement par l'opinion publique européenne. Le traité fut approuvé par les chambres françaises. En Italie, le ministre Caïroli dut démissionner et des rixes sanglantes entre Français et Italiens se produisirent à Marseille.

Dès la signature du traité, nos troupes rétrogradèrent à Djedeïda sans entrer à Tunis; le corps d'occupation fut réduit à 15,000 hommes. Ce fut une faute grave qui compromit notre prestige aux yeux des Tunisiens. Le résultat ne se fit pas attendre. Un mouvement insurrectionnel se produisit dans le sud et se propagea jusqu'à Sfax; une deuxième campagne devint nécessaire au cœur même de l'été.

48. *Deuxième campagne*. — L'escadre française de la Méditerranée, sous les ordres du vice-amiral Garnault se présenta devant Sfax qu'elle bombarda. Le colonel Jamais emporta la ville (16 juillet 1881).

Mais, en présence de l'importance du soulèvement, le général Saussier, commandant en chef, arrête un vaste plan d'offensive sur toute la régence. Le général Logerot, entré à Tunis le 10 octobre 1881, doit pénétrer au cœur du pays, aller directement à Kairouan, pendant que la colonne Forgemol traversera le pays dans sa largeur et que la colonne Étienne, partie de Sousse, ira opérer sa jonction à Kairouan avec les deux autres. Ce plan fut exécuté rapidement sans grande effusion de sang, et la Tunisie tout entière fut bientôt pacifiée.

Le protectorat. — La reprise des opérations militaires avait produit, en France, une émotion considérable. Le ministère fut attaqué violemment par l'opposition qui exigeait le retrait de nos troupes. L'expédition de Tunisie servit de plateforme aux élections législatives. Le cabinet Ferry résista vigoureusement. Cependant accusé par la nouvelle chambre d'avoir voulu tromper la précédente assemblée et l'opinion publique, d'avoir eu des conceptions discutables au point de vue financier et militaire, il démissionna et fut remplacé par le ministère Gambetta. Celui-ci, également opposé à l'annexion et à l'abandon, préconisa une forme nouvelle d'occupation : le protectorat.

TITRE PREMIER

LE PROTECTORAT

CHAPITRE PREMIER.

ORGANISATION POLITIQUE.

SECTION PREMIÈRE.

LE RÉGIME DU PROTECTORAT.

§ 1er. — Principes généraux. — Le Bey.

49. Nous savons à la suite de quels événements la France fut amenée à intervenir dans la régence de Tunis ; nous avons vu, d'autre part, les différentes phases de l'expédition et de l'occupation française en Tunisie.

Il est nécessaire maintenant d'envisager la signification et les conséquences de notre action dans la régence au point de vue politique et diplomatique.

Si l'on consulte le texte qui constitue la charte fondamentale de nos droits et de nos devoirs en Tunisie, et si l'on se reporte au traité du Bardo du 12 mai 1881, une première observation s'impose : dans ce texte l'expression de *protectorat* n'est pas employée (1). Cette expression

(1) Il est vrai, toutefois, que notre qualité de protecteur résultait implicitement de l'article 3 de ce traité.

TRAITÉ conclu le 12 mai 1881, avec S. A. le Bey de Tunis, au palais de Kassar-Saïd.

Le Gouvernement de la République française et celui de S. A. le Bey de Tunis, voulant empêcher à jamais le renouvellement des désordres qui se sont produits récemment sur les frontières des deux États et sur le littoral de la Tunisie et désireux de resserrer leurs anciennes relations d'amitié et de bon voisinage, ont résolu de conclure une convention à cette fin, dans l'intérêt des deux hautes parties contractantes.

En conséquence, le Président de la République française a nommé pour son plénipotentiaire M. le général Bréart, qui est tombé d'accord avec S. A. le Bey sur les stipulations suivantes :

Article premier. — Les traités de paix, d'amitié et de commerce et toutes autres conventions existant actuellement entre la République française et S. A. le Bey de Tunis sont expressément confirmés et renouvelés.

Art. 2. — En vue de faciliter au Gouvernement de la République française l'accomplissement des mesures qu'il doit prendre pour atteindre le but que se proposent les hautes parties contractantes, S. A. le Bey de Tunis consent à ce que l'autorité militaire française fasse occuper les points qu'elle jugera nécessaires pour le rétablissement de l'ordre et de la sécurité de la frontière et du littoral. Cette occupation cessera lorsque les autorités militaires française et tunisienne auront reconnu, d'un commun accord, que l'administration locale est en état de garantir le maintien de l'ordre.

Art. 3. — Le Gouvernement de la République française prend l'engagement de prêter un constant appui à S. A. le Bey de Tunis contre tout danger qui menacerait la personne ou la dynastie de Son Altesse, ou qui compromettrait la tranquillité de ses États.

Art. 4. — Le Gouvernement de la République française se porte

n'apparaît pour la première fois que dans le texte du traité de La Marsa du 8 juin 1883 (1), qui précise les engagements pris par le bey « afin de faciliter au gouvernement français l'accomplissement de son *protectorat*. »

Et c'était bien, en effet, un protectorat que la France entendait établir en Tunisie ; c'est bien aussi de l'idée de protectorat qu'elle s'est toujours inspirée pour y régler son action et son intervention.

50. *Raisons qui ont fait adopter pour la Tunisie le régime du protectorat.* — Mais ici une question se pose : Pourquoi la France avait-elle adopté pour règle et pour principe de son action en Tunisie le régime du protectorat ?

garant de l'exécution des traités actuellement existants entre le Gouvernement de la Régence et les diverses puissances européennes.

Art. 5. — Le Gouvernement de la République française sera représenté auprès de S. A. le Bey de Tunis par un ministre résident, qui veillera à l'exécution du présent acte et qui sera l'intermédiaire des rapports du Gouvernement français avec les autorités tunisiennes pour toutes les affaires communes des deux pays.

Art. 6. — Les agents diplomatiques et consulaires de la France en pays étrangers seront chargés de la protection des intérêts tunisiens et des nationaux de la Régence. En retour, S. A. le Bey s'engage à ne conclure aucun acte ayant un caractère international sans en avoir donné connaissance au Gouvernement de la République française, et sans s'être entendu préalablement avec lui.

Art. 7. — Le Gouvernement de la République française et le Gouvernement de S. A. le Bey de Tunis se réservent de fixer d'un commun accord les bases d'une organisation financière de la Régence, qui soit de nature à assurer le service de la dette publique et à garantir les droits des créanciers de la Tunisie.

Art. 8. — Une contribution de guerre sera imposée aux tribus insoumises de la frontière et du littoral. Une convention ultérieure en déterminera le chiffre et le mode de recouvrement, dont le Gouvernement de S. A. le Bey se porte responsable.

Art. 9. — Afin de protéger contre la contrebande des armes et de munitions de guerre les possessions algériennes de la République française, le gouvernement de S. A. le Bey de Tunis s'engage à prohiber toute introduction d'armes ou de munitions de guerre sur l'île de Djerba, le port de Gabès ou les autres ports du sud de la Tunisie.

Art. 10. — Le présent traité sera soumis à la ratification du Gouvernement de la République française et l'instrument de ratification sera remis à S. A. le Bey de Tunis dans le plus bref délai possible.

MOHAMMED-ES-SADOK.   Général BRÉART.

(1) *CONVENTION conclue le 8 juin 1883, au palais de La Marsa, entre la France et la Tunisie, pour régler les rapports respectifs des deux pays.*

Article premier. — Afin de faciliter au Gouvernement français l'accomplissement de son *protectorat*, S. A. le Bey de Tunis s'engage à procéder aux réformes administratives, judiciaires et financières que le Gouvernement français jugera utiles.

Art. 2. — Le Gouvernement français garantira, à l'époque et sous les conditions qui lui paraîtront les meilleures, un emprunt à émettre par S. A. le Bey, pour la conversion ou le remboursement de la dette consolidée s'élevant à la somme de 120 millions de francs et de la dette flottante jusqu'à concurrence d'un maximum de 17,550,000 francs.

S. A. le Bey s'interdit de contracter, à l'avenir, aucun emprunt pour le compte de la Régence sans l'autorisation du Gouvernement français.

Art. 3. — Sur les revenus de la Régence, S. A. le Bey prélèvera : 1° les sommes nécessaires pour assurer le service de l'emprunt garanti par la France ; 2° la somme de 2 millions de piastres (1,200,000 francs), montant de sa liste civile ; le surplus des revenus devant être affecté aux dépenses d'administration de la Régence et au remboursement des charges du protectorat.

Art. 4. — Le présent arrangement confirme et complète, en tant que de besoin, le traité du 12 mai 1881. Il ne modifiera pas les dispositions précédemment intervenues pour le règlement de la contribution de guerre.

Paul CAMBON.   ALI, Bey de Tunis.

L'adoption du protectorat peut s'expliquer par des motifs d'ordre intérieur en même temps que par des raisons nettement internationales.

Tout d'abord, en 1881, l'esprit public en France était contraire à une politique générale d'entreprises lointaines et d'annexion. Nous avons rappelé les difficultés intérieures auxquelles le gouvernement de la République eut à faire face et la violence des polémiques que la question tunisienne avait soulevées au sein du Parlement. Toute cette agitation avait amené le gouvernement à en finir au plus vite avec ces discussions ardentes et la formule qui, au point de vue national, semblait devoir concilier toutes les opinions, se résumait heureusement en l'idée d'un protectorat, exclusive de toute pensée d'annexion. Tandis que certains parlementaires se déclaraient partisans d'un abandon plus ou moins prochain de notre conquête, Gambetta esquissait notre programme en Tunisie dans cette brève et significative formule : « ni abandon, ni annexion ».

51. Non seulement elle donnait satisfaction à l'opinion publique française; elle évitait aussi d'éveiller les susceptibilités des puissances étrangères; et ces raisons, d'ordre international, ne furent pas d'une importance minime dans le choix du régime adopté par la France au regard de la Tunisie.

C'est qu'en effet un des motifs principaux qui s'opposaient à l'annexion de la régence était incontestablement l'autorité des agents consulaires étrangers se trouvant en Tunisie, autorité à laquelle il était difficile de porter quelque atteinte. Et d'autre part les déclarations faites successivement par trois présidents du Conseil des ministres nous avaient en quelque sorte engagés vis-à-vis des puissances étrangères à ne pas poursuivre l'annexion. « Une annexion pure et simple, écrivait le 26 juillet 1878 (Livre Jaune) M. Waddington, ne serait pas en harmonie avec notre politique générale *notre protectorat...* »; Jules Ferry s'était, lui aussi, à maintes reprises, prononcé pour le protectorat et contre l'annexion. Gambetta, enfin, avait fait dans le même sens des déclarations aussi nettes et aussi catégoriques (1).

52. Telles sont, en fait, les raisons d'opportunité nationale et d'ordre international, qui ont déterminé le gouvernement français à accepter pour la Tunisie la forme du protectorat.

Elles étaient d'ailleurs en parfaite harmonie avec la tradition historique, et nous n'avons fait, somme toute, en établissant notre protectorat en Tunisie, que reprendre vis-à-vis des indigènes la politique que suivaient les Romains à l'égard des peuples qu'ils avaient soumis.

Si, en effet, il est aujourd'hui certain que les grands empires de l'Orient imposaient aux nations qu'ils avaient subjugué s un régime analogue à celui du protectorat, il est non moins acquis que les Romains usaient très nettement de ce régime (patrocinium) vis-à-vis des peuples par eux soumis. Les témoignages d'Aulu-Gelle et de Gaïus (2)

nous font connaître que les Romains faisaient entrer dans les principes de leur politique de respecter les coutumes des indigènes des cités et des nations vaincues. On laissait, nous apprend Tite-Live, « aux rois leur majesté, aux peuples leurs lois et leurs libertés ». A moins d'avoir obtenu le *jus civitatis*, les pérégrins conservaient, en général, après la conquête, les lois civiles de leur pays (1).

A l'exemple des conquérants romains, dont ils continuent l'œuvre civilisatrice, les Français ont, pour la Tunisie, érigé en système la forme du protectorat (2).

Ainsi choisi et adopté, le protectorat français remplissait donc ce triple but : de satisfaire l'opinion publique française, de ménager les susceptibilités des puissances étrangères, d'être enfin conforme à la tradition historique que nous transmettait l'exemple des Romains.

53. *Portée et étendue du protectorat tunisien.* — Il importe de préciser ce qu'impliquait le protectorat de par les conventions mêmes qui l'établissaient, tant au regard de la nation protégée qu'au regard des autres puissances (3).

Les conséquences entraînées par l'établissement du protectorat dans un État sont variables; elles changent

---

(1) Emmanuel Besson, *La Législation civile de l'Algérie*, Paris, 1894, p. 64.

Voir aussi Gaston Boissier, *L'Afrique romaine*, 3ᵉ édition, Paris, 1907. « Pour éviter la responsabilité et les dépenses qu'entraîne l'administration d'un pays, ils (les Romains) trouvaient commode d'y établir un chef ou un roi appartenant à quelque ancienne race, qu'ils chargeaient de maintenir la paix et de gouverner sous leur autorité. C'est le système du protectorat. Ils l'ont employé très souvent dans les pays qu'ils avaient conquis, et souvent aussi ils s'en sont bien trouvés. On a vu qu'en Afrique, ils donnèrent à Massinissa et à ses successeurs, non seulement le royaume de Syphax, mais cette partie du territoire de Carthage qui longeait le désert. La Numidie, ainsi constituée, devait former une sorte de ceinture autour de la province d'Afrique, qui la protégerait contre les invasions des nomades et permettrait aux sujets de Rome de cultiver en paix leurs plaines fertiles » (p. 87).

Et ailleurs : « Mais si les Romains s'établissaient en grand nombre dans les pays qu'ils avaient soumis, ce n'était pas leur coutume d'en exterminer ou même d'en expulser les anciens habitants... Les Romains avaient le sentiment qu'ils pourraient bien arriver à conquérir le monde, mais qu'ils n'étaient pas assez nombreux pour l'occuper. Aussi ont-ils cherché partout à s'entendre avec les gens du pays. Nous avons vu qu'ils ne détruisaient pas les institutions existantes quand elles étaient compatibles avec leur sécurité; ils gardaient les anciennes municipalités et s'en servaient pour administrer leur conquête; ils laissaient le pouvoir aux hommes importants de la contrée qui leur offraient des garanties. De cette façon, les vaincus s'initiaient aux temps à la vie romaine; tout se faisait peu à peu et par degrés » (p. 333).

(2) Ce n'est pas au point de vue politique que nous avons repris pour notre compte l'exemple des Romains. Nous le suivons aussi au temps de Rome de l'exemple économique.

« Le pays, dit M. Paul Bourde en parlant de la Tunisie, est exceptionnellement doué pour une sorte de culture, et n'est doué que pour cette sorte de culture (il s'agit ici de la culture de l'olivier). Avant l'occupation romaine, cette culture y était inconnue, et il était désert. Les Romains introduisirent cette culture vers la fin du 1ᵉʳ siècle, et il devint très riche. Les Arabes y ont détruit cette culture au XIᵉ siècle, et il est redevenu désert. »

« Ces faits étant constatés, l'œuvre de réparation que l'Administration du protectorat a entreprise dans la Régence de Tunisie, pour cette région, trace aussi clairement que l'on peut le souhaiter. « Il n'y a qu'à refaire ce que la colonisation romaine y avait fait. » (Paul Bourde, rapport adressé en juin 1893 à M. le Résident-général de France; Tunis, 1899.)

(3) V. *supra*, Vᵒ PROTECTORAT.

---

(1) D'Estournelles de Constant. *Op. cit.*, p. 320.
(2) Gell, N. *Att.*, IV, 4. — Gaïus, I, 55, 189 et 193.

suivant le pays auquel ce régime s'applique et suivant l'esprit politique du pays protecteur. On peut cependant dire qu'il n'existe point de protectorat proprement dit sans un certain abandon, au profit de l'État protecteur, de l'exercice de quelques-uns des droits de souveraineté externe et interne appartenant à l'État protégé.

Quant à déterminer et à préciser la nature et l'importance des droits ainsi délégués, il convient de se reporter aux conventions constitutives du protectorat.

En ce qui concerne la Tunisie, on peut, des traités des 12 mai 1881 et 8 juin 1883, déduire cette conséquence générale — que nous aurons à développer — : l'État tunisien a gardé sa personnalité juridique, son autonomie et sa souveraineté; mais le Gouvernement français a un pouvoir de surveillance et de contrôle sur l'administration générale de l'État tunisien (1).

54. *Souveraineté extérieure.* — Le droit de légation actif du bey a été réglé par l'article 5 du traité du Bardo.

Ce texte dispose, en effet, que le ministre résident sera l'intermédiaire des rapports du gouvernement français avec les autorités tunisiennes pour toutes les *affaires communes aux deux pays.*

Le bey ne peut donc pas se faire représenter auprès du Gouvernement de la République; et, d'autre part, c'est à la France qu'il appartient de représenter le bey auprès des puissances tierces. Cette dernière proposition résulte de l'article 6 du traité précité qui charge les agents consulaires et diplomatiques de la France en pays étrangers « de la protection des sujets tunisiens et des nationaux de la régence » et décide qu'en retour S. A. le Bey s'engage à ne conclure aucun acte ayant un caractère « international sans en avoir donné connaissance au gouvernement de la République française, et sans s'être entendu préalablement avec lui. » Au surplus le décret beylical du 9 juin 1881 charge le résident général « du rôle d'intermédiaire officiel et unique » dans les rapports du bey avec les représentants des puissances accréditées auprès de lui.

Le droit de légation passif est, au contraire, conservé par le bey. Et ceci est sans inconvénient au regard des intérêts français, puisque — nous venons de le voir — le résident général peut surveiller les relations du bey avec les représentants des puissances tierces.

55. Le droit de négocier et de conclure des traités internationaux appartient, en principe, au bey, mais ce souverain est tenu : de s'entendre au préalable avec le gouvernement français et de lui donner connaissance du traité; de négocier toute convention internationale par l'intermédiaire du ministre résident (1).

Aux termes de l'article 3 du traité du Bardo, le gouvernement français s'engage à prêter à l'État tunisien le concours de ses troupes contre tout danger menaçant le bey, sa dynastie ou la tranquillité de ses États.

56. *Souveraineté intérieure.* — Le principe de l'action reconnue à la France dans le domaine de l'Administration générale de la Tunisie est posé par l'article 1er du traité du 8 juin 1883 : « S. A. le Bey de Tunis s'engage à procéder aux réformes administratives, judiciaires ou financières que le gouvernement français jugera utiles. »

Tel est le principe qui établit formellement au profit de la France, État protecteur, un pouvoir d'immixtion et d'ingérence dans les affaires intérieures de la Tunisie, État protégé. Mais il importe d'indiquer les applications les plus importantes de ce principe.

57. Le bey a, tout d'abord, conservé le pouvoir constituant.

L'article 3 du traité du Bardo impose à la France l'obligation de soutenir le souverain et sa dynastie. Et, en fait, à l'avènement d'un prince sur le trône beylical (2) l'investiture est donnée au nouveau bey par le représentant de la France en Tunisie (3).

---

(1) Cette conséquence générale résulte bien plutôt de l'esprit de notre protectorat que du texte même des conventions qui l'ont institué, car s'il est un traité qui soit incomplet et insuffisant, c'est bien celui du 12 mai 1881.

C'est, en effet, de l'esprit général du traité et de l'institution d'un Résident général de la France en Tunisie que la France obtenait un droit de surveillance et de contrôle sur le Gouvernement tunisien, mais ce n'était pas là, en 1881, une solution évidente, la situation était rendue plus difficile encore par l'existence de la Commission financière internationale.

Cette Commission, organisée par un décret beylical du 5 juillet 1869 pour remettre l'ordre dans les finances de la Régence et assurer le payement de leurs droits aux créanciers de cette dernière, était composée de Tunisiens et de délégués français, anglais et italiens et avait étendu successivement son action sur toutes les branches de l'Administration. Elle pouvait donc être un obstacle à notre action.

La France ayant pris sous sa garantie absolue la dette de la Tunisie, le contrôle de la Commission financière n'ayant plus à s'exercer, aucune difficulté n'était à craindre de ce côté.

D'ailleurs, le traité de La Marsa du 8 juin 1883 était bientôt signé et notre « protectorat » était légalement et formellement établi en Tunisie.

(1) Article 6 du traité du Bardo et décret beylical du 9 juin 1881.

En fait cette situation a été modifiée : la France traite directement « au nom du Gouvernement tunisien » avec les autres États. L'existence d'une sorte de mandat tacite donné pour ce faire au Gouvernement français résulte de fait du traité de 1881 et de la promulgation par décrets beylicaux des traités internationaux ainsi passés.

(2) L'ordre de succession au trône est réglé par l'article premier du décret du 15 chaoual 1277 (26 avril 1861), sur l'organisation politique de la Régence, qui est ainsi conçu : « La succession au pouvoir est héréditaire entre les princes de la famille husseinite, par *ordre d'âge*, suivant les règles en usage dans le royaume. Dans le cas seulement où l'héritier présomptif se trouverait empêché, le prince qui vient immédiatement après lui lui succédera dans tous ses droits. L'héritier présomptif porte le nom de *Bey du camp.*

(3) Ainsi, lors de l'avènement de Sidi Ben Nacer Bey, à la suite de la mort de Sidi Mohamed el Hadi Bey, le 12 mai 1906, le délégué à la Résidence générale (en l'absence du Résident général) s'est rendu, suivi d'un imposant cortège officiel, au palais du Bardo, où a lieu la cérémonie de l'investiture. « Là, dit le *Journal officiel tunisien*, numéro du 16 mai 1906, le prince s'est placé devant le trône, ayant à sa droite le Délégué qui a prononcé le discours suivant : « En l'absence du Résident général, je suis chargé d'être auprès « de Votre Altesse l'interprète des vifs regrets qu'éprouve le Gou- « vernement de la République de la mort de S. A. Mohammed el « Hadi, qui a cessé, le 11 mai de son père, de donner le plus « loyal concours au Gouvernement de la République.

« Depuis un quart de siècle, par l'union étroite de la France pro- « tectrice et de la Tunisie, la prospérité de la Régence s'est cons- « tamment accrue. Le règne de Votre Altesse ne sera pas moins « bienfaisant. Avec le même attachement à la France que ses pré- « décesseurs, Elle poursuivra l'œuvre de justice, de civilisation et « de progrès rationnel à laquelle ils se sont consacrés et qui est, dans « la pensée de Votre Altesse, la raison d'être du pouvoir.

« Je donne à Votre Altesse *l'investiture solennelle* au nom de la « France... »

58. Le bey a conservé également le pouvoir législatif; il a le droit de faire des lois, des décrets ou des règlements touchant l'administration intérieure de son État. Mais s'il a le pouvoir législatif, il résulte des termes mêmes du traité de 1883 (art. 1er) que l'initiative en matière législative appartient à la France, puisque c'est le gouvernement français qui est juge de l'opportunité et de l'utilité des réformes à introduire dans l'administration (1).

Par son décret du 10 novembre 1884, le Président de la République a délégué au résident général le pouvoir d'approuver, au nom de la France, la promulgation et la mise à exécution en Tunisie de tous les décrets beylicaux. Ceux-ci pour devenir obligatoires à l'égard des Français et des étrangers, doivent être visés pour approbation par le résident général.

59. Aux termes de l'article 1er du traité du 8 juin 1883, le bey s'est engagé à procéder aux réformes judiciaires qui lui seraient conseillées par le gouvernement français. Le pouvoir reconnu à ce dernier en matière judiciaire n'est donc pas contestable; il a sa source dans une des conventions constitutives du protectorat.

En fait ce pouvoir s'est agrandi par suite de la renonciation à leurs juridictions consulaires par les puissances étrangères, et ce au profit des juridictions françaises; et par suite des concessions successives consenties au profit de nos tribunaux par l'État tunisien.

Cette dernière source du pouvoir juridictionnel de la France en Tunisie est particulièrement importante; elle consiste en divers décrets pris par le bey qui donnent compétence à la justice française suivant la nature de l'action ou la nationalité des parties en cause; l'un des plus remarquables parmi ces décrets est celui du 1er juillet 1885 (loi foncière) qui attribue aux tribunaux français la connaissance de tous les litiges relatifs aux immeubles immatriculés.

Mais le bey a toujours, en principe, et sous réserve de ces exceptions la plénitude du pouvoir judiciaire; et de même que la personnalité juridique de son État subsiste avec le protectorat, de même sa justice ne saurait se confondre avec la justice française fonctionnant en Tunisie, puisqu'elles procèdent de deux souverainetés absolument différentes et entièrement étrangères l'une à l'autre.

60. Une des conséquences les plus curieuses de ce principe de l'indépendance des deux justices est qu'il ne peut y avoir de litispendance entre la juridiction française et la juridiction tunisienne. Il est, en effet, de principe que la litispendance ne peut pas exister entre tribunaux exerçant leur juridiction au nom de souverainetés différentes, parce qu'ils ne peuvent être simultanément compétents pour connaître du litige (2).

61. En ce qui concerne l'administration financière, le bey et le gouvernement français se sont réservés « de fixer, d'un commun accord, les bases d'une organisation financière de la régence qui soit de nature à assurer le service de la dette publique et à garantir les droits des créanciers de la Tunisie. » (Art. 7 du traité du 12 mai 1881.) Et par le traité de La Marsa (art. 2) le bey « s'est interdit de contracter, à l'avenir, aucun emprunt pour le compte de la régence sans l'autorisation du gouvernement français »; il est vrai que, par le même acte et comme contrepartie, ce dernier s'engageait à garantir « à l'époque et sous les conditions qui lui paraîtront les meilleures, un emprunt à émettre par S. A. le Bey, pour la conversion ou le remboursement de la dette consolidée s'élevant à la somme de 120 millions de francs et de la dette flottante jusqu'à concurrence d'un maximum de 17,550,000 francs. »

Il faut noter également au point de vue de notre contrôle financier, qu'aux termes d'un décret beylical du 12 mars 1883, le budget tunisien préparé par les différents chefs des services publics est « soumis aux délibérations des ministres et chefs de services sous la présidence du ministre résident. »

Aujourd'hui l'administration financière de la régence est centralisée dans la Direction générale des Finances, qui, ayant à sa tête des fonctionnaires français, remplace en quelque sorte l'ancienne commission internationale.

62. La plupart des autres services administratifs de la régence (sauf quelques-uns d'entre eux qui ont conservé un caractère exclusivement tunisien comme l'administration des biens habous) (1) sont dirigés par des fonctionnaires français mis à la disposition du gouvernement tunisien (postes et télégraphes, instruction publique, agriculture, travaux publics, conservation de la propriété foncière). C'est dire assez que les pouvoirs de contrôle et de surveillance reconnus à la France sur l'administration générale du pays protégé s'exercent en fait de façon particulièrement directe et étroite.

63. *Droits de souveraineté retenus par le bey.* — Les droits de souveraineté qui n'ont pas été délégués à la France par le bey sont intégralement retenus par lui (2).

Le souverain a gardé notamment son titre de « bey » — qu'on fait suivre dans les actes officiels de « possesseur du royaume de Tunis ». — Il jouit toujours « des privilèges du cérémonial des cours et cabinets, suivant le protocole de chaque État et des immunités reconnues aux chefs d'État (3); il a gardé le droit aux saluts maritimes,

---

(1) V. *infra* Régime législatif.
(2) La juridiction beylicale et les tribunaux français sont des émanations de deux souverainetés distinctes, celle du Bey et celle de la France, lesquelles s'exercent concurremment sur le territoire tunisien dans les limites déterminées par les traités internationaux (Alger, 21 novembre 1891; Clunet, 1893, p. 872).
Sur la question de litispendance, voir : Trib. Tunis, 24 octobre 1895.

Clunet, 1899, p. 378; — Sacerdoti : *De la litispendance dans les rapports entre juridictions d'États différents, Journal du Droit international privé*, 1894, p. 558.
(1) Cependant, même pour cette Administration qui était demeurée jusque tout récemment le type de l'Administration purement tunisienne, un décret beylical du 17 juillet 1905 a organisé un contrôle français particulièrement sérieux.
(2) Fitoussi, *L'État tunisien*, Tunis, 1901, p. 178.
(3) Aussi ne peut-on qu'approuver les solutions données, dans leurs arrêts, par la Cour d'appel de Paris et par la Cour de Cassation lorsqu'elles ont décidé que le Bey, comme tout autre souverain étranger, jouissait, en vertu des principes du droit international, d'une immunité de juridiction absolue, bien qu'il fût soumis au protectorat de la France (Paris, 14 décembre 1893, *J. des trib. de Tunisie*, 1894, p. 38 et Sirey, 1895, II, 11. — Cass. civ., 21 janvier 1896, S. 1896,

à un pavillon, à des armoiries; la monnaie tunisienne est frappée à son nom.

Il peut encore, comme souverain, conférer des distinctions honorifiques; ainsi la décoration du Nichan Iftikhar a été réglementée par le décret beylical du 16 janvier 1898.

Le bey a donc conservé des droits souverains qui sont beaucoup plus étendus que ne le sont, en général, ceux des chefs d'État soumis à un protectorat (1).

64. *La Tunisie a gardé son individualité de personne du droit des gens.* — Relativement aux relations de la Tunisie avec les puissances étrangères, nous retrouvons ici l'application d'un principe certain du droit international public : la Tunisie, État protégé, ayant gardé son individualité juridique, sa personnalité internationale distincte, reste tenue de l'exécution des conventions et traités par elle contractés avant l'établissement du protectorat. Les traités de protectorat n'ont pu avoir pour effet ni de la soustraire aux obligations ainsi souscrites par elle, ni lui faire perdre les droits que des conventions internationales lui auraient reconnus.

La France s'est d'ailleurs empressée, dès l'établissement de son protectorat en Tunisie, de reconnaître hautement ce principe lorsqu'elle a déclaré : « Le Gouvernement de la République française se porte garant de l'exécution des traités actuellement existants entre le gouvernement de la régence et les diverses puissances européennes. »

Telles sont, en résumé, la nature, la signification politique et la portée du protectorat établi par la France en Tunisie, ainsi qu'elles résultent des conventions constitutives de ce protectorat.

65. *Droit de contrôle appartenant à la France.* — Les textes nous ont ainsi déjà révélé que l'action du gouvernement français sur le gouvernement et l'administration générale de la Tunisie s'exerçait surtout par le contrôle et exceptionnellement par le rattachement de quelques services à l'État protecteur; et ils nous ont appris que le protectorat français ne comportait en principe, ni la suppression de la souveraineté et de l'autorité tunisienne, ni son remplacement par la souveraineté et l'autorité française. On peut donc dire que les services publics de la Tunisie sont restés beylicaux, soumis à la souveraineté du bey et réglés par son action législative.

Le protectorat tel qu'il résultait des conventions consistait donc surtout pour la France, à exercer un contrôle sur les institutions locales et à les améliorer; et le programme français peut se résumer dans la formule suivante : « Le Gouvernement de la République, désireux de conserver au pays son organisation séculaire, s'était appliqué à ne pas bouleverser les institutions existantes, mais par une collaboration constante avec l'autorité beylicale à les faire entrer peu à peu dans la voie de la civilisation et du progrès (1). »

Nous avons trouvé, en effet, en arrivant en Tunisie, les éléments d'une administration déjà établie et une organisation constitutionnelle complète; il devait nous suffire, sans rien brusquer, de les reprendre en les développant et en les renforçant.

C'est ce que nous avons fait.

66. *Application des principes du protectorat.* — « En établissant son protectorat en Tunisie, la France a respecté et conservé tous les organes administratifs du gouvernement des beys, et comme ces organes étaient ceux que comporte un pays autonome, il a suffi aux résidents généraux de la République française à Tunis de les améliorer et de les encadrer d'agents français pour constituer l'administration locale du protectorat. Ainsi s'est trouvé réalisé immédiatement, et sans difficultés, le programme tracé par le traité du 8 juin 1883, aux termes duquel le gouvernement du bey s'est engagé à apporter dans ses divers services les réformes législatives, financières et judiciaires suggérées par le Gouvernement de la République (2). »

67. Au point de vue international, le protectorat français en Tunisie est aujourd'hui consacré et ratifié par plusieurs conventions (3) passées avec les puissances

---

I, 221.) Dans l'espèce solutionnée par ces deux décisions judiciaires, le Bey de Tunis déclinait la compétence du tribunal français pour l'exécution d'une sentence arbitrale, en invoquant le principe de l'indépendance des États.

(V. sur ce principe l'arrêt de la Cour d'appel de Paris susindiqué, et sur son application au souverain d'un État protégé, Cour suprême de justice d'Angleterre, 29 novembre 1893, S. 1894, IV, 17, et la note de M. Pillet; et spécialement, en ce qui concerne le Bey de Tunis, M. Surville, *Revue critique de législation et de jurisprudence*, 1896, p. 229.)

On prétendait, il est vrai, que le Bey avait pu renoncer au bénéfice de ce principe et, qu'en l'espèce, il y avait effectivement renoncé. Et, le Gouvernement tunisien ayant soulevé l'incompétence de la juridiction française, la question se posait « de savoir dans quelle mesure le Bey de Tunis, en acceptant l'arbitrage, avait renoncé à ses droits de souverain pour se soumettre à la juridiction des tribunaux français ».

Les deux arrêts susrappelés ont décidé que le Bey s'était réservé, en fait, ses droits souverains et ont accueilli l'exception d'incompétence qui avait été soulevée.

(1) En sa qualité de chef suprême de l'État tunisien, le Bey jouit d'une liste civile de 2 millions de piastres sur les revenus de la Régence. Cette liste civile est incessible et insaisissable. Elle est ordonnancée par le directeur général des Finances au nom d'un administrateur français chargé de la gérer. (D. Beyl., 11 juin 1902.)

Les crédits prévus pour 1909 sont : 1° Pour la liste civile du Bey, de 900,000 francs; 2° Pour le personnel et le service du palais, de 128,000 francs; 3° Pour la dotation des princes et princesses de la famille beylicale, de 660,000 francs; soit au total 1,680,000 francs pour un budget s'élevant en recettes à la somme de 42 millions de francs environ.

(1) Conférence de M. Padoux sur le *Secrétariat général du Gouvernement tunisien*, publiée dans les *Conférences sur les Administrations tunisiennes*, Sousse, 1902, p. 75.
(2) Cochery, *Op. cit.*, p. 242.
(3) Autriche-Hongrie....... Déclaration du 20 juillet 1896.
   Italie................ Convention du 28 septembre 1896 :
      1° Convention de commerce et de navigation;
      2° Convention consulaire et d'établissement avec protocole annexé;
      3° Convention d'extradition.
   Russie................ Déclaration du 14 octobre 1896.
   Suisse................ Déclaration du 14 octobre 1896.
   Allemagne............. Déclaration du 18 novembre 1896.
   Belgique............. Déclaration du 2 janvier 1897.
   Espagne.............. Déclaration du 12 janvier 1897.
   Danemark............. Déclaration du 21 janvier 1897.
   Pays-Bas............. Déclaration du 3 avril 1897.
   Grande-Bretagne...... Déclaration du 18 septembre 1897.
   États-Unis d'Amérique. Déclaration du 15 mars 1904.

par le Gouvernement de la République au nom du bey, qui, par le traité du 12 mai 1881, nous a laissé le soin de pourvoir à ses relations avec les puissances étrangères (1).

68. Au point de vue intérieur fonctionne un gouvernement local agissant au nom du bey, mais ayant à sa tête le résident général et les directeurs des grands services. Rien n'a été changé au principe et à l'essence même du pouvoir existant; l'exercice seul en a été régularisé.

Et grâce à ce régime de contrôle, la France a pu, tout en assurant notre autorité et en ménageant les traditions et les susceptibilités des indigènes, respecter leur esprit comme dans leur lettre, les conventions du Bardo et de la Marsa.

§ 2. — Résident général.

69. L'Administration du protectorat est placée tout entière sous l'autorité du résident général qui est le représentant de la République française auprès du bey, et qui est l'intermédiaire dans les rapports de la France avec les autorités tunisiennes pour toutes les affaires intéressant les deux pays (2).

Aux termes du décret beylical du 9 juin 1881, le résident général est investi des fonctions de ministre des Affaires Etrangères du Gouvernement tunisien (3).

---

(1) En réalité, l'exercice du droit de traité appartient, ainsi que nous l'avons dit, à la France. Ainsi la déclaration du 20 juin 1888, étendant à la Tunisie la convention d'extradition franco-belge, a été signée, pour la Tunisie, par le Gouvernement français « agissant au nom du Gouvernement de S. A. le Bey de Tunis ».

(2) Traité du 12 mai 1881, art. 5.

Le résident général de France en Tunisie a la qualité de ministre plénipotentiaire accrédité auprès du Bey, et la situation prépondérante faite en Tunisie par les traités diplomatiques à la France et à ses représentants commande de le faire bénéficier du décret beylical du 14 octobre 1884 accordé à tous les agents diplomatiques et consulaires accrédités auprès du Bey. (Cass. 23 juin 1900, Sirey, 1904, I, 298.)

Cet arrêt dispose notamment : « Attendu que la citation précitée visait le délit d'outrage prévu et puni par les articles 14 et 37 du décret beylical du 14 octobre 1884, et, qu'aux termes de l'article 37, l'outrage commis publiquement envers les ambassadeurs et ministres plénipotentiaires, envoyés, chargés d'affaires ou autres agents diplomatiques et consulaires accrédités auprès de S. A. le Bey, est puni d'un emprisonnement de huit jours à un an et d'une amende de 50 à 2,000 francs ou de l'une de ces deux peines seulement ;

Attendu que l'arrêt attaqué a condamné C..., pour avoir outragé publiquement M. X..., ministre plénipotentiaire, ministre résident général de France, accrédité auprès de S. A. le Bey, et, par application de l'article 37 susvisé;

Attendu qu'on ne saurait contester en fait que M. X..., Résident général de France en Tunisie ne soit accrédité auprès du Gouvernement français, qu'il représente auprès du Bey de Tunis et que la situation prépondérante faite en Tunisie par les traités diplomatiques à la France et à ses représentants commande impérieusement de ne pas refuser au Résident général cette protection de l'article 37, que le décret beylical accorde à tous les agents diplomatiques et consulaires accrédités auprès du Bey de Tunis ; »

Cette doctrine est exacte.

Nous avons vu, en effet, que l'établissement de notre protectorat en Tunisie n'enlève pas sa personnalité à l'État protégé.

Par suite, le Résident général représentant l'État protecteur n'est en principe qu'un ministre plénipotentiaire accrédité auprès d'un souverain étranger, et l'action qu'il exerce dans les relations extérieures et dans l'Administration intérieure de l'État protégé ne lui enlève pas cette qualité primordiale.

(3) Décret beylical du 9 juin 1881 :

« Les articles 4, 5 et 6 du traité conclu entre notre Gouvernement

---

Le décret du 10 novembre 1884 a délégué au résident général les pouvoirs conférés au Gouvernement français d'approuver par voie de visa, la promulgation et la mise à exécution des décrets beylicaux (1).

Le décret du 23 juin 1885 déclare, d'autre part, que « le résident général est dépositaire des pouvoirs de la République dans la régence (2). »

---

et celui de la République française (12 mai 1881) nécessitant l'intervention du ministre de la République dans nos rapports avec les représentants des puissances amies;

« En vue de faciliter et de hâter la solution des affaires;

« Nous chargeons le ministre résident de France à Tunis du rôle d'intermédiaire officiel et unique dans les rapports que les représentants des puissances amies, accréditées auprès de nous, entretiendront à l'avenir avec nous.

« Le présent décret sera notifié, par les soins du ministre résident de France au Gouvernement de la République française et aux représentants des puissances amies à Tunis. »

(1) D. 10 novembre 1884, art. 1er : « Le Résident de la République française à Tunis est délégué à l'effet d'approuver, au nom du Gouvernement français, la promulgation et la mise à exécution, dans la Régence de Tunis, de tous les décrets rendus par Son Altesse le Bey. »

(2) Rapport adressé au Président de la République française par M. de Freycinet, ministre des Affaires étrangères, et servant d'exposé des motifs à ce décret :

« Lorsque le Gouvernement de la République a voulu organiser son protectorat dans la Régence, il a dû se préoccuper de choisir une autorité unique pour être dépositaire des pouvoirs que les traités lui avaient reconnus en Tunisie. Il est, en effet, de principe, dans les colonies et dans les pays de protectorat relevant de la France, que les différents services ne doivent pas y être simplement juxtaposés, ni garder la faculté de correspondre isolément avec les ministres français compétents. Dans chaque contrée, un agent d'un rang élevé est investi du droit de communiquer avec le Gouvernement central, avec les diverses administrations locales et de prévenir les difficultés, en veillant à ce que chacune d'entre elles ne sorte pas de ses attributions.

« C'est ainsi qu'en Algérie, il a été décidé, par décret du 15 mars 1879, que le gouverneur général aurait « sous ses ordres les commandants des troupes de terre et de mer et tous les services administratifs concernant les Européens et les indigènes ».

« Les ordonnances du 21 août 1825, du 9 février 1827, du 22 août 1883, etc., ont établi de même pour les colonies de la Martinique, de la Guadeloupe, de la Guyane, de l'Inde, etc., que le gouverneur de chacun de ces pays y serait le représentant suprême du Gouvernement français et serait chargé du « commandement général et de la haute administration ». Une ordonnance de 1869 a conféré les mêmes attributions au commissaire du Gouvernement aux îles Taïti, alors pays de protectorat.

« Conformément à ces divers précédents, il fut décidé, en 1882, qu'en ce qui concerne la Tunisie, ces fonctions supérieures seraient confiées au résident. Le décret du 22 avril 1882, tout en rattachant aux départements ministériels les différentes administrations existant dans la Régence, a fait du résident l'intermédiaire obligé entre les ministères et les divers services ou établissements institués en Tunisie ». Toute la correspondance devait passer par ses mains et être ensuite examinée, au point de vue politique, par le ministre des Affaires étrangères qui se chargeait de la répartir entre ses collègues.

« Une pratique de trois années et le développement pris à la suite de nos réformes par certaines branches de l'Administration, ont démontré qu'il était nécessaire de préciser les termes du décret du 22 avril et de mieux définir les pouvoirs du résident, tout en supprimant ce qui pourrait conduire à un formalisme excessif. Plusieurs services tendent à prendre une extension considérable, il paraît difficile de leur imposer, pour tous les détails, les lenteurs d'un double intermédiaire. D'autres, et non des moins importants, ont été jusqu'ici, pour des raisons diverses, en partie soustraits au contrôle du résident.

« Il conviendrait de distinguer désormais, dans chacune des branches administratives, les affaires d'ordre technique, celles qui constituent le fonctionnement en quelque sorte intérieur et normal du service, des affaires qui présentent une portée politique ou qui exigent le concours de plusieurs administrations différentes. Les premières peuvent, sans inconvénients, être traitées en dehors de l'intervention du résident. Pour les secondes, il est, au contraire, l'intermédiaire désigné, et aucune mesure pouvant engager à un degré

Il a sous ses ordres les commandants des troupes de terre et de mer, et tous les services administratifs concernant les Européens et les indigènes.

70. Le résident général a seul le droit de correspondre avec le Gouvernement français. Exception est faite pour les affaires d'un caractère purement technique et d'ordre intérieur dans chaque administration française. Ces affaires peuvent être traitées directement avec les ministres compétents de la Métropole par les chefs des différents services institués en Tunisie (1).

Par une autre conséquence de son droit d'autorité sur l'ensemble des services administratifs tunisiens, le rési-

---

quelconque la responsabilité du Gouvernement ne devra être prise sans son approbation préalable.

« Des actes tels que des déplacements importants de troupes, des modifications dans l'armée indigène, des règlements ou des décisions touchant à des questions de police et à la sécurité des personnes, des projets de travaux d'intérêt public, des remaniements d'impôts, des changements de circonscriptions administratives, et, en général, toutes les dispositions ayant un caractère permanent et réglementaire ne pourront intervenir sans le concours ou le consentement du résident. Il aura, de plus, vis-à-vis de toutes les administrations de la Régence, un rôle naturel de modérateur, et son intervention opportune préviendra les conflits qui, dans les pays nouvellement soumis à l'influence européenne, tendent souvent à se produire.

« Les administrations, d'autre part, garderont une indépendance suffisante pour que toutes les mesures de simple exécution puissent être appliquées sans encourir d'inutiles délais. Elles pourront se mouvoir librement dans leur domaine naturel et ne risqueront pas de modifier l'état de choses en vigueur et d'engager indûment l'action du protectorat.

« A cette occasion, il paraît convenable, par assimilation au régime que le traité de Hué vient de mettre en vigueur dans l'Annam et le Tonkin, de remplacer le titre de résident par celui de « résident général », mieux approprié à l'étendue et à l'importance des attributions qui sont dévolues à ce haut fonctionnaire. »

Il peut être intéressant de rappeler ici le texte du magistral discours prononcé par M. le résident général Cambon, le 14 juillet 1885, en réponse à l'allocution du président de la Chambre de commerce de Tunis.

L'intérêt de ce discours résulte non seulement du fait que c'est la première allocution prononcée par le *Résident général* de France à Tunis, mais encore de ce qu'il contenait un véritable programme de notre action en Tunisie.

Voici les principaux passages de ce discours :

« Le moment des solutions est venu et vous qui avez été mes collaborateurs et mes témoins depuis trois ans, vous pouvez certifier que nous ne sommes jamais sortis de la voie que nous nous étions tracée et que notre programme s'est réalisé de point en point. Une première étape nous a conduits à l'abrogation des juridictions consulaires, une seconde à la suppression de la Commission financière, une troisième à l'organisation administrative et financière de la Régence. Nous avons déblayé et consolidé le terrain et nous voyons s'ouvrir devant nous une route large et sûre.

« Lorsqu'au mois d'octobre dernier nous prenions en main l'administration des Finances tunisiennes, nous assumions une grave responsabilité.

« Les adversaires de l'entreprise poursuivie par le Gouvernement de la République avaient toujours affirmé que l'occupation d'un pays endetté, dépeuplé, déplorablement administré serait pour la France une charge écrasante et que jamais la Tunisie ne pourrait se suffire à elle-même. J'avais une étude approfondie des ressources du pays, nous avions affirmé le contraire. Il fallait démontrer que nous avions raison.

« Grâce à la réorganisation complète des services financiers, à la suppression des emplois inutiles, à l'établissement d'une bonne comptabilité, à la répression des abus, à la défense énergique des droits de l'État, nous avons mis les finances tunisiennes dans une situation telle que, je ne crains pas de l'affirmer, aucun État de l'Europe n'a des finances plus claires et des ressources plus assurées.

« Nous pouvons maintenant entrer résolument dans la voie des réformes économiques et des grands travaux publics.

« Il eût été imprudent de débuter par là et je vous prévenais, en vous recevant le 1er janvier dernier, que nous attendrions les effets de notre réorganisation financière avant de nous lancer dans de grandes entreprises.

« Ces effets réalisent toutes nos espérances.

« Nous avions trouvé, en arrivant en Tunisie, un budget de 11 millions de francs qui se soldait régulièrement par un déficit de plus d'un million. Aujourd'hui, nous venons d'établir le projet de budget qui sera soumis au Gouvernement français et devra entrer en exercice au mois d'octobre prochain. Il s'élève à 20 millions de francs.

« Après quatre ans d'occupation, après un an de bonne administration financière, les ressources ont doublé malgré des dégrèvements importants.

« Sur ce budget de 20 millions, 6 à 7 millions sont consacrés au service de la dette. Quant au reste, nous nous proposons d'en consacrer la moitié aux travaux publics.

« Nous achèverons l'éclairage des côtes, nous exécuterons 1,000 kilomètres de routes dans l'intérieur de la Régence. Nous assurerons la protection des oasis du Sud, nous serons enfin en état de commencer dès cette année le port de Tunis, si la Compagnie concessionnaire ne se met pas en mesure de l'entreprendre dans les délais fixés par son cahier des charges. Nous pourrons enfin dégrever le commerce et l'agriculture des droits exorbitants qui entravent son essor. C'est à l'étude de ces dégrèvements que je convie la Chambre de commerce et dès sa première séance, elle sera saisie d'une série de projets de réformes fiscales sur lesquelles je demande son avis.

« L'état de nos finances est donc aussi satisfaisant que possible et si, comme on dit, la bonne politique dote d'une bonne finances, on peut penser que notre politique n'est pas trop mauvaise.

« Elle n'est cependant pas du goût de tout le monde et vous disiez vous-même tout à l'heure, Monsieur le Président, qu'une certaine fraction de la Colonie française réclamait l'annexion de la Régence.

« Sans examiner si cette mesure est conforme aux engagements pris et aux conventions signées par la République, je me demande si cette solution serait conforme aux intérêts de la France et à ceux de la Colonie française en Tunisie.

« Quant à l'intérêt de la France, elle n'eu a pas d'autres que la libre entrée de ses produits en Tunisie, mais il est possible avec le temps d'arriver à ce résultat et, en tous cas, les avantages que le commerce français pourrait retirer de cette annexion immédiate sont tellement disproportionnés avec les charges qu'elle entraînerait que d'ici à bien longtemps aucun Gouvernement, aucun Parlement ne voudra prendre la responsabilité de la proposer.

« Imposer à la Tunisie une administration française complète politique, judiciaire, financière, transformer la Régence en un quatrième département algérien, savez-vous ce que cela coûterait ! 30 millions au moins par an sans compter les frais de premier établissement qu'il est impossible de chiffrer. Or, déduction faite de la dette, la Tunisie produira l'an prochain 13 millions. Est-il vrai France prendrait donc une charge annuelle de 16 à 17 millions, alors qu'aujourd'hui la Régence se suffit à elle-même. Est-il un homme politique ayant souci des intérêts financiers de la France qui ose proposer un sacrifice aussi considérable et aussi inutile ?

« J'ai fait le compte des fonctionnaires et employés de la province de Constantine. Ils s'élèvent à peine à 2,500 ; c'est à peu près le nombre des Français établis en Tunisie.

« Je suis plus personne partisan de la politique coloniale, mais si elle consiste à fonder des colonies de fonctionnaires s'administrant les uns les autres, il faut l'abandonner au plus vite. C'est dépenser en pure perte le sang de nos soldats et les ressources de notre budget.

« Quant à la Colonie française en Tunisie, quant à vous, messieurs, avez-vous un intérêt quelconque à une annexion immédiate ? Je n'en vois qu'un : l'assimilation de vos produits aux produits algériens à l'entrée en France. Il n'est pas besoin de recourir à l'annexion pour obtenir ce résultat et je puis vous annoncer que sur ma demande le Gouvernement français étudie en ce moment un projet de loi destiné à vous donner satisfaction. Vous n'êtes ni assez nombreux, ni assez bien outillés pour vous unir sans danger à votre puissante voisine, notre grande colonie algérienne ; et je vous conseille dans votre intérêt d'attendre que les ports de la Régence soient exécutés, que notre réseau de routes soit créé, que nos chemins de fer se soient développés.

« Je vous conseille aussi de profiter du protectorat pour aider à constituer ici la régime de la propriété et pour donner à notre organisation judiciaire une forme nouvelle plus appropriée que l'organisation actuelle aux nécessités du Pays.

« Ayez confiance en vous-même, conservez votre individualité et grâce au protectorat essayez de faire ici, à l'image des possessions anglaises, une colonie ayant son autonomie, sa législation, son budget, et plus tard, son Parlement colonial.

« Vous prouverez ainsi que les Français savent coloniser et que, dégagés des entraves d'une administration étroite, ils ont, comme d'autres, le goût de l'initiative et de la liberté. »

(1) D. 23 juin 1885, art. 3.

dent général a charge de présenter chaque année à l'approbation du bey le projet de budget tunisien préparé par les ministres et chefs de services de la régence.

C'est encore lui qui préside le Conseil des ministres et des chefs de service.

71. D'autre part, comme chef de la colonie française, le résident général a le droit de prendre, par voie d'arrêté, les dispositions réglementaires qui la concernent exclusivement. C'est par une mesure de ce genre que, par exemple, a été créée la Chambre de commerce française de Tunis (1).

72. Enfin, le résident général préside les sessions de la conférence consultative.

Par cette seule énumération, il est facile de se rendre compte de l'importance des pouvoirs d'action et de contrôle qui sont confiés au résident général, et de l'influence qu'il peut exercer dans tous les ressorts du Gouvernement protégé, tant au point de vue souveraineté externe qu'au point de vue souveraineté interne.

Le résident général seul a qualité pour exercer le contrôle et le droit de suggestion qui lui sont dévolus. Il doit évidemment se conformer à la haute direction indiquée par le Gouvernement métropolitain. Mais une fois investi de sa confiance et muni des instructions générales du Gouvernement, il a besoin de toute son indépendance pour l'Administration de la régence.

Son rôle est considérable, et d'autant plus étendu qu'il est plus vaguement défini.

A s'en tenir aux textes, il est ministre de la République auprès du bey, intermédiaire entre la puissance protectrice et le protégé, conseil et même censeur incessant de celui-ci et en même temps le ministre des Affaires étrangères de la régence.

En fait, il est le chef du Gouvernement tunisien, président du Conseil et vice-roi réunissant tous les pouvoirs effectifs sans avoir la plupart du temps à prendre lui-même de décision officielle. C'est par des actes du bey contresignés par lui, que se traduisent ses interventions (2).

§ 3. — *Auxiliaires du résident général.*

73. *Secrétaire général du Gouvernement tunisien.* — A côté du résident général, et plus particulièrement près de la haute administration indigène, la France a placé le « secrétaire général du Gouvernement tunisien » dont l'emploi a été créé par décret beylical du 11 février 1883 et qui exerce en fait, comme nous le verrons plus loin, les fonctions d'un véritable ministre de l'Intérieur, contrôlant et conseillant le premier ministre du bey.

Le secrétaire général est assisté de deux secrétaires généraux adjoints.

74. *Grands services du Protectorat.* — A la tête des grands services techniques sont placés des fonctionnaires

français, pouvant prendre chacun en ce qui concerne son département, des arrêtés exécutoires dans toute la régence, et ayant sous leurs ordres un certain nombre d'agents français et indigènes.

Ces grands services sont : la direction générale des Travaux publics (Décret du 3 septembre 1882); la direction générale des Finances (Décret du 4 novembre 1882); la direction de l'Enseignement public (Décret du 6 mars 1883); la direction de l'Office postal (Décret du 11 juin 1888); la direction de l'Agriculture (Décret du 3 novembre 1890).

75. *Conférence consultative.* — Appelée à donner son avis sur des questions diverses, et notamment sur celles touchant les intérêts de la Colonie française, et le budget, la Conférence consultative — image vivante de la collaboration de l'élément protecteur et de l'élément protégé — peut être par là-même considérée comme un des premiers auxiliaires du résident général.

76. *Contrôles civils.* — Enfin, à côté de l'Administration proprement dite, la France, fidèle à sa mission de surveillance, a créé pour toute la régence les contrôles civils qui forment toute une institution originale, spéciale à la Tunisie, et qui sont, pour l'Administration locale, ce que la résidence générale est pour l'État tunisien : ils représentent le protectorat lui-même.

Telle est, résumée à grands traits, l'organisation politique et administrative de notre protectorat.

§ 4. — *Rattachement du protectorat tunisien au ministère des Affaires étrangères.*

77. Une particularité importante de ce protectorat est encore à signaler.

Alors que les protectorats de l'Indo-Chine et de Madagascar ont été de bonne heure rattachés au ministère français des Colonies, celui de la Tunisie n'a pas cessé de relever du ministère des Affaires étrangères. Dès l'origine de ce protectorat, M. de Freycinet, président du Conseil des ministres, en avait décidé ainsi. Il organisa à la direction politique des Affaires étrangères un service distinct : le bureau des Affaires tunisiennes (1) et Gambetta, lorsqu'il arriva au pouvoir, eut la même pensée, car tout en créant un ministère spécial des Colonies, il se garda bien d'y rattacher la Tunisie.

Les critiques soulevées par ce système ont été fréquentes (2). L'une des plus sévères a été développée à la Chambre par la Commission du budget de 1905; et dans son dernier rapport, M. Cochery rappelant « qu'en raison de son rôle diplomatique et de la fiction qui en fait le

_____

(1) Rapport sur la situation de la Tunisie présenté en 1900 au Président de la République française, par le ministre des Affaires étrangères.

(2) M. Cochery, Op. cit.

_____

(1) L'essai fut si heureux qu'il fut créé plus tard deux nouveaux bureaux, ceux du *Tonkin* et de *Madagascar*, et constitua une sous-direction spéciale qui, bien que réduite par la suite, n'a pourtant pas été supprimée, la Sous-direction des protectorats.

Cette innovation, en apparence peu importante, eut cependant des conséquences appréciables. Les Gouvernements d'Allemagne et d'Italie s'en sont inspirés pour constituer leur nouvelle organisation coloniale. (D'Estournelles de Constant, *op. cit.*, p. 321.

(2) V. notamment A. Bernard, *L'Afrique du Nord et l'Empire colonial français.* Extrait de l'*Année coloniale*, année 1900, p. 12 et s.

représentant de la République française auprès du bey, le résident général relève exclusivement du ministère des Affaires étrangères », déclarait : « C'est là un défaut du système du protectorat, facile à corriger dans la pratique... »; mais tout en critiquant le principe du rattachement du protectorat de la Tunisie au département des Affaires étrangères, M. Cochery devait reconnaître et reconnaissait qu'en fait ce système a des « avantages importants. »

78. Sans doute au point de vue généralisation et au point de vue strictement logique on a pu contester le système en vigueur, et encore n'a-t-on pu le faire au début de notre occupation en Tunisie, tous les esprits étant d'accord à cette époque pour reconnaître que le ministère des Affaires étrangères était mieux qualifié que tout autre pour préparer les transitions nécessaires et solutionner les problèmes diplomatiques qui se posaient pour nous au regard des autres puissances.

Mais, à considérer les faits et la politique, le système adopté par la France est incontestablement très avantageux.

Si, au point de vue international, notre diplomatie a su éviter, dès le début de notre action en Tunisie, des difficultés et des résistances, il faut tout d'abord reconnaître qu'elle n'a pas fini de nous y rendre de précieux services. Seul le ministère des Affaires étrangères est à même de pressentir les conséquences des réformes de notre administration et de régler notre action politique sans se éveiller les susceptibilités des puissances.

D'autre part, et au point de vue intérieur, nous avons vu plus haut que le résident général est, avant d'être administrateur, notre ministre plénipotentiaire auprès du bey. A cet égard encore notre système ménage mieux les susceptibilités indigènes que si notre représentant en Tunisie relevait par exemple du ministère de l'Intérieur ou de l'Administration coloniale. En relations directes avec le ministre des Affaires étrangères, le résident général, dans l'accomplissement de sa mission délicate, se soustrait plus facilement aux théories administratives absolues qu'il est impossible d'introduire brusquement et complètement dans un pays comme la Tunisie; la direction politique qui lui vient du ministère des Affaires étrangères lui permet plus de souplesse et plus d'indépendance.

En tout cas, il faut reconnaître que notre politique en Tunisie, politique organisée d'après le système du rattachement au ministère des Affaires étrangères, a eu en fait des résultats remarquables.

« Elle n'a pas été sans contribuer, dit M. d'Estournelles de Constant, au succès de notre protectorat au triple point de vue politique, diplomatique et financier. Elle a permis de suivre dans la régence une tradition, de marcher prudemment et d'aboutir en somme à des progrès incontestables, sans bouleversements, sans troubles, sans frais (1). »

L'autonomie résultant du non rattachement à un ministère purement administratif a aidé puissamment à son succès (1).

L'une des plus sûres garanties se trouve dans les conventions constitutives du protectorat.

On sait en effet, qu'aux termes de l'article 4 du traité du 12 mai 1881 le Gouvernement français s'est porté garant de l'exécution des traités actuellement existants entre le Gouvernement de la régence et les diverses puissances européennes. Le régime du protectorat a eu pour effet de sauvegarder efficacement l'autonomie de la régence en lui conservant sa personnalité, son individualité propre, au point de vue international.

§ 5. — Œuvre du protectorat.

79. Nous avons ainsi précisé le caractère et les effets des rapports établis et du nouveau régime institué par les traités passés entre la France et la régence de Tunis: mais d'ores et déjà, et quelle que soit la solution que l'avenir réserve au problème du protectorat diplomatique et de l'autonomie tunisienne, on peut affirmer que le protectorat de la France en Tunisie est une œuvre dont nous pouvons être fiers. Il a été non seulement un instrument de civilisation et de progrès, mais il a encore apporté au pays protégé, tout en gardant ses cadres administratifs et en respectant ses traditions, la prospérité économique et l'ordre dans les finances.

Sans vouloir, à cet égard, faire ici tout le bilan de l'œuvre accompli par la France en Tunisie, il peut être intéressant de souligner les principaux résultats acquis.

---

(1) *Op. cit.*, p. 321.

(1) « Ce succès, qui n'est plus guère contesté, écrit M. Maurice Bompard, a été attribué à bien des causes; quelquefois, au mérite des fondateurs et des administrateurs successifs du protectorat, et il y aurait mauvaise grâce de ma part à y contredire; à la vertu propre du régime du protectorat qui comporte la conservation, à l'origine, des institutions locales, puis leur amélioration progressive et le maintien, entre le maître étranger et les indigènes, de chefs auxquels ils sont accoutumés d'obéir et, certes, cette façon d'exercer cette autorité est à ce point rationnelle qu'on se demande comment on ne serait pas amené à en suivre une différente, alors même que la colonie est incorporée au territoire national. »

« Mais c'est en vain que les administrateurs coloniaux seraient excellents, s'ils doivent attendre pour agir l'impulsion du Gouvernement central, ou même son autorisation; en vain qu'on adopterait le régime du protectorat, si celui-ci est exercé par les pouvoirs métropolitains.

« Les mêmes hommes et le même régime ne conduiraient pas dans ces conditions différentes aux mêmes résultats que le protectorat tunisien. Le protectorat n'a pas, en effet, en lui-même, de vertus particulières: son principal mérite est de permettre l'*autonomie coloniale* qui serait, dans d'autres pays, mais qui n'est pas, en France, compatible avec un mode différent de domination.

« Le protectorat sans l'autonomie ne présente pas d'avantages sensibles sur les régimes différents que nous appliquons dans d'autres colonies. »

Et après avoir rappelé l'insuccès des efforts tentés à Madagascar pour établir le régime du protectorat, M. Maurice Bompard conclut avec raison :

« Puissent ces leçons successives mettre l'opinion en garde contre les attaques que des intérêts particuliers dirigeront peut-être un jour contre l'autonomie tunisienne; en faisant appel, pour la combattre, aux idées de généralisation et d'assimilation qui sont chères à tous les esprits français. »

(Préface du *Code annoté de la Tunisie*, par Paul Zeys, Nancy, 1901, p. 5, 6 et 10.)

80. Nous avons déjà vu quelle était la situation financière de la régence de Tunis avant le protectorat; il n'y avait pas, à proprement parler, d'organisation financière. Le recouvrement des impôts, abandonné à l'arbitraire des caïds et des cheiks, était incertain.

Par le décret beylical du 12 mars 1883, portant organisation du budget annuel de la régence, la commission internationale financière fut supprimée et la direction des finances eut la plénitude de l'organisation financière dont le principe lui avait déjà été reconnu par le décret du 4 novembre 1882. En apportant sa garantie la France s'est préoccupée, comme l'un de ses premiers devoirs d'Etat protecteur, de réorganiser les finances tunisiennes. Nous verrons par ailleurs qu'elle n'a pas manqué à ce devoir.

Le budget de l'Etat tunisien pour l'exercice financier 1906 a été clos fin avril 1907 avec un excédent de recettes de plus de 6 millions.

81. Au point de vue viabilité le Gouvernement a largement développé les voies ferrées et les routes. Ce développement, d'ailleurs nécessité par l'exploitation des richesses économiques du pays, a été facilité par une loi du 10 janvier 1907, autorisant la Tunisie à emprunter une somme de 75 millions sur laquelle 12 millions devaient être affectés à la construction de routes et 53 millions à des travaux de chemins de fer, et il est permis d'espérer que le jour où le réseau des voies ferrées et des routes sera suffisamment étendu pour permettre les transactions et les transports, les industries créées en Tunisie et notamment l'industrie extractive, se développeront davantage.

82. Tout en restant un pays surtout agricole, la Tunisie a développé son commerce dans des proportions tout à fait inespérées.

En 1907 la Tunisie a atteint en effet sa première centaine de millions tant en importation qu'en exportation, et pour la première fois aussi la balance du commerce s'est établie à son profit.

L'agriculture tunisienne a pris une extension considérable grâce au labeur admirable de nos colons et aux mesures prises par le Gouvernement pour seconder le mouvement de colonisation. En 1907 la direction de l'agriculture a acquis, pour 1,972,290 frs 08, 9,986 hectares 36 ares de terres en vue de leur cession à la colonisation.

Mais pour permettre au pays de prendre tout son développement économique, il fallait, de toute nécessité, assurer à la colonisation la sécurité de la propriété et le crédit. La loi foncière, promulguée le 1er janvier 1885 et dont nous aurons à étudier de plus près le mécanisme devait aider puissamment à réaliser cette fin.

83. En même temps qu'il s'inquiétait des besoins matériels du pays, le Gouvernement du protectorat songeait aussi à développer les établissements d'instruction : (Organisation en 1908 de l'Enseignement professionnel technique des indigènes), les institutions de prévoyance : (Un décret beylical du 20 mai 1907, a créé dans chaque caïdat une « Société indigène de prévoyance, de prêts de secours, et de mutualité agricole »), et les institutions

d'assistance : (Création en 1903 du corps des auxiliaires indigènes médicaux).

84. Cette action continue et bienfaisante de la France, dans tant de domaines, a véritablement transformé tout le pays.

En moins de trente années, elle a apporté à la Tunisie la prospérité économique; elle a décuplé son bilan; elle lui a assuré la sécurité intérieure et a réorganisé toute son administration. L'expérience est aujourd'hui faite, et l'on ne peut en contester les résultats.

Grâce à une politique heureuse de collaboration bienveillante avec l'élément protégé, le protectorat — dont la France a assumé la charge en Tunisie — a été, aux mains de nos résidents généraux, un merveilleux instrument de gouvernement, d'ordre et de progrès, et s'il est certain que ses rouages et son fonctionnement peuvent être encore améliorés, il n'en est pas moins vrai qu'il a grandement permis à la France de continuer et de perpétuer ses traditions de nation généreuse en faisant la conquête pacifique de la Tunisie au régime de la civilisation.

SECTION II.

MINISTRES ET CHEFS DE SERVICES.

85. Avant l'institution du protectorat, le Bey était assisté, pour la direction politique des affaires de la Régence, de quatre ministres : 1° le premier ministre dirigeait les affaires étrangères, les finances, l'intérieur et était en même temps que le chef de l'administration tout entière, l'intermédiaire entre le souverain et les autres ministres qui relevaient tous de lui; 2° le ministre de la plume ou Bach Kateb, remplissant des fonctions analogues à celles d'un sous-secrétaire d'Etat, spécialement chargé de la surveillance des services publics placés dans le département du premier ministre ; 3° le ministre de la guerre; 4° le ministre de la marine. En outre, le ministère des finances, créé par Mustapha Khaznadar, disparut lors de la création de la commission financière.

Avec le protectorat, le ministère de la marine a disparu et celui de la guerre a été confié au général commandant la division d'occupation qui assure l'administration de l'armée tunisienne par l'intermédiaire d'un officier supérieur français.

Des modifications profondes ont été également apportées aux attributions du premier ministre et ses pouvoirs ont été diminués : c'est ainsi que le décret beylical du 9 juin 1881 a investi le résident général des fonctions de ministre des affaires étrangères du bey et que celui du 4 novembre 1882 a confié la direction de toutes les affaires concernant les finances à un fonctionnaire français.

86. *Premier ministre.* — « Le premier ministre est resté l'intermédiaire entre le bey et l'administration générale. Le bey ne peut agir que par lui. Il est en somme le dépositaire des pouvoirs de son souverain, son homme de confiance. Ses attributions ne sont pas limitées à un département ministériel spécial. Il a en droit déléga-

tion générale, un peu comme le chancelier de certaines monarchies. Dans la pratique, il est plus spécialement ministre de l'intérieur pour les affaires indigènes » (1).

Le premier ministre est aussi l'intermédiaire entre le souverain et ses sujets. Tous les fonctionnaires (caïds, magistrats du charaa et autres) chargés d'un service public ne correspondent avec le souverain que par son intermédiaire.

Tous les décrets sont pris sur sa proposition. Il correspond directement avec les princes de la famille beylicale pour les affaires les concernant.

Il assiste au conseil des ministres chargés de l'examen des intérêts publics du Gouvernement et exerce un contrôle spécial sur la Grande Mosquée, ses surveillants et professeurs; il s'assure de l'application des règlements régissant cette faculté.

87. *Ministre de la plume.* — Le ministre de la plume est le collaborateur immédiat du premier ministre pour assurer la gestion des services publics placés dans le département de ce dernier. Il n'a aucun pouvoir de décision et ne possède pas d'attributions définies. Dans la pratique, il supplée le premier ministre en cas d'absence. Il est membre du conseil des ministres; il est chargé de la lecture des décrets et marouds présentés à la signature du souverain.

Il assiste avec le premier ministre à toutes les cérémonies officielles et préside les examens pour l'admission des oukils près les tribunaux tunisiens et les autres examens institués par décrets.

Il préside également le conseil supérieur de la Djémaïa institué récemment et la commission d'examen des comptes de gestion de la compagnie des Eaux de Zaghouan.

88. *Secrétaire général du gouvernement tunisien.* — Malgré les amputations successives apportées aux attributions du premier ministre, son pouvoir était encore considérable, car il restait le chef de l'administration indigène toute entière. A ce titre, il pouvait encore gêner notre action ou la contrarier.

La nécessité se faisait donc sentir d'introduire dans la haute administration indigène et plus particulièrement auprès du premier ministre un agent français chargé des attributions de direction et de surveillance que le protectorat a dévolues à la France (2).

Le décret du 4 février 1883 y a pourvu en instituant un secrétariat général du gouvernement. Le titulaire de ce poste, qui porte le nom de secrétaire général du gouvernement tunisien, est un agent français qui a pour attributions générales de contrôler, de guider, de conseiller le premier ministre et de surveiller le personnel de l'administration supérieure.

89. *Attributions résultant du décret constitutif.* — Aux termes de l'article 2 de ce décret, le secrétaire général a pour attributions :

1° La direction du personnel des bureaux de l'Administration centrale;

2° La garde des archives de l'État, que nous citons pour mémoire;

3° *La réception et la répartition entre les différents services publics de la correspondance adressée au gouvernement* (1);

4° La remise au premier ministre de la correspondance préparée par les divers services publics, son envoi aux destinataires;

5° La présentation et la promulgation des lois, décrets et règlements (cette partie des attributions du secrétaire général sera étudiée en même temps que le régime législatif de la régence).

Par la direction du personnel, le secrétaire général se trouve à même de surveiller l'attitude politique des fonctionnaires indigènes, employés dans les services de l'administration centrale ainsi que leurs aptitudes administratives.

Les règles dont s'inspire le secrétaire général pour recruter le personnel de l'administration indigène ont été tracées dans un rapport de M. Ribot, ministre des Affaires étrangères, au Président de la République (1).

La remise au premier ministre de la correspondance préparée par les divers services publics et l'envoi de cette correspondance aux destinataires constituent l'attribution la plus importante du secrétaire général.

Par l'application de cette double règle en effet « aucun document n'entre dans les bureaux de l'administration centrale ou n'en sort, aucune lettre n'est présentée à la signature du premier ministre, aucune correspondance n'est envoyée aux destinataires sans passer par l'intermédiaire du secrétaire général » qui peut faire toutes observations utiles à cet égard, modifier quant au fond et à la forme, voire même retenir, les lettres qui ne s'inspireraient pas des vues poursuivies par le Gouvernement français (2).

Si on ajoute que sous certaines restrictions ces règles ont été étendues aux contrôleurs civils vis-à-vis des autorités locales indigènes, on aura une idée exacte de ce mécanisme du protectorat qui permet au résident général, assisté d'un secrétaire général, de treize contrôleurs civils et d'un commandant militaire pour les territoires du Sud, d'exercer son action et son autorité dans toute l'étendue de la régence et de ne rien laisser entreprendre par l'administration beylicale qui ne soit autorisé par nous.

90. *Attributions diverses.* — Indépendamment de ces pouvoirs qu'il possède en vertu du décret constitutif,

---

(1) Abrogé D. 21 octobre 1888.
(2) « L'administration du protectorat s'est fait une règle, dès l'origine, de maintenir ou d'attirer aux affaires, que ce soit dans l'ordre civil ou dans l'ordre religieux, les grands propriétaires fonciers, les représentants des familles anciennes et respectées. Les indigènes sont habitués à avoir à leur tête. Elle est persuadée que les personnes qui ont les plus grands intérêts en Tunisie sont aussi celles qui sont les plus disposées à accepter un ordre de choses garantissant la sécurité des personnes et des biens, et que, d'autre part, leur adhésion prépare naturellement celle du reste de la population. Les candidats indigènes aux fonctions publiques, que le premier ministre désigne au bey, seront donc, de préférence, choisis dans cette classe que nous voulons voir marcher d'accord avec nous, à la suite d'une enquête dirigée par les agents du protectorat. » (Ministère des Affaires étrangères, 1881-1890, p. 12.)

le secrétaire général exerce des attributions personnelles qui lui ont été conférées par des décisions spéciales ou par certains textes législatifs. Nous nous bornerons à signaler ci-après les principales :

Il ordonnance les dépenses de l'administration générale.

Il signe, par délégation du premier ministre, la correspondance française de l'administration générale.

Le service de la police relève directement de lui.

Il a la surveillance administrative, le contrôle et l'ordonnancement des dépenses de l'hôpital civil français (1), de l'imprimerie officielle arabe (2), du pénitencier du Djebel djouggar (3).

Il a seul qualité pour ordonnancer : 1° les dépenses de l'assistance publique; 2° les mémoires d'honoraires et indemnités dus aux médecins requis par les autorités judiciaires tunisiennes (4).

Depuis le 1er janvier 1905, les dépenses de la justice française en Tunisie, qui figuraient au budget français à charge de remboursement ultérieur par le gouvernement beylical, sont directement payées par le Trésor tunisien et l'ordonnancement de ces dépenses est effectué par le secrétaire général (5).

Ce haut fonctionnaire reçoit concurremment avec les contrôleurs civils les déclarations des personnes qui veulent porter des armes apparentes (6). Il a seul qualité pour délivrer des autorisations *spéciales* de port d'armes apparentes (7), permanentes ou temporaires, aux individus condamnés pour crimes de droit commun, vagabondage ou mendicité et à ceux condamnés à l'emprisonnement pour vol, escroquerie, abus de confiance, violences envers les personnes et rébellion, mais non privés des droits mentionnés en l'article 42 du Code pénal français (8).

Il statue, en ce qui concerne les réunions pour lesquelles une autorisation préalable est nécessaire, sur les demandes qui sont adressées à cet effet par les intéressés (9). Il a qualité pour prendre en vue du maintien du bon ordre et de la tranquillité publique tous arrêtés interdisant l'exposition et le port d'emblèmes, drapeaux et tout autre signe de ralliement soit sur la voie publique, soit dans les édifices, emplacements et locaux librement ouverts au public (10).

Il veille à l'exécution par les autorités tunisiennes des jugements rendus par les tribunaux français contre des sujets tunisiens (11). Il nomme directement certains fonctionnaires comme les internes de l'hôpital civil, les gardiens chefs de prison, les médecins de prison, le gérant et le personnel de l'imprimerie officielle arabe.

---

(1) D. beyl. 17 juillet 1899.
(2) D. beyl. 15 janvier 1901.
(3) D. beyl. 18 décembre 1894.
(4) D. beyl. 12 septembre 1898.
(5) Instruction du Directeur des Finances du 20 janvier 1905.
(6) D. beyl. 14 avril 1894.
(7) D. beyl. 14 avril 1894.
(8) D. beyl. 14 avril 1894.
(9) D. beyl. 13 mars 1905.
(10) D. beyl. 5 avril 1905.
(11) D. beyl. 17 juin 1905.

Il vérifie les titres des médecins, chirurgiens, accoucheurs, pharmaciens (1), dentistes (2) et vétérinaires (3), et il en assure l'enregistrement.

Il légalise les signatures des commissaires de police, des présidents, vice-présidents ou membres des communes (4).

Il reçoit pour les publications en langue arabe ou hébraïque la déclaration prévue par l'article 7 du décret du 14 octobre 1884 sur la presse.

Il est de droit membre du comité supérieur de l'Assistance publique, il approuve les délibérations de ce comité et il effectue l'ordonnancement au profit des institutions bénéficiaires des sommes qui leur sont attribuées par ce comité (5).

Il a, enfin, la présidence ou fait partie de la plupart des commissions instituées en Tunisie.

§ 3. — *Chefs de service.*

91. Parallèlement à cette réorganisation de l'administration centrale indigène, le protectorat s'est préoccupé d'assurer la mise au point et le développement de services techniques pour lesquels on fit appel à des agents français; il a ainsi placé, avec le titre de directeurs, des fonctionnaires métropolitains à la tête des grands services publics.

Ces grands services sont : la direction générale des travaux publics (décret du 3 septembre 1882), la direction générale des finances (décret du 4 novembre 1882), la direction de l'enseignement public (décret du 6 mars 1883), la direction de l'office postal (décret du 11 juin 1888), la direction de l'agriculture (décret du 3 novembre 1890).

Les chefs de ces différentes administrations ont sous leurs ordres un certain nombre d'agents français ou indigènes. Ils sont investis de fonctions ministérielles; ils disposent seuls et sous leur responsabilité des crédits ouverts par le budget de l'État; ils ont un pouvoir propre de décision; ils prennent des arrêtés exécutoires dans toute la régence. Ils ne contresignent pas, il est vrai, les décrets beylicaux, ce pouvoir étant exclusivement réservé au résident général, mais ils en assurent l'exécution.

92. *Conseil des ministres.* — On entend par Conseil des ministres et chefs de service la réunion, sous la présidence du résident général qui est le chef de ses *collaborateurs* et non le premier de ses *collègues*, du général commandant la division d'occupation, ministre de la guerre du gouvernement tunisien, du premier ministre et du ministre de la plume, du secrétaire général du gouvernement tunisien, des directeurs des finances, des travaux publics, de l'enseignement, de l'office postal, de l'agriculture, du commerce et de la colonisation.

---

(1) D. beyl. 15 juin 1888.
(2) D. beyl. 1er mai 1899.
(3) D. beyl. 28 mai 1899.
(4) D. beyl. 19 juin 1899.
(5) D. beyl. 1er avril 1905 (art. 2, 15 et 16).

L'organisation et le fonctionnement de ce Conseil qui constitue le gouvernement central de la Régence n'ont été réglés par aucun texte d'ensemble. Mais différents décrets, rendus en matière budgétaire notamment, ont prévu son intervention.

Aux termes du décret organique du 12 mai 1906, portant réglement sur la comptabilité publique, le Conseil des ministres et chefs de service prépare le budget de l'Etat, en surveille l'exécution et en assure le règlement en fin d'exercice.

Pour l'établissement du budget, le Conseil se réunit dans le courant du mois de juin et il délibère sur le projet de budget présenté, pour leur administration respective, par les chefs des services publics.

Il se réunit mensuellement pour examiner les demandes de crédits présentées par ses membres et qui sont nécessaires pour assurer la marche des services publics pendant le mois suivant.

Dans le courant du mois de juillet qui suit la clôture de chaque exercice, le Conseil, sur les propositions conformes du directeur des finances, procède au règlement provisoire du budget de l'année écoulée.

Le Conseil délibère également sur les baux d'une durée supérieure à 9 ans, et les approuve, s'il y a lieu.

Toutes les délibérations du Conseil relatives au budget font l'objet de procès-verbaux dont les extraits, certifiés par le secrétaire général du Gouvernement tunisien, sont adressés au ministre des affaires étrangères.

93. En dehors de ces attributions, d'ordre exclusivement budgétaire, certaines décisions ne peuvent être prises qu'après examen de l'affaire en Conseil des ministres et chefs de service. C'est ainsi que le Conseil est appelé : 1º à déterminer, au cas de dissentiment entre les experts désignés par ces administrations (1) la valeur d'échange des terres mises à la disposition de la direction de l'agriculture par la djemaïa des habous ; 2º à fixer le prix de remplacement exigé des jeunes soldats indigènes qui veulent se libérer du service militaire (2) ; 3º à autoriser l'aliénation et la concession du sol forestier domanial (3) ; 4º à statuer sur les contestations relatives au défrichement de tout bois litigieux entre l'Etat et un particulier (4) ; 5º à prononcer, dans certains cas, la résolution des amodiations passées pour l'exploitation des phosphates de chaux situés dans des terrains domaniaux habous publics et habous privés, sous réserve du recours ouvert aux parties devant les tribunaux administratifs de la Régence (5) ; 6º à donner son avis sur la nomination des vice-présidents français de la municipalité de Tunis (6).

Dans ces réunions, les chefs de service viennent également rendre compte de l'état de leur administration respective ; y proposer des mesures nouvelles, y discuter des questions intéressant deux ou plusieurs directions. Et dans cette collaboration constante entre le résident géné-

---

(1) D. beyl. 13 novembre 1898, art. 3.
(2) D. beyl. 5 novembre 1902, art. 1er.
(3) D. beyl. 25 avril 1898, art. 2.
(4) D. beyl. 26 juillet 1903, art. 14.
(5) D. beyl. 1er décembre 1908, art. 4 et 18.
(6) D. beyl. 1er avril 1885, art. 3 et 4.

---

ral d'une part et les ministres et chefs de service d'autre part, l'administration puise la cohésion et la force nécessaires pour étudier et faire aboutir les réformes préconisées par le protectorat.

SECTION III.

CONFÉRENCE CONSULTATIVE.

§ I. — *Historique.*

94. Au rapport des consuls de France qui, depuis 1577 (1), se succédèrent au fondouk (2), les commerçants français résidant dans l'échelle de Tunis se réunissaient *en assemblée du corps de la nation* toutes les fois que notre représentant jugeait à propos de les convoquer « pour le bien général et particulier ». Ils procédaient, chaque année, à l'élection du député de la nation. L'institution de ces députés remonte fort loin. Elle fut régularisée par l'ordonnance royale du 3 mars 1681 qui leur donna pour attributions de gérer les affaires de la communauté, de veiller à l'intérêt du commerce, de conférer sur ces matières avec les consuls de l'Échelle. Aux termes de l'ordonnance de 1685 ils étaient également tenus d'accompagner le consul « aux audiences des beys dans toutes les occasions utiles ».

Cette organisation, d'ailleurs commune aux Échelles de Barbarie comme à celles du Levant, persista même après l'établissement du protectorat. L'assemblée de la nation nomma, en 1881 et en 1882, des députés qui furent virtuellement supprimés le 18 décembre 1883. A cette date, sur les dix chefs d'établissement qui composaient le corps électoral, trois d'entre eux seulement se présentèrent pour élire leur député. En présence de cette abstention, le consul de France déclara dans le procès-verbal de la réunion qu' « aucune autre convocation ultérieure n'aurait lieu sans l'ordre exprès de S. E. le ministre des affaires étrangères » (3).

On pouvait, dès lors, envisager la suppression définitive des députés de la nation dont la nomination reposait sur des bases électorales trop étroites. Ils ne pouvaient plus longtemps parler au nom des colons français qui, chaque jour, à la suite du corps d'occupation, arrivaient, dans la Régence, plus nombreux, plus actifs, plus entreprenants.

95 Le 1er janvier 1885, à la réception de la colonie française, M. Cambon, ministre-résident, constate que,

---

(1) Le Consulat de France à Tunis fut créé par lettres patentes du roi Henri III en date du 28 mai 1577.
(2) Dans une lettre du 15 décembre 1801, le consul Devoize explique à Talleyrand que « le fondouk est une appartenance du Divan qu'un usage immémorial a affecté au logement des Français pour le prix annuel de 600 piastres. Il n'en est pas fait mention dans aucun traité. C'est dans ce local que le chargé d'affaires fait sa résidence ordinaire et le pavillon national y est arboré » (Affaires étrangères, Consulat de Tunis).
Le Divan a fait bâtir cette maison (le fondouk) pour les Français en 1583. Elle conserva la même destination jusqu'en 1860, date de l'installation de la résidence actuelle. (Correspondance des beys et des consuls avec la Cour, par Eugène Plantet, t. I, p. XXXII).
(3) Registre nº 6 des délibérations nationales, fº 36 (Vice-consulat de France et contrôle civil de Tunis).

pour la première fois, ses compatriotes ne lui sont pas présentés par leurs députés. D'après lui, il est indispensable « de modifier une situation qui n'est plus en harmonie avec le nouvel ordre de choses fondé en Tunisie. Mais le député de la nation est associé par la loi à certains actes publics et ne peut disparaître qu'après quelques réformes législatives » (1). La question soumise au gouvernement français fut résolue rapidement : Le 23 juin 1885, un arrêté résidentiel créait la Chambre de commerce qui devenait le seul corps constitué ayant qualité pour porter la parole au nom de la colonie française.

L'unanimité avec laquelle nos nationaux s'étaient groupés derrière le représentant de la France pour obtenir de la métropole la loi douanière du 19 juillet 1890 (2), amena M. Ribot, ministre des affaires étrangères, à provoquer l'établissement de relations plus suivies et plus étroites entre la résidence générale et la colonie française.

Dans ce but, une lettre de M. Ribot, en date du 24 octobre 1890 (3), invita le résident général à réunir, à des époques fixes, les représentants de la colonie, pour prendre leur avis au sujet des questions touchant à leurs intérêts agricoles, industriels et commerciaux. Il donna également l'énumération des personnes qu'il y avait lieu de convoquer à ces réunions. C'étaient :

1° Les membres composant le bureau de la Chambre de commerce ;

2° Les quatre membres correspondants de cette chambre à Sousse et à Sfax, remplacés plus tard par les bureaux des chambres d'agriculture et de commerce du Sud créées depuis ;

3° Les vice-présidents de la municipalité de Tunis ;

4° Le vice-président et les plus anciens conseillers français des municipalités de Sousse et de Sfax ;

5° Le président et le vice-président du syndicat des viticulteurs et de chacune des associations agricoles reconnues.

La première réunion de l'assemblée ainsi composée eut lieu avec le concours des chefs de service et sous la présidence du résident général, le 23 janvier 1891. Le nouvel organe de la colonie fut baptisé du nom de « Conférence consultative », nom qu'il a conservé malgré les modifications profondes survenues dans sa composition, son recrutement et ses attributions.

96. Ce corps consultatif ne constituait « qu'une assemblée de notables désignés sans aucune règle fixe et délibérant sans attributions définies » (4). 3,000 Français environ, sur 4,200 composant la colonie en 1896, n'étaient ni agriculteurs ni commerçants et, par suite, n'étaient pas représentés à la Conférence. Ils contribuaient cependant aux charges budgétaires de la colonie, et il paraissait équitable de leur assurer une représentation pou-

vant défendre leurs intérêts dans les conseils du Gouvernement.

Ce fut l'œuvre de l'arrêté résidentiel du 22 février 1896 portant modification de la composition et des attributions de la Conférence consultative. Instituée près la résidence générale, elle se compose désormais des membres des bureaux de la Chambre de commerce et de la Chambre d'agriculture du Nord, des Chambres mixtes du Centre et du Sud ;

Des vice-présidents français des villes érigées en communes ;

Des six chefs de service français du Gouvernement tunisien ;

Des membres élus par la délégation des électeurs français non commerçants et non agriculteurs, qui jusque-là n'avaient pas été représentés.

Le même arrêté définit également d'une manière suffisamment précise les attributions de la Conférence consultative réorganisée sur ces bases.

97. L'introduction à la Conférence d'un nouvel élément élu au suffrage direct devait entraîner le même mode de nomination pour l'ensemble de ses membres. Cette réforme se justifiait d'autant plus que si, à l'origine de notre établissement en Tunisie, il eût été, suivant les paroles mêmes de M. Massicault, résident général, imprudent de créer « une vie publique avec les agitations qu'elle entraîne » (1), il paraissait logique, après une expérience de quinze ans, de réorganiser la Conférence sur des bases plus larges, plus démocratiques, plus appropriées aux rapports étroits qui s'étaient établis entre le résident général et les différents groupes de la colonie.

Cette œuvre libérale fut réalisée par l'arrêté organique du résident général du 2 janvier 1905, complété par celui du 2 novembre 1907 fixant le règlement intérieur de la Conférence.

98. Enfin, le décret beylical du 2 février 1907 a attribué l'examen du budget de la Régence à la Conférence et il a introduit dans cette assemblée une représentation indigène composée de seize membres dont un israélite, désignés par le résident général. Les indigènes qui contribuent pour une large part au paiement de l'impôt, se trouvent ainsi associés à l'œuvre budgétaire.

Ces différents textes contiennent l'ensemble des règles qui régissent la Conférence consultative actuelle et leur examen permettra de dégager les principes applicables à l'organisation et au fonctionnement de l'assemblée tunisienne.

§ 2. — Organisation.

99. Composition. — La Conférence consultative n'est pas une assemblée politique, c'est une représentation des intérêts. A cet effet, la Tunisie a été divisée en huit circonscriptions et dans chacune d'elles les électeurs français

---

(1) Journal officiel Tunisien, n° 106. 1er janvier 1885, p. 478.
(2) V. infra Douanes.
(3) Procès-verbaux de la Conférence consultative, 1re session, janvier 1891 p. 7 et 8.
(4) Note du 10 février 1896 adressée par le résident général à M. le ministre des affaires étrangères (procès-verbaux de la Conférence consultative, 10e session. Juin 1896, p. 6).

---

(1) Procès-verbaux de la Conférence consultative, 1re session, séance de clôture du 29 janvier 1891. p. 87.

ont été répartis, suivant la profession qu'ils exercent, en trois groupes ou collèges.

Le premier collège comprend les propriétaires ou usu-fruitiers de fonds ruraux ainsi que le personnel des exploi-tations rurales, ouvriers agricoles et employés de toutes catégories.

Le deuxième collège comprend les commerçants et les industriels de tout ordre (Vendeurs en gros et au détail, banquiers, éditeurs, imprimeurs, courtiers, agents d'as-surances, hôteliers, armateurs, camionneurs, voituriers, entrepreneurs de transports ou de travaux publics, pro-priétaires de métiers ou de mines, etc.) ainsi que le grand et petit personnel du commerce et de l'industrie (con-tremaîtres, employés, ouvriers, capitaines de navires, marins, etc.).

Le troisième collège comprend tous les électeurs non inscrits dans les deux premiers collèges (professions libérales, artistes, publicistes, architectes, géomètres, vérificateurs, rentiers, propriétaires urbains, fonction-naires, clergé, personnes sans profession, etc.).

Chaque collège nomme au suffrage direct un nombre égal de délégués, en raison de 3 représentants par mille électeurs ou fraction de mille électeurs inscrits.

Représentation indigène. — Aux délégués français nommés dans les conditions qui précèdent, il a été ajouté seize membres indigènes dont un israélite. Ces derniers qui prennent part dans les mêmes conditions que leurs collègues français aux travaux de la Conférence sont désignés par le résident général.

Ils sont choisis parmi les notables des diverses régions de la Régence qui paraissent le mieux préparés, par la pratique des affaires, ou la fréquentation de nos écoles, à exercer leur mandat.

100. *Gratuité du mandat.* — Le mandat des délégués à la Conférence consultative est gratuit. Néanmoins ils ont droit à une indemnité de séjour fixée à 400 fr. ainsi qu'au remboursement de leurs frais de voyage (1).

101. La Conférence consultative est actuellement com-posée de 55 membres dont 39 Français et 16 indigènes.

Le tableau ci-après donne avec les circonscriptions élec-torales le nombre d'électeurs inscrits dans chaque collège ainsi que celui de ses délégués à la Conférence consultative. Ce tableau est à jour au 31 décembre 1908.

102. *Conditions d'éligibilité.* — Les électeurs figurant sur les listes définitives de leur collège respectif et âgés de 25 ans révolus au jour du scrutin, sont éligibles *sans distinction de circonscription.*

La durée du mandat des membres élus est de quatre ans. Le renouvellement de ces membres a lieu tous les deux ans par série.

Les magistrats, les greffiers, les huissiers et les fonc-tionnaires ou employés recevant un traitement du Gou-vernement, des établissements publics, des municipalités ne sont pas éligibles. Cette disposition ne s'applique pas aux personnes exerçant des professions libérales et rece-vant pour un service déterminé une subvention ou une allocation de l'Etat, des établissements publics ou des communes.

Nul ne peut être candidat dans plus d'une circons-cription.

Pour pouvoir se présenter à une élection, le candidat doit, le dixième jour au plus tard avant l'ouverture du scrutin, faire une déclaration à la Résidence générale indiquant la circonscription dans laquelle il a l'intention

(1) Arr. résid. 28 décembre 1907.

CIRCONSCRIPTIONS ELECTORALES	NOMBRE							
	D'ÉLECTEURS				DES DÉLÉGUÉS			
	1er collège	2e collège	3e collège	Total	Français 1er collège	2e collège	3e collège	Indigènes (2)
1re CIRCONSCRIPTION. — Contrôles civils de Tunis et Grombalia...	587	1.039	1.979	4.115	5(1)	5(1)	5(1)	1(3)
2e — — de Bizerte...................	172	629	388	1.189	2	2	2	1
3e — — de Béja.....................	200	107	86	393	1	1	1	1
4e — — de Souk-el-Arba...........	95	174	131	400	1	1	1	1
5e — — du Kef, de Maktar et de Tala.	83	166	116	365	1	1	1	1
6e — — de Kairouan et de Sousse ..	73	187	341	601	1	1	1	3
7e — — de Sfax....................	65	278	207	550	1	1	1	1
8e — — du Gabès et de Gafsa et ter-ritoires soumis à la sur-veillance des autorités mi-litaires	31	127	160	318	1	1	1	1
TOTAUX..............	1.246	3.307	3.378	7.931	13	13	13	16
						39		16
						55		

(1) La représentation de Tunis comprenait 4 délégués par collège. En 1908 le chiffre total d'électeurs étant passé de 3.774 à 4.115, il fut attribué à la première circonscription 3 délégués de plus, à raison de 1 par collège.
(2) Désignés par le Résident général.
(3) Dont un Israélite.

de se présenter ainsi que le collège auquel il appartient (1).

Il est délivré récépissé de cette déclaration et les contrôleurs civils intéressés en sont avisés.

Lorsque par une cause parvenue postérieurement à l'élection, un délégué ne réunit pas les conditions exigées pour remplir son mandat, il est déclaré démissionnaire par le résident général, le procureur de la République consulté.

Élection des délégués.

103. *Listes électorales.* — Les listes électorales comprennent tous les Français âgés de 21 ans au moins jouissant de leurs droits civils et politiques, domiciliés depuis plus de deux ans en Tunisie et répartis entre chaque collège dans les conditions énumérées plus haut.

Les incapacités électorales sont prévues et définies par les articles 14 à 17 de l'arrêté résidentiel du 2 janvier 1905.

Le domicile ne doit s'entendre au sens de l'article 104 du Code civil. Il a la même signification que celle qui lui a été donnée en Algérie par l'article 2 de l'ordonnance du 16 avril 1843 (2).

------

(1) Aux termes de l'article 32 de l'arrêté résidentiel du 2 janvier 1905, si les déclarations sont déposées par le même citoyen pour plus d'une circonscription, une seule est valable et le candidat doit, le dixième jour au plus tard avant le jour du scrutin, indiquer celle qu'il considère comme définitive, faute de quoi toutes sont nulles.

(2) Tribunal civil de Tunis, siégeant comme juridiction de dernier ressort en matière de contentieux électoral, 18 janvier 1909 :

« Attendu que par une lettre adressée à M. le Résident général à la date du 4 janvier 1909, M. C... a déclaré former un recours contre la décision de la Commission qui a rejeté, le 28 décembre 1908, sa demande d'inscription sur les listes électorales de la première circonscription pour le deuxième collège de la Conférence consultative;

« Attendu que ce recours fait conformément au décret du 22 décembre 1908 est régulier et recevable en la forme.

« Au fond :

« Attendu que le recours exercé par M. C... se fonde sur ce que la Commission dont la décision est entreprise a refusé d'admettre que le demandeur réalisait la condition de domicile exigée par l'article 13 de l'arrêté résidentiel en date du 2 janvier 1905 pour l'inscription sur les listes électorales; que M. C..., fait plaider que le mot « domicile » qui a été employé dans l'arrêté résidentiel susvisé doit être pris dans le seul sens juridique dont il est susceptible, c'est-à-dire dans le sens où il est pris dans l'article 104 du Code civil français; que le Résident général n'a pu valablement dans les circulaires qui n'ont pas été promulguées ni publiées et qui d'ailleurs n'obligeraient que les fonctionnaires, modifier la signification véritable de la disposition de l'article 13 susvisé qui régit la matière; que ceci posé, il justifie s'être établi en Tunisie le 28 janvier 1904, ce qu'il admet qu'il y possède deux ans de domicile; que si, depuis le 28 janvier 1904, il s'est absenté pour aller remplir une mission du Gouvernement en Égypte, il n'en résulte aucunement qu'il ait perdu le domicile légal qu'il avait acquis en Tunisie; qu'il s'ensuit que c'est à tort que sa demande d'inscription a été rejetée;

« Attendu que cette argumentation est inadmissible d'un bout à l'autre; qu'en admettant tout d'abord que le point de départ de ce système fût exact, c'est-à-dire qu'il fût vrai que le mot « domicile » eût dans l'article 13 de l'arrêté résidentiel du 2 janvier 1905 le même sens que dans l'article 104 du Code civil français, M. C... devrait être débouté de son recours, parce qu'il le prouve pas, ni n'offre de prouver qu'il ait perdu le domicile légal qu'il avait en France avant le jour où il est venu pour la première fois en Tunisie; qu'il faudrait donc, dans cette hypothèse, reconnaître que M. C... n'a pas cessé d'être domicilié en France;

« Mais attendu que cette hypothèse n'est pas exacte; qu'il n'est pas nécessaire de rechercher dans quelle mesure les circulaires résidentielles des 7 et 15 janvier 1905 sont opposables à M. C...; qu'il n'est pas nécessaire de recourir à ces textes pour déterminer la signification exacte de celui qui régit la matière; que le mot « domicile » qui y est employé n'a pas du tout la signification que veut lui faire attribuer M. C... ;

Le tribunal de Tunis, se basant sur l'article 24 de l'arrêté du 2 janvier 1905 et tout en ne contestant pas le principe de la représentation des intérêts, a reconnu à l'électeur qui réunit les conditions nécessaires pour figurer dans plusieurs collèges le droit de choisir l'inscription qui lui paraît préférable (1).

que le mot « domicile » n'a pas en droit qu'une seule signification, qu'il en a plusieurs; que notamment, le domicile politique est souvent distinct du domicile réel ou légal; que notamment, en Algérie, et par suite, en Tunisie, le mot « domicile » a une acception tout à fait différente de celle qu'il a dans l'article 104 du Code civil français;

« Attendu que l'article 2 de l'ordonnance algérienne du 16 avril 1843 est ainsi conçu : « En Algérie, la résidence habituelle vaut domicile »; que cette règle est applicable en Tunisie en vertu de l'article 7 de la loi du 27 mars 1883; tel qu'il a été véritable du mot « domicile », tel qu'il a été employé dans la disposition légale examinée;

« Attendu d'ailleurs que si l'on saurait avoir d'autre signification; que beaucoup de Français qui résident en Tunisie ont conservé leur domicile légal en France et qu'il leur serait impossible de voter dans la Régence pour le choix des membres de la Conférence consultative, si on exigeait d'eux autre chose que ce domicile particulier constitué par la résidence dans les termes de l'article 2 de l'ordonnance du 16 avril 1843; que c'est donc à bon droit et par une application rigoureusement juridique de la législation qu'il avait lui-même établie, que, une ou deux semaines après, le Résident général en proposait la véritable portée par les circulaires qu'il adressait aux agents du contrôle civil;

« Mais attendu qu'il est constant que ce domicile spécial de l'ordonnance de 1843 et de l'arrêté résidentiel du 2 janvier 1905 ne s'acquiert que par celui qui a en Algérie ou en Tunisie une résidence effective;

« Or, attendu que non seulement M. C... d'après ses propres déclarations, n'a pas résidé en Tunisie sans interruption depuis le 28 janvier 1904, jour où il est venu pour la première fois, mais encore qu'il n'y a fait en tout qu'un séjour inférieur à deux ans; qu'il tente inutilement de démontrer qu'il avait quitté Tunis qu'avec l'esprit de retour; qu'on ne peut avoir à la fois deux résidences et que cela rend sans utilité l'examen des moyens et des argumentations par lesquels M. C... essaie de prouver qu'il n'avait quitté que momentanément la Tunisie quand il s'était rendu en Égypte;

« Attendu enfin que lorsqu'il s'agit d'appliquer un texte de loi, il est nécessaire de déterminer les intentions du législateur; que si dans l'instance actuelle on se place à ce point de vue, il n'est pas difficile de découvrir que le législateur a voulu que les droits électoraux fussent réservés, pour la nomination des membres de la Conférence consultative, aux Français qui, résidant habituellement et continuellement dans le pays, se trouvent mieux en mesure de se faire une opinion exacte de ses besoins et ses aspirations;

« Par ces motifs :

« Statuant contradictoirement et en dernier ressort, en matière de contentieux électoral, reçoit « en la forme » le recours introduit par devant cette première Chambre par M. C...

« Au fond :

« Le dit mal fondé, l'en déboute, dit que c'est à bon droit que M. C... n'a pas été inscrit sur les listes électorales, maintient en conséquence la décision de la Commission qui lui avait été déférée.

(1) Tribunal civil de Tunis siégeant comme juridiction de dernier ressort en matière de contentieux électoral, 26 janvier 1909 :

« Attendu que M. O... qui est entrepreneur de travaux publics avait toujours été inscrit sur la liste des électeurs du deuxième collège, que lors de la dernière révision il a été omis sur cette liste et porté sur celle du troisième collège, qu'une réclamation a été faite contre cette inscription et que la Commission chargée d'examiner les réclamations a ordonné la radiation de M. O...; que cette décision, contre laquelle a été dirigé le recours dont le Tribunal est actuellement saisi, s'est fondée sur les motifs suivants :

« Considérant que l'article 6, paragraphe 5 de l'arrêté ministériel du 2 janvier 1905 doit être interprété suivant l'esprit général de cet arrêté lequel établit une distinction formelle entre les diverses catégories de Français pouvant être inscrits sur les listes de chacun des collèges de la Conférence consultative, que ce n'est pas le fait de ne pas être inscrit sur une des listes des deux premiers collèges qui donne le droit à l'inscription sur la liste du troisième, mais le défaut de capacités spéciales pour être inscrit sur l'une des deux premières, que on admettrait le principe contraire on aboutirait à cette conséquence que tous les électeurs auraient la faculté de se faire inscrire au troisième collège qui deviendrait ainsi le collège unique, qu'il leur suffirait pour cela de ne pas se faire inscrire sur les listes des

104. Les listes électorales sont dressées annuellement, dans chaque circonscription électorale, par les contrôleurs civils assistés, pour chaque collège, de deux électeurs de ce collège désignés par le résident général. Elles sont déposées, le matin du deuxième dimanche de décem-

deux premiers collèges ou de se faire rayer s'ils y sont inscrits, que toute l'économie de la loi qui a pour but de maintenir distincte la représentation des intérêts serait par là détruite. Considérant qu'en ce qui concerne M. O..., il est constant qu'il exerce la profession d'entrepreneur, qu'il reconnaît être actuellement chargé de trois entreprises de travaux publics importantes, qu'il reconnaît également sinon être l'agent de compagnies d'assurances du moins de s'occuper de courtage pour les trois compagnies Phénix (incendie), Zurich (accidents) et Paix; considérant qu'en cette double qualité d'entrepreneur et de courtier de sociétés commerciales il est incontestablement commerçant; considérant, d'autre part, qu'il a jusqu'à la dernière revision été porté sur les listes du deuxième collège et qu'il n'en a été rayé qu'à la suite d'une demande formulée par lui en vue d'être inscrit sur les listes du troisième collège; considérant que M. O... allègue vainement qu'étant propriétaire de trois immeubles urbains il a le droit d'être inscrit sur les listes du troisième collège, que suivant le principe déduit plus haut ce n'est pas la qualité de propriétaire qui permet l'inscription au troisième collège, mais le fait de n'être compris dans aucune des catégories d'électeurs pouvant être inscrits aux deux premiers.

« Attendu que ces considérations interprètent la législation d'une manière défectueuse et en déduisent des principes qui ne s'y trouvent pas; que le législateur n'a pas dit que pour figurer sur les listes du troisième collège il faut être dénué des qualités qui pourraient permettre l'inscription sur les listes des deux autres, que l'article 6 de l'arrêté qui régit la matière dit seulement que : « le troisième collège comprend tous les électeurs non inscrits dans les deux premiers collèges », que si cet article 6 complète le principe qu'il émet par une énumération de qualités, cela signifie que pour être inscrit sur la liste du troisième collège il faut posséder une de ces qualités et ne pas figurer sur les autres listes, qu'il est ainsi imposé au postulant deux conditions et qu'on n'exige pas de plus qu'il remplisse une troisième condition qui serait qu'il n'ait aucune des qualités qui pourraient l'habiliter à figurer parmi les électeurs du premier ou du second collège; qu'il est donc clair que la décision entreprise a sous prétexte d'interprétation ajouté au texte de l'arrêté résidentiel qui régit la matière et y a vu une règle qui ne s'y trouve pas;

« Attendu qu'il n'est pas rare qu'un même individu possède à la fois plusieurs qualités pouvant l'autoriser à se faire inscrire à différents collèges d'électeurs, qu'on trouve sur les listes un imprimeur qui possède une exploitation agricole, des magistrats qui sont propriétaires ruraux, des agriculteurs qui font du commerce, des commerçants qui font de la culture ou du journalisme, que ces faits sont si fréquents (et cela n'a rien d'extraordinaire dans un pays en voie d'évolution comme la Tunisie) que la question se pose nécessairement de savoir si celui qui pourrait solliciter son inscription indifféremment à tel collège d'électeurs ou à tel autre est libre de faire le choix qui lui plaît;

« Attendu qu'à une telle question il faut répondre par l'affirmative si on ne trouve dans la loi aucune interdiction d'user de cette faculté, parce que tout ce qui n'est pas défendu doit être permis; or, attendu que non seulement on ne peut pas découvrir dans la législation l'interdiction du droit d'option que la décision attaquée a cru y voir, mais encore que le législateur a, dans un texte spécial, formellement reconnu le droit d'option dont s'agit; que l'arrêté résidentiel du 2 janvier 1905 contient en effet un article 24 ainsi conçu. « Les électeurs qui seraient portés par erreur sur les listes électorales de plusieurs collèges ou de plusieurs circonscriptions devront au cours du délai de revision faire connaître d'user de cette faculté, au quel collège et à quelle circonscription ils désirent voter. A défaut d'indication de leur part, il sera statué sur ce point par la commission de revision; »

« Attendu qu'il résulte de ce texte la preuve que le législateur a laissé à celui qui peut être porté sur plusieurs listes électorales le droit de choisir l'inscription qui lui paraît préférable, que cela entraîne le droit de choisir le collège où l'on veut être inscrit quand on ne figure sur aucun, que c'est donc à tort que M. O... a été privé du droit de faire partie du troisième collège;

« Attendu d'autre part, que M. O... établit qu'il est propriétaire urbain, qu'il produit au tribunal trois titres de propriétés immatriculées, portant les numéros, 7.921, 9.192 et 11.826 qui ne laissent aucun doute à cet effet;

« Casse et annule, ordonne l'inscription de M. O... sur la liste des électeurs du troisième collège de la première circonscription. »

bre, dans les bureaux du contrôle civil. Pendant un délai de quinze jours, à compter du dépôt, tout électeur inscrit dans la circonscription électorale peut également demander l'inscription d'un citoyen omis ou la radiation d'une personne indûment inscrite.

Il est statué, sur ces réclamations, par une commission composée du juge de paix, président; du contrôleur civil suppléant ou autre agent du Contrôle civil, de trois électeurs du collège intéressé désignés par le résident général.

La Commission peut également prononcer d'office l'inscription des électeurs omis. Elle peut aussi prendre l'initiative de la radiation des électeurs indûment inscrits.

Les décisions de la Commission sont rendues dans les quinze jours qui suivent l'expiration du délai, pendant lequel les réclamations peuvent être produites.

Le décret beylical du 22 décembre 1908 a ouvert devant la première Chambre du tribunal civil de Tunis qui statue en dernier ressort et sans pourvoi en cassation, un recours contre les décisions de la dite Commission. Ce recours est ouvert soit au résident général, soit aux parties en cause.

Il doit à peine de nullité être déposé à la résidence générale dans le délai de huit jours francs qui court à l'encontre du résident général du jour de la décision de la Commission et à l'encontre des parties du jour de la notification qui leur est faite de cette décision.

Le résident général donne immédiatement, par voie administrative, connaissance du recours aux parties en cause en les prévenant qu'elles ont huit jours francs pour tout délai à l'effet de déposer leurs défenses à la résidence générale. Aussitôt ce nouveau délai expiré et dans les huit jours au plus tard, le résident général transmet au président du tribunal de Tunis le recours, les originaux des notifications justifiant l'accomplissement des formalités qui précèdent, les défenses, s'il y a lieu, le procès-verbal de la décision et toutes les autres pièces relatives à la contestation.

Dans les huit jours qui suivent, le président du tribunal fait connaître au résident général la date de l'audience à laquelle l'affaire sera appelée, laquelle date doit être éloignée de huit jours au plus de l'avis qui en sera donné au résident général. Les parties sont immédiatement avisées de cette date par le résident général et elles peuvent présenter au tribunal soit en personne, soit par l'intermédiaire d'un huissier ou d'un avocat, toutes observations qu'elles jugent utiles.

Le recours est jugé en audience publique, sur le rapport d'un juge et sans frais. La décision est dispensée du timbre et de l'enregistrement.

105. *Procédure des élections.* — Les électeurs sont convoqués par arrêté du résident général publié au *Journal Officiel Tunisien*. Un intervalle de vingt jours francs au moins doit s'écouler entre l'arrêté de convocation et le jour de l'élection qui a lieu un dimanche. Les lieux de vote sont désignés par arrêtés du résident général et les opérations dans chaque section de vote présidées par le contrôleur civil ou son délégué. Le président est assisté par le plus âgé et le plus jeune des électeurs présents. Ce bureau statue sur toutes les questions qui peuvent s'élever au cours des opérations électorales.

Le scrutin est ouvert à huit heures du matin et est clos le même jour à midi. A la clôture du scrutin, le dépouillement des votes a lieu immédiatement par les soins du bureau. Dès que le dépouillement est achevé, le procès-verbal des opérations est dressé et transmis au résident général avec les bulletins blancs ou nuls. La centralisation des votes, la vérification des dépouillements et la proclamation des résultats définitifs sont effectuées à la résidence générale par les soins d'une commission composée : 1° de trois magistrats désignés par le président du tribunal de Tunis, — dont un préside — et de deux contrôleurs civils désignés par le résident général (1).

106. Au premier tour de scrutin nul n'est élu délégué à la Conférence consultative s'il n'a réuni :

1° La majorité absolue des suffrages exprimés ;

2° Un nombre de suffrages égal au quart des électeurs inscrits.

Il n'est pas tenu compte :

1° Des suffrages qui se sont portés sur les noms de personnes non éligibles dans le collège ;

2° Des suffrages exprimés en sus du nombre total des sièges à pourvoir dans la circonscription.

Est nul le bulletin qui ne contiendrait de suffrage que pour des personnes non éligibles dans le collège.

107. *Vote par correspondance.* — Le vote par correspondance est autorisé en faveur : 1° de certains électeurs domiciliés hors des localités sièges d'un bureau de vote ; lorsque les grandes distances ou le petit nombre des sections de vote le rendent nécessaire ; 2° des agents des compagnies Bône-Guelma et Sfax-Gafsa soumis au roulement ; 3° des électeurs domiciliés dans une localité siège d'un bureau de vote mais qui justifient d'un cas de force majeure les obligeant à être absents le jour du scrutin.

L'électeur qui désire voter par correspondance doit en demander l'autorisation au contrôleur civil.

D'autre part, le résident général fixe par arrêté les bureaux de poste où le vote par correspondance est admis.

En vue d'éviter la fraude, ce mode de votation est soumis à des formalités rigoureuses. L'électeur qui désire voter par l'entremise des bureaux de poste doit se présenter en personne à la recette postale porteur de sa carte d'électeur dûment signée par lui et d'une enveloppe blanche fermée contenant uniquement son bulletin de vote. Il présente sa carte au receveur des postes qui lui fournit sur le vu de cette pièce une enveloppe spéciale. En présence du fonctionnaire de l'office postal, l'électeur insère sa carte et l'enveloppe blanche contenant son bulletin dans l'enveloppe spéciale en question au coin supérieur gauche de laquelle il appose sa signature. Cette formalité accomplie, il remet l'enveloppe spéciale au receveur qui la transmet au président de la section de vote où le dépouillement doit avoir lieu.

108. *Contentieux des élections.* — Les opérations électorales de chaque collège peuvent être arguées de nullité :

1° Par tout électeur de la circonscription inscrit dans ce collège ; 2° Par tout éligible de ce collège ayant fait régulièrement acte de candidat dans la circonscription. Les réclamations doivent, à peine de nullité, être déposées dans les bureaux du Contrôle civil intéressé dans le délai de huit jours après le scrutin. Il en est donné récépissé. Elles sont immédiatement transmises au résident général par le contrôleur civil.

Il est statué sur ces réclamations dans le délai d'un mois à partir du jour de leur dépôt par la commission prévue à l'article 8 de l'arrêté résidentiel du 15 mai 1907. Et par le décret beylical du 10 juin 1907 un recours contre ces décisions a été ouvert devant la première chambre du tribunal civil de Tunis, qui statue en dernier ressort et sans pourvoi en cassation.

§ 3. — *Fonctionnement et attributions.*

109. La Conférence consultative se réunit sous la présidence du résident général ou du délégué à la résidence générale le premier lundi de novembre. La durée de la session ne peut excéder vingt jours. Les chefs de service français du protectorat assistent aux séances. Ils ne votent pas, mais ils prennent part aux débats et fournissent toutes explications utiles à propos de leur budget respectif ou des projets préparés par leur service et soumis à l'examen de la Conférence.

Dans la première réunion, on procède à l'élection de trois secrétaires dont deux Français nommés par les trois collèges votant ensemble et d'un indigène désigné par la fraction indigène de l'assemblée.

Le premier secrétaire français qui prend place au bureau à la droite du président, représente la Conférence consultative dans tous les actes de sa vie publique. En cas d'empêchement, il est suppléé par le second secrétaire français et à défaut de ce dernier par le doyen d'âge des *membres français* de la Conférence.

110. *Commissions.* — La Conférence se divise en trois commissions :

La Commission des finances composée de dix-huit membres élus dont douze Français et six indigènes ; les membres français étant nommés à raison de 4 par collège et les indigènes désignés par leur fraction ;

La Commission d'administration comprenant dix-huit membres dont treize Français et cinq indigènes ;

La Commission des travaux publics comprenant dix-neuf membres dont quatorze français et cinq indigènes. Les membres de ces deux dernières commissions sont désignés par voie de tirage au sort.

Les commissions sont présidées par le *doyen d'âge français.* Elles nomment des rapporteurs pour les questions à discuter en séance. Elles peuvent également se diviser en sous-commissions.

111. *Attributions.* — La Conférence consultative, sous l'empire de la législation antérieure, confirmée par l'arrêté résidentiel du 2 janvier 1905, était appelée à donner son avis sur « les questions touchant les intérêts divers de la colonie française » au sujet desquelles le Gouvernement du protectorat la consultait. Elle était également con-

---

(1) Arr. rés. 15 mai 1907, art. 8.

suitée en matière financière, chaque fois qu'une réforme projetée pouvait avoir pour conséquence d'introduire dans la régence une charge nouvelle susceptible d'atteindre la colonie française. Elle a, depuis le décret beylical du 2 février 1907, l'examen du budget tunisien ainsi que la faculté de donner son avis sur l'utilité des emprunts contractés par l'Etat ou les communes et d'indiquer les ressources à créer pour le service des intérêts et l'amortissement desdits emprunts.

De ce fait, le cercle des attributions de cette assemblée s'est trouvé singulièrement élargi : il est admis, en effet, que toute réforme dans l'ordre financier, administratif ou économique a sa répercussion sur le budget. Il n'est donc pas exagéré d'affirmer que peu de questions échappent à la discussion de la Conférence.

112. Il serait cependant excessif de vouloir établir une comparaison entre les pouvoirs attribués aux délégués et ceux qui sont accordés aux membres des délégations financières algériennes. En Algérie, pour certaines matières, la décision gouvernementale ne peut intervenir que conformément à l'avis de ces délégations (1). En Tunisie, le Gouvernement n'est jamais lié par les avis de la Conférence.

Malgré ces réserves, il est utile d'indiquer ici que le Gouvernement tient le plus grand compte des vœux formulés par la Conférence. Le résident général a même déclaré, à la suite d'une demande de relèvement de crédits, qui ne pouvaient être incorporés au budget faute de ressources suffisantes, que « le rôle de la Conférence ne devait pas être celui d'une assemblée qui, comme les conseils d'arrondissement, en France, émet des vœux sans se préoccuper de savoir où l'on prendra les ressources pour les réaliser; par analogie avec les conseils généraux qui ont la responsabilité du budget départemental, elle doit s'efforcer, au contraire, de ne voter des dépenses qu'autant qu'elles ont leur contre-partie dans le budget des recettes » (2).

113. *Examen du budget.* — Le budget de l'Etat, préparé comme il sera expliqué plus loin, comprend en dépenses, *au regard de la Conférence,* des dépenses obligatoires (3) et des dépenses facultatives; « l'initiative des dépenses obligatoires et notamment des augmentations ou réductions de traitements, d'indemnités, de secours ou de

pensions, des créations, extensions ou suppressions de services, d'emplois ou de pensions est exclusivement réservée au Gouvernement ».

Les dépenses obligatoires ne sont pas indéfiniment extensibles. Leur montant a été arrêté au chiffre des crédits définitivement inscrits au budget de 1907. Ces crédits, sur l'initiative du Gouvernement, peuvent être augmentés, après un avis favorable de la Conférence. Dans ce cas, la dépense, ainsi relevée, devient également obligatoire à la condition toutefois d'avoir pour objet un besoin permanent.

Les avis sont émis en séance plénière, sur le rapport de la commission des finances. Une restriction considérable a été apportée au droit d'amendement : « Aucun avis ne peut être discuté s'il n'a été préalablement présenté par écrit et signé par la fraction ou la majorité de la fraction de la Conférence à laquelle appartient son auteur et transmis par elle à la commission des finances. »

Toute réforme financière, pouvant se traduire par une moins-value dans le rendement d'un impôt, ne peut être réalisée, si elle est proposée par la Conférence, qu'autant que celle-ci aura indiqué une taxe de remplacement d'un produit équivalent. Le gouvernement, de son côté, ne peut, sans avoir préalablement consulté les membres de cette assemblée, élever le rendement d'un impôt par un remaniement du système fiscal.

114. *Nullité des délibérations.* — Les délibérations sont nulles si elles ont pour objet de modifier l'organisation financière de la Régence ou les règles, admises par la législation, sur la comptabilité publique, pour la confection du budget; le mode d'alimentation de gestion et d'emploi de diverses réserves du Trésor. Toutes motions de la Conférence, tendant à relever une dépense facultative imputable sur la première partie du budget au delà des évaluations des recettes ordinaires, est nulle de plein droit lorsqu'il n'a été proposé aucune autre ressource nouvelle agréée par l'administration.

SECTION IV.

CONTROLES CIVILS ET TERRITOIRE MILITAIRE.

ARTICLE PREMIER. — *Historique.*

115. A la fin de la seconde campagne de Tunisie et à la suite des opérations du général Logerot dans le Sud, l'autorité militaire exerça son action sur tout le territoire par l'intermédiaire des bureaux de renseignements.

Avec leurs commandants de cercle, leurs chefs de bureau, leurs khodjas et leurs cavaliers-guides, les bureaux de renseignements présentaient, par leur organisation, une très grande analogie avec les bureaux arabes institués en Algérie. Ils en différaient profondément par leurs attributions. En Algérie, les bureaux arabes administraient réellement les tribus. En Tunisie, le service de renseignements laissait au gouvernement beylical l'administration du pays et l'exercice de la justice; il se bornait à établir tous les travaux ayant trait à l'étude géogra-

(1) Emile Larcher, Traité élémentaire de législation algérienne t. I, p. 268.
(2) Procès-verbaux de la Conférence 31ᵉ session, novembre 1907, p. 399.
(3) Aux termes de l'article 8 du D. du 2 février 1907 sont obligatoires :
Les dépenses de la liste civile du Bey, les dotations des princes et princesses de la famille husseïnite, les dépenses du personnel et des services des palais et celles de la garde beylicale; — les services de la dette tunisienne et en général toutes les dettes exigibles résultant soit de jugements ou arrêts passés en force de chose jugée, soit de conventions, marchés, baux et autres engagements; — les dépenses de la Résidence générale et des contrôles civils; — les anciennes pensions civiles ou militaires, et les subventions à la Société de prévoyance des fonctionnaires et employés tunisiens; — les dépenses de centralisation et d'exécution des divers services publics; — les dépenses de la justice française; — les dépenses de la gendarmerie française; — les dépenses des services et des affaires indigènes (administration, justice, gendarmerie, maghzen, etc.); — les dépenses de sûreté; et celles classées comme obligatoires dans le tableau dressé à cet effet.

phique, ethnique, historique, économique et religieuse du pays.

Cependant, les officiers de renseignements recevaient parfois la mission de procéder à des enquêtes administratives et ils exerçaient, par application des dispositions du décret beylical du 10 juin 1882, certains pouvoirs disciplinaires à l'égard des indigènes. Le tact, la modération et aussi la fermeté avec laquelle ces officiers remplirent leur mission amenèrent rapidement la pacification du pays : notre protectorat fut accepté par les populations, la rentrée des impôts s'effectua régulièrement et les chefs indigènes soumis à notre influence secondèrent partout notre action.

116. Par la suite, la situation de la Régence ne devait plus justifier l'organisation et les dépenses d'un service purement militaire. Il convenait, dans les régions pacifiées, de substituer aux officiers de renseignements des agents civils pouvant à la fois servir de guides aux chefs indigènes et exercer sur ceux-ci une surveillance efficace, contre-partie de la garantie donnée par la France à la dette tunisienne.

Cette double mission fut confiée à un corps de contrôleurs civils français institué par décret présidentiel du 4 octobre 1884. La conséquence naturelle de cette création était la suppression des bureaux de renseignements dans les territoires de contrôle civil. Le maintien, en effet, à côté l'une de l'autre, de deux autorités, civile et militaire, ayant les mêmes droits, les mêmes attributions, la même mission, les conflits que cette dualité de pouvoirs pouvait entraîner, étaient de nature à faire échouer la réforme tentée sur la proposition de M. Cambon, ministre-résident.

117. Des difficultés soulevées par le commandement militaire, représenté alors par le général Boulanger, faillirent compromettre au début le succès de la nouvelle institution. Mais, à la suite de l'accord intervenu entre les ministres de la guerre et des affaires étrangères qui envoyèrent à leur représentant dans la Régence des instructions précises, le ministre-résident publia, le 23 avril 1885, au *Journal officiel tunisien*, le décret présidentiel du 1er novembre 1884 chargeant des fonctions de contrôleur civil les vice-consuls de La Goulette, Sousse et Sfax; érigeant en vice-consulats Nabeul (1), Gafsa (2), Le Kef et nommant dans ces dernières villes des contrôleurs civils faisant fonctions de vice-consuls de France. Le service de renseignements, sauf à Gafsa où il subsista pendant quelque temps à côté du contrôleur civil, était supprimé dans les circonscriptions de contrôle ainsi créées et dont les limites furent fixées par un arrêté résidentiel du 1er mai 1885.

Le texte confiant des pouvoirs disciplinaires, à l'égard des indigènes, au général en chef, aux commandants de subdivisions et aux commandants supérieurs, fut modifié.

Désormais, le général commandant la division d'occupation conserva seul, en territoire de contrôle civil, le droit de prononcer des peines disciplinaires après en avoir référé au résident général (1).

L'essai d'un contrôle civil donna les résultats qu'on en attendait et bientôt l'institution fut développée par la création de sept nouveaux contrôles (2).

118. Le corps des contrôleurs civils fut placé sous l'autorité du directeur des renseignements et des contrôles civils (3). Mais l'expérience ne tarda pas à révéler qu'il n'était pas possible de priver le résident général de la correspondance des contrôleurs civils pour la confier au directeur des contrôles. Cette direction fut donc supprimée et une circulaire résidentielle avisa les contrôleurs civils que les affaires concernant leur service seraient, à l'avenir, centralisées à la résidence générale.

D'autre part, une décision du ministre de la guerre, en date du 19 janvier 1900, changea la dénomination de « service des renseignements » en celle de « service des affaires indigènes en Tunisie » et transforma les « officiers de renseignements » en « officiers du service des affaires indigènes ».

Enfin quelques années plus tard, une circulaire dont les dispositions furent concertées entre les ministres de la guerre et des affaires étrangères plaça, à partir du 1er janvier 1906, le service des affaires indigènes sous les ordres directs du résident général.

Ainsi s'est trouvée réalisée l'organisation administrative d'un service de contrôle en Tunisie. Cette institution toute spéciale, établie en conformité des principes directeurs de notre protectorat, a permis d'assurer sur toute l'étendue du territoire l'unité de vues et de direction nécessaire à notre action; elle a aidé puissamment à une meilleure administration du pays et au succès de notre influence. Grâce à elle, les chefs indigènes encadrés de fonctionnaires français et guidés par eux sont devenus des auxiliaires mieux avertis et plus efficaces de la France dans l'œuvre de civilisation qu'elle a entreprise en Tunisie.

ARTICLE 2. — *Organisation territoriale.*

119. La Tunisie se divise en territoire de contrôle civil et en territoire soumis à la surveillance de l'autorité militaire. Le territoire de contrôle civil comprend toute la Tunisie à l'exception de la zone soumise à la surveillance de l'autorité militaire et qui est limitée :

1° au Nord, par le seuil de Gabès et la dépression des Chotts Fedjedj et Djérid jusqu'à la frontière algérienne;

2° au Sud, par le Ras-Adjerir, les Sebkhas Brega, Tader, La Mogta, la Khaoui-Smida jusqu'en face de Ouezzen, point au delà duquel s'ouvre le Sahara compris dans le hinterland tunisien.

120. Les circonscriptions de contrôle civil sont créées par décret du Président de la République et la désigna-

---

(1) Le siège du Contrôle civil de Nabeul a été transféré à Grombalia (D. 16 février 1894).
(2) Transféré à Tozeur (D. 24 décembre 1884) le siège de ce contrôle civil fut rétabli à Gafsa (D. 31 octobre 1894), Tozeur devenant le siège d'une annexe de contrôle civil.

(1) D. beyl. 12 mai 1885.
(2) D. 24 décembre 1886.
(3) D. 16 octobre 1890.

tion des territoires qui les composent est faite par voie d'arrêté résidentiel.

Les circonscriptions de contrôle civil sont au nombre de 13. Elles comprennent les contrôles civils de Béja, avec l'annexe de Medjez el Bab; Bizerte; Gabès, avec l'annexe de Djerba; Gafsa, avec l'annexe de Tozeur; Grombalia; Kairouan; Le Kef, avec l'annexe de Téboursouk; Maktar; Sfax, avec le poste détaché de Triaga; Souk el Arba, avec l'annexe de Tabarka; Sousse; Thala; Tunis.

Depuis le 11 avril 1906, le commandement militaire des territoires du sud, au point de vue administratif, comprend : 1° les bureaux des affaires indigènes de Medenine, Kebilli et Matmata; 2° les annexes de Zarzis, Ben Gardane et Tatahouine qui dépendent du bureau des affaires indigènes de Medenine; 3° le poste détaché de Dehibat qui dépend de l'annexe de Tatahouine.

Les contrôles civils sont gérés par des contrôleurs civils et leurs annexes par des contrôleurs suppléants. Ces derniers exercent, à cet égard, sous la direction du contrôleur civil de la circonscription, les mêmes attributions que leur chef. Les postes militaires ont à leur tête un bureau des affaires indigènes composé d'officiers.

ARTICLE 3. — *Contrôleurs civils.*

121. Le contrôleur civil est, dans sa circonscription, au regard des services du gouvernement tunisien, le délégué du résident général c'est-à-dire du Gouvernement français lui-même. Il est assisté d'un contrôleur suppléant qui exerce, sous ses ordres, les attributions qu'il lui délègue et qui le remplace en cas d'absence ou d'empêchement.

122. *Nomination et cessation de fonctions.* — La nomination des contrôleurs civils est faite par décret présidentiel sur la proposition du ministre des affaires étrangères; celle de leurs suppléants a été laissée au résident général.

Le choix des contrôleurs civils n'est réglé par aucune condition d'aptitude, de noviciat ou de diplôme. En fait, ces fonctions se trouvent presque toujours dévolues, par voie d'avancement normal, aux contrôleurs civils suppléants.

Il est d'usage que le décret portant nomination de contrôleur civil ne mentionne pas l'affectation à un poste déterminé. Ce soin est réservé au résident général qui règle également par arrêté la classe à laquelle appartiendra l'agent ainsi nommé.

Les contrôleurs civils cessent leurs fonctions par l'admission à la retraite, par suite de démission, de mise en disponibilité ou de révocation.

La révocation doit faire l'objet d'un décret spécial rendu dans la même forme que le décret de nomination et après avis du comité des services extérieurs et administratifs institué au ministère des Affaires étrangères. Le Conseil d'État appelé à trancher cette question s'est prononcé dans ce sens (1).

123. Le contrôleur civil jouit de certaines prérogatives et d'avantages soit moraux soit pécuniaires. C'est ainsi qu'il a le droit de porter un costume officiel; il a également droit à certains honneurs et préséances, à un traitement, à différentes indemnités ainsi qu'à une pension de retraite.

124. *Costume.* — La tenue officielle que les contrôleurs civils doivent revêtir dans les cérémonies publiques, dans les visites réglementaires et dans les circonstances où ils figurent officiellement a été réglée par des circulaires ministérielles ou résidentielles (1).

125. *Honneurs.* — Le décret présidentiel du 24 juin 1886 relatif aux honneurs à rendre au personnel des rési-

---

(1) C. d'Et., cont. 21 avril 1893 :
Sur la recevabilité. — Considérant que par l'arrêté du 30 avril 1888, le Résident général de France à Tunis s'est borné en accordant d'of-

fice un congé de trois mois au sieur Zickel à prévoir la cessation de ses fonctions par démission ou autrement à l'expiration de ce délai, et que la lettre ci-dessus visée du 29 avril 1888 ne faisait que donner avis au sieur Zickel de l'adoption de cette décision; mais que l'arrêté du 12 juillet 1888 par lequel le Résident général a pourvu au remplacement de cet agent en le déclarant démissionnaire alors qu'il avait refusé de donner sa démission, constitue à l'égard de celui-ci une véritable révocation, que c'est donc bien contre cet acte qu'il avait à se pourvoir;

Considérant d'autre part, qu'à la date du 15 septembre 1888, le sieur Zickel a adressé au ministre des Affaires étrangères une réclamation contre l'arrêté du 12 juillet 1888 et qu'il n'est pas contesté qu'elle ait été reçue au ministère dans le délai prévu par les art. 11 et 13 du décret du 22 juillet 1806; que par suite la requête présentée par le sieur Zickel devant le Conseil d'État contre ledit arrêté, faute par le ministre d'avoir statué dans les quatre mois sur le recours formé par lui contre cette décision, est recevable;

Considérant, d'autre part, que le requérant n'a pas acquiescé à cet arrêté; qu'en effet son acquiescement ne peut résulter ni de lettres ayant un caractère essentiellement privé, ni de lettres antérieures à la publication par l'insertion au Journal officiel, de la décision qui lui fait grief;

Au fond. — Considérant que d'après les dispositions combinées des art. 7 du décret du 24 avril 1880 et 1er du décret du 8 février 1882, la révocation des agents du ministère des Affaires étrangères est prononcée par décret ou arrêté ministériel suivant les cas, après avis du Comité des services extérieurs et administratifs qui entendra les intéressés s'ils en font la demande;

Considérant que, par décrets des 12 avril et 1er novembre 1884 le sieur Zickel a été nommé vice-consul de 2e classe à Sfax et chargé du contrôle civil dans cette résidence, que par décret du 9 juillet 1887, il a été nommé contrôleur civil faisant fonctions de vice-consul à Bizerte; qu'il a été en cette double qualité agent du ministère des Affaires étrangères;

Que dès lors, il est fondé à soutenir que le Résident général n'a pu sans excès de pouvoirs, le révoquer de ses fonctions, et que la mesure dont il a été l'objet devait être prise dans les formes prévues par les articles précités;

Sur les conclusions tendant à l'allocation des traitements et émoluments auxquels le sieur Zickel prétend avoir droit;

Considérant que si le sieur Zickel a présenté au ministre une réclamation relative à cet objet, il ne justifie d'aucune décision ou ayant prononcé le rejet et que le requérant qui ne se trouve pas dans le cas prévu par l'article 7 du décret du 2 novembre 1864, applicable seulement aux recours portés devant les ministres contre les décisions d'autorités qui leur sont subordonnées n'est pas recevable à saisir directement le Conseil d'État desdites conclusions;

ARTICLE PREMIER. — L'arrêté... du Résident général de France à Tunis est annulé ».

(1) Ce costume est le même que la tenue de service prévue pour les sous-préfets en France, à l'exception de l'épée à poignée argentée qui est du modèle adopté pour les agents du ministère des Affaires étrangères.

Les contrôleurs civils sont autorisés à prendre pendant l'été, une tenue de service spéciale. Cette tenue d'été se compose d'un képi recouvert d'une coiffe blanche, ou du casque blanc, d'une veste blanche avec boutons en argent portant les insignes du ministère des Affaires étrangères, et garnie aux manches de parements mobiles, en drap bleu de roi, ornée d'une broderie en argent représentant des branches de chêne et d'olivier entrelacées. Sur le devant du col, à droite et à gauche, et sur le devant du casque, faisceaux républicains.

dences dans les pays placés sous notre protectorat avait accordé aux contrôleurs civils de Tunisie, qui remplissent des fonctions identiques à celles de résidents, les honneurs réservés à ces derniers agents, non chefs de mission, soit de la part de l'armée de terre, soit de la part de l'armée de mer.

Un second décret, portant la date du 1er février 1887, a abrogé ces dispositions. Il a décidé que « le contrôleur civil ayant les attributions de vice-consul aura droit aux honneurs réservés aux vice-résidents. » De sorte qu'actuellement l'armée de terre ne doit pas les honneurs à l'agent représentant le protectorat en province. L'armée de mer, au contraire, lui rend les honneurs réservés aux vice-consuls. En cette qualité, le contrôleur civil a droit à la première visite de la part des officiers de la marine nationale, jusqu'au grade de capitaine de frégate inclusivement ; il est salué de cinq coups de canon lors des visites réglementaires échangées avec les commandants des unités navales.

126. *Préséances.* — Tous les contrôleurs civils ont la même autorité dans leur circonscription. Leur situation au point de vue des préséances ne fait l'objet d'aucun texte législatif. On admet cependant dans les cérémonies officielles que le contrôleur civil prenne rang immédiat après les capitaines de vaisseau et avant les capitaines de frégate en raison de ce fait que les officiers de ce dernier grade sont tenus de faire la première visite. On procède par voie d'analogie à l'égard des officiers de l'armée de terre.

Vis-à-vis des agents du Département, la situation des contrôleurs civils a été réglée par une lettre du ministre des affaires étrangères du 27 mars 1901. Aux termes de ce document, le contrôleur civil chef de poste a, dans sa circonscription, la préséance sur les secrétaires d'ambassade ou les consuls de 2e classe. Les contrôleurs civils hors de leur circonscription, ou ceux qui sont détachés auprès d'une administration centrale, ont le pas, à la condition d'appartenir à la première classe de leur grade, sur les secrétaires d'ambassade de troisième classe et sur les consuls suppléants, les contrôleurs civils de deuxième et de troisième classe venant immédiatement après ces derniers.

127. *Traitement.* — Les contrôleurs civils et les contrôleurs civils suppléants ont, au point de vue du traitement, divisés en trois classes. Les classes sont personnelles. Un arrêté résidentiel fixe à treize le nombre des contrôleurs civils et à dix-huit celui des suppléants faisant partie des cadres.

Ces agents sont répartis dans chaque classe de la manière suivante :

4	contrôleurs civils de 1re classe à	9,000	francs.
4	— 2e classe à	8,000	»
5	— 3e classe à	7,000	»
5	contrôleurs civils suppléants de 1re classe à	5,500	»
6	— 2e classe à	5,000	»
7	— 3e classe à	4,500	»

Le traitement des contrôleurs civils de première classe peut être porté par le jeu de primes dites « d'ancienneté » jusqu'à 12,000 francs.

Le paiement de ces traitements était, à l'origine, imputé au budget métropolitain. Le gouvernement tunisien ayant assumé la charge de cette dépense a reçu, en retour, le droit de faire état dans son budget des recettes de chancellerie effectuées par les contrôleurs civils en leur qualité de vice-consuls de France.

128. *Logement.* — La résidence générale met gratuitement à la disposition des contrôleurs civils un édifice administratif dont l'entretien est assuré par le service des bâtiments civils (1).

L'hôtel du contrôle civil est meublé dans les conditions fixées par la circulaire résidentielle du 19 avril 1907. Il reste ouvert, même en l'absence du titulaire, pour le cas où le résident général ou un fonctionnaire délégué par lui aurait à y descendre (c. r. 6 janvier 1906).

129. *Indemnités diverses.* — Le contrôleur civil chef de poste reçoit, en outre, différentes indemnités pour frais de bureau, de représentation, etc., qui varient avec l'importance de chaque poste.

ARTICLE 4. — *Attributions des contrôleurs civils.*

§ 1. — *Principes généraux.*

130. Aux termes des considérants du décret instituant le contrôle civil « le fonctionnement de notre protectorat comporte, d'une part, le maintien de l'organisation indigène, d'autre part, l'exercice par l'autorité française d'un contrôle permanent sur les actes de cette administration ». Les contrôleurs civils représentent, en effet, le protectorat lui-même ; ils le personnifient, en quelque sorte, vis-à-vis de l'administration régionale et locale, et ils sont ainsi, pour cette administration, ce qu'est le résident général pour le gouvernement beylical.

Le principe qui est à la base de l'institution des contrôleurs civils découle donc de façon très directe de la conception même et du sens de notre protectorat : le contrôle civil est le protectorat agissant dans toute l'étendue du pays, pour mieux le pénétrer et mieux atteindre le but que nous nous sommes assignés en Tunisie.

Par l'effet du protectorat, l'État tunisien a conservé son autonomie et sa personnalité ; mais il a été reconnu à la France un pouvoir constant de surveillance, d'intervention, d'action commune ou parallèle : les contrôleurs civils sont, sous l'autorité du résident général, les agents directs de ce pouvoir et de cette action. Et une circulaire résidentielle du 22 juillet 1887 pouvait rappeler avec raison ce principe : « le contrôleur civil n'administre pas ; il surveille et conseille les chefs indigènes ».

131. Le contrôleur civil a donc, et c'est là sa première et principale fonction, une mission générale de surveillance. A ce titre, son rôle doit s'entendre de façon très

(1) Les contrôleurs suppléants reçoivent une indemnité de logement. L'hôtel du contrôle civil est meublé dans les conditions fixées par la circulaire résidentielle du 19 avril 1907. Il reste ouvert, même en l'absence du titulaire, pour le cas où le résident général ou un fonctionnaire délégué par lui aurait à y descendre (Circ. rés. 6 janvier 1906).

large et n'est limité par aucun texte formel. Il consiste notamment à renseigner exactement l'administration centrale française sur la situation politique et économique du contrôle, le fonctionnement des diverses branches de l'administration indigène, les modifications de personnel ou d'instructions qu'il convient d'y apporter, sur toutes les questions enfin qui intéressent la marche normale et le développement progressif des institutions dans le sens indiqué par le Gouvernement français. Mais, pour remplir efficacement cette mission générale de surveillance, le contrôleur civil ne pouvait pas se borner à observer et à rendre compte. On le comprit bien vite, et l'on fut rapidement amené à déléguer au contrôleur des pouvoirs relevant plus directement du domaine de l'activité administrative.

132. C'est ainsi que, tout naturellement, le gouvernement tunisien lui-même songea à recourir au contrôleur lorsqu'il fut décidé d'adapter au pays protégé des institutions françaises, ou d'y appliquer certaines lois métropolitaines. C'est encore à ce fonctionnaire que s'adressèrent les gouvernements français et tunisien, lorsque, dans une action commune, il convinrent de régler et de centraliser les pouvoirs de haute police.

Et, peu à peu, par l'effet même de sa fonction d'agent d'information, mieux préparé que tout autre à la connaissance de la vie locale et de ses nécessités administratives, le contrôleur civil a vu s'élargir la sphère de son action. Des textes successifs, lois, décrets ou circulaires résidentielles sont venus lui conférer en termes exprès des attributions nettement déterminées et ont ainsi ajouté des pouvoirs bien précis, formellement posés, rentrant dans le domaine de l'*Administration*, à la mission générale de *surveillance* que le contrôleur civil possède toujours et qui reste à la base de ses fonctions d'agent du Gouvernement français.

Nous aurons donc à envisager successivement, en étudiant les droits et les pouvoirs du contrôleur civil : 1° celles de ses attributions qui résultent de sa mission générale de contrôle; 2° celles qui lui ont été expressément dévolues par des textes positifs pour certaines branches de l'administration.

§ 2. — *Attributions résultant pour le contrôleur civil de sa mission générale de surveillance.*

133. Comme agent du Gouvernement français, le contrôleur civil relève directement du résident général et il ne correspond qu'avec ce dernier. Il est tenu de se conformer aux instructions résidentielles et de suivre la marche administrative qu'elles lui tracent : il est d'ailleurs couvert en les appliquant, par le principe général que pose le droit administratif en ces termes : « l'ordre du supérieur couvre l'inférieur (1) ».

Il est tenu de faire dans son contrôle des tournées fréquentes et d'adresser, s'il y a lieu, à l'issue de ces tournées, des rapports d'ensemble sur la situation de sa circonscription ou des rapports spéciaux sur les divers services soumis à sa surveillance.

Comme agent d'instruction et de transmission, le contrôleur civil est loin d'avoir un rôle purement passif : mis par sa situation en relations directes et permanentes avec les autorités régionales et les administrés, il tient le résident général au courant de tous les détails de la vie locale. Il doit toujours être à même de formuler sur chacune des questions qui intéressent sa circonscription, un avis motivé et, à cet effet, « il peut se renseigner lui-même dans tous les services locaux et auprès de tous les agents sans exception ». (c. r. 9 août 1902).

Les matières à l'occasion desquelles s'exerce son pouvoir d'information se rattachent d'une manière générale à toutes les branches de l'administration. Sans en faire une énumération complète il est cependant nécessaire d'indiquer les plus importantes.

134. *Attributions à l'égard des chefs et des populations indigènes.* — Le contrôleur civil remplit surtout le rôle d'un agent de transmission, d'information et de surveillance à l'égard des chefs et des populations indigènes.

Toute la correspondance échangée entre les chefs indigènes et l'administration supérieure doit comme à l'arrivée, passe par son intermédiaire. Il est ainsi à même, au départ, de contrôler et de compléter les renseignements fournis par les chefs indigènes; à l'arrivée, d'expliquer à ces derniers la nature des instructions qu'ils reçoivent, d'en préciser la portée, d'en surveiller la stricte exécution.

Ses pouvoirs, en cette matière, ne vont pas, comme ceux attribués au secrétaire général du Gouvernement tunisien à l'égard des services de l'administration centrale, jusqu'à retenir au fond et à modifier, quant au fond et quant à la forme, la correspondance préparée par l'administration locale indigène. Il n'a qu'un droit d'annotation.

Les communications que l'autorité militaire locale peut avoir à faire aux chefs indigènes passent également par l'intermédiaire du contrôleur civil. Celui-ci est prévenu notamment des déplacements de troupes et il prend toutes dispositions utiles pour que les chefs indigènes assurent. « au lieu d'étape, le ravitaillement des militaires voyageant isolément ou en détachements » (1).

C'est encore au contrôleur civil que doivent s'adresser

---

(1) Alger, 24 décembre 1902 :
« Attendu que le fonctionnaire public qui cause à autrui un préjudice à raison de l'exercice de l'autorité publique dont il est investi, n'est exposé à une action civile en dommages-intérêts que tout autant qu'une faute grave inexcusable peut lui être personnel-

lement reprochée, que, dès lors, avant même de rechercher si les consorts ben Hamda sont, comme ils le soutiennent, des sujets algériens, il importe d'examiner si M. le contrôleur civil C... et le Caïd H.. ont intentionnellement abusé de leur autorité en faisant incarcérer les appelants;
Or, attendu qu'en faisant arrêter les consorts ben Hamda pour refus de payement de l'impôt medjba, les intimés se sont strictement conformés aux ordres de leurs supérieurs;
Que, dès lors, en admettant que l'arrestation des consorts ben Hamda eût été illégale, parce que leur qualité de sujets algériens ils ne pouvaient être inscrits sur les registres de la medjba, la responsabilité de cette inscription ne saurait retomber sur M. le Contrôleur civil et le Caïd H... qui n'ont, en cette occurrence, fait qu'exécuter des ordres supérieurs; confirme... »
(1) Circ. rés. 2 octobre 1886.

ceux de nos compatriotes qui ont des réclamations à formuler contre l'administration des chefs indigènes; et l'on s'imagine aisément que c'est là une de ses attributions les plus délicates, car de la manière dont il comprendra cette partie de son rôle peut dépendre le succès de la colonisation et de l'entente qui doit régner entre protecteurs et protégés.

135. Comme agent de surveillance et d'instruction, il surveille tous les fonctionnaires de l'Administration indigène et fournit sur leur compte les renseignements de nature à éclairer le protectorat sur la situation personnelle et locale de ces agents, leur activité physique et intellectuelle; leur attitude à l'égard du régime nouveau; leurs aptitudes administratives, au point de vue de la police et du recouvrement des impôts principalement.

Il veille à ce que les caïds ne dépassent pas les limites de leur compétence en matière civile et pénale. Il vise le registre sur lequel ces fonctionnaires résument les affaires dont ils sont saisis. Il recherche dans le passé le rôle joué par les principales personnalités musulmanes et il examine dans le présent la nature et le degré de leur influence.

Il suit la situation des zaouias établies dans sa circonscription, les revenus dont elles disposent et l'affectation de leurs ressources.

Il instruit personnellement les plaintes formées par les indigènes contre les autorités locales et il propose, s'il y a lieu, à l'administration supérieure les sanctions qu'il juge utiles.

136. *Impôts.* — La confection des rôles et la perception des impôts directs est confiée aux caïds et cheiks. A ce point de vue encore la mission de surveillance dévolue au contrôleur civil est particulièrement importante.

Il doit, en effet, examiner, au moment de leur établissement, les rôles de la medjba et signaler aux caïds les erreurs ou omissions qu'il a pu relever. Il est appelé à donner son avis sur toutes les demandes de dégrèvement présentées au titre de cet impôt. Il peut assister ou se faire représenter aux opérations des commissions de recensement de l'achour. Il vérifie l'état trimestriel établi par le caïd en vue de faire connaître les recouvrements opérés pendant la période écoulée. Il prête enfin son concours pour la répression de la contrebande.

137. *Communes.* — Le contrôleur civil donne son avis sur l'opportunité d'ériger certains centres en communes; il est consulté sur la fixation de leur territoire ainsi que sur la composition des conseils municipaux.

Il transmet aux communes les instructions émanant de l'administration centrale et en surveille l'exécution. Il reçoit dans la huitaine de leur date les délibérations prises par les assemblées municipales et les fait parvenir à l'autorité supérieure en donnant, le cas échéant, son avis motivé. Il transmet, dans les mêmes formes, la correspondance des groupements communaux.

138. *Travaux publics.* — Le contrôleur civil donne son avis sur tous les travaux d'intérêt local; il établit d'accord avec l'ingénieur d'arrondissement le programme des travaux à effectuer avec les ressources provenant de la cote supplémentaire de medjba. Il dresse le programme des

travaux « pour les aménagements de points d'eau, sur les routes et pistes, et d'alimentation rurale » et les soumet à l'approbation du directeur général des travaux publics (1).

139. *Colonisation, Agriculture, Commerce.* — Le contrôleur civil fournit tous renseignements sur la salubrité, la fertilité, la situation géographique des territoires qui composent sa circonscription. Il recherche les conditions favorables au développement de la petite colonisation agricole française et du peuplement de la régence par nos compatriotes.

L'agriculture au moment de notre établissement en Tunisie était à l'état rudimentaire. Sous l'active impulsion du protectorat des réformes nombreuses ont été opérées et le contrôleur civil, naturellement désigné pour en assurer l'application, s'est vu de ce chef investi d'attributions diverses.

Dans le domaine de la culture ou de l'élevage, il provoque les mesures de nature à introduire dans le pays les méthodes françaises. Il veille à la stricte application du décret du 27 juillet 1903, réglementant la police des feux et des incinérations, des défrichements en forêt et la répression des incendies si fréquents en pays arabes. Il assure la publicité des arrêtés fixant les dates d'ouverture et de fermeture de la chasse.

Il instruit, concurremment avec les caïds, les demandes de concessions sur le domaine public de l'État ainsi que celles de terres domaniales.

Servant d'intermédiaire entre les chambres françaises d'agriculture ou de commerce et la résidence générale il se trouve ainsi amené à étudier les questions économiques qui intéressent ces assemblées et à formuler son avis sur les propositions adressées au Gouvernement par ces compagnies.

§ 3. — *Attributions expressément déléguées aux contrôleurs civils.*

« Par les gouvernements français et tunisien.

140. *Haute police.* — Chargé d'assurer l'ordre et la sécurité, le contrôleur civil a la haute police de sa circonscription.

Pour l'accomplissement de sa mission les cavaliers de l'oudjak sont placés sous son autorité et il exerce vis-à-vis d'eux des droits d'arrêt et de suspension.

Le service de la police locale, placé sous sa direction, lui adresse un rapport quotidien sur les faits de la veille et les commissaires de police correspondent avec lui et lui rendent compte immédiatement des événements sérieux qui ont pu se produire.

La gendarmerie, quoique ne relevant pas directement de lui, adresse, tous les cinq jours, au contrôleur civil un tableau sommaire des délits et des arrestations. En cas d'incidents, délits ou crimes plus particulièrement graves, elle en donne avis au contrôleur civil qui peut mander

---

(1) Circ. rés. 14 décembre 1907.

auprès de lui le commandant de la gendarmerie de sa résidence.

141. Une circulaire résidentielle du 30 décembre 1908 a précisé d'une façon très nette les relations du contrôleur civil avec ces différents agents de la force publique ainsi que le rôle qui est assigné à chacun d'eux.

Lorsque, pour l'accomplissement de sa mission de police, le contrôleur civil estime qu'il y a lieu d'employer la force armée, il ne peut le faire directement. Il doit en référer au résident général qui seul a le droit, par la voie de la réquisition, de faire appel aux troupes françaises.

Il y a lieu d'observer ici que le contrôleur civil n'est pas investi, des fonctions d'officier de police judiciaire; mais il doit, dans le plus bref délai, donner avis au procureur de la République du ressort ou au juge de paix du canton des crimes ou délits commis sur son territoire et parvenus à sa connaissance.

142. La tâche du contrôleur civil, en matière de police, est d'ailleurs facilitée par une délégation de pouvoirs qui lui a été consentie, dans certains cas, par le gouvernement tunisien.

Il est notamment chargé d'instruire les demandes de toutes personnes qui veulent former une association; il reçoit la déclaration qui doit précéder toute réunion publique et en donne récépissé (1); il délivre les autorisations spéciales pour introduire en Tunisie des armes de chasse ou de luxe, de fabrication européenne, il en surveille le commerce; il établit pour les indigènes et les algériens sujets français les permis d'achat et de port d'arme de même fabrication ainsi que les bons d'achat de poudre.

Il est chargé d'instruire les demandes d'ouverture, de cession ou de transfert des débits de boissons — mais seulement pour les localités non érigées en commune — et il donne son avis en marge de celles qui sont instruites par les présidents des groupements municipaux.

b) Par le gouvernement tunisien.

143. Le contrôleur civil est chargé, en dehors du périmètre communal, des fonctions d'officier d'état civil, de la légalisation des signatures des particuliers, de la délivrance des permis d'exhumation.

Nous donnons en note (2) l'énumération des attributions qui lui sont conférées à ce titre.

_____

(1) Sauf à Tunis où cette autorisation est accordée par la direction de la sûreté publique.

(2) Il reçoit, contre récépissé, la déclaration des médecins, chirurgiens, sage-femmes, dentistes (d. beyl. 15 juin 1888) dentistes (d. beyl. 1er mars 1899) vétérinaires (d. beyl. 28 mai 1899) qui veulent exercer leur art dans la Régence.

Il agrée les auxiliaires indigènes qui assistent les porteurs de licences exceptionnelles de chasses au mouflon (d. beyl. 1er novembre 1903).

Il assure l'exécution du décret beylical du 29 janvier 1892 modifié par celui du 18 décembre 1906, réglementant les mesures à prendre contre l'invasion et la propagation du phylloxera.

Il assure également l'exécution du décret du 5 septembre 1905 concernant l'expropriation pour cause d'utilité publique.

Il reçoit pour notification aux caïds, président de la municipalité ou cheik les ordres de réquisition militaire (d. beyl. 22 octobre 1900).

Il préside :

1° La commission d'évaluation des indemnités dues aux caïdats,

c) Par le gouvernement français.

144. *Corps élus.* — Nous avons vu, par ailleurs, que le résident général a le pouvoir réglementaire à l'égard de la colonie française. En vertu de ce pouvoir, des arrêtés résidentiels ont chargé le contrôleur civil de dresser les listes électorales pour la nomination des délégués français à la conférence consultative et des membres des chambres françaises d'agriculture ou de commerce.

Il préside la commission d'établissement de ces listes et il veille à l'observation des formalités et des délais légaux; il préside les opérations électorales dans chaque section de vote ou délègue quelqu'un pour le remplacer.

Les contrôleurs civils de Bizerte, Sousse et Sfax ont respectivement entrée à la Chambre de commerce de Bizerte, aux Chambres mixtes du centre et du sud.

145. *Exécution de la loi française du 19 juillet 1890.* — Cette loi, qui a modifié le tarif général des douanes en faveur de certains produits de la Tunisie, a décidé que le contrôleur civil serait seul chargé d'établir les certificats délivrés aux exportateurs pour constater l'origine et la provenance tunisiennes de ces produits à leur entrée en France. Il reçoit, par application de l'arrêté résidentiel du 1er octobre 1890, pris en conformité des dispositions de la loi précitée, les déclarations annuelles des quantités de vin récoltées par les propriétaires, gérants ou fermiers de vignobles en Tunisie. Les statistiques officielles fournies par le résident général pour déterminer les quantités annuelles des produits tunisiens à admettre en franchise en France sont établies d'après les données du contrôleur civil.

146. *Caisse de réserve.* — Instituée, à la demande du Gouvernement français, dans quelques localités pour assurer en tout temps le paiement des dépenses publiques, la caisse de réserve consiste en un coffre-fort à deux clés différentes dont l'une se trouve entre les mains du comptable et dont l'autre est confiée au contrôleur civil. Comme délégué du résident général, ce dernier assiste ou se fait représenter à la reconnaissance des fonds à déposer à la réserve et de ceux à en retirer en vertu des autorisations du receveur général des finances. Il prête son concours à l'organisation des convois d'évacuation de ces fonds et requiert les cavaliers de l'oudjak

_____

cheikhats, municipalités ou personnes qui ont fourni des prestations militaires (d. beyl. 22 octobre 1900);

2° La commission scolaire (d. beyl. 27 juin 1885);

3° Les commissions locales d'hygiène et de salubrité (d. beyl. 3 janvier 1889);

4° Les commissions chargées de procéder à la délimitation administrative des terrains domaniaux (d. beyl. 22 juillet 1903);

5° La commission chargée de l'étude préalable à la création de de centres de colonisation (d. beyl. 16 décembre 1903).

Il fait partie de la commission chargée de l'examen des titres produits à l'appui des demandes d'inscription au stud-book (d. beyl. 12 août 1902), de la commission chargée de régler les indemnités à allouer pour les dégâts commis aux propriétés privées au cours des manœuvres annuelles exécutées par les troupes françaises de la Régence (d. beyl. 7 avril 1902). Le contrôleur civil de Tunis est membre du conseil de l'instruction publique (d. beyl. 15 septembre 1888) et du conseil central d'hygiène (d. beyl. 3 janvier 1899).

dont l'escorte lui est demandée pour la sûreté desdits convois.

147. *Justice française.* — Aux termes du décret présidentiel du 29 octobre 1887 certains contrôleurs civils exercent dans les justices de paix dites « provisoires » les fonctions de juge de paix.

Les justices de paix provisoires, très nombreuses au début, ne fonctionnent plus que dans le contrôle civil de Maktar et les annexes de Djerba et de Tozeur.

148. *Armée française.* — En ce qui concerne l'établissement des tableaux de recensement, les fonctions dévolues aux maires en France sont confiées aux contrôleurs civils ou aux chefs d'annexes, sauf à Tozeur rattaché à Gafsa et Zarzis où elles sont remplies par l'officier du service des affaires indigènes.

Le contrôleur civil préside la commission de vérification des statistiques de ravitaillement, sauf à Tunis où cette présidence est dévolue à l'un des vice-présidents de la municipalité (1).

149. *Vice-consulats.* — Aux termes de l'article 16 de la loi du 18 avril 1883, « les fonctions de notaires continueront à être exercées dans la Régence par les agents consulaires français, jusqu'à ce que le notariat y ait été organisé par un règlement d'Administration publique. Ce règlement n'ayant pas encore été promulgué, les fonctions notariales sont encore exercées par les contrôleurs civils qui, par une délégation générale du Gouvernement français, font fonctions de vice-consuls de France dans les mêmes conditions que les autres agents de ce grade à l'étranger sous les réserves que nous allons indiquer.

La comptabilité consulaire est établie selon des règles spéciales à la Tunisie et les recettes de chancellerie font retour au Gouvernement beylical.

Aux termes de l'article 9, titre II, de l'ordonnance royale du 25 octobre 1833 les actes portant la signature des agents consulaires sont légalisés par le ministère des Affaires étrangères à Paris. En vue d'éviter les retards qu'entraînait cette procédure, l'arrêté du 15 avril 1885, pris par le ministre des Affaires étrangères, autorise le président ou l'un des juges à ce délégué du tribunal de première instance de Tunis à légaliser, la signature des autorités consulaires françaises de la Régence.

Pour l'établissement des actes notariés, les agents consulaires de France en Tunisie ne sont plus soumis aux prescriptions de l'instruction du ministre des Affaires étrangères en date du 30 novembre 1883. Ils doivent se conformer aux dispositions de la loi du 25 ventôse an XI modifiée par celle du 12 août 1902. (2)

Les attributions consulaires des contrôleurs civils ne constituent qu'une partie accessoire de leurs fonctions; elles pourraient disparaître sans que la mission de ces agents s'en trouvât seulement amoindrie. Cependant, sans doute parce qu'elles étaient mieux définies que leurs attributions de contrôle, elles ont entraîné pour les contrôleurs civils une assimilation avec les vice-consuls qui

n'est pas en rapport avec le nombre, la variété et l'importance des pouvoirs que nous avons vus confiés aux agents locaux de notre protectorat.

ARTICLE 5. — *Auxiliaires du contrôleur civil.*

150. En dehors des contrôleurs suppléants, il existe dans chaque contrôle civil des auxiliaires spéciaux chargés de la préparation des dossiers.

Jusqu'en 1897 il n'existait aucune règlementation concernant les employés qui forment le personnel des bureaux : un arrêté résidentiel du 8 janvier 1897, refondu le 27 octobre suivant, a constitué la première tentative d'une organisation méthodique du personnel des contrôles civils. Ces deux textes furent remplacés par celui du 4 novembre 1903 qui comprit dans les cadres du personnel français des contrôles civils les contrôleurs civils, les contrôleurs civils suppléants, les secrétaires et les commis-expéditionnaires. Les contrôleurs civils suppléants étaient recrutés, à la suite d'un concours, parmi les secrétaires des trois premières classes ayant au moins deux années de service dans le contrôle civil.

Un arrêté résidentiel du 18 octobre 1907 a supprimé les secrétaires de contrôle. Des contrôleurs civils stagiaires ont été ajoutés aux cadres du personnel existant. Ces contrôleurs stagiaires qui reçoivent un traitement annuel de 4,000 francs sont recrutés parmi les candidats issus d'un concours dont les conditions ont été déterminées par un arrêté du ministre des Affaires étrangères du 18 octobre 1907. Pour se présenter à ce concours qui a lieu à Paris suivant les besoins du service et autant que possible tous les ans, les candidats doivent justifier qu'ils sont français; licenciés en droit; âgés de 21 ans au moins et de 28 ans au plus au moment de leur inscription.

151. Aussitôt après leur nomination, les contrôleurs stagiaires sont soumis à un stage de trois années qu'ils accomplissent : 1° pendant deux ans à Tunis à la résidence générale ou dans les Administrations suivantes du gouvernement tunisien : secrétariat général du Gouvernement, direction des finances, direction du commerce et de l'agriculture;

2° Pendant un an, dans l'intérieur de la Tunisie, au siège des différentes circonscriptions de contrôle.

Les contrôleurs stagiaires doivent satisfaire, à la fin de la période de leur stage à Tunis, à un examen spécial et éliminatoire portant sur la langue arabe parlée et écrite. Ceux qui ont subi cette épreuve avec succès sont chargés des fonctions de contrôleurs civils suppléants. Mais pour être titularisés dans ce dernier emploi, ils doivent également satisfaire à un examen d'aptitudes administratives dont le programme, fixé par arrêté résidentiel du 9 mai 1904, porte sur la législation tunisienne.

152. D'autre part, un cadre de commis de contrôle civil a été créé. Ces agents sont répartis en commis-rédacteurs, commis-expéditionnaires et commis-auxiliaires; leur traitement varie de 1,600 à 5,000 francs suivant les classes (1).

---

(1) Arr. rés. 1er juillet 1905.
(2) D. 16 juin 1908.

---

(1) Arr. rés. 31 décembre 1907.

Il existe, en outre, dans chaque contrôle, des secrétaires interprètes indigènes.

153. *Frais de voyage.* — L'arrêté résidentiel du 12 juin 1908 modifiant ceux des 10 décembre 1896 et 31 décembre 1907 a admis que les agents rétribués du contrôle civil en Tunisie, dûment autorisés ou invités à se déplacer dans un intérêt de service en dehors de leur circonscription, auraient droit au remboursement de leurs frais de voyage.

ARTICLE 6. — *Organisation et attributions du service des affaires indigènes.*

154. Ainsi que nous l'avons indiqué, le Sud de la Régence est resté soumis à la surveillance de l'autorité militaire. Ce régime exceptionnel se justifie à la fois par la nécessité de surveiller la frontière tripolitaine et d'assurer une répression rapide et énergique des incursions que les tribus limitrophes seraient tentées de faire sur notre territoire, ainsi que par l'intérêt qu'il y a à faire exercer la police en commun par les autorités militaires française et d'Algérie dans la région voisine de la frontière saharienne des deux pays.

Toutefois, le résident général étant seul responsable devant le Gouvernement français de la politique suivie en Tunisie, le service des affaires indigènes a été placé sous ses ordres directs et le service central, fonctionnant auprès du général commandant la division d'occupation, a été transféré à la résidence générale le 1er janvier 1906. Depuis cette date, le résident général note le personnel sur le feuillet technique du travail d'avancement, prononce les mutations, tranche souverainement toutes les questions administratives traitées par ce service.

Il reçoit toute la correspondance par l'intermédiaire du général de division qui l'annote, s'il le juge utile. Au départ, le résident transmet ses décisions aux officiers du service par l'intermédiaire du général chargé d'en assurer la stricte exécution.

155. Le service des affaires indigènes comprend : à Tunis : 1° le chef du service et du personnel militaire assisté d'un chef de bureau de 1re classe et d'un adjoint de 1re classe; 2° un chef de bureau de 1re classe attaché à la division; — en territoire militaire, en résidence à Médenine, des chefs de bureau ou d'annexe placés à la tête des différents postes ainsi que des officiers adjoints répartis entre ces postes.

Le personnel de ce service, composé de 2 officiers supérieurs, 20 capitaines ou lieutenants et 11 interprètes militaires mis à la disposition du résident général par le ministre de la guerre, est payé sur le budget métropolitain. Le gouvernement tunisien prend à sa charge le paiement des indemnités de fonctions et d'extrême-sud qui leur sont allouées.

156. *Le chef du service et du personnel militaire des affaires indigènes,* à la résidence générale est un officier supérieur; il traite les questions relatives à l'administration des territoires du sud et remplit vis-à-vis des officiers et hommes de troupe, placés sous ses ordres, les attributions d'un chef de corps.

Par décision spéciale, il centralise le service des travaux publics exécutés en territoire militaire. Il examine les propositions des chefs de bureau et il les soumet, après avoir apprécié leur degré d'urgence et d'utilité, à l'approbation de la direction générale des travaux publics par l'intermédiaire du résident général. Chargé de régler les détails de ce service, il fait la sous-répartition des crédits, fixe l'ordre d'urgence des travaux et remplit, en un mot, le rôle dévolu au sous-ingénieur d'arrondissement.

Le chef de bureau des affaires indigènes adjoint au chef de service le supplée en cas d'absence. Il remplit les fonctions de régisseur-comptable pour le paiement de la solde ou des indemnités du personnel ainsi que pour celui des dépenses engagées dans les territoires du Sud, au titre des diverses administrations du gouvernement tunisien, par le service des affaires indigènes.

157. *Le commandant militaire* est un officier supérieur délégué par le résident général au contrôle de l'administration du territoire militaire. Il porte le titre de « commandant militaire des territoires du sud » (1).

158. *Rôle des chefs de bureau et d'annexe.* — Les attributions des chefs de bureau ou d'annexe ont été réglées pour la première fois par une circulaire du commandant en chef portant la date du 1er juillet 1882. Les instructions contenues dans ce document ont servi de modèle à celles adressées aux contrôleurs civils le 22 juillet 1887. D'autre part, les attributions accordées successivement aux contrôleurs civils ont été étendues aux officiers des affaires indigènes. On peut donc dire que dans leur sphère d'action respective ces deux catégories d'agents du protectorat remplissent la même mission.

Sans entrer dans de longs développement à ce sujet, il y a lieu de mentionner cependant que les officiers des affaires indigènes ont été investis des fonctions d'officier de police judiciaire (2) et de rappeler qu'ils adressent au commandant militaire des propositions en vue d'infliger certaines peines disciplinaires aux indigènes. Ces pouvoirs n'ont pas été donnés aux contrôleurs civils. Mais, le contrôleur civil de Gabès exerce, sauf à Zarzis où le receveur des postes est agent consulaire, les attributions consulaires vis-à-vis de la colonie française résidant en territoire militaire.

159. *Maghzen.* — Plus particulièrement qualifié pour assurer la sécurité, le service des affaires indigènes dispose

---

(1) Pour lui permettre de remplir utilement son rôle, la correspondance à l'adresse des chefs de poste et celle destinée au Résident général passent par son intermédiaire.

« Le chef du bureau des affaires indigènes de Médenine supplée le commandant militaire en cas d'empêchement, de maladie ou d'absence. Il est à la disposition de ce dernier pour rédiger ou faire rédiger par ses officiers adjoints les avis du commandant militaire et pour faire enregistrer, classer et conserver ses archives dans celles du bureau de Médenine.

« Sa mission, toute d'inspection et de contrôle, consiste à visiter fréquemment toutes les parties de son territoire, à communiquer à l'action des chefs de bureau ou d'annexe une impulsion s'inspirant des vues du protectorat. » Il assure la sécurité et il exerce à l'égard des indigènes les pouvoirs disciplinaires conférés à l'autorité militaire par le décret beylical du 10 juin 1882.

(2) D. 4 mai 1900.

en territoire militaire d'une force auxiliaire, analogue à la gendarmerie, qui porte le nom de « maghzen du sud. » Réglementé le 30 janvier 1907, le maghzen relève hiérarchiquement du résident général. Il est placé sous les ordres du commandant militaire et dans chaque territoire ou annexe sous le commandement du chef de poste.

Cette force militaire comprend 4 bach-chaouchs, 8 chaouchs, 72 cavaliers-guides, 160 cavaliers du maghzen et 8 khodjas; soit au total 236 hommes. Elle est recrutée parmi les indigènes qui doivent se monter à leurs frais et fournir leurs harnachements. Ils reçoivent une solde payée par le gouvernement tunisien et sont exempts d'impôts.

Leur rôle consiste à veiller à la sûreté publique, à la police des frontières et à assurer le maintien de l'ordre et l'exécution des lois. Ils remplissent, de plus, les fonctions dévolues, en territoire civil, aux agents du service actif des douanes.

CHAPITRE II.

RÉGIME LÉGISLATIF.

SECTION PREMIÈRE.

SOURCES DE LA LÉGISLATION TUNISIENNE.

160. En Tunisie, comme en tout pays musulman, la base première et essentielle du droit est constituée par la législation coranique.

ARTICLE PREMIER. — *Législation coranique.*

161. La législation coranique découle en premier lieu et en grande partie du Coran lui-même, source divine et infaillible. Elle dérive, également, de la conduite du Prophète (Sonna), c'est-à-dire de tout ce qui a été dit et fait par Mahomet, et dont le souvenir a été pieusement gardé et transmis par ses disciples.

La législation coranique comprend encore les consultations données par l'assemblée des compagnons du prophète (Djema) et les interprétations admises par les jurisconsultes musulmans par voie d'analogie tirée soit du Coran, soit de la Sonna, soit de la Djema. Cette dernière source de la législation coranique, consultations par analogie, est en pratique fréquemment employée pour solutionner des espèces nouvelles ou pour motiver les avis demandés sur une question de droit. Elle est particulièrement employée par les muphtis, magistrats musulmans, qui, sur la demande des plaideurs, sont appelés à rédiger des *fetouas*, ou consultations écrites.

Telle est la source principale de la législation tunisienne, la loi religieuse. C'est ainsi que la science du droit fait en quelque sorte corps avec la théologie. « Savoir le droit est un devoir religieux » (Taoudi, II, 2, 3; — Zarkani, V. 1). « La consultation juridique et le jugement rendu par le juge sont tous deux la déclaration de la volonté de Dieu » (Tasouli 1, 18. — Lamiate Ezzakake, p. 9 et 29).

Cependant il ne faudrait pas croire que, parce que d'origine sacrée, la loi est immuable et imperfectible.

162. S'il est exact qu'on ne peut plus, en législation coranique, établir des dogmes nouveaux ou apporter des modifications aux rites anciens, il n'en est pas moins vrai que la loi dont la fin est l'utilité sociale, peut recevoir des perfectionnements imposés par des conditions nouvelles de vie et d'activité. L'usage devient alors une source de législation, dont les docteurs et les jurisconsultes consacrent l'autorité : « L'usage est, d'après nous, une branche de la loi qui précise ce qui dans la loi est général, et tempère ce qui est absolu » (Zarkani, VIII, 126). « Lorsque l'opinion d'un docteur de la loi est conforme à la pratique usuelle et à l'usage dominant, le juge et le jurisconsulte ne peuvent s'en écarter pour suivre un autre système, même si ce dernier est dominant dans la doctrine. » (Amalyat, p. 6).

Et si le prince, le chef de l'Etat musulman, doit, comme le dernier de ses sujets, se conformer au droit coranique, il a le pouvoir — puisqu'il agit dans l'intérêt de la communauté musulmane — de donner force de la loi à la coutume. Il exerce en ce sens son pouvoir de légiférer lorsque la loi religieuse est muette et que les circonstances ou les faits appellent une solution formelle. Elevé aux fonctions « d'administrateur constitué dans un but d'utilité générale » le prince remplira son mandat au mieux des intérêts collectifs dont il a la garde.

Il pourra notamment changer l'ordre des juridictions, déférer à un genre déterminé d'affaires à certains juges, défendre à un tribunal de connaître de certaines affaires (1). Le décret du 2 Moharrem 1292 par lequel le gouvernement beylical s'est réservé le droit, en renvoyant une affaire au tribunal religieux du Chara, d'indiquer le rite d'après lequel l'affaire devra être jugée, offre un exemple très saisissant de cette intervention du prince.

ARTICLE 2. — *Droit séculier.*

163. Le droit coranique, bien que constituant la base essentielle, nous l'avons vu, de la législation tunisienne, ne forme pas à lui seul l'unique source de cette législation.

Avec le développement des transactions et des relations économiques, un nouveau droit bientôt est apparu et s'est affirmé peu à peu, corrigeant les lacunes du droit sacré, sanctionnant des contrats jusqu'alors inconnus, répondant en un mot à des nécessités sociales nouvelles : c'est le droit séculier qui, déjà en vigueur avant l'établissement du protectorat, est venu non pas supplanter la loi religieuse, mais se juxtaposer à elle et la compléter.

164. Il y a donc dualité de législations : 1° la loi religieuse, non codifiée, commune, sauf de rares particularités, aux pays de droit musulman; 2° la loi séculière, inscrite dans des textes, spéciale à la Tunisie et adaptée aux nécessités du pays (2).

A cette dualité de législations, législation religieuse

---

(1) Avant-projet du Code civil et commercial tunisien, Tunis 1899; Avant-propos, p. 8.

(2) Il s'est ainsi passé en Tunisie ce qui a été constaté à Rome où la loi des XII Tables n'a pu répondre longtemps à toutes les nécessités à tous les besoins; là aussi, à côté et en dehors du droit religieux, il

et législation séculière, devaient aussi, nous le verrons plus loin, correspondre deux sortes de juridictions bien distinctes : la justice religieuse et la justice séculière dont nous aurons à étudier les attributions respectives.

§ 1. — *Historique.*

165. — On a pu, en suivant l'historique de la législation positive tunisienne, déterminer trois périodes nettement distinctes : la première est caractérisée par le pacte fondamental de 1857; — la seconde, par l'institution de la commission financière en 1869 et l'administration du général Khéreddine; — la troisième, qui commence en 1881, par l'établissement et l'organisation du protectorat français.

166. *Le pacte fondamental.* — La constitution du 10 septembre 1857, mieux connue sous le nom de pacte fondamental, est due à l'initiative de Mohamed Bey qui s'inspira pour sa rédaction de l'édit promulgué par le sultan le 3 novembre 1839.

Elle rappelle, en les imitant, nos déclarations des Droits de l'homme. Elle proclame, dans son article premier, le respect de la personne et des biens de tous les habitants de la Tunisie :

« Une complète sécurité est garantie formellement à tous nos sujets, à tous les habitants de nos Etats, quelles que soient leur religion, leur nationalité et leur race. Cette sécurité s'étendra à leur personne respectée, à leurs biens sacrés, et à leur réputation honorée. »

Elle pose le principe de l'égalité devant l'impôt :

« Tous nos sujets sont assujettis à l'impôt existant aujourd'hui ou qui pourra être établi plus tard, proportionnellement et quelle que soit la position de fortune des individus, de telle sorte que les grands ne seront pas exempts du kanoun à cause de leur position élevée, et que les petits n'en seront point exempts non plus à cause de leur faiblesse. »

Le pacte fondamental proclame également la liberté de conscience, la liberté du commerce et de l'industrie, la suppression des monopoles et la liberté du travail, enfin le droit pour les étrangers d'acquérir des propriétés en Tunisie « à l'égal des habitants du pays. »

167. Mais si le pacte fondamental avait, au point de vue gouvernemental et législatif, marqué un pas de plus dans la voie du progrès et des idées libérales, il nous faut constater que ce fut là surtout une tentative purement théorique, généralement mal accueillie dans la population musulmane et qui devait rester sans grande portée pratique.

168. Au point de vue législatif encore, il y a lieu de noter que c'est au successeur de Mohamed Bey à Mohamed Es Sadok Bey que revient l'idée première d'avoir fait paraître en Tunisie une publication officielle relatant tous les actes et textes législatifs.

La Constitution du 26 avril 1861, présentée à Napo-

léon III par Mohamed es Sadok, avait prévu pour les juridictions tunisiennes l'obligation de motiver en droit leurs décisions, et c'est à cette disposition qu'a répondu le recueil dénommé « *Code civil et pénal tunisien* » qui pose d'importants principes en matière civile et criminelle et édicte les règles de procédure applicables.

Ce Code pose les principes suivants :

1° L'égalité des droits et des obligations pour tous les justiciables, sans distinction de religion ni de nationalité;

2° L'égalité des peines;

3° L'adoucissement général des pénalités prescrites par la loi musulmane, la peine de mort étant toutefois maintenue.

169. *La Commission internationale financière.* — La Commission internationale qui fut chargée en 1869 de la liquidation de la dette publique et de la perception des impôts a surtout travaillé à la réorganisation financière de la Régence. Mais son président, le général Khéreddine, devenu successivement ministre de la marine et président du grand conseil, a su entreprendre et mener à bonne fin, au sein de toutes les institutions politiques et administratives du pays, son œuvre de réorganisation. Il sut, avec beaucoup d'opportunité, adapter à la Régence des règlements organiques nouveaux qui, mieux appropriés à l'état politique et social du pays, bien que s'inspirant d'institutions européennes, forment un monument très remarquable de législation. Aussi le gouvernement du protectorat devait-il plus tard recourir plus d'une fois à l'œuvre du général Khéreddine pour y chercher les bases et les éléments de sa législation.

170. *Législation du Protectorat.* — L'établissement et l'organisation dans la Régence du protectorat français dont la charte fondamentale est le traité de Kassar-Said du 12 mai 1881 marquent une troisième et dernière période dans l'histoire de la législation tunisienne et cette période devait être particulièrement féconde.

L'action législative du Gouvernement français s'est en effet exercée sur de nombreuses matières et a eu à régler tous les services publics dont est aujourd'hui dotée la Régence. Il n'y a donc pas lieu d'être surpris du grand nombre des dispositions législatives qui datent de notre protectorat : elles répondent à des nécessités nouvelles d'organisation et d'administration; elles sont d'ailleurs imposées à la France par ses droits et ses obligations de puissance protectrice (1).

§ 2. — *Droits respectifs du Gouvernement français et du Gouvernement tunisien en matière législative.*

171. Chargée par le traité du 12 mai 1881 de la responsabilité des relations extérieures du gouvernement tunisien, la France devait, par suite, être investie d'un certain droit de contrôle sur les actes du bey pouvant affecter ces relations; la garantie que plus tard elle a

---

s'est créé un droit séculier, destiné à le compléter et à suppléer à son insuffisance. Pareille constatation d'ailleurs a pu être faite dans toutes les sociétés primitives où, partout le droit a tout d'abord été confondu avec la religion, et a été longtemps considéré comme le seul moyen de réaliser la destinée humaine tout entière.

(1) Il y a lieu de citer notamment le *Code Tunisien des Obligations et des Contrats*, promulgué par décret beylical du 14 décembre 1906 et appliqué par les juridictions tunisiennes depuis le 1er juin 1907.

conférée à la dette tunisienne nécessitait, pour la couvrir, son ingérence dans l'administration intérieure du pays ; la substitution des tribunaux français aux juridictions consulaires lui commandait en outre d'assurer plus efficacement la protection des étrangers établis dans la Régence. Ces tribunaux sont, en effet, des juridictions régulières qui, en vertu du principe fondamental de la séparation des pouvoirs, ne peuvent que faire une application exacte de la loi sans en apprécier la légitimité (1).

La nécessité se justifiait et s'imposait donc pour le gouvernement protecteur de contrôler l'exercice des pouvoirs du Bey. Or, il est incontestable que le pouvoir législatif est l'attribut le plus important de la souveraineté interne ; il est aussi, par suite, de tous les attributs appartenant au pays protégé celui dont l'exercice doit être soumis au contrôle le plus sérieux du gouvernement protecteur. C'est à cette nécessité qu'a pourvu, en partie, dès le 4 février 1883, l'institution du secrétariat général du gouvernement tunisien dont le titulaire a notamment dans ses attributions la présentation des lois à la sanction beylicale.

172. C'est en s'inspirant de la même obligation de contrôle que le Gouvernement français a, dans la Convention de la Marsa du 8 juin 1883, déterminé la mesure dans laquelle il peut et doit intervenir en matière législative. L'article 1er de cette Convention porte que : « S. A. le Bey de Tunis s'engage à procéder aux réformes administratives judiciaires et financières que le Gouvernement français jugera utiles. »

De cette disposition, il ressort que si la France participe dans une mesure appréciable à l'œuvre législative du gouvernement beylical puisqu'elle est juge de l'opportunité ou de la nécessité des réformes à accomplir, le bey a conservé le droit de légiférer, d'édicter des décrets et des règlements relativement à l'administration générale du pays.

Et l'on peut ainsi résumer les droits respectifs du gouvernement français et du gouvernement beylical quant au pouvoir législatif en Tunisie : l'initiative de la loi appartient à la France ; le droit de sanction appartient au bey (2). Tel est le principe, tel qu'il résulte des termes formels des traités.

La convention du 8 juin 1883 a visé expressément diverses matières au sujet desquelles la France peut exercer son droit d'initiative législative ; pour celles-ci, pas de controverse possible. Mais ce droit d'initiative lui est encore reconnu dans d'autres matières, soit parce que ce droit est une conséquence directe et naturelle du protectorat et se rattache à son exécution, soit parce qu'il s'agit de légiférer sur des matières concernant les Français et étrangers résidant en Tunisie.

SECTION II.

LOIS. — DÉCRETS. — ARRÊTÉS.

173. Avant de préciser les modalités et les manifestations de l'œuvre législative en Tunisie, il convient d'indi-

quer ce qu'il faut entendre pour ce pays par ces dénominations : lois, décrets, arrêtés, que l'on rencontre tour à tour employées dans les actes officiels tunisiens.

En France, ces expressions ont des significations très nettes et très distinctes, résultant du principe de la séparation des pouvoirs.

En Tunisie, il n'en est pas de même et nous ne rencontrons plus la même netteté. Le pouvoir législatif et le pouvoir exécutif sont réunis entre les mains du bey et de cette confusion de pouvoirs naît une confusion de termes qui deviennent à peu près synonymes.

174. Ainsi le mot : lois, en tant qu'exprimant l'acte et la volonté écrite du pouvoir législatif n'a aucune signification réelle en Tunisie. Sans doute, il arrive que dans la pratique on emploie l'expression « lois » pour désigner des dispositions particulièrement importantes et générales ; on dira, par exemple, la loi du 1er juillet 1885 sur la propriété foncière en Tunisie ; mais à vrai dire l'expression de décrets est la seule exacte en ce pays. Il y a, sans doute, des décrets à tendances largement réglementaires, d'allures législatives, et des décrets plus étroits, d'ordre purement exécutif, tels que des décrets de nomination ; mais on peut poser en principe qu'en Tunisie seule l'expression « décret » est juste pour désigner toutes les décisions du pouvoir beylical dans le domaine législatif.

Cependant, et pour éviter toute confusion, il faut encore observer que dans la législation tunisienne on rencontre çà et là diverses lois françaises ou divers actes exécutifs passés par le ministère des affaires étrangères de France à l'intention de la Tunisie, et qui ont fait l'objet d'une promulgation en Tunisie par suite d'un décret beylical ou d'une publication au journal officiel tunisien.

Ainsi la loi française du 27 mars 1883, portant organisation de la juridiction française en Tunisie y a été promulguée par un décret beylical du 18 avril 1883 ; la loi française du 29 juillet 1881 sur la liberté de la presse a été déclarée applicable pro parte en Tunisie par un décret beylical du 1er octobre 1884.

Mais ce ne sont là, il faut le constater, que de rares exceptions à ce principe que généralement les décrets beylicaux constituent des actes de législation purement tunisienne (1).

175. *Décrets beylicaux.* — Le plus souvent ces décrets sont préparés par les services compétents et sont soumis, en projets, au Conseil des ministres ou aux principaux chefs de services ; cette dernière consultation est même nécessaire lorsqu'il s'agit, par exemple, de la préparation du budget ou du taux d'exemption du service militaire.

Le résident général examine le projet et prend toutes informations au sujet de son opportunité, de son utilité. Si la mesure doit intéresser les corps consultatifs de la régence, soit la Conférence consultative, soit les chambres d'agriculture ou de commerce, le résident général a la faculté de le leur soumettre pour provoquer leur avis.

Ainsi les mesures intéressant le commerce, telles que

(1) Bompard *Législation de la Tunisie,* Paris 1888, p. XX.
(2) E. Fitoussi, « op. cit », p. 165.

(1) « Conférences sur les Administrations tunisiennes », Sousse 1902, p. 63.

les mesures douanières, les tarifs d'importation et d'exportation, peuvent être soumises soit aux chambres de commerce (1), soit aux chambres mixtes de commerce et d'agriculture du centre et du sud (2).

Les mesures intéressant l'agriculture telles que le régime fiscal du bétail, celui des huiles, des céréales, des autres produits agricoles, la police rurale, peuvent être soumises soit à la chambre consultative d'agriculture du nord (Art. 19 de l'arrêté résidentiel du 19 novembre 1895) soit aux chambres mixtes d'agriculture et de commerce du centre et du sud.

176. Ces mêmes questions peuvent être portées devant la Conférence consultative. En effet, aux termes de l'article 4 de l'arrêté résidentiel du 2 janvier 1905 « la Conférence donne son avis sur les questions touchant les intérêts divers de la colonie française, au sujet desquelles le gouvernement du protectorat la consulte. Elle est consultée en matière financière chaque fois qu'une mesure projetée peut avoir pour résultat d'introduire dans le budget de la Régence une charge nouvelle qui pèserait sur la colonie française. »

177. En dehors de tous ces avis des assemblées consultatives, le gouvernement du protectorat peut toujours, si la matière à réglementer est délicate, soumettre la question à des commissions spéciales chargées d'établir un projet de décret qui est ensuite ou repris par le gouvernement ou soumis aux corps consultatifs. C'est notamment le procédé auquel on a eu recours pour préparer le décret du 15 décembre 1896 sur la police rurale; il a l'avantage de faire consulter directement les intéressés eux-mêmes et il permet un débat et une discussion plus larges sur la question à solutionner.

178. Pour certaines mesures particulièrement importantes, il ne suffit pas que le gouvernement du protectorat les ait étudiées, il convient encore de les soumettre au Gouvernement de la République, représenté par le ministre des affaires étrangères qui a la Tunisie dans son département. Le décret est alors rendu « après avoir pris l'assentiment du Gouvernement français ».

Il en est ainsi notamment, l'autorisation de la métropole est obligatoire, pour toutes les mesures qui engagent à un degré quelconque les finances tunisiennes et particulièrement pour le règlement du budget. Le Gouvernement français a en effet garanti la dette de la Tunisie; toute mesure qui détruirait l'équilibre budgétaire mettrait sa responsabilité en jeu.

L'examen de la métropole se fait uniquement dans les bureaux. Les chambres françaises ne sont pas appelées à délibérer directement sur les questions relatives à la Tunisie, ces questions étant du domaine du pouvoir éxécutif métropolitain (3).

---

(1) Arr. résid. 30 mai 1906 ,art. 6 ;

(2) Arr. résid. 23 novembre 1895 ; et 20 février 1906, art. 6.

(3) « Le Parlement lui-même a d'abord exercé un large droit de regard sur les affaires tunisiennes à l'occasion du vote de crédits relatifs à divers services tunisiens qui étaient inscrits au budget du ministère des Affaires étrangères. Aujourd'hui ces crédits ont disparu, les dépenses correspondantes ayant été transférées au budget

179. Jusqu'ici, nous avons vu le projet législatif passer successivement à l'examen soit des assemblées consultatives, soit du ministère des affaires étrangères en France. Il reçoit alors sa rédaction définitive, et s'il y a lieu, il est une deuxième fois soumis au conseil des ministres. Sur la proposition de son premier ministre, le bey appose son sceau sur l'acte qui lui a été traduit.

Une dernière formalité est nécessaire : le décret signé par le bey doit recevoir le visa du résident général ; la signature du bey ne suffit pas pour qu'un décret devienne obligatoire; il faut de plus le visa résidentiel qui est donné sur l'original en arabe de l'acte. Le résident général est, en effet, en vertu du décret du Président de la République française du 10 novembre 1884 « délégué à l'effet d'approuver, au nom du Gouvernement français la promulgation et la mise à exécution dans la régence de Tunis de tous les décrets rendus par S. A. le Bey » (article 1).

Le Président de la République Française, chargé par la loi de négocier et ratifier les traités avec les puissances étrangères, a pu valablement faire au résident général la délégation d'approuver la promulgation et la mise à exécution des décrets beylicaux, et les décrets ainsi visés et approuvés par le résident deviennent de ce fait, — a proclamé un arrêt de la Cour de Cassation les obligatoires pour tous les Français et protégés Français résidant dans la Régence (1).

Cette importance décision de la Cour suprême, confirmant la thèse admise par un arrêt de la cour d'appel d'Alger en date du 21 mai 1885, pose très nettement ce principe que le décret français du 10 novembre 1884, n'est qu'un acte d'exécution de la convention du 8 juin 1883 ou traité de Kassar-Said. (2).

---

du Protectorat; les rapports subsistent — c'est un contrôle nécessaire — mais ne se rattachent à aucun crédit. Ils mettent les deux Chambres à même de se rendre compte de la gestion du Protectorat, et de provoquer, s'il y a lieu, les améliorations nécessaires.

La forme spéciale du gouvernement tunisien, son autonomie législative, administrative et budgétaire, ne sont pas des obstacles à ce que le Parlement exerce son droit supérieur à l'égard des affaires du Protectorat.

Mais tandis que le Parlement légifère directement pour les colonies ordinaires, et pour l'Algérie, il se borne, le cas échéant, à indiquer, pour la Tunisie, la voie réformatrice dans laquelle il désire la voir entrer. Il appartient alors au ministre des affaires étrangères, tuteur du Protectorat, de faire traduire ces réformes dans la législation par la voie normale des décrets beylicaux ». (G. Cochery, op. cit.)

— A noter, d'autre part, la création en 1908 d'une commission extraparlementaire, instituée par le ministre de la Justice et par le ministre des Affaires étrangères pour « examiner les modifications que comportent les divers points de la législation tunisienne ».

(1) « Attendu, dit cet arrêt, que le demandeur prétend vainement que le représentant du gouvernement français à Tunis n'avait pas le droit d'approuver une loi faite par un résident général ;

Que ce pouvoir lui a été régulièrement conféré par un décret du Président de la République en date du 10 novembre 1884, lequel est ainsi conçu : « Article 1er. Le Président de la République française est délégué à l'effet d'approuver au nom du gouvernement français la promulgation et la mise à exécution, dans la régence de Tunis, de tous les décrets rendus par S. A. le Bey » ;

Qu'aux termes de l'article 8 de la loi constitutionnelle du 16 juill. et 1875, le Président de la République négocie et ratifie les traités avec les puissances étrangères, et que le décret ci-dessus rapporté n'a été que la conséquence des traités des 12 mai 1881 et 8 juin 1883, qui ont placé la Tunisie sous le protectorat de la France, et qui ont été approuvés des lois des 27 mai 1881 et 9 avril 1884. » (Cass. 8 août 1889).

(2) Le jugement du tribunal de Tunis du 17 mars 1885 qui avait

180. La jurisprudence, par des décisions conformes, a ainsi nettement et exactement solutionné le problème qui s'était de bonne heure posé et qui consistait à savoir si les tribunaux français pouvaient apprécier la légalité de décrets beylicaux.

La question était importante; on va le comprendre en prenant comme exemple toute une notable partie de la législation : la législation pénale.

donné lieu à l'arrêt d'Alger du 21 mai 1885 avait déjà posé les mêmes principes; il proclamait notamment :

« Que la convention du 8 juin 1883 entre le gouvernement de la République française et S. A. le Bey de Tunis, a établi : 1° la nécessité de réformes administratives, judiciaires et financières en Tunisie; 2° la nécessité d'un accord entre le pouvoir local et le pouvoir protecteur pour la validité de tout règlement à édicter en ces matières;

Que la loi du 9 avril 1884 a autorisé le Président de la République à ratifier et à faire exécuter la convention du 8 juin 1883;

Qu'un décret du Président de la République française du 6 novembre 1884 a délégué le Résident français à Tunis à l'effet d'approuver, au nom du gouvernement français, la promulgation et la mise à exécution dans la Régence de tous les décrets rendus par S. A. le Bey;

Qu'en exécution de ce décret, l'approbation du gouvernement français a été donnée au décret beylical du 12 mars 1884, suivant arrêté du Résident du 15 décembre même année, inséré dans le Journal officiel tunisien du 19 décembre suivant;

Que par l'effet de cet arrêté, le décret beylical dont s'agit a acquis tous les caractères et toute l'autorité d'un acte du gouvernement français et que, comme tel, il s'impose à tous les justiciables de la juridiction française;

Que la défense élève une autre critique : qu'admettant que le décret dont il s'agit présente le caractère qui vient d'être défini, elle déclare tenir pour inconstitutionnel un système qui fait résulter des pénalités de la volonté du Président de la République; mais attendu que la maxime du droit public suivant laquelle une peine ne peut être édictée que par une loi, maxime d'une autorité absolue dans la métropole, ne régit point les colonies et établissements français séparés de la France continentale; que pour ces pays, des nécessités pratiques ont fait prévaloir la règle contraire, et que le droit de légiférer a, de tout temps, appartenu au pouvoir exécutif;

Que ce système a été consacré expressément par la loi du 24 avril 1883, article 25 et par le sénatus-consulte du 3 mai 1854, article 18 que si, dans quelques colonies, certaines matières déterminées ont été placées sous un régime différent, si quelques possessions sont régies concurremment par des lois et par des décrets, ces exceptions ne portent pas atteinte à la règle générale, qui n'a jamais été contestée;

Que comme exemple de son application, il suffira de citer : pour l'Algérie, l'ordonnance du 22 juillet 1834, qui a disposé que les possessions françaises dans le nord de l'Afrique seraient régies par des ordonnances, et qui, dans les cas urgents, conférait au gouverneur général le pouvoir de rendre exécutoires provisoirement des projets d'ordonnances préparés par lui; Pour les colonies de la Martinique, de la Guadeloupe, de la Réunion, le sénatus-consulte du 3 mai 1854, qui a donné au chef de l'État le pouvoir de décider par simple décret en ce qui concerne la législation civile, correctionnelle et de simple police, réserve faite de la législation criminelle, qui doit être l'œuvre de la loi;

Pour les îles de la Société (Taïti) alors sous le régime du protectorat, l'ordonnance du 28 avril et du 18 mai 1843, qui a délégué au commissaire du protectorat, faisant fonctions de Résident, le droit de créer des pénalités sous certaines conditions; le décret du 28 août 1868 qui a appliqué à ce protectorat les lois françaises, sauf les modifications que peuvent y apporter les ordonnances et décrets et les arrêtés locaux;

Pour le Cambodge, pays protégé, le décret du 24 février 1881 qui a ordonné la mise en vigueur de la législation pénale régissant la Cochinchine.

Que des observations qui précèdent, il résulte que le système adopté en Tunisie n'a rien d'inconstitutionnel et qu'il est au contraire conforme aux règles établies et universellement appliquées en matière de législation coloniale et pour les pays placés sous notre protectorat;

En conséquence qu'il y a lieu pour le tribunal de considérer comme exécutoire en son entier le décret beylical du 12 mars 1884, revêtu de l'approbation du gouvernement français. »

(Voir également jugement du tribunal correctionnel de Tunis du 14 mars 1908). J.T.T. (Journal des Tribunaux Tunisiens), 1908, p. 169.

La loi du 26 mars 1883 portant organisation de la justice française en Tunisie n'a rien prescrit relativement aux lois pénales applicables par elle. Elle n'avait pas abrogé notamment le titre V de la loi du 28 mai 1836 sur la procédure criminelle des Echelles du Levant qui était la règle de la juridiction française à Tunis en ce qu'elle y comportait l'application des lois pénales françaises.

Après l'abolition des juridictions consulaires, on a été d'accord pour dire que les tribunaux français de Tunisie n'avaient pas à appliquer d'autres lois répressives que la loi française.

181. Mais la loi pénale française n'est pas une, indivisible, partout égale à elle-même; elle comprend des lois d'ordre public, supérieur, absolu, international, et des lois de police territoriale.

Pour ces dernières dispositions, il ne fallait pas songer à les transporter purement et simplement en Tunisie, dans un pays pour lequel elles n'avaient pas été faites. Et cependant il était de toute nécessité de réglementer des matières importantes : contrebande, chasse, jeu, etc., par des textes appropriés à la Régence.

Le bey rendit alors sur ces matières des décrets qui reçurent le visa résidentiel, et, l'application de ces textes fut poursuivie contre tous les européens sans exception. Leur légalité fut contestée. Un des principes essentiels des capitulations qui subsistent, c'est que les Européens échappaient complètement, absolument, à leur justice répressive beylicale. Or, disait-on, il n'était pas admissible que les puissances aient entendu renoncer à cette règle en même temps qu'à leur juridiction consulaire (1). Le problème ainsi posé fut bien vite porté devant les tribunaux qui l'ont solutionné dans le sens que nous avons indiqué plus haut.

182. En résumé, pour défendre et justifier la légalité des décrets rendus par le Bey en tant qu'ils s'appliquent aux Européens, il ne faut pas s'attacher à ce fait qu'ils constitueraient des actes de la souveraineté beylicale; à ce titre, ils ne sauraient prévaloir contre les capitulations. Il faut, au contraire, tirer argument de ce fait qu'ils sont contresignés par le résident général de la République française. Le résident, en effet, est dépositaire d'une partie du pouvoir législatif du Gouvernement français; et ce dépôt, il le tient de la délégation que lui a donnée le président de la République française par son décret du 10 novembre 1884.

Ce pouvoir législatif n'est donc pas autre chose que celui du Président de la République, qui a lui-même pour mesure, d'une part, la constitution politique française, d'autre part, les pouvoirs du Gouvernement français dans la Régence, ceux qui résultent du traité du 8 juin 1883, par lequel le Bey s'est engagé à procéder aux réformes administratives, judiciaires et financières qui pourront être jugées utiles par la France.

Ainsi les capitulations ne font pas obstacle à ce que le Bey rende des décrets répressifs applicables à tous les

(1) Borge « De la juridiction française en Tunisie » Paris 1893, p. 90.

Européens, sous cette condition qu'ils soient revêtus de l'approbation, par visa, du résident général. Et les lois à appliquer en Tunisie en matière pénale, sont donc les lois françaises, pour tout ce qui est d'ordre public absolu, et les lois tunisiennes remplissant les conditions qui viennent d'être exposées pour toutes les matières d'ordre public purement territorial.

Il appartient alors à la jurisprudence de définir la nature de chaque matière et de déterminer ce qui est matière d'ordre public international et ce qui est matière de police locale ou d'ordre public territorial. Mais c'est là l'œuvre du juge ; nous n'avons à nous occuper ici que de l'œuvre du législateur ; et nous verrons par ailleurs les lois applicables à la Tunisie.

183. Lorsqu'il a reçu le visa du résident général, le décret est envoyé, pour publication, au *Journal officiel* arabe et français. La publication se fait ainsi en deux langues : en arabe et en français, dans le « Raid et Tounsi » *(Journal officiel tunisien)* (1). Aux termes du décret beylical du 27 janvier 1883, le texte arabe doit servir aux tribunaux tunisiens, le texte français aux tribunaux français (2).

Il appartient enfin au secrétaire général du Gouvernement d'effectuer la promulgation (3). Les délais de promulgation, à partir de la date inscrite en tête du *Journal officiel* sont de trois à six jours francs, suivant la distance où se trouve le contrôle civil (4).

Aucun texte formel n'ayant déterminé à partir de quelle date une loi française devient applicable en Tunisie, il appartient, nous semble-t-il, au juge de statuer en ne s'inspirant que des circonstances de fait.

184. *Pouvoir réglementaire.* — En dehors des décrets beylicaux qu'il vise et approuve pour promulgation et mise à exécution, le résident général possède le pouvoir réglementaire à l'égard de nos compatriotes et peut prendre des arrêtés sur toutes les questions qui intéressent exclusivement la colonie française.

Les ministres du gouvernement tunisien peuvent également, dans les limites de leurs attributions respectives, prendre des arrêtés. Le premier ministre peut, notamment, prendre des arrêtés d'expulsion contresignés par le résident général, à l'égard de tous étrangers voyageant ou résidant dans la Régence et dont la présence serait de nature à compromettre la sécurité publique (5).

Les directeurs des différentes administrations ont, eux aussi, le droit de prendre des arrêtés relativement aux services qu'ils dirigent (6).

D'autre part, un décret beylical du 4 août 1895 a autorisé les caïds à prendre des arrêtés à l'effet de maintenir le bon ordre et d'assurer les prescriptions d'hygiène et de salubrité publiques en dehors du périmètre communal des localités pourvues d'une organisation municipale. Il a été notamment jugé que l'arrêté d'un caïd qui prescrit la fermeture des cafés, pour une localité non comprise dans un périmètre municipal, à partir d'une heure déterminée, est parfaitement légal et obligatoire (I).

Enfin, les présidents des municipalités peuvent prendre, dans la limite de leurs attributions et sous l'approbation du premier ministre, des arrêtés généraux et réglementaires, ou individuels et particuliers.

TITRE II.

ORGANISATION ADMINISTRATIVE, JUDICIAIRE ET MILITAIRE.

CHAPITRE PREMIER.

ADMINISTRATION GÉNÉRALE (2).

SECTION PREMIÈRE.

NOTIONS GÉNÉRALES

185. On entend par *administration générale* la réunion, sous l'autorité du premier ministre et avec le contrôle du secrétaire général du gouvernement tunisien, des services indigènes existant antérieurement à notre établissement en Tunisie et de ceux créés postérieurement qui en France ressortiraient plus spécialement au ministère de l'Intérieur.

186. *Organisation antérieure au Protectorat.* — À notre arrivée en Tunisie les services indigènes étaient répartis en trois sections :

« La première section était le ministère d'État. Elle avait à sa tête un chef de section placé sous les ordres d'un conseiller ou *moustacher* qui était le ministre de la plume. Le ministère d'État s'occupait de l'Administration générale, des cultes, de la marine et des finances.

La deuxième constituait les services judiciaires.

La dernière section était le ministère des Affaires étrangères avec un conseiller, un directeur et un sous-directeur. Elle s'occupait des affaires politiques et des réclamations d'Européens et de Tunisiens » (3).

187. *Modifications apportées par le Protectorat.* — De ces trois sections, la première a vu sa sphère d'action réduite par la suppression des services de la marine et le transfert à la direction générale des finances de ses attributions financières. Elle porte actuellement le nom de section d'État. La deuxième, tout en continuant à relever

---

(1) Un certain nombre de décrets beylicaux remontant à des dates antérieures à la création du *Journal officiel Tunisien* (1883) et énumérés dans un arrêté résidentiel du 15 décembre 1884, ont été approuvés en bloc par le Résident général dans cet arrêté.
(2) Trib. Tunis, 25 avril 1892, Clunet 1893, 559.
(3) D. beyl. 4 février 1883, article 2.
(4) D. beyl. 12 décembre 1896.
(5) D. beyl. 16 avril 1893, art. 7.
(6) Ainsi le Directeur général des travaux publics autorise, par arrêté, une autorisation temporaire de terrain sur le domaine public ; c'est également par voie d'arrêté qu'il a établi pour les travaux publics de la Régence un cahier des clauses et conditions générales.

(1) Trib. de l'Ouzara, 24 juillet 1899. *J. T. T.* 1899, p. 471.
(2) L'Administration générale est également connue sous les noms de Gouvernement tunisien et de Secrétariat général du Gouvernement tunisien.
(3) Conférences sur les administrations tunisiennes, *op. cit.*, p. 78 et 79.

de l'Administration générale, a été érigée en direction des services judiciaires tunisiens placée sous les ordres d'un magistrat français; la dernière a été supprimée à la suite du décret du 9 juin 1881 investissant le résident général des fonctions de ministre des Affaires étrangères du bey.

Les services nouveaux sont · la direction de la sûreté publique, de la santé et de l'hygiène; des antiquités et arts; le bureau de l'assistance publique et des établissements pénitentiaires; et le bureau des communes.

ARTICLE 2. — *Personnel et services de l'Administration générale.*

§ 1er. — *Personnel.*

188. Le décret du 1er février 1909 forme le code de la matière; nous en analysons ci-après les dispositions.
Composition. — Le personnel de l'Administration générale comprend les cadres français et indigène de l'Administration générale et le cadre de la magistrature indigène, dont la hiérarchie et le traitement ont été fixés conformément au tableau ci-après.

Hiérarchie et traitements du personnel de l'administration générale.

Administration générale proprement dite. Services judiciaires.

CADRE FRANÇAIS

Chefs de bureau.	Classe exceptionnelle 10.000
	1re classe 9.000
	2e classe 8.000
	3e classe 7.000
Inspecteurs.	1re classe 7.000
	2e classe 6.300
	3e classe 6.000
	4e classe 5.500
	5e classe 5.000
Sous-chefs de bureau.	Classe exceptionnelle 7.000
	1re classe 6.500
	2e classe 6.000
	3e classe 5.500
Commis principaux.	1re classe 5.000
	2e classe 4.500
	3e classe 4.000
	4e classe 3.500
Rédacteurs.	1re classe 5.000
	2e classe 4.500
	3e classe 4.000
	4e classe 3.500
Secrétaires.	1re classe 3.000
	2e classe 2.700
	3e classe 2.400
	4e classe 2.100
	Stagiaires 1.800
Dactylographes principales.	1re classe 3.000
	2e classe 2.700
	3e classe 2.400
Dactylographes.	1re classe 2.200
	2e classe 2.000
	3e classe 1.800
	4e classe 1.600
	5e classe 1.400
	Stagiaires 1.200

CADRE INDIGÈNE

Chefs de section.	Classe exceptionnelle 9.000
	1re classe 8.000
	2e classe 7.000
	3e classe 6.000
Sous-chefs de section.	Classe exceptionnelle 6.000
	1re classe 5.500
	2e classe 5.000
	3e classe 4.500

Interprètes principaux.	1re classe 4.000
	2e classe 3.600
	3e classe 3.300
	4e classe 3.000
Commis principaux.	1re classe 4.000
	2e classe 3.600
	3e classe 3.300
	4e classe 3.000
Rédacteurs.	1re classe 4.000
	2e classe 3.600
	3e classe 3.200
	4e classe 3.000
Interprètes.	Classe exceptionnelle 3.000
	1re classe 2.700
	2e classe 2.400
	3e classe 2.100
	4e classe 1.800
	Stagiaires 1.500
Secrétaires et greffiers du Service judiciaire.	Classe exceptionnelle 3.000
	1re classe 2.700
	2e classe 2.400
	3e classe 2.100
	4e classe 1.800
	5e classe 1.500
	Stagiaires 1.200

MAGISTRATURE INDIGÈNE

Présidents de Chambre à l'Ouzara et Président de la Driba.	Classe exceptionnelle 9.000
	1re classe 8.000
	2e classe 7.000
	3e classe 6.000
Juges à l'Ouzara Vice-Présid. de la Driba et Présidents des Tribunaux régionaux.	1re classe 5.500
	2e classe 5.000
	3e classe 4.500
	4e classe 4.000
	5e classe 3.500
Juges aux Tribunaux régionaux et Juges suppléants à l'Ouzara.	1re classe 3.000
	2e classe 2.700
	3e classe 2.400
Juges suppléants aux Tribunaux régionaux.	Classe unique 1.800

189. *Recrutement et avancement.* — Nul ne peut être admis dans les cadres de l'Administration générale s'il n'est de nationalité française ou tunisienne et s'il n'a satisfait à un examen d'entrée. Les candidats doivent avoir satisfait à la loi militaire et ne pas avoir dépassé l'âge de 30 ans. La limite d'âge est reculée jusqu'à 36 ans pour les candidats comptant 15 années de services militaires. Les nominations dans la magistrature indigène ne peuvent être faites qu'à la suite d'un examen permettant de constater que les candidats sont aptes à remplir les fonctions qu'ils sollicitent. Ces postes sont réservés aux musulmans.

Les juges suppléants sont recrutés au concours parmi les jeunes gens âgés de 22 ans au moins et de 30 ans au plus, pourvus du diplôme supérieur de la Grande Mosquée (*Tatouï*) et ayant effectué un stage non rétribué d'au moins un an à la direction des services judiciaires. Nul ne peut être nommé juge à l'Ouzara ou président d'un tribunal régional s'il n'est âgé de 27 ans au moins.

Les avancements de classe sont donnés dans la limite des crédits budgétaires à raison d'un tour à l'ancienneté et d'un tour au choix. L'avancement à l'ancienneté peut être accordé aux agents ayant au moins trois ans de service dans la classe immédiatement inférieure. La durée des services nécessaires est réduite à deux ans pour les agents proposés au choix. Toutefois, la classe exceptionnelle ne peut être accordée qu'à l'ancienneté, aux agents comptant au moins quatre ans dans la 1re classe de leur grade.

Les nominations aux emplois supérieurs ne peuvent

avoir lieu que dans la mesure des vacances d'emploi. Elles se font exclusivement au choix parmi les agents appartenant à la 1re et à la 2e classe du grade immédiatement inférieur.

§ 2. — Services de l'Administration générale.

190. Les services relevant de l'Administration générale sont :
1º La section d'État;
2º La direction des services judiciaires;
3º La direction de la sûreté publique;
4º La direction de la santé et de l'hygiène;
5º La direction des antiquités et arts;
6º Le bureau de l'assistance publique et des établissements pénitentiaires;
7º Le bureau des communes.
8º Le bureau de la chancellerie du Nichan Iftikhar.

SECTION II.

SECTION D'ÉTAT.

191. La section d'État, ancien ministère d'État, se divise en cinq bureaux :
Bureau administratif;
Bureau judiciaire;
Bureau français;
Bureau des droits de chancellerie;
Bureau des archives.
Elle comprend comme personnel : un fonctionnaire français, délégué à la section d'État, — plus spécialement chargé d'y représenter le secrétaire général du Gouvernement, de suivre et contrôler les affaires traitées par le personnel indigène et de diriger le personnel français, — et un certain nombre d'agents français ou indigènes.

192. La section d'État a hérité, sous les réserves indiquées plus haut, des attributions exercées par l'ancien ministère d'État.
Elle traite les affaires concernant :
1º L'Administration indigène, circonscriptions administratives des caïdats, personnel administratif indigène, direction et contrôle de l'Administration des chefs indigènes, police du territoire, sécurité, frontières, contestations entre tribus, rapports entre l'autorité militaire et les autorités indigènes, internements, dissidences, oudjaks, passeports et permis de voyage;
2º Les cultes, les confréries, l'enseignement religieux;
3º La justice musulmane, circonscriptions judiciaires, personnel, affaires soumises au charaa : mariages, divorces, etc., etc., rites, codification des lois musulmanes, notariat;
4º Les Djemaïa des Habous;
5º Les affaires de la famille beylicale.
La section d'État est aussi l'intermédiaire entre le gouvernement tunisien et les différents services publics pour toutes les affaires intéressant l'Administration générale. Elle est chargée de pourvoir à l'installation matérielle de la justice et de la gendarmerie française.

Elle est chargée de veiller à l'application de la réglementation concernant l'état civil, la presse, et de l'étude des questions qui s'y rattachent. Elle assure enfin l'exécution de la législation concernant la légalisation de la signature des particuliers et des cachets des magistrats du charaa.

ARTICLE PREMIER. — Caïdats.

§ 1. — Circonscriptions territoriales.

193. La tribu est l'organisme principal de l'Administration indigène. Ce fut, dans les premiers temps, tout au moins « une agrégation de familles apparentées par la communauté d'origine, vivant réunies sur le même territoire » (1). A sa tête se trouve un chef qui est en quelque sorte le patriarche le plus éminent. La tribu compte plusieurs centaines, parfois plusieurs milliers, de personnes; aussi est-elle naturellement scindée en groupes ou fractions qui sont comme les rameaux de l'arbre commun.
Le chef de tribu gouverne la vie pastorale; car la tribu n'est en somme qu'une famille agrandie : il figure assez exactement que les directeurs de la fraction sont représentés par nos cheikhs indigènes.
Les différentes tribus guerroyaient souvent entre elles; mais elles étaient unies par leur foi dans le Prophète et ce lien, encore que fragile, les rattachait toutes au prince, gardien et dépositaire de la loi religieuse, conducteur de son peuple dans la voie tracée par Dieu. Si le bey était faible, les tribus vivaient dans un état d'indépendance à peu près absolu. Si le souverain savait faire respecter son autorité, l'ordre et la tranquillité régnaient dans le pays.
Aussi bien, au fur et à mesure que le pouvoir des beys s'affermit, le chef de la tribu fut désigné par le prince et souvent choisi en dehors même de la tribu. Seul le cheikh restait élu par les membres de sa fraction. Le pouvoir central se trouvait ainsi représenté par le caïd placé à la tête de chaque tribu et le pouvoir local par le cheikh, chef de la fraction.

194. Cette organisation qui existait au moment de notre établissement en Tunisie ne répondait à aucune conception d'ordre administratif ou politique compatible avec le nouvel ordre de choses. Et le protectorat devait être naturellement entraîné, tout en respectant des formes très anciennes et fort vénérables, à fixer les tribus nomades, à les répartir d'après leurs tendances et leurs habitudes sur l'ensemble du territoire tunisien, à substituer enfin à l'ancienne division par groupements familiaux celle plus rationnelle des circonscriptions territoriales.
Soucieux de ménager les transitions, le régime nouveau s'est cependant « défié de tous les projets de remaniements territoriaux complets. » Il a agi avec la plus grande prudence et ce n'est que successivement, par étapes, qu'il a supprimé les caïdats non territoriaux (2) et réduit,

---

(1) Emmanuel Besson, op. cit.
(2) Il n'y a que le caïdat des Burrania, à Tunis, qui ne soit pas

— par le rattachement de certains de leurs ressortissants à des circonscriptions plus petites, — ceux dont l'étendue pouvait paraître excessive.

Des commissions composées des contrôleurs civils et caïds intéressés ont fixé les limites des différents caïdats et ces limites ne sont plus modifiées que par voie de décret.

Par suite de ces modifications, le nombre de caïdats, qui était de 80 en 1881, s'est trouvé réduit à 35.

Dans sa forme actuelle le caïdat constitue donc une circonscription territoriale placée sous l'autorité du caïd. Le tableau ci-après en donne la nomenclature au 31 décembre 1908.

CONTROLE CIVIL.	CAIDAT.	CHEF-LIEU DU CAIDAT.
Tunis............	Tunis-banlieue........	Tunis.
	Zaghouan.............	Zaghouan.
	Tebourba.............	Tebourba.
Béja............	Béja.................	Béja.
	Medjez-el-Bab........	Medjez-el-Bab.
Bizerte.........	Bizerte..............	Bizerte.
	Mateur..............	Mateur.
	Djendouba...........	Souk-el-Arba.
Souk-el-Arba.....	Chihaia et Oulad-bou-Salem..............	Souk-el-Khemis.
	La Reqba...........	Ghardimaou.
	Ain-Draham.........	Ain-Draham.
Le Kef..........	Le Kef.............	Le Kef.
	Teboursouk.........	Teboursouk.
	Tajerouine.........	Tajerouine.
Maktar.........	Oulad-Aoun........	Ocar-el-Hadid de Siliana.
	Oulad-Ayar........	Maktar.
Kairouan.......	Kairouan..........	Kairouan.
	Zlass.............	Pichon.
Thala..........	Fraïchich.........	Thala.
	Madjeur...........	Sbiba.
Gafsa..........	Gafsa.............	Gafsa.
	Tozeur...........	Tozeur.
	Hamama..........	Sidi-bou-Zid de Gamouda.
Sfax	Sfax.............	Sfax.
	La Skhira........	La Skhira.
	Sousse...........	Sousse.
	Mahdia..........	Mahdia.
Sousse	Monastir.........	Monastir.
	Souassi.........	Sidi-Nacer.
	Djemmal.........	Djemmal.
Grombalia.......	Cap-Bon.........	Soliman.
Gabès..........	Arad...........	Gabès.
	Ouerghamma.....	Médenine.
Territoire militaire..	Matmata......	Matmata.
	Nefzaoua.....	Kebilli.

§ 2. — Caïds.

195. *Nomination.* — Le caïd est l'agent direct du pouvoir central dans le caïdat. En cette qualité, il relève du premier ministre, dans les attributions duquel se trouvent le personnel des caïds et l'administration indigène. Il correspond néanmoins avec les chefs de service du protectorat, qui lui adressent directement les instructions relatives à la marche des affaires ressortissant à leur direction.

La nomination a lieu par décret rendu sur la proposition du premier ministre. Dans les premières années qui suivirent l'occupation, les propositions de nomination émanaient du résident général après entente préalable

territorial. Il comprend tous les individus originaires de pays musulmans, tripolitains, soudanais, marocains, ainsi que les gens d'autres tribus tunisiennes fixés à demeure à Tunis. (Conférences, *op. cit.*, 1909.)

avec le général commandant en chef. Cette pratique présentait l'inconvénient de rendre le Gouvernement protecteur moralement responsable de la mauvaise administration des chefs indigènes; elle entraînait, de plus, un retard préjudiciable à la marche des affaires. On ne tarda donc pas à laisser le gouvernement tunisien entièrement libre dans ses choix sous réserve de communiquer à la résidence générale toutes les nominations de caïd. Faute d'opposition de la part du résident général, la nomination devenait définitive. On substituait donc au droit de proposition le droit de *veto*.

La plus grande latitude est laissée au gouvernement tunisien pour le choix de ses caïds. Dans la pratique, ils sont recrutés, pour les caïdats des grandes villes, parmi les représentants des vieilles familles tunisiennes; les caïdats moins importants sont confiés à des fonctionnaires du secrétariat général; et les indigènes qui vivent encore sous la tente, comme ceux qui sont campés dans certaines régions des contrôles civils de Maktar, Tala et Gafsa, ont à leur tête des caïds choisis parmi les membres les plus influents de la tribu.

Cette méthode a donné les meilleurs résultats. Elle a eu pour conséquence de canaliser au profit du régime nouveau l'influence légitime exercée sur la masse indigène par les chefs des grandes familles; de récompenser le zèle et le dévouement des Tunisiens employés dans les services de l'administration centrale; de ramener au respect et à la subordination les tribus nomades, d'humeur plutôt belliqueuse.

196. *Avantages conférés aux caïds.* — Les caïds jouissent de certains avantages. Ainsi ils ne sont pas astreints au paiement de l'impôt medjba et ne font pas de service militaire.

La section d'État a seule juridiction sur les caïds pour la répression et la punition de tous crimes, délits et contraventions commis par eux dans l'exercice de leurs fonctions.

Ils ne reçoivent pas un traitement fixe. Ils sont rétribués par la remise de 5 0/0 qui s'ajoute aux impôts directs — la medjba et l'achour notamment — dont le recouvrement leur est confié (1).

197. *Attributions dévolues aux caïds.* — Les attributions dévolues aux caïds présentent certaines analogies avec les pouvoirs conférés aux intendants de l'ancien régime. Comme pour ces derniers, les attributions des caïds s'exercent en matière de police et d'administration proprement dite ainsi qu'en matière d'impôts. Ils ont de plus des pouvoirs judiciaires, mais l'examen des affaires entrant dans le contentieux administratif leur échappe.

Ils exercent en outre un certain nombre d'attributions, — que nous examinerons en même temps que leurs pouvoirs administratifs —, de même nature que celles confiées à nos préfets. Mais ils n'ont pas qualité pour

(1) Ces sommes figurent au budget sous la rubrique : « Accessoires perçus sur les contribuables en vue du principal des impôts directs et à affecter au paiement des remises des caïds et des cheikhs et aux frais de perception des caïds. » Elles sont évaluées, pour l'année 1908, à 1,012,000 francs.

représenter en justice le gouvernement tunisien, le caïdat ne constituant pas une personne morale (1).

198. Pouvoirs de police. — Le caïd est chargé de la police administrative et judiciaire de son caïdat, il est responsable de l'ordre et de la sécurité dans l'étendue de son territoire.

Une circulaire du premier ministre du 27 décembre 1897 trace les règles à suivre par ces agents pour assurer « le respect des personnes et des propriétés. »

Pour remplir cette partie de sa mission, il a qualité pour ordonner l'installation de « douars garde-route » sur les chemins dangereux; il organise des rondes de nuit sur les routes fréquentées; il peut interdire la circulation nocturne sur certaines voies de communication; il surveille les internés, les malfaiteurs ou les gens suspects astreints au domicile forcé; il veille à ce que les indigènes ne détiennent des armes de fabrication européenne qu'avec une autorisation délivrée par le contrôleur civil; il doit fournir à ce dernier des renseignements très précis sur les indigènes que leurs affaires appellent en Algérie et qui sollicitent des autorités françaises le permis de voyage exigé dans ce but; il délivre pareille autorisation à ceux de ses administrés qui veulent circuler en dehors des limites de son caïdat : ces permis ne sont toutefois nécessaires que pour les voyages réputés extraordinaires, mais ils sont indispensables pour les voyages par mer entre les différents ports de la régence.

Il fait recueillir les animaux errants ou abandonnés et il est mis au courant de toutes les transactions effectuées sur les marchés du caïdat afin de se rendre compte qu'il n'y est pas vendu de bêtes volées. Il a enfin le droit d'infliger administrativement jusqu'à quinze jours de prison pour refus d'obéissance ou mauvais vouloir constaté.

Police judiciaire. — Le caïd, auxiliaire de la justice, recherche les délits et les crimes, rassemble les éléments d'information et procède de façon différente suivant que l'affaire ressort à la justice tunisienne ou aux tribunaux français.

Lorsque l'affaire n'intéresse que des sujets tunisiens, le caïd, soit d'office, soit sur la réquisition qui lui est adressée par le premier ministre, a qualité pour faire toutes constatations, perquisitions, saisies, expulsions, enquêtes, arrestations, et d'une manière générale tous les actes d'instruction et de poursuite relatifs aux crimes ou délits commis sur son territoire; et suivant la nature de l'infraction, il en défère les auteurs à la juridiction compétente.

Des Européens sont-ils mêlés à une infraction commise, soit comme auteurs, soit comme complices, soit comme victimes, le caïd doit aviser de l'infraction le contrôleur civil, le juge de paix, le gouvernement tunisien et le procureur de la République.

Cela fait, s'il s'agit d'un crime ou d'un délit grave, il se transporte sur les lieux et prend en attendant l'autorité judiciaire française toutes les mesures urgentes : «Arrestation provisoire des auteurs présumés, quelle que soit leur *nationalité*, garde des pièces à conviction, recherche de tous renseignements ou indices pouvant éclairer la justice. »

199. Attributions administratives. — Le caïd sert d'intermédiaire pour porter à la connaissance des indigènes les décisions du pouvoir central et il assure la publication des lois et règlements soit par voie d'affichage, soit par voie de proclamation sur les divers marchés du caïdat.

Il prend, en dehors des localités pourvues d'une organisation communale, des arrêtés à l'effet de maintenir le bon ordre et d'assurer l'hygiène et la salubrité publiques (1).

Il sert d'intermédiaire entre ses administrés et le gouvernement tunisien, auquel il transmet, s'il y a lieu, accompagnées de son avis, les réclamations qui lui sont adressées. Les affaires d'une importance secondaire sont solutionnées sur place. Mais pour faciliter le contrôle de l'administration centrale et la surveillance du contrôleur civil, il est tenu d'avoir un livre-journal sur lequel il inscrit les affaires dont il est saisi ainsi que la suite donnée à chacune d'elles (2).

En dehors de ces attributions générales, le caïd intervient dans les opérations de recrutement militaire, dans les affaires relatives à la délimitation du domaine public, dans la procédure d'immatriculation. Et il assure, d'une manière générale, l'exécution de toutes les dispositions législatives qui exigent le concours et la collaboration des autorités indigènes. Il fait partie des différentes commissions instituées dans le caïdat, soit pour donner des avis au gouvernement, soit pour l'application de certaines lois. Il est enfin président des communes instituées dans le caïdat.

200. Attributions financières. — Le caïd exerce en matière de finances d'importantes attributions. C'est à lui qu'incombe principalement le recouvrement des impôts directs, des produits domaniaux, des condamnations pécuniaires, prononcées au profit du Trésor par les tribunaux indigènes, et de certains autres produits.

De nombreuses circulaires de la Direction des finances relatives à l'établissement des rôles, aux règles à suivre pour le recouvrement des divers impôts ont précisé les obligations qui incombent de ce chef aux autorités indigènes (3).

---

(1) ... Attendu que Chérif Ali, dit Bach Hamba, ne conteste pas qu'il a empêché le demandeur de s'établir sur l'Enchir Telleh-Mesrata et d'y faire des plantations;

Attendu qu'il prétend toutefois avoir agi comme représentant de l'État tunisien, en vertu de ses fonctions de Gouverneur des Riah, Blidat, Zaghouan et Testour... et qu'il soutient en outre........

Mais attendu que, s'il résulte des pièces versées au procès que l'État Tunisien se propose de revendiquer à l'encontre de Martel la propriété du domaine de Telleh-Mesrata, il n'est, au contraire, nullement établi que le défendeur soit autorisé à représenter en justice le gouvernement Beylical;

Attendu que, dans ces circonstances, il y a lieu de surseoir à statuer sur le déclinatoire d'incompétence proposé par Chérif Ali, dit Bach Hamba, jusqu'à ce que le Gouvernement Beylical, seul intéressé à proposer ce déclinatoire, ait été mis en cause dans l'instance actuellement soumise au tribunal..... (Tribunal de Tunis, 16 décembre 1883).

(1) D. beyl. 4 août 1895.
(2) D. beyl., 1er mai 1876.
(3) V. *infra*. Régime financier.

201. *Attributions judiciaires.* — Nous avons indiqué plus haut les attributions de police conférées aux caïds tant au point de vue administratif que judiciaire. Ce fonctionnaire a également des pouvoirs de juridiction qui seront examinés par ailleurs (1).

§ 3. — *Auxiliaires du caïd.*

202. Le caïd, pour l'exercice de ses différentes attributions, est assisté de khalifats et de cheikhs; l'oudjak placé sous l'autorité du contrôleur civil est mis à sa disposition.

203. a) *Khalifats.* — A l'origine, les khalifats n'avaient aucune existence légale. C'étaient des agents choisis par le caïd pour l'aider dans la gestion des différents services publics placés sous sa direction.

Un décret du 28 novembre 1889 a reconnu, pour la première fois, le caractère administratif des khalifats et a réglementé les fonctions de ces agents. Aux termes de ce texte, les khalifats, répartis en cinq classes, sont désormais nommés par décret et rétribués mensuellement et directement par le caïd sur les remises accordées à ce fonctionnaire par l'État.

Le khalifat, en cas d'absence ou d'empêchement du caïd, supplée son chef. Mais ce dernier, sauf le cas où il est absent en vertu d'un congé régulier, reste personnellement responsable vis-à-vis de l'Etat de la gestion de son khalifat.

Les khalifats, en dehors de la mission générale de surveillance qui leur incombe, ont des attributions personnelles. Ils recherchent dans l'étendue de leur khalifalikh les contraventions de simple police, les délits et les crimes; ils veillent à ce que les procès-verbaux que les notaires rédigent à cet effet énumèrent la nature et les circonstances de ces contraventions, délits et crimes, le temps et le lieu où ils ont été commis, les preuves ou indices à la charge des prévenus.

204. b) *Cheikhs.* — Le cheikh est placé à la tête de la fraction. Comme le caïd, il est rétribué par une remise de 5 0/0 sur le produit de ses perceptions et il bénéficie des mêmes exemptions au point de vue du paiement de la *medjba* et de la charge du service militaire. Comme le khalifat, il est chargé de la police dans toute l'étendue de son territoire ou cheikhat.

Les cheikhs sont nommés par décret et le mode de leur nomination a été réglementé par une circulaire du premier ministre aux caïds portant la date du 30 janvier 1905 (2).

(1) V. *infra*, n° 387.
(2) « Les cheikhs étant tenus jusqu'ici de se faire cautionner par une fraction très importante sinon par la généralité de leurs contribuables, vous avez pu constater les difficultés de plus en plus grandes qui résultent du mode en usage pour leur recrutement, depuis surtout que l'on a constitué des cheikhats territoriaux, en rattachant ensemble des éléments d'origine différente. Chacun de ces éléments prétend la prééminence sur les autres et veut imposer son candidat. Les effets de l'effervescence qui s'ensuit se manifestent toujours avec la nomination du cheikh, lequel n'est que trop souvent en butte à l'hostilité des chefs du parti dont le candidat a succombé et se trouve ainsi entravé dans l'exercice de ses fonctions.
Pour remédier à cet état de choses, il a été décidé qu'en cas de

---

205. c) *Oudjak.* — L'oudjak est un corps de cavalerie indigène qui comprend, au siège de chaque contrôle civil, un bach-chaouch, deux ou plusieurs chaouchs, des cavaliers ou spahis. Il est placé sous l'autorité du contrôleur civil et mis à la disposition du caïd pour faire respecter l'autorité des chefs indigènes.

Les oudjaks relèvent de la Section d'Etat, et le premier ministre fait les nominations et prononce les mutations intéressant le personnel de ce corps.

L'effectif total des oudjaks de la Régence s'élève à 13 bach-chaouchs, 36 chaouchs, 325 cavaliers. Le personnel des oudjaks est soumis à l'inspection d'un agent français, en résidence à Tunis, dont le poste a été créé pour donner à tous les cavaliers une instruction professionnelle uniforme (1).

Les cavaliers sont recrutés au moyen d'engagements volontaires. Tout individu qui désire être admis dans l'oudjak doit se présenter avec un cheval harnaché qui reste sa propriété. Les candidats acceptés sont d'abord pris avec le titre d'élèves spahis. Ils sont titularisés comme spahis, au plus tôt, après six mois de stage. Au bout d'un an au plus, l'élève spahi est renvoyé ou admis définitivement dans les cadres de l'oudjak (2).

206. L'oudjak est chargé, dans toute l'étendue de la circonscription de contrôle, de l'exécution des mesures de police et de la rentrée des impôts. Les missions qui, à ce double titre, peuvent être confiées au personnel de l'oudjak sont de deux sortes : les missions gratuites et les missions rétribuées.

Les missions rétribuées sont celles qui ont pour objet l'arrestation d'un délinquant ou le recouvrement d'une somme due au Trésor, à une administration publique, à un particulier (3).

207. Le produit de la *khedma* constituait avec d'autres indemnités les seuls émoluments du personnel des oudjaks. Il était versé dans une caisse spéciale à chaque

---

vacance d'un cheikhat, vous aurez à présenter, dans le plus bref délai possible, deux ou trois candidats au choix du Gouvernement. Ces candidats seront tenus de trouver bonne et valable caution de leur gestion financière. Le nombre des garants ne sera qu'un élément secondaire, pourvu que leurs biens suffisent pour cautionner vis-à-vis du Trésor la gestion du cheikh pris en tant qu'agent de recouvrement des deniers de l'État.
Vous ferez connaître votre sentiment sur le plus méritant des candidats que vous proposerez, en indiquant avec précision la situation de fortune des garants que chacun d'eux pourra fournir.
Le Gouvernement vous invitera à faire établir, par deux adoul, l'acte de caution en faveur du candidat qu'il aura choisi. Ce ne serait que dans le cas où la situation, dans certaines fractions, serait telle que vous verriez de sérieux avantages à recourir à la convocation des contribuables, selon le mode qui a été usité jusqu'ici, que vous auriez à me demander, dans chaque cas particulier et par rapport écrit, l'autorisation de déroger à la règle générale que je viens de vous tracer ».
(1) D. beyl., 30 décembre 1908.
(2) D. beyl., 19 février 1909.
(3) Les taxes, connues sous le nom de *Khedma* et perçues à l'occasion de ces missions, sont fixées ainsi qu'il suit :

Dans la localité siège de l'oudjak			1 fr. 20
Pour une distance de 15 kilomètres et au-dessus			9 »
—	de 15 à 30 kilomètres		18 »
—	de 30 à 50	—	30 »
—	de 50 à 80	—	45 »
Au-dessus de 80 kilomètres			60 »

oudjak et réparti mensuellement entre chacun de ses membres à raison de trois parts pour le bach-chaouch, deux parts pour le chaouch, une part pour les spahis. Ce mode de rétribution du personnel des oudjaks présentait des inconvénients graves pour la marche du service. Un décret du 3 mars 1895 décida à titre d'essai que la solde des cavaliers et gradés de l'oudjak de Tunis serait mise à la charge de l'État et que la perception de la khedma serait effectuée au profit du Trésor.

L'expérience tentée ayant donné de bons résultats, la réforme a été étendue successivement à tous les oudjaks de la régence. Désormais tout cavalier, chaouch ou bach-chaouch, chargé d'une mission rétribuée, doit être porteur d'un ordre écrit détaché d'un registre à souche, signé par le contrôleur civil ou le caïd. Après exécution, l'ordre de mission est remis au contrôleur civil. Celui-ci liquide la khedma qui est recouvrée par le caïd comme en matière d'impôts.

Comme conséquence de cette réforme, le personnel de l'oudjak, au lieu d'être payé sur le produit de la khedma, touche une solde mensuelle qui varie suivant les postes. En plus de cette solde, les cavaliers et gradés de l'oudjak ont droit à une indemnité pour l'entretien de leur monture. Lorsqu'ils tiennent garnison chez un délinquant ou un débiteur, celui-ci doit leur fournir journellement 3 saas (1) d'orge pour leur cheval; ainsi « qu'une poule, du couscoussou et quatre œufs préparés selon l'usage du pays (2) » pour leur nourriture personnelle.

ARTICLE 2. — Djemaïa des habous.

208. La Djemaïa, ou Commission des habous, est une administration publique tunisienne dont le rôle principal consiste, sous le contrôle de la section d'État du gouvernement tunisien, à gérer directement les habous publics et à surveiller l'administration des habous privés.

Nous aurons à étudier plus loin en détail ces biens de mainmorte qui, affectés à des œuvres pieuses musulmanes, sont appelés habous; mais, dès maintenant, il est utile d'indiquer, au point de vue administratif, l'organisation de la Djemaïa.

La Djemaïa a été instituée par décret du 19 mars 1874 avec la « mission d'exercer la surveillance la plus complète sur la gestion de tous les oukils (administrateurs) des habous, en tant qu'elle se rapporte à ces biens. »

Elle était, au début, composée d'un président, de deux membres et de deux secrétaires notaires, dont les fonctions et les attributions respectives ont été précisées par un décret du 2 juin 1874.

Bien que placée sous le contrôle du gouvernement tunisien, l'administration des habous, qui a les caractères d'un établissement public (3), a une personnalité morale indépendante; l'État n'a, en effet, aucun droit de propriété sur les immeubles habous publics ou privés (4).

(1) Mesure du pays.
(2) D. beyl. 26 mai 1885.
(3) Trib. Tunis 15 mai 1893, J. T. T. 1893, p. 256.
(4) Trib. Tunis 6 juillet 1898; J. T. T. 1898, p. 378.

Le siège du conseil d'administration des habous est à Tunis, mais de nombreux agents locaux, dont nous étudierons les attributions, sont chargés de renseigner et de représenter cette administration.

209. Un décret du 17 juillet 1908 a apporté une importante modification dans l'organisation de la Djemaïa, en instituant un « conseil supérieur des Habous ». Ce conseil est ainsi composé :

Le ministre de la Plume, Président;
Le secrétaire général du gouvernement tunisien ou son délégué. — Le secrétaire général adjoint du gouvernement tunisien, délégué à l'Assistance publique. — Un agent supérieur de la direction des Finances, délégué par le directeur général des Finances. — Le cheikh el Medina. — Un professeur de première classe (rite malékite). — Un professeur de seconde classe (rite hanéfite).

210. Le conseil supérieur exerce sur l'ensemble des actes de l'administration des habous un contrôle de surveillance. Il a notamment dans ses attributions l'examen : 1° des budgets ordinaire et supplémentaire; des prélèvements sur les fonds de réserve; des admissions en non-valeur; des comptes des exercices clos; 2° des acquisitions sur les fonds de réserves ou de remploi; 3° des constitutions d'enzel; 4° des échanges.

En dehors de son contrôle purement budgétaire, l'examen des échanges en nature et en argent des immeubles habous publics et privés constitue une des attributions administratives les plus importantes du Conseil supérieur des habous.

Ces échanges qui s'effectuent, soit en nature par la remise d'un immeuble de valeur équivalente, soit en argent à charge de remploi dans le plus bref délai, ont été autorisés et réglés par quatre décrets du 31 janvier 1898.

Le rapport présenté à l'appui de ces quatre décrets expose très nettement les raisons qui les ont provoqués. Il indique, de plus, la participation de la Djemaïa au programme de colonisation poursuivi par le Protectorat (1).

La mission de surveillance et de contrôle confiée à la Djemaïa sur tous les habous publics ou privés est, sans doute, générale; qu'ils soient, en effet, publics ou privés, les habous aboutissent, par affectation immédiate ou par affectation finale, à une destination pieuse ou charitable, mais, selon qu'il s'agit de habous publics ou de habous privés, les droits de la Djemaïa ne sont pas tout à fait les mêmes. C'est ce qu'il convient de préciser.

(1) « Depuis que l'Administration des habous publics de la Tunisie est dévolue à la Djemaïa, ce conseil, sous la haute direction du Gouvernement Tunisien, s'est toujours préoccupé de gérer son patrimoine dans des conditions qui fussent conformes à l'intérêt général du pays en même temps qu'aux intérêts particuliers des fondations. C'est ainsi que les progrès de l'agriculture et le développement constant de la colonisation ont précédemment motivé diverses mesures législatives concernant soit les enzels, soit les échanges.

« Les mesures nouvelles que les quatre décrets ci-joints consacrent touchant l'échange, la location et l'enzel des biens habous s'inspirent des mêmes considérations et visent au même but. Elles rentrent dans le cadre général du programme que le Gouvernement du Protectorat s'est tracé en vue de favoriser le développement agricole du pays. Elles tendent, en effet, à assurer une utilisation

211. Habous publics. — La Djemaïa exerce sur les habous publics un droit de gestion et de surveillance directe.

Les habous publics sont administrés par des agents spéciaux nommés oukils.

212. Les oukils ont pour mission de « faire procéder rapidement aux réparations des immeubles habous, ainsi qu'aux travaux des champs aux époques voulues », de faire procéder également aux locations des biens habous qui se font par voie d'enchères en présence du cadi ou de son substitut (1). Chaque oukil doit avoir deux registres: l'un contenant copie de son décret d'investiture et les noms des habous auxquels il a été préposé, et à la suite de chaque habous, la désignation des biens dont les revenus sont attachés aux habous; l'autre registre est destiné à noter les dépenses et les rentrées (2). La responsabilité des encaissements incombe aux oukils (3).

213. Les naïbs sont des agents locaux de la Djemaïa chargés de la renseigner directement sur la situation des habous et sur les actes de leurs oukils respectifs. Ils correspondent seuls avec la Djemaïa qui leur envoie ses instructions (4).

Chaque naïb doit avoir des registres dont l'un doit contenir la copie du décret beylical indiquant les pouvoirs qui lui sont confiés et énumérant la liste des biens habous soumis à son contrôle.

Enfin sont attachés à l'administration de la Djemaïa un certain nombre de notaires, secrétaires ou interprètes.

A l'égard des habous publics, la Djemaïa en a l'administration entière, et ses pouvoirs d'administration sont aussi complets que possible; elle consent les locations des immeubles; vend les produits; encaisse les revenus.

Les revenus sont affectés, selon le vœu du fondateur du habous, à l'entretien des établissements bénéficiaires, ainsi qu'aux dépenses d'entretien, de réparation et d'administration des habous. Le surplus est affecté aux dépenses du culte, de l'enseignement et de la magistrature.

Les recettes de la Djemaïa s'élèvent annuellement à 2 millions environ.

214. Habous privés. — A l'égard des habous privés la Djemaïa n'exerce qu'un simple droit de surveillance; elle ne les administre pas directement. La gérance n'en revient à la Djemaïa qu'après l'extinction de la descendance lorsque le habous privé tombe dans le domaine des habous publics (1).

Mais on lui reconnaît « un droit de contrôle » sur l'administration des habous privés à raison notamment du retour qui peut se faire à son profit en cas d'extinction de tous les dévolutaires (2). Et il appartient par suite à la Djemaïa de surveiller et d'assurer la conservation et l'entretien des habous privés à défaut des dévolutaires.

La gestion d'un habous privé appartient à un administrateur spécial appelé mokaddem qui, en réalité, représente et doit représenter le fondateur lui-même du bien habous (3). Ce mokaddem perçoit et répartit entre les dévolutaires ou bénéficiaires la part de fruits leur revenant, déduction faite des dépenses obligatoires.

215. Le mokaddem (appelé parfois nadeur ou cheikh), représentant du fondateur, n'a, en principe, rien de commun avec les dévolutaires qui sont naturellement désireux de voir rendre à la fondation le maximum de revenus possible; son devoir à lui, est d'exécuter les clauses particulières et charges de la fondation et d'en prolonger la durée. Ce n'est que par une théorie étrangère au droit musulman et contraire à la théorie du habous qu'on a pu considérer le mokaddem comme représentant les dévolutaires actuels.

Le habous n'est, en effet, que la donation de l'usufruit d'une chose, obligatoire tant que cette chose subsistera, la propriété de la chose habousée restant au donateur lui-même d'une façon abstraite. Le fondateur dont la propriété n'a pas été aliénée et dont l'action posthume ne cesse de s'exercer sur son bien, est représenté, sous le contrôle du cadi, par le mokaddem. Et le mokaddem, qui n'est qu'un délégué du cadi, a ainsi une mission dont les intérêts sont souvent opposés aux intérêts des dévolutaires.

C'est donc à tort, par suite d'une tolérance seulement, qu'on a quelquefois attribué aux bénéficiaires la prérogative de désigner le mokaddem et de confier l'administration du habous à l'un d'eux. En principe le mokaddem devrait, au contraire, être choisi parmi les parents du fondateur n'ayant aucun droit dans le habous.

216. La mission du mokaddem consiste : 1° à surveiller l'exécution des charges particulières de la charte constitutive; 2° à entretenir en bon état et à sauvegarder les biens affectés au service de la donation, afin d'en prolonger la durée; 3° à recueillir les fruits annuels pour en opérer la distribution entre les bénéficiaires, après prélèvement des frais d'administration et des dépenses d'entretien.

Le mokaddem a, par suite, le droit de donner en location les immeubles habousés, mais il ne peut les donner en location que par voie d'enchères publiques qui ont lieu devant le cadi de la circonscription où se trouve l'immeuble (4). Tout bail passé sans enchères préalables est nul (5).

---

des biens habous plus favorable aux progrès économiques de la Tunisie; elles facilitent du même coup la mise en valeur plus fructueuse du domaine confié à la Djemaïa.

« La Djemaïa est tenue, de par son institution, d'affecter aux besoins des fondations, à ceux du culte, de l'enseignement et de la magistrature, les revenus de ses domaines. Elle dépense ses recettes au jour le jour. S'il était juste que le locataire sortant fût indemnisé de la plus-value que ses constructions ou ses plantations pourraient apporter à l'immeuble, il était impossible de lui donner à cet égard pleine faculté d'appréciation. Sans quoi, l'Administration des habous aurait pu être contrainte, suivant l'importance de ces dépenses, à un remboursement intégral qu'il n'eût été équitable de lui imposer et pour lequel elle eût été d'ailleurs dépourvue de ressources..... ».

(1) D. beyl. 19 mars 1874.
(2) D. beyl. 2 juin 1874.
(3) D. beyl. 28 mars 1880.
(4) D. beyl. 19 mars 1874.

---

(1) Trib. du Chara 1er juillet 1885; J. T. T. 1900, p. 199.
(2) Trib. Tunis, 27 février 1908, Administration des habous contre El Gharbi et consorts M'naï.
(3) Trib. Tunis, 27 février 1908; J. T. T. 1908, p. 478.
(4) D. beyl. 25 juillet 1897.
(5) Trib. Tunis, 27 février 1908; loc. cit.

La Djemaïa ayant, en qualité de dévolutaire final, un droit de propriété éventuel sur les habous privés, justifie d'un intérêt suffisant pour intervenir dans tout litige concernant un habous privé.

ARTICLE 3. — *Cultes.*

217. Le culte musulman est demeuré, en Tunisie, dans la même situation et avec la même organisation qu'avant notre occupation.

Déjà le *Pacte fondamental* de 1857 dont nous avons eu à parler (1) avait posé le principe de la liberté religieuse pour tous les sujets tunisiens musulmans ou israélites ; les décrets beylicaux n'ont apporté aucune dérogation à ce principe qui a conservé toute sa force et son caractère absolu. De son côté, la France s'est particulièrement attachée à respecter avec le plus grand soin les règles et les traditions religieuses d'un pays où elle n'avait d'ailleurs qu'à établir un protectorat ; elle n'est intervenue que dans une mesure excessivement restreinte dans les questions relatives au culte musulman.

D'ailleurs, en Tunisie, comme dans tout autre pays de droit musulman, la religion islamique ne constitue pas à vrai dire un culte organisé, hiérarchisé, rappelant d'une façon quelconque l'organisation d'un des cultes que la législation reconnaissait en France avant la loi de séparation des Églises et de l'État.

La religion musulmane y est restée profondément, intimement liée à la vie journalière. Ainsi que nous l'avons déjà vu pour la législation, la loi religieuse constitue la source principale des règles juridiques (2) et la science du droit fait partie de la théologie, d'où difficulté d'une intervention officielle de l'État dans une religion qui est surtout privée.

218. Cette conception de la religion, différente des conceptions habituelles, entraîne quelques conséquences.

C'est ainsi que l'on ne rencontre pas dans la religion musulmane de hiérarchie ecclésiastique. L'imam est un fidèle comme les autres musulmans ; sans doute il est plus versé que beaucoup de ses coreligionnaires dans les études religieuses ; mais il n'est pas en réalité un ministre du culte.

On rencontre toutefois en Tunisie certains emplois qu'il est d'usage de conférer plus particulièrement à certains fidèles : l'*imam*, chef de la prière en commun et souvent prédicateur à la mosquée ; il récite, le vendredi, la *Khoteba*, sorte de sermon mêlé de versets du Coran ; le *mufti*, chargé plus spécialement de conseiller et d'assister le cadi ; il consulte les textes religieux pour répondre par des *fétouas* aux questions de droit que lui soumettent les particuliers ; le *cadi*, magistrat religieux dont nous étudions par ailleurs les fonctions et les attributions (3).

Enfin à côté de l'imam, se trouvent, dans les mosquées, des *muezzins*, chargés d'annoncer aux fidèles l'heure de la prière, du haut des minarets, et les *ahzebs* ou lecteurs du Coran.

219. Le personnel religieux musulman n'est pas rétribué par le budget de l'État tunisien ; il est appointé sur les revenus de la Djemaïa des habous. Ce sont les naïbs de la Djemaïa qui sont chargés de payer, chacun dans sa circonscription, les traitements du personnel des établissements religieux. C'est à l'administration des habous que sont confiés les services de lecture du Coran qui ne sont pas administrés par les descendants du fondateur (1).

C'est encore à cette administration qu'est confiée la gestion des mosquées hanéfites et malékites de Tunis, les mesdjeds (petites mosquées) de Tunis ; les écoles coraniques, les medersas malékites et hanéfites, etc.

220. Les monuments affectés en Tunisie au culte musulman sont : les grandes mosquées *(djamaa)* ; les petites mosquées *(mesdjeds)* ; les medersas (établissements d'enseignement religieux) ; et les zaouias (chapelles ou lieux de retraite consacrés au culte).

Les grandes mosquées ou djamaa sont des édifices religieux où, en dehors des prières quotidiennes que peuvent y faire les fidèles, on célèbre la Khoteba, allocution prononcée par un imam prédicateur. Ce service religieux a lieu le vendredi de chaque semaine entre l'heure de la prière de midi et l'heure de la prière de l'après-midi, d'après le rite malékite ; il a lieu, selon le rite hanéfite, avant la prière de midi.

L'un des plus connus et des plus réputés parmi ces sortes d'édifices est la grande mosquée de Tunis, ou « mosquée de l'olivier » dont la fondation est très ancienne, et dont la bibliothèque est particulièrement riche. La « mosquée de l'olivier » constitue la grande université musulmane de Tunisie ; l'enseignement qui y est donné a pour but le recrutement du personnel du culte ainsi que du personnel de la magistrature religieuse. Les *moutaouas*, élèves diplômés de cette mosquée, reçoivent de droit le grade de notaire après leur examen qui porte sur la langue arabe, la lecture du Coran, la conduite du Prophète, la métaphysique et la théologie islamique, la théorie générale du droit, et la jurisprudence des grands docteurs de l'Islam et de leurs commentateurs (2).

Les petites mosquées ou *mesdjeds* sont des sortes d'oratoires où les croyants viennent dire les prières de chaque jour sous la direction d'un imam.

221. Les *medersas* sont des établissements d'enseignement religieux, comprenant presque toujours une petite mosquée et des sortes de cellules où des étudiants viennent, sous la direction de professeurs, apprendre à lire et à prononcer les versets du Coran.

Les medersas sont divisées en trois catégories correspondant aux degrés d'avancement dans leur instruction ; ceux-ci doivent y faire un séjour de six ans dans l'intervalle desquels ils parcourent le cycle des études professées à la grande mosquée.

---

(1) V. *supra*, n° 166.
(2) V. *supra*, n° 167.
(3) V. *infra*, n°ˢ 371 et sq.

. (1) D. beyl. 23 avril 1880.
(2) L'Université de la Grande-Mosquée de Tunis a été organisée par un décret du 1ᵉʳ novembre 1842 ; les études y ont été réglementées par un décret du 26 décembre 1875 et un décret du 22 janvier 1876.

Certaines medersas sont devenues — comme la medersa El Asfouria, à Tunis — de véritables établissements d'enseignement supérieur.

222. Les *zaouias*, très nombreuses en Tunisie — on en compte 90 à Kairouan, — sont des sortes de chapelles ou lieux de retraite consacrés au culte; elles sont habituellement placées sous l'invocation d'un pieux personnage qui y est parfois enterré. Quelquefois aussi une zaouia est élevée en l'honneur du fondateur d'une confrérie religieuse par des fidèles appartenant à cette confrérie. C'est ainsi qu'en Tunisie on rencontre de nombreuses zaouïas édifiées en l'honneur de Sidi-Abdel-Kader el Djilani, fondateur de l'ordre des Kadria, qui est enterré à Bagdad (1).

Le plus souvent les zaouïas sont entretenues à l'aide des revenus des biens qui ont été constitués habous à leur profit (2).

Leurs dépenses et frais d'entretien peuvent, d'ailleurs, être considérables; elles servent d'asile aux passants et aux voyageurs, d'asile aux indigents, d'école aux enfants.

Le personnel d'une zaouïa se compose habituellement : d'un cheikh, qui remplit les fonctions d'administrateur; d'un imam, qui préside aux prières du mesdjed; et d'un certain nombre de ahzebs, qui, moyennant le revenu des fondations pieuses, lisent quotidiennement des versets du Coran à la mémoire du fondateur.

Les cheikhs de zaouïa sont nommés par décrets beylicaux après avoir été choisis par les affiliés de la zaouïa (3).

223. Le choix et les aptitudes des candidats sont constatés par une hodja. Pour les zaouias situées en dehors de Tunis, ce sont les caïds qui transmettent les propositions des affiliés concernant la nomination d'un cheikh, avec des renseignements suffisants sur l'état-civil des candidats proposés.

L'Ouzara, après avoir consulté les Grands Cheikhs sur les aptitudes des candidats proposés, procède à leur nomination.

Les affiliés peuvent adresser leurs propositions soit directement, soit par l'intermédiaire des Grands Cheikhs. Dans ce dernier cas, l'Ouzara demande aux caïds des renseignements sur l'état-civil des candidats, puis procède à leur nomination.

Quant aux zaouias de l'intérieur de Tunis, leurs affiliés adressent leurs propositions soit par l'intermédiaire des Grands Cheikhs, soit directement, auquel cas le Gouvernement tunisien demande aux Grands Cheikhs des renseignements sur les candidats choisis. Le choix des candidats à Tunis se fait sur l'autorisation du Cheikh Médina, au même titre que les caïds en dehors de Tunis.

224. Une des organisations cultuelles les plus importantes se trouve dans les nombreuses confréries religieuses qui existent en Tunisie (1). Ce sont des associations de musulmans particulièrement pieux, qui se réunissent en vue de pratiques religieuses communes.

L'esprit qui animait leurs fondateurs a été quelque peu modifié et le fanatisme religieux de ces confréries a été souvent dénoncé (2).

Au contraire de ce qui s'est passé en Algérie, les confréries musulmanes en Tunisie jouent, au point de vue politique, un rôle très effacé; leurs chefs sont sans grande influence politique.

225. Les ordres les plus répandus en Tunisie sont :

I. — L'ordre des Kadria, fondé en 561 de l'hégire par Sidi Abdel-Kader Djilani, un des plus saints personnages de l'Islam, né en Perse et décédé à Bagdad où se trouve son tombeau.

« L'ordre des Kadria est le plus répandu dans le monde musulman, mais l'influence de la zaouia de Bagdad ne dépasse pas les limites de la Mésopotamie. En raison précisément du nombre considérable des adhérents, l'ordre

---

(1) Conférence de M. Padoux, *op. cit.*, p. 133.
(2) Le droit d'administration d'un bien habous d'une zaouïa appartient aux descendants du saint; l'administration d'un habous de cette nature ne revient à la Djemaïa qu'après l'extinction de la descendance, lorsque le habous tombe dans le domaine des habous publics. (Trib. Charaa, 1er juillet 1885, *J. T. T.* 1900, p. 199.)

(3) *Circulaire du 8 djoumada 1308 adressée par le premier ministre aux chefs des principales confréries de la Régence.*

« Vous n'ignorez pas que les cheikhs des Zaouias ne peuvent être nommés que par décret.

Par conséquent, toutes les fois que vous constaterez qu'un indigène est apte à remplir les fonctions de cheikh de votre confrérie dans une zaouïa de Tunis ou de l'intérieur de la Régence, vous ne le chargerez de la Zaouïa qu'après en avoir avisé l'Ouzara et reçu le décret de nomination. Vous voudrez bien n'en rien modifier en ce qui concerne les usages en vigueur pour accorder la *Tarika* (admission comme membre de la confrérie) et *El Idjaza* (faculté pour un adepte d'admettre à son tour des membres de la confrérie). Je vous avise de ces nouvelles prescriptions et vous prie de vous y conformer à l'avenir.

Veuillez en conséquence m'envoyer une liste nominative des cheikhs de zaouïa de votre confrérie en ayant soin d'y indiquer ceux qui détiennent un décret de nomination et la date de ce document; vous y indiquerez également ceux qui n'en ont pas et la date à laquelle ils ont été chargés de la Zaouïa. »

---

(1) Voir le tableau suivant :

CONFRÉRIES ET SECTIONS DE CONFRÉRIES existant en Tunisie.	ZAOUIAS PRINCIPALES où SE TIENNENT LES CONFRÉRIES.
Confrérie " Chadlia " due à Sidi Ben Hassen Chadli.	Sidi b. Hassen Chadli, au Djzilez.
Confrérie " Kadria " due à Sidi Abdulkader	Zaouiet Eddfouane, à Tunis.
Confrérie " Soulamia " due à Sidi Abdesselam Lasmar.	Zaouiet Chiha, à Tunis.
Confrérie " Aïssaouia " due à Sidi M'hd b. Aïssa.	Zaouiet Sidi el Hari, à Tunis.
Confrérie " Tijania " due à Sidi Ahmed Tijani.	Zaouiet Sidi Brahim Riahi, à Tunis.
Confrérie " Rahmania " due à Sidi Abderrahmane.	Zaouiet Sidi Brahim Riahi, à Tunis.
Confrérie " Azzouzia " due à Sidi Ali Azzouz.	Zaouiet Sidi Ali Azzouz, à Tunis.
Confrérie " Madania " dite encore Darkaouia.	Zaouiet b. Abdelouareth, à Ramadine.
Confrérie " Taïbia " due à Sidi Moulay Taïeb.	Zaouiet Sidi Bou Msameh, à Tunis.
Confrérie " Touhamia " due à Sidi Moulay Touhami.	Zaouiet Sidi Bou Msameh, à Tunis.
Confrérie de Sidi Bou Ali Ennofti.	Zaouiet Sidi Ghars Allah, à Tunis.
Confrérie " Hachaïnia " due aux Ouled Hachane.	Zaouiet Sidi Belâdam, à Hadjamine, Tunis.
Confrérie " Amria " dite encore Mehaouchia due à Sidi Ameur.	Zaouiet Sidi Ayed Ezzaïat, à Tunis.

(2) *Les confréries religieuses et les marabouts en Tunisie*, communication présentée au Congrès de l'Afrique du Nord (Paris, 1908), par Ahmed el Atki.

a formé dans la plupart des pays des confréries distinctes et indépendantes en fait du grand maître de Bagdad. Les Kadria de Tunisie forment trois confréries principales, qui n'ont de commun entre elles que la doctrine de Sidi Abdel-Kader et dont les chefs n'ont reçu de Bagdad aucune investiture : la première est celle de Menzel Bou Zelfa, à la tête de laquelle se trouve le cheikh Sidi-Mohamed ben Mostfa el Menzeli; la seconde est celle qui a été fondée au Kef par le cheikh El Mazouni. C'est la plus importante de la Tunisie. La troisième enfin est celle de la Zaouia Kadria de Nefta dont l'influence s'étend sur le Sud tunisien.

Parmi les confréries dérivées de celle des Kadria, on peut citer celle des *Arousia*, fondée par Sidi ben Arous, mort à Tunis vers 865 de l'hégire. La confrérie des Arousia a été réformée en Tripolitaine vers 1820 par Sidi Abdessalem. Ses adeptes prennent communément le nom de *Sellamia* en Tripolitaine et dans le sud de la Tunisie où ils sont assez nombreux. La zaouia mère se trouve à Zliten, dans une oasis intérieure de la Tripolitaine.

II. — L'ordre des Chadlia fondé par Sidi bel Hassen ech Chadli, en 656 de l'hégire. Une branche importante des Chadlia, celle des *Medania*, est de date tout à fait récente, ayant été fondée en Tripolitaine vers 1820; elle compte un certain nombre d'adhérents en Tunisie. Une autre non moins importante est celle des *Taïbia* fondée par Abdallah et dont le véritable organisateur a été Muley Taeïb, plus connu sous le nom de chérif d'Ouezzan.

III. — L'ordre des Aïssaoua date de 930 de l'hégire. Il a été fondé au Maroc par le chérif Sidi Mohamed ben Aïssa. Les Aïssaoua sont l'ordre, non pas le plus important de la Tunisie, mais le plus connu des Européens. L'origine des pratiques étranges auxquelles se livrent les Aïssaoua remonte au fondateur même de l'ordre (1).

IV. — L'ordre des Tidjania a été fondé, en 886 de l'hégire, par le cheikh Sidi Ahmed Et Tidjani, originaire du Maroc. Cet ordre bien que récent a déjà de nombreux adeptes dans le nord de la Tunisie. Ses principales zaouias sont à Fez, sur le tombeau du fondateur, et en Algérie à Temassin et Aïn Mahdi.

V. — L'ordre des Rahmania date de 1208 de l'hégire, c'est-à-dire d'un siècle à peine. Son fondateur est un algérien, Si Mohamed ben Abderrahman bou Quobrin. Sa principale zaouia tunisienne est à Nefta (2).

Enfin, nous ne citerons ici que pour mémoire la magistrature religieuse musulmane, puisque nous étudions son organisation et sa compétence en traitant de la *justice indigène* (3).

---

(1) On raconte en effet que Sidi Mohamed ben Aïssa s'était acquis de son vivant, une telle réputation que son influence porta ombrage au sultan du Maroc : il fut proscrit de Mequinez avec ses disciples. Sur la route de l'exil, comme ses compagnons mourant de faim lui demandaient à manger, le saint leur dit de se nourrir de ce qu'il y avait sur le chemin. Or, il n'y avait sur la route que des pierres, des scorpions et des serpents : pourtant les disciples de Sidi Mohamed ben Aïssa n'hésitèrent pas à porter à leur bouche ces cailloux et ces reptiles qui se changèrent aussitôt en aliments délicieux. C'est en souvenir de ce miracle que les Aïssaoua, dans leurs exercices, avalent encore des reptiles, des clous, ou des morceaux de verre.
(2) Conférences, op. cit. p, 136 et sq.
(3) V. infra, n° 371 et s.

§ 2. — *Culte israélite.*

226. Pour les israélites comme pour les musulmans, le « *Pacte Fondamental* » de 1857 avait déjà proclamé le principe de la liberté religieuse. « Nos sujets israélites, disait ce document, ne subiront aucune contrainte pour changer de religion, et ne seront point empêchés dans l'exercice de leur culte; leurs synagogues seront respectées et à l'abri de toute insulte, attendu que l'état de protection dans lequel ils se trouvent doit leur assurer nos avantages comme il doit nous imposer une charge. »

Les institutions conférées par les beys à la communauté israélite ont été conservées par le protectorat.

Un Grand rabbin, nommé par décret beylical, est à la tête de la communauté de Tunis; il remplit les fonctions de président honoraire du tribunal rabbinique et est de droit le tuteur de tous les israélites mineurs et incapables.

Le Grand rabbin est assisté de plusieurs conseillers qu'il choisit lui-même et qui n'ont aucun caractère officiel.

Dans l'intérieur de la Régence, il y a un certain nombre de rabbins.

La communauté israélite de Tunis ne possède pas de consistoire. Elle perçoit un impôt sur la viande dite *cachir*, abattue suivant le rite israélite (1).

§ 3. — *Culte catholique.*

227. Le culte catholique n'est régi en Tunisie par aucune disposition législative. De même que le concordat et les articles organiques de la loi du 18 germinal an X n'ont pas été promulgués depuis notre occupation, de même il n'a pas été nécessaire d'y promulguer la loi française de la séparation des églises et de l'État (2).

Les catholiques, en Tunisie, dépendent de l'archevêché de Carthage, dont le titulaire porte le nom de primat d'Afrique (3).

§ 4. — *Culte protestant.*

228. Le culte protestant de Tunisie ne reçoit aucune subvention du gouvernement tunisien. Il est organisé uniquement d'après ses règles propres.

SECTION III.

DIRECTION DES SERVICES JUDICIAIRES TUNISIENS.

229. La direction des services judiciaires du gouvernement tunisien a été créée par un décret beylical du 13 janvier 1896, qui a réuni en un seul service la section des affaires civiles et la section des affaires pénales de l'Ouzara.

---

(1) D. beyl. 7 juillet 1888.
(2) Une « subvention à l'archevêché de Carthage » de 60.000 fr. est inscrite annuellement au budget de l'État tunisien.
(3) Ce titre fut porté pour la première fois par le cardinal Lavigerie.

230. La direction de ce service, qui constitue une sorte de ministère de la justice tunisienne, a été confiée à un magistrat français.

Un poste de directeur-adjoint des services judiciaires tunisiens a été créé ultérieurement (1) et confié également à un magistrat français.

Elle centralise, d'une manière générale, tout ce qui a trait à l'organisation, à la bonne administration et au contrôle des juridictions tunisiennes (2).

En dehors de ses fonctions administratives de surveillance et de direction au regard des juridictions tunisiennes et de leur personnel, le directeur des services judiciaires a des attributions importantes en matière pénale : il est maître de l'action publique et peut exercer les pouvoirs d'un magistrat instructeur (3).

A cet égard, il est chargé de l'examen des plaintes adressées au Gouvernement tunisien, soit par les particuliers, soit par les caïds, soit par tous les agents chargés de la police du territoire, pour la répression des crimes, délits et contraventions; il donne aux affaires dont il est ainsi saisi, la suite qu'elles comportent.

Il agit de même, d'office, à l'égard de toute infraction pénale qui arrive à sa connaissance autrement que par une plainte de la victime ou par un rapport de l'autorité.

231. Pour l'exécution de ces différents actes de poursuite, et en vue d'assurer tant une répression régulière, rapide et sûre des infractions pénales, que la protection de ceux qui viendraient à être l'objet de dénonciations calomnieuses, le directeur des services judiciaires peut délivrer tout ordre d'arrestation ou de comparution, ou de mise en liberté; toute réquisition à la force publique; peut procéder à toute perquisition ou à toute saisie de pièces à conviction, peut prendre, en un mot, toute mesure commandée par l'urgence ou par la nécessité. Il peut notamment, lorsqu'il le juge utile, procéder lui-même à l'instruction d'une affaire pénale et terminer ses opérations par telles mesures qu'il estime nécessaires.

Il peut toujours requérir communication d'un dossier en cours d'instruction et, s'il y a lieu, toute mesure utile.

232. Aux termes d'un arrêté du secrétariat général du gouvernement tunisien (1) la direction des services judiciaires est seule chargée d'assurer l'exécution des jugements rendus par les juridictions qui dépendent de ce service. Auparavant, les questions relatives aux jugements rendus par la justice tunisienne étaient tantôt traitées par la section d'Etat, tantôt par la direction des Services judiciaires, quelquefois concurremment par les deux services; et cet état de choses nuisible à la bonne marche du service provoquait parfois des instructions contradictoires (2).

233. Un décret beylical du 10 juillet 1906 a institué près de chaque tribunal régional et auprès du tribunal de l'Ouzara un délégué du directeur des services judiciaires appelé commissaire du Gouvernement, qui est nommé et révoqué par décret.

Le commissaire du Gouvernement a pour mission de veiller à la bonne administration de la justice dans la circonscription ressortissant au tribunal près duquel il exerce ses fonctions. Il doit signaler sans retard au directeur des services judiciaires tout fait parvenu à sa connaissance et qui paraîtrait contraire à cette bonne administration. Il a la surveillance des affaires civiles, de l'action criminelle et des informations. Il peut poursuivre d'office, conformément aux instructions du directeur des services judiciaires.

234. Pour être nommé commissaire du Gouvernement, il faut : Etre Français, âgé de 25 ans, jouir de ses droits civils et politiques et avoir subi avec succès les épreuves d'un concours dont le programme et les conditions ont été déterminés par arrêtés du premier ministre en date des 11 juillet et 18 décembre 1906.

Les épreuves sont écrites et orales. Elles portent sur la langue arabe parlée et écrite, sur les principes d'organisation générale du protectorat et du gouvernement tunisien, et sur les sources du droit tunisien et la législation tunisienne.

Les commissaires du Gouvernement sont répartis en quatre classes personnelles; le traitement initial est de 6,000 francs et peut être porté à 9,000 francs par avancements successifs de 1,000 francs.

235. Un décret beylical du 3 août 1908 a institué une commission des grâces chargée d'examiner les demandes présentées à l'effet d'obtenir remise ou réduction de peines prononcées par le bey ou par ses tribunaux. C'est à la direction des services judiciaires qu'il appartient d'instruire ces suppliques. La commission des grâces délibère sur la suite à leur donner.

Elle comprend : Le secrétaire général du Gouvernement tunisien son délégué, président; le directeur des services judiciaires; le chef de la section d'Etat; le chef des services pénitentiaires (avec voix consultative).

Elle se réunit chaque fois que son président le juge utile, mais au moins trois fois par an.

SECTION IV.

SURETÉ PUBLIQUE.

236. *Historique.* — Avant l'occupation française il n'y avait, en dehors de Tunis, aucune police organisée. Le maintien de l'ordre public et la surveillance des rues étaient assurés, gratuitement, par les habitants eux-mêmes, sous l'autorité du Gouverneur de la région.

A Tunis, la police était faite, sous le commandement du *férik*, par cinq cents sergents de ville appelés *Zaptiés.* Ils étaient pris parmi les soldats recrutés pour l'armée beylicale. Ils étaient divisés en groupes; chaque groupe formé de huit hommes se trouvait placé sous les ordres d'un officier et était chargé de la surveillance d'un quartier. Les zaptiés n'avaient pas de solde fixe, mais ils étaient nourris et habillés. D'autre part, chaque fois qu'ils étaient requis pour procéder à une arrestation, ils percevaient du requérant deux piastres, soit 1 fr. 20. Il est facile de comprendre les nombreux abus engendrés par un pareil système.

Ce ne fut qu'en 1882, après la mort du férik, qu'un commissaire de police français prit la Direction des services municipaux de police. C'est le décret beylical du 1er avril 1885 sur la formation des communes qui a organisé en Tunisie la police municipale. Un autre décret beylical du 17 avril 1897 a créé, auprès du secrétariat général du Gouvernement tunisien, une Direction de la Sûreté publique (1).

Désormais tous les services de police de la régence furent placés sous l'autorité unique du directeur de la sûreté publique. Les commissaires de police relèvent cependant, pour la police judiciaire, des autorités françaises et tunisiennes dépositaires de l'action publique; pour la police générale, de la résidence générale et des contrôleurs civils, et, pour la police municipale, des présidents de municipalités.

237. *Organisation et personnel.* — Le commissariat central de Tunis, supprimé en 1897, a été rétabli par décret du 15 juillet 1900. En dehors des attributions ad-

ministratives qui lui sont conférées par le décret du 17 avril 1897, le directeur de la sûreté publique est commissaire central de la ville de Tunis et de sa ban-lieue (1).

L'effectif total du personnel appartenant à la direction de la sûreté publique comprend environ 700 agents (2).

Il est intéressant d'observer que le personnel de la police en Tunisie est recruté dans la proportion de 60 0/0 d'agents français et dans celle de 40 0/0 d'agents indigènes.

238. *Police municipale.* — Le périmètre communal de Tunis est divisé en 6 arrondissements de police ayant chacun à sa tête un commissaire de police.

Dans l'intérieur de la régence il y a des commissariats dans 12 localités, et 61 postes de police (3).

239. *Police mobile.* — Un décret beylical en date du 11 mars 1908 a créé 5 brigades régionales de police mobile, relevant du directeur de la sûreté publique et chargées de seconder l'autorité judiciaire dans la recherche et la répression des crimes, délits et contraventions de droit commun. Les brigades de police mobile doivent en outre prêter leur concours aux contrôleurs civils pour toutes les enquêtes administratives qui pourraient leur être confiées dans les limites de leur circonscription.

240. *Police rurale.* — Le décret beylical du 15 décembre 1896 sur la police rurale avait prévu, dans son article 34, la création de postes de gardes champêtres dans les localités où cette création serait utile à la protection des propriétés rurales.

Nommés par arrêtés du premier ministre, ces gardes champêtres étaient placés sous la surveillance des commandants des brigades de gendarmerie, ils étaient chargés, dans le territoire sur lequel ils exerçaient leurs fonctions, de constater les délits et contraventions prévus par les lois et décrets relatifs à la police rurale.

Indépendamment des contraventions et des délits spéciaux qu'ils étaient chargés de constater, les gardes champêtres étaient tenus de prêter leur concours à la gendarmerie toutes les fois qu'ils en étaient requis, de

---

(1) D. beyl. 17 avril 1897. — Article premier. La police de la ville de Tunis et des autres communes de la Tunisie est, à dater du 1er juillet 1897, rattachée à l'Administration générale du Gouvernement et rétribuée sur le budget de l'État. L'État prête aux municipalités le concours de ses agents pour assurer le service de la police municipale.

Art. 2. Il est institué, près le secrétariat général du Gouvernement, une Direction de la Sûreté publique. Le directeur de la Sûreté publique est nommé par décret rendu sur la proposition de notre premier ministre.

Art. 3. Le directeur de la Sûreté publique a, sous l'autorité du secrétaire général du Gouvernement, la direction de la police de la Régence.

Art. 4. Les commissaires de police de Tunis, ceux des autres localités de la Tunisie, ainsi que les brigadiers, chefs des différents postes de police de la Régence, sont placés sous les ordres du directeur de la Sûreté publique.

Ils relèvent directement, pour la police judiciaire, des autorités judiciaires françaises ou tunisiennes dépositaires de l'action publique.

Pour la police municipale, ils relèvent directement des présidents des municipalités, commissions municipales et commissions de voirie.

(1) Les services de police de la Régence comprennent :

Direction centrale. — Le *Directeur* de la Sûreté publique, un contrôleur, trois commissaires attachés à la Direction, — un certain nombre de secrétaires et d'agents.

Service des recherches. — Ce service, qui comprend trois commissaires et un certain nombre d'agents, est chargé, d'après le décret du 1er mars 1899, de rechercher sur tout le territoire de la Tunisie, les crimes, délits et contraventions.

Services administratifs. — Ces services comprennent un personnel de deux commissaires et d'agents. Il est chargé plus spécialement de la police administrative.

Service anthropométrique. — Ce service fonctionne à Tunis et à Sousse; il a été rattaché depuis le 1er janvier 1899 à la Direction de la sûreté publique.

(2) 1 directeur, 1 contrôleur, 33 commissaires de police, 36 secrétaires, 4 inspecteurs, 6 sous-inspecteurs, 60 brigadiers français, 250 agents titulaires français, 55 agents auxiliaires français, 12 interprètes indigènes, 190 agents titulaires indigènes, 72 agents auxiliaires indigènes, 47 gardes de police à cheval français, 32 gardes de police à cheval indigènes.

(3) V. *infra*, n° 306.

lui signaler, ainsi qu'aux caïds, tous les crimes et délits commis sur leur territoire et de l'informer de tout ce qu'ils découvriraient de contraire au maintien de l'ordre et de la sécurité publique (1).

Un décret beylical du 31 décembre 1899 a remplacé par des gardes de police à cheval les gardes champêtres institués par le décret du 15 décembre 1896. Ces gardes nommés par arrêtés du premier ministre, sont placés sous les ordres du Directeur de la sûreté publique. Ils exercent dans leur circonscription les attributions qui avaient été attribuées aux gardes champêtres par le décret précité.

241. *Attributions.* — En dehors des attributions générales relevant de la police administrative et de la police judiciaire, les attributions de la sûreté publique en Tunisie s'exercent encore sur différentes matières. Les plus importantes sont les suivantes : armes; — associations; — attroupements; — chasse; — débits de boissons; — denrées alimentaires; — espionnage; — étrangers; — guides; — jeux de hasard; — logeurs; — presse; — réunions publiques; — roulage; — théâtres; — traite des blanches.

242. *Importation et commerce des armes.* — L'introduction dans la régence de *toute arme de guerre* d'un modèle ayant été ou étant encore usité dans les diverses armées existantes est formellement interdit.

En ce qui concerne les armes de chasse ordinaires ou de luxe, elles ne peuvent être introduites en Tunisie qu'en vertu d'une autorisation délivrée par le résident général pour les ports de Tunis et de la Goulette, et par les agents qu'il délègue à cet effet pour les ports de Bizerte, Sousse, Monastir, Mahdia, Sfax, Gabès, Houmt Souk et Djerba (2). L'introduction de ces armes par tout autre port est interdite et réputée contrebande de guerre.

Aucun indigène ne peut acheter des armes de fabrication européenne s'il n'est muni d'une autorisation spéciale délivrée par le résident général ou ses délégués.

Le commerce des armes de toutes espèces — autres que les armes de guerre — est subordonné, de la part des armuriers qui veulent s'y livrer, à l'engagement de tenir un registre mentionnant jour par jour l'identité des acheteurs et la description des armes vendues. L'armurier autorisé doit, en outre, faire viser tous les trois mois ledit registre par le commissaire de police et adresser aux contrôleurs civils ou aux chefs de bureau des Affaires Indigènes un inventaire semestriel des armes qu'il détient. Le tout sous peine d'une amende de 16 à 200 francs.

243. *Détention et port d'armes.* — Tout dépôt d'armes quelconques chez les particuliers non autorisés à en faire le commerce est interdit et puni d'un emprisonnement de six jours à un mois et d'une amende de 50 à 300 francs.

Le port « d'armes dangereuses, cachées ou secrètes », est puni d'un emprisonnement de six jours à six mois

et d'une amende de 16 à 200 francs. Toutefois des autorisations de porter des armes non apparentes peuvent être délivrées par le contrôleur civil, ou, en territoire militaire, par le chef de bureau des Affaires indigènes, sans que ces autorisations puissent excéder une année.

Celui qui veut porter des armes apparentes doit en faire par écrit la déclaration soit au secrétaire général du Gouvernement tunisien, soit au contrôleur civil, soit enfin au chef de bureau des affaires indigènes.

Sous peine d'une contravention punissable d'une amende de 1 à 15 francs, le récépissé constatant cette déclaration doit être produit à toute réquisition des agents de l'autorité ayant qualité pour constater les délits et contraventions.

Par exception le port d'armes apparentes est interdit : 1° aux individus condamnés pour crime de droit commun, ou pour vagabondage ou mendicité; 2° à ceux condamnés à l'emprisonnement pour vol, escroquerie, abus de confiance, violences envers les personnes et rebellion. Cette incapacité est perpétuelle à l'égard des condamnés pour crimes; elle cesse cinq ans après l'expiration de leur peine à l'égard des condamnés pour délits. Le port d'armes est défendu aux interdits et aux mineurs de 15 ans; les mineurs de 21 ans qui veulent porter des armes apparentes doivent faire approuver leur déclaration par les personnes sous l'autorité desquelles ils sont placés.

Les armes détenues ou portées illégalement doivent être saisies (1).

244. *Associations.* — Les associations sont régies dans la régence par le décret beylical du 15 septembre 1888, qui prescrit la déclaration et le dépôt préalable des noms des fondateurs et des statuts entre les mains du contrôleur civil et du procureur de la République.

Aucune association ne peut se constituer qu'avec l'autorisation du Gouvernement qui fait connaître sa décision dans le délai d'un mois. Cette autorisation est toujours révocable. Toute association formée sans autorisation est déclarée dissoute et ses directeurs ou administrateurs peuvent, en outre, être punis d'une amende de 16 à 200 francs.

La reconnaissance d'utilité publique ne peut avoir lieu que par décret.

Un syndicat constitué légalement en France n'a ni action ni existence légale en Tunisie (2).

245. *Attroupements.* — Aucune réglementation des attroupements n'existait, en Tunisie, jusqu'en 1905. L'absence de texte en la matière laissait les pouvoirs publics désarmés vis-à-vis d'événements susceptibles de compromettre gravement l'ordre public, car les pénalités de simple police qui seules pouvaient être appliquées en l'espèce aux fauteurs de désordre, constituaient un moyen préventif et répressif manifestement insuffisant.

Le décret du 5 avril 1905 a comblé cette lacune en

---

(1) D. beyl. 15 décembre 1896, art. 45 et 46.
(2) V. *supra*, n° 142.

(1) D. beyl. 18 janvier 1883, 14 avril 1894, 21 juillet 1896.
(2) Trib. Corr. Tunis, 27 juin 1908.

portant interdiction, de tout attroupement armé sur la voie publique et de tout attroupement non armé qui pourrait troubler la tranquillité publique, et en édictant des sanctions en rapport avec la gravité des faits répréhensibles.

Ce texte qui est la reproduction presque littérale de la législation française de 1848 donne pouvoir au secrétaire général du Gouvernement tunisien et aux présidents des municipalités de prendre en tout temps, et en vue du maintien du bon ordre et de la tranquillité publique, des arrêtés interdisant l'exposition et le port d'emblèmes, drapeaux ou tout autre signe de ralliement, soit sur la voie publique, soit dans les édifices, emplacements et locaux librement ouverts au public.

Il punit des peines édictées par l'article 471 du code pénal, les infractions aux arrêtés pris dans cette forme.

246. *Chasse.* — La chasse est réglementée par un décret du 8 août 1900, modifié par deux décrets en date des 8 décembre 1901 et 17 décembre 1904.

Ces textes limitent, d'une part, la période pendant laquelle la chasse est ouverte et d'autre part, les engins de destruction qui sont autorisés.

Enfin, un décret du 17 août 1902 interdit de chasser sur une propriété immatriculée sans le consentement du propriétaire ou de ses ayants droit.

247. *Débits de boissons.* — Nul ne peut ouvrir un café, cabaret ou autre débit de boissons à consommer sur place, sans en avoir obtenu préalablement l'autorisation de l'Administration générale. La demande d'autorisation est faite sur papier timbré et remise au président de l'administration municipale de la localité où le débit devra être établi, ou au contrôle civil pour les localités non érigées en communes (1).

Tout débit de boissons dans lequel sont découverts, soit de la *chira*, soit une ou plusieurs pipes à chira ou autres accessoires destinés à la consommation de cette substance, est immédiatement fermé (2).

248. *Denrées alimentaires.* — Les fraudes et la falsification des denrées alimentaires sont réprimées rigoureusement par divers décrets (3).

Celui du 28 mars 1908, particulièrement important, maintient l'interdiction de la falsification, de la détention, de la mise en vente et de la vente des vins de sucre, de glucoses, de mélasses et de raisins secs; il réglemente, d'autre part, la circulation, le commerce et la détention des sucres, glucoses, mélasses, raisins secs, marcs de raisins, lies, levures alcooliques et produits œnologiques.

249. *Espionnage.* — Le décret beylical du 1er août 1904 prévoit et réprime les délits d'espionnage commis dans la régence au préjudice des gouvernements français et tunisien.

Ce texte donne compétence aux juridictions françaises

pour connaître de ces délits, quelle que soit la nationalité des inculpés.

250. *Étrangers.* — Le contrôle des étrangers constitue très certainement une des attributions les plus importantes de la sûreté publique en Tunisie (1). Un décret beylical relatif au séjour des étrangers dans la régence et réglementant la déclaration de résidence qui leur est imposée, décret promulgué le 13 avril 1898, forme le texte fondamental de la matière (2).

251. *Guides.* — Nul ne peut exercer la profession de guide sans en avoir obtenu préalablement l'autorisation du premier ministre.

Est réputé guide toute personne faisant profession d'accompagner les touristes dans l'étendue du territoire tunisien, soit pour son propre compte, soit pour le compte d'une agence de voyage.

Tout directeur ou gérant d'agence de voyage doit tenir un registre destiné à recevoir l'inscription des noms des touristes et du guide qui les accompagne. Il mentionne sur ce registre dûment coté et paraphé par l'autorité administrative, les noms, prénoms, âge, nationalité et domicile habituel des touristes et du guide et il doit représenter le dit registre à toute réquisition des agents de l'autorité.

(1) V. *supra*, n° 16, statistique des étrangers établis en Tunisie.

(2) Les dispositions de ce décret méritent d'être rapportées :

Article premier. A partir du 1er mai 1898, tout étranger qui voudra établir sa résidence en Tunisie ou y exercer une profession, un commerce ou une industrie quelconque, devra, dans un délai de cinq jours à partir de son arrivée, faire devant l'autorité de police locale une déclaration de résidence en justifiant de son identité. S'il n'est pas porteur des pièces justificatives nécessaires l'autorité de police du lieu pourra, avec l'approbation de notre premier ministre, lui accorder un délai pour se les procurer.

Art. 2. La déclaration devra comporter les nom et prénoms du déclarant, ceux de ses père et mère, sa nationalité, le lieu et la date de sa naissance, le lieu de son dernier domicile, sa profession ou ses moyens d'existence.

Elle sera individuelle, même pour les membres d'une même famille, à l'exception des enfants mineurs n'exerçant ni profession, ni commerce, ni industrie.

Il sera tenu, à cet effet, un registre suivant la forme déterminée par un arrêté de notre premier ministre. Un extrait de ce registre sera délivré au déclarant et devra être représenté par lui à toute réquisition des agents de l'autorité; cet extrait sera frappé d'un droit de timbre de 90 centimes.

Art. 3. Les déclarations seront faites, à Tunis, au commissariat de la sûreté. Dans les autres localités de la Régence, elles seront faites au commissaire de police; à défaut du commissaire de police, au commandant de la brigade de gendarmerie ou au contrôleur civil de la circonscription.

Les pièces justificatives seront laissées en dépôt au bureau de l'autorité de police du lieu, qui en fera mention sur le récépissé de déclaration et les restituera à l'intéressé sur la déclaration de ce dernier qu'il quitte la localité.

Art. 4. En cas de changement de résidence, l'intéressé devra faire viser son certificat d'immatriculation, dans les deux jours de son arrivée, par l'autorité de police de sa nouvelle résidence, et déposer à nouveau ses papiers, dans les conditions prévues par l'article précédent.

Art. 5. Toute personne qui emploiera un étranger n'ayant pas satisfait aux prescriptions du présent décret sera punie d'une amende de 1 à 15 francs inclusivement et d'un emprisonnement de un à cinq jours inclusivement, ou de l'une de ces peines seulement.

Ces peines pourront être portées jusqu'au double lorsqu'il aura été rendu contre le contrevenant, dans les douze mois précédents, un jugement de condamnation pour la même contravention commise dans le ressort du même tribunal.

Art. 6. Tout étranger qui n'aura pas fait, dans le délai déterminé, les déclarations réglementaires prescrites par les articles 1 à 5 ci-des-

(1) D. beyl. 13 janvier 1898.

(2) D. beyl. 7 juin 1900.

(3) D. beyl. 27 janvier 1897; 23 juillet 1904; 28 mars 1908.

Tout guide autorisé doit être porteur d'un livret sur lequel sont inscrits les noms et prénoms des touristes qu'il accompagne. Ce livret est soumis au visa de la police au départ et au retour du guide. Il doit en outre être présenté au visa de la même autorité dans les localités où il séjourne pendant une période excédant 24 heures (1).

252. Loteries et Jeux de hasard. — Le décret beylical du 23 juillet 1884 (2), remplacé par celui du 25 mai 1904, a interdit les jeux de hasard et les loteries en Tunisie.

253. Logeurs. — Toute personne qui veut exercer la profession de logeur, à quelque titre que ce soit, aubergiste, maître d'hôtel garni, logeur en garni, tenancier de café ou de fondouk, est tenu d'en faire préalablement la déclaration à l'autorité de police du lieu où elle a l'intention de s'établir.

Sont considérées comme logeurs de profession, et à ce titre sont soumises aux dispositions du décret beylical du 21 novembre 1897, toutes personnes qui louent en garni tout ou partie de leur maison, dans les termes et délais en usage pour les locations en général et qui logent en chambrée, à la nuit, à la semaine ou au mois, soit en garni, soit dans des cafés ou dans des fondouks.

254. Presse. — La loi française du 29 juillet 1881 sur la liberté de la presse était applicable, sinon aux délits de presse proprement dits, du moins aux délits de droit commun d'injure et de diffamation commis dans la régence par des Français ou Européens antérieurement à

la promulgation du décret beylical du 14 octobre 1884 sur la presse.

Indépendamment du texte de ce décret promulguant et déclarant applicables en Tunisie, sous certaines modifications, les chapitres 1, 2 et 4 de la loi du 29 juillet 1881, certaines dispositions additionnelles ont été prises. Le cautionnement imposé aux journaux, supprimé par le décret du 16 août 1887, remis en vigueur par celui du 2 janvier 1897, a été de nouveau supprimé par le décret du 2 janvier 1904.

D'autre part, certaines dispositions prévoient et répriment particulièrement les attaques contre S. A. le Bey, les princes de la famille beylicale, les droits et les pouvoirs de la République française en Tunisie.

255. Réunions publiques. — Aux termes du décret beylical du 13 mars 1905, les réunions publiques sont libres dans la régence. Seules les réunions publiques ayant pour objet de traiter de matières politiques ou religieuses sont soumises à l'autorisation préalable (1).

Toute réunion publique doit être précédée d'une déclaration indiquant le lieu, le jour, l'heure de la réunion. Cette déclaration qui spécifie si la réunion a pour but une conférence, une discussion publique ou si elle doit constituer une réunion électorale, est signée par deux personnes au moins jouissant de leurs droits civils et domiciliées dans la localité où la réunion doit avoir lieu. Elle indique leurs noms, qualité et domicile. La déclaration signée d'étrangers qui ne justifient pas qu'ils ont satisfait aux dispositions du décret du 13 avril 1898 est tenue pour non avenue.

Les déclarations sont remises à Tunis : à la direction de la sûreté publique, dans les autres localités, au contrôleur civil de la circonscription. Il en est donné immédiatement un récépissé constatant le jour et l'heure de la déclaration et destiné à être représenté à toute réquisition des agents de l'autorité. Dans le cas où les déclarants n'auraient pu obtenir de récépissé, le refus peut être constaté par acte extrajudiciaire ou par attestation signée de deux personnes domiciliées dans la circonscription. La réunion ne peut avoir lieu qu'après un délai de 24 heures.

Les réunions ne peuvent être tenues sur la voie publique et se prolonger au delà de l'heure fixée par l'autorité compétente pour la fermeture des lieux publics.

Chaque réunion doit avoir un bureau composé d'un président et de deux assesseurs au moins. A défaut de désignation par les signataires de la déclaration, ce bureau est élu par l'assemblée. Le bureau est chargé de maintenir l'ordre, d'empêcher toute infraction aux lois, d'interdire tout discours contraire à l'ordre public ou aux bonnes mœurs ou contenant provocation à un acte qualifié crime ou délit. Il ne doit tolérer la discussion d'aucune question étrangère à l'objet de la réunion.

---

sus, ou qui refusera de produire son certificat à la première réquisition, ou qui, en cas de changement de résidence, n'aura pas fait viser son certificat, sera passible d'une amende de 50 à 200 francs.

Celui qui aura fait sciemment une déclaration fausse ou inexacte sera puni d'un emprisonnement de six jours à un mois et d'une amende de 100 à 300 francs.

Dans les cas prévus par les paragraphes 1 et 2, le tribunal pourra en outre, ordonner que le condamné sera transféré à la frontière et expulsé du territoire tunisien.

Art. 7. Notre premier ministre pourra également, par mesure de police, enjoindre à tout étranger voyageant ou résidant dans la Régence, et dont la présence serait de nature à compromettre la sécurité publique, de sortir immédiatement du territoire tunisien.

L'arrêté d'expulsion devra toutefois être contresigné par le ministre-résident général.

Art. 8. Tout étranger qui se serait soustrait à l'application des mesures énoncées dans les articles 6 et 7, ou qui, après être sorti de la Régence, y serait rentré sans l'autorisation du Gouvernement, sera puni d'un emprisonnement de un mois au moins, de six mois au plus.

Après l'expiration de cette peine, il sera expulsé.

Art. 9. L'article 463 du Code pénal français est applicable dans tous les cas prévus par le présent décret.

Art. 10. Il sera accordé aux étrangers résidant actuellement dans la Régence, un délai de deux mois à compter du 1er mai 1898, pour se conformer aux prescriptions qui précèdent.

(1) D. beyl. 7 décembre 1906.

(2) Ce décret était précédé de l'exposé suivant : « Nous avons appris que depuis quelque temps des maisons de jeux s'étaient établies à Tunis et dans d'autres villes de la Régence; certains individus de la moralité la plus perverse stationnent même dans les rues et places publiques, afin d'exciter les passants à engager avec eux des parties où la bonne foi est dupe de leur adresse. Le jeu est un vice condamné par toutes les religions, et Dieu dans ses lois l'a présenté comme une passion funeste: un bon croyant doit non seulement s'abstenir du jeu, mais s'écarter de ceux qui s'y livrent. En ne s'y laissant pas entraîner, il évitera les dangereuses conséquences de ce vice qui sont la paresse, les dérèglements et la ruine.

Nous avons voulu remédier à cet état de choses qui, s'il devait durer, constituerait un danger sérieux pour nos sujets; c'est pourquoi nous avons édicté les dispositions suivantes auxquelles tous les habitants de la Régence devront se conformer à l'avenir ».

(1) Bien que s'inspirant des dispositions de la loi française de 1881, le décret beylical de 1905 édicte, pour sanctionner ses prescriptions, des pénalités plus sévères que celles de la législation métropolitaine. Ces dernières ont, en effet, paru insuffisantes pour une population où l'élément étranger est particulièrement important.

Un fonctionnaire de l'ordre administratif, délégué, à Tunis, par le secrétaire général du Gouvernement tunisien, dans le reste de la régence par le contrôleur civil, peut assister à la séance. Il doit être revêtu de ses insignes et prend une place à son choix.

En ce qui concerne les réunions pour lesquelles une autorisation préalable est nécessaire, cette autorisation est demandée au secrétaire général du Gouvernement tunisien, qui statue dans les 48 heures et autorise la réunion s'il y a lieu.

« La réunion électorale est celle qui a pour but le choix ou l'audition des candidats à des mandats publics électifs (art. 9). »

Les réunions peuvent être tenues à partir de la promulgation de l'arrêté résidentiel portant convocation du collège électoral, jusqu'au jour de l'élection exclusivement. Ne peuvent y assister que les électeurs de la circonscription électorale, les candidats qui ont rempli les formalités prescrites par les articles 30 et 31 de l'arrêté résidentiel du 2 janvier 1905, ou les mandataires de ces candidats, porteurs de pouvoirs réguliers ; ils doivent, pour y être admis, être munis de leur carte d'électeur.

Les infractions au décret du 13 mars 1905 sont punies de peines d'amendes.

256. *Roulage.* — Les règlements relatifs à la police du roulage sont contenus dans le décret du 5 août 1897, modifié par ceux du 18 décembre 1901 et du 18 mai 1902. Pour les automobiles un décret a été rendu le 15 janvier 1908. Ce texte dispose notamment que « nul ne peut conduire une automobile s'il n'est porteur d'un certificat de capacité délivré par le préfet du département de sa résidence en France ou en Algérie et par le directeur général des travaux publics en Tunisie. »

257. *Théâtres, cafés-concerts.* — Aux termes du décret beylical du 11 août 1895 nul ne peut ouvrir ou exploiter un théâtre ou un café-concert s'il n'a obtenu au préalable l'autorisation de la municipalité, ou du premier ministre dans les localités non pourvues d'organisation municipale. L'autorisation peut être refusée. Elle est précaire et révocable au gré de la municipalité.

258. *Traite des blanches.* — Le décret beylical du 18 avril 1905 a rendu applicable en Tunisie l'arrangement international conclu à Paris le 18 mai 1904, en vue d'assurer aux femmes majeures, abusées ou contraintes, comme aux femmes ou filles mineures, une protection efficace contre le trafic criminel connu sous le nom de « Traite des Blanches. » Par l'article 1er du dit décret la direction de la sûreté publique de la régence a été chargée de centraliser tous les renseignements sur l'embauchage des femmes et filles en vue de la débauche à l'étranger.

SECTION V.

SERVICE DE LA SANTÉ ET DE L'HYGIÈNE.

259. Le service de la santé et de l'hygiène forme une direction rattachée à l'Administration générale depuis le décret du 26 mai 1897. Le directeur de ce service a dans ses attributions la police sanitaire de la régence; le conseil sanitaire; le conseil central et les commissions locales d'hygiène; les établissements incommodes, insalubres ou dangereux; le service de la vaccination; la surveillance de l'exercice de la médecine, de la pharmacie, de l'art des accouchements et des arts dentaire et vétérinaire.

260. *Police sanitaire.* — Les textes régissant la matière sont les décrets du 20 février 1885, du 22 juillet 1885, du 28 septembre 1892 et du 8 mars 1893 (1).

Les seules maladies pestilentielles exotiques qui déterminent l'application de mesures sanitaires permanentes sont : le choléra, la fièvre jaune, la peste. D'autres maladies, comme le typhus et la variole, peuvent être exceptionnellement l'objet de mesures spéciales (2).

261. Les mesures prescrites par la législation en vigueur sont de trois ordres :

1° La présentation d'une patente de santé, à l'arrivée dans un port de Tunisie, est obligatoire, en tout temps, pour tous les navires quelle que soit leur provenance. Sont dispensés de se munir d'une patente de santé, à moins de prescriptions exceptionnelles, les navires faisant le cabotage de port tunisien à port tunisien;

2° Les navires affectés au transport de nombreux voyageurs et qui font des trajets dont la durée, pour atteindre le point extrême de la ligne, dépasse 48 heures, sont tenus d'avoir à bord un médecin pourvu d'un diplôme donnant le droit d'exercer la médecine dans le pays où il a été délivré. Ce médecin a pour devoir d'user de tous les moyens possibles pour préserver les navires des maladies pestilentielles exotiques ou pour empêcher la propagation de ces maladies lorsqu'elles se déclarent à bord;

3° Le navire, à son arrivée dans le port de destination, doit être reconnu par l'autorité sanitaire. S'il est suspect, il est soumis à l'arraisonnement, c'est-à-dire à une visite approfondie, et suivant le résultat de cette visite, diverses mesures sont prises : surveillance exercée à l'égard des passagers, désinfection et même isolement dans les lazarets. Pour assurer l'observation de ces mesures, des taxes sont perçues, des pénalités sont établies et toute une organisation est constituée.

262. *Autorités sanitaires.* — La police sanitaire du littoral est exercée par des agents relevant du directeur de la santé à Tunis.

---

(1) V. à la fin de l'article les modifications résultant d'un décret beylical paru au cours de la publication.

(2) Le Gouvernement tunisien a le droit de prendre sur son territoire toutes les mesures nécessaires pour garantir la santé publique, de repousser tout navire jugé dangereux, de prescrire telles quarantaines et d'établir tels lazarets qui peuvent lui sembler utiles. Et il ne dépasse pas le droit absolu qu'il possède à cet égard en prescrivant, par décision ministérielle, aux voyageurs d'une provenance déterminée (dans l'espèce aux pèlerins de La Mecque), une quarantaine d'une durée limitée dans un lazaret désigné. En conséquence, il n'encourt aucune responsabilité en refusant à un navire le droit de débarquer ses passagers et en refusant à ceux-ci l'entrée du lazaret, alors surtout qu'en fait les nécessités du service sanitaire et l'encombrement du lazaret ne lui laissaient pas la possibilité d'y installer de nouveaux arrivants. Doit donc être rejetée l'action intentée par une compagnie de navigation et fondée sur le retard subi par un de ses navires dans son voyage, par suite de l'exécution de ces mesures. (Trib. Tunis, 19 janvier 1887, J. T. T. 94.564.)

Le littoral de la régence est divisé en 13 circonscriptions sanitaires.

263. *Conseil sanitaire.* — Le décret organique du 28 septembre 1892 a, en outre, créé un conseil sanitaire pour toute la régence de Tunis; ce conseil est composé des divers éléments administratifs, scientifiques et commerciaux qui peuvent le mieux concourir à émettre un jugement éclairé dans les questions maritimes concernant la santé publique.

Il est présidé par le résident général ou son délégué. Il comprend des membres de droit et des membres élus (1).

264. *Pèlerinage de la Mecque.* — Le pèlerinage de la Mecque est soumis, lorsqu'il est autorisé, à des conditions spéciales fixées par arrêté du premier ministre (2).

265. *Conseil d'hygiène.* — Le décret du 3 janvier 1889 a établi à Tunis un « conseil central d'hygiène publique et de salubrité.» qui a pour attributions de donner à l'Administration son avis sur les mesures à prendre pour prévenir les épidémies et assurer l'assainissement des centres de population. Ce conseil, présidé par le résident général, comprend 14 membres de droit qui sont : le secrétaire général du Gouvernement Tunisien ou son délégué, le directeur de l'agriculture et du commerce ou son délégué, le directeur de l'enseignement public ou son délégué, l'ingénieur adjoint à la Direction générale des travaux publics, l'ingénieur en chef du service des mines, le directeur de la santé, le contrôleur civil de Tunis, un des vice-présidents de la municipalité de Tunis, l'ingénieur direc-

(1) *Membres de droit* : 1° Le directeur de la santé; 2° le président de la municipalité de Tunis; 3° le directeur du service de santé de la division d'occupation; 4° le directeur des douanes ou son délégué; 5° l'ingénieur en chef adjoint à la direction générale des travaux publics; 6° le major de la garnison; 7° le chef du service de la police des ports; 8° deux chefs de section du ministère tunisien.

Membres élus : 1° deux consuls nommés par le corps consulaire; 2° deux membres du conseil municipal de Tunis choisis par leurs collègues; 3° deux membres de la chambre de commerce de Tunis, désignés par la chambre; 4° deux membres du conseil central d'hygiène, élus par le conseil; 5° deux médecins civils nommés sur la proposition du premier ministre.

(2) Le pèlerinage aux lieux saints autorisé en 1908 a donné lieu à la promulgation de l'arrêté suivant du premier ministre, en date du 25 novembre 1908 :

Article premier. Le pèlerinage aux lieux saints est autorisé.

Art. 2. Les conditions imposées aux compagnies de navigation ou aux armateurs qui entreprennent le transport des pèlerins sont déterminées par les dispositions de la convention internationale du 3 décembre 1903.

Art. 3. Les pèlerins devront être munis d'un passeport régulier visé au secrétariat général du Gouvernement tunisien. Ils ne pourront s'embarquer à destination de Djedda que dans le seul port de Tunis. De plus, et dans leur propre intérêt, ils seront tenus, soit de consigner le prix du voyage de retour en prenant leur passeport qui portera mention de ce versement, soit de se munir d'un billet d'aller et retour délivré par une des compagnies ou armateurs autorisés à effectuer le transport des pèlerins.

Art. 4. Les compagnies de navigation ou armateurs autorisés seront tenus de ramener à Tunis les pèlerins dont le passeport indiquera qu'ils ont fait la consignation susindiquée. Le prix du passage de retour sera payé par l'administration tunisienne sur justification que le voyage de retour a été effectué.

Art. 5. Le Gouvernement tunisien se réserve de prendre au retour telles mesures sanitaires que la situation paraîtra devoir comporter.

Art. 6. Toute compagnie de navigation ou tout armateur qui désirera entreprendre le transport des pèlerins, devra en faire la déclaration préalable au secrétariat général du Gouvernement tunisien, en indiquant le prix du voyage de Djedda à Tunis et en spécifiant son acceptation des dispositions ci-dessus.

teur des travaux de la ville de Tunis, le médecin directeur du service de santé militaire, le médecin en chef de l'hôpital du Belvédère, un des médecins de l'hôpital civil français de Tunis désigné par le Gouvernement, le pharmacien de l'armée le plus élevé en grade à Tunis, le vétérinaire de l'armée le plus élevé en grade à Tunis; et 9 à 12 membres nommés par décret beylical pour une période de 9 ans.

Des commissions locales d'hygiène ont été prévues et créées dans certains centres de la régence.

266. *Réglementation des établissements dangereux, insalubres et incommodes.* — La réglementation à laquelle sont astreints les établissements dangereux, insalubres et incommodes (fabriques, usines, ateliers, etc.) dans un intérêt de sécurité et de salubrité pour les propriétés voisines a été établie par le décret du 16 mai 1897.

Le décret précité divise en trois classes les établissements de ce genre : la première classe comprend ceux qui doivent être éloignés des habitations particulières. La deuxième classe comprend ceux dont l'éloignement des habitations n'est pas rigoureusement nécessaire, mais dont il importe néanmoins de ne permettre la formation qu'après avoir acquis la certitude que les opérations que l'on y pratique seront exécutées de manière à ne pas incommoder les propriétaires voisins. La troisième classe comprend ceux qui peuvent rester sans inconvénient auprès des habitations, mais doivent rester soumis à la surveillance de la police.

La permission nécessaire, pour la formation des manufactures et ateliers compris dans les deux premières classes, est accordée après enquête, par arrêté du directeur des travaux publics. Les manufactures et ateliers portés dans la troisième classe ne peuvent se former qu'après autorisation du premier ministre, dans les localités non érigées en communes, ou des présidents des municipalités dans les centres pourvus d'une administration communale.

Les contraventions au règlement sont punies d'une amende de 1 à 10 francs et de 1 à 3 jours de prison en cas de récidive.

267. *Vaccin.* — Le décret du 2 mai 1903 a soumis les immigrants, avant leur débarquement en Tunisie, à la vaccination anti-variolique. Ne sont considérés comme immigrants que les passagers de 3e et 4e classes quelle que soit leur nationalité.

D'autre part, le service de la santé est chargé de l'envoi de vaccin aux services publics de la Régence.

268. *Exercice de la médecine, de la pharmacie, de l'art des accouchements et des arts dentaire et vétérinaire.* — Aux termes du décret du 7 novembre 1903, les médecins, chirurgiens, pharmaciens, sages-femmes, dentistes, et vétérinaires, pourvus de diplômes délivrés par les États ayant passé des traités avec la Régence (1) sont seuls admis au bénéfice des dispositions des décrets des 15 juin 1888 sur l'exercice de la médecine, de la chirurgie,

(1) V. *supra* n° 67, note 2.

de la pharmacie et de l'art des accouchements (1); 1er mars 1899 et 9 février 1903 sur l'exercice de l'art dentaire; 28 mai 1899 sur l'exercice de la médecine vétérinaire.

Les praticiens qui veulent exercer leur profession dans la régence sont tenus, dans le délai d'un mois à partir du jour où ils sont fixé leur domicile, d'en faire la déclaration par écrit au contrôleur civil de leur circonscription et de déposer entre ses mains, contre récépissé, le titre dont ils sont porteurs.

Ce titre est ensuite vérifié par le secrétariat général du Gouvernement tunisien, enregistré, s'il y a lieu, et retourné au titulaire avec une déclaration constatant le droit à l'exercice. L'omission de ces formalités constitue une contravention passible d'une amende de 16 à 200 francs (2). Dans les circonscriptions où il n'existe pas de contrôleur civil, les déclarations sont envoyées directement au secrétariat général du Gouvernement tunisien.

269. Les personnes auxquelles a été délivrée la déclaration constatant le droit à l'exercice peuvent se livrer à la pratique de leur art dans toute la régence. Dans le cas où elles viendraient à changer de résidence, elles sont tenues, dans le délai d'un mois, de faire enregistrer leur titre par le contrôleur civil de leur nouvelle circonscription. L'omission de cette formalité constitue également une contravention passible d'une amende de 5 à 15 francs.

Les noms des médecins, chirurgiens, sages-femmes, pharmaciens, dentistes et vétérinaires pourvus d'un titre conférant le droit à l'exercice, sont portés, au commencement de chaque année à la connaissance du public par la voie du *Journal officiel tunisien*.

Les personnes munies d'un titre valable ne peuvent se livrer à l'exercice de leur profession que dans les limites établies par le diplôme qu'elles possèdent.

L'exercice simultané de la profession de médecin et de la profession de pharmacien est interdit, même dans le cas de possession des deux diplômes conférant le droit d'exercer ces professions. Les contrevenants sont passibles d'une amende de 50 à 200 francs. Tout médecin diplômé peut cependant vendre des médicaments s'il réside dans une localité où il n'existe aucun pharmacien autorisé.

Le fait de s'être servi, pour obtenir le permis d'exercer,

d'un titre faux ou falsifié, ou d'avoir fait usage d'un titre appartenant à une autre personne, est assimilé à un faux et poursuivi par les tribunaux conformément aux lois.

SECTION VI.

SERVICE DES ANTIQUITÉS ET ARTS.

§ 1er. — *Législation.*

270. Par les grands événements historiques auxquels elle a servi de théâtre, par les monuments innombrables qu'elle a conservé du passé et des civilisations qui se sont succédées sur son sol, la Tunisie a, depuis longtemps, fourni à l'archéologie et à la science européennes un champ d'études aussi vaste que fécond. On sait la part importante qu'ont prise à ces recherches nos savants et nos explorateurs; il suffira, pour ne citer que les noms les plus connus, de rappeler le souvenir de Dureau de la Malle, de Daux, de Beulé, de Léon Regnier, de Tissot. Aussi, dès notre entrée dans la régence, un des premiers soins des autorités françaises fut d'assurer la conservation et la protection des richesses artistiques et scientifiques de toute nature qui existaient encore en Tunisie.

Tel fut le but du décret beylical du 7 novembre 1882 remplacé par celui du 7 mars 1886.

D'après ce texte, « le droit de propriété et les autres droits utiles, établis par les lois en vigueur dans le royaume de Tunis », sur les biens meubles et immeubles de toute nature s'appliquent aux monuments, objets d'art et d'antiquités selon les règles suivantes :

271. *Des immeubles et de leur classement.* — Les immeubles par nature ou par destination, dont la conservation au point de vue de l'histoire ou de l'art présente un intérêt sérieux, sont l'objet d'un classement (1).

Le classement est prononcé par décret (2); il est précédé quand l'immeuble n'appartient pas à l'État, d'une enquête ordonnée par arrêté du premier ministre et dont la procédure se trouve fixée par les articles 4, 5 et 6 du décret organique.

Une fois l'immeuble classé et revêtu d'une marque spéciale constatant le classement, il ne peut être détruit, même partiellement, qu'à la suite d'un décret.

Il ne peut aussi faire l'objet d'un travail quelconque sans qu'une déclaration ait été faite préalablement au

---

(1) L'article 13 du décret du 15 juin 1888, réglementant la vente des produits pharmaceutiques en Tunisie, ne fait aucune distinction entre le commerce en gros ou le commerce en détail, la vente des spécialités ou celle des médicaments délivrés au poids médicinal. — Se rend donc coupable du délit d'exercice illégal de la pharmacie, tout individu qui vend des produits pharmaceutiques, en gros ou en détail, spécialité ou non, sans remplir les conditions de capacité exigées par ledit décret.

Celui qui a ainsi exercé illégalement la pharmacie commet à l'égard des pharmaciens diplômés un acte de concurrence illicite qui donne ouverture à chacun d'eux à une action en dommages-intérêts qui est justifiée par la constatation seule du délit. (Trib. correctionnel de Tunis, 30 janvier 1909, J. T. T. 1909, 164.)

(2) Ne sont soumis à cette prescription que les médecins qui veulent s'établir en Tunisie pour y exercer; ne commet pas le délit d'exercice illégal de la médecine le docteur français qui ne s'est livré à son art, en Tunisie, que d'une façon accidentelle. (Trib. Tunis, 24 mai 1898, J. T. T. 1898, 358.)

---

(1) Les décrets beylicaux des 7 novembre 1882 et 7 mars 1886, relatifs aux antiquités et objets d'art n'ont pas eu pour effet d'enlever la propriété de ces objets aux propriétaires du sol et d'en faire la propriété de l'État. Ils ont simplement grevé les terrains où ils se trouvent d'une servitude d'utilité publique dans l'interdiction de détruire les monuments classés.

Les propriétaires doivent recevoir une indemnité dans le cas où l'administration voudrait faire passer les monuments historiques dans le domaine de l'État. (Trib. Tunis 25 avril 1892, J. T. T. 1895, 595.)

(2) Les principaux décrets beylicaux classant des immeubles à titre de monuments historiques sont les suivants : D. 8 juin 1891, 23 décembre 1891, 24 mars 1892, 25 mars 1892, 7 décembre 1892, 26 janvier 1893, 19 mars 1894, 8 mai 1895.

directeur du service des antiquités et arts, qui en donne récépissé.

Ce dernier peut faire surveiller les travaux et même les empêcher s'il juge qu'ils sont nuisibles à la conservation du monument ou susceptibles d'en atténuer le caractère historique ou artistique. Il peut aussi faire exécuter d'office, à ses frais, les travaux qu'il juge nécessaires à la conservation du monument. Les peines édictées par l'article 438 du Code pénal français sont applicables au propriétaire qui s'opposerait à l'exécution de ces travaux.

Les immeubles classés qui appartiennent à l'État, aux communes ou à un établissement public sont inaliénables et imprescriptibles.

272. Les servitudes d'alignement et autres entraînant la destruction partielle, la dégradation ou le remaniement des édifices ne sont pas applicables aux immeubles classés et les effets de classement suivent l'immeuble classé en quelques mains qu'il passe.

Toutefois s'il s'agit d'un immeuble immatriculé, l'arrêté ordonnant l'enquête et le décret de classement sont inscrits à la conservation de la propriété foncière et ne produisent leur effet qu'à dater du jour de cette inscription.

Les peines édictées contre les personnes ayant détruit, abattu, mutilé ou dégradé un immeuble classé sont celles prévues par l'article 257 du Code pénal français pour la destruction des monuments publics.

Ces peines sont appliquées également aux personnes qui se sont emparées de matériaux provenant de la destruction totale ou partielle d'un immeuble classé.

Le déclassement d'un immeuble classé est prononcé par décret dans les formes suivies pour son classement.

273. *Objets d'art ou d'antiquité mobiliers.* — La conservation des objets d'art ou d'antiquité mobiliers, découverts en Tunisie, étant d'intérêt général au même titre que celle des immeubles et des constructions, il est interdit de détruire, dénaturer ou déplacer, sans l'autorisation écrite de l'Administration, aucun objet de cette catégorie, en fût-on même propriétaire.

Celui qui détruit ou dégrade volontairement sans autorisation un objet d'art ou d'antiquité découvert en Tunisie, peut être frappé des peines édictées contre quiconque a détruit un immeuble classé, sans préjudice de l'action civile à laquelle la destruction peut donner lieu de la part des intéressés ou de l'Administration.

Les objets d'art ou d'antiquité mobiliers découverts en Tunisie ne peuvent, sans une autorisation écrite, sortir de la régence. Cette autorisation est demandée au directeur du service des antiquités et des arts qui en réfère au premier ministre. Il peut être accordé des autorisations d'exportation temporaire, notamment à l'occasion des expositions à l'étranger.

Toutes les pénalités édictées contre la contrebande par les lois françaises et tunisiennes, sont applicables à l'exportation non autorisée des objets d'art ou d'antiquité découverts en Tunisie.

274. *Inscriptions.* — Les pierres écrites et inscriptions de toute espèce, à quelque époque qu'elles appartiennent,

en quelque langue qu'elles soient rédigées, sont considérées comme monuments de l'histoire de la régence, et, comme telles, assimilées aux immeubles présentant un intérêt historique. Elles sont susceptibles d'être classées comme eux par la Direction du Service des Antiquités et des Arts.

Le classement des inscriptions se fait par un simple avis donné aux intéressés par la Direction du Service des Antiquités et des Arts et par l'apposition sur le monument d'une marque spéciale.

Les pénalités édictées par l'article 257 du Code pénal français sont applicables à la destruction des inscriptions classées.

Les inscriptions non classées suivent le régime des objets mobiliers.

275. *Fouilles et découvertes.* — Nul ne peut faire de fouilles à l'effet de rechercher des antiquités, même sur son propre terrain, sans en avoir au préalable, et à des conditions débattues avec les intéressés, obtenu l'autorisation par écrit. Cette autorisation doit être demandée au directeur du Service des Antiquités et des Arts. L'Administration a le droit de mettre à son autorisation les conditions qui lui paraissent utiles, notamment en ce qui concerne la propriété des objets à découvrir et la surveillance du travail.

Si un travail d'art, une opération agricole, une fouille entreprise dans un but non archéologique met au jour des monuments, ruinés ou non, ou des objets d'art ou d'antiquité, l'auteur du travail doit immédiatement en donner avis à la Direction du Service des Antiquités et des Arts. Par le fait même de l'envoi de cet avis accompagné de l'engagement de se conformer aux articles 14 et 16 du décret précité, le travail se trouve assimilé provisoirement à une fouille archéologique.

Toute fouille entreprise ou continuée en violation des règles sus-visées doit être empêchée par l'autorité; les objets qu'elle a produits sont saisis; et il y a lieu à l'application des peines édictées par l'article 479 du Code pénal français.

Les travaux de déblaiement, d'appropriation, de destruction exécutés dans les ruines d'édifices qui ne sont pas classés, l'enlèvement, le bris, l'emploi de pierres antiques éparses à la surface du sol sont assimilés aux fouilles et ne peuvent être entrepris qu'après autorisation.

On doit annoncer à la Direction des Antiquités et des Arts l'intention où l'on est d'employer ou détruire les matériaux de cette nature un mois au moins avant le commencement du travail. L'Administration est tenue de répondre dans un délai de trois mois; passé ce délai, elle est présumée avoir autorisé le travail.

276. Les objets d'art ou d'antiquité découverts sans fouilles ni travaux spéciaux en un lieu appartenant à l'État, quel que soit l'auteur de la découverte, appartiennent à l'État.

Les objets d'art ou d'antiquité mobiliers qui sont découverts dans les fouilles, peuvent, à condition que la fouille ait été autorisée, devenir la propriété de l'État, si l'Administration les revendique pour lui dans un délai de six mois. Passé ce délai, la revendication ne peut plus être exercée.

Dans tous les cas, le possesseur doit être indemnisé; et, en cas de contestation au sujet de l'indemnité à laquelle il a droit, il y a lieu à une expertise dans la forme prescrite aux articles 6 et 8 du décret régissant la matière.

Enfin un décret du 15 juillet 1908 a réglementé l'organisation des musées municipaux dont les collections archéologiques, quel qu'en soit le donateur, appartiennent toujours à l'État.

§ 2. — Organisation administrative.

277. Le Service des Antiquités, Beaux-Arts et Monuments Historiques a été créé par le décret beylical du 8 mars 1885.

La direction du service fut, à l'origine, confiée au chef de la mission française envoyée en Tunisie par le ministère de l'Instruction publique.

Par décret du 25 septembre 1890, le service perdit son caractère mixte pour devenir exclusivement beylical; il se transforma de direction en simple inspection des antiquités rattachée à l'Administration centrale tunisienne. Par décret du 17 août 1896, le service redevint une direction, mais en conservant son caractère exclusivement beylical. C'est toutefois le seul service tunisien qui reçoive une subvention sur le budget français.

Le personnel du service des antiquités et arts comprend actuellement un directeur, un inspecteur, un rédacteur et un architecte. Le musée Alaoui ou du Bardo qui a à sa tête un conservateur relève de cette direction.

Sous le titre « Les Monuments historiques de la Tunisie », la Direction des Antiquités assure en ce moment la publication d'un ouvrage qui constituera l'inventaire général de tous les monuments de la Tunisie depuis l'antiquité jusqu'à nos jours. Cet ouvrage est divisé en deux parties : l'une est consacrée à la période antique et l'autre à la période arabe. Les monuments religieux, civils et militaires, les travaux d'utilité publique et les habitations privées concernant ces deux époques y sont étudiés.

La Direction des Antiquités publie également un recueil de « Notes et Documents ».

SECTION VII.

ASSISTANCE PUBLIQUE.

278. Le protectorat a surtout porté son effort direct sur l'assistance médicale et a laissé aux organisations privées le soin d'assurer l'assistance aux enfants abandonnés, aux vieillards et aux indigents. Tous les services d'assistance sont rattachés à l'Administration générale et un bureau y a été institué à cet effet (1).

(1) D. beyl. janvier 1908.

279. L'assistance médicale n'est pas exclusivement à la charge de l'État. Elle résulte en de nombreux centres de la collaboration de l'État avec les communes, l'Administration des habous et les communautés israélites. Il y a lieu d'examiner son fonctionnement à Tunis et dans l'intérieur de la régence.

280. *Assistance médicale à Tunis.* — L'assistance médicale est assurée à Tunis par l'hôpital civil français, l'hôpital Sadiki, l'hôpital israélite, l'hôpital italien.

Hôpital civil français. — Cet établissement a été ouvert en 1898 et un décret du 17 juillet 1899 lui a accordé la personnalité civile. L'admission à l'hôpital est gratuite ou rétribuée. L'admission gratuite est limitée aux français indigents. L'admission rétribuée s'exerce pour les malades sans distinction de nationalité, à concurrence des places vacantes.

L'hôpital est géré par un administrateur responsable qui exerce ses fonctions sous la surveillance d'une commission administrative et l'autorité supérieure du secrétaire général du Gouvernement tunisien.

Le budget de l'hôpital s'élève à 285,000 francs comprenant en recettes une subvention de l'État de 175,000 fr. et les frais de traitement des malades payants.

L'organisation administrative de l'Hôpital français a été réglementée par un décret beylical du 19 mai 1908.

Hôpital Sadiki. — Destiné à l'hospitalisation des indigènes musulmans, cet établissement a été créé par la Djemaïa des habous. Il est administré par elle et sous le contrôle d'une commission composée du secrétaire général du Gouvernement tunisien ou de son délégué, d'un délégué de la direction des finances, du cheikh el médina, du président de la djemaïa et du médecin en chef de l'hôpital (2).

Hôpital israélite. — Le budget de cet établissement s'élève à 47,000 francs environ. Indépendamment des souscriptions ou remboursement de frais d'hospitalisation par les malades payants, il est alimenté en recettes par une subvention de 12,000 francs du Gouvernement tunisien et une allocation de 15,000 francs environ provenant des taxes perçues, sur ses membres, par la communauté israélite.

Hôpital colonial italien. — Cet hôpital est un établissement privé qui fonctionne à l'aide de souscriptions et d'une subvention du Gouvernement italien. Il contient environ 200 lits.

281. *Assistance médicale de l'intérieur.* — L'assistance médicale de l'intérieur de la régence est destinée à as-

(1) L'hôpital français comprend sept pavillons de malades et un d'aliénés, le tout contenant 270 lits savoir :

Lits de fiévreux...............................	105
— de blessés et vénériens..................	58
— de vénériennes........................	12
— de contagieux isolés..................	24
— d'aliénés.............................	13
— de maternité.........................	39
— d'enfants............................	20
	270

(2) Les dépenses de cet hôpital, qui étaient en 1905 de 170,000 fr., se sont élevées en 1907 à 202,000 francs.

surer des soins gratuits soit à domicile, soit dans un établissement hospitalier.

Soins gratuits à domicile. — Ils sont assurés par des médecins municipaux, dans les communes où il en existe (1), par des médecins municipaux chargés en même temps d'une tournée de colonisation (2) par des médecins de colonisation (3) et par des médecins militaires recevant une allocation de l'État (4).

Le service des médecins municipaux a été réglementé par l'arrêté du premier ministre du 25 octobre 1898.

Les médecins municipaux doivent donner gratuitement les premiers soins aux personnes victimes d'accidents graves; ils doivent également leurs soins et les secours de leur art à tous les indigents. Tout médecin municipal est tenu deux fois par semaine au moins de donner des consultations gratuites aux indigents. L'indigence est constatée par un certificat du président de la commune ou de son délégué.

Soins gratuits dans les établissements hospitaliers. — Ces soins sont donnés aux indigents de l'intérieur dans les infirmeries dispensaires, dans les hôpitaux militaires et dans les hôpitaux de Tunis.

Le service médical des infirmeries dispensaires est assuré selon les localités par les médecins municipaux ou de colonisation. — Les dépenses sont couvertes par une subvention de l'État qui en certains endroits vient augmenter l'allocation accordée par les municipalités ou la Djemaïa des habous aux infirmeries (5).

Dans les villes où existent des hôpitaux militaires (6) les indigents sont hospitalisés aux frais du Gouvernement tunisien.

Les malades de l'intérieur dont l'état nécessite une intervention chirurgicale ou ceux qui résident dans une localité non pourvue d'un établissement d'hospitalisation, sont évacués sur les hôpitaux de Tunis; les frais de transport des indigents sont à la charge du Gouvernement tunisien.

282. *Médicaments gratuits.* — Un crédit annuel de 22,000 francs est consacré à la fourniture gratuite de médicaments aux indigents. Les médicaments sont distribués par les soins des médecins municipaux et des médecins de colonisation.

283. *Auxiliaires médicaux.* — Créés par arrêté du premier ministre du 12 octobre 1903, ils sont chargés d'aider les médecins dans les différents établissements d'assistance publique. Les auxiliaires médicaux sont recrutés parmi les sujets tunisiens. Ils suivent pendant deux ans des cours spécialement institués pour eux et collaborent en qualité d'infirmiers de visite au service de l'hôpital Sadiki.

ARTICLE 2. — *Assistance aux indigents, aux enfants assistés, aux vieillards, aux aliénés*

284. Le rôle de l'État en cette matière, consiste surtout à seconder l'initiative privée par des subventions qui sont attribuées en conformité des dispositions du décret du 1er avril 1900 sur l'assistance publique.

Aux termes de ce décret, il est ouvert au budget de l'État, tant en recettes qu'en dépenses, un article spécialement affecté à la dotation d'œuvres d'assistance publique.

285. Ce budget est alimenté en recettes par le produit de la taxe sur les bons de poudre, permis de port et d'achat d'armes; des droits perçus par l'Assistance publique sur les décorations du Nichan Iftikhar; des amendes et condamnations prononcées par les tribunaux français de Tunisie en matière criminelle, correctionnelle et de simple police: du droit de 5 francs sur les débits de boissons; du droit des pauvres et des recettes diverses.

Les dites recettes font l'objet d'une répartition, — entre les différentes œuvres d'assistance, — qui est effectuée par les soins du comité supérieur de l'assistance publique.

286. Les fonds dont dispose le comité supérieur ne peuvent être répartis qu'entre les œuvres qui ont pour but l'assistance temporaire des indigents, des enfants abandonnés et des malades. Cette assistance s'exerce sous des formes différentes, selon qu'il s'agit d'Européens, de Musulmans ou d'Israélites.

287. *Européens.* — Le Gouvernement a remis aux différentes sociétés françaises de bienfaisance existant dans la régence, le soin de s'occuper des enfants abandonnés, des indigents et des vieillards. Il leur alloue une subvention, destinée tant à les couvrir des dépenses occasionnées par cette assistance que pour les aider dans leur œuvre de secours en ce qui concerne les indigents adultes.

Une somme de 6,500 francs permet l'entretien à Tunis d'enfants français en nourrice.

Des orphelinats privés ne jouissant d'aucune subvention de l'État ont été créés : ce sont des établissements congréganistes, de filles à Carthage, de garçons à la Marsa, Sainte-Marie du Zit, Chaouat.

Les vieillards indigents français et les incurables de même nationalité sont hospitalisés à l'asile des petites sœurs des pauvres de Tunis, moyennant une somme de 10 francs par tête et par mois payée par l'État. La dépense atteint de ce chef 3,000 francs par an.

Les aliénés sont mis en observation à l'hôpital civil de Tunis, puis envoyés à l'asile Saint-Pierre de Marseille.

---

(1) Il existe des médecins municipaux à Béja, Bizerte, Hammam Lif, La Goulette, Mateur, Monastir, Sfax et Sousse.
(2) Il en est ainsi pour Djerba, Gafsa, Kairouan, Le Kef, Medjez-el-Bab, Mahdia, Nabeul, Souk-el-Arba, Tabarka, Tébourba.
(3) Aïn-el-Asker, Ferryville, Gafour, Grombalia, Souk-el-Khemis, Tala, Tozeur.
(4) Aïn Draham, Gabès, Kebili, Matmata, Téboursouk, Zaghouan et Zarzis.
(5) Indépendamment des dispensaires municipaux de Sousse et Sfax, il existe des infirmeries-dispensaires comprenant à Aïn-el-Asker 8 lits, à Ferryville 15 lits, à Medjez-el-Bab, 21 lits, à Nabeul, 25 lits.
D'autre part, un hôpital indigène administré par les habous fonctionne à Sousse, et une infirmerie indigène, subventionnée par la Djemaïa des habous et la municipalité, a été créée à Bizerte.
(6) Ces villes sont : Aïn-Draham, Gabès, Gafsa, Le Kef, Sidi-Abdallah et Sousse.

Un crédit de 8,000 francs est prévu au budget à cet effet, il permet l'entretien à cet asile de 10 aliénés.

Les sociétés « La Croix verte » de Tunis et Bizerte reçoivent respectivement une subvention de 500 et de 250 francs; en outre une somme de 2,500 francs est prévue pour les familles de militaires nécessiteux et 500 francs pour l'entretien des indigents français à l'Institut Pasteur de Tunis.

288. *Musulmans*. — L'Administration des Habous sur le revenu des fondations pieuses entretient un asile de vieillards de 110 lits (85 pour les hommes, 25 pour les femmes) et un asile d'aliénés pouvant recevoir 43 personnes (23 hommes et 20 femmes). Elle hospitalise également les indigènes venus pour suivre un traitement à l'Institut Pasteur.

Les dépenses de ces asiles qui en 1905 s'élevaient à 65,490 fr. se sont élevées en 1906 à 75,390 fr. et en 1907 à 80,681 fr.

L'Administration des habous subventionne (1,100 fr.), les sociétés de bienfaisance musulmanes de Bizerte et de Sousse. Les secours qu'elle distribue aux indigents s'élèvent à 9,147 francs pour Tunis et 17,104 fr. pour l'intérieur.

289. *Israélites*. — L'assistance aux indigents israélites est assurée par des caisses de bienfaisance fonctionnant sous le contrôle du Gouvernement. Il en existe à Béja, Souk el Arba, Bizerte, le Kef, Kairouan, Monastir, Sousse, Gafsa, Nabeul et Tunis.

Elles tirent leurs ressources des taxes sur les viandes « Cachir » sur la fabrication des pains azymes, de dons, etc. Elles distribuent des secours aux indigents, subventionnent certaines sociétés de secours mutuels, et de secours matrimoniaux.

Celle de Tunis a installé un fourneau populaire et subventionne l'hôpital israélite.

Un asile de vieillards a été créé récemment à Tunis.

La caisse de bienfaisance israélite de Tunis est constituée par l'impôt de la viande Cachir dont le produit s'élève à la somme de 270,000 francs par an environ.

SECTION VIII.

SERVICES PÉNITENTIAIRES.

290. L'administration pénitentiaire de la Tunisie est placée sous les ordres d'un chef des services pénitentiaires (1). Un bureau a été créé auprès de l'administration générale pour centraliser toutes les affaires relatives à ce service (2).

On compte, en Tunisie, 13 établissements pénitentiaires (3).

(1) D. beyl. avril 1909.
(2) D. beyl. janvier 1909.
(3) *Tunis* : maison d'arrêt et de justice.
Djebel Djouggar : Pénitencier agricole. Colonie de jeunes détenus.
Le Bardo : Maison de justice et dépôt de forçats.
La Goulette : Maison de justice et dépôt de forçats.
Porto-Farina : Bagne.

Dans ces établissements le décret du 11 novembre 1885, qui régit les prisons départementales de France, a été mis en vigueur (1).

291. *Le pénitencier agricole du Djebel Djouggar* qui a été doté de la personnalité civile (2) mérite une mention spéciale.

Situé à 371 mètres d'altitude, à cheval sur les versants du Djebel Djouggar et du Djebel Kerim, ce pénitencier occupe en moyenne et journellement 300 détenus surveillés par un personnel de 24 gardiens dont 11 Français et 13 indigènes.

Les prisonniers sont répartis en 5 groupes formant section, chaque section est placée sous la surveillance d'un gardien européen, et 6 gardiens indigènes secondés par 6 prévôts prélevés sur ceux des détenus ayant eu une bonne conduite et ayant subi au moins la moitié de leur peine.

Les détenus sont occupés aux différents travaux agricoles suivant la saison, tels que : défrichement dont le principal but est la rénovation des forêts d'oliviers, labours, semailles, taille et entretien des oliviers, récoltes diverses, entretien des jardins, fabrication de l'huile, du charbon, de la chaux, de nattes et cordes en alfa, etc., quelques-uns de ces détenus sont distraits des groupes pour occuper divers emplois indispensables.

292. — Dans le même pénitencier, de jeunes détenus, dont l'effectif moyen n'a jamais dépassé 40, sont employés à divers travaux pouvant les intéresser, tels que : ensemencement des différentes céréales, fèves, lentilles, haricots, pommes de terre, etc., etc.

Plusieurs d'entre eux, pris parmi ceux ayant une longue peine à purger, apprennent, sous la direction d'autres détenus possédant un métier d'art, les professions de menuisier, forgeron, maçon, boulanger. D'autres, sous la direction d'agents français, apprennent à semer et à labourer avec la charrue française. Les jeunes détenus sont toujours logés et nourris à part des adultes.

SECTION IX.

BUREAU DES COMMUNES.

293. Ce bureau fonctionnant auprès du secrétariat général centralise les questions relatives à l'administration des communes (3).

Sousse : Maison d'arrêt et de justice.
Kairouan : Maison d'arrêt et de justice.
Sfax : Maison d'arrêt et de justice.
Gafsa : Maison d'arrêt et de justice.
Gabès : Maison d'arrêt et de justice.
Le Kef : Maison d'arrêt et de justice.
Béja : Maison d'arrêt et de justice.
(1) D. beyl. 3 janvier 1889.
(2) D. beyl. 18 décembre 1904.
(3) Formation des municipalités, commissions municipales et commissions de voirie; nomination des présidents, vice-présidents et membres.
Surveillance et contrôle de la gestion administrative de ces diverses assemblées; étude des délibérations.
Règlement des budgets locaux. — Examen des rôles, des états de poursuites, etc.
Personnel : receveurs, secrétaires, interprètes, médecins, vétéri-

SECTION X.

DÉCORATIONS.

Les ordres conférés par S. A. le Bey sont le Nichan Iftikhar et le Nichan el Ahed ou insigne du Pacte.

§ 1er. — Ordre du Nichan Iftikhar.

294. Effectif. — L'ordre du Nichan Iftikhar, réglementé par le décret beylical du 16 janvier 1898, comporte six classes dont l'effectif maximum a été fixé comme suit :

Classe majeure (grand cordon), outre les membres de la famille beylicale............................ 24
Première classe (grand officier)................. 60
Deuxième classe (commandeur)............... 150
Troisième classe (officier).................... 366
Quatrième classe (chevalier de 1re classe)....... 600
Cinquième classe (chevalier de 2e classe)........ 800

Les décorations conférées au titre étranger ne sont pas comprises dans ces chiffres.

295. Insignes, Brevets, Propriété du titre. — Un décret beylical a déterminé les insignes pour chaque grade.

Toute personne nommée ou promue dans l'ordre du Nichan Iftikhar reçoit un brevet revêtu du sceau beylical.

Ceux qui portent les insignes d'un grade du Nichan sans être munis du brevet correspondant, encourent un emprisonnement de six jours à six mois et une amende de 16 à 500 francs où l'une des deux peines seulement.

Le Nichan appartient à son titulaire en toute propriété et sa vie durant. Il n'est pas transmissible héréditairement. Le titulaire ne peut en être dépouillé, à moins qu'il n'ait encouru condamnation à une peine d'emprisonnement pour vol, escroquerie, brigandage, meurtre ou attaque à main armée, ou pour tout attentat contre l'ordre public, les personnes et les biens.

296. Nominations. — Les nominations sont faites, pour les Tunisiens, sur la proposition du premier ministre; pour les Français et étrangers, sur celle du résident général ministre des Affaires étrangères de S. A. le Bey, en conformité des dispositions du décret du 27 janvier 1898 (1).

----

naires, etc. Ressources communales; emprunts municipaux; marchés; monts-de-piété; sapeurs-pompiers; abattoirs; domaine communal; travaux communaux; adjudications de travaux communaux et entreprises municipales; alimentation hydraulique des communes; voirie municipale; prestations communales; création des cimetières; inhumations; exhumations; pompes funèbres; autorisation de transport de corps; service médical, hygiène publique et alimentaire; examen des règlements et arrêtés municipaux; état civil; légalisation des signatures des vice-présidents des municipalités et commissions municipales; marchés municipaux; contentieux; fourrières; théâtres; tramways et voitures de place.

(1) Peuvent être proposés :

Pour le grade de chevalier de 2e classe, les soldats, les spahis des oudjaks, ainsi que les chaouchs et assimilés des différentes administrations après trois ans de services administratifs en Tunisie;

Pour le grade de chevalier de 1re classe, après trois ans de services

----

Chancellerie du Nichan Iftikhar. — Il est institué auprès de l'Administration générale, sous la direction d'un chef de bureau, une Chancellerie du Nichan Iftikhar qui a pour attributions de tenir les registres de l'Ordre (1).

§ 2. — Décoration du Nichan El Ahed ou insigne du Pacte.

297. Un décret du 16 janvier 1860 a institué pour célébrer la promulgation du *pacte fondamental* la décoration du Nichan El Ahed ou insigne du pacte.

Aucun fonctionnaire de l'État n'obtient cette décoration s'il n'a le grade de ministre ou de général de division, et elle ne lui est conférée que s'il a fait preuve de bons et loyaux services et s'est signalé par l'une des trois qualités suivantes : « soit par des services utiles au souverain,

----

administratifs en Tunisie, les agents ayant un traitement inférieur à 2,400 francs;

Pour le grade d'officier, les agents recevant un traitement de 2,400 francs et au-dessus jusqu'à 8,000 francs, quand ils ont trois ans de grade de chevalier ou trois ans de services administratifs, soit en France, soit en Tunisie;

Pour le grade de commandeur, les agents recevant un traitement de 8,000 francs et au-dessus s'ils ont trois ans de grade d'officier et six ans de services administratifs, soit en France, soit en Tunisie.

Les indemnités et avantages divers qui sont attribués à certaines catégories de fonctionnaires, indépendamment de leurs appointements, entrent en ligne de compte pour l'évaluation du traitement.

Il est néanmoins spécifié que le personnel subalterne, tels que les sous-agents des postes et télégraphes, les agents inférieurs et commis des travaux publics, ne peuvent être proposés que pour la 4e classe de l'ordre (chevalier), alors même que leur traitement serait de 2,400 francs ou au-dessus et qu'ils compteraient plus de six années de services.

Le temps de service exigé pour les divers grades est un minimum. Le temps d'ancienneté déterminé par les dispositions ci-dessus ne peut être abrégé qu'en cas de services exceptionnels dûment constatés.

(1) Décret du 30 décembre 1905 modifiant la réglementation de l'ordre du Nichan Iftikhar :

Art. 15. Les droits de chancellerie du Nichan Iftikhar sont ainsi fixés :

Classe majeure (grand-cordon)......... 500 fr.
1re classe (grand-officier)............... 330
2e — (commandeur)............... 200
3e — (officier).................... 90
4e — (chevalier de 1re classe)...... 35
5e — (chevalier de 2e classe)....... 15

Pour les décorations conférées :

a) à nos fonctionnaires et à nos officiers;
b) aux fonctionnaires et officiers des armées de terre et de mer de la République française;
c) au personnel des consulats des puissances étrangères en Tunisie;

Classe majeure (grand-cordon)......... 75 fr.
1re classe (grand-officier)............... 30
2e — (commandeur)............... 20
3e — (officier).................... 15
4e — (chevalier de 1re classe)...... 5
5e — (chevalier de 2e classe)....... 5

Art. 16. Le droit est réduit à 2 fr. 50 pour les sous-officiers et soldats de notre armée et des armées de terre et de mer de la République française.

Art. 17. Outre les droits fixés ci-dessus, il sera perçu, au profit de l'Assistance publique, un droit ainsi gradué :

Grand-cordon....................... 100 fr.
Grand-officier....................... 60
Commandeur....................... 30
Officier 15
Chevalier de 1re classe.............. 10

Art. 19. Les droits de chancellerie, tels qu'ils sont fixés au paragraphe premier de l'article 15, pourront être réduits sur la proposi-

soit par des travaux utiles au Gouvernement et appréciables pour tous, soit par des services rendus au pays et à la régence ».

Elle peut être donnée aux militaires en temps de guerre, à ceux, toutefois, qui ont le grade de général de brigade et aux titulaires d'un grade supérieur, s'ils font une action d'éclat qui les distingue de leurs égaux.

On ne confère cet insigne qu'à sept personnes en tout dans la régence, à moins qu'il ne s'agisse d'une action d'éclat telle que celle dont il est parlé ci-dessus. Le souverain dans ce cas peut dépasser le nombre fixé.

298. Quand le souverain croit devoir décorer de l'Ahed un serviteur de son gouvernement, il fait réunir pour cette cérémonie les ministres, les fonctionnaires de l'État, la personne ayant mérité la décoration. Il se lève et proclame à haute voix que cette personne a mérité ces insignes pour tel et tel motif. Il les lui passe ensuite au cou de sa propre main, et aucune autre personne ne peut en cela représenter le souverain.

On met alors le titulaire en possession du décret relatant les motifs qui lui ont valu cette suprême distinction.

Le souverain a le droit de conférer également cette décoration aux étrangers de distinction, pour des motifs avérés et mentionnés dans le décret. Les décorations conférées à ce titre ne sont pas comprises dans le chiffre précité.

CHAPITRE II.

ORGANISATION COMMUNALE.

§ 1. — *Historique.*

299. Nous savons, par l'importance des ruines qu'on rencontre partout dans la régence, qu'à l'époque romaine les villes de Tunisie étaient nombreuses et florissantes. Leur développement fut singulièrement favorisé par l'esprit politique des empereurs qui permirent à ces villes de s'administrer directement et qui leur concédèrent une série de privilèges variant avec l'importance et la richesse de chacune d'elles. Ce sont d'abord les petits bourgs (vici) qui se forment par la réunion de quelques gens de campagne; la réunion de bourgades constitue une cité (civitas) et la cité devient à son tour un municipe ou une colonie (1). Chacun de ces organismes est administré par des magistrats municipaux qui se passionnent pour la prospérité de leur petite patrie.

Avec la conquête arabe, disparaît cette organisation municipale : les villes périclitent rapidement; quelques centres disparaissent. Une organisation sommaire qui a laissé quelques traces permettait cependant d'assurer l'ordre et la sécurité dans certaines localités. Les centres importants, divisés en quartiers, sont placés sous l'autorité du gouverneur. Ce dernier a sous ses ordres des cheikhs placés à la tête de chaque quartier; parfois dans les villes plus importantes on rencontre des subdivisions de quartiers surveillées par des chefs particuliers appelés *m'harreks*. En 1858, le bey Sadok, sur les conseils de Léon Roches, notre représentant dans la régence, consent à doter la ville de Tunis d'un corps municipal. C'était là un essai timide qui ne donna que des résultats médiocres en raison des faibles ressources, « à peine suffisants pous assurer le balayage de la ville (1) », qui furent attribuées à la capitale de la régence pour le fonctionnement de ses services municipaux.

300. Héritiers directs des Romains, dont ils continuent l'œuvre civilisatrice, les Français se préoccupèrent dès le début du protectorat, de confier à des assemblées locales l'administration des centres les plus importants et la gestion de certains revenus. La municipalité de Tunis (2) est réorganisée; celles de La Goulette (3), le Kef (4), Bizerte, Sousse et Sfax (5) sont successivement créées. Enfin le décret du 1er avril 1885 pose les règles fondamentales relatives à l'organisation et au fonctionnement des communes de la régence.

Dans la rédaction de ce texte, le législateur tunisien s'est inspiré de la loi municipale du 6 avril 1884 qu'il reproduit même textuellement dans certaines de ses parties. Mais tandis que la loi française, en investissant les organes de l'administration municipale de pouvoirs très étendus, consacrait ainsi le principe d'une large décentralisation, de l'autonomie de la commune, le gouvernement tunisien est parti d'un principe différent. Il devait organiser un pays neuf, où les différents éléments qui concourent à la vie politique, administrative et économique sont profondément variés, mal définis et essentiellement passagers; il a pensé qu'il convenait de plier les organismes créés à de sages principes de tutelle et de subordination destinés à empêcher les empiètements de l'administration locale sur les droits de l'autorité supérieure. Ces considérations, jointes à ce fait que l'État subventionne directement certaines communes et garantit les emprunts (6), expliquent la place prépondérante que le pouvoir central s'est réservé dans l'administration communale : le corps municipal tout entier est nommé par lui et ses délibérations ne sont exécutoires qu'après approbation du premier ministre.

301. Les communes tunisiennes n'englobent pas tout le territoire de la régence et ne forment pas comme en

---

tion de notre premier ministre, ou de notre ministre des Affaires étrangères, mais en aucun cas et pour quelque motif que ce soit, ces droits ne devront être supprimés ou réduits à un chiffre inférieur à celui des droits prévus pour les fonctionnaires et officiers au paragraphe 2 de ce même article 15.

En aucun cas et pour quelque motif que ce soit aucune réduction ou suppression ne pourra porter sur le droit établi au profit de l'Assistance publique.

Les droits de chancellerie dus à l'État et ceux dus à l'Assistance publique doivent être acquittés dans les six mois qui courent à partir de la date de la lettre d'avis adressée aux bénéficiaires. Au cas où les droits n'auraient pas été versés dans ce délai à la recette générale des finances, la proposition sera annulée de plein droit.

(1) Gaston Boissier, *L'Afrique romaine*, p. 177.

(1) Rapport du ministre des Affaires étrangères au Président de la République, 1881-1890, Paris, Imprimerie nationale, 1891.
(2) D. beyl. 31 octobre 1883.
(3) D. beyl. 10 juin 1884.
(4) D. beyl. 8 juillet 1884.
(5) D. beyl. 16 juillet 1884.
(6) V. *infra*, n° 323.

France un ensemble de circonscriptions administratives « sans vides entre elles ». Elles représentent une portion infime du territoire et apparaissent comme des îlots dont les limites correspondent généralement à une nécessité fiscale plutôt qu'administrative. Ces réserves faites, la commune tunisienne, comme la commune française dont elle présente tous les caractères, constitue une unité administrative et une personne morale. C'est sous ce double aspect qu'il y a lieu de l'envisager.

§ 2. — *Organisation administrative.*

302. La commune est créée, son périmètre déterminé, son domaine constitué par décret du bey. Elle est administrée selon son importance par une municipalité, une commission municipale ou une commission de voirie, composées de conseillers ayant à leur tête un président (1). Les municipalités et les commissions municipales ont, en outre, un vice-président français (2). Le président est, en principe, seul chargé de l'administration municipale; mais en fait il délègue ses pouvoirs au vice-président ou, dans quelques commissions de voirie, à un conseiller français. Les représentants du corps municipal sont désignés pour une période de trois ans par décret rendu sur le rapport du premier ministre; ils sont remplacés par tiers chaque année. Aucune règle ne détermine les conditions de leur nomination.

Il n'existe entre ces groupements municipaux aucune différence si ce n'est que les vice-présidents des commissions municipales et les conseillers délégués des commissions de voirie n'exercent les fonctions d'officier de l'état civil, dévolues de droit aux vice-présidents des municipalités, que lorsqu'ils en ont été investis par décret.

Les président et vice président des municipalités et commissions de voirie sont également chargés, aux termes du décret du 19 juin 1899, de la légalisation des signatures des particuliers qui résident dans le périmètre communal.

303. L'absence de règles administra'ives en ce qui concerne le nombre de conseillers dans chaque commune et leur répartition par rapport aux éléments ethniques qui composent l'agrégation des habitants, nous amène à constater parfois certaines anomalies : la ville de Sousse, qui compte 20,000 habitants, est administrée par un corps municipal de 16 membres, alors que celle de Tunis avec 201,000 habitants compte 17 conseillers municipaux seulement (3).

304. *Attributions du président.* — Le président, sous la réserve, indiquée plus haut, qu'en fait il délègue ses pouvoirs au vice-président français ou à un conseiller pour les commissions de voirie, est le délégué de l'administration supérieure; il est le chef de l'administration communale; il est magistrat municipal.

Comme délégué de l'administration supérieure, il est chargé sous l'autorité du premier ministre : 1º de la publication et de l'exécution des lois et règlements; 2º de l'exécution des mesures de sûreté générale (art. 23); 3º des fonctions spéciales qui lui sont attribuées par les lois, comme par exemple, d'assurer l'application de l'article 10 du décret du 14 octobre 1884 sur la liberté de la presse.

Comme chef de l'association communale, il exécute des délibérations du conseil municipal. Il est chargé en cette qualité : 1º De conserver et d'administrer les propriétés de la commune et de faire, en conséquence, tous actes conservatoires de ses droits; 2º De gérer les revenus, de surveiller les établissements communaux et la comptabilité communale; 3º De préparer et proposer le budget et ordonnancer les dépenses; 4º De souscrire les marchés, de passer les baux des biens et les adjudications de travaux communaux; 5º De passer, dans les mêmes formes (1), les actes de vente, échanges, partages, acceptations de dons et legs, acquisitions, transactions, lorsque ces actes ont été autorisés; 6º De représenter la commune, soit en demandant, soit en défendant; Et, 7º d'une manière générale, d'exécuter les décisions du conseil municipal (art. 22).

305. *Police Municipale.* — Comme magistrat municipal, le président est chargé de la police municipale (2). En cette qualité, il assure « la santé et la salubrité publiques », il prend des arrêtés exécutoires après approbation du premier ministre à l'effet : 1º D'ordonner les mesures locales sur les objets confiés par la loi à sa vigilance et à son autorité; 2º De publier de nouveau les lois et les règlements de police et de rappeler les habitants à leur observation (art. 25).

Au point de vue de la voirie urbaine, il prend les mesures nécessaires pour assurer la commodité, la liberté et la sécurité du passage sur les voies publiques. Il est par suite responsable des accidents qui peuvent résulter de l'absence ou de l'insuffisance des mesures destinées à protéger les passants contre la chute des matériaux, par exemple (3).

Il donne des permis de stationnement ou de dépôt temporaire sur la voie publique et dans les lieux publics. Il autorise, s'il y a lieu, et à titre précaire, sur les trottoirs et les accotements de rues et places, l'établissement d'étalages mobiles, l'installation temporaire de marchands, la pose de tables, de bancs ou de chaises par les restaurateurs, cafetiers ou débitants de boissons (art. 27).

---

(1) Le président est généralement le caïd du territoire.
(2) Sauf à Tunis, où il existe deux vice-présidents nommés, ainsi que le président, par décret rendu en conseil des ministres et chefs de service.
(3) Les décrets érigeant les villes en communes accordent un conseil composé de 5 Musulmans, 2 Israélites, 2 Italiens, 1 Anglo-Maltais à Sousse; 8 Musulmans, 1 Israélite, 8 Européens à Tunis; 5 membres dont 3 Français à Hammam-Lif; 4 membres et les cheikhs des quartiers à Monastir; 5 Musulmans, 1 étranger, 4 Français à Tébourba; 4 indigènes et 4 Français à Medjez-el-Bab; 6 indigènes à Sidi-bou-Saïd; 9 membres à Djerba.

---

(1) Inintelligible, le paragraphe 5 doit être complété ainsi « dans les formes établies par les lois et règlements ». C'est d'ailleurs la rédaction — qui, par suite d'une omission, ne figure pas dans le texte tunisien — adoptée dans la loi française.
(2) Le président de la municipalité n'est pas officier de police judiciaire, auxiliaire du procureur de la République.
(3) Cass. 2 août 1897 (D. 97.1.512); — Alger, 27 novembre 1895; (J. T. 1896. 360.)

COMMUNES DE LA RÉGENCE AU 31 DÉCEMBRE 1908.

DÉSIGNATION des COMMUNES.	DÉCRET CONSTITUTIF.	POPULATION (1). INDIGÈNES. Musulmans.	Israélites.	EUROPÉENS. Français.	Autres Européens.	TOTAL.	NOMBRE DE CONSEILLERS. INDIGÈNES. Musulmans.	Israélites.	EUROPÉENS. Français.	Autres Européens.	TOTAL.
Municipalités.											
Béja	22 décembre 1885.	4.456	521	384	1.212	6.573	5	1	4	»	10
Bizerte	16 juillet 1884.	9.500	1.125	2.360	5.216	18.210	4	1	6	»	11
Gabès	1er avril 1905.	11.162	900	323	567	13.318	7	»	4	3	17
Goulette	10 juin 1884.	370	825	414	2.534	4.149	2	1	4	2	9
Kairouan	20 février 1895.	18.500	500	258	478	19.736	6	»	6	»	12
Kef	8 juillet 1884.	5.270	722	380	986	7.358	5	1	5	2	13
Maktia	4 novembre 1888.	5.890	379	157	417	6.753	6	»	6	2	14
Sfax	16 juillet 1884.	60.000	2.800	1.626	4.740	69.166	7	1	7	3	18
Souk-El-Arba	7 juin 1898.	571	218	307	469	1.655	6	1	6	»	13
Sousse	16 juillet 1884.	12.454	2.681	1.863	3.772	20.370	6	2	7	3	18
Tunis	30 août 1858.	100.000	50.000	14.376	47.384	201.760	9	1	6	4	20
Commissions municipales.											
Djerba	13 septembre 1887.	»	3.000	116	445	»	3	2	4	2	11
Ferryville	11 mars 1905.	«	»	789	1.107	»	1	»	6	»	7
Gafsa	8 juillet 1903.	5.807	343	138	76	6.344	7	1	5	»	13
Hammam-Lif	9 mars 1899.	289	57	177	680	1.212	3	»	4	»	7
Mateur	10 mars 1905.	3.010	252	245	1.674	5.191	3	1	5	»	9
Maxula-Radès	9 mars 1899.	636	»	307	271	1.214	3	»	4	»	7
Medjez-El-Bab	20 décembre 1905.	980	80	117	481	1.290	4	1	5	»	10
Monastir	24 janvier 1887.	7.067	405	129	432	8.033	6	»	3	3	12
Nabeul	30 juillet 1887.	4.064	1.475	194	190	6.513	5	1	4	»	10
Tebourba	10 mars 1904.	1.931	30	83	118	2.162	6	»	5	1	12
Teboursouk	2 juillet 1905.	2.536	23	140	185	2.884	4	»	3	1	8
Commissions de voirie.											
Aïn-Draham	27 juin 1892.	56	6	244	191	497	3	»	5	»	8
Ben-Ghardane	13 décembre 1900.	365	234	8	16	623	6	»	»	»	6
Zarzis	24 décembre 1893.	14.550	350	54	91	15.045	5	1	2	»	8
Ghardimaou	20 novembre 1906.	50	10	194	234	488	3	1	2	1	7
L'Ariana	1er juillet 1905.	20	408	42	126	350	3	»	5	»	10
Metlaoui	11 novembre 1908.	1.125	8	246	919	2.388	3	»	3	»	6
Sidi-Bou-Saïd	5 février 1893.	422	»	63	69	545	8	»	»	»	8
Souk-El-Khemis	25 juillet 1905.	250	44	116	325	735	4	1	5	»	10
Tabarca	27 juin 1892.	244	30	418	638	1.300	3	»	4	»	7
Tala	5 février 1904.	544	1	51	25	591	4	»	2	»	6
Tozeur	23 juillet 1888.	8.500	56	48	17	8.621	8	»	1	»	9
Zaghouan	18 mars 1891.	1.512	45	100	427	2.093	5	»	3	»	8

(1) Chiffres approximatifs, en ce qui concerne la population indigène, fournis par le gouvernement tunisien.

Il délivre les alignements sur le rapport de l'ingénieur ou du conducteur des ponts et chaussées chargé des travaux de la ville. Il accorde, sur le rapport des mêmes fonctionnaires, les autorisations de bâtir dans les voies qui ne sont pas ouvertes ou livrées à la circulation.

306. Le service de la police est assuré dans chaque commune par un commissaire de police, des inspecteurs et des agents de police rattachés, depuis le décret du 17 avril 1897, à l'administration générale, et rétribués sur le budget de l'État. L'État prête aux municipalités le concours de ses agents qui relèvent directement des présidents des communes pour la police municipale.

307. *Sapeurs-pompiers.* — Réglementés par un décret du 6 avril 1904, les corps de sapeurs-pompiers sont organisés, dans chaque commune, par arrêté du premier ministre pris sur la proposition du président de la municipalité, après justification que la commune possède un matériel de secours suffisant ou qu'elle est en mesure de l'acquérir. Leur effectif est basé sur la population et l'importance du matériel employé dans la commune.

308. *Personnel administratif.* — Le personnel administratif des communes se compose de receveurs municipaux, de secrétaires et d'interprètes; les premiers sont nommés par décret, les autres par arrêté du premier ministre. Les agents du personnel inférieur sont nommés par arrêté du président approuvé par le premier ministre.

Des médecins municipaux, nommés par le premier ministre sont placés sous les ordres et la surveillance immédiate de l'autorité municipale, et le contrôle du secrétaire général du gouvernement tunisien. Leurs attributions ont été définies par un arrêté du premier ministre portant la date du 25 octobre 1898.

§ 3. — Conseils municipaux.

309. *Fonctionnement.* — Les conseils municipaux ont quatre sessions ordinaires par an qui s'ouvrent le lundi qui suit les 13 octobre, 13 janvier, 13 mars, 13 mai. Chaque session dure quinze jours (art. 5). Sur autorisation du premier ministre, le conseil municipal peut se réunir en session extraordinaire. Dans ce cas, il ne peut s'occuper que des questions visées dans l'autorisation ministérielle.

Le président convoque chaque membre du conseil par écrit à domicile trois jours francs au moins avant celui de la réunion. Ce délai peut être abrégé par le premier ministre.

Les débats sont dirigés par le président qui seul a la police de l'assemblée. Dans les séances où les comptes de l'administration du président sont débattus, le conseil élit un président provisoire. Dans ce cas, le président titulaire peut assister à la discussion, mais il est tenu de se retirer au moment du vote.

310. *Délibérations.* — « Le conseil municipal ne peut valablement délibérer que lorsque la majorité des membres en exercice assiste à la séance. Quand, après deux convocations successives, à trois jours d'intervalle et dûment constatées, le conseil municipal n'est pas réuni en nombre

suffisant, la convocation est valable quel que soit le nombre des membres présents. » (Art. 8).

Les délibérations sont prises à la majorité absolue des votants, la voix du président étant prépondérante en cas de partage. Les délibérations, signées par tous les membres présents à la séance, sont inscrites par ordre de date : 1° sur un registre en français ; 2° sur un registre en arabe, cotés et paraphés au ministère. Copie de toute délibération est adressée au ministère dans la huitaine. Elle ne devient exécutoire qu'après approbation du premier ministre.

311. *Commissions.* — Le conseil municipal peut former au cours de chaque session des commissions chargées d'étudier les questions soumises au conseil, soit par l'administration, soit sur l'initiative de ses membres.

312. *Attributions.* — L'article 16 donne une énumération limitative des attributions des conseils municipaux (1).

§ 4. — Personnalité des communes.

313. Ainsi qu'on l'a vu plus haut, il n'existe que des différences insignifiantes entre les divers groupements communaux. Cependant certains auteurs, prenant texte d'un jugement du Tribunal de Tunis du 13 janvier 1890, ont cru pouvoir admettre « qu'une ville simplement dotée d'une commission municipale ou d'une commission de voirie ne constituait une personne morale indépendante et que sa personnalité se confondait dans celle de l'État Tunisien ».

C'est établir entre ces groupements une distinction profonde qui n'a jamais été dans l'esprit du législateur et que ne justifient ni les textes en vigueur ni la pratique suivie par le gouvernement tunisien. Le décret organique du 1er avril 1885 formellement visé et explicitement confirmé par la législation postérieure pose, en effet, les règles générales concernant les com-

---

(1) Les conseils municipaux délibèrent sur les objets suivants :
1° Les conditions des baux de biens pris à ferme ou donnés à loyer par les communes;
2° Les aliénations et échanges des propriétés communales;
3° Les acquisitions d'immeubles, les constructions nouvelles, les reconstructions entières ou partielles, les projets, plans et devis des grosses réparations et d'entretien;
4° Les transactions;
5° Le changement d'affectation d'une propriété communale déjà affectée à un service public;
6° La création et la suppression, le redressement ou le prolongement, l'élargissement, la dénomination des rues et places publiques; la création et la suppression des promenades, squares ou jardins publics, champs de foire, de tir ou de course;
7° L'établissement des plans d'alignement et de nivellement des voies publiques municipales, les modifications à des plans d'alignement adoptés, le tarif des droits de voirie, le tarif des droits de stationnement ou de location sur les dépendances du domaine public communal, et généralement le tarif des droits divers à percevoir au profit des communes;
8° L'acceptation des dons et legs faits à la commune;
9° Le budget communal;
10° Les crédits supplémentaires;
11° Les contributions et les emprunts;
12° L'établissement, les suppressions et les changements de foires et marchés;
13° Enfin, tous les objets sur lesquels ils sont consultés par l'autorité supérieure.

munes sans se préoccuper d'établir de différences entre les municipalités, d'une part, les commissions municipales et de voirie d'autre part. Si, plus tard, le législateur a introduit des appellations différentes pour désigner les groupements communaux, on ne saurait y voir qu'une tendance à les classer par ordre d'importance. Sa volonté d'établir entre les municipalités et les commissions des différences radicales, de nature à altérer profondément dans les secondes les caractères constitutifs de l'organisme municipal, ne peut être déduite d'une simple différence de terminologie : elle devrait résulter d'un texte formel.

314. Si l'on examine les principes appliqués aux communes par le Gouvernement tunisien, on verra, par exemple, l'État accorder l'autorisation de contracter un emprunt aux communes de Nabeul, Tebourba et Hammam-Lif, administrées cependant par des commissions municipales. Par un décret du 8 août 1908, il donne gratuitement un terrain à la commission de voirie de Ben-Gardane et il spécifie dans ce texte que cette commune « ne pourra en aucun cas exercer de recours contre l'État pour une cause quelconque; elle défendra à toutes les actions concernant la jouissance, la possession et la propriété de cet immeuble. »

Enfin, par une série de décrets, l'État a concédé aux communes de la régence indistinctement, l'impôt appelé taxe locative et a approuvé l'établissement de certaines taxes qui sont recouvrées selon les règles générales de la comptabilité communale. Le Gouvernement tunisien reconnaît donc, aux commissions le droit d'être propriétaires, créancières débitrices, de contracter de recevoir des dons et legs, d'ester en justice. Ce sont là tous les attributs de la personne morale. Et la jurisprudence du Tribunal de Tunis ne peut que faire regretter l'absence d'une législation plus précise.

Les communes peuvent donc être propriétaires, débitrices ou créancières; elles peuvent plaider soit en demandant soit en défendant.

315. *Communes débitrices.* — Comme débitrices, les communes sont soumises aux règles tracées par le décret du 15 février 1904 qui déclare insaisissables les biens de l'État, des communes et des établissements publics.

D'autre part, l'article 1er du décret du 3 août 1902 dispose que la prescription, au profit des communes, est acquise « aux créances quelles qu'elles soient, qui, n'ayant pas été acquittées avant la clôture de l'exercice auxquelles elles appartiennent, n'auraient pu, à défaut de justifications suffisantes, être liquidées, ordonnancées et payées dans un délai de cinq ans à partir de l'ouverture de l'exercice pour les créanciers domiciliés en Tunisie et de six années pour les créanciers résidant hors du territoire tunisien. »

316. *Communes créancières. — Budget communal.* — Les règles relatives à l'établissement des budgets communaux et à leur exécution, ainsi qu'à la présentation des comptes des ordonnateurs et comptables des communes, ont fait l'objet du décret du 23 novembre 1907 qui a refondu en un texte unique les décrets antérieurs et complété les dispositions qu'ils contiennent.

Ce décret est la reproduction du décret organique de la comptabilité de l'État et des établissements publics annexes du 16 mai 1906, sous la réserve cependant de certaines modalités inhérentes à l'organisation spéciale des communes.

Le budget de la commune, comme celui de l'État, se divise en trois parties et les recettes et dépenses qui y sont prévues doivent être consommées pendant l'exercice, désigné par le millésime de l'année grégorienne, qui commence le 1er janvier pour prendre fin le 31 décembre de la même année.

La période d'exécution du budget communal est prolongée jusqu'au 31 mars « pour compléter les opérations relatives à l'admission en non valeur des produits, à leur recouvrement sur les contribuables et au paiement des dépenses ».

Il est établi deux budgets pour le service de chaque exercice : 1° le budget principal ou primitif qui est proposé par le président dans la session du mois de mai de l'année qui précède l'ouverture de l'exercice. Il est discuté et voté par le conseil municipal et approuvé, après avis du directeur des finances et du directeur général des travaux publics, par le premier ministre. Ce dernier peut réduire ou rejeter les dépenses proposées mais ne peut en introduire de nouvelles qu'autant qu'elles sont obligatoires. Le budget primitif peut également, en cours d'exercice, être modifié par voie d'autorisations spéciales du premier ministre; 2° le budget supplémentaire pour l'exercice en cours est aussi voté dans la session de mai. Il est soumis aux conditions de forme et de procédure suivies pour l'établissement du budget primitif.

§ 5. — *Ressources et charges budgétaires.*

317. *Recettes de la première partie du budget.* — Elles se composent :

1° Des impôts directs, revenus indirects et taxes assimilées que chaque commune, en particulier, peut être autorisée à établir et à percevoir suivant un tarif déterminé fixé par l'autorité municipale et approuvé par l'Administration supérieure.

Il convient de citer comme rentrant dans la catégorie des impôts directs et taxes assimilées : la taxe locative assise, depuis le décret du 16 septembre 1902, sur la valeur locative brute des immeubles; cette taxe a remplacé les anciens impôts appelés « caroube locative » et « caroube sur les loyers » et la taxe dite de balayage et de curage des égouts perçue dans l'étendue des communes de la régence; les taxes, règlementée par le décret du 7 juin 1888 et la taxe sur les véhicules. Les taxes et revenus indirects comprennent les taxes sur l'abatage des animaux de boucherie, sur les occupations temporaires de la voie publique, et sur les entrepreneurs de fêtes publiques, ainsi que les droits de voirie, d'inhumation, d'exhumation, etc.;

2° Des revenus du domaine communal tels que loyers et fermages, produits des pépinières et jardins, rentes sur l'État et les particuliers;

3° Des recettes accidentelles dans lesquelles on comprend tout ce qui entre dans les caisses communales en dehors des prévisions de la loi, comme les dommages-intérêts accordés aux communes, par exemple; 4° Des subventions accordées par l'État aux communes dont les ressources sont insuffisantes pour assurer le fonctionnement des services municipaux.

318. *Dépenses de la première partie du budget.* — Ce sont celles qui présentent un caractère permanent et qui se reproduisent annuellement. Les conseils municipaux sont appelés à régler ces dépenses et peuvent en augmenter ou en réduire le nombre et l'importance. Mais l'État s'est réservé le droit, en cas de refus de la part de ces assemblées, d'imposer les dépenses qui intéressent l'existence même des communes. De là division des dépenses en dépenses obligatoires et dépenses facultatives.

Les dépenses obligatoires, en dehors de celles mises à la charge des communes par une disposition légale, sont : 1° entretien de l'hôtel de ville, ou, si la commune n'en possède pas, prix de la location d'une maison ou d'une salle en tenant lieu; — 2° frais de bureau et d'impressions pour le service de la commune, de conservation des archives communales, d'abonnement et de conservation du *Journal officiel* (éditions arabe et française); — 3° frais des registres de l'état-civil; — 4° traitement du personnel municipal; — 5° clôture des cimetières, leur entretien, leur translation dans les cas déterminés par les règlements; — 6° acquittement des dettes exigibles; — 7° frais d'établissement et de conservation des plans d'alignement et de nivellement; — 8° frais de nettoiement et d'éclairage des rues; — 9° ouverture, construction et entretien des rues mis à la charge de la ville par décision de l'administration supérieure.

Dépenses imprévues. — Sous cette rubrique, il est ouvert à la première partie du budget un article spécial dont les crédits affectés au paiement des dépenses imprévues ne sont employés que sur autorisation spéciale du premier ministre.

319. *Recettes et dépenses de la deuxième partie du budget.* — La deuxième partie du budget ou budget extraordinaire est d'une manière générale alimentée : 1° par toutes les ressources extraordinaires ou spéciales affectées à une destination déterminée; 2° par le produit des emprunts;

Les crédits qui y figurent sont destinés à l'acquittement des dépenses auxquelles il est pourvu au moyen de ces ressources exceptionnelles.

320. *Recettes et dépenses de la troisième partie du budget.* — Cette partie du budget comprend les recettes, affectées aux dépenses d'exercice clos et périmés, provenant du prélèvement sur les excédents disponibles à la clôture de l'exercice précédent, et du report des sommes déjà prévues pour les exercices précédents et non encore employées jusqu'à déchéance.

321. *Exécution du budget.* — Le budget, établi dans les conditions qui précèdent, est soumis, en ce qui concerne le recouvrement des revenus des communes, la liquidation, le mandatement et le paiement de leurs dépenses, la réintégration des crédits et la clôture des paiements aux règles applicables au budget de l'Etat sous les réserves ci-après :

1° La perception des droits, produits et revenus applicables au budget communal est autorisée annuellement par l'arrêté du budget au lieu de l'être par décret;

2° Le recouvrement des produits et droits constatés est suivi, en ce qui concerne les recettes ordinaires et normales, pendant le cours des quinze mois à compter de l'ouverture de l'exercice, et non de seize mois, comme pour le budget de l'État;

3° Les dépenses susceptibles d'avoir leur effet sur plusieurs exercices et non prévues au budget ne peuvent être engagées sans l'autorisation du premier ministre. L'assentiment du ministre des affaires étrangères de la République française est nécessaire pour les dépenses de même nature figurant au budget de l'État;

4° Les dépenses sont ordonnancées et liquidées par les présidents des communes au lieu de l'être par les chefs de service du protectorat ou leurs déléguées;

5° Les dépenses des communes sont payées par les receveurs municipaux alors que celles de l'État le sont par les soins du receveur général des finances.

322. *Comptes des communes.* — Les comptes des communes comprennent les comptes d'administration de l'ordonnateur et les comptes de gestion du comptable.

L'ordonnateur pour la commune est le président du conseil municipal. En cette qualité, il établit une comptabilité qui indique toutes les opérations relatives à la constatation des droits des créanciers de la commune, à la liquidation, au mandatement et au paiement des dépenses du budget (1).

Le comptable de la commune est le receveur municipal qui reçoit, sauf lorsqu'il s'agit de recettes accidentelles et variables et sous réserve de régularisation ultérieure, par l'entremise du directeur des finances, les titres de perception des produits et revenus dont le recouvrement lui est confié (2).

---

(1) A cet effet, il est tenu par le président :
1° Un registre de toutes les opérations relatives à la fixation et à la délégation des crédits, au mandatement des dépenses;
2° Un registre sur lequel sont reportées, suivant les divisions du budget, toutes les opérations détaillées sur le registre précédent, de manière à présenter constamment la comparaison entre les crédits et les mandats émis;
3° Un sommier des mandats délivrés ainsi que des livres auxiliaires.

(2) Pour le contrôle de sa comptabilité, le receveur municipal est tenu de fournir à la direction des finances :
1° En fin de mois, un bordereau de ses opérations de recettes et de dépenses budgétaires ou hors budget consommées pendant le mois précédent;
2° En fin d'année, un compte de gestion;
3° En fin d'exercice, un compte d'exercice.
Ces documents sont établis en deux originaux dont un exemplaire est destiné au premier ministre pour la surveillance administrative des municipalités.
Les écritures des receveurs municipaux nécessitent l'emploi d'un registre à souche pour l'enregistrement de toutes les recettes et pour la délivrance des quittances aux parties versantes; de livres de détail dans lesquels les dépenses et les recettes sont classées par nature; d'un journal général présentant toutes les opérations écrites sur les livres de détail et la situation journalière de la caisse.

Les écritures et les livres du receveur municipal sont arrêtés le 31 décembre de chaque année par le président de la commune, assisté d'un conseiller municipal, qui constate l'existence des valeurs matérielles formant le solde en caisse à cette date et qui en dresse procès-verbal.

Le contrôle du directeur des finances sur la caisse des receveurs municipaux s'exerce par l'intermédiaire d'inspecteurs de sa direction ou de tous autres agents porteurs d'un ordre de service.

§ 6. — Caisse des prêts communaux.

323. Les communes de la régence avaient dû, en raison de l'insuffisance de leurs ressources, ajourner certains travaux d'utilité et de salubrité publiques dont le principe avait été admis par l'administration supérieure. Mais si les ressources annuelles figurant aux budgets communaux ne pouvaient permettre l'exécution immédiate de travaux dont le caractère d'urgence n'était plus discuté, elles étaient suffisantes pour assurer le remboursement, par annuités, des avances à faire aux communes dans ce but. Tenant compte de cette situation, le gouvernement tunisien a institué, après autorisation des ministres français des finances et des affaires étrangères, une caisse de prêts communaux (1) qui fonctionne avec « sa participation, par ses soins et sous son contrôle ».

Le capital de cette caisse, porté de 3 à 12 millions (2), est réalisé par l'émission d'obligations spéciales, libellées en arabe et en français, portant le sceau beylical et signées pour contrôle par le directeur des finances du gouvernement tunisien. Ces obligations, remboursables dans un délai maximum de 60 années à partir du 1er janvier 1908 sont d'une valeur nominale de 500 francs et rapportent 3,50 0/0. Elles sont affranchies en Tunisie, de tous impôts, taxes ou retenues de quelque nature que ce soit, tant dans le présent que dans l'avenir. En outre, le gouvernement tunisien prend à sa charge tous les impôts dont les titres ou coupons seraient frappés en France.

Les émissions de titres ont lieu au fur et à mesure des besoins des communes et après qu'elles ont été autorisées à emprunter par un décret beylical pris avec l'assentiment du ministère des affaires étrangères. Depuis le décret du 2 février 1907, qui a soumis le budget de l'État à l'examen de la conférence consultative, les autorisations d'emprunts communaux, demeurent subordonnées à l'avis de cette assemblée.

324. L'État fait figurer à son budget la charge de l'intérêt et de l'amortissement des obligations de la caisse des prêts communaux, mais seulement après que les communes ont elles-mêmes inscrit à leur propre budget, parmi les dépenses obligatoires, cette même charge légèrement majorée; les bénéfices à résulter éventuellement de cette majoration étant destinés à être partagés entre les diverses communes intéressées, au prorata de leurs opérations avec la caisse des prêts.

Le montant des prêts consentis aux communes dans les conditions précitées s'élevait, au 31 décembre 1908, à la somme de 7.695.000 francs répartis entre sept communes (1).

La ville de Tunis avait, en outre, avant l'institution de cette caisse, emprunté à des établissements de crédit la somme de 5.000.000 de francs.

§ 7. — Travaux communaux et marchés de fournitures.

325. Les marchés de travaux et fournitures à exécuter par entreprise sont passés avec publicité et concurrence. Ils sont, dans tous les cas, subordonnés à l'approbation, pour les travaux, du directeur général des travaux publics qui en avise le premier ministre et de ce dernier dans les autres cas.

Les adjudications publiques auxquelles ces marchés donnent lieu sont faites par le président assisté de deux conseillers municipaux, l'ingénieur ou le conducteur des ponts et chaussées et le receveur municipal dûment présents. Le président tranche, séance tenante et après avis des conseillers assistants, les difficultés qui peuvent surgir au sujet de l'adjudication.

Après une délibération conforme du conseil municipal le président peut traiter de gré à gré pour l'exécution de certains marchés et notamment pour ceux dont le montant ne dépasse pas 12.000 francs (2).

Les détails relatifs au cahier des clauses et conditions générales imposées aux entrepreneurs des travaux municipaux ont été donnés dans un arrêté du directeur général des travaux publics du 15 avril 1894.

§ 8. — Actions en justice.

326. — Commune demanderesse. — « Nulle commune ne peut ester en justice sans y être autorisée par le premier ministre. La commune doit justifier de chances de succès et d'un intérêt suffisant. » Une nouvelle autorisation est nécessaire pour permettre à la commune de se pourvoir devant un autre degré de juridiction. Dans les deux cas, la décision du premier ministre doit intervenir dans les deux mois à compter du jour de la demande en autorisation. A défaut de décision rendue dans ce délai, la commune est valablement autorisée à plaider. Sans autorisation préalable, le président peut intenter toute action possessoire ou y défendre ou faire tous actes conservatoires ou interruptifs de déchéance. Il peut également interjeter appel de tout jugement, mais ne peut suivre sur cet appel qu'en vertu d'une nouvelle autorisation. La nécessité d'une autorisation suffit aux exceptions, lorsqu'il s'agit de défendre aux oppositions formées

(1)	Commune de Béja..............	150.000 fr.
	— de Bizerte..........	1.000.000
	— de Monastir..........	25.000
	— de Sfax	300.000
	— de Sousse..........	600.000
	— de Tebourba........	20.000
	— de Tunis	5.600.000
		7.695.000 fr.

(1) D. beyl. 15 décembre 1902.
(2) D. beyl. 23 mars 1907.

(2) D. beyl. 23 novembre 1907, art. 28.

contre les états dressés pour le recouvrement des recettes municipales.

Les tribunaux français sont compétents pour les contribuables relevant de la justice française. Par application des dispositions du décret du 20 janvier 1885, les autres contribuables relèvent de la justice tunisienne; et il peut être procédé contre eux par voie de contrainte par corps.

327. *Commune défenderesse.* — En principe, « toute action judiciaire autre que les actions possessoires ne peut, à peine de nullité, être intentée contre une commune qu'autant que le demandeur a préalablement adressé au premier ministre un mémoire exposant l'objet et l'effet de sa réclamation. Il lui en est donné récépissé. L'action ne peut être portée devant les tribunaux que deux mois après la date du récépissé sans préjudice des actes conservatoires. La présentation du mémoire du demandeur interrompt toute prescription ou déchéance, si elle est suivie d'une demande en justice dans le délai de trois mois ».

Le mémoire adressé au président de la municipalité est soumis au conseil municipal, appelé à en délibérer. Au vu de la délibération le premier ministre décide, toujours dans le délai de deux mois à dater du dépôt du mémoire, si la municipalité doit être autorisée à ester en justice.

328. *Pourvoi en cassation.* — La Cour de cassation considère comme illégal, pour les matières rentrant dans le contentieux administratif, le texte autorisant le président de la municipalité à se pourvoir directement en cassation. D'après la jurisprudence admise par cette haute juridiction, le pourvoi, contre les décisions rendues en matière administrative par les juridictions civiles de la régence et, sur appel, par la cour d'Alger, n'est recevable que s'il est formé soit d'office par le ministère public, soit, à la requête du résident général, par le ministre de la justice. Cette interprétation, conforme d'ailleurs aux dispositions du décret beylical du 27 novembre 1888, a été consacrée par un arrêt du 23 avril 1907 (1).

CHAPITRE III.

JUSTICE.

SECTION PREMIÈRE.

TRIBUNAUX FRANÇAIS.

329. *Historique.* — A la suite de l'établissement du protectorat dans la régence, les tribunaux français remplacèrent les anciennes juridictions qui étaient déférées aux consuls conformément aux traités des capitulations.

_____

(1) Cass. civ. 23 avril 1907. — Sur pourvoi en cassation formé par la ville de Tunis contre un jugement du tribunal de Tunis du 10 février 1904.
La Cour; — Sur la fin de non-recevoir, soulevé d'office, tirée des articles premier et 5 du décret beylical du 27 novembre 1888, 20 du décret beylical du 18 avril 1890 (abrogatif du décret beylical du 31 janvier 1887) visés par le résident général les 28 novembre 1888 et 19 avril 1890; — Attendu d'une part, qu'il résulte du décret du 27 novembre 1888;
1° Que le contentieux administratif tunisien comprend, notam-

La loi du 27 mars 1883, promulguée en Tunisie par un décret beylical du 10 djoumadi et tani 1300 — 18 avril 1883 — a créé tout d'abord un tribunal de première instance à Tunis et dix justices de paix. Puis, un décret beylical du 5 mai 1883 (27 djoumadi et tani 1300) décida que les nationaux des puissances amies dont les tribunaux consulaires seraient supprimés, deviendraient justiciables des tribunaux français dans les mêmes cas et les mêmes conditions que les Français eux-mêmes.

Successivement le Portugal (juin 1883), la Suède et la Norvège (25 juillet 1883), le Danemark (26 septembre 1883), la Grande-Bretagne (1er janvier 1884), l'Espagne (17 janvier 1884), la Belgique et l'Allemagne (1er février 1884), la Grèce (24 mars 1884), l'Autriche-Hongrie (1er juillet 1884) et la Russie (5 août 1884) renonçaient à leurs juridictions consulaires.

Seule la renonciation de l'Italie était conditionnelle; la France dut s'engager notamment à ne pas appliquer la peine de mort aux nationaux de cet État.

D'autre part le gouvernement beylical étendit la compétence française, dans certains cas, aux Tunisiens. Un décret du 9 chaonal 1301 (31 juillet 1884) décida que, réserve faite des contestations relatives au statut personnel ou aux successions des sujets tunisiens, les tribunaux français connaîtraient des litiges dans lesquels des Européens seraient en cause.

Un autre décret beylical du 23 kaada 1302 (2 septembre 1883) attribua encore à la justice française la connaissance : 1° de tous crimes commis en Tunisie par des sujets tunisiens au préjudice de Français ou de protégés, ou Européens ou protégés européens; 2° de tous crimes ou délits commis en Tunisie par des sujets tunisiens, lorsque des Français ou assimilés seraient auteurs, coauteurs ou complices (art. 1er); 3° de tous crimes, délits ou contraventions commis en Tunisie par des sujets tunisiens avec leur complicité : aux audiences des tribunaux français ou dans les lieux où un ou plusieurs de leurs magistrats procèdent à un acte de leurs fonctions, contre l'exécution des arrêts, jugements, sentences,

_____

ment, « les actions intentées par les autorités administratives contre les particuliers »;
2° Que la connaissance en est attribuée aux juridictions civiles instituées dans la Régence, et, sur appel, à la cour d'Alger;
3° Que le pourvoi en cassation contre les décisions ainsi rendues, en matière administrative, n'est recevable que dans des cas spécialement déterminés d'excès de pouvoir, et s'il est formé soit d'office par le ministère public, soit à la requête du résident général par le ministre de la Justice; — Que, d'autre part, en vertu de l'article 20 du décret beylical du 18 avril 1890, les contestations relatives à la répartition et à la perception des taxes établies pour la construction des nouvelles voies municipales de la ville de Tunis, doivent être payées conformément aux prescriptions du décret susvisé du 27 novembre 1888; — Attendu, en l'espèce, que l'action du président de la municipalité de Tunis, portée devant le juge de paix de cette ville, tendait à la condamnation de G..., au payement de la somme de 550 fr. 70, montant de la part contributive de l'immeuble dont il est co-propriétaire (sis à Tunis, avenue de Paris), dans les dépenses de constructions de la chaussée de cette avenue; — D'où il suit que cette demande rentrant dans le contentieux administratif, le président de la municipalité de Tunis n'est pas recevable à se pourvoir devant la Cour de cassation contre le jugement rendu sur appel par le tribunal civil de Tunis; — Par ces motifs, rejette le pourvoi comme irrecevable.

ordonnances ou mandats de la justice française (art. 2); 4° de tous les crimes ou délits commis par les assesseurs tunisiens au tribunal criminel dans l'exercice de leurs fonctions ou par suite d'un abus de ces fonctions (art. 3); 5° des crimes ou délits de faux témoignage, de faux serments ou de subornation de témoins devant la juridiction française, tant en matière civile qu'en matière criminelle, correctionnelle ou de police (art. 5).

Enfin, et pour un certain nombre de matières spécialement prévues, divers décrets attribuèrent compétence entière à la justice française, indépendamment de la nationalité des parties litigieuses. La disposition de ce genre la plus importante est incontestablement la loi foncière du 19 ramadan 1302 (1er juillet 1885) qui a décidé que toutes les contestations relatives aux propriétés immatriculées ressortiraient exclusivement et définitivement aux juridictions françaises.

La justice française en Tunisie a ainsi vu son domaine s'étendre progressivement grâce à l'assentiment des puissances étrangères et aux concessions successives du gouvernement beylical.

ARTICLE PREMIER. — Juridictions civiles.

331. *L'organisation judiciaire française* dans la régence est réglée par la loi du 27 mars 1883 qui constitue encore aujourd'hui à cet égard le texte fondamental.

La loi du 27 mars 1883 n'avait créé qu'un seul tribunal civil de première instance pour toute l'étendue de la régence; il avait son siège à Tunis. Un décret du Président de la République du 1er décembre 1887 a créé un deuxième tribunal civil à Sousse, pour le centre et le sud de la Tunisie.

Le tribunal de première instance de Tunis est composé de trois Chambres, et comprend : un président, deux vice-présidents, un juge d'instruction, cinq juges titulaires, cinq juges suppléants, un procureur de la République et trois substituts. Le tribunal de Sousse n'a qu'une Chambre, et comprend : un président, deux juges titulaires, deux juges suppléants, un procureur de la République et un substitut.

Il y a d'autre part en Tunisie douze justices de paix régulières : à Tunis (canton nord et canton sud), Bizerte, Souk el Arba, Béjà, Le Kef, Grombalia, Sousse, Sfax, Kairouan, Gabès, Gafsa et Thala. Chacune se compose d'un juge titulaire, d'un ou de plusieurs suppléants (rétribués dans les sièges les plus importants). Dans divers cantons le juge de paix tient des audiences foraines.

A côté des justices de paix régulières existent encore un certain nombre de justices de paix provisoires. C'est le contrôleur civil ou son suppléant qui remplit alors les fonctions de juge de paix; celles de greffier et d'huissier sont assurées par le secrétaire du contrôle civil.

332. *Compétence quant à la nature de l'action.* — *Actions personnelles et mobilières.* — En matière civile les tribunaux français de Tunisie sont compétents pour juger toutes les actions personnelles et mobilières s'agitant entre Européens et protégés européens. Ils sont également compétents à l'égard des musulmans algériens qui sont sujets français. Et il suffit qu'un Européen, un protégé européen ou un musulman algérien soit en cause pour que les tribunaux français deviennent compétents.

Une double exception est toutefois posée à ce principe de la compétence de la juridiction française; elle est indiquée par l'article 2 du décret beylical du 31 juillet 1884 : « Néanmoins, est expressément réservé aux tribunaux religieux, le règlement des contestations relatives au statut personnel et aux successions de sujets tunisiens musulmans ou israélites. »

333. *Actions immobilières.* — Si l'on se reporte au texte de la loi du 27 mars 1883 (art. 2) les tribunaux français sont toujours compétents en matière immobilière lorsque les parties en cause sont exclusivement des Européens ou protégés européens, ce texte ne faisant aucune distinction entre les actions mobilières et les actions immobilières.

D'autre part, et quelle que soit la nationalité des parties en cause, « les immeubles immatriculés ressortent exclusivement et d'une manière définitive à la juridiction des tribunaux français (1). » Et la jurisprudence applique complètement ce principe sans distinguer si l'action relative à un immeuble immatriculé est réelle ou personnelle.

En ce qui concerne les actions relatives à des immeubles non immatriculés, les tribunaux français sont incompétents pour en connaître (2). Cette incompétence est incontestablement absolue lorsque toutes les parties en cause sont de nationalité tunisienne (3).

Quelle est la nature de cette incompétence lorsque le litige se débat non plus entre plaideurs de nationalité tunisienne, mais entre parties dont les unes sont européennes et les autres tunisiennes? Suivant la jurisprudence adoptée par la Cour d'appel d'Alger, l'incompétence des tribunaux français en matière d'immeubles non immatriculés est absolue; elle est d'ordre public, *ratione materiæ*, et doit, par suite, être prononcée d'office par le juge (4). La jurisprudence des tribunaux français de Tunisie admet au contraire que l'incompétence dont s'agit est purement relative, *ratione personæ*, et ne touche en rien à l'ordre public (5). Et cette incompétence, établie en faveur du Tunisien, ne pourrait être soulevée que par ce dernier (6). La Cour de cassation ne s'est pas encore prononcée d'une façon décisive et formelle sur cette importante question.

334. Les tribunaux français sont incompétents pour connaître d'actions relatives à des biens habous. Et sur la nature de cette incompétence nous rencontrons la même contrariété de décisions entre la Cour d'Alger et les tribunaux de Tunisie.

(1) L. foncière 1er juillet 1885, art. 20.
(2) Alger, 15 octobre 1891; J. T. T. 1891, p. 300.
(3) Alger, 9 mai 1895, Rev. Alg., 1895.2.446; 16 mai 1895, Rev. Alg., 1895.2.448.
(4) Alger, 6 juin 1896, Rev. Alg., 1896.2.383; 15 février 1898, D. 99.2.262 et S. 99.2.276; 26 novembre 1903. J. T. T. 1905, 50.
(5) Tunis, 23 octobre 1895, J. T. T. 1895, 540; 9 décembre 1896, J. T. T. p. 77; 2 novembre 1898, ibid., 1900, 323; 26 décembre 1906, ibid., 1907,147.
(6) Tunis, 30 janvier 1890; J. T. T, 1890.11.382; 29 janvier 1894, ibid., 1894.221; 9 décembre 1896, précité.

Tandis que la Cour d'Alger estime que cette incompétence est absolue, la matière des habous relevant du statut personnel et des successions (1), les tribunaux français de Tunisie décident qu'elle n'est que relative, les biens habous devant être traités comme tous les immeubles tunisiens (2).

335. *Compétence ratione personæ.* — Aux termes de l'ordonnance du 16 avril 1843, étendue de l'Algérie à la Tunisie par la loi du 27 mars 1883 (art. 7), le demandeur peut, pour les droits et actions ayant pris naissance en Tunisie, assigner soit devant le tribunal du domicile du défendeur, soit devant le tribunal de la Tunisie dans le ressort duquel l'action a pris naissance (3).

336. *Compétence ratione materiæ.* — Les tribunaux civils de Tunisie ont compétence illimitée en premier ressort, comme ceux de France. Mais leur compétence en dernier ressort est double de celle des tribunaux de France et d'Algérie. Ils statuent en dernier ressort jusqu'à 3,000 francs en principal ou 120 francs en revenu.

Aux termes de l'article 3 de la loi du 27 mars 1883, les juges de paix en Tunisie ont la compétence étendue que le décret du 19 avril 1854 a accordé aux juges de paix d'Algérie. Ils connaissent donc de toutes les actions personnelles et mobilières en dernier ressort jusqu'à 500 fr. et à charge d'appel jusqu'à 1,000 francs.

Si les juges de paix sont incompétents, d'une façon générale, en matière immobilière, ils sont toutefois compétents pour statuer sur une action possessoire toutes les fois qu'un Européen ou un protégé européen est en cause (4).

337. *Juridiction des référés.* — Dans les ressorts de justice de paix où siège un tribunal civil, le président du tribunal conserve la connaissance des référés; et, conformément au droit commun, l'appel est porté devant la Cour d'appel d'Alger. Dans toutes les autres circonscriptions les juges de paix ont compétence pour statuer en référé et ont, à cet égard, les mêmes pouvoirs que le président du tribunal.

L'appel des ordonnances de référé rendues par les juges de paix est porté devant le tribunal civil (5).

338. *Juridictions commerciales.* — Il n'existe pas en Tunisie de tribunaux consulaires proprement dits. Les litiges de nature commerciale sont déférés aux tribunaux de première instance et aux juges de paix (6) qui statuent en matière commerciale dans les mêmes limites de compétence qu'en matière civile. Par suite, en matière commerciale, les tribunaux civils ont une compétence illimitée en premier ressort, et statuent à charge d'appel au delà de 3,000 francs; les juges de paix, jugeant

commercialement, sont compétents en dernier ressort jusqu'à 500 francs, et à charge d'appel jusqu'à 1,000 fr.

ARTICLE 2. — *Juridictions administratives.*

339. La connaissance du contentieux administratif a été reconnue, d'une manière générale, par le décret beylical du 27 novembre 1888, aux tribunaux civils de la régence qui sont ainsi compétents en matière administrative toutes les fois qu'un Européen est en cause.

D'après l'article 1er de ce texte, les tribunaux français connaissent, dans la limite de la compétence attribuée à chacun d'eux, « de toutes les instances tendant à faire déclarer l'administration débitrice, à raison, soit de l'inexécution des marchés conclus par elle, soit des travaux qu'elle a ordonnés, soit de tout acte de sa part, ayant sans droit porté préjudice à autrui ».

Mais pour éviter une entrave qui serait trop préjudiciable à l'action administrative, l'article 3 du même décret interdit aux tribunaux civils de porter obstacle aux actes de l'administration, soit en gênant l'exécution des règlements légalement pris par elle, soit en faisant exécuter, suspendre ou modifier des travaux publics.

L'article 4 dit enfin que nul ne doit demander directement aux juridictions civiles l'annulation d'un acte de l'administration, sauf le droit pour la partie intéressée de poursuivre par la voie gracieuse la réformation de l'acte qui lui fait grief.

340. Le décret du 27 novembre 1888 ne réglant très certainement que le contentieux administratif intéressant le gouvernement tunisien, on a pu se demander quelles seraient les règles applicables au contentieux de l'État français en Tunisie.

En l'absence de texte spécial à ce contentieux, il faut décider que c'est le ministre compétent qui est juge, sauf recours au Conseil d'État contre sa décision (1). C'est la règle qui paraît, en principe, devoir être admise quant aux actes accomplis et règlements pris par le résident général en qualité de délégataire des pouvoirs du Président de la République française (2).

Mais il n'en serait naturellement pas de même en ce qui concerne les actes accomplis par ce haut fonctionnaire en qualité de chef de certains services dépendant du protectorat ou du gouvernement tunisien.

340 *bis.* En ce qui concerne le domaine public, le décret beylical du 24 septembre 1885 qui l'a organisé, a fixé la compétence en cette matière en se basant sur la nationalité du contestant : si ce dernier est de nationalité tunisienne, l'affaire est portée devant le tribunal tunisien; s'il est Européen ou assimilé, le tribunal français est compétent.

D'autre part, l'article 22 du décret beylical du 2 sep-

---

(1) Alger, 29 janvier 1893; *Rev. Alg.*, 1892.2.131; Alger, 21 novembre 1907; *J. T. T.* 1908.550.
(2) Trib. Tunis, 17 juin 1895, *J. T. T.* 1895, p. 465; 17 janvier 1900, *ibid.*, 1900, 326.
(3) Trib. Tunis, 4 juin 1902, Clunet, 1903, 818.
(4) Trib. Tunis, 14 mars 1892, *J. T. T.* 1893.30; 24 octobre 1892, *ibid.*, 1894, p. 484 et la note.
(5) Trib. Tunis, 23 juin 1891, *J. T. T.* 1891, 304; 12 octobre 1891, *ibid.*, 1894, 487.
(6) L. 27 mars 1883. Art. 2 et 3.

(1) C. d'Ét. cont. 21 décembre 1888, S. 1891.111.2 — Cf. trib. Tunis, 29 juin 1908; *J. T. T.*, 1909, 107: « Le contentieux de l'État français en Tunisie, déclare cette décision, reste régi par les règles du droit français, telles qu'elles sont établies pour la métropole. »
(2) C. d'Ét. cont. 21 avril 1893, *J. T. T.*, 1893, 176.

tembre 1886 confère aux tribunaux civils les attributions dévolues en France aux tribunaux administratifs relativement au bornage des zones des servitudes militaires.

Il y a lieu de noter enfin le décret beylical du 22 décembre 1908 qui a donné à la première chambre du tribunal civil de Tunis compétence, en matière d'élections à la conférence consultative, pour statuer sur les appels interjetés à l'encontre des décisions rendues par les commissions de revision des listes électorales (1).

ARTICLE 3. — *Règles de procédure spéciales à la Tunisie.*

341. L'article 7 de la loi du 27 mars 1883 a rendu applicables aux juridictions instituées en Tunisie les règles de procédure édictées par les lois, décrets et règlements en vigueur en Algérie, et notamment par l'ordonnance algérienne du 16 avril 1843. Il suit de là que les tribunaux français de Tunisie peuvent user de la faculté laissée aux tribunaux d'Algérie d'écarter ou d'accueillir les nullités de procédure, selon les faits et circonstances de la cause.

L'exception *judicatum solvi* ne peut être opposée aux Européens plaidant devant les tribunaux français de la régence.

342. Aux termes de l'article 4 du décret beylical du 31 juillet 1884 « Toute pièce signifiée à un Tunisien, doit être, à peine de nullité, traduite en langue arabe, jusqu'à ce qu'il ait constitué avoué » et, — a décidé la jurisprudence, — il importe peu que la signification soit faite en pays étranger et spécialement en Turquie; il y a lieu d'observer cette règle toutes les fois qu'il s'agit de Tunisiens assignés devant la justice française en vertu des règles de compétence déterminées par le décret du 31 juillet 1884 (2). Ce texte, toutefois, n'est pas appliqué au protêt qui n'est pas un acte de procédure proprement dit (3), et la Cour de Cassation a décidé que le juge pouvait à bon droit refuser d'annuler un protêt faute de paiement, signifié à un Tunisien sans traduction en langue arabe (4).

343. Rappelons encore que, aux termes de l'article 2 de l'ordonnance algérienne du 16 avril 1843 applicable en Tunisie, le demandeur peut porter son action, lorsqu'il s'agit de droits ayant pris naissance en Tunisie, soit devant le tribunal du domicile du défendeur, soit devant le tribunal de Tunisie dans le ressort duquel le droit ou l'action a pris naissance (5).

344. Les tribunaux français, établis en Tunisie, étant composés de magistrats français, appliquant en principe les formes de procédure et les lois françaises, et rendant la justice au nom de la souveraineté française, la Tunisie doit être assimilée au territoire français au point de vue de l'autorité de la chose jugée et de la force exé-

cutoire à reconnaître respectivement dans la régence aux jugements des tribunaux français, et, en France, aux jugements des tribunaux français de Tunisie (1).

345. En matière administrative les administrations publiques comparaissent valablement en justice par leurs fonctionnaires (2). Dans tous les autres cas, ce sont les chefs de service qui représentent l'État tunisien devant les juridictions françaises.

C'est en principe le premier ministre qui exerce les actions de l'État et plaide en son nom. Mais les chefs de certains services exercent les actions dépendant de leur département respectif. Ainsi le général commandant la division d'occupation a qualité, comme ministre de la guerre du Gouvernement tunisien, pour exercer toute action relative au domaine militaire; et le directeur général de l'agriculture représente valablement l'État tunisien en exerçant une action relative au domaine forestier (3).

Les pouvoirs accordés en France aux préfets quant aux déclinatoires d'incompétence appartiennent en Tunisie au résident général.

ARTICLE 4. — *Juridictions pénales.*

346. La justice répressive est exercée en Tunisie par trois ordres de juridictions : les tribunaux criminels, les tribunaux de police correctionnelle et les tribunaux de simple police.

§ 1. — *Tribunaux criminels.*

347. L'article 4 de la loi du 27 mars 1883 a institué en Tunisie les tribunaux criminels en portant que le tribunal de première instance « statue comme tribunal criminel et en dernier ressort sur tous les faits qualifiés crimes, avec l'adjonction de 10 assesseurs ayant voix délibérative, tirés au sort sur une liste dressée chaque année (4). »

---

(1) V. notamment sur ce point : jugement du tribunal civil de Tunis du 11 mai 1907 (Albert Rey, contre le liquidateur de la congrégation des Chartreux, et Compagnie fermière de la Grande-Chartreuse); — « ... Attendu, dit cette décision, que les tribunaux français établis en Tunisie, pays placé sous le protectorat de la France, qui y exercent leur juridiction au nom du peuple français ne peuvent être considérés comme des tribunaux étrangers à l'égard d'une sentence rendue par un tribunal ayant son siège sur le territoire continental de la République, qu'une semblable sentence, lorsqu'elle est devenue définitive, doit donc être considérée comme ayant tous les caractères de la chose jugée par ces tribunaux... »
V. également : Berge, *De l'exécution en Tunisie des jugements des tribunaux français et de l'exécution en France des jugements rendus en Tunisie* (Journal du droit international privé; 1895, p. 785 et s.); De Sorbier de Pougnadoresse, *La Justice française en Tunisie,* p. 247.
(2) Alger, 1er mai 1893, *Journ. des trib. de Tunisie,* 1893, 382.
(3) Trib. Sousse, 1er mars 1895, *J. T. T.* 1895, 495; D. beyl. 3 novembre 1890, art. 3 et D.beyl. 13 janvier 1895.
(4) Un décret du Président de la République en date du 29 novembre 1893, modifié par celui du 22 mars 1907, a réglé comme suit le mode de désignation des assesseurs aux tribunaux criminels:
Article premier. La liste générale des assesseurs est composée de 400 noms pour le tribunal de Tunis, et de 205 noms pour le tribunal de Sousse.
Elle est divisée en trois catégories distinctes :
La première catégorie comprend les noms des assesseurs français;
La deuxième catégorie, les noms des assesseurs étrangers;
La troisième catégorie, les noms des assesseurs indigènes.
Dans l'arrondissement de Tunis, le nombre des assesseurs de la

---

(1) V. également *supra,* n° 108.
(2) Trib. Tunis, 25 octobre 1893; *J. T. T.* 1893, 404.
(3) Trib. Sousse, 1894, *J. T. T.* 1894, 574.
(4) Cass. 25 mai 1897, D. P. 1897.1.408.
(5) Trib. Tunis, 24 octobre 1895, *J. T. T.* 1895, 546; — 24 décembre 1900, *ibid.,* 1901, 81; 2 novembre 1904, *ibid.,* 1905.289.

Il y a, dans la régence, deux tribunaux criminels, l'un à Tunis, l'autre à Sousse.

Ils tiennent quatre sessions par an.

Le tribunal criminel se compose de trois magistrats et de six assesseurs, qui délibèrent en commun, sans qu'il y ait, comme en France, de distinction entre l'examen du fait et l'examen du droit, et c'est en cela que réside, à coup sûr, le caractère le plus original de cette juridiction.

---

première catégorie est de 160. Pour chacune des deux autres catégories, il est de 120.

Dans l'arrondissement de Sousse, le nombre des assesseurs de la première catégorie est de 75. Pour chacune des deux autres catégories, il est de 65.

Art. 2. Les listes des assesseurs siégeant aux tribunaux de Tunis et de Sousse, dans les cas où ils statuent en matière criminelle, sont dressées par des commissions ainsi composées :

En ce qui concerne la désignation des assesseurs français : 1° le président du tribunal; 2° le procureur de la République; 3° à Tunis le contrôleur civil faisant fonctions de vice-consul ou, à son défaut, un fonctionnaire désigné par le ministre des Affaires étrangères; à Sousse, un vice-président français de la municipalité désigné par le résident général; 4° le président de la chambre de commerce française.

En ce qui concerne la désignation des assesseurs de nationalité étrangère : 1° le président du tribunal; 2° le procureur de la République; 3° deux notables désignés par les représentants des puissances étrangères.

En ce qui concerne la désignation des assesseurs indigènes : 1° le président du tribunal; 2° le procureur de la République; 3° deux fonctionnaires ou notables désignés par décret de S. A. le Bey.

Toutes ces commissions sont présidées, pour le tribunal de Tunis, par le résident général de France en Tunisie ou son représentant et, pour le tribunal de Sousse, par le contrôleur civil faisant fonctions de vice-consul à Sousse ou son représentant.

Art. 3. Les listes sont dressées en double exemplaire; un exemplaire est déposé au greffe du tribunal, l'autre aux archives de la résidence.

Les listes sont permanentes jusqu'à leur renouvellement.

Art. 4. Les commissions instituées à l'article 2 sont convoquées, chaque année, par le résident général de France, à Tunis et à Sousse par le contrôleur civil faisant fonctions de vice-consul, dans le courant du mois de décembre, pour procéder au renouvellement des listes d'assesseurs qui sont appliquées du 1ᵉʳ janvier au 31 décembre de chaque année.

Art. 5. Les assesseurs sont choisis parmi les personnes âgées de 30 ans au moins et d'une honorabilité reconnue.

Leurs fonctions sont incompatibles avec celles de fonctionnaire français ou étranger en Tunisie, de militaire et marin en activité de service, de fonctionnaire tunisien, civil ou militaire. Ne peuvent être assesseurs les domestiques ou serviteurs à gages.

Art. 6. Un mois au moins avant l'ouverture de chaque session criminelle, le président du tribunal tire au sort, en chambre du conseil, sur les listes générales, les noms des assesseurs qui seront appelés, pendant ladite session, à compléter le tribunal.

Ce tirage comprendra, en ce qui concerne la première catégorie, 18 noms pour le tribunal de Tunis et 16 noms pour le tribunal de Sousse; en ce qui concerne chacune des autres catégories, il comprendra 14 noms.

Les noms des assesseurs qui auront rempli leurs fonctions durant une session, ne seront pas compris dans les autres tirages de l'année courante.

Art. 7. Si l'accusé ou l'un des accusés est Français ou protégé français, 6 assesseurs de la première catégorie siègent comme adjoints au tribunal.

Si les accusés sont tous de nationalité étrangère, 3 assesseurs français et 3 assesseurs étrangers sont appelés à siéger.

Si les accusés sont tous indigènes, 3 assesseurs français et 3 assesseurs indigènes sont appelés à siéger.

Si les accusés sont les uns des étrangers et les autres des indigènes, 3 assesseurs français, 2 assesseurs étrangers et un assesseur indigène sont appelés à siéger.

Art. 8. Au jour indiqué pour le jugement de chaque affaire, l'appel des assesseurs est fait avant l'ouverture de l'audience, en présence des accusés et du ministère public.

Le tribunal statue sur les cas d'excuse et il raye de la liste les assesseurs qui sont décédés ou se trouvent frappés d'incapacité légale. Les noms des assesseurs restants sont déposés dans une urne dont ils sont successivement extraits. Un tirage distinct a lieu pour chaque

---

Ce sont les magistrats de la chambre correctionnelle du tribunal de première instance qui sont appelés à siéger au tribunal criminel avec l'adjonction de six assesseurs (1).

348. En ce qui concerne la procédure à suivre devant le tribunal criminel, la loi du 27 mars 1883 (art. 4), dispose que « le tribunal, statuant au criminel, est saisi par un arrêt de renvoi rendu par la chambre des mises en accusation de la Cour d'Alger, conformément aux dispositions du code d'instruction criminelle; sa décision est rendue dans les mêmes formes que les jugements en matière correctionnelle ».

Par application de ce texte, la Cour de Cassation a décidé que les formes déterminées pour les matières criminelles devaient être observées jusqu'à l'ouverture des débats, et qu'à partir de ce moment, seules les formes de la procédure correctionnelle devaient être suivies (2).

349. Le tribunal criminel est saisi — nous l'avons dit — par un arrêt de renvoi de la chambre des mises en accusation de la Cour d'Alger; cet arrêt et l'acte d'accusation doivent être signifiés à l'accusé ainsi que la liste des assesseurs qui doit permettre à l'accusé d'exercer son droit de récusation. Cette dernière formalité est

---

catégorie d'assesseurs. L'accusé premièrement ou son conseil et le ministère public avant l'ouverture des débats, peuvent exercer chacun deux récusations, quelle que soit la catégorie à laquelle appartiennent les assesseurs. Le tirage cesse pour chaque catégorie lorsqu'il est sorti de l'urne le nombre d'assesseurs non récusés, tel qu'il est fixé par l'article 7.

Art. 9. S'il y a plusieurs accusés, ils peuvent se concerter pour exercer leurs récusations. Ils peuvent aussi les exercer séparément. Dans l'un et l'autre cas, ils ne peuvent excéder le nombre de récusations déterminé par l'article 8. Si les accusés ne se concertent pas pour récuser, le sort règle entre eux le rang dans lequel ils feront leurs récusations.

Dans ce cas, les assesseurs récusés par un seul et dans cet ordre le seront pour tous, jusqu'à ce que le nombre des récusations soit épuisé. Les accusés peuvent se concerter pour exercer une partie des récusations, sauf à exercer le surplus suivant le rang fixé par le sort.

Art. 10. Si, par suite des récusations ou pour toute autre cause, le nombre d'assesseurs non récusés, tel qu'il est fixé par l'article 7, n'est pas atteint dans une catégorie, le président du tribunal désigne, en chambre du conseil, en présence de l'accusé et du ministère public, par un tirage supplémentaire, les assesseurs qui devront compléter le tribunal. Ils sont pris dans chaque catégorie parmi les personnes portées sur la liste générale et qui résident dans la ville où siège le tribunal.

Art. 11. Si les accusés sont tous de nationalité étrangère, les trois assesseurs étrangers doivent être tirés au sort sur la liste de la session parmi ceux de leur nationalité. S'il n'en existe pas ou si leur nombre est insuffisant, les accusés peuvent désigner les nationalités parmi lesquelles seront pris les assesseurs étrangers. A cet effet, les listes des assesseurs étrangers sont divisées en autant de sections distinctes qu'il existe entre eux de nationalités différentes.

Art. 12. S'il y a plusieurs accusés étrangers, chacun peut demander un assesseur étranger de sa propre nationalité ou, s'il n'en existe pas, de la nationalité de son choix. S'ils sont deux, et que le choix doive s'exercer un seul assesseur, le sort indique celui des deux accusés qui peut en demander deux. Si le nombre des accusés dépasse celui des choix à faire, le sort désigne celui ou ceux qui peuvent choisir la nationalité des assesseurs, le tout sans préjudice de l'exercice du droit de récusation tel qu'il est réglé par les articles 8 et 9.

Art. 13. S'il y a plusieurs accusés indigènes peuvent demander que le tribunal se complète par l'adjonction d'assesseurs de la première catégorie. En cas de désaccord entre eux sur ce point, il sera procédé comme suit : s'ils sont deux, le sort indique celui des deux dont l'option aura effet pour deux assesseurs; s'ils sont trois, il est donné suite à l'option de chacun d'eux; s'ils sont plus de trois, le sort indique le rang suivant lequel les options sont faites.

(1) Cass. 19 mars 1887, J. T. T. 1890, 38.
(2) Cass. 26 avril 1890, Rev. Alg., 1890.11.506; trib. Tunis, 12 juillet 1897, J. T. T. 1897, p. 401.]s

substantielle et son omission entraîne la nullité du jugement qui a suivi (1).

L'accusé doit être assisté d'un avocat; au besoin le président du tribunal criminel lui en désigne un d'office (2).

Le président peut, en vertu de l'article 303 du code d'instruction criminelle, ordonner avant l'ouverture des débats une instruction complémentaire (3).

350. Dès l'ouverture des débats, c'est la procédure correctionnelle qu'il faut suivre, et c'est notamment à l'article 190 du code d'instruction criminelle qu'il faut avoir recours.

Mais il a été décidé par la Cour de Cassation que l'ordre des débats tel qu'il est réglé par ce texte n'est pas prescrit à peine de nullité, et que l'accusé ne pouvait se plaindre de son interversion, notamment en ce qui concerne l'interrogatoire et l'audition des témoins, si cette interversion n'a en rien entravé l'exercice de son droit de défense (4).

La lecture des procès-verbaux à l'audience n'est pas prescrite à peine de nullité, et elle peut être remplacée par la lecture de l'arrêt de renvoi et de l'acte d'accusation (5).

Les témoins prêtent le serment de l'article 155 du code d'instruction criminelle prescrit en matière correctionnelle, et non le serment de l'article 317 du même code, prescrit devant les cours d'assises (6).

La constatation des dépositions des témoins entendus à l'audience n'étant exigée qu'au point de vue de l'appel, cette formalité est sans objet devant les tribunaux criminels de Tunis dont les jugements sont rendus en dernier ressort (7).

Le pouvoir discrétionnaire que possède en France le président de la Cour d'assises n'appartient pas au président du tribunal criminel (8); par suite, le président du tribunal criminel n'a pas le droit de recevoir le témoignage de la femme de l'un des accusés ou de ses parents ou alliés aux degrés visés dans l'article 322 du code d'instruction criminelle (9).

Le ministère public doit fournir ses conclusions sur tout incident soulevé par la défense. L'omission de la constatation des conclusions du ministère public sur un incident soulevé au cours de l'audience par le défenseur de l'accusé entraîne la nullité du jugement qui a suivi (10).

351. Les jugements des tribunaux criminels sont motivés; ils doivent, à peine de nullité, énoncer et articuler les faits sur lesquels le tribunal criminel a fondé sa conviction (11).

Le juge de l'action étant le juge de l'exception, même lorsque l'exception est relative à la compétence ou à la composition de la juridiction saisie, le tribunal criminel, appelé à vérifier sa propre compétence, a nécessairement qualité pour examiner les questions auxquelles cette compétence ou cette composition est subordonnée. Il n'en est autrement que lorsque l'exception soulevée est soustraite à l'appréciation de la juridiction répressive par des règles particulières, établies dans la loi à raison de la nature de cette exception : tel est le cas notamment de l'article 326 du Code civil, lequel s'applique à la filiation des enfants légitimes et aux réclamations d'état auxquelles elle peut donner lieu.

Mais cette disposition exceptionnelle ne saurait être étendue aux questions de nationalité. Spécialement le tribunal criminel est compétent pour statuer sur la question de savoir si l'accusé est, ou non, de nationalité espagnole, si cette question est soulevée devant lui relativement à sa composition pour l'adjonction d'assesseurs de la première, de la seconde ou de la troisième catégorie, suivant les dispositions du décret du 29 novembre 1893 (1).

Lorsqu'un jugement d'un tribunal criminel de Tunisie est cassé par la Cour de cassation, le renvoi de l'affaire doit être prononcé devant un autre tribunal criminel de Tunisie; il ne peut être prononcé ni devant une cour d'assises de France, ni devant une cour d'assises d'Algérie (2).

§ 2. — *Tribunaux de police correctionnelle.*

352. « Le tribunal de première instance ... en matière correctionnelle, statue en premier ressort sur tous les délits et contraventions dont la connaissance n'est pas attribuée aux juges de paix par l'article précédent (3). » Ainsi, c'est d'après la compétence du juge de paix, comme juge répressif, qu'il faut déterminer la compétence du tribunal correctionnel.

Les tribunaux correctionnels de Tunisie, organisés comme les tribunaux correctionnels d'Algérie, connaissent de tous les délits punis d'une peine supérieure à six mois de prison et à 500 francs d'amende, à l'exception toutefois des infractions aux lois et règlements sur la police de chasse.

353. Dans les cantons où, comme à Tunis et à Sousse, siège un tribunal de première instance, cette juridiction recouvre sa compétence correctionnelle de droit commun (4). L'incompétence correctionnelle du juge de paix dans les villes où siège un tribunal de première instance est absolue et doit être prononcée d'office (5). Elle tient, en effet, à l'organisation même des juridictions.

Les tribunaux correctionnels connaissent en outre, des appels interjetés à l'encontre des jugements rendus en matière de délits par les juges de paix. Ces sortes de jugements sont en effet tous susceptibles d'appel (6).

---

(1) Cass. 24 juin 1887, *J. T. T.* 1890, 25.
(2) Cass. 9 août 1889.
(3) Cass. 26 avril 1890, *Rev. Alg.,* 1890.11.506.
(4) Cass. 29 juin 1889, *J. T. T.* 1889, 164.
(5) Cass. 25 septembre 1889, *J. T. T.* 1889, 272.
(6) Cass. 28 mars 1895, *J. T. T.* 1895, 306.
(7) Cass. 20 juin 1889, *J. T. T.* 1889, 140.
(8) Cass. 26 mars 1892, *J. T. T.* 1892, 141.
(9) Cass. 14 juin 1890, *J. T. T.* 1890, 206.
(10) Cass. 29 juin 1889, *J. T. T.* 1889, 198.
(11) Cass. 29 mars 1895, *J. T. T.* 1895, 398.

(1) Cass. crim. 20 mai 1908, *J. T. T.* 1908, 579.
(2) Cass. crim. 11 juin 1886, *J. T. T.* 1889, 7.
(3) L. 27 mars 1883, art. 4.
(4) *Ibid.,* art. 3 dernier alinéa.
(5) Cass. crim. 29 décembre 1888.
(6) D. 19 août 1854, art. 3; Cass. crim. 20 octobre 1885. — Aux termes de l'article 3 du décret du 19 août 1854, l'appel des jugements

354. Les appels interjetés à l'encontre des jugements des tribunaux correctionnels sont portés devant la Cour d'Alger. L'appel interjeté par un prévenu condamné par jugement contradictoire doit être formé dans les 10 jours du jugement au greffe du tribunal correctionnel (1).

Le délai des citations correctionnelles devant la Cour d'Alger est fixé pour les personnes habitant la Tunisie, non par l'article 184 du Code d'instruction criminelle, mais par l'article 9 de l'ordonnance du 16 avril 1843 rendue applicable à la régence par l'article 8 de la loi du 27 mars 1883 (2). Ce délai est de 60 jours.

§ 3. — Tribunaux de simple police.

355. Les tribunaux de simple police sont formés par le juge de paix assisté de son greffier. Les fonctions de ministère public sont remplies par un officier de police judiciaire (3).

Conformément au droit commun, les juges de paix connaissent, en Tunisie, des contraventions ordinaires.

De plus, la compétence spéciale que leur donne, en matière de délits, l'article 2 du décret présidentiel du 19 août 1854, leur permet de statuer : 1° sur toutes les contraventions de la compétence des tribunaux correctionnels qui leur sont soumises ou qui sont constatées dans leur ressort; 2° sur les infractions aux lois sur la police de la chasse; 3° sur tous les délits n'entraînant pas une peine supérieure à 6 mois de prison et à 500 francs d'amende.

Cette compétence étendue en matière pénale n'appartient pas aux juges de paix des villes où siège un tribunal de première instance; ces magistrats ne possèdent que la compétence ordinaire en matière de contraventions, dans les limites où elle est accordée aux juges de paix de France (4).

Lorsque le juge de paix statue en matière correctionnelle il doit suivre les formes prescrites pour les tribunaux correctionnels (5).

Les jugements des juges de paix, statuant en matière pénale, sont susceptibles de pourvoi en cassation, mais seulement lorsque l'appel n'est plus possible (6).

§ 4. — Conseils de guerre.

356. Lors de l'expédition de la Tunisie, il avait été constitué dans le corps d'opérations, en vertu de l'article 33 du Code de Justice militaire, modifié par la loi du 18 mai 1875, un certain nombre de conseils de guerre

ayant la composition, la compétence et le mode de procédure prévus par ce code pour les conseils de guerre aux armées. En 1883, au moment de la transformation du corps d'opérations en division d'occupation, ces conseils de guerre ont été réduits à un seul siégeant à Tunis et qui, depuis cette époque, n'a cessé de fonctionner.

Il en résultait que, bien que les opérations militaires fussent terminées en Tunisie, les troupes de ce pays se trouvaient, sous le rapport de la justice militaire, dans une situation anormale et relativement défavorable. En effet, en vertu des règles applicables aux conseils de guerre aux armées, les militaires y étaient jugés par un conseil composé seulement de 5 membres, et où 3 voix suffisaient à entraîner la condamnation, tandis qu'en France et en Algérie, les conseils comprenant 7 membres, 5 voix sur 7 sont nécessaires pour prononcer la culpabilité.

De plus, les inculpés pouvaient, en Tunisie, être traduits directement et sans instruction préalable devant le Conseil de guerre, ce qui, le cas échéant, rendait beaucoup plus difficile le rôle du défenseur.

Avec la pacification de la Tunisie, on comprit qu'un régime aussi exceptionnel ne pouvait être maintenu. Un décret présidentiel du 5 mai 1903 décida que, désormais, le conseil de guerre de la division d'occupation de Tunisie aurait la même composition que les conseils de guerre permanents établis dans les divisions militaires de l'Algérie et appliquerait les mêmes formes de procédure et d'instruction.

357. Pendant longtemps les conseils de guerre se déclarèrent compétents en Tunisie pour juger les délits commis par les Tunisiens. Pour admettre cette compétence on argumentait de l'article 63 du Code de justice militaire qui rend les conseils de guerre compétents en territoire ennemi; et la Cour de cassation admit pendant quelque temps cette thèse (2).

Revenant ensuite sur cette jurisprudence, la Cour de cassation décida que les sujets tunisiens non assimilés sont justiciables des tribunaux français établis en Tunisie à raison des crimes par eux commis au préjudice soit de protégés français, soit de Français (3).

C'est ainsi qu'il fut décidé que les conseils de guerre étaient incompétents en Tunisie pour juger les délits commis par des indigènes contre des Européens et que l'on ne pouvait appliquer en ce cas ni l'article 63 du Code de justice militaire qui vise exclusivement les crimes et délits commis en pays ennemis, ni les règles supérieures du droit public et du droit des gens qui régissent la compétence des conseils de guerre sur un territoire ennemi (4).

---

rendus en matière correctionnelle par les juges de paix à compétence étendue est porté devant le tribunal de la circonscription à laquelle appartient le juge de paix qui a statué et la procédure et les formes à suivre sont celles prévues par le Code d'instruction criminelle. (Cass. crim. 31 mai 1900, J. T. T. 1900, 373; Cass. crim. 3 février 1905, ibid., 1905, 194.)

(1) Trib. Tunis, 19 mars 1895, J. T. T. 1895, 225.
(2) Alger, 22 mai 1885; 21 février 1890.
(3) L. 27 mars 1883, art. 12.
(4) Cass. 29 décembre 1888.
(5) Ord. 26 septembre 1842, art. 63.
(6) Cass. 13 juillet 1888.

(1) Rapport au Président de la République française par le ministre de la Guerre, 25 avril 1903.
(2) Cass. 25 janvier 1889, p. 687.
(3) Cass. 2 juin 1892, D. P. 92.1.629; 9 novembre 1894, D. P. 1895.1.49. — V. sur cette question : Souchon, Question de compétence soulevée en matière pénale par l'établissement du protectorat de la France sur la Tunisie (Journal du droit international privé, 1894, p. 761.) — H. Gérard, De la nature juridique du protectorat (Revue algérienne, 1893, 1re partie, p. 226 et ss.)
(4) Cass. 12 août 1898, S. 1900.1.151.

358. Le conseil de guerre de la division d'occupation est, sans contestation, compétent à l'égard des militaires du corps d'occupation, conformément au droit commun, et leur fait application du Code de justice militaire.

. Le militaire qui, faisant partie du corps d'occupation de Tunisie, abandonne son corps, doit être considéré comme déserteur à l'étranger, non parce qu'il a franchi les limites du territoire français, mais parce qu'il a abandonné hors de France, le corps auquel il appartient (1).

Même s'il s'agit d'un sujet tunisien, le militaire qui, incorporé dans l'armée française, abandonne en Tunisie le corps auquel il appartient, se rend coupable, à l'expiration du délai de grâce, non pas de désertion à l'intérieur mais de désertion à l'étranger (2).

ARTICLE 5. — *Auxiliaires de la justice française.*

359. *Greffiers.* — Les greffiers et commis-greffiers des juridictions françaises en Tunisie, sont soumis, en vertu de l'article 15 de la loi du 27 mars 1883, aux lois et règlements qui régissent les juridictions algériennes. Les conditions d'âge et de capacités sont les mêmes qu'en Algérie.

La loi du 27 mars 1883 a également appliqué à la Tunisie le régime en vertu duquel, dans les localités où il n'existe pas de charges de commissaires priseurs, ces fonctions sont confiées aux greffiers de paix titulaires du diplôme prévu par l'article 12 du décret du 3 septembre 1885 à l'exclusion de tous autres (3).

360. *Interprètes.* — L'article 13 de la loi du 27 mars 1883 a attaché des interprètes aux juridictions françaises en Tunisie. Ces auxiliaires sont, comme les greffiers, soumis aux lois et règlements qui régissent les juridictions algériennes.

Ils sont nommés et révoqués par décrets rendus sur la proposition du garde des sceaux.

L'interprète judiciaire ne peut recevoir en Tunisie que les honoraires prévus par le décret du 20 novembre 1852, quelles que puissent être les difficultés particulières à la traduction des actes arabes tunisiens. Aucune rémunération spéciale n'a été prévue et, par conséquent, ne peut être accordée pour les travaux résumés ou analytiques (4).

361. *Avocats-défenseurs.* — Il n'y a pas d'avoués en Tunisie; ces officiers ministériels y sont remplacés par des avocats-défenseurs qui possèdent cumulativement le droit de postuler et le droit de plaider. Le décret présidentiel du 10 juillet 1883 nommait 19 défenseurs auprès du tribunal civil de Tunis; il n'y en a plus actuellement que 7. Le décret du 14 avril 1889 fixait leur nombre à 4 auprès du tribunal de Sousse; il y en a actuellement 3.

Aux termes de l'article 10 de la loi du 27 mars 1883,

l'arrêté ministériel du 26 novembre 1841 sur la profession de défenseur en Algérie est applicable à la Tunisie. Par suite, pour être nommé défenseur, il faut : 1° avoir 25 ans et jouir de ses droits civils et politiques; 2° être licencié en droit et avoir fait un stage de deux ans dans une étude d'avoué ou de défenseur; 3° être Français ou avoir 5 ans de résidence en Algérie; 4° avoir satisfait à la loi de recrutement; 5° justifier de sa moralité.

Les actes accomplis en Tunisie par les défenseurs, dans l'exercice de leurs fonctions légales, mais sans pouvoir spécial, ne lient pas moins la partie que s'ils émanaient d'elle, tant qu'elle n'a pas recours à la voie du désaveu pour en écarter les conséquences (1).

Bien que les avocats-défenseurs soient nommés et révoqués directement par le pouvoir exécutif, ces officiers ministériels ne sont chargés d'aucune partie de l'Administration publique et n'exercent leur ministère que dans les intérêts privés. Ils ne sont donc ni des fonctionnaires publics ni des dépositaires ou agents de l'autorité publique, ni des citoyens chargés d'un service ou d'un mandat public, dans le sens de l'article 31 de la loi du 29 juillet 1881. En conséquence la juridiction correctionnelle est seule compétente pour connaître des délits d'injures commis à leur encontre (2).

362. Les avocats défenseurs près les tribunaux de Tunisie ne peuvent exercer leur ministère hors des limites de l'arrondissement judiciaire pour lequel ils ont été nommés et où ils sont tenus de résider, si ce n'est en vertu d'une autorisation spéciale délivrée par le procureur de la République (3).

L'arrêté du 26 novembre 1841, rendu applicable à la Tunisie par l'article 10 de la loi du 27 mars 1883, confère au ministre de la justice le droit d'infliger aux défenseurs la peine de la suspension pour un temps n'excédant pas six mois, si le ministre n'excède pas ses pouvoirs lorsque l'officier ministériel a été mis en demeure de fournir ses explications et les a d'ailleurs effectivement présentées (4).

Les avocats défenseurs en Tunisie doivent de tous points être assimilés aux avoués en ce qui touche les actes de leur ministère relatifs à la postulation et qui sont régis par les lois de procédure et les tarifs applicables en France, mais cette assimilation ne saurait s'étendre aux autres actes et aux services qu'ils peuvent prêter à leurs clients en raison de leurs fonctions; dans cette dernière catégorie doivent être compris les honoraires des plaidoiries qui leur sont dus (5).

363. *Avocats.* — C'est un décret français du 1er octobre 1887 qui a organisé l'ordre des avocats en Tunisie en lui rendant applicables les règles de discipline établies par l'ordonnance du 20 novembre 1822. L'ordre des avocats de Tunis comprend : 56 avocats titulaires et 27 avocats stagiaires (Année judiciaire 1908-1909).

La profession d'avocat a été réorganisée pour la Tunisie

(1) Cons. revision Alger, 5 juillet 1900; Clunet, 1900, 974.
(2) Cass. crim. 17 décembre 1908.
(3) Just. de paix de Sfax, 18 décembre 1889, *J. T. T.*, 1890, p. 13; Alger, 8 mai 1895, *J. T. T.*, 1895, p. 499.
(4) Trib. Tunis, 3 février 1887, *J. T. T.* 1896, 24.

(1) Cass. civ. 29 décembre 1886, *J. T. T.* 1891, 123.
(2) Cass. crim. 4 janvier 1894.
(3) Alger, 11 février 1897, *J. T. T.* 1897, 114.
(4) C. d'Ét. cont. 5 juillet 1901, *J. T. T.* 1902, 588.
(5) Trib. Tunis, 21 février 1898, *J. T. T.* 1898, 181.

par un décret français du 16 mai 1901, modifié successivement par les décrets des 16 novembre 1906 et 25 mars 1908 (1).

Le règlement actuel de l'ordre des avocats de Tunis a été homologué par délibération du tribunal de Tunis, du 24 juillet 1901, et approuvé par le ministre de la Justice.

Il faut étendre aux avocats qui se présentent devant les

justices de paix de Tunisie, la présomption de mandat reconnue par l'article 40 de l'arrêté ministériel des 26 novembre-7 décembre 1841 sur la profession de défenseur en Algérie, en faveur du défenseur ou de l'avocat qui se présente, devant les tribunaux de commerce, porteur de l'original ou de la copie de la citation (1).

364. L'avocat consulté par un indigène qui ignore les lois et la procédure françaises, a le devoir de le renseigner exactement et de l'arrêter au début d'une lutte incertaine et coûteuse, qui doit entraîner nécessairement des frais hors de proportion avec l'importance du litige. Mais le conseil, quel qu'il soit, donné par l'avocat, ne saurait entraîner contre lui aucune responsabilité pécuniaire, hors le cas de mauvaise foi, de vol ou de fraude (2).

Les règles spéciales du barreau de Tunis, notamment l'article 6 de son règlement du 18 juillet 1901 ne dérogent en rien au principe d'après lequel l'avocat, en France, n'a pas le droit de retenir les pièces de son client pour le contraindre à lui payer des honoraires auxquels il est fondé de prétendre (3).

Un avocat ne peut être appelé à siéger à un tribunal français de Tunisie en remplacement d'un juge empêché ou absent, que s'il est citoyen français, le pouvoir judiciaire étant un démembrement du pouvoir souverain (4).

Au cas où le conseil de l'ordre des avocats au barreau de Tunis est dans l'impossibilité de fonctionner et notamment de remplir les attributions disciplinaires qui lui sont dévolues par l'article 8 du décret du 16 mai 1901, à charge d'appel devant le tribunal de Tunis, statuant toutes chambres réunies, il appartient à cette dernière juridiction d'assurer, à la place de celle du premier degré, le cours de la justice; elle le fait alors, dans la mesure des pouvoirs qui lui sont conférés par l'article 9 du décret précité (5).

365. *Huissiers.* — Aux termes de l'article 10 de la loi du 27 mars 1883, les dispositions des décrets et arrêtés réglementant la profession d'huissier en Algérie sont applicables en Tunisie.

L'article 45 du décret du 14 juin 1813, qui rend passible de la suspension et de l'amende l'huissier qui ne remet pas lui-même à la personne ou à domicile l'exploit qu'il a été chargé de signifier, est applicable en Tunisie (6).

L'huissier en l'étude duquel élection de domicile a été faite par une partie, ne peut, à la requête d'une autre partie, signifier un acte à ce domicile élu; un tel acte est nul et inexistant, et cette nullité ne rentre pas de celles que le juge peut considérer comme facultatives aux termes de l'ordonnance du 26 septembre 1842 en Algérie et en Tunisie (7).

366. *Commissaires priseurs.* — Comme les huissiers, les commissaires priseurs sont soumis en Tunisie aux mêmes règlements qu'en Algérie.

---

(1) Texte résultant des dernières modifications :
Article premier. Nul ne peut être inscrit sur le tableau des avocats près l'un des tribunaux français de Tunisie : 1° s'il n'a obtenu en France le diplôme de licencié en droit; 2° s'il ne produit un diplôme français de bachelier de l'enseignement secondaire; 3° s'il n'a prêté le serment prescrit à l'article 38 de l'ordonnance du 20 novembre 1882. Ce serment peut être reçu par les tribunaux civils de Tunisie.
Toutefois, la deuxième de ces conditions n'est pas applicable aux étrangers domiciliés en dehors de la Tunisie qui ont obtenu le diplôme d'études secondaires exigé dans leur pays en vue de suivre les cours préparatoires à la licence en droit, ni à ceux, quelle que soit leur nationalité, qui se trouvent actuellement en cours d'études dans une faculté de droit en France ou à l'École de droit d'Alger. (D. 25 mars 1908.)
Art. 2. Les dispositions qui déterminent en France le nombre des avocats faisant partie du conseil de discipline sont applicables en Tunisie. (D. 16 mai 1901.)
Art. 3. Ne peuvent être nommés membres du conseil de discipline que les avocats de nationalité française inscrits depuis deux ans au grand tableau.
Toutefois, lorsqu'il s'agit de statuer sur des affaires disciplinaires concernant les avocats tunisiens ou étrangers, des assesseurs, tunisiens ou étrangers, suivant la nationalité de l'avocat poursuivi, peuvent, si celui-ci en fait la demande, être adjoints au conseil. Ces assesseurs sont tirés au sort parmi les avocats inscrits depuis deux ans au grand tableau. Leur nombre est égal à la moitié des membres du conseil appelés à statuer. Si le nombre des avocats tunisiens ou étrangers inscrits depuis deux ans est inférieur à cette moitié, tous sont appelés à compléter le conseil. (D. 16 novembre 1906.)
Art. 4. Le bâtonnier est compris dans le nombre des membres du conseil déterminé d'après les dispositions visées à l'article 2. Il est choisi parmi les membres ou anciens membres du conseil de discipline âgés de trente ans révolus et inscrits depuis cinq ans au grand tableau. Si aucun des membres de l'Ordre ne réunit les conditions ci-dessus exigées, le bâtonnier est choisi parmi les cinq avocats français les plus anciens.
L'élection du bâtonnier a lieu avant celle des autres membres du Conseil de l'Ordre. (Ibid.)
Art. 5. Le bâtonnier et les autres membres du Conseil de l'Ordre sont élus par tous les avocats, français, tunisiens et étrangers, inscrits au grand tableau. (Ibid.)
Art. 6. Les élections ont lieu, chaque année, dans le courant du mois de juin. (Ibid.)
Art. 7. Le bâtonnier est chef de l'Ordre et préside le conseil de discipline. (D. 16 mai 1901.)
Art. 8. Les conseils de discipline sont chargés de maintenir les principes de modération, de désintéressement et de probité sur lesquels repose l'honneur de l'Ordre des avocats : ils répriment d'office, ou sur les plaintes qui leur sont adressées, les infractions et les fautes commises par les avocats. (Ibid.)
Art. 9. Les peines de discipline sont celles prévues par les lois françaises, et les formes qui doivent être suivies en cette matière sont celles indiquées par ces mêmes lois: toutefois, les attributions conférées en France au procureur général sont remplies en Tunisie par les procureurs de la République, et les appels des décisions des conseils de discipline sont portés devant le tribunal auprès duquel ces conseils exercent leurs fonctions. Le tribunal statue en assemblée générale et dans la chambre du conseil. (Ibid.)
Art. 10. Dès que le conseil de discipline aura été constitué, il élaborera un règlement du barreau qui sera mis en vigueur après avoir été homologué par le tribunal et approuvé par le ministre de la Justice. (Ibid.)
Art. 11. Les dispositions de l'ordonnance du 20 novembre 1822 et des textes qui l'ont complétée ou modifiée sont applicables en Tunisie sur tous les points auxquels il n'est pas dérogé par le présent décret. (Ibid.)
Art. 12. (Abrogé D. 25 mars 1908.)
D. 16 novembre 1906, art. 2. Les membres du barreau sont dispensés de présenter une procuration devant les justices de paix de la Régence.

(1) Trib. Tunis, 4 mars 1891, *J. T. T.* 1894, 212.
(2) Trib. Tunis, 21 mai 1894, *J. T. T.* 1801, 328.
(3) Trib. Tunis, 22 janvier 1908, *J. T. T.* 1908, 288.
(4) Trib. Sousse, 13 novembre 1899, *J. T. T.* 1889, 259.
(5) Trib. Tunis, 1er mars 1907, *J. T. T.* 1907, 300.
(6) Alger, 17 octobre 1891, *J. T. T.*, 1893, p. 357.
(7) Trib. Tunis, 18 décembre 1908, *J. T. T.*, 1909, p. 138.

Il y a deux charges de commissaires priseurs à Tunis et une dans chacune des villes suivantes : Sousse, Sfax, Bizerte.

Le monopole des commissaires priseurs en Tunisie s'applique à la vente de tous les objets appartenant à des Européens ou protégés. La réserve faite par les décrets instituant des offices de commissaires priseurs au profit des *Dallals* (crieurs publics indigènes) ne peut s'entendre que pour des objets appartenant à des sujets tunisiens (1).

Le décret du 3 septembre 1885 qui, dans les localités où il n'existe pas de charges de commissaires priseurs, attribue en Algérie aux greffiers de paix titulaires du diplôme prévu par l'article 12 du même décret, à l'exclusion de tous autres, les fonctions de commissaire priseur et les soumet à l'arrêté ministériel du 1er juin 1841, est applicable à la Tunisie, en vertu de l'article 15 de la loi du 25 mars 1883 (2).

367. *Curateurs aux successions vacantes.* — Le régime des successions vacantes tel qu'il est organisé en Algérie par une ordonnance du 26 décembre 1842, a été déclaré applicable à la Tunisie (3).

368. *Notaires.* — La loi du 27 mars 1883, art. 16, dispose : « Les fonctions de notaire continueront à être exercées dans la régence par les agents consulaires français jusqu'à ce que le notariat y ait été organisé par un règlement d'administration publique. »

Cette organisation n'est pas encore faite, malgré l'utilité de plus en plus certaine d'un notariat français en Tunisie.

Dans son rapport sur le budget de la Tunisie en 1907, M. Flandrin, député, rappelait à nouveau la nécessité d'un notariat dans la régence. Le projet de cette création avait d'ailleurs été adopté à la conférence consultative de Tunisie, le 30 novembre 1903, sur la base du notariat de la métropole, mais ce projet était en contradiction avec celui du gouvernement tunisien, qui admettait la dispense de tout stage pour les magistrats, avoués et receveurs d'enregistrement.

Pour les Français, les fonctions notariales sont donc actuellement remplies en Tunisie par les contrôleurs civils (4). Les consuls étrangers remplissent les mêmes fonctions vis-à-vis de leurs nationaux respectifs.

Les actes dressés par un consul faisant fonctions de notaire, a tous les caractères d'un acte authentique (5).

369. *Assistance judiciaire.* — L'assistance judiciaire devant les juridictions françaises de Tunisie est organisée par les décrets présidentiels des 18 juin 1884, 3 mai 1888 et 2 mai 1904. Elle est accordée aussi bien aux étrangers qu'aux Français (6).

L'admission à l'assistance judiciaire devant les juridictions françaises de Tunisie est prononcée par un bureau spécial établi au siège du tribunal et composé : 1° du procureur de la République ou de son substitut, président ; 2° d'un fonctionnaire délégué par le résident général sur la proposition du directeur général des finances de la régence ; 3° d'un défenseur ou avocat délégué par le procureur de la République et pris sur une liste arrêtée au mois d'octobre de chaque année par le tribunal de première instance.

SECTION II.

TRIBUNAUX INDIGÈNES.

Nous avons vu qu'il y avait en Tunisie dualité de législations : la loi religieuse, d'une part, non codifiée, dont la principale base est constituée pour les musulmans par la législation coranique ; et, d'autre part, la loi séculière, inscrite dans des textes adaptés aux besoins du pays (1).

A cette dualité de législations devaient correspondre et, en fait, correspondent deux ordres de juridictions distinctes : la justice religieuse et la justice séculière.

Nous envisagerons successivement chacun de ces deux ordres de juridictions.

ARTICLE PREMIER. — *Tribunaux religieux.*

370. L'application de la loi religieuse est confiée en Tunisie aux tribunaux du Charaa pour les musulmans, et au tribunal rabbinique pour les israélites.

Ces tribunaux ont seuls compétence pour connaître des contestations relatives au statut personnel et aux successions des sujets tunisiens.

La juridiction française établie en Tunisie n'est pas, en effet, compétente pour trancher une question relative à une question d'état, si elle concerne un sujet tunisien ou à une succession d'un sujet tunisien ; et cette incompétence tient à l'ordre des juridictions et est d'ordre public ; elle doit donc être relevée d'office par le juge (2). Mais cette réserve de compétence au profit des tribunaux religieux indigènes des questions de statut personnel et de successions des musulmans ou israélites tunisiens, ne fait pas obstacle à ce que la juridiction française connaisse d'une action purement personnelle et mobilière, telle qu'une demande en pension alimentaire, lorsqu'elle est formulée sur des obligations résultant d'un mariage dont la validité n'est pas contestée (3).

§ 1er. — *Charaa.*

371. La juridiction religieuse du Charaa a été organisée pour Tunis par le décret beylical du 14 novembre 1856.

---

(1) Trib. Sousse, 20 août 1890, *J. T. T.* 1890, 247.
(2) Just. paix Sfax, 18 décembre 1889, *J. T. T.* 1890, 13.
(3) Trib. Tunis, 11 avril 1894, *Rev. Alg.*, 1894.11.337.
(4) V. *supra* n° 149.
(5) Tunis, 3 janvier 1898, *J. T. T.* 1899, p. 340.
(6) Le traité du 28 septembre 1896 a expressément réservé au profit des Italiens le bénéfice de l'assistance judiciaire.

(1) V. *supra* n° 164.
(2) D. beyl. 9 chaoual 1301 — 31 juillet 1884 ; cf. aussi Trib. Tunis, 27 décembre 1893, *J. T. T.* 1894, 217.
(3) Tunis, 1er mars 1887, *J. T. T.* 1895, 474.

Ce texte précisait dans quelles conditions les juges du Charaa de Tunis devaient se réunir « pour régler les affaires religieuses ». Ce tribunal, composé du Cheikh el Islam, des muphtis, des cadis et du dey, devait se réunir le lundi de chaque semaine. Les deux cadis, hanéfite et malékite, siégeaient dans la partie ouest du Dar Ech Charaa, tandis que les deux muphtis, hanéfite et malékite, siégeaient dans la partie est, « pour donner des fetouas quand ils en étaient requis, assister les cadis de leurs lumières quand les parties le demandaient, et assurer la distribution de la justice en l'absence de l'un des cadis ». La durée des audiences, fixée à 4 heures par jour, prenait fin à une heure de l'après-midi et ne pouvait être réduite pour aucune raison (1).

L'organisation du Charaa de Tunis a été ultérieurement complétée par les décrets des 6 avril 1874, 22 décembre 1874 et 8 février 1876.

Enfin, le décret du 25 mai 1876, modifié dans certaines de ses dispositions par le décret du 15 décembre 1896, a réglementé le fonctionnement des Charaa et tribunaux de cadis de provinces.

372. Le droit musulman admet le principe du juge unique; en matière religieuse, notamment, le cadi est généralement seul juge. Mais il y a souvent, à côté du cadi, des sortes de conseillers appelés muphtis chargés d'interpréter la loi coranique et de délivrer des « fetouas », ou consultations écrites.

Dans tout litige, le défendeur a le droit, au début de l'instance, de choisir le rite (hanéfite ou malékite) selon les règles duquel il entend être jugé (2); et, d'après le choix qu'il aura fait, l'affaire sera soumise au cadi hanéfite ou au cadi malékite. C'est là un principe très important que les juridictions françaises ont eu fréquemment à appliquer en Tunisie (3).

Les affaires sont portées devant le medjlès (réunion du cadi et des muphtis) lorsque les parties le demandent ou lorsque le cadi préfère ne pas juger seul; le cadi préside alors les débats. Les jugements sont rendus à l'unanimité ou à la pluralité des voix. Dans le premier cas, la rédaction énoncera l'unanimité; dans le second, elle indique les noms des juges qui ont prononcé le jugement.

L'examen de certaines questions provoquant quelquefois des controverses au sujet de l'application de la loi, dans le cas où des divergences se produisent entre les avis exprimés par les membres du Charaa appartenant à l'un ou à l'autre des deux rites, sans que la discussion puisse les ramener à une seule et unique opinion, le bach muphti du tribunal où s'est produit le partage rédige un rapport dans lequel il développe les arguments produits à l'appui de chaque opinion; chaque juge signe l'opinion qu'il soutient et le rapport ainsi rédigé et signé est adressé au gouvernement.

Il est permis à chacun des deux cadis de recevoir en dehors de la maison du Charaa toute demande à n'importe quel moment, pourvu qu'elle n'ait pas le caractère d'une plaidoirie et qu'elle n'ait pour objet que des mesures conservatoires ou autres à prendre dans l'intérêt des parties, telles qu'enquêtes, arrestations en cas de nécessité, nominations de tuteurs, inventaires de successions (1).

373. Aucun jugement écrit et rendu, soit par le conseil, soit par les cheikhs saisis de l'affaire, n'est exécuté s'il ne porte le sceau du Charaa. Il n'est pas permis de faire sortir ce sceau de la maison du Charaa.

Le cheikh muphti doit donner son opinion au cadi quand il en est requis et aux particuliers quand ils le consultent. Il exerce le rôle de juge suppléant quand le cadi est empêché.

Les jugements rendus par le Charaa sont en dernier ressort et sans recours possible à une autre autorité. Ils peuvent toutefois être réformés par le Charaa lui-même dans des conditions analogues à notre procédure française de requête civile (2); et ils peuvent d'autre part, être attaqués par la voie de la tierce opposition (3).

374. En dehors du Charaa de Tunis, ont été organisés dans l'intérieur de la régence des tribunaux de Charaa dont la compétence s'étend à des *districts* déterminés. Tantôt ces tribunaux de province sont composés d'un seul cadi, tantôt sont adjoints au cadi plusieurs muphtis, mais tous appartiennent au rite malékite.

Chaque cadi doit borner sa juridiction aux limites de son district, mais si deux parties n'appartiennent pas à son district se présentent devant lui, il peut valablement juger leur différend (4). Il peut aussi, en cas d'empêchement, désigner un muphti pour le remplacer.

Lorsque, devant un cadi de district, les parties sont d'accord pour être jugées par le Charaa de Tunis, acte est pris de leur accord, et l'affaire est renvoyée devant ce dernier tribunal. D'autre part, si l'une des parties demande à être jugée par le Charaa de Tunis, le cadi se dessaisit de l'instance « à moins que l'affaire ne soit tellement claire qu'il appert avec évidence que l'intention de celui qui demande cet envoi n'est que de gagner du temps et de faire perdre de l'argent à la partie adverse en lui occasionnant des fatigues inutiles; dans ce cas le cadi retient l'affaire » (5).

Si un cadi de district est embarrassé pour juger une affaire, il la soumet au conseil ou au muphti. Si les magis-

---

(1) Le décret du 14 novembre 1856 disposait encore : « ... Si les affaires viennent à diminuer, les juges n'en demeureront pas moins occupés à des travaux relatifs à leur charge, à arrêter des mesures et signer des documents réservés pour le temps qu'ils auront de libre.
« En rentrant chez lui, le juge s'occupera librement de ses affaires privées, goûtera le repos d'esprit et de corps, et veillera à ce que les solliciteurs n'encombrent pas sa porte. Il ne fera introduire ni en présence ni plaignant, ni défendeur et ne sera pas astreint à retourner à Dar-Ech-Chara dans la même journée. »
(2) La grande majorité de la population tunisienne appartient au rite malékite dont le fondateur est mort en l'année 179 de l'hégire. Une petite minorité pratique le rite hanéfite, qui est le rite turc, et qui a été introduit en Tunisie au temps de la domination ottomane. A cette époque le rite hanéfite était le rite officiel. Il est demeuré celui de la famille beylicale (V. Padoux, *op. cit.*, p. 89).
(3) Trib. Tunis, 10 novembre 1897, *J. T. T.* 1897, 600; 21 décembre 1898, *ibid.*, 1899, p. 233; 15 mai 1901, *ibid.*, 1901, p. 304.

(1) D. beyl. 25 mai 1876, art. 13.
(2) Trib. Tunis, 6 juin 1890, *J. T. T.* 1896, p. 231.
(3) Alger, 16 mai 1893, *J. T. T.* 1893, p. 323.
(4) D. beyl. 25 mai 1876, art. 27.
(5) D. beyl. 25 mai 1876, art. 34.

trats émettent la même opinion, il se range à leur avis; s'ils sont d'opinions différentes, il consulte le cadi de Tunis, qui soumet l'affaire au Charaa de cette ville.

Les cadis des districts n'ont pas compétence pour connaître des questions d'enzel ou d'échanges de propriétés habous; l'examen de ces questions est réservé à l'un des deux cadis de Tunis.

L'appel devant le Charaa de Tunis d'un jugement rendu par un Charaa de province est toujours possible.

375. Le tribunal du Charaa n'est pas seulement compétent, comme nous l'avons dit pour toutes les juridictions indigènes religieuses, en matière de statut personnel et de successions; il est encore compétent en matière de propriété ou de droits réels lorsqu'il s'agit d'immeubles non immatriculés.

Alors que le tribunal séculier de l'Ouzara ne peut connaître que des contestations relatives à la possession des immeubles tunisiens non immatriculés, le tribunal du Charaa, seul, peut connaître du pétitoire, c'est-à-dire des contestations portant sur le fond même du droit de propriété, et cette incompétence de l'Ouzara en matière pétitoire doit être reconnue d'office comme tenant à l'organisation des juridictions dans la régence (1).

Enfin, en outre de ses attributions de juridiction contentieuse, le cadi a des pouvoirs de juridiction gracieuse. Il a, à cet égard, pouvoir de nommer des tuteurs, des administrateurs de successions, des mokaddems de habous privés.

La juridiction du cadi n'ayant pas été organisée en Tunisie pour les musulmans *algériens*, la juridiction française y est seule compétente pour connaître des constatations pouvant s'élever entre eux relativement à leur statut personnel et à leurs successions (2).

§ 2. — *Tribunal rabbinique.*

376. Le tribunal rabbinique auquel est dévolue la connaissance des litiges touchant au statut personnel et aux successions des israélites, a été consacré pour toute la Régence par le décret beylical du 3 septembre 1872 sur la compétence judiciaire des rabbins. Un décret du 28 novembre 1898 a réorganisé entièrement le tribunal rabbinique de Tunis.

Le tribunal rabbinique de Tunis est composé du grand-rabbin, président honoraire; d'un rabbin, vice-président; de deux rabbins, juges; de deux rabbins, juges-suppléants; et d'un greffier, tous nommés par le bey sur la proposition du premier ministre. Ces magistrats ne peuvent exercer aucun commerce, ni cumuler avec leur situation aucun autre emploi rétribué, de quelque nature qu'il soit. Il leur est de même interdit de participer moyennant rétribution, aux cérémonies du culte israélite. Ils doivent être âgés de 35 ans au moins et de 70 ans au plus, présenter des garanties de capacité nécessaires et résider à Tunis.

Les parties peuvent comparaître et plaider devant le tribunal rabbinique elles-mêmes ou par mandataire.

Les audiences sont publiques à peine de nullité. Elles ne peuvent être tenues qu'au siège même du tribunal sous la présidence du vice-président assisté de deux juges ou juges-suppléants. A défaut de vice-président, la présidence appartient au doyen d'âge des juges.

Les parties peuvent toujours se présenter volontairement devant le tribunal, auquel cas il juge leur différend sans autre forme.

Le tribunal rabbinique ne reçoit aucune instance préalablement portée devant une autre juridiction régulière, à moins que cette autre juridiction ne s'en soit dessaisie sans la trancher et seulement après qu'avis de ce dessaisissement lui a été notifié par le premier ministre.

Les jugements sont rendus en langue hébraïque. La copie en forme exécutoire d'un jugement contient la traduction en langue arabe des éléments d'une simple expédition (1).

Les jugements du tribunal rabbinique sont définitifs et sans recours. Toutefois, ils peuvent être cassés par le bey et renvoyés devant la juridiction compétente (2).

377. Un second décret en date du 28 novembre 1898, également, donne compétence au vice-président du tribunal rabbinique pour prescrire l'apposition des scellés et l'inventaire lors du décès d'un israélite.

C'est, d'autre part, au tribunal rabbinique qu'il appartient de désigner l'administrateur d'une succession lorsque le défunt ne laisse pas d'héritiers connus ou lorsque tout ou partie des héritiers connus sont absents, ou lorsque la succession est litigieuse, ou enfin lorsque les héritiers renoncent à la succession. Les comptes des administrateurs sont soumis à l'homologation du tribunal rabbinique.

Un décret du 25 novembre 1905 a réglé les conditions d'ouverture des successions d'israélites tunisiens décédés en dehors du ressort du tribunal rabbinique de Tunis et les mesures à prendre pour ces successions.

378. Le tribunal de l'Ouzara étant incompétent pour connaître de la demande en restitution d'un titre de propriété si elle donne à trancher une question de succession israélite, il convient dans ce cas de renvoyer les parties à se pourvoir devant le tribunal rabbinique (3).

Le règlement de la succession d'un israélite tunisien appartient au tribunal rabbinique; même si, depuis l'ouverture de cette succession, un des héritiers a acquis la qualité de protégé français (4).

La demande introduite par une femme israélite tunisienne contre son mari et tendant à ce que ce dernier

---

(1) Trib. Ouzara, 13 avril 1896, *J. T. T.* 1896, 328.
(2) Trib. Tunis, 8 juin 1896, *J. T. T.* 1896, 373; 25 octobre 1897, *ibid.*, 1898, 457.

(1) Elle porte de plus, en tête, la mention suivante :
« *Au nom de S. A. le Bey, le Tribunal rabbinique siégeant à Tunis a rendu le jugement dont la teneur suit.* »
Et, à la fin, la mention suivante :
« *En conséquence, S. A. le Bey mande et ordonne à tous les fonctionnaires et agents de l'autorité publique de faire exécuter ou d'exécuter le présent jugement.* »
(2) D. 28 novembre 1898, Art. 24.
(3) Trib. Ouzara, 2 avril 1886, *J. T.* 1898, 405.
(4) Trib. Tunis, 3 juin 1884, *J. T.* 1891, 35.

soit condamné à assurer son entretien est de la compétence exclusive du tribunal rabbinique (1).

Le tribunal rabbinique n'a pas qualité pour décider qu'une enfant est la fille légitime d'un israélite algérien, ou pour l'envoyer en possession de la succession de celui-ci, ou en cas de minorité, pour lui nommer un tuteur. Par suite, est irrecevable celui qui se présente devant la juridiction française en qualité de tuteur nommé par le tribunal rabbinique pour faire liciter les biens laissés par ce prétendu père (2).

Le tribunal rabbinique est incompétent pour nommer un tuteur à un mineur israélite tunisien, si celui-ci est protégé d'une puissance européenne (3).

379. Les israélites protégés français sont justiciables des tribunaux français et non du tribunal rabbinique, même en matière de statut personnel (4). Il en est ainsi spécialement pour une demande en pension alimentaire qui s'agite entre israélites tunisiens protégés français (5). Mais ils n'ont pas qualité pour connaître de la demande en décharge de la tutelle formée par le tuteur de mineurs protégés nommés par le tribunal rabbinique, alors même que c'est en suite de l'accord de toutes les parties que cette juridiction a procédé à l'organisation de la tutelle (6).

Les tribunaux français sont compétents pour connaître des questions d'état qui intéressent les sujets tunisiens israélites lorsqu'ils jouissent de la protection d'une puissance européenne. Il n'y a pas lieu, en ce qui les concerne, à l'application de la réserve de compétence contenue dans le décret du 31 juillet 1884 (7).

(1) Trib. Ouzara, 22 janvier 1887, J. T. T. 1899, 464.
(2) Trib. civil Tunis, 6 novembre 1907 :
« Attendu que N..., le demandeur, produit aux fins d'établir la qualité (de tuteur) en laquelle il agit, un jugement sur requête rendu à la date du 13 février 1907 par le tribunal rabbinique de Tunis, qui l'a nommé tuteur de la mineure S.. qui avait déjà été auparavant, par un autre jugement sur requête, émané du même tribunal à la date du 17 janvier 1907, reconnue fille légitime de H... A... et envoyée en possession de la succession de ce dernier ; que le demandeur N..., s'appuyant sur toutes ces pièces, soutient par-devant ce siège qu'il y a chose jugée sur la filiation de la fille S... et que, par conséquent, la demande en licitation qui fait l'objet du litige actuel ne présente aucune difficulté ;
« Attendu que sur ce simple énoncé de la demande, il se pose la question de savoir si elle est recevable ; qu'en effet M... A... et son fils étaient Français, ainsi qu'il résulte d'un jugement sur requête rendu par la chambre du conseil du tribunal de céans à la date du 12 juillet 1905 ; attendu que si la femme N..., a été mariée avec H.. A..., comme le prétend le demandeur, il s'ensuit nécessairement que le tribunal rabbinique n'avait pas qualité pour reconnaître que la fille S... était ou n'était pas la descendante légitime d'H... A..., ni que la femme N... était légitimement mariée ou même individu ;
« Qu'il n'était pas davantage compétent pour renvoyer la mineure S... en possession de la succession de H... A..., laquelle était Française, pas plus encore que pour lui nommer un tuteur ;
« Attendu que si ce côté de la question pouvait avoir plus ou moins complètement échappé au défendeur, cela ne fait pas obstacle à ce que le tribunal relève le moyen d'office parce qu'il s'agit en cela d'une matière d'ordre public et d'une incompétence absolue de la justice indigène, ce qui impose au magistrat français le devoir d'intervenir proprio motu;
« Attendu qu'il apparaît donc que la demande doit être déclarée irrecevable, faute de justifier de la qualité en laquelle il prétend agir. »
(3) Trib. Tunis, 11 décembre 1907, J. T. T. 1908, 127.
(4) Trib. Tunis, 31 décembre 1883, J. T. T. 1891, 34 ; Just. paix Tunis-Nord, 28 mai 1896, J. T. T. 1896, 301.
(5) Trib. Tunis, 10 juin 1895, J. T. T. 1895, p. 439.
(6) Trib. Tunis, 17 juin 1895, J. T. T. 1895, p. 469.
(7) Trib. Tunis, 1er avril 1908, J. T. T. 1908, p. 416.

380. Les tribunaux séculiers indigènes ont une compétence à la fois pénale et civile pour toutes les matières qui ne sont pas de la compétence des tribunaux religieux dont nous avons parlé.

Le plus important de ces tribunaux séculiers est le tribunal de l'Ouzara ; après lui viennent les tribunaux régionaux, le tribunal de la Driba, les juridictions des caïds, et enfin, le tribunal de l'Orf, sorte de juridiction consulaire.

§ Ier. — Tribunal de l'Ouzara.

381. Le tribunal de l'Ouzara, dont le siège est Tunis, est divisé en deux sections ; l'une correspondant aux affaires pénales, l'autre correspondant aux affaires civiles. Son importance est considérable. L'Ouzara a jugé, en 1906, 2,350 affaires pénales et 1,860 affaires civiles (1).

Pénalement, il connaît « de tous les crimes et délits de nature à troubler la tranquillité publique » (2).

En matière civile, il connaît des actions mobilières supérieures à 5,000 francs (3).

L'Ouzara est incompétent en matière pétitoire ; et cette incompétence doit même être reconnue d'office (4). Il ne saurait, par exemple, connaître d'une contestation portant sur l'existence d'une constitution de habous ; il doit se borner, dans ce cas, à mettre l'immeuble sous séquestre et à renvoyer la connaissance du fond du litige au Charaa (5).

Toutefois, il n'y a pas lieu, pour le tribunal de l'Ouzara, de renvoyer devant le Charaa une action en revendication d'immeuble, lorsque le demandeur fournit à l'appui de sa prétention un jugement du Charaa de date récente ; le tribunal séculier n'a alors qu'à ordonner l'exécution de la décision du tribunal religieux, car il y a chose jugée (6).

L'Ouzara ne peut connaître des difficultés soulevées par l'exécution d'un jugement du Charaa ; l'interprétation des jugements est, en effet, réservée aux tribunaux qui les ont rendus, et c'est à ceux-ci qu'il appartient de statuer sur les difficultés d'ordre judiciaire qui peuvent se présenter à l'occasion de l'exécution de leurs décisions (7).

L'enzel étant un droit immobilier, l'Ouzara doit renvoyer les parties à se pourvoir devant le Charaa, seul compétent, lorsque la contestation porte sur les contrats d'enzel (8).

382. Une circulaire du premier ministre aux caïds, en date du 25 janvier 1885, a déterminé le mode des citations des parties devant l'Ouzara et les conditions d'exécution des décisions rendues par ce tribunal.

(1) Toutefois, depuis le décret du 3 juin 1908 sur la compétence des Tribunaux de province, le chiffre des affaires soumises au Tribunal de l'Ouzara a notablement baissé.
(2) D. beyl. 4 avril 1884, art. 5.
(3) D. beyl. 3 juin 1908.
(4) Trib. Ouzara, 13 avril 1896, J. T. T. 1896, p. 328.
(5) Trib. Ouzara, 28 février 1897, J. T. T. 1897, 638.
(6) Trib. Ouzara, 9 août 1899, J. T. T. 1903, 58.
(7) Trib. Ouzara, 18 juin 1908, J. T. T. 1908, 501.
(8) Trib. Ouzara, 24 février 1908, J. T. T. 1908, 294.

Un décret du 14 février 1885 a, d'autre part, réglé le fonctionnement général de l'Ouzara.

383. En ce qui concerne plus spécialement la section pénale de l'Ouzara, le service d'instruction a été organisé par arrêté du premier ministre en date du 28 janvier 1888. Un cheikh instructeur et des cheikhs auxiliaires sont attachés à la section pénale pour instruire les affaires pénales et procéder aux opérations que nécessite l'instruction. Ce cheikh et ses auxiliaires sont chargés de rechercher tous crimes, délits ou contraventions, d'en recueillir les preuves et d'accomplir les actes et formalités pour mettre la cause en état d'être jugée.

384. D'autre part, le tribunal de l'Ouzara connaît, comme juridiction d'appel de droit commun, des jugements rendus en premier ressort par les tribunaux régionaux et par le tribunal de la Driba.

Le décret du 18 mars 1896 a enfin élargi la compétence de l'Ouzara en décidant que le premier ministre peut toujours évoquer d'office, devant cette juridiction, toute affaire en cours d'instance de la compétence des tribunaux de province.

Le premier ministre peut également déférer à l'Ouzara pour incompétence, abus de pouvoirs, fausse application ou violation de la loi, ou encore pour erreur manifeste, tout jugement des mêmes tribunaux, même s'il a été passé en force de chose jugée ou a été exécuté.

Dans les cas d'évocations visés par le décret du 18 mars 1896, ou en cas d'appel des jugements rendus en premier ressort par les tribunaux régionaux, les parties sont citées dans le plus bref délai possible à comparaître devant l'Ouzara. Elles ont la faculté soit de comparaître personnellement, soit de se faire représenter par un oukil, soit de déposer un mémoire dans lequel elles exposent leurs moyens de défense.

La procédure suivie est réputée contradictoire dans ces différents cas (1).

Tout oukil porteur des pièces d'une des parties est, conformément au décret du 9 mai 1897, présumé avoir reçu mandat de la représenter devant l'Ouzara, pour l'affaire à laquelle lesdites pièces se rapportent.

§ 2. — Tribunaux de province.

385. Il y a en Tunisie six tribunaux régionaux à compétence civile et pénale. Ils se trouvent à Sfax, Gabès, Gafsa, Sousse, Kairouan et au Kef (2). Ces tribunaux ressortissent au tribunal de l'Ouzara siégeant à Tunis.

Chaque tribunal de province est composé de : un président, deux juges, un juge suppléant, un greffier. Les conditions de recrutement et d'avancement du personnel judiciaire sont réglées par le décret beylical du 1er février 1909 (3).

Les parties peuvent plaider par elles-mêmes ou par procureur. Sont seuls admis à représenter les parties :

(1) D. beyl. 22 mai 1904.
(2) D. beyl. 18 mars 1896, 25 février 1897 et 17 mai 1898.
(3) V. supra, n° 189.

1° les oukils nommés conformément aux dispositions du décret du 27 mai 1885 (12 Chabane 1302); 2° les avocats et défenseurs qui ont obtenu un décret nominatif d'autorisation.

Aux termes du décret beylical du 3 juin 1908, les tribunaux de province connaissent, en matière civile, de toutes actions purement personnelles et mobilières en dernier ressort jusqu'à 200 francs, et à charge d'appel jusqu'à 5,000 francs.

En matière pénale, leur compétence a été réglée par de nombreux décrets beylicaux (1).

Le tribunal de province saisi d'une affaire pénale peut statuer sur les demandes à fins de réparations civiles introduites devant lui, dans cette instance, par la partie plaignante, si, par leur nature et par leur chiffre, elles rentrent dans sa propre compétence.

Toutefois, la condamnation aux fins civiles qui viendrait ainsi à être prononcée contre un délinquant n'est rendue en dernier ressort que si le taux de la demande le comporte et si, de plus, la condamnation pénale n'est pas susceptible d'appel.

En matière pénale sont également compétents :
1° Le tribunal dans la circonscription duquel le délit a été commis;

(1) 1° Chasse en temps prohibé, vente et colportage du gibier (amende de 30 à 120 francs, prison de six jours à deux mois), infractions aux lois sur la pêche (D. 11 janvier 1895);
2° Ventes prohibées d'armes (D. 18 janvier 1883, 3 octobre 1884, 20 octobre 1885); port d'armes apparentes sans autorisation (D. 14 avril 1894);
3° Délits en matière de douanes, de monopoles, de mahsoulats;
4° Introduction de monnaies étrangères (amende de 500 francs, prison de trois jours à un mois) (D. 15 décembre 1891);
5° Association sans autorisation et prêt d'une maison à une association non autorisée (D. 15 septembre 1888);
6° Infractions aux lois sur la médecine et la pharmacie (D. 15 juin 1888);
7° Tenue de jeux de hasard en récidive;
8° Allumage de feu dans la zone prohibée autour des forêts et en temps prohibé (amende de 20 à 500 francs, prison de six jours à six mois (D. 20 août 1886);
9° Destruction de récoltes, d'animaux domestiques, bris de clôture, dommages aux champs, blessures par imprudence, incendie par imprudence, délit de pacage;
10° Dégradation de monuments publics, de signaux topographiques, de bornes d'immatriculation, de balises;
11° Contraventions aux décrets sur l'entrée des légumes dans les villes (amende de 100 à 500 francs);
12° Falsification de denrées; plâtrage des vins ; abatage clandestin; usage de faux poids et de fausses mesures;
13° Calomnies ; injures, menaces de voies de fait sous condition; tentative de corruption de fonctionnaire non suivie d'effet; outrages à un agent ou à un commandant de la force publique, attroupement séditieux sans armes, refus d'obéissance à une réquisition légale; négligence des préposés à la garde des prisonniers, en cas d'évasion;
14° Usurpation ou empiètement du domaine public;
15° Rixes sur la voie et dans les lieux publics, outrage public à la pudeur;
En même matière, les mêmes tribunaux connaissent, à charge d'appel, des infractions suivantes :
1° Délits contre l'Etat et la sûreté publique (peine applicable : prison de six mois à deux ans);
2° Menaces de mort sous condition; attentats à la pudeur sans violences; faux témoignage; escroquerie; abus de confiance simple, faux en écriture privée; banqueroute simple (peine applicable : prison de deux mois à deux ans);
3° Coups et blessures volontaires; vols simples; violation de domicile; excitation de mineurs à la débauche; enlèvement (peine applicable : prison quinze jours à un an).

2° Le tribunal dans la circonscription duquel habite le détenu;

3° Le tribunal dans la circonscription duquel le prévenu a été trouvé.

Celui de ces trois tribunaux qui a été saisi le premier doit conserver la connaissance de l'affaire, à moins qu'il n'en soit autrement ordonné avant le jugement par le premier ministre.

Les tribunaux de province suivent, pour l'instruction et le jugement des affaires qui leur sont dévolues, les règles de procédure en usage devant les sections civile et pénale de l'Ouzara. Ils peuvent s'adresser les uns aux autres, et par l'intermédiaire du ministère, des commissions rogatoires, pour les constatations à faire dans les instances pendantes devant eux et pour l'instruction de ces affaires.

386. Un décret beylical du 10 avril 1898 a, d'autre part, autorisé les présidents des tribunaux régionaux à prendre certaines mesures pour empêcher les débiteurs de dissimuler leurs biens.

Les présidents de ces tribunaux peuvent ordonner, sans procédure et sans débat, sur la simple demande qui leur en est faite par un créancier porteur d'un titre tel qu'un acte notarié ou autre en tenant lieu, toutes mesures conservatoires ayant pour objet de mettre un débiteur dans l'impossibilité de dissimuler ou de faire disparaître ses biens, et de rendre ainsi difficile ou impossible l'exécution de la sentence qui pourrait être rendue contre lui après débats réguliers.

Toutefois, les présidents des tribunaux de province ne peuvent faire usage du pouvoir qui leur est ainsi donné que dans des affaires dont leur juridiction est régulièrement saisie et à charge de faire trancher le litige par le tribunal à la première audience utile.

Au cas où le tribunal jugerait la demande mal fondée, il annulerait toutes les mesures conservatoires autorisées provisoirement par le président; dans le cas contraire, il les confirmerait par son jugement.

Les ordonnances rendues par les présidents dans les conditions que nous venons d'indiquer sont exécutées sans délai par les caïds sur la seule production qui leur en est faite par la partie intéressée. Ces pièces ne sont soumises à aucune condition de forme, elles doivent néanmoins être revêtues de la signature du président et du sceau du tribunal.

§ 3. — Tribunal de la Driba.

387. Le tribunal de la Driba a son siège à Tunis, et son ressort comprend · la ville de Tunis et sa banlieue, les caïdats de Tébourba, Béja, Zaghouan, Medjez el Bab, Mateur, Bizerte et Soliman.

Il se trouve en principe soumis aux règlements des tribunaux de province pour les affaires dépassant la compétence des caïds et non réservées au tribunal de l'Ouzara.

La compétence de la Driba est donc à la fois civile et pénale.

§ 4. — Juridiction des caïds.

388. Bien que surtout magistrats de l'ordre administratif, les caïds exercent certains pouvoirs juridictionnels

en matière civile et en matière pénale. Leurs pouvoirs judiciaires ont été déterminés par un décret beylical du 25 mai 1900.

En matière civile, les caïds sont compétents pour connaître des actions personnelles et mobilières dont l'importance pécuniaire n'excède pas 30 francs.

En matière pénale, ils peuvent connaître des affaires, qui, d'après les lois en vigueur, n'entraînent pas un emprisonnement supérieur à quinze jours ni une amende supérieure à 20 francs. Mais ces diverses compétences n'appartiennent pas aux caïds qui résident dans les villes où siège un tribunal régional, c'est-à-dire à Sfax, Sousse, Gabès, Gafsa, Kairouan et au Kef.

Les peines d'emprisonnement prononcées par un caïd sont subies dans la geôle de ce magistrat (1).

En aucun cas les caïds ne peuvent connaître, autrement que pour les transmettre à l'autorité judiciaire compétente, des affaires civiles, personnelles et mobilières, d'une importance supérieure à 30 francs ni d'une affaire pénale pouvant entraîner un emprisonnement supérieur à quinze jours ou une amende supérieure à 20 francs (2).

Le premier ministre peut, par voie d'arrêtés, déléguer aux khalifas, résidant dans des localités autres que le chef-lieu du caïdat, les pouvoirs judiciaires conférés aux caïds (3).

§ 5. — Tribunal de l'Orf.

389. Le tribunal de l'Orf est un tribunal consulaire appelé à statuer sur les affaires de nature commerciale ou à donner son avis à une juridiction de droit commun sur une question purement commerciale. Son fonctionnement a été réglé par un décret beylical du 12 mars 1884.

Il siège à Tunis et est composé de l'amin du commerce et de dix assesseurs. Dans le cas de vacance d'un siège d'assesseur, l'amin et les autres assesseurs lui élisent un successeur. Cette élection est soumise sans délai à la ratification du bey.

Toute affaire litigieuse entre commerçants est portée devant l'amin, qui la juge avec les assesseurs. La présence de huit assesseurs au moins est nécessaire pour la validité du jugement qui est rendu à la majorité des voix. En cas de partage, la voix de l'amin est prépondérante.

L'amin en réfère pour l'exécution du jugement, en cas de difficultés, au ministère, en lui soumettant une expédition authentique du jugement.

Le tribunal de l'Orf remplit également entre ouvriers et patrons le rôle dévolu en France aux conseils de prud'hommes.

Le tribunal de l'Orf est compétent pour liquider, sous réserve de l'homologation de l'Ouzara en cas de contestation, toute association commerciale contractée entre Tunisiens, notamment une association pour l'achat et la vente des légumes (4).

---

(1) D. beyl. 23 mai 1900, art. 8.
(2) D. beyl. 12 mars 1902.
(3) D. beyl. 23 mai 1900, art. 12.
(4) Trib. Ouzara, 17 mars 1898, J. T. T. 1900.454.

Il y a lieu notamment de renvoyer devant l'Orf la contestation survenue entre un patron tisserand et son ouvrier au sujet du paiement des sommes dues à ce dernier à l'occasion de l'exercice de son industrie (1).

ARTICLE 3. — *Auxiliaires de la justice tunisienne.*

§ 1er. — *Oukils.*

390. Les oukils sont les représentants agréés des parties devant les juridictions tunisiennes. Leur organisation a été entièrement refondue par un décret beylical du 25 février 1897.

Aux termes de cette nouvelle réglementation, il faut pour être nommé oukil, être âgé de 25 ans au moins, être d'une moralité reconnue, et subir un examen devant une commission composée du ministre de la plume, président, du directeur des services judiciaires et de deux membres délégués chaque année par le premier ministre.

391. L'oukil muni d'un décret d'autorisation peut représenter les parties et faire pour elles toutes productions, procédures et plaidoiries utiles devant toutes juridictions tunisiennes quelles qu'elles soient.

Tout oukil porteur des pièces d'un plaideur est présumé avoir reçu mandat de le représenter en justice pour l'affaire à laquelle lesdites pièces se rapportent, même s'il ne produit pas une procuration régulière (2). Toutefois, l'oukil ne peut transiger, passer un aveu, accepter que le serment soit déféré, ne lui déférer lui-même à un tiers, faire appel d'une décision rendue en premier ressort, arguer de faux les pièces produites en justice ou accuser un tiers de faits pouvant entraîner contre lui l'application d'une peine, s'il ne justifie avoir reçu pour ce faire mandat exprès de celui qu'il représente.

A partir du moment où un oukil s'est constitué pour un plaideur, toutes pièces de la procédure, citations, significations, sommations, lui sont remises au lieu et place de son client et cette remise opère le même effet que si elle était faite au plaideur lui-même.

Tout oukil est tenu de déférer aux instructions qui lui sont données par les magistrats pour la marche des affaires et les mesures d'ordre qu'ils prennent pour l'administration de leur juridiction. Il doit se considérer comme un auxiliaire de la justice et refuser absolument son concours à toute action dolosive et à tout acte frauduleux (3).

392. Les honoraires des oukils se règlent suivant l'accord intervenu entre eux et les parties qu'ils représentent. Toutefois il leur est interdit de s'associer avec ces dernières pour le gain d'un procès, c'est-à-dire de sti-puler qu'en cas de succès il leur reviendra une quotité de la chose litigieuse (1).

En cas de contestation entre un oukil et son client pour le règlement de ses honoraires, ceux-ci peuvent être sur la demande et l'accord des parties, arbitrés par le ministre de la plume, qui prend l'avis du chef de la juridiction devant laquelle l'oukil aura occupé (2).

Il est interdit à tout oukil d'acquérir pour son propre compte des droits litigieux et d'en faire ensuite la base d'une action en justice, soit sous son propre nom, soit sous le nom d'un tiers.

La profession d'oukil est incompatible avec tout emploi administratif ou judiciaire et avec la profession de notaire.

Toute infraction aux règles ci-dessus posées, commise par un oukil en exercice, donne lieu suivant sa gravité, à l'application d'une des peines suivantes : 1º l'avertissement; 2º la réprimande; 3º la suspension; 4º la révocation, le tout sans préjudice de la répression des faits qui constitueraient à sa charge des infractions de droit commun, ainsi que des réparations pécuniaires qui pourraient être dues aux parties civiles.

§ 2. — *Notariat.*

393. Le notariat tunisien est absolument différent du notariat tel qu'il fonctionne en France.

Les fonctions de notaire comportent en Tunisie des attributions multiples résultant de ce fait que le notaire est plutôt une sorte de témoin officiel qu'un véritable officier public chargé de donner l'authenticité aux conventions privées. C'est ainsi, notamment, que les notaires tunisiens dressent à la requête des particuliers des sortes de procès-verbaux de constat devant servir aussi bien dans les instances civiles que dans les instances pénales. Une simple plainte est souvent dressée par acte notarié.

Cependant, un acte dressé par des notaires indigènes a, au regard des tribunaux français, le même caractère authentique que s'il était dressé par un notaire en France (3).

Nul n'est admis au notariat s'il ne jouit d'une réputation de moralité irréprochable jointe à des connaissances suffisantes pour l'exercice de ses fonctions. Tout candidat doit en outre être Tunisien.

S'il y a lieu de compléter à Tunis le nombre réglementaire des notaires, les deux cadis hanéfite et malékite, ou l'un d'eux seulement, proposent les candidats aux postes vacants.

Quant aux vacances qui se produisent dans les autres

---

(1) Trib. Ouzara, 20 avril 1886, *J. T. T.* 1898.405.
(2) Dès qu'un avocat ou oukil est constitué dans une affaire soit verbalement, soit par requête, son nom est inscrit sur un registre spécialement tenu au cabinet de la direction des services judiciaires. Cette inscription faite, ce service demande communication des dossiers de l'affaire s'y rapportant et le nom du défenseur y est mentionné en marge en langue française et arabe avec le timbre de la direction. Note du Dir. des serv. jud. 3 mai 1897.)
(3) D. beyl. 9 mai 1897, art. 10.

(1) D. beyl. 9 mai 1897, art. 11.
(2) Les tribunaux indigènes de province sont incompétents pour connaître de cette action. (Kef, trib. indigène, 20 avril 1899, *Journ des trib. de Tunisie*, 1899.472.)
Les demandes en payement d'honoraires poursuivies par un Européen, spécialement par un avocat, pour les soins qu'il a donnés à un procès devant une juridiction indigène est de la compétence de la juridiction française; il importe peu que l'avocat ait agi dans la cause comme oukil ou mandataire officiel *ad litem*. (Trib. Sousse, 20 juillet 1899, *J. T. trib. T.*, 1900.516.)
(3) Tunis, 12 mai 1897, *J. T. T.*, 1897, 297.

circonscriptions de la régence, il y est pourvu, sur la proposition du tribunal du Charaa du chef-lieu, et, dans les localités ou tribus où la justice est rendue par un seul cadi, sur la proposition de ce magistrat. Mais, dans ces deux derniers cas, le tribunal ou le cadi doit adresser sa proposition aux deux cadis de Tunis, qui ont chacun qualité pour examiner la valeur de la proposition ainsi que les titres du candidat et, s'il y a lieu, proposer la nomination de celui-ci au gouvernement (1).

Il est défendu à tout notaire d'instrumenter hors de la circonscription pour laquelle il a été désigné (2).

Il est tenu au ministère un registre nominatif des notaires de Tunis et des autres circonscriptions de la régence, registre dressé sur les indications des deux cadis de la capitale, des cadis de province et des caïds.

394. D'après les lois et coutumes tunisiennes, la signature des parties n'est pas exigée pour la validité des actes passés entre sujets tunisiens et reçus par les notaires tunisiens (3).

Les actes passés entre indigènes devant les notaires beylicaux se suffisent à eux-mêmes quand les notaires y ont apposé leur signature (4).

Ces actes sont opposables aux indigènes s'ils sont signés par les notaires et légalisés par le cadi, s'ils concernent un contrat avec un Européen. Mais les Européens ne sont valablement engagés par un contrat passé devant les notaires indigènes, conformément à la loi du pays, qu'à la condition que leur signature soit apposée au bas de l'acte notarié ou qu'il y soit constaté qu'ils ne savent ou ne peuvent signer, le tout avec l'assistance d'un interprète. L'acte passé entre deux Européens devant les notaires tunisiens n'est pas opposable à la partie qui ne l'a pas signé (5).

Ces actes ne peuvent pas faire foi contre les Européens lorsqu'ils ne sont pas revêtus de leur signature (6).

Est dénué de toute valeur probante le contrat passé devant les notaires tunisiens, entre Tunisiens et Européens, lorsque ces derniers n'y ont pas apposé leur signature. Toutefois le seul fait de comparaître devant les notaires beylicaux pour la rédaction d'une convention entraîne la présomption que les parties entendent se soumettre aux coutumes locales qui admettent la preuve testimoniale en toute matière (7).

Une inscription de faux contre un acte émané de deux notaires ne peut être formée par un oukil autorisé à

plaider devant les tribunaux tunisiens que s'il est muni à cet effet d'une procuration spéciale (1).

L'absence sur un acte notarié tunisien de la signature de l'un des notaires n'entache pas cet acte d'une nullité radicale. D'après le rite malékite, la signature d'un seul des notaires suffit. En tous cas, la nullité de l'acte serait couverte par son exécution qui, à elle seule, prouverait manifestement l'adhésion des parties à la convention (2).

Le fait par les contractants, européen et indigène, de n'avoir pas recouru, pour la constatation de leurs conventions, aux notaires beylicaux, constitue une présomption qu'ils n'ont pas voulu soumettre sur ce point les dites conventions à la loi locale (3).

Les notaires ne peuvent pas exciper d'un ordre administratif provenant d'un caïd pour se refuser à remettre expédition des actes qu'ils ont passés (4).

395. Relativement aux actes contenant des affectations hypothécaires, un décret beylical du 6 août 1879 oblige tout notaire à s'assurer que l'hypothèque porte bien sur l'immeuble désigné dans le titre de propriété (5).

Si ce titre n'est qu'un acte de notoriété, ou s'il y fait une simple mention de décès, de procuration ou de toute

---

(1) Trib. Ouzara, 23 janvier 1899, J. T. T. 1899.293.
(2) Trib. mixte, 28 février 1894, J. T. T. 1898.42.
(3) Trib. Sousse, 28 mars 1899, J. T. T. 1899.63.
(4) Just. de paix de Souk-el-Arba. Ord. de référé, 15 mai 1907 :
« Attendu que les notaires tunisiens, si l'on se réfère aux diverses acceptions du mot « adel » (*Dictionnaire arabe-français* de Beaussier, p. 421-422) et à la législation qui les régit, ne sont que des individus dont le Gouvernement atteste et certifie, par un décret de nomination, qu'ils réunissent les conditions voulues pour porter un témoignage régulier des déclarations faites par-devant eux et enregistrer correctement ces mêmes déclarations;
« Attendu que leur rôle se borne par conséquent à constater et à relever par écrit les déclarations des parties qui se présentent devant eux, sans qu'ils aient à en apprécier la moralité ou la valeur juridique, appréciation qui appartient uniquement au juge saisi d'une contestation relative aux actes ainsi passés;
« Attendu que le fait de refuser à enregistrer les déclarations que deux contractants se présentant devant eux les requièrent de recevoir, ou, après les avoir reçues, de se refuser à en délivrer expédition, porte une grave atteinte à la rigueur absolue de ce principe;
« Attendu, à la vérité, que les défendeurs excipent en l'espèce d'un ordre de leur caïd à eux transmis par l'intermédiaire du cadi et leur enjoignant de refuser leur concours aux Kabyles;
« Mais attendu que cette interdiction ainsi formulée, et si louable que soit le motif qui l'ait inspirée, est inopérante à l'égard des notaires;
« Attendu qu'il a déjà été jugé que ceux-ci ne peuvent, sans engager leur responsabilité, se retrancher derrière un ordre du caïd pour refuser expédition d'actes reçus par eux (Just. de paix de Gafsa, 31 mai 1889) ;
« Attendu qu'il appartient au législateur seul, d'imposer aux notaires des réserves ou de leur prescrire des formalités préalables à l'enregistrement des conventions (D. des 20 janvier 1885, 4 octobre 1888, etc.);
« Qu'une simple note administrative et particulièrement lorsqu'elle vise une seule catégorie d'individus, ne saurait prévaloir contre les revendications légitimes de ceux-ci et les exclure du droit commun;
« Par ces motifs;
« Ordonnons que les notaires, sur le vu de notre ordonnance et, nonobstant toutes instructions de l'autorité indigène, devront délivrer aux requérants expéditions régulières et certifiées des actes passés par leur ministère et dont il est parlé dans l'exploit introductif d'instance.»
(5) Les notaires doivent s'assurer de la régularité des constitutions de gage immobilier offertes par les emprunteurs, dans les actes qu'ils sont appelés à rédiger, le tout à peine de dommages-intérêts. Ce texte établit la responsabilité des notaires tunisiens qui ont affirmé au prêteur, sur sa demande, la régularité des titres de propriété offerts en gage, alors qu'il est démontré qu'à première vue, en rai-

---

(1) D. beyl. 8 janvier 1875.
(2) Le cadi de Ghardaïa (Algérie) n'a pas qualité pour investir un de ses coreligionnaires des fonctions de notaire mozabite à Tunis. Par suite, est dénué de toute force probante l'acte rédigé par un individu qui tirerait uniquement ses pouvoirs d'une telle désignation, alors que les mozabites contractants n'ont pas apposé leur signature sur ledit acte. (Trib. Tunis, 3 juillet 1891, J. T. T. 1896.279.)
Les notaires n'ont pas compétence pour faire acte de leur ministère en dehors de la Tunisie; est nul un acte dressé par des notaires tunisiens en dehors de la Régence de Tunis, au cours d'un pèlerinage à la Mecque. (Trib. Tunis, 6 décembre 1899, J. T. T. 1900.57.)
(3) Trib. Tunis, 11 janvier 1897, J. T. T. 1897.657.
(4) Trib. Tunis, 5 janvier 1888, J. T. T. 1894.265.
(5) Just. paix Tunis, 9 février 1895, J. T. T. 1895.112.
(6) Alger, 5 novembre 1888, Rev. Alg., 1888.11.498; Trib. Tunis, 13 janvier 1896, J. T. T. 1896, 133.
(7) Trib. Sousse, 28 novembre 1895, J. T. T. 1896.161.

autre chose dont la vérification est nécessaire, le notaire doit le faire savoir au créancier et lui expliquer à quoi il s'expose en acceptant un acte de notoriété ou une simple déclaration, dans le cas où le titre original ou habous viendrait à être produit plus tard. Si le créancier passe outre, les notaires doivent en faire mention dans l'acte d'hypothèque.

Si le créancier est de nationalité étrangère, il signe ledit acte et sa signature vaut attestation qu'il consent à contracter dans ces conditions; s'il ne sait pas écrire, sa déclaration est consignée dans l'acte et certifiée au consulat dont il relève.

En cas de refus de sa part de contracter dans ces conditions, l'acte est annulé et les notaires restituent le titre au propriétaire.

Toute contravention de la part des notaires aux prescriptions de cette disposition entraîne des peines et peut donner ouverture à des dommages-intérêts.

396. Commettent une faute qui engage leur responsabilité pécuniaire les notaires qui, chargés de rédiger l'acte de vente d'un immeuble et de désintéresser un créancier hypothécaire avec le prix qui leur est remis spécialement dans ce but, commencent par désintéresser le créancier hypothécaire, sans s'assurer préalablement que le vendeur est seul propriétaire de l'immeuble, et refusent ensuite de dresser l'acte de vente par ce motif qu'ils auraient découvert l'existence d'un autre propriétaire (1).

Commettent une faute lourde engageant leur responsabilité les notaires qui, lors de la passation d'un acte de vente d'un immeuble, affirment à l'acheteur, contrairement à la vérité, que le vendeur, qui avait acquis cet immeuble à la suite d'une adjudication, avait payé son prix. En conséquence, si à la suite d'une revente sur folle enchère, l'acheteur ainsi trompé est évincé, lesdits notaires sont responsables du préjudice du chef de ce chef, et doivent être condamnés à le réparer conjointement et solidairement avec le vendeur (2).

Sont responsables du remboursement du prix versé et passibles de dommages-intérêts, conjointement et solidairement avec un prétendu vendeur d'immeubles, les notaires tunisiens qui ont passé l'acte de vente au profit d'un Européen, alors que, sachant que le vendeur n'était pas en possession et que les titres de propriétés par lui produits étaient sans valeur, ils ont dissimulé ces circonstances à l'acheteur et lui ont affirmé que les titres étaient inébranlables et que l'affaire n'offrait aucun risque (3).

397. L'autorisation donnée par un caïd à des notaires pour la passation d'un acte de leur ministère, en l'espèce d'une vente de récolte d'olives, n'a nullement pour effet

de transformer cet acte en acte administratif; par suite, de rendre d'une part la juridiction civile incompétente pour l'apprécier; d'autre part, de mettre les notaires à l'abri de toute responsabilité (1).

Au cas où des notaires ont rédigé un acte de gage immobilier et ont certifié que l'emprunteur est bien propriétaire de l'immeuble engagé, et que le titre de propriété y afférent est parfaitement régulier, ils sont responsables du montant du prêt envers le créancier, s'il est reconnu postérieurement que le titre remis en gage est faux et que l'emprunteur n'est pas propriétaire de l'immeuble (2).

Aux termes du décret beylical du 4 octobre 1888, les cadis ont seuls qualité pour autoriser la réception par les notaires des actes de commune renommée, de décès, de mariage et, en général, de tous actes relatifs au statut personnel des sujets tunisiens.

Les caïds autorisent seuls la réception des actes de proposition tendant à la nomination de cheikhs, amins, imans ou chefs de zaouia.

Les actes dits *tesdjils ed dema* (procès-verbaux que les notaires rédigent en cas de meurtre) peuvent être dressés sur l'autorisation du caïd ou du cadi, ou de ces deux fonctionnaires agissant conjointement. Dans le premier cas, le caïd ou le cadi qui n'a pas autorisé la rédaction de l'acte doit cependant en prendre connaissance et y apposer son cachet.

398. *Notaires israélites.* — Un décret beylical du 12 septembre 1887 a appliqué aux notaires israélites tunisiens les dispositions du décret du 8 janvier 1875 et des décrets additionnels. Puis le décret beylical du 27 août 1901 a réglé les conditions de nomination des notaires israélites. D'après ce texte, pour être nommés notaires israélites, les candidats doivent satisfaire à un examen professionnel devant une commission composée du grand rabbin, du vice-président et du greffier du tribunal rabbinique, et d'un notaire israélite désigné par le premier ministre.

Les notaires qui sont nommés à la suite de cet examen n'ont le droit de rédiger les actes de mariage et de divorce que si la commission les en a reconnus capables après un examen spécial, distinct du premier, et qu'ils peuvent ne subir que par la suite, lors d'une réunion ultérieure de la commission. Le grand-rabbin demande au ministère l'autorisation de réunir la commission d'examens, toutes les fois qu'une vacance se produit dans le personnel des notaires israélites.

SECTION III.

TRIBUNAL MIXTE.

399. Nous étudierons par ailleurs le mécanisme de la loi foncière du 1ᵉʳ juillet 1885 et la procédure d'immatriculation. Ici, nous n'avons à envisager que l'organisation de la juridiction, appelée tribunal mixte, chargée de statuer sur les demandes d'immatriculation d'immeubles.

---

son de leur expérience, ils ne pouvaient manquer de reconnaître la fausseté évidente de ces pièces. (Tunis, 5 août 1893, J. T. T. 1897, 183.)

Ils sont responsables de la perte d'une créance survenue par la nullité et la fausseté du titre de propriété qu'ils avaient donné en gage au créancier pour sûreté de ladite créance. (Trib. Tunis, 28 juin 1899, J. T. T. 1900,468.)

(1) Trib. Tunis, 16 mai 1898, J. T. T. 1899,421.
(2) Trib. Tunis, 17 janvier 1898, J. T. T. 1898,223.
(3) Trib. Tunis, 23 novembre 1891, J. T. T. 1896.455.

(1) Trib. Sousse, 19 janvier 1899, J. T. T. 1900.329.
(2) Trib. Ouzara, 5 avril 1889, J. T. T. 1898, 408.

Cette juridiction a été organisée par le décret du 14 juin 1886; elle était, comme aujourd'hui, composée de juges français et de juges musulmans. Les premiers étaient en même temps juges suppléants au tribunal de première instance de Tunis, les seconds étaient pris parmi les membres du Charaa de Tunis.

Actuellement, et d'après le décret beylical du 31 décembre 1903, le tribunal mixte est composé :

A) A *Tunis* : 1° De cinq magistrats français, savoir : un président, deux juges rapporteurs et deux juges; 2° De trois juges musulmans; 3° D'un greffier et d'un commis-greffier; 4° De deux *interprètes traducteurs assermentés*.

B) A *Sousse* : 1° D'un juge rapporteur français; 2° De deux juges musulmans; 3° D'un greffier et d'un commis-greffier; 4° D'un interprète traducteur assermenté.

Les magistrats français du tribunal mixte sont nommés par le bey sur la proposition du résident général de France à Tunis.

Les magistrats musulmans sont nommés par le bey sur la proposition du Charaa de Tunis, ou, à défaut, du premier ministre.

Les greffiers et commis greffiers sont nommés par le bey sur la proposition du président du tribunal mixte, et agréés par le résident général.

Les interprètes traducteurs assermentés du tribunal mixte sont désignés conformément aux dispositions du décret du 31 décembre 1903.

400. Pour rendre une décision sur une demande d'immatriculation, le tribunal mixte doit être composé de cinq magistrats dont trois magistrats français et deux magistrats indigènes. Toutefois, s'il n'y a en cause que des justiciables de la juridiction française, les magistrats indigènes siègent avec voix consultative seulement. Les juges rapporteurs siègent aussi de droit au tribunal mixte, mais seulement dans les affaires qu'ils n'ont pas instruites.

Lorsque le président du tribunal mixte est empêché, il est remplacé, tant dans ses fonctions d'audience que dans ses autres attributions, par le magistrat français qui vient après lui dans l'ordre du tableau.

Les autres magistrats siègent et se remplacent également dans l'ordre du tableau, sans distinguer s'ils remplissent ou non les fonctions de rapporteur. Lorsqu'un juge rapporteur se trouve empêché, le président peut confier ses fonctions pour une ou plusieurs affaires déterminées à un des juges français du tribunal mixte. Ce magistrat ne peut, dès lors, prendre part aux décisions du tribunal relatives aux procédures qu'il a instruit.

Si les nécessités du service l'exigent, le juge rapporteur en résidence à Sousse peut être appelé par ordonnance du président à venir compléter le tribunal à Tunis.

Le tribunal mixte se transporte au moins une fois par mois à Sousse pour y juger les affaires relatives aux immeubles situés dans l'arrondissement du tribunal français de Sousse.

Lorsqu'une même procédure concerne plusieurs immeubles situés, les uns dans l'arrondissement judiciaire français de Tunis, les autres dans l'arrondissement judiciaire français de Sousse, l'affaire est jugée, non en audience foraine à Sousse, mais en audience ordinaire à Tunis.

En cas d'empêchement d'un des juges musulmans, en résidence à Sousse, il est remplacé suivant les cas, soit par un juge du tribunal régional, soit par un membre du Charaa.

401. Le président du tribunal mixte est chargé de l'administration de cette compagnie. Il en règle le service intérieur, le greffe, l'ordre et la composition des audiences; il donne les instructions nécessaires pour la bonne marche des procédures; il surveille et assure l'observation des décrets et règlements par le personnel placé sous sa direction.

Le président du tribunal mixte a la police des audiences et il prend toutes les mesures nécessaires pour que le bon ordre y soit maintenu; si le bon ordre vient à y être troublé, procès-verbal en est immédiatement dressé et transmis au procureur de la République, si le délinquant est justiciable des tribunaux français et au gouvernement tunisien si le délinquant est justiciable de l'Ouzara (1).

Aux termes du décret beylical du 12 février 1905, le président et les juges français du tribunal mixte portent à l'audience le costume de président et de juges des tribunaux de première instance français.

Le greffier a la direction générale du greffe et la responsabilité entière des dépôts divers qui y sont effectués.

CHAPITRE IV.

ARMÉE ET MARINE.

402. Il existe, en Tunisie, une force militaire française (Division d'occupation et division navale), et une armée tunisienne (garde beylicale).

Les corps de troupe de la division d'occupation se recrutent d'une part, parmi les conscrits de France, d'Algérie ou de Tunisie et, d'autre part, parmi les indigènes musulmans (2); la garde beylicale se compose exclusivement d'hommes de cette deuxième catégorie. Elle est susceptible, néanmoins, d'aider l'armée française partout où celle-ci peut avoir à opérer.

Le recrutement des différentes troupes stationnées en Tunisie est effectué dans des conditions différentes selon qu'il s'agit de l'incorporation de Français ou de celle de Tunisiens.

SECTION PREMIÈRE.

RECRUTEMENT.

§ 1er. — *Recrutement français.*

403. Jusqu'en 1905, les Français établis en Tunisie et qui s'engageaient à y résider jusqu'à l'âge de 30 ans étaient incorporés dans un corps stationné dans la Régence. Après une année de présence effective sous les drapeaux, ils étaient renvoyés dans la disponibilité.

(1) D. 30 avril 1903.
(2) Le 4e régiment de zouaves et le 4e régiment de chasseurs d'Afrique ne reçoivent pas d'indigènes.

Cet état de choses a pris fin avec la loi du 21 mars 1905. Par application des articles 13, 16 et 89 de cette loi, les jeunes gens qui résident en Tunisie sont inscrits sur les tableaux de recensement, convoqués et examinés par des conseils de révision puis incorporés pour deux ans (1).

404. *Tableaux de recensement.* — Les tableaux de recensement sont dressés dans les villes de Tunis, Bizerte, Sousse, Sfax, Gabès, Le Kef, Grombalia, Béja, Souk el Arba, Maktar, Tala, Gafsa, Kairouan, Tabarka, Medjez el Bab, Tébourso k et Zarzis.

Pour l'établissement des tableaux les fonctions dévolues aux maires en France sont confiées aux contrôleurs civils et aux contrôleurs civils suppléants occupant les postes ci-dessus désignés, sauf en ce qui concerne Zarzis où elles sont attribuées à l'officier du service des Affaires indigènes.

Les règles à suivre pour l'inscription des jeunes gens sont les mêmes que celles tracées pour la Métropole dans l'instruction du ministre de la Guerre du 20 octobre 1905.

405. *Conseils de révision.* — Le conseil de révision est cantonal ou départemental.

Le Conseil de révision cantonal se compose :

Du délégué du résident général ; du vice-consul chargé de la chancellerie de la résidence générale ; de deux membres de la Conférence consultative choisis en tenant compte des dispositions de l'article 16 de la loi du 21 mars 1905 ; d'un officier général ou supérieur désigné par le général commandant la division d'occupation de Tunisie. La désignation du sous-intendant militaire, du ou des médecins militaires, ou, à leur défaut, du ou des médecins civils, est faite par le général commandant la division d'occupation.

Ce conseil procède à ses opérations dans les centres ci-après :

Tunis (avec Béja, Grombalia et Medjez el Bab) :

Sfax (avec Gafsa, Gabès, Djerba et Zarzis);

Sousse (avec Kairouan);

Souk el Arba (avec le Kef, Tabarka, Maktar, Téboursouk et Tala).

Le Conseil de révision départemental siège à Tunis. Il comprend : le résident général ou son délégué; un fonctionnaire de la direction générale des Finances; le vice-consul chargé de la chancellerie de la résidence générale; quatre membres de la conférence consultative dont deux de la Région Sud de la Régence.

Le fonctionnement des conseils de révision a lieu d'après les règles tracées pour la métropole. Toutefois, les enquêtes sur les demandes formées en application des articles 21 et 22 de la loi du 21 mars 1905 sont faites par les contrôleurs civils de la circonscription de domicile des intéressés.

406. *Engagements volontaires.* — Les Français ou naturalisés français, les jeunes gens qui doivent être inscrits sur les tableaux de recensement ou qui sont autorisés par les lois à servir dans l'armée française (1), sont, en Tunisie, admis à contracter des engagements volontaires dans les formes prescrites par les articles 34, 35, 36, 37, 38, 39, 40, 42 et 44 du Code civil. Les déclarations d'engagements contractés dans ces formes sont reçues par les contrôleurs civils et les contrôleurs suppléants, chefs d'annexe (2).

407. — *Bureau de recrutement.* — Pour l'exécution de l'article 89 de la loi du 21 mars 1905, portant que ses dispositions sont applicables en Tunisie, le bureau des réserves, institué auprès du général commandant la division, a été transformé en bureau de recrutement (3). Ce bureau fonctionne depuis le 5 mars 1909, dans les mêmes conditions que ceux de la métropole et de l'Algérie.

§ 2. — Recrutement tunisien.

408. Le recrutement, en Tunisie, a été institué vers 1837. Il a été réglementé par le décret beylical du 7 février 1860 (4) et, par celui du 12 janvier 1892 qui a refondu dans un texte unique toute la législation antérieure.

Le recrutement actuel a pour but d'assurer, chaque année, par voie de tirage au sort, le prélèvement des hommes nécessaires aux contingents des différents corps de troupe et services de la division d'occupation, de la division navale, de la garde beylicale, et aux services maritimes de la Direction des travaux publics (5).

D'après la législation en vigueur, so nt seuls astreints au service militaire pour une période de 3 ans les sujets tunisiens *musulmans* âgés de 19 ans révolus qui ont été désignés par le sort.

409. Ils doivent, en outre, être originaires du territoire de recrutement. A cet effet, la Tunisie est divisée en territoire de recrutement et en territoire de maghzen (6). Le

---

(1) Lettre du ministre de la guerre au général commandant la division d'occupation (6 novembre 1905).

---

(1) En 1909, le Gouvernement français a déposé un projet de loi aux termes duquel les sujets tunisiens seraient autorisés à contracter dans les corps français de l'armée métropolitaine et coloniale stationnés en France et dans l'armée de mer des engagements volontaires de 3, 4 et 5 ans.

(2) Arr. 26 août 1905.

(3) Arr. du ministre de la guerre du 3 mars 1909.

(4) Ce décret était dû à l'initiative du colonel Campenon, chef de la mission militaire française et qui fut plus tard ministre de la guerre dans le cabinet Gambetta.

(5) Cf. D beyl. 28 juillet 1903.

(6) La loi du 7 février 1860 sur le recrutement de l'armée tunisienne devait recevoir son application dans toutes les circonscriptions territoriales de la Régence, mais en raison de l'hostilité des tribus nomades, le recensement prescrit pour 1861 ne put être effectué que dans quelques villes et dans les campagnes avoisinant ces villes, dont les habitants se trouvaient sous la dépendance immédiate des autorités.

Les listes issues de cette unique opération de recensement servirent pour le recrutement de l'armée tunisienne de 1882 à 1884.

Les opérations de recensement furent ensuite renouvelées chaque année, mais exclusivement dans ces mêmes villes et campagnes. (Note de M. le commandant Dangelzer, chef de la mission militaire de Tunisie et directeur de l'administration centrale de l'armée tunisienne).

A partir de 1893 une série de décrets beylicaux (23 février 1893, 19 novembre 1893, 14 octobre 1894, 11 septembre 1895, 3 mars 1896, 15 avril 1897 et 29 août 1898) ont étendu progressivement le territoire de recrutement pour aboutir à la division actuelle établie par le décret du 23 mars 1899.

premier, seul soumis à la loi de recrutement, embrasse tous les territoires de contrôle civil, la ville de Tunis exceptée; le second comprend les caïdats de Medenine et de Kebili dont les tribus, sous les ordres des officiers du service des affaires indigènes, sont proposés à la garde et à la surveillance de la frontière tuniso-tripolitaine.

410. *Recensement.* — Les cheikhs du territoire de recrutement procèdent, sous la surveillance du caïd, au mois de novembre de chaque année, à l'établissement des « listes de recensement. »

Le caïd fait porter sur ces listes :

1º Tous les jeunes gens devant avoir 19 ans accomplis au 1er janvier de l'année suivante (1);

2º Tous les jeunes gens qui, par suite d'omission, n'auraient pas été inscrits les années précédentes, bien qu'ayant atteint l'âge du service militaire;

3º Tous les jeunes gens qui, n'étant pas originaires du territoire du recrutement, habitent ce territoire;

4º Les jeunes gens originaires du territoire du recrutement et habitant un territoire non soumis à l'application de la loi.

Les listes ainsi dressées sont transcrites à l'administration centrale à Tunis sur des « registres de recrutement »

Les jeunes gens figurant sur ces listes, doivent prendre part aux opérations du tirage au sort pendant trois années consécutives, à moins qu'ils ne soient, au cours de ces trois années, prélevés pour la formation du contingent ou réformés. Les indigènes étaient autrefois astreints à huit tirages au sort, puis à cinq.

411. *Recrutement.* — Le contingent à prélever chaque année pour remplacer les soldats libérés est déterminé par décret (2). Le contingent est réparti entre les diverses circonscriptions proportionnellement au chiffre des inscrits. Dans chaque caïdat, opère une commission du tirage au sort composée : du caïd du lieu, président; d'un officier français et d'un personnage tunisien ayant voix délibérative; d'un médecin et d'un interprète.

La commission procède à l'appel des inscrits, à la révision des listes, au tirage au sort et au prélèvement du contingent. Tous les inscrits doivent se présenter en personne et répondre à l'appel de leur nom, sauf impossibilité absolue ou autorisation spéciale du ministre de la Guerre. La commission raye, au fur et à mesure de l'appel, les jeunes gens figurant à tort sur les listes, rectifie les âges portés et ajoute les omis qui se présentent. Elle dresse une liste

de ceux qui ne répondent pas à l'appel : ce sont les inscrits d'office. Ces derniers ne tirent pas au sort, et à moins qu'ils ne soient réformés ou ajournés, ils sont inscrits en tête de la liste des appelés, ne peuvent se faire remplacer, sont recherchés et remis à l'autorité militaire.

La commission examine et règle la situation des jeunes gens qui sont dans le cas d'être exemptés, réformés ou ajournés (1).

La Commission, après le tirage, examine les jeunes gens en suivant l'ordre du tirage et en commençant par le numéro le plus bas; l'examen cesse quand le nombre des jeunes gens à incorporer est atteint.

412. *Incorporation.* — A l'époque fixée pour la réunion des contingents, les caïds envoient les recrues de leur territoire aux chefs-lieux des circonscriptions désignées d'avance comme lieu de concentration, et les font remettre aux contrôleurs civils qui les livrent aux commandants des cadres de conduite envoyés par les corps pour les recevoir (2).

413. *Remplacement administratif.* — Le remplacement administratif des indigènes a été réglementé par le décret

---

(1) Les jeunes gens portés sur les listes de recensement, dans le courant de novembre de chaque année, comme devant atteindre au 1er janvier de l'année suivante 19 ans révolus sont astreints à se présenter, la première année de leur inscription, aux commissions de recrutement, pour la révision de ces listes : en l'absence de tout état civil pour renseigner sur l'âge des jeunes gens inscrits sur les listes de recensement, il est en effet nécessaire de vérifier si les jeunes gens sont réellement en âge de concourir d'une façon utile au tirage au sort. Ils ne sont appelés à tirer au sort pour la première fois et à fournir, concurremment avec les jeunes gens des classes antérieures, le contingent tunisien que la 2e année de leur inscription, c'est-à-dire à l'âge de 20 ans révolus (Cf. D. b. 19 septembre 1895).

(2) Le nombre des recrues à lever dans l'ensemble des caïdats formant le territoire de recrutement a été fixé, pour 1909, à 2990 (D. beyl. 17 mars 1909).

---

(1) Sont exemptés :

1º Les élèves-maîtres ayant contracté l'engagement de servir pendant 10 ans comme instituteurs ou moueddeb publics à la condition qu'ils seront nommés instituteurs ou moueddeb par le Gouvernement;

2º Les élèves du collège Sadiki jusqu'à l'achèvement de leurs études;

3º Les indigènes qui auront obtenu le certificat d'études primaires;

4º Les élèves qui sont inscrits depuis un an au moins et qui suivent régulièrement les cours des mosquées. Ces élèves devront justifier, devant une commission, de connaissances suffisantes en langue arabe;

5º Les titulaires des fonctions religieuses, cadis, muftis;

6º Les 42 professeurs de la grande Mosquée;

7º Les prédicateurs des mosquées et les Imans exerçant eux-mêmes leur ministère;

8º Les secrétaires titulaires du ministère, les cheikhs collecteurs, les khalifas et les gouverneurs;

9º Les janissaires, les interprètes, les censaux et domestiques des consulats munis d'un aman du Bey;

10º Les chaouchs, cavaliers-guides, khodjas attachés à l'armée française ainsi que les cavaliers du maghzen;

11º Les cavaliers des Oudjaks des circonscriptions de contrôle;

12º Les gardiens des phares.

Sont réformés : les jeunes gens qui sont déclarés impropres au service militaire.

Sont ajournés à l'année suivante :

1º Ceux dont la taille est inférieure à 1 m,56;

2º Ceux qui sont trop faibles de constitution;

3º Ceux qui, en étant malades au point de ne pouvoir être incorporés dans l'année, sont cependant susceptibles de guérison;

4º Le plus jeune des fils ayant un frère consanguin sous les drapeaux;

5º Le plus jeune des frères consanguins tombés au sort en même temps;

6º Le fils seul soutien de sa mère veuve ou bien ayant à sa charge des frères ou sœurs en bas âge;

7º Le fils seul soutien d'un père aveugle, septuagénaire, ou infirme au point de ne pouvoir subvenir à ses besoins.

(2) D. beyl. 6 juin 1904.

Article 1er. — Les sujets tunisiens incorporés dans les corps de troupes de la division d'occupation sont soumis, pendant la durée de leur service, à toutes les dispositions du code de justice militaire français.

Dans tous les cas où, par application de ce code, le conseil de guerre ne peut être saisi de la poursuite des infractions de droit commun commises par ces militaires, les tribunaux ordinaires sont compétents pour en connaître, suivant les distinctions spécifiées par les

beylical du 5 novembre 1902. Aux termes de ce décret, tout jeune soldat, désigné par le sort pour être incorporé dans l'un des corps de troupe ou services qui se recrutent dans la Régence, peut se libérer du service militaire en versant dans la caisse du Trésor tunisien. une certaine somme dite « prix de remplacement ». Le montant de la somme est fixé tous les ans (1), avant le commencement des opérations de recrutement, par le Conseil des ministres et chefs de service. Il ne peut être inférieur au total des sommes auxquelles ouvre droit chaque engagement.

Le versement du prix de remplacement est opéré à partir du jour de la clôture des opérations de recrutement dans chaque circonscription jusqu'au 31 août de l'année courante. Il est effectué au moyen de mandats postaux à destination du receveur général des finances (2).

414. *Engagements et rengagements.* — Les indigènes musulmans sont admis à contracter, pour une durée de trois ans, des engagements et rengagements (avec prime) dans les corps et services recrutés en Tunisie. Le nombre des engagements et rengagements est fixé chaque année par le ministre de la guerre du Gouvernement tunisien. Ce nombre ne peut, en principe, excéder celui des jeunes gens qui, ayant reçu une affectation, ont versé le prix du remplacement, et sont, par suite, libérés du service.

L'engagement et le rengagement donnent droit : à une prime dont le montant est fixé à 400 francs et à une haute paie journalière de 0 fr. 35.

415. *Réserves indigènes.* — Le décret beylical du 2 avril 1904 a institué des réserves indigènes destinées à renforcer les troupes de la Régence au moment de la mobilisation.

Font partie de la réserve pendant sept années, à compter du jour de la libération de la classe à laquelle ils appartiennent, les hommes du contingent tunisien incorporés dans les corps et services de la division d'occupation.

Chaque année, des revues d'appel constatent la présence de ces réservistes et on donne aux hommes une indemnité pécuniaire pour leur déplacement (3). Le nombre de ces réservistes s'élève actuellement à 10.000 hommes environ.

---

décrets des 13 janvier 1898 et 13 mars 1902. Les procédures sont instruites et jugées d'après le droit et suivant les formes en usage dans ces tribunaux.

Art. 2. — Les sujets tunisiens incorporés dans la garde beylicale sont, en tout temps, justiciables des tribunaux ordinaires, pour les infractions de droit commun.

Art. 3. — La contrainte par corps prononcée contre les sujets tunisiens incorporés dans les corps de troupes de la division d'occupation ou dans la garde beylicale sera suspendue, tant que ces militaires seront présents au corps.

(1) Il a été fixé, pour 1909, à 1000 fr. 20, y compris le droit de timbre de 0 fr. 20.

(2) *Cf.* D. beyl. 26 mars 1906.

(3) D. beyl. 15 mai 1909 convoquant, pour la première fois, afin de répondre à un appel de manœuvres au cours de l'année 1909, les indigènes anciens militaires des classes 1902 et 1903 portés sur les contrôles de la réserve.

SECTION II.

ARMÉE ET MARINE FRANÇAISES.

§ 1er. — *Division d'occupation.*

416. Le corps d'occupation de Tunisie, créé par décret présidentiel du 25 janvier 1882, formait à l'origine deux divisions (1). Ces deux divisions furent réunies en une seule (2) et constituèrent ainsi la division d'occupation qui, le 15 juin 1886, fit place à une brigade d'occupation.

La division d'occupation a été rétablie par décision ministérielle du 19 décembre 1894. Elle constitue aujourd'hui un commandement très important, entièrement indépendant du 19e corps d'armée. Elle a à sa tête un général de division (3) dont la situation hiérarchique est la même que celle des généraux pourvus d'un commandement de corps d'armée (4).

417. Indépendamment du commandement supérieur de la défense de Bizerte et du commandement militaire du Sud-tunisien, la division d'occupation comprend les corps et services suivants :

1° *Corps :*	
1re brigade d'infanterie et commandement militaire de Tunis.	4e régiment de zouaves à cinq bataillons de cinq compagnies, plus deux compagnies de dépôt.
	3e bataillon d'infanterie légère d'Afrique à six compagnies.
	4e bataillon d'infanterie légère d'Afrique à sept compagnies.
2e brigade d'infanterie et commandement militaire de Sousse.	4e régiment des tirailleurs à huit bataillons de quatre compagnies plus une compagnie de dépôt.
	5e bataillon d'infanterie légère d'Afrique à six compagnies.
	1re compagnie de fusiliers de discipline.
Brigade de cavalerie...	4e régiment de chasseurs d'Afrique à cinq escadrons.
	4e régiment de spahis à cinq escadrons.
	Détachement de la 8e compagnie de cavaliers de remonte.
Commandement de l'artillerie et du train des équipages.	3e bataillon d'artillerie à pied.
	Trois batteries du 13e.
	Trois batteries du 6e.
	Détachement de la 6e compagnie d'ouvriers d'artillerie.
	Trois compagnies du train des équipages.
Troupes d'Administration.	Détachement de la 19e section de secrétaires d'état-major.
	25e section de commis et ouvriers militaires d'administration.
	25e section d'infirmiers militaires.

---

(1) Déc. ministérielle 22 avril 1882.

(2) Déc. présid. 1er décembre 1883.

(3) Le général commandant la division est chargé des fonctions de ministre de la guerre du gouvernement tunisien; il est placé sous les ordres du Résident général; il a la haute administration du domaine militaire; le service des affaires indigènes (V. supra n° 154 et suiv.) ne correspond que par son intermédiaire avec le Résident général. Il exerce, par application des dispositions du décret beylical du 10 juin 1882, des pouvoirs disciplinaires à l'égard des indigènes.

(4) D. 3 septembre 1901.

Gendarmerie.........	Compagnie de Tunisie comprenant un chef d'escadron, un capitaine, deux lieutenants, un adjudant, un maréchal des logis chef, huit maréchaux de logis, quinze brigadiers, quatre-vingt-neuf gendarmes vingt-cinq auxiliaires indigènes.
Génie................	Deux compagnies du 26° bataillon.

2° *Services :* Direction du génie, divisée en trois chefferies; direction du service de l'intendance militaire, avec sept sous-intendances; direction du service de la santé avec hôpitaux militaires à Tunis, Bizerte, Sousse, Gabès, Le Kef, Aïn Draham et Sfax; service de la justice militaire, avec conseil de guerre et prison militaire à Tunis, établissement pénitentiaire mixte à Téboursouk; service vétérinaire; dépôt de remonte à Tébourba; aumônerie militaire (1).

418. L'entretien de la division d'occupation est à la charge du Gouvernement français; le Gouvernement tunisien se borne à payer les dépenses de la gendarmerie qui sont prévues, au budget de 1909, pour 362,000 francs. Le paiement de la solde de la troupe, des indemnités payables comme la solde, des indemnités de route, etc., est effectué, depuis la fusion du service du Trésor français et du Trésor tunisien (2), par le receveur général des finances de Tunisie ou ses correspondants.

419. L'armée territoriale de Tunisie comprend le 15e bataillon territorial de zouaves. En outre, le personnel français ou tunisien des douanes et des forêts forme, dès le temps de paix, un corps militarisé qui, en cas de guerre ou de troubles, entre dans la composition des forces du pays (3).

420. Certains actes législatifs et administratifs règlent des points secondaires. Par exemple : le décret beylical du 7 avril 1892 relatif aux indemnités à allouer pour les dégâts commis aux propriétés privées au cours des manœuvres annuelles exécutées par les troupes françaises; celui du 22 octobre 1900 relatif au service des chemins de fer en temps de guerre et celui en temps de paix, concernant les réquisitions militaires; l'arrêté résidentiel du 19 juin 1909 qui a réorganisé le fonctionnement des « commissions de vérification des statistiques du ravitaillement », etc.

421. Il y a lieu d'ajouter que le service géographique de l'armée est chargé de l'exécution de la carte régulière de la Régence au 1/50.000 ou au 1/100.000° selon les régions. La Tunisie contribue aux dépenses d'établissement de ces cartes au moyen de subventions annuelles allouées au ministère de la Guerre. Une subvention annuelle de 15,000 francs a été également inscrite au budget tunisien en faveur de ce département ministériel, pour procéder à l'exécution du nivellement géométrique des principales voies de communication de la Régence (4).

§ 2. — *Division navale.*

422. La marine est placée sous les ordres d'un contre-amiral « commandant en chef la division navale de la

Tunisie et la marine dans la régence ». Cet officier général a sous son autorité un certain nombre de bâtiments ainsi que tout le personnel appartenant au département de la Marine affecté aux différents services maritimes (1). Comme commandant de la marine, il est placé, en temps de paix, sous l'autorité du Résident général. Il est, en temps de paix comme en temps de guerre, adjoint au général gouverneur de la place de Bizerte.

423. *Contrôle maritime.* — Le décret présidentiel du 16 janvier 1904 a créé un service de contrôle maritime.

Le titulaire, contrôleur de 1re ou de 2e classe, remplit, vis-à-vis de tous les services de la marine installés dans la Régence, des fonctions analogues à celles que le décret du 18 avril 1902 confère en France aux contrôleurs généraux des arrondissements maritimes. Ses relations de service avec le commandant de la division navale sont les mêmes que celles du contrôleur général avec le préfet maritime et le commandant en chef d'une force navale.

424. *Bahariq.* — Un corps de marins indigènes ou *baharia*, affectés aux services maritimes et coloniaux et plus spécialement aux bâtiments de la marine nationale employés à la défense de l'Afrique du Nord, a été créé en Algérie et en Tunisie par la loi française du 18 juillet 1903.

Pour l'application de cette loi en Tunisie, il a été créé une inscription maritime spéciale des *musulmans* sujets tunisiens (2) qui ont accepté volontairement les obligations et les avantages qui en dérivent.

Tout inscrit maritime, musulman sujet tunisien :

1º S'oblige : à servir pendant trois ans au moins, soit à bord des bâtiments de la flotte nationale, soit dans tout autre service relevant du ministère de la Marine; à exercer, après sa libération et jusqu'à l'âge de 45 ans, une profession maritime soit comme employé à bord des bâtiments de commerce, soit comme pêcheur, matelot, calfat, ouvrier de port; à rester pendant ce même temps à la disposition du ministre de la Marine pour être, le cas échéant et dans des conditions déterminées, rappelé au service et être employé comme réserviste sur les bâtiments de la marine nationale affectés à la défense de l'Afrique du Nord.

2º A droit : A une prime d'engagement; à une pension de retraite calculée suivant le grade, les blessures, les infirmités et le temps de service à la mer, tant comme militaire que comme embarqué à bord des bâtiments de commerce; à une haute paie journalière chaque fois que, après les trois premières années de service à la mer,

---

(1) V. *supra* n° 356 et suiv.
(2) V. *infra* n° 441.
(3) D. 24 mars 1903 et 19 août 1905; D. bey. 24 mars 1903; cf. également D. 5 mai 1904 et 7 juin 1904.
(4) D. beyl. 20 octobre 1906.

---

(1) Les forces navales de Tunisie sont constituées par trois canonnières cuirassées, un aviso-torpilleur, un contre-torpilleur, une flotille de torpilleurs (3° flotille de la Méditerranée); une station de sous-marins; les services maritimes comprennent : défense fixe et direction du port, avec un lieutenant de vaisseau commandant le groupe; service flotte et atelier flotte, sous les ordres d'un capitaine de frégate; service administratif de la flotte, dirigé par un commissaire de 1re classe; fonds et détails administratifs, avec un commissaire de 1re classe; hôpital maritime de Sidi Abdallah, avec un capitaine d'artillerie coloniale; constructions navales, avec un ingénieur de 1re classe chef du service; hôpital maritime de Sidi Abdallah, avec un médecin principal.
(2) Cette inscription maritime a été placée dans les attributions de la direction générale des travaux publics et réglementée par décret beylical du 7 mars 1906.

il est employé par l'Etat, soit par rengagement volontaire, soit par réquisition.

Le recrutement des baharia s'opère également par l'incorporation d'indigènes appelés en exécution des lois beylicales et par engagements volontaires (avec prime) au titre du remplacement administratif.

425. Les baharia au service de l'Etat, jouissent en principe de toutes les allocations faites aux marins français; ils ont le même uniforme, sauf les tolérances admises pour la coiffure; ils peuvent obtenir les mêmes décorations que les marins français, ont les mêmes grades et peuvent être nommés enseignes de vaisseau au titre indigène.

SECTION III.

ARMÉE TUNISIENNE.

a) Historique.

426. Le premier essai d'organisation d'une armée régulière tunisienne est dû au bey Ahmed et remonte à 1837. Pour constituer son armée, ce prince créa une école polytechnique, destinée à fournir un cadre d'officiers, et organisa le recrutement.

Seulement, dit M. d'Estournelles de Constant (1), « les élèves de cette école ne savaient pas tous lire, même leur propre langue. Quant aux soldats, ceux qu'on recrutait dans les plaines et dans les villes parmi les agriculteurs paisibles ou les négociants n'avaient guère d'autre ambition que celle de déserter; les montagnards, au contraire, étaient énergiques, si énergiques qu'on les exempta de la conscription de crainte de les mécontenter ». Il ne restait donc au service que les faibles et les résignés, assez nombreux cependant pour constituer une armée qui s'éleva, à certain moment, à plus de 10.000 hommes.

Par suite de l'insuffisance des ressources du trésor beylical, l'armée fut bientôt réduite à 2.000 hommes (1863).

427. Les hommes de troupe des corps de l'armée tunisienne existant à notre arrivée furent, à partir de 1882, versés dans 16 compagnies mixtes dont les éléments furent constitués moitié par des Français, moitié par des indigènes tunisiens.

Ces compagnies pacifièrent la Régence, après notre installation dans le pays.

Au cours d'expéditions sans cesse renouvelées, le soldat tunisien se montra brave, discipliné, dur à la fatigue, marcheur intrépide. Il se concilia ainsi l'estime des officiers français.

A la suite de cette épreuve, les indigènes tunisiens furent groupés en escadrons et en bataillons qui, depuis 1883, formèrent le 4e régiment de spahis et le 4e régiment de tirailleurs indigènes dont l'intrépidité s'est affirmée au cours de la campagne du Maroc.

Une troupe autonome composée exclusivement d'indigènes fut constituée auprès du souverain comme garde d'honneur : elle forma la garde beylicale.

---

(1) Op. cit., p. 12.

---

b) Organisation.

428. L'organisme dénommé Armée tunisienne se compose d'un ensemble de personnes, de troupes et de services qui sont :

Le ministre de la Guerre du Gouvernement tunisien, obligatoirement le général commandant la division d'occupation ;

L'Administration centrale de l'armée tunisienne ;

La garde beylicale.

429. *Administration centrale de l'armée tunisienne.* — Elle est dirigée par le chef de la mission militaire de Tunisie (officier supérieur), assisté d'un capitaine d'infanterie adjoint et d'un officier interprète. Depuis l'année 1904, elle est dotée d'un conseil d'administration.

Elle a dans ses attributions toutes les affaires relatives à l'organisation et au fonctionnement de la garde beylicale, tant au point de vue militaire proprement dit qu'au point de vue administratif; elle assure, dans toutes ses parties, l'application de la loi sur le recrutement des sujets tunisiens, des réserves indigènes, du remplacement administratif. Cette administration se compose de divers bureaux (1).

430. *Garde Beylicale.* — Elle est organisée sur le modèle des corps de troupe de l'armée française et comprend :

Etat-major du commandement de la garde beylicale;

Un bataillon d'infanterie à 4 compagnies ;

Une batterie d'artillerie ;

Un demi-escadron de cavalerie ;

Une section de musique ;

Dix-sept aides de camp du Bey.

La mission militaire est chargée, sous la direction du général commandant la division d'occupation, ministre de la Guerre, d'assurer, d'une façon exclusive, le commandement, la discipline, l'instruction, l'administration et la surveillance de la garde beylicale.

---

(1) 1° *Bureau de l'Administration de la garde beylicale.* Les services assurés par ce bureau sont analogues à ceux qui, dans les corps de troupe de l'armée française, sont de la compétence du bureau du colonel, du major et du service de la salle des rapports : rapports journaliers, punitions, visite médicale, mutations, permissions, tenue des livrets matricules, vérification des feuilles de journées, etc...

2° *Bureau du recrutement indigène tunisien.* Ce service alimente en indigènes, par voie de tirage au sort, la garde beylicale, les équipages de la division navale, le service maritime des travaux publics et les corps de troupe de la division d'occupation de Tunisie (sauf les zouaves et les chasseurs d'Afrique).

3° *Bureau du remplacement administratif.* Il a dans ses attributions les affaires relatives au remplacement administratif des indigènes. Pour cet objet, le ministre de la Guerre alloue aux corps de troupe des primes de remplacement, destinées à remplacer les hommes du contingent qui se sont exonérés du service militaire : 760 primes de remplacement ont été versées en 1907.

Les corps de troupe recherchent et acceptent les remplaçants sous certaines conditions. Les primes de remplacement sont partagées en portions de primes et hautes-payes; leur gestion est assurée par l'Administration centrale de l'armée tunisienne. Les sommes qui dépendent du fonds du remplacement administratif s'élèvent à 2.500.000 francs environ déposés dans les caisses de l'Etat.

4° *Bureau des réserves indigènes.* En 1904 fut adopté le principe des réserves indigènes dont font partie les hommes des 7 dernières classes libérées. Ce bureau pourvoit à leur administration.

5° *Bureau de la comptabilité.* Services assurés : établissement du budget de l'armée tunisienne, administration de l'armée tunisienne, marchés, comptabilités finances et matières, de la garde beylicale.

La garde beylicale applique les règlements de manœuvres des différentes armes en usage dans l'armée française. La troupe est pourvue de l'armement modèle 1874. L'artillerie exécute des écoles à feu avec des pièces du calibre de 90 millimètres. Elle exécute les manœuvres des canons de 120 millim'r's et de 95 millimètres, la construction des batteries, des plateformes, etc.

La garde beylicale est inspectée par le général commandant la division de qui elle relève directement.

Elle sert d'appoint à la division d'occupation en cas de mobilisation et elle est chargée de remplir certaines missions.

Le service des vivres est assuré par une Commission des ordinaires. Les achats de toute nature effectués pour assurer l'entretien de l'habillement, de la chaussure, du casernement, de la remonte, etc..., sont contrôlés par des commissions de réception.

La solde de la troupe est identique à celle de l'armée française.

La comptabilité de la garde beylicale est vérifiée par l'administration centra'e de l'armée tunisienne, par des inspecteurs des finances tunisiennes et par la Cour des comptes de Paris.

Les règlements d'administration, appliqués depuis 1904, sont analogues à ceux de l'armée française, mais simplifiés. Ces règlements se composent d'arrêtés, de décisions ministérielles, etc...

CHAPITRE V.

RÉGIME FINANCIER.

SECTION PREMIÈRE.

GÉNÉRALITÉS.

ARTICLE PREMIER. — *Direction des Finances.*

§ 1er. — *Historique.*

431. La réforme financière de la Régence a été l'œuvre d'un service spécial créé sous le nom de Direction des finances, le 4 novembre 1882, mais qui n'a eu son organisation définitive qu'à partir du 2 octobre 1884.

On a vu (1) qu'à la suite des arrangements intervenus entre le gouvernement beylical et les puissances européennes, une commission financière, composée de fonctionnaires étrangers, était chargée de percevoir et d'affecter au service de la dette tunisienne une partie des impôts de la Régence.

« Le produit de ces taxes, désigné sous le nom de *revenus concédés*, avait été évalué avant 1870, lors de la convention initiale, à environ 11 millions de piastres. En 1883, il était de 13 millions de piastres. L'ensemble des ressources de la Régence étant, à cette époque, de 22 millions, il ne restait qu'une somme d'environ 10 millions

pour subvenir aux besoins du pays et des services publics. Et encore, ce faible reliquat, ces « revenus réservés », suivant l'expression alors usitée, n'étaient pas eux-mêmes libres de toute charge. Quand les besoins devenaient trop pressants, le gouvernement tunisien recourait au crédit, mais dans des conditions désastreuses (1) ».

432. Cet état de choses incompati'le avec les droits et privilèges du Gouvernement français ne pouvait se prolonger. Il devenait indispensable de réformer l'administration financière de la Régence, d'exercer un contrôle sérieux sur les caïds, Khalifa s et Cheikh's, chargés de percevoir l'impôt, d'introduire l'ordre et la régularité dans leur comptabilité et dans celle des autres agents financiers.

Mais, pour être efficace, la réforme devait porter sur l'ensemble de l'administration. Le maintien de la commission financière pouvait gêner et paralyser l'œuvre de réorganisation q :e le gouvernement français se proposait d'entreprendre. La loi française du 9 avril 1884 — ainsi que les dispositions qui en ont été la conséquence — solutionna, comme on le verra plus loin, cette importante question.

Entre le 4 novembre 1882, date de son institution, et le 2 octobre 1884, date de la suppression de la commission financière et de l'administration des revenus concédés, la direction des finances élabora les conditions et le régime de l'ordre de choses nouveau.

433. Dès le 12 mars 1883, un décret beylical, comp'été le 18 décembre de la même ann'e, vint donner à l'organisation financière de la Régence la base régulière qui lui avait fait défaut jusque-là et assurer à l'Etat comme au contribuable les garanties fondamentales de l'organisation financière européenne. Un budget annuel était créé, et, à la clandestinité qui avait régné jusque-là, le décret substituait le principe de la publicité complète. L'établissement comme le règlement du budget devaient être désormais l'objet d'un décret promulgué au *Journal officiel tunisien*, et il en devait être de même de toute mesure modifiant l'assiette ou le montant des impôts.

C'est conformément à ces règles que fut dressé le budget de l'exercice 1300 (1883-1884), le premier qu'ait eu la Tunisie, budget bien modeste, puisque, ne portant que sur les *revenus réservés*, il ne comprenait pas même la moitié des ressources du pays (2).

La date n'en est pas moins importante car « jusque-là, disait M. Cambon, à la séance de la Chambre des députés du 1er avril 1884, à laquelle il prenait part comme commissaire du Gouvernement en Tunisie, mais une simple liste de dépenses. Quant à la liste des recettes, elle était très variable, parce que tout dépendait de l'énergie du Gouvernement et du degré de complaisance des populations. On a défini le Gouvernement tunisien un gouvernement arbitraire tempéré par les insurrections; il était donc difficile à un gouvernement pareil d'établir à l'avance son budget des recettes, puisqu'il

---

(1) V. *supra*, n° 42.

(1) Ministre des Affaires étrangères, Rap. au Président de la République (1881-1890) p. 21 et 22.
(2) Ministre des affaires étrangères. *Op. cit.* p. 23.

ne savait pas quel degré de résistance il rencontrerait chez le contribuable ».

434. Il ne suffisait pas d'avoir établi le budget, il fallait en assurer l'exécution et sur ce point tout était à organiser.

Le système de perception que nous avons trouvé et dont les principes essentiels ont été conservés, confie aux caïds et aux cheikhs, le recouvrement des impôts.

Ce système est habilement combiné pour garantir les intérêts du Trésor; mais à moins d'un contrôle sévère, il donne lieu à de nombreux abus. Pour mettre fin aux exemptions injustifiées et ramener l'égalité devant l'impôt, des instructions furent adressées aux caïds le 26 mai 1884. Désormais, ces agents sont astreints à tenir une comptabilité régulière; leurs attributions sont nettement précisées; tout recouvrement et tout paiement donnent lieu à la délivrance d'une quittance individuelle sur laquelle sont inscrits l'objet du paiement et le montant de la somme due. En outre, des inspecteurs reçoivent pour mission d'aller contrôler sur place les opérations des caïds et des cheikhs.

435. Un budget périodiquement établi et promulgué, le mouvement des dépenses et des recettes s'accomplissant en vertu de titres réguliers, les règles de perception nettement déterminées, une comptabilité publique embrassant l'ensemble de la gestion des comptables, un contrôle organisé, tels sont les résultats des premières années de notre administration financière dans la Régence. Le nouveau régime financier est donc constitué. Il ne reste plus, pour compléter l'œuvre, qu'à en étendre les effets aux services publics détenus par la Commission financière (1).

La loi du 9 avril 1884 permit de réaliser cette dernière réforme en ratifiant la Convention du 8 juin 1883 dont l'article 2 portait que le Gouvernement français garantirait un emprunt à émettre par S. A. le bey, pour la conversion ou le remboursement de la dette consolidée et de la dette flottante de la Régence.

. En exécution de ces dispositions, il fut procédé à un emprunt de 142.550.000 francs garanti par la France. Désormais, la Commission financière n'avait plus de raison d'être et. un décret beylical du 2 octobre 1884, en même temps qu'il prononça sa suppression définitive, remit l'ensemble de la gestion des affaires financières de la Régence à la Direction des finances actuelle.

§ 2. — *Organisation.*

436. L'organisation financière de la Tunisie a pour but d'assurer l'administration des deniers publics. La gestion de ces deniers entraîne une série d'actes qui se traduisent soit par l'encaissement d'une recette, soit par l'acquittement d'une dépense en vertu d'un titre spécial : le budget.

Le soin d'assurer l'exécution du budget est confié à la

_____

(1) Ministère des affaires étrangères. *Op. cit.*, p. 25.

Direction des finances dont les différents services fonctionnent sous l'autorité du Directeur des finances (1).

Les services de la Direction des finances comprennent :
1º L'Administration centrale;
2º La recette générale des finances;
3º Le service des monopoles;
4º Le services des contributions diverses;
5º Le service des douanes;
6º La conservation de la propriété foncière.

a) Administration centrale.

437. Les services de l'Administration centrale sont répartis en 4 bureaux (2).

438. *Inspection générale.* — L'inspection générale des finances est chargée d'exercer un contrôle supérieur et sur place sur tous les services relevant directement de la Direction des finances. Ce contrôle se traduit par la vérification des caisses et de la comptabilité des divers comptables de l'Etat des communes et des différents services publics.

La vérification porte en outre sur la gestion financière des sociétés concessionnaires ou des collectivités soumises au contrôle de l'Etat.

Le contrôle de l'assiette des impôts directs est exercé par un cadre spécial d'agents dont le rôle consiste à vérifier les opérations des commissions de recensement ou à prendre part à ces opérations pour en assurer l'exactitude.

439. *Cour des comptes.* — La Cour des comptes réglementée par le décret du 8 novembre 1870 est présidée par le ministre de la Plume. Elle statue sur les comptes de tous les fonctionnaires indigènes.

440. *Personnel.* — Le personnel des régies financières a été réglementé par l'arrêté organique du Directeur des finances du 30 décembre 1904. Cet arrêté, modifié et complété par ceux des 30 décembre 1906 et 1er jan-

_____

(1) Il convient d'observer ici que pour les recettes concernant les postes, télégraphes et téléphones, l'office postal *concourt à la gestion des deniers publics.*
(2) 1er *bureau.* D'une manière générale, ce bureau a dans ses attributions la préparation, l'exécution et le règlement du budget. Il est chargé du service de la dette et des services de trésorerie du gouvernement tunisien. Il centralise la comptabilité des divers services financiers, il administre les crédits délégués à la direction des finances; il assure le service des amendes et condamnations pécuniaires prononcées par les tribunaux français ainsi que le service des opérations de recettes et de dépenses effectuées pour le compte du Trésor français.
2e *Bureau.* Il s'occupe spécialement du personnel et de la sous-répartition des crédits aux ordonnateurs secondaires de la direction des finances; il examine à la suite à donner aux affaires concernant la perception des droits de timbre et d'enregistrement, des droits de douanes et des produits des monopoles. Il est chargé de la formation des dossiers pour l'attribution des bureaux de débits de tabacs. Il a l'étude des questions intéressant le régime douanier et la surveillance de l'atelier général du timbre.
3e *Bureau.* On y traite les affaires concernant le régime fiscal des droits intérieurs; la perception de la taxe locative, la taxe sur les loyers, les patentes; ce bureau a également dans ses attributions le contrôle financier des communes et des établissements publics.
4e *Bureau.* Toutes les affaires relatives aux impôts directs ressortissent à ce bureau qui est chargé également d'examiner et de présenter à la Cour des comptes tunisiennes les comptes des collecteurs indigènes et d'exécuter les arrêts de cette juridiction.

vier 1909, a sélectionné le recrutement et les changements de grade par l'institution de concours et a établi un tableau de classement qui, publié chaque année, permet aux préposés de tout grade de suivre leur carrière administrative et de faire valoir, s'il y a lieu, leurs droits à l'avancement.

b) Recette générale des Finances.

441. Le service du Trésor français et celui du Trésor tunisien ont été gérés séparément jusqu'au 30 avril 1906. Depuis le 1er mai suivant, leur gestion a été réunie dans les mains d'un comptable unique : le Receveur général des finances tunisiennes. Cette réforme, conséquence de la loi des finances de 1905 (1) résulte des décrets du Président de la République et du bey portant la date du 6 février 1906.

En conséquence de cette organisation nouvelle, le Receveur général des finances est désormais nommé par décret du Président de la République, contresigné par le ministre des finances, après avis conforme du ministre des affaires étrangères et sur la proposition du résident général. Il relève directement du ministre des finances pour tout ce qui concerne les opérations métropolitaines; il est placé sous l'autorité du Directeur des finances tunisiennes pour l'opération concernant le budget tunisien.

442. Le Receveur général des finances assure, au titre métropolitain (2), toutes les opérations budgétaires et de trésorerie autorisées par les lois françaises; il est préposé à la caisse des Dépôts et consignations pour toute la Régence.

443. Au titre tunisien, le Receveur général, indépendamment des contrôles, perceptions, encaissements et toutes opérations de recettes qui lui sont confiées par la réglementation en vigueur, reçoit les versements de tous les encaissements faits au titre de la première partie du budget par les caïds, le conservateur de la Propriété foncière et les receveurs principaux des contributions diverses, des douanes et de l'office postal pour l'ensemble de leurs administrations respectives; il est préposé en recette et en dépense aux opérations de la deuxième et troisième partie du budget ainsi qu'à l'administration des réserves du Trésor; il assure ces services soit directement soit par l'intermédiaire des autres comptables ses correspondants; il centralise tous les droits constatés des caïds qui ne sont pas rattachés par le Directeur des finances aux receveurs des contributions diverses et des douanes; il effectue le paiement des dépenses publiques, y compris les frais de justice criminelle; il assure tous les services de Trésorerie qui ne se rattachent pas directement et nécessairement au fonctionnement de la conservation de la propriété foncière, des régies financières ou de l'office postal; il fournit des fonds de subvention aux comptables ses correspondants; il est dépositaire des titres, créances, valeurs appartenant à la Régence et il en prend charge dans sa comptabilité; il est préposé aux dépôts et consignations se rattachant aux services du Trésor tunisien.

444. *Cautionnement et remises.* — Le cautionnement auquel le Receveur général des finances est assujetti, pour la garantie de sa gestion au titre du budget tunisien, est affecté de plein droit à la garantie de sa gestion au titre français. En cas d'application du cautionnement à des faits de charge, le Trésor français et le Trésor tunisien sont colloqués sur le même ligne au prorata de leurs créances respectives et sans préjudice de leur action personnelle contre le comptable pour le recouvrement de leurs droits non couverts par le cautionnement.

Le Receveur général est rétribué d'après un tarif de remises approuvé par le Gouvernement français (1).

c) Service des Monopoles.

445. Créé par décret beylical du 16 décembre 1900, le service des monopoles a commencé à fonctionner le 1er janvier suivant sous l'autorité d'un directeur. Jusqu'à cette date les services, dont celui-ci a l'administration, étaient gérés par le service des contributions diverses.

Le service est chargé de la régie des monopoles du tabac et du sel, des poudres à feu, des allumettes et des cartes à jouer. Il est également chargé du fonctionnement de l'usine à foulon, pour les chéchias, installée à Tébourba.

Des entreposeurs, institués dans les différents centres de la Régence, approvisionnent les débitants chargés de la vente des produits monopolisés aux consommateurs. L'instruction générale du directeur des Finances en date du 27 décembre 1907, a confié aux entreposeurs : l'encaissement, pour le compte des receveurs des Contributions diverses, des prix des produits débités; 2° le paiement, au même titre, des indemnités allouées aux débitants pour le transport du sel en exécution du décret du 28 décembre 1904.

d) Service des Contributions diverses.

446. *Organisation et personnel.* — Le décret du 2 octobre 1884, portant suppression de la commission financière et de l'administration des revenus concédés, disposait dans son article 6, que le directeur des finances aurait sous son autorité un « directeur des contributions diverses et qu'il déterminerait par arrêté les attributions de la direction des contributions diverses ».

Cet arrêté est intervenu en octobre 1884 et le service a commencé à fonctionner le 13 du même mois.

Le service comprend, à l'administration centrale, un directeur, un inspecteur principal, des inspecteurs et sous-inspecteurs, des receveurs-rédacteurs, des commis principaux et des commis.

---

(1) V. *infra* n° 478 note.
(2) A ce titre également toutes significations de saisies-arrêts ou oppositions sur des sommes dues par l'État en Tunisie, toutes significations de cessions ou transports des dites sommes et toutes autres significations ayant pour objet d'en arrêter le paiement, doivent être faites entre les mains du receveur général des finances ou celles des receveurs tunisiens qui seraient autorisés à cet effet.

---

(1) D. beyl. 6 janvier 1906.

Le personnel de l'Administration locale est composé de receveurs de contributions diverses placés à la tête des différentes recettes existant dans la Régence.

Ces derniers ont sous leurs ordres des commis ainsi que des contrôleurs des collecteurs et des préposés affectés au service actif.

447. *Attributions.* — Le service des contributions diverses régit et perçoit les droits de timbre et d'enregistrement, la taxe de vérification des poids et mesures, les droits intérieurs, les amendes et condamnations prononcées par les tribunaux français de Tunisie, les redevances sur le domaine public, les produits domaniaux, les impôts directs à la charge des Européens, la taxe sur les loyers et, dans les localités où cet impôt n'a pas été concédé aux communes, la taxe locative.

En outre les receveurs des Contributions diverses sont chargés de la gestion des caisses de réserve (1).

e) Service des Douanes.

448. Le service des douanes a été créé dans les mêmes conditions que celui des contributions diverses et a été organisé par l'arrêté du directeur des finances du 2 octobre 1884. Il fonctionne depuis le 13 octobre 1884.

Il est placé sous la direction d'un chef de service et il se divise, comme en France, en service administratif sédentaire et en service actif.

Le service administratif sédentaire comprend des inspecteurs et sous-inspecteurs, des receveurs, des contrôleurs, des vérificateurs et des commis; il est chargé de la liquidation et de la perception des droits de douanes, du recouvrement des droits maritimes, de l'encaissement des amendes et condamnations relatives au service des douanes, etc...

Les agents du service sédentaire sont chargés, dans les localités où il n'existe pas de receveur des contributions diverses, de l'encaissement de tous les droits perçus par ces derniers. Ils prêtent, en outre, leur concours à la recette générale des Finances pour le paiement des dépenses publiques et les mouvements de fonds.

Le service actif, chargé de la garde des frontières et de la répression de la fraude et de la contrebande, comprend des lieutenants et sous-lieutenants des douanes, des brigadiers et des sous-brigadiers, des patrons, des préposés et des matelots.

f) Conservation de la Propriété foncière.

449. Elle est chargée de l'exécution de la loi du 1er juillet 1885 sur la propriété foncière de la Tunisie (immatriculation). A sa tête se trouve un conservateur qui perçoit pour l'État les frais de l'immatriculation et qui veille à ce que les actes produits à la conservation aient acquitté les droits dus au Trésor.

Article 2. — *Dette.*

450. Le service annuel de l'amortissement et des intérêts de la dette tunisienne, représentée par les emprunts

(1) V. *supra* n° 146.

de 1892, de 1902 et de 1907, exige une somme de 10 millions 800.000 francs par an.

Cette annuité constitue une charge d'autant plus lourde pour le budget tunisien, que ces emprunts n'ont pas tous été également affectés au développement de l'outillage économique de la Régence.

Si les deux derniers ont bien ce caractère et constituent, par suite, des dépenses utiles et productives, l'emprunt de 1892 n'est que la conséquence des gaspillages financiers et des dépenses somptuaires de l'ancienne administration des beys.

§ 1. — *La dette avant le protectorat.*

451. Les sommes considérables que le bey Ahmed (1837-1855) avaient englouties dans les constructions de Porto-Farina et de la Mohammedia, les dépenses occasionnées par l'entretien, en Crimée, d'une armée de 10.000 hommes, les habitudes de luxe qui, au contact de notre civilisation, s'étaient développées à la Cour beylicale eurent pour résultats d'épuiser le Trésor et de grever l'avenir.

En 1860, le bey se trouvait en présence d'une dette flottante de 11.875.000 francs pour le paiement de laquelle il procéda à l'émission de bons du Trésor à l'échéance d'un an. Ces bons portaient intérêts à 12 0/0 et leur remboursement était garanti par des *teskérés* sur les droits d'exportation, le produit des ventes des dîmes et les revenus de la monnaie.

Une grande partie de ces bons ne furent pas remboursés à l'échéance. Le Gouvernement se borna à effectuer le renouvellement de ceux qui n'avaient pu être amortis et il contracta de nouveaux emprunts.

A la suite de différentes opérations financières, la dette s'élevait le 24 mai 1862, à 28.000.000 de francs environ pour lesquels on payait un intérêt annuel de 12 à 14 0/0.

Afin de régulariser cette situation, le bey passa avec la maison Erlanger un contrat pour la conclusion d'un emprunt de 35 millions de francs garanti par la medjba, remboursable en intérêts et amortissement à raison de 12 0/0 (6 mai 1863). Il fut négocié en France et donna lieu à l'émission d'obligations à 7 0/0 remboursables en 15 ans 1/2. Les teskérés en circulation purent ainsi être remboursés et le Gouvernement encaissa une soulte de 5 millions 1/2 de francs.

A partir de ce moment, les emprunts vont se précipitant : le bey contracte d'abord un emprunt de 5 millions de francs; le 9 février 1865, il signe une nouvelle convention pour un emprunt de 25 millions de francs à la garantie duquel on affecte le produit des droits de douane et du canoun des oliviers. L'emprunt est négocié en France et donne lieu à une émission de 73.568 obligations 7 0/0 d'une valeur nominale de 500 francs.

452. Bien qu'impuissant à assurer le service des emprunts, le Gouvernement n'en continue pas moins à inonder le marché de Tunis de teskérés triennales à 12 0/0. Comme il ne trouve plus preneur, il en opère successivement la conversion. Ce sont :

Les conversions des 2, 17 mars et du 18 avril 1867, connues sous le nom de conversions de mars 1867, qui donnent lieu à l'émission de 24.000 obligations de 500 francs rapportant 12 0/0 et représentant 12 millions de francs en capital.

La conversion du 20 juillet 1867 qui porte sur 10 millions de francs et se traduit par une émission de 20.000 obligations de 500 francs à 12 0/0; les conversions des 22 août et 15 décembre 1867 qui augmentent encore la dette de 17 millions.

453. En un an le Gouvernement avait donc emprunté 39 millions de francs et, par des dépenses exagérées auxquelles il faisait face par l'émission de billets de toute nature, le gouffre se creusait chaque jour davantage. Les créanciers finirent par exiger des garanties et finalement le bey dut s'adresser aux gouvernements français, anglais et italien pour arrêter d'accord avec eux les mesures que comportait la situation financière de la Régence.

Une commission financière (1) fut instituée (2). Elle procéda tout d'abord à la révision et à l'évaluation du passif du Gouvernement tunisien et arrêta le chiffre de la dette à 160.176.000 francs suivant le détail ci-après :

Emprunt de 1863-1865	66.064.000 fr.
Conversion de 1867	39.112.000 »
Dette flottante	55.000.000 »

La commission financière fixa ensuite, à 6.500.000 fr. l'annuité que le bey devait concéder à ses créanciers pour l'intérêt et l'amortissement de la dette. Elle proposa aux créanciers, qui acceptèrent, l'abandon d'une partie de leurs droits en échange de quoi ils recevraient des obligations de la dette ainsi consolidée.

Les arrangements du 23 mars 1870 consacrèrent ces décisions et la dette se trouve ramenée à 125 millions de francs représentés par 250.000 obligations 5 0/0 de 500 francs.

C'est cette dette que la France a garantie en la transformant de perpétuelle en amortissable et en abaissant le taux d'intérêt de 5 à 3 0/0. Elle est connue sous le nom de « dette amortissable de 1892. »

§ 2. — Dette amortissable de 1892.

454. Sur la promesse du bey de procéder aux réformes administratives, judiciaires et financières qui lui seraient suggérées, le Gouvernement français s'engagea par le traité de la Marsa (3) à garantir un emprunt pour la conversion ou le remboursement de la dette consolidée s'élevant à 120.000.000 de francs et de la dette flottante jusqu'à concurrence d'un maximum de 17.550 mille francs soit au total 142.550 mille francs.

En suite de cette convention, et dès 1884, le Gouvernement tunisien procédait, avec la garantie du Gouvernement français, à une conversion de sa dette par l'émission

---

d'obligations perpétuelles, au porteur, productives d'intérêts semestriels à 4 0/0 l'an.

455. En 1889, une nouvelle conversion (1) opéra la transformation des obligations perpétuelles 4 0/0 en titres ne produisant que 3, 1/2 0/0 d'intérêts annuels et remboursables par voie de tirages au sort semestriels.

456. Les obligations 3 1/2 0/0 ayant dépassé rapidement le pair, le Protectorat opéra la transformation des obligations non encore amorties en 396.386 obligations 3 0/0 de 500 francs chacune, amortissables dans un délai maximum de 96 ans par voie de tirages au sort semestriels (2).

Une annuité de 6.306.865 francs est inscrite au budget pour le service de cette dette.

§ 3. — Dette amortissable de 1902.

457. Une loi française du 9 avril 1902 a autorisé le Gouvernement tunisien à réaliser au fur et à mesure de ses besoins par voie d'emprunt, une somme de 40 millions affectée exclusivement à la construction, en Tunisie, des lignes de chemin de fer ci-après :

1º Pont du Fhas à Kalaat Es Senam, 2º Kairouan à Sbiba, 3º Bizerte au Nefza, 4º Sfax au réseau de Sousse.

Pour l'exécution de cette loi il a été créé un type d'obligations de 500 francs 3 0/0 au porteur, dites de l'emprunt 1902, munies de coupons semestriels de 7 fr. 50 aux échéances des 1er février et 1er août de chaque année et amortissables par la voie de tirages semestriels jusqu'à 1988 (3).

§ 4. — Dette amortissable de 1907

458. La loi française du 10 janvier 1907 a autorisé le Gouvernement tunisien à réaliser une somme de 75 millions destinée :

Aux travaux complémentaires du réseau ferré	30 millions.
A la construction de 450 kilomètres de lignes ferrés nouvelles	28 »
A la construction de 1200 kilomètres de routes	12 »
A la dotation initiale du fonds d'achat de terres pour la colonisation	5 »

Cet emprunt est représenté par 185.000 obligations du même type que celles de 1902 et remboursables de la même façon jusqu'à 1988.

Article 3. — Système monétaire.

459. La réforme du système des monnaies a été effectuée par le décret beylical du 1er juillet 1891. Avant cette date, l'unité monétaire de la Régence était la

---

(1) V. supra nº 42.
(2) D. bey. 5 juillet 1869.
(3) V. supra nº 49.

(1) D. beyl. 17 décembre 1888 et loi française du 9 février 1889.
(2) D. beyl. 9 juin 1892 et loi française du 25 même mois.
(3) D. beyl. 30 juin 1902.

piastre, et l'étalon de la monnaie, la pièce de cent piastres en or (1).

La réforme ordonnée par le décret précité a eu pour objet la substitution du franc à la piastre comme unité monétaire de la Régence. Mais elle n'a rien changé à la base essentielle du système, et, depuis comme avant la réforme, la Tunisie est un pays de monométallisme à étalon d'or. En conséquence, sa monnaie d'or est seule investie d'un pouvoir libératoire indéfini, ses autres monnaies n'ont qu'un pouvoir libératoire limité, savoir : les monnaies d'argent à 50 francs et les monnaies de bronze réduites au rôle d'appoint, à 5 francs pour un seul paiement.

460. Les monnaies tunisiennes portent d'un côté en caractères arabes, le monogramme de S. A. le Bey, l'indication de la valeur en francs et le millésime de l'année arabe de la fabrication; sur l'autre face en caractères français, le mot « Tunisie » l'indication de la valeur en francs et le millésime de l'année grégorienne de la fabrication.

La Tunisie a adopté, comme valeur nominale, diamètre, taille, titre, poids et tolérances en fort et en faible, les types de monnaies en circulation en France à l'exception toutefois des pièces d'or de 100, 50 et 5 francs et de la pièce de 5 francs en argent qui ne sont pas représentées dans le système monétaire tunisien. Les types de monnaies légaux sont donc : Les pièces d'or de 20 francs et de 10 francs, les pièces d'argent de 2 francs, 1 franc et 50 centimes, les pièces de bronze de 10, 5 et 2 centimes.

461. La Banque de l'Algérie a, en outre, émis des billets de banque revêtus d'une estampille spéciale à la Tunisie. Les coupures en circulation dans la Régence sont celles de 1,000, 500, 100, 50 et 20 francs.

ARTICLE 1. — *Administration de la liste civile de S. A. le Bey.*

462. Par décret rendu le jour de son avènement au trône, S. A. Mohammed El Hadi Pacha Bey de Tunis a institué une Administration de son domaine privé, de sa liste civile (2) et du domaine de l'État affecté à la

---

(1) Le poids de cette pièce, fixé à 100 nouvyas (19gr,68453125) par un décret du 23 octobre 1855 (11 safar 1272), était théoriquement supérieur au poids total de trois pièces d'or de 20 francs de l'Union latine (3 × 6gr,45161 = 19gr,35483). Elle devait donc avoir une plus grande valeur que ces trois pièces réunies et représenter exactement 61 fr. 02. Mais, en fait, comme les frappes de monnaies tunisiennes s'effectuaient le plus généralement, non avec du métal neuf, mais simplement par la refonte de monnaies de l'Union latine, la pièce de 100 piastres en or résultait, dans la pratique, de la transformation de trois pièces de 20 francs et ne valait donc que 60 francs.

Les autres pièces d'or s'obtenaient en observant la même proportion, et c'est ainsi que la pièce d'or de 25 piastres qui, aux termes du décret précité du 23 octobre 1855, devait peser 25 nouvyas ou 4gr,921, n'a jamais eu qu'un poids moyen correspondant plus ou moins exactement, suivant la perfection de la fabrication, aux trois quarts de la pièce de 20 fr. ($\frac{3 \times 6gr,45161}{4} = 4gr,83871$).

De ce mode de fabrication et de ce rapport entre les monnaies tunisiennes et les monnaies de l'Union latine, il résulte la valeur de la piastre qui s'est trouvée ainsi fixée à soixante centièmes de franc (0 fr. 60 c.), sauf, bien entendu, les variations du change.

(Rapport du Directeur des finances au sujet de la réforme.)

(2) V. *supra* n° 63 note.

Couronne. Le décret du 11 juin 1902 a réglementé cette Administration.

L'administration du domaine privé, de la liste civile et du domaine de l'État affecté à la Couronne est exercée par un administrateur français nommé par décret beylical. L'administrateur gère et administre tant activement que passivement les biens meubles et immeubles du domaine privé de S. A. Il a seul qualité pour procéder en justice, soit en demandant soit en défendant, dans les instances relatives à la propriété ou à la jouissance des biens faisant partie du domaine privé. La liste civile incessible et insaisissable, est ordonnancée par le Directeur général des finances au nom de l'administrateur.

Les biens meubles et immeubles affectés à la Couronne sont inaliénables et imprescriptibles. Ils ne peuvent être donnés, vendus, échangés, engagés ni grevés de droits ou hypothèques. Néanmoins les objets inventoriés avec estimation peuvent être aliénés moyennant un remplacement. Les actions concernant les biens affectés à la Couronne sont dirigées par ou contre le Directeur général des finances.

Les propriétés affectées à la Couronne ne sont pas soumises aux impôts d'État; mais elles supportent les charges communales.

463. L'administrateur présente au premier ministre le 1er octobre de chaque année, un état des prévisions des recettes et des dépenses pour l'année suivante (1).

L'état des prévisions ainsi dressé n'est exécutoire par l'administrateur qu'après avoir été approuvé par le souverain. Toute modification à ces prévisions est autorisée en la même forme.

Les dépenses même inscrites à l'état des prévisions ne peuvent être engagées ou ordonnées sans le visa préalable de l'administrateur. Aucune dépense, aucune obligation susceptible d'engager le bey ou son domaine privé n'est valable à l'égard des tiers et ne peut lui être opposée, si elle n'est signée de lui et de l'administrateur. L'administrateur ne peut lui-même viser aucune dépense sous peine d'en être personnellement responsable, en dehors des prévisions de l'état dont il est question plus haut.

464. Les produits et revenus du domaine privé, les fonds de la liste civile, les revenus du domaine de la Couronne et, en général, toutes les sommes quelles qu'elles soient, perçues par l'administrateur, soit directement, soit par l'intermédiaire des oukils, sont versées

---

(1) Dans les recettes, il comprend :
1° Les revenus et produits du domaine privé;
2° La liste civile;
3° Les revenus du domaine de la couronne;
4° Le crédit prévu au budget de l'État tunisien pour le service du palais.

Les dépenses comprennent : indépendamment d'une somme dont le bey se réserve personnellement l'emploi, les appointements du personnel attaché à sa personne et à sa maison, ses frais de vivres, médicaments, vêtements, etc., les indemnités, subsides et aumônes qu'il juge à propos de distribuer, ses frais de voyage, les dépenses d'entretien, de culture, etc. de son domaine privé et du domaine de la Couronne et, d'une manière générale, tous les frais inhérents à sa Maison et à sa Cour.

par lui, au nom du bey, à la Recette générale des finances, à l'actif d'un compte courant spécial qui est la propriété du souverain. Les sommes portées à ce compte courant sont incessibles et insaisissables.

Les dépenses du bey que l'administrateur a seul qualité pour liquider et arrêter, sont mandatées par lui sur ce compte courant et payées par le Receveur général des finances aux ayants droit dans les limites de l'actif disponible.

Les mandats de l'administrateur doivent être appuyés des pièces justificatives prévues par les règlements sur la comptabilité.

465. En outre, le décret du 12 mai 1906 a organisé un contrôle de la gestion de l'administrateur.

Ce décret dispose notamment que l'administrateur ne peut engager de dépense supérieure à 1,200 francs si elle n'a fait préalablement l'objet d'un marché de gré à gré soumis à l'approbation du Directeur des finances. Lorsque la dépense excède 5,000 francs ou que l'ensemble des dépenses de même nature susceptibles d'être engagées pendant une année excède cette somme, il est procédé par voie d'adjudication dans les formes et sur un cahier des charges arrêtés par le Directeur des finances.

ARTICLE 5. — *Établissements de crédit.*

§ 1er. — *Banque de l'Algérie.*

466. La loi française du 5 juillet 1900, en renouvelant le privilège de la Banque de l'Algérie, avait réservé à cet établissement de crédit, de préférence à tout autre, la possibilité de s'installer en Tunisie. Mais si la loi du 5 juillet 1900 permettait à la Banque de sortir du territoire algérien, l'autorisation du bey était nécessaire pour l'autoriser à étendre ses opérations dans la Régence et à émettre des billets payables au porteur et à vue. Aussi le Gouvernement beylical, pour prix de la concession du privilège d'émettre des billets dans la Régence, a-t-il demandé à la Banque de l'Algérie des avantages proportionnels à ceux que le Parlement avait imposés à cet établissement de crédit, en compensation du renouvellement de son privilège dans l'Algérie.

Les avantages réclamés par la Tunisie ont été soumis à l'arbitrage du ministre des finances qui a décidé que la Banque verserait au Trésor tunisien, à titre de prêts sans intérêts, une somme d'un million de francs remboursable à l'expiration de son privilège, et qu'elle servirait en outre, au Protectorat, en toute propriété, une redevance annuelle fixée à 66,666 francs pour la période du 1er janvier au 31 décembre 1905, à 83,333 francs pour la période de 1906 à 1912 et à 100,000 francs pour le surplus de la durée de son privilège (1).

467. Un décret beylical du 8 janvier 1904 et deux décrets du Président de la République du 7 mai suivant ont consacré cet arrangement.

(1) Convention du 24 décembre 1903 et 8 janvier 1904 intervenue entre le directeur des finances tunisiennes et le directeur de la Banque de l'Algérie.

Aux termes de ces décrets la durée du privilège de la Banque de l'Algérie est celle prévue par la loi française du 8 juillet 1900 : elle fonctionne en Tunisie dans les mêmes conditions qu'en Algérie, sous les réserves suivantes :

Les billets de banque émis en Tunisie par la Banque de l'Algérie sont revêtus d'une estampille spéciale indiquant leur origine tunisienne. Le remboursement de ces billets est effectué en monnaies métalliques ayant cours légal dans la Régence.

Le résident général exerce dans la Régence tous les droits reconnus par la Banque au gouverneur général de l'Algérie.

Le Receveur général des finances et les receveurs des contributions diverses, détachés des administrations métropolitaines, faisant fonctions de receveurs particuliers, dans les localités où sont établies des succursales de la Banque, remplissent les fonctions de commissaires du Gouvernement tunisien de ces succursales et ont toutes les attributions des censeurs.

§ 2. — *Crédit foncier.*

468. Les conditions d'organisation des sociétés de crédit foncier ont fait l'objet du décret du 20 juin 1906 rendant applicable dans la Régence la procédure établie par la législation française sur la matière, et qui est caractérisée par les dispositions suivantes :

1º Réserve du bénéfice de la procédure rapide d'exécution aux seuls prêts fonciers consentis sur immeubles immatriculés;

2º Obligation pour les sociétés de crédit foncier de se pourvoir avant toute opération de l'autorisation du Gouvernement;

3º Les émissions d'obligations foncières ne peuvent être faites que sous les mêmes conditions d'approbation;

4º Le conservateur de la propriété foncière est chargé de la délivrance de la formule exécutoire sur les actes de prêts fonciers, pour la procédure de réalisation du gage.

469. A la suite de ce décret, une société portant le titre de « Crédit foncier de Tunisie » a été autorisée à s'installer dans la Régence (1).

Cette société n'ayant pas tenu ses engagements a été dissoute en 1909 et des pourparlers ont été engagés avec le Crédit foncier de France pour qu'il étende ses opérations à la Tunisie, par l'intermédiaire du « Crédit foncier et agricole d'Algérie », cet établissement devant fonctionner sans la garantie ni l'aide pécuniaire de l'État.

ARTICLE 6. — *Institutions de prévoyance.*

§ 1er. — *Société de prévoyance des fonctionnaires et employés tunisiens.*

470. Le personnel des administrations tunisiennes se compose de deux catégories d'agents : les agents détachés

(1) D. beyl., 6 décembre 1906.

de la Métropole qui conservent, dans leurs services d'origine, leurs droits à l'avancement et à une retraite à liquider sous le régime de la loi françoise du 9 mars 1853, et les agents recrutés en Tunisie, sans liens aucuns avec l'Administration française et qui ne peuvent prétendre à une pension de retraite sur l'État français, auxquels il convient d'ajouter ceux des communes, des habous, du collège Sadiki, etc.

En vue d'améliorer la situation des agents de la deuxième catégorie, le Gouvernement tunisien, par décret du 20 janvier 1898, a créé une « Société de prévoyance des fonctionnaires et employés tunisiens » destinée à assurer à ses membres une pension viagère pour l'époque à laquelle l'âge, la maladie ou les infirmités les obligeraient à quitter l'administration.

Sous l'empire de ce décret, la Société n'avait pas d'effet rétroactif, elle ne tenait pas compte, au point de vue de vue du droit à la retraite et de la quotité de la pension de retraite, des services rendus antérieurement à sa création et postérieurement à l'établissement du protectorat (12 mai 1881) par les agents en fonctions au 20 janvier 1898. En outre, la Société n'incorporait d'office que les agents nommés postérieurement à sa création.

Il y avait là un vice d'organisation qui amena le Gouvernement à étudier les modifications qu'il était nécessaire d'apporter au fonctionnement de la Société.

Ces modifications ont fait l'objet du décret beylical du 24 décembre 1908 et des statuts y annexés et de celui du 15 mars 1909.

D'après la nouvelle réglementation, la Société de prévoyance dont le siège est à Tunis et dont la durée est illimitée a pour objet d'assurer à ses membres, à leurs veuves et orphelins des avantages en cas de retraite ou de décès.

471. La pension de retraite des agents est formée au moyen de retenues (1) subies par eux sur les mensualités de leurs traitements et de subventions (2) proportionnelles aux mêmes mensualités versées par l'État au moment même où s'exercent les retenues. Les retenues et les subventions sont inscrites sur les livres de la Société sur un compte individuel pour chaque sociétaire, elles sont capitalisées dès leur versement à la Société, et donnent parallèlement ouverture à deux rentes viagères calculées d'après le principe des assurances sur la vie : l'une, à capital réservé, sur les retenues, l'autre, à capital aliéné, sur les subventions. Les sociétaires demeurent, quoi qu'il arrive, propriétaires de leurs retenues ; elles leur sont restituées, à eux ou à leurs ayants droit,

dès qu'ils cessent leurs fonctions administratives, quelles que soient les conditions dans lesquelles s'opère cette cessation de fonctions.

Le principe des comptes individuels a été maintenu dans la nouvelle législation, mais la pension n'est plus liquidée, comme sous le régime du décret de 1898, par l'attribution aux sociétaires des deux rentes viagères, inscrites ainsi qu'il a été dit plus haut, et par le remboursement du capital des retenues.

472. Les anciens tarifs n'assurant à l'agent qu'une retraite insignifiante, le Gouvernement tunisien a dû s'inspirer des règles françaises pour le calcul de la pension. Elle est désormais liquidée en prenant pour base les traitements et émoluments d'un caractère personnel de toute nature dont l'ayant droit a joui pendant ses trois dernières années d'exercice, et sur lesquelles il a subi les retenues réglementaires.

Elle est réglée pour chaque année de services civils ou militaires, savoir : à un soixantième du traitement moyen pour chaque année passée dans la partie sédentaire ; à un cinquantième du même traitement pour chaque année passée dans la partie active.

Elle ne peut excéder les deux tiers du traitement moyen pour les fonctionnaires dont le traitement ne dépasse pas 3.000 francs, ni le maximum de 2,000 francs pour ceux dont le traitement varie de 3,001 à 4,000 francs, ni la moitié du traitement moyen pour ceux jouissant d'un traitement moyen de 4,000 francs et au-dessus. En aucun cas les pensions de retraite ne peuvent dépasser le maximum de 6,000 francs.

La pension de la veuve est du tiers de celle du mari.

Les pensions des veuves et des orphelins sont prélevées sur les revenus d'un fonds commun alimenté au moyen de dotations de l'État, des communes, des établissements publics, etc., et des capitaux des subventions inscrites aux comptes individuels éteints avant que le sociétaire ait acquis le droit à la retraite.

473. *Sociétaires.* — Les personnes qui font partie de la société sont :

1º Obligatoirement, tous les fonctionnaires et employés civils et militaires de tous grades du Gouvernement tunisien, dûment titularisés et rétribués au mois et à traitements fixes, qu'ils soient payés sur le budget général ou détachés au service soit d'un établissement public d'État, dont le budget est publié comme annexe du budget général, soit de la Société de Prévoyance, soit d'un Gouvernement étranger, etc.;

2º S'ils en font la demande individuellement, les fonctionnaires et employés des municipalités, des habous et du collège Sadiki. Ces fonctionnaires et employés ne sont toutefois agréés comme sociétaires que si l'autorité dont ils relèvent aux règlements qui régissent ou régiront les fonctionnaires de l'État au point de vue de la discipline, des congés et de la retraite, et si elle a pris ou prend l'engagement :

a) De fournir la subvention que l'État fournit lui-même pour ses propres agents;

b) De verser au fonds commun une dotation proportion-

---

(1) La retenue mensuelle que subissent les sociétaires est fixée à 5 0/0 par au du montant cumulé des traitements de 4.000 francs et au-dessous, à 6 0/0 du montant des traitements de 4.001 francs à 6.000 francs, à 7 0/0 du montant des traitements au-dessus de 6.000 francs.

Les sociétaires subissent en outre :

Une retenue du 12º du traitement dont ils jouissent au moment de leur accession à la Société et de toute augmentation ultérieure.

(2) Ces subventions sont fixées au taux uniforme de 12 0/0.

nelle à celle que l'État a versée ou versera pour constituer ou compléter le fonds commun (1).

En outre, les agents qui avaient refusé d'accéder à la société lors de sa création, y ont été incorporés d'office. L'État, les communes, les établissements publics, etc., ont versé ou verseront à leur crédit une subvention décomptée d'après les tarifs en vigueur et basée sur leurs années de services depuis le 12 mai 1881 jusqu'au moment de leur accession à la Société. Ces agents ont été dispensés de verser les retenues correspondantes à ces subventions (2).

474. *Administration de la Société.* Elle est administrée, sous la présidence du Directeur des finances, par un conseil de 12 membres pris parmi les sociétaires en fonctions et résidant à Tunis. Les 3/4 au moins de ces sociétaires doivent être fonctionnaires de l'État. Dès que la Société comptera au moins cinquante membres retraités, le conseil sera complété par l'adjonction de 4 sociétaires domiciliés à Tunis.

Les membres du comité sont désignés par le Gouvernement.

Un fonctionnaire de la Direction générale des finances tient les comptes administratifs de la Société, assiste aux séances du conseil et y remplit les fonctions de secrétaire avec voix consultative.

§ 2. — *Sociétés de prévoyance indigènes, de prêts, de secours et de mutualité agricole.*

475. Elles ont été organisées par le décret beylical du 20 mai 1907, qui a créé, dans chaque caïdat, une société indigène de prévoyance, de prêts de secours et de mutualité agricole divisée en un certain nombre de sections locales et administrée par un conseil placé sous la présidence du caïd.

La société — comprenant les seuls cultivateurs inscrits à l'un des rôles de l'achour, du canoun ou de l'impôt foncier de Djerba, — a pour but : 1° de permettre, par des prêts en nature ou en argent consentis à ses adhérents, principalement pendant les années de mauvaise récolte, de faire leurs ensemencements et de développer et améliorer leurs cultures et leurs plantations ainsi que leur outillage agricole et leurs troupeaux ; 2° de consentir des prêts à d'autres sociétés indigènes de prévoyance ; 3° de venir en aide, par des secours temporaires, aux cultivateurs et aux

ouvriers agricoles pauvres ; 4° de contracter des assurances collectives contre l'incendie, la grêle, etc.. ; 5° de créer des associations coopératives d'achat et de vente entre ses adhérents.

Les ressources des sociétés sont surtout constituées par les cotisations des adhérents, perçues sous forme de centimes additionnels à l'achour, au canoun et à l'impôt foncier de Djerba. Le nombre des centimes additionnels à chaque impôt est voté par le conseil d'administration de la Société.

476. Pour permettre aux Sociétés d'entrer plus rapidement en fonctionnement, l'État leur a accordé à titre d'avance remboursable, sans intérêts, une subvention de 500.000 francs prélevée sur le million que la Banque de l'Algérie a avancé au Gouvernement tunisien. Cette somme a été répartie entre les sociétés au prorata du montant des centimes additionnels effectivement recouvrés par chacune d'elles au 31 avril 1903.

Les ressources sont réparties en trois fonds distincts : 1° le fonds d'achour qui pourvoit aux opérations de prêts de semences et en général à toutes celles relatives à la culture des céréales ; 2° le fonds de canoun destiné à faire face au prix d'amélioration et de création d'oliviers et de palmiers ; 3° le fonds de secours destiné à venir en aide aux indigents de la classe agricole en cas de disette. Ce fonds est alimenté par le produit de dons et legs que les sociétés sont autorisées à accepter, par le supplément de 5 0/0 par an, obligatoirement exigible sur tous les prêts consentis par la Société à ses adhérents et par le produit de l'emploi provisoire des fonds disponibles.

Toutes les opérations financières sont effectuées sous les ordres du Directeur des finances qui assure les recouvrements, par les soins des chefs indigènes, comme en matière de créances du Trésor, et fait centraliser à la recette générale des finances, dans un compte à part, les opérations de recettes et de dépenses (1).

Les Sociétés, au nombre de 35 et comprenant 112 sections locales, sont placées sous la haute direction d'un conseil de contrôle et de surveillance siégeant à Tunis et composé : 1° du délégué du secrétaire général du Gouvernement, président, de deux hauts fonctionnaires de la Direction des finances et de la Direction de l'agriculture, du commerce et de la colonisation et d'un secrétaire choisi dans le personnel de la Direction des finances.

SECTION II.

BUDGET.

ARTICLE PREMIER. — *Caractères généraux.*

477. Les règles d'établissement du budget tunisien ont été en grande partie empruntées à la législation française.

---

(1) Aucun fonctionnaire ou employé subissant obligatoirement, en vue de jouir d'une retraite, une retenue au profit des budgets de la France, de l'Algérie ou des Colonies, ou de la Caisse Nationale des Retraites pour la vieillesse, ne peut être membre de la Société de Prévoyance. S'il donne sa démission au titre métropolitain, algérien ou colonial, ou s'il cesse d'être astreint à verser à la Caisse Nationale des Retraites pour la vieillesse, il est incorporé à la Société de Prévoyance, mais sans pouvoir prétendre à la retraite prévue et réglementée par les statuts du chef de ses services antérieurs à son incorporation.

(2) Pour ces fonctionnaires la pension est liquidée, du chef des services antérieurs pendant la durée desquels la société n'a pas fonctionné ou l'agent est resté en dehors d'elle, sur les mêmes bases que pour les autres agents ; elle est ensuite diminuée d'une somme égale à la rente qu'aurait produite à l'agent la conversion en viager du capital des retenues qu'il aurait subies durant cette période, si la société eût fonctionné ou s'il en eût fait partie.

---

(1) En 1907, les recettes, pour l'ensemble des sociétés, se sont élevées à 533.069 francs 73, auxquelles il convient d'ajouter les 500.000 alloués par l'État à titre d'avance gratuite et 148.256 fr. 94, représentant les recouvrements du 1er janvier au 30 juin 1908, soit un total de 1.185.327 fr. 27.

Comme en France, l'exercice, pour les recettes du Trésor tunisien ou pour les services à sa charge, commence le 1er janvier et finit le 31 décembre de l'année grégorienne qui donne son nom à cet exercice et au budget correspondant (1).

Les services faits et les droits acquis à l'État ou à ses créanciers, dans cette période du 1er janvier au 31 décembre, sont seuls considérés comme appartenant à l'exercice et au budget correspondant; la période pendant laquelle doivent se consommer tous les faits de recettes et de dépenses de chaque exercice est de 16 mois.

Mais le budget tunisien comporte des modalités et des règles qui lui sont propres. 1° Il présente dans leur intégralité et non pas comme en France jusqu'à concurrence seulement de la portion employée au cours de l'exercice, les recettes des 2e et 3e parties; 2° les évaluations des recettes sont rigoureusement établies d'après la moyenne des cinq derniers exercices, déduction faite de l'année la plus forte et de l'année la plus faible; 3° il est formellement interdit d'ouvrir aucun crédit s'il n'est gagé par le calcul de cette moyenne ou par une ressource acquise et disponible.

478. L'application rigoureuse de ces règles a assuré le succès de la gestion financière du protectorat. Depuis notre établissement en Tunisie tous les budgets ont accusé des plus-values de recettes. Elles s'élèvent, pour la période de 1884-1907 à plus de cent millions de francs.

En outre, depuis la loi française du 22 avril 1905 (2), la Cour des comptes française vérifie les comptes de recettes et de dépenses du budget tunisien.

Les nouvelles attributions dévolues à la Cour des comptes ont amené le Gouvernement tunisien à refondre dans un texte unique les règles de comptabilité applicables à la Régence.

Ce travail de codification, approuvé par les ministres des Affaires Etrangères et des Finances, a fait l'objet du décret beylical du 12 mai 1906.

ARTICLE 2. — *Préparation et division du budget.*

§ 1. — *Préparation.*

479. Chaque année, dans le courant du mois de juin au plus tard, les chefs des sept services publics de l'État (3) préparent le budget de leur service respectif. Le Directeur

des Finances centralise ces budgets et y ajoute celui des recettes pour compléter le budget général de l'État.

Les évaluations du budget des recettes sont obligatoirement dressées par le Directeur des Finances, qui, ainsi qu'il a été dit, prend comme base, pour chaque article, la moyenne des recettes des cinq derniers exercices réglés, déduction faite de l'année la plus forte et de la plus faible.

Les résultats de cette moyenne ne peuvent être modifiés que du fait de changements survenus ou prévus dans la législation fiscale ou dans l'organisation financière, et aussi par suite d'éventualités à résulter de la situation économique de la Régence ou d'autres causes susceptibles d'entraîner un fléchissement de recettes; ces modifications doivent être motivées.

480. Le budget, ainsi établi, est soumis aux délibérations du Conseil des ministres et chefs de service réuni sous la présidence du résident général (1).

Il est ensuite revu et corrigé par le ministre des Affaires Etrangères, après envoi d'un délégué en mission à Tunis pour en faire l'examen sur place, et présenté, depuis le décret du 2 février 1907, à l'examen de la conférence consultative (2).

A la suite de cette procédure, le budget fait l'objet d'un décret de promulgation au *Journal officiel tunisien*. A dater de cette promulgation il devient définitif et ne peut être modifié pendant le cours de l'exercice que dans les formes suivies pour son établissement.

§ 2. — *Division du budget.*

481. Le budget se divise en trois parties.

1re *partie.* — Elle comprend les recettes et dépenses ordinaires de l'État. Les recettes ordinaires sont les impôts, taxes, produits et revenus publics de toute nature, d'un caractère permanent.

Les dépenses ordinaires sont celles qui ont un caractère obligatoire et permanent (3).

Elles sont acquittées sur les ressources ordinaires du budget et l'évaluation en est faite au budget avec ouverture des crédits correspondants.

Dépenses imprévues. — Un chapitre spécial (Chapitre VIII) qui n'est affecté à aucun service, est ouvert à la première partie pour les dépenses imprévues. L'objet de ce chapitre et l'emploi des allocations qui y sont inscrites sont soumis à des règles spéciales qu'il est utile de rappeler (4).

---

(1) Le budget tunisien n'a pas toujours eu le 1er janvier comme point de départ. Du 13 octobre 1884 au 31 décembre 1891 il a eu pour commencement la date du 13 octobre. L'exercice durait 12 mois en recettes et 18 mois en dépenses. Le 1er janvier 1892, l'organisation actuelle a pris cours et le budget commencé le 13 octobre 1890 a embrassé la période du 13 octobre 1890 au 31 décembre 1891. Antérieurement à cette dernière date, il était désigné par le millésime de l'année musulmane au cours de laquelle il commençait.

(2) Aux termes de l'article 59 de cette loi :
« Les comptes des recettes et dépenses du budget tunisien seront, « à partir de l'exercice financier 1905, soumis à la Cour des comptes. « Les résultats des opérations de la comptabilité indigène, tenue en langue arabe, seront obligatoirement et préalablement repris dans les écritures des comptables français ».

(3) Direction générale des finances, office des postes et des télégraphes, administration générale, direction de l'agriculture et du commerce, direction de l'enseignement public, armée tunisienne, direction générale des travaux publics.

(1) V. *supra* n° 88.
(2) V. *supra* n° 113.
(3) V. *supra* n° 113 note 2.
(4) S'il se présente en cours d'exercice des dépenses ordinaires qui n'aient pas été prévues au budget, il y est fait face au moyen des allocations inscrites au chapitre des dépenses imprévues. Ces allocations sont réparties, à titre de crédits supplémentaires, entre les chefs de service qui en font la demande motivée, en conseil des ministres et chefs de service, et en obtiennent l'attribution. Au fur et à mesure de leur répartition, ces allocations sont ajoutées aux articles auxquels elles se rapportent par leur affectation, dans la comptabilité du chef de service qui les a obtenues, et cessent jusqu'à concurrence de figurer dans le chapitre spécial des dépenses imprévues.
Si les crédits ouverts sur un article du budget ordinaire ne suffisent pas pour les besoins qui se présentent, il est pourvu à l'insuf-

482. *Deuxième partie.* — Elle se compose des recettes sur ressources exceptionnelles ou spéciales et des dépenses correspondantes et comprend :

a) Les prélèvements sur les réserves du Trésor, qui ne peuvent être réalisés que par décret et avec l'autorisation préalable du ministre des Affaires étrangères; *b)* le produit des emprunts, qui ne peuvent être contractés qu'avec l'assentiment du Gouvernement français; *c)* les fonds de concours versés par des municipalités, des établissements publics, des compagnies ou des particuliers, pour subvenir avec ceux de l'État à des dépenses d'intérêt public; *d)* et, en général, toutes les ressources extraordinaires ou spéciales affectées soit par la loi ou les cahiers des charges, soit par l'intention des parties versantes, à une destination déterminée.

Aux recettes nouvelles de l'exercice en cours s'ajoutent les reliquats des recettes de même nature du précédent exercice qui n'ont pu recevoir l'emploi auquel elles sont affectées. Ces reliquats sont réimputés, avec la même affectation, au budget de l'exercice en cours par le décret de règlement provisoire de l'exercice précédent.

Les dépenses comprennent, en principe, les dépenses de premier établissement.

483. *Troisième partie.* — Sous cette rubrique figurent les recettes affectées au paiement des dépenses ordinaires, exceptionnelles ou spéciales appartenant aux exercices clos et périmés et le paiement de ces dépenses.

La règle que toute prévision de dépense doit être accompagnée de l'indication d'une recette correspondante a amené, en ce qui concerne la troisième partie du budget, une procédure différente de celle qui est suivie en France. Alors que dans la métropole les dépenses des exercices clos et périmés sont imputées sur les ressources générales du budget de l'exercice en cours, en Tunisie l'administration financière prélève sur l'excédent de chaque exercice une somme égale au montant des crédits restés sans emploi par défaut de paiement de créances auxquelles ils étaient applicables. Cette somme est reportée d'exercice en exercice jusqu'à ce qu'elle ait été consommée par le paiement aux créanciers ou définitivement annulée dès que la déchéance peut leur être opposée (1).

§ 3. — *Cadre du budget.*

484. Chacune des trois parties du budget des recettes est divisée en chapitres correspondant aux diverses sortes d'impôts, de revenus ou de produits; chaque chapitre est divisé en articles, selon la nature ou l'objet de l'impôt, du revenu ou du produit.

Chacune des trois parties du budget des dépenses est divisée en chapitres correspondant à un des sept services publics (1). Chaque chapitre est divisé en articles. Chaque article ne contient que des services corrélatifs ou de même nature.

ARTICLE 3. — *Exécution du budget.*

§ 1. — *Recouvrement des recettes.*

485. La perception des droits, produits et revenus divers, autorisée annuellement par le décret de promulgation du budget, est effectuée par les comptables institués à cet effet (2).

Le recouvrement des droits et produits constatés pour chaque exercice est suivi, savoir :

En ce qui concerne les recettes ordinaires, pendant le cours des seize mois à compter de l'ouverture de l'exercice. En conséquence, les agents chargés du recouvrement qui n'ont pas effectué à la date du 30 avril doivent en justifier l'impossibilité en se conformant aux prescriptions contenues à cet égard dans les décrets et instructions spéciales à la matière. Il est fait application à l'exercice suivant des restes à recouvrer à la date du 30 avril. A partir du 1er mai, ils sont portés en recettes au compte de cet exercice.

En ce qui concerne les ressources exceptionnelles ou spéciales affectées aux dépenses des exercices clos et périmés, pendant la première année seulement de l'exercice; les sommes restant à recouvrer au 31 décembre sont attribuées à compter du 1er janvier à l'exercice suivant.

§ 2. — *Liquidation et mandatement des dépenses.*

a) Liquidation.

486. Aucune créance ne peut être définitivement liquidée à la charge du budget que par le chef du service auquel elle incombe ou les ordonnateurs secondaires.

Les titres de chaque liquidation doivent offrir la preuve des droits acquis aux créanciers de l'État et être rédigés dans la forme prévue par les règlements.

b) Ordonnancement.

487. Aucune dépense ne peut être faite ou engagée, ni être acquittée si elle n'a été prévue au budget des dépenses.

Les crédits ouverts pour les dépenses d'un exercice ne peuvent être employés à l'acquittement des dépenses d'un autre exercice, sauf l'exception prévue pour les crédits reportés d'exercice en exercice en vue de l'acquittement des dépenses des exercices clos et périmés et des dépenses sur ressources exceptionnelles et spéciales.

---

finance soit au moyen des disponibilités dûment constatées sur un autre article du budget, soit par prélèvement sur le chapitre des dépenses imprévues, mais toujours en vertu de décisions spéciales et motivées du conseil des ministres et chefs de service : ces décisions autorisent, le cas échéant, l'annulation des crédits disponibles et l'attribution de crédits égaux à l'article insuffisamment doté.

À défaut de disponibilités, il ne peut être pourvu à la dépense qu'après inscription au budget des recettes d'une ressource nouvelle et suffisante; l'ouverture en cours d'exercice de tout crédit supplémentaire gagé sur les ressources générales du budget étant formellement interdite.

(1) V. *infra* n° 492.

XXVI

---

(1) Il faut y ajouter le chapitre VIII. V. *supra* n° 481.
(2) Les recettes à effectuer hors du territoire de la régence sont réalisées par les comptables du Trésor en France, en Algérie ou aux Colonies; ils en tiennent compte au receveur général des finances au moyen d'un récépissé ou d'un mandat que le Trésor qui est envoyé par l'intermédiaire du directeur des finances tunisiennes.

Ces recettes sont opérées en vertu de titres de perception émis par les autorités compétentes du protectorat.

Le principe de la spécialité des crédits par exercice s'applique aux diverses dépenses du budget d'après les règles établies, pour les dépenses de même nature, par le règlement du 26 décembre 1866 sur la comptabilité du ministère des finances.

488. *Ordonnateurs.* — Les sept chefs de service du protectorat disposent seuls, et sous leur responsabilité, des crédits ouverts par le budget. Ils ne peuvent, également sous leur responsabilité, dépenser au delà de ces crédits ni engager aucune dépense nouvelle avant qu'il y ait été pourvu au moyen d'un crédit prélevé, soit sur le chapitre des dépenses imprévues soit sur les disponibilités du budget ordinaire.

Les chefs de service peuvent après entente avec le directeur des finances et par voie d'arrêtés insérés au *Journal Officiel tunisien*, déléguer à des ordonnateurs secondaires (1), en résidence à Tunis, le soin de mandater certaines dépenses déterminées de leur service respectif.

489. *Distribution mensuelle des fonds.* — Le 25 de chaque mois au plus tard, les chefs de service adressent au directeur des finances l'état des fonds dont ils demandent à disposer pendant le mois suivant.

Ces demandes sont examinées par le Conseil des ministres et chefs de service, sur la décision duquel le directeur des finances émet des ordonnances mensuelles de délégation aux chefs de service et des ordonnances de sous-délégation aux ordonnateurs secondaires.

490. *Mandatement.* — Les dépenses du budget sont ordonnancées par le chef du service compétent ou mandatées, sous son contrôle, par ses ordonnateurs secondaires, sur la caisse du receveur général des finances (2).

Toutes les ordonnances ou mandats émis sur la caisse du receveur général des finances lui sont communiquées par les ordonnateurs du budget avec le bordereau d'émission et les pièces justificatives. Le receveur général, après vérification, les renvoie, revêtues de son visa (3), aux ordonnateurs chargés d'en assurer la remise aux ayants droit.

491. *Paiement.* — Les ordonnances ou mandats ne peuvent être acquittés qu'après avoir été visés pour paiement par le receveur général des finances, soit sur sa caisse soit sur celle d'un comptable français ou indigène de la Régence (1).

492. *Clôture des paiements.* — Faute par les créanciers de la Régence de réclamer le paiement de leurs créances avant le dernier jour du mois d'avril de la seconde année, les mandats délivrés à leur profit sont annulés, sans préjudice de leurs droits et sauf réordonnancement jusqu'au terme de déchéance qui est fixé et réglé par les dispositions du décret du 12 mars 1883 (2).

§ 3. — Comptes.

493. *Écritures des ordonnateurs.* — Une comptabilité établie dans chaque service d'ordonnateur, en vue de l'établissement du compte d'exercice, décrit toutes les opérations relatives à la constatation des droits des créanciers de l'État, et à la liquidation, au mandatement et au paiement des dépenses du budget.

494. *Écritures des comptables.* — Tous les comptables (3) relevant de la Direction générale des finances, sauf les

---

(1) Les ordonnateurs secondaires sont actuellement : Pour la direction générale des finances, les chefs des régies des monopoles, des contributions diverses et des douanes;
Pour la direction de l'agriculture et du commerce : le directeur des forêts.

(2) Toute ordonnance émise par les ordonnateurs du budget sur les caisses du receveur général des finances doit, pour être admise par ce comptable :
1° Porter sur des crédits régulièrement ouverts; 2° énoncer l'exercice et la partie, le chapitre, l'article, le cas échéant le paragraphe et le sous-paragraphe sur lequel elle est imputable; 3° se renfermer dans les limites des ordonnances de délégation ou de sous-délégation; 4° être appuyée des pièces qui constatent que son effet est d'acquitter, en tout ou en partie, une dette de l'État régulièrement justifiée.

(3) Le visa d'une ordonnance pour paiement ou d'un mandat ne peut être suspendu par le receveur général des finances que lorsque l'ordonnance ou le mandat excède la limite de la délégation du crédit sur lequel il doit être imputé, ou qu'il y a omission ou irrégularité matérielle dans les pièces justificatives qui sont produites.
En cas de refus de visa pour paiement, le receveur général des finances est tenu d'adresser immédiatement à l'ordonnateur la déclaration écrite et motivée de son refus.
Si, malgré cette déclaration, l'ordonnateur requiert par écrit et sous sa responsabilité qu'il soit passé outre et si, d'ailleurs, le refus

du receveur général n'est motivé que par l'omission ou l'irrégularité matérielle des pièces, ce comptable procède au visa pour paiement sans autre délai et il annexe au mandat, avec une copie de sa déclaration l'original de l'acte de réquisition qu'il a reçu. Il en rend compte au directeur des finances et l'incident est signalé au Conseil des ministres et chefs de service.

(1) Aucune dépense ne peut être payable hors de la Régence qu'avec le consentement du directeur des finances et dans les limites des disponibilités du Trésor tunisien sur la métropole. Dans ce cas, les paiements sont effectués par les comptables directs du Trésor français qui acquittent les dépenses au vu de mandats budgétaires tunisiens revêtus du visa du receveur général. Ce dernier couvre le comptable qui a fait l'avance au moyen de mandats ou de récépissés du Trésor.

(2) D. 12 mars 1883.
Art. 43. — Sont prescrites et définitivement éteintes au profit de l'État, sans préjudice des déchéances résultant des lois antérieures ou consenties par des marchés ou conventions, toutes les créances quelles qu'elles soient, qui, n'ayant pas été acquittées avant la clôture de l'exercice auquel elles appartiennent, n'auraient pu, à défaut de justifications suffisantes, être liquidées, ordonnancées et payées dans un délai de cinq années à partir de l'ouverture de l'exercice pour les créanciers domiciliés en Tunisie et de six années pour les créanciers résidant hors du territoire tunisien.

Art. 44. — Les dispositions de l'article précédent ne sont pas applicables aux créances dont l'ordonnancement et le paiement n'ont pu être effectués dans les délais déterminés, par le fait de l'Administration ou par suite d'actions judiciaires.

Tout créancier a le droit de se faire délivrer, par le chef de service compétent, un bulletin énonçant la date de sa demande et les pièces produites à l'appui.

Art. 45. — Les dépenses à solder postérieurement aux délais ci-dessus déterminés de cinq ou six ans ne peuvent être ordonnancées qu'après que des crédits spéciaux ont été ouverts. Ces dépenses sont imputées sur le budget courant à un chapitre intitulé « dépenses des exercices périmés ». . . . .

Exceptionnellement la prescription des arrérages de la dette tunisienne est de 5 ans à compter de leur échéance (D. beyl. 6 mars 1876) et celle des capitaux désignés par la voie des tirages semestriels pour être amortis, est de trente ans à compter du commencement de l'exercice au cours duquel ces capitaux sont devenus exigibles (D. beyl. 16 février 1905).

D'autre part, le décret du 15 février 1904 dispose, dans son article premier, que : sont insaisissables, même en vertu de titres dûment exécutoires, les deniers, créances d'impôts ou autres titres, valeurs, biens meubles ou immeubles, et généralement tous les biens sans exception, appartenant soit à l'État, soit aux communes et aux établissements publics ou d'utilité publique dont la comptabilité est soumise à la direction et au contrôle permanent du directeur des finances.

(3) Ces comptables sont :
Le receveur général des finances; le conservateur de la propriété

collecteurs des contributions diverses et les cheikhs, sont tenus de fournir :

Chaque mois, un bordereau de leurs opérations de recettes et de dépenses budgétaires, hors budget et à titre d'opérations de trésorerie consommées pendant le mois précédent sur l'exercice en cours, aussi bien que pour l'exercice ancien tant qu'il n'est pas clôturé;

En fin d'année, un compte de gestion;

En fin d'exercice, un compte de gestion complémentaire.

495. *Centralisation de la comptabilité.* — Le directeur des finances, chargé de tracer les règles de toutes les comptabilités de deniers publics et de maintenir dans chacune de ces comptabilités un mode uniforme d'écritures, rapproche les comptes périodiques des ordonnateurs et du receveur général des finances.

Il contrôle les bordereaux mensuels et les comptes de gestion et d'exercice des comptables des finances ainsi que les pièces justificatives y annexées (1).

Après vérification des comptabilités des ordonnateurs et des comptables des finances, le directeur des finances établit :

En fin d'année, un compte général destiné à faire ressortir toutes les opérations relatives au recouvrement et à l'emploi des deniers de l'État et présentant la situation détaillée de tous les services de recettes et de dépenses budgétaires et de trésorerie, au commencement et à la fin de l'année. En fin d'exercice, le compte spécial du dit exercice est destiné à appuyer le règlement du budget (2).

§ 4. — *Contrôle du budget.*

a) Par la Cour des comptes française.

496. La Cour des comptes française juge les comptes de recettes et de dépenses qui lui sont présentés chaque année, depuis et y compris 1905, par le receveur général des finances, le conservateur de la propriété foncière, le receveur principal des contributions diverses, le receveur principal des douanes, le garde magasin général des monopoles, le garde magasin général des papiers timbrés et le receveur principal des postes et des télégraphes.

Ces comptes de gestion qui sont établis tant par le receveur général des finances que par les autres comptables dénommés ci-dessus, sont adressés au ministère des Finances (direction générale de la comptabilité publique). Cette administration y joint les pièces de recettes et de dépenses qui lui sont adressées mensuellement, met ces pièces en état d'examen et les transmet ensuite à la Cour des comptes.

Tous les envois du directeur des finances à destination de la Cour des comptes, s'opèrent par l'intermédiaire de la Résidence générale et du ministère des Affaires étrangères.

En cas de rejet, de la part de la Cour des comptes française, de paiement faits sur des pièces qui ne constatent pas régulièrement une dette de l'État, le directeur des finances statue, après avis du chef de service intéressé, sur le recours à exercer contre la partie prenante, sauf pourvoi de celle-ci devant les tribunaux de droit commun.

A l'égard du comptable, il est statué par le directeur des finances ou le directeur de l'office postal.

Les arrêts de la Cour des comptes sont notifiés par le directeur des finances ou par celui de l'office dans les 15 jours de la réception de ces décisions, aux comptables, par lettres recommandées dont avis de réception est demandé à la poste.

Le directeur des finances ou de l'office postal constate, par un procès-verbal, l'envoi des arrêts, la date de la notification de chacun d'eux et le numéro des bulletins délivrés par la poste. Ce procès-verbal, auquel sont annexés les dits bulletins et les avis de réception, est adressé à la Cour des comptes par le directeur des finances.

497. *Vérification de l'inspection des finances française.* Tous les comptables de l'État peuvent être soumis, si le Gouvernement français le juge utile, aux vérifications de l'inspection générale des finances.

b) Par la Cour des comptes tunisienne.

498. La Cour des comptes indigène siégeant à Tunis est investie de la juridiction qui lui a été attribuée par la législation ou par des décisions de justice, sur tous les comptes et litiges quels que soient leur objet, la qualité et la nationalité des parties en cause, s'ils sont antérieurs à l'exercice 1905, ou si, postérieurs à cet exercice, ils émanent de comptables autres que ceux énumérés plus haut et soumis à la juridiction de la Cour des comptes française.

Article 4. — *Règlement du budget.*

499. *Règlement provisoire.* — Le règlement provisoire du budget a lieu dans le courant du mois de juillet qui suit la clôture de l'exercice. Il est préparé par le directeur des finances, examiné et délibéré en conseil des ministres et des chefs de service et effectué par décret. Il est appuyé de tableaux récapitulatifs qui reproduisent les divisions en partie, chapitre et article du budget.

Le décret de règlement provisoire et les tableaux récapitulatifs qui l'appuient sont promulgués au *Journal officiel tunisien.* Les crédits ou portions de crédits qui n'ont pas été employés à la clôture de l'exercice par des paiements effectifs sont annulés par le décret de règlement provisoire dans la comptabilité des divers services, sauf

---

foncière; le receveur principal, les receveurs particuliers et les collecteurs des contributions diverses; le receveur principal et les receveurs particuliers des douanes, le garde magasin général et les entreposeurs des monopoles, le garde magasin des papiers timbrés, le receveur principal et les receveurs particuliers de l'office des postes et des télégraphes; les caïds et les cheikhs.

(1) Ces pièces sont ensuite transmises au ministère des Finances (direction générale de la comptabilité publique) par l'intermédiaire du directeur des finances tunisiennes.

Les documents de la comptabilité des comptables des postes et des télégraphes soumis au contrôle du directeur de l'office postal, sont, après vérification, remis par ce dernier au directeur des finances.

(2) Les comptes généraux d'année et d'exercice sont imprimés, et des exemplaires en sont remis au ministre des Affaires étrangères pour ses archives et à destination de la Cour des comptes et du ministère des Finances.

report à l'exercice suivant, où ils conservent leur affectation primitive :

1º Des sommes nécessaires à l'acquittement des dépenses de l'exercice clôturé et des exercices clos précédents nominativement liquidées et arrêtées, et non atteintes par la déchéance ou la prescription ;

2º Des fonds restés disponibles en fin d'exercice sur les ressources exceptionnelles ou spéciales affectées à des objets déterminés.

Le report de ces diverses sommes à l'exercice suivant fait l'objet d'une disposition spéciale dans le décret de règlement provisoire. Toutefois, l'emploi par l'ordonnateur des sommes grevées d'affectations spéciales peut avoir lieu dès l'ouverture de l'exercice.

Le compte d'exercice, au vu duquel le règlement provisoire du budget est effectué, est dressé par le directeur des finances.

Des exemplaires de ce compte sont adressés au ministre des Affaires étrangères et au ministre des Finances, à destination de la Cour des comptes française.

500. *Règlement définitif.* — Le décret de règlement définitif intervient après le contrôle de la Cour des comptes française. Il arrête définitivement les recettes et les dépenses de l'exercice. Il opère la libération des comptables. Il est promulgué au *Journal officiel tunisien*.

501. *Fonds de réserve.* — Les excédents de recettes que le règlement de l'exercice peut faire ressortir sur les produits du budget sont affectés à la constitution de fonds de réserve destinés à pourvoir aux déficits éventuels et aux dépenses extraordinaires. Le fonctionnement, l'affectation et l'emploi de ces fonds de réserve sont réglés par le décret du 6 novembre 1896, modifié par celui du 25 avril 1900 (1) et par le décret du 26 juillet 1904 (2).

L'ensemble des excédents, capitaux, revenus et intérêts classés dans le compte des réserves, de 1884 à 1908, s'élève à la somme totale de 120 millions de francs.

SECTION III.

IMPOTS (1).

502. Les impôts perçus en Tunisie pour le compte de l'État se divisent en impôts directs et taxes assimilées et en impôts et revenus indirects.

L'assiette, la liquidation, le mode de recouvrement et de poursuite et la prescription des divers impôts, revenus et produits, sont réglementés par des décrets spéciaux.

Les titres de recouvrement, tels que rôles d'impôts, arrêtés, ventes, baux, grosses ou extraits de jugement, etc., sont remis aux agents chargés du recouvrement par le directeur des finances et les chefs des régies financières des monopoles, des contributions diverses et des douanes, ou par le directeur de l'office postal, suivant qu'il s'agit d'agents financiers ou de l'office.

503. Les impôts directs proprement dits comprennent : la medjba, l'achour des céréales, le canoun des oliviers et des dattiers, les mradjas, l'impôt foncier spécial de Djerba. Dans les taxes assimilées, on classe la taxe sur les loyers et la taxe locative, les patentes, la taxe de vérification des poids et mesures.

Les impôts directs sont recouvrés : s'il s'agit de taxes dues par les Européens, par les receveurs des contributions diverses ou des douanes ; s'il s'agit de taxes dues par les indigènes, ce sont les caïds qui en opèrent le recouvrement par l'intermédiaire des cheikhs (2).

Pour le recouvrement des cotes de medjba, de canoun, d'achour, de mardja et de l'impôt foncier spécial de

---

(1) D. beyl. 25 avril 1900.

Article premier. — Il est fait masse des capitaux du fonds de réserve créé par le décret du 21 juillet 1886, du fonds des excédents budgétaires créé par le décret du 7 juillet 1891, et, en général, de toutes les ressources disponibles du Trésor tunisien à la date du présent décret.

Art. 2. — Une somme de 5.000.000 de francs est prélevée sur la masse pour former un nouveau fonds de réserve ayant pour objet exclusif de subvenir à l'insuffisance éventuelle des recettes destinées à assurer le paiement des dépenses ordinaires du budget.

Il ne peut être disposé de ce fonds de réserve que pour cette affectation spéciale, en vertu de décisions spéciales rendues par nous, dans les formes prescrites pour l'établissement des budgets et avec l'autorisation du Gouvernement français.

Art. 3. — Après les 5.000.000 de francs affectés à la constitution du nouveau fonds de réserve, il sera encore prélevé, sur la masse prévue à l'article 1ᵉʳ, les sommes nécessaires aux dépenses des chemins de fer et de la colonisation engagées d'accord avec le Gouvernement français.

L'excédent de la masse, après ces divers prélèvements, constituera un nouveau fonds, dit des excédents disponibles, affecté à l'exécution de travaux extraordinaires ou au paiement de dépenses exceptionnelles.

Il ne pourra en être disposé que dans les formes prévues à l'article 2 ci-dessus.

Ce fonds s'accroîtra annuellement de l'excédent, s'il en existe, de l'exercice réglé et des revenus et intérêts de ses propres valeurs et de celles du nouveau fonds de réserve.

Toutefois, à titre exceptionnel et transitoire, est maintenue, jusqu'à complète réalisation du crédit de 1.350.000 francs, l'affectation de ces revenus et intérêts à la dépense de construction de bâtiments civils, dans les termes où cette affectation a été autorisée par notre décret du 29 janvier 1896 (14 chaâbâne 1313).

Art. 4. — Les sommes appartenant au nouveau fonds de réserve et au nouveau fonds des excédents disponibles seront placées en valeurs de l'État français ou de l'État tunisien ou garanties par l'État français.

Art. 5. — Au cas de prélèvement effectué sur le fonds de réserve dans les conditions prévues à l'article 2, toutes les ressources libres du Trésor tunisien, y compris l'actif du fonds des excédents disponibles, seront employées à rétablir le fonds de réserve à son chiffre de 5.000.000 de francs.

(2) D. beyl. 26 juillet 1904 (13 djoumadi el aouel 1322).

Article premier. — Il est créé un fonds de réserve pour faire face aux insuffisances d'exploitation des chemins de fer qui sont à la charge de l'État.

Art. 2. — Ce fonds de réserve est alimenté :

1º Par la part revenant à l'État sur les excédents de recettes des chemins de fer ;

2º Par les intérêts de cette part capitalisée.

Il cessera de croître quand il aura atteint 3.000.000 de francs et devra être reconstitué à ce chiffre lorsqu'il aura été réduit par des prélèvements destinés à combler les insuffisances.

Art. 3. — Les excédents en provenance de l'exercice 1903 constitueront la première dotation du fonds de réserve défini à l'article 1ᵉʳ ci-dessus.

Art. 4. — Notre directeur des finances et notre directeur des travaux publics sont chargés, chacun en ce qui le concerne, d'assurer l'exécution du présent décret.

(1) Voir à l'appendice les modifications qui pourront être apportées au régime des impôts dans la session de novembre 1909 de la conférence consultative.

(2) Les caïds assurent la perception des impôts directs, au nom du directeur des finances et versent le produit de leurs recouvrements au receveur général des finances. Ils sont tenus de produire une comptabilité mensuelle et une comptabilité annuelle. Cette dernière est soumise à la vérification de la Cour des comptes. Un décret beylical du 19 avril 1909 a complété, sur certains points, la réglementation relative à la comptabilité des caïds.

Djerba, il est fourni aux agents des quittances nominatives établies d'avance par le directeur des finances, d'après les énonciations des rôles annuels.

Le mode de recouvrement des impôts directs a fait l'objet du décret du 13 juillet 1899. Il a été complété par celui du 14 novembre 1903 qui a fixé le délai de prescription, pour les cotes annuelles de la medjba, de l'achour, du canoun, des mardjas et de l'impôt foncier spécial de Djerba, à quatre années grégoriennes à partir de la date de leur mise en recouvrement annoncé par le *Journal officiel tunisien.*

504. Les impôts et revenus indirects comprennent les droits d'enregistrement et de timbre, les droits de douanes, les droits maritimes, les droits intérieurs, les produits des monopoles et des exploitations industrielles de l'État.

Ils sont recouvrés par les fonctionnaires des contributions diverses, des douanes, des monopoles et d'une manière générale par tous agents des régies financières.

505. *Contentieux.* — *a)* Les poursuites à exercer en matière de recouvrement d'impôts directs sont réglées par le décret beylical du 13 juillet 1899 et celles à exercer pour infraction à la législation sur la vérification des poids et mesures par le décret du 29 juillet 1909.

b) La procédure de contrainte à suivre à l'égard des poursuites à l'encontre des justiciables des tribunaux français pour les droits de timbre, de mutation et d'enregistrement et pour les amendes encourues en ces matières est réglée par l'article 13 du décret du 20 juillet 1896 sur le timbre, l'article 8 du décret du 2 novembre 1893 sur les mutations mobilières et l'article 6 du décret du 21 juillet 1896 sur l'enregistrement. Cette procédure a été étendue et réglementée en ce qui concerne les justiciables des tribunaux tunisiens, par le décret du 20 mai 1899.

c) Les infractions aux lois et règlements relatifs aux importations, exportations, colportage, circulation illégale, et généralement toutes les fraudes dont la répression appartient aux Administrations des douanes, des contributions diverses, en matière de droits intérieurs et des monopoles, sont constatées par procès-verbaux des agents des régies financières et de la force publique conformément aux article 113 et suivants du décret du 3 octobre 1884. Ces agents procèdent à la saisie des objets ou marchandises en contravention et des moyens de transport; ils font conduire les objets saisis, et, le cas échéant, les délinquants soit au bureau d'une administration ou d'une régie financière, soit à la municipalité, soit à la résidence du caïd ou de son délégué.

Les agents ne peuvent effectuer de perquisition qu'en présence d'un officier de police judiciaire s'il s'agit d'un justiciable des tribunaux, en présence du caïd ou de son délégué s'il s'agit d'un justiciable des tribunaux tunisiens. Une femme de confiance les précède dans les maisons quand l'autorité qui assiste les agents le juge nécessaire. Copie du procès-verbal est remise par l'agent à l'inculpé s'il est justiciable des tribunaux français, sinon au caïd; cet acte contient assignation à comparaître devant le tribunal compétent (juridiction française ou

tunisienne selon le cas) à moins que l'inculpé n'ait transigé avec l'Administration (1).

Les Administrations des régies financières ont le droit de transiger soit avant, soit après le jugement, sur les procès-verbaux concernant les infractions commises en matière de douane et de faire remise des peines de la fraude.

La transaction, avant jugement définitif, s'applique aux peines corporelles et pécuniaires qu'entraîne la contravention; elle arrête l'action publique aussi bien que l'action civile.

Après jugement définitif, la transaction ne comprend que les condamnations purement pécuniaires.

Aux termes de l'article 133 du décret organique du 3 octobre 1884, le produit net de la vente des marchandises et des moyens de transports, outils, ustensiles et machines saisis est acquis définitivement à l'État; celui des amendes et autres condamnations pécuniaires, ainsi que le montant net des transactions, sont, après recouvrement et sous la déduction des frais de toute nature, répartis entre ceux qui ont participé d'une manière quelconque à la répression de la contrebande ou du délit, de la manière suivante (2):

La part revenant à l'indicateur est de la moitié, et celle de l'État réduite à 30 0/0 lorsqu'il s'agit d'une saisie de poudre.

d) Les infractions aux lois et règlements établis en matière de douane, de droits intérieurs et de monopoles sont constatées par procès-verbaux et les poursuites exercées conformément aux dispositions des articles 113 et suivants du décret du 3 octobre 1884.

e) Pour les créances du Trésor non prévues ci-dessus, les poursuites ont été réglées par l'article 6 du décret beylical du 28 décembre 1900.

ARTICLE PREMIER. — *Impôts directs et taxes assimilées.*

§ 1. — *Medjba.*

506. La medjba est un impôt personnel ou de capitation dû par tout Tunisien ou assimilé ayant atteint sa majorité.

Sous l'empire du décret du 11 octobre 1869, le taux de la medjba était de 24 francs. Le principal de cet impôt fut ultérieurement ramené à 20 francs (3) et relevé à 23 fr. à la suite de la suppression des prestations indigènes (4): le relèvement de 3 francs restant exclusivement affecté à l'entretien des routes. En sus du principal, fixé à ce taux, il est recouvré:

Pour remise aux caïds et au cheikhs. . . .	10 0/0
Pour frais de trésorerie	1,50 0/0
Pour droit de timbre	0,20

(1) Paul de Dianous. *Notes de législation tunisienne*, Paris 1894. P. 141.
(2) Cf. circulaire du directeur des finances, 30 mars 1908, relative à la répartition des amendes et confiscations.
50 0/0 à l'État ou à la régie;
50 0/0 aux saisissants à partager entre eux par parts égales.
Si la saisie est due à un indicateur, la répartition se fera de la manière suivante:
45 0/0 à l'État ou à la régie;
20 0/0 aux saisissants;
35 0/0 à l'indicateur.
(3) D. beyl. 14 décembre 1892.
(4) D. beyl. 14 juin 1902.

507. *Rôles annuels.* — Tous les ans, à l'automne, les rôles sont dressés en double original en présence du caïd, du cadi, de notaires, et, pour chaque cheikhat, du cheikh et des notables.

Le rôle est le recensement complet de la population mâle susceptible d'être atteinte par la medjba. La medjba atteignant tous les individus majeurs, le rôle annuel est donc un recensement fidèle de tous ces individus sans exception aucune; par suite il présente les noms de tous les indigènes sauf à les diviser en imposables et en exonérés.

508. *Cas d'exonération.* — Sont exonérés de la medjba :

A titre permanent :

1º Les natifs des cinq villes de Tunis, Sousse, Monastir, Kairouan et Sfax (1) tant qu'ils n'ont pas transféré leur domicile dans une autre région de la régence. Sont compris dans cette catégorie les indigènes de Tunis habitant Sidi Bou Saïd (2);

2º Les caïds et les khalifats commissionnés, en fonctions ou hors fonctions, à moins que leur rétablissement au rôle n'ait été ordonné comme mesure disciplinaire (3);

3º Les chérifs du Maroc, les Marocains natifs de Fez et ceux de passage se rendant à La Mecque (4);

4º Les agrégés du grade de Tatouiy (professeurs non rétribués de la grande mosquée de Tunis) et les étudiants ayant obtenu une amra d'exonération perpétuelle.

Pour la durée des fonctions ou causes ci-après indiquées :

5º Les cheikhs;

6º Les étudiants, s'ils ont assisté aux cours de toute l'année;

7º Les Algériens, sujets français, s'ils ont renouvelé leur certificat de nationalité;

8º Les inscrits par double emploi au même caïdat ou dans plus d'un caïdat;

9º Les jeunes, inscrits par erreur;

10º Les contribuables absents de la régence (5);

11º Les soldats et les mokhaznis (6);

12º Les khatibs (prédicateurs), amins des vivres et agents de la Djemaia;

13º Les infirmes, dénués de ressources, admis en non valeur par décision régulièrement notifiée au caïd;

14º Les imposés décédés sans laisser de ressources.

§ 2. — *Achour* (7).

509. L'achour ou dîme sur les céréales est un impôt d'institution coranique (1) qui frappe toutes les terres ensemencées soit en blé, soit en orge; il est assis non pas sur la récolte effective mais sur la quantité de céréales ensemencées par mechia (2).

Cet impôt était autrefois payable en argent ou en nature. Mais le paiement en nature prêtait aux fraudes et exigeait une Administration spéciale et fort coûteuse la *Rabta*. Il était donc impossible de le maintenir et le décret du 2 juillet 1894 décida que dans les régions dites « d'achour en nature » l'impôt achour sur les céréales serait désormais payé en argent. Dans ces régions, la quotité de l'impôt a été fixée à quatre hectolitres par mechia complète de blé ou d'orge (3).

Le taux de conversion est déterminé annuellement par décret (4).

Dans les régions dites « d'achour, en argent », la méchia est, à titre exceptionnel, taxée à 30 francs.

A l'impôt ainsi calculé, il convient d'ajouter les accessoires attribués au Trésor qui comprennent : 1 fr. 20 d'indemnité de recensement; 1 fr. 80 d'indemnité de la rabta par méchia; 1 0/0 de remise du receveur général; 0, fr. 075, par quittance, pour droit de rédaction.

510. *Recensement.* — Dès la fin des ensemencements, chaque cheikh établit, sous le contrôle du caïd, un état destiné au directeur des finances portant les noms de tous les agriculteurs du territoire. Le recensement des cultures en vue de l'établissement du rôle est ensuite assuré par des commissions composées d'un président, d'un amin et d'un notaire nommés par le directeur des finances. Le caïd assiste ou se fait représenter au recensement; le contrôleur civil peut également y assister (5) et le directeur des finances a la faculté d'adjoindre aux commissions d'achour des agents français. Le recensement est effectué cheikhat par cheikhat, enchir par enchir, parcelle par parcelle. Les cultures des Européens sont en principe évaluées en présence d'un délégué français du directeur des finances ou du contrôleur civil.

511. *Exonérations.* — Le décret du 25 juin 1871 dispose que les agriculteurs dont les champs n'ont pas donné de récolte, par suite de cas de force majeure ou d'incendie, sont exonérés du paiement de l'achour (6).

---

(1) D. beyl. 25 mai 1871.
(2) Les indigènes des cinq villes susdites ne figurent pas encore au rôle de la medjba, même au chapitre des exonérés.
(3) D. beyl. 3 septembre 1877.
(4) Arrêté du premier ministre, 19 juin 1873.
(5) Ils doivent la cote de l'année pendant laquelle ils se sont absentés, et ils sont repris au chapitre des imposables à partir de l'année qui suit leur retour.
(6) Depuis la révision des traités avec les puissances étrangères nul indigène n'est exonéré de la medjba au simple titre d'employé de consulat. Les listes des indigènes employés ou non dans les consulats auxquels a été reconnue la protection étrangère et qui, à ce titre, doivent être traités comme nationaux étrangers et par suite non compris dans les rôles de la medjba.
(7) Ce nom vient de *achra* (dix).

(1) Koran VIII. 42. — L. VIII. 14, traduction Kazimirski.
(2) *La mechia.* — Nom vulgairement donné par les Arabes à l'étendue du terrain que peut exploiter une charrue attelée de deux bœufs pendant la saison des labours et semailles.
La mechia se compose, en moyenne, de 150 merdjas carrées, soit 9ʰ,3750, la merdja valant 625ᵐᵗ.
La mechia n'est pas une mesure agraire d'une fixité absolue; elle représente, en principe, soit la superficie du terrain qu'une charrue attelée de deux bœufs (en arabe : mechia) peut travailler au cours d'une saison agricole, soit la surface de terre qu'on peut ensemencer avec un cafiz de blé. En pratique, c'est une surface qui varie avec les régions, la richesse du sol, les difficultés du terrain, dans une proportion d'un tiers; elle est généralement comptée pour dix hectares, mais peut descendre à huit, comme elle peut aussi atteindre le chiffre de douze. Dans la région de Béja, elle est comptée largement.
Trib. Tunis 27 décembre 1905.
J. T. T. 1908, p. 433.
(3) D. beyl. 3 juillet 1895.
(4) Il a été fixé pour 1909 à 17 francs l'hectolitre de blé et à 8 francs l'hectolitre d'orge.
(5) C. r. 12 décembre 1896.
(6) Les cas de force majeure sont limités à 6, savoir : Si les semailles

Les demandes d'exonération sont soumises à la procédure suivante :

Lorsqu'elles sont signalées dans le délai voulu, le président de la commission reçoit les demandes d'exonération et les classe jusqu'après le recensement de toute la circonscription. A ce moment, la commission fait une tournée spéciale pour tous les cas de l'espèce. Elle constate les causes d'exonération et établit, pour chaque parcelle non réussie ou dévastée en tout ou en partie, un bulletin de dégrèvement. Si le cas d'exonération se produit après que la commission a achevé ses travaux, le Caïd en rend compte au directeur des finances qui lui donne les instructions nécessaires.

Dégrèvement des 9/10e de l'achour. — L'impôt est transitoirement réduit à 1/10e de sa quotité pour les cultures effectuées à la charrue française sur des terres entièrement défrichées (1).

Pour jouir de cette réduction qui ne s'applique pas aux accessoires de l'impôt, les agriculteurs doivent faire, au commencement de chaque campagne agricole, la déclaration des quantités emblavées. Cette déclaration est établie en deux exemplaires; elle contient les nom, prénoms et domicile de l'agriculteur, l'indication de la propriété et du siège de l'exploitation. Elle est vérifiée par les commissions d'achour.

Les cultures des agriculteurs qui ont fait une déclaration tardive ou qui ont refusé de laisser vérifier sur place l'exactitude de leur déclaration ne sont pas admises au bénéfice de la détaxe.

Toute déclaration inexacte entraîne contre son auteur l'application de la taxe entière d'achour et d'un droit équivalent à titre de pénalité.

§ 3. — Canoun des oliviers et des dattiers.

513. Le canoun est un impôt annuel fixe qui frappe l'olivier et le dattier. Il a été établi par différents décrets dont le plus ancien remonte au 4 juillet 1840.

Antérieurement au décret du 28 octobre 1903, l'impôt, en ce qui concerne les oliviers, était assis sur des bases différentes suivant les régions. Dans le sud et le centre de la Régence, chaque pied payait annuellement une redevance fixe, calculée sur son revenu moyen. C'était le système du canoun. « Dans le nord, on imposait *ad valorem* le rendement présumé de la récolte, au moment où elle allait être convertie en huile dans les usines, c'était le système de la dîme des huiles qui nécessitait des formalités vexatoires pour le contribuable, compromettait la régularité des ressources budgétaires et empêchait l'uniformité des régimes fiscal (2). »

Le décret précité, complété par celui du 29 octobre 1904, a eu pour objet de faire disparaître ces inconvénients et de soumettre les oliviers du nord au même régime fiscal que celui qui était en vigueur dans le centre et le sud.

514. Désormais l'impôt canoun est assis, pour toute la Régence, sur l'évaluation du produit brut moyen annuel de chaque olivier ou dattier âgé de plus de 20 ans (1).

Cette évaluation est effectuée par des commissions e recensement et de revision présidées par le caïd et composées d'un expert, d'un notaire et d'un délégué du directeur des finances.

Le recensement est ordonné périodiquement par décret et la date d'ouverture des opérations fixée par des arrêtés du directeur des finances.

Les règles concernant les opérations de ces commissions ont été tracées par le décret du 22 janvier 1894. Aux termes de ce décret, les propriétaires ou dévolutaires d'oliviers et de dattiers sont tenus de déclarer au caïd de la circonscription où se trouvent leurs propriétés le nombre de leurs arbres.

Tout propriétaire ou dévolutaire d'immeubles qui effectue une plantation nouvelle d'oliviers ou de dattiers doit également, dans l'année où cette plantation a été faite, fournir une déclaration établie dans la même forme.

La commission munie des déclarations des propriétaires procède à la vérification des déclarations et au comptage des arbres, en les classant en 4 catégories, savoir : ceux âgés de 15 à 20 ans, ceux âgés de 10 à 15 ans, ceux âgés de 5 à 10 ans et ceux de moins de 5 ans.

Les résultats du recensement sont relevés sur des bulletins établis séance tenante et signés des membres de la commission. Les rôles sont dressés par le directeur des finances au vu de ces bulletins. Aussitôt après leur achèvement, les rôles sont déposés au bureau du caïd où les intéressés peuvent en prendre connaissance.

515. Les réclamations doivent, à peine de déchéance, être formulées dans le délai de 30 jours à partir de la date de l'insertion de l'avis de dépôt du rôle publié par le *Journal officiel*.

Elles sont reçues par le caïd, inscrites sur un registre et, ultérieurement, instruites par une commission de revision composée d'un délégué du Gouvernement, président, d'un expert ou amin, nommés par le premier ministre et d'un représentant du directeur des finances.

Le rôle dûment établi et modifié, s'il y a lieu, devient définitif après avoir été sanctionné par décret.

§ 4. Mradjas.

516. L'impôt *Mradja* est une taxe annuelle fixe, établie sur les jardins et cultures maraîchères des caïdats de Sfax, Nabeul et Soliman. Les rôles sont établis en prenant pour base la merdja (2).

La quotité de l'impôt est, par merdja, à Sfax, de

---

n'ont pas poussé: si elles ont poussé sans produire d'épis; si les récoltes ont été détruites par la grêle; si elles ont été détruites par des pluies torrentielles, par les sauterelles ou par un incendie.

(1) D. beyl. 31 mai 1893.

(2) Ministère des Affaires étrangères. Rapport au Président de la République, 1904, p. 21.

(1) Le canoun est fixé en principal à 10 fr.30 par 100 francs du montant de cette évaluation auquel il convient d'ajouter la remise au collecteur de 10 0/0, le droit de timbre et diverses taxes accessoires.

(2) Longueur égale à 25 mètres et dont le carré vaut par conséquent 625 mq.

0 fr. 30 (1) à Nabeul et à Soliman, selon la qualité du terrain, de 0 fr. 36,0 fr. 67 et de 1 fr. 35 (2).

Les accessoires de l'impôt sont les mêmes que pour le canoun.

§ 5. — Impôt foncier spécial à l'Ile de Djerba, ou khodor

517. Cet impôt a été établi par décret du 22 février 1845 qui ratifiait la convention suivante intervenue entre les habitants de Djerba :

« Ils paieront à tout fermier de masouhlats la somme de 100.000 piastres en plusieurs échéances…, la répartition de ces 100,000 piastres entre les propriétaires de terres à Djerba, à faire selon l'importance des biens de chacun et l'évaluation des produits, est confiée à eux-mêmes. En dehors des dattes, millets, fruits et herbages, le fermier jouira, comme par le passé, de ses droits réglés par le tarif sur tous les articles soumis à la taxe des masouhlats. »

Le Khodor représentait donc une taxe d'abonnement, établie en remplacement des droits de masouhlats sur les dattes, millets, fruits et légumes, d'où son nom (3).

Cette taxe, par son origine, constituait un impôt indirect. Elle s'est transformée en une véritable contribution foncière (4). L'Administration actuelle des finances a consacré ce dernier caractère en ordonnant un recensement de la matière imposable qui a porté sur toutes les propriétés rurales de l'Ile (5) et en précisant les modalités de l'impôt qui est perçu à la place du khodor, du canoun et de l'achour (6).

Le nouvel impôt est fixé à 10 0/0 du revenu moyen de chaque propriété. Il est dû en sus de chaque cote les accessoires usités en matière de canoun.

§ 6. — Taxe sur les loyers et sur la valeur locative des immeubles.

518. Cette taxe, anciennement dénommée « caroube » sur les loyers et caroube locative, a été instituée par le décret de janvier 1840 qui établissait un impôt d'une caroube par piastre (7) (6 fr. 25 0/0) sur le prix de la location des immeubles dans les villes de Tunis, Kairouan, Monastir, Sfax et Sousse.

Un second décret (8) transformant l'assiette de la taxe, édicta qu'elle serait perçue désormais sur tous les immeubles situés dans les villes ci-dessus désignées, et qui seraient loués ou utilisés à un titre quelconque par leurs propriétaires. La taxe était en même temps étendue à certaines localités de la banlieue de Tunis ainsi qu'à la ville de La Goulette.

Le décret du 7 juin 1882 réglementa, pour les villes

où il était perçu, l'impôt sur la valeur locative et établit dans le reste de la Régence une taxe d'un caroube par piastre sur les loyers de tous les immeubles n'ayant pas le caractère d'exploitations agricoles.

519. Ces deux taxes ne sont donc que les modalités d'un même impôt direct sur les revenus des immeubles bâtis. Elles ont été à l'origine perçues pour le compte de l'État. Mais le Gouvernement tunisien a été amené, pour créer des ressources aux communes, à leur concéder la perception de la caroube locative.

Actuellement l'État ne perçoit plus la taxe sur les loyers que dans les parties du territoire non comprises dans une agglomération communale, et la taxe sur la valeur locative que dans la banlieue de Tunis.

520. Taxe sur les loyers. — Elle a été réglementée par le décret du 14 juin 1902, qui a ramené de 6,25 à 3 0/0 le taux de la taxe .

Cette taxe est exigible seulement en cas d'existence d'une location et atteint les immeubles bâtis (1) sauf ceux affectés à des exploitations rurales.

Elle est assise sur le prix de la location augmenté de toutes les charges annuelles et elle est encaissée par le receveur des contributions diverses ou à défaut par le receveur des douanes. Elle est due par les propriétaires ou dévolutaires des immeubles et est exigible, pour l'année entière, dès le commencement de la location.

La location, pour la perception de l'impôt, est établie, soit par des baux existants soit par d'autres actes parvenus légalement à la connaissance de l'Administration, soit par les moyens de droit commun propres à établir la preuve. Toute dissimulation dans le prix des baux est punie d'une amende de 100 francs.

521. Taxe sur la valeur locative. — Cette taxe est perçue au profit de l'État à La Marsa, Le Kram, Douar-Ech-Chott. Dans l'intérieur des périmètres communaux, où elle a remplacé les impôts de la caroube locative et de la caroube sur les loyers ainsi que la taxe dite de balayage et de curage des égoûts, la perception de cette taxe a été concédée aux communes.

Aux termes du décret du 16 septembre 1902, la taxe est assise sur la valeur locative brute des immeubles et sur les constructions de toute nature situées dans l'intérieur des périmètres communaux (2).

---

(1) D. beyl. 20 septembre 1877.
(2) D. beyl. 6 novembre 1869.
(3) Du mot arabe Khodhera, légumes verts, herbages.
(4) Elle figure d'ailleurs au budget de l'État dans la nomenclature des impôts directs.
(5) D. beyl. 21 février 1899.
(6) D. beyl. 30 mars 1900.
(7) V. supra Système monétaire n° 459.
(8) D. beyl. 27 mai 1873.

(1) Par immeubles, il faut entendre les immeubles par nature à l'exclusion des droits réels immobiliers, celui du crédit-enzeliste par exemple. Un immeuble grevé d'une rente d'enzel et occupé par le débit-enzeliste échappe par conséquent à la taxe; il en est passible si le débit enzeliste le loue à un tiers.
(2) Sont exempts de la taxe : 1° les palais qui servent à l'habitation du bey ou à l'installation de ses maisons civile et militaire; 2° les palais appartenant et servant en même temps d'habitation aux membres de la famille beylicale qui jouissent d'une liste civile; 3° les immeubles affectés à la célébration publique des différents cultes; 4° les immeubles ou portions d'immeubles affectés à l'installation des services publics, mais seulement s'ils appartiennent à l'État ou à un service public; 5° les consulats quand ils appartiennent à l'État tunisien ou aux États qui les occupent et sauf les parties des dits consulats qui seraient louées à des particuliers; 6° les immeubles où sont installés des hôpitaux et des établissements d'enseignement qui seraient loués à des particuliers; 6° les immeubles et ouvrages servant à l'exploitation du domaine public tel qu'il est constitué par le décret du 24 septembre 1885. (Ce

Le taux de la taxe est fixé, pour chaque commune, par décret rendu sur la proposition du premier ministre, l'assemblée municipale entendue. La taxe est à la charge des propriétaires ou usufruitiers (1).

522. Pour l'établissement de la matrice du rôle, il est procédé chaque année au recensement des constructions nouvelles, des immeubles reconnus omis au cours des précédents recensements et des propriétés devenues imposables comme ayant cessé de rentrer dans un cas d'exemption. D'autre part, un recensement général de la matière imposable a lieu tous les 5 ans.

Au moment des recensements, des délais sont accordés aux contribuables en vue de faire, s'il y a lieu, toutes réclamations au sujet des évaluations des agents recenseurs.

Il est statué sur ces réclamations par une commission de révision. Le contribuable qui n'accepte pas la décision de cette commission a le droit de se pourvoir devant le juge de paix, s'il est justiciable des tribunaux français et devant le tribunal de la Driba, s'il est justiciable des juridictions tunisiennes.

Le pourvoi en réduction ou en modification de cote doit, à peine de rejet, être introduit dans les 60 jours qui suivent la clôture définitive du recensement.

§ 7. — Patentes.

523. Par patentes on désigne un certain nombre de droits fixes qui ne frappent que le commerce de certains objets d'alimentation indigène tels que les *chemenkha*, *tebikh*, *foul*, *lebann*, etc. Le principal texte régissant la matière est le décret beylical du 13 janvier 1885.

Des droits de fabrication ont été établis sur les chaux, ciments et plâtres; ils présentent tous les caractères d'un droit de patente. Ils figurent, néanmoins, au budget sous la rubrique « impôts et revenus indirects ».

§ 8. — Taxe de vérification des poids et mesures.

524. Un décret du 12 janvier 1895 avait prescrit l'emploi exclusif du système métrique en Tunisie, pour les poids, les mesures de longueur et de volume et avait décidé qu'une réglementation ultérieure interviendrait pour déterminer les conditions de vérification et d'exactitude que les poids et mesures employés devaient présenter.

Le service de la vérification des poids et mesures a été organisé (1) et réglementé par le décret du 29 juillet 1909 qui a refondu dans un texte unique les dispositions antérieures. Les types de poids, de mesures et d'instruments de pesage et de mesurage qui sont admis à la vérification et au poinçonnage en France, sont admis à la vérification et au poinçonnage en Tunisie, s'ils réunissent les conditions de forme, de construction, de justesse et de sensibilité exigés par les règlements français. Ils ne peuvent être employés qu'aux usages indiqués par ces mêmes règlements.

Un tarif de vérification et composition des séries des poids, mesures et instruments de pesage et de mesurage a été annexé à ce décret qui énumère également les professions assujetties à la vérification.

ARTICLE 2. — Impôts et revenus indirects.

§ 1er. — Enregistrement.

525. Les principaux décrets réglementant l'enregistrement en Tunisie sont ceux du 2 novembre 1893, 20 juillet 1896 et 8 février 1897. Antérieurement à ces décrets, l'impôt de l'enregistrement proprement dit n'existait pas dans la Régence. Les mutations d'immeubles à titre onéreux étaient assujetties à un impôt proportionnel, dit de la caroube, calculé à raison de 6,25 0/0 sur le prix augmenté des charges du preneur (décret du 4 janvier 1882) et à un droit de timbre également proportionnel et fixé à 1 0/0 (décret du 8 novembre 1871).

Le droit de caroube était à la charge de l'ancien propriétaire, celui de timbre à la charge du nouveau.

Les seules mutations à titre onéreux exemptes de la caroube — mais non du droit de timbre — étaient : 1º les ventes consenties par l'État, 2º les constitutions ou cessions d'enzel immatriculées ou non, sauf en ce qui concerne le prix stipulé en sus de la rente.

Les mutations effectuées entre vifs, à titre gratuit, ou par suite de décès n'étaient pas soumises à la caroube.

a) Mutations immobilières.

526. I. — Transmissions de biens immeubles entre vifs à titre onéreux. — Le décret du 2 novembre 1893 qui a assujetti à l'impôt toutes les mutations immobilières en propriété ou en usufruit, soit à titre onéreux, soit à titre gratuit entre vifs ou par décès, a réduit à 4 0/0 le droit de mutation exigible à raison des transmissions d'immeubles entre vifs à titre onéreux (2) (3).

---

dernier paragraphe a été ainsi modifié par le décret beylical du 19 juillet 1903); 8º les terrains affectés ou réservés à l'agriculture, mais non les parcs et les jardins; 9º les immeubles divis ayant une valeur locative inférieure à 20 francs et les immeubles indivis ayant dans leur ensemble un revenu inférieur à 20 francs; 10º les constructions nouvelles, surélévations et agrandissements, mais seulement pendant les deux années budgétaires qui suivent celle durant laquelle les travaux ont été achevés.

D'autre part, des remises totales ou partielles peuvent être accordées aux propriétaires dont les immeubles ne sont ni loués ni occupés, en tout ou en partie.

(1) Au cas où une location a été établie pour un prix déterminé et où il a été stipulé que le locataire supporterait la caroube sur les loyers, le taux de celle-ci doit être calculé non sur le montant seul des loyers, mais sur le montant augmenté de la charge accessoire de la caroube elle-même (Ouzara, 5 janvier 1899, J. T. T. 99. 466).

(1) Ce service relève de la direction de l'agriculture du commerce et de la colonisation.

(2) Le droit de mutation sur les aliénations et sur les constitutions et cession à enzel des biens ruraux de colonisation consentis par le domaine de l'État a été réduit à 2 0/0 par le décret du 9 octobre 1900. La même réduction profite aux échanges en argent de biens habous réalisés au profit de particuliers par substitution au domaine de l'État (même décret).

(3) Les mines ont en Tunisie le caractère d'immeubles par nature (arrêté du premier ministre du 1er décembre 1881, décret du 10 mai 1893). Il en résulte que l'acte contenant cession à titre onéreux d'une

527. *Conventions imposables.* — Le droit atteint aussi bien les conventions constatées par actes authentiques ou sous signatures privées que les conventions verbales. Les nouveaux propriétaires suppléent, dans ce cas, à l'acte constatant la mutation par une déclaration estimative (1).

Pour les mutations de nue propriété ou d'usufruit les règles sont les mêmes que pour les transmissions de pleine propriété. Cependant aucun droit n'est exigible lorsque l'usufruit s'éteint par le décès de l'usufruitier ou par l'expiration du temps pour lequel il a été constitué.

528. *Liquidation du droit.* — La valeur de la propriété ou de l'usufruit est déterminée pour la liquidation et le paiement des droits, par le prix exprimé on doit ajouter les charges en capital, c'est-à-dire tous les avantages indirects que l'acheteur procure au vendeur, soit en acquittant ses dettes, soit autrement. Les charges sont, le cas échéant, évaluées par les parties.

Si la vente a lieu moyennant une rente viagère, cette rente doit être évaluée en capital.

Pour les constitutions et cessions d'enzel, la valeur de la propriété est déterminée par le prix stipulé en capital augmenté de la somme fixée pour le rachat de l'enzel. A défaut de stipulation de rachat, le droit est perçu tant sur le prix exprimé que sur le capital formé de seize fois la rente (décret du 5 mai 1898, art. 2).

Pour les adjudications le droit est perçu sur le prix, auquel on ajoute les frais de la vente.

Pour l'échange, il est liquidé sur le lot dont la valeur est la plus élevée.

529. *Paiement des droits.* — *Délai.* — *Personnes qui doivent le supporter.* — Les droits de mutation sont supportés par les nouveaux propriétaires. Ils sont payés lors de la présentation de l'acte à l'enregistrement, ou de la déclaration de mutation, présentation ou déclaration qui doivent être faites dans les soixante jours qui sui-

vent cette mutation. La déclaration est rédigée par écrit et signée par les parties (1).

Les droits sont payés : pour les actes publics, au bureau dans le ressort duquel est établi le notaire ou le tribunal; pour les actes sous signatures privées, et les déclarations de mutations verbales, au bureau choisi par les parties.

Le Trésor a une action solidaire aussi bien contre le nouveau possesseur que contre les vendeurs ou cédants, sauf le recours de ces derniers contre les premiers. La créance du Trésor est assortie d'un privilège.

530. *Pénalités.* — Lorsque le paiement des droits n'a pas été effectué dans les délais réglementaires de soixante jours à compter de la mutation, l'ancien et le nouveau possesseur sont tenus, chacun personnellement et sans recours, d'un droit en sus qui ne pourra être inférieur à 50 francs.

Cependant l'ancien possesseur peut s'affranchir du droit en sus qui lui est personnellement imposé, ainsi que du versement immédiat du droit simple, en déposant au bureau avant l'extinction du délai de soixante jours, l'acte soumis au droit ou la déclaration de mutation.

Dans le cas de dissimulation dans le prix de la transmission, les parties sont frappées d'une amende légale au quart de la somme dissimulée.

Si le prix, bien que sincère, paraît inférieur à la valeur réelle de l'immeuble vendu, le Trésor peut requérir l'expertise. Il est dû alors un droit simple de mutation sur le supplément du prix révélé par l'expertise, et, en outre, un droit en sus égal au droit simple, à titre d'amende.

Les dissimulations doivent être découvertes dans le délai de dix ans à compter du paiement des droits; ce délai est réduit à deux ans pour les insuffisances. Passé ce délai la prescription est acquise aux parties.

531. *Obligations des notaires, juges et fonctionnaires.* — L'article 7 du décret du 2 novembre 1893 interdit aux notaires de délivrer expédition ou copie d'un acte de mutation ou de se servir d'un acte de cette nature sans s'être assuré du paiement des droits de mutation. Ils devront transcrire dans l'acte la quittance du paiement.

Dès la rédaction de l'acte, ils établissent d'office un bulletin qu'ils remettent aux parties en les invitant à se présenter au bureau des droits de mutation et contributions diverses dans les soixante jours au plus tard de la date de la convention (Règlement de S. A. le Bey du 25 novembre 1893). Ce bulletin est traduit en français par un interprète assermenté.

Les notaires adressent un double du bulletin au caïd qui le fait parvenir au directeur des finances.

Il est défendu également aux fonctionnaires ou officiers publics d'instrumenter et aux juges de juger en vertu d'actes sans s'être assurés du paiement des droits.

---

concession de mines en Tunisie est passible du droit de 4 0/0 exigible sur les transmissions d'immeubles.

La question, longuement controversée, a été définitivement tranchée le sens par un arrêt de la Chambre civile de la Cour de cassation du 3 décembre 1906.

(1) Conventions imposables :

1° La vente volontaire même affectée d'une condition résolutoire ou forcée; adjudication, revente, cession, rétrocession; 2° la dation en paiement; 3° l'échange; 4° la déclaration de command faite après l'expiration du délai légal; 5° les adjudications prononcées à la barre du tribunal; 6° les transactions; 7° les apports en société par un contrat de mariage, lorsqu'ils ont un caractère translatif (sauf exception ci-après) :

8° Les constitutions ou cessions d'enzel immatriculé ou non; 9° les acquisitions, même pour cause d'utilité publique, faites par les communes ou par les établissements publics;

Exemptions. Sont exemptes du droit de mutation :

1° Les acquisitions réalisées par l'État; 2° les constitutions et cessions de droits réels autre que la propriété, la nue propriété, l'usufruit et l'enzel; 3° les jugements portant résolution pour cause de nullité radicale;

4° Les jugements portant résolution du contrat de vente pour défaut de paiement du prix lorsqu'il n'y a pas eu prise de possession par l'acquéreur; 5° les apports purs et simples dans les sociétés civiles ou commerciales, sans équivalent à fournir par la société (décret 5 mai 1898); 6° les partages de biens indivis, en cas de soulte ou de retour est perçu sur ces derniers seulement (même décret).

---

(1) Elle doit énoncer notamment : les noms des nouveaux et des précédents propriétaires, la nature de la transmission, la nature, la consistance et la situation des biens transmis, ainsi que l'origine de la propriété, le prix et les charges.

532. II. — *Transmissions des biens immeubles entre vifs à titre gratuit.* — Pour les transmissions de biens immeubles entre vifs à titre gratuit, le droit proportionnel est assis sur la valeur vénale des biens transmis. L'évaluation de la valeur fait l'objet d'une déclaration certifiée et signée par les parties.

La quotité du droit est de 4 0/0, sauf les transmissions en ligne directe ou entre époux, pour lesquelles elle est réduite à 0 fr. 20 0/0.

Les règles que nous avons exposées ci-dessus s'appliquent également à ces transmissions.

533. III. — *Transmission des biens immeubles par décès.* — Le décret du 2 novembre 1893, tout en disposant d'une manière générale que le droit de mutation serait dû pour toute transmission de biens immeubles soit entre vifs, *soit par décès*, n'avait pas réglementé cette dernière catégorie de mutations. Il avait laissé à un décret ultérieur le soin d'édicter les règles nécessaires. La perception du droit de mutation par décès ne devait d'ailleurs commencer qu'à partir du 1er janvier 1895 (décret de 1893, article 2).

C'est le décret du 8 février 1897 qui a organisé la matière du droit de mutation par décès. Il a assujetti à l'impôt la mutation des seuls immeubles. La transmission des biens meubles s'opère donc dans la Régence sans déclaration et sans paiement de droits.

Déclaration de mutation par les Européens. — Les héritiers ou légataires *européens* d'une personne décédée, leurs tuteurs ou curateurs, doivent fournir une déclaration détaillée des biens immeubles qui leur ont été transmis. Cette déclaration est faite au bureau des droits de mutation du lieu du domicile du de cujus, s'il est en Tunisie, et, au cas contraire, du lieu de la situation des biens. Le droit est acquitté lors de la déclaration, par les héritiers ou légataires, qui en sont tenus solidairement.

Le délai pour passer la déclaration est de 3 mois à compter du jour du décès, s'il a eu lieu en Tunisie, et de 6 mois dans le cas contraire. En cas d'absence, le délai court du jour de l'envoi en possession provisoire ou si la prise de possession a eu lieu avant cet envoi, du jour de la prise de possession.

Déclaration par les indigènes. — Si les héritiers ou légataires sont *indigènes*, ils n'opèrent pas directement la déclaration. Le caïd concourt à l'établissement de cet acte.

A cet effet, les héritiers remettent à ce chef indigène une *ouafat* scellée par le cadi ou le rabbin et indiquant le nom du de cujus, la date du décès, les noms et qualité de chaque héritier ou légataire et la part revenant à chacun d'eux. Ils fournissent en outre le détail des immeubles soumis au droit.

Un duplicata du bulletin dressé par le caïd à l'aide de ces renseignements est remis aux parties et, présenté par eux au bureau de perception, il sert à liquider les droits. L'original est adressé par le caïd au directeur des finances.

Au cas où les héritiers et légataires ne se présenteraient pas devant le caïd pour l'accomplissement des formalités, celui-ci doit procéder seul à l'établissement de la déclaration, et à l'envoi au receveur et au directeur, comme ci-dessus.

Une rétribution graduée d'après l'importance des droits dus au Trésor est payée au caïd par les parties.

534. *Liquidation du droit.* — Le droit est perçu sur la valeur vénale des biens calculée à raison de 16 fois le revenu des biens ou le prix des baux courants, au minimum, qu'il s'agisse de biens melk, de habous privés ou de biens grevés d'enzel.

La nue propriété ou l'usufruit s'évalue à la moitié de la valeur entière des biens (1). Lorsque, dans les cinq années à compter du décès, un acte quelconque ou un jugement assigne aux immeubles transmis une valeur supérieure à cette déclaration, un complément de droits est exigible (2).

535. *Quotité du droit.* — Le droit de mutation par décès est de 4 0/0, sauf pour les mutations en ligne directe ou entre époux, pour lesquelles le droit est réduit à 0 fr. 20 pour cent.

536. *Pénalités.* — Au cas de non-déclaration dans le délai prescrit, « les héritiers ou légataires seront passibles solidairement, savoir : pendant les trois premiers mois qui suivront l'expiration du délai, d'un demi-droit en sus qui ne pourra, en aucun cas, être inférieur à 1 0/0 de la valeur soumise aux droits et, après les six premiers mois qui suivent l'expiration du délai, d'un droit en sus qui ne pourra en aucun cas, être inférieur à 2 0/0 de la valeur soumise aux droits (3) ».

Au cas d'omission, d'estimation insuffisante, de fausse déclaration de passif, les mêmes peines sont encourues, indépendamment du complément de droit simple exigible.

Les héritiers ou légataires sont solidaires pour le paiement des amendes.

Le décret de 1897 a édicté contre les caïds qui ne se conforment pas à ses prescriptions une amende de 5 francs par contravention; il les a rendus en outre responsables du paiement des droits.

537. *Prescriptions.* — Les droits dus sur les mutations par décès se prescrivent par 15 ans pour les successions non déclarées et, pour les omissions dans les déclarations faites, par 3 ans à compter du jour de la déclaration pour les insuffisances d'évaluation.

---

(1) Le capital des rentes d'enzel sujet à déduction est calculé à 16 fois la rente.

Par valeur des biens, il faut entendre la valeur *nette*, déduction faite du passif hypothécaire ou des reprises matrimoniales s'exerçant sur les immeubles; enfin du capital des rentes d'enzel.

Le titre constitutif de l'hypothèque doit, pour entraîner la déduction, avoir acquis date certaine trois mois au moins avant l'ouverture de la succession; d'autre part, la dette ne doit pas avoir été contractée par le de cujus envers les héritiers ou légataires.

Quant aux reprises, il doit en être justifié par acte de liquidation authentique.

(2) Cf. D. beyl. 8 juin 1897, art. 1.

(3) D. beyl. 8 février 1897, art. 5. — Il y a là évidemment une erreur de rédaction car l'expiration du délai légal, pour la Tunisie, est compté à partir du quatrième mois du décès. Il en résulte que pendant les 7e, 8e et 9e mois qui suivent la date du décès, aucune pénalité n'a été prévue. La même anomalie se représente pour des décès survenus hors de Tunisie, mais porte sur les 10e, 11e et 12e mois.

538. *Privilège du Trésor.* — Le Trésor exerce pour le paiement du droit de mutation par décès sur les immeubles et sur leur produit, un privilège spécial avec droit de suite opposable à tous détenteurs.

b) Droits d'enregistrement proprement dits.

539. L'impôt de l'enregistrement proprement dit a été créé de toutes pièces et organisé par décret du 20 juillet 1896. Ce décret n'a pas soumis obligatoirement à la formalité toutes espèces d'actes. Il a au contraire énuméré limitativement ceux pour lesquels l'enregistrement est obligatoire. Pour les autres actes, l'enregistrement est facultatif, sauf au cas de production en justice (1).

540. *Quotité du droit.* — Les droits d'enregistrement se divisent, dit le décret organique, en droits fixes et en droits proportionnels. Il convient d'ajouter une troisième catégorie, celle des droits gradués. Les droits proportionnels suivent les sommes de 100 en 100 francs inclusivement et sans fraction.

Les droits d'enregistrement sont liquidés suivant les tarifs énumérés dans le tableau annexé au décret organique et qui comprend sous le paragraphe 2 les droits fixes et les droits gradués.

Les droits figurant audit tableau atteignent aussi bien les actes dont l'enregistrement est obligatoire que ceux dont l'enregistrement est facultatif. Pour ces derniers cependant, le législateur a établi un régime de faveur; s'ils sont présentés à la formalité dans les trente jours de leur date, il n'est perçu qu'un droit fixe de 1 franc moyennant quoi ils bénéficient d'une réduction de moitié des

droits exigibles dans le cas où ils seraient produits plus tard en justice.

541. *Pénalités.* — Les parties ou les officiers publics ou ministériels qui négligent de soumettre à l'enregistrement dans les délais les actes et les conventions qui y sont soumises, soit en raison de leur nature, soit en raison de leur production en justice, sont passibles d'un droit en sus, au minimum de 10 francs. Ils sont solidaires pour le paiement de ce droit en sus.

Les greffiers peuvent cependant s'exonérer de toute responsabilité, pour les jugements dont les droits n'auraient été consignés entre leurs mains, en délivrant au receveur, dans les 10 jours de l'expiration du délai, un extrait certifié desdits jugements.

542. *Prescription.* — Les droits d'enregistrement et amendes dus sur un jugement ou un acte se prescrivent par quinze ans.

La perception est réduite à deux ans pour les insuffisances de perception sur les actes enregistrés.

L'action des parties en restitution des droits indûment perçus se prescrit par le même laps de temps.

543. *De la transcription.* — L'enregistrement consiste en une analyse des actes faite au registres des bureaux. Pour conserver d'une façon plus efficace le contexte d'un acte ou d'un écrit quelconque, les parties peuvent, au lieu de l'enregistrement, requérir la transcription, c'est-à-dire la copie littérale de l'acte avec les surcharges, ratures et autres particularités qu'il peut contenir.

La transcription donne ouverture, en sus du droit d'enregistrement, à un salaire de 30 centimes par pages de 33 lignes à 15 syllabes, compensation faite d'une page à l'autre.

§ 2. — Timbre.

544. L'impôt du timbre a été institué dans la Régence le 25 mai 1867. Les actes et les titres antérieurs au 1er juillet 1867 en demeurent exempts, à moins qu'ils ne soient produits en justice, auquel cas ils doivent être timbrés au droit fixe de 1 fr. 20.

Les nombreux décrets pris à partir de cette date ont été remplacés par celui du 20 juillet 1896 qui régit encore actuellement la matière, ainsi que par l'arrêté réglementaire du directeur des finances du 25 juillet 1896.

Aux termes de l'article 1er, sont soumis au timbre d'une manière générale « tous papiers destinés aux actes civils, judiciaires et extra-judiciaires et aux écritures publiques et privées, qui peuvent être produites en justice et y faire foi (1) ».

545. *Différents droits de timbre.* — Il y a trois sortes

---

(1) Actes pour lesquels l'enregistrement est obligatoire et délai d'enregistrement :

1° Les hypothèques volontaires, antichrèses, nantissements immobiliers, leurs constitutions, cessions, transports et mainlevées, *lorsque l'immeuble grevé est situé en Tunisie*;

2° Les cessions, transports, rachats et amortissement de rentes d'enzel, ainsi que les constitutions, lorsque celles-ci constituant se réserve le domaine utile.

3° Les baux écrits d'immeubles situés en Tunisie;

4° Les actes de notaires musulmans ou israélites;

5° Les ordonnances de référé, jugements rendus tant en premier qu'en dernier ressort ou sur appel, en matière civile, administrative ou commerciale : les jugements préparatoires et interlocutoires exceptés.

6° Les procès-verbaux des ventes publiques de meubles auxquelles il est procédé par les officiers publics à ce compétents.

Pour les deux premières catégories il est suppléé en l'absence d'actes par déclarations signées des parties.

Le délai d'enregistrement est, pour les quatre premières catégories, de 30 jours à compter de la date des actes, s'ils sont passés en Tunisie, et de 60 jours s'ils sont passés hors de la Régence; pour les jugements, etc., de 25 jours; pour les procès-verbaux de vente de meubles de 10 jours.

Actes exempts d'enregistrement.

Les actes ou jugements exempts d'enregistrement même au cas de production en justice sont : (art. 8 du décret).

1° Les procès-verbaux et exploits des huissiers et autres ayant qualité pour verbaliser y compris les protêts...;

2° Les actes d'avoué à avoué; 3° les actes des greffes;

4° Les contrats d'assurances; 5° les effets publics, actions, parts d'intérêts et obligations, l'émission et la circulation de ces titres;

6° Les lettres missives, à moins qu'elles n'aient le caractère d'un contrat;

7° Les jugements du tribunal mixte;

8° Les jugements et ordonnances, tant en actions qu'en défense, ayant pour objet de recouvrement des taxes dues à l'État ou aux communes.

---

(1) *Exceptions.* Les seules exceptions à la règle ainsi posée sont celles exposées par la loi dans son article 16 qui énumère notamment : 1° Les actes de l'autorité publique; 2° les actes de poursuites de l'État et des communes; 3° les rôles et extraits de rôles de contributions publiques; 4° les expéditions de jugements de paix et des tribunaux indigènes et expéditions de province; 5° les registres, comptes, mandats et ordonnances des administrations publiques; 6° les registres, copies de titres, actes destinés à l'immatriculation; 7° les livrets, etc., des caisses d'épargne postale; 8° les livres de comptabilité des commerçants; 9° *tous actes venant de France ou de l'étranger*; 10° *les effets de commerce, warrants, chèques*, etc.

de droits de timbre : le droit de timbre de dimension, le droit de timbre proportionnel et le droit de timbre spécial.

Le premier est imposé, ainsi que son nom l'indique, d'après les dimensions du papier employé, le second est gradué à raison des sommes exprimées dans les actes, le troisième est spécial à divers actes énumérés par la loi.

Timbre de dimensions. — Sont soumis au timbre de dimensions tous les actes et écritures non expressément assujettis par la loi au droit de timbre proportionnel ou au droit de timbre spécial.

Les dimensions du papier sont au nombre de quatre :

1° Demi-feuille de papier............................	0 fr.	30
2° Petit papier....................................	0	60
3° Moyen papier...................................	0	90
4° Grand papier...................................	1 fr.	20

Timbre proportionnel. — Sont soumis au timbre proportionnel les billets simples, effets non négociables, actions et obligations des sociétés ayant leur siège en Tunisie.

Le droit proportionnel est établi sur les sommes et valeurs à raison de 5 centimes par 100 francs ou fraction de 100 francs.

Timbre spécial. — Le droit de timbre spécial frappe notamment : les lettres de voiture, quittance de comptable, *affiches peintes*, etc.

546. *Mode de perception du droit.* — Les droits de timbre sont acquittés soit par l'emploi de papier timbré de la débite, soit par l'apposition sur papier libre de timbres mobiles, soit par le timbrage à l'extraordinaire, soit au moyen du visa pour timbre.

547. *Personnes qui doivent acquitter le droit.* — Il y a solidarité pour le paiement des droits de timbre et des amendes entre : tous les signataires pour les actes synallagmatiques; l'expéditeur et le transporteur désignés aux contrats et bulletins de transport; les officiers publics ou ministériels, les notaires, arbitres, experts qui auront reçu ou rédigé des actes énonçant des actes ou des pièces non timbrées.

En cas de décès des débiteurs, les droits seuls sont dus par leurs successeurs.

548. *Pénalités.* — Toute contravention aux dispositions du décret de 1896 est punie d'une amende de 20 fr. pour le droit de timbre de dimension ou de timbre spécial, et d'une amende égale au montant du timbre, s'il s'agit de timbre proportionnel, avec minimum de 20 francs.

549. *Prescriptions.* — La prescription pour la réclamation des droits de timbre et amendes est de quinze ans.

§ 3. — Douanes.

550. Le régime douanier a été remanié en 1898 à la suite de la révision des traités liant la Tunisie avec la plupart des puissances étrangères.

Sous l'empire des anciennes conventions internationales, « le Gouvernement tunisien s'était interdit, notamment, d'établir à l'importation des marchandises des droits d'un taux supérieur à 8 0/0 *ad valorem*, de créer aucun mono-

pole nouveau, de soumettre à aucune taxe intérieure quelconque des produits étrangers libérés du droit d'entrée. La clause du traitement de la nation la plus favorisée faisait, de plus, obstacle à la concession d'un régime privilégié au profit de l'une quelconque des puissances contractantes.

551. « La révision des traités a fait disparaître ces entraves. Les nouvelles conventions ayant tout d'abord exclu du traitement de la nation la plus favorisée, le traitement français, il est devenu possible d'accorder à la France le régime de faveur auquel elle pouvait légitimement prétendre. Bien que ces conventions, d'autre part, aient déterminé des limites en deçà desquelles doivent demeurer les droits d'importation, elles permettent d'imposer, à concurrence des taxes du tarif minimum français, toutes les marchandises étrangères, sauf les tissus de coton à l'égard desquels le droit d'entrée ne peut excéder, pour le moment le 5 0/0 *ad valorem* (1). Le Gouvernement tunisien, enfin, jouit désormais d'une entière liberté d'action relativement aux monopoles, et il peut appliquer aux produits de toute origine des droits d'accise, d'octroi ou de consommation perçus sur les similaires tunisiens (2). »

552. A la faveur de ces stipulations, le Gouvernement tunisien, par le décret du 2 mai 1898 modifié par ceux des 21 novembre et 3 décembre 1898, 18 février 1899, 9 juillet 1904 et 27 novembre 1907 a procédé au remaniement complet de son tarif qui prévoit des droits à l'importation aussi bien qu'à l'exportation.

553. *Importation.* — En principe, les produits étrangers introduits en Tunisie, sont soumis, quelle qu'en soit l'origine, et de quelque façon qu'ils soient importés, à un tarif commun qui impose les marchandises au poids brut ou au poids net, au nombre, à la mesure, à la valeur (3). En outre, ce tarif prohibe l'entrée dans la Régence de quelques articles; il admet en franchise, sans distinction de provenance ou d'origine, certaines marchandises et objets; il établit des immunités en faveur

---

(1) Arrangement relatif à la Tunisie intervenu le 18 septembre 1897 entre les Gouvernements français et britannique. Art. 2. Les cotonnades originaires du Royaume-Uni et des colonies et possessions britanniques ne pourront pas être frappées en Tunisie de droits d'importation supérieurs à cinq pour cent de leur valeur au port de débarquement. Elles ne seront pas grevées d'autres taxes ou impôts quelconques. Cette disposition restera en vigueur jusqu'au 31 décembre 1912 et, après cette date, jusqu'à l'expiration du sixième mois à partir du jour où l'une des parties contractantes aura notifié à l'autre son intention d'en faire cesser les effets.
(2) Minis. Aff. étr. Rapport 1898, p. 33.
(3) D. beyl. 3 octobre 1884.
Art. 6. — Dans le cas où la déclaration serait reconnue fausse quant à la valeur déclarée des marchandises imposées sur cette base, la douane pourra, soit prélever le droit en nature, soit retenir les marchandises reconnues mésestimées en payant au déclarant, dans les huit jours qui suivront la notification du procès-verbal de retenue, une somme égale à la valeur déclarée augmentée de 5 0/0, sans qu'il puisse être rien exigé de plus. La retenue ne sera soumise à aucune autre formalité qu'à celle de l'inscription par le receveur du bureau ou par son suppléant et signifié au déclarant dans les trois jours qui suivront celui de l'enregistrement de la déclaration ou celui de la vérification des marchandises si elles n'ont pu être vérifiées le jour de la déclaration. (*Ainsi modifié par décret du 15 janvier 1898.*)

d'un grand nombre de produits de la France ou de l'Algérie.

Les principaux articles dont l'introduction est prohibée sont les suivants : armes et munitions de guerre; sel, tabac, takrouri, kif, chira, hachich; cartes à jouer et allumettes; monnaies de cuivre et de billon de fabrication étrangère et monnaies d'or et d'argent n'ayant plus cours légal dans leur pays d'origine; ceps de vigne, sarments, crossettes, boutures, raisins de table et de vendange, plants d'arbres et arbustes (1), légumes frais, engrais végétaux, abeilles, etc.

Les marchandises et objets admissibles en franchise de douane figurent au tarif ou font l'objet de décrets spéciaux. Parmi ces décrets, le plus important est celui du 28 janvier 1898 qui autorise l'admission en franchise des effets, des passagers et voyageurs, des objets de toute nature composant le mobilier des personnes qui viennent s'établir en Tunisie, du matériel industriel ou agricole (sauf les machines proprement dites importées par ces mêmes personnes), des objets destinés aux collections des musées et bibliothèques, des échantillons sans valeur marchande, etc.

L'admission en franchise est accordée à la majeure partie des produits des grandes industries de la métropole, tels que les vins, eaux-de-vie, liqueurs, alcools, sucres, fils, tissus, métaux, ouvrages en métaux ainsi qu'aux céréales et à leurs dérivés (2), aux fèves (3), etc. Elle est subordonnée à la condition de l'importation en droiture et de la production du passavant délivré dans le port d'expédition français (4). Ces immunités, établies aussi bien en faveur des provenances de la métropole que de l'Algérie, non seulement ne peuvent être revendiquées par aucun autre pays, mais les marchandises similaires étrangères sont frappées de droits calculés de manière à assurer la préférence à l'importation des produits français.

554. *Exportations.* — Les articles frappés d'un droit de sortie étaient à l'origine du protectorat au nombre de soixante-quatre environ. Ce nombre a été considérablement réduit depuis et, au 31 décembre 1908, les articles figurant dans le tableau ci-dessus étaient seuls soumis à un droit d'exportation.

---

(1) Aux termes de l'article 3 du décret du 24 décembre 1903 modifiant celui du 29 janvier 1892 sur les mesures à prendre contre l'invasion et la propagation du phylloxéra en Tunisie, les plants d'arbres, arbustes et les végétaux de toute nature à l'état vivant, autres que la vigne, sont admis à pénétrer dans la régence par le seul port de Tunis, s'ils sont accompagnés d'une déclaration de l'expéditeur et d'une attestation de l'autorité compétente du pays d'origine portant : *a)* Qu'ils proviennent d'un terrain séparé du tout pied de vigne par un obstacle de vingt mètres au moins ou par un obstacle aux racines jugé suffisant par l'autorité compétente; *b)* que ce terrain ne contient aucun pied de vigne; *c)* Qu'il n'y est fait aucun dépôt de cette plante; *d)* que s'il y a eu des ceps phylloxérés, l'extraction radicale, des opérations toxiques répétées, et, pendant trois ans, des investigations ont été faites qui assurent la destruction complète de l'insecte et de la racine.

(2) D. beyl. 9 juillet 1904.
(3) D. beyl. 27 novembre 1907.
(4) Les produits étrangers nationalisés en France par le paiement des droits sont exclus de ce traitement.

DÉSIGNATION DES MARCHANDISES.	UNITÉS sur lesquelles portent les droits.	DROITS.
		f. c.
Chiffons.............................	100 kilos	2,55
Eponges { non lavées..................	—	10 »
{ lavées......................	—	20 »
Grignons. (Les grignons traités par le sulfure de carbone, entièrement secs, sont exemptés.).......................	—	» 35
Huiles { d'olives....................	—	6 »
Olives { de grignons..................	—	1,50
fraîches.........................	—	4 »
Peaux brutes { de bœufs, de vaches, de veaux, de chevaux, de chameaux, de mulets, d'ânes..................	—	4 »
{ de chèvres et de chevreaux...	—	6 »
{ de moutons et d'agneaux.......	—	5 »
Poissons frais, autres que le thon et la boutargue..........:.............	—	2 »
Poulpes.............................	—	12 »

555. *Règles d'application du tarif.* — Elles sont notamment déterminées par le décret organique du 3 octobre 1884.

L'importation ou l'exportation de marchandises quelconques fait l'objet, de la part des intéressés, d'une déclaration rédigée en français. Cette déclaration énonce la nature, l'espèce, la qualité, le poids, le nombre, la mesure et la valeur des marchandises ainsi que l'espèce, les marques et les numéros des colis.

556. L'entrée et la sortie des marchandises ne peut avoir lieu que par les ports ou les bureaux des frontières de terre ouverts au commerce.

Tout capitaine de navire est tenu de déposer, à l'arrivée, dans le bureau de douane, une copie de son manifeste général et d'y faire viser, au départ, son manifeste de chargement.

Les négociants et autres personnes qui veulent faire sortir ou entrer des marchandises par les frontières de terre doivent les faire conduire à l'un des bureaux ouverts au commerce par le chemin le plus direct.

557. Le transport des marchandises peut s'effectuer de port à port tunisien ouvert au commerce, par navire portant un pavillon reconnu, à charge par le transporteur d'en faire la déclaration, dans la forme habituelle, au bureau des douanes du port d'expédition.

Le transporteur, s'il s'agit de produits tunisiens frappés d'un droit de sortie, consigne à ce bureau le montant des droits d'exportation; les droits consignés sont remboursés par le même bureau sur la présentation, par l'expéditeur, de la déclaration revêtue, par le bureau de douane du port de destination, de la mention de l'arrivée des marchandises.

Les marchandises étrangères n'ayant pas de similaires dans la Régence, doivent être accompagnés, s'il y a lieu, d'un certificat délivré par la douane attestant le versement des droits d'importation sous peine d'être assujetties à un nouveau paiement des droits.

558. Les marchandises qui entrent dans la Régence peuvent être expédiées en transit, par voie ferrée, entre Goulette-Tunis, Bizerte d'une part, et Ghardimaou, d'autre part. Les transitaires doivent, pour bénéficier de cette

faculté, en faire la déclaration à la douane d'entrée où les colis sont plombés et les droits consignés. La sortie effectuée, certificat en est donné au pied de la déclaration; au vu de ce certificat le bureau de consignation des droits en rembourse le montant.

Le transit par voie ferrée peut aussi avoir lieu, sous réserve de se conformer aux prescriptions du décret beylical du 7 mars 1895, sans visite ni consignation préalable des droits.

Les produits tunisiens, soumis à des droits de sortie et destinés à l'exportation, peuvent également être expédiés en transit par un des bureaux du littoral, sur un autre de ces mêmes bureaux ou sur un des bureaux de la frontière de terre après consignation des droits. La quittance ainsi délivrée sert de laisser passer dans la Régence et de titre justificatif du paiement des droits vis-à-vis du receveur du bureau de sortie.

559. Dans les ports ouverts aux opérations de commerce à l'importation, certaines marchandises peuvent être placées en entrepôt fictif, sous la soumission cautionnée de les réexporter ou de payer les droits d'entrée au moment où elles sont livrées à la consommation (1).

Des entrepôts réels de marchandises étrangères ont été créés à Tunis et Bizerte (2), à Sfax (3), à charge par les intéressés de payer les droits d'entrée ou de réexporter les marchandises mises en entrepôt dans le délai de trois années à compter du jour de leur importation.

Le décret du 22 février 1900 a, enfin, réglementé l'exploitation des magasins généraux dans la Régence (4).

560. *Loi française du 19 juillet 1890.* — Jusqu'en 1890, les marchandises tunisiennes payaient à l'entrée dans nos ports les taxes du tarif général. La Tunisie bien que placée sous notre protectorat, se trouvait moins favorisée que les nations étrangères unies avec la France par des conventions commerciales (5). Avec ce régime, on aboutissait à ce résultat, que la plupart des produits tunisiens avaient profit, pour pénétrer en France, à passer par l'Algérie, voire même par l'Italie, malgré les frais supplémentaires de transit et de transport (6); son maintien ne pouvait qu'entraver l'essor économique de la Régence sans grand profit pour la métropole, puisqu'un abaisse-

ment des tarifs ne présentait, pour la production française, aucun inconvénient sérieux. Il s'agissait d'ailleurs de produits dont le marché français restait nécessairement importateur, et de sommes presque insignifiantes pour notre marché.

561. Le Gouvernement français fut donc amené à proposer au parlement de remédier à un état de choses dont les conséquences pouvaient devenir désastreuses pour l'avenir de notre colonie naissante. Mais, comme le fait remarquer le rapport qui sert d'exposé des motifs (1) au projet de loi, en raison des liens exceptionnels qui nous unissent à la Tunisie, il n'y avait pas lieu de conclure avec un Gouvernement placé sous notre protection une convention commerciale. Faisant acte de souveraineté en sa faveur, on apporta au tarif général quelques modifications qui intéressaient les produits originaires de la Tunisie.

On n'alla pas non plus jusqu'à réclamer de part et d'autre la franchise absolue, c'est là un avantage qui pouvait être accordé à l'Algérie, terre française et qui n'a point d'obligations internationales. La Régence ne présentait pas les mêmes conditions, ne pouvait prétendre obtenir le même traitement. Mais on demanda de lui appliquer un régime exceptionnel, moins favorable que la franchise absolue, plus doux que le tarif conventionnel, et lui permettant de vivre, de prospérer, de nouer des relations de plus en plus fréquentes avec la métropole. C'est en s'inspirant de ces considérations que fut votée par le parlement français, la loi du 19 juillet 1890 modifiant, sous certaines conditions, le tarif général des douanes en faveur de certains produits originaires de la Tunisie.

562. L'économie du nouveau régime peut s'analyser ainsi :

Admission en franchise, à l'entrée, en France, des céréales en grain (2), des huiles d'olives et de grignons et des grignons d'olives, des animaux vivants (espèce chevaline, asine, mulassière, bovine, ovine, caprine et porcine), des volailles et du gibier; droit de 0 fr. 60 par hectolitre de vin dont le titre alcoolique ne dépasse pas 11° 9 et taxe supplémentaire de 0 fr. 70 par degré au-dessus de ce chiffre (3); les autres produits d'origine et de provenance

---

(1) Cf. D. beyl. 24 décembre 1893 et 27 mai 1895.
(2) D. beyl. 22 avril 1895.
(3) D. beyl. 15 mars 1905.
(4) Des magasins généraux ont été établis et fonctionnent à Tunis, Sousse, Monastir, Mahdia et Sfax.
(5) Ainsi les vins d'Espagne ne payaient, à leur entrée en France, que 2 fr. l'hectolitre, alors que ceux de Tunisie acquittaient un droit de 4 fr. 50; les huiles tunisiennes payaient 4 fr. 50 les 100 kilogs, tandis que les huiles étrangères (traité de commerce avec l'Espagne) ne payaient que 3 francs.
(6) En 1885, par exemple, la Tunisie a exporté pour 5.600.000 francs de blés durs (cette nature de céréales convient particulièrement au sol de la Régence). Sur ce chiffre, il en est allé pour 5.000.000 de francs en Italie, et en France pour 114.000 francs seulement. En 1886, l'exportation directe en France tombe à 61.380 francs; en 1887, à 6.912 francs; et en 1888 presque à néant, et c'est un produit dont nous sommes tributaires à l'égard de l'étranger. Nous achetons à l'Italie, sous forme de pâtes alimentaires, les blés durs que lui a vendus la Tunisie.
Et tandis que la part proportionnelle de la France dans les exportations de la Tunisie avait atteint, en 1884, le chiffre de 81 0/0, elle tombait, en 1885, à 38 0/0, en 1886, à 13 0/0; elle ne dépassait

pas 19 0/0 en 1887, malgré l'abondance exceptionnelle de la récolte, et, si une amélioration toute relative se présentait en 1888, c'est que, par suite de la modification profonde qui a eu lieu dans nos relations commerciales avec l'Italie, cette puissance n'a plus été en situation de servir d'intermédiaire à l'exportation tunisienne.
(Exposé des motifs annexé au procès-verbal de la séance de la Chambre des députés du 13 mars 1890.)
(1) *Ibid.*
(2) Pour les céréales ainsi que pour leurs dérivés, la loi française du 19 juillet 1904 combinée avec le décret beylical du 9, même mois, a réalisé l'union douanière pure et simple entre la Tunisie d'une part, la France et l'Algérie, de l'autre.
(3) Circulaire du ministère des Finances du mois de janvier 1904 au sujet des moûts de raisins frais mûtés autrement qu'à l'alcool d'origine tunisienne.
D'après le tarif établi par la loi du 1er février 1899, les moûts de raisins frais mûtés autrement qu'à l'alcool, d'origine étrangère, sont taxés à un droit à peu près équivalent à celui qui est inscrit à l'article 171 pour les vins de 12 degrés au plus de la même origine.
L'Administration du Protectorat a demandé que, par analogie, les moûts de raisins frais, mûtés autrement qu'à l'alcool, d'origine

tunisiennes paient à l'entrée en France les droits les plus favorables perçus sur les articles similaires étrangers.

563. Le bénéfice de ces traitements de faveur est subordonné à l'accomplissement de formalités rigoureuses établies en vue d'empêcher les produits similaires étrangers de prendre les chemins de la Régence pour entrer en France, sous le couvert d'une prétendue origine tunisienne.

Le traitement de faveur ne s'applique qu'à des quantités fixées chaque année par des décrets du Président de la République rendus sur les propositions des ministres des Affaires étrangères, des Finances, du Commerce et de l'Agriculture. Pour la détermination de ces quantités, le résident général fait établir, dans chaque contrôle civil ou bureau des affaires indigènes, des statistiques annuelles indiquant : les surfaces ensemencées en fèves avec leur rendement moyen à l'hectare (1); le nombre des animaux domestiques; les quantités d'huile d'olive ainsi que d'huile de grignons extraite au sulfure de carbone provenant de la précédente récolte et restant à exporter au 31 octobre de chaque année; la quantité que donnera la récolte pendant pour chacune de ces deux catégories d'huile.

En ce qui concerne les vins, des mesures spéciales ont été prises pour assurer la stricte application de la loi. C'est ainsi que chaque producteur est tenu de déclarer au contrôleur civil « l'étendue de son vignoble et de sa production de l'année; dans chaque contrôle est tenu un registre compte courant où chaque producteur a une feuille spéciale sur laquelle est apposée sa signature ou celle du représentant chargé de demander en son nom des certificats d'origine; chaque feuille mentionne les déclarations du producteur, les vérifications dont elles ont été l'objet et les délivrances successives de certificats d'origine. L'Administration peut ainsi délivrer avec certitude ces certificats dans la limite de la production de chaque viticulteur. Une autre mesure a été prise pour rendre toute fraude impossible : les demandes de certi-

ficats d'origine sont établies sur les feuilles d'un livret à souche portant des indications correspondantes à celles qui sont inscrites sur la page du registre compte courant affectée au détenteur du livret; chaque feuille est timbrée par le contrôle, et il n'est pas permis de timbrer un nouveau livret avant que l'ancien livret épuisé ne soit représenté. Il est perçu par les soins de la direction générale des Finances une taxe de 0, 05 par hectolitre de vin déclaré pour l'exportation; cette taxe est destinée à subvenir aux frais de vérification des quantités de vins récoltés (1). »

564. Les statistiques dressées par les contrôleurs civils sont centralisées et servent de base pour déterminer la quantité maxima des produits tunisiens pouvant être importés sur les marchés français. Un compte courant est ainsi ouvert annuellement à l'ensemble des producteurs tunisiens, compte courant variable suivant l'importance des récoltes. De cette façon la France est assurée de ne jamais recevoir de la Tunisie plus que celle-ci ne peut exporter (2).

565. Les produits doivent être importés par des navires français et venir directement et sans escale de Tunisie en France; en outre, il ne peut être expédié que des ports de Tunis, La Goulette, Bizerte, Sousse, Souïssa, Monastir, Mahdia, Sfax, Gabès, Djerba et Tabarka. La liste de ces ports peut être modifiée par décret.

566. Les produits sont accompagnés d'un certificat d'origine délivré par le contrôleur civil de la circonscription et visé au départ par un receveur des douanes de nationalité française. L'exportation se fait à l'identique(3).

567. En ce qui concerne les colis postaux, il est délivré par navire un certificat collectif par le contrôleur civil du port d'embarquement.

568. Il n'est pas délivré de certificat d'origine aux produits tunisiens exportés en Algérie par voie de terre; un certificat est nécessaire si l'exportation se fait par mer.

tunisienne, soient admis, à leur importation en France, au régime déterminé pour les vins de raisins frais originaires de la Régence, par la loi du 19 juillet 1890 (0 fr. 60 par hectolitre sur les 11 premiers degrés et 0 fr. 70 sur chaque degré à partir de 12 degrés).

Après examen de la question, les départements des Affaires étrangères, du Commerce et des Finances ont rendu une décision dans ce sens.

Pour établir le titre alcoolique des moûts, le service considère suivant les indications de la table du mustimètre de Salleron que 11° 5 Baumé correspondent à 11° 9 d'alcool, 11° 6 Baumé à 12° d'alcool et 12° Baumé à 12° 5 d'alcool. Le traitement de faveur est d'ailleurs limité aux moûts de la première catégorie du tarif de la métropole, c'est-à-dire aux moûts marquant 12° Baumé au maximum.

L'origine de ces produits est justifiée dans les conditions prévues au n° 287 des Observations préliminaires, et le transport doit avoir lieu par navire français.

Il est d'ailleurs entendu que les moûts sont, après paiement des droits de douane, placés sous la main de la Régie.

(1) Depuis la loi du 19 juillet 1904 qui a, pour les céréales, réalisé l'union douanière entre la Tunisie et la France, l'administration tunisienne n'a plus, pour cette catégorie de produits, à solliciter annuellement de la métropole, l'ouverture de crédits limitatifs d'exportation. Elle ne fournit donc plus qu'en ce qui intéressent les productions agricoles soumises au régime de la loi de 1890, c'est-à-dire les fèves, animaux domestiques, huiles et vins. Cf. C. r. 13 avril 1906.

(1) Paul de Dianous, op. cit., p. 144 et 145.

(2) Ce système de crédit limité ouvert à l'importation n'est pas nouveau en France. Il fonctionne régulièrement, depuis plus de 30 ans, pour les communes des Aldudes et d'Urepel (Basses-Pyrénées), lesquelles sont autorisées à s'approvisionner en franchise de denrées de consommation espagnole. Cette autorisation a été renouvelée par la loi du 6 janvier 1879.

Il s'applique également aux propriétaires des établissements ruraux ou industriels des pays de Gex et de la Savoie neutralisée qui peuvent introduire chaque année leurs produits en franchise, moyennant un système de vérification préalable et par l'ouverture d'un crédit annuel proportionnel à la production constatée. Loc. cit.

(3) D. beyl. du 26 novembre 1894 relatif à la falsification des certificats d'origine pour les produits tunisiens :

Article 1er. — Quiconque fabrique un faux certificat d'origine attribuant à des produits étrangers une origine tunisienne, falsifiera un certificat d'origine primitivement véritable, ou fera usage d'un certificat d'origine fabriqué ou falsifié, sera puni d'un emprisonnement de six mois au moins et de trois ans au plus.

Art. 2. — Quiconque fera, en vue d'obtenir un certificat d'origine tunisienne, une fausse déclaration à l'autorité compétente, sera puni d'un emprisonnement de trois mois à un an;

Art. 3. — La peine indiquée à l'article précédent sera applicable à toute personne qui aura fait usage pour l'expédition en France de marchandises d'origine étrangère d'un certificat d'origine délivré en vue de marchandises d'origine tunisienne.

Art. 4. — Il sera prononcé contre les coupables une amende dont

§ 4. — *Droits maritimes*

569. Les droits maritimes comprennent des droits sanitaires et de phares, des droits de port.

Les droits de phares et les droits sanitaires ont été établis par le décret du 22 juillet 1885. Aux termes de ce décret tous les navires venant de l'étranger sont soumis, dans le premier port de la régence où ils abordent, au paiement de ces droits qui sont fixés ensemble à 0 fr. 18 par tonneau de jauge et jusqu'à concurrence de 500 tonneaux et à 90 francs pour ceux qui jaugent plus de 500 tonneaux. Les navires en relâche forcée, faisant de l'eau ou des provisions, les navires qui mouillent dans un port tunisien, sans faire d'opérations de commerce, ne sont soumis qu'au paiement de la moitié des droits.

Sont entièrement dispensés du paiement des mêmes droits, les navires faisant le cabotage tunisien, les bâtiments de guerre, les navires en relâche forcée, les bateaux de pêche, pourvu qu'ils ne fassent pas d'opération de commerce; les yachts de plaisance.

570. Il est également perçu, en temps d'épidémie ou de quarantaine, des droits journaliers de séjour et de station au lazaret ainsi que des taxes spéciales pour la désinfection des marchandises. Ces droits et taxes sont remplacés, pour le pèlerinage aux lieux saints, par une taxe de 10 francs par pèlerin. En outre, la vaccination des immigrants donne lieu, le cas échéant, à la perception d'une taxe de 0 fr. 50 par personne.

571. Les droits de ports sont perçus au profit des compagnies concessionnaires à Tunis, La Goulette, Bizerte, Sousse et Sfax (1). Ils sont perçus au profit de l'État dans les autres ports de la régence (2).

§ 5. — *Contributions indirectes.*

572. Les contributions indirectes comprennent: 1° les droits intérieurs ou droits divers d'entrée, de circulation, de fabrication, de stationnement, de consommation, etc.; 2° le droit sur la dynamite et autres explosifs; 3° les droits de garantie des matières d'or et d'argent; 4° les

---

le minimum sera de cent francs et le maximum de trois mille francs; l'amende pourra cependant être portée jusqu'au quart du bénéfice illégitime que le faux aura procuré ou était destiné à procurer aux auteurs de l'infraction, à leurs complices ou à ceux qui ont fait usage de la pièce fausse.

Art. 5. — La marchandise qui aura fait l'objet d'une fausse déclaration en vue de l'obtention d'un certificat d'origine, ou pour laquelle on aura tenté d'employer un faux certificat d'origine falsifié ou un certificat d'origine délivré pour d'autres marchandises, pourra être confisquée si le tribunal l'ordonne.

Art. 6. — Les dispositions des articles 57 et 58 du code pénal français relatives à la récidive et l'article 463 du même code sur les circonstances atténuantes seront applicables aux infractions prévues par le présent décret.

Art. 7. — Ces infractions seront jugées par les tribunaux français, quelle que soit la nationalité des parties.

(1) *Cf.* tarifs communs aux ports de Tunis, La Goulette, Sousse et Sfax approuvés par décret beylical du 16 décembre 1905 et étendus au port de Bizerte.

(2) *Cf.* notamment les décrets beylicaux des 22 février 1901 et 25 novembre 1903.

---

droits de consommation sur l'alcool; 5° les droits de consommation sur le sucre.

a) Droits intérieurs.

573. Sous le nom de « mahsoulats », l'État percevait des droits de consommation, de circulation, de fabrication, de stationnement, etc.; des droits d'entrée dans les villes de Sousse, Sfax, Bizerte, La Goulette, Kairouan, Monastir, Mahdia, Le Kef; des droits de vente et de revente sur la plupart des denrées circulant dans la Régence ou exposées sur les marchés.

La législation confuse qui régissait l'assiette et la perception de ces droits en même temps que l'exagération de leur taux, constituaient un obstacle des plus sérieux aux transactions et les corps élus en avaient, à différentes reprises, demandé la transformation.

S'inspirant des considérations développées au cours des différentes sessions de la conférence consultative, l'Administration des Finances, par le décret du 8 décembre 1906, portant revision du régime fiscal des « droits intérieurs », a réalisé les réformes réclamées depuis longtemps.

574. Le nouveau décret, qui forme actuellement le code de la matière, prononce la suppression complète de tous droits de vente, dégrève certains produits et généralise dans toutes les localités de 500 habitants et au-dessus, transformées ainsi en « villes d'octroi », la perception des droits d'entrée. Le régime fiscal particulier à chaque produit est défini et le tarif des droits d'entrée, de circulation, de fabrication, de stationnement, de consommation, etc., qui lui est applicable, est consigné dans des tableaux annexés au dit décret. En outre, deux arrêtés du directeur des Finances en date du 12 décembre 1906, pris en exécution du décret, déterminent, le premier, les conditions de l'entrepôt fictif des produits autres que l'alcool, le second, la réglementation applicable aux produits taxés à la fabrication.

575. *Droits d'entrée.* — Le décret du 8 décembre 1906 et le tarif qui y est annexé ont eu pour objet: 1° d'établir des droits d'entrée sur les produits introduits dans les localités de 500 habitants et au-dessus; 2° d'édicter pour toutes ces localités, un tarif général et uniforme qui, d'une part, détermine l'unité de perception d'après laquelle les droits sont établis et, d'autre part, énumère les objets soumis à ces droits.

La base d'imposition diffère naturellement suivant la nature des objets; les taxations sont établies tantôt à l'unité de mesure (mètre cube), tantôt à l'unité de poids (tonne, quintal), tantôt d'après le nombre; ainsi pour une tête d'animal vivant, pour un cent d'œufs, pour un mille de tuiles.

Les produits taxés, sont ceux de consommation usuelle; l'examen du tarif permet de les classer en un certain nombre de catégories, savoir : comestibles, combustibles, matériaux, volailles, gibier, poissons, épices et semences, huiles végétales, etc.

576. Pour justifier la perception des droits d'entrée, il ne suffit pas qu'il y ait un véritable fait de consomma-

tion; il faut encore que l'on soit en présence d'une consommation locale. Il en résulte qu'un objet imposable introduit dans une localité sujette n'est soumis aux droits que s'il est destiné à y être consommé. Pour faciliter le transit et même le séjour en franchise dans l'intérieur du lieu sujet, des objets susceptibles de réexportation, le législateur autorise les redevables à revendiquer la faculté soit du passe-debout, soit de l'entrepôt.

577. *Droit de circulation.* — Ce droit qui frappe les céréales et les légumes secs (1) est exigible : 1° à l'entrée des localités de 500 habitants et au-dessus, situées sur le littoral et ouvertes aux opérations du commerce extérieur, pour les produits venant de l'intérieur de la Régence et circulant par la voie de terre; 2° à la sortie du territoire, et s'il n'est pas justifié du paiement antérieur des droits, tant sur les produits destinés au cabotage que sur ceux destinés à l'exportation; 3° à l'importation pour les graines de lin, pois et légumes secs.

Le passage des produits à la frontière ne peut avoir lieu que par les points de transit désignés à cet effet.

L'avoine est affranchie du droit de circulation exigible sur les autres céréales.

578. *Droit de fabrication ou de patente.* — Ce droit assujettit à une patente de 60 francs par an les fabricants de briques et autres produits de briqueterie, de poterie et de céramique destinés à la construction, de chaux, de ciment et de plâtre (2).

La patente est payable par trimestre et d'avance. Le premier terme qui comprend le droit afférent à la totalité du trimestre en cours, est exigible au moment de la réception de la déclaration d'industrie. La patente ne cesse d'être exigible qu'à l'expiration du trimestre en cours duquel la déclaration de cesser a été reçue.

La patente de fabrication de briques et produits similaires se superpose à celle de fabricant de chaux et ciments, à celle de fabricant de plâtre et à celle de fabricant de poteries, lorsque le même industriel se livre à la fabrication dans le même établissement, d'une ou plusieurs de ces catégories de produits.

579. *Droits de stationnement.* — Aux termes de l'article 5 du décret organique, les produits et marchandises autres que le bétail, apportés tant sur les marchés *intérieurs* des localités sujettes que sur les marchés *extérieurs* aux mêmes localités, acquittent une taxe d'emplacement fixée à 0 fr. 10 par mètre carré de surface occupée et par jour (3).

---

(1) Le taux du droit est, par 100 kilos, de 0 fr. 35, sur les blés, fèves, graines de lin, pois, sorgho; de 0 fr. 25 centimes sur les orges et céréales autres que les précédentes et sur les légumes secs.

(2) La patente annuelle n'est que de 12 francs pour les fabricants de poteries autres que celles destinées à la construction.

(3) Par dérogation à ces dispositions, les céréales et légumes secs continuent à être assujettis à un droit de stationnement de 0 fr. 05 par 100 kilos et par jour.
Sur les marchés spéciaux, consacrés à la vente de l'alfa et du diss bruts, le droit de stationnement exigible sur les produits de l'espèce est réduit à 0 fr. 05 par 100 kilos.]

Pour le bétail, le droit de stationnement est perçu par tête et par jour au tarif suivant :

	Fr.
Bœufs, vaches, taureaux, bouvillons, génisses	» 25
Veaux, porcs	» 20
Moutons, chèvres, agneaux, chevreaux, ânes	» 10
Chameaux	» 50
Chevaux, mulets	» 40

580. *Droits de consommation.* — Il est perçu sur le lagmi, les peaux, les savons et les viandes un droit de consommation.

581. *Autres droits.* — En outre, il existe : 1° des droits de criée, de pesage et de mesurage dont les conditions d'exigibilité sont précisées dans le décret organique; 2° des droits sur la musique indigène et des taxes spéciales au fondouk el Ghalla de Tunis qui continuent à être perçus selon les règles posées par les décrets qui les ont établis.

b) Droits sur la dynamite et explosifs autres que les poudres à feu.

582. Ce droit a été établi par le décret du 2 juin 1904 qui dans son article 4, dispose :

1° Que la dynamite et tous les explosifs autres que les poudres à feu peuvent être fabriqués dans des établissements particuliers préalablement autorisés et soumis aux vérifications permanentes des agents de l'Administration dans des conditions à déterminer par arrêtés du directeur des Finances;

2° Que les produits fabriqués sont soumis à un impôt de consommation fixé à 1 franc par kilo et exigible dès l'achèvement de la fabrication;

3° Que le même droit est établi sur les explosifs importés dans la Régence quelle que soit leur provenance, et que, dans ce dernier cas, sa perception est assurée par le Service des Douanes, au vu de la déclaration écrite de l'importateur et avant tout enlèvement du lieu désigné pour le débarquement ou le déchargement.

c) Régime de la garantie des ouvrages d'or et d'argent.

583. Les ouvrages d'or et d'argent fabriqués dans la Régence sont soumis au contrôle de la garantie depuis près d'un demi-siècle. (1)

Les titres légaux déterminés par la législation antérieure sont les suivants :

a) Pour l'or :
18 carats 750 millièmes.
16 carats 666 —
12 carats 500 —
9 carats 375 —

b) Pour l'argent :
Titre unique 900 millièmes.

Les droits exigibles à l'occasion de la présentation des ouvrages au contrôle étaient perçus au taux de 98 fr. 56 par kilo pour les objets d'or et de 13 fr. 70 ou de 10 fr. 78

---

(1) D. beyl. 18 décembre 1856.

pour les objets d'argent, selon qu'ils étaient massifs ou non.

Indépendamment de ces droits, il était dû, à l'occasion de la vente à Tunis, un droit de 1 fr. 25 0/0 sur tous les ouvrages d'or ou d'argent, vieux ou neufs, vendus à la criée et sur les vieux ouvrages vendus à l'amiable par l'intermédiaire des amins; partout ailleurs, un droit de 6 fr. 25 sur tous les ouvrages vendus, y compris ceux vendus en boutique.

584. Ce régime présentait certains inconvénients (1) et l'intérêt d'une réforme du régime de la garantie avait déjà été admis en 1892. Les études faites à cette époque furent abandonnées, principalement en raison des dispositions des traités de commerce alors en vigueur. En 1899, la conférence consultative émit un vœu tendant à obtenir des mesures de protection en faveur de la bijouterie locale. La question, mise à l'étude, fut encore ajournée. Ce n'est qu'en 1904 que la conférence consultative admit l'assujettissement au contrôle des ouvrages importés, en compensation partielle du dégrèvement des droits sur les fruits et légumes.

585. Un décret du 2 juin 1904 a, en conséquence, fixé à 100 francs par kilogramme d'ouvrages en or et à 13 francs par kilogramme d'ouvrages en argent, le taux des nouveaux droits de garantie, et décidé qu'un décret ultérieur déterminerait les conditions d'application des nouvelles dispositions. Ce décret qui détermine les règles applicables à la fabrication, à la vente locale, à l'importation, à l'exportation et au fonctionnement du service et qui institue un bureau de la garantie à Tunis n'a été pris que le 18 juillet 1905 (2); il a été complété et modifié, sur certains points, par celui du 3 octobre 1906 qui a créé à Sfax un autre bureau de la garantie.

En outre des droits de garantie établis par le décret du 2 juin 1904, il est perçu au profit du Trésor des droits d'essai fixés ainsi qu'il suit :

Ouvrages d'or : 25 francs par kilogramme.

Ouvrages d'argent : 0 fr. 40 par kilogramme.

Les titres établis par ce même décret sont les suivants :

a) Ouvrages d'or :

840 millièmes, 2e titre français;

750 — 3e titre français;

583 — titre admis en France pour les boîtes de montres destinées à l'exportation;

375 millièmes, titre courant dans la Régence pour les bijoux indigènes;

b) Ouvrages d'argent :

900 millièmes, ancien titre tunisien;

800 millièmes, titre créé.

586. *Pénalités.* — Les infractions en matière de garantie sont de deux sortes : les unes constituent soit des délits de droit commun, soit à la fois des délits de droit commun et des contraventions fiscales; les autres sont seulement des contraventions fiscales (1).

d) Régime fiscal de l'alcool.

587. Le droit de consommation sur l'alcool a été établi en 1898, mais il n'a été réellement réglementé que par le décret du 2 mars 1908.

Ce droit est basé sur la teneur en alcool pur à la température de 15 degrés centigrades des alcools et produits alcooliques. Il est de 125 francs l'hectolitre (2).

588. Le droit de consommation est perçu ou garanti :

1° A l'importation : sur les produits importés au moment de cette importation;

2° A la fabrication : sur les produits fabriqués par tous

---

(1) Les plus frappants étaient, en ce qui concerne la bijouterie européenne, de ne pas garantir contre les fraudes commerciales l'acheteur qui ne pouvait s'assurer lui-même de la valeur intrinsèque des objets vendus, et, en ce qui concerne la bijouterie de fabrication locale, de ne pas la protéger contre la concurrence étrangère : c'est ainsi que l'importation tripolitaine, d'abord nulle, était arrivée à atteindre des proportions considérables (2.000 kilos en 1904) au point de mettre en péril l'existence même de l'industrie indigène.

(2) Il a été, en effet, nécessaire dans l'intervalle de faire établir par l'Hôtel des Monnaies de Paris des poinçons d'un travail délicat, analogues à ceux usités en France. Ces poinçons sont apposés après essai des matières d'or et d'argent. Cet essai est effectué à la Direction générale des travaux publics, sous le contrôle de l'ingénieur chef au service des mines, par les essayeurs diplômés de l'État, rétribués à traitements fixes sur le budget. (Minis. Aff. étr., 1905 p. 40.)

---

(1) Les principales infractions de la première catégorie sont les suivantes :

La fabrication, la détention ou l'usage de faux poinçons de la garantie punis de dix ans de réclusion. Cette peine est réduite de moitié lorsque, au lieu de faux poinçons, on a fabriqué des poinçons de fantaisie destinés à imiter les poinçons véritables.

La détention ou la vente par un fabricant ou négociant d'ouvrages sur lesquels les marques des poinçons se trouvent entées, soudées ou contrefaites ; ou d'ouvrages revêtus soit de l'empreinte de faux poinçons anciens, soit de l'empreinte de poinçons de fantaisie imitant les poinçons anciens ou les poinçons en cours, punie indépendamment de la confiscation des objets saisis ; d'une amende de 200 à 5000 francs et d'un emprisonnement d'un mois. — Est puni des mêmes peines tout individu reconnu coupable d'avoir présenté à la garantie ou de détruire dans une intention de fraude des bijoux faussés.

L'apposition par une personne n'appartenant pas au contrôle du Bureau de la garantie, ou en dehors du Bureau, de poinçons légaux, est punie de cinq ans de prison.

Parmi les contraventions fiscales on peut citer :

La détention ou la vente, par un fabricant ou négociant, d'ouvrages terminés, non poinçonnés par la garantie ou ne portant pas les indications prévues aux articles 5 et 6.

Les infractions aux dispositions de l'article 16, relative au régime des objets importés.

La détention ou la vente d'ouvrages revêtus du poinçon d'exportation par un fabricant ou marchand qui ne peut justifier qu'il les détient dans les conditions prescrites par l'article 17.

Le fait par un fabricant ou un négociant d'être trouvé détenteur d'ouvrages en argent réouvré, si ces ouvrages rentrent dans la catégorie de ceux dont le réouvrement est interdit par l'article 13.

Toutes ces contraventions sont punies d'une amende de 480 francs, indépendamment de la confiscation des objets saisis.

Les infractions commises par les officiers ministériels ou agents ne faisant fonction, aux dispositions de l'article 11.

Le fait d'opposition par les assujettis aux visites de vérification des agents désignés à cet effet.

Toutes les infractions aux prescriptions des articles 8 et 29.

La non apposition par les amins du poinçon « à l'étoile », sur les ouvrages vendus par leur intermédiaire.

Passibles de l'amende de 480 francs.

Toutes les autres infractions aux prescriptions du décret, pour lesquelles il n'est pas prévu de pénalités spéciales, ainsi que les contraventions aux arrêtés réglementaires pris pour son exécution, sont punis également de l'amende de 480 francs et le cas échéant, de la confiscation des objets en contravention saisis.

(2) Le droit est réduit à 2 francs par hectolitre d'alcool pur, en ce qui concerne les alcools dénaturés pour servir au chauffage, à l'éclairage et à la production de la force motrice; les alcools dénaturés renfermés dans les vernis et les alcools d'éclaircissage, sous réserve de certaines formalités spéciales.

producteurs autres que les bouilleurs de cru, dès la fabrication, — sur les produits des bouilleurs de cru, au moment de l'enlèvement du lieu de fabrication;

3° A la circulation : avant tout enlèvement ou déplacement, sur les produits de toute origine, lorsqu'il n'est pas justifié régulièrement de l'acquittement antérieur de l'impôt.

589. Les alcools et produits alcooliques destinés à l'exportation, expédiés avec le crédit des droits dans les conditions déterminées par l'arrêté du directeur des Finances du 2 mars 1908, sont, après justification régulière de leur sortie du territoire, affranchis du droit de consommation.

Tous les alcools et produits alcooliques, les alcools dénaturés, les alcools dénaturés contenus dans les vernis ainsi que les alcools d'éclaircissage, doivent, pour pouvoir circuler, être accompagnés d'un titre de mouvement émanant du service des contributions diverses ou de celui des Douanes (1), timbré à 0 fr 05, lequel doit être représenté sur-le-champ, à toute réquisition des agents des régies financières, des agents de la force publique et de tous autres fonctionnaires ayant qualité pour verbaliser.

Les titres de mouvement sont soumis à certaines formalités et imposent à leurs porteurs des obligations spéciales vis-à-vis de l'Administration (2).

590. *Entrepôt pour les alcools et produits alcooliques, autres que les alcools dénaturés.* — La faculté de l'entrepôt peut être accordée par l'Administration des Finances aux marchands en gros d'alcool, liqueurs, eaux-de-vie, vins de liqueur ou d'imitation, vermouts, absinthes et autres spiritueux composés, ainsi qu'aux fabricants d'alcool, liqueurs, eaux-de-vie, absinthes et autres spiritueux, aux conditions suivantes :

1° De supporter les frais de surveillance et d'exercice de leur entrepôt, fixés, par hectolitre d'alcool pur, pris en charge au cours de chaque année, à 0 fr. 15 si cet entrepôt est situé à l'intérieur d'une des localités désignées à l'article 3 de l'arrêté du directeur des Finances, du 2 mars 1908, comme points de contrôle à l'introduction et à 0 fr. 30, s'il est situé en dehors des dites localités.

2° De garantir le paiement des droits dont le crédit leur est accordé, celui des frais de surveillance et des pénalités qu'ils pourront encourir, ainsi que la décharge des acquits à caution qu'ils soummissionneront (3).

591. Les produits doivent être emmagasinés dans un local ouvrant sur la voie publique et entièrement séparé des lieux de distillation ou des magasins de détail. Toute communication intérieure entre ledit local et un autre immeuble quelconque est interdite et les ouvertures doivent être scellées.

L'enlèvement des produits ne peut avoir lieu qu'après avoir été préalablement déclaré au bureau désigné.

Les envois à destination d'un autre entrepôt, d'un atelier de dénaturation ou pour l'exportation doivent être effectués sous le lien d'un acquit à caution. En dehors de ces trois cas, toute quantité enlevée doit être libérée du droit de consommation.

Les autres formalités et obligations auxquelles sont soumis les entrepositaires, sont énumérées dans le titre III de l'arrêté général du 2 mars 1908 précité.

592. *Marchands en gros d'alcool et produits alcooliques.* — Les marchands en gros d'alcool et de produits alcooliques, autres que les alcools dénaturés et les vernis à l'alcool, c'est-à-dire ceux qui reçoivent et expédient, soit pour leur compte, soit pour le compte d'autrui, des quantités de produits supérieures à 5 litres en volume et 2 litres en alcool pur, sont tenus de faire, avant tout exercice de leur profession, au bureau du receveur des contributions diverses de la circonscription, une déclaration écrite, dont il leur est délivré récépissé et qu'ils doivent représenter à toute réquisition des agents de l'Administration des Finances, et en outre de se soumettre aux visites et vérifications des dits agents, tant qu'ils n'ont pas déclaré cesser leur commerce.

593. Les magasins affectés au commerce en gros doivent ouvrir sur la voie publique. Toute communication avec un immeuble quelconque est interdite et les ouvertures doivent être scellées.

Toute production d'alcool dans un magasin de gros est interdite ainsi que la fabrication des vermouts, vins de liqueur ou similaires.

A moins de se placer sous le régime de l'entrepôt, tel qu'il est défini ci-desus, les marchands en gros ne peuvent avoir en leur possession que des alcools et produits alcooliques ayant acquitté le droit de consommation et ils doivent pouvoir en justifier.

594. *Marchands en gros d'alcool dénaturé ou de vernis à l'alcool dénaturé.* — Les marchands en gros d'alcool dénaturé ou de vernis à l'alcool dénaturé, c'est-à-dire ceux qui reçoivent et expédient, soit pour leur compte, soit pour le compte d'autrui, des quantités de produits de l'espèce supérieures à 25 litres en volume, sont en général, soumis à toutes les obligations des marchands en gros d'alcool et de produits alcooliques.

Leurs obligations ainsi que celles des dénaturateurs d'alcool sont déterminées par l'arrêté du directeur des Finances du 2 mars 1908.

---

(1) Congé, acquit à caution, certificat de libération, laissez-passer ou lettre de voiture.
(2) Arr. 2 mars 1908, titre II.
(3) Cette garantie peut être donnée par l'un des moyens suivants :
1° Dépôt à titre de nantissement à la caisse du receveur général des Finances, pour leur valeur au cours du jour, de rentes françaises, obligations tunisiennes, obligations du Crédit-Foncier de France, obligations des villes françaises et de la ville de Tunis, obligations des grandes Compagnies de chemins de fer français, obligations de la Compagnie des Ports de Tunis, Sousse et Sfax, actions de la Banque de France, de la Banque d'Algérie ou du Crédit Foncier de Tunisie;
2° Affectation hypothécaire en première ligne sur les immeubles

immatriculés d'une valeur vénale supérieure d'au moins un tiers aux droits, frais et pénalités cautionnés;
3° Cautionnement solidaire d'un établissement de crédit agréé par l'Administration.

Toutefois, le cautionnement peut être constitué jusqu'à concurrence de 25.000 francs au maximum, droits, frais et pénalités éventuelles compris, par la garantie d'une caution solvable, agréée par l'administration des Finances et s'engageant solidairement avec le négociant ou fabricant qui demande l'entrepôt, le surplus du crédit sollicité étant, s'il y a lieu, garanti par l'un des moyens indiqués ci-dessus.

595. *Fabricants de liqueurs et de spiritueux composés.* — Les fabricants de liqueurs et de spiritueux composés sont, en général, tenus aux mêmes obligations que les marchands en gros et s'ils ne sont pas entrepositaires, à la justification de l'acquittement du droit sur les produits existant dans les locaux de la fabrication. Il leur est interdit de produire de l'alcool dans lesdits locaux et s'ils sont détenteurs d'un alambic, de placer dans lesdits locaux, des vins, cidres ou poirés, ni aucune matière fermentée susceptible d'être distillée en vue de la production de l'alcool; ils peuvent seulement rectifier les esprits et eaux-de-vie pris en charge par eux (1).

596. *Détaillants.* 1° *Débits ordinaires.* — Les détaillants, qui ne peuvent recevoir que des produits ayant acquitté le droit de consommation, ne sont soumis à aucune obligation spéciale, toutefois, ils doivent laisser prélever dans leurs établissements des échantillons des liquides de toute nature, aux fins d'analyse par le service des contributions diverses.

En ce qui concerne les ventes à emporter ou les livraisons à domicile, ils ne peuvent expédier que les quantités admises à circuler dans la limite de la tolérance sans expédition (2).

597. 2° *Débits ouverts par des entrepositaires.* — Lorsqu'un entrepositaire ouvre un débit de boissons dans l'immeuble où est installé son entrepôt, l'Administration des Finances peut, sur la demande de l'intéressé et à titre de tolérance, autoriser l'existence de communications intérieures entre les deux établissements, mais le commerçant doit prendre l'engagement écrit de renoncer au bénéfice de la déduction allouée aux entrepositaires pour les déchets.

L'Administration peut, si elle le juge utile, faire tenir un compte pour mémoire pour le débit de boissons où les alcools et produits alcooliques doivent parvenir libérés du droit.

598. 3° *Vente au détail par des bouilleurs de crus.* — Les viticulteurs qui, dans l'étendue de leurs propriétés ou

_____

(1) Les dispositions complémentaires auxquelles sont soumis les marchands en gros et les fabricants de liqueurs et de spiritueux composés non entrepositaires sont spécifiées dans le titre IV de l'arrêté général du 2 mars 1908.

(2) Bien que la législation ne prévoie aucune tolérance pour la mise en mouvement sans expédition régulière des alcools et produits alcooliques, l'administration admet les tolérances suivantes toujours révocables en cas d'abus :

1° Libre circulation en tous lieux pour deux litres en volume;

2° Libre circulation à l'intérieur des localités sujettes énumérées à l'article 3 de l'arrêté général du 2 mars 1908 pour cinq litres en volume, transportés par le vendeur ou l'acheteur, chaque lot ne comportant pas plus de deux litres de spiritueux non sucrés, tels que kirsch, rhum, cognac, absinthe, anisette ou similaires et ne formant pas, au total, plus de deux litres d'alcool pur.

Il y a lieu de remarquer que ces tolérances ne s'appliquent pas aux produits enlevés des entrepôts ou des distilleries, et que celle relative à la circulation sans titre de mouvement à l'extérieur, ne comporte ni la franchise du droit à l'introduction dans une localité sujette, ni l'enlèvement sans titre de mouvement d'une quantité quelconque des bouilleries de crus.

En ce qui concerne les alcools dénaturés et les vernis à l'alcool dénaturé, les quantités, autres que celles sortant de chez un dénaturateur ou d'un fabricant de vernis à l'alcool, peuvent bénéficier d'une tolérance à la circulation fixée à cinq litres en volume.

fermes, vendent en détail à consommer sur place des alcools et produits alcooliques, quelle qu'en soit l'espèce ou l'origine, perdent leur qualité de bouilleurs de cru et préalablement doivent faire à la recette des contributions diverses de la circonscription une déclaration de vente au détail. Ils sont tenus, à moins de se mettre sous le régime de l'entrepôt, d'acquitter en même temps, le droit de consommation sur les spiritueux en leur possession ou de justifier de l'acquittement antérieur de ce droit par la production régulière de titres de mouvement.

Ils ne peuvent recouvrer leur privilège qu'après avoir fait à la Recette précitée une déclaration de cesser la vente au détail.

599. *Fabricants de vermouts, vins de quinquina et similaires et de vins de liqueur ou d'imitation.* — Les personnes, autres que les bouilleurs de cru, qui veulent se livrer à la fabrication soit des vins mutés, soit des vins de liqueur ou d'imitation, et toutes les personnes qui se proposent de fabriquer des vermouts, vins de quinquina ou similaires, sont tenus d'en faire la déclaration quinze jours à l'avance au moins, au bureau du receveur des contributions diverses de la circonscription.

Ces fabricants sont soumis en tous lieux aux visites et vérifications des agents de l'Administration des Finances. Ils sont tenus de se placer sous le régime de l'entrepôt, tant pour les alcools et vins mutés servant de matières premières, que pour les produits fabriqués (1).

600. *Vinage pour l'exportation.* — Les vins destinés à être exportés dans tous autres pays que la France et l'Algérie peuvent, dans les magasins agréés par l'Administration des Finances dans les ports d'embarquement désignés à cet effet, recevoir en franchise, du droit de consommation, telle addition d'alcool que les exportateurs jugent nécessaire.

Les alcools à mélanger au vin doivent arriver sur le lieu d'emploi, sous le lien d'un acquit à caution comportant le crédit de l'impôt. La mixtion doit être opérée en présence des agents de l'Administration.

601. *Producteurs d'alcool.* 1° *Distilleries.* — Les distilleries, quelle que soit leur importance, et même si elles sont établies à titre temporaire ou accidentel, ne peuvent être ouvertes qu'avec l'autorisation de l'Administration des Finances et elles sont assujetties à ses vérifications et à sa surveillance.

Il en est de même de tout établissement dans lequel, en vue de la distillation, il est préparé des macérations de grains ainsi que de matières farineuses ou amylacées, il est mis en fermentation des matières sucrées, ou il est procédé à des opérations chimiques ayant pour conséquence directe ou indirecte une production d'alcool.

602. Les distillateurs peuvent être classés en trois catégories :

a) Distillateurs de vins, cidres, poirés, lies, marcs et fruits et industriels qui, rectifiant sous le régime de l'en-

_____

(1) Les autres dispositions spéciales concernant ces fabriques son énumérées aux titres V et VI de l'arrêté général du 2 mars 1908.

trepôt des flegmes et des esprits imparfaits fabriqués dans d'autres établissements, ne possèdent pas des appareils de distillation et de rectification susceptibles de produire, au total, deux hectolitres d'alcool pur par jour, ou bien qui, outillés pour produire au moins cette quantité, procèdent en vase clos à leurs opérations de rectification.

b) Distillateurs qui mettent en œuvre des matières autres que des vins, cidres, poirés, lies, marcs et fruits, et industriels qui, rectifiant sous le régime de l'entrepôt soit des flegmes, soit des esprits imparfaits fabriqués dans d'autres établissements, sont susceptibles de produire, au total, au moins deux hectolitres d'alcool pur par jour, et qui ne peuvent pas procéder, en vase clos, à leurs opérations de rectification.

c) Distillateurs ambulants.

603 2° *Bouilleurs de cru.* — Aux termes de l'article 18 du décret du 2 mars 1908, sont considérés comme bouilleurs de cru les viticulteurs, propriétaires ou fermiers, qui, établis en dehors des localités d'une population agglomérée de 500 habitants et au-dessus, distillent ou font distiller pour leur compte, dans leurs propriétés ou fermes, les produits de leurs vignes exclusivement, et se livrent à la fabrication des vins de liqueur ou d'imitation préparés exclusivement et sans addition d'ingrédients, plantes ou substances quelconques, avec les produits de leurs vignes et l'alcool obtenu de ces produits.

604. Les bouilleurs de cru sont affranchis de toute déclaration de fabrication et de toute surveillance sur les opérations effectuées dans leurs dites propriétés ou fermes. Toutefois, s'ils utilisent pour la distillation les services d'un loueur d'alambic mobile, ce loueur demeure assujetti aux visites et vérifications du service pour le contrôle de l'accomplissement par ledit loueur des obligations qui lui sont imposées ; et pour cet objet spécial, le service des contributions diverses a accès dans les locaux livrés par les bouilleurs de cru au loueur d'alambic. D'autre part, s'ils se placent sous le régime de l'entrepôt, ils sont soumis, pour ceux de leurs produits emmagasinés dans les locaux à l'usage d'entrepôt, à toutes les obligations des entrepositaires.

605. Sous réserve de ce qui est dit ci-dessus, pour les bouilleurs de cru vendant au détail, ils ne peuvent enlever ou laisser enlever de leurs propriétés ou fermes aucun produit alcoolique sans que le transporteur soit muni d'un titre de mouvement levé au bureau désigné des contributions diverses de la circonscription, ou d'une lettre de voiture détachée d'un registre à souche fourni par l'Administration des Finances, contre remboursement du prix des timbres des formules, et qu'ils établissent eux-mêmes. (1)

606. *Appareils distillatoires.* — Il est interdit de se livrer à la fabrication ou au commerce des appareils dis-lillatoires ou rectificateurs sans en avoir fait, au préalable, la déclaration au bureau du receveur des contributions

diverses de la circonscription. Ces fabricants ou commerçants, sont soumis aux visites et vérifications des agents de l'Administration des Finances ; ils analysent leurs opérations sur un registre spécial qui doit être représenté à toute réquisition du service.

Nul ne peut détenir, à quelque titre que ce soit, d'appareil distillatoire fixe ou mobile, ou de portion d'appareil, sans en faire immédiatement la déclaration au bureau des contributions diverses de la circonscription. L'appareil peut être poinçonné par l'Administration et il doit être représenté au service à toute réquisition faite de jour et de nuit. Les détenteurs peuvent s'affranchir des visites en faisant sceller leurs appareils par les agents des Contributions diverses.

Tout déplacement définitif ou temporaire d'un appareil ou portion d'appareil est subordonné à la délivrance d'un laissez-passer qui doit accompagner les objets déplacés jusqu'à destination déclarée ou jusqu'au point de sortie du territoire.

607. *Circulation des colis postaux.* — La circulation des colis postaux renfermant de l'alcool ou des produits alcooliques donne lieu aux formalités indiquées dans l'arrêté du directeur de l'office des Postes et des Télégraphes du 7 avril 1908.

608. *Pénalités.* — Toute contravention aux dispositions du décret du 2 mars 1908 et des arrêtés réglementaires pris pour son exécution, toute inobservation de leurs prescriptions, est punie d'une amende de 500 à 5.000 francs indépendamment du remboursement des droits fraudés et de la confiscation de la marchandise, des appareils distillatoires, du matériel de fabrication et de vente et des moyens de transport. En cas de récidive dans le délai de deux années, la peine est doublée.

609. Indépendamment des peines prévues ci-dessus, seront punis d'un emprisonnement de six jours à six mois, toute fraude ou tentative de fraude dissimulée sous vêtements ou au moyen d'engins disposés pour l'introduction ou le transport frauduleux d'alcools, ou de produits alcooliques, toute fraude ou tentatve de fraude par escalade, par souterrain ou à main armée, tout transport d'alcools ou de produits alcooliques avec un titre de mouvement altéré ou obtenu frauduleusement, toute production d'alcools ou de produits alcooliques en dehors des bouilleurs de cru ou des établissements producteurs régulièrement ouverts et surveillés par les agents de l'Administration des Finances. En cas de récidive dans le délai de deux années, la peine de prison est portée de six mois à un an.

Chacun des co-auteurs ou complices est personnellement passible des mêmes peines que l'auteur principal.

610. Dans le cas de fraude en matière de circulation et de produits alcooliques, les transporteurs ne sont pas considérés, eux et leurs préposés, comme contrevenants lorsque leur bonne foi sera dûment établie et que par une désignation exacte et régulière de leurs commettants, ils mettront, dans le délai d'un mois de la date du procès-verbal de contravention, l'Administration en mesure d'exercer des poursuites efficaces contre les véritables

---

(1) Le régime spécial auquel sont assujettis ces différentes catégories de producteurs est déterminé par les titres II III, IV, V et VI, par les articles 37 et 63 de l'arrêté précité.

auteurs de la fraude. Lorsque le transporteur, reconnu de bonne foi, aura été mis hors de cause, la valeur des moyens de transport saisis est comprise dans le chiffre des condamnations à prononcer contre les auteurs de la fraude; cette valeur est celle indiquée dans l'estimation consignée au procès-verbal; à défaut, elle est fixée par le Tribunal.

611. En cas de déplacement d'appareil ou de portion d'appareil distillatoire, s'il n'est pas fait de déclaration par le destinataire indiqué au laissez-passer, ou s'il n'est pas justifié de l'exportation par la représentation d'un certificat de la Douane, l'expéditeur est responsable de la contravention, à moins qu'il ne mette l'Administration en mesure d'exercer des poursuites efficaces contre la personne à qui incombe la déclaration.

612. Enfin l'article 9 du décret dispose que les acquits à caution accompagnant des alcools et produits alcooliques tarifiés doivent être représentés, avec les produits mentionnés, au service, à fin de décharge, dans les délais qui y sont fixés, à peine de double droit.

613. Le recouvrement du droit en sus et, s'il y a lieu, du droit simple, est poursuivi contre le soumissionnaire de l'acquit; toutefois, si la non-décharge de l'acquit est due au défaut d'accomplissement des obligations qui incombent au destinataire, celui-ci est solidairement responsable avec l'expéditeur du montant des droits exigibles.

614. *Droits de consommation sur les sucres.* — Ces droits ont été établis par le décret du 2 mai 1898 et sont perçus selon le tarif ci-après :

Sucres bruts...................... Frs. 6 par 100 kilogs.
— raffinés...................... — 10 —
— candis..................... — 25 —

Leur mode de perception sur les produits d'origine locale est fixé par arrêté du directeur des finances.
Les sucres importés sont, dans les mêmes conditions que les sucres d'origine tunisienne, assujettis aux droits quel que soit le point d'introduction.

ARTICLE 3. — *Produits des monopoles et exploitations industrielles de l'Etat.*

§ 1er. — *Monopoles.*

615. La Tunisie s'est réservé les monopoles des tabacs, des poudres à feu, du sel, des allumettes et des cartes à jouer, qui sont régis directement par l'État depuis le 1er janvier 1891.
Ces monopoles constituent une source de revenus particulièrement importante pour le budget tunisien; leur produit s'est élevé, pour l'exercice 1908, à 10.855.000 fr., ce qui, pour cet exercice clos en recettes avec 44 millions de francs, représente 25 0/0 des recouvrements effectués. Le tableau ci-après montre la progression constante des recettes fournies, depuis 1891, par les produits monopolisés (1).

(1) Les chiffres afférents à l'année 1891 sont extraits de la brochure:

ANNÉES.	TABAC.	POUDRES.	SELS.	ALLU-METTES.	CARTES À JOUER.
	fr.	fr.	fr.	fr.	fr.
1891..........	3.228.000	236.000	661.000	»	»
1895..........	3.775.000	219.000	600.000	»	»
1900..........	5.234.000	201.000	732.000	501.000	96.000
1905..........	6.900.000	284.000	848.000	632.000	115.000
1906..........	7.006.000	251.000	913.000	689.000	112.000
1907..........	8.072.000	308.000	906.000	730.000	125.000
1908..........	8.718.000	361.000	891.000	757.000	133.000

616. *Tabacs.* — « Le monopole des tabacs, de beaucoup à tous égards le plus important des cinq, date du 1er juillet 1870. Il fut d'abord exploité en régie (1870-1876) pendant six années, pendant lesquelles il donna au Trésor en moyenne 325.000 francs par an de recettes brutes (les recettes nettes n'atteignaient pas la moitié de ce chiffre). On attribua ces mauvais résultats à des compromissions du personnel même de la régie dans les actes de fraude ou de contrebande. Pendant les quatorze années suivantes (1877-1890), le monopole fut mis en ferme (1). »
Le montant annuel de la redevance payée par le fermier pour la période de 1886-1890, fut de 1.365.000 francs. Comme l'indique le tableau ci-dessus, les recettes progressèrent rapidement dès que l'État assura la gestion du monopole du tabac.

617. La plus grande partie des tabacs livrés à la consommation provient de l'étranger. La Tunisie en produit une faible quantité.
La culture des tabacs indigènes a été réglementée par le décret du 25 août 1898 et des arrêtés du Directeur des Finances en ont réglé les détails d'application.

618. *Poudres à feu.* — Le monopole des poudres à feu a été créé par le décret du 3 octobre 1884. Le prix des poudres à feu, entièrement fournies par le gouvernement français, est des deux tiers au tarif métropolitain.

619. *Sel.* — « L'exploitation du monopole du sel a été reprise par l'État au fermier en même temps que celle du monopole des tabacs; les recettes du Trésor tunisien de ce chef avaient varié dans les dernières années de 350 à 400.000 francs par an.
Les prescriptions législatives relatives à cette exploitation sont contenues dans le décret du 14 hidjé 1301 (3 octobre 1884); elles confèrent à la régie les mêmes privilèges de production et de vente exclusives que pour le tabac.
Jusqu'en 1891 inclus, le sel était livré aux consommateurs au volume. Un arrêté du Directeur des monopoles, du 11 novembre 1891, rendu en vertu d'un décret du même jour et applicable à partir du 1er janvier 1892, a remplacé le système de vente au volume par celui de la vente au poids.
Actuellement, la Direction des monopoles met en vente

« Les Monopoles en Tunisie » publiée par MM. Grezel et Monge; ceux concernant les années suivantes ont été puisés dans les publications annuelles de la Direction des Finances.
(1) Grezel et Monge, *op. cit.*, p. 2.

plusieurs sortes de sels différenciés, soit par l'usage auquel ils sont destinés, soit par le prix de vente (1) ».

Le sel livré aux consommateurs provient de l'exploitation directe, par l'État, des salines de la Régence.

L'exploitation de certaines salines a été concédée aux particuliers. Mais ces derniers sont tenus d'exporter la totalité de leur production.

620. *Allumettes et cartes à jouer.* — Ces deux monopoles ont été institués par les décrets du 12 juillet 1898, qui réservent à l'État la fabrication, l'importation et la vente des allumettes chimiques et des cartes à jouer.

621. Les contraventions à la législation régissant la matière sont passibles d'une amende de 50 francs.

D'autre part, sont punis d'une amende de 200 à 500 fr. et, s'il y a lieu, d'un emprisonnement de trois jours à un mois :

1° La fabrication, l'importation, la détention, le colportage et la vente ou tentative de vente de cartes à jouer de contrebande;

2° La détention d'ustensiles, instruments ou mécaniques affectés à la fabrication des cartes à jouer, ainsi que de matières préparées en vue de cette fabrication; le tout indépendamment de la confiscation des cartes et du matériel de fabrication, de vente ou de transport.

En cas de récidive dans le délai de cinq ans, les peines sont doublées et celle de l'emprisonnement obligatoirement prononcée.

Si l'auteur du délit de contrebande est un débitant autorisé, les amendes et peines corporelles indiquées ci-dessus sont également portées au double.

Chacun des coauteurs ou complices d'un fait de contrebande de cartes à jouer est personnellement passible des mêmes amendes et peines corporelles que l'auteur principal.

622. *Vente des produits monopolisés.* — La vente des produits monopolisés est assurée par les personnes agréées par l'administration et titulaires d'un débit de tabac.

Aux termes du décret beylical du 19 mars 1903, modifié par celui du 31 mars 1904, les débits de tabac sont rangés en deux catégories :

La première catégorie comprend les débits d'un rendement brut annuel inférieur à 600 francs; ils sont directement attribués par l'administration.

La seconde catégorie comprend tous les autres débits. Ils ne sont attribués (2) qu'« aux candidats agréés par une commission, instituée à cet effet (3), entre lesquels 'administration choisit, en tenant compte de leurs droits et de leurs charges, et eu égard à l'importance du débit vacant ».

623. Enfin, en vue d'assurer, entre les personnes ayant des titres à la bienveillance du gouvernement, une répartition équitable des remises provenant de la vente des produits monopolisés, l'administration a institué une réglementation spéciale pour l'attribution des débits de tabac (1).

§ 2. — *Produits de l'office postal.*

624. En vertu du décret beylical du 11 juin 1888 pris en exécution de la convention diplomatique intervenue

(1) Grozel et Monge, op. cit. p. 30.
(2) Sauf ceux dont l'administration, dans l'intérêt des monopoles, se réserve l'attribution.
(3) Cette commission comprend, sous la présidence du délégué à la Résidence générale, le directeur des Finances; le secrétaire général du Gouvernement; le directeur de l'agriculture et du commerce, et trois membres de la Conférence consultative désignés par elle, dans sa session de novembre.
La commission est chargée d'établir, au vu des demandes des candidats et des dossiers préalablement instruits par l'administration,

la liste des candidatures aux débits de tabac et de les classer suivant l'importance des services rendus à l'administration du Protectorat ou à la colonisation.

Les membres de la commission sont convoqués toutes les fois qu'il est utile.

La commission statue quel que soit le nombre de ses membres présents. — Ses décisions sont prises à la majorité des voix.

(1) Décret beylical du 16 juillet 1908, modifié par celui du 24 juillet 1909.

ARTICLE PREMIER. — Les débits de tabac, sel, poudres, allumettes et cartes à jouer peuvent faire l'objet : 1° de concessions gratuites, totales ou partielles; 2° de concessions à titre onéreux, soit par adjudication publique, soit par marché de gré à gré.

ART. 2. — L'adjudication a lieu aux enchères publiques au plus offrant et dernier enchérisseur sur un cahier des charges dressé par le directeur des Finances.

Sont admis à y prendre part : toutes personnes de nationalité française ou tunisienne remplissant les conditions exigées par le cahier des charges de chaque adjudication.

L'adjudication n'est valable et définitive qu'après approbation de notre directeur des Finances; si, dans le délai de cinq jours, l'adjudicataire provisoire n'a pas reçu avis de son acceptation, il est délié de ses engagements et l'administration peut, soit remettre le débit en adjudication, soit le concéder gratuitement.

Nul ne peut être concessionnaire ou adjudicataire de plusieurs débits.

ART. 3. — Les concessionnaires et les adjudicataires de débits de tabac n'ont droit qu'aux remises déterminées par les textes législatifs en vigueur ou à intervenir.

ART. 4. — Les redevances payées à l'État par les concessionnaires à titre onéreux de l'exploitation des débits de tabac, sel, poudres, allumettes et cartes à jouer sont prises en recette à la deuxième partie du budget sous un article spécial et constituent un fonds de secours dont le mode d'attribution sera réglé ultérieurement par décret.

ART. 5. — Les concessionnaires de débits sont tenus de résider en Tunisie et de gérer personnellement; ils peuvent toutefois être dispensés de la gérance personnelle. Les demandes de dispense de gérance personnelle sont soumises à notre directeur des Finances qui statue sur leur admission; les traités de gérance et le choix du gérant sont également soumis à son approbation.

Les adjudicataires ne peuvent en aucun cas céder à un tiers l'exploitation de leur débit, mais il leur est permis d'employer à la vente des aides dont ils sont responsables.

ART. 6. — Toute infraction aux obligations imposées par les décrets et arrêtés, par les règlements et instructions de la régie, pour la gestion des débits, donne lieu, suivant la gravité des cas, aux peines ci-après :

Peines du 1er degré.

1° Blâme;

2° Amende disciplinaire, de 2 francs à 50 francs, dont le montant est intégralement attribué au fonds de secours institué par l'article 4 du présent décret;

3° Suspension.

Peines du 2e degré.

Éviction du gérant;

Déchéance de l'adjudicataire;

Révocation du concessionnaire.

ART. 7. — En cas de déchéance de l'adjudicataire, le débit fait l'objet d'une nouvelle attribution suivant l'un des modes autorisés par le présent décret.

ART. 8. — Sont insaisissables les produits monopolisés garnissant le débit, ainsi que les balances et ustensiles servant à son exploitation.

le 20 mars précédent entre les gouvernements français et tunisien, les tarifs applicables dans la Régence sont les mêmes que ceux de l'administration des postes et télégraphes de France. Toutefois les cartes postales du service intérieur tunisien payent la moitié du tarif français et les télégrammes pour l'étranger, 10 centimes de plus par mot que ceux expédiés de France.

Les tarifs relatifs à l'exploitation du réseau téléphonique sont inférieurs à ceux de France.

Les recettes de l'office postal se sont élevées en 1908, exercice réglé, à 2.436.000 francs, en augmentation de 400.000 francs sur la moyenne des cinq derniers exercices réglés (1903-1907).

§ 3. — *Produits d'exploitations industrielles.*

625. Ils comprennent : les bénéfices provenant de la frappe des monnaies ; la part du Trésor dans les bénéfices de l'exploitation des chemins de fer de l'État tunisien (1), dans les recettes brutes de la ligne de tramways électriques de Tunis à La Goulette et à la Marsa, dans les bénéfices de régies cointéressées, dans les bénéfices de l'exploitation des ports concédés de Tunis, La Goulette, Sousse et Sfax ; le produit net de l'exploitation du *Journal Officiel.*

La moyenne des cinq derniers exercices réglés (1903-1907) s'est élevée, pour les produits d'exploitations industrielles, à 842.000 francs ; ils figurent au règlement du budget des recettes de l'exercice 1908 pour la somme de 3.300.000 francs.

CHAPITRE VI.

TRAVAUX PUBLICS.

SECTION PREMIÈRE.

DIRECTION DES TRAVAUX PUBLICS.

ARTICLE PREMIER. — *Organisation.*

§ 1er. — *Avant le protectorat.*

626. En 1881, la Régence « n'avait comme routes que 4 kilomètres d'empierrement établis vers 1860 par un ingénieur français, entre Tunis et le Bardo. Dans tout le reste du pays, des frayés en terrain naturel connus sous le nom de pistes. Au passage des cours d'eau d'une certaine importance, une vingtaine de ponts romains ou espagnols en maçonnerie, dont la solidité, en dépit d'un manque presque absolu d'entretien, défiait les injures des éléments. Comme voies ferrées, les beys avaient concédé, en 1872, le réseau de banlieue Tunis-Goulette-Marsa,

d'une trentaine de kilomètres de longueur, et la ligne de la Medjerdah (1878-1884) qui a été achevée en 1888 (225 kilomètres) ».

627. Leur sollicitude s'était surtout portée du côté des alimentations hydrauliques, œuvres de première nécessité en tous lieux, et surtout en pays africain. En dehors des nombreux points d'eau : puits, citernes, etc., que la piété musulmane, par l'intermédiaire de l'administration des Habous, crée et entretient le long des routes, dans les villages et même dans les villes importantes, le Gouvernement beylical avait tenté la restauration des ouvrages romains qui conduisaient autrefois à Tunis et à Carthage, les eaux des montagnes de Zaghouan et de Djouggar. Vers 1860, il avait fait appel dans ce but au zèle et à la science des ingénieurs français. Grâce à eux, 96 kilomètres d'aqueducs remis à neuf, moyennant une dépense de plus d'un million de francs, permirent, en 1862, aux eaux de Zaghouan de couler à nouveau dans les fontaines de la capitale de la Régence.

628. Vers la même époque, des dépenses également élevées, mais beaucoup moins utiles, étaient faites dans certains ports de la Régence, notamment à La Goulette et à Porto-Farina où des arsenaux étaient créés. Le commerce ne recueillit aucun fruit de ces travaux, et la marine de guerre, qui eût dû en bénéficier, n'exista guère que sur le papier. En définitive, les ports de commerce restèrent ce qu'ils étaient, des rades foraines sans ouvrages et sans éclairage. Cependant, trois phares avaient été allumés, antérieurement à 1881, avec le concours des puissances étrangères maritimes. Ce sont, de 1840 à 1875, les feux de Sidi-bou-Saïd, de Cani et du Cap Bon (1).

§ 2. — *Depuis le protectorat.*

629. En regard de cette situation et de ces chiffres, il est intéressant, en complétant les renseignements fournis plus haut (2), de dresser l'inventaire des travaux publics exécutés par le protectorat au 1er janvier 1909.

La longueur des lignes de chemins de fer en exploitation est de 1,220 kilomètres auxquels il faut ajouter les voies ferrées affectées à la circulation de tramways urbains, soit :

Tunis et sa banlieue.	25,494 mètres.	)		
Radès à la mer....	2,000	—	)	32,494 mètres.
Tindja — Ferryville —			)	
Arsenal.............	5,000	—	)	

Les routes ont un développement de 3,266 kilomètres et leur prix de revient s'est élevé à 32 millions de francs.

Des ponts de 6 mètres de portée et au-dessus sont au nombre de 200 environ et il a été dépensé, pour leur restauration ou leur construction, 3 millions et demi de francs.

---

(1) Les recettes de l'espèce ont accru jusqu'en 1908 inclusivement, un fonds de garantie spéciale des chemins de fer (v. supra n° 501) s'élevant à trois millions de francs. Ce capital étant réalisé, la part de l'État dans les bénéfices de l'exploitation des chemins de fer profite au budget depuis 1909.

(1) De Fages, directeur général des Travaux publics de la Régence, Rapport sur les travaux publics en Tunisie, présenté au Congrès de l'Afrique du Nord. Compte rendu des travaux publié par Ch. Depincé, Paris 1909, tome I, p. 753.
(2) V. *supra* n°s 29 et 30.

L'alimentation en eau potable des centres habités, les aménagements agricoles ainsi que de points d'eau le long des routes, pistes, etc., ont exigé une somme totale de 25 millions de francs environ et il a été affecté à 40 forages artésiens 1,240,000 francs.

Les bâtiments civils ont nécessité une dépense de plus de 22 millions de francs.

Il a été consacré à l'aménagement des ports et rades plus de 30 millions de francs, à l'éclairage et au balisage des côtes 2,200,000 francs.

Enfin, il faut ajouter les travaux publics qui ont été exécutés par voie de concession et qui représentent un chiffre également très important.

Telle est l'œuvre considérable du protectorat qui, en moins de trente années, malgré la lourde charge du passé, les faibles ressources d'un budget obéré, les critiques parfois violentes qu'il a rencontrées en Tunisie, a su doter la Régence d'un outillage économique aussi complet.

630. *Direction des travaux publics.* — La construction et l'entretien de cet outillage sont assurés par un service spécial, la Direction des Travaux publics.

Ce service, créé par décret beylical du 3 septembre 1882, est placé sous l'autorité d'un ingénieur en chef ayant le titre de Directeur général des Travaux publics.

Ce fonctionnaire a dans ses attributions tout ce qui concerne la préparation, l'exécution et le mandatement des travaux exécutés directement par l'État ou par les communes. Il prescrit et contrôle ceux qui sont exécutés par les compagnies concessionnaires. Il contrôle l'exploitation des ports, des chemins de fer, etc.; il est administrateur du domaine public terrestre et maritime.

Il est secondé dans sa mission par une administration centrale et par des ingénieurs placés à la tête des différents services.

Sous sa direction, l'administration centrale a pour objet la préparation des lois, règlements et décrets spéciaux à la matière des travaux publics et qui doivent être soumis à la signature du bey et au visa, pour promulgation, du résident général; l'examen des projets et propositions des ingénieurs et chefs de service, la préparation du budget, des décisions, etc., le contentieux (1).

631. *Services rattachés.* — Le service des travaux publics se subdivise comme suit :

1° Le service des ponts et chaussées auquel ressortissent : les routes, chemins et pistes; la voirie et les travaux communaux; le service hydraulique; les ports maritimes, phares et balises; la navigation et les pêches maritimes; les bâtiments civils; l'administration du domaine public;

2° Le service des chemins de fer auquel ressortissent : le contrôle des lignes en exploitation; le contrôle de la construction des lignes nouvelles exécutées par les compagnies concessionnaires; les études et travaux des lignes nouvelles exécutées par l'État; le contrôle des tramways à traction mécanique et des services publics d'automobiles;

3° Le service des mines auquel ressortissent : les mines

et carrières; les forages artésiens; les eaux minérales et les établissements thermaux; les établissements incommodes, insalubres ou dangereux (1); les matières explosibles; les appareils à vapeur;

4° Le service de la navigation et des pêches maritimes (2).

5° Le service topographique auquel ressortissent : les travaux de reconnaissance, de bornage, de triangulation, d'arpentage et de lotissement nécessaires à l'application de la loi foncière; les travaux d'établissement des cartes de la Régence (3).

632. *Personnel.* — Les agents formant le personnel commissionné des travaux publics appartiennent au cadre métropolitain ou au cadre local. Ils sont répartis nommément ou par assimilation en neuf catégories (4).

Les conditions de recrutement, d'avancement, etc., de ces agents ont été fixées par le décret beylical du 31 août 1908 portant règlement général du personnel des travaux publics.

ARTICLE 2. — *Législation.*

§ 1er. — *Travaux publics.*

633. En Tunisie, les principaux modes d'exécution des travaux publics sont : la régie, la concession et l'entreprise.

Ce dernier mode, qui est le plus employé en pratique, a fait l'objet d'une réglementation complète.

a) Entreprises ou marchés de travaux publics.

634. Le marché est, en principe, conclu par voie d'adjudication publique au rabais. Par exception, dans certains cas, il est permis à l'administration de traiter de gré à gré avec un entrepreneur (5).

635. En vue d'encourager le développement de la main-d'œuvre française en Tunisie, un arrêté du directeur des travaux publics, portant la date du 1er août 1901, admet

---

(1) De Fages, *Loc. cit.*

(1) V. *supra* n° 266.
(2) V. *infra* n° 728 et suiv.
(3) V. *supra* n° 421.
(4) 1° Ingénieurs;
2° Ingénieurs adjoints;
3° Contrôleurs des comptes et contrôleurs du travail des agents des chemins de fer; sous-ingénieurs, conducteurs et contrôleurs des ponts et chaussées et des mines; vérificateurs du service topographique; commissaires de surveillance administrative des chemins de fer; capitaines de port;
4° Conducteurs adjoints et contrôleurs adjoints; vérificateurs adjoints; lieutenants de port; officiers de baliseur;
5° Géomètres du service topographique;
6° Commis; géomètres adjoints; maîtres de port brevetés; mécaniciens de baliseur;
7° Agents de bureau; pilotes; capitaines gardes-pêche; maîtres de port non brevetés;
8° Surveillants commissionnés;
9° Gardiens de phare; gardes-pêche; gardes-côte.
(5) D. beyl. 12 mai 1906.
Art. 27. Tous marchés pour travaux et fournitures sont passés dans les formes admises par les règlements métropolitains ou les règlements spéciaux à la Tunisie.
Notamment, il peut être traité sur simple mémoire ou facture pour les objets qui sont livrés immédiatement, quand leur valeur n'excède pas douze cents francs (1,200 fr.), ou de gré à gré pour les fournitures,

à soumissionner les sociétés d'ouvriers français constituées conformément aux prescriptions de l'article 19 du Code de commerce ou de la loi du 24 juillet 1867, modifiée par celle du 1er août 1893.

Les sociétés d'ouvriers sont dispensées de fournir un cautionnement lorsque le montant prévu des travaux ou fournitures faisant l'objet du marché ne dépasse pas 50,000 francs. A égalité de rabais avec un entrepreneur, la société d'ouvriers est préférée.

636. *Formes des adjudications.* — Les formalités à suivre pour les adjudications de travaux publics ont été réglementées par le décret beylical du 15 juillet 1888.

Pour être admis à soumissionner, les candidats doivent justifier : 1° des qualités requises pour garantir la bonne exécution des travaux par la production d'un certificat délivré par les hommes de l'art; 2° de leur solvabilité par le dépôt d'un cautionnement provisoire à la caisse du receveur général des finances; 3° de leur inscription sur une liste dressée par le directeur des travaux publics comprenant les soumissionnaires qui ont fourni des garanties suffisantes au point de vue moral, technique et financier.

637. L'adjudication est soumise à la procédure suivante :

a) La publication d'un avis au moins vingt jours à l'avance, faisant connaître le lieu où l'on peut prendre connaissance des pièces du projet, les autorités chargées de procéder à l'adjudication, le jour et l'heure fixés pour cette adjudication;

b) La formation du bureau qui est composé du secrétaire général du Gouvernement tunisien, assisté d'un fonctionnaire de l'administration générale et d'un fonctionnaire des travaux publics;

c) L'établissement de la liste des soumissions. Le bureau reçoit les dossiers des candidats et les soumissions qui sont présentées sous enveloppes cachetées (1). Il délibère sur l'admission des candidats après vérification de leur dossier (2);

d) Le bureau prend ensuite connaissance des soumissions des candidats. Celui qui propose le rabais le plus élevé est déclaré adjudicataire. Si deux concurrents offrent le même rabais, on recommence, et, si l'égalité persiste, on tire au sort (3);

e) L'approbation de l'adjudication par le directeur des travaux publics. Ce dernier a, dans les cinq jours qui suivent l'adjudication, la faculté de fixer un délai pour recevoir des offres de rabais sur le prix de l'adjudication. Cette décision est portée à la connaissance des entrepreneurs par insertion dans tous les journaux ayant publié l'avis de l'adjudication.

Si, pendant ce délai, qui ne doit pas dépasser quinze jours, il est fait une ou plusieurs offres de rabais dépassant d'au moins cinq unités le rabais de l'adjudicataire provisoire, il est procédé à une réadjudication entre le premier adjudicataire et l'auteur ou les auteurs des offres de rabais.

Les rabais de la nouvelle adjudication ne peuvent être inférieurs au rabais de l'adjudication provisoire, augmenté de cinq, ni dépasser le maximum fixé par le directeur général des travaux publics, dans les cas où un maximum a été prévu.

638. *Exécution des marchés.* — Tous les travaux des ponts et chaussées sont régis par l'arrêté du directeur des travaux publics du 15 mars 1894, relatif aux clauses et conditions générales imposées aux entrepreneurs des travaux des ponts et chaussées.

Aux termes de cet arrêté, l'entrepreneur est tenu d'exécuter personnellement son marché. La faculté de céder à des sous-traitants une ou plusieurs parties des travaux n'est pas interdite, mais elle est subordonnée à l'agrément de l'Administration; d'ailleurs, l'entrepreneur demeure responsable du sous-traitant (1).

639. L'entrepreneur est tenu de subir la surveillance des agents de l'administration. Cette surveillance s'exerce d'abord en ce qui concerne le personnel au point de vue du choix des commis et chefs d'ateliers, du nombre des ouvriers, du payement des salaires (2). Elle porte, en outre, sur les matériaux qui ne peuvent être employés qu'après avoir été vérifiés et acceptés. Elle se fait sentir enfin au point de vue de l'exécution même des travaux qui doit être conforme aux plans, profils, tracés et ordres de service.

640. L'administration peut imposer à l'entrepreneur des changements au marché; mais ces changements ne doivent pas avoir pour effet de dénaturer le contrat.

641. D'autre part, aux termes de l'article 24, l'administration se réserve la propriété des matériaux qui se

---

transports et travaux dont la dépense totale n'excède pas vingt mille francs (20,000 fr.), ou ne comporte pas la concurrence, ou, s'il s'agit d'un marché passé pour plusieurs années, dont la dépense annuelle n'excède pas cinq mille francs (5,000 fr.).

Les marchés de gré à gré, passés par les ordonnateurs secondaires sont toujours subordonnés à l'approbation du chef du service dont ces ordonnateurs relèvent.

(1) Les soumissions peuvent également être adressées sous pli recommandé, portant extérieurement une mention indiquant la nature du contenu, au directeur général des Travaux publics, entre les mains duquel elles doivent être parvenues quarante-huit heures au moins avant l'adjudication; dans ce dernier cas, elles seront déposées, sans avoir été ouvertes, sur le bureau par l'ingénieur chargé des travaux, après la remise des paquets des autres concurrents.

(2) Le bureau peut éliminer, soit pour vice de forme, soit pour toute autre cause, ceux des candidats compris dans la liste arrêtée par le directeur général des travaux publics qui ne lui paraîtraient pas devoir être admis à concourir, mais il ne peut agréer, dans aucun cas, un candidat dont le nom ne figurerait pas sur cette liste.

(3) Lorsqu'un maximum ou un minimum de rabais a été arrêté

d'avance par le directeur général des Travaux publics, le montant de ce maximum ou de ce minimum est indiqué dans un pli fermé, déposé sur le bureau avant l'ouverture des soumissions. Le soumissionnaire qui a consenti le rabais le plus avantageux dans les limites de maximum ou de minimum ainsi fixé, et dont il est donné connaissance après l'ouverture des soumissions, est déclaré adjudicataire.

(1) Cette stipulation crée contre l'entrepreneur principal, au profit des personnes dans l'intérêt de qui elle est écrite, non seulement une action directe, mais encore un droit de créance personnelle, ne comportant aucune des restrictions indiquées dans l'article 1798 C. civ. français. Trib. Tunis, 17 juillet 1893, J. T. T. 95, 251; 3 janvier 1898, J. T. T. 1898, 589.

(2) La disposition qui prescrit à l'entrepreneur de payer les ouvriers tous les mois, ou à des époques plus rapprochées, si l'administration le juge nécessaire, a été édictée dans l'intérêt exclusif des ouvriers et l'entrepreneur ne saurait l'invoquer pour se soustraire au paiement des arriérés qui pourraient leur être dus par les sous-traitants. Trib. Tunis, 23 mars 1896, J. T. T. 1896, 264.

trouvent dans les fouilles et démolitions faites dans les terrains appartenant à l'État, sauf à indemniser l'entrepreneur de ses soins particuliers.

Elle se réserve également les objets d'art (1) et de toute nature qui pourraient s'y trouver, sauf indemnité à qui de droit.

642. Tous les marchés relatifs à l'exécution de travaux prennent fin :

a) Par le décès de l'entrepreneur : dans ce cas, le contrat est résilié de droit, sauf à l'administration à accepter, s'il y a lieu, les offres qui peuvent être faites par les héritiers pour la continuation des travaux;

b) Par la liquidation ou la faillite de l'entrepreneur : le contrat est également résilié de plein droit sous réserve de la faculté pour l'administration d'accepter les offres qui peuvent être faites pour la continuation de l'entreprise par l'entrepreneur dans le premier cas et par ses créanciers dans le second;

c) Par la résiliation du chef de l'entrepreneur : elle peut être demandée par ce dernier lorsque l'administration augmente ou diminue la masse des travaux au delà d'un sixième (2) ou prononce l'ajournement des travaux à plus d'un an;

d) Par la résiliation du chef de l'administration : lorsqu'il y a inexécution ou violation des clauses du marché par l'entrepreneur; les travaux sont, par arrêté provisoire du directeur des travaux publics, mis en régie aux frais de l'entrepreneur; le directeur des travaux publics peut ensuite prendre un arrêté pour ordonner soit la résiliation pure et simple du marché, soit la continuation de la régie, soit une nouvelle adjudication à la folle enchère de l'entrepreneur;

e) Par l'exécution du marché : immédiatement après l'achèvement des travaux, il est procédé à une réception provisoire par l'ingénieur en présence de l'entrepreneur ou lui dûment appelé par écrit. Il est procédé de la même manière à la réception définitive après l'expiration du délai de garantie (3).

643. *Contentieux.* — En cas de difficultés entre l'administration et l'entrepreneur, concernant le sens de l'exécution des clauses du marché, il en est d'abord référé au directeur des travaux publics. Ce fonctionnaire examine l'affaire personnellement ou transmet le dossier, pour avis, au comité consultatif (4).

---

(1) V. *supra* nᵒˢ 275 et 276.
(2) A la condition toutefois d'avoir demandé la résiliation par lettre adressée au directeur des Travaux publics dans le délai de deux mois à partir de la notification de l'ordre de service dont l'exécution entraîne l'augmentation ou la diminution de plus du sixième.
(3) A défaut de stipulation expresse dans le devis, ce délai est de six mois, à dater de la réception provisoire, pour les travaux d'entretien, les terrassements et les chaussées d'empierrement, et d'un an pour les ouvrages d'art.

Pendant la durée de ce délai, l'entrepreneur demeure responsable de ses ouvrages et est tenu de les entretenir.
(4) Arrêté du directeur des Travaux publics du 8 février 1909 :
Art. 1ᵉʳ.—Il est institué à la Direction générale des Travaux publics un comité consultatif de règlement amiable des entreprises de travaux publics et des marchés de fournitures.

Ce comité émet des avis sur les affaires dont il est saisi par le directeur général; il a pour mission de rechercher, dans chaque litige

Si un règlement amiable n'intervient pas entre les parties, l'affaire peut être portée devant la juridiction administrative (1).

La procédure à suivre est déterminée par l'article 49 de l'arrêté organique, qui stipule que dans tous les cas de contestation avec l'ingénieur, l'entrepreneur doit adresser au directeur général des travaux publics un mémoire où il indique les motifs et le montant de ses réclamations.

Si, dans le délai de trois mois, à partir de la remise de

---

soumis à son examen, les bases susceptibles d'être équitablement adoptées pour la liquidation amiable des comptes.

Art. 2. — Le comité entend l'entrepreneur ou le fournisseur, ainsi que les ingénieurs qui ont instruit l'affaire donnant lieu à litige; l'entrepreneur ou le fournisseur est autorisé à se faire représenter par un avocat ou par tout autre mandataire.

Le comité peut provoquer la production, par l'entrepreneur ou le fournisseur et par les ingénieurs, de mémoires écrits ou recourir à tous autres moyens d'information.

Art. 3. — Le comité est composé de cinq membres nommés, pour deux ans, par arrêté du directeur général des Travaux publics, savoir:

Trois ingénieurs des ponts et chaussées;
Un représentant de la direction des Finances;
Un entrepreneur des travaux publics.

A l'expiration de leurs fonctions, les membres sortants peuvent être nommés à nouveau.

Art. 4. — Un président, nommé par un arrêté du directeur général des Travaux publics, est choisi chaque année parmi les membres du comité.

Un secrétaire, nommé également par arrêté du directeur, est attaché au comité. La durée de ses fonctions est la même que celle des membres du comité.

Art. 5. — Le comité consultatif se réunit, sur la convocation du président, toutes les fois que les besoins du service l'exigent. Le secrétaire du comité a voix consultative.

Art. 6. — Les dossiers des affaires sur lesquelles le comité est appelé à délibérer sont envoyés au président par les soins de l'administration centrale avec un bordereau du dossier, et, s'il y a lieu, une note explicative.

Ces dossiers sont enregistrés par le secrétaire sur un registre spécial, au fur et à mesure de leur arrivée.

Art. 7. — Le président désigne le rapporteur chargé de l'examen préalable de chaque affaire et lui en adresse le dossier.

Art. 8. — Après un examen sommaire par le rapporteur, et sur ses propositions, le comité détermine toutes les mesures d'instruction qui lui paraissent nécessaires pour l'instruction de l'affaire, les pièces ou mémoires à produire, les vérifications complémentaires à effectuer, etc. Il fixe les dates auxquelles seront convoqués les ingénieurs ou agents de l'administration qui ont pris part à la conduite ou au règlement de l'affaire, ainsi que l'entrepreneur ou le fournisseur.

L'entrepreneur ou le fournisseur, à qui les convocations sont adressées par lettre recommandée au moins quinze jours à l'avance, peut se faire assister par un avocat ou un conseil, ou se faire représenter par un mandataire, toutes personnes dont les noms auront été préalablement indiqués au secrétaire du comité.

Art. 9. — Après l'accomplissement de ces mesures d'instruction et la déposition de toutes les personnes que le comité juge nécessaire d'entendre, un nouvel exposé de l'affaire est fait par le rapporteur et le comité arrête ses conclusions.

Art. 10. — Ces conclusions sont formulées dans un avis motivé qui est adressé par le président du comité du directeur général des Travaux publics.

Art. 11. — L'avis du comité est un document d'ordre intérieur; il est envoyé au directeur général des Travaux publics, puis retourné au secrétariat et classé dans ses archives; il ne peut être maintenu au dossier administratif soit en minute, soit en copie; au cas où l'affaire deviendrait contentieuse, il ne doit être ni produit ni utilisé.

Art. 12. — Le comité ne peut délibérer valablement que lorsque quatre de ses membres au moins sont présents à la séance. Les questions sont résolues à la majorité des voix; en cas de partage, la voix du président est prépondérante.

Art. 13. — L'ordre du jour de chaque séance du comité, arrêté par le président, est adressé, par les soins du secrétariat, à chacun des membres du comité au plus tard cinq jours à l'avance.

Art. 14. — Le secrétaire rédige le procès-verbal de la séance et en donne lecture à l'ouverture de la séance suivante.

(1) V. *supra* nᵒˢ 339 et suiv.

ce mémoire, le directeur général des travaux publics n'a pas fait connaître sa réponse, l'entrepreneur peut, comme dans le cas où ses réclamations ne seraient point admises, saisir desdites réclamations la juridiction administrative. Il n'est admis à porter devant cette juridiction que les griefs énoncés dans le mémoire remis au directeur général.

Si, dans le délai de six mois à dater de la notification de la décision du directeur général, intervenue sur les réclamations auxquelles aura donné lieu le décompte général et définitif de l'entreprise, l'entrepreneur n'a pas porté ses réclamations devant le tribunal compétent, il est considéré comme ayant adhéré à ladite décision, et toute réclamation se trouve éteinte.

Le délai de forclusion ne court à l'encontre de l'entrepreneur que du jour de la réponse définitive du directeur des travaux publics, si un second mémoire a été accepté et reçu par ce dernier (1).

b) Servitudes résultant de l'exécution de travaux publics.

644. La législation tunisienne, en matière de travaux publics, admet deux sortes de servitudes. Les unes sont destinées à faciliter les opérations nécessaires à l'étude des projets de travaux. Les autres sont établies en vue de l'exécution des travaux eux-mêmes.

Les premières ont fait l'objet du décret beylical du 21 mars 1893 relatif aux opérations préparatoires à des travaux publics ; les secondes ont été prévues par le décret beylical du 20 août 1888, réglementant l'occupation temporaire.

645. *Opérations préparatoires à des travaux publics.* — Aux termes du décret du 21 mars 1893, lorsque, pour exécuter des mesurages, nivellements, sondages et en général toutes opérations préparatoires à des travaux publics, il est nécessaire de pénétrer dans des propriétés privées, le directeur des travaux publics en donne l'autorisation, par arrêtés motivés, aux personnes chargées de ces opérations.

Les arrêtés indiquent la nature de ces opérations d'études, la région, caïdat, commune ou territoire militaire, où elles doivent être faites, ainsi que la date de leur commencement ; une ampliation de ces arrêtés est remise aux caïds ou, si les études doivent être faites en territoire communal, au président de la municipalité. Une deuxième ampliation est remise, pour être affichée, au juge de paix de la circonscription.

Les agents chargés des opérations d'études doivent être porteurs de l'arrêté d'autorisation et sont tenus de le présenter à toute réquisition des propriétaires ou de leurs représentants. Les personnes qui s'opposent aux opérations d'études régulièrement autorisées peuvent être poursuivies devant les tribunaux compétents, et punies d'un emprisonnement de six jours à six mois et d'une amende de 16 à 500 francs.

646. Les dommages causés aux propriétés, au cours de ces opérations d'études, sont constatés par procès-verbaux des agents chargés desdites opérations. Les indem-

nités sont ensuite fixées par une entente amiable entre les intéressés et le directeur des travaux publics. Si un accord ne peut intervenir, l'indemnité est fixée par les tribunaux compétents.

647. *Occupation temporaire.* — Le directeur des travaux publics peut également, par voie d'arrêté, autoriser l'occupation temporaire des propriétés privées (1), soit pour y extraire des terres ou des matériaux, soit pour tout autre objet relatif à l'exécution des travaux. Une copie de l'arrêté est notifiée au caïd du territoire ou au président de la municipalité selon le cas, à l'entrepreneur et au propriétaire du terrain.

L'entrepreneur et le propriétaire se mettent d'accord, tant pour l'occupation du terrain que pour le règlement des indemnités, s'il y a lieu. A défaut d'entente amiable à ce sujet, un procès-verbal de l'état des lieux est dressé avant le commencement des travaux contradictoirement par deux experts dont l'un est désigné par l'entrepreneur et l'autre par le propriétaire (2). Au jour fixé, les deux experts procèdent à leur opération et dressent leur procès-verbal en trois expéditions dont l'une est remise au propriétaire du terrain, une autre à l'entrepreneur et la troisième à l'ingénieur chargé des travaux publics.

648. A la fin des travaux, et, s'ils doivent durer plusieurs années, à la fin de chaque campagne, un nouveau procès-verbal est établi ; c'est par le rapprochement des deux procès-verbaux qu'on obtient les éléments nécessaires pour évaluer le dommage résultant de l'exercice de la servitude.

A défaut d'accord entre le propriétaire et l'entrepreneur pour l'évaluation totale ou partielle de l'indemnité, il est procédé à une tierce expertise, le tiers expert étant désigné par la direction des travaux publics.

649. Immédiatement après les premières constatations, l'entrepreneur peut occuper le terrain et y commencer les travaux autorisés par l'arrêté. Toutefois, s'il existe sur le terrain, des récoltes, des arbres fruitiers ou de haute futaie, qu'il soit nécessaire de couper ou d'abattre, l'entrepreneur est tenu de les laisser subsister jusqu'à ce que l'estimation en ait été faite par voie d'expertise.

Lorsque les travaux sont exécutés directement par l'Administration, sans l'intermédiaire d'un entrepreneur, il est procédé comme nous venons de le dire ; mais alors, l'expert chargé de constater l'état des lieux contradictoirement avec l'expert du propriétaire est désigné par l'ingénieur chargé des travaux.

L'action en indemnité des propriétaires ou ayants droit pour toute occupation temporaire autorisée dans les formes prévues par les décrets des 20 août 1888 et 21 mars 1893, est prescrite par un délai de deux ans à compter du jour où cesse l'occupation.

---

(1) Trib. Tunis, 27 janvier 1909. *J. T. T.* 1909, p. 374.

(1) A l'exclusion toutefois des cours, vergers et jardins attenant aux habitations et entourés de clôtures fixes.

(2) Si, dans le délai, légal le propriétaire néglige ou refuse de nommer son expert, un expert désigné à cet effet par le caïd ou le président de la municipalité, suivant le cas, opère d'office, contradictoirement avec l'expert de l'entrepreneur.

§ 2. — *Expropriation pour cause d'utilité publique.*

650. L'expropriation pour cause d'utilité publique était régie, jusqu'en 1905, par un règlement municipal de la ville de Tunis du 30 août 1858, dont les dispositions avaient été étendues au surplus de la Régence par le décret beylical du 26 avril 1861 pour les sujets tunisiens, et par divers traités internationaux pour les Européens.

651. La procédure sommaire établie par ce règlement et l'insuffisance des garanties qu'il donnait aux droits privés ayant soulevé des critiques assez vives, une commission fut réunie pour examiner les dispositions nouvelles devant régir en Tunisie la matière de l'expropriation. Ses travaux ont abouti au décret beylical du 5 septembre 1905 qui constitue désormais, pour la Régence, le Code de l'expropriation pour cause d'utilité publique, qu'il s'agisse d'immeubles immatriculés ou d'immeubles non immatriculés.

Voici quelle est l'économie générale de ce texte :

652. *Décret d'expropriation.* — L'expropriation est prononcée par décret; c'est donc un acte direct du souverain, contre lequel aucun recours n'est possible.

Un plan parcellaire des immeubles à exproprier avec indication des propriétaires accompagne le décret d'expropriation.

Il n'y a pas lieu, à vrai dire, dans la législation tunisienne, à déclaration d'utilité publique préalable; l'utilité publique ressortant uniquement des indications qui accompagnent chaque décret d'expropriation (1).

653. Aux termes de l'article 2 du décret du 5 septembre 1905, le décret d'expropriation a pour conséquence immédiate la transmission du droit réel de propriété à l'administration expropriante et la conversion de ce droit en un simple droit de créance au profit de la partie expropriée (2).

654. Le décret d'expropriation, après promulgation au *Journal officiel tunisien*, est déposé avec le plan parcellaire au contrôle civil de la situation des biens, où il reste affiché pendant quinze jours. Le contrôleur civil dresse acte de ce dépôt et ouvre un registre sur lequel sont consignées les réclamations ou les déclarations soulevées par l'expropriation (3).

À l'expiration du délai de quinze jours qui court à partir de l'affichage, le contrôleur civil envoie à l'administration expropriante un certificat de dépôt et d'affichage et y annexe le registre des réclamations.

655. *Offres amiables.* — L'administration expropriante, après ces formalités, engage des pourparlers avec les ayants droit soit pour la cession gratuite des terrains expropriés, soit pour la fixation de l'indemnité à l'amiable. Lorsqu'elle ne peut se mettre d'accord avec un ayant droit pour le règlement de l'indemnité qui lui est due, elle lui notifie les offres, par l'intermédiaire du contrôleur civil, avec sommation de faire connaître dans un délai de dix jours son acceptation, ou, en cas de refus, ses prétentions (1).

656. *Commission d'expertise.* — Si dans le délai prescrit l'accord n'a pu se faire entre les ayants droit et l'administration expropriante, celle-ci s'adresse, par voie de requête, à la juridiction compétente qui confie à une commission d'expertise le soin de fixer l'indemnité.

Il y a également lieu de faire fixer l'indemnité par la commission d'expertise, soit lorsque les ayants droit ne se sont pas fait connaître ou que leurs droits sont contestés, soit lorsque les créanciers nantis de gages ou de privilèges le demandent.

657. Les membres des commissions d'expertise sont nommés par la juridiction compétente et obligatoirement choisis parmi les personnes figurant sur des listes d'experts établies suivant des règles différentes, selon qu'il s'agit de ressortissants de la justice française ou de ressortissants de la justice tunisienne.

658. Les listes des experts européens afférents aux tribunaux français de première instance comprennent 70 noms pour le ressort judiciaire de Tunis et 35 pour celui de Sousse. Elles sont dressées par une commission instituée au siège de chaque tribunal et composée d'un délégué du premier ministre, président, du procureur de la République du ressort ou de son délégué, d'un délégué de la direction générale des travaux publics, d'un contrôleur civil et de trois notables européens désignés par le premier ministre parmi les membres des corps élus ou des assemblées municipales.

659. Les listes des experts afférents aux tribunaux indigènes comptent : 20 personnes dont 16 sujets tunisiens et 4 Français pour le ressort judiciaire de l'Ouzara et du tribunal de la Driba, 15 personnes dont 12 indigènes et 3 Français pour le ressort judiciaire de chacun des tribunaux régionaux de Sousse, Kairouan, Sfax, Gabès, le Kef.

Elles sont dressées par le secrétaire général après approbation du premier ministre, sur les propositions de commissions instituées à cet effet et composées : A Tunis, du contrôleur civil, président, du cheikh el Medina, du caïd de la banlieue, du chef du bureau des affaires civiles à l'Ouzara, du président du tribunal de l'Ouzara; dans les autres villes, du contrôleur civil, président; du caïd

---

(1) Trib. Tunis, 27 février 1907. S. Berge. *Répertoire alphabétique de la jurisprudence tunisienne*, Tunis 1909, p. 410.
(2) Alger, 24 juin 1908, Salem bou Hageb contre Direction des Travaux publics du gouvernement tunisien.
(3) Aux termes de l'article 4, tout ayant droit ou y prétendant est tenu, pendant le délai de quinzaine, de se faire connaître à l'administration expropriante ou au contrôleur civil.
En outre et dans le même délai, le propriétaire est tenu d'appeler et de faire connaître à l'administration ou au contrôleur civil les fermiers, locataires, ceux qui peuvent réclamer des servitudes ou droits quelconques résultant des titres communs du propriétaire ou d'autres actes dans lesquels il serait intervenu. A défaut, il pourra être tenu envers eux des indemnités qu'ils n'auraient pu réclamer en temps utile de l'administration expropriante.

---

(1) Les offres de l'administration doivent être notifiées à l'exproprié préalablement à la mise en mouvement de la commission d'expertise. Cette notification est régulière si elle est faite par lettre recommandée. Trib. Tunis 20 février 1907.

et du président du tribunal régional, à la résidence de ces villes. (1)

660. Chaque commission se compose de cinq membres, tous de nationalité européenne si l'un des ayants droit est justiciable des tribunaux français; l'un d'eux est spécialement désigné pour la présider, convoquer les parties et déposer les rapports.

661. Au cas de refus, d'empêchement ou d'incompatibilité (2) d'un expert, et ce à toute époque de la procédure, il est pourvu à son remplacement sur requête adressée à la juridiction compétente par la partie la plus diligente.

662. Dans les huit jours de sa nomination, le président réunit la commission et notifie tant aux divers ayants droit ou tiers intéressés qu'à l'administration expropriante le jour, l'heure et le lieu où la commission entend procéder à sa mission, avec sommation d'avoir à assister aux opérations ou à s'y faire représenter (3).

Les experts entendent les parties, font toutes constatations et recherches nécessaires, s'entourent de tous renseignements utiles et fixent le montant des indemnités dues.

663. *Fixation de l'indemnité.* — Les experts déterminent la valeur intrinsèque de l'immeuble au jour de la promulgation du décret d'expropriation, en prenant en considération tant le prix ordinaire de la région que les conditions particulières à la propriété.

En cas d'expropriation partielle, les experts doivent indiquer le chiffre d'allocation qu'ils proposent comme indemnité de dépréciation du reste de l'immeuble.

Si l'exécution des travaux qui ont motivé l'expropriation doit procurer une augmentation de valeur immédiate et spéciale au restant de la propriété, cette augmentation est prise en considération dans l'évaluation du montant de l'indemnité.

Les constructions, plantations et améliorations ne donnent lieu à aucune indemnité lorsqu'il apparaît qu'elles ont été faites en vue d'obtenir une indemnité plus élevée.

664. *Décision de la commission d'expertise.* — Les membres de la commission dressent ensemble un rapport écrit et motivé indiquant le mode de fixation d'indemnité, les bases de calcul et les termes de comparaison qu'ils ont adoptés (4). Le rapport est signé par tous les experts; en cas de désaccord ou de refus de signer le travail général,

l'expert qui s'abstient doit dresser un rapport séparé et le remettre au président de la commission.

Les rapports sont rédigés en double exemplaire et adressés l'un à l'administration expropriante et l'autre au greffe de la juridiction compétente. Ils sont notifiés en copie intégrale aux ayants droits à la diligence de l'administration expropriante.

665. *Recours.* — Sous le nom d'appel, le décret organique a institué un recours contre les décisions de la commission. Lorsque l'indemnité d'expropriation a été fixée par la commission d'expertise, cette fixation est définitive pourvu que trois conditions se trouvent remplies, il faut: 1° que la décision ait été rendue dans les formes régulières; 2° qu'elle n'ait pas été prise en violation de la loi; 3° qu'elle ait été prise à l'unanimité.

Si ces trois conditions ne se trouvent pas réunies, la fixation de l'indemnité appartient à l'autorité judiciaire compétente (1) qui apprécie la demande d'indemnité en premier ou en dernier ressort, dans les termes ordinaires de sa compétence (2).

666. L'appel contre les décisions de la commission d'expertise doit être formé et notifié au greffe de la juridiction compétente avant l'expiration d'un délai de dix jours qui court, pour l'administration, à partir et non compris le jour du dépôt des rapports et, pour le propriétaire et les autres intéressés, à partir et non compris le jour de la notification desdits rapports.

667. *Prise de possession.* — L'administration expropriante ne peut prendre possession de l'immeuble que moyennant paiement ou consignation d'une juste et préalable indemnité fixée selon les règles qui ont été exposées. Toutefois, à partir de la notification des offres (3) l'administration peut se faire mettre en possession des terrains non bâtis, moyennant la consignation d'une somme arbitrée, suivant les règles ordinaires de la compétence, par le juge des référés ou l'Ouzara.

668. *Paiement de l'indemnité.* — L'indemnité est payée par l'expropriant suivant les règles de la comptabilité publique. Elle est exigible immédiatement lorsqu'aucun obstacle ne s'oppose au paiement (4).

Si l'exproprié refuse de recevoir l'indemnité arbitrée d'une manière définitive ou s'il existe d'autres obstacles au paiement, il y a lieu à la consignation de la somme à la caisse du receveur général des finances (5).

669. Toutes les fois que le propriétaire présumé ne produit pas de titre ou que le titre produit ne paraît pas régulier, l'administration expropriante consigne le mon-

---

(1) Arrêté du premier ministre du 23 octobre 1905.
(2) Ne peuvent être choisis comme experts : 1° des propriétaires, fermiers ou locataires des immeubles désignés au décret d'expropriation et qui restent à acquérir; 2° les détenteurs de droits réels sur les immeubles expropriés; tous autres ayants droit ou prétendant désignés ou intervenant en vertu des articles 4 et 6 du décret.
(3) Cette sommation comporte un délai de 5 à 8 jours, plus un jour par cinq myriamètres du siège de la juridiction qui a désigné les experts au lieu de la situation des biens.
(4) Une décision de la commission n'est pas nulle pour n'avoir pas précisé les termes de comparaison dont elle s'est servie pour fixer l'indemnité d'expropriation, si d'ailleurs les experts ont motivé leur décision en indiquant comment ils s'y sont pris pour calculer le revenu et la valeur intrinsèque de l'immeuble en vue de déterminer le montant de l'indemnité. — Trib. Tunis 30 janvier 1907. S. Berge *op. cit.* p. 409.

---

(1) Trib. Tunis 30 janvier 1907. S. Berge, *op. cit.* p. 409.
(2) Trib. Tunis 20 février 1907. *loc. cit.*
(3) V. *supra* n° 655.
(4) En ce qui concerne les expropriations faites au profit de l'Etat français, le gouvernement tunisien effectue tous payements utiles et demeure responsable des sommes consignées ainsi que des effets du payement. Il restitue en outre ultérieurement au gouvernement français les excédents de consignations qui pourraient exister ou les sommes atteintes par la prescription.
(5) Lorsqu'il y a bien litige sur le fond du droit ou sur la qualité des réclamants, et toutes les fois qu'il s'élève des difficultés étrangères à la fixation du montant de l'indemnité, celle-ci est réglée par expertise et, ensuite, consignée à la caisse du receveur général des Finances

tant de l'indemnité d'expropriation et, dans le mois suivant, fait parvenir au contrôle civil, un état indiquant la situation, la nature et la contenance de la parcelle expropriée, le montant de l'indemnité due, et le nom du propriétaire présumé. Cet état est affiché à la diligence du contrôleur civil.

Lorsque, à l'expiration du délai d'une année, à partir de la date de l'affichage, aucune opposition n'a été notifiée au contrôleur civil, ou au receveur général des finances, l'indemnité est versée entre les mains du propriétaire présumé.

670. *Garanties accordées aux expropriés.* — Comme dans la loi française, le législateur tunisien a accordé certaines garanties au propriétaire : pour le prémunir contre les retards apportés par l'administration à faire fixer par la commission d'expertise le montant de l'indemnité, contre les inconvénients d'une expropriation partielle, et enfin pour lui permettre d'effacer les conséquences d'une expropriation qui n'a pas été utilisée par l'administration.

671. *a)* Lorsqu'un délai de six mois s'est écoulé depuis la date du décret d'expropriation, sans que l'administration ait poursuivi la fixation de l'indemnité, les parties peuvent exiger qu'il soit procédé à ladite fixation.

D'autre part, lorsque l'indemnité a été fixée, si elle n'est ni acquittée, ni consignée dans les six mois de la fixation définitive, le montant de cette indemnité produit de plein droit intérêt à 5 0/0 à partir de l'expiration de ce délai.

672. *b)* Les bâtiments dont une partie a été expropriée pour cause d'utilité publique sont achetés en entier si les propriétaires ou tenanciers enzelistes le requièrent par une déclaration formelle adressée à l'administration expropriante dans le délai de dix jours qui court à partir de la notification des offres (1).

Il en est de même de toute parcelle de terrain qui, par suite du morcellement, se trouve réduite au quart de sa contenance totale, si toutefois le propriétaire ne possède aucun terrain immédiatement contigu et si la parcelle ainsi réduite est inférieure à dix ares.

673. *c)* Si, dans un délai de cinq ans à partir du décret d'expropriation, les immeubles expropriés n'ont pas été employés à un travail d'utilité publique, les anciens propriétaires ou leurs ayants droits peuvent, sauf stipulations contraires, en obtenir la rétrocession, à condition de la demander par écrit à l'administration expropriante, dans l'année qui suit l'expiration du délai ci-dessus, et ce sous peine de forclusion.

Ils doivent alors restituer intégralement le capital de l'indemnité qu'ils ont reçue ou en autoriser le retrait si elle a été consignée.

674. *Dépens et droit fiscal.* — Au cas où l'indemnité fixée pour une expropriation est à la fois supérieure aux offres de l'administration expropriante et inférieure à la demande de l'exproprié, les dépens, même en cas de

_____

(1) V. *supra* n° 655.

recours, sont compensés de manière à être supportés par les parties et par l'administration expropriante, proportionnellement aux écarts entre l'indemnité réglée d'une part, l'offre ou la demande d'autre part.

Tout indemnitaire qui n'a pas indiqué le montant de ses prétentions au moment de la notification des offres qui lui est faite par l'administration est, dans tous les cas, condamné aux dépens.

Les plans, procès-verbaux, certificats, significations, jugements, contrats, quittances et autres actes faits à l'occasion de l'expropriation sont exempts de tous droits, de timbre et de mutation et enregistrés gratis.

675. *Immeubles immatriculés ou en cours d'immatriculation.* — Ces immeubles sont soumis aux dispositions générales édictées en la matière sauf certaines modifications spécifiées au titre II du décret organique (1).

SECTION II.

PONTS ET CHAUSSÉES — CHEMINS DE FER.

ARTICLE PREMIER. — *Ponts et chaussées.*

676. L'arrêté du directeur des travaux publics du 18 décembre 1907 a divisé le territoire de la Régence, en ce qui concerne le service des ponts et chaussées, en 6 arron-

_____

(1) **Art. 33.** — Les prescriptions de l'article 4 ne sont pas applicables aux immeubles visés à l'article 32 (c'est-à-dire aux immeubles immatriculés ou en cours d'immatriculation et déjà bornés à la date de la promulgation du décret d'expropriation), le propriétaire demeurant toutefois tenu de dénoncer à l'administration expropriante ou au contrôleur civil les servitudes personnelles et les baux consentis par lui dont la durée restant à courir n'excéderait pas un an.

A défaut, il pourra être tenu envers les ayants droit des indemnités qu'ils auraient pu réclamer en temps utile de l'administration expropriante.

Art. 34. — A l'expiration du délai de quinzaine visé à l'article 4, l'administration expropriante soumet à l'approbation du directeur général des Travaux publics et fait insérer ensuite au *Journal officiel* des tableaux parcellaires indiquant les contenances approximatives des immeubles expropriés tombant sous l'application de l'article 33, les numéros des titres ou des réquisitions et le nom des propriétaires inscrits sur le titre ou désignés dans les réquisitions; ces tableaux sont rectifiés dans la même forme en cours de procédure, si des erreurs ou des omissions y sont relevées.

A l'expiration d'un délai de huitaine compté à partir de l'insertion au *Journal officiel*, les tableaux parcellaires, accompagnés d'une ampliation du décret d'expropriation, sont, à la diligence de l'administration expropriante, transmis à fin d'inscription à la conservation de la propriété foncière et au greffe du tribunal mixte qui en délivrent récépissé.

Art. 35. — Par dérogation à l'article 3 du décret du 16 juillet 1899, il n'est pas produit à l'appui des tableaux parcellaires de plans dressés par le service topographique.

Si une propriété partiellement expropriée vient à être allotie au cours de la procédure, le propriétaire ou ses ayants droit peuvent, en produisant le plan du lotissement et du fait du lotissement, donne mainlevée de l'inscription en tant qu'elle grèverait des parcelles non touchées par l'expropriation.

Art. 36. — La décision d'immatriculation vise le décret d'expropriation et les tableaux parcellaires et en ordonne l'inscription sur le titre avec mention de la date du dépôt.

Art. 37. — A compter de ce dépôt, aucune inscription nouvelle ne peut plus être faite ou ordonnée sur les immeubles ou fractions d'immeubles expropriés, sans préjudice des droits des créanciers locataires ou concessionnaires sur le montant de l'indemnité si elle n'a pas été payée ou si l'ordre n'a pas été définitivement réglé.

Si, à la date du dépôt, l'immatriculation ayant été prononcée, le titre n'est pas encore établi, les faits et conventions ayant acquis

dissements; à la tête de chacun d'eux est placé un ingénieur d'arrondissement.

L'organisation générale du service étant analogue à celle de la métropole, nous nous bornons à exposer ci-après la législation spéciale à la Régence au point de vue de la voirie, des eaux, des ports.

§ 1er. — Voirie.

677. En Tunisie, sauf pour les rues qui relèvent de la voirie municipale, la construction et l'entretien de toutes les voies empierrées sont à la charge de l'État.

678. Ces voies ne constituent donc qu'une seule catégorie de routes dans laquelle la direction des travaux publics distingue trois groupes :

1° Les routes de grand parcours (correspondant aux routes nationales françaises);

2° Les routes d'accès aux stations de chemins de fer;

3° Les routes d'intérêt agricole (correspondant à peu près aux chemins vicinaux de France).

Ces routes sont soumises au régime édicté par le décret beylical du 16 février 1903 réglementant la voirie en dehors des périmètres communaux.

679. Les dispositions générales de ce texte sont conformes aux règles en vigueur en France (1).

_____

date certaine antérieure à ce dépôt peuvent encore être utilement inscrits à la conservation de la propriété foncière pendant quinze jours pleins à compter du jour de l'établissement du titre, ce jour non compris.

Art. 38. — L'état des ayants droits inscrits en temps utile est, selon le cas, délivré par le conservateur de la propriété foncière ou établi par l'administration expropriante au vu des dossiers que la conservation, les greffes du tribunal mixte ou des justices de paix, les caïds et le service topographique sont tenus de lui communiquer sans déplacement.

S'il y a des oppositions ou si le délai des oppositions n'est pas expiré, l'indemnité est fixée après débats avec les prétendants droits et avec les opposants qui se sont fait connaître en temps utile, mais elle demeure jusqu'à l'expiration du délai précité ou jusqu'à la décision définitive du tribunal mixte.

Art. 39. — Tous rapports de cession amiable, tous rapports d'experts non contestés, tous jugements portant fixation définitive de l'indemnité devront, préalablement au payement, être simultanément inscrits sur le titre et sur la copie ou dénoncés au greffe du tribunal mixte.

En cas d'expropriation partielle, une copie du plan de lotissement dressé par le service topographique conformément aux règlements en vigueur sera annexée aux actes susvisés.

En cas de cession amiable, le payement de l'indemnité sera subordonné, en outre, à la production soit d'un certificat négatif d'inscription, soit d'un certificat de radiation de toutes hypothèques ou charges ayant grevé l'immeuble exproprié, soit d'une décision du tribunal mixte visant les mainlevées produites et en constatant la régularisation.

Art. 40. — La radiation des inscriptions sera opérée ou ordonnée d'office sur la justification de la consignation effectuée en suite de la fixation définitive de l'indemnité.

(1) D. beyl. 16 février 1903.

Art. 2. — Tout propriétaire qui veut exécuter un travail quelconque sur le sol des voies publiques ou de leurs dépendances doit se pourvoir d'une autorisation auprès du directeur général des travaux publics.

Il est défendu :

1° D'enlever sans autorisation sur les voies publiques de la pierre, du gravier, du sable, de la terre ou du gazon;

2° D'y faire des dépôts de matériaux, terres, décombres, racines, fumiers, immondices et autres objets;

3° D'y laisser stationner, sauf le cas de nécessité absolue, des voitures, charrettes, instruments aratoires et tous autres véhicules ou appareils pouvant gêner la circulation;

4° De détériorer les fossés, berges, talus, chaussées, trottoirs,

---

680. Les voies publiques dont les propriétaires riverains sont soumis aux obligations spéciales édictées en matière d'alignement sont déterminées par arrêté du directeur des travaux publics (1).

a) Alignement.

Tout riverain qui veut édifier une maison en bordure des voies publiques désignées dans ces arrêtés est tenu, au préalable, de faire fixer par le directeur des travaux publics, ou l'ingénieur d'arrondissement, l'alignement qu'il doit observer.

681. Lorsqu'il y a lieu de soumettre à l'alignement les propriétés riveraines d'une voie publique, un plan général d'alignement est dressé. Ce plan est approuvé par arrêté du directeur des travaux publics et homologué par décret, pour les traverses des villes et des villages.

Les effets du plan général d'alignement varient suivant qu'il tend à élargir ou à rétrécir la voie publique.

Dans le premier cas, s'il s'agit de terrains non bâtis, on procède à l'expropriation dans les formes ordinaires; lorsque le terrain est bâti, il est interdit au propriétaire de faire aucun travail confortatif de nature à prolonger la durée de la construction (2).

Lorsque la construction est démolie ou tombe en ruines, le terrain frappé d'alignement est réuni à la voie publique moyennant une indemnité fixée, à défaut d'entente amiable, conformément à la législation sur l'expropriation pour cause d'utilité publique.

Dans le second cas, et, lorsque par suite de modifications d'alignement il y a lieu de réunir à la propriété riveraine une portion déclassée de la voie publique, l'indemnité est fixée de la même manière.

682. L'arrêté du directeur général des travaux publics, en date du 17 février 1903, pris en exécution de l'article 5 du décret précité, indique comment doivent être présentées les demandes en autorisation; il fixe les dimensions des saillies admises, la nature des travaux non conforta-

_____

ouvrages d'art, plantations, bornes kilométriques, poteaux indicateurs et autres dépendances;

5° De faire sur les propriétés riveraines des travaux de nature à nuire à l'écoulement des eaux des voies publiques, d'amener sur ces voies des eaux qui n'y auraient pas naturellement leur écoulement.

Les propriétaires des terrains supérieurs sont tenus d'empêcher tout écoulement sur les voies publiques ou leurs dépendances; ils doivent entretenir en bon état leurs murs de soutènement.

(1) Cf. Arr. dir. travaux publics 19 février 1903, fixant la nomenclature des routes auxquelles s'appliquent les dispositions du décret portant réglementation générale de voirie en dehors des périmètres communaux.

(2) Aux termes de l'article 7 du décret, tout propriétaire qui veut édifier, modifier ou réparer les façades ou parties de façades de constructions en saillie sur les alignements approuvés par l'autorité compétente, doit se pourvoir d'une autorisation auprès du directeur général des travaux publics.

Peuvent seuls être autorisés, dans les constructions en saillie sur l'alignement, les ouvrages qui ne sont pas confortatifs pour le mur de face.

Enfin, sont interdites les constructions nouvelles dans la partie retranchable des propriétés, alors même que le terrain serait clos par des murs et que les travaux projetés ne toucheraient pas au mur de face.

Dans tous les cas, les propriétaires sont tenus de démolir tous les ouvrages établis, même avec autorisation, sur la partie retranchable, lorsque le mur de face vient à périr.

tifs à faire sur les murs de face en saillie sur les alignements, ainsi que les mesures et les précautions à prendre pour l'exécution et l'entretien des ouvrages privés qui sont placés sur la voie publique. Les contraventions au décret et à l'arrêté précités sont constatées, poursuivies et réprimées conformément au décret sur la police et la conservation du domaine public (1).

b) Police du roulage.

683. La circulation des véhicules sur les voies publiques de la Régence a été réglementée par un décret beylical du 5 août 1897 et trois arrêtés du directeur des travaux publics du 6 du même mois.

Le décret du 18 mai 1902 concernant les pénalités qu'entraînent les infractions à la police du roulage et celui du 15 janvier 1908 réglementant la circulation des automobiles ont modifié ou complété les dispositions du décret organique (2).

(1) D. beyl. 25 juillet 1897.
Art. 1er. — Toute contravention aux mesures prescrites par des décrets ou des arrêtés rendus en exécution de ces décrets pour la police du domaine public, tel que jet ou dépôt de matériaux ou d'objets quelconques sur le domaine public ou ses dépendances, refus de réparer ou de démolir les édifices confrontant le domaine public et menaçant ruine, pacage de bestiaux ou bêtes de selle, de trait ou de somme sur le domaine public ou ses dépendances, infraction aux règlements régissant la circulation des animaux sur les voies publiques, sera punie d'une amende de 1 à 15 francs.
En cas de récidive, un emprisonnement pourra être prononcé sans que la durée de cette peine puisse être supérieure à cinq jours.
Dans tous les cas, la juridiction compétente ordonnera l'enlèvement des dépôts ou des installations illicites.
Art. 2. — Toute contravention aux mesures prescrites par des décrets ou des arrêtés rendus en exécution de ces décrets pour la conservation du domaine public, telles que usurpation, anticipation, extraction de matériaux sur le domaine public ou ses dépendances, détérioration commise sur le domaine public ou ses dépendances, sera punie d'une amende de 16 à 300 francs.
En cas de récidive, un emprisonnement pourra être prononcé sans que la durée de cette peine puisse être inférieure à six jours ni supérieure à trois mois.
Dans tous les cas, la juridiction compétente ordonnera l'enlèvement des travaux ou ouvrages illicites.
Art. 3. — Les dispositions de l'article 463 du code pénal français sont applicables aux infractions prévues par le présent décret.
Art. 4. — Sont spécialement chargés de constater les contraventions et les délits prévus par le présent décret, les conducteurs et commis des ponts et chaussées, les contrôleurs des mines, les officiers et maîtres de port, les cantonniers-chefs et autres employés du service des travaux publics dûment commissionnés par le directeur général des travaux publics et assermentés, les gendarmes, les agents des forêts et des douanes.
Peuvent également constater les contraventions et les délits prévus par le présent décret les commissaires et agents assermentés de police, les ingénieurs des ponts et chaussées et des mines, les officiers et les sous-officiers de gendarmerie et toute personne commissionnée par l'autorité pour la police ou la conservation du domaine public.
Les procès-verbaux dressés en vertu du présent article font foi jusqu'à preuve du contraire. Ils ne sont pas sujets à l'affirmation.
Art. 5. — Les procès-verbaux sont adressés dans les dix jours de leur date, à la juridiction compétente, par les présidents ou vice-présidents de municipalités, commissaires de police et commandants de gendarmerie suivant que le fonctionnaire ou l'agent verbalisateur est un employé municipal, un agent de police, un gendarme.
Dans les autres cas, ils sont transmis par l'ingénieur des ponts et chaussées de l'arrondissement, ou par l'ingénieur des mines.
En cas d'urgence, les procès-verbaux sont envoyés sans délai au directeur général des travaux publics qui fait exécuter d'office tous travaux nécessaires pour remédier aux dommages. Ils sont adressés ensuite à la juridiction compétente qui prononce la condamnation des contrevenants aux peines encourues et le remboursement de la dépense des travaux exécutés d'office.
(2) Cf. également D. beyl. 18 décembre 1901.

Ces textes renferment des dispositions importantes. Il y a lieu de citer notamment : la limitation à 6 tonnes par essieu du poids des véhicules à moteur mécanique; la fixation au minimum de 7 centimètres de la largeur des jantes des arabats (1); la condition imposée à un certain nombre de véhicules d'être munis d'une plaque; les déclarations et les visites imposées aux véhicules publics; les dispositions de procédure et les dispositions pénales instituées pour poursuivre et réprimer les contraventions aux prescriptions du décret et des arrêtés réglementaires.

684. Les prescriptions relatives aux plaques dont les véhicules doivent être munis forment l'objet des articles 4 du décret, 3 de l'arrêté relatif aux voitures, 2 de l'arrêté relatif aux vélocipèdes et, pour les plaques à placer sur les automobiles de l'arrêté du 15 janvier 1908.

Les voitures de messageries ne peuvent être mises en service que lorsque les entrepreneurs auxquels elles appartiennent ont satisfait à un ensemble de dispositions qui forment l'objet du titre III de l'arrêté relatif aux voitures. Ces dispositions comportent en outre une autorisation qui est délivrée par les présidents de municipalité dans les communes et par le directeur général des travaux publics en dehors des communes; une visite est effectuée par des agents du service en vue de rechercher si les véhicules ne présentent aucun vice de construction de nature à entraîner des accidents.

685. *Automobiles.* — Le décret beylical du 15 janvier 1908 s'inspire, dans ses dispositions, de la réglementation édictée par les décrets des 10 mars 1899, 10 septembre 1901 et 28 mai 1902 sur la circulation des automobiles en France et en Algérie.

La déclaration préalable à la mise en circulation des automobiles est adressée au directeur des travaux publics qui en donne récépissé.

La déclaration faite en France ou en Algérie suffit pour la Tunisie. De même, nul ne peut conduire une automobile en Tunisie s'il n'est porteur d'un certificat de capacité délivré par le préfet de sa résidence en France ou en Algérie ou par le directeur des travaux publics.

Après deux contraventions dans l'année, les certificats de capacité peuvent être retirés par arrêté du directeur des travaux publics, le titulaire entendu.

686. *Pénalités.* — Les infractions aux décrets sur la police du roulage et aux arrêtés rendus pour l'exécution desdits décrets sont punies d'une amende de 1 à 20 francs et d'un emprisonnement de un à dix jours ou de l'une de ces deux peines seulement.

L'usage d'une plaque portant un nom, un domicile faux ou supposé expose le propriétaire ou conducteur du véhicule qui en aura fait usage à une amende de 5 à 200 francs et à un emprisonnement de six jours à six mois de prison (2).

(1) Un délai de cinq années avait été accordé aux intéressés pour leur permettre de transformer leurs arabats. Ce délai fut prolongé par le décret beylical du 12 janvier 1901 et finalement celui du 5 mars 1903 prononçait l'ajournement de la réforme.
(2) Lorsqu'une contravention à la police du roulage a été constatée à plusieurs reprises pendant la même journée il n'est prononcé qu'une seule condamnation.

c) Construction et entretien des voies publiques.

687. Aux termes du décret du 14 juin 1902, les chemins publics sont à la charge de l'État ou des communes.

Il est pourvu à la construction et à l'entretien des chemins mis à la charge de l'État au moyen des ressources ordinaires du budget, de prélèvements dûment autorisés sur les réserves du Trésor, de fonds de concours, de subventions industrielles et du produit du relèvement de la cote de Medjba (1) portée de 20 francs à 23 francs à partir de l'exercice 1903, dans tous les caïdats autres que ceux soumis à la surveillance de l'autorité militaire.

En ce qui concerne les chemins mis à la charge des communes, il est pourvu à leur construction et à leur entretien au moyen des ressources des budgets municipaux, et, en cas d'insuffisance, par voie d'impositions établies par décrets, après délibération des assemblées municipales et en conformité des dispositions régissant les assemblées communales.

688. *Subventions industrielles.* — Elles ont fait l'objet du décret beylical du 14 juin 1902, qui dispose que « toutes les fois qu'un chemin entretenu à l'état de viabilité sera habituellement ou temporairement dégradé par des exploitations de mines, de carrières, de forêts ou de toutes autres entreprises industrielles appartenant à des particuliers, à des établissements publics ou à l'État, il pourra y avoir lieu d'imposer aux entrepreneurs ou propriétaires, suivant que l'exploitation ou les transports auront lieu pour les uns ou pour les autres, des subventions spéciales dont la quotité sera proportionnée à la dégradation extraordinaire qui devra être attribuée aux exploitations. »

Ces subventions peuvent, au choix des subventionnaires, être acquittées en argent ou en nature et sont exclusivement affectées à ceux des chemins qui y auront donné lieu.

Le recouvrement en argent de ces subventions est poursuivi dans les communes comme en matière de taxes municipales, et, en dehors des communes, comme en matière d'impôt direct.

Enfin, les contestations relatives aux subventions industrielles peuvent être déférées au premier ministre ou portées devant les tribunaux compétents.

§ 2. — *Eaux.*

689. Les eaux ont toujours été, en Tunisie, l'une des premières richesses publiques. En ce qui les concerne, le protectorat s'est préoccupé d'établir une réglementation qui s'inspire du principe que les eaux ne sauraient être détournées de la masse des propriétés communes. D'autre part, les aménagements d'eaux, destinées à l'alimentation ou à l'agriculture, sont encouragés et subventionnés par le Gouvernement.

Régime des eaux. — La loi du 8 avril 1898 n'attribue

au domaine public, en France, que les fleuves et rivières navigables et flottables. La propriété de tous autres cours d'eau est, en général, attribuée aux riverains et celle des sources au propriétaire du fond, sous réserve des droits d'usage et de servitude.

690. En Tunisie, l'article premier du décret beylical du 24 septembre 1885 a incorporé dans le domaine public : les cours d'eau de toutes sortes (1) et les terrains compris dans leurs francs-bords (2);

Les terrains et ouvrages servant à l'exploitation des passages d'eau et les bacs destinés au service public;

Les sources de toute nature;

Les aqueducs, puits et abreuvoirs à l'usage du public ainsi que leurs dépendances;

Les canaux de navigation, d'irrigation ou de dessèchement exécutés dans un but d'utilité publique, les terrains qui sont compris dans leurs francs-bords et les autres dépendances de ces canaux. Mais en même temps qu'il reconnaissait les droits du domaine public, le décret de 1885 maintenait les droits de propriété, d'usufruit et d'usage légalement acquis avant sa promulgation, et affirmait, à cet égard, la compétence des tribunaux civils (3).

691. Cette législation a été complétée par le décret du 16 août 1897 réglementant les concessions et l'aménagement des eaux du domaine public (4).

L'arrêté pris, le même jour, par le directeur des travaux publics a déterminé :

1° Les formes dans lesquelles les demandes ayant pour

_____

(1) Ces expressions ne comportent aucune distinction ni réserve; elles comprennent tous les cours d'eau, même ceux qui ne sont ni navigables ni flottables. Tunis 12 juin 1896. *J. T. T.* 1896, p. 436.
(2) Cette expression doit s'entendre d'une bande de terrain située le long d'un cours d'eau et qui sert à en permettre la surveillance, le curage et l'entretien. Tunis, 18 mai 1896. *J. T. T.* 1896, p. 366.
La juridiction française a qualité pour reconnaître jusqu'où vont les francs-bords d'un oued, même si un décret de délimitation a été rendu, et reste libre de contrôler les limites fixées par l'administration et d'apprécier si des erreurs n'auraient pas été commises au détriment des riverains. S'il n'y a pas eu de décret de délimitation, la juridiction française est à plus forte raison compétente pour examiner quelles sont les véritables limites du domaine public. Il importe peu que la demande tende à une attribution de propriété plutôt qu'à une allocation de dommages-intérêts. Tunis 19 février 1894, *J. T. T.* 1894, p. 240.
(3) Dans ces conditions, les riverains qui ne produisent pas un titre antérieur à ce décret et leur attribuant la propriété des eaux contestées, doivent mettre en cause l'État, administrateur du domaine public, dans tous les litiges relatifs au règlement des eaux d'une rivière ou d'un cours d'eau quelconque. Tunis 13 juin 1889, *J. T. T.* 1890, p. 274.
(4) Art. 1er. — Tout propriétaire qui veut rechercher par sondages, fouilles ou par tout autre procédé des eaux appartenant au domaine public, doit en demander l'autorisation au directeur général des travaux publics.
Dans le délai de trois mois à partir du dépôt de cette demande pour les recherches par sondages et d'un mois et demi pour les recherches par tout autre procédé que les sondages, le directeur général des travaux publics fera connaître à l'intéressé la suite dont sa demande est susceptible.
Après ce délai, s'il n'a reçu aucune réponse, le pétitionnaire pourra passer outre sans préjudice toutefois des droits des tiers et de l'administration.
Pourront être exécutés sans autorisation les forages de puits sur les propriétés particulières si ces puits ne sont pas jaillissants.
Art. 2. — Tout propriétaire qui veut utiliser des eaux appartenant au domaine public doit se pourvoir d'une concession qui doit être demandée au directeur général des travaux publics.
Pourront être utilisées sans concession les eaux provenant des

_____

(1) V. *supra* n° 506.

objet d'obtenir l'autorisation de rechercher ou d'utiliser des eaux du domaine public, de faire des constructions temporaires ou permanentes dans le lit des cours d'eau ou les joignant, ou de former une entreprise quelconque de nature à intéresser le régime des eaux dépendant du domaine public, devaient être présentées;

2° Les détails de l'instruction à laquelle les demandes sont soumises;

3° Les conditions dans lesquelles l'administration doit surveiller l'exécution des travaux et la jouissance des eaux concédées.

Les contraventions au décret et à l'arrêté précités sont poursuivies et réprimées conformément au décret du 15 juillet 1897 sur la police et la conservation du domaine public (1).

692. *Eaux destinées à l'alimentation.* — L'État a voulu venir en aide aux collectivités indigènes dans les travaux ayant pour but l'aménagement de points d'eau le long des routes et pistes et l'établissement d'alimentations rurales en eau potable.

Dans ce but, les travaux de cette nature, qui sont déclarés d'utilité publique sur la demande des collectivités indigènes intéressées, peuvent être subventionnés jusqu'à concurrence de 50 0/0 par le gouvernement tunisien qui assume la charge de l'exécution (2). Les frais d'appropriation des abords des installations ne sont pas compris dans ces dépenses.

693. *Hydraulique agricole.* — En 1896, les propriétaires intéressés, pour la plupart indigènes, furent autorisés à se réunir en association syndicale dans le but d'utiliser en arrosage les eaux provenant d'un puits artésien que le gouvernement venait de faire creuser à Zarzis.

L'année suivante, le directeur des travaux publics fut autorisé à faire, pour le compte des propriétaires intéressés à une entreprise d'hydraulique agricole, les travaux de premier établissement nécessaires à l'utilisation des eaux ainsi que les avances que leur exécution pourrait comporter. Mais pour pouvoir bénéficier de cette faveur, les propriétaires doivent, au préalable, se réunir en association syndicale et souscrire l'engagement cautionné de rembourser le montant des avances par an-

nuités égales dans un délai maximum de vingt-cinq ans. Les avances du Trésor ne peuvent excéder 150,000 fr. par an, ni un total de 1,950,000 francs (1). Elles figurent à la deuxième partie du budget, sous un article spécial intitulé « Dépenses de l'hydraulique agricole ».

D'autres syndicats se constituèrent par la suite dans les oasis; dans la région de Thala et autour de Kairouan. Ces derniers tout récents et créés sous l'impulsion du contrôleur civil, sont de beaucoup les plus importants puisque, aux environs de cette ville, le périmètre d'irrigation de l'oued Zeroud comprend plus de 3.000 hectares et celui de l'oued Merguellil, 7.000 hectares. Alors que dans les oasis on se sert d'eaux permanentes et à débit relativement constant, dans la banlieue de Kaïrouan, ces deux syndicats n'utilisent que des eaux de crue. Il s'ensuit que la réglementation des uns ne peut pas être appliquée aux autres. On sera d'ailleurs vraisemblablement amené à adopter pour tous, des dispositions laissant plus de liberté aux organismes locaux et à confier au contrôleur civil le droit de surveillance qui appartient actuellement soit au directeur des Travaux publics, soit à celui des finances.

Jusqu'à ces dernières années, l'administration ne s'était pas occupée d'hydraulique agricole proprement dite, car dans les oasis on fait plutôt du jardinage et de l'arboriculture. Mais la réussite des syndicats de l'oued Zeroud et de l'oued Merguellil, qui sont exclusivement voués à la culture des céréales et emploient non de coûteuses constructions en pierre mais des barrages et des digues édifiées en terre et fascines, commence à faire école et ces ouvrages analogues ont été construits sur l'oued de Gamouda et sur l'oued Tamerza.

C'est par ce genre de travaux simples et peu coûteux que sera résolu en Tunisie le problème de l'hydraulique agricole; son développement, sous cette forme spéciale, ne manquera pas de susciter une législation appropriée. Déjà le Gouvernement tunisien a été amené à protéger ces ouvrages par des pénalités particulièrement rigoureuses. C'est ainsi que le décret du 16 février 1909 punit d'un emprisonnement d'un mois à deux ans et d'une amende de 100 à 500 francs quiconque aura « volontairement détruit ou renversé par quelque moyen que ce soit, en tout ou en partie, les ponts, digues, aqueducs ou autres travaux déclarés d'utilité publique nécessaires à l'aménagement et à l'exploitation des eaux mises à la disposition des syndicats d'irrigation constitués en vertu de décrets. »

§ 3. — *Ports.*

694. Les ports de la Régence ouverts au commerce sont : Tunis, Sousse et Sfax (2), Bizerte (3), Mehdia, Gabès, Monastir, Tabarka, Houmt-Souk, Adjim, Hammamet, Zarzis, Kelibia, Aghir, Chebba, Skira, Kerkennah, Nabeul, El Kantara, Porto-Farina.

---

puits forés sur les propriétés particulières si ces puits ne sont pas jaillissants. —

Art. 3. — Aucun barrage, aucune plantation, aucun ouvrage permanent ou temporaire de nature à modifier le régime des eaux ne peut être établi ou réparé sur un cours d'eau sans l'autorisation du directeur général des travaux publics.

Art. 4. — Tout propriétaire qui veut opérer une construction ou une reconstruction au-dessus des cours d'eau ou les joignant doit soumettre au directeur général des travaux publics les dispositions qu'il se propose d'adopter.

Dans les trois mois qui suivront le dépôt de cette communication, le directeur général des travaux publics fera connaître au pétitionnaire si les ouvrages projetés paraissent devoir comporter des conséquences nuisibles et si, en conséquence, l'administration s'oppose à leur exécution.

Après ce délai, s'il n'a reçu aucune réponse, le pétitionnaire pourra passer outre sans préjudice des droits des tiers et de l'administration.

Art. 5. — Il est interdit de faire aucun dépôt dans le lit des cours d'eau et d'y laisser couler des eaux infectes ou nuisibles.

(1) V. *supra* n° 682 la note.
(2) D. beyl. 23 janvier 1897

(1) D. beyl. 15 septembre 1897.
(2) Concédés à la compagnie des ports de Tunis, Sousse, Sfax.
(3) Concédé à la compagnie de port de Bizerte.

Ces ports sont soumis aux prescriptions d'un règlement général de police édicté par décret du 10 février 1896.

Ce règlement détermine les limites des ports et les attributions du personnel de la police des ports; il arrête les conditions d'occupation temporaire de terrains pour les industries maritimes, les mesures de police administrative, les dispositions relatives au mouvement et au stationnement des navires dans les rades et ports, ainsi qu'aux opérations de chargement et de déchargement, lestage et délestage, construction, réparation ou démolition des navires, les mesures spéciales relatives aux matières dangereuses, les précautions contre les incendies. Il réglemente enfin la police des ports et des quais, leur outillage, les bateaux de servitude, les bateaux remorqueurs, etc.

Chaque port de quelque importance a fait, de plus, l'objet d'un règlement particulier qui a été promulgué par décret aux dates ci-après : Bizerte (20 juin 1907), Tunis-Goulette (10 mars 1899, 7 avril 1901 et 11 février 1908), Sousse (2 avril 1900), Sfax (10 avril 1900).

En outre, un décret du 16 avril 1889, modifié par décrets des 23 décembre 1893 et 29 janvier 1905, réglemente l'embarquement et le débarquement des marchandises et des passagers en rade de Gabès, et un décret du 21 février 1889 réglemente le transport des passagers en rade d'Houmt-Souk (1).

ART. 2. — Chemins de fer.

695. La construction du réseau ferré tunisien a été commencée antérieurement à notre établissement en Tunisie. Mais c'est au protectorat que revient l'honneur d'avoir donné aux voies ferrées leur développement actuel (2).

Les lignes de chemins de fer se divisent en quatre groupes :

1° Lignes concédées ou garanties à la Compagnie Bône-Guelma;

2° Lignes construites aux frais du Gouvernement tunisien et concédées sans garantie à la même Compagnie ou à la Compagnie Sfax-Gafsa;

3° Ligne construite par la Compagnie des phosphates de Gafsa;

4° Ligne de Tunis-Goulette-Marsa.

a) Réseau garanti par la France ou réseau de la Medjerdah.

696. Le 6 mai 1876, le Gouvernement beylical concédait à la Société des Batignolles, la mine de plomb de Djebba en même temps que la construction d'une ligne de chemin de fer de Tunis à la Dakhla Djendouba (Souk el Arba); l'année suivante (14 août 1877), la substitution de la Compagnie Bône-Guelma à la Société des Batignolles était approuvée. Le 27 janvier 1878, la Compagnie Bône-Guelma autorisée à prolonger cette ligne jusqu'à la frontière algérienne. Enfin, le tronçon de Tunis Hammam-Lif était construit (3) et l'embranchement de Pont-de-Trajan à Béja livré à l'exploitation (4).

_____

(1) Tableaux statistiques de la direction des Travaux publics. Tunis 1909, p. 43.
(2) V. *supra*, nᵒˢ 29, 30, 629.
(3) Cf. D. beyl. 24 décembre 1880.
(4) Cf. D. beyl. 2 avril 1885.

Aux termes de la convention initiale passée entre le Gouvernement beylical et la Compagnie Bône-Guelma, ces concessions étaient consenties sur les bases suivantes :

La durée de la concession est fixée à cinquante ans; aucune garantie ou subvention n'est accordée par le Gouvernement tunisien qui s'engage seulement à fournir les terrains nécessaires à l'établissement de la ligne;

Il est reconnu aux concessionnaires pour une durée de cinq années, le droit exclusif d'étendre la ligne jusqu'au Kef et de construire, avec l'autorisation du Gouvernement, les embranchements qui leur paraîtront utiles jusqu'à une distance maxima de 50 kilomètres de la ligne principale;

Le Gouvernement tunisien se réserve le droit de racheter la ligne à dire d'experts à l'expiration de la concession; à défaut de rachat, le chemin de fer et ses appartenances restent la propriété des concessionnaires qui sont tenus de continuer l'exploitation (1).

Il n'est prévu aucune clause de déchéance ou de rachat prématuré.

697. D'autre part, le 26 mars 1877, le Parlement français approuvait la convention du 8 mars 1877, par laquelle le Gouvernement français étendait aux lignes de la Medjerdah jusqu'à concurrence de 220 kilomètres de longueur, la garantie d'intérêt accordée aux lignes algériennes de la Compagnie Bône-Guelma (2).

Le réseau ainsi garanti comprend :

Ligne de Tunis à la frontière algérienne.	195.902 m.
Ligne de Tunis à Hammam-Lif......	16.360
Embranchement de Pont-de-Trajan à Béja (3)..........................	7.738

Toutes ces lignes sont à voie normale (4) et leur capital de premier établissement s'élève à 34.174.000 francs.

_____

(1) Ce droit de rachat a été transféré au Gouvernement français par décret beylical du 22 mai 1894.
(2) C'est-à-dire un revenu annuel de 10,122 francs par kilomètre, représentant 6 0/0 du capital de premier établissement et une garantie forfaitaire kilométrique d'exploitation fixée par un barème dont le point de départ est de 7,700 francs pour des recettes brutes d'exploitation inférieures ou égales à 11,000 francs par kilomètre et décroissant ensuite de 70 0/0 jusqu'à 52 0/0 de la recette brute pour des recettes s'élevant de 16,000 à 20,000 francs avec maximum de 10,400 francs.
En échange des garanties qui précèdent, la Compagnie concessionnaire de la ligne de la Medjerdah et la Compagnie Bône-Guelma avaient les 7 et 15 mars 1877, par deux déclarations au ministre des Travaux publics, reconnu au Gouvernement français :
1° La propriété du chemin de fer de la Medjerdah à l'expiration des traités des deux Compagnies (7 mars 1926), si le Gouvernement tunisien n'avait pas usé de son droit de rachat après les cinquante premières années de concession;
2° Le droit de rachat des lignes tunisiennes après vingt-cinq années d'exploitation (à partir du 6 mai 1876), aux conditions stipulées pour le rachat des lignes algériennes.
(3) La longueur effective de cet embranchement est de 12,851 mètres dont 5,113 mètres non garantis sont exploités aux frais et risques de la Compagnie Bône-Guelma.
(4) La ligne de Tunis à Hammam-Lif, d'abord construite à voie large, avait été, pour permettre l'entrée en gare de Tunis des trains du réseau à voie étroite, augmentée en 1897 d'une voie étroite placée entre les rails de la voie normale. Cette organisation ayant présenté des inconvénients au point de vue de la sécurité de l'exploitation, la voie normale a été déposée sous réserve des droits de l'État français et le trafic a été assuré à partir du 1ᵉʳ mai 1899 avec la voie étroite à voie étroite exclusivement. (Direction générale des travaux publics. — *Les Travaux publics du protectorat français en Tunisie*, Tunis, 1900, t. Iᵉʳ, p. 345.)

698. *Convention du 17 mars 1902* (1). — Le régime de garantie établi par la loi française du 26 mars 1877 a été en vigueur jusqu'au 31 décembre 1902. Depuis cette date et en conformité de la convention du 17 mars 1902 passée entre le Gouvernement français et le Gouvernement tunisien, la Régence a pris à son compte, avec une participation forfaitaire de la métropole, la charge annuelle de la garantie d'intérêt, et éventuellement l'annuité de rachat de ce réseau.

La participation du Gouvernement français s'applique à chaque année de la période de soixante-trois ans comprise entre 1903 et 1965 inclus, date de l'expiration de la concession.

Lorsque les garanties effectivement payées par l'État français n'atteignent pas la somme fixée pour l'année, l'excédent est employé à constituer et à maintenir un fonds de réserve de 1.500.000 francs, pour faire face aux déficits éventuels des autres années (2). Le surplus fait retour au Gouvernement français sans que la somme qui lui est ainsi attribuée, puisse dépasser le montant de sa participation de l'année.

En même temps qu'on limitait les sacrifices à faire par la métropole, on donnait le droit à la Tunisie d'apporter aux conditions d'exploitation des lignes garanties les modifications jugées utiles, d'homologuer les tarifs et d'autoriser l'exécution des travaux complémentaires. Le tout sous réserve de l'approbation des ministres des Finances et des Travaux publics.

Le Gouvernement français conserve enfin le droit de rachat des lignes garanties à lui transféré par décret beylical du 22 mai 1894, mais il s'engage, au cas où il exercerait son droit, à remettre au Gouvernement tunisien les lignes rachetées.

699. Le tableau ci-après résume les résultats financiers pour les Gouvernements français et tunisien de l'exploitation des lignes garanties depuis la mise en vigueur de la convention du 17 mars 1902.

ANNÉES.	RECETTES annuelles.	INSUFFI- SANCES annuelles.	CHARGES annuelles maxima du Trésor français, (Article 2 de la Convention.)	CHARGES annuelles effectives du Trésor français.	CHARGES annuelles effectives du Trésor tunisien.
1903........	2.542.847	1.573.656	2.000.000	2.000.000[1]	»
1904........	2.892.076	1.317.468	2.000.000	2.000.000[2]	»
1905........	2.470.969	1.608.595	2.000.000	2.000.000[3]	»
1906........	2.354.528	1.750.224	2.000.000	1.762.933[4]	»
1907........	2.737.971	1.473.299	1.938.660	1.473.299[5]	»
1908........	2.802.350	1.431.732	1.907.000	1.431.732	»
1909........	»	»	1.876.000		»

¹ Y compris 423.344 fr. versés au fonds de réserve de 1.500.000 fr. (art. 3).
² Y compris 682.542 fr. versés au fonds de réserve.
³ Y compris 391.405 fr. versés au fonds de réserve.
⁴ Y compris 2.709 fr. versés au fonds de réserve.
⁵ Le fonds de réserve ayant atteint son maximum de 1.500.000 fr. il n'y est plus fait aucun versement.

(1) Approuvée par la loi française du 6 avril 1902.
(2) Le fonds de réserve a atteint son maximum en 1907.

b) Réseau tunisien proprement dit.

700. Il comprend les lignes construites aux frais du Gouvernement tunisien et dont l'exploitation est assurée par la Compagnie Bône-Guelma, moyennant un forfait annuel variant avec chacune d'elles. Elles peuvent se diviser en trois groupes, savoir :

1° Lignes construites en exécution des conventions du 12 octobre 1892;

2° Lignes dotées sur les ressources de l'emprunt de 1902, ou programme de 1902;

3° Lignes à doter sur les ressources de l'emprunt de 1907, ou programme de 1907.

701. *Convention de 1892.* — En vue de réviser le régime du réseau garanti par la France, le Gouvernement tunisien avait été amené à passer avec la Compagnie Bône-Guelma deux conventions datées du 12 octobre 1892, pour assurer l'exécution de la ligne à voie normale de Djédeïda à Bizerte d'une part, et des lignes à voie étroite de Tunis au Cap Bon et au Sahel, avec embranchements et prolongements, d'autre part.

Par la convention du 3 juillet 1894, passée avec la Compagnie Bône-Guelma, le ministre des Travaux publics donna son adhésion à ces accords qui furent ratifiés par le Parlement français (1).

D'après ces conventions, la durée de la concession commence à courir du 29 décembre 1880 (2) pour prendre fin le 29 décembre 1979; la construction des lignes est exécutée aux frais du Gouvernement tunisien, par la Compagnie, moyennant un prix forfaitaire (3); dès l'achèvement des travaux, la Compagnie assure l'exploitation des lignes.

« Les deux conventions reconnaissent au Gouvernement tunisien le droit de rachat des lignes et règlent les conditions de ce rachat. La ligne de Djédeïda à Bizerte est rachetable à partir du 7 mai 1917 et celles du Cap Bon et du Sahel à partir du 12 octobre 1917. »

En outre, les obligations de la Compagnie concessionnaire vis-à-vis du Gouvernement, tant au point de vue du contrôle qu'à celui de la circulation des agents des services publics sont déterminées.

702. *Programme de 1902.* — Il a été réalisé au moyen des ressources provenant de l'emprunt de 40 millions autorisé par la loi française du 30 avril 1902 (4).

(1) L. 12 août 1894.
(2) Date de la convention concédant ces lignes à la Compagnie Bône-Guelma.
(3) Savoir :

Pour la ligne de Djédeïda à Bizerte :

Forfait de construction.....................	5.600.000 fr.
Travaux complémentaires....................	100.000

Pour le réseau à voie étroite :

Forfait de construction.....................	16.925.000
Aménagement de la gare de Tunis et divers....	494.000
Travaux complémentaires....................	1.200.000
Total...................	21.619.000 fr.

(4) V. *supra*, n° 457.

Les lignes dont la construction était prévue dans ce programme sont celles de :

1° Pont-du-Fahs à Kalaat-Senane avec embranchement sur le Kef (voie étroite);

2° Kairouan à Sbiba et Henchir Souatir (voie étroite);

3° Bizerte aux Nefzas (voie normale);

4° Sfax au réseau de Sousse (voie étroite).

a) La ligne de Pont-du-Fahs à Kalaat-Senane avait fait l'objet d'une convention passée le 7 octobre 1901 entre le Gouvernement tunisien et la Compagnie Bône-Guelma. Cette convention, approuvée par le décret beylical du 5 mai 1902, a concédé à cette Compagnie la construction et l'exploitation de la ligne qui a été incorporée dans le réseau tunisien à voie étroite dès son achèvement.

La construction en a été faite à forfait au prix de 60,422 francs le kilomètre pour la ligne principale et de 54,000 francs pour l'embranchement du Kef;

b) La ligne de Kairouan à Henchir Souatir, d'une longueur de 250 kilomètres environ, se détache de la ligne de Sousse — Kairouan à Aïn-Ghazezia.

La construction et l'exploitation de cette ligne ont donné lieu, entre le directeur général des travaux publics et la Compagnie Bône-Guelma, à une convention du 15 avril 1905, approuvée par décret beylical du 5 juillet suivant.

La Compagnie doit être remboursée dans les limites d'un maximum des dépenses réelles d'infrastructure et de superstructure majorées de 8 0/0 pour frais généraux et avances de fonds; puis de 6 0/0 pour frais d'études, de direction et de surveillance, ainsi que des dépenses d'acquisition du matériel roulant majorées de 5 0/0. Elle doit toucher en outre, à titre de prime, la moitié de l'économie qui sera réalisée sur le maximum visé ci-dessus;

c) D'une longueur de 76 kilomètres environ, la ligne de Bizerte aux Nefzas se détache, à la gare de Mateur, de la voie ferrée Djedeïda — Bizerte. Elle a fait l'objet de la convention du 15 février 1906 (1). Aux termes de cette convention, le Gouvernement tunisien doit construire la ligne à ses frais, la mettre en état complet d'exploitation et en faire la remise à la Compagnie.

Le capital de premier établissement arrêté contradictoirement doit comprendre les dépenses réelles faites en travaux et fournitures, majorées de 15 0/0. Ce capital pourra s'accroître de un million de francs pour travaux complémentaires;

d) La ligne de Sousse à Sfax (113 kilomètres environ) se détache de la ligne de Sousse — Moknine, au delà de M'Saken et passe près d'El Djem. L'exploitation de cette ligne est régie par la convention du 20 décembre 1907 (2), qui reproduit en grande partie les dispositions de celle relative à la ligne de Bizerte aux Nefzas.

703. *Programme de 1907.* — Une loi du 10 janvier 1907 (3) a autorisé la Tunisie à emprunter une somme de 75 millions sur laquelle 58 millions doivent être affectés

à des travaux de chemins de fer; les lignes prévues dans le programme de cet emprunt sont :

La ligne stratégique Mateur-Béja, avec prolongement sur Nebeur (130 kilomètres);

La ligne Sfax-Bou Thadi (60 kilomètres);

La ligne des Nefzas à Tabarka (37 kilomètres);

La ligne Menzel-Kelibia (55 kilomètres);

La ligne Zaghouan-Bou Ficha (93 kilomètres);

La ligne Tunis-Téboursouk (90 kilomètres).

L'exploitation de la première de ces lignes a été concédée à la Compagnie Bône-Guelma (1) et l'exploitation de la seconde à celle des phosphates et du chemin de fer de Gafsa (2). Les conditions générales imposées à ces Compagnies sont celles adoptées pour l'exploitation de la ligne de Bizerte aux Nefzas.

704. *Conditions générales d'exploitation.* — Les dépenses d'exploitation par kilomètre sont fixées à forfait et calculées pour chaque ligne au moyen des formules suivantes :

		Avec minimum de :
1er GROUPE		
Djedeïda-Bizerte	fr. $1,750 + R/2$	3,500 fr.
Du Cap-Bon et du Sahel	$1,500 + R/2$	3,000
2e GROUPE		
Pont du Fhas à Kalaat-Senane	$1,500 + R/2$	3,000
Kairouan à Enchir-Souatir	$1,300 + R/2$	2,800
Bizerte aux Nefzas	$1,750 + R/2$	3,500
Sousse à Sfax	$1,500 + R/2$	3,000
3e GROUPE		
Béja-Mateur-Nebour	$1,500 + R/2$	3,250
Sfax à Bou-Thadi (3)	$1,300 + R/2$	2,800

Il y a insuffisance de recettes quand la recette brute totale, impôt déduit, ne couvre pas les dépenses d'exploitation calculées comme il est dit pour chacune des lignes ci-dessus. Il y a excédent de recettes quand la recette brute totale, impôt déduit, est supérieure aux dépenses d'exploitation.

Les insuffisances de recettes sont couvertes à titre d'avance par des versements de la Compagnie Bône-Guelma, pour les lignes du 1er groupe et celle de Sousse-Sfax, et par des versements du Gouvernement tunisien, pour celles des derniers groupes.

Les excédents de recettes, dès qu'il s'en produit, sont d'abord affectés à rembourser soit à la Compagnie, soit au Gouvernement tunisien, leurs avances augmentées de leurs intérêts simples au taux de 4,60 0/0, qu'ils ont avancées pour couvrir les insuffisances. Ce remboursement une fois fait, l'excédent des recettes brutes sur les dépenses d'exploitation est versé à l'État jusqu'à concurrence du montant de l'intérêt à 4,60 0/0 du capital de premier établissement et des sommes dépensées pour travaux com-

---

(1) Approuvée par décret beylical du 3 mars 1906.
(2) Approuvée par décret beylical du 4 février 1908.
(3) V. *supra*, n° 458.

(1) Cf. D. beyl. 4 février 1908 approuvant la convention du 5 décembre 1907.
(2) Cf. D. beyl. 8 juillet 1908 approuvant la convention du 1er mai 1908.
(3) Ces dépenses sont ainsi fixées, à partir de la onzième année de l'exploitation; pendant les cinq premières années, elles sont de 2,100 francs et s'élèvent à 2,500 francs pour la période comprise entre la sixième et la dixième année.

plémentaires. Ces prélèvements effectués, s'il reste un excédent, celui-ci est employé à constituer et à maintenir un fonds de réserve (1) pour faire face aux dépenses des travaux complémentaires prévus par chaque convention. Le surplus est partagé par parts égales entre le Gouvernement tunisien et la Compagnie.

La date d'expiration des concessions, sous réserve du droit de rachat du Gouvernement tunisien, a été fixée au 29 décembre 1979 pour les lignes exploitées par le Bône-Guelma, au 19 août 1956 pour celle de Sfax à Bou Thadi concédée à la Compagnie de Gafsa.

705. *Tarifs.* — En vue d'uniformiser les tarifs tunisien et algérien, la direction des travaux publics a homologué les propositions de la Compagnie Bône-Guelma tendant : 1° à l'adoption de la table générale des marchandises en vigueur sur le réseau algérien; 2° à l'addition aux cinq séries existantes d'une sixième série à 0,09 par tonne et par kilomètre.

Résultats financiers pour le trésor tunisien de l'exploitation du réseau non garanti.

ANNÉES.	INSUFFI-SANCES annuelles.	EXCÉDENTS annuels.	INSUFFI-SANCES cumulées (excédents déduits).	INTÉRÊTS simples cumulés au 31 décembre de chaque année.	MONTANT des avances de la Cie Bône-Guelma au 31 décembre.
1894.	7,020	»	7,020	»	7,020
1895.	81,929	»	88,958	303	80,323
1896.	121,497	»	210,455	4,457	214,912
1897.	155,404	»	365,859	14,138	379,997
1898.	25,906	»	391,765	30,968	422,733
1899.	13,374	»	405,139	48,089	424,428
1900.	72,204	»	477,343	67,625	544,968
1901.	»	131,594	345,749	89,588	435,332
1902.	»	249,412	96,337	105,481	201,818
1903.	»	395,335¹	»	109,913	»
1904.	»	476,651	»	»	»
1905.	»	320,718	»	»	»
1906.	»	1,285,468	»	»	»
1907.	»	1,950,107	»	»	»
1908.	»	2,200,626	»	»	»

¹ L'excédent net versé au Trésor a été de : 189,085 fr.

c) Lignes dotées sur ressources spéciales.

706. 1° *Raccordement des réseaux Nord et Sud de la Régence par les embranchements de Metlaoui à Redeyf et de Tabbedit à Henchir-Souatir.* — La Compagnie de Gafsa a été autorisée, par un arrêté du directeur général des travaux publics, en date du 27 mai 1905, à construire, à ses frais, en vue d'exploiter le gisement de phosphates du Redeyf, un embranchement minier à voie d'un mètre.

(1) Ce fonds de réserve n'a été prévu que pour les lignes des deux derniers groupes, savoir :

Kalaat-Senanc................ 1,000,000 fr.
Kairouan-Henchir-Souatir... 300,000
Sfax-Sousse................... 50,000
Bizerte-Nefzas............... 1,000 — par kilomètre.
Sfax-Bou-Thadi.............. 1,000 —
Mateur-Nebeur............... 1,500 —

Cet embranchement a son origine à Metlaoui; il traverse les gorges de l'oued Seldja et aboutit au Djebel Redeyef. Il a une longueur de 42 kilomètres. Il a été ouvert à l'exploitation le 10 mars 1908; un service de voyageurs y fonctionne depuis le 1er février 1909.

Si on remarque que la ligne de Sousse à Henchir-Souatir a son terminus non loin de l'embranchement du Redeyf, on reconnaît qu'il y a un intérêt de premier ordre, notamment au point de vue stratégique, à opérer la jonction des deux lignes et à réaliser ainsi le raccordement des réseaux du Centre et du Nord concédés à la Compagnie de Bône-Guelma avec le réseau du Sud concédé à la Compagnie de Gafsa.

Les ressources nécessaires à la construction de ce raccordement n'ayant pas été prévues au programme de création du réseau ferré actuellement en cours, la Compagnie de Gafsa s'est engagée, par une convention du 20 mars 1906, approuvée par décret du 22 mai suivant, à construire et à exploiter à ses frais ledit raccordement.

En compensation des charges considérables qu'elle a assumées, la Compagnie a obtenu de l'État les deux avantages suivants :

1° Elle est autorisée à remplir les obligations qui lui incombent de par la convention d'Aïn-Moularès au moyen de phosphate extrait du Redeyf; elle économise ainsi l'aménagement d'une mine sur deux;

2° Le minimum de recette kilométrique à partir duquel la Compagnie est tenue de doubler la voie entre Sfax et Metlaoui a été élevé de 35,000 à 45,000 francs.

Le raccordement du Redeyef à Henchir-Souatir a son origine à Tabbedit, à peu près à égale distance de Metlaoui et de Redeyef; il a une longueur de 20 kilomètres.

707. 2° *Embranchements du Djérissa-Slata et de Bir-Kassa La Goulette.* — Ces embranchements ont été créés pour diriger sur la Goulette les minerais de fer des djebels Djérissa et Slata et, éventuellement, ceux du djebel Hameïma. Le premier dessert, en outre, des gisements de phosphates. Ils ont été construits pour l'État, par des prélèvements sur les excédents budgétaires et avec le concours financier des sociétés du Djérissa et du Slata.

Leur exploitation a été concédée à la Compagnie Bône-Guelma par une convention du 8 juin 1906, approuvée par décret du 4 juillet suivant.

708. L'embranchement Djérissa-Slata a une longueur de 29 kilomètres; il se détache de la Chalaa-Djerda au kilomètre 206, au col de Fedj-Tameur. Il a été ouvert à l'exploitation, pour la section Fedj-Tameur-Djérissa, le 1er février 1908; la section Djérissa-Slata a été ouverte le 1er septembre 1908.

La construction de l'embranchement de Bir-Kassa-La Goulette a été retardée par les formalités d'instruction mixte relatives aux installations d'embarquements des minerais sur le chenal, à La Goulette.

En attendant la décision définitive des ministres de la Guerre et de la Marine, le ministre des Affaires étrangères a autorisé la construction de la partie de ligne comprise entre Radès et La Goulette avec raccordement provisoire sur la ligne de Sousse; cette construction a été terminée fin janvier 1908 et le premier train de minerai de fer du Djerissa a pu être conduit à La Goulette le 2 février 1908.

Une seconde décision du 10 mars 1908 a autorisé la construction de la section Bir-Kassà-Radès; l'embranchement complet Bir-Kassa-La Goulette a été livré à l'exploitation au mois d'octobre 1909.

Les deux embranchements de Djerissa-Slata et de Bir-Kassa-La Goulette ont été incorporés au réseau de Tunis-Cap Bon-Sahel par la convention du 8 juin 1906.

709. Les frais d'exploitation sont fixés à 1,050 francs par kilomètre plus la moitié de la recette brute, impôts déduits, avec minimun de 2,100 francs par kilomètre, quelle que soit la recette (F = 1,050 + R /2).

Par dérogation aux stipulations de la convention du 7 octobre 1901 relative à la ligne de Pont-du-Fahs à Kalaat-Senane, un compte spécial est établi pour le transport des minerais de fer expédiés sur La Goulette; ces transports sont payés à la Compagnie Bône-Guelma au prix de 0 fr. 028 par tonne et par kilomètre pour toute la longueur parcourue entre les stations de chargement et Pont-du-Fahs.

d) Chemin de fer de Sfax à Gafsa et à Metlaouï-Tozeur.

710. La construction et l'exploitation de ce chemin de fer ont été concédées par la convention du 3 août 1896 (1) complétée par celle du 1er avril 1904, à la Compagnie des phosphates et du chemin de fer de Gafsa.

La première convention comporte :

1º La concession de l'exploitation des phosphates des massifs montagneux de la région de Gafsa, pour une période de soixante années grégoriennes;

2º La construction, et l'exploitation pour un même laps de temps, d'une ligne de chemin de fer reliant Sfax à ces gisements;

3º La cession, à titre gratuit, en toute propriété, de 30,000 hectares de terrains domaniaux cultivables, situés dans le contrôle de Sfax.

Le concessionnaire jouit de plus d'un droit de préférence, à conditions égales, pour l'obtention de la concession des phosphates tunisiens connus ou à découvrir dans les terrains domaniaux compris entre le parallèle de Sfax et celui d'El Hamma du Djérid.

Ce contrat assure au Gouvernement tunisien :

1º La construction et l'exploitation, sans subvention ni garantie, d'un chemin de fer de 243 kilomètres desservant des régions susceptibles d'être mises en valeur;

2º Un revenu calculé d'après le nombre de tonnes exportées, avec minimum annuel de redevance de 150,000 francs;

3º Une redevance supplémentaire calculée sur le tonnage exporté, à raison d'une taxe par tonne égale à la différence entre les droits de toute nature qui frapperont dans l'avenir les phosphates d'Algérie et la redevance tunisienne précitée de 1 franc par tonne;

4º Une seconde redevance supplémentaire calculée sur le tonnage vendu desdits phosphates, à raison d'une taxe par tonne égale à 25 0/0 de la différence entre le prix moyen de vente, sous palan à Sfax, et le prix de 35 francs, quand le cours des phosphates dépasse ce chiffre.

Ces diverses redevances supplémentaires sont affectées à la garantie de l'exploitation du chemin de fer, pendant des périodes déterminées, sous réserve de remboursement des avances sans intérêt sur les bénéfices futurs de la ligne.

711. Le compte d'exploitation s'établit, pour les recettes, en appliquant fictivement aux transports de phosphates les tarifs actuels de la Compagnie Bône-Guelma, et, pour les dépenses, en ajoutant aux frais d'intérêt et d'amortissement du capital d'établissement de la ligne, les frais propres d'exploitation calculés par la formule forfaitaire 1,500 fr. + R /2, avec minimum de 3,000 francs par kilomètre, quelle que soit la recette (1).

712. La deuxième convention donne au Gouvernement tunisien le droit de réclamer à la Compagnie la continuation du chemin de fer de Metlaoui à Tozeur, dès que la charge incombant à l'État dans les dépenses de premier établissement de la ligne de Sfax à Metlaoui sera devenue inférieure à 300,000 francs.

Cette éventualité s'est réalisée le 1er janvier 1909, mais la construction du chemin de fer paraît ajournée pour le moment.

713. *Tarifs.* — Les tarifs maxima fixés par le cahier des charges sont les mêmes que sur la ligne de la Medjerdah.

Les prix à percevoir pour le transport des marchandises à petite vitesse sont fixés ainsi qu'il suit : 1re série, 0 fr. 24; 2e série, 0 fr. 20; 3e série, 0 fr. 15; 4e série, 0 fr. 12; 5e série, 0 fr. 10 par tonne et par kilomètre, frais accessoires non compris. Cette tarification a été complétée par des tarifs spéciaux destinés à favoriser l'exportation des dattes du Djérid, alfas, diss, etc., et l'importation des farines, semoules, houilles, matériaux de construction, etc.

Les tarifs appliqués aux transports des phosphates — et ce pendant toute la durée de la concession — sont les mêmes que ceux en vigueur au même moment sur la ligne algérienne de Bône à Tebessa.

e) Chemin de fer électrique Tunis-Goulette-Marsa.

714. On a vu (2) comment cette ligne, après avoir été concédée à une Compagnie anglaise, fut cédée à la Société de navigation générale italienne Rubattino.

Le 22 mars 1898, une convention a été passée entre le Gouvernement tunisien et la Compagnie Bône-Guelma, aux termes de laquelle celle-ci s'engageait à reprendre l'exploitation des lignes Rubattino. Le 29 juillet suivant, un contrat intervenait entre les deux sociétés et la Compagnie Bône-Guelma rachetait à la Société italienne la ligne Rubattino, moyennant le prix de 7,500,000 francs.

Quelques années plus tard, le remplacement de la ligne rachetée par un chemin de fer électrique était décidé. Par

(1) Approuvée par décret beylical du 20 août 1896.

(1) Direction des Travaux publics, *op. cit.*, III, p. 299.
(2) V. *supra*, nº 44.

la convention du 19 août 1905, la Compagnie Bône-Guelma renonçait à ses droits sur cette ligne et le chemin de fer électrique était concédé à la Compagnie des Tramways de Tunis.

Le chemin de fer électrique comprend actuellement une ligne à voie normale partant de l'avenue Jules Ferry à Tunis, traversant le lac, desservant La Goulette, Carthage et Sidi-bou-Saïd et se terminant à La Marsa.

Le concessionnaire a à sa charge l'équipement électrique, les usines, remises et ateliers, le mobilier des gares et le matériel roulant; toutes les autres dépenses incombent à l'État.

f) Service du contrôle.

715. Le contrôle des lignes tunisiennes est assuré par un service unique placé sous l'autorité du résident général et dirigé par le directeur général des travaux publics (1).

Le service du contrôle se divise en contrôle de la voie et des bâtiments et contrôle de l'exploitation technique; en contrôle de l'exploitation commerciale et contrôle du travail. Il est assuré par un ingénieur en chef, chef du service central des chemins de fer, assisté d'ingénieurs des ponts et chaussées, d'un inspecteur de l'exploitation commerciale, de conducteurs et de commissaires de surveillance administrative.

En outre, le contrôle du matériel roulant et de la traction est assuré par un service unique comprenant les contrôleurs des mines en résidence à Tunis et dans les circonscriptions de l'intérieur de la Régence.

Les frais de visite, de surveillance et de réception des travaux, ainsi que les frais de contrôle de l'exploitation sont supportés par les Compagnies concessionnaires.

Un arrêté du 19 septembre 1898 a fixé à 25 francs par kilomètre et par an les frais de contrôle de la Compagnie Bône-Guelma pour les lignes de son réseau tunisien proprement dit.

Le cahier des charges de la concession du chemin de fer de Sfax à Gafsa fixe les frais de contrôle à 15 francs par kilomètre et par an.

g) Police des chemins de fer.

716. Elle a été réglementée par le décret beylical du 16 octobre 1897 qui reproduit dans ses grandes lignes les dispositions de la législation métropolitaine, notamment la loi du 15 juillet 1845 et l'ordonnance du 15 novembre 1846.

Les contraventions au décret beylical et à tous les règlements sur la police, la sûreté et l'exploitation des chemins de fer, ainsi qu'aux arrêtés pris par le directeur des travaux publics pour l'exécution desdits règlements, sont punies d'une amende de 16 à 3,000 francs.

En cas de récidive dans l'année, l'amende est portée au double, et le tribunal peut, selon les circonstances, prononcer, en outre, un emprisonnement de trois jours à un mois.

(1) Arrêté du directeur des travaux publics du 10 décembre 1902.

La juridiction française est seule compétente dans tous les cas pour connaître des infractions aux décrets sur la police des chemins de fer et des contestations auxquelles son application peut donner lieu (1).

SECTION III.

MINES. — CARRIÈRES. — PHOSPHATES.

§ 1er. — Législation minière.

717. *Textes applicables.* — Nous avons déjà dit l'importance et la richesse du sous-sol tunisien (2). Au fur et à mesure du développement incessant de l'industrie minière dans la Régence, on comprit la nécessité de fixer les dispositions relatives au régime légal des mines et à leur réglementation.

Ces dispositions sont actuellement contenues dans sept textes :

1° Un arrêté du premier ministre en date du 1er décembre 1881, approuvé par visa résidentiel du 15 décembre 1884;

2° Le décret du 3 septembre 1882, instituant une direction générale des travaux publics dans la Régence de Tunis;

3° Le décret du 25 juillet 1883, portant organisation du service des travaux publics;

4° Le décret du 10 mai 1893, déterminant le caractère légal des mines et réglementant les travaux de recherches de mines, ainsi que l'occupation temporaire à laquelle ces travaux peuvent donner lieu;

5° Le décret du 14 juin 1902, relatif aux subventions à fournir par les mines et autres entreprises industrielles pour l'entretien des routes;

6° Le règlement du 21 mai 1906, approuvé par décret du 26 mai suivant, pour l'exécution du décret du 10 mai 1893;

(1) Art. 104. — *Constatation des infractions au présent décret.* — Les crimes, délits ou contraventions prévus au présent décret pourront être constatés par des procès-verbaux dressés concurremment par les officiers de police judiciaire, les ingénieurs des ponts et chaussées, les contrôleurs des mines et tous agents de surveillance et gardes nommés ou agréés par l'Administration et dûment assermentés.

Les procès-verbaux des délits et contraventions feront foi jusqu'à preuve contraire.

Au moyen du serment prêté devant le tribunal de première instance de leur domicile, les agents de surveillance de l'Administration et des concessionnaires ou fermiers pourront verbaliser sur toute la ligne du chemin de fer auquel ils seront attachés.

Art. 105. — *Affirmation des procès-verbaux.* — Les procès-verbaux qui auront été dressés par des agents de surveillance et gardes assermentés seront dispensés de la formalité de l'affirmation.

Art. 106. — *Résistance aux agents du chemin de fer.* — Toute attaque, toute résistance avec violence et voies de fait envers les agents des chemins de fer dans l'exercice de leurs fonctions sera punie des peines appliquées à la rébellion, suivant les distinctions faites par le Code pénal français.

Art. 107. — *Circonstances atténuantes.* — L'article 463 du Code pénal français est applicable aux condamnations qui seront prononcées en exécution du présent décret.

Art. 108. — *Cumul des peines.* — En cas de conviction de plusieurs crimes ou délits prévus au présent décret ou par le Code pénal français, la peine la plus forte sera seule prononcée.

Les peines encourues pour des faits postérieurs à la poursuite pourront être cumulées, sans préjudice des peines de la récidive. (*D. beyl.* 16 octobre 1897.)

(2) V. supra n° 27.

7° Enfin l'arrêté du 2 mai 1907 portant règlement des frais d'enquête et de visite de mines et des frais d'analyses.

De ces divers textes, le plus important est certainement le décret du 10 mai 1893.

On peut dire, en effet, qu'antérieurement à la promulgation de ce décret il n'existait pas de législation spéciale sur les mines, qui étaient régies par les principes généraux du droit musulman sur la propriété immobilière. Pour qu'un tiers pût être fondé à poursuivre l'exercice d'un droit sur une mine, il fallait qu'il justifiât de l'acquisition régulière de ce droit, conformément aux règles du statut immobilier tunisien (1).

L'arrêté du premier ministre du 1er décembre 1881 avait seulement précisé que les mines sont la propriété de l'État et constituent une branche de ses revenus, et que, par conséquent, toute aliénation qui en serait consentie autrement que par l'État serait nulle (2).

Le décret du 10 mai 1893 rappelle ces mêmes principes : « Les mines étant propriété domaniale... » (3).

Par une procédure sommaire d'occupation temporaire (4), analogue à celle que le décret du 20 août 1888 a instituée en faveur des entreprises de travaux publics en Tunisie, ce texte a, de plus, assuré l'exercice du droit de recherches, dont nous allons parler, lorsque cet exercice entraîne un conflit avec les propriétaires du sol.

D'autre part, les gîtes de substances minérales qui sont classés comme mines par ce décret et qui, par suite, sont assujettis aux dispositions sus-énoncées, sont exactement les gîtes classés par la loi française du 21 avril 1810, dans la catégorie des mines ou dans celle des minières (5).

718. *Permis de recherches.* — Pour la recherche de ces gîtes, le décret du 10 mai 1893, complété par le règlement du 21 mai 1906, institue une procédure permettant à tout prospecteur de mines d'obtenir, à la priorité de la demande, un périmètre de recherches dans lequel il a seul le droit d'étudier les formations minéralisées dont il a signalé l'existence, ainsi que les formations de même nature qu'il peut ultérieurement découvrir.

Toute personne qui veut obtenir un permis de re-

cherches (1) doit adresser au directeur des travaux publics une deman de indiquant ses nom et domicile, la nature des minerais qu'elle se propose de rechercher, la situation géographique et la définition du périmètre demandé (2).

La demande régulièrement formée est enregistrée au bureau du service des mines de la direction des travaux publics.

Elle entraîne, pour l'obtention du droit de recherches dans le périmètre demandé, la priorité sur toutes demandes ultérieures visant les mêmes terrains et les mêmes substances.

Dans les quinze jours qui suivent la date de l'enregistrement, le pétitionnaire est tenu de faire connaître son domicile élu en Tunisie, où les communications de l'Administration peuvent lui être valablement adressées.

719. Le permis de recherches, donné par arrêté du directeur des travaux publics, est accordé pour deux années.

Il donne droit exclusif à son titulaire de rechercher sur les terrains pour lesquels il a été délivré, les mines dont la nature a été déterminée par l'arrêté d'autorisation.

Si dans la première année l'explorateur n'a pas commencé des travaux réguliers de recherches, s'il a suspendu ses travaux sans aucune cause reconnue légitime, ou s'il a contrevenu aux dispositions imposées par la législation minière ou par l'arrêté d'autorisation, il peut être déchu de son droit de recherches. Et dans ce cas, il ne peut lui être accordé, pour les mêmes terrains et pour les mêmes gisements, un nouveau permis de recherches dans les trois années suivant la date de l'arrêté de déchéance.

Les travaux de recherches sont soumis au contrôle de l'Administration qui peut, dans tous les cas, ordonner ou supprimer tels ou tels travaux dans un but de sécurité pour les personnes ou de conservation pour la mine, les voies publiques, les sources, canaux, villages, etc.

Les agents du service de mines exercent à cet effet une surveillance de police sur les travaux de recherches de mines et sur les installations qui en dépendent. Ils observent la manière dont les travaux sont conduits, signalent les modifications à apporter au point de vue de la salubrité ou de la sécurité, et adressent à la direction des travaux publics des procès-verbaux de leurs visites. Ils peuvent même, en cas de danger reconnu imminent, prescrire les mesures de sécurité urgente.

D'autre part, le titulaire d'un permis de recherches doit désigner à l'Administration la personne qui est chargée

---

(1) Trib. mixte, 26 mars 1898, *J. T. T.* 1898, 273.

(2) Arr. 1er décembre 1881 : « Le Gouvernement de Son Altesse a appris que des étrangers cherchent à disposer de terrains appartenant à l'État, ainsi que de mines et de forêts, prétendant les avoir obtenus, par achats ou autrement, d'indigènes ou des tribus. Le Gouvernement doit, en conséquence, faire connaître que les individus dont il s'agit n'ont aucun droit sur les biens domaniaux, sur les mines et forêts, celles-ci étant la propriété de l'État et constituant une branche de ses revenus. »

(3) D. beyl. 10 mai 1893, art. 1er.

(4) D. beyl. 10 mai 1893, art. 13 et s.

(5) Sont considérés comme mines les gîtes de :

§ 1. 1° houilles, lignites et autres combustibles fossiles (la tourbe exceptée), graphite, bitume, pétrole, et autres huiles minérales; 2° les substances métallifères, telles que : minerais d'or, argent, platine, mercure, plomb, fer, cuivre, étain, zinc, bismuth, cobalt, nickel, manganèse, titane, antimoine, molybdène, tungstène, chrome; 3° soufre et arsenic, soit seuls, soit combinés avec les métaux, aluns et sels solubles à base des métaux indiqués au 2°; 4° sels gemmes et autres sels associés dans le même gisement;

§ 2. Les sources salées.

(1) Les permis de recherches de mines ne sont délivrés qu'à des personnes agissant isolément ou à des sociétés régulièrement constituées pour rechercher et exploiter des mines en Tunisie.

Les droits et facultés qu'ils comportent ne peuvent être conférés aux fonctionnaires ou agents français ou tunisiens en activité de service dans la Régence.

(2) À cette demande sont annexés : trois exemplaires d'un plan donnant à l'échelle de 1/10,000e le tracé et le mode de repérage du périmètre demandé, ainsi que l'emplacement des affleurements qui motivent la demande; des échantillons de minerais provenant de ces affleurements; et, si la demande est faite au nom d'un tiers ou d'une société, un exemplaire authentique du pouvoir du mandataire ou une déclaration écrite certifiant que ce pouvoir a été produit à l'appui d'une demande antérieure.

de la conduite technique des travaux et qui est responsable de leur exécution. Il doit également se conformer aux prescriptions édictées par les articles 19 et suivants du règlement du 21 mai 1906, en ce qui concerne notamment les distances de protection et limites des fouilles, les abords des orifices, l'aménagement et l'entretien des puits, galeries et appareils servant à l'aérage, les secours aux blessés.

720. Le permis de recherches, accordé pour deux années, peut faire l'objet d'une prorogation.

Toute demande tendant à obtenir la prorogation d'un permis de recherches doit, à peine de nullité, être présentée deux mois avant l'expiration du permis, et être accompagnée d'une copie du plan et d'un mémoire indiquant les dépenses faites et les résultats des travaux entrepris.

S'il n'est pas statué sur cette demande dans les délais de validité du permis, celui-ci est annulé de plein droit à la date fixée pour son expiration; mais la demande de prorogation conserve, sans formalités nouvelles, la priorité d'instruction sur toutes demandes de permis de recherches enregistrées ultérieurement.

721. Un permis de recherches ne peut être cédé à un tiers sans autorisation donnée par arrêté du directeur des travaux publics. La demande de transfert est adressée à ce fonctionnaire; elle doit faire connaître le nom et le domicile du cessionnaire ainsi que le domicile élu en Tunisie, et doit être revêtue de l'acceptation du cessionnaire et accompagnée du permis à transférer.

Dans tous les cas, le bénéficiaire du transfert est substitué aux lieu et place du cédant à tous les droits et à toutes les obligations résultant du décret du 10 mai 1893, de l'arrêté institutif du permis de recherches et des décrets ou arrêtés intervenus ou à intervenir (1).

Enfin, tout permis de recherches est annulé de plein droit si les terrains pour lesquels il a été délivré viennent à être englobés dans le périmètre d'une concession de mine de même nature.

Le droit de recherches, établi par le législateur tunisien, conserve donc en théorie un caractère certain de précarité et ne peut être considéré comme constituant un titre privilégié à l'obtention d'un droit d'exploitation puisque son titulaire régulièrement investi peut se voir refuser le bénéfice de ses travaux et de ses découvertes.

722. *Pratique administrative.* — Telle est la législation. Mais, dans la pratique administrative, l'usage a prévalu « de ne jamais déposséder l'explorateur, et de le faire bénéficier dans la plus large mesure du résultat de ses découvertes, en lui octroyant chaque fois qu'il a été possible, la concession en toute propriété des gîtes, et en lui accordant, dans le cas contraire, un droit d'exploitation temporaire, susceptible d'être ultérieurement transformé en concession » (1).

Antérieurement à cette pratique qui date de 1902, l'Administration appliquait en Tunisie le régime minier de la métropole, lequel ne comporte que des concessions perpétuelles.

En ce qui concerne la forme donnée aux actes de concession, les mines concédées en Tunisie sont soumises, en fait, à un même régime, déterminé par un type de convention de concession et de cahier des charges, où se trouvent réunis : une copie presque textuelle des clauses insérées dans les actes de concession métropolitains; des prescriptions tirées des articles 11, 43 et 44 de la loi française du 21 avril 1810, définissant diverses servitudes imposées à la mine ou à la surface; des règles de police administrative empruntées à l'article 11 du décret métropolitain du 3 janvier 1813, à l'article 7 de la loi du 22 avril 1838 et à l'ordonnance royale du 18 avril 1842; des dispositions fiscales, identiques à celles qui servent de base au calcul et au mode de recouvrement des redevances de mines dans la Métropole; enfin, des sanctions administratives semblables à celles qui sont prévues par la loi du 27 avril 1838.

723. *Régime légal.* — Cette adaptation de textes, reproduisant à peu près textuellement les dispositions les plus marquantes des lois, règlements et actes de concession miniers de la Métropole, n'a pas manqué de provoquer une confusion fréquente, qui a fait attribuer aux actes de concession tunisiens la même valeur juridique qu'aux actes de concession français (2).

En fait, les deux types d'actes présentent à ce point de vue une différence essentielle, provenant de ce que l'acte tunisien laisse entièrement à la jurisprudence le soin de fixer la consistance et les limites du droit de propriété octroyé aux concessionnaires, alors que ce même droit est régi en France par les dispositions certaines de la loi du 21 avril 1810. En d'autres termes, la propriété minière résultant d'un acte de concession tunisien n'a pas de régime légal nettement établi.

Le caractère incertain de ce régime légal a été mis en relief à l'occasion d'une action engagée en 1902 devant le tribunal civil de Tunis par l'administration des finances tunisiennes à une société minière en vue de faire acquitter par cette dernière le droit de mutation immobilière prévu par l'article 6 du décret beylical du 2 novembre 1893.

Il s'agissait, dans l'espèce soumise au tribunal, d'apprécier le caractère d'un contrat qui constituait, en somme, l'aliénation d'une concession minière; et la question se posait de savoir si la vente ou l'apport à titre onéreux

---

(1) Aux termes des articles 7, § 2, et 11 du décret beylical du 10 mai 1893, le permis de recherches délivré par le directeur général des travaux publics ne peut être cédé à un tiers sans l'autorisation de ce fonctionnaire, et l'explorateur ne peut disposer du produit de ses recherches qu'avec son autorisation spéciale. D'après le paragraphe 3 de l'article 7 précité, ce permis de recherches donne des droits exclusifs à son titulaire.

Il résulte de ces dispositions que le contrat passé entre le titulaire d'un permis de recherches et des capitalistes, pour l'exécution des travaux de recherches, n'est soumis à d'autres conditions spéciales pour sa validité qu'à l'approbation du directeur général des travaux publics.

Un contrat de cette nature ne peut être attaqué par les tiers auxquels des parts d'intérêt ont été promises par le titulaire; ils n'ont qu'une action personnelle contre ce dernier, au cas où il a violé les accords particuliers qu'il a pris avec eux. — Trib. Tunis, 15 janvier 1894, *J. T. T.* 1898, 341

(1) De Fages, Exposé des motifs pour l'*Établissement d'une législation minière* (Conférence Consultative, 31ᵉ session, novembre 1907).
(2) De Fages *op. cit.*

d'une exploitation minière à une société devait être considérée comme une vente d'immeubles ou comme une vente de meubles.

Dans son jugement du 28 mai 1902 (1), le tribunal de Tunis décida que la concession d'une mine ne constituait pas un droit immobilier. Il estima notamment que rien n'indiquait dans la législation tunisienne que les mines eussent le caractère de biens immeubles. Le droit musulman ne contient, disait-il, aucune indication sur le caractère mobilier ou immobilier des concessions de mines; et, d'autre part, la loi foncière tunisienne n'a pas davantage tranché cette question puisque, dans son article 64, elle réserve en ce qui concerne les mines les règlements relatifs à la matière. Le tribunal estimait encore que le contrat portant aliénation d'une mine, et même l'acte de concession par lequel l'État tunisien concédait la mine à des particuliers, revêtaient nécessairement le caractère de conventions mobilières, comme contenant forcément une mobilisation par anticipation (2), les produits minéraux ne pouvant être utilisés qu'à la condition d'être extraits et de circuler sous une forme mobilière.

Le tribunal tirait enfin partie de la jurisprudence de la Cour de cassation relative à la cession du droit d'exploitation d'une carrière, d'après laquelle il a été admis que la convention par laquelle le droit aux produits de la carrière est établi ou cédé est une vente mobilière, même si le droit est accordé jusqu'à complet épuisement de la carrière.

La direction des finances tunisiennes s'étant pourvue en cassation contre le jugement du tribunal de Tunis, la Cour suprême cassa, par arrêt du 3 décembre 1906, le jugement entrepris, en décidant que l'acte contenant cession à titre onéreux d'une concession de mine en Tunisie était passible du droit de mutation immobilière. Cet arrêt, dont les solutions semblent devoir être approuvées, étend ainsi à la Tunisie le principe qui, en France, résulte de la loi du 21 avril 1810, et d'après lequel la vente de la concession d'une mine est une vente immobilière (3).

---

(1) Rev. Algér. 1906, I, 31, avec une note de M. Pouyanne.
(2) Le jugement du tribunal de Tunis constitue, en effet, une curieuse application de la théorie juridique dite des *meubles par anticipation*. Cette théorie qui est une création de la jurisprudence a été surtout étudiée par M. Chauveau (*Revue critique de législation et de jurisprudence*, 1893, T. XXII, p. 473).
(3) Cass. civ. 3 décembre 1906 :
« La Cour, sur le moyen unique : Vu les articles 1 et 2 du décret beylical du 2 novembre 1893, visé pour exécution par le résident général de France à Tunis;
Attendu que ces textes, complétés par le décret du 5 mai 1878, visés par le résident général, assujettissent au droit de mutation de 4 0/0 toutes les transmissions en Tunisie de biens immeubles en propriété ou en usufruit, soit en propriété, soit à titre gratuit, entre vifs ou par décès, autres que celles opérées au profit de l'État;
Attendu que le jugement attaqué constate que, suivant contrats des 22 décembre 1888 et 7 décembre 1894, ratifiés par décrets beylicaux des 6 février 1889 et 16 décembre 1894, qui ont été visés par le résident général, le gouvernement tunisien a concédé à F... les gisements de plomb, zinc et autres métaux connexes, situés sur un périmètre de 1,086 hectares dans le territoire des Andouls, à proximité du Khanguet-El-Tout; qu'aux termes d'un acte du 6 février 1899, F... a fait apport à la Société anonyme du Khanguet de la propriété de ces gisements, moyennant 2,960 actions de 500 francs chacune et le paiement immédiat de la somme de 2,020,000 francs en numéraire;
Attendu, d'une part, qu'il appert des termes mêmes des actes de concession, aussi bien que de l'acte du 6 février 1899, que ces divers

724. L'arrêt de la Cour de cassation ne s'est pas arrêté à l'argument tiré par le tribunal de Tunis de la jurisprudence relative à la cession du droit d'exploitation d'une carrière. Mais il eût été facile de répondre à cette argumentation en indiquant que, la loi de 1810 étant mise à part, il reste cependant une différence très importante entre les droits sur une mine et les droits sur une carrière. Les droits sur une carrière sont conférés par une convention entre le propriétaire d'un immeuble, lequel garde intégralement sa propriété, et la personne à laquelle la faculté d'extraire les produits du sol est conférée; la raison par laquelle cette dernière est considérée comme n'ayant qu'un droit mobilier, c'est que le droit immobilier est gardé par le propriétaire.

Au contraire, les droits sur une mine sont conférés par l'État; ce dernier partant de l'idée que la propriété du dessus n'emporte pas la propriété du dessous donne aux concessionnaires un droit perpétuel sur le fonds; une propriété spéciale est ainsi créée, et cette propriété, portant sur la terre, est immobilière.

Or, l'arrêté du premier ministre du 1er décembre 1881, approuvé par le résident général le 15 décembre 1884, porte que les indigènes « n'ont aucun droit sur les terrains domaniaux, ni sur les mines et forêts, celles-ci étant une propriété de l'État et constituant une branche de ses revenus ». De même, le décret beylical du 10 mai 1893, également visé par le résident général, porte que « les mines sont des propriétés domaniales. »

Sans doute, ces textes ne disent pas nettement que les mines sont des immeubles, mais ils disent que cette propriété constitue une propriété distincte de la propriété du sol, et cette propriété ne peut être qu'immobilière. En Tunisie comme en France, la nature des droits sur une mine diffère de la nature des droits sur une carrière, laquelle, comme en France, et aux termes formels de l'article 3 du décret précité, appartient au propriétaire du sol (1).

725. Quoi qu'il en soit, il faut donc admettre aujourd'hui que les mines concédées en Tunisie sont des immeubles. C'est d'ailleurs tout ce que l'on peut affirmer relativement à leur régime légal.

Comme la loi foncière tunisienne écarte expressément du bénéfice de ces dispositions tout ce qui n'est pas bâti-

---

contrats ne sont pas limités au seul droit d'exploitation, et que la mine a été transmise « en toute propriété » à F... qui l'a rétrocédée dans les mêmes conditions à la Société du Khanguet, laquelle a été par décret du 5 mai 1899, substituée au concessionnaire « dans tous les droits et charges à lui conférés par les deux conventions des 22 décembre 1888 et 7 décembre 1894 »;
Attendu, d'autre part, que, d'après les dispositions de l'arrêté du premier ministre du 1er décembre 1881, relatif aux propriétés domaniales et du décret réglementaire du 10 mai 1893, concernant les recherches de mines dans la régence, tous deux visés par le résident général, les mines ont en Tunisie le caractère d'immeubles par nature;
Qu'il résulte en conséquence, tant de la législation en vigueur dans la régence que des conventions précitées, que l'acte litigieux constitue une cession à titre onéreux par F... de droits immobiliers à la société défenderesse, laquelle transmission est passible du droit de 4 0/0 sur la somme de 2,020,000 francs, montant du prix touché en espèces par le vendeur; d'où il suit qu'en décidant le contraire l'arrêt attaqué a violé les textes susvisés.
Par ces motifs :
Casse... »
(1) V. *infra*, n° 727.

Tableau des concessions de mines existant au 1ᵉʳ janvier 1909.

NOMS DES CONCESSIONS.	OBJET.	DATES des DÉCRETS D'INSTITUTION des concessions.	SUPERFICIE des concessions.	STATION DE CHEMIN DE FER ou port les plus voisins de la concession.	DISTANCE DE LA MINE au chemin de fer ou au port.	NOMBRE D'OUVRIERS (Année 1905).	TONNAGE EXTRAIT EN 1905.
			h. a. c.		km.		tonnes
Djebba	Zinc, plomb	6 mai 1876, 27 janvier 1900	615	Souk-el-Khemis	25	40	347
Djebel-Reças	Plomb, zinc	24 avril 1877, 27 janvier 1900	2.735	Tunis-Hammam-Mornag-Cretéville	30 — 6	615	13.367
Ras-er-Radjel, Bou-Lanague Djebel-Bellif, Ganara	Fer	7 mai 1884	3.407 35	Bizerte	100	»	»
Tamera, Bourchida, Oued-bou-Zenna	Fer	7 mai 1884, 30 octobre 1888	4.868 40	Bizerte	100	»	»
Khanguet-Kef-Tout	Zinc, plomb	6 février 1889, 16 déc. 1891	1.086	Béja	30	155	6.187
Sidi-Ahmet	—	27 août 1892, 27 janvier 1902	1.520	Béja	38	221	3.348
Fedj-el-Adoum	—	14 mai 1894	455	Medjez-el-Bab	60	358	1.394
Zaghouan	—	13 décembre 1894	2.717	Moghrane	25	»	»
Djebel-el-Akhouat	—	25 juin 1896	810	Medjez-el-Bab	60	»	»
Djebel-bou-Jaber	—	13 avril 1897	630 96	Clairefontaine	45	»	»
Djebel-Hamera	—	1ᵉʳ septembre 1898	1.255 33	Tebessa	30	»	»
Sidi-Youssef	—	27 novembre 1898	609	Souk-Ahras	45	242	11.014
Fedj-Assène	—	25 juin 1899	1.467 82	Ghardimaou	11	160	1.103
Djebel-ben-Amar	—	27 janvier 1900	176 69	Béja	25	255	8.320
Djebel-Azered	—	11 mai 1901	1.600	Tebessa	60	38	699
Djebel-Zrissa	Fer, manganèse	25 juin 1901	1.138	Zrissa	5	»	»
Kef-Lasfar	Zinc, plomb	10 septembre 1901	858	Medjez-el-Bab	12	41	484
Béchateur	—	14 janvier 1902	2.380	Bizerte	15	»	»
Djebel-Gheriffa	—	25 février 1902	693	Mateur	18	»	»
Djebel-el-Grefa	—	25 février 1902	971	Mateur	18	56	335
Djebel-Touireuf	—	13 mars 1902	591	Ouest-Meliz	18	»	»
Djebilet-el-Kohol	—	14 juin 1902	248	Moghrane	25	14	37
Aïn-Khamouda	—	22 novembre 1902	680	Tebessa	50	»	»
Saf-Saf	Plomb	2 décembre 1902	545	Mateur	18	(2)	204
Oued-Kohol	Zinc, plomb	14 décembre 1902	650	Souk-el-Arba	25	47	49
Bazina	—	25 janvier 1903	807	Mateur	45	68	1.362
Djebel Charra	—	18 juin 1903	829	Béja	9	169	1.490
Djebel Diss	—	16 novembre 1903	549 30	Souk-el-Arba	22	»	»
Djebel-Touila	Plomb, zinc	21 avril 1904	391 55	Kairouan	45	86	1.053
Aïn-Alléga	—	3 septembre 1904	427	Tabarka	12	79	»
Djebel-Serdj	Zinc	27 novembre 1904	963 75	Pont-du-Fahs	73	123	3.105
Djebel-Chouichia	Cuivre, fer	29 décembre 1904	543 79 25	Oued-Meliz	10	108	855
Sidi	Zinc, plomb	12 août 1905	907 50	Ksour	20	30	167
Slata	Fer	2 janvier 1906	625	Majouba	12	»	»
Hameïma	—	2 janvier 1906	690	Majouba	25	»	»
Neheur	—	11 janvier 1906	1.310	Souk-el-Arba	28	»	»
Djebel-Hallouf	Zinc, plomb et fer	24 avril 1906	566	Souk-el-Khemis	12	»	»
Trozza	Plomb, zinc et m. c.	22 août 1907	855	Kairouan	40	»	»
Guern-Alfaya	—	2 mai 1908	264	Le Kef	30	»	»
Sidi-Amor-ben-Salem	Plomb, m. c.	16 juillet 1908	467	Salsala	6	»	»
Chouchet-et-Douaria	Fer	25 septembre 1908	1.125	Sedjane	3	»	»
Superficie totale des concessions			41.238 64 25				

ments ou fonds de terre, ce régime légal ne peut être déduit que des lois et coutumes musulmanes. Or, celles-ci se réduisent à des dispositions de droit commun absolument insuffisantes à assurer la facilité et la sécurité des transactions minières et souvent même nuisibles aux intérêts généraux de l'industrie minière et du crédit.

La progression rapide du nombre des concessions de mine, l'accroissement d'exploitabilité dû au développement des voies industrielles n'ont pu que mettre davantage en relief cette insuffisance et cette imperfection. Aussi le Gouvernement tunisien a-t-il fait mettre à l'étude l'établissement d'une nouvelle législation minière, qui doit être promulguée d'ici peu de temps (1) (voir tableau p. 430).

§ 2. — *Police des carrières.*

726. Aux termes du décret du 10 mai 1893, sont considérés comme carrières et appartenant à ce titre aux propriétaires du sol, les gîtes non classés comme mines, tels que : ardoises, grès, marbres, granits, basaltes, laves, les pierres à bâtir de toute nature, les pierres à chaux, à plâtre, les pouzzolanes, sables, argiles, pierres à fusil, kaolin, terre à foulon et à poteries, les substances terreuses et cailloux de toute nature, les amendements ou engrais.

Les carrières ne font donc pas l'objet de concessions. Elles peuvent être exploitées directement par le propriétaire du sol ou un entrepreneur.

Néanmoins, ces derniers sont tenus, lorsqu'ils veulent entreprendre l'exploitation, d'en faire la déclaration au directeur des travaux publics. Ils restent soumis, pendant les travaux, à la surveillance de l'Administration et ils doivent observer les règlements régissant la matière, et notamment les dispositions du décret beylical du 1er novembre 1897 sur la police des carrières.

Les contraventions aux mesures prescrites par ce décret ou par des arrêtés rendus en vue de son exécution sont punies d'une amende de 16 à 300 francs et, en cas de récidive, d'un emprisonnement de six jours à trois mois.

Elles sont constatées par les conducteurs et commis des ponts et chaussées, les contrôleurs des mines, les cantonniers chefs et autres employés du service des travaux publics dûment commissionnés par le directeur général des travaux publics et assermentés; les ingénieurs des ponts et chaussées et des mines, les officiers et les sous-officiers de gendarmerie et toute personne commissionnée par l'autorité pour la police ou la surveillance des carrières; les gendarmes, les agents des forêts et des douanes, les commissaires et agents assermentés de police.

§ 3. — *Phosphates.*

727. Les substances classées dans les carrières, et, par suite, les phosphates, sont à la disposition du propriétaire du sol.

L'État ne s'est donc préoccupé de réglementer que la recherche et l'exploitation des phosphates de chaux situés

(1) Voir, s'il y a lieu, à la fin de l'article, les modifications résultant de la nouvelle législation en préparation.

dans les terrains domaniaux ou habous. Il y a pourvu par une série de décrets réglementaires que nous croyons utile de reproduire en raison de l'importance qu'ils présentent (1).

---

(1) D. beyl. 1er décembre 1898 réglementant l'amodiation, la recherche et l'exploitation des phosphates de chaux situés dans les terrains domaniaux, habous publics et habous privés :

Art. 1er. — La recherche et l'exploitation des phosphates de chaux situés dans les terrains domaniaux, habous publics et habous privés, sont soumises aux règles du présent décret.

TITRE Ier.

Des recherches.

Art. 2. — Dans les terrains ci-dessus indiqués, nul ne pourra faire des recherches de phosphates de chaux sans une autorisation spéciale donnée par arrêté du directeur général des travaux publics

Art. 3. — L'autorisation est personnelle. Elle ne peut être délivrée qu'à un individu ou à une personne morale; elle confère à son titulaire un droit exclusif de rechercher des phosphates dans le périmètre qu'elle fixe.

Elle est accordée pour une année et peut être renouvelée par période d'un an de durée.

L'autorisation ne peut être cédée à un tiers sans approbation donnée par arrêté du directeur général des travaux publics.

Si les terrains pour lesquels l'autorisation a été délivrée viennent à être englobés dans le périmètre d'une amodiation de gisements de phosphates, elle est annulée de plein droit un mois après l'insertion au *Journal officiel* de l'annonce de cette amodiation.

Art. 4. — L'arrêté d'autorisation pourra stipuler, sur avis conforme du conseil des ministres, que les gisements compris dans le périmètre accordé n'ouvriront pas en faveur de l'explorateur le droit d'invention défini par le titre ci-dessous.

Art. 5. — Les travaux de recherches de phosphates sont soumis à la surveillance du service des mines.

TITRE II.

De l'invention d'un gisement de phosphates de chaux et des droits de l'explorateur.

Art. 6. — L'explorateur qui, dans le périmètre où il a été autorisé à faire des recherches, sous le régime du présent décret, découvre un gisement de phosphates de chaux dans des conditions de richesse ou dans un éloignement de tous autres gîtes connus, tels que cette découverte puisse être considérée comme une invention nouvelle, pourra, si aucune réserve spéciale à ce sujet n'a été faite lors de la délivrance de l'autorisation de recherches, réclamer un privilège d'inventeur d'après les dispositions arrêtées par les règlements pris en conformité du présent décret.

Il en est de même de l'explorateur qui, nanti d'une autorisation régulière de recherches antérieure au présent décret, a découvert un gisement de phosphates de chaux dans les conditions ci-dessus indiquées.

Art. 7. — La reconnaissance d'un privilège d'invention ne confère aucun droit sur le gisement; elle est simplement à l'explorateur déclaré inventeur le droit à une partie des redevances à recouvrer par le Gouvernement tunisien, ainsi qu'il sera dit à l'article 11, sur toute amodiation comprise dans le périmètre pour lequel ce droit aura été admis.

L'explorateur, qu'il ait été ou non déclaré inventeur, pourra, à la condition expresse que les recherches aient été faites en vertu d'une autorisation régulière, se faire rembourser par l'amodiataire, d'après les dispositions arrêtées par les règlements pris en conformité du présent décret, celles de ses dépenses reconnues avoir été faites dans un but d'utilité.

Les décisions relatives, soit à la reconnaissance du privilège d'invention, soit à la liquidation des dépenses d'exploration à rembourser par l'amodiataire éventuel, ne sont susceptibles d'aucun recours sur le fonds.

TITRE III.

Amodiation et exploitation des gisements.

Art. 8. — L'exploitation des phosphates de chaux a lieu en vertu d'amodiations passées par voie d'adjudication.

Toute amodiation sera faite conformément aux clauses et conditions d'un cahier des charges; elle sera annoncée au moins trois mois à l'avance.

Art. 9. — Préalablement à toute adjudication, il sera procédé à l'immatriculation des terrains à amodier.

Les frais de ces opérations seront remboursés par l'amodiataire, dans le mois qui suivra la remise à lui faite d'une copie administrative du titre d'immatriculation.

Art. 10. — L'adjudication porte sur la redevance à payer au Gouvernement tunisien par tonne de phosphate expédiée, en dehors du droit général prévu à l'article 16.

L'adjudicataire paiera, en outre, aux explorateurs, pour leurs travaux de recherches, les indemnités prévues à l'article 7 ci-dessus.

L'obligation de ce paiement sera stipulée au cahier des charges.

Art. 11. — L'inventeur d'un gisement reçoit du Gouvernement tunisien, pour les amodiations comprises dans son périmètre d'invention, le dixième des sommes encaissées par le Gouvernement tunisien à titre de redevance, en vertu de l'article précédent.

Si le périmètre de l'amodiation ne porte que partiellement sur un périmètre d'invention, la part de l'inventeur, pour cette amodiation, est réduite dans la proportion de l'empiétement à la surface totale de l'amodiation.

L'inventeur n'a droit à aucune indemnité, quel que soit le retard apporté à une amodiation.

Il ne peut élever aucune réclamation sur la rédaction du cahier des charges ni sur le lotissement adopté.

Son droit cesse dans tous les cas trente ans après la date de la décision qui lui a reconnu la qualité d'inventeur.

Art. 12. — L'exploitation de phosphates est soumise à la surveillance et au contrôle du service des mines.

Titre IV.

Dispositions particulières à l'exploitation des phosphates dans les terrains habous publics et habous privés.

Art. 13. — Après défalcation des droits de l'inventeur et des frais de surveillance et de contrôle, réglés chaque année par un arrêté du directeur général des travaux publics, les sommes encaissées annuellement par le Gouvernement tunisien pour les amodiations de phosphates en terrains habous publics seront remises à la Djemaïa qui sera tenue d'en faire emploi pour le compte des fondations intéressées.

Pour les terrains habous privés, ces sommes seront remises, après les mêmes défalcations que ci-dessus, à la Djemaïa pour le compte des ayants droit.

Titre V.

Dispositions générales.

Art. 14. — L'explorateur ou l'amodiataire doit s'entendre avec les intéressés pour l'occupation de l'intérieur de son périmètre des terrains nécessaires à l'exécution des travaux; à défaut, il ne peut les occuper qu'après l'exécution des formalités prévues en matière de mines par les articles 13 à 18 du décret du 10 mai 1893.

Art. 15. — Les routes et voies ferrées de toute nature, ainsi que les galeries et puits d'aérage ou d'écoulement nécessaires à l'exploitation des carrières de phosphates pourront être déclarées d'utilité publique.

Le bénéfice des mêmes dispositions pourra être étendu aux carrières de phosphates en terrains particuliers.

Les voies de communication créées par application des paragraphes 1er et 2 du présent article pourront être ouvertes au service public dans les conditions qui seront prévues par le décret déclaratif d'utilité publique.

Art. 16. — Il sera perçu un droit de cinquante centimes (0 fr. 50) par tonne de phosphate marchand et net pour la vente qui aura été extraite en Tunisie du quelque carrière que ce soit.

Ce droit ne sera pas perçu sur les phosphates employés en Tunisie.

Art. 17. — Des règlements délibérés en conseil des ministres et qui seront ensuite revêtus de notre approbation, fixeront les règles d'application du présent décret.

Art. 18. — Si l'amodiataire contrevient aux dispositions imposées par le présent décret, ou par les arrêtés rendus en exécution de ce décret, le directeur général des travaux publics pourra, après mise en demeure préalable, prononcer la résolution de l'amodiation par arrêté pris sur rendu sur l'avis conforme du conseil des ministres, sauf recours devant les tribunaux administratifs de la régence.

Art. 19. — Le présent décret n'est pas applicable aux gisements de phosphates de chaux situés en terrains habous privés et qui seraient, à la date du présent décret amodiés par contrats réguliers

et ayant date certaine ou faisant l'objet de litiges pendants devant les tribunaux.

Art. 20. — Notre premier ministre et le directeur général des travaux publics sont chargés d'assurer l'exécution du présent décret.

Décret beylical du 2 décembre 1898 approuvant le règlement général de la même date sur la recherche et l'exploitation des phosphates de chaux dans les terrains domaniaux, habous publics et privés.

Art. 1er. — Est approuvé et rendu exécutoire le règlement général ci-joint pour la recherche et l'exploitation des phosphates de chaux dans les terrains domaniaux, habous publics et habous privés de la régence.

Art. 2. — Notre premier ministre, notre directeur général des finances, notre directeur général des travaux publics et notre directeur de l'agriculture et du commerce sont chargés, chacun en ce qui le concerne, de l'exécution du présent décret.

Régl. général du 2 décembre 1898 du directeur des travaux publics modifié par le décret du 22 août 1900.

Titre Ier.

Des recherches.

Art. 1er. — § 1er. Toute demande ayant pour objet de faire des recherches de phosphates de chaux en terrains domaniaux, habous publics ou habous privés, doit être adressée en triple expédition, dont une sur timbre, au directeur général des travaux publics, qui en donne récépissé.

§ 2. La demande fait connaître :

1° Les nom, prénoms, profession et domicile du demandeur;

2° Le lieu ou le caïdat où les travaux doivent être exécutés;

3° Le périmètre sur lequel les travaux doivent porter.

Le périmètre demandé ne doit pas excéder 2,000 hectares, et deux de ses points ne peuvent être distants de plus de 10 kilomètres. (Modification résultant du décret du 22 août 1900).

§ 3. A la demande sont annexés :

1° *Un plan à l'échelle de 1/50,000°, donnant un aperçu général de la configuration du terrain, l'emplacement des affleurements et le tracé exact du périmètre demandé. (Modifications résultant du décret du 22 août 1900.)*

Ce périmètre doit être rapporté autant que possible à des points fixes, points géodésiques, sources, marabout, etc. Le pétitionnaire sera tenu de borner à ses frais tout ou partie du périmètre à la première réquisition de l'Administration;

2° Des échantillons de phosphates numérotés, les numéros se rapportant aux affleurements indiqués sur le plan.

Art. 2. — La demande est inscrite sous un numéro d'ordre aux date et heure de son dépôt sur un registre spécial tenu à la disposition du public.

Dans la quinzaine du dépôt de la demande, le requérant doit, à peine de perdre son droit de priorité, justifier qu'il a fait élection de domicile en Tunisie.

Art. 3. — Le directeur général des travaux publics délivre, s'il y a lieu, et suivant l'ordre de priorité, l'arrêté d'autorisation.

L'arrêté d'autorisation est inséré au *Journal officiel* de la régence.

Dans le cas où plusieurs demandes régulières et complètes concernant le même périmètre seraient arrivées en même temps par la poste et ne seraient primées par aucune autre, les demandeurs seront avisés de cet incident par le directeur général des travaux publics et mis en demeure de s'entendre dans un délai fixé par lui pour se partager le périmètre des recherches ou pour fusionner leurs demandes. A défaut d'entente dans le délai prescrit, le directeur général des travaux publics fera procéder en présence des demandeurs ou de leurs délégués, ou eux dûment convoqués, à un tirage au sort pour déterminer l'ordre de priorité de leurs demandes.

Art. 4. — Le directeur général des travaux publics arrête, après mise en demeure préalable, les fouilles qui dégénèrent en exploitation.

L'explorateur ne pourra disposer du produit de ses recherches sans une autorisation spéciale du directeur général des travaux publics.

Art. 5. — Si dans les premiers six mois, à dater de la notification de l'arrêté d'autorisation, l'explorateur n'a pas commencé des travaux réguliers de recherches, s'il a suspendu ses travaux sans aucune cause reconnue légitime ou s'il a contrevenu aux dispositions imposées par le décret du 1er décembre 1898 ou par les règlements ou arrêtés rendus en exécution de ce décret, le directeur général des travaux publics pourra, après mise en demeure préalable, retirer l'autorisation.

Dans ce cas, il ne pourra être accordé à l'explorateur déchu, pour les mêmes terrains, une nouvelle autorisation de recherches dans les trois années qui suivront la date de l'arrêté de déchéance.

TITRE II.

De l'invention d'un règlement de phosphates de chaux et des droits de l'explorateur.

Art. 6. — Toute demande ayant pour objet, soit de faire établir un privilège d'invention pour des gisements de phosphates de chaux, soit de faire liquider les droits éventuels à indemnité pour travaux de recherches utilement faits, doit, à peine de forclusion, être présentée par l'explorateur :

1° Pour les autorisations délivrées postérieurement au présent décret avant l'expiration du délai de l'autorisation de recherches;

2° Pour les autorisations régulièrement délivrées antérieurement au présent décret.

a) S'il y a lieu à l'enquête prévue à l'article 7 ci-dessous, avant l'expiration du délai de recevabilité des oppositions;

b) Si l'amodiation des gisements est mise en adjudication sans avoir donné lieu à l'enquête prévue à l'article 7 ci-dessous, avant l'expiration d'un délai d'un mois compté à partir de l'insertion au Journal officiel de l'annonce de l'amodiation.

La demande est adressée en triple expédition, dont une sur timbre, au directeur général des travaux publics qui en donne récépissé.

La demande fait connaître les travaux exécutés, la richesse du gîte découvert, son étendue et sa puissance.

Elle doit spécifier suivant le cas, soit les limites du périmètre pour lequel le privilège d'inventeur est réclamé, soit l'énumération et le coût, avec pièces justificatives à l'appui, des travaux de recherches susceptibles d'ouvrir à l'explorateur le droit éventuel à indemnité prévu par les articles 7 et 10 du décret du 1er décembre 1898.

Elle contient élection de domicile en Tunisie.

La demande est accompagnée d'un plan de surface à l'échelle de 1/10,000e fourni en triple expédition et sur lequel sont portés les travaux exécutés, l'allure du gîte et, s'il y a lieu, les limites du périmètre dans lequel le privilège d'invention est réclamé.

Art. 7. — La demande est inscrite à sa date sur un registre spécial tenu à la disposition du public.

Le directeur général des travaux publics envoie une copie de la demande, en arabe et en français, au contrôleur civil et au caïd du territoire dans lequel sont situés les travaux.

Le contrôleur civil et le caïd accusent immédiatement réception de cette pièce au directeur général des travaux publics.

L'affichage de cette demande au contrôle est assuré, sans délai, par les soins du contrôleur civil, et sa publication dans les divers marchés du caïdat est faite à la diligence du caïd.

Au reçu de l'accusé de réception du contrôleur civil et du caïd, le directeur général des travaux publics fait insérer au Journal officiel arabe et français un extrait de la demande. Les frais de cette insertion sont à la charge du demandeur.

Art. 8. — Les oppositions auxquelles la demande peut donner lieu sont reçues par le contrôleur civil, le caïd ou le directeur général des travaux publics, pendant une période d'un mois à dater de l'insertion de la demande à l'Officiel. Passé ce délai, elles sont frappées de forclusion.

Les opposants font élection de domicile en Tunisie et sont tenus de signifier leurs oppositions au requérant par note extrajudiciaire.

A l'expiration du délai d'un mois à dater de l'insertion de la demande à l'Officiel, le contrôleur civil et le caïd transmettent au directeur général des travaux publics les oppositions qui leur ont été remises ou un certificat négatif.

Art. 9. — Dans un délai de trois mois à dater de la clôture de l'enquête, le directeur général des travaux publics statue par un arrêté rendu sur l'avis conforme du conseil des ministres.

TITRE III.

De l'amodiation et de l'exploitation des phosphates.

Art. 10. — Les adjudications sont préparées par le directeur général des travaux publics avec le concours des administrations intéressées.

Les lots à adjuger sont abornés avant l'adjudication s'il est reconnu nécessaire.

Art. 11. — L'avis de la mise en adjudication de l'amodiation d'un gisement de phosphates est publié trois mois au moins à l'avance dans le Journal officiel de la régence et affiché pendant trois mois consécutifs au contrôle civil dans la circonscription duquel se trouvent les gîtes à amodier.

Le directeur général des travaux publics emploie tous autres moyens de publicité qu'il juge utiles.

Le cahier des charges et le dossier de l'adjudication sont mis à la

disposition du public à la direction générale des travaux publics (service des mines).

Art. 12. — Le cahier des charges fixe :

1° Les limites entre lesquelles le droit d'exploiter est accordé;

2° La durée de l'amodiation, qui ne pourra excéder cinquante ans;

3° L'extraction minimum à laquelle l'amodiataire sera astreint, pendant les périodes successives de son amodiation;

4° Les installations, travaux et ouvrages que l'amodiataire devra exécuter en cours d'amodiation, tant à l'intérieur qu'à l'extérieur du périmètre, et ceux qu'il devra laisser à la fin de l'amodiation.

Art. 13. — L'adjudication a lieu sur soumissions cachetées.

Les concurrents doivent, un mois à l'avance, justifier de leurs facultés.

La liste des concurrents est arrêtée par le directeur général des travaux publics sur l'avis conforme du conseil des ministres. Cette décision n'est susceptible d'aucun recours.

L'adjudication n'est définitive qu'après approbation par décret.

Un plan du lot adjugé est remis à l'amodiataire; un double reste entre les mains de l'Administration.

Art. 14. — Tout amodiataire doit exploiter suivant les règles de l'art, en évitant les travaux susceptibles d'être une cause de gaspillage du gîte dans le présent ou de ruine dans l'avenir.

Aucun amodiataire ne peut céder son droit à l'exploitation des phosphates qu'avec l'autorisation du directeur général des travaux publics, accordée sur l'avis conforme du conseil des ministres. Il reste responsable de son cessionnaire vis-à-vis du Gouvernement tunisien.

L'amodiataire est responsable, en regard de tous intéressés, des dommages directs et matériels produits par ses travaux.

L'amodiation est résiliée de plein droit, sans mise en demeure préalable, pour retard de plus de six mois dans le paiement de la redevance prévue à l'article 10 du décret du 1er décembre 1898, ou pour inobservation de la clause de l'extraction minimum, à moins de dispense obtenue au préalable du directeur général des travaux publics, en aucun cas la redevance à payer annuellement puisse être inférieure à celle correspondant à ce minimum d'extraction, le tout sauf recours devant les tribunaux administratifs.

Le Gouvernement tunisien ne donne aucune garantie en ce qui concerne les ressources du gîte et ne peut encourir aucune responsabilité de ce chef, pas plus que pour erreur dans la désignation de la contenance superficielle.

En fin d'amodiation, pour quelque cause qu'elle survienne, il n'est dû par le Gouvernement tunisien aucune indemnité pour les ouvrages souterrains faits par l'amodiataire. Le Gouvernement tunisien aura la faculté de reprendre, à dire d'experts, les autres installations fixes ou établies à demeure par l'amodiataire, soit à l'intérieur, soit à l'extérieur du périmètre qui lui a été attribué, l'amodiataire pouvant toujours, sauf stipulation contraire du cahier des charges, disposer des approvisionnements, de l'outillage et du matériel mobile lui appartenant.

Art. 15. — Un décret, délibéré en conseil des ministres, sur le rapport du directeur général des travaux publics, peut accorder, sans adjudication nouvelle, à titre exceptionnel, pour une durée maxima de dix ans, une prorogation à l'amodiataire dont le bail est sur le point d'expirer, et cela moyennant la redevance stipulée au cahier des charges de l'amodiation.

Décret beylical du 19 octobre 1902 sur les frais d'instruction des demandes en autorisation de recherches de phosphates de chaux.

Art. 1er. — Les frais d'enquête et de visite et les frais d'analyse nécessités par l'instruction des demandes en autorisation de reconnaissance de phosphates de chaux sont à la charge des pétitionnaires.

Un arrêté de notre directeur général des travaux publics fixera le mode de règlement de ces frais.

Art. 2. — Notre directeur général des travaux publics est chargé de l'exécution du présent décret.

. . . .

Art. du 2 mars 1907 modifiant le mode d'instruction des demandes en autorisation de reconnaissance de phosphates de chaux.

Le directeur général des travaux publics, arrête :

Art. 1er. — Les frais d'enquête, de visite et d'analyse qui, en vertu du décret du 19 octobre 1902, sont à la charge des demandeurs en autorisation de reconnaissance de phosphates de chaux, comprennent :

Les frais de publicité (insertion à l'Officiel des arrêtés concernant les autorisations);

Les sommes à rembourser à l'ingénieur des mines ou à son délégué pour les déplacements occasionnés par l'instruction des demandes d'autorisation;

Les frais d'analyse des échantillons déposés à l'appui des pétitions et des échantillons de contrôle prélevés par le service des mines.

Art. 2. — Les frais ci-dessus énumérés sont décomptés d'après le tarif ci-après :

1° Frais d'insertion à l'*Officiel* des arrêtés d'autorisation : 25 francs par arrêté;

2° Frais d'insertion à l'*Officiel* des arrêtés portant modification, prorogation ou suppression des autorisations : 10 francs par arrêté;

3° Sommes à rembourser à l'ingénieur des mines ou à son délégué :

a) Frais de transport (sur mémoire);

b) 12 francs par journée de déplacement;

4° Frais d'analyse des échantillons;

25 francs pour chaque demande en autorisation de reconnaissance.

Art. 3. — Tout individu ou groupe, apte à bénéficier des dispositions du décret du 1er décembre 1898, qui veut présenter une demande en autorisation de reconnaissance de phosphates est tenu de verser au préalable dans les caisses du receveur général des finances, à Tunis, une provision en numéraire dont le montant est destiné à couvrir les frais d'instruction et de publicité.

La provision à verser pour chaque demande est indiquée par le barème annexé au présent arrêté. Le receveur général des finances est autorisé à refuser tout versement qui ne correspond pas à l'une des sommes inscrites sur ce barème.

Art. 4. — Le versement doit être fait au nom du demandeur en autorisation de reconnaissance. Le receveur général des finances en délivre séance tenante récépissé à la partie versante, qui est tenue de soumettre ledit récépissé, dans les vingt-quatre heures de sa date, au visa pour contrôle de la direction des finances, conformément aux dispositions de l'article 1er du décret du 26 décembre 1891.

Le récépissé dûment visé doit être ensuite remis par le pétitionnaire au bureau d'enregistrement du service des mines en même temps que sa demande en autorisation de reconnaissance, à défaut de quoi celle-ci est considérée comme nulle et non avenue.

La demande est également tenue comme nulle et non avenue si le récépissé constate le versement d'une somme inférieure au montant de la provision exigible par application du barème ci-annexé.

Art. 5. — Au cas où une demande en autorisation de reconnaissance est refusée, pour quelque cause que ce soit, par le bureau d'enregistrement du service des mines, le récépissé est revêtu par l'ingénieur des mines ou son délégué d'un certificat indiquant qu'il y a lieu à remboursement, et annexé à une ordonnance de paiement qui est établie par le directeur général des travaux publics au nom de la partie versante sur les crédits budgétaires prévus à l'article 6 ci-après.

Art. 6. — La provision versée dans les conditions prévues à l'article 4 n'est pas productive d'intérêt. Elle est encaissée par le receveur général des finances, au compte de l'article spécialement ouvert à cet effet à la seconde partie du budget des recettes, et mise, au titre de la même partie du budget des dépenses, par le directeur des finances à la disposition du directeur général des travaux publics pour être affectée à l'accomplissement de toutes les formalités, enquêtes et instructions énumérées à l'article 1er ci-dessus.

Art. 7. — Il est ouvert par le service des mines, à chaque demandeur en autorisation de reconnaissance de phosphates, un compte où sont inscrits : au crédit, les versements de provisions; au débit, les frais de chacune des formalités, enquêtes et instructions indiqués à l'article 6, de manière à faire ressortir à tout moment la situation du compte, et, à la clôture, la partie à laisser en consignation ou à rembourser au bénéficiaire de la demande ou de l'autorisation.

Le directeur général des travaux publics délivre au nom de chaque ayant droit une ordonnance de paiement justifiée par un décompte indiquant :

1° Les sommes à prélever pour chaque article de dépenses, par application du tarif fixé par l'article 2 ci-dessus;

2° Le rappel des sommes précédemment dépensées;

3° Le reliquat à laisser en consignation ou à rembourser au bénéficiaire de la demande ou de l'autorisation.

L'ordonnance de paiement des frais d'analyse est émise au nom du receveur général des finances, chargé de l'encaisser, au titre des produits budgétaires, sous le titre : « Prix d'analyses du Laboratoire des Mines ».

Art. 8. — En cas de cession d'une demande en autorisation de reconnaissance ou de transfert d'une autorisation, les provisions versées par le cédant demeurent affectées au remboursement des frais à exposer par l'Administration au sujet de la demande ou de l'autorisation.

Art. 9. — En cas d'annulation d'une demande en autorisation de reconnaissance, et d'extinction ou de suppression d'une autorisation, pour quelque cause que ce soit, le directeur général des travaux publics délivre, au profit du dernier détenteur de la demande ou de l'autorisation, une ordonnance de paiement de la somme restant disponible au compte ouvert en vertu de l'article 7, après déduction des sommes dues au Trésor.

Art. 10. — L'arrêté du 19 octobre 1902 est abrogé.

Art. 11. — Les effets du présent arrêté courront à partir du 15 mars 1907.

SECTION IV.

SERVICE DE LA NAVIGATION ET DES PÊCHES MARITIMES

728. Ce service a pour objet : la police administrative de la navigation; la police des pêches maritimes; l'administration des épaves maritimes (1).

Sous l'autorité du directeur des travaux publics, les ingénieurs des ponts et chaussées, chefs de service des arrondissements, sont spécialement chargés, dans les limites de leurs arrondissements respectifs, de la mise à exécution des lois et règlements relatifs aux diverses branches de ce service. Les ingénieurs sont secondés par les officiers-maîtres de port, préposés à la pêche; par des gardes-pêche institués sur certains points du littoral; par des bateaux garde-pêche; par les vapeurs du service des phares pendant la durée de leurs tournées; par les agents de ce service; et, dans une certaine mesure, par les agents du service des douanes.

Enfin, pour assurer l'unité de vues entre les divers arrondissements, en même temps que pour renforcer la surveillance générale exercée par les ingénieurs chefs de service, un inspecteur de la navigation et des pêches est chargé à la direction générale, de la centralisation des affaires de ce service.

Les demandes en autorisation de reconnaissance déposées avant cette date demeurent régies par la réglementation antérieure.

BARÈME DES SOMMES A VERSER A LA RECETTE GÉNÉRALE DES FINANCES

Pour toute demande dont le périmètre :

Ne présente aucun point situé au sud du parallèle géographique de La Skirra (parallèle 38°10 des cartes de l'État-major au 1/100.000 de la Tunisie).......................... Fr. 250

Présente des points situés au sud du parallèle géographique précité.......................... 500

(1) Chez toutes les nations dont le territoire est riverain de la mer, les pouvoirs publics ont pour mission d'assurer l'ordre sur la partie des eaux maritimes qui longe le rivage, dans des conditions analogues à celles où ils l'assurent sur la terre ferme.

Sur cette portion de mer, qui porte le nom d'eaux territoriales, l'action des pouvoirs publics s'exerce au triple point de vue de :

La défense nationale;

La police de la navigation;

La police de l'exploitation du domaine public maritime.

La plupart des règles posées aux deux premiers points de vue s'étendent d'ailleurs au delà de la zone des eaux territoriales.

L'intervention des pouvoirs publics en ce qui concerne la défense nationale sur mer s'exerce par le marine de guerre. La situation spéciale de la Tunisie en tant qu'État protégé la dispense de pourvoir aux attributions de cette catégorie, lesquelles sont exercées par la France, État protecteur.

Il s'ensuit que la Tunisie n'a pas d'administration propre de la marine et que les deux autres catégories d'attributions qu'elle a à exercer en matière maritime ont été, au fur et à mesure de leur développement, confiées à l'administration qui avait le plus de points de contact avec les choses maritimes, à la Direction générale des travaux publics.

Constituée d'abord, sous le nom de service de la navigation et des pêches maritimes, en organisme distinct ayant un chef de service spécial placé sous les ordres immédiats du directeur général des travaux publics, l'administration des choses de la mer tendait à confondre ses rouages avec ceux des autres services maritimes dépendant de l'administration des ponts et chaussées. Cette fusion est chose faite à la date du 1er janvier 1905, et, bien que les objets restent distincts, les agents et les méthodes se confondent avec ceux du service des ponts et chaussées. (Instruction du directeur général des travaux publics en date du 3 décembre 1904 sur le service de la navigation et des pêches maritimes.)

729. *Attributions des agents du service.* — Les ressources budgétaires de la Régence ne permettent pas de nommer, dans toutes les localités, des agents spéciaux pour le service de la navigation et des pêches, les officiers et maîtres de port sont, en dehors de leurs fonctions propres, commissionnés en qualité d'agents de ce service pour toute l'étendue de leurs circonscriptions.

Les préposés à la pêche sont chargés, sous la direction des officiers de port de leur résidence, de la surveillance continue de la pêche.

Les capitaines des bateaux garde-pêche sont chargés de la police des pêches en mer sous la direction des officiers de port désignés par les ingénieurs d'arrondissements.

Les agents du service des phares prêtent leur concours au service de la navigation et des pêches maritimes.

Enfin, les agents du service des douanes coopèrent, dans une certaine mesure, à la surveillance de la pêche.

Ces deux dernières catégories d'agents sont également chargées, le cas échéant, de la garde et de la conservation des épaves dans les conditions fixées par le décret du 3 mai 1904 (1).

ARTICLE PREMIER. — *Police administrative de la navigation.*

730. La police administrative de la navigation a été, pour la première fois, réglementée en Tunisie par le décret beylical du 31 décembre 1899.

Le décret du 20 décembre 1904 apporta certaines modifications au premier texte; il a été lui-même abrogé et remplacé par le décret du 15 décembre 1906 qui régit actuellement la matière et fait rentrer toutes les formalités relatives à la nationalisation des bateaux dans les attributions de la direction générale des travaux publics. Cette direction demeure ainsi seule chargée de la police administrative de la navigation (2). Le nouveau décret est divisé en quatre titres relatifs : à l'armement des navires sous pavillon tunisien, à l'immatriculation des navires, à la conduite des navires, à diverses prescriptions générales.

§ 1er. — *Armement des navires.*

731. Le droit de naviguer sous pavillon tunisien est accordé aux navires de tout tonnage construits en Tunisie, commandés par des capitaines tunisiens ou français et appartenant au moins par *moitié* à des Tunisiens ou à des Français.

Les bateaux construits hors de Tunisie peuvent être admis au bénéfice de la nationalité tunisienne, à la condition de payer au préalable un droit d'entrée fixé à 2 francs par tonneau de jauge nette (3).

(1) Instr. du 31 décembre 1904, précité.
(2) Auquel il faut ajouter le décret métropolitain du 21 février 1897, qui donne le règlement ayant pour objet de prévenir les abordages en mer, rendu applicable à la Tunisie par l'article 66 du décret du 15 décembre 1906.
(3) Sont en outre considérés comme étant de construction tunisienne : les bateaux trouvés en mer par des navires tunisiens; ceux qui, naufragés sur les côtes de la régence, sont devenus par suite de vente, la propriété des sujets tunisiens ou français; ceux qui sont confisqués pour contraventions aux lois de douane et de police du pays.

Avant de procéder aux actes relatifs à l'armement d'un bateau, sous pavillon tunisien, son propriétaire est tenu de le faire jauger. Les règles applicables à toute époque en Tunisie pour le jaugeage des vapeurs et des voiliers battant pavillon tunisien sont celles en vigueur en France au même moment (1).

Les règles de jaugeage pour les voiliers de moins de 100 tonneaux (bateaux pontés et non pontés) font l'objet, dans l'article 8 du décret, de dispositions particulières.

732. *Papiers de bord.* — Ils sont obligatoires (2) et sont constitués par les pièces ci-après :
1° Acte de nationalité;
2° Congé;
3° Registre d'équipage;
4° Patente de santé dans le cas où cette pièce est exigée par la législation sur la police sanitaire.

733. *Acte de nationalité.* — L'acte de nationalité, c'est-à-dire la pièce qui constate le droit du bateau à battre pavillon tunisien et qui lui assure les avantages et la protection dus à la navigation tunisienne, est établi sur parchemin au nom du bey et porte la signature du directeur des travaux publics ou de son délégué.

Il contient la description du bateau et énonce son port d'attache, son nom, son espèce, son numéro matricule, son tonnage officiel, le ou les noms des propriétaires, le lieu et l'année de sa construction ou les circonstances qui ont motivé sa naturalisation. Il atteste, en outre, que le serment écrit par lequel le propriétaire affirme sa légitime propriété sur le bateau a été reçu par le juge de paix (3).

En outre du serment écrit, le propriétaire d'un bateau de 20 tonneaux de jauge et au-dessus, est tenu, de donner au bureau du port, soumission et caution sur son propre bateau et autres propriétés :
1° De 15 francs par tonneau pour les bateaux de 20 à 99 tonneaux. ;

(1) V. *supra*, v° DOUANES (n° 858 et suiv.); v° EAUX (n° 1162 et suiv.); v° ORGANISATION MARITIME (n° 266 et suiv.). Cf. Circulaire du ministre des Finances du 25 juin 1904, qui a codifié la législation du jaugeage et a réuni dans un même texte les diverses dispositions en vigueur à cette date, ainsi que la circulaire du ministre de la marine du 21 novembre 1902 sur la détermination de la *jauge maxima des bateaux armés au bornage.*
(2) Sont toutefois dispensés des papiers de bord :
Les canots et chaloupes dépendant d'un navire tunisien et figurant à son inventaire ; ils doivent avoir comme papiers de bord un congé dit de police, renouvelable annuellement;
Les bateaux et embarcations employés exclusivement à l'usage des thonaires;
Les embarcations qui naviguent dans l'intérieur d'une même rade;
Les embarcations de 2 tonneaux et au-dessous employées à la pêche;
Les bateaux de plaisance de 10 tonneaux et au-dessous.
(3) Ce serment qui n'est exigé que pour les bateaux de 20 tonneaux de jauge nette et au-dessus, peut être également reçu par les tribunaux de première instance ou de commerce.
Pour les bateaux dont la jauge est inférieure à 20 tonneaux, l'affirmation de propriété consiste seulement en une déclaration par écrit, soit devant le juge de paix, soit devant le caïd ou le khalifa et visée par lui. L'acte délivré par le tribunal ou la déclaration, suivant le cas, est remis au bureau du port par le propriétaire, qui signe sur un registre spécial de soumission, et présente le bateau à un bureau de port quelconque pour l'établissement du certificat de jauge.

2° De 20 francs par tonneau pour les bateaux de 100 tonneaux et au-dessus.

734. *Registre d'équipage.* — Le registre d'équipage est l'analogue, en Tunisie, du rôle d'équipage exigé en France. La seule différence consiste en ce qu'au lieu d'être comme le rôle d'équipage, délivré au bateau pour chaque voyage, le registre d'équipage sert au bateau jusqu'à épuisement (1).

Les dispositions relatives à l'engagement et au débarquement des hommes d'équipage méritent d'être rappelées :

a) L'engagement des hommes d'équipage se fait dans la Régence, en présence de l'officier de port ; en France, devant le bureau de l'inscription maritime et à l'étranger, devant les autorités consulaires françaises.

A moins de consentement mutuel, les capitaines ne peuvent débarquer tout ou partie de l'équipage, de même que les hommes d'équipage ne peuvent quitter le bateau avant la fin de l'engagement.

Le débarquement a lieu devant les mêmes autorités. Les infractions à ces dispositions sont punies d'une amende de 10 à 100 francs ;

b) Il est défendu aux capitaines des bateaux tunisiens d'embarquer à leur bord des marins étrangers sans l'autorisation du consul de la nationalité à laquelle appartiennent les marins. D'autre part, les marins étrangers ne peuvent entrer que pour un quart dans la composition des équipages des bateaux tunisiens (2).

Il est interdit aux Tunisiens de s'embarquer sur un bateau étranger sans l'autorisation, visée par l'officier de port, du caïd, khalifa ou cheikh du lieu de sa résidence.

Les pénalités en cas de fraude sur la nationalité du bateau sont prévues et fixées par l'article 16 du décret qui dispose que : « Toute personne qui prêtera son nom à l'établissement d'un acte frauduleux de nationalité, ou qui concourra à cette fraude d'une manière quelconque, ou qui commandera en connaissance de cause, un bateau indûment armé sous pavillon tunisien, sera passible d'une amende de 50 à 3.000 francs et d'un emprisonnement de six jours à un an, ou de l'une de ces deux peines seulement.

« La même pénalité sera applicable à toute personne qui, connaissant la fraude, disposerait de la cargaison d'entrée du bateau ou en fournirait une de sortie. »

Le capitaine sera, en outre, déclaré incapable de commander un autre bateau tunisien.

735. *Congé.* — Le congé qui est l'acte délivré par le service de la navigation, pour établir que le navire est toujours en droit de battre pavillon tunisien, est destiné à affirmer l'identité du bateau auquel il est délivré avec celui qui fait l'objet de l'acte de nationalité. Il est signé par le directeur général des travaux publics ou son délégué et contresigné par l'officier de port qui a vérifié l'authenticité de l'acte de nationalité.

Le congé est assimilé à l'acte de nationalité, pour les fraudes auxquelles il peut donner lieu.

736. *Patente de santé.* — La patente de santé a été définie et réglementée par un décret beylical du 16 février 1909.

737. *Remise des papiers.* — Dans les vingt-quatre heures qui suivent leur arrivée dans un port, les capitaines sont tenus, sous peine d'une amende de 10 francs par jour de retard, de remettre leurs papiers de bord aux autorités suivantes :

1° S'il s'agit d'un port tunisien, au bureau du port ;

2° S'il s'agit d'un port français, l'acte de nationalité et le congé sont déposés à la douane ; le registre d'équipage est remis entre les mains du fonctionnaire ou de l'agent de l'inscription maritime ;

3° S'il s'agit d'un port étranger, lesdites pièces sont remises à l'autorité consulaire française.

738. *Pavillon* (1). — Antérieurement à la promulgation du décret du 31 décembre 1899, il n'était pas rare de voir de nombreux voiliers, de nationalité étrangère, commandés par des Européens et montés par des équipages entièrement européens, exerçant la navigation au cabotage, soit entre la Sicile ou Malte et la Tunisie, soit de port à port tunisien, entrer dans les ports de la régence, battant pavillon tunisien, et en repartir sous pavillon italien ou anglais, suivant que l'intérêt ou le caprice des capitaines ou des armateurs leur commandait ce changement de couleurs.

A Djerba même, des bâtiments commandés et montés par des Tunisiens arboraient le pavillon turc et se déclaraient Ottomans. Souvent aussi les navires n'arboraient aucun pavillon (2).

En vue de supprimer ces abus, le décret précité a disposé que, désormais, nul ne pourrait arborer le pavillon tunisien s'il ne possédait un acte de nationalité tunisienne et un congé.

§ 2. — *Immatriculation.*

739. D'après les dispositions de l'article 46 du décret, tous les bateaux admis à battre pavillon tunisien doivent être immatriculés au chef-lieu d'un quartier maritime de leur choix qui devient le port d'attache du bateau.

L'article 44 du même texte donne la liste de ces chefs-lieux.

---

(1) Si le registre d'équipage est épuisé en cours de voyage, le capitaine se fait délivrer par les officiers de port de la régence si le bateau se trouve sur le littoral tunisien, ou par les autorités françaises s'il est dans un port de France ou de l'étranger, un nouveau registre dans le premier cas, et une feuille de rôle provisoire dans les deux autres cas, qu'il présente dès son retour au bureau du port d'attache avec le registre épuisé.

(2) Toutefois, le directeur général des travaux publics peut autoriser exceptionnellement des dérogations à cette règle dans les ports où il y a pénurie dûment constatée de marins français ou indigènes.

---

(1) Le pavillon tunisien, aux termes d'une circulaire résidentielle du 23 septembre 1903, a la forme d'un rectangle à fond rouge, portant sur disque blanc une étoile rouge à 5 rayons et un croissant de même couleur dont la convexité est tournée vers la hampe. Les proportions relatives de ses divers éléments sont les suivantes :

Hauteur du rectangle 2/3 de sa longueur ;
Diamètre du disque 1/3 de la longueur du rectangle ;
Diamètre extrême du croissant 2/3 du diamètre du disque ;
Diamètre de l'étoile 2/3 du diamètre extrême du croissant.

(2) Instr. du 31 décembre 1904, précitée.

L'immatriculation consiste dans l'inscription sur un registre spécial déposé dans chaque chef-lieu de quartier maritime, des différentes indications relatives au navire stipulées par l'article 47 du décret.

Ces indications sont prises sur l'acte de nationalité et sur le congé que les propriétaires du bateau présentent lorsqu'ils demandent son immatriculation. La demande d'immatriculation est adressée au service de la navigation par le propriétaire, aussitôt après la délivrance de ces deux pièces.

Lors de l'immatriculation, les agents du service de la navigation rappellent aux propriétaires les marques réglementaires dont l'article 48 prescrit l'inscription. Ils accordent un délai suffisant pour faire ces marques et s'assurent ensuite si elles sont bien apposées.

Le bateau ainsi immatriculé comme tunisien peut, au cours de son existence, et sur la demande de son propriétaire, changer de nom et de quartier maritime.

L'inscription des demandes de ce genre est faite par le service de la navigation, et si le changement est autorisé, mention en est faite par ce service sur l'acte de nationalité et sur le congé. Au vu de ces pièces ainsi modifiées, s'il s'agit d'un simple changement de nom, mention en est faite au registre matricule; si, au contraire, il s'agit d'un changement de quartier maritime, mention est faite de la radiation sur le registre de l'ancien quartier, et le navire est inscrit sur le registre du nouveau quartier.

Si le bateau change de propriétaire, mention de la vente est inscrite sur l'acte de nationalité et le congé; cette mention est reproduite au vu de ces pièces, sur le registre matricule.

§ 3. — Conduite des bateaux.

740. Le titre III du décret du 15 décembre 1906 détermine les limites entre lesquelles la navigation tunisienne est dite au cabotage, au bornage et à la pêche, et énumère les conditions à remplir par les capitaines, pour être admis à exercer ces divers genres de navigation.

Pour être admis à commander, les capitaines doivent être Tunisiens ou Français, âgés de 24 ans au moins. Ils doivent, en outre, réunir, pour commander au cabotage, quatre années de navigation, pour commander au bornage ou à la pêche, douze mois de navigation.

Ils doivent enfin, selon le cas, être munis d'un brevet tunisien ou français de maître au cabotage, de patron au bornage ou de patron pêcheur.

Le brevet tunisien de commandement est délivré par le directeur général des travaux publics aux candidats qui possèdent des connaissances nautiques nécessaires pour exercer avec sécurité le genre de navigation auquel ils se destinent, et dont les aptitudes ont été reconnues par une commission spéciale.

Cette commission se compose de l'inspecteur du service de la navigation, président, de deux capitaines au long cours, ou, à défaut, de deux maîtres au cabotage français ou indigènes nommés, pour les Français, par le contrôleur civil, pour les indigènes, par le caïd, et acceptés par le directeur des travaux publics.

741. *Visite des navires.* — Aux termes de l'article 59, tout bateau qui ne présente pas les conditions de solidité ou de navigabilité suffisantes pour la sécurité, doit être visité par une commission de trois membres nommés en Tunisie et en France par le juge de paix et dans les autres pays par le consul de France.

Ces visites sont ordonnées à la requête de la navigation, en Tunisie; de la douane ou de l'inscription maritime en France; de l'autorité consulaire française à l'étranger.

§ 4. — Prescriptions générales.

742. Les contraventions, en matière de police administrative de la navigation, sont constatées :

En Tunisie, par les agents du service de la navigation et des douanes; en France, par l'Administration de l'inscription maritime; à l'étranger, par les consuls de France.

Les procès-verbaux de contravention doivent être transmis au directeur des travaux publics qui les fait parvenir aux tribunaux compétents.

Le cinquième net des amendes infligées pour contravention au décret est attribué à l'agent verbalisateur, dans la limite de 25 francs pour l'ensemble des condamnations prononcées par un même jugement.

Les droits à percevoir dans les chancelleries consulaires sont les mêmes que ceux appliqués aux bâtiments français.

Article 2. — Police des pêches maritimes.

743. En Tunisie, les traités internationaux ont affirmé le principe du libre accès de la mer territoriale (1) aux pêcheurs de nationalités étrangères.

(1) *Zone d'action de l'État tunisien en matière de pêche.* — En Tunisie, de la frontière algérienne au cap Kapudia, aucune exploitation maritime (autre que l'exploitation du corail sur la côte Nord) n'existant et ne pouvant exister. l'État tunisien n'avait aucun motif de revendiquer comme eaux territoriales une zone plus étendue que la zone ordinaire.

Mais il n'en est pas de même du cap Kapudia à la frontière tripolitaine.

Toute cette région, qui comprend la grande île de Djerba et le groupe important des Kerkennah, offre un développement d'environ 250 milles marins (460 kilomètres) de côtes basses se prolongeant fort avant dans la mer par une déclivité insensible, enserrant la plus grande partie du golfe de Gabès d'une ceinture de bancs ou hauts-fonds sur lesquels ont été installés un nombre considérable de pêcheries.

Or, ces bancs, en pleine exploitation, s'étendent parfois jusqu'à une distance de 10 à 12 milles (18 à 22 kilomètres) des côtes, bien au delà par conséquent de ce que l'on est convenu d'appeler la mer territoriale. Il n'est donc pas douteux que, quelle que soit leur étendue, ces hauts-fonds à peine recouverts de 2 mètres d'eau à basse mer, et sur lesquels les indigènes ont établi depuis un temps immémorial des établissements de pêche, doivent être considérés comme faisant partie du domaine public maritime de la régence.

Au delà de cette zone s'étend une autre zone beaucoup plus vaste et beaucoup plus profonde, dans laquelle gisent les bancs d'éponge tunisiens qui, bien que n'ayant jamais fait l'objet d'une délimitation précise régulièrement notifiée aux puissances, ont été de tout temps considérés comme dépendance de la régence et, comme tels, successivement adjugés en fermage par les beys sans qu'aucune nation étrangère se soit jamais prévalue du principe de la mer libre pour s'opposer à cette prise de possession.

Du temps du fermage, la portion de mer soumise à l'adjudication était limitée par l'usage, d'un côté par le rivage, de l'autre par une

Ces traités se réfèrent en général au deuxième paragraphe de l'article 7 du traité italo-tunisien du 28 septembre 1896, ainsi conçu :

« En ce qui concerne la pêche, les Tunisiens jouiront en Italie des droits et avantages accordés aux puissances étrangères par la législation en vigueur dans le royaume et les Italiens seront traités en Tunisie comme les nationaux et comme les Français. »

Les Italiens et les nationaux de toutes les puissances qui ont au regard de la Tunisie le régime de la nation la plus favorisée, peuvent donc exercer librement l'industrie de la pêche dans les eaux tunisiennes (1).

Le Gouvernement beylical a toutefois conservé sur ces eaux les pouvoirs de souveraineté et de police qui sont dans les prérogatives de tout gouvernement. Il a, en conséquence, réglementé la police de la pêche maritime qui est exercée dans la Régence par les agents de la direction générale des Travaux publics.

Les principales pêches exercées sur les côtes de la Régence que ces agents ont pour mission de surveiller sont :

1° La pêche côtière proprement dite (2) et la pêche des espèces migratrices (3);

2° La pêche des éponges;

3° La pêche du corail (4).

§ 1er. — Pêche côtière.

744. La pêche côtière et la pêche des espèces migratrices sont réglementées par le décret beylical du 15 avril 1906.

Aux termes de ce décret, tout bateau affecté à la pêche côtière doit être inscrit à un bureau de port qui devient le port d'attache de ce bateau. La demande d'inscription indique les noms du bateau, du patron et de l'armateur, ainsi que le genre de pêche auquel le bateau doit se livrer.

Chaque bateau est inscrit sur un registre ad hoc et reçoit un permis annuel qui lui est délivré par les officiers de port sans payement d'aucune taxe autre que celle du timbre de dimension. Sur ce permis sont énumérés avec le numéro d'ordre d'inscription et, s'il s'agit d'un bateau tunisien, le numéro d'immatriculation, les noms du bateau, du patron, de l'armateur, le genre de pêche et les engins employés.

Il est procédé préalablement à la délivrance du permis de pêche, à une visite de tous les bateaux de pêche tunisiens et de leurs engins ainsi que des engins des bateaux de pêche étrangers. Le permis de pêche est refusé aux patrons tunisiens dont les bateaux n'ont pas été trouvés en état de prendre la mer, et aux patrons des bateaux de toute nationalité dont les engins de pêche n'ont pas été reconnus réglementaires.

En outre, ce décret :

1° Permet au directeur des travaux publics d'interdire temporairement, par arrêté, la pêche aux lieux, époques et conditions qui sont jugées nécessaires en vue de la protection des espèces dont une pêche intensive pourrait faire craindre la disparition;

2° Réglemente la nature et l'emploi des rets, filets, engins, instruments de pêche, etc. ;

3° Énonce les mesures d'ordre et de police pour la pêche en flotte;

4° Interdit l'emploi de certains appâts, l'usage d'armes à feu et de matières explosives, la pêche au feu, etc.

Le décret du 15 avril 1906 réglemente également les conditions d'établissement et d'exploitation des pêcheries et madragues; il prévoit et punit les infractions audit décret (1).

---

ligne partant du cap Kapudia, contournant au large les bancs des Kerkennah et de là se dirigeant en ligne droite vers la frontière tripolitaine.

Cette délimitation toute fictive, et qu'aucun signal extérieur n'indiquait à l'attention des intéressés, continua à être mise en vigueur après la suppression du fermage. Il en résultait, de la part des pêcheurs pris en contravention par les capitaines des péniches garde-pêche, des protestations sur le bien-fondé desquelles il était parfois très difficile de se prononcer en l'absence de tout point de repère exact. Les pêcheurs affirmaient toujours, et les gardes-pêche avaient peut-être une tendance à exagérer en sens inverse, dans le but de justifier leur intervention.

Pour couper court aux difficultés de ce genre, le service des pêches n'exerce plus sa surveillance que sur la portion de mer du golfe de Gabès comprise en deçà de la ligne des fonds de 50 mètres.

De ce qui précède, il résulte donc que, outre les rivages de la mer, les lais et relais de mer, les étangs salés du littoral en communication avec la mer, on doit considérer comme faisant partie du domaine public maritime en Tunisie tous les bancs ou hauts-fonds sur lesquels des pêcheries de poissons sont installées, même si ces bancs ou hauts-fonds ne découvrent jamais. (Instruction du 31 décembre 1904.)

(1) Direction des travaux publics, op. cit. III, p. 187.

(2) Pêche des poissons sédentaires et aventuriers, des crustacés, des mollusques et des cnéloniens.

(3) C'est-à-dire des thons, pélamides, sardines, anchois, allaches, etc.

(4) La pêche du corail n'a encore été l'objet d'aucune réglementation en Tunisie.

Le traité du 24 octobre 1832 entre le bey de Tunis et la France, accordant à cette puissance le monopole exclusif de la pêche du corail dans les eaux de la régence, ayant été dénoncé le 1er septembre 1902 à la suite d'un vœu émis par les délégations financières

algériennes, tendant à la suppression de la redevance annuelle de 8.100 francs payée par le budget de l'Algérie en vertu de l'article 1er dudit traité, la Tunisie a repris sa liberté d'action et la surveillance de cette pêche, qui avait été, jusqu'à la date précitée, exercée par les bâtiments de guerre français, est actuellement dévolue au service des pêches de la régence.

Mais, par suite de l'épuisement des bancs de corail, consécutif à une exploitation trop intensive, ainsi que de l'abaissement considérable du prix de vente de ce produit, les bateaux corailleurs ont à peu près déserté les côtes tunisiennes. En 1904, seulement deux bateaux, armés à Bizerte, ont pêché pendant quelques jours aux environs de la Galite, puis se sont dirigés vers les côtes algériennes.

Dans ces conditions, la direction générale des travaux publics n'a pas cru devoir élaborer pour le moment une réglementation spéciale à cette pêche. (Loc. cit.)

(1) Titre XI, pénalités, art. 73. — Sera puni d'une amende de 50 à 250 francs et pourra, en outre, être puni d'un emprisonnement de six jours à un mois :

1° Quiconque se sera servi d'appâts prohibés;

2° Quiconque aura fabriqué, détenu à son domicile ou mis en vente les rets, filets, engins, instruments de pêche prohibés par les règlements ou en aura fait usage;

3° Quiconque aura contrevenu aux dispositions spéciales établies par les règlements pour prévenir la destruction du frai et la conservation du poisson n'atteignant pas les dimensions réglementaires, ou pour assurer la conservation et la reproduction du poisson et du coquillage;

4° Quiconque aura fait usage d'un procédé ou mode de pêche prohibé par le présent décret, ou aura contrevenu aux dispositions du présent décret, ou en ce qui concerne le jet à la mer ou dans la partie salée des rivières et canaux, des eaux ayant servi aux besoins des usines;

5° Quiconque aura pêché, fait pêcher, salé, acheté, vendu, trans-

§ 2. — *Pêche des éponges.*

745. La pêche des éponges constitue pour le sud de la Tunisie une des ressources les plus importantes.

En 1908, l'exploitation de cette industrie nécessitait l'emploi de 1,100 bateaux de pêche jaugeant 5,300 tonnes et montés par plus de 4,000 hommes d'équipage.

Le produit de la pêche s'élevait, pendant cette période, à 145,000 kilogrammes d'éponges représentant une valeur de 3 millions et demi de francs.

Le Gouvernement tunisien a donc été amené, en vue d'empêcher la destruction des bancs, qu'une pêche intensive aurait pu appauvrir, à étudier les conditions d'existence et de reproduction des éponges et à en réglementer

porté ou employé à un usage quelconque le frai, le poisson ou le coquillage, dont les dimensions n'atteindraient pas le minimum réglementaire;

6° Quiconque aura caché par un moyen quelconque les lettres et les numéros peints sur les bateaux ou sur les voiles.

Art. 74. — Sera puni d'un emprisonnement correctionnel de 2 à 10 jours et d'une amende de 20 à 100 francs, ou de l'une de ces deux peines seulement :

1° Quiconque se livrera à la pêche pendant les temps, saisons et heures prohibés, ou aura pêché en dedans des limites fixées par les décrets ou arrêtés rendus pour déterminer l'étendue des ports et bassins les parties de la mer, des lacs ou des étangs qui font l'objet d'amodiations ou de concessions régulièrement accordées, les distances de la côte, de l'embouchure des étangs, rivières et canaux dans lesquels la pêche aura été interdite;

2° Quiconque aura enfreint les prescriptions relatives à l'ordre et à la police de la pêche en flotte;

3° Quiconque aura formé, vendu, loué, acheté ou transmis à quelque titre que ce soit, sans autorisation, un établissement de pêcherie, de quelque nature qu'il soit. Toute convention intervenue dans ces conditions ne sera pas opposable à l'État. La destruction des établissements formés sans autorisation aura lieu aux frais des contrevenants;

4° Quiconque, dans l'établissement ou l'exploitation des pêcheries, parcs ou dépôts autorisés, aura contrevenu aux dispositions du présent décret;

Dans ce cas, l'autorisation pourra être révoquée et les établissements détruits aux frais des contrevenants;

5° Quiconque se sera refusé à laisser opérer dans les pêcheries, parcs, bateaux de pêche et équipages, voitures, mannes et autres objets contenant le poisson, les visites requises par les agents chargés, aux termes des articles 14 et 31 du présent décret, de la recherche et de la constatation des contraventions. Si, sur la mise en demeure d'un agent assermenté ou d'un agent de la force publique, le délinquant persiste à se livrer à la pêche en violation des prescriptions de présent décret, tout le poisson pris en délit, les engins, barques, et accessoires ayant servi à la commettre, pourront être saisis, et la confiscation pourra être ordonnée par le tribunal.

Le service saisissant sera autorisé à opérer immédiatement la vente du poisson saisi, à titre de simple mesure conservatoire, tous droits réservés.

Art. 75. — Seront punies d'une amende de 1 à 15 francs ou d'un emprisonnement de 1 à 5 jours, toutes autres contraventions aux dispositions du présent décret.

Art. 76. — En cas de convictions de plusieurs infractions au présent décret ou aux règlements et arrêtés rendus pour son exécution, la peine la plus forte sera seule appliquée.

Art. 77. — En cas de récidive, le contrevenant sera condamné au maximum de la peine de l'amende ou de l'emprisonnement, ce maximum pourra être élevé jusqu'au double.

Il y a récidive lorsque, dans les deux années précédentes, il a été rendu contre le contrevenant un jugement passé en force de chose jugée pour contravention aux décrets réglementant l'exercice de la pêche ou aux arrêtés pris en conformité desdits décrets.

Art. 78. — L'article 463 du Code pénal français, relatif aux circonstances atténuantes, sera applicable aux contraventions prévues par le présent décret.

Art. 79. — Seront déclarés responsables, tant des amendes prononcées que des condamnations civiles :

1° Les armateurs, affréteurs ou consignataires des bateaux de

l'exploitation. Dans ce but, un laboratoire de biologie marine fut créé à Sfax (1904). Les études poursuivies dans ce laboratoire ne tardèrent pas à donner des résultats et on fut à même de déterminer :

1° L'époque de l'émission des larves de l'éponge *(hippospongia equina)* du golfe de Gabès;

2° La rapidité de croissance de la larve à partir de sa fixation;

3° Les règles fixant les conditions nécessaires à la réussite de la spongiculture par fragmentation, la rapidité de croissance des fragments, et la valeur de ce procédé.

En présence de ces données scientifiques, la réglementation établie par le décret du 16 juin 1892 et modifiée par ceux des 11 janvier 1895, 28 août 1897 et 18 juillet 1903 fut remplacée par le décret du 16 juillet 1906, dont les dispositions constituent le régime actuellement en vigueur.

Aux termes de la nouvelle réglementation, la pêche des éponges, sous réserve pour les personnes qui se livrent à cette industrie de se conformer à certaines prescriptions, est libre sur toute l'étendue des bancs tunisiens (1).

pêche, à raison des faits des patrons et des équipages de ces bateaux; ceux qui exploitent des établissements de pêcheries et de dépôts de coquillages quelconques, à raison des faits de leurs agents et employés;

2° Les pères, tuteurs, maris ou maîtres, à raison des faits de leurs enfants mineurs, femmes, préposés et domestiques.

Art. 80. — La recherche des rets, filets, engins et instruments de pêche prohibés pourra être faite à domicile chez les marchands, les fabricants et les pêcheurs.

Les rets, filets, engins, et instruments de pêche prohibés seront saisis; le jugement en ordonnera la confiscation.

Art. 81. — Le poisson et le coquillage saisis pour cause de ce délit seront confisqués; ils seront rejetés à la mer, ou, si possible, distribués à des établissements de bienfaisance.

La présence dans un lot de poissons et de crustacés n'ayant pas les dimensions réglementaires ainsi que celle des femelles grainées de homards et de langoustes, entraîne la confiscation du lot dans lequel ces espèces ont été découvertes.

Art. 82. — Les procès-verbaux dressés par les agents assermentés doivent être signés par eux : ils sont dispensés de la rédaction personnelle et de la formalité de l'affirmation, mais ils ne font foi en justice, jusqu'à preuve contraire, que si leur teneur est confirmée à l'audience par la déposition de l'agent verbalisateur.

A défaut de procès-verbal ou en cas d'insuffisance de ces actes les contraventions pourront être prouvées par les moyens de droit commun.

Toutes poursuites en raison des infractions commises aux décrets et règlements sur la police de la pêche maritime et aux arrêtés rendus en exécution du présent décret, seront portées, quelle que soit la nationalité du délinquant, devant les tribunaux français, jugeant correctionnellement, dans la limite de la compétence attribuée à ces tribunaux par les lois et règlements en vigueur.

Si le délit a été commis en mer, les poursuites seront portées devant le tribunal compétent le plus rapproché du point où la contravention aura été commise.

Ces poursuites seront intentées dans les trois mois qui suivront le jour où la contravention aura été commise.

A défaut de poursuites intentées dans ce délai, l'action publique et les actions privées relatives aux contestations entre pêcheurs seront prescrites.

Les poursuites auront lieu à la diligence du ministère public, dans les termes du droit commun, sans préjudice du droit des intéressés et de la direction générale des travaux publics de se constituer parties civiles.

(1) On a vu (v. *supra* n° 743 la note) quelle était la zone d'action de l'État tunisien en matière de pêche. Cette zone doit être, en ce qui concerne les bancs d'éponges situés sur le littoral de la régence, reculée même en dehors de la zone territoriale. De tout temps, en effet, le gouvernement beylical a exercé sur les bancs producteurs d'éponges qui s'étendent jusqu'à 20 milles au large des

Les bateaux affectés à la pêche des éponges acquittent, à leur arrivée en Tunisie, les droits maritimes établis. Ils doivent ensuite se munir d'un permis de pêche ou patente valable pour un an, qui leur est délivré moyennant le payement d'un droit variant suivant l'engin employé et l'état dans lequel le produit est débarqué.

Ce droit est ainsi fixé :

Pêche blanche, c'est-à-dire pour la pêche des éponges qui, lavées et séchées par les soins des pêcheurs, sont apportées sur les marchés après cette préparation :

Barquette pêchant au trident dite *kamakis*, n'ayant pas un équipage supérieur à trois hommes.....	100 fr.
Par homme d'équipage en sus de trois......	20
Bateau à voile pêchant à la drague dite *gangava* (1)................................	400
Bateau pêchant au scaphandre, par appareil..	1,000

Ces taxes sont payables intégralement au moment de la délivrance de la patente.

Pêche noire, c'est-à-dire pour la pêche des éponges qu'on débarque à l'état brut :

Barque pêchant au trident, n'ayant pas un équipage de plus de trois hommes....................	40 fr.
Par homme d'équipage au-dessus de trois....	10

746. Le décret du 17 juillet 1906 remédie d'autre part à deux points qui avaient été reconnus défectueux dans la législation antérieure :

a) Pour enrayer les ravages causés aux bancs d'éponges

îles Kerkennah, c'est-à-dire à 17 milles au delà des limites habituelles de la mer territoriale, des droits de fisc et de police.

« Les décrets du bey régulièrement notifiés aux consuls étrangers avaient déjà, vers 1850, concédé à des particuliers, le monopole de l'exploitation des éponges sans donner lieu à la moindre réclamation. En 1875, deux jugements consulaires confirmèrent les prétentions du gouvernement beylical et reconnurent le caractère territorial des bancs situés à plus de 15 milles des côtes.

Bien que les bancs d'éponges de la régence n'aient jamais fait l'objet d'une délimitation précise régulièrement notifiée aux puissances et reconnue par elles, il existe des actes diplomatiques qui en dehors de toutes les considérations de police et de conservation d'une richesse naturelle qui militent dans un sens favorable à ces droits.

Nous voulons parler de l'arrangement du 23 mars 1870 (v. *supra* n°43). L'exécution de cet arrangement a été placée sous la sauvegarde de la France, de l'Angleterre et de l'Italie. Il est de toute évidence que ces trois puissances, avant de souscrire à un pareil arrangement dont les suites pouvaient être désastreuses pour leurs nationaux, ont dû vérifier avec soin l'importance et la réalité des revenus délégués et s'assurer que la perception en était régulière et légitime.

En acceptant la délégation qui leur était offerte, les puissances signataires de la convention ont donc formellement reconnu la solidité et la valabilité des revenus affectés à la garantie du passif réservé.

Or, parmi ces revenus figure précisément pour une somme annuelle de 55,000 francs, le fermage des éponges et poulpes qui est explicitement inscrit dans l'arrangement. Si l'on veut bien remarquer que la totalité des eaux territoriales tunisiennes ne renferme qu'une quantité insignifiante d'éponges et que celles-ci se rencontrent presque toujours à plus de 3 milles des côtes, force sera de reconnaître que la convention de 1870 a nettement posé le principe de l'extension des droits de la régence sur une zone plus étendue que celle généralement admise pour les eaux territoriales, bien que non définie. (Direction des travaux publics, *op. cit.* III, p. 186 et 187.)

(1) La gangava est un instrument analogue à la drague ou chalut des pêcheurs français. Il se compose d'une forte barre de fer ronde recourbée à angle droit à ses deux extrémités et solidement reliée à une pièce de bois avec laquelle elle forme un cadre d'inégale densité. Sur ce cadre, haut de 0 m,60 à 0 m,80 et long de 6 à 12 mètres

par les gangaviers, le prix de la patente de pêche à la gangava, est porté de 375 francs à 400 francs. et afin de réserver aux indigènes de plus en plus refoulés par l'élément étranger, une zone où ils puissent exercer librement leur industrie, le décret interdit la gangava ainsi que le scaphandre en deçà de la ligne des fonds de 10 mètres. La mer de Bou Grara et le canal d'Adjim sont également interdits à ces engins.

Les zones ainsi réservées ne sont plus exploitées que par les pêcheurs au trident et à la plongée, procédés de pêche infiniment moins destructeurs que la gangava et le scaphandre.

Cette mesure protectrice contribue au repeuplement des fonds et, en outre, favorise la classe intéressante des pêcheurs indigènes aux *kamakis*, qui étaient fortement lésés par les incursions des gangaviers et des scaphandriers sur les petits fonds.

b) Le second point réglé par le décret est celui de la fixation de l'époque annuelle d'interdiction de la pêche de l'éponge.

Les études entreprises au laboratoire de biologie de marine de Sfax ont démontré que l'éponge se reproduit au printemps.

Aussi, le nouveau décret fixe-t-il du 1er avril au 31 mai la période annuelle d'interdiction de la pêche à la gangava et au scaphandre.

747. *Dispositions générales.* — Les bateaux munis d'une patente pour la pêche noire doivent obligatoirement débarquer leurs éponges à l'état brut.

Les permis sont délivrés dans les ports ouverts au commerce. Leur durée est d'un an à partir du 1er juin, quelle que soit l'époque de la demande, pour les patentes à la gangava, au scaphandre et au kamakis exerçant la pêche noire, et du 1er octobre pour les patentes au kamakis exerçant la pêche blanche.

Le droit versé au Trésor n'est restituable dans aucun cas.

Les pêcheurs d'éponges sont tenus de débarquer le produit de leur pêche dans un des ports de la Régence ouverts au commerce et de le présenter aux officiers de port qui enregistrent le poids.

Cette formalité accomplie, les pêcheurs disposent à leur gré du produit de leur pêche sans être soumis à aucune autre obligation ni taxe.

La pêche des éponges au moyen de bateaux, engins ou procédés autres que ceux désignés ci-dessus est prohibée en tout temps.

Le produit de cette pêche est taxé à l'exportation d'un droit de 20 francs par 100 kilogrammes pour les éponges lavées, 10 francs pour les éponges brutes.

suivant la force du navire qui traîne l'appareil, vient s'enverguer un filet en corde à grosses mailles, formant une poche de 2 à 3 mètres de profondeur. Un amarrage à trois brins en patte d'oie relie le cadre à un câble d'une centaine de mètres amarré lui-même au bateau pêcheur. Le mode d'emploi de ce filet est des plus simples : on le coule à la mer où il tombe naturellement, la partie métallique du cadre en bas; on le traîne en laissant dériver le bateau, enfin on le hale à bord à l'aide d'un treuil. Il ramène généralement avec, des éponges, des algues, des coquillages et des poissons. (Direction des travaux publics, *op. cit.* III, p. 191.)

748. *Pénalités et poursuites.* — Les infractions à la réglementation de la pêche des éponges sont prévues et punies par les articles 17 à 26 du décret (1).

Les contraventions au décret du 17 octobre 1906 sont constatées par procès-verbaux des capitaines ou patrons des bâtiments et embarcations gardes-pêches, agents du service de la navigation et des pêches, agents de la force publique, préposés attachés aux différentes administrations et régies financières et tous agents spéciaux assermentés à cet effet.

Les poursuites ont lieu, selon le cas, à la diligence de l'administration des finances, comme en matière de douane ou de monopole, ou à la diligence de la direction des travaux publics.

---

(1) Art. 17. — Sera puni d'une amende de 200 à 2,000 francs et d'un emprisonnement de six jours à un mois ou de l'une de ces deux peines seulement, quiconque se livrera en barque à la pêche des éponges sans être muni d'une patente délivrée dans les conditions indiquées aux articles 2, 5 et 7 du présent règlement.

Si la pêche a eu lieu à la drague ou au scaphandre, le minimum de l'amende sera de 500 francs et il pourra être prononcé un emprisonnement de quinze jours à trois mois.

Art. 18. — Sera puni des peines prévues par l'article 17, § 1er, quiconque se livrera à la pêche des éponges en temps prohibé ou à l'aide de procédés, engins ou bateaux non autorisés, ou bien en dedans des limites fixées par l'article 3, § 2 du présent décret.

Art. 19. — En cas de contravention aux articles 17 et 18 ci-dessus et 20 ci-dessous, alors même que les délinquants seraient restés inconnus, les instruments, les engins, le produit de la pêche seront saisis et la confiscation en sera prononcée par les tribunaux correctionnels.

Art. 20. — Sera puni d'une amende de 100 à 1,000 francs :

1° Quiconque aura détourné ou tenté de détourner en mer pour l'expédier à l'étranger tout ou partie de la pêche d'un bateau;

2° Tout pêcheur convaincu d'avoir débarqué des éponges ailleurs que dans un port ouvert au commerce.

Art. 21. — Sera puni d'une amende de 50 à 200 francs, sans préjudice des peines applicables en cas de crime ou de délit de droit commun, quiconque aura refusé de présenter sa patente aux agents de l'État ayant qualité pour constater les contraventions, ou d'obtempérer aux réquisitions ou de se soumettre aux vérifications prévues par l'article 15 précédent.

Art. 22. — Sera puni d'une amende de 100 à 500 francs :

1° Tout pêcheur d'éponges noires qui sera convaincu d'avoir livré tout ou partie de sa pêche à un pêcheur exerçant la pêche blanche;

2° Tout pêcheur qui, n'étant pas muni d'une patente pour la pêche blanche, aura à son bord des éponges lavées.

3° Tout pêcheur exerçant la pêche blanche qui sera convaincu de s'être procuré tout ou partie des éponges recueillies par un pêcheur d'éponges noires;

4° Quiconque aura pêché, fait pêcher, acheté, vendu, transporté des éponges dont les dimensions n'atteignent pas le minimum réglementaire.

En outre les éponges saisies en délit seront confisquées.

Art. 23. — Sera punie d'une amende de 16 à 100 francs toute autre contravention au présent règlement ou aux arrêtés réglementaires qui pourront intervenir.

Art. 24. — En cas de conviction de plusieurs contraventions au présent règlement, la peine la plus forte sera seule appliquée.

Art. 25. — En cas de récidive, les peines édictées pourront être élevées jusqu'au double.

Il y aura récidive lorsque, dans les deux années précédentes, à compter de la date du fait incriminé, il aura été rendu contre le délinquant un jugement passé en force de chose jugée pour contravention aux décrets réglementant l'exercice de la pêche des éponges, ou aux arrêtés pris en conformité desdits décrets.

Art. 26. — Seront déclarés responsables des amendes prononcées :

1° Les armateurs, affréteurs, consignataires des bateaux de pêche, à raison des faits des patrons et équipages;

2° Les pères, tuteurs, maris et maîtres, à raison des faits des mineurs, femmes, préposés et domestiques, à moins qu'ils ne prouvent qu'ils n'ont pu empêcher le fait qui donnerait lieu à cette responsabilité.

L'administration des finances conserve dans tous les cas le droit de se porter partie civile.

Les poursuites sont exercées, lorsque le délit a été commis hors d'un port, devant le tribunal du port auquel appartient le bateau, à défaut, devant celui du port le plus proche.

ART. 3. — *Epaves maritimes.*

749. Le mode de remise et d'aliénation des épaves maritimes, ainsi que les droits des sauveteurs, ont été réglementés par le décret beylical du 3 mai 1904.

Suivant les dispositions de ce décret, le sauveteur d'une épave maritime doit, dans les vingt-quatre heures de son débarquement ou de sa découverte, suivant que l'épave a été tirée du fond de la mer, recueillie sur les flots, ou trouvée sur le rivage, en faire la remise au bureau du port le plus proche; à défaut de bureau de port, la remise peut être faite aux receveurs, officiers et sous-officiers des douanes, aux agents des phares et balises, ou bien encore aux caïds, khalifats et cheikhs auxquels incombe le soin de les faire parvenir à l'officier de port le plus voisin (1).

Les agents auxquels la remise est faite en informent aussitôt le directeur des travaux publics et assurent la garde et la conservation des épaves.

Dans les premiers jours de chaque trimestre, le directeur général des travaux publics fait insérer au *Journal officiel tunisien* et afficher dans tous les ports ouverts au commerce la nomenclature des épaves déposées, en mentionnant toutes les circonstances et les renseignements propres à en faciliter la reconnaissance.

Ces épaves peuvent être réclamées pendant un délai de trois mois à partir de la date d'affichage ou de publication; les propriétaires ou leurs mandataires doivent présenter à la direction générale des travaux publics, à l'appui de leur réclamation des pièces probantes de propriété.

Au vu de ces pièces, le directeur général des travaux publics invite l'agent intéressé à remettre les épaves au propriétaire ou à son mandataire.

La remise n'est effectuée qu'après la production par les intéressés d'une pièce émanant du service des douanes établissant que les formalités réglementaires auprès de cette administration ont été remplies et après payement des frais de gardiennage et de conservation, ainsi que de la part revenant aux sauveteurs.

Les sauveteurs ont droit, en principe, au tiers des objets trouvés (2).

---

(1) Le décret du 1er mai 1904, imposant au sauveteur d'épaves l'obligation d'en faire la déclaration et punissant des peines du vol l'appropriation de ces épaves, sans déclaration, a entendu réprimer l'appropriation frauduleuse, véritable délit, dans lequel l'intention frauduleuse est l'élément essentiel. L'appréciation de pareille appropriation rentre, non pas dans la compétence des juges de paix à compétence étendue, mais dans celle des tribunaux correctionnels. Alger, 9 mai 1908 J. T. T., 1908 ; 608.

(2) Exception est faite ;

1° Pour les ancres grappins et chaînes tirées du fond de la mer, qui deviennent la propriété intégrale des sauveteurs sans qu'il y ait lieu à partage, s'ils ne sont pas réclamés dans les trois mois qui suivent l'affichage.

2° Pour les choses du cru de la mer qui appartiennent en entier

Les épaves non réclamées à l'expiration des délais légaux deviennent la propriété de l'État et le produit de la vente, réserve faite de la part des sauveteurs, est réparti entre le Trésor et l'administration du *Bit-el-Mal* (1).

SECTION V.

SERVICE TOPOGRAPHIQUE.

750. Les attributions de ce service et son organisation sont définies par le décret du 18 décembre 1899 qui a résumé et codifié un certain nombre de décrets antérieurs.

Aux termes de l'article premier de ce décret, le service topographique est chargé de procéder aux travaux de reconnaissance, de bornage, de triangulation, d'arpentage et de lotissement nécessaires à l'application de la loi foncière; il prête son concours aux divers services publics : domaine, forêts, colonisation, etc., ainsi qu'à l'administration des habous.

Ce service est placé sous la haute direction du directeur général des travaux publics qui exerce à cet égard

les pouvoirs à lui conférés en matière de travaux publics par les décrets du 3 septembre 1882 et du 25 juillet 1883.

Le personnel se compose :

1º D'un chef du service topographique;

2º D'agents du service actif : vérificateurs, géomètres et élèves géomètres;

3º D'agents de bureau : chef de bureau et commis.

Le chef du service topographique, les vérificateurs et les géomètres sont nommés par décrets rendus sur la proposition du directeur général des travaux publics. Ces agents n'entrent en fonctions qu'après avoir prêté serment devant le tribunal français.

Les autres agents sont nommés par arrêté du directeur général des travaux publics pris sur la proposition du chef du service topographique.

Les vérificateurs sont pris parmi les géomètres.

Les géomètres sont pris parmi les élèves géomètres qui ont justifié de leur aptitude aux divers travaux du service, dans les conditions arrêtées par le directeur général des travaux publics (1).

Pour exercer leurs fonctions, les géomètres doivent être porteurs du décret de nomination suivi de la mention de la prestation de serment. Cette pièce leur est délivrée avant l'entrée en fonctions.

Les élèves géomètres sont nommés à la suite d'un concours dont les conditions sont arrêtées par le directeur général des travaux publics.

---

aux sauveteurs lorsqu'elles ont été tirées du fond de la mer en dehors de l'industrie de la pêche ou recueillies sur les flots.

3º Pour la poudre, le tabac, les armes à feu, les projectiles, les munitions de toutes sortes, la saccharine, l'huile de coton et, d'une manière générale, pour les objets monopolisés et ceux dont l'importation est prohibée d'une manière absolue ou soumise à une autorisation préalable.

Ces objets ne sont jamais partagés en nature; ils sont remis, suivant le cas, à l'administration compétente et les sauveteurs reçoivent une indemnité qui est liquidée par le directeur général des travaux publics conformément à leurs droits tels qu'ils résultent du décret, et sur l'avis du service auquel a été faite la remise.

(1) Le BIT-EL-MAL est une institution qui date de l'hégire. Il était à l'origine chargé d'encaisser et d'administrer le produit de l'impôt « zekkat » ou dîme et des tributs de guerre.

Après la conquête, les musulmans imposèrent aux peuples qu'ils avaient soumis d'autres redevances qui allèrent se multipliant avec les différents khalifes et augmentèrent encore les revenus du Bit-el-Mal.

Ces ressources étaient affectées à l'administration du pays et aux dépenses occasionnées par les guerres entreprises contre les infidèles; une large part était aussi réservée aux œuvres de bienfaisance (secours aux indigents, inhumation des étrangers, etc.).

Par la suite, le caractère de l'institution se modifia profondément. Dans sa forme actuelle, le Bit-el-Mal constitue en Tunisie une administration autonome, dont les ressources ainsi que les attributions ont été singulièrement réduites.

Mais alors que la Djemaïa des Habous elle-même, n'échappe plus au contrôle du gouvernement protectorat et subit des réformes dont l'urgence avait été reconnue, le Bit-el-Mal conserve encore une organisation et des pratiques administratives exclusivement tunisiennes qu'il est intéressant de noter.

Les biens du Bit-el-Mal se composent uniquement : 1º des dons et legs qui lui sont faits; 2º des successions en déshérence; 3º des biens vacants et sans maître qui n'ont pas été vivifiés ou mis en valeur par des particuliers. Ils ne sauraient comprendre les immeubles dont les titres sont perdus ou n'existent pas pour une raison quelconque, alors même que cette absence de titres donnerait lieu à des contestations entre plusieurs personnes se prétendant également propriétaires des immeubles en question (Trib. Mixte, 26 mars 1896, J. T. T. 1897, p. 661).

Aux termes du décret de novembre 1842, ces revenus sont affectés à assurer le fonctionnement de l'institution, à payer le traitement des professeurs de la grande mosquée ainsi que les frais d'inhumation des étrangers et des indigents.

Le personnel comprend :

1º Un agha qui est placé à la tête du service;

2º Un premier notaire qui procède à la vente des successions

mobilières, ordonnance les frais d'inhumation des étrangers et dresse inventaire des biens laissés par ces derniers; un autre notaire qui tient deux registres pour les recettes et les dépenses et consigne sur un troisième registre les affaires en instance ainsi que les successions litigieuses; il rédige également les lettres importantes, prend connaissance de toute la correspondance importante, au départ et à l'arrivée, et la soumet au visa de l'agha; il vérifie les comptes des naïbs; il élabore le budget, il établit les comptes annuels, etc.;

3º Un rédacteur qui rédige la correspondance, étudie les questions litigieuses et les soumet à l'oukil;

4º Un oukil qui représente l'administration devant toutes les juridictions tunisiennes ; l'examen des affaires relevant du tribunal mixte et des tribunaux français, est confié à un avocat;

5º Un commis expéditionnaire;

6º Des représentants régionaux (naïbs). Les naïbs des Habous sont les représentants d'office du Bit-el-Mal (décret du 7 Moharrem 1304); dans les localités dépourvues de ce fonctionnaire, l'administration est représentée par des particuliers.

Budget. — Le budget est établi annuellement et, au mois d'octobre, soumis à l'approbation du gouvernement tunisien.

Les recettes annuelles peuvent être évaluées à 97,000 francs et les dépenses à 87,000 francs. L'excédent, quelle qu'en soit l'importance, est affecté à la constitution d'un fonds de réserve.

Le Bit-el-Mal possède 120,000 francs d'immeubles; aucun immeuble ne peut être vendu qu'avec l'autorisation du gouvernement tunisien.

Les immeubles provenant des successions en déshérence sont vendus aux enchères publiques; toutefois si la situation financière du Bit-el-Mal le permet, ceux de quelque importance peuvent, sous réserve de l'approbation du gouvernement, être conservés.

Contrôle. — Le contrôle des livres et la vérification de la caisse du Bit-el-Mal sont assurés mensuellement par un des professeurs de la Grande Mosquée. Le professeur chargé de cette mission remet à l'agha un procès-verbal constatant le résultat de la vérification, et adresse son rapport aux quatre cheikhs, inspecteurs de la Grande Mosquée, qui sont le bach mufti et le cadi du rite hanéfite, le bach mufti et le cadi du rite malékite.

(1) Cf. arrêté du 28 décembre 1899 modifié par ceux des 11 décembre 1905 et 27 février 1906.

CHAPITRE VII.

AGRICULTURE — COMMERCE — INDUSTRIE — COLONISATION.

SECTION PREMIÈRE.

DIRECTION DE L'AGRICULTURE, DU COMMERCE ET DE LA COLONISATION.

§ 1er. — *Organisation centrale.*

751. La direction de l'agriculture, du commerce et de la colonisation, qui comprend un certain nombre de services et de bureaux, est de création récente.

Les questions placées dans les attributions de cette direction étaient, au début du protectorat, du ressort des différents services du Gouvernement tunisien : le service de l'agriculture, de la viticulture et de l'élevage (1), le laboratoire de chimie agricole et industrielle (2), le service de la propriété industrielle et celui de la vérification des poids et mesures dépendaient du secrétariat général; le service des domaines et de la ghaba, de la direction des finances; le service des forêts, de la direction des travaux publics.

Lors de la création, par le décret beylical du 3 novembre 1890, de la direction de l'agriculture (3), seuls le laboratoire de chimie agricole et industrielle et l'inspection de l'agriculture, de la viticulture et de l'élevage furent placés dans les attributions du nouveau service.

Le titulaire du service prit le titre de directeur de l'agriculture. Quelques années plus tard, le rattachement ou la création d'autres services emmenèrent une extension des attributions de ce dernier qui devint : directeur de l'agriculture, du commerce (4) et de la colonisation (5).

752. L'administration centrale comprend, dans son organisation actuelle, trois bureaux (6) et deux services, celui du domaine (7) et celui des forêts (8).

---

(1) Deux décrets rendus en août 1887 avaient organisé un service de l'agriculture, de la viticulture et un service de l'élevage, réunis sous l'autorité d'un inspecteur par décret beylical du 13 novembre suivant.

(2) Créé par décret du 5 juin 1887.

(3) Elle était à cette époque rattachée à la direction des renseignements et des contrôles qui a disparu depuis (V. *supra* n° 118).

(4) D. beyl. du 8 février 1896.

(5) D. beyl. 20 septembre 1906.

(6) Le premier bureau est chargé du personnel et de la comptabilité, et exerce en outre les attributions ordinaires d'un secrétariat.
Il s'occupe également des questions de législation rurale, des encouragements à l'agriculture (expositions, concours et comices agricoles, sociétés d'agriculture, syndicats professionnels agricoles, crédit agricole, etc.). Il recherche, centralise et publie les renseignements sur les produits agricoles; il examine les questions concernant les dessèchements, assainissements et améliorations agricoles permanentes, notamment l'utilisation agricole des eaux, l'alimentation en eau des centres de colonisation; il exerce enfin les attributions dévolues à la direction de l'agriculture en matière de chasse.
Le deuxième bureau est spécialement chargé de la recherche et de la centralisation de tous les renseignements statistiques sur le commerce et l'industrie, sur les centres de consommation, sur les prix de la régence et de l'étranger, sur les prix et frais de transport et, d'une manière générale, sur les progrès de toute nature pouvant intéresser le commerce ou l'industrie de la Tunisie.
Indépendamment de ces attributions, le deuxième bureau est éga-

---

§ 2. — *Corps consultatifs.*

753. Il existe, auprès du résident général et de la direction de l'agriculture, du commerce et de la colonisation, des chambres de commerce ou d'agriculture, représentant les différentes régions de la Régence et ayant un caractère consultatif.

754. La première en date de ces assemblées est la chambre de commerce de Tunis créée par arrêté résidentiel du 23 juin 1885 (9).

Cette institution était, à l'origine, chargée de représenter, dans toute l'étendue de la Régence, les intérêts commerciaux, industriels et agricoles des colons français; mais elle cessa bientôt de répondre aux besoins nouveaux résultant des progrès de la colonisation. D'une part, en effet, les attributions de la chambre de commerce étaient trop générales, et certains intérêts, ceux de l'agriculture notamment, en étaient venus, par la force des choses et malgré leur importance, à passer en quelque sorte au second plan. D'autre part, les négociants français établis dans le sud de la Régence, et dont le nombre allait sans cesse grandissant, se trouvaient, par suite de la distance, dans l'impossibilité de se faire représenter d'une façon pratique.

En vue de remédier à ces inconvénients, trois arrêtés résidentiels, en date du 19 mars 1892, substituèrent à la chambre de commerce unique, créée en 1885, deux chambres de commerce distinctes, l'une siégeant à Tunis pour la partie nord, l'autre, établie à Sousse, pour la partie sud de la Régence, et une chambre d'agriculture commune à toute la Tunisie. Chacune des nouvelles chambres de commerce ainsi constituées conservait d'ailleurs, en principe, les attributions dévolues à l'organisme qu'elle remplaçait.

Le mode de fonctionnement, les conditions d'éligibilité et de l'électorat restaient également semblables, sauf quelques modifications de détail. Quant à la chambre d'agriculture, on avait, sous réserve de certains changements commandés par la situation particulière de la Régence, adopté, pour son organisation, les règles posées dans la proposition de loi présentée en 1889 à la Chambre des députés par M. Méline, en vue de la création en France d'institutions analogues (10).

Cette organisation ne tarda pas à être à son tour modifiée par les arrêtés résidentiels des 19 et 20 novembre 1895, instituant une chambre de commerce et une chambre d'agriculture du Nord à Tunis; une chambre mixte de

---

lement chargé de la centralisation des renseignements relatifs à l'application de la loi douanière du 19 juillet 1890 (v. *supra* n° 560) et de l'application de la législation commerciale et industrielle (v. *infra* n° 782).

Le troisième bureau est chargé de l'étude des questions intéressant le développement de l'immigration et de la centralisation des affaires intéressant l'office central du « placement français » et l'office des renseignements du Gouvernement tunisien à Paris, (v. *infra* n° 794).

(7) V. *infra* n° 759.

(8) V. *infra* n° 754.

(9) V. *supra* n° 95.

(10) Min. Aff. étr., 1892, p. 7.

commerce et d'agriculture du centre à Sousse; une chambre mixte de commerce et d'agriculture à Sfax; enfin l'arrêté résidentiel du 21 novembre 1902, créa une chambre de commerce pour le contrôle civil de Bizerte.

755. A la suite des modifications apportées dans le fonctionnement de la conférence consultative (1), les chambres de commerce et d'agriculture ont été réorganisées sur de nouvelles bases, savoir :

La chambre de commerce du Nord, dénommée désormais « chambre de commerce de Tunis », par l'arrêté résidentiel du 30 mai 1906 (2); et la chambre de commerce de Bizerte par l'arrêté du 28 juin 1906 (3).

La chambre d'agriculture du Nord conserve son organisation antérieure (4).

Les chambres mixtes du Centre (5) et du Sud (6) sont régies respectivement par les arrêtés résidentiels des 23 novembre 1905 et 20 février 1906.

Les membres de ces chambres sont élus pour six ans, renouvelés par tiers tous les deux ans et rééligibles.

Chaque chambre élit tous les ans : 1 président, 1 vice-président, 1 secrétaire et 1 trésorier.

Elle correspond avec le résident général et lui envoie copie des procès-verbaux des séances; le résident général, le directeur de l'agriculture, du commerce et de la colonisation et le contrôleur civil ont entrée aux séances et sont entendus chaque fois qu'ils le demandent (7); le résident général est président de droit des séances auxquelles il assiste.

---

(1) V. *supra* n° 97.
(2) Cette chambre se compose de 12 membres élus au scrutin de liste par circonscription et dans les proportions ci-après :

Contrôle civil de Tunis et de Grombalia.........	8 membres.
— de Béja et annexe de Medjez-el-Bab.	1 membre.
— de Souk-el-Arba.................	1 —
Annexe de Tabarka.......................	1 —
Contrôle civil du Kef, de Maktar et annexe de Tebour-souk....................................	1 —

(3) Elle se compose de 9 membres élus au scrutin de liste par les électeurs commerciaux de Bizerte.
(4) Aux termes des arrêtés résidentiels des 18 novembre 1895 et 18 avril 1905, elle se compose de 16 membres élus au scrutin de liste par les circonscriptions administratives suivantes :

Caïdat de la banlieue de Tunis.................	5 membres.
— de Zaghouan...........................	1 —
— de Tebourba.......................	1 —
Contrôle civil de Grombalia...............	2 —
— de Bizerte.................	2 —
— de Béja.................	1 —
Caïdat de Medjez-el-Bab.......................	1 —
Contrôle civil de Souk-el-Arba.................	1 —
Annexe de Tabarka........................	1 —
Contrôle civil du Kef et de Maktar............	1 —

(5) La chambre mixte du Centre se compose de 12 membres élus au scrutin de liste par circonscription administrative dans les proportions ci-après :

Contrôle civil de Sousse.....................	10 membres.
— de Kairouan et de Thala..........	2 —

(6) La chambre mixte du Sud se compose également de 12 membres dont 7 membres pour le contrôle civil de Sfax, 3 membres pour le contrôle civil de Gabès et le territoire militaire; 1 membre pour l'annexe de Djerba; 1 membre pour le contrôle civil de Gafsa.
(7) Le contrôleur civil de Tunis n'est pas admis aux séances de la chambre d'agriculture du Nord.

---

756. Les chambres peuvent, en leur qualité d'établissements reconnus d'utilité publique, acquérir, recevoir, posséder et aliéner après y avoir été autorisées par le résident général; elles peuvent se constituer une caisse par cotisations annuelles, dons et subventions; elles adressent pour approbation au résident général leur projet de budget et leurs comptes annuels.

757. *Attributions.* — Les chambres de commerce de Tunis et de Bizerte ont pour attributions :

1° De donner au résident général les avis et renseignements qui leur sont demandés sur les faits et les intérêts commerciaux et industriels de toute sorte;

2° De présenter au résident général leurs vues sur toutes les questions qui intéressent l'industrie et le commerce de leur ressort (1).

La chambre d'agriculture du Nord donne au résident général les avis et renseignements qui lui sont demandés sur les faits et les intérêts agricoles, et lui présente ses vues sur les questions intéressant l'agriculture dans sa circonscription.

Les chambres mixtes du Centre et du Sud exercent les attributions dévolues aux chambres de commerce et à la chambre d'agriculture.

758. *Corps électoral.* — Le corps électoral se compose de tous les Français âgés de 25 ans révolus et justifiant des qualités ci-après :

Pour les chambres de commerce,

1° Commerçant, industriel, agent de change ou banquier;

2° Directeur, fondé de pouvoir de maisons de commerce et de compagnies anonymes de finances et d'industrie française.;

3° Capitaine au long cours et maître au cabotage français ayant commandé pendant cinq ans et n'étant pas au service de l'Etat, installé dans le ressort de la chambre et depuis six mois au moins en Tunisie.

Pour la chambre d'agriculture,

1° Les propriétaires, usufruitiers ou usagers français d'un fonds rural (propriété exploitée en vue de la vente des produits) ou de propriétés forestières, possédant depuis six mois au moins lesdites exploitations, qu'ils soient ou non résidants en Tunisie. Lorsque le fonds rural est la propriété d'une société en nom collectif, chacun des associés aura le droit d'être inscrit sur la liste électorale. Les sociétés en commandite ou par actions sont représentées, sur la liste électorale, par un mandataire et ne disposent que d'un vote en dehors du personnel technique employé sur l'exploitation;

---

(1) En outre, aux termes de l'article 7 des arrêtés qui ont institué ces chambres, les établissements pour l'usage du commerce, comme les magasins de courtage, entrepôts, bureaux de cautionnement, cours publics pour la propagation des connaissances commerciales et industrielles, sont administrés par la chambre de commerce s'ils ont été formés au moyen de contributions spéciales sur les commerçants français. L'administration de ceux de ces établissements qui ont été formés par dons, legs, ou suivant le cas, peut lui être remise, d'après le vœu des souscripteurs ou donateurs. Enfin, cette administration peut lui être déléguée pour les établissements de même nature qui seraient créés par l'autorité.

2° Les agriculteurs, éleveurs, horticulteurs, pépiniéristes, jardiniers et maraîchers français qui depuis six mois sont établis en Tunisie comme directeurs, administrateurs délégués, régisseurs, locataires, fermiers ou colons partiaires;

3° Les contremaîtres, maîtres de chaix et chefs de culture français attachés depuis un an au moins à une exploitation agricole.

Pour les chambres mixtes, les électeurs inscrits sur les listes commerciales ou agricoles (1).

Les listes électorales sont dressées annuellement par le contrôleur civil assisté de deux électeurs (2); les réclamations relatives à l'établissement de ces listes sont examinées par une commission de revision composée du juge de paix, président, du contrôleur civil suppléant et de trois électeurs désignés par le Résident général (3).

Tous les électeurs portés sur les listes définitives et âgés de 30 ans révolus au jour du scrutin sont éligibles (4).

Les lieux de vote sont désignés par arrêté résidentiel et les opérations électorales, dans chaque section, sont présidées par le contrôleur civil ou son délégué assisté de deux électeurs.

Le vote par correspondance est admis.

Au premier tour, nul n'est élu s'il n'a obtenu la moitié plus un des suffrages exprimés et un nombre égal au quart des électeurs inscrits; la majorité relative est suffisante au deuxième tour.

Tout électeur et tout éligible ayant obtenu au moins un suffrage dans l'élection (5), dans le délai de cinq jours après le scrutin, et le Résident général dans le délai de quinze jours à partir de la réception des procès-verbaux, peut arguer de nullité les opérations électorales. Il est statué souverainement dans le délai d'un mois par la commission de revision des listes électorales.

Dans le cas où l'annulation des élections est prononcée, les électeurs sont convoqués à nouveau dans les trois mois.

SECTION II.

AGRICULTURE.

§ 1er. — *Direction des forêts.*

759. Le domaine forestier tunisien constitue, en raison de son importance (1), une des principales sources de revenus pour la Tunisie (2).

Dès 1882, le Gouvernement français envoyait une mission chargée de reconnaître les boisements de chênes-lièges et de chênes zeens situés en Kroumirie, ainsi que les forêts de pins d'Alep et de chênes verts qui dominent principalement au sud de la vallée de la Medjerdah.

L'année suivante, sur les propositions de cette mission, une direction des forêts, ressortissant à la direction générale des travaux publics, était instituée (3).

Enfin, un décret ultérieur (4) rattacha cette direction à celle de l'agriculture.

760. Le mode de fonctionnement de la direction des forêts a été fixé par le décret du 11 novembre 1886.

Aux termes de ce décret, la haute administration des forêts domaniales est confiée au directeur de l'agriculture qui dirige et surveille toutes les opérations du service. Il a sous ses ordres le directeur des forêts, les agents et les préposés forestiers.

Le directeur des forêts est chargé de l'instruction des affaires, de la présentation des projets et de l'exécution des décisions prises; il autorise directement la vente des menus produits jusqu'à concurrence de 600 francs; approuve les projets de travaux jusqu'à concurrence de la même somme ainsi que tous les projets de travaux d'entretien; il est ordonnateur secondaire pour les dépenses de son service (5).

La régence est divisée en circonscriptions forestières, et à la tête de chacune d'elles est placé un agent forestier chef de service.

Les agents forestiers font les opérations, vérifications et tournées qui leur sont prescrites, surveillent le service des agents et gardes qui leur sont subordonnés et transmettent les ordres et instructions qu'ils reçoivent de leurs supérieurs.

Les brigadiers et gardes sont spécialement chargés de faire des visites journalières dans les bois soumis à leur surveillance et de dresser, s'il y a lieu, procès-verbal pour les délits et contraventions qu'ils constatent.

761. Antérieurement à 1883, la législation forestière n'existait pas. Les intérêts du domaine étaient sous la simple sauvegarde des principes du droit musulman qui lui attribuaient, d'une manière générale, la propriété des forêts. Un décret du 10 avril 1890 a mis fin à cet état de choses. Il affirme les droits de l'État en respectant les droits de propriété et d'usage, régulièrement établis avant sa promulgation.

762. Des dispositions avaient toutefois été édictées en 1886 et 1888, en vue de préserver les forêts contre les incendies, dus fréquemment à la malveillance. Une répression sévère a été établie, en même temps que le droit de réquisition a été conféré à l'administration à l'égard des

---

(1) Les électeurs doivent jouir en France de leurs droits civils et politiques et ne pas avoir subi certaines condamnations ayant un caractère infamant.
(2) Sauf pour la chambre d'agriculture du Nord dont les listes sont dressées par le contrôleur civil assisté de l'un des vice-présidents et du premier conseiller municipal français de la municipalité ou commission municipale du chef-lieu.
(3) Pour la chambre d'agriculture, les mêmes réclamations sont portées devant une commission siégeant à Tunis et comprenant le plus ancien juge de paix, président; le contrôleur civil suppléant, le chancelier de la Résidence générale.
(4) Toutefois, plusieurs associés en nom collectif ne peuvent faire en même temps partie de la même chambre.
Les fonctionnaires ne sont pas éligibles à la chambre d'agriculture; d'autre part, ces derniers, auxquels il faut ajouter les magistrats, les greffiers, les huissiers, les militaires en activité de service ne sont éligibles ni aux chambres de commerce, ni aux chambres mixtes.
(5) Cette deuxième condition ne s'applique pas aux élections des membres de la chambre d'agriculture.

(1) V. *supra* n° 24.
(2) Pour 1908, le produit des droits constatés et perçus s'est élevé à 1,225,000 francs.
(3) D. beyl. 28 juin 1883.
(4) D. beyl. 13 janvier 1895.
(5) D. beyl. 19 janvier 1897.

Européens et des indigènes pour combattre les incendies de forêts (1).

Mais les mesures prises pour prévenir les incendies, toujours si fréquents en pays arabe, parurent insuffisantes; et un service de postes-vigies a dû être institué (2). Le service est assuré, à tour de rôle (3) par les indigènes se trouvant dans le voisinage des régions boisées. Ils ont pour mission de prévenir, au premier indice d'incendie, les représentants de l'autorité administrative et de travailler sans retard à éteindre l'incendie.

Le décret beylical du 26 juillet 1903 a enfin, dans le même but, édicté un certain nombre de mesures. Il interdit :

1º D'apporter ou d'allumer du feu, hors des habitations, dans l'intérieur ou à moins de 200 mètres des forêts et de mettre le feu aux forêts, broussailles, herbes, chaumes et végétaux sur pied, pendant une période allant du 1er au 15 mai;

2º D'incinérer de l'alfa en toute saison;

3º D'établir ou de construire des tentes, gourbis et bâtiments couverts ou revêtus de chaume, diss, alfa ou toute autre matière inflammable, dans l'intérieur ou à moins de 100 mètres des forêts;

4º De laisser parcourir les animaux pendant un délai de six ans au moins, sur toute l'étendue des bois et forêts incendiés, sous peine, pour les propriétaires des animaux, d'être astreints au payement d'amendes et, s'il y a lieu, de dommages-intérêts, le tout, sans préjudice d'une peine de cinq jours à deux mois de prison qui peut être prononcée contre le berger.

Les mises à feu des broussailles, herbes, etc., sont autorisées mais seulement du 16 novembre au 30 avril.

En outre, le décret prévoit et réglemente les obligations des compagnies concessionnaires ou fermières de chemins de fer ou de tramways à vapeur dans les parties du tracé établies dans l'intérieur ou sur le périmètre des bois et forêts.

Le premier ministre, dans une circulaire adressée aux caïds, a rappelé à ces fonctionnaires les mesures à prendre pour éviter les incendies dans les forêts; il indique qu'indépendamment des pénalités prévues au décret, le Gouvernement tunisien prendrait des mesures de rigueur collectives à l'égard des populations indigènes responsables de l'incendie (4).

763. Les forêts de la Tunisie sont exploitées d'après les règles posées par le décret beylical du 15 juillet 1899. La réglementation en usage dans la Régence est à peu de chose près la reproduction de celle en vigueur dans la métropole.

Comme en France, l'aliénation des produits forestiers ne peut avoir lieu que par voie d'adjudication publique (1).

Le service des forêts est également chargé de poursuivre la délimitation des terrains domaniaux boisés, de la mise en valeur des forêts de chênes-lièges, de la récolte des lièges de reproduction et des écorces à tan, de l'exploitation des peuplements de chênes zeens, de l'exécution des travaux de fixation des dunes par des semis d'essences appropriées, et des repeuplements artificiels,

renouvelle par suite, de la manière la plus formelle, ses recommandations antérieures.

« Au reçu de la présente circulaire, vous devrez réunir par une convocation spéciale les cheikhs et les notables des régions boisées de votre caïdat.

« Vous leur rappellerez que le Gouvernement a précisé, dans le décret du 26 juillet 1903 (1er Djoumadi el aouel 1321), les interdictions à appliquer dans les forêts pendant la saison sèche.

« Du 1er mai au 15 novembre, nul ne peut, sous peine d'amende et de prison, apporter ou allumer du feu hors des habitations, dans l'intérieur ou à moins de 200 mètres des forêts, même s'il revendique le terrain à titre de propriétaire.

« Pendant la même période, il est interdit, même aux propriétaires, de mettre le feu aux forêts, broussailles, herbes, chaumes et végétaux sur pied.

« Il vous a été rappelé dernièrement par les soins de M. le contrôleur civil qu'aucune tente ou gourbi couvert en matières inflammables ne devait subsister à l'intérieur ou à moins de 100 mètres des forêts. Il sera tenu la main à ce que les installations que vous aurez fait éloigner des forêts n'y soient pas rétablies ultérieurement.

« Vous expliquerez aux cheikhs que c'est surtout sur eux, par suite de leur contact permanent avec la population, que le Gouvernement compte pour assurer la police des forêts pendant la saison sèche et qu'ils auraient à répondre de toute négligence à ce sujet. Ils devront visiter personnellement les douars de leurs cheikhats, renouveler fréquemment à leurs administrés les recommandations qui précèdent et prendre toutes mesures préventives nécessaires. S'ils constatent des dispositions suspectes parmi les habitants, ils vous en préviendront immédiatement. Si malgré leur surveillance, un incendie se déclare, ils devront rassembler le plus grand nombre possible de travailleurs munis d'outils, se porter sur les lieux du sinistre pour combattre le feu et prêter tout leur concours au service forestier.

« Les populations devront être prévenues que lorsque le feu aura été allumé intentionnellement ou que le coupable restera inconnu, ou lorsqu'elles désigneront comme auteur de l'incendie un individu irresponsable ou insolvable, le Gouvernement prendra des mesures de rigueur collectives.

« Ainsi, indépendamment de l'interdiction de pâturage dans les parties incendiées, dont la durée demeure fixée par le décret susvisé à six ans au minimum, il sera imposé aux collectivités responsables de l'incendie l'exécution de travaux de protection pour les forêts, comme il a déjà été fait après les incendies de 1902.

« Le Gouvernement n'hésitera pas à déplacer les individus, et au besoin même les collectivités, qui se signaleraient par leur mauvaise volonté et à les interner dans les territoires du Sud jusqu'à la reconstitution des forêts parcourues par le feu.

« Vous voudrez bien m'accuser réception de la présente circulaire, en m'adressant en même temps une hodja constatant qu'elle a été communiquée aux cheikhs et aux notables des régions boisées de votre caïdat. » (Circ. 6 septembre 1904.)

(1) Des cessions par voie de marché de gré à gré peuvent, toutefois, être autorisées dans les cas suivants :

1º S'il s'agit de produits dont la valeur n'excède pas 2,000 francs;

2º S'il y a lieu de pourvoir d'urgence à des besoins accidentels et imprévus dans l'exécution de travaux publics dans la Régence;

3º Lorsque des produits forestiers n'ont pu ou ne peuvent être vendus par voie d'adjudication publique.

Ces cessions sont autorisées par décision du directeur des forêts, si le montant de la redevance n'excède pas 1,000 francs; par arrêté du Directeur de l'agriculture et du commerce, si le montant excède cette somme.

(1) Min. Aff. étr., 1881-1890, p. 77.

(2) V. notamment le décret beylical du 18 juin 1895 organisant et réglementant un service spécial et rétribué de postes-vigies dans les régions boisées du nord de la Régence.

(3) Le principe de la responsabilité collective que le protectorat a toujours repoussé comme contraire aux principes de justice dont il s'inspire à l'égard des indigènes semble avoir été admis ici. En effet, aux termes de l'article 4 du décret beylical du 18 juin 1895, « les indigènes appartenant à une même collectivité peuvent s'entendre pour désigner des gardiens permanents chargés de la garde sur leur territoire pendant toute la période des incendies. Dans ce cas, le douar ou la fraction est responsable des hommes qui ont été choisis par eux. »

(4) « À diverses reprises, les caïds ont été invités à rappeler à leurs administrés toute l'importance que le Gouvernement attache à la conservation des forêts. Malgré ces recommandations, il y a eu à déplorer, au cours des dernières années, des incendies de forêts importants ou allumés intentionnellement. Le Gouvernement est formellement résolu à empêcher la continuation de ces abus. Je vous

§ 2. — Service des domaines.

764. Le domaine de l'État était, au moment de l'occupation, dans l'abandon le plus complet.

Un arrêté du 1er décembre 1881 en avait indiqué les principaux éléments, en rappelant les droits primordiaux de l'État sur les forêts et sur les mines, et en déclarant nulles et non avenues, toutes les aliénations ou acquisitions de cette nature.

Les particuliers n'en avaient pas moins profité du désordre général pour usurper les territoires à leur convenance, ou se faire attribuer des concessions abusives et ruineuses pour l'État.

Il était urgent d'agir.

Le décret qui institua la direction des finances confia à son directeur le soin de représenter les intérêts de l'État en cette matière, et un des premiers soins de cette administration fut de reconstituer les sommiers de consistance du domaine. En même temps, les concessions accordées antérieurement étaient recherchées et soumises à un examen rigoureux (1).

Par la suite (2), le pouvoir donné au directeur des finances d'exercer les actions intéressant le domaine de l'État fut transféré, pour les immeubles consacrés à la colonisation, au directeur de l'agriculture.

En 1894, la direction de l'agriculture fut entièrement substituée à celle des finances pour la gestion du domaine rural et en 1898, pour celle des immeubles urbains.

Le transfert à la direction de l'agriculture de tout le domaine immobilier de la Régence a amené la création d'une administration des domaines qui comprend un chef de service, un inspecteur, un contrôleur, des gardes domaniaux français et indigènes. Ce service, qui assure désormais la gestion du domaine de l'État, tient un sommier général des biens domaniaux, indiquant leur situation, leur nature, leur consistance, leur emploi et leurs produits; il est chargé de toutes les opérations relatives aux achats, échanges et lotissements de terres pour la colonisation; il administre les immeubles domaniaux qui n'ont pas reçu d'affectation; procède à la vente des mêmes immeubles.

§ 3. — Service de la Ghaba.

765. Dans le nord de la Régence, les olivettes appartiennent en majeure partie à des habous publics ou privés et à des indigènes restés dans l'indivision qui ne sauraient cultiver eux-mêmes et entre lesquels les olivettes sont tellement morcelées que la plupart des intéressés sont hors d'état de reconnaître exactement leurs droits.

Pour ces propriétaires, l'administration appelée la «Ghaba» assure le labourage des terrains complantés en oliviers, la taille des arbres, la cueillette des olives, elle réprime les abus de pâturage et garde la récolte

pendante, moyennant la perception d'un certain nombre de droits.

Le décret du 19 mai 1870 a organisé le service de la Ghaba qui comprend, sous les ordres d'un directeur, des naïbs ou représentants locaux, des notaires, des amins chargés de veiller à l'entretien et à la conservation des olivettes, des gardes préposés à la surveillance des forêts d'oliviers (1).

Le gouvernement du protectorat a apporté certaines améliorations au fonctionnement de cette institution.

Il a notamment rendu obligatoire l'exécution de labours dans les olivettes, interdit l'ensemencement des céréales et autorisé la culture des plantes sarclées et améliorantes.

Un arrêté du 12 janvier 1897 a institué un concours pour la taille des oliviers; désormais, seules les personnes admises à ce concours peuvent s'adonner à la taille de l'olivier dans les différentes forêts placées sous la surveillance de la Ghaba.

Enfin, l'article 10 du décret du 19 mai 1870 qui interdisait le gaulage pour la cueillette des olives, a été remis en vigueur.

766. Le décret du 28 décembre 1902 a, d'autre part, introduit des innovations importantes dans le fonctionnement du service de la Ghaba (2). Revenant de l'idée originaire qui avait présidé à la création de ce service et qui était celle d'une sorte d'organisation syndicale dans l'intérêt exclusif des propriétaires d'oliviers, sous la direction du Gouvernement, le décret du 28 décembre 1902 a décidé de laisser la charge totale des dépenses de ce service à ceux qui utilisent son concours, et a défini en même temps les cas où ce concours serait simplement facultatif.

767. En outre, ce décret a organisé une collaboration plus directe entre l'administration et les propriétaires dont elle est le mandataire, par l'institution d'une commission consultative destinée à donner son avis sur les modifications dont peuvent être susceptibles les règlements de la Ghaba, et sur les recherches des meilleurs procédés de conservation des forêts d'oliviers (3).

---

(1) Min. Aff. étr., 1881-1890, p. 40.
(2) D. beyl. 3 novembre 1890.

---

(1) Cf. D. beyl. 7 décembre 1898 et 25 janvier 1899.
(2) Complété par les dispositions ci-après du décret du 17 décembre 1904 :
Article premier. — A partir de la campagne agricole 1905-1906, les possesseurs d'olivettes situées en pays de Ghaba, maîtres de leurs droits, non tenus dans l'indivision, ont la faculté de distraire leurs olivettes de la surveillance de la Ghaba à la condition d'en faire la déclaration écrite au directeur de ce service avant le 1er août de chaque année. Cette déclaration indiquera les noms des olivettes intéressées, leur situation, le nombre d'arbres qu'elles renferment et le numéro du compte individuel porté sur la quittance de la dernière cote d'impôt échue; elle ne sera pas assujettie à renouvellement tant que le propriétaire n'aura pas notifié à l'Administration son intention de recourir au concours de la Ghaba.
Art. 2. — Le concours de la Ghaba continuera à être obligatoire suivant les règles tracées par la loi et les usages locaux :
1° Pour les propriétés constituées habous ou appartenant à des incapables, à l'exception de celles qui sont gérées soit en vertu de contrats réguliers (location, msakat, etc.), soit en vertu de la loi, par des personnes maîtresses de leurs droits;
2° Pour les olivettes indivises dont les propriétaires ne sont pas tous d'accord pour faire la déclaration de gestion directe.
Art. 3. — Sont rapportées celles des dispositions de l'article 2 du décret du 28 décembre 1902 qui sont contraires au présent décret.
(3) Min. Aff. étr., 1902, p. 59.

§ 4. — *Services et établissements agricoles.*

768. Ils comprennent : l'inspection de l'agriculture; le service de l'élevage; le laboratoire de chimie agricole et industrielle; l'institut Pasteur; l'école coloniale d'agriculture; le jardin d'essais.

a) Inspection de l'agriculture.

769. L'inspection de l'agriculture est à la fois un service de renseignements, d'études et de vulgarisation. Il est chargé de la recherche et de la centralisation de tous les renseignements statistiques et autres sur la production agricole, sur les conditions et les procédés du travail agricole, et sur les progrès de toute nature pouvant intéresser l'agriculture, ainsi que de l'organisation des concours agricoles en Tunisie.

Ce service a également dans ses attributions l'inspection et la surveillance du vignoble, le contrôle de la gestion technique du syndicat général obligatoire des viticulteurs, l'examen des végétaux importés en Tunisie par application des dispositions du décret du 24 décembre 1903.

b) Service de l'élevage.

770. Le service de l'élevage dont la création remonte à 1887 a été réorganisé en 1904. Il comprend un chef de service, un inspecteur et des vétérinaires sanitaires placés sous l'autorité directe de ce dernier.

Le service de l'élevage a pour objet « l'amélioration des races animales locales (bovidés, ovidés, suidés, etc. (1) ».

Il est, en outre, chargé d'assurer, de concert avec la force publique et le service des douanes, l'application de diverses mesures de police sanitaire vétérinaire.

Les agents fournissent aux colons, en matière de production animale, d'élevage, de prophylaxie et mesures sanitaires, tous les conseils et toutes les indications nécessaires. Ils organisent la partie des concours agricoles réservée aux animaux. Enfin, le service de l'élevage fournit aux vétérinaires sanitaires la tuberculine, la malléine et le vaccin anticharbonneux. Il produit et fournit également le sérum anticlaveleux. Un laboratoire de recherches lui est annexé.

Il contribue encore à l'amélioration des espèces ovine et chevaline, d'une part, en prenant à sa charge les frais résultant du transport des béliers et brebis barbarins à queue fine et des béliers mérinos de la Crau achetés par les colons tunisiens en Algérie et en France; d'autre part en subventionnant le service des remontes qui entretient, en Tunisie, 120 étalons de choix, affectés au service public de la reproduction.

771. *Élevage du cheval.* — En vue d'améliorer la race des chevaux tunisiens, le décret beylical du 20 juin 1896 a institué des primes qui sont décernées annuellement aux poulains et aux pouliches de 3 ans ainsi qu'aux poulinières suitées munies d'une carte de saillie par un étalon des stations de monte ou par un étalon barbe arabe ou syrien approuvé par la direction de l'agriculture et inscrit au Stud Book tunisien, algérien ou français.

Le crédit ouvert annuellement pour les primes est partagé en deux moitiés : une moitié est distribuée en primes de 100 francs, l'autre moitié en primes de 50 francs.

Les primes sont partagées moitié entre les poulains ou pouliches, moitié entre les juments poulinières.

Dans chacune de ces deux catégories, la moitié des primes est réservée aux poulains et pouliches inscrits au Stud Book tunisien algérien ou aux poulinières suitées dont les produits provenant d'étalons inscrits au Stud Book ont droit à être inscrits eux-mêmes d'office.

Les primes sont réparties proportionnellement sur le territoire de la Régence par le directeur de l'agriculture sur les propositions d'une commission composée : du commandant du dépôt de remonte, président; de l'inspecteur de l'élevage ou son délégué, remplaçant le président en cas d'absence; d'un vétérinaire militaire ou, à son défaut, un officier acheteur à titre temporaire; d'un notable français.

772. *Stud Book.* — Le décret du 20 juin 1896 a établi un Stud Book pour l'inscription des chevaux barbes existant en Tunisie. Les inscriptions sont faites par le directeur de l'agriculture sur la proposition d'une commission (1).

Une commission du Stud Book des chevaux poneys a été instituée, dans les mêmes conditions, en exécution du décret beylical du 1er août 1902 qui a établi un registre matricule pour les races des chevaux poneys du Nord de la Tunisie.

Une commission consultative hippique présidée par le résident général est chargée de donner son avis sur les questions relatives à l'élevage du cheval et d'étudier les moyens d'améliorer et de développer la production chevaline en Tunisie (2).

c) Laboratoire de chimie agricole.

773. Aux termes du décret beylical du 28 novembre 1887, qui l'a institué, le laboratoire de chimie agricole et industrielle est mis à la disposition du public pour l'analyse des terres, eaux, engrais et matières de l'industrie, les expertises chimiques, l'étude des procédés de fabrication des huiles, le contrôle des denrées alimentaires, vins et semences, la vulgarisation des procédés chimiques

---

(1) Direction de l'agriculture. Notice sur la Tunisie, Tunis, 1909, p. 105.

(1) La commission comprend :
Le directeur des établissements hippiques de l'Algérie et de la Tunisie;
L'inspecteur de l'élevage (membre de droit et délégué du Gouvernement);
Le contrôleur civil de la circonscription;
Le commandant du dépôt de remonte;
Le capitaine instructeur d'un régiment de cavalerie;
Un vétérinaire militaire;
Un caïd du contrôle;
Un notable français, désigné par la chambre d'agriculture;
Un notable indigène, nommé par arrêté du premier ministre.
(2) D. beyl. 14 août 1898.

utiles à l'agriculture et à l'industrie, etc.; il est chargé des analyses et expertises légales, sur réquisition de l'autorité judiciaire.

Les analyses confiées au laboratoire par les différents services du Gouvernement tunisien sont faites gratuitement. Les analyses faites pour le compte du public donnent lieu au payement de droits déterminés par le tarif annexé à l'arrêté pris, en exécution du décret beylical du 28 juillet 1902, par le directeur de l'agriculture.

Le même arrêté admet la gratuité, au profit des agriculteurs, des analyses concernant :

1° Les terres et eaux de leur domaine sous certaines conditions (1);

2° Les vins de leur récolte dans les conditions suivantes :

Une analyse pour les récoltes de moins de 100 hectolitres;

Deux analyses pour les récoltes de 100 à 500 hectolitres;

Trois analyses pour les récoltes de 500 à 1,000 hectolitres.

Au-dessus de 1,000 hectolitres, il peut être fait une analyse par 1,000 hectolitres en sus.

d) Institut Pasteur.

774. En 1893, l'Administration du protectorat, après avoir demandé à l'Institut Pasteur de Paris de rechercher les moyens de venir en aide aux viticulteurs tunisiens désireux d'améliorer leurs procédés de vinification, décida la création, à Tunis, d'un laboratoire d'études, conformément à la proposition du directeur de l'Institut Pasteur.

A ce laboratoire de vinification, créé par décret du 7 septembre 1893 et transformé bientôt (décret du 4 avril 1893) en laboratoire de vinification et bactériologie, furent successivement adjoints un institut antirabique (15 juin 1894), un centre vaccinogène (novembre 1894), et un service d'analyses médicales.

Le 1er janvier 1900, ces divers services qui dépendaient partie du secrétariat général du Gouvernement tunisien, partie de la direction de l'agriculture et du commerce, furent complètement rattachés à cette dernière direction. Le décret du 14 février suivant attribua à leur ensemble la désignation d'Institut Pasteur et dota le nouvel établissement de la personnalité civile.

L'Institut Pasteur de Tunis est aujourd'hui parfaitement outillé pour mener à bien la tâche qui lui incombe : application de microbiologie à la médecine humaine et animale, à l'hygiène, à l'agriculture et à l'industrie; recherches scientifiques de même ordre; vulgarisation des découvertes microbiologiques et leurs applications; traitement contre la rage; production et distribution des produits de nature microbienne, etc. Des moyens d'étude y sont réservés au service de l'élevage en vue de lui permettre de donner plus d'extension aux travaux et recherches d'ordres divers intéressant la production animale dans la Régence (1).

e) École coloniale d'agriculture de Tunis.

775. Elle a été inaugurée le 1er octobre 1898.

L'école est située à 2 kilomètres de Tunis et comprend une ferme et une station expérimentale. Elle est entourée de la station agronomique, du jardin d'essais et de l'Institut Pasteur de Tunis, tous organismes également précieux pour l'instruction des élèves.

Elle reçoit des élèves internes, des élèves externes; la durée des études est de deux ans. On y est admis par voie de concours. La possession de certains diplômes permet cependant l'entrée sans examen. Des auditeurs libres y sont admis à toute époque de l'année.

L'enseignement qu'on y donne embrasse toutes les branches de la science agricole; il est complété par des applications et des travaux pratiques effectués dans les laboratoires, à la ferme et au jardin d'essais.

Les élèves prennent part à tous les travaux de la ferme et du jardin et ont ainsi l'occasion de pénétrer dans les détails de l'exécution, de la surveillance et de la direction des travaux d'une exploitation. Des excursions dans la Régence complètent l'enseignement donné à l'école (2).

A leur sortie, les élèves de l'école accomplissent souvent dans des exploitations de la Régence un stage qui leur permet de parachever leur instruction pratique. Des bourses de stage sont accordées aux élèves les mieux notés.

L'école coloniale d'agriculture a été dotée de la personnalité civile par le décret du 5 août 1899 modifié par celui du 7 décembre 1906. D'autre part, un conseil de perfectionnement (3), ainsi qu'un conseil des études ont été institués (4).

f) Jardin d'essais de Tunis.

776. La loi du 29 janvier 1892 sur les mesures à prendre contre l'invasion et la propagation du phylloxera en Tunisie, créait dans les environs de Tunis, un jardin d'acclimatation.

Le nouvel établissement était placé sous la direction de l'inspecteur de l'agriculture et sous la surveillance sanitaire du délégué phylloxérique du Gouvernement et d'un expert du syndicat des viticulteurs; il était destiné à recevoir, pendant douze mois au moins, les végétaux étrangers dont il paraîtrait utile d'essayer l'acclimate-

---

(1) Les échantillons adressés au laboratoire doivent être accompagnés d'un calque de la carte d'état-major au 1/50.000e ou, à défaut, au 1/200.000e indiquant les limites de la propriété et les points d'où proviennent les échantillons.

Le nombre maximum des analyses qui peuvent être faites gratuitement est fixé comme suit :

Une analyse de terre et une analyse d'eau, pour les propriétés de moins de 100 hectares;

Deux analyses de terre et deux analyses d'eau pour les propriétés de 100 à 500 hectares;

Trois analyses de terre et trois analyses d'eau pour les propriétés de 500 à 1,000 hectares.

Au-dessus de 1,000 hectares, il peut être fait une analyse de terre et une analyse d'eau par 1,000 hectares en sus.

---

(1) Min. Aff. étr., 1905, p. 60.
(2) Min. Aff. étr., 1898, p. 21.
(3) Cf. D. beyl. 30 juillet 1902 et 30 décembre 1905.
(4) Arr. dir. agr. 3 décembre 1905.

ment en Tunisie, ainsi qu'une collection de toutes les espèces utiles existant dans la Régence.

Un décret du 5 avril 1899, modifié par celui du 7 décembre 1906, a doté le jardin d'acclimatation de la personnalité civile et l'a dénommé « Jardin d'essais de Tunis ».

§ 5. — Législation rurale.

a) Viticulture.

777. Au moment de notre établissement en Tunisie, la culture de la vigne n'occupait pas plus de 100 hectares.

La crise phylloxérique sévissant en France encouragea de nombreux colons français à constituer des vignobles et cette culture prit une extension rapide dont voici les principales étapes :

ANNÉES.	SUPERFICIES PLANTÉES EN VIGNE. (hectares.)	PRODUCTION EN VIN. (hectolitres)
1882.	100	»
1885.	800	»
1890.	4.500	52.000
1895.	6.000	190.000
1900.	9.000	225.000
1905.	14.000	300.000
1908.	16.500	345.000

En présence de l'importance acquise par le vignoble tunisien, la direction de l'agriculture créait, au commencement de l'année 1892, un service phylloxérique chargé spécialement de veiller à l'exécution des nombreuses mesures de défense édictées antérieurement pour prévenir l'invasion des maladies cryptogamiques et d'étudier les questions intéressant la viticulture.

D'autre part, la réglementation sur le phylloxera était soumise à une revision d'ensemble qui a fait l'objet de la loi du 30 janvier 1892 « sur les mesures à prendre contre l'invasion et la propagation du phylloxera ». Cette loi a été modifiée sur certains points par les décrets des 24 décembre 1903 et 18 décembre 1906.

778. Le titre premier de la loi du 29 janvier 1892 « sur les mesures à prendre contre l'invasion et la propagation du phylloxera en Tunisie ». prohibait l'entrée dans la Régence, non seulement de la vigne et de ses débris, mais encore des végétaux vivants de toute nature. Pour ces derniers, toutefois, des importations pouvaient avoir lieu exceptionnellement, dans des conditions déterminées nécessitant l'avis favorable du syndicat général obligatoire des viticulteurs. L'importation des plantes dont les agriculteurs ou horticulteurs auraient voulu tenter l'essai dans le pays était restée très difficile en raison de refus opposés aux demandes d'introduction.

D'autre part, des importations n'offrant manifestement aucun danger au point de vue phylloxérique, continuaient à être considérées comme des délits et punies par suite, de condamnations rigoureuses. Aussi, un courant d'idées ne tarda-t-il pas à se former pour la modification dans un sens plus libéral des prescriptions de la législation, modifications dont les viticulteurs eux-mêmes ne manquèrent pas de reconnaître la nécessité.

A la suite d'une longue enquête, les mesures de prohibition édictées par la loi de 1892, à une époque où on les croyait indispensables, durent être regardées comme inutiles dans l'état des connaissances scientifiques actuelles.

L'administration mit en conséquence à l'étude la modification de la législation de 1892 sur les bases indiquées par la commission supérieure du phylloxera et par M. Viala. Le texte préparé par elle a été de nouveau soumis à cette commission en même temps que les observations formulées par les viticulteurs ou leurs représentants, auxquels le projet avait été préalablement communiqué.

A la suite de la réponse de cette haute commission et de l'assurance donnée par elle que les améliorations demandées n'offraient aucun danger pour l'immunité phylloxérique de la Tunisie, un décret, promulgué le 24 décembre 1903, a modifié le titre premier du décret du 29 janvier 1892, a modifié le titre premier du décret du 29 janvier 1892. Ce nouveau texte reproduit, sauf quelques restrictions, les dispositions qui, depuis 1884, régissent en Algérie (le département d'Alger y compris), les importations de végétaux.

779. La modification la plus importante introduite par ce décret consiste dans l'admission à l'importation en Tunisie, par le port de Tunis seulement, et du 15 octobre au 15 mai, de tous les végétaux à l'état vivant, moyennant la production d'un certificat d'origine conforme à celui admis par la Convention de Berne du 3 novembre 1881 et l'obligation de présenter ces végétaux complètement dégarnis de terre.

A titre exceptionnel, a été admise par le bureau de douane de Nefta, suivant d'ailleurs les conditions exigées pour l'importation des végétaux par le port de Tunis, l'introduction des rejets de palmiers-dattiers ou « djebar » en provenance des oasis du sud algérien et destinés aux plantations des oasis tunisiennes.

La commission supérieure du phylloxera avait été d'avis que la nouvelle réglementation devait autoriser l'importation des légumes de toute nature, au même titre que celle des fruits et des pommes de terre et topinambours, que prévoyait déjà l'ancienne législation.

Sur l'avis de la conférence consultative, le décret de 1903 s'est borné à autoriser l'introduction des espèces de légumes frais qui, pendant leur végétation, n'ont aucun contact direct avec la terre, et ce, moyennant la production d'un certificat d'origine attestant que ces produits proviennent d'un territoire non phylloxéré (1).

780. La loi du 29 janvier 1892 édicte également un ensemble de mesures applicables dans l'intérieur de la Régence et destinées à protéger le vignoble tunisien contre le phylloxera :

1° Elle astreint les propriétaires des surfaces complantées en vignes à en faire la déclaration annuelle au contrôle civil. Le contrôleur civil établit un relevé des déclarations reçues et le transmet à la direction de l'agriculture;

2° Au vu de ce relevé, le directeur de l'agriculture fait

_____

(1) Min. Aff. étr., 1903, p. 75.

procéder par ses agents à la visite du vignoble, les frais de visite restant à la charge des viticulteurs (1) ;

3° Lorsque l'existence du phylloxera a été reconnue, le premier ministre prend, sur la proposition du directeur de l'agriculture, un arrêté portant déclaration d'infection de tout ou partie des plantations de vignes, pépinières ou jardins contenant des pieds de vignes malades.

781. Cette déclaration d'infection entraîne les conséquences suivantes.

I. Dans les taches phylloxériques et les vignes situées dans une zone contiguë d'une étendue à déterminer suivant les circonstances :

1° La destruction par le feu, des ceps, tuteurs, échalas, feuilles, sarments et autres objets pouvant servir de véhicule au phylloxera;

2° La désinfection du sol;

3° La défense de pénétrer, si ce n'est avec une autorisation du délégué phylloxérique;

4° L'interdiction de toute nouvelle plantation de vigne pendant un temps qui ne pourra pas dépasser cinq années;

Dans la zone contiguë aux taches phylloxériques, le délégué phylloxérique a toutefois la faculté, tout en faisant procéder à un traitement suffisant pour détruire l'insecte, de ne pas ordonner la destruction des plantations de vigne.

II. Dans toute l'étendue des surfaces déclarées infectées: l'interdiction de sortir tous objets pouvant servir à propager le phylloxera.

Des arrêtés, pris dans la forme indiquée ci-dessus, peuvent étendre la prohibition de sortie des produits susceptibles de propager le phylloxera prévue pour les surfaces qui font l'objet d'une déclaration d'infection à des zones de protection à déterminer autour des lieux déclarés infectés; ils peuvent également prescrire, au sujet de la circulation desdits produits, même en dehors des territoires déclarés infectés et des zones de protection susvisées, telles dispositions qui seraient jugées utiles.

782. En outre, le décret du 3 mars 1892 a prévu et créé un syndicat obligatoire des viticulteurs.

Les membres de ce syndicat doivent être âgés de 25 ans au moins et être inscrits sur les listes électorales dressées par la direction de l'agriculture et comprenant : les propriétaires viticulteurs (le gérant de l'exploitation, si le propriétaire ne demeure pas en Tunisie), sans distinction de sexe ou de nationalité.

Le nombre des voix attribuées à chaque électeur varie selon l'étendue de sa propriété (2).

La date des élections, le nombre des syndics à élire et la durée de leur mandat sont déterminés par un arrêté du premier ministre; les élections ont lieu au scrutin de liste;

pour le premier tour, la majorité absolue du quart des électeurs inscrits est exigée; la majorité des suffrages exprimés suffit au second tour.

Les élections ont lieu aux sièges des contrôles civils.

Les syndics élus se réunissent pour nommer un bureau composé de un président, un vice-président, un secrétaire général, un secrétaire indigène, un trésorier, deux membres européens et deux membres indigènes (1).

Le président (à son défaut le vice-président) représente le syndicat; il peut ester en justice, au nom du syndicat, avec l'autorisation de l'administration.

783. Le budget du syndicat est établi tous les ans en assemblée générale, soumis à l'approbation du directeur de l'agriculture et publié au Journal Officiel Tunisien.

Le budget des recettes comprend le produit net de la taxe établie par la loi du 29 janvier 1892; le budget des dépenses comprend, entre autres dépenses obligatoires, les frais de visite du vignoble. Le président a l'ordonnancement des dépenses; les opérations du syndicat sont soumises au contrôle financier de l'État (2).

Le syndicat est tenu, à peine de dissolution prononcée après une mise en demeure du premier ministre, de faire visiter par ses agents tout le vignoble tunisien au moins une fois par an; il doit en outre faire opérer des recherches méthodiques autour des anciens foyers phylloxériques, dans les vignes américaines et dans les vignes soumises à un traitement cultural anti-phylloxérique.

Les agents chargés de la visite du vignoble sont porteurs d'un carnet sur lequel chaque propriétaire signe après la visite de ses vignes; l'Administration est tenue au courant des visites effectuées; si l'agent du syndicat constatait la présence du phylloxera, il doit en informer immédiatement le syndicat et l'Administration, et attendre sur les lieux l'arrivée du délégué phylloxérique.

b) Contrat de Khamessat.

784. Un des contrats les plus répandus en Tunisie pour obtenir la main-d'œuvre indigène indispensable à l'agriculture est le contrat de khamessat.

Ce contrat a été tout d'abord régi par le décret beylical du 13 avril 1874, portant règlement agricole indigène.

Le khamès est une sorte de colon partiaire qui a droit au cinquième de la récolte. Le maître lui fournit le terrain, les instruments agricoles, les animaux de trait et les semences; il lui avance également de quoi subsister en attendant la récolte et lui donne des vêtements et de l'huile. De son côté, le khamès doit exécuter tous les travaux de culture, sauf la moisson pour laquelle le maître doit le faire aider par des journaliers.

Lorsque le khamès a terminé ses travaux et n'est lié par aucune dette vis-à-vis de son agriculteur, il a le choix,

---

(1) A cet effet, il est établi une taxe spéciale portant sur toutes les vignes plantées depuis plus d'un an (D. beyl. 14 novembre 1904) et dont le taux, fixé annuellement, est limité à 5 francs par hectare.

(2) Savoir : Jusqu'à 5 hectares, 1 voix; au delà de 5 hectares, il est attribué, en outre, 1 voix par 5 hectares de 5 à 100 hectares; de 100 à 200 hectares, 1 voix par 10 hectares; au-dessus de 200 hectares, 1 voix par 50 hectares. Toute fraction supérieure à 2 hectares, 5 hectares et 25 hectares sont respectivement comptées pour 5, 10 et 50 hectares.

(1) Les membres européens du bureau sont nommés par les syndics européens, les membres indigènes par les syndics indigènes; le bureau est nommé à la majorité des deux tiers du nombre total des syndics; le vote a lieu séparément pour chaque fonction de bureau; en cas de scrutin de ballotage, les élections ont lieu à la majorité relative.

(2) D. beyl. 19 juin 1904.

à l'époque fixée, de renouveler ou de dissoudre le contrat qu'il avait passé avec ce dernier. S'il reste des travaux à exécuter, et si le khamès prétend néanmoins quitter la propriété, il appartient aux tribunaux d'examiner si ces travaux sont importants et ne peuvent être exécutés que par le khamès ou si ce dernier peut, sans inconvénient, les faire exécuter par un tiers (1).

Le nouveau Code civil tunisien a réglé les conditions du contrat de khamessat (2).

c) Dispositions diverses.

785. Il y a lieu de compléter les indications qui précèdent par l'énumération des principales dispositions législatives et réglementaires, prises dans l'intérêt de l'agriculture.

1º La chasse a été réglementée par le décret du 8 août 1900, modifié et complété par ceux du 8 décembre 1901, 17 décembre 1904 et 17 janvier 1906.

Les dispositions contenues dans ces différents textes se rapprochent de celles régissant la matière dans la métropole;

2º Le décret du 7 mai 1891 a prescrit différentes mesures pour la destruction des sauterelles et des criquets et celui du 24 mai 1892 rend obligatoire pour les propriétaires, fermiers, etc., la destruction des nids de moineaux existant sur leurs propriétés.

Ces mêmes personnes sont astreintes à procéder annuellement à la destruction des chenilles existant sur leurs propriétés (3);

3º En vue d'éviter la destruction de l'alfa, la cueillette et toutes les opérations relatives au transport, au pesage et à l'achat de cette plante sont soumises à une période d'interdiction annuelle de quatre mois (4);

4º Le décret du 28 mars 1908 a édicté diverses mesures en vue de prévenir et de réprimer les fraudes sur les vins et a renforcé la législation existante par la visite des caves et dépôts, par la suite des sucres, et enfin par l'interdiction de la vente des produits œnologiques de composition secrète ou indéterminée;

5º Le décret du 15 septembre 1908 a réglementé l'allocation de secours aux victimes de sinistres et de fléaux d'ordre agricole.

En vertu de ce texte peuvent seuls bénéficier d'allocations — dont le taux varie en principe de 1 à 5 0/0 du montant des pertes éprouvées — les agriculteurs français ou indigènes qui se trouvent dans l'impossibilité absolue d'assurer leurs récoltes, cheptel, matériel et bâtiments d'exploitation ou hors d'état de faire partie d'une association de secours, de mutualité ou de crédit agricole;

6º Le décret du 1er septembre 1908 a rendu obligatoire, en vue de parer à la propagation de la mouche de l'olivier, le ramassage des olives véreuses qui viennent à joncher le sol des olivettes.

---

(1) Ouzara, 16 juin 1904, J. T. T., 1908, 61.
(2) Livre II, tit. IX, chap. IV, section I, sur le colonat partiaire. (Art. 1369 et suiv.).
(3) D. beyl. 28 novembre 1904.
(4) D. beyl. 19 septembre 1904.

SECTION III.

COMMERCE ET INDUSTRIE.

786. L'étude du commerce général de la Tunisie (1) et de la balance des comptes et du commerce (2) nous ont déjà permis de nous rendre compte du développement incessant pris par la Régence au point de vue économique. Les chiffres que nous avons cités à cet égard sont par eux-mêmes suffisamment éloquents pour qu'il ne nous soit pas nécessaire d'y revenir.

Il importe à présent de rechercher, au point de vue législatif, — les questions douanières étant étudiées à part (3) — le régime actuel du commerce et de l'industrie en Tunisie.

§ 1er. — Législation commerciale et industrielle.

787. Il n'existe pas de Code de droit commercial ou industriel spécial à la Tunisie (4). Si l'on veut rechercher les dispositions législatives applicables dans la Régence en matière commerciale ou industrielle, il faut se reporter tour à tour à ceux des textes français qui y ont force de loi, à quelques décrets beylicaux, et enfin aux usages qui, consacrés par l'industrie et le commerce tunisiens, constituent, aujourd'hui encore, une des sources les plus importantes de la législation commerciale et industrielle : le droit coutumier.

a) Législation commerciale.

788. La législation commerciale applicable dans la Régence découle, selon la juridiction compétente, juridiction tunisienne ou juridiction française, soit exclusivement des usages commerciaux du pays, soit à la fois du Code de commerce français et des usages commerciaux.

Il semble donc, en cette matière, que la question de compétence soit en quelque sorte préjudicielle, et qu'il soit tout d'abord nécessaire de fixer la juridiction compétente dans tel ou tel litige commercial pour connaître la législation dont le juge devra faire application.

Ce principe, ainsi posé, n'est pas cependant tout à fait exact; il n'est vrai que pro parte.

Une juridiction française — un tribunal de commerce

---

(1) V. supra nº 19.
(2) V. supra nº 31.
(3) V. supra nos 550 et suiv.
(4) Une commission, constituée le 6 septembre 1896, avait été chargée de codifier la législation civile, commerciale et pénale de la Tunisie sur le type des codes français. Elle a adopté un avant-projet de code civil et commercial dont la rédaction est due à M. Santillana, son rapporteur. Cet avant-projet, qui constitue une œuvre remarquable de science juridique, donne des aperçus très curieux sur les diverses questions de droit commercial tunisien; il nous apprend, par exemple, que le droit musulman admettait « la société à mandat général » qui correspond assez exactement à la société en nom collectif du droit français.
Pour plus de détails, consulter : Avant-projet de Code civil et commercial tunisien, par Santillana, Tunis, 1899.

ou un juge de paix statuant en matière commerciale — pourrait très bien, en effet, si le litige à elle soumis est pendant entre un Tunisien et un Algérien établi en Tunisie, faire application à la cause des usages commerciaux tunisiens.

Mais il n'est pas douteux que le Code de commerce constitue pour les tribunaux français établis en Tunisie la législation la plus fréquemment applicable. Il doit notamment en être fait état pour régler la procédure et l'organisation de la faillite d'un sujet tunisien, si la masse des créanciers de ce dernier comprend un ou plusieurs Européens ou protégés d'une puissance européenne (1). Cette solution résulte, en effet, du décret beylical du 31 juillet 1884 qui, dans son article premier, attribue à la juridiction française la connaissance de toutes les affaires personnelles ou mobilières dans lesquelles des Européens sont en cause.

789. Quant aux textes législatifs commerciaux émanant du pouvoir beylical, ils sont peu nombreux (2). Ce sont : le décret du 12 mars 1884, qui règle les attributions conférées à l'amin du commerce et à ses assesseurs (3), et le décret du 2 novembre 1884 qui fixe le tarif des protêts dressés par cet amin.

En ce qui concerne les usages commerciaux ayant acquis force de loi, ils résultent notamment de la jurisprudence du tribunal de l'Orf dont nous avons étudié d'autre part l'organisation et les attributions (4).

b) Législation industrielle.

790. Jusqu'à ces dernières années, la législation industrielle de la Régence n'était constituée que par l'ensemble des usages et des règlements perpétués par la tradition dans les différentes corporations de métiers.

C'est qu'aussi l'organisation industrielle en Tunisie, et ici nous entendons parler de l'industrie indigène, est presque exclusivement coutumière, et son caractère le plus remarquable et le plus curieux est d'être, même à présent, surtout corporative (5).

(1) Trib. Tunis, 10 mai 1889, *J. T. T.*, 1889, 100.
Dans le même ordre d'idées, la jurisprudence décide que l'article 564 du Code de commerce français est d'ordre public et, par suite, applicable à la femme d'un israélite tunisien qui a été déclaré en faillite. — Trib. Tunis, 13 juin 1893, *J. T. T.*, 1893, 401; — 22 août 1895, *ibid.*, 1895, 494.
(2) Cf. le décret beylical du 4 juillet 1898 instituant une bourse de commerce à Tunis et l'arrêté du directeur de l'agriculture et du commerce du 19 juillet de la même année, réglementant cette institution.
(3) L'amin du commerce et dix assesseurs choisis parmi les notables commerçants constituent une sorte de conseil d'arbitrage ou de conseil de prud'hommes, chargés de solutionner, on s'inspirant surtout des usages, les différends qui s'élèvent entre négociants.
(4) V. *supra* n° 380.
(5) Cf. Atger, *Les Corporations tunisiennes*, Paris, 1909; cf. aussi Abdeljelil Zaouche, *Les Métiers des villes et les salaires en Tunisie*, rapport présenté au Congrès de l'Afrique du Nord de 1908, *op. cit.*, t. II, p. 445 et suiv.
Les corporations les plus nombreuses étaient celles des tisserands, des fabricants de chéchias, des selliers. Chaque corporation avait son quartier spécial.
Aujourd'hui encore, il y a à Tunis le *souk* des tisserands, le *souk* des selliers, celui des chéchias, etc.

Sans doute, il n'y eut jamais pour les diverses industries tunisiennes de législation positive générale; les autorités se bornaient, et se bornent encore, à solutionner, au fur et à mesure qu'elles leur étaient soumises, les questions d'espèce.

Mais les usages, transmis de père en fils, ont fini par acquérir en quelque sorte force de loi, et le respect de ces traditions est assuré dans chaque corporation par un fonctionnaire spécial, l'amin, sorte de syndic dont la nomination, proposée par les maîtres de métiers, est soumise ensuite à la ratification du bey par voie de décret.

791. En même temps qu'il créait l'office du travail, dont nous étudierons les attributions dans le paragraphe suivant, le Gouvernement du protectorat a songé à régler diverses questions de droit industriel dont les solutions devenaient également pressantes pour la Tunisie en raison du développement de son outillage économique et de ses industries.

Dans cet ordre d'idées, le premier texte important qui y a été promulgué est le décret beylical du 7 juillet 1908, qui a édicté l'obligation du repos hebdomadaire en Tunisie (1).

Cette première manifestation législative dans le domaine du droit industriel était d'ailleurs largement facilitée par les habitudes commerciales et industrielles du pays. Les musulmans observaient déjà le repos hebdomadaire du vendredi, jour particulièrement consacré aux pratiques religieuses, et les israélites ont toujours observé le repos du samedi.

Les infractions relatives à la non-application du décret du 7 juillet 1908 constituent tantôt une contravention de simple police, tantôt un délit correctionnel, et la juridiction compétente est tantôt la juridiction française, tantôt la juridiction tunisienne, selon la nationalité du contrevenant ou du délinquant.

792. Puis le décret du 17 juillet 1908 est venu réglementer le payement des soins médicaux et des fournitures pharmaceutiques à assurer aux ouvriers victimes d'accidents du travail. Aux termes de ce décret, les accidents survenus, par le fait du travail ou à l'occasion du travail, aux ouvriers et employés occupés dans l'industrie du bâtiment, les usines, manufactures, chantiers, les entreprises de transport par terre et par eau, de chargement et de déchargement, les magasins publics, mines, minières et carrières, les établissements commerciaux, et, en outre, dans toute exploitation dans laquelle sont fabriquées ou mises en œuvre des matières explosives ou dans laquelle il est fait usage d'une machine mue par une force autre que celle de l'homme ou des animaux, donnent droit aux soins médicaux et aux fournitures pharmaceutiques qui doivent être assurés à la victime dès le premier jour et qui sont à la charge du chef d'entreprise (2). Ces mêmes soins et fournitures sont dus en cas d'accident occasionné par l'emploi de machines agricoles mues par des moteurs

(1) Cf. Louis Coulon, *Le Repos hebdomadaire en Tunisie; Commentaire pratique du décret du 17 juillet 1908*, Tunis, 1909.
(2) Le tarif des frais pharmaceutiques visé par l'article 3 du décret du 17 juillet 1908 a été fixé par un décret du 1er septembre 1909.

inanimés et dont sont victimes, par le fait ou à l'occasion du travail, les personnes, quelles qu'elles soient, occupées à la conduite ou au service de ces moteurs ou machines. L'ouvrier victime d'un accident du travail peut toujours faire choix lui-même de son médecin et de son pharmacien (1).

Enfin, le chef d'entreprise doit supporter les frais funéraires dans le cas d'accident, que la mort soit survenue dans l'entreprise même ou qu'elle se soit produite au cours du traitement de la maladie.

Mais, en ce qui concerne le préjudice même causé à l'ouvrier par un accident du travail, la réparation de ce préjudice ne peut lui être accordée devant les tribunaux que dans les termes du droit commun, tel que celui-ci résulte des articles 1382 et suivants du Code civil français; sauf en ce qui concerne les frais pharmaceutiques et médicaux; la théorie du risque professionnel, dont le principe est posé pour la France par la loi du 9 avril 1898, n'est pas, en effet, encore applicable en Tunisie. On peut toutefois, des vœux formulés à différentes reprises par la Conférence consultative, induire que le principe du risque professionnel ne tardera pas à être introduit complètement dans la législation tunisienne, sauf à en adapter l'application aux particularités du pays et de l'organisation familiale indigène (2).

793. *Propriété industrielle.* — Les textes réglant actuellement en Tunisie le droit de propriété des marques de fabrique et de commerce sont les suivants : La convention internationale de Madrid du 14 avril 1891, modifiée par l'Acte additionnel du 14 décembre 1900, de Bruxelles; le décret beylical du 3 juin 1889, modifié par le décret beylical du 22 octobre 1892; enfin le décret beylical du 28 juin 1903.

Toute personne propriétaire d'une marque régulièrement déposée en Tunisie et qui se trouve dans les conditions prévues par l'arrangement international de Madrid doit, pour assurer la protection de cette marque dans les autres États ayant adhéré à cet arrangement, en faire la demande au bureau de la propriété industrielle à la direction de l'agriculture et du commerce de la Tunisie.

Il est nécessaire de joindre à la demande deux exemplaires de la marque conformes au modèle déposé en

Tunisie et un cliché typographique reproduisant exactement la même marque (1).

Le dépôt prévu au greffe du tribunal de première instance est soumis à diverses obligations édictées par le décret du 3 juin 1889, dans ses articles 3 et suivants.

Les étrangers qui possèdent dans la Régence des établissements d'industrie ou de commerce ou des exploitations agricoles jouissent, pour les produits de leurs établissements, du bénéfice du décret du 3 juin 1889, en remplissant les formalités que ce décret prévoit.

Les étrangers et les Tunisiens dont les établissements sont situés hors de la Régence jouissent également du bénéfice du même décret, pour les produits de ces établissements, si, dans les pays où ils sont situés, la législation et les traités internationaux assurent aux industriels fixés en Tunisie les mêmes garanties.

Au commencement de chaque année, le greffier de chaque tribunal dresse une table-répertoire des marques dont il a reçu le dépôt pendant le courant de l'année précédente. Ce répertoire est publié par les soins du bureau de la propriété industrielle du Gouvernement tunisien au *Journal officiel* de la Régence.

A noter enfin que le dépôt d'une marque de fabrique ou de commerce n'a d'effet que pour une période de quinze années. Mais la propriété de la marque peut toujours être conservée pour un nouveau terme de quinze années au moyen d'un nouveau dépôt.

794. En ce qui concerne la législation sur les brevets d'invention, elle est constituée pour la Tunisie par le décret beylical du 26 décembre 1888, modifié par le décret du 31 août 1902, et par le décret du 26 septembre 1892 (2). C'est la direction de l'agriculture et du commerce qui est chargée de la délivrance et du contrôle des brevets d'invention.

Quiconque veut prendre un brevet d'invention doit, après avoir présenté le récépissé de la première annuité de la taxe à la recette générale des finances du Gouvernement tunisien, remettre au bureau de la propriété industrielle (direction de l'agriculture et du commerce) :

1° Une demande;

2° Une description en double exemplaire de la découverte, invention ou application faisant l'objet du brevet demandé;

3° Les dessins ou échantillons nécessaires pour l'intelligence de la description;

4° Un bordereau des pièces déposées.

Si les pièces déposées et jointes à la demande de brevet sont complètes, et qu'il n'y ait pas de motif de rejeter cette demande, le directeur de l'agriculture et du com-

---

(1) Toutefois, les chefs des entreprises ou chantiers éloignés des centres urbains peuvent, s'il y a intérêt pour leur personnel, obtenir l'autorisation d'assurer sur place les soins médicaux et chirurgicaux et d'organiser l'hospitalisation en faveur de leurs ouvriers victimes d'accidents de travail.

Cette autorisation ne peut être accordée que si le chef d'entreprise prend l'engagement d'assurer en outre à son personnel des soins médicaux en cas de maladies épidémiques et s'il justifie avoir pris toutes mesures utiles pour éviter la propagation de ces maladies. (*D. beyl.* 22 juillet 1909.)

(2) A noter, dans ce sens, les attendus suivants d'un jugement rendu le 31 décembre 1907 par le tribunal civil de Tunis : « ... Attendu que la législation française sur les accidents est, il est vrai, une réglementation d'ordre public intérieur qui n'a pas de force légale en Tunisie; mais que quand on se trouve, comme en l'espèce, dans le cas d'évaluer les conséquences d'un accident du travail pour calculer la réparation qui en est due, il est bien permis de s'inspirer, dans la mesure où elles peuvent être considérées comme des dispositions de droit naturel, des règles qui ont été édictées par le législateur français;... »

(1) Cette demande en double exemplaire doit énoncer :

1° Le nom, la profession et l'adresse du propriétaire de la marque;

2° Les produits ou marchandises auxquels la marque est appliquée;

3° La date et le numéro de l'enregistrement de la marque au greffe d'un tribunal de première instance de Tunisie.

(2) La Tunisie fait partie des États qui ont adhéré à la Convention internationale du 20 mars 1883 — modifiée par un acte additionnel du 14 décembre 1900 — pour la protection des brevets d'invention.

merce fait publier au *Journal officiel* l'avis de la demande avec l'indication sommaire de son contenu.

Dans le délai de deux mois à partir de la publication, il est loisible à chacun de former opposition par écrit à la demande de brevet. A l'issue de ce délai et si aucune opposition n'a été formulée, un arrêté du directeur de l'agriculture et du commerce ou de son délégué, constatant la régularité de la demande et l'absence d'opposition, est délivré au demandeur et constitue le brevet d'invention. Cet acte est également inscrit sur un registre dit registre des brevets et avis en est donné au *Journal officiel*.

Si la demande est rejetée, la communication de cette décision est faite aussitôt au demandeur ou à son mandataire.

Enfin, si des oppositions se sont produites, le brevet ne peut être délivré qu'après que le demandeur a obtenu des tribunaux compétents mainlevée de ces oppositions.

795. La durée des brevets est de cinq, dix ou quinze années à compter du jour du dépôt de la demande. Et chaque brevet donne lieu au payement d'une taxe qui est fixée de la façon suivante : 300 francs pour un brevet de cinq ans; 600 francs pour un brevet de dix ans et 900 francs pour un brevet de quinze ans. Cette taxe est payable par annuité grégorienne de 60 francs.

Le breveté qui n'a pas acquitté son annuité avant le commencement de chacune des années de la durée de son brevet est déchu de ses droits. Il a toutefois un délai de trois mois au plus pour effectuer valablement le payement de son annuité, mais il doit verser, en outre, une taxe supplémentaire de 5 francs s'il effectue le payement dans le premier mois, de 10 francs s'il effectue le payement dans le second mois, et de 15 francs s'il effectue le payement dans le troisième mois.

Sont également déchus de leurs droits :

1° Le breveté qui n'a pas mis en exploitation sa découverte ou invention dans la Régence dans le délai de deux ans, à partir du jour de la signature du brevet, ou qui a cessé de l'exploiter pendant deux années consécutives; à moins que, dans l'un ou l'autre cas, il ne justifie des causes de son inaction;

2° Le breveté qui a introduit dans la Régence des objets fabriqués en pays étrangers et semblables à ceux qui sont garantis par son brevet. Toutefois, l'introduction de modèles de machines et d'objets fabriqués à l'étranger destinés à des expositions publiques ou des essais faits avec l'assentiment du Gouvernement tunisien, peut être autorisée par l'administration tunisienne.

796. Tout Tunisien ou étranger, auteur d'une découverte ou invention susceptible d'être brevetée, ou ses ayants droits, peuvent, s'ils sont admis dans une exposition publique autorisée par l'administration, se faire délivrer par le premier ministre un certificat de l'objet exposé. Ce certificat assure à celui qui l'obtient les mêmes droits que lui conférerait un brevet d'invention à dater du jour de l'admission jusqu'à la fin du troisième mois qui suit la clôture de l'exposition.

Enfin le décret du 26 décembre 1888 autorise les étrangers à obtenir en Tunisie des brevets d'invention, conformément aux formalités et conditions déterminées par ce décret.

L'auteur d'une invention ou découverte déjà brevetée à l'étranger peut également obtenir un brevet en Tunisie, mais la durée de ce brevet ne peut excéder celle des brevets antérieurement pris à l'étranger.

Il est publié au commencement de chaque année, dans le *Journal officiel tunisien*, la liste, avec leurs titres, des brevets délivrés dans le courant de l'année précédente (1).

§ 2. — *Office du travail.*

797. Le problème d'une législation ouvrière en Tunisie s'est réellement posé pour la première fois en 1907, au cours de la session de la conférence consultative. Après discussion, cette assemblée votait la résolution suivante : « Considérant que le moment est venu de créer en Tunisie, en s'inspirant de la loi française, une législation du travail spécialement appropriée au pays, la conférence émet le vœu qu'un *organisme permanent* soit créé auprès du Gouvernement afin d'élaborer sans retard la charte qui fera loi en la matière, en s'inspirant de la nécessité d'organiser et de protéger la main-d'œuvre et de la développer la prospérité de l'industrie, du commerce et l'agriculture. » C'est en conformité de ce vœu qu'à la date du 30 décembre 1907 un décret beylical a institué, à la direction de l'agriculture, du commerce et de la colonisation, un « Office du travail ».

Aux termes de ce décret, cet organisme a pour mission : de recueillir, de coordonner toutes les informations relatives au travail, notamment en ce qui concerne l'état et le développement de la production, l'organisation et la rémunération du travail, ses rapports avec le capital, la condition des ouvriers, la situation comparée du travail en Tunisie, dans la métropole et à l'étranger; d'effectuer tous travaux se rattachant à cet ordre d'idées et qui lui seraient demandés par la direction de l'agriculture, du commerce et de la colonisation; de s'assurer des conditions d'hygiène et de sécurité des travailleurs et particulièrement des femmes et des enfants; de procéder à la visite des établissements industriels privés : usines, ateliers, etc.

L'Office suit, d'autre part, l'instruction des réclamations relatives aux conditions du travail, et s'entremet, chaque fois que les circonstances l'imposent, pour chercher à aplanir les différends et les conflits pouvant surgir entre patrons et ouvriers. Il surveille enfin l'application de la législation ouvrière, et notamment des décrets des 7 et 11 juillet 1908.

Le personnel de l'Office du travail se compose : d'un chef de l'Office, d'un inspecteur et d'une inspectrice.

SECTION IV.

COLONISATION.

798. On a pu dire avec raison qu'il ne servirait à rien à la France d'exercer une action politique et administra-

---

(1) Au 1er janvier 1910, le bureau tunisien de la propriété industrielle avait délivré environ 1,060 brevets d'invention depuis son organisation.

tive prépondérante en Tunisie, si elle se désintéressait de la mise en valeur du sol par le peuplement français. Il ne doit pas lui suffire d'administrer, elle doit aussi coloniser.

A ce point de vue, l'intervention du Gouvernement du Protectorat s'est exercée de façon particulièrement suivie, par des mesures successives dont on ne peut contester l'heureux effet.

§ 1er. — Immigration et peuplement français.

799. Le Gouvernement du Protectorat, en instituant par décret du 3 mars 1906, l'*Office de renseignements du Gouvernement tunisien à Paris* a eu surtout pour but de faciliter l'immigration française en Tunisie (1) et de la provoquer même dans la plus large mesure possible.

Cet office est, par définition, destiné à répondre, de la façon la plus complète et la plus détaillée, à toutes les questions concernant la Tunisie. Ses attributions sont donc multiples : distribution de documents et vulgarisation de renseignements relatifs à la connaissance de la Tunisie et de sa colonisation agricole, commerciale, industrielle ou ouvrière; dépôt de cahiers des charges, d'avis d'adjudication (concessions, fournitures ou travaux) intéressant le pays; enquêtes, conférences, publicité, étude des conditions de voyage en Tunisie.

L'office se préoccupe, en outre, de tout ce qui peut faciliter la vente des produits tunisiens en France ou à l'étranger; il centralise et porte à la connaissance des intéressés les offres d'achat et de vente, indique les types des produits qu'exige ou préfère le commerçant et le consommateur, assure la participation de l'administration tunisienne aux concours et aux expositions (2).

800. Le Gouvernement du Protectorat assure, d'autre part, le transport à prix réduit des Français qui n'ont jamais résidé en Tunisie et qui peuvent être rangés dans l'une ou l'autre des catégories suivantes :

1° Personnes ayant acheté ou loué ou pris en métayage des terres dans la Régence ou s'y rendant dans cette intention et disposant du capital nécessaire à cet effet;

2° Ouvriers et employés engagés en Tunisie et produisant des pièces justificatives à cet égard;

3° Toutes autres personnes disposant d'un capital net liquide d'au moins 1,000 francs leur permettant de vivre en attendant d'avoir trouvé une situation, et celles qui vont rejoindre des parents déjà installés en Tunisie dans le but d'habiter avec eux.

Ces personnes jouissent de réductions sur les chemins de fer d'intérêt général et sur les paquebots des compagnies de navigation. Pour bénéficier de ces réductions, elles doivent en adresser la demande soit à l'office du Gouvernement tunisien, à Paris, soit à la direction de l'agriculture, du commerce et de la colonisation à Tunis (1).

801. *Office central du peuplement français.* — En ce qui concerne plus particulièrement la recherche et l'obtention d'emplois en Tunisie par les Français, un arrêté du résident général en date du 26 juin 1904 a prévu la création d'un office spécial relevant de la direction de l'agriculture, du commerce et de la colonisation :

« Il sera — dit cet arrêté — institué à Tunis, sous le nom d'« Office central du peuplement français », un bureau qui aura pour mission de recevoir les offres et demandes d'emploi et d'installation concernant des immigrants français, de faciliter leur placement rapide, et, dans ce but, de mettre ses services à la disposition permanente et commune de toutes associations françaises autorisées s'occupant de placement et de mutualité. Son intermédiaire sera essentiellement gratuit ».

§ 2. — Terres et centres de colonisation.

La direction de l'agriculture, du commerce et de la colonisation tient à la disposition des immigrants des terrains appartenant à l'État ou que celui-ci se procure en vue de leur rétrocession aux particuliers.

a) Centres de colonisation.

802. Ces terrains sont divisés en lots de contenance variable suivant la région où ils se trouvent, leur situation et leur qualité.

Chacun des centres de colonisation formés par le groupement de ces différents lots comprend, en outre, des terrains domaniaux de parcours; et, d'autre part, l'emplacement nécessaire à la création et au développement d'un village; cet emplacement est alloti en un certain nombre de parcelles sur lesquelles s'élèveront les constructions destinées aux habitants du village, commerçants, ouvriers, etc., et les bâtiments publics (école, bureau de poste, ...) dont l'établissement est à la charge de l'État.

Les terrains que leur situation ne permet pas de rattacher directement à un centre de colonisation sont vendus comme lots de fermes isolés (2).

Les diverses questions que soulève la réalisation continue de ce programme — détermination des centres de colonisation, achat, lotissement et aliénation de terrains, etc. — sont étudiées par un comité de colonisation composé du directeur de l'agriculture, du commerce et de la colonisation, des représentants des divers services intéressés (administration générale, travaux publics, domaines), et de quatre agriculteurs français désignés par la chambre d'agriculture du Nord et les chambres mixtes du Centre et du Sud.

---

(1) Sur l'immigration italienne dans la Régence, consulter *Le Peuplement italien en Tunisie et en Algérie*, par G. Loth, Paris, 1905.
(2) A côté de l'*Office de renseignements du Gouvernement tunisien à Paris*, il est juste de mentionner ici les services rendus à la cause de la colonisation en Tunisie par l'*Office tunisien d'hivernage et de colonisation* qui a son siège à Tunis et à Paris, et dont l'action, pour être privée, n'en est pas moins particulièrement efficace.

---

(1) Pour plus de détails, voir la *Notice sur la Tunisie*, publiée par les soins de la direction de l'agriculture, du commerce et de la colonisation.
(2) Abstraction faite des lotissements urbains (241 hectares); des habous concédés par application du décret du 13 novembre 1898 (19,569 hectares) et des ventes faites spécialement en vue de la plantation d'oliviers dans le Centre et le Sud (87,376 hect. 90), les

803. Toute création de centre de colonisation est précédée d'une enquête sur la valeur agricole et le prix des terrains envisagés, l'état sanitaire de la région, le mode de lotissement à adopter, les travaux de viabilité, d'adduction d'eau auxquels il sera nécessaire de procéder, etc. Cette enquête est menée sur les lieux mêmes par une commission, dite de « centres », composée du contrôleur civil de la circonscription, d'un ou plusieurs agents de la direction de l'agriculture, d'un agent de la direction des travaux publics, d'un médecin et d'un colon désigné par le comité de colonisation que nous venons d'étudier.

La répartition, la superficie et le prix des lots ainsi constitués, les conditions particulières à imposer à leurs acquéreurs, etc., sont soumis au comité de colonisation et font ensuite l'objet d'un arrêté du directeur de l'agriculture. En même temps, l'administration fait établir un plan-notice contenant, en outre du texte de cet arrêté, les indications susceptibles de renseigner les futurs acquéreurs sur la situation du nouveau lotissement, les voies de communication qui le desservent ou dont il doit être doté; les services scolaire, postal, sanitaire, de transport, etc., que les colons intéressés pourront utiliser soit immédiatement, soit par la suite; les marchés, le siège du contrôle civil et de la justice de paix du canton.

L'arrêté du directeur de l'agriculture est porté à la connaissance du public par voie d'affichage et d'insertion dans les journaux. Les demandes d'achat concernant les lots auxquels il a trait ne peuvent être présentées que trente jours après sa publication au *Journal officiel tunisien;* les demandes reçues avant cette date sont considérées comme non avenues.

b) Terres de colonisation.

804. Les règles qui prescrivent les conditions de vente des terres de colonisation sont déterminées par le décret du 16 décembre 1903 et un arrêté organique du directeur de l'agriculture en date du 21 août 1907 (1).

superficies des terrains domaniaux que l'État a vendus à la colonisation française avec obligation d'habitation et de culture atteignent :

De 1892, début des ventes, à 1896 :	1,360 hect.	51
En 1897..	2,811	95
1898.	2,541	72
1899.	4,363	11
1900.	3,657	82
1901.	5,573	49
1902.	6,558	37
1903.	15,000	»
1904.	11,827	»
1905.	13,353	»
1906.	11,347	»
1907.	8,856	07
1908.	5,695	74
Total	93,445 hect.	28

Indépendamment des fermes isolées et des parcelles trop disséminées pour constituer une agglomération rurale autonome, l'administration a créé, dans le même laps de temps, de nombreux centres de colonisation.

(1) D. beyl. 16 décembre 1903 :
Art. 5. — Les demandes régulièrement présentées sont servies dans l'ordre de leur réception, sauf ce qui sera dit à l'article 7. Le classement entre demandes parvenues le même jour est déterminé

L'obligation principale qui incombe aux acquéreurs de terres de colonisation est d'y construire ou d'y habiter d'une façon permanente ou d'y installer à leur place une famille française, le tout dans un délai d'un an à partir de la prise de possession, faute de quoi la vente peut être résiliée par l'administration.

En attendant leur vente, les lots sont, généralement, loués par l'administration, à l'année agricole, à des cultivateurs indigènes; l'acquéreur entre alors en possession au 1er octobre, à moins d'arrangement de sa part avec le locataire. S'il signe un contrat et effectue son premier versement avant cette date, il bénéficie du prorata de la location restant à courir.

Pour faciliter, autant que possible, cette prise de possession, même en cours d'année agricole, l'État stipule le plus souvent avec ses locataires la possibilité pour l'acheteur d'occuper gratuitement 1,000 mètres carrés de ter-

par le sort. Toute demande d'achat que son auteur n'a pas, dans les quarante-cinq jours de sa date, mis l'administration en mesure de transformer en un engagement définitif, est réputée non avenue; le demandeur peut, avant l'expiration de ce délai, demander et obtenir, sur justification de motifs sérieux, une prorogation de délai pour une période maxima d'un mois, mais cette deuxième prorogation n'est en aucun cas acceptable. Les demandeurs classés ne sont mis en possession par le service des domaines qu'après payement du premier terme du prix.
Art. 6. — Toute personne ayant déjà acquis de l'État un lot par son intermédiaire une propriété rurale ne peut prétendre à l'acquisition d'un nouveau terrain auprès de la direction de l'agriculture qu'autant que la première propriété acquise est libérée entièrement au point de vue des obligations de construction et d'habitation et qu'une moitié du prix au moins en a été payée.
Art. 7. — Sont privilégiés, dans l'ordre suivant, pour l'obtention d'un lot par rapport aux autres demandeurs, même antérieurs en date :
1° Le demandeur justifiant du diplôme de l'École d'agriculture de Tunis, obtenu depuis moins de cinq ans;
2° Le père de famille, cultivateur de profession, ayant au moins quatre enfants habitant avec lui.
En cas de réclamation en matière d'attribution de lots, il est statué par le directeur de l'agriculture après avis du comité institué à l'article 3.
Art. 8. — Le même comité peut exceptionnellement proposer des dispositions de faveur :
1° Pour des émigrants cultivateurs chargés de très nombreux enfants;
2° Pour des sous-officiers et soldats de Tunisie et d'Algérie quittant l'armée avec une retraite pour se consacrer à la culture;
3° Pour des fonctionnaires cessant leur carrière après avoir rendu à la Régence des services exceptionnels et dûment constatés;
4° Pour des groupes de familles de même origine ou pour des sociétés philanthropiques, à charge par celles-ci de se substituer des acquéreurs particuliers dans les délais et aux conditions à prévoir par l'administration.

Arr. 21 août 1907 :

§ 1er. — *Dispositions générales.*

Article premier. — Tout acquéreur d'un lot rural de colonisation a la faculté, soit d'effectuer le payement de son prix d'achat au comptant, soit de stipuler la division de ce prix en autant de termes annuels, successifs et égaux qu'il le désire, sans toutefois que le nombre de ces termes puisse dépasser dix. Les termes différés sont garantis par la réserve dans l'acte d'une hypothèque de premier rang sur le terrain vendu.
Si l'immeuble est immatriculé, inscription de la créance du Trésor sera prise sur le titre établi à la conservation de la propriété foncière.
Si l'immeuble n'est pas immatriculé, tous les originaux du contrat seront retenus et déposés à la direction de l'agriculture, du commerce et de la colonisation, ainsi que le titre constitutif de la propriété.
Mainlevée ne pourra être donnée et, en ce qui concerne les

rain nu (non ensemencé, planté ou bâti), dès la signature du contrat de vente.

805. En dehors des terres mises à la disposition de la petite et de la moyenne colonisation, terres soumises au régime du décret du 16 décembre 1903 et de l'arrêté du 21 août 1907, il existe, dans le sud de la Régence, des terres domaniales, dites terres sialines, dont la vente est régie par les décrets des 8 février 1892 et 30 avril 1905 (1).

806. D'autre part, la direction de l'agriculture dresse périodiquement la liste des propriétés particulières qui lui sont signalées comme étant à vendre ou à louer; cette liste est mise à la disposition des immigrants.

807. Enfin, un décret du 13 novembre 1898 a autorisé l'administration des habous à mettre à la disposition de la direction de l'agriculture des terres habous publics en vue de faciliter la colonisation et le peuplement de la Régence.

Chaque année, la direction de l'agriculture et l'administration des habous déterminent, d'accord, un certain nombre de propriétés habous publics rurales, d'étendue suffisante et convenable pour des exploitations agricoles. La somme des contenances ainsi offertes pendant cette période ne peut être inférieure à 2,000 hectares; la liste est arrêtée et approuvée par décret beylical. La valeur de ces terres habous est fixée par deux experts délégués chacun par l'une des administrations intéressées. En cas de dissentiment, la question est soumise au conseil des ministres et chefs de service qui se prononce dans le délai d'un mois.

Immeubles non immatriculés; remise à l'acquéreur des titres et contrat ne pourra être consenti qu'après versement du prix total convenu et exécution de toutes les clauses mentionnées à l'acte.

Art. 2. — Le premier versement est toujours payable avant la signature du contrat, laquelle précède obligatoirement l'entrée en jouissance. Si ce premier versement est de la totalité du prix d'achat, il est accordé à l'acquéreur une remise de 10 0/0 sur ce prix.

Art. 3. — Le mode de payement choisi est indiqué par le demandeur avant la rédaction du contrat de vente; il ne peut être modifié postérieurement au contrat.

Toutefois, tout acquéreur peut, à une date quelconque, se libérer de la totalité du capital non échu. Cette anticipation ne donne droit à aucun escompte au profit de la partie versante.

Art. 4. — Toutes les dispositions du présent arrêté sont applicables aux acquisitions de lots urbains ou industriels compris dans les périmètres des centres de colonisation sous la réserve : 1° Que le premier versement ne peut être inférieur à 100 francs ou au prix net total de l'acquisition lorsqu'il est inférieur à cette somme, et 2° qu'aucune annuité, sauf la dernière, ne peut être inférieure à 20 fr.

§ 2. — *Dispositions particulières aux ventes à terme.*

Art. 5. — En cas d'acquisition à terme d'un lot rural de colonisation, l'échéance des annuités différées est fixée uniformément au 1er septembre de chaque année à compter du 1er septembre de l'année suivant immédiatement celle au cours de laquelle a été conclue la vente.

Art. 6. — L'acquéreur qui aura satisfait aux obligations d'installation, de construction et de mise en valeur prévues au contrat de vente pourra demander à être dispensé de tout versement au cours de la deuxième année de jouissance.

Sa demande sera adressée au directeur de l'agriculture, du commerce et de la colonisation. Elle devra lui parvenir un mois, au moins, avant l'époque fixée pour le payement de la deuxième annuité et être appuyée de la justification de l'accomplissement des conditions précitées.

Si elle est accueillie, l'échéance de chacune des annuités différées sera retardée d'un an.

⋅ ⋅ ⋅ ⋅ ⋅ ⋅ ⋅ ⋅ ⋅ ⋅ ⋅ ⋅ ⋅ ⋅ ⋅ ⋅ ⋅ ⋅ ⋅

(1) Sur le régime des terres sialines. V. *infra* n°s 1074 et suiv.

Le domaine de l'État a un délai de dix-huit mois, à dater de la clôture de la liste, pour réaliser l'échange en argent des terrains habous sous réserve de son droit de substitution. Après ce délai, l'administration des habous peut disposer des terres non échangées à moins que l'État ne les réclame à nouveau; dans ce cas, si la Djemaïa le demande, il y a lieu à nouvelle expertise.

c) Travaux et institutions secondant la colonisation. — Aménagement des centres de colonisation.

808. *Aménagement des centres de colonisation.* — Indépendamment de la construction des bâtiments publics (écoles, bureaux de poste, etc.) affectés aux centres de colonisation créés par l'État et dont l'établissement incombe à ce dernier, l'administration pourvoit également, dans la mesure du possible, à l'alimentation en eau potable de ces divers centres; elle procède dans ce but au forage et à l'aménagement de puits publics, au captage de sources, à l'établissement de canalisations, d'abreuvoirs, etc.

Elle se préoccupe, d'autre part, d'assurer à ces agglomérations les voies de communication nécessaires à la collectivité de leurs habitants. Tout un réseau de routes et de pistes secondaires, dites « chemins de colonisation », a ainsi pris naissance et se développe, d'une façon continue, à côté des grandes voies de communication. Ces divers travaux sont exécutés par la direction générale des travaux publics, à l'aide de crédits annuels spécialement affectés à cet usage et d'après un programme établi chaque année par la direction de l'agriculture qui s'inspire, à cet effet, dans la plus large mesure, des vœux et des demandes des colons (1).

La direction de l'agriculture subvient aussi en partie aux plantations publiques dont s'agrémentent les rues et les places des nouveaux centres. Elle contribue enfin, au moins au début de leur création, à la desserte postale de ceux des centres que leur faible importance ne permet pas de doter immédiatement d'un service de dépêches assuré dans les conditions ordinaires, c'est-à-dire à l'aide des crédits dont dispose l'office postal.

809. *Crédit agricole.* — Là ne se bornent pas, d'ailleurs, l'aide et le concours que l'État prête à l'œuvre de la colonisation par l'intermédiaire de la direction de l'agriculture, du commerce et de la colonisation. Le Gouvernement du Protectorat s'est également attaché à rechercher les moyens de doter les populations agricoles d'instruments de crédit ou de mutualité appropriés.

La première tentative de ce genre a été marquée par un arrêté résidentiel du 30 novembre 1896, instituant une commission chargée d'étudier l'organisation d'un crédit agricole en Tunisie, ainsi que les combinaisons financières qui s'y rattachent.

Mais c'est par le décret beylical du 17 août 1900 (modifié par celui du 4 juillet 1907) que le crédit agricole a reçu en Tunisie un commencement de réalisation.

(1) Cf. Circulaire du directeur des travaux publics du 18 août 1900, relative aux travaux de colonisation.

810. Ce texte autorise le nantissement des récoltes, détachées ou non, produits naturels, animaux, matériel, non-immeubles par destination et produits industriels résultant de l'exploitation agricole, tels que l'huile, le vin et l'alcool.

Ce gage ou nantissement ne peut comprendre que les produits dont l'emprunteur est propriétaire et ne peut être consenti que par celui qui est détenteur d'un fonds rural à titre de propriétaire, d'enzéliste, d'usufruitier, de locataire ou de colon partiaire.

Il donne le droit au prêteur de se faire payer par privilège sur les choses qui en sont l'objet après le propriétaire pour ses loyers, fermages et avances faites pour la culture et après tous autres créanciers privilégiés et par préférence seulement aux créanciers hypothécaires et chirographaires.

Le nantissement doit toujours être fait par écrit, authentique ou sous seings privés, et ne peut être consenti pour plus d'une année; toutefois, il est permis de stipuler qu'il sera renouvelable en cas de mauvaises récoltes ou pertes imprévues. Le contrat de nantissement est inscrit au bureau des finances du lieu où sont situés les récoltes ou produits affectés au gage.

Enfin, comme dans la loi française du 18 juillet 1898 sur les warrants agricoles, les choses faisant l'objet du nantissement restent en la possession du débiteur.

811. D'autre part, une convention du 24 décembre 1903, approuvée par un décret beylical du 8 janvier 1904, et par un décret présidentiel du 7 mai suivant a autorisé la Banque de l'Algérie à s'installer dans la Régence, avec le privilège d'émission de billets payables au porteur et à vue.

Cette autorisation a été accordée jusqu'au 31 décembre 1912 ou jusqu'au 31 décembre 1920, à la volonté du Gouvernement tunisien, à charge par la Banque : 1° de mettre à la disposition du Trésor tunisien, sans intérêts et pour toute la durée de son privilège, une avance d'un million; 2° de verser à l'État tunisien, à partir du 1er janvier 1904, une redevance annuelle, non reversible (1).

Les avances et redevances ainsi stipulées étaient plus que suffisantes pour fournir l'appoint initial nécessaire au fonctionnement de quelques associations de crédit mutuel agricole (2). Aussi, et à l'exemple des législations française et algérienne, il a été prévu aux décrets que nous venons d'indiquer que ces avances et redevances seraient affectées au crédit agricole tunisien et au développement de la colonisation française en Tunisie.

812. En ce qui concerne le crédit agricole, ces dispositions ne faisaient que poser le principe du concours pécuniaire de l'État.

Pour les rendre effectives, il était indispensable de préciser les conditions de ce concours et de donner à l'institution elle-même une réglementation qu'elle n'avait pas. Tel a été l'objet du décret beylical du 25 mai 1905.

Dans sa forme générale, comme dans le détail de ses dispositions, ce décret est inspiré des lois françaises des 5 novembre 1894, 31 mars 1899 et 8 juillet 1901 qui ont organisé le crédit agricole mutuel dans la métropole et en Algérie.

Il institue des caisses locales et régionales de crédit agricole mutuel pouvant se constituer librement sans l'autorisation du Gouvernement. Ces caisses sont déclarées sociétés commerciales et possèdent la personnalité civile.

Elles ont exclusivement pour objet de faciliter et de garantir les opérations concernant l'industrie agricole et effectuées par leurs membres. Elles peuvent notamment : recevoir des dépôts de fonds en comptes courants, avec ou sans intérêts; — se charger, relativement aux opérations concernant l'industrie agricole, des recouvrements et des payements à faire pour leurs membres; — contracter des assurances contre l'incendie, la grêle, la mortalité du bétail, les accidents et tous autres risques professionnels; — escompter le papier des coopérations d'achat et de vente qui peuvent exister entre leurs membres; — contracter les emprunts nécessaires pour constituer ou augmenter leur fonds de roulement.

Le décret du 25 mai 1905 fixe, d'autre part, le quantum des avances de l'État, leur mode de répartition et précise les garanties qui sont destinées à en assurer le remboursement.

Depuis la promulgation de ce décret, il a été fondé dans la Régence diverses caisses locales et une caisse régionale de crédit agricole mutuel, « la Caisse régionale du Nord ».

813. Enfin, le décret du 20 mai 1907 a créé dans chaque caïdat une *Société indigène de prévoyance, de secours et de mutualité agricole* (1), et deux décrets subséquents pris à la date du 4 juillet 1907 ont complété l'œuvre des sociétés de prévoyance et parachevé l'organisation du crédit agricole : 1° en réglementant la création et le fonctionnement de sociétés coopératives agricoles; 2° en étendant aux produits naturels, voire aux animaux et au matériel non immeuble par destination, la faculté en vertu de laquelle les récoltes et les produits industriels résultant de l'exploitation agricole peuvent faire l'objet d'un nantissement, sans être mis en la possession du créancier ou d'un tiers.

CHAPITRE VIII.

ENSEIGNEMENT PUBLIC.

814. En établissant son protectorat en Tunisie, la France n'a point seulement étendu sa puissance, accru son prestige, ouvert un territoire nouveau à l'activité de ses nationaux comme en Algérie. Elle a pris aussi en tutelle les intérêts matériels et moraux d'un pays qui lui remettait désormais le soin de ses destinées; elle a assumé par là même des devoirs qu'elle doit s'appliquer à remplir pour rester fidèle aux engagements contractés, à sa mission civilisatrice, à son esprit de libéralisme (2).

---

(1) V. *supra* nos 466 et s.
(2) Min. Aff. étr., 1905.

(1) V. *supra* n° 475.
(2) G. Cochery, *op. cit.*

De ces devoirs l'un des plus impérieux est de procurer à tout un peuple les bienfaits de l'instruction. A cette tâche le Gouvernement du Protectorat a déjà consacré de longs et sérieux efforts (1).

SECTION PREMIÈRE.

DIRECTION DE L'ENSEIGNEMENT PUBLIC.

815. Tous les services de l'instruction publique en Tunisie sont centralisés à la direction de l'enseignement dont la création remonte au 6 mai 1883.

A la tête de cette direction se trouve le directeur général de l'enseignement. Membre du conseil des ministres et chef de service, le directeur général a d'importantes attributions.

Il propose au bey la nomination des inspecteurs de l'enseignement et des chefs d'établissement; il soumet à l'approbation du premier ministre la nomination des professeurs de lycée; il nomme et révoque lui-même, en conformité des décrets du 29 septembre 1893 et du 4 février 1896, tous les autres fonctionnaires relevant de ses services. Il préside enfin le conseil de l'instruction publique de la Régence, et assure l'application des textes réglementant les écoles publiques et privées (2).

Le directeur général de l'enseignement a sous ses ordres :

Le directeur de l'enseignement primaire; l'inspecteur général de l'enseignement professionnel des indigènes; deux inspecteurs primaires; un inspecteur du dessin et

---

(1) A ce sujet, il peut être intéressant de donner les chiffres de quelques-uns des budgets annuels de la direction de l'enseignement depuis 1884 :

1884...................	1,800 fr.
1885...................	120,255
1890...................	530,016
1895...................	771,004
1900...................	1,011,500
1905...................	1,365,556

Les dépenses faites pour l'enseignement public sont payées en majeure partie par l'Etat, et, en partie, par le collège Sadiki, l'administration des habous et les municipalités.

(2) Sur les conditions d'ouverture et la surveillance des écoles privées, cf. notamment le décret beylical du 2 décembre 1903 :

« Article premier. — Nul ne peut être admis à ouvrir une école privée en Tunisie ou à y donner l'enseignement s'il ne remplit les conditions de capacité fixées par les lois françaises du 16 juin 1881 et du 30 octobre 1886 et les conditions d'âge indiquées ci-dessous à l'article 2.

« En ce qui concerne les diplômes étrangers, le directeur de l'enseignement public sera seul juge de leur équivalence.

« Art. 2. — Nul ne peut enseigner dans une école maternelle et une classe enfantine ou dans une école primaire élémentaire ou supérieure avant l'âge de 18 ans pour les instituteurs et 17 ans pour les institutrices.

« Nul ne peut diriger une école primaire supérieure, avec ou sans internat, avant l'âge de 25 ans révolus.

« Art. 3. — Il sera ouvert dans toute école privée un registre spécial destiné à recevoir les noms, prénoms, la date et le lieu de naissance des maîtres et employés, l'indication des emplois qu'ils occupaient précédemment et des lieux où ils ont résidé, ainsi que la date des brevets et diplômes dont ils seraient pourvus.

« Les inspecteurs ont le droit de se faire présenter, dans les écoles privées, les livres en usage, les cahiers des élèves et le registre prévu au paragraphe précédent. »

. . . .

---

du travail manuel; un inspecteur des études arabes; les fonctionnaires de son cabinet et des bureaux de l'administration centrale; enfin les divers membres de l'enseignement supérieur, secondaire et primaire de la Régence.

La situation du personnel de l'enseignement public en Tunisie est réglée par les décrets des 21 janvier et 17 avril 1907, et par deux décrets du 12 avril 1909, relatifs, l'un aux positions du personnel dans les cadres, l'autre au conseil de discipline.

SECTION II.

ÉTABLISSEMENTS D'INSTRUCTION.

ARTICLE PREMIER. — *Établissements musulmans et israélites.*

§ 1. — *Établissements musulmans.*

816. Les lettres arabes ont toujours été en honneur en Tunisie. Les universités de Kairouan et de Tunis ont répandu jadis le plus grand éclat, et nombreux sont les savants qui en sont sortis ou qui ont été formés par les maîtres qui professaient à Sousse, à Mahdia, à Sfax, ou même dans le sud de la Régence, à Gafsa, à Gabès et à Tozeur (1).

C'est qu'aussi les Musulmans doivent s'instruire; leur religion le leur recommande (2); et partout c'est l'idée religieuse qui domine dans leur enseignement. Mais il est incontestable que les méthodes d'enseignement ont besoin d'être améliorées, en même temps qu'il est nécessaire d'étendre le programme des connaissances des jeunes musulmans.

817. a) *Kouttab.* — Le *Kouttab* est l'école élémentaire musulmane; c'est là que le *moueddeb* (éducateur) enseigne aux enfants de 5 à 16 ans à lire et à écrire le Coran et leur fait apprendre par cœur d'interminables versets (3).

Rarement le maître ajoute à l'étude du Coran celle des éléments de la grammaire et du droit. Il n'est jamais

---

(1) L. Machuel, *L'Enseignement public en Tunisie*, Tunis, 1906, p. 206. Nous avons puisé dans cet intéressant ouvrage de nombreux renseignements.

(2) « Recherchez la science, devriez-vous aller jusqu'aux confins de la Chine, a dit le prophète Mahomet, car s'instruire est une obligation pour tout musulman et toute musulmane. » *(Recueil des Hadits.)*

« Celui qui n'aime pas la science n'a aucun bien en lui; ne fais pas ta société d'un tel homme. » *(Ennaoui.)*

« Ornez votre âme avec la science et parez-la de bonnes actions. — Etudiez constamment; l'homme ne naît pas instruit; les grands de ce monde sans instruction sont bien petits quand la foule se tourne vers eux. » *(Malik.)*

(3) Le moueddeb reçoit une rétribution scolaire mensuelle de 60 centimes à 5 francs, suivant l'aisance des familles. Dans certaines localités, ils sont payés par semaine à raison de 30 à 40 centimes. Parfois aussi on leur donne du blé, de l'orge, de l'huile, des agneaux, etc. Lorsque les élèves sont arrivés à certains chapitres déterminés du Coran, ils doivent faire à leur maître un cadeau en argent; c'est ce que l'on nomme la *khetma*.

Dans quelques villes, principalement à Tunis, certains moueddeb touchent une part de certains revenus habous qui leur sont affectés. — V. *Machuel, op. cit.*, p. 205 et suiv.

Il y a en Tunisie 1,300 kouttab dirigés par 1,248 moueddeb et fréquentés par 23,180 enfants.

parlé ni de calcul, ni de géographie, ni d'histoire. Jamais il n'est donné aux enfants la moindre explication sur le sens des textes qu'ils étudient ni sur la signification même des mots. Le maître n'a pas le droit d'interpréter le Coran : il pourrait s'égarer dans des explications erronées et commettre des hérésies (1).

Le Gouvernement du Protectorat s'est préoccupé de cette situation et a estimé qu'une réforme s'imposait. Il a songé à améliorer l'enseignement des kouttab en créant une sorte d'école normale des moueddeb, la Mederça-Ettaadibia (2).

818. b) *Mederça Ettaadibia.* — Créée par décret beylical du 8 novembre 1894, cette école porta tour à tour le nom de Mederça el Asfouria et de Mederça Ettaadibia. C'est une sorte d'école normale de moueddeb (3).

Les élèves-maîtres entrent à la Mederça après avoir subi un concours passé devant un jury composé de trois professeurs de la Grande Mosquée de Tunis, du chef des lecteurs du Coran à la même mosquée et de l'amin (contrôleur) des moueddeb exerçant les kouttab. Sur le vu du procès-verbal de ce jury, le directeur de l'enseignement prononce l'admission des candidats qui ont réussi, dans la mesure des places disponibles.

La durée des études est de 5 ans. Le programme comprend surtout la grammaire et les sciences relatives au Coran (orthographe du Coran, psalmodie, théodicée, pratiques du culte) qui y sont enseignés par deux professeurs de la Grande Mosquée, un moueddeb, un professeur de calligraphie, un professeur de grammaire et un répétiteur. Un professeur de français est chargé d'y enseigner la langue française, le calcul, le système métrique et la géographie. Le jury d'examen de sortie est le même que celui du concours d'admission. Le directeur de l'enseignement délivre aux candidats reçus un brevet de moueddeb qui confère, à titre permanent, le droit d'enseigner dans les écoles coraniques.

819. c) *Université de la Grande Mosquée.* — L'enseignement supérieur musulman est actuellement concentré en Tunisie à l'université de la Grande Mosquée.

Il se fait toutefois, dans les principales mosquées de Tunis, quelques cours portant spécialement sur la grammaire et le droit; de plus, dans toutes les localités un peu importantes de la Régence, des cours de théologie de grammaire et de droit sont professés dans les mosquées, zaouias et mederças.

L'organisation de l'Université de la Grande Mosquée

ou Mosquée de l'Olivier (Ez-Zitouna) est, aujourd'hui encore, basée sur la charte que le bey Ahmed-Pacha octroya le premier novembre 1842 au personnel enseignant de cette institution. Ce curieux document est gravé en lettres d'or sur un panneau de bois placé à l'entrée de la vaste salle réservée au culte et aux études (1).

Postérieurement à cette charte, différents décrets et règlements ont apporté d'utiles modifications dans l'organisation de l'université musulmane de Tunisie. C'est ainsi qu'un décret pris le 27 septembre 1870 par Sadok Bey édicte des mesures en vue de l'amélioration du traitement du personnel enseignant. Il soumet, en outre, les professeurs à l'obligation de se spécialiser dans un ordre de matières déterminé. Un autre décret du 26 octobre 1870, prévoit la création d'une catégorie de professeurs surnuméraires, nommés par les inspecteurs et rétribués au moyen des économies pouvant être réalisées sur le traitement des professeurs titulaires, soit par voie de retenues, soit de toute autre façon.

820. Mais la grande réforme de l'enseignement supérieur musulman, a été opérée par le décret du 26 décembre 1875 réglementant les études à la Grande Mosquée. Ce règlement, très complet, est divisé en 5 chapitres ne comprenant pas moins de 67 articles. Il institue notamment un conseil de surveillance composé des deux Cheikhs-el-Islam et des deux cadis hanéfite et malékite. Aujourd'hui le directeur de l'enseignement y est représenté par l'inspecteur des études arabes.

L'enseignement est donné par 30 professeurs de 1re classe, 12 professeurs de 2e classe et 67 professeurs auxiliaires appelés *moutaweine* (pourvus de la licence). Les uns et les autres doivent faire 2 leçons par jour (2).

Le recrutement des professeurs a été réglé par le décret du 13 juin 1892. Lorsqu'une chaire de professeur de 1re classe devient vacante, il y est pourvu à la suite d'un concours auquel les professeurs de 2e classe peuvent seuls prendre part. En cas de vacances, les chaires des professeurs de 2e classe ne sont également données qu'au concours. Peuvent y prendre part : ceux qui ont obtenu

---

(1) Un curieux plan de réforme des kouttab a été dressé par M. Khairallah ben Mustapha, dans une communication au Congrès de l'Afrique du Nord de 1908, sur l'*Enseignement primaire des indigènes en Tunisie*, op. cit., t. II, p. 552.

(2) L'insuffisance de l'enseignement donné dans les kouttab et l'inexpérience des maîtres avaient déjà attiré l'attention du ministre Khéreddine, qui fit paraître un décret fixant le régime de ces établissements primaires et le mode de recrutement des moueddeb; mais, au fait, ce décret est resté lettre morte.

(3) Khairallah ben Mustapha, loc. cit.

(4) Les mederças, qui sont divisées en trois catégories correspondant au degré d'avancement des étudiants, relèvent toutes d'un conseil d'administration présidé par le directeur général de l'enseignement. Elles sont placées sous l'autorité d'un directeur choisi parmi les personnes pourvues du brevet de licence, ou tatouia.

(1) On y lit notamment : « Quinze professeurs du rite malékite et autant de professeurs du rite hanéfite seront désignés. Ils jouiront chacun d'un traitement de deux piastres par jour, à la condition qu'ils enseigneront dans la Grande Mosquée, deux fois par jour, la science qu'ils auront choisie, et ce, aux heures qui leur seront le plus commodes. Celui d'entre eux qui y aura manqué perdra tout droit à ce traitement pendant la durée de son absence. Toutefois, ils seront autorisés à suspendre les cours les jeudis et vendredis, ainsi que pendant le mois de Ramadan et à l'époque des grandes fêtes. Son Altesse confie le soin de contrôler leur exactitude aux deux Cheikhs-el-Islam, hanéfite et malékite, lesquels, pour assurer ce contrôle, recevront un traitement de 100 piastres par mois... »

(2) Les études suivies à la Grande Mosquée comprennent :
Le Tafsir (interprétation du Coran); le Hadith (traditions); le Taouhid (théologie); le Kirat et le Tajouid (lecture et modulation du Coran); le Moustaleh; les Asoul el Fokh (philosophie du droit divin); le Fokh (droit divin); le Fraïd (jurisprudence des successions); le Tesaouf (mysticisme); le Mikat (art de connaître les heures de la prière); le Nahou (grammaire); le Sarf (grammaire); le Méani et le Beïan (rhétorique); le Logha et l'Edeb (littérature et langue arabes); le Sir et le Tarikh (histoire et géographie); le Resm et le Khat (écriture et dessin linéaire); l'Aroud (prosodie); le Mantak (logique); l'Adab el Baht (topique); le Hsab (arithmétique); le Hendaça (géométrie architecturale); le Haya (astronomie); le Msaha (géodésie).

le grade de *moutaoua* à la Grande Mosquée et y ont fait des cours pendant 2 ans au moins. Ces différents concours ont lieu devant les cheikhs inspecteurs.

821. Le même décret porte que le brevet de licence de la Grande Mosquée ne peut être délivré aux étudiants de cette université qu'à la suite d'un examen spécial consistant en épreuves écrites et en un cours donné sur les matières à désigner; la date et les conditions de ce concours sont déterminées par le premier ministre.

Les fonctions auxquelles peuvent aspirer les *moutaoua* ou licenciés sont les suivantes : magistrats du charâa, professeurs à l'université de Tunis, aux mosquées de l'intérieur et dans certains établissements d'enseignement relevant de la direction de l'enseignement public, imans dans les édifices affectés au culte, secrétaires à l'administration centrale, oukils, etc.

Depuis l'établissement du protectorat, aucune réforme importante n'a été introduite dans l'enseignement de la Grande Mosquée, enseignement essentiellement religieux et dogmatique qui précieusement a conservé intacte la pensée islamique.

Fidèle aux engagements pris, la France a évité soigneusement de froisser dans ses convictions les plus intimes la nation protégée. Et ce sont toujours les principes de la scolastique du moyen-âge qui continuent à être en honneur dans la vieille université de Tunis (1).

822. *d) Collège Sadiki.* — Le collège Sadiki a été fondé à Tunis par le bey Mohamed Essadok, sous le ministère de Khéreddine, par décret du 13 janvier 1875.

Cet établissement destiné exclusivement aux enfants musulmans, a été créé dans le but de doter la Tunisie d'une institution permettant aux jeunes tunisiens de se préparer aux carrières libérales et administratives.

Les élèves y reçoivent l'instruction primaire, secondaire et supérieure qui leur est donnée par des professeurs arabes et français. Mais l'enseignement y revêt surtout un caractère pratique et professionnel.

L'admission au collège Sadiki a lieu par voie de concours entre les jeunes indigènes sortant des écoles publiques de la régence et déjà pourvus du certificat d'études primaire. Le nombre des élèves internes est fixé à 40.

Ce collège comptait, en outre, en 1908, 78 demi-pensionnaires et 204 externes libres.

La surveillance de la gestion des biens habous qui constituent la dotation du collège Sadiki est confiée à un conseil d'administration.

D'autre part, un décret beylical du 28 mars 1906 a institué un comité de perfectionnement (2).

§ 2. — *Établissements israélites.*

823. Il n'existe pas à vrai dire, en Tunisie, d'enseignement israélite organisé. En dehors des institutions, relativement récentes, dues à l'Alliance israélite de Paris, on ne trouve comme établissements exclusivement israélites que les écoles rabbiniques.

824. *a) Écoles rabbiniques.* — Les écoles rabbiniques correspondent, pour l'enseignement de la religion hébraïque, aux « kouttab » des musulmans pour l'enseignement du Coran. On les appelle aussi « médrachim »(1).

Toutes les localités de la Tunisie où vit une population juive possèdent une ou plusieurs écoles rabbiniques, dirigées par des rabbins dont l'instruction générale n'est pas plus développée que celle des moueddeb. A Tunis, il y a 19 écoles rabbiniques comptant 24 maîtres et environ 800 élèves.

L'enseignement se borne le plus souvent à la lecture de l'hébreu; parfois on traduit la Bible. L'étude de la langue hébraïque n'y existe pas à proprement parler, car la grammaire n'y est pas enseignée.

Aucune autorisation préalable n'est exigée pour ouvrir une école rabbinique. Les maîtres ne sont soumis à aucun examen ni pourvus, par suite, d'aucun diplôme. Le premier venu peut ouvrir une école : les élèves lui viennent suivant la confiance qu'il inspire aux familles. Aucun contrôle n'est d'ailleurs exercé sur ces écoles qui sont des établissements privés.

825 *b) Institutions de l'Alliance israélite.* — *École de garçons.* — Le comité central de l'Alliance israélite de Paris a fondé à Tunis, en 1878, une école de garçons dont le succès a été sans cesse grandissant.

Actuellement cette école compte près de 1.500 élèves, dont une grande partie y prennent le repas de midi, sont habillés et reçoivent, gratuitement, les fournitures scolaires. Le personnel se compose d'un directeur, de 11 professeurs adjoints, de 13 instituteurs indigènes et de 8 rabbins ou maîtres d'hébreu.

L'enseignement se fait en français. Il est donné d'après les programmes de l'enseignement public des écoles primaires de France, adaptés aux besoins locaux. Ainsi, une place y est faite à la géographie de la Tunisie, à l'enseignement agricole, à l'histoire juive. L'arabe et l'italien sont enseignés dans les classes du cours complémentaire, et l'hébreu dans toutes les classes.

826. *École de filles.* — Les résultats heureux donnés par l'école de garçons ont amené le comité central de l'Alliance israélite à créer à Tunis, en 1882, un établissement similaire pour les jeunes filles. A cette école sont annexés un atelier de couture et un atelier de repassage.

827. *École maternelle.* — Enfin, en 1891, l'Alliance israélite a fondé à Tunis une école maternelle, où les élèves sont reçus depuis l'âge de 5 ans.

(1) Mohamed Lasram, *Congrès de l'Afrique du Nord*, 1908, *op. cit.*, tome II p. 144.
(2) Ce comité comprend les membres suivants : le directeur de l'enseignement, président; — le secrétaire général du Gouvernement tunisien, son délégué; — le cheikh-el-Médina, président de la municipalité de Tunis; — le directeur du collège; — l'administrateur des biens du collège; — le président de la *Khaldounia* (la

Khaldounia est une société musulmane d'enseignement, fondée à Tunis en 1896, dont le but est de rechercher les moyens propres à développer l'instruction chez les musulmans. Elle organise des cours et des conférences concernant plus particulièrement les sciences modernes et comble ainsi les lacunes de l'enseignement purement religieux qui est professé à la Grande Mosquée. Elle compte environ 500 membres); — le président de l'association des anciens élèves du collège; — et trois notables désignés par le premier ministre pour une période de trois ans et dont le mandat est renouvelable.

(1) L. Machuel, *op. cit.*, p. 187.

ARTICLE 2. — *Établissements français.*

828. *Avant le protectorat.* — Le premier établissement scolaire français de quelque importance a été fondé en 1845 par l'abbé Bourgade. Il était fréquenté par des enfants de toutes les nationalités et de toutes les confessions (1).

En 1855, M. Suter, vicaire apostolique de la Tunisie, fit venir à Tunis des frères des écoles chrétiennes qui y ouvrirent un établissement. Une seconde école fut créée en 1859 à Tunis, et une troisième en 1871 à la Goulette.

En 1875, les frères missionnaires d'Afrique furent appelés en Tunisie en qualité de chapelains et de gardiens de la chapelle Saint-Louis, que le Gouvernement français avait fait construire en 1830 à Carthage. Le cardinal Lavigerie fit élever, en 1880, autour de cette chapelle, de grands bâtiments dans lesquels il installa un collège qu'il appela « Collège Saint-Louis de Carthage »; ce collège fut transféré en 1882 à Tunis sous le nom de « Collège Saint-Charles ».

D'autre part, quelques écoles de filles avaient été fondées en Tunisie, dans les localités importantes, par les sœurs de Saint-Joseph de l'Apparition.

En résumé, en 1883, époque à laquelle fut créée la direction de l'enseignement public, il y avait dans la Régence 24 établissements scolaires dont 20 étaient dirigés par des congréganistes et 4 seulement par des professeurs laïques (2).

829. *Depuis le protectorat*, les établissements scolaires français ont vu leur nombre augmenter dans des proportions remarquables. Le gouvernement du protectorat a eu à cœur de développer l'instruction et de répandre l'enseignement français dans toute la Régence.

Nous étudierons successivement les résultats de cette œuvre scolaire, tout d'abord en étudiant l'enseignement primaire et l'enseignement primaire supérieur, puis en abordant l'enseignement secondaire et l'enseignement supérieur.

830 *a).* *Écoles primaires.* — Le nombre des écoles primaires françaises en Tunisie était en 1908 de 178 écoles, (écoles de garçons, 80; de filles, 46; mixtes, 50), comptant ensemble 16.362 élèves. Sur ce nombre, les Français ne représentent qu'une faible partie de l'effectif scolaire, le quart environ (Français, 4,243; Italiens, 5,230; Maltais, 1,352; Musulmans, 4,632; Israélites, 2,557; divers, 166).

Le programme général de l'enseignement primaire est sensiblement le même que dans les écoles primaires de France, mais avec des adaptations. C'est ainsi qu'il comporte particulièrement la géographie de la Tunisie et de l'Algérie, les éléments de l'histoire du nord de l'Afrique, l'application des sciences physiques et naturelles à l'agriculture, à l'hygiène et aux industries locales, la langue arabe.

La situation des instituteurs et institutrices de l'enseignement primaire en Tunisie a été réglementée par un décret du 21 janvier 1907, complété par un décret du 12 avril 1909 (1).

831. *Internats primaires.* — La direction de l'enseignement a créé, dans certains centres, des internats primaires dans le but de permettre aux colons, ouvriers et employés divers qui habitent des régions dépourvues d'établissement scolaire, de faire donner à leurs enfants une instruction primaire et pratique dans des conditions faciles.

A Maxula-Radès ont été fondés un internat primaire de garçons et un internat primaire de filles. Un internat de garçons a été également créé à Aïn-Draham.

832 *b).* *Écoles primaires supérieures.* — Des écoles primaires supérieures de garçons et de filles ont été créées à Bizerte, à Sousse et à Sfax. Le programme des études est, sauf de légères modifications, le même que celui des écoles primaires supérieures de France. L'enseignement donné aux élèves de ces écoles est surtout pratique et professionnel.

833 *c).* *Établissements d'enseignement secondaire.* — La Tunisie compte deux grands établissements publics d'enseignement secondaire : le lycée Carnot pour les garçons, et l'école Jules-Ferry pour les filles.

834. *Lycée Carnot.* — Nous avons vu comment le collège Saint-Louis de Carthage, fondé par le cardinal Lavigerie, avait été transféré à Tunis en 1882 sous le nom de collège Saint-Charles. A la suite d'un arrangement intervenu entre le ministère de l'Instruction publique et le cardinal Lavigerie, il fut décidé, en 1886 (2), que l'enseignement y serait désormais donné par des professeurs laïques nommés par le ministère sur la présentation du conseil d'administration du collège. Enfin le cardinal céda à l'État tunisien le collège Saint-Charles qui fut érigé en lycée et qui devint un établissement dépendant de la direction de l'enseignement. Le 2 novembre 1889, l'administration prit possession du collège.

Les programmes d'études suivis au lycée de Tunis sont ceux des lycées de France et d'Algérie, sauf de très légères modifications. La situation du personnel a été réglée par le décret beylical du 29 septembre 1893. Le lycée comptait, en 1908, 954 élèves.

---

(1) E. Vassel, *Un précurseur : l'abbé Bourgade*, Tunis, 1908.
(2) Un décret beylical du 7 août 1903 dispose que : nul n'est admis à diriger, soit directement, soit par personne interposée, un établissement d'enseignement en Tunisie, de quelque ordre qu'il soit, ni à y donner l'enseignement, s'il appartient à une congrégation religieuse non autorisée en France.

---

(1) Aux termes du décret du 21 janvier 1907, tout fonctionnaire de l'enseignement exerçant dans les établissements publics de la Tunisie est considéré, pendant le temps de son séjour dans la Régence, comme agent tunisien et, en conséquence, soumis exclusivement aux règles fixées par l'administration du protectorat pour déterminer la situation des fonctionnaires, notamment les conditions de nomination, d'exercice et d'avancement. Ces conditions sont indépendantes de la situation éventuelle des agents dans le cadre français. Un fonctionnaire détaché d'un service métropolitain et y conservant ses droits à l'ancienneté peut être promu en France à un grade ou à un traitement supérieur sans que cela implique une promotion correspondante en Tunisie; de même, il peut recevoir de l'avancement en Tunisie, sans qu'une promotion correspondante ait été accordée dans la métropole.
(2) Arrêté du ministre de l'Instruction publique du 16 mars 1886.

Depuis un décret du 25 juin 1894, le lycée de Tunis a pris le nom de lycée Carnot. Il a la personnalité civile.

835. *École Jules-Ferry.* — L'école Jules-Ferry, de Tunis, établissement d'enseignement secondaire destiné aux jeunes filles, a été créée en 1891; mais ses origines remontent à l'année 1885, date à laquelle on dota Tunis d'un cours d'enseignement secondaire pour les jeunes filles.

Les programmes enseignés dans les cours secondaires de l'Ecole Jules-Ferry sont à peu près les mêmes que ceux des lycées de jeunes filles de France. Mais l'école reçoit également des élèves se répartissant en deux autres groupes : 1° école annexe, comprenant des classes primaires, enfantines et maternelles; et 2° classes élémentaires.

D'autre part, depuis 1892, un cours normal a été annexé à l'école secondaire, cours destiné aux élèves maitresses. Ce cours constitue une sorte d'école normale; les élèves-maîtresses reçoivent, outre l'enseignement complet de l'école, une instruction pédagogique et pratique les préparant à leurs futures fonctions d'éducatrices. Elles étudient, en outre, la langue arabe, qu'elles doivent présenter à l'examen du brevet supérieur et qui leur permettra plus tard de rendre service à la cause si intéressante de l'éducation des femmes indigènes.

L'école secondaire comptait, en 1908, 295 élèves.

Elle a pris le nom d'école Jules-Ferry par décret beylical du 27 novembre 1903. Elle a la personnalité civile.

836 *d). Enseignement supérieur.* — Il n'existe pas en Tunisie d'enseignement supérieur organisé. Toutefois, une chaire publique de langue arabe a été créée en 1884, à Tunis, dans le but de faciliter aux Européens et principalement aux Français qui viennent s'installer dans la Régence, l'étude de la langue arabe parlée et écrite par les indigènes de ce pays.

Des cours annexes d'arabe ont été également créés.

ARTICLE 3. — *Établissements mixtes.*

837. *Collège Alaoui.* — Fondé en 1884 sur l'initiative du bey Ali et avec les encouragements du Gouvernement français en vue de la coéducation de la jeunesse indigène et de la jeunesse européenne, le collège Alaoui est à la fois un établissement d'enseignement primaire, d'enseignement primaire supérieur, d'enseignement normal et d'enseignement secondaire moderne. Il est surtout, en fait, une école normale destinée à assurer le recrutement des maîtres français et indigènes pour les écoles que le gouvernement du protectorat a songé à créer dans les principales localités de la Régence.

Le collège Alaoui comptait, en 1908, 608 élèves se décomposant comme suit : Français, 280; — Musulmans, 262; — Italiens, 14; — Maltais, 14; — Israélites, 9; — divers, 2.

Le programme de la section d'enseignement primaire élémentaire (364 élèves) ne diffère pas du programme des écoles primaires françaises.

Le programme de la section d'enseignement primaire supérieur, commercial et agricole comprend : langue française, histoire, géographie, mathématiques, sciences physiques et naturelles avec leurs applications agricoles

et industrielles; travail du fer et du bois, modelage, etc; agriculture; dessin d'imitation et dessin géométrique; langues vivantes (arabe, italien); comptabilité, hygiène, etc. La section comptait, en 1908, 177 élèves.

L'enseignement normal prépare à l'examen du brevet supérieur. L'étude de l'arabe y est obligatoire. Il comptait, en 1908, 42 élèves, dont 40 Français et 2 Musulmans.

La section indigène d'élèves modernes créée en octobre 1908 compte en outre 25 élèves.

Enfin des cours d'enseignement secondaire moderne préparent les jeunes gens aux concours d'entrée des diverses fonctions administratives. Ce n'est là en réalité qu'une forme de l'enseignement primaire supérieur.

838. *Écoles mixtes.* — Certaines écoles primaires françaises reçoivent des élèves indigènes, d'où le nom qu'on a donné et qu'on donne parfois à ces établissements : écoles mixtes ou encore écoles franco-arabes. Les jeunes arabes y reçoivent l'enseignement français.

ARTICLE 4. — *Établissements italiens.*

839. La première école italienne en Tunisie y a été fondée en 1831; une deuxième fut ouverte en 1840; puis en 1860 fut fondé à Tunis un collège italien auquel fut annexé en 1870 une école technique. Enfin, en 1887, plusieurs pères de famille fondèrent par actions, à Tunis, le « convitto italiano » pensionnat italien.

Depuis 1888 les écoles italiennes de la Régence sont entretenues par le Gouvernement italien (1).

Les programmes en vigueur en Italie sont suivis en Tunisie tant dans les écoles primaires que dans les écoles secondaires, avec des modifications que comportent les nécessités locales. C'est ainsi qu'on y enseigne la langue et la littérature française et la langue arabe.

Le nombre des élèves qui fréquentent les établissements scolaires italiens est de plus de 6.000. Dans les écoles primaires on distribue gratuitement aux enfants pauvres les fournitures scolaires, et, en outre, on leur donne chaque jour un repas gratuit.

Des cours d'adultes sont faits, le soir, dans un certain nombre d'écoles.

ARTICLE 5. — *Enseignement professionnel.*

La Tunisie possède deux catégories d'établissements d'enseignement professionnel : des établissements publics et des établissements privés (2).

a) Établissements publics.

840. *École coloniale d'agriculture.* — Nous avons déjà dit le rôle joué par l'école coloniale d'agriculture de Tunis (3); nous nous bornerons donc à la mentionner ici.

_____

(1) Il y a onze établissements scolaires italiens à Tunis, et neuf dans l'intérieur de la Régence.

(2) Nous devons signaler à ce sujet une étude très complète de M. S. Charléty, directeur général de l'enseignement, sur l'*Enseignement professionnel des Indigènes musulmans en Tunisie*, dans *Congrès de l'Afrique du Nord*, op. cit. p. 266 et s.

(3) V. *supra* n° 770.

841. *Ecole professionnelle Emile-Loubet.* — C'est en 1898 qu'a été créée à Tunis une école professionnelle dans laquelle, aux termes du décret d'institution « devaient être enseignés les éléments des principaux métiers manuels. »

Le programme de l'enseignement général est sensiblement le même que celui des écoles professionnelles de la métropole; mais on s'est surtout attaché à donner un caractère pratique à l'enseignement. L'école Emile-Loubet est, en effet, destinée surtout à former des ouvriers habiles, des dessinateurs, des auxiliaires pour toutes les branches de l'industrie. Elle compte trois années de cours pour la préparation aux écoles industrielles diverses et deux années complémentaires pour les élèves désireux d'achever leur éducation technique et professionnelle sans passer par une autre école. Des ateliers pourvus de machines-outils les plus modernes leur permettent de s'exercer à tous les métiers du fer et du bois (1).

L'école Emile-Loubet est ouverte aux indigènes. Elle comptait, en 1908, 186 élèves, dont: 117 français; 22 italiens; 18 musulmans; 17 israélites; 9 maltais; 3 divers.

Elle est pourvue d'un conseil de perfectionnement qui a pour attributions : de régler l'organisation et la Régence de l'établissement; d'étudier et d'arrêter les programmes d'études, et de rechercher des débouchés pour les élèves. Ce conseil est présidé par le directeur général de l'enseignement (2).

Elle a enfin la personnalité civile (3).

842. *Ecole de navigation de Sfax.* — Une école de navigation réservée aux indigènes a été créée à Sfax. Mais la pauvreté de ses ressources ne lui permet guère d'entretenir qu'une dizaine d'élèves, pour la plupart des adultes ayant des charges de famille.

b) Établissements privés.

843. *Ferme-école de Djedeïda.* — Création de l'Alliance Israélite Universelle, la ferme-école de Djedeïda a été ouverte en octobre 1895, à environ 25 kilomètres de Tunis, au croisement des voies ferrées de la Medjerdah et de Bizerte. Elle est surtout destinée à former de bons ouvriers agricoles et des cultivateurs capables de gagner leur vie par le travail du sol.

La durée de l'apprentissage est de cinq ans, dont trois sont consacrés aux études théoriques et pratiques, et les deux dernières exclusivement aux travaux pratiques.

A leur sortie, l'école choisit parmi les meilleurs élèves un certain nombre qui deviennent ses métayers. Ils sont installés sur les propriétés qui appartiennent à la ferme-école et qui occupent dans les environs de Djedeïda près de 3.000 hectares. L'école met à la disposition de chacun d'eux, avec l'outillage et les animaux de travail nécessaires, 40 à 50 hectares de terres, sur lesquels ils font des céréales, des cultures irriguées d'été et l'élevage du bétail. Les métayers sont pris à l'essai et ne sont établis définitivement qu'après avoir accompli un stage de deux à trois ans.

844. *Ferme-école de Lansarine.* — Œuvre d'assistance à l'origine, la ferme-école de Lansarine est devenue une œuvre d'enseignement professionnel dont on a pu dire qu'elle était l'institution professionnelle indigène la plus importante.

C'est d'abord pour venir en aide aux enfants abandonnés que ses fondateurs — un groupe d'indigènes éclairés — créèrent, en 1902, une association sous le nom de « colonie agricole indigène »; l'Administration des habous leur céda gratuitement une propriété de 1.200 hectares et leur assura une rente de 15.000 francs; le Gouvernement tunisien donna annuellement une subvention égale; des souscriptions fournirent 100.000 francs; depuis, en 1907, l'Administration des habous donna pour l'achèvement des bâtiments une subvention de 60.000 francs.

La ferme-école entretient 60 élèves, tous indigènes musulmans. Sous la direction combinée de chefs de travaux pratiques européens, et de moniteurs indigènes formés aux méthodes françaises, ils les initie à la pratique agricole moderne (1).

845. *Ferme des Pères blancs de Saint-Joseph de Thibar.* — Cet établissement doit également figurer au nombre des institutions privées d'enseignement professionnel en Tunisie. Elle initie les jeunes gens qu'elle reçoit aux progrès de la pratique agricole et les prépare à devenir d'utiles chefs de travaux de culture. La plupart de ses élèves sont recrutés hors de la Régence.

CHAPITRE IX.

OFFICE POSTAL.

846. L'exploitation du service des Postes, Télégraphes et Téléphones est soumis en Tunisie à une législation analogue à celle qui existe dans la métropole.

Elle est assurée par un service spécial, l'Office postal (2).

847. *Constitution de l'Office postal.* — Le service des Postes et des Télégraphes forme une administration indépendante et constitue, sous la dénomination d'*Office des Postes et des Télégraphes*, une sorte de département ne relevant que du résident général.

Il a été constitué en vertu d'une convention signée le 20 mars 1888, entre le ministre des Affaires étrangères, le ministre des Finances, pour les Postes et les Télégraphes et le résident général comme représentant du Bey.

Cet acte avait pour but de substituer au service fran-

---

(1) Une section de tissage a été ouverte au mois d'octobre 1909.
(2) D. beyl. 26 décembre 1903.
(3) D. beyl. 15 février 1900.

(1) S. Charléty, *op. cit.*
(2) Nous avons emprunté les renseignements qui suivent à la conférence faite sur le fonctionnement de l'Office postal tunisien par son directeur M. Cheylus. *Conférences sur les administrations tunisiennes, op. cit.,* p. 443 et suiv.

çais alors existant (1) le nouvel office tunisien. Il portait, à cet effet, cession au Gouvernement du Protectorat des installations des bureaux aussi bien que des lignes, tant aériennes que sous-marines; il précisait les conditions où les agents métropolitains seraient employés; il réservait au Gouvernement français le droit d'accorder directement des franchises postales ou télégraphiques aux services métropolitains fonctionnant en Tunisie; il stipulait enfin l'application d'office dans la Régence des règlements métropolitains, en ce qui concerne les tarifs et les correspondances.

L'Office tunisien a été ainsi établi à côté, mais en dehors, de l'administration tunisienne proprement dite, et cette situation spéciale a été encore marquée par le décret qui l'a rendu justiciable uniquement de la justice française, à l'exclusion de toute juridiction indigène.

L'objet de ces services, qui assurent l'échange des correspondances de l'État en même temps que de celles des particuliers et aussi le caractère politique, administratif, militaire même, de ses opérations, réclamaient absolument ces conditions exceptionnelles.

L'entrée en activité de l'Office tunisien a eu lieu le 1er juillet 1888.

848. *Situation du service à la création de l'Office postal.* — Au jour de son entrée en fonctions, l'office tunisien héritait du service français d'un réseau postal qui comportait 25 recettes et 8 distributions des postes desservies par des courriers, dont le développement sur route ou sur chemin de fer était de 1.677 kilomètres et dont le trajet quotidien atteignait 2.153 kilomètres; — le réseau télégraphique comprenait 26 bureaux reliés par 1.967 kilomètres de lignes portant 3.520 kilomètres de fils.

849. *Situation actuelle.* — Depuis 1888, les services de l'Office postal se sont développés dans des proportions particulièrement importantes.

Les recettes postales sont au nombre de 124, sans compter les nombreux postes auxiliaires créés dans diverses localités. Le chiffre des correspondances atteint près de 60 millions.

La longueur des lignes télégraphiques dépasse 4.000 kilomètres; les bureaux ont expédié en 1908 près de 1.300.000 télégrammes.

Le service téléphonique a été organisé en 1891; il compte actuellement environ 1.300 postes d'abonnés (2).

(1) L'administration française avait déjà de longs services en Tunisie.

Dès 1847, elle avait installé des lignes de télégraphie aérienne pour relier le Bardo avec Tunis et la Goulette d'une part, et de l'autre, avec la Mohammedia, résidence du bey. Au commencement de cette même année, le Gouvernement français avait d'office établi une ligne de paquebots postaux naviguant deux fois par mois entre Bône et la Goulette et avait créé une distribution des postes à Tunis au consulat de France, sous la gestion du chancelier, pour l'échange des correspondances ordinaires.

Douze ans après, à la suite d'un accord entre le Gouvernement français et le Gouvernement tunisien, les premières lignes électriques étaient installées.

En 1881, au moment de l'occupation, 12 bureaux de télégraphe existaient : Tunis, le Bardo, la Goulette, Bizerte, Sousse, Monastir, Mahdia, Sfax, Gabès, Djerba et le Kef.

Un réseau militaire, créé au moment de l'occupation, fut remis en 1884 à l'administration civile.

(2) V. à l'appendice quelques renseignements complémentaires sur l'Office postal.

TITRE III.

LES PERSONNES ET LES BIENS.

CHAPITRE PREMIER.

LES PERSONNES.

850. Comme la population qui habite la Régence (1), la législation qui, dans ce pays, régit les personnes, est variée et complexe.

Cependant il importe grandement de fixer pour les individus appartenant aux diverses races ou aux divers peuples habitant la Tunisie, leur nationalité propre, c'est-à-dire le lien juridique qui doit les rattacher à un État déterminé. Cette détermination ne présente pas seulement un intérêt purement doctrinal; elle a une importance pratique incontestable dans un pays comme la Tunisie où coexistent, nous l'avons vu, deux juridictions relevant, l'une de la souveraineté française, l'autre de la souveraineté beylicale, devant lesquelles la nationalité des parties doit être fixée avant l'instruction de tout litige.

A d'autres égards, il est encore nécessaire de fixer la nationalité des individus qui habitent la Tunisie, notamment pour connaître le statut personnel qui leur est applicable; pour savoir si ces individus doivent au Gouvernement tunisien certaines obligations, comme le paiement de l'impôt medjba; pour vérifier s'ils peuvent se prévaloir de la protection des agents consulaires dont ils se réclament...

851. Au seuil d'une étude sur le régime des personnes en Tunisie, il est donc particulièrement intéressant de rechercher les principes qui doivent aboutir aux règles juridiques que nous aurons, chemin faisant, à poser; et devant aborder le problème de la nationalité nous aurons, en premier lieu, à déterminer les éléments et les caractères de la nationalité tunisienne, et la situation des sujets tunisiens.

Nous aurons, ensuite, à fixer la condition civile et politique, dans la Régence, des Français — citoyens ou sujets français — et des étrangers — étrangers européens ou originaires des pays islamiques.

Il nous restera enfin à indiquer le problème, toujours actuel, de la naturalisation française, les questions qu'entraînent en Tunisie les conflits de lois, et l'organisation de l'état civil dans la Régence.

Ce sont là les principales questions qu'il est nécessaire d'envisager lorsqu'on veut aborder l'étude de la condition des personnes habitant la Tunisie (2).

(1) V. *supra* n° 16.

(2) En énonçant les diverses catégories de personnes qu'il convient de distinguer dans la population de la Tunisie, nous n'avons pas mentionné les esclaves.

C'est qu'aussi l'esclavage a été aboli dans la Régence depuis un décret beylical du 23 janvier 1846, conçu dans les termes suivants :

« Nous avons acquis l'entière certitude que la plupart des habi-

SECTION PREMIÈRE.

LES TUNISIENS.

852. Y a-t-il une nationalité tunisienne ? Quels sont les individus qui possèdent cette nationalité et sont sujets tunisiens ? Telles sont les deux questions qui se posent tout d'abord lorsqu'on veut étudier dans leur ensemble « les Tunisiens ».

ARTICLE PREMIER. — *Principes généraux.*

853. Pour solutionner ces deux problèmes, pour poser les principes essentiels de cette étude, il importe, en premier lieu, de ne pas perdre de vue que la Tunisie est un pays musulman, et que, par suite, les principes que nous aurons à poser découleront très certainement de la doctrine musulmane.

Doctrine musulmane. — Or, si nous consultons cette doctrine musulmane, nous sommes obligés de reconnaître que celle-ci ignore la nationalité, dans l'acception de ce mot telle qu'elle est admise dans le droit européen.

La doctrine musulmane considère, en effet, le monde musulman comme une unité religieuse, politique et sociale, placée sous l'autorité d'un chef suprême, successeur du Prophète ou Khalife, et obéissant à une seule et même loi, la loi islamique (1). Pour les musulmans, la

---

tants de la Régence abusent des droits de propriété qu'ils ont sur les nègres et qu'ils maltraitent ces créatures inoffensives. Vous n'ignorez pas cependant que nos savants jurisconsultes ne sont pas d'accord sur la question de savoir si l'esclavage, dans lequel les races nègres sont tombées, s'appuie sur un texte formel; que la lumière de la religion a pénétré dans leur pays depuis longtemps; que nous sommes très éloignés de l'époque où les maîtres se conformaient, dans la jouissance de leurs droits, aux prescriptions édictées par le plus éminent des Envoyés avant sa mort; que notre loi sacrée affranchit, de droit, l'esclave maltraité par son maître; et que la législation a une tendance marquée vers l'extension de la liberté.

« En conséquence, nous avons décidé, dans l'intérêt actuel des esclaves et l'intérêt futur des maîtres, comme aussi dans le but d'empêcher les premiers de demander protection à des autorités étrangères, que des notaires seront institués à Sidi-Mahrez, à Sidi-Mansour et à la Zauia-Bekria pour délivrer à tout esclave, qui les demandera, des lettres d'affranchissement qui nous seront présentées pour être revêtues de notre sceau.

« De leur côté les magistrats du Chaâra devront nous envoyer toutes les affaires d'esclavage dont ils seront saisis, et tous les esclaves qui s'adresseront à eux pour demander leur liberté. Ils ne permettront pas à leurs maîtres de les ramener, leur tribunal devant être un lieu de refuge inviolable pour les personnes qui fuient un esclavage dont la légalité est douteuse et contestent à leurs détenteurs des droits qu'il est impossible d'admettre dans notre royaume; car, si l'esclavage est licite, les conséquences qu'il entraîne sont contraires à la religion, et il importe de les éviter, d'autant plus qu'il s'attache à cette mesure un intérêt politique considérable. »

Le 23 mai 1890 l'abolition de l'esclavage dans la Régence a été renouvelée par un décret beylical portant que, dans les trois mois de sa promulgation, toutes personnes employant en domesticité des nègres ou négresses seraient tenues, si elles ne l'avaient déjà fait, de remettre à chacun d'eux un acte notarié, visé par le cadi, ou à son défaut par son représentant, établi aux frais du maître, et attestant que le serviteur ou la servante est en état de liberté.

Les contraventions à cette disposition sont punies d'une amende de 200 à 2,000 piastres. Tout achat, vente ou rétention d'esclave est puni d'un emprisonnement de trois mois à trois ans. L'article 58 du Code pénal français sur la récidive et l'article 463 du même code sur les circonstances atténuantes sont d'ailleurs applicables en la matière.

(1) Estoublon. *Note sur la nationalité musulmane.*

---

terre se divise en deux parties : la terre de l'Islam (*Dar el Islam*) et la terre de la guerre (*Dar el Harb*). Il n'y a dans le monde que deux peuples : les fidèles ou croyants, les infidèles ou mécréants. Les fidèles sont tous frères, membres d'une seule et grande famille, tous égaux devant Dieu et devant la loi (1).

Dès lors cette doctrine ne saurait reconnaître, dans le monde musulman, des États autonomes; et il n'existe pas, selon le concept musulman, de nationalité propre à chaque État : il n'y a qu'une nation et qu'une nationalité musulmane.

854. L'une des conséquences de ce principe est que, dans les pays mahométans, la *nationalité* d'un musulman, au sens européen du mot, se détermine uniquement d'après sa résidence. Si donc un musulman réside successivement dans plusieurs États différents, sa condition juridique, à ce point de vue, est fixée d'après les règles suivantes :

D'une part, il devient, par le seul fait de sa résidence et sans avoir à remplir aucune formalité, sujet de l'État dans lequel il réside : il jouit de toutes les prérogatives attachées à cette qualité, notamment de la protection du souverain; et il est soumis aux lois et juridictions de cet État, lois et juridictions qui, dans tous les pays musulmans, sont basées sur la loi coranique et que, dans chaque pays, la coutume, sanctionnée par l'autorité du prince, ne peut modifier qu'à la condition de respecter les principes fondamentaux de cette loi.

Le Coran, en effet, ordonne formellement aux croyants, en quelque lieu qu'ils se trouvent, d'obéir à ceux d'entre eux qui détiennent le commandement (2).

D'autre part, et par voie de conséquence, ce musulman cesse d'être sujet de l'État dans lequel il a cessé de résider, et aucun lien de droit ne le rattache plus à cet État.

Ce double effet se produit tant au regard de l'État dans lequel il fixe sa nouvelle résidence qu'au regard de l'État qu'il a quitté.

Telle est la doctrine musulmane classique.

855. *Législation.* — Il convient, à présent, de rechercher ce que la législation beylicale a fait de ces principes, si elle les a consacrés et dans quelle mesure, ou si au contraire elle les a méconnus.

Si, avant l'établissement de notre protectorat, on pouvait distinguer, en Tunisie : 1° les fidèles ; 2° les infidèles (dhimmis) soumis aux autorités musulmanes et ne relevant d'aucune puissance européenne ; 3° les étrangers résidant en terre d'Islam sous la garantie des capitulations et si, par suite, il était fait application dans une certaine mesure des principes admis par la doctrine musulmane, nous devons signaler le mouvement législatif qui, dès 1857, tendait à faire reconnaître une nationalité tunisienne, détachée de l'unité islamique.

Le Pacte fondamental du 10 septembre 1857 — dont nous avons déjà eu à nous occuper (3) — contient notamment les dispositions suivantes, très significatives : « Tous

---

(1) V. *Coran*, chap. III, vers. 97, 98, 100, 101; — chap. XLIX, vers. 10.
(2) V. *Coran*, chap. IV, vers. 62.
(3) V. *supra* n° 166.

« nos sujets *musulmans ou autres* seront soumis égale-
« ment aux règlements et aux usages en vigueur dans le
« pays... *Nos sujets israélites* ne subiront aucune con-
« trainte pour changer de religion, et ne seront point
« empêchés dans l'exercice de leur culte ».

Plus tard, la Constitution beylicale du 26 avril 1861
n'est ni moins précise, ni moins significative. On y trouve
les expressions suivantes : « Tous nos sujets, *à quelque
« religion qu'ils appartiennent...* » (art. 97); et ailleurs :
« Les *Tunisiens, non musulmans,* qui changeront de reli-
« gion, continueront à être sujets tunisiens et soumis à la
« juridiction du pays » (art. 94).

Un fait est donc à retenir et il a une importance qu'il
convient de souligner : La législation beylicale consacre
implicitement, dès 1857, l'existence d'une nationalité
tunisienne, indépendante, distincte de l'unité religieuse,
politique et sociale, proclamée par la doctrine classique
musulmane. Dès cette date au moins, la Tunisie, pays
musulman, s'est nettement séparée du concept coranique
sur la nationalité; elle est devenue, à cet égard, un État
autonome (1).

Et, tout en reconnaissant tacitement la nationalité
tunisienne, les textes que nous avons cités déterminent
en même temps les « sujets tunisiens »; ils réputent sujets
tunisiens, en principe, les musulmans et les israélites
résidant en Tunisie.

Nous verrons plus loin dans quel sens la jurisprudence
a dû préciser l'application de ce principe.

856. *Origine de la nationalité tunisienne.* — Mais comment la doctrine musulmane classique, d'après laquelle
la religion seule créait l'unité nationale, a-t-elle fait place,
en Tunisie, à la conception moderne de la nationalité tunisienne, indépendante du lien créé par l'Islam? Comment,
en un mot, le lien purement *religieux* est-il devenu le
« lien *juridique* rattachant l'individu à un État déterminé»? C'est ce qu'il importe maintenant de rechercher.

Les causes de cette transformation sont assez nombreuses. Mais nous pouvons dire, tout de suite, que la
formation de l'idée d'une nationalité tunisienne semble
être due surtout à l'influence du droit des gens européen
que la Tunisie a subie en concluant des traités avec la
plupart des nations d'Europe dans le courant du XVIII⁰ et
du XIX⁰ siècle.

Ce droit des gens européen posait, en effet, le principe
de l'indépendance et de la souveraineté de tout État,
précisait ses attributs et ses caractères, et proclamait
que toute personne doit avoir une nationalité; il entraînait, par suite, pour la Tunisie, devenue personne du droit
des gens, l'obligation de faire rentrer les israélites dans
la nationalité du pays où ils résidaient, et ne permettait
plus de recourir au critérium religieux pour déterminer
les sujets au nom desquels les beys passaient des traités
avec les puissances européennes.

857. A cette cause principale de la formation d'une na-

tionalité tunisienne, il convient d'ajouter les conséquences de notre établissement en Algérie; cet événement
devait apporter un échec sérieux aux principes posés en
matière de nationalité par le droit coranique.

Si, en effet, la capitulation du 5 juillet 1830 garantis-
sait aux indigènes musulmans d'Algérie le libre exercice de
la religion mahométane, et, par suite, de leur législation
religieuse, des atteintes graves furent bientôt portées à
l'exclusivisme de la loi coranique par la circulaire du
ministère des Affaires étrangères en date du 31 janvier
1834 qui autorisa les Algériens musulmans et israélites
à réclamer à ce titre la jouissance des privilèges attachés
à la protection française.

De ce fait, et de par le sénatus-consulte du 14 juillet
1865 qui leur conférait la qualité de sujets français, les
premiers comme les seconds échappaient par là même à
l'application des principes que nous avons rappelés plus
haut en étudiant la doctrine classique du droit coranique. Et ceci encore ne pouvait qu'aider à la conception
d'une nationalité purement tunisienne.

Mais avant même que la qualité de sujets français fût
reconnue aux musulmans d'Algérie, et obéissant en cela
à l'influence des relations économiques nouvelles et à
l'évolution des idées, le législateur ne pouvait — et c'est
ce qu'il fit — que consacrer dans les textes l'existence
d'une nationalité ayant ses éléments particuliers, se suffisant à elle-même. Dans le décret du 26 avril 1861, le
souverain ne considère plus que deux catégories d'individus dans ses États : d'une part, les sujets tunisiens, musulmans et israélites, sans distinction de nationalité;
d'autre part, les étrangers; et il fixe, en même temps, les
devoirs et les droits de ces deux catégories d'individus. Mais, s'il reconnaît l'existence de *sujets tunisiens,* le
décret de 1861 — il faut le remarquer — ne spécifie nullement les conditions qu'il est nécessaire de remplir pour
pouvoir se réclamer de cette qualité; et de cette omission
sont nées des discussions assez vives et assez confuses (1).

858. Si, pour éclairer le débat, on se reporte aux principes généralement posés par le droit international
moderne, on constate que deux systèmes sont admis pour
déterminer la nationalité d'une personne à sa naissance.

Ou bien une personne est rattachée à un État *jure soli,*
c'est-à-dire par le seul fait de sa naissance sur le territoire de cet État, quelle que soit la nationalité des parents; — ou bien elle est rattachée à un État *jure san-
guinis,* c'est-à-dire par ce fait seul qu'elle est née, quel
que soit le lieu de sa naissance, de parents sujets eux-
mêmes de cet État.

De ces deux systèmes, le deuxième semble avoir prévalu en droit tunisien. C'est notamment celui qui a été
admis dans la pratique du Gouvernement tunisien. Parfois, en effet, l'administration délivre, à des israélites nés
en France de parents sujets tunisiens, des attestations
leur permettant d'établir, en conformité des dispositions
de l'article 8, § 4, du Code civil, qu'ils ont conservé la
nationalité tunisienne.

---

(1) Il ne faut pas cependant oublier qu'au point de vue exclusivement politique, la Tunisie s'était, au milieu du XIX⁰ siècle,
affranchie des rapports de vassalité qui l'unissaient à la Turquie.

(1) V. *infra,* nᵒˢ 872 et suiv.

859. Jurisprudence. — Mais il est certain qu'une application trop absolue du principe de la filiation pour établir la nationalité d'origine aurait présenté en Tunisie de grandes difficultés, surtout en l'absence d'un état civil complètement organisé pour les indigènes ; il eût été souvent très difficile à ceux-ci de démontrer leur nationalité tunisienne en prouvant qu'ils étaient nés de parents tunisiens issus eux-mêmes de parents tunisiens.

Aussi les tribunaux français de la Régence ont-ils, avec un sens très sûr et très exact de ces difficultés, apporté une atténuation notable à la rigueur du principe que nous avons posé, en admettant, par une jurisprudence constante, que les musulmans ou israélites domiciliés ou résidant en Tunisie doivent être présumés de nationalité tunisienne, et que cette présomption ne peut tomber que devant la preuve contraire. Les musulmans ou israélites habitant la Tunisie, qui prétendent ne pas être sujets tunisiens, doivent donc justifier de leur nationalité étrangère ou de leur protection par une puissance étrangère (1).

L'administration de cette preuve peut se faire par tous les moyens de droit commun, et notamment par la production de documents délivrés à leurs ressortissants par les autorités consulaires établies dans la Régence ; ce sera, par exemple, pour un musulman algérien, le certificat de nationalité délivré par le contrôleur civil. Mais les tribunaux conservent un pouvoir souverain pour apprécier la portée et la valeur de pareilles pièces (2).

A ce sujet encore, il est à noter que c'est toujours à la juridiction française — tribunal civil de première instance — que doit être dévolue la connaissance de tout litige portant sur une question de nationalité. En fait, c'est à la partie, que l'autorité entend considérer comme sujet tunisien, qu'il appartient de se pourvoir devant le tribunal compétent ; et c'est contradictoirement avec le résident général, représentant la souveraineté française en Tunisie (3), que, dans certains cas, les personnes qui revendiquent ou repoussent la qualité de citoyen français doivent faire fixer leur nationalité.

860. Acquisition et perte de la nationalité tunisienne. — Ayant ainsi déterminé ce qu'est la nationalité tunisienne et au profit de quels individus elle doit être reconnue, nous pouvons maintenant nous demander comment s'acquiert la nationalité, comment elle se perd, et par quelles causes.

En ce qui concerne l'acquisition de la nationalité tunisienne, nous savons déjà que ce n'est qu'une présomption que les musulmans et les israélites domiciliés ou résidant en Tunisie sont assimilés, quelle que soit leur origine, aux sujets tunisiens de naissance. Si donc on peut dire que la nationalité tunisienne se transmet par la naissance réelle ou par la naissance présumée, on ne voit toutefois aucun mode régulier, légal, d'acquisition de cette même nationalité (1).

861. D'autre part, et conformément au principe de l'allégeance perpétuelle consacré par l'article 92 de la Constitution du 26 octobre 1861, qui dispose que : « Tout « Tunisien qui se sera expatrié, pour quelque motif « que ce soit, quelle qu'ait été du reste la durée de son « absence, qu'il se soit fait naturaliser étranger ou non, « redeviendra sujet tunisien dès qu'il reviendra en Tunisie », il n'est pas possible à un Tunisien d'acquérir une nationalité étrangère.

Toutefois, le décret présidentiel du 28 février 1899 accorde dans certains cas, aux sujets tunisiens, la faculté de devenir Français par voie de naturalisation (2).

Certains auteurs, se basant sur ce texte et aussi sur ce fait que la Constitution de 1861 a été implicitement abrogée par le décret de 1864, rapportant le Pacte fondamental dont elle ne constitue, à leurs yeux, que le corollaire, ont admis que les Tunisiens pouvaient acquérir une nationalité étrangère soit par naturalisation, soit autrement.

Cette interprétation ne semble pas exacte. Le décret présidentiel, en effet, a été promulgué en Tunisie et a été publié au Journal officiel tunisien. Il a, par suite, force de loi dans la Régence et le bey a pu ainsi, sur ce point spécial, modifier régulièrement la Constitution de 1861, de même que dans d'autres circonstances il a fait abandon en faveur de la justice française des pouvoirs de juridiction qu'il exerçait à l'égard de certains de ses sujets.

En outre, l'abrogation de la Constitution de 1861 ne pourrait résulter que d'un texte formel et explicite. Or, nous constatons que non seulement son abrogation n'a pas eu lieu, mais qu'au contraire toutes ses stipulations sont encore en vigueur.

---

(1) Trib. Tunis 22 décembre 1887, Clunet 1890, 662 ; — 26 février 1888, ibid. ; 3 avril 1889, ibid. ; 22 juin 1891, Clunet 1892, 726 ; — 14 mars 1892, ibid., 1173 ; — 25 novembre 1895, J. T. T., 1896, 27 ; — 16 mars 1896, ibid. 1896, 210 ; — 1er juin 1896, ibid. 1896, 369 ; — 8 mars 1897, Clunet, 1899, 569 ; — 17 janvier 1898, ibid. 1899, 847 ; — 14 juin 1899, J. T. T., 1900, 364 ; — 30 mai 1900, Clunet, 1902, 621 ; — 20 janvier 1903, ibid., 22 ; — 21 février 1904, Rev. algér. 1904, 2, 213.
V. également : Sorbier de Pougnadoresse, La Justice française en Tunisie, Montpellier 1897, p. 122 et suiv.
(2) V. notamment Trib. Tunis 14 mars 1906 :
« Attendu que le demandeur n'établit la qualité de sujet français (musulman algérien) à laquelle il prétend que par une pièce émanant du contrôle civil de Tunis, qui est un certificat de nationalité valable pour un an ;
« Attendu qu'il a été maintes fois jugé et qu'il est de principe que le défaut d'inscription d'un individu sur le contrôle des Algériens tenu en Tunisie par la Résidence générale ne fait pas obstacle à ce qu'il puisse faire reconnaître par justice sa qualité d'algérien, sujet français ; qu'il a été corrélativement décidé que l'inscription d'un individu sur ledit contrôle n'a pas pour résultat de lui conférer la qualité d'algérien sujet français, ni même d'en faire la preuve ;
« Attendu que l'unique document produit par S... à l'appui de sa prétention est insuffisant et ne permet pas au tribunal de l'accueillir ;
« Qu'en effet il ne suffit pas à faire tomber la présomption de nationalité tunisienne qui existe au sujet de tout musulman habitant la Tunisie ;... »
(3) Il est de jurisprudence constante que le résident général, qui est à Tunis le représentant du Gouvernement français, y exerce

---

les fonctions qui sont dévolues par la loi aux préfets de France, et c'est à bon droit qu'il est ajourné devant un tribunal civil de Tunisie par un indigène qui veut faire fixer sa nationalité contradictoirement avec lui. (Trib. Tunis, 20 mai 1908, Jacob Seror c. Résident général).
(1) Dans les pays islamiques, une étrangère non musulmane, qui épouse un musulman reste étrangère ; il en serait de même de l'étrangère qui épouserait en Tunisie un israélite. (Sousse, Trib. référés, 11 mai 1902).
(2) V. infra nº 885.

C'est ainsi que les dispositions réglementant l'ordre de succession au trône, le rôle du chef de l'État, la liste civile, conservent toute leur force. Bien mieux, la condition des étrangers en Tunisie, qui est également régie par ce texte, a été confirmée par différents traités passés avec les puissances européennes postérieurement au décret qui a rapporté le Pacte fondamental.

On pourrait peut-être invoquer à l'appui de l'argumentation contraire l'absence de visa résidentiel au bas du texte visé, mais le décret du 27 janvier 1883 réglant le mode de publication et les délais de promulgation des actes publics ne dispose que pour l'avenir et n'a pas eu pour effet de soumettre aux règles qu'il édicte les actes législatifs antérieurs à sa promulgation.

ARTICLE 2. — *Musulmans, sujets tunisiens.*

862. Les musulmans forment la plus grande partie des sujets tunisiens.

Leur statut personnel et la matière des successions sont exclusivement régis par la loi musulmane; nous savons, en effet, combien est intime dans l'Islam l'union qui existe entre le droit et la religion.

Par statut personnel, il faut entendre ici tout ce que décident le droit coranique et les coutumes indigènes relativement au mariage, à l'autorité maritale et aux droits de la femme mariée, à la puissance paternelle, à la majorité, à la minorité, à l'interdiction, à l'émancipation, à la tutelle (1).

En matière pénale, les musulmans tunisiens sont — nous nous bornons à le rappeler — justiciables des juridictions tunisiennes pour toutes les infractions dont la connaissance n'a pas été expressément réservée aux juridictions françaises.

Pour ce qui a trait au droit public, les musulmans tunisiens dépendent de l'autorité du Gouvernement tunisien et de ses divers services.

Leur liberté religieuse est garantie et organisée par le Pacte fondamental du 10 septembre 1857.

Ils sont assujettis aux impôts beylicaux, ainsi qu'à la législation beylicale sur le recrutement et le service militaire dans la Régence.

Ni citoyens français, ni même sujets français comme les musulmans algériens, les musulmans tunisiens ne jouissent d'aucun des droits politiques français. Sans doute, depuis le décret du 2 février 1907 (2), il a été adjoint aux membres français de la Conférence consultative, des délégués indigènes, dont quinze musulmans tunisiens, choisis et nommés par le Gouvernement tunisien; mais il importe d'observer — et nous l'avons dit — que la Conférence consultative est moins une assemblée politique qu'une représentation d'intérêts.

863. La situation du musulman tunisien en France est, *en principe,* celle de l'étranger.

Il y conserve sa nationalité et son statut personnel, dans la mesure toutefois où celui-ci n'est pas contraire aux principes considérés en France comme constituant l'ordre public; la polygamie, par exemple, lui sera interdite en France.

Il n'est pas assujetti aux lois françaises réglant la police des étrangers.

A l'étranger, le musulman tunisien est sous la protection des agents diplomatiques et consulaires de la France et garde son statut personnel.

ARTICLE 3. — *Israélites, sujets tunisiens.*

864. Le premier établissement des juifs en Tunisie remonte à la fondation de Carthage (860 av. J.-C.) et d'Utique par les Phéniciens. Très actifs et entreprenants, ils y établirent de nombreuses colonies (1).

Au regard des musulmans, leur situation était celle d'étrangers tolérés sur la terre de l'Islam. Soumis à une législation restrictive de la liberté individuelle, ils étaient astreints à porter des vêtements d'une couleur spéciale et à travailler aux entreprises d'utilité publique, telles que ponts, citernes, etc.

Avec le XVIIIe siècle commença pour la Tunisie l'ère des relations économiques et diplomatiques avec l'Europe; et, en étudiant la formation de l'idée d'une nationalité tunisienne, nous avons dit comment les beys avaient fini par reconnaître, dans leurs actes législatifs, la qualité de sujets tunisiens aux israélites de Tunisie.

Les traités de Kassar-Saïd et de la Marsa n'ont en rien changé la condition politique des israélites de Tunisie; ils ont conservé leur nationalité tunisienne.

A l'étranger, leur situation — comme d'ailleurs celle de leurs compatriotes musulmans — peut être assimilée à celle des sujets français, puisqu'il a été expressément stipulé que « les agents diplomatiques et consulaires de la France en pays étrangers seront chargés de la protection des intérêts tunisiens et des *nationaux* de la Régence ».

Le statut personnel et successoral des israélites tunisiens est régi par la loi et la coutume juive, et son application incombe, en principe, au tribunal rabbinique dont nous avons étudié l'organisation (2).

Pour ce qui concerne le droit pénal et le droit public nous ne pouvons, à l'égard des israélites tunisiens, que nous en référer à ce que nous avons dit au sujet des musulmans tunisiens.

Un délégué israélite représente à la Conférence consultative les intérêts de la population juive de la Régence; il est nommé par le Gouvernement tunisien.

Les israélites ne sont pas astreints au service militaire

---

(1) Sur cette partie du droit musulman, consulter : Larcher, *Traité élémentaire de législation algérienne,* Paris et Alger, 1903, tome II, p. 63 et suiv.; — Santayra et Cherbonneau, *Droit musulman,* tome I; — Clavel, *Droit musulman ;* — Luciani, *Traité des successions musulmanes ;* — Marcais, *Des parents et alliés successibles en droit musulman,* thèse, Rennes, 1898; — Nauphal, *Législation musulmane, filiation et divorce,* Saint-Pétersbourg, 1893.
V. également les dispositions du Code tunisien des obligations et des contrats.
(2) V. *supra* n° 98 et s.

(1) Cf. J. Chalom, *Les israélites de la Tunisie; leur condition civile et politique,* Paris 1908.
(2) Sur le tribunal rabbinique, V. *supra* n°s 376 et s.

et leur participation à l'administration tunisienne est très limitée.

Article 4. — *Protégés.*

865. A côté des musulmans et israélites sujets tunisiens, il existe en Tunisie un groupe important de musulmans et d'israélites tunisiens qui sont protégés européens ou protégés français.

866. *Protégés européens.* — De bonne heure des Tunisiens, musulmans et israélites, cherchèrent et réussirent souvent à se placer individuellement sous la protection d'une puissance européenne. C'était presque toujours pour échapper au caprice des autorités tunisiennes, en obtenant ainsi le privilège de la juridiction consulaire et l'exonération des impôts les plus lourds. Et parmi ces protégés, les israélites furent naturellement les plus nombreux (1).

Lorsque les principes du droit public européen pénétrèrent en Tunisie, les beys résolurent de revendiquer l'exercice de leur souveraineté vis-à-vis de ceux de leurs sujets qui voulaient échapper, par la protection consulaire, à l'autorité de leur Gouvernement.

La première manifestation de cette résolution apparaît dans un décret de juillet 1866 dont voici le texte : « Nous avons appris que plusieurs de nos sujets se prévalent aujourd'hui de la protection des nations étrangères dont les consulats leur auraient délivré des patentes à cet effet. Il est porté à la connaissance des consuls que nous ne reconnaissons aucune protection accordée aux Tunisiens et que nous continuerons à considérer et à traiter ceux qui sont munis de patente comme tous nos autres sujets. »

Cette défense resta lettre morte : d'une part, les fonctionnaires musulmans, chargés d'appliquer cette décision, étaient réfractaires à la conception nouvelle d'une nationalité reconnue aux juifs ; d'autre part, les consuls résistèrent en donnant pour raison qu'ils agissaient par humanité et dans un dessein éminemment louable (2).

867. Lorsque la France eut établi son protectorat dans la Régence, elle ne se préoccupa pas, tout de suite, de régler la protection des sujets tunisiens par des nations étrangères ; elle avait surtout à faire accepter par les puissances sa prépondérance politique. Mais le droit de protection avait, avec le temps, dégénéré en abus ; et, en 1897, le nombre des Tunisiens bénéficiant de la protection s'élevait à plusieurs milliers.

En 1896-1897, la revision des traités passés antérieurement à notre établissement fournit l'occasion de rappeler aux puissances étrangères que, depuis que la France avait substitué à l'ancien arbitraire des beys les garanties du protectorat, la protection des sujets tunisiens par les autorités consulaires dans la Régence ne se justifiait plus.

Les consulats étrangers furent donc invités à dresser la liste de leurs protégés. Chaque liste ainsi dressée a reçu

par décret beylical un caractère définitif (1); elle est donc limitative, et le certificat de protection délivré postérieurement par un consul étranger à une personne ne figurant pas sur cette liste serait dépourvu de toute valeur (2).

868. *Protégés français.* — En dehors des protégés européens, nous avons trouvé en Tunisie, au moment de l'occupation, un certain nombre de protégés français.

Il importait également à la France de fixer leur situation ; mais pour eux la question était, en fait, plus difficile à solutionner que celle des protégés européens. La principale difficulté provenait de ce fait qu'on avait immatriculé, sans distinction, sur les listes de protection française, les Tunisiens protégés français et les Algériens. En vue de mettre les listes dressées en harmonie avec les traités passés entre la France et les puissances étrangères, il fallait établir le point de départ entre les Tunisiens protégés français et les Algériens. Ce soin fut confié à une commission dont les travaux aidèrent à déterminer le régime à appliquer aux protégés français.

Ce régime peut se résumer ainsi :

Etablissement d'une liste *ne varietur* des protégés français, à l'exemple de ce qui avait été fait pour les puissances étrangères. Les individus portés sur cette liste jouissent des privilèges qui s'attachent à la qualité de protégés, à la condition de se munir d'une patente de protection renouvelable chaque année moyennant le payement d'un droit (3).

869. *Condition des protégés.* — Les Tunisiens, protégés européens ou protégés français, bénéficient des avantages reconnus aux Européens dans la Régence, et notamment de l'exemption de l'impôt medjba. Ils sont justiciables des juridictions françaises au même titre que les Français eux-mêmes.

Mais si la protection diplomatique accordée à un Tunisien le rend justiciable des tribunaux français et lui permet d'attirer à leur prétoire ses adversaires tunisiens pour le jugement des instances personnelles et mobilières qu'il entreprend contre eux, il ne faut pas perdre de vue que cette protection ne saurait en aucune façon modifier la nationalité d'origine et le statut personnel de ce Tunisien (4).

Une question se pose encore : La suppression ou la collation de la qualité de protégé européen, survenue au cours d'une instance déjà engagée, a-t-elle pour effet de retirer la connaissance d'une affaire à la juridiction fran-

---

(1). Roy, *La protection diplomatique et consulaire dans les Echelles du Levant et de Barbarie*, 1899, p. 186 et suiv.
(2) D'Estournelles de Constant, *op. cit.*, p. 363 ; — J. Chalom, *op. cit.* p. 161 et suiv.

(1) D. beyl. 1ᵉʳ septembre 1898 pour les protégés de la Grande-Bretagne, de l'Espagne, de l'Italie et des Pays-Bas ; — 29 avril 1899, pour les protégés de l'Allemagne, de la Belgique, du Danemark, de la Grèce et de la Russie ; — 7 décembre 1899, pour les protégés de l'Autriche-Hongrie.
(2) Trib. Tunis, 2 novembre 1898, *J. T. T.*, 1898, 541.
(3) La liste des sujets tunisiens protégés français, comprend 877 individus dont 672 israélites et 205 musulmans. Bien que cette liste ait été définitivement arrêtée au 1ᵉʳ janvier 1909 elle n'a pas été promulguée par décret au *Journal officiel tunisien* ; mais conformément aux instructions du ministère des affaires étrangères en date du 25 février 1902, elle a été supprimée et n'est plus susceptible de recevoir d'additions.
(4) Trib. Tunis, 12 décembre 1906, *J. T. T.*, 1907, 35.

çaise ou tunisienne, qui en avait été saisie d'une façon régulière?

Une jurisprudence constante, tant des tribunaux français que des tribunaux tunisiens, a répondu par la négative à cette question (1). La protection diplomatique, comme la nationalité étrangère, détermine en effet, dès le début de l'instance, la compétence de la juridiction saisie, et ce d'une façon définitive.

Ainsi, l'inscription d'un indigène domicilié en Tunisie à la matricule des protégés, effectuée en cours d'instance, et notamment lorsque l'Ouzara est saisie sur appel d'un jugement d'un tribunal régional, n'a pas pour effet de retirer la connaissance du litige à la juridiction tunisienne. Toutefois, il y aurait lieu de recourir à la justice française pour l'exécution de la sentence rendue dans ces conditions à l'encontre du nouveau protégé (2).

Les protégés bénéficient, enfin, de toutes les libertés garanties par les traités internationaux aux Européens établis en Tunisie.

Le bénéfice de la protection est personnel au protégé, et n'est pas transmissible à ses descendants.

De plus, la protection constitue une mesure gracieuse, essentiellement précaire, qui peut être retirée à celui qui en bénéficie.

Le retrait de la protection s'effectue, pour les ressortissants des puissances étrangères, dans les formes suivies pour l'établissement des listes, c'est-à-dire par voie de décret beylical (3); pour les protégés français, comme la liste de protection française n'a pas été promulguée par décret, la radiation est effectuée par décision du résident général notifiée par lettre recommandée à l'intéressé.

En terminant, il est utile de mentionner que la jurisprudence a toujours assimilé au point de vue juridictionnel les chrétiens d'Orient en Tunisie aux protégés français (4).

SECTION II.

FRANÇAIS.

870. Pour qui veut étudier, au point de vue de sa condition civile et politique, l'élément français de la population de la Régence, il est essentiel de distinguer deux notions souvent confondues dans le langage courant : celle de citoyen et celle de sujet.

Cette distinction est nécessaire surtout en Tunisie. D'une part, sont citoyens français : les Français d'origine et les naturalisés français; d'autre part, sont sujets français : les musulmans algériens (5), qui forment ainsi dans la Régence une sorte de catégorie intermédiaire entre les citoyens français et les sujets tunisiens.

(1) Trib. Tunis, 2 novembre 1898, J. T. T., 1898, 541; 10 juillet 1907, ibid., 1907, 530.
Ouzara, 21 janvier 1904, Journ. J. T. T., 1904, 471.
(2) Ouzara, 21 janvier 1904, précité.
(3) C'est ainsi que le décret beylical du 21 juillet 1901 a prononcé la radiation, sur la liste des protégés néerlandais, de 5 d'entre eux.
(4) Trib. Tunis, 22 mars 1899, J. T. T., 1900, p. 118.
(5) Auxquels il faut ajouter certains israélites algériens (V. infra n° 872, note).

ARTICLE PREMIER. — Citoyens français.

871. Relativement à la condition civile et politique du citoyen français en Tunisie, il y a, somme toute, peu de choses à dire. En principe, les citoyens français ont, en quittant la métropole, emporté avec eux dans la Régence leur nationalité et les droits qui sont attachés à la qualité de citoyen français.

Au point de vue de ses droits civils, le Français reste en Tunisie sous l'empire de la loi française pour tout ce qui est du statut personnel et mobilier. Son état, sa capacité civile, ses droits de famille restent les mêmes.

En ce qui concerne ses droits patrimoniaux, quelques différences sont à signaler : garanties moindres données à la propriété privée dans la législation tunisienne réglant l'expropriation pour cause d'utilité publique; — mode particulier d'acquisition des biens par la concession de terres domaniales; — attribution de compétence donnée, en principe, à la juridiction tunisienne pour les actions immobilières portant sur des immeubles non immatriculés; — bénéfice de l'immatriculation foncière organisée par la loi du 1er juillet 1885.

A noter encore : la non-limitation du taux conventionnel de l'intérêt; et l'absence d'une législation portant application entière de la théorie du risque professionnel à l'exemple de la loi française du 9 avril 1898.

872. Au point de vue de la législation pénale, nous avons déjà eu l'occasion de poser ce principe qu'en cette matière les Français sont tenus d'obéir non seulement à la loi française, mais encore à la législation tunisienne, revêtue du visa résidentiel, pour ce qui est des lois de police et de sûreté d'ordre territorial.

Il convient également de remarquer ici que certains faits qualifiés infractions en France sont parfois licites en Tunisie; c'est ainsi que l'on peut regretter l'absence, dans la Régence, de textes de droit pénal réprimant les fraudes électorales.

A noter aussi que le Français accusé de faits qualifiés crimes par la loi pénale est justiciable non pas de la cour d'assises, qui n'existe pas en Tunisie, mais du tribunal criminel dont nous avons déjà étudié l'organisation et la composition (1).

Au point de vue fiscal, les charges sont moindres pour le Français de Tunisie; il ne paye pas d'impôts directs, et le commerçant, notamment, n'a pas à payer l'impôt des patentes.

Enfin, au point de vue des droits politiques, on peut dire que le Français de Tunisie n'a pas à les exercer dans la Régence, puisque l'on n'y rencontre aucune représentation à caractère politique.

ARTICLE 2. — Algériens, sujets français.

Une frontière commune, une identité de religion et de langue, une législation et des coutumes à peu près

(1) V. supra n°s 347 et s.

semblables avaient de tout temps maintenu des liens particulièrement puissants entre les Régences d'Alger et de Tunis et favorisé l'établissement d'un grand nombre d'Algériens en Tunisie (1).

873. *Avant le protectorat.* — Les beys appliquaient aux immigrants algériens le même traitement qu'à leurs propres sujets.

La conquête d'Alger vint changer la condition des Algériens en Tunisie.

Dans leurs différends avec les autorités locales, ces derniers ne tardèrent pas à invoquer l'appui du consulat de France et refusèrent de se laisser assimiler aux sujets tunisiens.

Par une circulaire en date du 31 janvier 1834, le ministère des Affaires étrangères, en constatant le nouvel état de choses, précisait les conditions auxquelles les Algériens pouvaient obtenir la protection française et bénéficier ainsi des privilèges accordés à nos nationaux par les beys.

Le sénatus-consulte de 1865, conférant la qualité de sujets français aux musulmans algériens, eut pour effet de renforcer le droit de protection que nous exercions à leur égard et la circulaire La Valette, de 1869, vint tracer les règles à suivre pour l'application de ces nouvelles dispositions législatives. Le titre de protégé français fut de plus en plus recherché et les Algériens vinrent en grand nombre se faire inscrire sur les registres du consulat de France.

Les avantages qu'ils en retiraient étaient considérables : ils échappaient à l'autorité beylicale, devenaient justiciables des tribunaux consulaires, étaient exempts de l'impôt medjba et de la charge du service militaire.

La France retirait des bénéfices appréciables de cette politique. Sa clientèle de protégés augmentait tous les jours et lui permettait d'intervenir plus fréquemment dans l'administration locale. Par leur nombre et l'importance de leur groupement, les Algériens contribuèrent ainsi à créer ce faisceau d'intérêts qui fut d'un si grand secours pour nous au moment du règlement de la question tunisienne. Aussi nos consuls, soucieux d'accroître l'importance des intérêts français dans la Régence, se trouvèrent-ils incités à reconnaître la qualité d'Algériens à des indigènes dont les droits étaient souvent mal assis et les titres parfois incertains.

874. *Après le protectorat.* — Notre établissement en Tunisie a eu pour résultat de placer les musulmans algériens dans une situation tout à fait privilégiée, aussi bien par rapport aux citoyens français que vis-à-vis de leurs coreligionnaires habitant l'Algérie : ils bénéficient en effet de toutes les prérogatives qui s'attachent à la qualité de citoyen, hors l'électorat et ils ne sont

pas soumis à la charge du service militaire; ils sont de plus exonérés des impôts arabes qu'ils paient en Algérie et échappent aux dispositions du Code de l'indigénat (1).

Le régime de faveur dont bénéficiaient les Algériens entraînait des abus nombreux. Profitant de l'incertitude qui existe en matière d'état civil beaucoup de sujets tunisiens obtenaient des autorités administratives de l'Algérie des pièces à l'aide desquelles ils pouvaient se faire passer pour Algériens et, par suite, se soustraire à l'action des autorités tunisiennes ainsi qu'aux charges qui pèsent sur les sujets beylicaux.

En 1897, la révision des traités et du règlement des protections étrangères permit de soumettre à un contrôle sévère et à un examen rigoureux les titres produits par les intéressés pour se réclamer de la protection française. Un grand nombre d'inscrits furent rayés, — comme n'ayant pas fait la preuve de leur origine algérienne, — des registres d'immatriculation tenus à la résidence générale; les autres furent classés en deux catégories. Dans l'une de ces catégories on fit rentrer tous les Tunisiens qui, avec l'appui de nos consuls, avaient pu se soustraire à l'autorité du bey, leur chef naturel; ces indigènes constituèrent le groupe des protégés français dont nous avons déjà parlé.

Dans l'autre catégorie, furent compris tous ceux qui avaient pu établir leur qualité d'Algériens sujets français. Les personnes comprises dans cette seconde catégorie sont portées sur un registre spécial, tenu à la résidence générale, registre qui constitue la matricule des « Algériens sujets français ».

Désormais, figurent à cette matricule, les Algériens sujets français dont les titres ont été revisés et ceux qui, arrivés en Tunisie postérieurement à cette révision, sollicitent et obtiennent leur inscription.

La demande d'inscription à la matricule est présentée au contrôleur civil qui procède à une enquête sur la nationalité du postulant; les renseignements consignés dans l'enquête sont communiqués aux autorités administratives de l'Algérie pour être vérifiés et transmis ensuite par le contrôleur civil, avec son avis motivé, au résident général qui a seul qualité pour décider s'il y a lieu d'admettre ou de rejeter la demande d'inscription.

Lorsque la demande est admise, il est délivré à l'intéressé un certificat de nationalité. Ce certificat est renouvelé annuellement par les contrôleurs civils moyennant la taxe de 10 francs prévue au tarif des chancelleries des 30 novembre 1875 et 18 décembre 1876 (2).

_____

(1) Indépendamment de 300 israélites environ qui n'ont pas fait constater leur indigénat dans les conditions fixées par le décret du 7 octobre 1871, — qui complète celui du 24 octobre 1870, déclarant citoyens français tous les israélites originaires de l'Algérie — et qui, par suite, continuent à être régis par le sénatus-consulte de 1865. (Cf. Cass. 18 avril 1896. D. P. 1.1896.)

Il y a actuellement près de 30,000 musulmans algériens établis en Tunisie.

_____

(1) Le résident général expulse parfois du territoire de la Régence certains Algériens.

Là encore il ne s'agit pas d'une mesure ne pouvant atteindre que nos sujets algériens, mais de décisions prononcées en vertu de l'article 82 de l'Edit de juin 1778 et du décret du 9 messidor an II, confirmés par la loi du 28 mai 1836, dont les dispositions seraient applicables à tous les Français indistinctement.

(2) Les contrôleurs civils ont tout pouvoir pour accorder aux Algériens indigents la remise totale ou partielle de la taxe. En outre, les cavaliers des oudjaks, les cavaliers guidas et spahis au service de l'autorité militaire bénéficient, — lorsqu'ils sont Algériens sujets français, par assimilation à leurs collègues tunisiens qui ne sont pas astreints au paiement de la medjba, — de l'exonération totale de la taxe.

Le fait d'être titulaire d'un certificat de nationalité ne suffit pas à lui seul pour conférer la qualité d'Algérien sujet français à celui qui ne la possède pas ; de même le défaut d'inscription d'un individu à la dite matricule n'implique pas que celui qui a été omis n'est pas Algérien, et ne fait pas obstacle à ce qu'il puisse faire reconnaître par justice sa qualité d'Algérien, sujet français, les tribunaux civils de première instance étant seuls juges, en dernier ressort, des questions d'état.

Par une jurisprudence constante, le tribunal de Tunis s'est prononcé dans ce sens (1).

875. Les autorités administratives de la Régence reconnaissent enfin la qualité d'Algériens sujets français aux gens du Touat et aux indigènes des autres oasis sahariennes qui ont quitté leur pays d'origine après 1901, c'est-à-dire postérieurement à l'occupation de leur pays par la France. Elles paraissent hésiter à reconnaître la même qualité à ceux qui, antérieurement à cette date, sont venus s'établir en Tunisie.

Ces hésitations semblent provenir de ce fait que la qualité d'Algériens sujets français, n'a été reconnue aux habitants du M'zab, que du jour où ils sont entrés dans la zone d'influence française, c'est-à-dire à partir du 29 avril 1853, date de la convention conclue par le gouverneur général avec les M'zabites.

Mais pour ceux-ci il faut se rappeler que les Djemaa des sept villes du M'zab formaient une véritable confédération autonome ayant ses institutions civiles et politiques. C'est avec les représentants autorisés de cette confédération qu'on a jeté les bases du protectorat français en ce qui concerne les habitants des sept villes. Le rapport qui précède la décision présidentielle du 21 décembre 1882, annexant le M'zab à l'Algérie, ne laisse subsister aucun doute à cet égard.

876. En ce qui concerne les oasis sahariennes, les éléments du problème sont différents.

Le droit international s'est profondément modifié depuis quelques années relativement aux territoires qui

(1) Trib. Tunis, 17 janvier 1906 :
« Attendu que Mostefa ben El Hadj Kacem, propriétaire à Bizerte, a introduit devant la Chambre du Conseil une requête tendant à ce qu'il soit déclaré Algérien, partant, de nationalité française ; que subsidiairement, il conclut à ce que, avant dire droit, la Chambre du Conseil l'autorise à prouver par voie d'enquête ordinaire : 1° qu'il est le fils de Hadj Kacem ben El Hadj Boubaker, de la tribu des Beni-Guenouou, arrondissement de Tizi Ouzou (Algérie) ; 2° qu'on lui a toujours reconnu ainsi qu'à son père la qualité de sujet algérien et qu'il ne l'a jamais perdue ;

Sur les conclusions principales ; — attendu qu'elles manquent de précision, que le requérant confond la qualité d'Algérien sujet français et celle qui résulte de la nationalité française, que dans une matière aussi grave, une telle imprécision suffirait à motiver le rejet de la requête, que cependant il semble bien que le requérant ne prétend à rien d'autre qu'à la qualité d'Algérien sujet français que appartient aux indigènes musulmans qui se trouvaient en Algérie lors de la conquête de ce pays par la France et qui ne l'ont pas perdue depuis, — attendu que c'est avec raison que le requérant expose à l'appui de sa demande, que « la patente de protection, faveur précaire et essentiellement révocable de l'administration française, ne vaut rien sur la nationalité » et que « l'inscription sur les registres de protection nécessaire au sujet tunisien pour lui conférer la qualité de justiciable des tribunaux français, est inutile pour l'Algérien sujet français qui est de plein droit justiciable de ces tribunaux ;

Que ces principes sont certains et qu'on ne saurait faire grief au requérant de ce que, après avoir été inscrit sur les registres des protégés diplomatiques français, il se présente aujourd'hui en justice dénué de cette inscription qui, étant temporaire, ne lui a pas été continuée ; — mais attendu que, si le fait de la non inscription ne fait pas perdre la qualité d'Algérien sujet français au musulman qui, la possédant, réside en Tunisie, le fait de l'inscription est aussi, dans son essence, inopérant pour donner cette qualité à celui qui ne la possède pas, qu'il s'ensuit qu'il n'y a à tenir aucun compte du fait que pendant un certain temps, notamment durant l'année 1901, Mostefa ben El Hadj Kacem a été inscrit à la matricule à Bizerte, — attendu qu'en dehors de cette inscription le requérant ne produit absolument rien à l'appui de sa prétention, qu'il résulterait au contraire d'un document communiqué au tribunal par M. le procureur de la République et qui émane de la Résidence générale, que le requérant serait né à Bizerte en 1835 ou 1836 d'un père qui lui-même y était né en 1795 ou 1796 et qui aurait été fonctionnaire tunisien en 1842 ; — que, dans ces conditions, le requérant ne fait pas la preuve dont il a la charge et que ses conclusions principales ne sauraient être accueillies ;

Sur ses conclusions subsidiaires à fin d'enquête ; — attendu que les faits côtés et offerts en preuve ne sont pas pertinents ; que quand bien même le requérant viendrait à démontrer que son père était originaire d'une tribu dont le territoire fait partie de l'arrondissement de Tizi Ouzou, il n'en résulterait aucunement qu'il fût lui-même sujet français, qu'il faudrait de plus qu'il démontre que son père était en Algérie à une époque postérieure à celle où le territoire

de sa tribu a été conquis et qu'il a été à une époque quelconque de sa vie, soumis à la domination française ; que le requérant n'offre pas de faire cette preuve ; — qu'il a la prétention d'avoir toujours eu la possession d'état d'Algérien, ainsi que son père, manque aussi de pertinence ; que la nationalité ne s'acquiert pas par la possession d'état ; qu'au surplus on donne en Tunisie, principalement à Bizerte et sur le littoral est de la Régence la qualification de Gharbi, qui signifie proprement « originaire de l'Ouest » à tout individu étranger au pays qui n'est pas connu comme provenant de la Mecque, de l'Égypte, de Syrie, de Turquie ou de tout autre pays musulman de l'Est ; que ce serait faire un singulier abus d'une appellation aussi compréhensive et aussi peu précise que d'en faire sortir cette conséquence que tous ceux qui la portent sont des sujets français ; que si on a vu malheureusement trop d'exemples de la légèreté avec laquelle on a parfois accepté de semblables prétentions, il ne faut pas oublier que les Algériens jouissent en Tunisie de plusieurs privilèges ; qu'ils sont dispensés du paiement de l'impôt ; qu'ils sont soustraits presque complètement à l'autorité des chefs indigènes ; qu'ils jouissent de la juridiction française et peuvent y entraîner leurs co-contractants ; que ce sont des avantages considérables dont le bénéfice ne saurait être attribué qu'à ceux qui y ont droit, au risque d'introduire dans le pays le désordre et l'indiscipline ; — attendu que cette situation fait un devoir au tribunal de n'accueillir qu'avec prudence des requêtes semblables à celle de Mostefa ben Hadj Kacem.

Par ces motifs ; — Rejette. »

Trib. Tunis, 14 mars 1906 :
« Attendu que le demandeur n'établit la qualité de sujet français à laquelle il prétend que par une pièce émanée du contrôle civil de Tunis, qui est un certificat de nationalité valable pour un an (du 18 mars 1905 au 18 mars 1906). — attendu qu'il a été maintes fois jugé et qu'il est de principe que le défaut d'inscription d'un individu sur le contrôle des Algériens, tenu en Tunisie par la Résidence générale, ne fait pas obstacle à ce qu'il puisse faire reconnaître par justice sa qualité d'Algérien sujet français, qu'il a été corrélativement décidé que l'inscription d'un individu sur ledit contrôle n'a pas pour résultat de lui conférer la qualité d'Algérien sujet français, ni même d'en faire la preuve ; — attendu en conséquence que l'unique document produit chez Salah Souissi à l'appui de sa prétention est insuffisant et ne permet pas de faire tomber la présomption de nationalité tunisienne qui existe au sujet de tout musulman habitant la Tunisie ;

Attendu qu'il importe, pour la bonne administration de la justice, qu'une des deux juridictions qui existent dans la Régence ne puisse être saisie d'un litige déjà examiné par l'autre, et d'une action basée sur des conditions dans lesquelles ce litige y a été poursuivi et tranché, que lorsqu'il est absolument certain qu'elle a compétence pour ce faire, c'est-à-dire qu'il y a eu erreur sur la nationalité véritable d'un des plaideurs ; que cette certitude est loin d'exister en l'espèce où le demandeur se borne à produire une pièce sans valeur probante, sans portée juridique et qui n'a même, comme acte administratif, qu'un caractère précaire et momentané ;

Par ces motifs ; — se déclare incompétent. »

se trouvent dans une situation analogue à ces oasis et certaines puissances, parmi lesquelles la France, ont fait admettre, que l'occupation d'une zone déterminée de territoire leur donnait, avant même l'occupation effective, une prépondérance exclusive dans le « hinterland ».

Or, cette conception ne s'applique nulle part mieux qu'en Algérie. On sait, en effet, que dans la pratique administrative algérienne, « département » signifie territoire civil, « province » signifie territoire militaire, en sorte qu'à la suite de chaque département il y a la province qui s'accroît, s'étend au fur et à mesure que notre domination pénètre plus avant.

Un acte international, la Convention franco-anglaise du 5 août 1890 relative au partage de l'Afrique, est venu confirmer cette interprétation en laissant à la France le soin de saisir l'occasion favorable pour réunir le « hinterland » de l'Algérie à celui de l'Afrique occidentale française. L'occupation du Touat devenait donc une simple opération de police, et non pas l'occupation d'un pays étranger.

L'accord intervenu en 1905 entre le Ministère de l'Intérieur et celui des Colonies, a consacré officiellement cette théorie en fixant les limites extrêmes de l'Algérie au Sud, c'est-à-dire en indiquant la ligne idéale où les différents tronçons de l'Afrique occidentale française doivent se souder à notre possession de l'Afrique du Nord.

877. Il existe donc dès maintenant certains territoires situés entre cette rive nord et le sud des oasis algériennes qui, sans être administrés par la France, n'en sont pas moins français. Le jour où le Gouvernement décidera de les occuper, on ne pourra pas contester la qualité d'Algériens sujets français aux indigènes qui habitent ces territoires. Dès maintenant, — les territoires en question faisant partie de l'Algérie, — leurs habitants se verraient reconnaître la qualité de sujets français s'ils s'en réclamaient, avant même la prise de possession effective de leur pays par la France.

En Tunisie et pour les mêmes motifs, les indigènes venus postérieurement au 5 juillet 1830 de régions comprises dans le « hinterland » de l'Algérie, pourront toujours, que ces pays soient ou non occupés par la France, se faire reconnaître la qualité de sujets français par les tribunaux français.

Il faut rappeler toutefois qu'antérieurement à la promulgation de la loi du 26 juin 1889, la nationalité française pouvait se perdre par l'établissement fait en pays étranger sans esprit de retour. On serait donc fondé à contester la qualité d'Algériens sujets français aux gens des oasis sahariennes qui, établis en Tunisie antérieurement à cette date, ne se sont pas fait inscrire sur les registres de la résidence générale et ont, par suite, négligé d'accomplir une des formalités exigées pour la constatation de l'esprit de retour.

878. *Condition des Algériens sujets français* — Justiciables des juridictions françaises, les Algériens sujets français, établis en Tunisie, n'en ont pas moins conservé leur statut personnel musulman, et les juridictions françaises, faisant à leur égard fonctions de cadi,

ne peuvent que leur appliquer ce statut personnel (1).

Quant aux droits publics, ils sont soumis à la loi territoriale.

SECTION III.

ÉTRANGERS.

Parmi les étrangers établis en Tunisie, une distinction doit être faite; il faut considérer les étrangers européens d'une part, et les étrangers originaires des pays islamiques, d'autre part.

879. *Étrangers européens.* — Par étrangers européens, il faut entendre les personnes qui ne rentrent dans aucune des autres catégories que nous avons déjà indiquées, c'est-à-dire qui ne sont ni originaires des pays islamiques, ni citoyens français, ni sujets français. Et, à ce sujet, il convient encore d'ajouter que le mot européen ne doit pas être pris ici dans son sens géographique : un citoyen des États-Unis de l'Amérique du Nord ou du Brésil est à considérer, au point de vue qui nous occupe, comme un Européen (2).

La condition des étrangers européens qui se sont établis en Tunisie est, en principe, ce qu'elle est en France.

Au point de vue de leurs droits civils, il est à peine besoin de dire que tout ce qui constitue, d'après leur loi nationale, leur statut personnel, continue à les régir. L'étranger jouit, en principe, de tous les droits privés qui, dérivant du droit naturel ou appartenant au *jus gentium*, ne peuvent être considérés comme une création du droit français; au contraire, il ne jouit des autres, considérés comme propres aux citoyens et constituant le *jus civile* au sens romain du mot, que d'une manière exceptionnelle.

En ce qui concerne l'accès des étrangers européens aux tribunaux français de la Régence, nous ne pouvons que rappeler ce que nous avons dit en étudiant l'organisation judiciaire et les règles de compétence. La juridiction française est de droit commun pour toutes les affaires civiles et commerciales dans lesquelles est en cause un Européen. En effet, en vertu de l'article 2 de la loi du 27 mars 1883 et du décret beylical du 5 mai 1883 et par suite des traités qui ont supprimé les juridictions consulaires, les tribunaux français ont, en Tunisie, plénitude de juridiction sur les Européens domiciliés dans la Régence, sauf les exceptions que nous avons déjà étudiées.

880. Par les traités du 8 septembre 1868 et du 19 juillet 1875, les étrangers ont acquis le droit d'établir en Tunisie des sociétés commerciales, à charge par eux de se conformer aux règlements de police établis par la loi locale, et cette faculté leur a été accordée sans dérogation aucune aux règles de compétence ordinaire de leurs juri-

---

(1) La musulmane tunisienne qui épouse un musulman algérien ne devient pas, par le fait de ce mariage, justiciable des tribunaux français.

(2) Larcher, *op. cit.*, p. 205 et suiv.

dictions consulaires. Ainsi, une société comprenant des Européens peut à bon droit n'être pas considérée comme une société de nationalité tunisienne, alors surtout qu'un Européen y joue un rôle prépondérant. La juridiction française est donc aujourd'hui compétente dans un litige mobilier concernant une société de cette sorte (1).

Il y a également lieu de rappeler ici que les étrangers qui ont des procès en Tunisie, étant devenus justiciables des tribunaux français au même titre que les Français, ne sauraient être astreints à fournir la caution *judicatum solvi* (2).

881. Au point de vue des droits politiques, rien n'est à signaler au profit de l'étranger européen; il n'a pas la jouissance de droits politiques en Tunisie.

Quelques étrangers italiens, anglo-maltais, hellènes sont parfois admis dans les assemblées municipales.

Si, maintenant, nous envisageons les droits publics, c'est-à-dire ceux qui sont réputés résulter de la qualité d'homme, nous avons surtout à rappeler (3) les dispositions du décret du 13 avril 1898 sur la police des étrangers en Tunisie. Ce texte impose aux étrangers qui veulent s'établir en Tunisie ou y exercer une profession, une déclaration de résidence inscrite sur un registre spécial d'immatriculation.

D'autre part, le premier ministre du bey peut prendre des arrêtés d'expulsion contre tous étrangers voyageant ou résidant dans la Régence, et dont la présence serait de nature à compromettre la sécurité publique.

882. *Étrangers originaires des pays islamiques.* — Dans cette catégorie d'étrangers établis dans la Régence, il convient de faire entrer : les musulmans (marocains, tripolitains, persans, etc.) et les israélites nés en terre d'Islam.

Musulmans. — Au point de vue de leurs droits civils et notamment de leur statut personnel qu'ils conservent en Tunisie, ils sont très rapprochés des musulmans tunisiens. Mais leur qualité d'étrangers les soumet aux dispositions réglant la police des étrangers et la matière de l'expulsion.

En ce qui concerne les juridictions répressives dont ils devaient être justiciables en Tunisie, des difficultés nombreuses avaient été soulevées par l'application du décret du 13 janvier 1898 qui réglait la compétence respective des juridictions française et indigène en matière pénale. Les deux premiers articles de ce décret étaient, en effet, ainsi conçus :

Article premier. — « Les tribunaux français de la Tunisie connaîtront désormais, dans les limites de leur compétence respective et en conformité de la loi française, des infractions de toute nature, c'est-à-dire de tous crimes, délits et contraventions commis en Tunisie, soit par des Français ou des protégés français, ou des Euro-

péens ou des protégés de diverses puissances européennes, soit à leur préjudice. »

Art. 2. — « La répression de ces mêmes infractions pénales appartiendra exclusivement à la justice tunisienne, lorsqu'il n'y aura en cause que *des sujets tunisiens.*

Ces deux articles donnèrent bientôt lieu à de graves difficultés d'interprétation relativement à leur application aux musulmans non sujets tunisiens, aucune difficulté n'étant, au surplus, possible au sujet de leur application aux musulmans algériens qui sont sujets français.

883. Plusieurs décisions de jurisprudence interprétèrent de la façon suivante les textes que nous avons rapportés. Elles déclarèrent que le décret du 13 janvier 1898 avait voulu donner aux tribunaux français compétence pour connaître de tout procès pénal intéressant des étrangers quelconques, c'est-à-dire toute personne non sujette du bey de Tunis, et que cette intention de ne réserver aux tribunaux beylicaux que les affaires intéressant uniquement des personnes placées sous la souveraineté du bey ressortait des termes de l'article 2 du même décret qui ne proclamait la compétence exclusive de la justice tunisienne que pour les cas où il n'y aurait en cause que des sujets tunisiens.

Il fut jugé notamment que la juridiction française était compétente pour connaître d'une infraction commise par un sujet tunisien à l'encontre d'un musulman marocain (1).

Ces solutions, inadmissibles en droit, étaient en fait très fâcheuses.

Aussi un décret du 13 mars 1902 a-t-il modifié les articles premier et 2 de celui du 13 janvier 1898 de la façon suivante :

Article premier. — « Les tribunaux français de Tunisie connaîtront désormais, dans la limite de leur compétence respective et en conformité de la loi française, des infractions de toute nature, c'est-à-dire de tous crimes, délits et contraventions commis en Tunisie, soit par des Français ou protégés français, *ou par les sujets et protégés des autres États et pays non musulmans*, soit à leur préjudice. »

Art. 2. — « La répression de ces mêmes infractions pénales appartiendra exclusivement à la justice tunisienne lorsqu'il n'y aura en cause que *des personnes ne rentrant pas dans les catégories mentionnées à l'article premier.* »

En l'état actuel de la législation, les étrangers originaires des pays islamiques — les musulmans algériens mis à part — sont donc, en principe, justiciables des tribunaux tunisiens et non des tribunaux français (2).

884. *Israélites.* — La condition des israélites — autres que les Algériens — originaires de pays islamiques n'a pas fait l'objet de dispositions spéciales.

Mais il n'est pas douteux que, conformément aux principes généraux dont nous avons relevé si souvent l'appli-

---

(1) Trib. Tunis 13 février 1890, *J. T. T.*, 1890, 78.
(2) Trib. Tunis, 2 novembre 1888, *J. T. T.*, 1889, 10; — 13 décembre 1888, *ibid.*, 1896, 97; — 12 décembre 1892, *ibid.*, 1896, 98; — Sousse, 12 janvier 1899, *ibid.*, 1899, 323.
(3) V. *supra*, n° 250 et la note.

(1) Trib. Sousse, 29 mai 1901, *Clunet*, 1902, 102; — Alger, 29 octobre 1901, *ibid.*, 1902, 573.
(2) Alger, 26 novembre 1903, *J. T. T.*, 1905, 40.

cation au cours de cette étude, ils sont suivis en Tunisie par leur loi personnelle, dans la mesure où les règles de cette loi ne sont pas contraires à l'ordre public. Ils sont d'autre part soumis aux dispositions d'ordre public territorial.

SECTION IV.

NATURALISATION FRANÇAISE.

885. A la suite du protectorat français, un décret présidentiel du 29 juillet 1887 avait organisé tout d'abord les conditions de la naturalisation française en Tunisie; et ces conditions étaient analogues, sinon identiques, à celles établies par le sénatus-consulte du 14 juillet 1865 en Algérie. Depuis, un décret du 28 février 1899 a abrogé et remplacé celui de 1887, en vue surtout de mettre la législation sur la naturalisation dans la Régence en harmonie avec les dispositions de la loi française du 26 juin 1889 sur la nationalité et du décret du 7 février 1897.

En vertu de ce décret, peuvent être naturalisés après 21 ans accomplis : 1° les étrangers qui justifient de trois années de résidence soit en Tunisie, soit en France, soit en Algérie, et en dernier lieu en Tunisie; 2° les sujets tunisiens qui, pendant le même temps, ont servi dans les armées françaises de terre ou de mer ou qui ont rempli des fonctions ou emplois civils rétribués par le Trésor français. Le délai de trois ans est réduit à une seule année : 1° en faveur des étrangers qui ont rendu à la France des services exceptionnels; 2° en faveur des étrangers qui ont épousé une Française;

Peuvent également être naturalisés : les sujets tunisiens qui, sans avoir servi dans les armées françaises de terre ou de mer ni rempli des fonctions ou emplois civils rétribués par le Trésor français, ont rendu à la France des services exceptionnels.

La femme mariée à un étranger qui se fait naturaliser Français et les enfants majeurs de l'étranger naturalisé peuvent, s'ils le demandent, obtenir la qualité de Français sans autres conditions, par le décret qui confère cette qualité au mari, au père ou à la mère.

Deviennent Français les enfants mineurs d'un père ou d'une mère survivants qui se font naturaliser français, à moins que, dans l'année qui suivra leur majorité, telle qu'elle est réglée par la loi française, ils ne déclinent cette qualité en se conformant aux dispositions de l'article 9 du décret (1).

(1) En raison de leur importance nous croyons devoir rapporter ici les autres dispositions du décret.
Art. 5. — Le Français qui a perdu la qualité de Français par l'une des causes prévues par l'article 17 du Code civil et qui réside en Tunisie peut la recouvrer en obtenant sa réintégration par décret.
La qualité de Français peut être accordée, par le même décret, à la femme et aux enfants majeurs, s'ils en font la demande.
Les enfants mineurs du père ou de la mère réintégrés deviennent Français, à moins que, dans l'année qui suivra leur majorité, ils ne déclinent cette qualité en se conformant aux dispositions de l'article 9 du présent décret.
Art. 6. — La femme qui a perdu la qualité de Française par son mariage avec un étranger et qui réside en Tunisie peut, lorsque ce mariage est dissous par la mort du mari ou par le divorce, recouvrer cette qualité en obtenant sa réintégration par décret.
Dans le cas où le mariage est dissous par la mort du mari, les

886. La demande de naturalisation est présentée au contrôle civil dans l'arrondissement duquel le requérant a fixé sa résidence.

Le contrôleur civil procède d'office à une enquête sur les antécédents et la moralité du demandeur (1).

Dans chaque affaire, le résultat de l'enquête, est envoyé au résident général accompagné des pièces suivantes :

1° Une demande de naturalisation formulée par le postulant;
2° Un extrait de son acte de naissance;
3° — de l'acte de naissance de son épouse;
4° — de l'acte de naissance de ses enfants;
5° — de l'acte de mariage des postulants;
6° — des parents du postulant;
7° — des parents de la postulante;

enfants mineurs deviennent Français, à moins que, dans l'année qui suivra leur majorité, ils ne déclinent cette qualité en se conformant aux dispositions de l'article 9 du présent décret.

Art. 9. — Les déclarations souscrites soit pour renoncer à la faculté de décliner la qualité de Français, soit pour répudier cette qualité, sont reçues par le juge de paix dans le ressort duquel réside le déclarant.
Elles peuvent être faites par un mandataire, en vertu d'une procuration spéciale authentique.
Elles sont dressées en double exemplaire.
Le déclarant est assisté de deux témoins qui certifient son identité. Il doit produire à l'appui de sa déclaration son acte de naissance et, en outre, lorsqu'il s'agit d'une répudiation, une attestation en due forme de son Gouvernement, établissant qu'il a conservé la nationalité de ses parents, et un certificat constatant qu'il a répondu à l'appel sous les drapeaux, conformément à la loi militaire de son pays, sauf les exceptions prévues aux traités.
En cas de résidence à l'étranger, les déclarations sont reçues par les agents diplomatiques ou par les consuls.
Art. 10. — Les deux exemplaires de la déclaration et les pièces justificatives sont immédiatement envoyés par le juge de paix au procureur de la République; ce dernier les transmet, sans délai, par l'intermédiaire du résident général, au ministre des Affaires étrangères, qui les fait parvenir au ministre de la Justice.
La déclaration est inscrite à la chancellerie sur un registre spécial; l'un des exemplaires et les pièces justificatives sont déposés aux archives, l'autre est renvoyé à l'intéressé avec la mention de l'enregistrement.
La déclaration enregistrée prend date du jour de sa réception par l'autorité devant laquelle elle a été faite.
Art. 11. — L'enregistrement doit, à peine de nullité, être enregistrée au ministre de la Justice.
L'enregistrement est refusé s'il résulte des pièces produites que le déclarant n'est pas dans les conditions requises par la loi, sauf à lui à se pourvoir devant les tribunaux civils, dans la forme prescrite par les articles 855 et suivants du Code de procédure civile.
La notification motivée du refus doit être faite au réclamant dans le délai d'un an à partir de sa déclaration. A défaut de notifications ci-dessus visées dans le délai susindiqué, et à son expiration, le ministre de la Justice remet au déclarant, sur sa demande, une copie de sa déclaration revêtue de la mention de l'enregistrement.
Art. 12. — La renonciation du mineur à la faculté qui lui appartient, par application des articles 4, 5 et 6 du présent décret, de décliner, dans l'année qui suit sa majorité, la qualité de Français, est faite en son nom, en cas de décès, par sa mère; ou, en cas de décès des père et mère ou de leur exclusion de la tutelle, ou dans les cas prévus dans les articles 142 et 143 du Code civil ou, en cas de déchéance de la puissance paternelle, par le tuteur autorisé par délibération du conseil de famille.
Ces déclarations sont faites dans les formes prévues par les articles 9 et suivants du présent décret. Elles sont accompagnées de la production de l'acte de naissance du mineur et du décret conférant à son père ou à sa mère, selon le cas, la qualité de Français.
Art. 13. — Les déclarations faites soit pour renoncer à la faculté de décliner la qualité de Français, soit pour répudier cette qualité, doivent, après enregistrement, être insérées au Bulletin des lois.
Néanmoins, l'omission de cette formalité ne peut pas préjudicier aux droits des déclarants.
Aucun droit de sceau n'est perçu pour les déclarations.
(1) Si le demandeur est sous les drapeaux, la demande est adressée au chef de corps, qui la transmet au général commandant supérieur, chargé de diriger l'enquête et d'émettre son avis.

8° Son casier judiciaire;

9° Un certificat de bonnes vie et mœurs donné par la police et contenant indication du temps de résidence en Tunisie;

10° Un récépissé constatant que le postulant a versé à la recette des finances le droit de sceau qui, aux termes de l'article 8 du décret, est de 50 francs (1).

Les pièces en langues étrangères doivent être traduites par un interprète assermenté. Le dossier est transmis, avec l'avis motivé du résident général, au ministre des Affaires étrangères. Il est statué par le Président de la République sur la proposition collective du ministre des Affaires étrangères et du ministre de la Justice.

887. Le tableau ci-après montre que, par rapport au chiffre de leur population (2), le nombre des étrangers naturalisés est insignifiant et que celui des Tunisiens ne dépasse pas 80 en 20 ans.

	Chiffre total	
	de 1888 à 1898 11 ans.	de 1899 à 1907 9 ans.
Italiens	185	654
Anglo-Maltais	77	144
Suisses	21	33
Allemands	41	20
Autrichiens	10	41
Espagnols	7	24
Grecs	23	8
Hollandais	2	3
Portugais	»	1
Belges	7	1
Norwégiens	»	4
Bulgares	1	2
Turcs	6	11
Musul- (Marocains	6	5
mans, } Algériens	10	5
Tunisiens	23	57
Soudanais	1	»
Argentins	2	1
Totaux	425	1.013
Moyenne annuelle	39	122

SECTION V.

CONFLITS DE LOIS.

888. Sans revenir sur les conflits de lois pouvant se produire dans le domaine de la législation pénale, conflits dont nous avons déjà eu à nous occuper par ailleurs, nous noterons seulement ceux des plus notables que soulève l'application de la loi civile.

En ce qui concerne l'état et la capacité des personnes, la règle de droit international qui veut que les lois formant le statut personnel suivent les individus, reçoit en Tunisie son entière application. C'est ainsi qu'il a été constamment décidé par la jurisprudence que les lois et les traités qui ont placé la Tunisie sous le protectorat français ne pouvaient avoir eu pour effet d'assimiler pleinement ce pays au territoire de la France, et que les étran-

gers — comme les sujets tunisiens — continuent à y être régis par les dispositions de leur statut personnel.

Les juridictions françaises de Tunisie ne peuvent écarter l'application de ce principe que dans le cas où les dispositions du statut personnel invoqué ne seraient pas conformes aux règles considérées en France comme constitutives de l'ordre public (1). Ainsi ces juridictions ne pourraient appliquer un statut personnel étranger contenant des institutions qui, telles que la traite des esclaves ou les sacrifices humains, sont contraires à la morale universelle. Mais on ne peut prétendre que la recherche de la paternité rentre dans cette catégorie, alors qu'elle est admise par certaines législations européennes; et l'on peut voir les tribunaux français de Tunisie autoriser parfois cette recherche dans des litiges intéressant des Maltais domiciliés dans la Régence.

889. En matière de fixation de majorité, de correction paternelle, de déchéance de puissance paternelle, c'est la loi nationale de l'enfant qui est applicable.

C'est encore cette même loi qui doit être observée pour les mesures de protection à prendre quand l'état mental d'une personne se trouve modifié, les causes d'interdiction par exemple ou les incapacités qui en résultent.

En matière de mariage, c'est la loi nationale des parties qui doit être appliquée :

1° Pour les conditions de validité relatives au fond du droit (2);

2° Pour savoir quels sont les effets du mariage et les obligations qui en résultent (3);

3° Pour décider si le divorce est ou non admissible (4).

890. En matière d'obligations, le grand principe qui permet de résoudre les conflits de lois est qu'il faut surtout s'attacher à rechercher à quelle législation les parties ont voulu se soumettre. C'est là, pour le juge, une question d'intention des parties qui doit être appréciée d'après les circonstances.

Si les parties sont de même nationalité, on présumera le plus souvent qu'elles ont entendu que leur loi nationale serait appliquée, tant pour la formation des obligations que pour les effets des Conventions (5).

Si les contractants sont de nationalité différente, il arrivera qu'on appliquera, tantôt la loi du débiteur (6); tantôt la loi du pays où le contrat a été passé (7); tantôt la

---

(1) La remise totale ou partielle de ce droit, qui est d'ailleurs remboursé en cas de rejet de la demande, peut être accordée par décret du Président de la République sur la proposition du ministre des Affaires étrangères et du ministre de la Justice.

Aucun droit de sceau n'est perçu pour la naturalisation des individus attachés au service de la France ou du protectorat.

(2) V. supra n° 16.

---

(1) Trib. Tunis, 27 décembre 1897, Clunet, 1898, 358.

(2) Est nul le mariage contracté devant les rabbins de Tunisie par un israélite algérien soumis à la loi française qui était encore engagé dans les liens d'une précédente union. — Trib. Tunis, 15 juin 1887, J. T. T., 1895, 591.

(3) Alger, 25 mars 1891, Clunet, 1891, 212; — Trib. Tunis, 10 juin 1895, Clunet, 1897, 128; - 8 janvier 1896, J. T. T., 1896, 117.

(4) Trib. Tunis, 27 juillet 1896, J. T. T., 1896, 439; 22 mars 1899, Clunet, 1903, 832.

(5) Trib. Sousse, 11 avril 1889, Clunet, 1889, 689.

(6) Ainsi un défendeur de nationalité française actionné devant un tribunal français de Tunisie par des Français et des étrangers, pour des obligations qui ne concernent en rien l'état ou la capacité des parties en cause, ne peut être jugé que d'après la loi française. Alger, 5 mai 1896; Clunet, 1897, 1018.

(7) Mais il pourrait y avoir des raisons d'écarter la loi locale. Ainsi, le fait par les contractants, européen et indigène, de n'avoir pas recouru, pour la constatation de leurs conventions, aux notaires beylicaux, constitue une présomption qu'ils n'ont pas voulu soumettre sur ce point leurs conventions à la loi locale. — Trib. Sousse, 28 mars 1887, J. T. T., 1890, 63.

loi indiquée par la nature du contrat (1); tantôt, enfin, la loi du tribunal saisi, à défaut d'autre présomption.

891. Les successions, sont en Tunisie régies par la loi nationale du défunt (2), même en ce qui concerne les immeubles (3). Il en est ainsi notamment en ce qui concerne l'action en séparation des patrimoines (4).

892. Quant à ce qui a trait à la législation foncière, nous avons vu que les immeubles en Tunisie pouvaient se diviser en deux catégories : les immeubles immatriculés en conformité de la loi du 1er juillet 1885, et les immeubles non immatriculés. Pour les premiers, aucune difficulté ne peut s'élever sur la loi qui leur est applicable; ils sont régis par la loi du 1er juillet 1885 (5). Quant aux immeubles non immatriculés, les lois et coutumes musulmanes en vigueur en Tunisie sont seules applicables aux litiges qui les concernent (6).

SECTION VI.

ÉTAT CIVIL.

893. Les actes de l'état civil sont, en ce qui concerne les étrangers, reçus soit par leurs agents consulaires dans les formes usitées par le pays qu'ils représentent, soit par les autorités locales dans les conditions déterminées par le décret beylical du 29 juin 1886 qui a institué l'état civil en Tunisie.

Le législateur s'est inspiré, pour la rédaction de ce décret, des dispositions en vigueur dans la métropole. Il a été ainsi naturellement amené à le modifier au fur et à mesure que des dispositions nouvelles étaient édictées par la législation française (7).

(1) Trib. Tunis, 29 juin 1891, *J. T. T.*, 1893, 109.
(2) Trib. Tunis, 29 juin 1896, *J. T. T.*, 1897, 343; — 27 juillet 1896, *ibid.*, 1896, 468; — 17 janvier 1898, *Clunet*, 1899, 847.
(3) Trib. Tunis, 29 juin 1896, précité; — 27 juillet 1896, précité; — 31 mai 1899, *Clunet*, 1900, 372; — 6 juin 1900, *ibid.*, 1902, 358.
(4) Trib. Sousse, 13 mars 1890, *Clunet*, 1891, 973.
(5) V. *infra* nos 896 et s.
(6) Jurisprudence constante; v. notamment : Tribunal mixte, 26 mars 1898, *J. T. T.* 1898, 273.
(7) Décret beylical du 29 juin 1886 modifié et complété par ceux des 13 octobre 1886, 15 février 1897, 6 avril 1898, 17 mai 1899, 10 août 1907.

CHAPITRE Ier. — DISPOSITIONS GÉNÉRALES.

Art. 1er. — Il est institué un état civil dans la Régence.
Art. 2. — Sont investis des fonctions d'officier de l'état civil les présidents des municipalités ou, si ces derniers ne sont pas Français, leurs adjoints où, à défaut de nationalité.
Peuvent être également investis par décrets spéciaux des fonctions d'officier de l'état civil, les vice-présidents des commissions municipales.
(Ou tout autre fonctionnaire désigné par décret puisque différents décrets beylicaux ont investi des fonctions d'officier de l'état civil, des brigadiers de police, des agents sanitaires, etc.)
Art. 3. — Dans les villes où il n'y a pas de municipalité constituée, les fonctions d'officier de l'état civil seront remplies par les contrôleurs civils ou, en cas d'empêchement ou d'absence de ces derniers, par leurs adjoints où, à défaut, par l'autorité militaire française désignée dans l'article 89 du Code civil français.
Art. 4. — Les actes de l'état civil seront écrits en français; ils énonceront l'année, le jour et l'heure où ils seront reçus, les prénoms, noms, âge, professions, domiciles et nationalités de tous ceux qui y seront dénommés.
Art. 5. — Les officiers de l'état civil ne pourront rien insérer dans

894. Les officiers de l'état civil tunisien étaient parfois sollicités de procéder au mariage d'Européennes avec des musulmans ou israélites originaires de Tunisie ou d'Algérie et non naturalisés.

Une circulaire du Gouvernement tunisien fait remarquer qu'en l'espèce, l'intervention de l'officier de l'état

les actes qu'ils recevront, soit par note, soit par énonciation quelconque, que ce qui doit être déclaré par les comparants.
Art. 6. — Dans le cas où les parties intéressées ne seront point obligées de comparaître en personne, elles pourront se faire représenter par un fondé de procuration spéciale et authentique.
Art. 7. — Les témoins produits aux actes de l'état civil devront être âgés de vingt et un ans au moins, parents ou autres, sans distinction de sexe. Ils seront choisis par les personnes intéressées. Toutefois, le mari et la femme ne pourront être témoins ensemble dans le même acte. *(Ainsi modifié par décret du 6 avril 1898.)*
Art. 8. — L'officier de l'état civil donnera lecture des actes aux parties comparantes ou à leur fondé de procuration et aux témoins. Il y sera fait mention de l'accomplissement de cette formalité.
Art. 9. — Ces actes seront signés par l'officier de l'état civil, par les comparants et les témoins, ou mention sera faite de la cause qui empêchera les comparants et les témoins de signer.
Art. 10. — Les registres seront tenus doubles. Ils seront cotés par premier et dernier et paraphés sur chaque feuille par le président du tribunal de première instance.
Art. 11. — Les actes seront inscrits sur les registres de suite sans aucun blanc. Les ratures et les renvois seront approuvés et signés de la même manière que le corps de l'acte. Il n'y sera rien écrit par abréviation, et aucune date ne sera mise en chiffres.
Art. 12. — Les registres seront clos et arrêtés par l'officier de l'état civil, à la fin de chaque année, et, dans le premier mois de l'année suivante, l'un des doubles sera déposé au greffe du tribunal de première instance.
Art. 13. — Les procurations et les autres pièces qui doivent demeurer annexées aux actes de l'état civil seront déposées, après qu'elles auront été paraphées par la personne qui les aura produites et par l'officier de l'état civil, au greffe du tribunal avec le double des registres dont le dépôt doit avoir lieu audit greffe.
Art. 14. — Toute personne pourra se faire délivrer, par les dépositaires des registres de l'état civil, des extraits de ces registres. Les extraits délivrés conformes aux registres, et légalisés par le président du tribunal de première instance ou par le juge qui le remplacera, feront foi jusqu'à inscription de faux.
Art. 15. — Dans tous les cas où la mention d'un acte relatif à l'état civil devra avoir lieu en marge d'un acte déjà inscrit, elle sera faite d'office.
L'officier de l'état civil qui aura dressé ou transcrit l'acte donnant lieu à une mention, effectuera cette mention dans les trois jours sur les registres qu'il détient.
Dans le même délai il adressera un avis au procureur de la République de l'arrondissement, pour permettre à celui-ci de veiller à ce que la mention soit faite d'une façon uniforme sur les deux registres. *(Ainsi modifié par décret du 6 avril 1898.)*
Art. 16. — Toute contravention aux articles précédents de la part des fonctionnaires y dénommés sera poursuivie devant le tribunal de première instance et punie d'une amende qui ne pourra excéder 100 francs.
Art. 17. — Tout dépositaire des registres sera civilement responsable des altérations qui y surviendront, sauf son recours, s'il y a lieu, contre les auteurs desdites altérations.
Art. 18. — Toute altération, tout faux dans les actes de l'état civil, toute inscription de ces actes faite sur une feuille volante et autrement que sur le registre à ce destiné, donneront lieu à dommages-intérêts envers les parties, sans préjudice des peines portées au Code pénal français.
Art. 19. — Le procureur de la République près le tribunal de première instance sera tenu de vérifier l'état des registres lors du dépôt qui en sera fait au greffe; il dressera un procès-verbal sommaire de la vérification, dénoncera les contraventions ou délits commis par les officiers de l'état civil et requerra contre eux la condamnation aux amendes.
Art. 20. — Les expéditions des actes de l'état civil seront payées conformément aux tarifs fixés par les lois, décrets et ordonnances en vigueur en Algérie.

CHAPITRE II. — DES ACTES DE NAISSANCE.

Art. 21. — Les déclarations de naissance seront faites dans les trois jours de l'accouchement à l'officier de l'état civil du lieu. Ce

civil ne peut modifier le statut personnel de ces indigènes. Il en résulte que les Européennes ne trouvent pas dans le mariage ainsi célébré, les garanties de leur propre législation, puisque leurs époux conservent un statut qui comporte la polygamie, la répudiation, etc.

Il y a donc lieu, toutes les fois que l'officier de l'état civil tunisien est saisi d'une demande de célébration de mariage entre musulmans ou israélites tunisiens ou algériens non naturalisés, d'une part, et Françaises ou Européennes, d'autre part, d'en référer préalablement au secrétariat général du Gouvernement tunisien qui donne, suivant le cas, les instructions nécessaires.

---

délai sera augmenté d'un jour par myriamètre de distance entre le lieu de naissance et la résidence de l'officier de l'état civil.

Art. 22. — La naissance de l'enfant sera déclarée par le père, ou, à défaut du père, par les docteurs en médecine ou en chirurgie, sages-femmes, officiers de santé ou autres personnes qui auront assisté à l'accouchement, et, lorsque la mère sera accouchée hors de son domicile, s'il est possible, par la personne chez qui elle sera accouchée. L'acte de naissance sera rédigé de suite, en présence de deux témoins.

Art. 23. — L'acte de naissance énoncera le jour, l'heure et le lieu de la naissance, le sexe de l'enfant et les prénoms qui lui seront donnés, les prénoms, noms, professions, domiciles et nationalités des père et mère, les prénoms, noms, professions et domiciles et nationalités des témoins.

Art. 24. — L'acte de reconnaissance d'un enfant sera inscrit sur les registres, à sa date, et il en sera fait mention en marge de l'acte de naissance s'il en existe un.

CHAPITRE III. — DES ACTES DE MARIAGE.

Art. 25. — Avant la célébration du mariage, l'officier de l'état civil fera une publication par voie d'affiche apposée à la porte de l'immeuble où est établi ce service. Cette publication énoncera les prénoms, noms, domiciles, résidences et nationalités des futurs époux, leur qualité de majeur ou de mineur et les prénoms, noms, professions et domiciles de leurs pères et mères. Elle énoncera en outre les jour, lieu et heure où elle a été faite. Elle sera transcrite sur un seul registre coté et paraphé comme il est dit à l'article 10 et déposé à la fin de chaque année au greffe du tribunal de première instance de la circonscription judiciaire.

Art. 26. — L'affiche prévue en l'article précédent restera apposée à la porte de l'immeuble où est établi le service de l'officier de l'état civil pendant dix jours, lesquels devront comprendre deux dimanches. Le mariage ne pourra être célébré avant le dixième jour depuis et non compris celui de la publication. Si le mariage n'a pas été célébré dans l'année à compter de l'expiration du délai de la publication, il ne pourra l'être qu'après une nouvelle publication faite dans la forme ci-dessus.

Le procureur de la République dans la circonscription duquel sera célébré le mariage peut dispenser, pour des causes graves, de la publication et de tout délai. *(Ces deux articles ont été ainsi modifiés par décret du 10 août 1907.)*

Art. 27. — Les actes d'opposition au mariage seront signés, sur l'original et sur la copie, par les opposants ou par leurs fondés de procuration spéciale et authentique; ils seront signifiés, avec copie de la procuration, à la personne ou au domicile des parties et à l'officier de l'état civil qui mettra son visa sur l'original.

Art. 28. — L'officier de l'état civil fera, sans délai, une mention sommaire des oppositions sur le registre des publications; il fera aussi mention, en marge de l'inscription desdites oppositions, des jugements ou des actes de mainlevée dont l'expédition lui aura été remise.

Art. 29. — En cas d'opposition, l'officier de l'état civil ne dressera pas l'acte de mariage avant qu'on ne lui en ait remis la mainlevée, sous peine de 300 francs d'amende et de tous dommages-intérêts.

Art. 30. — S'il n'y a point d'opposition, il en sera fait mention dans l'acte de mariage et, les publications ont été faites par plusieurs officiers de l'état civil, les parties remettront à celui qui doit dresser l'acte de mariage un certificat délivré par tous les autres, constatant qu'il n'existe point d'opposition.

Art. 31. — L'officier de l'état civil se fera remettre l'acte de naissance de chacun des futurs époux, s'ils sont de nationalité européenne. Celui des époux qui serait dans l'impossibilité de se le procurer pourra le suppléer, en rapportant un acte de notoriété délivré par le juge de paix du lieu de sa naissance, ou par celui de son domicile.

L'acte de naissance produit par chacun des époux ne devra pas avoir été délivré depuis plus de trois mois, s'il a été délivré en Tunisie ou en France, et depuis plus de six mois, s'il a été délivré dans un pays étranger. *(Ainsi complété par décret du 6 avril 1898.)*

Art. 32. — L'acte de notoriété contiendra la déclaration faite par 7 témoins, de l'un ou de l'autre sexe, parents ou non parents, des prénoms, nom, profession et domicile du futur époux, et de ceux de ses père et mère, s'ils sont connus; le lieu, et, autant que possible,

l'époque de sa naissance, et les causes qui empêchent d'en rapporter l'acte. Les témoins signeront l'acte de notoriété avec le juge de paix; et s'il en est qui ne puissent ou ne sachent signer, il en sera fait mention.

Art. 33. — L'acte de notoriété sera présenté au tribunal de première instance du lieu où doit se célébrer le mariage. Le tribunal, après avoir entendu le procureur de la République, donnera ou refusera son homologation selon qu'il y trouvera suffisantes ou insuffisantes les déclarations des témoins et les causes qui empêchent de rapporter l'acte de naissance.

Art. 34. — L'acte authentique, s'il est requis du consentement des père et mère, ou aïeux ou aïeules, ou à leur défaut celui de la famille, contiendra les prénoms, noms, professions, nationalités et domiciles du futur époux et de tous ceux qui auront concouru à l'acte, ainsi que leur degré de parenté.

Lorsque le consentement sera requis des père et mère ou des aïeuls ou aïeules, l'acte pourra en être donné devant l'officier de l'état civil du domicile de l'ascendant. *(Ainsi modifié par décret du 15 février 1897.)*

Art. 35. Dans le cas où, en raison de la législation des pays d'origine des futurs, l'accomplissement de certaines formalités prescrites par le présent décret préalablement à la célébration du mariage serait impossible, il sera suppléé à ces formalités par un certificat délivré par le consul de la nation desdits futurs et qui constatera qu'ils ont satisfait aux prescriptions de leur propre loi.

Ce certificat demeurera annexé à l'acte de mariage.

Art. 36. Le mariage sera célébré par l'officier de l'état civil du lieu où l'un des deux époux aura son domicile ou sa résidence établie par un mois au moins d'habitation continue à la date de la publication prévue par la loi. *(Ainsi modifié par décret du 10 août 1907.)*

Art. 37. — Le jour désigné par les parties, après les délais des publications, l'officier de l'état civil, dans la maison où est établie son administration, en présence de quatre témoins parents ou non parents, fera lecture aux parties des pièces ci-dessus mentionnées, relatives à leur état et aux formalités du mariage. Si les parties sont de nationalité française, il sera légalement fait lecture du chapitre VI du Code civil, titre du mariage, sur les états et les devoirs respectifs des époux.

L'officier de l'état civil interpellera les futurs époux ainsi que les personnes qui autorisent le mariage, si elles sont présentes, d'avoir à déclarer s'il a été fait un contrat de mariage, et, dans le cas de l'affirmative, la date de ce contrat, ainsi que le nom et le lieu de résidence de celui qui l'a reçu. Il recevra de chaque partie, l'une après l'autre, la déclaration qu'elles veulent se prendre pour mari et pour femme; il prononcera, au nom de la loi, qu'elles sont unies par le mariage, et il dressera l'acte de mariage sur-le-champ.

Art. 38. — On énoncera dans l'acte de mariage :

1° Les prénoms, noms, professions, âges, lieux de naissance, domiciles et nationalités des époux;

2° S'ils sont majeurs ou mineurs;

3° Les prénoms, noms, professions, domiciles et nationalités des pères et mères;

5° Les actes respectueux, s'il en a été fait;

6° Les oppositions s'il y en a eu, leur mainlevée ou la mention qu'il n'y a point eu d'opposition;

7° La déclaration des contractants de se prendre pour époux et le prononcé de leur union par l'officier public;

8° Les prénoms, noms, âges et domiciles des témoins et leur déclaration s'ils sont parents ou alliés des parties, de quel côté et à quel degré;

9° La déclaration faite sur l'interpellation prescrite par l'article précédent qu'il a été ou qu'il n'a pas été fait de contrat de mariage et autant que possible la date du contrat, s'il existe, ainsi que le nom et lieu de résidence de celui qui l'aura reçu; le tout à peine contre l'officier de l'état civil de l'amende fixée par l'article 16.

Dans le cas où la déclaration aurait été omise ou serait erronée, la rectification de l'acte, en ce qui touche l'omission ou l'erreur, pourra être demandée par le procureur de la République, sans préjudice du droit des parties intéressées, conformément à l'article 43.

Il sera fait mention de la célébration du mariage en marge de

894. État civil tunisien. — Les dispositions du décret beylical du 29 juin 1886 n'étaient pas obligatoires, tout au moins pour les sujets tunisiens. Il en résultait que si les Européens remplissaient soit devant leur consul, soit devant l'officier de l'état civil tunisien, les formalités relatives à l'état civil, les sujets tunisiens s'abstenaient de toute déclaration.

Le décret beylical du 28 décembre 1908 a disposé que les déclarations de naissance et de décès seraient faites par tous les sujets tunisiens et que des arrêtés du premier ministre détermineraient les formes et les conditions de ces déclarations, ainsi que les circonscriptions dans lesquelles les stipulations du décret seraient applicables. Un arrêté ministériel du même jour a, en conséquence, rendu applicables les dispositions du décret à la ville de Tunis et au caïdat de la banlieue, aux caïdats de Kairouan et de Monastir.

Les déclarations sont faites par l'intéressé ou son mandataire, dans un délai de dix jours pour les naissances et de trois jours pour les décès, au cheikh de la fraction ou du quartier dans lequel il habite ou réside, ou au bureau de l'état civil prévu par le décret du 27 juin 1886. Le cheikh ou son représentant est, à cet effet, assisté d'un notaire.

Si le déclarant ou son mandataire ne sont personnellement connus ni du cheikh ni du notaire, ils doivent se faire assister d'un témoin qui certifie leur identité et confirme leur déclaration.

La réception des déclarations est gratuite.

895. En ce qui concerne la célébration de leur mariage, il est de règle, chez les musulmans tunisiens, de faire dresser par deux notaires un acte qui fixe le montant de la dot due par le futur époux en pareil cas. Ce document, appelé *Sedak*, constitue un véritable acte de mariage.

Dans certaines tribus cependant, l'usage s'était établi de ne pas recourir pour l'établissement de ces actes au ministère des notaires. La fixation de la dot était arrêtée en présence de témoins et, à cette occasion, aucun acte n'était dressé. Cette procédure par trop sommaire devenait la source de nombreuses difficultés et de procès interminables engagés devant le charâa.

Une circulaire ministérielle du 20 septembre 1909 a prescrit aux caïds d'inviter leurs administrés à recourir au ministère des notaires pour la conclusion de leurs mariages. Elle a décidé en outre qu'à l'avenir, aucune instance relative à des questions de statut personnel ne serait plus admise devant la juridiction compétente si les parties ne déposaient pas au préalable leur acte de mariage.

CHAPITRE II.

LES BIENS.

SECTION PREMIÈRE.

RÉGIMES FONCIERS.

896. Le régime foncier actuellement en vigueur en Tunisie est double; il comprend : d'une part, le droit musulman tunisien s'appliquant aux immeubles non immatriculés; d'autre part la législation instituée par le décret beylical du 1er juillet 1885 sur l'immatriculation foncière.

ARTICLE PREMIER. — *Droit musulman tunisien.*

897. La source première de la législation de la Tunisie est, nous l'avons déjà rappelé (1), le droit coranique, droit d'essence religieuse, peu à peu assoupli par la coutume. Ce principe est particulièrement exact pour la législation immobilière. Mais il faut reconnaître que bien rares et bien laconiques sont les dispositions que l'on peut rencontrer dans la législation religieuse et qui ont trait au régime des biens.

Aussi ces dispositions très générales et imprécises devaient-elles bien vite paraître insuffisantes en présence des nécessités pratiques plus pressantes, des transactions plus nombreuses, des besoins économiques nouveaux et du développement du crédit.

l'acte de naissance des époux. (*Ainsi modifié par décret du 10 août 1907.*)

Art. 39. — Dans le cas prévu à l'article 35, l'acte de mariage mentionnera le certificat délivré par le consul de la nation des futurs avec énonciation des formalités que ledit certificat est appelé à suppléer.

CHAPITRE IV. — DES ACTES DE DÉCÈS.

Art. 40. — L'acte de décès sera dressé par l'officier de l'état civil, sur la déclaration de deux témoins. Ces témoins seront, s'il est possible, les deux plus proches parents ou voisins, ou, lorsqu'une personne sera décédée hors de son domicile, la personne, si faire se peut, chez laquelle elle est décédée et un parent ou autre.

Art. 41. — Les déclarations de décès seront faites, dans les trois jours du décès, à l'officier de l'état civil du lieu, sans préjudice des règlements de police.

Ce délai sera augmenté d'un jour par myriamètre de distance entre le lieu de décès et la résidence de l'officier de l'état civil.

Art. 42. — L'acte de décès contiendra les prénoms, nom, âge, profession, domicile et nationalité de la personne décédée; les prénoms et nom de l'autre époux, si la personne décédée était mariée ou veuve; les prénoms, noms, âges, professions et domiciles des déclarants, et, s'ils sont parents, leur degré de parenté.

Le même acte contiendra de plus, autant qu'on pourra le savoir, les prénoms, noms, professions et domiciles des père et mère du décédé et le lieu de sa naissance.

CHAPITRE V. — DE LA RECTIFICATION DES ACTES DE L'ÉTAT CIVIL.

Art. 43. — Lorsque la rectification d'un acte de l'état civil sera demandée, il y sera statué, s'il s'agit d'un Tunisien, par la juridiction du ministère pour les actes de décès et par celle du chaâra pour ceux de naissance et de mariage; s'il s'agit d'un justiciable des tribunaux français, par le tribunal de première instance, sauf appel, au greffe duquel le double du registre de l'état civil a été ou doit être déposé, et sur les conclusions du procureur de la République. Les parties intéressées seront appelées, s'il y a lieu.

Art. 44. — Le jugement de rectification ne pourra, dans aucun temps, être opposé aux parties intéressées qui ne l'auraient point requis, ou qui n'y auraient pas été appelées.

Art. 45. — Les jugements de rectification seront inscrits sur les registres par l'officier de l'état civil, aussitôt qu'ils lui auront été remis; et mention en sera faite en marge de l'acte réformé.

Art. 46. — Le présent décret sera exécutoire à partir du 1er octobre 1886 (2 moharrem 1304).

(1) V. *supra* n° 160 et s.

Là encore, ce fut l'œuvre du droit coutumier de combler les lacunes du droit musulman pur, et de l'élargir ainsi progressivement sous l'influence des jurisconsultes des différentes écoles.

D'autre part, en même temps que la coutume, la législation beylicale, puis la jurisprudence des tribunaux français de Tunisie, s'appliquèrent à dégager les principes et les dispositions essentielles du droit immobilier tunisien.

Et c'est ainsi que peu à peu furent précisés les caractères principaux d'un régime foncier particulièrement original, révélant parfois un certain raffinement de l'esprit juridique, mais demeurant presque toujours une législation aux principes rudimentaires.

§ 1er. — Droit de propriété.

898. Comme le droit romain, le droit musulman reconnaît le droit de propriété.

Sans doute, certains auteurs ont pu, prenant texte des principes posés par le Coran et d'après lesquels toute terre appartient à Dieu et à son vicaire ici-bas (le souverain), soutenir que la législation religieuse ne consacrait pas le droit de propriété, et prétendre que, le domaine éminent étant réservé à Dieu, les hommes ne pouvaient jouir que du domaine utile (1). Mais il faut entendre les préceptes posés en cette matière par le Coran, plutôt comme des expressions imagées que comme des règles impératives, et la vérité est que le droit de propriété se confond souvent, en législation musulmane, avec la simple possession, élément de fait.

Cependant, si en principe la législation musulmane reconnaît le droit de propriété, il n'est pas moins vrai que la volonté du prince ne l'a pas toujours respecté. C'est ce qui explique qu'un certain nombre de jurisconsultes musulmans puissent soutenir que la nue propriété de tous les domaines appartient au souverain seul et que les particuliers n'ont qu'un droit de jouissance.

Quoi qu'il en soit, le droit musulman confère au droit de propriété les caractères essentiels que nos législations modernes lui donnent. C'est le droit de jouir et de disposer d'une chose de la manière la plus absolue.

§ 2. — Limitations du droit de propriété. Droit de Chefaa.

899. Mais, si étendu que soit le droit de propriété, il peut recevoir des limitations. Ces restrictions proviennent généralement soit de l'exercice du droit de partage, soit de l'exercice du droit de préemption appelé chefaa.

En ce qui concerne le partage, la législation musulmane ne contient pas de dispositions particulièrement intéressantes. Et il nous suffira de dire qu'elle n'entrave en aucune façon le partage conventionnel, mais soumet l'opportunité de toute demande judiciaire en partage à l'appréciation souveraine du magistrat.

900. L'étude du droit de chefaa offre un intérêt plus grand que celle du partage.

Le droit de chefaa est une sorte de droit de préemption ou de retrait qui permet à l'ayant droit de retirer des mains de l'acquéreur la chose qu'il a acquise en lui remboursant le prix d'achat (1).

Ainsi la jurisprudence hanéfite reconnaît au propriétaire de l'immeuble contigu à l'immeuble vendu le droit de se substituer à l'acquéreur de cet immeuble et d'en devenir lui-même propriétaire en payant le prix de la vente. La jurisprudence malékite, au contraire, ne reconnaît l'exercice du droit de chefaa qu'au co-propriétaire (2). Et le retrayant est immédiatement mis en possession de l'objet du retrait, ce qui lui assure en cas de contestation la situation du défendeur et, par suite, la possibilité de choisir le rite qui lui semble le plus favorable (3).

En matière de chefaa, le demandeur est celui qui s'oppose à l'exercice de ce droit, puisque celui qui a exercé la chefaa se trouve en possession du fait même de sa qualité de chefiste, et peut jouir tranquillement du bien qu'il a acheté sans le secours de la justice, parce qu'il en a la possession légale. S'il en était autrement, jamais la chefaa du voisin ne pourrait s'exercer, puisqu'elle n'est admise que par le rite hanéfite et que jamais celui qui s'y opposerait ne choisirait ce rite (4).

901. Pour que le droit de chefaa puisse s'exercer valablement, la réalisation de trois conditions est nécessaire :

1° Le retrayant doit manifester par acte notarié son intention d'exercer la chefaa aussitôt qu'il a eu connaissance de la vente;

2° Il doit confirmer immédiatement cette intention devant deux notaires ou bien en présence du vendeur ou de l'acquéreur, en offrant de payer le prix;

3° Il doit enfin se mettre en possession soit du consentement de l'acheteur s'il accepte la chefaa, soit par l'autorité du cadi si on ne le laisse pas joindre la possession effective à la possession légale (5).

902. En ce qui concerne les effets du droit de chefaa, il faut surtout tenir compte, pour les apprécier, de ce que ce droit est contraire au principe de la liberté des conventions; en raison même de ce caractère exorbitant, il doit donc être interprété restrictivement (6).

Lorsque la chefaa est exercée régulièrement, le retrayant devient propriétaire du chef du vendeur, de telle sorte que l'acquéreur n'a plus le droit de disposer de l'objet du retrait qu'il est présumé n'avoir jamais eu en son pouvoir (7).

---

(1) « La propriété de l'homme n'est qu'une fiction, qu'une allusion au vrai propriétaire, elle ne peut être prise qu'au figuré; Dieu est le seul propriétaire véritable. » (Sidi Khelil, Traduction Perron, Paris 1848, tome III, note 18, p. 578.)

« La propriété n'existe pas chez les musulmans dans le sens où nous l'entendons; la propriété pour la loi musulmane n'est que la possession. » (Ibid., tome V, note I, page 529.)

(1) Saliège. « Droit de Chefaa en Tunisie », J. T. T., 1894, 507.
(2) Trib. Tunis 10 novembre 1897. J. T. T. 1897, 600.
(3) Trib. mixte, 11 juillet 1903, J. T. T. 1903, 581.
(4) Trib. Tunis, 1er avril 1908, J. T. T. 1908, 394.
(5) Trib. Tunis, 1er avril 1908, précité.
(6) Trib. Tunis, 24 avril 1901, J. T. T. 1901, 414; 9 avril 1902, J. T. T. 1902, 270.
(7) Trib. Tunis, 12 avril 1905, J. T. T. 1905, 410.

Mais de ce que celui qui exerce la chefaa devient propriétaire du chef du vendeur et non du chef de l'acquéreur, il ne résulte pas qu'il doive acquitter le passif hypothécaire de ce vendeur comme s'il avait été lui-même l'acquéreur; il prend l'immeuble dans des conditions identiques à celles où l'acheteur qu'il évince l'acquérait (1).

Et s'il s'agit d'un immeuble adjugé à la barre d'un tribunal français de Tunisie, le chefiste se trouve lié par les clauses du cahier des charges de l'adjudication comme s'il avait été lui-même l'adjudicataire, et il n'a pas à supporter d'autres charges (2).

903. A ce sujet, il y a lieu encore de noter que l'adjudication faite à la barre d'un tribunal français d'un immeuble tunisien non immatriculé, n'a pas pour effet de le faire passer sous l'empire du statut réel français; il reste soumis à la loi immobilière du pays. Le droit de chefaa peut donc s'exercer à l'égard d'un pareil immeuble dans les conditions prescrites par le droit musulman tunisien (3). Mais s'agissant d'une chefaa pratiquée à l'occasion d'une vente tranchée devant lui, le tribunal français a incontestablement compétence pour connaître d'une question de chefaa relative à un immeuble non immatriculé, puisque seul il a qualité pour apprécier et déterminer les conséquences juridiques de cette adjudication (4).

904. Le droit de chefaa a ainsi des conséquences particulièrement rigoureuses, puisque, brusquement, le retrayant prend la situation de l'acquéreur et est substitué au droit de ce dernier.

Aussi les jurisconsultes, et notamment les jurisconsultes de l'école hanéfite ont-ils cherché à rendre impossible, dans certains cas, l'exercice du droit de chefaa, au moyen de divers expédients.

D'après eux, — et la jurisprudence française a consacré leurs principes, — l'exercice du droit de chefaa est rendu impossible lorsque le vendeur, s'étant réservé une bande de terrains autour de sa propriété et de ses enclaves, a de cette façon empêché toute contiguïté avec l'immeuble voisin (5).

Selon les juristes de l'école hanéfite, l'exercice de la chefaa devient encore impossible lorsque la vente d'un immeuble est faite moyennant, outre le prix stipulé, une poignée d'un nombre inconnu de pièces de monnaie (Kemchat Madjoulat). Dans ce cas, en effet, le retrayant est dans l'impossibilité d'offrir à l'acquéreur l'équivalent de son prix total puisque ce prix est indéterminé (6).

§ 3. — Droits réels immobiliers.

905. La législation musulmane ne contient aucune théorie des droits réels immobiliers. A la différence du

droit romain ou des législations modernes, elle n'a pas su analyser le droit de propriété, et les avantages séparés, les démembrements qui le composent. C'est qu'aussi pareille analyse suppose un degré de culture juridique assez prononcé qu'on ne rencontre pas dans les premiers siècles de l'Islam, et d'autre part l'absence à peu près totale de crédit et, par suite, de transactions économiques n'avait pas encore imposé à la pratique des institutions et des modalités juridiques nouvelles.

Ce n'est que peu à peu, à l'exemple des législations européennes et par suite des relations qui s'établirent entre l'Islam et la Chrétienté, que se dégagea et s'affirma dans le droit tunisien la conception des droits réels, et qu'avec l'antichrèse et la vente à réméré d'institution nettement coutumière, apparut, imposé par les besoins du crédit, un régime hypothécaire. La coutume, développée par la jurisprudence, a ainsi précisé la théorie des droits réels immobiliers.

Il reste maintenant à étudier ces divers droits réels en insistant tout particulièrement sur ceux d'entre eux qui apparaissent comme des institutions originales, particulières au régime foncier tunisien : l'antichrèse; — la vente à réméré; — le khoulou; — l'usufruit; — l'usage et l'habitation, enfin le contrat d'enzel qui constitue en Tunisie une des tenures du sol les plus importantes.

1° Antichrèse.

906. L'antichrèse ou gage immobilier du droit tunisien (rahn) est une convention par laquelle un immeuble est affecté par son propriétaire au profit d'un créancier à titre de sûreté réelle (1).

Ce nantissement est constitué par la remise du titre ou des titres de propriété au créancier (2). Mais la simple détention du titre de propriété n'est pas suffisante pour constituer, au profit du débiteur, un droit d'antichrèse sur l'immeuble qu'il représente; ce droit doit être établi par un contrat (3).

De plus, l'antichrèse n'est opposable aux tiers qu'autant que le créancier antichrésiste est en même temps nanti du titre et en possession de l'immeuble (4).

L'antichrèse constituée par la remise du titre de propriété ne confère pas au créancier nanti le droit de disposer de ce titre, en le remettant, par exemple, à son propre créancier pour sûreté d'une dette qu'il aurait contractée.

907. Le dessaisissement de son titre de propriété de la part du débiteur principal l'empêcherait de constituer un second nantissement dès qu'il en aurait consenti un premier. Mais la coutume et l'usage ont-ils fait admettre, en Tunisie, la constitution d'une sorte d'antichrèse de deuxième rang. Celui qui a remis le titre de son immeuble en gage pour sûreté de ce qu'il doit à un tiers peut con-

---

(1) Trib. Tunis, 1ᵉʳ avril 1908 précité.
(2) Trib. Tunis, 1ᵉʳ avril 1908, précité.
(3) Trib. Tunis; 16 avril 1891, J. T. T. 1894, 466; — 3 juin 1892, ibid., 1894, 467; — 10 novembre 1897, ibid., 1897, 600.
(4) Trib. Tunis, 1ᵉʳ avril 1908, précité.
(5) Trib. Tunis, 3 juin 1884, J. T. T. 1891, 155.
(6) Trib. mixte, 15 juin 1898, J. T. T. 1900, 606.

---

(1) Cf. Jacques Scemama, Les hypothèques en Tunisie, Tunis, 1902.
(2) Trib. Tunis, 27 juin 1894, J. T. T. 1894, 446; — 6 décembre 1897, ibid., 1898, 217.
(3) Trib. Tunis, 7 octobre 1898. J. T. T. 1899, 268.
(4) Ouzara, 19 septembre 1898, J. T. T. 1903, 57.

férer un gage de second rang sur le même immeuble à un autre créancier, bien qu'il soit dans l'impossibilité de remettre à ce dernier le titre de propriété; il suffit que le second gage soit dénoncé au premier créancier avec défense de se dessaisir du titre entre les mains du débiteur ou d'un tiers autre que le second créancier. Cette dénonciation doit être faite par les notaires indigènes si les parties sont toutes indigènes, et par ministère d'huissier s'il s'en trouve une justiciable des tribunaux français [1].

Le premier créancier gagiste détient alors le titre de la propriété engagée pour le compte du second créancier aussi bien que pour son compte personnel; et il ne peut s'en dessaisir pour le remettre au débiteur commun sans le consentement du second [2].

Relativement au droit de poursuite appartenant au créancier gagiste, la coutume tunisienne, confirmée par la législation beylicale et par la jurisprudence des tribunaux français de la Régence [3] pose un principe analogue à celui qu'édicte l'article 2209 du Code civil français : le créancier gagiste ne peut poursuivre la vente des immeubles non affectés au paiement de sa créance qu'en cas d'insuffisance des biens qui lui ont été donnés en nantissement.

908. L'antichrèse du droit musulman tunisien confère à la fois au créancier nanti un droit de suite et un droit de préférence.

Son droit de suite lui permet de méconnaître tout acte de disposition qui aurait été consenti par son débiteur postérieurement à la constitution d'antichrèse [4].

Son droit de préférence lui permet d'intervenir à la distribution des deniers provenant de la vente de l'immeuble engagé et d'être payé avant les créanciers purement chirographaires.

909. Enfin, la jurisprudence a eu à rechercher si le créancier antichrésiste, aussi bien en droit musulman

---

[1] Ouzara, 6 décembre 1897, J. T. T. 1898, 410.
[2] Trib. Tunis, 8 mai 1895, J. T. T. 1895, 477; — 15 juillet 1895, *ibid.*, 1898, 488.
[3] Art. 534 et 535 du décret beylical du 26 avril 1861 sur le *Droit civil et pénal tunisien*.
Trib. Tunis 14 octobre 1885, J. T. T. 1894, 318.
[4] La constitution de habous, par exemple, non inscrite sur le titre de propriété peut être intrinsèquement valable, mais elle n'est pas opposable au créancier qui, antérieurement à cette constitution, avait obtenu comme gagiste la détention dudit titre de propriété.
« Attendu, dit le jugement du tribunal de Tunis qui a posé ce principe, que le contrat de *Rahnia*, tel qu'il est usité en Tunisie, repose sur la détention effective du titre par le créancier, qui, ayant ainsi dans les mains une représentation matérielle du droit de propriété, est censé avoir la détention à titre de gage de l'immeuble même;
« Que le propriétaire qui a consenti à donner à son créancier cette sûreté est, de son côté, censé n'avoir plus la détention légale de son immeuble, même s'il en lui en laisse la jouissance effective; qu'il s'ensuit qu'il ne peut plus en disposer d'une manière quelconque; qu'il s'ensuit également qu'aucun droit réel reposant sur l'immeuble donné en gage n'est opposable au créancier, s'il n'est inscrit sur le titre de propriété qui lui a été remis;
« Attendu que cette dernière règle, qui est l'unique sauvegarde du crédit immobilier, en ce qui concerne la propriété non immatriculée, a toujours été appliquée d'une manière très rigoureuse par la jurisprudence et qu'il ne convient pas de l'ébranler, afin de ne pas ouvrir à la fraude et à la mauvaise foi des voies qui ne sont déjà que trop larges et trop nombreuses. » (Trib. Tunis 24 octobre 1906, J. T. T. 1908, 519.)

qu'en droit français, a qualité pour intenter une action possessoire, notamment l'action en complainte.

Elle a décidé, dans son dernier état, que le créancier antichrésiste, aussi bien en droit français qu'en droit musulman, n'est pas un détenteur à titre précaire, qu'il doit être placé au point de vue des actions possessoires dans la même catégorie que l'usufruitier, parce qu'il possède pour lui-même, et que par suite il peut exercer valablement une action en complainte [1].

2° Vente à réméré.

910. La vente à réméré du droit musulman tunisien n'est pas, comme en droit français, une vente sous condition résolutoire. Elle constitue, dans son principe, une vente translative de propriété, suivie d'une promesse de vente au profit du vendeur. Mais en fait, et notamment dans la coutume tunisienne, elle apparaît comme un contrat n'entraînant aucun déplacement de la propriété [2].

Ainsi conçue et déterminée, la vente à réméré réalise chez les indigènes musulmans un mode facile et détourné d'enfreindre la prohibition coranique du prêt à intérêt, en permettant au créancier de percevoir les fruits du gage. Elle rappelle ainsi dans son emploi et dans son but un contrat de prêt hypothécaire.

Sans doute la véritable vente à réméré translative de propriété sous condition résolutoire n'est ni prohibée, ni entièrement inconnue dans le droit musulman, mais elle est rarement appliquée en Tunisie. On ne l'y rencontre que dans certaines conditions autorisées par le rite malékite, lorsque les parties ont d'abord, dans un premier acte, stipulé une vente pure et simple suivie de la prise de possession. Le rite hanéfite l'emploie comme une antichrèse, procurant ainsi au créancier l'avantage de percevoir les fruits de l'immeuble sans avoir à en rendre compte.

L'acheteur à réméré a le droit de percevoir pour son compte personnel les fruits de l'immeuble ainsi gagé. Mais tandis que selon l'école hanéfite ce droit résulte *ipso facto* du contrat lui-même, l'école malékite exige une stipulation formelle sur ce point.

3° Khoulou.

911. Le *khoulou* est un droit réel immobilier [3], droit de jouissance perpétuelle cédé par le propriétaire à un tiers, à charge par ce dernier de payer une redevance annuelle et de contribuer aux grosses réparations [4].

La concession de ce droit entraîne donc une sorte de

---

[1] Trib. Tunis 10 juin 1908, J. T. T. 1908, 519.
[2] La jurisprudence des tribunaux français de Tunisie confirme, sur ce point encore, la coutume tunisienne, en envisageant la vente à réméré du droit tunisien comme un contrat pignoratif.
Elle a décidé qu'un contrat de vente à réméré n'étant, d'après le rite hanéfite, qu'un simple nantissement, est soumis non pas au droit de mutation, mais aux droits afférents aux prêts hypothécaires. (Trib. Sousse 6 avril 1905, J. T. T., 1905, 477.)
[3] Le Khoulou étant un droit réel immobilier, c'est, dans l'ordre des juridictions tunisiennes, au tribunal du Charaa qu'appartient la connaissance des litiges s'agitant à l'occasion de ce contrat. (Ouzara 27 février 1908, J. T. T. 1908, 295.)
[4] Ali El Hadjehouri, juriste célèbre, définit le khoulou : « Un

démembrement de la propriété; le domaine éminent ou rakabat, comprenant les murs et la toiture, reste au propriétaire, et le khoulou proprement dit appartient au tiers bénéficiaire.

Le khoulou n'est pas visé dans les textes fondamentaux du droit musulman, mais les jurisconsultes et la coutume en ont précisé les règles.

Il a été pratiqué pendant longtemps en Tunisie où la coutume l'avait autorisé sous des formes diverses dont les plus connues sont : le khoulou el meftah, le khoulou el hazakat, le khoulou el djeļçat, et le khoulou en naçbat, qui, en dehors de quelques traits communs, présentent des particularités intéressantes.

912. *Le khoulou el meftah*, ou le khoulou de la clef, était l'un des plus employés dans la coutume tunisienne. Il présentait les caractères que nous avons indiqués plus haut. C'était un droit de jouissance perpétuelle d'un immeuble, fréquemment d'une boutique, à charge par le tenancier, qui en recevait la clef (symbole de son droit de possession), de payer une redevance annuelle et d'entretenir l'immeuble en bon état.

913. *Le khoulou el hazakat*, spécial aux israélites de Tunisie, a une origine curieuse (1).

Les israélites pouvaient, autrefois, acquérir la propriété immobilière; puis, Hammouda Bey leur ayant retiré cette faculté, le Gouvernement leur affecta des quartiers où il leur permit d'habiter comme locataires. Ils ne tardèrent pas à s'y trouver à l'étroit; aussi bien, en arrivèrent-ils à se faire une concurrence effrénée, à se disputer les logements et à payer des loyers très élevés. Ils s'en plaignirent au Conseil des Anciens, aux rabbins et aux chefs de la communauté qui durent prendre des mesures et décidèrent que dès qu'un immeuble, appartenant à un non-israélite, aurait été occupé par un premier locataire israélite qui y allumerait une lampe (kandil), ce locataire, par cela seul, acquerrait une sorte de droit de préemption lui permettant de retenir l'immeuble et d'y habiter exclusivement en en payant le loyer, sans qu'aucun de ses coreligionnaires pût enchérir; et que dans le cas où le tenancier de ce droit, dit *Hazakat*, consentirait à le céder à un autre, il aurait la faculté d'exiger du second locataire, cessionnaire, une rétribution en retour de son privilège de premier occupant.

Ce droit de hazakat n'étant pas opposable aux propriétaires, les Juifs durent donc, par la suite, leur acheter le droit de khoulou en leur payant une certaine somme d'argent.

Lorsque, sous le règne du bey Mohammed, le Gouvernement tunisien autorisa les Juifs à devenir propriétaires immobiliers, le contrat de Khoulou el hazakat leur fut interdit (1).

914. *Le khoulou el djeçat* a été importé du Maroc en Tunisie. Sorte de bail à long terme, c'était un droit qu'obtenait un locataire qui occupait la même boutique ou un immeuble analogue durant plusieurs années consécutives, au point que le local fût plus connu sous son nom que sous le nom du propriétaire, soit que ce dernier ne trouvât personne qui lui offrît un loyer supérieur, soit qu'il eût été convenu tacitement entre le bailleur et le preneur que le bail était consenti pour une durée illimitée.

A cette époque, les corporations tunisiennes avaient des quartiers pour exercer chacune son industrie, le nombre des boutiques était également limité. Il n'est donc pas étonnant que telle boutique occupée pendant plusieurs années de suite par un même locataire, qui avait fait des améliorations, ne trouvât pas preneur ou enchérisseur et, qu'avec le temps, l'occupant se crût un véritable privilège.

915. *Le khoulou en naçbat* était un droit d'usage perpétuel qu'acquérait le preneur d'un immeuble melk ou habous en y installant son outillage (naçbat), des balances, des meules de moulins, etc., contribuant ainsi à le mettre en état de productivité et en servant un loyer convenu perpétuel invariable (2).

Le propriétaire a le droit de demander la résolution du bail dès que le matériel d'exploitation (naçba) est enlevé ou a été changé sans son autorisation.

4° Usufruit.

916. *L'usufruit*, en droit tunisien, est, comme en droit civil français, un droit réel permettant à son titulaire d'user et de jouir d'une chose à charge d'en conserver la substance.

Il peut toutefois être perpétuel (3).

5° Usage.

917. *L'usage*, sorte d'amoindrissement de l'usufruit, est la faculté de se servir de la chose d'autrui pour une utilité restreinte à concurrence des besoins de l'usager.

---

droit de jouissance qu'acquiert une personne moyennant un prix qu'elle paie comme contre valeur de ce droit de jouissance. »

V. également art. 984 du *Code tunisien des obligations et des contrats*.

Le tenancier à khoulou peut être considéré comme un enzéliste et admis, en cette qualité, à demander l'immatriculation. (Trib. mixte, 19 juin 1905, *J. T. T.*, 1905, 609.)

(1) J. Abribat, *Essai sur les contrats de quasi-aliénation et de location perpétuelle auxquels l'institution des habous a donné naissance*, Tunis 1901, p. 26 et suiv.

Certains auteurs pensent que c'est en Tunisie que le droit de hazakat a été établi pour la première fois et que c'est de Tunisie qu'il a été importé dans les divers pays où on l'a trouvé. (Cazès, *Essai sur l'histoire des israélites de Tunisie*, 1888, p. 113.)

(1) Le décret beylical du 26 avril 1861 vise en ces termes, dans son article 575 la hazakat : « Tout propriétaire d'un immeuble loué à un juif qui y aura établi ce qui est connu chez eux (les juifs) sous la dénomination de hazakat el kandil pourra à l'expiration du bail, réclamer son immeuble et en disposer comme il l'entendra. Quant aux hazakat qui auront été acquises de personnes qui en étaient propriétaires, elles seront respectées. »

(2) Abribat. *op. cit*, p. 31.

« L'article 991 du *Code tunisien des obligations et contrats* définit de la façon suivante la naçbat : « La naçba est le droit d'occuper une boutique ou un autre lieu destiné à l'industrie ou au commerce, moyennant une redevance déterminée et invariable que le preneur s'oblige à payer au propriétaire. Ce droit s'établit en faveur du preneur par l'introduction de son matériel d'exploitation ou de ses instruments de travail (Naçba) dans les lieux occupés, et dure tant que le matériel ou les instruments se trouvent dans les lieux.

(3) P. Lesoure, *Du double régime foncier de la Tunisie*, Tunis 1900, p. 62.

6° Habitation.

918. L'*habitation* est un droit qui n'appartient qu'à celui au profit duquel il a été constitué. Ce droit ne peut être cédé ni loué, ni faire l'objet d'une saisie (1).

Lorsqu'il existe plusieurs bénéficiaires du droit d'habitation, leur jouissance doit être égale, c'est-à-dire que chacun ne peut occuper plus que sa quote-part; si l'un d'eux excède son droit, il doit les loyers de la partie dépassant cette quote-part.

§ 4. — Le contrat d'enzel.

919. L'*enzel* est une institution originale, particulière à la Tunisie. C'est un contrat par lequel le propriétaire d'un immeuble melk ou l'administrateur d'une fondation habous cède, à titre perpétuel, mais sous réserve de la faculté de rachat que nous étudierons plus loin, la possession et la jouissance d'un héritage, contre une redevance déterminée et invariable que l'autre partie s'engage à lui verser.

Le contrat d'enzel, en constituant ainsi le preneur propriétaire absolu et à perpétuité de la chose transmise, sous réserve d'une redevance, a pu rendre de grands services à la cause de la colonisation en Tunisie. Il permet en effet à l'acheteur, comme autrefois en France, de ne payer que l'intérêt d'un capital employé à la mise en valeur de son fonds.

920. Les auteurs attribuent à des sources différentes l'origine du contrat d'enzel.

D'après les uns, l'idée du contrat d'enzel aurait été dégagée de divers principes admis en matière de habous (2).

D'autres ont soutenu que les juristes de la Régence de Tunis ont trouvé le germe de cette institution dans l'idée du colonat, telle que la concevaient les Romains (3).

Mais, ainsi que le démontre un savant auteur, le contrat d'enzel paraît venir plutôt de l'emphytéose des Romains (4).

920. Quoi qu'il en soit en ce qui concerne l'origine de l'enzel, il y a lieu de noter que les ouvrages du droit musulman ne contiennent sur ce contrat aucun principe, aucune règle. .

Les juristes tunisiens ne l'ont pas étudié dans son ensemble et ne se sont pas préoccupés de tracer sa législation. Ils se sont bornés, suivant chaque espèce, à rédiger leur avis motivé sur le cas qui leur était soumis.

Cependant, le contrat d'enzel prenant de jour en jour plus d'importance dans la pratique des affaires, les juridictions françaises en Tunisie durent peu à peu fixer la jurisprudence en matière d'enzel, à peine commencée par

un décret du 28 djoumada ettani (7 juin 1880), qui dispose : « Les notaires dresseront les actes relatifs à la cession des enzels sans s'assurer du consentement du propriétaire; ils seront seulement tenus de leur en donner avis (1). »

921. C'est surtout à la jurisprudence, appuyée sur la coutume tunisienne, qu'il a incombé de dégager et de préciser les règles qui gouvernent les constitutions d'enzel.

Aux termes de cette jurisprudence, le contrat d'enzel constitue une convention particulière, ayant ses règles propres, tenant à la fois de la vente et du louage, mais ne rentrant exclusivement dans aucun de ces deux contrats.

Si l'enzeliste n'acquiert pas comme une vente ordinaire, la propriété intégrale de l'immeuble cédé à enzel, il se trouve du moins dans une situation préférable à celle du simple locataire puisqu'il devient titulaire d'un démembrement très important du droit de propriété, c'est-à-dire du domaine utile (2).

922. Mais la jurisprudence n'a pu que fixer quelques points particuliers sur le contrat d'enzel et n'a pu donner une théorie générale de cette institution à la fois originale et imprécise du droit tunisien.

Aujourd'hui, pour fixer les principes du droit d'enzel, il convient de se reporter aux textes de la loi foncière du 1er juillet 1885 (Titre III), pour ce qui a trait aux immeubles immatriculés; au Code tunisien des obligations et contrats (Titre IV chap. I) et à la jurisprudence des tribunaux de Tunisie, pour ce qui a trait aux immeubles non immatriculés.

La simple convention des parties ne suffit pas pour constituer l'enzel; il faut un écrit, alors surtout que cette sorte de contrat se passe entre européen et indigène (3). L'acte doit porter une description exacte de l'immeuble concédé, de ses accessoires et des droits qui en dépendent; des constructions, plantations et autres travaux qu'il renferme; il doit énoncer la valeur qu'on est convenu de lui donner en l'état où il se trouve au moment du contrat (4).

923. Le crédit-rentier ou bailleur à enzel doit payer toutes contributions et charges publiques dont la propriété est grevée.

Il a le droit de jouir de la propriété concédée dans les mêmes conditions que le propriétaire lui-même; il peut y élever des constructions, y faire des plantations, la mettre en valeur de toutes les manières, transformer l'état des lieux. Cependant l'enzeliste, n'ayant que l'*usus* et le *fructus*, ne peut ni détruire l'immeuble ni exercer des actes de jouissance abusive qui préjudicieraient aux droits du crédit-rentier. Tous les produits, civils ou naturels, de la propriété concédée et des améliorations qu'il y a faites,

(1) Trib. Tunis 7 décembre 1898, *J. T. T.*, 1898, 600.
(2) Opinion du Cheikh Mohammed Essenouci, juriste célèbre.
(3) Paul Sumien, *Un souvenir du droit romain en Tunisie*, publié dans la *Revue algérienne* 1893, I, 201.
(4) J. Abribat, *op. cit.* p. 36.

(1) Cf. S. Berge, *Note sur la jurisprudence en matière d'enzel*, dans *J. T. T.* 1893, 117. Lescoure, *op. cit.* p. 133 et s.
(2) Trib. Tunis, 27 mai 1895, *J. T. T.*, 1895, 462.
(3) Trib. Tunis, 16 février 1890, *J. T. T.* 1891, 79.
(4) *Code tunisien des obligations et contrats*, art. 956.

lui appartiennent ainsi que les accroissements et accessions qui peuvent y survenir.

Les droits, quant aux mines, carrières et gisements sont régis par des règlements particuliers.

En vertu de la règle « enzel sur enzel ne vaut », le débit-enzéliste ne peut constituer sur le domaine utile un enzel s'ajoutant à celui qui le grève déjà. Cette règle ne fait pas obstacle à ce que la cession du domaine utile soit faite moyennant une rente, mais cette rente n'a pas le caractère immobilier qui s'attache à celle qui résulte de l'acte de constitution : le cédant n'acquiert ainsi qu'un simple droit immobilier de créance (1).

924. L'obligation principale du débit-enzéliste est de payer la rente aux époques fixées.

D'après les règles posées par le Code tunisien : faute par le tenancier de payer la rente pendant deux années consécutives, le propriétaire direct ou crédit-enzéliste a le choix : 1°) ou de faire prononcer la résolution de l'enzel, le retour de l'immeuble à son propriétaire direct et la condamnation du tenancier au paiement des arrérages échus et non payés ; 2°) ou bien de maintenir le contrat et de poursuivre le paiement de ce qui lui est dû sur l'immeuble tenu à enzel. Si le produit de la vente est insuffisant à payer les arrérages et indemnités dus au propriétaire, le tenancier est personnellement tenu sur ses autres biens de la différence restant due. S'il y a un surplus, le tenancier a le droit de le répéter entre les mains du propriétaire pour la part afférente à la plus-value par lui donnée au fonds (2).

Le crédit-rentier a également le droit de demander la résolution de l'enzel et la dévolution de l'immeuble dans tous les autres cas où le débit-enzéliste ne remplit pas les obligations qui lui sont imposées par le contrat, notamment celle d'accomplir des améliorations lorsque cette clause est exprimée.

925. Le décret beylical du 22 janvier 1905, modifié par celui du 21 mai 1906, a déclaré rachetables, malgré toutes dispositions contraires, « les rentes foncières perpétuelles antérieurement constituées ou qui pourront être constituées à l'avenir, quelles qu'en soient l'espèce et la dénomination (art. 1er) ». Ce texte législatif, particulièrement important, a supprimé, — en mettant fin dans la Régence à la perpétuité des rentes foncières, — un inconvénient sérieux de l'enzel qui consistait dans l'impossibilité de se débarasser en temps opportun de la rente en payant le capital même, l'enzel étant essentiellement perpétuel, et dans l'entrave continuelle ainsi apportée à la circulation des biens et à leur morcellement (3).

Sans doute le texte que nous venons de rapporter ne vise pas le rachat exclusif des enzels, il consacre le principe du rachat de toutes les rentes ayant un caractère de perpétuité. Mais il a une importance particulière en ce qui concerne le contrat d'enzel, puisque celui-ci est la forme de rente la plus pratiquée en Tunisie pour acquérir la propriété.

926. Des dispositions du décret de 1905, il résulte que le rachat de la rente perpétuelle peut s'opérer légalement ou conventionnellement.

En ce qui concerne les rentes foncières perpétuelles constituées antérieurement au décret du 22 janvier 1905, les rentes annuelles n'excédant pas 100 piastres à l'année hégirienne ou l'équivalent à l'année grégorienne (61 fr. 87) quel qu'en soit le bénéficiaire, sont rachetables à toute époque, sans préavis, moyennant le paiement de 25 annuités, au-dessous et y compris 20 francs de rentes et de vingt annuités au-dessus.

Au refus du crédit-rentier, le débiteur peut se faire autoriser — soit par ordonnance du Président du tribunal civil statuant en référé, s'il est justiciable des tribunaux français, soit, s'il y a une instance d'immatriculation pendante et quelle que soit la nationalité des parties, par décision du tribunal mixte, soit par décision du premier ministre s'il s'agit d'un justiciable des tribunaux tunisiens, — à consigner le capital de rachat majoré, s'il y échot, des arrérages échus et non prescrits. La consignation est effectuée, s'il s'agit de rentes dues à des fondations habous, à la caisse de la Djemaïa, et à la recette générale des finances dans tous les autres cas.

Les rentes annuelles supérieures aux taux fixés plus haut bénéficiant à des fondations habous privées peuvent être rachetées à toute époque aux taux et aux conditions débattus entre les intéressés par l'intermédiaire et sous le contrôle de la Djemaïa. Ce taux ne peut toutefois être inférieur à 20 annuités. Si l'immeuble grevé vient à être morcelé, les dévolutaires restent tenus de subir les conséquences de la divisibilité de la rente foncière.

Pour toutes autres rentes, le taux est fixé à 20 annuités. Le crédit-rentier doit être avisé un an à l'avance, par acte extrajudiciaire.

927. En ce qui concerne les nouvelles constitutions de rentes, les parties ont la faculté de stipuler que le rachat ne pourra pas être effectué pendant la vie du crédit-rentier ou avant un délai qui ne doit pas excéder 20 ans.

Elles peuvent également stipuler un délai de préavis qui ne peut excéder un an.

Ces stipulations ne sont pas opposables, en cas d'expropriation pour cause d'utilité publique, à l'administration expropriante. Les stipulations de délai dépassant les maxima ci-dessus sont réputées non écrites. En ce cas, comme en l'absence de toute stipulation, la rente est rachetable à toute époque moyennant vingt annuités, à charge par le débiteur de prévenir le bénéficiaire six mois à l'avance par acte extrajudiciaire.

L'annuité servant de base au calcul du capital de rachat doit s'entendre de la somme nette perçue en trois cent soixante-cinq jours par le crédit-rentier ; et, sauf convention contraire, le rachat de la rente doit être précédé du paiement de tous les arrérages échus.

Le bénéficiaire ne peut être contraint, sauf convention contraire, de recevoir des remboursements partiels ; et,

(1) Trib. Tunis, 3 novembre 1888, *J. T. T.*, 1893, 103 ; — 15 mai 1893, *ibid.*, 1893, 246 ; — 26 novembre 1894, *ibid.*, 1895, 119 ; — 24 mai 1895, *ibid.*, 1895, 504.
(2) *Code tunisien*, art. 971.
(3) V. Louis Coulon, *Du rachat des rentes foncières perpétuelles en Tunisie*, Tunis 1906.

lorsqu'il y a plusieurs co-débiteurs de la rente, aucun d'eux ne peut imposer au crédit-rentier le rachat de la portion dont il est tenu. Mais chacun a la faculté de le rembourser en totalité. Le débiteur qui effectue le remboursement total demeure subrogé aux droits du créancier contre ses co-débiteurs.

La réforme posée par le décret beylical du 22 janvier 1905 constitue, très certainement, l'un des progrès les plus sérieux accomplis dans le domaine de la législation foncière tunisienne depuis l'établissement de notre protectorat dans la Régence.

ARTICLE 2. — *Régime de la loi foncière.*

928. *Immatriculation foncière.* — L'administration chargée par le Gouvernement de la République d'organiser le protectorat de la France en Tunisie devait, après avoir mis l'ordre dans les finances, se préoccuper de donner à la propriété foncière une organisation appropriée aux exigences du crédit et aux besoins économiques du pays. La Tunisie est un pays agricole, elle offre à la colonisation des terres fertiles, mais il fallait lui procurer en abondance les capitaux nécessaires à l'exploitation de ses ressources naturelles (1).

Pour attirer et retenir ces capitaux, il importait de protéger les acquéreurs contre leur ignorance de la langue, des us et des usages du pays, de mettre les propriétaires à l'abri des revendications imprévues, d'assurer en un mot la facilité et la sécurité des transactions.

Or, sous le régime de la législation musulmane et des coutumes locales, cette sécurité n'existe pas, par suite notamment de l'incertitude de l'assiette de la propriété et de l'absence de tout système de publicité hypothécaire.

929. Pour améliorer cette situation, on ne pouvait se borner à soumettre à la loi française les immeubles possédés par des Européens.

L'application de notre loi immobilière, limitée à une seule classe de propriétaires fonciers, n'apportait pas une modification assez générale à l'état économique du pays; c'était d'ailleurs un remède insuffisant. Le système de publicité hypothécaire incomplet et restreint, organisé par le Code civil et la loi du 23 mars 1855, peut suffire aux besoins économiques d'un pays où la propriété foncière et les droits réels, assis sur des bases solides et anciennes, sont en outre établis par des actes publics, œuvres d'officiers ministériels habitués à rechercher et décrire les origines du droit qu'ils constatent. Dans ces conditions, une sécurité suffisante est assurée par l'inscription des hypothèques et la transcription des actes entre vifs constitutifs de droits réels. Il n'en saurait être de même dans un pays où il s'agit d'attirer les capitaux en rendant les transactions rapides et sûres. Il faut que l'acquéreur ou le capitaliste étranger puisse être facilement fixé sur la

condition juridique des immeubles; d'où la nécessité d'entourer d'une publicité complète toutes les transactions immobilières. La législation du Code civil ne donne qu'une satisfaction imparfaite aux besoins d'une colonie où doivent affluer des capitaux et des acquéreurs venus du dehors.

A un autre point de vue, le système français de publicité ne répond pas aux exigences spéciales d'un pays musulman. Le mécanisme hypothécaire établi par la loi française repose tout entier sur le nom et la personne du propriétaire. Mais une pareille organisation suppose que l'état civil de chaque détenteur d'immeubles est exactement connu et défini; en pays musulman, elle se heurte à des obstacles presque insurmontables, car les indigènes n'ont ni état civil suffisamment organisé, ni nom patronymique; dans la pratique, ils se reconnaissent par un prénom auquel vient s'ajouter le nom du père : Mustapha, fils de Mohammed, par exemple; comme le nombre de ces prénoms est assez limité, il en résulte que beaucoup d'indigènes portent des appellations identiques Si l'on songe qu'en France la similitude de certains noms plus fréquemment usités est déjà une source de difficultés et de complications pour la tenue de nos registres hypothécaires, on se rendra aisément compte des impossibilités d'un pareil système en pays musulman. Pour l'appliquer, il eût fallu constituer complètement l'état civil des indigènes, avant d'asseoir leur propriété; entreprise laborieuse et d'une exécution compliquée.

930. Ces difficultés pratiques n'étaient d'ailleurs pas le seul obstacle à l'application pure et simple de notre Code civil. Notre législation ne se préoccupe pas de fournir aux parties un moyen de reconnaître exactement l'étendue et la nature des droits du vendeur. L'acquéreur qui veut obtenir sur ce point une sécurité absolue doit remonter aux origines de la propriété, étudier avec soin les diverses transactions dont l'immeuble a été l'objet. En France, cette recherche n'offre pas de très réelles difficultés pratiques; les titres de propriété sont habituellement rédigés avec soin; leurs indications sont complètes. La constatation des origines d'une propriété n'est donc pas une œuvre pénible et d'un résultat incertain. Enfin, la prescription trentenaire en consolidant la propriété, achève de compléter la sécurité des acquéreurs.

931. En Tunisie, la coutume locale ne présente pas ces garanties; l'étranger, ignorant des habitudes et les conditions du pays, incapable de faire par lui-même les investigations nécessaires avant une acquisition d'immeubles, est exposé aux plus graves déconvenues. Il fallait donc prévoir et écarter les mécomptes auxquels ont été soumis, dès les premiers temps de notre occupation en Algérie, les acquéreurs de terres, mécomptes qui ont ralenti et paralysé momentanément l'essor de la colonisation.

Il fallait surtout mettre à la disposition de tout acquéreur ou propriétaire d'immeubles une procédure simple, peu coûteuse, lui permettant d'asseoir sa propriété, de la purger de toutes les charges et des droits réels qui ne seraient pas révélés en temps utile. Par ce moyen, l'origine et la condition de la propriété se trouvant fixées à

---

(1) Rapport de M. Paul Cambon, Résident général (juillet 1885). Dans ce magistral rapport, — véritable exposé des motifs de la loi du 1er juillet 1885, — auquel nous faisons d'ailleurs de larges emprunts, M. Cambon a fait une étude très approfondie et très étudiée de la législation foncière de 1885, de son utilité et de son économie.

l'égard de tous, les transactions ultérieures devenaient faciles et sûres. Déjà, le germe d'une institution pareille se trouvait dans la législation algérienne : la loi du 26 juillet 1873, qui essaie de résoudre des problèmes analogues à ceux qui se rencontrent en Tunisie, a créé une purge spéciale, destinée à consolider la propriété et à la dégager des charges occultes, lorsqu'elle passe des mains d'un détenteur indigène entre celles d'un acquéreur européen. Mais cette institution, ainsi restreinte et limitée, ne répondait qu'imparfaitement aux besoins particuliers de la Tunisie et au but poursuivi; aussi a-t-il paru préférable de demander à une législation, appliquée avec succès dans de grandes colonies agricoles, la formule destinée à résoudre plusieurs des difficultés que soulève, en Tunisie, l'organisation de la propriété.

932. Les heureux effets de la législation immobilière en vigueur dans certaines colonies anglaises et connue sous le nom d'*Act Torrens*, déterminèrent le Gouvernement tunisien à essayer, de son côté, l'application dans la Régence d'un pareil régime.

C'est par la loi du 1er juillet 1885 (1) que fut introduit en Tunisie le système de l'immatriculation foncière, système inspiré en grande partie de l'*Act Torrens* (2) et dont le double objet était de remédier à l'incertitude de l'assiette de la propriété foncière et au défaut de publicité des transmissions réelles.

§ 1er. — *La loi foncière du 1er juillet 1885. — Théorie générale.*

933. *Principaux caractères.* — La loi foncière du 1er juillet 1885 est facultative, comme l'*Act Torrens*. On n'entend nullement imposer le régime nouveau aux propriétaires qui ne voudraient pas l'accepter. On laisse à l'initiative privée le soin de se prononcer entre l'ancienne et la nouvelle législation. Ce système a l'avantage de ne point modifier brusquement les coutumes et les traditions des indigènes; il laisse au temps et à l'expérience le soin de leur démontrer l'avantage des lois nouvelles; mais il fournit, dès à présent, aux Européens et aux capitalistes, les sécurités qui leur sont nécessaires (3).

934. Le propriétaire indigène ou européen qui veut placer son immeuble sous le régime de la loi nouvelle doit en demander l'immatriculation. L'immatriculation consiste dans la constitution du titre de propriété de l'immeuble, l'inscription sur ce titre des droits réels s'appli-

(1) En réalité il s'agit non pas d'une loi mais d'un décret beylical promulgué le 1er juillet 1885 (19 ramadan 1502); dans le style et dans le langage courant, étant donnée surtout l'importance de ce texte, on écrit et on dit : « La loi du 1er juillet 1885. »
La loi du 1er juillet 1885 a été complétée et modifiée par les décrets des 16 mai 1886, 6 novembre 1888, 15 mars 1892 et 16 juillet 1899.
(2) Une différence fondamentale est à signaler entre la procédure d'immatriculation de l'*Act Torrens* et celle de la loi foncière tunisienne. Dans l'*Act Torrens* l'immatriculation est assurée par un seul fonctionnaire, d'ordre administratif, le registrar général, qui procède seul à l'immatriculation, quand il n'y a pas d'opposition, et dans le cas contraire, renvoie les litiges qui se produisent devant la juridiction de droit commun. En Tunisie cette tâche incombe à une institution d'ordre judiciaire : le tribunal mixte.
(3) Paul Cambon, *op. cit.*

quant à l'immeuble et l'enregistrement du titre à la conservation de la propriété foncière. Elle est effectuée par le conservateur de la propriété foncière, fonctionnaire principalement chargé de l'application de la loi, de la rédaction des titres de propriété et de la tenue des registres fonciers.

L'immatriculation accomplie a un effet considérable; elle purge l'immeuble de tous droits réels, et charges occultes qui ne se sont pas révélés en temps utile et qui n'ont pas été inscrits sur le registre des titres de propriété. Elle soustrait, en outre, l'immeuble au droit musulman et le soumet à la loi foncière et à la juridiction des tribunaux français.

Une purge à laquelle s'attache des effets aussi énergiques pouvait devenir un instrument de spoliation, si elle n'était précédée d'une procédure destinée à avertir les tiers et prévenir les abus. Cette procédure a été organisée avec un soin particulier. Des dispositions beaucoup plus détaillées que celles édictées par l'*Act Torrens* ont été prises; tandis qu'en Australie les droits de propriété découlent pour la plupart de concessions récentes de la Couronne consignées dans des registres publics, leur origine en Tunisie est généralement plus ancienne, plus obscure et plus difficile à établir; de là les précautions minutieuses dont la loi entoure leur consolidation définitive.

Une large publicité consistant en annonces dans les journaux, en publications dans les marchés indigènes, avertit les tiers que la demande d'immatriculation est formée.

On procède, en outre, au bornage de l'immeuble. C'est en quelque sorte une prise de possession matérielle qui a le double avantage de prévenir les voisins et d'éveiller l'attention des tiers, en même temps qu'elle fixe pour l'avenir les limites exactes de l'immeuble et tarit ainsi une source fréquente de procès. Ces diverses opérations sont constatées sur un plan annexé au titre de propriété et qui fixe d'une manière irrévocable l'étendue de chaque propriété; ce plan, rédigé par des géomètres officiels, peut ainsi fournir les éléments futurs d'un plan cadastral.

Ces diverses mesures sont destinées à mettre les personnes capables et majeures de faire valoir leurs revendications et de veiller à la défense de leurs droits.

935. *Tribunal mixte.* — Mais il fallait assurer aussi la protection des droits des incapables et des absents. Cette mission incombe particulièrement aux magistrats d'une juridiction spécialement créée par la loi nouvelle, le tribunal mixte, qui exerce une action prépondérante sur la procédure de l'immatriculation. Dans la loi tunisienne, l'immatriculation est donc une œuvre judiciaire.

Le tribunal mixte est une innovation de la loi du 1er juillet 1885; sa création répond à un besoin spécial : on a pensé qu'il fallait associer à l'œuvre de constitution de la propriété, une juridiction expéditive chargée de surveiller l'exécution de la loi et de résoudre les litiges que son application ne pouvait manquer de soulever.

936. La procédure d'immatriculation et de purge constitue pour tous ceux qui prétendent des droits sur un immeuble une mise en demeure énergique d'avoir à les

faire valoir, sous peine de déchéance. Cette mise en demeure doit fatalement provoquer des prétentions contradictoires, des revendications, des oppositions de la part des intéressés. Soumettre au charaa, qui en matière immobilière, est la juridiction de droit commun, tous les procès que peut susciter l'application de la loi nouvelle, c'était en retarder l'exécution à raison des lenteurs de la procédure; c'était surtout s'exposer, par la menace de procès longs et difficiles, à paralyser le bon vouloir de propriétaires disposés à adopter le nouveau régime immobilier.

L'institution d'un tribunal mixte écarte cette difficulté. Toutes les oppositions, tous les litiges provoqués par l'application de la loi, lui sont soumis; il les juge souverainement, sans appel, et d'une manière sommaire. Ses décisions sont définitives; elles fixent irrévocablement les droits des parties (1). Le tribunal saisi de toutes les demandes d'immatriculation les admet ou les rejette; il se prononce sur l'existence ou l'étendue des droits réels prétendus sur l'immeuble. Sa décision fournit au conservateur les éléments essentiels pour la rédaction du titre de propriété. Toutefois il a été admis que pour tous les justiciables du tribunal français opposant à une immatriculation requise par un justiciable de ces tribunaux, la compétence du tribunal mixte serait facultative.

Pour assurer toutes garanties aux justiciables de nationalités diverses, la loi a voulu, dit M. Cambon, que le tribunal fût composé, pour moitié, de juges français et de juges indigènes, de manière que les magistrats qui statuent soient de même race que les parties en cause (2).

937. Le tribunal mixte n'a pas seulement pour mission de régler les oppositions et de statuer sur l'immatriculation et les litiges que la précèdent; c'est aussi le protecteur désigné des intérêts des incapables et des absents. A cet effet, il est investi de pouvoirs discrétionnaires; il prend toutes les mesures commandées par leur intérêt.

938. Tels sont les principes essentiels qui ont présidé à l'organisation de cette juridiction; elle répond à cette pensée fondamentale que l'œuvre de constitution de la propriété doit être placée sous la surveillance et le contrôle de l'autorité judiciaire, sans que pourtant la lenteur tutélaire de ses formes puisse arrêter la prompte exécution d'une entreprise qui, pour donner tous ses résultats, doit être conduite avec rapidité. Le législateur de 1885 a, à bon droit, rejeté délibérément, tout formalisme de procédure, qui n'aurait abouti qu'à réduire la nouvelle juridiction à l'impuissance. C'est là une application du principe que Garsonnet donne, dans son cours de procédure civile, comme étant celui des législations de l'avenir : « Pas de nullité sans préjudice. »

(1) Sur le caractère définitif des jugements rendus par le tribunal mixte, voir la communication faite au Congrès de l'Afrique du Nord de 1908 par M. Ch. Martineau, juge rapporteur au tribunal mixte et intitulée : Le nouveau régime foncier de la Tunisie. (Compte rendu des travaux du Congrès de l'Afrique du Nord, tome I, Paris 1909, p. 257 et suiv.)
(2) V. supra n° 399 et suiv. sur la composition et l'organisation du tribunal mixte de Tunisie.

939. *Effets de l'immatriculation.* — Après qu'il a été statué sur une demande d'immatriculation et sur les litiges qu'elle a soulevés, le conservateur dresse le titre de propriété avec les éléments qui lui sont fournis par la sentence du tribunal : l'original du titre est consigné sur un registre déposé à la conservation de la propriété foncière; une copie est remise à son propriétaire. A partir de ce moment, l'origine et le point de départ de la propriété sont fixés d'une manière définitive à l'égard de tous; l'immeuble purgé de toutes les charges réelles occultes peut faire l'objet de transactions certaines. Il reste à montrer comment la loi a organisé la publicité des transactions ultérieures.

C'est dans cette partie de la loi du 1er juillet 1885, qu'on s'est surtout attaché à reproduire les règles fondamentales de la législation australienne. Un principe domine tout le système de la loi nouvelle : la propriété et les droits réels n'existent, à l'égard des tiers, que par le fait de l'inscription.

L'adoption de ce principe entraînait comme conséquences certains changements au Code civil. Elle nécessitait tout d'abord une complète extension du système de publicité; tous les actes modifiant la condition juridique de l'immeuble devaient être soumis au principe de l'inscription, les mutations après décès aussi bien que les actes entre vifs. Ainsi disparaissaient toutes les exceptions au principe de publicité admises par la loi du 23 mars 1855.

L'abolition des privilèges ou hypothèques occultes était une conséquence inévitable de la règle nouvelle : aussi la loi supprime-t-elle tous les privilèges, onéreux pour la propriété, qui perdent leur raison d'être dès qu'ils ne valent plus que par l'inscription; les hypothèques occultes sont depuis longtemps signalées par d'excellents esprits comme incompatibles avec un bon régime hypothécaire; en les faisant disparaître, la loi se borne à suivre l'exemple donné par plusieurs législations contemporaines qui ont revisé notre Code civil.

940. Les hypothèques générales ne pouvaient davantage se concilier avec le système nouveau; son principe même exigerait que toute hypothèque fût spécialisée. La loi nouvelle consacre, sans aucune restriction, la règle de la spécialité.

La suppression des hypothèques générales et occultes portait une grave atteinte aux mesures de protection que notre législation a cru devoir établir au profit des incapables et de la femme mariée, en créant l'hypothèque légale; il était nécessaire d'organiser un système de garanties remplaçant celles qui étaient condamnées à disparaître. La loi belge et les projets de réforme de notre système hypothécaire élaboré en 1850 ont imaginé diverses combinaisons dont la loi nouvelle a dû s'inspirer. Au commencement du mariage et de la tutelle, on détermine les immeubles grevés d'hypothèques et les sommes jusqu'à concurrence desquelles elle sera prise. Cette hypothèque peut d'ailleurs être augmentée ou diminuée au cours du mariage, selon les circonstances. Grâce à cette disposition, le crédit du mari ou du tuteur n'est pas alourdi par des sûretés réelles excessives; quant aux inca-

pables, ils trouvent dans ces garanties, réduites à leur juste mesure, toutes les protections légitimes.

L'hypothèque judiciaire devait être profondément modifiée et réduite par l'application du principe de spécialité; il a paru préférable d'abolir une institution dangereuse pour le crédit, qui établit, au profit du créancier le plus diligent, une injuste inégalité et dont la suppression, admise par beaucoup de législateurs, est depuis longtemps réclamée en France.

941. La loi nouvelle ne se borne pas seulement à modifier, dans un sens favorable au crédit, les principes essentiels de la publicité hypothécaire; elle en a transformé l'organisation pratique. Les actes soumis à la publicité ne sont plus reproduits intégralement sur le registre des titres de propriété (transcriptions); on se borne à *inscrire* leurs dispositions essentielles sur le titre et sur la copie du titre. Mais, pour permettre de vérifier l'exactitude des inscriptions et de rechercher toutes les transactions dont un immeuble a été l'objet, la loi exige que tous les actes soumis à la condition de publicité soient déposés à la conservation; chaque immeuble a son dossier qu'il est facile de consulter, lorsqu'on veut connaître avec précision sa condition juridique.

942. La réforme pratique la plus importante consistait à créer, en quelque sorte, l'état civil de l'immeuble et à lui donner une individualité juridique indépendante de celle du propriétaire (1). En l'absence d'un plan cadastral d'ensemble, on ne pouvait songer, comme en Australie, à désigner chaque immeuble par le numéro qu'il occupe sur le plan; mais la coutume locale fournissait un moyen de combler cette lacune de l'organisation foncière. En Tunisie, les domaines ruraux d'une certaine importance ont reçu un nom qui sert à les désigner dans les actes et à les reconnaître; ce nom permet d'ouvrir à chaque immeuble, dans un répertoire général, une sorte de compte numéroté où viennent se grouper les extraits de toutes les inscriptions qui le concernent. On a ainsi un résumé exact des principaux actes qui ont modifié, depuis l'immatriculation, la situation de l'immeuble. Des tables alphabétiques contenant le nom de tous les titulaires des droits réels ou des baux inscrits à la conservation viennent encore faciliter les recherches relatives à la propriété. Ce système ne présente assurément pas le même degré de perfection, ni tous les avantages réalisés en Allemagne et en Australie par la combinaison du plan cadastral et du régime hypothécaire; il est le seul cependant auquel il ait paru possible de s'arrêter, en l'absence du plan général des propriétés. Les améliorations dont il est susceptible pourront être ultérieurement réalisées de façon à le rapprocher davantage des législations auxquelles il est emprunté; mais sous sa forme encore imparfaite, il constitue au point de vue des exigences propres à un pays musulman, un progrès sensible sur le système de nos registres hypothécaires. Au surplus, 24 années

d'expérimentation ininterrompue du nouveau régime foncier démontrent que le but poursuivi par le législateur de 1885 a été atteint.

943. Améliorer la sécurité du crédit foncier n'est pas le seul résultat que poursuive la loi du 1er juillet 1885; elle rend les transactions immobilières plus faciles et moins coûteuses. Le concours des officiers ministériels cesse d'être absolument nécessaire, puisque tous les contrats, même celui d'hypothèque, peuvent être rédigés en la forme sous seing privé. Suivant en cela l'exemple fourni par l'*Act Torrens*, la loi organise un système de copies de titres qui favorise la mobilisation du sol et le développement des transactions.

Le propriétaire dont l'immeuble est immatriculé reçoit une copie de son titre conforme à l'original consigné sur le registre de la conservation. Comme dans le système Torrens, aucune mention ne peut être faite sur le titre sans être également portée sur la copie (1); le titre consigné sur le registre de la conservation est toujours la représentation exacte de la situation de l'immeuble, et la copie qui le reproduit textuellement se trouve entre les mains du propriétaire de l'immeuble. Les mutations sont effectuées par une simple inscription sur le titre et sur sa copie. Le système de mobilisation, si heureusement expérimenté en Australie, peut donc s'appliquer en Tunisie dans des conditions identiques et tout aussi favorables.

944. La loi, pour compléter ce système de mobilisation du sol, n'avait pas à autoriser par une disposition expresse la transmission des créances hypothécaires par voie d'endossement enregistré à la conservation. Cette faculté résultait suffisamment des principes généraux de notre droit civil combinés avec les règles de la loi nouvelle et notamment avec cette disposition que le contrat d'hypothèque peut être rédigé par acte sous seing privé. Ajoutons que la suppression des hypothèques générales et occultes fait disparaître, pour la Tunisie, l'obstacle principal à la circulation des titres hypothécaires et, en élargissant le cercle des prêteurs, fournit au crédit foncier de précieuses ressources.

945. Pour compléter cet ensemble de garanties accordées aux transactions immobilières, la loi du 1er juillet 1885 avait emprunté à l'*Act Torrens* l'institution du fonds d'assurance. La procédure d'immatriculation, la règle que l'inscription fait foi absolue à l'égard des tiers pouvaient, dans certains cas, porter atteinte à des droits légitimes. Le recours contre le fonds d'assurance donnait, dans une certaine mesure, satisfaction aux esprits préoccupés de concilier l'application du système nouveau avec les exigences de la justice la plus scrupuleuse. Toutefois, dans une pensée de prévoyance et pour ne pas compromettre l'institution, la loi avait limité les recours contre le fonds d'assurance aux deux

---

(1) On peut dire que tout le système de l'immatriculation foncière tient dans cette définition donnée par M. Cambon dans son rapport de juillet 1885.

(1) Exception doit être faite pour les formalités destinées à constater un fait ou une stipulation qui ne suppose pas le consentement des porteurs de copies, comme un commandement, un jugement déclaratif de faillite, un jugement d'adjudication.

tiers des sommes en caisse, afin d'empêcher qu'il ne soit épuisé par l'action d'un seul intéressé.

La pratique a démontré que le fonds d'assurance, ainsi institué, n'offrait aux tiers qu'une garantie insuffisante, le recours de la partie lésée étant d'ailleurs limité aux deux tiers de l'encaisse.

Aussi la législateur de 1892 a-t-il purement et simplement supprimé cette institution de la loi de 1885. La personne lésée n'a plus aucun recours pour la réparation du préjudice qui lui a été causé, si ce n'est, en cas de dol, une action personnelle contre l'auteur du dol (1).

946. Tels sont les principes fondamentaux de la loi nouvelle. On aura une idée exacte des innovations qu'elle a consacrées si l'on ajoute que certaines institutions locales ont été réglementées dans un sens conforme au but poursuivi. Il suffira de signaler les dispositions relatives au droit de préemption (chefaa) si important dans la Régence et dont l'abus peut devenir une gêne des plus sérieuses pour les transactions; ce droit a été défini son exercice rigoureusement limité. Il faut en dire autant de l'enzel; la nature et la portée en ont été précisées; le droit du preneur à enzel devient un véritable droit de propriété, susceptible d'hypothèque, et procurant au bénéficiaire tous les avantages attachés au domaine utile. Ajoutons enfin que l'emphytéose, le droit de superficie et quelques servitudes admises par la coutume locale ont fait l'objet de règles précises. Le législateur, ne voulant pas rompre trop brusquement avec le passé, a tenu compte des mœurs et des coutumes et a conservé les principaux modes de transmission de la propriété admis par le droit musulman.

947. Ces dispositions de détail, comme les règles de fond précédemment exposées, répondent toutes à une pensée unique : asseoir la propriété, développer la sécurité du gage hypothécaire et des transactions immobilières et, par là-même, doter la Tunisie de ces instruments de crédit et de circulation qui sont comme l'outillage économique nécessaire aux pays neufs et aux colonies agricoles. Il est permis d'affirmer après l'expérience faite, que les principes adoptés donnent pleine satisfaction à ces besoins divers. Sans doute la mise en œuvre de ces principes juridiques nouveaux a pu révéler, dans la loi, des imperfections de détail ou des lacunes; le temps et l'application seuls peuvent mettre en lumière, avec une précision suffisante, les défauts de la nouvelle loi et les amendements qu'elle réclame.

Après avoir codifié, dans la loi du 1er juillet 1885, les principes qui devaient à l'avenir régir les immeubles qui auront été immatriculés, il restait à déterminer les règles qui devaient présider, en Tunisie, à l'application de ces principes.

948. *Application de la loi foncière.* — L'exécution de la loi immobilière est confiée à deux services qui, tout en restant distincts, ont cependant de nombreux points de contact : la conservation de la propriété foncière (1) et le service topographique (2). Il leur a été adjoint comme auxiliaires un corps spécial d'interprètes assermentés. Les dispositions fondamentales concernant chacun de ces services ont fait l'objet de règlements d'administration distincts.

949. *En résumé* les immeubles en Tunisie sont actuellement régis par la loi musulmane, et les tribunaux musulmans chargés de l'application de cette loi sont, en principe, seuls compétents pour statuer sur les litiges immobiliers qui viennent à surgir, sans distinction de nationalité des parties contestantes. Mais la loi du 1er juillet 1885 a établi un nouveau régime foncier, particulier à la Tunisie, sous lequel il est loisible à tout propriétaire de placer ses immeubles. L'application en est confiée aux tribunaux français; ceux-ci deviennent seuls compétents pour statuer sur les litiges relatifs à des immeubles soumis à cette loi, sans distinction des parties contestantes.

L'immeuble immatriculé a une personnalité propre, indépendante des ayants droit et dont l'état civil est tenu par le conservateur de la propriété foncière. L'immatriculation a pour effet d'effacer entièrement le passé de l'immeuble et de lui donner une vie nouvelle; il naît sous le régime de la loi du 1er juillet 1885 dégagé de toutes les conditions de son existence antérieure non reconnues au moment de l'immatriculation.

§ 2. — *Procédure de l'immatriculation foncière.*

950. *Réquisition.* — Pour pouvoir requérir une immatriculation, il faut avoir la personnalité civile, c'est-à-dire constituer soit une personne physique capable, soit une entité morale capable de posséder (3).

L'article 22 de la loi foncière énumère les personnes qui peuvent demander l'immatriculation. Ce texte autorise entre autres le copropriétaire et le co-enzéliste à requérir l'immatriculation de l'immeuble commun; mais il ajoute : «Toutefois le co-propriétaire et le co-enzéliste non requérants pourront, par voie d'opposition, demander qu'il soit sursis à l'immatriculation jusqu'à ce qu'ils aient fait procéder au partage ou à la licitation des immeubles indivis (4). » Mais s'il est démontré qu'après avoir obtenu ce sursis, l'opposant à la réquisition, non seulement n'a rien fait pour arriver au partage ou à la licitation, mais encore a fait obstacle aux diligences que le requérant justifie avoir faites dans ce but, il y a lieu de le déclarer

---

(1) Art. 38 de la loi du 1er juillet 1885, modifié par le décret du 15 mars 1892. Voir sur l'application de ce texte : Berge, *Répertoire alphabétique de la jurisprudence tunisienne*, Tunis, 1909, V° Immatriculation, n° 396 et suiv.

(1) Sur l'organisation du service de la conservation foncière, voir: loi du 1er juillet 1885, art. 21; décret du 14 juin 1886 modifié par celui du 16 mars 1892.
(2) Sur le service topographique, voir *supra* n°ˢ 750 et suiv.
(3) Trib. mixte, 13 juin 1903. *J. T. T.* 1903, 426; — 29 juin 1903. *ibid.* 1903, 429; — 11 juillet 1903. *ibid.* 1903, 466; — 21 novembre 1903, *ibid.* 1904, 93.
(4) Trib. mixte, 2 juin 1902, *J. T. T.* 1903, 368.
V. également D. 16 mars 1892 sur les personnes ayant le droit de demander l'immatriculation.

Réquisitions déposées et titres délivrés depuis l'origine jusqu'au 1er janvier 1909.

NOTA. — Les chiffres des colonnes 5, 6, 7, sont extraits des tableaux statistiques dressés par la Conservation de la Propriété Foncière.

Immatriculations demandées par des Français.................................... 3481
— — — étrangers.................................... 2909
— — — Tunisiens.................................... 4281

ANNÉES.	RÉQUISITIONS DÉPOSÉES.			TITRES DÉLIVRÉS A LA SUITE DE DÉCISIONS DU TRIBUNAL MIXTE.			RÉQUISITIONS REJETÉES PAR DÉCISIONS DU TRIBUNAL MIXTE.	
	NOMBRE.	CONTENANCE.	VALEUR.	NOMBRE.	CONTENANCE.	VALEUR.	NOMBRE.	CONTENANCE.
1	2	3	4	5	6	7	8	9
1886	23	13.432ʰ	1.373.280ᶠ	»	»	»	»	»
1887	15	4.862	414.257	7	1.886ʰ02ᵃ01ᵉ	226.140ᶠ	»	»
1888	33	24.735	1.000.417	20	7.277 55 30	1.246.845	1	10ʰ
1889	44	10.515	915.330	20	11.334 71 60	954.234	3	90
1890	45	38.107	1.710.997	51	18 071 02 83	906.915	2	2.000
1891	34	6.955	1.022.727	44	10.032 52 94	924.487	2	1.685
1892	293	88.515	7.676.805	34	6.811 00 90	1.440.576	3	13
1893	467	252.056	13.198.050	200	35.957 06 00	3.516.803	12	1.783
1894	501	28.799	10.333.640	206	13.785 77 43	5.502.261	18	6.420
1895	571	157.868	13.209.934	360	38.085 22 00	6.061 374	29	54.983
1896	621	43.674	10.080.947	353	28.307 38 00	12.198.559	34	12.041
1897	568	21.392	12.438.849	634	33.782 23 00	12.187.878	38	2.484
1898	666	28.810	9.674.701	668	113.517 87 15	15.166.773	18	215
1899	714	62.231	8.506.761	378	25.003 09 95	8.734.006	50	14.308
1900	743	81.984	7.870.503	685	30.739 19 23	8.770.134	163	23.465
1901	907	59.210	11.493.303	547	197.583 42 55	13.847.453	148	79.323
1902	727	62.133	9.633.881	730	52.011 47 80	12.170.351	58	9.400
1903	661	134.657	7.919.300	553	21.255 19 07	8.144.689	108	9.530
1904	700	78.851	9.223.800	863	86 570 15 67	12.003.643	201	63.000
1905	724	85.404	9.847.800	482	64.034 45 81	7.103.570	85	13.995
1906	608	62.341	7.986.500	373	26.000 00 00	4.937.448	109	13.700
1907	515	97.109	11.133.000	380	20.000 00 00	3.078.608	128	41.000
1908	521	63.062	8.313.000	363	97.629 33 64	5.729.176	80	
TOTAUX	10.671	1.468.142ʰ	175.116.000ᶠ	8.370	930.697ʰ00ᵃ67ᵉ	147.100.903ᶠ	1.389	367.808ʰ

déchu du bénéfice du droit exceptionnel que lui accordait la loi et de passer outre à la réquisition (1).

La réquisition d'immatriculation, qui constitue le premier acte de la procédure, peut être faite par la partie elle-même ou par un fondé de pouvoirs muni d'une procuration spéciale (2).

Elle porte élection de domicile en Tunisie, indique le nom et la qualité du requérant, la valeur et la situation de l'immeuble, le détail des droits réels immobiliers et la désignation des ayants droit (3).

Le requérant joint à cette déclaration ses titres de propriété établis dans les deux langues, française et arabe, ainsi que tous actes et documents de nature à faire connaître la nature juridique de l'immeuble (4).

Si ces titres et documents sont détenus par un tiers,

le requérant n'a qu'à lui faire sommation d'avoir à les déposer dans les huit jours.

De plus, au moment de sa réquisition, le demandeur doit consigner le montant des frais d'immatriculation (1).

951. Dans le plus bref délai possible après le dépôt de la réquisition et au plus tard dans les dix jours, le conservateur fait insérer au *Journal officiel tunisien* (texte français et arabe) un extrait du texte de cette réquisition. Il envoie au chef du service topographique, au

_____

(1) Trib. mixte, 2 juin 1902, précité.
(2) Trib. mixte, 23 juin 1904, J. T. T. 1904, 271; — 2 mai 1904, ibid. 1904, 364.)
(3) V. L. 1er juillet 1885, art. 23. Le requérant doit faire connaître, dans sa réquisition, les noms de ses co-propriétaires indivis, afin que les tiers, qui auraient du chef d'un co-propriétaire non requérant des droits sur l'immeuble, puissent être mis en demeure de veiller à la défense de leurs intérêts et de faire inscrire sur le titre les charges existant à leur profit sur ledit immeuble. (Trib. mixte. 22 mai 1897, J. T. T. 1897, 445.)
(4) Ne peut être accueillie la demande d'immatriculation à l'appui de laquelle il n'est produit qu'un titre arabe qui n'établit pas la transmission de la propriété aux mains du requérant. (Trib. mixte, 22 décembre 1900, J. T. T., 1901, 408.)
De même le requérant ne satisfait pas du tout au vœu de la loi lorsqu'à l'appui de sa réquisition il ne produit que des actes de noto-

riété dont les indications sont ou trop vagues, ou, au contraire, d'une précision invraisemblable. (Trib. mixte, 11 juillet 1903, J. T. T. 1904, 384.)
(1) Annexe au décret beylical du 28 décembre 1903 : Barème de la contribution forfaitaire des particuliers aux dépenses d'immatriculation.

La contribution forfaitaire établie par ce décret s'obtient en additionnant les deux taxes élémentaires ci-après :

1° *Taxe sur la contenance* :

De 0 à 100 hectares............	1 franc par hectare.
De 100 à 500 hectares.........	100 francs et 0 fr. 75 par hectare en plus des 100 premiers.
De 500 à 1,000 hectares........	400 francs et 0 fr. 50 par hectare en plus des 500 premiers.
A partir de 1,000 hectares......	650 francs et 0 fr. 25 par hectare en plus des 1,000 premiers.

2° *Taxe sur la valeur réelle* :

Trois pour mille de la valeur vénale de l'immeuble.
Le minimum de la perception est de 30 francs.

juge de paix du canton et au caïd du territoire dans lequel se trouve l'immeuble, un placard, extrait du *Journal officiel*, reproduisant cette insertion. Dans les quarante-huit heures, le juge de paix l'affiche en son auditoire où elle reste jusqu'à l'expiration des délais fixés ci-après; le caïd fait publier l'extrait de la réquisition dans les marchés de son territoire.

952. *Bornage provisoire*. — Dans les quarante-cinq jours qui suivent cette insertion, le chef du service topographique, après avoir prévenu le cheikh par l'intermédiaire du contrôleur civil, délègue un géomètre assermenté pour procéder au bornage provisoire de l'immeuble, en présence du requérant l'immatriculation ou lui dûment appelé, sans s'arrêter aux protestations qui peuvent se produire, et qui sont toujours consignées au procès-verbal. Les revendications qui se manifestent au cours des opérations sont bornées sur le terrain.

La date fixée pour le bornage est portée à la connaissance du public au moins vingt jours à l'avance et le procès-verbal de bornage constate les diligences faites à cet effet. La date de clôture est publiée sommairement au *Journal officiel*.

Le procès-verbal de bornage provisoire est remis par le chef du service topographique au conservateur de la propriété foncière.

953. *Oppositions*. — Le procès-verbal de l'opération du bornage mentionne les oppositions formulées par les tiers intervenant au cours de cette opération.

A partir du jour de l'insertion du premier avis au *Journal officiel* jusqu'à l'expiration d'un délai de deux mois à dater de l'insertion au *Journal officiel* de l'avis de clôture du procès-verbal de bornage, les oppositions à l'immatriculation et les réclamations contre le bornage sont reçues par le conservateur de la propriété foncière, le juge de paix ou le caïd, lesquels en dressent procès-verbal et le signent avec les parties. Si les parties ne savent ou ne peuvent signer, mention expresse en est faite au procès-verbal. Les oppositions peuvent également être formées par lettres missives adressées au conservateur, au juge de paix ou au caïd.

Les oppositions reçues par le conservateur et le juge de paix sont mentionnées à leur date sur un registre coté et paraphé par le président du tribunal mixte. Les oppositions reçues par le caïd sont mentionnées sur un registre.

A l'expiration du délai imparti aux oppositions, le juge de paix et le caïd envoient au conservateur de la propriété foncière : 1° les procès-verbaux et pièces relatifs aux oppositions portées devant eux, sinon un certificat négatif; 2° les certificats constatant l'accomplissement des formalités d'affichage à la justice de paix et de publication dans les marchés.

Le chef du service topographique est tenu de remettre au conservateur de la propriété foncière dans un délai de trois mois à dater de l'insertion au *Journal officiel* de l'avis de clôture du procès-verbal de bornage, un plan de l'immeuble, dressé conformément à ce bornage par un géomètre assermenté.

Les délais prescrits soit pour le bornage, soit pour le dépôt du plan, peuvent être prorogés exceptionnellement

par une ordonnance motivée du président du tribunal mixte auquel est attribué, à ce sujet, un pouvoir d'appréciation discrétionnaire.

954. *Juge rapporteur*. — En même temps qu'il envoie au caïd et au juge de paix les placards reproduisant l'insertion au *Journal officiel*, le conservateur adresse au greffe du tribunal mixte l'original de cette réquisition ainsi que les titres et pièces déposés à l'appui de cette déclaration. Le président désigne immédiatement un juge de ce tribunal pour procéder aux enquêtes et rapport dans les conditions ci-après déterminées.

Ce juge a, de plus, aux termes de l'article 31, mission de veiller pendant le cours de la procédure en immatriculation à ce qu'aucun droit immobilier des incapables ou des personnes non présentes dans la Régence ne soit lésé. A cet effet, il procède à toutes vérifications et enquêtes nécessaires; les pouvoirs qui lui sont conférés dans ce cas sont discrétionnaires.

Sur la demande faite par le juge rapporteur dans l'intérêt de non capables ou de non présents, le président du tribunal mixte peut accorder une augmentation de délai à l'effet de former opposition.

Le greffier remet les pièces par lui reçues au juge rapporteur commis.

Ce magistrat fournit au service topographique tous les renseignements nécessaires pour le mettre à même de procéder au bornage et lui communique au besoin les titres de propriété qu'il serait utile de consulter. Il met les opposants en demeure de lui faire parvenir leur requête introductive d'instance dans un délai de quinze jours augmenté des délais de distance en vigueur en Tunisie près de la juridiction française.

Les opposants doivent, en réponse à cette mise en demeure et sous peine de forclusion, faire parvenir au juge rapporteur une requête indiquant l'objet de leurs revendications, l'exposé des moyens qu'ils invoquent à l'appui de leurs prétentions; le tout accompagné des pièces justificatives.

Le rapporteur invite ensuite le requérant à en prendre connaissance au greffe du tribunal mixte, sans déplacement, et à répondre par écrit, dans un délai déterminé, à toutes les oppositions soulevées.

Après le rapport qui est fait sur chaque affaire par le juge commis (1), les parties, si elles en ont fait la demande

---

(1) Le rapport est une pièce capitale de la procédure. Voir sur son importance la circulaire de M. Dumas président du tribunal mixte, en date du 15 septembre 1908.

« ... Le législateur tunisien, dit cette circulaire, s'est visiblement inspiré, pour déterminer les règles de procédure du tribunal mixte, de celles en vigueur devant les conseils de préfecture. C'est là une constatation que nous n'avons pas à perdre de vue et qui peut nous servir à résoudre un grand nombre de points douteux en matière de procédure : la jurisprudence du Conseil d'Etat et la pratique des conseils de préfecture viendront, en effet, ici, suppléer au laconisme de la loi foncière.

« L'article 45 de la loi française du 22 juillet 1889, sur la procédure à suivre devant les conseils de préfecture, dispose : « Après le rapport qui est fait sur chaque affaire par un des conseillers, les parties « peuvent présenter, soit en personne, soit par mandataire, leurs observations orales à l'appui de leurs conclusions écrites. » C'est, on le voit, exactement le paragraphe 5 de l'article 41 de la loi foncière, sauf certaines restrictions que ce dernier texte apporte au

par écrit, peuvent présenter, soit en personne, soit par mandataire, leurs observations verbales, sur les points seulement qui auront été développés dans les requêtes ou mémoires.

955. *Mandataires.* — Peuvent seuls être choisis comme mandataires : les avocats défenseurs, les avocats membres du barreau français et les personnes admises à représenter les parties devant les juridictions tunisiennes.

Les parties sont averties, huit jours au moins à l'avance, du jour où l'affaire sera appelée en séance publique.

956. *Notifications.* — Les notifications à faire aux parties intéressées par les magistrats, fonctionnaires et officiers ministériels en matière d'immatriculation et d'instruction sont faites administrativement par l'intermédiaire des contrôleurs civils, des présidents des municipalités ou des caïds qui en retirent un récépissé et l'adressent à l'auteur de la notification. Une minute de cette notification et l'accusé de réception sont joints au dossier de chaque immeuble.

Les notifications à faire en pareille matière par les parties aux magistrats, fonctionnaires et officiers ministériels, peuvent être faites par lettres recommandées à la poste. Celles que les parties se font entre elles sont remises aux greffiers qui procèdent administrativement par les intermédiaires que nous désignons plus haut.

957. *Jugements du tribunal mixte.* — Toute demande en immatriculation fait l'objet d'une décision du tribunal

---

droit pour les parties de présenter des observations orales, restrictions sans intérêt au point de vue qui nous occupe. Or, qu'est-ce que le rapport devant les conseils de préfecture? Comment le texte précité est-il commenté? « Le rapport est écrit : il résume les faits de « l'affaire, les moyens du demandeur et du défendeur, et pose les « questions que le juge aura à résoudre. » (*Pandectes françaises,* v° conseil de préfecture, n° 570). On lit encore : « Il a été dit pré- « cédemment qu'un conseiller délégué fait un rapport sur chaque « affaire, rapport qui est lu à l'audience...; ce rapport est un résumé « aussi complet que possible des faits et moyens invoqués par les « parties avec un exposé de la marche de l'affaire (Teissier et Chapsal, p. 323). »

Voilà tracées en quelques mots aux juges rapporteurs les règles qu'ils doivent suivre en cette matière. Ils n'ont qu'à s'inspirer, pour la rédaction de leur rapport, de la pratique des juridictions administratives. Mais, au surplus, ils trouvent à notre tribunal même des précédents et des modèles auxquels ils n'ont qu'à se conformer : je veux parler des *Notes d'audience,* œuvre exclusive des juges du siège, qui, d'après des errements que j'ai suffisamment critiqués plus haut, s'étaient substituées en fait au rapport des juges rapporteurs. Ces notes « résument » en général parfaitement « les faits de l'affaire, les moyens des parties et posent comme il convient, les questions que le tribunal a à résoudre. » Toute la réforme qui s'impose dans la matière du rapport consiste, en somme, à faire en sorte que ces *Notes d'audience* soient désormais, comme le veut la loi, l'œuvre exclusive des juges rapporteurs et constituent leur *rapport.*

J'appelle sur ce point toute l'attention de ces magistrats. Ce rapport, qui doit être essentiellement leur œuvre personnelle, et ainsi leur faire honneur, est, d'autre part, indispensable au tribunal pour lui permettre de prendre en quelques instants, à l'audience, une vue nette de l'affaire la plus compliquée, d'en pénétrer toutes les difficultés, de les serrer méthodiquement, de ne commettre dans la décision, aucune omission, aucune erreur irréparable. Il faut, par conséquent, que le tribunal puisse faire foi au rapport, que ce soit entre ses mains un exposé fidèle, un instrument sûr... »

« C'est pourquoi un auteur analysera tour à tour la réquisition, les titres (ceux-ci en remontant à leur origine avec les dates et les noms nécessaires), la publicité, le bornage, les oppositions et interventions, les moyens invoqués de part et d'autre; il rappellera et résumera les notes envoyées, les recherches faites, les explications reçues; enfin il énumérera les points litigieux et douteux à trancher par le tribunal... »

---

mixte rendue en audience publique, après délibéré hors la présence des parties, et qui statue sur son admissibilité totale ou partielle, fait rectifier le bornage et le plan, s'il y a lieu, et relate les inscriptions à porter sur le titre de propriété (1).

La décision du tribunal mixte qui rejette une demande d'immatriculation se borne à remettre les parties dans l'état où elles étaient avant cette demande, et ne produit aucun effet quant à la propriété ou à la possession de l'immeuble.

L'autorité de la chose jugée est attachée aux jugements du tribunal mixte qui tranchent définitivement et sans recours possible, *erga omnes*, les contestations relatives à la consistance matérielle et à la condition juridique des immeubles dont ils ordonnent l'immatriculation.

Mais cette autorité ne s'attache pas aux décisions du même tribunal qui, statuant sur les contestations qui s'agitent devant lui, ne sont que des jugements préparatoires (2).

Le jugement est signé par tous les membres du tribunal qui y ont participé et classé aux minutes du greffe. Tout le dossier est renvoyé au conservateur de la propriété foncière.

Les parties reçoivent du greffe l'avis de la décision du tribunal mixte.

958. Le conservateur procède à l'immatriculation sur l'expédition conforme de la même décision qui lui est délivrée par le greffier après avoir été contresignée par le président du tribunal mixte.

L'immatriculation n'est effectuée qu'après rectification du bornage et du plan, s'il y a lieu.

Le conservateur annule et annexe à ses archives les anciens titres de propriété produits à l'appui de la réquisition d'immatriculation. Toutefois, si ces titres concernent, outre la propriété immatriculée, un immeuble distinct de cette propriété, le conservateur remet aux parties le titre commun, après y avoir apposé une mention d'annulation relative à l'immeuble immatriculé. Cette mention est établie en langue française et signée par le conservateur, elle est suivie de sa traduction en arabe, certifiée par un interprète assermenté.

En même temps qu'il procède à l'immatriculation d'un immeuble, le conservateur inscrit les droits réels immobiliers existant sur cet immeuble, tels qu'ils résultent de la décision du tribunal mixte.

Les parties du domaine public comprises dans un immeuble immatriculé ne sont pas assujetties à l'immatriculation et les droits qui s'y appliquent subsistent indépendamment de toute inscription.

959. Chaque immatriculation donne lieu à l'établissement, par le conservateur de la propriété foncière, d'un

---

(1) Le tribunal mixte n'est pas, comme les tribunaux ordinaires, obligé de résoudre les litiges qui lui sont soumis. De même qu'il peut d'office, et en l'absence des conclusions des parties, soulever les moyens et ouvrir les questions qu'il lui semble nécessaire de traiter pour arriver à une immatriculation, de même il a un pouvoir discrétionnaire pour refuser de juger quand il le croit préférable (Trib. mixte, 13 juin 1904, *J. T. T.,* 1904, 594.)

(2) Trib. Tunis, 21 mars 1906, *J. T. T.,* 1906, 400.

titre en langue française comportant la description de l'immeuble, sa contenance, les plantations et constructions qui s'y trouvent et l'inscription des droits réels immobiliers existant sur l'immeuble et des charges qui le grèvent (1)

Le plan y reste annexé, et fixe, à côté de la détermination juridique de l'immeuble, sa détermination physique.

Chaque titre de propriété porte un numéro d'ordre, et le nom de l'immeuble, tel qu'il a été choisi par le propriétaire.

Les titres de propriété sont établis sur un registre dont la forme a été réglée par l'administration.

960. Lorsque un immeuble est divisé, soit par suite de démembrement, soit par suite de partage, il est procédé au bornage de chacun des lots par un géomètre assermenté qui rapporte cette opération sur une expédition du plan. Il est établi un titre et un plan distinct pour chacune des divisions de l'immeuble.

961. *Inscription des droits réels immobiliers.* Certes, le titre de propriété dressé à la suite d'un jugement d'adjudication établit l'état juridique de l'immeuble au moment où il passe sous le nouveau régime foncier. Mais il ne suffit pas que le droit du propriétaire soit exactement déterminé dans le titre foncier; il faut, de plus, que le titre établi soit tenu au courant des modifications survenues dans le droit du titulaire (2).

La loi tunisienne a organisé, à cet effet, un système de publicité et, pour la sauvegarde des droits des tiers, a consacré le principe de la force probante des inscriptions.

Nous avons déjà dit que la nouvelle législation foncière avait opté pour le système de l'inscription, délaissant le procédé plus long et compliqué de la transcription.

L'inscription au livre foncier peut être requise et est généralement requise par celui qui a intérêt à consolider, au moyen de cette formalité, le droit réel dont il est titulaire (3).

D'autre part le conservateur est tenu d'inscrire d'office : 1° le privilège du crédit-rentier de l'enzel, soit au moment de l'immatriculation de l'immeuble, soit lors du dépôt de l'acte constitutif d'enzel sur l'immeuble déjà immatriculé; 2° l'hypothèque du vendeur ou du copartageant, au profit du débiteur saisi, qui solicitant un de leurs ayants droit, pour sûreté du paiement du prix de l'adjudication (4).

Les justifications à produire à l'appui de chaque réquisition d'inscription peuvent se résumer dans les propositions suivantes qui découlent tant de l'article 343 que de l'économie générale de la loi foncière.

Tous les faits ou conventions à inscrire ou à mentionner doivent être constatés par écrit : acte sous seing-privé, acte notarié ou consulaire, ou jugement passé en force de chose jugée. La forme sous seing-privé est admise pour les donations comme pour les contrats hypothécaires.

Les actes ou écrits, quelle que soit leur forme, doivent indiquer l'état civil des parties contractantes, rappeler le nom et le numéro du titre de la propriété qui fait l'objet de la convention ou du jugement, ne contenir aucune énonciation ou stipulation inconciliable avec les données antérieures, porter enfin élection de domicile, en Tunisie, au chef-lieu d'une justice de paix.

962. Le conservateur n'a pas seulement à s'occuper de la forme des actes déposés, de leur conformité avec les indications du titre, et de l'identité des contractants, il est, en outre, juge en premier ressort de la capacité des parties et doit examiner les circonstances qui leur permettent ou leur interdisent de traiter librement, à raison, soit de leur condition personnelle, soit de leurs conventions matrimoniales.

S'il a des doutes sur les questions soumises à son examen préalable, il invite les intéressés, dans un délai de quinzaine, augmenté du délai des distances, à fournir des justifications complémentaires : actes de naissance et de mariage, contrats de mariage, actes de société, etc., et il réserve, au moyen d'une inscription provisoire, leur droit à l'inscription définitive. A l'expiration du délai fixé, et suivant que la régularisation de la demande d'inscription lui paraît ou non suffisante, ce fonctionnaire procède à l'inscription définitive, ou rejette la demande, sauf à l'intéressé à se pourvoir dans ce dernier cas devant le tribunal compétent (1).

963. Les inscriptions conservent le droit qu'elles relatent tant qu'elles n'ont pas été annulées, rayées ou modifiées (2); c'est là une conséquence du principe de la force probante attachée aux inscriptions du titre foncier.

La radiation a lieu à la requête de toute personne intéressée qui a la capacité requise, ou en vertu de jugements des tribunaux français ayant acquis force de chose jugée (3).

D'autre part, les droits réels inscrits peuvent être modifiés ou annulés par décision de justice; le conservateur opère les inscriptions rectificatives au vu de l'expédition du jugement définitif rendu par la juridiction française.

964. Enfin certains événements peuvent arrêter le cours des inscriptions : tels sont le commandement à fin de saisie immobilière qui, signifié au conservateur, empêche toute inscription nouvelle pendant le cours de l'instance (4); l'inscription des actes translatifs de propriété immobilière pour les droits consentis par les précédents titulaires (5); la faillite ou la liquidation judiciaire du débiteur, ainsi que l'acceptation sous bénéfice d'inventaire de sa succession (6).

---

(1) Sur les actes devant être inscrits sur le titre foncier, voir : art. 343, 48 et 49 de la loi du 1ᵉʳ juillet 1885. C'est surtout dans l'intérêt des tiers que la publicité du livre foncier est prescrite; les actes non inscrits ne sont pas opposables aux tiers.
(2) Lescure, *op. cit.* p. 279.
(3) Art. 357.
(4) Art. 358.

(1) Art. 354.
(2) Art. 47, 228 et 238.
(3) Art. 343 et 357.
(4) Art. 55 et 299.
(5) Arg. art. 343.
(6) Art. 2146 du Code civil, et arg. art. 2 de la loi foncière.

965. Prénotation. — Nous venons d'indiquer que les actes pour lesquels le conservateur exige des justifications complémentaires peuvent faire l'objet d'une inscription provisoire, sorte de prénotation.

Le procédé de la prénotation ou opposition conservatoire, procédé usité dans les régimes fonciers de l'Allemagne, permet de sauvegarder des droits qui ne sont pas immédiatement admissibles à l'inscription. Si elle ne confère pas, à celui qui la requiert, un droit actuel et définitif, elle empêche du moins, à partir de sa date, toute aliénation ou constitution de droits réels au préjudice du prénotant.

Peuvent faire l'objet d'une prénotation : toute demande tendant à faire prononcer l'annulation ou la modification de droits réels immobiliers; les hypothèques forcées, c'est-à-dire celles du mineur ou de l'interdit, de la femme mariée, du vendeur, de l'échangiste ou du copartageant, lorsque leur spécialisation, à défaut d'entente entre les parties, doit résulter d'une décision judiciaire.

966. Immatriculation postérieure à une adjudication. — L'adjudicataire, à la barre d'un tribunal civil, d'un immeuble non immatriculé peut subordonner l'exécution des conditions du cahier des charges à l'immatriculation de l'immeuble. Il dépose alors son prix d'adjudication à la Caisse des dépôts et consignations, et suit la procédure réglée par un décret du 16 mars 1892 (1).

§ 3. — Droit de propriété.

967. Caractères. — L'immeuble immatriculé étant passé sous le nouveau régime foncier, il convient à présent de préciser l'étendue du droit de propriété et des divers droits réels immobiliers tels qu'ils sont déterminés par la loi foncière.

Comme en droit civil français, la propriété immobilière est, dans la loi tunisienne, « le droit de jouir et de disposer d'un immeuble par nature ou par destination de la manière la plus absolue, pourvu qu'on n'en fasse pas un usage prohibé par les lois ou par les règlements » (2).

Le droit du propriétaire foncier est ainsi exclusif et absolu; et son droit de propriété s'étend « sur tout ce qui produit son immeuble, et sur tout ce qui s'y unit accessoirement, soit naturellement, soit artificiellement » (3).

L'expropriation pour cause d'utilité publique, le partage, l'exercice du droit de chefaa peuvent, toutefois, apporter de graves restrictions au droit de propriété.

968. Expropriation pour cause d'utilité publique. — En ce qui concerne l'expropriation pour cause d'utilité publique, nous en étudions par ailleurs les règlements (4).

969. Partage. — En ce qui concerne le partage, le nouveau régime foncier comporte la disposition fondamentale de notre Code civil : « Nul ne peut être contraint à demeurer dans l'indivision et le partage peut être toujours provoqué nonobstant prohibition et convention contraires. »

970. Droit de préemption. — Enfin, quant au droit de chefaa du droit musulman, la loi foncière de 1885 l'a maintenu sous le nom de « Droit de préemption ». Aux termes de son article 77, c'est la faculté reconnue à tout co-propriétaire indivis d'un même immeuble, à tout cohéritier sur les immeubles de la succession, à tout copropriétaire divis d'une maison d'habitation, au superficiaire pour l'acquisition du sol et au propriétaire du sol pour l'acquisition de la superficie, d'acquérir la portion vendue à un tiers, en se substituant à cet acquéreur, moyennant le remboursement du montant de la vente avec le prix des améliorations et les loyaux coûts du contrat.

Ce droit, sur un même immeuble s'exerce, par voie de préférence, dans l'ordre suivant : 1° le propriétaire du sol vis-à-vis du superficiaire et réciproquement; 2° les co-héritiers; 3° les co-propriétaires divis ou indivis. Pour ces deux dernières catégories, celui qui a la part la plus considérable sur l'immeuble est préféré à celui qui a une part moindre; en cas d'égalité, le sort décide entre ceux qui veulent bénéficier de la préemption.

Celui qui veut exercer la préemption doit en faire une notification à l'acquéreur de l'immeuble dans le délai de huitaine augmenté du délai des distances, sans que ce délai puisse jamais être supérieur à deux mois, à partir du jour où il a eu connaissance de la vente, avec offre réelle de rembourser à l'acquéreur son prix d'acquisition ainsi que le prix des améliorations et tous les loyaux coûts accessoires.

D'autre part, l'acquéreur peut, après inscription de son droit, notifier son contrat d'acquisition à tout ayant droit à la préemption, qui en est déchu s'il ne l'exerce pas dans le délai de huitaine à partir de cette notification.

Dans tous les cas, le droit de préemption se prescrit par six mois à partir du jour de la vente.

971. Modes d'acquisition de la propriété. — La loi tunisienne ne contient pas de théorie générale des modes d'acquisition de la propriété; mais elle adopte implicitement, par les dispositions de son article 2, ceux reconnus par le droit civil français (1).

§ 4. — Droits réels immobiliers.

972. Aux termes de l'article 13 de la loi foncière, les droits réels immobiliers sont : la propriété immobilière (omise dans notre code civil français dans l'énumération des droits réels immobiliers), l'enzel et la rente d'enzel, l'usufruit, l'usage et l'habitation, l'emphytéose, la super-

---

(1) Sur l'application de ce texte, voir Berge, Répertoire précité, V° Immatriculation n°° 308 et s.
(2) Art. 56.
(3) Art. 58.
(4) V. supra n°° 650 et suiv.

(1) « Les dispositions du Code civil français qui ne sont contraires ni à la présente loi, ni au statut personnel ou aux règles de succession des titulaires de droits réels immobiliers, s'appliquent, en Tunisie, aux immeubles immatriculés et aux droits réels sur ces immeubles. » (Art. 2.)

ficie, les servitudes foncières, l'antichrèse, les privilèges et les hypothèques.

973. *Enzel.* — La loi foncière ne comporte que très peu de dispositions relatives à l'enzel qu'elle définit « une propriété foncière grevée d'une rente perpétuelle » (1). Comme le droit de propriété, l'enzel est susceptible d'usufruit (2), d'hypothèque (3), de saisie immobilière et d'expropriation forcée (4).

Le montant des arrérages doit être inscrit avec le droit lui-même sur le titre foncier (5).

La question s'est posée de savoir si le débit-enzéliste d'un immeuble immatriculé pouvait céder une partie de cet immeuble à un tiers sans l'assentiment du crédit-enzéliste (6).

Plusieurs décisions de la jurisprudence ont affirmé que le crédit-enzéliste ne peut être obligé à subir malgré lui le fractionnement de sa rente, au cas où le débit-enzéliste a fractionné sans son consentement et vendu à diverses personnes tout ou partie de l'immeuble grevé (7).

Le crédit-rentier d'un enzel grevant un immeuble immatriculé doit, si le débit rentier l'exige, poursuivre le paiement des arrérages échus par la vente préalable de l'immeuble grevé, le débit-rentier n'étant tenu personnellement que des arrérages des deux dernières années (8).

Les articles 88 et 89 de la loi foncière (9) ont promulgué et réglementé une procédure unique pour le cas où, après l'immatriculation, le crédit-rentier, non payé des arrérages échus, désire exercer les poursuites sur le patrimoine de son débiteur.

Le crédit-rentier peut, sans doute, et doit même commencer par actionner le débit-enzéliste en paiement des arrérages échus; mais, une fois nanti d'un jugement de condamnation, il ne peut l'exécuter qu'en observant les règles édictées par les textes que nous venons d'indiquer. Ces règles sont, en effet, non pas facultatives mais obligatoires pour le crédit-rentier, qui ne peut plus invoquer l'ancien droit musulman, pour saisir indéfiniment toute la fortune personnelle de l'enzéliste, en négligeant l'expropriation de l'immeuble tenu à enzel.

974. L'application de la nouvelle législation de 1885 peut, certes, modifier, dans une certaine mesure, les droits du crédit-rentier, en ce qui concerne le paiement des arrérages échus; mais le crédit-rentier ne peut pas se soustraire à cette modification, à moins qu'il ne prouve que l'immatriculation est frauduleuse et que l'enzéliste

y a eu recours dans l'espoir d'éviter l'exécution d'engagements fermes antérieurement contractés.

Au reste, les dispositions des articles 88 et 89 de la loi foncière constituent une dérogation au droit commun d'après lequel tous les biens du débiteur sont le gage de ses créanciers; leurs dispositions doivent donc être interprétées restrictivement.

975. En résumé, le crédit-rentier de l'enzel qui n'est pas payé des arrérages doit d'abord obtenir un titre exécutoire en vertu duquel il doit saisir et faire vendre l'immeuble grevé de l'enzel et il n'a de recours qu'en cas d'insuffisance du prix de vente de l'immeuble grevé et pour les deux dernières annuités seulement. Le débit-enzéliste ne peut se libérer en offrant deux annuités et l'abandon de l'immeuble.

976. *Usufruit.* — Aux termes de la loi foncière, l'usufruit immobilier est le droit de jouir d'un immeuble dont un autre a la propriété comme le propriétaire lui-même, à charge d'en conserver la substance. Il peut être établi par la loi ou par la volonté de l'homme, et peut porter sur la propriété immobilière, l'enzel, la rente de l'enzel, l'emphytéose, pour le temps de sa durée, la superficie, l'antichrèse et les hypothèques. En ce qui concerne les droits et les obligations de l'usufruitier, la loi foncière reproduit à peu près littéralement les dispositions de notre Code civil.

977. *Usage.* — La loi foncière traite de l'usage et de l'habitation dans ses articles 134 et 145 qui sont la reproduction textuelle des articles 625 à 636 du Code civil français. A défaut de conventions particulières sur l'étendue du droit d'usage, la loi trace les règles suivantes : 1° La portion de fruits à laquelle l'usager a droit se détermine d'après ses besoins et ceux de sa famille; 2° l'usager ne peut ni céder ni louer son droit; 3° l'usager doit jouir en bon père de famille. S'il absorbe tous les fruits du fonds, ou s'il occupe la totalité de l'immeuble, il est assujetti aux frais de culture, aux réparations d'entretien et au paiement des contributions, comme l'usufruitier. S'il ne prend qu'une partie des fruits, ou s'il n'occupe qu'une partie de la maison, il contribue au prorata de ce dont il jouit.

978. *Droit d'habitation.* — Les règles édictées par la loi foncière relativement au droit d'usage s'appliquent également au droit d'habitation, qui n'est d'ailleurs qu'un droit d'usage ayant pour objet une maison d'habitation.

979. *Emphytéose.* — La définition que donne la loi foncière, article 146, de l'emphytéose est empruntée à la loi belge du 10 juin 1824 : « l'emphytéose est un droit réel qui consiste à avoir la pleine jouissance d'un immeuble appartenant à autrui sous la condition de lui passer une redevance annuelle, soit en argent, soit en nature, en reconnaissance de son droit de propriété. »

L'emphytéose ne peut être établie que pour une durée d'au moins vingt ans, et jamais au delà de quatre-vingt dix-neuf ans. Tout bail d'une durée de vingt ans et au-dessus est présumé bail emphytéotique, à moins de

---

(1) Art. 83.
(2) Art. 93.
(3) Art. 233.
(4) Art. 287.
(5) Art. 84.
(6) Trib. Tunis, 2 décembre 1903, *J. T. T.*, 1904, 108.
(7) Trib. Tunis, 16 avril 1890, *ibid.* 1890, 117; — 15 février 1892, *ibid.* 1893, 362; — 7 décembre 1893, *ibid.* 1894, 101; — 25 octobre 1905, *ibid.* 1906, 30.
(8) Trib. Tunis, 1er juillet 1903, *ibid.* 1903, 516.
(9) Art. 88. — « En cas de non paiement de la rente par le débit-rentier, il (le crédit-rentier) peut poursuivre la vente de l'immeuble tenu à enzel pour avoir paiement des arrérages échus. »
Art. 89. — « En cas d'insuffisance du prix de vente l'enzéliste (débit-rentier) ne sera tenu personnellement que des arrérages des deux dernières années qui pourront être dus. »

stipulations contraires, soit dans le bail, soit dans un acte séparé.

L'emphytéote exerce tous les droits attachés à la propriété du fonds, mais il ne peut rien faire pour en diminuer la valeur; il a, par exemple, la faculté d'aliéner son droit, de l'hypothéquer et de grever le fonds emphytéotique pour la durée de sa jouissance.

L'emphytéose s'éteint : 1° par la confusion; 2° par la destruction du fonds.

980. *Droit de superficie.* — Le droit de superficie est un droit réel immobilier qui consiste à avoir des bâtiments, ouvrages ou plantations sur un fonds appartenant à autrui. Celui qui a le droit de superficie peut toujours l'aliéner et l'hypothéquer. Il peut aussi grever de servitudes les biens qui font l'objet de son droit, mais dans la limite qui lui appartient pour l'exercice de ce droit.

Le droit de superficie s'éteint par la confusion, ou par la destruction du fonds (1).

981. *Servitudes foncières.* — Lorsque la servitude dérive ou de la situation naturelle des lieux (2), ou des obligations imposées par la loi (3), elle n'est pas assujettie à l'inscription sur le titre foncier.

La loi foncière tunisienne de 1885 est seule applicable en ce qui concerne les servitudes nées de l'immatriculation, lorsque l'un des deux immeubles, dominant ou servant, a été immatriculé.

982. *Antichrèse.* — Les règles de l'antichrèse (4) sont celles du Code civil français.

983. *Privilèges.* — Le privilège (5) n'est pas assujetti à l'inscription, sauf celui du crédit-rentier de l'enzel; dans ce cas l'inscription prise a la même durée que le privilège.

Les créances privilégiées sur le prix des immeubles sont les suivantes et s'exercent d'après l'ordre suivant : 1° les frais de justice; 2° les droit du trésor (6); 3° les arrérages dus au crédit-rentier de l'enzel.

984. *Hypothèques* (7). — Sont seuls susceptibles d'hypothèques : 1° la propriété immobilière qui est dans le commerce; 2° l'usufruit des immeubles pour le temps de sa durée; 3° l'enzel; 4° l'emphytéose; 5° la superficie.

SECTION II.

PROPRIÉTÉ PRIVÉE.

§ 1er. — *Constitution et historique.*

985. En droit musulman, on distingue : 1° les terres mortes (maouat), c'est-à-dire celles qui ne sont la pro-

priété de personne et dont on ne retire aucune utilité; 2° les terres vivantes (maamour) ou productives qui comprennent la grande et la petite culture (1).

La terre morte peut faire l'objet d'un droit de propriété privée au profit de celui qui la vivifie par le défrichement. L'acquisition de la propriété privée par la vivification remonte au Prophète lui-même qui a dit : « Quiconque vivifie une terre morte en devient le fait propriétaire ». La terre morte est à la disposition du prince qui peut la concéder en toute propriété et jouit à cet égard d'un pouvoir discrétionnaire. Il peut en disposer au profit d'une personne ou d'une collectivité, soit gratuitement, soit moyennant un prix, soit à la charge de services ou de prestations. Par le seul fait de la concession, la terre entre dans le domaine du concessionnaire qui peut en disposer comme de sa chose.

Successivement soumise aux Phéniciens, aux Romains, aux Vandales et à l'Empire Grec, « l'Ifrikia », qui comprenait les pays désignés actuellement sous les noms de Régence de Tunis, au centre; de Régence de Tripoli, à l'est; et d'Algérie (Province de Constantine) à l'ouest, tomba, dès le VIe siècle de notre ère, sous la domination des Arabes, dont la conquête, commencée en 642, fut terminée en 680, après cinq invasions successives.

Le pays fut bien vite régi quant aux biens et quant aux personnes par la législation coranique.

Les troubles qui, plus tard, devaient suivre la conquête turque entraînèrent, au point de vue de la propriété privée, une conséquence curieuse : pour soustraire leur fortune aux convoitises du sultan, les indigènes imaginèrent de constituer leurs biens en habous.

§ 2. — *Théorie générale.*

986. Nous avons déjà indiqué que le droit de propriété est reconnu par la législation coranique. Ce droit comprend tous les attributs essentiels qui caractérisent le droit de propriété en droit civil français; il implique le *jus utendi*, le *jus fruendi* et le *jus abutendi*. (2)

Pendant longtemps le droit de propriété fut, en Tunisie, le privilège des seuls sujets tunisiens; les Européens ne pouvaient acheter en leur nom et devaient recourir à des procédés détournés pour devenir propriétaires fonciers.

Le Pacte fondamental du 10 septembre 1857 reconnut « aux étrangers qui voudraient s'établir dans la Régence » le droit d'acheter toutes sortes de propriétés, à condition toutefois de se soumettre aux règlements en vigueur. Successivement les divers gouvernements d'Europe réclamèrent et obtinrent pour leurs nationaux le bénéfice de cette disposition, qui fut ainsi précisée et complétée par des conventions internationales (3).

---

(1) Art. 150 et suiv.,
(2) Art. 155 et 157.
(3) Art. 159 à 193.
(4) Art. 217 et suiv.
(5) Art. 228, 229, 230.
(6) V. D. 3 octobre 1884, art. 129, et du 13 juillet 1899, art. 5.
Le privilège du Trésor non assujetti à l'inscription sur le titre, n'a pas besoin d'être apparent pour être exercé utilement. (Trib. Tunis, 23 février 1898, S. 1899, 2, 315.
(7) Art. 231 et suiv.
V. Jacques Soumama, *op. cit.*

---

(1) V. Lescure, *op. cit.* p. 1 et suiv.
(2) Le droit de propriété est « le droit de disposer d'une chose exclusivement et de la manière la plus absolue, et de jouir de tous les fruits qu'elle produit ». (*Rites d'Abou Hanifa et de Chafêi*, 1893, I, p. 132.)
(3) V. notamment : Traité du 10 octobre 1863, passé avec l'Angleterre; — convention du 13 janvier 1866 avec l'Autriche; — traité du 27 juin 1866 avec la Prusse; — traité du 8 septembre 1868

Mais la qualité de propriétaires reconnue aux Européens n'implique pas *ipso facto* pour ceux-ci, nous l'avons vu, le droit de réclamer, en matière immobilière, l'application de leur loi nationale. Conformément d'ailleurs aux principes admis par le droit international privé, les puissances européennes ont confirmé, suivant les réserves stipulées au Pacte fondamental, la soumission à la loi locale des immeubles tunisiens appartenant à des nationaux étrangers.

En principe, donc, les immeubles non immatriculés situés en Tunisie sont soumis aux règles du droit musulman tunisien.

987. Quoi qu'il en soit, lorsque la France vint occuper la Tunisie, il y avait deux sortes de propriétés : la propriété melk, dont nous allons nous occuper, et les biens habous, auxquels il faut ajouter les terres mortes qui, d'après le droit commun musulman applicable à la Régence, sont à la disposition du souverain.

§ 3. — Propriété melk.

988. La propriété melk, ou propriété libre, est la propriété dans son sens le plus absolu, dans toute sa plénitude. C'est le dominium du droit romain; la propriété de notre droit civil (art. 544). Elle emporte, de sa nature, la propriété du sol et du sous-sol. Il y a lieu, cependant, d'en excepter, d'après le droit tunisien, les sources qui ont été incorporées au domaine public, et les mines qui font partie du domaine privé de l'Etat.

Un des principaux caractères de la propriété melk en Tunisie est l'indivision. Mais cette indivision ne provient ni des institutions, ni des lois; elle a surtout pour cause l'intérêt que peuvent avoir les partis à la maintenir, et l'organisation toute patriarcale de la famille qui veut que le chef de la famille ait tout pouvoir sur ses biens.

Les principaux modes de transmission de la propriété melk sont : la vente, la donation, la chefaa, — que nous avons déjà étudiée, — l'échange, les successions, le partage, la mgharça (1) et la prescription.

---

avec l'Italie, etc. — V. également le décret du 8 juillet 1871 étendant aux Français le droit de devenir propriétaires fonciers en Tunisie.

(1) C'est à l'aide du contrat de mgharça ou de complant, que s'est constituée la plus grande partie de la forêt d'oliviers de Tunisie.

Le propriétaire fournit une terre à un cultivateur qui s'engage à la complanter d'arbres; au bout d'un certain temps, une partie du sol complanté reviendra en pleine propriété à l'ouvrier; le reste appartiendra toujours au propriétaire. Tel est le contrat de mgharça.

Les jurisconsultes musulmans ont déterminé les conditions essentielles de ce contrat; elles sont au nombre de trois. Il faut indiquer la profondeur du défoncement du sol; la terre ne doit pas contenir une trop grande quantité de broussailles telles que palmiers nains, jujubiers sauvages; — les délais du contrat fixés par les contractants doivent permettre aux arbres d'atteindre l'âge de production. Ce sont là les conditions essentielles du contrat; mais pourvu qu'on les respecte, et que le propriétaire remette le sol au mgharçi, on peut introduire dans le contrat les modalités les plus variées.

Le contrat de mgharça s'applique aux plantations de cactus, de figuiers, d'orangers, de grenadiers; mais, en Tunisie, il a eu surtout pour objet les plantations d'oliviers.

Dans la région de Sfax notamment, des propriétaires européens ont traité avec des cultivateurs indigènes sur les bases du contrat de mgharça en vue de plantations d'oliviers.

Si, d'autre part, on veut étudier la constatation et la preuve du droit de propriété, il faut tout d'abord poser ce principe qu'en droit musulman l'origine et le fondement du droit de propriété, c'est la possession.

§ 4. — Possession.

989. Le droit coranique et les coutumes musulmanes ont toujours attaché une grande importance à la possession, en tant qu'origine et fondement du droit de propriété.

Aussi est-ce là la constatation de la possession, état de fait, qu'on rencontre au début de chaque titre de propriété. Le premier acte d'un pareil titre n'est généralement autre qu'une attestation de témoins qui viennent affirmer que telle terre, dont on donne la description et la délimitation, est en la possession de celui qui s'en prétend propriétaire et au nom de qui est dressé le titre, sans que personne ne lui conteste cette possession. D'ailleurs, à défaut du titre, la propriété s'établit par la possession paisible et non précaire, même au cas où cette possession n'est pas assez longue pour produire la prescription acquisitive (1); et il en est de même lorsque les titres produits sont inapplicables ou muets sur les limites ou l'étendue de l'immeuble auquel ils se rapportent (2).

990. Les immeubles non immatriculés sont régis en Tunisie, en ce qui concerne la prescription, par le droit musulman, d'après lequel les revendications d'immeubles se prescrivent par une possession qui est de 15 ans dans le rite hanéfite et de 10 ans dans le rite malékite. Et cette prescription n'exige, chez le possesseur qui l'invoque, ni bonne foi, ni juste titre (3).

Toutefois, d'après certains jurisconsultes musulmans, la prescription entre proches parents ne s'accomplit, dans certains cas, que par une possession de 40 ans; mais cette exception n'est pas absolue; elle n'est d'ailleurs pas admise par le rite hanéfite (4). Cette prolongation de durée n'est qu'une application de ce principe d'après lequel la possession doit, pour être utile, ne pas être précaire. Cette interprétation vise uniquement le fait de celui qui n'est devenu possesseur que parce qu'il faisait partie de la famille du propriétaire, pour le compte et par la tolérance de ce dernier (5).

SECTION III.

PROPRIÉTÉ COLLECTIVE,

Sous des noms divers : *ard el arbia, ouabria, alfa, nehaba,* on rencontre en Tunisie des territoires dépourvus de villes et de populations sédentaires, peuplés de tribus nomades ou semi-nomades, et dont la condition juridique

---

(1) Trib. Sousse, 28 février 1889, *J. T. T.*, 1889, 53.
(2) Trib. Tunis, 17 mai 1890, *J. T. T.*, 1894, 342.
(3) Trib. Tunis, 6 juillet 1898, *Clunet*, 1899, 603.
(4) Trib. Tunis, 21 décembre 1898, *J. T. T.*, 1899, 233.
(5) Trib. Tunis, 6 juillet 1898, *loc. cit.*

paraît identique à celle des terres qu'on a appelées, en Algérie, terres « arch » ou de propriété collective (1).

§ 1er. — Origine des terres de tribus.

991. La plupart des auteurs considèrent ces territoires ou terres de tribus comme appartenant à l'Etat, mais n'indiquent pas quelle serait l'origine de cette domanialité (2). L'administration, d'autre part, admet que, en dehors des terres mortes, qui sont, d'après le droit commun musulman applicable dans la Régence, à la disposition du souverain, son droit de propriété provient le plus généralement des confiscations opérées par les beys, à la suite des révoltes des deux derniers siècles.

Quoi qu'il en soit, le droit de l'Etat sur les terres collectives est aujourd'hui admis en principe par la presque unanimité des juristes. La coutume et les documents confirment au reste cette thèse.

§ 2. — Gestion des terres de tribus.

992. L'Etat, en rappelant et en confirmant à diverses reprises son droit de propriété sur les terres de tribus, a par là même proclamé le caractère précaire du droit de concession appartenant aux tribus.

Déjà le décret du 26 avril 1861 et l'arrêté du premier ministre du 1er décembre 1881 avaient sanctionné le droit de l'Etat, en déclarant nulles et non avenues les ventes de terrains, mines et forêts consenties par les indigènes des tribus, parce que ceux-ci n'y ont aucun droit. Plus tard une circulaire adressée par le premier ministre aux cadis de la Régence, le 15 avril 1895, interdit la passation, par les notaires musulmans, d'actes relatifs à des terrains situés dans le territoire des tribus arabes de l'intérieur, sans autorisation préalable de l'Etat.

Enfin un décret du 14 janvier 1901, après avoir posé ce principe que « les territoires collectifs sont inaliénables, les membres de la tribu n'ayant sur eux qu'un droit de jouissance », vint réglementer les conditions de délimitation de ces terres collectives.

Cette délimitation est effectuée par des comités locaux, composés : d'un délégué du gouvernement, président; du cadi; du caïd; et de deux notaires. D'autre part une commission a été instituée avec mission d'étudier et de définir les conditions de gestion et de jouissance des terres de tribus; elle est présidée par le premier ministre. On a compris, en effet, que le régime des terres collectives entraînait pour celles-ci une mauvaise utilisation, et qu'il était nécessaire de constater et de protéger léga-

lement les droits de gestion et d'usage des collectivités indigènes, tribus ou fractions, sur les terres de l'Etat.

SECTION IV.

BIENS HABOUS.

993. A la propriété melk, ou libre, s'opposent les biens habous, biens de mainmorte affectés à des fondations pieuses musulmanes. Ils sont, nous l'avons déjà vu, de deux sortes : les habous publics, qui sont affectés en toute propriété à une fondation pieuse; et les habous privés, qui ne sont affectés à une fondation que pour la nue-propriété, la jouissance ayant été réservée par le fondateur à ses héritiers directs et ne revenant aux habous publics que lorsque la descendance directe du fondateur est éteinte. Sans avoir à revenir sur les règles d'administration des habous (1), il nous reste à étudier les conditions et les effets d'une constitution habous et les transactions qui peuvent affecter les biens habous. Les conditions de validité, la nature juridique et les effets sont d'ailleurs en principe les mêmes, qu'il s'agisse de habous privés ou de habous publics.

§ 1. — Caractères généraux des biens habous. Constitution.

994. Caractères. — Le caractère principal de l'institution des habous, c'est d'être essentiellement musulmane. Son origine remonte au fondateur même de l'Islam. Le célèbre El Bokhari, dans son recueil de Hadiths (propos de Mahomet) rapporte ce qui suit : « Omar Ibn el Khattab (qui devint plus tard le second khalifa) vint un jour trouver le prophète et lui dit : « Apôtre de Dieu, je viens d'acquérir un terrain de valeur à Khaïbar, que me conseilles-tu d'en faire? — Tu pourras, répondit Mahomet, immobiliser le fond de ce terrain et en affecter les revenus à de bonnes œuvres. » Omar suivit le conseil, légua les revenus de son terrain à une œuvre pieuse et stipula dans l'acte de constitution que cet immeuble ne pouvait être donné, ni vendu, ni hypothéqué, ni transmis en héritage (2).

Telle fut l'origine du habous, dont l'institution découle ainsi de la Sonna (tradition) qui, nous l'avons dit (3), constitue une des principales bases de la loi religieuse.

Dès les premiers siècles de l'hégire les habous prirent un développement considérable, les musulmans y trouvant des avantages certains.

Aujourd'hui encore les biens habous sont particulièrement nombreux en Tunisie, où l'on peut évaluer approximativement l'étendue des habous au tiers de la superficie totale du pays.

---

(1) Cf. Monchicourt, La steppe tunisienne chez les Frechich et les Majeur, Tunis, 1906, p. 42 et suiv.
(2) V. Lescure, op. cit, p. 23.
Dans un rapport présenté au Congrès de l'Afrique du Nord tenu à Paris en octobre 1908, M. le docteur Carton, traitant de l'organisation de la propriété foncière dans l'Afrique romaine et la Tunisie, rapproche la condition des terres collectives de ce qui s'est passé dans l'Afrique ancienne, alors que des gentes occupaient le sol, ayant à leur tête des principes. Cf. Compte rendu des travaux du Congrès de l'Afrique du Nord, Paris 1909, tome I, p. 205.

(1) V. supra nᵒˢ 208 et suiv.
(2) Bechir Sfar, Les habous en Tunisie, publié dans le compte rendu des travaux du Congrès de l'Afrique du Nord de 1908, Paris 1909, tome II, p. 385.
(3) V. supra nᵒ 161.

En dehors de son caractère religieux, le habous a des caractères qui lui sont propres et qu'on ne retrouve pas réunis dans une des institutions du droit français, bien qu'il paraisse se rapprocher de la substitution primitive de notre ancien droit, ou de la donation. Comme la substitution, le habous s'étend à une longue suite de générations; comme la donation, il a un caractère irrévocable. Mais ce ne sont là encore que des analogies éloignées; nous verrons, en poursuivant son étude, que le habous, sorte de donation d'usufruit, est soumis à des règles qui en font une des institutions les plus originales du droit musulman.

995. Constitution. — Celui qui constitue un habous doit avoir la capacité suffisante pour disposer de ses biens par voie d'aliénation entre-vifs à titre gratuit; il doit être musulman et la constitution doit avoir pour objet une œuvre pieuse dans le sens islamique. La fondation serait donc nulle si l'immeuble habousé était affecté au culte d'une divinité autre que le dieu de l'Islam (1).

La preuve de la constitution d'un immeuble en habous doit, en principe se faire par titre, et le titre invoqué doit permettre au juge d'apprécier si toutes les prescriptions de la loi ont été observées (2).

Si le droit coutumier tunisien admet la validité et la régularité des copies de titre de habous, il ne suffirait pas pour démontrer le caractère habous d'un immeuble, de produire un titre qui n'est point un acte régulier de constitution habous, mais simplement un acte dressé pour constater la cession à enzel par la fondation habous (3).

Un acte de notoriété n'indiquant pas dans quelles circonstances de temps et de lieu a été faite une constitution habous ne saurait suffire à prouver l'existence de celle-ci, qui, alors même qu'elle eût réellement existé, a pu se perdre par suite de la prescription admise en cette matière par le droit musulman tunisien (4).

De même, la preuve de l'existence d'un habous ne pourrait résulter de la simple déclaration d'individus qui se bornent à attester qu'ils connaissent par ouï-dire la constitution de ce habous.

D'après les coutumes applicables en Tunisie aux immeubles non-immatriculés, les mentions relatives aux habous portés au registre de l'administration des habous (Djemaïa) peuvent servir de preuve au profit de cette administration, alors surtout qu'elles sont appuyées de présomptions graves, précises et concordantes (1).

996. Au cours des cinquante années qui ont précédé l'établissement du protectorat en Tunisie, les particuliers et les mokaddems des fondations habous ayant fait disparaître, pour leur profit personnel, bon nombre d'actes de constitution de habous, la jurisprudence a dû considérer comme un fait normal que la Djemaïa se trouve fréquemment dans l'impossibilité de produire l'acte constitutif des fondations habous dont elle doit percevoir les revenus; aussi a-t-elle été amenée à accueillir, en pareille matière, tous les éléments de conviction qui peuvent raisonnablement suppléer à un titre perdu, à la condition de les soumettre à un contrôle rigoureux (2).

D'après le rite malékite, une fondation habous faite au profit des mâles avec exclusion des filles serait nulle. Le rite hanéfite en admet, au contraire, la validité. Un jugement du cadi hanéfite statuant sur la validité d'un habous est définitif et ne saurait être annulé par application des règles du rite malékite (3).

Suivant le rite hanéfite, le habous peut être constitué soit verbalement, soit par acte sous seing privé, soit par acte authentique, mais, dans le premier cas, un jugement de validation est nécessaire.

Suivant l'iman Abou Youcef, qui fut un des premiers disciples d'Abou Hanifa, il suffit, pour qu'un habous soit valable et bien établi, que le fondateur dise : « Je constitue un habous, j'immobilise, je retire le caractère de propriété franche » sans qu'il soit besoin de possession ni de décision judiciaire (4). Aussi la coutume s'est-elle introduite en Tunisie de dire dans la constitution, pour lui donner un caractère de validité plus complet, qu'on la soumet en tout à la doctrine d'Abou Youcef (5).

§ 2. — Effets de la constitution de habous

997. Nous avons déjà implicitement indiqué la conséquence principale de la constitution de habous; elle opère un démembrement perpétuel du droit de propriété, la nue propriété restant au fondateur et la jouissance seule passant au dévolutaire institué (6).

Une constitution habous a, d'autre part, pour effet de rendre les biens habousés inaliénables et insaisissables (7).

Le principe de l'inaliénabilité des biens habous a été posé par le décret beylical du 26 avril 1861 et a été constamment consacré par la jurisprudence.

Le dévolutaire d'un bien habous qui le vendrait ou l'engagerait frauduleusement à un tiers commettrait, au préjudice de ce tiers, un quasi-délit donnant ouverture à dommages-intérêts, aux termes de l'article 1382 du Code

---

(1) Trib. Sousse, 12 mars 1908, *J. T. T.*, 1908, 186.
(2) Formule d'acte de habous :
« Louange à Dieu. L'honorable ...... fils de ...... a requis acte de ce qu'il constitue en habous, immobilise et consacre à jamais la totalité de la maison dont il est propriétaire, délimitée et désignée ci-contre, avec ses limites, ses servitudes actives, ses utilités, ce qui est compté comme en faisant partie, et y est attribué depuis une époque ancienne et en faveur de ses enfants existant actuellement... de ceux des deux sexes qui pourraient lui naître pendant le reste de son existence; ... puis, de leurs enfants; des enfants de leurs enfants; des enfants des enfants de leurs enfants; des enfants des enfants des enfants de leurs enfants; des akeb; des akeb de leurs akeb; des akeb des akeb de leurs akeb; des akeb des akeb des akeb de leurs akeb; de leur postérité; de la postérité de leur postérité; tant qu'ils se perpétueront et que leurs branches s'étendront dans l'Islamisme... » (Abribat, *Recueil des notions de droit musulman et d'actes notariés*, Tunis 1896, p. 66).
(3) Trib. Sousse, 25 octobre 1906, *J. T. T.*, 1907, 571; — Trib. Tunis, 13 juin 1903, *ibid.* 1903, 377.
(4) Trib. Tunis, 17 janvier 1900, *J. T. T.* 1900, 326.

(1) Trib. Tunis, 5 février 1902, *J. T. T.* 1902, 132.
(2) Trib. Tunis, 20 mai 1908, *J. T. T.* 1908, 555.
(3) Trib. Tunis, 22 juillet 1901, *J. T. T.* 1902, 368.
(4) Trib. Tunis, 7 mars 1906, *J. T. T.*, 1906, 515.
(5) Trib. Tunis, 7 mars 1906, précité.
(6) Lescure, *op. cit.* p. 109.
(7) Alger, 8 juin 1895, *Rev. algér.* 1896, 2, 41.

civil français, applicable en Tunisie tant comme règle de procédure, en vertu de l'atiole 7 de la loi du 27 mars 1883, qu'en vertu du droit naturel, supérieur à toutes les législations, qui veut que tout homme répare le préjudice qu'il a occasionné à un tiers par sa faute (1).

L'adjudication d'un bien frappé de habous ne confère aucun droit à l'adjudicataire et doit être considéré comme sans effet à l'égard de l'administration des habous (2). Mais on ne doit naturellement, prononcer la nullité de la saisie et de l'adjudication d'un immeuble situé en Tunisie, sous le prétexte qu'il serait insaisissable et inaliénable comme habous, que s'il est démontré qu'il y a identité parfaite entre l'immeuble adjugé et celui dont il est question dans l'acte de constitution habous qui est produit (3).

998. Les habous ne sont pas, en Tunisie, à l'abri de la prescription; d'après la coutume tunisienne, ils se prescrivent par une possession de 33 ans (4).

§ 3. — *Transactions relatives aux habous.*

999. Les immeubles constitués habous peuvent faire l'objet de transactions procédant, les unes du droit d'usufruit des dévolutaires, les autres des tempéraments apportés par la loi ou par l'usage au principe de l'inaliénabilité de ces biens (5).

Il est tout d'abord certain, en effet, que les dévolutaires, ayant droit à la jouissance du fonds, sont par là même capables de faire des actes d'administration, à la charge de se conformer aux stipulations de l'acte fondamental et de respecter les droits des dévolutaires futurs.

D'autre part, en ce qui concerne le principe de l'inaliénabilité du habous, les jurisconsultes musulmans sont parvenus à en faire fléchir la rigueur dans certains cas particuliers. Et malgré les prohibitions traditionnelles, ce principe a subi, avec le temps, de profondes atteintes qu'on peut saisir facilement en étudiant les divers baux qui ont eu cours ou qui se pratiquent encore de nos jours en Tunisie dans le but d'éluder l'inaliénabilité du habous (6).

Peu à peu, la pratique autorisa la vente de habous à charge de remploi, et, successivement aussi, des contrats de locations perpétuelles, répondant à des nécessités pratiques, s'imposèrent dans les transactions et vinrent faire échec à la rigueur du principe de l'inaliénabilité.

1000. *Ventes.* — Tous les chefs d'école sont d'accord pour dire que les mosquées constituées en habous ne peuvent être vendues; de même ils interdisent la vente des immeubles de fondation pieuse autres que les mosquées, si ces immeubles sont en bon état et procurent des reve-

nus. Ils ne font exception que pour le cas où il y a nécessité absolue d'agrandir une mosquée trop petite pour contenir le nombre de fidèles qui s'y pressent, un cimetière déjà encombré ou une rue trop étroite : le fonds habous contigu est alors exproprié pour cause d'utilité publique; mais il est aussitôt fait remploi du prix par l'achat d'un immeuble qu'on constitue habous à la place du premier.

Les juristes modernes ont admis la vente d'une partie d'une construction habous en ruine pour réparer la seconde partie et acheter, au remploi de l'excédent du prix, défalcation faite des frais de réparation, un autre immeuble dont les revenus devront avoir la même affectation qu'avaient ceux de la partie aliénée. Mais le cadi ne peut autoriser la vente d'un immeuble habous qu'après avoir vérifié les causes qui déterminent une pareille mesure, et l'autorisation de ce magistrat doit encore recevoir l'homologation beylicale.

1001. *Échange.* — Tandis que le rite malékite interdit formellement l'échange des habous, sauf dans certains cas très rares, le rite hanéfite l'autorise et c'est lui qui a été adopté, en Tunisie, pour l'échange des habous (1).

Il y a deux sortes d'échanges : l'échange en nature, c'est-à-dire le remplacement d'un immeuble par un autre immeuble au moins d'égale valeur, et l'échange en argent qui n'est autre qu'une vente ordinaire entourée toutefois d'un certain nombre de formalités. Jusqu'au décret beylical du 31 janvier 1898, ce mode d'aliénation était subordonné à l'approbation du cadi, tuteur légal des fondations habous. Ce magistrat, exécuteur de la loi religieuse, faisait évaluer l'immeuble habous par deux experts et exigeait du requérant le double de la valeur estimative soit sous forme d'immeubles soit simplement en espèces. La loi religieuse, en effet, assimile les habous aux biens des mineurs qui, en vertu de cette même loi, ne peuvent être vendus qu'au double de leur valeur.

Cette procédure présentait plusieurs inconvénients qui rendaient les échanges extrêmement difficiles. Afin d'obvier à ces inconvénients, le décret du 31 janvier 1898, encore en vigueur, a simplifié les conditions des échanges de biens habous publics, soit en nature soit en argent.

Dans le premier cas, le requérant est tenu de présenter l'immeuble qu'il offre en échange.

L'administration des habous fait alors procéder à une expertise sur l'immeuble habous et sur celui offert par le requérant. Ce dernier doit être au moins de valeur égale à l'immeuble habous. Toutefois, si l'immeuble offert est d'une valeur inférieure, le requérant peut verser en espèces la différence du prix, à condition qu'elle ne dépasse pas le quart de la valeur.

Quant à l'échange en argent, il ne peut avoir lieu que par voie d'enchères précédées d'une publicité suffisante. Le requérant doit déposer la mise à prix fixée par l'expertise plus les frais réglementaires. Aux enchères, les concurrents ne sont admis qu'après versement d'une somme égale à celle déposée par le requérant. L'adjudi-

---

(1) Trib. Tunis, 19 décembre 1894, *J. T. T.*, 1896, 200.
(2) Alger, 12 mai 1899, *J. T. T.*, 1900, 395.
(3) Aix, 18 juillet 1901, *J. T. T.*, 1902, 335.
(4) Trib. mixte, 6 janvier 1900, *J. T. T.*, 1900, 525. — Alger ; 15 octobre 1901, *ibid.*, 1902, 165 ; — Trib. Tunis, 15 mars 1905, *ibid.*, 1905, 300.
(5) Lescure, *op. cit.*, p. 117.
(6) Abribat, *Essai sur les contrats de quasi-aliénation et de location perpétuelle*, Tunis, 1901, p. 4 et suiv.

(1) Bechir Sfar, *op. cit.*

cataire doit parfaire séance tenante le montant du prix de l'adjudication et les frais, s'il y a lieu.

L'échange des habous privés est soumis à la même procédure, mais il est naturellement subordonné au consentement des dévolutaires.

1002. *Enzel.* — La constitution à enzel des immeubles habous est d'origine toute traditionnelle; régie par la coutume tunisienne, elle ne fut pendant longtemps l'objet d'aucune réglementation législative. Le premier texte qui en consacre implicitement l'existence est un décret du 30 décembre 1865; vinrent ensuite les décrets des 19 mars, 22 mai et 25 novembre 1874, 18 août et 21 octobre 1885; 23 mai 1886 et 31 janvier 1888. C'est le décret du 22 juin 1888 qui régit actuellement la mise à enzel d'immeubles habous (1).

1003. L'enzel des habous publics et privés ne peut être constitué que par voie d'enchères après une publicité de cinq semaines. Dès que la demande est agréée par l'administration des habous ou par les dévolutaires, le requérant doit déposer à la caisse de cette administration une somme représentant la mise à prix augmentée des frais.

Au jour de l'adjudication, aucun concurrent n'est admis à surenchérir s'il ne verse séance tenante une somme égale à celle déposée par le requérant. L'adjudicataire doit, en outre, verser immédiatement le montant de la surenchère en enzel et en capital, s'il y a lieu, ainsi que les frais approximatifs de l'immatriculation.

Les indigènes, par suite des entraînements se produisant aux enchères, faisaient parfois monter l'enzel à des chiffres exagérés; aussi un décret du 7 mars 1900 a-t-il, pour empêcher les inconvénients résultant de cet état de choses, stipulé que la surenchère sur l'enzel ne pourrait excéder le 50 °/₀ de la mise à prix.

Enfin, il y a lieu de rappeler, ici encore, le décret du 22 janvier 1905 dont nous avons déjà parlé et qui régit le rachat des enzels (2).

1004. *Location.* — Si l'on s'en tient aux principes du droit musulman, on est obligé de reconnaître que les biens habous ne peuvent être l'objet de location que pour des périodes de courte durée, variant suivant les usages locaux de un à trois ans.

La pratique de la location à court terme s'était notamment imposée dans la Régence pour prévenir la spoliation et les abus. A une époque où la propriété était plus incertaine que de nos jours, il n'eût pas été impossible à un locataire de mauvaise foi de se faire passer, après une longue jouissance, pour le propriétaire du terrain habous qu'il occupait; on pouvait redouter, en outre, des empié-

tements et des déplacements de limites de la part des preneurs à qui auraient appartenu les parcelles avoisinantes (1).

Les dangers ayant aujourd'hui à peu près disparu, soit par suite du recensement des habous publics, soit à raison de la sécurité plus grande dont jouit depuis l'établissement du protectorat la propriété foncière, le législateur, comprenant aussi que la location ordinaire ne laissait pas aux agriculteurs le temps suffisant pour procéder à une exploitation rationnelle, a autorisé la location des terres habous propres à l'agriculture pour une période de 10 années renouvelable, au gré du preneur, moyennant majoration, jusqu'à concurrence de 30 ans.

Cette location à long terme est régie par le décret du 31 janvier 1898 qui dispose notamment : 1° que la location doit être précédée d'une publicité et avoir lieu aux enchères publiques aux mois de juin et septembre de chaque année;

2° qu'à l'expiration de la première période décennale, le locataire peut demander le renouvellement sans enchères pour une durée de dix autres années sous la condition de supporter une majoration de 20 0/0 sur le loyer, et qu'il en serait de même pour une autre période décennale moyennant une majoration de 20 0/0 sur le loyer de la deuxième période;

3° qu'en outre et si la Djemaïa ou les bénéficiaires y consentent, le requérant peut faire insérer dans le cahier des charges des enchères une clause lui donnant le droit de demander, à la fin de la première période décennale, la transformation de sa location en enzel perpétuel sans enchères et à simple dire d'experts, qui estiment la valeur de la propriété telle qu'elle se trouvait au moment de la mise aux enchères conformément à un procès-verbal d'état des lieux. Toutefois cette faveur est subordonnée à la justification par le locataire d'avoir dépensé pour l'amélioration de la propriété (constructions, plantations, défrichement, etc.) au moins une somme égale au loyer de cinq années.

Suivant un décret de juillet 1908 le loyer est payable d'avance pour la première année, et par semestre pour les années suivantes.

SECTION V.

DOMAINE PUBLIC.

§ 1. — *Origine historique.*

1005. Pendant très longtemps le domaine public est resté, en Tunisie, confondu dans l'ensemble des ressources dont disposaient le Gouvernement et les beys. Tout ce qui ne faisait pas l'objet d'appropriations privées faisait partie indistinctement du domaine beylical. Il faut arriver jusqu'à l'année 1843 pour trouver une décision d'Ahmed-

---

(1) Voici en résumé les règles actuellement suivies en cette matière.

Sont régulières les mises à enzel de biens habous effectuées à une époque où les décrets beylicaux des 19 mars et 22 mai 1874 étaient en vigueur, alors qu'aucune des formalités prescrites par ces décrets n'a été observée. Mais cette irrégularité n'entraîne pas nullité de plein droit et rend seulement annulable les mises à enzel dont s'agit. Il n'y a lieu de les annuler lorsqu'il n'est pas démontré qu'elles aient été le résultat d'un concert frauduleux. Trib. Tunis, 27 décembre 1905, *J. T. T.*, 1906, 257.

(2) V. *supra* n° 925.

---

(1) Extrait en forme d'exposé des motifs du rapport présenté au Bey à l'appui du projet de décret du 31 janvier 1898, *Journal officiel tunisien* du 19 février 1898, p. 125.

Bey réservant à l'institution du Bit-el-Mal l'administration de certains produits du domaine, le surplus des biens du domaine étant surveillé et géré dans des conditions déterminées (1).

Mais ce n'était là qu'un timide essai de classification, sans grande portée pratique. En 1859, à la mort de Mohammed-Bey, son successeur Sadok-Bey abandonna à l'État les biens du défunt en considération de la situation dans laquelle il avait laissé les finances du pays; c'est à partir de cette époque qu'apparaît plus nette et mieux précisée la distinction entre le domaine public et le domaine privé de l'État, séparation déjà entrevue cependant par certains jurisconsultes musulmans qui distinguaient les biens du « Beylik » et les biens de la collectivité.

§ 2. — Composition et gestion du domaine public.

1006. Composition. — Le domaine public a été organisé en Tunisie par les décrets des 24 septembre 1885 et 26 septembre 1887.

Il comprend : 1° le rivage de la mer et les lacs jusqu'à la limite des plus hautes eaux; 2° les sebkas (lacs salés); 3° les rades, ports et leurs dépendances; 4° les phares, fanaux, balises et en général tous les ouvrages destinés à l'éclairage et au balisage des côtes; 5° les cours d'eaux de toutes sortes (2) et les terrains compris dans leurs francs-bords (3); 6° les terrains à ouvrages servant à l'exploitation des passages d'eau et les bacs destinés au service public; 7° les sources de toute nature; 8° les aqueducs, puits et abreuvoirs à l'usage du public ainsi que leurs dépendances; 9° les canaux de navigation, d'irrigation ou de dessèchement exécutés dans un but d'utilité publique; les terrains qui sont compris dans leurs francs-bords et les autres dépendances de ces canaux; 10° les routes, rues, chemins de fer, tramways publics et leurs dépendances; 11° et en général toutes les parties du territoire et tous les ouvrages qui ne sont pas susceptibles de propriété privée.

1007. L'énumération donnée par le décret du 24 septembre 1885 est limitative; ainsi, les marais et dunes mobiles ne font pas partie, en Tunisie, du domaine public et sont susceptibles de propriété privée (4).

De même les terrains contenant du sel qui, pendant l'hiver, se trouvent submergés par les eaux de pluie, où les eaux ne sont pas courantes mais stagnantes, ne font pas partie du domaine public (5).

---

(1) Conférences sur les administrations tunisiennes, p. 333.
(2) Les expressions « cours d'eaux de toutes sortes » employées par le décret du 24 septembre 1885 ne comportent aucune distinction ni réserve; par suite, font partie du domaine public en Tunisie tous les cours d'eaux, même ceux qui ne sont ni navigables ni flottables. (Trib. Tunis 12 juin 1896, J. T. T., 1885, 436.)
(3) La détermination des francs-bords d'un cours d'eau appartient exclusivement à l'autorité publique compétente, leur largeur et leur assiette dépendant de la nature et de la conformation des rives, ainsi que des régimes des cours d'eau et de leur évolution. (Trib. Sousse, 5 juin 1902, J. T. T., 1903, 384.)
(4) Trib. Tunis, 9 avril 1894, J. T. T., 1894, 304.
(5) Cass. req. 5 juillet 1899, J. T. T., 1900, 21.

D'autre part, aux termes de l'article 2 du décret du 24 septembre 1885 « sont reconnus et maintenus tels qu'ils existent les droits privés de propriété, d'usufruit et d'usage légalement acquis sur les cours d'eau, les sources, abreuvoirs ou puits, antérieurement à la promulgation du dit décret, et les tribunaux restent seuls juges des contestations qui peuvent s'élever sur ces droits ». Ces réserves n'existent pas pour les rivages de la mer qui échappent, par leur nature même, à une appropriation privée, le décret de septembre 1885 ayant eu, au reste, pour résultat de faire rentrer immédiatement dans le domaine public les portions de la mer et de ses rivages qui en avaient été arbitrairement distraites pour être concédées à des particuliers (1).

1008. Aux termes du décret du 18 octobre 1906, constituent le domaine public militaire, lorsqu'ils ont fait l'objet d'un classement :

1° Les fortifications des places, postes et ouvrages détachés;

2° Les terrains de la zone des fortifications telle qu'elle est définie à l'article 18 du décret précité;

3° Les chemins stratégiques;

4° Les voies ferrées militaires;

5° Les arsenaux de construction et de réparation de la guerre et de la marine, ainsi que leurs dépendances;

6° Les sémaphores et postes-vigies de la guerre et de la marine; les postes photo-électriques ainsi que leurs postes de commande;

7° Les postes ou stations de la défense mobile et de la défense fixe de la marine;

8° Les magasins à poudre ou à explosifs de la guerre et de la marine (2).

Le même texte fait remise aux autorités militaires

---

(1) Trib. Tunis, 18 février 1888, J. T. T., 1895, 535.
(2) La reconnaissance de cette partie du domaine public fait l'objet de conférences mixtes entre le Gouvernement français et le Gouvernement tunisien, et auxquelles prennent part :
Au premier degré, les chefs des services militaires des départements de la Guerre et de la Marine intéressés de la circonscription, les délégués des directeurs des Finances, de l'Agriculture et des Travaux publics et le représentant de l'Administration des habous;
Au deuxième degré, les représentants supérieurs de ces services ou administrations.
Les procès-verbaux de ces conférences sont établis en autant d'expéditions qu'il y a de services intéressés, chacun de ces services faisant parvenir l'expédition qui le concerne au résident général par la voie hiérarchique.
S'il y a accord, la remise est effectuée et constatée par un procès-verbal, avec plans et états de lieux à l'appui, dressé de concert par les représentants des services intéressés. Ce procès-verbal de remise est établi en deux expéditions qui, après avoir été visées par le général commandant la division ou, suivant le cas, par le commandant de la marine en Tunisie ou l'officier qui le représente, sont adressées par ces derniers, l'une au résident général, l'autre au ministre de la Guerre ou à celui de la Marine.
Le résident général envoie ensuite l'expédition qu'il a reçue au ministre des Affaires étrangères.
Après accord établi entre les ministres des Affaires étrangères et de la Guerre ou de la Marine, le procès-verbal de remise est homologué par décret de S. A. le Bey.
En cas de désaccord dans les conclusions des procès-verbaux de reconnaissance, l'affaire est portée devant la commission mixte des travaux publics suivant la forme prescrite par le décret beylical étendant à l'instruction mixte des affaires en Tunisie la compétence de la commission mixte des travaux publics instituée par le décret français du 16 août 1853.

françaises des départements de la guerre et de la marine du domaine public militaire ainsi constitué.

1009. *Gestion.* — Aux termes du décret du 25 septembre 1885, le domaine public est inaliénable et imprescriptible.

Il a été toutefois admis qu'avant la promulgation de ce décret le Gouvernement avait pu, soit expressément, soit tacitement, passer concession de véritables droits réels et définitifs même sur des dépendances du domaine public telles qu'elles sont énumérées dans le décret (1). Mais cette doctrine ne semble pas avoir été confirmée par la Cour de cassation qui a décidé que si le bey avait disposé, notamment par donation, au profit de particuliers, d'immeubles dépendant du domaine public comme affectés à une destination militaire, tels que les fortifications des villes, l'action en revendication de ces biens appartenait au ministre de la Guerre du Gouvernement français (2).

1010. La gestion du domaine public tunisien appartient, pour les dépendances civiles, au directeur général des travaux publics ou aux agents de l'État désignés à cet effet par décret; et, pour les dépendances militaires, au ministre de la Guerre du Gouvernement tunisien, c'est-à-dire au général commandant les corps français d'occupation (3). Le directeur général des travaux publics et le ministre de la Guerre ont donc l'un et l'autre, et chacun en ce qui le concerne, qualité pour intenter et suivre en justice les actions intéressant le domaine public (4).

SECTION VI.

DOMAINE PRIVÉ DE L'ÉTAT.

1011. A la rigueur on pourrait entendre par l'expression générale : « domaine privé de l'État » le domaine privé proprement dit du Gouvernement tunisien et le domaine privé du souverain, ou domaine de la couronne. Nous estimons toutefois plus rationnel et plus simple d'étudier séparément et successivement ces deux domaines nettement distincts en fait.

§ 1. — *Composition du domaine privé de l'État, terres*
sialines, domaine forestier.

1012. Le domaine privé de l'État comprend : les mines (5); les immeubles reconnus vacants et sans maître; les terres vaines et vagues, les forêts, les montagnes incultivées et généralement tous les immeubles que la loi musulmane comprend sous la désignation de « terres mortes », les maisons, les meubles des établissements

publics; les armes des troupes et agents des services publics, les navires, les lais et relais de la mer; et en général tous les biens appartenant à un titre quelconque à l'État tunisien.

Il comprend encore : des droits incorporels, comme des rentes, des droits de créance, droits de chasse ou de pêche, le droit aux successions en déshérence, aux choses perdues et sans maître (1).

1013. *Terres sialines.* — Le domaine privé de l'État comprend les terres sialines, c'est-à-dire les terres situées dans un rayon de 80 kilomètres environ autour de Sfax et qui appartenaient autrefois à la famille Siala. Ces terres ont fait retour au domaine de l'État en 1871. Plusieurs décrets en réglementèrent la concession aux planteurs d'oliviers; mais en 1881, le bruit s'étant répandu que l'administration n'autoriserait plus de plantations nouvelles, il ne fut plus demandé que de rares concessions, et la plupart des créations d'olivettes se firent dès lors subrepticement. Le décret du 8 février 1892 fut pris en vue de régulariser les occupations anciennes des terres sialines et de déterminer les conditions auxquelles des concessions nouvelles pourraient être autorisées; ses dispositions ont été complétées par celles du décret du 30 avril 1905.

1014. Les personnes qui, depuis le décret du 23 mars 1871, ont occupé des terres sialines et auxquelles l'État n'a pas délivré de titres de propriété, doivent en faire la déclaration, avec demande de délivrance de titre, au caïd qui la transmet à la direction de l'agriculture.

Quant aux personnes qui veulent désormais complanter des terres sialines, elles doivent en faire la demande officielle. Aucune demande n'est agréée que sous engagement par le pétitionnaire, d'effectuer la complantation totale du terrain concédé en vignes, oliviers ou arbres fruitiers, conformément aux usages du pays, et dans un délai de quatre ans à dater de l'homologation de la demande d'achat formulée par les intéressés. Ceux-ci peuvent toutefois suppléer partiellement à cette obligation en procédant, dans le même laps de temps, à la plantation d'essences forestières ou cactus, et à des travaux exclusivement destinés à la recherche et à l'aménagement des eaux ou à la création d'abris durables pour le bétail. Ces peuplements et ces ouvrages sont d'ailleurs limités, dans l'un et l'autre cas, au cinquième de la surface occupée par les plantations fruitières; la dépense afférente aux seconds (aménagements hydrauliques, constructions d'abris) ne doit pas être inférieure, en moyenne, à 20 francs par hectare.

Le prix des dits terrains est uniformément fixé à 10 fr. l'hectare, payable moitié au moment où la demande d'achat est agréée par l'administration, moitié lors de la conclusion définitive de la vente, laquelle n'a lieu qu'à l'expiration du délai précité de 4 ans, et après qu'une commission d'expertise a constaté la réalisation des conditions prescrites.

---

(1) Alger, 20 juin 1899, *J. T. T.*, 1899, 546.
(2) Cassat. 18 juin 1897, S. 1901, I, 495.
(3) D. 24 septembre 1885, art. 4 et 6.
(4) Trib. Tunis, 13 juin 1889, *J. T. T.*, 1890, 274; — Trib. Sousse 1er mars 1895, *J. T. T.*, 1895, 495.
(5) V. *supra* nos 717 et suiv.

---

(1) V. de Dianous, *Notes de législation tunisienne*, Paris, 1898, p. 304; — *Conférences sur les administrations tunisiennes*, p. 334.

1015. *Domaine forestier.* — Les forêts, nous l'avons dit, font partie du domaine privé de l'État tunisien ; et elles en forment un des principaux éléments, puisqu'elles couvrent une superficie d'environ 5,000 kilomètres carrés.

Afin de déterminer les limites du domaine forestier de l'État, le décret du 22 juillet 1903 a prescrit, dans toute la Régence, la délimitation des terrains domaniaux boisés par des commissions composées, sous la présidence des contrôleurs civils ou de leurs suppléants, d'un représentant de la Chambre d'agriculture de la région, d'un agent forestier, d'un agent du service des domaines, du caïd, d'un notable indigène de la fraction ; et assistées d'un géomètre et d'un notaire interprète. Des décrets spéciaux ont ordonné successivement la délimitation des divers massifs (1).

Enfin, en vue d'assurer la conservation des bois et forêts de l'État, le Gouvernement a prescrit l'immatriculation de ce domaine.

§ 2. — *Gestion du domaine privé de l'État.*

1016. La gestion du domaine privé de l'État tunisien appartenait autrefois au directeur des finances ; depuis le décret du 25 avril 1898, elle appartient au directeur de l'agriculture. Le directeur des finances a cependant conservé l'administration de ceux des immeubles qui sont affectés aux divers services publics de la Régence.

En ce qui concerne le domaine forestier, nous avons vu que son administration a été confiée à un service spécial dépendant de la direction de l'agriculture (2).

Au contraire du domaine public, le domaine privé est aliénable et prescriptible ; il peut être concédé à titre onéreux ou à titre gratuit, temporairement ou définitivement, par voie de décrets beylicaux (3).

Les loyers ou fermages d'immeubles domaniaux se prescrivent par cinq années grégoriennes à compter du jour de leur exigibilité (4).

SECTION VII.

DOMAINE PRIVÉ DU BEY ET DE LA COURONNE.

Le domaine privé du souverain et de la couronne a fait l'objet d'une législation toute spéciale.

1017. *Composition.* — Le domaine de la couronne comprend des immeubles et des meubles. La dotation immobilière est représentée par les immeubles de l'État énumérés dans le tableau annexé au décret du 11 juin 1901. La dotation mobilière comprend les meubles meublants, tableaux, objets d'art, etc., existant dans les immeubles affectés à la couronne et ceux qui peuvent ultérieure-

ment être acquis sur le crédit prévu au budget de l'État tunisien pour le service des palais.

Les meubles et immeubles du domaine de la couronne sont inaliénables et imprescriptibles ; cependant, les meubles inventoriés avec estimation peuvent être aliénés à charge de remplacement.

1018. *Gestion.* — Le domaine privé du bey et de la couronne sont gérés par un administrateur français nommé par le bey (1).

D. GAUDIANI,
Contrôleur civil,

et P. THIAUCOURT,
Docteur en droit, avocat au barreau de Tunis.

APPENDICE.

A. — *Police sanitaire maritime* (1).

Le décret beylical du 16 février 1909, a abrogé et remplacé les différents décrets relatifs à la police sanitaire maritime et spécialement ceux des 20 février 1885, 7 et 28 septembre 1892, 8 mars 1893.

Cependant le titre X des « droits sanitaires » du décret du 20 février 1885, reste provisoirement en vigueur (2).

Aux termes du nouveau décret :

1° La présentation d'une patente de santé à l'arrivée dans un port de Tunisie, est obligatoire en tout temps, pour tous les navires quelle que soit leur provenance ; à l'étranger, pour les navires tunisiens ou français, à destination de Tunisie, la patente de santé est délivrée par le Consul de France ou, à défaut de Consul, par l'autorité locale. Pour les navires étrangers à destination de Tunisie, elle doit être visée et annotée, s'il y a lieu, par le Consul de France.

La patente de santé n'est pas imposée aux navires faisant le cabotage de port tunisien à port tunisien, mais ils doivent se munir d'un permis de navigation spécial ;

2° Les navires affectés au transport des pèlerins sont tenus d'avoir à bord un médecin diplômé et commissionné par le gouvernement du pays auquel le navire appartient ou inscrit sur la liste des médecins autorisés à exercer leur art en Tunisie ;

3° La police sanitaire du littoral est exercée par des agents relevant du secrétariat général du gouvernement tunisien ;

4° Il est institué, pour toute la Régence, un conseil sanitaire maritime. Ce conseil a pour mission d'éclairer l'autorité supérieure sur les questions qui intéressent la santé publique ; de lui donner des avis sur les mesures à prendre en cas d'invasion ou de menace de maladie pesti-

---

(1) Les principaux de ces décrets sont : les décrets des 24 mars, 21 août, 9 novembre 1904 ; 4 mars, 24 juillet, 30 juillet, 26 octobre 1905.
(2) V. *supra* nᵒˢ 759 et suiv.
(3) D. 3 septembre 1882, 11 novembre 1886, 4 avril 1890, 4 septembre 1897.
(4) D. 14 septembre 1903, art. 2.

---

(1) D. 11 juin 1902, V. *supra*, nᵒˢ 432 et suiv.
(1) V. *supra* nₛ 260.
(2) V. *supra* nᵒ 569.

lentielle, de veiller à l'exécution des règlements généraux et locaux relatifs à la police sanitaire maritime.

Ce conseil est présidé par le Résident général ou son délégué et comprend des membres de droit et des membres élus ou nommés (1).

B. — Personnel de l'Administration générale (2).

Un arrêté du premier ministre du 22 juillet 1909, a fixé le programme de l'examen professionnel prévu par le décret du 1er janvier 1909 pour les indigènes candidats à la magistrature indigène.

C. — Réserves indigènes (3).

Après des essais préparatoires exécutés les années précédentes, les réservistes indigènes ont été appelés, pour la première fois, sous les drapeaux, du 23 au 30 octobre 1909.

Une note du 22 juillet 1909 adressée aux caïds de la Régence qui comptent parmi leurs administrés des réservistes indigènes devant répondre à cet appel, a indiqué les conditions dans lesquelles celui-ci a dû s'effectuer (4).

D. — Inhumations (5).

Elles ont été réglementées par le décret du 30 juillet 1884 modifié par ceux des 19 mai 1885 et 25 août 1909 (6).

---

(1) Membres de droit :
Le secrétaire général adjoint du gouvernement tunisien ;
Le directeur de la santé ;
Le président de la municipalité de Tunis ;
Le directeur du service de santé de la division d'occupation ;
Le directeur des douanes ou son délégué ;
Le médecin en chef de la division navale ;
L'inspecteur de la navigation et des pêches ;
Le chef du bureau central d'hygiène de la ville de Tunis.
Membres élus ou nommés :
Deux membres de la conférence consultative choisis par leurs collègues ;
Deux membres de la Chambre de commerce nommés par la Chambre ;
Deux médecins civils nommés par décret beylical sur la proposition du premier ministre.
(2) V. *supra* n° 189.
(3) V. *supra* n° 415.
(4) Le nombre des par classe des réservistes indigènes est le suivant :

1899	1,652
1900	1,095
1901	1,198
1902	1,309
1903	1,048
1904	1,055
1905	1,565

(5) La police des exhumations a fait l'objet du décret beylical du 26 novembre 1898.
(6) Il y a lieu de rappeler que l'entrée des corps en France et leur transport au lieu de sépulture sont autorisés par le Ministre de l'Intérieur, conformément aux dispositions de l'article 4 § 2 du décret du 27 avril 1889.
L'inhumation, si elle a lieu dans le département de la Seine, est subordonnée à la délivrance d'une autorisation de la préfecture de police. Ces autorisations peuvent être demandées par télégramme avec réponse payée.

E. — Emplois réservés aux militaires indigènes.

Un décret du 18 juillet 1909 a prescrit que des emplois civils seraient réservés aux militaires indigènes tunisiens rengagés, gradés ou hommes de troupe, dans les diverses administrations de l'État et compagnies jouissant d'un monopole.

F. — Extradition.

Un décret beylical du 24 août 1909 a rendu applicable en Tunisie l'arrangement intervenu entre le Gouvernement français et le Royaume-Uni de Grande-Bretagne et d'Irlande, relatif à la convention franco-anglaise d'extradition en date du 19 juillet 1909.

G. — Prêts fonciers (1).

Un décret du 24 août 1909 du Président de la République autorise le Crédit foncier de France à faire, dans la Régence de Tunis, des prêts fonciers sur les immeubles immatriculés conformément à la législation spéciale tunisienne et des prêts aux communes et aux établissements publics.

Les prêts aux propriétaires d'immeubles situés en Tunisie ne peuvent dépasser 5 0/0 de la totalité des prêts qui auront été effectués sur le territoire continental de la France. Mais cette proportion peut être augmentée par un décret rendu dans la forme des règlements d'administration publique, sur la demande du conseil d'administration du Crédit foncier, approuvée par l'assemblée générale des actionnaires.

A la suite de ce décret, un décret beylical du 16 septembre 1909 a autorisé le Crédit foncier de France à s'installer en Tunisie pour faire des prêts hypothécaires à long et à court terme, avec ou sans amortissement, sur immeubles immatriculés. Il jouit pour ces opérations des privilèges divers énumérés dans un décret du 20 juin 1906.

Les prêts peuvent être faits soit en numéraire, soit en obligations foncières ou lettres de gage.

L'indemnité exigible des débiteurs au profit de la société en cas de remboursement anticipé, ne peut dépasser 1/2 0/0 du capital remboursé par anticipation.

Le Crédit foncier peut également prêter aux communes et aux établissements publics de la Régence, après autorisation beylicale.

L'autorisation accordée à la société anonyme « le Crédit foncier de Tunisie » par décret du 8 décembre 1906 a été rapportée.

H. — Office postal (2).

En raison de la dissémination des exploitations agricoles, il a été nécessaire de multiplier en Tunisie les agences secondaires. Celles-ci comprennent :
1° *Les établissements de facteur-receveur ;*

---

(1) V. *supra* n° 469.
(2) V. *supra* n°s 846 et suiv.

2° *Les agences postales*. — Les titulaires de ces agences, choisis parmi les colons et ne recevant qu'une légère indemnité, sont chargés de fonctions analogues à celles remplies dans la métropole par les bureaux auxiliaires;

3° *Les distributions postales* dont le travail consiste plus particulièrement dans l'échange des correspondances et la remise sur place de ces correspondances aux destinataires. Des cavaliers assurent les communications entre les divers établissements secondaires et les bureaux d'attache. Des facteurs montés remplacent peu à peu ces cavaliers et assurent en même temps sur la route la distribution des correspondances.

Parmi les innovations apportées par l'office postal au fonctionnement du service métropolitain, on peut citer:

1° Les remboursements à vue des versements faits à la caisse d'épargne. Les receveurs sont autorisés à les effectuer sous leur propre responsabilité pour les déposants de la circonscription de leur bureau;

2° Le service direct des colis postaux depuis 1892;

3° Le service des valeurs à l'acceptation. Tout créancier peut, moyennant une faible rétribution, faire présenter par la poste à son débiteur une valeur qui, une fois acceptée, pourra être négociée.

Placé sous les ordres d'un directeur, l'office postal comprend l'Administration centrale (1) et les bureaux répartis sur tout le territoire de la Régence.

Le personnel est réparti en trois catégories : *a*) agents du cadre français, en mission; *b*) agents du cadre tunisien admis au concours (2); *c*) agents indigènes (3); *d*) interprètes (4).

Les résultats financiers de l'office postal sont indiqués dans le tableau suivant.

Recettes.	1899.	1904.	1908.
Postes..............	828.000	1.284.000	1.649.000
Télégraphes...........	377.000	500.000	548.000
Téléphones	40.000	126.000	191.000
Subvention de la Caisse d'épargne...........	20.000	33.000	49.000
Totaux..........	1.265.000	1.913.000	2.437.000
Dépenses	1.129.000	1.700.000	2.351.000
Produits nets....	136.000	213.000	86.000

L'avoir des déposants à la Caisse d'épargne a passé de 2.649.000 fr. en 1899 à 6.073.000 fr. en 1908.

(1) Division centrale (secrétariat; contentieux; personnel; archives; budget; ordonnancement). — Direction de l'exploitation (inspection; exploitation postale; exploitation télégraphique et téléphonique; comptabilité; colis postaux. — Service technique (matériel; travaux; magasins; bâtiments; service intérieur).
(2) D. beyl. 3 mars 1903.
(3) D. beyl. 10 juillet 1909.
(4) Ce personnel non commissionné est mis à la disposition du public dans les bureaux les plus importants pour la traduction et la rédaction des correspondances. Les interprètes sont rétribués par une allocation fixe de l'office postal, par une remise de 1 0/0 sur le montant des figurines d'affranchissement vendues par eux, enfin, par une remise de 0 fr. 15 pour la rédaction des demandes de livrets de caisse d'épargne.

TABLE ALPHABÉTIQUE.

(Les références renvoient aux numéros et non aux pages.)

TUTELLE. (Voy. ASSISTANCE PUBLIQUE, CHASSE, CULTES, DOMAINE, EXPROPRIATION, FONCTIONNAIRES, MAGISTRATS, TRAVAUX PUBLICS.)

TUTELLE ADMINISTRATIVE. (Voy. COMMUNE, CULTES, DÉCENTRALISATION, DÉPARTEMENT, DONS ET LEGS, HÔPITAUX.)

U

UNIFORME. (Voy. Bêtes, Colonies, Commune, Fonctionnaires, Forêts, Gendarmerie, Honneurs et préséances, Magistrats, Marine militaire, Sapeurs-pompiers.)

UNION D'ASSOCIATIONS. (Voy. Séparation des églises et de l'état, Sociétés.)

UNION DOUANIÈRE. (Voy. Traités.)

UNION FRANÇAISE DE LA JEUNESSE. (Voy. Instruction publique V.)

UNION INTERNATIONALE POUR LA PUBLICATION DES TARIFS DE DOUANE. (Voy. Traités.)

UNION LATINE. (Voy. Matières d'or et d'argent, Traités.)

UNION MONÉTAIRE. (Voy. Union latine).

UNION POSTALE. (Voy. Colonies, Postes et télégraphes, Traités.

UNION SANITAIRE INTERNATIONALE. (Voy. Salubrité, Santé publique, Traités.)

UNION DES SOCIÉTÉS DE PATRONAGE DES LIBÉRÉS. (Voy. Peines.)

UNIONS DE SOCIÉTÉS DE SECOURS MUTUELS. (Voy. Secours mutuels.)

UNION SUCRIÈRE. (Voy. Sucres, Traités.)

UNIONS DE SYNDICATS. [Voy. Placement (Bureaux de).]

UNION TÉLÉGRAPHIQUE. (Voy. Postes et Télégraphes, Traités.)

UNITÉ DE CAISSE. (Voy. Comptabilité de fait, Douane.)

UNIVERSITÉS. [Voy. Comptabilité; Domaine, Dons et Legs, Instruction publique, Retraite (Pensions de), Trésor public.]

UNIVERSITÉ POPULAIRE. (Voy. Instruction publique, V.)

URGENCE. (Voy. Chambres législatives, Contentieux, Expropriation.)

URINOIR. (Voy. Travaux publics.)

URNE. (Voy. Élections.)

USAGE (DROITS D'). (Voy. Communes, Cultes, Domaine, Dons et Legs, Eaux, Expropriation, Pêche fluviale, Travaux publics.)

USAGE DES EAUX. (Voy. Eaux.)

USAGES FORESTIERS. [Voy. Forêts, Rural (Droit).]

USAGES LOCAUX. [Voy. Domaine, Rural (Droit).]

USAGER. (Voy. Chasse, Expropriation, Forêts, Impôt direct, Rural (Droit).]

USINES

---

1. On appelle *usines* (1) les lieux de production industrielle. Parfois les usines ne sont affectées qu'à la fabrication; parfois la vente des produits fabriqués s'y pratique également. Il suit de là que certaines prescriptions législatives ou réglementaires atteignent les usines con-

---

(1) Du bas-latin, *usina*, usage des eaux. On considérait surtout au début les établissements hydrauliques. Il faut remarquer que le mot *manufacture*, souvent employé de nos jours, prête lui-même à critique ; car l'exécution à la main n'est souvent que l'exception. Nous en dirons autant du terme *fabrique*, dérivé de *faber*, forgeron.

sidérées comme centres d'opérations commerciales, tandis que d'autres les envisagent simplement comme des ateliers, des lieux de travail.

SECTION PREMIÈRE.

DISPOSITIONS ATTEIGNANT L'USINE EN TANT QU'ÉTABLISSEMENT INDUSTRIEL ET COMMERCIAL.

§ 1er. — *Impôts et mesures fiscales.*

2. Les usines constituant des propriétés immobilières sont soumises à l'impôt foncier; le sol de l'usine fait à cet égard corps avec les bâtiments au point de vue de l'établissement de la contribution (1).

Les machines et appareils fixes de l'usine sont également passibles de la contribution foncière (2).

3. Il va de soi que les usines sont soumises à la patente. Le droit fixe peut subir une réduction de moitié quand il s'agit d'usines mues par la force hydraulique et qui sont susceptibles de subir des chômages d'au moins quatre mois dans le cours de l'année par suite de la pénurie ou de la trop grande élévation des eaux (3).

4. Quant au droit proportionnel, il est calculé « sur la valeur locative des usines et établissements industriels, pris dans leur ensemble et munis de leurs moyens matériels de production »(4). On se fonde d'ailleurs, pour apprécier cette valeur locative, sur la puissance utile des engins, machines ou moteurs (5) et non pas sur la force réellement utilisée (6); encore moins devrait-on se référer exclusivement aux indications d'un bail.

5. L'entrée en ligne de compte, pour la détermination de la valeur locative, de tous les moyens matériels de production de l'usine a paru excessive quand ces moyens sont constitués par des éléments susceptibles d'être consommés ou détruits par l'usage. C'est à réformer cet état de choses que vise la proposition de loi déposée par M. Cazeneuve à la Chambre des députés et d'après laquelle ne peuvent être considérés comme moyens matériels de production que les moteurs et l'outillage, sans qu'on puisse y comprendre les éléments fongibles à l'aide desquels on les met en mouvement, tels que gaz, électricité, énergie sous toutes ses formes, combustibles, etc.

6. La proposition Cazeneuve aurait également pour effet de faire estimer les moteurs à l'état de repos et de faire exclure les conduites, câbles, courroies, ainsi que les machines et appareils de secours.

7. Nous croyons devoir nous borner à ces très brèves indications sur les règles relatives aux contributions directes des usines, d'abord parce que la matière a été traitée avec tous les développements qu'elle comportait au mot *Impôts;* en second lieu, parce que la transformation, probablement prochaine, de notre régime fiscal, rendrait sans grand intérêt de nouvelles explications sur ce sujet.

8. Les usines qui font partie de concessions accordées à des personnes morales permanentes sont, ainsi que toutes leurs dépendances immobilières (1), astreintes à la taxe des biens de mainmorte (2).

9. Les impositions municipales atteignent, bien entendu, les usines; les matières consommées dans ces établissements sont donc, le cas échéant, soumises aux taxes de l'octroi.

Les usiniers peuvent même être astreints à des contributions particulières en raison même de leur industrie; telles sont les subventions pour dégradations extraordinaires des chemins vicinaux (3), la participation aux frais d'entretien et de réparation des ouvrages servant à la fois à la navigation (4) et à l'établissement industriel, etc. (5).

Enfin les usines hydrauliques sont soumises à des obligations particulières en ce qui concerne le curage des cours d'eau qu'elles utilisent.

§ 2. — *Mesures de police et d'hygiène.*

10. Les usines rentrent le plus souvent, de par leur nature, dans la catégorie des établissements dangereux, incommodes et insalubres placés sous une réglementation spéciale; nous ne pouvons que renvoyer le lecteur à l'article où cette matière a été traitée (6). Nous en ferons autant en ce qui concerne les règles auxquelles les usines pourraient être astreintes du fait de la législation sur les logements insalubres (7) ainsi que de la loi du 15 février 1902 sur la santé publique.

11. La question des déversements résiduaires des usines a depuis quelque temps spécialement attiré l'attention de l'Administration et des pouvoirs publics. Elle se lie à l'étude des mesures à prendre pour remédier à la pollution des eaux; car le rejet des produits usés ne se fait guère sous la forme de dépôts d'immondices sur la voie publique (dépôts qui tomberaient inévitablement sous le coup des prohibitions et pénalités édictées en matière de voirie), mais bien sous la forme d'écoulement à la rivière soit directement, soit par l'intermédiaire des égouts.

Un projet de loi tendant à armer l'Administration de droits sérieux et efficaces est en préparation.

12. Dans l'état actuel, l'Administration puise ses moyens d'action dans des textes d'une triple origine, mais qui malheureusement ne prévoient pas tous les cas. La loi du

---

(1) C. d'Ét. cont. 25 avril 1906, Leb., p. 358.
(2) C. d'Ét. cont. 10 février et 23 juin 1882. DP 83.3.53;84.3.11.
(3) L. 15 juillet 1880, art. 11.
(4) *Ibid,* art. 12.
(5) Y compris les installations électriques.
(6) C. d'Ét. cont. 2 mars et 25 avril 1906. Leb., p. 358. V. au numéro suivant le résumé de la proposition Cazeneuve.

(1) C. d'Ét. cont. 19 décembre 1906, Leb., p. 931.
(2) C. d'Ét. cont. 26 janvier 1906, Leb., p. 69. V. aussi C. d'Ét. cont. 29 décembre 1900, Leb., p. 869.
(3) V. *supra,* v° CHEMINS VICINAUX.
(4) V. *infra,* v° USINES HYDRAULIQUES, n°s 166 et suiv.
(5) V. *supra,* v° EAUX.
(6) V. *supra,* v° ÉTABLISSEMENTS DANGEREUX, INCOMMODES ET INSALUBRES.
(7) V. *supra,* v° LOGEMENTS INSALUBRES.

15 février 1902 permet d'agir, mais seulement lorsqu'on est en présence de faits de nature à compromettre la santé publique; l'arrêt du conseil du roi de 1777 ne réprime que les déversements qui, par leur compacité, sont susceptibles de créer un obstacle à l'écoulement des eaux ou à la circulation des bateaux ou trains dans les cours d'eau navigables et flottables. Enfin l'article 25 de la loi du 15 avril 1829 sur la pêche fluviale punit les déversements industriels qui ont pu — circonstance jugée indispensable pour que les pénalités soient applicables — amener la destruction effective du poisson (1). Des arrêtés préfectoraux, annuellement pris par application de l'article 19 du décret du 5 septembre 1897, précisent à cet égard les obligations des industriels, tout en évitant de préconiser tel ou tel système d'épuration et en laissant à l'usinier le choix et la responsabilité des moyens choisis. Ces arrêtés ont pour sanction les peines portées à l'article 25 de la loi du 15 avril 1829, dans le cas, ci-dessus spécifié, où cette disposition est reconnue applicable; en tout cas, il peut être fait usage des peines portées par l'article 471, C. Pén., contre ceux qui méconnaissent les mesures légalement édictées par l'autorité administrative.

L'arrêté d'autorisation de l'usine en tant qu'établissement dangereux, insalubre ou incommode comporte d'ailleurs généralement des prescriptions dont l'inobservation pourrait être sanctionnée par le retrait de la permission.

SECTION II.

DISPOSITIONS ATTEIGNANT L'USINE EN TANT QU'ATELIER ET LIEU DE FABRICATION.

13. Ces dispositions sont toutes édictées en vue de sauvegarder les intérêts matériels du personnel ouvrier employé dans l'usine; elles ont trait soit aux mesures à prendre pour assurer l'hygiène des travailleurs et pour parer aux dangers d'accident, soit aux conditions spéciales du travail des femmes et des enfants, soit au repos hebdomadaire, soit à la suppression de certaines préparations dangereuses, comme on vient de le faire pour la céruse.

Cette matière a été traitée au mot *Travail* auquel nous renvoyons le lecteur.

14. De salutaires mesures de protection sont à envisager si l'on veut assurer la sauvegarde morale de la partie plus particulièrement délicate de la population ouvrière des usines. Dans la mesure de ses attributions, l'inspection du travail s'emploie à les provoquer; toutefois il est certaines améliorations dont la réalisation relèverait exclusivement du domaine législatif. Le cadre de notre étude, laquelle doit rester limitée aux questions positives, ne nous permet pas d'entrer dans de plus longs développements à cet égard.

SECTION III.

DISPOSITIONS RÉGISSANT LE MODE DE PRODUCTION DE LA FORCE EMPLOYÉE.

15. Il ne peut pas y avoir de texte réglementaire s'appliquant à la production de la force dans les usines et édictant à ce sujet des règles générales; tout varie avec le mode de création de la force. L'industriel peut recourir en effet soit à la vigueur musculaire des hommes et des animaux, soit à l'action du vent, soit à la puissance expansive de la vapeur et des gaz, soit à la force hydraulique, soit à l'énergie électrique. A ces diverses hypothèses correspond l'application de règlements très variés et dont nous ne pourrions donner ici l'exposé sans courir le risque de tomber dans des redites (1).

SECTION IV.

DISPOSITIONS RÉGISSANT LA DISTRIBUTION DE LA FORCE PRODUITE. DISTRIBUTIONS D'ÉNERGIE.

16. Cette matière est la seule qui, par le fait même de la nouveauté des faits et des textes, ne se rattache à aucun des articles précédemment traités. Nous allons donc entrer à cet égard dans quelques développements en ce qui concerne les distributions d'énergie et le régime légal institué par la loi du 15 juin 1906.

§ 1er. — *Généralités relatives aux distributions d'énergie.*

17. On désigne sous le nom d'*énergie* le travail accumulé ou latent sous ses diverses formes: travail mécanique, force vive, chaleur, électricité, lumière, énergie chimique. L'énergie peut passer d'une de ces formes en une autre : le travail mécanique et l'énergie chimique peuvent se transformer en chaleur ou en électricité; la chaleur et l'électricité peuvent se transformer en travail mécanique, en travail chimique ou en lumière (2).

Longtemps on ignora les moyens de transporter l'énergie au loin; le problème fut cependant résolu d'une façon partielle et rudimentaire à l'aide de courroies et de câbles télédynamiques; les canalisations d'eau à haute pression ou d'air comprimé fournirent ensuite des procédés plus perfectionnés. Mais seule l'électricité pouvait donner la solution pratique du problème; les expériences tentées dans cet ordre d'idées vers 1883-1885 ont illustré le nom de Marcel Desprez et depuis les vingt-cinq dernières années les progrès réalisés ont été considérables puisque la déperdition qui, à l'origine, dépassait 50 0/0 n'est plus aujourd'hui que de 7 à 8 0/0. On conçoit l'importance que présentait l'établissement d'une législation

---

(1) V. *supra*, v° PÊCHE FLUVIALE, n°° 377 et suiv. V. cependant, Nancy, 1er décembre 1909.

(1) V. *supra*, v° BÊTES ET ANIMAUX; V. *infra*, v° USINES HYDRAULIQUES, VAPEUR (APPAREILS A).
(2) Rapp. de M. Guillain à la Chambre des députés. J. off. Législ. 1893-1898. Doc. parl., Ch. des députés, 8 février 1898.

nouvelle sur la matière; ce ne fut toutefois l'œuvre que de la loi du 15 juin 1906 (1). Cette loi constitue aujourd'hui le texte organique à consulter avec les divers textes réglementaires qui sont intervenus pour en assurer l'exécution (2); elle a d'ailleurs laissé subsister dans leurs forme et teneur les concessions et permissions accordées par des actes antérieurs (3).

18. Plusieurs observations importantes doivent être faites avant d'entamer l'examen de la loi du 15 juin 1906. Il faut tout d'abord remarquer que la loi ne vise que les distributions d'énergie *électrique*. Le législateur a reculé devant la difficulté de trouver pour certains articles une rédaction applicable aux distributions de toute nature. Il s'ensuit que les transports par conduites d'eau à haute pression ou d'air comprimé restent, jusqu'à nouvel ordre, soumis aux règles de police. Mais parmi les distributions d'énergie électrique, il n'y a pas lieu de distinguer celles qui s'adressent au public de celles qui ne visent que des particuliers (4).

En second lieu, la loi du 15 juin 1906 ne s'occupe ni de la production de l'énergie (5), ni des distributions dont elle peut être l'objet à l'intérieur de l'usine (6).

Enfin les distributions extérieures, la loi ne régit pas celles qui sont destinées à la transmission des signaux et de la parole (7) et qui restent soumises au décret-loi du 27 décembre 1851.

19. Dans les premiers temps d'application de la loi, aucune distinction n'avait été établie entre les *transports* qui portent sur une quantité d'énergie déterminée qu'on fait passer intégralement d'un point à un autre en vue de l'affecter aux services publics et les *distributions* qui

comportent diffusion immédiate, dispersion de l'énergie produite; on a parfois assimilé les deux opérations à la vente en gros et à la vente en détail. Les circonstances ont cependant montré que les deux opérations présentent quelques dissemblances et il est certain que dans l'avenir, leurs régimes juridiques seront signalés par quelques caractéristiques spéciales. Dans l'état actuel des choses les expressions *transports* et *distributions* sont cependant encore fréquemment employées l'une pour l'autre; aussi les règles dont nous allons entreprendre l'étude sont-elles générales et s'appliquent-elles pour la plupart aux deux hypothèses (1).

20. Suivant le lien plus ou moins étroit qui unit à l'Administration le possesseur d'une distribution d'énergie, suivant l'importance des sujétions imposées et en même temps des avantages accordés, les divers régimes auxquels peuvent être soumises les distributions d'énergie électrique s'étagent en quelque sorte. Ils se présentent en effet dans l'ordre suivant:

Régime de la liberté absolue;
Régime des autorisations;
Régime des permissions de voirie;
Régime des concessions simples;
Régime des concessions avec déclaration d'utilité publique (2).

21. A dire vrai, la liberté absolue ne constitue pas, à proprement parler, un régime puisqu'elle est, au contraire exclusive de toute réglementation et laisse le possesseur de la distribution dans la même position que s'il n'y avait pas de législation en la matière. C'est toutefois là une situation juridique dont l'intéressé peut, le cas échéant, réclamer le bénéfice. Deux conditions essentielles doivent être remplies à cet effet, et l'article 2 de la loi du 15 juin 1906 les définit. Il faut que la distribution, établie exclusivement sur des terrains privés, n'emprunte en aucun point de son parcours des voies publiques (3); il faut aussi que nulle part les conducteurs ne se trouvent à moins de 10 mètres de distance horizontale d'une ligne télégraphique ou téléphonique préexistante.

Mais lorsqu'il est satisfait à ces deux *desiderata*, la distribution échappe, pour son établissement comme pour son exploitation, à toute formalité d'autorisation et même de déclaration.

22. La distribution peut, sur la demande de l'entre-

---

(1) Un projet de loi déposé pendant la législature 1893-1898 ne put aboutir, bien qu'ayant fait l'objet d'un rapport de M. Guillain dont le nom s'attache à la solution de toutes les grandes questions de cet ordre. Pendant la législature 1898-1902, M. Guillain étant devenu ministre, un nouveau rapporteur, M. Berthelot, fut désigné. Mais la législature s'acheva sans que la loi fût votée. Adoptée à la Chambre en février 1906 sur le rapport du regretté Janet, la loi passa au Sénat peu de temps après et fut promulguée le 15 juin 1906.

(2) Les principaux de ces actes sont:
Le décret du 17 octobre 1907, organisant le service du contrôle, décret complété par l'arrêté ministériel du 27 décembre 1907;
Le décret du 17 octobre 1907, organisant le régime des redevances, décret complété par l'arrêté du 30 mars 1908;
L'arrêté du 21 mars 1908, déterminant les conditions techniques auxquelles les distributions doivent satisfaire;
Les décrets des 17 mai et 20 août 1908, arrêtant les textes des cahiers des charges-types des distributions;
Le décret du 3 avril 1908, portant règlement général d'administration publique pour l'application de la loi;
La circulaire du 25 octobre 1908, envoyant les formules-types à employer dans les divers cas visés par la loi;
Le décret du 29 novembre 1909 arrêtant le texte du cahier des charges-type pour la concession par l'État d'une distribution d'énergie électrique aux services publics.

(3) L. 15 juin 1906, art. 26.
(4) Circ. min. trav. publ., 3 août 1908.
(5) Une législation spéciale est en préparation en ce qui concerne les usines hydrauliques créatrices d'énergie.
(6) Circ. min., trav. publ., 18 octobre 1907. La circulaire du 3 août 1908 contient une formule un peu différente: « La loi du 15 juin 1906 ne concerne, y est-il dit, que les distributions, c'est-à-dire les lignes, canalisations, sous-stations, postes de transformation et autres ouvrages servant au transport du courant et non les usines et appareils servant soit à la production du courant, soit à son utilisation. »
(7) L. 15 juin 1906, art. 1er.

(1) En fait, comme l'hypothèse d'un transport d'énergie évoque nécessairement l'idée d'une concession par l'État, le cahier de charges type établi par le décret du 29 novembre 1909 ne vise que ce cas; tandis qu'en matière de distribution, les cahiers des charges prévoient la concession par l'État, les communes ou les syndicats de communes.
(2) Ces distinctions ne sont bien saisissables que depuis la loi du 15 juin 1906. Il n'était pas rare autrefois qu'un arrêté d'autorisation, accompagné d'un cahier des charges, produisît les effets d'une concession. V. notamment C. d'Ét. cont. 16 mai 1902. Leb., p. 372.
(3) En disant qu'une distribution est établie exclusivement sur des terrains privés, on entend que les ouvrages et canalisations établis sur ces terrains forment par leur ensemble une véritable distribution. Il n'en est pas de même des canalisations qui, bien que situées sur des terrains privés, font néanmoins partie d'une distribution empruntant en tout ou en partie le domaine public. (Circ. min. trav. publ., 3 août 1908).

preneur, être soumise simultanément dans des communes différentes à des régimes différents, soit celui des permissions de voirie sur une partie de son réseau, soit celui de la concession simple ou celui de la concession déclarée d'utilité publique dans d'autres parties (1).

§ 2. — Régime des autorisations.

23. Lorsque, sans emprunter aucune voie publique, la ligne doit être établie sur un point quelconque de son développement à moins de 10 mètres d'une ligne télégraphique ou téléphonique préexistante, une autorisation est nécessaire (2). On remarquera qu'il ne s'agit pas ici seulement des lignes télégraphiques ou téléphoniques publiques et que le législateur a entendu assurer également la protection des installations de cette nature déjà établies à titre privé.

24. Les autorisations sont délivrées par le préfet, en conformité de l'avis émis par l'Administration des postes et télégraphes dans un délai de trois mois à partir de la demande.

Les installations visées dans ces autorisations doivent satisfaire aux conditions techniques définies par l'arrêté ministériel du 21 mars 1908.

Elles doivent être exploitées et entretenues de manière à n'apporter par induction, dérivation ou autrement, aucun trouble dans les transmissions télégraphiques et téléphoniques par les lignes préexistantes.

Lorsque, pour prévenir ou faire cesser ce trouble, il sera nécessaire d'exiger le déplacement ou la modification des lignes préexistantes et en cas de non-entente avec l'exploitant, la nature des travaux à exécuter sera déterminée par le ministre des postes et des télégraphes, après avis du comité d'électricité (3). Dans tous les cas, les frais nécessités par ces déplacements ou modifications seront à la charge de l'exploitant (4).

25. La demande en autorisation est adressée en double expédition au préfet qui la transmet immédiatement à l'ingénieur en chef du contrôle. Elle est accompagnée d'un plan indiquant le tracé de la ligne et d'un état de renseignements conforme à un modèle arrêté par l'Administration. L'ingénieur en chef du contrôle transmet le dossier à l'ingénieur en chef des télégraphes qui formule son avis sur les conditions techniques à remplir et les travaux à exécuter s'il y a lieu, fait signer au demandeur les engagements nécessaires et adresse le dossier au préfet qui statue, en conformité de l'avis de l'Administration des télégraphes (5).

§ 3. — Régime des permissions de voirie.

26. Il n'est plus possible de procéder par simple autorisation, et le régime des permissions de voirie s'impose dès que la distribution doit emprunter les voies publiques. La permission de voirie est délivrée par le préfet ou par le maire, suivant que la voie empruntée rentre dans les attributions de l'un ou de l'autre, sous les conditions ordinaires des arrêtés réglementaires relatifs à ces permissions et en outre, sous les conditions stipulées au décret du 3 avril 1908 et à l'arrêté ministériel du 21 mars 1908.

27. Toute demande de permission de voirie (1) pour une distribution ne s'étendant que sur un département est adressée au préfet qui en donne récépissé et la transmet immédiatement à l'ingénieur en chef du contrôle.

Deux cas doivent être envisagés suivant que la distribution emprunte des voies dépendant de la grande voirie ou de la grande vicinalité, ou bien, au contraire, emprunte exclusivement des chemins vicinaux ordinaires, des chemins ruraux ou des voies urbaines.

28. *Distribution empruntant en tout ou en partie la grande voirie ou la grande vicinalité.* — Quand les voies empruntées appartiennent à la grande voirie ou à la grande vicinalité, la demande est adressée au préfet, si la distribution ne s'étend que sur un département. Dans le cas contraire, elle est adressée au ministre des Travaux publics qui désigne le service chargé de l'instruction (2).

Dans l'un et l'autre cas, l'Ingénieur en chef, à qui incombe le soin de procéder à l'instruction, consulte les services préposés à l'administration des diverses voies empruntées ainsi que les maires des communes traversées. Le service des Postes et Télégraphes doit être également avisé de la demande et communication doit lui être donnée du dossier de l'avant-projet (3).

29. L'avis des autorités municipales se manifeste suivant des formes différentes selon qu'il s'agit, ou non, d'une distribution d'éclairage. La loi laisse, en effet, aux communes la faculté de constituer un monopole pour l'éclairage par voie de concession. Par conséquent, en autorisant des distributions d'éclairage, même dans les communes où il n'en existe pas encore, l'État restreint les droits reconnus aux municipalités; il ne doit user des pouvoirs qui lui sont conférés qu'après avoir pris l'avis, non seulement du maire, mais encore du conseil municipal. Cet avis doit être émis dans le délai d'un mois.

Au contraire, s'il ne s'agit pas d'une distribution d'éclai-

---

(1) L. 15 juin 1906, art. 3, § 2. La loi ne parle pas ici des distributions placées sous le régime de l'autorisation; ce régime cesse en effet d'être applicable dès qu'il y a emprunt de voies publiques, condition qui se rencontre nécessairement au contraire quand il y a permission ou concession.

(2) L. 15 juin 1906, art. 2.

(3) V. *infra*, n° 101.

(4) L. 15 juin 1906, art. 4.

(5) D. 3 avril 1908 (art. 1er et 2). L'expression employée est la suivante : « Le préfet, en conformité de l'avis de l'Administration des télégraphes, accorde l'autorisation demandée. » Cette formule semble

critiquable en ce qu'elle ne vise que le cas où l'autorisation est accordée. La règle doit s'appliquer aussi dans l'hypothèse inverse.

(1) La demande indique le lieu où le pétitionnaire élit domicile. Elle est accompagnée d'un avant-projet comprenant : un extrait de carte au 1/80,000; un plan général et une nomenclature des voies publiques à emprunter; un mémoire indiquant la destination et l'importance de la distribution, l'emplacement et la nature des ouvrages projetés; des dessins donnant les types des installations à établir sur le domaine public. D. 3 avril 1908, art. 4.

(2) D. 3 avril 1908, art. 3.

(3) Circ. min. Trav. Publ., 27 mai 1909.

rage, le maire seul est consulté et le délai qu'il a pour produire son avis est de quinze jours (1).

30. Si la demande vise une ou plusieurs communes où existent déjà des concessions de distribution d'énergie, l'ingénieur en chef invite les concessionnaires antérieurs à fournir leurs observations dans le délai de quinze jours (2).

31. Dans le cas où il y a accord entre les services intéressés et où, en cas de distribution d'éclairage, aucun conseil municipal n'a fait d'opposition, le préfet délivre les permissions qui sont de sa compétence en raison de la nature des voies publiques (3) à emprunter (4).

32. En cas de désaccord entre les services intéressés ou d'opposition d'un conseil municipal à une distribution d'énergie, le dossier est transmis au ministre des Travaux publics qui, après avis du ministre de l'Intérieur, renvoie ce dossier au préfet avec ses instructions. Il en est de même — sauf en ce qui concerne la consultation du ministre de l'Intérieur qui n'a plus ici de raison d'être — dans tous les cas où la distribution projetée doit emprunter, autrement que par une simple traversée, des voies dépendant de la grande voirie et non affectées à la circulation publique (5).

33. Lorsque la demande vise plusieurs départements, la demande est adressée au ministre des Travaux publics qui désigne le service chargé de l'instruction (6). Après instruction, le dossier est retourné au ministre des Travaux publics qui, après examen, renvoie le dossier au préfet en lui faisant connaître dans quelles conditions les permissions de voirie doivent être accordées. S'il y a désaccord entre les services intéressés ou s'il y a opposition d'une commune en cas de distribution d'éclairage, le ministre des Travaux publics prend au préalable l'avis du ministre de l'Intérieur (7).

34. *Distribution visant exclusivement les voies municipales.* — Il faut maintenant envisager le cas où la distribution emprunte des chemins vicinaux ordinaires, des chemins ruraux ou des voies urbaines. Si ces voies sont empruntées concurremment avec d'autres routes ou chemins relevant de la grande voirie ou de la grande vicinalité, les règles ci-dessus exposées sont applicables. Si les voies de la petite vicinalité ou les rues urbaines sont seules empruntées, le dossier est envoyé au maire par l'ingénieur en chef avec un avis sommaire. Le maire statue et envoie à l'ingénieur en chef un duplicata des permissions délivrées.

Les maires des communes où existe déjà une distribution publique concédée doivent avoir, au préalable, invité le concessionnaire antérieur à fournir des observa-

tions dans un délai maximum de dix jours après lequel il est passé outre (1).

35. Dans le cas où il y a accord entre les services intéressés et où, en cas de distribution d'éclairage, aucun conseil municipal n'a fait d'opposition, le préfet peut se substituer au maire, par application de l'article 98 de la loi du 5 avril 1884, pour délivrer les permissions afférentes aux voies pour lesquelles le magistrat municipal eût été normalement compétent (2).

36. Sauf disposition contraire de la permission initiale, tout branchement nouveau doit faire l'objet d'une permission spéciale (3). Il importe en effet qu'un entrepreneur qui a obtenu une permission pour établir une ligne déterminée ne puisse, sans que les autorités compétentes soient appelées à en connaître, créer une nouvelle distribution faisant concurrence à des concessions préexistantes dont elle n'aurait pas à supporter les charges.

37. La permission de voirie est exclusive de toute idée de monopole; elle ne peut donc faire obstacle à ce qu'il soit accordé sur la même voie des permissions ou concessions concurrentes (4).

38. Après avoir exposé les règles qui président à la délivrance des permissions de voirie applicables aux distributions d'énergie, nous avons à dire quelques mots des conditions auxquelles lesdites permissions de voirie peuvent être subordonnées. La loi du 15 juin 1906 édicte à cet égard plusieurs dispositions spéciales. Les permissions, est-il dit à l'article 5 de cette loi, ne peuvent prescrire aucune disposition relative aux conditions commerciales de l'exploitation. Quant aux charges pécuniaires, elles ne doivent, aux termes du même article, consister que dans les redevances pécuniaires prévues au § 7 de l'article 18 de la loi (5).

39. Faut-il admettre que lorsque l'Administration, usant du droit que lui confère l'article 5, § 4, de la loi de 1906, accorde de nouvelles permissions de voirie, elle peut soumettre ces permissions à des conditions générales et à un régime différent des règles imposées aux permissionnaires déjà en jouissance? La question nous semble comporter une distinction. Si les conditions fiscales ou techniques imposées au nouveau permissionnaire sont plus rigoureuses que les premières, les titulaires des permissions antérieures n'ont évidemment aucune raison de se plaindre de ce que l'Administration apporte aux clauses adoptées jusqu'alors les modifications dont l'expérience a révélé l'utilité. Mais il semble impossible que les nouvelles permissions soient placées sous un régime plus avantageux que les anciennes; cela résulte du principe général formulé à l'article 8, § 1. L'article cité ne vise, il est vrai, que les concessions et non les permissions; mais les motifs qui l'ont inspiré sont d'ordre général. Il serait, d'ailleurs, injuste que l'Administra-

---

(1) D. 3 avril 1908, art. 5. Circ. min. trav. publ., 3 août 1908.
(2) *Ibid*, art. 5.
(3) C'est-à-dire celles qui s'appliquent à la grande voirie ou à la grande vicinalité.
(4) D. 3 avril 1908, art. 6.
(5) *Ibid*, art. 7 et 8.
(6) *Ibid*, art. 3.
(7) *Ibid.*, art. 9.

(1) D. 3 avril 1908, art. 10.
(2) *Ibid*, art. 6.
(3) *Ibid*, art. 11.
(4) L. 15 juin 1906, art. 5, § 4.
(5) V. *infra*, n° 97 et suiv.

tion favorisât les nouveaux permissionnaires au détriment des premiers dans la concurrence qui ne peut manquer de s'établir.

Il va de soi aussi que les conditions techniques d'installation des nouvelles distributions devront être telles que les installations anciennes ne soient pas gênées dans leur fonctionnement (1).

40. Il est de jurisprudence constante — et la doctrine a toujours formulé la même opinion (2) — que l'Administration, quand elle statue sur une demande de permission de voirie, reste absolument libre d'accueillir ou de rejeter la requête dont elle est saisie. Par contre, le retrait de la permission accordée ne peut être prononcé que pour des motifs d'intérêt général (3) dans lesquels on ne saurait faire entrer les simples considérations fiscales.

Ces règles sont de tous points applicables aux permissions de voirie délivrées pour l'établissement de distributions d'énergie.

41. Toutefois le décret du 3 avril 1908, après avoir rappelé que les permissions de la nature de celles qui nous occupent peuvent être révisées et révoquées dans les conditions ordinaires, indique expressément certaines causes de révocation qui leur sont spéciales. Les permissions, dit l'article 12 dudit décret, peuvent être révoquées si le titulaire ne se conforme pas, après mise en demeure, aux obligations qui lui sont imposées soit par l'acte d'autorisation, soit par les lois et règlements.

42. Les permissions sont également révocables, ajoute l'article précité, si la distribution cesse d'être affectée à la destination qui avait motivé l'autorisation. Et la circulaire interprétative du 3 août 1908 indique comme cas d'application de ce principe le retrait de toute permission dont le titulaire distribuerait de l'énergie en vue de l'éclairage alors qu'il n'était autorisé à distribuer que de la force.

On ne peut méconnaître qu'une telle manière de faire est plus rigoureuse que celle qui résulterait de la mise en vigueur des règles du droit commun; car, habituellement, l'Administration reste étrangère au mode d'utilisation des installations qu'elle a laissées s'établir en vertu de permissions de voirie. Mais il ne faut pas perdre de vue que la loi du 15 juin 1906 a, en fait, créé deux régimes distincts pour les distributions d'éclairage et les distributions de force. Les premières peuvent faire l'objet de monopoles de la part des communes, tandis que les secondes restent placées sous le système de la libre concurrence. Cette dualité de régimes s'est traduite par l'institution de procédures différentes; dès lors, il est absolument légitime que l'Administration sanctionne par une menace de retrait les subterfuges employés pour esquiver les rigueurs de l'instruction réglementaire.

§ 4. — Régime des concessions simples.

43. Au-dessus de l'autorisation dont l'unique raison d'être est d'empêcher les installations privées de nuire au fonctionnement des services publics, au-dessus de la permission qui accorde au bénéficiaire certains droits à l'occupation privative, bien que précaire, du domaine public, se place la concession qui crée à celui qui en est titulaire une situation privilégiée, consolidée pour un certain laps de temps et même comportant faculté de coercition à l'égard des particuliers. La concession simple ne confère que le droit de réclamer certaines avantages; la concession avec déclaration d'utilité publique va jusqu'à faire fléchir le principe du respect de la propriété privée.

ARTICLE PREMIER. — Concession simple.

44. D'une façon générale, la concession simple est donnée après enquête, soit par la commune ou par le syndicat formé entre plusieurs communes, si la demande de concession ne vise que le territoire de la commune ou du syndicat, soit par l'État dans les autres cas.

Toute concession est soumise aux clauses d'un cahier des charges conforme à l'un des types approuvés par décret délibéré en Conseil d'État (1), sauf les dérogations ou modifications qui seraient expressément formulées dans les conventions passées au sujet de ladite concession (2).

45. Lorsque l'acte de concession — qu'il soit passé par le ministre, le préfet, le maire ou le président du comité du syndicat des communes — comporte des dérogations ou des modifications au cahier des charges type, il ne devient définitif qu'après avoir été approuvé par un décret délibéré en Conseil d'État (3).

a) Présentation de la demande et enquête.

46. La demande en concession (4) est adressée au ministre des Travaux publics si, conformément à l'article 6 précité de la loi du 15 juin 1906, la concession est de la compétence de l'État et s'étend sur plusieurs départements; au préfet, si la concession est de la compétence de l'État et ne s'étend que sur un département; aux maires si la concession est de la compétence d'une commune ou d'un syndicat de communes (5).

47. Si la concession est de la compétence de l'État, le ministre ou le préfet, suivant la distinction ci-dessus indiquée, statue sur la mise à l'enquête après instruction faite par le service du contrôle.

---

(1) V. D. 3 avril 1908, art. 54.
(2) Laferrière. Traité de la juridiction administrative, t. II, p. 526.
(3) Laferrière, op. cit. loc. cit., De Récy. Traité du domaine. V. nᵒˢ 1180 et suiv.

(1) Ces types ont été approuvés par un décret du 17 mai 1908 en ce qui concerne les concessions accordées par une commune ou un syndicat de communes et par un décret du 20 août 1908 pour les concessions accordées par l'État. Un cahier des charges spécial a été établi pour les concessions de transport. (V. supra, nᵒ 19.)
(2) L. 15 juin 1906, art. 6.
(3) Ibid, art. 7.
(4) La demande doit être accompagnée d'une carte au 1/80.000ᵉ, d'un mémoire descriptif et d'un projet de tarif maximum pour la vente de l'énergie électrique. D. 3 août 1908, art. 13.
(5) D. 3 août 1908, art. 14.

Si la concession est de la compétence d'une commune ou d'un syndicat de communes, le maire ou le président du syndicat, après avis sommaire de l'ingénieur en chef du contrôle, soumet le dossier au conseil municipal ou aux conseils municipaux intéressés, qui décident s'il y a lieu de procéder à l'enquête (1).

48. Quand l'enquête a été décidée par l'autorité compétente, il y est procédé dans des conditions différentes suivant que la concession doit être accordée par l'État ou bien par une commune ou un syndicat de communes.

49. *Concession accordée par l'État.* — Dans le premier cas, un arrêté du préfet (2) fixe la date de l'ouverture de l'enquête, indique les localités où l'enquête est ouverte et nomme les membres de la commission d'enquête (3). La commission se compose de trois membres au moins et de sept au plus, choisis parmi les principaux propriétaires d'immeubles, négociants ou industriels de la région (4).

Le projet reste déposé, avec les registres d'enquête, pendant quinze jours à la mairie de chaque commune desservie ou traversée (5). La commission d'enquête se réunit à l'expiration de ce délai de quinze jours et, après avoir examiné les dires et provoqué, s'il y a lieu, les observations orales des déposants, fournit son avis dans le délai de huit jours (6).

Pour les affaires de moindre importance, un commissaire enquêteur peut remplacer la commission d'enquête (7).

50. En même temps qu'il est procédé à l'enquête, le préfet invite les conseils municipaux à délibérer sur l'utilité et la convenance de l'entreprise. Les délibérations prises par ces assemblées doivent parvenir au délai d'un mois à dater de la communication du dossier (8).

D'autre part, des conférences sont ouvertes, si cela est nécessaire, entre les divers services intéressés (9).

51. Quand la concession projetée ne doit s'étendre que dans un département et s'il y a accord entre les divers services et communes intéressés, le préfet signe l'acte de concession au nom de l'État.

S'il y a désaccord entre les services ou communes intéressés, le préfet transmet le dossier avec son avis au ministre des Travaux publics. Celui-ci, après avoir consulté le comité d'électricité, renvoie le dossier au préfet avec ses instructions. Le préfet notifie la décision au demandeur et signe l'acte de concession.

Quand la concession doit s'étendre sur plusieurs départements, chaque préfet transmet le dossier au ministre des Travaux publics avec son avis. Le ministre consulte

le comité d'électricité, en cas de désaccord entre les services ou les communes intéressés, il prend l'avis du ministre de l'Intérieur, statue sur les conditions auxquelles la concession peut être accordée, les notifie au demandeur et passe l'acte de concession au nom de l'État (1).

52. Le cahier des charges-type pour les concessions de distribution accordées par l'État a été approuvé par un décret du 20 août 1908. Nous ne pouvons donner l'analyse de ce document qui comprend 36 articles et se divise en cinq chapitres : *Objet de la concession; Travaux. tarifs et conditions du service; Durée de la concession; Rachat et déchéance, et Clauses diverses.*

Le cahier des charges relatif aux concessions de distribution d'énergie électrique aux services publics est conçu dans un ordre d'idées analogue.

53. *Concession accordée par une commune ou un syndicat de communes.* — Certaines simplifications sont apportées à la procédure quand la concession est donnée par une commune ou un syndicat de communes.. C'est ainsi que la durée pendant laquelle l'enquête reste ouverte est réduite à huit jours. Au lieu d'une commission d'enquête, il est nommé un commissaire enquêteur dont l'avis doit être fourni dans les trois jours (2).

54. Après instruction par l'ingénieur en chef et, s'il y a lieu, conférence avec les services intéressés, le dossier est transmis au maire ou au président du syndicat de communes.

Lorsqu'il s'agit d'une commune, si l'accord s'établit entre la commune et le demandeur et si les conditions de l'entente sont conformes à l'avis des services intéressés, le maire, en exécution d'une délibération du conseil municipal, passe l'acte de concession qui, après vérification par l'ingénieur en chef, est soumis à l'approbation du préfet (3).

Si la concession est de la compétence d'un syndicat de communes, l'acte de concession est passé par le président du comité du syndicat en exécution d'une délibération de ce comité homologuée par des délibérations des conseils municipaux de toutes les communes syndiquées. L'homologation du préfet est encore ici nécessaire (4).

S'il y a désaccord entre les services ou si l'accord s'établit entre la commune ou le syndicat de communes contrairement à l'avis des services, l'acte de concession ne peut être passé par le maire ou le président du syndicat que lorsque le ministre des Travaux publics s'est prononcé, après avoir consulté le comité d'électricité et pris l'avis du ministre de l'Intérieur (5).

55. Le cahier des charges-type pour les concessions de distribution à accorder par les communes ou les syn-

(1) D. 3 avril 1908, art. 15.
(2) Cet arrêté est affiché dans toutes les communes qui doivent être desservies ou traversées par la distribution dont la concession est demandée. D. 3 avril 1908, art. 16.
(3) D. 3 avril 1908, art. 16.
(4) *Ibid.*, art. 17.
(5) *Ibid.*, art. 18.
(6) *Ibid.*, art. 19.
(7) *Ibid.*, art. 20.
(8) *Ibid.*, art. 21.
(9) *Ibid.*, art. 22.

(1) L. 15 juin 1906, art. 7. D. 3 avril 1908, art. 23.
(2) D. 3 avril 1908, art. 25.
(3) L. 15 juin 1906, art. 7; D. 3 avril 1908, art. 27.
(4) Si le syndicat groupe des communes appartenant à divers départements, l'approbation est donnée par le préfet du département auquel appartient la commune, siège de l'association.
(5) L. 15 juin 1906, art. 7. D. 3 avril 1908, art. 27.

dicats de communes a été approuvé par un décret du 17 mai 1908. Ce cahier a les mêmes divisions que celui des concessions faites par l'État.

Pour la concession de transport, le type de cahier des charges est unique; il pourrait être rendu adaptable, par de simples transformations du texte, au cas très exceptionnel où l'autorité concédante serait une personne morale autre que l'État.

b) Effets de la concession.

56. La concession est un traité; elle comporte des obligations synallagmatiques, encore que les parties n'y soient pas placées sur un pied d'égalité, ce que justifie très bien la prédominance de l'intérêt général représenté par le concédant sur l'intérêt particulier du concessionnaire. Le caractère contractuel de l'opération exigeait donc que l'acte fût passé par une autorité capable d'engager la personne morale de qui émane la concession : de là, le choix des fonctionnaires désignés dans les diverses hypothèses. Une remarque particulière doit cependant être faite dans le cas où la concession est accordée par une commune. Il convient de noter en effet que, bien que l'acte soit passé par le maire, c'est la commune qui contracte. C'est ce qui nous paraît résulter des mots employés par l'article 7 « *en exécution* d'une délibération du conseil municipal »; c'est ce que proclame d'autre part la jurisprudence qui, dans les actes à passer au nom de la commune, ne reconnaît au maire que le rôle d'un agent d'exécution, d'un mandataire (1). Il suit de là qu'après qu'il est intervenu un vote favorable du conseil municipal, il ne saurait appartenir au maire de faire échec à cette décision en refusant de passer le contrat.

57. Tout au contraire, l'approbation par le préfet de la concession accordée par la commune est indispensable et le refus opposé par le préfet ne pourrait faire l'objet d'un recours que s'il décelait un excès ou un détournement de pouvoir.

Aucune disposition explicite ne rattachant ce droit d'approbation aux attributions tutélaires générales du préfet, nous estimons qu'il n'y a pas lieu de se modeler sur les dispositions de la loi du 5 avril 1884 qui régissent les approbations préfectorales. Le préfet n'a donc point, selon nous, à statuer en conseil de préfecture; il ne cesse pas non plus d'être compétent quand le budget de la ville atteint le chiffre qui, d'après la loi précitée, commande l'émission d'un décret pour l'approbation des traités portant concession des grands services municipaux. C'est une conséquence du caractère organique de la loi du 15 juin 1906 qui, sauf indication contraire, doit être réputée se suffire à elle-même (2).

58. *Res inter alios acta*, la concession ne peut porter préjudice aux tiers dont les droits — que cela soit dit expressément ou non — sont toujours réservés.

59. En principe, la concession ne confère pas un monopole. Elle ne fait donc pas obstacle à ce qu'il soit accordé des permissions de voirie ou une autre concession à une entreprise concurrente sous la réserve que celle-ci n'aura pas de conditions plus avantageuses (1).

60. Une exception importante a cependant été apportée au principe qui précède; la loi reconnaît aux communes et aux syndicats de communes le droit d'établir un monopole pour l'éclairage seulement. Voici en quels termes s'exprime à cet égard l'article 8 de la loi du 15 juin 1906 : « L'acte par lequel une commune ou un syndicat de communes donne la concession de l'éclairage public et privé sur tout ou partie de son territoire peut stipuler que le concessionnaire aura seul le droit d'utiliser les voies publiques dépendant de la commune ou des communes syndiquées dans les limites de sa concession, en vue de pourvoir à l'éclairage privé par une distribution publique d'énergie, sans que cependant ce privilège puisse s'étendre à l'emploi de l'énergie à tous usages autres que l'éclairage ni à son emploi accessoire pour l'éclairage des locaux dans lesquels l'énergie est ainsi utilisée (2).

« Pendant la durée du privilège ainsi institué, les permissions de voirie délivrées par le préfet et les actes de concession passés au nom de l'Etat devront tenir compte de ce privilège dans les obligations imposées aux permissionnaires et aux concessionnaires. » On voit que le respect du monopole, là où la loi permet d'en constituer un, s'impose même aux personnes morales autres que l'autorité concédante, commune ou syndicat de communes.

61. La concession confère à l'entrepreneur le droit d'exécuter sur les voies publiques et leurs dépendances tous travaux nécessaires à l'établissement et à l'entretien des ouvrages en se conformant aux conditions du cahier des charges, des règlements de voirie et des divers règlements d'administration publique rendus pour l'exécution de la loi.

L'autorité qui a fait la concession a toujours le droit, pour un motif d'intérêt public, d'exiger la suppression d'une partie quelconque des ouvrages d'une concession ou d'en faire modifier les dispositions et le tracé.

L'indemnité qui peut être due, dans ce cas, au concessionnaire est fixée par les tribunaux compétents, si les obligations et droits de celui-ci ne sont pas réglés, soit par le cahier des charges, soit par une convention postérieure (3).

62. L'acte de concession ne peut imposer au concessionnaire une charge pécuniaire autre que les redevances prévues au § 7 de l'article 18 de la loi du 15 juin

---

(1) Cass. civ., 11 avril 1902. D. P. 1904. I.233. Aucoc. *Droit administratif*, t. 1, n° 172; Morgand. *La loi municipale*, t. 2. p. 4. Hauriou. *Droit administratif*, p. 496. Berthélemy. *Droit administratif*, p. 199.
(2) En ce sens Bougault. *Commentaire de la loi du 15 juin 1906*, p. 48.

(1) L. 15 juin 1906, art. 8.
(2) Avant la loi de 1906, la question s'était posée en ce qui concernait la S^{té} des Forces motrices du Rhône (Usine de Jonage, à Lyon) de savoir si l'énergie électrique distribuée à un client pouvait être pour celui-ci employée à la fabrication de la lumière. Il y avait, il est vrai, à tenir compte des dispositions du cahier des charges de la concession et de la police d'abonnement. V. C. d'Ét. cont. 23 déc. 1905, p. 881. Avec la nouvelle loi — et sauf stipulation spéciale contraire — les abonnés d'un concessionnaire d'énergie pourront employer le courant pour l'éclairage des lieux où le force est employée.
(3) L. 15 juin 1906, art. 10.

1906 et sur laquelle nous aurons à revenir plus loin. Il ne peut non plus accorder à l'Etat ou aux communes des avantages particuliers autres que les prix réduits d'abonnements qui seraient accordés aux services publics pour des fournitures équivalentes (1).

ARTICLE 2. — *Concession avec déclaration d'utilité publique.*

63. La concession simple n'arme pas le bénéficiaire d'une autorité suffisante pour lui permettre de passer outre aux résistances opposées au nom du droit de propriété privée. Cependant il se peut que l'œuvre entreprise présente un réel caractère d'utilité générale et qu'à ce titre, les intérêts privés doivent fléchir devant elle. C'est pour cette hypothèse qu'a été institué le régime de la concession avec déclaration d'utilité publique, cette dernière expression devant être entendue avec le sens précis et limité qui découle de la législation en matière d'expropriation.

64. Toutes les règles tracées par la loi du 15 juin 1906 (2), en ce qui concerne les concessions simples, sont applicables aux concessions avec déclaration d'utilité publique. Ce dernier régime absorbe en effet celui de la concession simple auquel il ajoute seulement certaines prérogatives spéciales.

65. La déclaration d'utilité publique est prononcée, après enquête, par un décret délibéré en Conseil d'Etat, sur le rapport des ministres des Travaux publics et de l'Intérieur, après avis du ministre du Commerce, de l'Industrie, des Postes et Télégraphes et du ministre de l'Agriculture.

66. L'acte de concession ne devient définitif qu'après avoir été approuvé par ce décret (3); mais il n'est rien changé aux règles formulées en matière de concession simple quant aux autorités concédantes. Les prescriptions générales relatives à l'instruction des demandes sont aussi celles qui ont été indiquées à l'art. 1er (4).

67. La déclaration d'utilité publique investit le concessionnaire, pour l'exécution des travaux dépendant de la concession, de tous les droits que les lois et règlements confèrent à l'administration en matière de travaux publics. Le concessionnaire demeure en même temps soumis à toutes les obligations qui dérivent, pour l'Administration, de ces lois et règlements.

Il a déjà été fait observer que les travaux de distribution d'énergie entrepris par des concessionnaires munis d'une déclaration d'utilité publique sont des travaux publics (5).

68. Les droits auxquels peut prétendre le concessionnaire, dans l'hypothèse où nous nous trouvons, sont de

deux natures principales. C'est d'abord la faculté de requérir l'expropriation des immeubles dont il serait indispensable de prendre possession pour assurer l'établissement de la distribution. Il est alors procédé conformément à la loi du 3 mai 1841, au nom de l'autorité concédante et aux frais du concessionnaire (1).

69. La seconde nature de droits reconnus au concessionnaire vise l'établissement de servitudes dont quelques-unes, il faut le reconnaître, sont indispensables au fonctionnement du service de distribution.

Ainsi se présente en première ligne la faculté d'établir à demeure des supports et ouvrages pour les conducteurs aériens, soit à l'extérieur des murs et façades donnant sur la voie publique, soit sur les toits et terrasses des bâtiments, à la condition qu'on puisse y accéder par l'extérieur (2). Toutefois ce droit ne peut être exercé que sous les conditions prescrites tant au point de vue de la sécurité que de la commodité des habitants, de manière à ce que l'installation ne puisse présenter de dangers graves pour les personnes ou les bâtiments. Les règles techniques de cet ordre sont tracées par l'arrêté ministériel du 21 mars 1908.

70. Dans un ordre d'idées analogue, le concessionnaire qui a obtenu une déclaration d'utilité publique est autorisé à faire passer les conducteurs d'électricité au-dessus des propriétés privées, sous les mêmes conditions que celles qui sont spécifiées pour l'exercice de la servitude d'appui.

Il peut établir à demeure des canalisations souterraines ou des supports pour conducteurs aériens sur des terrains privés non bâtis qui ne sont pas fermés de murs ou autres clôtures équivalentes (3).

Enfin il a le droit de couper les branches d'arbres qui, se trouvant à proximité des conducteurs aériens d'électricité, pourraient, par leur mouvement ou leur chute, occasionner des courts-circuits ou des avaries aux ouvrages (4).

71. L'exercice des servitudes (5) d'appui, de passage ou d'ébranchage doit être précédée d'une notification directe aux intéressés et d'une enquête spéciale dans chaque commune. Elle ne peut avoir lieu qu'après approbation du projet de détail des tracés par le préfet (6).

Les formes de l'enquête et de l'approbation des projets ont été déterminées par le décret du 3 avril 1908 (art. 36 et 37) (7).

---

(1) L. 15 juin 1906, art. 9.
(2) C'est-à-dire les art. 6, 8, 9 et 10 de la loi ainsi que les trois premiers paragraphes de l'article 7.
(3) L. 15 juin 1906, art. 11. La disposition finale rend inapplicables les §§ 4 et 5 de l'article 7 de la loi du 15 juin 1906.
(4) D. 3 avril 1908, art. 29 et 30.
(5) *V. supra,* V° TRAVAUX PUBLICS.

(1) L. 15 juin 1906, art. 12.
(2) *Ibid,* art. 12.
(3) Sur l'équivalence des clôtures aux murs, on pourra consulter les arrêts rendus par application de la loi du 29 décembre 1892 V. *supra,* V° TRAVAUX PUBLICS.
(4) L. 15 juin 1906, art. 12.
(5) Nous employons l'expression *servitudes* bien que la loi ne l'emploie pas, parce que c'est le terme juridique qui nous paraît en rapport avec la nature spéciale du droit reconnu au concessionnaire et dont l'article 12 donne les caractéristiques. (V. le n° suivant.)
(6) L. 15 juin 1906, art. 12.
(7) L'enquête se rapproche par sa forme des enquêtes *de commodo.* La durée du dépôt est de 8 jours; les résultats de l'information font l'objet de l'avis d'un commissaire enquêteur, nommé par le préfet.

72. La loi du 15 juin 1906 a eu soin de spécifier expressément que l'exercice des servitudes n'entraîne aucune dépossession. La pose d'appuis sur les murs ou façades ou sur les toits ou terrasses des bâtiments ne peut faire obstacle au droit du propriétaire de démolir, réparer ou surélever. La pose des canalisations ou supports dans un terrain ouvert et non bâti ne fait pas non plus obstacle au droit du propriétaire de se clore ou de bâtir. Le propriétaire doit, un mois avant d'entreprendre les travaux de démolition, réparation, surélévation, clôture ou bâtiment, prévenir le concessionnaire par lettre recommandée adressée au domicile élu par ledit concessionnaire (1).

73. Les indemnités qui peuvent être dues en raison des servitudes d'appui, de passage ou d'ébranchage sont réglées en premier ressort par le juge de paix; s'il y a expertise, le juge peut ne nommer qu'un seul expert (2).

74. La déclaration d'utilité public d'ouvrages à exécuter par l'État, un département, une commune ou une association syndicale des lois des 21 juin 1865 et 22 décembre 1888 (3) ou par leur concessionnaire, confère à l'Administration ou au concessionnaire pour l'établissement ou le fonctionnement des conducteurs d'énergie employés à l'exploitation de ces ouvrages, les droits de passage, d'appui et d'ébranchage avec application des dispositions spéciales édictées à cet effet par le décret du 3 avril 1908.

Le bénéfice de ces droits reste acquis à l'Administration et au concessionnaire, même dans le cas où l'énergie serait fournie aux conducteurs par une usine privée ou par une entreprise de distribution publique d'énergie non déclarée d'utilité publique, et aussi dans le cas où les ouvrages serviraient simultanément à un transport d'énergie destiné à des usages autres que le service de l'association syndicale (4).

§ 5. — *Conditions communes à l'établissement et à l'exploitation des distributions placées sous le régime des permissions de voirie ou des concessions.*

ARTICLE PREMIER. — *Approbation des projets.*

75. Les projets ayant trait à l'établissement et à l'exploitation des distributions sont examinés par les représentants des services intéressés dans une conférence à laquelle prennent part, dans tous les cas, les représentants de l'Administration des postes et télégraphes. Si l'accord en vue de l'exécution des projets n'intervient pas au cours de la conférence, l'affaire est soumise au comité d'électricité (5). Si tous les ministres intéressés n'adhèrent pas à l'avis du Comité, il est statué par décret en conseil des Ministres (6).

Le détail des formalités d'instruction est donné par le décret du 3 août 1908 (1).

76. Les travaux qui se bornent à la création d'une ligne secondaire ou d'un branchement ayant pour unique objet de relier un immeuble à une canalisation existant sur ou sous la voie publique peuvent être exécutés par les concessionnaires sans autorisation préalable, à charge par ceux-ci de prévenir huit jours à l'avance le service du contrôle, le service de la voirie et les autres services intéressés et sous la condition expresse qu'aucune opposition ne soit formulée dans le délai ci-dessus fixé.

Pareille faculté peut être, sous les mêmes conditions, ouverte pour les permissions de voirie en ce qui concerne les branchements particuliers.

S'il y a opposition motivée (2), le projet de l'ouvrage doit être soumis à l'examen de l'Ingénieur en chef du contrôle, et instruit dans les formes réglementaires indiquées au numéro précédent (3).

ARTICLE 2. — *Exécution et réception des travaux.*

77. Avant de commencer les travaux d'une distribution et sauf le cas d'accident exigeant une réparation immédiate, le permissionnaire doit en donner avis quatre jours au moins à l'avance au service du contrôle ainsi qu'aux services de la voirie et des télégraphes (4) et aux propriétaires de toutes les canalisations touchées par les travaux (5).

78. Avant la mise en service des ouvrages terminés, il est procédé à leur réception. L'ingénieur en chef du contrôle fixe la date des essais et convoque les représentants des services intéressés.

Si les essais sont satisfaisants à tous égards, la réception est prononcée. Le préfet, sur le vu du procès-verbal de réception, délivre l'autorisation de circulation du courant (6).

Les lignes et branchements établis conformément aux dispositions de l'article 35 du décret du 3 avril 1908 (7) peuvent être mises en service sans essais de réception (8).

79. D'une façon générale, tous les ouvrages établis sur le domaine public sont exécutés en matériaux de bonne qualité, mis en œuvre suivant les règles de l'art (9).

Les dispositions techniques adoptées doivent satisfaire aux prescriptions générales de l'arrêté du ministre des Travaux publics du 21 mars 1908 (10).

---

(1) L. 15 juin 1906, art. 12.
(2) *Ibid*, art. 12.
(3) On aurait pu également prévoir les syndicats forcés créés par application de la loi du 16 septembre 1807.
(4) L. 15 juin 1906, art. 21.
(5) V. *infra*, n° 201.
(6) L. 15 juin 1906, art. 14.

(1) D. 3 août 1908, art. 31 à 34, et art. 59.
(2) Le mot *motivée* nous semble ici synonyme de *fondée*, de *justifiée*; il n'implique pas nécessairement déduction de motifs et d'arguments.
(3) D. 3 avril 1908, art. 35.
(4) Bien entendu si les lignes télégraphiques et téléphoniques sont intéressées.
(5) D. 3 avril 1908, art. 41.
(6) V. *infra* n° 80.
(7) V. *supra* n° 76.
(8) D. 3 avril 1908, art. 42.
(9) *Ibid.*, art. 38.
(10) En cas de désaccord entre le permissionnaire ou concessionnaire et les services intéressés sur l'application de ces arrêtés à des ouvrages antérieurement exécutés, il est statué par le ministre des Travaux publics après avis du comité d'électricité.

ARTICLE 3. — *Mise en service et exploitation de la distribution.*

80. La mise en service d'une distribution d'énergie électrique ne peut avoir lieu qu'à la suite des essais faits en présence du service du contrôle et des représentants des services intéressés et après délivrance par le préfet d'une autorisation de circulation du courant, ainsi qu'il vient d'être dit (1).

Dans le délai de six mois après la mise en service de chaque distribution, le permissionnaire ou concessionnaire est tenu d'en remettre le plan au service du contrôle avec les dessins et coupes nécessaires (2). Ces plans, dont le nombre est déterminé par le contrôle, sont revisés et mis au courant une fois par an au moins (3). Faute par le permissionnaire ou le concessionnaire de fournir et de reviser les plans, il est procédé d'office à leur établissement par le service du contrôle, aux frais du concessionnaire. Il est procédé de la même façon si les dessins fournis sont reconnus inexacts ou incomplets (4).

ARTICLE 4. — *Police et sécurité de l'exploitation.*

81. Les distributions d'énergie électrique et toutes les installations qui en dépendent doivent être constamment entretenues en bon état.

Les permissionnaires ou concessionnaires sont tenus de prendre toutes les mesures nécessaires pour que l'exécution des travaux et l'exploitation de la distribution n'apportent ni gêne ni trouble aux services publics (5).

82. Les prescriptions de détail auxquelles les permissionnaires ou concessionnaires sont tenus de se conformer sont trop nombreuses pour que nous songions à en donner l'indication. Citons cependant l'obligation d'établir et d'entretenir à leurs frais — sans pouvoir en faire ou en consentir usage, sauf autorisation régulière — les lignes télégraphiques ou téléphoniques ou les lignes de signaux reconnues nécessaires par le service du contrôle pour assurer la sécurité de l'exploitation (6);

l'obligation de couper le courant sur l'injonction de l'ingénieur en chef du contrôle, quand le fonctionnement de la distribution est dangereux ou quand la coupure est nécessaire pour permettre la visite, la réparation ou la modification d'un ouvrage (7) dépendant des services publics;

l'obligation d'établir et d'entretenir certains postes de secours en cas d'accidents (8);

l'obligation de prendre les mesures nécessaires à la vérification des conditions électriques de la distribution ou de fournir aux agents du contrôle les instruments nécessaires pour qu'ils puissent eux-mêmes effectuer ces vérifications (9);

l'obligation, si l'Administration le requiert, de laisser utiliser les poteaux par d'autres titulaires de permissions ou concessions empruntant la même voie, à charge par ceux-ci de verser une indemnité proportionnée et de n'apporter aucune gêne ou augmentation de charges à l'exploitation du premier titulaire (1).

83. Des obligations spéciales sont imposées aux permissionnaires et concessionnaires en ce qui concerne les relations de leurs entreprises avec la voirie, les concessions de travaux publics et les distributions voisines. Il ne nous est pas possible d'entrer dans le détail de ces prescriptions que réglemente le chapitre IX du décret du 3 avril 1908, et en ce qui concerne la traversée et l'emprunt des voies ferrées, les circulaires des 5 septembre 1908 et 17 mars 1909.

Bornons-nous à faire remarquer que le déplacement des distributions peut toujours être imposé dans l'intérêt de la voirie et des riverains (2) et que les traversées d'une concession préexistante doivent être effectuées de façon à ne pas nuire au fonctionnement de cette concession (3). D'autre part, le permissionnaire ou concessionnaire ne peut s'opposer aux modifications nécessitées par des travaux publics (4); il doit supporter sans indemnité les dommages résultant soit du roulage ordinaire, soit de l'état de la chaussée et de ses dépendances accessoires, soit des travaux exécutés sur la voie publique dans l'intérêt de la sécurité publique ou de la voirie ou bien pour l'entretien des lignes télégraphiques ou téléphoniques. Le permissionnaire ou concessionnaire conserve d'ailleurs son droit de recours contre les tiers (5).

84. Les indemnités pour dommages résultant de l'établissement ou de l'exploitation d'une distribution sont entièrement à la charge du permissionnaire ou concessionnaire qui reste responsable de toutes les conséquences dommageables de son entreprise tant envers l'État, les départements et les communes qu'envers les tiers (6).

85. L'Administration des postes et télégraphes peut adresser au service du contrôle (7) une réquisition à l'effet de prendre (8) toutes les mesures nécessaires pour prévenir ou faire cesser toute perturbation nuisible aux transmissions pour les lignes télégraphiques ou téléphoniques actuellement existantes dans le rayon d'influence des conducteurs d'énergie électrique (9).

Semblable réquisition peut être adressée au service du contrôle par les fonctionnaires chargés de la surveillance de tout service public dont la marche subirait une atteinte du fait du fonctionnement d'une distribution d'énergie (10).

86. Les contestations et réclamations auxquelles peut

---

(1) L. 15 juin 1906, art. 15. V. n° 78.
(2) D. 3 avril 1908, art. 43.
(3) *Ibid.*, art. 44.
(4) *Ibid.*, art. 45.
(5) *Ibid.*, art. 46.
(6) *Ibid.*, art. 39.
(7) *Ibid.*, art. 48.
(8) *Ibid.*, art. 49.
(9) *Ibid.*, art. 51.

(1) D. 3 avril 1908, art. 40.
(2) Ce déplacement a lieu aux frais du concessionnaire ou permissionnaire. D. 3 avril 1908, art. 53.
(3) D. 3 avril 1908, art. 54.
(4) *Ibid.*, art. 55.
(5) *Ibid.*, art. 56.
(6) *Ibid.*, art. 57.
(7) V. sur l'organisation du service du contrôle, *infra* n° 87.
(8) Aux frais du concessionnaire ou permissionnaire. L. 15 juin 1906, art. 24.
(9) La procédure est réglée par l'article 47 du D. du 3 avril 1908.
(10) V. *supra*, n° 81.

donner lieu l'application des mesures prises en vue de la protection des transmissions télégraphiques et téléphoniques et, en général, de la marche de tout service public sont jugées par le conseil de préfecture, sauf recours au Conseil d'Etat, comme en matière de dommages causés par l'exécution de travaux publics (1).

Article 5. — *Contrôle des distributions.*

87. Le contrôle de la construction et de l'exploitation est exercé sous l'autorité du ministre des Travaux publics, soit par les agents qu'il a délégués à cet effet lorsqu'il s'agit de concessions données par l'Etat ou de permissions empruntant en tout ou en partie la grande voirie, soit par les agents délégués par les municipalités lorsqu'il s'agit de concessions données par les communes ou les syndicats de communes ou de permissions pour des distributions n'empruntant que les voies vicinales ou urbaines (2).

88. L'organisation du service du contrôle a été réalisée par un décret du 17 octobre 1907. Ce décret s'est inspiré des distinctions posées par la loi elle-même en ce qui concerne les diverses classes créées entre les distributions d'après leurs modes d'autorisation; mais il proclame d'une manière générale (3) la subordination de tous les agents à l'ingénieur en chef du contrôle désigné par le ministre dans chaque département ou dans chaque groupe de départements. Toutefois quand la distribution a pour but de desservir une entreprise d'utilité publique déjà soumise au contrôle de l'administration, les services chargés dudit contrôle restent compétents pour tout ce qui a trait aux installations intérieures, les installations extérieures seules relevant du service spécial chargé de la surveillance des distributions d'énergie (4). En cas de contestation, il est statué par le ministre.

89. Les agents désignés par la municipalité pour exercer le contrôle des concessions données par les communes ou les syndicats de communes sont, nous l'avons dit, subordonnés à l'ingénieur en chef du service. Ils doivent remplir les conditions de capacité définies par l'arrêté ministériel du 27 décembre 1907.

90. Le décret du 17 octobre 1907 laisse au ministre des Travaux Publics le soin de déterminer chaque année les bases d'après lesquelles sont fixés à forfait les frais de contrôle dus à l'Etat par les entrepreneurs de la distribution. Ces frais, proportionnels à la longueur des lignes, ne peuvent dépasser 10 francs par kilomètre de ligne et par an pour les distributions soumises au contrôle exclusif de l'Etat et 5 francs par kilomètre de ligne et par an, pour les distributions soumises au contrôle des municipalités. Ce tarif était révisable au plus tard le 1er janvier

1910; après la première révision, le tarif peut être révisé tous les deux ans.

Les règles à suivre pour le recouvrement des frais de contrôle ont été tracées par un arrêté du ministre des Travaux publics en date du 30 mars 1908.

91. Les permissionnaires et concessionnaires doivent, à époques périodiques, adresser au contrôle des états statistiques conformes aux modèles déterminés par le ministre (1).

Article 6. — *Mesures de précaution.*

92. Des arrêtés pris par le ministre des Travaux publics des Postes et Télégraphes et le ministre du Commerce (2) déterminent, dit l'article 19 de la loi du 15 juin 1906, les conditions techniques auxquelles doivent satisfaire les distributions d'énergie au point de vue de la sécurité des personnes et des services publics intéressés, ainsi qu'au point de vue de la protection des paysages. Ces conditions sont soumises à une révision annuelle.

93. En ce qui concerne la sécurité des personnes et des services publics intéressés, un arrêté du ministre des Travaux publics en date du 21 mars 1908 a déterminé les conditions techniques auxquelles doivent satisfaire les distributions d'énergie électrique.

La circulaire du 21 juillet 1908 recommande en outre de consulter, le cas échéant, les fonctionnaires ou commissions chargées, dans chaque circonscription administrative, de veiller à la conservation des monuments et des sites.

94. Un décret du 11 juillet 1907 a édicté les mesures à prendre pour assurer la sécurité des travailleurs dans les établissements qui emploient des courants électriques. Un arrêté du ministre du Travail du 12 mai 1908 a précisé les règles ainsi formulées.

95. Il est défendu à toute personne étrangère au service des distributions d'énergie et aux services publics intéressés :

1° de déranger, altérer, modifier ou manœuvrer sous quelque prétexte que ce soit, les appareils et ouvrages qui dépendent de la distribution;

2° de rien placer sur les supports, conducteurs et tous organes de la distribution, de les toucher ou de rien lancer qui puisse les atteindre;

3° de pénétrer, sans y être autorisé régulièrement, dans les immeubles dépendant de la distribution et d'y introduire ou laisser introduire des animaux (3).

96. Déclaration doit être faite au service du contrôle de tous les accidents ayant entraîné mort d'homme ou blessure sérieuse ainsi que des incendies graves ou troubles importants survenus dans le service de la distribution (4).

(1) L. 15 juin 1906, art. 22.
(2) *Ibid.*, art. 16.
(3) D. 17 octobre 1907, art. 6.
(4) *Ibid.*, art. 8. Il peut être dérogé à cette règle par décision spéciale du ministre.

(1) D. 3 avril 1908, art. 58.
(2) Le texte de l'article 19 de la loi du 15 juin 1906 mettait en cause le ministre du Commerce de qui dépendaient les mesures relatives à la protection des travailleurs; cette intervention n'a plus de raison d'être depuis la création du ministère du Travail.
(3) D. 3 avril 1908, art. 50.
(4) *Ibid.*, art. 52.

ARTICLE 7. — *Redevances à payer par les concessionnaires ou permissionnaires.*

97. L'article 18 de la loi du 15 juin 1906 laissait à un règlement d'administration publique le soin de fixer le tarif des redevances dues à l'État, aux départements et aux communes, en raison de l'occupation du domaine public par les ouvrages des entreprises concédées ou munies de permissions de voirie ; c'est ce qui a été l'œuvre d'un second décret du 17 octobre 1907.

D'après ce décret (art. 1 et 2), les redevances sont proportionnelles à la longueur des lignes, au nombre des supports et à la surface du domaine public occupé. Elles sont perçues conformément aux tarifs ci-dessous (1) par l'État, le département et la commune au prorata de la longueur des voies empruntées suivant que ces voies font partie du domaine public national, départemental ou communal. Les tarifs dont il s'agit sont d'ailleurs révisables au plus tard le 1er janvier 1913. Après la première révision, ils ne pourront plus être revisés que tous les trente ans (2).

98. Les redevances prévues aux tableaux des articles 1 et 2 pour l'occupation du domaine public communal peuvent, en cas de distribution concédée et en vertu d'une stipulation spéciale du cahier des charges, soit être réduites par l'autorité concédante pour tenir compte des avantages particuliers réservés à la commune par l'acte de concession, soit être remplacées par des redevances proportionnelles aux recettes brutes totales réalisées dans la commune, sans toutefois pouvoir dépasser les maxima fixés au tableau ci-dessous (1).

Les entrepreneurs de distribution établis en vertu de permissions de voirie peuvent demander l'application du tarif maximum prévu aux tableaux I et II, à condition de soumettre leurs recettes à la vérification du service du contrôle (2)

99. Pour le calcul des redevances, les canalisations aériennes installées sur les mêmes supports ou poteaux et les canalisations souterraines dont les conducteurs sont juxtaposés sont considérées comme formant une seule ligne dont la longueur est égale à celle de la voie canalisée.

Les branchements desservant les immeubles ainsi que les supports et appuis établis sur des immeubles particuliers n'entrent pas en compte.

Les recettes brutes réalisées sur la vente du courant sont seules comptées pour le calcul des redevances. Les recettes provenant de l'emploi accessoire de l'énergie pour l'éclairage des locaux où elle est employée industriellement sont assimilées aux recettes provenant de la vente de l'énergie pour tous usages autres que l'éclairage.

100. Les redevances dont il a été parlé aux nos 97 et suiv. (3) sont calculées par trimestre et payables annuellement.

Tout trimestre commencé est compté pour un trimestre entier. Chaque permission ou concession donne ouverture à une redevance distincte (4). Diverses règles de détail sont d'ailleurs tracées par l'article 5 du décret du 17 octobre 1907 pour l'établissement et le recouvrement des sommes dues par chaque entreprise.

§ 6. — *Dispositions diverses.* — *Pénalités.*

101. La loi du 15 juin 1906 a ordonné la constitution d'un comité d'électricité composé de 15 fonctionnaires appartenant aux administrations :

Des Travaux publics, Postes et Télégraphes ;
De la Guerre ;
De l'Intérieur ;
Du Commerce ;
Et de l'Agriculture.

---

(1) I. — *Tarif des redevances pour occupation du domaine public par les ouvrages de transport d'énergie électrique alimentant les services publics assurés ou concédés par l'État, les départements et les communes.*

SITUATION DES EMPLACEMENTS du domaine public occupé.	TAUX DE LA redevance annuelle par mètre de ligne aérienne ou souterraine.	REDEVANCE ANNUELLE fixe par chaque support (poteau ou pylône).	TAUX DE LA REDEVANCE annuelle par mètre carré pour les postes de transformateurs et autres établissements analogues avec minimum d'un franc par poste.
	fr. c.	fr. c.	fr. c.
Paris	0 10	10 00	25 00
Communes de 100.000 habitants et au-dessus	0 02	2 00	5 00
Communes de 20.000 à 100.000 habitants	0 01	0 50	2 00
Communes ayant moins de 20.000 habitants	0 005	0 25	1

II. — *Tarif des redevances pour occupation du domaine public par les ouvrages particuliers de transport et par les ouvrages de distribution, quel qu'en soit l'objet.*

Le double des taxes prévues au tableau ci-dessus.

(2) D. 17 octobre 1907, art. 7. Les tarifs révisés seront applicables de plein droit à tous les ouvrages existants, sauf stipulations contraires du cahier des charges des distributions concédées en ce qui concerne les redevances dues à l'autorité concédante.

(1) III. — *Maxima des tarifs d'abonnement.*

DÉSIGNATION DES COMMUNES.	DISTRIBUTION DE L'ÉNERGIE pour l'éclairage % des recettes.	DISTRIBUTION DE L'ÉNERGIE pour tous autres usages. % des recettes.
Paris	10	5
Communes de plus de 100.000 habitants	4	1,5
Communes de 20.000 à 100.000 habitants	3	1
Communes ayant moins de 20.000 habitants	2	0,5

Les maxima portés à ce tableau sont révisables dans les mêmes conditions que les tarifs prévus par les art. 1 et 2 du décret du 17 octobre 1907 (V. *supra* n° 97.)

(2) D. 17 octobre 1907, art. 3.
(3) *Ibid.*, art. 1 et 2.
(4) *Ibid.*, art. 4.

§ (A raison de trois membres par chaque département ministériel.)

Et de 15 représentants professionnels des grandes industries électriques.

Tous ces membres sont nommés par décret.

102. Toute contravention aux arrêtés d'autorisation pris en conformité des dispositions du titre II de la loi du 15 juin 1906 sera, après une mise en demeure non suivie d'effet, punie des pénalités portées à l'article 2 du décret-loi du 27 décembre 1851. Elle sera constatée, poursuivie et réprimée dans les formes déterminées au titre V dudit décret.

103. Les contraventions aux clauses d'une permission ou d'une concession, aussi bien qu'aux décisions rendues en exécution de ces clauses, en ce qui concerne le service de la navigation ou des chemins de fer ou tramways, la viabilité des routes nationales ou départementales ou communales, le libre écoulement des eaux, le fonctionnement des communications télégraphiques ou téléphoniques sont constatées par des procès-verbaux dressés par les agents du service intéressé dûment assermentés. Elles sont poursuivies et jugées comme en matière de grande voirie et punies d'une amende de 16 à 300 francs, sans préjudice de la réparation du préjudice causé.

Le service du contrôle peut prendre, aux frais du contrevenant, les mesures nécessaires pour faire cesser le dommage (1). Conformément aux principes généraux, ce droit de réparation survivrait à l'action répressive si celle-ci était éteinte.

104. Toute infraction aux dispositions édictées dans l'intérêt de la sécurité des personnes soit par des règlements d'administration publique, soit par l'arrêté du 21 mars 1908, est poursuivie devant les tribunaux correctionnels et punie d'une amende de 16 à 3000 francs, sans préjudice de l'application des pénalités prévues au Code pénal en cas d'accident résultant de l'infraction.

Les délits et contraventions peuvent être constatés par des procès-verbaux dressés par les officiers de police judiciaire, les ingénieurs et agents des ponts et chaussées et des mines, les ingénieurs et agents du service des télégraphes, les agents voyers, les agents municipaux chargés de la surveillance ou du contrôle et les gardes particuliers du concessionnaire agréés par l'administration et dûment assermentés. Ces procès-verbaux font foi jusqu'à preuve du contraire; ils sont visés pour timbre et enregistrés en débet. Ceux qui sont dressés par des gardes particuliers assermentés doivent être affirmés dans les trois jours, à peine de nullité, devant le juge de paix ou le maire, soit du lieu du délit ou de la contravention, soit de la résidence de l'agent (2).

Louis TISSERANT,

Chef de bureau au ministère des Travaux publics.

(1) L. 15 juin 1906, art. 24.
(2) Ibid., art. 25.

USINES HYDRAULIQUES

GÉNÉRALITÉS.

1. L'idée d'employer la force hydraulique aux besoins industriels remonte aux temps les plus reculés. Toutefois les cours d'eau qui se déversent dans la Méditerranée, mer autour de laquelle s'était formé l'*orbis romanus*, ne se prêtaient que médiocrement à cette utilisation en raison de l'irrégularité de leur débit; les installations mécaniques étaient d'ailleurs fort rudimentaires dans l'antiquité. Malgré les défectuosités qu'on pouvait encore constater à cet égard, le rôle des moteurs hydrauliques devint, au moyen âge, d'une assez sérieuse importance en France, grâce à la régularité du régime de la majeure partie de nos rivières. Aussi les moulins à eau tiennent-ils une certaine place dans les documents de l'ancienne jurisprudence.

2. Tant que la distinction entre les rivières domaniales et les autres ne fut pas nettement établie, les prescriptions relatives au régime des moulins eurent surtout le caractère de dispositions de droit civil réglant les relations des particuliers entre eux, bien que les textes témoignassent déjà du souci d'assurer, au nom des intérêts généraux, une équitable protection aux installations similaires ainsi qu'aux propriétés riveraines. Mais la conception du droit de la collectivité à l'usage des eaux courantes n'existait pas; aussi la faculté d'avoir moulin apparaissait-elle surtout comme mettant en cause la jouissance d'une des qualités utiles du cours d'eau. A ce titre, c'était simplement une face de la question, très générale, de la propriété des rivières. Renvoyant à ce sujet le lecteur au mot *Eaux*, nous dirons simplement que d'après l'opinion prédominante, c'était aux seigneurs (1) qu'appartenaient, sous le régime féodal, les droits d'usage sur les eaux et dès lors la faculté d'établir un moulin semblait ne pouvoir dériver que d'une autorisation seigneuriale. Mais l'autorité royale grandit; elle proclame en 1566 l'intangibilité du domaine public; par l'ordonnance de 1669, elle précise ses prohibitions en ce qui concerne les moulins et usines qui ne pourront sans autorisation être établis sur les cours d'eau de la Couronne. Et dès lors, le système juridique se dégage nettement des hésitations du passé; il prendra son assiette définitive avec les lois abolitives de la féodalité, si bien que la législation contemporaine n'aura guère plus qu'à confirmer les principes généraux en s'efforçant de les formuler et de les coordonner. Deux catégories d'usines hydrauliques vont ainsi se présenter :

Celles qui, établies sur les cours d'eau du domaine public, devront à une concession régalienne le droit d'user privativement de ce qui est le patrimoine commun et subiront par contre les rigueurs du régime de précarité que comportent toutes les autorisations domaniales;

Celles qui, utilisant la force des rivières non navigables ni flottables, de cours d'eau privés, seront soumises à de simples règles de police édictées en vue d'assurer l'écoulement des eaux.

3. Ces principes vont nous guider dans l'étude plus détaillée que nous avons à entreprendre. Faisons toutefois remarquer dès à présent que la législation des chutes d'eau est sur le point de subir d'importantes modifications. Les applications de la force qu'on a ap-

---

(1) La querelle subsiste sur le point de savoir s'il s'agissait des seigneurs féodaux ou des seigneurs hauts-justiciers... et aussi si la justice n'était point, en principe, une dépendance du fief.

polée la *houille blanche* (1) se multiplient en effet de jour en jour, et cette extension est développée par la faculté (2), aujourd'hui acquise, du transport de la force à distance. A la diffusion des forces hydrauliques répond évidemment la nécessité d'une législation appropriée; le Parlement est donc saisi de projets de lois dont nous ferons connaître en temps et lieu l'économie générale (3).

CHAPITRE PREMIER.

USINES ÉTABLIES SUR LES COURS D'EAU DU DOMAINE PUBLIC.

SECTION PREMIÈRE.

RÉGIME JURIDIQUE.

4. L'établissement d'une usine hydraulique sur un cours d'eau du domaine public comporte pour le bénéficiaire jouissance privative d'une qualité utile du cours d'eau; il nécessite donc une autorisation préalable. Nous disons *autorisation*, bien que, dans le langage courant, on emploie ordinairement le terme de *concession*, surtout pour bien établir la différence entre le cas qui nous occupe et la simple réglementation du droit de jouissance préexistant de l'usinier établi sur les cours d'eau non navigables ni flottables. Il faut, en effet, reconnaître que, dans l'état actuel de la législation, on ne se trouve en présence que d'une autorisation, d'une véritable permission de voirie. Sans doute, l'État est tenu de n'apporter aucune entrave injustifiée, aucun empêchement indû au fonctionnement de l'usine; sans doute, il doit accorder à l'usinier, en matière de redevance, les dégrèvements correspondant aux périodes de non-jouissance effective résultant des agissements de l'Administration. Il n'en est pas moins certain que la nature domaniale du bien en cause ne s'harmonise nullement avec la majeure partie des conditions qui se rencontrent dans les locations de droit commun ; telle est, par exemple, la clause de précarité qui, partout ailleurs, serait réputée

présenter un caractère léonin (1). D'autre part, l'autorisation se distingue aussi du contrat synallagmatique de concession administrative. Celui-ci a, par essence, pour effet d'habiliter un particulier à constituer, aménager ou exploiter une dépendance du domaine public, en vue d'y exercer un service public à des conditions et suivant des tarifs déterminés. Rien de semblable ne se présente ici, au moins dans l'état actuel de la législation (2) et l'usinier, mis en possession de la force motrice, l'utilise comme il l'entend au mieux de ses intérêts commerciaux.

5. Le droit des usines établies sur les cours d'eau du domaine public est donc, de son essence, précaire et révocable. Mais s'il en est ainsi, cela tient à la connexité étroite du régime des usines avec le régime domanial du cours d'eau lui-même; toutes les fois où les règles relatives à ce dernier perdent de leur rigueur, le régime des usines hydrauliques fléchit en même temps. Sans reproduire ici les théories générales exposées v⁰ *Domaine et Eaux*, nous devons donc dans notre étude insister sur la distinction existant entre les usines fondées en titre et sur les usines simplement concédées, ou, plus exactement, autorisées.

§ 1. — *Usines fondées en titre.*

6. — Les usines fondées en titre peuvent devoir à diverses causes leur situation privilégiée. Nous avons à rechercher tout d'abord ces causes d'existence légale; nous indiquerons ensuite brièvement le régime commun à toutes les usines fondées en titre.

ARTICLE PREMIER. — *Usines antérieures à 1566.*

7. C'est la date de l'édit de Moulins (février 1566) qui est considérée comme correspondant à la transformation de notre régime domanial. Sans doute, avant cette époque, divers actes de l'autorité souveraine avaient déjà, en ce qui concerne particulièrement les cours d'eau navigables (3), affirmé les droits imprescriptibles de la Couronne; mais aucun texte n'avait limité avec autant de rigueur le droit du souverain de disposer de son domaine, ni soumis la volonté royale à une aussi énergique contrainte. Le droit domanial se trouvait ainsi fondé; ce n'est point à dire cependant que la saine et lumineuse notion des choses ne dût plus jamais être altérée ou obscurcie; nous aurons en effet à constater certaines défaillances dans les actes de l'autorité royale postérieurs à 1566 et au sujet desquels quelques détails sont nécessaires.

8. Une ordonnance d'avril 1668 a tout d'abord confirmé dans la *propriété* de leurs moulins les usiniers qui rapportaient des titres de *jouissance légale* antérieurs à

---

(1) L'appellation saisissante de *houille blanche* est attribuée à Aristide Bergès, dont le nom est inséparable de celui de la force nouvelle dont il fut le promoteur, disons mieux, le prophète. L'expression s'appliquait aux trésors d'énergie contenus dans les torrents découlant des cîmes neigeuses et des glaciers. Une heureuse adaptation de cette image a été faite aux cours d'eau descendant des montagnes boisées et traversant les fraîches campagnes; la dénomination de *houille verte* a été proposée par M. Bresson, un économiste qui, avec ardeur et compétence, a assumé la tâche de vulgariser l'emploi des forces hydrauliques de moyenne importance applicables aux besoins de la petite industrie et même simplement de la vie domestique.
(2) Les applications de la force hydraulique sont nombreuses: puissance motrice; éclairage; fabrication de produits chimiques et métallurgiques; préparation d'engrais azotés, etc.
(3) Une sorte d'inventaire dressé par M. l'ingénieur en chef de la Brosse permet d'évaluer à 10 millions le nombre de chevaux-vapeur que pourraient produire nos cours d'eau. En tenant compte de la continuité de la marche possible pour les moteurs hydrauliques, on pourrait, d'après M. de la Brosse, compter sur 60 milliards de chevaux-heure, ce qui est le double de ce que peuvent donner nos moteurs à vapeur.

---

(1) Cette clause a joué assez rarement: mais la jurisprudence en a toujours reconnu la légitimité. C. d'Ét. cont. 15 avril 1857, Leb., p. 273; 26 décembre 1904, Leb., p. 884.
(2) Il en serait tout différemment avec la loi nouvelle.
(3) Nadault de Buffon cite spécialement les ordonnances ou édits de 1291, 1346, 1388, 1402, 1515, 1520 et 1550.

1566 et dans la *possession* desdits établissements moyennant une redevance annuelle, ceux qui justifiaient d'une possession antérieure à 1566. Presqu'en même temps intervint la grande ordonnance de 1669 sur les eaux et forêts. Celle-ci, domanialisant les cours d'eau navigables et flottables, prescrivit la démolition des moulins construits sans autorisation sur lesdits cours d'eau tout en réservant les droits qui pouvaient être acquis par titres et possessions valables; comme aucune règle nouvelle n'était posée sur ce dernier point, c'était à l'ordonnance de 1668 qu'il convenait de se référer à cet égard. Cette dernière fut confirmée par une seconde ordonnance, en date de 1683. Plus tard une ordonnance de 1693 maintint sans condition dans leur propriété les détenteurs de titres antérieurs à 1566; elle confirma le principe de la redevance pour les usines à l'égard desquelles il était simplement justifié de possession; elle astreignit à une redevance double les usines postérieures à 1566. Enfin l'arrêt du Conseil du 24 juin 1777 ordonna la suppression de tous les ouvrages susceptibles de nuire à la navigation (1), sauf les titres ou concessions valables ou légitimes prévus par l'ordonnance de 1669.

9. La conception que nous avons actuellement du domaine public s'est trouvée heurtée à plusieurs reprises dans l'exposé qui précède. En qualifiant de *surcens* la redevance à payer, l'ordonnance de 1683 (2) admet comme possible la préexistence de censives seigneuriales, ce qui serait en contradiction avec les droits absolus du domaine. On n'est pas moins surpris de voir l'ordonnance de 1693 consolider des aliénations postérieures à 1566, au prix d'une simple aggravation dans la redevance.

La jurisprudence et la doctrine ont, il est vrai, fait justice aujourd'hui de ces deux opinions; mais sur un autre point, une doctrine contestable a l'origine a fini par s'implanter définitivement. Nous reviendrons plus tard sur cette question (3).

10. Les textes du droit intermédiaire ont confirmé les principes antérieurs. La loi des 22 novembre-1er décembre 1790 (art. 14) a consolidé en tant que de besoin les ventes et aliénations pures et simples sans clause de rachat, même les inféodations, dons et concessions à titre gratuit, sans clause de réversion, pourvu que la date de ces aliénations à titre onéreux ou gratuit fût antérieure à l'ordonnance de février 1566. Pareille déclaration se trouve dans la loi du 14 ventôse an VII qui a, dans son article 1er, confirmé toutes les aliénations du domaine de la couronne accomplies avant 1566, sans clause de retour ni réserve de rachat.

11. Le droit moderne a consacré tous les principes de l'ancienne législation; mais il ne les a pas, ce qui eût été pourtant désirable, traduits dans une formule explicite.

Les quelques dispositions qu'on peut trouver sur la matière dans les lois actuelles se présentent, pour ainsi dire, d'une façon incidente. Tels sont l'article 48 de la loi du 16 septembre 1807 qui, en matière de dommages causés aux usines hydrauliques, prescrit l'examen préalable du titre légal de l'usine (1) et l'article 45 de la loi du 8 avril 1898 qui formule des règles identiques.

12. Quoiqu'il en soit, il n'existe aucun doute sur le point de départ qu'il faut adopter pour l'appréciation des titres légaux. La jurisprudence a même peu à peu donné aux principes une extension très libérale; c'est le fait auquel nous faisions allusion plus haut (2). De prime abord, en effet, on n'avait considéré comme ayant existence légale que les usines dont l'établissement avait été autorisé avant 1566; or, on en est arrivé assez rapidement à légitimer toutes celles qui existaient avant cette époque, qu'elles eussent été, ou non, fondées en vertu d'un titre régulier (3).

13. Toutefois on doit, selon nous, réserver l'hypothèse où tout en démontrant que l'usine existait avant 1566, les pièces produites établiraient qu'elle n'était détenue qu'à titre éminemment précaire. Il ne peut en effet résulter de la simple date du titre une modification du caractère originaire de cet acte; celui qui était simplement locataire avant 1566 n'a pas cessé de l'être après cette époque. Le cas s'est rencontré d'établissements créés en vertu de permissions qui, même avant 1566, présentaient un caractère précaire indiscutable, soit du fait de l'insertion d'une clause de rachat, soit par la stipulation d'une redevance annuelle avec retenue d'un domaine direct au seigneur concédant. De semblables conditions n'ont pas été supprimées par les lois abolitives de la féodalité (4).

On ne peut que se référer à cet égard aux principes très nettement formulés et précisés par le Conseil d'Etat dans un avis récent (5).

---

(1) La navigabilité apparaît dans tous les textes anciens et même dans les textes modernes, jusques et y compris la loi du 8 avril 1898, comme constituant le mode d'usage primordial des cours d'eau du domaine public pour la détermination desquels elle a servi de *critérium*. Cette idée n'est plus en rapport avec les faits actuels; les cours d'eau envisagés comme réservoirs d'énergie peuvent avoir un rôle aussi important que lorsqu'on les considère comme voies de transport. L'exemple de la Durance, de l'Arc, du Var, etc., est des plus significatifs. Insignifiantes comme artères du réseau navigable, ces rivières sont de la plus haute valeur au point de vue de l'utilisation des forces hydrauliques.

(2) Elle prévoit d'ailleurs explicitement cette hypothèse.

(3) V. *infra*, n° 12.

(1) V. *infra*, n°s 266 et suiv.

(2) V. *supra*, n° 9.

(3) C. d'Ét. cont. 30 mars 1846, Leb., p. 215; 10 mars 1848, Leb., p. 127; 13 juin 1860, Leb., p. 453 (cours d'eau non navigables) 30 mai 1884, Leb., p. 455; 9 avril 1863, Leb., p. 330 (solution implicite).

(4) V. notamment L. 25-28 août 1792 et L. 17 juillet 1793.

Ainsi décidé qu'il n'y avait pas existence légale pour une usine établie en Franche-Comté, en 1555, moyennant le paiement d'un cens annuel et perpétuel de 12 livres. Avis sect. trav. publ., 5 mai 1896.

(5) C. d'Ét. trav. publ. Avis 11 mai 1939. — La section estime que le fonctionnement d'une usine, fût-elle immémoriale, si cette usine n'est pas reconnue dans les termes de l'édit de 1683, ne peut suffire à lui conférer l'existence légale, et que l'ancienneté d'une concession, antérieure à 1566, ne peut lui faire reconnaître un caractère qu'elle n'avait point au moment de son établissement;

Que les concessions faites, moyennant le paiement d'un cens, fussent-elles perpétuelles, n'en sont pas moins précaires, lorsque la redevance stipulée constitue non une redevance purement féodale, mais une redevance pour droit de jouissance;

Que les lois abolitives de la féodalité n'ont pas eu pour objet de supprimer de pareilles redevances, surtout lorsque ces redevances étaient dues non pas à d'anciens seigneurs de France, mais à la cou-

14. On doit reconnaître cependant qu'il y aura souvent doute sur la nature juridique à attribuer actuellement aux contrats de l'ancien régime ; c'est là une matière délicate à la solution de laquelle les divergences de vues existant entre les feudistes apporteront souvent de sérieuses difficultés. En particulier, il y a eu existence légale reconnue dans le cas de bail à cens (1).

15. Les autorisations (2) qui ont été accordées depuis l'édit de Moulins ne peuvent, est-il besoin de le dire, produire les effets d'une concession antérieure à 1566, alors même qu'elles auraient affirmé l'existence légale de l'établissement (3). Il en serait différemment si ces autorisations étaient intervenues sur le vu des titres qui créaient l'existence légale, alors même que ces titres ne pourraient plus être actuellement représentés (4). Il n'est point indispensable, en effet, pour établir la légalité d'une usine, de produire matériellement le titre administratif qui a autorisé la construction de l'usine. Il est suffisant d'établir, par d'autres preuves, que l'usine existait légalement à une époque telle qu'elle doit être considérée comme fondée en titre (5).

C'est l'application de la règle « In antiquis enuntiativa probant. »

16. Si d'ailleurs il était avéré que les titres ont été détruits par cause de force majeure, il y aurait lieu, semble-t-il, d'appliquer la jurisprudence libérale qui admet qu'en pareille hypothèse, on peut s'en rapporter aux renseignements pertinents que d'autres documents dignes de foi fourniraient sur le contenu des pièces détruites (6).

17. S'il ne peut être suppléé aux titres et à la possession par des actes qui, bien qu'émanant de l'autorité, ne remontent pas à 1566, encore moins l'usinier pourrait-il invoquer des contrats auxquels l'Administration est restée étrangère et qu'au surplus le principe de l'intégrité du domaine public ne permettait pas de passer (7).

Quant à la possession immémoriale, elle ne saurait, à aucun titre, être considérée comme suffisante (8).

18. Le Conseil d'État a eu à examiner le cas tout parti-

culier (1) d'une usine qui, concédée avant 1566, n'avait été néanmoins construite qu'après cette époque. Il a considéré cette usine comme fondée en titre (2) ; il en serait toutefois différemment si la construction avait eu lieu après l'expiration d'un délai imparti d'avance pour limiter la validité de la concession.

19. Il ne semble pas que l'existence légale puisse se perdre par le non-usage. Nous ne rouvrirons pas la question controversée de savoir si le domaine public peut étendre sa consistance ou ses droits grâce à la prescription ; c'est cependant ainsi que le problème se poserait puisqu'il s'agirait de libérer ce domaine de la sujétion résultant de la situation exceptionnelle faite aux usines fondées en titre (3). Nous ferons simplement observer que pour que la prescription joue à l'encontre d'une personne, il faut qu'il soit argué de faits contradictoires aux droits de ladite personne ; or, il n'y a rien de semblable dans l'hypothèse où nous nous sommes placés.

20. *Quid* si une usine ayant existence légale vient à être démolie par un cas de force majeure? Devra-t-on, en pareil cas, admettre que l'existence légale survit à la destruction des ouvrages? La négative nous semble résulter de ce que la concession dont l'usinier pouvait se prévaloir s'appliquait à un ouvrage défini, à une entité qu'il est impossible de considérer comme reconstituée par les ruines emportées par le courant et les substructions laissées en place (4). Décider autrement conduirait en définitive à reconnaître aux usiniers le droit de créer, sans responsabilité, des obstacles à la navigation. Mais il est évident que les usiniers ne peuvent être déclarés déchus que lorsqu'il est manifeste qu'ils ont renoncé à réédifier leur moulin. L'Administration agirait donc sagement en leur adressant une mise en demeure, ce qu'il sera d'ailleurs presque toujours nécessaire de faire dans le cas d'encombrement du lit par les matériaux, si l'on veut arriver à une condamnation devant le Conseil de Préfecture. Le délai imparti à l'usinier pour rétablir les lieux et, s'il le veut, réédifier son moulin, ne peut être déterminé, on le conçoit, d'après des règles fixes ; l'usinier pourrait évidemment former un recours pour excès de pouvoir si le délai, notoirement insuffisant, l'acculait à une impossibilité matérielle et conduisait à une confiscation déguisée (5).

---

ronne de France, succédant aux droits de souverains étrangers, comme il y avait lieu pour la Franche-Comté ;

Que la perpétuité de jouissance laissée aux concessionnaires de ce genre ne détruit pas le caractère précaire de la concession, lorsque dans l'acte de concession, le souverain a retenu en termes formels le domaine éminent qui lui appartenait, le domaine utile restant dans ces circonstances soumis au régime juridique établi par les diverses législations successivement mises en vigueur.

(1) C. d'Ét. cont. 30 mai 1884, Leb., p. 454.

(2) Encore moins pourrait-on invoquer les actes de simple tolérance C. d'Ét. cont. 5 juin 1846, Leb., p. 329.

(3) C. d'Ét. cont. 5 juin 1846, Leb., p. 329.

(4) C. d'Ét. cont. 10 mars 1848, Leb., p. 127.

(5) C. d'Ét. cont. 15 juin 1883, Leb., p. 570 (cours d'eau non navigables).

(6) C'est ce qui a été décidé relativement aux papiers brûlés lors de l'incendie de l'Hôtel-de-Ville de Paris pendant l'insurrection de 1871. C. d'Ét. cont. 4 février 1881, D. P. 83.3.6 ; 30 mai 1884, Leb., p. 456 ; D. P. 85.3.116.

(7) C. d'Ét. cont. 23 décembre 1904, Leb., p. 884 (il était argué d'une convention passée entre les auteurs de l'usinier et les propriétaires des moulins voisins ; aux termes de cette convention, deux chutes avaient été réunies en une seule à laquelle l'usinier prétendait voir attribuer tous les avantages de l'existence légale, alors qu'une seule était fondée en titre.)

(8) C. d'É. trav. publ., Avis 11 mai 1909. V. *supra* n° 13.

---

(1) Une autre particularité était celle des usines construites sans concession entre 1566 et 1598. L'ordonnance de 1608, en exigeant seulement une possession *centenaire*, pouvait permettre de considérer ces usines comme fondées en titre ; mais cette interprétation a cessé de pouvoir être invoquée en présence des termes de la déclaration de 1683 et des lois des 22 novembre — 1er décembre 1790 et 11 ventôse an VII, qui ont définitivement fixé le point de départ du nouveau régime à avril, puis à février 1566.

(2) C. d'Ét. cont. 9 avril 1863, Leb., p. 333. V. cependant en sens contraire. C. d'Ét. cont. 23 août 1845, Leb., p. 449 (mais cet arrêt, à ce point de vue comme à d'autres (V. *infra* n° 20) ne semble pas devoir faire jurisprudence).

(3) L'assimilation des concessions de force motrice à des servitudes constituées sur le domaine public, servitudes qui se prescriraient par le non-usage, nous paraît en contradiction avec la nature juridique du domaine public qui répugne à tout asservissement de cette nature.

(4) V. cep., dans le sens de l'affirmative C. d'Ét. cont. 23 août 1845, Leb., p. 449.

(5) En sens contraire : C. d'Ét. cont. 10 février 1865, Leb., p. 196, intervenu d'ailleurs

21. Il ne faudrait toutefois pas confondre la destruction accidentelle qui, non suivie de réédification, peut laisser présumer abandon, sous l'impression d'une sorte de découragement, des droits que conférait l'existence légale, avec la démolition volontaire à la suite de laquelle l'usine a été reconstruite. La nouvelle réglementation que l'usinier est tenu de subir ne pourrait évidemment contenir des clauses en contradiction avec les prérogatives résultant de l'existence légale (1).

22. Précisément parce que l'existence légale n'est point une sorte de pavillon banal couvrant n'importe quelle marchandise, l'Administration est en droit d'exiger qu'on démontre, en cas de doute, que le moulin qui existait antérieurement à 1566 est bien celui qui se trouve actuellement en cause (2). Il est d'ailleurs à noter que les titres produits peuvent viser les bâtiments et constructions du moulin, sans, pour cela, s'appliquer à la chute proprement dite (3); il se peut même qu'il soit justifié de la concession d'un emplacement sur le domaine public fluvial sans que cela prouve que le bénéficiaire avait le droit de construire un moulin en cet endroit.

23. On voit que le règlement de la question d'existence légale exige le plus souvent des preuves et justifications délicates à apprécier, souvent difficiles à fournir. A qui incombe le devoir de produire ces preuves? La réponse se trouve dans l'adage de droit : *Onus probandi incumbit actori;* ce serait par suite à celui qui entend porter atteinte à l'état de choses existant qu'il appartiendrait d'établir son droit (4). Ainsi, l'Administration devra faire la preuve si elle prétend qu'un usinier dont elle se trouve amenée pour la première fois à réglementer l'établissement hydraulique ne jouit pas de l'existence légale (5) ou qu'il dépasse par ses nouvelles installations la consistance qui lui était reconnue (6). A défaut de preuve contraire, disait à cet égard M. le commissaire du gouvernement Gomel (7), ce qui existe doit être tenu pour la représentation exacte de ce qui existait autrefois.

24. Il ne saurait donc suffire pour refuser à un moulin l'existence légale de déclarer qu'il n'est pas produit de preuve décisive de cette existence légale. D'abord, la production d'un commencement de preuve peut légitimer une expertise (1); en second lieu, même en l'absence de toute pièce écrite, le Conseil d'État admet, avons-nous dit, la force probante des faits (2). Toutefois il faut avoir soin de s'assurer que les indices ainsi recueillis s'appliquent bien à la force hydraulique elle-même. Certains bâtiments pourront, en effet, révéler par leur caractère architectural une construction antérieure à 1566, sans qu'il s'ensuive qu'à cette époque ils étaient affectés au service d'un moulin à eau. C'est l'application du principe général formulé plus haut en ce qui concerne l'appréciation des titres (3).

25. Par contre, si l'usinier voulait, de sa propre autorité, transformer ses installations en augmentant le volume dérivé (4), il aurait à démontrer qu'il ne sort pas des droits que lui confère son existence légale. Il en serait ainsi, à plus forte raison, si, se fondant sur un titre non encore produit, un particulier prétendait établir une usine hydraulique là où il n'y en a pas.

26. Il est hors de doute qu'en invitant un usinier à établir l'existence légale de son usine ou à démontrer qu'il n'a point excédé la consistance à laquelle il avait droit, l'Administration ne commet point un excès de pouvoir (5). Il en est de même si une expertise est prescrite sur ce point discuté (6).

Enfin on doit considérer comme simplement préparatoire l'arrêté par lequel le conseil de préfecture ordonne la production des titres invoqués par l'usinier (7).

27. Les règles admises en matière de preuve d'existence légale doivent encore être appliquées quand il s'agit d'établir la consistance légale.

28. De très intéressantes discussions se sont élevées sur la situation à attribuer aux usines et moulins qui, postérieurs à 1566, ont été établis en vertu de contrats d'engagement ou d'échange. C'est là en réalité une question plus doctrinale que pratique, car, il convient de faire remarquer tout de suite, le Conseil d'État n'a jamais eu égard à de semblables considérations, et, à ses yeux, toute usine concédée depuis 1566 ne peut être réputée fondée en titre, sauf, bien entendu, le cas de vente nationale et aussi le cas, spécialement prévu par l'édit de 1683, de fondations ou dotations antérieures à la date de cet édit et faites au

dans une matière autre que celle des usines hydrauliques. Il est à noter en effet que l'immeuble à qui avait été reconnue l'existence légale avait été démoli en même temps qu'un bâtiment public sur lequel il était appuyé, puis avait été reconstruit suivant les données d'un plan dressé par l'Administration elle-même;
C. d'Ét. cont. 16 décembre 1852, Leb., p. 630; il s'agissait d'un immeuble qui, construit sur les ouvrages et fondations d'un ancien moulin, ne répondait plus à la destination primitive, mais continuait à exister matériellement. La question eût pu être tranchée différemment si le débat avait porté sur le maintien de l'existence légale, non du bâtiment, mais de la chute d'eau.
(1) C. d'Ét. cont. 13 novembre 1903, Leb., p. 675.
(2) C. d'Ét. cont. 22 juillet 1887, Leb., p. 601.
(3) C. d'Ét. cont. 9 avril 1863, Leb., p. 330 (il s'agissait du droit d'arche, c'est-à-dire de l'occupation d'une partie du domaine public fluvial par les constructions d'un moulin; ces constructions ont été reconnues avoir l'existence légale, sans que cela entraînât de semblables conséquences au point de vue de l'existence légale de la chute (4) C. d'Ét. cont. 28 mai 1852, Leb., p. 195.
(5) C. d'Ét. cont. 30 mai 1884, Leb., p. 456; 22 juillet 1887, Leb., p. 601; 22 novembre 1889, Leb., p. 1065. V. aussi C. d'Ét. cont. 28 juillet 1866, Leb., p. 835; 9 mai 1867, Leb., p. 484; 13 avril 1870, Leb., p. 446; 10 juillet 1871, Leb., p. 72.
(6) C. d'Ét. cont. 20 novembre 1903, Leb., p. 706.
(7) Concl. sous. C. d'Ét. cont. 20 mai 1881, Leb., p. 544.

(1) C. d'Ét. cont. 15 novembre 1889, Leb., p. 1046; 17 mars 1905, Leb., p. 288 (il était produit un acte de 1512, mais l'Administration prétendait que rien n'établissait que cet acte s'appliquât au moulin en cause).
(2) V. les arrêts cités supra sous le n° 13.
(3) V. supra n° 22.
(4) Il n'en serait pas de même si, sans modifier le volume capté, l'usinier se bornait à prendre des mesures pour assurer une meilleure utilisation de l'eau dérivé; il resterait incontestablement dans son droit. Nous revenons plus loin sur cette question (V. infra n° 289).
(5) C. d'Ét. cont. 22 décembre 1893, Leb., p. 856.
(6) C. d'Ét. cont. 28 mai 1852, Leb., p. 197; 15 novembre 1889, Leb., p. 1046; 27 février 1891, Leb., p. 166.
(7) C. d'Ét. cont. 25 août 1857, Leb., p. 693 (les droits des parties avaient d'ailleurs été expressément réservés).

profit des églises et des établissements ecclésiastiques (1). Toutefois, les auteurs et l'Administration elle-même ont reconnu l'existence légale des moulins qui, ayant fait l'objet de contrats d'engagement, étaient restés en la possession des engagistes ou échangistes, soit par l'indemnité du quart prévue par la loi du 14 ventôse an VII, soit par l'effet de la prescription instituée par la loi du 12 mars 1820 (2).

29. Le problème est plus délicat quand il s'agit d'usines ayant, depuis 1566, fait l'objet de véritables contrats d'aliénation à titre onéreux. La majeure partie des auteurs considèrent comme inopérantes les cessions faites en violation d'une loi que l'autorité royale avait d'avance proclamée supérieure à sa propre volonté; ils se refusent donc à admettre l'existence légale des usines ainsi établies. Mentionnons toutefois l'opinion contraire soutenue par M. Christophe (3), et qui s'appuie sur une interprétation des ordonnances de 1566 (4), d'après laquelle les moulins et les droits sur les rivières navigables auraient fait partie du *petit domaine* et auraient, par suite, été aliénables; M. Christophe cite de nombreux édits ayant autorisé de semblables cessions. Cette théorie, qui n'a jamais été adoptée par le Conseil d'État, est combattue par MM. Laferrière et Picard, qui se refusent à étendre le *petit domaine* aux dépendances des cours d'eau navigables et flottables.

On pourrait, il est vrai, faire remarquer, en faveur de la thèse de M. Christophe, que l'ordonnance de 1669 réserve les droits acquis de *pêche*, de *moulins*. Or, en matière de pêche, la date de 1566 ne s'impose pas nécessairement (5); pourquoi n'en est-il pas de même en matière de moulins? On ferait valoir enfin la difficulté qu'il y a à traiter différemment les ventes de la période révolutionnaire et celles qui ont été effectuées à une époque moins troublée. Ces diverses considérations ont une valeur sérieuse; mais elles sont plutôt inspirées par l'équité que par le droit. Or, les prohibitions que l'autorité royale s'était imposées à elle-même par le grand édit de Moulins sont tellement sévères qu'on ne peut accorder aucune valeur aux actes d'aliénation postérieurs qui constituent de véritables transgressions du droit. C'est ce qui explique et justifie la résistance inébranlable du Conseil d'État (6).

30. L'indisponibilité du domaine public, proclamée par l'ordonnance de 1566, ne s'est trouvée prendre vigueur,

dans les pays réunis ultérieurement à la France, qu'à partir de leur annexion. C'est là d'ailleurs une question purement domaniale qui a été traitée dans un article spécial auquel nous n'avons qu'à renvoyer le lecteur (1).

ARTICLE 2. — *Usines ayant fait l'objet de ventes nationales.*

31. Le principe de l'intangibilité des ventes nationales se trouvant accidentellement en conflit avec le principe de l'indisponibilité du domaine public a fait fléchir ce dernier. En règle générale, les usines qui ont fait l'objet d'aliénations opérées au cours de la mainmise révolutionnaire sont donc aujourd'hui considérées comme fondées en titre. Nous disons « *aujourd'hui* », car, bien que le respect des ventes nationales ait été affirmé par tous les gouvernements qui se sont succédé depuis la Révolution, des hésitations se sont produites au début dans l'application de ce principe au cas qui nous occupe. On relève certains arrêts qui, avant que les opinions aient été bien consolidées, n'ont expressément reconnu l'existence légale qu'aux usines qui, vendues nationalement, existaient avant 1566 (2).

32. Cette sorte d'intransigeance, manifestée dans des affaires d'espèce, ne répondait pas aux tendances générales; aussi enregistre-t-on nombre de décisions qui s'inclinaient devant la vente nationale effectuée, mais exigeaient qu'il fût établi que la force motrice avait bien fait partie de cette vente; qu'il y avait eu, en un mot, *affectation* de cette force à l'usine acquise pendant la période révolutionnaire (3). On ne peut, au point de vue doctrinal, condamner cette solution qui concorde, somme toute, avec celle que nous avons enregistrée à l'égard des moulins antérieurs à 1566 et qui distingue nettement la force motrice de l'établissement industriel proprement dit. Mais les difficultés de la pratique ont assez vite déterminé une évolution dans la jurisprudence. Exiger qu'il eût été fait mention spéciale de la force motrice dans l'acte de vente, c'était en même temps ouvrir la discussion sur la consistance de la force aliénée. Or sur ce point, il est très difficile de se prononcer. Comment évaluer avec précision le volume d'eau nécessaire, il y a quelques années, au fonctionnement d'un moulin? Les meules, plus grandes et plus lourdes, exigeaient une forte dépense d'eau; l'étanchéité des barrages était très imparfaite. On a soutenu, non sans raison, qu'avec une seule paire de meules, un moulin du siècle dernier consommait souvent plus d'eau qu'un moulin actuel avec trois paires de meules.

33. C'est peut-être dans ces difficultés d'appréciation qu'il faut chercher le motif du revirement du Conseil d'État. Quoi qu'il en soit, le haut tribunal admi-

(1) Cette dernière exception ne peut viser que les anciennes concessions ecclésiastiques qui ont pu être cédées à des particuliers avant la Révolution. La loi de séparation du 9 décembre 1905 serait sans influence sur la situation si des exemples imprévus venaient à s'en produire.

(2) V. v° DOMAINE n° 172.

(3) Traité des travaux publics II p. 502. L'argumentation est, il faut le reconnaître, très forte et très saisissante.

(4) On sait qu'il existe deux ordonnances de Moulins rendues en 1566. La première proclame l'inaliénabilité du domaine de la Couronne; la seconde déclare aliénables les dépendances du *petit domaine* V. *supra*, v° DOMAINE n° 116.

(5) V. *supra*, v° PÊCHE FLUVIALE n° 89.

(6) MM. Laferrière et Picard expliquent qu'il n'y a pas lieu de distinguer d'après le mode de paiement — capital ou annuités — du prix de l'acquisition.

(1) V. v° DOMAINE n°° 569 et suiv. Citons seulement quelques arrêts intéressants à consulter. C. d'Ét. cont. 19 juin 1885 (Franche-Comté); 10 décembre 1886 (Artois).

(2) C. d'Ét. cont. 14 janvier 1839, Leb., p. 49; 19 mars 1840 Leb., p. 56 (dans le premier seul de ces arrêts, il était argué d'un contrat de vente nationale).

(3) C. d'Ét. cont. 16 mars 1842, Leb., p. 103; 13 février, 30 mars, 5 juin et 3 décembre 1846, Leb., p. 82, 215, 329 et 529.

nistratif proclama finalement cette vérité que l'acte de vente nationale affirmait l'intention de la part de l'Administration de vendre les usines à *l'état d'usines* (1) et de leur reconnaître toute la force qui pouvait être produite par les ouvrages existant au moment de la vente (2). Ainsi a complètement disparu l'opinion qui recherchait si, antérieurement à la vente nationale, le moulin jouissait d'une existence légale et intangible (3).

34. La jurisprudence actuelle ne s'occupe donc pas de la situation originelle du moulin, pas plus qu'elle n'exige la preuve d'une cession expresse et formelle de la force motrice hydraulique. On doit considérer comme fondé en titre tout moulin qui peut être identifié avec celui pour lequel est produit un acte de vente nationale.

35. C'est toutefois seulement à la puissance résultant des ouvrages régulateurs du moulin que l'usinier peut avoir droit; sans doute dans la détermination exacte de ces ouvrages, le doute sera possible et l'Administration serait mal fondée à se retrancher d'une manière absolue derrière l'ambiguïté ou l'obscurité des termes d'un contrat qu'elle a rédigé elle-même. Mais s'il n'y a aucune équivoque, si les ouvrages régulateurs existant lors de la vente peuvent être bien définis, il ne peut dépendre de l'usinier de les modifier et son droit consiste seulement à apporter au mécanisme de son usine toutes les modifications propres à augmenter la puissance sans toucher à la dotation en eau ou à la hauteur de chute (4).

36. Les ventes nationales ont pour effet non seulement de conférer l'existence légale aux usines qui en ont fait l'objet, mais encore de fixer la consistance de ces établissements. Les augmentations indues que cette consistance avait reçues avant la vente se trouvent ainsi couvertes, ratifiées et l'Administration n'est admise à discuter que les modifications apportées depuis la vente (5).

37. Comme on doit écarter toute connexité entre l'existence légale reconnue aux usines vendues nationalement et la garantie de droit commun en matière de vente, nous pensons qu'il n'y a nullement à se préoccuper de rechercher si le contrat initial avait fait allusion à cette situation et notamment s'il contenait une clause relative à la garantie des eaux (5). Mais, par contre, l'Administration aurait pu, par avance, stipuler en sa faveur une clause de non-responsabilité au cas où

l'usine viendrait à subir une réduction et même une suppression de force (1).

38. Seules les ventes consenties pendant la période révolutionnaire peuvent fonder une existence légale; toutes les aliénations consenties, même à titre onéreux, par l'autorité souveraine depuis 1566, n'ont jamais pu avoir pour effet de constituer des droits privés sur le domaine public. Sur ce point, nous renvoyons à ce qui a été dit plus haut (2).

Article 3. — *Autres causes d'existence légale.*

39. Ce n'est qu'à l'égard des rivières navigables et flottables qu'il est possible d'invoquer le principe proclamé par l'édit de Moulins; la situation est différente quand il s'agit d'usines établies sur des cours d'eau qui, en 1566, n'étaient pas en état de navigabilité. On sait que, jusqu'à l'abolition des droits féodaux, les cours.d'eau non navigables ni flottables appartenaient aux seigneurs. La nuit historique du 4 au 5 août mit fin à ce régime et dès lors la propriété des cours d'eau non navigables ni flottables, reconnue en fait aux riverains dans l'ordre d'idées qui nous occupe, devint l'origine de controverses doctrinales que, tardivement, mais d'une manière définitive, trancha la loi du 8 avril 1898 (3). La jurisprudence a, d'autre part, proclamé le maintien des concessions que les seigneurs avaient consenties antérieurement à 1790 (4). Si donc il s'agit de cours d'eau devenus navigables depuis 1566, mais avant 1790, les usines existant en vertu de concessions sur lesdits cours d'eau avant leur mise en état de navigabilité, doivent être considérées comme fondées en titre. Au contraire, les usines établies sur les mêmes cours d'eau depuis la mise en état de navigabilité ont été créées sur des rivières dont la nature juridique s'opposait à la constitution de tout droit privé; elles ne peuvent prétendre au bénéfice de l'existence légale. La situation est la même si la mise en état de navigabilité est postérieure à 1790 (5); l'usine antérieure à cette mise en état doit être réputée fondée en titre, qu'elle ait été établie à la suite d'une concession seigneuriale ou en vertu des droits dont les riverains des cours d'eau non navigables ni flottables ont été investis après l'abolition du régime féodal.

40. Il y a néanmoins intérêt à savoir si l'usine existait avant 1790, quelle qu'ait été la date de la mise en état de navigabilité du cours d'eau. Presqu'en même temps qu'étaient abolis les droits féodaux, la Constituante procla-

---

(1) Concl. comm. gouv. sous. C. d'Ét. cont. 27 juillet 1859, Leb., p. 526. *Sic.* C. d'Ét. cont. 16 décembre 1858, Leb., p. 736; 24 juillet 1862, Leb., p. 609; 13 juillet 1866, Leb., p. 830 (l'acte de vente paraît seulement « d'un moulin à quatre tournants »).

(2) C. d'Ét. cont. 8 mai 1869, Leb., p. 432. V. aussi C. d'Ét. cont. 3 août 1865, Leb., p. 738.

(3) C. d'Ét. cont. 27 février 1891, Leb., p. 166. Dans le sens de l'ancienne doctrine, C. d'Ét. cont. 16 novembre 1850, Leb., p. 824; 11 mars 1861, Leb., p. 172 (le conseil de préfecture avait jugé à tort que, vendu après l'anéantissement des droits féodaux, le moulin n'avait, au moment de la vente, qu'une force motrice précaire).

(4) C. d'Ét. cont. 8 août 1894, Leb., p. 573; V. aussi C. d'Ét. cont. 22 novembre 1889, Leb., p. 1065.

(5) C. d'Ét. cont. 19 janvier 1854, Leb., p. 39; 5 mai 1876, Leb., p. 411.

(6) C. d'Ét. cont. 6 janvier 1853, Leb., p. 57.

---

(1) C. d'Ét. cont. 22 novembre 1896, Leb., p. 789: *Nec obstat* C. d'Ét. cont. 30 juillet 1862, Leb., p. 608 (la clause de non-responsabilité était invoquée, non par l'État vendeur, mais par une Cie de chemins de fer).

(2) V. *supra* n° 29.

(3) Dans le système actuel, rappelons-le, le lit des cours d'eau non navigables ni flottables appartient aux riverains; mais l'eau courante qui coule sur ce lit est une chose commune sur laquelle les propriétaires des fonds bordés ou traversés n'ont qu'un droit d'usage réglé par l'article 644, C. Civ.

(4) Grenoble, 7 août 1901. D. P. 1902.2.225; Grenoble 28 janvier 1903 et Cass. 15 novembre 1904. D. P. 1907.1.346.

(5) C. d'Ét. cont. 15 juin 1883, Leb., p. 570.

mait les pouvoirs de l'Administration en matière de police des eaux; ce fut l'œuvre de la loi du 20 août 1790. Il en résulte que si toutes les usines des cours d'eau non navigables peuvent, comme nous le verrons, faire l'objet de dispositions réglementaires, seules les usines établies depuis le 20 août 1790 devront se soumettre sans indemnité aux prescriptions administratives. Les usines antérieures à cette date ont été saisies par la nouvelle législation dans la situation où elles se trouvaient, situation à laquelle il ne peut être porté atteinte sans dédommagement sauf certains cas particuliers.

C'est, nous le voyons, une modalité particulière qui peut affecter l'existence légale.

41. Conformément aux principes généraux ci-dessus rappelés, le fait que l'usine a été l'objet d'une vente nationale suffit à faire considérer cet établissement comme fondé en titre et contre la situation ainsi créée le classement ou la mise en état de navigabilité du cours d'eau, ultérieurement prononcés ou réalisés, ne sauraient prévaloir.

42. Y a-t-il lieu de distinguer le cas où la mise en état de navigabilité aura été la conséquence de travaux entrepris par l'Administration de celui où elle se sera réalisée par la transformation naturelle du débit du cours d'eau? Il nous semble que l'Administration qui, avec raison, se refuse à faire dépendre la domanialité publique des cours d'eau du fait, absolument contingent, de la fréquentation effective et qui, par suite, répudie nettement la thèse d'un déclassement virtuel, se trouve amenée par la logique à refuser d'admettre que le fait matériel de l'augmentation du volume d'eau puisse, sans acte officiel de classement, changer la situation juridique du cours d'eau.

43. Nous ne reviendrons pas sur ce qui a été dit plus haut (1) relativement aux usines ayant fait l'objet de contrats d'engagement ou d'échange ainsi qu'à celles qui, se trouvant dans la dotation d'établissements ecclésiastiques, avaient été aliénées avant la mainmise révolutionnaire sur les biens du clergé (2). Nous ajouterons, comme hypothèse tout à fait particulière, le cas des usines qui auraient fait l'objet, en vertu d'une loi, d'une concession perpétuelle (3).

ARTICLE 4. — *Régime commun des usines fondées en titre.*

44. Les usines fondées en titre constituent de véritables propriétés privées, non seulement pour les bâtiments et constructions, mais aussi pour la force hydraulique qui, à elle seule, constitue une propriété distincte, susceptible, par exemple, de donner droit à une indemnité spéciale en cas d'expropriation (4). L'administration des Finances

est donc parfaitement fondée à imposer séparément la puissance hydraulique et les bâtiments et immeubles qui servent à la mise en valeur.

45. L'existence légale n'affranchit pas l'usinier de l'observation des règles de police (1) et celui-ci, d'une façon générale, reste, comme tout citoyen, tenu de se soumettre aux mesures réglementaires, fussent-elles préventives, que l'autorité croit devoir prescrire dans l'intérêt général. L'usine fondée en titre est donc, comme les autres, sujette à réglementation (2), ce qui implique, pour l'Administration, le droit de reviser les réglementations antérieures; mais la réglementation ne peut faire échec aux droits que l'usinier tient de son titre légal (3); s'il en était ainsi, l'acte perdrait son caractère purement réglementaire et précisément dans tous les cas où un recours en indemnité serait reconnu à l'intéressé devant la juridiction compétente (4), le recours pour excès de pouvoir ne serait pas admissible (5). Ce recours n'est point ouvert non plus aux tiers qui se prétendent lésés, puisque la réglementation s'effectue sous réserve des droits de ces derniers et qu'ils ont pour eux l'action devant les tribunaux (6).

§ 2. — *Usines non fondées en titre.*

46. La situation des usines non fondées en titre est radicalement différente de celle des usines précédemment étudiées. Ici l'État, par un acte régalien, accorde à l'usinier, à titre tout bénévole, quoique non gratuit, l'usage de la force hydraulique sollicitée. Il n'y a pas, néanmoins (7), comme on le croit souvent, un ensemble synallagmatique de droits et d'obligations, un contrat de droit commun passé dans la forme administrative; il n'est, en effet, dressé ni bail ni cahier de charges. Les conditions de l'autorisation sont formulées dans un acte de caractère purement réglementaire et c'est seulement des dispositions de cet acte que peut se prévaloir le titu-

---

(1) V. *supra* n° 28 et suiv.
(2) V. C. d'Ét. cont. 22 juin 1883, Leb. p. 570 (la navigabilité était discutée).
(3) C. d'Ét. cont. 23 novembre 1900, Leb., p. 655 d'État, ayant concédé à perpétuité au concessionnaire d'un canal la force motrice produite par une écluse, a perdu le droit, après déclassement du canal, de remplacer l'écluse par un batardeau supprimant la chute).
(4) Nous devons cependant noter un arrêt du Conseil d'État du

19 février 1904 (Leb., p. 141) qui a refusé de considérer comme une dépossession la diminution de force motrice d'une usine. Mais il y a là surtout une question de compétence; le principe de l'existence de deux biens distincts n'en est pas moins parfaitement reconnu et même expressément consacré. V. aussi en sens contraire à notre opinion, C. d'Ét. cont. 27 août 1857, Leb., p. 696 (ici cependant la question de compétence prédominait et elle paraît avoir été tranchée par une référence contestable à un arrêt intervenu à l'égard d'une usine non en titre. V. dans notre sens les conclusions de M. de Forcade, commissaire du gouvernement).
(1) C. d'Ét. cont. 8 août 1884, Leb., p. 731; 6 mai 1904, Leb., p. 377 (obligation d'enlever les ruines d'un barrage fondé en titre qu'une crue de la rivière avait détruit).
(2) C. d'Ét. cont. 23 mars 1870, Leb., p. 328 (cours d'eau non navigable); 3 juin et 16 décembre 1881, Leb., p. 596 et 983; 20 novembre 1891, Leb., p. 681.
(3) C. d'Ét. cont. 3 août 1865, Leb., p. 738; 20 janvier 1882, Leb., p. 61.
(4) Le conseil de préfecture, dans tous les cas où il s'agirait de dommages causés par des travaux publics, ce qui sera le *plerumque fit.*
(5) C. d'Ét. cont. 20 janvier 1882, Leb., p. 61; 6 décembre 1866, Leb., p. 1104; 3 août 1865, Leb., p. 738; 4 mai 1883, Leb., p. 437; 8 août 1884, Leb., p. 731. V. aussi, C. d'Ét. cont. 3 août 1865, Leb., p. 732.
(6) C. d'Ét. cont. 13 février 1880, p. 180 (cours d'eau non navigable).
(7) Bien entendu, nous nous plaçons en présence de la législation actuelle.

laire de la concession (1), lequel ne serait pas fondé à invoquer, outre et contre le texte de l'autorisation, les règles générales du droit commun. Toutefois, si elle jouit d'un pouvoir discrétionnaire dans l'octroi de la concession ainsi que dans l'élaboration de l'acte de permission, l'administration reste, dans la rédaction comme dans l'application des clauses, placée sous la menace du recours pour excès ou pour détournement de pouvoir, si elle se laisse guider par des considérations étrangères à l'intérêt général.

L'autorisation est censée ne viser que l'usage de la force motrice et n'implique pas nécessairement constitution d'un droit sur les parties de la rivière sur lesquelles les ouvrages de l'usinier sont établis (2).

47. Ce que l'Administration doit avoir en vue, c'est exclusivement la sauvegarde des intérêts généraux qui s'attachent au maintien du régime des eaux. Cet intérêt s'apprécie d'après l'importance de l'objet envisagé plutôt que d'après le nombre des personnes visées. Ainsi, en prescrivant des mesures pour assurer l'écoulement des eaux, l'Administration s'inspire des intérêts généraux, alors même qu'un nombre très restreint de propriétés se trouvaient menacées par les entreprises de l'usinier (3). Un vaste domaine, appartenant aujourd'hui à un maître unique, peut, en effet, demain se trouver morcelé; d'autre part, la régularité du débit d'un cours d'eau intéresse les habitants de la région d'aval dans une zone parfois assez étendue.

48. Très justement aussi, on a fait remarquer que les intérêts collectifs d'une agglomération peuvent légitimer des mesures réglementaires; indépendamment du maintien des lavoirs et abreuvoirs nécessaires pour la vie rurale, il faut toujours tenir compte du caractère indispensable de l'eau en cas d'incendie (4).

49. Les exemples abondent de décisions du Conseil d'État qui ont proclamé la légitimité de mesures imposées aux usiniers dans l'intérêt général : réglementation de la hauteur d'un barrage (5), des dimensions des ouvrages régulateurs de la retenue (6), de la manœuvre des vannes de décharge (7), du cube d'eau à laisser dans la rivière (8);

obligation de curage (1); rectification des rives (2). Le pouvoir de l'Administration s'étend même aux dépendances de l'usine situées en dehors du lit, mais dont l'existence intéresse l'écoulement des eaux (3). A ce titre, il n'y a rien d'excessif dans l'obligation imposée à l'usinier de rescinder une pointe de sa propriété qui fait saillie sur le chenal (4).

50. Très légitimes quand elles visent l'intérêt général, les diverses prescriptions de l'autorité administrative dont nous venons de circonscrire la portée deviennent entachées d'excès de pouvoir quand elles sont édictées dans l'intérêt de particuliers; tel serait le cas où la hauteur d'un barrage existant serait modifiée pour la plus grande commodité d'un usinier d'amont (5). Remarquons, toutefois, qu'il n'y aurait pas mesure abusive s'il s'agissait de dispositions indiquées à un demandeur comme condition de la concession nouvelle qu'il sollicite. L'Administration doit naturellement avoir le souci de sauvegarder les droits qu'elle a elle-même concédés et les sujétions qu'elle impose aux nouveaux concessionnaires pour assurer le respect des usines préexistantes ne sont entachées d'aucun excès de pouvoir; a fortiori, en est-il ainsi s'il s'agit de ménager la situation d'usines fondées en titre (6).

51. Ce serait cependant aller trop loin que d'exiger en pareil cas l'adhésion formelle des autres usiniers. L'Administration doit s'inspirer des intérêts généraux; c'est ce qu'elle ne ferait pas si elle subordonnait sa ligne de conduite à l'acquiescement de particuliers (7). La réserve des droits des tiers sauvegarde d'ailleurs tous les intérêts légitimes.

52. Seraient également abusives les obligations imposées à l'usinier pour assurer, non pas l'écoulement des eaux, mais l'assainissement de toute une région marécageuse (8).

53. C'est, on le voit, la préoccupation d'assurer le libre cours des eaux, et, par ainsi, d'éviter les inondations, qui guide l'Administration dans la majeure partie des cas. Ce serait, cependant, trop restreindre son pouvoir réglementaire, que de le supposer limité strictement à cette hypothèse. Non seulement le maintien de la navigabilité ou de la flottabilité du cours d'eau rentre également, et d'une manière indiscutable, parmi les objets sur lesquels doit s'exercer la sollicitude des pouvoirs publics; mais la loi du 16 septembre 1807, dans son article 48, légitime ex-

---

(1) La terminologie actuelle est mal assurée; les mots : concession, permission, autorisation sont fréquemment pris l'un pour l'autre. L'expression de concession est même celle qui prédomine, bien que la situation soit très différente, dans le régime actuel, du contrat défini par le terme générique de concession. Dans le régime qu'instituerait la loi nouvelle, les termes autorisation et concession prendront des valeurs absolument distinctes.
(2) Besançon, 14 mars 1888. D. P. 90.2.29.
(3) C. d'Ét. cont. 19 février et 16 avril 1886, Leb., p. 152 et 355. Nec obstat. C. d'Ét. cont. 1er décembre 1893, Leb., p. 798 (question de fait).
(4) C. d'Ét. cont. 8 mars 1907, Leb., p. 240.
(5) C. d'Ét. cont. 20 novembre 1891, Leb., p. 681; 7 mars 1902, Leb., p. 177 (cours d'eau non navigable). V. aussi C. d'Ét. cont. 1er décembre 1876, Leb., p. 822 (les droits de l'usinier étaient d'ailleurs expressément réservés).
(6) C. d'Ét. cont. 20 mars et 24 avril 1862, Leb., p. 225 et 323; 12 mars 1875, Leb., p. 247; 28 juin 1895, Leb., p. 539; 8 août 1892, Leb., p. 706; 7 août 1900, Leb., p. 555.
(7) C. d'Ét. cont. 28 juin 1895, Leb., p. 539; 27 mars 1896, Leb., p. 295 (cours d'eau non navigable).
(8) C. d'Ét. cont. 5 août 1901, Leb., p. 757. V. aussi C. d'Ét. cont. 13 juillet 1883, Leb., p. 655 (fixation d'un niveau).

(1) C. d'Ét. cont. 12 mars 1875, Leb., p. 247 (cours d'eau non navigable).
(2) C. d'Ét. cont. 1er mai 1862, Leb., p. 368.
(3) C. d'Ét. cont. 29 juin 1894, Leb., p. 451 (constructions dans une île).
(4) C. d'Ét. cont. 8 mai 1861, Leb., p. 347.
(5) V. C. d'Ét. cont. 26 février 1863, Leb., p. 164; 4 décembre 1874, Leb., p. 957 (cours d'eau non navigable).
(6) V. Req. 17 janvier 1887. D. P. 87.1.467 (usinier déclaré non fondé à se prévaloir de sa situation pour s'opposer à ce qu'un autre riverain reçoive l'autorisation d'établir, sur le même canal dépendant du domaine public, une usine similaire). V. même au sujet de l'utilisation par un autre permissionnaire des ouvrages d'un permissionnaire primitif, l'article 23 du règlement type. V. infra n° 134.
(7) C. d'Ét. cont. 13 mars 1872, Leb., p. 158.
(8) C. d'Ét. cont. 24 février 1865, Leb., p. 437 (cours d'eau non navigable).

pressément la réglementation administrative dans divers autres cas : desséchement, construction de ponts (1), par exemple. Le modèle annexé à la circulaire du 16 mars 1908 et qui sert à la préparation des règlements d'usine prévoit le cas où le permissionnaire sera privé de tout ou partie des bénéfices de l'autorisation « dans l'intérêt de la navigation, de l'agriculture, du commerce, de l'industrie ou de la salubrité publique. » Ce n'est donc pas formuler une opinion téméraire que de considérer le pouvoir réglementaire de l'Administration comme susceptible d'être exercé dans tous les cas où le fonctionnement de l'usine risquerait de mettre en péril l'une quelconque des qualités utiles du cours d'eau, envisagé comme bien domanial affecté à l'usage de tous (2).

54. L'utilité des mesures que l'Administration édicte dans l'intérêt général ne peut, d'ailleurs, être discutée par la voie contentieuse (3); il restera seulement aux usiniers la faculté de démontrer que ce n'est point dans l'intérêt général que les mesures ont été prescrites, mais bien en vue de sauvegarder certains intérêts particuliers, fussent ceux du fisc.

55. Notons à ce sujet que les actes de détail de l'autorité administrative prescrivant aux usiniers certaines mesures doivent être examinés au point de vue de leur caractère propre et de la légalité des obligations qu'ils édictent; il n'y a point à faire état de la régularité, contestée ou non, des actes généraux de réglementation de l'usine. Ainsi le Conseil d'État a déclaré légitimes les sujétions imposées à un usinier par le préfet pour assurer l'écoulement des eaux, alors même qu'une irrégularité de forme (la non-notification de l'intéressé) était invoquée à l'encontre de l'arrêté de réglementation générale de l'usine (4).

56. L'autorité administrative peut bien, en prescrivant d'une manière préventive diverses dispositions qui ont en vue l'intérêt général, éviter en même temps le froissement de certains intérêts particuliers. Mais elle ne saurait aller plus loin et il y aurait détournement de pouvoir à réglementer l'usine pour mettre fin à des débats d'ordre privé (5); a fortiori en serait-il ainsi si les dis-

positions édictées tendaient à rendre non recevable une réclamation formée par l'usinier lui-même contre un tiers (1).

57. Il y aurait également détournement de pouvoir à imposer à l'usinier certaines charges en vue de réaliser, au profit d'autres particuliers, certains avantages qu'il appartiendrait à ceux-ci de se procurer à leurs frais (2). C'est ce qui a été décidé notamment dans un cas où il était avéré que les organes régulateurs assuraient parfaitement l'écoulement des eaux et où les mesures prescrites n'avaient pour but et pour effet que de suppléer aux travaux d'élargissement et de redressement du cours d'eau (3) ou de ses abords (4), travaux qui eussent dû incomber aux riverains.

Jugé de même dans le cas où les mesures prescrites avaient pour but exclusif de permettre l'irrigation de certaines parcelles (5) ou d'assainir en les desséchant des terrains dont l'état marécageux n'était nullement dû à l'existence de l'usine (6).

58. Il semble aussi que l'Administration ne pourrait pas sans excéder ses pouvoirs imposer à l'usinier l'exécution de travaux à faire sur des terrains qui ne lui appartiennent pas (7).

59. Du moment où la réglementation est faite dans l'intérêt général, elle est légitime, alors même qu'elle imposerait à l'usinier diverses sujétions dont il prétendrait être affranchi dans une certaine mesure par des conventions particulières (8). Toutefois, il n'y aurait pas possibilité d'invoquer l'intérêt général si les mesures prescrites ne s'appliquaient qu'aux situations précisément réglées par les conventions (9); autrement l'Administration semblerait n'exercer son action que pour préjudicier à des droits privatifs résultant de contrats de droit commun, ce qui, nous l'avons vu (10), constitue un détournement de pouvoir. Il semble d'ailleurs qu'en pareil cas, l'usinier, après avoir fait consacrer s'il y a lieu ses droits par l'autorité judiciaire, serait fondé à revenir devant l'Administration pour se faire exonérer des charges qui lui avaient été indûment imposées (11).

60. Lorsque des contestations viennent à s'élever

(1) V. cep. C. d'Ét. cont. 15 avril 1857, Leb., p. 261 (le pont imposé ne présentait aucun intérêt public). C. d'Ét. cont. 5 juillet 1878 Leb., p. 640 (le détournement de pouvoir a été reconnu dans un cas où les mesures réglementaire étaient prescrites pour assurer l'exercice d'une servitude de passage, prétendue par une commune sur la passerelle de l'usine).

(2) V. d'ailleurs infra n° 135 sur l'art. 25 du modèle de règlement. V. en outre des arrêts précités, C. d'Ét. cont. 14 janvier 1841, Leb., p. 3; 26 novembre 1841, Leb., p. 512; 17 décembre 1847, Leb., p. 689; 9 février 1854. Leb., p. 94; 3 juin 1867, Leb., p. 544; 8 décembre 1876, Leb., p. 867. Nec obstat C. d'Ét. cont. 20 mai 1881, Leb., p. 532 (il s'agissait, non de mesures réglementaires restrictives, mais de dommages résultant de l'exécution de travaux dont le caractère d'utilité générale était précisément contesté); C. d'Ét. cont. 13 août 1869, Leb., p. 938 (les mesures ordonnées avaient pour but de faciliter à la ville l'exploitation d'un réseau d'égouts).

(3) C. d'Ét. cont. 8 août 1892, Leb., p. 706. V. aussi C. d'Ét. cont. 24 décembre 1880, Leb., p. 1064 (cours d'eau non navigable); 3 juin 1881, Leb., p. 596.

(4) C. d'Ét. cont. 28 juin 1895, Leb., p. 539.

(5) C. d'Ét. cont. 24 novembre 1859, Leb., p. 671; 19 juillet 1860, Leb., p. 558; 24 mai 1860, Leb., p. 619; 21 mai 1867, Leb., p. 50; 29 juin 1877, Leb., p. 641; 29 novembre 1895, Leb., p. 703;

8 mars 1907, Leb., p. 239 (surtout quand il s'agit d'intérêts éventuels, C. d'Ét. cont. 17 juillet 1891, Leb., p. 560). V. aussi C. d'Ét. cont. 1er décembre 1893, Leb., p. 793.

(1) C. d'Ét. cont. 10 novembre 1905, Leb., p. 808 (cours d'eau non navigable).

(2) V. au sujet du caractère des mesures prescrites dans l'intérêt de la circulation du public, infra n° 119.

(3) C. d'Ét. cont. 18 août 1856, Leb., p. 535 (il s'agissait d'élargir une promenade publique bordant la rivière).

(4) C. d'Ét. cont. 7 août 1903, Leb., p. 634. Dans le même sens, C. d'Ét. cont. 5 juillet 1878, Leb., p. 640. V. aussi C. d'Ét. cont. 16 août 1862, Leb., p. 658 (l'élargissement profitait à l'usinier).

(5) C. d'Ét. cont. 18 janv. 1878, Leb., p. 62.

(6) C. d'Ét. cont. 24 février 1865, Leb., p. 237.

(7) C. d'Ét. cont. 10 mai 1865, Leb., p. 544 (sol. impl. a contrario). V. aussi C. d'Ét. cont. 27 décembre 1865, Leb., p. 1023.

(8) C. d'Ét. cont. 2 février 1900, Leb., p. 87 (l'usinier prétendait avoir acquis sur certains terrains une servitude de submersion qui, disait-il, rendait inutiles plusieurs des dispositions édictées).

(9) C. d'Ét. cont. 5 juillet 1900, Leb., p. 466.

(10) V. supra, n° 56.

(11) C. d'Ét. cont. 14 août 1871, Leb., p. 124.

entre particuliers sur la question de savoir si les prescriptions des actes règlementaires ont bien été observées et si l'Administration n'a du reste aucune raison d'intervenir, l'affaire reste de la compétence judiciaire (1). En vain prétendrait-on que les mesures ayant été prescrites par l'autorité administrative, il ne saurait appartenir aux tribunaux ordinaires d'en connaître. Il est facile de répondre que les actes administratifs n'ont pu préjudicier aux droits des tiers et que c'est à l'autorité judiciaire d'apprécier ces droits qui ont d'ailleurs été absolument réservés (2).

61. C'est d'autre part à l'Administration supérieure seule qu'il appartient d'assurer l'observation des règlements pris par elle et l'annonce des mesures qu'elle entend prendre à cet effet ne saurait constituer un excès de pouvoir (3). D'autre part, aucun recours contentieux ne serait possible contre son refus de faire usage des pouvoirs qui lui ont été attribués par un texte réglementaire (4). Rien n'empêcherait, il est vrai, le réclamant de poursuivre, s'il y avait lieu, devant les tribunaux, la répression des infractions aux dispositions de l'acte réglementaire et la réparation du dommage qui résulterait pour lui de ces infractions.

62. Si l'usinier est en droit de réclamer contre toute réglementation qui, à ses dépens, servirait à donner satisfaction à des intérêts privés, il ne peut non plus exiger que, pour son unique avantage, l'Administration prenne ou prescrive des mesures générales. Il ne serait pas fondé, par exemple, à demander dans le seul intérêt de son usine qu'il soit procédé à un partage d'eaux (5). Pareillement, il y aurait excès de pouvoir dans la réglementation qui, au profit de l'usinier, mais aux dépens des riverains, réaliserait un élargissement du cours d'eau (6).

63. Le fondement juridique du pouvoir réglementaire étant supposé établi par les considérations qui précèdent, nous avons à étudier maintenant les conditions dans lesquelles le pouvoir s'exerce. Mais il est nécessaire d'indiquer au préalable, d'un mot, le caractère du droit accordé à l'usinier titulaire d'une permission. Précisément parce qu'il n'y a pas là un contrat passé *intuitu personæ*, la pratique administrative décide que les autorisations ont un caractère nettement réel. Nous nous garderons bien cependant de dire que le titulaire jouit d'un droit réel; car la nature domaniale du bien dont la jouissance lui est concédée résiste à l'institution de droits de cette nature.

64. Ce que l'on veut dire en proclamant le caractère réel de la concession de prise d'eau, c'est que cette concession est, en principe, transmissible sans que l'Admi-

nistration ait autre chose à faire que d'exiger du nouveau titulaire la stricte observation des clauses techniques et financières imposées à son prédécesseur.

Nous disons *en principe;* car le soin de se prémunir contre les accaparements et d'assurer un judicieux emploi des forces hydrauliques naturelles a conduit à imposer l'obligation, soit d'une autorisation préalable, soit d'un avis à donner à l'Administration en cas de cession ou de fusion de concessions, quand la puissance de l'usine existante ou de l'usine à créer excède cinq cents chevaux. Nous revenons plus loin sur ce sujet (1).

65. La jurisprudence a fait une sage application du caractère réel de la concession, en refusant d'admettre qu'un usinier qui avait vendu son moulin fût responsable, à l'occasion d'une infraction commise par son successeur aux clauses de l'acte d'autorisation (2).

66. La loi du 8 avril 1898 ne vise que les cours d'eau naturels et nombre de ses articles sont difficilement compatibles avec la situation que crée pour les canaux le caractère artificiel de ces voies (3). Mais lorsqu'il s'agit d'actes purement réglementaires et que l'Administration n'entend se prévaloir d'aucune disposition portant atteinte à la propriété privée, rien n'empêche de chercher à établir une souhaitable uniformité entre les règles administratives applicables aux diverses voies navigables placées sous la main de l'État. L'extension aux prises d'eau sur les canaux de la loi du 8 avril 1898 et des règlements qu'elle a prévus ne soulève donc aucune objection doctrinale et dans la pratique elle a été admise et même préconisée par le Conseil d'État.

67. La précarité qui affecte la concession est-elle opposable à l'usinier par des personnalités autres que celle de qui émane la concession ? La négative doit être admise en vertu du principe général formulé à l'article *Domaine* (4) et dont nous signalerons plus en détail l'application à la matière en traitant des dommages causés aux usines hydrauliques (5). Il nous paraîtrait toutefois difficile de reconnaître à l'usinier contre les tiers le bénéfice de l'action possessoire. La possession invoquée porterait en effet sur un objet — la masse des eaux courantes — précisément insusceptible de possession. Ce dont jouit l'usinier, c'est des qualités utiles de l'eau, de la force motrice virtuellement contenue dans la rivière et le caractère sinon métaphysique du moins à peu près insaisissable de ces choses répugne à l'idée de possession.

68. Par contre, l'État ne garantit en aucune façon la jouissance paisible de l'usinier; il s'astreint équitablement à ne pas le troubler, sauf au cas où elle deviendrait inconciliable avec l'intérêt public. Mais il laisse le concessionnaire aux prises avec les tiers dont tous les droits demeurent réservés et à l'encontre desquels l'action

---

(1) C. d'Ét. cont. 26 juin 1896, Leb., p. 513 (cours d'eau non navigable, incompétence constatée du conseil de préfecture).
(2) C. d'Ét. cont. 26 décembre 1874, Leb., p. 1036. V. *infra.*
(3) V. C. d'Ét. cont. 14 décembre 1900, Leb., p. 456.
(4) C. d'Ét. cont, 8 décembre 1864, Leb., p. 955.
(5) C. d'Ét. cont. 19 février 1863, Leb., p. 173; 19 mai 1864, Leb., p. 451.
(6) C. d'Ét. cont. 16 août 1862, Leb., p. 656.

(1) V. *infra* n° 127.
(2) V. les conclusions de M. le commissaire du gouvernement Marguerie sous C. d'Ét. cont. 11 février 1887, Leb., p. 149.
(3) Particulièrement en ce qui a trait à la servitude de halage et aux opérations de délimitation.
(4) V. *supra*, v° DOMAINE.
(5) V. *infra*, n° 276.

administrative ne pourrait être réclamée, autrement que pour l'observation des règles de police.

SECTION II.

RÉGLEMENTATION DES USINES.

§ 1. — Formes de l'instruction.

69. L'article 12 de la loi du 8 avril 1898 habilite les préfets à statuer après enquête sur les demandes ayant pour objet :

1° L'établissement d'ouvrages intéressant le régime ou le mode d'écoulement des eaux;

2° La régularisation de l'existence des usines et ouvrages établis sans permission et n'ayant pas de titre égal;

3° La révocation ou la modification des permissions précédemment accordées.

L'article ajoute que la forme de l'instruction qui doit précéder les arrêtés des préfets est déterminée par un règlement d'administration publique. Ce règlement est intervenu à la date du 1er août 1905 (1).

70. Entrons maintenant dans le détail de la procédure et remarquons dès le début que le texte même de la loi établit similitude de situation entre la concession d'usines nouvelles et la réglementation d'usines existantes. Nous serons donc le plus souvent amenés à ne pas séparer les deux hypothèses.

S'il s'agit d'une première autorisation, la demande, laquelle doit être rédigée sur papier timbré et adressée au préfet (2), doit énoncer d'une manière distincte :

1° Les noms du cours d'eau et de la commune sur lesquels les ouvrages doivent être établis, les noms des établissements hydrauliques placés immédiatement en amont et en aval;

2° L'usage auquel l'entreprise est destinée;

3° Les changements présumés que l'exécution des travaux doit apporter au niveau et au régime des eaux, soit en amont, soit en aval;

4° La durée probable des travaux.

71. Le pétitionnaire doit, en outre, justifier qu'il a la libre disposition du sol sur lequel les ouvrages doivent être exécutés et notamment celle des rives dans le cas où un barrage doit être établi (3).

72. S'il s'agit de modifier ou de régulariser un établissement préexistant, le propriétaire doit fournir, autant que possible, outre les renseignements ci-dessus mentionnés,

une copie des titres en vertu desquels cet établissement existe (1).

73. Le préfet transmet la demande à l'ingénieur en chef compétent (2).

L'ingénieur en chef transmet la demande à l'ingénieur ordinaire qui procède à la visite des lieux (3).

74. L'ingénieur ordinaire donne avis de son intention de procéder à la visite des lieux aux maires des communes intéressées, au pétitionnaire, aux présidents des syndicats, aux mariniers les plus expérimentés et, d'une façon générale, à toutes les personnes dont la présence et les avis peuvent être utiles.

L'annonce de la visite de l'ingénieur est, par les soins du maire, publiée à son de trompe ou de caisse et affichée au lieu ordinaire d'affichage des actes administratifs. Ces formalités doivent être remplies au moins huit jours avant la date fixée pour la visite de l'Ingénieur. L'accomplissement en est certifié par les maires des communes où elles ont été prescrites (4).

75. L'ingénieur ordinaire procède à la visite des lieux en présence des maires ou de leurs représentants et des intéressés ou de leur mandataire.

Il dresse, séance tenante, un procès-verbal renfermant toutes les observations nécessaires. Il y ajoute les observations qui auront été produites, notamment les conventions amiables qui auraient pu intervenir entre les intéressés.

Lecture de ce procès-verbal est donnée aux personnes présentes qui sont invitées à le signer et à y insérer sommairement leurs observations, si elles le jugent convenable (5).

76. L'ingénieur ordinaire rédige à la suite de la visite des lieux un rapport contenant ses observations et propositions.

S'il conclut à l'autorisation, il joint à son rapport un projet de règlement, un plan et des nivellements. Il adresse toutes les pièces de l'instruction à l'ingénieur en chef.

Celui-ci les transmet, avec son avis, au préfet (6).

77. Dès la réception des pièces de l'instruction, le préfet ordonne l'ouverture d'une enquête. L'arrêté qu'il prend à cet effet prescrit le dépôt, à la mairie de la commune où les travaux doivent être exécutés, du dossier comprenant la demande, le projet de règlement, le plan et les nivellements qui l'accompagnent. Un registre destiné à recevoir les observations des intéressés est ouvert à la mairie de cette commune.

Si l'entreprise paraît de nature à étendre son effet en dehors du territoire de la commune, l'arrêté désigne les autres communes dans lesquelles l'enquête doit être ou-

---

(1) Le ministère des Travaux publics, en prévision de la transformation prochaine de la législation sur les usines hydrauliques, n'a pas cru devoir accompagner d'instructions spéciales l'envoi du décret du 1er août 1905. On peut, en attendant la circulaire générale, qui suivra vraisemblablement le vote de la nouvelle loi, se référer à l'ancienne circulaire du 23 octobre 1851 dont plusieurs dispositions ont d'ailleurs pris place dans le décret du 1er août 1905.

(2) D. 1er août 1905, art. 1er.

(3) Ibid., art. 2.

(1) D. 1er août 1905, art. 3.

(2) Le préfet — et en cas de désaccord, le ministre — désigne le service qui instruira l'affaire, si plusieurs services se trouvent intéressés.

(3) D. 1er août 1905, art. 4.

(4) Ibid., art. 5.

(5) Ibid., art. 6.

(6) Ibid., art. 7.

verte, et aux mairies desquelles il sera déposé un dossier sommaire avec registre spécial.

Si ces communes appartiennent à plusieurs départements, les préfets se concertent pour ordonner l'ouverture et la publication de l'enquête dans leurs départements respectifs (1).

78. L'arrêté préfectoral fixe le jour de l'ouverture de l'enquête qui doit avoir une durée de quinze jours.

Il est, par les soins des maires, affiché au lieu ordinaire d'affichage des actes administratifs et publié à son de trompe ou de caisse huit jours au moins avant la date d'ouverture de l'enquête.

L'accomplissement de ces formalités est certifié par les maires des communes où elles ont été prescrites (2).

79. A l'expiration du délai de quinze jours, les maires des communes où des registres ont été ouverts closent et arrêtent ces registres.

Ils les transmettent, avec leur avis motivé, au préfet qui consulte les Ingénieurs sur les résultats de l'enquête.

Si l'enquête a porté sur plusieurs départements, les résultats en sont centralisés par le préfet du département où se trouve le siège principal de l'établissement. Ils sont accompagnés de l'avis des ingénieurs et des préfets des autres départements intéressés (3).

80. Si, d'après les résultats de l'enquête, les ingénieurs apportent à leurs premières propositions quelques changements de nature à provoquer de nouvelles oppositions, il est procédé à une nouvelle enquête de quinze jours (4).

81. L'enquête constitue une formalité indispensable et, faute d'y procéder, on s'exposerait à vicier toute l'instruction de l'affaire (5). Elle est également nécessaire quand il s'agit de réglementer à nouveau une usine déjà existante ou d'en prononcer la suppression. Mais le détail des formes n'a rien de sacramentel du moment où les garanties de durée et de publicité sont assurées (6).

82. Une nouvelle enquête n'est pas nécessaire quand il s'agit seulement de mesures prescrites pour assurer l'exécution d'un acte réglementaire intervenu régulièrement après enquête (7).

83. Si d'autres services publics sont intéressés à l'établissement, à la modification ou à la suppression de l'ouvrage, les chefs de ces services sont consultés (8).

84. L'instruction des demandes en concession ou en réglementation d'usines hydrauliques ne comporte de conférences mixtes avec l'autorité militaire que si la prise d'eau nécessaire au fonctionnement de l'usine peut exercer une influence sur le régime des inondations défensives d'une place de guerre (1). Toutefois les ouvrages, tels que les ponts et les barrages, qui paraissent devoir rentrer, par leur nature même, dans la catégorie des travaux soumis à instruction mixte, doivent aussi donner lieu à des conférences dès qu'on se trouve dans la zone frontière.

85. Lorsque l'usine est une scierie, il y a lieu de prendre l'avis du service forestier (2).

Quand il s'agit d'une usine située dans la zone douanière, la consultation des douanes est nécessaire (3). Toutefois, il ne pourrait être question d'imposer à cet égard à l'usinier des obligations contraires au principe de l'inviolabilité du domicile posé par l'article 184, Code pénal. Les diverses prescriptions à formuler doivent d'ailleurs figurer non dans le décret réglementant l'usine, mais dans un arrêté préfectoral à prendre par le préfet, avant l'émission de ce décret, par application du § 9 du tableau B du décret du 25 mars 1852 (4).

86. Enfin, quand l'établissement de l'usine comporte un bief formant étang et pouvant donner naissance à des exhalaisons nuisibles, l'avis des conseils municipaux des communes intéressées, ainsi que celui du conseil d'hygiène, doit être pris en vue de faire préciser les mesures utiles pour sauvegarder la salubrité publique (5).

87. Le préfet transmet ensuite le dossier avec ses propositions au ministre des travaux publics. Si l'affaire intéresse plusieurs départements, le ministre est saisi par le préfet du département où se trouve le siège principal de l'établissement (6).

Le projet de décret, préparé par les soins de l'Administration centrale des Travaux publics, est transmis au Conseil d'État. Les décrets de cette nature sont examinés en section et non en assemblée générale (7).

88. Sauf le cas — qui ne paraît guère réalisable dans la pratique — d'une usine alimentée par une prise d'eau effectuée au moyen d'une machine, les concessions et réglementations d'usines sont, en effet, prononcées par décret. Il s'ensuit que le préfet est, en règle générale, sans qualité pour autoriser, réglementer et supprimer (8) les établissements de cette nature (9). Toutefois, la réduc-

---

(1) D. 1er août 1905, art. 9.
La nécessité d'une enquête dans chacun des départements intéressés a été affirmée par la jurisprudence, C. d'Ét. cont. 3 août 1877, Leb., p. 592.
(2) *Ibid.*, art. 10.
(3) *Ibid.*, art. 11.
(4) *Ibid.*, art. 13. Sous l'empire de l'ancienne réglementation qui comportait deux enquêtes, la première enquête avait été reconnue valable, alors même qu'il s'était écoulé un délai assez long (cinq ans) et que des modifications, sans importance d'ailleurs, avaient été apportées au projet primitif. C. d'Ét. cont. 4 mai 1883, Leb., p. 437. V. aussi C. d'Ét. cont. 12 janvier 1860, Leb., p. 23.
(5) C. d'Ét. cont. 26 novembre 1863, Leb., p. 778; 14 août 1871, Leb., p. 98; 1er mars 1889, Leb., p. 280.
(6) C. d'Ét. cont. 14 août 1871, Leb., p. 98 (validité d'une enquête prescrite par le préfet, par suite de l'inaction du maire); 8 mai 1861, Leb., p. 347 (enquête régulière bien que l'usine, très explicitement définie, n'ait pas été exactement dénommée).
7) C. d'Ét. cont. 18 février 1876, Leb., p. 180.
8) D. 1er août 1905, art. 13.

(1) D. 16 août 1853, 8 septembre 1878 et 12 décembre 1884. D. 1er août 1905, art. 13.
(2) Circ. min. trav. publ. 23 octobre 1851. C. For., art. 155.
(3) Circ. min. trav. publ. 23 octobre 1851.
(4) C. d'Ét. trav. publ. 19 mai 1903 et 30 mai 1905.
(5) Circ. min. trav. publ. 23 octobre 1851 et 27 juillet 1852.
(6) D. 1er août 1905, art. 14 et 15.
(7) C. d'Ét. cont. 4 mai 1883, Leb., p. 437.
(8) C. d'Ét. cont. 25 juin 1868, Leb., p. 739; 6 juin 1872, Leb., p. 368; C. d'Ét. cont. 5 octobre 1859; Cf. C. d'Ét. cont. 3 août 1865, Leb., p. 733. V. aussi les observations du commissaire du gouvernement sous C. d'Ét. cont. 1er mars 1889, Leb., p. 280.
(9) Si le préfet avait statué, s'étant à tort reconnu compétent, rien ne s'opposerait à ce que l'autorisation accordée fût retirée par l'autorité supérieure pour des raisons d'intérêt général. C. d'Ét. cont. 15 avril 1857, Leb., p. 278 (l'autorisation était retirée par le ministre; c'était, il est vrai, avant la mise en vigueur des règles posées par les instructions de 1878 et de 1908). V. *infra* n°s 102 et suiv.

tion de la force motrice pourrait être la conséquence momentanée de travaux simplement autorisés par le préfet; mais si la diminution doit être opérée d'une manière définitive, un décret, précédé des formalités observées lors de la concession, sera nécessaire (1).

89. Le pouvoir réglementaire est, en pareille matière, tellement concentré entre les mains de l'Administration supérieure que lorsque le décret de concession prévoit que certaines autorisations accessoires seront accordées par le préfet, cette compétence du préfet est censée dériver du décret, par délégation, alors même qu'elle eût existé d'elle-même en vertu de textes réglementaires indépendants. Ainsi un préfet qui accorde une autorisation d'occupation temporaire dans des cas prévus par le décret de concession est réputé agir, non en vertu de l'arrêté interministériel du 3 août 1878 qui réglemente la question, mais par délégation expresse du décret (2).

90. *Quid* si la réduction est la conséquence d'une mesure de police légalement ordonnée par un arrêté préfectoral? Les termes généraux de l'article 25 du modèle de règlement semblent ici encore rendre indispensable l'émission d'un décret après accomplissement de toute la procédure préliminaire (3).

91. Que doit-on décider dans le cas où l'usine est mise en mouvement au moyen d'eaux, dérivées d'une rivière en amont du point où commence la domanialité publique, mais restituées en aval de ce point? Devra-t-il être procédé par décret ou par arrêté préfectoral quand il s'agit d'autoriser ou de réglementer une semblable usine? La question n'a pas encore été tranchée judiciairement; toutefois il convient de remarquer que la force concédée est le produit de deux éléments, le débit et la chute. On serait tenté de dire que le débit n'est pas ici fourni par l'État, puisque la prise d'eau est pratiquée sur un cours d'eau non domanial. Mais aux termes des dispositions combinées de l'article 42 de la loi du 8 avril 1898 et de l'article 644, Code civil, le riverain d'un cours d'eau non navigable est tenu de restituer, au point où il cesse d'être propriétaire des rives, l'eau dont il a fait usage. En n'exigeant pas cette restitution au point où commence la domanialité, l'État accorde une véritable concession portant sur le débit non restitué. D'autre part, en ce qui concerne la chute, il est manifeste que l'usinier bénéficie de la pente du cours de la rivière dans toute la partie domaniale de ce cours.

Il semble donc certain que les concessions de cette nature doivent être accordées par décret. Telle est, d'ailleurs, la doctrine admise d'un commun accord par les deux administrations des Travaux publics et de l'Agriculture de qui le cours d'eau relève dans ses deux états.

92. Un même acte peut régler plusieurs usines à la fois (4); c'est cependant une manière de faire qui peut présenter des inconvénients et les instructions ministé-

rielles (1) recommandent de procéder différemment toutes les fois qu'on le pourra, de manière à ce que chaque établissement soit pourvu d'un titre spécial.

93. L'instruction des demandes relatives à l'établissement d'usines hydrauliques est classée par le décret du 10 mai 1854 (modifié par celui du 8 mai 1908) (2), au nombre des objets pour lesquels les ingénieurs et agents sous leurs ordres ont droit à l'allocation de frais de voyage et de séjour à la charge des intéressés, sans honoraires ni vacations (3). Il en est de même de la réglementation des mêmes établissements lorsqu'ils existent sans être pourvus d'autorisations régulières, ainsi que du récolement des travaux prescrits par les règlements. La vérification, postérieurement au récolement, des points d'eau et ouvrages régulateurs des usines ne donne lieu au paiement de frais de voyage et de séjour (sans honoraires ni vacations) que lorsqu'elle est demandée par les intéressés. Quand elle est prescrite par l'Administration, elle ne donne lieu à aucune rémunération.

94. La réglementation est habituellement inspirée par la nécessité de contenir dans de justes limites l'action de l'usinier; aussi émane-t-elle presque toujours de l'Administration elle-même. Il se pourrait cependant que l'usinier eût intérêt à la provoquer. Il a été reconnu que l'Administration n'est point tenue d'obéir à cette mise en demeure et qu'elle reste maîtresse d'apprécier l'utilité de la mesure sollicitée (4).

95. Il se peut, en effet, que l'Administration ait, pour s'opposer à la réglementation, des raisons péremptoires. Ainsi, elle a justement refusé de réglementer une usine qui devait disparaître du fait de l'exécution de travaux prochains (5).

Par contre, le refus qu'elle avait opposé peut être levé par elle dès que ce revirement lui paraît justifié (6); les décisions administratives qui interviennent en pareil cas ne pourraient, en effet, acquérir l'autorité de la chose jugée comme des décisions contentieuses (7).

96. C'est un principe général que l'Administration ne peut être mise en cause quand elle refuse d'exercer ses attributions de police; une tierce personne ne pourrait donc exiger qu'il soit procédé à la réglementation d'une usine (8). Par contre, quand l'Administration assure l'exécution d'un règlement légalement et régulièrement pris, c'est dans l'intérêt général qu'elle est censée agir

---

(1) Circ. Min. trav. publ. 16 mars 1908; art. 25 du modèle de règlement et *infra* n° 135.
(2) Cf. C. d'Ét. trav. publ. Avis 11 juillet 1905.
(3) V. cependant, C. d'Ét. cont. 6 décembre 1869, Leb., p. 745.
(4) C. d'Ét. cont. 18 novembre 1881, Leb., p. 895 (cours d'eau non navigable).

(1) Circ. Min. trav. publ. 23 octobre 1851.
(2) Art. 1 et 2. V. aussi C. d'Ét. cont. 27 février 1874, Leb., p. 202.
(3) Il semble que le recouvrement de ces frais peut être poursuivi par voie de contrainte dans les conditions prévues par l'article 54 de la loi du 13 avril 1898.
(4) C. d'Ét. cont. 22 mars 1866, Leb., p. 274 (l'usinier prétendait que le défaut de réglementation le mettait dans l'impossibilité de conserver son usine); 15 mai 1869, Leb., p. 478; 22 novembre 1878, Leb., p. 915; 31 mars 1882, Leb., p. 307 (cours d'eau non navigables).
(5) C. d'Ét. cont. 22 novembre 1878, Leb., p. 915 (les droits de l'usinier à une indemnité restaient réservés pour le cas où celui-ci établirait l'existence légale de son moulin, laquelle était contestée par l'Administration).
(6) C. d'Ét. cont. 13 juin 1868, Leb., p. 686.
(7) C. d'Ét. cont. 26 juillet 1855, Leb., p. 558.
(8) C. d'Ét. cont. 25 avril 1867, Leb., p. 402.

et il n'y aurait point à alléguer à l'encontre de cette présomption que ce sont les plaintes d'un particulier qui l'ont mise en mouvement (1).

97. Pendant assez longtemps, l'Administration a soutenu que les décrets de réglementation — et nous en dirons autant des décrets de concession — étaient des actes de pure administration absolument inattaquables au contentieux (2). Les idées se sont, depuis lors, modifiées et précisées à cet égard. Sans doute, quand elle accorde ou refuse une concession, l'Administration agit en vertu d'un pouvoir discrétionnaire; sans doute, l'utilité des mesures réglementaires prescrites ne peut être discutée par la voie contentieuse (3); sans doute encore la réserve des droits des tiers, en mettant ceux-ci à même de faire valoir leurs droits devant la juridiction compétente rend, dans la plupart des cas, non recevables les recours formés par eux pour excès de pouvoir (4). Et partout où l'intéressé lui-même trouverait le moyen légal de sauvegarder ses droits (5), on peut prétendre que ses réclamations se heurteraient aussi à la fin de non recevoir tirée de la théorie générale du recours parallèle.

Ce n'est donc que dans le cas de vice de forme ou bien de détournement de pouvoir que les décrets réglementaires pourraient être attaqués; mais dans ce cas, précisément parce que les autres moyens d'action n'existent pas, le recours est indiscutablement recevable.

98. Il ne saurait en tout cas y avoir excès de pouvoir dans les mesures prescrites en vue d'assurer simplement l'exécution d'actes administratifs réglementaires légalement pris (6). Et l'on ne pourrait pour ce motif incriminer l'invitation adressée par l'autorité supérieure aux fonctionnaires subalternes de verbaliser contre un usinier toutes les fois qu'il commettra une infraction à l'acte réglementant son usine (7).

99. Toutes les usines établies sur les cours d'eau du domaine public sont, avons nous dit (8), réglementables, quelle que soit leur nature juridique. Il n'y a d'ailleurs pas à s'arrêter aux termes; ainsi le reproche d'excès de pouvoir a été écarté là où l'impropre expression d'*autorisation* employée dans un acte réglementant une usine fondée en titre laissait subsister sans atteinte les droits propres de l'usinier (9).

100. En entreprenant des travaux sans autorisation dans le lit de la rivière, l'usinier s'expose à une contravention de grande voirie. Mais il n'en est ainsi que si les faits délictueux rentrent dans la catégorie de ceux qui tombent sous le coup d'une telle répression; la méconnaissance des droits des autres riverains et même l'inobservation de prescriptions émanant des autorités subalternes ne pourraient présenter ce caractère (1).

101. *A fortiori*, doit-on admettre que la reconstruction sans autorisation d'une usine précédemment autorisée, mais démolie par un cas de force majeure, constitue une contravention de grande voirie. (2)

§ 2. — *Règlement général des usines établies sur les cours d'eau navigables et flottables.*

102. Nous avons maintenant à étudier le texte auquel l'Administration a l'habitude de se conformer pour la réglementation des usines. C'est le modèle annexé à la circulaire du 16 mars 1908 qui s'est à cet égard depuis peu substitué au texte autrefois mis en vigueur par la circulaire du 18 juin 1878 (3).

103. L'article 1er du modèle de règlement d'eau adopté par le ministère des Travaux publics (4) se borne à placer l'usine en cause sous l'empire des dispositions dont le détail va suivre. Ceci suppose naturellement, sinon une description de l'usine, du moins une définition suffisamment précise. Cette définition n'est toutefois, dans l'état actuel des choses, donnée que quant aux éléments d'ordre purement topographique faisant connaître la situation de l'usine. La destination industrielle de l'établissement (5) n'est point nécessairement spécifiée; il n'en est ainsi que lorsque celle-ci a été invoquée par le demandeur qui se recommande de l'affectation à un service public de tout ou partie de la force créée, pour obtenir soit la préférence sur les autres compétiteurs, soit des conditions plus avantageuses que celles qui sont appliquées aux entreprises d'intérêt privé (6).

104. L'Administration se réserve d'ailleurs le droit d'obliger le permissionnaire à restituer au bief alimentaire les eaux dérivées (7).

105. L'article 2 du modèle de règlement indique comment sera déterminé le niveau des eaux. Les prescriptions édictées à cet égard varient évidemment suivant les cas (8). Deux hypothèses peuvent être envisagées sui-

---

(1) C. d'Ét. cont. 13 juin 1860, Leb., p. 452.
(2) V. C. d'Ét. cont. 4 mai 1870, Leb., p. 532.
(3) V. *supra* n° 54.
(4) C. d'Ét. cont. 13 février 1880, Leb., p. 180; 9 février 1883, Leb., p. 142.
(5) Il faut lire sur cette question la saisissante théorie de Laferrière (*Jurid. adm.* II, p. 450).
(6) *Nec obstat.* C. d'Ét. cont. 8 août 1865, Leb., p. 758 (question de fait; les nouvelles mesures faisaient réellement grief à l'usinier qui ne s'était point écarté des conditions régulières de son titre initial).
(7) C. d'Ét. cont. 14 décembre 1900, Leb., p. 756. De semblables injonctions se justifient mal, d'ailleurs, quand elles conservent un caractère isolé.
(8) V. *supra*, n° 45.
(9) C. d'Ét. cont. 3 juin 1881, Leb., p. 596.

(1) C. d'Ét. cont. 15 mars 1855, Leb., p. 206 (travaux faits sur une rivière navigable, sans assentiment de la commune, propriétaire de la voie publique adjacente; contravention de grande voirie non reconnue).
(2) C. d'Ét. cont. 19 décembre 1855, Leb., p. 754.
(3) L'adoption définitive de la nouvelle loi sur les usines hydrauliques entraînerait presque nécessairement l'élaboration d'un nouveau texte.
(4) Circ. min. trav. publ. 16 mars 1908.
(5) Le décret du 1er août 1905 contient cependant à cet égard une disposition explicite.
(6) Ce système, il faut le reconnaître, ne garantit pas suffisamment l'Administration. Dans le nouveau régime en prévision, la destination devra presque nécessairement être connue dans tous les cas.
(7) Circ. min. trav. publ. 16 mars 1908.
(8) La circulaire du 23 octobre 1851 recommande, à défaut d'usages locaux ou de circonstances particulières, de maintenir une revanche de 0 m,16 au moins entre le plan d'eau et les points les plus bas des terrains avoisinants; exceptionnellement pendant les périodes d'arrosage, cette revanche peut tomber à 0 m,08.

vant que ce niveau doit être réglé par des installations à établir par le permissionnaire ou que son maintien dépend de la manœuvre d'ouvrages appartenant à l'État. Dans le premier cas, le décret fixe le *niveau légal de la retenue;* dans le second, il indique le *niveau normal des eaux de navigation.* Les obligations du concessionnaire porteront plus spécialement, dans la première hypothèse, sur les mesures à prendre pour empêcher que la hauteur du plan d'eau ne nuise aux propriétés riveraines situées en amont de la retenue. Dans la seconde hypothèse, il ne dépend point en général de l'usinier que les eaux dépassent le niveau normal, puisque celles-ci ne peuvent être ramenées à ce niveau que par le jeu d'organes qu'il appartient à l'Administration seule de faire mouvoir; mais il doit veiller à ce que les eaux ne s'abaissent pas par sa faute au-dessous du niveau normal.

106. Pour assurer l'observation des prescriptions imposées en ce qui concerne le niveau, il doit être posé, en un point désigné par l'ingénieur chargé de dresser le procès-verbal de récolement, un repère définitif et invariable (1) du modèle adopté dans le département.

Ce repère, dont le zéro indique seul le niveau légal de la retenue (ou le niveau normal des eaux de navigation, suivant la distinction ci-dessus exposée), doit toujours rester accessible aux agents de l'Administration qui ont qualité pour vérifier la hauteur des eaux et visible aux tiers intéressés (2). Il a été jugé que cette condition n'avait rien d'excessif (3); par contre, l'Administration ne pourrait exiger que l'usinier démolît une clôture de manière à rendre extérieurement visibles une partie des ouvrages (4). La rédaction a d'ailleurs été choisie de façon à ne pas obliger l'usinier à laisser le public pénétrer sur son terrain.

107. Les deux obligations imposées à l'usinier en ce qui concerne le maintien du niveau sont formulées explicitement dans un article du modèle de règlement (art. 11). Dès que les eaux dépassent le niveau réglementaire, le concessionnaire est tenu de manœuvrer les vannes de décharge pour ramener les eaux à ce niveau; il est responsable tant que les vannes ne sont pas complètement levées (5).

D'un autre côté, dès que les eaux s'abaissent dans le bief au-dessous du niveau normal de navigation (ou toute autre cote inférieure qu'il est loisible à l'Administration de désigner) (6), le concessionnaire est tenu

d'arrêter le fonctionnement de la prise d'eau; il est responsable de l'abaissement des eaux tant que les orifices de prise d'eau ne seront pas hermétiquement clos.

108. En cas de refus ou de négligence de la part de l'usinier d'exécuter ces manœuvres en temps utile, il peut y être pourvu d'office à ses frais, soit à la diligence du maire de la commune, soit par les agents de l'Administration des Ponts et chaussées (1), et ce, sans préjudice de l'application des dispositions pénales encourues et de toute action civile qui pourra être intentée à raison des pertes et dommages résultant ce refus ou de cette négligence (2). L'abaissement du plan d'eau constitue, en effet, une contravention de grande voirie quand il est avéré qu'il porte atteinte à l'exercice de la navigation (3).

109. Quand le niveau doit être réglé par les ouvrages du concessionnaire, le décret indique si un déversoir sera établi et, dans le cas de l'affirmative, quels en seront l'emplacement, la longueur et la hauteur de crête (4). Cet ouvrage doit être prévu avec les dimensions correspondant aux besoins de l'écoulement des eaux, même en tenant compte de transformations ultérieures projetées dans le régime du cours d'eau.

Mais le déversoir n'est pas le seul ouvrage qui permette d'assurer l'écoulement des eaux surabondantes. Les décrets peuvent prescrire — et cela dans l'une et l'autre des deux hypothèses où nous nous sommes placés — l'établissement d'un ouvrage de décharge dont on fixe la largeur libre en même temps que l'on fait connaître la cote du seuil de l'ouvrage et celle du sommet des vannes (5).

110. Un article du décret indique le volume maximum qu'il est permis de dériver par seconde (ou par heure ou par jour de 24 heures) (6). On devrait reconnaître le caractère de contravention de grande voirie au détournement d'une quantité d'eau supérieure au volume concédé. Cette solution, qui s'impose tout naturellement sur le canal du Midi en vertu des prescriptions spéciales du décret du 12 août 1807, se justifie dans tous les autres cas par cette considération que l'atteinte ainsi portée à la masse des eaux peut avoir pour effet de compromettre la navigation (7).

111. L'Administration exige d'ailleurs que les dispositions des ouvrages destinés à limiter le débit concédé et

---

(1) Il a été choisi un repère *provisoire* pour les opérations préalables à l'émission de l'acte réglementaire.
(2) Circ. min. trav. publ. 16 mars 1908; art. 10 du modèle de règlement.
(3) C. d'Ét. cont. 3 août 1877, Leb., p. 792.
(4) C. d'Ét. cont. 19 juin 1863, Leb., p. 496.
(5) Certaines restrictions peuvent être apportées par le règlement à cette responsabilité. Elles n'ont d'effet qu'au point de vue pénal et ne peuvent préjudicier à l'exercice des droits des tiers. C. d'Ét. cont. 28 novembre 1861, Leb., p. 842.
(6) On conçoit que dans les canaux où le manque d'eau est fréquent et l'alimentation continue, l'Administration se réserve le droit d'arrêter le fonctionnement des prises d'eau avant qu'on n'arrive à cet état limite dont le maintien exige déjà de sérieux sacrifices.

(1) L'Administration ne commet pas un excès de pouvoir en confiant à ses agents la manœuvre des engins pouvant influer sur le régime des eaux navigables. C. d'Ét. cont. 24 janvier 1896, Leb., p. 72. V. aussi C. d'Ét. cont. 19 mars 1868, Leb., p. 325
(2) Circ. min. trav. publ. 16 mars 1908; art. 11 du modèle de règlement.
(3) C. d'Ét. cont. 27 mai 1897, Leb., p. 434. *Nec obstat.* C. d'Ét. cont. 8 juin 1894, Leb., p. 393 (l'usinier a été renvoyé des fins du procès-verbal; mais il n'était pas établi que l'abaissement lui fût imputable).
(4) Dans certains cas exceptionnels, les préfets peuvent autoriser la pose temporaire de hausses mobiles sur la crête du déversoir pour permettre à l'usinier de parer à l'insuffisance du débit.
(5) Ces vannes sont arasées dans le plan de la retenue et doivent pouvoir être manœuvrées facilement.
(6) Circ. min. trav. publ. 16 mars 1908 (modèle de règlement, art. 6.
(7) C. d'Ét. cont. 28 mai 1897, Leb., p. 434.

à interrompre, le cas échéant, le fonctionnement de la prise d'eau, soient approuvées par arrêté préfectoral, sur la proposition du concessionnaire et le rapport des ingénieurs. En cas de désaccord, il est statué par le ministre des Travaux publics (1).

112 Les canaux de décharge et de fuite sont disposés de manière à embrasser à leur origine les ouvrages auxquels ils font suite et à écouler facilement toutes les eaux que ces ouvrages peuvent débiter (2). Le décret indique d'ailleurs le point où les eaux doivent être restituées (3)

Le droit de l'Administration peut aller à cet égard jusqu'à prescrire le rescindement de certaines parties en saillie (4), à condition, bien entendu, que les terrains appartiennent à l'usinier (5)

113. Tous les ouvrages intéressant, soit la conservation et l'usage du domaine public, soit la navigation ou le flottage doivent être constamment entretenus en bon état par les soins et aux frais du permissionnaire (6).

Pour permettre le passage des trains et des bateaux, l'Administration prévoit toujours l'établissement d'un pertuis. Elle peut, si les besoins de la circulation n'exigent pas la mise en service continuelle de cet ouvrage, accorder quelques tempéraments pour sa construction; mais elle ne pourrait ordonner qu'aucun pertuis ne sera établi sans se mettre en contradiction avec les dispositions de la loi du 15 avril 1829 (art. 3). (7).

114. Le permissionnaire ne peut s'immiscer en rien, sans un ordre spécial de l'Administration dans les manœuvres relatives au service de la navigation (8). Par contre, il est tenu de procéder à la manœuvre des vannes du pertuis de flottage et du canal de prise d'eau sur la réquisition des flotteurs, sans pouvoir réclamer de ce chef aucune indemnité à moins de contravention de la part des flotteurs aux règlements auxquels ils sont soumis. Faute par le permissionnaire d'exécuter convenablement cette manœuvre, les flotteurs seront libres d'y procéder eux-mêmes, sans préjudice de l'action en dommages-intérêts (9)

115. Les eaux rendues à la rivière doivent être, autant que possible, pures, salubres et à la température du bief alimentaire. Les infractions à cette disposition dûment constatées peuvent entraîner le retrait de l'autorisation (1)' sans préjudice, s'il y a lieu, des pénalités encourues (2). Celles-ci seraient celles que prévoit l'article 25 de la loi du 15 avril 1829 à condition, toutefois, que les déversements aient occasionné la mort de poissons (3). Si les matières déversées étaient de nature à obstruer le chenal, il pourrait y avoir lieu à une contravention de grande voirie.

116. Le permissionnaire est tenu à toute époque, si l'Administration l'exige, d'établir et d'entretenir dans le barrage une échelle à poissons (4) dans le barrage, si cet ouvrage lui appartient. Si le barrage appartient à l'État, l'usinier est tenu de supporter sans indemnité la diminution de force motrice qui peut résulter de l'établissement de l'usine.

En outre, le permissionnaire est obligé de placer et d'entretenir des grillages à l'amont de la prise d'eau et à l'aval du canal de fuite (5).

117. Les propriétaires des usines fondées en titre ne peuvent être astreints à supporter l'établissement d'échelles ou de grillages qui, somme toute, déterminent un amoindrissement de la quantité dérivée ou de la hauteur de chute (6). Cette double solution a, du moins, été proclamée par la section du contentieux du Conseil d'État en ce qui concerne les échelles à poissons (7) et par la section administrative de la haute assemblée en ce qui concerne les grillages (8).

118. D'une façon générale, le concessionnaire est tenu de se conformer à tous les règlements existants ou à intervenir sur la police, le mode de distribution et le partage des eaux (9). Cette disposition ne fait d'ailleurs pas obstacle à ce que l'usinier attaque ultérieurement les règlements qui viendraient à être pris, s'il les considère comme illégaux (10).

119. Le concessionnaire est tenu de donner accès à toute époque dans les dépendances de l'usine, sauf dans les parties servant à l'habitation de l'usinier (11) ou de son personnel, aux ingénieurs et agents attachés au service de la navigation ou chargés de la surveillance de la pêche

---

(1) Circ. min. trav. publ., art. 7 du modèle de règlement.
(2) Dans certains cas ces canaux sont aménagés de façon à permettre le passage des bateaux de l'usinier. Le maintien d'une telle faculté de circulation constitue-t-il un droit pour l'usinier? L'affirmative peut être admise en tant du moins qu'il ne s'agit pas de réclamer, à titre de servitude, le passage sur une dépendance du domaine public. V. C. d'Ét. cont. 10 novembre 1882, Leb., p. 876 (non statué pour les raisons de fait).
(3) Circ. min. trav. publ. 16 mars 1908, art. 5 du modèle de règlement.
(4) C. d'Ét. cont. 8 mai 1861, Leb., p. 347
(5) V. supra n° 58. C. d'Ét. cont. 16 août 1862, Leb., p. 656.
(6) Circ. min. trav. publ. 16 mars 1908; art. 8 du modèle de règlement.
(7) C. d'Ét. trav. publ. Avis 10 juillet 1895 (usine de Barbelouze, Vosges). C'est là un argument nouveau contre la thèse, parfois soutenue, de la possibilité d'un déclassement virtuel des cours d'eau du domaine public.
(8) Circ. min. trav. publ. 16 mars 1908; art. 12 du modèle de règlement. C. d'Ét. cont. 24 mai 1857, Leb., p. 394.
(9) Circ. min. trav. publ., art. 13 du modèle de règlement.

---

(1) Bien entendu, il ne peut être question du retrait de l'autorisation quand il s'agit d'usines ayant existence légale.
(2) Circ. min. trav. publ. 16 mars 1908; art. 14 du modèle de règlement d'eau.
(3) V. supra v° PÊCHE FLUVIALE, n° 377 et suivants. Un arrêt de la C. de Nancy (1er décembre 1909) vient de déclarer cependant qu'il n'est point indispensable que la mort se soit produite à un péril.
(4) Sur les conditions auxquelles est subordonné le classement d'une rivière au point de vue de la possibilité d'établissement d'une échelle à poissons. V. supra v° PÊCHE FLUVIALE n°s 417 et suivants.
(5) Circ. min. trav. publ. 16 mars 1908, art. 15 du modèle de règlement.
(6) Pour le fonctionnement d'une échelle à poissons, il faut compter sur le prélèvement minimum de 500 litres par seconde.
(7) C. d'Ét. cont. 8 août 1884, Leb., p. 731.
(8) C. d'Ét. trav. publ. Avis 20 juin 1905 (toutefois cette opinion est contestable; il s'agit là en effet de mesures prises dans un intérêt général, celui de la préservation du poisson. On ne peut comprendre en quoi l'existence légale de l'usine donnerait à l'usinier le droit de broyer le poisson sous ses turbines).
(9) Circ. min. trav. publ. 16 mars 1908, art. 16 du modèle de règlement.
(10) C. d'Ét. cont. 19 juillet 1860, Leb., p. 558. V. aussi C. d'Ét. cont. 13 juillet 1883, Leb., p. 655.
(11) Au sujet des visites des agents des douanes dans les usines. V. Supr.

fluviale pour les besoins de ces services. D'une façon générale, il devra mettre, sur leur réquisition et à ses frais, les fonctionnaires du contrôle à même de procéder à toutes les mesures, vérifications et expériences utiles pour constater l'exécution du présent décret de concession (1).

Mais le public n'est pas admis à circuler dans les dépendances de l'usine et là où il peut le faire — par exemple, en vertu d'un accord avec l'usinier — l'Administration n'a point à intervenir pour lui assurer cette faculté (2).

120. L'article 18 du modèle de règlement impose au concessionnaire l'obligation (3) de se soumettre pour l'exécution de ses travaux à la surveillance des ingénieurs; des délais successifs sont impartis pour la mise en train et pour l'achèvement des travaux (4). Mais, même en l'absence de clause fixant d'avance un délai, l'Administration serait en droit d'agir si la situation se prolongeait au détriment des intérêts généraux (5). La concordance des dispositions réalisées avec les prescriptions du décret est constatée par un procès-verbal de récolement. Ce document est dressé en trois expéditions; l'une est déposée aux archives de la préfecture; la seconde à la mairie du lieu, la troisième est remise au concessionnaire.

Si les travaux ne sont pas conformes aux dispositions prescrites, le procès-verbal est transmis au ministre des Travaux publics pour qu'il statue sur les mesures à prendre (6).

121. Faute par le concessionnaire de se conformer dans les délais fixés aux dispositions prescrites, le ministre des Travaux publics peut, après mise en demeure préalable, prononcer la déchéance du concessionnaire (7) ou mettre l'usine en chômage suivant les circonstances (8).

Dans tous les cas, l'Administration peut prendre les mesures nécessaires pour faire disparaître aux frais du concessionnaire tout dommage provenant de son fait, sans préjudice de l'application, s'il y a lieu, des disposi-

tions pénales relatives aux contraventions de grande voirie. Il en est de même dans le cas où, après s'être conformé aux dispositions prescrites, le concessionnaire changerait l'état des lieux fixé par le décret sans y être préalablement autorisé (1).

122. En se réservant le droit de mettre l'usine en chômage, l'Administration n'entend nullement substituer son action à celle des juges compétents pour constater et réprimer les contraventions qui pourraient être commises. Il n'y a aucun empiétement sur le terrain judiciaire; il y a simplement mise en œuvre des moyens dont l'Administration peut user, en vertu de ses attributions de police générale (2).

Pareillement les juges civils restent maîtres d'apprécier et de régler les différends qui s'élèveraient entre usiniers (3); ils pourraient, par exemple, ordonner la cessation ou la suspension du fonctionnement de l'usine (4). D'ailleurs en accordant une concession ou en réglementant une usine à existence légale, l'Administration ne garantit aucunement la jouissance de l'usinier; elle ne peut s'opposer à ce que cette jouissance soit atteinte du fait des tiers dont les droits étaient toujours demeurés réservés, dans l'une comme l'autre hypothèse.

Il faudrait bien se garder d'ailleurs d'attribuer à de pareilles prescriptions le caractère d'actes réglementaires définitifs (5).

122 bis. Les usiniers sont responsables dans les conditions du droit commun, des dommages que les usines causent aux propriétés riveraines par les inondations, à moins qu'ils n'aient pu ni prévenir ni empêcher le dommage. La crue ou la hausse inopinées des eaux ne les affranchiraient de cette responsabilité qu'autant qu'elles se seraient produites dans des conditions telles que l'action de l'usinier ne pouvait aucunement s'exercer (6).

123. Le concessionnaire peut, sans autorisation nouvelle, changer les dispositions des ouvrages utilisant la force motrice concédée qui n'auraient pas été soumises à l'approbation de l'Administration. Il peut également changer la destination de l'usine (7) sous réserve des dispositions indiquées ci-dessus (8). Nous renouvelons, au sujet de cette clause, les observations formulées plus haut.

Dans tous les cas, la redevance imposée (9) à l'usinier est due à partir du jour fixé par le décret de concession jusqu'au jour où la révocation de la concession aura été notifiée au concessionnaire (10).

(1) Circ. min. trav. publ. 16 mars 1908, art. 17 du modèle de règlement.
(2) C. d'Ét. cont. 5 juillet 1878, Leb., p. 640. 18 juillet 1876, Leb., p. 182 (annulation pour excès de pouvoir d'un arrêté préfectoral obligeant l'usinier à reconstruire une passerelle sur laquelle le public circulait à titre de tolérance.)
(3) Sauf le cas où il s'agirait d'une concession faite avec déclaration d'utilité publique (V. p. ex. la concession de Jonage près Lyon, L. 7 juillet 1892), les travaux entrepris par les usiniers ne sont pas des travaux publics. Il en résulte que la destruction des ouvrages de l'usinier peut être ordonnée par l'autorité judiciaire. V. Confl. 19 juin 1850, Leb., p. 583.
(4) Il a été jugé qu'il n'y avait pas d'excès de pouvoir dans le fait de la fixation d'un délai, dans le cas même où il s'agissait de la réglementation d'une usine existante. C. d'Ét. cont. 12 mars 1875, Leb., p. 247 (cours d'eau non navigable).
(5) C. d'Ét. cont. 18 novembre 1852, Leb., p. 452.
(6) Circ. min. trav. publ. 16 mars 1908; art. 18 du modèle de règlement.
(7) Le ministre peut prononcer lui-même cette déchéance ou la faire prononcer par le préfet quand il s'agit de la simple application d'une clause du décret prévoyant nettement la situation. Mais un décret en Conseil d'État est nécessaire dans les cas prévus à l'art. 20 (V. infra nº 124).
(8) V. infra, nº 122.
Si l'usine a une existence légale, il ne peut être question de déchéance ou de mise en chômage, l'Administration est simplement habilitée à prendre les mesures nécessaires pour faire disparaître les dommages.

(1) Circ. min. trav. publ. 16 mars 1908, art. 19 du modèle de règlement.
(2) C. d'Ét. cont. 14 août 1871, Leb., p. 125.
(3) Cass. civ. rej. 28 novembre 1900, D. P. 1901.1.496. Req. 6 février 1901. D. P. 1901.1.366 (les conventions privées consacraient un état de choses différent de celui qui résultait d'un règlement administratif antérieur).
(4) V. Cass. req. 17 juin 1885. D. P. 86.1.300.. V. supra nº 120 et suiv.
(5) Cass. req. 19 janvier 1892. D. P. 93.1.142.
(6) Cass. crim. 17 février 1888. D. P. 88.1.141.
(7) Circ. min. trav. publ. art. 19 du modèle de règlement.
(8) V. supra, nº 103.
(9) V. infra, nº 146 et suiv.
(10) V. infra. nº 146 et suiv.

124. La déchéance peut être prononcée, après mise en demeure, par décret délibéré en Conseil d'État :

1° dans le cas où, par suite d'un accident, le concessionnaire n'aurait pas reconstruit l'usine ou les ouvrages de retenue dans le délai qui lui a été imparti (1) ;

2° dans le cas où m années au moins s'étant écoulées depuis la date du procès-verbal de récolement, l'utilisation moyenne de la force motrice calculée, soit pour les n dernières années, soit pour la dernière année seulement, n'atteindrait ni pour l'un ni pour l'autre de ces projets au moins $\dfrac{1}{p}$ de la force motrice concédée (2).

125. Dans le cas où l'usine tire sa force d'un barrage appartenant à l'État et dont l'entretien a été remis au concessionnaire, il est spécifié que si le barrage vient à être détruit, en tout ou en partie, l'État ne pourra exiger que le concessionnaire contribue à sa reconstruction, pas plus que ce dernier ne pourra en exiger la reconstruction par l'État avec ou sans son concours (3).

126. Indépendamment des clauses d'ordre technique assez peu différentes de celles des règlements précédents, le nouveau règlement annexé à la circulaire du 16 mars 1908 contient diverses dispositions d'une portée plus générale ayant trait à la réglementation de la concession, au point de vue de la sauvegarde des intérêts généraux et du judicieux aménagement des richesses hydrauliques. Nous avons déjà vu (4) que, dans certains cas, la destination de l'établissement doit être connue de l'Administration et qu'alors aucun changement ne peut être apporté sans autorisation à cette destination. La nouvelle législation tendra sans nul doute à renforcer sur ce point les droits de l'État.

127. Il est un autre point de vue envisagé par la nouvelle réglementation. Jusqu'ici les chutes d'eau étaient données à tel établissement, à telle usine. Il a paru utile de mieux définir la personnalité du demandeur, personnalité qui pour ainsi dire, n'apparaissait pas, de façon à éviter que la concession devienne un objet de spéculation circulant de mains en mains et n'arrive à trouver un titulaire susceptible de la mettre en valeur qu'après avoir été grevée de frais et de commissions constituant une entrave au libre développement de l'industrie. C'est pourquoi le nouveau règlement a édicté certaines dispositions en cas de cession et de transmission de la force motrice.

128. Quand il s'agit d'une force supérieure à 500 chevaux, aucune cession ou transmission de la concession, dit l'article 22 du modèle de règlement annexé à la circulaire du 16 mars 1908, ne peut avoir lieu qu'en vertu d'une autorisation, tant que le procès-verbal de récolement

prévu à l'article 18 du projet de règlement n'a pas été approuvé. Il est statué sur la demande en autorisation par un décret rendu en Conseil d'État.

Toute cession ou transmission postérieure au procès-verbal de récolement doit être notifiée au ministre des Travaux publics dans le délai de trois mois à dater de sa réalisation, en cas de transmission entre vifs et dans le délai de six mois, s'il s'agit d'une transmission après décès.

129. Le même article du modèle de règlement dispose que la réunion d'une concession avec d'autres concessions accordées à d'autres titulaires, quand le total des forces motrices ainsi réunies excède 500 chevaux, doit être notifiée au ministre des Travaux publics avant sa réalisation. Elle peut être interdite par décret délibéré en Conseil d'État. Si dans les six mois qui suivent la notification au ministre, l'interdiction n'a pas été prononcée et signifiée au concessionnaire, la réunion pourra être opérée.

130. Les dispositions qui précèdent sont applicables aux modifications que le concessionnaire veut apporter à l'affectation de son usine, lorsque cette affectation a été mentionnée au décret de concession.

131. Faute d'avoir fait les notifications prévues ci-dessus ou dans le cas où il aurait effectué sans autorisation les cessions, réunions ou changements de destination qui y sont soumis, le concessionnaire encourt la déchéance qui est prononcée par le ministre des Travaux publics après mise en demeure (1).

132. Pendant longtemps, le seul bénéfice que l'État se réservait à l'occasion des concessions de prise d'eau, c'était la perception d'une redevance domaniale. L'Administration estime maintenant que la question de fiscalité, quelque importante qu'elle soit, ne doit pas être prédominante ; elle a donc entendu se réserver, indépendamment d'une sorte de tribut en argent, les moyens d'opérer, en tant que de besoin, sur le volume concédé (2) les prélèvements qui pourraient être reconnus nécessaires dans l'intérêt des services publics assurés ou concédés par l'État, les départements, les communes ou les établissements publics.

Toutefois le concessionnaire peut disposer du débit réservé jusqu'à ce qu'il soit fait usage du droit de réquisition. De plus on lui donne l'option entre deux solutions consistant : l'une, à ne demander qu'une force réduite dont il disposera avec certitude ; l'autre, à demander une force plus grande dont une partie, connue d'avance, sera susceptible de réquisition.

133. Le décret de réquisition doit être notifié au moins un an à l'avance. Il fixe le débit à prélever sur la réserve déterminée.

Faute par le concessionnaire de se conformer aux pres-

---

(1) Cette disposition ne s'applique pas aux usines fondées en titres. V. à leur égard supra n° 20.
(2) Circ. min. trav. publ. 16 mars 1908 ; art. 20 du modèle de règlement.
Les quantités m, n et p varient naturellement avec les circonstances.
(3) Circ. min. trav. publ. 16 mars 1908 ; art. 22 du modèle de règlement.
(4) V. supra n° 108.

---

(1) Circ. min. trav. publ. 16 mars 1908 ; art. 22 du modèle de règlement.
(2) Plus exactement, sur l'eau dérivée. Circ. min. trav. publ. 16 mars 1908, art. 24 du modèle de règlement. L'article ajoute « au moyen de son barrage ». Cette phrase vise l'hypothèse la plus usuelle ; il n'est point nécessaire, bien entendu, qu'il existe un barrage pour que l'État puisse exercer son droit de réquisition.

criptions du décret de réquisition, la déchéance de la concession peut être prononcée par le ministre des Travaux publics, après mise en demeure (1).

134. Il a paru nécessaire également d'imposer au concessionnaire certaines sujétions motivées par le désir de favoriser l'installation d'autres établissements similaires, fussent-ils les concurrents de ceux du concessionnaire. Aussi l'article 23 du modèle de règlement dispose-t-il que les ouvrages établis sur le domaine public en vertu de la concession pourront être utilisés avec ou sans modification, pour d'autres concessions faites à des personnes différentes, pourvu qu'il n'en résulte aucun obstacle au fonctionnement de l'usine ou aucun frais particulier pour le concessionnaire.

Les frais de premier établissement et d'entretien des ouvrages communs aux divers concessionnaires sont répartis entre eux, en proportion de l'intérêt respectif de chacun. A défaut d'accord amiable, le taux de la contribution des nouveaux usagers est fixé par la juridiction compétente (2).

135. L'installation d'une usine non fondée en titre reste soumise aux conditions de précarité qui sont l'essence même des autorisations de cette nature. La loi du 8 avril 1898 rappelle formellement ce principe en son article 45; il n'était donc peut-être pas nécessaire de l'inscrire spécialement dans le modèle de règlement d'eau. L'article 25 de ce document a pourtant reproduit, pour plus de sûreté (3), à cet égard, les dispositions du texte qui était en vigueur avant la loi du 8 avril 1898.

« Si, à quelque époque que ce soit, dans l'intérêt de la navigation, de l'agriculture, du commerce, de l'industrie ou de la salubrité publique, l'Administration reconnaît nécessaire de prendre des dispositions qui privent le concessionnaire, d'une manière temporaire ou définitive, de tout ou partie des avantages que lui accorde le décret de concession, le concessionnaire n'a droit à aucune indemnité et peut seulement réclamer la remise de tout ou partie de la redevance imposée.

Si ces dispositions doivent avoir pour résultat de modifier d'une façon définitive les conditions de la concession, elles ne peuvent être prises qu'après l'accomplissement de formalités semblables à celles qui l'ont précédée » (4).

136. Le principe général est donc que les propriétaires d'usines établies après autorisation sont tenus de supporter sans indemnité le préjudice que leur causeraient les chômages prescrits dans l'intérêt de la navigation ou des travaux de l'Administration (5). Ils seraient cepen-

dant fondés à demander une réduction proportionnelle de leur redevance.

137. La question change d'aspect s'il s'agit d'usines fondées en titre et le droit à indemnité apparaît alors comme incontestable (1), à moins qu'il ne s'agisse de travaux faits dans l'intérêt commun de l'Administration et de l'entrepreneur ou bien encore qu'une disposition spéciale n'ait prévu le cas (2).

138. *Quid* des dommages, autres que les chômages, occasionnés aux usines ?

Pour les usines non fondées en titre, la question revient à savoir si l'usinier peut être troublé dans sa jouissance pour d'autres causes que celles qui sont mentionnées en tête de l'article 25 du modèle de règlement. Nous pensons qu'on doit reconnaître à l'Administration le droit absolu de faire respecter la destination primordiale du cours d'eau. Seront légitimes, par suite, toutes les mesures de suppression ou de réduction prises pour empêcher la jouissance du concessionnaire de compromettre cette destination et dans cet ordre d'idées toute énumération des causes d'intervention de l'Administration serait nécessairement énonciative. Ce qui, par contre, doit être entendu restrictivement, c'est le principe même du droit d'intervention. Ce droit ne se comprend plus s'il s'agit d'intérêts qui, bien que généraux, sont étrangers à la mise en valeur des qualités utiles de la rivière ou à la protection contre les effets accidentellement nuisibles des eaux. Notons cependant que le législateur peut d'une façon délibérée, étendre à cet égard les pouvoirs de l'Administration. La nouvelle loi sur les usines hydrauliques admet la réduction ou la suppression des concessions pour des motifs intéressant la défense nationale, la protection des paysages, etc.

139. Bien entendu, il n'est pas question ici que des usines qui tiennent leurs droits d'un acte de concession. Pour les usines fondées en titre, le droit de l'usinier ne peut être amoindri par de simples mesures réglementaires. L'Administration reste libre de poursuivre, dans l'intérêt de la navigation, la modification de la situation existante, en accomplissant les formalités nécessaires; mais cette modification ne peut être réalisée que moyennant indemnité (3), même si les travaux ont été déclarés d'utilité publique (4), et sauf, bien entendu, le cas où les dits travaux auraient été entrepris dans l'intérêt commun de l'Administration et de l'usinier (5).

Toutefois l'opinion des auteurs (6) est que l'Administra-

---

(1) Circ. min. trav. publ. 16 mars 1908; art. 24 du modèle de règlement.
(2) Circ. min. trav. publ. 16 mai 1908, art. 23 du modèle de règlement.
(3) Cette insertion est, en tous cas, nécessaire pour les usines établies sur les canaux, lesquels ne sont pas placés de plein droit sous le régime institué par la loi du 8 avril 1898.
(4) Circ. min. trav. publ. 16 mars 1908; art. 25 du modèle de règlement.
(5) Même si le chômage est rendu nécessaire par le relèvement de bateaux échoués. C. d'Ét. cont. 24 janvier 1861, Leb., p. 62 (L'Administration était étrangère à l'accident).

(1) C. d'Ét. cont. 13 novembre 1903, Leb., p. 673.
(2) C'est ce qui arrive particulièrement pour les rivières de Mayenne, Sarthe et Oudon. Arr. cons. du roi 23 juillet 1783 et ordonnance 26 juillet 1826. V. C. d'Ét. trav. publ. Avis 8 octobre 1879.
(3) C. d'Ét. cont. 2 juin 1869, Leb., p. 566; 20 janvier 1882, Leb., p. 61. Si le décret réglementaire concède à l'usinier une force supplémentaire en sus de sa consistance légale, la clause de suppression sans indemnité doit être réputée ne viser que cette force supplémentaire. Ainsi entendue, cette clause n'excède pas les droits de l'Administration; même arrêt.
(4) C. d'Ét. cont. 16 août 1862, Leb., p. 658.
(5) C. d'Ét. cont. 3 janvier 1846, Leb., p. 12; 14 janvier 1858, Leb., p. 77; 2 juin 1869, Leb., p. 566.
(6) V. notamment Picard, *Traité des eaux* II p. 246 et 263.

tion est fondée, même à l'égard des usines ayant existence légale, à prendre toutes les mesures que commande la sécurité publique; personne ne peut, en effet, avoir acquis le droit de menacer impunément l'existence ou les biens de ses concitoyens. On doit donc admettre que lorsqu'il s'agit de préserver toute une région des dangers d'une inondation, l'usinier fondé en titre ne pourra réclamer aucune indemnité pour les atteintes que son usine, considérée comme cause de danger, pourrait avoir à subir. Le cas ne s'est guère présenté d'ailleurs, et le caractère extrême du droit reconnu par les auteurs à l'Administration devra conduire à un examen minutieux des circonstances de l'affaire et à la preuve de l'existence d'un véritable danger public.

140. S'il s'agit d'une usine fondée en titre, mais dont la force a été augmentée en vertu d'une concession, ce n'est qu'autant qu'il est porté atteinte à la consistance légale de son usine que l'usinier peut réclamer une indemnité pour la diminution qui résulte de l'exécution des travaux de l'Administration (1).

141. Le concessionnaire doit élire, dans le département où est située la prise d'eau, un domicile qu'il fait connaître par une déclaration à la préfecture. A défaut de cette déclaration, toute signification lui est valablement faite à la mairie de la commune des bâtiments d'exploitation de l'usine (2).

142. Il appartient au concessionnaire de se pourvoir, auprès de qui de droit, des autorisations nécessaires pour l'établissement des ouvrages situés en dehors du domaine public fluvial (3). Pour l'occupation de terrains dépendant à un autre titre du domaine public, v. supra (4).

143. Une disposition du modèle de règlement annexé à la circulaire du 16 mars 1908 réserve formellement les droits des tiers. Pareille clause n'est pas indispensable; car, somme toute, les droits s'imposent par leur propre existence sans qu'aucune formule spéciale soit nécessaire pour leur donner valeur. Néanmoins il est plus prudent que l'Administration rappelle aux concessionnaires de force motrice qu'elle n'entend nullement prendre leur fait et cause.

144. L'effet de cette clause est en même temps de fermer aux réclamants dans la majeure partie des cas, la voie du recours pour excès de pouvoir, habilités qu'ils sont à saisir de leurs plaintes la juridiction compétente (5). Cette juridiction sera le plus souvent le tribunal civil; toutefois ce pourrait être le conseil de préfecture, s'il s'agissait d'incriminer, de la part de l'usinier, des travaux ayant un caractère de travaux publics ou bien si

l'Etat était mis en cause à l'occasion d'une vente nationale.

145. Le décret de concession ou de réglementation contient enfin les clauses spéciales à l'affaire : obligation d'exécuter certains travaux de consolidation des berges ou de construction de digues (1), nécessité de rétablir les communications interceptées, de redresser le chenal, d'assurer l'écoulement des eaux de colature, de maintenir une profondeur d'eau suffisante pour la circulation du poisson. On n'y fait pas figurer habituellement les obligations qui dérivent de la loi elle-même, telles que celles qui ont trait au maintien du halage et au curage dans l'amplitude du remous (2).

SECTION III.

REDEVANCES ET CONTRIBUTIONS.

§ 1er. — Redevance domaniale.

146. Le principe qui astreint au paiement d'une redevance le droit de jouissance privative accordé à un particulier sur les dépendances du domaine public (3) découle d'une idée trop naturelle et trop équitable pour qu'il soit nécessaire d'en donner la justification (4). Nous rappellerons d'une manière générale que la loi de finances du 29 juillet 1881 a créé là aux administrations une obligation légale, laquelle s'est d'ailleurs trouvée en parfaite harmonie avec les errements suivis jusqu'alors dans la pratique (5).

147. Dans la matière plus spéciale que nous étudions, c'est la loi de finances du 16 juillet 1840 qui a posé pour la première fois le principe des redevances pour prises d'eau sur les canaux et cours d'eau navigables. La loi de finances du 14 juillet 1856 a précisé la nature et l'étendue de cette perception nouvelle en décidant qu'elle devait s'appliquer à tous les cours d'eau soit navigables, soit simplement flottables.

148. Spécialement la loi du 8 avril 1898 sur le régime des eaux dispose que « les concessionnaires de prises d'eau sur les fleuves et rivières navigables et flottables seraient assujettis à payer une redevance à l'Etat d'après les bases fixées par un règlement d'administration publique. » Le règlement ainsi prévu est le décret du 13 juillet 1906.

149. Nous étudierons les dispositions du décret du 13 juillet 1903, après avoir fait remarquer toutefois que sa revision est à l'étude.

150. Remarquons d'ailleurs d'une façon générale que

---

(1) C. d'Ét. cont. 13 novembre 1903, Leb., p. 675; 23 décembre 1904, Leb., p. 883.
(2) Circ. min. trav. publ. 16 mars 1908; art. 26 du modèle de règlement.
(3) Ibid., art. 27.
(4) V. n° 89.
(5) V. supra n°s 97 et suiv. V. notamment C. d'Ét. cont. 24 avril 1856, Leb., p. 320.

---

(1) C. d'Ét. cont. 1er mai 1862, Leb., p. 368; 12 mars 1875, Leb., p. 247. La revanche habituelle est de 0 m,30. La circulaire du 23 octobre 1851 prévoit pour les digues une épaisseur de 0 m,30 et une inclinaison de 3 pour 2.
(2) V. supra v° EAUX.
(3) V. supra, v° DOMAINE.
(4) Les usines de l'État elles-mêmes doivent être astreintes au paiement d'une redevance. C. d'Ét. trav. publ. Avis 1er septembre 1872.
(5) Avant la loi du 29 juillet 1881, un arrêté interministériel du 3 août 1878 avait déjà codifié en quelque sorte les règles des départements ministériels intéressés.

la redevance comporte à la fois rémunération du service rendu à l'usinier et reconnaissance de la précarité; aussi le Conseil d'Etat juge-t-il inutile l'imposition d'une taxe spéciale consacrant cette précarité (1). Quant au service rétribué, il ne peut être exigé que dans la mesure compatible avec l'indisponibilité du domaine public; en aucun cas, l'usinier ne pourrait invoquer le paiement de la redevance pour prétendre à l'intangibilité de son usine (2).

151. Le décret du 13 juillet 1906 (3) fixe la redevance due pour les concessions de force motrice au dixième de la valeur locative. Cette formule est plus concise que celle des textes antérieurs (4), qui indiquaient, en même temps, comme pouvant servir de base le 1/200e de la valeur vénale. Les deux expressions avaient cependant une corrélation manifeste; car la valeur locative, *en revenu*, se trouvait liée à la valeur vénale, *en capital*, par le rapport du *denier vingt* (5 0/0) qui représentait alors le loyer légal de l'argent.

La formule *valeur vénale* a été critiquée comme manquant de précision; il faut bien reconnaître que la *valeur locative* prête sensiblement aux mêmes reproches et c'est un inconvénient auquel devra s'efforcer de parer le nouveau système qui sera adopté (5).

152. Les bases adoptées par le décret du 13 juillet 1906, sont certainement très rationnelles; mais on peut, avons-nous dit, reprocher à la formule générale, *valeur locative*, dont s'inspire le décret, de manquer de précision. Elle n'est peut-être pas aussi d'une flexibilité suffisante. Il pourrait être remédié en partie à ces inconvénients en calculant la redevance d'après la puissance totale et en affectant le chiffre ainsi fixé de coefficients destinés à tenir compte des conditions économiques de la région où la force est créée, ainsi que des frais entraînés pour sa mise en valeur.

La nouvelle réglementation paraît devoir s'inspirer de ces idées.

153. La redevance s'évalue d'après l'importance de la force concédée; il ne serait pas admissible que l'Administration fît état par avance d'un accroissement de force motrice résultant de travaux faits dans l'intérêt de la navigation pour prétendre à une augmentation ultérieure de la redevance (6).

(1) C. d'Ét. trav. publ. Avis 28 juin 1898.
(2) C. d'Ét. cont. 7 décembre 1851, Leb., p. 951.
(3) Art. 1er.
(4) Ces textes étaient les circulaires ministérielles des 23 octobre 1851 et 18 juin 1878. On remarquera qu'ils ne pouvaient avoir l'autorité d'un décret.
(5) La puissance de l'usine est le produit du débit par la hauteur de chute. Cette puissance s'évalue soit en chevaux-vapeur de 75 kilogrammètres (*a*), soit en poncelets de 100 kilogrammètres. Mais on tend à substituer au cheval-vapeur ou au poncelet le kilowatt, multiple 10³ de l'unité électrique de puissance qui est le watt, dans le système CGS. Le kilowatt correspond à $\dfrac{1000 \text{ kg}}{g}$ et comme la composante de la gravité $g = 9{,}81$, le kilowatt représente sensiblement 102 kilogrammètres.

D'où 1 kilowatt = 1,36 cheval-vapeur.
1 cheval-vapeur = 736 watts.

(*a*) Le kilogrammètre est le travail représenté par la chute d'un kilogramme, poids d'un litre d'eau tombant d'une hauteur d'un mètre.
(6) C. d'Ét. cont. 20 janvier 1882, Leb., p. 61

154. La redevance, pour force motrice, est indépendante de celle qui est due pour les occupations temporaires qui peuvent être la conséquence des installations de prise d'eau, ainsi que des contributions à imposer au concessionnaire, en vertu de l'article 34 de la loi du 16 septembre 1807, en raison de l'utilisation de barrages ou autres ouvrages intéressant à la fois l'État et les particuliers (1).

155. Le chiffre de la redevance inscrit dans l'acte de concession est proposé par les Ingénieurs et arrêté définitivement par l'Administration des Finances, suivant les règles de compétence établies pour la location des biens de l'État (2).

Toutefois, en cas de désaccord entre les agents locaux des services intéressés sur le chiffre de la redevance, le chiffre est fixé par le Ministre des Finances (3).

156. Dans le cas où la concession de force motrice a pour objet d'assurer un service public non susceptible de bénéfices, la redevance peut être réduite au chiffre nominal de 1 franc sur la proposition des Ingénieurs.

S'il y a désaccord sur le caractère de la concession entre les deux administrations des Finances et des Travaux publics, la question est tranchée par le Conseil d'État (4).

157. Le pétitionnaire doit, avant la signature de l'acte de concession, souscrire une soumission portant acceptation du chiffre de la redevance (5). Cet engagement est rédigé sur timbre (6), mais n'a pas besoin d'être enregistré (7).

Toutefois, cette pièce n'est exigée que pour donner la certitude que le Conseil d'État ne risquera pas d'être inutilement saisi. En cas de réglementation d'office, le Conseil d'État a fréquemment passé outre, malgré la non-production de la soumission de l'usinier (8). Si, arguant de ce qu'il n'a rien signé, l'usinier se refusait à payer, les moyens de coercition prévus en matière fiscale pourraient être employés contre lui. Si la redevance était motivée par l'augmentation d'une consistance légale préexistante (9), l'usinier pourrait être tenu de rentrer dans les limites que lui assigne son titre, le tout sous peine de contravention de grande voirie et de démolition d'office après condamnation. Il en serait de même s'il s'agissait d'une prise d'eau établie sans autorisation; mais en ce qui concerne les concessions accordées régulièrement, l'Administration serait sans droit pour prononcer le retrait pour cause de non paiement de la redevance (10).

158. L'article 9 du modèle de règlement annexé à la circulaire du 16 mars 1908 dispose que la redevance est

(1) D. 13 juillet 1906, art. 2.
(2) Ces règles sont celles que fixe la loi du 6 décembre 1897. Avant que le décret du 13 juillet 1906 ait établi cette assimilation, on observait les règles de compétence tracées par l'arrêté du ministre des Finances du 9 février 1897.
(3) D. 13 juillet 1906, art. 3.
(4) *Ibid.*, art. 44. Dans une usine d'alimentation municipale, par exemple, on distinguera l'eau affectée aux services communaux gratuits et celle qui sert aux abonnements payants.
(5) *Ibid.*, art. 5.
(6) C. d'Ét. A. G. Avis. 16 octobre 1906.
(7) Lettre min. fin. 14 février 1879 et 14 septembre 1880.
(8) C. d'Ét., trav. publ. Avis 5 mai 1896.
(9) C. d'Ét. trav. publ. Avis 28 novembre 1905.
(10) C. d'Ét. trav. publ. Avis 14 février 1905.

payable d'avance, en une fois ou par trimestre, selon son importance. Elle est exigible à partir de la date du procès-verbal de récolement ou, au plus tard, à partir de l'expiration du délai fixé pour l'achèvement des travaux.

159. Le chiffre de la redevance est révisé dans les délais fixés par l'acte de concession et, au plus tard, tous les trente ans (1).

C'est ce délai de trente ans qui est habituellement observé en vue de donner à l'industrie le maximum de sécurité; toutefois il peut être réduit quand la redevance a été fixée à un chiffre déterminé en raison de circonstances dont on prévoit la prochaine modification. L'Administration peut aussi profiter de la novation qu'apporterait à la situation une demande de l'usinier en augmentation de sa concession primitive.

160. La question de révision de la redevance est absolument indépendante de celle de la cessation de la concession. Le concessionnaire peut donc demander le retrait de sa concession à quelque époque que ce soit. On ne saurait trop répéter qu'il y a là un acte de nature régalienne et non un contrat synallagmatique.

161. En dehors des cas prévus par le modèle de règlement (2) et où la réduction de la redevance peut ê.re acquise à l'usinier par le jeu d'une disposition en quelque sorte automatique, les usiniers peuvent demander et obtenir des dégrèvements pour certains faits de non-jouissance. Tout est d'ailleurs question d'espèce et le principe est que l'exigibilité de la redevance n'est nullement influencée par l'état, plus ou moins florissant, des affaires industrielles ou privées. du concessionnaire.

Après avoir d'abord proclamé la nécessité d'un décret pour ces sortes de remises (3), on paraît aujourd'hui admettre qu'une décision du Ministre des finances suffit (4).

162. Lorsque la demande d'exonération est fondée sur ce que l'entrée en jouissance de la prise d'eau s'est trouvée retardée par la durée, trop prolongée, des travaux d'établissement de l'usine, il est possible de faire droit à la requête de l'usinier en modifiant, par un décret rectificatif, la date indiquée à l'acte initial de concession comme entrée en jouissance. Toutefois, l'Administration n'agrée pas cette combinaison quand les délais proviennent du fait exclusif de l'usine (5).

163. Bien que le contentieux en soit maintenant confié à l'Administration des Domaines (6), les redevances usinières sont assimilées aux contributions indirectes. Les réclamations auxquelles elles peuvent donner lieu ressortissent par suite aux tribunaux civils; il n'appartiendrait donc pas au ministre (et en appel, au Conseil d'État) de statuer en pareille matière (7). Toutefois, l'usinier qui

prétendrait qu'une redevance lui est indûment imposée parce que son usine a l'existence légale, pourrait valablement attaquer le décret qui lui avait appliqué le régime de la concession comme si son usine n'était point fondée en titre.

164. L'État peut user pour le recouvrement des redevances de la procédure par voie de contrainte (1).

Les redevances ne sont pas assimilables aux dettes à échéances périodiques que prévoit l'article 2277 du Code civil et la prescription ne peut pas être opposée à l'Administration au bout de cinq ans (2). Il s'ensuit que la redevance peut être exigée rétroactivement à partir de l'époque de l'entrée en jouissance (3).

165. Bien entendu, les usines fondées en titre n'ont point à acquitter de redevances, sauf pour la force motrice qui leur serait concédée en sus de leur consistance légale.

Interprétant un avis de la Section des Travaux publics du 31 janvier 1849 (4), l'Administration a distingué, parmi les usines non fondées en titre postérieures à 1840, celles qui ont fait l'objet d'une autorisation régulière avant le milieu de 1840 et celles qui, n'ayant pas été réglementées à cette époque, font depuis lors l'objet de projets de réglementation. Les premières, tout en restant frappées de précarité, sont exonérées de redevance; mais si leur consistance vient à être augmentée, l'excédent devient taxable. Les secondes sont passibles de redevances pour la totalité.

La distinction que nous venons d'indiquer ne repose, il faut le reconnaître, sur aucune base légale et l'on ne voit pas bien ce qui pourrait être objecté à l'Administration si, mettant fin à cet état de choses, elle se décidait à frapper de redevances les usines non fondées en titre, antérieures à 1840. Il ne saurait y avoir de droit acquis en matière.

§ 2. — *Contribution aux frais d'entretien des ouvrages publics.*

166. Lorsqu'un ouvrage public est utilisé à la fois pour la navigation et pour le fonctionnement de l'usine, il est rationnel et équitable que l'usinier soit appelé à contribuer à son entretien. C'est le principe qu'a formulé l'article 34 de la loi du 16 septembre 1807 (5).

167. En envisageant les barrages et ouvrages de navigation, la loi s'est placée dans l'hypothèse du *plerumque fit*. Le Conseil d'État a admis que la contribution des usi-

---

Cass. 28 novembre 1899. D. P. 1900.1.95.
(1) L. 13 avril 1898, art. 54.
(2) C. d'Ét. trav. publ. Avis 6 juin 1871; 7 décembre 1872; 20 décembre 1875 et 9 août 1876.
(3) C'est ce que prévoit le modèle de règlement.
(4) On aurait pu cependant lui opposer un autre avis de la même section du 26 janvier 1862.
(5) Lorsqu'il y a lieu de pourvoir... au curage des canaux qui sont en même temps de navigation et de dessèchement, il sera fait des règlements d'administration publique qui fixeront la part contributive du Gouvernement et des propriétaires. Il en sera de même quand il s'agira de levées, de barrages, de pertuis d'écluses auxquels des propriétaires de moulins ou d'usines seraient intéressés.

---

(1) D. 13 juillet 1906, art. 6.
(2) V. art. 30, V. *supra* n° 135.
(3) V. C. d'Ét. trav. publ. Avis 17 juin 1902.
(4) Il n'est pas indispensable que les ouvrages de prise d'eau de l'usine soient complètement démolis.
(5) C. d'Ét. trav. publ. Avis 12 février 1902.
(6) L. de finances 26 décembre 1901. Auparavant, c'était l'Administration des contributions indirectes.
(7) C. d'Ét. cont. 15 février 1902, Leb., p. 122; 5 février 1904,

niers portât sur les frais des curages que le fonctionnement de l'usine rendait plus fréquents et plus onéreux dans la section de rivière considérée.

168. Mais la contribution que l'État est en droit de réclamer pour participation aux frais d'entretien et de réparation ne peut s'appliquer qu'aux ouvrages d'une utilité commune. L'usinier ne saurait être tenu de supporter l'exécution et le paiement de travaux d'une autre nature, encore plus si ces travaux n'étaient que la conséquence de ceux que l'Administration a fait exécuter elle-même (1). Par contre la contribution est due par l'usinier, alors même qu'il n'utiliserait pas effectivement le barrage (2) tant que son décret de concession ou son titre légal lui donnent le droit de se servir de cet ouvrage pour le fonctionnement de l'usine.

169. L'État ne pourrait sans excès de pouvoir, en faisant application de l'article 34 de la loi du 16 septembre 1807, mettre à la charge exclusive des usiniers la totalité des frais d'entretien du barrage (3). Il doit être, néanmoins, tenu compte de l'importance de la circulation sur la voie navigable considérée et le partage de compte à demi ne doit nullement être considéré comme constituant la formule courante.

Toutefois, la prise en charge exclusive des dépenses par l'usinier, stipulée dans certains anciens actes réglementaires, a été considérée comme toujours en vigueur (4).

170. Quoique la question ne fasse plus doute aujourd'hui, nous devons rappeler que le Conseil d'État a écarté la thèse d'après laquelle l'article 34 de la loi du 16 septembre 1807 ne visait que les usines créées postérieurement à cette loi ou existant antérieurement sans titre régulier (5). Et même le fait qu'une usine est fondée en titre ne dispense nullement le propriétaire de contribuer aux dépenses d'entretien et de réparation du barrage dont l'usine tire sa force (6).

171. En général, les ouvrages sont divisés en trois catégories. La première comprend les ouvrages intéressant exclusivement le fonctionnement de l'usine, tels que ceux de prise d'eau et de décharge, les canaux d'amenée et de fuite, les ponts de service, les bâtiments, etc.

La seconde comprend les ouvrages intéressant exclusivement la navigation, tels que les écluses, portuis, etc.

La troisième comprend les ouvrages intéressant à la fois l'usine et la navigation, tels que le barrage et, suivant le cas, les guideaux, passerelles de manœuvre, travaux de défense, etc. (7).

172. Sont réparés et entretenus :

Aux frais exclusifs de l'usinier, les ouvrages de la première catégorie;

Aux frais exclusifs de l'État, les ouvrages de la seconde catégorie.

Pour les ouvrages de la troisième catégorie, les travaux d'entretien et de réparation sont exécutés par l'État, sous la direction exclusive des ingénieurs et les frais en sont répartis entre l'État et l'usinier dans la proportion indiquée par le décret et qui, naturellement, varie d'après les circonstances (1). Il arrive souvent aussi que la contribution de l'usinier est arbitrée d'une façon forfaitaire.

En général, le délai de révision des bases de la répartition est de trente ans (2).

173. En cas de reconstruction du barrage, il est statué par des dispositions spéciales sur la répartition des dépenses (3). Nous avons déjà vu (4) que le décret de réglementation contient habituellement une clause à cet égard.

174. Il est dressé par les soins de l'Administration un plan de l'usine et du barrage sur lequel les trois catégories d'ouvrages ci-dessus définies sont nettement distinguées. Ce plan, après avoir été soumis au ministre des Travaux publics, est établi en trois expéditions dont l'une est déposée à la préfecture, une autre au bureau de l'Ingénieur en chef et la troisième est remise au propriétaire de l'usine (5).

175. Les travaux de réparation et d'entretien concernant la troisième catégorie feront, suivant le cas, l'objet de projets réguliers ou d'états d'indication qui sont communiqués par le préfet à l'usinier; ce délai de quinze jours est donné à celui-ci pour produire ses observations.

Les projets dont l'estimation ne dépasse pas cinq mille francs sont approuvés par le préfet, les autres par le ministre des Travaux publics.

En cas d'urgence, l'Administration se réserve le droit de faire exécuter immédiatement les travaux sans consultation préalable de l'usinier (6).

176. La communication préalable des projets ne saurait être prise pour une formalité essentielle. Par suite, son inobservation ne ferait pas obstacle à ce que l'Administration réclamât le paiement de sommes avancées par elle et qui lui sont dues, non seulement en équité, mais encore en vertu du décret de répartition lui-même, acte dont l'autorité ne peut être subordonnée à de simples mesures de détail.

177. L'usinier ne peut, en aucune matière, s'immiscer dans la conduite des travaux; mais il a la faculté d'examiner si les dépenses ont bien été faites dans un intérêt commun. D'autre part, en entreprenant de lui-même et sans autorisation des travaux sur un barrage appartenant à l'État, l'usinier s'exposerait à une contravention de

---

(1) C. d'Ét. cont. 20 janvier 1882, Leb., p. 61.
(2) C'est ce qui arriverait, par exemple, si l'usine était en chômage.
(3) C. d'Ét. cont. 27 mars 1903, Leb., p. 271. V. aussi C. d'Ét. cont. 3 août 1866, Leb., p. 931 (on voulait faire supporter exclusivement par l'usinier les frais d'entretien d'un barrage construit en grande partie pour éviter les inondations).
(4) C. d'Ét. cont. 2 août 1854, Leb., p. 742.
(5) C. d'Ét. cont. 4 mai 1870, Leb., p. 534.
(6) C. d'Ét. cont. 14 décembre 1891, Leb., p. 686 (les usiniers prétendaient que le barrage ayant été reconstruit dans l'intérêt exclusif de la navigation, ils n'avaient point à contribuer à son entretien. L'argument était d'autant moins fondé que le barrage construit par l'État avait remplacé un barrage à l'entretien duquel ces anciens usiniers avaient toujours contribué).
7) Circ. min. trav. publ. 16 mars 1903; art. 2 du modèle de décret.

(1) V. sur la nécessité d'un partage effectif des dépenses. C. d'Ét. cont. 27 mars 1903, Leb., p. 276 et supra, n° 169.
(2) Circ. min. trav. publ. 16 mars 1903; art. 3 du modèle de décret.
(3) Ibid.
(4) V. supra n° 125.
(5) Circ. min. trav. publ. 16 mars 1903; art. 4 du modèle de décret.
(6) Ibid., art. 5 du modèle de règlement.

grande voirie; il n'en serait pas de même si le barrage lui appartenait (1).

178. Les décomptes des travaux sont notifiés à l'entrepreneur; un délai de quinze jours lui est donné pour présenter ses observations (2).

179. Dans le cas où l'usinier, par suite de sa négligence à pourvoir à la conservation des ouvrages laissés exclusivement à sa charge, vient à compromettre les intérêts communs, l'ingénieur de la navigation dresse un procès-verbal avec indication des travaux dont la nécessité a été reconnue. Le préfet notifie ce procès-verbal à l'usinier en fixant un délai à l'expiration duquel, faute par lui d'avoir pris les mesures nécessaires, l'Administration peut procéder d'office à l'exécution des travaux.

Le décompte des travaux lui est notifié et un délai de quinze jours lui est imparti pour présenter ses observations.

Les conséquences que la négligence de l'usinier aurait pu avoir pour les ouvrages entretenus à frais communs sont appréciées suivant les circonstances de l'affaire, sans qu'il y ait lieu de se référer pour la ventilation des dépenses aux dispositions du décret de répartition (3).

180. Les sommes mises à la charge de l'usinier à titre de participation aux frais d'entretien constituent des fonds de concours pour travaux publics; elles sont versées à la caisse du Trésorier payeur général dans un délai qui est habituellement de deux mois et peuvent faire l'objet d'états de recouvrement immédiatement exécutoires, en vertu de l'article 54 de la loi du 13 avril 1898, sauf opposition de la partie intéressée devant la juridiction compétente qui est ici le Conseil de Préfecture. Il ne serait pas possible de prononcer la mise en chômage de l'usine en cas de non-paiement (4).

181. Il pourra être difficile parfois, si le décret de répartition distingue les travaux d'entretien des travaux de réparations de dire dans quelle catégorie rentrent tels ou tels travaux; les circonstances de fait permettront seules de résoudre la question. Il en sera de même si le débat porte sur le point de savoir si les travaux en cause sont des travaux de réparation ou de reconstruction. À ce dernier point de vue, on devra remarquer que la réparation et l'entretien peuvent exiger des travaux neufs. Il n'y aura donc pas reconstruction par le seul fait que des travaux neufs auront été effectués si par ailleurs l'ouvrage primitif subsiste bien dans sa direction, son étendue, sa retenue et sa physionomie générale.

182. Quand les textes réglementaires ne font aucune distinction entre les grosses réparations et les réparations ordinaires, l'usinier est tenu de concourir aux travaux de l'une et de l'autre nature (1).

183. L'État peut-il être tenu, en dehors de tout intérêt direct, d'exécuter les grosses réparations nécessaires au maintien de l'ouvrage? L'affirmative a été jugée (2) dans un cas, très spécial, il est vrai, où une somme importante avait été, à l'origine, versée par l'usinier pour la construction du barrage qu'il s'agit de réparer. Dégagée de cette circonstance, l'obligation de l'Administration se fût-elle affirmée aussi nettement quant aux travaux réclamés en l'espèce? Le doute est possible; il faut pourtant, pour des raisons d'équité, admettre que l'État ne pourrait s'affranchir de l'exécution des travaux indispensables pour empêcher la ruine totale de l'ouvrage.

C'est dans cet ordre d'idées que le Conseil d'État, dans l'examen des projets de décret que lui sont soumis, refuse d'admettre que l'usinier puisse être privé de tout recours contre l'État au sujet de l'entretien du barrage, de sa reconstruction, le cas échéant et de l'état des ouvrages qui en dépendent (3).

184. Le Conseil de Préfecture est, avons-nous dit, compétent pour statuer sur les contestations qui s'élèvent entre l'Administration et les usiniers au sujet des contributions exigées de ces derniers pour l'entretien des ouvrages qui servent à la fois à la navigation et au fonctionnement de l'usine (4). Cette compétence qu'on avait essayé d'expliquer par le caractère administratif du décret de répartition se justifie bien plus aisément par ce fait qu'il s'agit ici du contentieux des offres de concours en matière de travaux publics. Elle laisse intact le droit qu'auraient les tribunaux civils, conformément aux principes généraux, de faire application entre particuliers des décrets de répartition dont le texte ne donnerait lieu à aucune équivoque (5).

185. Le Conseil de Préfecture n'est toutefois appelé à trancher que les litiges portant sur l'exécution du décret de répartition régulièrement intervenu : il ne pourrait se substituer à l'autorité administrative, fixer de lui-même les bases du partage des dépenses ou décider d'avance que les usiniers seraient exonérés de toute contribution (6)

186. Les décrets de répartition peuvent faire l'objet de recours pour excès ou détournement de pouvoir ainsi que pour vice de forme (7).

187. Il est certaines rivières pour lesquelles les dépenses d'entretien des ouvrages communs ont été réparties, une fois pour toutes, par un règlement général ; tel est le cas de la rivière d'Isle (8). Ces règlements s'imposent évidemment à l'Administration comme aux usiniers.

---

(1) C. d'Ét. cont. 7 mars 1873, Leb., p. 213 (il s'agissait d'ailleurs de simples travaux d'entretien et de réparation; une modification radicale des conditions d'écoulement des eaux eût sans doute appelé une autre décision).

(2) Circ. min. trav. publ. 16 mars 1908; art. 6 du modèle de décret. Les art. 5 et 6 n'ont pas de raison d'être quand la part contributive de l'usinier est fixée à forfait.

(3) Circ. min. trav. publ. 16 mars 1908; art. 7 du modèle de règlement.

(4) C. d'Ét. trav. publ. avis 29 juin 1905.

(1) C. d'Ét. cont. 27 juin 1902, Leb., p. 482.

(2) C. d'Ét. cont. 27 mars 1903, Leb., p. 276.

(3) C. d'Ét. trav. publ. avis, 26 février 1903.

(4) C. d'Ét. cont. 14 novembre 1879, Leb., p. 701. V. aussi C. d'Ét. cont. 14 janvier 1869, Leb., p. 49 (on objectait en vain que la demande constituait un recours contre un décret.)

(5) Cass. req. 26 avril 1881. D. P. 82.1.157.

(6) C. d'Ét. cont. 23 janvier 1885, Leb., p. 74.

(7) C. d'Ét. cont. 14 décembre 1894, Leb., p. 686 (sol. impl. a contrario); 27 mars 1903. Leb., p. 274.

(8) D. 21 mai 1853.

187 bis. Le droit d'exiger une contribution à l'entretien des ouvrages créant la retenue de l'usine n'est attribué qu'à l'État. Ainsi le propriétaire d'une usine établie sur un cours d'eau navigable ne peut puiser dans son droit de propriété et en dehors de tout préjudice éprouvé la faculté d'exiger que les concessionnaires de prises d'eau situées en amont lui paient le prix de la force motrice dont ils profitent par suite de l'exhaussement des eaux dû à la chaussée de l'usine (1); mais il pourrait, le cas échéant, demander que les autres intéressés soient, eux aussi, compris au décret de répartition.

§ 3. — Taxes diverses.

188. Les usines hydrauliques sont naturellement soumises à la taxe foncière ainsi qu'à celle des portes et fenêtres. L'impôt des patentes les atteint également suivant l'industrie qui s'y exerce. La valeur locative des immeubles entre en ligne de compte pour la fixation du droit proportionnel; il en est de même de la force hydraulique (2), comme d'ailleurs de tous les moyens matériels de production, suivant l'expression de la loi (3).

La loi du 15 juillet 1880 (art. 11) sur les patentes réduit de moitié le droit fixe applicable aux usines hydrauliques susceptibles de chômer pendant une période d'au moins quatre mois par an, par suite de manque d'eau ou de crue.

SECTION IV.

EXPOSÉ SOMMAIRE DE LA NOUVELLE LÉGISLATION PROJETÉE.

189. Dans l'état actuel des choses, les usines hydrauliques, si l'on excepte celles qui ont fait l'objet de concessions avec déclaration d'utilité publique (4), se présentent sous un régime uniforme, imprégné, avant tout, des principes de notre droit domanial. Ces concessions, qu'il serait plus exact de dénommer permissions, sont essentiellement précaires; mais tant qu'aucun intérêt général inhérent à l'écoulement des eaux ou à la conservation du domaine public ne motive leur révocation, elles se prolongent indéfiniment. Les ménagements que l'Administration est nécessairement contrainte de prendre vis-à-vis d'un établissement depuis longtemps en exercice rendent très rares les exemples de suppression et même d'amoindrissement d'usines hydrauliques, on a donc pu dire, avec raison, qu'en pareille matière le provisoire est définitif et, par contre, la précarité, illusoire. Il n'en reste pas moins à l'encontre de l'industrie hydraulique une présomption d'instabilité susceptible, dit-on, d'entraver l'essor de cette branche de l'activité nationale.

190. On a donc pu reprocher au système actuel, d'une

part, de n'assurer, dans la pratique, avec les apparences d'une rigueur excessive, qu'une insuffisante protection des droits imprescriptibles du domaine public; d'autre part, de n'établir aucune distinction entre les usines et de ne point accorder de garanties spéciales de durée et d'intangibilité à celles dont le fonctionnement est appelé à rendre des services à la collectivité.

191. Ces considérations ont inspiré le Gouvernement dans la préparation du nouveau projet de loi (1), relatif aux usines hydrauliques établies sur les cours d'eau et canaux du domaine public.

192. La nouvelle loi établit une distinction entre l'usine privée où la force hydraulique est employée uniquement à desservir les besoins industriels d'un établissement particulier et dont le fonctionnement n'affecte ainsi que des intérêts privés, et l'usine publique, véritable fabrique d'énergie, destinée à alimenter en force ou en lumière toute une région et qui se rattache ainsi aux intérêts généraux.

Les usines privées placées sous le régime de l'autorisation continuent à être régies par les lois et décrets actuellement en vigueur. Tout en restant essentiellement précaires et révocables, les autorisations qui constituent leur titre ne sont, en aucun cas, valables pour une durée supérieure à cinquante ans (2).

Quant aux usines publiques, elles constituent de véritables entreprises d'utilité générale (3). A ce titre elles font l'objet d'une concession pendant la durée de laquelle le titulaire, sauf le cas de rachat ou de déchéance, restant en possession intangible de son usine, est armé des mêmes droits et soumis aux mêmes obligations que l'Administration elle-même quand elle opère en matière de travaux publics. Le concessionnaire pourra donc exercer certaines coercitions à l'égard de la propriété privée, réclamer le bénéfice de certaines servitudes (droits d'occupation et d'appui). Par contre, l'œuvre dont la réalisation est poursuivie par le concessionnaire doit avant tout répondre au plan et au programme de l'Administration; d'où nécessité de l'établissement d'un cahier de charges réglant avec précision les conditions de fonctionnement du service (4). Enfin, l'usine est, comme en matière de concession de travaux publics, censée avoir été construite pour le compte de l'État et doit faire retour à ce dernier à l'expiration de la concession. Même entre les mains du concessionnaire, elle fait d'ailleurs partie du domaine public et ses dépendances sont soumises au régime de la grande voirie.

193. Le criterium qui doit distinguer les usines privées ou autorisées des usines publiques ou concédées devrait, dans la pensée de l'Administration, être exclusive-

---

(1) Cass. req. 26 avril 1881. D. P. 82.1.157.
(2) V. supra vᵒ IMPOT DIRECT. L. 15 juin 1880, art. 12; C. d'Ét. cont. 17 juin 1892. D. P. 93.5.411.
(3) Une proposition, déposée par M. Cazeneuve à la Chambre des députés, tend à ne pas faire considérer comme moyen matériel de production les éléments fongibles, ce qui exclurait l'énergie hydraulique. V. supra vᵒ USINES.
(4) On ne peut citer comme exemple que l'usine de Jonage, près de Lyon, déclarée d'utilité publique et concédée par la loi du 7 juillet 1892.

(1) Ce projet de loi, déposé le 8 juillet 1908, a été voté à la Chambre des députés en juillet 1909. Il est actuellement (novembre 1909) pendant devant le Sénat.
(2) Les usines autorisées peuvent être exceptionnellement autorisées par le ministre à vendre au public leurs excédents d'énergie ou leurs résidus d'exploitation.
(3) La concession est accordée par un décret rendu dans la forme des règlements d'administration publique; une loi cependant serait nécessaire dans certains cas.
(4) Des types de cahier des charges seront approuvés par décret en Conseil d'État.

ment la destination de l'usine. La Chambre des députés a fait entrer, de plus, en ligne de compte, l'importance de la force motrice produite.

Seraient, en définitive, classées comme usines autorisées les usines qui disposent d'une puissance brute en étiage, d au plus 200 kilowatts et qui n'ont pas pour objet principal le commerce de l'énergie. Toutes les autres usines sont concédées.

194. Une mention spéciale doit être réservée aux usines qui font partie intégrante d'entreprises déclarées d'utilité publique. Ces usines restent, avant tout, placées sous le régime que leur crée la charte organique de l'entreprise dont elles dépendent. Elles peuvent, comme les usines concédées, être autorisées à vendre et employer leur excédent d'énergie et leurs résidus d'exploitation aux conditions fixées par un décret rendu en Conseil d'État.

CHAPITRE II.

USINES ÉTABLIES SUR LES COURS D'EAU NON NAVIGABLES NI FLOTTABLES.

SECTION PREMIÈRE.

RÉGIME JURIDIQUE.

195. Nous avons été déjà amenés, dans les considérations générales formulées plus haut, à signaler les caractéristiques des usines établies sur les cours d'eau non navigables ni flottables (1). Ici ce n'est pas d'une concession bénévole de l'État que les usiniers tiennent la force motrice constituée par ses deux éléments : débit et chute. La masse des eaux courantes échappe, en effet, à toute appropriation privée;mais ses qualités utiles profitent aux riverains. Quant à la pente, elle appartient aussi aux riverains, puisque la loi du 8 avril 1898 attribue à ceux-ci, la propriété du lit du cours d'eau (2).

Nous ne nous arrêterons pas longtemps sur ces textes ; depuis longtemps la jurisprudence admet que l'article 644 du Code civil attribue au riverain le droit de se servir de l'eau non seulement en vue de l'irrigation, mais aussi en vue d'une utilisation industrielle à la condition toutefois qu'il ne détourne pas une quantité d'eau supérieure à celle dont il pourrait user pour l'irrigation. Quant à la loi de 1898, le texte en est clair et précis.

Les droits de l'usinier sont donc ici des droits propres ne découlant pas d'une concession régalienne et dont l'exercice ne peut subir d'aucune contrainte que celles qui résultent des règles de police édictées dans l'intérêt de la collectivité. Et l'autorité administrative puise le droit

d'imposer ces règles dans des textes absolument précis : ce sont les lois des 20 août 1791 et 6 octobre 1791 (tit. 16, art. 2) (1), et, plus récemment, la loi du 8 avril 1898 (art. 11) (2).

196. La sauvegarde des intérêts communs exige donc que les usines des cours d'eau non navigables ni flottables, malgré leur caractère de propriété privée, soient sujettes à réglementation (3). Toutefois, c'est au nom seul de l'intérêt public qu'une pareille matière peut être imposée et les particuliers dont les droits se trouveraient en conflit avec ceux de l'usinier ne peuvent s'adresser qu'aux tribunaux ordinaires. Un exemple fera facilement saisir la distinction. Habile à prescrire toutes les mesures nécessaires pour assurer l'*écoulement* des eaux (4), l'autorité administrative n'a point à intervenir quand il s'agit de régler le mode de *transmission* des eaux au libre cours desquelles il n'est d'ailleurs porté aucune atteinte. Ainsi le fait que l'usine marche par éclusées n'est point de nature à faire intervenir l'Administration si, par ailleurs, ce mode de fonctionnement n'occasionne ni submersions ni destruction des rives. Les propriétaires d'aval auraient simplement la possibilité de se placer sous le couvert de l'article 645, Code civil.

197. D'autre part, les droits de l'Administration ne sont pas les mêmes à l'égard de toutes les usines. Il faut distinguer ceux de ces établissements qui existaient *régulièrement* du temps où les rivières que les alimentent constituaient des propriétés privées entre les mains des seigneurs justiciers. Nous insistons sur le mot *régulièrement*. car dès cette époque (5), il fallait une autorisation (6) pour pouvoir disposer de droits de semblable nature et cette autorisation devait émaner de la puissance alors compétente, c'est-à-dire les seigneurs. Il a donc, à juste titre, paru insuffisant de démontrer que l'usine existait avant 1790, s'il n'était pas prouvé en même temps qu'elle était autorisée à cette époque (7).

_____

(1) C. civ. art. 644. Celui dont la propriété borde une eau courante autre que celle qui est déclarée dépendance du domaine public par l'article 538 peut s'en servir à son passage pour l'irrigation de ses propriétés. Celui dont cette eau traverse l'héritage peut même en user, dans l'intervalle qu'elle y parcourt, mais à la charge de la rendre à la sortie de son fonds à son cours ordinaire.

(2) L. 8 avril 1898, art. 3. Le lit des cours d'eau non navigables ni flottables appartient aux propriétaires des deux rives.

(1) L. 20 *août* 1791. Les administrations départementales sont tenues « de rechercher et d'indiquer les moyens de protéger le libre cours des eaux, d'empêcher que les prairies ne soient submergées par la trop grande élévation des écluses des moulins et par les autres ouvrages d'art établis sur les rivières ».
L. 6 *octobre* 1791. Les propriétaires ou fermiers des moulins et usines construits ou à construire « seront forcés de tenir les eaux à une hauteur qui ne nuise à personne et qui sera fixée par le directoire du département, d'après l'avis du directoire de district ».
(2) L. 8 avril 1898, art. 11. Aucun barrage, aucun ouvrage destiné à l'établissement d'une prise d'eau, d'un moulin ou d'une usine ne peut être entrepris dans un cours d'eau non navigable ni flottable, sans l'autorisation de l'Administration.
(3) Nous avons déjà dit que le droit de réglementation impliquait pour l'Administration droit de reviser les réglementations antérieures.
(4) C. d'Ét. cont. 8 mai 1861 et 17 juillet 1861, Leb., p. 347 et 611; 25 mars 1867, Leb., p. 301; 3 juin 1881. Leb., p. 596; 13 juillet 1883, Leb., p. 655; 9 janvier 1885, Leb., p. 7.
(5) L'idée de la propriété, telle qu'on la concoit de nos jours, ne cadre pas avec celle qu'on avait sous l'ancien régime. Des charges lourdes au début, parfois insignifiantes et souvent nominales surtout dans le dernier siècle, altèrent plus ou moins gravement à nos yeux le caractère de la propriété de cette époque.
(6) C. d'Ét. cont. 15 mars 1844, Cass. 17 juillet 1866. D. P. 66.1.391. V. cep. C. d'Ét. cont. 28 août 1844, Leb., p. 249 (Dans ces espèces qui ne semblent pas devoir faire jurisprudence, il a été fait état de la prescription en faveur des usines).
(7) C. d'Ét. cont. 11 novembre 1881, Leb., p. 855.
Il a été jugé que l'autorisation accordée avant 1790 suffisait alors

198. Les preuves de l'autorisation antérieurement accordée à l'usine ne sont pas toujours faciles à fournir et la jurisprudence a dû à cet égard faire preuve d'un esprit très libéral pour se maintenir dans des limites équitables. C'est ainsi qu'elle a admis que l'autorisation avait pu être tacite ou implicite (1); nous pensons toutefois que ce serait aller trop loin que de reconnaître un effet aussi probant à la simple prescription que n'accompagnerait aucune présomption favorable à l'usinier. Poser un tel principe reviendrait tout simplement à adopter la date de 1760 comme origine des existences légales au lieu de 1790 (2).

199. Encore moins pourrait-on, d'une manière générale, et dans les simples conditions du droit commun, invoquer la prescription pour établir l'existence légale.

200. Quand il est avéré que l'usine existait régulièrement avant 1790, il n'y peut plus être porté atteinte sans indemnité, sauf, comme il a été dit pour les usines des cours d'eau navigables et flottables, quand il s'agit de la sécurité publique, par exemple pour prévenir et faire cesser les inondations (3), ou bien encore dans le cas de la réglementation générale prévue par l'article 9 de la loi de 1898.

201. C'est ici la date des lois abolitives de la féodalité qu'il convient d'envisager. Historiquement, c'est la nuit mémorable du 4 au 5 août 1789 qu'on devrait prendre pour point de départ. Les usines antérieures à cette date sont en effet réputées avoir été fondées ou autorisées par les seigneurs, maîtres des eaux. C'est cependant à la loi des 12-20 août 1790 qu'on est dans l'habitude de se référer. Cette loi a investi l'Administration d'un droit de police générale sur les eaux; mais on pourrait soutenir qu'un tel droit découlait même de l'abolition du régime féodal auquel l'autorité de la nation se trouvait substituée par une sorte de saisine et, par suite, exiger que les usines soient antérieures au 5 août 1789. La question est, il faut le reconnaître, sans grand intérêt pratique et la solution plus libérale qui accepte la date de 1790 a prévalu.

Cette date joue pour les usines des cours d'eau non navigables le même rôle que 1566 pour les usines des cours d'eau navigables. Mais elle n'a d'action que pour permettre d'apprécier si l'usinier a, ou non, droit à indemnité au cas où les mesures prescrites lui porteraient préjudice. Il faut bien le répéter, *toutes* les usines sont soumises à réglementation (4). Et lorsque des doutes

existent sur la question de savoir si cette réglementation doit entraîner, ou non, le paiement d'une indemnité, la réserve des droits de l'usinier à faire valoir les droits qui lui seraient reconnus suffit pour écarter tout reproche d'excès de pouvoir.

202. S'il s'agissait d'une usine dont l'existence légale n'aurait pu être établie qu'après coup, on devrait décider, semble-t-il, qu'elle sera réputée fondée en titre à l'égard de tous les dommages qui viendraient à se produire ultérieurement ou même à l'égard de ceux qui seraient la conséquence de travaux pour lesquels une autorisation régulière ne serait intervenue que plus tard (1).

203. On doit considérer comme ayant existence légale toutes les usines qui ont fait l'objet de ventes nationales (2). Les règles sont ici les mêmes que quand il s'agit d'usines sur cours d'eau navigables.

204. Auraient également existence légale les usines existant avant 1566 sur un cours d'eau du domaine public qui viendrait à être déclassé ou bien celles qui existaient, en vertu de titres réguliers, sur les cours d'eau dans les territoires réunis à la France depuis 1790.

205. On peut donc dire que les usines situées sur les cours d'eau non navigables constituent des propriétés privées, soumises toutefois dans un intérêt supérieur de police à une réglementation particulière. Mais précisément parce que le droit de l'Administration réserve tous les droits résultant de titres privés, le propriétaire de l'usine ne peut, pour se soustraire à la réglementation, alléguer que le cours d'eau qui alimente l'usine prend naissance dans un terrain lui appartenant et qu'il le possède ainsi à titre de source (3). Encore moins peut-il se retrancher derrière ce fait que le canal d'amenée est sa propriété.

206. Il n'y a guère d'ailleurs à s'occuper des usines qui ne seraient alimentées que par des sources. Le cas serait rare; car la source, qui, par elle-même, n'offre pas de pente, devient tout de suite un cours d'eau. Si cependant l'hypothèse venait à se réaliser, l'Administration ne pourrait ici intervenir pour la répartition des eaux que dans les conditions indiquées par l'article 642, Code civil, modifié par la loi du 8 avril 1898, c'est-à-dire pour empêcher que l'usage des eaux soit enlevé aux agglomérations visées par le paragraphe dernier dudit article et aussi, semble-t-il, s'il s'agissait de prescrire les mesures réclamées pour la sécurité et la salubrité publiques. Mais il n'appartiendrait pas aux autorités administratives d'intervenir à l'effet de faire respecter les droits privés que des particuliers auraient acquis à l'usage des eaux de la source dans les conditions

---

même que la construction de l'usine n'avait eu lieu qu'après cette date. Toutefois une permission de l'autorité administrative était devenue obligatoire depuis cette époque pour établir les ouvrages en rivière. C. d'Ét. cont. 1er février 1851, Leb., p. 83.

(1) C. d'Ét. cont. 20 juillet 1846, Leb., p. 420; 1er février 1855, Leb., p. 100; 13 juin 1860, Leb., p. 453; 15 juin 1883, p. 571.

(2) V. C. d'Ét. cont. 28 août 1844, Leb., p. 526; 18 juin 1852, Leb., p. 249.

(3) Il semble qu'on doit assimiler aux inondations l'interception par les eaux de certaines voies de communication et la nécessité d'y remédier. V. C. d'Ét. cont. 12 février 1857, Leb. p. 135; 19 mars 1868, Leb., p. 325

(4) V. C. d'Ét. cont. 10 février et 27 juillet 1859, Leb., p. 117 et 513; 23 mars 1870, Leb., p. 328; 3 juin et 16 décembre 1881, Leb., p. 596 et 988; 20 novembre 1891, Leb., p. 681; 23 mars 1900, Leb.,

p. 241. V. aussi C. d'Ét. cont. 3 juillet 1888, Leb., p. 600 (cours d'eau d'Algérie). C. d'Ét. cont. 22 avril 1865, Leb., p. 455; 29 janvier 1886, Leb., p. 93.

(1) C. d'Ét. cont. 26 mai 1881, Leb. p. 832.

(2) C. d'Ét. cont. 11 juillet 1841, Leb., p. 110; 25 juin 1845, Leb., p. 362; 29 juillet 1846, Leb., p. 420; 5 septembre 1846, Leb., p. 468; 1er juin 1852, Leb., p. 249.

(3) C. d'Ét. cont. 9 février 1854, Leb., p. 91.

prévues à l'avant-dernier paragraphe de l'article 642, C. civ. (modifié par la loi du 8 avril 1898).

207. Nous n'avons pas à insister ici sur les particularités que présentent, en tant que propriétés privées, les usines établies sur les cours d'eau non navigables; une pareille matière (1) sortirait en effet du cadre d'une étude qui doit rester circonscrite dans les limites du droit administratif.

208. En quelques lignes, rappelons seulement qu'on a longuement discuté sur le caractère juridique du droit qui découle pour l'usinier de sa situation de riverain d'un cours d'eau non navigable ni flottable. On a voulu y voir une servitude active en se fondant sur la place que la disposition y relative occupe dans le Code civil. Cet argument n'est pas très convaincant, car le Code a placé dans le titre IV du livre II toute une série de dispositions qui, comme le bornage, la clôture et la mitoyenneté ne se rattachent pas à l'exercice de servitudes. D'autre part, est-ce vraiment un droit réel? Oui, en ce sens qu'il découle de la situation de l'immeuble et qu'il existe au profit du propriétaire du terrain à l'encontre de tout autre prétendant. Mais il est en même temps soumis aux restrictions, aux fluctuations que comporte l'exercice éventuel, mais toujours possible, du contrôle de l'autorité administrative, sans toutefois qu'on puisse prétendre que celle-ci crée le droit dont elle ne fait que réglementer l'exercice.

Dans une certaine mesure au contraire, le droit de l'usinier revêt un caractère personnel par ce fait qu'il n'est nullement tenu de faire usage de l'eau sur le bord même de la rivière; il peut la dériver et l'envoyer dans une usine établie dans l'*hinterland* de son domaine, peut-être à une grande distance du cours d'eau (2).

208 *bis*. Bien que, dans certaines propositions de lois relatives à l'utilisation des forces hydrauliques, on ait préconisé le système de la licitation des droits des riverains, on admet plus généralement que les riverains ne sont tenus les uns vis-à-vis des autres que par une obligation négative, celle de ne rien faire qui préjudicie aux autres intéressés (3).

Les usiniers établis sur le même cours d'eau n'ont donc pas d'autre lien entre eux que celui que peut faire naître la possession d'un ouvrage commun : barrage, canal d'amenée (4) ou celui qui résulterait d'une communauté accidentelle d'intérêts.

209. En règle habituelle, les canaux d'amenée des usines hydrauliques sont censés être les accessoires de celles-ci et par suite sont présumés appartenir à l'usi-

nier (1). Les propriétaires des diverses usines situées sur ces canaux se trouvent donc les uns vis-à-vis des autres dans la situation de communistes; par suite ils ne peuvent rien faire qui préjudicie aux droits des consorts, mais jouissent, dans ces limites, des attributs de la propriété (2).

210. Les droits des usiniers sur les cours d'eau non navigables ni flottables peuvent se perdre non par le non-usage, mais par la prescription acquisitive au profit du tiers qui a opposé à ces droits une contradiction assez caractéristique pour annoncer de sa part la volonté d'y faire obstacle (3).

211. Même sur les cours d'eau non navigables ni flottables, il peut exister des usines qui ne soient pas la propriété des riverains ou de leurs ayants droit. Certains cours d'eau de cette nature peuvent, en effet, se trouver incorporés dans une concession de travaux publics ou dans un ouvrage de l'État (4). S'ils concourent directement à l'œuvre d'utilité générale, ils entrent ainsi dans le domaine public, mais à un autre titre et dans d'autres conditions, il est vrai, que s'ils étaient navigables. Les usines qu'ils alimentent ne doivent donc pas être assimilées de tous points à celles qui existent sur les cours d'eau et canaux officiellement classés comme navigables ou flottables. Si la rivière reste sous la gestion directe de l'Administration, les usines qui s'y installent jouiront en général de la situation faite aux locataires des biens de l'État; si elle est comprise dans l'ensemble d'une concession, c'est le texte organique de cette concession qui permettra de définir la nature des droits qui pourront être attribués à l'usinier, droits qui, si l'on peut se permettre cette image, resteront toujours circonscrits à l'intérieur des droits conférés au concessionnaire par l'État lui-même.

212. Les concessions faites à titre de baux emphytéotiques perpétuels par les seigneurs hauts justiciers, alors que ceux-ci étaient propriétaires des cours d'eau non navigables ou flottables, subsistent dans toute leur vigueur sans qu'on puisse leur opposer l'article 644, Code civil (5).

213. Les règles générales que nous avons indiquées plus haut comme limitant et précisant la portée du droit de l'Administration sont applicables ici; elles peuvent se résumer dans cette simple formule : légitimité absolue de toutes les mesures prescrites en vue d'assurer l'écoulement, l'utilisation naturelle et la répartition des eaux ainsi que la protection contre les inondations; illégitimité de toutes les dispositions réglementaires prises pour sau-

---

(1) La question, habituellement d'ordre civil, peut se présenter comme étant de la compétence commerciale; l'achat de droits de riveraineté et les conventions intervenues pour l'aménagement de chutes d'eau pour les revendre à des tiers relèvent en effet de la juridiction commerciale. Chambéry, 21 janvier 1903. D. P. 1905.2.393.
(2) Cf. Cass. 7 janvier 1888. D. P. 88.1.75; Grenoble, 7 août 1901. D. P. 1902.2.225.
(3) V. en matière d'arrosage, Cass. 8 janvier 1863. D. P. 68.1.116.
(4) V. *infra* n° 209.

(1) Cass. req. 21 octobre 1903. D. P. 1904.1.511. Cette présomption est d'ailleurs *juris tantum*. Req. 14 mars 1888. D. P. 90.2.29.
(2) Cass. req. 21 novembre 1898. D. P. 99.1.116; 8 janvier 1901. D. P. 1901.1.277; 20 mai 1903. D. P. 1906.1.8.
V. aussi Cass. civ. 26 mars 1878. D. P. 79.1.351; 28 novembre 1900 D. P. 1901.1.497.
(3) Grenoble, 28 janvier 1903. V. Cass. 15 novembre 1904. D. P. 1907.1.346 (établissement d'un barrage).
(4) Tel est le cas des cours d'eau non navigables transformés en rigoles d'alimentation des canaux navigables, cas qui se présente notamment sur le canal du Midi.
(5) Cf. Cass. req. 15 novembre 1904. D. P. 1907.1.346.

vegarder des intérêts privés (1) ou pour assurer la réalisation d'accords particuliers.

214. Il faut insister sur ce point que, précisément, parce que l'on se trouve en présence d'une propriété privée, il n'est pas loisible à l'Administration de porter atteinte aux droits de l'usinier, même à charge de payer une indemnité, dans tous les cas où la mesure préjudiciable n'est pas commandée par un intérêt public. La preuve de cet intérêt ne réside d'ailleurs pas nécessairement dans une déclaration préalable d'utilité publique.

215. Le caractère général de la réglementation des usines sur cours d'eau non navigables ni flottables se trouve ainsi défini par la nature même du droit des propriétaires de ces usines; nous arrivons donc très rapidement à l'étude des questions de détail concernant cette réglementation.

216. Constatons, en terminant qu'une usine située sur un cours d'eau non navigable ni flottable a été considérée comme soumise au régime des établissements installés sur les cours d'eau de cette nature bien qu'on prétendît qu'elle était aussi alimentée par la dérivation d'une rivière navigable (2). Il y a là, avant tout, une question de fait à examiner. On ne saurait, en effet, dissocier d'une manière absolue les diverses rivières dont le niveau influe sur le fonctionnement de l'usine. A juste titre, le propriétaire d'un moulin situé sur l'affluent non navigable d'un cours d'eau navigable a été reconnu fondé à se plaindre du tort que lui causait l'établissement sur la rivière navigable d'un barrage faisant refluer les eaux et diminuant la hauteur de chute du moulin (3).

SECTION II.

RÉGLEMENTATION DES USINES.

§ 1. — Formes de l'instruction.

217. Ainsi que nous l'avons dit tout à l'heure, toutes les usines établies sur les cours d'eau non navigables ni flottables sont soumises à réglementation, la seule question à résoudre, en tenant compte de la date de fondation de l'usine ainsi que des causes de la réglementation, est celle de savoir si l'usinier est, ou non, fondé à réclamer une indemnité. Nous avons indiqué plus haut les principes généraux qui doivent servir de guide en pareille matière; il ne nous reste plus qu'à faire connaître les dispositions habituelles des actes réglementaires.

218. L'autorité administrative, dit l'article 8 de la loi du 8 avril 1898, est chargée de la conservation et de la police des cours d'eau non navigables ni flottables. Mais, tandis qu'il est nécessaire de procéder par décret rendu après enquête quand il s'agit de fixer le régime général

de ces cours d'eau, le préfet est compétent (1) pour statuer sur les demandes ayant pour objet :

1° l'établissement d'ouvrages intéressant le régime ou le mode d'écoulement des eaux ;

2° la régularisation de l'existence des usines et ouvrages établis sans permission et n'ayant pas de titre légal;

3° la révocation ou la modification des permissions précédemment accordées.

Le préfet agit en la circonstance sous le contrôle et l'autorité du ministre de l'Agriculture de qui relèvent les cours d'eau non navigables ni flottables (2). Son intervention peut s'exercer même à l'égard d'usines antérieurement réglementées par des décrets (3).

219. En principe, c'est le préfet du département où est située l'usine qui est compétent pour effectuer les actes nécessaires de réglementation. Cependant, il n'y a pas à faire preuve ici d'un trop grand rigorisme; car il importe de noter que le préfet intervient dans la matière comme délégué du pouvoir central bien plutôt que comme représentant du département. Pourvu que les enquêtes aient été ouvertes dans les deux départements, pourvu que les deux préfets se soient concertés en tant que de besoin, le reste est d'importance secondaire. Ainsi un préfet a été reconnu compétent pour réglementer une usine située dans son département, alors même que les mesures prescrites intéressaient plus spécialement un autre département (4); par contre, un préfet a pu valablement, pour préserver des terrains situés dans son département, réglementer une usine alimentée par un cours d'eau mitoyen, alors même que la plus grande partie des bâtiments de l'usine se trouvaient dans le département voisin (5).

220. Les arrêtés réglementaires ne constituent pas, il est à peine besoin de le dire, des titres de propriété; ils forment la charte propre de l'établissement, mais sans rien préjuger de la légitimité des droits de celui qui détient le dit établissement. Cependant, un préfet invité à réglementer une usine a cru devoir différer jusqu'à ce que le litige portant sur la propriété de ladite usine ait été tranché par l'autorité compétente, et le Conseil d'État a déclaré qu'une telle décision n'était pas susceptible de recours contentieux (6). Il faut peut-être, pour bien saisir cet arrêt, remarquer que les compétitions de propriété s'étaient traduites par de vives oppositions à l'enquête, lesquelles paralysaient l'œuvre administrative.

221. Il existe encore un certain nombre d'usines non réglementées, soit parce que l'instruction entamée s'est trouvée accidentellement interrompue et n'a pas été reprise, soit parce qu'aucune réclamation n'ayant jamais été formulée, l'intervention de l'Administration n'a pas eu à se produire. La situation de ces usines n'a pas été régularisée; mais on ne pourrait pas dire qu'elle est irrégulière.

(1) C. d'Ét. cont. 21 juillet 1870, Leb., p. 926.
(2) C. d'Ét. cont. 7 août 1874, Leb., p. 820.
(3) C. d'Ét. cont. 21 février 1867, Leb., p. 188.

(1) Avant la loi de 1898, le préfet tirait sa compétence des décrets de décentralisation des 25 mars 1852 et 13 avril 1861.
(2) D. 14 novembre 1881.
(3) C. d'Ét. cont. 26 juillet 1855, Leb., p. 558.
(4) C. d'Ét. cont. 2 février 1900, Leb., p. 88.
(5) C. d'Ét. cont. 3 août 1877, Leb., p. 792.
(6) C. d'Ét. cont. 18 mai 1888, Leb., p. 458.

Nous l'avons dit, l'usager des eaux d'une rivière non navigable est, en principe, investi d'un droit propre et préexistant, susceptible, il est vrai, d'être limité, mais qui n'a pas besoin d'être officiellement consacré, encore moins expressément attribué. Il n'y aura donc pas a priori de contravention à relever contre l'usinier non réglementé auquel ne serait imputé par ailleurs aucun fait interdit par les règlements sur la police des eaux.

222. L'autorisation n'est nécessaire que pour les travaux qui, ayant trait au fonctionnement de l'usine, peuvent compromettre l'écoulement des eaux. Mais, en ce cas, il est nécessaire de renouveler l'autorisation toutes les fois que de nouveaux travaux s'exécutent (1).

223. *Quid* de celui qui établit une usine nouvelle sans autorisation?

Dans ce cas, la contravention existe puisqu'il y a obstacle à l'écoulement des eaux; toutefois, sur les cours d'eau non navigables ni flottables, une telle infraction n'est pas du domaine de la grande voirie et n'appelle que les pénalités des articles 457 et 471, 15°, Code pénal, avec, il est vrai, la sanction très efficace que donne le droit de démolition dont l'autorité administrative est investie en vertu de ses pouvoirs généraux de police.

La même solution est applicable au cas de reconstruction sans autorisation d'une usine primitivement autorisée et ensuite démolie (2).

224. Est-il besoin de dire que lorsqu'une usine n'a pas été réglementée, aucun avantage ne peut résulter pour l'usinier de cette situation particulière? D'ailleurs, les préfets ont été invités par la circulaire du ministre de l'Agriculture du 1er juillet 1906, à prendre pour chaque cours d'eau un arrêté réglementaire conforme au type annexé à ladite circulaire. Or, ledit texte (3) déclare les usiniers non réglementés responsables de la surélévation des eaux, soit qu'elle résulte du défaut de vannes de décharge en temps utile, soit qu'elle provienne de la trop grande hauteur du déversoir ou de l'insuffisance des ouvrages de décharge.

225. La forme de l'instruction qui doit précéder les arrêtés préfectoraux a été déterminée par le décret du 1er août 1905, que nous avons étudié en traitant des usines établies sur les cours d'eau navigables et flottables. Nous nous bornerons donc à signaler les particularités spéciales aux usines dont nous nous occupons présentement. Pour les détails d'application, on pourra se reporter aux circulaires des 1er juillet 1906, 23 juillet 1851 (4) et 26 décembre 1884.

226. Les indications à fournir par le demandeur sont celles qui sont détaillées à l'article 2 du décret du 1er août 1905 et qui ont été mentionnées *supra* n° 70. De plus, lorsqu'il s'agit d'un barrage comportant la submersion des rives en amont, la demande doit être accompagnée d'un projet complet du barrage ainsi que d'un mémoire justifiant les dispositions projetées et faisant connaître le mode de fonctionnement de l'ouvrage (1).

Le demandeur est tenu de justifier qu'il a la libre disposition des parcelles nécessaires à l'établissement des ouvrages (2). Les facilités spéciales que les lois du 29 avril 1845 et du 11 juillet 1847 ont instituées en faveur des prises d'eau d'irrigation ne sont pas, dans l'état actuel de la législation, applicables aux prises d'eau industrielles (3). Mais si, autorisée par une loi spéciale, l'usine tirait de ladite loi les moyens de coercition nécessaires à l'égard de la propriété privée, les justifications ci-dessus énoncées ne seraient plus nécessaires (4).

227. Les règles tracées pour l'instruction proprement dite des demandes sont celles qui sont posées par les articles 5, 6, 8, 9, 11, 12, 13, 14, 15, 16, 17 et 18 du décret du 1er août 1905. Lorsqu'il s'agit d'un barrage comportant la submersion des rives en amont ou lorsque la chute projetée doit avoir en moyenne une puissance supérieure à 100 poncelets (6), le préfet doit, avant de statuer, soumettre le projet au ministre de l'Agriculture. Dans le cas d'une usine de plus de 100 poncelets le ministre de l'Agriculture doit même être avisé de la demande dès qu'elle se produit (7).

228. L'inobservation de la règle, d'ordre intérieur, qui prescrit, dans certains cas, la communication du dossier au ministre de l'Agriculture, ne semble pas devoir vicier la réglementation légalement faite par le préfet. — Mais le ministre resterait libre, à titre de supérieur hiérarchique, d'annuler l'arrêté préfectoral et la décision qu'il prendrait ainsi ne serait pas susceptible d'un recours pour excès de pouvoir (8).

229. Les arrêtés réglementaires peuvent être attaqués pour excès de pouvoir par tous ceux qui sont en état d'établir qu'ils contiennent des dispositions en contradiction formelle avec leurs droits (9). Contre les effets de la réglementation qui, sans qu'il y ait eu violation d'un droit préexistant, portent préjudice aux tiers, ceux-ci ont le recours en indemnité devant les tribunaux ordinaires (10).

§ 2. — *Règlement général des usines établies sur les cours d'eau non navigables ni flottables.*

230. Toute usine établie sur un cours d'eau non navigable est d'abord soumise aux prescriptions générales du règlement applicable au dit cours d'eau et que le

---

(1) C. d'Ét. cont. 24 mai 1851, Leb., p. 391.
(2) V. C. d'Ét. cont. 19 décembre 1855, Leb., p. 754.
(3) Art. 9 *in fine*.
(4) Certaines dispositions de cette circulaire ont pris place dans le décret du 1er août 1905.

(1) D. 1er août 1905, art. 2.
(2) Le projet de loi préparé par le ministre de l'agriculture (V. *infra*, n° 246 et suiv.) consacre à cet égard une innovation.
(3) C. d'Ét. cont. 12 juillet 1855, Leb., p. 514.
(4) Circ. min. agr. 26 décembre 1884.
(5) V. *supra* n° 73 et suiv.
(6) V. *supra*, n° 161.
(7) Circ. min. agr. 3 juillet 1906.
(8) C. d'Ét. cont. 19 mars 1868, Leb., p. 325.
(9) C. d'Ét. cont. 4 février 1876, Leb., p. 116.
(10) Cass. req. 16 avril 1873. D. P. 73.1.376; 26 juin 1876. D. P. 77.1.227.

préfet a dû prendre en exécution de la circulaire du ministre de l'Agriculture du 1er juin 1906. Ces prescriptions sont, en raison même de leur ampleur, un peu imprécises et c'est pourquoi un arrêté préfectoral spécial a besoin d'intervenir pour donner aux obligations de l'usinier un caractère plus net et, par là même, plus directement coercitif.

231. D'une façon générale, les déversoirs et vannes de décharge doivent toujours être entretenus libres et il est défendu d'y placer aucune hausse. Les usiniers et usagers de barrages sont responsables de la surélévation des eaux tant que les vannes de décharge ne sont pas levées à toute hauteur.

Les usiniers et usagers de barrages ne doivent faire aucune lâchure susceptible de causer des inondations et sont tenus d'assurer l'entretien constant de leurs ouvrages sujets à réglementation de façon à prévenir tout accident.

A défaut de titre réglementaire qui fixe la hauteur légale de la retenue, les eaux ne doivent pas dépasser le dessus du déversoir ou de la vanne de décharge la moins élevée, s'il n'existe pas de déversoir (1).

232. Les usiniers doivent tenir leurs vannes ouvertes tant pour l'exécution que pour la réception des travaux de curage pendant les jours et heures qui sont fixés par des arrêtés préfectoraux.

Ils doivent assurer la transmission des eaux de manière à ne jamais compromettre ni la salubrité publique ni l'alimentation des hommes et des animaux ni la satisfaction des besoins domestiques. Ils ne doivent en aucun cas nuire à l'utilisation générale des eaux en apportant sur une grande longueur au régime des cours d'eau des modifications susceptibles d'empêcher l'exercice des droits de toute nature sur les eaux, notamment des droits d'arrosage (2).

233. Enfin les usiniers ne peuvent ni déverser ni laisser écouler, soit directement soit indirectement, dans le lit des cours d'eau des matières, des résidus ou des liquides capables soit d'occasionner des envasements ou des obstructions, soit de compromettre la salubrité, soit de rendre les eaux impropres aux usages domestiques agricoles et industriels ainsi qu'à la conservation du poisson (3).

234. Indépendamment des prescriptions d'ordre général que nous venons de signaler, les usines sont, du moins dans la plupart des cas, soumises à une réglementation particulière édictée par un arrêté préfectoral qui forme, pour ainsi dire, la charte de l'établissement, que celui-ci d'ailleurs soit, ou non, fondé en titre. Les arrêtés préfectoraux ainsi pris sont conformes à un type fixé par une circulaire ministérielle du 26 décembre 1884 (4).

235. Nous ne pourrions, sans nous exposer à des re-

dites, reproduire ici *in extenso* le modèle de réglement applicable aux usines établies sur les cours d'eau non navigables ni flottables, modèle qui d'ailleurs est, sur bien des points, identique au document similaire en vigueur sur les cours d'eau navigables et flottables. Nous croyons devoir nous borner à une analyse rapide au cours de laquelle nous signalerons les particularités spéciales au cas qui nous occupe.

236. Remarquons dès le début qu'il se peut que certaines prescriptions de l'arrêté préfectoral portant règlement général du cours d'eau ne s'accordent pas parfaitement avec les dispositions de l'arrêté spécial antérieurement pris pour réglementer l'usine. En pareil cas, il semble qu'il y a lieu d'appliquer la règle « *Speciei per genus non derogatur* » et de donner la supériorité aux données de l'acte spécial.

237. En des termes qui diffèrent trop peu du règlement-type sur les cours d'eau navigables pour justifier de longues explications, le modèle en vigueur pour les usines établies sur les cours d'eau non navigables ni flottables fait connaître, dans les articles 1 à 6, l'objet de la réglementation, détermine le niveau légal de la retenue (1), prescrit d'une manière générale l'établissement d'un déversoir et d'un vannage de décharge et règle les conditions d'établissement des canaux de décharge (2). On ne trouve, aucune disposition spéciale faisant connaître le débit maximum qui peut être dérivé; cette lacune ne présente pas ici d'inconvénients puisqu'il ne s'agit pas d'attribuer par concession une quantité d'eau déterminée, mais simplement de régler l'exercice d'un droit préexistant portant presque nécessairement sur la totalité des eaux qui peuvent être utilisées sans nuire à l'intérêt général.

238. L'article 7 impose la pose d'un repère définitif; l'article 8 oblige l'usinier à lever les vannes de décharge pour ramener les eaux au niveau légal de la retenue si celui-ci vient à être dépassé. Toutefois les sanctions ne sont pas ici les mêmes que sur les cours d'eau navigables et flottables; car il ne peut être question d'une contravention de grande voirie puisque le fait de l'usinier ne saurait mettre en péril la navigation.

239. Rien de bien saillant à noter dans les articles 9 et 10 relatifs à la pureté des eaux déversées ainsi qu'aux mesures à prendre pour assurer la libre circulation du poisson, non plus que dans les articles 11 et 13 qui obligent l'usinier à se conformer aux lois et règlements du service des forêts et du service des douanes ainsi qu'aux règlements sur la police des eaux.

On ne trouve ici, cela va de soi, aucune clause relative au paiement d'une redevance; les velléités que l'administration avait pu manifester à cet égard ont été réprimées par le Conseil d'État (3).

---

(1) Modèle de règlement général de cours d'eau joint à la circulaire du 1er juillet 1906 art. 9.
(2) *Ibid.*, art. 10 et 11.
(3) *Ibid.*, art. 12.
(4) La révision de ce document est à l'étude.

---

(1) Il n'y a pas ici naturellement à parler du niveau normal de navigation.
(2) Évidemment les canaux de fuite rentrent dans cette appellation.
(3) C. d'Ét. cont. 13 juin 1869, Leb., p. 458.

240. Une disposition qui ne pouvait avoir de similaire dans le règlement-type des usines établies sur les cours d'eau du domaine public est celle qui a trait au curage. Aux termes de l'article 12 du modèle d'arrêté que nous étudions, toutes les fois que la nécessité en est reconnue et qu'il en est requis par l'autorité administrative, l'usinier est tenu d'effectuer le curage à vif fond et vieux bords du bief de la retenue dans toute l'amplitude du remous, sauf l'application des règlements ou usages locaux et sauf le concours qui pourrait être réclamé des riverains suivant l'intérêt que ceux-ci auraient à l'exécution de ce travail. Les riverains peuvent, d'ailleurs, lorsque le bief n'est pas la propriété exclusive de l'usinier, opérer s'ils le préfèrent, le curage eux-mêmes et à leurs frais, chacun au droit de soi et dans la moitié du lit du cours d'eau (1).

241. Le règlement-type du 26 décembre 1884 prévoit la fixation de délais pour l'exécution des ouvrages ainsi que la déchéance ou la mise en chômage de l'usinier qui aurait laissé passer ces délais (2). Toutefois de semblables mesures coercitives ne peuvent être édictées contre les usines fondées en titre encore cependant que l'Administration puisse prendre d'office les mesures nécessaires pour assurer l'écoulement des eaux.

Le règlement stipule enfin que l'usinier ne peut prétendre à aucune indemnité si, à quelque époque que ce soit, l'administration reconnaît nécessaire de prendre dans l'intérêt de la salubrité publique, de la police et de la répartition des eaux, des mesures qui le privent, d'une manière temporaire ou définitive, de tout ou partie des avantages résultant de la réglementation. « *Tous droits antérieurs réservés* », ajoute l'article qui traduit là le principe général signalé plus haut. On a toutefois critiqué, non sans raison, cette expression qui semble reconnaître le droit à indemnité de l'usinier lorsque ce dernier perd une partie des avantages dont il bénéficiait avant sa nouvelle autorisation; ainsi entendue, la formule serait inexacte; car on s'accorde à reconnaître que les usines, à quelque date qu'elles remontent, doivent subir sans indemnité les mesures restrictives commandées par les nécessités de l'écoulement, de la répartition des eaux et de la préservation contre les inondations (3).

242. Rappelons enfin que l'usinier est libre de modifier les dispositions intérieures et même extérieures de l'usine, à condition de respecter les prescriptions de l'arrêté réglementaire (4); il est aussi absolument libre de transformer la destination de son usine et les restrictions qui sont formulées à cet égard en ce qui concerne les usines concédées sur les cours d'eau du domaine public sont ici sans application.

243. Nous avons déjà vu que la déchéance et la mise

en chômage peuvent sanctionner l'inobservation par l'usinier des délais qui lui ont été impartis pour l'exécution des travaux. D'une façon générale, ces mesures de rigueur peuvent sans excès de pouvoir être stipulées à l'encontre de l'usinier qui viole les conditions essentielles de son acte réglementaire (1). C'est, toutefois, à la condition expresse qu'il s'agit d'une usine à créer et pour l'établissement de laquelle une autorisation est sollicitée ou bien d'une usine existante et qui n'avait pas encore été réglementée. Il ne pourrait être question d'agir de la sorte à l'encontre d'une usine ayant existence légale. En présence de cette dernière hypothèse, la circulaire du 26 octobre 1884 a très expressément supprimé du type de règlement les clauses de déchéance et de mise en chômage.

244. La réserve des droits des tiers est naturellement formulée dans ce cas, comme lorsqu'il s'agit d'usines établies sur les cours d'eau du domaine public. D'une façon générale, une pareille stipulation prémunit les arrêtés contre les recours pour excès de pouvoir qui seraient exclusivement fondés sur la violation de droits préexistants contradictoires à ceux de l'usinier. L'Administration doit évidemment éviter d'opérer une réglementation notoirement en désaccord avec des droits reconnus et consacrés (2); que ces droits compètent à l'usinier ou au contraire aux riverains.

Mais s'il y a là une sage règle de conduite, il n'y a pas un principe absolu. Aussi si des doutes sont possibles sur les prétentions émises et surtout si l'on se trouve en présence d'une usine déjà existante, il convient d'éviter les mesures qui entraveraient le jeu de l'usine dans l'intérêt exclusif des établissements similaires voisins (3). Ajoutons que, d'ailleurs, de semblables prescriptions encourraient la censure du Conseil d'État et que, d'autre part, là où l'administration a cru devoir se maintenir sur la réserve, les droits et intérêts particuliers lésés trouvent une protection suffisamment efficace devant la juridiction ordinaire (4).

245. La réserve des droits des tiers laisse subsister les actions civiles que ceux-ci croiraient devoir intenter contre l'usinier, alors même que celui-ci se serait renfermé dans les termes de son arrêté réglementaire (5).

Subsistent également les droits de l'Administration de faire appel aux sanctions pénales en raison de faits reconnus délictueux (6).

---

(1) Cette matière rentre d'ailleurs dans le cadre général de l'étude du régime des eaux. Nous devons donc renvoyer le lecteur au mot : Eaux.
(2) C. d'Ét. cont. 18 novembre 1852.
(3) V. *supra* nᵒˢ 195 et suiv.
(4) C. d'Ét. cont. 21 avril 1854, Leb., p. 340; 28 juillet et 6 décembre 1866, Leb., p. 884 et 1106; 9 janvier et 9 mars 1867, Leb., p. 20 et 462, 15 mai 1871, Leb., p. 449.

(1) Clauses de déchéance. C. d'Ét. cont. 19 mars 1868, Leb., p. 325; 26 février 1870, Leb., p. 186 ; 12 mars 1875, Leb. p. 247.
Clauses de mise en chômage. C. d'Ét. cont. 19 mars 1868, Leb., p. 325; 14 août 1871, Leb., p. 125; 12 mars 1875, Leb., p. 247
(2) C. d'Ét. cont. 9 mai 1867 (la retenue avait été fixée à une cote correspondant aux droits de submersion que l'usinier tenait de décisions judiciaires définitives); 14 août 1871, Leb., p. 125.
(3) C. d'Ét. cont. 26 février 1863, Leb., p. 184; 21 mai 1867, Leb., p. 501; 13 avril 1870, Leb., p. 445; 4 décembre 1874, Leb., p. 957.
(4) C. d'Ét. cont. 13 février 1880, Leb., ; Conf. 26 décembre 1874, Leb., p. 1036. Cass. req. 16 avril 1873. D. P. 73, [1. 376; 10 avril 1883; 18 octobre 1886.
(5) Conf. 26 décembre 1874, Leb., p. 1036; Cass. 22 janvier 1868. D. P. 68.1.197. Cass. req. 16 avril 1873. D. P. 73.1.376; 26 juin 1876. D. P. 77.1.227.
(6) Cass. crim. 31 mai 1845.

SECTION III.

EXPOSÉ SOMMAIRE DE LA NOUVELLE LÉGISLATION PROJETÉE.

246. Le développement, de plus en plus considérable, de l'industrie hydroélectrique ne pouvait manquer d'exercer son influence sur le régime des usines, à quelque cours d'eau qu'elles empruntassent leur force. Nous avons déjà vu qu'un projet de loi, déposé par le ministre des Travaux publics et actuellement pendant devant le Sénat, règle à nouveau la question en ce qui concerne les usines établies sur les cours d'eau et canaux du domaine public. Un projet, pour ainsi dire symétrique, relatif aux usines hydrauliques établies sur les cours d'eau non navigables ni flottables a été déposé par le ministre de l'Agriculture à la Chambre des députés. Ce projet de loi a fait l'objet d'un remarquable rapport de M. Lebrun, rapport qui malheureusement n'a pu venir en discussion jusqu'ici (1).

247. Les deux projets de loi dont il vient d'être parlé visent tous deux à assurer le développement de l'industrie hydraulique. Ils partent l'un et l'autre d'une idée semblable : la distinction des usines en deux catégories principales.

Celles qui continuent à vivre leur existence isolée, égoïste, pour ainsi dire, ne demandant aucune assistance à l'Administration, mais échappant par contre à toute charge spéciale;

Celles qui, en échange des pouvoirs de contrainte que l'Administration mettra à leur disposition pour vaincre des résistances particulières, se soumettront à certaines charges, à certaines prestations.

Mais la diversité des régimes juridiques (2) des deux catégories de cours d'eau crée, malgré cette communauté de point de départ, des différences capitales entre les deux projets. Celui de l'Agriculture *accueille;* il a pour but de donner à l'usinier, qui en fait la demande, les moyens de tirer le meilleur emploi d'un bien qui lui appartient. Le projet des Travaux publics *contraint;* il vise avant tout à assurer une judicieuse utilisation des richesses nationales et impose, bon gré mal gré, à l'usinier un régime adéquat à l'importance de son établissement et au rôle que celui-ci est appelé à jouer.

248. Le projet de loi du ministère de l'Agriculture constitue conformément à l'idée générale ci-dessus émise, deux grandes catégories d'usines : les usines *privées* et les usines *publiques.* Ces catégories se subdivisent elles-mêmes en deux classes.

L'usine *privée proprement dite* fonctionne dans les conditions du régime actuel. Muni d'une autorisation administrative, l'usinier est simplement soumis à l'observation des mesures de police édictées dans l'intérêt de l'écoulement des eaux; il aura à acquérir amiablement,

s'il ne les possède originairement, tous les droits de riveraineté nécessaires.

L'usine *privée à réquisition,* tout en restant indépendante de l'État, est cependant soumise à certaines obligations en raison des pouvoirs de contrainte à elle conférés par l'Administration. D'une part, l'usinier est mis en situation de triompher de certaines résistances que quelques riverains peuvent lui opposer; d'autre part, il doit réserver une part de la force produite par son usine pour les services publics. Les droits dont l'usinier est investi à l'égard des tiers consistent dans l'attribution des servitudes d'aqueduc et d'appui des barrages (1), dans la faculté d'occuper le lit du cours d'eau et de submerger certains terrains bas (sous réserve pour le propriétaire lésé de réclamer l'acquisition de terrains submergés ou occupés), dans la transformation en simple droit d'indemnité des droits préexistants des riverains à l'usage des eaux à d'autres fins que l'irrigation ou l'alimentation. En échange de ces avantages, l'usinier est tenu de réserver pour des services publics des quantités d'énergie jusqu'à concurrence du quart de ce qui peut être produit en eaux basses.

249. Les usines publiques se divisent, elles aussi, en deux catégories. On considère en effet, d'abord les usines autonomes qui ont pour objet principal d'assurer les fournitures d'énergie nécessaires à des services publics de l'État, des départements, des communes, des syndicats de communes ou à des associations syndicales autorisées et autres établissements publics. Déclarées d'utilité publique par décret ou loi (2), classées dans le domaine public et soumises au régime de la grande voirie, ces usines sont astreintes à un cahier de charges, qui détermine les conditions et la durée de la concession, à l'expiration de laquelle l'État, sauf renouvellement de la concession, entrera gratuitement en possession de toutes les dépendances définies au cahier des charges. Elles bénéficient des diverses servitudes énumérées au numéro précédent et en outre, peuvent user du droit d'expropriation (3). Mais leur caractère autonome s'affirme en ce qu'elles jouissent d'une liberté complète de vente et d'emploi des excédents d'énergie et des résidus d'exploitation et les traités ainsi passés s'imposent même à l'État, après reprise de la concession.

250. Une seconde catégorie d'usines publiques comprend ceux de ces établissements qui font partie intégrante d'entreprises déclarées d'utilité publique telles que chemins de fer, tramways, distributions publiques de lumière ou de force. Ces usines bénéficient des servitudes ci-dessus énoncées, du classement dans le domaine public, des dispositions protectrices de la grande voirie; elles ont aussi liberté de vente et d'emploi des excédents d'énergie et des résidus d'exploitation. Mais les autres

---

(1) *Doc. parl.* Ch. des députés (annexe au procès-verbal de la séance du 21 février 1908; 9ᵉ législature, n° 1535).

(2) C'est cette diversité même qui a fait renoncer à l'intention qu'on avait d'abord eue de ne faire qu'un seul projet applicable aux deux catégories de cours d'eau.

(1) Les lois des 29 avril 1845 et 11 juillet 1847 n'ont institué ces servitudes qu'en matière d'irrigation.

(2) On observe ici les distinctions primordiales de la loi du 27 juillet 1870. V. *supra* vᵒ TRAVAUX PUBLICS nᵒˢ 254 et suiv.

(3) Le jury est fixé dans les conditions déterminées dans les conditions de la loi du 21 mai 1836.

dispositions de la loi ne peuvent leur être rendues applicables que par une modification de l'acte de concession approuvée dans les mêmes formes que celui-ci.

CHAPITRE III.

DOMMAGES CAUSÉS AUX USINES HYDRAULIQUES.

SECTION PREMIÈRE.

DOMMAGES RÉSULTANT DE L'EXÉCUTION DE TRAVAUX PUBLICS.

251. La matière qui nous occupe constitue une branche du contentieux des dommages causés par les travaux publics. Les règles générales et les principes fondamentaux qui ont déjà été exposés (1) reçoivent ici tout naturellement leur application ; toutefois il est nécessaire d'insister sur un certain nombre de particularités qu'il était impossible de signaler en traitant le sujet dans sa généralité.

252. Il faut avoir soin de distinguer les dommages de la dépossession. Cette distinction, on le sait, présente un sérieux intérêt au point de vue de la compétence puisque le contentieux des dommages ressortit au conseil de préfecture tandis que les tribunaux ordinaires restent gardiens du droit de propriété (2). Mais la jurisprudence ne s'arrête plus à rechercher si les dommages sont, ou non, permanents. Le caractère de dommages est donc reconnu à la supression, totale ou partielle, de la force motrice d'une usine du moment où aucune parcelle n'est atteinte (3).

§ 1. — Cas dans lesquels il y a lieu à indemnité.

253. La condition essentielle à laquelle est subordonnée l'allocation de toute indemnité est, nous l'avons vu (4), l'existence d'un dommage direct et matériel. Les exigences de la jurisprudence administrative conservent toute leur rigueur dans la matière spéciale qui nous occupe ; nous verrons même qu'à tout dommage dont l'existence est démontrée une réparation n'est pas nécessairement attachée.

254. Tout d'abord il faut que le dommage soit établi (5). Aucune réclamation n'est d'ailleurs possible, si le dommage constaté provient de causes étrangères aux

agissements de l'Administration (1). A fortiori en serait-il ainsi si le préjudice éprouvé était dû à des fautes ou à la négligence de l'usinier lui-même (2).

255. Les accidents dus à la force majeure ne sauraient engager la responsabilité de l'Administration (3). Il faut toutefois qu'il s'agisse d'un événement ayant exercé ses effets désastreux directement sur l'usine atteinte. Si pour remédier à une catastrophe qui s'est produite par ailleurs, l'Administration prend des mesures qui atteignent un usinier que n'avaient pas frappé les événements calamiteux, une indemnité est certainement due (4).

256. Nous signalerons aussi comme ne donnant lieu à aucune indemnité :

Les dommages immatériels (5);
Les dommages insignifiants (6);
Les dommages indirects (7), ou qui, en raison du long délai qui s'est écoulé avant qu'ils se produisent, ne peuvent être rattachés avec certitude à l'exécution des travaux publics (8);
Les dommages qui n'entraînent que la perte d'avantages dus à la simple tolérance de l'Administration (9);
Les dommages qui portent atteinte à une situation à laquelle l'usinier avait déjà renoncé de lui-même (10).

257. Les dommages éventuels ne peuvent non plus être pris en considération (11). Aussi la jurisprudence administrative a-t-elle toujours écarté les demandes d'indemnité visant l'utilisation ultérieure — que celle-ci fût projetée ou simplement possible — d'une force motrice non encore aménagée (12). Le même principe serait

---

(1) V. supra v° TRAVAUX PUBLICS, n°s 1650 et suiv.
(2) Confl. 29 juin 1895, Leb., p. 559 (dépossession reconnue dans le fait de la mainmise par l'Administration sur le canal de fuite d'une usine fondée en titre).
(3) C. d'Ét. cont. 19 février 1904, Leb., p. 141.
(4) V. supra, v° TRAVAUX PUBLICS, n°s 1672 et suiv.
(5) C. d'Ét. cont. 23 mars 1877, Leb., p. 309; 6 avril 1895, Leb., p. 361 (on avait attendu quatorze ans); 21 décembre 1901, Leb., p. 909 (les eaux étaient captées dans une nappe souterraine sans communication avec la nappe superficielle alimentant l'usine); 16 mai 1902, Leb., p. 395.

(1) C. d'Ét. cont. 17 novembre 1905, Leb., p. 848; 11 novembre 1904, Leb., p. 705; 28 février 1908, Leb., p. 288 (les perturbations paraissant avoir pour cause une transmission irrégulière des eaux de la rivière dont la responsabilité n'incombait pas à l'État).
(2) C. d'Ét. cont. 26 novembre 1869, Leb., p. 938.
(3) C. d'Ét. cont. 29 mars 1853, Leb., p. 402.
(4) C. d'Ét. cont. 29 novembre 1851, Leb., p. 713 (chômage imposé à une usine pour permettre l'exécution de travaux destinés à remédier à une inondation).
(5) C. d'Ét. cont. 6 août 1881, Leb. p. 794 (le requérant prétendait que son usine était dépréciée par la publicité donnée aux études d'un projet de détournement d'une partie du débit alimentaire). V. cep. C. d'Ét. cont. 5 août 1908, Leb., p. 889 (des travaux avaient, il est vrai, suivi de près les études).
(6) C. d'Ét. cont. 13 février 1880, Leb., p. 184 (prélèvement de 40 mètres cubes par jour sur un débit alimentaire journalier de 5,000 mètres cubes).
(7) C. d'Ét. cont. 9 février 1865, Leb., p. 182 (arrêt principalement motivé en fait).
(8) C. d'Ét. cont. 6 avril 1895, Leb., p. 361 (il s'était écoulé un délai de quatorze ans); 16 mai 1902, Leb., p. 395.
(9) C. d'Ét. cont. 9 décembre 1858, Leb., p. 708; 13 juillet 1864, Leb. p. 663.
(10) C. d'Ét. cont. 18 septembre 1874, Leb., p. 858
(11) C. d'Ét. cont. 7 mars 1874, Leb., p. 242; 25 novembre 1907, Leb., p. 865.
(12) C. d'Ét. cont. 28 juillet 1866, Leb., p. 884; 9 janvier 1867, Leb., p. 462; 30 mai 1884, Leb., p. 456; 8 août 1895, Leb., p. 665; 21 juin 1901, Leb., p. 556; 22 mars et 10 mai 1902, Leb., p. 236 et 395; 24 novembre 1905, Leb., p. 881; 8 février 1907, Leb., p. 145. V. aussi C. d'Ét. cont. 9 janvier 1867, Leb., p. 19 (indemnité non due pour les eaux non utilisées alors même que les vannes avaient été disposées de manière à recevoir la totalité des eaux de la rivière). C. d'Ét. cont. 21 août 1840; 30 juin 1841 (chute inutilisée). 16 juin 1908, Leb. p. 638, (on arguait aussi de la disposition légale qui avait prévu le droit à indemnité : loi du 5 juillet 1890, relative à la dérivation des sources de la Vigne et de Verneuil).

évidemment applicable au cas d'une usine en chômage (1), à condition qu'il ne s'agisse pas d'un arrêt simplement momentané et accidentel (2).

258. Les dommages futurs sont, à tout prendre, des dommages éventuels; car on ne peut jamais savoir si des circonstances imprévues ne viendront pas dissiper à cet égard les appréhensions de l'usinier. Rien n'empêche cependant l'intéressé de faire sur ce point réserve de tous ses droits ultérieurs (3).

259. Si la jurisprudence écarte, avons-nous dit, les dommages insignifiants, elle ne rejette pas de plano les dommages accessoires, conséquences directes du préjudice initial, encore que leur importance ne soit que secondaire; telle serait, par exemple, la mortalité du poisson survenue à la suite des troubles apportés au régime des eaux, trouble dont l'effet principal avait été de réduire la force motrice de l'usine (4).

260. Les règles d'équité et de probité dominent toujours notre droit. Aussi le principe général formulé par l'article 52 de la loi du 3 mai 1841 doit-il recevoir ici son application. L'Administration ne pourrait donc être tenue d'indemniser l'usinier d'un dommage en quelque sorte factice et dont, dans un but de lucre, il aurait réalisé l'artificielle production (5). Mais on ne saurait considérer comme tombant sous cette cause d'exclusion les mesures que l'usinier a prises aussitôt après l'annonce des travaux qui devaient diminuer la force motrice de son usine et uniquement pour parer à cette diminution (6).

261. Pourrait-on objecter à l'usinier qu'il a lui-même sollicité l'exécution des travaux qui ont amené le dommage dont il se plaint? Bien qu'on puisse citer un arrêt dans le sens de l'affirmative (7), la négative nous paraît plus conforme aux principes, dans tous les cas, bien entendu, où une renonciation explicite à toute indemnité n'avait pas été souscrite par l'usinier (8).

262. La corrélation du dommage subi par l'usine avec les travaux incriminés peut parfois ne pas apparaître très nettement ou prêter à discussion. C'est là une matière technique sur laquelle les hommes de l'art auront à se prononcer, le plus souvent par voie d'expertise; il faut naturellement tenir le plus grand compte du régime de la rivière, des époques auxquelles les vérifications ont eu lieu, du temps qu'elles ont duré, de la plus ou moins grande rapidité avec laquelle les conséquences dommageables ont pu se faire sentir (par exemple, quand il s'agit d'infiltrations ou de drainages), etc. (9).

263. Ces diverses vérifications sont d'ailleurs limitées à la constatation du dommage et de sa relation avec les travaux publics; car la jurisprudence n'a jamais exigé que les dommages résultassent de travaux effectués sur la rivière alimentaire elle-même; on peut très bien imaginer le cas où la diminution du débit proviendrait du détournement d'une partie des eaux d'un affluent déversant ses eaux dans la rivière principale, à l'amont de l'usine (1).

264. D'une façon plus spéciale, d'ailleurs, tout ce qui diminue la quantité dérivée peut justifier une indemnité, qu'il s'agisse d'un prélèvement sur le débit (2) ou de troubles apportés à l'écoulement des eaux. Il peut donc y avoir lieu à dédommagement dans le cas de formation d'atterrissements gênant l'adduction des eaux dans le canal d'amenée (3) ou produisant à l'issue du canal de fuite un refoulement qui diminue la chute utilisable (4), dans le cas d'exhaussement du plan d'eau à l'aval de l'usine, ce qui réduit aussi la hauteur de chute (5), dans le cas de détournement partiel des eaux (6).

265. Nous nous sommes placés jusqu'ici dans l'hypothèse qui se réalise le plus fréquemment. Il se peut toutefois que les usines hydrauliques subissent des dommages autres que celles qui visent la consistance de leur force motrice; réparation est due de ces dommages dans les conditions du droit commun (7).

266. Il nous reste à parler d'une exception derrière laquelle l'Administration est en droit de se retrancher et qui dérive de la nature même du bien atteint : les explications que nous avons données au commencement de ce travail sur le régime juridique des usines hydrauliques nous rendront cette tâche facile.

267. La puissance publique est investie « du droit de diriger les eaux vers un but d'utilité générale (8), d'après

---

(1) C. d'Ét. cont. 20 février 1903, Leb., p. 159.
(2) C. d'Ét. cont. 9 avril 1897, Leb., p. 335 (bien que l'usine ne fonctionnât plus depuis trente ans, une indemnité a été allouée en raison de ce que l'usine était restée munie des organes destinés à l'utilisation de la force hydraulique. On peut se demander toutefois si cet arrêt n'a pas statué d'une façon un peu extensive).
(3) C. d'Ét. cont. 30 mai 1881, Leb., p. 546.
(4) C. d'Ét. cont. 18 septembre 1874, Leb., p. 858 (quoique non résolu en fait).
(5) C. d'Ét. cont. 23 avril et 27 août 1857, Leb., p. 321 et 701. V. aussi C. d'Ét. cont. 29 août 1867, Leb., p. 831.
(6) C. d'Ét. cont. 26 juin 1903, Leb., p. 708 (sol. impl.).
(7) C. d'Ét. cont. 30 mars 1870, Leb., p. 367.
(8) V. supra, v° Travaux publics, n°⁵ 1842 et suiv.
(9) V. notamment C. d'Ét. cont. 18 juillet 1884, Leb., p. 632.

(1) C. d'Ét. cont. 26 novembre 1841, Leb., p. 611. V. aussi C. d'Ét. cont. 21 février 1867, Leb., p. 188; 19 juillet 1878, Leb., p. 713 (dommages causés aux ouvrages hydrauliques d'un moulin par suite de travaux effectués sur la chaussée dudit moulin pour la construction d'un chemin vicinal).
(2) Ainsi jugé dans le cas de diminution du débit supplémentaire dû aux apports des égouts d'une ville, apports sur lesquels l'usinier avait un droit reconnu par décision judiciaire. (C. d'Ét. cont. 8 août 1895, Leb., p. 665.)
(3) C. d'Ét. cont. 22 mai 1896, Leb., p. 436. Nec obstat, C. d'Ét. cont. 18 décembre 1885, Leb., p. 992 (dommage non établi).
(4) Nec obstat, C. d'Ét. cont. 14 mars 1902, Leb., p. 207 (indemnité refusée; le refoulement des eaux se produisait qu'exceptionnellement, en temps de crues).
(5) C. d'Ét. cont. 28 juin 1895, Leb., p. 551.
(6) C. d'Ét. cont. 8 juin 1888, Leb., p. 509.
(7) C. d'Ét. cont. 19 juillet 1878, Leb., p. 713 (affouillements ayant entraîné la destruction de certains ouvrages); 6 août 1878, Leb., p. 840 (altération de la limpidité des eaux); 10 novembre 1882, Leb., p. 876 (difficultés d'accès); 21 mars 1883, Leb., p. 329; 18 juillet 1884, Leb., p. 632 (infiltrations); 2 mars 1900, Leb., p. 179 (dangers d'inondation); 1er juin 1906, Leb., p. 410 (rupture d'un égout passant sous l'usine); 19 décembre 1902, Leb., p. 776 (dangers d'inondation); 1er août 1908, Leb., p. 849 (ébranlement des fondations). V. aussi C. d'Ét. cont. 10 décembre 1875, Leb., p. 1008 (indemnité refusée; dommage non reconnu).
(8) L. 12-20 août 1790. La même loi charge les assemblées administratives d'assurer le libre cours des eaux et de veiller à ce que les prairies ne soient submergées par la trop grande élévation des écluses et moulins. Mêmes principes formulés dans les lois des 22 décembre 1789-janvier 1790 et 28 septembre-6 octobre 1791. V. au surplus v° Eaux.

les principes de l'irrigation. » Cette expression, d'un style un peu suranné, n'en traduit pas moins une idée profondément juste et l'allusion qui y est faite aux simples qualités fertilisantes de l'eau n'est point de nature à en réduire la portée, si l'on tient compte du mode le plus fréquent d'emploi des eaux à l'époque où la loi de 1790 fut promulguée. Ce qu'il faut voir ici, c'est le souci, hautement légitime, de ne point sacrifier l'intérêt de la collectivité à ceux des particuliers. Aussi, qu'il s'agisse de rivières navigables sur lesquelles les droits concédés aux usines sont absolument précaires et révocables (réserve faite, bien entendu, des existences légales), qu'il s'agisse de rivières non navigables sur lesquelles le riverain se recommande, non d'une autorisation octroyée, mais d'un droit propre, les principes restent les mêmes; aucun préjudice ne peut être apporté par l'usinier à l'intérêt général; aucun dommage ne peut être causé à l'usinier qui n'ait ce même intérêt général pour motif. Seulement dans l'appréciation du tort causé à l'établissement hydraulique, une importante distinction s'établit : si l'usinier est fondé en titre, s'il est *chez lui*, les restrictions apportées à son exploitation donneront lieu à indemnité sauf le cas, tout spécial, de mesures commandées par un impérieux devoir de sécurité publique (1). Dans le cas contraire, il ne peut prétendre à aucun dédommagement. Et le caractère même du droit dont jouit l'usinier aggrave les différences que nous venons de signaler. Sur les cours d'eau du domaine public, l'usinier non fondé en titre pourra se voir privé de tout ou partie du débit dont il dispose du moment où se trouve engagé l'un quelconque des intérêts que l'Administration est chargée de sauvegarder, en gérant le cours d'eau; sur les cours d'eau non navigables ni flottables, la nécessité d'assurer l'écoulement ou la répartition des eaux ou la défense contre les inondations est le seul motif qui puisse être invoqué à l'encontre de l'usinier. « Dans un intérêt d'utilité générale, dira l'Administration à l'usinier établi sur une rivière navigable, je vous retire la disposition des eaux que je vous avais accordées. » « Pour éviter les stagnations malsaines et les inondations désastreuses, je suis obligée de restreindre vos droits personnels à l'usage des eaux », dira l'Administration à un usinier établi sur un cours d'eau non navigable ni flottable.

268. C'est cet ensemble de règles que traduit, en matière de dommages causés aux usines, l'article 48 de la loi du 16 septembre 1807 dont la portée générale n'est plus contestée aujourd'hui, malgré l'intitulé restrictif de la loi du 16 septembre 1807 (2) : « Lorsque, dit cet article, pour exécuter un desséchement, l'ouverture d'une nouvelle navigation, il est question de supprimer les moulins et autres usines, de les déplacer, modifier ou de réduire l'élévation de leurs eaux, la nécessité en est constatée par les ingénieurs des Ponts et Chaussées. Le prix de l'estimation est payé par l'État, lorsqu'il entreprend les travaux; lorsqu'ils sont entrepris par des concession-

naires (1), le prix de l'estimation sera payé avant qu'ils puissent faire cesser le travail des moulins et usines (2). Il sera d'abord examiné si l'établissement des moulins et usines est légal (3) ou si le titre d'établissement ne soumet pas les propriétaires à voir démolir leurs établissements sans indemnité, si l'utilité publique le requiert. »

269. Ce principe, déjà entré dans les idées de la doctrine, dans les solutions de la jurisprudence, dans la pratique de l'Administration, a reçu une consécration nouvelle par la loi du 8 avril 1898. Aux termes de l'article 45 de la loi, les prises d'eau et autres établissements créés sur les cours d'eau navigables ou flottables, même avec autorisation, peuvent toujours être modifiés ou supprimés. Une indemnité n'est due que lorsque les prises d'eau ou établissements dont la modification ou la suppression est ordonnée ont une existence légale. Toutefois, aucune suppression ou modification ne peut être prononcée que suivant les formes et avec les garanties établies par les articles 41 et suivants de la loi.

En ce qui concerne les cours d'eau non navigables ni flottables, l'article 14 de la même loi dispose que les permissions d'usines pourront être révoquées ou modifiées moyennant indemnité, sauf au cas de mesures prises dans l'intérêt de la salubrité ou pour faire cesser les inondations ou encore dans le cas de la réglementation générale prévue par l'article 9 de la loi. La notion de l'existence légale apparaît d'ailleurs aux articles 12 et 15 de la loi; peut-être pourrait-on souhaiter qu'elle eût été plus catégoriquement signalée.

270. Rappelons d'ailleurs que la réglementation ne constitue pas le titre de l'usine. Une usine non fondée en titre, mais réglementée, ne tire pas de ce fait un droit à indemnité. Dans le même ordre d'idées, la régularisation *ex post facto* d'une usine déjà existante ne saurait avoir d'effet rétroactif.

Inversement un usinier qui aurait droit à indemnité ne pourrait se voir opposer la non-réglementation de son usine; cette circonstance pourrait, tout au plus, rendre plus difficile la justification du dommage (4). *A fortiori*, a-t-on pu reconnaître le droit à indemnité pour une usine autorisée avant 1790, mais construite après l'abolition du régime féodal (5).

271. C'est, on le voit, la question d'existence légale qui

---

(1) V. *supra*, n° 200.
(2) Le principe était déjà formulé dans l'arrêté du Directoire du 19 ventôse an VI.

(1) Il ne faut pas oublier que ces dispositions sont extraites de la loi du 16 septembre 1807, relative au desséchement des marais. Nous avons eu d'ailleurs l'occasion de faire remarquer que les dispositions de cette loi sont souvent étendues, par le texte même, à l'ensemble de tous les travaux publics; mais le mobile qui avait inspiré le législateur reparaît souvent dans la rédaction.
(2) Cette disposition, qui est exceptionnelle, doit être limitée au cas particulier des desséchements de marais effectués par des concessionnaires. On sait que si l'expropriation ne peut être consommée que moyennant le payement d'une juste et *préalable* indemnité, les simples dommages peuvent n'être réparés qu'après coup.
(3) Le caractère, navigable ou non, du cours d'eau ne préjudicie en rien à cet examen préalable.
(4) C. d'Ét. cont. 20 mai 1881, Leb., p. 532 (l'Administration alléguait en vain que les travaux avaient été effectués avant que fussent intervenus les actes réglementant l'usine).
(5) C. d'Ét. cont. 1er février 1851, Leb., p. 83 (toutefois, la nécessité d'une autorisation s'imposait pour les ouvrages établis après 1790).

doit se poser chaque fois qu'un usinier se plaint du préjudice causé à son établissement; existence légale qu'il faut apprécier, au point de vue des dates d'origine comme au point de vue des effets juridiques, en tenant compte du caractère, domanial ou non, de la rivière à laquelle l'usine emprunte sa force.

272. Les dispositions qui précèdent ne sont point limitées aux dommages causés par les travaux de l'État. L'article 48 de la loi du 6 septembre 1807 envisage de lui-même les travaux des concessionnaires et la jurisprudence s'accorde avec la doctrine pour le prendre comme règle quand il s'agit de travaux publics entrepris par les départements, communes, syndicats, associations syndicales et autres établissements publics (1).

273. Nous ne pouvons que renvoyer le lecteur à ce qui a été dit plus haut relativement à l'existence légale des usines établies sur les cours d'eau des deux catégories et aux conditions dont cette existence légale doit pouvoir se recommander. D'autre part, nous allons avoir à définir le rôle que la consistance légale joue dans la détermination du quantum de l'indemnité.

274. D'une façon générale et conformément à la règle qui a été indiquée plus haut (2), c'est à l'usinier qui réclame une indemnité à démontrer, si la chose fait doute, que son usine a l'existence légale (3). Le Conseil de préfecture, saisi de l'action en dommage, a d'ailleurs toute compétence pour apprécier la légalité ainsi affirmée (4). Et le fait qu'une usine n'est point fondée en titre peut être allégué au cours de l'instance en dommage tant qu'il n'est point intervenu de décision sur le fond (5), sauf, bien entendu, au cas où l'Administration aurait à ce sujet acquiescé aux prétentions de l'usinier (6).

275. S'il arrivait qu'un usinier vît rejeter sa requête à fin d'indemnité parce qu'il n'aurait pas justifié de l'existence légale de son usine, il n'y aurait pas là une fin de non-recevoir qui pût être opposée à d'autres demandes fondées sur d'autres faits et pour lesquelles peut-être des preuves plus sérieuses pourraient être administrées en ce qui concerne l'existence légale (7).

La demande d'indemnité et l'obligation de prouver l'existence légale sont, en effet, connexes et inséparables; la preuve de légalité ne peut pas plus être repoussée par la chose jugée que la demande principale elle-même.

276. L'indisponibilité du domaine public a été instituée au profit de la collectivité appelée à jouir de ce domaine; elle ne peut donc être opposée que par la personne administrative qui représente cette collectivité. En ce qui con-

cerne le domaine public fluvial qui est placé sous la main de la nation, l'État est donc le seul qui puisse opposer la précarité de leur titre aux usiniers dont les établissements ont vu leur force hydraulique atteinte du fait de travaux publics (1). Les départements et les communes dont les travaux occasionnaient de semblables dommages seraient sans qualité pour se prévaloir du caractère spécial des installations établies sur le domaine public (2).

277. On peut cependant soutenir avec apparence de raison que lorsqu'une collectivité, autre que l'État, dûment habilitée, entreprend une opération qui se rattache à la destination primordiale du cours d'eau et dont normalement la tâche eût dû incomber au pouvoir central, cette collectivité jouit des mêmes droits que l'État (3).

278. Il est d'ailleurs à remarquer que l'Administration supérieure, lorsqu'elle consent à prendre les mesures nécessaires pour faire déclarer d'utilité publique, par loi ou décret, les travaux des départements ou des villes, impose le plus souvent la réparation du préjudice causé aux usines. En pareil cas la justification de l'existence légale n'est plus indispensable pour les usiniers.

Notons d'ailleurs que la ville de Paris qui, par ses captations d'eaux, s'est vue fréquemment dans l'obligation d'occasionner des dommages de la nature de ceux qui nous occupent, s'est toujours prêtée au règlement des indemnités les plus équitables.

279. L'exception tirée de ce que les usines n'ont pas existence légale peut-elle être opposée, quand, par un acte spécial, l'Administration s'est engagée à réparer les dommages causés? D'après ce qui vient d'être dit au numéro précédent, la question n'a pas à se poser quand les dommages sont le fait d'une collectivité autre que l'État, puisque celle-ci ne pourrait se prévaloir de l'indisponibilité du domaine public (4). Il en va différemment quand il s'agit de l'État lui-même. De sérieuses considérations d'équité et de probité administratives pourraient seules placer, en la circonstance, la solution en dehors de la règle qui fait de l'indisponibilité du domaine public une loi supérieure à tous les contrats privés.

280. En face du cas très exceptionnel où l'État aurait renoncé à invoquer la précarité du titre de l'usinier, il

---

(1) C. d'Ét. cont. 6 juillet 1854, Leb., p. 633; 26 décembre 1868, Leb., p. 1080; 8 décembre 1876, Leb., p. 866; 21 décembre 1877, Leb., p. 1034; 30 mai 1884, Leb., p. 456.
(2) V. supra n° 23. V. aussi infra n° 293.
(3) C. d'Ét. cont. 11 décembre 1856, Leb., p. 706; 12 février 1863, Leb., p. 111.
(4) C. d'Ét. cont. 6 juillet 1854, Leb. p. 633; 1er mars 1860, Leb., p. 188; 17 juillet 1862, Leb., p. 578.
(5) C. d'Ét. cont. 22 février 1907, Leb., p. 196.
(6) C. d'Ét. cont. 21 décembre 1877, Leb., p. 1034.
(7) C. d'Ét. cont. 12 février 1863, Leb., p. 111. V. aussi C. d'Ét. cont. 11 déc. 1856, Leb., p. 706.

(1) V. supra v° DOMAINE.
(2) C. d'Ét. cont. 23 décembre 1904, Leb., p. 883; 13 novembre 1903, Leb., p. 682 (cours d'eau non navigable); 25 janvier 1884, Leb., p. 92. V. TRAVAUX PUBLICS n° 1675 et 1826. Nec obstat. C. d'Ét. cont. 30 mai 1884, Leb., p. 456 (l'arrêt a refusé de reconnaître le droit de l'usinier à indemnité parce que la ville de Paris, qui avait fait exécuter les travaux préjudiciables, se prétendait, elle aussi, propriétaire des eaux et qu'aucune décision judiciaire n'avait proclamé le droit de l'usinier.) V. infra n° 279.
(3) Nec obstat. C. d'Ét. cont. 13 août 1868, Leb., p. 938 (il s'agissait de travaux entrepris par une ville dans un intérêt de salubrité; mais ces travaux n'intéressaient en aucune façon le régime du cours d'eau).
(4) C. d'Ét. cont. 27 novembre 1896, Leb., p. 788. V. aussi dans le même sens, 29 janvier et 7 août 1886, p. 93 et 710; 9 août 1893, Leb., p. 699. Dans ces espèces, l'exception opposée était pas celle de la non-existence légale; mais celle du droit que la ville prétendait tirer des articles 641 et suiv. C. civ. C'est, du reste, une question aujourd'hui tranchée par les villes ne peuvent plus, pour leurs captations de sources, invoquer les règles de droit commun. V. TRAVAUX PUBLICS, n° 1854.

convient de placer celui où, au contraire, l'Administration essaierait de se soustraire à la responsabilité de ses actes en imposant à l'usinier une renonciation préalable aux demandes d'indemnité qu'il eût été en droit de formuler. C'est la question historique de la clause de non-indemnité ou révocatoire, question à laquelle nous devons consacrer quelques instants d'examen.

281. Sur les cours d'eau non navigables ni flottables, l'instruction ministérielle du 19 thermidor an VI prescrivit l'insertion dans les actes réglementaires d'usines d'une clause obligeant le permissionnaire à subir les suppressions et réductions nécessitées « *par l'exécution de travaux dont l'utilité publique aurait été reconnue* ». Cette disposition fut attaquée vivement par tous ceux qui comprenaient le caractère du droit des riverains des cours d'eau non navigables ni flottables ; elle disparut en 1830, mais fut rétablie en 1842, malgré une très vive protestation de M. d'Argout à la Chambre des pairs et plusieurs arrêts en proclamèrent alors la validité (1). Mais un revirement se produisit au Conseil d'État à la suite de l'intervention éloquente de M. le commissaire du gouvernement Leviez en un arrêt célèbre (2) annula comme entachée d'excès de pouvoir, la clause de non-indemnité qui avait été insérée dans un arrêté autorisant une usine. Cette censure était justifiée ; ce n'est pas réglementer la jouissance d'un bien que de se réserver le droit d'interrompre cette jouissance *ad nutum*.

Depuis ce temps, l'Administration a réduit son droit de révocation ou de modification, sans indemnité, au cas où il y aurait lieu de prendre des mesures dans l'intérêt de la police, de la salubrité publique et de la répartition des eaux ; c'est ce qu'avait d'ailleurs toujours admis la jurisprudence (3). La loi du 8 avril 1898 est venue donner à ce sujet la formule définitive (4).

282. Dira-t-on que la clause de non-indemnité serait mieux placée dans les actes de concession par lesquels l'État *octroie* bénévolement à un particulier la jouissance privilégiée d'une fraction du domaine public ? La réponse sera ici moins catégorique et l'on devra reconnaître la légalité de la clause visant certaines situations isolées et précises se rattachant toutes à la destination générale du cours d'eau. Mais en dehors de ces cas exceptionnels, l'annulation pour détournement de pouvoir sanctionnerait toute clause absolue qui mettrait l'usinier à la discrétion de l'Administration et imposerait à sa jouissance une précarité non justifiée par des motifs d'intérêt général.

283. La clause de non-indemnité doit être considérée comme non écrite là où elle aurait été indûment insérée (1). Toutefois si une pareille stipulation est inadmissible dans un acte réglementaire, il n'est pas de même dans un acte contractuel. Aussi en trouve-t-on d'assez fréquents exemples dans des actes de vente ; elle doit d'ailleurs s'entendre restrictivement et raisonnablement (2).

284. Même dans un acte réglementaire, il n'y a pas excès de pouvoir dans l'insertion d'une clause de non-indemnité, si cette clause s'appuie sur d'anciens règlements, du moment que les droits prétendus par l'usinier restent entiers et subordonnés à l'interprétation qui sera donnée des règlements invoqués par l'Administration (3).

285. Il va de soi que là où l'État n'est pas fondé à insérer dans son propre intérêt la clause de non-indemnité, il est encore moins en droit de le faire pour le profit des autres collectivités.

§ 2. — *Règlement et paiement de l'indemnité.*

286. Puisque c'est l'existence légale qui commande le droit à indemnité, il est naturel d'admettre que la consistance légale doit seule être prise en considération pour l'appréciation de la force motrice à laquelle l'usinier avait droit et pour le calcul du dédommagement qu'il peut réclamer. Il n'est donc rien dû pour la puissance supplémentaire que l'usinier avait retirée des travaux exécutés par l'Administration (4) ou qu'il avait su créer en augmentant sans autorisation la consistance légale de son usine (5). Il est toutefois à noter que les travaux non autorisés effectués antérieurement à la date qui consacre l'existence légale de l'usine ont pu rendre valablement augmenter la consistance, puisque celle-ci n'a été véritablement fixée qu'au jour où l'usine a pu être reconnue comme fondée en titre et que l'usine a été par suite *saisie* dans l'état où elle se trouvait à ce moment (6).

287. La question est plus délicate en ce qui concerne

---

(1) C. d'Ét. cont. 26 novembre 1846, Leb., p. 504; 30 janvier 1847, Leb., p. 75; 8 juin 1850, Leb., p. 560.

(2) C. d'Ét. cont. 13 juin 1860, Leb., p. 452. V. aussi C. d'Ét. cont. 20 juin 1865, Leb., p. 628; 21 juin 1866 Leb., p. 701.

(3) C. d'Ét. cont. 21 décembre 1837, Leb., p. 553; 30 janvier 1847, Leb., p. 75; 13 juin 1860, Leb., p. 452; 9 décembre 1864, Leb., p. 970; 28 mai 1868, Leb., p. 591; 13 juillet 1883, Leb., p. 655; (4) L. 8 avril 1898, art. 14.

Les permissions peuvent être révoquées ou modifiées sans indemnité, soit dans l'intérêt de la salubrité publique, soit pour faire cesser les inondations, soit enfin dans le cas de la réglementation générale prévue par l'article 9.

Dans tous les autres cas, elles ne peuvent être révoquées ou modifiées que moyennant indemnité.

---

(1) C. d'Ét. cont. 15 juin 1883, D. P. 85.3.2.

(2) C. d'Ét. cont. 4 juillet 1890, Leb., p. 641 (clause non applicable à des travaux absolument hors de prévision au moment de la vente qui remontait à cinquante ans).

(3) C. d'Ét. cont. 4 mai 1883, Leb., p. 437.

(4) C. d'Ét. cont. 15 novembre 1889, Leb., p. 1046.

(5) C. d'Ét. cont. 22 novembre 1851, Leb., p. 692; 24 mars 1853, Leb., p. 375; 19 janvier 1854, Leb., p. 39; 11 décembre 1856, Leb., p. 715; 8 avril 1858, Leb., p. 238; 9 janvier 1867, Leb., p. 19; 21 mars 1873, Leb., p. 272; 15 mai 1874, Leb., p. 449; 5 mai 1876, Leb., p. 411 (l'usine avait été vendue nationalement); 19 décembre 1879, Leb., p. 825; 19 juin 1885, Leb., p. 611; 15 novembre 1889, Leb., p. 1046; 15 février 1897, Leb., p. 97; 29 avril et 23 décembre 1904, Leb., p. 362 et 884; 14 février 1908, Leb., p. 160. V. cependant C. d'Ét. cont. 21 avril 1854, Leb., p. 341.

Rappelons que d'après ce qui a été dit plus haut (V. n°ˢ 110 et 287), le modèle de règlement en vigueur pour les cours d'eau non navigables (Circ. du 26 décembre 1884) et le modèle de règlement-type en vigueur jusqu'en 1908 pour les cours d'eau navigables (Circ. du 18 juin 1878), ne prévoyaient rien quant au débit dérivé; les seuls travaux non autorisés qui pussent se produire consistaient donc et consistent encore, sur les cours d'eau non navigables, dans le relèvement indû du plan d'eau.

(6) C. d'Ét. cont. 18 juin 1852, Leb., p. 249 (cours d'eau non navigables); 24 mars 1853, Leb., p. 375; 19 janvier 1854, Leb., p. 39 (cas spécial d'une consistance augmentée avant la vente nationale, laquelle a eu pour effet de régulariser la situation).

les augmentations résultant de travaux autorisés. Sur les cours d'eau non navigables ni flottables, toute autorisation augmente naturellement la consistance, puisque l'usinier ne fait qu'user de sa propre chose et que l'autorisation produite constate simplement qu'il en use régulièrement (1). Mais sur les cours d'eau du domaine public, la force supplémentaire dont bénéficie l'usinier n'a pu faire l'objet que d'une concession précaire et révocable et dès lors, s'il y est porté atteinte, aucune indemnité n'est due, malgré l'autorisation dont il est justifié (2).

288. Il faut d'ailleurs considérer la force utilisée au moment où les travaux avaient été effectués et non pas au moment où le projet desdits travaux avait été mis aux enquêtes (3). A fortiori ne devrait-on pas tenir compte des augmentations de consistance réalisées après l'exécution des travaux (4).

289. Mais il n'en est pas de même quand sans augmenter sa consistance, sans modifier les ouvrages régulateurs, l'usinier a su, par d'ingénieuses modifications apportées à ses installations tant intérieures qu'extérieures, augmenter le rendement de son usine (5). La force supplémentaire ainsi créée doit, comme celle qui résulte de la consistance légale, entrer dans le calcul de la redevance ; il en a été ainsi expressément décidé, au cas d'augmentation du nombre des meules (6).

290. S'il se trouvait qu'au moment du dommage la consistance effective fût inférieure à la consistance légale, cela prouverait qu'il y a une partie de la force à l'aménagement et à l'utilisation de laquelle l'usinier aurait renoncé et conformément à un principe général formulé plus haut, cette partie ne devrait pas entrer en ligne de compte pour le calcul de l'indemnité (7).

291. Voilà donc un fait acquis : c'est le rendement actuel de l'usine fonctionnant avec sa consistance légale qui doit servir de base à la détermination de la redevance. Cette consistance, il est vrai, ne sera pas toujours facile à déterminer ; on aura recours, à cet effet,

aux titres d'autorisation ou de concession (1) antérieurs à la date qui, suivant le caractère de la rivière (2), fixe l'existence légale des usines. S'il s'agit d'une vente nationale, le procès-verbal de la vente servira aussi de guide. A défaut de documents de cette nature, la situation d'état, les faits de possession pourront être invoqués ; on recourra aussi aux actes administratifs qui auront eu à relater avec quelque précision l'importance de l'usine. Il sera même possible de se référer à certains contrats privés ; mais on devra nécessairement n'ajouter foi à ceux-ci que dans une mesure restreinte, en remarquant que ce sont des actes auxquels l'Administration reste étrangère et qui pourraient même dans certains cas se trouver en contradiction avec le principe de l'indisponibilité du domaine public (3).

292. D'une manière générale, il n'est point excessif de dire qu'on considère comme découlant d'une présomption juris tantum l'équivalence de la consistance actuelle à la consistance légale (4).

293. La consistance légale, là où elle est dûment constatée, s'impose à tous. Lorsqu'elle n'est que présumée, ce n'est pas nécessairement à celui qui prétend qu'elle est dépassée qu'il appartient de l'établir. L'adage « Onus probandi incumbit actori » doit mettre la preuve à la charge de la partie qui entend porter atteinte à l'état de choses existant (5).

294. Dans la matière que nous étudions, on conçoit que les évaluations précises soient difficiles. D'une manière générale, la jurisprudence apprécie très libéralement la situation des usiniers.

295. Il arrive fréquemment que les titres invoqués définissent l'usine par le nombre de meules ou de tournants qu'elle possédait. Il faut alors chercher à calculer, en tenant compte du rendement des moteurs de l'époque, quelle était la force hydraulique nécessaire pour actionner le nombre de meules indiqué.

296. Il est arrivé souvent que l'usinier, invoquant un acte de vente nationale qui comprenait expressément le canal d'amenée au nombre des dépendances de l'usine vendue, prétendait avoir droit à toute la quantité d'eau que ledit canal était susceptible de porter. Le Conseil d'État a rejeté cette prétention et décidé que l'on devait s'en tenir au volume nécessaire pour assurer le

---

(1) C. d'Ét. cont. 5 mai 1878, Leb., p. 411.
(2) C. d'Ét. cont. 8 avril 1858, Leb., p. 288 ; 19 juin 1885, Leb., p. 611 ; 15 novembre 1889, Leb., p. 1046.
(3) C. d'Ét. cont. 19 juin 1874, Leb., p. 583. Dans l'espèce les projets n'ont reçu leur exécution qu'après un intervalle de 19 ans.
(4) C. d'Ét. cont. 29 août 1867, Leb., p. 831. Cf. 3 mai 1841, art. 59.
(5) C. d'Ét. cont. 25 janvier et 29 novembre 1851, Leb., p. 61 et 713 ; 28 juillet 1866, Leb., p. 884 ; 9 janvier et 9 mai 1867, Leb., p. 20 et 462 ; 18 juillet 1874, Leb., p. 583 ; 27 novembre 1889, Leb., p. 1065 ; 8 août 1894, Leb., p. 573 ; 5 février 1897, Leb., p. 97 ; 27 novembre 1903, Leb., p. 734. V. aussi C. d'Ét. cont. 20 mai 1881, Leb., p. 544.
La jurisprudence du Conseil d'État n'avait pas toujours été telle. V. notamment C. d'Ét. cont. 5 juillet 1855, Leb., p. 496 ; 29 janvier 1857, Leb., p. 82. Mais aujourd'hui il n'y a plus de doute.
(6) C. d'Ét. cont. 11 décembre 1856, Leb., p. 715 (l'Administration alléguait vainement que l'installation des meules nouvelles pouvait être considérée comme ayant altéré le régime de la rivière par le seul fait que l'on créait ainsi à l'eau un obstacle nouveau). Dans le même sens. C. d'Ét. cont. 28 juillet 1866, Leb., p. 884.
(7) V. C. d'Ét. cont. 8 mai 1869, Leb., p. 432 ; 27 avril 1877, Leb., p. 390.

(1) Ces titres sont souvent détériorés ; ils sont, la plupart du temps, rédigés en latin du moyen âge ou en vieux français. Le concours des archivistes est fréquemment nécessaire pour les traduire.
(2) C'est-à-dire 1790 pour les cours d'eau non navigables ni flottables ; 1566 pour les cours d'eau navigables et flottables.
(3) C. d'Ét. cont. 23 décembre 1904, Leb., p. 884 (il n'a point été fait état d'une convention passée entre les auteurs de l'usinier et les propriétaires des moulins voisins, convention aux termes de laquelle deux chutes auraient été réunies en une seule, au profit de l'usine, prétendait-on).
(4) L'ancien modèle de règlement sur les cours d'eau navigables et le modèle encore en vigueur sur les cours d'eau non navigables, ne parlent pas de la quantité dérivée ; ils se bornent à indiquer le niveau réglementaire. Si ce niveau n'a pas été modifié, il n'y a rien d'excessif à dire que la consistance effective concorde avec la consistance légale. V. C. d'Ét. cont. 20 mai 1881, Leb., p. 546 ; 30 mai 1884, Leb., p. 457 ; 22 juillet 1887.
(5) C. d'Ét. cont. 20 novembre 1903, Leb., p. 706.

fonctionnement de l'usine dans les conditions de fait où l'on se trouvait au moment de l'aliénation (1).

297. En général, on recourt pour la fixation de l'indemnité à l'une des trois méthodes suivantes :

1° Après avoir apprécié la force perdue pour l'usinier, on cherche la valeur locative afférente à cette force et l'on établit le chiffre de l'indemnité par la capitalisation de cette valeur locative;

2° On évalue directement, connaissant le mode d'exploitation de l'usine, la diminution du rendement et l'on arbitre l'indemnité de manière à compenser la perte ainsi subie;

3° On cherche à établir le montant des dépenses qu'il serait nécessaire de faire pour restituer à l'usine la force qu'elle a perdue.

298. Bien qu'il n'y ait pas toujours eu à ce sujet une inflexible ligne de conduite suivie par le Conseil d'État, on peut considérer que le second système, celui qui établit l'indemnité d'après la perte de bénéfice, s'applique plus habituellement au cas de dommage temporaire tandis que, dans l'hypothèse de dépréciation définitive, on cherche à calculer par le premier et, plus souvent, le troisième procédé, la moins-value subie par l'usine. De très intéressantes considérations sur le fonctionnement des divers systèmes ont été présentées par M. Romieu, commissaire du Gouvernement (2).

299. D'une façon générale, disons avant d'entreprendre l'examen un peu plus détaillé de ces divers systèmes, que lorsqu'une comparaison doit être établie entre deux états successifs de l'usine, elle repose sur la consistance de la force que l'usine était fondée à employer, en vertu de titres ou d'usages considérés comme pouvant constituer un droit. Si, par exemple, une usine ayant l'existence légale avait vu sa force s'accroître quelques années auparavant le dommage par l'effet de travaux de l'Administration, ce n'est pas à cet état qu'on devrait se référer, mais à la situation légale que l'usine possédait en 1566.

300. La première méthode présente l'inconvénient de mettre en cause la *valeur locative* de la force, expression peu précise dont l'interprétation a donné lieu, par ailleurs, à de sérieuses difficultés (3). Dans le cas où l'usine est louée (4), la valeur locative est tout naturellement fournie par le prix porté au bail, prix dont il convient toutefois de retrancher les charges incombant au propriétaire : impôt foncier, entretien et grosses réparations. On obtient ainsi un chiffre qui, capitalisé, représente la valeur de

l'usine. On ajoute à ce chiffre la valeur en capital de l'outillage et du total ainsi obtenu on retranche le chiffre représentant la valeur utile conservée par l'usine et son outillage dans la nouvelle situation que lui créent les travaux (1).

301. Les diverses évaluations indiquées ci-dessus procèdent nécessairement d'appréciations un peu arbitraires; on peut en dire autant du taux de capitalisation variable avec le loyer de l'argent. On a employé le coefficient 15 pour transformer en capital la valeur locative; ce chiffre n'est peut-être plus absolument en rapport avec le loyer actuel de l'argent (2). La capitalisation à 5 0/0 a aussi été employée (3); mais du fait de la loi du 7 avril 1900, ce taux a été ramené à 4 0/0 (4).

302. Le second système repose sur l'idée de la perte des bénéfices; il entre davantage dans la vie industrielle de l'usinier (5). S'il s'agit d'un chômage temporaire, on peut rechercher (méthode quelque peu incertaine) le gain quotidien habituel net (6) du requérant; on se fondera, à défaut d'autres indications, sur les produits d'une année moyenne (7). Dans un cas déterminé (et sans généralisation possible, d'ailleurs), la loi a elle-même fixé le chiffre de l'indemnité par jour de chômage; c'est ce qui a été fait au sujet des dommages que peut causer aux usiniers le roulement nécessaire pour assurer le passage des trains de bois (8).

S'agit-il d'une diminution de force motrice devant durer un temps indéfini, on cherche à établir la perte de travail qui en résulte et on fait application du prix habituel de rémunération du travail (9); la capitalisation doit ensuite se faire comme il a été dit plus haut (10).

303. Il convient d'ailleurs de déduire de l'indemnité allouée pour les chômages, les dépenses qui se rattachent à d'autres origines; tels seraient les frais afférents à des travaux qui auraient pu être faits à n'importe quelle autre époque (11). Il est juste également de ne pas faire entrer en ligne de compte les prolongations de chômage occasionnées par des travaux que l'usinier avait cru devoir

---

(1) V. C. d'Ét. cont. 31 août 1863, Leb., p. 732; 10 septembre 1864, Leb., p. 887; 9 janvier 1867, Leb., p. 19; 18 août 1869, Leb., p. 828; 13 juin 1873, Leb., p. 541.
(2) Concl. sous C. d'Ét. cont. 4 mai 1906, Leb., p. 392 et 1283.
(3) Cette expression a été employée dans le décret du 13 juillet 1906 relatif à la fixation des redevances à imposer aux usines établies sur les cours d'eau du domaine public. Les difficultés d'interprétation ont paru assez grandes pour faire écarter l'idée de *valeur locative* et justifier un changement du système.
(4) Aussi le système dont nous parlons est-il plus généralement adopté dans le cas où les usines sont exploitées, non par le propriétaire, mais par un locataire. V. les considérants de l'arrêt du Conseil d'État du 5 août 1908, Leb., p. 889.

(1) Les règles sont tracées avec une grande netteté dans deux arrêts du Conseil d'État du 27 août 1857, Leb., p. 695 et 700. V. aussi C. d'Ét. cont. 18 juillet 1884, Leb., p. 632; 22 novembre 1889, Leb., p. 1065.
(2) C. d'Ét. cont. 27 août 1857, Leb., p. 700.
(3) C. d'Ét. cont. 18 janvier 1884, Leb., p. 56; 22 novembre 1889, Leb., p. 1065.
(4) C. d'Ét. cont. 10 juillet 1908, Leb., p. 770.
(5) V. dans cet ordre d'idées, C. d'Ét. cont. 5 mai 1830, Leb., p. 209; 6 février 1831, Leb., p. 72; 5 juillet 1855, Leb., p. 496.
(6) C. d'Ét. cont. 10 juillet 1908, Leb., p. 769.
(7) C. d'Ét. cont. 24 juillet 1908, Leb., p. 819. V. aussi C. d'Ét. cont. 18 juin 1868, Leb., p. 698; 22 novembre 1889, Leb., p. 1065; 28 janvier 1898, Leb., p. 253 (fixation d'un prix par journée de cheval-vapeur perdue). C. d'Ét., cont. 25 nov. 1907, Leb., p. 865.
(8) La loi du 28 juillet 1824 a fixé cette indemnité journalière à 4 francs.
(9) C. d'Ét. cont. 22 novembre 1872, Leb., p. 630; 27 novembre 1903, Leb., p. 734 (en vain l'Administration alléguait-elle que les marchés n'étaient pas avantageux; cette circonstance peut toutefois influer sur le *quantum* de l'indemnité).
(10) C. d'Ét. cont. 12 juillet 1832, Leb., p. 690 (on a évalué la perte annuelle résultant de la diminution du nombre de kilos de blé qu'il sera possible de moudre dorénavant, étant donné un prix moyen de mouture); 14 juin 1901, Leb., p. 544.
(11) C. d'Ét. cont. 10 janvier 1867, Leb., p. 34.

entreprendre à cette époque pour de simples raisons de commodité personnelle (1). On ne tiendra pas compte non plus des chômages naturels dus à la pénurie des eaux (2) ou à toute autre cause accidentelle (3).

A fortiori devra-t-on écarter les chômages nécessités par des travaux de réparation imposés à l'usinier par la nécessité (4) ou exigés par l'Administration (5), ainsi que les chômages qui sont dus à la stagnation des affaires ou au retour périodique des jours fériés (6). Mais on devra faire état des prolongations de chômages nécessitées par les travaux que l'usinier doit entreprendre pour remettre son usine en mesure de fonctionner (7). Dans le même ordre d'idées, on tiendra compte du temps nécessaire pour le remplissage des biefs (8).

304. La durée du chômage importe peu toutefois du moment où elle a été suffisante pour causer un préjudice (9); mais quand l'indemnité est calculée par jour, il est équitable de n'attribuer qu'une indemnité proportionnelle aux chômages partiels (11).

La jurisprudence a, d'ailleurs, assimilé aux chômages les intermittences capables d'imposer à l'usinier les sujétions de la marche par ajournement (11).

305. Le chômage doit s'apprécier en tenant compte non de la consistance apparente, mais des facultés utiles de l'usine. Ainsi on devra se fonder non pas sur le nombre des meules existantes, mais sur le nombre de ces engins susceptibles d'être simultanément mis en mouvement (12).

306. Un cas très particulier de chômage est celui où les usiniers sont tenus de laisser passer les bateaux ou trains de bois en ouvrant le pertuis de leur usine. Les règles générales en cette matière — d'un intérêt pratique restreint — découlent des ordonnances d'août 1669 et de décembre 1872 (cette dernière, spéciale aux bassins de la Seine) (13) et de la loi du 28 juillet 1824 qui a porté à 4 francs par jour de chômage, l'indemnité autrefois fixée à 40 sous, quel que fût le nombre des tournants du moulin. Dans le dernier état de la doctrine, on admet que cette indemnité est due, même sans qu'il y ait lieu de rechercher si l'usine est fondée en titre (14); par contre, il paraît néces-

saire que le passage des bateaux ou trains détermine un arrêt dans le fonctionnement de l'usine. Il n'est point indispensable pour que l'indemnité soit due que le chômage ait duré 24 heures entières, ni qu'il ait atteint l'ensemble des organes moteurs de l'usine (1).

307. Nous avons indiqué en troisième lieu le mode de détermination qui consiste à arbitrer le dommage en tenant compte des frais (2) qu'eût occasionnés le remplacement par un moteur thermique de la force hydraulique perdue (3). Il faut alors comparer les dépenses qui résultaient de l'emploi de l'eau et celles qu'a entraînées l'installation d'une machine à vapeur (4). On y ajoutera les dépenses d'entretien et de fonctionnement de la machine (5).

308. Si l'usinier faisait déjà usage à la fois de la force hydraulique et de la vapeur, on ne pourrait évidemment faire entrer dans le calcul de l'indemnité les frais d'installation d'une machine à vapeur qui, en fait, était nécessaire et existait déjà (6); mais l'indemnité devrait comprendre tout ce qui, en dépenses de premier établissement et de fonctionnement, est nécessaire pour remplacer par la vapeur la portion de force hydraulique perdue (7).

309. Dans un ordre d'idées analogue, en présence de la possibilité pour l'usinier de continuer à fonctionner avec la force hydraulique qui se trouve encore dans la rivière, à la condition de remplacer ses organes actuels par des engins d'un meilleur rendement, l'indemnité serait justement évaluée à la somme nécessaire pour opérer cette transformation et pour faire face aux charges qu'elle peut entraîner pour l'avenir, par la capitalisation des sommes à débourser annuellement dans ce but (8). Il semble qu'alors, toutes les mesures étant prises pour que le rendement de l'usine ne subisse pas de réduction dans l'avenir, une indemnité de dépréciation ne se comprendrait pas, pour cette cause du moins (9).

310. Le remplacement de la force hydraulique par des moteurs à vapeur, alors même que la puissance de l'usine

(1) C. d'Ét. cont. 13 juillet 1866, Leb., p. 830.
(2) C. d'Ét. cont. 10 janvier 1867, Leb., p. 34; 17 mars 1876, Leb., p. 273; 30 mai 1884, Leb., p. 456.
(3) C. d'Ét. cont. 18 juillet 1884, Leb., p. 632 (incendie).
(4) C. d'Ét. cont. 14 janvier 1858, Leb., p. 77; 13 juillet 1866, Leb., p. 830.
(5) C. d'Ét. cont. 2 juin 1869, Leb., p. 567.
(6) C. d'Ét. cont. 23 janvier 1885, Leb., p. 75.
(7) C. d'Ét. cont. 18 juillet 1884, Leb., p. 632.
(8) C. d'Ét. cont. 30 mai 1884, Leb., p. 456.
(9) C. d'Ét. cont. 6 janvier 1853, Leb., p. 57 (chômage de cinq jours); 23 décembre 1904, Leb., p. 883 (chômage de trente jours par an); 28 juillet 1905, Leb., p. 709 (augmentation des chômages de douze jours par an); 2 mars 1900, Leb., p. 177 (le calcul a porté sur la diminution du nombre de journées utiles, c'est-à-dire indirectement sur l'augmentation du nombre des jours de chômage).
(10) C. d'Ét. cont. 12 février 1886, Leb., p. 143.
(11) C. d'Ét. cont. 30 mai 1884, Leb., p. 456; 23 janvier 1885, Leb., p. 75.
(12) C. d'Ét. cont. 22 juillet 1887, Leb., p. 601.
(13) Les origines de ces ordonnances sont rappelées dans l'arrêt du Conseil du 24 juin 1777.
(14) Cette distinction ne semblerait pas justifiée ici. Les usines non fondées en titre sont astreintes à subir tout ce que commandent les intérêts généraux de la navigation, mais non les intérêts spé-

ciaux des mariniers. Or rien n'oblige la batellerie à choisir pour circuler le moment même où l'usine travaille.
(1) Rappelons que les règlements-types étudiés ci-dessus précisent les obligations de l'usinier en ce qui concerne les manœuvres du pertuis de flottage. Ces prescriptions ne paraissent pas annihiler le droit à indemnité; elles empêchent seulement l'usinier de prétendre à une rétribution de la main-d'œuvre qu'il prête aux flotteurs.
(2) Il s'agit, bien entendu, de frais effectifs. C. d'Ét. cont. 23 janvier 1885, Leb., p. 74.
(3) Cette méthode peut même être employée dans le second système, c'est-à-dire quand on veut déterminer directement l'effet préjudiciable des chômages.
(4) C. d'Ét. cont. 18 juin 1868, Leb., p. 698; 22 novembre 1872, Leb., p. 630; 15 juin 1883, Leb., p. 572. V. aussi C. d'Ét. cont. 28 juillet 1895, Leb., p. 665 (frais de transformation d'un moteur à vapeur déjà existant); 13 février 1903, Leb., p. 445.
(5) C. d'Ét. cont. 10 juin 1908, Leb., p. 637. Il serait insuffisant de ne compter que ce dernier groupe de dépenses. C. d'Ét. cont. 22 janvier 1897, Leb., p. 47.
(6) C. d'Ét. cont. 4 juin 1880, Leb., p. 325.
(7) C. d'Ét. cont. 15 février 1907, Leb., p. 165.
(8) C. d'Ét. cont. 19 février 1897, Leb., p. 149; 21 juin 1901, Leb., p. 556; 13 mars 1903, Leb., p. 241; 22 mai et 5 août 1908, Leb., p. 566 et 889; 8 février 1907, Leb., p. 145.
(9) C. d'Ét. cont. 8 février 1907, Leb., p. 145.

n'aurait subi aucune réduction, ne libère pas nécessairement l'Administration; il est possible que la transformation de l'outillage ait une répercussion soit sur la clientèle, soit sur la marche générale des affaires. Il se peut donc qu'une indemnité pour dépréciation soit, en sus, attribuée à l'usinier (1).

311. Le paiement de l'indemnité doit en principe — et nous rappelons en passant cette règle générale — se faire par l'allocation d'une somme d'argent. Il en résulte que l'Administration ne pourrait imposer à l'usinier l'installation d'un moteur thermique destiné à récupérer la force hydraulique (2); inversement l'usinier ne pourrait exiger que le dédommagement lui fût accordé de la sorte (3) et le Conseil d'État a lui-même écarté cette solution, là où il était avéré qu'elle mettait à la charge de l'Administration une dépense hors de proportion avec le dommage causé (4).

312. L'indemnité doit couvrir tout le préjudice, mais le préjudice dûment éprouvé. On fera donc entrer en ligne de compte tout ce qui a fait grief à l'usinier; on déduira au contraire ce qui, dans la nouvelle situation consommée, correspond à une diminution des charges antérieurement supportées.

Ainsi on fera état de la diminution de la valeur de l'immeuble (5), de la perte de clientèle (6), de la diminution des loyers (7), de la dépréciation du matériel (8).

313. Devront être au contraire prises en considération, pour atténuer le chiffre de l'indemnité, les réductions que le chômage a permis de réaliser dans les frais généraux de l'usine (9).

On écartera, pour les mêmes raisons d'équité, les causes de dépréciation ou de diminution procédant d'une situation défectueuse antérieure aux travaux; par exemple, les déperditions dues aux fuites qui se produisaient dans le canal d'amenée par suite du mauvais état de ce canal (10).

314. Les indications que nous venons de donner s'appliquent aux diverses indemnités qui peuvent être allouées pour dommages causés aux usines hydrauliques par des travaux publics. Toutefois, de plus en plus, la jurisprudence se clarifie et se précise. Elle distingue assez nettement aujourd'hui deux natures d'indemnités : celles qui sont destinées à réparer des *dommages temporaires* et celles qui s'appliquent à une *dépréciation définitive*. Sans doute, dans le choix de la méthode de calcul, il existe encore parfois quelques hésitations et la spécialisation désirable ne s'est pas toujours produite. Mais c'est là,

somme toute, chose secondaire et l'on peut constater (ce qui présente plus d'intérêt) que les caractères juridiques de l'une et l'autre des deux sortes d'indemnité sont aujourd'hui bien mis en relief (1).

315. L'indemnité pour dommages s'applique tout naturellement au cas de chômages, plus ou moins prolongés, mais nécessairement momentanés. Elle se comprend encore quand l'exploitation de l'usine est rendue temporairement plus difficile, ou encore quand la diminution de la force motrice entraîne pour le propriétaire impossibilité de louer ou bien doit obliger à louer à des conditions moins avantageuses.

316. Quant à l'indemnité de dépréciation, elle peut se comprendre dans divers cas. Tel est le cas d'abord où il est hors de doute que, du fait des travaux, le fonctionnement de l'usine subira dans l'avenir de nouvelles et inévitables interruptions ou difficultés (2). On peut aussi prévoir l'hypothèse d'une transformation des conditions d'exploitation telle qu'une partie de la clientèle se trouve détournée de l'usine, par exemple, parce qu'il devient impossible de fabriquer des produits de nature ou de qualité déterminées (3). Il faut toutefois bien distinguer ce qui est imputable au changement de régime de l'usine de ce qui n'est que la conséquence de la vétusté de l'outillage, du manque d'initiative et d'habileté des propriétaires; enfin de toute autre cause d'ordre économique (4).

317. Dans un autre ordre d'idées, il conviendra d'indemniser à titre de dépréciation le propriétaire de l'usine non pas seulement de la diminution *immédiate* de loyers — ce qui rentre dans un cas déjà examiné plus haut — mais

---

(1) C. d'Ét. cont. 26 juin 1901, Leb., p. 556; 21 mars 1902, Leb., p. 236; 13 mars 1903, Leb., p. 241. V. *infra*, n° 316.
(2) C. d'Ét. cont. 24 novembre 1905, Leb., p. 881 (des raisons de procédure ont influé sur le rejet de l'offre faite par l'Administration de transformer les organes récepteurs).
(3) C. d'Ét. cont. 24 juin 1868, Leb., p. 733.
(4) C. d'Ét. cont. 5 août 1908, Leb., p. 889.
(5) C. d'Ét. cont. 8 août 1895, Leb., p. 665.
(6) C. d'Ét. cont. 8 août 1895, Leb., p. 665.
(7) C. d'Ét. cont. 21 février 1902, Leb., p. 135.
(8) C. d'Ét. cont. 9 avril 1863, Leb., p. 333; 18 juillet 1884, Leb., p. 632.
(9) C. d'Ét. cont. 12 juillet 1901, Leb., p. 636 (suppression du traitement d'un garde-moulin).
(10) C. d'Ét. cont. 13 décembre 1878, Leb., p. 1017. V. aussi C. d'Ét. cont. 13 juillet 1870, Leb., p. 885; 19 janvier 1883, Leb., p. 76.

---

(1) Si l'on veut résumer en quelques lignes les distinctions qui apparaîtront au cours des développements qui vont suivre, on peut dire :
Que dans l'indemnité pour dommages, on se fonde sur ce que l'usine produisait effectivement et dans l'indemnité de dépréciation, sur ce que l'usine pouvait produire en marchant à plein, puisque c'est à cela que le préjudice causé à l'usinier pouvait être porté;
Que dans l'indemnité pour dommages, il est alloué des capitaux correspondant chacune à une perte déterminée et dont il doit être justifié (si bien que pour certaines périodes l'indemnité peut devenir nulle). L'annuité ainsi versée n'est nullement le revenu d'un capital définitivement acquis; c'est la réparation d'un dommage constaté;
Que dans l'indemnité pour dépréciation, on capitalise la perte annuelle et c'est le capital ainsi alloué qui est productif d'intérêts. Lesdits intérêts sont censés correspondre au revenu que la force motrice était susceptible de produire et ne peuvent dès lors se cumuler avec l'indemnité pour dommages annuels qui doit prendre fin à partir du jour où l'indemnité de dépréciation est acquise et devient productive d'intérêts;
Que lorsque le préjudice, encore variable, est devenu définitif, l'indemnité périodique pour dommages se transforme en indemnité pour dépréciation.
On consultera à cet égard les conclusions précitées de M. le commissaire du Gouvernement Romieu dont nous venons de reproduire l'analyse. Leb. 1906, p. 392 et 1283.
(2) C. d'Ét. cont. 31 janvier 1861, Leb., p. 72; 4 juillet 1862, Leb., p. 528; 13 juillet 1870, Leb., p. 885; 24 janvier 1879, Leb., p. 65; 20 mai 1881, Leb., p. 532; 30 mai 1884, Leb., p. 456; 13 juillet 1884, Leb., p. 633.
(3) On peut faire rentrer dans le même cas le maintien de l'usinier en possession de lambeaux de force qui ne peuvent faire utilement l'objet d'un emploi isolé. C. d'Ét. cont. 22 novembre 1872, Leb., p. 630.
(4) C. d'Ét. cont. 6 avril 1895, Leb., p. 361, *Nec obstat*. C. d'Ét. cont. 28 janvier 1898, Leb., p. 53 (l'indemnité de dépréciation a été accordée, parce que la décroissance des affaires était précisément la conséquence de la réduction de la force motrice; à dire vrai, il y avait plutôt là une addition à l'indemnité principale).

des diminutions qui ne peuvent manquer de se produire dans l'avenir. Et l'indemnité est due, alors même que les stipulations du bail en cours préservent momentanément le propriétaire contre toute réclamation du locataire (1), puisque la perte ne peut manquer de se produire au moment du renouvellement du bail.

318. Il est bien évident que quand l'usinier exploite lui-même son usine, on ne pourrait, sans qu'il y ait double emploi, lui allouer simultanément une indemnité pour perte de bénéfices industriels et une autre pour dépréciation de sa propriété (2).

319. Les dommages qui atteignent l'usine dans son fonctionnement futur doivent être véritablement inéluctables pour justifier l'allocation d'une indemnité de dépréciation. Si les inconvénients redoutés étaient seulement probables, on ne se trouverait en présence que de dommages futurs ou éventuels et comme il a été dit plus haut (3), le règlement immédiat de l'indemnité ne serait pas possible. Il y aurait lieu, dans chaque cas, à la fixation d'une indemnité correspondant au préjudice dont il serait justifié (4).

320. L'allocation d'une indemnité de dépréciation suppose aussi un dommage constant et dont il est possible de mesurer de prime abord toute la portée. Il sera toujours loisible à l'usinier, en vue de l'obtention d'une nouvelle indemnité, de démontrer que la situation s'est trouvée modifiée et que la somme qui lui avait été allouée ne correspond plus à la réalité des pertes.

321. Rien ne s'oppose à ce que, en présence d'une situation transitoire, une indemnité de dépréciation soit allouée à titre purement temporaire (5).

322. Il faut envisager l'hypothèse de la transformation du préjudice accidentel qui correspond à l'indemnité de dommage en préjudice définitif appelant l'indemnité de dépréciation. Cette transformation peut être insensible et cependant il est possible qu'il y ait intérêt à réaliser à un certain moment l'indemnité de dépréciation qui est ainsi en train de se constituer. Tel est le cas où l'immeuble ferait l'objet d'une vente. M. Romieu, dans l'exposé magistral qu'il a fait de la question (6), estime qu'il est équitable d'allouer à l'usinier vendeur une indemnité pour la moins-value déjà devenue définitive. L'acquéreur pourra continuer à percevoir une indemnité périodique pour dommages, indemnité non productive d'intérêts jusqu'au jour où aura été formée la demande d'indemnité définitive en capital (art. 1153, Code civil, modifié par la loi du 7 avril 1900). A partir de ce moment, les intérêts de la somme allouée en capital tiendront lieu de toute indemnité

ultérieure pour les mêmes faits; ces intérêts seront d'ailleurs à l'avenir acquis sans justification spéciale.

323. En principe, l'indemnité ne doit pas être allouée en capital lorsque le préjudice n'est point consommé d'une façon définitive; il convient alors de procéder par l'allocation de sommes périodiques en rapport avec les dommages successivement éprouvés (1). Rien n'empêchera, d'ailleurs, d'accorder une indemnité en capital quand il sera avéré que le dommage est devenu permanent (2).

324. Le conseil de préfecture peut évidemment faire état de tous les documents d'appréciation qui donnent les moyens d'établir le quantum de l'indemnité sur de justes bases; il ne pourrait toutefois prendre pour base nécessaire les chiffres résultant d'une décision judiciaire intervenue à la suite de débats privés. Si, par exemple, le tribunal civil, statuant sur une demande d'indemnité formée par le locataire de l'usine contre son propriétaire, avait alloué à ce dernier une somme déterminée, le conseil de préfecture ne pourrait attribuer à cette fixation l'autorité de la chose jugée et régler en conformité sa propre décision. Agir de la sorte serait évidemment méconnaître le principe qui place la matière qui nous occupe dans la compétence des tribunaux administratifs (3).

325. Il ne serait pas possible non plus de faire fixer d'avance le montant de l'indemnité par voie de simple stipulation dans l'acte réglementaire. Les questions d'indemnité sont placées, en effet, par la loi du 28 pluviôse an VIII dans la compétence du Conseil de Préfecture et ne sont pas du domaine de l'administration active (4).

326. D'un autre côté, on ne peut pas prendre comme mesure du dommage subi par l'usine les avantages que l'Administration a retirés de l'exécution des travaux. C'est avec raison, par suite, que le Conseil d'État a refusé de fixer l'indemnité d'après la valeur de la force motrice que l'Administration avait dérivée pour sa propre usine au détriment d'une usine existante; c'est la perte de puissance subie par cette dernière qui a seule servi de base (5).

327. Le principe général qui permet d'opposer la compensation de plus-value aux dommages causés par les travaux publics trouve ici son application.

Il en a été ainsi décidé quand les travaux auxquels était attribué le préjudice éprouvé avaient pour effet de faciliter et de rendre plus économique le fonctionnement de l'usine (6), de régulariser l'emploi de la force motrice (7).

(1) C. d'Ét. cont. 16 mai 1902, Leb., p. 395; 24 juillet 1908, Leb., p. 817.
(2) C. d'Ét. cont. 2 mars 1900, Leb., p. 177.
(3) V. supra nᵒˢ 257 et suiv.
(4) C. d'Ét. cont. 22 novembre 1851, Leb., p. 695; 13 avril 1870, Leb., p. 446; 20 mai 1881, Leb., p. 532. V. aussi Confl. 9 mai 1841, Leb., p. 193; 17 juillet 1850, Leb., p. 689.
(5) C. d'Ét. cont. 26 juin 1901, Leb., p. 556.
(6) V. conclus. sous C. d'Ét. cont. 4 mai 1906, Leb., p. 392 et 1283; supra nᵒ 314.

(1) C. d'Ét. cont. 20 février 1903, Leb., p. 159 (l'Administration étudiait un projet qui devait mettre fin à la situation dommageable); 23 décembre 1904, Leb., p. 884.
(2) C. d'Ét. cont. 10 septembre 1864, Leb., p. 884; 30 mai 1884, Leb., p. 455; 16 mai 1902, Leb., p. 394.
(3) C. d'Ét. cont. 24 juin 1868, Leb., p. 733; 15 décembre 1869, Leb., p. 960.
(4) C. d'Ét. cont. 25 février 1864, Leb., p. 191.
(5) C. d'Ét. cont. 20 novembre 1903, Leb., p. 705 (détournement d'une partie des eaux de la rivière pour le fonctionnement des machines d'une manufacture d'armes).
(6-7) C. d'Ét. cont. 13 août 1861, Leb., p. 717 (diminution des frais d'entretien); 9 février 1865, Leb., p. 187; 30 juin 1876, Leb., p. 619; 23 janvier 1895, Leb., p. 74 (augmentation de la chute et diminution des frais de curage); 29 janvier 1886, Leb., p. 105, Contra.

d'augmenter la hauteur de chute (1), de réaliser l'émergence de sources ou l'adduction de nouvelles eaux se substituant au volume détourné (2). Il importe toutefois dans ce dernier cas de rechercher si les émergences se sont produites en même temps que la dérivation de la quantité enlevée (3) et si les nouvelles eaux ont été réellement utilisables (4).

Il faut d'ailleurs d'une façon générale que les avantages procurés présentent un caractère immédiat et direct (5).

328. La plus-value a même été admise quand les avantages assurés ne se rattachaient pas très directement à l'exploitation de l'usine (6).

329. En aucune façon, l'Administration ne serait admise à invoquer la compensation si elle s'était elle-même opposée à ce que l'usinier jouît des avantages imprévus qu'il pouvait obtenir (7).

330. Nous ne reviendrons pas sur la question générale de savoir qui peut réclamer une indemnité (8), nous ferons seulement remarquer que le propriétaire et le fermier peuvent tous deux prétendre à un dédommagement (9).

331. Les indemnités ainsi allouées ne doivent ni se contrarier ni se cumuler; elles sont destinées à compenser des préjudices distincts. Ainsi l'allocation d'une indemnité de dépréciation au propriétaire de l'usine ne fait nullement obstacle à ce qu'il soit attribué un dédommagement au locataire qui aurait, lui aussi, éprouvé un préjudice (10). Lorsque le locataire, moyennant l'indemnité qu'il a reçue, s'est engagé envers l'Administration à ne rien réclamer à son propriétaire jusqu'à la fin du bail, le propriétaire ne semble pas fondé à réclamer une indemnité de dépréciation si les mesures nécessaires pour le remplacement de la force perdue (par exemple, par la transformation des

organes) ont été prises de telle façon qu'aucune diminution ne soit à prévoir pour les baux futurs (1).

L'indemnité accordée au fermier ne doit être attribuée que dans la limite de la durée du bail (2) mais en tenant compte des pertes accessoires (3). Il semble d'ailleurs qu'aucune indemnité ne serait due si le bail avait été passé après la constitution du nouvel état de choses, ou bien si une réduction de loyer avait été consentie par le propriétaire.

332. Les règles admises en matière de responsabilité sont celles du droit commun. Si le trouble apporté à l'usine est à la fois le fait de travaux de l'État, de communes, de compagnies de chemins de fer, chacune des administrations intéressées supporte les conséquences des faits qui lui sont imputables (4). Il se peut même que l'État se trouve exonéré de tout paiement par l'effet des règles essentielles du droit domanial et que les autres collectivités restent sous le coup de réclamations fondées (5); il est à noter, d'ailleurs, que le fait que les dommages résultent d'autorisations de prise d'eau accordées par l'État aux communes et aux compagnies de chemins de fer ne saurait rien changer en matière de responsabilité, les autorisations de cette nature étant toujours accordées sous réserve des droits des tiers (6).

333. Si l'Administration est tenue d'indemniser les usiniers de la privation de force motrice dont ses travaux sont la cause, doit-il lui faire supporter les conséquences des troubles apportés au fonctionnement d'une usine par la modification du mode d'exploitation des usines voisines, modification imposée par l'appauvrissement du débit du cours d'eau? Le Conseil d'État l'a, dans une espèce récente (7), admis par une décision un peu rigoureuse qui se justifiait par des raisons de fait et que l'on ne saurait, sans inconvénients, généraliser. Il est douteux qu'on puisse condamner l'Administration si, après avoir payé à un usinier, la somme correspondant à la diminution de sa puissance hydraulique, elle refusait de l'indemniser pour le préjudice que lui cause l'abaissement du plan d'eau résultant de ce que les usines voisines ont adopté la marche par écluses. Ce serait au plaignant, soit à actionner directement ceux qui lui font tort, soit à demander à l'Administration de leur imposer une réglementation si l'intérêt général de l'écoulement des eaux est compromis.

334. Nous rappellerons qu'en règle générale, l'indemnité est payée en numéraire (8). L'Administration ne peut, en effet, être contrainte d'effectuer des travaux ou

---

C. d'Ét. cont. 20 mai 1881; Leb., p. 544 (simple facilité de manœuvres). C. d'Ét. cont. 8 février 1864, Leb., p. 121 (régularisation de l'emploi de la force).
(1) Par exemple, par la suppression d'une usine d'aval (C. d'Ét. cont. 10 janvier 1867, Leb., p. 34), ou par la construction d'un barrage mobile (C. d'Ét. cont. 9 mai 1867, Leb., p. 484). V. aussi C. d'Ét. cont. 23 janvier 1885, Leb., p. 74 et 29 janvier 1886, Leb., p. 105; 19 juin 1874, Leb., p. 586.
(2) C. d'Ét. cont. 22 janvier 1897, Leb., p. 47; 26 juillet 1907, Leb., p. 737.
(3) C. d'Ét. cont. 4 mai 1906, Leb., p. 391.
(4) C. d'Ét. cont. 12 avril 1878, Leb., p. 406; 13 décembre 1878, Leb., p. 1017; 24 janvier 1879, Leb., p. 65. C. d'Ét. cont. 23 juin 1899, Leb., p. 460 (rejet de la compensation dans un cas où les nouvelles eaux étaient impures).
(5) C. d'Ét. cont. 7 juin 1865, Leb., p. 17 mars 1876, Leb., p. 273 (la prétendue amélioration devait être rattachée à une origine de plus de vingt ans dans la première espèce; de trente ans dans la deuxième); 14 novembre 1879, Leb., p. 699; 30 juillet 1880, Leb., p. 714; 20 mai 1881, Leb., p. 544.
(6) C. d'Ét. cont. 20 août 1854, Leb., p. 804 (un étang s'était trouvé transformé en terres de valeur).
(7) C. d'Ét. cont. 12 avril 1878, Leb., p. 400.
(8) V. v° TRAVAUX PUBLICS, n° 1869 et suivants.
(9) C. d'Ét. cont. 5 février 1904, Leb., p. 94. V. aussi C. d'Ét. cont. 30 juin 1876, Leb., p. 619 (le fermier subissait un dommage comme exploitant de l'usine et le propriétaire, comme intéressé aux bénéfices de cette exploitation).
(10) C. d'Ét. cont. 21 décembre 1877, Leb., p. 1034; 17 mars 1876, Leb., p. 273 (dans cette espèce, le locataire a même touché seul une indemnité, comme ayant été seul à subir un dommage).

(1) C. d'Ét. cont. 8 février 1907, Leb., p. 145.
(2) C. d'Ét. cont. 5 février 1904, Leb., p. 94.
(3) Même arrêt (dépréciation du matériel dont une partie était devenue inutile; perte sur le bénéfice que devaient procurer les moutures payées comptant).
(4) C. d'Ét. cont. 30 mai 1884, Leb., p. 456; 23 décembre 1904, Leb., p. 884.
(5) C. d'Ét. cont. 23 décembre 1904, Leb., p. 884.
(6) C. d'Ét. cont. 13 février 1880, Leb., p. 185; 6 mai 1881, Leb., p. 477; 10 décembre 1875, Leb., p. 1008.
(7) C. d'Ét. cont. 27 janvier 1905, Leb., p. 94.
(8) Elle présente un caractère mobilier et les créanciers hypothécaires ne peuvent prétendre à un droit de préférence sur la somme encaissée. (Cass. req. 25 janvier 1869, D. P. 70.1.74).

de modifier des ouvrages publics (1); rien ne s'oppose cependant à ce que la décision contentieuse prévoie ce mode de libération (2) qui peut aussi être choisi d'accord entre les intéressés (3).

335. Le paiement de l'indemnité aux usiniers paraît devoir être préalable s'il s'agit d'un dommage causé par le concessionnaire d'une opération de dessèchement de marais. Le cas est d'ailleurs rare aujourd'hui; mais les termes de l'article 42 de la loi du 16 septembre 1807 sont formels sur ce point.

336. Les sommes allouées à titre d'indemnité pour un dommage définitivement consommé sont généralement indiquées dans la décision contentieuse qui tranche le litige comme portant intérêts à partir du jour où le dommage est devenu définitif (4). Ce fait rend dès lors irrecevable une demande d'indemnité pour perte ultérieure de revenus (5), de même qu'une indemnité de cette nature ne peut se concilier avec l'allocation d'intérêts (6).

Mais si l'usinier a subi qu'un dommage momentané, l'indemnité qui lui a été attribuée et dont le paiement libère l'Administration n'est considérée comme portant intérêts que dans les conditions de droit commun réglées par l'article 1153 Code civil et la loi du 13 avril 1900 (7).

337. On peut citer le cas particulier où un capital a été accordé pour les dommages causés jusqu'à une certaine date et où le préjudice continue à se faire sentir. La simple allocation des intérêts de ce capital ne saurait suffire à l'égard de dommages ultérieurs, et il sera équitable de prévoir l'allocation d'une indemnité spéciale applicable à ceux-ci. Mais alors le capital alloué pour les dommages antérieurs ne doit pas être productif d'intérêts (8).

338. Les règles de droit commun, telles qu'elles résultent de l'article 1154 du Code civil, sont applicables à la capitalisation des intérêts (9).

339. Les règles de prescription applicables en matière de dommages causés par des travaux publics se retrouvent ici dans toute leur généralité; rappelons seulement que le point de départ de la prescription est alors la production des effets préjudiciables, effets qui se prolongent à travers les années quand il s'agit de dommages successifs (10).

La date de la confection de l'ouvrage public qui a troublé le régime de l'usine pourrait donc servir de point de départ si le dommage était définitivement consommé du fait même de l'existence dudit ouvrage (1).

340. La déchéance quinquennale instituée par la loi du 29 janvier 1831 peut aussi être opposée en la circonstance, mais, bien entendu, par l'État seulement. On devra appliquer dans l'examen du point de départ les règles générales indiquées au numéro précédent (2).

§ 3. — Compétence — Procédure.

ARTICLE PREMIER. — Compétence.

341. Le contentieux des dommages causés par les travaux publics, contentieux dont la |matière que nous étudions forme une branche, est entièrement placé dans les attributions des conseils de préfecture, lesquels statuent sauf recours au Conseil d'État. Cette compétence existe alors même que les dommages causés seraient la conséquence d'actes que les autorités administratives, auteurs du préjudice, prétendraient avoir effectués en vertu d'un droit de propriété (3).

342. Le conseil de préfecture est compétent (4) pour apprécier la légalité des titres invoqués par les usiniers (5); il lui appartient aussi de définir la consistance des usines et de dire ce qui en forme dépendance (6). Bien entendu cette compétence n'existe que pour les litiges dans lesquels l'Administration est intéressée; les débats d'ordre privé qui s'élèvent sur la propriété de telle ou telle partie de l'usine sont du ressort des tribunaux ordinaires (7). Et si la solution d'une question de cette nature présentait un caractère préjudiciel, le conseil de Préfecture aurait à en renvoyer l'examen préalable aux tribunaux civils (8).

---

(1) C. d'Ét. cont. 6 juillet 1854, Leb., p. 635.
(2) V. C. d'Ét. cont. 18 juillet 1884, p. 632.
(3) V. v° TRAVAUX PUBLICS, n°ˢ 1939 et suiv.
(4) C. d'Ét. cont. 27 août 1857, Leb., p. 700; 27 avril 1877, Leb., p. 330; 27 avril 1877, Leb., p. 397 (fixation au jour d'expiration du bail de l'usine). V. particulièrement C. d'Ét. cont. 8 février 1907, Leb., p. 145 (le dommage n'a été réputé consommé qu'à l'expiration du bail, le locataire s'étant interdit toute réclamation).
(5) C. d'Ét. cont. 9 avril 1863, Leb., p. 339; 18 et 24 juin 1868, Leb., p. 733; 15 et 18 juin 1883, Leb., p. 572; 22 mai 1908, Leb., p. 566,
(6) C. d'Ét. cont. 24 juin 1868, Leb., p. 733.
(7) V. C. d'Ét. cont. 1er juin 1854.
(8) C. d'Ét. cont. 12 juillet 1901, Leb., p. 686.
(9) C. d'Ét. cont. 13 février 1903, Leb., p. 138; 13 mars 1903, Leb., p. 241.
(10) V. supra v° TRAVAUX PUBLICS n°ˢ 1859 et suiv. C. d'Ét. cont. 27 février 1907, Leb., p. 197.

On peut consulter aussi, bien que rendu en matière de déchéance quinquennale, C. d'Ét. cont. 17 novembre 1900 (l'arrêt constate qu'un arrêté du Conseil de préfecture, passé en force de chose jugée, avait constitué l'État débiteur d'annuités représentant la réparation de dommages successifs et non d'une somme unique

allouée en réparation d'un dommage permanent et définitif causé en 1881).
(1) C. d'Ét. cont. 14 mai 1909 (en matière de déchéance quinquennale, la date de construction d'un barrage mobile dont les déharrages périodiques devaient nécessairement causer les chômages incriminés, a été prise comme point de départ).
(2) V. C. d'Ét. cont. 22 novembre 1889, Leb., p. 1065; 23 novembre et 7 décembre 1900, Leb., p. 657 et 736; 1er août 1902 Leb., p. 599; 14 mai 1909.
(3) C. d'Ét. cont. 1er mars 1895, Leb., p. 206; 12 février 1897, Leb., p. 121; 26 décembre 1904, Leb., p. 884 : Confl. 7 juin 1902. Leb., p. 437.
V. aussi C. d'Ét. cont. 11 juin 1880, Leb., p. 526; 30 mai 1884, Leb., p. 456.
Il en est ainsi même quand les travaux, origine du dommage, ont été effectués sur des terrains appartenant à la personne morale pour le compte de qui s'effectuent lesdits travaux. C. d'Ét. cont. 10 juillet 1908, Leb., p. 817.
(4) V. la combinaison des articles 48 et 57 de la L. du 16 septembre 1807.
(5) Le ministre des Travaux publics est compétent pour donner l'interprétation des actes réglementaires d'usines qui, à l'époque où ils sont intervenus, relevaient de l'autorité ministérielle. C. d'Ét. cont. 19 novembre 1897, Leb., p. 708 (dans l'espèce, l'acte était un arrêté préfectoral approuvé par le ministre de l'Intérieur, auquel le ministre des Travaux publics avait succédé dans la matière).
(6) C. d'Ét. cont. 6 août 1881, Leb., p. 794.
(7) Cass. civ. 16 mai 1905, D. P. 1905.1.92.
(8) C. d'Ét. cont. 1er septembre 1860, Leb., p. 707.

343. La faculté qui est donnée aux usiniers de faire valoir au fond, devant le conseil de préfecture, leurs prétentions à indemnité, rend ceux-ci irrecevables à attaquer le décret déclarant l'utilité publique des travaux qui ont entraîné la dépréciation de l'établissement hydraulique, si ce décret a été rendu après observation des formalités prescrites par la loi du 3 mai 1841 (1) à laquelle la loi du 8 avril 1898 sur le régime des eaux n'a apporté aucune modification (2).

344. Encore moins le recours pour excès de pouvoir serait-il admissible contre les décisions administratives qui, refusant de faire droit à la demande d'indemnité par la voie gracieuse, laissent aux intéressés la plénitude de leurs moyens d'action devant la juridiction contentieuse (3).

345. Il faut toutefois distinguer le dommage qui relève du conseil de préfecture de la dépossession au sujet de laquelle compétence est attribuée à l'autorité judiciaire représentée par le jury en cas d'expropriation. C'est ainsi que le conseil de préfecture a été déclaré incompétent au cas de prise de possession du canal de fuite d'une usine fondée en titre (4). Et la compétence du jury d'expropriation ne peut être déniée bien que les bâtiments appartenant à l'usinier soient construits sur le lit d'un cours d'eau navigable (5).

Par contre, on doit considérer comme simple dommage la diminution de la force motrice d'une usine, du moment où aucune parcelle n'était atteinte (6). Cette solution avait été contestée à l'origine (7) et l'on avait assimilé de tels faits à une dépossession. La conception était inexacte en ce qui concerne les usines établies en vertu d'une concession et dont la force motrice subit une atteinte susceptible d'ouvrir un droit à indemnité. Elle s'explique mieux et aurait pu triompher à l'égard des usines fondées en titre qui, somme toute, constituent une véritable propriété composée de deux éléments : les immeubles proprement dits et la chute d'eau. Au lendemain de la loi du 8 avril 1898, qui, en attribuant le lit des cours d'eau non navigables aux riverains, rend ceux-ci propriétaires de la pente, on a même pu croire à une évolution de la jurisprudence. Mais le Conseil d'État a néanmoins maintenu son opinion antérieure, considérant sans doute que l'un des deux éléments constitutifs de la force motrice, la masse des eaux courantes, restait, comme par le passé, insusceptible d'appropriation privée (8). Les règlements de compétence ne nous semblent pas cependant faire échec au principe de l'existence juridique d'une propriété spéciale constituée par la chute d'eau.

346. La compétence du conseil de préfecture ne pour-

rait se trouver modifiée par les faits de véritable possession qui viendraient à se produire après coup (1), encore que ceux-ci échappent à la juridiction administrative.

Inversement quand il s'agit d'une indemnité de dépossession, le jury, compétent pour fixer ladite indemnité, est habile aussi à régler les dommages connexes à la prise de possession (2).

347. *Quid* s'il y a à la fois prise de possession d'immeuble et diminution de force motrice? Pour des raisons de simplification, il paraît préférable de ne recourir qu'à une seule compétence (3) et suivant le principe qui, en présence de deux solutions, veut que l'on adopte la plus libérale, c'est au jury qui, dans l'opinion commune, représente une somme supérieure de garanties, qu'il faut recourir (4).

348. Mais peut-on proclamer la compétence du conseil de préfecture pour apprécier les titres légaux de l'usine quand le dommage se trouve lié intimement à une dépossession, circonstance qui, comme nous le venons de le dire (5), est considérée par plusieurs auteurs comme motivant la compétence exclusive du jury d'expropriation?

Pour reconnaître au conseil de préfecture le droit de prononcer, on s'est appuyé (6) sur ce que la loi du 16 septembre 1807 fait le conseil de préfecture juge de droit commun dans la matière et que la loi du 3 mai 1841 n'a pu apporter à cet état de choses d'autres modifications que celles qui ont trait au règlement des indemnités.

Cette opinion qui reconnaît compétence au conseil de préfecture, même au cas mixte, pour ainsi dire, qui nous occupe, se présente comme très fondée. On pourra peut-être objecter que la règle qui fait du juge de l'action le juge de l'exception commande de laisser la connaissance du débat soulevé à l'autorité judiciaire, laquelle, statuant en fin de compte sur la question d'indemnité, doit apprécier les motifs invoqués pour réclamer ou pour refuser une indemnité. Mais cette règle ne saurait recevoir ici une application intégrale. Sans doute l'autorité judiciaire pourra se prononcer sur les simples faits de possession ; mais de toute façon, elle est inhabile à donner l'interprétation des actes administratifs sur lesquels s'appuiera l'existence légale. Et dès lors, on ne peut reprocher aux partisans de la compétence du conseil de préfecture d'amoindrir indûment les attributions de la juridiction civile.

349. Les tribunaux de l'ordre judiciaire sont seuls compétents pour connaître des difficultés auxquelles donne lieu le paiement des indemnités attribuées par la loi du 28 juillet 1824 aux propriétaires de moulins et d'usines pour les chômages occasionnés par le passage des bateaux et des trains (7).

---

(1) Et des ordonnances des 18 février 1834 et 10 juillet 1835.
(2) C. d'Ét. cont. 29 juin 1904, Leb., p. 516.
(3) C. d'Ét. cont. 15 juillet 1842, Leb., p. 360.
(4) Conf. 29 juin 1895, Leb., p. 559.
(5) C. d'Ét. cont. 9 avril 1863, Leb., p. 330.
(6) C. d'Ét. cont. 19 février 1904, Leb., p. 141. Conf. 12 août 1854, Leb., p. 791; 27 août 1857, Leb., p. 693; 15 mai 1858, Leb., p. 377.
(7) Confl., 18 avril 1835, Leb., p. 294.
(8) C. d'Ét. cont. 19 février 1904, Leb., p. 141.

(1) C. d'Ét. cont. 9 avril 1863, Leb., p. 330 (sol. impl.).
(2) C. d'Ét. cont. 9 juin 1876.
(3) Il en était décidé autrement jadis. Confl. 27 août 1857, Leb., p. 693; 9 avril 1863, Leb., p. 330.
(4) V. en ce sens Confl. 28 mars 1866, Leb., p. 284; 30 avril 1868, Leb., p. 507 (ces deux espèces ne sont toutefois pas topiques; car la procédure d'expropriation s'était, dans les deux cas, trouvée engagée d'une manière presque définitive).
(5) V. *supra* n° 347.
(6) Picard, *Traité des eaux*, II, p. 422.
(7) C. d'Ét. cont. 3 janvier 1848, Leb., p. 11.

Article 2. — *Procédure.*

350. La procédure devant le conseil de préfecture est réglée par la loi du 22 juillet 1889 dont les dispositions n'ont rien de spécial au cas qui nous occupe. Bornons-nous à constater que les moyens divers de vérification : expertises et visites des lieux, dont le conseil peut faire usage, ont souvent ici à être mis en pratique.

351. De par l'article 13 de la loi du 22 juillet 1889, l'expertise est devenue obligatoire dès qu'une partie la réclame. Toutefois les experts peuvent reconnaître l'impossibilité de procéder à certaines vérifications et le Conseil d'État a décidé, en pareil cas, qu'il pouvait être passé outre si les divers éléments de l'instruction permettaient d'apprécier le tort causé à l'usine (1).

352. Quand le dommage est susceptible de cesser et que l'indemnité doit prendre fin avec lui, l'Administration est en droit de réclamer une expertise à l'effet d'établir que le dommage a cessé (2).

353. La visite des lieux est faite, le cas échéant, dans les conditions prévues par l'article 15 de la loi du 22 juillet 1889. Mais les procès-verbaux de constat dressés en dehors de toute constatation régulière et simplement sur la demande de l'usinier ne peuvent être assimilés à cette opération. Ils resteraient à la charge de l'usinier (3).

SECTION II.

DOMMAGES RÉSULTANT D'AUTRES CAUSES QUE DE L'EXÉCUTION DE TRAVAUX PUBLICS.

354. Les dommages causés aux usines hydrauliques autrement que par l'exécution de travaux publics sont régis par les principes du droit commun. Le caractère légal de l'usine n'a point ici à être examiné puisque la précarité du titre, si elle venait à être démontrée, n'existerait pas au regard des tiers. Il n'y a plus place également pour la compétence du conseil de préfecture et l'instance se déroule devant les tribunaux de droit commun, alors même que les dommages résulteraient de l'usage par le public de la voie fluviale sur laquelle l'usine est située. Tel serait le cas où il s'agirait du règlement des dommages-intérêts réclamés par les usiniers en raison des dégâts causés à leurs ouvrages par les bateaux et trains transitant à travers les pertuis.

355. On devrait assimiler à des dommages non causés par des travaux publics ceux qui seraient la conséquence d'entreprises ou de voies de fait imputables à l'Administration et présentant de telles conditions d'irrégularité que le caractère de travail public ne puisse être reconnu à l'opération (4).

Louis TISSERANT
Chef de bureau au Ministère
des Travaux publics.

(1) C. d'Ét. cont. 10 juillet 1908, Leb., p. 769.
(2) C. d'Ét. cont. 26 décembre 1896, Leb., p. 902.
(3) C. d'Ét. cont. 17 mars 1876, Leb., p. 273.
(4) V. *supra* v° TRAVAUX PUBLICS, n°ˢ 2097 et suiv.

TABLE ALPHABETIQUE.

FIN DU TOME VINGT-SIXIÈME

Imp. PAUL DUPONT, 4, rue du Bouloi. — Paris. — 29.12.1900 (Cl.).